T0316840

DOCUMENTS DIPLOMATIQUES FRANÇAIS

———

VICHY

(1er JANVIER – 31 DÉCEMBRE 1941)

———

MINISTÈRE DES AFFAIRES ÉTRANGÈRES
ET DU DÉVELOPPEMENT INTERNATIONAL

COMMISSION
DES
ARCHIVES DIPLOMATIQUES

DOCUMENTS
DIPLOMATIQUES FRANÇAIS

VICHY

(1er JANVIER – 31 DÉCEMBRE 1941)

P.I.E. Peter Lang

Bruxelles · Bern · Berlin · Frankfurt am Main · New York · Oxford · Wien

2015

© Ministère des Affaires étrangères et du Développement international. Paris, 2015

Éditeur : P.I.E. Peter Lang S.A.
Éditions scientifiques internationales
Bruxelles, 2015
1 avenue Maurice, B-1050 Bruxelles, Belgique
info@peterlang.com ; www.peterlang.com

ISSN 1377-8773
ISBN 978-2-87574-249-0
eISBN 978-3-0352-6542-2
D/2015/5678/41

MINISTÈRE DES AFFAIRES ÉTRANGÈRES ET DU DÉVELOPPEMENT INTERNATIONAL

———

COMMISSION DES ARCHIVES DIPLOMATIQUES

Présidents

M. Laurent FABIUS, ministre des affaires étrangères et du développement international.

Mme Hélène CARRÈRE D'ENCAUSSE, secrétaire perpétuel de l'Académie française.

Membres de droit

M. Christian MASSET, secrétaire général du ministère des affaires étrangères et du développement international.

M. Xavier DRIENCOURT, inspecteur général des affaires étrangères.

M. Yves SAINT-GEOURS, directeur général de l'administration et de la modernisation du ministère des affaires étrangères et du développement international.

M. Philippe LEFORT, directeur des systèmes d'information du ministère des affaires étrangères et du développement international.

M. Hervé LEMOINE, directeur des archives de France.

M. Philippe NAVELOT, directeur de la mémoire, du patrimoine et des archives du ministère de la défense.

M. Richard BOIDIN, directeur des archives diplomatiques.

Mme Isabelle RICHEFORT, adjointe au directeur des archives diplomatiques.

Directeurs de collection des Documents diplomatiques français

M. Robert FRANK, professeur émérite des universités.

M. André KASPI, professeur émérite des universités.

M. Georges-Henri SOUTOU, professeur émérite des universités.

M. Maurice VAÏSSE, professeur émérite des universités.

Ont collaboré à la préparation de ce volume
établi sous la direction de
M. André Kaspi :

Mme Françoise Berger, maître de conférences à l'IEP-Grenoble.

Mme Claire Mouradian, directrice de recherche au CNRS.

Mme Catherine Nicault, professeur émérite des universités.

AVERTISSEMENT

L'année 1941 est marquée par deux événements majeurs. Le 22 juin, les forces armées de l'Allemagne nazie se lancent à l'assaut de l'Union soviétique. Le 7 décembre, le Japon attaque les États-Unis. Désormais, la guerre est vraiment mondiale. L'Europe, l'Asie, l'immensité que baigne l'océan Pacifique, l'Afrique du Nord sont à feu et à sang. La Grande-Bretagne n'est plus seule à combattre contre le nazisme et le fascisme. La France de Vichy, elle, ne participe pas au conflit qui déchire la planète. Elle hésite, elle observe, elle tâche de trouver des partenaires. Elle n'est décidément pas un acteur principal.

Certes, grâce à ses représentants à l'étranger, elle recueille des informations pour mieux comprendre les bouleversements qui s'annoncent. Jusqu'à la fin du mois de juin, elle tente de renouer des relations commerciales avec l'URSS, mais dès que l'offensive allemande a commencé, elle doit rompre avec Moscou. De Bucarest, de Sofia, de Budapest, d'Athènes et d'Ankara, les diplomates français constatent les nouvelles ambitions de Berlin en Europe orientale et balkanique. Ils soulignent le renforcement de la présence militaire des Allemands en Roumanie, s'interrogent sur la possibilité d'une occupation de la Bulgarie et sur la situation critique de la Yougoslavie. Ils décrivent l'intervention allemande dans le conflit italo-grec. Dès le mois de janvier, ils ont saisi les symptômes de l'antagonisme entre l'Allemagne et l'Union soviétique. Les préparatifs de guerre ne leur ont pas échappé. De là, les supputations, plus ou moins solides, sur la direction que prendra l'offensive allemande. Mais à Moscou, on continue de penser, à la fin du mois de mai, que le Reich poursuivra sa poussée vers le Sud, et non vers l'Est. Quelques jours plus tard, le doute n'est plus permis. Reste à interpréter la stratégie hitlérienne. De source officielle suisse, c'est la résistance prolongée de l'Angleterre qui expliquerait que l'Allemagne nazie se jette sur l'URSS. Quoi qu'il en soit, les diplomates français n'ont plus qu'à analyser les conséquences du conflit qui ensanglante l'Europe centrale et orientale.

Ils sont moins perspicaces, ou moins intéressés par les tensions qui déchirent l'Asie orientale. Pourtant, ils soulignent la situation embrouillée en Chine et les ambitions hégémoniques du Japon. Ils recueillent, là aussi, des rumeurs qui prévoient, pour décembre, la guerre entre le Japon et les États-Unis. L'ambassadeur à Tokyo les juge peu fondées. En revanche, de Madrid, de Washington, de Shanghaï, des informations plus solides parviennent jusqu'à Vichy.

Dans trois domaines, la diplomatie française tente de prendre des initiatives. Pourquoi ne pas resserrer ses relations avec des neutres, surtout s'ils partagent l'idéologie de Vichy, des convictions fondées sur le catholicisme ou du moins sur le christianisme ? Traditionnellement, la Suisse offre un poste d'observation sans égal, mais il est difficile, voire impensable qu'elle sorte de sa neutralité. En revanche, les bonnes dispositions du Vatican doivent être entretenues. Léon Bérard, l'ambassadeur français auprès du

Saint-Siège, s'emploie à renforcer les liens avec Vichy – sans grands résultats. Les mesures prises par les autorités françaises en faveur de l'Église, des
congrégations et de l'enseignement libre sont des facteurs favorables. Il
n'empêche que Pie XII, bien qu'il ressente de la compassion pour les souffrances des catholiques, bien qu'il redoute Hitler autant que Staline, bien
qu'il aspire à la paix entre les belligérants, tient à sa neutralité.

Les relations avec l'Espagne franquiste sont, elles, plus actives. Vichy ne
voit pas d'objections à « se débarrasser » des dirigeants républicains qui ont
trouvé refuge en France. Mais l'Espagne est surtout inquiète d'un possible
conflit en Méditerranée, dans lequel elle serait entraînée. Et puis, la Phalange et le ministère des Affaires extérieures ne manifestent aucune inclination pour un rapprochement avec la France. Conclusion : « une diplomatie
catholique » ne mènera nulle part.

Tant qu'ils ne seront pas des belligérants, les États-Unis montreront-ils de
la bienveillance pour une France, vaincue et collaborationniste ? Vichy
s'efforce de le croire. Ses représentants à Washington comme à New York
scrutent les moindres mouvements de l'opinion américaine, s'interrogent
sur l'efficacité d'une meilleure communication, analysent avec soin les
conférences de presse des dirigeants américains. À vrai dire, un accord a été
conclu avec les États-Unis pour qu'ils fournissent une aide alimentaire et
matérielle à l'Afrique du Nord – ce qui leur permet d'implanter des vice-
consuls qui sont aussi de précieux informateurs. Ils sont beaucoup plus
réticents, lorsqu'il s'agit de livrer du matériel militaire en Indochine. Somme
toute, le président Franklin Roosevelt ne tient pas à favoriser la politique
coloniale de la France – quels que soient, d'ailleurs, les Français qui la
mettent en pratique. Reste les questions économiques, financières et commerciales qui, elles aussi, provoquent des tensions et des incompréhensions.
Et surtout surgit, au début de l'hiver, la question de Saint-Pierre et Miquelon, qui oppose le mouvement gaulliste aux États-Unis sans faire vraiment
pencher Washington du côté de Vichy.

Enfin, est-il possible de renouer, d'une manière ou d'une autre, avec la
Grande-Bretagne ? En un sens, les relations franco-britanniques sont aussi
liées aux relations franco-américaines. Roosevelt s'est beaucoup rapproché de Churchill. Le vote de la loi prêt-bail, la conférence de l'Atlantique,
des préparatifs militaires qui associent les deux pays montrent dans quelle
direction s'orientent les États-Unis. La conjoncture n'est pas favorable à la
France. Les Britanniques ne veulent pas lever le blocus qui empêche les
échanges entre l'Afrique du Nord et la métropole. Ils manifestent un intérêt
plus que suspect pour les possessions françaises en Afrique, pour la Syrie et
le Liban, ces États du Levant dans lesquels la France conserve ses positions
jusqu'en juin-juillet 1941. La propagande anti-française de l'Angleterre dans
le monde arabe bat son plein.

Et puis, il y a cette « dissidence » qui s'étend avec l'appui des Britanniques
et, dans une certaine mesure, des Américains. Le mouvement gaulliste
gagne du terrain, en Égypte, en Turquie, en Chine, aux États-Unis, en
Amérique latine. Sans doute n'est-il pas uni. Les divergences entre les « dissidents » donnent de l'espoir aux défenseurs de Vichy. Mais ils ne peuvent

pas ne pas voir que le mouvement gaulliste est structuré, que, malgré des heurts intermittents, il bénéficie de l'appui de Londres, qu'il gagne du terrain. Au total, un éventuel rapprochement avec la Grande-Bretagne fait partie des illusions qu'il est urgent de perdre.

En un mot, la neutralité n'est plus de saison. Elle ne mène nulle part. La France de Vichy est bien seule pour affronter ses vainqueurs. L'Allemagne impose des contraintes de plus en plus pesantes, en Lorraine, dans les Ardennes, en Afrique du Nord, dans le domaine des fabrications de guerre. Elle exige des livraisons de matières premières stratégiques. Impossible pour un pays, isolé, occupé, dirigé par des hommes qui sont prêts à toutes les concessions, de résister. Vichy s'enfonce, au contraire, délibérément, dans « la collaboration », que ce soit dans les opérations qui opposent Britanniques et Allemands en Irak ou en Tunisie, que ce soit dans le domaine des questions économiques et financières ou bien sur l'engagement des volontaires français « pour la lutte contre le communisme ». L'Italie exerce des pressions moins fortes, et tout autant déterminantes sur les réfugiés italiens en France, sur l'avenir de Nice, des Somalis, de la Corse, de la Tunisie. Le 22 novembre, la Direction politique dresse, résignée, le bilan des prétentions italiennes sur le comté de Nice.

La France de Vichy n'a plus guère d'atouts à faire valoir. En ces temps de guerre mondiale, elle a perdu toute influence.

Il n'a pas été possible d'intégrer à ce volume des documents issus de deux séries en cours de classement : *Délégation générale du gouvernement français en zone occupée, Service des œuvres françaises à l'étranger.* On découvrira que les diplomates français ont apporté leur témoignage sur les débuts de la shoah et si les documents que nous publions sur ce sujet ne sont pas plus nombreux, c'est qu'ils feront l'objet d'un volume, dont la parution est prévue pour la fin de l'année 2015.

La sélection reflète, cependant, les grands axes de la diplomatie française au cours de l'année 1941, sans oublier quelques documents de nature plus anecdotique tels que le compte rendu de la tournée en Amérique du Sud de Louis Jouvet et de sa troupe ou le récit épique du départ de France de la mission soviétique.

André Kaspi
avec le concours de Françoise Berger, de Claire Mouradian
et de Catherine Nicault.

TABLE MÉTHODIQUE

NOTE. Le principe adopté pour l'établissement de cette liste est le suivant[1] :
— tous les documents concernant les questions dont l'importance est particulièrement dominante sont classés sous les rubriques de ces diverses questions ;
— les autres documents sont classés sous de grandes rubriques géographiques, reproduisant les subdivisions administratives du Quai d'Orsay.

I. LES ENTRAVES MISES À L'ACTION DIPLOMATIQUE

Date	Provenance et Destination	Objet	Nature du Document	Numéro du Document
	A. LE FONCTIONNEMENT DIFFICILE DES POSTES			
1941				
3 février	Bucarest à Vichy	Le contrôle de la vie administrative et de la police par la Gestapo en Roumanie pose la question de l'évacuation des archives du poste et de la préservation du secret du Chiffre.	T.	67
21 mars	Vichy à Bucarest (sans doute télégramme circulaire)	Consignes de l'amiral Darlan aux chefs de mission pour la rédaction des télégrammes politiques.	T.	135
29	Vichy à Bucarest (télégramme circulaire)	Consigne de Darlan à tous les agents de s'abstenir de toute relation personnelle avec leurs collègues britanniques.	T.	142
23 mai	Ottawa à Vichy	Levée de boucliers chez les Canadiens anglais contre la France et les représentants de Vichy au Canada, au point de mettre en danger le maintien de la légation française à Ottawa.	D.	224
30 juin	Moscou à Vichy	Suites pratiques de la rupture des relations diplomatiques pour la légation de France à Moscou.	T.	266
1er juillet	Washington à Vichy	Washington ne souhaite pas assurer la protection des intérêts français en URSS.	T.	270
6	Beyrouth à Vichy	Mesures préconisées pour la liaison télégraphique sous-marine Beyrouth-Tunis.	T.	280

---

1 Les lettres C.R., D., L., M, N., N.V., PRO., P.V., RÉS., T., désignent respectivement un compte rendu, une dépêche, une lettre, un mémorandum, une note, une note verbale, un protocole, un procès-verbal, une résolution, un télégramme.

Date	Provenance et Destination	Objet	Nature du Document	Numéro du Document
21 août	Vichy	Récit du périple de la mission diplomatique soviétique en France, de retour vers l'URSS, assorti des observations du représentant du Département sur le personnel de cette mission et les pays traversés jusqu'à la frontière bulgaro-turque.	N.	327
23	Athènes à Vichy	Départ de la plupart des membres du corps diplomatique d'Athènes où ne demeurent plus que huit missions, dont celle de la France, placées dans des conditions très difficiles de fonctionnement.	D.	329
21 oct.	Vichy	Serment de fidélité au chef de l'État pour tous les agents diplomatiques et consulaires et responsabilité personnelle engagée pour les responsables de poste.	N.	387bis

B. LE DÉFI DE LA DISSIDENCE

Date	Provenance et Destination	Objet	Nature du Document	Numéro du Document
1941 13 janvier	Le Caire à Vichy	Activité du Comité de Gaulle : mission de Wiet en Turquie dénoncée par le représentant de la France en Égypte.	D	21
15	Le Caire à Vichy	Instruit par le Premier ministre d'Égypte des plaintes de l'ambassadeur britannique, sir Miles Lampson, sur les « sentiments antibritanniques » de la légation de France, le ministre Pozzi proteste de la « neutralité » de son attitude, alors que l'ambassade de Grande-Bretagne prodigue ses encouragements au « mouvement rebelle au gouvernement légal de la France ».	D.	27
22	Port Saïd à Vichy	Menées du gouvernement égyptien et des autorités britanniques autour de la Compagnie du Canal de Suez, qui pourraient expliquer le soutien indu donné par l'Agent Supérieur en Égypte, de Benoist, aux « Français libres ».	D.	43
3 février	Vichy	Analyse des divergences politiques entre les Français de Londres.	N.	69
21	Mexico à Vichy	Dans la colonie française du Mexique, le loyalisme à l'égard du gouvernement du Maréchal coexiste avec des sympathies gaullistes et pro-anglaises. Le ministre Arvengas est d'avis que ces gaullistes pourraient être ramenés à d'autres sentiments.	D.	99
1er avril	Afrique-Levant à Ministre (Vichy)	Analyse et organigramme du mouvement de dissidence dans la colonie française d'Égypte.	N.	151

Date	Provenance et Destination	Objet	Nature du Document	Numéro du Document
5	Pékin à Vichy	L'ambassadeur Cosme estime nécessaire de sévir contre les instigateurs du mouvement de désertions vers la Dissidence à Shanghaï.	T.	154
20 juin	Mexico à Vichy	Le ministre de France, Gilbert Arvengas, estime inopportune la mesure de déchéance de la nationalité prise à l'encontre de Jacques Soustelle.	D.	246
30	Mexico à Vichy	Retombées, négatives pour Vichy, des événements de Syrie sur la colonie française. Le ministre de France lui-même peine à réfuter les arguments de ceux qui en rejettent la responsabilité sur le gouvernement français et qui rallient de plus en plus nombreux la Dissidence.	D.	267
11 juillet	Rabat à Vichy	Transmission d'une note du chef de la Région de Casablanca faisant état d'un transfert des espoirs des milieux hostiles au rapprochement franco-allemand de la Grande-Bretagne vers les États-Unis.	D.	288
1er oct.	Mexico à Vichy	Campagne au Mexique pour la rupture avec Vichy et la reconnaissance du Comité national français.	D.	366
1er	Vichy (ss-dir. Afrique)	Développement du mouvement gaulliste dans la colonie française d'Égypte et de la « violence gaulliste » à l'encontre des Français loyaux au gouvernement de Vichy après la guerre de Syrie.	N.	367
5 nov.	Vichy (ss-dir. Asie)	La situation troublée à Tahiti, passée depuis un an à la Dissidence, présente des opportunités dont le gouvernement de Vichy pourrait se saisir.	N.	401
28	Vichy à Washington	Protestations à émettre auprès du gouvernement américain pour l'admission des Forces françaises libres au bénéfice de la loi Prêt-Bail et pour les déclarations du président de la commission des Affaires étrangères du Sénat sur l'occupation éventuelle de la Martinique et de la Guyane.	T.	425
25 déc.	Ottawa à Vichy	La prise de possession de Saint-Pierre et Miquelon par la dissidence gaulliste a été faite en dehors de la volonté des Alliés anglo-saxons.	T.	456
26	Washington à Vichy	Confirmation par Washington que les gouvernements des États-Unis, du Canada et de la Grande-Bretagne ne sont pour rien dans le coup de main gaulliste sur Saint-Pierre et Miquelon, et qu'ils entendent rétablir le *statu quo ante*.	T.	457

Date	Provenance et Destination	Objet	Nature du Document	Numéro du Document
30	Washington à Vichy	La position du secrétaire d'État Cordell Hull sur l'affaire de Saint-Pierre et Miquelon accuse un net recul par rapport à sa position première, nettement favorable à Vichy.	T.	461

Voir aussi aux rubriques III-B, L'Empire et ses marges : les intérêts français menacés (Le Proche-Orient), et VII-A, L'URSS (Les relations franco-soviétiques avant juin 1941)

II. LA FRANCE ET SES VAINQUEURS

Date	Provenance et Destination	Objet	Nature du Document	Numéro du Document
		A. L'ALLEMAGNE		
		1. LA FRANCE EN COUPE RÉGLÉE		
1941 24 février	Vichy (Bureau d'études Chauvel)	L'Allemagne mène en Lorraine une politique de germanisation brutale depuis l'armistice.	N.	111
17 mars	Wiesbaden (Délégation pour les Affaires économiques) à Vichy (Dir. pol.)	Avalanche d'exigences allemandes nouvelles ou accrues, notamment dans le domaine des fabrications de guerre ou de livraison de matières premières stratégiques. Elles traduisent, semble-t-il, la résignation du Reich à devoir livrer une guerre de longue durée.	N.	132
3 juillet	Vichy	Principes et moyens de la lutte contre la mainmise du capital allemand sur les entreprises françaises.	N.	277
20 oct.	Vichy (Dir. pol.)	Dépeuplé, pillé, le département des Ardennes, situé pour l'essentiel en zone interdite, est l'objet d'une entreprise de colonisation par le Reich.	N.	386
26 déc.	Belgrade à Vichy	Tentatives allemandes pour s'adjuger des intérêts économiques français en Yougoslavie.	T.	458
		2. LA POLITIQUE DE COLLABORATION		
1941 4 février	Vichy (ss-dir. Europe)	Il faut se préparer à ce qu'engagée dans une guerre sans merci, l'Allemagne insiste pour obtenir l'appui de la flotte française et l'usage des bases méditerranéennes. Dans la perspective de discussions particulièrement délicates, il conviendrait de « normaliser » les contacts entre les diplomaties française et allemande.	N.	72

Date	Provenance et Destination	Objet	Nature du Document	Numéro du Document
11	Beyrouth à Vichy	Au terme de son voyage en Syrie, le délégué allemand Von Hentig a exprimé au général Dentz diverses doléances, mais sur un ton courtois et en se situant dans le cadre de la politique de collaboration.	T.	84
4 mai	Guerre à Affaires étrangères (Vichy)	Instructions du ministre de la Guerre au Commandant en chef au Levant en cas de survol ou d'atterrissage d'avions allemands en route vers l'Irak.	T.	198
13	Vichy (Dir. pol. et comm.)	Note sur la négociation économique en cours avec l'Allemagne dans la perspective d'une contrepartie sur des concessions politiques éventuelles.	N.	207
19	Vichy à tous les postes	Communication à tous les postes par l'amiral Darlan d'éléments sur l'esprit qui l'anime dans les négociations franco-allemandes en cours.	T.	214
20	Washington à Vichy	Nervosité du secrétaire d'État Cordell Hull et du président Roosevelt devant les négociations franco-allemandes. L'ambassadeur Henry Haye s'est efforcé de les apaiser.	T.	215
20	Dublin à Vichy	Un collaborateur de la légation, rentré de Londres, témoigne de l'indignation de l'opinion britannique devant les développements récents de la collaboration franco-allemande. Il est frappant cependant de voir les États-Unis exprimer plus nettement encore ce sentiment.	T.	216
21	Vichy	Note de l'amiral Darlan pour éclairer les agents, inquiets de ses conversations récentes avec Hitler et de la situation en Syrie, sur sa « grande politique » à l'égard de l'Allemagne.	N.	219
23	Vichy à Bucarest	Communication de l'allocution prononcée par l'amiral Darlan le 23 mai à la radio sur les négociations avec l'Allemagne.	T.	223
30 juin	Wiesbaden à Vichy	L'étendue des problèmes dont s'est chargée l'Allemagne en multipliant les conquêtes en Europe donne d'autant plus de prix à la collaboration économique française, en échange de laquelle la France est en droit d'attendre des « concessions substantielles ».	D.	268
2 juillet	Vichy	Sur l'engagement volontaire de combattants français « pour la lutte contre le communisme ».	N.	276

Date	Provenance et Destination	Objet	Nature du Document	Numéro du Document
11	Weygand à Vichy	Évaluation de la situation diplomatique de la France au lendemain de l'attaque alliée en Syrie et de l'invasion de la Russie par l'Allemagne. Il ne faut pas rompre avec l'Allemagne mais maintenir très haut les exigences politiques françaises, en l'occurrence les contreparties demandées contre les concessions mentionnées dans le Protocole de Paris.	N.	289
18	Athènes à Vichy	Les manifestations de collaboration franco-allemande auxquelles a donné lieu le passage des renforts français pour la Syrie ont fait du tort à l'image de la France dans l'opinion grecque.	D.	290
5 oct.	Vichy	L'amiral Darlan justifie la politique de collaboration en général et entend donner satisfaction à l'Allemagne qui réclame l'éviction du général Weygand de ses fonctions en Afrique du Nord.	N.	371
2 nov.	Vichy (Darlan à Benoist-Méchin)	Nomination de Scapini comme chef de la délégation française à Berlin, en charge de la protection des intérêts français en Allemagne, assurée auparavant par les Américains.	N.	397
30	Vichy	Sur la conférence anti-Komintern de Berlin et la place donnée par le Reich à la France dans la nouvelle Europe.	N.	427
1er déc.	Vichy	Entretien entre le maréchal Pétain et le maréchal Goering à Saint-Florentin.	C.R.	429

3. L'ALLEMAGNE EN GUERRE : DES FAIBLESSES ?

Date	Provenance et Destination	Objet	Nature du Document	Numéro du Document
1941 23 mai	Sofia à Vichy	Résumé des propos que tiennent les officiers allemands cantonnés en Bulgarie sur le déroulement futur de la guerre.	T.	222
1er juin	Berne à Vichy	En dépit des succès militaires, une certaine lassitude se répandrait dans la population du Reich, ce qui explique l'émotion profonde causée par le geste de Rudolf Hess.	T.	229
26	Wiesbaden à Vichy	Le public allemand semble plus inquiet et abattu qu'enthousiaste devant la guerre contre la Russie.	D.	259
10 juillet	Berne à Vichy	Berlin s'inquièterait de l'importance de ses pertes humaines en Russie ainsi que de l'étendue des destructions opérées par les troupes russes en retraite, sauf en Lituanie où les grandes installations productives ont été préservées. Par ailleurs, la propagande soviétique aurait un impact sur l'opinion allemande.	T.	284

Date	Provenance et Destination	Objet	Nature du Document	Numéro du Document
2 août	Berne à Vichy	Émotion de l'opinion allemande devant les souffrances et les pertes de la Wehrmacht en Russie et la recrudescence des bombardements britanniques sur les villes d'Allemagne.	D.	310
9	Berne à Vichy	De bonne source journalistique, la Wilhelmstrasse tiendrait l'invasion de l'Angleterre pour impossible, en raison de la situation militaire en Russie. La population allemande serait du reste de plus en plus lasse de la guerre et pessimiste sur son issue.	T.	314
29	Wiesbaden à Vichy	L'atmosphère s'alourdit en Allemagne du fait des restrictions croissantes alors que la propagande avait promis à la population le maintien d'un niveau de vie élevé, ainsi que des quantités énormes d'essence exigées par la guerre contre l'URSS – ce qui pourrait inciter le Reich à lancer une offensive au Proche-Orient.	N.	334
21 sept.	Bucarest à Vichy	Renseignements tendant à conclure que la situation pétrolière de l'Allemagne est nettement plus faible que par le passé.	D.	357
6 nov.	Bucarest à Vichy	Importance croissante des pétroles roumains pour le Reich.	D.	405
13	Berne à Vichy	Renseignements sur le moral, bon, des Allemands, en dépit des déceptions des milieux militaires sur l'état du front russe, et sur le moral, beaucoup plus incertain, des Italiens.	D.	411
8 déc.	Bucarest à Vichy	Analyse du problème posé à l'Allemagne par son ravitaillement en pétrole et produits dérivés, ses plans pour les pétroles roumains et ceux, gigantesques, en vue d'utiliser bientôt les pétroles russes.	D.	439

4. LES PAYS VOISINS DU NORD-OUEST OCCUPÉS PAR LE REICH

Date	Provenance et Destination	Objet	Nature du Document	Numéro du Document
1941 7 janvier	Vichy (ss-dir. Europe)	La Direction politique souhaiterait que le ministère de l'Intérieur l'autorise à envoyer un délégué dans les camps d'internement où ont été placés les Belges et Luxembourgeois réfugiés en France, « amis de la France », au milieu d'« étrangers indésirables », contrairement à la promesse qui leur avait été faite.	N.	6

Date	Provenance et Destination	Objet	Nature du Document	Numéro du Document
27	Vichy (ss-dir. Europe)	Une photographie de Rotterdam bombardée, parue dans la revue *Signal*, donne une idée de la tragédie qui a frappé le grand port néerlandais le 14 mai 1940 et explique la capitulation du pays, le 15.	N.	52
28	Vichy (ss-dir. Europe)	Visite en décembre du roi des Belges à Hitler à Berchtesgaden, mais Léopold, se considérant comme prisonnier de guerre, est resté sur la réserve. Les rumeurs faisant état d'une offre de paix séparée sont donc sans fondement.	N.	53
29	Royat (Bureau Sarrien), Vichy	Tri opéré par les autorités allemandes entre leurs prisonniers de guerre belges, les Flamands étant toujours mieux traités que les Wallons.	N.	56
16 février	Vichy à New York	Sommation à la Banque de France à propos de l'or belge devant les tribunaux américains. Arguments à lui opposer.	T.	90
16 avril	Vichy (ss-dir. Europe)	Malgré la discrétion des Allemands sur le sort futur réservé à la Belgique, certains faits indiquent la nature de leurs projets à son sujet.	N.	161
19 août	Vichy (ss-dir. Europe)	Multiplication des manifestations d'hostilité contre l'occupant en Belgique.	N.	324

5. LA « QUESTION JUIVE » EN FRANCE ET DANS L'EMPIRE

Date	Provenance et Destination	Objet	Nature du Document	Numéro du Document
1941				
4 avril	Ambassade des États-Unis aux Affaires étrangères (Vichy)	Protestation du gouvernement grand-ducal contre l'internement de citoyens luxembourgeois, expulsés du Grand-Duché parce que juifs.	L.	153
20 juin	Vichy	Instructions aux agents diplomatiques au sujet des certificats ethniques.	L.	247bis
7 oct.	Tunis à Vichy	Rapport de l'amiral Esteva sur la mise en ordre administrative et le traitement des « Affaires juives » en Tunisie.	D.	372
14 nov.	Vichy à tous les postes	Prescription concernant l'immatriculation des Juifs d'Algérie, désormais sujets et non plus citoyens français.	L.	412

Date	Provenance et Destination	Objet	Nature du Document	Numéro du Document

B. L'ITALIE

1. L'ALLIÉE FIDÈLE DE L'ALLEMAGNE

Date	Provenance et Destination	Objet	Nature du Document	Numéro du Document
1941 30 janvier	Berne à Vichy	Informations sur la rencontre d'Hitler et de Mussolini à Berchtesgaden : renforcement de l'Axe et du concours militaire allemand aux opérations italiennes en Méditerranée, occupation de tout le territoire français. Mais, pour Berlin, le sort de la guerre ne se décidera pas en Afrique mais contre la Grande-Bretagne.	T.	59
19 avril	Délégation française à Turin à Guerre (Vichy)	Les victoires de l'Axe dans les Balkans et en Cyrénaïque accentuent les sentiments anti-français en Italie.	D.	168
1er mai	Vichy	Éléments de réflexion contestant la décision de livrer aux forces de l'Axe en Tripolitaine 500 camions stockés en Tunisie.	N.	192

2. L'USAGE ABUSIF DE LA CONVENTION D'ARMISTICE

Date	Provenance et Destination	Objet	Nature du Document	Numéro du Document
1941 11 janvier	Vichy (Guerre) à Turin (Délégation française)	Devant la politique d'infiltration de plus en plus active menée par Rome dans la zone démilitarisée de France métropolitaine et surtout en Afrique du Nord, il convient que la Délégation française à la commission d'armistice de Turin s'élève contre des agissements contraires aux clauses de la convention d'armistice.	D.	17
13	Vichy (Dir. pol. adj.)	Ouverture de pourparlers à Turin sur le rapatriement et l'assistance aux Italiens établis en France, alors que cette question n'est pas de la compétence de la commission d'armistice. Ce genre d'innovation risque d'être lourd de conséquences pour la souveraineté française, en particulier en Tunisie, mais augure peut-être aussi d'une détente dans les relations franco-italiennes.	N.	23
4 mai	Tunis à Vichy	Mécontents de ne pas être inclus dans la livraison de camions en Tripolitaine, les Italiens sont d'une manière générale insatisfaits de la place qui leur est faite et cherchent à étendre par tous les moyens leurs attributions en marge de la convention d'armistice.	T.	196

Date	Provenance et Destination	Objet	Nature du Document	Numéro du Document
Début oct. (s.d.)	Tunis à Vichy	Accord technique pour la livraison de blé et d'huile d'olive de Tunisie à la Libye, à la suite de l'accord franco-italien du 31 août 1941.	P.V.	368

3. LES VISÉES SUR LE TERRITOIRE FRANÇAIS

Date	Provenance et Destination	Objet	Nature du Document	Numéro du Document
1941				
3 février	Vichy (Dir. pol.)	Les activités déployées au Centre d'accueil de Menton où sont regroupés des Italiens venant de France reflètent les visées italiennes sur le comté de Nice et certaines vallées savoyardes.	N.	68
1er mars	Vichy	Nature du programme de revendications italiennes contre la France en cas de négociations sur un traité de paix.	N.	118
17 oct.	Vichy (Dir. pol.)	Bien que proclamées depuis 1938, les revendications italiennes sur la Corse se sont fait discrètes, car Rome tient à laisser sur l'avant-scène l'irrédentisme corse lui-même.	N.	384
22 nov.	Vichy (Dir. pol.)	Historique des prétentions italiennes sur le comté de Nice depuis le début de la guerre.	N.	422

Voir aussi aux rubriques III-A, B, L'Empire et ses marges : les intérêts français menacés (L'Afrique du Nord ; Le Proche-Orient), IV, Bouleversements dans les Balkans, V, La prudence turque, VI, L'Europe du Nord et de l'Est, VII, L'URSS

III. L'EMPIRE ET SES MARGES : LES INTÉRÊTS FRANÇAIS MENACÉS

Date	Provenance et Destination	Objet	Nature du Document	Numéro du Document
		A. L'AFRIQUE DU NORD		
1941				
24 janvier	Wiesbaden, délégation française au président de la commission allemande	Observations françaises, non de principe mais de forme, sur la décision du Reich d'envoyer une commission de contrôle à Casablanca.	L.	46

Date	Provenance et Destination	Objet	Nature du Document	Numéro du Document
31	Vichy	Le penchant pro-anglais des « indigènes » d'Afrique du Nord impose de leur procurer sans délai les denrées alimentaires et les carburants qui leur sont indispensables.	N.	62
3 février	Alger à Vichy	Le général Weygand n'a pas l'intention de recevoir le colonel Donovan, qui n'a pas de mission officielle. Le prévenir qu'il ne sera pas autorisé à entrer en Afrique du Nord.	T.	66
1er mars	Rabat à Vichy	Informations sur l'activité extra-conventionnelle de la commission d'armistice allemande à Casablanca.	N.	117
3	Rabat à Vichy	Rapport d'un observateur averti, de retour d'Espagne, sur l'état du pays et la question marocaine.	D.	119
17	Vichy	Le gouvernement français s'inquiète des effectifs et des attributions données par la commission d'armistice allemande à la commission militaire allemande de Casablanca.	N.	131
4 juin	Colonies (amiral Platon) aux Affaires étrangères (amiral Darlan)	Appel aux responsables de l'Afrique du Nord française pour organiser une campagne de propagande coloniale intitulée « Semaine impériale française ».	L.	234
18	Vichy à Alger (Délégation générale du gouvernement en Afrique française)	Le Département désirerait limiter le nombre des vice-consuls américains faisant fonction de contrôleurs des importations américaines en AFN, de crainte des réactions des commissions d'armistice de Wiesbaden et de Turin.	T.	243
11 juillet	Rabat à Vichy	Plaintes du conseiller d'Allemagne Auer sur l'ampleur de la propagande américaine au Maroc. Le général Noguès estime qu'il faudrait obtenir que celle-ci se modère.	T.	285
6 août	Tunis (Esteva) à Alger (Weygand)	Nouvelles diverses concernant la Tunisie, l'attitude américaine, italienne et allemande dans ce pays.	D.	311
3 sept.	Casablanca à Vichy	Renseignements sur la composition du consulat américain de Casablanca, et ses missions relatives à la répartition des importations américaines, mais surtout son travail de propagande dans les milieux européens et indigènes.	N.	337
8	Rabat à Vichy	Déficiences de la police et des services de sécurité au Maroc face à l'activité déployée par le SR allemand.	N.	342

Date	Provenance et Destination	Objet	Nature du Document	Numéro du Document
27	Amirauté à Affaires étrangères	Propagande des consuls américains auprès des notables indigènes.	N.	364
11 oct.	Alger à Vichy	Mise en garde du général Weygand contre toute extension des attributions de la mission Auer-Klaube au Maroc dont les agissements sont déjà difficiles à surveiller.	D.	377
14	Alger à Vichy	Le général Weygand a invité les vice-consuls et contrôleurs américains en Afrique du Nord à plus de discrétion, mais juge de bonne politique de ménager les États-Unis pour le bien de l'économie nord-africaine, mais aussi dans la perspective de l'après-guerre.	D.	380
25	Vichy à Weygand (Alger-Rabat)	Cumul par Auer, avec l'accord du gouvernement français, des attributions de représentant de la Délégation allemande d'armistice pour les affaires économiques et de celles de consul général d'Allemagne dans la zone française du Maroc.	T.	389
25	Alger à Vichy	Déjà très inquiet du développement de la pénétration des puissances de l'Axe en Afrique du Nord, le général Weygand voit l'arrivée de représentants diplomatiques allemands avec appréhension. Aussi prône-t-il l'obtention d'une série de garanties.	D.	390
30	Rabat à Vichy	Tout en assurant le gouvernement que ses directives seront suivies, le général Noguès souligne, comme Weygand, les dangers de l'installation d'un nouveau consulat général allemand à Casablanca, et appuie les propositions de ce dernier.	T.	395
16 nov.	Rabat à Vichy	En donnant l'ordre aux soldats allemands de circuler en uniforme au Maroc, le général Schultheiss prend une initiative dommageable au prestige de la France et au maintien de l'ordre. Le général Noguès insiste sur la nécessité d'obtenir l'abrogation de cette mesure.	T.	414
20	Vice-présidence du Conseil à Affaires étrangères (Vichy)	Action allemande de plus en plus intrusive au Maroc.	N.	418

Date	Provenance et Destination	Objet	Nature du Document	Numéro du Document
15 déc.	Rabat à Vichy	Signalement du comportement d'un vice-consul américain au Maroc, Pendar, chargé de surveiller la répartition du ravitaillement provenant des États-Unis. Il pourrait alimenter les plaintes du Reich.	D.	452

B. LE PROCHE-ORIENT

1. Intrigues au Levant

Date	Provenance et Destination	Objet	Nature du Document	Numéro du Document
1941 20 janvier	Djeddah (via Beyrouth) à Vichy	Entretien entre Ballereau et le roi d'Arabie saoudite à propos de la situation en Syrie. Appréhendant une victoire britannique qui se traduirait par un partage de la Syrie entre les Juifs de Palestine, les Turcs et l'émir Abdallah de Transjordanie, le roi combattra, quel que soit l'avis de Vichy, les intrigues de ce dernier ainsi que des Anglais en Syrie.	T.	32
5 février	Alep à Vichy	Interdit d'entrée en Syrie, le colonel Donovan s'est envolé vers la Palestine, mais le capitaine de Bernonville a pu s'entretenir des intentions américaines avec l'attaché naval à l'ambassade des États-Unis en Turquie.	D.	74
6	Bagdad à Vichy	Développement d'une campagne antifrançaise dans les milieux commerçants syriens d'Irak, à laquelle la Grande-Bretagne n'est sans doute pas étrangère.	D.	76
30 avril	Djeddah (via Beyrouth) à Vichy	Le roi d'Arabie saoudite se déclare satisfait des récentes mesures politiques annoncées en Syrie. Toujours opposé aux ambitions syriennes de la Turquie et des princes hachémites de Bagdad et d'Amman, il n'interviendra pas sur cette question et engagera ses amis arabes à ne pas gêner l'action de la France.	T.	184
1er juin	Djeddah (via Beyrouth) à Vichy	Menées antifrançaises de la propagande britannique dans le monde arabe.	T.	228
14 juillet	Bagdad à Vichy	De retour de Djeddah, l'émir Fayçal déplore le rôle des Anglais, fauteurs de guerre, en Syrie. Selon lui, le roi Ibn Séoud navigue avec prudence entre le maintien de bonnes relations avec les Anglais, son hostilité aux Juifs, aux bolchevistes et à l'émir Abdallah de Transjordanie, et une stricte neutralité envers l'Allemagne et l'Italie.	T.	291

Date	Provenance et Destination	Objet	Nature du Document	Numéro du Document
2 déc.	Ankara à Vichy	Exploitation par les Turcs de l'influence du publiciste syrien Djelal-eddine Auf, réfugié chez eux, pour améliorer l'image de la République kémaliste dans le monde arabe.	D.	432

2. L'ÉCHEC DU SOULÈVEMENT ANTI-BRITANNIQUE EN IRAK

Date	Provenance et Destination	Objet	Nature du Document	Numéro du Document
1941 7 février	Bagdad à Vichy	Depuis la cession du Sandjak d'Alexandrette par la France à la Turquie et les accords anglo-franco-turcs d'octobre 1939, les pays arabes n'ont plus confiance dans les Alliés. Là sans doute réside l'une des causes des difficultés que rencontre l'Angleterre en Irak.	D.	78
30 avril	Ankara à Vichy	Informations sur le coup d'État intervenu en Irak qui illustre la force des sentiments anti-britanniques chez les Arabes et le succès parmi eux de la propagande allemande.	T.	185
4 mai	Bagdad à Vichy	Le litige anglo-irakien sur l'interprétation des clauses militaires du traité de 1930 vient de dégénérer en conflit armé. Récit des événements et documents émanant de la partie irakienne.	D.	197
6	Bagdad à Vichy	Évolution du conflit anglo-irakien. Sans succès des Irakiens ni l'arrivée d'une aide tangible de l'Axe, la démoralisation menace la population.	D.	200
12	Bagdad à Vichy	Les victoires anglaises en Irak laissent présager un effondrement de l'armée et du régime irakiens. Il paraît peu probable que l'Irak puisse recevoir une aide significative de l'Axe. Quant à ses voisins – l'Arabie saoudite, l'Iran –, ils désapprouvent la révolte.	D.	205
4 juin	Bagdad à Vichy	Le régime de Rachid Ali a été défait en Irak par les troupes britanniques et l'ordre constitutionnel antérieur rétabli autour du Régent, non sans troubles populaires. L'ordre, rétabli, reste cependant précaire et il y a lieu de s'attendre à des rapports très difficiles entre la légation de France et les autorités britanniques.	D.	235
24 juillet	Bagdad à Vichy	Moins de deux mois après le conflit anglo-irakien, la prospérité est revenue en Irak. En revanche la situation politique, dans ce pays pluriethnique et sans classe dirigeante, est toujours incertaine.	D.	302

Date	Provenance et Destination	Objet	Nature du Document	Numéro du Document
4 nov.	Bagdad à Vichy	Après l'échec du régime de Rachid Ali en Irak, le nouveau président du Conseil Nouri Pacha a annoncé la prochaine rupture des relations diplomatiques entre Bagdad et Vichy.	D.	399

3. L'ENJEU DE LA SYRIE ET DU LIBAN

Date	Provenance et Destination	Objet	Nature du Document	Numéro du Document
1941 24 mai	Vichy à Washington	Péniblement impressionné par les réactions américaines aux événements de Syrie, le gouvernement français fournit au secrétaire d'État des explications et des assurances susceptibles d'apaiser ses craintes.	T.	225
12 juin	Beyrouth à Vichy	Selon le général Dentz, l'attaque anglaise contre la Syrie et le Liban se doublerait d'une opération politique auprès des Syriens et des Libanais désireux surtout d'éviter les ravages de la guerre. Il combat de son mieux la propagande britannique.	T.	238
13	Madrid à Vichy	Traduction de la note britannique et de son annexe du 12 juin relatives à la politique de collaboration française avec les puissances de l'Axe dans les États du Levant et à l'impossibilité pour le Royaume-Uni de tolérer de tels actes.	T.	242
27	Vichy	Le gouvernement français est disposé à autoriser le général Dentz à entrer en contact avec le général Wilson pour examiner les conditions de cessation des opérations militaires en Syrie et au Liban.	M.	261
15 sept.	Guerre à Cabinet Darlan (Vichy)	Afin de préparer le retour de la France au Levant, le général Huntziger a préconisé la création d'un organisme chargé de centraliser les questions relatives à la politique arabe, idée approuvée par l'amiral Darlan, qui a désigné le général Dentz pour le diriger. Huntziger suggère de lancer immédiatement une action visant à nuire aux Gaullistes.	L.	348
21 oct.	Huntziger à Darlan (Vichy)	Le général Huntziger propose une concertation politique au ministère des Affaires étrangères avant de lancer au Levant un plan d'action propre à favoriser, à terme, les conditions d'un retour des autorités de Vichy dans les États du Levant.	L.	387

Date	Provenance et Destination	Objet	Nature du Document	Numéro du Document
15 mai	Ankara à Vichy	Tour d'horizon par l'ambassadeur d'Allemagne à Ankara sur les affaires du Proche-Orient, les relations germano-soviétiques et franco-allemandes.	T.	209
25	Moscou à Vichy	À Moscou, entre les deux possibilités qui s'offrent au Reich – une poussée vers l'Est ou une poussée vers le Sud –, le corps diplomatique donne la faveur à la seconde. Une hypothèse qui semble corroborée par le coup de main allemand en Crète.	D.	226
21 août	Berne à Vichy	Préoccupés par le cours de la guerre à l'Est, les cercles entourant Ribbentrop songeraient à conclure la paix avec la France, de source américaine. Par ailleurs, les Allemands songeraient à arrêter sous peu les opérations en Russie, pour pousser vers le Proche-Orient pétrolier, alors que les Britanniques s'apprêteraient à agir en Libye.	T.	325
4 sept.	Berne à Vichy	Prévisions concernant le déroulement de la guerre contre l'Angleterre et la Russie et au Moyen-Orient recueillies dans les milieux de la légation d'Allemagne à Berne.	T.	338
5 nov.	Ankara à Vichy	Analyse détaillée du dispositif militaire britannique en Orient qui, selon J. Helleu, est « destiné à devenir, l'année prochaine, le théâtre d'une exceptionnelle activité. »	D.	400

C. L'AFRIQUE NOIRE

Date	Provenance et Destination	Objet	Nature du Document	Numéro du Document
1941				
5 janvier	Alger (Délégation générale du Gouvernement en Afrique du Nord) au Maréchal Pétain (Vichy)	Compte rendu par le général Weygand de son entrevue à Dakar avec Robert Murphy, chargé d'affaires américain en France. Esquisse d'un plan d'aide économique des États-Unis à l'Afrique française qui permettrait à Vichy d'y consolider son emprise.	D.	2
6 février	Djibouti à Vichy	Coincée entre les Anglais et les Italiens et contrainte à la plus stricte neutralité, la Côte française des Somalis a pu se ravitailler auprès des Italiens. À présent que menace de s'effondrer l'Afrique orientale italienne, il faut trouver le moyen d'y acheminer des vivres et des médicaments sous peine de troubles graves.	D.	75

Date	Provenance et Destination	Objet	Nature du Document	Numéro du Document
4 mars	Vichy	La menace d'un coup de main britannique sur la Côte française des Somalis se précisant, l'amiral Platon préconise de réclamer à la Commission italienne d'armistice la restitution du matériel de guerre confisqué à la colonie.	N.	121
1er avril	Colonies aux Affaires étrangères (Vichy)	Aggravation de la situation du ravitaillement et risque de dissidence accrue en Côte française des Somalis. Le gouverneur demande des instructions pour y parer.	D.	149
26	Vichy à Madrid	Devant la menace d'une attaque de la Côte française des Somalis par le général Le Gentilhomme, rallié à la Dissidence, l'amiral Darlan demande à l'ambassadeur à Madrid d'avertir son collègue britannique que son gouvernement défendra la colonie, comme il avait défendu l'AOF à Dakar.	T.	178

D. LES QUESTIONS ASIATIQUES

1. UNE PRESSION JAPONAISE ACCRUE SUR L'INDOCHINE

Date	Provenance et Destination	Objet	Nature du Document	Numéro du Document
1941 9 janvier	Hanoï à Vichy	Typologie par le Résident général, l'amiral Decoux, des incidents suscités par les militaires japonais en Indochine. En dépit des assurances données par Tokyo, ces derniers mènent une politique indépendante, visant à détruire le prestige des autorités françaises et à occuper totalement l'Indochine.	T.	11
15	Vichy à Washington	La défense de la côte d'Annam et de Cochinchine contre les prétentions émises, sinon par Tokyo, du moins par les militaires japonais en Indochine, apparaît comme un élément de la défense des Indes néerlandaises. Saisir toute occasion d'attirer l'attention du Département d'État sur ce point.	T.	26
20	Vichy (ss-dir. Asie)	Entretien de Benoist-Méchin avec le négociant de Bordeaux, Étienne Denis, sur le caoutchouc d'Indochine. Les quantités que la France a prévu de livrer à l'Allemagne ne satisferaient pas le Reich, qui y verrait une raison de pousser le Japon à prendre le contrôle de l'Indochine.	N.	36
Fin janvier 1941	Vichy	Historique, depuis décembre 1940, de la question des avions bloqués par les États-Unis en Martinique, dans la perspective de la défense de l'Indochine.	N.	63

Date	Provenance et Destination	Objet	Nature du Document	Numéro du Document
17 avril	Vichy à Tokyo	Octroi à l'ambassadeur de France à Tokyo de la liberté d'action et d'appréciation demandée pour parvenir à une conclusion rapide des négociations économiques nippo-indochinoises, dans les limites toutefois, si possible, des instructions communiquées par l'amiral Darlan.	T.	163
19	Vichy à Hanoï et Tokyo	Compte rendu des échanges du 16 avril entre la Direction des Affaires commerciales et le représentant du Japon à Vichy, Harada, sur la négociation économique nippo-indochinoise en cours.	T.	167
23	Vichy (ss-dir. Asie) à Ministre	Le gouvernement japonais ayant acquiescé à l'ouverture d'un consulat français à Formose, il y a lieu de pourvoir sans tarder ce poste, obtenu en échange de l'ouverture d'un consulat japonais à Hué (Annam). Le principe de réciprocité devrait être appliqué également à propos de la décision des Japonais d'élever leur consulat de Saigon au rang de consulat général.	N.	174
25	Colonies à Affaires étrangères (Vichy)	Opposition de l'amiral Decoux à l'installation d'un consulat japonais à Hué.	T.	176
15 juillet	Vichy à Paris	Demande à Benoist-Méchin d'intervenir auprès d'Abetz à la suite du mémorandum du Japon sur l'accord de coopération militaire.	L.	292
19	Amiral Darlan à ambassadeur du Japon, Vichy	Demande par la France d'un délai pour répondre au mémorandum japonais du 14 juillet proposant une coopération militaire franco-japonaise pour la défense de l'Indochine.	N.	296
22	Hanoï à Vichy	L'amiral Decoux prend acte de l'accord de coopération militaire franco-japonais tout en déplorant que la France ait dû y souscrire.	T.	297
14 août	Vichy à Alger	Argumentaire destiné à expliquer les raisons qui ont conduit la France à signer l'arrangement sur l'Indochine avec le Japon, et à répondre ainsi aux critiques soulevées par cette décision.	T.	318
4 sept.	Vichy (Dir. pol.) à Ministre	Une négociation d'importance capitale est engagée entre le Japon et les États-Unis pour un règlement général du problème du Pacifique. La France aurait intérêt à demander à Washington l'inclusion de la question de l'Indochine dans ce règlement général.	N.	339

Date	Provenance et Destination	Objet	Nature du Document	Numéro du Document
5	Vichy à Washington	Instruction de l'amiral Darlan pour l'ambassadeur de France à Washington afin qu'il sollicite l'inscription de l'Indochine dans l'agenda des négociations américano-japonaises sur le Pacifique.	T.	340
15	Vichy (Dir. pol.)	Récapitulation des accords franco-japonais relatifs à l'Indochine depuis 1940, avec une attention particulière portée à la genèse et à la portée de l'accord du 29 juillet 1941 sur la coopération franco-japonaise pour la défense de l'Indochine.	N.	349
10 oct.	Vichy à Washington et Pékin	Devant la multiplication des incidents suscités par le mépris des autorités japonaises pour les accords de septembre 1940 et de juillet 1941, le gouvernement français est résolu à résister « par tous les moyens » aux tentatives faites pour porter atteinte à sa souveraineté en Indochine, et l'a fait savoir à Berlin et à Washington.	T.	374
6 nov.	Vichy (ss-dir. Asie)	Note appuyant, à l'égard des Japonais en Indochine, la « politique de fermeté et de souplesse » préconisée par la note du 4 novembre.	N.	404
29	Vichy (ss-dir. Asie) à Ministre	Les inquiétudes extérieures du Japon (résistance des Russes face aux Allemands, blocus imposé par Washington) permettent de maintenir à l'égard de ses prétentions toujours plus impérieuses en Indochine, l'attitude de résistance définie début octobre.	N.	426

2. LE CONFLIT FRANCO-THAÏLANDAIS : UNE MÉDIATION JAPONAISE IMPOSÉE

Date	Provenance et Destination	Objet	Nature du Document	Numéro du Document
1941				
10 janvier	Vichy (ss-dir. Asie)	Depuis juin 1940, la pression du Japon contraint les autorités françaises à une politique d'« accommodements » avec Tokyo. Fructueuse à divers titres, cette politique a cependant introduit les Japonais dans la place. Leurs abus ont, entre autres retombées négatives, provoqué des tensions inquiétantes, à l'égard de l'Indochine, avec la Chine et la Thaïlande, désormais très menaçantes. Il convient de presser Washington de prêter son appui aux autorités françaises.	N.	14

Date	Provenance et Destination	Objet	Nature du Document	Numéro du Document
13	Tokyo à Vichy	Offre de médiation britannique dans le conflit qui oppose la Thaïlande à la France à propos de la frontière indochinoise par une cession « sans délai » des îles du Mékong. L'ambassadeur Arsène-Henry est d'avis de s'entendre directement avec Bangkok.	T.	19
17	Tokyo à Vichy	Le ministre des Affaires étrangères nippon, Matsuoka, désire savoir si Vichy serait ouvert à une seconde offre de médiation du Japon dans le conflit frontalier entre la Thaïlande et l'Indochine française. L'ambassadeur Arsène-Henry persiste à penser que mieux vaut traiter directement avec Bangkok.	T.	29
17	Affaires étrangères à Colonies, Vichy	Dans l'hypothèse d'un ultimatum thaïlandais pour obtenir la cession pure et simple de deux enclaves indochinoises sur la rive droite du Mékong, et sachant l'impossibilité où se trouve le gouvernement français de renforcer la défense de l'Indochine, les Affaires étrangères voudraient connaître d'urgence le sentiment des Colonies sur les possibilités actuelles de résistance du territoire.	D.	30
20	Tokyo à Vichy	Offre de médiation, officielle cette fois, du Japon à la France et à la Thaïlande pour mettre un terme à leur conflit relatif au tracé de la frontière de l'Indochine, en partie, semble-t-il, de crainte d'un recours par la France à la médiation britannique. L'évolution de la situation pousse l'ambassadeur, favorable jusque-là à une négociation directe avec Bangkok, à conseiller d'accepter cette offre.	T.	33
20	Bangkok à Vichy	Après avoir montré une intransigeance croissante dans les négociations engagées entre le 8 et le 16 janvier avec le représentant de la France à Bangkok au sujet du conflit indochinois, un flottement est apparu dans l'attitude thaïlandaise, causé sans doute par la vive réaction anglo-américaine, favorable au maintien du *statu quo* en Asie méridionale.	D.	35
21	Vichy (ss-dir. Asie)	Confronté à une nouvelle offre de médiation japonaise pour régler le conflit frontalier entre la Thaïlande et l'Indochine française, le gouvernement français n'a pas d'autre solution que de l'accepter. Propositions de formulation pour la réponse française à Tokyo, laquelle devra être portée à la connaissance des autorités américaines.	N.	39

Date	Provenance et Destination	Objet	Nature du Document	Numéro du Document
22	Tokyo à Vichy	Conversation « des plus désagréable » entre Jules Henry et le vice-ministre des Affaires étrangères nippon au sujet de l'ouverture de pourparlers directs entre la France et la Thaïlande à Bangkok. Venant d'offrir sa médiation dans cette affaire, Tokyo y voit de la duplicité de la part de la France et l'influence en sous-main de la Grande-Bretagne. Aussi faudrait-il que, si négociation directe il y a, celle-ci aboutisse au plus vite sous peine de voir la tension avec le Japon croître rapidement.	T.	40
26	Bangkok à Vichy	Le « flottement » récemment constaté chez les autorités thaïlandaises a cessé dès l'annonce de la médiation japonaise sur le conflit relatif à la frontière thaïlando-indochinoise. Dès lors, les négociations directes entre Bangkok et Vichy ont cessé, Tokyo imposant la satisfaction intégrale des revendications thaïlandaises.	D.	49
27	Bangkok à Vichy	La campagne anti-française a contraint les religieux français à quitter massivement la Thaïlande. Une menace de confiscation pèse désormais sur leurs immeubles, sans parler de celle visant les Thaïlandais convertis au catholicisme, incités à revenir au boudhisme.	D.	51
30	Vichy à Washington	Le refus des États-Unis de fournir à la France du matériel de guerre pour défendre l'Indochine a eu pour résultats l'intervention de Tokyo dans son conflit avec la Thaïlande et l'établissement de fait de la prépondérance japonaise sur la Péninsule. Vichy n'a plus d'autre ressource que de chercher à retarder par la diplomatie les ambitions du Japon. L'ambassadeur doit en aviser Washington et le prier de consentir à certains aménagements dans sa politique en Extrême-Orient.	T.	60
20 février	Vichy (ss-dir. Asie)	Le règlement proposé par les Japonais dans le conflit franco-thaïlandais est inacceptable, mais le rejeter totalement pourrait se solder par l'éviction de la France.	N.	97
21	Bangkok (via Hanoï) à Vichy	Nouvelle offensive de la propagande thaïlandaise contre l'amiral Decoux et les Français d'Indochine. L'attitude menaçante des médias concorde avec l'envoi d'importants renforts à la frontière indochinoise.	T.	98

Date	Provenance et Destination	Objet	Nature du Document	Numéro du Document
24	Vichy (ss-dir. Asie)	Développements de l'affaire thaïlandaise depuis la remise d'un projet de règlement par les Japonais le 18 février et le refus, assorti de concessions, des Français.	N.	108
28	Vichy (ss-dir. Asie)	Alternative devant laquelle se trouve placée la France à la suite de la menace militaire dont le Japon assortit sa « médiation » dans la question thaïlandaise.	N.	114
3 mars	Vichy (ss-dir. Asie)	Alors que le gouvernement français a accepté l'arbitrage japonais du 27 février sur le conflit avec la Thaïlande, sous réserve de certains correctifs, le gouvernement japonais soumet un nouveau projet de règlement. Vichy l'entérine à condition de modifier le contenu de certaines clauses frontalières.	N.	120
5	Vichy (ss-dir. Asie)	Retour au premier arbitrage japonais de février à propos de la question thaïlandaise après le refus opposé par Bangkok au second plan de règlement de Tokyo.	N.	123
8	Vichy (ss-dir. Asie)	L'essentiel des correctifs demandés par la France étant entérinés, il paraît opportun d'accepter le règlement proposé par Tokyo dans la question thaïlandaise.	N.	126
18	Vichy (ss-dir. Asie à Dir. pol.)	Situation toujours plus menacée de l'Indochine au lendemain de la médiation japonaise dans le conflit franco-thaïlandais. Points de résistance possibles pour faire en sorte de sauver au moins des lambeaux de souveraineté jusqu'au terme de la guerre.	N.	134
21	Vichy	Rapport du colonel Bernard sur l'accord de principe concernant le différend franco-thaïlandais imposé par la médiation japonaise. Selon lui, il n'y a pas lieu de considérer l'accord de Tokyo comme définitif et il convient d'user de tous les arguments juridiques, historiques et ethniques disponibles pour reprendre les pourparlers.	R.	138
1er avril	Colonies à Affaires étrangères (Vichy)	Mécontent du règlement de la crise franco-siamoise, le roi du Laos propose l'adoption de réformes susceptibles de l'apaiser.	T.	148
21 juin	Vichy (Dir. pol.)	Analyses des clauses de la convention de paix signée par la France et la Thaïlande le 9 mai 1941, et de leur portée respective.	N.	249

Date	Provenance et Destination	Objet	Nature du Document	Numéro du Document
		3. La défense des intérêts français en Chine		
1941				
8 janvier	Vichy (ss-dir. Asie)	Évolution préoccupante des relations entre la France et le gouvernement chinois de Tchoung-King. Depuis la fin de 1940 et l'arrivée des troupes japonaises au Tonkin – pourtant en nombre limité – les Chinois suscitent et entretiennent divers litiges avec la France.	N.	10
14 février	Darlan à Colonies (Vichy)	Avis favorable de l'amiral Darlan aux suggestions de l'ambassadeur Cosme pour remédier à la situation financière préoccupante des troupes françaises en Chine.	D.	87
17	Shanghaï à Vichy	De retour de Tchoung-King, l'ambassadeur Cosme trace un tableau de la situation militaire, économique et politique de la « Chine libre ». L'accent est mis sur les relations du général Tchang Kaï-chek avec les États-Unis, l'URSS, la Grande-Bretagne et surtout la France.	D.	92
31 mars	Pékin à Vichy	Parvenu apparemment au terme de sa mission, l'ambassadeur Henry Cosme en trace le bilan et souhaite que, malgré les écueils, la politique de défense des intérêts français en Chine qu'il a menée soit continuée « jusqu'au moment opportun ».	D.	147
22 avril	Pékin à Vichy	Sur les atteintes successives portées au cérémonial suivi à l'égard du représentant de la France à Pékin, au nom du principe du Protectorat catholique.	D.	173
28	Vichy (ss-dir. Asie) à Ministre	Nécessité de surseoir au départ de Robien, nommé ambassadeur à Tchoung-King, et de maintenir l'ambassadeur actuel, sous peine de s'exposer à devoir reconnaître le gouvernement pro-japonais de Nankin.	N.	181
7 mai	Tchoung-King au Wai Kiao Pou	Protestations de l'ambassade de France en Chine contre des incursions de soldats chinois en territoire indochinois.	N.	201
2 juillet	Vichy à Tokyo	Refus de l'amiral Darlan d'imiter l'Allemagne et ses alliés en reconnaissant le gouvernement de Nankin.	T.	272
2	Vichy (ss-dir. Asie à Dir. pol.)	Menaces du gouvernement chinois de Tchoung-King contre l'Indochine dans le cas où la France reconnaîtrait le gouvernement de Nankin.	N.	273

Date	Provenance et Destination	Objet	Nature du Document	Numéro du Document
11	Shanghaï à Vichy	Difficultés croissantes dans les relations franco-chinoises depuis l'installation des Japonais au Tonkin.	T.	286
16	Vichy (ss-dir. Asie) à Ministre	Analyse des raisons pour lesquelles l'Allemagne et l'Italie ont tardé à reconnaître le gouvernement pro-japonais de Nankin. La décision du gouvernement français de n'en rien faire a diminué la tension entre la France et la Chine de Tchang Kaï-chek.	N.	293
31 oct.	Vichy (ss-dir. Asie) à Benoist-Méchin	Réponses à fournir aux plaintes formulées à Wiesbaden par le consul général Schellert à propos de l'interdiction de vente qu'auraient édictée les autorités françaises de la concession française de Shanghaï contre le matériel de propagande allemand.	N.	396
6 nov.	Vichy (ss-dir. Asie) à Benoist-Méchin	Facilités faites à la propagande et à la présence allemandes dans la Concession française de Shanghaï.	N.	403
9 déc.	Pékin à Vichy	Le gouvernement chinois de Tchoung-King a été informé de l'intention de Vichy de rester neutre dans le conflit du Pacifique. Mais Cosme est d'avis que si les Chinois attaquent le Tonkin, la France devra défendre solidairement sa colonie aux côtés des Japonais.	T.	440
9	Shanghaï à Vichy	Le Japon s'affirme décidé à respecter la neutralité des concessions françaises en Chine, et à ne modifier ni le statut ni l'administration de Shanghaï.	T.	441
10	Vichy (ss-dir. Asie) à Ministre	Visite du chargé d'affaires de Chine à la sous-direction d'Asie à Vichy, pour parler de la volonté marquée par la France de rester neutre dans la guerre du Pacifique.	N.	443
15	Shanghaï à Vichy	La Concession française a traversé sans mal la phase d'adaptation de l'installation des Japonais à Shanghaï. Le consul général est seulement préoccupé par la question du ravitaillement.	T.	451
17	Vichy (ss-dir. Asie)	Apaisement fourni au gouvernement chinois de Tchoung-King, peu convaincu, à propos de la neutralité de la France dans le conflit du Pacifique.	N.	453

Voir aussi aux rubriques II-A, La France et ses vainqueurs (L'Allemagne), VIII-A,B, Les Amériques (Les États-Unis, un appui nécessaire ; La défense des possessions françaises en Amérique du Nord), XI-A, L'extension de la guerre en Extrême-Orient (Le conflit sino-japonais)

IV. BOULEVERSEMENTS DANS LES BALKANS

Date	Provenance et Destination	Objet	Nature du Document	Numéro du Document
		A. ROUMANIE		
		1. Spéculations sur la présence allemande en Roumanie (hiver-printemps 1941)		
1941 4 janvier	Bucarest à Vichy	Informations sur le renforcement de la présence militaire allemande en Roumanie et hypothèses sur les desseins de Berlin en Europe du Sud-Est.	D.	1
11	Bucarest à Vichy	Renforcement du potentiel militaire allemand en Roumanie. Selon le général Antonescu, ces préparatifs visent l'URSS, mais on ne voit pas dans ce cas pourquoi le dispositif serait aussi dense au voisinage de la Bulgarie, comme s'il était projeté de passer le Danube.	T.	15
14	Athènes à Vichy	Spéculations du sous-secrétaire d'État aux Affaires étrangères grec sur les intentions de l'Allemagne qui disposerait de 150 000 hommes en Roumanie. Selon lui, Berlin n'aurait qu'avantages au maintien de la paix dans les Balkans et ne chercherait qu'à dissuader les Anglais d'établir une tête de pont à Salonique ou d'attaquer les champs de pétrole roumains.	T.	25
18	Moscou à Vichy	L'afflux de troupes allemandes en Roumanie indique une action future de Berlin sur l'Ukraine ou la Bulgarie. Selon les Turcs, le Kremlin cherche à favoriser un front balkanique et leur accorderait son appui si l'armée turque avait à affronter celle du Reich. Selon l'ambassadeur Labonne, une action de la Wehrmacht vers le sud ne fera pas sortir Moscou de sa neutralité. Quant à la constitution d'un front cohérent entre Ankara, Sofia et Athènes contre le Reich, elle se heurte à de nombreux obstacles.	T.	31
22	Ankara à Vichy	La répartition des troupes allemandes en Roumanie (150 000 hommes) est faite pour encourager toutes les conjectures. Pour le ministre des Affaires étrangères turc, elles ne sont pas une menace directe contre la Turquie, mais sans doute contre la Bulgarie ; dans ce cas, il n'a pas dit clairement quelle serait la réaction turque, mais, selon l'ambassadeur Jules Henry, elle serait fonction de l'influence britannique et surtout de la position adoptée par Moscou.	T.	41

Date	Provenance et Destination	Objet	Nature du Document	Numéro du Document
10 février	Bucarest à Vichy	Rupture imminente entre la Grande-Bretagne et la Roumanie.	T.	79
11	Bucarest à Vichy	L'afflux des troupes allemandes en Roumanie se poursuit.	T.	82
11	Bucarest à Vichy	Alors que s'affirment la présence et les exigences allemandes, notamment à propos du pétrole, la Roumanie glisse vers l'état de guerre. Il semble que les Allemands aient l'intention d'opérer leur jonction avec l'armée italienne en Albanie.	T.	83
17	Bucarest à Vichy	Poursuite de concentration par le Reich de 450 000 hommes, peut-être bientôt 600 000, et de matériels militaires en Roumanie.	T.	91
6 mars	Bucarest à Vichy	Analyse des nouveaux accords commerciaux signés le 26 février entre l'URSS et la Roumanie.	D.	124
15	Bucarest à Vichy	Les effectifs militaires en Roumanie ne seraient plus que de 250 000 hommes contre 600 000 fin février, alors que leur présence s'est considérablement alourdie en Bulgarie.	T.	130
29 avril	Bucarest à Vichy	Contrairement à l'opinion de la majorité des Roumains, le secrétaire général du ministère des Affaires étrangères nie toute intention offensive aux troupes germano-roumaines massées face à la Bessarabie russe.	T.	182
30	Bucarest à Vichy	Hostile traditionnellement à la Hongrie, la Roumanie évite de clamer ses revendications sur la Transylvanie mais compte sans aucun doute obtenir, grâce aux bonnes dispositions allemandes à son égard, une révision du récent arbitrage de Vienne. Elle trouve des raisons d'espérer dans l'occupation du Banat serbe par la Wehrmacht.	D.	187
21 juin	Bucarest à Vichy	L'attaque des troupes germano-roumaines contre la Russie commencerait le 21 juin à l'aube. Toute la Roumanie vit dans un état d'attente anxieuse.	T.	248

2. Le régime roumain et ses relations avec la France

Date	Provenance et Destination	Objet	Nature du Document	Numéro du Document
1941 13 janvier	Bucarest à Vichy (cabinet du ministre)	Atteintes répétées aux intérêts industriels et financiers français dans l'état anarchique dans lequel se trouve la Roumanie soumise au gouvernement légionnaire. Le chargé d'affaires estime qu'aucun redressement ne peut intervenir sans des mesures de rétorsion.	D.	22

Date	Provenance et Destination	Objet	Nature du Document	Numéro du Document
21	Bucarest à Vichy	Confirmation d'un récent voyage du Conducator, le général Antonescu, en Allemagne. Il semble qu'il ait reçu carte blanche pour mettre au pas les légionnaires et un terme à l'anarchie croissante dans le pays. Néanmoins le chargé d'affaires s'attend à une vive résistance des extrémistes.	T.	37
21	Bucarest à Vichy	Campagne systématique du mouvement légionnaire, tant à Bucarest qu'en province, contre « l'Angleterre, les Juifs et les Grecs ».	D.	38
10 février	Bucarest à Vichy	L'obligation que fait la loi roumaine aux religieux étrangers d'adopter la nationalité roumaine risque de nuire aux Œuvres françaises. Proposition pour contourner cette loi tout en donnant les apparences de s'y plier.	D.	80
12	Bucarest à Vichy	Demande d'instruction du chargé d'affaires : doit-il organiser le rapatriement de la colonie française ?	T.	86
3 avril	Bucarest à Vichy	La France inspire toujours des sentiments de vive sympathie aux Roumains, comme l'indique, entre autres, l'accueil réservé par la famille royale au ministre Truelle à l'occasion de la remise de ses lettres de créance.	T.	152
17	Vichy (Affaires étrangères à Intérieur)	Les atteintes portées depuis plusieurs mois en Roumanie aux personnes et aux biens français pourraient obliger le gouvernement français à prendre des mesures de représailles contre les ressortissants roumains résidant en France.	D.	165
1er mai	Bucarest à Vichy	Depuis l'invasion de la Yougoslavie, le ministre de France à Bucarest est plus isolé que jamais. Il confirme que, dans l'opinion et les milieux militaires roumains, on table sur une campagne prochaine contre la Russie, mais lui-même reste prudent. Quant à la menace de représailles contre les Roumains vivant en France, pour protéger les Français de Roumanie, frappés d'exactions répétées, elle a eu un effet positif.	L.	191
8 août	Vichy (ss-dir. Europe) à Ministre	Passage en revue des solutions possibles pour tourner la loi roumaine subordonnant le séjour des congrégations et des ordres religieux sur le territoire roumain à la possession de la nationalité roumaine par leurs supérieurs et leurs membres.	N.	313

Date	Provenance et Destination	Objet	Nature du Document	Numéro du Document
8 sept.	Vichy (Dir. pol.) à Ministre	Venu préciser les buts de guerre roumains face à l'URSS, le représentant de Roumanie à Vichy offre les services de son pays au cas où la France aurait besoin d'un intermédiaire auprès du Reich.	N.	343
14 oct.	Bucarest à Vichy	Poursuite de la réflexion sur l'obligation faite aux religieux français de Roumanie d'adopter la nationalité roumaine et sur les moyens de conserver néanmoins un lien avec ces religieux.	D.	379
8 nov.	Bucarest à Vichy	L'exécution des otages à Nantes et à Bordeaux par les Allemands a soulevé chez les Roumains une émotion qui atteste des sentiments que la plupart conservent à la France.	D.	407

B. LA BULGARIE SUR LE QUI-VIVE

Date	Provenance et Destination	Objet	Nature du Document	Numéro du Document
1941 29 janvier	Ankara à Vichy	La déclaration de paix turco-bulgare signée à Sofia le 27 janvier représente un effort de ces deux pays pour éviter que la guerre ne s'étende aux Balkans du fait de l'Allemagne.	T.	55
19 février	Sofia à Vichy	L'accord bulgaro-turc signé la veille satisfera l'opinion bulgare mais mécontentera les Grecs et les Yougoslaves sur lesquels pèse plus que jamais la menace allemande. Les Anglais en escomptent un répit dans les Balkans, mais Berlin l'accordera-t-il ?	T.	95
22	Sofia à Vichy	Les préparatifs allemands pourraient préluder à l'occupation de la Bulgarie à laquelle ne s'opposeraient ni les Bulgares ni les Turcs. Les Yougoslaves en revanche seraient décidés à résister au passage des troupes allemandes et à les empêcher d'attaquer les Grecs.	T.	102
26 mars	Sofia à Vichy	Bon accueil fait à Sofia à l'adhésion de la Yougoslavie au Pacte tripartite, car elle renforce l'Axe. Néanmoins la déclaration russo-turque qui lui répond provoque une certaine émotion en Bulgarie où l'on est accoutumé à voir dans la Russie un protecteur traditionnel.	T.	140
22 avril	Sofia à Vichy	La visite du 19 avril du roi Boris à Hitler a sans doute préparé la conférence de Vienne qui doit régler le partage de l'ex-Yougoslavie. On pense, à Sofia, que la route de Suez est ouverte devant le Reich.	T.	171

Date	Provenance et Destination	Objet	Nature du Document	Numéro du Document
28	Sofia à Vichy	Le prochain partage de l'ex-Yougoslavie excite les appétits de l'opinion bulgare, enthousiasmée par la « résurrection » de la Grande Bulgarie, en Macédoine surtout.	T.	180
3 sept.	Sofia à Vichy	La résistance de l'Armée rouge renforce l'esprit de résistance des Bulgares, qui sont inquiets de voir éclater aussi les hostilités du côté turc et que les Allemands ne contraignent l'armée bulgare à se battre.	T.	336
15 oct.	Vichy (Dir. pol. et comm.)	Ambiguïté et fragilité de la situation de la Bulgarie, profondément russophile mais poussée à se rapprocher de l'Allemagne et menacée de sanctions par la Grande-Bretagne.	N.	383
13 nov.	Sofia à Vichy	Examen des relations de la Bulgarie avec ses voisins hongrois, slovaques, roumains et croates. Orchestrées par le Reich, elles sont superficielles et fragiles.	D.	410
6 déc.	Sofia à Affaires étrangères (Vichy)	Caractère fragile et artificiel des progrès de l'influence culturelle et économique italienne en Bulgarie, une appréciation à étendre à tous les peuples des Balkans, qui contestent la place revendiquée par l'Italie dans la région.	D.	436
24	Sofia à Vichy	Avec la déclaration de guerre de la Bulgarie aux États-Unis et à la Grande-Bretagne, les inquiétudes des Bulgares sur l'avenir de leur pays s'accroissent.	D.	455

C. LA GRÈCE INVESTIE PAR L'AXE

Date	Provenance et Destination	Objet	Nature du Document	Numéro du Document
1941				
5 février	Athènes à Vichy	Fausses rumeurs d'une médiation allemande dans le conflit italo-grec. Les Grecs craignent que cela ne cache, de la part du Reich, des projets d'agression contre eux.	T.	73
8 mars	Salonique à Vichy	Précautions prises par les autorités grecques pour ne pas donner prétexte à l'intervention du Reich : la présence militaire britannique à Salonique se veut discrète et les préparatifs militaires dans la région sont sporadiques. D'où, depuis l'entrée des troupes du Reich en Bulgarie, l'inquiétude des Saloniciens, notamment des Juifs.	D.	125

Date	Provenance et Destination	Objet	Nature du Document	Numéro du Document
28	Athènes à Bucarest et Vichy	Euphorie à Athènes après le coup d'État survenu à Belgrade, mais le ministre Maugras appréhende que l'Allemagne n'y trouve une nouvelle raison d'attaquer Salonique.	T.	141
18 avril	Athènes à Vichy	Mauvaise sur le front face à l'offensive allemande, la situation de la Grèce est grave à l'arrière car l'Union nationale a volé en éclats.	T.	166
12 juin	Athènes à Vichy	Partage du territoire de la Grèce entre les trois armées occupantes. Les Italiens s'apprêtent notamment à remplacer les Allemands à Athènes.	D.	240
29	Athènes à Vichy	Grandes lignes de partage de l'ancien territoire grec entre Bulgares, Allemands et Italiens.	D.	265
30	Salonique à Vichy	La nouvelle de l'attaque allemande contre la Russie a été accueillie par les troupes d'occupation allemandes avec une réserve à peine dissimulée. Les mesures prises par l'Autorité occupante pour limiter les contacts entre autochtones et militaires de diverses nationalités sont très impopulaires.	D.	269
1er juillet	Salonique à Vichy	La présence militaire allemande s'est encore accentuée à Salonique depuis l'ouverture du front contre l'URSS, prélude, selon des renseignements fiables, d'une attaque contre la Turquie et Suez, aussitôt la campagne de Russie terminée.	D.	271
8 sept.	Athènes à Vichy	Tableau d'Athènes et de l'Hellade sous l'occupation allemande puis italienne. La situation des intérêts français, notamment culturels.	D.	341
26	Athènes à Vichy	Les établissements scolaires français de Grèce ont pu rouvrir leurs portes. La situation est certes précaire mais l'essentiel est de « tenir ».	D.	363

D. LE DÉMANTÈLEMENT DE LA YOUGOSLAVIE

Date	Provenance et Destination	Objet	Nature du Document	Numéro du Document
1941 23 février	Belgrade à Vichy	La menace allemande se précise sur la Yougoslavie. Si l'attitude de ses dirigeants en cas d'invasion reste incertaine, l'armée et le peuple serbe souhaitent résister, mais ils ne peuvent attendre de secours que de la Grande-Bretagne.	D.	104

Date	Provenance et Destination	Objet	Nature du Document	Numéro du Document
24	Bucarest à Vichy	Selon les dernières informations, ce serait la Yougoslavie et non la Bulgarie qui suscite les préparatifs allemands et roumains.	T.	105
29 mars	Ankara à Vichy	Tour d'horizon de la situation balkanique par Saradjoglu, plutôt soulagé par le coup d'État en Yougoslavie et les succès britanniques dans la campagne d'Afrique.	T.	143
20 avril	Bucarest à Vichy	Dans les milieux officiels roumains, on tient l'URSS, qui s'est abstenue de s'engager elle-même, pour responsable de la défaite yougoslave.	T.	169
21	Zagreb à Vichy	Description détaillée de la révolution nationaliste croate, de la constitution du gouvernement d'Ante Pavelitch et de son programme par le consul à Zagreb.	D.	170
24	Budapest à Vichy	Par le canal de Budapest, nouvelles concernant la légation de Belgrade et la colonie française de Yougoslavie après l'invasion allemande et demande d'instructions devant la nécessité probable pour les agents, voire la colonie française, de quitter le pays.	T.	175
15 mai	Belgrade à Vichy	Analyse circonstanciée de la défaite yougoslave devant l'offensive allemande d'avril 1941 et de la désagrégation territoriale de l'ex-Yougoslavie.	D.	211
2 juin	Berne à Vichy	Selon des sources serbes, la situation intérieure en Croatie serait particulièrement sombre, marquée par la multiplication des actes de sabotage et la résistance passive de la population. La minorité serbe de Bosnie, maltraitée par le gouvernement Pavelitch, constituerait le noyau de la résistance.	T.	231
2	Zagreb à Vichy	Le consul Gueyraud a reçu du maréchal Pavelitch des marques de sympathie appuyées pour la France et son nouveau régime, mais il ne faudrait pas croire que ces sentiments soient partagés par tous les officiels du nouvel État croate, dominés par une xénophobie à laquelle n'échappe pas Pavelitch lui-même.	D.	232
25 juillet	Zagreb à Vichy	La France ne saurait reconnaître le nouvel « État croate indépendant », entre autres raisons à cause des désordres et des crimes commis par le régime oustachi.	D.	304

Date	Provenance et Destination	Objet	Nature du Document	Numéro du Document
11 août	Zagreb à Vichy	Nouvelles circonstanciées sur « l'extermination de la population serbe en Croatie » par les Oustachis. Ces derniers semblent désavoués par le régime.	D.	316

E. HONGRIE ET SLOVAQUIE

Date	Provenance et Destination	Objet	Nature du Document	Numéro du Document
1941				
1er avril	Budapest à Vichy	Courbant l'échine devant l'Allemagne pour gagner du temps, Budapest s'inquiète, après le coup d'État survenu à Belgrade, des conséquences pour la Hongrie de la guerre qui va, selon toute probabilité, mettre aux prises l'Allemagne et la Yougoslavie.	D.	150
30	Budapest à Vichy	Au terme d'un mois mouvementé, marqué par l'offensive allemande contre l'ex-Yougoslavie, la situation dans les Balkans et en Méditerranée vue par les Hongrois plus que jamais soudés à l'Axe.	D.	188
22 juillet	Budapest à Vichy	Spéculations du ministre Robert de Dampierre sur les chances d'avenir du petit État de Slovaquie. La France devrait peut-être y assurer une présence.	D.	298
13 sept.	Budapest à Vichy	À la faveur de la visite des dirigeants hongrois à Hitler (8-10 septembre), le Reich aurait voulu obtenir une participation militaire beaucoup plus importante de la Hongrie à la campagne de Russie. Le gouvernement hongrois serait parvenu à ne pas avoir à augmenter son effort.	D.	347

Voir aussi aux rubriques V-A, La prudence turque (Une Turquie neutre mais sur la défensive), VII-B, C, L'URSS (La dégradation des relations germano-soviétiques ; L'offensive des Allemands et de leurs alliés)

V. LA PRUDENCE TURQUE

Date	Provenance et Destination	Objet	Nature du Document	Numéro du Document
		A. UNE TURQUIE NEUTRE MAIS SUR LA DÉFENSIVE		
1941 8 janvier	Ankara à Vichy	La nervosité causée à Istanbul par l'arrivée de nouvelles troupes allemandes en Roumanie n'a pas gagné les milieux gouvernementaux turcs qui pensent pourtant que ces préparatifs visent peut-être les détroits turcs ou la Russie. De toute façon, les Turcs sont déterminés à se défendre en cas d'attaque.	T.	8
9	Ankara à Vichy	Le discours prononcé le 6 janvier par le Président du Conseil turc devant l'Assemblée confirme l'impression que la Turquie, sans rompre avec l'Angleterre, n'entend fournir à l'Allemagne aucun prétexte d'intervention contre elle et qu'elle ne réagira qu'au cas où sa sécurité serait directement menacée. Elle ne relâche d'ailleurs pas les mesures de précaution militaires et économiques déjà prises.	T.	12
1er mars	Ankara à Vichy	Le communiqué publié à l'occasion de la visite d'Anthony Eden à Ankara et la lecture de la presse turque montrent que seule une action strictement défensive est à l'ordre du jour à Ankara. Ses contours seront dictés par les circonstances au gouvernement turc.	T.	116
13	Ankara à Vichy	Toujours fixés sur une ligne défensive, les Turcs n'excluent cependant pas d'être entraînés dans la guerre par une opération des uns ou des autres, notamment par un coup de main du Reich sur Salonique.	T.	129
21	Ankara à Vichy	La rencontre entre Saracoglu et Eden à Chypre resserre l'alliance entre la Turquie et la Grande-Bretagne, sans qu'Ankara renonce à son extrême prudence dans la crise balkanique en cours.	T.	136
7 avril	Ankara à Vichy	Les impressions de l'ambassadeur Jules Henry sur les réactions turques face à la déclaration de guerre de l'Allemagne à la Grèce et à la Yougoslavie. Malgré le danger croissant auquel est exposé le pays, il ne semble pas que le gouvernement d'Ankara songe à modifier sa politique de neutralité et d'attente dans l'état actuel des événements.	T.	155

Date	Provenance et Destination	Objet	Nature du Document	Numéro du Document
10	Ankara à Vichy	Malgré certains bruits récents, les Turcs restent dans l'expectative tout en renforçant la défense du pays et de la population. Estimant qu'Ankara restera fidèle au principe « ne se battre que pour répondre à une agression », l'ambassadeur n'exclut pas qu'invités à la table de négociations par Hitler, les Turcs ne fassent valoir les avantages que leur neutralité aura valus au Reich.	T.	157
29	Ankara à Vichy	Inquiétudes à Ankara devant l'occupation par les Allemands d'îles grecques proches des Détroits et de l'Anatolie, mais, malgré les avertissements de la presse turque, le gouvernement semble décidé à maintenir sa politique strictement défensive.	T.	183
14 août	Ankara à Vichy	Embarras d'Ankara devant la publicité faite intentionnellement aux notes anglaise et soviétique s'engageant à respecter scrupuleusement l'intégrité de la République turque et à l'aider en cas d'attaque par une puissance européenne.	T.	319
28	Salonique à Vichy	Certaines dispositions prises à Salonique par le commandement allemand montrent que ce dernier s'attend à une extension de la guerre à la Turquie.	D.	333
3 oct.	Trébizonde à Vichy	Inquiétudes de l'opinion publique devant la décision des autorités turques de maintenir en Anatolie orientale plus de 500 000 hommes, face aux forces anglaises et russes. L'opinion y voit l'indice d'une entente déjà existante entre la Turquie et l'Allemagne.	T.	369
12 déc.	Ankara à Vichy	Ayant vu juste sur l'éclatement du conflit entre le Japon et les États-Unis, la Turquie ne le croyait pas si proche, mais redoute d'avoir rapidement à choisir ouvertement entre les deux camps.	T.	445
12	Vichy (ss-dir. Afrique-Levant) à amiral Dupré (vice-présidence du Conseil)	Considérations sur la situation de la Turquie à l'égard de la France, de la Grande-Bretagne et de l'Allemagne, et sur sa politique de strict équilibre actuelle.	N.	447
21	Ankara à Vichy	Retour sur le cours de la politique extérieure de la Turquie depuis 1940.	D.	454

Date	Provenance et Destination	Objet	Nature du Document	Numéro du Document
		B. LA TURQUIE, LA FRANCE ET LES PUISSANCES EN GUERRE		
1941 17 avril	Ankara à Vichy	À en croire les confidences de l'ambassadeur du Reich à Ankara, von Papen, à Jules Henry, les spéculations suscitées par son voyage en Allemagne seraient fantaisistes : l'Allemagne ne montre aucune volonté d'agression contre la Turquie.	T.	164
19 mai	Ankara à Vichy	Rumeur selon laquelle Londres aurait demandé à Ankara s'il pouvait compter sur sa « coopération » dans le nord au cas où il attaquerait la Syrie à partir de la Palestine.	T.	213
23	Ankara à Vichy	Depuis les événements de Syrie, la politique française est très sévèrement jugée par l'opinion turque.	T.	221
3 juin	Ankara à Vichy	Constatant les remous créés en Turquie par les déclarations de l'amiral Darlan sur la vieille affaire de Cilicie – selon lesquelles les Turcs n'auraient reconquis cette province qu'avec l'aide de l'étranger –, l'ambassadeur Jules Henry suggère une mise au point pour faire cesser une campagne fort regrettable au moment même où une menace britannique pèse sur les États du Levant.	T.	233
24	Ankara à Vichy	Soulagement en Turquie après la signature du pacte germano-turc et l'offensive allemande en URSS, mais la France ne doit en attendre aucune retombée heureuse en ce qui concerne les affaires de Syrie.	T.	256
11 août	Ankara à Vichy	Sous toute réserve, l'ambassadeur du Reich à Ankara aurait obtenu des autorités turques qu'elles s'entremettent auprès de la Grande-Bretagne pour lui présenter de nouvelles offres de paix d'Hitler après la fin de la campagne de Russie. Cette démarche semble vouée à l'échec et souligne l'aspiration turque à une paix de compromis.	D.	315
16 sept.	Istanbul à Vichy	Considérations sur les subventions demandées pour les établissements français de Turquie au titre de l'année 1941.	D.	350
25	Istanbul à Vichy	Les Turcs démentent avoir reçu un ultimatum de l'Allemagne mais il est certain que le Reich exerce de fortes pressions économiques sur Ankara. Les Turcs espèrent, sans trop y compter, que les Russes tiennent jusqu'à l'hiver.	T.	360

Date	Provenance et Destination	Objet	Nature du Document	Numéro du Document
13 oct.	Istanbul à Vichy	La résistance russe à la poussée alle-mande place la Turquie en situation de faire jouer la concurrence entre les Anglais et les Allemands dans les négo-ciations commerciales en cours, les-quelles revêtent une évidente signifi-cation politique.	D.	378
3 déc.	Ankara à Vichy	Sans se départir de leur prudence envers le Reich, des doutes s'expriment en Turquie dans la presse et les cercles gouvernementaux sur les chances de victoire allemande en URSS.	D.	433

Voir aussi aux rubriques IV, Bouleversements dans les Balkans, VII-B, C, L'URSS (La dégra-dation des relations germano-soviétiques : L'offensive des Allemands et de leurs alliés)

VI. L'EUROPE DU NORD ET DE L'EST

Date	Provenance et Destination	Objet	Nature du Document	Numéro du Document
		A. LE RÉGIME D'OCCUPATION DANS LES ÉTATS BALTES		
1941 24 sept.	Stockholm à Vichy	Situation en Estonie au lendemain de la conquête allemande. Le Reich a bafoué toutes ses promesses et les Estoniens ont perdu tout espoir de recouvrer même un semblant d'indépendance et de liberté.	D.	359
26	Helsinki à Vichy	Organisation donnée aux pays baltes conquis par le Reich.	T.	361
28 oct.	Berne à Vichy	Modalités du gouvernement, de l'ad-ministration et de l'organisation éco-nomique en Lituanie après l'invasion allemande. La population s'en accom-moderait, comparé au régime d'occu-pation soviétique.	T.	393
18 nov.	Stockholm à Vichy	Loin d'y favoriser les nationalistes, le Reich traite les pays baltes comme une « colonie d'exploitation ».	D.	416

Date	Provenance et Destination	Objet	Nature du Document	Numéro du Document
		B. LA SCANDINAVIE PRISE ENTRE LE REICH ET L'URSS		
1941				
20 janvier	Helsinki à Vichy	Pas de changement dans la politique extérieure finnoise, toujours condition-née par les rapports avec l'URSS, qui continue de mener contre Helsinki une « politique de coups d'épingles », et l'Allemagne, qui lui conseille une atti-tude de retenue face à Moscou, et refuse de s'engager en cas de conflit finno-soviétique. Toutefois la présence de troupes allemandes sur son sol et le soutien de la Suède contribuent à ras-surer les Finnois.	T.	34
19 février	Helsinki à Vichy	Prise entre le Reich et l'URSS, la Finlande considère toujours l'URSS, avec laquelle sont engagées des négo-ciations délicates sur les mines de nickel de Petsamo, comme son seul adversaire.	D.	96
21	Stockholm à Vichy	Face à l'appesantissement de la tutelle germanique sur le Danemark et la Norvège, face au risque d'un nouveau marchandage de l'URSS et du Reich dont la Finlande ferait les frais, la Suède aspire au rétablissement d'une paix d'équilibre sauvegardant la liberté des petites nations.	D.	100
23 juin	Helsinki à Vichy	La « stricte neutralité » de la Finlande vis-à-vis de l'offensive allemande contre l'URSS pourrait ne pas durer, d'au-tant que l'opinion se réjouit de l'agres-sion contre « son ennemi héréditaire ».	T.	253
24	Berne à Vichy	Selon les autorités finlandaises, Helsinki n'est pas en guerre contre l'URSS ; son action militaire garderait un caractère purement défensif, dans le cadre de l'accord passé en septembre 1940 avec l'Allemagne.	T.	255
22 juillet	Stockholm à Vichy	Pas vraiment surpris par l'attaque alle-mande contre l'URSS, les Suédois n'en-tendent pas être entraînés hors du chemin de la neutralité par le Reich et la Finlande voisine.	D.	299
26 août	Helsinki à Vichy	Évolution rapide des buts de guerre de la Finlande, engagée dans la campagne de Russie, vers la récupération de la « Carélie finlandaise », l'acquisition de la Carélie orientale et l'établissement d'un tracé frontalier défendable.	D.	331

Date	Provenance et Destination	Objet	Nature du Document	Numéro du Document
27	Stockholm à Vichy	La Suède et la guerre germano-russe. Se sentant menacé par une hégémonie allemande comme par une hégémonie russe, le gouvernement suédois tient surtout à rester à l'écart du conflit.	D.	332
19 sept.	Helsinki à Vichy	Rapport sur la politique intérieure et extérieure de la Finlande de la fin de la guerre russo-finlandaise à juin 1941.	D.	355
11 oct.	Stockholm à Vichy	Devant les derniers succès remportés par les Allemands en Russie, on s'interroge dans les milieux conservateurs sur la nécessité éventuelle pour la Suède de s'aligner sur le régime de l'Allemagne nazie.	T.	376
15	Helsinki à Vichy	À l'occasion de la remise de ses lettres de créance, Guérin s'est entretenu avec le président de la République et le ministre des Affaires étrangères de Finlande de la situation militaire en Russie et de l'attitude de l'Allemagne ainsi que de la Grande-Bretagne face à ce conflit et aux décisions finlandaises.	T.	381
24	Stockholm à Vichy	Avec l'établissement de l'état de siège le 10 septembre, la police allemande multiplie les opérations de répression, d'épuration et de réquisitions en Norvège, avec pour effet d'exalter l'esprit de résistance de la population contre les forces d'occupation et le parti Quisling.	D.	388
20 nov.	Stockholm à Vichy	Après avoir craint d'être contraint par les succès de la Wehrmacht en Russie à rallier « l'Ordre nouveau » en Europe, les Suédois voient la menace s'éloigner avec la résistance victorieuse des Russes, notamment devant Moscou.	T.	417
14 déc.	Stockholm à Vichy	Du casse-tête du Protocole en période de guerre, vu de Scandinavie.	D.	450

Voir aussi à la rubrique VII, L'URSS.

VII. L'URSS

Date	Provenance et Destination	Objet	Nature du Document	Numéro du Document

A. LES RELATIONS FRANCO-SOVIÉTIQUES (AVANT JUIN 1941)

Date	Provenance et Destination	Objet	Nature du Document	Numéro du Document
1941				
15 février	Vichy, directeur adj. Affaires pol. et comm.	Interrompues depuis décembre 1939, les relations commerciales pourraient reprendre entre la France et l'URSS à certaines conditions.	N.	89
11 avril	Vichy (ss-dir. Europe)	Considérations sur le rapprochement intervenu entre la France et l'URSS depuis l'armistice franco-allemand, et sur l'intérêt de poursuivre dans cette voie.	N.	159
29 mai	Vichy à Moscou	Réponses de Charles Rochat à la demande d'instructions de l'ambassadeur à Moscou relativement à des négociations commerciales franco-soviétiques que l'état du ravitaillement en France et l'interruption des négociations avec les États-Unis à ce sujet rendent hautement désirables.	T.	227

B. LA DÉGRADATION DES RELATIONS GERMANO-SOVIÉTIQUES

Date	Provenance et Destination	Objet	Nature du Document	Numéro du Document
1941				
7 janvier	Moscou à Vichy	Symptômes plus nombreux chaque jour de l'antagonisme germano-soviétique en Europe du Sud-Est, singulièrement en Bulgarie et en Roumanie.	T.	5
10	Moscou à Vichy	On tend à interpréter à Moscou les mouvements allemands en Roumanie comme une poussée limitée vers Salonique et la mer Égée, ayant pour but de fixer en Méditerranée des forces britanniques avant une offensive directe contre la Grande-Bretagne et, le cas échéant, de pouvoir suppléer de nouvelles défaillances italiennes. Moscou répond par une « politique de dérivation » à la menace allemande croissante, en se prêtant à la conclusion imminente d'un accord commercial avec le Reich. L'essentiel est « d'éviter le choc et de gagner du temps ».	T.	13
13	Moscou à Vichy	Selon l'ambassadeur Eirik Labonne, il ne faut pas exagérer la portée des trois traités signés le 10 janvier par Berlin et Moscou, même si d'éventuelles clauses secrètes sont plausibles.	T.	18

Date	Provenance et Destination	Objet	Nature du Document	Numéro du Document
14	Sofia à Vichy	Interprétations possibles du démenti de Moscou à propos des rumeurs répandues par le Reich relatives à une adhésion russe au passage éventuel de troupes allemandes par le territoire bulgare. Reste que ce démenti soulagera le peuple et les autorités bulgares, même si ces dernières déploreront sans doute le renforcement apporté à la propagande communiste.	T.	24
28	Moscou à Vichy	L'ambassadeur Eirik Labonne estime que la méfiance de l'URSS vis-à-vis de l'Allemagne s'approfondit depuis la rencontre de Salzbourg. Une appréciation fondée sur la politique suivie par Moscou à l'égard de la Finlande, des pays baltes, de la Pologne et de la Roumanie. Sa préoccupation reste de rejeter les forces allemandes loin de la Russie, voire à présent de les fixer sur un front balkanique.	T.	54
21 février	Bucarest à Vichy	Les milieux militaires allemands de Roumanie envisagent avec beaucoup de sérieux et d'assurance une opération foudroyante contre la Russie. Détails sur le plan prévu pour cet assaut, et sur celui pour l'exploitation de l'Ukraine.	D.	101
18 mars	Berne à Vichy	Les milieux officiels suisses considèrent un conflit prochain entre l'Allemagne et l'URSS comme de plus en plus probable.	T.	133
7 avril	Berne à Vichy	Selon des informations provenant de son entourage, le Führer aurait définitivement arrêté son plan de campagne : attaquer la Russie et s'approprier l'Ukraine et ses richesses, nettoyer les Balkans et soumettre la Turquie sans coup férir, proposer la paix à l'Angleterre et, en cas de refus, l'épuiser par la guerre ainsi que les États-Unis, dont la défaite, son but ultime, assurerait son « grand rêve d'hégémonie germanique mondiale ».	T.	156
22	Berne à Vichy	Renseignements convergents tenant pour probable une prochaine campagne allemande vers l'Ukraine et le Caucase.	T.	172
3 mai	Moscou à Vichy	L'ambassadeur Gaston Bergery analyse les raisons pour lesquelles on ne peut douter du désir de l'URSS de rester en dehors du conflit. Selon lui, la question de savoir quel dosage le Reich prévoit de faire entre négociations diplomatiques et pression militaire pour tirer de Moscou toutes les fournitures qui lui sont indispensables sera tranchée avant l'été.	T.	193

Date	Provenance et Destination	Objet	Nature du Document	Numéro du Document
3	Bucarest à Vichy	Multiplication des préparatifs apparents d'une opération contre la Russie, alors qu'un « silence obstiné » entoure les préparatifs et les intentions du Reich envers la Turquie. D'où le scepticisme du ministre de France comme de nombreux Roumains bien informés au sujet d'une prochaine action allemande contre l'URSS.	T.	194
8	Moscou à Vichy	À la faveur d'un entretien avec son homologue français, l'ambassadeur d'Allemagne à Moscou cherche à démentir la rumeur d'un conflit imminent entre le Reich et l'URSS. Gaston Bergery demeure circonspect.	T.	202
10	Berne à Vichy	Récent renforcement du dispositif militaire allemand sur la frontière soviétique et rassemblement de Russes blancs à Berlin, formant des comités nationaux lituanien et letton – le comité ukrainien s'avérant plus difficile à mettre sur pied. L'intention des Allemands serait, après une courte campagne militaire, de remplacer le régime stalinien en Russie par une monarchie à leur dévotion.	T.	204
15	Berne à Vichy	D'après des milieux suisses bien informés, on serait convaincu à Berlin qu'une simple pression diplomatique appuyée par un déploiement de forces à ses frontières amènera l'URSS aux concessions voulues par le Reich.	T.	210
2 juin	Bucarest à Vichy	L'ouverture d'hostilités prochaines entre l'Allemagne et l'URSS est une rumeur qui se répand à nouveau à Bucarest ; il est vrai que diverses mesures récentes prises du côté roumain lui donnent de la consistance. Les faits sont moins avérés du côté allemand mais il semble bien que des difficultés ont surgi dans les négociations germano-soviétiques.	T.	230
12	Sofia à Vichy	Les indices s'accumulent d'une action imminente de l'Allemagne contre la Russie, sauf à obtenir de Staline des concessions substantielles et garanties. C'est seulement après s'être assuré des avantages économiques escomptés que le Reich se retournera contre les Îles britanniques.	T.	239

Date	Provenance et Destination	Objet	Nature du Document	Numéro du Document
13	Moscou à Vichy	L'atmosphère s'est alourdie à Moscou, ce qui tend à accréditer l'hypothèse d'un retour en force du projet d'une opération allemande vers l'Est, assorti ou non de l'opération vers le Sud qu'on escomptait davantage jusque-là. Néanmoins l'ambassadeur Bergery n'exclut pas que, dans les négociations en cours, les Russes cèdent aux Allemands au dernier moment.	T.	241
19	Moscou à Vichy	Déductions de l'ambassadeur Bergery à partir des renseignements déjà transmis sur l'état des relations germano-soviétiques. Les préparatifs militaires du Reich peuvent être des moyens de pression au service d'une négociation, si elle existe. Dans ce cas, il semble que le Reich devrait exiger des livraisons ou des garanties équivalentes à celles qu'il obtiendrait par une victoire.	T.	245

C. L'OFFENSIVE DES ALLEMANDS ET DE LEURS ALLIÉS

Date	Provenance et Destination	Objet	Nature du Document	Numéro du Document
1941 22 juin	Moscou à Vichy	Annonce de l'attaque de l'URSS par le Reich.	T.	250
22	Bucarest à Vichy	L'opinion roumaine, qui a l'impression que le gouvernement n'a eu aucune initiative dans la préparation de l'offensive contre l'URSS, se satisfera de la restitution de la Bessarabie, mais surtout de voir le danger russe écarté par une victoire allemande dont elle ne doute pas.	T.	251
23	Berne à Vichy	De source officielle suisse, la déclaration de guerre de l'Allemagne à la Russie serait l'aboutissement d'une lutte commencée dans le Parti nazi dès août 1939 entre les partisans de la politique de Ribbentrop et ceux qui veulent absolument détruire le communisme. La résistance prolongée de l'Angleterre aurait déterminé Hitler à agir.	T.	254
25	Berne à Vichy	Impression créée en Suisse par l'offensive allemande en URSS : satisfaction profonde devant la perspective d'un effondrement du bolchevisme, et en même temps espoir de voir les forces du Reich usées et détournées d'autres objectifs en Europe.	T.	257
26	Moscou à Vichy	Malgré l'attaque allemande, le calme règne à Moscou.	T.	258

Date	Provenance et Destination	Objet	Nature du Document	Numéro du Document
4 juillet	Berne à Vichy	Selon le ministre de Bulgarie à Berne, le roi Boris n'a pas rompu avec l'URSS à la demande expresse du Reich. Réflexions de ce diplomate sur les raisons de l'attaque allemande contre l'URSS et sur les buts poursuivis par Hitler.	T.	278
9	Berne (attaché de l'Air) à Vichy (Secrétariat d'État à l'Aviation)	Surprise des Allemands devant la résistance opposée par les Russes et l'ampleur des destructions volontaires.	D.	282
17	Berne à Vichy	De sources suisses, il semble au vu du déroulement de l'invasion de la Russie, que les calculs de Berlin sur les terrains militaire et surtout politique n'aient pas été très sûrs. Face à la résistance soviétique, Berlin devra peut-être chercher de nouveaux arguments sur les théâtres méditerranéens pour arracher la paix avant l'intervention américaine.	T.	294
19	Berne à Vichy	Les besoins de la guerre en Russie tendent à absorber toutes les forces productrices allemandes, ce qui ne peut manquer d'avoir des répercussions sur l'économie et la main-d'œuvre de Suisse et de l'Europe occupée.	T.	295
23	Bucarest à Vichy	Les Roumains déchantent quelque peu devant la résistance des forces soviétiques. D'ores et déjà, on peut s'interroger sur le succès de l'attaque du Reich et de ses alliés contre l'URSS, surtout à la veille de l'hiver.	T.	300
24	Berne à Vichy	Renseignements de première main sur les surprises rencontrées par les Allemands dans leur campagne de Russie. Inquiétude des responsables suisses sur la famine qui s'annonce en Russie et le déferlement éventuel d'épidémies qui en serait la conséquence.	T.	301
7 août	Budapest à Vichy	Selon des sources sûres, on estimerait dans les milieux de l'état-major du Reich que la campagne-éclair contre l'URSS serait d'ores et déjà un échec. Par ailleurs, on s'attend à Budapest à un déclenchement prochain des hostilités entre les États-Unis et le Japon.	T.	312
15	Bucarest à Vichy	Analyse circonstanciée de la politique extérieure roumaine de la cession de la Bessarabie à l'URSS (juin 1940) à l'offensive allemande contre ce pays (juin 1941).	D.	321

Date	Provenance et Destination	Objet	Nature du Document	Numéro du Document
31	Stockholm à Vichy	Les alliés du Reich dans la campagne de Russie – Finlandais, Hongrois, Italiens et sans doute Roumains – seraient peu désireux de poursuivre la guerre à ses côtés.	T.	335
10 sept.	Ankara à Vichy	Revue des commentaires de la presse turque sur le cours de la guerre en Russie. Même si l'Allemagne n'a pas dit son dernier mot, elle estime que la résistance russe augmente les chances de la Grande-Bretagne de gagner la guerre.	T.	344
20	Bucarest à Vichy	Alors que la guerre contre l'URSS dure depuis trois mois, l'opinion roumaine est lasse, anxieuse, troublée et le gouvernement du maréchal Antonescu chaque jour moins populaire.	D.	356
15 oct.	Bucarest à Vichy	En Bessarabie recouvrée, l'armée roumaine se conduit comme en pays conquis, et les plaintes des Bessarabiens qui n'ont pourtant pas tous, loin de là, gardé un bon souvenir de l'occupation soviétique, ne présagent rien de bon pour les prétentions de Bucarest. Quant aux Juifs, leur sort est tragique.	D.	382
18	Bucarest à Vichy	Dans un contexte de pénurie et de paupérisation grandissante en Roumanie, les prélèvements abusifs des autorités allemandes suscitent de véritables conflits avec le gouvernement roumain.	D.	385
15 nov.	Stockholm à Vichy	Violence extrême de la guerre en Russie illustrée par des renseignements précis sur le sort des villageois de Paulov dans le gouvernement de Pskov. La guérilla à l'arrière du front éprouve considérablement les troupes allemandes.	D.	413
16	Bucarest à Vichy	Des renseignements concordants témoignent de l'état catastrophique des villes et des campagnes dans les territoires russes conquis par l'Axe, ce qui conduit à s'interroger sur la valeur à attribuer aux succès militaires allemands et sur les chances d'une reprise de l'économie russe. Sans doute faut-il s'attendre, en retour, à une augmentation des exigences du Reich dans tous les autres pays occupés.	T.	415
25	Berne à Vichy	Un informateur suisse bien placé rapporte, sur la base des déclarations qui lui ont été faites par des généraux et des médecins allemands, que la guerre sur le front est mal engagée et ne peut plus être remportée sur le plan militaire.	T.	423

Date	Provenance et Destination	Objet	Nature du Document	Numéro du Document
1er déc.	Budapest à Vichy	Informations d'un parlementaire hongrois sur les massacres de Juifs en Galicie et en Ukraine.	D.	428
3	Ankara à Vichy	Six mois après l'invasion de l'URSS et compte tenu des forces en présence, les chances des Allemands de parvenir à vaincre les Russes semblent nulles.	N.	434
8	Bucarest à Vichy	Détails sur la réponse négative du gouvernement roumain à la demande de Londres pour qu'il cesse les hostilités à l'égard de l'URSS, son alliée.	D.	438
11	Washington à Vichy	Démenti de Litvinov au sujet des bruits courant sur un armistice entre l'Allemagne et la Russie. Il est resté évasif en revanche sur une éventuelle déclaration de guerre de l'URSS au Japon.	T.	444

D. L'ÉVOLUTION DE LA QUESTION POLONAISE

Date	Provenance et Destination	Objet	Nature du Document	Numéro du Document
1941				
23 juin	Berne à Vichy	Annonce d'une prochaine déclaration du général Sikorski à la BBC, préparée sous l'égide du Foreign Office, instituant la fin de l'état d'hostilité entre la Pologne et l'URSS, et instaurant une coopération militaire entre les deux pays.	T.	252
10 juillet	Berne à Vichy	Conclusion d'un accord entre l'URSS et la Pologne, sous la pression de Londres et de Washington.	T.	283
22 août	Dublin à Vichy	Satisfaction à Londres après la conclusion récente de l'accord entre la Pologne et l'URSS.	T.	328

Voir aussi aux rubriques I-A, Les entraves mises à l'action diplomatique (Le fonctionnement difficile des postes), II-A, La France et ses vainqueurs (L'Allemagne), IV, Bouleversements dans les Balkans, V, La prudence turque.

VIII. LES AMÉRIQUES

Date	Provenance et Destination	Objet	Nature du Document	Numéro du Document

A. LES ÉTATS-UNIS : UN APPUI NÉCESSAIRE

Date	Provenance et Destination	Objet	Nature du Document	Numéro du Document
1941 5 janvier	Vichy (Dir. des rel. comm.)	Entrevue entre le maréchal Pétain et l'ambassadeur des États-Unis au sujet des questions économiques, financières et commerciales pendantes entre leurs deux pays.	N.	3
13	Rabat à Vichy	Compte rendu par le général Noguès du séjour que vient d'accomplir Robert Murphy. Le conseiller de l'ambassade des États-Unis en France au Maroc est désormais en mesure de démentir aux États-Unis la prétendue emprise qu'exercerait l'Allemagne en Afrique du Nord.	T.	20
29	Vichy (Secrétariat général à l'Information)	Au retour d'une tournée de conférences aux États-Unis, la grande couturière Mme Schiaparelli témoigne de l'état de l'opinion américaine et canadienne à l'égard de la France, du maréchal Pétain et du mouvement gaulliste. Conclusions à en tirer pour l'effort d'information à mener aux États-Unis.	N.	57
1er février	Alger à Vichy	Le général Weygand fait le point sur les négociations en cours entre Français, Britanniques et Américains pour assurer le ravitaillement de l'Afrique du Nord, et en premier lieu du Maroc.	D.	64
4	Ankara à Vichy	Compte rendu d'une longue conversation entre l'ambassadeur Jules Henry et le colonel Donovan lors de son passage en Turquie sur l'importance que les États-Unis attachent au théâtre méditerranéen dans la guerre, le soutien indéfectible de Washington à Londres, l'assistance américaine au ravitaillement de la France, et la menace japonaise.	T.	70
5 mars	Vichy	Washington a autorisé l'envoi de 40 000 tonnes de produits pétroliers en Afrique du Nord. Dispositions prises pour les répartir entre les possessions d'Afrique du Nord.	T.	122
13 mai	Tunis à Vichy	Échange de vues entre l'amiral Esteva et le consul américain Doolittle sur les visées allemandes en Méditerranée. À propos du séjour de Murphy à Vichy, le Résident général rappelle le besoin urgent qu'a la Tunisie de certaines fournitures.	T.	206

Date	Provenance et Destination	Objet	Nature du Document	Numéro du Document
6 juin	Washington à Vichy	Texte de la déclaration faite par l'ambassadeur Henry Haye à la conférence de presse qu'il a réunie le 6 juin dans la capitale américaine.	T.	237
14 août	Vichy (ss-dir. Amérique) à Ministre	Visite du chargé d'affaires canadien, Dupuy, au sous-directeur d'Amérique. Les informations données sur l'effort militaire américain, bien que sans doute exagérées, sont cependant généralement fiables.	N.	320
10 sept.	New York à Vichy	Si la France et le Maréchal bénéficient de sympathies en Amérique, il n'en va pas de même de la politique de collaboration et de ses dirigeants. L'ambassadeur Henry Haye et son entourage en particulier sont discrédités.	N.	345
17	Pétain à Roosevelt	Réponse du maréchal Pétain à la lettre que lui a adressée le président Roosevelt le 21 août précédent, concernant l'intégrité de l'Empire français et le comportement des Britanniques.	L.	351
8 nov.	Washington à Vichy	Analyse des votes au Sénat américain sur la mesure autorisant l'armement des navires marchands américains et leur passage à travers les zones de combat jusque dans les ports belligérants.	T.	406
21	Vichy	Réactions à l'ambassade des États-Unis à Vichy après la démission du général Weygand de ses fonctions de délégué général du Gouvernement en Afrique.	N.	420
1er déc.	Vichy	Évaluation des probabilités d'une entrée en guerre formelle des États-Unis et répercussions possibles sur les possessions coloniales françaises et le blocus.	N.	430
9	Vichy (directeur adj. des Affaires pol. et comm.) à Ministre	Entrevue de l'amiral Leahy avec Lucien Romier, remplaçant l'amiral Darlan, pour notifier l'état de guerre existant entre les États-Unis et le Japon. L'ambassadeur des États-Unis a laissé entendre que la guerre aurait des répercussions sur l'Afrique française.	N.	442
12	Vichy à Washington	Déclaration de neutralité française dans le conflit qui oppose les États-Unis à l'Allemagne et à l'Italie.	D.	446
12	Vichy à Washington	Renouvellement des assurances françaises aux États-Unis selon lesquelles la France ne se prêtera à aucune opération contre la Grande-Bretagne, et que le départ du général Weygand d'Afrique du Nord ne signifiait aucun changement dans ce territoire. Le gouvernement français sollicite de ce fait la reprise du programme américain de ravitaillement de l'Afrique du Nord.	N.	449

Date	Provenance et Destination	Objet	Nature du Document	Numéro du Document
		B. LA DÉFENSE DES POSSESSIONS FRANÇAISES EN AMÉRIQUE DU NORD		
1941 7 janvier	Vichy (ss-dir. Amérique)	Si, comme le souhaiteraient le Gouverneur général Carde et l'Amirauté, il était mis fin à la mission de l'amiral Robert, haut-commissaire aux Antilles, il faudrait veiller à rassurer le gouvernement des États-Unis sur le choix de son successeur et sur le contenu de ses instructions.	N.	7
21 mai	Washington à Vichy	Devant la crainte de certains milieux officiels américains de voir la Martinique utilisée par les puissances de l'Axe, l'ambassadeur trouverait bon d'adresser à Washington une note rassurante à ce propos.	T.	218
12 déc.	Vichy (Amirauté) à Affaires étrangères	Consentement de l'amiral Darlan aux assurances demandées par les États-Unis pour que soit suspendu tout départ de navires de guerre français des colonies françaises d'Amérique en échange d'une déclaration spécifiant la souveraineté française sur les colonies de la France en Amérique ainsi que le maintien de la liaison maritime entre les Antilles et le Maroc.	N.V.	448
27	Washington à Vichy	Cordell Hull préconise, pour apaiser la crainte d'indiscrétions par le poste radiotélégraphique de Saint-Pierre, l'autorisation pour les gouvernements américain et canadien d'y envoyer des observateurs, ainsi que le remplacement de l'administrateur Bournat.	T.	459
		C. L'AMÉRIQUE LATINE		
1941 29 janvier	Vichy (ss-dir. Amérique)	Depuis l'accord d'août 1940 permettant au Mexique d'organiser le départ des réfugiés politiques espagnols qui ne souhaitaient pas rentrer en Espagne, la légation du Mexique en profite pour employer et protéger des réfugiés espagnols. Il convient de mettre un terme à ces agissements.	N.	58
24 février	Mexico à Vichy	Prochaine conclusion d'un accord de bon voisinage entre le Mexique et les États-Unis qui annonce un tour nouveau dans les relations toujours difficiles entre les deux pays.	D.	106

Date	Provenance et Destination	Objet	Nature du Document	Numéro du Document
10 mars	Mexico à Vichy	L'arrivée au pouvoir du président Avila Camacho se traduit par des mesures tendant à restreindre l'immigration politique espagnole au Mexique.	D.	127
30 juillet	Mexico à Vichy	Regain de critiques contre la France de Vichy au Mexique à la suite des accords franco-japonais relatifs à l'Indochine.	D.	306
23 sept.	Rosario à Vichy	Tournée très réussie de la compagnie théâtrale Louis Jouvet en Argentine.	D.	358
s.d. [avant 4 oct. 1941]	Vichy (ss-dir. Amérique)	Malgré la puissance de la propagande anglo-saxonne en Amérique latine, on y observe depuis la guerre germano-russe « un certain désarroi » du fait de la haine du bolchevisme mais aussi de l'impérialisme économique et militaire grandissant des États-Unis.	N.	370

Voir aussi aux rubriques I-B, Les entraves mises à l'action (Le défi de la Dissidence), III, L'Empire et ses marges : les intérêts français menacés, IX-C, L'extension de la guerre en Extrême-Orient (Vers la guerre entre les États-Unis et le Japon)

IX. LA GRANDE-BRETAGNE ET LE COMMONWEALTH

Date	Provenance et Destination	Objet	Nature du Document	Numéro du Document
		A. L'ALLIANCE OBJECTIVE AVEC LES ÉTATS-UNIS		
1941				
10 mars	Vichy	Conditions auxquelles le gouvernement britannique serait disposé à garantir le libre passage des marchandises entre les États-Unis et l'Afrique du Nord.	N.	128
1er mai	Ottawa à Vichy	La conclusion des accords américano-canadiens de Hyde Park concourt à l'aide apportée par Washington à l'effort de guerre britannique, mais ces accords rapprochent aussi de plus en plus étroitement les États-Unis et le Dominion.	D.	190
20	Dublin à Vichy	Confidences d'un expert américain, proche du président Roosevelt, sur l'étendue de l'effort de guerre des États-Unis, plus que jamais derrière la Grande-Bretagne.	T.	217

Date	Provenance et Destination	Objet	Nature du Document	Numéro du Document
25 août	Vichy (Dir. pol.) à Ministre	Sommet Roosevelt-Churchill dans l'Atlantique. Probabilité de décisions concernant le Pacifique et le Japon qui pourraient faire obstacle au ravitaillement de l'URSS par Vladivostok et de la Chine par la Birmanie et l'Indochine, mais non pas d'une rupture entre les Anglo-Saxons et les Japonais.	N.	330
29 sept.	Madrid à Vichy	Il est beaucoup question dans les cercles politiques et militaires madrilènes d'une action anglo-américaine contre les îles ou les côtes africaines de l'Atlantique, en s'interrogeant sur l'attitude qui serait celle du Portugal et du Maroc français.	T.	365

B. LA QUESTION IRLANDAISE

Date	Provenance et Destination	Objet	Nature du Document	Numéro du Document
1941				
30 mars	Dublin à Vichy	Désireux de rester neutres, beaucoup d'Irlandais ont néanmoins mauvaise conscience devant la résistance de l'Angleterre, sachant que sa défaite serait catastrophique pour leur pays.	T.	145
20 juin	Dublin à Vichy	Émotion en Irlande devant le projet du gouvernement britannique d'ouvrir la conscription en Ulster et le bombardement de Dublin par les Allemands. Menacés à leur porte, et connaissant des problèmes d'approvisionnement pour certaines denrées essentielles, les Irlandais semblent beaucoup moins passionnés qu'avant la guerre par la question de la partition.	D.	247
11 juillet	Dublin à Vichy	L'opinion irlandaise, loin de donner prise à la propagande allemande, souhaite de plus en plus nettement une victoire britannique. Selon certaines rumeurs, les États-Unis songeraient à occuper certains points de l'île pour parer à une tentative d'invasion par le Reich.	T.	287
10 oct.	Dublin à Vichy	État des relations entre la Grande-Bretagne et l'Irlande.	D.	375

Date	Provenance et Destination	Objet	Nature du Document	Numéro du Document
		C. LES CONTACTS INDIRECTS AVEC LA FRANCE		
1941 8 janvier	Vichy à Madrid	Le gouvernement français est d'accord pour entamer sans délai les conversations que suggère le gouvernement britannique sur le trafic commercial entre l'Afrique du Nord et la France non occupée. Le plus urgent cependant est d'obtenir de Londres le libre passage pour des cargaisons de céréales en provenance des États-Unis et d'Argentine.	T.	9
16	Madrid à Vichy	Compte rendu d'un entretien entre l'ambassadeur Pietri et son homologue britannique, sir Samuel Hoare, à propos du blocus britannique, et plus particulièrement de l'arraisonnement du *Mendoza*.	T.	28
24	Madrid à Vichy	L'ambassadeur Pietri a remis à sir Samuel Hoare les propositions françaises concernant l'organisation d'un contrôle sur les produits importés, de manière à permettre un assouplissement du blocus britannique. Il a utilisé cette occasion de protester contre les saisies de navires français par les autorités britanniques.	T.	44
30	Vichy	Conséquences prévisibles de l'annexion de Tanger à la zone espagnole sur les institutions de la ville et volonté apparente des Anglais d'en faire, après entente avec les Espagnols, un lieu de « clearing » du ravitaillement de l'Afrique du Nord dans le cadre de sa politique de blocus.	N.	61
2 février	Vichy à Madrid	Devant l'intransigeance nouvelle des autorités britanniques, les autorités françaises se résignent à restreindre les négociations sur la question du ravitaillement de la zone non occupée à l'obtention de 8 millions de quintaux de céréales américaines.	T.	65
7	Madrid à Vichy	Visite du chargé d'affaires du Canada en France. Il est porteur d'informations précieuses sur les différents points de vue exprimés à Londres sur la question du ravitaillement de la France.	T.	77
18	Ottawa à Vichy	Les récentes déclarations de Mackenzie-King sur les relations du Canada avec la France se ressentent de la crainte que suscite un éventuel retour de Pierre Laval au pouvoir.	T.	93

Date	Provenance et Destination	Objet	Nature du Document	Numéro du Document
24	Vichy (Dir. pol.) à ambassade des États-Unis	Demande d'intercession auprès du gouvernement des États-Unis pour qu'il demande au gouvernement britannique de cesser d'arraisonner les navires de commerce français.	N.	110
24 mars	Mexico à Vichy	Propos tenus par Jacques Soustelle, le délégué de la France libre au Mexique, au retour d'un voyage en Grande-Bretagne, sur la volonté de résistance des Anglais et l'impression défavorable produite à Londres par la politique de rapprochement de l'amiral Darlan avec l'Allemagne. On craint que le gouvernement français ne cherche à provoquer, à propos de la question du ravitaillement, un incident naval franco-britannique.	T.	139
30 avril	Moscou à Vichy	Compte rendu par le nouvel ambassadeur à Moscou, Gaston Bergery, de ses premiers entretiens avec les responsables soviétiques et surtout avec l'ambassadeur des États-Unis qui a accepté de lui ménager des rencontres discrètes avec l'ambassadeur du Royaume-Uni.	T.	186
18 mai	Vichy	Message officieux du Foreign Office au gouvernement français proposant l'envoi d'un agent britannique pour maintenir des contacts directs, malgré l'absence de relations diplomatiques entre les deux pays.	N.	212
2 juillet	Vichy (Affaires étrangères à Marine, Intérieur, Colonies et Finances)	Mise à contribution de tous les ministères concernés pour constituer une solide documentation sur les abus commis par la Grande-Bretagne au détriment de la France depuis l'armistice.	D.	274
1er août	Vichy (Économie nationale à Affaires étrangères)	Conduite de la Grande-Bretagne à l'égard des intérêts financiers français. Application du régime appliqué aux territoires ennemis ou contrôlés par l'ennemi, et dérogations à ce principe.	D.	308
18 sept.	Dublin à Vichy	Les critiques dirigées dans l'opinion britannique contre le gouvernement français n'observent plus de ménagements depuis l'affaire de Syrie. En cas de victoire britannique, la cause de la France ne pourra que souffrir de cette opinion francophobe.	T.	352
6 nov.	Madrid à Vichy	Communication d'un aide-mémoire britannique, très ferme et même menaçant, relatif aux incidents maritimes franco-britanniques survenus à l'automne 1941 en Méditerranée.	D.	402

Date	Provenance et Destination	Objet	Nature du Document	Numéro du Document
23	Pretoria à Vichy	Le gouvernement sud-africain annonce la rupture de ses liens diplomatiques avec la France de Vichy.	T.	421

Voir aussi aux rubriques III-C, L'Empire et ses marges : les intérêts français menacés (Le Proche-Orient), V-B, La prudence turque (La Turquie, la France et les puissances en guerre), VIII-A (Les Amériques)

X. LES NEUTRES EUROPÉENS

Date	Provenance et Destination	Objet	Nature du Document	Numéro du Document
		A. LA SUISSE		
1941 25 janvier	Zurich à Vichy	Évolution favorable des esprits en Suisse à l'égard de la politique suivie par la France depuis décembre 1940, et singulièrement du maréchal Pétain.	D.	48
29 mars	Berne à Vichy (attaché militaire)	Impression laissée et propos tenus par le général Guisan à l'attaché militaire français lors d'un entretien le 28 mars portant essentiellement sur la politique de défense de la Suisse.	D.	144
4 juillet	Berne à Vichy	Fruit sans aucun doute des pressions de l'Axe, la démobilisation suisse n'est pas sans dangers intérieurs, d'ordre économique et politique.	T.	279
		B. LE VATICAN		
1941 6 janvier	Rome Saint-Siège à Vichy	L'ambassadeur Léon Bérard apprécie les synthèses d'informations politiques réalisées à Vichy. Dans la situation spéciale du poste, il pourra ainsi tenir informés les milieux dirigeants du Vatican de l'orientation générale de la politique française et entretenir leurs bonnes dispositions à son égard.	D.	4
24	Rome Saint-Siège à Vichy	L'ambassadeur Léon Bérard se félicite du séjour effectué, au Vatican, par le cardinal Gerlier, primat des Gaules. Il s'est fait l'interprète de la France catholique, laquelle y a trouvé un « juste réconfort ».	T.	45

Date	Provenance et Destination	Objet	Nature du Document	Numéro du Document
4 février	Berne à Vichy	Dominé par la crainte du bolchevisme, le Nonce a confié à l'ambassadeur de France les efforts déployés par le Saint-Père pour la conclusion de la paix entre la France, d'une part, la Grande-Bretagne, d'autre part, et l'Axe.	D.	71
22	Rome Saint-Siège à Vichy	Rien de commun entre la position de Pie XII à l'égard de la guerre et celle de Benoît XV naguère, en raison du conflit irréductible que le Pape voit entre la doctrine de l'Église et les conceptions du national-socialisme. Mais il sait les circonstances peu propices à une initiative vaticane en faveur de la paix.	D.	103
26	Rome Saint-Siège à Vichy	Condamnation ferme par l'*Osservatore Romano* des pratiques de mutilation et d'euthanasie à l'égard de certains êtres « non adaptés à la vie sociale ».	D.	112
28	Rome Saint-Siège à Vichy	Les allégations selon lesquelles le Saint-Père aurait engagé une initiative de paix entre la France et les puissances de l'Axe sont sans fondement.	T.	113
21 mars	Rome Saint-Siège à Vichy	Tout en saluant les mesures prises par les autorités françaises en faveur de l'Église catholique, des congrégations et de l'enseignement libre, le Vatican se montre déçu par les dernières dispositions touchant à l'instruction religieuse dispensée dans les institutions scolaires françaises.	D.	137
15 avril	Rome Saint-Siège à Vichy	L'ambassadeur Léon Bérard se fait l'interprète des vœux de la Congrégation de la Propagande concernant le régime des écoles libres des missionnaires et la condition juridique des Missions et des indigènes convertis au catholicisme.	D.	160
27 juin	Rome Saint-Siège à Vichy	Hanté par le péril bolchevique, le Vatican accueillerait « sans défaveur, il s'en faut », selon Léon Bérard, le conflit germano-soviétique.	T.	260
29	Rome Saint-Siège à Vichy	Discours radiodiffusé de Pie XII empreint de compassion pour les maux de l'Europe et les souffrances des catholiques, mais sans préciser lesquels, de crainte de leur nuire.	D.	264
21 août	Rome Saint-Siège à Vichy	Propos surprenants du Pape, déclarant redouter Hitler plus que Staline.	T.	326
26 sept.	Rome Saint-Siège à Vichy	Reçu en audience par Pie XII, l'ambassadeur a retiré l'impression d'un pape attaché à sa neutralité et à préserver l'unité du monde catholique.	D.	362

Date	Provenance et Destination	Objet	Nature du Document	Numéro du Document
27 déc.	Rome Saint-Siège à Vichy	Texte et analyse par l'ambassadeur Léon Bérard du Message de Pie XII à l'occasion de Noël 1941.	D.	460

C. L'ESPAGNE

1. L'Espagne face à la guerre

Date	Provenance et Destination	Objet	Nature du Document	Numéro du Document
1941 11 janvier	Madrid à Vichy	On s'inquiète à Madrid que l'Axe ne décide de porter la lutte en Méditerranée. D'un côté, les milieux politiques espagnols redoutent d'être entraînés dans un conflit qui serait catastrophique pour l'Espagne ; de l'autre, les phalangistes espèrent toujours en tirer des avantages en Afrique. Quant au ministre du Commerce, Carcelles, qui mise, lui, sur une paix de compromis, il préside à un rapprochement économique avec la Grande-Bretagne.	T.	16
11 février	Vichy (ss-dir. Europe)	Jusqu'à présent, le général Franco a résisté aux pressions de l'Allemagne et de l'Italie pour obtenir son concours actif ou passif, en raison de la dépendance de l'Espagne vis-à-vis des Anglo-Saxons pour son ravitaillement, du dénuement du pays et de l'instabilité du régime.	N.	85
14	Malaga à Vichy	Inquiétudes et spéculations en Espagne sur la rencontre entre le général Franco et Mussolini, après que le Caudillo ait vu le maréchal Pétain à Montpellier.	D.	88
1er mars	Madrid à Vichy	À l'occasion de la remise d'un aide-mémoire sur divers incidents, l'ambassadeur François Pietri a recueilli des confidences de Serrano Suñer. Ce dernier ne croit pas à une victoire anglaise et ne la désire pas ; en cas de victoire allemande, l'Espagne revendiquera Gibraltar et les révisions territoriales en Afrique.	T.	115
28 juin	Madrid à Vichy	D'après le conseiller de l'ambassade d'Allemagne, la prolongation des hostilités est imputable aux États-Unis qui chercheraient à ruiner l'industrie européenne. Malgré la résistance russe, il tient pour une victoire assurée de l'Allemagne sur le front Est, laissant entendre qu'elle serait suivie d'une vigoureuse offensive en Méditerranée. C'est sans doute la raison du développement des préparatifs militaires en Espagne.	T.	262

12

Date	Provenance et Destination	Objet	Nature du Document	Numéro du Document
31 juillet	Madrid à Vichy	Les déclarations réitérées des plus hauts dirigeants contre l'intervention des États-Unis dans la guerre marquent l'orientation de la politique espagnole vers l'Axe.	T.	307

2. UN RAPPROCHEMENT FRANCO-ESPAGNOL ?

Date	Provenance et Destination	Objet	Nature du Document	Numéro du Document
1941 25 janvier	Madrid à Vichy	Bilan dressé par l'ambassadeur Pietri et le ministre espagnol Serrano Suñer, de l'application de l'accord Bérard-Jordana. Le ministre s'impatiente devant la lenteur de la France à lui donner satisfaction au chapitre des extraditions.	T.	47
10 février	Vichy	Les requêtes du gouvernement espagnol concernant le sort des anciens dirigeants républicains ont toujours rencontré un bon accueil dans une France qui serait heureuse de s'en « débarrasser ».	N.	81
18	Vichy (Affaires étrangères) à Justice	Vues de l'amiral Darlan sur les consignes à donner aux magistrats appelés à se prononcer sur les demandes d'extradition présentées par le gouvernement espagnol.	D.	94
24	Madrid à Vichy	Note confidentielle de l'ambassadeur François Pietri relative à la rencontre Franco-Pétain à Montpellier, rédigée à la veille de cette rencontre.	L.	107
24	Vichy	Conclusion à Montpellier d'un accord secret entre l'amiral Darlan et Serrano Suñer par lequel la France s'engage à livrer à l'Espagne tous les réfugiés et ressortissants espagnols qu'elle désirera. L'Amiral a déjà signé un accord semblable avec l'ambassadeur Otto Abetz pour les réfugiés allemands.	N.	109
18 juin	Madrid à Vichy	À propos du séjour du cardinal Gerlier en Espagne, l'ambassadeur Pietri note à nouveau la répugnance calculée du ministre des Affaires extérieures et de la Phalange à se rapprocher de la France. En revanche, l'opinion espagnole, autorités comprises, se montre de plus en plus encline à renouer avec elle.	T.	244
18 sept.	Madrid à Vichy	Changement d'attitude dans les milieux officiels espagnols à l'égard de la France. Il est lié à la nécessité, selon eux, de préparer une entente des États méditerranéens.	T.	353

Voir aussi aux rubriques II-B, La France et ses vainqueurs (l'Italie), III-A, L'Empire et ses marges : les intérêts français menacés (L'Afrique du Nord)

XI. L'EXTENSION DE LA GUERRE EN EXTRÊME-ORIENT

Date	Provenance et Destination	Objet	Nature du Document	Numéro du Document

A. LE CONFLIT SINO-JAPONAIS

Date	Provenance et Destination	Objet	Nature du Document	Numéro du Document
1941 10 avril	Pékin à Vichy	La Chine nationaliste est encouragée dans sa résistance aux Japonais par l'aide que lui consent F.D. Roosevelt depuis sa réélection à la présidence des États-Unis. Elle tient, comme les Américains de Chine, pour assurer l'éclatement d'un conflit très prochain entre les États-Unis et le Japon, une perspective très inquiétante pour la préservation des intérêts français en Chine.	D.	158
15 mai	Tokyo à Vichy	Discussion entre l'ambassadeur Arsène Henry et le ministre des Affaires étrangères du Japon sur les deux solutions qui s'offrent à Tokyo pour régler « l'incident de Chine » : s'entendre avec Tchang Kaï-chek ou avec Wang Ching Wei.	T.	208
22	Pékin à Vichy	Dans l'entourage de Wang Ching Wei à Nankin, on ne croit ni à une paix prochaine entre Tokyo et les Chinois de Tchoung-King, ni à une guerre opposant le Japon à la Grande-Bretagne et aux États-Unis.	D.	220
13 sept.	Pékin à Vichy	Selon Henri Cosme, les livraisons américaines de matériel de guerre ne sont pas de nature à corriger les déficiences profondes de l'armée de Tchang Kaï-chek. L'incapacité de celle-ci à battre les Japonais devrait faciliter la négociation en cours entre Washington et Tokyo. L'ambassadeur doute qu'un règlement pacifique de l'incident de Chine satisfasse la Grande-Bretagne qui espère que l'incident débouche sur l'entrée en guerre des États-Unis.	T.	346
12 nov.	Pékin (via Tien-Tsin) à Vichy	Tandis que le gouvernement allemand semble s'entremettre pour aboutir à un règlement du conflit sino-japonais, les Anglo-Saxons s'efforceraient de paralyser ces tentatives de conciliation, instaurant un climat belliqueux à Tchoung-King.	T.	409
21	Washington à Vichy	Tandis que les négociateurs japonais attendent de Tokyo la réponse aux demandes présentées par les États-Unis, la Chine de Tchang Kaï-chek s'inquiète des conséquences de leur acceptation comme de leur rejet.	T.	419

Date	Provenance et Destination	Objet	Nature du Document	Numéro du Document

B. LA DÉTENTE ENTRE LE JAPON ET L'URSS

1941

Date	Provenance et Destination	Objet	Nature du Document	Numéro du Document
22 janvier	Tokyo à Vichy	La signature d'un *modus vivendi* relatif aux pêcheries des mers d'Okhotsk et du Japon entre Moscou et Tokyo, accord en lui-même de faible portée, est l'occasion pour l'ambassadeur à Tokyo de faire le point sur les différends qui persistent entre le Japon et son voisin soviétique.	D.	42
27	Moscou à Vichy	Soviétiques et Chinois ont reconduit leur accord de troc de 1938. Il ne faut pas attacher trop d'importance aux plaintes des Russes sur les déficiences chinoises et surtout sur les mesures anti-communistes du régime de Tchang Kaï-chek. Tant que le Kremlin aura besoin de son partenaire chinois, il le renforcera ; si les besoins de son entente avec le Japon l'exigent, « il le fera passer [au contraire] par-dessus bord ».	T.	50
16 avril	Vichy (Dir. pol.)	Interprétations possibles du pacte de neutralité signé par l'URSS et le Japon.	N.	162
30	Pékin à Vichy	Les répercussions du Pacte de non-agression nippo-soviétique sur les rapports du gouvernement de Tchoung-King avec les communistes chinois et l'URSS.	D.	189
6 juillet	Tokyo à Vichy	Exposé de Matsuoka, ministre des Affaires étrangères du Japon, à l'ambassadeur Arsène Henry sur l'attitude du Japon devant le conflit germano-russe et sur les rapports soviéto-japonais.	T.	281

C. VERS LA GUERRE ENTRE LES ÉTATS-UNIS ET LE JAPON

1941

Date	Provenance et Destination	Objet	Nature du Document	Numéro du Document
27 avril	Tokyo à Vichy	Une vague de xénophobie généralisée, au Japon, menace tous les échanges sans distinction.	D.	179
25 juillet	Washington à Vichy	Condamnation par Summer Welles de l'attitude du Japon en Indochine et, d'une façon générale, de sa politique d'expansion en Asie et dans le Pacifique. Le Secrétaire d'État estime la sécurité nationale des États-Unis menacée.	T.	303
28	Tokyo à Vichy	Montée de la tension entre le Japon et les pays anglo-saxons.	T.	305

Date	Provenance et Destination	Objet	Nature du Document	Numéro du Document
26 oct.	Tokyo à Vichy	La Détente intervenue dans les rapports américano-japonais avec l'arrivée du nouveau gouvernement japonais au pouvoir n'a pas duré. Des rumeurs de guerre se répandent, peut-être pour le mois de décembre, mais l'ambassadeur Arsène Henry a du mal à y croire.	T.	391
27	Darlan au secrétaire d'État à l'Aviation, Vichy	Situation militaire en Chine et renseignements sur des dispositions prises d'ores et déjà par les Américains en Extrême-Orient, qui montreraient que les négociations entre Washington et Tokyo n'ont aucune chance d'aboutir.	D.	392
29	Madrid à Vichy	D'une conversation avec son homologue américain à Madrid, l'ambassadeur Pietri a retenu l'impression d'une prochaine entrée en guerre des États-Unis.	T.	394
9 nov.	Pékin à Vichy	Le gouvernement américain poursuit sa politique d'abandon de tous ses postes actifs en Chine occupée par les Japonais, ce qui provoque une inquiétude grandissante dans les milieux étrangers, déjà très atteints par le blocus financier.	T.	408
27	Washington à Vichy	Les conversations américano-japonaises sont parvenues à un point critique. Il pourrait s'ensuivre une rupture, à moins qu'il ne s'agisse d'une manœuvre d'intimidation de la part de Washington.	T.	424
2 déc.	Shanghaï à Vichy	La tension croissante en Extrême-Orient se traduit par des mesures qui entretiennent une panique permanente dans les milieux européens à Shanghaï.	T.	431
5	Vichy	Examen des possibilités de guerre entre les États-Unis et le Japon : une solution pacifique devrait prévaloir sauf victoire des extrémistes dans les conseils de l'Empire.	N.	435
8	Pékin à Vichy	L'état de guerre étant déclaré entre le Japon, les États-Unis et la Grande-Bretagne, l'armée japonaise assure le maintien de l'ordre dans le quartier diplomatique de Pékin.	T.	437

Voir aussi aux rubriques III-C, L'Empire et ses marges : les intérêts français menacés (Questions asiatiques), VII, L'URSS, VIII, Les Amériques

XII. RÉFLEXIONS SUR L'APRÈS-GUERRE

Date	Provenance et Destination	Objet	Nature du Document	Numéro du Document
1941				
31 mars	Berne à Vichy	Informations recueillies par le consul de France à Zurich sur les projets d'organisation future de l'Europe dans les cercles officiels et les milieux d'affaires en Allemagne.	D.	146
5 mai	Vichy	Réflexions sur le sort qui pourrait être celui de la France après la guerre selon les trois hypothèses possibles : une victoire allemande, une paix de compromis ou une victoire anglaise.	N.	199
2 juillet	Vichy (Dir. pol.)	Note détaillée sur la perception allemande du « Nouvel Ordre » politique et économique du bloc « Eurafrique ».	N.	275
1er août	Washington à Vichy	Réflexions aux États-Unis sur une révision du système colonial après la guerre assortie d'une extension du principe de la « porte ouverte », et de la liberté d'immigration, notamment en Afrique, comme solution à la crise économique qui frappera inévitablement le pays après la guerre.	D.	309
18 sept.	Paris (Délégation générale dans les Territoires occupés) à vice-présidence du Conseil (Vichy)	L'organisation éventuelle d'un condominium franco-allemand sur l'Afrique, telle que la voient les Allemands dans des études préparatoires, ferait une place importante à l'ethnographie. Aussi y aurait-il intérêt à réorganiser le Musée de l'Homme.	N.	354
3 nov.	Berne à Vichy	Renseignements concordants sur les plans allemands concernant la future réorganisation de l'Europe et le transfert de son centre de l'Allemagne de l'Ouest vers l'Est.	T.	398

Voir aussi à la rubrique II-A, La France et ses vainqueurs (L'Allemagne)

DOCUMENTS DIPLOMATIQUES FRANÇAIS
VICHY

(1ᵉʳ JANVIER – 31 DÉCEMBRE 1941)

1

M. Spitzmüller, Chargé d'affaires de France à Bucarest,
    à M. Flandin, Ministre Secrétaire d'État aux Affaires
    étrangères.

D. nᵒ 14.   *Bucarest, 4 janvier 1941.*

Le nouvel afflux de troupes allemandes en Roumanie, annoncé de façon un peu prématurée par la presse et la radio anglo-saxonnes qui, à cette occasion, ont fait état de chiffres dépassant largement la réalité, est néanmoins suffisamment important pour qu'il ait attiré à nouveau l'attention sur les éventualités qui peuvent survenir, à plus ou moins brève échéance, dans cette partie de l'Europe. Je transmets par ailleurs au Département les informations que j'ai pu réunir sur l'ampleur et le rythme réels du renforcement de l'occupation hitlérienne en Roumanie.

Il semble qu'à l'heure actuelle et compte tenu des derniers renforcements, les effectifs allemands stationnés dans le royaume danubien ne dépassent guère quatre divisions, soit un peu plus de 80 000, peut-être 90 000 hommes. Mais le problème qui se pose immédiatement est de chercher à déterminer vers quelle direction et à quel moment l'Allemagne utilisera la masse de manœuvre qu'elle constitue en Roumanie. Il est impossible de répondre avec précision à cette question, car ce n'est pas un objectif unique qui s'offre au Reich.

D'une manière générale, les milieux allemands de Roumanie, et particulièrement les officiers, déclarent avec assurance qu'ils vont sous peu descendre en Bulgarie pour régler rapidement l'affaire grecque[1]. Le voyage

---

[1] Référence à l'attaque de l'Italie contre la Grèce lancée le 28 octobre 1940. Sur le conflit italo-grec, voir *Documents diplomatiques français, Sous-série Deuxième Guerre (1939-1944)*, vol. 2,

de M. Filoff à Vienne n'aurait pas d'autre but que de régler les modalités du passage des troupes allemandes sur le territoire bulgare. Le Reich aurait décidé, en effet, d'aller imposer la paix à la Grèce et de lui arracher par la force pour les deux puissances de l'Axe les bases qu'elle a refusées à l'Italie seule. Les mêmes personnes prétendent également que M. von Papen a fini par aboutir complètement dans sa mission et que l'Allemagne n'éprouve actuellement pas la moindre inquiétude du côté de la Turquie, à laquelle des compensations très vastes auraient été offertes du côté de la Syrie et de la Palestine.

Par contre, on paraît moins sûr des Russes. Tout d'abord, en cas d'action vers le sud, il sera naturellement indispensable à l'état-major allemand de garnir fortement la frontière du Dniestr, afin de se garder contre une intervention inopinée des Soviets qui, s'ils remportaient, ne fût-ce qu'au début, quelques succès, pourraient lui ravir le pétrole des Carpates que la proximité de la frontière rend déjà suffisamment menacé.

D'autre part, si la Bulgarie n'accorde pas le passage à l'armée allemande, la faute devrait en être entièrement attribuée à la Russie et le Reich se trouverait donc dans la nécessité de s'en prendre à celle-ci et de lui demander des comptes.

Quoi qu'il en soit, nombreux sont les Allemands appartenant aux milieux dirigeants qui clament que l'Allemagne s'attaquera à l'URSS à bref délai et en tout cas plus tôt qu'on ne s'y attendait. On peut rapprocher cette déclaration de celle que le chancelier Hitler a faite au général Antonesco et qui m'a été rapportée de source très sûre : « J'ai un compte à régler avec les Russes ; ils ont massacré un million et demi d'Allemands [*sic*] ; j'attends mon heure ».

Si, dans un cas comme dans l'autre, le facteur russe reste déterminant, il apparaît que l'incertitude relative à la direction de la prochaine action allemande dans l'Europe orientale est systématiquement entretenue par les Allemands, de manière que les préparatifs auxquels ils se livrent dans cette région de l'Europe, et que leur ampleur même rend impossible à dissimuler, ne puissent être considérés comme visant telle ou telle puissance.

Il est certain que l'envoi supplémentaire de quelques divisions en Roumanie ne correspondrait pas à grand-chose, ce supplément de troupes ne pouvant pas servir à l'instruction de l'armée roumaine et ce prétexte lui-même n'ayant jamais trompé personne. En conséquence, le renforcement des éléments déjà installés pouvait être considéré comme certain. Mais l'on pouvait s'attendre, en raison de la complexité du problème et des avantages qu'offre une préparation méticuleuse et progressive, à ce que ce renforcement ne s'effectuât que graduellement. Or, il vient d'être brusquement accéléré dans des conditions qui ont nécessité l'adoption de mesures brutales concernant le trafic ferroviaire hongrois et roumain, et en une

1940 (10 juillet-31 décembre 1940), Bruxelles, P.I.E. Peter Lang, 2009 (ci-après référencé *DDF (1939-1944)*, 1940-2), documents n°s 120, 170, 336, 342, 348, 350, 364, 386. On peut aussi consulter dans les Papiers 1940, Papiers Chauvel, 36, une note en date du 6 novembre 1940 sur les « rapports italo-grecs de 1930 à 1940 » (non reproduite).

saison où une grande partie des préparatifs normaux d'une compagne ne peuvent s'effectuer que très difficilement.

La seule explication ne semble donc pas être que l'Allemagne se met en mesure d'exercer une action à bref délai, mais qu'elle cherche à gagner du temps pour être prête plus tôt qu'on ne pourrait le penser. Avant que le dispositif mis sur pied en Roumanie atteigne une consistance suffisante pour permettre d'engager des opérations militaires même défensives, il faudra du reste plusieurs semaines et l'on ne conçoit guère comment ces opérations pourraient être entreprises pendant l'hiver alors que toute la région est recouverte d'une mètre ou deux de neige ou, au début du printemps, alors qu'elle n'est qu'un vaste marécage.

On peut formuler également une autre hypothèse : c'est que le Reich, tout en continuant des préparatifs répondant à une fin propre, désire attirer l'attention sur l'Europe du Sud-Est alors qu'il prépare une offensive sur le front du Nord-Est (mon télégramme nº 9[1]). Mais, quelle que soit l'issue de celle-ci, l'Allemagne sera sans doute contrainte d'agir à l'Est.

Malgré l'incertitude qui plane sur l'objectif que choisira finalement le Reich et qu'il n'a peut-être pas encore arrêté lui-même, les Allemands se préoccupent d'entraîner l'adhésion des Roumains à une participation à une lutte contre les Soviets en leur faisant miroiter la récupération rapide de la Bessarabie, de la Dobroudja et même l'annexion d'Odessa. Ces belles promesses trouvent en Roumanie plus d'échos qu'on ne pourrait le croire. Le général Antonesco lui-même répète sans cesse à ses familiers qu'il a des assurances formelles du chancelier Hitler à cet égard, qu'il a « la grande Roumanie dans sa poche » et qu'il prépare déjà la réorganisation administrative de la Bessarabie reconquise. À ces plans insensés, la propagande russe s'efforce naturellement de faire pièce par la diffusion de thèmes opposés. Elle laisse filtrer, par exemple, que les relations hungaro-russes s'améliorent sensiblement et que l'URSS étudierait en ce moment avec le gouvernement de Budapest un plan de partage du Proche-Orient qui rendrait au royaume de Saint-Étienne la totalité de la Transylvanie, à la Yougoslavie tout le Banat roumain et la moitié septentrionale de l'Albanie, la moitié méridionale étant réservée à la Grèce qui, en échange, accorderait à la Bulgarie l'accès à la mer Égée. Par ailleurs, la Russie occuperait la Moldavie et la Dobroudja, et la Valachie, abandonnée à elle-même, constituerait une sorte de petit protectorat soviétique, dans le genre de la Slovaquie.

Il est donc difficile, dans ces conditions, de déceler si les préparatifs allemands en Roumanie sont davantage tournés contre la Russie que contre la Grèce, puisque l'activité fébrile que l'on peut relever ici peut concerner l'une et l'autre éventualité. En même temps qu'il paraît opérer en Bulgarie et sur les bords du Danube, le Reich renforce considérablement son dispositif sur la frontière roumano-russe. Les troupes venues de Hongrie par Cluj sont généralement envoyées en Moldavie ; récemment, des unités auraient été installées sur la branche méridionale du Danube, à Tulcea. Mais en même

---

[1] Document non retrouvé.

temps, les unités stationnées le long du Danube s'accroissent non moins régulièrement.

Toutefois, plus significatif est l'état des relations roumano-russes et russo-allemandes qui paraissent se tendre chaque jour davantage. De nouveaux incidents de frontière extrêmement violents ont eu lieu il y a quelques jours et se sont soldés, après une bataille rangée, par de nombreux morts et la perte de deux avions soviétiques. À la suite de cet incident, les Soviets ont fait à Bucarest et à Berlin une double démarche conçue en termes assez vifs : à Bucarest, le Kremlin, imputant à la Roumanie seule l'entière responsabilité des incidents, a demandé des garanties pour l'avenir et des réparations en accompagnant sa demande de menaces non équivoques ; à Berlin, le gouvernement de l'URSS se serait plaint de l'excitation antirusse à laquelle l'Allemagne se livre en Roumanie et aurait demandé des explications sur les mouvements de troupes allemandes dans le pays.

Les réponses allemande et roumaine ont été concertées et ont été rédigées sur un ton non moins vif. Le gouvernement de Bucarest rejette toute la responsabilité des incidents sur les troupes russes, et le gouvernement allemand, tout en reconnaissant que les mouvements de troupes qui avaient lieu en Roumanie étaient dirigés « vers la Bulgarie », a repoussé la demande soviétique en déclarant que de tels mouvements étaient normaux entre deux pays alliés et qu'au surplus, il n'avait pas de compte à rendre à Moscou. En même temps, la propagande hitlérienne a grossi savamment ces incidents et a réussi à créer en Roumanie, pendant les fêtes, deux ou trois jours d'anxiété qui, dans certains cas, a revêtu la forme d'une véritable panique.

Les choses n'en sont pas encore là ; nous n'en sommes qu'aux piqûres d'épingles et ce n'est pas avant de nombreuses semaines que l'Allemagne pourra affronter la Russie, à moins qu'elle ne préfère in extremis transiger avec elle en lui offrant, au moment d'entreprendre une opération d'envergure en Grèce, les dépouilles d'un tiers.

Guerre 1939-1945, Vichy, Z Europe, Roumanie, 687 (10GMII/687)

2

LE GÉNÉRAL COMMANDANT EN CHEF WEYGAND, DÉLÉGUÉ GÉNÉRAL DU
GOUVERNEMENT EN AFRIQUE FRANÇAISE
AU MARÉCHAL PÉTAIN, PRÉSIDENT DU CONSEIL.

D. n° 40/S.G.F.   *Alger, 5 janvier 1941.*

Secret

Ainsi que vous me l'aviez annoncé, M. Murphy, chargé d'Affaires des États-Unis en France, est arrivé à Alger le 18 décembre. Il s'est rendu aussitôt à Dakar où je l'ai rencontré, puis à Tunis. Après un nouveau séjour de 24 heures à Alger, il est reparti le 2 janvier pour le Maroc où il passera quelques jours avant de repartir pour Lisbonne et les États-Unis.

M. Murphy m'a tenu, ainsi qu'au gouverneur général Châtel, le langage suivant : « Le président Roosevelt et le gouvernement des États-Unis sont au courant de votre volonté de maintenir l'intégrité de l'Empire français et de le défendre contre toute agression. Ils approuvent cette détermination car leur désir formel est que la France conserve son empire à la fin de la guerre en cours.

De son côté, le gouvernement américain est désireux de faire tout ce qui est en son pouvoir pour aider à la victoire de la Grande-Bretagne.

« Le président Roosevelt, poursuivit M. Murphy, m'a envoyé en Afrique française pour savoir s'il lui est possible d'aider le gouvernement français à garder son autorité sur ses territoires africains sans rien faire qui soit de nature à contrecarrer sa politique d'appui à la Grande-Bretagne ».

M. Murphy m'a dit, de plus, que vous l'aviez reçu avant son départ de Vichy et que vous aviez bien voulu approuver son projet de voyage.

Au cours de ma conversation avec le diplomate américain, j'ai développé le point de vue suivant :

Le maintien d'une certaine activité économique en Afrique française constitue la condition principale de la tranquillité politique de ces territoires. Si l'Afrique française ne reçoit pas les produits nécessaires à son économie, au premier rang desquels se placent les carburants et combustibles, ses forces non seulement physiques mais morales iront en s'affaiblissant et elle pourrait alors devenir une proie facile pour les puissances désireuses de nous dépouiller. Puisque le gouvernement américain est désireux de nous aider à maintenir notre situation en Afrique, il le peut en favorisant la reprise d'une activité économique normale entre l'Afrique française et les États-Unis. Nul ne dispose de plus d'arguments que lui pour convaincre la Grande-Bretagne de lever le blocus de l'Afrique[1].

M. Murphy m'a déclaré que son gouvernement serait certainement désireux de nous apporter cette aide économique et il s'est enquis des besoins qu'il y aurait lieu de satisfaire de toute urgence. Je lui ai indiqué avec précision les produits qui sont indispensables au maintien de l'activité de l'Empire : carburants, sucre, thé, riz, produits pharmaceutiques, camions, avions de ligne, pièces de rechange, etc.

M. Murphy était sans doute chargé également de s'enquérir de la situation politique en Afrique.

Au cours de sa conversation avec moi à Dakar, il m'a demandé quels étaient les sentiments de nos populations. Je lui ai répondu en lui exposant l'attachement touchant de nos populations indigènes et la ferme volonté de

---

[1] Le blocus britannique contre le territoire métropolitain français a été mis en place par la Grande-Bretagne le 30 juillet 1940. Il bloque de ce fait les échanges entre Vichy et ses colonies. Néanmoins certains historiens s'accordent à dire qu'il ne fut pas très sévère ; il aurait eu tendance à se relâcher en raison de l'insuffisance de la marine britannique qui avait d'autres priorités.

nos colons de rester fidèles à la France. Il a été témoin lui-même de la réception qui a été faite à votre délégué lors d'une soirée artistique donnée à Dakar en faveur du Secours national d'hiver[1]. Je sais, par une confidence qu'il a faite à l'un de mes collaborateurs, qu'il en a été fortement impressionné.

Comme il se trouvait à Dakar, il m'a demandé ce qu'il fallait croire des rumeurs suivant lesquelles des Allemands se trouvaient dans la capitale de l'AOF. Je lui ai donné ma parole qu'il n'en était rien, tout en précisant pourtant que quelques ressortissants du Reich avaient, depuis l'Armistice, transité par cette ville en revenant vers l'Europe par la voie des airs[2].

Mais, ai-je ajouté, l'action criminelle des propagandes britannique et gaulliste qui cherchent à saper notre influence et à ébranler notre établissement en Afrique noire, pourrait fournir à l'Allemagne des motifs d'intervenir. Le Reich pourrait, en effet, prétendre que ces propagandes font courir un grave danger à nos possessions et qu'il lui faut prendre sur place des assurances. Le blocus qui nous affaiblit économiquement ne fait qu'augmenter le péril.

J'ai profité de cette conversation pour lui dire que vos instructions me faisaient un devoir de défendre l'Empire contre toute agression et que je les appliquerais scrupuleusement et rigoureusement contre quiconque, anciens ennemis, anciens alliés ou nouveaux ennemis.

M. Murphy m'a donné l'impression d'être sincèrement désireux de nous venir en aide.

Notre ambassadeur à Washington sera sans doute en mesure de recueillir auprès du Département d'État des renseignements sur le rapport que ce diplomate américain présentera à ses chefs. Le Président des États-Unis saura comment et dans quelle mesure il peut traduire dans les faits son désir d'aider à la consolidation de notre domaine africain.

Il me paraît heureux, comme le ministère des Affaires étrangères me l'a fait savoir, que M. Murphy soit chargé de suivre à Vichy, sous la direction de l'amiral Leahy, les négociations qui s'engageront à Washington pour le ravitaillement de notre Empire[3].

Je vous ferai parvenir très prochainement un rapport sur les besoins de l'Afrique française qui vous permettra d'adresser à M. Henry-Haye les informations détaillées qui lui permettront d'engager la négociation dont vous avez approuvé le principe.

[1] Le Secours national, créé en 1914 pour recueillir des vêtements destinés aux soldats du front, fut « reconstitué » par le ministère Daladier le 19 octobre 1939. Le 23 juillet 1940 lui est attribué le produit de la liquidation des biens des Français déchus de leur nationalité. Le 4 octobre 1940 il est placé sous la haute autorité de Pétain. Il a le monopole des appels publics à la générosité et des subventions de l'État ou des collectivités publiques. Le produit de la Loterie nationale lui est attribué à partir d'octobre 1940 (source : inventaire AN/ 72AJ/ Secours français).

[2] Weygand nie le fait que des Allemands se trouvent à Dakar tout en reconnaissant que certains ont transité par la ville. En réalité, il s'agit bien plus que d'un simple transit : des « visites » sont organisées dès 1940 (comme dans la zone non occupée de métropole), en faisant pression sur Vichy. Cf. DDF (1939-1944), 1940-2, document n° 259, au sujet d'une « délégation économique allemande », qui vient de séjourner à Casablanca le 2 octobre 1940.

[3] Cf. document n° 3.

Vous trouverez, ci-joint, la copie d'un télégramme que M. Murphy avait reçu de M. Cordell Hull[1]. Dans ce document, le Secrétaire d'État américain définit la position de son gouvernement à l'égard de la France. Je dois noter que M. Murphy a suivi à la lettre les instructions de son gouvernement et qu'il n'a pas cherché à établir de distinction entre la France et son Empire. C'est ce qui m'a permis de l'entendre.

Guerre 1939-1945, Vichy, E Asie, Dossiers généraux, 43 (3GMII/43)

3

NOTE DE LA DIRECTION DES RELATIONS COMMERCIALES

Réception de l'ambassadeur des États-Unis par le maréchal Pétain.
Questions économiques et financières.

N.   *Vichy, 5 janvier 1941.*

Les principales questions économiques et financières, actuellement pendantes entre la France et les États-Unis ont trait :

1° – au déblocage des avoirs français existant aux États-Unis[2], à la fois pour l'alimentation de nos caisses de chancellerie en Amérique (Amérique du Nord et Amérique du Sud) pour des achats de ravitaillement.

À la question du déblocage des avoirs se rattache, d'ailleurs, celle du principe même de nos achats de ravitaillement dans ce pays.

2° – À la libération des 14 navires français actuellement bloqués dans les ports américains.

3° – À l'ouverture d'une négociation commerciale entre les États-Unis et l'Indochine en vue d'assurer, moyennant contrepartie, aux produits américains sur le marché indochinois un régime préférentiel analogue à celui consenti aux produits français en Indochine et à consentir éventuellement aux produits japonais.

1– Déblocage des avoirs français aux États-Unis. Questions relatives à nos achats de ravitaillement.

a) Déblocage des avoirs français pour l'alimentation de nos postes de chancellerie.

Notre ambassadeur à Washington a obtenu pour la fin d'octobre de la Trésorerie américaine le déblocage de sommes appartenant au Trésor

---

[1] Document non retrouvé.

[2] Les avoirs français en dollars dont disposait le gouvernement français aux États-Unis ont été bloqués à partir de la demande d'armistice française et de l'occupation allemande selon le principe habituel envers les biens ennemis et donc sans aucune base légale. Ce blocage est évoqué dans le document n° 431 de *DDF (1939-1944)*, 1940-1. Voir aussi T. n°s 1635 à 1639, de Henry-Haye à P. Baudouin, Washington, 11 septembre 1940, *in* Papiers 1940, Papiers Baudouin, 4.

français et nécessaires à l'alimentation de nos postes diplomatiques et consulaires sur le continent américain. Ce déblocage s'effectue à l'heure actuelle de façon satisfaisante.

b) Déblocage d'avoirs pour les besoins de notre ravitaillement.

Le gouvernement français a demandé à plusieurs reprises au gouvernement américain que les avoirs bloqués existant pour compte français aux États-Unis puissent être débloqués pour des achats de ravitaillement destinés à la métropole et aux colonies.

En ce qui concerne la métropole, le gouvernement américain s'est jusqu'ici refusé à n'autoriser aucun déblocage, aussi longtemps que le gouvernement britannique n'aurait pas permis le libre passage des produits de ravitaillement à destination de la France[1].

En ce qui concerne les colonies, notre ambassadeur à Washington a tout récemment demandé au Département d'État si des déblocages français ne pourraient être autorisés pour servir à des achats de ravitaillement et de carburants, destinés à nos possessions d'Afrique, étant entendu que les sommes ainsi débloquées seraient remplacées par une quantité équivalente d'or, prélevée sur notre stock de la Martinique[2]. M. Henry-Haye a ajouté, sur les instructions du gouvernement français, que les achats de ravitaillement et de carburants, payés avec les avoirs débloqués aux États-Unis, devraient pouvoir être effectués non seulement aux États-Unis, mais encore dans toute autre partie du continent américain.

Le Département d'État ne s'est pas montré jusqu'ici opposé à cette suggestion et procède actuellement, en liaison avec le Département du Trésor, à une étude à ce sujet.

c) Demandes françaises concernant un achat aux États-Unis de 8 millions de quintaux de céréales.

En raison du déficit important de nos récoltes et de la nécessité pour la France d'importer, dans le plus bref délai, 8 millions de quintaux de céréales (dont 6 millions de quintaux de blé et 2 millions de quintaux de maïs), M. Flandin a récemment demandé au chargé d'Affaires des États-Unis d'intervenir auprès de son gouvernement pour que soit autorisée, à titre exceptionnel, et par dérogation au blocus britannique, la vente à la France et l'acheminement sur Marseille de ces tonnages de céréales. Il a ajouté que cet achat présentait de l'intérêt pour les agriculteurs américains, en raison de l'existence, aux États-Unis et en Amérique du Sud, d'excédents considérables de récoltes. D'autre part, ces envois seraient destinés uniquement à la population civile française. Jusqu'ici, aucune réponse n'a été transmise par l'Ambassade des États-Unis à ces propositions.

2– Navires français immobilisés aux États-Unis.

---

[1] *Cf.* document n° 2, note 1, p. 5.

[2] Le 10 juin 1940, le gouvernement français a fait évacuer les dernières réserves en or de la Banque de France sur deux navires, l'un envoyé à Dakar, l'autre à la Martinique (350 tonnes), *cf. DDF (1939-1944)*, 1940-2, document n° 425, note 2.

14 navires français, dont le *Normandie*, sont actuellement immobilisés dans les ports des États-Unis[1]. Le gouvernement fédéral menace de les réquisitionner. Pour éviter cette réquisition, notre ambassadeur à Washington propose :

a) d'affréter pour compte américain les navires précités, qui seraient affectés au parcours New York – Golfe du Mexique,

b) d'affecter les bénéfices de cette exploitation à l'achat de produits de ravitaillement pour nos colonies,

c) d'obtenir ultérieurement du gouvernement américain, en contrepartie du service ainsi rendu à la marine américaine, la libération d'une partie de ces navires pour des transports États-Unis – France.

D'accord avec le ministère de la Marine, le Département vient d'inviter notre délégation à Wiesbaden[2] à soumettre cette proposition à la délégation allemande, en faisant ressortir que l'affrètement des navires pour compte américain serait limité à une période de courte durée (1 mois par exemple) et que notre proposition a pour objet essentiel d'éviter la réquisition, à laquelle menace de procéder le gouvernement fédéral.

Notre ambassadeur à Washington a été informé de la démarche effectuée à Wiesbaden.

3– Négociation relative à l'Indochine.

L'institution du régime de l'autonomie douanière en Indochine, qui a eu pour effet de rendre sa liberté tarifaire à notre colonie, a entraîné la négociation d'un nouveau statut des échanges[3] entre la France et l'Indochine d'une part, le Japon et l'Indochine d'autre part. Les États-Unis sont, avec la France et le Japon, le principal client et le principal fournisseur de notre colonie. M. Henry-Haye a, dans ces conditions, été invité par le gouvernement français à faire connaître à Washington le nouveau statut économique de l'Indochine et à demander au gouvernement américain s'il serait disposé à engager des pourparlers avec notre colonie, en vue de compléter

---

[1] De même, d'autres navires français étaient bloqués dans des ports canadiens (tel que le *Limoges*, à Vancouver). Au début de l'année 1941, le gouvernement américain commence à envisager de réquisitionner le *Normandie* pour en faire un transport de troupes. La prise de contrôle du paquebot sera votée par le Congrès des États-Unis le 11 avril 1941. Pour d'autres navires français, ils furent partie prenante de l'accord Murphy-Weygand du 26 février 1941 qui stipulait que la France pourrait acheter pour l'Afrique des produits américains de première nécessité qui seraient transportés sur des navires français internés dans les ports américains qu'ils devaient ensuite rejoindre.

[2] La délégation française auprès de la Commission allemande d'armistice.

[3] À l'origine, loi du 15 octobre 1910 accordant l'autonomie douanière à l'Indochine, modifiée par la loi douanière coloniale de 1928 qui a réalisé, pour l'Indochine, l'assimilation du régime douanier de l'Indochine avec celui de la métropole. De ce fait, dès août 1940, le gouvernement français propose des concessions au Japon, car l'Indochine étant autonome dans ce domaine, pourrait proposer de nouveaux tarifs douaniers ou des contingentements spécifiques. En octobre on annonce un nouveau texte d'autonomie qui est notifié au Japon et qui pourrait prendre effet au 1er janvier 1941. Cf. DDF (1939-1944), 1940-2, documents n°s 129 et 266. Pour plus de détails sur ces questions, voir le texte de la « Loi accordant l'autonomie douanière à l'Indochine » in Papiers 1940, Papiers Baudouin, 12 (fol. 314 à 317), ainsi que la note sur les « Accords franco-indochinois » en date du 13 décembre 1940, in Guerre 1939-1945, Vichy, Relations commerciales, 611 (documents non reproduits).

les dispositions de l'accord commercial franco-américain de 1936, relatives à l'Indochine, par des stipulations plus précises accordant, moyennant des contreparties adéquates à fournir du côté américain, un régime de faveur aux produits des États-Unis, importés en Indochine.

Guerre 1939-1945, Vichy, E Asie, Dossiers généraux, 18 (3GMII/18)

4

M. Léon Bérard, Ambassadeur de France près le Saint-Siège,
  A M. Flandin, Ministre Secrétaire d'État aux Affaires
  étrangères[1].

D. n° 5.   *Rome-Saint Siège, 6 janvier 1941.*

J'ai reçu, le samedi 4 janvier, par le courrier de Berne[2], une première analyse de télégrammes à l'arrivée (du 23 au 24 décembre) ainsi que le télégramme 115 de Votre Excellence[3]. Les fêtes de Noël et du jour de l'An ont très certainement retardé l'arrivée de ce courrier.

L'envoi régulier d'une analyse ou d'un résumé présentant un tableau exact des informations politiques fournies par les postes principaux répond pleinement aux vœux de cette ambassade[4]. Le mode de documentation qui vient d'être inauguré lui sera précieux dans la condition toute particulière où elle se trouve placée[5]. En présence d'événements dont la signification et la portée ne sont pas aussitôt connues, et ne sauraient sans doute l'être immédiatement en bien des cas, il serait peu favorable à l'activité diplomatique de se trouver sans aucun renseignement précis et sûr parmi les commentaires que répandent les polémiques internationales de la presse et de la radio.

Aussi ai-je noté avec grande attention dans le télégramme ci-dessus rappelé de Votre Excellence que le Département voudrait bien nous adresser

---

[1]   Annotation manuscrite marginale : « C[ommuni]quer à M. [illisible] ».

[2]   Après son installation dans la Cité du Vatican (voir note 5), l'ambassadeur de France près le Saint-Siège se trouve coupé de toute communication avec le Département, les autorités pontificales se déclarant dans l'incapacité d'assurer la libre correspondance de l'ambassade et les autorités italiennes se refusant à la garantir. L'ambassadeur W. d'Ormesson obtint alors que sa correspondance officielle soit transportée via la valise circulant entre la nonciature de Berne et la Secrétairerie d'État. Pour améliorer le fonctionnement de la liaison, le Secrétaire, M. Élie, membre de l'ambassade près le Saint-Siège, fut détaché à Berne le 28 juillet 1940. *Cf.* la D. n° 284 de W. d'Ormesson au Département, Cité du Vatican, 30 juillet 1940, document non reproduit.

[3]   Documents non retrouvés.

[4]   La dernière partie de la phrase a été soulignée à la main.

[5]   Le 12 juin 1940, l'ambassadeur W. d'Ormesson a dû quitter précipitamment le Palais Taverna à Rome et transporter le siège de l'ambassade près le Saint-Siège dans la Cité du Vatican, dans le couvent Sainte-Marthe. Voir à ce propos la note du conseiller Jean Rivière du 18 août 1940, intitulée « L'ambassade de France près le Saint-Siège et la belligérance italienne », jointe à la D. n° 309 de W. d'Ormesson au Département en date du 23 août 1940 (courrier n° 5), *in* Papiers 1940, Bureau d'études Chauvel, 41, ainsi que *DDF 1940-1*, document n° 389.

périodiquement des informations sur les principaux événements et *l'orientation générale de la politique française*[1].

La distinction entre la politique extérieure et la politique intérieure correspondait encore à quelque chose de réel il y a une trentaine d'années. À vrai dire, il y avait alors séparation entre l'une et l'autre, en ce sens notamment que tout le monde ne se mêlait pas d'avoir une opinion sur les rapports des peuples et que peu de gens se fussent avisés de prétendre que notre action au dehors devait se régler sur le résultat des derniers scrutins de ballottage. C'est ce que nous avons vu depuis. Et l'on s'est habitué dans la plupart des pays à ne plus faire grande différence entre la ligne de conduite qu'un État suit dans l'administration des intérêts publics de ses nationaux et celle qui le guide dans ses relations internationales. D'ailleurs il faut reconnaître que dans la situation présente de la France et pour des raisons toutes nouvelles qui en sont dérivées, il serait pratiquement difficile et assez artificiel de vouloir établir des limites fixes entre deux domaines qui se confondent nécessairement en bien des endroits.

À ce poste-ci, une partie essentielle de notre action consiste à renseigner le Saint-Siège et les milieux qui en dépendent sur les actes par lesquels le gouvernement du maréchal Pétain a établi et fortifié son autorité. Le Pape, la Secrétairerie d'État, la plupart des cardinaux suivent avec la plus grande sympathie et un sincère espoir l'œuvre de redressement entreprise et en grande partie réalisée par ce gouvernement. Il s'agit d'abord d'entretenir ces heureuses dispositions en faisant valoir auprès d'eux tout ce qui est propre à justifier et à augmenter leur confiance. Nous ne saurions oublier, d'autre part, qu'il arrive encore que plusieurs journaux publiés à Rome et lus ici dénaturent et dénigrent la politique française quand ils ne la calomnient pas résolument. Ils insinuent parfois ou ils affirment qu'il s'en faut de beaucoup que notre gouvernement ait obtenu l'adhésion des Français ; qu'il ne s'appuie en fait que sur une minorité ; qu'au fond il n'y a rien de changé en France. Auprès même de personnes qui nous sont les plus favorables, nous avons à prévenir les effets de telles allégations, tout en les mettant en mesure de les réfuter dans leur entourage.

Il me paraît donc grandement souhaitable que les résumés périodiques d'informations nous éclairent, autant qu'il paraîtra possible sur les directions et les actes de notre politique dans toutes ses parties, selon le dessein indiqué par Votre Excellence. Les quelques exemplaires du bulletin hebdomadaire d'*Informations générales*[2] que le Département veut bien mettre à notre disposition nous sont d'un réel secours. Distribués par nous aux prélats de la Secrétairerie d'État, à quelques cardinaux de Curie, à divers Français des milieux du Vatican, ces bulletins, j'ai pu m'en rendre compte, sont lus avec intérêt et avec fruit. Ceux à qui nous les remettons nous savent gré d'être tenus au courant de l'activité réformatrice de notre gouvernement et des principales manifestations de la vie française. Il y a là une expérience qui vient à l'appui des observations précédentes et des mesures prises par le

---

[1] Souligné dans le texte original.

[2] Souligné dans le texte original.

Département. Il est aisé de comprendre que dans les circonstances présentes, il ne soit pas toujours possible de commenter publiquement certains événements dès qu'ils viennent à se produire, ni de les expliquer aussitôt avec toute la précision attendue, ni d'énoncer leurs suites connues ou possibles. Il y aurait pourtant grand intérêt à ne point laisser trop longtemps le public, à l'étranger, dans l'incertitude ou dans l'ignorance quant à certains faits dont il pourrait croire que nous cherchons à les lui cacher. Cette remarque m'est inspirée par les réflexions que m'ont confiées ces temps derniers des personnes professant pour la France une sympathie déclarée. Nous devons bien nous dire, même s'il s'agit d'affaires qui gagneraient à rester secrètes, qu'il pourrait y avoir danger à n'en point parler du tout ou à n'en parler que mystérieusement, dès lors qu'il en est traité plus ou moins exactement et à des fins polémiques par la presse et par la radio des autres pays. Dans le cas où le secret ne peut être imposé et assuré d'une façon absolue, il conviendrait de ne point placer le public en présence d'énigmes qui le déconcertent et l'induisent à former toute sorte d'hypothèses sur ce qui se passe chez nous.

Tout ce qui précède dit clairement que l'action de cette ambassade continuera à s'exercer selon des directions précisément conformes à celles qui sont tracées dans le télégramme de Votre Excellence.

Vos instructions me seront, en un point fort important, très aisées à suivre, surtout avec le système de renseignements périodiques qui vient d'être organisé. Auprès du Saint-Siège et de ses collaborateurs immédiats dans le gouvernement de l'Église, le prestige et l'autorité du maréchal Pétain ont toujours été grands ; ils y sont plus grands que jamais. Parmi les cardinaux italiens, membres de la Curie pontificale, ceux même qui n'inclinent guère à aborder dans la conversation les sujets politiques (c'est le petit nombre) m'ont parlé spontanément et avec admiration du Maréchal. Pour ce qui est des ecclésiastiques et religieux français en résidence à Rome, les seuls de nos compatriotes qui soient actuellement en relations avec l'ambassade, mon rapport n° 2[1], à propos de la réunion du 1er janvier, vous a dit leur fervent patriotisme et leur attachement sincère pour le Chef de l'État et son gouvernement.

Je m'efforcerai de renseigner le Département en m'inspirant de la façon la plus stricte des mêmes instructions. Je lui enverrai toutes les informations qu'il me sera possible de recueillir, en notant le degré de certitude, de probabilité et de valeur qu'elles me paraîtront comporter. Elles seront par moi relatées sans nul autre souci que de faire connaître au gouvernement des faits, des actes, des opinions, même des hypothèses dont il importera qu'il soit instruit, pour la conduite générale des affaires.

Sur ce sujet, je ne puis me dispenser cependant de faire ici une observation tirée des conditions spéciales où fonctionne cette ambassade. Quelques jours après son installation au couvent de Sainte-Marthe, dans la Cité du Vatican, le 22 juin 1940, mon prédécesseur M. Wladimir d'Ormesson

---

[1] Document non retrouvé.

écrivait (rapport n° 247[1]) au Département : « Ce n'est qu'hier soir que j'ai obtenu qu'en principe certaines « valises » du Vatican se chargeraient de la correspondance de l'ambassade. Cette facilité m'a été concédée contre l'engagement d'honneur pris par moi de ne traiter, dans cette correspondance, que des sujets ayant directement trait à ma mission. En d'autres termes, je puis, dans les rapports confiés aux courriers diplomatiques du Saint-Siège, rendre compte de l'activité de mon poste, en tant que cette activité se limite aux relations entre la France et le pouvoir pontifical et aux informations que je recueille auprès de ce pouvoir. Champ déjà suffisamment large ».

Le sens le plus général et le plus clair de cette convention me paraît être celui-ci. Tant que la France et l'Italie se trouveront, juridiquement, en état de guerre, l'ambassade de France près le Saint-Siège ne cherchera pas à reprendre et à prolonger, quant aux renseignements à transmettre à son gouvernement, l'activité interrompue de l'ambassade du Palais Farnèse. On ne se substituera pas à une ambassade établie dans l'État pontifical à une ambassade établie en Italie mais provisoirement fermée. J'en conclus que je n'aurai pas le droit d'adresser au Département des informations qui me viendraient *directement*[2], c'est-à-dire de toute source étrangère au Vatican, touchant l'État ou le peuple italiens, notamment des informations d'ordre militaire. La même interdiction devrait-elle s'appliquer et être valable dans le cas où des renseignements de cette nature me seraient donnés dans une conversation que j'aurais avec tel ou tel représentant du Saint-Siège ? C'est ce que paraissait admettre en principe mon prédécesseur, dans le passage cité où il considère comme objet régulier de l'activité du poste tout ce qui a trait à la fois « aux relations entre la France et le pouvoir pontifical et aux informations » recueillies par l'ambassadeur « auprès de ce pouvoir ». J'ai estimé toutefois que la question se posait. L'engagement d'honneur qui a été souscrit en contrepartie de la faculté d'user des courriers diplomatiques du Saint-Siège m'oblige et il oblige l'ambassade. Il a visiblement pour but de limiter notre liberté d'information en ce qui touche les choses d'Italie. Quelles sont exactement les limites à observer ? Le problème est de soi assez délicat. Il m'a paru qu'il convenait d'en traiter avec le Saint-Siège, puisque nous sommes en présence d'un véritable contrat bilatéral. J'ai donc résolu d'interroger la Secrétairerie d'État sur le point de savoir quelle est, à son sentiment, l'étendue de l'engagement stipulé par elle. C'est la question que j'ai posée à monseigneur Montini, l'un des deux principaux collaborateurs du cardinal Maglione, dans une conversation que je viens d'avoir avec lui. Or il m'a sans hésitation déclaré que j'étais fondé à considérer comme sujet licite de correspondance avec mon gouvernement toute information, quel qu'en soit l'objet, que je tiendrais, dans l'exercice de ma mission, des représentants du pouvoir pontifical[3]. Votre objectif, m'a-t-il dit, ne doit pas être braqué sur Rome et l'Italie, mais cet objectif

---

[1] *In* Guerre 1939-1945, Vichy, Saint-Siège, 545, document non publié.

[2] Souligné dans le texte original.

[3] Souligné au Département à partir de « comme sujet licite ».

une fois braqué sur le Vatican, vous avez le droit de prendre tout ce qui se place dans le champ de l'appareil… De cette métaphore ingénieuse et juste, il me semble possible de tirer une règle pratique à suivre dans mes rapports au Département.

Il reste que ma zone d'observation et d'information, quant à certains sujets, se trouvera probablement assez restreinte. J'ai cru devoir en dire ici la raison.

Guerre 1939-1945, Vichy, C État français, 30 (2GMII/30)

5

M. Eirik Labonne, Ambassadeur de France à Moscou,
à M. Flandin, Ministre Secrétaire d'État aux Affaires
Étrangères.

T. n°s 22 à 28.[1]   *Moscou, 7 janvier 1941, 3 h. 05.*

(*Reçu* : le 8, 12 h. 45)

De l'avis des observateurs indépendants, l'antagonisme soviéto-allemand offre chaque jour de nouveaux indices en Europe sud-orientale.

En Bulgarie, il se manifeste au grand jour, comme le souligne et le détaille notre ministre à Sofia[2]. Il est même possible que le gouvernement, dans un but d'équilibre, en joue.

Les symptômes sont moins marquants, mais toujours plus nombreux en Roumanie.

1° – En ce qui concerne le Danube, les Russes maintiennent toujours avec une singulière âpreté leur exigence d'un condominium soviéto-roumain, exclusif de toute participation d'autres puissances riveraines, notamment de l'Allemagne. Ils réclament notamment l'exercice des pouvoirs de police, même au moyen de navires de guerre, sur le Danube maritime jusqu'à Brăila, et le monopole d'exécution, dans ce secteur, de tous travaux techniques utiles à la navigation. C'est dire que la Russie veut être maîtresse de couper à sa guise l'accès du Reich à la mer Noire par voie fluviale, tenant ainsi à se réserver ce puissant moyen de pression et de négociation.

2° – La Russie a interrompu les négociations commerciales qu'elle avait engagées avec la Roumanie et qui s'étaient développées au début dans les conditions les plus prometteuses. Elle a argué de l'arrestation pour espionnage d'un employé soviétique de sa légation à Bucarest. L'employé a été

---

[1] Annotations marginales manuscrites : « Europe, RC ; Vu par Guerre. »

[2] Voir notamment le T. n°s 21 à 22 de Sofia en date du 7 janvier 1941, dans lequel Blondel rapporte « le ressentiment qu'avec plus ou moins d'exagération on manifeste du côté allemand contre la croissante pression communiste en Bulgarie » (*in* Guerre 1939-1945, Vichy, Z Europe, Bulgarie, 190, non reproduit).

relâché au bout de quelques jours. Des regrets officiels ont été exprimés par le gouvernement roumain, mais l'URSS fait profession de ne pas vouloir s'en contenter. Elle demande que des sanctions soient prises et se réserve de les apprécier. Tout cela n'est que prétexte.

3° – L'Allemagne, en ce qui la concerne, cherche à valoriser la garantie donnée à la Roumanie en évoquant à nouveau le spectre russe et en faisant miroiter à Bucarest les avantages de la collaboration. Elle laisse entendre (c'est du moins ce qui ressort d'une conversation du Premier ministre roumain avec un diplomate neutre) que les Soviets reprendraient leurs visées obstinées sur la Moldavie : la frontière des Carpates.

Elle insinue également que la guerre se terminera dans les plaines de l'Ukraine et que la Roumanie trouvera ainsi dans le développement des événements l'occasion de récupérer la Bessarabie.

Dans les milieux diplomatiques, on croit que les effectifs des nouvelles troupes allemandes seraient de 12 000 hommes[1].

Les radios anglaise et turque lancent des rumeurs selon lesquelles des émeutes communistes violentes auraient éclaté. Le service d'informations soviétique, pressé de questions par les journalistes, ne répond pas.

D'autre part, les négociations commerciales germano-soviétiques ne paraissent pas encore avoir définitivement abouti, en dépit des nouvelles publiées il y a une quinzaine de jours. On en est encore aux hypothèses sur la nature des difficultés qui ont surgi en dernière heure. Mais étant donné l'aisance avec laquelle les régimes dictatoriaux transposent la note du domaine économique au domaine politique, on peut se demander si l'Allemagne et l'URSS ne considèrent pas les dispositions de l'accord à conclure comme éléments d'un jeu plus large, aucun des deux pays ne voulant prématurément abattre les cartes.

Guerre 1939-1945, Vichy, Z Balkans, 937 (10GMII/937)

---

[1] Dans sa D. n° 15 en date du 6 janvier 1941 de Bucarest, H. Spitzmüller revient sur l'arrivée de troupes allemandes en Roumanie qui, « a pris, depuis le 1er janvier, un caractère à la fois massif et étendu » Dans son T. n° 13 en date du 7 janvier, le chargé d'affaires à Bucarest parle d'environ 50 trains transportant des troupes allemandes par jour et d'effectifs déjà passés de 85 000 hommes au 1er janvier à 120 000 hommes, dont six divisions motorisées (*in* Guerre 1939-1945, Vichy, Z Europe, Roumanie, 687, documents non reproduits).

6

NOTE DE LA SOUS-DIRECTION D'EUROPE (BUREAU DE M. SARRIEN)

A.s. du régime des Belges réfugiés en France

N. n° R.13.[1]   *Royat, 7 janvier 1941.*

Le 14 septembre dernier, sous le n° 8389[2], le bureau de M. Sarrien a signalé qu'une législation nouvelle obligerait tous les étrangers sans ressources à gagner des camps où ils seraient concentrés sous surveillance et mis dans l'obligation d'effectuer des travaux publics.

Il a, dès ce moment, attiré l'attention sur le cas des Belges réfugiés en France qui ne peuvent regagner leur pays sans craindre pour leur sécurité ou même leur vie, parce que, durant de longues années, ils ont lutté en faveur de l'influence française dans tous les domaines et se sont ainsi compromis irrémédiablement aux yeux de l'occupant.

Il estimait qu'il serait profondément injuste et impolitique d'assimiler le cas de ces amis de la France à celui des étrangers indésirables qui foisonnent si nombreux dans notre pays.

Comme suite à cette note, une démarche fut effectuée au ministère de l'Intérieur où l'on donna verbalement l'assurance que les Belges et les Luxembourgeois seraient groupés ensemble, afin de leur éviter le contact fâcheux signalé plus haut.

Or, de réclamations récentes reçues par le bureau de M. Sarrien, il semble résulter qu'aucune instruction n'a été envoyée aux préfets à ce sujet.

Certains réfugiés intellectuels qui ont toujours servi la cause de la France en Belgique se plaignent en effet qu'ils sont au milieu de Juifs et d'exilés politiques allemands et polonais ayant habité la Belgique.

D'autre part, la direction politique aurait désiré qu'un délégué du Département puisse se rendre dans les centres ou camps où sont groupés ces Belges et Luxembourgeois pour leur apporter l'aide matérielle et morale dont ils ont besoin.

Malheureusement, il semble que le ministère de l'Intérieur ne désire pas que ces camps soient visités, soit parce qu'il serait trop facile d'y constater les promiscuités fâcheuses dont les Belges et les Luxembourgeois sont l'objet, soit parce que l'état matériel de ces camps laisse encore beaucoup à désirer.

Quoi qu'il en soit, il paraît au bureau de M. Sarrien que le Département ne saurait se désintéresser du sort de ceux qui ont véritablement sacrifié leur situation, leurs biens, voire plus dans l'intérêt exclusif de notre pays.

---

[1]   Annotation marginale manuscrite : « Confidentiel »
[2]   Voir la série Guerre 1939-1945, Vichy C, État français, 146. Document non publié.

Les abandonner à leur malheureux sort serait proclamer la déchéance de la France à l'étranger, puisque celle-ci ne serait plus capable de reconnaître les services bénévoles rendus par ses amis et d'adoucir dans la mesure de ses moyens les souffrances et l'inquiétude dont ils sont en proie dans les circonstances malheureuses qu'ils traversent.

Le Département sait, le bureau de M. Sarrien l'a rapporté à maintes reprises, avec quelle violence la presse belge a réagi contre ce qu'elle a appelé le martyre des réfugiés belges en France. Il convient d'éviter de donner prise au retour d'une telle campagne.

Au moment où les renseignements qui parviennent de Belgique démontrent clairement que la désaffection des Belges envers la France, qui avait suivi la proclamation de l'Armistice, est en train de singulièrement s'atténuer et même de disparaître, principalement dans les milieux qui nous étaient le plus hostiles, en Flandre notamment, nous devons, semble-t-il, redoubler de vigilance pour que nos amis ne puissent nous reprocher un jour de les avoir traités comme des étrangers indésirables.

Il importe, pour ces raisons, que la question de la situation de ces réfugiés soit reprise et reçoive une solution conforme à l'intérêt politique de notre pays.

Guerre 1939-1945, Vichy, Z Europe, Belgique, 180 (10GMII/180)

7

NOTE DE LA SOUS-DIRECTION D'AMÉRIQUE

A.s. Mission de l'amiral Robert aux Antilles

N.[1]   *Vichy, 7 janvier 1941.*

Le gouvernement français a nommé le 28 août 1939 l'amiral Robert en qualité de haut-commissaire aux Antilles. C'est en cette qualité que l'amiral Robert a mené des pourparlers assez délicats avec l'amiral américain Greenslade au sujet des questions qui se sont posées au lendemain de l'Armistice et qui concernaient principalement nos navires se trouvant dans les eaux de la Martinique : la *Jeanne d'Arc*, l'*Émile Bertin* et le porte-avions *Béarn*[2]. Cet officier général a pu gagner la confiance des Américains et dès

---

[1] Annotation marginale manuscrite : « Vu par le président Flandin ».

[2] L'amiral Robert, qui veillait au maintien des Antilles sous l'autorité de Vichy, disposait des croiseurs *Émile Bertin* et *Jeanne d'Arc*, du porte-avions *Béarn*, des croiseurs auxiliaires ainsi que d'une importante garnison. Les croiseurs *Jeanne d'Arc*, *Émile-Bertin* et le porte-avions *Béarn* avaient été surpris par l'armistice de juin 1940 sur la route vers Brest après avoir débarqué des réserves d'or à Halifax (Canada), destinées à payer du matériel de guerre américain. L'*Émile-Bertin* est dérouté sur Fort-de-France le 18 juin avec une seconde cargaison d'or. Le *Béarn* et la *Jeanne d'Arc* sont déroutés sur Casablanca, puis rejoignent également Fort-de-France le 27 juin 1940. La France était liée par les clauses de l'armistice avec l'Allemagne pour l'escadre des Antilles

le 19 août dernier, M. Sumner Welles avait dit à M. de Saint-Quentin qu'il ne prévoyait pas de difficultés sérieuses tant que le haut-commissaire actuel conserverait ses fonctions.

Le gouvernement français a mis à profit cette situation favorable quand M. Roosevelt a demandé le 1er octobre à M. Haye :

1°) l'envoi d'observateurs dans chacune de nos possessions américaines, y compris Saint-Pierre et Miquelon, conformément à ce qui avait déjà été fait à la Martinique,

2°) la démilitarisation et

3°) la neutralisation de ces territoires.

Le gouvernement français avait répondu à cette demande en acceptant l'envoi des observateurs et en proposant de confier à l'amiral Robert et à un représentant américain qualifié le soin d'examiner et de régler toutes les questions concernant nos possessions et de nature à inspirer des appréhensions aux États-Unis du point de vue de la défense panaméricaine. Cette proposition avait été accueillie avec empressement par le gouvernement des États-Unis qui n'avait plus insisté sur les points 2°) et 3°) ; sauf l'alerte causée en fin octobre par l'envoi de destroyers américains en observation dans les eaux martiniquaises, la situation dans nos possessions américaines s'est depuis lors sensiblement améliorée.

Or, à son retour de la mission d'inspection qui lui avait été confiée dans les Antilles, le gouverneur général Carde est venu rendre visite au sous-directeur d'Amérique et, au cours de l'entretien, lui a donné à entendre que la gestion de l'amiral Robert n'était pas assez ferme vis-à-vis des populations antillaises, accoutumées de trop longue date à un régime privilégié. Les services du Département ont d'autre part su confidentiellement que, tout en appréciant à leur valeur les services rendus par l'amiral Robert, l'amirauté n'insisterait pas pour le maintien à son poste de cet officier général, qui est déjà depuis un certain temps au cadre de réserve. Si, dans ces conditions, le remplacement de l'amiral Robert était envisagé, il y aurait lieu de tenir compte du facteur représenté par la confiance que les Américains ont témoignée à cet officier général et qui pourrait ne pas leur faire enregistrer sans un certain déplaisir le changement de titulaire du poste. Il pourrait y avoir lieu, en ce cas, d'aviser à l'avance le gouvernement des États-Unis de la mutation projetée, de bien lui marquer que le successeur de l'amiral Robert aborderait sa mission dans le même esprit de confiance et d'amitié à l'égard des États-Unis et que les instructions adressées le 22 octobre dernier à l'amiral Robert (ci-jointes en annexe[1]) seraient naturellement confirmées.

Les préférences des États-Unis iraient probablement à un amiral, en raison d'une part de la question de notre flotte et, de l'autre, de la situation

---

et ne devait pas la laisser sous contrôle étranger. S'ensuivent des discussions tendues avec les Américains (amiral Greenslade) pour un accord afin de s'assurer que ces navires ne rejoindront pas la métropole où ils risqueraient de tomber entre les mains allemandes (cf. *DDF (1939-1944)*, 1940-2, documents nos 6, 21, 32, 42, 55 et 323).

[1] Document non retrouvé.

stratégique de nos possessions qu'un marin serait plus apte à apprécier et éventuellement à discuter.

Les instructions envoyées à l'amiral Robert ne contiennent pas de précisions sur le point de vue du gouvernement français concernant une demande éventuelle de bases navales de la part du gouvernement des États-Unis. Cette question dépasse par sa nature et son importance le cadre des questions que le haut-commissaire aux Antilles est habilité à traiter. Il y aurait néanmoins intérêt à informer très exactement ce haut-fonctionnaire de la position que le gouvernement français prendrait dans une telle éventualité.

Guerre 1939-1945, Vichy, B Amérique,
Questions des Antilles, 41 (1GMII/41)

8

M. Jules Henry, Ambassadeur de France à Ankara,
  à M. Flandin, Ministre Secrétaire d'État aux Affaires
  étrangères.

T. n°s 14 à 19.   *Ankara, 8 janvier 1941, 0 h. 15.*

(*Reçu* : le 8, 7 h.)

L'inquiétude que je vous ai déjà signalée d'Istanbul dans mon n° 9[1] ne paraît pas se traduire dans les sphères gouvernementales par la crainte de voir la guerre s'étendre aux Balkans dans un avenir prochain. On se montre plus calme dans la capitale.

Comme me le disait ce matin le secrétaire général des Affaires étrangères, la reprise de la nervosité à laquelle on assiste depuis quelque temps est due naturellement à l'arrivée de nouvelles troupes allemandes en Roumanie[2]. D'après les renseignements recueillis par notre attaché militaire adjoint, si les renforts continuent à la cadence actuelle, les effectifs allemands en Roumanie atteindraient d'ici un mois environ 300 000 à 350 000 hommes.

Les informations que possède le gouvernement turc ne paraissaient pas correspondre à cette estimation, mais M. Numan Menememcioglu a attiré mon attention sur le fait que, depuis plusieurs jours, toutes communications

---

[1] T. en date du 4 janvier, d'Istanbul, par lequel l'ambassadeur remarque « de la nervosité et de l'inquiétude dans les milieux officiels turcs et dans l'opinion publique » en raison du départ pour Vienne du ministre des Affaires étrangères de Bulgarie, ce voyage étant interprété comme une nouvelle tentative de pression allemande sur la Bulgarie, avec la crainte d'une menace prochaine sur la paix balkanique, ce que peut laisser penser l'arrivée inopinée du président Ismet Inonü, le matin même, à Istanbul « d'où il irait, dit-on, faire un voyage d'inspection en Thrace. » (*in* Guerre 1939-1945, Vichy, E Levant, Turquie, 126, non reproduit).

[2] Voir documents n° 1 et n° 5, note 1, p. 15.

postales ou télégraphiques entre la Turquie et la Roumanie sont interrompues. On se demande naturellement dans quel but ces effectifs sont réunis. Si pareille concentration s'était produite il y a quelque temps, elle aurait pu marquer l'intention d'opérations dans la direction de Salonique, conjuguées avec les opérations italiennes en Égypte. Aujourd'hui cette hypothèse est écartée à la suite des échecs italiens[1] ; il ne pourrait donc s'agir soit que d'une menace contre la Turquie ayant pour principal objectif les Détroits, soit d'un avertissement à la Russie. Une nouvelle extension des occupations allemandes, estime-t-on, unanimement, entraînerait de nouvelles obligations pour les Soviets, notamment au point de vue ravitaillement et sécurité, et, somme toute, ne constituerait qu'un succès provisoire pour Hitler[2].

D'après les renseignements parvenus au ministre des Affaires étrangères, l'attitude de la Bulgarie ne paraît pas susceptible de changements immédiats. Ce pays entendrait poursuivre une attitude neutre, louvoyant entre la Russie et l'Allemagne ; le séjour du président du Conseil bulgare à Vienne[3] a prêté naturellement à toutes sortes de suppositions mais on ne considère pas ici que cette visite ait une signification particulière en dehors des conversations sur la politique générale. Le Secrétaire général m'a fait remarquer que M. Filov n'a pas l'autorité nécessaire pour prendre d'importantes décisions avec les dirigeants du Reich et que, si ceux-ci entendaient faire maintenant une sérieuse pression sur la Bulgarie, c'est à Sofia même, auprès du roi, qu'ils porteraient leurs efforts.

---

[1]   En Grèce. Voir notamment *DDF (1939-1944)*, 1940-2, document n° 364.

[2]   À partir de « nouvelles obligations pour les Soviets » jusqu'à la fin de la phrase, lignes soulignées en marge à la main avec un point d'interrogation.

[3]   Ce voyage qui a eu lieu début janvier, officiellement pour raisons de santé, a suscité l'émoi dans plusieurs capitales en raison du départ simultané du ministre du Reich à Sofia, comme des mouvements de troupes allemands en Roumanie et de l'aide aérienne de l'Allemagne à l'Italie en Méditerranée. Blondel rapporte dans son T. n°s 17 à 19 (7 janvier de Sofia) que « certaines informations ont même été lancées (en relation évidente avec le voyage du président du Conseil bulgare à Vienne, l'une de Sofia par une agence américaine, l'autre de Bucarest par un journaliste français, qui tendent à faire croire que la paix balkanique et plus particulièrement la paix bulgare est en danger immédiat », une nouvelle démentie par la direction de la presse comme par le directeur politique du ministère des Affaires étrangères bulgares – faisant remarquer que M. Filov « était réellement souffrant et qu'il était parti sans être accompagné d'un secrétaire comme c'eût été le cas pour un voyage politique. » Mais, pour sa part, le ministre de France à Sofia n'exclut pas la possibilité d'une rencontre de Filov avec les plus hautes autorités du Reich (T. n°s 21 à 22, 7 janvier) (in Guerre 1939-1945, Vichy, Z Europe, Bulgarie, 190, non reproduit). L'informateur officieux Nac signale la très grande inquiétude de Belgrade, manifestée par le ministre de Yougoslavie en France, Pouritch, du fait de la rencontre prévue de Filov et du souverain bulgare avec von Ribbentrop, qui pourrait demander « le passage des troupes du Reich à travers le territoire bulgare ce qui mettrait la Yougoslavie dans une situation difficile et périlleuse » (note du 7 janvier 1941, in Guerre 1939-1945, Vichy, Z Europe, Yougoslavie, 967, document non reproduit). Le ministre de France à Budapest, Dampierre, confirme dans son T. n°s 20 à 22 (9 janvier 1941), que, d'après la presse hongroise, cette rencontre avec von Ribbentrop a bien eu lieu à Salzbourg le 8, et que l'on croit savoir « dans certains milieux politiques », que « la Bulgarie a d'ores et déjà donné son acquiescement au passage des troupes allemandes ». Un des journaux hongrois explique que « l'Allemagne va prochainement affirmer en Méditerranée l'unité de front des puissances de l'Axe, qu'elle a un intérêt vital à dominer toutes les routes allant vers cette mer et qu'elle ne saurait tolérer une politique équivoque de la part des pays qui séparent le front nord du front sud », un thème sans doute fourni par la propagande allemande. Dampierre comme Spitzmüller à Bucarest (T. n° 22, 9 janvier) signalent aussi les rumeurs d'un remplacement de Filov par Bagrianov « entièrement dévoué au Reich. » (Guerre 1939-1945, Vichy, Z Europe, Bulgarie, 190, non reproduits).

La presse turque paraît avoir reçu le mot d'ordre de s'abstenir de commentaires susceptibles d'inquiéter et d'exciter l'opinion. Dans les conversations avec des membres du gouvernement et du parlement que je rencontre (...)[1], je constate qu'ils sont unanimes à déclarer que la Turquie se défendra si elle est attaquée, mais qu'ils paraissent écarter l'hypothèse de l'entrée éventuelle de la Turquie en guerre pour tout autre motif.

Communiqué à Moscou, Sofia, Athènes et Belgrade.

Guerre 1939-1945, Vichy, E Levant, Turquie, 126 (4GMII/126)

9

M. FLANDIN, MINISTRE SECRÉTAIRE D'ÉTAT AUX AFFAIRES ÉTRANGÈRES,
À M. PIÉTRI, AMBASSADEUR DE FRANCE À MADRID.

T. n°s 21 à 33.   *Vichy, 8 janvier 1941, 21 h. 30.*

Réservé. Très urgent.

Le gouvernement français a pris connaissance avec intérêt de la suggestion du gouvernement britannique tendant à ouvrir à Madrid des pourparlers qui porteraient, entre autres, sur le trafic commercial entre l'Afrique du Nord, y compris les ports atlantiques du Maroc français, et les ports de la France non occupée[2].

Il est d'accord pour que ces conversations commencent sans délai entre les représentants des deux ambassades et vous transmet, ci-après, les propositions précises que sir Samuel Hoare s'est déclaré disposé à recevoir.

I – Un problème extrêmement grave toutefois, doit être abordé avant celui des relations entre la métropole et les ports africains et je vous prie de bien vouloir en entretenir en premier lieu votre collègue britannique, c'est celui que pose le déficit considérable de la récolte française de blé et de céréales secondaires.

---

[1] Lacune de déchiffrement.

[2] Télégramme titré « Ravitaillement de la France par la voie maritime ». Londres et Vichy, malgré la rupture de leurs relations diplomatiques le 5 juillet 1940, communiquent depuis par le canal de sir Samuel Hoare, ambassadeur de Grande-Bretagne à Madrid. C'est par ce canal que sont parvenus à Vichy à la fin de 1940, deux aide-mémoires britanniques relatifs à la reprise éventuelle des relations commerciales ; après l'établissement par les Britanniques du blocus maritime sur la France métropolitaine et les territoires de son Empire (cf. *DDF (1939-1944)*, 1940-2, documents n°s 384, 398). Antoine Delenda, chargé des fonctions de sous-directeur des Relations commerciales et de directeur des services du Blocus, a noté le 2 janvier 1941, dans son journal, qu'« on a télégraphié à Wiesbaden pour demander aux Allemands la permission de négocier avec l'Angleterre un accord de libre passage. Les arguments sont la nécessité de maintenir nos importations d'Outremer et d'assurer nos échanges avec nos possessions, sous peine de voir se développer la dissidence. » Il ajoute, le 8 janvier, « On s'est enfin décidé à répondre aux propositions anglaises de libre passage. On l'a fait après avoir notifié aux Allemands notre intention. » (Antoine Delenda, *Vichy, Journal d'un opposant de l'intérieur*, Paris, François-Xavier de Guibert, 2010, p. 163, 165).

Ce déficit atteint, en blé, 10 millions et demi de quintaux, malgré la réduction du taux des rations, les restrictions de toute nature apportées à l'emploi des farines, l'augmentation du taux de blutage, l'incorporation obligatoire des succédanés, etc. Il se manifeste particulièrement en zone libre, celle-ci étant traditionnellement approvisionnée par les excédents de blé des régions productrices situées au nord de la Loire. Or, celles-ci ne disposent, cette année, d'aucun surplus exportable, les récoltes ayant été en grande partie perdues par suite des circonstances de guerre à l'époque des moissons.

À défaut de pouvoir importer de l'étranger, pour les seuls besoins de la zone libre, 6 millions de quintaux de blé, la soudure ne pourra être assurée et la population civile risque de demeurer sans pain pendant près de deux mois, certaines régions en étant même privées dès le 15 mars.

D'autre part, le déficit d'approvisionnement en aliments du bétail dépasse 20 millions de quintaux et pose des problèmes particulièrement délicats, en ce qui concerne le maintien de notre cheptel. L'importation de 2 millions de quintaux de maïs étranger est un minimum incompressible qui permettra de limiter[1] tout au plus les conséquences désastreuses de la sous-alimentation du bétail de la zone libre.

Pour parer aux conséquences les plus graves de ce déficit en zone libre, il est donc indispensable de pouvoir importer immédiatement de l'étranger 8 millions de quintaux de céréales (dont 6 millions de quintaux de blé et 2 millions de quintaux de maïs).

L'existence d'excédents importants aux États-Unis et en Argentine devrait permettre de conclure rapidement des contrats d'achats. Toutefois, ceux-ci ne peuvent être envisagés que si le gouvernement britannique accepte d'autoriser le libre passage sur Marseille des quantités de céréales achetées en Amérique.

Ces importations étant destinées uniquement à la population civile de la zone libre, le gouvernement français est disposé à donner au gouvernement britannique les garanties les plus formelles que les céréales ainsi importées :

1° – seront consommées exclusivement dans la zone libre ;

2° – ne serviront pas à dégager pour l'expédition en zone occupée une quantité équivalente de céréales.

À cet égard, le gouvernement français est prêt à rechercher, d'accord avec le gouvernement britannique, l'application d'un système de contrôle de nature à donner à ce dernier toutes garanties quant à l'utilisation en zone libre de ces céréales.

Pour gagner du temps, et en raison des besoins pressants d'importation, il suggère que le contrôle de la répartition des quantités acheminées en zone libre soit effectué sous l'égide des représentants du gouvernement américain en France. Ceux-ci pourraient, en outre, effectuer en zone libre les enquêtes qu'ils jugeraient nécessaires pour s'assurer qu'il n'existe aucun trafic de remplacement avec la zone occupée.

---

[1] Souligné dans le texte.

En raison de l'urgence toute spéciale que présente l'importation des 8 millions de quintaux de céréales, je verrais intérêt à ce que vous obteniez immédiatement du gouvernement britannique les autorisations de libre passage les concernant, avant même la conclusion de la négociation générale souhaitée par celui-ci.

Vous pourrez, à l'occasion, rappeler à sir Samuel Hoare que le gouvernement français a livré à la Grande-Bretagne, sur sa demande, de septembre 1939 au printemps 1940, près de 2 200 000 quintaux de blé, dont 1 million de quintaux seulement ont été restitués.

II – Tout en marquant le caractère de particulière urgence de cette question, le gouvernement français n'en est pas moins disposé, comme il a déjà été indiqué plus haut et selon le désir exprimé par sir Samuel Hoare, à engager à Madrid des pourparlers portant, en premier lieu, sur le trafic commercial des produits alimentaires entre les possessions françaises d'Afrique du Nord et la zone libre.

Les importations dont il s'agit portent, avant tout, sur des denrées nécessaires à l'alimentation[1] de la population civile française.

La réglementation actuellement en vigueur en zone libre offre d'ores et déjà, au gouvernement britannique, la garantie que ces produits restent exclusivement à la disposition des consommateurs français.

En effet, ces importations sont effectuées sous le contrôle du Secrétaire d'État au Ravitaillement, qui est en mesure de surveiller efficacement, grâce à l'existence de postes douaniers, les entrées et les sorties de denrées de zone libre en zone occupée et vice-versa et d'exiger, pour toute sortie à destination de la zone occupée, l'entrée en zone libre de denrées d'importance comparable.

Le gouvernement français serait prêt à fournir, chaque trimestre, au gouvernement britannique, des justifications concernant l'utilisation des denrées alimentaires ainsi importées en zone libre.

La réglementation actuelle et les justifications qui seraient fournies du côté français paraissent suffisantes pour que le gouvernement britannique accepte de garantir qu'il ne mettra pas obstacle au libre passage, à destination de la zone libre, des produits alimentaires originaires des possessions françaises d'Afrique du Nord, y compris les ports atlantiques du Maroc.

III – Le gouvernement français attacherait le plus grand prix à ce que l'entente à intervenir sur ces bases, en ce qui concerne ces produits, pût être étendue aux produits alimentaires importés en zone libre de toutes les possessions françaises d'outre-mer, y compris de la Syrie.

IV – Le ravitaillement des territoires français d'outre-mer en produits alimentaires, soit de la métropole, soit des autres possessions françaises, a, bien entendu, une importance égale et devra être évoqué au cours des négociations. Mais la question des garanties ne saurait évidemment se poser dans les mêmes conditions en ce qui concerne ce trafic, pas plus

[1] Mot souligné dans le texte.

d'ailleurs qu'en ce qui concerne le ravitaillement de ces territoires en produits de toute nature, d'origine métropolitaine ou coloniale.

V – Le gouvernement français souhaiterait que l'arrangement à conclure ne concernât pas seulement les produits d'alimentation originaires des possessions françaises, mais qu'il s'appliquât également aux produits autres qu'alimentaires, originaires de ces mêmes possessions, ainsi qu'à une liste de produits indispensables à l'économie française et originaires des pays étrangers d'outre-mer.

Pour ces deux dernières catégories de marchandises, le gouvernement français est disposé à accepter un système de contrôle analogue à celui prévu dans les accords de garantie conclus par le gouvernement britannique avec les pays de l'Europe danubienne.

Des propositions concrètes vous seront adressées à cet égard dès que le gouvernement britannique vous aura fait connaître s'il accepte les suggestions qui précèdent.

En remettant celles-ci, vous voudrez bien indiquer que le gouvernement français compte que, dès à présent, l'amirauté britannique s'abstiendra de toute atteinte au libre passage de nos bâtiments.

Enfin, vous indiquerez qu'il est nécessaire qu'aucune publicité ne soit donnée à ces pourparlers, auxquels il est indispensable de conserver le secret le plus absolu.

Papiers 1940, Papiers Arnal, 22 (382QO/22)

10

NOTE DE LA SOUS-DIRECTION D'ASIE

Relations franco-chinoises depuis l'armistice

N.   *Vichy, 8 janvier 1941.*

Le maréchal Tchang Kai-Chek ne pouvait manquer de ressentir vivement la défaite de la France et d'appréhender les conséquences que cette défaite devait avoir en Extrême-Orient.

Aux premiers jours de juin, le gouvernement de Tchoung King nous offrait d'établir une étroite collaboration en vue d'assurer la défense de l'Indochine. Cette offre ne fut point agréée puisqu'il apparaissait déjà que la situation commandait de s'entendre avec le Japon[1].

---

[1] Sur la politique française en juin 1940, voir notamment *Documents diplomatiques français, Sous-série Deuxième Guerre (1939-1944)*, 1940, vol. 1 (1er janvier-10 juillet 1940), Bruxelles, P.I.E. Peter Lang, 2004 (ci-après référencé *DDF (1939-1944)*, 1940-1), documents n°s 363 et 435. Pour l'ensemble des événements évoqués dans cette note de synthèse, voir aussi le volume suivant, *DDF (1939-1944)*, 1940-2, les nombreux documents de la section V (Menaces sur l'Empire), en particulier V-C (L'Indochine française en péril) et de la section VI (L'affirmation de la puissance japonaise en Extrême-Orient), en particulier VI-B (Le conflit sino-japonais et la France).

Les accords successifs qui ont marqué la mise en œuvre de cette politique de conciliation ont eu pour conséquence la fermeture de la frontière sino-indochinoise, l'arrivée au Tonkin d'une commission de contrôle japonaise, le droit accordé au Japon d'envoyer à titre temporaire certains éléments militaires au Tonkin, l'ouverture de négociations économiques entre l'Indochine et le Japon. Cet ensemble de décisions porte un indéniable préjudice à la cause soutenue par les autorités de Tchoung King. Mais notre ambassadeur en Chine a toujours tenu le gouvernement chinois informé des concessions que nous étions obligés de faire, en indiquant les raisons pour lesquelles ces concessions, si pénibles qu'elles fussent, étaient cependant préférables pour la Chine comme pour nous à l'extension du conflit sur le territoire du Tonkin.

Bien que le gouvernement de Tchoung King ait formulé des protestations de principe contre les accords intervenus et qu'il ait demandé, avec insistance la communication du texte de ces accords sans que nous ayons cru pouvoir accéder à ce désir, le maréchal Tchang Kai-Chek comprenait et reconnaissait la nécessité où nous nous trouvions de composer. Des relations normales ont donc été maintenues avec les autorités de Tchoung King et notre ambassadeur est retourné dans la capitale de la Chine libre au mois de novembre dernier.

Toutefois, les modifications survenues en Indochine à la suite des arrangements et accords divers conclus avec le Japon ont posé certains problèmes nouveaux et suscité des difficultés inattendues.

C'est sur deux questions que des divergences de vues et des contradictions se sont principalement produites : la destruction par les Chinois de la ligne du chemin de fer du Yunnan ; les stocks de marchandises chinoises entreposés en Indochine.

L'arrivée au Tonkin d'éléments militaires japonais pouvait à juste titre inquiéter les autorités chinoises. Mais la limitation que nous avions pu obtenir en acceptant de négocier avec le Japon était de nature à les rassurer. Un chiffre maximum de 6 000 hommes ayant été prévu pour le corps expéditionnaire que les Japonais seraient autorisés à envoyer au Tonkin et ce chiffre n'étant pas atteint, il est clair qu'aucune opération partant du Tonkin contre le Yunnan ne peut être envisagée. Nonobstant cette situation rassurante, les autorités militaires chinoises procèdent à une destruction systématique de la ligne du chemin de fer. Élevée à très grands frais dans une région particulièrement difficile, cette ligne comporte de nombreux ouvrages d'art. En pratiquant ces destructions à un moment où aucune menace imminente ne se présente, les autorités chinoises prennent gratuitement des mesures qui portent un très grave préjudice à la seule grande entreprise française située dans la zone chinoise libre.

À maintes reprises, notre ambassadeur a protesté contre ces destructions inutiles en signalant qu'elles risquaient de compromettre les relations amicales que la France, malgré toutes les difficultés de sa situation et toutes les pressions dont elle était l'objet, avait toujours voulu maintenir avec la Chine libre. Les démarches n'ont pas eu de résultat. Il fut répondu à M. Cosme que les décisions prises en l'occurrence dépendaient de l'autorité militaire et que les pouvoirs civils ne pouvaient conséquemment intervenir. Pareille réponse ne peut servir qu'à éluder la question sans arriver à la résoudre. La France est d'autant plus sensible à la mauvaise volonté qui lui est délibérément opposée qu'elle se trouve justement dans une situation difficile qui met à l'épreuve la sincérité des relations et des amitiés internationales.

Le deuxième point litigieux ne mériterait pas un long examen si les autorités chinoises, refusant d'accepter les assurances données par les autorités françaises, n'y trouvaient motifs de protestations incessantes.

Un stock important de marchandises à destination du Yunnan se trouvait en Indochine au moment de la fermeture de la frontière, au mois de juin dernier. Le gouvernement général a cherché à les réexporter ; mais au dernier moment, des masques à gaz ayant été découverts dans un des lots, les autorités japonaises sont intervenues pour empêcher la réexportation. Il a fallu l'énergique intervention des autorités françaises pour empêcher une saisie de la part des Japonais ou la mise aux enchères immédiate. Finalement, sur la suggestion du Département, l'amiral Decoux s'est arrêté à la solution suivante : la partie la plus importante de ces marchandises, notamment un stock considérable de rails de chemin de fer, serait acquise par réquisition des pouvoirs publics. Pour les denrées qui ne seraient pas acquises par le gouvernement général, la vente par les propriétaires serait autorisée. Celles enfin qui ne pourraient être vendues seraient gardées dans nos entrepôts. Seules les marchandises introduites irrégulièrement seraient vendues aux enchères publiques, étant entendu que le prix, au lieu d'être séquestré par la douane par mesure de droit commun, serait exceptionnellement payé au propriétaire.

Le gouvernement de Tchoung King a été avisé de ces décisions qui tiennent largement compte des intérêts chinois. Il continue cependant à formuler des protestations sans objet, attribuant notamment au gouvernement général l'intention de vendre aux enchères publiques les stocks entreposés en Indochine.

L'ambassade de Chine à Vichy, à qui le Département a marqué la surprise causée par ces plaintes, affirme qu'il s'agit, de la part des autorités chinoises, de mesures conservatoires en vue de prendre juridiquement position et de réserver des droits éventuels à indemnité.

Quoi qu'il en soit, on ne peut s'empêcher de remarquer l'attitude peu obligeante adoptée depuis quelque temps par le gouvernement de Tchoung King à notre égard. Qu'il s'agisse des bombardements sur la ligne de chemin de fer du Yunnan, de questions relatives au fonctionnement de cette ligne en Chine, au recrutement du personnel, ou bien des mesures prises en Indochine par le gouvernement général pour répondre aux difficultés de l'heure, les autorités chinoises se refusent à considérer les choses de haut et s'arrêtent à des détails soit pour formuler leurs plaintes, soit pour repousser nos requêtes. Peut-être les milieux gouvernementaux de Tchoung King sont-ils sensibles, comme ceux de Bangkok, aux effets d'une certaine propagande maladroite de la part de l'Angleterre qui tend à représenter la

France comme hors de cause et ne jouant plus de rôle dans le grand jeu de la politique internationale. Il serait regrettable qu'une opinion de cette nature trouvât du crédit à Tchoung King et qu'on oubliât que même dans les heures les plus difficiles, alors que des pressions sévères s'exerçaient de toutes parts, la France est restée fidèle à sa politique traditionnelle et n'a pas varié dans l'expression de sa sympathie pour la cause de la Chine libre et du maréchal Tchang Kai-Chek.

Guerre 1939-1945, Vichy, E Asie, Chine, 124 (3GMII/124)

11

L'AMIRAL DECOUX, GOUVERNEUR GÉNÉRAL DE L'INDOCHINE,
    À M. FLANDIN, MINISTRE SECRÉTAIRE D'ÉTAT AUX AFFAIRES
    ÉTRANGÈRES.

T. nᵒˢ 17 à 20.[1]   *Hanoï, 9 janvier 1941, 1 h. 35.*

(*Reçu : le 10, 2 h.*)

Pour Colonies nᵒ 121.

Divers incidents créés par militaires japonais, que je vous ai déjà signalés au fur et à mesure qu'ils se produisaient, permettent supposer qu'il existe plan d'ensemble[2]. Ces incidents peuvent être classés 4 catégories :

1ᵒ – Au cours de reconnaissances dont certaines autorisées conformément accords du 4 septembre[3] et (…)[4] et (…)[5] effectuées à l'insu des autorités ou malgré leur refus formel, les officiers japonais s'intéressent voies de communication, ressources des régions, effectifs et armements des postes gardes indigènes, les sentiments des indigènes pour la cause française. Nombreuses photographies prises.

2ᵒ – Des représentants services renseignements japonais Tonkin recrutent informateurs parmi les jeunes hommes annamites instruits, sans travail,

---

[1] Annotation marginale manuscrite : « Com[uniqué] Col[onies], 10 janvier ».

[2] Les incidents créés par les Japonais en Indochine ont fait l'objet de protestations auprès du gouvernement de Tokyo. Voir par exemple la D. nᵒ 3 de Charles-Arsène Henry en date du 8 janvier 1941 et la D. nᵒ 20 en date du 16 janvier, accompagnées de la liste des incidents signalés par Decoux (*in* Guerre 1939-1945, Vichy, E Asie, Japon, 323, documents non reproduits).

[3] Accords militaires signés en fait le 5 septembre par les généraux Martin et Nishihara, à la suite de l'échange de lettres franco-japonais du 30 août. Le 3 septembre, le Japon avait posé un ultimatum pour la signature des dispositions militaires résultant de l'accord général auquel Decoux était par ailleurs opposé, estimant qu'il était possible de défendre l'Indochine et qu'il valait mieux « la perdre en la défendant qu'en la trahissant. » Après le retrait de l'ultimatum, les pourparlers se poursuivent les 4 et 5 septembre. L'accord militaire prévoit notamment un maximum de 25 000 hommes, l'utilisation des voies ferrées, du port de Haïphong et de trois aéroports. Des demandes additionnelles sont encore présentées par la suite, accentuant la mainmise japonaise sur le Tonkin. Voir *DDF (1939-1944)*, 1940-2, notamment documents nᵒˢ 143, 173, 192, 287.

[4] Lacune de déchiffrement.

[5] Lacune de déchiffrement.

pour les charger recueillir des renseignements sur les effectifs troupes indo-chinoises, leurs mouvements, quantités de matériel, toutes dispositions prises par Français pour détruire voies de communication. Services renseignements se renseignent sur état d'esprit Annamites et sur activité organismes chinois dépendant gouvernement Tchoung King et sur dispositions des appartements Général Commandant Supérieur et Gouverneur Général.

3° – Pendant occupation région Langson militaires japonais firent de la propagande active auprès populations indigènes en faveur de Japon et en outre contre la France. Je vous ai déjà signalé que j'avais recueilli preuves collusion troupes japonaises avec rebelles. Depuis le départ des troupes Lang-Son propagande s'exerce sur le domaine commercial par la création de sociétés nippo-annamites dans le domaine culturel, par représentations théâtrales, films cinématographiques, et tentatives diffusion langue japonaise.

4° – Des incidents quotidiens entre militaires japonais et français, annamites chinois, démontrent de plus en plus que militaires japonais se considèrent en pays conquis ; les incidents en général sont causés par refus de se plier aux injonctions police de la route, des incursions dans maisons particulières, scandales voies publiques, refus payer prix marqués. Souvent peu graves, ils sont grossis dans le but de porter atteinte au prestige français et bafouer autorités en le tenant en échec. C'est ainsi que le 2 janvier Japonais s'opposèrent réquisition camions automobiles chinois Haiphong par nos troupes. Le 6 janvier quatre camions troupes japonaises s'arrêtèrent devant gardes indigènes Bac-Ninh et mettaient deux mitrailleuses dans la position de combat. Après pourparlers avec inspecteur de la GI troupes se retirèrent.

Enfin incidents nombreux marchandises primitivement à destination de la Chine que le Japon convoite[1].

Il ressort de tous ces faits que malgré les assurances gouvernement japonais militaires ne tiennent pas compte des instructions qu'ils peuvent recevoir continuellement et mènent action indépendante visant (...)[2] totale Français du Tonkin, et contre laquelle protestations locales n'ont plus aucun effet.

Communiqué à Tokyo.

Guerre 1939-1945, Vichy, E Asie, Japon, 323 (3GMII/323)

---

[1] Outre le mécontentement chinois face aux accords militaires franco-japonais dans le contexte du conflit entre la Chine et le Japon, une des réclamations chinoises porte sur l'affaire des stocks chinois entreposés en Indochine, d'un prix d'achat d'environ 120 millions de francs, que les autorités militaires japonaises réclament en déclarant qu'il s'agit d'un matériel de guerre.

[2] Lacune de déchiffrement.

12

M. Jules Henry, Ambassadeur de France à Ankara,
À M. Flandin, Ministre Secrétaire d'État aux Affaires
Étrangères.

T. n°s 36 à 37.   *Ankara, 9 janvier 1941, 21 h. 23.*

(*Reçu* : le 9, 22 h.)

Dans le discours qu'il a prononcé lundi dernier devant la Grande Assemblée nationale, le président du Conseil, tout en affirmant que la Turquie resterait fidèle à ses alliances, a déclaré qu'elle poursuivrait une politique « ne contenant aucun élément susceptible d'indisposer ou d'inquiéter n'importe quel pays » et que le principe de la sécurité constituait le but unique de la politique turque. Ces paroles confirment l'impression que la Turquie, bien que fidèle à son alliance avec l'Angleterre[1], ne veut fournir à l'Allemagne aucun prétexte d'intervention contre elle, et qu'elle ne prendra les armes que si sa propre sécurité est directement menacée. C'est bien l'idée qu'exprime dans son éditorial d'aujourd'hui l'officieux *Ulus*[2] lorsqu'il écrit : « si nous ne sommes pas forcés d'entrer en guerre, nous resterons complètement en paix ; mais si l'on nous contraint de prendre les armes, nous triompherons ».

Le gouvernement turc n'estime pas d'ailleurs devoir relâcher les mesures de précaution qu'il a prises antérieurement. Une loi maintenant sous les drapeaux pendant une année supplémentaire les hommes en service actif vient d'être votée. Dans son discours le président du Conseil a d'autre part annoncé que le gouvernement se préoccupait de constituer des stocks et de favoriser l'accroissement de la production nationale dans tous les domaines. En dehors du souci de faire face aux difficultés de ravitaillement provoquées par le conflit européen, le désir de préparer l'économie de la nation à l'hypothèse d'une guerre n'est sans doute pas étranger à ces mesures.

Guerre 1939-1945, Vichy, E Levant, Turquie, 126 (4GMII/126)

---

[1] Sur l'Accord tripartite franco-anglo-turc du 19 octobre 1939, voir *Documents diplomatiques français, Sous-série Deuxième Guerre (1939-1944)*, 1939, vol. 1 (3 septembre-31 décembre 1939), Bruxelles, P.I.E. Peter Lang, 2002 (ci-après référencé *DDF (1939-1944)*, 1939-1), documents n°s 247 et 252. Ankara s'est cependant dérobé à ses engagements à l'égard de Paris, lorsque la France a été attaquée par l'Allemagne et l'Italie. Voir *DDF (1939-1944)*, 1940-1, les documents de la section VII-E (Une nouvelle donne en Europe après la défaite de la France/La Turquie, un allié évasif), en particulier n° 391.

[2] Le quotidien turc *Victoire*. Ce journal est le successeur du quotidien *Hakimiyet-i Milliye* (Souveraineté de la Nation), fondé en 1920 par Mustafa Kemal et reflète l'opinion du CHP, le Parti républicain du Peuple.

13

M. Eirik Labonne, Ambassadeur de France à Moscou,
à M. Flandin, Ministre Secrétaire d'État aux Affaires
Étrangères.

T. n⁰ˢ 35 à 43.[1]   *Moscou, 10 janvier 1941, 2 h. 50.*

(Reçu : le 11, 5 h.)

On interprète généralement ici les mouvements allemands en Roumanie non comme le début certain du *Drang* vers le Moyen-Orient et Suez, mais plutôt comme une poussée limitée visant Salonique et la mer Égée. Il s'agirait, en vue de l'attaque directe contre l'Angleterre, de fixer en Méditerranée une partie de la flotte. Il s'agirait en même temps d'être en position d'agir rapidement suivant les vicissitudes des armées italiennes. Provisoirement au moins, la Turquie ne serait pas attaquée si elle demeure immobile à la frontière de la Thrace.

Les armées allemandes descendent vers le Danube, en couvrant la frontière du Pruth, les négociations commerciales germano-russes se poursuivent et l'accord paraît cette fois très proche[2].

Le 23 décembre, cet accord a été donné par les journalistes comme conclu. Peut-être Moscou a-t-il voulu différer jusqu'à confirmation effective des intentions allemandes dans les Balkans et vers le sud. C'est au moins plausible et c'est pourquoi je n'en ai pas fait état jusqu'à présent.

M. Schnurre se déclare aujourd'hui « extrêmement satisfait » de la cordialité des pourparlers comme de la substance de leurs résultats. La Russie livrerait à l'Allemagne 2 550 000 tonnes de froment. Le double de l'année passée. 25 000 000 de quintaux, le tiers d'une récolte française moyenne, c'est un chiffre ! Les quantités de minerai et de pétrole seraient les mêmes qu'en 1940. L'Allemagne aurait demandé surtout du kérosène plus que de

---

[1] Annotation manuscrite marginale : « Vu par Guerre ».

[2] De fait, quatre accords sont conclus le 10 janvier. Le premier, signé par K. Schnurre et A.I. Mikoyan, prolonge de 18 mois la deuxième partie du traité commercial du 11 février 1940 qui devait arriver à son terme en février 1941, et qui avait renouvelé un premier accord du 19 août 1939, prologue au pacte Molotov-Ribbentrop. Le montant des échanges est porté à une valeur de 620 à 640 millions de Reichsmarks et prévoit l'intensification des relations commerciales (outillage industriel contre matières premières – pétrole et denrées alimentaires). Pour un texte (allemand), voir *Akten zur deutschen auswärtigen Politik, serie D : 1937-1945, Band IX.2, Die Kriesjahre (13.11.1940-31.1.1941)*, Bonn, Gebr. Hermes KG, 1964, no 637, pp. 887-889. Un deuxième accord signé par Schulenburg et Molotov, est un protocole additionnel au protocole secret du 28 septembre 1939 : l'Allemagne reconnaît l'incorporation des États baltes par l'URSS en acceptant les anciennes frontières germano-lituanienne et germano-polonaise comme nouvelle frontières germano-soviétique, tandis qu'en compensation des pertes territoriales, l'URSS doit lui verser 7,5 millions de dollars-or (texte de l'accord in *Akten zur deutschen auswärtigen Politik, op. cit.*, n⁰ 638, p. 889-890). Les deux autres accords règlent les échanges de minorités germaniques et soviétiques : 40 000 Allemands de Lituanie et 10 à 15 000 Allemands de Lettonie et d'Estonie doivent être « rapatriés » vers l'Allemagne, tandis que les Baltes et Biélorusses d'Allemagne sont transférés vers l'URSS ; un accord économique et financier complémentaire règle les questions de propriété impliqués par ces échanges de population.

la benzine. La Russie de son côté recevra de grandes quantités d'outillage industriel et de matériel de guerre.

L'on dit beaucoup que des clauses secrètes viseraient la construction d'usines de guerre en territoire russe. Ce n'est nullement invraisemblable. Les Russes mettent tout en œuvre pour développer leur potentiel et ses usines seraient des gages.

Entre cette irruption allemande vers le sud et la conclusion d'un accord auxquels les Allemands vont certainement donner l'aspect d'un grand succès politique, il n'y a, ce me semble, aucune contradiction. Au contraire, pas plus d'ailleurs qu'entre cette nouvelle entente et les réactions de défense russe et les croissants symptômes d'antagonisme entre les deux pays. Si les armées allemandes se dirigent ailleurs qu'en Russie, nous restons pleinement dans l'esprit original de la collusion avec ses successifs déroulements.

Sans doute en s'installant en mer Noire, en s'approchant des Détroits, le Reich accuse davantage ses menaces offensives de l'avenir. La tenaille de l'occupation finlandaise au nord[1] forme en mer Noire son autre branche et les Russes n'ont pas osé au cours de l'été aller au bout de leurs velléités défensives aux île d'Aland et à la crête des Carpates.

Mais l'essentiel est et demeure d'éviter le choc, de gagner du temps ; cet essentiel vaut bien des compensations car, si les Allemands s'acharnent sur l'Angleterre, directement dans la Manche et indirectement en Méditerranée, n'est-ce point un valable symptôme que la Russie a chance d'échapper, cette année encore, à l'attaque de front ?

Ainsi se développe un nouvel aspect de cette politique constante de dérivation par provocation qui a fait ses preuves jusqu'ici.

Le « Père des Peuples » dit au Reich : Allez en guerre, faites vos affaires librement ; je veille sur cette belle destinée. Par nos échanges vous recevrez tout autant et peut-être bien plus que ce que vous donnerait l'occupation partielle d'une Russie ruinée et dévastée par la guerre, avec tous les risques de la guerre en moins. Pour ma part, ces échanges me conviennent parfaitement. Vos livraisons industrielles me permettent de me fortifier contre vous. Mon intérêt de neutralité et de défense contre quiconque y trouve sa pleine sauvegarde.

Sans doute le président Roosevelt visait-il cet accord quand il a lancé le 29 décembre son allusion amère aux livraisons de Suède et d'URSS à l'Allemagne. Sans doute l'ambassadeur d'Angleterre recevra-t-il de nouveau mission de dire au Kremlin que cet accord dépasse l'esprit et la borne d'une correcte neutralité. Ravitailler l'Allemagne, la laisser libre de gagner la mer Égée et de menacer la flotte, quelle neutralité est-ce ?

Le Kremlin répondra aux uns et aux autres, comme il l'a fait au début de décembre par la voie de M. Vychinsky : Permettez-moi de ne pas répondre.

---

[1] Sur la Guerre d'Hiver soviéto-finlandaise, voir dans *DDF (1939-1944)*, 1939-1, les nombreux documents de la section VII-B (Les enjeux de la Baltique/la guerre soviéto-finlandaise et la question de l'assistance des Alliés à la Finlande) et *DDF (1939-1944)*, 1940-1, section I (« La guerre soviéto-finlandaise et ses conséquences »).

Nous sommes neutres au maximum, nous nous renforçons sans cesse et sommes prêts à nous défendre si nous sommes attaqués. En aucun point nous ne vous inquiétons directement. C'est, dans votre sens (...)[1] beaucoup. Mais notre défense et notre neutralité, qui vous aident en immobilisant largement votre ennemi, ont leurs conditions, et ces conditions elles-mêmes ont leurs évidences.

Guerre 1939-1945, Vichy, Z Europe, URSS, 835 (10GMII/835)

14

NOTE DE LA SOUS-DIRECTION D'ASIE

N.   *Vichy, 10 janvier 1941.*

Coupée de la métropole depuis l'armistice, l'Indochine est actuellement, du triple point de vue politique, économique et militaire, en situation extrêmement difficile.

Elle a été en effet, dès la mi-juin, soumise à une pression très vive de la part du Japon. En l'impossibilité où se trouvait la métropole de lui porter secours, elle ne pouvait attendre que des États-Unis l'appui propre à écarter la menace japonaise. Le gouvernement américain, pressenti, marqua que s'il demeurait attaché au principe du *statu quo* en Extrême-Orient, il ne pouvait, en l'état des affaires européennes, assumer de nouvelles charges dans le Pacifique. Force fut donc à l'Indochine de rechercher des accommodements avec le Japon.

Ces accommodements se traduisirent dès la mi-juin par la fermeture de la frontière sino-indochinoise, par l'envoi au Tonkin d'une commission japonaise destinée à s'assurer de l'arrêt du transit, puis à la fin d'août par un accord politique aux termes duquel, une contrepartie de la reconnaissance par le Japon du statut politique et de l'intégrité territoriale de l'Indochine, le gouvernement français s'engageait à donner au Japon des facilités, limitées aux provinces septentrionales du Tonkin, pour la poursuite des hostilités contre Tchang Kaï-Chek et à assurer aux ressortissants et aux entreprises japonaises des avantages spéciaux en Indochine.

À la suite de cet arrangement, un accord militaire d'application fut conclu à Hanoï à la fin d'octobre et permit de mettre fin aux incidents militaires d'une particulière gravité qui s'étaient produits dans la région de Langson. Les pourparlers économiques prévus viennent seulement de s'engager à Tokyo.

Ces négociations, que l'impossibilité dans laquelle se trouvait l'Indochine de résister à une agression japonaise rendait inéluctables, ont permis d'éviter cette agression, de limiter, par une résistance tenace, les prétentions du

---

[1] Lacune de déchiffrement.

Japon et d'enregistrer une reconnaissance formelle de nos droits par la puissance qui prétend établir un ordre nouveau en Extrême-Orient. Elles ont eu l'inconvénient d'introduire les Japonais dans la place, de leur donner des facilités dont ils seront tentés d'abuser pour asseoir leur emprise et de provoquer, de la part des pays voisins de l'Indochine, à savoir la Chine et la Thaïlande, des réactions inquiétantes.

La fermeture de la frontière sino-indochinoise et l'octroi au Japon de facilités militaires au Tonkin entraînaient pour la Chine libre un grave préjudice. Le maréchal Tchang Kaï-Chek a montré une louable compréhension de nos difficultés. Cependant les autorités chinoises ont pris les dispositions que comportait notre propre attitude. Elles ont pris en charge l'administration du chemin de fer du Yunnan, déposé une centaine de kilomètres de rail, démonté les principaux ouvrages d'art, suspendu les effets de très importants contrats de travaux publics conclus avec des maisons françaises, interdit le passage de la frontière à nos propres ressortissants, massé sur nos confins des troupes que l'ambassade de Chine estime à 200 000 hommes et opposé des réponses dilatoires à nos réclamations relatives aux incidents de frontière qui se sont multipliés au cours de ces dernières semaines.

La Thaïlande, pour sa part, avait semblé, après l'armistice, soucieuse de maintenir les rapports amicaux existant entre Paris et Bangkok et qui s'étaient traduits au début de juin par la signature d'un pacte de non-agression. Mais au début d'août, sur la nouvelle d'une tension particulièrement vive dans les rapports franco-japonais, cette attitude fut brusquement modifiée et l'idée de revendications territoriales thaïlandaises sur certaines parties du territoire indochinois se fit jour. Ces revendications se précisèrent en septembre en même temps qu'était ajournée, sous divers prétextes, la notification du pacte. Des mesures militaires furent prises, le ministre de Thaïlande quitta Vichy, les relations officielles entre Paris et Bangkok furent pratiquement rompues en même temps que commençaient les incidents de frontières qui se multiplièrent au cours du mois de décembre pour en arriver à l'état d'hostilité sporadique qui règne aujourd'hui tout le long de la frontière.

Cependant, malgré nos accords, nos relations avec le Japon demeuraient incertaines. Au cours de ces dernières semaines le gouvernement général de l'Indochine signale les difficultés constantes que suscitent au Tonkin les militaires japonais qui se comportent comme en pays conquis, font de l'espionnage, procèdent à des opérations de police, prétendent exercer un droit de prise sur des marchandises entreposées, forment enfin des mouvements insurrectionnels en favorisant la constitution de bandes armées et en encourageant les éléments révolutionnaires annamites. Dans le même temps nous parviennent des indications aux termes desquelles les autorités japonaises se proposeraient d'établir soit en Cochinchine, soit en la baie de Camrahn, des bases destinées à leur faciliter des opérations ultérieures en direction des Indes néerlandaises ou de Singapour. Enfin des renseignements précis et concordants révèlent d'une part d'importantes cessions d'armes et de matériel de guerre effectuées par le Japon à la Thaïlande, d'autre part une action japonaise tendant à détourner le gouvernement de Bangkok d'un règlement amical des difficultés franco-thaïlandaises.

En présence de cette crise, la position britannique apparaît peu claire. La presse de Singapour appuie les revendications thaïlandaises. Le ministre d'Angleterre à Bangkok agit, semble-t-il, dans le même sens. La propagande anglaise lance toutes les rumeurs relatives à une extension des emprises japonaises en Indochine, excitant ainsi la Thaïlande à prendre des gages. Peut-être le gouvernement de Londres, désireux de contrecarrer l'action japonaise en Thaïlande, pense-t-il attirer ainsi ce pays dans le camp anglo-saxon.

En présence de ces difficultés multiples, le gouvernement français, se réclamant du principe du *statu quo* au maintien duquel le gouvernement américain se déclare attaché, a présenté à Washington, dès le début d'octobre, un programme destiné à permettre la défense de l'Indochine contre toutes entreprises.

Ce programme comportait :

1°) La prévision de renforts en effectifs non indochinois. La commission de Turin avait autorisé le transfert en Indochine de 4 bataillons stationnés à Djibouti. Ce transfert supposait l'octroi du libre passage par l'autorité britannique.

2°) L'achat de matériel de guerre, plus spécialement de matériel d'aviation, de DCA et de canons antitanks. Ces achats, autorisés par Wiesbaden, ne pouvaient, en l'état actuel des choses, être effectués qu'aux États-Unis.

3°) Le déblocage d'avoirs bloqués aux États-Unis et l'octroi de facilités pour disposer de devises, à défaut desquelles l'Indochine, contrainte de commercer avec le seul Japon, était exposée à tomber sous la domination économique de ce groupe.

Les conversations engagées à Washington par M. Henry-Haye ont surtout porté sur le point 2. Le State Department, tout en marquant des dispositions de principe favorables à une assistance à l'Indochine, marqua que cette assistance serait facilitée par le règlement préalable de la question des avions du *Béarn*. Il suggère le transfert de ces avions en Indochine, cette solution lui paraissant de nature à faire d'une pierre deux coups.

M. Henry-Haye fut alors chargé de dire à M. Cordell Hull :

– que la commission allemande de Wiesbaden, saisie par nous dès l'été dernier, s'était refusée, dès le 20 septembre, à autoriser le prélèvement pour l'Indochine de stocks sur les dépôts de matériels existant dans la métropole ou dans l'empire ;

– que les avions de la Martinique nous étaient signalés comme inutilisables ;

– que l'expérience nous avait démontré la vanité de saisir Wiesbaden d'une demande de transfert si nous n'étions pas en mesure de donner l'assurance que le gouvernement britannique ne s'opposerait pas à ce transfert ;

– que nous allions faire vérifier l'état des avions de la Martinique ; qu'au cas où ces avions s'avéreraient inutilisables, nous demanderions au gouvernement américain d'obtenir l'accord du gouvernement britannique à leur transfert en Indochine ; que cet accord obtenu, nous saisirions de nouveau Wiesbaden ;

— que le déroulement de cette procédure prendrait sans doute un temps assez long ; que les besoins de l'Indochine étaient pressants et que nous demandions donc au gouvernement américain de nous donner la preuve, par des mesures d'assistance immédiate, de la réalité de l'intérêt porté par lui au maintien du *statu quo* en Extrême-Orient.

Les conclusions de l'examen des avions ayant été favorables, M. Henry-Haye est chargé aujourd'hui même de demander au Département d'État d'obtenir l'accord de Londres à leur transfert.

Cependant, les dernières nouvelles reçues d'Hanoï et de Bangkok nous portent à craindre que l'hypothèse en fonction de laquelle avait été établi le programme présenté à Washington au début d'octobre ne soit dès à présent réalisée.

Force nous est de constater qu'après plus de trois mois passés, l'Indochine est appelée à faire face à une agression armée sans les renforts dont le transport n'a pas été autorisé par Londres et sans le matériel qui ne nous a pas été fourni par Washington.

Après comme avant l'armistice, nous avons toujours fait pleine confiance au gouvernement américain pour ce qui touche les affaires d'Extrême-Orient. Nous n'avons jamais pris d'initiative sans l'avoir instruit de notre situation et lui avoir donné la possibilité de nous aider. C'est le fait que le gouvernement américain s'est lui-même déclaré incapable de nous apporter un appui autre que diplomatique qui nous a contraint à rechercher, contrairement à la ligne politique à laquelle nous nous étions constamment tenus jusque-là, des accommodements avec le Japon. Par la manière dont nous avons négocié ces accommodements, nous nous sommes efforcés de maintenir, dans le mesure où cela dépendait de nous, le maintien du *statu quo* en Extrême-Orient.

Au moment où le stade des négociations peut à tout instant se trouver dépassé, nous estimons donc être pleinement fondés à demander à Washington :

— une assistance matérielle immédiate,

— une action sur Londres qui rende cette assistance possible et qui amène le gouvernement britannique à renoncer, tant en Thaïlande qu'en Chine, à des intrigues contraires à la politique générale dont se réclame le gouvernement des États-Unis[1].

Guerre 1939-1945, Vichy, E Asie, Thaïlande, 413 (3GMII/413)

---

[1]   Sur les événements résumés dans cette note de synthèse, voir les nombreux documents de la section V-C (L'Indochine française en péril) dont ceux de la partie 2 (L'appel à la solidarité américaine et britannique), du volume *DDF (1939-1944)*, 1940-2. Voir aussi document n° 11, *supra*. Pour des éléments complémentaires, voir aussi la note en date du 11 janvier 1941 de la sous-direction d'Asie, « Action japonaise en Thaïlande », *in* Guerre 1939-1945, Vichy, E Asie, Thaïlande, 413 (document non reproduit).

15

M. Spitzmüller, Chargé d'Affaires de France à Bucarest,
à M. Flandin, Ministre Secrétaire d'État aux Affaires
Étrangères[1].

T. n⁰ˢ 30 à 32.   Bucarest, 11 janvier 1941, 12 h. 45.

(Reçu : le 11, 23 h.)

Le volume des troupes allemandes s'accroît régulièrement[2] ; le nombre des trains quotidiens avoisine toujours la quarantaine ; les unités appartenant à l'armée de terre ont aujourd'hui dépassé 8 divisions et vont même approcher de 10. À ce chiffre, s'ajoutent les éléments spécialisés comme la DCA dont un nouveau régiment est arrivé à Bucarest hier.

Par contre, les forces aériennes ne paraissent pas avoir augmenté jusqu'à présent. Mais des unités importantes sont attendues au début de février. Il est notamment question de la septième flottille aérienne. D'après des conversations d'officiers d'état-major allemands, on songerait à Berlin à déclencher ultérieurement sur le canal de Suez une attaque massive de parachutistes et de bombardiers qui seraient chargés de lui infliger, au moyen d'un procédé nouveau, des dégâts irréparables avant un long délai.

De nouveaux organes de commandement s'installent ou sont annoncés ainsi que leurs chefs : le feld-marechal List qui semble devoir exercer le commandement suprême du groupe d'armées du sud-est et dont l'état-major paraît devoir être celui qui s'établit en ce moment à Sinaïa, le général von Mackensen, le général von Greiffenberg, etc. À en juger par ce qui peut être décelé des préparatifs des travaux actuellement en cours, il y a lieu d'ailleurs de se demander si l'effort allemand se bornera à l'envoi des 20 divisions qui sont attendues d'ici la fin du mois ou s'il ne sera pas poursuivi en février avec la même intensité. D'après des renseignements de bonne source, ce n'est pas 20, mais au moins 30 et peut-être même 40 divisions allemandes qui doivent constituer l'armée hitlérienne du sud-est.

Selon plusieurs de ses familiers, le général Antonesco est toujours convaincu que ces préparatifs considérables sont dirigés contre la Russie. Les dirigeants et les militaires allemands, depuis le chancelier Hitler jusqu'au général Hansen, n'ont en effet cessé de le lui répéter et de lui promettre la Bessarabie. L'avenir montrera si ces espoirs sont fondés. Toutefois il convient de remarquer que si l'occupation de la Roumanie visait exclusivement à préparer une action militaire contre les Soviets, il ne serait peut-être pas nécessaire d'établir dans les régions danubiennes limitrophes de la Bulgarie un dispositif aussi dense et aussi évidemment organisé en vue du passage du fleuve.

Communiqué à Moscou et aux postes balkaniques.

Guerre 1939-1945, Vichy, Z Europe, Roumanie, 687 (10GMII/687)

---

[1] Annotation marginale manuscrite : « Vu par Guerre ».
[2] Sur ce sujet, voir aussi documents *supra* n⁰ˢ 1 et 5.

16

M. Piétri, Ambassadeur de France à Madrid,
à M. Flandin, Ministre Secrétaire d'État aux Affaires
étrangères[1].

T. n° 53.   *Madrid, 11 janvier 1941.*

(*Reçu*[1] : le 17, 18 h.)

Les milieux politiques de Madrid suivent avec une attention particulière l'évolution actuelle de la guerre et se demandent non sans anxiété si, sous l'empire des événements, les prochaines décisions des puissances de l'Axe ne risquent pas de porter la lutte dans une zone qui engloberait l'Espagne.

Cette crainte, qu'on a vu se renouveler périodiquement dans l'opinion chaque fois que l'Italie faisait pression sur le gouvernement Franco pour solliciter son appui ou que des concentrations de troupes allemandes étaient signalées au-delà de la frontière d'Hendaye, s'augmente cette fois des interprétations pessimistes que l'on donne ici de la crise des relations franco-allemandes[2].

La version la plus récente qui circule à ce sujet dans les cercles officieux attribue à M. von Ribbentrop le désir de maintenir la politique de collaboration, tandis que l'état-major, ou du moins certains de ses membres, préoccupés avant tout des nécessités militaires, voudraient saisir cette occasion pour occuper tout ou partie de la zone libre et prendre des points d'appui aéronavals sur la Méditerranée, en vue d'une action en Afrique tendant à soutenir ou à soulager l'Italie. Dans cette éventualité, redoute-t-on à Madrid, la Péninsule ibérique deviendrait un pont presque indispensable pour le passage des forces du Reich.

Ainsi les dirigeants espagnols considéreraient que le destin de l'Espagne, en cette occurrence, dépend de la résolution et de l'habileté dont saura faire preuve le gouvernement français pour éluder la menace qu'ils croient apercevoir. Il est probable qu'aucune personnalité officielle ne s'avoue clairement à elle-même cette solidarité d'intérêts entre la France et l'Espagne, dont la conscience commence pourtant à se dégager dans quelques esprits. Encore moins pourrions-nous en obtenir la reconnaissance explicite si nous cherchions à approcher directement le gouvernement sur cette question, car la Phalange ne renonce pas à ses aspirations africaines aux dépens de notre Empire.

La politique de ce pays demeure, en réalité, complexe. Elle est dominée tout d'abord par la crainte d'être entraînée dans un conflit qui paraît devoir être beaucoup plus long et plus dur que ne l'indiquaient des prévisions encore récentes et qui pourrait devenir rapidement catastrophique pour

---

[1] Par courrier.

[2] Allusion à la crise ouverte entre Vichy et Berlin par le renvoi et l'arrestation en décembre 1940 de Pierre Laval, vice-président du Conseil depuis le 27 juin 1940.

l'Espagne, étant donné la gravité de la situation intérieure, la pénurie de nombreuses denrées, le mécontentement croissant du public et l'impopularité du régime. Mais, en même temps, l'Espagne phalangiste ne se résigne pas à abandonner l'espoir que cette guerre lui donnera, d'une manière ou d'une autre, la possibilité d'obtenir des avantages territoriaux en Afrique du Nord.

Le fait nouveau, c'est qu'au lieu de miser exclusivement sur une victoire allemande, l'Espagne fait entrer dans ses calculs l'éventualité d'une paix de compromis dont elle serait peut-être le courtier et dont elle tirerait des bénéfices. Le rapprochement hispano-anglais, que j'ai déjà signalé[1], n'est donc pas commandé seulement par les nécessités du ravitaillement ; il déborde le terrain économique et tend de plus en plus à passer sur le plan politique. Comme il est naturel, le promoteur de ce rapprochement a été le ministre du Commerce qui, dès son arrivée au pouvoir en novembre 1940, a marqué sa volonté de tout subordonner aux besoins vitaux du pays. Depuis lors, la forte personnalité de M. Carceller étend progressivement son influence à tous les domaines qui, même indirectement, peuvent être en rapport avec les problèmes économiques.

Un exemple éminemment actuel de cette interdépendance des problèmes économiques et de la politique est la négociation engagée entre Madrid et Londres, au sujet du ravitaillement de la zone espagnole du Maroc, et dans laquelle l'Espagne se flatte d'obtenir à tout le moins une reconnaissance implicite de la situation nouvelle à Tanger[2].

L'optimisme que manifestent les membres de l'ambassade britannique à Madrid quant à « la nouvelle orientation » de la politique espagnole est sans doute exagéré, mais il n'en reste pas moins que la pression de l'Allemagne trouve maintenant un contrepoids et rencontre des résistances beaucoup plus nettes que précédemment.

Guerre 1939-1945, Vichy, Z Europe, Espagne, 248 (10GMII/248)

---

[1] Voir T. n°s 19-20 de François Piétri au Département, reçu le 5 janvier : les négociations en cours entre l'Espagne et l'Angleterre au sujet du ravitaillement évolueraient dans un sens de plus en plus favorables ; elles porteraient également sur les dommages causés à Tanger à des ressortissants britanniques dont l'indemnisation est la condition de l'accord. Moyennant des concessions sur ce point, l'Espagne obtiendrait de l'Angleterre une acceptation de fait, au moins implicite, de la nouvelle situation. (D'après résumé de la collection Télégrammes Départ/Arrivée, janvier 1941, document non retrouvé).

[2] *Ibidem.*

17

LE GÉNÉRAL D'ARMÉE HUNTZIGER, COMMANDANT EN CHEF DES FORCES
TERRESTRES, MINISTRE SECRÉTAIRE D'ÉTAT À LA GUERRE,
AU VICE-AMIRAL D'ESCADRE DUPLAT, PRÉSIDENT DE LA DÉLÉGATION
FRANÇAISE À LA COMMISSION D'ARMISTICE DE TURIN.

D. n° 963/DSA/3.[1]   *Vichy, 11 janvier 1941.*

Il ne vous aura certainement pas échappé que, depuis quelques mois, le gouvernement de Rome poursuit une politique d'infiltration de plus en plus active, non seulement dans la zone démilitarisée de la métropole, mais aussi et surtout en Afrique du Nord.

Dans le domaine politique, c'est :

— l'introduction dans toutes les commissions de contrôle militaires des anciens agents consulaires qui reprennent une intense propagande en faveur de l'Italie ;

— la réouverture des écoles italiennes de Tunisie, qui amène l'introduction d'un renfort de 183 instituteurs ;

— la démarche faite auprès du général Noguès pour obtenir la réouverture des écoles italiennes du Maroc, etc.

Dans le domaine commercial, c'est :

— l'établissement du contrôle de tout notre trafic maritime par la mise en place de commissions dans les ports ;

— l'établissement, sans notre accord, d'une ligne aérienne quotidienne reliant l'Italie à la Tunisie, etc.

Dans le domaine militaire, c'est :

— la multiplication des effectifs des commissions de contrôle et, ce qui est plus grave, l'éclatement de ces effectifs en sous-commissions qui s'installent peu à peu sur tout le territoire et même jusque dans l'extrême-sud où, en fait, il n'y a pour ainsi dire rien à contrôler ;

— la prétention d'avoir, à la disposition de ces commissions un réseau spécial de communications radio et un nombre excessif d'avions de liaison, etc.

Ainsi toute notre Afrique du Nord sera couverte d'une multitude d'organes qui donneront aux populations européennes et indigènes la sensation que nous sommes impuissants à réagir et que l'Italien est le maître. Rome aura atteint le but que le colonel Molfese de la commission de contrôle de Tunis annonçait dès le 7 octobre à propos de la Tunisie : « l'Axe poursuit sa politique d'étapes et tout se réalisera suivant un plan déjà établi... Le développement de notre action en Tunisie en est un exemple... Nous exercerons bientôt une surveillance efficace sur les principaux organes moteurs du pays... ».

---

[1] Objet : « Politique italienne d'infiltration ».

Il est temps d'arrêter l'Italie dans la voie où elle s'est engagée et de faire comprendre au gouvernement de Rome qu'il est une limite que nous ne saurions laisser dépasser.

J'ai l'honneur de vous demander de vouloir bien solliciter un entretien particulier du président de la commission italienne afin de lui exposer la gravité de cette question.

Après avoir rappelé tous les faits qui viennent de vous être indiqués, et qui sont exposés d'une façon plus détaillée dans les trois notes annexées à la présente lettre, vous soulignerez que la ligne de conduite choisie par le gouvernement de Rome n'est compatible ni avec l'esprit des clauses de la Convention d'Armistice, ni avec la dignité de la France, puissance souveraine et qu'elle risque de soulever contre les exécutants italiens une animosité générale en Afrique du Nord.

ANNEXE 1
Infiltration italienne en Afrique du Nord dans le domaine aérien

I – Par lettre 7377/2 du 29 décembre, la CIA, pour rendre plus facile la liaison entre les différentes délégations d'Afrique du Nord, a décidé d'affecter aux délégations 3 appareils qui, pour le moment, seraient stationnés à Alger.

Les autorités françaises ont donné toutes facilités aux délégations pour leurs déplacements, en particulier en mettant à leur disposition 7 avions à cet effet.

D'autre part, par notre n° 802 du 12 août, la CIA avait spécifié que « les membres des délégations de contrôle ont droit au transport gratuit sur tout le réseau français ainsi que sur les courriers aériens. Ils ont dans tous les cas un droit de préséance sur tous les autres passagers ».

Ces facilités rendent donc absolument injustifiable la mise en place de 3 appareils s'ajoutant à ceux qui s'y trouvent déjà. Des observations ont été présentées à ce sujet.

II – Par message en date du 22 novembre, la direction des services de l'armistice a été informée de la prochaine ouverture d'un service aérien journalier entre Marsala et Tunis pour assurer les liaisons avec les délégations de contrôle de l'AFN

Il avait été demandé à la CIA de réduire à 2 voyages par semaine la fréquence de ce service.

Par note du 12 décembre, la CIA, en refusant d'accéder à cette demande, a confirmé la création et le but de cette liaison.

Les autorités françaises ont dû consentir à l'établissement de ce service qui fonctionne quotidiennement depuis le 30 décembre.

D'autre part, par lettre en date du 24 décembre, la DFCIA a transmis un aide-mémoire établi par la délégation économique italienne, relativement à la création d'une ligne aérienne civile Italie-Tunisie.

Des tractations sont en cours au sujet de cette ligne civile.

III – Par note du 6 janvier, la Commission italienne d'armistice a fait connaître son intention de mettre en place dans les aéroports d'AFN 19 officiers et sous-officiers des douanes pour le contrôle des lignes aériennes civiles françaises.

Le président de la DFCIA a été invité à refuser d'accorder le visa à ce personnel, dont la mission n'est aucunement justifiée par la Convention d'armistice.

ANNEXE 2
Introductions irrégulières de matériel par les délégations italiennes

I – *À Tunis* (incident *Foce*).

Arrivée le 14 ou 15 novembre de 43 caisses et un cadre en bois par le vapeur italien *Foce*.

Ce matériel n'est pas porté sur le connaissement.

Débarquées sur le quai des phosphates, les caisses sont, sur l'ordre du major Seraphini, transportées partie au consulat d'Italie, partie dans les bureaux de la délégation, sans visite de la douane.

Protestation énergique du vice-amiral Derrien. Attitude embarrassée de l'amiral Farina qui prétend n'en pas connaître le contenu : cependant dans une réflexion il trahit qu'il n'ignore pas qu'il s'agit de matériel radio. Le major Seraphini est blâmé, les caisses entreposées dans un magasin du port de Tunis, sous contrôle de la douane.

Nous demandons que les caisses ne soient ni introduites en Tunisie, ni réembarquées sans vérification de notre part. On nous promet l'arrivée d'un connaissement qui ne semble pas être encore arrivé.

Maintenant que nous savons qu'il s'agit de matériel radio, nous nous opposons de toute manière à leur introduction. Nous pourrions ne plus nous opposer à leur réembarquement.

II – *À Sfax*.

Arrivée, vers le 17 décembre, de 8 caisses de matériel radio par bâtiment régulièrement annoncé.

Nous avons fait entreposer en douane.

III – *À Ajaccio*.

Poste radio arrivé le 9 décembre en caisses par patrouilleur *Sandrina* qui, avec l'*Eolo*, assure régulièrement les liaisons de la délégation italienne avec *Maddalena*.

Matériel monté au Grand Hôtel à Ajaccio (interdiction de fonctionnement).

IV – *À Tunis* (incident *Adriatico*).

Arrivée le 5 décembre du croiseur auxiliaire *Adriatico*.

Saisie de caisses plaines de drapeaux italiens. Les caisses sont consignées entre les mains du consul de Suisse à Tunis.

ANNEXE 3
Action des commissions italiennes de contrôle terrestre en Afrique du Nord

I – Les effectifs des commissions de contrôle en Afrique du Nord sont hors de proportion avec leur mission et ne cessent de croître.

1° /– *Effectifs hors de proportion avec la mission.*

Par exemple 28 officiers sont chargés du contrôle de la démilitarisation de la zone frontière libyque (position de Mareth).

2° /– *Accroissement des effectifs.*

Du 15 novembre 1940 au 3 janvier 1941.

a) le nombre des officiers est passé de 86 à 139,

b) celui des membres civils (agents consulaires camouflés sous l'uniforme d'officier de complément) de 29 à 36,

c) l'effectif des sous-officiers et hommes de troupe a été augmenté de 96 unités, soit presque doublé.

II – Les Italiens ont introduit en Afrique du Nord, sous le couvert des commissions de contrôle, de nombreux ex-agents consulaires dont l'activité anti-française sur ces mêmes territoires était notoire avant-guerre.

Ces fonctionnaires, dont le nombre atteint 36, sont chargés des « affaires générales », mission qui n'a rien à voir avec l'application des clauses de l'Armistice et que nous n'avons jamais reconnue.

Les plus zélés d'entre eux ont nom :

Salinbani, Mengarini, Rossi, Wian : en Tunisie.

Costa, Camaran : en Algérie.

Cherardi, Calisse : au Maroc.

III – Les Italiens multiplient les sièges des organes de contrôle – comme ils ont fait d'ailleurs dans la métropole.

1°) Le délégué de la direction des services de l'armistice en Afrique du Nord, signale par message du 2 janvier qu'une commission de contrôle va s'installer à Ouargla et fait part de l'inquiétude manifestée par le général Weygand en voyant stationner à poste fixe cet organisme dans une région dont les populations sont particulièrement sensibles.

Les nomades du Sud seraient en relations très étroites avec les populations du Niger-Tchad et cette installation ne peut qu'influer favorablement sur la propagande anglaise dans le Sahara.

2°) Le délégué de la direction des services de l'armistice en Afrique du Nord, signale en outre par message du 10 janvier l'installation prochaine à Agadir d'une autre commission de contrôle.

Guerre 1939-1945, Vichy, K Afrique, 20 (5GMII/20)

18

M. Eirik Labonne, Ambassadeur de France à Moscou,
À M. Flandin, Ministre Secrétaire d'État aux Affaires
Étrangères.

T. n⁰ˢ 57 à 68.[1]   *Moscou, 13 janvier 1941, 10 h. 56.*

(*Reçu* : le 13, 19 h.)

Premières observations sur les trois traités du 10 janvier 1941[2].

1°) L'ensemble donne un effet d'artifice et de grossissement. Par elle-même, la substance ne contient pas d'éléments assez nouveaux et importants pour escompter leur prétendue « portée considérable » et leur énorme publicité.

Les mobiles, de part et d'autre, sont en dehors.

2°) Toutes observations basées sur les accords eux-mêmes doivent être circonspectes. Car les textes publiés ne dissipent pas de grandes incertitudes.

Le traité économique, document principal, est obscur.

Aucune précision sur la valeur ou le volume des marchandises. Il est dit que les quantités sont considérablement accrues par rapport à 1940. Mais les évaluations peuvent être faussées par la différence de durée : celui de 1939 valable un an, celui du 10 janvier 1941 valable un an et demi jusqu'en août 1942, et par la nature des produits : le chiffre de 2 500 000 tonnes, donné comme froment, peut comprendre d'autres céréales.

---

[1] Annotation marginale manuscrite : « Vu par Guerre. »

[2] Voir document n° 13, note 2.

3°) Idée maîtresse, du côté allemand, est la démonstration de la mise en œuvre du « nouvel ordre » et de l'absurdité du blocus britannique.

Du côté russe, il s'agit de prouver concrètement au Reich que son intérêt n'est pas d'attaquer à l'Est et que l'invasion ne serait pas payante.

4°) Les négociateurs allemands venus ici proclament que les buts du Reich sont atteints, qu'il s'agit d'un grand succès, voire d'un triomphe.

Les Russes marquent bruyamment que les Allemands font un grand bruit.

5°) L'examen des faits et éléments accessibles, rapprochés des avantages saisis par les Soviets, ne justifie guère les assertions allemandes.

Eu égard à l'immensité et aux ressources des deux zones, les chiffres sont modestes. Qu'il s'agisse de froment ou de céréales, l'ordre de grandeur du chiffre de 2 500 000 tonnes doit être apprécié par rapport à la production totale de céréales russes qui est de 7 milliards de pouds – soit environ 120 millions de tonnes. Un million de tonnes de pétrole, alors que la production russe sera de 32 à 34 millions de tonnes.

En dehors de ces quantités (échelonnées sur un an ou un an et demi ?), le Reich ne tirera rien d'autre de l'URSS ni de ses ressources propres, ni du transit.

Les à-coups sans nombre qui ont marqué l'exécution du premier accord se reproduiront vraisemblablement : défaut de synchronisme, de qualité, etc.

La régularité des livraisons d'outils sera pour les Russes l'un des plus sûrs moyens de vérifier l'efficacité des bombardements britanniques et l'affaiblissement allemand. Dans ce cas, l'accord ne subsistera plus qu'en fonction de la politique générale russe (soutien du plus faible des belligérants).

Ainsi, de l'océan glacial à la mer Noire, la frontière soviétique demeure économiquement une ligne à peine entr'ouverte et prête à se refermer. Elle constitue, de fait, une prolongation du blocus anglo-saxon et la conclusion allemande de l'absurdité du blocus britannique est tout à fait excessive.

Par le traité sur les populations[1], l'URSS se débarrasse (…)[2], dans un délai de deux mois, c'est-à-dire avant le printemps, époque fatidique de l'invasion, de tous les éléments ethniques germaniques.

C'est, en réalité, le balayage de la 5e colonne.

Les Soviets prennent bien soin de spécifier qu'ils conservent intactes leurs facultés de négociations économiques avec tous les pays du monde, belligérants ou non, européens ou non.

---

[1] Dans une note du Bureau d'études Chauvel (« Presse de Wiesbaden du 4 janvier – Récupération d'Allemands de race »), est cité un article de presse « Perte et gain de sang. Victoire de la race sans armes – unique dans l'histoire des peuples », établissant le bilan démographique positif (du point de vue du Reich) du conflit, du fait que « des centaines de milliers d'Allemands reviennent des territoires "libérés de l'est et de l'ouest", "environ 10 fois le nombre de ceux qui ont été tués au cours de la dernière guerre". D'autre part, des Allemands établis à l'étranger sont rentrés, au nombre de plus de 400 000 », soit, d'après cette note, 51 000 de Lettonie, 12 000 d'Estonie, 130 000 de Volhynie et Galicie, 31 000 de Kholm et Lublin, 90 000 de Bessarabie, 45 000 de Bukovine du Nord, 45 000 de Bukovine du Sud, 14 000 de la Dobroudja. (in Papiers 1940, Bureau d'études Chauvel, 59, non reproduit).

[2] Lacune de déchiffrement.

Ceci vise particulièrement la Finlande, la Suède, la Hongrie, la Yougo-slavie, la Bulgarie, la Grèce et même la Roumanie, tous pays que le Reich entend inclure dans la zone du « nouvel ordre » et dominer au moins éco-nomiquement ; mais de la sorte, ils se mettent également en bonne posture d'enchère vis-à-vis des Anglo-Saxons. C'est une manière de leur dire : si vous voulez resserrer le blocus et contribuer à mon armement, offrez-moi des conditions meilleures que l'Allemagne. Il semble bien que ce langage efficace ait déjà été entendu des États-Unis et de l'Angleterre.

Les commentaires officiels soulignent l'intérêt mutuel des populations soviétiques et allemandes. Mais ils marquent non moins expressément et vigoureusement que les dispositions pacifiques de l'URSS sont subordon-nées à l'intangibilité absolue de ses frontières et, plus généralement, au respect de ses intérêts essentiels, appréciés par elle, et par elle seule.

Pas un mot, ni dans les textes, ni dans les commentaires officiels, ni dans les propos officieux de l'état-major, ni dans les semi-confidences de militaires sur des modifications stratégiques aux frontières. La constante pression militaire russe va donc intégralement subsister et immobilisera, comme elle immobilise déjà 60 ou 80 divisions allemandes. Quoi qu'ils veuillent ou décident d'entreprendre ailleurs, les Allemands ne pourront en faire abstrac-tion. Les Russes, à la différence des Allemands, ont un besoin extrême et urgent de renforcer leur potentiel militaire. La cadence prodigieuse des armements anglo-saxons et de leurs progrès a déjà vieilli le matériel russe. L'effort de rénovation ne peut être assuré par leurs seules forces techniques. C'est pourquoi les fournitures de machines et d'armement ont un tel prix.

Enfin, d'un point de vue formel et contractuel, qui n'est peut-être pas si dérisoire ni ridicule, entre larrons, les deux États confirment, jusqu'en août 1942 au moins le fameux pacte de non-agression Ribbentrop.

Ces considérations, et ce contraste entre les « triomphes allemands » et ce qui en est connu, et l'étendue des avantages russes donnent de la vrai-semblance à des clauses secrètes.

L'installation d'usines de guerre allemandes en URSS ? L'éventualité est très controversée et depuis longtemps.

Je n'ai pas d'éléments sûrs, mais si les Allemands le jugent indispensable, les Russes devraient s'y prêter volontiers. Ces gages, placés entre leurs mains, et aux emplacements de leur choix, seraient des témoignages concrets et importants des intentions pacifiques de l'Allemagne à leur égard. Ils seraient en même temps une contribution efficace à la rénovation de leur armement.

Si ces usines s'établissent, l'affaire ne pourra rester complètement ignorée.

L'on assure également que les Allemands sont fondés à se réjouir parce qu'ils entendent payer en matériel français, belge et même hollandais.

Le fait ne peut qu'être partiellement exact (…)[1] et il sera, lui aussi, connu, quelles que soient les précautions de ces virtuoses du secret.

Guerre 1939-1945, Vichy, Z Europe, URSS, 835 (10GMII/835)

---

[1] Lacune de déchiffrement.

19

M. Charles-Arsène Henry, Ambassadeur de France à Tokyo,
à M. Flandin, Ministre Secrétaire d'État aux Affaires
Étrangères.

T. nᵒˢ 27 à 30.   *Tokyo, 13 janvier 1941, 19 h. 15.*

(Reçu : le 13, 21 h. 10)

Il m'est revenu de diverses sources très sûres que les Anglais sont
très effrayés de la situation qui s'est développée entre l'Indochine et la
Thaïlande. Ils craignent que cette dernière ait avec le Japon partie si étroitement liée qu'on doive redouter utilisation de son territoire par l'armée japonaise contre la Malaisie et même la Birmanie. Ambassadeur
Angleterre m'a donné conseil par personne interposée céder sans délai
les enclaves Mékong afin de régler conflit avant que Thaïlande n'ait conçu
des prétentions encore plus grandes qui pourraient attirer le Japon dans le
sud de la péninsule pour y remettre ordre. Je sais que les Anglais, tout au
moins ceux de l'Extrême-Orient, préféreraient encore médiation entre
l'Indochine et la Thaïlande pour se faire bien voir de cette dernière en lui
facilitant (…)[1] monnayer sa tranquillité et de toucher un prix, qui serait
naturellement payé par l'Indochine.

En réalité, comme je vous l'ai déjà dit dans mon télégramme nᵒ 890 à
893[2], toute la question se réduit à savoir si l'Indochine est en état de repousser une agression thaïlandaise, *ce que j'ignore absolument*[3].

S'il faut passer par la volonté des Thaïlandais, il me paraît que nous
aurions avantage à nous entendre directement avec eux et à recueillir nous-
mêmes les fruits de notre sacrifice au lieu d'en faire profiter soit les Anglais
soit les Japonais.

Nous avons refusé médiation que ces derniers nous proposaient[4] et il
n'est pas douteux que si nous acceptions une médiation anglaise, ils nous
accuseraient passer dans le camp de leurs adversaires. Ils auraient également beau jeu à nous accuser manquer de sincérité si, pendant que nous
négocions avec eux à Tokyo au sujet de l'Indochine, ils apprenaient que
nous négocions aussi avec leurs adversaires au sujet de la même Indochine.
Il faut rappeler qu'en septembre dernier (…)[5] agents anglais ont convaincu
les Japonais que nous intriguions contre eux avec les Anglo-Saxons. Si le
fait se reproduisait, il constituerait, à mon sens, un des dangers les plus
graves que pourrait courir la colonie.

---

[1] Lacune de déchiffrement.

[2] Voir *DDF (1939-1944)*, 1940-2, document nᵒ 407.

[3] Souligné dans le texte.

[4] Voir *DDF (1939-1944)*, 1940-2, document nᵒ 420. Le refus de la médiation japonaise a été
notifié par le télégramme nᵒ 407 de Vichy à Tokyo, en date du 14 décembre 1940 (Guerre 1939-
1945, Vichy, E Asie, Japon, 322, document non reproduit).

[5] Lacune de déchiffrement.

Il faut bien nous rendre compte que la réplique que nous serions justement fondés à faire que le Japon arme la Thaïlande contre nous serait sans
effet sur les extrémistes : ce parti qui voudrait à tout prix développer occupation colonie et même arriver à complète mainmise sur elle verrait son
action très facilitée s'il pouvait nous accuser d'intrigue.

Communiqué Hanoï pour information.

Guerre 1939-1945, Vichy, E Asie, Japon, 321 (3GMII/321)

20

LE GÉNÉRAL NOGUÈS, RÉSIDENT GÉNÉRAL DE FRANCE À RABAT,
   À M. FLANDIN, MINISTRE SECRÉTAIRE D'ÉTAT AUX AFFAIRES
    ÉTRANGÈRES.

T. n° 55.   *Rabat, 13 janvier 1941.*

(*Reçu*[1] : le 15 janvier, 19 h.)

M. Murphy, conseiller de l'ambassade des États-Unis en France, a pris
samedi l'avion à Tanger pour Lisbonne et vraisemblablement les États-
Unis.

Le diplomate américain, arrivé au Maroc le 3 janvier, a visité Casablanca, puis Rabat (4), Marrakech (5 et 6), Fès et Meknès (7 et 8). J'avais mis
une voiture à la disposition de M. Murphy qui était accompagné dans sa
tournée d'un officier de l'état-major du général Weygand ; sur mes instructions, des officiers des Affaires indigènes lui ont, dans chaque ville, organisé
son séjour et préparé les entrevues qu'il souhaitait avoir avec un certain
nombre de personnalités, notamment des personnalités marocaines.

M. Murphy ne m'a pas caché qu'il avait été chargé de renseigner le
Département sur l'Afrique du Nord que certains Américains considèrent
comme une base de ravitaillement pour les sous-marins du Reich ; qui
serait, dit-on aux États-Unis, sous le contrôle des Allemands et dont la
majeure partie de la production serait envoyée en Europe et servirait à
ravitailler les populations allemandes. Il m'a dit qu'il était en mesure de
démentir ces faux bruits et qu'il avait été bien impressionné par ce qu'il
avait vu et notamment par les déclarations de loyauté et d'attachement à la
France des grands chefs indigènes, avec qui il avait eu l'occasion de s'entretenir. Aussi bien ces derniers comme les colons, les chefs de régions, etc.,
lui ont-ils confirmé qu'au Maroc le rôle de l'essence est primordial du
fait que l'agriculture y est motorisée, que la vie végétale même dépend
du pompage de l'eau par moteur. Un grand chef du Sud lui a montré, dans
une conversation imagée, que c'était à l'Amérique qu'il appartenait de
sauver les arbres du Sud qui, faute d'eau, périraient, a souligné devant son

---

[1] Par avion.

interlocuteur l'effet déplorable produit sur la population indigène par le blocus de la Grande-Bretagne. M. Murphy a promis qu'il ferait son possible pour faire envoyer en Afrique française les produits qui lui sont indispensables et notamment l'essence, dont il a compris l'importance vitale pour ce pays.

Devant l'insistance de son ancien collègue allemand à Paris, M. Murphy s'est décidé à rencontrer M. Auer, seul Allemand présent au Maroc. Celui-ci lui a expliqué qu'il cherchait à faire comprendre à Berlin l'importance du Maroc et lui a parlé du plan Mannesmann que les Allemands avaient tendance à oublier[1]. Les Français, a-t-il dit, ont réussi au point de vue agricole ; ils n'ont pas su, faute de moyens, exploiter certaines mines. Au demeurant, a ajouté M. Auer, le travail ne manque pas dès maintenant et j'ai demandé à Berlin qu'on m'envoie de nouveaux collaborateurs.

M. Murphy a eu d'autre part un entretien discret d'une demi-heure avec le comte de Paris[2].

Guerre 1939-1945, Vichy, K Afrique, 20 (5GMII/20)

21

M. Pozzi, Ministre de France au Caire,
  à M. Flandin, Ministre Secrétaire d'État aux Affaires
  étrangères[3].

D. n° 11.   *Le Caire, 13 janvier 1941.*

J'avais appris, dans le courant de novembre, que notre compatriote M. Gaston Wiet, professeur à l'École des langues orientales, détaché auprès du gouvernement égyptien pour occuper les fonctions de directeur du musée arabe du Caire, avait quitté assez inopinément la ville de sa résidence. Bien que dans son entourage on parlât d'un simple déplacement de service à Alexandrie, j'obtins des informations sûres quant à la destination et au but de sa mission : entièrement acquis au mouvement gaulliste et s'étant, dès l'origine, attribué la direction du service de propagande du Comité du Caire, M. Wiet s'était fait confier par le général Catroux, et avec l'appui de l'ambassade britannique, une mission de liaison auprès des dirigeants du mouvement rebelle en Turquie et peut-être également en Grèce et dans les États balkaniques.

---

[1] Allusion à l'affaire Mannesman (1909-1914), c'est-à-dire le contentieux opposant la firme allemande Mannesman à l'Union des Mines, un consortium à majorité française, pour l'exploration et l'exploitation des mines du Maroc. La question, complexe, a rebondi plusieurs fois au fil de différentes tentatives d'accords, par lesquels les frères Mannesman tentèrent d'obtenir une sorte de zone d'influence privilégiée dans le Sud Marocain, sans succès.

[2] Henri d'Orléans, comte de Paris et prétendant au trône de France, séjourne alors au Maroc, avec sa famille.

[3] Annotation marginale manuscrite : « À signaler (Instruction publique ; [illisible] Ankara ».

Il se serait transporté du Caire à Mersine à bord d'un avion britannique.

Comme Votre Excellence pourra le constater par la lettre ci-jointe de M. d'Angélis, notre compatriote, qui est porteur d'un passeport périmé, avait demandé le 11 novembre à notre consulat du Caire le renouvellement de son passeport. Le consulat avait accordé, comme il est procédé d'habitude pour les Français résidant en Égypte, ce renouvellement dans les conditions précisées par notre consul au Caire, c'est-à-dire pour le *séjour en Égypte seulement*[1]. Ainsi, j'ai tout lieu de penser que l'intéressé n'a pu quitter l'Égypte qu'avec un passeport étranger. Suivant mes informations, il aurait été porteur d'un passeport diplomatique établi en sa faveur par l'ambassade britannique.

Je n'avais pas manqué d'appeler, dès le 26 novembre, l'attention de notre ambassadeur à Ankara ainsi que notre haut-commissaire à Beyrouth sur ce déplacement et sur l'attitude singulière du directeur du musée arabe, plus occupé d'intrigues politiques que d'art oriental.

Un télégramme du 10 janvier du correspondant de *Al Ahram* à Istanbul, qui a été publié dans *La Bourse Égyptienne* du 11 courant, vient de confirmer la présence à cette date de M. Wiet en Turquie.

Peut-être M. Jules Henry aura-t-il été à même de recueillir et d'adresser au Département des indications sur l'activité de M. Wiet dans le pays de sa résidence. Je serais heureux d'en recevoir communication[2].

ANNEXE

NOTE DE M. D'ANGÉLIS, CONSUL GÉNÉRAL DE FRANCE AU CAIRE,
À M. POZZI, MINISTRE DE FRANCE AU CAIRE.

Au sujet de M. Wiet

N.   *Le Caire, 11 janvier 1941.*

Le Caire, le 11 janvier 1941.

Le consul général de France au Caire à Monsieur le Ministre de France en Égypte.

A.s. de M. Wiet.

J'ai l'honneur de vous faire parvenir sous ce pli un entrefilet paru dans *Le Journal d'Égypte* de ce jour au sujet d'un voyage entrepris en Turquie par M. Wiet, en qualité de délégué du général Catroux.

Cet entrefilet confirme les renseignements reçus par la légation en ce qui concerne le déplacement de M. Wiet dont la venue en Grèce et en Turquie avait paru nécessaire pour réorganiser les divers groupes de « France Libre » composés, dit-on, surtout d'étrangers et dirigés par des étrangers.

J'ajoute que M. Wiet qui est porteur d'un passeport français périmé avait demandé le 11 novembre dernier le renouvellement de son passeport.

---

[1]   Souligné dans le texte.

[2]   Seule la 1re pièce jointe (note de M. d'Angélis) est publiée en annexe, la 2e étant une coupure de presse.

J'avais accordé, comme je le fais d'habitude pour les Français résidant en Égypte étant donné les exigences des autorités égyptiennes, ce renouvellement pour le *séjour en Égypte*[1] et apposé sur ce passeport une mention en conséquence.

Il y a donc lieu de supposer, ou bien que les autorités égyptiennes, grecques ou turques, d'habitude très strictes quant à l'application des règlements, ont apposé leur visa sur un passeport qu'elles savaient irrégulier, pour un voyage hors d'Égypte, ou que M. Wiet a voyagé avec un passeport délivré par une autorité étrangère.

Guerre 19139-1945, Vichy, K Afrique, 65 (5GMII/65)

22

M. Spitzmüller, Chargé d'affaires de France à Bucarest,
à M. Flandin, Ministre Secrétaire d'État aux Affaires
étrangères[2].

D. n° 17[3].   *Bucarest, 13 janvier 1941.*

Depuis plusieurs mois, cette légation a eu fréquemment l'occasion de signaler au Département les nombreux coups portés soit par les autorités roumaines soit par les Légionnaires aux intérêts français en Roumanie[4]. Dans un certain nombre de cas, lorsque, du côté français, il était répondu avec une fermeté suffisante aux actes dommageables à nos intérêts, il a été possible de défendre ceux-ci de façon satisfaisante. Malheureusement, ce fut, jusqu'ici, l'exception.

Au mois de juillet dernier, les principaux directeurs et ingénieurs des sociétés de pétrole à capitaux français ont été brutalement expulsés en 24 heures, sous le prétexte absurde qu'ils avaient collaboré à une organisation de sabotage de l'industrie pétrolière roumaine[5]. Aucune réponse

---

[1] Souligné dans le texte.

[2] Communiqué à Cabinet du Ministre, Europe.

[3] La dépêche est intitulée « Questions des intérêts français en Roumanie ». Dactylographié : « Copie d'une dépêche de la Légation n° 17 en date de ce jour, adressée à la Sous-Direction des Relations commerciales ». Annotation marginale manuscrite sur le bordereau d'envoi n° 1 (« À cabinet du Ministre, Ministère des Affaires étrangères ») : « M. Guyon. J'ai signalé cette dépêche à M. Rochat qui doit s'en entretenir avec M. Arnal (au sujet des mesures de rétorsion possible. » Sur un autre bordereau d'envoi (n° 18, également du 13 janvier) de la même note, mention marginale manuscrite : « M. Guyon. M'en parler. Bressy » ; avec l'indication : « V[oir] p[ièce] j[ointe] à bord[ereau] n° 1 » (non retrouvé).

[4] Voir les nombreux documents figurant dans la série Guerre 1939-1945, Vichy, Z Europe, Roumanie, notamment 697, ainsi que dans Vichy, Relations commerciales, Roumanie, 352, 356.

[5] Voir le T. nos 1410-1411 de Bucarest à Vichy en date du 25 juillet 1940, par lequel Adrien Thierry annonce que quatre ingénieurs français des pétroles ont été conduits pour interrogatoires à la Sûreté générale, tandis que leurs domiciles étaient perquisitionnés. Selon le ministre de France qui a protesté immédiatement auprès du ministère roumain des Affaires étrangères, « ces mesures sont dictées non seulement par le désir des dirigeants actuels de ce pays d'éliminer de l'industrie pétrolière les éléments franco-britanniques et de frayer ainsi la voie à la mainmise de l'Allemagne », mais aussi par la rancune des nouveaux dirigeants contre les anciens (dont Tataresco et Gafenco) « en laissant croire que ces deux hommes d'État se sont prêtés à une manœuvre visant à la destruction de la principale richesse économique du pays. » Le 26 juillet, par son T. n° 1418,

n'ayant été apportée à l'époque par le gouvernement français à l'acte inamical du gouvernement roumain, nos intérêts dans les sociétés pétrolières
roumaines se sont trouvés depuis lors définitivement compromis.

Au mois d'août, par contre, de nouveaux incidents soulevés par les autorités roumaines amenèrent une juste réaction du Département et, ainsi que
le télégramme n° 82[1] me le faisait savoir, M. Charles-Roux protestait avec
fermeté auprès de M. Franasovici contre les différents griefs que j'avais eu
l'honneur de signaler. Cette attitude fut salutaire : pendant les semaines qui
suivirent, et malgré la venue au pouvoir du mouvement légionnaire, les
intérêts français restèrent, dans l'ensemble, à l'abri des abus.

Toutefois, au début du mois d'octobre, l'institution de « commissaires »
dans la plupart des entreprises roumaines à intérêts français soulevait à
nouveau l'émotion de nos compatriotes établis en Roumanie[2]. Par un télégramme n° 197[3], le Département me demandait de lui préciser l'étendue
des mesures de contrainte prises à l'égard des entreprises industrielles et
commerciales à capitaux français, information que je lui ai fournie par mes
dépêches n°s 429[4] et 472[5] des 7 et 17 octobre sous le timbre des Relations

---

A. Thierry signale l'expulsion le jour même de 12 membres de la délégation française, accusés de
« sabotage organisé » en référence aux plans de destruction des puits de pétrole élaborés par les
techniciens roumains et alliés en cas d'invasion allemande. Après une ultime démarche auprès du
vice-président du Conseil roumain, Spitzmüller estime qu' « il appartient désormais au gouvernement français de décider la réponse qu'il convient d'apporter à l'acte inamical du gouvernement
roumain » : « Toute absence de réaction de notre part ne pourrait qu'être interprétée comme une
atteinte à notre prestige et la tâche de mon successeur deviendrait de ce fait encore plus malaisée ».
(T. n° 1419 du 26 juillet 1940). Le 28 juillet (T. n° 1423 à 1425), le ministre s'inquiète de la montée
des pressions contre les Français pouvant se développer contre l'ambassade elle-même, à la suite
de la publication intégrale dans la presse roumaine du rapport Wenger, membre du comité franco-
britannique des Pétroles roumains (également expulsé de Roumanie) et du télégramme de Thierry
sur l'obstruction du Danube, saisis avec d'autres documents d'archives par les Allemands (in
Guerre 1939-1945, Vichy, Z Europe, Roumanie, 697, documents non reproduits). Sur la politique
des Alliés, voir notamment *DDF (1939-1944)*, 1940-1, document 245 (note d'A. Thierry sur la
politique économique des Alliés en Roumanie). Sur les conséquences de la publication par l'Allemagne des archives françaises relatives à la destruction des puits de pétrole roumains, voir *DDF
(1939-1944)*, 1940-2, document n° 66.

[1] Document non retrouvé.

[2] Selon un décret du 14 septembre 1940. Voir le T. n° 1850 de Bucarest à Vichy en date du
27 septembre 1940 par lequel Spitzmüller rapporte la nomination d'une première série de commissaires dans les sept plus importantes sociétés pétrolières contrôlés par les capitaux français ou
autres (anglais, américains, hollandais, mixtes) (Papiers 1940, Papiers Baudouin, 7, document non
reproduit).

[3] Document non retrouvé.

[4] *In* Guerre 1939-1945, Vichy, Z Europe, Roumanie, 695, dépêche non reproduite. Spitzmüller
y rapporte la série de décrets-lois plaçant des commissaires dans de nombreuses entreprises industrielles et commerciales, « soit en vue de prévenir le sabotage économique [décret-loi du 14 septembre 1940], soit pour surveiller les affaires à caractère hongrois [décret-loi du 28 septembre],
soit enfin pour mettre en tutelle les entreprises qu'il convient de « roumaniser » [décret-loi du
5 octobre] ». Par ce dernier décret-loi, selon le ministre de France, sont visés surtout les sociétés
appartenant à des Israélites roumains, mais aussi un assez grand nombre de sociétés à intérêts
étrangers dont français : Ciments Titan, et les sociétés textiles Saturn, Derobantul, Compagnie
générale des Industries textiles).

[5] *In* Guerre 1939-1945, Vichy, Z Europe, Roumanie, 695, document non reproduit. La dépêche
porte plus particulièrement sur la nomination des commissaires dans les entreprises roumaines
à intérêts français et ses premières conséquences concrètes. Dans le cas des entreprises pétrolières touchées par le décret-loi du 14 septembre, l'activité des commissaires spéciaux semble s'être

Commerciales. J'avais indiqué d'ailleurs par mes télégrammes n°s 1850[1], 1873[2] et 1905[3], la nature de ces mesures.

Loin de s'en tenir à cette mise sous tutelle des entreprises, les autorités roumaines et surtout le mouvement légionnaire qui, de plus en plus, échappait totalement à l'autorité gouvernementale s'en prirent, au début de novembre, directement aux intérêts français dans le but, non plus de les contrôler, mais de se les approprier purement et simplement. Ainsi que je l'ai rapporté par mon télégramme 1984[4], les Chemises vertes occupèrent deux très importantes usines de filature de laine peignée et de tissage de laine. À mon intervention, le ministre des Affaires étrangères répondit que le gouvernement royal n'avait aucune intention de faire des difficultés à nos compatriotes et qu'au contraire il désirait voir les ressortissants et entreprises français continuer leur activité normale en Roumanie (mon télégramme 1993[5]). Je n'avais cependant aucune illusion sur les bonnes paroles de M. Sturdza et j'indiquais au Département que seules des mesures de rétorsion de la part du gouvernement français seraient de nature à rétablir une situation qui met en péril des intérêts d'une importance considérable puisque l'on peut évaluer à plusieurs centaines de millions de francs les capitaux investis par nos compatriotes en Roumanie.

surtout concentrée sur l'élimination rapide du personnel israélite. S'agissant des entreprises à « roumaniser », Spitzmüller en donne la liste – susceptible de s'allonger – et des précisions sur la composition du capital et du conseil d'administration. Voir aussi *DDF (1939-1944)*, 1940-2, document n° 311.

[1] T. de Bucarest en date du 27 septembre 1940. Spitzmüller signale l'annonce par la presse roumaine de la nomination de la première série de commissaires gardistes dans les sept plus importantes entreprises pétrolières du pays contrôlées par des capitaux étrangers, notamment français dont : Colombia (entièrement française), Condordia (franco-belge), Steaua-Romana (anglo-franco-roumaine), Astra-Romana (anglo-franco-hollandaise). Des ingénieurs anglais et américains ont été arrêtés à la demande des Allemands et sont en attente d'expulsion. Les directions roumaines des entreprises sont de plus en plus paralysées et n'osent même plus verser les traitements dus aux ingénieurs étrangers, dont les Français bloqués et sans ressources en Turquie. La mise en péril des intérêts français nécessite donc, selon Spitzmüller, une « intervention énergique », peut-être de concert avec les États-Unis dont les intérêts se trouvent aussi compromis. (Papiers 1940, Papiers Baudouin, 7, document non reproduit).

[2] Document non retrouvé.

[3] Télégramme de Bucarest en date du 22 octobre 1940. Spitzmüller y indique qu'il envoie « par la poste la liste des entreprises françaises auprès desquelles les récents décrets roumains ont institué des commissaires de surveillance et de "roumanisation" », mesure qui n'a pas été appliquée aux sociétés allemandes et italiennes. S'agissant de l'action des commissaires, « dans certains cas, rapporte le ministre de France, il s'agit de gens assez modestes s'efforçant d'appliquer honnêtement les instructions reçues. Dans d'autres cas, au contraire, on a affaire à des personnages moins affables et à des exaltés dont l'unique préoccupation est de faire la chasse aux juifs et aux hommes de l'ancien régime », au risque de provoquer des difficultés croissantes aux entreprises, ce qui a amené le ministre de l'Économie nationale à rappeler que l'action des commissaires devait se borner « à empêcher que les avoirs et les actions ne passent sous contrôle étranger et à poursuivre la "roumanisation" ». Spitzmüller confirme par ailleurs que « les organismes du parti et de la Légion l'emportent de plus en plus sur les représentants du Gouvernement et de la police régulière » : « Cette situation quasi révolutionnaire entraîne pour le moment une stagnation à peu près totale des affaires et l'on peut déjà prévoir que dans ce domaine, comme dans les autres les légionnaires n'auront fait en définitive que travailler pour les Allemands […] » (*in* Papiers 1940, Bureau d'études Chauvel, 209, document non reproduit).

[4] Document non retrouvé.

[5] Document non retrouvé.

Depuis lors, et bien que les deux usines occupées aient été évacuées, les incidents se sont multipliés. Il ne se passe pas de jour où cette légation n'ait à intervenir pour faire revenir l'administration roumaine sur les refus qu'elle oppose aux prolongations ou aux renouvellements de permis de séjour ou de permis de travail, pour faire lever des mesures d'expulsion prises sans aucun motif, pour tenter de faire restituer à leurs propriétaires des automobiles volées ou pour faire évacuer des locaux industriels, commerciaux ou même des appartements privés qui ont été occupés par des Légionnaires. Fréquemment, j'apprends qu'un de nos compatriotes a été arrêté sans aucun motif pendant quelques heures ou même pendant quelques jours ; jamais il n'est possible au consulat d'entrer en rapport avec lui pendant le temps de son arrestation ni d'obtenir des autorités de police la moindre indication sur les raisons de cette mesure. Parfois, un Français établi depuis de longues années en Roumanie est brutalement avisé par la police qu'il est expulsé et doit quitter le territoire roumain le jour même où le lendemain. Il y a peu de jours, la police a fait une perquisition au domicile de M. Boscoff, notre agent consulaire à Brăila, sans donner aucun motif.

Ces menus incidents exigent des démarches incessantes qui ne se résolvent généralement que par une intervention énergique auprès des autorités subalternes ou, mieux encore, grâce à quelque gratification. Souvent, d'ailleurs, il m'est répondu que les vrais Français sont les bienvenus et que les Roumains ne désirent éliminer que nos compatriotes juifs. En réalité, est qualifié Juif tout Français dont la place et les biens sont convoités par un Légionnaire, même quand il s'agit – ce qui arrive dans la majorité des cas – d'un aryen 100 %. De même, pour les Légionnaires, parler français dans la rue ou dans une boutique constitue désormais une « insulte » et plusieurs de nos compatriotes ont été admonestés pour ce fait.

Mais il est un domaine où l'action légionnaire est particulièrement dangereuse et où il devient de plus en plus difficile de la contrecarrer, c'est celui des entreprises contrôlées par les commissaires de roumanisation. Ceux-ci, dont les attributions sont très mal délimitées, n'ont, dans la plupart des cas, aucune compétence technique. Animés seulement de passion antisémite[1], anticapitaliste et xénophobe, ils considèrent que le meilleur moyen de créer la société dont ils rêvent est de détruire tout ce qui existe et de prendre systématiquement le contre-pied de tout ce qui est décidé par les dirigeants des entreprises qu'ils ont été chargés de contrôler. Ils vont même plus loin et prétendent imposer des décisions contraires aux lois roumaines elles-mêmes : c'est ainsi que dans le groupe des industries textiles contrôlées par la « Compagnie financière textile pour la France et l'étranger », le commissaire de roumanisation vient de décider qu'à la fabrique de drap d'Azuga les représentants des intérêts français seraient désormais deux

---

[1] À la demande du Département, Spitzmüller ou son successeur J. Truelle, font régulièrement le point de la législation antisémite en Roumanie : D. n° 555 (21 décembre 1940), 567 (28 décembre 1940), 166 (13 mai 1941) (CADN, Bucarest, Ambassade, vol. 49) ; D. n° 38 (20 janvier 1941) (Guerre 1939-1945, Vichy, Z Europe, Roumanie, 681), Note intitulée « Lois raciales », transmise par courrier du 31 mars 1941 et D. n° 120 (1er avril 1941) (même série, vol. 685).

administrateurs nouveaux : M. Dimitresco-Jilava et le capitaine Tarnoski, l'un et l'autre inconnus, si ce n'est que le premier aurait, selon certains bruits, participé aux assassinats qui ont ensanglanté la Roumanie à la fin du mois de novembre. De même, à la société textile Buhusi, également contrôlée par la Compagnie financière textile, le commissaire de roumanisation, un certain Padureanu, prétend actuellement imposer comme président du Conseil d'administration le colonel Zavoianu, récemment encore préfet de Police de Bucarest, personnage de réputation douteuse. Il va de soi que de telles désignations, faits par les commissaires désireux de procurer des prébendes à des camarades légionnaires, ne sont jamais sanctionnés par un vote de l'Assemblée générale et sont donc absolument illégales.

C'est avec le même mépris des lois que le ministre du Travail vient de nommer un des espoirs du parti légionnaire, M. Rosu, directeur de la Banque commerciale roumaine, qui, comme le sait le Département, est contrôlée par l'Union Parisienne. Là encore on se trouve en présence d'une violation de la loi émanant du gouvernement lui-même.

De son côté, le ministre de l'Économie nationale vient d'imposer à un certain nombre de sociétés françaises de renvoyer du jour au lendemain les directeurs ou techniciens israélites qui, selon les termes exprès de la loi promulguée en novembre dernier par les Légionnaires eux-mêmes, n'auraient dû être licenciés qu'au 31 décembre 1941. Cette mesure a désorganisé plusieurs entreprises françaises et rend leur administration des plus difficile.

Enfin, l'un des derniers actes du gouvernement roumain a été de décider l'expulsion de M. Pierre Warnod, directeur général de la société Ciments Titan, laquelle est contrôlée pour 92 % par la société française Intercim et, pour le reste, par la Compagnie internationale des Grands Magasins, également française. À l'intervention du conseiller commercial de cette légation, le secrétaire général du ministère du Travail a répondu que le motif de l'expulsion était la race israélite de M. Warnod. M. Sarret ayant aisément prouvé que notre compatriote descendait au contraire d'une vieille famille protestante et n'avait pas une goutte de sang juif, le Secrétaire général lui donne l'assurance que M. Warnod ne serait plus inquiété. Trois jours plus tard, la police se présentait cependant chez M. Warnod pour lui intimer l'ordre de quitter le pays. Si cet ordre n'a pu être exécuté jusqu'ici, c'est parce que M. Warnod, grippé, devait garder la chambre. Mais aucune de mes démarches pour faire lever cette mesure d'expulsion, basée sur une dénonciation dont la fausseté a été pourtant démontrée, n'a jusqu'à présent abouti.

En présence de cet état de choses systématiquement hostile à nos intérêts, le conseiller commercial de cette légation a, à de nombreuses reprises, posé au ministre de l'Économie nationale la même question que j'avais formulée au ministre des Affaires étrangères au sujet des entreprises françaises en Roumanie et des intentions du gouvernement royal. M. Cancicov, ainsi que ses collaborateurs, ont affirmé à M. Sarret leur désir de voir les entreprises françaises continuer leur activité et se sont même inquiétés de certaines négociations, dont j'ai rendu compte au Département, tendant à faire passer sous contrôle allemand des entreprises françaises.

Il n'en reste pas moins qu'en dépit de cette attitude apparemment bienveillante des autorités officielles qui comprennent le danger que court la Roumanie en se soumettant sans la moindre réserve à l'emprise économique totale de l'Allemagne, le manque d'autorité du gouvernement sur la masse anarchique des Légionnaires menace gravement nos intérêts. C'est pourquoi j'ai cru devoir à nouveau appeler l'attention du Département sur cette question, pour le cas où Votre Excellence estimerait devoir en entretenir également M. Dinu Hiott.

J'estime, en tout cas, que, faute d'un redressement immédiat de la situation en notre faveur, redressement que je ne crois possible que si le gouvernement français prend des mesures de rétorsion, nous ne saurions mieux faire que de conseiller aux ressortissants français en Roumanie de liquider leurs affaires au mieux de leurs intérêts, c'est-à-dire de les céder à des groupes allemands. En tout état de cause, l'état d'esprit de la colonie française, très monté depuis l'expulsion des ingénieurs du pétrole, s'aigrit chaque jour davantage et nos compatriotes rendent maintenant cette légation et le gouvernement responsables de la situation précaire dans laquelle ils se trouvent et qu'ils imputent à une inaction systématique[1].

Guerre 1939-1945, Vichy, Z Europe, Roumanie, 702 (10GMII/702)

23

Note du Directeur politique adjoint

*Négociations franco-italiennes de Turin
sur les questions de rapatriement et d'assistance des ressortissants
italiens en France*[2]

N.　　　　　　　　　　　　　　　　　　　　　　*Vichy, 13 janvier 1941.*

L'Italie, depuis la conclusion de l'armistice, n'a cessé de s'intéresser activement au sort de ses nationaux en France. L'avantage qu'elle avait à chercher à faire entrer la question dans la compétence de la commission de Turin est trop manifeste pour qu'elle ait négligé d'essayer de se l'assurer. Aussi n'a-t-elle reculé devant aucun effort ni aucun prétexte pour nous

---

[1] Voir déjà le T. n° 1511 en date du 17 août et la dépêche n° 455 de Spitzmüller en date du 14 octobre, sur la situation critique de la colonie française (*in* Guerre 1939-1945, Vichy, Z Europe, Roumanie, 702, documents non reproduits).

[2] Titre figurant sur le bordereau d'envoi à la Direction politique, Service de l'Armistice. Autre indication sur ce bordereau : « Communiqué à Europe A940-14, Marine [Amirauté française, Deuxième Bureau (?), Intérieur (Sûreté nationale ?)] ».

amener à reconnaître, contre l'évidence, que le problème n'est pas étranger à la convention de Rome[1].

Sans doute l'un des membres de notre délégation commit-il, au mois d'août dernier, l'imprudence de soulever spontanément la question devant la Commission, qui saisit au vol l'occasion précieuse qui lui était ainsi offerte. Le désaveu officiel auquel nous procédâmes immédiatement ne parvient pas, toutefois, à dissiper complètement l'équivoque. Abstraction faite de cette méprise dont nous nous sommes attachés à limiter la portée à la personne même de son auteur, nous avons invariablement et péremptoirement repoussé la prétention adverse, chaque fois qu'elle nous a été présentée.

C'est dans ces conditions que, pressés de nous prêter à des échanges de vues au sujet du rapatriement et de l'assistance des Italiens établis en France, nous avons clairement marqué que nous étions disposés à entrer en tractations sur ce point, pour autant, toutefois, qu'il fût convenu que les deux parties seraient placées sur un pied d'égalité. Il ne pouvait, en effet, être question d'un règlement autre que par voie d'un accord librement débattu. Afin de bien montrer notre volonté de soustraire la négociation à la procédure injonctive de l'armistice, nous exprimions le vœu que le siège des pourparlers fût non pas Turin, mais soit Paris, soit Vichy, soit Rome. La commission rejeta catégoriquement nos demandes. Elle entendait que la tractation eût lieu dans le cadre de la convention du 24 juin[2] et que, par là même, le cours en relevât du bon plaisir de l'Italie. Nous eûmes beau faire état de notre ferme propos de nous montrer, dans la discussion des problèmes, aussi conciliants que compréhensifs, toutes nos démarches restèrent vaines. Force nous fut de nous incliner, sans même que, comme nous l'eussions vivement souhaité, nous eussions pu, à la faveur d'un sondage préliminaire, nous éclairer sur l'ampleur des conditions auxquelles la partie adverse comptait nous inviter à souscrire.

Tels sont les antécédents des pourparlers qui viennent de s'ouvrir à Turin. Tous les efforts de nos représentants pour ramener les débats sur un terrain

---

[1] Comprendre : la convention d'armistice franco-italienne signée le 24 juin 1940 et entrée en vigueur le 25.

[2] *Ibidem*. Les Italiens fondaient leurs prétentions concernant l'organisation de l'assistance et du rapatriement des Italiens installés en France sur l'article 21 de la convention d'armistice à laquelle ils donnaient un sens très extensif, de manière à en faire un instrument d'ingérence politique. Les Français estimaient au contraire que ces questions ne relevaient pas du régime d'armistice, donc pas de la Commission d'armistice de Turin, mais de négociations bilatérales particulières. À la mi-décembre 1940, il avait été entendu que « les modalités d'exécution du rapatriement devaient être traitées à Vichy, par un fonctionnaire italien, Monsieur Landini » (Lettre n° 15.135 du général Huntziger, Ministre Secrétaire d'État à la Guerre, de Vichy, en date du 19 décembre 1940). Mais, selon ce même document (*ibid.*), les autorités italiennes « demandent maintenant que des délégués des administrations françaises soient envoyés à Turin sans délai avec mission de régler ces divers problèmes. [...] ». Les Italiens précisent, le 30 décembre, que « les conversations dont il s'agit « ne peuvent pas ne pas entrer dans le cadre de l'armistice » (Lettre du Secrétaire d'État aux Affaires étrangères au général Huntziger, Vichy, 30 décembre 1940) (ces deux documents – non reproduits – *in* Guerre 1939-1945, Vichy, Z Europe, Italie, 538, Italie, vol. 538). Sur les premiers linéaments de cette affaire, voir *DDF (1939-1944)*, 1940-2, documents n°s 162, 195.

bilatéral sont restés vains. Le résultat des tractations a été la rédaction d'un procès-verbal sur lequel nous aurions à apposer notre signature[1].

Ce texte, aux termes de son préambule, se relie implicitement à la convention du 24 juin. Dans la mesure où il revêt ainsi la forme d'un additif à cette dernière, il en a doublement le caractère : d'abord, en raison de sa nature propre, ensuite, parce que, loin de se borner à interpréter une clause de l'acte initial, il étend à une matière nouvelle la portée de celui-ci. Il n'est pas besoin d'insister sur la gravité d'une innovation qui risque d'être invoquée ultérieurement pour justifier d'autres prétentions du même ordre, non plus que de souligner combien il serait gros de conséquences de tolérer l'extension à des domaines spécifiquement étrangers aux dispositions de l'armistice des obligations unilatérales qui en sont l'essence.

Au fond, l'arrangement a pour objet de conférer à l'un des membres de chacune des délégations italiennes de contrôle, tant sur le territoire métropolitain que dans nos possessions africaines, des attributions propres en matière de rapatriement et d'assistance. Ces pouvoirs, qui participeront nécessairement du caractère discrétionnaire de ceux de tous les agents de la Commission, ne sont limités qu'en apparence. Nos voisins comptent bien, en effet, y trouver le moyen de soustraire, dans la pratique, à l'emprise de notre autorité et de nos lois leur colonie établie dans notre pays. C'est, en somme, une manière de régime capitulaire auquel nous sommes pressés d'acquiescer. Il va de soi que l'introduction d'un statut destiné à ouvrir la voie à de tels empiétements et à de tels abus serait particulièrement menaçante en Tunisie en raison de la densité qu'y atteint le peuplement italien.

C'est assez insister sur les inconvénients d'une acceptation du texte que la Commission de Turin nous soumet *ne varietur*. Pour nous prononcer à bon escient, nous ne devons pas, cependant, perdre de vue qu'à s'en rapporter à certains propos qui nous sont revenus, nous pourrions espérer d'un acquiescement une détente dans les relations franco-italiennes. Nul doute, en tout cas, qu'un rejet ne dût avoir, à cet égard, des effets inverses.

Guerre 1939-1945, Vichy, Z Europe, Italie, 538 (10GMII/538)

---

[1] La conférence franco-italienne chargée d'étudier les questions intéressant l'assistance et le rapatriement des Italiens établis en France s'est tenue pour une première session du 8 au 10 janvier 1941 au siège de la présidence de la Commission italienne d'armistice à Turin ; elle tiendra une seconde session le 4 février. On en trouvera le procès-verbal en date du 4 février 1941, *in* Guerre 1939-1945, Vichy, Z Europe, Italie, 538, fol. 194-197.

24

M. Blondel, Ministre de France à Sofia,
	à M. Flandin, Ministre Secrétaire d'État aux Affaires
	étrangères.

T. nᵒˢ 50 à 52.[1]   *Sofia, 14 janvier 1941, 20 h.*

(*Reçu* : le 15 janvier, 7 h.)

Je n'avais pas manqué de rapporter au ministre bulgare des Affaires étrangères l'intéressante information donnée par notre chargé d'Affaires à Bucarest et d'après laquelle la légation d'Allemagne dans cette ville répandait que le gouvernement de Berlin avait reçu l'adhésion russe au passage éventuel de ses troupes par le territoire bulgare[2].

Les journaux de Sofia n'ayant pas accepté d'insérer le démenti de Moscou[3], le correspondant de l'agence *Tass* en a fait distribuer le texte russe dactylographié sur feuilles volantes ce qui a suscité en ville une forte sensation.

Quel est le sens véritable de ces lignes en langue russe qu'on n'ose pas traduire ici en Bulgarie ? Est-ce un acte d'une portée considérable, un coup d'arrêt à l'expansion germanique dans l'espace vital de la grande puissance slave ? Ou plutôt n'est-ce qu'un geste, une manœuvre, le mouvement d'un pion sur un échiquier, l'invitation au marchandage, au partage ? Si la politique russe demeure souple et plutôt faible, pourquoi montre-t-elle aujourd'hui bien plus que le simple regret exhalé naguère à Moscou après l'irruption des troupes allemandes en Roumanie ? Accorderait-elle ainsi une confirmation à la séduisante théorie qu'exposait il y a quelque temps notre ambassadeur à Moscou et d'après laquelle toute entreprise hitlérienne serait assurée de l'approbation russe dans la proportion seulement où elle paraîtrait d'abord assurée du succès.

Pour ma part, j'incline à penser que, s'il est désagréable à M. Staline que la Bulgarie puisse devoir à M. Hitler non seulement la restitution de la Dobroudja, mais encore le retour sur les rives de la mer Égée, l'intérêt permanent qu'a la Russie de voir la Bulgarie faire passerelle de la mer Noire à la Méditerranée peut l'emporter sur la considération des circonstances transitoires dans lesquelles une telle construction aurait été réalisée.

---

[1] Mention marginale manuscrite : « Vu par Guerre ».

[2] Voir le T. nᵒˢ 17 à 18 de Bucarest à Vichy en date du 8 janvier 1941 (*in* Guerre 1939-1945, Vichy, Z Europe, Balkans, 937, document non reproduit).

[3] Pour un « texte complet de la note transmise par l'Agence Tass au sujet des informations répandues à l'étranger concernant le passage des troupes allemandes à travers la Bulgarie », voir, à la date du 15 janvier 1941, les Papiers 1940, Bureau d'études Chauvel, 34 (fol. 33-34). Le communiqué affirme que « s'il y a réellement des troupes allemandes en Bulgarie et s'il continue à en être envoyé, cela s'est produit et se produira à l'insu et sans le consentement de l'URSS », la question n'ayant été soulevée ni par les Allemands, ni par les Bulgares.

(...)[1] voilà les Allemands invités à passer par Moscou s'ils veulent franchir le Danube oriental.

L'impression sera très grande et très favorable dans le peuple. Quant au gouvernement, tout en déplorant sans doute le renforcement ainsi apporté à la propagande communiste, il éprouvera tout de même du soulagement au moment surtout (...)[2], vient d'annoncer que la durée de la guerre doit être extrêmement longue.

Communiqué Moscou et aux Balkans.

Guerre 1939-1945, Vichy, Z Europe, Balkans, 937 (10GMII/937)

25

M. GASTON MAUGRAS, MINISTRE DE FRANCE À ATHÈNES,
    À M. FLANDIN, MINISTRE SECRÉTAIRE D'ÉTAT AUX AFFAIRES
    ÉTRANGÈRES.

T. n°s 21 à 23[3].   *Athènes, 14 janvier 1941, 20 h. 05.*

(Reçu : le 18, 1 h.)

Le sous-secrétaire d'État des Affaires étrangères m'a dit que d'après ses renseignements, il y avait déjà de 130 000 à 150 000 hommes de troupe allemands en Roumanie et que les transports ne paraissaient pas près de s'arrêter[4].

Mais on en était, en ce qui concerne la destination de ces effectifs, strictement réduit aux conjectures.

L'Allemagne n'avait pas dit seulement, mais prouvé aussi, qu'elle tenait au maintien de la paix dans les Balkans. Pourquoi donc lui attribuer l'intention d'y allumer de nouveaux foyers d'incendie ? L'hypothèse la plus plausible, c'était que les Allemands massaient des forces en Roumanie pour décourager tout projet que pourraient avoir les Anglais de chercher dans les Balkans une tête de pont sur le continent.

Le Sous-Secrétaire d'État ne se refusait pas à admettre que les Allemands, pour être en situation d'intimider plus sûrement encore les États balkaniques, chercheraient sous quelque prétexte amical à s'infiltrer en Bulgarie.

Mais il assurait que le gouvernement bulgare faisait de son mieux pour conjurer ce danger et il n'avait que des louanges, dont l'écho se retrouve dans toute la presse, pour le discours prononcé dimanche par M. Filov[5].

---

[1] Lacune de déchiffrement.

[2] Lacune de déchiffrement.

[3] Annotation marginale manuscrite : « Vu par Guerre ».

[4] Voir document n° 5, note 1, p. 15.

[5] Dans son T. n°s 45 à 49 de Sofia en date du 13 janvier 1941, Blondel en donne la substance, à savoir, selon Filov, la continuité de la politique extérieure bulgare : neutralité pour éviter d'entrer

Quant aux Soviets, sans aller bien entendu jusqu'à la guerre, ils useront de toutes les ressources de leur diplomatie pour éviter une mainmise allemande sur la Bulgarie.

J'ai demandé au Sous-Secrétaire d'État si les Allemands, au cas où ils s'infiltreraient en Bulgarie, n'exerceraient pas une pression sur la Grèce pour la forcer à mettre bas les armes[1].

Il m'a répondu : « Les Allemands, depuis notre entrée en guerre, se sont toujours montrés, non seulement corrects, mais conciliants. Ils nous ont maintes fois laissé entendre qu'ils resteraient à l'écart du conflit tant que les Anglais ne débarqueraient pas à Salonique, ni n'attaqueraient les puits de pétrole roumains. Rien dans l'attitude des personnalités officielles allemandes, à Berlin ni à Athènes, ne nous donne à penser que ces dispositions se soient modifiées ».

Communiqué aux postes balkaniques.

Guerre 1939-1945, Vichy, Z Europe, Balkans, 937 (10GMII/937)

---

en guerre et révisionnisme pacifique avec le souhait de nouveaux règlements sur le modèle de celui de la Dobroudja. Considérant que l'attitude de Filov « n'est pas dénuée d'une certaine passivité fataliste puisque "la paix et la guerre ne dépendent pas de petits pays comme la Bulgarie" », Blondel relève deux notes « un peu nouvelles : après la déclaration de Roosevelt selon laquelle la guerre menace d'être "un cataclysme mondial implacable, un conflit idéologique où deux mondes s'affronteront jusqu'au bout de leurs forces", le Président du Conseil bulgare manifeste « une prudence de parole plus grande vis-à-vis de l''ordre nouveau' qui surgirait de la guerre », déclarant même que "le peuple bulgare ne pardonnerait pas à ceux qui voudraient faire de la Bulgarie un État fasciste, national-socialiste, communiste ou légionnaire" et qu'il n'a pas à imiter des régimes qui lui sont étrangers. » (Guerre 1939-1945, Vichy, Z Europe, Bulgarie, 190, document non reproduit).

[1] Les craintes à l'égard des pressions allemandes visant la Grèce via la Bulgarie, vont dans le sens des informations venues de Berne (T. nᵒˢ 50 à 51 en date du 11 janvier 1941), où le collègue bulgare de La Baume s'attend à une action allemande en direction de Salonique à travers la Bulgarie, « redevable au Reich de la satisfaction de ses revendications sur la Dobroudja. L'entreprise ne menaçant pas les Détroits, la Turquie ne bougera pas, non plus que la Russie. » Cependant, Blondel évoquait le 12 janvier (T. nᵒˢ 41 à 45 de Sofia) qu'à Bucarest, les Allemands laissaient entendre qu'entre autres intentions », ils nourrissaient « celle de bousculer les Russes et de restituer la Bessarabie, voire la Dobroudja, à la malheureuse Roumanie et qu'ils passeraient par la Yougoslavie pour se porter au secours des Italiens en difficulté en Albanie, tandis qu'à Belgrade, « ils assuraient qu'ils respecteraient le territoire yougoslave et qu'ils passeraient par la Bulgarie pour aller châtier les Grecs ». Blondel en conclut que « les Allemands 1) annoncent un peu partout leur intention d'aller tirer les Italiens d'affaire en Albanie ; c'est un bon moyen pour intimider tout le monde [...] ; 2) donnent le change sur leurs projets [...] : par quoi chacun se rassurerait et s'éloignerait égoïstement du voisin ; 3) peuvent en émettant des variantes se préserver le bénéfice d'un effet de surprise s'ils agissent, aussi bien que de paisibles explications pour le cas où ils n'agiraient pas ; laissent voir aussi en présentant la situation des Italiens en Albanie comme déjà très compromise qu'ils ne sont pas sûrs d'y arriver à temps [...]. Les armées allemandes de Roumanie n'en serviraient que plus utilement de barrage contre M. Staline » (tous ces documents non reproduits in Guerre 1939-1945, Vichy, Z Balkans, 937).

26

M. Flandin, Ministre Secrétaire d'État aux Affaires étrangères,
à M. Henry– Haye, Ambassadeur de France à Washington.

T. n°s 52 à 53.   *Vichy, 15 janvier 1941, 22 h.*

Sans disposer à cet égard d'informations concrètes, nous avons de sérieuses raisons de penser que la prochaine poussée de l'expansion japonaise aura pour objectif Bornéo.

C'est en vue de cette opération, et pour esquiver la menace de flanc que constitue, sur la ligne Japon-Formose-Bornéo, la position américaine des Philippines, que les extrémistes japonais estimeraient nécessaire de s'assurer préalablement de fortes bases de départ à Cam-Ranh et en Cochinchine.

Aucune demande en ce sens ne nous a été présentée ni à Tokyo, ni à Hanoï par les autorités japonaises. Mais les militaires japonais, s'exprimant à titre individuel, n'observent pas la même réserve.

La défense de la côte d'Annam et de Cochinchine contre les entreprises japonaises apparaît donc comme un élément de la défense des Indes néerlandaises.

Vous voudrez bien saisir l'occasion d'attirer sur cet aspect de la question l'attention du Département d'État[1].

Guerre 1939-1945, Vichy, E Asie, Japon, 314 (3GMII/314)

---

[1] Pour une synthèse des « Relations de la France et des États-Unis d'Amérique concernant les affaires d'Extrême-Orient depuis la conclusion de l'armistice », et des efforts faits pour démontrer que la menace japonaise sur l'Indochine qui « pouvait avoir pour conséquence de modifier l'équilibre dans le Pacifique, devait affecter les États-Unis », on peut se reporter à la note de la sous-direction d'Asie en date du 4 janvier 1941, *in* Guerre 1939-1945, Vichy, E Asie, Dossiers généraux, 18 (document non reproduit).

27

M. Pozzi, Ministre de France au Caire,
à M. Flandin, Ministre Secrétaire d'État aux Affaires
étrangères[1].

D. n° 1.   *Le Caire, 15 janvier 1941.*

Secret.

Le Président du Conseil m'a fait venir ce matin pour me déclarer que sir Miles Lampson[2] s'était plaint à lui des sentiments antibritanniques qui régneraient à la légation de France et dans les consulats de France en Égypte. Le Président a ajouté qu'il croyait devoir me faire part de cette démarche et que je ne devais pas oublier que « l'Égypte était la loyale alliée de la Grande-Bretagne ».

J'ai répondu à Hussein Sirry que j'étais extrêmement surpris de ces reproches. J'avais passé une partie de ma jeunesse en Angleterre, j'avais suivi et fait des cours à l'université d'Oxford, j'avais été engagé pendant presque toute la guerre (1914-1917) dans une unité combattante britannique, décoré de la médaille militaire anglaise à Ypres. Par conséquent, mes sentiments personnels à l'égard de l'Angleterre ne pouvaient être une hostilité systématique.

Justement, ai-je précisé, parce qu'il connaissait ces antécédents, l'ambassadeur avait dû s'imaginer, en juin dernier, que, suivant l'exemple de quelques représentants de la France à l'étranger, j'allais embrasser aveuglément sa cause. Je comprends sa déception. Mais, moi-même et tout le personnel sous mes ordres avions été, depuis l'armistice, et *sans une minute d'hésitation,* « cent pour cent Pétain » : nous estimions que c'était notre droit et même notre devoir. Ni lui, Hussein Sirry, ni Miles Lampson, ne pouvaient espérer nous faire changer d'attitude. Nous considérons le mouvement de Gaulle, encouragé par la Grande-Bretagne et toléré par l'Égypte, comme une déplorable erreur même au point de vue britannique, puisqu'il contribuait (au moment où Londres saisi à la gorge par Hitler n'aurait dû décourager aucune amitié ni aucun concours) à creuser de plus en plus profond le fossé entre la France et l'Angleterre[3].

Mais, ai-je ajouté, après trente-quatre ans de carrière diplomatique, je connais trop bien la nature de mes obligations professionnelles, et ce à quoi m'oblige l'hospitalité de l'Égypte, pour m'être jamais permis ni avoir toléré chez mes collaborateurs et mes subordonnés un mot ou un geste contraire à la neutralité qu'observe désormais la France dans la guerre mondiale.

---

[1] Sur cette dépêche intitulée « Audience du Président du Conseil. Attitude de la Légation de France au Caire à l'égard de l'ambassade britannique. Conditions de son maintien » sont portées les mentions dactylographiées : « Cabinet du Ministre » et « Prière de communiquer à Afrique-Levant ».

[2] Ambassadeur de Grande-Bretagne en Égypte.

[3] Se reporter à propos de l'attitude du ministre Pozzi et des consuls en Égypte à l'égard de la « Dissidence » à *DDF (1939-1944),* 1940-2, documents n°s 11, 123, 137, 221.

J'ai conclu par une nouvelle allusion aux encouragements incontestables prodigués par les Anglais du Caire à un mouvement rebelle au gouvernement légal de la France avec lequel le gouvernement royal entretient les rapports les plus amicaux, ce qui constitue un manquement plus grave à la correction internationale que les propos qui nous sont prêtés et dont nous contestons d'ailleurs l'authenticité[1].

Le Président m'a remercié de ces déclarations qu'il transmettrait, m'a-t-il dit, à sir Miles Lampson. Je lui ai répondu que je n'y voyais aucun inconvénient. Puis nous avons parlé amicalement de diverses affaires de service. Mais en sortant de l'audience, j'ai déclaré à un haut fonctionnaire, ami personnel du Roi, afin que mon observation soit immédiatement répétée à Sa Majesté, que j'avais été extrêmement surpris de la légèreté avec laquelle le Président du Conseil avait cru devoir se faire l'écho des récriminations sans preuves et sans base de l'ambassade britannique.

Votre Excellence sait par la correspondance de cette légation que tous les Anglais, depuis Dunkerque[2], depuis les assauts contre la capitale et les grandes villes d'Angleterre[3], sont devenus d'une sensibilité maladive. Les étrangers qui paraissent douter un instant de leur victoire finale, ceux qui n'approuvent pas sans discrimination tous les actes de leurs hommes d'État, toutes les initiatives de leur politique, sont considérés par eux comme des adversaires, car ils estiment qu'il n'y a plus de neutres dans le monde, mais seulement des amis ou des ennemis. Les premiers reçoivent, comme le général Catroux[4], comme ses collègues polonais, tchèques, hollandais, belges, etc. des faveurs et de l'argent. Les seconds sont brimés de toutes les manières, exclus des clubs, mis à l'index par la société britannique, l'on empêche toutes les communications avec leurs familles et leur patrie et l'on essaie de les réduire par la famine. La tactique que le Foreign Office applique aux États, comme la France et la Syrie, est essayée ici contre les particuliers… M. Decloux, conseiller de cette légation, avait été la victime

---

[1]   F. Pozzi se montre plus explicite sur ce point dans sa dépêche n° 54 en date du 26 février 1941 au Département (Guerre 1939-1945, Vichy, K Afrique, 65, document non reproduit) : « La puissance occupante dispose […] de tels moyens d'action sur nos compatriotes qu'il convient de considérer avec reconnaissance et même avec une certaine admiration ceux d'entre eux qui ont eu le courage de résister aux suggestions britanniques. Pour leur vie privée comme pour leurs affaires, ils étaient assurés d'obtenir mille avantages ou agréments en adhérent au mouvement de Gaulle patronné par le gouvernement de M. Churchill et ses représentants en Égypte, tandis qu'en se montrant loyaux à l'égard du Maréchal, ils risquaient de voir leurs affaires entravées et leur vie mondaine compromise. (Les Français regardés comme fidèles sujets du gouvernement de Vichy ont été, par exemple, exclus du grand cercle du Guezireh Sporting Club, après avoir dû comparaître devant un conseil présidé par le général Wilson, commandant en chef des troupes britanniques !) ».

[2]   Il s'agit de la bataille de Dunkerque, en juin 1940, au cours de laquelle l'essentiel du corps expéditionnaire britannique engagé dans la Bataille de France et plusieurs dizaines de milliers de soldats français ont pu être évacués vers les îles britanniques.

[3]   Allusion au « Blitz », les bombardements intenses de la Luftwaffe (7 septembre 1940-16 mai 1941) sur la Grande-Bretagne pour mettre à genoux la population britannique.

[4]   Le général Catroux, secrètement nommé par le général de Gaulle Délégué de la France libre au Levant, est arrivé au Caire en septembre 1940. Début décembre 1940, il est officiellement Haut-Commissaire de la France libre pour le Moyen-Orient. Voir *DDF (1939-1944)*, 1940-2, document n° 413.

de ces tentatives de boycottage. Mais Hassan Sabry, plus intelligent ou plus francophile que son successeur, moins docile du moins aux suggestions de l'Ambassade, avait écarté purement et simplement sans paraître même l'admettre la plainte écrite et la demande formelle de rappel dont M. Decloux avait été l'objet (voir mes télégrammes 211-213 du 26 août et mon rapport n° 352 du 30 octobre)[1].

Immédiatement avant moi, le Président du Conseil a reçu mon collègue bulgare, et lui formula, contre lui et le personnel sous ces ordres, de la part des autorités britanniques, des récriminations analogues à celles que j'allais subir.

Ma conversation avec Hussein Sirry ne changera naturellement rien à l'attitude mûrement réfléchie que je me suis fixée, que j'ai prescrite à mes collaborateurs et recommandée à tous mes compatriotes d'Égypte.

Comme me l'écrivait très justement, il y a quelques mois, le Département, nous n'avons pas à être désormais anglophiles, ni anglophobes, mais seulement Français. Dans un pays où les Anglais occupent la situation de fait qu'ils détiennent en Égypte en vertu du traité d'alliance, situation encore renforcée par l'état de guerre, (c'est-à-dire la loi martiale, la censure, etc. et les mesures de séquestre qu'ils peuvent à leur gré imposer aux maisons françaises ayant leur siège en pays occupé par l'ennemi), il serait absurde et même impossible (car elle serait sans lendemain), de préconiser une attitude antibritannique. Aussi ai-je supplié tous les Français, au Caire, à Alexandrie, à Port-Saïd, à Suez de modérer, par exemple au lendemain des tristes événements d'Oran et de Dakar[2], la légitime expression de leur indignation. Je leur ai demandé par la suite d'éviter dans leurs propos publics toutes critiques contre la Grande-Bretagne. J'ai donné à MM. Knobel, Giron, Zarzecki, des instructions écrites dans ce sens.

Si j'ai rompu les relations officielles avec les membres de l'ambassade britannique, dans toutes nos rencontres, au Palais, dans les chasses royales, dans des réunions mondaines, je leur serre la main et j'échange avec eux une conversation banale. Mes rapports personnels avec le général Wavell et les officiers anglais sont de la même nature, avec cependant un peu plus de cordialité, car ceux-ci comprennent infiniment mieux que les civils, le sentiment de l'honneur et du loyalisme dû à son gouvernement national.

Je considère que le but de ma mission en Égypte est de conserver, et s'il se peut, de développer, malgré les circonstances difficiles, l'œuvre admirable édifiée par cent cinquante ans de travail français dans la vallée du Nil. Le maintien de la légation de France au Caire en est la condition essentielle. Pour cela je dois :

---

[1] Documents non retrouvés. On trouvera également dans Guerre 1939-1945, Vichy, K Afrique, 61, divers documents attestant, à la fin de décembre 1940, de plaintes transmises à Vichy par sir Samuel Hoare contre le ministre F. Pozzi et les consuls Decloux et Knobel qui affichaient des sentiments anti-anglais virulents. Vichy refuse de désavouer ses agents.

[2] Allusion au bombardement par les Britanniques de la flotte française à Mers-el-Kébir, le 3 juillet 1940, et à la tentative gaullo-britannique de débarquement à Dakar le 24 septembre suivant.

1° éviter avec soin tout incident avec la puissance occupante (à laquelle une législation d'exception permet, si elle le veut, d'arrêter, du jour au lendemain, toutes les manifestations de notre activité) ; j'y suis jusqu'à présent parvenu, et je ne désespère pas, malgré les difficultés quotidiennes dont la conversation d'Hussein Sirry est un nouvel exemple, d'y réussir jusqu'à la fin de la guerre actuelle ;

2° entretenir avec les autorités égyptiennes des rapports aussi cordiaux que possible, multiplier les contacts avec les milieux politiques, parlementaires, universitaires, catholiques, protestants, coptes, et, surtout, musulmans ; rendre plus fréquentes les relations personnelles avec le Roi, la famille royale, les princes et aussi, puisque la presse étrangère est devenue d'inspiration presque uniquement anglaise et israélite, avec les journaux arabes. À tous ces points de vue, les résultats déjà obtenus me paraissent très encourageants. L'opinion égyptienne est, plus que jamais, malgré nos désastres, favorable à la France ;

3° préconiser dans la colonie française une apparence d'union, tenter d'empêcher qu'en se déchirant elle-même, elle fasse le jeu de nos rivaux. C'est, je l'avoue, la partie la plus ingrate de ma tâche…

Avec l'approbation et l'appui du gouvernement français, sans me laisser décourager par les difficultés de l'heure ni par les mauvais procédés de certains Anglais, ou hélas de quelques-uns de mes compatriotes, dont le patriotisme fut abusé ou qu'inspirent des intérêts matériels, je suis décidé à poursuivre la mission qui m'a été assignée et dont je viens d'essayer d'exposer toutes les conditions à Votre Excellence.

Guerre 1939-1945, Vichy, K Afrique, Égypte, 71 (5GMII/71)

28

M. Pietri, Ambassadeur de France à Madrid,
  à M. Flandin, Ministre Secrétaire d'État aux Affaires
    Étrangères.

T. n°s 79 à 84.   *Madrid, 16 janvier 1941, 21 h. 50.*

Réservé.   *(Reçu : le 17, 13 h.)*

J'ai vu sir Samuel Hoare ce matin pour les questions faisant l'objet de vos télégrammes n°s 71-73, 74 et 76[1].

---

[1] Télégrammes non retrouvés, mais d'après la liste et les résumés des « télégrammes partis et reçus », le télégramme réservé n° 71-73 de Vichy en date du 13 janvier 1941, signalait l'arraisonnement du Mendoza le même jour par un croiseur britannique dans les eaux territoriales uruguayennes et demandait à l'ambassadeur de notifier l'incident à sir Samuel Hoare « en lui marquant notre surprise de voir cet arraisonnement survenir au lendemain de l'ouverture des négociations. » Vichy se déclarait prêt, pour faciliter la relaxe du navire, « à fournir toutes garanties concernant l'utilisation exclusive de la cargaison par les consommateurs de la zone libre ». Le télégramme n° 74, du 13 janvier également, relevait que « les bombes non explosées recueillies à

Sur le bombardement de Valence[1], l'Ambassadeur, convaincu qu'il s'agit cette fois encore d'une méprise, en a marqué quelque humeur à l'égard de la RAF, s'est félicité de l'insignifiance des dégâts constatés et a déclaré spontanément que, comme pour le raid de Marseille, le gouvernement britannique en exprimerait ses regrets et se montrerait disposé à accorder toutes réparations voulues.

Concernant les troupes de Syrie, j'ai fait remarquer que nous attendions depuis six semaines une réponse qui ne paraît pouvoir se heurter à aucune objection. Sir Samuel Hoare m'a donné l'assurance qu'il insisterait pour qu'elle nous fût adressée sans retard[2].

L'affaire du *Mendoza*[3] nous a conduits l'un et l'autre à un débat plus étendu. Mon interlocuteur m'ayant paru moins catégorique que lors de nos précédentes rencontres sur la promesse que l'ouverture d'une négociation économique entraînerait aussitôt le desserrement de fait du blocus, j'ai indiqué qu'il était difficile d'imaginer que de semblables pourparlers, commencés à la demande même de l'Angleterre, fussent poursuivis sous le signe d'une pression aussi manifeste et aussi pénible.

Il m'a été répliqué que cette rigueur se justifiait par les informations récentes que possédaient les autorités britanniques sur le volume des produits d'importation que les Allemands prélèvent à leur usage dans nos ports méditerranéens.

Tout en contestant la valeur du renseignement, j'ai représenté à l'Ambassadeur qu'une attitude par trop réticente de l'Angleterre soulèverait contre elle l'opinion française sans avoir d'effet réel sur un ravitaillement que, de toute façon, l'Allemagne n'hésiterait pas à s'assurer aux dépens des pays qu'elle occupe.

J'ai souligné, du reste, en conformité de vos instructions, que la formule de contrôle que nous proposions était de nature à donner tous apaisements désirables.

Sir Samuel Hoare a pris note avec intérêt de nos suggestions, mais n'a pas manqué de redemander s'il serait possible de l'appliquer également au (...)[4] provenant de l'Afrique du Nord et de nos colonies, sur quoi j'ai dû m'en tenir à une affirmation assez vague (voir mon télégramme n° 60-61 : accord anglo-danubien)[5].

Valence sont du modèle anglais et portent les mêmes caractéristiques que celles tombées à Marseille le 23 novembre. Quant au télégramme n° 76 du 14 janvier 1941, il signale que la Commission d'armistice de Turin a autorisé jusqu'au 31 janvier le maintien en Afrique du Nord des 9 900 tirailleurs sénégalais qui devaient être dirigés sur Beyrouth et qu'il convient donc de renouveler à sir Samuel Hoare la demande française relative au transport de ces troupes.

[1] Pierre Limagne note dans ses *Éphémérides de quatre années tragiques, 1940-1944*, t. 1, Bonne Presse, s.d., p. 81, à la date du lundi 18 janvier 1941 : « Des bombes sur Valence, assure-t-on, peut-être sur la cartoucherie. »

[2] Se reporter au contenu du télégramme n° 74 du 13 janvier (note 1).

[3] Sur le cargo *Mendoza*, chargé de viande, voir la note 1.

[4] Lacune de déchiffrement.

[5] Télégramme n°s 60-61 de F. Piétri, de Madrid au Département en date du 13 janvier 1941 (Guerre 1939-1945, Vichy, Z Europe, Grande-Bretagne, 332). Piétri réclamait des « précisions »

L'absence de renseignements ou le ton de réserve dont le langage de l'ambassadeur d'Angleterre m'a laissé l'impression, se sont trouvés expliquer par l'inquiétude qu'il a finalement traduite en me questionnant avec une certaine insistance sur les deux points suivants :

1°) Les Allemands ne réclament-ils pas des bases sur notre littoral méditerranéen ?

2°) La crise provoquée dans les rapports franco-allemands par le départ de M. Laval[1] est-elle dissipée ?

Je lui ai répondu qu'à ma connaissance personnelle aucune prétention allemande sur nos bases ne s'était encore manifestée et que nos rapports avec la puissance occupante étaient redevenus normaux[2].

Guerre 1939-1945, Vichy, Z Europe, Grande-Bretagne, 332
(10GMII/332)

29

M. Charles-Arsène Henry, Ambassadeur de France à Tokyo,
à M. Flandin, Ministre Secrétaire d'État aux Affaires
Étrangères.

T. n°s 35 à 39[3].   *Tokyo, 17 janvier 1941, 21 h. 10.*

(Reçu : le 18, 8 h.)

J'ai eu hier soir jeudi une longue conversation très amicale avec M. Matsuoka. Nous y avons traité les questions dont je vous rends compte par mon télégramme suivant que je communique à l'amiral Decoux. Mais en outre, le Ministre des Affaires étrangères a accordé de nouveau la possibilité d'une médiation japonaise dans notre conflit avec la Thaïlande et le sujet est assez délicat pour que je n'en fasse part qu'à vous seul.

M. Matsuoka m'a dit qu'il voyait avec la plus grande préoccupation les hostilités s'aggraver entre la Thaïlande et l'Indochine ; il pense qu'elles sont en grande partie dues aux intrigues anglaises ; il craint que les Anglais ne profitent de ces troubles pour augmenter leur mainmise sur la Thaïlande, ce que le Japon ne pourrait pas supporter ; il (…)[4] que nous n'ayons pas accepté sa proposition de médiation ; jusqu'à présent il a donné des conseils

sur la « question fondamentale, celle du contrôle. Les Anglais y tiennent essentiellement » et « paraissent [en] faire une sorte de condition préjudicielle de la négociation. Il me serait donc nécessaire, conclut l'ambassadeur, d'être renseigné : 1) sur les accords anglo-danubiens […] ; 2) sur la façon exacte dont vous envisagez l'exercice même du contrôle. »

[1] Pierre Laval a été renvoyé et arrêté le 13 décembre 1940.

[2] Sur l'une des copies de ce télégramme, annotation marginale manuscrite en face des deux derniers paragraphes : « Ne pas répondre sur ce point ».

[3] Mention marginale manuscrite : « Com[muniqué] G[ouverneur G[énér]al : 18 janvier.

[4] Lacune de déchiffrement.

de calme aux Thaïlandais, mais son ton à leur égard pourrait être plus élevé si, après un arrangement conclu sur des bases raisonnables (il pense à la cession par nous des 2 enclaves de la rive droite)[1], le Japon devenait garant de cet arrangement ; il croit que nous aurions intérêt pour l'avenir à rabattre un peu de nos droits stricts et à consentir un sacrifice pour assurer la paix de cette partie du monde. Il est revenu sur les arguments que je vous ai fait connaître par mon télégramme n° 890 à 893 du 3 décembre dernier[2] et que je ne reprends pas ici. Il m'a encore manifesté son amitié (que je crois sincère) pour notre pays et il m'a répété qu'il ferait éventuellement tous ses efforts pour obtenir de l'Allemagne qu'elle ne cherche pas à nous imposer une paix trop dure, « car, m'a-t-il dit, si les Allemands font des fautes (…)[3] les Alliés en 1918, il n'y aura pas de paix durable en Europe ». Or, que nous le voulions ou non, notre civilisation moderne est fille de l'Europe et lorsque l'Europe est troublée, le monde entier se trouble.

D'autre part, M. Matsuoka ne veut pas s'exposer à un nouveau refus. Il m'a donc demandé de ne pas vous télégraphier maintenant notre conversation. Il m'a prié de (…)[4] quelques jours et de lui faire savoir si personnellement je lui conseillais de reprendre officiellement la suggestion qu'il nous a déjà faite (…)[5]. C'est une manière extrême-orientale de nous tâter sans perdre la face en cas de refus, car il ne doutait pas que je vous rapporterai ses paroles.

Je vous serais donc très obligé de vouloir bien me faire savoir d'urgence ce que je dois donner à M. Matsuoka pour mon opinion personnelle sur l'opportunité de nous offrir une seconde fois sa médiation.

En ce qui concerne le fond de l'affaire, je persiste à croire que, s'il nous faut céder aux Thaïlandais, le mieux serait de nous entendre directement avec eux et qu'il (…)[6] le faire le plus rapidement possible :

1°) afin de mettre sans délai un terme aux échauffourées quotidiennes où nous perdons du monde et qui bouleversent les régions frontières ;

2°) afin de couper court aux intrigues et aux projets de médiation aussi bien des Anglais que des Japonais, ces intrigues et projets augmentant de façon déplorable la tension dans un coin de l'Extrême-Orient qui n'est déjà que trop fiévreux.

En ce qui concerne une médiation japonaise éventuelle, elle ne serait pas sans avoir quelques avantages, mais elle aurait le danger évident que je vous ai déjà signalé par mon télégramme n° 890 à 893[7] de pouvoir fournir au

---

[1] À savoir les deux territoires dépendant de Paksé et de Luang Prabang, sur la rive droite du Mékong. Voir document n° 377 et notes dans *DDF (1939-1944)*, 1940-2.

[2] Voir *DDF (1939-1944)*, 1940-2, document n° 407.

[3] Lacune de déchiffrement.

[4] Lacune de déchiffrement.

[5] Lacune de déchiffrement.

[6] Lacune de déchiffrement.

[7] Voir note 2.

Japon, en sa qualité de garant de l'arrangement qu'il aurait négocié la possibilité d'intervenir lorsqu'il le voudrait dans toute la vallée du Mékong.

Enfin, je considère que de toutes les solutions, une médiation anglaise serait la pire : elle ne nous procurerait pas d'avantages définis ; mais par contre elle pourrait avoir les inconvénients si graves que je vous ai exposés dans mon télégramme n° 27 à 30 du 13 de ce mois[1] et que je ne reprends donc pas ici.

Guerre 1939-1945, Vichy, E Asie, Thaïlande, 405 (3GMII/405)

30

M. Flandin, Ministre Secrétaire d'État aux Affaires étrangères, à l'amiral Platon, Secrétaire d'État aux Colonies[2].

D.[3]   *Vichy, 17 janvier 1941.*

Les dernières nouvelles reçues d'Hanoï et de Bangkok et plus particulièrement le télégramme de M. Garreau n° 15-16 en date du 13 janvier[4] me portent à craindre que le gouvernement de Bangkok, qui avait paru un moment s'orienter vers une liquidation amiable du différend franco-thaïlandais, n'insiste aujourd'hui pour obtenir, avant toute négociation et toute cessation des entreprises militaires de ses troupes sur nos confins, la cession pure et simple des deux territoires dépendant de Paksé et de Luang Prabang et qui se trouvent situés sur la rive droite du Mékong. L'hypothèse en fonction de laquelle j'avais adressé à Bangkok mon télégramme n° 9 à 11 du 12 de ce mois[5] se trouverait ainsi dépassée. Il ne nous resterait d'autre

---

[1]   Voir document n° 19.

[2]   À destination des « Affaires politiques ».

[3]   Dépêche intitulée « Défense de l'Indochine contre l'agression thaïlandaise ».

[4]   Télégramme n°s 15 à 16 de Bangkok en date du 13 janvier, renvoyé par Hanoï sous le n° 26 de la même date, Garreau dont Flandin a confirmé le 9 janvier le « pouvoir de traiter en qualité de Chargé d'affaires les questions intéressant les relations entre la France et la Thaïlande » (T. n° 4 de Vichy à Bangkok) indique avoir attiré l'attention du ministre du Japon et de son conseiller sur les envois massifs de matériel de guerre japonais à la Thaïlande et sur la campagne de presse anti-française menée par l'organe officieux de la légation du Japon *Khaodab*. En réponse à la justification japonaise que les livraisons de produits manufacturés étaient la contrepartie de fournitures de riz, Garreau a répliqué que la France avait, elle, fait droit aux réclamations du Japon qui lui reprochait de fournir, ou laisser transiter par l'Indochine, du matériel de guerre destiné à la Chine. Outre la promesse de faire cesser la campagne anti-française, le conseiller japonais a souligné son souci du maintien de la paix dans cette partie de l'Asie, car son pays était plus inquiet des concentrations de troupes britanniques en Malaisie. Quant au gouvernement thaïlandais, il semblerait de nouveau être davantage enclin à subir l'influence des éléments extrémistes inspirés par le Japon et *Radio-Bangkok* a émis, dans la soirée du 12 janvier, un véritable appel au meurtre de tous les Français d'Indochine (*in* Guerre 1939-1945, Vichy, E Asie, Thaïlande, 405 (documents non reproduits).

[5]   Télégramme n°s 9 à 11 de Vichy à Bangkok en date du 12 janvier 1941, par lequel Flandin dit apprécier « pleinement l'opportunité de maintenir un contact enfin établi » avec le gouvernement thaïlandais, mais sans donner « l'impression d'une moindre fermeté » pour ne pas « ouvrir

alternative que d'admettre le principe d'une éventuelle cession ou de faire face à une aggravation de la situation militaire.

Cette position de la question m'a amené à me reporter au télégramme d'Hanoï n° 3531 à 3536 en date du 8 décembre dernier[1], par lequel le gouvernement général de l'Indochine, sur votre demande, vous faisait part de son sentiment sur la possibilité pour l'Indochine de faire face à une agression thaïlandaise dans l'hypothèse où le Japon s'abstiendrait de toute intervention active dans le conflit.

Dans ce télégramme, l'amiral Decoux faisait état de l'insuffisance matérielle et numérique de son aviation, de l'insuffisance et de la pratique de ses cadres, des lacunes existant dans son matériel et de l'impossibilité dans laquelle il se trouverait de combler éventuellement nos pertes en hommes et les dépenses en munitions. Il rappelait en regard la supériorité manifeste de l'aviation thaïlandaise et la supériorité numérique des effectifs de la Thaïlande. Il concluait néanmoins à la possibilité de résistance avec succès aux agressions siamoises partout où auraient été rassemblés des effectifs suffisants. Il marquait cependant que l'appui d'une tierce puissance fournissant cadres, matériel et ravitaillement rendrait la situation plus délicate et concluait :

– à une action diplomatique destinée à détourner le Japon d'appuyer la Thaïlande ;

– à l'envoi d'urgence de renforts, de matériel et de munitions.

Depuis la réception de ce télégramme, nous avons vérifié les éléments suivants :

1°) Les fournitures à la Thaïlande de matériel japonais, et plus particulièrement de matériel d'aviation, ne sont plus une hypothèse, mais une certitude. Le ministre du Japon à Bangkok en a entretenu M. Garreau.

2°) M. Garreau indique que l'action japonaise tend à détourner la Thaïlande d'une liquidation amiable du conflit.

3°) Diverses déclarations japonaises me portent à penser que Tokyo, qui a proclamé son désir d'éviter toute extension des hostilités en Extrême-Orient, saisirait volontiers le prétexte de l'insécurité régnant sur la frontière franco-thaïlandaise pour venir y « rétablir l'ordre ». L'occasion lui serait ainsi donnée de s'établir à Cam-Ranh et en Cochinchine en vue d'opérations ultérieures en direction de Bornéo.

4°) Nous n'avons pas obtenu de Londres l'autorisation de transfert en Indochine des quatre bataillons de Djibouti dont la venue était escomptée lors de la réunion interministérielle du 5 octobre.

---

la porte à de nouvelles demandes ». Le simple fait de soumettre à l'examen d'une commission le principe d'une rectification de frontières pourrait ouvrir la porte à de nouvelles demandes. Il conviendrait d'indiquer que la délégation française ne pourrait examiner les revendications thaïlandaises en raison même de l'état d'armistice et de l'obligation qui nous incombe de défendre l'Empire. Il importe aussi de déterminer si le gouvernement thaïlandais recherche « un avantage réel ou une simple satisfaction de forme et de face qui lui permette de clore l'incident ». (*In* Guerre 1939-1945, Vichy, E Asie, Thaïlande, 405, document non reproduit).

[1] Document non retrouvé.

5°) Nous n'avons pas obtenu des États-Unis la cession du matériel, et plus particulièrement des avions, dont l'acquisition avait été également escomptée lors de cette même réunion. Si le gouvernement américain a marqué le 10 de ce mois[1] sa disposition à reprendre l'examen de l'affaire[2], il n'en reste pas moins que les cessions d'avions sont subordonnées au règlement de la question des avions de la Martinique et que, dans l'hypothèse la plus favorable, ces appareils ou ceux que les États-Unis consentiraient à nous céder ne pourraient, semble-t-il, guère arriver en Indochine avant deux mois.

6°) Le seul renfort dont nous soyons assurés est la venue de deux sous-marins, présentement à Madagascar et qui atteindront l'Indochine vers le 15 février, cet appoint étant compensé en quelque mesure par la prochaine indisponibilité du croiseur *Lamotte-Piquet*.

C'est donc, à toutes fins pratiques, avec les forces dont il dispose actuellement que le gouvernement général de l'Indochine peut être appelé à faire face à une aggravation des agressions d'une armée thaïlandaise renforcée par l'apport de matériel japonais.

J'apprécie pleinement les raisons d'ordre politique qui ont amené l'amiral Decoux, le 8 décembre dernier, à souhaiter que l'offre de médiation japonaise ne fût pas acceptée. Je connais, en outre, la valeur des considérations générales et particulières qui nous ont amené à affirmer devant les prétentions thaïlandaises le principe de l'intégrité territoriale de l'Indochine et notre résolution de défendre cette intégrité contre toute entreprise. Si les inconvénients d'un affaiblissement de cette position sont grands, il m'apparaît toutefois que le danger d'accepter un conflit que nous ne serions pas en état de soutenir le serait encore davantage.

Pour me permettre d'apprécier exactement l'opportunité de donner plus de souplesse à mes instructions à M. Garreau, j'ai l'honneur de vous demander de me faire connaître votre sentiment sur les possibilités actuelles de défense de l'Indochine, compte tenu des divers éléments mentionné dans la présente dépêche. Peut-être estimerez-vous opportun de provoquer sur ce point un nouvel avis de l'amiral Decoux.

En raison des possibilités de développements très rapides de la situation, j'attacherais un prix particulier à recevoir ces indications à très bref délai.

Guerre 1939-1945, Vichy, E Asie, Thaïlande, 413 (3GMII/413)

---

[1]   Voir notamment le T. n°s 54 à 56 de Washington à Vichy, en date du 11 janvier, *in* Guerre 1939-1945, Vichy, E Asie, Thaïlande, 405 (document non reproduit).

[2]   « La question » a été raturée et remplacée à la main par « l'affaire ».

31

M. Eirik Labonne, Ambassadeur de France à Moscou,
à M. Flandin, Ministre Secrétaire d'État aux Affaires
étrangères.

T. n°s 88 à 97.   *Moscou, 18 janvier 1941, 4 h. 50.*

Confidentiel.   (*Reçu* : le 19, 7 h. 30)

Les troupes allemandes en Roumanie s'accroissent lentement mais continuellement. L'état-major soviétique est si désireux d'informations qu'il s'efforce ouvertement de recouper les siennes aux sources étrangères. Il s'intéresse spécialement au caractère technique des unités disposées à proximité du Danube, pontonniers et chars, ainsi qu'au dispositif d'ensemble qui l'intrigue.

En plaçant ses divisions sur une sorte de ligne Nord-Sud, le commandement allemand semble vouloir éviter ce qui serait révélateur de ses vues en direction soit de l'Ukraine, soit de la Bulgarie.

Les Turcs d'ici voient dans le communiqué *Tass*[1] l'initiative la plus ferme de Moscou dans les Balkans sans oublier celle du condominium russo-roumain du Danube[2] que l'Allemagne, bon gré mal gré, est en voie d'admettre.

Sous cette impression, ils inclinent à penser que les Russes ont pris leur parti, qu'ils renforcent délibérément les obstacles aux Balkans et favorisent

---

[1] Voir document n° 24, note 3.

[2] À l'issue de la conférence de Vienne (31 août-14 septembre 1940), réunissant à l'initiative de l'Allemagne, l'Italie, la Hongrie, la Slovaquie, la Yougoslavie, la Bulgarie et la Roumanie, la Commission internationale du Danube est déclarée comme n'existant plus. Elle avait été créée par le traité de Versailles et incluait à l'origine l'Autriche, la Bulgarie, la Tchécoslovaquie, l'Italie, la Hongrie, la Roumanie, la France et la Grande-Bretagne. Une commission consultative sous présidence allemande est alors mise en place, en même temps qu'est créé le Comité germano-yougoslave des Portes de Fer, également sous présidence allemande, plaçant de fait tout le cours du fleuve sous le contrôle du Reich. Devenue riveraine du Danube depuis l'annexion de la Bessarabie et de la Bukovine du Nord en juillet 1940 (voir *DDF (1939-1944)*, 1940-2, notamment document n° 14 ainsi que la série Guerre 1939-1945, Vichy, Z Europe, URSS, 869), l'URSS réclame de participer à la définition du régime de navigation, en particulier du bas Danube et de l'embouchure du fleuve qui lui permettrait d'assurer le contrôle de la mer Noire. Après la dissolution formelle, le 25 octobre 1940, de la Commission européenne (maritime), instituée par le traité de Paris et traitant du régime entre Brăila et l'embouchure, ainsi que de la Commission internationale (fluviale), créée par le traité de Versailles pour le régime entre la source et Brăila (défini par la convention du 23 juillet 1921), un accord institue une nouvelle Commission danubienne unique de huit membres (Allemagne, Bulgarie, Hongrie, Italie, Slovaquie, Yougoslavie, Roumanie et URSS), excluant la France et l'Angleterre. Le 28 octobre 1940, une conférence réunit, à Bucarest, l'Allemagne, l'Italie, la Roumanie et l'URSS pour négocier le régime de navigation du Danube maritime. La protestation britannique (29 octobre) auprès du gouvernement soviétique arguant de la violation de la neutralité de l'URSS est rejetée le 2 novembre au nom de la réparation de l'injustice commise à Versailles. Avant même l'ouverture de la conférence, Moscou a déjà pris des gages en prenant pied au sud du bras de la Chilea, sur la petite île de Tatars, dont la « possession est en mesure d'exercer une influence capitale sur les possibilités techniques de navigation dans le bras de la Soulina, seul accessible aux navires de mer », en invoquant la nécessité d'avoir accès à un bras navigable du delta (T. de Moscou en date du 30 octobre 1940, et T. de Bucarest en date du 1er novembre, *in* Guerre 1939-1945, Vichy, Z Europe, Roumanie, 688, non reproduit). La conférence de Bucarest est ajournée le 21 décembre 1940.

la formation d'un front. À leur sens en effet, les Soviets estimeraient que le plan du Reich dans une direction ou une autre vers l'est ou vers le sud serait déjà arrêté. (…)[1] que telle ou telle attitude ne serait guère susceptible de les modifier. Ils n'auraient donc rien à perdre à renforcer leurs positions et c'est pourquoi ils manifestent avec une fermeté inattendue la solidarité slave.

Dans le même sens, les Turcs espèrent un peu plus que la dernière semaine et beaucoup plus que le mois précédent une certaine aide de l'URSS au cas où l'armée ottomane se trouve (…)[2] engagée à fond contre les troupes du Reich. Des réponses pleines d'équivoque orientale ont été données par le Kremlin à des questions trop précises.

Mais l'impression reste. Et sur ce point, point aussi important que difficile à pénétrer, elle est à noter soigneusement puisque l'affaire ne sera pas susceptible d'engagements formels et que des semi-assurances des Soviets quelles qu'elles soient resteront aussi ambiguës que leurs propos présents et toujours flexibles (…)[3] ces jugements et tendances comme ceux d'esprit réfléchi dont j'ai apprécié la valeur qui conduisent de fait toutes les négociations turco-russes et dont le crédit demeure aussi bon à Ankara et à l'ambassade d'Angleterre qu'au Kremlin même. J'en fais état aussi parce qu'il diffère sensiblement de ce qui fut et demeure encore mon opinion propre à savoir que tout dérivatif même balkanique, est regardé par les Russes en 1941 au moins comme avantageux ou absolument nécessaire. Pas de guerre de 100 divisions cette année. Le Reich est trop fort et des (…)[4] mal outillés.

Pratiquement, en face des réactions russes, qui sont des faits patents, cette différence d'avis se ramène aux désaccords (…)[5] : les uns estiment que Moscou reste absolument énigmatique vis-à-vis de l'Allemagne, que ses réactions effectives comptent seulement, que du fait du Reich, le jeu des forces est engagé et que la Russie le sachant n'a qu'à multiplier ses chances et ses forces ; les autres, dont je suis, croient que le Kremlin a fait clairement savoir ou au moins entendre au Reich qu'une action vers le sud ne portera atteinte ni à la neutralité moscovite ni à l'esprit de la collusion ni aux accords économiques.

Méfiance soviétique profonde, certes ! Pis-aller ! Réaction au maximum mais toujours en deçà du point de brisure.

Par ailleurs deux aspects de la position turque sont actuellement loin d'être de nature à clarifier la complexité balkanique, non plus qu'à y servir les desseins russes et la constitution d'un front vaste et cohérent contre le Reich.

D'une part, comme j'ai eu déjà à le mentionner, Ankara entend rester déliée d'engagements et conserver sa liberté d'appréciation pour le cas où

[1] Lacune de déchiffrement.
[2] Lacune de déchiffrement.
[3] Lacune de déchiffrement.
[4] Lacune de déchiffrement.
[5] Lacune de déchiffrement.

les troupes allemandes, en vue d'une opération à objectif limité, réussiraient à obtenir droit de passage en Bulgarie sans entraîner ce pays dans la guerre.

D'autre part, les Anglais et les Grecs, qui ont tant d'intérêt à la constitution d'un bloc turco-balkanique fermant l'une des soupapes et dérivatif du Sud et contribuant à rejeter les Allemands vers une issue unique à l'Est, ont envisagé des aménagements territoriaux de nature à satisfaire les aspirations de la Bulgarie et à l'écarter des séductions ou promesses du Reich. Un partage albanais permettrait une redistribution appropriée en Macédoine et un accès à la mer Égée. Mais si vague qu'aient été ces velléités ou ces approches, elles ont (...)[1] le gouvernement turc à la traverse. Ankara ne veut pas du tout de la « passerelle bulgare ». On y voit trop la main puis le bras puissant de la Russie et l'« encerclement slave » autour des Détroits.

De la sorte les relations entre Moscou et Ankara, bien qu'elles se soient beaucoup améliorées ne passent tout de même pas du plan de la correction à celui de la cordialité.

Aucune communication.

Guerre 1939-1945, Vichy, Z Europe, Balkans, 937 (10GMII/937)

32

M. BALLEREAU, MINISTRE DE FRANCE À DJEDDAH,
    M. FLANDIN, MINISTRE SECRÉTAIRE D'ÉTAT AUX AFFAIRES
    ÉTRANGÈRES.

T. nos 10 à 16.[2]   *Beyrouth, 20 janvier 1941, 12 h. 10.*

Très confidentiel.   (*Reçu* : le 20, 22 h.)

Hier après-midi, conversation d'une heure et demie avec le Roi.

Cheikh Youssef[3] m'avait suggéré de lui demander ce qu'il pense de la situation en Syrie. J'avais répondu négativement :

« Le gouvernement français ne m'a pas chargé d'interroger le Roi sur ce sujet. J'écouterai ce qu'il voudra bien me dire »[4].

J'ai commencé par un exposé de l'œuvre du maréchal Pétain. Le Roi m'a écouté avec attention et m'a renouvelé l'expression de son admiration pour le chef de l'État français et de sa confiance dans l'avenir.

---

[1] Lacune de déchiffrement.

[2] Transmis via Beyrouth, T. nos 121 à 127, par le Haut-Commissaire au Levant.

[3] Cheikh Youssef Yassin est le secrétaire privé d'Ibn Seoud.

[4] Depuis les initiatives coordonnées de l'Irak et de l'Arabie saoudite pour obtenir en juillet 1940 la création d'un gouvernement national en Syrie, Vichy se tient sur ses gardes. Voir *DDF (1939-1944)*, 1940-2, document n° 61.

Il a ensuite, de lui-même, parlé de la Syrie. Il m'a répété qu'il ne voulait en aucune façon se poser en conseiller ou en arbitre et qu'il me parlait à titre purement amical et confidentiel.

Il a été plus réservé que l'émir Faysal[1] et que Cheikh Youssef dans ses vœux pour l'indépendance syrienne et surtout dans ses appréciations sur l'Angleterre, dont l'amitié lui est, dit-il, nécessaire. Il m'a demandé le secret le plus absolu sur les critiques que ses paroles pourraient comporter à l'égard de la politique anglaise en Orient musulman.

J'ai cependant retiré de cet entretien l'impression que mes informations antérieures (je me réfère à mon télégramme du 10 décembre) étaient exactes. Une propagande très active, me dit le Roi, très coûteuse, et très dangereuse pour les Arabes, s'exerce actuellement en Syrie contre la France. Les agents de cette propagande ne sont pas les Anglais, c'est le ministre d'Angleterre lui-même qui l'a déclaré au Roi. Mais :

1°) l'émir Abdallah[2] ;

2°) les Juifs qui lui fournissent des fonds[3] ;

3°) les « Français libres ».

Les Turcs se réservent de profiter éventuellement des circonstances.

(…) le Roi me l'a répété avec insistance et l'a déclaré, dit-il, au ministre d'Angleterre lui-même, ses intérêts personnels et ceux des Arabes sont liés à la présence de la France en Syrie et directement opposés aux ambitions de l'émir Abdallah, sur lequel il s'est exprimé sans aucun ménagement. C'est pourquoi il conseille à ses amis de Syrie de résister énergiquement à la propagande étrangère. Cette attitude n'est pas contradictoire avec son amitié pour l'Angleterre, puisque la propagande dont il s'agit n'a rien d'ethnique.

J'ai dit au Roi que je comprenais combien sa situation est délicate et que j'observerais la discrétion qu'il me demandait. Il m'en a remercié avec effusion. Il a souri quand je lui ai dit que je ne me permettais pas de douter de la sincérité des déclarations du ministre d'Angleterre, et il m'a dit combien les Arabes ont besoin de la France. Sans vous, nous sommes perdus. Parce que mes amis de Syrie (…)[4] y compris, même ceux qui ont (…)[5] tandis que ceux qui vous ont flatté sont maintenant vos pires ennemis. Mais vous avez aussi besoin (…)[6] l'aspiration (…)[7], l'indépendance, tout en sauvegardant tous vos intérêts, si vous conservez leur amitié, si (…)[8] des malentendus, ne

---

[1] Le prince Fayçal bin Abdulaziz Al Saoud (1906-1975) est l'un des nombreux fils d'Ibn Séoud et l'un des plus âgés. Il règnera sur l'Arabie saoudite de 1964 à 1975.

[2] Il s'agit d'Abdallah, émir de Transjordanie, qui rêve d'un royaume étendu à la Syrie, au Liban et à la Palestine.

[3] Il s'agit des Juifs sionistes de Palestine.

[4] Lacune de déchiffrement.

[5] Lacune de déchiffrement.

[6] Lacune de déchiffrement.

[7] Lacune de déchiffrement.

[8] Lacune de déchiffrement.

les jetez pas dans les bras des autres : les chances d'interventions étrangères s'évanouiront. Dieu veuille qu'ils ne se laissent pas convaincre par d'autres et que vous sachiez leur inspirer la confiance en vous nécessaire à leur salut. Pas de temps à perdre. En ce qui me concerne, vous pouvez dire au gouvernement français et au nouveau haut-commissaire[1] que je reste votre ami et que nos intérêts sont plus que jamais solidaires ».

J'ai remercié le Roi de sa confiance, l'ai assuré de ma sympathie et lui ai promis de faire savoir au Département (…)[2] amical envers la France. J'ai ajouté que je n'avais aucune qualité pour faire, en ce qui concerne la Syrie, une déclaration ni aucune promesse.

Le cheikh Youssef avait assisté à l'entretien. Il m'a rappelé en sortant ce qu'il m'avait dit au début de décembre (je me réfère à mon télégramme du 4 décembre)[3]. « J'espère, dit-il, que vous êtes content. Le Roi vous a parlé à cœur ouvert. Maintenant que les nuages accumulés par l'affaire Chahbandar semblent dispersés[4], notre seul espoir est dans l'inauguration par la France d'une politique purement française, notamment de compréhension et de collaboration avec ses véritables amis ».

D'autre part, un informateur qui touche le Roi de près m'a dit ce matin :

« L'amitié du Roi pour la France est sincère. Il sait que la France colonise et administre des territoires musulmans mais aussi qu'elle respecte l'Islam et se conduit correctement avec ses sujets musulmans. Il connaît peu de Français. Ceux qu'il connaît lui inspirent confiance. Les raisons principales de son attitude sont d'ailleurs réalistes. L'amitié de la France faisait contrepoids à celle de l'Angleterre qu'il est obligé d'accepter (…)[5] pour les Arabes de graves inconvénients. Il désirait sincèrement la victoire de l'Angleterre alliée de la France, et il comptait sur la France pour en atténuer les effets en Orient musulman. Depuis l'armistice, il appréhende sans pouvoir le dire une victoire purement (…)[6] qui signifierait, si la France était écartée, le partage de la Syrie entre les Juifs, les Turcs et l'émir Abdallah. C'est pourquoi, avec ou sans votre assentiment, ses amis combattent en Syrie les intrigues des Anglais et de l'émir dont les agents ont souvent (…)[7] se faire passer pour vos amis.

Il semble malheureusement que l'émir Abdallah escompte certaines défections dans le bloc des amis du Roi, c'est-à-dire de vos amis. Il est urgent de les prévenir ».

Guerre 1939-1945, Vichy, E Levant, 163 (4GMII/163)

---

[1] Le général Dentz vient de succéder à Gabriel Puaux.

[2] Lacune de déchiffrement.

[3] Document non retrouvé.

[4] Sur le docteur Chahbandar, agent d'Ibn Séoud à Damas, et son assassinat le 6 juillet 1940 dans cette ville, se reporter à *DDF (1939-1944)*, 1940-2, document n° 20.

[5] Lacune de déchiffrement.

[6] Lacune de déchiffrement.

[7] Lacune de déchiffrement.

33

M. Charles-Arsène Henry, Ambassadeur de France à Tokyo,
à M. Flandin, Ministre Secrétaire d'État aux Affaires
Étrangères.

T. n°s 62 à 69[1].   *Tokyo, 20 janvier 1941, 20 h.*

(*Reçu* : le 21, 5 h. 30)

M. Matsuoka m'a prié ce matin d'aller le voir. Il m'a dit qu'il sortait de chez l'Empereur qui venait de donner sa sanction à la démarche par laquelle le gouvernement impérial proposait officiellement à la France et à la Thaïlande sa médiation pour mettre fin au conflit. Il m'a alors remis un aide-mémoire officieux dont il m'a prié de nous télégraphier les termes et dont voici la traduction :

« En considération des présentes circonstances, le gouvernement japonais a décidé d'approcher de nouveau le gouvernement français afin de renouveler la proposition qu'il a faite le 2 décembre dernier[2].

« Le gouvernement japonais désire que le gouvernement français appréciant, comme il l'a déjà fait, l'esprit dans lequel le gouvernement japonais avait fait sa précédente proposition veuille bien accepter l'offre de médiation entre l'Indochine et la Thaïlande.

« De plus le gouvernement japonais exprime le désir que les autorités de l'Indochine et de la Thaïlande cessent sans délai les hostilités comme une condition préliminaire à une telle médiation. Il va de soi que la même démarche est faite auprès du gouvernement thaïlandais. »

M. Matsuoka m'a alors dit les raisons pour lesquelles son gouvernement voulait voir cesser le conflit. Mes télégrammes précédents vous ont mis au courant de ces raisons[3] ; aussi je ne vous les répète pas ici ; la seule chose nouvelle de poids qu'il m'ait dite est qu'en signant l'accord du 30 août[4], le Japon s'engageait à respecter l'intégrité territoriale de l'Indochine en échange de la reconnaissance de la position spéciale du Japon en Extrême-Orient ; que donc une médiation japonaise entre pays situés dans cette partie du monde était chose naturelle ; que par contre l'acceptation par la France d'une médiation anglaise au moment où elle (…)rait[5] l'offre d'une médiation japonaise contreviendrait à l'esprit de l'accord du 30 août ; qu'au surplus, le Japon ne pourrait pas admettre l'ingérence des Anglo-Saxons

---

[1] Mention marginale manuscrite : « Copie Colonies ».

[2] T. n°s 890 à 893 de Tokyo datée du 3 décembre 1940. Voir *DDF (1939-1944)*, 1940-2, document n° 407.

[3] Voir supra les documents n°s 19 et 29.

[4] Voir *DDF (1939-1944)*, 1940-2, en particulier documents n°s 143 et 173. Pour le texte, voir de l'échange de lettres du 30 août, voir Guerre 1939-1945, Vichy, E Asie, Thaïlande, 407, fol. 42-43 (documents non reproduits).

[5] Lacune de déchiffrement.

dans les affaires de la Péninsule et seraient amenés, si les Anglais continuaient à y intriguer, à prendre des mesures dont la nature n'a d'ailleurs pas encore été discutée ni même envisagée avec précision.

Je lui ai répété qu'il n'était pas question à ma connaissance de provoquer ou d'accepter une médiation de l'Angleterre, puis je lui ai demandé de me préciser un point de son offre nouvelle avant que je ne vous la transmette. Je lui ai rappelé que le 2 décembre, et encore plus récemment, il m'avait parlé d'une base d'accord consistant dans la cession à la Thaïlande des deux enclaves de la rive droite. Je lui ai représenté que vous hésiteriez sans doute à accepter une médiation au seuil de laquelle nous abandonnerions l'objet même de la discussion. Il m'a dit que nous devions avoir confiance dans son amitié pour nous et son sentiment de la justice et qu'il suffisait de lui faire savoir notre agrément de principe à la médiation. Je lui ai répondu que je voulais qu'aucune équivoque puisse surgir et que je voulais pouvoir mettre noir sur blanc qu'il était bien entendu que l'acceptation éventuelle de la médiation ne signifiait pas que nous acceptions d'ores et déjà l'abandon des enclaves de la rive droite. Après bien des réticences, il a fini par y consentir et je lui ai dit que je vous transmettrai son offre.

Il m'a également demandé de la faire connaître en même temps à l'amiral Decoux. Il m'a encore demandé si, au cas où les Thaïlandais cesseraient les hostilités, nous les cesserions. Je lui ai répété qu'à mon avis, comme nous n'avions jamais fait que nous défendre, il était très peu probable que nous attaquerions les Thaïlandais s'ils se tenaient tranquilles.

Nous avons, le gouverneur général Robin et moi, longuement discuté toute l'affaire et il m'autorise à vous dire qu'il est d'accord avec moi sur les commentaires suivants : il eût été sans doute préférable de négocier avec la Thaïlande sans aucun intermédiaire. Du moment que cela n'a pas été possible, il semble bien qu'une médiation doive être envisagée. Il nous paraît absolument impossible de recourir aux Anglais : cela n'offrira aucun avantage quelconque et par contre, cela pourrait amener une crise très grave dans cette partie du monde, peut-être même suffisante à déclencher entre le Japon et les Anglo-Saxons un conflit ouvert qui serait une catastrophe pour nos colonies. Reste donc l'offre japonaise malgré les grands inconvénients qu'elle présente et que je ne vous ai pas cachés (voir mon télégramme nᵒˢ 890 à 893[1] et 35 à 39[2]) ; elle a des avantages certains. Devant la situation nouvelle, nous sommes donc d'avis qu'il y a lieu de l'examiner avec la plus grande attention, car un nouveau (…)[3] sera certainement ressenti très vivement ici. Les Japonais se sont décidés à renouveler leur offre malgré la crainte, que M. Matsuoka ne m'a pas cachée, qu'elle n'ait pas plus de succès que la première fois. C'est une preuve de plus du très grand intérêt qu'ils y attachent. Je note encore ses entretiens répétés avec moi et sa visite à l'Empereur décidée en Conseil de gouvernement pour obtenir la sanction du trône à l'offre de médiation.

---

[1] Voir *DDF (1939-1944)*, 1940-2, document nᵒ 407.

[2] Voir dans ce volume, le document nᵒ 29.

[3] Lacune de déchiffrement.

Encore une fois, je crois devoir vous dire qu'à mon avis, leur désir de régler cette affaire vient premièrement de l'envie de pouvoir se targuer d'un succès en Extrême-Orient, deuxièmement de la crainte de voir les Anglais réussir où ils ont échoué, troisièmement de la crainte de voir les Anglais développer leur position en Thaïlande. Enfin, il n'est pas invraisemblable que les Japonais désirent que la région du sud ne soit pas troublée, premièrement afin de ne pas donner aux Américains, dont ils commencent à avoir peur, aucune occasion d'intervenir contre eux, deuxièmement afin d'avoir les mains libres contre le Komintern si, comme je vous l'ai télégraphié hier (…)[1], cela paraissait vraisemblable le parti anti-russe reprend plus de force. Nous ne pourrions d'ailleurs rien souhaiter de mieux pour la colonie que cette rocade vers le nord de l'activité japonaise.

Télégraphié Département.

Communiqué Hanoï.

Guerre 1939-1945, Vichy, E Asie, Thaïlande, 405 (3GMII/405)

34

M. Vaux de Saint-Cyr, Ministre de France à Helsinki,
à M. Flandin, Ministre Secrétaire d'État aux Affaires
Étrangères.

T. n°s 23 à 27.[2]   *Helsinki, 20 janvier 1941, 19 h. 50.*

(*Reçu* : le 21, 5 h. 30)

La politique extérieure de la Finlande est de plus en plus conditionnée par les rapports de cet État avec l'URSS et l'Allemagne. Depuis plusieurs semaines, on ne signale pas de changement notable dans ces rapports[3].

Le gouvernement de Moscou, toujours mystérieux dans ses projets, continue à mener contre la Finlande une politique de coups d'épingles suivant l'expression du ministre des Affaires étrangères finlandais. Moscou est intervenu dans les élections du président de la République finlandaise en mettant son veto à la nomination de cinq personnalités, dont le maréchal Mannerheim qui n'était pas candidat et M. Tenner, l'ancien ministre des Affaires étrangères, qui a déjà dû quitter ce poste, sous la pression russe. La radio russe en Finlande émise à Tallinn attaque sans arrêt le gouvernement finlandais et critique ses décisions. La légation d'URSS continue à réclamer des Finlandais la remise en état des industries dans les territoires cédés (usines, dépôts de locomotives, etc.) et met les autorités finlandaises dans un cruel embarras, surtout en ce qui concerne la restitution des

---

[1] Lacune de déchiffrement.

[2] Mention marginale manuscrite : « Vu par Guerre ».

[3] Voir à ce sujet, *DDF (1939-1944)*, 1940-2, document n° 34.

locomotives du dépôt de Viipuri, un des plus importants du pays. Les négociations relatives aux mines de nickel n'ont pas marqué de progrès.

Pour ce qui est des rapports avec l'Allemagne, la situation est également restée sans changement. Le gouvernement de Berlin conseille à celui d'Helsinki d'éviter les frictions avec la Russie, mais il refuse de s'engager quand on lui demande quelle sera son attitude en cas de conflit finno-russe. Les troupes d'étapes allemandes qui étaient rentrées en Allemagne le 10 novembre (mon télégramme n° 740)[1] sont revenues le 9 janvier, cette fois-ci à Alit et non à Vaasa en raison des glaces qui obstruent le golfe de Botnie. La présence des troupes allemandes tend à rassurer le gouvernement finlandais.

Un incident qui s'est passé à Moscou confirme ce gouvernement dans le même état d'esprit. M. Molotov aurait fait demander récemment au ministre de Finlande en URSS s'il était vrai que la Finlande négociait un accord militaire avec la Suède. M. Paasikivi a répondu qu'il n'était personnellement au courant d'aucun accord de ce genre, mais qu'il allait s'informer auprès de son gouvernement. Quelques jours plus tard, le ministre des Affaires étrangères de Suède serait venu trouver le commissaire soviétique des Affaires étrangères pour l'aviser de la part de son gouvernement, que la Suède, en cas de conflit, porterait aide à la Finlande, et « la soutiendrait sous les bras ». Cette promesse d'appui non provoquée par la Finlande, mais depuis longtemps désirée par elle, n'a pas manqué de rendre confiance au gouvernement d'Helsinki, toujours inquiet des incessantes revendications russes.

Guerre 1939-1945, Vichy, Z Europe, Finlande, 892 (10GMII/892)

---

[1] Document non retrouvé.

35

M. Garreau, Gérant de la Légation de France à Bangkok,
    à M. Flandin, Ministre Secrétaire d'État aux Affaires
    étrangères.

D. n° 15[1].   *Bangkok, 20 janvier 1941.*

Ainsi que j'en ai rendu compte à Votre Excellence par mes derniers télégrammes[2], les entretiens que j'ai successivement eus les 8, 10, 13 et 16 janvier avec le ministre adjoint des Affaires étrangères m'ont permis de préciser, avec toute la netteté nécessaire, que le gouvernement français était d'une part désireux de parvenir rapidement à un règlement des incidents de frontière, et fermement résolu, d'autre part, à ne pas discuter dans les circonstances présentes, le principe d'une cession territoriale.

Lors de notre entretien du 13 janvier, Nai Direck m'avait paru clairement disposé à dissocier ces deux questions et, d'accord avec lui, je devais, dès que la confirmation, non douteuse, de Luang Pibul serait acquise, en aviser télégraphiquement l'Indochine. Quelques heures plus tard cependant, le chef du Protocole venait, à ma grande surprise, me notifier, de la part du Premier ministre, que la cessation des hostilités n'était plus seulement subordonnée aux deux conditions convenues (maintien des troupes thaïlandaises sur leurs positions, réunion immédiate de la commission), mais également à l'admission préalable du principe des rétrocessions territoriales. J'ai naturellement décliné de transmettre une proposition que, ni le gouvernement général ni moi-même n'avions le pouvoir d'accepter et me suis borné à indiquer que, dans ces conditions, je devais attendre les instructions de mon gouvernement.

Celles-ci m'ont effectivement permis, le 16 janvier, de donner à Nai Direck les précisions dont fait état mon dernier télégramme à Votre Excellence (télégramme n°s 27 – 28 – 29 du 18 janvier[3]). Bien qu'il ne m'ait fait

---

[1] Dépêche intitulée : « A.s. de la situation ». Les 5 pièces jointes (traductions de communiqué de presse) qui figurent dans le dossier n'ont pas été reproduites. Il s'agit des Annexes 1) *27ᵉ communiqué de la Thailand Broadcasting Station* (*Bangkok Times* du 14 janvier 1941) ; 2) Revue de Presse, Télégramme Domei du 14 janvier, *Bangkok Chronicle* du 15 janvier 1941 ; 3) Revue de presse, *Un nouveau mouvement au Japon pour émanciper toutes les nations asiatiques*, *Bangkok Chronicle* du 16 janvier 1941 ; 4) Revue de presse, *Une offensive économique en Indochine* (*Télégramme Rengo*), *Bangkok Times* du 16 janvier 1941 ; 5) Revue de presse, *Le point de vue japonais sur les affaires indochinoises et les tierces parties* (*Télégramme Rengo*), *Bangkok Times* du 17 janvier 1941.

[2] Notamment les T. de Bangkok n°s 10 à 13 en date du 9 janvier 1941, T. n°s 15 à 16 en date du 13 transmis via Hanoï (voir supra document n° 30, note 3), T. n°s 20 à 21 transmis sous les n°s 41-42 par Hanoï le 16 janvier. Dans ce dernier message, Garreau relève des indices d'hésitation de la part des milieux gouvernementaux thaïlandais depuis les lourdes pertes subies du fait de la politique de fermeté française qui lui paraît donc la plus indiquée. Tous ces documents non reproduits *in* Guerre 1939-1945, Vichy, E Asie, Thaïlande, 405.

[3] T. transmis sous les n°s 51 à 54 par Hanoï le 20 janvier. Garreau rend compte d'un nouvel entretien avec le ministre-adjoint des Affaires étrangères, au cours duquel il a confirmé que le gouvernement français s'en tenait strictement à la position définie par son aide-mémoire du 17 septembre 1940 (voir *DDF (1939-1944)*, 1940-2, documents n°s 216 et 217), mais il a toutefois

alors aucune déclaration de nature à laisser prévoir la réaction de son gouvernement, Nai Direck m'a paru très fortement impressionné par mes arguments et j'ai noté avec satisfaction son désir exprès de ne pas considérer la discussion comme close.

La manœuvre de Luang Pibul m'apparaît claire : il semble en effet que le Premier ministre ait voulu au dernier moment s'appuyer sur les premiers succès militaires pour essayer de nous arracher, comme par surprise, la reconnaissance préalable du principe de la rétrocession des territoires qu'il s'est publiquement et définitivement engagé à obtenir et dont le sort décidera de celui de son gouvernement. J'étais moi-même, lundi soir, très près de considérer, vu l'effervescence de l'opinion au cours des journées précédentes, les trois demandes du Président du Conseil comme l'expression d'une attitude définitive et comminatoire.

La situation s'est cependant brusquement modifiée, pour des causes que l'on peut aujourd'hui discerner.

Dès le 14 janvier en effet la radio officielle, répondant à l'appel pacifique de *Radio Saigon*, nous posait à son tour trois questions dont aucune cependant ne visait directement la rétrocession demandée (voir annexe 1). Un télégramme Domei du même jour allait au surplus en préciser les termes (voir annexe 2).

Par ailleurs, tandis que les communiqués du haut commandement devenaient chaque jour plus brefs et plus imprécis, la Thailand Broadcasting Station et la plupart des journaux (notamment le *Sri Krung* et le *Thai Rasdr*) baissaient très sensiblement le ton de leurs commentaires. Si, dans des communiqués visiblement embarrassés, la radio officielle s'efforce, depuis quelques jours, de plaider la cause thaïlandaise, c'est pour affirmer que la Thaïlande, qui « chérit la paix », est « de toutes façons désireuse de négocier », pour souhaiter que « les deux parties se réunissent et discutent amicalement ». Son 32e communiqué, du 15 janvier, précise encore en ces termes l'attitude thaïlandaise : « Nous serons heureux de négocier conformément au plan suggéré par *Radio Saigon*. Ce que nous désirons, ce sont des paroles sincères et une amicale sympathie ».

Les commentaires du prince Varnvaïdya dans le *Prajajat* trahissent le même embarras et laissent deviner un flottement que j'avais tout d'abord attribué, vu le laconisme et l'imprécision des bulletins du front, à un vacillement dans l'optimisme des militaires. Quelle que soit l'importance des pertes subies par les forces thaïlandaises, il ne semble pas cependant que les premiers résultats des opérations, désormais déclenchées sur une large échelle, soient de nature à justifier entièrement ce point de vue.

---

ajouté, afin de ne pas rompre les ponts, que le Département lui avait demandé un complément d'information sur les dernières propositions thaïlandaises qui n'étaient donc pas définitivement rejetées par la France. La fermeté française, le soutien américain et l'évolution récente de l'attitude britannique ainsi que les pertes subies dans les combats de frontière et le trouble de la situation intérieure ont refroidi l'enthousiasme belliqueux du gouvernement thaïlandais. Toutefois, Garreau estime que tout en maintenant le principe de l'intangibilité des frontières de l'Indochine, il conviendrait de trouver une formule qui permettrait au gouvernement siamois de sauver la face (Guerre 1939-1945, Vichy, E Asie, Thaïlande, 405, document non reproduit).

Le flottement actuel des milieux gouvernementaux me paraît bien plutôt dû à la brusque élévation des puissances étrangères. Le Japon, les États-Unis et l'Angleterre ont, en effet, au cours de ces derniers jours, nettement précisé leur position en Extrême-Orient. Le conflit franco-thaïlandais peut déjà être considéré comme un simple épisode de la lutte des puissances occidentales contre la suprématie japonaise dans les mers du Sud.

Tandis que le *Khao Phab*, organe des Japonais à Bangkok, prenait nettement la tête du mouvement anti-français et, sous l'étendard du panasiatisme, incitait violemment dans des éditoriaux quotidiens, les Thaïlandais à délivrer leurs « frères de race asservis au joug barbare des Français », les agences japonaises annonçaient à grand fracas, le 16 janvier, la tenue prochaine d'une réunion générale à Tokyo de la « Ligue pour l'émancipation des peuples de l'Asie du Sud-Est », des « 500 millions d'êtres humains qui, en Annam[1], en Cochinchine[2], aux Indes néerlandaises, en Malaisie, en Birmanie, aux Indes et aux Philippines, sont opprimés et exploités par les Blancs[3] (annexe 3).

Deux importants télégrammes Rengo du même jour achevaient de découvrir le jeu nippon (annexes 4-5).

Faisant allusion aux négociations économiques franco-japonaises, « pour la conclusion d'un accord qui mettra l'Indochine dans l'orbite commercial du Japon », le premier message dénonce la « manœuvre évidente » de la Grande-Bretagne « activement soutenue par les États-Unis, pour faire obstacle aux progrès du Japon en jouant de l'opposition existante en Indochine entre les partisans du gouvernement de Vichy et ceux du général de Gaulle ».

Le second télégramme reproduit un article du *Nichi-Nichi* ; il comporte une menace directe à l'Indochine et un avertissement non équivoque à ses voisins. « Le principe de libération des races doit être appliqué à l'Indochine : 23 millions d'indigènes y sont exploités sans ménagement par 30 000 Français dont l'oppression les a non seulement privés de liberté, mais hâte encore leur dégénérescence ».

« Nous ne pouvons nous attarder à discuter comme en temps de paix. Les Français cherchent à marchander. La lenteur des négociations ne peut servir qu'à encourager les tierces puissances hostiles dans leurs manœuvres pour retarder l'établissement d'une ère de prospérité en Asie orientale ».

Cette *Pax Japonica* promise à l'Indochine, le Japon l'étendra à tous les pays visés dans son programme :

« On doit, poursuit le *Nichi-Nichi*, à tout le moins, s'attendre à ce que les Indes néerlandaises, la Thaïlande[4] et la Birmanie suivent avec la plus grande attention les progrès des conversations en cours et les résultats pratiques de la politique japonaise en Indochine ».

[1] Souligné dans le texte.

[2] Souligné dans le texte.

[3] Souligné dans le texte.

[4] Souligné dans le texte.

Ainsi le plan nippon devient clair : Tokyo est décidé à jouer tour à tour de nos difficultés en Thaïlande et en Indochine ; pour obtenir d'Hanoï, sous couvert d'un contrat économique léonin, une emprise directe sur notre colonie, emprise qu'il étendra ensuite sur tous les autres pays de l'Asie orientale. Le défi est enfin jeté à l'Angleterre et aux États-Unis. La Thaïlande elle-même doit désormais comprendre que le Japon ne voit en elle qu'un instrument docile du succès de sa politique pan-asiatique.

Ces événements n'ont pas tardé à provoquer ici une vive réaction dans les milieux anglo-américains. Le ministre des États-Unis, qui, depuis mon arrivée, garde avec moi un contact chaque jour plus étroit et plus confiant, tient son gouvernement régulièrement informé de l'évolution inquiétante du conflit et de l'intérêt de plus en plus marqué que Tokyo prend à la cause thaïlandaise. Bien que sir Josiah Crosby, extrêmement monté contre M. Grant, qu'il taxe « d'ignorance et d'imbécilité », rejette sur lui la responsabilité d'une prochaine collusion nippo-thaïlandaise, les sérieux avertissements que la légation d'Amérique ne cesse de donner au gouvernement thaïlandais ont certainement contribué à retarder l'évolution de la crise[1].

Au surplus, la publication, le 17 janvier, du télégramme Havas révélant la longue conversation que M. Cordell Hull avait eue la veille avec le ministre de Thaïlande à Washington[2], a fortement impressionné l'opinion thaïlandaise depuis longtemps inquiète de l'évolution américaine. Les déclarations subséquentes du secrétaire d'État américain sur le pan-asiatisme nippon, sont ici considérées comme une prise de position définitive en faveur du *statu quo* en Asie méridionale.

L'attitude anglaise s'est elle-même sensiblement modifiée. Les déclarations simultanément faites, ces jours derniers, à nos représentants à Singapour et à Shanghai par les agents du Foreign Office, indiquent l'orientation que le gouvernement de Londres s'efforce, un peu tardivement, de donner à la défense des intérêts britanniques en Extrême-Orient. Menacée d'un anéantissement définitif, l'Indochine, économiquement étranglée par le Japon, attaquée par la Thaïlande soutenue par Tokyo, cesse aujourd'hui d'être la colonie française soumise aux ordres de Vichy ; c'est, nos anciens alliés paraissent enfin s'en rendre compte, le dernier

---

[1] Sur l'attitude américaine dans le conflit, on peut se reporter à la note « Échange de vue franco-américain concernant l'affaire d'Indochine » du 13 décembre 1941, *in* Guerre 1939-1945, Vichy, E Asie, Indochine, 263. Document non reproduit.

[2] Document non retrouvé. Dans les documents diplomatiques américains (*Foreign Relations of the United States, 1941*, vol. 5, *The Far East*, Washington, Government Printing Office, 1956), est publié (pp. 16-17) le mémorandum de la conversation du ministre thaïlandais à Washington avec le secrétaire d'État Cordell Hull : aux protestations du diplomate thaïlandais contre les accusations de vouloir profiter de la défaite française pour récupérer des territoires en Indochine en connivence avec le Japon lequel agirait de façon altruiste, Hull réplique que le Japon depuis huit ans n'a cessé de mener une politique illégale et d'invasion en Chine et en Indochine et qu'ils avaient fait leur apparition en Thaïlande au moment opportun, en se posant comme des alliés désintéressés, comme ils l'ont fait à d'autres occasions similaires dans d'autres pays, et comme Hitler l'a fait dans de nombreux pays européens avant de les absorber. Le Secrétaire d'État américain ne doutait pas que le parti militaire japonais visait à la domination générale de toute l'Asie du Sud-est et qu'à terme, à la fois l'Indochine et la Thaïlande seraient placées sous sa souveraineté comme la Mandchourie.

bastion de la résistance des Blancs contre l'envahissement japonais qui, par la Thaïlande, menace directement la Malaisie, la Birmanie et les Indes.

C'est dans cet esprit qu'il faut, à mon avis, interpréter la curieuse déclaration faite à la *BBC* (émission en français) le 16 janvier : « L'Angleterre et les États-Unis connaissent toutes les difficultés auxquelles l'amiral Decoux a à faire face avec le Japon et la Thaïlande. Nous pouvons affirmer que toutes les sympathies anglaises et américaines vont aux autorités indochinoises ».

À Bangkok, le revirement de mon collègue britannique n'est pas encore aussi net.

Au cours de la cordiale entrevue que nous avons eue le 14 janvier (voir mon télégramme n° 24-25 du 15 janvier[1]), il a même repris à son compte la manœuvre esquissée la veille par Luang Pibul pour obtenir la reconnaissance préalable du principe des cessions territoriales. Sur le ton de la plus amicale confiance, il m'a en effet déclaré que, ayant eu le matin même une longue conversation avec Nai Direck, il était « absolument certain » que si nous ne cédions pas immédiatement les territoires de la rive droite, la guerre totale était inévitable, Luang Pibul ne pouvant plus reculer.

Informé par son interlocuteur de mon refus de transmettre au gouvernement général les propositions inacceptables du Président du Conseil, il avait, sans retard, et vraisemblablement à la demande de Nai Direck, invité son consul général à Hanoï à préciser à l'amiral Decoux les exigences thaïlandaises et à faire comprendre au Gouverneur général, malgré ses constants efforts pour résorber la crise et obtenir le respect du *statu quo*, il était désormais convaincu que le gouvernement thaïlandais ne transigerait pas sur la question territoriale.

Sir Josiah Crosby reste donc le diplomate victorien convaincu de la pérennité de la rivalité coloniale franco-britannique et toujours disposé à utiliser nos difficultés pour faire valoir au gouvernement thaïlandais le prix de l'amitié anglaise[2].

Je ne doute pas cependant qu'il ait, tout comme son collègue américain, fait sérieusement observer au ministre adjoint des Affaires étrangères l'importance que les puissances démocratiques attachent au règlement pacifique d'un différend qui menace aujourd'hui d'être rapidement exploité par le Japon dans la réalisation de son programme de domination asiatique.

En résumé, et c'est à mon avis, l'explication du flottement constaté ces jours derniers, Luang Pibul ne peut actuellement ignorer qu'en refusant

---

[1] Document non retrouvé. Le 19 janvier (T. n°s 13 à 15 pour Hanoï, 16 à 18 pour Bangkok), Flandin signalait que le dernier télégramme de Bangkok parvenu à Vichy était le n°s 20 à 21, paraissant être du 15 janvier, et qu'il ne disposait en conséquence « ni, sur le plan militaire, des conclusions du voyage d'inspection effectué au Cambodge par le général Mordant, ni, sur le plan diplomatique de télégramme de [Garreau] postérieur à [ses] télégrammes 20-21 qui conseillaient la résistance », notamment rien sur la conversation avec Luang Pibul annoncée par Domei à la date du 18. (Guerre 1939-1945, Vichy, E Asie, Thaïlande, 405, document non reproduit).

[2] Une note ultérieure en date du 10 janvier 1943 (« Responsabilités anglaises dans le conflit franco-thaïlandais ») revient sur l'attitude britannique (*in* Papiers 1940, Bureau d'études Chauvel, 134).

tout compromis, son gouvernement risque de s'aliéner les sympathies, voire même l'appui matériel des puissances occidentales, désormais sérieusement alertées par l'intimité des relations nippo-thaïlandaises.

La claire perspective d'une emprise définitive du Japon sur ce pays devrait d'autre part inciter ici les plus ardents nationalistes à modérer leurs exigences. Le gouvernement est malheureusement complètement débordé aujourd'hui par les éléments militaires que la généralisation du conflit rend tout puissants.

J'en viens, pour ma part, à douter de la possibilité d'un compromis si les hostilités ouvertes depuis près de 15 jours entre l'Indochine et la Thaïlande continuent à se développer sur toute la ligne des frontières.

Nous ne saurions évidemment renoncer à rechercher, dans un esprit conciliant, une formule acceptable. Le précieux soutien de l'Amérique, les sympathies nécessaires de la Grande-Bretagne ne nous seront définitivement et publiquement acquises que si nous nous montrons soucieux jusqu'au dernier moment de ne pas fermer, par une irréductible intransigeance, la porte à un compromis honorable. Pareille attitude n'aurait au surplus été avantageuse qu'au cas, désormais improbable, où des succès militaires, rapides et importants, nous auraient permis de liquider sans délai le conflit.

La formule nécessaire à un règlement pacifique doit, d'autre part, être trouvée sans tarder ; tout porte à croire en effet que la lutte désormais ouverte prendra d'ici peu une ampleur qui rendra pratiquement vain un effort de conciliation actuellement encore possible et pourra peut-être même, à brève échéance, nous amener à rompre avec le gouvernement thaïlandais des relations diplomatiques devenues sans objet.

Guerre 1939-1945, Vichy, E Asie, Thaïlande, 405 (3GMII/405)

36

NOTE DE LA SOUS-DIRECTION D'ASIE

N.   *Vichy, 20 janvier 1941.*

Rentrant d'Allemagne où il a pu prendre certains contacts grâce à la notoriété qu'avait eue son livre sur l'armée allemande[1], M. Benoist-Méchin, dans une conversation récente avec M. Étienne Denis, propriétaire et directeur d'une très importante maison de commerce pour les échanges entre l'Indochine et Bordeaux, a parlé longuement de la question du caoutchouc[2].

---

[1] La première édition en deux tomes de l'*Histoire de l'armée allemande depuis l'armistice* fut publiée en 1936-1938 chez Albin Michel qui réédite l'ouvrage en 1941.

[2] Le mot « caoutchouc » est encadré à la main.

Il a insisté sur l'intérêt très grand que porte l'Allemagne au caoutchouc de l'Indochine. Indispensable pour l'industrie de guerre, cette matière ne peut être fournie à l'Allemagne que par notre colonie, puisque tous les autres marchés se trouvent sous le contrôle des puissances anglo-saxonnes. Or, selon les indications données récemment à M. Benoist-Méchin, la France aurait proposé la répartition suivante pour la production de l'année, qui représente environ 65 milles tonnes : 20 000 tonnes pour la France, 20 000 tonnes pour les États-Unis d'Amérique, suivant les engagements antérieurement souscrits, le reste pour le Japon et l'Allemagne, les deux puissance ayant à décider entre elles de la répartition.

Toujours d'après ces informations de source allemande, ces quantités ne répondraient pas aux besoins du Reich. La nécessité de se pourvoir plus largement serait une raison pour que Berlin pousse le Japon à mettre la main sur l'Indochine, ou tout au moins à y établir son contrôle, en vue d'une mainmise sur le caoutchouc.

Guerre 1939-1945, Vichy, E Asie, Indochine, 278 (3GMII/278)

37

M. SPITZMÜLLER, CHARGÉ D'AFFAIRES DE FRANCE À BUCAREST,
    À M. FLANDIN, MINISTRE SECRÉTAIRE D'ÉTAT AUX AFFAIRES
    ÉTRANGÈRES.

T. n°s 64 à 66.   *Bucarest, 21 janvier 1941, 21 h.*

(*Reçu* : le 22, 7 h.)

Je me réfère à mon télégramme n° 53[1].

Il se confirme que le général Antonesco a bien été invité à se rendre en Allemagne pour y prendre connaissance des intentions du gouvernement du Reich en ce qui concerne la situation intérieure de la Roumanie ainsi que des instructions données à M. von Killinger en vue de leur réalisation.

Le gouvernement hitlérien paraît décidé à continuer de soutenir les Légionnaires, mais seulement dans la mesure où ils cesseront de ruiner l'économie roumaine ; par conséquent le retour à l'ordre et à l'obéissance au gouvernement légal constitue une condition *sine qua non* au maintien de l'appui allemand. Dans le même sens, le général Antonesco est désormais couvert par Berlin s'il est contraint de recourir à la force pour briser toute velléité de résistance aux mesures draconiennes qu'il a reçu l'ordre de

---

[1] T. de Bucarest en date du 15 janvier 1941, par lequel Spitzmüller informe le Département du retour du général Antonesco à Bucarest ce même jour dans l'après-midi (in Guerre 1939-1945, Vichy, Z Europe, Roumanie, 686, non reproduit).

prendre. D'ores et déjà et sans attendre l'arrivée de M. von Killinger, qui est escomptée vendredi prochain[1], le gouvernement roumain a édicté un certain nombre de dispositions destinées à parer au plus pressé et à mettre fin à l'anarchie croissante que j'ai déjà maintes fois signalée.

C'est ainsi qu'une centaine d'usines complètement désorganisées par les Légionnaires viennent d'être militarisées, ce qui permettra au gouvernement de prendre en mains leur administration et d'expulser les indésirables.

De même les commissaires de la roumanisation qui sont les principaux responsables de la désorganisation de l'économie roumaine sont supprimés (ma dépêche 38 en date du 20 de ce mois – Relations commerciales[2]). Enfin le général Antonesco songerait sérieusement à se débarrasser de deux des membres de son Cabinet dont l'influence a été des plus néfastes, le ministre du Travail M. Iasinschi et un des sous-secrétaires d'État à l'Économie nationale, M. Petrea.

Si louable que soit l'esprit qui anime de telles mesures, elles restent insuffisantes et ne prendront toute leur valeur que si elles sont suivies de tout un ensemble d'autres dispositions analogues. Elles ont néanmoins déjà provoqué dans le parti légionnaire une vague de fureur frénétique contre le Conducator et M. Sima dont certains fanatiques auraient même juré la mort. (…)[3] faudrait s'attendre à des réactions violentes de la part de ces

---

[1] Les lettres de créance du baron von Killinger seront présentées au roi Michel de Roumanie le 3 février 1941. Dans la D. n° 52 en date du 4 février qui l'annonce, Spitzmüller indique notamment que lors de sa réception de la colonie allemande, le nouveau représentant du Reich a déclaré « que l'Allemagne et son Führer avaient pleine confiance dans la direction de l'État roumain par le général Antonesco », considéré comme le « Führer de la Roumanie », un témoignage de confiance que « la presse roumaine a relevé avec une particulière satisfaction ». (Guerre 1939-1945, Vichy, Z Europe, Roumanie, 686, document non reproduit).

[2] Dépêche dans Guerre 1939-1945, Vichy, Z Europe, Roumanie, 681. Spitzmüller y revient sur l'institution au début du mois d'octobre 1940 de « commissaire de roumanisation » : « Le principe était de nommer, auprès des entreprises industrielles ou commerciales du pays, un personnage dont le rôle théorique était de roumaniser l'entreprise, c'est-à-dire d'en exclure progressivement les Juifs, mais qui, en fait, était le représentant direct du mouvement légionnaire. [...] Le parti lui-même poussait à la nomination de nouveaux commissaires puisque chacun d'eux recevait de l'entreprise qu'il contrôlait de substantiels émoluments mensuels », une 'conquête légionnaire' qui « avait été en réalité la cause essentielle du désordre qui a amené l'économie de la Roumanie à une situation désespérée » et avait porté des « coups terribles » aux principales entreprises à intérêts français. Spitzmüller se réjouit donc de la suppression pure et simple de ces commissaires par l'article 1er du décret-loi du 18 janvier 1941, publié le 19 dans le JO, qui remplace le contrôle des commissaires légionnaires par un contrôle gouvernemental sur certains actes (achat ou aliénation d'immeubles, continuation sous un autre nom ou dissolution d'une entreprise industrielle ou commerciale, conclusion de contrats d'assurance sur la vie, de rente viagère ou d'entretien viager, location d'un fonds de commerce, transaction, compromis, renonciation ou reconnaissance d'un droit, renonciation à un héritage ou un legs, convention de partage ou acte d'indivision, location d'immeubles pour plus de cinq ans, renouvellement de baux, ainsi que toutes obligations dépassant le droit d'administration de l'entreprise). Spitzmüller prévoit que cela va provoquer de fortes réactions des Chemises vertes, même si pour masquer ce recul des Légionnaires, Horia Sima a décidé de créer un « état-major économique du mouvement qui comprendra quelques ministres dont celui du Travail, M. Iasinschi, et sera présidé par Mihail Manoilesco, ministre des Affaires étrangères au moment de l'arbitrage de Vienne pourtant si critiqué par la Garde de Fer. Voir aussi document n° 22, notes 4, 5 p. 50, et note 1, p. 51.

[3] Lacune de déchiffrement.

extrémistes qui sont puissamment armés et décidés à ne reculer devant rien pour obtenir satisfaction[1].

Communiqué Athènes, Ankara, Sofia, Belgrade, Budapest.

Guerre 1939-1945, Vichy, Z Europe, Roumanie, 681 (10GMII/681)

38

M. Spitzmüller, Chargé d'affaires de France à Bucarest,
   à M. Flandin, Ministre Secrétaire d'État aux Affaires
   Étrangères.

D. n° 40[2].   *Bucarest, 21 janvier 1941.*

Comme je l'ai annoncé par ma dépêche n° 32 en date du 18 janvier[3], une série de manifestations ont eu lieu le dimanche 19 janvier, tant à Bucarest qu'en province, au cours desquelles « les meilleurs orateurs légionnaires » prirent la parole sur le sujet suivant : « La lutte de l'Allemagne nationale-socialiste et de l'Italie fasciste pour la construction du nouvel ordre européen ».

Il n'y a pas grand-chose à tirer de tous ces discours où l'abondance verbale s'efforçait de suppléer à l'indigence de la pensée. Le thème général en était la lutte de l'Allemagne et de l'Italie contre les Juifs, puis les efforts pacifiques des deux pays de l'Axe en vue d'obtenir « leur droit à la vie dans l'espace qui leur revient » ; enfin, la « politique satanique » de la Grande-Bretagne qui amena le déchaînement de la guerre en Europe.

Dans l'ensemble, le rôle de la France au cours de ces dernières années fut à peine effleuré et les critiques à notre endroit furent relativement modérées. Par contre, les termes les plus violents furent employés contre la Grande-Bretagne, accusée non seulement d'avoir voulu la guerre, mais encore « de la prolonger et de plonger l'Europe et le monde dans la misère et la tristesse ».

Le développement systématique de cette campagne d'insultes contre l'Angleterre n'a pas été sans contribuer largement au déclenchement des manifestations qui se sont produites le 20 janvier[4] et au cours desquelles les

---

[1] Sur les relations difficiles entre Antonesco et les Légionnaires, voir notamment *DDF (1939-1944)*, 1940-2, document 396.

[2] La dépêche est intitulée : » A.s. des manifestations oratoires en faveur de l'Axe ».

[3] Dépêche (non reproduite) figurant dans Guerre 1939-1945, Vichy, Z Europe, Roumanie, 693, et intitulée « Réaction officielle contre la propagande britannique » à propos de nouvelles « inexactes » au sujet de troubles en Roumanie et de divergences graves au sein même du parti légionnaire. Horia Sima et Constant, le ministre de la Propagande, essaient de détourner la population de l'écoute de Radio-Londres dont le succès des émissions s'est considérablement accru du fait de « l'écœurement de la population en présence des difficultés économiques et de l'occupation allemande ».

[4] Plusieurs télégrammes de Spitzmüller informent le Département sur ces troubles qui iront en augmentant, après l'occupation par les Légionnaires de la préfecture de Police, de la faculté de

Légionnaires stigmatisèrent « l'Angleterre, les Juifs et les Grecs » en les unissant dans une haine commune.

Guerre 1939-1945, Vichy, Z Europe, Roumanie, 686 (10GMII/686)

39

NOTE DE LA SOUS-DIRECTION D'ASIE[1]

Vichy, 21 janvier 1941.

L'offre de médiation japonaise, qui nous avait été présentée une première fois officieusement et communiquée personnellement le 2 décembre dernier par M. Matsuoka[2], nous est répétée, mais aujourd'hui sous une forme solennelle, après délibération du gouvernement impérial et avec le consentement exprès de l'Empereur. Il est précisé, en outre, que la même démarche est faite auprès du gouvernement thaïlandais.

Enfin, alors que la raison invoquée par M. Matsuoka à l'appui de son offre du 2 décembre était le désir du gouvernement japonais d'éviter que la paix ne soit troublée en Extrême-Orient, motif est pris cette fois

---

Droit, du ministère de l'Intérieur (T. n°s 71 à 72 de Bucarest en date du 22 janvier). Après quelques hésitations, Antonesco fera donner l'assaut aux centres de résistance légionnaires le 23 janvier, en fin de matinée. Chaos, incendies, pillages, ruptures des communications, confusion en province qui s'ensuivent sont décrits dans les T. n°s 77 à 80 du 23 janvier. Le chargé d'affaires français signale aussi que les Légionnaires invitent l'armée à fraterniser avec eux et redoublent de servilité à l'égard de l'Allemagne « comme s'ils cherchaient par cet assaut de flagornerie à s'attacher le monopole de la protection allemande ». Sans effet : « Les Allemands se tiennent à l'arrière-plan », même s'ils « semblent néanmoins avoir massé des troupes en armes à proximité de la poste centrale et de la radio. » Le premier acte de l'ambassadeur du Reich, le baron Manfred von Killinger, arrivé ce jour-là, « aurait été de déclarer au général Antonesco que si l'ordre n'était pas rétabli » au soir, « c'est l'armée allemande qui s'en chargerait. » Le bilan est alors déjà évalué à plus de 2 000 morts dans la capitale (T. n°s 81 à 83 de Bucarest en date du 24 janvier). La situation commence à se calmer le 24 janvier après une proclamation plus résolue du général Antonesco qui veille néanmoins à « ne pas couper les ponts entre les Chemises vertes » par une « distinction subtile entre bons et mauvais Légionnaires » tandis qu'Horia Sima enjoint finalement à ses hommes de cesser le feu par un communiqué dans la nuit du 23 au 24, en caractérisant « les événements actuels non comme un conflit entre le mouvement légionnaire et la judéo-maçonnerie au service de l'espionnage anglais et de vives protestations contre le remplacement des préfets légionnaires dans tout le pays, contre les dernières mesures prises en matière économique et surtout contre la révocation du général Petrovicesco, ancien ministre de l'Intérieur et du chef de la Sûreté, Ghyka » principal organisateur du putsch. » (T. n°s 84 à 87 du 24 janvier), (tous ces documents non reproduits dans Guerre 1939-1945, Vichy, Z Europe, Roumanie, 681).

[1] Mention marginale manuscrite : « Copie Cabinet 22.1.41 ».

[2] Voir *DDF (1939-1944)*, 1940-2, document n° 407. La demande de médiation a été offerte le 3 décembre ; le 4, l'ambassadeur est chargé de remercier M. Matsuoka et de lui dire : « 1), que la frontière a été fixée par un traité négocié en 1907 en pleine paix et en dehors de toute contrainte et que ce règlement, à la demande du roi de Siam, a été qualifié de définitif ; 2) que le gouvernement français ne peut consentir à remettre en cause ce règlement, ni par des négociations directes, ni par l'entremise d'une tierce puissance ; 3) que des conseils de modération donnés à Bangkok seraient particulièrement opportuns ». Voir la note récapitulative du « règlement du différend franco-thaïlandais », en date du 13 mars 1941, *in* Guerre 1939-1945, Vichy, E Asie, Thaïlande, 414, document non reproduit.

d'une initiative britannique et de l'impossibilité pour le gouvernement japonais de tolérer une intervention active de la Grande-Bretagne en Thaïlande.

Il paraît difficile, dans ces conditions, de décliner l'offre japonaise[1].

Il ne semble pas, en effet, que le gouvernement thaïlandais, à supposer qu'il répugne à accepter une médiation, soit en mesure de résister à une pression japonaise accentuée. Le gouvernement français, s'il répondait négativement à la demande japonaise, porterait donc la responsabilité de la continuation du conflit. Il s'exposerait ainsi à la mauvaise humeur japonaise en même temps qu'au soupçon de collusion avec les puissances anglo-saxonnes. La mauvaise humeur du Japon, qui a un pied au Tonkin, serait en elle-même assez redoutable. En l'espèce, elle se traduirait, outre les difficultés qui nous seraient suscitées au Tonkin, par une aide élargie et renforcée à la Thaïlande. Comme, pour toutes les raisons exprimées par M. Arsène Henry[2], il nous est impossible de faire appel à l'entremise d'une puissance autre que le Japon, nous serions appelés à faire face à un conflit armé sans autre espoir de soutien que des livraisons de matériel américain, lesquelles, dans la meilleure hypothèse, ne se produiraient pas avant deux ou trois mois[3].

Dans ces conditions, la réponse française à la démarche japonaise pourrait être établie comme suit :

Le gouvernement français a fait connaître au gouvernement japonais les raisons de politique générale touchant le maintien de l'intégrité territoriale de l'Empire qui l'avaient amené à décliner l'offre de bons offices obligeamment présentée par M. Matsuoka à M. Arsène Henry le 2 décembre dernier.

Ces mêmes raisons eussent suffi à détourner le gouvernement français de faire appel à toute autre puissance ou d'accepter les bons offices de toute autre puissance au cas où ces bons offices lui eussent été offerts.

Le gouvernement français n'a fait appel, ni directement ni indirectement, à l'entremise britannique. Il n'a aucune connaissance d'une démarche britannique auprès du gouvernement thaïlandais et n'a lui-même été saisi ni directement, ni indirectement, d'une proposition britannique quelconque.

Soucieuse toutefois d'éviter que ne surgisse dans les relations franco-japonaises un malentendu qui pourrait être une cause de troubles en Extrême-Orient, et bien que la situation locale, sur le plan militaire comme sur le plan politique, lui soit apparue de nature à permettre le règlement du différend franco-thaïlandais par les échanges de vues directs qui se poursuivent en ce moment même entre le chargé d'affaires de France et le

---

[1] Une deuxième offre a été faite le 17 janvier. Le 20, l'ambassadeur à Tokyo fut chargé de dire à son interlocuteur que le gouvernement français persisterait dans son refus, mais avant qu'il ait pu répondre, M. Matsuoka est revenu à la charge (voir document n° 33).

[2] Voir notamment dans ce volume les documents n°s 19, 29, 33.

[3] Voir *DDF (1939-1944)*, 1940-2, document n° 427.

gouvernement de Bangkok[1], le gouvernement français a décidé d'accepter l'offre du gouvernement japonais.

Le gouvernement français tient à marquer que si les revendications territoriales thaïlandaises sur les enclaves de la rive droite du Mékong constituent naturellement les limites extrêmes à l'intérieur desquelles puisse s'exercer l'action médiatrice, il est bien entendu que l'acceptation de la médiation n'implique pas de sa part l'abandon de ces enclaves.

(…) daises auront cessé. Il estime, en outre, nécessaire, pour que l'examen du fond des problèmes soulevés puisse s'engager et se poursuivre avec la sérénité désirable, que les éléments de forces armées qui de part et d'autre, au cours d'opérations locales, auraient franchi la frontière, soient ramenés sur leurs territoires respectifs.

L'ambassadeur de France à Tokyo a qualité pour s'entretenir avec le gouvernement japonais sur toute question de procédure relative à l'exercice de la médiation japonaise[2].

En même temps que cette communication serait faite au gouvernement japonais, il serait indispensable, en raison de l'intérêt manifesté par le gouvernement américain pour cette affaire et des démarches pressantes que nous avons multipliées ces temps derniers à Washington[3], de faire part à l'ambassade des États-Unis de la décision prise et des raisons qui nous ont conduits à la prendre.

Guerre 1939-1945, Vichy, E Asie, Thaïlande, 413 (3GMII/413)

40

M. CHARLES-ARSÈNE HENRY, AMBASSADEUR DE FRANCE À TOKYO,
   À M. FLANDIN, MINISTRE SECRÉTAIRE D'ÉTAT AUX AFFAIRES
   ÉTRANGÈRES.

T. n°s 73 à 78[4].   *Tokyo, 22 janvier 1941, 18 h.*

(*Reçu : le 23, 7 h.*)[5]

Je sors de chez le vice-ministre des Affaires étrangères avec lequel j'ai eu une conversation de près de 2 heures des plus désagréable.

---

[1] Voir notamment dans ce volume le document n° 35.

[2] Paragraphe écrit à la main avec quelques ratures.

[3] Pour un récapitulatif, voir note « Échange de vue franco-américain concernant l'affaire d'Indochine » du 13 décembre 1941, *in* Guerre 1939-1945, Vichy, E Asie, Indochine, 263 (document non reproduit). Voir aussi les documents diplomatiques américains – *Foreign Relations of the United States, 1941*, vol. 5, *The Far East*, Washington, Government Printing Office, 1956 – qui rendent compte des nombreux échanges entre les représentants des deux pays à Vichy, Washington et Bangkok.

[4] Mention marginale manuscrite : « Com[muniqué] Col[onies] 23.1.1941 ».

[5] Le T. n° 73 a été reçu le 22 janvier à 15 h.

Il m'a convoqué pour me faire, m'a-t-il dit, une communication de la part du Ministre retenu au Parlement. Il m'a mis sous les yeux un télégramme « Domei » daté de Vichy du 19 janvier annonçant que des négociations étaient entamées entre la France et la Thaïlande pour le règlement de leur conflit et il m'a dit que le Japon considérait que, du moment qu'il avait offert sa médiation, il n'y avait pas lieu de faire d'autres négociations ; qu'il comptait donc que la conduite de tous autres pourparlers lui serait remise. Je lui ai répondu que le papier même qu'il me montrait contenait ma réponse.

Un télégramme parti de Vichy le 19 ne pouvait se référer qu'à des événements datant au plus tard du 16 ou du 17, or la proposition de médiation japonaise n'avait pas pu vous toucher avant le 22 ; que donc il était très possible que notre ministre en Thaïlande ait ouvert des pourparlers avec le gouvernement auprès duquel il est accrédité ce qui est la chose la plus normale et contre laquelle le gouvernement impérial ne saurait élever la moindre objection. Il s'est ensuivi à cet égard une discussion dont le ton est monté très rapidement, où nous avons passé en revue tous les motifs de suspicion ou de plainte que nous pouvions avoir l'un et l'autre. Je lui ai toujours laissé l'initiative des propos désagréables, mais tout compte fait, je ne suis pas en reste avec lui. Je passe sur tout ce que nous nous sommes dit pour en venir à la conclusion.

En résumé, les Japonais considèrent que les Anglais, mus par le gouverneur général de l'Indochine (voyage à Singapour du commandant Jouan)[1], ont proposé à la Thaïlande leur médiation ; que devant l'opposition japonaise, nous avons changé nos batteries et ouvert officiellement des négociations directes, mais dont les Anglais tirent les fils en sous-main ; que le Japon ne peut pas admettre cette intrusion des Anglais et qu'il nous demande de rompre les pourparlers avec les Thaïlandais et de remettre l'affaire entre les mains du Japon.

Il va sans dire que j'ai discuté et l'ensemble de cet exposé et chacune de ses étapes. J'ai dit au Vice-Ministre que je ne voulais aucune équivoque ; que je le prévenais que, quoiqu'il me le demande, je me refusais absolument à vous recommander de rompre une négociation éventuellement engagée en toute indépendance avec la Thaïlande simplement parce que le Japon désirait s'en mêler ; qu'à la rigueur, je comprendrais que le Japon se plaignît s'il s'agissait d'une médiation anglaise mais que des pourparlers

---

[1] Dans la longue note récapitulative de la sous-direction d'Asie sur le « conflit franco-thaïlandais » en date du 31 mars 1941, il est rappelé que « cet officier français appartenant à l'entourage de l'amiral Decoux [...] avait été chargé de traiter avec les autorités britanniques locales des questions relatives aux transports par mer entre Singapour et Saïgon ». (*In* Guerre 1939-1945, Vichy, E Asie, Thaïlande, 414, document non reproduit). De fait, l'aide-mémoire de l'ambassadeur britannique au Département d'État en date du 6 janvier 1941, publié dans les documents diplomatiques américains (*Foreign Relations of the United States*, 1941, vol. 5, *op. cit.*, pp. 2-5) fait état de la mission du capitaine Jouan, aide de camp du Gouverneur général de l'Indochine, à Singapour du 25 au 31 décembre 1940, dont le résultat a été l'établissement d'un modus vivendi informel sur les questions économiques, mais aussi l'indication par le capitaine Jouan du désir de l'Indochine non seulement de coopérer à ce titre avec la Grande-Bretagne, mais aussi de résister à l'expansion japonaise. S'agissant du conflit avec la Thaïlande, le capitaine Jouan a déclaré que la médiation offerte par les Japonais apparaissait trop dangereuse et que les Français lui préféreraient une médiation par les États-Unis, ou par les États-Unis et la Grande-Bretagne réunis.

normalement engagés par un diplomate avec le gouvernement auprès duquel il est accrédité ne peuvent porter ombrage à personne. Je crois devoir vous signaler que, malgré tout ce que j'ai pu lui dire, je n'ai pas ébranlé la conviction où il est que les Anglais ont négocié en sous-main avec le gouverneur général de l'Indochine. Il affirme en avoir des preuves certaines, et je me demande si les Japonais n'ont pas déchiffré des télégrammes anglais et interprété l'expression d'un désir comme une réalité acquise[1]. Le Vice-Ministre a été jusqu'à me dire que les autorités d'Indochine ont intrigué avec les Anglais à l'insu du gouvernement français ; cela mériterait une sanction. Je lui ai dit que je n'admettais pas cette hypothèse et il en est résulté une des phases les plus tendues de notre conversation.

Mon opinion sur le fond est que si des négociations sont engagées, il faut absolument qu'elles aboutissent sans aucun délai et que la meilleure façon de devancer la médiation japonaise serait de pouvoir annoncer que l'affaire est déjà réglée. Si les négociations doivent traîner, il est certain que la tension augmentera ici. La décision des Japonais d'offrir de nouveau leur médiation après un premier (...)[2] a été précipitée par la nouvelle des prétendues intrigues des autorités françaises et anglaises. Le gouvernement impérial a maintenant pris une position officielle et M. Matsuoka a déclaré en plein Parlement que le Japon attachait la plus grande importance au règlement du conflit franco-thaïlandais[3]. Comme je l'ai déjà dit, cette malheureuse affaire de médiation anglaise est susceptible de déclencher un conflit ouvert entre le Japon et les Anglo-Saxons qui serait une catastrophe pour l'Indochine. Dans ces conditions, je crains que, si nous ne pouvons pas nous entendre *dans le plus bref délai*[4] avec les Thaïlandais, il ne soit finalement impossible d'éviter de recourir à la médiation japonaise. Ce n'est pas sans regretter profondément que nous en soyons arrivés là et je connais bien tous les inconvénients de cette solution ; mais les événements ont beaucoup marché depuis la première initiative de M. Matsuoka.

Guerre 1939-1945, Vichy, E Asie, Thaïlande, 406 (3GMII/406)

---

[1] Dans la note « Conflit franco-thaïlandais » précitée, selon des indications « postérieurement données par M. Matsuoka lui-même, il résulterait que la démarche de sir Josiah Crosby aurait été relatée au ministre du Japon à Bangkok par le président du Conseil thaïlandais » et que « le soupçon de collusion du gouvernement général de l'Indochine se fondait sur la présence, au moment de cette démarche », du capitaine Jouan.

[2] Lacune de déchiffrement.

[3] Voir les documents nᵒˢ 29, 33, 35.

[4] Souligné dans le texte.

41

M. Jules Henry, Ambassadeur de France à Ankara,
    à M. Flandin, Ministre Secrétaire d'État aux Affaires
    étrangères[1].

T. n°s 73 à 75.   *Ankara, 22 janvier 1941, 22 h.*

(*Reçu* : le 23, 8 h.)

Le ministre des Affaires étrangères me disait ce matin que, d'après les renseignements qui lui sont parvenus, le chiffre des troupes allemandes en Roumanie s'élevait en ce moment à 150 000 hommes[2]. Ces effectifs sont habilement répartis afin de permettre toutes sortes de conjectures quant à leur utilisation future.

M. Saradjoglou exclut, pour le moment tout au moins, l'idée d'une menace directe contre la Turquie ; l'hypothèse d'une opération par la Bulgarie doit au contraire être sincèrement envisagée. Les Bulgares, m'a dit le Ministre, se sont dérobés deux fois déjà à la pression allemande et une fois à la pression russe mais les Allemands ne forceront-ils pas la position[3] ? Dans ce cas l'exemple de la Roumanie devrait, a-t-il poursuivi, donner à réfléchir à nos voisins et les inciter à résister plutôt que de laisser faire. « Que feriez-vous en cas de passage des troupes du Reich lui demandai-je ? » – « La cloche sonnera pour nous », me répondit-il.

Est-ce une affirmation que la Turquie se mettrait en mouvement même dans le cas où les Bulgares acceptant le passage des troupes allemandes, la Thrace serait respectée ? Cela certainement, si l'on observe le soin que les personnalités responsables de ce pays apportent à affirmer que la Turquie se défendra si elle est attaquée.

Sans doute le moment venu, le Reich aura-t-il à compter avec la Grande-Bretagne dont l'influence ne fait que croître ici et dont les représentants militaires poursuivent (...)[4] des conversations d'état-major, il lui faudra également et surtout tenir compte de la position et peut-être des notes en avertissement de Moscou.

Communiqué postes balkaniques et Moscou.

Guerre 1939-1945, Vichy, Z Europe, Balkans, 937 (10GMII/937)

---

[1] Mention marginale manuscrite : « Vu par la Guerre ».

[2] Voir documents n°s 1 et 5.

[3] Voir documents n°s 8 et 25.

[4] Lacune de déchiffrement.

42

M. Charles-Arsène Henry, Ambassadeur de France à Tokyo,
à M. Flandin, Ministre Secrétaire d'État aux Affaires
étrangères.

D. n° 12.[1]   *Tokyo, 22 janvier 1941.*

La signature, annoncée hier soir, d'un *modus vivendi* relatif aux pêche-ries entre les Soviets et le Japon est le premier résultat concret des conver-sations engagées à Moscou, depuis l'automne dernier, par le général Tatekawa[2]. Résultat bien maigre : il ne s'agit que de la prolongation pour un an de la convention provisoire passée à Moscou le 30 décembre 1939 entre M. Molotov et M. Togo, alors ambassadeur du Japon[3]. Les Japonais n'avaient pas caché, à cette dernière date, qu'ils comptaient bien obtenir,

---

[1] Dépêche intitulée : « État actuel des relations russo-japonaises ». Sur les relations entre les deux pays vues de Moscou, on peut se référer à la D. n° 6 d'Eirik Labonne en date du 14 janvier 1941, dont l'annexe rapporte l'entretien « occasionnel » qu'il a eu avec un secrétaire de l'ambassade du Japon en URSS. Ce dernier « a admis que les Russes faisaient systématiquement obstacle au règlement des questions intéressant directement les deux États » et dont trois d'entre elles « peuvent être considérées, de par leur nature, comme susceptibles de donner [...] la température des rela-tions soviéto-japonaises : 1) question de la frontière mandchoue, 2) question des pêcheries, 3) ques-tion de Sakhaline ». Sur le premier point, malgré l'accord intervenu sur le tracé général, le travail des sous-commissions de mise en œuvre du principe adopté est « constamment entravé par les chicanes soulevées par les fonctionnaires soviétiques, qui déclarent à chaque instant devoir en référer et n'obtiennent que rarement des réponses satisfaisantes du gouvernement central. » La convention des pêcheries, renouvelée généralement avant le 1er janvier, a pris du retard : « Les Russes n'exigent pas expressément l'abolition des clauses du traité de Portsmouth, mais ils émettent des exigences telles qu'elles en empêchent en réalité l'application et même en faussent la raison d'être. » Quant à Sakhaline, « les Russes entravent, non par des revendications précises, mais par de multiples chicanes, l'exploitation normale des gisements de pétrole concédés aux Japonais en vertu du traité de Portsmouth, dans la partie nord de Sakhaline. » Ils jouent aussi sur les retards d'envoi de main-d'œuvre fixée selon la base de 75 % d'ouvriers russes, contre 25 % d'ouvriers japo-nais. Par ailleurs, l'interlocuteur japonais de Labonne (« M. N. ») « a l'impression très nette que les Soviets cherchent à détourner le Japon vers le sud. » in Guerre 1939-1945, Vichy, Z Europe, URSS, 847, document non reproduit).

[2] Deux conventions ont été signées le 30 (ou 31) décembre 1939 entre le Japon et l'URSS, l'une sur le paiement par le Mandchoukouo des frais dus à l'URSS pour la ligne ferroviaire de Chine orientale, l'autre renouvelant pour 1940 l'accord sur les pêcheries dans les eaux du Kamtchatka et prévoyant d'entreprendre avant la fin de l'année 1940 des négociations pour un traité de longue durée sur la pêche.

[3] L'annexe de la D. n° 6 précitée de Labonne détaille les conditions financières de la convention de pêche : « les lots de pêche exploités par les Japonais dans les eaux territoriales de l'Extrême-Orient font l'objet d'enchères et donnent lieu, à titre de redevance, au paiement d'une certaine quantité d'obligations émises par la banque d'État de l'URSS pour le compte de la société Ako » [pour le développement économique du Kamtchatka]. « La question des enchères présente deux aspects : a) fixation des prix des lots [...] ; modalités de libération. » L'ambassadeur précise que si la consistance et le prix des lots étaient parfois fixés à l'avance par voie de négociations diploma-tiques, c'est la question du mode de libération, c.à.d. celle du rapport du yen au rouble toujours réglée annuellement qui pose problème : « Or, actuellement, M. Molotov prétend revenir au cours officiel [...]. Du coup et sans que les Russes violent les arrangements antérieurs, le loyer des conces-sions se trouve plus que doublé, presque triplé. La consolidation des prix se retourne contre les Japonais et l'économie des accords est pratiquement bouleversée à leurs dépens, cela précisément à un moment où les compagnies concessionnaires traversent une crise du fait des difficultés qu'elles éprouvent à écouler les produits de la pêche, du fait notamment de la fermeture du débouché anglais et des obstacles prévus du côté de l'Amérique.

au cours de l'année écoulée, un accord de longue durée plus avantageux ; une fois de plus il leur faut, au dernier moment, se résigner à la stagnation. Toujours tenaces, ils n'en ont pas moins perdu l'espoir d'arriver à leurs fins ; le communiqué publié hier au soir par le Bureau d'Information gouvernemental spécifie qu'on est d'accord de part et d'autre pour conclure dans l'année une convention permanente. À cet effet une commission tripartite de dix membres doit dès à présent se mettre à la tâche.

On prend soin, de plus, de faire observer que la cote mal taillée à quoi on vient d'aboutir à été rendue possible par une concession des Soviets ; ces derniers avaient mis en avant des exigences nouvelles relatives au mode de paiement des droits de concessions, qui auraient considérablement accru les charges financières des Japonais ; ils y ont renoncé en tout dernier lieu, se contentant d'une augmentation de 20 % dans le montant de la somme globale à recevoir[1].

La question des pêcheries des mers d'Okhotsk et du Japon est toujours suivie avec attention par le gouvernement japonais ; cette pêche occupe, en effet, 20 000 pêcheurs pendant près de 6 mois et nécessite un tonnage de chalutiers de 300 000 tonnes : bon an mal an, elle rapporte au pays un gain de 40 à 50 millions de yens. Mais, en outre, elle est considérée comme le baromètre des relations russo-japonaises. Aussi convient-il de faire un court retour en arrière pour rappeler quelles sont actuellement les questions pendantes entre les deux pays.

La conclusion de l'alliance tripartite, le 27 septembre dernier[2], a été considérée ici comme devant avoir pour premier avantage celui de clarifier les rapports avec la Russie. De plusieurs déclarations faites à ce moment il ressort qu'on voulait voir également pour le Kremlin un intérêt considérable à s'entendre avec Tokyo ; on allait même jusqu'à dire que la politique d'opportunisme temporisateur des Soviets y trouverait son compte : n'était-il pas tout naturel que la Russie poussât à un conflit entre le Japon et les puissances anglo-saxonnes pour en tirer avantage quelle que fut l'issue ? Aussi concluait-on qu'il ne fallait s'attendre à rien de moins qu'à la signature d'un pacte de non-agression russo-japonais. On ne prévoyait, pour y parvenir, que quelques divergences d'appréciation quant au rôle joué par les Soviets auprès du gouvernement de Tchoung King (la traduction anglaise de deux articles parus à ce moment dans deux grandes revues japonaises est jointe à la présente dépêche)[3].

On sait ce qui est advenu depuis lors de telles espérances et la conclusion d'un pacte de non-agression paraît bien lointaine. Restent les questions pratiques toujours pendantes. En dehors de celle des pêcheries, la plus importante, elles sont au nombre de deux : la question de la délimitation des frontières mandchoues et celle des concessions minières de Sakhaline.

---

[1] Sur la signature de l'Alliance tripartite, voir *DDF (1939-1944)*, 1940-2, document n° 244. Pour le texte du traité, Voir Papiers 1940, Papiers Baudouin, 1.

[2] Annexes non retrouvées.

[3] Une ligne illisible avant « On sait ce… », avec un point d'interrogation à la main en marge.

Aucune indication n'est parvenue concernant les problèmes d'exploitation commune dans cette île ; les plaintes que les journaux japonais élevaient périodiquement contre les difficultés suscitées par les Russes dans ce domaine se sont tues depuis quelques mois ; seule une information laconique a annoncé récemment, d'une façon très générale, que les multiples problèmes du travail n'avaient pas, à Sakhaline, avancé d'un pas.

Pour ce qui touche, enfin, à la délimitation des frontières, il n'y a rien eu de nouveau depuis l'accord de principe du 26 août dernier (ma dépêche n° 271)[1] pour la fixation de la frontière entre les deux Mongolie. Tout ce qu'on peut dire, c'est que les incidents qui étaient monnaie courante dans ces parages ne se produisent plus. Du moins n'en a-t-on pas connaissance ici.

Mais si l'on précise que ce dernier accord des frontières a précédé la signature par le Japon de l'Alliance tripartite avec l'Allemagne et l'Italie ; si l'on se rappelle les récents articles publiés par certaines personnalités militaires (colonel Mabuchi) pour réveiller l'attention de l'opinion sur le danger qui reste menaçant au nord, il sera permis d'affirmer que les Japonais se sont leurrés tout au moins sur un point : la longueur de l'intervalle de temps nécessaire pour que l'alliance avec Rome et Berlin détendît les rapports avec la Russie[2].

Communiqué à Hanoï, Pékin.

Guerre 1939-1945, Vichy, E Asie, Japon, 312 (4GMII/312)

---

[1] Document non retrouvé. L'armistice avait été signé le 15 septembre 1939, voir à ce sujet Documents diplomatiques français, Série Deuxième Guerre, 1939 (3 septembre-31 décembre), Bruxelles, P.I.E. Peter Lang, 2002 (ci-après *DDF (1939-1944)*, 1939), documents n°s 78, 128. Voir aussi *DDF (1939-1944)*, 1940-1, document n° 383 au sujet de l'accord frontalier favorable au Mandchoukouo signé en juin 1940.

[2] Pour une analyse des relations entre l'URSS et le Japon par les diplomates français, voir *DDF (1939-1944)*, 1939, document n° 319, ainsi que la longue note « Au sujet des rapports nippo-soviétiques » de la Sous-Direction d'Asie-Océanie, en date du 3 septembre 1940 (Papiers 1940, Papiers Baudouin, 5, document non reproduit mais résumé dans *DDF (1939-1944)*, 1940-2, document n° 244, note 1, p. 527). Une autre dépêche non datée, probablement de la fin février 1941, de Charles-Arsène Henry (n° 34) qui fait suite à la présente dépêche, revient sur la reprise, annoncée par un communiqué du Gaimusho, des négociations économiques entre le Japon et les Soviets, qui doivent s'étendre « non seulement aux questions commerciales, mais à des problèmes tels que la liberté d'entrée et de séjour des Japonais en U.R.S.S. » : » Le ministre des Affaires étrangères a également fait connaître au Parlement qu'une commission mixte russo-japonaise continue toujours de s'occuper de son côté des problèmes afférents aux concessions de Sakhaline et il a conclu en disant que le gouvernement ne négligeait rien pour régler le problème de la frontière entre le Mandchoukouo et la Mongolie. » Faute d'éléments plus précis, l'Ambassadeur note le ton « empreint d'un optimisme et d'une amabilité marquée » utilisée par le ministre japonais pour traiter des relations avec le Japon ; même s'il « a déclaré qu'il ne saurait être question pour son pays d'abandonner le Pacte anti-Komintern, il l'a fait en termes particulièrement courtois et mesurés, précisant notamment, 'qu'il ne faut pas perdre de vue un point important, c'est que le Pacte n'est pas spécifiquement dirigé contre l'Union Soviétique' ». Charles-Arsène Henry ajoute « sous toutes réserves, que le bruit court que les Japonais auraient admis comme base d'une entente générale les concessions suivantes : démilitarisation des territoires situés de part et d'autre de la frontière de Mandchourie, reconnaissance des intérêts spéciaux des Russes sur l'ancienne ligne de l'Est asiatique et enfin concessions importantes accordées aux Soviets dans la région de Sakhaline. » (Guerre 1939-1945, Vichy, E Asie, Japon, 312, document non reproduit).

43

M. Noël Giron, Consul général de France à Port-Saïd,
à M. Flandin, Ministre Secrétaire d'État aux Affaires
   étrangères.

D. n° 3[1].   *Port-Saïd, 22 janvier 1941.*

   Confidentiel.

Jusqu'à l'entrée en guerre de l'Italie, aucun fait notable n'est venu troubler
la quiétude dont jouissait le canal de Suez. Un amiral et quelques officiers
de marine anglais s'étaient bien installés à Ismailia, dès le début des hostilités avec le Reich, pour prendre en main, à l'occasion, les services de la
Compagnie, mais aucune suite ne fut donnée à ce projet envisagé seulement pour le cas où une observation trop stricte des clauses du traité de
Constantinople[2] serait venue entraver le transit et la réparation des navires
britanniques.

Sitôt l'Italie entrée en guerre, un manque de sang-froid se manifeste à la
Compagnie. Tout le long du canal on appréhende des bombardements
venant de l'air ou de la mer, on appréhende aussi un mouvement hostile de
la part des indigènes ou des résidents italiens. De là, certains pourparlers
officieux avec les autorités militaires et navales de Beyrouth qui aboutiront,
fin mai 1940, aux curieuses instructions venues de Syrie qui placent sous
l'autorité de l'amiral anglais, fixé à Ismailia, tous les affectés spéciaux de la
Compagnie, réunis en un « groupe de défense autonome » pour assurer
la protection du canal et de ses dépendances : immeubles et matériel. En
même temps, l'Agent supérieur fait conseiller aux familles françaises de
quitter Port-Saïd et tout le monde, autorités et particuliers, se préoccupe
d'organiser la défense passive.

Au point de vue du droit international, la constitution du « groupe de
défense autonome » est discutable et discutée : ses membres sont-ils des
soldats ou des francs-tireurs ? Après de nouvelles démarches officieuses
des chefs locaux de la Compagnie, le général Mittelhauser[3] prend une autre
décision, qui revêt cette fois la forme d'un ordre de mission et prescrit maintenant à tous les citoyens français, soumis aux obligations militaires et
résidant dans la zone du canal, de se mettre aux ordres de l'amiral britannique commandant la *Canal Area* pour la défense de cette zone.

---

[1] Dépêche intitulée « Le canal de Suez et la guerre ».

[2] Il s'agit de la convention de Constantinople « destinée à garantir le libre usage du canal
maritime de Suez », du 29 octobre 1888, qui stipule en son article 1 que : « le canal maritime de
Suez sera toujours libre et ouvert en temps de guerre comme en temps de paix, à tout navire de
commerce et de guerre, sans distinction de pavillon. En conséquence, les Hautes Parties contractantes conviennent de ne porter aucune atteinte au libre usage du canal, en temps de guerre
comme en temps de paix. »

[3] Le général Eugène Mittelhauser a succédé au général Weygand à la tête des troupes de Syrie
lorsque ce dernier est revenu en France pour prendre le commandement des armées françaises en
pleine débâcle, le 19 mai 1940.

Mais l'État égyptien, qui est neutre[1] et sur le territoire duquel se fait cette mobilisation au petit pied, n'a toujours pas été consulté. Le commandant de la police égyptienne de Port-Saïd, un Anglais cependant, déclare officieusement que si les membres du Groupe de défense autonome dépassent, en armes, les limites de la concession du canal, il fera tirer sur eux. Après maints pourparlers, la raison prévaut enfin et une décision de Beyrouth en date du 8 juillet annule l'ordre de mission donné le 23 juin. L'alerte avait été chaude et nous avions évité de justesse un incident grave avec le gouvernement égyptien.

Durant les mois qui suivirent les événements relatés plus haut, les membres français du conseil d'administration de la Compagnie semblent n'avoir pas donné signe de vie et M. de Benoist, l'agent supérieur en Égypte, prit de sa propre initiative, paraît-il, la direction effective sur place des affaires du canal alors que ses fonctions réelles étaient uniquement celles d'un agent de liaison avec le gouvernement égyptien. Ce gouvernement, devant le manque de nouvelles et la carence apparente du conseil d'administration, jugea l'occasion propice pour tenter de prendre en main l'administration du canal sous couleur de sauvegarder ses intérêts de propriétaire éminent ; l'entreprise ne devait-elle pas lui revenir à la fin, assez prochaine, de la concession ?

Pour résister à la pression des Égyptiens, qui augmentait chaque jour, M. de Benoist ne vit qu'un moyen, s'appuyer sur les Britanniques et c'est ainsi qu'il fut amené, semble-t-il, à créer, soutenir, puis à diriger le mouvement des « Français libres » dans ce pays. Il donnait ainsi des gages, qu'on ne lui avait d'ailleurs pas demandés, en échange de l'aide britannique dont il allait avoir besoin pour résister et faire échec aux prétentions du gouvernement égyptien.

Pour dire le vrai, l'Agent supérieur paraît avoir pris une peine inutile et peut-être trahi la cause qu'il voulait défendre en se jetant littéralement à la tête des Anglais qui, à ce qu'on dit, n'avaient besoin d'aucune sollicitation pour préférer conserver son caractère français à l'administration du canal de Suez plutôt que de laisser les Égyptiens s'en emparer. Depuis longtemps, les Britanniques ne nourrissent assurément plus aucune illusion sur les capacités des indigènes et ils ont pu constater, en outre, depuis la guerre, l'âpreté avec laquelle le gouvernement local cherchait à introduire des Égyptiens (voir ma dépêche n° 2 du 20 janvier)[2] dans les sociétés, entreprises ou simples maisons de commerce étrangères établies dans le pays. Le canal de Suez aux mains du gouvernement égyptien, c'était à bref délai l'installation d'un grand nombre d'indigènes inutili-

---

[1] Bien qu'allié pour 20 ans à la Grande-Bretagne par le traité de 1936, le gouvernement égyptien était resté, depuis le 3 septembre 1940, sur une position officielle de neutralité, celle-ci étant cependant, dans les faits, nettement favorable aux Alliés. Le traité de 1936 consolidait les intérêts britanniques, notamment parce qu'il ménageait à l'Angleterre la concession d'une vaste zone militaire à l'est et le long du canal de Suez, où, en cas de guerre, pouvaient être concentrées des troupes de tout le Commonwealth, sauf le Canada.

[2] Document non retrouvé.

sables dans de grasses sinécures et, partant, la désorganisation de tous les services avec sa fatale répercussion sur les opérations navales et militaires. Il ne faut pas perdre de vue, en effet, que Port-Saïd, Suez et le canal sont submergés depuis trois mois d'un flot continu de troupes et de matériel venu du sud ou du nord et que les ateliers de la Compagnie travaillent jour et nuit à la réparation ou la construction de petites unités auxiliaires de la marine britannique.

Cette tentative de mainmise sur le canal semble donc avoir définitivement échoué, et la venue ici de M. Georges Edgar-Bonnet au début de novembre dernier aura sans doute contribué pour sa part à ce résultat. Mais, sans se lasser, les Égyptiens recommencent déjà, sous le masque de la légalité, des manœuvre obliques destinées à entamer l'indépendance et l'intégrité de la Compagnie : c'est ainsi que sous prétexte de réviser les permis de séjour des Français, le gouvernement manifeste l'intention, en s'appuyant sur les Actes de Montreux[1], de demander le départ de tous ceux qui n'ont pas cinq ans de séjour en Égypte. Dans ma circonscription cette mesure atteindrait une cinquantaine de nos compatriotes récemment entrés à la Compagnie du canal. Il ne fait aucun doute que des indigènes seront immédiatement proposés ou même imposés pour les remplacer.

D'autre part, les dirigeants locaux de la Compagnie ayant, croit-on, trouvé expédient de faire annoncer par proclamation militaire et au nom de l'ordre public, que certains paiements aux obligataires seraient faits jusqu'à nouvel ordre en monnaie dépréciée, un député, qui est en même temps « Président de la société des porteurs de titres », a demandé d'une part à interpeller le gouvernement pour faire rapporter cette mesure et, d'autre part, intenté une action en justice contre le Suez. Il préconise, entre autres, la désignation de la National Bank of Egypt comme séquestre judiciaire des biens appartenant à la Compagnie, notamment pour rapatrier en Égypte les avoirs en dollars et en sterlings déposés à l'étranger, qui deviendraient nécessaires si l'on reprenait, comme il le demande, le paiement en monnaie-or des coupons aux obligataires.

Il est peu probable, cette fois encore, que le gouvernement britannique laisse les Égyptiens « grignoter » ainsi la Compagnie, mais il a été trop souvent et trop profondément alarmé ces temps derniers pour ne pas réagir. On prétend que Londres, tant que durera la guerre, serait porté à maintenir les choses en l'état, c'est-à-dire à nous épauler, mais qu'il se montrerait aussi fermement décidé, après une issue favorable du conflit actuel, à prendre pour son propre compte et définitivement cette fois le contrôle effectif du canal de Suez. L'Égypte recevrait pour son dédommagement une partie de la Cyrénaïque et la région du Lac Tsana, propres à lui assurer de meilleures frontières, mais tout le profit et toute l'influence, que la France retire de sa situation, privilégiée de fait, dans l'administration et le

---

[1] Il s'agit des Actes de la conférence des Capitulations, à Montreux (12 avril-8 mai 1937), abolissant les capitulations en Égypte.

haut personnel de la Compagnie du canal de Suez, s'évanouiraient définitivement et sans compensation aucune.

Guerre 1939-1945, Vichy, K Afrique, Égypte, 70 (5GMII/70)

44

M. Pietri, Ambassadeur de France à Madrid,
   à M. Flandin, Ministre Secrétaire d'État aux Affaires
   Étrangères.

T. n°s 127 à 131.   *Madrid, 24 janvier 1941, 21 h. 45.*

(*Reçu* : le 25, 17 h. 30)

Je me réfère à votre télégramme n° 118[1].

J'ai remis ce matin à sir Samuel Hoare le texte détaillé de nos propositions concernant l'organisation d'un contrôle sur les produits importés. J'y
ai joint, à l'appui, des explications plus étendues que je lui ai fournies, un
aide-mémoire marquant d'une part l'intérêt que nous portions à voir s'ouvrir le plus tôt possible des négociations dont nous avons accepté le principe
depuis déjà une quinzaine de jours[2], d'autre part la pénible surprise que
nous éprouvons en constatant que la Grande-Bretagne accentue singulièrement la rigueur de son blocus dans le moment où, suivant son désir, nous
nous déclarons prêts à entamer des pourparlers et à nous plier à une formule de surveillance aussi étendue qu'il est possible.

L'ambassadeur d'Angleterre m'a paru bien impressionné par la précision
du système de garantie suggéré. Il m'a promis qu'aujourd'hui même il
enverrait le document à Londres par la valise et que, dès le retour de
M. Eccles de son voyage à Tanger, à savoir au début de la semaine prochaine, il pensait que les conversations pourraient s'engager.

Concernant les captures de navires, il s'est montré sensiblement embarrassé devant le rappel que je lui ai fait de ses propres assurances, et il a cru
pouvoir alléguer certains faits nouveaux comme la découverte à bord du

---

[1] T. n° 118 de Vichy à Madrid, en date du 20 janvier 1941, évoquant des négociations sur le
libre passage et le système de contrôle à établir en France. Les « principes généraux » stipulent que
« le gouvernement français est disposé à appliquer un système de contrôle, inspiré des accords
anglo-danubiens, à l'égard des produits d'outre-mer, et pour lesquels une autorisation générale de
libre passage en France serait prévue dans l'accord à intervenir », avec la liste des produits originaires de l'étranger et des possessions françaises dont l'importation serait autorisée dans la métropole, dans la limite de contingents répartis entre la zone libre et la zone occupée. Pour le texte, voir
Guerre 1939-1945, Vichy, Z Europe, Grande-Bretagne, 332.

[2] Négociations acceptées à la suite de l'affaire de l'arraisonnement de plusieurs navires de
commerce français par les Britanniques (voir note suivante). Des premières propositions pour un
« accord de libre passage » sont données par le T. n°s 64 à 68 de Vichy à Madrid, en date du 11 janvier 1941 (*in Guerre 1939-1945, Vichy, Z Europe, Grande-Bretagne, 332*, document non reproduit).

Sally-Maersk[1] de marchandises de contrebande à destination de l'Italie ou le prélèvement par l'Allemagne d'une proportion atteignant selon lui 60 % des récents arrivages à Marseille.

J'ai, suivant les indications de Votre Excellence, contesté jusqu'à plus ample informé l'une et l'autre de ces affirmations et notamment la première. Mon attaché naval s'est d'ailleurs, dès ce soir, mis en rapport avec son collègue britannique pour prendre connaissance des papiers du *Sally-Maersk*.

Dans tout le cours de notre entretien, le ton de mon collègue m'a semblé, comme la dernière fois que je l'ai rencontré, trahir une certaine gêne. En m'efforçant d'en rechercher l'origine, je crois dès maintenant pouvoir noter que les hésitations et les réticences de sir Samuel Hoare ont sensiblement coïncidé avec le moment où le Foreign Office a changé de titulaire[2] et se sont encore accusées depuis la récente crise des rapports franco-allemands[3].

Guerre 1939-1945, Z Europe, Vichy, Grande-Bretagne, 332
(10GMII/332)

---

[1] Le T. nᵒˢ 2 à 3 de Vichy à Madrid en date du 2 janvier 1941 demande à l'ambassadeur Pietri de protester auprès de son collègue britannique après l'arraisonnement, le 1ᵉʳ janvier 1941, du *Sally-Maersk*, navire de commerce danois francisé, faisant route vers l'Est, en convoi avec le *Chantilly*, le *Suroit*, l'*Octane*, escorté par le bâtiment de guerre *La Toulonnaise* en même temps que ces autres vaisseaux par une force navale britannique, au cap Très Forcas, et dérouté sur Gibraltar (Guerre 1939-1945, Vichy, Z Europe, Grande-Bretagne, 339, non reproduit). En réponse à la démarche de Pietri, sir S. Hoare invoque « le caractère précaire des facilités qui étaient données en fait au commerce français et la nécessité de consolider cette situation par un accord appuyé sur des garanties » (T. nᵒˢ 33 à 35 de Madrid à Vichy en date du 9 janvier). Une discussion est amorcée le 10 janvier entre F. Pietri et S. Hoare en présence de M. Eccles, représentant du ministère de la Guerre économique, qui insiste sur les mécanismes de contrôle garantissant qu'aucun des produits que la Grande-Bretagne laisserait passer ne profitent à ses ennemis (T. nᵒˢ 42 à 45 de Madrid, en date du 10 janvier), *in* Papiers 1940, Papiers Arnal, 22, non reproduit).

[2] Le vicomte Halifax, secrétaire d'État britannique des Affaires étrangères, en poste depuis mars 1938, a été remplacé par Anthony Eden (décembre 1940).

[3] Il s'agit peut-être d'une allusion aux difficultés rencontrées dans les négociations de Wiesbaden. La délégation française a signalé à de nombreuses reprises « la tendance de la Commission allemande à invoquer la convention d'armistice pour formuler des exigences qui ne ressortent nullement du texte de cette convention » (Guerre 1939-1945, Vichy, Y Europe, 31, lettre du 7 janvier). Cette commission proteste également (15 janvier) contre l'envoi d'une commission allemande au Maroc (Guerre 1939-1945, Vichy, Y International, 28, document non reproduit). Plus généralement, sur les problèmes issus de la rupture des relations diplomatiques avec la Grande-Bretagne et des négociations *via* les ambassadeurs des deux pays à Madrid, voir *DDF (1939-1944)*, 1940-2, entre autres documents nᵒˢ 315, 356, 384, 398.

45

M. Léon Bérard, Ambassadeur de France près le Saint-Siège,
à M. Flandin, Ministre Secrétaire d'État aux Affaires
étrangères.

T. n° 7[1].   *Rome-Saint Siège, 24 janvier 1941.*

(*Reçu*[2] : le 4 février, 11 h. 20)

J'avais demandé au cardinal Gerlier, lorsque son voyage a été décidé,
de vouloir bien descendre au siège de l'ambassade, au couvent de Sainte-
Marthe[3]. Le cardinal avait accepté. Avant qu'aucune disposition ne fût prise
pour son logement, l'Ambassade cependant avait cru bien faire, dans les
circonstances présentes, d'interroger la Secrétairerie d'État sur ses propres
vues et intentions quant au séjour du cardinal français. Elle nous a fait
connaître la très grande importance qu'elle attachait à ce qu'il fût logé à
Rome, *in urbe*, et non pas dans la Cité du Vatican. Le Saint-Siège entendait
ainsi se prévaloir envers le gouvernement italien, dans ce cas particulier, des
avantages qu'il tient du traité de Latran[4]. Aux termes de l'article 12 de ce
traité, en effet, « il reste entendu que l'Italie s'engage à laisser toujours libre
et dans tous les cas, la correspondance entre tous les États, y compris les
belligérants, et le Saint-Siège, et *vice versa*[5], ainsi que le *libre accès des
évêques de tout l'univers auprès du siège apostolique* »[6]. Sans doute eût-il été
satisfait, à la lettre tout au moins de ce texte, si l'archevêque de Lyon, étant
librement venu jusqu'à Rome, avait reçu l'hospitalité de l'ambassade de
France sur le territoire de l'État pontifical. Mais le cardinal Gerlier était le
premier évêque français qui se rendît auprès du Saint-Siège depuis le commencement de la guerre. La Secrétairerie d'État a voulu que sa visite se fît
comme si elle avait eu lieu en temps de paix. Par ses soins et après intervention de sa part auprès du gouvernement italien, Mgr Gerlier a donc été installé, à Rome, dans la maison généralice des Missionnaires d'Afrique, dont
la maison-mère est à Lyon. C'est là que, par l'entremise des hautes autorités
du Vatican, il m'a été permis d'aller assister à un déjeuner en l'honneur du
cardinal. On s'empêcherait difficilement de remarquer que la Secrétairerie
d'État n'a peut-être pas fait montre de la même énergie lorsqu'il s'est agi
d'obtenir pour cette ambassade et pour le gouvernement français une liberté
de correspondance que ce même traité de Latran semblait bien leur avoir
garantie dans l'intérêt de la papauté. Il n'en faut pas moins se féliciter de
l'esprit de décision avec lequel elle a su revendiquer et faire respecter en la
circonstance, la souveraineté et l'indépendance du Saint-Siège.

[1] T. intitulé : « Voyage à Rome de Son Éminence le cardinal Gerlier, archevêque de Lyon ».
[2] Par courrier.
[3] Dans la cité même du Vatican. *Cf.* document n° 4.
[4] Signés en 1929.
[5] Souligné dans le texte.
[6] Souligné dans le texte.

Le cardinal a eu deux longues audiences du Souverain Pontife. Il a vu deux fois le cardinal secrétaire d'État. Il a rendu visite à la plupart de ses collègues en résidence à Rome, les cardinaux italiens de curie.

À l'ensemble de ses interlocuteurs, il a apporté sur la situation de la France des éclaircissements et un témoignage que cette ambassade jugeait à bon droit nécessaires et précieux. Comme il est dit dans mes rapports et télégrammes antérieurs, on n'a pas cessé de former des vœux pour notre pays parmi les hauts personnages de l'Église. Dès que l'on nous parle de la France, au Vatican, on prononce avec respect et avec admiration le nom du maréchal Pétain. Une préoccupation cependant s'y manifeste : celle de savoir si l'union des Français autour du Maréchal et de son gouvernement est telle que l'avenir de son œuvre s'en trouve assuré ; si l'on peut espérer que la France retrouve un rôle et une influence où la plupart estiment ici que la civilisation chrétienne est essentiellement intéressée. Nous ne pouvions produire, sur de tels sujets, un témoin mieux qualifié et qui fût en plus grand crédit auprès des représentants de l'Église que l'archevêque de Lyon.

Dans ses entretiens avec le Saint-Père, le cardinal a abordé les questions qui tiennent le plus au cœur à Pie XII et dont j'avais entretenu le Département à l'occasion de la remise de mes lettres de créance[1]. Qu'il s'agît des rapports de l'État et de l'enseignement libre ou plus généralement des intérêts religieux en France, il a montré au Pape les preuves de bonne volonté et de sage libéralisme que le gouvernement a données par des actes importants et qui eussent passé pour impossibles il y a quelques mois à peine. Il lui a, d'autre part, représenté les conditions d'une difficulté tragique où ce gouvernement avait à exercer son pouvoir et à prendre ses décisions. Il lui a ainsi expliqué avec quelle prudence le Chef de l'État et ses ministres étaient tenus de procéder dans cet ordre d'affaires, et comment il leur convenait d'agir par mesures fragmentaires et successives plutôt que de réformer avec éclat par décrets solennels. Le Souverain Pontife est entré aisément dans ces vues. Il a d'ailleurs parlé au cardinal Gerlier de notre pays, de ses malheurs, de la personne et de l'action du maréchal Pétain avec un intérêt et une sympathie dont j'ai plusieurs fois relaté de semblables témoignages dans mes communications au Département.

Pie XII a marqué son étonnement de ce que son message de Noël sur les données essentielles d'une paix juste n'eût trouvé que si peu d'écho dans la presse française. C'est le sentiment dont je venais de faire part au Département dans un récent télégramme[2], lorsqu'est parvenu ici le numéro du 16 janvier de *La Croix*, reproduisant en entier ce discours. Là encore, le cardinal a présenté au Saint-Père les explications les plus opportunes et les plus utiles.

Il l'a entretenu du mouvement d'Action Catholique en France et de l'activité très notable que les œuvres de cet ordre ont reprise depuis quelques mois en zone non occupée.

---

[1] Léon Bérard a pris ses fonctions à Rome fin novembre ou début décembre 1940.

[2] T. n° 602 en date du 26 décembre 1940, transmis par Berne, T. n° 2593 du 30 décembre 1940, dans Guerre 1939-1945, Vichy, Z Europe, Saint-Siège, 551, document non reproduit.

Il ne faut point douter que le voyage du cardinal Gerlier n'ait de très heureux effets, sans même parler du touchant office de charité qu'il a rempli en visitant des maisons religieuses où il a été accueilli comme un messager de la patrie par d'humbles et excellentes Françaises privées depuis longtemps de relations avec leur pays. La France catholique ne pouvait avoir à Rome et au Vatican de meilleur interprète qu'un prélat de ce rang et de cette autorité, profondément estimé ici. Ce qu'il a dit de nos difficultés, de nos efforts, de nos espoirs n'a pu qu'être favorable à nos rapports avec le Saint-Siège en même temps que la visite du cardinal au Vatican sera d'un juste réconfort pour les catholiques français qui donnent leur concours à l'œuvre du redressement national.

Guerre 1939-1945, Vichy, Z Europe, Saint-Siège, 555 (10GMII/555)

46

LE GÉNÉRAL DOYEN, PRÉSIDENT DE LA DÉLÉGATION FRANÇAISE AUPRÈS DE LA COMMISSION D'ARMISTICE DE WIESBADEN
AU GÉNÉRAL VON STULPNAGEL, PRÉSIDENT DE LA COMMISSION D'ARMISTICE ALLEMANDE.

L. n° 12.017/EM   *s.l. [Wiesbaden] 24 janvier 1941.*

Mon Général,

J'ai l'honneur de vous accuser réception de votre lettre 205/41 en date du 16 janvier 1941, relative à l'envoi d'une commission de contrôle à Casablanca[1]. Vous avez bien voulu m'y donner un important apaisement en me faisant savoir que « l'envoi d'une commission allemande ne représente pas un nouveau contrôle, mais une relève partielle des commissions italiennes par une commission allemande »[2].

Il me paraît utile de porter à votre connaissance les considérations suivantes que j'aurais souhaité pouvoir vous développer de vive voix[3].

Tout d'abord, si la décision du gouvernement du Reich d'envoyer au Maroc une commission a pu être prise du fait qu'il existerait en Allemagne une suspicion quelconque en ce qui concerne l'action de la France dans ce

---

[1] D'après les archives, il s'agirait plutôt d'une lettre signée p.o. Hunermann en date du 14 janvier 1941, annonçant au général Doyen que « la commission allemande d'armistice placera à Casablanca une commission de contrôle d'armements et de carburants pour le Maroc français » (*in* Guerre 1939-1945, Vichy, M Maroc, 39, document non reproduit).

[2] Ce document n'a pas été retrouvé, mais le T. n° 55 du général Noguès au Département, en date du 13 janvier 1941 (Guerre 1939-1945, Vichy, M Maroc, 37, document non reproduit) signale que « M. Auer, délégué de la Commission allemande d'armistice a déclaré à un informateur digne de foi que la Délégation de contrôle pour le Maroc de la Commission italienne d'armistice n'était pas à la hauteur de sa tâche et qu'il allait demander l'envoi dans ce pays d'une commission militaire allemande. »

[3] Ces considérations s'inspirent d'un document en date du 17 janvier adressé par le Département au général Doyen (Guerre 1939-1945, Vichy, M Maroc, 39, document reproduit).

pays, il est nécessaire de dissiper cette suspicion, et, en conséquence aucune objection de principe n'a été élevée contre cette décision.

Je continue toutefois à estimer que, de cette mesure, peuvent naître des difficultés qui n'étaient pas souhaitables. Afin de les réduire autant que faire se peut, il y a lieu de ménager la sensibilité des populations locales et d'empêcher des interprétations tendancieuses de naître et de se développer, en particulier dans certains milieux étrangers.

C'est pourquoi il est hautement désirable que cette commission ait un effectif aussi réduit que possible, et que le départ des contrôleurs italiens coïncident avec l'arrivée de leurs successeurs, de telle sorte que, sur place, le caractère de « relève » puisse apparaître.

C'est pourquoi, d'autre part, je crois nécessaire que la tâche de cette commission soit nettement définie et limitée à la surveillance des industries de guerre et des carburants, dans le cadre de la convention d'armistice. Comme cette mission doit, à mon sens, être ainsi aisée à remplir, je me plais à espérer que vous voudrez bien ne maintenir cette commission au Maroc que pendant la durée que vous jugerez strictement nécessaire.

En me permettant ainsi de vous exposer les désirs français, je crois faire œuvre utile dans la voie de la tâche qui nous attend ; il s'agit, tout en vous donnant les garanties auxquelles la convention d'armistice vous donne droit, de ménager les transitions entre le passé et l'avenir ; tout geste, même justifié, peut, s'il vient trop tôt et s'il est mal compris avoir des suites regrettables. Il m'appartient d'éviter cet écueil dans la mesure de mon pouvoir.

C'est dans cet espoir que je vous prie d'agréer, Mon Général, l'expression de ma haute considération[1].

Guerre 1939-1945, Vichy, Y International, 28 (9GMII/28)

47

M. Pietri, Ambassadeur de France à Madrid,
à M. Flandin, Ministre Secrétaire d'État aux Affaires
étrangères.

T. nᵒˢ 138 à 143.   *Madrid, 25 janvier 1941, 22 h. 45.*

(*Reçu* : le 26, 14 h.)

J'ai eu hier avec M. Serrano Suñer un long entretien dont la date s'était trouvée retardée puis ajournée par le voyage du Ministre à Barcelone et par l'accès de grippe qu'il en avait rapporté.

---

[1] La Commission allemande de Wiesbaden fit répondre le 17 janvier, sous la signature de Lorber, qu'elle ne peut « partager [ses] scrupules contre l'envoi à Casablanca d'une mission de contrôle allemande ». Un message du général Doyen, le même jour, annonce l'arrivée d'un détachement précurseur de cette commission allemande de contrôle pour le 22 janvier (Guerre 1939-1945, Vichy, M Maroc, 39, documents non reproduits).

À son (...)[1] il m'a marqué personnellement une grande amabilité et il a donné à ses propos le ton de la rondeur et de la franchise.

J'avais eu soin de rédiger à son intention et surtout à celle de ses bureaux un aide-mémoire complet rappelant les divers points de l'accord Bérard-Jordana[2], précisant les restitutions déjà effectuées et indiquant enfin, d'une part la façon dont nous étions aujourd'hui disposés à régler en compte l'affaire du matériel de guerre et celle du bétail[3], d'autre part ce que nous comptions faire concernant les demandes d'extradition[4].

Pour me laisser une marge éventuelle en cas de discussion sur le chiffre de notre versement j'ai proposé dans mon écrit au lieu de 150 000 000 [francs] que Votre Excellence m'avait autorisé à offrir les 100 000 000 seulement dont il a été question jusqu'ici[5].

Pour finir et sans en faire l'objet d'une condition suspensive et formelle, j'ai présenté la nécessité d'une bonne issue des négociations économiques actuellement engagées avec l'Espagne comme contrepartie équitable et logique de nos ouvertures. Dans mes explications verbales j'ai insisté avec beaucoup de force sur ce point et j'ai mis plus particulièrement l'accent sur la question des arriérés et sur celle des cargaisons saisies[6].

M. Serrano Suñer, après m'avoir écouté avec beaucoup d'attention, non sans marquer au passage, comme il se devait, sa vive satisfaction sur notre formule d'un versement effectif, m'a répondu qu'il se félicitait de nos entretiens et qu'il pensait que la liquidation des accords Bérard-Jordana dégagerait d'un véritable poids lourd les relations franco-espagnoles. Il m'a seulement prié d'attendre, pour sa réponse définitive, qu'il désire très prochaine, d'avoir saisi ses bureaux du détail de mes propositions.

[1] Lacune de déchiffrement.

[2] Accords franco-espagnols, dits aussi de Burgos, du 25 février 1939 visant à normaliser les relations franco-espagnoles après la guerre civile.

[3] Selon un télégramme signé P.E. Flandin à F. Pietri en date du 11 janvier 1931 (Guerre 1939-1945, Vichy, Z Europe, Espagne, 288, document non reproduit), « l'accord Bérard-Jordana était exécuté dans une large mesure à la veille de la guerre [...]. La réclamation espagnole ne porte donc que sur un reliquat. Il s'agit essentiellement du matériel de guerre et d'environ 50 000 équidés retenus par l'armée dans l'intérêt de la défense nationale. »

[4] Le 11 janvier 1941, dans le même télégramme (voir note précédente), le Département rappelait aussi à F. Piétri que « M. Serrano Suñer, alors ministre de l'Intérieur, a remis le 27 août à M. de La Baume deux listes contenant les noms de 636 ressortissants espagnols dont son gouvernement souhaitait voir interdire le départ de France. Dans un esprit de compréhension à l'égard du gouvernement espagnol, [...], nous avons maintenu ces étrangers sur notre territoire. Toutes les demandes d'extraditions qui nous parviennent sont soumises sans retard à l'examen de l'autorité judiciaire conformément à la procédure définie tant par nos accords avec Madrid que par l'usage international sur les extraditions demandées par l'Espagne (Voir Guerre 1939-1945, Vichy, Z Europe, Espagne, 288).

[5] À titre de dédommagement, le gouvernement français à « offert au mois d'août 1939 de nous acquitter au moyen du versement d'une indemnité forfaitaire de 150 millions de francs. Cette offre a été laissée sans réponse par le gouvernement espagnol, ce qui explique le retard du règlement. » (ibid.) Voir aussi la note du 21 janvier 1941, « Griefs de l'Espagne, au sujet de la non-exécution des accords Bérard-Jordana, Guerre 1939-1945, Vichy, Z Europe, Espagne, 285, document non reproduit.

[6] Sur les négociations commerciales engagées avec l'Espagne pour déterminer le régime des échanges en 1941, voir la note du 1er janvier 1941 et le télégramme nos 47-52 de Vichy à Madrid en date du 10 janvier 1941, dans Guerre 1939-1945, Vichy, Z Europe, Espagne, 263, document non reproduit.

Il s'est toutefois montré sceptique sur l'affaire des extraditions, et j'ai eu l'impression qu'il y attachait plus d'importance encore qu'il ne m'en était apparu jusqu'ici. « C'est bien simple, m'a-t-il déclaré, on vous en a demandé une trentaine et n'en n'avons obtenu aucune. Votre procédure a bon dos ».

Je me suis élevé avec la même vivacité contre ce soupçon. Je lui ai reproché l'injustice d'un article d'*Arriba* paru le matin même et dont le rédacteur officieux insinuait sans fondement que les 150 réfugiés espagnols partis de Marseille pour le Mexique il y a quelques jours étaient complaisamment soustraits par l'autorité française à la justice espagnole. Il l'a reconnu en souriant et m'a promis que ce genre de campagne cesserait, mais il m'a prié de répéter à Votre Excellence que l'opinion de son pays appelait impatiemment la prompte livraison de certains criminels.

Dans un second télégramme que je vous adresse, je vous informe d'une autre et intéressante partie de notre conversation qui n'a pas porté sur les accords Bérard-Jordana.

Guerre 1939-1945, Vichy, Z Europe, Espagne, 285 (10GMII/285)

48

M. JOUSSET, CONSUL GÉNÉRAL DE FRANCE À ZURICH,
    À M. FLANDIN, MINISTRE SECRÉTAIRE D'ÉTAT AUX AFFAIRES
    ÉTRANGÈRES.

D. n° 11[1].   *Zurich, 25 janvier 1941.*

Les appréciations de la politique française qu'il m'est donné de recueillir ici ont bien changé depuis quelques semaines.

J'avais été amené à signaler les réserves inquiètes dont, au cours surtout des mois d'été, nos amis, même les plus affirmés, entouraient leurs commentaires ; l'attachement qu'on gardait à la France était si directement fonction de sa fidélité à ses traditions et à son histoire qu'on percevait cette relation jusque dans la cadence des dons et des secours, toujours si généreusement adressés à nos internés, à nos prisonniers, au Secours national, mais qui se ralentissaient dès que les craintes d'un fléchissement de notre part semblaient prendre corps.

Les incidents de décembre dernier[2], et ce qui se chuchote depuis lors, les récents communiqués officiels sur la position du gouvernement français devant les exigences éventuelles allemandes, l'apaisement de la polémique franco-anglaise, le ton, du moins jusqu'à une date récente, de notre radio, ont depuis quelques semaines beaucoup et très heureusement influencé les esprits. On ne cache pas l'admiration inspirée par la sagesse d'une politique

---

[1] Dépêche intitulée : « A.s. l'opinion à Zurich ».

[2] Sans doute une allusion au renvoi de Pierre Laval (13 décembre 1940).

qui a amené la France, au milieu des pires difficultés, de l'effondrement complet de cet été à une situation où elle peut sur le plan aussi bien matériel que moral s'affirmer à nouveau comme une puissance avec qui l'on doit compter. C'est presque une révélation pour tous, et l'admiration pour le maréchal Pétain est, on peut le dire, unanime. Elle se traduit aussi bien dans les conversations que dans les journaux.

Pour la presse, l'article publié par la *Weltwoche* dans son dernier numéro (et que reproduit le rapport de presse n° 223 de l'ambassade[1]) marque bien son orientation générale. L'article est signé du rédacteur en chef M. von Schumacher, et, comme tous ceux qui paraissent sous sa plume, il est très étudié et soigneusement dosé ; la *Weltwoche*, organe hebdomadaire, jouit en matière de politique étrangère d'une grosse considération en Suisse alémanique, pour sa pondération et sa grande objectivité, qui n'excluent pas d'ailleurs une sympathie non dissimulée pour les démocraties ; le journal ne s'était encore jamais, tant s'en faut, exprimé avec une telle netteté sur les affaires de France.

Mais ce qui est à mes yeux plus significatif encore, c'est l'évolution très accentuée des milieux socialistes, si influents. C'est parmi eux que les réserves, les réticences étaient surtout marquées à notre égard ; et M. Bergery l'a bien senti, je pense, quand il a exposé il y a quelques semaines devant les chefs du parti[2], que j'avais réunis autour de lui, les raisons de sa foi collaboratrice. Or, de ce côté aussi les yeux se sont ouverts, et la presse du parti s'est mise à l'unisson : deux articles parus récemment dans le *Volksrecht* (numéros des 16 et 21 janvier) ont été beaucoup remarqués. Le premier est une apologie de la position, si souvent critiquée pourtant, prise par le Maréchal dans les journées décisives de juin dernier ; la conclusion en est la suivante : « On est obligé de reconnaître que la conception vraiment française du Maréchal était la seule bonne. De tous les chefs de gouvernement des pays assujettis par l'Allemagne, il est le seul qui puisse, par exemple, recevoir l'ambassadeur des États-Unis. Il est aussi le seul qui puisse répondre par un « non » à l'ambassadeur d'Allemagne, comme l'affaire Laval[3] l'a démontré d'une façon éclatante ». Et le second, est une étude de la situation actuelle du gouvernement français, du jeu très serré qu'il joue à l'intérieur comme à l'extérieur, étude dans laquelle le rédacteur de l'article fait preuve de la compréhension la plus bienveillante.

Bref, cette opinion suisse, si évoluée, si mûre en matière politique, n'a pas tardé à percevoir toutes les nuances de l'action à la fois prudente et ferme du maréchal Pétain. On peut dire qu'elle aussi lui fait aujourd'hui confiance. Et la façon dont on a accueilli la réapparition ces derniers temps, dans nos émissions de radio, d'extraits de la presse parisienne, qui pouvaient faire craindre des réactions semblables à celles des plus mauvais jours de juillet et août, est une preuve de l'évolution accomplie : on leur attache exactement cette fois la valeur qu'ils méritent, et il faudrait bien

---

[1] Document non retrouvé.

[2] Parti socialiste suisse (PSS). L'orateur en question est Gaston Bergery.

[3] À savoir son renvoi, malgré le soutien des Allemands.

autre chose aujourd'hui pour ébranler la solide confiance qu'on a mise dans le chef qui, parmi les obstacles, au prix de concessions qu'on devine nécessaires, mène, sans rien abdiquer d'elle, la France vers ses nouvelles destinées.

Guerre 1939-1945, Vichy, Z Europe, Suisse, 763 (10GMII/763)

49

M. Garreau, Gérant de la légation de France à Bangkok,
À M. Flandin, Ministre Secrétaire d'État aux Affaires
étrangères.

D. n° 21.[1] *Bangkok, 26 janvier 1941.*

L'annonce de la médiation japonaise a mis fin, le 24 janvier, aux négociations directes[2]. Celles-ci, ainsi que je l'indiquais à Votre Excellence par mes derniers télégrammes, étaient, depuis plusieurs jours, acculées à une impasse que l'intransigeance thaïlandaise me faisait, depuis le 20 janvier, considérer comme infranchissable.

L'admission préalable du principe de la rétrocession des territoires de la rive droite m'avait en effet, à cette date, été expressément indiquée comme la condition nécessaire et irrévocable d'un règlement pacifique du conflit.

---

[1] D. intitulée : « A.s. de la situation et de la médiation japonaise ». Les pièces jointes (revues de presse) qui se trouvent dans le dossier n'ont pas été publiées. Il s'agit des annexes 1) Revue de presse, « Article de Waivarn sur le conflit franco-thaïlandais » *Prachachat* du 24 janvier 1941 ; 2) Revue de presse, « Interview du ministre du Japon sur la médiation », *Bangkok Chronicle* du 26 janvier ; 3) « Message de félicitations du conseil de Régence et réponse du Président du Conseil », *Bangkok Times* du 21 janvier 1941, et « Réponse du Premier Ministre » ; 4) Revue de presse, « Félicitations de Luang Pibul aux armées du Nord-Est et de l'Est », *Bangkok Times* du 22 janvier 1941 et « La campagne militaire doit continuer », *Bangkok Chronicle* du 23 janvier ; 5) Revue de presse, « La légation du Japon n'a pas entendu parler d'une offre de médiation », *Bangkok Chronicle* du 24 janvier 1941.

[2] Voir document n° 39 et notes sur l'acceptation par la France de la médiation japonaise. Sur les négociations, voir notamment documents n°ᵒˢ 33 et 35. Le 22 janvier 1941, Pétain a adressé un message de remerciement à l'empereur du Japon pour son « initiative pacifique » « au moment où le règlement du différend franco-thaïlandais va être placé entre les mains du gouvernement japonais » (T. n° 68 de Vichy à Tokyo, en date du 22 janvier). Le même jour, une note de la Direction politique revient sur les raisons de l'acceptation française d'une médiation qui « ne saurait être interprétée comme comportant implicitement [...] l'abandon à la Thaïlande des enclaves de la rive droite du Mékong réclamées par le gouvernement thaïlandais » (*in Guerre 1939-1945, Vichy, E Asie, Thaïlande, 406, documents non reproduits*). Dans les instructions transmises à l'ambassadeur de France à Tokyo pour les négociations à partir de l'aide-mémoire transmis par le chargé d'Affaires du Japon, il est stipulé qu'il « serait impossible d'admettre, sous prétexte de participation à une opération quelconque, la présence d'officiers japonais sur tout ou partie de la frontière entre l'Indochine et la Thaïlande », leur comportement au Tonkin ne laissant « aucune illusion sur les effets d'une semblable présence dans les milieux indigènes » (T. n°ᵒˢ 69 à 71 de Vichy à Tokyo en date du 22 janvier, *in Guerre 1939-1945, Vichy, E Asie, Thaïlande, 413, non reproduit*). C'est le 25 janvier au soir que le gouvernement thaïlandais a communiqué une déclaration officielle aux termes de laquelle Bangkok accepte la médiation japonaise (T. n°ᵒˢ 45 à 46 de Bangkok en date du 26 janvier, *in Guerre 1939-1945, Vichy, Z Asie, Thaïlande, 406, non reproduit*).

Le flottement constaté les jours suivants dans l'attitude du gouvernement thaïlandais pouvait toutefois laisser subsister l'espoir d'aboutir à un règlement direct que le ministre adjoint des Affaires étrangères avait, au cours de nos deux entretiens du 21 janvier[1], paru toujours désireux de préparer avant l'intervention possible d'une ou de plusieurs tierces puissances dans un différend que, jusqu'à ces tout derniers jours, les milieux officiels thaïlandais entendaient bien limiter à la Thaïlande et à l'Indochine (voir article de Varnvaïdya ci-joint, annexe 1).

C'est cependant en vain qu'au cours de mes dernières entrevues avec Nai Direck, j'ai tenté de tourner la difficulté de principe en annonçant, le 21 janvier, que le gouvernement français avait consenti à laisser poser officiellement la question des territoires devant la commission attendue, et laissé même entrevoir, le 26, que, dans l'atmosphère de mutuelle compréhension ainsi créée, la délégation française pourrait vraisemblablement étudier la revendication thaïlandaise et soumettre à son tour un mémorandum au gouvernement français[2].

Ainsi que j'en ai rendu compte à Votre Excellence par mon télégramme n° 44[3], c'est par une fin de non-recevoir catégorique que Nai Direck me précisait le même soir la position définitivement prise par son gouvernement.

Cette mise au point chronologique n'a sans doute plus qu'un intérêt rétrospectif[4]. Elle permet cependant aujourd'hui de fixer l'attitude du gouvernement thaïlandais en présence de l'offre de médiation japonaise dont le principe est désormais mutuellement accepté.

C'est en effet, d'après une déclaration faite hier soir par M. Futami au *Bangkok Chronicle* (voir annexe 2), dès le 21 janvier, que le ministre du

---

[1] Voir notamment le T. n°s 35 à 36 de Bangkok en date du 21 janvier (reçu le 23), pour le premier entretien au cours duquel Garreau a confirmé le désir sincère de la partie française de rechercher une procédure d'apaisement et proposé de fixer une date pour la cessation des hostilités, sans faire allusion au combat naval du 18 janvier dont les Thaïlandais ont affirmé qu'il s'était terminé par l'écrasement de la flotte française. Le ministre des États-Unis, reçu le même jour, a fortement appuyé la démarche de la France. Lors du deuxième entretien du même jour (T. n°s 37 à 39), Nai Direck a déclaré d'abord qu'il était impossible d'arrêter les hostilités sans promesse préalable que les territoires contestés seraient cédés à la Thaïlande, avant d'indiquer que cette réponse défavorable à la demande française de cessation des hostilités ne devait pas être considérée comme définitive. Garreau estime certain qu'un fléchissement de l'attitude française ne serait qu'un encouragement à présenter des revendications plus vastes, ajoutant que si les forces indochinoises pouvaient contenir l'ennemi et si, d'autre part, le désir d'apaisement manifesté par Tokyo était sincère, un modus vivendi convenable pourrait être rétabli. Ses entretiens avec les ministres des États-Unis et de Grande-Bretagne l'ont laissé pessimiste quant à leur soutien, le ministre de Grande-Bretagne s'étant déclaré convaincu qu'un accord n'était plus possible sans la cession immédiate des enclaves du Mékong (Guerre 1939-1945, Vichy, E Asie, Thaïlande, 406, non reproduit).

[2] On n'a pas retrouvé de document relatif à cet entretien du 26 janvier.

[3] T. de Bangkok n° 44, en date du 25 janvier, reçu le 27 janvier par lequel Garreau rend compte de son entretien avec le ministre des Affaires étrangères adjoint de Thaïlande qui lui a transmis la réponse définitive de Luang Pibul : la France doit reconnaître immédiatement et sans équivoque le principe de la cession des deux territoires demandés (Guerre 1939-1945, Vichy, E Asie, Thaïlande, 406, non reproduit).

[4] Pour une chronologie complète, voir la note « Éphémérides de juin 1940 à mars 1941 » *in* Guerre 1939-1945, Vichy, E Asie, Thaïlande, 406, fol. 82 à 90 (document non reproduit).

Japon à Bangkok aurait, sur instructions de Tokyo, discuté les conditions de l'intervention japonaise.

Or, le même jour et bien que le ministre adjoint des Affaires étrangères m'ait formellement assuré n'avoir pas eu avant moi-même connaissance de cette initiative, j'avais, de nos deux entretiens successifs du même jour (21 janvier), retiré l'impression que Luang Pibul, acculé à une situation sans issue, avait cependant gardé le sincère désir de sauver la face par des moyens pacifiques. Les pertes subies, les aléas d'une nouvelle offensive contre des positions de repli que nous pouvions supposer sérieusement défendues, la menace de plus en plus précise d'une généralisation du conflit me semblaient, en dépit des bulletins de victoire et des vibrants témoignages de l'enthousiasme officiel (voir annexe 3, message du Conseil de Régence et félicitations de Luang Pibul), avoir provoqué dans les milieux gouvernementaux une hésitation dont j'espérais encore, avec l'appoint indispensable d'un franc succès de nos forces militaires, tirer rapidement parti pour jeter les bases d'un honorable compromis.

Au surplus, et pour les raisons plus haut indiquées, je doute encore, malgré les affirmations de M. Futami, que « l'offre » de médiation japonaise ait été ici spontanément accueillie et, jusqu'à preuve du contraire, je suppose que Luang Pibul n'a accepté que contraint et forcé cette initiative qui, de toutes façons, se soldera pour la Thaïlande par une dangereuse dette de reconnaissance.

Je crois, à ce sujet, utile de signaler que, selon une information de bonne source, trois fonctionnaires du Gaïmusho seraient, dès le 14 janvier, arrivés à Bangkok pour préparer le terrain. Une conférence secrète à laquelle assistaient des « personnalités allemandes » aurait, m'a-t-on précisé, été tenue quelques jours plus tard entre ces envoyés nippons et plusieurs hauts fonctionnaires thaïlandais ; on y aurait envisagé, si le gouvernement résistait aux offres japonaises, le renversement du Cabinet Luang Pibul et la constitution d'un nouveau gouvernement docile aux ordres de Tokyo.

Quoi qu'il en soit, l'hésitation, si hésitation il y a eu, n'a pas duré 48 heures. Dès le 23 janvier en effet, le *Bangkok Chronicle* publiait la déclaration ci-jointe de Nai Vilas Osathananda, ministre d'État, chef du département de la Publicité (voir annexe 4). La position thaïlandaise s'affirmait ainsi irréductible. À défaut de la guerre, seule l'intervention d'une puissance étrangère pouvait dès lors dénouer la crise.

D'après le *Bangkok Chronicle*, les négociations préliminaires indispensables ont été menées, du 21 au 24 janvier, « dans une atmosphère extrêmement cordiale ».

Le ministre du Japon aurait d'ailleurs déclaré que « la France devrait vraisemblablement accepter dans leur intégralité les revendications de la Thaïlande sur l'Indochine ». Mon collègue aurait même précisé que « si la France refusait de reconnaître le principe de justice qui inspire la médiation nippone, le Japon ne pourrait pas s'opposer à ce que la Thaïlande ait recours à la force pour atteindre son but et réaliser ses aspirations ».

M. Futami ne craint pas, il est vrai, de se contredire : il affirmait hier au *Bangkok Chronicle* qu'il avait lui-même complètement ignoré, jusqu'au 24 janvier, l'initiative prise par son gouvernement. Ce journal annonçait en même temps cependant qu'un haut fonctionnaire du ministère des Affaires étrangères japonais était attendu dès aujourd'hui à Bangkok, pour préparer le règlement préliminaire de la solution pacifique envisagée.

La presse et la radio thaïlandaises n'ont jusqu'ici manifesté qu'un enthousiasme limité. Tandis que les communiqués officiels se hâtaient d'affirmer la poursuite des opérations militaires et les nouveaux succès des armées thaïlandaises, le gouvernement, à l'issue d'un conseil des Ministres tenu dans l'après-midi du 25, a officiellement confirmé son acceptation de l'offre japonaise au moment où, sous la direction du « Parti du Sang Thaï » un « défilé de la victoire » était organisé devant la résidence de Luang Pibul pour célébrer la prise de Champasak, dont le ministre de l'Intérieur a immédiatement annoncé l'incorporation à l'administration nationale.

Commentant la décision du conseil des Ministres, le directeur du bureau de Publicité, Nai Vilas Osathananda, a déclaré hier soir au *Bangkok Chronicle* : « Le Japon a fait connaître au gouvernement thaïlandais que l'initiative de la médiation a été prise par le gouvernement français » (la *Thailand Broadcasting Station* a peu après longuement insisté sur ce point en déclarant que la France avait « supplié » le Japon d'intervenir).

Questionné enfin sur l'étendue des territoires qui devront être restitués à la Thaïlande, Nai Vilas, sans préjuger de la décision du médiateur, a cependant expressément indiqué que « *son gouvernement avait toujours recherché la restitution de la totalité des territoires perdus* »[1].

Guerre 1939-1945, Vichy, E Asie, Thaïlande, 431 (3GMII/431)

50

M. Eirik Labonne, Ambassadeur de France à Moscou,
   À M. Flandin, Ministre Secrétaire d'État aux Affaires
      étrangères.

T. n°ˢ 106 à 111.   *Moscou, 27 janvier 1941, 22 h. 50.*

(*Reçu* : le 28, 6 h. 30)

Je me réfère à votre télégramme n° 33[2].

Mes sources sont américaines et anglaises, non chinoises, mais j'ai lieu de penser que les chinoises les confirmeront.

---

[1] Souligné dans le texte.

[2] T. de Vichy à Moscou en date du 24 janvier 1941, par lequel le Département (Rochat) demande des renseignements sur l'accord de troc sino-soviétique signalé par l'ambassadeur précédemment (Guerre 1939-1945, Vichy, E Asie, Chine, 130, non reproduit).

D'après elles, le récent accord est la reconduction de l'accord de troc de 1938 confirmé par le traité signé en juin 1939 à Moscou par M. Mikoïan et Sunfo. Du côté russe : matériel de guerre, camions, avions. Du côté chinois : thé et riz, probablement garanties en espèces.

Suivant les vicissitudes politiques, les Russes ont souligné et évoqué les déficiences des livraisons chinoises. Mais ils n'en ont pas moins continué à poursuivre les leurs.

Il a été maintes fois prétendu qu'en compensation de ces déficiences, les Russes avaient avancé des exigences politiques sur Kachgar, une partie du Sin-Kiang et du Koukounor, mais ceci, à ma connaissance, n'a pu être tiré au clair. La reconduction récente comporte-t-elle formellement des clauses politiques et prévoit-elle des compensations de ce genre ? Je m'efforce de l'élucider.

Les deux routes : la turkestane d'Alma-Ata[1] à Parouzoumtchi, et la mongole de Novossibirsk par Oulan-Bator, sont très difficiles en hiver. L'état-major soviétique proteste contre la consommation d'essence et l'usure de matériel qu'elles exigent. Le souci d'espionnage politique s'y ajoutant, il reste donc probable que les Russes ont recours à la route birmane[2].

Sur la nature des fournitures de guerre, les Chinois se déclarent encore satisfaits, comme ils l'étaient l'an passé. Toutes fournitures sont pratiquement utilisables étant donné le caractère de la guerre. Tchang Kai-Chek disait encore récemment : « 200 petits succès locaux valent mieux qu'une grande victoire ». Les Russes montrent fréquemment par leurs cartes dans la presse le caractère sporadique et la multiplicité des fronts de cette guerre.

Les Soviets se montrent très émus des vigoureuses dispositions anti-communistes adoptées par Tchang Kai-Chek. Les vastes opérations entreprises contre la 4e armée, celles en préparation contre la 8e armée donnent lieu dans la presse à de longues pseudo-informations de l'agence Tass. D'après elle, c'est-à-dire suivant l'avis officiel de Moscou, ce sont de véritables attentats contre les plus forts noyaux de la résistance patriotique populaire et communiste de la Chine. La République et son indépendance nationale ne peuvent qu'en être gravement affaiblies.

Il n'y a pas lieu d'attacher trop d'importance à ces propositions et menaces. Si le Kremlin a besoin que Tchang Kai-Chek soit vraiment fort, il continuera à le pourvoir, parallèlement à l'appui anglo-saxon, nonobstant cette répression communiste.

---

[1] Sur le télégramme, « Ata » a été rajouté à la main pour remplacer la lacune de déchiffrement (« gr. faux »).

[2] Dans un télégramme ultérieur (T. nos 133 à 134 de Moscou à Vichy en date du 1er février 1941), l'ambassadeur Labonne précise que finalement, « en raison de l'encombrement de la route de Birmanie par où passe la presque totalité des fournitures américaines et anglaises, et par suite des bombardements aériens japonais [...], le gouvernement de Tchoung-King préfère que la plus grande partie possible des fournitures russes soit acheminée par les routes du Sinkiang et de Mongolie plus sûre ». De source chinoise, les échanges portent sur un montant de 100 millions de dollars chinois, soit environ 1,5 millions de livres sterling (T. n° 34 de Vichy à Pékin en date du 1er février 1941) (*in* Guerre 1939-1945, Vichy, E Asie, Chine, 130, documents non reproduits).

Il souhaite évidemment avoir bien en mains l'atout de la résistance chinoise en l'inféodant complètement au communisme. À défaut, et si les besoins de son entente avec le Japon l'exigent[1], il fera passer par-dessus bord aussi bien l'influence communiste que la résistance chinoise anti-communiste.

Guerre 1939-1945, Vichy, E Asie, Chine, 130 (3GMII/130)

51

M. Garreau, Gérant de la légation de France à Bangkok,
À M. Flandin, Ministre Secrétaire d'État aux Affaires
étrangères.

D. n° 22.[2]   *Bangkok, 27 janvier 1941.*

Ainsi que j'en ai fait part à Votre Excellence par ma dépêche n° 6 du 10 courant[3], tous les missionnaires et religieuses de nationalité française résidant en Thaïlande ont été, conformément aux instructions de la police, refoulés sur la capitale entre le 6 et le 10 janvier.

Bien que, à cette occasion et depuis leur arrivée à Bangkok, nos religieux n'aient pas été personnellement inquiétés, la campagne anti-française, soutenue par une partie du clergé indigène, s'est, à la faveur des événements, tournée contre les établissements de la Mission dont la direction et l'administration étaient, jusqu'à ces jours derniers, assumées par des religieux de nationalité française.

C'est ainsi qu'une manifestation, dont les conséquences auraient pu être graves, fut organisée, au début de ce mois, parmi les élèves du Collège de l'Assomption. Ce mouvement collectif, prévu pour le 17 janvier, visait à l'expulsion de nos missionnaires et à la fermeture du collège.

Si elle n'avait été prévenue, grâce à l'appui personnel de Luang Kovid Abhaivong, ministre de l'Instruction publique, cette manifestation aurait

---

[1] Voir notamment document n° 42 sur les relations soviéto-nippones.

[2] Dépêche intitulée « A.s. de la Situation de la Mission catholique ». On n'a reproduit ici que l'une des annexes (n° 3). Les autres pièces jointes qui se trouvent dans le dossier sont les suivantes : 1) Revue de presse, « L'Église catholique », *Bangkok Times* du 24 janvier 1941 ; 1bis) Revue de presse, « Un transfert approuvé », *Bangkok Times* du 17 janvier 1941 ; 2) Revue de presse, « Les fonctionnaires thaïlandais catholiques », *Thai Mai* du 25 janvier 1941 ; 2bis) « Communiqué de la "Thailand Broadcasting Station" », *Bangkok Times* du 25 janvier 1941.

[3] Cette dépêche intitulée « A.s. la Mission catholique » se trouve dans Guerre 1939-1945, Vichy, E Asie, Thaïlande, 405. Garreau y donne des nouvelles du R.P. Durand, brutalement arrêté puis relâché après trois jours de détention et le paiement d'une amende « pour détention illégale de cartouches » (en fait un vieux lot hors d'usage) fin décembre 1940. Il signale aussi « l'obligation faite, depuis lors, à tous les Français de l'intérieur de se fixer à Bangkok, la dénonciation par la presse des missionnaires français comme « agents de la cinquième colonne », et autres informations tendancieuses. D'après la Mission, les divers incidents et attaques personnelles contre les Français, seraient « avant tout, provoqués et entretenus par les Pères indigènes désireux de profiter des circonstances politiques pour supplanter leurs collègues et obtenir le remplacement de Mgr Perros par un évêque thaïlandais. »

certainement été répétée dans les autres établissements de la Mission à Bangkok.

Désireux cependant d'éviter le pire, Mgr Perros a pris la sage décision d'embarquer, dès le 18 janvier, à destination de Singapour, tous les Frères de Saint-Gabriel (au nombre de 13) et les quatre Ursulines françaises du couvent Mater Dei.

Un second groupe de 25 religieux (13 Pères et 12 Sœurs de Saint-Paul de Chartres) doivent quitter Bangkok le 31 janvier à bord d'un vapeur de la Borneo Company qui, par autorisation spéciale due à l'obligeante entremise de la légation de Grande-Bretagne, touchera exceptionnellement au Cap Saint-Jacques où seront débarqués nos compatriotes.

Au 1er février prochain, l'effectif des religieux français en Thaïlande se trouvera ainsi réduit, autour de Mgr Perros, vicaire apostolique, à cinq pères : R.P. Chorin (procureur de la Mission), R.P. Perroudon (curé de l'église-cathédrale de l'Assomption), Révérends Pères : Ferlay, Ollier, Chanelière (affectés à la paroisse de l'Assomption).

Resteront d'autre part à Bangkok 15 religieuses de Saint-Paul de Chartres ainsi réparties : 4 à l'hôpital Saint-Louis, 9 au couvent Saint-Joseph et 2 au couvent du Sacré-Cœur de Klong Toï. Le Carmel conserve enfin deux religieuses françaises.

Vu les circonstances, je n'ai pas désapprouvé le départ massif de nos missionnaires, qui, tout en plaçant pratiquement les établissements de la Mission sous le contrôle des religieux indigènes ou espagnols, permettait cependant à celle-ci de sauvegarder ses droits de propriété. Aussi ai-je été péniblement surpris lorsque, tardivement, Mgr Perros m'a révélé que, sous la pression officieuse du gouvernement, il avait accepté, il y a une dizaine de jours, de passer à des Pères de nationalité thaïlandaise nommément désignés la propriété, la direction générale et la charge de préfet des études de chacun des établissements d'enseignement placés sous son autorité.

Si, dans son esprit, ces transferts demeurent « purement fictifs », le Vicaire apostolique doit admettre que le gouvernement peut désormais d'un jour à l'autre se prévaloir des pouvoirs conférés à des Pères thaïlandais pour confisquer définitivement tout ou partie des immeubles. Les propriétés françaises de la Mission restent seules encore administrées par le procureur R.P. Chorin. Au cas où ce dernier quitterait à son tour la Thaïlande, ses pouvoirs seraient délégués au R.P. Loetscher, de nationalité suisse.

Mgr Perros qui, en raison de sa nationalité française, se sait personnellement visé par les instigateurs du mouvement dirigé contre la Mission, a enfin jugé opportun de déléguer, le 15 janvier dernier, tous ses pouvoirs pour l'administration du culte catholique à un vicaire indigène. C'est d'ailleurs par l'avis ci-inclus (annexe 1) paru dans la presse du 24 janvier, que j'ai eu moi-même connaissance de cette dernière décision. Je n'ai pas tardé à faire ressortir au Vicaire apostolique la gravité des conséquences possibles de ses actes en lui exprimant avec sévérité ma surprise de n'avoir pas, comme représentant d'une puissance toujours investie de la protection des

Missions en Extrême-Orient, été préalablement informé de décisions de cette envergure.

Mgr Perros, que son âge et la gravité des circonstances peuvent dans une certaine mesure excuser, invoque au surplus l'inutilité d'une résistance à la pression nationaliste qui se développe actuellement avec rapidité. Celle-ci prend, à la faveur du conflit franco-thaïlandais, un caractère nettement antireligieux ; elle tend, le communiqué officiel ci-joint le prouve (annexe 2), à la déchristianisation des Thaïlandais convertis pour fonder l'union des Thaïs sur la pratique de plus en plus exclusive de la foi bouddhique. Il m'a d'ailleurs été signalé qu'une campagne était menée dans les paroisses pour inciter les chrétiens à cesser de pratiquer la religion catholique et hâter la fermeture des églises.

Les Pères indigènes restés seuls dans les paroisses depuis le départ de nos missionnaires, sont eux-mêmes soumis à une étroite surveillance et souvent déjà mis dans l'impossibilité de garder un contact tant avec le siège du vicariat qu'avec leurs propres paroissiens.

Votre Excellence voudra bien trouver ci-joint la copie d'une note des Frères de St-Gabriel sur la situation nouvelle de leurs collèges (annexe 3).

La mainmise du gouvernement thaïlandais est d'ores et déjà complète sur l'activité des établissements d'enseignement. Les Pères français ne sont même plus admis à s'y rendre librement.

ANNEXE 3

NOTE DU COLLÈGE DE L'ASSOMPTION, BANGKOK

Note sur la situation faite aux établissements scolaires
des Frères de Saint-Gabriel en Thaïlande

N.   *Bangkok, 17 janvier 1941*

Sans loi ni décret, mais par pression officielle sous la menace implicite de fermeture, toute l'administration des collèges a dû passer à des mains thaïes, à savoir :

Le propriétaire, qui jusqu'ici était Son Excellence le Vicaire apostolique pour toutes les écoles de la mission ;

Le manager général, ou directeur ;

Le principal, ou maître des études ;

avec ordre formel du ministère de l'Instruction publique d'avoir à manœuvrer par eux-mêmes, sans ingérence même indirecte de l'ancienne administration.

De plus, à l'Assomption, centre principal, un complot de soulèvement parmi les élèves (90 % étrangers à l'affaire) conçu par la Ligue des Patriotes (Thai Blood) et mené principalement par un ancien maître – un certain Prasan, élevé gratis par la Mission, congédié pour ses agitations antifrançaises notoires, et un jeune élève, Nai Phyakorn Bunnag, récemment remercié pour cas d'indiscipline, faillit éclater le vendredi 17 janvier.

Le but avoué était de chasser les Français ; le but ultérieur final de faire ferme le collège.

Grâce à l'appui de Luang Kovid, député-ministre de l'Instruction publique, et de Luang Aduldej, député-ministre de l'Intérieur et directeur général de la police, tous deux anciens élèves de l'Assomption, la révolution fut apaisée avant l'éclosion. Mais l'indication est à retenir : plus de place pour les Français dans nos collèges français, et bientôt plus d'étrangers, même nos confrères espagnols, et toutes nos œuvres confisquées au profit des Thaïs purs, c'est-à-dire l'écroulement pur et simple, la mort sans phrase.

ÉTAT DE NOS ŒUVRES AU MOMENT DES ÉVÉNEMENTS

1. *Collège de l'Assomption :* 1 850 élèves, dont 350 étudiant le français.

Direction française, avec :

— 10 Frères français,

— 8 Frères espagnols,

— 1 Frère italien,

— 2 Frères thaïs (sujets anglais).

Tout le personnel français disparaît. Les Espagnols eux-mêmes sont aux ordres des Thaïs, dont un est Frère et deux sont laïcs.

2. *Collège de Saint-Gabriel :* 650 élèves, dont 170 étudiant le français.

Direction française, avec :

— 2 Frères français,

— 4 Frères espagnols,

— 1 Frère thaï.

La direction passe à un Frère thaï et un professeur laïc.

3. *Collège Montfort*, à Chiengmai : 180 élèves, avec :

— 1 Frère français, directeur,

— 4 Frères espagnols,

— 2 Frères thaïs.

Un Frère thaï en assume la direction.

4. *Collège Saint-Paul* (Petruit) : 150 élèves, avec 2 Frères, l'un espagnol, l'autre thaï (sujet anglais).

Depuis le départ forcé du R.P. Carrié, curé du poste, un laïc thaï en assume la direction complète.

L'AVENIR

Le départ des Frères français, suivant les règlements en vigueur, les expose à ne plus pouvoir être réadmis au retour, puisque le but avoué est de supprimer les Européens par extinction, et au mieux à être dans l'obligation de subir un examen en langue thaïe dont ils ne sont plus capables vu leur âge, et bien qu'ils aient déjà entre 20 et 40 années de service dans le pays.

Il paraît donc indispensable que, au retour du calme, on exige le rétablissement pur et simple de tous les collèges dans l'état d'avant les événements, c'est-à-dire avec leur administration propre à tous les degrés, et la réinstallation de tous les maîtres privés de leurs fonctions.

Subséquemment un statut définitif des écoles de la Mission, garantissant une certaine liberté d'action dans le cadre général officiel, tant pour le choix des professeurs européens ou indigènes que pour la marche des études, avec parité des langues française et anglaise.

Nous espérons, Monsieur le Ministre, que vous prendrez en considération ces quelques desiderata ; et veuillez recevoir l'assurance de nos sentiments les plus respectueux et reconnaissants.

Le Directeur Principal. Le Directeur de l'Assomption.

Signé : Frère Frédéric, Frère Michel.

Guerre 1939-1945, Vichy, E Asie, Thaïlande, 399 (3GMII/399)

52

NOTE DE LA SOUS-DIRECTION D'EUROPE
BUREAU DE M. SARRIEN, CONSUL GÉNÉRAL DE FRANCE

Bombardement de Rotterdam le 14 mai 1940

N. n° R 67   *Royat, 27 janvier 1941.*

La revue allemande *Signal* publie, dans son second numéro de janvier, une photographie de Rotterdam, montrant les dégâts causés par le bombardement systématique de la ville par l'aviation du Reich. La légende qui accompagne cette photographie veut démontrer que cette destruction totale du cœur de la ville n'est que le résultat du « défi » lancé à l'Allemagne par la Hollande, en n'autorisant pas, de plein gré, le passage des forces ennemies sur son territoire, dans ses eaux ou dans son ciel.

On avait bien dit que Rotterdam avait beaucoup souffert des bombardements, mais cette photographie donne une idée saisissante de ce qui s'est passé. Les quartiers détruits, au centre de la ville, peuvent être comparés à ceux de la « City » de Londres. Entre la gare du *Beursplein* à l'extrême droite du cliché, le *Groote Kerk* (grande église) dont la tour est restée debout, les grands magasins du *Bijenkorf* (genre de « Bon Marché ») il ne reste aucun édifice intact. De l'avis d'un de mes collaborateurs qui connaît bien la ville, c'est certainement par dizaines de milliers[1] qu'il faut compter les victimes. Il n'existait, en effet, aucun abri, dans ces quartiers qui sont tous bâtis sur pilotis, où il n'y a pas de caves, et où l'eau est à fleur de terre. Les maisons étaient très anciennes, presque exclusivement construites en briques. L'effet des bombes explosives a dû être terrifiant.

En matière de « défi », ce bombardement ne fut qu'un « avertissement ». Furieux de voir que, malgré tout, la petite armée hollandaise opposait une résistance à laquelle il ne s'attendait pas, le commandement allemand décida cette opération le 14 mai. Si elle n'avait pas suffi, les villes de Leyde et de Haarlem devaient subir, le lendemain, le même sort. Et si les Hollandais n'avaient toujours pas compris, ç'aurait été le tour d'Amsterdam et de La Haye. D'où la capitulation du 15 mai.

Un officier allemand a fait à mon collaborateur le récit du bombardement. Les vagues d'avions, composées chacune de cinq appareils, ne jetèrent pas leurs bombes au hasard. Elles traçaient des sillons réguliers nord-sud, revenaient une fois atteinte la limite qui leur était fixée, et recommençaient de nouveaux sillons, accolés aux premiers. Le tout sans aucune réaction de la défense anti-aérienne, et pour cause… celle-ci n'existant pas.

Il est à remarquer qu'aucun chiffre n'a jamais été donné des victimes de cette expédition « punitive »[2].

Guerre 1939-1945, Vichy, Z Europe, Pays-Bas, 642 (10GMII/642)

---

[1] Souligné dans le texte.

[2] Victimes estimées aujourd'hui de ce bombardement de Rotterdam du 14 mai 1940 : environ 1 000 morts, sur les 3 000 victimes estimées de l'invasion des Pays-Bas entre le 10 et 14 mai 1940.

53

NOTE DE LA SOUS-DIRECTION D'EUROPE
BUREAU DE M. SARRIEN, CONSUL GÉNÉRAL DE FRANCE

*Entrevue de Berchtesgaden entre le Roi des Belges
et le Chancelier Hitler*

N. n° R. 74   *Royat, 28 janvier 1941.*

Dans le courant du mois de décembre le Roi s'est rendu à Berchtesgaden[1], où il a été reçu par le chancelier Hitler. Il était accompagné du vicomte Davignon, du général Van Overstraeten et du comte Capelle.

La visite a duré plus de deux heures. Pendant une heure et demie le chancelier Hitler a parlé et le Roi l'a écouté sans l'interrompre.

Dans sa réponse, faite en français et traduite par le Docteur Schmitt, le Roi aurait maintenu son attitude précédente, à savoir qu'étant en fait prisonnier de guerre, n'ayant plus pour cette raison l'exercice de sa souveraineté, il ne se trouvait pas dans les conditions requises pour prendre des décisions.

Il aurait, en fin de conversation, demandé au Chancelier que la libération des prisonniers promise au moment de la capitulation de l'armée belge fût accélérée[2]. Il en aurait reçu la promesse du Chancelier.

Il semble d'ailleurs que de l'entretien politique, rien n'ait transpiré et que les bruits qui ont couru en Belgique de l'offre d'une paix séparée, en particulier, sont sans fondement.

L'entretien terminé, le thé fut offert par le Chancelier. Malgré le peu d'assistants à cette collation, une froideur marquée ne cessa de régner.

Guerre 1939-1945, Vichy, Z Europe, Belgique, 161 (10GMII/161)

De gros dégâts matériels : plus de 30 000 bâtiments détruits – le centre-ville est totalement détruit, après le rejet d'un ultimatum.

[1] Il s'agit du roi Léopold III (au pouvoir depuis février 1934) ; la date de cette rencontre est en réalité le 19 novembre 1940 ; le Berghof, près de Berchtesgaden dans les Alpes bavaroises, était la principale résidence d'Hitler, il y reçut de nombreuses personnalités en visite officielle.

[2] Voir document n° 56.

54

M. Eirik Labonne, Ambassadeur de France à Moscou,
   À M. Flandin, Ministre Secrétaire d'État aux Affaires
   étrangères.

T. nᵒˢ 113 à 122   *Moscou, 28 janvier 1941, 21 h. 58.*

(*Reçu* : le 29, 21 h. 30)

Ni le voyage de M. Molotov[1], ni les accords de janvier[2], ni leur réclame n'ont modifié vis-à-vis de l'Allemagne les indices de la réaction russe. Depuis Salzbourg[3], la méfiance s'approfondit sans cesse.

Vis-à-vis de la Finlande, le ton de la presse reste acerbe ou violemment agressif. M. Kulun, installé en Carélie soviétique à Petrozavodak, accumule dans son journal les harangues, les griefs et les menaces. La répartition des unités et la préparation des troupes aux conditions de la guerre du Nord témoignent de l'effet produit sur l'état-major soviétique par l'installation des troupes du Reich.

En Pays Baltes, l'expulsion des Allemands et étrangers se poursuit d'une manière radicale. 7 000 personnes d'origine et de langue suédoises, mais considérées comme citoyens soviétiques, sont éloignées sans même que la légation suédoise soit autorisée à les aider. Les Allemands, en dépit de l'attitude officielle, en sont profondément émus. C'est l'inverse de *Mein Kampf.* Le germanisme bouscule à l'ouest les malheureux Lorrains français[4] et abandonne aux Slaves, pour la première fois dans l'histoire, la descendance des chevaliers teutoniques. Jusqu'au dernier moment, il semble bien que les Allemands aient nourri l'espoir de maintenir, d'une manière ou d'une autre leurs quelque 80 000 ressortissants accordés au pays. Mais la xénophobie russe et l'état-major, par la poigne soviétique (…)[5] l'on entend autrement.

En Pologne, la tactique soviétique s'affirme : la Pologne existe ; elle est tout entière au-delà de la ligne Curzon, c'est-à-dire de la frontière actuelle.

---

[1] Du 12 au 14 novembre 1940, à l'invitation de Hitler. Pour une analyse de ce voyage qui inquiète les diverses chancelleries et sur lequel la presse soviétique reste fort discrète, on peut se référer à une longue note de la Délégation française auprès de la Commission allemande d'armistice (Wiesbaden, 19 novembre 1940), in Guerre 1939-1945, Vichy, E Asie, Dossiers généraux, 17, non reproduite mais résumée dans *DDF (1939-1944)*, 1940-2, document nᵒ 366 note 3. Voir aussi dans le même volume le document nᵒ 367.

[2] Sur ces accords, voir supra le document nᵒ 13 et notes.

[3] Allusion à la rencontre du 24 juillet 1940 à Berlin entre les ministres des Affaires étrangères allemand et roumain à propos du litige frontalier roumano-hongrois. Voir *DDF (1939-1944)*, 1940-2, document nᵒ 288, note 1, p. 643.

[4] Les autorités allemandes avaient annoncé le 11 novembre 1940 que 300 000 Lorrains (non germanophones) allaient être expulsés de la zone annexée (Moselle, Haut-Rhin, Bas-Rhin) vers la zone libre, préparant l'intégration de la Moselle au Gau Westmark (30 novembre). Voir à ce sujet, de nombreux documents dans Guerre 1939-1945, Vichy, Y International, 131 et Papiers 1940, Bureau d'études Chauvel, 172.

[5] Lacune de déchiffrement.

De la sorte, la limite, du côté russe, est une « frontière d'État » alors que, du côté allemand, elle est « frontière d'intérêts d'États ».

De grands articles paraissent sur « le gouvernement général » et le sort des Polonais. La Pologne doit donc revivre. Les Russes s'en font les champions. Mais c'est une affaire purement allemande. Cette propagande ira loin.

En Roumanie, l'action des communistes déguisés en Gardes de Fer vient de toucher le point le plus sensible par les premiers sabotages pétroliers. Tout au long des quelque 600 kilomètres de frontière de Bessarabie et de Bukovine, cette action des agitateurs russes trouve un champ à sa taille et singulièrement adapté à sa manière par les facultés de repli. La surveillance allemande aura fort à faire. Le nouvel ordre n'est pas au bout de ses peines.

Laissant de côté la foule des informations balkaniques et m'attachant à l'orientation russe et à ses mobiles, je voudrais résumer avec clarté ce qui a fait l'objet principal de mes derniers entretiens avec mes collègues.

Sous l'effet des événements, l'idée de dérivation évolue. La préoccupation essentielle du Kremlin demeure évidemment identique : rejeter loin de la Russie les forces allemandes, mais l'on se demande si cet intérêt n'est pas maintenant de transposer la dérivation en une fixation d'un front balkanique.

Si en effet les succès anglais et le (…)[1] turc rendent le *Drang* trop aléatoire, si l'Allemagne comprimée en Europe se trouve, du fait même, rejetée vers l'issue russe, si elle veut nettoyer les Balkans pour couvrir son flanc droit, n'est-ce (…)[2] pour l'état-major soviétique prévoyance et riposte préventive que de contribuer à y fixer au contraire, et profondément, les forces allemandes.

La question est avidement scrutée par tous ici.

Sous cet aspect, les relations russo-turques avec leur immédiate incidence sur la Bulgarie deviennent plus importantes que jamais. J'ai dit, la semaine passée, que ces relations bien que très améliorées, ne passaient pas du plan de la courtoisie à celui de la cordialité et de la coopération. Je formule aujourd'hui le même avis d'une manière un peu plus réservée. Le maréchal Timochenko a eu lui-même des contacts avec les Turcs. Ceux-ci se montrent extrêmement discrets. Et les Anglais, à la suite des entretiens militaires d'Ankara, plus encore ; en même temps, les Russes mettent en vedette la décision de Washington concernant la levée de l'interdiction d'envoi des avions. Ils présentent l'affaire comme un succès exceptionnel et comme « la levée définitive de l'embargo moral » des États-Unis à leur égard.

Les négociations commerciales commencées ici avec une délégation suisse laissent prévoir des négociations politiques. Moscou pénètre économiquement à l'intérieur de la zone de l'Axe.

Communiqué par le courrier à Ankara.

Guerre 1939-1945, Vichy, Z Europe, Balkans, 937 (10GMII/937)

---

[1] Lacune de déchiffrement.

[2] Lacune de déchiffrement.

55

M. Jules Henry, Ambassadeur de France à Ankara,
à M. Flandin, Ministre Secrétaire d'État aux Affaires
étrangères.

T. n°s 93 à 96.   Ankara, 29 janvier 1941, 21 h.

(Reçu : le 30, 11 h. 30)

La déclaration turco-bulgare, qui sera sans doute signée dans quelques jours, sera le résultat de l'initiative prise par le gouvernement turc[1].

Après que celui-ci eut marqué son opposition à une sorte de trêve militaire pendant l'hiver proposée (...)[2] la Bulgarie (mon télégramme n° 14-17)[3], un message fut alors adressé au Président du Conseil bulgare. Ce document exposant le point de vue turc de la manière la plus franche peut se résumer comme suit :

La Bulgarie et la Turquie se trouvent politiquement et géographiquement placées dans des camps opposés. Dans le cas d'une opération allemande en Bulgarie, la Turquie se verrait cependant contrainte de prendre les armes ; dans l'éventualité d'une agression de l'Allemagne contre la Turquie, la Bulgarie serait du (...)[4] côté de cette puissance ; or les deux pays étant fort intéressés au maintien de la paix et de leur neutralité, le moment n'était-il pas venu pour eux de définir leurs positions de manière et, si possible, que l'ordre balkanique ne fût pas plus troublé qu'il ne l'est maintenant.

La proposition turque fut accueillie par le roi Boris et son gouvernement qui allèrent même jusqu'à laisser entendre que si le maintien de la paix dans les Balkans pouvait être acheté par la renonciation momentanée

---

[1] La déclaration turco-bulgare, présentée comme un pacte de non-agression, a été en fait signée le 17 février 1941. Pour le texte, voir Guerre 1939-1945, Vichy, Z Europe, Bulgarie, 197, fol. 4. Dans la même série, Vichy, Z Europe, Balkans, 938, on peut trouver les réactions de différentes capitales : « Brise fraîche dans cette atmosphère de fournaise » selon Saradjoglu (Bulletin d'Ankara du 17 février, fol. 9), mutisme du gouvernement de Moscou voulant « donner l'impression qu'il n'est pas surpris de l'évolution et que sa ligne de conduite ne sera pas modifiée » (T. n°s 170 à 174 d'Eirik Labonne en date du 17 février, fol. 3-4), signature à un moment « bien inopportun » selon Athènes (T. n° 97 de Gaston Maugras en date du 18 février, fol. 10), « de nature à empêcher l'extension de la guerre dans les Balkans et par conséquent contrecarrant les projets anglais » selon Budapest (T. n° 137 de Dampierre en date du 18 février, fol. 11), Bucarest (T. n° 200 de Spitzmüller en date du 18 février, fol. 13), et plus généralement selon les partisans du Reich. C'est aussi le point de vue aux États-Unis où l'on considère qu'un tel pacte constitue un coup sérieux pour l'influence britannique dans les Balkans, car la Turquie ne se battrait pas si les Allemands pénétraient en Bulgarie, tandis que pour l'Angleterre « la Turquie reste fidèle à la politique de solidarité des puissances devant l'agression » et que « Berlin hésite encore à envahir la Bulgarie devant les avertissements de la Turquie, prête à entrer en guerre si elle se sent menacée par l'expansion allemande (revue de presse du 18 février, fol. 15-16). Dans Guerre 1939-1945, Vichy, Z Europe, Yougoslavie, 967, une note de Nac en date du 19 février évoque le point de vue des divers membres du corps diplomatique à Vichy (document non reproduit).

[2] Lacune de déchiffrement.

[3] Document n° 8.

[4] Lacune de déchiffrement.

des revendications bulgares[1], ils étaient disposés à consentir ce sacrifice. Le ministre de Bulgarie à Ankara fut donc chargé de négocier le texte final de la déclaration arrêtée qui a été approuvée avant hier par le conseil des Ministres à Sofia.

Cet acte dont la rédaction est très prudente ne (...)[2] aucune tierce puissance, il définit la position de chacune des puissances et ne revêt guère que le caractère d'une déclaration platonique de paix. Il constitue néanmoins une sorte d'avertissement à l'adresse de l'Allemagne.

Il ne dépend ni de la Bulgarie ni de la Turquie que la guerre ne s'étende pas à la péninsule ; au moins les deux puissances auront-elles tenté un effort pour parer à ce danger ainsi que me le disait M. Saradjoglu en me donnant les détails qui précèdent. La Turquie, si attachée à l'entente balkanique dont la presse plaide ardemment la cause en ce moment, aura prouvé qu'elle n'entend rien négliger pour la réaliser. Comme je lui faisais remarquer que jusqu'à présent la Turquie avant (...)[3] en sérieuse considération le facteur russe, le Ministre me répondit que cet élément devait perdre beaucoup de son importance car depuis la regrettable défaite de la France, les Russes sont de plus en plus inquiets de l'Allemagne qui peut détourner vers eux des forces impressionnantes.

Communiqué par le télégraphe Moscou, par la poste aux postes balkaniques.

Guerre 1993-1945, Vichy, E Levant, Turquie, 126 (4GMII/126)

56

NOTE DE LA SOUS-DIRECTION D'EUROPE
BUREAU DE M. SARRIEN, CONSUL GÉNÉRAL DE FRANCE

Les prisonniers de guerre belges

N. n° R. 76   *Royat, 29 janvier 1941.*

Le 9 juin, lorsqu'à la suite d'un décret du Führer du 6 juin, les prisonniers (militaires de réserve en formation régulière par corps d'armée) furent libérés, il fut spécifié que : le seraient d'abord et sans condition, les militaires flamands, ensuite les Wallons de professions déterminées (sauf ceux habitant Bruxelles, l'arrondissement de Nivelles et le Luxembourg).

Quant aux prisonniers emmenés en Allemagne (selon les règles les plus arbitraires, et le plus souvent parce que rencontrés isolément en Flandre et

---

[1] En partie satisfaites déjà par l'accord de Craoïova du 7 septembre 1940, sous l'égide de l'Allemagne, qui lui a accordé la Dobroudja méridionale (7 700 km^2, 415 000 habitants), selon la frontière de 1912 avec la Roumanie.

[2] Lacune de déchiffrement.

[3] Lacune de déchiffrement.

considérés alors comme fuyards) au nombre de 250 000 environ, ils furent traités différemment en captivité selon qu'ils étaient flamands ou wallons, les Flamands étant toujours privilégiés.

En Allemagne, des Belges au service des Allemands et quelquefois en uniforme belge, firent passer aux prisonniers des examens pour déterminer s'ils étaient flamands. Seuls ceux qui réussissaient furent renvoyés en Belgique. Mais, alors que le retour de tous les prisonniers avait été annoncé officiellement pour le mois de juillet 1940, il y avait encore, en Allemagne, au mois de janvier 1941, au-delà de 125 000 prisonniers, la plupart wallons.

Les prisonniers revenus au pays se plaignent (à l'exception de ceux ayant travaillé dans les fermes) du manque de nourriture et reconnaissent avoir fait l'objet d'une propagande intense. À remarquer encore que de nombreux militaires de l'armée active furent rappelés de captivité (officiers du génie et de l'artillerie) pour recevoir une affectation spéciale par les soins du ministère des Travaux publics.

Le bureau de M. Sarrien a indiqué dans une note n° 57 du 25 janvier 1941 l'accélération du retour dans leur foyer des prisonniers belges d'Allemagne, demandé semble-t-il et obtenu par le Roi, lors de l'entrevue de Berchtesgaden avec le chancelier Hitler[1].

Guerre 1939-1945, Vichy, Z Europe, Belgique, 160 (10GMII/160)

57

Note de Charles Benoist d'Azy, chargé de la presse américaine au Secrétariat général à l'Information

Note pour le Cabinet

Renseignements apportés par Madame Schiaparelli
sur l'opinion américaine à l'égard de la France

N.   *Vichy, 29 janvier 1941.*

Madame Schiaparelli qui dirige à Paris une importante maison de couture est connue pour ses grandes qualités de femme d'affaires. Elle a organisé la publicité de sa maison d'une façon remarquable, grâce à de grandes qualités d'intuition et de psychologie.

Elle vient de faire en Amérique une tournée de conférences ; elle a réuni partout des salles importantes. Le but de celles-ci était de lutter en faveur de la prééminence du commerce de luxe français contre les efforts de l'industrie américaine du vêtement, industrie qui est en grande partie entre les mains des juifs.

---

[1] Voir document n° 53.

Son passage dans les différents États a été commenté par la presse américaine, dont elle rapporte une série d'articles, toujours très élogieux.

Voici les réponses qu'elle a faites à certaines des questions que je lui ai posées :

1° – Les Américains n'en veulent plus à la France d'avoir signé l'armistice ; ils semblent avoir compris la situation dans laquelle nous nous trouvions, et savent qu'il ne nous était pas possible de continuer la lutte en Afrique du Nord.

2° – Par contre, ils sont toujours fortement impressionnés chaque fois qu'est décrétée en France une loi qui semble, même de loin[1], imiter les pays totalitaires. Par exemple :

Ils condamnent la loi sur les juifs[2] sans vouloir se rendre compte qu'elle est profondément différente d'autres lois similaires européennes. Ils condamnent les camps de jeunesse de la même façon.

En nous accusant d'imitation servile dans ce domaine, leur sectarisme idéologique l'emporte sur leur raisonnement ; c'est ainsi qu'ils rendent Vichy responsable des mesures antijuives prises à Paris par les autorités d'occupation.

Il est évident que le ressentiment le plus fort de l'opinion américaine à notre égard, aggravé d'ailleurs par la propagande des milieux israélite et gaulliste, réside dans le fait que nous aurions abandonné nos principes démocratiques et adopté servilement les principes nazis ou fascistes.

3° – Jusqu'au départ de M. Laval[3], les Américains étaient unanimes dans cette opinion. Ils gardaient néanmoins à l'égard des Français un sentiment de pitié, comprenant l'évidente nécessité de la passivité française.

La protestation du Maréchal pour les déportations de Lorrains[4] n'a pas semblé produire un revirement dans cette opinion mais, après le 13 décembre, le revirement a été beaucoup plus net car il a indiqué que le Maréchal n'était pas ce que l'on croyait communément « une poupée » entre les mains de l'Allemagne ou de Laval.

Laval est peut-être en Amérique l'homme politique français le plus détesté, en raison de sa politique.

La campagne des journaux américains (la plupart d'ailleurs propriété de juifs) a dirigé l'opinion à penser qu'il aurait mieux valu que le devoir absolu de la France après sa défaite eut été de prendre l'attitude digne du martyr

---

[1]   Annotation marginale : M. de Seguin.

[2]   Il s'agit du statut des Juifs du 3 octobre 1940, publié le 18 octobre dans le *Journal officiel*.

[3]   Départ contraint le 13 décembre 1940.

[4]   Le 11 novembre 1940, Hitler a donné l'ordre d'expulser quelque 100 000 Lorrains de langue française dans les dix jours vers la Pologne ou la Zone libre, à leur choix. Le conseil des ministres a protesté et, ajoute Antoine Delenda dans son journal, le 14 novembre, « nous |le Département] donnons de la publicité à notre protestation », *in Vichy, Journal d'un opposant de l'intérieur*, Paris, François-Xavier de Guibert, 2010, p. 132.

(comme en Pologne) plutôt que de rechercher une vaine collaboration avec son vainqueur.

Sans cette campagne de journaux, il est possible que l'Américain moyen ait pu se faire une meilleure compréhension de la situation de la France, car il était naturellement prédisposé à l'affection pour notre pays.

4° – Les Américains s'opposeront à tout envoi de ravitaillement ou de médicaments à la France libre[1] s'ils ont l'impression que même un millième de ceux-ci puissent tomber sous la main des Allemands.

En zone occupée, l'opinion américaine se refuse à envoyer quoi que ce soit, car leurs envois libéreraient pour autant des marchandises similaires qui seraient alors réquisitionnées par l'Allemagne.

Madame Schiaparelli, au cours de son voyage de retour, a dû abandonner entre les mains « des Anglais des Bermudes » toutes les ampoules de vitamines qu'elle rapportait en zone libre. Elle m'a assuré que « ces autorités des Bermudes » n'avaient pas entériné l'autorisation qu'elle avait reçue de Londres, pour le passage de ces médicaments.

Des organisations américaines se sont constituées spontanément pour nous venir en aide, et c'est à leur action que nous devons maintenant un léger revirement d'opinion sur cette question.

Les principales sont les suivantes :

Funds for France

Committee of Mercy

Les Quakers

– Committee for Greece (qui réserve à la France un certain pourcentage).

5° – En ce qui concerne les colonies françaises, l'opinion américaine est unanime : les Antilles françaises ne doivent pas servir à l'Allemagne de plateforme d'attaque contre les États-Unis.

L'Indochine sera abandonnée au Japon pour autant que le Japon puisse donner suffisamment de preuves qu'il ne se servira pas de sa conquête pour inquiéter l'Amérique.

6° – L'ex-général de Gaulle est peu sympathique aux Américains, cependant une certaine admiration accompagne ses hommes qui ont tout abandonné pour lutter quand même contre l'ennemi « commun ».

La propagande gaulliste réussit pleinement en Amérique. Ève Curie y fait des tournées retentissantes et obtient partout de très gros succès. On utilise à ces fins à la fois la presse, la radio, les conférences et la propagande de « bouche à oreille ».

Il est cependant possible qu'à la suite d'une certaine désaffection anglaise pour le mouvement gaulliste, ces derniers voient leurs crédits diminuer aux

---

[1] Souligné dans le texte. Comprendre : la zone libre.

États-Unis. Avec le temps, il est très probable que ces Français ne seront pas considérés avec plus de bienveillance que les autres réfugiés politiques et étrangers qui pullulent aux États-Unis, et pour lesquels les Américains ont peu de sympathie.

Madame Schiaparelli m'a confirmé qu'un officier de marine français accompagné de 8 marins avait débarqué à Vancouver (Canada) venant de Tahiti. Les autorités anglaises les ont reçus avec enthousiasme et leur ont dit « Vous êtes nos invités ». Quand ils demandèrent à rentrer en France, les Anglais ont semblé surpris et leur ont proposé de rejoindre les forces gaullistes. Sur le refus de nos compatriotes, ils furent faits prisonniers.

Depuis cette époque, la population canadienne de Vancouver leur rend souvent visite pour améliorer leur sort. Il est en effet prouvé que la population canadienne est loin de partager *l'opinion des autorités anglaises sur la France*[1].

7° – Les Américains ne sont pas informés sur les sentiments de la population française, soit à l'égard de l'Allemagne, soit à l'égard de l'Angleterre, soit à l'égard du gouvernement français actuel.

8° – Ils ont la conviction que l'Angleterre se bat pour « *l'Humanité et la Démocratie* »[2] et que si l'Allemagne gagne, le monde entier est perdu, et Hitler est pour eux un démon du désordre et de l'anarchie.

Ils ne se préoccupent pas autrement des buts de guerre et n'ont aucune idée des problèmes purement européens tels qu'une réorganisation continentale eurafricaine.

Ils ne conçoivent en aucune façon ce qu'a été dans le passé la politique traditionnelle de l'Angleterre qui tendait à diviser l'Europe pour régner.

9° – L'opinion que les Américains se font du Maréchal a fortement évolué depuis le 13 décembre. Un doute favorable lui est consenti sur ses actes de résistance à toutes demandes nouvelles de l'Allemagne, qui auraient pour effet d'aider celle-ci dans sa guerre contre l'Angleterre.

On espère que devant les demandes exagérées d'Hitler, le Maréchal préférera, pour la France, le sacrifice du martyr à la moindre concession.

10° – Interrogée plus particulièrement sur la question du commerce de luxe, Mme Schiaparelli a confirmé que les syndicats américains du vêtement entretenaient actuellement en Amérique une action redoutable contre la prééminence des modes de Paris. Les journaux, les magazines (*Vogue, Harpers bazar*, etc.) ont été avertis qu'ils ne recevraient plus aucune publicité si le seul nom de Paris était prononcé.

Les grands propriétaires juifs des maisons américaines tels que MM. Hergdorf – Gutmann, M. Magnin, ont ostensiblement retiré de leur bou-

---

[1] Souligné dans le texte.
[2] Souligné dans le texte.

tonnière le ruban de la Légion d'Honneur que le régime passé avait cru bon de leur accorder.

Charles Benoist d'Azy, chargé de la presse américaine au Secrétariat général à l'Information.

ANNEXE

Conclusion à tirer de ces renseignements en ce qui concerne les points particuliers sur lesquels doivent s'appliquer l'effort de notre information aux États-Unis

I – Insister sur les différences qu'il y a entre :

– Lois sur les Juifs en France dans les autres pays européens
– Mouvement de Jeunesse en France
– Démocratie
– Mesures prises en zone libre

– Démagogie
– Mesures prises en zone occupée.

II – *Ravitaillement de la zone libre.*
Suggérer que des organismes américains fassent eux-mêmes leur distribution aux bénéficiaires.

Ravitaillement en zone occupée.
Suggérer que les comités Hoover, d'accord avec l'Allemagne et l'Angleterre y précisent leur effort.

III – Assurer que les colonies françaises extra-européennes n'intéressent pas l'Allemagne, occupée surtout à construire une entité européenne ou eurafricaine.

IV – Discréditer la propagande gaulliste tendant à affamer les populations françaises pour le bien de l'Angleterre (Ève Curie).

V – Faire comprendre l'importance qu'il y a pour la France de s'intégrer à une organisation européenne.

VI – Insister sur le rôle de chef du Maréchal qui n'est :
a) ni un instrument entre les mains de l'Allemagne,
b) ni un paravent destiné à cacher les ambitions politiques de qui que ce soit.

VII – Faire visiter au plus tôt aux journalistes américains accrédités à Vichy, certains camps de réfugiés étrangers, afin de couper les ailes à la campagne diffamatoire juive, actuellement en plein développement aux États-Unis.

Guerre 1939-1945, Vichy, B Amérique, États-Unis, 33 (1GMII/33)

58

NOTE DE LA SOUS-DIRECTION D'AMÉRIQUE

Action de la Légation du Mexique parmi les réfugiés espagnols

N.[1]   *Vichy, 29 janvier 1941.*

Au mois d'août dernier, la légation du Mexique proposait au gouvernement français, au nom du gouvernement mexicain, d'organiser le départ vers le Mexique des réfugiés politiques espagnols qui ne désiraient pas rentrer en Espagne. Le gouvernement français acceptait cette proposition et procédait le 22 août avec la légation du Mexique à un échange de lettres (ci-jointes en annexe[2]).

Depuis cette époque, la légation du Mexique a constamment tendu à exercer sur les réfugiés espagnols un droit de protection. Le Département et le ministère de l'Intérieur ont énergiquement réagi contre cette tendance. C'est ainsi que les représentants du Département et du ministère de l'Intérieur ont nettement marqué qu'ils n'admettaient pas que la légation du Mexique employât, dans ses services chargés d'organiser l'émigration, des réfugiés espagnols sans s'être mise d'accord au préalable avec nos autorités (Procès-verbal de la séance du 25 septembre dernier, ci-joint en annexe)[3].

Sans tenir compte de la position ainsi prise par le gouvernement français, la légation du Mexique a délivré à des Espagnols des ordres de mission. Ces réfugiés parcourent la zone libre dans des automobiles de la légation du Mexique. Le ministère de l'Intérieur ayant convoqué l'un de ces Espagnols, l'attaché militaire mexicain a protesté et a refusé de communiquer à l'Intérieur la liste des Espagnols ainsi employés.

Ces faits sont d'autant plus graves que :

1°) Des Espagnols touchés par les circulaires de la légation ont quitté le lieu où ils étaient soit internés, soit en résidence forcée pour se rendre à Marseille où le consul général du Mexique assure leur subsistance avec des fonds provenant selon tout vraisemblance du pillage des caisses publiques espagnoles.

2°) Ainsi que le ministère de l'Intérieur l'a signalé ce matin au Département, le Parti communiste français s'efforce de regrouper les réfugiés espagnols pour les constituer en éléments de choc.

3°) Ainsi qu'il ressort d'une lettre saisie sur un réfugié politique espagnol, la légation du Mexique se propose de convoquer à l'hôtel des Lilas, à Vichy,

---

[1] Document intitulé : « Action de la légation du Mexique parmi les réfugiés espagnols. » Mention marginale manuscrite : « 3 février. Conclusions approuvées par le Président. »

[2] Documents non retrouvés. Par l'accord conclu le 22 août 1940 entre la France et le Mexique, sur l'initiative du gouvernement mexicain, le Mexique s'était engagé à accueillir à ses frais les mois suivants 120 000 ressortissants espagnols réfugiés en France. Voir *DDF (1939-1944)*, 1940-2, document n° 418.

[3] Document non retrouvé.

une réunion des représentants des partis de gauche espagnols. Il convient de rappeler, à cet égard, que, invoquant les privilèges diplomatiques, la légation du Mexique a donné asile il y a quelque temps à l'hôtel des Lilas à un réfugié espagnol, le nommé Calvino Ozores, recherché par la police, et que l'incident n'a pu être réglé que le jour où ce réfugié a quitté l'hôtel des Lilas pour se réfugier à l'ambassade d'Espagne, au service de laquelle il était secrètement passé.

Dans ces conditions, la Direction politique se propose de convoquer le chargé d'Affaires du Mexique, à qui il sera dit que :

1°) La légation du Mexique a sérieusement manqué aux règles en donnant, de sa propre autorité et sans en prévenir le Département, des ordres de mission à des réfugiés espagnols.

2°) Les ordres de mission sont inexistants aux yeux des autorités françaises.

3°) Il n'y a entre le gouvernement français et les réfugiés espagnols d'autres autorités que les autorités administratives françaises.

4°) Il y aurait intérêt pour la légation du Mexique à tenir compte dans l'avenir des présentes observations.

Guerre 1939-1945, Vichy, Z Europe, Espagne, 281 (10GMII/281)

59

M. DE LA BAUME, AMBASSADEUR DE FRANCE À BERNE,
    À M. FLANDIN, MINISTRE SECRÉTAIRE D'ÉTAT AUX AFFAIRES
    ÉTRANGÈRES.

T. n° 153.   *Berne, 30 janvier 1941.*

(*Reçu* : le 2 février, 11 h.)

D'après les renseignements concordants qui me sont parvenus de sources sérieuses, il semble établi que malgré la nuance de *Schadenfreude*[1] dont sont teintés les sentiments des Allemands à l'égard des déboires actuels de l'Italie, ceux-ci ne sont pas sans quelque peu préoccuper les milieux dirigeants du Reich. Le chancelier, pour des raisons de solidarité idéologique et militaire, tient à éviter un écroulement intérieur de son allié et une situation militaire comparable à celle de la Grande-Bretagne après que la France eut déposé les armes.

La récente entrevue de Berchtesgaden[2] s'est donc faite essentiellement et une fois de plus sous le signe du renforcement de l'Axe. Un protocole y a été

---

[1] *Schadenfreude* = joie mauvaise.

[2] Alors que les armées italiennes vivent des heures difficiles en Libye, face aux Britanniques et en Albanie, face aux Grecs, Mussolini s'est entretenu avec Hitler au Berghof, le 19 janvier 1941, en présence de von Ribbentrop et de Ciano. Hitler compte sur le Duce pour obtenir le feu vert de Franco pour une opération sur Gibraltar à partir du territoire espagnol.

conclu dans lequel les deux dictateurs se sont engagés à ne pas conclure de paix séparée. En échange, le Chancelier a promis un concours accru des forces de l'aviation allemande en Méditerranée et, vraisemblablement, semble-t-il, accepté certaines des revendications italiennes. Le principe d'une opération sur Bizerte en liaison avec une action sur Malte aurait été arrêté.

D'autre part, le Chancelier, avant de se lancer dans une opération « décisive » contre l'Angleterre, serait décidé à « clarifier » ses rapports avec la France, et à cet effet, à procéder à l'occupation totale du pays, le gouvernement italien devant d'ailleurs tirer quelque regain de prestige d'une collaboration dans cette occupation. La question de savoir ce que ferait alors l'armée du général Weygand et notre flotte serait considérée comme secondaire, le terrain principal de la lutte n'étant pas en Afrique et la décision finale devant être prise contre l'Angleterre elle-même.

Guerre 1939-1945, Vichy, Z Europe, Italie, 470 (10GMII/470)

60

M. Flandin, Ministre Secrétaire d'État aux Affaires étrangères, à M. Henry-Haye, Ambassadeur de France à Washington.

T. nos 119 à 124.   *Vichy, 30 janvier 1941, 2 h.*[1]

Je me réfère à votre télégramme n° 140[2].

Des indications qui vous ont été données par M. Sumner Welles, je retiens que les États-Unis, consacrant toutes les armes dont ils disposent à leur propre armement et à celui de l'Angleterre, ne seraient pas en mesure, en cas d'échec de la médiation japonaise, de nous fournir les moyens de défendre efficacement l'Indochine.

Sans doute peut-on regretter qu'une indication aussi nette ne nous ait pas été donnée dès le mois d'octobre[3]. Mieux instruit de la nature et des limites

---

[1] L'heure et la date sont reprises de la copie (illisible mais définitive) du télégramme *in* Guerre 1939-1945, Vichy, B Amérique, États-Unis, 33. Dans le volume utilisé ici, la date indiquée est le 29 janvier, sans précision d'horaire.

[2] T. nos 140 à 142 de Washington à Vichy en date du 27 janvier 1941 par lequel l'ambassadeur rapporte son entretien du jour avec Sumner Welles : en indiquant la position française à l'égard du différend entre la Thaïlande et l'Indochine, il a rappelé la chronologie du conflit et tous les efforts diplomatiques et militaires pour obtenir par d'autres moyens que la médiation japonaise la fin du conflit. Sumner Welles a répondu qu'il se rendait parfaitement compte de la situation difficile de la France et de ses efforts et que le soutien moral des États-Unis serait acquis au cours des négociations. Mais sa position a été moins claire à la demande de l'ambassadeur d'envisager une aide matérielle immédiate pour défendre les territoires et le *statu quo* politique en cas d'échec des pourparlers : « M. Sumner Welles invoque la nécessité de réserver pour les États-Unis et pour l'Angleterre toutes les armes dont disposait son pays et il rappelle au surplus l'opposition des départements de la Défense nationale résolument hostiles à toute dispersion de matériel de guerre. »

[3] Voir *DDF (1939-1944)*, 1940-2, documents nos 267, 284, 297.

du concours à attendre de Washington, nous aurions consenti, dans nos négociations directes avec la Thaïlande, aux accommodements propres à éviter l'intervention du médiateur japonais.

Il serait vain de s'attarder à ces considérations rétrospectives. Il me paraît par contre nécessaire de préciser ce qui suit.

Nous comprenons fort bien que le gouvernement américain se trouve obligé de sérier ses efforts et que les questions d'Extrême-Orient soient actuellement au deuxième plan de ses préoccupations. Mais nous lui demandons de témoigner d'une égale compréhension à l'égard de notre politique.

La réserve observée par les États-Unis a pour conséquence que la force japonaise se manifeste seule dans la péninsule indo-malaise. La position prépondérante du Japon, qui est contestée en droit par les États-Unis, se trouve ainsi réalisée en fait. Il nous est matériellement impossible de ne pas tenir compte de cette situation.

À refuser toute concession, nous risquerions une intervention militaire qui ferait passer aux mains du Japon le complet contrôle de l'Indochine et, subsidiairement, de la Thaïlande. Ce ne serait ni notre intérêt, ni, semble-t-il, celui des États-Unis.

Nous nous efforçons donc, en évitant toute occasion de rupture, de cantonner les entreprises japonaises sur le territoire diplomatique et, en discutant un à un les cas concrets, de contenir et de retarder la poursuite de ces entreprises.

Aux termes de vos récents télégrammes, vos interlocuteurs américains paraissent être parvenus à une plus exacte appréciation de nos intentions, de nos difficultés et de nos méthodes.

Je me propose de continuer comme par le passé, de tenir le Département d'État exactement informé des développements de la situation.

Je souhaite que de son côté le gouvernement américain manifeste l'intérêt qu'il porte à cette situation :

1°) sur le plan militaire, en autorisant, sinon les achats de matériels qui nous eussent permis de renforcer nos moyens de résistance, tout au moins les opérations plus limitées qui nous permettraient de réapprovisionner nos stocks sérieusement éprouvés par les récentes hostilités avec la Thaïlande. Je vous rappelle que le financement de ces achats ne peut être assuré que par la libération d'avoirs bloqués aux États-Unis ;

2°) sur le plan économique, en accordant attention aux suggestions qui ont fait l'objet de mon télégramme n° 9 à 13 et qui tendent à l'adaptation aux circonstances actuelles des échanges entre l'Indochine et les États-Unis.

Guerre 1939-1945, Vichy, E Asie, Thaïlande, 413 (3GMII/413)

61

Question de Tanger

N.　　　　　　　　　　　　　　　　　　　*s.l.[Vichy], 30 janvier 1941.*

L'occupation espagnole de Tanger a changé de nature avec l'arrivée de M. S. Suñer aux Affaires étrangères[1]. Elle avait primitivement pour but de garantir la neutralité de la zone d'administration internationale ainsi que le fonctionnement régulier des services statutaires. Le nouveau ministre espagnol lui a donné le caractère d'une conquête pacifique en décrétant l'annexion de Tanger à la zone espagnole et en plaçant son administration entre les mains du colonel Yuste à titre de gouverneur délégué du haut-commissaire à Tétouan[2].

Les puissances participant au statut ont toutes admis la situation de fait, toutes réservant par ailleurs leurs droits. Les États-Unis, qui ne sont pas partie au statut, ont manifesté l'intérêt qu'ils portaient à Tanger et au Détroit par deux démarches à Madrid. La position de l'Italie est plus obscure. Au moment où, par un communiqué d'agence, elle reconnaissait que Tanger faisait partie de l'espace vital de l'Espagne, le ministre d'Italie préconisait sa transformation en port libre ou port franc, formule dont il n'a pas précisé les modalités mais qui révèle les arrière-pensées de son gouvernement.

À l'heure présente, les attributions de la Mendoubia[3], du tribunal mixte[4], du cordon douanier chérifien, de la Banque d'État du Maroc, des sociétés du port et du chemin de fer Tanger-Fez sont encore intactes.

La présence à Tanger du délégué du Sultan a maintenu jusqu'ici le caractère chérifien de la zone. Lorsque le Mendoub se retirera à Rabat, la zone sera considérée par Madrid comme définitivement khalifienne ; son départ entraînera à brève échéance la disparition du tribunal mixte dont les juges sont nommés par *Dahir* du Sultan ainsi que celle des douanes chérifiennes. Le gouvernement espagnol prendra le décret qu'il envisage, organisant le « régime spécial » de Tanger.

D'après les confidences du général Ascencio et du colonel Yuste, le gouvernement espagnol assurerait vis-à-vis des porteurs d'emprunts les charges

---

[1]　Après l'occupation de la zone de Tanger par les Espagnols le 14 juin 1940 (*DDF (1939-1944)*, 1940-1, documents n⁰ˢ 395 et 403), l'Espagne a mis fin unilatéralement au statut international de la zone le 3 novembre 1940.

[2]　La zone de Tanger est officiellement rattachée à la zone espagnole au Maroc le 15 novembre 1940. Voir *DDF (1939-1944)*, 1940-2, documents n⁰ˢ 355, 361, 369, 371.

[3]　Le statut de Tanger était, depuis la conférence de Londres de 1922, celui d'une Ville libre et sous administration internationale, mais sous la souveraineté chérifienne, le sultan du Maroc dispose donc d'un représentant général, le Mendoub, doué d'attributions statutaires, à l'Assemblée législative.

[4]　Le 3 novembre 1940, si l'Assemblée législative, le Comité de contrôle et le Bureau mixte ont été supprimés, ce n'est pas le cas du Tribunal mixte.

dont les recettes des douanes sont actuellement la garantie. Au cordon douanier serait substitué un cordon monétaire aux abords même de la ville, cordon à l'intérieur duquel serait maintenue la liberté de circulation des devises et des changes. Un office des importations et exportations serait créé, les importations restant libres et les exportations de Tanger devant être contrôlées.

Il est à penser que le gouvernement britannique, dans l'accord qu'il a négocié avec le gouvernement espagnol et qui n'était pas encore signé le samedi 26 janvier, au moment de mon départ, s'est réservé l'occasion de profiter de cette nouvelle organisation. Tout se passe comme s'il voulait faire de Tanger dans le cadre de sa politique de blocus, une sorte de « clearing » du ravitaillement de l'Afrique, en lui attribuant un rôle analogue à celui de Lisbonne dans la péninsule ibérique. C'est l'étude de ce problème qui justifie la présence à Tanger de M. Eccles.

Le mécanisme du ravitaillement serait le suivant : des *navicerts*[1] seraient attribués pour Tanger en vue de ravitailler au compte-goutte l'Afrique française en carburants, en sucre et en thé. L'Afrique française, en échange, céderait à la zone espagnole les victuailles dont elle manque.

L'accord réalisé au sujet de Tanger deviendrait ainsi l'un des rouages essentiels de l'arrangement plus général négocié par sir Samuel Hoare avec M. S. Suñer.

Il est à peine besoin de souligner la pression que l'Angleterre et l'Espagne réunies pourront faire peser par ce système sur notre Empire nord-africain.

La négociation anglo-espagnole a sinon rompu, tout au moins profondément modifié les pourparlers engagés par M. Mönick et M. Murphy pour ravitailler directement le Maroc et par la suite l'Afrique française à partir des États-Unis[2].

Enfin, il y a lieu de noter que la réalisation de l'accord anglo-espagnol, d'une part, et, d'autre part, l'évolution du gouvernement de Madrid vers la neutralité en raison des revers italiens en Méditerranée[3] et de l'attitude américaine, permettent à la diplomatie britannique de donner l'impression que l'Espagne est désormais acquise à sa cause.

Guerre 1939-1945, Vichy, M Maroc, 123 (6GMII/123)

---

[1] Autorisations de navigation dans le cadre du blocus britannique. *DDF (1939-1944)* 1940-2, document n° 77.

[2] Voir documents n°ˢ 2 et 3.

[3] Allusion aux échecs italiens du début 1941 en Libye et sur le front albano-grec.

62

NOTE DE M. DE CASTELLANE, CONSUL GÉNÉRAL DE FRANCE À TANGER

L'Afrique française et le problème du ravitaillement

N.[1] s.l. [Vichy], 31 janvier 1941

La Tunisie, l'Algérie et surtout le Maroc n'ont pas touché les plaies de la guerre (sic). Les indigènes sont restés loyaux à leurs protecteurs et administrateurs français dont ils ne discutent ni l'autorité, ni la compétence.

D'une façon générale, néanmoins, autant que j'en puis juger, leur cause est celle des Égyptiens, c'est-à-dire des Anglais. Les revers italiens en Cyrénaïque[2] ont accentué cette tendance et, d'après quelques notables, le monde musulman serait profondément affecté si la suite des opérations amenait la Turquie à prendre part au conflit. Ce propos m'a été tenu par le Mendoub[3].

C'est par ce chenal, d'inspiration largement religieuse, que la propagande britannique trouve un écho, jusqu'à présent atténué, en Afrique française. Si celle-ci venait à « souffrir », cet écho serait beaucoup plus fort.

Il convient donc de souligner l'intérêt majeur qui s'attache à procurer sans délai à nos possessions africaines certaines matières premières – carburants – sucre – thé.

En ce qui concerne le Maroc notamment, la prochaine récolte serait, faute d'essence, de gasoil et de charbon, non seulement très diminuée mais intransportable.

La situation s'aggraverait encore si la situation du Maroc espagnol s'améliorait par le ravitaillement anglais et américain alors que celle du Maroc français empirait pendant le même temps.

La portée du problème du ravitaillement africain ne saurait donc être exagérée.

Guerre 1939-1945, Vichy, M Maroc, 51 (6GMII/51)

---

[1] Annotation marginale manuscrite : « Remis par M. de Castellane ».

[2] Les Britanniques ont lancé une contre-offensive contre les Italiens du général Graziani en Afrique du Nord le 9 décembre 1940. Victorieux à Sidi-Barani (12 décembre), ils prennent Sollum (16 décembre), Bardia (4 janvier 1941), Tobrouk (23 janvier), Derna (30 janvier).

[3] Le Mendoub est le délégué du Sultan à Tanger.

63

Note du Département

Instances françaises auprès du Département d'État à Washington
(Décembre 1940-janvier 1941)
La question des avions de la Martinique

N.   *s.d. (fin janvier 1941)*

Le 1ᵉʳ décembre 1940, l'ambassadeur de France aux États-Unis télégraphie qu'il vient de marquer au Sous-Secrétaire d'État aux Affaires étrangères l'intérêt qui s'attache pour les États-Unis à aider le gouvernement français de façon à lui permettre de maintenir le *statu quo* en Indochine[1].

M. Henry-Haye a rappelé que c'était par le sacrifice de vies humaines que la France devait résister à l'agression. Pour les États-Unis il s'agissait de contribuer à cet effort en cédant simplement aux autorités françaises le matériel de guerre qu'ils n'utilisaient pas et quelques avions indispensables à la défense du *statu quo* auquel les Américains, comme les Anglais, attribuaient tant d'importance.

M. Sumner Welles s'est borné, dans sa réponse, à exprimer à nouveau les appréhensions de son gouvernement touchant l'insécurité de ces livraisons.

Il a toutefois autorisé l'attaché militaire à l'ambassade de France à prendre contact avec les autorités militaires américaines en vue d'une cession éventuelle d'armes et de matériel.

Le 13 décembre 1940 le ministère des Affaires étrangères français invite l'ambassadeur de France à Washington à renouveler ses instances. Il devra représenter à M. Sumner Welles que les incidents à la frontière de l'Indochine et de la Thaïlande se multiplient et s'aggravent chaque jour[2]. Les communications sont coupées entre Vichy et Hanoï, d'une part, et Bangkok de l'autre. Le ministre de Thaïlande, sous prétexte de contacts à prendre à Lisbonne, a quitté la France avec tout son personnel. Les étudiants thaïlandais ont été rapatriés et le consul général de Thaïlande à Saïgon a lui-même fermé son poste. Les informations d'origine thaïlandaise font état depuis plusieurs jours de véritables actes d'hostilité. La France pourrait ainsi se trouver engagée prochainement dans une guerre contre la Thaïlande.

Le gouvernement français a demandé aux États-Unis de lui fournir des moyens de défense contre une agression étrangère. Aucune réponse ne lui est parvenue de Washington ni de Londres et sa situation s'en trouve aggravée.

---

[1] Il s'agit de maintenir les frontières existantes contre les prétentions de la Thaïlande qui se montre désireuse de reconquérir les anciennes provinces cambodgiennes qu'elle possédait au XVIᵉ siècle. Vichy réagit vivement aux agressions de cette dernière et, le 17 janvier 1941, elle remporte la victoire navale de Koh Chang, qui met fin à ces agressions.

[2] Voir *DDF (1939-1944)*, 1940-2, documents nᵒˢ 397 et 405.

Le ministre des Affaires étrangères du Japon a fait savoir, il y a quelques jours, à l'ambassadeur de France à Tokyo, qu'il accepterait volontiers d'intervenir comme médiateur pour régler le différend franco-indochinois[1]. Le gouvernement français a décidé de repousser cette offre. Il a chargé M. Arsène-Henry de remercier M. Matsuoka et de lui dire que la France était résolue à défendre l'intégrité territoriale de l'Indochine et ne pouvait dans ces conditions, accepter l'intervention d'aucune tierce puissance.

En communiquant cette décision au Département d'État, M. Henry-Haye fera observer qu'elle a été inspirée au gouvernement français notamment par le souci de montrer aux États-Unis qu'il entend ainsi pour sa part maintenir le *statu quo* en Extrême-Orient. En adoptant une telle attitude, il prend une responsabilité et un risque. Il a confiance que le Département d'État en tiendra compte pour le mettre en mesure d'assurer efficacement la défense de l'Indochine. Il souhaite seulement que les États-Unis obtiennent des Anglais que ceux-ci ne s'opposent plus, comme ils l'ont fait jusqu'ici, au transport des quatre bataillons, actuellement en Somalie française, et destinés à l'Indochine[2].

Il demande également aux États-Unis de bien vouloir répondre favorablement à la demande de livraison d'avions qu'il vient de lui adresser[3].

Les avions américains, actuellement à la Martinique, stockés dans des conditions défectueuses, ne peuvent être considérés comme utilisables. Leur réembarquement est même à peu près inexécutable.

Le gouvernement français demande aussi aux États-Unis de faire en sorte que la vie économique de l'Indochine, déjà rendue très difficile par la rupture des communications avec la métropole, ne dépende pas uniquement de ses relations avec le Japon. À cette fin, il conviendrait que les États-Unis ne s'opposent pas à l'acquisition par l'Union indochinoise de devises libres. D'autre part, il serait désirable que Washington intervienne à Londres afin que les liaisons maritimes par bâtiments français entre l'Indochine, d'une part, Hongkong et Singapour, d'autre part, ne soient pas complètement interrompues, même si les décisions des commissions d'armistice ne permettaient pas actuellement au gouvernement français de laisser les navires anglais toucher les ports indochinois.

En déclinant l'offre japonaise, le gouvernement français a implicitement fait confiance au gouvernement américain. Il espère que c'est par des actes concrets que ce dernier répondra à sa demande.

Le 17 décembre cependant, M. Henry-Haye signale à Washington que le gouvernement américain n'ose rien faire au sujet de la cession et du transport des armes et du matériel pour l'Indochine sans s'être assuré au préalable de l'autorisation britannique. Or cette adhésion n'a pu être obtenue, ni pour la libération de l'*Espérance*, ni pour le libre passage des bataillons sénégalais de Djibouti. De leur côté, les Américains persistent à subor-

---

[1] Voir *DDF (1939-1944)*, 1940-2, documents n°s 407 et 420.
[2] Voir *DDF (1939-1944)*, 1940-2, documents n°s 270 et 362.
[3] Voir *DDF (1939-1944)*, 1940-2, document n° 420.

donner au transport des avions de La Martinique leur collaboration à la défense de l'Indochine. S'il n'y a pas de raison majeure pour s'opposer au départ des avions du *Béarn*[1], M. Henry-Haye a la certitude que leur utilisation par l'Indochine faciliterait considérablement les négociations avec le gouvernement américain.

M. Sumner Welles lui a fait sur ce point, ce jour même, une déclaration formelle. Un expert américain a d'ailleurs déclaré, qu'après une rapide mise au point, la plupart de ces appareils seraient en parfait état de vol.

M. Henry-Haye compte envoyer par avion à La Martinique l'attaché de l'Air, dès qu'il sera de retour, afin qu'il procède à une vérification rapide.

L'avis du colonel Jacomy sera considéré comme valable par le gouvernement américain. Si le gouvernement français accepte le transport en Indochine de tout ou partie de ces appareils, Washington interviendra énergiquement auprès des autorités britanniques pour que les facilités de passage nécessaires soient accordées. Le Département envisagerait même d'aider le gouvernement français à obtenir des navires transporteurs. Le *Léopold L.D.*, actuellement à New York, pourrait être utilisé à cette fin.

D'autre part, le Département d'État a vivement apprécié le refus opposé par le gouvernement français à l'égard de la médiation japonaise ; mais tant que la question des avions du *Béarn* n'aura pas été résolue dans un sens conforme à ses préoccupations, le gouvernement américain n'accordera au gouvernement français ni appui matériel, ni facilités d'achat aux États-Unis.

Le 19 décembre, le ministère des Affaires étrangères français télégraphie à l'ambassadeur de France à Washington que le gouvernement français est déçu par la réponse du Sous-Secrétaire d'État américain.

D'une part, l'examen de la substance même de ses demandes n'a pas été effectivement poussé ; d'autre part, le gouvernement américain paraît vouloir subordonner toute assistance à l'Indochine à une condition préalable qu'il n'est pas au pouvoir du gouvernement français de réaliser.

---

[1] Au moment de l'armistice, le porte-avion Béarn se trouvait dans les eaux territoriales américaines avec, à son bord, 100 avions dont il venait de prendre livraison aux États-Unis ; 43 provenaient de la marine américaine, 6 étaient destinés au gouvernement belge et 51 avaient été commandés par la commission aéronautique française. Au lendemain de l'armistice, les avions du Béarn ont été mis à terre à La Martinique et désarmés conformément à l'article 5 de la convention. Le 28 septembre, la commission allemande d'armistice a demandé par note à la délégation française de confirmer que le gouvernement français n'avait pas l'intention de rétrocéder ces avions aux États-Unis. Le gouvernement des États-Unis a demandé à maintes reprises au gouvernement français de lui céder ces avions. Le gouvernement a invariablement répondu que l'article 10, § 2 de la convention de Rethondes lui interdisait de le faire. En raison de la situation en Indochine, le ministère des Colonies a demandé au gouvernement des États-Unis l'autorisation d'acheter en Amérique du matériel d'aviation. Le gouvernement de Washington a subordonné toute cession éventuelle d'avions à l'envoi en Indochine des appareils se trouvant à la Martinique. Mais l'état de ces avions serait défectueux d'après un rapport de l'amiral Robert. L'ambassadeur français à Washington doit demander au gouvernement américain d'intervenir auprès des Britanniques afin que ceux-ci autorisent ce transport. Dès cet accord obtenu, le gouvernement français demandera à la commission allemande de Wiesbaden d'autoriser ce transfert (note de la sous-direction d'Amérique, en date du 4 janvier 1941, *in* Guerre 1939-1945, Vichy, B Amérique, Questions des Antilles, 42, document non reproduit).

M. Henry-Haye est invité à donner au Département d'État les précisions suivantes à cet égard :

1° Aux termes de la convention d'armistice (article 6), le matériel de guerre de toute espèce restant en territoire français non occupé doit être entreposé, ou mis en sécurité, sous contrôle allemand ou italien. Les avions du *Béarn* ne peuvent donc être déplacés d'un point à l'autre du territoire non occupé ou de l'Empire français sans autorisation préalable des commissions d'armistice.

2° Au début de septembre, le gouvernement français a étudié la possibilité d'envoyer du matériel de guerre en Indochine. Dans le courant de ce même mois il a demandé à la commission allemande d'armistice l'autorisation de transporter en Indochine du matériel de guerre provenant, soit de la métropole, soit des possessions françaises d'outre-mer ; et celle d'importer en Indochine du matériel commandé aux États-Unis.

Le 20 septembre, la commission allemande d'armistice a donné une réponse négative sur le premier point et affirmative sur le second.

Le gouvernement français aurait cependant tenté une nouvelle démarche au sujet des avions du *Béarn*, si l'amiral Robert n'avait signalé le mauvais état de ces appareils. Le gouvernement français a renoncé alors à utiliser ces avions en Indochine.

M. Henry-Haye peut indiquer au Département d'État que le colonel Jacomy est chargé d'effectuer une vérification secondaire. Si les avions s'avèrent utilisables, le gouvernement français serait prêt à poser à nouveau la question à Wiesbaden. Mais les chances de faire revenir la commission allemande d'armistice sur une décision déjà prise et notifiée sont assez faibles et il résulte de divers précédents qu'il serait vain de saisir cette commission de la question si le gouvernement français ne pouvait, en même temps, lui donner l'assurance formelle que le libre passage sera accordé aux avions en question. C'est à Washington qu'il importe d'obtenir de Londres cette assurance dans des termes dont le gouvernement français puisse faire état.

Ces opérations prendront sans doute un certain temps. Or les besoins de l'Indochine sont pressants et indépendants de la solution à donner à la question des avions de La Martinique. Il s'agit aujourd'hui de savoir si le gouvernement américain est simplement préoccupé d'établir une liaison entre deux problèmes qui sont complètement distincts – ce qui reviendrait à éluder les demandes françaises – ou bien si, désireux de voir le gouvernement français maintenir le *statu quo* en Indochine, il est disposé à lui en fournir les moyens.

M. Henry-Haye devra exposer à M. Sumner Welles la question ainsi réduite à ses éléments essentiels.

Le 26 décembre, l'ambassadeur de France à Washington télégraphie[1] que M. Sumner Welles persiste, pour des raisons de politique américaine, à

---

[1] Voir *DDF (1939-1944)*, 1940-2, document n° 438.

établir une liaison entre le transport des avions du *Béarn* et l'aide à l'Indochine. Il consent à saisir le gouvernement britannique de la question du libre passage des avions du *Béarn*. De son côté, le colonel Jacomy doit partir incessamment pour les Antilles.

M. Henry-Haye a marqué la volonté du gouvernement français de donner satisfaction, dans toute la mesure raisonnable, à l'opinion américaine alertée par la presse, au sujet de la présence d'avions militaires à proximité du continent américain. Divers journaux font ressortir que l'octroi aux États-Unis de bases aux Antilles renforcerait la sécurité nationale.

M. Henry-Haye a également demandé que le gouvernement fédéral revienne sur le refus des licences d'exportation concernant 250 camions Ford réclamés d'urgence par l'amiral Decoux. Il a obtenu que cette affaire soit examinée indépendamment de celle des avions de la Martinique.

Le 27 décembre, l'ambassadeur de France télégraphie de Washington que M. Cordell Hull lui a fait part des mêmes préoccupations que M. Sumner Welles et que le président Roosevelt lui-même au sujet de la présence à Fort-de-France des avions du *Béarn*. Lui aussi en demande instamment l'éloignement ou la disparition, semblant croire, contrairement à toute évidence, que ces avions constituent une menace à la sécurité des États-Unis.

M. Cordell Hull est cependant plus compréhensif quant à la nécessité d'aider rapidement le gouvernement français en Indochine. Il paraît préoccupé de l'éventualité d'une invasion de la Malaisie britannique par la Thaïlande. Il n'a cependant pas consenti à modifier la position prise par M. Sumner Welles à l'effet de subordonner l'assistance américaine au règlement de la question des avions de La Martinique.

Le 8 janvier 1941 M. Henry-Haye avise le ministère des Affaires étrangères à Vichy que le colonel Jacomy télégraphie de Fort-de-France que les avions du *Béarn* sont encore en excellent état et prêts, sous réserve de quelques travaux de détail, à faire campagne. M. Henry-Haye attend donc l'accord de Vichy pour demander à la Maison Curtiss Wright de fournir les pièces nécessaires pour la mise en état complète des avions.

Le 11 janvier, M. Henry-Haye rend compte d'une démarche qu'il a effectuée auprès de M. Sumner Welles pour faire ressortir le lien direct qui existe entre l'action thaïlandaise et la politique du Japon[1]. Il a demandé l'aide américaine et l'appui matériel des États-Unis pour l'armement de l'Indochine.

M. Welles a consenti à prendre les mesures suivantes :

a) Dans l'ordre diplomatique, le ministre de Thaïlande à Washington sera convoqué au Département d'État pour recevoir du gouvernement américain un sévère avertissement sur les conséquences que peut entraîner pour la Thaïlande sa complicité avec une entreprise impérialiste du Japon.

---

[1] Télégramme n° 53 à 56 en date du 11 janvier, reçu le 12 janvier. Voir aussi le document n° 15 et la note du 11 janvier, de la sous-direction d'Asie « Action japonaise en Thaïlande » (*in* Guerre 1939-1945, Vichy, E Asie, Thaïlande, 413, non reproduite).

b) L'ambassade d'Angleterre aux États-Unis sera informée de l'opposition des États-Unis à toute aide morale accordée aux Thaïlandais.

M. Welles a d'ailleurs la conviction que l'action du ministre britannique à Bangkok est désormais rigoureusement conforme à celle du représentant américain lui-même.

c) Dans l'ordre matériel, les fonds nécessaires au paiement des 250 camions Ford commandés par le gouvernement général de l'Indochine sont débloqués.

D'autre part, les demandes de cession de matériel de la mission Jacomy vont être examinées à nouveau, sauf en ce qui concerne le matériel d'aviation. En effet, la position du Département d'État reste irréductible pour le matériel aérien tant que la question du transport des avions de La Martinique n'aura pas été réglée.

Enfin, M. Sumner Welles a reçu l'acquiescement des autorités britanniques sur le principe du transport et du libre passage des avions du *Béarn* à destination de l'Indochine.

Le 15 janvier 1941 le gouvernement français indique à M. Henry-Haye que, sans disposer d'informations concrètes, il a de sérieuses raisons de penser que la prochaine poussée de l'expansion japonaise aura pour objectif Bornéo[1]. C'est en vue de cette opération et pour esquiver la menace de flanc que constitue sur la ligne Japon-Formose-Bornéo la possession américaine des Philippines que les extrémistes japonais estimeraient nécessaire de s'assurer préalablement de fortes bases de départ à Camranh et en Cochinchine. Aucune demande dans ce sens n'a été proposée au gouvernement français, ni à Tokyo, ni à Hanoï, mais les ministres japonais, s'exprimant à titre individuel, n'observent pas la même réserve. La défense de la côte de l'Annam et des côtes de la Cochinchine contre les entreprises japonaises apparaît donc comme un élément de la défense des Indes néerlandaises.

M. Henry-Haye est invité à appeler sur cet aspect de la question l'attention du Département d'État.

Guerre 1939-1945, Vichy, E Asie, Dossiers généraux, 35
(fol. 120 à 126) (3GMII/35)

---

[1] Voir document n° 26.

64

LE GÉNÉRAL WEYGAND, DÉLÉGUÉ GÉNÉRAL DU GOUVERNEMENT EN
AFRIQUE FRANÇAISE À ALGER,
À M. FLANDIN, MINISTRE SECRÉTAIRE D'ÉTAT AUX AFFAIRES
ÉTRANGÈRES[1].

D. s. n°.[2]   *Alger, 1er février 1941.*

Secret.

Le général Noguès m'a communiqué la copie de la lettre qu'il a adressée
le 25 janvier[3] à M. le Ministre des Affaires étrangères au sujet des conversations que MM. Marchal et Marjolin ont eues à Lisbonne avec M. Eccles,
représentant dans la péninsule ibérique du ministère anglais de la Guerre
économique et M. Murphy, chargé d'Affaires des États-Unis au sujet du
ravitaillement du Maroc.

D'autre part, MM. Marchal et Marjolin m'ont informé lors de leur passage à Alger le 30 janvier du résultat de leurs dernières conversations avec
M. Murphy et M. Eccles.

Le caractère de la négociation qui avait été envisagée se trouve quelque
peu modifié par ces conversations, toutefois comme l'issue de cette négociation dépend en définitive du bon ou du mauvais vouloir britannique et
que le ravitaillement de notre Empire pose des problèmes de plus en plus
angoissants, je ne pense pas qu'il soit possible de différer pour des questions
secondaires la conclusion d'accords dont dépendent la vie des populations
de l'Afrique française et la tranquillité politique de notre Empire.

Nous devrons probablement nous résoudre à négocier là où les Anglais le
voudront. Le gouvernement britannique cherche sans doute à écarter
le danger d'une pression américaine sur laquelle nous étions en droit de
compter si la négociation s'était faite à Washington. Le langage que
M. Murphy m'avait tenu lors de son passage à Alger m'avait prouvé que le
gouvernement américain était disposé à seconder nos intérêts dans toute la
mesure où il pourrait le faire sans compromettre les chances de victoire
de la Grande-Bretagne. Mais je constate que dans le projet envisagé[4], il
n'est pas question d'un accord franco-britannique et qu'aucun document
ne portera notre signature en même temps que celle du gouvernement
anglais. Si le lieu de la négociation est changé[5], la forme que nous comptions lui donner est respectée puisque les résultats seront consacrés par un
accord franco-américain et un accord anglo-américain auxquels viennent

---

[1] Adressée au maréchal Pétain, « Maréchal de France, Présidence du Conseil, Secrétariat
général », « pour le Ministre, Secrétaire d'État des Affaires étrangères ».

[2] Dépêche intitulée : « Reprise des importations de l'Afrique française ».

[3] Document non retrouvé.

[4] Texte du projet non retrouvé.

[5] Les pourparlers auront lieu à Londres (*cf.* document n° 65).

s'ajouter les documents relatifs au Maroc espagnol, c'est-à-dire un accord anglo-espagnol et un accord interzones.

En ce qui concerne le ravitaillement de cette zone, j'estime, comme notre résident général, que les confidences faites par M. Eccles au sujet de l'évolution des rapports anglo-espagnols ne sont pas exemptes de toute préoccupation de manœuvre. Toutefois, M. Piétri a, lui aussi, signalé au ministère des Affaires étrangères par ses communications des 11 et 12 janvier[1] que le gouvernement de Madrid est moins inféodé que par le passé à la politique de l'Axe.

Nous devons donc tenir compte de ce revirement de l'attitude espagnole. À cet égard, il est certain que si les éventualités envisagées par M. Eccles avaient dû se réaliser, c'est-à-dire si le gouvernement britannique avait un jour envoyé une mission militaire au Maroc espagnol de telle sorte que cette région de l'Empire chérifien puisse être considérée par le Reich comme une base éventuelle d'opérations pour la Grande-Bretagne, le ravitaillement de la zone khalifienne par le Maroc français eut été impossible car les Allemands ne la toléreraient pas.

Mais la suite a prouvé que le représentant dans la péninsule ibérique du ministère anglais de la Guerre économique a exagéré l'importance du revirement espagnol. Il ne s'agit que d'un espoir caressé par Londres et qui ne semble pas prêt de se matérialiser. Pour ma part je vois certains avantages à accorder la promesse qui nous est demandée. En liant le ravitaillement du Maroc espagnol à la reprise économique du Maroc français nous pourrions servir utilement cette politique de rapprochement avec le gouvernement de Madrid que vous avez décidé de suivre.

En associant l'Espagne à nos conversations nous éveillerions moins la susceptibilité du Reich et gagnerions plus d'indépendance à l'égard de la Grande-Bretagne puisque nous prendrions à notre compte un service qu'elle est décidée à demander à sa flotte : le ravitaillement du Maroc espagnol.

Mais il est évident que toute livraison dans cette zone diminuera d'autant la part que le ravitaillement général prélève sur le surplus de la production impériale pour les besoins de la métropole. Je n'ignore pas les restrictions auxquelles la population française est soumise et j'aurais scrupule à les aggraver. Mais si la condition qui nous est demandée est impérative, je ne

---

[1] Documents non retrouvés, mais une dépêche de François Piétri, en date du 10 janvier, rapporte des confidences de Serrano Suñer (ministre espagnol des Affaires étrangères) sur la politique extérieure de son pays. L'ambassadeur conclut : « Si j'ai tenu à rapporter cette conversation [...] c'est que les propos qu'elle prête à M. Serrano Suñer paraissent tout-à-fait vraisemblables. 1°) La préférence qu'il a toujours montrée pour l'Italie, peuple latin et méditerranéen, ne se dément pas malgré les revers de l'heure actuelle. 2°) Ses sentiments vis-à-vis de l'Allemagne se nuancent d'une certaine réserve depuis que l'armée de ce pays a avancé du Rhin à la Bidassoa. En outre, il est rentré assez déçu de ses deux voyages à Berlin, encore qu'il doive à l'influence du Reich son accession au ministère des Affaires extérieures. 3°) Quant à l'Angleterre, malgré l'évidence d'un flirt intéressé avec sir Samuel Hoare, les dispositions foncières de M. Serrano Suñer envers elle restent hostiles. Ainsi les événements se trouvent quelque peu en désaccord avec les sympathies et les antipathies du Ministre et lui imposent une politique qui ne correspond pas à ses tendances naturelles. [...] » (Guerre 1939-1945, Z Europe, Espagne, 242).

puis que vous demandez d'y consentir car la sécurité de notre établissement en Afrique dépend de la reprise des importations. Au reste, des livraisons de carburant, de charbon, de ficelles lieuses et de bois de tonnellerie rendront seules possible la campagne agricole de cette année. Si elles n'ont pas lieu, l'Afrique du Nord sera hors d'état de fournir quoi que ce soit à la métropole.

Quant à la demande relative aux navires britanniques internés dans les ports français, elle n'est pas acceptable. M. Marchal estime que M. Eccles ne se tiendra peut-être pas à la position qu'il a adoptée. Il semble que nous puissions lui représenter que si la Grande-Bretagne est décidée à ravitailler le Maroc espagnol, c'est qu'elle possède le tonnage nécessaire sans faire appel aux navires actuellement retenus dans nos ports. En associant l'Empire français à la négociation, la Grande-Bretagne libérera pour ses propres besoins les navires qu'elle comptait affecter aux importations de la zone khalifienne puisque nous nous chargerons de transporter les produits dont nous avons besoin et ceux qui seront destinés à être livrés au Maroc espagnol.

La question du cobalt et du molybdène relève des rapports franco-allemands[1]. Elle est de la compétence exclusive du gouvernement. Mais, là encore nous devons constater que la position du représentant britannique a heureusement évolué. Il demandait au début des livraisons de ces minerais à la Grande-Bretagne. Puis il a déclaré qu'il se contenterait d'une promesse d'embargo. Aujourd'hui il compte pouvoir faire accepter à Londres un texte qui nous engage seulement à faire tout notre possible en vue d'empêcher l'exportation du cobalt et du molybdène hors du Maroc.

En définitive, les points suivants sont désormais acquis :

— le principe du ravitaillement du Maroc est adopté,

— l'exécution peut être commandée dans un bref délai,

— la question du ravitaillement du reste de l'Empire sera examinée favorablement.

Sur ce dernier point il me semble que nous devons pouvoir compter sur un ferme appui du gouvernement américain. Dans mes conversations avec M. Murphy, il a toujours été question du ravitaillement de l'Afrique française tout entière. Au cours des conversations de Tanger, c'est sur ce point que le diplomate américain a insisté auprès de M. Eccles. Si, grâce à la présence de M. Murphy à Tanger, nous avons pu obtenir les résultats résumés plus haut, nous sommes en droit d'espérer que le président Roosevelt aura assez d'influence sur lord Halifax pour que ce dernier convainque son gouvernement d'étendre à l'Afrique tout entière le principe qu'il admet pour le Maroc.

À mon avis, les résultats auxquels sont parvenus les négociateurs français sont trop gros de promesses, même restreintes au Maroc, pour que nous puissions maintenant revenir sur ce qui a été élaboré en vue de reprendre

---

[1] Ces deux métaux rares, présents au Maroc français, sont indispensables à la fabrication des aciers spéciaux pour l'armement.

la négociation généralisée par l'intermédiaire du gouvernement américain. Ce ne serait qu'imposer des délais que nous ne pouvons pas envisager sans les plus graves inquiétudes.

En effet, faute d'une reprise de nos importations, l'Empire français d'Afrique subira avant trois mois une asphyxie créée par l'immobilité à laquelle il sera intérieurement condamné.

Guerre 1939-1945, Vichy, K Afrique, 35 (5GMII/35)

65

M. FLANDIN, MINISTRE SECRÉTAIRE D'ÉTAT AUX AFFAIRES ÉTRANGÈRES, À M. PIÉTRI, AMBASSADEUR DE FRANCE À MADRID.

T. nos 204 à 211[1].   *Vichy, 2 février 1941, 1 h.*

Réservé.

Je réponds à votre télégramme nos 156 à 163.

Vous avez bien fait de marquer votre déception à sir Samuel Hoare. Le manque d'empressement des autorités britanniques à examiner nos demandes, ainsi que la proposition de transférer à Londres le siège des pourparlers, donnent l'impression que le Foreign Office a modifié ses dispositions depuis les ouvertures faites à votre prédécesseur[2] et que l'intransigeance du ministère du Blocus s'est accentuée.

Ce changement d'attitude est, d'une part, incompréhensible du point de vue politique, rien dans les positions du gouvernement du maréchal Pétain ne pouvant le motiver. D'autre part, il sera durement ressenti en France parce qu'il se produit au moment où notre pays aborde l'une des périodes les plus critiques de son ravitaillement. La gravité de notre situation alimentaire ne saurait être trop soulignée. Si d'ici le mois de mai nous ne recevons pas les 6 millions de quintaux de blé qui nous manquent pour faire la soudure, des départements entiers seront privés de pain au printemps prochain et l'on sait ce que cela signifierait pour un pays comme la France. Dès à présent la ration quotidienne de pain a été réduite pour le mois de février. Elle n'est que de 250 grammes dans plusieurs départements du Midi et il y a lieu de s'attendre à de nouvelles restrictions.

Il faut que le gouvernement anglais sache que ce problème angoissant domine actuellement, dans le domaine économique, toutes les autres

---

[1] Télégramme intitulé « Négociations de libre passage ».

[2] Le poste de Madrid a subi des successions rapprochées. François Piétri, député de Corse et ancien ministre, y a été nommé ambassadeur le 9 octobre 1940 et il y reste jusqu'à la fin du gouvernement de Vichy. Robert de la Baume y avait été nommé le 25 mai 1940. Son prédécesseur, Philippe Pétain, nommé le 2 mars 1939, avait été rappelé à Paris le 17 mai 1940 après sa nomination comme vice-président du Conseil. Il succédait à Jules Henry, nommé à Madrid le 10 novembre 1938.

préoccupations du gouvernement français, responsable – on a tendance à l'oublier à Londres comme à Washington – du ravitaillement de l'ensemble du territoire français (zone occupée comprise) et de l'Empire.

Dans ces conditions, je vous serais obligé de faire savoir d'urgence à sir Samuel Hoare que, tenant compte de ses objections et scrupules, pour faciliter dans toute la mesure du possible et pour simplifier les conversations engagées, nous proposons de limiter celles-ci provisoirement à l'octroi des *navicerts*[1] nécessaires à l'envoi de 8 millions de quintaux de céréales américaines vers la zone non occupée (première partie de mon télégramme 21 à 33)[2].

Le règlement de cette question ne soulève aucune difficulté d'ordre technique. Il n'exige pas la présence à Madrid d'experts du ministère du Blocus. Il peut intervenir facilement entre les Attachés commerciaux des deux ambassades. La garantie de consommation exclusive dans la zone non occupée serait fournie sous forme d'une assurance écrite et par l'acceptation d'un contrôle des autorités diplomatiques et consulaires américaines conformément aux propositions de mon télégramme n° 118[3].

Le risque de réexportation en Allemagne n'existe d'ailleurs pratiquement pas car il est de notoriété publique que l'économie allemande n'a aucun besoin de céréales d'outre-mer en ce moment. Les troupes allemandes ne consomment que du pain de seigle et le Reich, par ses ressources propres comme par ses importations des pays balkaniques et de l'URSS, a de quoi satisfaire largement à tous les besoins de son armée et de sa population. Vous pourrez répéter à sir Samuel Hoare que le déficit de la zone libre en céréales n'est nullement le fait des prélèvements allemands en zone occupée, mais bien celui de la perte des récoltes consécutives aux

---

[1] *Navicerts* : certificats délivrés par les autorités britanniques qui permettaient aux marchandises de franchir les zones de blocus (voir *DDF (1939-1944)*, 1940-2, document n° 77). Note sur « les manifestations anti-françaises de la politique britannique » du 27 août (Papiers 1940, Papiers Baudouin, 12, non reproduite) : « Par l'amical intermédiaire du gouvernement des États-Unis, le gouvernement français propose au gouvernement britannique d'appliquer à la France non occupée et à ses possessions africaines le système des 'navicerts' ou certificats qui permettraient aux marchandises transportées sous leur couvert de franchir les zones de blocus et d'accéder aux ports de la Méditerranée, et suggère divers moyens de contrôler la répartition des marchandises importées de cette façon et se déclare prête à examiner toute autre suggestion britannique propre à améliorer les garanties ainsi offertes. »

[2] Télégramme « réservé », envoyé à Madrid le 8 janvier : Le gouvernement est d'accord pour que les conversations suggérées par le gouvernement britannique commencent sans délai. Le premier problème qui doit être abordé est celui que pose le déficit de la récolte de céréales. Pour éviter que la population ne reste sans pain pendant deux mois et que notre cheptel ne soit décimé, il est indispensable d'importer au moins 8 millions de quintaux de blé et 2 millions de quintaux de maïs. Ces contingents de céréales seraient achetés en Amérique et ne seraient consommés qu'en zone libre. Le gouvernement français est disposé à rechercher sur ce point un système de contrôle qui pourrait être dès maintenant confié aux représentants américains en France. Le gouvernement français est également prêt à engager des pourparlers portant sur le trafic commercial des produits alimentaires entre l'Afrique du Nord et la zone libre. Sur ce point également il consent à fournir la garantie que les denrées importées ne passeront pas en zone occupée. Prière d'inclure dans la négociation la question du ravitaillement de nos territoires d'outre-mer et également celle de l'entrée en France de produits d'outre-mer autres qu'alimentaires (résumé *in* Guerre 1939-1945

[3] Télégramme envoyé à Madrid le 20 janvier : Négociations sur le libre passage. Système de contrôle à établir en France (résumé *in* Guerre 1939-1945,

opérations militaires qui ont eu lieu sur notre territoire en mai et en juin, ainsi que du déficit de production en Afrique du Nord.

Limité ainsi qu'il est dit plus haut à la question du passage de 8 millions de quintaux de céréales, l'accord que nous proposons ne paraît pas justifier l'envoi à Londres d'un négociateur dont l'activité, d'ailleurs, en raison des circonstances, pourrait être difficilement dirigée de Vichy. Si, cependant, à cause de l'absence fréquente de M. Eccles de Madrid ou pour toute autre raison, le gouvernement anglais insistait pour transférer le siège des pourparlers, le gouvernement français serait disposé à confier au nouvel ambassadeur des États-Unis à Vichy, l'amiral Leahy[1], le soin de servir d'intermédiaire entre le gouvernement français et le Cabinet de Londres.

Le gouvernement français espère que le gouvernement britannique pourra prendre en considération les propositions françaises réduites au cadre ci-dessus tracé. Il a conscience que leur acceptation ne serait aucunement de nature à porter une atteinte quelconque au potentiel de guerre anglais, non plus qu'à exercer la moindre influence sur le potentiel de guerre allemand. Au contraire, si elles étaient repoussées, l'échec des pourparlers risquerait d'avoir des répercussions graves sur l'état d'esprit de la population française qui ne manquerait pas d'imputer au gouvernement du Royaume-Uni les responsabilités des souffrances qu'elle serait contrainte d'endurer.

Je vous serais obligé d'appeler toute l'attention de sir Samuel Hoare sur cet aspect politique du problème. Il conviendrait de lui laisser entendre que si le gouvernement britannique refuse de se départir de l'attitude de défiance dont témoignent vos récents télégrammes, la nécessité impérative où nous nous trouvons de pourvoir coûte que coûte au ravitaillement de notre population nous contraindrait de solliciter ailleurs les concours dont nous avons besoin, sans égard pour les conséquences qui sont susceptibles d'en résulter sur le plan politique.

Papiers 1940, Papiers Arnal, 22 (382QO/22)

---

[1] À savoir le nouvel ambassadeur américain à Vichy. Nommé en novembre 1940, il ne s'est installé à Vichy qu'en janvier 1941 (il y restera jusqu'en avril 1942).

66

Le Général Weygand, Délégué général du Gouvernement en
Afrique française à Alger,
    À M. Flandin, Ministre Secrétaire d'État aux Affaires
    étrangères.

T. n°s 5 à 8.   *Alger, 3 février 1941.*

(*Reçu* : le 4, 0 h. 15).

Le général Noguès m'a informé de la communication qu'il a reçue de notre ambassadeur en Turquie au sujet du colonel Donovan.

Lorsque le consul général des États-Unis a apporté à M. Châtel le message de M. Murphy relatif au colonel Donovan (ma lettre n° 403 SGP du 1er février)[1], le chef de mon secrétariat général permanent a mis sous les yeux de M. Cole plusieurs textes de messages radiodiffusés par des stations anglaises et américaines dans lesquels il était avancé que j'avais déjà reçu le colonel Donovan. Les postes en question n'hésitaient pas à donner des comptes rendus de ces prétendus entretiens au cours desquels j'aurais réclamé du matériel de guerre pour pouvoir reprendre les hostilités. « Dans ces conditions, a ajouté M. Châtel, parlant à titre personnel, il ne paraît pas possible que le gouvernement français puisse consentir à autoriser M. Donovan à se rendre en Afrique du Nord, au cas où il en manifesterait le désir. Le message de M. Murphy écarte définitivement cette éventualité. Puisque l'officier américain n'a pas de mission officielle et qu'il n'a pas qualité pour parler au nom des États-Unis, on ne voit pas ce qui pourrait l'amener en Afrique française après le chargé d'Affaires des États-Unis.

Le consul général américain a paru tout ignorer des projets du colonel Donovan mais il a enregistré qu'un voyage éventuel ne serait sans doute pas approuvé par le gouvernement[2]. Il ignore tout du *veto* de la commission d'armistice.

Pour éviter toute surprise, il me paraît souhaitable que notre ambassadeur à Ankara puisse prévenir le colonel Donovan qu'un voyage dans notre Empire serait très inopportun en lui faisant remarquer que, venant quelques semaines après la venue de M. Murphy, cette nouvelle visite ne manquerait pas de provoquer une vive méfiance du Reich.

Comme je vous en ai rendu compte, j'ai indiqué à M. Murphy le champ d'activités qui s'offre au gouvernement américain s'il veut aider le gouvernement français et son délégué à maintenir l'intégrité et l'indépendance de notre Empire africain. Je n'ai rien à dire au colonel Donovan qui, s'il n'est

---

[1] Document non retrouvé

[2] Dans le télégramme suivant (n° 9-10, reçu le même jour), le général Weygand indique qu'il a fait savoir au consul des États-Unis qu'il ne lui semblait pas souhaitable que le colonel Donovan fît une démarche pour se rendre en Afrique française car il ne pourrait lui être donné satisfaction.

pas qualifié pour représenter les États-Unis, l'est encore moins pour me poser des questions.

Guerre 1939-1945, Vichy, K Afrique, 20 (5GMII/20)

67

M. Spitzmüller, Chargé d'Affaires de France à Bucarest,
    À M. Flandin, Ministre Secrétaire d'État aux Affaires
    Étrangères.

T. n° 124.   *Bucarest, 3 février 1941.*

Secret.[1]

Le développement de l'occupation allemande dans le pays commence à poser un sérieux problème pour l'activité de cette légation, car ses conséquences débordent largement le cadre militaire et touchent dans son intégrité la vie du pays. À l'heure actuelle, les autorités allemandes ne contrôlent pas seulement l'activité politique et économique, mais aussi la vie administrative de la Roumanie, en particulier la police. La Gestapo fonctionne régulièrement dans tout le pays et le contrôle des étrangers est pratiquement entre ses mains[2] ; ses décisions sont aussi rapidement et aussi radicalement appliquées que celles du général Hansen ou de M. Neubacher. Aucun visa de sortie ou d'entrée n'est donné sans son approbation et, à tous les passages importants de frontière, les autorités roumaines et allemandes collaborent étroitement. Il paraît certain que d'ici quelques semaines aucune autorisation de sortie de Roumanie ne sera plus délivrée, en raison de la proximité probable des opérations militaires actuellement en préparation. Toute la correspondance postale et télégraphique est, bien entendu, sévèrement censurée par les Allemands, ainsi que la presse et la publication ou l'importation des livres.

Dans ces conditions, la précarité de la situation du corps diplomatique et, en particulier, de cette légation, n'a pas besoin d'être soulignée. Aussi crois-je devoir demander au Département s'il n'y aurait pas lieu d'organiser à bref délai l'évacuation sur la Syrie des archives subsistantes du poste dont la sécurité n'est d'ores et déjà plus assurée[3]. En ce qui concerne le chiffre,

---

[1] Par courrier.

[2] Dans son T. n° 125 du 3 février qui fait suite à ce document, Spitzmüller indique que le nouveau ministre d'Allemagne, le baron von Killinger, qui a présenté ses lettres de créance au Roi le même jour, « a déjà su s'imposer de façon définitive » : « Ainsi, il vient d'obtenir la livraison par le gouvernement roumain de tous les prisonniers polonais qui n'avaient pu quitter la Roumanie et végétaient misérablement dans les camps organisés pour eux. Ces prisonniers au nombre de 20 à 25 000, vont être dirigés sur l'Allemagne où ils doivent fournir une main-d'œuvre servile », et ce malgré les vives protestations du ministre d'Angleterre (Guerre 1939-1945, Vichy, Z Europe, Pologne, 910, document non publié).

[3] Annotation marginale manuscrite : « M. Rochat a répondu. » On n'a pas retrouvé cette réponse. Dans son T. n° 126, également du 3 février, Spitzmüller signale les « entraves croissantes

j'ai pris des dispositions pour une incinération d'urgence, mais qui ne sauraient garantir une sauvegarde absolue dans tous les cas.

Je serais reconnaissant au Département de bien vouloir me faire connaître aussitôt que possible son sentiment à cet égard.

Guerre 1939-1945, Vichy, Z Europe, Roumanie, 675 (10GMII/675)

68

NOTE DE LA DIRECTION POLITIQUE (BUREAU D'ÉTUDES)

Préparatifs italiens en relation avec les visées de l'Italie sur Nice et sur certaines régions savoyardes

(Bonne source)

N.[1]   *Vichy, 3 février 1941.*

1°) Aux mois de juillet et d'août 1940, un Centre d'accueil des Italiens venant de France par Menton a été organisé à San Remo, sous la direction d'un certain M. Monferrino, ancien employé à la CIT[2].

Les arrivants appartenaient à trois groupes principaux :

a) libérés des camps de Saint-Cyprien et du Vernet,

b) chômeurs découragés,

c) refoulés comme indésirables par les autorités françaises.

Le Centre d'accueil de San Remo les hébergeait ; ils y étaient en même temps soumis à une vive campagne d'excitation contre la France, en vue de préparer dans leurs rangs le recrutement d'hommes de main en vue de futures opérations politiques. C'est surtout avec des réfugiés du Centre d'accueil de San Remo qu'a été constituée la troupe de la « Marche sur Nice », décommandée au dernier moment, et qui devait avoir lieu en décembre, sous la conduite d'un membre de la famille Garibaldi. Ce dernier leur avait fait distribuer des chemises rouges, et les a harangués à Menton, au début de décembre, leur annonçant qu'ils reprendraient prochainement « la patrie de son grand-père ».

2°) D'après des renseignements fournis par un inspecteur d'académie de Savoie, on parlerait beaucoup à Modane de l'existence aux environs de

---

et décidément contraire à la courtoisie la plus élémentaire apportée depuis quelques mois par les autorités roumaines à l'accomplissement de la mission » des attachés militaires, naval et de l'air français, interdits par une récente circulaire de l'État-Major de quitter Bucarest sans autorisation spéciale. Le diplomate suggère d'appliquer un régime analogue, « à titre de réciprocité », à l'attaché militaire roumain en France, et d'examiner si le maintien des missions militaires s'impose dans de telles conditions. (Guerre 1939-1945, Vichy, Z Europe, Roumanie, 675, document non publié).

[1] Annotation marginale manuscrite : « Montré à M. Rochat ».

[2] CIT : pour Commission italienne d'armistice de Turin. Sur la question du rapatriement des Italiens de France en Italie, voir dans ce volume, le document n° 23.

Turin d'un important groupement de familles italiennes rapatriées de la zone interdite du Nord-Est (ouvriers des mines de fer et des aciéries)[1], de la zone occupée (agriculteurs) ou de la région de Lyon et de Grenoble et amenées du centre de San Remo.

On les laisse groupés par familles entières, et on leur fait espérer leur installation prochaine dans le comté de Nice et dans certaines vallées savoyardes, à la faveur d'un transfert d'une partie des populations françaises de ces deux régions vers l'intérieur de la France. Les « indésirables » seraient expulsés sans indemnité et sans délai.

Un précédent s'est déjà produit à Menton, en ce sens que les familles mentonnaises qui avaient quitté la ville au moment des hostilités n'ont pas été autorisées à rentrer. Leur place a été prise par des familles italiennes, notamment par des ouvriers de la voirie et de la « reconstruction » ; leur activité a consisté surtout jusqu'ici à jeter par terre de vieilles maisons, en fonction d'un nouveau « plan d'urbanisme » qui n'est pas encore entré dans la phase constructive. On sait d'autre part que la ville de Menton est désormais appelée par les Italiens « Menton la Battaglia ».

Papiers 1940, Bureau d'études Chauvel, 182 (402QO/182)

69

NOTE DU DÉPARTEMENT

Rapport sur la position des Français à Londres

N.   *Vichy, 3 février 1941.*

On peut considérer qu'il existe à l'heure actuelle deux partis à Londres : le parti de Gaulle et le parti du journal *France*[2].

Le parti de Gaulle comprend des officiers de haute valeur morale, mais le service de presse est aux mains de trois individus considérés comme très dangereux :

M. Quilici (Agence Havas),

M. Boris, ancien chef de cabinet de M. Blum,

M. Lapie, député socialiste.

L'élément dominant du parti, qui est de tendance nationaliste, est opposé à ces trois personnages de tendance socialiste.

Le général de Gaulle, comme il le déclare lui-même, n'y connaît rien en politique, aussi, ne se rend-il pas compte du danger et ne se prononce-t-il pas vis-à-vis d'eux.

---

[1] Il s'agit sans doute d'Italiens expulsés d'Alsace-Lorraine et hébergés pendant un temps à Thonon et Évian. Voir à ce sujet Guerre 1939-1945, Vichy, Z Europe, Italie, 535.

[2] Le quotidien *France*, lu par tous les Français d'Angleterre, est anti-gaulliste, lié aux opposants socialistes du groupe Jean Jaurès, fondé en 1940 à l'initiative du Labour Party par Henry Hauck (rallié, lui, à la France libre), Louis Lévy et Georges Gombault.

L'amiral Muselier, malgré son lourd passé, est très bien vu de ces éléments de droite et voudrait se débarrasser de ces trois individus, mais, il n'ose pas le faire à cause des Anglais.

En effet, depuis l'affaire de Dakar[1], une énorme poussée s'est opérée vers la gauche rendant tout puissant le Labour party avec MM. Bevin, Attlee et Morisson, car l'opinion avait réclamé une conduite plus énergique de la guerre. Le Labour party a réussi à s'approprier cette vague de bellicisme pour s'emparer du pouvoir aux dépens des conservateurs jugés trop « mous ». Par suite de cette poussée socialiste, le mouvement de Gaulle est considéré par les milieux dirigeants comme « fascistes », alors que leur admiration va aux politiciens du journal *France*. Dès lors, l'amiral Muselier n'ose pas se débarrasser des trois personnages de la presse afin de ne pas donner prise à l'accusation de « parti fasciste de droite ». De plus, il préfère pouvoir les surveiller plutôt que de les laisser au dehors travailler en sous-main contre de Gaulle.

Ces trois personnages sont de même nuance politique que le journal *France*, mais seules des questions d'ambition personnelle les séparent parfois des dirigeants de ce journal.

Il semble qu'ils aient une certaine influence sur le général de Gaulle et qu'ils lui aient fait modifier sa position du début. À cause d'eux, le mouvement de Gaulle prend un caractère d'opposition à la politique du Maréchal, bien que l'énorme majorité des officiers soient des patriotes intègres pleinement d'accord avec le Maréchal sur la nécessité d'une réforme nationale.

Le deuxième parti, qui comprend toute l'équipe du journal *France*, est de tendance nettement socialiste. Il est peu connu de l'opinion publique, car cette dernière croit que *France* est le journal de De Gaulle, parce qu'officiellement il soutient le mouvement du Général. Cependant, ce parti est tout puissant dans les milieux politiques anglais, et très bien vu en particulier du Foreign Office et du ministère de l'Information qui le subventionne. Aussi, malgré la demande réitérée de l'amiral Muselier, ce journal n'a pu être supprimé.

Les dirigeants de *France* ont donné comme devise à ce journal les mots « liberté, égalité, fraternité » alors que l'amiral Muselier a choisi comme devise « Honneur et Patrie » avec la Croix de Lorraine comme insigne. Ce journal a été interdit dans les camps d'aviation française en Angleterre.

La fondation de ce journal avait été confiée à M. Comert par le général de Gaulle qui ne voulait pas s'occuper des questions politiques qu'il ne connaissait pas. Le Foreign Office est en rapports difficiles avec le mouvement de Gaulle : un diplomate anglais, M. Henkey, n'hésite pas à déclarer que l'amiral Muselier devrait être fusillé.

Bien qu'en désaccord avec le Foreign Office sous différents points le ministère de l'Information est très opposé aux « fascistes » de Gaulle. Les

---

[1] Les 23-25 septembre 1940, les Britanniques et les Français libres subissent un grave échec devant Dakar, échouant à rallier l'Afrique occidentale française. Voir *DDF (1939-1944)*, 1940-2, documents n°s 226, 227, 229, 230, 233.

politiciens de *France* sont considérés comme les seuls vrais « démocrates », c'est-à-dire de vrais Français.

On retrouve alors :

Melle Ève Curie,

M. Élie Bois,

M. Palewski, qui a fondé en sous-main l'Union des Français à l'étranger avec comme président M. Henry, président de la Chambre de commerce de Londres, Croix de Feu bien connu (cette réputation permet de rassurer les éléments nationaux de la colonie française),

M. Comert,

M. Jonas, fils du député communiste,

M. Torrès, fils du député socialiste,

M. Cru, de l'Institut français, connu pour ses discours antimilitaristes,

M. Glarnex, de la *Lumière*,

M. Lévy,

M. Reichenbach.

Il semble, en général, que tout un groupe de politiciens essaie de faire tirer les marrons du feu par un groupe d'officiers remplis d'idéal mais dépourvus de sens politique, cela, pour satisfaire des ambitions personnelles.

Guerre 1939-1945, Vichy, Z Europe, Grande-Bretagne, 255
(10GMII/255)

70

M. Jules Henry, Ambassadeur de France à Ankara,
    À M. Flandin, Ministre Secrétaire d'État aux Affaires
    étrangères.[1]

T. n°s 109 à 121.   *Ankara, 4 février 1941, 14 h. 55.*

(*Reçu* : le 5, 1 h. 30)

Pendant son séjour à Ankara, le colonel Donovan que je connais depuis 20 ans, m'a parlé plus franchement et plus confidentiellement qu'à ses autres interlocuteurs[2]. Bien que ses propos n'aient pas un caractère officiel, ils n'en

---

[1] Annotation marginale manuscrite : « À communiquer à Guerre, Marine, Colonies, Général Weygand, Rabat, Alger, Tunis, Beyrouth, Madrid, Madrid par valise, Athènes, Belgrade, Sofia, le Caire, Moscou par valise. »

[2] Le colonel William (Bill) J. Donovan, coordinateur de l'information, par la suite patron du nouvel Office of Strategic Services (OSS) créé en juin 1942, est envoyé par Roosevelt en janvier-février 1941 faire une grande tournée chez certains neutres européens et au Moyen-Orient, d'où il a demandé à pouvoir se rendre en Afrique du Nord française pour rencontrer, notamment, le général Weygand. Le 3 février, P.E. Flandin réitère en personne aux autorités françaises d'Ankara

présentent pas moins un vif intérêt. C'est pourquoi je le résume ci-après aussi fidèlement que possible.

Bien qu'appartenant au Parti républicain dont il fut en 1928 le candidat malheureux au poste de gouverneur de l'État de New York, M. Donovan, l'un des officiers les plus courageux de la guerre de 1917, a accepté de son ancien adversaire politique, M. Roosevelt, une mission d'étude parce qu'il est un partisan convaincu de l'intervention américaine et l'un des auteurs de la loi récente sur la conscription[1]. Son voyage dans les Balkans, au Proche-Orient et en Afrique n'a pas seulement pour objet d'informer M. Roosevelt de la situation actuelle dans ces régions, mais encore d'étudier les bases de ce qu'il appelle « La doctrine américaine de la Méditerranée » (Nous sommes loin des avertissements de George Washington contre les parfaits enchevêtrements en Europe).

Les États-Unis considèrent que le bassin méditerranéen sera l'un des facteurs décisifs de la guerre ; par ailleurs, ils ne peuvent rester indifférents aux événements d'Afrique, Dakar n'étant qu'à 900 milles des côtes d'Amérique du Sud où les Allemands, s'ils étaient victorieux, jetteraient contre les puissances les bases[2] d'une lutte qui du stade économique passeraient rapidement au stade politique et militaire. Si donc l'intervention américaine doit un jour dépasser l'aide matérielle d'aujourd'hui, c'est en Méditerranée et en Afrique qu'elle se déploierait.

Cette aide va s'intensifier rapidement, m'a affirmé M. Donovan ; les États-Unis étant fermement résolus à détruire le nazisme ne s'arrêteront pas en route. L'Amérique est désormais l'arsenal de l'Empire britannique comme l'annonce le Président[3] ; à titre d'exemple, on peut envisager que 80 % de la production aéronautique américaine qui du 1er mars (...)[4] et un chiffre relativement faible qui malgré la lenteur du démarrage américain ira à la Grande-Bretagne. L'année suivante, ce total sera porté à 30 000. Tout le tonnage disponible, environ 1 000 000 de tonnes, soit plus du tiers des pertes annuelles de l'Angleterre et de ses alliés, sera remis cette année-ci et sans doute M. Roosevelt n'hésiterait pas à faire assurer la protection des convois.

Cette assistance doit permettre à la Grande-Bretagne, qui a résisté jusqu'ici avec des moyens inférieurs, non seulement de supporter les coups

et d'Afrique du Nord l'instruction, déjà délivrée le 13 décembre précédent, de refuser tout visa au colonel. Voir sur cette affaire, Guerre 1939-1945, Vichy, K Afrique, 20. Sur le recueil des télégrammes reçus au Département, le résumé de ce télégramme à la date du 5 février est suivi d'une « Note du Département » : « À la demande de la Commission d'armistice de Wiesbaden, il a été prescrit à tous les postes de refuser au colonel Donovan tout visa d'entrée sur les territoires relevant de la souveraineté française (p. 35).

[1]   La loi instituant le service militaire sélectif aux États-Unis date du 16 septembre 1940.

[2]   Le mot « bases » a été ajouté en annotation marginale manuscrite. Indication « mot passé » à l'origine sur la copie du télégramme.

[3]   Le discours dans lequel le président Roosevelt a déclaré : « Nous devons être le plus grand arsenal des démocraties », date du 29 décembre 1940.

[4]   Lacune de déchiffrement. Indication : « Suivent dix groupes indéchiffrables » avec une *Note du bureau du chiffre* (note du document) : « La répétition du passage indéchiffrable a été demandée ».

durs imminents, mais de conquérir ensuite une telle maîtrise aérienne et navale qu'elle sera en mesure d'entreprendre des opérations lui assurant la victoire. Telle est la ferme conviction du représentant de M. Roosevelt à la suite de sa visite à Londres. Comme je lui faisais observer que je ne pouvais pas plus entrevoir le succès d'une invasion de la Grande-Bretagne par l'armée allemande que le débarquement d'un corps expéditionnaire britannique sur le continent européen, il me dit que la victoire anglaise trouverait son origine par des opérations sur les côtes méditerranéennes ou de la mer Égée permettant la constitution d'un front de guerre important. On estime en Angleterre qu'une tentative d'invasion ne serait vraisemblablement entreprise qu'après la réussite d'une opération sérieuse de nettoyage maritime autour des îles.

Pareille tentative devrait échouer, a poursuivi son interlocuteur, mais si par hasard elle réussissait, la lutte ne serait pas terminée. À son avis, les États-Unis y entreraient sans doute en plein et la poursuivraient avec l'Empire britannique. C'est à ce moment que, dans cette guerre de continent à continent, la Méditerranée et l'Afrique joueraient le rôle capital.

Une telle (…)[1] de la guerre peut avoir des répercussions terribles pour la France, fis-je observer au Colonel. Que restera-t-il à la fin de notre patrimoine matériel et moral, quel sera l'avenir de notre race ? Une paix de compromis laissant à la France sa grandeur et son indépendance, c'est ce que personnellement je souhaiterais profondément.

« Une pareille paix est impossible, me répondit-il, la Grande-Bretagne et les États-Unis ne l'accepteront jamais. Je comprends votre sentiment mais la lutte actuelle dépasse en ampleur les guerres du Premier Empire ; lorsqu'elle sera terminée, l'âme de la France sera retrempée et vous fêterez votre résurrection ».

Je plaidais aussi autant que je pus, au nom de l'amitié franco-américaine, la cause du ravitaillement de la population française par les États-Unis et l'atténuation de l'implacable blocus britannique. Mais ce fut pour m'entendre dire que pareille assistance était subordonnée à la situation politique. De même, en ce qui concerne le soutien qu'à la conclusion de la paix, ils pourront donner à la France, le pays du monde auquel historiquement et sentimentalement ils se sentent particulièrement attachés, auront-ils à tenir compte du développement antérieur des événements dans la métropole et dans l'Empire.

Sur les deux points qui précèdent, je n'ai pas manqué d'user de tous les arguments inspirés de la situation de la France et de son patriotisme.

Au sujet du Japon et des menaces que lance actuellement ce pays à l'adresse des États-Unis, M. Donovan estime qu'elles contiennent une grande part de bluff et n'inquiètent pas son gouvernement. Le Japon est trop occupé en Chine pour pouvoir intervenir efficacement contre les États-Unis. Ceux-ci continueront à contrecarrer toute tentative d'intervention japonaise dans le conflit anglo-allemand en fournissant à la Chine

---

[1] Lacune de déchiffrement.

toute l'aide matérielle possible sans que celle-ci puisse diminuer l'assistance à la Grande-Bretagne.

Aux dirigeants des pays balkaniques, M. Donovan expose la position des États-Unis, l'importance de leur rôle tant dans la guerre qu'à la conclusion de la paix sans leur dissimuler le désir de Washington de voir ces Puissances opposer un front commun à l'Allemagne ; à ceux qui résisteront à la poussée allemande, il assure l'appui moral des États-Unis et leur aide matérielle dont la répartition doit être laissée aux Anglais. Ses observations principales sont les suivantes :

1°/- L'Angleterre doit agir dans les Balkans avec grande prudence pour le moment tout au moins de manière à ne pas donner à l'Allemagne par une opération foudroyante le prétexte de la création d'un front balkanique. Selon lui, l'offensive que prendraient éventuellement les Anglais devrait être provoquée par une action de l'Allemagne et ne pas revêtir un caractère préventif.

2°/- Bien qu'il n'existe pas d'entente balkanique, les gouvernements de la péninsule sont tous conscients du danger qui les menacerait s'ils suivaient l'exemple de la Roumanie.

3°/- La Grèce est en mesure de poursuivre ses opérations en Albanie avec succès, à la condition que les troupes allemandes ne viennent pas au secours des Italiens dont le renforcement en hommes et le ravitaillement rencontrent de sérieux obstacles. Au cours de l'audience qu'il a accordée au Colonel, le roi Georges II s'est exprimé avec compréhension et admiration envers le maréchal Pétain et son œuvre.

4°/- La Yougoslavie prendrait les armes dans le cas où l'Allemagne effectuerait une opération sur Salonique.

5°/- L'attitude de la Bulgarie dépendrait exclusivement du Roi, qui fait le maximum pour maintenir son pays dans sa position actuelle. L'hypothèse du passage des Allemands sans résistance y paraît plus vraisemblable que celle de la lutte.

6°/- Pour la Turquie, impression à peu près identique à celle résumée dans ma correspondance. La déficience en matériel de guerre (aviation, artillerie, munitions) permet de douter de l'intervention armée de ce pays dans le cas d'un passage immédiat des troupes allemandes par la Bulgarie sans résistance à celle-ci.

Cette conjoncture serait plus probable si pareille opération ne se produisait que dans deux ou trois mois, par exemple alors que la Grande-Bretagne sera en mesure de fournir ici un matériel important. Le facteur russe entre également en considération.

Le Colonel se rend en Palestine, s'arrêtant 48 heures en Syrie. Il poursuivra ensuite son voyage au Caire et à Casablanca pour être à Madrid aux environs du 12 février.

Guerre 1939-1945, Vichy, B Amérique, États-Unis, 20 (1GMII/20)

71

M. DE LA BAUME, AMBASSADEUR DE FRANCE À BERNE,
   À M. FLANDIN, MINISTRE SECRÉTAIRE D'ÉTAT AUX AFFAIRES
   ÉTRANGÈRES.

D. n° 67[1].   *Berne, 4 février 1941.*

Le Nonce apostolique, que j'ai été voir aujourd'hui m'a dit être sans nouvelles récentes du Vatican. Il est cependant convaincu que l'action du Pape
s'exerce actuellement dans le sens de la conclusion d'une paix entre la
France et les puissances de l'Axe. Si cette éventualité devait être renvoyée
à une échéance trop lointaine, le travail d'unification morale de la France
se heurterait à des difficultés insurmontables. Or, la France, avec l'Italie et
l'Espagne, sont les seules barrières que l'Europe pourrait opposer, le cas
échéant, à l'offensive bolchéviste consécutive à une prolongation indéfinie
de la guerre.

Un autre espoir de Mgr Bernardini est dans la conclusion d'une paix
blanche entre l'Angleterre et les puissances de l'Axe, paix blanche qui suivrait infailliblement suivant lui l'échec possible de la tentative de débarquement que le Reich prépare fiévreusement. Une telle opération, aurait dit le
chancelier Hitler, ne pourrait se répéter deux fois. C'est une sorte de « pis-
tolet à un coup ».

Quand Mgr Bernardini s'interroge sur les chances du débarquement en
Angleterre, il constate que les préparatifs dépassent tout ce que l'on peut
imaginer. Il cite des chiffres impressionnants quant aux avions et surtout
aux sous-marins qui sont actuellement réunis. Il n'exclut pas l'emploi des
gaz, malgré les déclarations contraires qu'a encore faites récemment le
chancelier Hitler.

La crainte du bolchevisme et le souci de voir se regrouper les puissances
méditerranéennes sont les thèmes qui reviennent toujours dans une conversation avec Mgr Bernardini. Bien d'autres que lui font les mêmes réflexions,
qui ont un peu « d'avenir dans l'esprit ».

Guerre 1939-1945, Vichy, Z Europe, Saint-Siège, 552 (10GMII/552)

---

[1] D. intitulée : « Entretien avec Mgr Bernardini ». Annotation marginale manuscrite :
« Envoyé copie à M. Léon Bérard le 17 février 1941 ».

72

NOTE DE LA SOUS-DIRECTION D'EUROPE

A.s. de négociations avec les Allemands.

N.[1]   *Vichy, 4 février 1941.*

Les événements ont contribué depuis six mois à affirmer la position de notre pays. La défaite l'a placé dans une neutralité qui peut devenir profitable alors que le reste du monde est en guerre ou sur le point de prendre part au conflit.

Au mois de juin, l'Allemagne paraissait à la veille de réaliser son rêve d'hégémonie. Mais depuis lors l'équilibre s'est rétabli par les victoires anglaises en Méditerranée et l'évolution de la politique des États-Unis.

Les atouts que nous possédons encore – notre flotte et nos bases en Méditerranée – ont pris plus de valeur jusqu'à apparaître comme un facteur presque décisif ainsi qu'en témoignent les inquiétudes anglaises et les sollicitations allemandes. Mais ces atouts ne peuvent nous servir que si nous les gardons dans nos mains.

Telle est d'ailleurs la position prise par le gouvernement du Maréchal qui s'est engagé dans la politique de collaboration franco-allemande[2] avec cette réserve que nous ne ferions rien de contraire à l'honneur.

Le gouvernement allemand, engagé dans une guerre sans merci, au fur et à mesure que les difficultés de la lutte augmenteront pour lui, sera de plus en plus tenté d'obtenir l'appui de notre flotte ou l'usage de nos bases méditerranéennes.

Nous approchons donc de la grande explication franco-allemande, dont l'échéance a été retardée jusqu'à présent et le gouvernement aura besoin de négociateurs pour éviter que l'impossibilité de concilier les positions prises de part et d'autre ne fasse dégénérer en rupture la crise actuelle.

Il est en effet nécessaire de faire comprendre aux Allemands que la politique de collaboration immédiate et militaire et la politique de résistance préconisée au mois de juin par M. Paul Reynaud aboutiraient à un résultat identique, la sécession de l'empire colonial français.

On peut dire que, jusqu'à présent, si la politique du gouvernement français a été conduite aussi bien que possible, les moyens employés par lui pour approcher les autorités du Reich sur un plan autre que celui des commissions d'armistice[3], se sont révélés insuffisants.

---

[1] Annotation marginale manuscrite : « M. de Chambrun ».

[2] Cette politique a été officiellement annoncée lors de la rencontre de Montoire, le 24 octobre 1940 (cf. *DDF (1939-1944)*, 1940-2, documents nᵒˢ 327, 329, 330, 331, pour les réactions à l'étranger).

[3] La commission allemande d'armistice de Wiesbaden est le seul véritable lieu de discussion entre les deux pays. Structurée en sous-commissions spécialisées, elle examine l'ensemble des questions matérielles, financières et humaines ayant trait à l'Occupation. Mais la plupart des demandes françaises sont rejetées, tandis que les exigences allemandes ne cessent de croître.

Le malaise actuel est imputable pour une part à la maladresse, au désordre et à l'irrégularité de ces contacts. Nous avons prêté le flanc à un reproche de manque de sérieux de la part des Allemands et, en essayant d'atteindre par des intermédiaires officieux tantôt l'un tantôt l'autre des dirigeants hitlériens, nous avons donné l'impression de vouloir ruser avec eux.

La diplomatie et son personnel spécialisé doivent justement leur existence au fait que les visites entre les membres des gouvernements sont forcément espacées et que l'on a reconnu l'inconvénient des intermédiaires occasionnels.

Or, en ces derniers mois, il suffisait, semble-t-il, qu'une personne affirmât qu'elle était en relations avec une personnalité allemande ou pouvait la toucher par un moyen quelconque pour qu'on eût immédiatement recours à ses services.

Un agent du Département qui se trouvait récemment à Paris a accueilli l'impression que ces procédés décousus suscitaient la méfiance des milieux allemands et que ceux-ci en arrivaient à souhaiter avoir pour interlocuteur des diplomates de carrière.

En tout cas, l'ambassade d'Allemagne[1], constituée, en dehors de l'Ambassadeur, par des fonctionnaires de la Wilhelmstrasse[2], s'étonnait que le gouvernement français ne songeât pas à la mettre en rapports permanents avec des fonctionnaires qualifiés du ministère des Affaires étrangères.

Ce serait un moyen de normaliser nos relations avec les autorités allemandes et de leur donner un caractère de continuité susceptible d'éviter des heurts et des surprises.

Guerre 1939-1945, Vichy, Y International, 289 (9GMII/289)

73

M. Gaston Maugras, Ministre de France à Athènes,
À M. Flandin, Ministre Secrétaire d'État aux Affaires
étrangères[3].

T. n°s 65 à 66.   *Athènes, 5 février 1941, 20 h. 55.*

(*Reçu* : le 7, 5 h.)

Le Directeur politique m'a confirmé qu'il était question, dans diverses capitales balkaniques, d'une médiation allemande dans le conflit italo-

---

[1] L'ambassade du Reich à Paris est dirigée, depuis le 3 août 1940, par Otto Abetz (au titre exact de plénipotentiaire du ministère du Reich) qui avait déjà rempli cette fonction avant la guerre, jusqu'à son expulsion par le gouvernement français pour espionnage en juin 1939.

[2] Le ministère des Affaires étrangères d'Allemagne.

[3] Annotation marginale manuscrite : « Vu par Guerre ? »

grec ; ces bruits, m'a-t-il dit, n'ont aucun fondement ; ils ne peuvent en avoir aucun quand ce ne serait que pour la raison que la Grèce n'est pas libre de reprendre aux Anglais les bases qu'elle a mises à leur disposition.

Mais la divulgation, par les Allemands, de ces projets inconsistants paraît ici assez inquiétante. On se demande s'ils ne cachent pas, sous des apparences de sollicitude pour la paix balkanique et d'amitié pour la Grèce, quelque pensée d'agression.

On estime ici que la débâcle italienne en Afrique[1] va rendre prochainement disponible d'importants effectifs anglais et que c'est à cette menace que les Allemands se préoccupent de parer. Il y aurait 17 divisions allemandes en Roumanie[2]. D'après le Directeur politique, les autorités militaires considéreraient que l'Italie ne peut plus espérer remporter, sans le concours de l'Allemagne, quelques succès en Albanie[3]. Le moral des troupes serait (...)[4].

Communiqué aux postes balkaniques.

Guerre 1939-1945, Vichy, Z Europe, Grèce, 393 (10GMII/393)

74

LE CAPITAINE DE BERNONVILLE, INSPECTEUR DES SERVICES SPÉCIAUX DU MOHAFAZAT D'ALEP,
    À M. DAVID, DÉLÉGUÉ-ADJOINT DU HAUT-COMMISSAIRE POUR LE MOHAFAZAT D'ALEP.

D.[5]   *Alep, 5 février 1941.*

En exécution des instructions reçues du Haut-Commissariat, j'ai l'honneur de vous rendre compte que le 4 février 1941 je me suis porté à la frontière syro-turque au-devant du colonel Donovan[6].

Cette personnalité ayant pu être touchée après son départ d'Ankara, est descendue à Adana, a pris un avion anglais pour la Palestine via Chypre.

Dans le train j'ai trouvé le Commander R. Tuggle, attaché naval à l'ambassade des États-Unis en Turquie, qui portait la valise à Jérusalem et au

---

[1] Après Derna, tombée le 30 janvier 1941, c'est le tour de Cyrène (4 février) de tomber entre les mains britanniques et bientôt Benghazi, le 7 février.

[2] Voir dans ce volume, documents n°s 1, 13, notamment.

[3] Les Grecs ont non seulement contenu l'avancée italienne en Albanie, déclenchée à l'extrême fin d'octobre 1940 (Voir *DDF (1939-1944)*, 1940-2, documents n°s 336, 342, 364), mais ils sont maîtres de plusieurs villes albanaises dès décembre suivant. Venus à leur aide, les Anglais ont coulé des navires ennemis dans le canal d'Otrante et bombardent les lignes de ravitaillement italiennes.

[4] Lacune de déchiffrement.

[5] Ce document est la pièce jointe à la dépêche (indication manuscrite) ; on n'a pas retrouvé le texte qu'il accompagne.

[6] Voir document n° 70.

Caire, qui avait accompagné l'envoyé personnel du président Roosevelt et qui doit le retrouver demain en Palestine.

De l'ensemble des conversations que j'ai eues avec cet officier, il ressort que le colonel Donovan ne s'est pas du tout formalisé de l'interdiction qui lui a été signifiée en ce qui concerne son séjour en Syrie[1]. Après avoir ri, il aurait dit : « C'est un coup des Allemands. Ils ont bien senti que mon voyage à Beyrouth ne leur serait pas favorable ».

Le Commander R. Tuggle m'a précisé que le Colonel était irlandais, aimant profondément la France, trois fois blessé en Argonne en 1918. Il avait l'intention après avoir vu les autorités françaises en Syrie de se rendre au Maroc, devant s'entretenir personnellement avec le général Weygand. Il semble désireux de savoir l'attitude que prendraient l'Afrique du Nord et la Syrie au cas d'une occupation totale de la France par les Allemands.

À deux reprises l'Attaché naval américain m'a demandé quelles étaient les relations personnelles entre le général Dentz et l'ancien chef d'état-major du maréchal Foch.

Lors de son séjour dans les Balkans, le Colonel aurait été chargé de faire comprendre aux différents chefs d'États que les États-Unis sont décidés à en finir avec la puissance germanique et, d'après le Commander Tuggle, lors de sa mission il s'était efforcé de recueillir les positions que comptaient prendre prochainement les États balkaniques.

Après quelques jours de séjour en Palestine et en Égypte, le colonel Donovan quittera Le Caire par avion pour le Portugal puis s'envolera vers les États-Unis où il pense arriver dans 15 jours. Il serait intimement convaincu de la victoire de l'Angleterre.

Interrogeant l'Attaché naval des États-Unis sur les moyens que comptait employer le gouvernement américain pour lutter contre les puissances de l'Axe, le Commander R. Tuggle est persuadé, en ce qui le concerne, que cette année la flotte des États-Unis viendra renforcer la flotte britannique[2]. Il envisage même qu'une partie pourrait venir en Méditerranée, le péril japonais étant lointain.

Faisant remarquer que seule une occupation territoriale de l'Allemagne pouvait amener la fin de la guerre, mon interlocuteur a estimé que si l'Allemagne était pilonnée pendant un ou deux ans tous les jours par des flottes aériennes considérables, elle demanderait grâce. En exprimant cette opinion il n'y a aucun doute que le Commander R. Tuggle pensait aux difficultés de soulever, actuellement, l'opinion publique dans son pays en ce qui concerne l'envoi d'un corps expéditionnaire. Il m'a avoué que l'armée américaine n'avait en ce moment aucune envie de venir se battre en Europe.

L'aide immédiate à l'Angleterre doit être la flotte, le matériel, chars, aviation, pouvant en partie être servis par des volontaires.

Il a convenu que ce n'est qu'au milieu de l'année 1942 que ces matériels pourraient être livrés en quantités considérables.

---

[1] Voir document n° 70, note 2, p. 154.

[2] Cela va dans le sens de l'analyse de Jules Henry, document n° 70.

Parmi les autres sujets qui semblaient intéresser l'Attaché naval des États-Unis, il y a lieu de noter l'attitude que prendrait la puissance mandataire si les Anglais l'attaquaient. Hypothèse très invraisemblable, m'a-t-il dit, « car cela ne correspondrait vraiment actuellement à rien ». Il ne comprend pas ou feint de ne pas comprendre les raisons qui incitent les Britanniques à bloquer les côtes des territoires sous Mandat français.

D'une manière générale en ce qui concerne la Turquie « dont il est difficile de connaître les vrais sentiments », il ne semble pas avoir des idées très nettes sur sa politique. Elle a craint très vivement à un moment donné que les Allemands nous imposent l'interdiction de faire transiter les wagons qui lui sont destinés entre Tchoban-Bey, Mouslimié, Meidan-Ekbès.

Guerre 1939-1945, Vichy, K Afrique, 20 (5GMII/20)

75

M. Paris, Consul Général de France à Djibouti,
  À M. Flandin, Ministre Secrétaire d'État aux Affaires
  étrangères.

D.[1]   *Djibouti, 6 février 1941.*

La situation géographique de la Côte française des Somalis bloquée, par terre et par mer, par des belligérants qui se battaient à ses portes et au-dessus de sa tête[2], rendait nécessaire une neutralité aussi stricte que possible et dont nous ne devions nous départir que pour pouvoir assurer la vie matérielle d'un territoire ne possédant, à part le sel, aucune ressource et qui était doté d'approvisionnements limités.

La politique du général Legentilhomme avait soulevé suspicions italiennes et espoirs anglais[3].

Il convenait, tout d'abord, de dissiper les unes et les autres et de convaincre nos deux voisins que leur intérêt était de nous voir à Djibouti et de nous y voir suffisamment forts pour que soit écartée toute idée de coup de main. Il fallait, ensuite, discuter la question du ravitaillement.

Effectifs, armes et munitions nous ont bien été laissés, mais toute suspicion a-t-elle été écartée et le ravitaillement est-il aujourd'hui assuré ?

Les livraisons que nous avons consenties ont déplacé la nationalité, si je puis dire, des méfiances qui, d'italiennes, sont devenues anglaises. Et, en

---

[1] Le document porte le paraphe d'Ernest Lagarde.

[2] L'offensive des Britanniques et des Français libres contre l'Afrique orientale italienne a commencé le 19 janvier 1941.

[3] Le général Paul Legentilhomme, commandant supérieur des troupes françaises en Côte française des Somalies depuis 1939 a dénoncé l'armistice le 18 juin 1940 (ordre général n° 4) et annoncé son intention de poursuivre le combat aux côtés des Britanniques. Mais, isolé, il quitte son poste le 2 septembre 1940 pour rallier Londres et le général de Gaulle.

ouvrant, de façon précipitée et peu adroite, à mon avis, la porte de terre, nous nous sommes fermés la porte de mer.

Une erreur de tactique me semble, en effet, avoir été commise. Au début, il n'a été question que de cessions, c'est-à-dire, aux yeux anglais, de véritables ventes de produits figurant sur leurs listes de contrebande de guerre. L'idée de troc – charbon et essence contre du ravitaillement indispensable à la vie de la colonie – qui pouvait expliquer ou justifier l'opération, n'est intervenue que plus tard, alors qu'avait déjà été donnée l'impression que nous jouions la carte italienne.

Quant aux envois italiens, s'ils sont loin d'être négligeables et s'ils ont facilité la tâche des autorités, ils n'ont assuré qu'un avenir assez immédiat.

Ils ont, déjà, considérablement baissé et je crains que, bientôt – à part, peut-être, pour le *dourah*[1], le bétail et quelques légumes – ils ne soient pratiquement nuls.

Je serais, en outre, fort surpris si – à moins d'un effondrement militaire anglais en Europe – la plus grande partie de l'Afrique orientale italienne ne se trouvait pas, au début des grandes pluies, c'est-à-dire vers la mi-juin, occupée par les troupes britanniques et les rebelles abyssins.

J'estimais, l'an passé, avant mon départ de Diré-Daoua, que les Italiens disposaient de réserves suffisantes en munitions, essence, pneumatiques… pour quatre à cinq mois de guerre. Bien que celle-ci n'ait réellement commencé qu'il y a quelques jours, les opérations de police, l'offensive dans le Somaliland anglais, les escarmouches aux frontières, les raids de l'aviation italienne, les déplacements de troupes effectués depuis huit mois n'ont pu manquer de provoquer une diminution assez sensible de ces réserves.

Il faut, en outre, tabler sur un effondrement du moral italien. Bien souvent, il m'avait été donné de constater que la guerre, chez beaucoup, n'était pas populaire. La dictature du Parti fasciste se faisait de plus en plus lourde. De sincères adhérents n'avaient plus l'enthousiasme. Seule, la foi dans le Duce, dans sa clairvoyance – n'avait-il pas toujours eu raison ? – soutenait la masse, un peu à la façon d'un stupéfiant.

Mais, aujourd'hui, la preuve est faite que Mussolini était faillible. Ce n'est pas la guerre courte et victorieuse. Au manque de ressort de la race devant l'insuccès, viendront s'ajouter le sourd mécontentement de l'armée active, les haines personnelles, la peur des inévitables représailles abyssines. De nombreuses défections sont, en outre, certaines parmi les troupes indigènes.

Tout cela peut provoquer une soudaine débâcle et quelle serait, alors, la situation de Djibouti bloquée de tous côtés par les Anglais, hostiles et ayant besoin d'utiliser le port et la voie ferrée ?

Jusqu'à présent, malgré certaines restrictions fort supportables, le ravitaillement a été suffisant et la population n'a pas souffert.

Djibouti possédait d'importantes réserves, bien supérieures aux besoins normaux de la Colonie. Les commerçants avaient constitué de gros stocks

---

[1] *Dourah*, autre terme pour le sorgho.

pour satisfaire à la contrebande indigène vers l'Afrique orientale italienne, pour s'assurer contre une dévaluation ou une hausse des prix et, peut-être aussi, dans l'espoir de l'ouverture de la frontière italienne. À ces approvisionnements sont venues s'ajouter des marchandises italiennes en transit qui ont été réquisitionnées au début de la guerre.

Le gouvernement a donc pu constituer des stocks de sécurité dont je ne connais pas l'importance mais qui, d'après ce que j'ai entendu dire, devraient permettre de tenir, dans l'ensemble, cinq à six mois pour les blancs et sensiblement moins pour les indigènes dont la ration est, pourtant, dès maintenant, insuffisante.

Il est donc indispensable, si l'on ne veut pas aller au-devant d'incidents graves provoqués par les indigènes somalis ou les tirailleurs sénégalais, d'assurer, avant l'été, la liaison maritime avec Madagascar ou la venue de vivres.

Il existe, en outre, la question de l'état sanitaire. Djibouti est l'une des villes les plus chaudes et humides du monde. La température, pendant l'été, dépasse, presque chaque jour, 40° ; en juillet dernier, elle a atteint 46°. Les médicaments, paraît-il, vont manquer. Le nombre de ceux pour lesquels on redoute une nouvelle saison chaude est assez grand.

Je ne pense pas que le mot de dissidence, dont il a peut-être été fait un trop grand usage, convienne pour expliquer l'état d'esprit général du lendemain de l'armistice.

La troupe, éprouvant une sorte de honte mêlée de colère à la perspective d'être désarmée sans avoir été vaincue, voulait continuer la lutte, sentiment tout à l'honneur d'un soldat. Mais elle n'envisageait une lutte que dans le cadre de l'Empire. Elle croyait – on le lui avait dit – que l'Afrique du Nord, la Syrie, l'Indochine refusaient de déposer les armes et que cette attitude répondait, sinon aux ordres, du moins aux désirs secrets du gouvernement.

Mais, assez vite, lorsque la Colonie fut vraiment au courant de la situation, il fut certain qu'elle resterait fidèle et il n'y eut, pour faire preuve de véritable esprit de dissidence, que de rares exaltés poussés, bien moins par anglophilie que par un rêve d'aventures, un désir de faire quelque chose, ou quelques orgueilleux, prisonniers d'une attitude qu'en eux-mêmes ils regrettaient, peut-être, d'avoir adoptée.

Il ne faut pas, toutefois, se dissimuler qu'il se manifeste et se développe, en ce moment, un certain malaise.

La Colonie, pratiquement, est coupée de la métropole et trop grand est le nombre de ceux qui n'ont pas encore eu de nouvelles des leurs. La venue d'un avion de France tous les trois mois, celle d'un petit sac de poste hebdomadaire par la voie italienne, ne sont pas suffisantes pour arrêter l'accès de fièvre obsidionale qui sévit actuellement.

La politique du gouvernement de Vichy n'est pas discutée. « Que le Maréchal nous dise ce qu'il faut faire, je le ferai ». Voilà ce que j'ai toujours entendu dire. Mais, bien souvent aussi, j'ai entendu « Pourquoi, ici, à Djibouti, n'est-il pas permis de l'écouter quand il parle ? ».

Après avoir traversé des moments assez anxieux, lorsqu'elle se demandait comment elle paierait les salaires de ses agents, la Compagnie du Chemin de fer a eu de sérieuses rentrées de fonds – envois de l'administration centrale, recettes pour les trafics effectués, cessions de charbon aux Italiens – et sa trésorerie est, dès à présent, assurée pour cinq mois environ.

Le directeur m'a, en outre, affirmé qu'avec ses propres ressources, sans rien recevoir de l'extérieur, il pourrait transporter dans les conditions actuelles, c'est-à-dire jusqu'à Aïcha, en territoire italien, 2 000 tonnes mensuellement pendant six mois à peu près. L'envoi, de France, d'une certaine quantité de produits spéciaux – 6 à 700 kilos, pouvant donc être expédiés par voie aérienne – lui permettrait de porter ces six mois à quinze.

Mais le développement de la situation en l'Afrique orientale italienne peut poser une série de graves problèmes pour la compagnie.

Un débarquement dans la région de Zeila ou d'Assab amènerait assez vite les Anglais sur la voie ferrée. Il ne faut pas, non plus, exclure la possibilité de la réintégration du Négus à Addis-Abeba[1].

Il y a quelques mois, il s'était dessiné un commencement de thésaurisation assez sérieux pour inquiéter la Banque.

Dans la crainte de voir, un jour, les comptes bloqués, certains avaient effectué des retraits de fonds. Des Grecs, dans l'hypothèse d'un départ, rameutaient leur fortune. Des indigènes ne remettaient pas en circulation les petites coupures.

Une campagne a été menée, des mesures prises et l'inquiétude de la banque a disparu.

Guerre 1939-1945, Vichy, K Afrique, 102 (5GMII/102)

76

M. Jean Lescuyer, Ministre de France à Bagdad,
    à M. Flandin, Ministre Secrétaire d'État aux Affaires
    étrangères.

D. n° 28[2]   *Bagdad, 6 février 1941.*

Une nouvelle campagne de propagande anti-française s'est développée dernièrement dans les milieux syriens d'Irak. Mais, ce n'est plus cette fois dans les milieux d'agitateurs syriens réfugiés à Bagdad qu'elle étend son activité mais parmi les nombreux commerçants syriens installés dans tout le Proche-Orient.

---

[1]   De fait, après la prise d'Addis-Abeba (5 mai 1941), les quatre dernières garnisons italiennes à Soddore, Gala, Volchefit et Gondar vont capituler (27 mai-27 septembre). C'est l'effondrement de l'empire italien d'Éthiopie et le Négus remontera sur son trône.

[2]   Communiqué à Beyrouth, Le Caire. Titre de la dépêche : « A.s. Campagne anti-française au Proche-Orient. » Le document porte le paraphe d'Ernest Lagarde.

On reproche à notre pays, après vingt ans d'une occupation pendant laquelle rien n'a été fait pour protéger le patrimoine syrien, d'avoir depuis le début de la guerre complètement séparé par des barrières artificielles ce pays de ceux qui l'entourent et d'avoir ainsi rompu les courants commerciaux millénaires grâce auxquels les populations syriennes avaient toujours pu conserver un standard de vie suffisant.

La thèse développée est que peu importe aux populations syriennes que ce soit la France, ou l'Angleterre ou tout autre pays qui domine en Syrie, mais qu'il est nécessaire que le pays qui y domine soit celui dont l'influence s'étende également aux autres pays de Proche-Orient. La conclusion est aisée à discerner. Si la Syrie ne veut pas mourir économiquement asphyxiée, elle doit au lendemain de la guerre se rapprocher des pays qui l'entourent en se soumettant à l'autorité qui y domine. C'est pour elle une question de vie ou de mort.

Il serait oiseux de souligner l'intérêt que l'Angleterre, dont la position est dominante en Proche-Orient, peut trouver au développement de cette nouvelle propagande. Ainsi peut-on supposer que les autorités britanniques ne négligent rien pour l'encourager.

J'ai cherché à connaître les origines de ce mouvement. D'après les indications que j'ai pu recueillir ici, il semblerait que ce soit surtout au Caire qu'il ait trouvé ses principaux protagonistes. Le nom du vieux docteur Nimr, qui pendant longtemps, a dirigé le journal *El Mohkatam* du Caire et de son gendre Georges Antonius connu pour son livre *Arab Awakening* m'ont été cités. La famille du docteur Nimr a d'ailleurs toujours été connue pour les liens étroits qu'elle entretient avec les milieux de l'ambassade britannique en Égypte.

Guerre 1939-1945, Vichy, E Levant, Irak, 154 (4GMII/154)

77

M. Piétri, Ambassadeur de France à Madrid,
  À M. Flandin, Ministre Secrétaire d'État aux Affaires
  étrangères.

T. nᵒˢ 219 à 221.   *Madrid, 7 février 1941, 23 h.*

(*Reçu* : le 8, 4 h.)

Je me réfère à mon télégramme nᵒˢ 197-200[1].

M. Dupuy, chargé d'Affaires du Canada en France que connaît bien le Maréchal, m'a rendu visite venant de Londres et se rendant à Vichy où il arrivera après-demain.

Il m'a fourni au sujet des questions de ravitaillement qui nous occupent une série d'indications précieuses dont je porte dès à présent l'essentiel à la connaissance de Votre Excellence en attendant, comme je le lui ai conseillé, que l'intéressé en parle lui-même à Votre Excellence de façon détaillée.

1°) Confirmation rigoureuse de ce que j'avais pressenti au cours de mes entretiens avec sir Samuel Hoare : dispositions plutôt bonnes du Foreign Office et de l'Amirauté mais annulées par l'esprit négatif ou hostile qui anime les services du Blocus et leurs prétentions à tout évoquer par devers eux. Le ministre du Blocus, très gonflé par son rôle et convaincu qu'il tient l'issue de la guerre entre ses mains, finit par porter ombrage au Premier ministre lui-même.

2°) Tendance de ses services à croire que nous demandons plus de denrées qu'il ne nous en faut et que le surplus va aux Allemands.

M. Dupuy croit, et c'est le point le plus intéressant de notre conversation, que nous obtiendrions gain de cause, en ce qui concerne la proposition relative aux 800 000 tonnes de céréales, si nous acceptions de ne les importer que mois par mois, de manière à bien préciser que nous ne cherchons pas à constituer des stocks dont l'utilisation pourrait devenir tentante.

Guerre 1939-1945, Vichy, B Amériques, Canada, 7 (1GMII/7)

---

[1] Dans ce télégramme de Piétri reçu à Vichy le 6 février, l'ambassadeur rapporte les termes de son nouvel entretien avec sir Samuel Hoare du 5 février au sujet des négociations sur le libre passage, où il a insisté plus particulièrement sur l'affaire des importations de céréales. Sir Samuel Hoare a indiqué qu'elle devait également être traitée à Londres, car, pour aller vite, il était nécessaire de s'adresser aux services mêmes du blocus. Le diplomate anglais a promis cependant de saisir à nouveau le Foreign Office (résumé *in* Guerre 1939-1945, Vichy, C État français, 41).

78

M. Jean Lescuyer, Ministre de France à Bagdad,
À M. Flandin, Ministre Secrétaire d'État aux Affaires
  étrangères

D. n° 26[1]   *Bagdad, 7 février 1941.*

Confidentiel.

Le règlement du différend franco-turc concernant le Sandjak d'Alexandrette et ensuite la conclusion des accords franco-anglo-turcs[2] n'avaient pas été sans éveiller dans tous les pays arabes une suspicion à l'égard des Alliés. La France et l'Angleterre étaient accusées d'avoir consenti par des accords secrets des avantages territoriaux à la Turquie en contrepartie de son entrée en guerre contre les puissances de l'Axe. Les milieux officiels arabes avaient même tendance à penser, ainsi que cette légation l'a signalé à plusieurs reprises, que la Syrie serait la première à subir les frais de cette opération par la cession à la Turquie de la région d'Alep et du Bec de Canard.

La méfiance des milieux politiques irakiens a été loin de diminuer depuis l'armistice et surtout depuis que le rapprochement entre le gouvernement de Londres et celui d'Ankara est apparu toujours plus étroit[3]. Il faut y voir sans doute une des causes des difficultés actuelles de l'Angleterre en Irak[4]. Certains milieux officiels prétendent en effet que l'Angleterre aurait promis à la Turquie de lui céder, après la guerre, les provinces de Mossoul, d'Erbil et de Souleimanieh. Des déclarations dans ce sens faites par un fonctionnaire britannique, M. Lloyd, ancien officier politique, ancien juge dans les tribunaux irakiens, actuellement président de la « Date Board » à Bassorah, au consul de Turquie à Bassorah n'ont fait dernièrement qu'envenimer encore davantage les choses. M. Lloyd n'avait évidemment aucune qualité pour parler, mais ses propos ont néanmoins provoqué une vive réaction dans les milieux officiels.

---

[1] Communiqué à Beyrouth. Titre de la dépêche : « A.s. Rapports anglo-irakiens. Démarche américaine ». Le document porte le paraphe d'Ernest Lagarde.

[2] Voir *DDF (1939-1944)*, 1939, les documents relatifs à l'accord tripartite du 19 octobre 1939.

[3] Des conversations d'état-major ont eu lieu entre Anglais et Turcs le 13 janvier 1941.

[4] Depuis 1932, l'Irak est un État indépendant et souverain, mais les Britanniques y gardent un poids important, notamment à travers le traité de 1939 qui leur concède des avantages militaires considérables en temps de paix, et plus encore en temps de guerre. Le roi Fayçal étant mort en 1933, le pays reste dominé par la dynastie hachémite, mais c'est un enfant, du nom de Fayçal également, qui occupe le trône depuis avril 1939, secondé par un cousin de son père, le régent Abd al-Illah. Mais l'homme politique irakien le plus anglophile est sans conteste Nouri Saïd. Depuis la démission de ce dernier du poste de Premier ministre, l'instabilité gouvernementale est devenue chronique et l'influence britannique décline, sapée au demeurant par l'ambassadeur du Reich à Bagdad, Fritz Grobba. Si le pays a rompu depuis le déclenchement de la guerre ses relations diplomatiques avec le Reich (le 7 septembre 1940) et avec l'Italie, il ne leur a pas déclaré la guerre, à la grande préoccupation de Londres.

La légation d'Amérique, qui déploie en ce moment une très grande activité ici, a tenu à signaler à Washington l'inquiétude des Irakiens[1]. Il semble que ce serait à la suite d'une démarche faite par le gouvernement américain que M. Eden aurait été amené à déclarer, il y a une dizaine de jours, à la Chambre des Communes, que le gouvernement de Sa Majesté n'avait jusqu'ici conclu aucun accord secret avec n'importe quelle puissance.

Si cette déclaration est suffisante pour rassurer les États-Unis, elle ne réussira pourtant pas à dissiper les susceptibilités irakiennes. Certains cercles locaux, et en particulier l'ancien Président du Conseil Rachid Aly Guilany[2], restent en effet très sceptiques quant à l'avenir. Ils estiment dans ces conditions que le moment présent est seul propice pour obtenir des Anglais des engagements valables garantissant les droits des pays arabes après la guerre et partent de cette conception pour mener vis-à-vis des Anglais une politique de marchandages continuels.

Guerre 1939-1945, Vichy, E Levant, Irak, 157 (4GMII/157)

79

M. Spitzmüller, Chargé d'Affaires de France à Bucarest,
    À M. Flandin, Ministre Secrétaire d'État aux Affaires
        étrangères[3].

T. n°s 149 à 150.   *Bucarest, 10 février 1941, 17 h. 30.*

(*Reçu* : le 10, 21 h.)

L'intensification des préparatifs allemands pour une opération vers le sud remet au premier plan de l'actualité la question des relations roumano-anglaises.

Ainsi que je l'ai indiqué au Département (mon télégramme n° 1896)[4] le gouvernement britannique a évacué sa colonie et la plus grande partie du personnel de sa légation ne laissant à Bucarest que sir Reginald Hoare et

---

[1] Lors de sa mission en décembre 1940-janvier 1941, le colonel Donovan s'est rendu à Bagdad et s'est entretenu, entre autres, avec le Grand Mufti de Jérusalem, Amin al-Husseini, ennemi juré des Britanniques.

[2] Rachid Ali al-Gaylani, descendant d'un des plus grands mystiques de l'islam, avait servi dans plusieurs gouvernements. C'est un nationaliste, hostile aux Britanniques.

[3] Annotation marginale manuscrite : « Vu par Guerre ».

[4] T. de Bucarest à Vichy en date du 12 octobre 1940, par lequel Spitzmüller informe Baudouin (dont le paraphe figure sur le document) du départ définitif de l'attaché militaire et de l'attaché naval anglais, en même temps que tous les ressortissants britanniques de Roumanie, en raison « des attentats organisés contre eux presque chaque jour par les Légionnaires ou par le Gouvernement ». Il indiquait que la nuit précédente, leur maison avait été la cible de tirs de mitraillettes, et que seul le personnel civil restait sur place, mais en se tenant prêt à partir en 24 heures. « Parmi les mesures de rétorsion prises du côté anglo-saxon, il convient de faire figurer en premier titre le blocage par le gouvernement américain des avoirs roumains qui représentent environ 100 millions de dollars ». (Papiers 1940, Papiers Baudouin, 7, document non reproduit).

quatre ou cinq collaborateurs diplomatiques. Depuis lors, l'attitude délibérément agressive du gouvernement roumain n'a fait qu'aggraver la tension.
Depuis une semaine environ, la rupture paraît devenir inévitable et l'on s'y
attend d'un jour à l'autre.

Les Anglais ont tenu à résister jusqu'à l'extrême limite, mais ils préfèrent
évidemment rompre avant le passage du Danube par les Allemands, de
façon à disposer de toute la liberté d'action nécessaire pour déclencher une
riposte militaire éventuelle.

Le départ de la légation britannique entraînera probablement celui des
missions diplomatiques égyptienne et grecque, et pose dès maintenant le
problème du maintien de la légation des États-Unis.

Guerre 1939-1945, Vichy, Z Europe, Roumanie, 686 (10GMII/686)

80

M. Spitzmüller, Chargé d'Affaires de France à Bucarest,
À M. Flandin, Ministre Secrétaire d'État aux Affaires
étrangères.

D. n° 9[1].   *Bucarest, 10 février 1941.*

J'ai déjà signalé au Département à plusieurs reprises et en dernier lieu par
mon télégramme n° 43[2], l'obligation imposée par la loi roumaine aux religieux étrangers d'acquérir la nationalité roumaine. Je soulignais les conséquences que cette disposition législative avait sur la situation des religieux
français dont beaucoup désiraient garder leur nationalité originaire.

Il résulte de la loi des cultes (article 36) du 22 avril 1928, du Concordat
conclu entre le Saint-Siège et l'État roumain le 12 juin 1929, du décret-
loi du 2 octobre 1940, portant modification des articles 36 et 39 de la loi
des cultes et d'une lettre du ministère des Cultes aux évêques roumains
56267/40 en date du 25 novembre 1940, que les supérieurs (provinciaux) et les membres des communautés religieuses existant sur le territoire
roumain doivent être citoyens roumains et résider dans le pays, faute de
quoi ils ne pourront pas demeurer en Roumanie comme membres de leur
congrégation. La lettre du ministère des Cultes du 25 novembre 1940 fixe
la date du 1er octobre 1941 comme ultime délai accordé aux membres des

---

[1] Document envoyé sous le bordereau n° 57 pour information : « Situation juridique des religieux français en Roumanie. Copie d'une dépêche de la Légation n° 9, en date de ce jour, adressée
au Service des Œuvres françaises à l'étranger ». Communiqué à M. Canet, Europe, Chancelleries.

[2] T. n° 43 de Bucarest à Vichy en date du 12 janvier 1941 par lequel Spitzmüller rappelle les
informations précédemment transmises au Département au sujet du décret-loi roumain du 2 mars
1941, modifié au mois d'octobre de la même année et imposant que tous les membres des congrégations religieuses soient de nationalité roumaine. Sollicité à nouveau par les supérieurs de Saint-
Vincent de Paul et de Notre-Dame de Sion, le chargé d'Affaires transmet au Département leur
demande d'une solution urgente.

congrégations religieuses pour se faire naturaliser. Le Département voudra bien trouver ci-joint en annexe la traduction de ces différents textes.

Les congrégations françaises en Roumanie comprennent : les Filles de la Charité, les prêtres de la Mission, les Sœurs de Sion, les Sœurs oblates de l'Assomption et les Pères assomptionnistes. Toutes ces communautés, qui se sont installées en Roumanie à des dates diverses dans le but d'y créer des œuvres religieuses ou sociales, ont été et restent très pénétrées du rayonnement intellectuel et spirituel de la France. Si elles ont opéré sur place un recrutement de vocations, elles restent néanmoins étroitement liées avec les centres français dont elles dépendent.

Ces liens, en dépit du désir de Rome de voir tout esprit « nationaliste » banni des congrégations religieuses, résultent des faits suivants :

a) Toutes les œuvres existant à l'heure actuelle en Roumanie se sont fondées sur l'ordre et grâce aux sacrifices pécuniaires parfois considérables du centre français : la plupart d'entre elles attendent encore de lui le personnel et l'appui financier nécessaires à leur développement. Ainsi, le centre français a non seulement le devoir, mais le droit de s'immiscer dans la marche intérieure des maisons qu'il a fondées et qu'il entretient.

b) De plus, du point de vue canonique, aucune de ces congrégations françaises ne possède en Roumanie de provinces juridiquement constituées, soit que la constitution de ces congrégations ne prévoit pas de provinces, soit qu'elle ne prévoit pas la création de provinces nouvelles, soit que le territoire roumain fasse déjà partie d'une province dont le centre se trouve en dehors de la Roumanie, soit enfin que l'importance réduite des maisons de Roumanie ne leur permette pas d'avoir l'autonomie que requiert la création d'une province.

Ainsi, il est clair qu'on ne saurait supprimer le caractère français de ces différentes communautés religieuses.

À la vérité, le fait de prendre la nationalité roumaine n'est, somme toute, qu'une simple formalité administrative et, d'ailleurs, nombre de religieux ou de religieuses français se sont déjà fait naturaliser. Mais cette obligation de naturalisation, si elle n'est pas gênante pour les religieux déjà établis depuis longtemps en Roumanie et qui ne voient par conséquent aucune difficulté à se prêter à cette formalité, peut avoir de graves conséquences dans l'avenir de nos œuvres religieuses : en effet, il sera difficile aux ordres français désireux d'envoyer de jeunes religieux en Roumanie de leur faire consentir à rompre, en quittant leur pays d'origine, tout lien d'allégeance avec lui.

Bien plus, il arrive que les supérieurs décident de rappeler au centre tel religieux ou de l'envoyer en mission dans un autre pays. Si ce religieux a acquis la nationalité roumaine, quelle garantie de protection pourra-t-il avoir avec son passeport roumain s'il est envoyé dans tel pays d'Extrême-Orient, par exemple, ou même ne risquera-t-il pas de se heurter à des difficultés pour rentrer en France et y séjourner ?

Enfin, la naturalisation entraîne des conséquences sérieuses, d'une part, en ce qui concerne l'exercice des droits civils du religieux (droit de tester, d'hériter, etc.) et, d'autre part, en ce qui concerne les obligations militaires.

Quelles sont, dans ces conditions, les solutions qu'il est possible d'apporter à ce problème ?

1°) Il y a un an environ, le ministre des Cultes de Roumanie, auquel M. Thierry[1] soulignait les difficultés que causait la législation roumaine à nos œuvres, avait spontanément suggéré à notre ambassadeur d'accorder un délai de 20 ans aux religieux et religieuses français pour se faire naturaliser roumains. Le décret-loi du 2 octobre 1940 et la lettre du ministère des Cultes du 25 novembre 1940 ont écarté cette solution et, dans les circonstances actuelles, il ne peut être question pour nous de demander avec la moindre chance de succès une faveur analogue au gouvernement roumain, notre intervention étant vouée d'avance à un échec certain. D'ailleurs, il m'est revenu récemment que le Vatican aurait montré un certain mécontentement en apprenant la promesse, d'ailleurs purement verbale, qui avait été faite l'an dernier par M. Nistor à M. Thierry, car il estimait qu'il y avait là une atteinte au Concordat signé avec le gouvernement de Bucarest.

2°) On pourrait envisager de prolonger au-delà du 1er octobre 1941 le délai fixé par le ministère des Cultes pour l'acquisition de la nationalité roumaine et d'en fixer le terme à une date ultérieure, par exemple six mois après la fin des hostilités. Je crois savoir que, d'ores et déjà, le Nonce a fait une démarche dans ce sens auprès du ministère des Cultes. Il a argué des difficultés, d'ailleurs incontestables, rencontrées par les religieux d'origine française, belge, hollandaise ou anglaise pour se procurer actuellement les documents (acte de naissance, etc.) nécessaires pour formuler leurs demandes de naturalisation.

3°) Mais il est certain que même si ce délai est accordé, le problème restera entier et qu'il devra être résolu dans un délai plus ou moins rapproché. À la réflexion, je crois que la formule de la double nationalité qui avait été envisagée présenterait d'assez sérieux inconvénients. En effet, elle est contraire aux principes de la législation française sur la nationalité et, de plus, la loi roumaine prévoit que toute personne qui acquiert la nationalité roumaine doit renoncer de façon formelle à toute autre appartenance étrangère. En particulier, les religieux en âge de porter les armes ne pourraient pas, s'ils avaient la double nationalité, exécuter leurs ordres de mobilisation dans leur pays d'origine et dans leurs pays d'adoption et risqueraient d'être porté déserteurs dans l'un ou l'autre pays.

4°) Peut-être pour parer à ces inconvénients qui semblent difficilement surmontables dans le cadre de la double nationalité *stricto sensu*, pourrait-on trouver une autre formule plus souple et plus discrète. Elle consisterait à faciliter à l'extrême la réinscription dans la nationalité française des religieux naturalisés roumains.

Les supérieurs majeurs des différentes congrégations que j'indiquais plus haut déposeraient au Département la liste des religieux français se trouvant en Roumanie. Cette liste aurait un caractère confidentiel. D'autre part, dès

---

[1] Adrien Thierry était ambassadeur de France en Roumanie jusqu'à la défaite française de juin 1940.

son arrivée en Roumanie, le religieux se présenterait soit au consulat, soit à la légation de France, qui confirmerait au Département sa présence dans ce pays.

Bien entendu, le religieux en question se soumettrait entièrement à la législation roumaine et acquerrait, dans les conditions fixées par la loi des Cultes et le Concordat, la nationalité roumaine. Il serait dégagé de toutes les obligations que comporte la nationalité française (y compris les obligations militaires), mais conserverait toutefois la jouissance en France de certains droits réservés aux nationaux français (droits qui devraient être précisés et qui pourraient comporter notamment les droits de propriété, de succession, de tester, etc.).

Lorsque le supérieur majeur jugerait nécessaire de rappeler en France un religieux se trouvant en Roumanie ou encore de l'envoyer dans un autre pays étranger, il en informerait le ministère des Affaires étrangères qui donnerait l'ordre à la légation ou au consulat de délivrer un passeport français à ce religieux et supprimerait son nom de la liste confidentielle après avoir reçu confirmation par le consulat de son départ. Dès lors, le religieux recouvrerait la nationalité française et serait soumis au statut juridique que confère cette qualité.

Cette solution, dont le détail devrait évidemment être mis au point, m'a été suggérée par plusieurs religieux se trouvant actuellement en Roumanie. Je crois qu'elle mériterait une étude approfondie. Elle permettrait de trancher au mieux des intérêts de nos œuvres religieuses en Roumanie, une question particulièrement délicate. Étant donné le petit nombre d'individus auxquels elle s'appliquerait et son caractère strictement confidentiel, je crois qu'elle serait préférable à l'adoption d'un texte législatif créant, pour la première fois en France, le système de la double nationalité.

Je serais reconnaissant au Département de bien vouloir me faire connaître son sentiment sur cette suggestion.

ANNEXE

1. *Loi des Cultes du 22 avril 1928.*

Article 36 : « Les Ordres et les Congrégations religieuses existant sur le territoire de l'État roumain, avant la promulgation de cette loi, conserveront leurs maisons et monastères, s'ils remplissent les conditions des Lois en vigueur et si le Supérieur (provincial) et leurs membres sont citoyens roumains et résident dans le pays.

Les Supérieurs (provinciaux) et les membres qui ne voudront pas ou ne pourront pas obtenir la citoyenneté roumaine, ne pourront pas demeurer dans le pays comme membres de l'Ordre ou de la Congrégation respective.

Le terme pour l'accomplissement de cette condition sera fixé par le ministère des Cultes ».

2. *Le Concordat conclu entre le Saint-Siège et l'État roumain le 12 juin 1929.*

Article XVII :

« 1. Les Ordres et les Congrégations religieuses existant dans le Royaume, sont obligés d'avoir leur Supérieur et leurs membres citoyens roumains et résidant dans le pays.

2. L'État roumain reconnaît aux Ordres et aux Congrégations religieuses, comme tels, la personnalité juridique, à condition qu'ils remplissent les conditions établies par les lois en vigueur ».

3. *Décret-loi du 2 octobre 1940, portant modification des articles 36 et 39 de la Loi des Cultes.*

Ce décret-loi rappelle, en les confirmant, les dispositions précédentes de la Loi des Cultes et du Concordat, et il précise que la personnalité juridique dont il est question dans l'article XVII du Concordat (§ 2) est de droit public.

Il spécifie, en outre, que l'exercice des droits découlant de cette personnalité est conditionné par l'inscription préalable des Ordres et des Congrégations dans un registre spécial tenu à cet effet au ministère des Cultes.

4. *Lettre du ministère des Cultes, n° 56267/40.*

Ce document, en date du 25 novembre 1940, adressé aux évêques roumains, fixe la date du 1er octobre 1941, comme délai ultime pour remplir la condition de naturalisation imposée à tous les membres des Congrégations religieuses.

Guerre 1939-1945, Vichy, Z Europe, Roumanie, 684 (10GMII/684).

81

NOTE DU DÉPARTEMENT

A.s. des réfugiés politiques espagnols

N.   *Vichy, 10 février 1941.*

L'attitude du gouvernement du maréchal Pétain à l'égard des anciens dirigeants républicains espagnols s'est constamment inspirée du souci de leur interdire toute activité nuisible aux relations de bon voisinage avec l'Espagne et de respecter en même temps les obligations résultant des accords en vigueur et de l'usage international qui régissent la procédure d'extradition.

Satisfaction immédiate a été accordée aux démarches du gouvernement espagnol réclamant le maintien des intéressés en territoire français, malgré les avantages qu'aurait présenté le départ de France de ces éléments dont certains constituent une menace latente pour l'ordre public des pays où ils se trouvent.

Le 22 juin 1940, le ministre de l'Intérieur espagnol a exprimé pour la première fois à notre ambassadeur en Espagne le désir d'obtenir que certains chefs républicains, notamment MM. Azana, Negrin, Indalecio, Prieto, fussent mis dans l'impossibilité de quitter la France[1].

L'ordre a été immédiatement donné aux Commissaires de la frontière, par la Direction générale de la Sûreté nationale, de s'opposer à la sortie des intéressés du territoire. Profitant de la désorganisation provoquée par la défaite, plusieurs d'entre eux avaient cependant pu s'embarquer à l'insu de nos autorités.

À la date du 16 juillet, M. de la Baume a signalé que les autorités espagnoles l'avaient à nouveau saisi de la question en précisant que M. Azana

---

[1] Voir *DDF (1939-1944)*, 1940-1, document n° 412.

se trouvait à Périgueux[1]. Des instructions ont été adressées aussitôt au préfet de la Dordogne et M. Azana a été maintenu en France jusqu'à son décès[2].

Notre ambassadeur à Madrid a fait savoir le 24 juillet, d'après les indications fournies par les autorités espagnoles que M. Portela Valladares, ancien président du Conseil de la République espagnole, et plusieurs membres de l'ancien gouvernement d'Euskadi étaient sur le point de s'embarquer à Marseille à bord d'un bateau américain[3]. Il a été immédiatement mis obstacle à leur départ.

Enfin, le 27 août 1940, M. Serrano Suñer a remis à M. de la Baume deux listes contenant *les noms de 636 ressortissants*[4] espagnols dont le gouvernement espagnol souhaitait voir interdire le départ de France[5]. Le gouvernement français a accepté de les maintenir sur notre territoire pour montrer sa compréhension à l'égard du gouvernement espagnol et, malgré les démarches répétées des pays d'Amérique qui étaient disposés à accueillir les intéressés[6]. Toutes ces personnes font l'objet d'une stricte surveillance de la police.

D'autre part, chaque fois que les autorités espagnoles l'ont demandé, les anciens dirigeants républicains ont été éloignés de la frontière espagnole, notamment du département des Pyrénées orientales et mis en résidence forcée dans d'autres départements.

Si, depuis l'armistice, l'un ou l'autre des intéressés avait pu se dérober à cette surveillance, le fait serait imputable à l'étendue de la tâche à laquelle nos autorités ont à faire face et non au relâchement de leur vigilance.

Enfin, nos autorités de police ont conduit activement les opérations de récupération auxquelles les autorités espagnoles attachent une grande importance. Ces opérations ont pour objet de retrouver les fonds ou archives transportés en France par les dirigeants républicains. Des résultats appréciables ont déjà été obtenus[7]. À titre d'exemple, il y a lieu d'indiquer

---

[1] Dans son télégramme n° 752 en date du 22 juin 1940, La Baume alors ambassadeur de France à Madrid, écrit au Département : « Monsieur Serrano Suñer me faire dire, à l'adresse du maréchal Pétain, que l'Espagne attend impatiemment que nous mettions hors d'état de nuire les chefs rouges actuellement en France, et parmi eux, M. Azana, Negrin et M. Indalecio Prieto. Ce geste, a déclaré le Ministre, permettrait aux dirigeants espagnols de répondre pleinement, comme ils le souhaitent, aux appels que leur a adressés le Maréchal ». (Guerre 1939-1945, Vichy, Z Europe, Espagne, 281).

[2] Manuel Azana y Dias, ancien président de la République espagnole réfugié en France, est mort à Montauban le 3 novembre 1940.

[3] Document non retrouvé.

[4] Souligné dans le texte.

[5] Document non retrouvé.

[6] Le Mexique en particulier. Voir *DDF (1939-1944)*, 1940-2, document n° 418.

[7] La question des extraditions demandées à la France et de la récupération des valeurs saisies sur les réfugiés a été soulevée à nouveau par Serrano Suñer le 16 décembre 1940, d'après un aide-mémoire en date du 24 janvier 1941 (Guerre 1939-1945, Vichy, Z Europe, Espagne, 285, document non publié). François Piétri, ambassadeur de France en Espagne, précise dans un télégramme au Département en date du 11 janvier 1941, que « les opérations de récupération des valeurs et objets précieux saisis sur les réfugiés espagnols sont terminées et l'administration des douanes en achemine

que le 21 décembre, une saisie-arrêt a été pratiquée sur 79 caisses déposées dans un garde-meubles de Marseille par le consulat du Mexique dans cette ville et contenant vraisemblablement les archives des adversaires du gouvernement espagnol.

Lorsque M. Serrano Suñer nous a demandé au mois d'août 1940 d'interdire le départ de plusieurs centaines de ressortissants espagnols, cette démarche paraissait dictée par le souci de les faire retenir dans notre pays le temps nécessaire pour solliciter leur extradition. Or, nous n'avons été saisis jusqu'à présent que d'une quinzaine de demandes régulières d'extradition. Deux d'entre elles ont déjà été accueillies (Manuel Gomez Varela et Marcelino Vinas Lara) et l'une a été rejetée par l'autorité judiciaire (Aurelio Fernandez Sanchez).

La procédure d'extradition est définie par la Convention franco-espagnole de 1877[1] qui est en vigueur. Il a été indiqué aux autorités espagnoles que le gouvernement français prendra toutes dispositions pour abréger les délais de cette procédure et hâtera, par tous les moyens en son pouvoir, la décision de nos autorités judiciaires.

Il y aurait intérêt à insister auprès des autorités espagnoles afin qu'elles présentent, le plus tôt possible, les demandes d'extradition dont elles se proposent de nous saisir afin que nous soyons à même de nous débarrasser en organisant leur départ pour le Mexique de ceux de ces Espagnols indésirables dont l'extradition ne serait pas accordée par les tribunaux.

Guerre 1939-1945, Vichy, Z Europe, 288 (10GMII/288)

82

M. Spitzmüller, Chargé d'Affaires de France à Bucarest,
À L'Amiral Darlan, Vice-Président du conseil, Ministre
Secrétaire d'État aux Affaires étrangères et à la Marine.

T. n° 158[2].   *Bucarest, 11 février 1941, 13 h.*

(*Reçu* : le 11, 15 h.)

Je me réfère à mon télégramme n° 145[3] par le courrier.

Les arrivées de troupes allemandes se poursuivent à une cadence accélérée et le chiffre de 20 divisions semble en voie d'être dépassé. Les mouvements

---

depuis plusieurs mois le produit sur l'Espagne. » (Guerre 1939-1945, Vichy, Z Europe, Espagne, 288, document non reproduit).

[1] Convention d'extradition signée le 14 décembre 1877 à Madrid et dont le texte a été publié au *JO* du 7 juillet 1878. Voir aussi *Traités et conventions en vigueur entre la France et les puissances étrangères*, Paris, Imprimerie Nationale, 1918-1922. – 4 vol., T. 2 (Espagne-Italie), pp. 135-141.

[2] Annotation marginale manuscrite : « Vu par Guerre ».

[3] Document non retrouvé.

d'unités du nord au sud à l'intérieur du territoire roumain continuent avec une grande intensité. Les troupes qui devront franchir le Danube sont massées le long du fleuve dans les régions avoisinant les points de passage prévus afin de réduire au minimum la durée de l'opération. Deux mille infirmières viennent d'arriver d'Allemagne et des locaux ont été déjà réquisitionnés, en Valachie notamment.

Guerre 1939-1945, Vichy, Z Europe, Balkans, 937 (10GMII/937)

83

M. Spitzmüller, Chargé d'Affaires de France à Bucarest,
   À L'Amiral Darlan, Vice-Président du conseil, Ministre
      Secrétaire d'État aux Affaires étrangères et à la Marine.

T. n°s 159 à 161[1].   *Bucarest, 11 février 1941, 13 h. 15.*

(*Reçu* : le 11, 20 h.)

Suite du numéro précédent[2].

Par ailleurs des mesures de plus en plus rigoureuses sont prises par le gouvernement de Bucarest et la Roumanie passe rapidement de l'état de siège à l'état de guerre. On ne peut plus circuler par chemin de fer ou par route qu'avec une extrême difficulté ; un seul train par jour dans chaque sens a été maintenu et les civils ne peuvent les emprunter qu'avec une autorisation spéciale. Les consignes de défense passive sont appliquées avec une rigueur redoublée. Avec l'étranger les relations, même télégraphiques, sont très précaires et constamment interrompues. Le courrier arrive irrégulièrement et avec de grands retards.

D'après les déclarations d'officiers de l'état-major allemand, le gros des troupes serait dirigé sur Sofia, son flanc gauche étant couvert par les divisions actuellement stationnées en Dobroudja et qui sont prêtes à descendre jusqu'à Bourgas, le long du saillant bulgare. Mais contrairement à l'opinion générale, l'objectif principal ne serait pas tant Salonique que Skopjé en direction de l'Albanie, car, au cas où la pression diplomatique que Berlin compte exercer sur la Grèce, une fois ses forces installées en Bulgarie, ne réussirait pas, l'armée allemande chercherait avant tout à opérer sa jonction avec l'armée italienne dont l'ambassadeur yougoslave estime les effectifs à 340 000 hommes d'après les indications qu'il tient de son gouvernement.

Par ailleurs, plusieurs sociétés pétrolières roumaines ont reçu l'ordre de livrer en faisant parvenir d'importantes quantités de pétrole destinées à l'Allemagne pour février et mars. D'après des indiscrétions provenant de la légation du Reich, l'organisation allemande dans ce pays serait du reste

---

[1] Annotation marginale manuscrite : « Vu par Guerre ».

[2] Voir document n° 82.

déjà très poussée. Le nombre des militaires en civil, des techniciens et des spécialistes ne cesserait d'augmenter. De nombreux aménagements de toute nature seraient réalisés sur l'ensemble du territoire, en particulier en ce qui concerne les aérodromes et les ports qui seraient entièrement aux mains de la Wehrmacht et qui n'attendraient plus que leurs occupants.

Communiqué à Sofia, Athènes par le télégraphe, Belgrade et Budapest par la poste.

Guerre 1939-1945, Vichy, Z Europe, Balkans, 937 (10GMII/937)

84

Le général Dentz, Haut-Commissaire de France au Levant,
L'Amiral Darlan, Vice-Président du conseil, Ministre
Secrétaire d'État aux Affaires étrangères et à la Marine.

T. n°s 256 à 262.   *Beyrouth, 11 février 1941.*

Démarqué à l'arrivée.

J'ai reçu aujourd'hui la visite du délégué allemand M. von Hentig[1] qui m'a annoncé son départ pour la fin de la semaine et est venu prendre congé de moi. En même temps il a tenu à me faire part des observations qu'il a faites pendant son voyage en Syrie, au cours duquel il a visité Damas, Palmyre, Deïr-Ez-Zor, Hassetche, Ras-El-Aïn, Alep, Homs, Hama, Lattaquie et Tripoli. Tout d'abord il m'a demandé si sa présence n'avait pas occasionné de difficultés. Je lui ai répondu qu'elle n'avait pas été sans donner lieu à diverses hypothèses et sans motiver auprès de certains éléments des manœuvres politiques dont nous n'étions pas les bénéficiaires. Il m'a affirmé que l'Allemagne n'avait aucune intention de nous évincer ; mais les raisons qu'il a données et qui sont plutôt d'ordre politique ou stratégique immédiat, ne permettent pas de conclure que ce désintéressement dépassera la phase actuellement ouverte des opérations dans les Balkans et le Proche-Orient et ne fera pas place à une autre attitude au cas d'une paix victorieuse de l'Axe.

Ensuite il m'a exprimé les griefs suivants :

1°) Les personnes qu'il a visitées et lui-même auraient été dans certaines localités l'objet d'une surveillance très étroite de la police.

---

[1] Par le T. n°s 8 à 9 de P.E. Flandin lui-même, en date du 2 janvier 1941, Vichy avait annoncé au général Dentz que « sur insistance de la Commission allemande d'armistice, nous avons dû consentir à l'envoi de la mission Hentig au Levant. [...] Celui-ci compte se consacrer non seulement à des investigations d'ordre intellectuel et scientifique, mais encore, d'une manière générale, à l'étude des problèmes politiques qui concernent la Syrie et le Liban. Vous connaissez les antécédents de cet agent et, en particulier, le rôle que, depuis longtemps, il joue en Orient. Je n'ai donc pas besoin d'appeler votre attention sur les raisons pour lesquelles vous aurez lieu d'astreindre à une stricte surveillance ses allées et venues. » (Guerre 1939-1945, Vichy, E Levant, 47).

J'ai fait remarquer à M. von Hentig que ces excès de zèle avaient été inspirés par le souci de sa sécurité ; ils devaient être imputés au surplus à la liberté même qui lui avait été laissée et qui l'a amené dans des localités reculées où des instructions n'avaient pu être données pour éviter des initiatives intempestives des agents locaux de la police.

2°) D'autre part il a incriminé un état d'esprit survivant à la guerre et qui se traduirait par une certaine suspicion contre les autochtones ayant des attaches avec le Reich. On empêcherait des étudiants syriens de retourner en Allemagne pour terminer leurs études. Bien plus, certains seraient actuellement emprisonnés pour menées pro-allemandes.

L'examen des cas cités montre que les autochtones incarcérés actuellement ont été condamnés comme membres du Parti populaire syrien. Un seul étudiant a demandé jusqu'à présent à se rendre en Allemagne. Sa requête a été acceptée.

3°) Diverses questions ont été soulevées par M. von Hentig au sujet des accords franco-allemands sur la libération et le rapatriement des Allemands et des Alsaciens-Lorrains.

Dès à présent, il est possible d'affirmer que conformément aux instructions du ministère de la Guerre :

a) tous les Allemands qui servaient à la Légion et qui ont demandé à être rapatriés, ont été dirigés sur la France,

b) les originaires des départements du Haut-Rhin, du Bas-Rhin et de la Moselle qui se trouvaient encore sous les drapeaux et qui ont demandé à rentrer dans leurs foyers ont été groupés à Beyrouth ; ils seront dirigés sur la France en vue de leur libération par le prochain bateau.

Certains cas particuliers d'individus qui n'auraient pas été libérés ou qui seraient actuellement en prison ont été relevés par M. von Hentig. Il s'agirait de légionnaires dont la nationalité est mal précisée ou qui ne seraient pas encore réclamés par le gouvernement du Reich. Les différents cas feront l'objet d'un examen ultérieur.

4°) M. von Hentig s'est plaint que des licences d'exportation de laine pour l'Allemagne aient été refusées le 14 janvier.

Conformément à l'accord de compensation franco-allemand, mis en vigueur au Levant par arrêté du 18 janvier, je lui ai répondu que des licences seront données pour certains stocks de laine (contrat Assouad) sous réserve que la Syrie reçoive des denrées dont elle a besoin (sucre, papier, produits chimiques). Il a été entendu qu'il ne s'agirait que de quantités limitées, la laine étant le seul produit permettant à la Syrie de se procurer à l'extérieur les denrées alimentaires qui lui manquent et que le Reich ne peut fournir. Quant au coton, aucune licence ne pourrait être accordée, la production locale étant indispensable à l'industrie locale.

M. von Hentig a acquiescé.

5°) M. von Hentig m'a signalé que des juifs seraient en fonction parmi nos officiers ou fonctionnaires, tout en se défendant d'être imbu des préjugés raciaux du national-socialisme.

Cela n'est exact qu'en ce qui concerne quelques officiers. Mais le Département sera sans doute d'accord avec moi pour estimer que la question ne ressort pas de la compétence du délégué allemand.

De mon côté, je l'ai assuré que j'exécuterais, dans l'esprit et dans la lettre les instructions que je recevrais de mon gouvernement et que les cas signalés par lui seraient examinés conformément aux Conventions conclues.

L'exposé du délégué n'a revêtu une forme discourtoise, ni impérative à aucun moment. M. von Hentig a même exprimé le désir d'étendre à la Syrie l'esprit de collaboration qui doit animer les relations allemandes.

Guerre 1939-1945, Vichy, C État français, 218 (2GMII/218)

85

Note de la Sous-Direction d'Europe

Évolution de la politique espagnole depuis la fin de la guerre civile

N.   *Vichy, 11 février 1941.*

Secret.

À la fin de la guerre civile espagnole, les corps expéditionnaires allemand et italien qui avaient largement contribué aux succès de Franco étaient encore en Espagne, et, en France, les mêmes hommes, les mêmes journaux qui avaient ardemment travaillé à une intervention de notre pays en faveur des républicains dénonçaient quotidiennement le péril que ne manquerait pas de faire courir à notre pays, en cas de guerre, le « 3e front » virtuellement créé sur les Pyrénées.

En fait, ce péril résultait beaucoup moins de la présence d'armées étrangères en Espagne que des griefs amassés contre notre pays par le gouvernement du général Franco. Car si l'on pouvait à coup sûr s'en remettre à l'orgueilleux particularisme des Espagnols du soin de provoquer spontanément le rapatriement des contingents allemand et italien, on ne devait pas se méprendre sur les effets de la politique d'intervention inavouée pratiquée par certains des gouvernements français.

L'action du ministre français des Affaires étrangères, les accords Bérard-Jordana[1], permirent de rétablir le contact entre Paris et Madrid.

Mais il devait appartenir au maréchal Pétain d'amener graduellement entre les deux pays une détente bienfaisante qui s'est traduite par la proclamation et par le maintien de la neutralité espagnole pendant la guerre.

Nos désastres, l'arrivée des troupes allemandes à la frontière des Pyrénées produisirent en Espagne une impression profonde. Les extrémistes de la

---

[1] Les accords franco-espagnols dits « Bérard-Jordana », visant à la normalisation des relations entre les deux pays après la guerre d'Espagne, ont été signés à Burgos le 25 février 1939.

Phalange y trouvèrent un encouragement et réclamèrent la guerre contre l'Angleterre ainsi que le partage des dépouilles de l'Empire français. Toutefois, lorsqu'au début de juillet, on crut que les colonnes motorisées allemandes allaient traverser l'Espagne en direction du Portugal ou de Gibraltar, la réaction du peuple espagnol, bien différente de celle de ces extrémistes, fut faite d'inquiétude et d'hostilité.

D'ailleurs plusieurs facteurs contribuèrent à maintenir l'Espagne hors du conflit : la prudence du général Franco, la fermeté de M. Salazar qui refusa d'accorder des bases aux Anglais au Portugal pour ôter aux Allemands tout prétexte d'intervenir dans la péninsule, la présence au ministère des Affaires étrangères du général Beigbeder, l'extrême misère du pays.

Les gouvernements allemand et italien ne renoncèrent pourtant pas à presser le gouvernement espagnol de leur donner son concours actif ou tout au moins passif.

Leur action tendit d'abord au renvoi du général Beigbeder et à son remplacement par M. Serrano Suñer, chef de la Phalange et ministre de l'Intérieur. Ce résultat fut acquis le 19 octobre 1940 après un premier voyage à Berlin de M. Serrano Suñer qui, d'après les indications recueillies par notre ambassadeur à Madrid, acquiesça à ce moment à l'entrée en guerre de l'Espagne[1].

Mais d'après les mêmes indications, le général Franco adressa un long message personnel au chancelier Hitler lui expliquant les raisons matérielles et morales pour lesquelles un pareil sacrifice ne pouvait être demandé à l'Espagne[2].

L'entrevue entre M. Hitler et le général Franco à la frontière des Pyrénées le 23 octobre[3] et un deuxième voyage de M. Serrano Suñer à Berlin le 18 novembre n'amenèrent pas le chef du gouvernement espagnol à se départir de cette attitude.

Ainsi M. Serrano Suñer se trouva par la force des choses suivre la même politique que son prédécesseur et, malgré ses manifestations d'amitié à l'égard des puissances de l'Axe, conserva des contacts avec l'ambassadeur d'Angleterre.

---

[1] C'est le 12 septembre 1940 que Serrano Suñer a été envoyé en mission en Allemagne pour négocier l'entrée de son pays dans la guerre aux côtés de l'Axe. Suñer comme Franco sont alors convaincus de la victoire rapide de l'Allemagne. Le ministre rencontre Ribbentrop le 16 septembre et le Führer le 17, mais les discussions révèlent un fossé entre la volonté de l'Espagne d'être un partenaire de l'Axe, sur un pied d'égalité, et les intentions des Allemands. Ceux-ci, réservés sur les demandes espagnoles, réclament pour l'Allemagne des bases militaires dans les Canaries et au Maroc, des bases aériennes autour de Gibraltar, la cession de la Guinée espagnole, et divers types de participations économiques. Hitler confirme ces exigences le 17 septembre.

[2] Le 25 octobre 1940, Serrano Suñer est revenu porteur de la réponse de Franco aux demandes allemandes du 17 septembre précédent. Le Caudillo prétend que l'Espagne peut très bien défendre seule le Maroc espagnol et les îles de l'Atlantique contre une attaque anglaise, à condition de recevoir du matériel allemand. Finalement, Hitler et Suñer se séparent en renvoyant la conclusion d'un éventuel accord à une future rencontre entre Hitler et Franco.

[3] L'entrevue a eu lieu à Hendaye. La veille, le 22 octobre, Hitler a rencontré Laval à Saint-Florentin et le lendemain, le 24 octobre, Pétain à Montoire. Ces trois entretiens visent à définir la stratégie allemande en Méditerranée, de manière à encercler le Royaume-Uni par la prise de Gibraltar et la défense de l'Afrique du Nord contre toute pénétration britannique.

D'autre part, si le général Franco crut devoir le 9 décembre, lors de la remise des lettres de créance de M. François Piétri[1], rappeler que l'Espagne maintenait ses revendications à notre égard, aucune démarche comminatoire ne suivit ses déclarations.

La circonspection du Caudillo paraît due à deux causes principales : la précarité du ravitaillement alimentaire et le malaise politique croissant en Espagne. M. Gamero del Castillo, ministre d'État, a admis publiquement le 21 janvier la méfiance témoignée par la majorité de l'opinion envers le régime. Il a fait appel à l'armée qui est, a-t-il dit, une des colonnes du pays et dont la mésentente avec la Phalange est une des principales causes de l'instabilité actuelle.

La crise n'a pas échappé, semble-t-il, à l'ex-roi Alphonse XIII, dont le sens politique est connu, et qui vient d'agir indirectement auprès du général Franco dans le sens d'une restauration monarchique en la personne de son fils don Juan.

Exploitant habilement cette situation, profitant de l'impression produite par les victoires anglaises en Afrique[2] et usant avec adresse du moyen d'action dont dispose à Madrid le gouvernement britannique avec l'arme du blocus, sir Samuel Hoare a réussi à améliorer sensiblement pendant ces derniers mois les rapports anglo-espagnols et à maintenir jusqu'à présent le Caudillo dans sa volonté de résister aux sollicitations allemandes et italiennes.

De leur côté, les Allemands, avertis de l'impopularité de la Phalange, cherchent aujourd'hui des appuis dans l'armée où leur influence ne s'est pas encore affermie. D'après les renseignements fournis dès le 26 janvier par M. François Piétri[3], ce sont surtout les Italiens qui font actuellement un gros effort pour obtenir le concours de l'Espagne.

L'Espagne de Franco a le sentiment d'avoir gagné la première manche du grand conflit idéologique qui s'étend au monde entier et, à ce titre, elle se croit fondée à obtenir la réalisation de ses plus vastes ambitions territoriales. Mais son profond dénuement, et l'étroite dépendance où elle se trouve vis-à-vis des puissances anglo-saxonnes en ce qui concerne son ravitaillement, l'instabilité du régime qui n'a pas encore réussi à s'enraciner dans le pays et ne se maintient que par l'emprisonnement ou l'exécution de ses adversaires, son hésitation à conclure pour la victoire de l'Allemagne ou de l'Angleterre l'incitent à la prudence.

Jusqu'ici le général Franco a paru résolu à se dérober aux sollicitations de l'Axe, convaincu qu'en lançant dans la guerre une Espagne meurtrie il jouerait le sort du régime instauré par lui.

Guerre 1939-1945, Vichy, Z Europe, Espagne, 242 (10GMII/242)

---

[1] Il succède à M. de la Baume.

[2] La contre-offensive britannique en Libye a commencé le 9 décembre 1941, remportant des succès rapides. Benghazi est tombée le 7 février 1941.

[3] Document non retrouvé.

86

M. Spitzmüller, Chargé d'Affaires de France à Bucarest,
   à l'Amiral Darlan, Vice-Président du conseil, Ministre
   Secrétaire d'État aux Affaires étrangères et à la Marine.

T. n° 174[1].   Bucarest, 12 février 1941.

En clair.   (Reçu[2] : le 25, 10 h. 30)

Inquiets de l'aggravation de la situation[3], certains gouvernements étrangers (le gouvernement suisse en particulier) organisent aussi discrètement que possible le rapatriement de leurs nationaux afin de ne pas les abandonner à l'arbitraire allemand et de ne pas les exposer inutilement à des risques de guerre éventuels.

Je serais reconnaissant au Département de bien vouloir me faire savoir si des mesures analogues doivent être prises en ce qui concerne notre Colonie.

Je crois devoir rappeler à ce sujet que, d'une façon générale, la protection que cette légation est en mesure d'assurer à nos nationaux est des plus aléatoire, puisque, désormais, les principales difficultés dont ils sont victimes n'émanent pas du gouvernement roumain, mais des autorités allemandes.

Par ailleurs, les circonstances économiques désastreuses risquent d'amener progressivement nombre de Français encore tolérés en Roumanie à vouloir rentrer en France. Le Département connaît les difficultés que nous avons rencontrées pour obtenir le visa italien pour un petit nombre d'entre eux. Il est à présumer que ces difficultés ne cesseront d'augmenter, surtout en cas d'opérations militaires dans les Balkans.

Enfin, la suppression presque complète des communications avec l'extérieur commence à rendre l'étranger inaccessible pour un voyageur partant de Roumanie : l'attaché militaire bulgare rappelé dans son pays, n'a pas été autorisé par les autorités roumaines à franchir la frontière. D'ailleurs, les Allemands se proposent d'interdire complètement d'ici peu toute entrée et toute sortie de Roumanie, sans considération de nationalité.

C'est en tenant compte de ces circonstances de fait que nous pouvons, semble-t-il, chercher à déterminer s'il peut paraître préférable d'inciter nos compatriotes résidant en Roumanie à demeurer dans le pays ou à retourner en France[4].

Guerre 1939-1945, Vichy, Z Europe, Roumanie, 702 (10GMII/702)

---

[1] Annotations marginales manuscrites : « M. Bressy – m'en parler C[harles] R[ochat] » ; et « Le duplicata est aux Chancelleries. D'accord avec M. du [illisible], l'Europe répond à Bucarest par fil, 27.2.41. »

[2] Par courrier.

[3] Depuis des semaines, l'Allemagne masse des troupes en Roumanie. Voir documents n°s 79, 82, 83 notamment.

[4] La réponse parvient au chargé d'Affaires par le T. de Vichy n° 113 en date du 27 février : « Étant donné la situation que vous exposez, vous pouvez envisager le rapatriement discret de ceux

87

L'Amiral Darlan, Vice-Président du conseil, Ministre Secrétaire
d'État aux Affaires étrangères et à la Marine,
À l'Amiral Platon, Secrétaire d'État aux Colonies.

D.[1]   *Vichy, 14 février 1941.*

Par un télégramme en date d'hier[2], notre ambassadeur en Chine me rend compte des difficultés d'ordre financier où se trouvent les troupes françaises stationnées en Chine.

Depuis le mois de juillet dernier, l'approvisionnement en devises étrangères ou en dollars chinois de notre corps d'occupation s'est fait de façon très irrégulière. À plusieurs reprises, l'intervention personnelle du gouverneur général de l'Indochine a été nécessaire pour permettre aux paiements de s'effectuer. Actuellement, il est prévu que l'approvisionnement se fait par les soins de la Compagnie des Tramways de Shanghai. Mais cette solution n'a pas un caractère permanent. Nos autorités militaires sont obligées de faire des démarches pressantes à chaque échéance pour obtenir les 700 000 dollars chinois qui leur sont nécessaires.

D'autre part, l'indemnité temporaire de cherté de vie qui était de 40 % jusqu'au 1er janvier 1941 a été réduite depuis cette date à 15 %. Le commandant supérieur a réclamé déjà le rétablissement des 40 % qui constituent un minimum, d'ailleurs insuffisant puisque l'indemnité correspondante du personnel municipal atteint 160 % par rapport à 1938.

Après avoir donné ces précisions, M. Cosme souligne les graves inconvénients d'une situation qui rend très difficile l'existence des militaires de toute catégorie et en particulier des sous-officiers mariés. Rien ne peut être plus préjudiciable à l'autorité du commandement ni favoriser davantage certaines propagandes qui se poursuivent à Shanghaï, d'autant plus dangereusement que l'existence d'une Concession internationale dont l'accès est entièrement libre offre des possibilités constantes de départ sur un bateau anglais. Si, jusqu'à ce jour, les désertions n'ont pas été nombreuses, c'est grâce à l'ascendant que les officiers ont su garder sur les hommes, mais leur tâche risque d'être compromise si des préoccupations matérielles s'ajoutent aux raisons de désarroi moral.

Pour tous ces motifs, notre ambassadeur insiste pour qu'une solution satisfaisante soit promptement donnée au problème en cause. Il suggère à cet effet :

---

de nos compatriotes qui n'ont aucune raison sérieuse de rester en Roumanie./Toutefois, il ne saurait être question cependant d'un exode [...] et vous devriez vous borner à accueillir favorablement les demandes de visa qui vous paraîtraient fondées ou vous seraient présentées par certains des membres de notre colonie désireux soit de rentrer en France, soit d'y envoyer leurs familles ». (Centre des Archives de Nantes, Ambassade de Bucarest, 1990, n° 27).

[1] Annotation manuscrite marginale : B1182/15. Titre de la dépêche : « Situation des troupes françaises de Chine du point de vue financier. »

[2] T. n°s 36 S à 38 S, de Shanghaï, en date du 12 février, reçu le 13 (Guerre 1939-1945, Vichy, E Asie, Chine, 101, non reproduit). La dépêche de l'amiral Darlan en reprend les principaux éléments.

1°) Qu'un arrangement intervienne avec la Banque de l'Indochine pour que cet établissement mette à la disposition du corps d'occupation par paiements bimensuels, les sommes nécessaires, après entente avec la Compagnie des Tramways de Shanghaï pour qu'une partie des fonds soit trouvée sur place.

2°) Que le taux de l'indemnité de cherté de vie soit ramené immédiatement à 40 % avec prévision d'augmentation ultérieure.

Pleinement d'accord avec M. Cosme sur le principe d'une augmentation de solde qui réponde aux conditions de la vie et sur un règlement d'ensemble qui assure au Commandement militaire la régularité de son service financier, je me permets de recommander les suggestions précitées à votre attention en souhaitant qu'une solution satisfaisante puisse intervenir à brève échéance.

Guerre 1939-1945, Vichy, E Asie, Chine, 101 (3GMII/101)

88

M. O. D'ALEXANDRY, CONSUL DE FRANCE À MALAGA,
   À L'AMIRAL DARLAN, VICE-PRÉSIDENT DU CONSEIL, MINISTRE
      SECRÉTAIRE D'ÉTAT AUX AFFAIRES ÉTRANGÈRES ET À LA MARINE[1].

D. n° 16[2].   *Malaga, 14 février 1941.*

Par la valise.

C'est le 11 février au matin que certaines radios étrangères ont annoncé que le général Franco était parti pour aller rencontrer Mussolini sur le territoire italien.

Cette nouvelle, sur laquelle les presses et les radios espagnoles et italiennes ont gardé un silence complet jusqu'au 13 au matin, n'a pas manqué de soulever une très vive émotion[3]. Les imaginations, déjà mises si souvent à rude épreuve, se sont aussitôt déchaînées en vue de rechercher les raisons pouvant motiver une rencontre aussi importante qu'imprévue.

La radio américaine avait laissé entendre qu'une fois de plus le général Franco aurait été sollicité par les Italiens pour servir d'intermédiaire en vue d'un armistice, ou encore qu'il s'agissait d'obtenir de la France le libre

---

[1] Le maréchal Pétain a demandé sa démission à P.E. Flandin le 8 février pour le remplacer par l'amiral Darlan à partir du 10.

[2] Titre de la dépêche : « A/s Rencontres Franco-Mussolini et Franco-Maréchal Pétain ». Mention marginale : « Communiqué à l'Ambassade et aux trois attachés. »

[3] La rencontre entre Franco et Mussolini a lieu le 12 février 1941 dans la petite station balnéaire de Bordighera, entre Vintimille et San Remo. Mussolini fait part à son interlocuteur de l'importance que revêt pour l'Allemagne une entrée en guerre rapide de l'Espagne, mais se refuse à exercer une pression sur lui. Franco répond que l'Espagne ne peut entrer en guerre que si elle obtient le blé qui lui est nécessaire et si l'Axe accède à ses revendications impériales.

passage ou l'entrée dans notre Afrique du Nord des troupes italiennes obligées d'évacuer la Tripolitaine.

Ces explications correspondant plus ou moins à la réalité n'ont en tout cas pas suffi pour dissiper l'inquiétude considérable soulevée en Espagne par l'entrevue Franco-Mussolini.

En effet, comme je l'ai écrit à plusieurs reprises, la situation économique et intérieure de l'Espagne est si mauvaise que l'éventualité d'une participation de l'Espagne dans le conflit actuel est très redoutée par le gouvernement ainsi que par une grande partie de l'opinion qui craint la reprise de la guerre civile.

Or, étant donné la mauvaise situation dans laquelle se trouve l'Italie en Afrique, l'opinion espagnole a surtout voulu voir, dans la rencontre Franco-Mussolini, un appel à l'aide du Duce au Caudillo, susceptible d'entraîner l'ouverture des hostilités entre l'Espagne et l'Angleterre. Or Malaga n'est qu'à quelques heures de Gibraltar et serait sans doute un des premiers ports espagnols qui aurait à payer les conséquences d'une visite au large de la flotte britannique.

Les communiqués publiés par la presse espagnole faisant notamment allusion « à l'identité des points de vue sur les problèmes de caractère européen et sur ceux qui *dans cette heure historique, intéressent les deux pays* »[1], de même que les commentaires menaçants de la radio italienne, n'ont pas été de nature à calmer l'émotion générale.

Les journaux espagnols se sont également étendus sur la façon parfaite dont a été organisée la double traversée du territoire français par le Caudillo et sa suite. Ils soulignent l'accueil très aimable des autorités et des populations françaises[2].

Par ailleurs, ils accordent une large place à l'entrevue que le Caudillo a eue avec le Chef de l'État à Montpellier[3].

Du fait de l'absence totale, dans la presse, d'informations sur le but de cette dernière rencontre, comme du reste de la première, l'opinion espagnole en est tenue là aussi à des suppositions dont son imagination, aidée par les circonstances, se montre si prodigue.

Les craintifs et les pessimistes, qui abondent, veulent voir dans l'entrevue du Caudillo avec le maréchal Pétain une conséquence de la rencontre du Caudillo avec le Duce.

---

[1] Souligné dans le texte.

[2] Le 6 février 1941, Serrano Suñer a fait part à François Piétri, ambassadeur de France en Espagne, du désir de Franco de se rendre en Italie en cortège automobile pour rencontrer Mussolini, du Perthus à Vintimille. Le voyage aller vers l'Italie s'est déroulé le 11 février. La rencontre entre Franco et Pétain s'est tenue sur le chemin du retour du Caudillo vers l'Espagne.

[3] La rencontre a lieu le 13 février 1941 à la préfecture de Montpellier. L'essentiel des entretiens ne porta pas sur les relations franco-espagnoles, trop épineuses, mais sur la position respective de la France et de l'Espagne sur l'évolution du conflit en Méditerranée, Franco laissant entendre qu'il n'avait pas l'intention d'entrer en guerre, ni d'autoriser aucun des belligérants à emprunter le territoire espagnol. Sur les préparatifs de cette rencontre, voir Guerre 1939-1945, Vichy, Z Europe, Espagne, 251.

L'Italie, d'après eux, aurait demandé le concours de l'Espagne ainsi que l'aide de la France : cession de bases navales en Méditerranée, passage des troupes espagnoles dans notre Afrique du Nord, occupation préalable d'une partie du Maroc par les troupes espagnoles pour éviter que notre protectorat risque de passer du côté anglais, etc., etc. Un prochain avenir nous dira ce qu'il y a de fondé dans de telles craintes.

Une chose seule est certaine, au milieu des bruits fantastiques qui circulent, c'est que plus que jamais la situation de l'Espagne lui commande de rester éloignée du conflit : une mobilisation dans la péninsule serait un problème des plus risqués et des plus délicats. Elle entraînerait presque certainement des dissensions militaires, ou la reprise de la guerre civile, ou une crise de régime, et peut-être les trois choses à la fois[1]. Pour peu que les dirigeants responsables espagnols connaissent la vérité sur cette situation, ils ne peuvent pas s'en aller au-devant d'une immense catastrophe, d'un véritable suicide[2], se permettre le moindre acte susceptible d'entraîner le pays dans le conflit.

Il est vrai que les folies, même collectives, sont à l'ordre du jour et que la position de l'Espagne est loin d'être confortable. Il est quand même à espérer que ses dirigeants sauront résister jusqu'au bout aux pressions, même aux plus fortes, qui doivent périodiquement s'exercer sur eux, suivant la marche des événements.

Il est cependant regrettable que le gouvernement espagnol n'ait pas l'idée, la force ou l'indépendance suffisantes pour orienter et surtout calmer, par la voie de la presse et de la radio, une opinion publique particulièrement surexcitée et effrayée par les dernières entrevues du Caudillo.

Guerre 1939-1945, Vichy, Z Europe, Espagne, 251 (10GMII/251)

---

[1] Cette phrase est soulignée à la main.

[2] Souligné à la main.

89

Note du Directeur-Adjoint des Affaires politiques et commerciales
pour l'Amiral Darlan, Vice-Président du Conseil,
Ministre des Affaires étrangères et à la Marine

A.s. Relations commerciales avec l'URSS

N.[1]   *Vichy, 15 février 1941.*

Les relations économiques avec l'URSS sont interrompues depuis le
31 décembre 1939, date à laquelle expirait la validité du traité de commerce franco-soviétique, qui n'a pas été renouvelé[2].

Depuis l'armistice, quelques tentatives ont été faites pour obtenir du
ravitaillement en provenance de Russie. À la faveur de la restitution aux
Soviets de certaines cargaisons saisies par le blocus français pendant la
guerre, un projet de troc (pétrole contre caoutchouc) fut esquissé en août
1940. Il échoua, non seulement en raison des difficultés de transport auxquelles aucune solution ne put être donnée, mais aussi parce que le gouvernement soviétique fit savoir, après quelques hésitations, qu'il devait
subordonner toute reprise des relations commerciales avec la France à deux
conditions préalables :

1°) que les saisies-arrêts opérées à la demande de la société française
(Malopolska notamment) lésées par l'occupation de la Pologne orientale
par l'URSS sur les comptes valeurs de la Représentation commerciale
de l'Union en France soient levées (ces saisies portent sur 600 millions de
francs environ).

2°) que l'or lithuanien et letton conservé par la Banque de France[3] soit
remis à l'URSS (150 millions de francs environ).

C'est en ces termes très précis que le nouveau chargé d'Affaires de
l'URSS, M. Bogomolov, vint poser le problème à M. Pierre Laval, dans
les premiers jours de décembre dernier.

Après étude des services intéressés, il fut reconnu que les avantages escomptés d'une reprise des relations commerciales avec la Russie ne pouvaient
compenser, sinon d'une manière absolument disproportionnée, l'abandon

---

[1]   Mention marginale manuscrite : « Rendre à M. Michel ». Sur la copie de cette note conservée
dans Guerre 1939-1945, Vichy, Relations commerciales, 474, on a les annotations marginales
manuscrites suivantes : « M. Delenda » ; « Vu par le Ministre, 17 fév[rier] 41 ».

[2]   Les négociations avec l'URSS en vue de la conclusion d'un accord commercial provisoire
d'une durée d'une année avaient abouti le 9 janvier 1934 (voir *Documents diplomatiques français 1re série (1932-1935)*, (ci-après *DDF (1932-35)*), t. V (13.11.1933/13.3.1934), Paris, Imprimerie
nationale, 1970 (ci-après V), document 213. En décembre 1934, sont signés un protocole politique
(le 5, à Genève, entre Laval et Litvinov) et un protocole commercial (le 9, à Moscou, entre
P. Marchandeau et A. Rozengoltz), précédant le traité franco-soviétique de mai 1935. Voir *DDF
(1932-1935)*, t. VIII (1er.11.1934/15.1.1935), Paris, Imprimerie nationale, 1979, documents n°s 212,
216, 232, 241, 294, 299.

[3]   Sur l'annexion des États Baltes par l'URSS et leurs conséquences, voir *DDF (1939-1944)*,
1940-2, documents n°s 14, 132, 155.

du gage constitué par la saisie-arrêt des biens soviétiques en France ainsi que par l'embargo sur l'or lithuanien et letton. Nous avions calculé qu'en mettant les choses au mieux nous pouvions espérer faire venir par voie ferrée, à travers la Roumanie et l'Allemagne (le transport par mer devant être écarté) au maximum 4 000 tonnes d'huile de graissage, d'un prix approximatif de 20 millions de francs français, alors que les biens français expropriés en Pologne russe[1] s'élèvent à plusieurs centaines de millions de francs.

D'ailleurs, les saisies-arrêts ayant été prononcées par les tribunaux français, il dépendait de ceux-ci et non du gouvernement français qu'elles fussent levées. Or, la délégation commerciale soviétique avait interjeté appel devant la Cour d'Appel de Paris. Il convenait, de toute manière, d'attendre la sentence de cette Cour pour prendre position.

Cette sentence a été rendue, le 12 février 1941, et elle a cassé le jugement du Tribunal de la Seine qui avait prononcé la saisie des biens soviétiques en France. Elle ne libère, il est vrai, que les saisies effectuées à la requête de la Malopolska (75 millions) mais il est probable que les autres saisies seront également révoquées par les tribunaux.

Désormais, il semble donc que, pour négocier avec le gouvernement soviétique, le gouvernement français soit placé dans une situation singulièrement plus facile puisque la condition la plus importante mise par l'URSS à la reprise des relations commerciales se trouve aujourd'hui (au moins virtuellement) remplie.

La question de l'or lithuanien paraît en effet n'avoir qu'une importance secondaire ; la valeur de ce gage est faible (150 millions). Sa restitution, il est vrai, confirmerait la reconnaissance de l'annexion des Pays Baltes par l'URSS et des réserves devraient être formulées à cet égard.

Par ailleurs, si des pourparlers d'une certaine ampleur sont engagés, la France devra inévitablement soulever la question de l'indemnisation des sociétés françaises expropriées en Pologne et comme celles-ci ne disposeront plus d'aucun moyen de pression (les saisies en France une fois levées) la tâche de nos négociateurs sera fort délicate. Mais, pour la réalisation immédiate d'un projet de ravitaillement par la Russie qui, dans les circonstances actuelles, présente un intérêt évident, il semble que le terrain soit maintenant déblayé. Il y aurait donc intérêt à faire valoir auprès du chargé d'Affaires de Russie cette circonstance favorable et à amorcer des conversations tout en formulant les réserves nécessaires relatives à la question des biens français en Pologne[2], ainsi que sur la possibilité de transporter les marchandises russes à destination de la France.

Ce dernier problème est primordial, le succès des pourparlers dépendra de la solution qui y sera donnée.

Papiers 1940, Papiers Arnal, 21 (382QO/21)

---

[1]   Dans la copie figurant dans Relations commerciales, 474, annotation marginale manuscrite : « et les pays baltes ? »

[2]   Dans la copie de Relations commerciales, 474, annotation marginale manuscrite : « Et dans les pays baltes ? ».

90

L'Amiral Darlan, Vice-Président du conseil, Ministre Secrétaire
d'État aux Affaires étrangères, à la Marine et à l'Intérieur[1],
à Jacques d'Aumale, Consul général de France à New York.

T. n°s 109 à 120.[2]   *Vichy, 16 février 1941, 17 h. 45.*

De la part du ministère des Finances pour M. Alphand.

Je me réfère à votre télégramme n° 211[3].

Veuillez transmettre à M. Martial les instructions suivantes :

En attendant l'arrivée de M. Sancery du Service du Contentieux, sou-
mettez à M. Coudert les arguments ci-après à opposer à la sommation au
sujet de l'or belge[4] :

1°- Les tribunaux américains sont incompétents pour une affaire qui
oppose deux sociétés privées étrangères au sujet d'un contrat conclu et
exécuté hors du territoire des États-Unis.

---

[1] Depuis le 16 février et la démission de Marcel Peyrouton, l'amiral Darlan est devenu aussi
responsable de l'Intérieur.

[2] T. intitulé « A.s. or belge » et signé « P.o. Rochat ». À la veille de la Deuxième Guerre mondiale, la Belgique possédait environ 600 tonnes d'or dont 200 tonnes furent envoyées vers l'Angleterre et 200 autres vers les États-Unis et le Canada. Les 200 tonnes restantes restèrent d'abord en
Belgique, mais en raison de l'évolution de la situation, ce dernier tiers des réserves d'or belges fut
confié à la Banque de France. 198 tonnes furent transportées du port d'Ostende vers Bordeaux et
Libourne où l'or devait être gardé dans les caves de la Banque de France. En raison de la progression rapide des troupes allemandes, début juin 1940 la Banque de France informa l'amirauté
française que cet or devait être transporté le plus vite possible outre-mer. La marine le transporta
vers Lorient, où les coffres furent embarqués sur le croiseur auxiliaire *Victor-Schœlcher*. Le bateau
aurait dû initialement transporter l'or vers les États-Unis, mais il n'atteignit jamais sa destination.
Le 28 juin 1940, le bateau amarra au port de Dakar. L'or fut transporté d'abord dans la base militaire de Thiès, puis vers Kayès, au milieu du désert du Sahara. La Banque nationale de Belgique
protesta et mit la Banque centrale française en demeure, mais ceci n'eut pas d'effet immédiat. Au
contraire, la France et l'Allemagne parvinrent, à la fin de l'année 1940, à trouver un accord dans
le cadre des pourparlers relatifs à l'Armistice. La France mit à disposition de la Reichsbank l'or
belge. Sous la pression de Laval, qui espérait une contrepartie allemande (la libération des prisonniers de guerre français), la Banque de France consentit, malgré elle, au transfert de l'or. L'or fut
transporté jusqu'à Marseille. La Reichsbank achemina ensuite l'or par train vers Berlin où il fut
entreposé dans ses caves. Le transport de l'or ne fut achevé que dans le courant du mois de mai
1942. Tous les lingots d'or furent ensuite refondus et, afin de lever tout soupçon sur sa provenance,
les nazis l'estampillèrent aux années 1936 et 1937. Entre-temps, la Belgique intenta un procès à
New York contre la Banque de France, le 5 février 1941, dans le but de réclamer une partie de l'or
français. Il s'ensuivit une longue bataille de procédure et finalement les plaidoiries débutèrent en
avril 1943. Le tribunal reporta le verdict en raison de la guerre. Un accord fut finalement trouvé
en octobre 1944 grâce auquel la Banque de France remboursait intégralement la Banque nationale
de Belgique. Le procès fut donc, à ce moment, stoppé. (Source : E. Buyst, I. Maes, e.a., *La Banque
nationale de Belgique, du franc belge à l'euro*, Bruxelles, éd. Racine, 2005, pp. 141-148.).

[3] Cette référence du télégramme de New-York ne correspond pas à l'affaire évoquée ni à la
date. En revanche, le seul télégramme récent correspondant à cette affaire est le n° 137 : La décision belge de demander la saisie d'une partie de nos avoirs en or aux États-Unis en contrepartie
de la livraison éventuelle de l'or belge à l'Allemagne paraît très grave. M. Lacour-Gayet n'exclut
pas l'approbation au moins tacite de l'administration américaine. Il demande s'il peut se constituer
avocat (résumé *in* Vichy, C - État français, 41).

[4] Voir note précédente.

2°- Le plaignant prétend être la Banque nationale de Belgique.

Celle-ci est une Société anonyme belge ayant son siège à Bruxelles.

Par décision en date du 15 mai 1940, prise conformément aux dispositions de l'arrêté royal du 2 février 1940 relatif à l'administration en temps de guerre des sociétés commerciales ou à forme commerciale et publiée au *Moniteur belge* du 17 mai 1940, la Banque nationale avait établi son siège, pour la durée de la guerre, dans toute ville belge ou étrangère dans laquelle le siège du gouvernement belge aurait été transféré en fait. L'administration de la Banque devait être assurée, dans les limites de leurs attributions respectives, par les membres du comité de direction, du conseil de Régence et du collège des Censeurs qui seraient à même de se réunir et de délibérer à cet endroit. Étaient suspendus les pouvoirs d'administration, de direction ou de disposition des membres du comité de direction, du conseil de Régence et du collège des Censeurs résidant dans d'autres localités, de même que les pouvoirs de tous ceux qui, à un titre quelconque, avaient le droit de disposer des biens ou de droits de la Banque, et qui étaient dans une partie du territoire occupée par une puissance ennemie.

En application de ces dispositions, le gouverneur, le vice-gouverneur, la direction et une partie des services de la Banque nationale se replièrent en France.

Au début du mois de juillet 1940, la Banque nationale de Belgique décida, de son plein gré et en toute liberté, de rentrer en Belgique occupée. Le 15 juillet 1940, le conseil général se réunit à Bruxelles et constata l'annulation de la décision prise le 15 mai précédent. Le procès-verbal de la séance du conseil général fut enregistré et déposé au greffe du tribunal de commerce de Bruxelles le 17 juillet 1940. L'extrait conforme de ce procès-verbal fut publié aux annexes du *Moniteur belge* du 19 juillet 1940.

Le gouverneur Janssen notifia le rétablissement à Bruxelles du siège de la Banque nationale, et l'annulation de la décision du 15 mai 1940 à la Banque des règlements internationaux qui a reproduit dans sa documentation l'extrait du procès-verbal du 15 juillet 1940.

Il en fit part également au gouverneur de la Banque de France par lettre en date du 23 juillet 1940 à laquelle était joint un exemplaire des annexes du *Moniteur belge*.

Les relations postales sont actuellement rétablies entre Paris et Bruxelles et des lettres ont été échangées ces derniers temps entre la Banque nationale et la Banque de France. Or, cette dernière n'a reçu de la Banque nationale aucune notification relative à la procédure engagée à New York.

Elle est donc fondée à penser que cette procédure n'est pas engagée par les représentants qualifiés de la Banque nationale de Belgique, dont le siège est à Bruxelles, où se trouvent le gouverneur et le vice-gouverneur et où se réunissent régulièrement le comité de direction, le conseil de Régence et le collège des Censeurs de cet institut.

3°- Les faits allégués sous le 3° sont inexacts ou inexactement rapportés :

a)- La Banque de France n'a, à aucun moment, reçu de la Banque nationale de Belgique un poids d'or fin déterminé.

b)- Elle a uniquement reçu un nombre déterminé de caisses scellées au sceau de la Banque nationale de Belgique, réputées renfermer une fraction de l'encaisse de cette dernière, mais dont le contenu n'a fait l'objet d'aucun inventaire ni d'aucune estimation quelconque.

c)- En fait, ces caisses ont été envoyées de Belgique en France sans qu'aucun accord préalable fût intervenu entre les deux instituts ; la Banque de France a accepté de les recevoir en garde pour rendre service à la Banque nationale de Belgique dans des circonstances exceptionnellement graves ; elle n'a, notamment, pris aucun engagement envers cette dernière au sujet du lieu de conservation des dites caisses. Il va de soi que le service rendu à la Banque nationale de Belgique était à titre gratuit, sans rémunération d'aucune sorte.

4°- Diverses affirmations contenues sous le 4° sont dénuées de fondement :

a)- À la date du 18 juin, se trouvant à Bordeaux, le gouverneur de la Banque nationale a fait au gouverneur de la Banque de France la communication écrite suivante :

« Je vous confirme que, si les circonstances le comportaient, la Banque de France peut suivre les instructions de l'Amirauté britannique en vue du transport aux États-Unis des dépôts qui ont été confiés à la Banque de France par la Banque nationale de Belgique ».

b)- Il ne s'agissait donc nullement d'un ordre ferme de remettre les dits dépôts « à un certain navire de guerre anglais qui se trouvait alors dans le port de ladite ville de Bordeaux, en vue d'un transport à Londres, Angleterre ».

La lettre se bornait à donner à la Banque de France l'autorisation de procéder à une certaine opération, « si les circonstances le comportaient ».

c)- En fait, le gouverneur de la Banque nationale a été informé qu'à la date du 18 juin, les caisses belges, qui avaient été effectivement conservées dans la région de Bordeaux pendant quelques semaines, ne s'y trouvaient plus depuis un certain nombre de jours déjà, contrairement à ce qui est affirmé par le prétendu plaignant. Elles avaient, en effet, été envoyées de Bordeaux à Lorient, où elles étaient arrivées *dès le 9 juin*[1] ; lors de l'avance allemande dans la région de Lorient, elles furent embarquées sur un croiseur français ; l'opération fut terminée le 18 juin.

d)- N'ayant assumé aucune obligation autre que celle d'assurer la garde des caisses, la Banque de France a pris les mêmes dispositions de sécurité pour les dites caisses que pour sa propre encaisse.

C'est ainsi que, lors de l'avance ennemie, les caisses belges ont été emportées pour être transportées outre-mer, dans les mêmes conditions et avec les mêmes précautions que l'encaisse de la Banque de France elle-même.

5°- La Banque de France ne s'est, à aucun moment, considérée comme dégagée des obligations qui lui incombent depuis qu'elle a consenti à recevoir, en mai 1940, le dépôt effectué par la Banque nationale de Belgique.

---

[1] Souligné dans le texte.

Elle s'est constamment déclarée prête à restituer les dites caisses à première demande de la Banque nationale de Belgique ; jusqu'à ce jour, elle n'a reçu aucune demande de la part de cette dernière.

Dans ces conditions, la Banque nationale de Belgique n'a pu subir aucun dommage du fait de la Banque de France, contrairement à ce qui est affirmé sous le 5°. La demande formulée à l'encontre de la Banque de France est dépourvue de fondement.

Guerre 1939-1945, Vichy, Z Europe, Belgique, 171 (10GMII/171)

91

M. SPITZMÜLLER, CHARGÉ D'AFFAIRES DE FRANCE À BUCAREST,
À L'AMIRAL DARLAN, VICE-PRÉSIDENT DU CONSEIL, MINISTRE
SECRÉTAIRE D'ÉTAT AUX AFFAIRES ÉTRANGÈRES, À LA MARINE ET À
L'INTÉRIEUR.

T. n°s 187 à 189.[1]   *Bucarest, 17 février 1941, 22 h. 30.*

(Reçu : le 18, 5 h. 30)

À l'heure actuelle, les Allemands paraissent avoir environ 450 000 hommes en Roumanie[2]. Les arrivées continuent du reste régulièrement bien que, semble-t-il, à une cadence un peu ralentie. Toutes les communications, les routes et les voies de rocade de Bucarest sont parcourues de longues colonnes hippomobiles ou automobiles. Les passages en Bulgarie de « civils » accompagnés d'un matériel abondant continuent et certains informateurs évaluent à 10 ou 15 000 hommes le nombre des spécialistes allemands qui ont franchi la frontière et qui en dehors des aérodromes, des gares et des ponts seraient principalement groupés à (...)[3] de Tirnovo et dans la région de Djavnja, à l'ouest de Varna, importants en particulier du point de vue ferroviaire pour la liaison tant avec la Dobroudja qu'avec Sofia et la Yougoslavie. Un régiment de pionniers habillés en civils s'y serait récemment installé.

Un de mes collaborateurs a d'ailleurs pu vérifier personnellement à Constantza que les Allemands camouflaient des véhicules militaires en voitures de tourisme, en maquillant les numéros et en leur adjoignant la plaque internationale portant un D. De même, les autorités roumaines immatriculent les voitures militaires allemandes auxquelles l'Automobile Club délivre par la suite les triptyques nécessaires. En outre, on a enregistré l'arrivée de plusieurs centaines d'avions de tous les types, qui confirme

---

[1] Annotation marginale manuscrite : « Vu par Guerre ».

[2] Sur l'accroissement continu des troupes allemandes en Roumanie, voir documents n°s 79, 82, 83, 86.

[3] Lacune de déchiffrement.

l'intention du commandement d'employer sur une grande échelle l'aviation et les parachutistes.

D'après des informations puisées à bonne source et recoupées, la concentration allemande en Roumanie qui devait atteindre 600 000 hommes environ serait achevée à la fin du mois. D'après certaines autres, que leur excessive précision en pareille matière rend suspectes, le passage du Danube aurait lieu dans la nuit du samedi 1er au dimanche 2 mars. Cette opération s'effectuerait en un grand nombre de points. À Giurgiu, par exemple, il n'y aurait pas moins de trois points sans compter le ferryboat qui va entrer en service dans 15 jours précisément. Bien entendu un emploi massif d'aviateurs et de parachutistes est prévu.

Avec leur assurance coutumière, les Allemands assurent que, si Salonique est l'objectif fixé, ils ne mettront guère plus de 2 jours pour l'atteindre. Ils estiment par ailleurs qu'au cas où des difficultés se produiraient du côté de la Turquie ou de la Yougoslavie, les huit divisions mécaniques et motorisées (…)[1] réduiront celles-ci tout aussi rapidement à l'impuissance.

Communiqué Athènes, Sofia, Belgrade, Budapest.

Guerre 1939-1945, Vichy, Z Europe, Balkans, 938 (10GMII/938)

92

M. Cosme, Ambassadeur de France en Chine,
    À L'Amiral Darlan, Vice-Président du conseil, Ministre
    Secrétaire d'État aux Affaires étrangères, à la Marine et à
    l'Intérieur.

D. s. n[o2]   *Shanghaï, 17 février 1941.*

Confidentielle.

Bien que mes précédents télégrammes aient donné, à Votre Excellence, des informations régulières sur la situation militaire, politique et économique du gouvernement chinois, il me paraît nécessaire, au moment où je rentre de Tchoung King, de procéder à une étude d'ensemble et de préciser, dans ces divers domaines, la tâche que les circonstances présentes me paraissent imposer au général Tchang Kaï-Chek.

Une première constatation s'impose ; c'est que le gouvernement de Tchoung King reste fermement résolu à poursuivre la lutte contre le Japon. Sans doute, certains parmi les collaborateurs du Généralissime ont-ils une tendance à considérer que le règlement de l'incident sino-japonais n'est pas

---

[1] Lacune de déchiffrement.

[2] D. intitulée : « A.s. la Chine. Situation générale. » Indications : « Communiqué Tokyo, Hanoï sous bordereau. »

susceptible d'être obtenu par les armes[1]. Ils font observer que l'armée chinoise est dépourvue de toute valeur offensive ; que son aviation est inexistante ; qu'elle ne dispose pas de tanks ; que son artillerie, enfin, est insignifiante et qu'il ne saurait être question pour elle d'entreprendre contre le Japon une action efficace. Mais, à cela, les partisans de la résistance à outrance répondent que le but de l'armée chinoise n'est pas d'entreprendre une offensive, mais simplement d'engluer l'armée japonaise sur le terrain, de gêner ses mouvements et, considérant plus l'impondérable que le réel[2], de faire durer le conflit en attendant qu'un événement heureux se produise dans le monde, qui aurait pour conséquences d'affaiblir l'Empire du Soleil Levant et de l'obliger à évacuer le territoire chinois.

Il faut convenir que cette opinion n'est pas aussi artificielle qu'elle le paraît de prime abord. De fait, l'armée japonaise, si elle occupe le terrain, n'a pas réussi, jusqu'à présent, à conquérir les esprits et ses succès eux-mêmes s'avèrent précaires depuis que sa ligne de bataille a dû être étendue sur un front gigantesque.

Les experts militaires sont unanimes à considérer qu'il y a là pour l'armée nippone une situation d'une extrême gravité.

Sur le terrain économique, la situation du gouvernement chinois est plus difficile.

Jusqu'à présent, c'était par le chemin de fer du Yunnan qu'était assuré l'essentiel du ravitaillement de la Chine libre. La rupture des communications entre Yunnanfou et la mer a gravement modifié cette situation. Le gouvernement chinois ne dispose plus en effet, dans les circonstances présentes, que de deux routes également précaires pour le mettre en communication avec le monde extérieur : celle de Birmanie, et celle de Russie, et de cette pauvreté de moyens il est résulté pour lui une paralysie qui atteint gravement le jeu normal de ses exportations comme de ses importations.

La route de Birmanie, je l'ai souvent indiqué, est d'un rendement insuffisant. Hâtivement construite, elle est soumise pendant six mois de l'année à un régime climatique qui la rend impraticable ; le reste du temps, ce sont les avions japonais qui en réduisent le rendement ; ceux-ci font en effet de fréquentes incursions sur le territoire qu'elle parcourt et il résulte clairement de la photographie que Votre Excellence voudra bien trouver ci-jointe, que les ponts du Mékong ont été entièrement coupés. C'est, dès lors, par bacs que doit s'effectuer la traversée du fleuve.

Il convient d'ajouter qu'il n'y a, sur tout le parcours de la route qui relie Laschio à Yunnanfou, aucun dépôt d'essence et que les camions doivent transporter la quantité de carburant que nécessite le voyage, ce qui ne manque pas de réduire considérablement la charge utile de chaque

---

[1] Le terme d'« incident sino-japonais » fut longtemps utilisé pour désigner le conflit entre la Chine et le Japon, commencé en juillet 1937, à la suite de l'attaque japonaise et de la prise de Pékin, prenant prétexte d'un incident autour du pont Marco Polo (enlèvement prétendu d'un soldat japonais lors de manœuvres par les troupes chinoises qui s'y opposaient).

[2] Point d'interrogation manuscrit en marge de cette ligne.

véhicule. Aussi bien peut-on considérer que la route de Birmanie n'apporte à Kunming qu'un maximum de 200 tonnes par jour, ce qui est notoirement insuffisant pour assurer, en armes, en munitions et en certaines denrées de première nécessité, le ravitaillement de la Chine libre.

Quant à la route de Russie, il est très difficile de dire ce qu'elle représente pour l'économie chinoise. Elle se déroule sur un parcours immense, dans des territoires à peine civilisés, où des coups de main sont fréquents et où il n'existe aucun centre de ravitaillement ; elle dépend aussi, il convient de l'indiquer, de la bonne volonté du gouvernement soviétique, et, comme celui-ci fait du développement du communisme dans certaines régions de la Chine la condition essentielle de son assistance au gouvernement de Tchoung King[1], il est aisé de concevoir à quelles oscillations l'utilisation de cette voie de communication se trouve constamment soumise.

Les difficultés que rencontre le gouvernement chinois pour assurer son ravitaillement se retrouvent sur le terrain de l'exportation. Si la Chine dispose encore de certaines matières premières qu'elle pourrait utilement exporter (wolfram, étain) et dont elle a un besoin essentiel pour solder ses achats, l'insuffisance de ses moyens de transport, soit vers la Birmanie, soit vers la Russie, restreint gravement ses moyens et de cet état de choses il résulte pour elle une impossibilité presque absolue d'assurer le renouvellement de ses réserves de devises fraîches et, par voie de conséquence, de soutenir sa monnaie.

Une autre difficulté, d'une extrême gravité, s'est ajoutée au cours de ces derniers mois à celles que cause au gouvernement chinois la précarité de ses voies de communication. Le riz, qui constitue la base de la nourriture de toute la population, commence en effet à manquer en Chine libre, et, je me bornerai, pour fixer par un chiffre le danger de cette situation, à faire observer que dans la province du Setchuen, le prix de cette céréale est passé, en quatre mois de 40 dollars le *picul* à 230[2].

On estime, dans certains milieux, que cette crise du riz aurait pour cause le déficit de la production du Setchuen depuis que cette province a dû prendre à sa charge presque exclusive l'alimentation des quelque 4 millions de soldats dont est constituée l'armée chinoise. Cette opinion ne semble pas fondée. Le Setchuen produit une quantité de riz qui est largement suffisante pour assurer la nourriture de la population comme celle de l'armée. Mais, nombreux sont, parmi les dirigeants de ce pays, ceux qui font passer leurs intérêts propres avant ceux de l'État ; et il y a tout lieu de penser que, si le prix du riz a augmenté si rapidement, dans une telle proportion, c'est que des accapareurs ont constitué des stocks qu'ils ne livrent à la consommation publique que lorsqu'ils y trouvent leur bénéfice. Quelques procès sensationnels se sont d'ailleurs déroulés, au cours de ces dernières semaines, qui permettent de vérifier cette opinion.

---

[1] Souligné à la main de « comme celui-ci » à « Tchoung King » avec annotation manuscrite en marge : « Affirmation contestable ».

[2] Annotation manuscrite marginale : « Quelle a été, dans le même temps, l'augmentation à Changhaï ? »

Quoi qu'il en soit, le gouvernement chinois se trouve placé, du fait de cette crise, dans une situation délicate. Une hausse générale des prix s'est produite, qui atteint gravement les fonctionnaires, qui exerce son influence sur toutes les classes de la nation et qui, il ne faut pas se le dissimuler, facilite singulièrement la tâche des fauteurs de désordre et, pour dire le mot, des éléments communistes.

Si, comme je l'indiquais plus haut, les dirigeants chinois, et avec eux la grande majorité de la population, sont d'accord pour estimer que la lutte contre le Japon doit être poursuivie, les déficiences de l'organisation militaire, comme celles de la vie économique, ont troublé beaucoup d'esprits et les divergences sont profondes en ce qui concerne le moyen de parvenir au règlement que chacun souhaite.

De l'observation directe que j'ai pu faire à Tchoung King au cours de ces derniers mois, il me paraît résulter que l'opinion est divisée en deux grands partis. Il y a, d'une part, le parti pro-américain, qui attend d'une déclaration de guerre des États-Unis au Japon la libération de la Chine ; de l'autre, le parti pro-russe, qui ne compte que sur le gouvernement des Soviets pour accorder à la Chine le secours que la géographie semble commander.

Le premier parti est de beaucoup le plus bruyant et le plus puissant. Il a, à sa tête, la riche famille de Madame Tchang Kaï-Chek, les Soong, et derrière ceux-ci, les banquiers, les hommes d'affaires et d'une manière générale tous ceux qui, des contrats signés avec les grands trusts américains, escomptent des bénéfices substantiels.

Le second parti, celui des russophiles, comprend la plupart des militaires de carrière et tous ceux qui, considérant l'inefficacité de l'assistance américaine, sont portés à penser qu'il y aurait pour la Chine un très grave danger à risquer, par une orientation trop marquée vers les États-Unis[1], d'inquiéter la Russie dont l'aide a le grand avantage, sinon d'être large, du moins d'être réelle.

Ce parti estime aussi que l'armée américaine n'est peut-être pas capable d'exercer en Chine libre une action directe et, puisqu'il faut à une force, pour être utile, un point d'application, de trouver le terrain sur lequel elle serait en mesure de frapper le Japon.

Le général Tchang Kaï-Chek semble, pour sa part, hésiter entre ces deux partis. S'il laisse M. T.V. Soong continuer en Amérique l'œuvre de propagande qui a récemment abouti à l'octroi de 100 000 000 de dollars à la Chine, il s'efforce en effet de maintenir des contacts amicaux avec le gouvernement des Soviets, il ménage les communistes chinois, traite avec les IVe et VIIe armées, et, pour tout dire, tente de jouer sur les deux tableaux à la fois[2].

Ces considérations, de caractère en quelque sorte psychologique, sont peut-être de nature à préciser les conditions dans lesquelles se développe la politique extérieure de la Chine.

---

[1] Annotation manuscrite marginale : « Il n'y a pas nécessairement incompatibilité entre les deux appuis. En fait, ils coïncident depuis deux ans. »

[2] Annotation manuscrite marginale : « [ill.] escompté. »

Comme je l'indiquais plus haut, ce sont les États-Unis qui tiennent actuellement la première place à Tchoung King. Les Chinois ont, de longue tradition, révéré la puissance de l'or ; il était naturel que ce fût vers ce pays que s'orientassent leurs esprits.

Depuis une vingtaine d'années, d'autre part, les Chinois ont joué fort habilement de la démocratie. Bien que leur gouvernement fut informe, bien que leur chef ne put, en fait, être considéré autrement que comme un dictateur, ils se sont efforcés, et ils y ont réussi, à persuader le monde qu'ils appartenaient à la démocratie. Les États-Unis, la France et l'Angleterre ont été sensibles à cette apparence. Elles se sont fait en de nombreuses circonstances, et notamment à Genève, les champions de la Chine ; l'équivoque subsiste et il ne semble pas douteux que les États-Unis ne soient décidés à lui accorder l'assistance qu'ils réservent aux États qui partagent leurs principes politiques.

Jusqu'à présent, la Russie s'était elle aussi, rangée au nombre des tuteurs de la Chine. Entre l'assistance soviétique et celle des États-Unis, il est cependant une différence essentielle, c'est que l'une est intéressée et l'autre généreuse. Si bien que l'on peut se demander, dans les circonstances présentes, si la solidarité de principe qui existe à l'égard de la Chine et du Japon, entre les États-Unis et la Russie, serait de nature à se conjuguer au cas où l'un de ces deux grands pays se déciderait à exercer une action effective en faveur du gouvernement de Tchoung King. Ce que désirent les États-Unis, en effet, c'est que la Chine soit restituée dans son unité territoriale et morale. Ce que souhaite la Russie, c'est au contraire que la guerre sino-japonaise dure, et par là, que puissent être facilitées les entreprises de désagrégation des communistes chinois.

C'est peut-être dans cette équivoque qu'il faut rechercher la cause du refroidissement qui semble s'être produit dans les relations sino-soviétiques. De nombreux indices locaux il résulte en effet que la Russie a modifié, dans une certaine mesure, au cours de ces derniers mois, les conditions de son assistance à la Chine. Une réduction massive a été apportée dans les expéditions que les Soviets faisaient à destination de la Chine, et ce qui est plus grave, la propagande communiste s'est intensifiée dans des conditions telles que le gouvernement de Tchoung King a dû reconsidérer ses rapports avec les IVe et VIIIe armées, qui constituent entre les mains du gouvernement de Moscou, je l'ai souvent signalé, un moyen permanent de pression.

Le bruit a couru, au cours de ces derniers mois, que l'Allemagne, inquiète de l'avenir, essayait d'obtenir une trêve, d'une part entre l'hostilité latente de Moscou et de Tokyo, de l'autre, entre le Nippon et la Chine libre, et par là, d'alléger la tâche du Japon au cas où ce pays serait amené à entrer en guerre contre l'Angleterre.

J'ai essayé, bien des fois, de me renseigner sur ce point. Je dois avouer que je n'y suis pas parvenu. Mais à ne considérer que la logique des choses, il m'est toujours apparu que cette médiation du Reich pourrait difficilement, dans les circonstances présentes, se traduire par des faits. La rivalité russo-japonaise est en effet trop profonde et trop ancienne pour qu'elle puisse se muter facilement en collaboration et il serait surprenant que Moscou put consentir, dans le seul but d'alléger la tâche de Berlin, à l'institution d'une politique dont le premier effet serait de servir les intérêts japonais.

La situation de l'Angleterre en Extrême-Orient ne semble pas avoir subi de modification sensible au cours de ces derniers mois. L'ambassadeur d'Angleterre continue à poursuivre le rêve, qui est le sien, d'une alliance militaire entre la Chine, l'Angleterre et les États-Unis. Rien ne le déçoit, ni les déboires de l'assistance financière que son pays avait imprudemment accordée à Tchoung King au cours de l'année dernière, ni les humiliations que ses nationaux ont subies à Tientsin. Pour lui le Japon est chose négligeable et tout événement lui paraît heureux – la réouverture de la route de Birmanie par exemple – quand il se traduit en Extrême-Orient par une aggravation du conflit moral qui existe déjà entre Tokyo, Washington et Londres.

La situation de la France ne pouvait manquer, dans les conjonctures présentes, d'être délicate.

La nécessité dans laquelle nous avons été de permettre aux troupes japonaises d'utiliser certaines bases en Indochine, devait, en effet, provoquer un grave mécontentement à Tchoung King[1].

J'ai cru nécessaire, au moment où se sont produits les désastres de notre pays, de partir immédiatement pour Tchoung King et d'aller, en toute sincérité, expliquer notre position au général Tchang Kaï-Chek. Ma tâche a été, je peux bien le dire, à la fois difficile et cruelle. Alors que pendant dix ans de ma vie je n'ai eu pour but que d'assurer l'harmonieux développement des relations franco-chinoises, j'ai dû, en effet, plaider coupable et tenter de faire comprendre au gouvernement du général Tchang Kaï-Chek que notre collaboration avec le gouvernement japonais ne devait pas être considérée comme comportant une pointe antichinoise.

J'ai la consolation de penser que j'ai réussi à calmer les appréhensions du gouvernement chinois. Mais il n'y a peut-être là rien de définitif. Le général Tchang Kaï-Chek, dans la dernière audience qu'il m'a accordée, a en effet précisé, je tiens à le rappeler, que, tant que nos relations avec le Japon demeureraient au point où elles étaient actuellement, il ne modifierait pas sa ligne de conduite vis-à-vis de la France ; mais, que si, pour des raisons qu'il ne pouvait prévoir, nous étions amenés à une plus large collaboration avec le gouvernement de Tokyo, il ne pourrait plus garantir la sécurité de notre frontière d'Indochine.

Comme je l'ai déjà fait savoir à Votre Excellence, je n'ai pas manqué, au cours de cette audience, d'indiquer au général Tchang Kaï-Chek, qu'il commettrait une grave erreur en adoptant vis-à-vis de nous une politique plus ou moins hostile. Nous nous trouverions en effet, dans ce cas, amenés à élargir nos accords avec le Japon et, la Chine n'aurait sans doute rien à gagner à ce que le gouvernement de Tokyo qui, par le jeu de nos accords

---

[1] Voir *DDF (1939-1944)*, 1940-2, les documents de la partie VI-B (« Le conflit sino-japonais et la France »), entre autres les n°ˢ 237 et 394.

militaires avec celui-ci, n'entretient en Indochine que 6 000 hommes, fut conduit à constituer contre le Yunnan un véritable front.

Le mécontentement du gouvernement chinois, vis-à-vis de la France ne s'en est pas moins exprimé par quelques actes qui, pour ne pas comporter un véritable caractère d'hostilité, sont cependant regrettables.

Tout d'abord, de larges destructions ont été opérées sur le chemin de fer du Yunnan. Les militaires chinois ont prétendu qu'il était nécessaire de couper aux Japonais la base d'invasion que constituait cette ligne. Le prétexte est évidemment absurde. La ligne du Yunnan circule pendant 500 kilomètres entre une montagne et une rivière, et aucune armée ne saurait s'aventurer dans un défilé aussi périlleux. Aussi bien, est-il permis de penser que les destructions dont il s'agit, ou bien, constituent une espèce de vengeance, ou bien, ce qui est plus probable, ont pour but l'acquisition à peu de frais du matériel dont le gouvernement de Tchoung King a besoin pour établir la ligne qui doit relier Kunming à Tchoung King, et dont la construction, il convient de le noter, avait été confiée l'an dernier, au Groupe Uni des Banques.

Je me suis efforcé d'obtenir du gouvernement chinois qu'il mette un terme à ces actes de vandalisme. La récente nomination de M. Li, fidèle ami de notre pays, aux fonctions de codirecteur du secteur chinois de la ligne, me permet de penser que j'y ai partiellement réussi.

Pour marquer son mécontentement, le gouvernement chinois a, d'autre part, fermé d'une manière hermétique la frontière sino-indochinoise. Il prétend que la présence des Japonais au Tonkin fait de l'ensemble de la frontière chinoise une zone militaire. J'ai tenté de démontrer aux autorités chinoises que la présence de 6 000 Japonais, sur le territoire d'Indochine, ne pouvait être de nature à justifier l'adoption d'une mesure aussi rigoureuse. Je n'y ai réussi qu'en partie. La frontière reste en effet fermée, mais, il a été entendu, entre le général Tchang Kaï-Chek et moi, qu'une collaboration serait établie à la frontière sino-indochinoise, entre les autorités chinoises et françaises, pour éviter que des incidents ne s'y produisent et que, de l'efficacité de cette collaboration, il pourrait résulter pour nos ressortissants la réouverture progressive des communications. Je veux espérer que ces promesses se traduiront en actes.

D'une manière générale, il fallait s'y attendre, la défaite de nos armées a atteint la situation de la France, sinon sur le plan des faits, du moins sur le terrain moral. Le grand défaut d'un pays, aux yeux des Chinois, est de cesser d'apparaître en qualité de donneur. Cette qualité nous fait évidemment défaut, dans les circonstances présentes. Il était inéluctable que nous en subissions les conséquences. J'estime cependant que notre situation dans ce pays, pour être difficile, n'est pas désespérée. Malgré que la propagande anglaise s'acharne à nous représenter, d'une part, comme les ennemis de la démocratie, de l'autre, comme les futurs alliés des Allemands et des Japonais, aucun trouble majeur ne s'est produit dans les relations franco-chinoises. À vrai dire, je ne crois pas que l'on pouvait s'attendre à beaucoup mieux.

Il me paraît difficile de terminer ce tour d'horizon sans faire une étude rapide de la situation du Japon, telle qu'elle apparaît quand on l'observe sous l'angle des rapports sino-nippons.

Il y a lieu de penser que l'Empire du Soleil Levant éprouve actuellement un véritable embarras des conquêtes qu'il a réalisées dans ce pays. La plasticité du peuple chinois lui crée de séreux soucis ; la prolongation du conflit européen le gêne, l'attitude, chaque jour plus intransigeante des États-Unis enfin constitue pour lui une grave menace. Aussi bien, semble-t-il, que le Japon fasse actuellement un très gros effort pour faire face aux différents dangers dont il est menacé. Sur le terrain chinois, il procède à de sérieuses compressions d'effectifs et reste préoccupé de la menace permanente que constitue pour lui, au nord, l'armée soviétique. Sur mer, le Japon étend le blocus de la Chine, développe vers le sud ses bases de manœuvre, et se tient prêt à agir pour le cas où les États-Unis tenteraient de le couper de ses lignes de communication avec les Indes néerlandaises.

Quelle sera l'issue de l'immense conflit dans lequel le Japon s'est engagé ? Il est difficile de le prévoir. Si du fait de la guerre le Japon a déjà une économie difficile, la Chine subit, de son côté, l'asphyxie à laquelle la condamne l'occupation nippone. Quel sera de ces deux pays le premier qui, par défaut d'aisance, sera réduit à capituler devant l'autre. La question est d'importance… à moins qu'elle ne doive pas se poser et que la réconciliation des adversaires ne se fasse, en définitive, au détriment des Blancs. Le gouvernement de M. Wang Chin-Wei n'a peut-être été créé qu'à cet effet[1].

Guerre 1939-1945, Vichy, E Asie, Chine, 123 (3GMII/123)

93

M. Ristelhueber, Ambassadeur de France à Ottawa,
    À L'Amiral Darlan, Vice-Président du conseil, Ministre
        Secrétaire d'État aux Affaires étrangères et à la Marine,

T. n°s 37 à 39.   *Ottawa, 18 février 1941, 16 h. 45.*

(Reçu : le 20, 11 h.)

À l'occasion de la rentrée du Parlement, le Premier ministre a consacré un long discours à la situation internationale.

Il a dépeint les menaces qui s'accumulaient contre l'Empire britannique en insistant sur celles provenant du Japon[2].

---

[1] On n'a pas reproduit la pièce jointe, à savoir une photographie de la route principale de Birmanie détruite par les bombes, extraite du *Shanghaï Times*, du 8 février 1941, avec en légende : « 1) Vieux pont dont ¼ a été détruit au cours du bombardement du 23 janvier ; 2) Tablier du Pont neuf tombé dans l'eau et emporté par le courant vers l'aval ; 3) Cordes de suspension du Pont neuf restées en place. »

[2] Dès 1937, les Japonais ont déployé une stratégie d'encerclement des possessions britanniques en Asie orientale. Depuis 1940, ils menacent en particulier la Malaisie où les Britanniques ont

Après avoir parlé de la Belgique et de la Hollande, M. Mackenzie King a évoqué assez longuement les relations avec la France avec laquelle la position du Canada était plus délicate depuis l'Armistice. Il a répété brièvement la sympathie de son pays pour notre tragique destinée, son désir de ne rien ajouter à nos difficultés et sa foi dans notre fidélité à nos traditions ainsi que dans notre avenir.

Nous continuons donc nos relations diplomatiques, a-t-il dit, convaincu qu'en dépit de la pression d'un ennemi sans scrupules, la France préférera se laisser détruire plutôt que de prendre les armes contre la Grande-Bretagne ou de permettre à sa flotte ou à ses bases navales de tomber entre les mains de l'Allemagne... Tant qu'elle n'agira pas contre les intérêts du Canada, ou de ses alliés, il y a les plus fortes raisons de continuer les relations actuelles.

Ces déclarations n'ajoutent rien de nouveau à celles faites sur ce sujet le 6 août (lettre 87)[1] et le 12 novembre (135)[2]. Bien que favorables dans leur ensemble, elles sont cependant d'un ton moins chaleureux que les dernières au cours desquelles le Premier ministre s'était plu à souligner le rôle du Canada en vue d'un rapprochement franco-britannique.

Cette évolution légère, mais cependant sensible, s'explique sans doute par la hantise où l'on est ici qu'un éventuel retour de M. Laval au pouvoir ne nous amène à faire à l'Allemagne des concessions jugées inacceptables. Aussi M. Mackenzie King a-t-il voulu dès maintenant prendre position devant l'opinion publique et nous donner un avertissement.

Guerre 1939-1945, Vichy, B Amérique, Canada, 7 (1GMII/7)

94

L'AMIRAL DARLAN, VICE-PRÉSIDENT DU CONSEIL, MINISTRE SECRÉTAIRE
D'ÉTAT AUX AFFAIRES ÉTRANGÈRES, À LA MARINE ET À L'INTÉRIEUR,
À JOSEPH BARTHÉLÉMY, GARDE DES SCEAUX, MINISTRE-SECRÉTAIRE
D'ÉTAT À LA JUSTICE.

D. s. n° 3   *Vichy, 18 février 1941.*

Le gouvernement espagnol nous a fait part à diverses reprises de son désir d'obtenir qu'un certain nombre de ressortissants espagnols réfugiés en France lui soient livrés afin d'être jugés pour les crimes qu'ils auraient commis en Espagne pendant la guerre civile.

---

renforcé leurs troupes au début de l'année 1941 (finalement attaquée – tout comme Hong-Kong – le 8 décembre, une heure avant l'attaque de Pearl Harbour, compte tenu du décalage horaire). Le 27 janvier 1942, les Britanniques se replient sur l'île de Singapour, où les alliés sont à nouveau battus le mois suivant.

[1] Document non retrouvé.

[2] Document non retrouvé.

[3] Dépêche intitulée : « Demandes d'extradition formulées par le gouvernement espagnol ».

Il a été répondu que le gouvernement français s'en tiendrait à l'exécution scrupuleuse de la convention franco-espagnole de 1877 relative à l'extradition, mais qu'il hâterait dans toute la mesure de ses moyens la procédure judiciaire prévue par cet accord[1].

Il ne semble pas toutefois qu'une telle réponse ait satisfait le gouvernement espagnol et, dans les entretiens des ministres avec notre ambassadeur, ou dans la presse, reviennent souvent de vives critiques sur la prétendue bienveillance que nos autorités témoigneraient à l'égard des « rouges » espagnols.

En revanche, chaque fois qu'une extradition est réclamée par les autorités espagnoles, mon Département est saisi de nombreuses démarches effectuées auprès de nos représentants dans les pays d'Amérique pour obtenir que les intéressés ne soient pas extradés.

Ainsi, quelle que soit la position prise par nous, cette question risque de créer des difficultés et des incidents. Nous avons donc le plus grand intérêt à l'aborder avec le souci de faire intervenir des solutions inattaquables à la fois du point de vue de la justice répressive et de l'humanité.

Je crois donc utile de vous faire connaître ma manière de voir sur l'application, aux demandes d'extradition qui pourront nous être présentées par les autorités espagnoles, des principes posés par la convention de 1877.

En effet, la guerre civile espagnole a constitué un fait nouveau qui ne pouvait être prévu dans toute sa complexité au moment de la conclusion de cet accord. Pendant deux ans, l'Espagne a été le théâtre d'atrocités individuelles et collectives et de crimes très nombreux. Il serait paradoxal qu'une interprétation erronée des textes précités eût pour résultat de mettre à l'abri de tout châtiment de simples criminels de droit commun ayant mis à profit une période de troubles civils pour commettre des actes inhumains.

On peut aussi se demander si les individus s'étant rendus coupables à la fois de délits politiques et de délits de droit commun, tels que le pillage au détriment de particuliers, et, circonstance aggravante, au préjudice de la collectivité (vols de musées) et cela dans un but d'appropriation individuelle, pourraient légitimement échapper à l'extradition, leurs actes apparaissant, dans leur ensemble, comme dépourvus du désintéressement qui justifie le traitement privilégié que la tradition réserve aux auteurs de véritables délits politiques.

J'estime en conséquence que l'exception politique ne saurait être admise *a priori* pour tous les faits qui ont été commis à l'occasion de la guerre civile. Il importe que les magistrats appelés à se prononcer sur ces demandes d'extradition déterminent dans chaque cas particulier, par un examen du fond de l'affaire, si cette exception peut être *valablement*[2] invoquée.

---

[1] Voir document n° 81.

[2] Convention signée le 14 décembre 1877 à Madrid. Voir document n° 81, note 7.

J'ai l'honneur de vous prier de bien vouloir m'indiquer si vous partagez mon sentiment à cet égard et, dans l'affirmative, sous quelle forme il vous paraîtra possible d'en faire part aux magistrats intéressés[1].

Guerre 1939-1945, Vichy, Z Europe, Espagne, 288 (10GMII/288)

95

M. Blondel, Ministre de France à Sofia,
  à l'Amiral Darlan, Vice-Président du Conseil, Ministre
  Secrétaire d'État aux Affaires Étrangères.

T. n°s 135 à 139[2].   *Sofia, 19 février 1941, 1 h.*

(*Reçu : le 19, 8 h. 30.*)

L'accord bulgaro-turc signé hier à Ankara dont le représentant de l'agence Havas vous a transmis le texte[3], correspond assez exactement à ce que M. Popov m'avait indiqué (mes télégrammes 75[4], 81[5] et 120[6]). Il se

[1] Souligné dans le texte.

[2] Annotation marginale manuscrite : « Vu par Guerre ».

[3] Pour le texte du pacte de non-agression, transmis notamment par l'ambassadeur en Turquie, Jules Henry, voir D. n° 13 d'Ankara en date du 17 février 1941, *in* Guerre 1939-1945, Vichy, Z Europe, Balkans, 938.

[4] T. n° 75 de Sofia en date du 23 janvier 1941, par lequel Blondel rend compte des propos de son collègue turc, M. Berker, sur les conversations tenues à Ankara, « en vue de réaliser et d'extérioriser une détente dans les rapports turco-bulgares », « dans l'esprit de l'œuvre entreprise naguère par M. Kiosseivanov ». Même si, pour le diplomate turc, « l'intérêt des pourparlers lui paraissait surtout psychologique », Blondel y voit le moyen pour les deux pays « d'éluder respectivement vis-à-vis de Berlin et d'Athènes certaines invitations à une action militaire qu'ils jugent pour le moment sans attrait. » (*in* Guerre 1939-1945, Vichy, Z Europe, Balkans, 937, non reproduit).

[5] T. n°s 81 à 84 de Sofia, en date du 25 janvier 1941 dans lequel Blondel évoque son entretien avec M. Popov sur les conversations d'Ankara, destinées à « aboutir à une déclaration commune des deux gouvernements visant à écarter toute possibilité d'agression d'un pays par l'autre », en excluant « soigneusement » « jusqu'à l'apparence d'une allusion à une tierce puissance ». Il serait en effet imprudent, selon Popov, de « reconnaître expressément à l'avance l'éventualité d'une irruption de forces étrangères », même si « évidemment, la Bulgarie serait bien obligée, si toutefois le gouvernement grec ne cédait d'abord à un ultimatum, de laisser passer les armées du Reich ». Mais la Bulgarie, soucieuse de l'avenir, ne souhaite pas « associer ses troupes à l'action allemande ». Blondel revient sur son hypothèse de l'accord bulgaro-turc comme « un moyen de paix », pour esquiver une partie des dangers risquant de l'entraîner dans la guerre. Mais le ministre d'Angleterre ne se serait pas privé « d'annoncer qu'à peine le Danube franchi par les troupes du Reich, celles-ci seraient exposées aux attaques conjugués des aviateurs britanniques et de leurs camarades turcs. » (Guerre 1939-1945, Vichy, Z Europe, Balkans, 937, document non reproduit).

[6] T. n°s 120 à 123 de Sofia en date du 12 février 1941 (*ibidem*) sur l'entretien de la veille avec Popov. Blondel rapporte la suspension momentanée, par prudence, des négociations avec la Turquie pour un accord qui ne dépasserait pas les termes suivants : « déclaration mutuelle de non-agression, contrôle de la presse pour empêcher des manifestations inamicales, et extension des rapports commerciaux ». Popov n'envisage pas de rechercher un accord similaire avec la Yougoslavie et n'a rien dit d'intéressant au diplomate français sur l'adhésion bulgare au Pacte tripartite, même si elle sera sans doute « demandée par la Reich à la veille de son action militaire ». Le ministre bulgare « croit à l'immobilité des Yougoslaves et des Turcs » et apparaît « résigné à subir, tout comme l'invasion de son pays par les Allemands, le viol de son ciel par les Anglais ».

borne, comme on le désire du côté bulgare, à une déclaration commune de non-agression et d'amitié, à une clause économique et à une autre visant le contrôle de la presse.

Ainsi, conformément aux intentions de Sofia, les Turcs ont accepté d'écarter du pacte toute idée de défense de la neutralité des signataires contre les menaces d'une tierce puissance. Ils ont, il est vrai, expressément réservé l'exécution de leurs « engagements contractuels avec d'autres pays » : mais puisqu'ils s'interdisent toute incursion en territoire bulgare, on ne voit pas comment ils pourraient pratiquement apporter aux Grecs un sérieux appui militaire. On regrettera tout de même à Sofia qu'il n'ait pas été fait mention d'un retrait simultané des troupes stationnées de part et d'autre de la frontière. Mais, sous cette réserve, l'opinion bulgare (sans parler de la presse qui est entrée joyeusement dès ce matin dans les sentiments nouveaux que lui assigne le pacte) est naturellement satisfaite : l'occupation allemande n'entraînerait désormais ni l'intervention redoutée des Turcs, ni la collaboration armée du gouvernement de Sofia à qui l'accord fournirait un bon argument pour demeurer immobile.

Les Grecs ne peuvent qu'être mécontents.

Quant aux Yougoslaves, la brusque éclipse des espoirs d'intervention turque devrait également les faire (...)[1]. On suppose à Sofia qu'ils n'auront plus guère de raisons de résister aux demandes des Allemands. Car le chemin le plus court pour mettre fin au conflit italo-grec, n'est-il pas en définitive, se plaît-on à penser ici, de remonter la Morawa pour prendre les forces grecques à revers ou de descendre le Vardar vers Salonique sans traverser la Bulgarie ?

Les Anglais pourtant ont dû donner leur assentiment à l'acte d'Ankara. À la fois pour exploiter leurs succès sur les fronts africains et pour obéir aux vœux américains exposés par le colonel Donovan, ils désirent toutes les chances d'un répit balkanique. Espérant que les conditions de climat retiendront quelque temps encore les Allemands s'ils ne sont pas provoqués, Londres accepte, semble-t-il, l'anesthésie volontaire de Sofia et d'Ankara. Mon collègue britannique communique aujourd'hui aux journaux une déclaration très satisfaite.

Mais si la Grande-Bretagne cherche à gagner du temps, il est probable que Berlin, exploitant la secousse morale causée par le rapprochement turco-bulgare, n'attendra pas pour peser sur la Yougoslavie et la Grèce. Anglais et Grecs seront-ils demain dans l'obligation de prévoir, sans retard, une action concertée ou de se séparer ?

Communiqué par le télégraphe à Ankara, Belgrade, Athènes ; par la poste à Bucarest, Budapest, Moscou.

Guerre 1939-1945, Vichy, Z Europe, Balkans, 938 (10GMII/938)

Blondel lui a d'ailleurs répondu que « cette dernière perspective » (une offensive de la Royal Air Force contre les Allemands de Roumanie) n'était pas à exclure, « au moment où M. Churchill formulait des avertissements à l'adresse d'une Bulgarie représentée comme coupable et rompait les relations diplomatiques avec le gouvernement roumain. »

[1] Lacune de déchiffrement.

96

M. DE VAUX SAINT-CYR, MINISTRE DE FRANCE À HELSINKI,
À L'AMIRAL DARLAN, VICE-PRÉSIDENT DU CONSEIL, MINISTRE
SECRÉTAIRE D'ÉTAT AUX AFFAIRES ÉTRANGÈRES, À LA MARINE ET À
L'INTÉRIEUR.

D. n° 15.[1]   *Helsinki, 19 février 1941.*

La politique extérieure de la Finlande est de plus en plus déterminée par ses rapports avec la Russie et l'Allemagne. Prise entre ces deux grandes puissances dont elle dépend économiquement, elle ne trouve que peu d'appui dans la Suède et elle exerce, pour maintenir sa liberté, un jeu de bascule dangereux et difficile entre Moscou et Berlin. On n'aime pas ici les Allemands dont la conduite en décembre 1939[2] a causé en Finlande une profonde déception et dont les idées politiques diffèrent totalement des conceptions parlementaires et libérales finlandaises. Mais le seul adversaire reste toujours la Russie. Si les ruines matérielles causées par la guerre ont été à peu près relevées par eux, les Finlandais n'oublient pas la perte de la Carélie. Le problème de l'installation des Caréliens évacués n'est pas encore complètement résolu, et dans quelques semaines on célébrera le triste anniversaire de la paix de Moscou[3] ; il ravivera des souvenirs qui ne sont pas près de s'effacer.

Aussi l'opinion publique est-elle ici très nerveuse. De temps à autre des bruits d'une tension nouvelle avec la Russie se propagent et l'on envisage à nouveau la possibilité d'une guerre avec toutes les souffrances qu'elle pourrait entraîner. Le gouvernement des Soviets ne cesse de formuler des réclamations à Helsinki comme pour user les nerfs et la résistance des Finlandais pourtant solides et la radio russe continue inlassablement ses attaques en langue finnoise contre les hommes et les institutions de Finlande.

J'ai signalé au Département qu'un nouveau vent de panique avait soufflé sur le pays il y a une quinzaine de jours. Comme il se produit toujours en pareil cas, une partie des nouvelles répandues était vraie, une autre fausse. Les journaux ayant annoncé qu'une délégation sous la présidence de M. von Fieandt avait été envoyée à Moscou pour discuter avec le gouvernement soviétique la question des mines de nickel de Petsamo,

---

[1] Dépêche intitulée : « Situation de la Finlande ».

[2] C'est-à-dire au moment de l'agression de la Finlande par les forces soviétiques le 1er décembre. Voir *Documents diplomatiques français*, série 2e Guerre, 3 septembre-31 décembre 1939, Bruxelles, P.I.E. Peter Lang, 2002, ci-après *DDF (1939-1944)*, 1939, la section VII-B (Les enjeux de la Baltique/La guerre soviéto-finlandaise et la question de l'assistance des Alliés à la Finlande), dont document n° 388, sur l'attitude des Allemands qui se réjouissent de ce qu'ils considèrent comme le premier pas de l'entrée en guerre de l'URSS (officiellement non belligérante) contre les Alliés et leur mécontentement devant l'hostilité manifeste de l'Italie à l'égard de Moscou. Voir aussi *DDF (1939-1944)*, 1940-I, documents de la section I (la guerre soviéto-finlandaise et ses conséquences).

[3] Signé le 12 mars 1940 et prévoyant l'arrêt des hostilités le 13, à midi. Voir *DDF (1939-1944)*, 1940-I, documents n°s 141 et 158.

on en a immédiatement conclu que l'ancienne délégation dirigée par M. Söderhjelm avait échoué. De là, en se basant sur le départ de M. Zotov, ministre d'URSS, des gens soi-disant bien informés ont assuré que le gouvernement de Moscou avait posé un ultimatum de deux heures à celui de Helsinki. Certains membres de la colonie allemande, affolés, ont même demandé à la légation d'Allemagne s'ils ne devaient pas rentrer dans leur pays.

La réalité était heureusement moins tragique. La nouvelle délégation, partie pour Moscou le 27 janvier, était chargée de discuter certaines questions différentes de celles qui avaient été traitées antérieurement. Les mines de nickel de Petsamo appartiennent à la société canadienne Nickel Mond. Le produit en revient de droit à la Finlande qui, après accord avec l'Allemagne et l'URSS, s'est engagée à livrer 60 % au premier de ces États et 40 % au deuxième. C'est sur le prix et le transport des 40 % octroyés à la Russie qu'avaient porté les premières négociations en automne dernier. En décembre le gouvernement de Moscou, accentuant sa pression, avait demandé à la Finlande non pas la concession elle-même mais bien l'élimination de tout élément étranger appartenant aux mines. Le gouvernement d'Helsinki s'était alors tourné vers le gouvernement de Londres ; celui-ci lui a répondu qu'il ne pouvait pas actuellement défendre des intérêts placés dans une région aussi éloignée. En outre les Anglais n'ont pas caché qu'ils préféraient voir le nickel passer aux mains des Russes plutôt qu'entre celles des Allemands. Les Finlandais s'adressèrent également aux Allemands pour leur demander leur appui. Ceux-ci leur objectèrent qu'ils ne pouvaient intervenir dans des négociations finno-soviétiques. Force fut donc aux Finlandais de s'entendre directement avec leurs adversaires. La délégation envoyée à Moscou proposa la constitution d'une société mixte finno-soviétique qui obtiendrait du gouvernement finlandais le droit d'exploiter les mines. Le gouvernement russe recevrait 49 % des actions de cette société avec le droit d'avoir des ingénieurs et des contrôleurs dans les mines. La répartition du minerai se ferait suivant l'accord intervenu entre l'Allemagne et l'URSS. Les négociations, qui sont toujours dans ces pays-ci de très longue durée, se continuent sur cette base. Les Russes auraient, dit-on, exigé le droit de désigner le directeur de la société et les Finlandais auraient refusé.

Il ne semble toutefois pas que les Allemands soient aussi désintéressés dans la question des mines qu'on avait pu le croire au début. En effet, j'ai appris d'une bonne source que la IG Farbenindustrie avait par l'intermédiaire de l'Imperial Chemical Limited consenti un emprunt important à la Nickel Mond C°. Au début de ce mois la société allemande se serait opposée à ce que les mines de nickel de Petsamo, qui servent de gage à cet emprunt, passassent dans d'autres mains. Le gouvernement des Soviets aurait alors proposé à l'IG Farbenindustrie de lui rembourser cet emprunt, proposition qui a été refusée. Le gouvernement finlandais se trouve de ce fait dans une fort bonne position pour répliquer au gouvernement de Moscou qu'il n'est pas entièrement libre pour négocier avec lui le transfert de la concession des mines.

On s'étonne ici de l'intérêt que prennent les Russes à ces mines dont ils n'ont guère besoin et dont ils avouent eux-mêmes que le minerai est de mauvaise qualité. Il est difficile de le traiter en raison de l'irrégularité de sa teneur en nickel qui passe de 1,5 à 5 %. La compagnie canadienne n'exploitait d'ailleurs qu'au ralenti ces gisements qu'elle n'avait achetés que pour éviter une concurrence possible. Quant aux Russes, ils sont incapables de travailler ce minerai eux-mêmes. Ils l'envoient en Allemagne, d'où il ne revient jamais car il passe au profit de la Russie dans le clearing germano-russe. Donc, la seule raison que l'on puisse trouver à l'insistance du gouvernement de Moscou dans cette affaire est une raison politique. Les Russes ne veulent pas tolérer la présence d'étrangers dans l'extrême nord de la Finlande, à proximité de Mourmansk et des camps d'aviation qu'ils organisent dans cette région.

D'autre part on ne signale aucun accroissement des troupes soviétiques à la frontière, ni aucune activité anormale de l'espionnage russe en Finlande. Si M. Zotov, ministre d'URSS, a été rappelé, ce n'est pas en raison d'une tension politique, mais bien parce qu'on lui reproche d'avoir fait preuve d'un zèle maladroit et d'avoir recommandé en Lettonie, où il a été précédemment ministre, quelques agitateurs communistes qui n'ont pas donné satisfaction.

Pour ce qui est des rapports entre la Finlande et l'Allemagne la situation reste sans changement. L'Allemagne s'intéresse sans doute à la Finlande mais elle se garde bien de lui donner aucune assurance quant à son indépendance ou quant à un appui possible en cas de conflit avec l'URSS. Le public finlandais qui juge actuellement la situation en prenant pour base les négociations relatives aux mines de nickel, a cru d'abord à un abandon des Allemands quand ceux-ci ont déclaré se désintéresser de ces mines, puis il a repris espoir quand il a appris l'emprunt de l'IG Farbenindustrie. La visite toute récente de généraux allemands ici a confirmé cet espoir.

Le transit des troupes allemandes vers la Norvège a repris le 9 janvier, cette fois par Turku et non plus par Vaasa. Très ralenti au début, il est maintenant complètement arrêté par les glaces et l'on ne sait pas à quelle époque il pourra être repris.

25 février

Depuis le jour où cette dépêche a été écrite, la situation a évolué. Soutenus par les Allemands qui défendaient les droits de l'IG Farbenindustrie, les Finlandais ont refusé la présence d'un directeur russe dans les mines de Petsamo. Les négociations ont été interrompues et les délégués finlandais sont rentrés à Helsinki. Il est probable que les Russes avaient demandé aux Finlandais une réponse rapide afin de s'entendre directement avec eux et mettre les Allemands devant un fait accompli. Les Allemands ont devancé leur manœuvre. Mais on se demande pourquoi ces derniers ont attendu si longtemps avant de faire état de l'emprunt de l'IG Farbenindustrie. Il est probable que les Allemands n'ont pas voulu soulever cette question qui aurait pu amener des difficultés dans les négociations avant d'avoir signé avec l'URSS l'accord commercial de janvier dernier[1].

Guerre 1939-1945, Vichy, Z Europe, Finlande, 892 (10GMII/892)

97

NOTE DE LA SOUS-DIRECTION D'ASIE

Conflit franco-thaïlandais. Médiation japonaise

N.   *Vichy, 20 février 1941.*

Au moment où la médiation japonaise a été proposée et acceptée[2], le gouvernement thaïlandais n'avait jamais demandé d'autre cession de territoire que celle des parcelles laotiennes de la rive droite du Mékong (23 000 km^2, 134 000 habitants).

C'est sur ces seuls territoires qu'au cours des négociations directes poursuivies à Bangkok jusqu'à la médiation japonaise, portaient les revendications thaïlandaises.

Ces territoires constituaient donc l'objet du litige que le gouvernement japonais nous a proposé de régler par sa médiation. En acceptant cette médiation, nous avons eu soin d'indiquer que cette acceptation n'impliquait aucunement de notre part renonciation aux parcelles de la rive droite[3].

Dès la première séance de la conférence de Tokyo, la délégation thaïlandaise a complètement déplacé le problème en demandant la cession au Siam de tout le Laos et de tout le Cambodge.

La délégation française a aussitôt marqué le caractère insolite et irrecevable de ces propositions.

Les délégués japonais, dans leurs entretiens avec nos propres délégués, ont formulé des appréciations analogues aux nôtres[4].

Depuis ce moment, les contacts de notre délégation avec la délégation japonaise se sont bornés à la remise de notes constituant réfutation de la position thaïlandaise. *Il n'y a pas eu de négociations*[5].

---

[1] Accord commercial soviéto-allemand de janvier 1941. Voir dans ce volume, le document n° 13 et notes.

[2] Précédée par une démarche officieuse fin novembre, l'offre de médiation japonaise a été faite le 3 décembre 1940. Voir *DDF (1939-1944)*, 1940-2, document n° 407. Après un premier refus français le 14 décembre (*DDF (1939-1944)*, 1940-2, document n° 420 et notes), et le rejet d'une offre de médiation britannique, la France accepte une nouvelle offre japonaise réitérée le 20 janvier (voir documents n° 33 et 49 de ce volume notamment).

[3] Voir document n° 49 et notes. Sur la position française, voir aussi *DDF (1939-1944)*, 1940-2, la section V-C-b (« Menaces sur l'Empire/L'Indochine française en péril/L'intervention de la Thaïlande »).

[4] Voir T. n°s 136 à 139 et 140 à 143 de Tokyo à Vichy, en date du 9 février 1941 (*in Guerre 1939-1945*, Vichy, E Asie, Thaïlande, 407, non reproduit)

[5] Souligné dans le texte.

Le 17 de ce mois, la délégation japonaise a communiqué aux délégations française et thaïlandaise convoquées en séance plénière un plan de médiation[1] comportant essentiellement :

1°) La cession par la France à la Thaïlande de deux enclaves laotiennes et d'un tiers du Cambodge (45 000 km², 400 000 habitants, 100 000 tonnes de riz d'exportation) portant ainsi à 58 400 km² et à 534 000 habitants le sacrifice demandé à la France.

2°) Le paiement par la Thaïlande à la France d'une indemnité de 10 000 000 ticaux.

3°) L'établissement de zones démilitarisées sous contrôle japonais.

Pour nous engager à accepter ce règlement, le gouvernement japonais fait état de l'abattement considérable réalisé sur les prétentions thaïlandaises, du souci manifeste de sauvegarder notre prestige par la stipulation d'une indemnité, du danger que ferait courir à la paix en Extrême-Orient la prolongation du conflit franco-thaïlandais, une autre raison enfin, très importante, mais dont Tokyo ne peut pas s'expliquer avant quelques jours.

D'une indication subséquente transmise par M. Arsène Henry, il résulte que cette raison secrète pourrait être le départ de M. Matsuoka pour Shanghaï où il aurait l'espoir de conclure la paix avec Tchoung King[2].

L'amiral Decoux d'une part, M. Arsène Henry et M. Robin d'autre part, considèrent que le règlement proposé est inacceptable pour nous.

Le secrétariat des Colonies partage ce sentiment et fournit une note à ce sujet[3].

Le plan japonais suggère les remarques suivantes :

1°) Nous avons accepté une médiation sur une base déterminée. On nous propose, sans aucune consultation préalable, un arbitrage sur une base toute différente. Ce changement de programme se solderait, en ce qui nous concerne, par la perte de 45 000 km² et de 400 000 habitants.

2°) Les territoires en cause appartiennent pour une part (18 000 km² et 82 000 habitants) au roi de Luang Prabang et pour une autre part (45 400 km² et 400 000 habitants) au roi du Cambodge, qui sont l'un et l'autre nos protégés. La spoliation dont ces deux souverains seraient victimes peut avoir, abstraction faite de la valeur intrinsèque des territoires en cause, des conséquences hors de toutes proportions avec l'indemnité de 10 000 000 ticaux.

3°) La stipulation relative à la création de zones démilitarisées sous contrôle japonais apparaît comme particulièrement inquiétante. Étant donné les procédés des militaires japonais, une telle prévision peut être le prélude de l'occupation de toutes les parties utiles de l'Indochine.

---

[1] T. nos 180 à 181 et n° 182 de Tokyo à Vichy, en date du 18 février 1941 (*in* Guerre 1939-1945, Vichy, E Asie, Dossiers généraux, 18, non reproduit).

[2] Voir dans ce volume, le document n° 92 sur la situation en Chine, notamment le conflit sino-japonais.

[3] Note intitulée « Médiation japonaise dans le conflit franco-thaïlandais » de l'amiral Platon, comparant les résultats de l'acceptation ou du refus de la médiation (Guerre 1939-1945, Vichy, E Asie, Thaïlande, 418, document non reproduit).

4°) Cependant le gouvernement japonais peut n'être pas complètement de mauvaise foi quand il nous présente ce programme comme un compromis équitable. Le gouvernement thaïlandais, en effet, demande le retour à l'état de choses existant avant 1867[1], époque à laquelle rien ne s'opposait aux entreprises du Siam sur le Cambodge, le Laos et Luang Prabang. Le gouvernement japonais, en nous incitant à renoncer aux bénéfices territoriaux réalisés (ils disent aux conquêtes) en 1904 (les deux enclaves laotiennes) et en 1907 (l'équivalent des trois provinces cambodgiennes de Battambang, Siemreap et Sisophon) nous maintiendrait, *grosso modo*, la situation existant après le traité de 1893[2]. Cette solution, compte tenu d'une part de la situation actuelle de la France, d'autre part de l'importance des problèmes qui se posent pour le Japon dans les mers du sud, peut, à Tokyo, paraître empreinte de modération.

5°) Le danger de la situation présente réside dans le fait que si le gouvernement thaïlandais accepte le plan japonais et que nous le refusons, la reprise des hostilités paraît quasi certaine et que le Japon pourra se considérer comme justifié à appuyer ouvertement les Thaïlandais.

Tels étant les principaux éléments du problème, il convient, semble-t-il, de se demander si le règlement proposé, pour onéreux qu'il puisse être, nous offre des garanties d'avenir ou si, soit par la voie qu'il ouvrirait à de nouvelles entreprises étrangères, soit par les conséquences de politique intérieures qu'il entraînerait en Indochine, il se présente comme un prélude à notre éviction totale. Dans cette seconde hypothèse, notre acceptation aurait pour principal effet de nous priver, pour la suite, de toute possibilité de recours.

Quelle que soit l'appréciation retenue, M. Arsène Henry s'est opportunément ménagé la faculté de conversations particulières avec M. Matsuoka[3]. Si l'offre japonaise devait être rejetée, nous aurions ainsi l'occasion de faire valoir très complètement nos raisons et d'indiquer la limite des concessions qu'il nous serait impossible de dépasser.

Guerre 1939-1945, Vichy, E Asie, Thaïlande, 413 (3GMII/413)

---

[1] Un des traités franco-siamois ayant déterminé la frontière entre l'Indochine et le Siam.

[2] Nouveau traité, suivi de celui de 1904, pour la détermination des frontières, mais modifié par celui de 1907, à la satisfaction finalement des deux parties après des concessions mutuelles. Pour un historique du conflit franco-thaïlandais établi par la sous-direction d'Asie, voir la note du 3 mai 1941, *in* Guerre 1939-1941, Vichy, E Asie, Dossiers généraux, 14 ou dans Papiers 1940, Reconstitution Fouques-Duparc, 28, avec différentes annexes du 17 septembre 1940 au 11 mars 1941.

[3] Voir T. nᵒˢ 206 à 209 de Tokyo à Vichy en date du 23 février 1941 (Guerre 1939-1945, Vichy, E Asie, Thaïlande, 407, document non reproduit).

98

Le général Decoux, Gouverneur général de l'Indochine,
À l'Amiral Darlan, Vice-Président du conseil, Ministre
Secrétaire d'État aux Affaires étrangères, à la Marine et à
l'Intérieur.

T. nᵒˢ 117 à 118[1].   *Hanoï, 21 février 1941, 13 h.*

(*Reçu :* le 21, 18 h.)

De M. Garreau du 19 février 108-109.

Présent télégramme et suivant pour gouverneur général sous le nᵒ 89-90.

Je vous prie de transmettre diplomatie sous le nᵒ 87-88 et à Tokyo 23 et 24 présent télégramme et le suivant :

La radio thaïlandaise recommence depuis trois jours à attaquer en termes injurieux Français d'Indochine et le gouverneur général en personne à qui elle reproche surtout de ne pas reconnaître que nos forces ont été battues par les forces aériennes, navales et terrestres thaïlandaises. Communiqué officiel nᵒ 46 consacré aujourd'hui à ce sujet est particulièrement significatif.

Emboîtant le pas au Kha-Bab, porte-parole officieux de la légation du Japon qui n'a pas cessé depuis l'armistice de mener une campagne de violente excitation contre les Blancs, les principaux journaux thaïs laissent prévoir aujourd'hui que la tension des rapports entre le Japon et la Thaïlande s'aggrave rapidement et que développements imprévisibles sont à craindre dans un avenir rapproché. Le *Pramuan wan* qui reflète à l'ordinaire esprit ministère des Affaires étrangères sous la plume du prince Varnvaidya, rapporte information soi-disant parvenue de Saïgon d'après laquelle les Japonais (...)[2] des bases militaires en Indochine et en Thaïlande. Le *Thaïrasder*, inspiré par les milieux militaires, s'en prend plus particulièrement à l'Angleterre qui se vante de ne pas redouter une attaque nippone contre Singapour à travers la Thaïlande, et il affirme que celle-ci, encore plus que le Japon, considère la guerre comme normale et l'attend de pied ferme. *Srikpung* annonce de son côté que des troupes nippones ont débarqué à Saïgon et que des forces navales se disposent à occuper Camranh et cap Saint-Jacques.

Cette attitude menaçante brusquement adoptée ensemble de la presse est un indice inquiétant, quelques jours avant l'expiration de l'armistice. Elle concorde avec envoi importants renforts frontière indochinoise.

Je regrette de ne pouvoir mieux comprendre raisons de cette nouvelle offensive de la propagande thaïlandaise, n'ayant pas encore reçu informations sur le cours négociations Tokyo.

Guerre 1939-1945, Vichy, E Asie, Thaïlande, 403 (3GMII/403)

---

[1] Annotation marginale manuscrite : « Signalé à Harada le 22 fév. C[harles].R[ochat] ».

[2] Lacune de déchiffrement.

99

M. Arvengas, Ministre de France à Mexico,
À l'Amiral Darlan, Vice-Président du conseil, Ministre
Secrétaire d'État aux Affaires étrangères, à la Marine et à
l'Intérieur.

D. n° 17[1].   *Mexico, 21 février 1941.*

Par avion transatlantique.

Dès et avant même mon arrivée ici, j'avais été averti que j'allais trouver une Colonie presque entièrement acquise au mouvement de Gaulle.

Ayant déjà pris quelques contacts avec nos compatriotes je crois pouvoir dire – sous réserve de changement d'opinion après un plus long séjour – que l'état réel de l'opinion française au Mexique est beaucoup plus complexe. À ne pas tenir compte de cette complexité et à considérer l'ensemble de la Colonie française comme étant en état de dissidence, on risquerait de compromettre le succès des efforts tendant à unir les Français autour du gouvernement du maréchal Pétain.

La Colonie française du Mexique dans son ensemble est animée d'un ardent patriotisme. Elle en a donné de nombreux témoignages, notamment par sa générosité à l'égard des œuvres françaises. Nos compatriotes éprouvent au plus haut degré la fierté d'être français. Au lendemain de notre défaite, faute d'éléments suffisants d'appréciation, ils ont été conduits à critiquer la conclusion de l'armistice. Beaucoup ont cru que le gouvernement français n'exerçait son action que sous la tutelle du vainqueur, que toutes les mesures qu'il prenait étaient prises sous la pression de l'Allemagne.

Certains éléments avides de jeter le trouble dans l'esprit de nos compatriotes ont entretenu cette tendance sans qu'elle fût sérieusement combattue d'autre part. Il en est résulté que la plupart des Français en étaient venus à la conviction que le patriotisme bien compris leur faisait un devoir de se rallier au mouvement de la France libre établi en Angleterre et de refuser de voir dans le gouvernement établi à Vichy le vrai gouvernement de la France.

C'est ainsi que, quand ma nomination ici a été connue l'automne dernier, on a répandu le bruit que le mouvement diplomatique français était soumis à l'agrément de l'Allemagne, que, quant à moi, j'allais venir au Mexique avec une mission spéciale de collaboration avec les Allemands d'ici. Ma longue carrière en Allemagne[2] faisant présumer mes sympathies à l'égard

---

[1] Dépêche intitulée : « A.s. du mouvement gaulliste au Mexique ».

[2] Gilbert Arvengas, ministre de France au Mexique depuis octobre 1940, a servi en Allemagne (Berlin) de mars 1925 à mai 1933 (membre du corps consulaire, il fait alors office de secrétaire d'ambassade). Il démissionne en décembre 1941 (il sera délégué du gouvernement provisoire au Chili de 1943 à 1945).

de ce pays. Au surplus on a assuré que j'étais marié avec une Allemande. Ma nomination apparaissait donc comme une décision assez scandaleuse. Des journaux américains et cubains se sont faits avec plus ou moins de précision l'écho de ces bruits désobligeants sur moi. Lors de mon passage à Washington, notre ambassadeur m'a montré une lettre où il était indiqué que je serais une sorte d'agent allemand, que j'aurais épousé une Allemande de Brême, que mes enfants ne parlaient que l'allemand.

Maintenant que les Français, au fur et à mesure qu'ils prennent contact avec moi, s'aperçoivent que je suis très loin d'être l'agent germanophile qu'ils croyaient appelé à représenter ici la France, j'ai lieu de penser qu'une évolution favorable s'accomplit.

À vrai dire, cette heureuse évolution vis-à-vis du gouvernement de M. le maréchal Pétain avait commencé à se dessiner avant même mon arrivée ici. La crise de décembre dernier[1] a apporté à tous ceux qui en doutaient la démonstration que le Maréchal gouvernait effectivement et librement. On a senti plus nettement encore par la suite que le Maréchal était résolu à résister à la pression allemande, qu'il entendait déterminer conformément à l'honneur national les limites de la collaboration avec l'Allemagne. Le prestige du gouvernement français n'a cessé dans ces conditions de grandir ici. Beaucoup de nos compatriotes conviennent maintenant qu'ils ont été égarés par des informations inexactes et affirment qu'ils entendent désormais soutenir le gouvernement établi à Vichy.

Est-ce à dire qu'il n'y a plus de sympathies gaullistes ici ? Il serait assurément très exagéré de le prétendre. Au vrai le loyalisme à l'égard du gouvernement français coexiste avec des sympathies gaullistes. La majorité des Français ici fait des vœux ardents pour la victoire de l'Angleterre. Les succès militaires éclatants des Anglais au cours de ces dernières semaines et l'héroïsme de leur résistance ont eu un retentissement considérable parmi nos compatriotes qui ne peuvent s'empêcher d'applaudir à la présence de formations militaires françaises aux côtés des Anglais. Tel est le sens du gaullisme.

En présence de l'évolution favorable qui s'accomplit indubitablement, mon sentiment est qu'il ne faut pas brusquer ces bons Français. Je m'efforce de les éclairer en dissipant des malentendus et des illusions. J'ai l'impression que mes efforts ne seront pas stériles. Il va sans dire je m'abstiendrai d'avoir des relations avec les représentants attitrés du mouvement De Gaulle ainsi qu'avec ceux qui se sont ouvertement compromis dans ce mouvement (M. Soustelle, délégué des gaullistes, a quitté Mexico pour l'Angleterre et on ne sait quand ou s'il reviendra ici). En revanche je ne crois pas

---

[1] Allusion au renvoi de Pierre Laval, le 13 décembre 1940, et à son arrestation, en raison d'une conduite considérée comme trop personnelle de son ministère et d'une politique de trop grandes concessions aux Allemands. On pense aussi qu'il veut monter une opération militaire avec les Allemands pour reconquérir les colonies d'Afrique passées sous le contrôle de la France libre. Enfin, on le soupçonne d'alimenter secrètement une certaine presse très critique envers Pétain. L'acte constitutionnel n° 4 qui faisait de lui le successeur du Maréchal est abrogé. Flandin est nommé aux Affaires étrangères en remplacement de Laval, poste qu'il occupera jusqu'à sa démission, effective le 10 février 1941.

devoir tenir à l'écart les Français qui affirment leur loyalisme vis-à-vis du gouvernement du maréchal Pétain et dont les sympathies gaullistes ne sont pas telles qu'ils ne puissent être ramenés à d'autres sentiments.

Je craindrais, je le répète, qu'à brusquer nos compatriotes par des mises en demeure, on ne contrariât une évolution favorable.

Je serais très obligé au Département de vouloir bien me faire savoir s'il approuve cette attitude.

Guerre 1939-1945, Vichy, B Amérique, Mexique, 70 (1GMII/70)

100

M. Guerlet, Ministre de France à Stockholm,
    À L'Amiral Darlan, Vice-Président du conseil, Ministre
      Secrétaire d'État aux Affaires étrangères, à la Marine et à
      l'Intérieur.

D. n° 22[1].   *Stockholm, 21 février 1941.*

Par la valise.

Au moment où la guerre est sur le point d'entrer dans une phase nouvelle, où l'on envisage la possibilité d'une poussée germanique vers la mer Égée et d'une invasion de la Grande-Bretagne, de nouvelles inquiétudes se font jour parmi les Suédois.

Plus que jamais ils déplorent que l'emprise de l'Allemagne nationale-socialiste sur le Danemark et la Norvège tende sans cesse à s'aggraver en dépit de la résistance que rencontrent les envahisseurs. Il y a quelques jours, contrairement aux engagements qu'il avait pris le 9 avril dernier[2], le gouvernement allemand exigeait du Danemark la livraison d'une dizaine de torpilleurs. D'autre part, au cours d'un discours prononcé le 4 février à Trondheim, M. Himmler aurait déclaré aux Norvégiens que leur pays serait un jour incorporé dans la Grande Allemagne. Les Suédois ne sauraient rester indifférents à une telle menace et ils sentent bien que si les deux nations sœurs étaient un jour contraintes de faire partie de « l'espace vital germanique », tôt ou tard le même sort leur serait réservé.

En même temps, ils redoutent que les entreprises que l'Allemagne pourrait préparer dans les Balkans, où ses ambitions entrent en conflit avec celles de l'URSS, ne soient l'occasion d'un nouveau marchandage dont la Finlande ferait les frais, à l'exemple de la Pologne orientale et des États Baltes. Si la Russie soviétique obtenait les mains libres en Finlande, la Suède se trouverait placée dans l'alternative de venir seule au secours de

---

[1] Dépêche intitulée : « La Suède et la guerre ».

[2] Le jour de l'attaque par les troupes du Reich de la Norvège et du Danemark. Alors que les Norvégiens résistent, les Danois dont la capitale, Copenhague, est occupée, capitulent.

cette dernière, sans grande chance de succès, ou d'assister inactive à son écrasement comme cela s'est passé il y a un an[1]. Dans l'une ou l'autre de ces hypothèses, l'indépendance du Royaume serait dangereusement compromise et celui-ci en serait probablement réduit à chercher refuge dans un protectorat allemand.

Enfin, la seule prolongation d'une guerre si destructrice, dont l'issue est encore incertaine, n'est pas sans préoccuper vivement les Suédois. Si l'Allemagne venait à triompher de la Grande-Bretagne, ne seraient-ils pas définitivement à la merci d'Hitler qui dès lors n'aurait plus rien à redouter de Staline ? Ne leur faudrait-il pas renoncer à leur indépendance et à des institutions auxquelles ils sont très sincèrement attachés ? Si, au contraire, la Grande-Bretagne, avec l'aide de l'Amérique, l'emportait dans une guerre d'usure à la faveur d'un effondrement intérieur de l'Allemagne, qui préserverait le Nord et l'Est de l'Europe du péril russe ? Le communisme ne risquerait-il pas d'envahir une grande partie du continent avec ou sans l'intervention de l'armée soviétique ?

Dans ces conditions, il n'est pas un Suédois qui ne souhaite le rétablissement prochain d'une paix d'équilibre sauvegardant la liberté des petites nations et réduisant les prétentions germaniques à de justes proportions. Les revers subis ces mois derniers par l'Italie en Albanie et en Afrique du Nord ont été manifestement bien accueillis par l'opinion publique suédoise, parce qu'ils ont paru de nature à contrecarrer les ambitions démesurées des puissances totalitaires, tout en portant une atteinte sérieuse à l'idéologie même du fascisme. À cet égard, il est symptomatique que la résistance victorieuse de la Grèce à l'agression de l'Italie et les succès des armées britanniques sur celles de Mussolini soient soulignés soigneusement tous les jours dans la presse suédoise, malgré les protestations réitérées du ministre d'Italie. Il est non moins intéressant de noter que les sympathies dont la France a toujours été entourée dans ce pays, se sont encore affirmées et développées malgré ses malheurs. Ainsi, la plupart des Suédois se plaisent à constater que notre gouvernement tient encore dans ses mains des cartes qui sont loin d'être sans valeur, avec une flotte presque intacte et un empire colonial dont les populations sont restées profondément fidèles à la mère-patrie.

Pour parer aux dangers dont elle se sent menacée, la Suède continue à compléter ses armements avec le concours de l'Allemagne, voire même avec celui de l'Italie qui lui aurait livré, tout récemment, un certain nombre d'avions. Du point de vue économique elle demeure, en dépit du blocus, un pays privilégié où les prix n'ont guère augmenté en moyenne que de 20 % depuis le début de la guerre et où les restrictions alimentaires sont encore relativement rares. Certes, les Suédois sont peu à peu privés des facilités

---

[1] Lors de la Guerre d'hiver soviéto-finlandaise (décembre 1939-mars 1940), par crainte de mesures de rétorsion des Allemands et des Soviétiques, la Suède, comme la Norvège, avaient, au nom de leur neutralité, refusé d'autoriser le transit des forces franco-britanniques dans le cas d'une éventuelle intervention pour porter secours à la Finlande. Voir à ce sujet, *DDF (1939-1944)*, 1940-1, documents de la section I-B (« Les obstacles à la Finlande : la neutralité scandinave et les divergences entre Alliés »).

d'existence exceptionnelles dont ils bénéficiaient grâce à 130 années de paix, mais ils restent, sous ce rapport comme sous beaucoup d'autres, extrêmement favorisés, si on compare leur sort à celui des Norvégiens, des Danois ou des Finlandais.

Guerre 1939-1945, Vichy, Z Europe, Suède, 719 (10GMII/719)

101

M. Spitzmüller, Chargé d'Affaires de France à Bucarest,
À L'Amiral Darlan, Vice-Président du conseil, Ministre
Secrétaire d'État aux Affaires étrangères, à la Marine et à
l'Intérieur.

D. n° 76[1].   *Bucarest, 21 février 1941.*

Le voyage de MM. Svetkovitch et Marinkovitch à Salzbourg[2] ainsi que la signature de l'accord bulgaro-turc (mon télégramme n° 215[3]) paraissent avoir singulièrement accru l'assurance des Allemands. Dans les états-majors de Bucarest, on prétend volontiers, en effet, que le règlement de l'affaire grecque[4] n'est plus qu'une question de jours et, qui plus est, ne nécessitera sans doute pas d'effort militaire, car la nouvelle situation créée par l'attitude « raisonnable » des trois États limitrophes de la Grèce retire désormais à celle-ci tout espoir de poursuivre la campagne avec quelques chances de succès. Dans ces conditions, le Reich pourra peut-être faire l'économie d'une campagne militaire, tout en s'en assurant les bénéfices par la seule pression politique. Les agences allemandes affirment d'ailleurs que les intrigues anglaises ne réussiront pas à empêcher les Grecs de solliciter un armistice et n'hésitent pas à publier les clauses essentielles auxquelles Berlin pourrait souscrire : cessation du feu sur la ligne du front actuelle, et occupation de Salonique par les forces hitlériennes.

Car il va sans dire que les Allemands, même au cas où ils obtiendraient la paix sans coup férir, ne renonceront probablement pas à occuper la Bulgarie et même à se réserver des bases aéronavales en Grèce. Tout au contraire. Lorsque le Reich envisageait une opération vers le sud, il estimait à raison indispensable de se prémunir au préalable du côté de la Russie. De

[1] Dépêche intitulée : « L'Allemagne, la Russie et les Balkans ».

[2] Ce voyage s'est déroulé début janvier 1941, officiellement pour des raisons de santé. Voir le document n° 8, note 5. Voir également les T. n° 21 à 22 de Sofia, en date du 7 janvier 1941, 20 à 22 de Budapest et n° 22 de Bucarest en date du 9 janvier (*in* Guerre 1939-1945, Vichy, Z Europe, Bulgarie, 190), ainsi que la note de Nac (Vichy, 7 janvier, même série, Balkans, 967). Dans ces documents non publiés, revient la crainte que la Bulgarie accepte les demandes allemandes en ce qui concerne le passage des troupes du Reich à travers le territoire bulgare.

[3] Le T. n° 215 de Bucarest n'a pas été retrouvé. Sur l'accord bulgaro-turc, voir document n° 95.

[4] Sur la guerre italo-grecque qui a commencé le 28 octobre 1940, voir *DDF (1939-1944)*, 1940-2, documents n°s 336, 342, 348, 350, 364, 386.

même, s'il songe à s'installer sur les rives de l'Égée et de la mer Ionienne, ce peut être non seulement en vue d'entreprendre une offensive, mais aussi pour s'assurer une forte position défensive contre toute entreprise britannique dans les Balkans, au cas où il serait occupé ailleurs, c'est-à-dire en Turquie ou en Russie.

Contrairement en effet à l'opinion courante qui veut que l'Allemagne soit décidée à tout faire pour éviter de se battre sur deux fronts, une action contre la Russie, à plus ou moins brève échéance, en tout cas sans attendre l'issue de la guerre, est envisagée avec beaucoup de sérieux dans les milieux allemands officiels de Roumanie. On y soutient que l'Allemagne a supprimé le front occidental, et que sa position sur toutes les côtes de l'Europe sera vraiment inexpugnable du jour où, installée dans les Balkans, elle aura fermé la dernière brèche. Il ne reste que les opérations aériennes et navales, auxquelles elle s'estime de taille à faire largement front. Mais cette forme revêtue par la lutte doit rendre celle-ci très longue, car l'on ne peut plus négliger ni la résistance anglaise ni l'aide américaine. Le problème essentiel ne devient plus un problème de bataille, mais un problème de résistance.

Or, si le Reich est assuré de stocks suffisants dans tous les domaines pour une année environ en continuant, au besoin en renforçant, les restrictions existantes, il sait, d'autre part, qu'à partir de l'automne 1942, il peut avoir à se trouver en présence de problèmes de ravitaillement extrêmement graves et dont la solution sera extrêmement difficile, sinon impossible[1]. Comme on a pour principe à Berlin de ne jamais considérer un obstacle comme insurmontable et de ne pas attendre au dernier moment pour l'affronter, l'administration hitlérienne recherche depuis plusieurs mois les moyens les plus propres à pallier, pour l'année prochaine, les insuffisances de réserves alimentaires et industrielles qui ne manqueront pas de se faire sentir et qui, si elles restaient sans remèdes, grèveraient lourdement la machine de guerre allemande.

Parmi les diverses solutions envisagées, il en est une qui semble avoir rallié un bon nombre de partisans. C'est une opération, foudroyante naturellement, sur la Russie qui se déroulerait selon le schéma suivant :

Désormais couvert au sud, le Reich, qui dispose d'ores et déjà d'une centaine de divisions sur la frontière russe, attaquerait en plusieurs points, l'assaut principal étant donné en direction de Lvov vers Kiev, de manière à séparer au plus tôt l'Ukraine de la Russie blanche et de la Grande Russie. Le front roumain resterait sur la défensive jusqu'au moment où la débâcle soviétique rendrait possible sans grand effort un raid littoral sur Odessa et au-delà. Les partisans de ce plan estiment que le régime soviétique ne résisterait pas à la guerre et que, même si les opérations militaires n'aboutissaient pas à bref délai à des succès décisifs, il serait si profondément ébranlé qu'il ne tarderait pas à s'effondrer de lui-même, ce qui reviendrait au même.

L'URSS une fois vaincue, et l'Allemagne s'y étant réservée, notamment en Sibérie, des possibilités illimitées du point de vue industriel et minier,

---

[1] La dernière partie de la phrase (à partir de « d'autre part ») est soulignée à la main.

elle pourrait s'atteler à la tâche gigantesque, qui semble bien constituer au fond son rêve le plus cher, de la mise en valeur systématique de l'Ukraine[1]. Dans cet immense territoire, qui peut nourrir un nombre d'habitants, allemands, bien entendu, double de sa population actuelle, le Reich trouverait un réservoir inépuisable de céréales, de produits de la terre, de bétail et de produits de l'élevage ainsi qu'un approvisionnement de pétrole dépassant largement ses besoins et que quelques-uns des plus grands centres industriels de l'Union soviétique. Avec la main-d'œuvre locale et, au besoin, avec quelques millions d'esclaves (sic) polonais, tchèques ou français, les spécialistes hitlériens se déclarent assurés d'obtenir des résultats décisifs dès la première année. « Si nous commençons l'opération dans un mois ou deux, déclarent en substance les Allemands, non seulement nous engrangerons la récolte de cette année, mais nous ferons les semailles à l'automne. En ce qui concerne les moyens de transport, nous aurons construit en un an au moins deux grandes routes bétonnées d'est en ouest, mis les voies ferrées, peut-être doublées, à l'écartement européen. Les usines ukrainiennes nous donneront le nombre de wagons qui nous est nécessaire. Dès le printemps prochain, nous aurons obtenu des résultats tels que nous serons assurés d'affronter sans crainte les perspectives d'une guerre de longue durée, fût-ce de plusieurs années ».

Les officiers allemands, qui s'épanchent si volontiers, ajoutent encore quelques précisions à leurs déclarations : pour les uns, l'expédition contre la Russie précédera l'assaut final contre l'Angleterre ; pour d'autres, il n'existe aucun rapport entre les deux théâtres d'opérations ; pour d'autres, elle serait immédiatement déclenchée en cas d'échec du plan de débarquement en Angleterre ; pour d'autres enfin, la destruction de l'URSS sera la première tâche qui s'imposera à l'Allemagne victorieuse en Occident.

Comme l'indique ma dépêche n° 67 du 18 février[2], il est difficile de mesurer la valeur exacte de pareils propos. Mais, qu'ils correspondent à des décisions arrêtées dans l'esprit du commandement allemand, qu'ils ne représentent que des idées personnelles, que la diffusion de déclarations confuses et contradictoires vise simplement à dérouter les observateurs, il semble qu'ils méritent, dans un cas comme dans l'autre, d'être relevés.

Guerre 1939-1945, Vichy, Z Europe, Balkans, 938 (10GMII/938)

---

[1] Dernière partie de la phrase soulignée en marge.

[2] Dépêche non retrouvée.

102

M. Blondel, Ministre de France à Sofia,
  À l'Amiral Darlan, Vice-Président du conseil, Ministre
  Secrétaire d'État aux Affaires étrangères, à la Marine et à
  l'Intérieur.

T. n°s 148 à 151.   *Sofia, 22 février 1941, 1 h.*

(*Reçu : le 22, 6 h. 30*)

Les préparatifs d'ordre militaire et administratif qu'on observe ici et qui, vus de la Roumanie, apparaissent plus nombreux et plus certains encore[1], peuvent servir, aussi bien qu'à la Bulgarie en état de mobilisation, à des troupes allemandes d'occupation.

L'accord Ankara-Sofia nous apprend que ni les Turcs ni les Bulgares ne s'opposeront au séjour des forces armées du Reich en Bulgarie.

Pas davantage les Anglais si l'on s'en rapporte aux dernières déclarations de la légation britannique à Sofia, qui, plus que le discours de M. Winston Churchill, sont conformes aux conseils de patience américaines et au désir de gagner du temps (mon télégramme n° 138-139[2]).

En ce qui concerne les Russes dont l'opposition aux desseins du Reich s'exprime surtout par des voies tortueuses et souterraines, ils se contenteraient pour le moment de poursuivre l'action de démoralisation de leur propagande sur les paysans soldats bulgares.

Restent les Yougoslaves.

Ces derniers selon de très sérieuses informations qui ont été fournies ici, ne veulent ni laisser les Allemands passer sur leur propre sol, ni même leur permettre d'attaquer les Grecs ou sortir de la Bulgarie.

D'après la même source, M. Hitler aurait déclaré aux hommes d'État yougoslaves que l'affaire italo-grecque n'intéressait pas particulièrement l'Allemagne. Il s'était toutefois déclaré très hostile à la présence d'Anglais sur le territoire hellène.

Tout paraît donc, depuis le déplacement de la position turque, inviter les Allemands à entrer en Bulgarie : s'ils franchissaient cette deuxième étape, ils risqueraient en principe d'être attaqués par les Yougoslaves, peut-être par les Turcs, et ensuite bien entendu par les Anglais. Pourquoi ne choisiraient-ils pas de scinder l'opération ?

À se borner tout d'abord à une simple occupation de la Bulgarie les Allemands trouveraient les avantages suivants :

1°- Aménager militairement ce pays, notamment pour améliorer ses voies de communication vers le sud ;

---

[1] Voir documents n°s 79, 82, 83, 86, 91.

[2] Document n° 95.

2°- Intimider les Yougoslaves, presque les encercler et finalement les amener à composer ;

3°- S'approcher de Salonique tout en se donnant l'avantage moral de la protéger, en même temps que tout le reste des Balkans, c'est-à-dire contre une belliqueuse initiative britannique.

Ce dessein paraissant immédiatement réalisable, pourquoi attendre encore ? L'occupation de la Bulgarie par les troupes allemandes, au lieu de se produire pour l'attaque brusquée sur les Hellènes au retour seulement de la belle saison, peut se faire pacifiquement et dès maintenant, l'ouverture des hostilités contre la Grèce étant réservée jusqu'aux moments les plus favorables.

Communiqué Postes Balkaniques.

Guerre 1939-1945, Vichy, Z Europe, Balkans, 938 (10GMII/938)

103

M. LÉON BÉRARD, AMBASSADEUR DE FRANCE PRÈS LE SAINT-SIÈGE,
   À L'AMIRAL DARLAN, VICE-PRÉSIDENT DU CONSEIL, MINISTRE
   SECRÉTAIRE D'ÉTAT AUX AFFAIRES ÉTRANGÈRES, À LA MARINE ET À
   L'INTÉRIEUR.

D. n° 39[1].   *Cité du Vatican, 22 février 1941.*

Très confidentiel.

Depuis que j'ai pris possession de ma charge, j'ai été reçu trois fois par le Souverain Pontife ; je me suis rendu, chaque vendredi matin, à l'audience diplomatique du cardinal secrétaire d'État ; je me suis entretenu au moins une fois par semaine avec l'un ou l'autre de ses deux collaborateurs principaux, Mgr Tardini, Mgr Montini ; j'ai fait visite aux cardinaux qui composent la Curie romaine ; j'ai souvent et longuement causé avec ceux des prélats et religieux français établis à Rome, de qui les propos et les appréciations m'ont paru tirer une valeur particulière de leur patriotisme, de leur esprit critique, des fonctions qu'ils exercent et du crédit qu'ils ont au Vatican. Il n'est pas trop difficile de discerner, par cet ensemble de conversations, quel est, quant à l'essentiel des choses, le sentiment du Saint-Siège sur la guerre et sur la paix et la ligne de conduite qu'il suit dans le conflit présent. L'objet de ce rapport est d'exposer au Département l'idée que j'ai pu m'en former à l'aide des sources que je viens d'indiquer. Dans un sujet nécessairement complexe, je chercherai surtout à mettre en relief des éléments fondamentaux, relativement simples, que la concordance des observations et des témoignages nous permet de tenir pour constants.

---

[1] Dépêche intitulée : « Le Saint-Siège et la guerre. » La mention « Très confidentiel » a été portée à la main par Léon Bérard.

Pour bien juger de la « position » prise par le Saint-Siège dans cette guerre-ci, il est, je crois, d'une bonne méthode de prendre pour point de départ et pour point de comparaison celle où il s'était placé dans la guerre dite « mondiale ». De 1914 à 1918, le Saint-Siège n'a pas cessé de mener une action diplomatique fortement concertée et organisée, dont la tentative de médiation de juin-août 1917 aura été l'épisode culminant. Les buts en étaient assez clairs, encore qu'ils aient été, semble-t-il, divers et successifs au gré des événements. De cette politique, on trouve un résumé vigoureux et net dans la dépêche n° 28 du 28 janvier 1922, adressée par M. Camille Barrère au Département, à l'occasion de la mort de Benoît XV, et dont une copie avait été transmise à cette ambassade à la date du 20 juin 1925. Dès 1915, la diplomatie pontificale s'emploie à borner le conflit, c'est-à-dire qu'elle s'efforce d'empêcher que l'Entente ne reçoive soit des États-Unis, soit de l'Italie, du ravitaillement en matériel d'abord, puis un appui militaire. À Washington comme à Rome elle fait entendre que l'essentiel, dans l'intérêt de l'humanité, est d'arrêter le plus tôt qu'il se pourra cette tuerie « monstrueuse ». Il y a dans l'un des camps, à côté de l'Angleterre protestante, la France « laïque », depuis dix ans absente du Vatican après rupture unilatérale du concordat. Dans l'autre, une puissance catholique, traditionnellement docile aux directions du Saint-Siège, l'Autriche-Hongrie. D'ailleurs il est vraisemblable que dans les réflexions et conjectures qui ont décidé de ses vœux, le Saint-Siège a réuni aux Autrichiens, par une sorte d'*Anschluss* moral et spirituel de sens contraire, les Bavarois et les millions de catholiques répandus à travers l'Allemagne. Sans doute a-t-il estimé que la victoire des Empires centraux serait favorable aux intérêts de l'Église. On admet généralement qu'il avait cru à cette victoire. Tout donne à croire qu'il en a douté à partir de l'été de 1917. Après la rupture entre les États-Unis et l'Allemagne, Benoît XV et son secrétaire d'État, le cardinal Gasparri, s'appliquent sans répit à l'accomplissement de ce dessein suprême : une transaction entre les belligérants, la paix sans vainqueurs ni vaincus, la restitution de la Belgique dans son territoire et dans sa souveraineté étant garantie, avec une rectification de frontière en Alsace-Lorraine.

Âme foncièrement sacerdotale, nature fine et sensible, humaniste délicat, Pie XII a vu revenir la guerre avec consternation. Lecteur zélé et admirateur de Bossuet, nul n'aura mieux vérifié que lui, par une intime expérience, cette maxime de l'illustre gallican : « La guerre est une chose tellement horrible que le nom seul en devrait donner de l'horreur ». Toutefois, les sentiments que le Souverain Pontife a manifestés aux approches du conflit et depuis qu'il a éclaté ne se ramènent pas uniquement à une « réaction » d'ordre spirituel et psychologique. Il s'y mêle des vues établies sur une connaissance profonde des choses de l'Europe et dont l'événement n'a que trop montré l'exactitude.

Le 30 août 1939, dans son domaine de Castelgandolfo, le Pape disait à un prélat français qui, le jour même, avait pris note de la conversation : « La Pologne va être écrasée en quelques jours. Et la France ne peut rien faire pour la Pologne, absolument rien. Savez-vous bien la force de l'Allemagne ?... C'est une force écrasante... ». Depuis le commencement de la guerre et jusqu'au milieu du mois de mai 1940, Pie XII a reçu, en audience privée, plusieurs Français. Je suis un de ceux-là. Dans leur foi patriotique, se fiant en outre sur les prévisions et assurances officielles, tous ont parlé au Souverain Pontife de la victoire de nos armes comme de la chose du monde dont ils étaient le mieux assurés. À tous le Pape a laissé entendre les appréhensions que lui causait pour nous la puissance militaire de l'Allemagne.

Le Pape était bien renseigné. Comme l'était son secrétaire d'État, le cardinal Maglione, lorsqu'au commencement d'août 1939, il essayait de jeter à demi-mot un doute salutaire dans l'âme d'un notable polonais qui venait de se féliciter devant lui des relations tout à fait cordiales que son pays entretenait avec la Russie soviétique. Il ne faudrait pas prendre les silences ou le laconisme du Vatican pour un manque d'information et croire qu'on n'y sait rien parce que certains jours, on n'y veut rien dire. Il s'agit parfois de saisir la confidence dans une interjection ou même dans une expression du visage et de démêler, dans une construction finement dubitative, quelque affirmation capitale. L'observatoire politique du Vatican n'a pas usurpé sa réputation. Il continue de la justifier.

Pie XII ne s'est donc pas trompé dans l'estimation qu'il a faite de l'appareil militaire allemand. Pour tout dire, il semble infiniment probable qu'il n'a guère cru, même avant l'action décisive du printemps dernier, au succès des armes françaises. Il demeure pourtant certain qu'en même temps qu'il en doutait, il l'a souhaité. Notre cause a été la sienne. Ses vœux ne concordaient pas avec ses craintes ou avec ses justes prévisions. Et l'on voit dès à présent, à cette particularité, comme la « position » du Saint-Siège dans cette guerre s'oppose, en un contraste assez vif, à celle qu'il avait prise dans la guerre précédente.

Personne n'a oublié l'acte solennel et très expressif par quoi le Saint-Père a, peut-on dire, entendu porter sentence au moins sur une phase du conflit. Je veux parler des messages qu'il a adressés, au vif mécontentement du gouvernement italien, aux souverains des trois États qui ont été envahis le 10 mai 1940 : Pays-Bas, Belgique, Luxembourg[1].

Le point capital me paraît être de discerner aussi justement qu'il se pourra les raisons profondes qui ont déterminé, cette fois, le jugement et l'attitude du Saint-Siège. Mêlés tous deux à la politique de Benoît XV, l'un comme nonce à Munich, l'autre comme nonce à Berne, Pie XII et le cardinal Maglione ne sont animés contre la nation allemande d'aucun parti-pris ni d'aucun préjugé. Le Pape, qui a passé plus de douze années de sa vie en Allemagne, possède à fond et parle fort bien la langue allemande ; il professe des sentiments de grande estime et de vive sympathie pour l'épiscopat et les catholiques allemands. D'où vient que le Saint-Siège n'ait pas cessé de redouter une victoire totale du IIIe Reich et plus encore la suprématie militaire ? Il n'en serait pas exactement rendu compte et l'explication n'irait pas

---

[1] Voir *DDF (1939-1944)*, 1940-1, document n° 270.

au fond des choses, si l'on se bornait à rappeler les plaintes que l'on a pu recueillir au Vatican touchant la politique religieuse du gouvernement de Berlin, le sort des fidèles en Pologne, la condition faite en Allemagne aux œuvres catholiques et aux congrégations.

La vérité est que le Saint-Siège aperçoit une opposition foncière, théoriquement irréductible, entre la doctrine de l'Église et celle dont s'inspire le national-socialisme, telle qu'elle est définie et professée par les théoriciens et les propagandistes les plus réputés du Parti. La divergence porte, plus ou moins latente, sur la notion de l'État, sur la nature et le fondement du droit de l'État. Certes on sait bien au Vatican que la philosophie allemande n'avait pas attendu l'avènement du « racisme » pour reconnaître à l'État, avec Fichte, avec Hegel surtout, des attributs quasi divins. Et ces conceptions n'avaient pas manqué d'exercer une forte influence sur la politique allemande. Il reste que dans le Reich de Bismarck et de Guillaume II, au temps des partis et quand florissait le Centre catholique, les institutions, les lois et les mœurs n'étaient pas, il s'en faut, aussi étroitement dépendantes d'une « idéologie » qu'elles le sont devenues avec le régime de maintenant.

Il n'est pas besoin d'être théologien ou historien des idées ou du droit pour comprendre en quoi la philosophie politique du national-socialisme peut se trouver en désaccord avec les enseignements de l'Église. Pour celle-ci, les idées directrices du nouveau Reich visent à renverser toutes les bornes entre le spirituel et le temporel, afin de réunir à la part de César, en dépit de la maxime évangélique, la part de Dieu. Selon la pensée du Saint-Siège, « fort interne » et « fort externe », vie civique et domaine de la conscience se trouvent là indistinctement soumis au contrôle, aux contraintes et aux directions de l'État ; le citoyen appartient tout entier à la puissance publique dès sa naissance et sans qu'il lui soit jamais loisible et licite d'opposer au droit de l'État un droit propre tiré de la nature et des destinées de l'âme humaine.

Dès avant la guerre, l'Église s'est nettement prononcée sur ce sujet, invoquant des principes qu'elle enseigne depuis son commencement. Le 13 avril 1938, la Congrégation romaine des Séminaires et Universités a condamné cette proposition : « Chaque homme n'existe que par l'État et pour l'État. Tout ce qu'il possède de droit dérive uniquement d'une concession de l'État ». Dans un des derniers consistoires publics qu'il ait tenus, Pie XII déclarait que l'homme est la fin de l'État et non pas l'État la fin de l'homme. D'ailleurs l'exposé le plus complet, le plus récent et le plus solennel qui ait été fait de cette doctrine se rencontre dans l'Encyclique *Mit brennender Sorge* du même pape, en date du 14 mars 1937, sur la situation de l'Église catholique dans l'Empire allemand. On y voit décrits en termes d'une énergie singulière les caractères et les données du différend de principe qui devait prendre, du fait de la guerre, une importance et un intérêt d'ordre international. Une telle discordance sur des points essentiels de morale et de droit est la raison profonde des appréhensions qu'inspirent au Saint-Siège la politique et les succès militaires de l'État national-socialiste. J'ai pu aisément m'en convaincre aussi bien par mes entretiens avec le Saint-Père et ses représentants à la Secrétairerie d'État que par mes conversations avec les cardinaux romains. Le citoyen embrigadé et endoctriné dès l'enfance, une jeunesse soustraite systématiquement aux influences de la famille et de la religion : voilà ce qui inquiète le Pape et sa Curie. À leurs yeux, tout progrès de la politique « totalitaire » est une menace pour l'avenir du christianisme.

Une différence et une distinction continuent d'être très généralement admises et marquées au Vatican entre les deux « totalitarismes » occidentaux, l'allemand et l'italien. L'Italie reste un pays foncièrement catholique. L'enseignement religieux y est donné dans les écoles de l'État « comme le fondement et le couronnement de l'instruction publique », selon les termes du concordat conclu en 1929 entre Pie XI et M. Mussolini[1]. L'action et l'influence du clergé y demeurent puissantes, avec cette particularité notoire que la jeunesse des séminaires et des noviciats se montre généralement animée d'un certain zèle fasciste. Cependant on peut dire qu'aux degrés les plus élevés de la hiérarchie de l'Église, le fascisme éveillerait de vives défiances dans la mesure où il se mettrait à imiter de près, quant à sa politique religieuse, le modèle allemand.

Pour augurer des rapports futurs du Saint-Siège et de l'Allemagne hitlérienne, il faudrait savoir l'importance que le chancelier Hitler lui-même attache aux constructions philosophiques et religieuses des doctrinaires du Parti, tel le Dr Rosenberg. Il faudrait savoir s'il a, comme eût dit Renan, un système des choses divines et humaines, quel est ce système et jusqu'à quel point ses idées sur le gouvernement et le droit public y seraient subordonnées. Il ne semble pas qu'il se soit jusqu'à présent préoccupé d'en éclaircir à fond ses contemporains. Ses vues et ses calculs d'homme d'État réaliste ne conduiront-elles pas le Führer à assouplir, sur le chapitre de la religion, les thèses du Parti ? Sa politique évoluera-t-elle de telle sorte qu'entre le Reich « totalitaire » et l'Église une paix réelle et durable s'établisse par quelque compromis ? L'avenir le dira.

Quant à présent, les vues du Saint-Siège sur le national-socialisme sont bien celles que je viens de décrire. Dans la guerre de 1914-1918, la règle de conduite suivie par le Saint-Siège s'inspirait de considérations qui pouvaient passer pour proprement politiques, encore que le souci des intérêts religieux et de l'avenir de l'Église y eût la plus grande part. Dans la guerre de maintenant les dispositions dont témoignent le Pape et les personnages admis à ses conseils procèdent de raisons d'ordre purement spirituel. C'est une divergence de doctrine qui oppose le Saint-Siège à l'État national-socialiste. Vue du côté du Vatican, elle se rapporte exactement à une question de théologie.

L'Église, chacun le sait, a souvent fait preuve, le long de son histoire, d'une grande aptitude aux accommodements. Elle a traité et réglé de graves différends avec des États et des régimes politiques très divers, fort éloignés parfois d'être soumis à son autorité. Elle professe, peut-on dire, une véritable indifférence en matière de pactes constitutionnels et de prototypes de gouvernement. Ce n'est ni la forme des institutions du Reich, ni le

---

[1]   Il s'agit des accords du Latran.

pouvoir absolu qui le gouverne qui sauraient constituer un objet de litige
entre le Saint-Siège et le national-socialisme, mais bien, mais uniquement
leurs conceptions divergentes de la fonction et du droit de l'État. Le Saint-
Siège estime que le « nazisme » tel qu'il s'est manifesté au monde implique
une confusion totale du temporel et du spirituel. Et là-dessus l'Église ne
saurait transiger qu'au prix de ce qui serait à ses yeux une abdication.
Là-dessus l'accommodement équivaudrait, pour elle, à l'abandon d'une
partie essentielle de sa doctrine et de sa mission.

On a compris toute la portée que le Saint-Siège reconnaît à un tel désaccord, quand on a entendu un haut prélat de la Secrétairerie d'État déclarer
avec la netteté, le tour bref et la carrure qu'il a coutume de mettre dans ses
jugements : « Il n'y a pas de place pour l'Église dans l'Ordre Nouveau ». Il
parlait de l'ordre nouveau qui serait organisé sous les auspices et sous le
vocable du national-socialisme. Sans aucun doute, la liberté du culte est
assurée et respectée en Allemagne. Mais le seul exercice du culte n'est pas,
il s'en faut de beaucoup, ce qui marque ou mesure la place que l'Église
entend tenir dans la vie des nations. Elle n'attache pas un moindre intérêt
aux œuvres d'action catholique, notamment aux œuvres de jeunesse et
d'éducation qu'elle juge nécessaires, dans le temps où nous sommes, à l'accomplissement de son ministère.

Ce rapport n'a d'autre objet, je le répète, que de constater par des observations aisément vérifiables, je pourrais dire : par des faits bien établis, la
position que le Saint-Siège a prise devant les problèmes de la guerre et de
la paix. Le gouvernement de l'Église est le plus puissamment centralisé qui
soit au monde. Ce caractère n'a fait que s'accentuer depuis le concile du
Vatican. Plus que jamais les actes, les définitions doctrinales, les directions
de pensée et de conduite émanés du Vatican trouvent un accès facile et
prompt dans la conscience des catholiques de tout l'univers. Il n'y aurait
guère à compter, pour y faire obstacle, sur la résistance des particularismes religieux et des corps ecclésiastiques intermédiaires. Il n'est pas
inutile d'ajouter qu'au cours de la guerre, la parole du Pape a rencontré
une vive adhésion non seulement parmi des chrétiens protestants, mais
jusque chez ceux qui demeurent fidèles, hors de toute confession définie,
aux enseignements de la philosophie spiritualiste. Les uns et les autres
adhèrent à la doctrine de Rome en tant qu'elle pose en principe que le
droit de l'État trouve une limite dans le droit de l'âme immortelle. Partout
où se posera le problème de « l'Ordre Nouveau » – et l'on ne voit plus guère
où il se pourrait qu'il ne se posât point – la pensée et l'action du Pape
peuvent avoir des retentissements qu'une politique prudente et « réaliste »
se doit de prévoir. C'est pourquoi j'ai cru bon de noter ici tout ce qui était
propre à montrer la nature et l'importance des raisons fondamentales
d'ordre spirituel qui avaient décidé, dans cette guerre, de l'attitude du
Saint-Siège.

Un autre sujet se rattache très logiquement à celui dont il vient d'être
traité, encore qu'il s'en distingue : dans quelle mesure et par quels moyens
le Saint-Siège aurait-il tenté et tenterait-il encore d'agir ou d'exercer une
influence sur le cours des événements ?

Le sentiment fort net qui s'exprime au Vatican sur les nouvelles théories de l'État nous dit assez que l'on y considère sans illusion, et non pas sans crainte, les conséquences possibles de la guerre et de la paix. Quoi qu'il advienne, il restera assurément, parmi le monde, des groupes de catholiques nombreux, disciplinés, fervents. Mais où seront les grandes nations catholiques ? En subsistera-t-il même une seule ? Les relations du Saint-Siège avec un pays tel que l'Espagne ne sont pas exemptes de difficultés. La négociation du concordat traîne au-delà de tout ce que l'on pouvait prévoir. Lorsque le ministre des Affaires étrangères d'Espagne, beau-frère du Chef de l'État, est venu à Rome, il en est reparti sans avoir demandé audience au Saint-Père, sans avoir vu personne au Vatican. Les personnages dirigeants du gouvernement de Madrid sont pourtant de sincères catholiques, et il n'est point douteux que la plupart des soldats du général Franco, et les meilleurs, ne se soient battus pour leur foi religieuse bien plutôt que pour un idéal politique. D'où vient ce sourd désaccord ? De ce qu'à propos du concordat, ou plus précisément à propos du mode de nomination des évêques, une question a surgi entre le Saint-Siège et l'Espagne : celle de savoir si le Saint-Siège consentirait à favoriser directement ou indirectement l'influence de la fraction la plus remuante du Parti national espagnol, laquelle s'efforce d'acclimater dans la péninsule la conception nouvelle du pouvoir. En Italie même, un conflit de politique religieuse n'éclaterait-il pas inévitablement, le jour où viendrait à prévaloir un fascisme de « gauche » ou un « totalitarisme » de stricte observance comme celui que semble représenter M. Farinacci ? Le Pape et ceux qui l'entourent ont, de tous ces périls, une vue très nette et très précise. C'est ce qui donne tout leur sens aux paroles de Pie XII lorsqu'il dit à des Français : « Je compte sur la France », lorsqu'il forme des vœux pour la continuité du travail de relèvement moral entrepris dans notre pays.

Le Souverain Pontife sent donc très vivement à quel point l'avenir de l'Église et l'avenir même du christianisme se trouvent intéressés dans les circonstances où le monde a été appelé à se transformer au milieu de souffrances inouïes. Il ne serait pas concevable qu'il ne cherchât point, par tous les moyens qui seront à sa portée et selon sa mission, à user de son autorité et de son influence au service des intérêts spirituels dont il a la charge.

Certains ne se sont pas fait faute de critiquer la conduite à leur sens trop effacée et trop timide que le Saint-Siège aurait tenue depuis le commencement de la guerre. Ceux-là ont certainement oublié les messages, plus haut rappelés, adressés aux souverains des Pays-Bas, de Belgique, de Luxembourg. Ils n'ont pas très bien interprété, s'ils les ont lus, les discours prononcés par le Pape à la Noël de 1939[1] et à la Noël de 1940. Il se peut que son prédécesseur Pie XI, de qui la manière était souvent un peu rude et le tour abrupt, eut parlé autrement, avec plus de véhémence. Jusque chez les pontifes romains « le style est de l'homme même ». Ce qu'il faut reconnaître, dans un esprit d'observation impartiale, c'est que Pie XII s'est prononcé sur la guerre et sur la paix avec une grande fermeté de pensée

---

[1] Voir *DDF (1939-1944)*, 1939, document n° 437.

et de façon à ne laisser subsister aucun doute sur le sens du jugement qu'il portait.

Mais le Pape, tout le monde en convient, est un diplomate en même temps qu'un esprit religieux jusqu'à l'ascétisme. Alors qu'elle s'était montrée si active pendant la guerre de 1914, la diplomatie pontificale demeurera-t-elle expectante et inerte en présence d'un conflit qui n'a pas cessé de croître et de s'étendre depuis dix-sept mois ?

C'est un fait que le Souverain Pontife a jusqu'au dernier moment essayé de détourner l'Italie de la guerre. Ne tentera-t-il pas un jour ou l'autre quelque démarche pour hâter le retour de la paix ? Quand on se met à former des conjectures sur ce sujet, il convient de réfléchir aux conditions nouvelles où doit s'exercer l'action diplomatique du Saint-Siège. Le Pape en est, lui, très exactement instruit.

Beaucoup de choses, il le sait fort bien, se trouvent changées en Europe depuis le temps où Benoît XV et le cardinal Gasparri s'employaient à préparer, entre les belligérants de 1917, un arrangement transactionnel. Le résultat le plus évident de la guerre de 1914 a été la subversion, la destruction à peu près entière de l'ancienne Europe dynastique, conservatrice et, à des degrés divers, libérale. Mais la victoire de la démocratie délibérante, que l'on croyait tenir en novembre 1918, n'en est pas moins demeurée une chimère. L'avènement des « masses », qui doit être considéré comme le trait le plus distinctif de la période d'après-guerre, n'a été que la première phase de l'ère des dictatures. À vrai dire, l'un et l'autre se sont harmonieusement mêlés et confondus. On se trouve, vers 1939, en face d'une Europe nouvelle, animée de fortes passions à la fois révolutionnaires et nationales, en même temps que merveilleusement docile, par vastes endroits, aux directions et aux contraintes d'un pouvoir sans partage et sans contrôle. Dans plusieurs nations qui recouvrent la plus grande partie du continent européen, les « masses » se sont soumises à des disciplines autrement rigoureuses que celles qui régissaient les peuples sous les monarchies de 1914. On sent bien tout ce qu'il peut y avoir de peu favorable aux entreprises de la diplomatie pontificale dans ce nouveau monde politique. Les commandements de l'État y sont plus stricts, plus puissants, plus irrésistibles qu'ils ne l'ont jamais été. Plus clairement encore qu'il y a vingt-cinq ans, il apparaît que chaque peuple et chaque régime joue son existence dans la guerre. La guerre elle-même, poussée jusqu'à ses conséquences les plus terribles, ne serait-elle pas la seule chose capable d'incliner, quelque jour, les gouvernements à entendre les conseils et à bien accueillir les suggestions d'une autorité spirituelle ?

Il est tout à fait certain que le Pape, ni personne dans ses conseils, ne songe en ce moment à une intervention du Saint-Siège pour la paix. Après avoir cru, en juillet dernier, à la prompte défaite de l'Angleterre, on estime, au Vatican, que la guerre durera : à tenter d'y mettre fin, dans les circonstances présentes, le Souverain Pontife risquerait, pense-t-on à bon droit, de compromettre inutilement son autorité.

On s'est demandé si la diplomatie pontificale ne se trouverait point désormais limitée et gênée, dans ses initiatives et dans son action, par certaine disposition du traité du Latran. Selon l'article 24 de ce traité (qui n'oblige le Saint-Siège qu'envers l'Italie) : « Le Saint-Siège, en ce qui touche la souveraineté qui lui appartient même dans le domaine international, déclare qu'il veut demeurer et demeurera étranger aux compétitions temporelles entre les autres États et aux réunions internationales convoquées pour cet objet, à moins que les parties en litige ne fassent un appel unanime à sa mission de paix, se réservant en chaque cas de faire valoir sa puissance morale et spirituelle ». Compétitions et litiges entre États, réunions internationales destinées à régler ces différends, intervention possible du Saint-Siège au cas où toutes les parties en cause feraient appel à son arbitrage : telle est l'hypothèse du texte. Celui-ci équivaut à une sorte de déclaration d'universelle neutralité du Saint-Siège, laquelle se comprend et se justifie bien facilement par la nature même d'un ministère spirituel qui s'exerce dans toutes les nations. Ce que le texte prévoit, c'est des constatations susceptibles d'être arbitrées et terminées dans des réunions internationales, « convoquées pour cet objet », en vue, peut-on croire, de prévenir une guerre. L'hypothèse ne se confond pas avec celle d'une guerre en cours. Au surplus, le Saint-Siège se réserve dans tous les cas, quel que soit le conflit, la faculté de « faire valoir sa puissance morale et spirituelle ». Il est clair qu'en quelque forme qu'elle se produise, l'intervention du Saint-Siège pourra toujours se fonder sur cette réserve et sur cette stipulation capitale. Et il se trouvera d'autant plus apte à intervenir en cas de guerre qu'il a solennellement proclamé sa neutralité. Il paraît vraiment impossible de voir dans l'article 24 du traité de Latran un obstacle aux démarches d'ordre diplomatique que le Pape déciderait d'entreprendre dans le présent conflit.

Il reste extrêmement probable que Pie XII n'a point du tout renoncé à tenter de telles démarches, mais qu'il garde au contraire l'espoir légitime de trouver sa part d'action et d'influence dans la fin de la guerre et dans le règlement de la paix. Il considère avec une profonde tristesse non seulement l'avenir de la religion, mais le sort de l'humanité ; et il aperçoit avec crainte le terrible renfort que la révolution communiste tirerait des misères d'une guerre longue. D'autres que lui, parmi les chefs de peuples, ne feront-ils pas quelque jour les mêmes réflexions et ne seront-ils pas saisis des mêmes inquiétudes ? Un moment ne viendra-t-il pas où une intervention du Pape répondrait aux vœux des belligérants eux-mêmes ou de certains d'entre eux ? Et quel neutre se trouverait mieux habilité que lui à un rôle de médiateur ou de pacificateur où il paraît désormais difficile que le Président des États-Unis puisse prétendre ? Il est permis de supposer que Pie XII médite sur ces questions et qu'il s'empresserait de mettre à profit l'occasion qui lui serait offerte d'agir pour la paix comme il est de l'essence même de sa mission. Le Pape attend son heure.

On s'est plu parfois à imaginer qu'à défaut d'une action diplomatique, il serait loisible au Souverain Pontife d'imposer en quelque manière à tous les catholiques ses vues sur la guerre et sur la paix. Il s'adresserait à leur conscience de telle sorte que les fidèles fussent moralement tenus de réprouver, en ce sujet, ce que le Pape condamne, de souhaiter et de préparer ce qu'il désire. De telles directions, on peut le croire, comporteraient pour le

Saint-Siège et pour l'Église plus de risques et d'inconvénients encore qu'une initiative diplomatique même prématurée et malencontreuse. Le Souverain Pontife en est certainement plus convaincu que personne. Il continuera d'enseigner, sur les désordres et les subversions de la guerre et sur les conditions d'une juste paix, la doctrine très ferme qu'il a définie en plusieurs circonstances solennelles. Il ne mettra pas les catholiques des pays belligérants dans le cas d'avoir à choisir, en telle matière, entre une obligation de conscience et leur devoir de citoyens. Il ne leur demandera pas de s'exposer aux rigueurs des disciplines de fer qui pèsent sur les hommes dans les guerres de maintenant. La pensée et la conduite de Pie XII s'inspirent à la fois d'un vif sentiment des hauts devoirs de sa charge et de la connaissance très exacte qu'il a du temps et du monde où il a été appelé à les remplir.

Guerre 1939-1945, Vichy, Z Europe, Saint-Siège, 551 (10GMII/551)

104

M. Roger Maugras, Ministre de France à Belgrade,
    à L'Amiral Darlan, Vice-Président du conseil, Ministre
        Secrétaire d'État aux Affaires étrangères, à la Marine et à
        l'Intérieur.

D. n° 25[1].   *Belgrade, 23 février 1941.*

Depuis l'annexion de l'Autriche[2] qui a donné à l'Allemagne une frontière commune avec la Yougoslavie, ce dernier pays a senti peser de plus en plus lourdement la pression de son puissant voisin. Sans chercher à préciser la part de responsabilité qui revient au gouvernement de Belgrade dans la désagrégation de forces qui, en Europe centrale et orientale, auraient pu lui constituer un appui, on doit constater que l'avance du Reich dans cette région a rendu chaque jour plus précaire la position de la Yougoslavie. À l'heure actuelle, sa frontière nord qui, des Alpes slovènes aux Carpates roumaines, s'étend sur 800 kilomètres environ, est bordée de territoires appartenant à l'Allemagne occupée ou traversée librement par les troupes allemandes.

Toutefois, jusqu'à présent, le Reich, en s'installant dans les pays voisins de la Yougoslavie, n'a pas menacé les intérêts directs de ce pays. Il n'en sera plus ainsi si les armées du Reich traversent le Danube. La seule occupation de la Bulgarie constituerait déjà une grave menace pour le Royaume des Karadgeorgevitch dont la frontière Est, sur une longueur de 400 kilomètres, pourrait être à chaque instant attaquée par des forces autrement puissantes que l'armée bulgare. Les dirigeants yougoslaves, d'ailleurs, tout en rendant provisoirement justice aux intentions pacifiques actuelles du roi

---

[1] Dépêche intitulée : « La Yougoslavie et la menace allemande ».
[2] En mars 1938.

Boris et de son peuple, ne sont pas certains que l'armée bulgare elle-même ne viendra pas un jour grossir les troupes du Reich. L'occupation de la Bulgarie a, en outre, au point de vue militaire l'inconvénient grave de séparer à peu près complètement les armées yougoslaves des forces turques. Toutefois, pour menaçante qu'elle puisse être, elle ne constituerait pas encore un danger vital pour ce pays-ci qui pourrait, dans certaines conditions, se défendre tout au moins dans les régions du Sud.

Il n'en serait plus de même si l'armée allemande entrait en Grèce et, après avoir occupé Salonique, s'avançait vers l'Albanie pour effectuer sa jonction avec l'armée italienne. L'encerclement de la Yougoslavie serait alors complété et s'en serait fini de son indépendance : aucune résistance militaire sérieuse ne pourrait être tentée par une armée qui n'aurait plus l'espoir d'être secourue ni même ravitaillée.

Quelle est la position du gouvernement de Belgrade à l'égard de cette angoissante perspective ? La croissance de la puissance allemande et les victoires des armées du Reich l'ont tout naturellement incité à une très grande prudence vis-à-vis de Berlin. Depuis nos désastres en particulier, les dirigeants yougoslaves ont constamment cherché à donner des satisfactions à l'Allemagne et même à entrer dans ses vues, tout en maintenant de leur mieux l'indépendance du pays. À l'heure actuelle, il est bien difficile de prévoir l'attitude que prendra au dernier moment le gouvernement et si le désir de maintenir le pays en dehors du conflit l'emportera sur la crainte de lui voir réserver le sort de la Roumanie. Au Berghof, il semble bien qu'aucun engagement n'ait été pris, sauf au point de vue économique, par le Président du Conseil et le Ministre des Affaires étrangères. De nombreux éléments du pays, notamment l'armée et le peuple serbes, préféreraient une lutte, même désespérée, à une inaction qui conduirait, en fait, à la suppression de l'indépendance. Mais d'un autre côté, l'on se rend compte qu'en cas de guerre la moitié nord du pays avec la capitale serait perdue en quelques jours. C'est donc une décision héroïque qu'il peut y avoir lieu de prendre et, pour qu'elle ne soit pas vaine, faut-il au moins que la Yougoslavie puisse espérer une aide extérieure. À l'heure actuelle, on ne compte guère ici sur l'éventualité d'un appui militaire russe ; la position de la Turquie n'est plus considérée avec autant de confiance qu'auparavant. En définitive, ce sont surtout les possibilités de l'Empire britannique dans cette partie de l'Europe qui constitueront vraisemblablement le facteur dont l'influence se fera le plus fortement sentir sur la décision qu'au dernier moment prendra le Prince Régent.

Guerre 1939-1945, Vichy, Z Europe, Yougoslavie, 928 (10GMII/928)

105

M. Spitzmüller, Chargé d'Affaires de France à Bucarest,
   À L'Amiral Darlan, Vice-Président du conseil, Ministre
   Secrétaire d'État aux Affaires étrangères, à la Marine et à
   l'Intérieur.

T. nᵒˢ 220 à 221[1].   *Bucarest, 24 février 1941, 21 h.*

(Reçu : le 25, 4 h. 30)

Je me réfère à mon télégramme nᵒ 216-217[2].

Des informations sérieuses précisent que le passage du Danube par les troupes allemandes n'a constitué qu'un exercice. Les convois qui avaient franchi le fleuve à Giurgiu seraient en effet revenus sur la rive roumaine. Il ne s'agissait, paraît-il, que d'un essai de résistance du premier pont dont la portière centrale a été enlevée hier. Par contre on confirme la présence de militaires allemands en uniforme en Dobroudja bulgare.

Les arrivées de troupes allemandes paraissent d'ailleurs toucher à leur fin, le rétablissement de la circulation normale sur un certain nombre de lignes des chemins de fer roumains étant annoncé pour le 26. Il ne semble donc pas que le chiffre de 30 divisions doive être dépassé pour le moment. En ce qui concerne le dispositif intérieur, il mérite d'être précisé : le Banat étant à l'heure actuelle vide de troupes nazies, l'état-major allemand a demandé au général Antonesco d'y envoyer 4 divisions roumaines afin de couvrir la frontière yougoslave de concert avec les unités allemandes qui vont être envoyées dans cette région. L'ambassadeur de Yougoslavie ne m'a pas caché l'inquiétude que cette mesure a provoquée à Belgrade. Il me revient (...)[3] que l'impraticabilité des terrains et des routes en Bulgarie est telle que les rapports de reconnaissance allemands concluraient qu'il serait prématuré de risquer à cette saison l'envoi massif vers le sud d'unités moto-risées.

Communiqué par le télégraphe à Sofia et Belgrade, par la poste à Budapest et Athènes.

Guerre 1939-1945, Vichy, Z Europe, Balkans, 938 (10GMII/938)

---

[1] Annotation marginale manuscrite : « Vu par Guerre ».

[2] Document non retrouvé.

[3] Lacune de déchiffrement.

106

M. Arvengas, Ministre de France à Mexico,
  À L'Amiral Darlan, Vice-Président du conseil, Ministre
  Secrétaire d'État aux Affaires étrangères, à la Marine et à
  l'Intérieur.

D. n° 18[1].   *Mexico, 24 février 1941.*

L'opinion publique mexicaine suit avec le plus vif intérêt les débats qui ont lieu actuellement à Washington et dont doit dépendre le degré d'assistance que les États-Unis seront prochainement en mesure de donner à la Grande-Bretagne. Elle s'exprime avec faveur, dans son ensemble, sur le renforcement de la puissance américaine qui doit résulter du vote du projet de loi soumis au Congrès par le président Roosevelt. Elle souligne que cette puissance, quelle que soit sa contribution à la résistance anglaise, sera appelée à jouer un rôle décisif pour l'avenir du continent américain lorsque sonnera, comme il est généralement prévu, au printemps ou à l'été prochain, une des heures les plus critiques de la guerre actuelle.

Témoins immédiats de l'immense effort des États-Unis, les Mexicains se montrent désireux de faire rapidement tout ce qui dépend d'eux pour que leur pays puisse affronter sans péril les événements qui se préparent. La tâche la plus urgente, estiment-ils, est de mettre de l'ordre dans leur maison, en bannissant l'agitation malsaine, l'intrigue génératrice d'anarchie, qui les ont tellement affaiblis, à l'intérieur comme à l'extérieur. Ce sentiment si répandu ne peut qu'encourager le gouvernement à poursuivre son œuvre de paix sociale et de réorganisation économique.

L'amélioration des relations du Mexique avec son voisin du nord constitue un autre aspect, non moins important, du redressement de ce pays. Le gouvernement du général Avila Camacho y travaille activement, comme en témoignent les négociations en cours avec les États-Unis en vue de la conclusion d'un accord destiné à régler d'anciennes controverses et à jeter les bases d'une loyale collaboration entre les deux pays.

Que l'opinion mexicaine mesure pleinement l'importance du nouveau chapitre qui s'ouvre dans l'histoire des rapports de ce pays avec les États-Unis, c'est un fait que soulignent les éditoriaux publiés quotidiennement dans la presse au sujet de la marche des négociations poursuivies à Washington entre l'ambassadeur du Mexique et M. Sumner Welles, ainsi que les commentaires provoqués par les indications, encore très générales, données sur l'économie de l'accord envisagé.

Une déclaration du ministère des Relations extérieures a laissé entendre qu'il s'agissait d'un pacte de bon voisinage couvrant non seulement les réclamations et contre-réclamations dérivées du problème pétrolier, les controverses résultant de l'application des lois agraires mexicaines, mais

---

[1]   Dépêche intitulée : « Le Mexique et les États-Unis ».

aussi l'amélioration des échanges commerciaux et la coopération pour la politique continentale. À défaut de précisions plus grandes, il est intéressant de noter, parmi les diverses manifestations de l'opinion, la définition que l'on se plaît à donner ici du nouveau caractère dont devront être empreints à l'avenir les rapports du Mexique et des États-Unis.

L'ancienne prévention du Mexique à l'égard de la politique américaine n'est pas encore dissipée. Elle résulte de la position même de ce peuple susceptible, conscient de ses forces latentes et de sa faiblesse relative, vis-à-vis d'un voisin puissant qui fut longtemps méprisant et souvent avide. Les journaux rappellent l'époque peu éloignée où les États-Unis se complaisaient dans la politique du *big-stick* et dans la diplomatie du dollar, où ils considéraient les peuples de l'Amérique latine comme des mineurs encore indignes de s'affranchir de la tutelle nord-américaine ; c'est seulement depuis la présidence de Franklin Roosevelt, soulignent-ils, que les États-Unis ont admis l'existence, dans le reste du continent, d'êtres véritablement humains, avec leurs aspirations propres, leur culture particulière, leur sentiment d'indépendance et leur désir de progrès ; il était temps que les États-Unis ouvrissent les yeux à ces réalités, en prévision des circonstances critiques qu'ils allaient avoir à affronter et pour lesquelles l'amitié et l'appui des peuples du sud devaient leur être plus que jamais nécessaires.

Ce sentiment du prix que présente, à l'heure actuelle, pour les États-Unis, la coopération de leur pays est généralement exprimé par les Mexicains, qui y trouvent à la fois une satisfaction d'amour-propre, l'assouvissement d'une vieille rancune et la fin d'une longue humiliation.

L'éditorial de l'un des principaux journaux locaux relevait récemment la phrase, à ses yeux malheureuse, du rédacteur politique de l'*Associated Press* à Washington, qui disait du futur accord de bon voisinage qu'il effacerait le souvenir des disputes passées, qu'il assurerait l'intime collaboration des deux pays dans le domaine économique et dans celui de la défense nationale, qu'il serait avantageux, en fait, pour les deux contractants « mais surtout pour le Mexique ». Si telle est l'opinion personnelle du rédacteur, déclare l'éditorial en question, cela n'a pas grande importance, mais si ces paroles reflètent l'opinion du Département d'État, il faut espérer que l'ambassadeur du Mexique saura trouver les arguments nécessaires pour mettre un terme au débordement d'une suffisance si injustifiée. Un accord d'amicale collaboration entre les États-Unis et le Mexique, est-il ajouté, eût sans doute été particulièrement précieux pour ce dernier pays à chaque moment historique des cent vingt années qu'a duré leur voisinage, bien que, tout au long du chemin de croix mexicain, sauf pendant les brèves années de la Guerre de Sécession, aucun facteur intérieur ou extérieur ne soit jamais venu, jusqu'à présent, compenser la faiblesse intrinsèque des gouvernements de Mexico et le dynamisme souvent agressif des gouvernements de Washington. Aujourd'hui il en est autrement : le bon et puissant voisin, contre lequel des menaces s'accumulent à l'est et à l'ouest, allié virtuel des Britanniques qui résistent héroïquement mais le dos au mur, sollicité par de graves problèmes intérieurs de tout genre, éprouve pour la première fois dans son histoire le besoin vital d'une amitié sincère et effective chez les

Mexicains. Ceux-ci sont prêts à souscrire un accord d'amicale coopération, mais en précisant qu'il est particulièrement précieux pour les États-Unis.

Certains vont même plus loin et estiment qu'un accord précipité préjugerait la puissance effective des États-Unis dans l'avenir. Ils recommandent une attitude d'expectative inspirée de celle de certains grands protagonistes du drame actuel et font, à cette occasion, l'éloge de la politique du maréchal Pétain, attendant le moment favorable pour choisir la seule voie qui compte aux yeux d'un homme d'État responsable des destinées de son peuple : celle du plus grand bénéfice pour sa patrie. Ils se demandent si le moment favorable est véritablement venu de régler du même coup avec les États-Unis tous les problèmes difficiles, hétérogènes, représentant chacun un aspect important de l'intérêt national du Mexique, dont le règlement se fait attendre depuis longtemps sans inconvénient majeur.

Les réactions de l'opinion mexicaine devant l'annonce de la conclusion prochaine d'un accord avec les États-Unis, que j'ai cru devoir rapporter à Votre Excellence, aussi bien en raison de leur importance pour la politique de ce continent qu'en tant que manifestation du point de vue d'un pays neutre[1] à l'égard des événements mondiaux, exagèrent sans doute l'importance du Mexique dans le jeu de la politique étrangère américaine. Il y aurait beaucoup à dire également sur la précieuse contribution que la sympathie agissante des États-Unis apporterait au redressement du Mexique, à l'assainissement de son économie, au rôle qu'il pourrait être appelé à jouer dans les péripéties futures de l'histoire. La plupart d'ailleurs ici sont sensibles, même si leur amour-propre les empêche de l'exprimer ouvertement, aux avantages incontestables qu'un rapprochement avec les États-Unis réserverait à leur pays, mais ils aimeraient pouvoir, dans une certaine mesure, tenir la dragée haute, faire valoir le prix de leur amitié et retirer le plus de bénéfice possible de la négociation actuelle. Leur ombrageuse susceptibilité demande que les États-Unis usent de ménagements à leur égard, les traitent comme une nation égale et sachent gagner le cœur du peuple mexicain. C'est ce qu'ils entendent lorsqu'ils réclament le respect absolu des États-Unis d'une politique réaliste, inspirée des circonstances de l'heure.

Guerre 1939-1945, Vichy, B Amérique, Mexique, 68 (1GMII/68)

---

[1] Le Mexique est neutre au début de la guerre. Cependant, à la suite d'une agression allemande en mai 1942 (des sous-marins allemands ont coulé deux navires mexicains), le président Avila Camacho, en poste depuis le 1er décembre 1940, déclara la guerre à l'Axe le 2 juin 1942. Opposé à la conscription, il envoya toutefois un seul escadron dans le Pacifique.

107

M. Pietri, Ambassadeur de France à Madrid,
à Pierre Bressy, Sous-Directeur d'Europe.

L. *Madrid, 24 février 1941.*

Mon cher ami[1],

Je crois utile de vous envoyer, pour vos dossiers, le texte d'une note cursive que j'avais rédigée pour Darlan, à la veille de Montpellier[2], et dont je lui ai donné lecture, purement et simplement, au dîner qui nous a réunis l'un et l'autre le 12 février au soir.

Il l'avait assurément écoutée et nous l'avions commentée ensemble. Il n'est peut-être pas sans intérêt, surtout en raison de ce que nous avons appris depuis, qu'elle figure dans le dossier des rapports franco-espagnols.

Affectueusement à vous.

F. Pietri

Annexe

Texte d'une note confidentielle lue par M. Pietri à M. l'Amiral Darlan
À Montpellier, le 12 février 1941, au soir

N. *Madrid, 12 février 1941, soir.*

Le secret sur le déplacement de Franco et de Serrano Suñer a été très strictement gardé.

Aujourd'hui encore, la plupart des membres du corps diplomatique à Madrid ont bien eu vent du voyage, mais se perdent en conjectures sur sa destination : on croit surtout à une rencontre *avec Hitler*[3].

Certains parlent d'une entrevue à trois. D'autres enfin d'une conférence à quatre, où serait *le Maréchal.*

Quant au but du voyage, les uns pensent qu'il s'agit d'une sollicitation de l'Espagne pour qu'on respecte sa neutralité et qu'on ne touche ni à son territoire ni à ses bases, les autres qu'il serait question d'une sorte d'appel de l'Italie pour la cessation de la guerre.

En ce qui me concerne, j'ai été par la force des choses admis au secret du voyage dès le moment où il a été envisagé[4].

Je n'ai même pas été étranger au projet de rencontre avec le Maréchal, puisque, lorsque S.S.[5] m'en a parlé, le 6 au matin, celui-ci a commencé par faire allusion à un simple survol

---

[1] La lettre est de la main de Piétri. Son destinataire n'est pas mentionné explicitement.

[2] Le 13 février 1941, Franco et Pétain se sont rencontrés à Montpellier où F. Piétri a accompagné le Maréchal, ainsi que F. Darlan, nommé le 10 février vice-président du Conseil et ministre secrétaire d'État aux Affaires étrangères, à la place de Flandin dont les Allemands souhaitaient le départ.

[3] Souligné dans le texte comme les autres passages en italiques du document.

[4] C'est le 6 février 1941 que Serrano Suñer a avisé Piétri des intentions de Franco (voir document n° 88). L'Ambassadeur a donc préparé l'entrevue de Montpellier avec Charles Rochat et P.E. Flandin, vice-président du Conseil et ministre secrétaire d'État aux Affaires étrangères pour quelques jours encore.

[5] Serrano Suñer.

du territoire français. Mais, sentant qu'il attendait une invite pour la formule du voyage par terre, j'ai cru pouvoir avancer que le Maréchal serait peiné que le Généralissime passât au-dessus de la France sans s'y arrêter et le rencontrer[1].

Je dois dire que S.S. a saisi la balle au bond et m'a répondu comme un homme qui avait déjà prévu cette démarche et qui avait même tout organisé en vue de son éventualité.

J'en conclu que le Généralissime avait *le désir* de s'entretenir avec le Maréchal, encore que S.S. n'ait présenté la chose que comme un geste de courtoisie normale et un agrément personnel de Franco.

Il est clair, en tout cas, que Franco n'échappera pas à l'obligation morale de dire au Maréchal un mot de son voyage en Italie et de ce qu'il est allé y faire, par conséquent de ce qu'il en a rapporté[2].

Il serait bon que le Maréchal, avec l'autorité qu'il a certainement sur le général Franco, tentât de *le pousser le plus loin possible* dans ses confidences. Le même effort pourrait être fait par le ministre des Affaires étrangères sur S.S. Si je suis en mesure d'aider à cette stratégie orale, je m'y emploierai de mon mieux, le Ministre étant assez libre et confiant avec moi.

Quelles sont mes conjectures sur le but du voyage ?

Je vais essayer de les dégager tant de ce qui m'en a été dit par S.S., et où je fais la part de la diplomatie, que de ce que j'ai pu recueillir de différents côtés ou de ce que me suggère mon expérience des derniers événements et de l'état d'esprit en Espagne.

S.S. m'a dit deux choses qu'il faut, tout d'abord, retenir et essayer de vérifier :

1°/ *C'est Mussolini* qui a appelé Franco[3].

2°/ « Nous parlerons *de tout* ».

I – S.S. a précisé que Mussolini avait déjà prié plusieurs fois Franco de venir le voir, que celui-ci y songeait lui-même depuis longtemps, ne fût-ce que pour remercier le Duce de sa participation à la guerre nationale, mais qu'il en avait été empêché par les difficultés Espagne-Vatican[4]. Celles-ci venant de se dissiper et l'appel de Mussolini s'étant renouvelé, le Généralissime s'est décidé à faire le déplacement.

Je ne doute pas, bien entendu, que l'histoire du Vatican ne soit très en dehors de la question, et la preuve en est qu'à la nonciature, le voyage était totalement ignoré aujourd'hui encore.

Certes, je ne serais pas surpris qu'effectivement l'appel vînt de Mussolini, en raison surtout du temps extrêmement court dans lequel le voyage s'est décidé et du peu de goût que le Généralissime a marqué jusqu'ici pour ces sortes d'expéditions.

Mais, d'autre part, il est plus vraisemblable encore que l'initiative soit venue de Franco lui-même comme il sera expliqué dans le paragraphe suivant, qui est le véritable point important de l'affaire.

II – En me disant : « nous parlerons *de tout* », S.S., malgré son hermétisme, a certainement donné à entendre qu'il serait question, dans cet entretien, de choses *importantes*, sans quoi il aurait pris la peine d'inventer un sujet apparent, mais limité, de conversation : ravitaillement, politique intérieure, etc.

Je ne m'y serais, à coup sûr, point laissé prendre, mais, par contre, les termes dont a usé, en me parlant, S.S. m'autorisent manifestement à penser que toutes les questions seront traitées y compris *celles qui peuvent nous intéresser* directement.

Sur ce dernier point, l'entretien avec le Maréchal devrait normalement nous fixer, car, selon moi, et étant donné le caractère de Franco et le respect qu'il a pour le Maréchal, il est difficile d'admettre qu'il aurait envisagé et désiré une rencontre avec celui-ci pour lui dissimuler, par exemple, une visée africaine nous mettant en jeu. Il lui était aisé, dans ce cas, d'éviter la rencontre, par un voyage en avion.

---

[1] Le train était inenvisageable en raison de l'écartement des rails, différent en Espagne et en France.

[2] Franco a rencontré Mussolini à Borgighera le 12 février (Voir document n° 88).

[3] De fait, l'invitation vient bien de Mussolini.

[4] Difficultés liées aux négociations pour un concordat.

Mais, en dehors des affaires nous concernant directement, il en est d'autres qui justifient amplement, à l'heure actuelle, un entretien Mussolini-Franco.

Reprenons ici les hypothèses du paragraphe 1er. Tout ce que je sais de longue ou fraîche date m'amène aux conjectures suivantes :

a) Si c'est Mussolini qui a appelé Franco d'urgence, ce ne peut être que pour deux motifs essentiels et différents :

— ou bien, pour lui demander, en usant de sa force de conviction personnelle, d'aider l'Italie dans la lutte de plus en plus dure qu'elle soutient en Méditerranée,

— ou bien (comme on l'a murmuré avant même qu'il fût question du voyage) d'appeler l'Espagne à son aide non point pour faire la guerre, mais pour essayer de s'orienter vers la paix.

Sans considérer cette seconde supposition comme exclue, je ne puis croire que ce soit sous cette forme que l'Italie rechercherait une possibilité de paix. Les États-Unis seraient infiniment mieux désignés pour une tentative de cette sorte.

Je me rabats donc sur la première, que tous mes télégrammes, depuis plusieurs semaines, ont fait prévoir et qui s'est trouvé presque explicité par mon entrevue avec le général Vigon[1].

Mais je continue à croire, en ce cas, à une résistance aussi opiniâtre que possible de Franco et, surtout, peut-être, de S.S., toutes les classes sociales en Espagne, et à leur tête l'armée, repoussant l'idée de la guerre ou la participation, même indirecte, à la guerre, d'une façon absolue.

À tel point que l'hypothèse b vient se confondre avec la première et s'offre comme tout aussi vraisemblable, à savoir que :

b) Franco irait en Italie de son initiative pour conjurer Mussolini d'épargner cette épreuve à l'Espagne, ce qui amènerait à penser (comme ma correspondance l'a indiqué) qu'il a été l'objet d'une très forte pression italienne s'exerçant soit directement soit par l'entremise de l'Allemagne.

Tout ce qui vient d'être dit permet de conclure que, d'où que soit venue l'initiative de la rencontre, c'est probablement sur la question de l'aide à apporter par l'Espagne à l'Axe que s'engagera la conversation.

Il est inutile de souligner, dans ces conditions, toute l'importance que pourra revêtir l'entretien du Maréchal et de son ministre des Affaires étrangères avec Franco et S.S. La France a, sans doute, là, l'occasion d'un jeu du plus haut intérêt, suivant ce que peuvent être ses intentions et la ligne générale de sa politique extérieure.

Si celle-ci comporte une pleine amitié avec l'Espagne et une conjonction intime des deux pays, il est clair qu'un effort doit être dessiné pour la consolider dans sa résistance.

Si, par contre, c'était avant tout la notion d'une résistance aux projets de l'Angleterre qui constituât le but réel de cette politique, il est non moins évident que le langage à tenir à Franco devrait être différent.

Dans l'une ou dans l'autre hypothèse, il y aurait une conversation étendue à engager avec l'Espagne, dont Montpellier serait le prélude.

Guerre 1939-1945, Vichy, Z Europe, Espagne, 251 (10GMII/251)

---

[1] Le général Juan Vigon (1880-1955), ancien précepteur des enfants d'Alphonse XIII, est un monarchiste et catholique. Il est l'un de ceux qui ont assuré la victoire du camp nationaliste lors de la guerre civile. Il est alors ministre de l'Air.

108

NOTE DE LA SOUS-DIRECTION D'ASIE

Conflit avec la Thaïlande

N.   *Vichy, 24 février 1941.*

Alors qu'un traité de non-agression avait été signé le 12 juin 1940 entre la France et la Thaïlande[1], le gouvernement de Bangkok, apparemment inquiété par l'action japonaise en Indochine, formulait en septembre 1940 des revendications territoriales[2] comportant :

1°) La cession de deux enclaves sur la rive droit du Mékong, sises l'une dans le royaume de Luang Prabang, l'autre à la limite de la frontière du Cambodge, et d'une superficie respective de 18 000 et 5 300 kilomètres carrés.

2°) L'assurance qu'en cas de transfert à une tierce puissance de la souveraineté française sur l'Indochine, le Cambodge et le Laos fussent attribués à la Thaïlande.

Le gouvernement français, estimant que de telles cessions étaient de nature à compromettre l'intégrité territoriale de l'Indochine que le Japon venait de reconnaître, repoussa les demandes thaïlandaises.

À la fin de novembre, la situation s'aggrava. Les incidents de frontières se multiplient. Les forces thaïlandaises prennent l'initiative d'actes de guerre qui provoquent des représailles de la part des forces indochinoises.

Dans cette situation équivoque, M. Garreau, chargé d'affaires de France à Bangkok, recevait pour instructions d'engager des conversations en vue d'une solution amiable du conflit.

Le 20 janvier, après une première tentative de médiation faite en décembre, le gouvernement japonais, invoquant les inquiétudes que lui inspiraient les tractations de la légation britannique à Bangkok, saisissait notre ambassadeur d'une offre de médiation en donnant à sa démarche un caractère de particulière solennité[3].

Le gouvernement français fit savoir le 22 janvier au gouvernement de Tokyo qu'il acceptait cette médiation[4]. Il était entendu que ce consentement n'impliquait pas de notre part renonciation des deux enclaves territoriales, cause du litige et objet de la médiation.

La date de la cessation des hostilités fut fixée au 28 janvier. Le 31, un accord était signé à Saïgon stipulant le retrait des forces terrestres à

---

[1] Sur cet accord que la Thaïlande, encouragée par la défaite française, tarde à ratifier, voir *DDF (1939-1944)*, 1940-2, les documents de la section V-C-1-b (« Menaces sur l'Empire/L'Indochine française en péril/Les ambitions des puissances asiatiques/L'intervention de la Thaïlande), notamment 30, 177.

[2] *Idem*, voir notamment documents n°⁵ 14, 97.

[3] Voir dans ce volume, le document n° 33.

[4] Voir dans ce volume, le document n° 39.

10 kilomètres de part et d'autre des positions atteintes le 29 janvier, l'obligation de s'abstenir de tout acte militaire, l'arrêt des propagandes hostiles, le respect réciproque des personnes et des biens. La durée de l'armistice était fixée à 15 jours[1].

Les négociations de paix se sont ouvertes le 7 février à Tokyo. Dès les premières prises de contact, il est apparu que les points de vue en présence étaient difficilement conciliables[2]. Alors que les revendications thaïlandaises avaient toujours porté sur les deux enclaves sises sur la rive droite du Mékong, le projet présenté par les plénipotentiaires thaïlandais comportait la cession de tout le Cambodge et de tout le Laos à la Thaïlande.

Des prétentions aussi exorbitantes n'apportaient, de toute évidence, aucune base possible de discussion. L'ambassadeur de France exprima très nettement le point de vue du gouvernement français à M. Matsuoka.

L'armistice ayant été prolongé de 15 jours, les échanges de vues pouvaient se poursuivre, bien que la situation en Indochine fût loin d'être satisfaisante. Les conditions de l'armistice étaient violées par les forces thaïlandaises de manière si flagrante[3] que, sur les plaintes des autorités françaises, les autorités japonaises rappelaient les Thaïlandais à l'ordre.

À la date du 18 février, M. Matsuoka remettait à M. Arsène Henry un projet de règlement établi par les autorités japonaises : outre les deux enclaves précitées, ce projet prévoit cession, dans le Cambodge de la totalité de la province de Battambang, des deux tiers nord de la province de Siem Reap, d'un tiers nord de la province du Kompong Thom.

Ainsi, alors que les revendications initiales de la Thaïlande portaient sur une superficie de 23 000 kilomètres carrés et 164 000 habitants, le projet japonais porte sur 69 000 kilomètres carrés et 534 000 habitants.

Le gouvernement français, après examen attentif et malgré son désir de répondre favorablement aux suggestions japonaises conclut qu'une amputation aussi considérable entraînerait un affaiblissement fatal de l'autorité française en Indochine, ayant pour conséquence de laisser le pays ouvert aux menées étrangères, notamment, au nord, sur la frontière chinoise. Il déclina donc la proposition japonaise à la date du 22 février en motivant son refus, mais en acceptant toutefois la cession des deux enclaves du Mékong, et, comme position dernière, une rectification de la frontière nord du Cambodge n'affectant que la partie située le long des pentes sud de la chaîne des Dangrek (qui constitue actuellement la limite entre le nord du Cambodge et la Thaïlande)[4].

Ces propositions, soumises le 23 février par l'ambassadeur de France à M. Matsuoka, sont actuellement à l'étude, et marquent de la part du

---

[1] Voir la note du Département en date du 1er février 1941, in Guerre 1939-1945, Vichy, E Asie, Thaïlande, 413 (non reproduite).

[2] Voir document n° 97 et notes.

[3] Voir à ce sujet, le « Mémorandum relatif aux incidents de la frontière thaïlando-indochinoise avant et après la suspension des hostilités » en date du 6 février 1941, in Guerre 1939-1945, Vichy, E Asie, Thaïlande, 413 (Mémorandum 18/2484 non reproduit).

[4] Voir document n° 97 et notes, ainsi que la série de télégrammes et autres documents in Guerre 1939-1945, Vichy, E Asie, Thaïlande, 406 et 413.

gouvernement français une sincère volonté d'aboutir, même au prix de sacrifices territoriaux considérables à un règlement pacifique du conflit.

Une nouvelle reconduction de l'armistice vient d'intervenir qui en porte l'échéance au 7 mars.

Guerre 1939-1945, Vichy, E Asie, Dossiers Généraux, 18 (3GMII/18)

109

Note du Département

N.   *Vichy, 24 février 1941.*

Confidentiel.

Le sort d'un grand nombre de réfugiés semble devoir empirer à brève échéance dans des proportions catastrophiques.

En effet, consécutivement à l'accord signé entre M. Laval et M. de Lequerica, l'amiral Darlan a conclu deux accords qui ont pour conséquence d'affecter la condition des réfugiés en l'aggravant, dans bien des cas, d'une manière tragique[1].

Le premier de ces accords a été négocié avec l'ambassadeur d'Allemagne Abetz. Si l'on n'en connaît pas exactement la teneur complète, on sait néanmoins qu'il est calqué dans ses grandes lignes sur l'accord signé antérieurement par M. Laval, mais en rendant les conditions précédemment fixées plus rigoureuses.

Le second accord a été signé avec M. Serrano Suñer à Montpellier lors du passage du général Franco par cette ville. Les cinq principaux paragraphes de ce dernier accord sont les suivants :

1°- L'accord a pour but de résoudre dans son ensemble la question des réfugiés espagnols. Sa mise en œuvre doit servir à aider la France en la libérant de l'obligation de nourrir un grand nombre d'étrangers et doit, d'autre part, dans l'esprit de ses négociateurs, permettre de faciliter la collaboration morale et politique entre les deux pays.

2°- Le gouvernement espagnol accepte donc de rapatrier tous les réfugiés espagnols en commençant par les femmes et les enfants, selon une liste et un ordre de priorité établis par le gouvernement français.

---

[1] Tout cela est inexact. Il a bien été question entre Darlan et Serrano Suñer de l'extradition des républicains espagnols à Montpellier, mais aucun accord n'a été conclu. Au lendemain de la rencontre de Montpellier, le 13 février 1941, entre Franco et Pétain, en présence de Serrano Suñer et de l'amiral Darlan, ce dernier et son collègue à la Justice, Joseph Barthélémy, ont mis au point une politique selon laquelle tous les dossiers d'extradition doivent être agréés par la justice française, conformément à la Convention franco-espagnole de 1877. Darlan, soumis à la pression américaine, doit faire respecter la légalité, mais demande à la justice française de ne pas rejeter systématiquement toutes les demandes d'extradition pour raison d'exception politique, cela afin de ménager les relations franco-espagnoles. Voir à ce sujet, document n° 94.

3°- Le gouvernement français s'oblige à livrer au gouvernement de Madrid tous les réfugiés espagnols, conformément à une liste qui sera dressée par des organismes espagnols constitués à cet effet, liste qui comprendra tous ceux que les autorités franquistes considéreront comme responsables de crimes commis en Espagne, aussi bien les crimes de droit commun que les crimes politiques.

4°- Le gouvernement français s'engage à livrer dans l'avenir non seulement les réfugiés mais encore les ressortissants espagnols (c'est-à-dire même les citoyens espagnols qui ne figurent pas dans la catégorie des réfugiés), dont l'activité serait considérée comme criminelle par le gouvernement espagnol et dont la présence sur le territoire français pourrait être jugée préjudiciable au bon fonctionnement et au développement des rapports franco-espagnols.

5°- Le texte de cet accord ne sera pas publié. Ses clauses devront être tenues strictement secrètes et seuls les points qui, d'un commun accord, seront estimés opportuns à être portés à la connaissance du public feront l'objet d'une communication. Il s'agit en l'espèce des stipulations et modalités concernant le rapatriement des femmes et des enfants.

Pour ce qui est de la manière dont cet accord sera mis pratiquement en œuvre, une annexe, sous forme de procès-verbal spécial, fixe les questions de réalisation technique.

Aux termes de ce procès-verbal, l'organisation suivante a été prévue :

Deux commissions centrales vont être créées à Vichy auprès du gouvernement français.

La première de ces commissions s'occupera de la question des réfugiés ordinaires. Elle comptera deux membres français et un membre espagnol.

La seconde sera chargée de s'occuper spécialement des réfugiés mentionnés au paragraphe 3, réfugiés accusés de crimes politiques et de crimes de droit commun. Elle comprendra deux membres espagnols et un membre français.

On instituera d'autre part des délégations exécutives locales. Elles seront composées d'après le même principe que les commissions centrales selon qu'il s'agisse de réfugiés ordinaires ou de réfugiés tenus pour responsables de crimes politiques ou de crimes de droit commun.

Les délégations seront pourvues de commissions rogatoires générales par le ministère de l'Intérieur pour exercer la surveillance, effectuer les recherches, les perquisitions, et procéder aux arrestations d'après des directives d'ensemble données par les commissions centrales. Elles relèveront directement de ces commissions centrales et agiront en dehors des autorités locales. Ce n'est qu'à titre exceptionnel et dans des cas jugés absolument indispensables qu'elles auront à prendre contact avec les préfets et à les mettre au courant de leur activité.

L'organisation ainsi prévue devra être prête à fonctionner au plus tard le 27 février 1941. Les groupes de fonctionnaires déjà constitués antérieurement à l'accord pour s'occuper de ces questions devront dès à présent agir en conformité avec les nouvelles dispositions prises.

Le centre de Saint-Tropez, qui avait été préparé pour servir de base de transfert pour les réfugiés espagnols, comme il avait été indiqué dans un rapport précédent, sera affecté en qualité de centre de rassemblement aux réfugiés ordinaires (notamment aux femmes et enfants).

Ainsi qu'on le voit, les délégations exécutives locales seront investies de véritables pouvoirs discrétionnaires qui sont extrêmement redoutables. Dans le cadre des instructions d'ensemble qui leur seront données par Vichy, elles agiront directement sans consulter ni même informer les corps administratifs, en vertu de droits souverains et leurs décisions et actes seront sans recours.

L'accord intervenu avec l'Allemagne et signé antérieurement à celui conclu avec M. Serrano Suñer est, dans ses grandes lignes, semblable à l'accord de Montpellier. Sans fonctionner encore à plein, il est déjà entré en vigueur et a notamment permis dès à présent l'arrestation d'un certain nombre de personnes à Paris ainsi que dans la zone occupée (sur ces opérations des détails circonstanciés pourront vraisemblablement être fournis à bref délai) et même en zone libre. L'arrestation de Breitscheid et de Hilferding en est notamment un témoignage.

Deux centres spéciaux de transfert ont d'ores et déjà été organisés en zone libre. L'un de ces centres se trouve à Moulins. C'est la baraque n° 4 du camp spécial de triage de la Sûreté nationale. Parmi les fonctionnaires attachés à ce centre figurent le commissaire divisionnaire Barbouilly, l'inspecteur principal Jolivot et un policier allemand du nom de Muller.

Le second centre est établi dans la région bordelaise, à Saint-Martial d'Artenset, à proximité de Libourne. Il est installé dans une ferme isolée située à 1 km de Saint-Martial d'Artenset et à deux kilomètres de la ligne de démarcation.

Est affecté à ce centre pour le compte de l'Allemagne un fonctionnaire de la Gestapo, Oskar Hoffmann, autrefois à la Abteilung 1A du Politzeipraesidium de Berlin. Des patrouilles allemandes vont fréquemment à cette ferme, franchissant par conséquent la ligne de démarcation.

Des renseignements plus complets sur l'organisation de ces deux centres et les fonctionnaires qui y sont attachés seront donnés ultérieurement.

Mais dès à présent, d'après les informations sûres qui viennent de parvenir, il est possible d'affirmer avec certitude que M. Breitscheid a été transféré à la baraque n° 4 du camp spécial de triage de la Sûreté nationale à Moulins, d'où il a été livré aux autorités allemandes, tandis que M. Hilferding a été acheminé à Mussidan, localité située entre Périgueux et Libourne, pour être transporté de là à Saint-Martial d'Artenset où il sera remis à son tour à l'Allemagne.

C'est M. Rochat, ministre plénipotentiaire, qui a été désigné par l'amiral Darlan pour être le principal délégué français, avec titre de président, à la commission centrale politique créée à Vichy en exécution des accords signés.

Il résulte de ce qui précède que la situation de nombreux réfugiés, et notamment celle des réfugiés espagnols, doit être dorénavant considérée comme désespérée. Ces derniers ne pourront plus compter trouver aucune aide ni protection auprès des autorités françaises, pas même une certaine tolérance tacite dont ils bénéficiaient parfois jusqu'à présent.

Sans pouvoir être taxée de meilleure, celle des réfugiés allemands se présente cependant sous un jour légèrement moins critique d'une manière absolue. D'abord parce que l'accord qui les concerne a un champ d'application plus limité et ne s'étend pas aux ressortissants allemands établis en France et qui n'entrent pas dans la catégorie des réfugiés proprement dits. Ensuite parce que, en raison du violent sentiment antihitlérien qui existe dans de larges milieux, et notamment dans les milieux militaires, il n'est pas interdit de penser que, dans quelques cas, à la vérité fort rares, un heureux concours de circonstances permettra de faire appel, sinon à la collaboration active, du moins à la complicité passive de certains fonctionnaires ou officiers municipaux qui, sans aller jusqu'à faciliter la soustraction aux recherches dont les réfugiés feront l'objet, ne dénonceront du moins pas les abris où ces derniers auraient pu éventuellement trouver refuge.

Guerre 1939-1945, Vichy, Z Europe, Espagne, 288 (10GMII/288)

110

NOTE DE LA DIRECTION POLITIQUE À L'AMBASSADE DES ÉTATS-UNIS

N.   *Vichy, 24 février 1941.*

Le gouvernement des États-Unis n'ignore pas les très grandes difficultés de ravitaillement auxquelles le gouvernement français doit faire face[1].

La France, n'étant pas préparée à vivre sur elle-même, a besoin, pour subsister, de son Empire.

C'est pourquoi, aussitôt après l'armistice, elle a demandé et obtenu des Allemands l'autorisation de reprendre un trafic maritime réduit avec ses principales colonies. Malgré des difficultés extrêmes, ce trafic dépasse maintenant, à l'importation en France, 100 000 tonnes par semaine, dont l'appoint est capital.

Mais ce trafic risque d'être suspendu par suite de l'attitude hostile de la Grande-Bretagne contre les bâtiments de commerce français. Prétextant que tout ce qui entre en France peut contribuer au ravitaillement de l'ennemi et saisissant ce prétexte pour s'emparer sans danger de nos navires sans armes, le gouvernement britannique exerce une contrainte de plus en plus sévère sur le trafic maritime de la France. Les chiffres suivants, gardés secrets jusqu'à maintenant, en font foi :

---

[1] Voir en particulier le document n° 64.

Sans parler des 81 navires de commerce français (totalisant 400 000 tonnes) qui s'étaient réfugiés avec confiance en Angleterre en juin 1940 et dont la Grande-Bretagne s'est emparée, la marine britannique a capturé le nombre de navires suivants :

3 en septembre 1940
4 en octobre 1940
3 en novembre 1940
3 en décembre 1940
6 en janvier 1941
8 en février 1941
―――
27

Ainsi, depuis l'armistice, la Grande-Bretagne a pris à la France, sans aucun motif valable, plus de 100 navires de commerce, dont certains étaient d'ailleurs vides ou ne portaient que d'inoffensifs démobilisés.

Si l'Amirauté anglaise continue de capturer les bâtiments de commerce français, les pertes de tonnage qui en résulteraient pour la France entraîneront des conséquences graves, d'ordre économique et politique. D'une part, en effet, les autorités navales seront contraintes de réduire considérablement le trafic entre l'Empire et la métropole au détriment de leur ravitaillement. D'autre part, des restrictions ne manqueront pas de produire en France et en Afrique du Nord, sur l'opinion encore mal informée de cette situation, une émotion dont les suites politiques peuvent devenir sérieuses.

Soucieux cependant de résister aux entraînements de cette opinion publique et répugnant aux mesures de représailles, le gouvernement français souhaiterait voir s'aplanir ces difficultés par les moyens de la conciliation. Il se permet dans cet esprit de recourir à nouveau aux bons offices du gouvernement américain pour le prier d'examiner s'il ne pourrait intervenir auprès du gouvernement britannique, afin qu'il soit mis fin à une série de captures que le gouvernement français considère comme illégales et injustifiées.

Les derniers arraisonnements dont des navires français ont été l'objet révèlent, en effet, des procédés contraires à tous les usages internationaux. C'est ainsi que le *Sontay* et le *Jean-E.D.*, capturés près de Cape Town, avaient reçu du croiseur anglais qui les força de stopper l'assurance écrite qu'ils seraient relâchés après visite. Or, malgré cette assurance écrite, les deux bâtiments furent capturés, le général Smuts ayant refusé de ratifier la décision du capitaine du croiseur. Il est à noter que les deux navires en question se rendaient à Dakar et que, par conséquent, leur capture ne saurait se justifier par le prétexte qu'ils pouvaient servir au ravitaillement de l'Allemagne.

Il est évident que de tels incidents, s'ils se renouvelaient, ne pourraient que pousser l'Amirauté française à des mesures extrêmes que le gouvernement français tient absolument à éviter.

Guerre 1939-1945, Vichy, Z Grande-Bretagne, 339 (10GMII/339)

111

NOTE DE LA DIRECTION POLITIQUE – BUREAU D'ÉTUDES CHAUVEL

L'action allemande en Lorraine (Moselle) depuis l'armistice

N.   *Vichy, 24 février 2011.*

Une note récente a établi les divers points qui caractérisent l'action allemande en Alsace depuis l'armistice, telle qu'elle ressort de l'examen du dossier « Alsace » du Bureau d'études.

La présente note, dont le plan se rapproche de celui du document en question, a pour objet de définir l'action allemande en Lorraine depuis la même date.

Il y a lieu de signaler en commençant que le dossier « Lorraine » présente d'importantes lacunes. Malgré celles-ci, il paraît certain qu'une grande partie des mesures administratives politiques et économiques qui ont été prises en Alsace ont leur pendant en Lorraine.

I. ADMINISTRATION CIVILE.

La partie de la Lorraine annexée en 1871 (Moselle)[1] a été rattachée administrativement au district de Sarre-Palatinat. L'ensemble de ces territoires porte depuis novembre le nom de Gau Westmark. Bürckel, Gauleiter de Sarre-Palatinat, s'est vu confier depuis juillet la charge de la Lorraine[2].

Aussitôt, les représentants de l'administration française ont été évincés. Préfets, sous-préfets et maires des grandes villes ont été renvoyés. Les maires des petites communes ont été parfois remplacés. Dans tous les cas, ils administrent leur circonscription sous le contrôle d'un Ortsgrupenleiter[3], représentant le Parti.

Le cordon douanier a été avancé à la frontière de 1871.

La Reichspost dirige les postes et la Reichsbahn les chemins de fer.

Les renseignements manquent au sujet des mesures prises en matière d'enseignement.

II. LUTTE CONTRE L'INFLUENCE FRANÇAISE.

Cette lutte a en Lorraine plus d'importance peut-être qu'en Alsace, car, de l'avis même des Allemands, la population n'est pas purement allemande.

---

[1] Avec de plus le nord-est de l'ancien département de la Meurthe, annexé en même temps que l'Alsace (le 25 juillet 1940), la moitié sud-ouest de la Meurthe et la partie ouest de la Moselle d'avant 1871 (Meurthe et Moselle) étant restée française.

[2] Le reste de la Lorraine (Meurthe et Moselle) a été rattaché à la zone occupée du Nord. Elle subit cependant une règle plus sévère puisqu'elle fait partie de la zone réservée, très difficile d'accès (le retour des réfugiés non germanophones y fut interdit).

[3] Ortsgruppenleiter : Chef de groupe local, responsable devant le NSDAP de la direction politique de la plus grande subdivision d'un Kreis (district composé de plusieurs villes ou villages ou d'une partie de grande ville). Il y avait environ 35 000 Ortsgruppenleiter.

Un article des *Münchner Neueste Nachrichten* du 24 septembre 1940 le précise : « L'impression dominante que l'on retire d'un bref séjour en Lorraine est celle d'une réserve marquée des habitants à l'égard du nouvel arrivant[1]. On ne peut juger vraiment les gens que si l'on tient compte de tout ce qui a été fait pour exciter sans arrêt leur haine contre l'Allemand du Reich et plus encore contre toute mesure émanant du national-socialisme… Tout cela ne peut s'effacer en une heure ».

L'idée directrice du Gauleiter Bürckel[2] est celle-ci : « Notre action dans ce district est subordonnée à la condition que celui-ci soit peuplé par des éléments dont l'attitude offre toutes les garanties pour la tâche à accomplir »… « Ce principe doit être appliqué jusqu'au dernier homme, afin d'empêcher la France de prétendre que des Français habitent sous la domination allemande ».

Or, d'après M. Bürckel, il existe en Lorraine quatre catégories de personnes sympathiques à la France : la classe des notables, en majorité venus de l'intérieur, le Chapitre de la cathédrale de Metz, les chauvins, et enfin les habitants de la Lorraine qui ne parlent que le français. Tous ces éléments doivent quitter le pays.

Le Gauleiter les a mis en demeure de choisir : ou émigrer dans la Warthegau[3], ou vers l'intérieur de la France.

C'est en vertu de cette politique que le représentant des Affaires étrangères à Wiesbaden a fait savoir au général Doyen que les trains de Lorraine « désireux de rentrer en France » allaient, à partir du 3 novembre, être mis en route vers la zone non occupée[4]. Malgré l'intervention personnelle de M. Laval auprès de M. Bürckel, cette mesure a été appliquée à partir du 11 novembre et près de 70 000 personnes (les précisions sur le chiffre exact font défaut) ont été expulsées. Celles-ci n'ont eu le droit d'emporter qu'une somme de 2 000 F par tête[5]. Le 18 novembre, le général Doyen a protesté au nom du gouvernement auprès du général von Stülpnagel contre les mesures en question.

Dans une affiche bilingue[6], M. Bürckel a tenté de faire croire que le transfert de population était exécuté à la suite d'un accord avec la France. Le 14 novembre, un communiqué français a démenti cette assertion.

---

[1]   Le Reich développe dans ces territoires annexés une politique d'immigration allemande, afin d'en accélérer la germanisation.

[2]   *Note du document* : Discours du 30 novembre 1940.

[3]   Le Reichsgau Wartheland, parfois appelé Warthegau, désigne le territoire de Grande-Pologne occupé et annexé au troisième Reich après la défaite de la Pologne en 1939, par opposition aux régions polonaises administrées par le Gouvernement général.

[4]   *Note du document* : Lettre du général Doyen du 18 novembre 1940.

[5]   De plus, ils n'étaient autorisés à emporter avec eux que 50 kg de bagages (1 000 F et 30 kg de bagages pour les enfants). Environ 100 000 Mosellans francophones furent ainsi expulsés entre juillet 1940 et janvier 1943. La même chose s'était produite lors de la Première Guerre mondiale. Cette action toucha également 35 000 Alsaciens (Source : Service départemental d'archives de la Moselle et Henri Hiegel, « Les expulsions et les transplantations en Moselle de 1940 à 1945 », *Mémoires de l'Académie nationale de Metz*, 1981-1982, p. 193-197).

[6]   *Note du document* : Annexe à la lettre précitée.

On le voit, il manque au dossier un certain nombre de renseignements indispensables : délai dans lequel les expulsions ont été effectuées ; sort des biens des expulsés ; catégories des personnes expulsées (s'agit-il seulement des habitants de la « zone des langues »[1] ? ou de tous les membres des quatre catégories citées par le Gauleiter ? Il semble que ce soit le cas, mais que la procédure n'a pas été la même pour chacune) ; mode de détermination des personnes à expulser : détermination purement administrative ou refus de signer une déclaration de germanisme ?

Toutefois, il ne semble pas que l'on ait fait signer de telles déclarations en Lorraine, si ce n'est aux fonctionnaires. Ceux-ci ont dû souscrire les mêmes formules que leurs collègues d'Alsace[2].

En ce qui concerne l'Église, le Gauleiter a expulsé les membres du clergé et les religieuses de tendance française. Ce fut notamment le cas de Mgr Heintz, évêque de Metz. De plus, comme l'annonçait la radio du Vatican, le 21 décembre, l'évêché de Metz a été supprimé.

Il va de soi que les mesures de germanisation des noms de lieux et des inscriptions ont été opérées en Lorraine comme en Alsace.

III. Politique économique.

Les renseignements sont insuffisants sur ce point.

Voici les seuls figurant au dossier :

Dans son discours de septembre[3], le Gauleiter a seulement indiqué qu'il entendait restaurer l'économie lorraine. Il est certain aussi que les autorités allemandes ont fait porter leur effort sur la remise en marche des mines et de l'industrie métallurgique. On insiste aussi sur l'activité de l'organisation Todt[4] en Lorraine.

En ce qui concerne l'agriculture, les Allemands accusent les États-Unis de l'avoir laissée dépérir et d'avoir provoqué le dépeuplement du pays, notamment dans la région de la ligne Maginot. De plus les Allemands se plaignent du morcellement des terres.

Afin de porter remède à cet état de choses tout en peuplant le pays d'éléments sûrs, le gouvernement allemand a fait un plan de colonisation agricole. D'après celui-ci des exploitations de 12 à 15 ha seront créées[5], des fermes et des villages modernes seront construits. Le plan porte dès maintenant sur 60 000 ha en Lorraine ; il sera étendu ultérieurement à la Sarre. Il permettra l'implantation de 4 000 familles de la Sarre en Moselle.

Des développements qui précèdent il résulte que l'Allemagne poursuit en Lorraine une politique de germanisation brutale. Il semble cependant que

---

[1] Partie de la zone interdite (ou « réservée ») dite de « peuplement allemand ».

[2] *Note du document* : Note du ministère de la Justice du 29 octobre 1940.

[3] *Note du document* : *Münchner Neueste Nachrichten* du 23 novembre.

[4] Organisation Todt : du nom de son fondateur et dirigeant, l'ingénieur Fritz Todt, elle était chargée de la réalisation d'un grand nombre de projets de construction, dans les domaines civil et militaire, en Allemagne avant la guerre, puis dans les pays occupés. Elle employa un très grand nombre de travailleurs forcés.

[5] *Note du document* : Note de Wiesbaden du 11 octobre.

M. Bürckel ait conscience des difficultés particulières de la tâche qui lui incombe. Alors qu'en Alsace, on semble s'efforcer de flatter la population, on paraît enclin à vouloir germaniser la Lorraine par le transfert de populations venant de l'intérieur. Les autorités ne se font pas d'illusion sur la culture « germanique » de la population franque du pays.

Il y aurait intérêt à demander aux services compétents des précisions :

a/ sur l'administration civile allemande,

b/ sur la propagande nationale-socialiste et sur la *Deutsche Volksgemeinschaft*[1],

c/ sur le nombre des expulsés et les conditions de l'expulsion,

d/ sur les confiscations,

e/ sur la situation économique,

f/ sur l'attitude de la population.

Papiers 1940, Bureau d'études Chauvel, 178 (402QO/178)

112

M. Léon Bérard, Ambassadeur de France près le Saint Siège, à l'Amiral Darlan, Vice-Président du conseil, Ministre Secrétaire d'État aux Affaires étrangères, à la Marine et à l'Intérieur.

D. n° 40[2].   *Cité du Vatican, 26 février 1941.*

Il y a quelques jours, le Saint-Office a condamné un livre allemand : *Erbpflege und Cristentum*, de W. Stroothenke[3]. Le volume, qui groupe un certain nombre de conférences faites à la jeunesse du Reich, prétend démontrer que l'éthique chrétienne ne condamnerait pas seulement, mais que bien souvent elle « exigerait » la stérilisation, ou volontaire, ou imposée par l'État, et qu'elle recommanderait, pour des raisons raciales, la mutilation et parfois la mise à mort (euthanasie) de certains êtres « non adaptés à la vie sociale ».

---

[1] *Deutsche Volksgemeinschaft* (DVG) ou « Communauté du peuple allemand ». Les Mosellans francophones refusaient de signer la déclaration de germanisation qui permettait d'entrer officiellement dans cette « communauté » (en particulier par refus de l'incorporation des hommes et des jeunes gens dans l'armée du Reich). La citoyenneté allemande fut attribuée à tous les membres de la DVG le 29 août 1942 (discours de Bürckel), ce qui entraîna comme prévu l'incorporation de force de près de 30 000 « Malgré nous » dans la Wehrmacht.

[2] Dépêche intitulée : « Condamnation par l'Église de certaines pratiques « raciales » (Euthanasie) ».

[3] Wolgang Stroothenke (1913-1945), théologien protestant, est membre de l'Union nationale des étudiants allemands et, en 1939, de l'*Institut zur Erforschung und Beseitigung des Judischen Einflusses auf das deutsche kirchliche Leben* (Institut pour l'étude et l'expulsion de l'influence juive sur la vie de l'Église allemande). Il est l'une des figures du luthéranisme allemand qui justifie l'opération d'euthanasie (T4) lancée par les autorités du Reich en Allemagne et en Pologne en octobre 1939. Son ouvrage a été « condamné » par le Saint-Office, i.e. mis à l'Index.

La condamnation de ce livre fournit l'occasion à l'*Osservatore Romano* (27 février) d'opposer, en une note de première page, la doctrine de l'Église à des pratiques que M. Stroothenke n'est pas seul à prôner outre-Rhin. Sous le titre « Sauvegarde de la race et du christianisme », l'organe du Vatican résume la thèse de l'auteur germanique, puis il explique comment celle-ci méritait l'arrêt dont vient de la frapper le Saint-Office. Le journal rappelle l'enseignement de la première Encyclique de Pie XII[1] sur ce point. Selon ce document, l'Église « admet toutes les pratiques et tous les soins aidant au développement sage et ordonné des forces et des caractères particuliers... pourvu que ces pratiques et ces soins ne s'opposent pas aux devoirs dérivant pour l'humanité de son unité d'origine et de sa commune destination ».

L'*Osservatore Romano* n'entend pas « que le jugement personnel se substitue à l'autorité doctrinale » et permette, au nom d'un prétendu « orgueil de la race », la mutilation des malades, et la suppression des disgraciés de la nature. Et le journal de réprouver l'attitude de celui qui « nie l'inviolable dignité » de tout être humain, même lorsque cet être se trouve atteint de défauts physiologiques et psychiques. « Celui qui méconnaît le droit à la vie et à l'intégrité du corps de tout homme innocent, celui-là, même s'il prétend obéir à quelque idéal et demeurer chrétien, aboutit en réalité à des conclusions qui ne peuvent trouver place que dans un système de matérialisme vulgaire et de paganisme brutal ».

Guerre 1939-1945, Vichy, Z Europe, Saint-Siège, 550 (10GMII/550)

113

M. Léon Bérard, Ambassadeur de France près le Saint-Siège, à l'Amiral Darlan, Vice-Président du conseil, Ministre Secrétaire d'État aux Affaires étrangères, à la Marine et à l'Intérieur.

T. n° 16.   *Cité du Vatican, 28 février 1941.*

Confidentiel.   (*Reçu*[2] : le 7 mars, 17 h.)

Je remercie le Département de m'avoir communiqué, suivant bordereau d'envoi B 1938/18, copie du rapport n° 67 de M. de la Baume touchant des déclarations du nonce apostolique à Berne au sujet d'une action du Souverain Pontife dans le sens d'une paix entre la France et les puissances de l'Axe[3]. Encore que la conviction exprimée là-dessus par Mgr Bernardini

---

[1] Il s'agit de l'Encyclique *Sumni Pontificus* publiée le 27 octobre 1939, où Pie XII met nettement en garde contre le nationalisme outrancier, le racisme et le totalitarisme. Voir *DDF (1939-1944)*, 1939, document n° 284.

[2] Par courrier.

[3] Document n° 71.

fût contredite par les informations récentes dont cette ambassade a fait part au Département, j'ai cru qu'il y avait lieu d'interroger de nouveau la Secrétairerie d'État sur de prétendues démarches diplomatiques où la France serait intéressée. Le conseiller de l'ambassade est en conséquence allé voir Mgr Tardini, collaborateur principal du cardinal Maglione. Il lui a posé la question ; en se gardant de toute allusion par où le nonce à Berne aurait pu être mis en cause, Mgr Tardini a déclaré de la façon la plus expresse à M. Jean Rivière que ni le Pape ni personne à la Secrétairerie d'État ne s'était mêlé ni ne se mêlait d'une entreprise comme celle dont il nous a été parlé. Pour mieux faire ressortir l'inconsistance d'une telle hypothèse, il a ajouté, par une remarque qui est bien caractéristique des préoccupations du Saint-Siège, que l'on attribuait là au Saint-Père un projet de paix tel que celui-ci paraîtrait se désintéresser, par exemple, du sort de la Belgique.

D'après Mgr Tardini, les bruits qui circulent à propos de l'activité diplomatique du Vatican ont une même origine et cette origine est suisse.

Lorsque le nonce à Berne dit que la France, l'Italie et l'Espagne seraient le rempart naturel de l'Europe contre la révolution bolcheviste, épilogue fatal d'une trop longue guerre ; lorsqu'il entrevoit avec faveur une paix prochaine qui épargnerait à la civilisation occidentale cette subversion, il exprime une opinion et des craintes fort répandues dans les milieux ecclésiastiques romains et jusque dans les milieux du Vatican. Il est même certain que de semblables inquiétudes hantent la pensée de Pie XII. Ce n'est nullement à dire que celui-ci soit prêt à engager ou à favoriser une action diplomatique qu'il juge vaine quant à présent, étant donné l'estimation qu'il fait des préparatifs militaires de l'Allemagne, de la volonté et de la capacité de résistance de l'Angleterre, de l'aide qu'elle reçoit et recevra des États-Unis.

Guerre 1939-1945, Vichy, Z Europe, Saint-Siège, 552 (10GMII/552)

114

NOTE DE LA SOUS-DIRECTION D'ASIE

Conflit franco-thaïlandais

N.   *Vichy, 28 février 1941.*

La médiation japonaise[1] apparaît aujourd'hui comme un arbitrage appuyé d'une menace militaire non déguisée.

Nous sommes de ce fait placés devant les deux termes – et deux seulement – d'une alternative :

---

[1] Voir notamment dans ce volume, document n° 108 et notes.

1°) *Refus.*

— Réserve entière l'avenir ;

— Ménage entièrement les sentiments américains ;

— Entraîne, dans le présent, notre éviction probable de l'Indochine et aussi de Chine où nos établissements de Shanghaï, de Tientsin, d'Hankéou, de Canton et de Kouang-Tchéou sont intacts à ce jour.

2°) *Acceptation.*

Si donnée à la Thaïlande :

— engage l'avenir dans toutes les hypothèses,

— nous fait perdre le bénéfice moral d'une résistance de cinq mois,

— entraîne, sur le plan indigène, une perte d'autorité telle que le contrôle politique de l'Indochine nous échappera tôt ou tard.

Si donnée au Japon :

— n'engage l'avenir que dans la mesure où le Japon serait vainqueur dans le Pacifique ;

— nous maintient la garantie de l'accord du 30 août avec les possibilités de résistance qu'il nous offre ;

— nous permet de représenter, sur le plan indigène, les abandons consentis comme une spoliation japonaise, idée qui paraît exploitable à diverses fins ;

— est justifiable aux yeux des Américains en raison tant de la carence américaine que de l'intérêt que présente pour les États-Unis le fait d'empêcher ou de retarder une mainmise complète du Japon sur l'Indochine.

3°) *Modalités d'une éventuelle acceptation.*

Quant au fond : essayer d'obtenir, au lieu des 10 millions de ticaux offerts : a) l'extension à tous les territoires cédés de la démilitarisation et des conditions spéciales d'établissement stipulées dans le plan japonais n° 2, pour les seules provinces de Battambang, de Sisophon et de Siemréap ; b) un aménagement de la frontière destiné à dégager les villes de Luan-Prabang et de Stung-Strong.

Quant à la forme : suggérer à M. Matsuoka un échange de lettres par lequel le gouvernement japonais, faisant état de la situation générale et de l'accord du 30 août, nous demanderait la cession. Nous répondrions en marquant que nous cédons aux instances japonaises, compte tenu de la situation générale et de l'accord du 30 août, ce que ni la situation locale, ni des considérations de droit, ni les opérations militaires ne nous obligeraient à céder au Siam.

En outre, nous demanderions à M. Matsuoka de rétablir immédiatement en Indochine la situation prévue par l'accord militaire de septembre (évacuation des troupes en surnombre au Tonkin, départ du croiseur mouillé à Saigon).

4°) *Couverture à l'égard des États-Unis.*

Remise officielle à l'ambassade des États-Unis d'une note avec annexes exposant toute l'affaire et rappelant, chemin faisant, toutes nos demandes restées sans réponse.

Guerre 1939-1945, Vichy, E Asie, Thaïlande, 413 (3GMII/413)

115

M. Pietri, Ambassadeur de France à Madrid,
À L'Amiral Darlan, Vice-Président du conseil, Ministre
Secrétaire d'État aux Affaires étrangères, à la Marine et à
l'Intérieur.

T. n° 365.   *Madrid, 1er mars 1941.*

(*Reçu*[1] : le 6, 15 h. 45)

La conversation que j'ai eue hier matin avec M. Serrano Suñer marque un pas important dans la connaissance que nous pouvons avoir des visées et de la tactique africaines de l'Espagne.

M'étant rendu auprès du Ministre pour lui remettre deux aide-mémoires, l'un relatif à l'incident de l'avion (votre télégramme n° 287-289)[2], l'autre concernant les évadés de Miranda (votre télégramme n° 300-301)[3], j'ai

---

[1] Par courrier.

[2] Document non reproduit, signé par C. Rochat, en date du 20 février 1941 (Guerre 1939-1945, Vichy, Z Europe, Espagne 235). Le 5 février 1941, un avion militaire espagnol Junker se rendant aux Canaries a été attaqué par la chasse française, dans les eaux territoriales du Maroc français, selon les attaquants, à hauteur de Fedhala. Le général Noguès fait procéder à une enquête sur l'incident. Dans le document sus-cité, C. Rochat indique que : « L'aviation espagnole a certainement fait preuve d'imprudence en la circonstance. [...] Nous ne pouvons pas relever cette imprudence dans notre note dont les termes ont été arrêtés d'accord avec les représentants du ministère de l'Air. Si l'exposé, d'ailleurs très objectif, de nos griefs prenait la forme de simples conseils, l'expression de regrets serait insuffisante et nous devrions présenter des excuses – ce que les circonstances de l'accident ne comportent pas. Je vous laisse le soin, si vous l'estimez utile, d'accentuer l'expression de nos regrets en les accompagnant d'un adjectif approprié./ D'autre part, c'est volontairement qu'il n'a pas été fait allusion dans notre note aux sanctions prises. Il arrive en effet de ne pas justifier les allégations de M. Serrano Suñer selon lesquelles l'incident aurait eu le caractère d'un « acte délibéré d'agression » dû à l'état d'esprit anti-espagnol de certains milieux au Maroc. L'enquête a, il est vrai, montré que les instructions relatives à l'ouverture du feu, données par le commandement subordonné local, contredisaient celles du ministre de l'Air. Des sanctions sévères ont été prises contre les responsables. [...] La notification officielle de ces sanctions au gouvernement espagnol risquerait de confirmer M. Serrano Suñer dans son point de vue. [...] / L'expression de nos regrets et le versement d'une indemnité me paraissent de nature à donner pleine satisfaction au gouvernement espagnol. [...] » Sur toute cette affaire, consulter Guerre 1939-1945, Vichy, Z Europe, Espagne, 235, où on trouvera notamment le brouillon de la lettre exprimant les regrets français adressée au général et ministre de l'Air espagnol.

[3] Il semble s'agir du télégramme confidentiel non numéroté de Vichy, en date du 24 février 1941 (Guerre 1939-1945, Vichy, Z Europe, Espagne, 271) relatif à l'exécution de deux Français, Jean Martin et Raymond Moulinier, détenus au camp de Miranda à la suite d'une tentative d'évasion. Averti de l'incident en décembre 1940 par M. Sivan, François Pietri « s'abstint toutefois de

recueilli de sa bouche une confidence sur le caractère secret de laquelle il a suffisamment insisté pour ne point douter que je me ferais un devoir de la rapporter à Votre Excellence.

Le Ministre venait de recevoir longuement le colonel Donovan[1] et, pour s'excuser de m'avoir fait attendre, il a souligné le vif intérêt de cet entretien. À la question indiscrète, mais assez banale, que je lui ai aussitôt posée : « Je vais vous le dire, a-t-il répondu après une courte hésitation, mais je vous demande de ne point en parler… ».

M. Donovan aurait interrogé M. Serrano Suñer 1°/- sur ce qu'il pensait d'une victoire possible de l'Angleterre, 2°/- sur les profits que comptait retirer l'Espagne d'une victoire allemande éventuelle.

1°/- M. Serrano Suñer ne croit guère à la victoire anglaise et il ne la désire point. L'Angleterre, puissance essentiellement insulaire et maritime, serait incapable d'exercer sur le continent européen, même en accord avec les autres puissances, l'action de police et de résistance que l'immanquable explosion du communisme rendrait nécessaire. L'échec de l'Allemagne serait le signal d'un retour en force de tous les éléments qui ont contribué à troubler l'Europe et à la jeter dans une guerre inutile, et la prétendue restauration des principes démocratiques ne ferait qu'ouvrir la porte au prosélytisme marxiste, que l'Espagne redoute par-dessus tout.

2°/- Par contre, dans le cas, bien plus probable, d'une victoire ou, simplement, d'une paix de compromis qui laisserait à l'Allemagne les mains à peu près libres pour tenter une réorganisation amiable de l'Europe, l'Espagne prétend élever deux revendications primordiales : l'une, « qui est hors de discussion et qui vaut, d'ailleurs, pour toutes les hypothèses » (cette phrase, que je rapporte textuellement, est à retenir et donnerait à entendre que l'Angleterre elle-même aurait, sur ce point, laissé certaines espérances à l'Espagne), à savoir l'annexion de Gibraltar ; l'autre, qui est de participer « avec les trois autres grandes puissances du continent, l'Allemagne, la France et l'Italie, à l'établissement d'un ordre européen nouveau qui tiendrait compte des leçons de l'histoire et des nécessités vitales des peuples ».

J'ai toujours franchement soutenu, a précisé alors M. Serrano Suñer, que, de 1904 à 1925, les droits et les intérêts africains de l'Espagne avaient subi une constante diminution au profit de la France et qu'il était équitable « en fonction du règlement général qui suivra logiquement la guerre actuelle » de procéder, entre nos deux pays, à des révisions territoriales politiquement et économiquement nécessaires.

---

prévenir le Département », ce dont se défend l'intéressé dans son T. n° 350 en date du 27 février 1941 (idem, document non reproduit) : « C'est par suite d'un déclassement de dossiers que ma lettre n° 67 du 12 février présente l'affaire des évadés de Miranda comme parvenue à la connaissance de mon ambassade./ En réalité, mon prédécesseur a eu à s'en occuper dès le début d'octobre dernier. » Informé, M. de La Baume a demandé des explications et avait accepté celles-ci. Mais, « les graves indications que fournit aujourd'hui la Croix-Rouge [les évadés blessés mais indemnes avaient été délibérément abattus après leur arrestation] méritent, en effet, que de nouvelles précisions soient réclamées. »

[1] Sur la mission Donovan, voir documents n°s 66 et 70.

Je me suis gardé d'ouvrir un débat où me guettait sans doute mon interlocuteur, et je me suis borné à prendre acte de ce que l'heure où se poseraient ces questions n'était pas encore venue, pour le presser de régler au
plus tôt nos affaires pendantes des accords Bérard-Jordana, du rapatriement des Espagnols internés, de la liquidation des cargaisons saisies[1], etc.
à quoi le Ministre, sur un ton très décidé, a répliqué par la promesse formelle de ne plus atermoyer davantage.

L'incident de l'avion a passé inaperçu dans notre entretien, et je ne
serais pas surpris, sans en être tout à fait sûr, que les termes de mon aide-
mémoire, dont il m'a dit avoir pris connaissance, fussent acceptés comme
une satisfaction suffisante.

Pour en revenir à la déclaration sur l'Afrique, elle me paraît revêtir le
double intérêt que voici :

1°/- Les aspirations marocaines de l'Espagne, sans rien présenter d'inattendu, s'affirment désormais sous la forme la plus concrète et, je dirai, la
plus officielle.

2°/- Son intention, à leur égard, est de s'en remettre aux lendemains de la
paix pour les faire valoir et de les insérer dans l'ensemble d'un règlement
concerté à intervenir à ce moment-là.

Dans mon télégramme n° 358, en date d'avant-hier[2], je faisais allusion à
la possibilité d'une manœuvre d'approche de l'Espagne touchant le problème africain. J'ai l'impression qu'elle a pu être amorcée sous cette forme
et qu'elle nous permet, dès maintenant, de disposer notre jeu en conséquence.

Guerre 1939-1945, Vichy, Z Europe, Espagne, 244 (10GMII/244)

116

M. Jules Henry, Ambassadeur de France à Ankara,
   À l'Amiral Darlan, Vice-Président du conseil, Ministre
     Secrétaire d'État aux Affaires étrangères, à la Marine et à
     l'Intérieur.

T. n°s 291 à 295.   *Ankara, 1er mars 1941, 20 h.*

(Reçu : le 2 à 2 h.)

Le communiqué publié avant le départ de M. Eden[3] est incontestablement de nature à donner satisfaction au peuple turc dont le désir de demeu-

---

[1] Sur ces questions, voir document n° 81.

[2] Document non retrouvé.

[3] Anthony Eden, ministre de la Guerre dans le cabinet Churchill constitué le 10 mai 1940, est
arrivé à Ankara, accompagné du général Dill, le 26 février 1941, comme l'a indiqué Jules Henry
(son T. n°s 266 à 267 d'Ankara en date du 26 février dans le même dossier), selon qui « l'insistance

rer à l'écart de la bagarre est plus fort que jamais. Des hommes politiques et directeurs de journaux avec qui je m'entretenais hier soir confirment cette impression. La Turquie ne consentirait à prendre les armes que pour se défendre, me disaient-ils, consciente qu'elle est des dangers auxquels l'exposerait toute espèce d'aventure.

Aucune allusion n'est faite dans le document à l'éventualité de tel ou tel événement qui pourrait déclencher le fonctionnement de l'alliance. Les deux gouvernements sont d'accord sur tous les problèmes balkaniques qui concernent étroitement leurs intérêts communs, formule essentiellement vague. Ainsi que me l'expliquait hier le président de la Commission des Affaires étrangères de l'Assemblée, le gouvernement turc entend rester maître de ses décisions et c'est à lui qu'il appartiendrait de définir ce qui constituerait une menace à la zone nationale de sécurité dont les porte-parole et la presse parlent beaucoup, mais que personne n'a encore précisé. Le commentaire le plus important est, comme d'habitude, celui de l'officieux *Ulus* où je relève le passage suivant : « L'alliance a été conclue exclusivement contre l'agression et non pour s'assurer des profits à la faveur d'une guerre nouvelle. Les Turcs n'auraient aucun avantage à voir la guerre s'étendre à de nouvelles régions, mais nous éprouvons le besoin d'être prêts en présence du nouveau danger d'extension des hostilités ».

Les autres journaux soulignent :

1°) L'alliance anglo-turque n'a qu'un seul but, la sauvegarde de la paix dans les Balkans ;

2°) Les Anglais ne tentent pas de se servir de la Turquie comme d'un élément de (…)[1] dans les Balkans ;

3°) Aucune nouvelle décision n'a été prise à Ankara en dehors du cadre du traité d'alliance ;

4°) La politique turque demeure indépendante et la Turquie se réserve de prendre toute décision conforme aux intérêts du pays.

En résumé, des deux hypothèses envisagées dans mon télégramme nos 251-258[2], ce n'est pas à celle d'une initiative anglo-turque que l'on paraît s'être arrêté à Ankara, mais plutôt à celle d'une opération défensive sur le front à déterminer selon les événements. Dans ce domaine, les Turcs qui, d'ores et déjà (…)[3] la Grande-Bretagne toute satisfaction en intensifiant leurs préparatifs militaires, pourront compter sur l'aide britannique le jour où ils la jugeront nécessaire.

Dans mes conversations, j'ai fait l'observation suivante : tout le monde en Turquie proclame la fidélité à l'alliance anglaise, mais nombreux sont

---

de l'officieux *Ulus* à rappeler le but pacifique de l'alliance anglo-turque et à souligner qu'elle serait essentiellement destinée à empêcher l'extension de la guerre aux Balkans ne fait que confirmer l'impression générale que le gouvernement turc veut réserver toute sa liberté d'action. »

[1] Lacune de déchiffrement.

[2] Document non retrouvé.

[3] Lacune de déchiffrement.

ceux parmi l'élite du pays qui, se rendant compte des ruines et des catastrophes qu'entraînera la prolongation de la guerre, souhaitent une paix de
compromis[1].

Guerre 1939-1945, Vichy, E Levant, Turquie, 126 (4GMII/126)

117

NOTE DE LA DIRECTION DES SERVICES DE L'ARMISTICE,
MINISTÈRE DE LA GUERRE

*Note de renseignements sur l'activité extra-conventionnelle
de la Commission allemande d'armistice*[2]

N.   *Rabat, 1ᵉʳ mars 1941.*

Le gros de la commission allemande d'armistice est arrivé le 6 février à
Casablanca[3]. Ses membres comprennent une cinquantaine de personnes,
dont 20 officiers.

Le chef de la Commission est le lieutenant-colonel Petri. Le commandant
Battre est chef de la sous-commission des carburants.

Les membres de cette Commission devaient remplacer nombre pour
nombre les membres de la Commission italienne ; il est à noter que, jusqu'à
présent, pas un de ceux-ci n'a quitté le Maroc[4].

---

[1] Dans son T. nᵒˢ 282 à 286 en date du 28 février 1941 (même dossier), l'ambassadeur de France
rappelait néanmoins qu'au vu de l'importante délégation militaire accompagnant Eden (chef
d'État-Major des forces impériales, représentants de tous les états-majors britanniques opérant ou
appelés à opérer dans le Proche-Orient, général Smith représentant le général Wavell, représentant du colonel Cornwall), les « études des états-majors » avaient été « probablement très serrées »,
tandis que « du côté politique », il était « probable que les Britanniques ne se privent pas de faire
valoir tous les avantages d'ordre économique et financier procurés par eux à la Turquie et obtenir
ainsi d'elle toutes les garanties possibles pour l'avenir. » J. Henry pense aussi que l'arrivée soudaine
à Ankara de l'ambassadeur d'Angleterre à Moscou est une mesure de précaution « pour le cas où
la Turquie invoquerait de nouveau le facteur russe », comme au moment de l'entrée en guerre de
l'Italie, alors qu'il s'était avéré par la suite « qu'aucun avertissement préalable n'avait été donné par
Moscou. » Mais la presse turque insiste sur la volonté de « sauvegarde de la paix dans le cadre des
engagements pris » et d'étude de « mesures communes à prendre en face du danger allemand ».
Pour le ministre à Athènes, M. Maugras, l'impression laissée par Eden lors de son passage par la
capitale grecque sur la route du retour, est qu'il était « "enchanté" de ses entretiens d'Ankara et
convaincu que la Turquie resterait fidèle à son alliée l'Angleterre et à ses engagements envers la
Grèce » (T. nᵒˢ 36-37 d'Athènes à Bucarest, en date du 6 mars 1941, *in* CADN, Bucarest, Ambassade (1990), nᵒ 28, non reproduit.

[2] Copie de l'une des deux notes de renseignements transmises par le général Noguès en date
du 1ᵉʳ mars 1941, relatives à l'activité extra-conventionnelle des commissions d'armistice allemande et italienne opérant au Maroc, et envoyées pour information à l'amiral Darlan, ainsi qu'aux
délégations françaises à Wiesbaden et Turin.

[3] Il s'agit d'une nouvelle commission de contrôle d'armements et de carburants dont un détachement précurseur est arrivé fin janvier à Casablanca (voir document nᵒ 131). Cette arrivée
marque le remplacement des Italiens par les Allemands au Maroc, même si l'accord germano-
italien n'est formalisé que le 16 mars 1941.

[4] *Ibid.*

Au cours de leurs entretiens, les officiers allemands tiennent bien à préciser et ne craignent pas de répéter souvent que la Commission allemande d'armistice a été envoyée au Maroc bien plus dans un but de collaboration que dans un but de contrôle.

Ils déclarent s'intéresser à la production marocaine et affirment qu'ils sont tout disposés à étudier les possibilités de ravitaillement du Maroc en vue de faciliter sa mise en valeur. La question des carburants a naturellement retenu spécialement leur attention, notamment en ce qui concerne la capacité de stockage, les besoins civils du Maroc et les possibilités de développement des forages de Petitjean[1].

Dans le domaine militaire, ils se sont intéressés aux terrains d'aviation et, d'une manière générale, aux surfaces atterrissables ; il est évident que l'éventualité d'un débarquement de forces transportées par air les préoccupe.

Les officiers de la Commission allemande d'armistice n'ont pas pu, jusqu'à présent, manifester une très grande activité dans les milieux européens et indigènes, et la propagande dans ces milieux est presque exclusivement menée par M. Auer, délégué économique de la Commission de Wiesbaden (voir annexe ci-jointe)[2], et par M. Klaube, son adjoint. Non seulement ces derniers sont en relations soit avec d'anciens légionnaires, notamment avec des travailleurs de Camp Monod par l'intermédiaire d'un nommé Walter Brandt, soit avec des étrangers, mais également avec de nombreux Français.

Au cours d'un voyage que M. Klaube fit du 3 au 7 décembre dernier dans le Souss, il rencontra plusieurs colons, dont le baron Pellenc, M. Vialet, M. Rychner, M. Virolles et M. Germain.

M. Auer effectua durant la dernière quinzaine de février un voyage analogue et entra en contact avec les mêmes personnes ; il aurait déclaré au départ qu'il allait « prendre la température ».

En fait, le développement des ressources minières du Sud marocain, (notamment cobalt, manganèse, molybdène), grâce à une participation allemande sous forme d'aide financière avec envoi de techniciens et de matériel, a vraisemblablement été l'objet des conversations.

Le diplomate allemand ne se préoccupe pas seulement de faire un recensement des stocks disponibles, il s'intéresse surtout à la richesse et au rendement possible des gisements exploitables.

Il se serait d'ailleurs entretenu avec M. Épinat au sujet de certaines de ses affaires du Souss.

À signaler enfin le rôle de M. de Waufreland, dont l'intimité avec M. Auer est louche à divers titres.

---

[1] Petitjean, dans la plaine de Gharb, porte aujourd'hui le nom de Sidi Kacem. On y a découvert du pétrole en 1919.

[2] Cette annexe n'a pas été retrouvée. Précédé par le Dr Ernst Klaube, un ancien consul connu au Maroc et entretenant de bonnes relations avec des colons français, à Casablanca depuis la fin de 1940 comme agent officieux de la Délégation économique allemande d'armistice, le Gesandschaftsrat, Auer est arrivé comme chef d'une mission en théorie purement économique allemande, en janvier 1941. Voir à ce propos le document n° 46.

Mais c'est sur le plan indigène que la propagande de la Commission allemande d'armistice, et en particulier celle menée par MM. Auer et Klaube, reste la plus dangereuse.

Les Marocains, tout en ayant une certaine crainte de l'Allemagne, ont en effet pour elle une grande admiration, que les Allemands ne manquent pas d'exploiter.

Il ressort des premières constatations, d'une part, que les fonds mis à leur disposition sont importants, et, d'autre part, que plusieurs membres de la Commission, parlant arabe et au courant des questions marocaines, ont pour mission de se mêler le plus possible à la vie du pays. Ceux-ci, s'adressant à des indigènes de toutes classes, leur font part de leur étonnement devant les conditions matérielles et morales d'existence de la population musulmane et leur laissent entendre qu'il reste beaucoup à faire.

Quant au personnel subalterne de la Commission, il joue son rôle également. On a signalé, à deux reprises, le cas de soldats visitant les souks et promettant que les Arabes auraient en abondance thé, sucre et étoffes quand ils « seraient là ».

Le chef des services municipaux de Casablanca signale que les anciens protégés allemands manifestent ouvertement, et parfois avec arrogance, leur sympathie pour l'Allemagne. Nombreux sont les curieux marocains qui se rendent à Aïn-Diab pour voir les officiers et les soldats allemands en uniforme qui sont logés à l'Hôtel de la Réserve, à l'Hôtel Suisse et à Anfa, et dont les corvées se déplacent encadrées et au pas de parade.

Des propos désobligeants pour nous sont entendus dans les milieux publics. Dans les véhicules de transport en commun et dans la rue beaucoup d'indigènes n'observent plus à l'égard des Européens une attitude déférente. On y parle des autorités et des troupes françaises relevées par les Allemands ; on évoque à l'appui de ces dires la présence d'Allemands en uniforme, le survol de la ville par des avions à croix gammée, certaines paroles de M. Auer qui se répandent, etc.

La prise d'armes du 13 février, bien que favorablement commentée dans l'ensemble, sert cependant de prétexte à certains pour expliquer que le départ des drapeaux n'est que le prélude de celui des troupes.

Enfin, il est important de noter la prudence, et parfois même la réticence que manifestent maintenant dans leurs rapports avec nous les Marocains de classe modeste qui entouraient l'administration française d'égards et d'obséquiosité et n'avaient de cesse d'être au nombre de ses informateurs fidèles.

M. Auer est toujours le plus actif ; à Casablanca, il se rend assez souvent au magasin de la famille Yacoubi, où il aurait de longs entretiens avec Mahamed Yacoubi, ex-protégé allemand, son frère Abdelaziz, protégé américain, Hassan el Hajoui (neveu du Délégué à l'Enseignement), Ahmed el Hajoui, Hassan Tebbach (ancien gérant de Hadj Omar Tazi et spécialiste des affaires immobilières du Souss), ainsi qu'avec Driss Diouri, sujet italien, agent notoire de propagande de la Commission italienne.

Ce diplomate allemand a également été vu dans la nouvelle médina en compagnie de personnages très évolués : Moulay Abdesselem el Mrani el Fassi, qui séjourne actuellement à l'Hôtel Plaza et Moulay Tahar ben Achamed bel Driss, fils du cadi de la ville nouvelle.

De plus (ce renseignement n'a pu encore être recoupé), il aurait été sollicité d'assister à une réunion de jeunes Marocains, mais aurait décliné cette invitation.

Tout dernièrement enfin, au cours de son voyage à Marrakech et dans le Souss, M. Auer manifesta le désir de rendre visite au pacha de Marrakech, l'entrevue eut lieu chez le chef de Région et M. Auer se contenta de poser quelques questions sur la situation économique : le pacha y répondit sobrement mais poliment.

Il n'est pas douteux que le délégué allemand est en train de se créer une clientèle et cherche à renouer les fils de la politique que le Reich avait su mener, avec tant de méthode et d'âpreté, dans les années qui précédèrent la Grande Guerre.

Pour conclure, l'activité des délégués économiques ne peut qu'être renforcée par celle des membres de la Commission militaire.

L'état d'esprit actuel ne traduit aucun sentiment profond de germanophilie, il est essentiellement dicté par la crainte des méfaits d'une guerre dont l'Afrique du Nord serait le théâtre en cas de rupture de l'armistice, ainsi que par l'espoir des récompenses que les autorités allemandes pourraient accorder à ceux qui les ont servis.

Il ne semble pas, d'autre part, que la propagande ait jusqu'à présent réussi à convaincre les milieux nationalistes.

Mais il n'en reste pas moins que notre prestige, déjà atteint, risque de l'être encore davantage si les Allemands, profitant des difficultés croissantes de l'existence, s'attachent à exploiter en sous-main et pour leur compte, l'inquiétude qui se manifeste principalement dans les masses citadines du Maroc.

Il ne faut pas dissimuler que cet effet moral, qui peut actuellement être contrebattu, prendrait des proportions beaucoup plus sérieuses si, comme en répand le bruit de la propagande anglaise, l'effectif de la Commission allemande venait à être à nouveau renforcé.

Guerre 1939-1945, Vichy, Y International, 28 (9GMII/28)

118

NOTE DU BUREAU D'ÉTUDES CHAUVEL

Revendications italiennes

N.   *Vichy, 1ᵉʳ mars 1941.*

Selon les personnalités italiennes avec lesquelles M. Garnier[1] a eu des conversations au cours de son voyage à Rome, personne en Italie ne songe sérieusement à réclamer la Savoie. Celles-ci paraissent considérer que la Corse est une question secondaire et que la question de Djibouti est virtuellement réglée. À les en croire, c'est surtout le problème de la Tunisie qui dominerait le débat franco-italien. Sur ce point, l'Italie aurait reçu des assurances formelles du chancelier Hitler : si la France devait répugner à céder directement la Tunisie à l'Italie, au moment du traité de paix, elle n'aurait qu'à l'abandonner au Führer, qui la rétrocéderait à l'Italie en s'inspirant du procédé employé à Villafranca, lorsque François-Joseph céda la Vénétie à Napoléon III pour la rétrocéder à Victor Emmanuel II. Le comté de Nice reste également dans l'ordre des préoccupations italiennes. Une circulaire récente du Parti fasciste a d'ailleurs fait savoir à tous les organismes dépendant du parti et à tous les fonctionnaires et agents responsables que le programme des revendications italiennes contre la France reste absolument inchangé.

Bien entendu, si des négociations s'ouvraient entre la France et l'Italie dans une atmosphère détendue et avant la solution de l'affaire anglaise, l'Italie saurait se montrer modérée si l'Allemagne l'était aussi et se contentait, par exemple, de la reprise de l'Alsace-Lorraine.

Papiers 1940, Bureau d'études Chauvel, 151 (402QO/151)

---

[1] Membre de la Délégation française à la Commission italienne d'armistice de Turin.

119

Le général Noguès, Commissaire Résident général de France au Maroc,
à L'Amiral Darlan, Vice-Président du conseil, Ministre Secrétaire d'État aux Affaires étrangères, à la Marine et à l'Intérieur.

D. nº 341[1].   *Rabat, 3 mars 1941.*

Confidentiel.

Un observateur particulièrement averti des problèmes internationaux et qui vient de faire récemment (fin février) un séjour en Espagne, m'a remis à son retour au Maroc un intéressant rapport.

J'ai l'honneur de le faire tenir ci-joint à Votre Excellence, pour son information confidentielle.

Annexe

Rapport

R.   *s.l. (Rabat), 27 février 1941.*

La question posée est celle de savoir si la guerre qui se prolonge en Méditerranée orientale va s'étendre sur le bassin occidental de la Méditerranée et dans quelles conditions.

L'Espagne est bien tristement un grand enjeu. Elle est sortie en avril 1939 de la guerre civile exsangue, avec un million de morts, et ruinée. Elle demeure en février 1941 ruinée et exsangue. La deuxième grande guerre ayant commencé trois mois après la paix civile, elle n'a pas eu le temps de commencer sa reconstitution. Rien ou à peu près rien n'a pu, évidemment, être reconstruit. Le problème de l'alimentation est dramatique.

L'Allemagne qui la guette, soit en tant qu'alliée, soit en tant que proie, a commencé par retirer de l'Espagne tout ce qui pouvait lui être utile : par exemple, ce pays qui produit partout de l'huile d'olive n'en a plus une goutte et les trains de vivres ont quitté cet été l'Espagne pour l'Allemagne. Bien que la Phalange et la Police soient indirectement aux mains de Hitler, le peuple a tout de même eu une réaction et l'ambassade d'Allemagne a dû faire paraître dans les journaux un communiqué auquel personne n'a cru : « Pas un gramme de matières premières ne quitte l'Espagne pour l'Allemagne ». Pour essayer de calmer les esprits, le Reich a envoyé des vivres à Santander, mais le public a remarqué que l'envoi était doublé de colonnes motorisées militaires. L'impopularité de l'Allemagne est du reste éclatante. « Le Reich, dit-on, nous fait payer à l'usure ses quatre cents morts ». Lorsque le public a appris la conférence de Bordighera[2], une véritable panique s'est emparée de Madrid : « Voilà que la guerre va recommencer ». L'Italie dont l'intervention a été si publicitaire continue à être méprisée partout, du fait de sa défaite par la Grèce. Or, personne ne veut de la guerre à part les agents soldés du Reich et d'anciens espions qui sont, de notoriété publique, à la tête des journaux. En 1914, nous n'avions pour nous que le roi et quelques amis personnels et contre nous l'armée, le clergé et une partie de l'opinion. Cette fois-ci, la situation est inverse : nous avons pour nous l'armée, le clergé, l'opinion et contre nous les personnalités du gouvernement cristallisées autour de M. Serrano Suñer. Mais l'Espagne qui en a tant vu

---

[1] Dépêche intitulée « A/s Espagne » et envoyée par avion.

[2] La rencontre de Bordighera entre Mussolini et Franco a eu lieu le 12 février 1941. Voir document nº 88.

affecte une remarquable indifférence. Elle attend « *Mañana* »[1] avec hauteur. Déjà du temps de la monarchie, la différence entre l'aristocratie, le haut clergé, d'une part, et le peuple, d'autre part, était excessive ; aujourd'hui le peuple subit sa misère avec noblesse.

La prospérité factice du Madrid des politiques, des diplomates, du *Palace*, du *Ritz*, des ambassades, des grands restaurants, des avenues ne doit pas faire illusion.

Un étranger doit tout son crédit à ses cigares, son champagne, son essence. Le fait est du reste permanent. Pendant la guerre civile, chacun courait chercher asile dans les ambassades.

La misère s'étale au grand jour : devant les échoppes, masse de mendiants ; devant les cinémas, les théâtres, les hôtels. La misère est telle qu'il existe un service spécial chargé de ramasser chaque nuit les enfants abandonnés. La prospérité factice insufflée tient aux largesses de l'Angleterre : essence, etc. Que le robinet se ferme, que les bateaux pétroliers ou de vivres n'arrivent plus, toute cette prospérité cesse à l'instant. Et le régime lui-même s'effondrera.

Un demi-million de prisonniers civils sont encore dans les prisons d'État, ce qui affecte une masse considérable de parents, d'enfants, d'amis, d'épouses. Le régime n'est pas assez fort pour tolérer des sorties, même limitées. Le mécontentement est unanime, sauf les quelques personnes de l'entourage de M. Serrano Suñer dont l'impopularité est comparable à celle de M. Pierre Laval. Par contre, le mouvement monarchiste est à peu près unanime. Il s'étend de la droite à la gauche. Les gauches attendent du nouveau roi une constitution et une amnistie, et donc la première possibilité de respiration.

Le gouvernement n'a laissé jusqu'à la mort d'Alphonse XIII personne parler de l'ex-roi et l'abdication en faveur de Don Juan a été à peine connue[2].

Le régime ne se maintient que par la force policière. Pendant mon séjour, une Espagnole sortant du *Ritz* et voyant tant de mendiants, s'exclame à mi-voix : « c'est une honte ». À son retour, un policier pénètre dans son appartement et la somme de verser sur le champ 10 000 pesetas pour paroles inconsidérées, sous peine de prison. La présence de divisions allemandes sur la côte atlantique française est aussi une garantie du maintien de M. Serrano Suñer. Que l'Allemagne disparaisse, une nouvelle révolution se fera aussitôt, recommencée cette fois encore par les droites contre un régime qu'elles n'ont pas voulu. Les vainqueurs de la guerre civile, les militaires, ont disparu, relégués en province, tandis que les embusqués ou les nouveaux convertis encombrent les avenues du pouvoir.

La faillite économique et administrative du gouvernement est reconnue par les plus chauds partisans du régime : les hommes d'intelligence sont en prison ou relégués en Amérique du Sud et l'incapacité administrative des nouveaux messieurs est de notoriété publique. Il n'en demeure pas moins que l'œuvre du Caudillo et de la Phalange a des assises. La Phalange répond à des vues analogues au national-socialisme et au fascisme. L'Action catholique corrige ce que la Phalange pourrait avoir de trop hitlérien.

La France du maréchal Pétain a joué la seule politique qu'elle avait à jouer : de sincérité et de courtoisie ; rôle de bonté devant la misère et la bonne volonté espagnole. Le Maréchal a laissé un souvenir unanime. On parle de lui avec respect et ferveur. L'Espagne appauvrie par la guerre et misérable a trouvé en lui un véritable père. Les témoignages sont constants. J'ai vu dans un lieu public un groupe d'Espagnols apercevant le consul de France se lever et offrir aussitôt la meilleure bouteille du restaurant à la santé du maréchal Pétain. M. Pietri remplit sa mission avec une intelligence, une courtoisie auxquelles tous rendent hommage. Les Français de Madrid se sont attelés au labeur avec une conscience magnifique. Le prestige français, grâce à M. le maréchal Pétain, est demeuré la lueur d'espoir de l'avenir.

Cet avenir est, en effet, des plus sombres. Le pays ne tient pas à la guerre, mais il redoute d'y être entraîné. Si les gens pouvaient parler tout haut, ils diraient ce qu'ils expriment tout bas : « O France, je t'en supplie, évite tout ce qui pourrait être prétexte à la guerre ». Et c'est ici qu'intervient la question d'Afrique du Nord.

Ceux qui sont chargés de cuisiner l'opinion et les journaux fabriquent constamment des nouvelles sur de prétendus troubles du Maroc. Des personnages importants vont trouver

---

[1] « Mañana » = demain en espagnol.

[2] Le roi déchu, Alphonse XIII, est mort à Rome le 28 février 1941. Il avait abdiqué en faveur de son fils Juan de Bourbon, comte de Barcelone, le 15 janvier précédent.

des Français qualifiés et leur disent : « Nous n'avons aucune envie de bouger. Mais, si l'Allemagne nous y force, nous nous laisserons traverser ».

L'armée s'est aguerrie pendant trois années, elle travaille. Mais, monarchiste et antirégime dans l'ensemble, elle n'aspire qu'au calme. La traversée de l'Espagne par des divisions allemandes soulèverait des problèmes ferroviaires qui sont assez problématiques[1].

Ici, du reste, intervient l'Angleterre. Le plan anglais est étrange. Déterminer une dissidence dans toute l'Afrique du Nord qui permettrait de gagner de vitesse les Allemands et d'aller de Benghazi à Agadir. Voici son programme :

a) Pousser les forces France libre aussi rapidement que possible devant le front de Tunisie par l'Extrême Sud afin de tenter de provoquer des dissidences dans l'armée française ;

b) Au même moment chercher à provoquer de l'agitation et éventuellement un soulèvement chez les chefs musulmans en exploitant les restrictions en sucre, thé, café, cotonnades, tous produits dont l'Angleterre dispose.

L'Amérique, quant à elle, ne cesse de dire : « Vous n'avez pas une seconde à perdre. Déjà cent observateurs allemands sont en Afrique du Nord, qui inventorient vos richesses, sont en contact avec vos hommes d'affaires. Ce que vous appelez de la prudence et de la patience est une morphine. Vous allez vous réveiller pieds et poings liés par l'Allemagne, il sera trop tard. Vous n'avez que quelques semaines devant vous avant de faire cause commune avec les Anglais ». Les propositions d'aide manquent, du reste, tout à fait de précision.

La politique musulmane de l'Allemagne et de l'Espagne vient, du reste, avec une maladresse incontestable, tout à fait à l'appui des thèses anglo-saxonnes. Le dénigrement de la politique économique française venant renforcer les sollicitations britanniques et américaines.

La position britannique à Tanger est du reste considérable. Le grand succès remporté par les négociateurs anglais donne aux ressortissants de Tanger une situation économique, financière, judiciaire de premier plan[2]. En éliminant provisoirement le marquis de Castellane, nous avons semblé, au contraire, baisser pavillon[3].

Au Maroc espagnol, on est convaincu de la victoire britannique, tant chez les indigènes que chez les Espagnols ; mais le gouvernement espagnol local est une façade sans pouvoir : rien ne pouvait être décidé sans l'ordre de Madrid.

Selon les procédures de l'Allemagne et de l'Italie, le gouvernement espagnol cherche alors tout ce qui peut flatter l'imagination et l'orgueil du peuple. L'« Hispanité » et l'« Empira » sont les deux thèmes classiques de la propagande[4]. Le premier est sans portée, puisque les meilleurs parmi les intellectuels espagnols sont en Amérique du Sud et se chargent de dire là-bas ce qu'ils pensent du régime. Mais chaque occasion est saisie : remise de lettres de créance de l'ambassadeur du Chili, pour affirmer que l'Espagne nouvelle est le cerveau de l'Hispanité.

L'Empire est aussi un excellent sujet propre à échauffer les esprits ; surtout quand on sait que le Maroc est riche et désarmé par l'armistice. Nous avons le devoir dans cet ordre d'idées et tant que le sort des armes n'a pas penché de façon décisive en faveur de l'un ou l'autre belligérant, d'être extrêmement prudents. Depuis huit mois notre politique marocaine a été, il faut le reconnaître, d'une sagacité et d'une lucidité remarquables. Les suggestions d'imprudence, et je dis même de folie, n'ont pas manqué. En gardant bien en main, sous l'égide de Sa Majesté le Sultan, nos populations musulmanes, nous éviterons tout prétexte à intervention.

---

[1] En raison de l'écartement particulier des rails.

[2] En réalité la Grande-Bretagne n'a pas lieu d'être satisfaite des décisions unilatérales des Espagnols concernant Tanger : proclamation de la fin du statut international de la zone (3 novembre 1940), rattachement de la zone au Maroc espagnol (15 novembre 1940) et bientôt ordre donné au Mendoub d'évacuer ses locaux (15 mars 1941). L'auteur fait peut-être allusion aux négociations entre la Grande-Bretagne et l'Espagne qui ont eu lieu à Madrid en janvier 1941 : en échange de garanties de neutralité et de démilitarisation de la zone, la Grande-Bretagne accorderait certaines facilités financières et du ravitaillement à l'Espagne.

[3] À ce propos, voir dépêche « A.s. de la propagande panhispanique » de F. Pietri, ambassadeur de France en Espagne, au Département, Madrid, 18 janvier 1941 (Guerre 1939-1945), Vichy, Z Europe, Espagne, 243, document non reproduit).

[4]

Les Anglais seront-ils assez intelligents pour comprendre que leur politique, exposée plus haut, est folle et ne fait, en définitive, que le jeu de l'Allemagne ?

Certains Français auront-ils la sagesse de se rappeler que le retour de l'Île d'Elbe fut une catastrophe qui a bien inutilement conduit à Waterloo ?

L'Allemagne saura-t-elle faire preuve de psychologie ? Sa propagande exercée en dépit du bon sens ne sert que l'intérêt de l'Angleterre. Elle gagnerait tout à être absente et lointaine.

Quant à nous, nous avons eu la sagesse d'apporter dans nos rapports avec l'Espagne une courtoisie et un sens du chevaleresque qui ont fait défaut pendant un certain nombre d'années. Nous ne pouvons attendre de l'Espagne que ce qu'elle ne peut nous donner. Nous ne pouvons que lui offrir sans contrepartie. Toute démarche exagérée est donc tenue pour un acte de faiblesse. Tout en étant courtois avec le gouvernement, gardons le contact avec la masse, qui est l'anticipation sur le régime de demain et qui et, avant tout, monarchiste. Prudence extrême en Espagne, prudence extrême en Afrique du Nord. Voilà notre ligne de conduite. Toute autre attitude pourrait amener une nouvelle explosion, c'est-à-dire la guerre.

Guerre 1939-1945, Vichy, M Maroc, 27 (6GMII/27)

120

NOTE DE LA SOUS-DIRECTION D'ASIE

Conflit franco-thaïlandais

N.   *Vichy, 3 mars 1941.*

La communication faite le 27 février par le ministre des Affaires étrangères japonais à notre ambassadeur avait un caractère d'ultimatum. Cessant d'agir en médiateur, le Japon assumait un rôle d'arbitre et recourait à la menace.

La France n'étant pas en mesure dans les circonstances actuelles de résister à une action de force exercée par le Japon, décision fut prise le 28 février au conseil des Ministres de céder à la contrainte et d'accéder aux demandes du gouvernement de Tokyo.

Les instructions dans ce sens adressées le 28 février à M. Arsène Henry[1] prévoient toutefois certains tempéraments :

A – *Pour le fond* :

1°) Rejet de l'indemnité de 10 000 000 de ticaux.

2°) En lieu et place, extension à tous les territoires cédés des clauses de démilitarisation et d'établissement prévues par M. Matsuoka pour les seuls territoires visés à l'article 1er du traité de 1907.

---

[1] Voir document n° 114 et le T. nos 254 à 261 de Vichy à Tokyo, en date du 28 février 1941 pour les instructions à Arsène Henry, complétées le 1er mars par le T. n° 262, signé p.o. Rochat, attirant « l'attention particulière » de l'ambassadeur « sur l'intérêt qu'il y a, pour réserver l'avenir, à ce que les lettres à échanger entre les gouvernements français et japonais, marquent de façon aussi nette que possible la contrainte sous laquelle nous sommes amenés à céder devant l'injonction japonaise. » (Guerre 1939-1945, Vichy, E Asie, Dossiers généraux, 18).

3°) Deux légères rectifications au projet de frontière :

a) Au nord, dans la boucle du Mékong face à la ville de Luang-Prabang.

b) Dans le Cambodge, pour dégager la rive droite du Mékong face à la ville de Strung Treng.

4°) Précisions portant sur le règlement de la question des îles du Mékong qui a pour seul objet d'assurer l'accès de la Thaïlande à un chenal en eau profonde dans le fleuve.

5°) Précisions demandées sur la nature et l'objet de la garantie japonaise.

B – *Pour la forme* :

L'accord définitif doit être précédé d'un échange de lettres entre la France et le Japon à l'effet de bien marquer que la France ne cède pas à la Thaïlande, mais que c'est sur les instances du Japon, grande puissance dont nous avons reconnu par l'accord du 30 août dernier[1] la position particulière en Extrême-Orient, que nous acceptons une solution que les considérations de droit et de fait exposées au cours de la négociation ne justifient point.

M. de Brinon a été tenu au courant en vue d'informer l'ambassade d'Allemagne à Paris[2].

Notre délégation à Wiesbaden a été également informée[3].

M. Arsène Henry s'est acquitté de sa démarche le 2 mars. Il a fait part au ministère des Affaires étrangères de l'acceptation du gouvernement français sous réserve des correctifs et tempéraments indiqués ci-dessus.

M. Matsuoka, faisant alors état de son désir de conciliation, lui a communiqué un nouveau projet de règlement dont il avait saisi la veille le gouvernement de Bangkok qui n'avait pas encore donné sa réponse.

Aux termes de ce projet, les cessions territoriales seraient constituées :

1°) Par une bande de territoires cambodgiens sur la frontière sud-ouest, en bordure de la mer.

---

[1] Voir *DDF (1939-1944)*, 1940-2, documents n°s 143, 173, 192. Pour le texte de l'échange de lettres entre l'ambassadeur de France à Tokyo et le ministre des Affaires étrangères du Japon en date du 30 août, *cf.* Guerre 1939-1945, Vichy, E Asie, Thaïlande, 404, fol. 42-43.

[2] Voir la lettre de Brinon à Vichy, informant des pressions de l'ambassadeur du Reich à Paris, M. Abetz, pour une acceptation des propositions japonaises « dans l'intérêt de la France », en raison de l'équilibre des forces militaires favorable à la Thaïlande (D. de la Délégation générale du gouvernement français dans les territoires occupés, Paris, 25 février 1941) (Guerre 1939-1945, Vichy, E Asie, Thaïlande, 413, fol. 222, document non reproduit) et dans la même série, Thaïlande, 407, la réponse (par téléphone) en date du 26 février du Département, sur la nécessité de « repousser la dernière formule japonaise de médiation », en raison des concessions territoriales demandées qui « non seulement compromettent dangereusement notre autorité sur l'ensemble de l'Indochine, mais encore sont incompatibles avec notre sentiment de l'honneur national. » Le 1er mars à 14 h, Darlan informe Brinon par téléphone de l'acceptation des conditions japonaises (Thaïlande, 408). À la même date, on peut signaler une note secrète « Au sujet des renforcements en matériel de guerre du Siam », donnant le détail des livraisons de matériel de guerre faites par le Japon du 30 novembre 1940 au 25 février 1941, envoyé par le Secrétariat d'État aux Colonies, Deuxième Bureau, *in* Thaïlande, 400, non reproduite).

[3] Voir la D. de Vichy en date du 28 février 1941 à M. de Saint-Hardouin, *in* Guerre 1939-1945, Vichy, E Asie, Thaïlande, 407, document non reproduit.

2°) Une bande de territoires sur la frontière nord du Cambodge.

3°) Les deux enclaves de Paksé et de Paklay, moins la boucle du Mékong en face de Luang Prabang.

4°) La province du haut Mékong dont le chef-lieu est Brau Honei Sai, sur la frontière chinoise.

M. Arsène Henry recommande vivement l'adoption de ces nouvelles propositions qui lui semblent beaucoup plus satisfaisantes que les premières aussi bien du point de vue politique que du point de vue économique[1].

M. Arsène Henry a été autorisé à accepter ce nouveau plan de règlement sous réserve de certaines modifications du tracé de la frontière[2].

Guerre 1939-1945, Vichy, E Asie, Thaïlande, 414 (3GMII/414)

121

NOTE DE SOUS-DIRECTION AFRIQUE-LEVANT

Menace anglaise contre Djibouti

N.   *Vichy, 4 mars 1941.*

Le chemin de fer de Djibouti à Addis-Abeba[3] constitue une des principales voies de pénétration vers le cœur du réduit abyssin. On comprend donc que le commandement britannique ait désiré s'en assurer le contrôle au moment où a commencé l'investissement des forces italiennes d'Éthiopie.

La menace anglaise contre notre colonie de Djibouti s'est précisée au début du mois de février. Après avoir, pendant plus de quatre mois, soumis à un blocus rigoureux la côte française des Somalis, le commandement anglais a manifesté l'intention soit d'entraîner notre colonie dans la dissidence, soit, si elle s'y refusait, à s'en emparer par la force.

Cette menace a conduit M. Nouailhetas, gouverneur de la Côte française des Somalis, à faire savoir le 12 février aux autorités anglaises d'Aden qu'il

---

[1] T. n°s 238 à 244 de Tokyo, en date du 2 mars, *in* Guerre 1939-1945, Vichy, E Asie, Thaïlande, 408, document non reproduit.

[2] T. n°s 267 à 268 (secret, priorité absolue) en date du 3 mars de Vichy. Fort de renseignements « de source sérieuse » du gouverneur général de l'Indochine sur le fait que « les dirigeants japonais sont divisés sur l'opportunité d'une action de force en Indochine et hésiteraient à l'entreprendre » (T. n° 265 de Vichy à Tokyo, en date du 2 mars), Darlan demande à l'ambassadeur d'obtenir du Cambodge « des modifications de frontière maintenant en territoire indochinois Sisophon, le district de Melouprey et les îles de Khone et de Khong », en échange éventuellement de la partie sud, voire de toute la province de Bran-Houei-Sai et de la zone comprise entre sa frontière méridionale et le Mékong, ce qui assurerait à la Thaïlande une frontière commune avec la Chine (Guerre 1939-1945, Vichy, E Asie, Thaïlande, 408, document non reproduit).

[3] Le chemin de fer de Djibouti à Addis-Abeba, projeté dès 1893, achevé en 1917, a été construit pour désenclaver l'Éthiopie sans accès maritime. De 1941 à 1946, ce sont les Britanniques qui contrôlent son exploitation.

entendait, conformément aux instructions qu'il avait reçues, défendre la colonie contre quiconque.

Le message de M. Nouailhetas a incité le commandement britannique à solliciter un entretien avec notre gouverneur dont le délégué a été reçu, le 1er mars, à bord d'un bâtiment anglais stationné à la limite des eaux territoriales de Djibouti.

Au cours de cet entretien, le représentant des autorités d'Aden a offert d'assurer le ravitaillement de Djibouti, en laissant librement passer 100 tonnes de riz par mois, à condition que les autorités françaises de la colonie acceptent la présence à Djibouti d'un consul britannique. Le représentant d'Aden a, en même temps, laissé entendre que les récentes victoires anglaises en Érythrée[1] devraient, à son avis, inciter les Français de Djibouti à changer d'attitude à l'égard des Anglais.

Les offres anglaises ont reçu la réponse suivante de M. Nouailhetas :

En ce qui concerne la présence d'un consul britannique à Djibouti, notre gouverneur a fait savoir qu'elle ne saurait être acceptée qu'au moment où la proximité immédiate des troupes anglaises la justifieraient et à la double condition, d'une part, que ce consul ne cherche pas à élargir indûment le cadre de son activité et, d'autre part, qu'aucune force française dissidente ne s'approche de Djibouti dans un rayon de 200 kilomètres.

En ce qui concerne le ravitaillement de Djibouti, M. Nouailhetas a répondu que l'offre d'un contingent mensuel de 100 tonnes de riz était insuffisante, et que la colonie avait besoin chaque mois d'au moins 800 tonnes de riz. Il a ajouté qu'en tout état de cause, il se refusait à ravitailler Djibouti par Aden où les achats devaient être payés en livres sterlings et qu'il désirait s'approvisionner à Madagascar, tout en admettant, d'ailleurs, que les convois fussent contrôlés à Aden.

Cette dernière suggestion n'ayant pas été retenue par les Anglais, les interlocuteurs sont tombés d'accord pour recommander l'adoption d'un plan aux termes duquel le ravitaillement de Djibouti serait assuré, sous le contrôle des autorités d'Aden, par la Croix-Rouge internationale. Ce ravitaillement serait destiné à assurer la subsistance tant de la colonie que des femmes et des enfants italiens groupés dans une zone neutre constituée par une bande de 2 kilomètres s'étendant de part et d'autre de la voie ferrée. Les autorités d'Aden se sont engagées à soumettre ce plan au gouvernement anglais.

De cette conversation, le gouverneur de la Côte française des Somalis a retiré l'impression que les demandes présentées par les autorités d'Aden

---

[1] Les forces italiennes en Afrique orientale (plus de 250 000 hommes) constituaient une menace pour les voies de passage maritimes (mer Rouge et canal de Suez) et donc pour l'approvisionnement des Alliés. Les Britanniques avaient envahi l'Érythrée le 18 janvier 1941. La bataille de Keren avait débuté le 2 février avec des troupes qui comprenaient aussi des Français (Brigade française d'Orient des Forces françaises libres). Les premières attaques visant à s'emparer des positions tenues par les Italiens sur les hauteurs autour de Keren avaient été repoussées. La seconde offensive allait commencer le 15 mars et elle devait s'achever le 27 mars par une victoire britannique décisive puisqu'elle ouvrait la voie aux Alliés pour la conquête de l'Érythrée et de l'Éthiopie.

constituaient un avertissement voilé destiné à lui faire comprendre que la colonie serait attaquée et prise de force si elle ne consentait pas à adhérer à la dissidence[1].

Cette menace, qui laisse prévoir le déclenchement à brève échéance d'une opération britannique contre Djibouti, a incité l'amiral Platon à proposer que la restitution à notre colonie des munitions et du matériel de guerre stockés soit demandé à la Commission d'armistice[2]. L'amiral Platon ajoute, qu'à son avis, les Italiens devraient être avisés qu'en cas de refus de leur part, notre colonie se verrait dans la nécessité d'accéder sans réserve aux demandes britanniques.

Guerre 1939-1945, Vichy, K Afrique, 103 (5GMII/103)

122

L'Amiral Darlan, Vice-Président du Conseil, Ministre Secrétaire d'État aux Affaires étrangères, à la Marine et à l'Intérieur, Au général Noguès, Commissaire Résident général au Maroc.

T. n° 194[3]. *Vichy, 5 mars 1941, 19 h.*

Le gouvernement des États-Unis a accordé les autorisations nécessaires à l'envoi, à destination de l'Afrique du Nord, d'environ 40 000 tonnes de produits pétroliers, qui seront répartis en trois cargaisons. La première qui est actuellement en route, est composée exclusivement de gasoil. En raison de l'état des stocks et des consommations de trois territoires de l'Afrique du Nord, la direction des carburants a décidé d'attribuer ce premier chargement partie à l'Algérie, partie à la Tunisie. Le Maroc sera ravitaillé sur l'une des deux cargaisons suivantes qui sera composée d'essence et de lampant[4]. La part de chacun des trois pays sera déterminée ultérieurement. La troisième cargaison contiendra du mazout, destiné en principe aux transports maritimes.

Guerre 1939-1945, Vichy, M Maroc, 64 (6GMII/64)

---

[1] En réalité, il fallut attendre décembre 1942 pour ce ralliement.

[2] Commission italienne d'armistice dont le siège est à Turin.

[3] T. intitulé « Ravitaillement de l'Afrique du Nord » et signé p.o. Rochat. Le document porte le paraphe de Lagarde.

[4] Lampant : terme qualifiant du pétrole raffiné, destiné à l'éclairage.

123

NOTE DE LA SOUS-DIRECTION D'ASIE

N.   *Vichy, 5 mars 1941.*

Les instructions autorisant M. Arsène Henry à accepter, sous certaines réserves de détail, le nouveau plan de règlement japonais[1] s'est croisé avec un télégramme de Tokyo annonçant le refus dudit plan par le gouvernement thaïlandais[2].

La négociation est ramenée de ce fait au plan antérieur que nous avions accepté en demandant certains aménagements. M. Arsène Henry a pris acte de cette situation en indiquant au surplus que nous insisterions pour obtenir satisfaction à nos demandes.

Le 4 de ce mois, à deux reprises, le chargé d'affaires du Japon est intervenu avec une vive insistance auprès du Département pour que le gouvernement français donne à M. Matsuoka, pleinement instruit des réserves françaises, toute liberté pour arrêter les termes d'un accord[3].

Il paraît difficile d'entrer dans cette voie. Le gouvernement français a formulé les conditions qu'il estime nécessaire d'obtenir pour éviter que la décision imposée par le Japon n'entraîne les conséquences les plus sérieuses pour le maintien de l'autorité française en Indochine. Sans doute le gouvernement japonais peut-il nous imposer de renoncer à ces conditions comme il l'a fait pour l'ensemble du plan. Mais il ne peut s'attendre à ce que nous abandonnions la position prise, qui est de ne céder que sous la contrainte, pour lui donner, sous forme de blanc-seing, notre consentement préalable à de nouvelles concessions.

Guerre 1939-1945, Vichy, E Asie, Thaïlande, 414 (3GMII/414)

---

[1] Voir document n° 120 et notes.

[2] T. n°s 249 à 251 de Tokyo à Vichy en date du 3 mars 1941. D'après l'ambassadeur, les Japonais seraient très affectés de ce refus (Guerre 1939-1945, Vichy, E Asie, Thaïlande, 408, non reproduit).

[3] Voir le T. n°s 274-275 de Vichy à Tokyo en date du 4 mars ainsi que la note du directeur politique en date du 5 mars rapportant le nouvel entretien avec M. Harada. (Guerre 1939-1945, Vichy, E Asie, Thaïlande, 408, documents non reproduits).

124

M. Truelle, Ministre de France à Bucarest,
   À L'Amiral Darlan, Vice-Président du Conseil, Ministre
   Secrétaire d'État aux Affaires étrangères, à la Marine et à
   l'Intérieur.

D. n° 86[1].   *Bucarest, 6 mars 1941.*

Cette légation a signalé au Département que des pourparlers avaient été engagés depuis trois mois environ entre la Roumanie et l'URSS en vue de conclure de nouveaux accords commerciaux[2]. Ces négociations viennent d'aboutir par la signature, à la date du 26 février 1941, d'un accord de commerce et de navigation, d'un accord relatif à l'échange de marchandises et d'un accord confidentiel concernant le transit par l'URSS.

Les négociations concernant l'accord de commerce et de navigation ont été les plus longues et difficiles. Devenue de nouveau riveraine du Danube depuis l'annexion de la Bessarabie, la Russie attachait une grande importance à conclure un tel traité, mais de part et d'autre on tenait à rédiger un texte précis, dont la mise au point a été assez ardue. Au surplus, les événements qui se sont produits en Roumanie jusqu'à la fin du mois de janvier n'ont pas été sans favoriser ces lenteurs[3]. L'accord ne comporte aucune clause concernant les questions d'établissement.

Le second accord, relatif à l'échange des marchandises entre les deux pays, est à peu près analogue à celui qui avait été signé il y a cinq ans, le 17 février 1936, et qui était resté sans effet dans la pratique. En vertu de la nouvelle convention, le montant des échanges prévus doit atteindre 4 millions de dollars par an. Il s'agit principalement de ventes d'essence roumaine à l'URSS (qui éprouve actuellement de grandes difficultés à approvisionner en carburant liquide la Bessarabie et la Bucovine du nord) et de ventes de coton et de manganèse russes à la Roumanie. Les paiements seront réglés de la façon suivante : un compte sera ouvert à la Banque nationale de Roumanie, auquel sera versée la valeur des marchandises achetées par la Roumanie à l'URSS et le gouvernement soviétique aura le libre usage des sommes ainsi déposées pour le paiement de ses propres achats.

---

[1] Dépêche intitulée « Accord commercial entre la Roumanie et l'URSS ».

[2] À noter qu'au moment où ces négociations ont été entreprises, la Roumanie vient de signer, le 4 décembre 1940, un important accord économique avec le Reich (*cf.* D. n° 534 en date du 16 décembre 1940 de Spitzmüller au Département, Guerre 1939-1945, Vichy, Z Europe, Roumanie 696 (document non reproduit).

[3] Allusion sans doute aux désordres provoqués par les Légionnaires de la Garde de fer, à la suite du démembrement de la Roumanie (annexion de la Bukovine et de la Bessarabie par l'URSS à l'été 1940, arbitrage de Vienne du 30 août 1940 accordant la Transylvanie à la Hongrie). Voir *DDF (1939-1944)*, 1940-2, document n° 337, et dans ce volume, les documents n°s 22, 37, 38 (et sa note 3). Sur les troubles liées à « la révolte légionnaire des 21-23 janvier 1941 », voir la D. n° 49, en date du 28 janvier 1941, d'Henry Spitzmüller, *in* Guerre 1939-1945, Vichy, Z Europe, Roumanie, 681 (non reproduite).

Enfin, un accord confidentiel, auquel les négociateurs roumains paraissent attacher une importance particulière, a été signé au sujet du transit des marchandises par le territoire soviétique. Il s'agit notamment d'accorder des facilités aux échanges qui s'effectueront entre la Roumanie d'une part et certains pays comme l'Allemagne, la Suède et le Japon d'autre part, et qui emprunteront le territoire soviétique. Il y a lieu de rappeler à ce sujet qu'une partie importante des exportations roumaines vers l'Allemagne orientale s'effectue par la voie ferrée qui, remontant la Moldavie, traverse la Bucovine annexée par l'URSS et la Galicie occidentale.

D'une façon générale, la délégation roumaine qui a négocié ces accords à Moscou a été favorablement impressionnée par la bonne volonté dont ont fait preuve ses interlocuteurs.

Guerre 1939-1945, Vichy, Z Europe, URSS, 852 (10GMII/852)

125

M. RAYMOND OFFROY, GÉRANT DU CONSULAT DE FRANCE À SALONIQUE,
À L'AMIRAL DARLAN, VICE-PRÉSIDENT DU CONSEIL, MINISTRE
SECRÉTAIRE D'ÉTAT AUX AFFAIRES ÉTRANGÈRES, À LA MARINE ET À
L'INTÉRIEUR.

D. n° 2[1].   *Salonique, 8 mars 1941.*

Au moment où l'accentuation de la menace allemande en direction de l'Égée incite l'opinion internationale à s'intéresser à Salonique, celle-ci continue de donner une apparence de « ville morte ».

Depuis le jour où le Reich a fait savoir à Athènes qu'il n'interviendrait pas dans la guerre gréco-italienne si les Anglais n'étaient pas autorisés à se servir des bases grecques contre l'Allemagne et à s'installer à Salonique[2], les autorités helléniques ont été visiblement hantées, en ce qui concerne le grand port macédonien, par la crainte de fournir un prétexte à l'intervention du Reich. Elles se sont donc soigneusement abstenues de toutes les mesures, de toutes les initiatives qui auraient pu être taxées à Berlin de « provocations ».

Très caractéristique à cet égard est l'attitude adoptée ici à l'égard des Britanniques. Alors que les meilleurs hôtels d'Athènes ont été réquisitionnés pour les services militaires anglais, alors que les rues de la capitale sont constamment sillonnées par des officiers et soldats britanniques qui y jouissent d'un traitement privilégié, rien ne pourrait faire croire à Salonique que l'on se trouve dans un pays allié à l'Angleterre. Depuis le 29 octobre aucun navire de guerre de Sa Majesté, aucun cargo arborant

---

[1] Dépêche intitulée « Salonique devant la menace allemande ». Tampon en marge : « Communiqué à la Légation ».

[2] Voir document n° 25.

l'*Union Jack* n'ont été aperçus dans le port ; aucun *Tommy* n'a été vu dans les rues ou dans les bars de la ville ; il est même exceptionnel de croiser des civils ayant un aspect physique évidemment anglo-saxon ; le consulat britannique avait, dans la première moitié de 1940, des fonctionnaires appartenant au cadre des officiers de marine : depuis que Londres et Athènes sont alliés, ce consulat a repris son aspect antérieur et ne comporte plus que du personnel civil.

Ce souci de « neutralité » à l'égard de l'Allemagne paraît même l'avoir emporté, en de nombreuses circonstances, sur les exigences de la Défense nationale. Selon une information dont je n'ai pu obtenir confirmation officielle mais qui me paraît plausible, la Royal Air Force avait envoyé en Macédoine dans le courant de janvier quelques appareils destinés à protéger Salonique contre les bombardements italiens qui, à la fin de décembre, avaient pris une cadence inquiétante. Peu de jours après son arrivée, cette petite force aérienne, bien qu'elle se fût montrée, conformément à la consigne reçue, aussi discrète que possible, s'éclipsa soudainement. Le bruit a couru avec persistance que ce départ inopiné était dû à une demande de Berlin appuyée par Belgrade.

Les indices que j'ai recueillis ici semblent indiquer en tout cas que le gouvernement grec a été fortifié par l'insistance du gouvernement yougoslave dans son intention de satisfaire aux desiderata allemands en n'effectuant à Salonique aucun préparatif militaire. Quelques jours avant l'entrée des troupes nazies en Bulgarie, le consul général de Yougoslavie me développait encore le thème selon lequel les Balkaniques devaient se méfier de la politique anglaise dans le Sud-Est européen ; Londres, m'a-t-il dit en substance, cherche en ce moment des mercenaires pour sa guerre et voudrait débarquer des troupes à Salonique pour déclencher une intervention du Reich qui entraînerait dans le conflit la Yougoslavie et la Turquie. Au contraire, si les Anglais ne s'installent pas ici, les Allemands n'ont aucune raison d'y venir.

Il convient de noter, cependant, que le calme apparent de la ville constitue surtout une façade, la réalité étant légèrement différente. Alors qu'au point de vue ferroviaire, le trafic diurne reste très faible, le mouvement des trains s'amplifie considérablement pendant la nuit. De même, si le port ne reçoit guère, de façon manifeste, que des caïques venant de Volo ou des îles, quelques cargos y arrivent toutefois avec une grande discrétion ; ils accostent à la tombée du jour et tous les dockers disponibles préalablement rassemblés à cet effet, effectuent alors le déchargement du navire dans le plus bref délai, terminant autant que possible leur travail à l'aube. Le vapeur va alors s'ancrer dans la baie en l'attente d'un départ, également nocturne. Cette méthode a pour but de mettre la cargaison à l'abri non seulement des bombardements italiens mais aussi des indiscrétions locales et il est très difficile d'obtenir le moindre renseignement sur la nature et la destination des marchandises débarquées.

Par ailleurs, l'inaction observée à Salonique n'a pas empêché le haut commandement de parachever les travaux entrepris à proximité de la frontière bulgare. Dès après l'ouverture des hostilités entre l'Allemagne et la France, des appontements en béton ont été installés en divers points de la côte de la mer Égée, jusqu'à Dédéagatch. Ces appontements, dont les plus notables sont situés à Tsayes (embouchure de Strouma) Elefthera et Kéramoti (extrémités occidentale et orientale de la baie de Cavalla) sont assez importants pour permettre l'accostage de navires ayant de 9 à 10 m de tirant d'eau. Ils disposent tous d'une voie ferrée, qui vient d'être reliée à la ligne Salonique-Alexandropole et d'au moins une bonne route, également raccordée au réseau routier. Ces installations doivent en principe permettre la dissémination des troupes pouvant être envoyées dans cette région ; seul le matériel lourd devrait obligatoirement être débarqué à Salonique, aucun autre port ne disposant de l'équipement nécessaire.

Plus récemment des travaux ont été commencés pour le cas où une attaque ennemie viendrait par le Vardar. Un appontement est en construction à Katherini et des fortifications en cours d'édification près de Kilkis. Mais il s'agit là d'une œuvre de longue haleine qui ne saurait présenter de valeur militaire avant un certain temps.

Quel que soit l'intérêt de ces efforts plus ou moins sporadiques, il n'en reste pas moins que l'équipement militaire de la région de Salonique a été considérablement entravé par les demandes allemandes et le crédit que l'on a accordé ici aux assurances du Reich.

Assez intéressant est à cet égard, malgré ses outrances, l'opinion des milieux vénizélistes, qui comme le sait Votre Excellence, constituent encore la majorité en Macédoine. Restant, au fond, très hostiles au régime Metaxas et au roi Georges, ils ont vu dans cette inaction la preuve que le gouvernement d'Athènes n'essaierait pas de résister efficacement aux Allemands, le cas échéant. Ce qui maintient nos dirigeants, disent-ils, dans le camp anglais, c'est uniquement la conviction qu'en fin de compte, les Anglo-Saxons l'emporteront.

Ils en viennent ainsi à imputer au gouvernement d'Athènes le raisonnement suivant : ayant déjà acquis sur les champs de bataille d'Albanie une gloire impérissable[1], la Grèce, en cas d'agression du Reich, n'aura, après avoir esquissé une défense symbolique, qu'à envoyer en Crète, sous la protection britannique, son roi, son gouvernement officiel et les quelques personnalités qui comptent sur le plan international ; en maintenant ainsi, avec le principe de l'alliance anglo-hellénique, son renom à l'étranger, elle réservera sa part de profits matériels dans l'avenir et pourra se permettre de former sur son propre territoire un gouvernement composé de personnalités de second plan qui régleront avec les autorités allemandes, au mieux des intérêts de la population, les différents problèmes d'administration. Si la défaite allemande survient ensuite, il suffira de désavouer ce « gouvernement croupion » pour

---

[1] Sur les succès grecs dans le conflit contre l'Italie, on peut se référer aux nombreux documents (non reproduits) de la série Guerre 1939-1945, Vichy, Z Europe, Grèce, 393. On y trouve notamment une chronologie du conflit du 12 août au 1er novembre 1940, une dépêche de Robert de Dampierre (Budapest, 25 novembre 1940) sur les échecs italiens en Albanie, les échos de la presse de différents pays. Voir aussi *DDF (1939-1944)*, 1940-2, document n° 364. En janvier-février 1941, la résistance grecque contre les forces italiennes s'est poursuivie avec succès.

concentrer sur lui tout le discrédit qui s'attachera à ses actes et sauvegarder le prestige de la nation, du roi et du régime.

Il ne m'appartient pas d'apprécier la vraisemblance de cette thèse, dont les propagateurs sont d'ailleurs ceux-là même qui, avant le 28 octobre, excipaient de la « germanophilie » supposée de M. Metaxas pour affirmer que le gouvernement du 4 août n'opposerait pas de résistance sérieuse aux prétentions de l'Axe[1]. Mais je dois relever qu'en répandant des propos défaitistes dans le seul but de faire pièce à des adversaires politiques, ces milieux, traditionnellement pro-anglais, contribuent à accentuer le malaise qui s'empare peu à peu de la population salonicienne.

La propagande officielle en effet avait toujours cherché à masquer la réalité du danger allemand ; l'alerte de novembre[2] avait été escamotée, l'accroissement considérable du corps d'occupation de Roumanie à peine mentionné[3], la conviction que l'allié turc pourvoirait à toute menace sur la Thrace renforcée à chaque occasion. L'entrée des troupes du Reich en Bulgarie[4] a donc éclaté à Salonique comme un coup de tonnerre dans un ciel serein et a provoqué une émotion considérable, notamment dans les milieux juifs qui représentent plus du quart de la population. Dans toutes les villes de la région l'exode commence et les autorités ont pris des mesures très sévères pour l'enrayer.

N'ayant pas confiance en une administration locale dépourvue d'autorité et de prestige[5], voyant tomber brusquement les illusions qui avaient été volontairement entretenues, l'opinion publique de Thrace et de Macédoine cherche, avec une appréhension croissante, le point d'appui qui lui fait défaut. Elle peut le trouver dans le moral étonnant qui continue de se manifester dans l'armée. Grâce à cette admirable tenue de la troupe, la nervosité actuelle de la population civile devrait pouvoir se convertir, le cas échéant, non pas en une panique générale mais en une énergie de désespoir.

Guerre 1939-1945, Vichy, Z Europe, Balkans, 938 (10GMII/938)

---

[1] Le 28 octobre 1940, l'Italie qui avait occupé l'Albanie en avril 1939, avait adressé un ultimatum à la Grèce, exigeant le libre passage de leurs troupes à travers le territoire grec de la frontière albanaise jusqu'à Salonique, avant de déclencher immédiatement les hostilités, ne s'attendant à aucune résistance. Voir à ce sujet, *DDF (1939-1944)*, 1940-2, documents n°s 336, 337. Le « gouvernement du 4 août » est une référence au coup d'État du 4 août 1936 du général Metaxas, qui a instauré un régime dictatorial, soutenu par le roi. À la date du présent document, le général Metaxas est décédé (29 janvier 1941).

[2] Allusion aux pressions allemandes à la suite du renforcement du soutien britannique à la Grèce.

[3] Voir dans ce volume, les documents n°s 1, 15, 31, 41, 82, 91.

[4] Annoncée depuis la mi-février, l'entrée des troupes allemandes en Bulgarie pour venir prêter main forte à l'Italie en attaquant la Grèce a eu lieu le 1er mars 1941, le jour où ce pays adhère au Pacte tripartite. Voir, entre autres, le T. n°s 174 à 175 en date du 3 mars 1941 de Sofia, par lequel Blondel rapporte l'adhésion au pacte et « l'ouverture » simultanée des frontières aux forces armées du Reich, qui selon le président du Conseil, Filov, ne modifie en rien « la formelle décision de la Bulgarie de ne pas s'écarter de sa ligne fondamentale d'abstention de toute attaque et de toute menace contre les intérêts de qui que ce soit. » (Guerre 1939-1945, Vichy, Z Europe, Balkans, 938, document non reproduit).

[5] *Note du document* : Le Gouverneur général de la Thrace, M. Kallandjis, a brusquement quitté Komotini le 7 mars, sans ordres, en auto, avec sa famille, en direction d'Athènes ; le préfet de Serrès a suivi cet exemple.

126

NOTE DE LA SOUS-DIRECTION D'ASIE

Règlement du conflit franco-thaïlandais

N.   *Vichy, 8 mars 1941.*

Dès le 26 février dernier, nous avons accepté le principe des cessions de territoire demandées[1].

En donnant cette acceptation, nous avions formulé des réserves :

1°) *Territoriales* :
a) Strungtreng – acceptée
b) Luang Prabang   ⎫ refusées, mais des régimes
c) Îles de Khone et de Khong   ⎭ particuliers sont prévus

2°) *De statut politique* : extension à tous les territoires cédés de la démilitarisation et des conditions d'établissement prévues pour certaines d'entre elles seulement.

Ces demandes sont acceptées.

3°) *De procédure* : échange de lettres franco-japonais destiné à marquer que nos concessions étaient faites au Japon et non à la Thaïlande et que nous les consentions sous la contrainte.

Le principe de ces lettres est accepté.

L'essentiel de ce que nous désirions, à savoir des hypothèques sur les régions cédées, qui nous y laissent un droit de regard, et la marque de l'intervention japonaise, que frappe nos cessions de précarité au cas où la situation d'ensemble du Japon dans le Pacifique se trouverait modifiée, est donc acquis.

Il résulte du télégramme de M. Arsène Henry et de la communication faite par M. Harada à M. Rochat que ce résultat risque d'être remis en cause si nous ne prenons pas la balle au bond[2]. Il semble que ni les tombeaux des rois de Luang Prabang ni la possession exclusive des îles de Khone et de Khong ne vaillent ce risque.

En conséquence il paraît opportun :

1°) d'accepter le règlement proposé ;

2°) de s'efforcer d'obtenir un aménagement des lettres à échanger, dont certains termes nous gênent ;

---

[1] Voir document n° 114.

[2] Voir document n° 123 et notes. Pour le détail des négociations, voir les nombreux échanges entre Vichy et l'ambassadeur, ainsi que les notes relatives aux entretiens entre MM. Harada et Rochat et les projets successifs d'échanges de lettres dans Guerre 1939-1945, Vichy, E Asie, Thaïlande, 408.

3°) de rappeler notre demande relative au mode de fixation de la frontière du Mékong, qui paraît avoir été perdue de vue par les négociateurs, mais qui ne paraît pas devoir soulever de difficultés.

Cette conclusion s'impose d'autant plus à nous que d'après les télégrammes d'Hanoï, l'essentiel du règlement est déjà plus ou moins connu en Indochine et que la colonie n'est ni militairement (télégramme d'Hanoï n° 902-905 du 1er)[1] ni moralement (télégramme d'Hanoï nos 974-978 du 3 mars) en état de résister[2].

Tel est l'objet du projet de télégramme ci-joint[3].

Guerre 1939-1945, Vichy, E Asie, Thaïlande, 414 (3GMII/414)

127

M. Gilbert Arvengas, Ministre de France à Mexico,
     À l'Amiral Darlan, Vice-Président du Conseil, Ministre
        Secrétaire d'État aux Affaires étrangères, à la Marine et à
        l'Intérieur.

D. n° 22[4].   *Mexico, 10 mars 1941.*

Pour les nombreux Européens que les bouleversements survenus dans leur patrie contraignent à l'exil, l'Amérique constitue, comme en d'autres temps, la terre de refuge la plus convoitée. D'une manière générale ces immigrants ne sont cependant plus accueillis dans le Nouveau Monde avec la même faveur qu'autrefois ; peu de pays, sur ce continent, ont ouvert leurs portes aussi largement que le Mexique au flot des réfugiés en quête d'un asile.

La sollicitude du gouvernement mexicain s'étend surtout, il est vrai, aux éléments dont les affinités politiques et la communauté de langue sont les gages de leur facilité d'adaptation au milieu local. C'est la raison pour laquelle les Républicains espagnols ont pu croire trouver au Mexique une sorte de terre promise, où les plus notables d'entre eux ont déjà transporté leurs foyers, et où la masse de ceux qui bénéficient depuis plus de deux ans de l'hospitalité française espère un jour pouvoir aborder.

L'accueil réservé par l'administration du président Cardenas aux vaincus de la guerre civile espagnole s'inspirait de considérations humanitaires,

---

[1] *In* Guerre 1939-1945, Vichy, E Asie, Thaïlande, 408. Decoux y déclare que le Japon peut se rendre facilement maître du Tonkin, en raison de sa force aérienne et que d'autres moyens « plus considérables sans doute sont disponibles pour être employés contre les territoires du Sud, pris alors entre deux attaques, l'une japonaise et l'autre siamoise, appuyée à fond par les Japonais. Le résultat ne peut faire l'objet d'un doute. Les conséquences peuvent être, soit perte totale de l'Indochine, soit abandon forcé au Siam de territoires plus étendus que ceux actuellement en cause. »

[2] Document non retrouvé.

[3] Document non retrouvé.

[4] D. intitulée : « Le Mexique et le problème des réfugiés. » La dépêche a été envoyée par avion transatlantique et adressée à la Sous-Direction d'Amérique.

mais aussi, dans une large mesure, du souci de recruter massivement des cadres d'extrême-gauche dont l'appoint viendrait renforcer l'influence des partisans d'une politique sociale avancée et contribuerait à organiser la résistance contre tous ceux qui souhaitaient un retour à des conceptions économiques plus saines. C'est dans cet esprit que la légation du Mexique en France, sous la direction de M. Bassols, puis de M. Rodriguez, devait procéder à la sélection des réfugiés espagnols admis à bénéficier en premier lieu de l'hospitalité mexicaine. Les objections formulées par le gouvernement du général Franco, aussi bien que le difficile problème des transports maritimes, n'ont pas permis à ce projet de se réaliser en temps utile, et, depuis l'avènement au pouvoir du président Avila Camacho, la question de l'immigration espagnole au Mexique semble devoir être réglée plutôt sur un plan économique que sur un plan politique.

Les tenants de la nouvelle administration ne témoignent aucune sympathie pour les tendances communisantes de certains réfugiés espagnols dont les menées ne pourraient qu'accroître les résistances rencontrées par le président Avila Camacho dans l'œuvre de redressement à laquelle il s'efforce de procéder. À l'exception de certains dirigeants syndicalistes, l'opinion dans son ensemble, partage cette manière de voir. La grande presse s'attaque de plus en plus aux conceptions marxistes et relève volontiers les abus imputables à quelques politiciens espagnols. Des suspicions furent jetées, le mois dernier, sur M. Indalecio Prieto, dont l'intégrité était mise en cause à la suite de divulgations concernant la mystérieuse disparition d'un trésor de guerre qui lui avait été confié. Un important chargement de bijoux, évalués à plus de 16 millions de pesos, et même, paraît-il, de stupéfiants, venant d'Espagne sur le yacht *Vita*, aurait été débarqué clandestinement grâce à des complaisances administratives sur la côte du Golfe du Mexique et aurait été en partie vendu à des fins personnelles, en partie introduit aux États-Unis alors qu'il était destiné au financement de l'immigration espagnole. D'autre part, les démissions sensationnelles, dont celle de Madame Roosevelt, survenues au sein d'un Comité américain pour l'organisation du transport des réfugiés en raison des sympathies communistes de ses promoteurs, ont jeté sur celle-ci un certain discrédit.

Les principaux réfugiés espagnols du Mexique, dans une lettre ouverte adressée au président Avila Camacho, ont tenu d'ailleurs à affirmer le loyalisme de l'ensemble des émigrés à l'égard du régime constitutionnel du Mexique, se désolidarisant des organisations soumises à des influences extrémistes, et ne reconnaissant comme légal que le « Comité de Secours aux Réfugiés Espagnols » dont l'institution est prévue par l'accord étendant à ceux-ci la protection du gouvernement mexicain. La lettre dont il s'agit porte, notamment, les signatures de MM. Martinez Barrio, Alvaro de Albornoz, Félix Gordon Ordas et José Miaja.

Traduisant les nouvelles tendances de l'administration à l'égard de la question des réfugiés politiques au Mexique, le Président de la République a pris récemment un décret, dont j'ai eu l'honneur de faire connaître télégraphiquement la substance à Votre Excellence, et dont le texte est annexé à cette dépêche.

Cette réglementation vient au-devant des vœux de la majorité de l'opinion mexicaine. L'organisme qui voit avec le moins de faveur le redressement qui s'opère actuellement dans ce pays, la Confédération des travailleurs mexicains, analogue à notre ancienne CGT, a reconnu lui-même que l'immigration devait, avant toute autre considération, être profitable aux intérêts économiques du pays et ne pas être de nature à créer de nouveaux problèmes aux classes laborieuses. À la résolution votée à ce sujet par le récent congrès national de cette Confédération, ce dernier a cependant cru devoir ajouter qu'il convenait de favoriser particulièrement l'immigration des travailleurs espagnols tant en raison des qualités propres à ceux-ci que par devoir révolutionnaire de solidarité à l'égard du prolétariat espagnol victime de la persécution fasciste. La CTM a décidé de transmettre cette résolution aux autorités mexicaines en les invitant à ne pas perdre de vue le sentiment du prolétariat national à cet égard.

En dépit de ce zèle révolutionnaire manifesté par la CTM, les nouvelles dispositions adoptées par l'administration tendront à atténuer sensiblement le caractère politique attaché jusqu'à présent au problème des réfugiés espagnols. Il ne semble d'ailleurs pas, pour des raisons matérielles, que nous assistions prochainement ici à une arrivée massive des Républicains qui se trouvent encore de l'autre côté de l'Atlantique. Les journaux ont rendu compte de l'échec auquel avait abouti le projet d'affrètement du navire panaméen *Lovcen*, sur lequel devaient s'embarquer 450 réfugiés provenant de Casablanca, et le gouvernement mexicain a déclaré, pour sa part, se désintéresser du projet, faute d'avoir obtenu les garanties nécessaires.

Les préventions qu'inspirent à une partie de l'opinion publique les facilités dont bénéficiaient certains éléments communisants pour pénétrer au Mexique se sont manifestées dernièrement d'une manière significative, lorsque fut publiée la nouvelle de l'arrivée prochaine d'un groupe de sociaux-démocrates autrichiens, au nombre desquels aurait figuré l'ancien chancelier Otto Bauer[1], venant de Russie par Vladivostock. Certains députés ont dénoncé le péril que constitueraient les menées de ces politiciens en raison de l'influence subversive qu'ils ne sauraient manquer d'avoir sur les groupements de travailleurs. Ils se proposaient de réclamer l'annulation des visas d'entrée qui leur avaient été délivrés, lorsqu'il a été rappelé qu'Otto Bauer était mort à Paris en août 1938. Le droit de chercher asile au Mexique a été accordé, en fait, par le président Cardenas à la veuve d'Otto Bauer et à un petit groupe de collaborateurs de l'ancien chancelier[2].

C'est à juste titre, au demeurant, que le Mexique s'est fait la réputation d'être une terre hospitalière. Les étrangers y arrivent en grand nombre, la proportion des israélites y a augmenté, et les candidatures à la naturalisation se font plus fréquentes, souvent d'ailleurs avec l'arrière-pensée de

---

[1] Il s'agit d'une erreur : Otto Bauer n'a jamais été chancelier. Ce leader de l'austro-marxisme a été membre d'un gouvernement de coalition en 1918-1919, au poste de ministre des Affaires Étrangères. Par la suite, il resta dans l'opposition et fut contraint à l'exil en 1934 (à Paris où il mourut en 1938).

[2] Voir note précédente.

pénétrer plus facilement ensuite aux États-Unis. On ne peut que souscrire, dans ces conditions, aux mesures prises par l'administration pour éviter que cette immigration n'ait pour résultat d'envenimer les dissensions sociales du pays et d'aggraver ses problèmes économiques, alors qu'en procédant avec discernement, le recrutement d'une main-d'œuvre agricole et technique ne manquera pas de présenter pour lui d'indéniables avantages.

ANNEXE

NOTE DE LA LÉGATION DE FRANCE AU MEXIQUE
Le régime des réfugiés politiques au Mexique

N.   *s.l. (Mexico), s.d. (10 mars 1941)*

Le Président de la République vient de prendre l'arrêté suivant :

1.- Le ministère des Affaires étrangères invitera la Junta de Auxilios à los Refugiados Espanoles (JARE) à se constituer en un organisme conforme aux lois mexicaines, chargé de contrôler la gestion des ressources économiques qui garantissent les engagements pris par le Mexique pour l'aide aux réfugiés espagnols se trouvant en France.

2.- Lorsqu'il s'agira d'envoyer au Mexique de nouveaux contingents de réfugiés espagnols, la légation mexicaine en France devra observer, entre autres règles, les suivantes :

a) Les réfugiés admis à embarquer pour le Mexique seront avisés qu'à leur arrivée au port, ils devront s'engager par écrit à ne se consacrer à aucune activité de caractère politique soit avec le Mexique soit avec leur propre pays, sous peine de voir annuler leur permis de résidence.

b) La légation choisira parmi les réfugiés à envoyer au Mexique ceux qui répondent le mieux aux besoins démographiques de ce pays. Exception faite des intellectuels de premier plan dont la vie serait en danger s'ils n'étaient pas admis au Mexique, il ne devra pas être admis en principe de médecins, pharmaciens, avocats, ingénieurs, etc., personnes susceptibles de créer une concurrence nuisible aux éléments nationaux.

c) La préférence devra être donnée aux agriculteurs, pêcheurs, artisans et travailleurs qualifiés.

d) La sélection devra prévoir que les réfugiés admis ne constituent pas plus tard pour le Mexique une charge sociale ou un facteur de troubles.

3.- Le ministère de l'Intérieur déterminera d'accord avec la JARE l'application économique donnée à chacun des contingents de réfugiés.

4.- Afin d'éviter le retour de certaines difficultés, le ministère de l'Intérieur déterminera à l'avance les lieux de concentration, étant entendu que les frais de voyage et autres seront à la charge de la JARE ou de l'organisme la représentant.

Guerre 1939-1945, Vichy, Z Europe, Espagne, 284 (10GMII/284)

128

NOTE DU DÉPARTEMENT

N.   *Vichy, 10 mars 1941.*

Au cours des conversations qui ont eu lieu à Tanger du 13 au 22 février 1941[1], M. Eccles a indiqué que le gouvernement britannique serait disposé à garantir le libre passage des marchandises à échanger entre l'Afrique française du Nord et les États-Unis, sous réserve des conditions suivantes :

1) La zone française du Maroc continuera à ravitailler la zone de Tanger en produits alimentaires dans les mêmes conditions que par le passé ;

2) Un accord interviendra entre les gouvernements français et espagnol au sujet du ravitaillement de la zone espagnole du Maroc en produits agricoles originaires de la zone française ;

3) Les navires anglais, alliés et neutres, actuellement retenus dans les ports de la zone française du Maroc à la date de l'armistice franco-allemand, seront libérés[2] et remis à la disposition de leurs propriétaires dans un délai à déterminer. Aucun obstacle ne sera mis au départ des navires. S'ils ont besoin de se ravitailler en charbon ou en mazout, le combustible nécessaire leur sera fourni et les contingents prévus à l'accord franco-américain seront augmentés des quantités correspondantes ;

4) Des agents consulaires britanniques seront nommés en Afrique française du Nord et pourront occuper leurs postes à partir d'une date rapprochée ;

5) Les sujets britanniques actuellement internés en zone française du Maroc seront relâchés immédiatement et seront admis à reprendre leurs occupations normales ;

6) Toutes les marchandises d'origine américaine à importer en Afrique du Nord devront être accompagnées par un *navicert*[3]. À cette fin, les fournisseurs devront s'adresser à l'autorité britannique compétente en temps utile, de telle manière que leur demande puisse faire l'objet d'une décision du MEW[4] avant le chargement des marchandises. Des dispositions seraient prises par le gouvernement britannique pour que des *navicerts* ou des documents équivalents puissent être délivrés même pour les marchandises d'origine autre que des États-Unis d'Amérique.

Tout navire non français qui transportera des marchandises visées à l'accord franco-américain devra être muni d'un *ship navicert*. Tous les bateaux neutres, à la seule exception des bateaux américains, devront être couverts par un *ship warrant*.

---

[1]   Voir le document n° 64 sur les négociations sur le ravitaillement, en général.

[2]   Ceci correspond à la demande qu'a faite la France en sens inverse, au sujet de ses propres navires (*cf.* document n° 3).

[3]   Voir le document n° 65, note 1, p. 147.

[4]   Ministry of Economy of War (ministère de l'Économie de guerre).

Ces deux derniers documents ne seront pas exigés des bateaux français qui serviront aux transports des marchandises visées à l'accord franco-américain, mais la liste de ces bateaux devra être communiquée aux agents consulaires des États-Unis.

Le nom du bateau et la date de son départ devront être notifiés au consul britannique du port d'embarquement trois jours avant le départ. Les bateaux français ne devront transporter ni passagers ni correspondance.

Les demandes formulées au nom du gouvernement britannique appellent de la part du gouvernement français les observations suivantes :

1°- La zone française du Maroc maintiendra sa contribution au ravitaillement de la zone de Tanger en produits alimentaires dans les mêmes conditions que par le passé.

2°- Le gouvernement français a adressé des instructions à ses représentants à Madrid en vue de la conclusion d'un accord franco-espagnol relatif au ravitaillement de la zone espagnole par la zone française du Maroc, sur les bases précédemment communiquées.

L'accord comporterait deux listes, l'une prévoyant la fourniture de produits agricoles divers à la zone espagnole du Maroc, l'autre la livraison de produits espagnols à la zone française du Maroc, les deux listes étant équilibrées chacune pour une valeur de 38 millions de francs environ. Les renseignements nécessaires concernant le développement de ces pourparlers seront communiqués en temps utile.

3°- Le gouvernement français considère qu'il n'y a pas lieu de lier la question de la restitution des navires britanniques et alliés de la Grande-Bretagne actuellement retenus dans les ports du Maroc à l'application de l'accord franco-américain pour le ravitaillement de l'Afrique du Nord.

Toutefois, le gouvernement français serait disposé à rechercher, par l'entremise du gouvernement américain, et en dehors de la présente négociation, des bases d'entente à cet égard avec le gouvernement britannique, sous la forme, par exemple, d'un échange, dans des conditions à déterminer, de ces navires avec les navires français détenus par la Grande-Bretagne.

L'entente à réaliser devrait avoir pour conséquence l'arrêt immédiat des captures des navires français par les autorités britanniques.

4°- En ce qui concerne la réouverture des consulats britanniques en Afrique du Nord, le gouvernement français tient à faire ressortir qu'il s'agit là d'une question essentiellement politique. À cet égard, il est indispensable de souligner qu'il n'est pas possible de modifier dans un sens favorable aux intérêts britanniques la situation de fait qui s'est établie en Afrique du Nord depuis l'armistice sans s'exposer à d'autres modifications qui ne seraient pas favorables à ces intérêts.

5°- En ce qui concerne la libération des sujets britanniques internés sur le territoire de la zone française du Maroc, le gouvernement français serait disposé à donner à la Résidence générale à Rabat des instructions en vue d'un examen bienveillant de chaque cas d'espèce, compte tenu de l'âge, du domicile antérieur et de l'activité de chacun des intéressés.

6°- Le gouvernement français donne son assentiment aux dispositions prévues par le gouvernement britannique en ce qui concerne les documents qui devront accompagner les navires et les cargaisons originaires et à destination de l'Afrique du Nord.

Guerre 1939-1945, Vichy, M Maroc, 34 (6GMII/34)

129

M. Jules Henry, Ambassadeur de France à Ankara,
À l'Amiral Darlan, Vice-Président du Conseil, Ministre
Secrétaire d'État aux Affaires étrangères, à la Marine et à
l'Intérieur.

T. n°s 359 à 361.   *Ankara, 13 mars 1941, 21 h. 51.*

Confidentiel.   *(Reçu : le 14, 3 h.)*

Dans les télégrammes que je vous ai adressés, aussi bien pendant la visite de M. Eden à Ankara[1] que postérieurement, j'ai souligné qu'étant donné le vif désir de la Turquie de ne pas sortir de la neutralité, le gouvernement turc et la presse ne perdaient pas une occasion d'insister sur le caractère défensif de l'alliance anglo-turque. Lorsque les Turcs déclarent que la position de leur pays est bien définie et que, le moment venu, ils rempliront leurs obligations, cela signifie avant tout qu'ils ne se battront que s'ils sont attaqués. Il ne faut cependant pas en conclure que l'on exclut ici la possibilité pour la Turquie d'être indirectement entraînée dans le conflit. C'est ainsi que l'on envisage non sans appréhension les conséquences d'une action militaire allemande en territoire hellène et, plus particulièrement, les répercussions d'une opération en direction de Salonique[2]. On considère que, dans ce cas, la sécurité des Dardanelles serait singulièrement menacée.

L'influence constamment modératrice du Président demeure considérable. On me rapporte à ce propos qu'à un récent conseil des Ministres la majorité se serait opposée à une déclaration de non belligérance préconisée par deux ou trois ministres. On se demande néanmoins si, malgré la prudence du gouvernement et l'attachement du pays à la neutralité, la paix pourra véritablement être maintenue.

D'après une opinion assez généralement répandue, la Turquie évitera difficilement d'être entraînée dans la guerre sinon directement tout au moins à la suite de telle ou telle opération entreprise d'un côté ou de l'autre. C'est pourquoi le renforcement des mesures militaires (nouveaux appels de réservistes) continue et le gouvernement maintient le pays en état d'alerte. Dans cet esprit de défensive d'après des renseignements de bonne source,

---

[1] Voir document n° 116.

[2] Voir document n° 125.

l'état-major turc, cédant probablement aux suggestions anglaises commencerait à desserrer son dispositif militaire de Thrace pour renforcer la rive asiatique des Détroits.

L'attaché militaire allemand à Ankara aurait déclaré qu'après la descente sur Salonique, les Allemands ne sauraient tolérer sur leurs flancs, sans agir, une armée yougoslave et une armée turque importantes.

Guerre 1939-1945, Vichy, E Levant, Turquie, 126 (4GMII/126)

130

M. Truelle, Ministre de France à Bucarest,
  À l'Amiral Darlan, Vice-Président du Conseil, Ministre
  Secrétaire d'État aux Affaires étrangères, à la Marine et à
  l'Intérieur.

T. n°s 290 à 291[1].   *Bucarest, 15 mars 1941.*

(Reçu[2] : le 20, 19 h. 30)

L'entrée des troupes allemandes en Bulgarie[3] a eu pour effet de diminuer le nombre de celles occupant la Roumanie, qui aurait atteint, le 28 février, le chiffre d'environ 600 000 hommes. Depuis lors, de nouvelles forces, venues du Reich par la Hongrie, n'ont cessé de traverser le pays, mais pour se rendre en Bulgarie. D'après des informations sérieuses, on assure la présence de 10 divisions en Bulgarie, mais on ajoute qu'en réalité il y en aurait une vingtaine. Si l'on évalue à 32 ou 34 divisions (700 000 hommes) l'ensemble des forces allemandes dans les Balkans, il resterait 12 à 14 divisions en Roumanie (250 000 hommes).

Deux sont à Constantza, deux à Sibiu, une serait en voie de débarquement du côté de la frontière yougoslave à Turnu Severin ; enfin, de divers côtés, on me signale quatre divisions en Moldavie.

En ce qui concerne les forces aériennes, 500 avions environ, divisés en deux corps, étaient stationnés en Roumanie avant l'entrée en Bulgarie. Il en resterait environ 150 sous les ordres du général Speidel, mais d'autres seraient attendus. La mainmise sur les aérodromes est totale.

Guerre 1939-1945, Vichy, Z Europe, Roumanie, 681 (10GMII/681)

---

[1] T. intitulé : « Troupes allemandes en Roumanie ».

[2] Par courrier.

[3] Le 1er mars 1941. Voir document n° 125 et notes.

131

NOTE DU DÉPARTEMENT

N.[1]   *Vichy, 17 mars 1941.*

Le 14 janvier dernier, la Commission allemande d'armistice a notifié à la Délégation française sa décision d'envoyer à Casablanca une commission militaire chargée de contrôler les industries de guerre et les stocks de carburants existant au Maroc (le texte de cette note est ci-joint)[2].

Bien que le gouvernement français eût appelé à plusieurs reprises, et notamment à l'occasion des missions confiées à M. Klaube et à M. Auer, l'attention du gouvernement allemand sur les conditions politiques particulières de l'Afrique française du Nord et sur les incidences spéciales, dans ces régions, de l'application des conventions d'armistice, il a donné sans hésiter son acquiescement à la décision allemande. Cet acquiescement a été avant tout inspiré, ainsi que le gouvernement allemand en a été informé, par le souci de voir se dissiper les soupçons qui semblent avoir conduit les autorités du Reich à prendre une telle décision.

En faisant part de son adhésion au gouvernement allemand, le gouvernement français a tenu à souligner qu'en raison de la sensibilité du milieu local, la présence d'une délégation d'un effectif important risquait de favoriser le jeu des propagandes hostiles à l'orientation actuelle de la politique française. Pour cette raison, le gouvernement français estimait indispensable que la Délégation allemande, dans son propre intérêt, s'attachât à faire preuve de discrétion dans l'exercice de sa mission, et à cette fin, limitât l'effectif de son personnel au nombre strictement nécessaire et son activité aux seules investigations militaires[3].

L'effectif de la Commission allemande est actuellement de 46 membres dont 16 officiers ou assimilés, auxquels il faut ajouter 4 officiers ou assimilés détachés en liaison auprès des Commissions italiennes de contrôle des carburants en Algérie et en Tunisie, et 13 personnes environ constituant les équipages des avions.

---

[1] La note porte le paraphe manuscrit d'Ernest Lagarde.

[2] Se reporter à ce propos au document n° 42.

[3] Voir le T. en date du 18 janvier 1941 du Département à la Délégation française à Wiesbaden (Guerre 1939-1945, Vichy, M Maroc, 39, non reproduit) : « Je vous prie de bien vouloir porter les considérations suivantes à la connaissance du président de la CAA : / 1) le gouvernement français qui n'a rien à dissimuler, ne fait pas d'objection de principe à la présence temporaire d'officiers allemands au Maroc remplissant une mission de contrôle militaire dans le cadre fixé par la Convention d'armistice. / 2) Toutefois, dans l'intérêt même du succès de cette mission et tenant compte à la fois de la sensibilité des populations locales et des interprétations tendancieuses qui pourraient être données à cette occasion dans certains milieux étrangers, le gouvernement français considère comme indispensable : /a) que cette délégation remplisse sa mission avec la plus grande discrétion possible, i.e. que son effectif soit réduit et son activité militaire limitée à des opérations de contrôle militaire exactement définies ; b) que le séjour de cette mission au Maroc soit aussi court que possible [...] ; c) que le départ de la mission italienne coïncide avec l'arrivée de la mission allemande [...] ».

Compte tenu des considérations développées ci-dessus, cet effectif, déjà très important, ne saurait être accru sans risquer de susciter de sérieuses répercussions sur la stabilité de la situation que la France a la ferme volonté de maintenir au Maroc. Il en serait de même si la délégation allemande transgressait les limites de ses attributions, telles que celles-ci ont été définies par la Commission allemande d'armistice dans sa note du 14 janvier.

Il est donc manifestement de l'intérêt commun des deux pays que le nombre des membres de cette délégation ne soit pas augmenté et que la Commission allemande veuille bien observer dans l'accomplissement de ses opérations une attitude qui facilite à l'une et à l'autre des deux parties sa tâche respective.

ANNEXE

NOTE DE M. HUNERMANN

Sous-Commission Rustung 24/41 à D.F.A, Sous-Commission Armement

N.   *Wiesbaden, 14 janvier 1941.*

La Commission allemande d'armistice placera à Casablanca une commission de contrôle d'armements et de carburants pour le Maroc français (à l'exception de la partie donnant sur la Méditerranée). Les détails de son effectif, etc., seront communiqués plus tard à la délégation française. Un détachement précurseur chargé de reconnaître et de préparer l'installation de cette Commission partira probablement le 21 janvier en avion pour Casablanca – composition du détachement précurseur : chef-major Battre, M. Wegener, inspecteur de l'administration militaire, M. Koch, inspecteur de l'administration militaire, M. Vogel, chauffeur, une voiture de tourisme à embarquer à Marseille. La Commission allemande d'armistice prie la délégation française d'informer de ceci le gouvernement français afin qu'il donne les instructions nécessaires aux autorités françaises de Casablanca, fasse préparer les logements et désigne au plus tôt un officier de liaison idoine auprès du détachement précurseur.

Guerre 1939-1945, Vichy, M Maroc, 39 (4GMII/39)

132

NOTE DE LA DÉLÉGATION FRANÇAISE POUR LES AFFAIRES ÉCONOMIQUES

Note pour M. Rochat

N.   *Wiesbaden, 17 mars 1941.*

Au cours des réunions de sous-commissions[1] qui se sont tenues depuis une semaine, les Allemands nous ont présenté, dans presque tous les domaines et souvent sur un ton catégorique, des exigences nouvelles ou accrues.

---

[1] De la Commission d'armistice de Wiesbaden.

Ils nous ont fait connaître un programme de constructions aéronautiques qui suppose l'utilisation au profit de l'Allemagne de toutes nos usines d'aviation de la zone libre[1] comme de la zone occupée. Ils demandent que nos fabriques de munitions et d'explosifs de la zone libre travaillent pour l'Allemagne. Dans le domaine des constructions navales, ils exigent que soit poursuivie « pour le compte de l'Allemagne en vue de la lutte contre l'Angleterre » la construction des torpilleurs *Fier*, *Agile*, *Entreprenant*, *Opiniâtre*, *Aventurier* et d'un aviso dragueur, que, d'après les conventions internationales, le Reich n'a aucun droit de considérer comme prises de guerre.

La Délégation allemande d'armistice pour l'économie a augmenté les quantités de bauxite et d'alumine dont elle demande la livraison : c'est par prélèvement sur le matériel roulant qui nous a été laissé que le minerai sera acheminé vers les centres de traitement ; c'est par prélèvement sur les quantités de charbon déjà si minimes dont nous disposons qu'il sera traité.

Dans la question de l'achat de carburants en Amérique pour les besoins du Maroc, dans celles de la vente aux États-Unis de caoutchouc indochinois et de la détermination de nos contingents de pétrole, la Délégation allemande a marqué un certain raidissement. Elle entend réduire les quantités de caoutchouc que l'Indochine pourra vendre aux États-Unis. Elle s'oppose à ce que nos pétroliers des Antilles aillent charger dans les ports américains tant que n'auront pas été débloqués les trois pétroliers français loués à des compagnies américaines. Elle refuse le transport de 15 000 tonnes de mazout de Bizerte à Dakar et exige que ce mazout soit amené à Marseille. Elle demande la livraison de 10 000 tonnes d'essence avion, de 4 000 tonnes d'huile de graissage pour avions sur nos réserves d'Afrique du Nord et non, comme il eût été naturel, sur nos réserves plus considérables de la métropole. À la sous-commission des Forces terrestres, les Allemands n'ont pas caché la méfiance que leur inspire l'état d'esprit de notre armée d'Afrique du Nord, ni les craintes qu'ils éprouvent que l'Afrique du Nord ne parte un jour en dissidence.

Les sentiments manifestés par la Délégation allemande ne sont, comme ses membres l'ont eux-mêmes avoué, que le reflet de l'atmosphère qui prévaut actuellement à Berlin et en particulier dans les services de M. de Ribbentrop. Ils témoignent d'une nervosité et d'une mauvaise humeur évidentes.

Les exigences formulées par la Délégation allemande ne sont pas à proprement parler, inattendues. Voilà plusieurs semaines que le programme de constructions aéronautiques devait nous être présenté. Dans son discours du 30 janvier, M. Hitler avait déjà déclaré que, puisque l'Angleterre avait pratiquement à sa disposition toute la production américaine, l'Allemagne serait obligée de mobiliser les forces industrielles de l'ancien monde

---

[1] L'accord d'armistice ne prévoit un droit de regard sur la production économique que dans la zone occupée. Les Allemands ne sont pas autorisés à agir auprès des entreprises de la zone sud, et jusque-là, le gouvernement de Vichy avait restreint les demandes allemandes de « visites » en zone libre, afin d'éviter les arrangements directs entre Allemands et industriels.

« et, ajoutait M. Hitler, je vous garantis que nous saurons bien faire travailler pour nous le continent entier ». Voilà longtemps également que les Allemands nous demandent d'intensifier notre production de bauxite, même au risque d'épuiser partiellement le gisement. Enfin, devant les progrès faits en Amérique par la campagne en faveur de l'aide à la Grande-Bretagne, les milieux allemands s'étaient peu à peu habitués à déclarer que l'Amérique était pratiquement en guerre contre l'Allemagne.

Mais ce qu'ils ressentaient comme une menace est devenu maintenant une réalité. Le programme de constructions aéronautiques et navales, dont la remise avait été si souvent annoncée et si souvent retardée, nous est brusquement signifié sous sa forme la plus rigoureuse. En veillant à ce qu'aucun de nos navires ne puisse être retenu par l'Amérique et en s'efforçant de priver les États-Unis de notre caoutchouc indochinois, les Allemands marquent le souci de ne pas tolérer que puissent être accrus en aucune manière le tonnage et le potentiel de guerre américains. Ils semblent vouloir étendre en quelque sorte au nouveau monde le blocus qu'ils ont proclamé contre les Îles britanniques.

Les dirigeants du Reich paraissent avoir moins confiance dans une victoire rapide et mieux mesurer les difficultés de leur tâche. Il y a peu de temps encore, le chancelier Hitler déclarait que l'année 1941 verrait la défaite définitive de l'Angleterre. Il n'est pas exclu que, dans les semaines qui viennent, l'Allemagne ne tente contre la Grande-Bretagne l'effort gigantesque et désespéré d'un débarquement. Le développement des opérations dans les Balkans et l'annonce d'une construction intensive de sous-marins font cependant penser que l'Allemagne se résigne plutôt à l'idée d'une guerre longue.

Parlant hier à l'occasion du *Heldentag*[1], M. Hitler a indiqué qu'après avoir laissé, pendant l'année 1940, l'Italie soutenir le poids principal de l'attaque anglaise en Méditerranée, le Reich allait maintenant en prendre sa part. L'attention de l'Allemagne se porte donc vers le Sud et le Sud-Est ; mais l'Afrique, d'où les puissances de l'Axe espéraient il y a quelques mois chasser rapidement[2] l'Angleterre, n'est pas sans lui causer quelque inquiétude.

En attendant, on procède, dans toutes les villes du Reich, à un renforcement des mesures de défense passive, comme si l'on s'attendait à des raids anglais meurtriers. Du sable a été distribué dans les immeubles. La population est instruite de la manière de remédier aux effets des bombes incendiaires. L'obscurcissement a été encore renforcé. Des exercices de projecteurs entraînent les troupes de la DCA[3] au repérage des avions.

Il est de fait que, depuis quelques mois, l'aviation britannique semble avoir changé de tactique et obtenir de meilleurs résultats. À l'automne

---

[1] Le *Heldentag* (jour des héros) commémore, le 15 mars de chaque année, les soldats tombés lors de la Grande Guerre et les « martyrs » du mouvement national-socialiste.

[2] « Rapidement » : ajout manuscrit.

[3] DCA : Défense contre les avions.

dernier, elle se livrait à des raids quotidiens et dispersés[1]. Aujourd'hui, avec des appareils nouveaux, elle opère des raids massifs, dans lesquels elle paraît ne subir que peu de pertes. Au cours de ces deux derniers mois, elle a employé cette tactique successivement contre Mannheim, Cologne, Düsseldorf, Wilhelmshafen, et récemment contre Berlin, Cologne et Hambourg. Les dégâts matériels qu'elle a infligés à ces villes paraissent plus considérables que ceux effectués il y a quelques mois et les communiqués allemands avouent « une série de victimes »[2] ou « d'assez nombreuses » victimes dans la population civile.

Si l'on compare la situation actuelle de l'Allemagne à ce qu'elle était à l'automne dernier, on est obligé de constater un changement, qui n'est sans doute pas à son avantage. Les défaites de l'Italie, la prise de position de l'Amérique ont affaibli la position de l'Axe. Les milieux dirigeants du Reich semblent en avoir conscience. L'opinion publique reste au contraire optimiste. Les succès de l'été 1940 ne l'avaient pas transportée d'enthousiasme ; ils n'avaient pas dissipé une certaine inquiétude qui subsistait au fond du cœur de chaque Allemand. Aujourd'hui le souvenir de ces succès entretient la confiance du public ; mais dans les villes rhénanes la population laisse percer sa crainte des bombardements aériens à venir.

Guerre 1939-1945, Vichy, Y International, 31 (9GMII/31)

133

M. de La Baume, Ambassadeur de France à Berne,
À l'Amiral Darlan, Vice-Président du Conseil, Ministre
Secrétaire d'État aux Affaires étrangères, à la Marine et à
l'Intérieur.

T. n° 404.[3]   *Berne, 18 mars 1941.*

(*Reçu*[4] : le 23, 13 h.)

Je me réfère à mon télégramme n° 387[5].

Sur la base des renseignements reçus de Berlin ou rapportés par la mission économique revenue de Moscou, on considère dans les milieux

---

[1] Le mot « souvent », avant « dispersés », a été barré.

[2] « De victimes » : ajout manuscrit.

[3] Le télégramme est intitulé : « Allemagne-URSS ».

[4] Par courrier.

[5] Dans ce télégramme (reçu le 20 mars), La Baume signale l'importance présente des relations entre l'Allemagne et l'URSS. M. Janssen, ancien ministre des Finances de Belgique, lui a rapporté des indications sur l'état déplorable de l'économie belge et il semble que l'économie des autres pays européens serait de même très dégradée. De ce fait, pour remédier à ce délabrement et dans l'impossibilité de compter sur les approvisionnements de matières premières d'outre-mer, l'Allemagne pourrait chercher à obtenir, de gré ou de force, auprès de l'URS, la source de ses approvisionnements. D'autre part, son collègue polonais lui a signalé que si le Reich a l'intention de se

officiels suisses comme de plus en plus probable un conflit prochain entre l'Allemagne et l'URSS. Les forces allemandes stationnées en Bulgarie sont évaluées par l'état-major suisse à un million d'hommes, chiffre que mon collègue de Bulgarie m'avait de son côté, il y a une quinzaine de jours, annoncé comme devant être un jour atteint. On pense que l'Allemagne emploiera une partie de ces forces pour mettre la main sur les blés de l'Ukraine et qu'en même temps une autre armée allemande se portera à l'attaque de la Turquie, pour atteindre par l'Asie mineure la région pétrolifère de Bakou.

Une note semblable m'est donnée par mon collègue de Hongrie. Il fonde son opinion sur les fortes concentrations de troupes allemandes dans le Sud-Est européen, ces effectifs dépassent de loin ce qui est nécessaire à la liquidation de l'affaire grecque[1], et aussi sur l'attitude des États-Unis qui oblige l'Allemagne à prévoir maintenant une guerre de longue durée et la recherche de sources nouvelles de matières premières.

Guerre 1939-1945, Vichy, Z Europe, URSS, 835 (10GMII/835)

134

NOTE DE LA SOUS-DIRECTION D'ASIE

N.   *Vichy, 18 mars 1941.*

Au lendemain de la médiation japonaise, la situation de l'Indochine se présente comme suit[2] :

– *Le Japon s'est assuré*, sous prétexte de contrôle des diverses opérations afférentes au règlement du conflit franco-thaïlandais[3], *de nouvelles facilités de pénétration en Indochine.*

– De ce fait même, *notre potentiel de résistance* à la pression japonaise *se trouve affaibli.*

– *La preuve est faite*, en ce qui concerne du moins la défense de l'Indochine contre les entreprises japonaises, *de la carence anglo-saxonne*[4].

diriger vers la Mésopotamie ou vers Suez, il pourrait prendre la précaution de neutraliser d'abord l'URSS. Ce diplomate pense aussi qu'en vue d'éviter les futurs troubles sociaux en Europe, il serait nécessaire de supprimer le foyer bolchevique. Enfin, il estime que l'Allemagne viendrait militairement à bout de l'URSS en très peu de temps, cependant, pour diverses raisons, la mise en exploitation des ressources serait très longue (résumé in Vichy, C - État français, 42).

[1] Sur la guerre italo-grecque, voir notamment le document n° 125 et notes.

[2] Souligné dans le texte comme l'ensemble des passages en italiques du document.

[3] Voir les nombreux documents à ce sujet de la section V-C (« Menaces sur l'Empire »/ « L'Indochine française en péril », dans *DDF (1939-1944)*, 1940-2, et dans ce volume, notamment les documents n°s 11, 14.

[4] Pour faire face aux pressions japonaises, Vichy a fait appel à la solidarité américaine et britannique en Extrême-Orient (voir la section V-C-2 dans *DDF (1939-1944)*, 1940-2). Malgré une offre de médiation (voir document n° 19), les Britanniques sont suspectés de soutenir en fait la

Il paraît évident que le gouvernement japonais se propose d'exploiter ces facilités nouvelles pour développer son emprise économique sur l'Indochine et qu'il développera concurremment son action sur le plan politique.

Si l'on admet d'autre part que le Japon, en accord avec Berlin, prépare méthodiquement une poussée vers le sud et accepte actuellement le risque de conflit avec les États-Unis que comporte cette poussée, il faut considérer comme probable, pour les mois qui viennent, les développements suivants :

1°) *Impossibilité pour l'Indochine de maintenir des relations économiques avec des pays autres que le Japon ou les pays amis du Japon.*

Déjà l'Indochine est, depuis juin 1940, coupée de la Chine libre. Elle est pratiquement coupée de la métropole. Les relations avec Singapour et Hongkong ne sont assurées que par la rotation de six bateaux. L'interdiction que, sur demande japonaise, prétend opposer Wiesbaden à l'exportation des caoutchoucs d'Indochine sur les États-Unis indique assez la tendance à réserver aux partenaires de l'Axe les produits indochinois. Ces restrictions vont évidemment provoquer des répliques de la part des États-Unis. Déjà la plupart des avoirs indochinois aux États-Unis sont bloqués au même titre que les avoirs français. Ce blocage va s'étendre à tous les avoirs et l'Indochine, empêchée de vendre aux États-Unis, ne pourra plus lui acheter quoi que ce soit.

2°) *L'Indochine se trouvera ainsi progressivement et sans doute rapidement intégrée dans le système économique que dirige le Japon et, de ce fait, dans le bloc yen*[1].

Thaïlande dans ses pressions sur l'Indochine. Le 15 janvier, Flandin indique néanmoins à Arsène Henry (T. n° 43 de Vichy à Tokyo, *in* Guerre 1939-1945, Vichy, E Asie, Japon, 323, non reproduit) que « la légation d'Angleterre à Bangkok et la presse anglaise de Singapour ont soutenu jusqu'à présent les revendications thaïlandaises » et qu'il partage le sentiment de l'ambassadeur au Japon « sur l'inopportunité d'un recours à la médiation anglaise » : mieux vaut négocier directement avec la Thaïlande et éviter de donner à Tokyo « l'impression d'un double jeu ». D'ailleurs, le T. n° 55 de Decoux (Hanoï, 21 janvier 1941) donne des informations de l'attaché militaire à Shanghaï, Margerie, « de bonne source officieuse chinoise », faisant état de négociations en cours entre la Thaïlande, les États-Unis et la Grande-Bretagne : « Dans le cas où la France accorderait aux Japonais de trop larges concessions en Indochine de nature à mettre en danger la Birmanie et Singapour, l'Angleterre serait autorisée par la Thaïlande à occuper certains points stratégiques en Malaisie et dans les États Chans./ En contrepartie, les États-Unis et la Grande-Bretagne consentiraient à laisser l'armée thaïlandaise occuper les territoires cambodgiens revendiqués. » Selon Margerie, « il s'agit sans doute de manifestations de propagande britannique ou de craintes chinoises. » Dans son T. n°s 84 à 86 en date du 24 janvier, Arsène Henry rapporte l'assurance par Matsuoka que les Thaïlandais avaient définitivement repoussé la proposition de médiation anglaise (Guerre 1939-1945, Vichy, E Asie, Thaïlande, 413, document non reproduit). Sur l'analyse de l'attitude britannique, on peut se reporter à une note de synthèse ultérieure, « Responsabilités anglaises dans le conflit franco-thaïlandais » en date du 10 mars 1943, Papiers 1940, Bureau d'études Chauvel, fol. 2-4, non publiée).

[1]   Sur le bloc yen, on peut se reporter à l'importante note « Le Bloc Yen. Japon, Mandchoukouo, Mongolie intérieure, Chine occupée. Son avenir. Politique française désirable » du général Brissaud-Desmaillet, secrétaire général de la Société de géographie commerciale et d'études coloniales, rédacteur en chef de la *Revue économique française*, en date du 10 septembre 1940, retrouvée dans Guerre 1939-1945, Vichy, E Asie, Mandchoukouo, 353, non reproduite.

Effort de mainmise japonaise sur toutes les activités économiques de l'Indochine.

Par les négociations en cours à Tokyo, le Japon cherche à s'assurer, pour trois ans si possible, l'achat de la quasi-totalité des produits indochinois exportables. Il ne dispose pour les payer ni de devises ni de yens transférables. Normalement, l'opération se traduirait par un troc. Mais l'industrie japonaise, accaparée par la guerre de Chine, ne peut fournir à l'exportation. Les achats japonais en Indochine auront donc pour contrepartie, au mieux des achats de marchandises japonaises, au pire des crédits en yens bloqués. Dans l'un et l'autre cas, l'Indochine se trouvera privée de ses moyens d'échanger, donc d'achat, à l'égard de pays autre que le Japon. *En dehors donc des causes politiques indiquées ci-dessus, le développement des échanges nippo-indochinois doit avoir mécaniquement pour effet l'aliénation progressive de l'autonomie économique et monétaire de l'Indochine.*

Outre cette *mainmise sur les exportations*, le Japon souhaite s'assurer *la maîtrise de la production indochinoise.* À cette fin, il nous demande le traitement national pour les personnes physiques et morales japonaises et nous propose la constitution d'une société mixte pour l'exploitation des ressources du pays. Il est évident que s'agissant d'une colonie où, en raison des circonstances, la métropole ne peut apporter ni hommes ni capitaux et d'où la concurrence des tiers est pratiquement exclue, *les avantages que le Japon peut tirer de semblables stipulations n'ont d'autres limites que ses propres disponibilités.*

3°) *Action politique japonaise.*

D'après un récent télégramme de Bangkok, le bruit court dans les milieux annamites dissidents de Thaïlande que *le Japon se propose de monter des mouvements nationaux en Annam* en faveur du prince Cuongde, *au Cambodge* en faveur du prince Sutharot et *au Laos* en faveur de Chaobuna, descendant des princes de Bassac[1].

Les intentions prêtées, sinon au Japon, tout au moins aux éléments japonais les plus agissants, sont très vraisemblables. En effet, profitant de l'occupation irrégulière de la région de Langson, le commandement japonais avait fait de la propagande nationaliste annamite en faveur du prince Cuongde et formé une bande de deux mille Annamites destinée à soutenir ledit mouvement. Par ailleurs, la presse thaïlandaise, d'inspiration japonaise a fait récemment grand état du prince laotien Chaobuna. Enfin, le gouvernement japonais vient de nous demander l'autorisation d'ouvrir un consulat à Hué, où le Japon n'a ni ressortissants ni intérêts et, où étant donné le peu de ressources économiques qu'offre l'Annam, il ne peut guère s'attendre à des développements sur le plan des affaires.

Cette activité politique dans les milieux indigènes constituerait pour le Japon un moyen commode de tourner l'assurance qu'il nous a donnée le 30 août dernier touchant le maintien de notre souveraineté sur l'Indochine.

---

[1] Document non retrouvé.

Notre souveraineté se trouve donc en butte à des menaces que les circonstances rendent redoutables.

Il serait parfaitement vain de se dissimuler ces menaces. Il serait peu sage de croire à la possibilité de les écarter complètement. *Il paraît nécessaire d'admettre que notre souveraineté sur l'Indochine est comparable à la peau de chagrin et destinée à diminuer progressivement aussi longtemps que durera la guerre. Notre effort*, dans cette hypothèse, *doit tendre à ce que la peau de chagrin dure plus longtemps que la guerre.* À cette condition, et à *cette condition seulement*, si les circonstances sont favorables, *nous pouvons espérer, lors de la paix, rentrer dans nos droits.*

À cette fin, *il importe de déterminer les points sur lesquels la résistance est possible* et ceux sur lesquels elle ne l'est pas.

Il importe également, en présence des initiatives japonaises, de ne pas se cantonner dans une attitude négative, mais *de devancer les Japonais soit en leur faisant des propositions, soit en engageant nous-mêmes une action qui paralyse ou ralentisse la leur.*

A – *Possibilités de résistance.*

– Nous ne pouvons pas espérer nous opposer aux effets sur l'Indochine du blocus japonais ou du blocus américain.

– Nous ne pouvons davantage espérer empêcher le Japon de monopoliser le commerce extérieur de l'Indochine.

– Nous pouvons nous efforcer de retarder cette échéance en maintenant dans toute la mesure du possible nos relations avec des États tiers, tels que les États-Unis.

– Nous pouvons limiter dans le temps, en négociant des accords de courte durée, notre association avec le Japon.

– Nous devons nous réserver, dans la négociation de l'accord d'établissement, tout ce qui est exercice de la puissance publique et gestion des services publics.

B – *Initiatives à prendre.*

1°) *Sur le plan économique et pour ce qui touche aux conditions d'établissement.*

– Nous devons, toutes les fois que la chose est possible, substituer à l'engagement de principe qui nous est demandé un accord particulier donnant, sur un plan concret, une satisfaction tangible au Japon.

– Nous devons protéger les entreprises existantes (dans lesquelles, en Chine, les Japonais ont prétendu s'introduire) et orienter la collaboration japonaise vers les entreprises nouvelles.

– À cette fin nous devons nous-mêmes prendre l'initiative de propositions suivant un plan de développement normal des ressources naturelles indochinoises.

2°) *Sur le plan politique.*

– Nous devons pratiquer une politique indigène propre à intéresser les éléments de la population sur lesquels s'appuierait une action japonaise.

— S'agissant en particulier du Laos, menacé tout à la fois par l'irrédentisme thaïlandais et par les menées nationalistes japonaises, nous devons
étudier la possibilité de constituer nous-mêmes une entité laotienne oppo-
sable au Japon et à la Thaïlande.

Guerre 1939-1945, Vichy, E Asie, Thaïlande, 414 (3GMII/414)

135

L'AMIRAL DARLAN, VICE-PRÉSIDENT DU CONSEIL, MINISTRE SECRÉTAIRE
D'ÉTAT AUX AFFAIRES ÉTRANGÈRES, À LA MARINE ET À L'INTÉRIEUR,
À M. TRUELLE, MINISTRE DE FRANCE À BUCAREST.

T. nᵒˢ 145-147[1].   *Vichy, 21 mars 1941, 16 h. 15.*

(Reçu : le 22, 1 h. 50)

J'attire l'attention des chefs de missions sur l'importance que j'attache à la
rédaction des télégrammes politiques. Par suite de la difficulté actuelle des
communications et de la rareté des valises, ces télégrammes, plus encore
que par le passé, jouent en effet un rôle essentiel dans la conduite de la
politique extérieure.

D'autre part, l'évolution rapide des événements exige que je puisse, à la
lecture de plusieurs télégrammes successifs, mesurer clairement les changements survenus dans une situation donnée ainsi que les éléments nouveaux appelés à modifier mon jugement. Tout en accordant la plus grande
attention aux prévisions des chefs de missions, je désire pouvoir apprécier
exactement les faits qui justifient ces prévisions.

Les télégrammes politiques qui orienteront mes décisions devront donc
à l'avenir comporter un exposé de la situation à une date donnée et d'après
des faits précis.

Je n'entends nullement limiter l'analyse de ces hypothèses par le chef de
mission mais désirerais que ces faits soient exposés clairement et dans une
suite logique et au besoin numérative. Tout télégramme de cette nature
devra se terminer par des *conclusions*[2] résumant en quelques lignes les faits
exposés et leur appréciation par le chef de mission.

Enfin, pour me permettre de suivre l'évolution des événements, les télégrammes postérieurs aux télégrammes de bas[3] devront s'y référer en indiquant le changement et les faits nouveaux intervenus depuis son envoi. Ils
comporteront également des conclusions résumant et appréciant la situation nouvelle.

---

[1] Numéro pour Bucarest. Il s'agit en fait d'un télégramme circulaire.

[2] Souligné dans le texte.

[3] Expression peu courante qui semble désigner, si l'on se fie au mot « réponse » barré dans le
document, la réponse venue de Vichy à un télégramme d'un poste.

Je compte que cette rédaction des télégrammes politiques facilitera les travaux du Département et me permettra de suivre moi-même, de plus près encore, les efforts de chaque poste pour m'aider efficacement dans l'œuvre que j'ai entreprise.

CADN, Bucarest, Ambassade, 1990, n° 27

136

M. JULES HENRY, AMBASSADEUR DE FRANCE À ANKARA,
À L'AMIRAL DARLAN, VICE-PRÉSIDENT DU CONSEIL, MINISTRE
SECRÉTAIRE D'ÉTAT AUX AFFAIRES ÉTRANGÈRES, À LA MARINE ET À
L'INTÉRIEUR.

T. n°s 412 à 415.   *Ankara, 21 mars 1941, 20 h. 12.*

Confidentiel[1].   *(Reçu : le 22, 7 h.)*

La rencontre à Chypre de M. Saradjoglu et de M. Eden, qui n'avait pas été annoncée[2], est naturellement très commentée. Dans ce pays où les secrets sont bien gardés, on ne laissera rien filtrer des plans qui ont pu être discutés et l'on se borne à déclarer, comme à Londres, que l'entretien des deux ministres constitue simplement un échange de vues normal entre deux alliés.

Ce qui eut été anormal du point de vue politique c'est que de nouveaux contacts n'aient pas eu lieu, en raison surtout du développement de la situation dans les Balkans depuis le récent séjour de M. Eden à Ankara[3], en raison également du fait que sa visite en Grèce a coïncidé avec les conversations qui se poursuivent entre le Reich et la Yougoslavie[4], dont l'attitude constitue l'un des facteurs déterminants de la décision turque.

---

[1] Le document porte le paraphe manuscrit d'Ernest Lagarde.

[2] Après sa visite à Ankara (26-28 février) et à Athènes (1er-2 mars, 6 mars) (voir document n° 115 et notes), Eden rencontre à nouveau Saradjoglu secrètement à Chypre le 18 mars pour plaider, en vain, en faveur d'une alliance turco-yougoslave pour la défense de Salonique. Ankara refuse, en ne proposant qu'un échange de vues avec Belgrade qui n'aura finalement pas lieu.

[3] Voir document n° 116.

[4] Lors de leur rencontre à Berchtesgaden, le 14 février 1941, Hitler a pressé le Premier ministre Tsvetkovitch d'adhérer au Pacte tripartite, ce qui n'est pas sans susciter l'hostilité d'une partie de l'opinion yougoslave et l'incertitude au sujet de l'attitude de Belgrade. Voir document n° 104. En fait, à la date du 21 mars, l'accord est déjà intervenu (il sera annoncé le 25 mars). Voir à ce sujet le « Résumé des écoutes du 21 mars 1941 » (*Radio New York et Radio Moscou*) (Papiers 1940, Bureau d'études Chauvel, 46, document en date du 22 mars, non reproduit). L'accord comporterait *quatre clauses principales* (1) garantie par le Reich des frontières actuelles et de l'intégrité territoriale de la Yougoslavie ; 2) engagement des autres adhérents au Pacte (Hongrie, Roumanie, Bulgarie) de ne pas violer les frontières yougoslaves ; 3) désengagement de Belgrade de toutes les clauses qui imposeraient une collaboration militaire avec l'Axe dont les troupes ne traverseraient pas le territoire ; 4) prise en considération des revendications yougoslaves (débouché sur la mer Égée) à la fin du conflit et *trois clauses supplémentaires* (1) autorisation de transit du matériel de guerre allemand, des médicaments et des trains de blessés ; 2) coordination de la politique économique avec celle de l'Axe ; 3) frein aux tendances antifascistes et antinazies dans le pays.

Rien de surprenant dans ces conditions que M. Eden ait désiré de nouveau faire le point avec son collègue turc. Peut-être lui a-t-il fait part du mécontentement qu'aurait, me dit-on, causé à Athènes la passivité de la Turquie vis-à-vis de la Bulgarie[1] ainsi que de sa politique ultra-défensive. Comme je vous l'ai indiqué déjà, c'est cette politique essentiellement opposée à toute idée d'aventure et souci éviter tout risque qui continue à dominer au sein du gouvernement malgré la conviction grandissante chez certains qu'un jour ou l'autre le choc sera inévitable.

Le ministre des Affaires étrangères s'est borné à me dire qu'il était très satisfait de sa conversation avec son collègue. Sans qu'il m'ait donné des informations précises, j'ai compris qu'au cours de ces conversations, il avait été question du ravitaillement de la Turquie en matériel de guerre, point qui avait été longuement traité à Ankara. La preuve en est que le Ministre m'a demandé si la France ne pourrait céder des navires de commerce à la Turquie (mon télégramme n° 410[2]).

Les succès grecs[3] ont fortement encouragé les Anglais, m'a dit M. Saradjoglu. L'Italie avait démontré qu'elle n'était pas en mesure de venir seule à bout de la situation. Mais les Allemands allaient-ils attaquer la Grèce incessamment ? À l'heure actuelle leurs préparatifs ne paraissent pas très activement poussés, sans doute en raison de l'inconnue que représente encore la Yougoslavie. En tout cas, l'opération allemande sur Salonique par la vallée de la Strouma ne serait pas facile. Les Anglais paraissent nourrir un faible espoir que les Allemands hésiteraient avant de se lancer dans une nouvelle aventure et demeureraient dans les Balkans dans une attitude d'expectative. Si cet espoir, que M. Saradjoglu ne partage pas, se réalisait, l'Albanie pourrait bientôt fournir aux Britanniques un avantage stratégique de première importance. En tout cas, a conclu le Ministre, nous ne cessons, nos alliés et nous, de nous préparer à toute éventualité. Mais comme d'habitude il s'est bien gardé de me dire quelle (...)[4] pourrait déterminer l'appui de la Turquie à la Grande-Bretagne.

Ainsi donc la Turquie encouragée par les décisions des États-Unis resserre son alliance avec la Grande-Bretagne, examine avec elle toutes les éventualités politiques et stratégiques, accepte que (...)[5] Arnold s'installe en permanence à Ankara, mais souhaite retarder le plus possible le moment où elle aura à examiner comment il convient d'appuyer activement une position politique qui restreint progressivement ses possibilités de repli.

Guerre 1939-1945, Vichy, E Levant, Turquie, 126 (4GMII/126)

---

[1] Après l'entrée des troupes du Reich en Bulgarie et l'adhésion de ce pays au Pacte tripartite le 1er mars. Voir notamment documents n°s 116, 130.

[2] Document non retrouvé.

[3] Sur la guerre italo-grecque, voir notamment document n° 125.

[4] Lacune de déchiffrement.

[5] Lacune de déchiffrement. Le mot manquant est certainement « major-général » en référence au titre de l'attaché militaire britannique, Arnold, à Ankara.

137

M. Léon Bérard, Ambassadeur de France près le Saint-Siège,
    À l'Amiral Darlan, Vice-Président du Conseil, Ministre
    Secrétaire d'État aux Affaires étrangères, à la Marine et à
    l'Intérieur.

D. n° 55[1].   *Cité du Vatican, 21 mars 1941.*

Dans les conversations que j'ai eues ces temps derniers avec le Cardinal Secrétaire d'État et ses collaborateurs, l'occasion m'a été plusieurs fois donnée de mettre en relief la signification et l'importance des décisions que le gouvernement du maréchal Pétain avait prises dans l'ordre des affaires religieuses. À l'aide de ma propre expérience politique, il m'a été facile de démontrer à mes interlocuteurs le mérite et la portée de telles de ces réformes en rappelant les obstacles insurmontables qu'elles avaient jadis rencontrés. D'ailleurs je n'ai point manqué de faire ressortir en même temps les difficultés, propres aux circonstances présentes, que le Maréchal et son gouvernement ont à vaincre pour préparer, en cette matière, un renouvellement des institutions, des idées et des esprits. J'ai expliqué avec quelle prudence ils étaient tenus de procéder. J'y ai été grandement aidé par tout ce qu'en avait dit, lors de ses récentes visites au Vatican, le cardinal Gerlier[2].

Le Saint-Siège a accueilli avec grande faveur et il apprécie en toute justice les actes du gouvernement où l'idée religieuse se trouve intéressée : abrogation de la loi de 1904 sur les congréganistes enseignants[3] - mesures prises en faveur de l'enseignement libre telles que : subventions communales aux familles d'élèves et, en certains cas, participation à la dépense des établissements[4], nouveau régime des bourses qui établit une véritable égalité entre les deux enseignements, public et privé[5]. Autorisation donnée à l'Ordre des Chartreux[6] - transfert aux Associations diocésaines des biens non encore attribués dépendant de l'ancien patrimoine ecclésiastique[7].

---

[1] D. intitulée : « A.s. de la politique religieuse du Gouvernement français. ». Indication : « Communiqué au Service des Œuvres ». Autres mentions marginales manuscrites : « Courrier n° 62 » ; « politique scolaire, cf. pp. 3-4 ! » ; « M. Nerciat ». Il est signalé trois pièces jointes non retrouvées.

[2] Voir document n° 42 (24 janvier 1941).

[3] La loi du 3 septembre 1940 a abrogé la loi du 7 juillet 1904 portant suppression de l'enseignement congréganiste.

[4] La loi du 15 octobre 1940 autorise les élèves de l'école libre à bénéficier de la Caisse des Écoles ; une autre loi du 6 janvier 1941 donne aux communes le droit de subventionner les écoles libres.

[5] Le ministre Jérôme Carcopino ouvre aux élèves du privé l'accès aux cours des bourses nationales par une séries de décrets et d'arrêtés entre février et avril 1941.

[6] Après une longue campagne dans l'entre-deux-guerres pour que « la Chartreuse soit rendue aux Chartreux », le ministre de l'Intérieur, Georges Mandel, les autorise à rentrer dans le couvent en juin 1940, puis le régime de Vichy autorise définitivement leur présence par la loi du 20 février 1941.

[7] Le 15 février 1941, une loi a prévu l'attribution aux associations diocésaines de biens sécularisés au début du siècle et encore sous séquestre.

Sur ce dernier sujet, Mgr Tardini m'a fait remarquer que notre gouvernement s'était acquitté là d'une assez ancienne obligation de l'État français : ce qui n'ôte rien, d'ailleurs, à la valeur de la décision ni ne modifie rien à son caractère. La Secrétairerie d'État, m'a-t-il expliqué, possède une note signée de M. Jonnart, ambassadeur de France près le Saint-Siège. Elle doit remonter au temps où il commença à être question de fonder dans les diocèses des associations qui seraient reconnues à la fois canoniques et légales par les deux pouvoirs compétents. M. Jonnart y déclare que les biens non encore attribués seraient, en toute justice, dévolus auxdites associations dès qu'elles se trouveraient constituées.

L'original de cette note doit se trouver aux archives de cette ambassade lesquelles ont été placées sous scellés, au Palais Taverna[1], entre le 10 et le 20 juin dernier, par les soins du nonce apostolique en Italie.

Il convient toutefois d'ajouter que les dispositions du 21 mars concernant l'instruction religieuse, ainsi que la décision éliminant des programmes les devoirs envers Dieu pour introduire une section consacrée aux « croyances religieuses » et à la « civilisation chrétienne », n'ont pas été sans décevoir le Vatican.

Dans son dernier numéro, l'*Osservatore Romano* a résumé, à ce sujet, les informations parues dans la *Croix*, et les analyses du discours de M. Carcopino reproduit par les autres journaux. Ce matin même, au cours de l'audience hebdomadaire, le Cardinal Secrétaire d'État m'a fait part du désappointement que lui ont causé ces nouvelles. Il paraissait craindre, jusqu'à plus ample informé, que, laissée à la discrétion du Ministre, la place faite dans les horaires scolaires du jeudi à l'instruction religieuse ne fût plus assurée, alors qu'elle était garantie par la loi du 28 mars 1882[2]. Je l'ai assuré que les intentions du gouvernement ne justifiaient certainement pas ses inquiétudes. Je ne suis cependant pas sûr d'avoir réussi à les dissiper entièrement.

Je serais reconnaissant à Votre Excellence de bien vouloir me communiquer les textes et les commentaires touchant l'application des nouvelles dispositions afin de me mettre en mesure de rassurer mes interlocuteurs quant à l'évolution de la politique scolaire du gouvernement français en matière religieuse.

Guerre 1939-1945, Vichy, C État français, 237 (2GMII/237)

---

[1] Adresse de l'ambassade de France près le Saint-Siège avant juin 1940.

[2] Catholique militant, le secrétaire d'État à l'Éducation nationale, Jacques Chevalier, avait inscrit les devoirs envers Dieu, supprimés en 1923, dans les programmes de l'enseignement primaire (arrêté du 23 novembre 1940) et introduit l'enseignement religieux dans les horaires normaux à titre d'option, autorisant les prêtres à le dispenser à l'école. Son successeur, Jérôme Carcopino, partisan d'une laïcité modérée, est revenu sur ces dispositions : suppression de l'enseignement des devoirs envers Dieu à l'école primaire, remplacés par « les valeurs spirituelles, la patrie, la civilisation chrétienne » (arrêté du 10 mars 1941) ; retour sur l'insertion de l'instruction religieuse dans la vie scolaire de l'enfant et interdiction de la donner dans les locaux scolaires (loi du 10 mars 1941 et circulaire Terracher), ainsi que le jeudi, réservé à un autre usage. C'est la fin de la garantie légale qui, depuis 1882, assurait aux familles la libre disposition du jeudi et du dimanche pour l'instruction religieuse.

138

Rapport du colonel F. Bernard

Rapport au sujet du différend franco-thaïlandais

R.   *Vichy, 21 mars 1941.*

L'accord que vient de nous imposer la médiation japonaise pour le règlement du différend franco-thaïlandais[1], a provoqué en France, et provoquera surtout en Indochine, la plus profonde émotion. Malgré l'étendue de nos désastres, nous avions espéré qu'il nous serait possible de maintenir l'intégrité de notre empire colonial et d'un seul coup nous cédons à un État minuscule des territoires dont la superficie dépasse 70 000 km[2]. Pour la première fois depuis notre établissement en Indochine, nous nous voyons obligés, dans des circonstances particulièrement tragiques, nous le reconnaissons, de faire des concessions qui sont de nature à porter atteinte à notre prestige à l'égard de nos protégés. Tout cependant n'est point terminé. À l'accord de principe qui vient d'être paraphé à Tokyo, il faut aujourd'hui substituer un arrangement formel, traité ou convention, afin de régler d'une façon précise un nombre considérable de questions qui, jusqu'à ce jour, restent en suspens, à savoir :

— fixation sur la carte d'abord, et ultérieurement sur le terrain, de la nouvelle frontière qui ne saurait être définie par des lignes théoriques comme des méridiens ou des parallèles mais par des accidents de terrains faciles à reconnaître, rivières ou lignes de hauteur ;

— traitement des nationaux cambodgiens ou laotiens qui, même sous une administration siamoise, devront conserver les droits afférents à des minorités en ce qui concerne l'administration des provinces, le choix des fonctionnaires, l'organisation de l'enseignement, les questions d'ordre religieux, etc.

— détermination des indemnités dues par le Siam en compensation des travaux importants effectués par la France dans les territoires cédés : chemins de fer, routes, travaux d'irrigation, etc.

— régime douanier spécial, tout au moins dans la zone frontière, etc., etc.

De telles négociations prendront vraisemblablement un temps assez long et *qu'il n'y a point lieu de chercher à abréger*[2]. Les circonstances qui nous ont amenés à céder aux exigences du Japon peuvent en effet se modifier. La situation dans le Pacifique comme en Europe, ou dans l'Atlantique évolue. Telle circonstance peut se produire qui nous apporte les appuis qui jusqu'à ce jour nous ont manqué. On peut se ménager la possibilité de rouvrir des

---

[1] On peut retrouver *in* Guerre 1939-1945, Vichy, E Asie, Thaïlande, 418, le « Journal de la négociation franco-thaïlandaise sous la médiation japonaise » rédigé par M. d'Andurain et transmis par Charles Arsène-Henry le 12 mai 1941, qui détaille les diverses phases des discussions (document non publié).

[2] Souligné dans le texte.

négociations, non point sur les détails, mais sur le principe même de l'accord qui vient d'intervenir. On ne saurait, dans les circonstances actuelles, précipiter les pourparlers en abandonnant d'une façon définitive les territoires que nous avons cédés sans que l'obligation impérative de le faire n'apparaisse à tous les yeux.

Le traité une fois signé, il faudra du reste le ratifier et cette question pose deux problèmes entièrement distincts. Sous le régime qui prévalait en France avant l'acte constitutionnel du 11 juillet 1940, c'est au Parlement, et au Parlement seul, qu'il appartenait de décider en dernier ressort chaque fois qu'un traité signé par le Chef de l'État aboutissait à des cessions territoriales. La loi du 11 juillet 1940 a toutefois concentré entre les mains du Chef de l'État tous les pouvoirs et en particulier les pouvoirs législatifs. Bien que la Chambre et le Sénat aient été maintenus, bien que ces deux assemblées puissent être convoquées si le maréchal Pétain le juge nécessaire, il n'est point douteux qu'il peut, agissant dans la plénitude de ses pouvoirs, apposer seul sa signature à la convention internationale qui nous dépossédera. Il est permis cependant de souhaiter qu'il n'en soit pas ainsi. Quelle que soit l'abnégation du Chef de l'État, il paraît difficile à tous ceux qui mettent en lui et en son action leur espoir suprême, de lui demander d'assumer *seul*[1] devant l'histoire la responsabilité d'un abandon de territoire qui peut avoir les plus graves conséquences pour l'intégrité de notre Empire et l'interdépendance qui subsiste entre ses diverses parties.

Dans le cas, du reste, où le gouvernement français ratifierait le traité franco-thaïlandais tel qu'il paraît se présenter dans son ensemble, une telle ratification ne suffirait pas. Les territoires que vient, en effet, de céder la France ne lui appartiennent pas. Ils se divisent en deux parties, dont l'une constitue une fraction importante du territoire de Luang Prabang, et l'autre, beaucoup plus vaste et plus peuplée, appartient d'une façon incontestable au roi du Cambodge.

En ce qui concerne Luang Prabang, la situation au point de vue du droit international est douteuse. Aucun traité n'a été conclu entre le souverain de Luang Prabang, et le gouvernement français. La principauté constituait, au moment où nous nous sommes établis, un des nombreux fiefs laotiens qui existaient encore en 1893 dans la vallée du Mékong comme dans celle de la Ménam, fiefs dont les chefs se succédaient en vertu de droits héréditaires mais qui relevaient de la souveraineté du roi de Bangkok ou du roi d'Annam et parfois même de l'un et l'autre de ces souverains. Au lendemain du traité du 23 mars 1907 que j'ai négocié à Bangkok et qui a fixé les frontières de l'Indochine telles qu'elles existent encore à l'heure actuelle, j'avais suggéré à M. Beau, gouverneur général de l'Indochine, de constituer immédiatement sur toute la rive gauche du Mékong un royaume laotien qui pût faire contrepoids au royaume siamois. Il s'agissait, en fait, de recréer le royaume de Vientiane que les Siamois avaient détruit en 1828 en agrégeant au royaume de Luang Prabang, dont le siège aurait pu être transféré à Vientiane, tous les districts laotiens qui s'étendaient au nord

---

[1] Souligné dans le texte.

jusqu'à la frontière birmane, au sud jusqu'à la frontière cambodgienne. Si nous avions ainsi opéré, si nous avions passé avec le chef de ce nouvel État des accords politiques, il nous aurait été plus aisé de résister aujourd'hui aux revendications du Siam. Il peut être difficile aujourd'hui d'opposer à la volonté de la puissance protectrice les droits mal définis de la puissance protégée. Mais il n'en est pas ainsi en ce qui concerne le Cambodge.

Les territoires cambodgiens cédés au Siam en vertu de l'accord de Tokyo comprennent la totalité des provinces de Battambang et de Sisophon, la quasi-totalité de la province de Siem Reap, toute la partie nord de la province de Kompong-Thom, enfin les provinces de Mélouprey et de Toulé Repou. Ces territoires sont exclusivement peuplés de Cambodgiens. Leur propriété a été reconnue à la France aussi bien par le traité de 1904 que par celui de 1907. En ce qui concerne plus particulièrement Battambang, Sisophon et Siem Reap, le traité du 23 mars 1907 les a remis à la France et le gouvernement a fait ratifier cette acquisition par un acte de Parlement ; puis en vertu d'une délégation spéciale, M. Beau, gouverneur général de l'Indochine, a remis solennellement au roi du Cambodge l'ensemble des territoires que le Siam venait d'abandonner.

Les relations de la France et du Cambodge ont été réglées par le traité du protectorat de 1863 qui a chargé en particulier le gouvernement français d'assurer la représentation diplomatique du Cambodge auprès des puissances étrangères et de défendre auprès des puissances étrangères les droits du Cambodge, d'exercer ainsi les fonctions afférentes au ministère des Affaires étrangères, de préparer et de négocier les traités qui se rattachent à toutes les questions d'ordre international, mais il réserve expressément au souverain du pays protégé le *droit d'intervenir*[1] lorsqu'il s'agit d'acquérir et surtout de céder de nouveaux territoires.

On peut invoquer à ce sujet le précédent de 1867[2]. On peut dire qu'à cette époque le gouvernement impérial français a abandonné au Siam ces mêmes provinces de Battambang, Siem Reap et Sisophon que nous avons pu récupérer quarante ans après et que cet abandon a pu être fait sans que le roi du Cambodge ait été appelé à y consentir. Mais la situation à cette époque était complètement différente de celle d'aujourd'hui. Au moment où nous avons établi notre protectorat sur le Cambodge, les Siamois avaient depuis de longues années envahi le territoire du royaume. Ils avaient exigé du roi Norodom la reconnaissance de la souveraineté du Siam. Ils avaient occupé non seulement Battambang et Angkor, mais aussi les provinces de Pursat et de Kompong Thom et poussé leurs troupes dans la direction de Phnom Penh au moment même où notre intervention les a arrêtées. Nous n'avons pu, à cette époque, faire prévaloir les droits historiques du Cambodge. Nous avons en fait conclu un traité de paix avec le Siam et

---

[1] Souligné dans le texte.

[2] À savoir le traité entre la France et le Siam du 15 juillet 1867, par lequel le royaume du Siam reconnaît le protectorat français sur le Cambodge, en échange de la confirmation de ses droits sur les provinces de Battambamg et d'Angkor et de la promesse de la France de ne pas annexer le Cambodge et la Cochinchine. Voir la note du 31 mars 1941, « Le conflit franco-thaïlandais » pour un historique du conflit et de ses préliminaires (Guerre 1939-1945, Vichy, E Asie, Thaïlande, 414).

nous lui avons laissé une partie de ses conquêtes, sans nous préoccuper du reste à ce moment de connaître exactement l'étendue de ses droits. Même à cette époque, cependant, le souverain du Cambodge n'a pas accepté d'une façon positive les sacrifices qui lui étaient imposés. Le traité de 1867 prévoyait la constitution d'une commission de délimitation chargée de tracer les frontières entre la France et le Siam et cette commission devait comprendre trois fonctionnaires cambodgiens. L'amiral La Grandière, gouverneur de la Cochinchine et qui représentait à cette époque le gouvernement français, a demandé au roi Norodom de désigner ces fonctionnaires et celui-ci lui a répondu dans les termes suivants :

« Les services signalés que votre nation vient de rendre à mon royaume et la reconnaissance que j'en éprouve me font un devoir d'accéder à votre proposition, mais en le faisant, je veux néanmoins sauvegarder les intérêts de mon peuple et je proteste aujourd'hui contre l'abandon d'Angkor et de Battambang. *Je n'ai pas à adhérer à un traité fait en mon nom sans ma participation et je réserve pour moi et mes descendants tous mes droits sur ces provinces* »[1].

Ces droits, le Cambodge n'a cessé de les formuler jusqu'au moment où le traité de 1907 lui a enfin donné satisfaction. On peut être assuré aujourd'hui qu'il soulèvera la même protestation. Il s'agit de savoir si nous emploierons des mesures de rigueur pour obliger un État protégé à accepter les sacrifices que les circonstances actuelles nous ont obligés à consentir. Il y a là un problème d'une exceptionnelle gravité. Le royaume du Cambodge n'est pas le seul pays qui se trouve aujourd'hui placé sous le protectorat de la France ; il en est d'autres tels l'Annam, la Tunisie et le Maroc et ce serait créer un précédent d'une exceptionnelle gravité, ce serait vouloir provoquer dans un délai plus ou moins lointain la révolte des pays qui sont aujourd'hui attachés à l'Empire que de prétendre disposer de leurs territoires et de leurs sujets sans leur assentiment.

Ainsi la cession des frontières des provinces cambodgiennes ne peut devenir définitive, la délimitation des nouvelles frontières ne peut commencer que lorsque le Cambodge aura donné son assentiment aux modifications d'ordre territorial que comporte l'accord avec Tokyo. Il est regrettable que nos plénipotentiaires ne se soient point rendus compte d'une telle situation. S'ils l'avaient compris au moment où le Siam a formulé ses demandes, ils auraient proposé sans aucun doute que le roi du Cambodge envoyât à son tour à Tokyo des représentants dûment accrédités.

S'il en avait été ainsi, on peut admettre que la négociation engagée aurait pris une tournure toute différente.

Les pourparlers qui se sont en effet engagés à Tokyo se sont poursuivis dans des conditions toutes particulières. Lorsque nous avons accepté la médiation japonaise[2] nous avons, par ce fait même, reconnu au Japon dans tout l'Extrême-Orient une situation de premier rang, situation qu'il n'a

---

[1] Souligné dans le texte.

[2] Sur la médiation japonaise, voir notamment documents n⁰ˢ 33, 39, 40, 120.

cessé de revendiquer et que d'autres grandes puissances telles que l'Angleterre et l'Amérique n'ont jamais voulu lui accorder. Nous avons admis que le souverain du Japon pouvait être chargé de régler, et de régler seul, dans toute l'Asie extrême-orientale le statut des nations qui y vivent. Rien n'indiquait cependant que dans les circonstances actuelles le Cambodge ferait droit aux demandes exorbitantes qu'a formulées le Siam.

Les frontières franco-siamoises, telles qu'elles avaient été définies par le traité du mois de mars 1907, avaient été considérées par les deux parties comme ayant un caractère final. Le Siam comme la France avaient renoncé solennellement à toute revendication territoriale nouvelle et cette renonciation avait été confirmée à nouveau par le traité de 1925.

Le Japon de son côté avait, par un traité ancien[1], garanti à la France l'intégrité de son empire indochinois et cette garantie venait d'être renouvelée le 30 août 1940[2] au moment même où le Siam prétendait s'affranchir des obligations qu'il avait contractées. Ainsi, nous nous trouvions en présence d'une double garantie formulée à la fois par le Japon et par le Siam. Nous étions en droit de croire que le Japon qui garantissait l'intégrité de nos frontières ne permettrait pas au Siam de se dérober à des engagements identiques. Au point de vue du droit international, nos négociateurs se trouvaient ainsi dans une situation d'une forme incomparable. Mais, d'autre part, si le Japon désirait rétablir d'une façon définitive la paix en Extrême-Orient, s'il entendait soutenir le droit des peuples jaunes contre les ambitions des nations européennes, la cause du Cambodge pouvait lui être présentée sous le même jour et dans les mêmes conditions que la cause du Siam. Le roi du Cambodge est aujourd'hui le représentant de l'Empire qui a couvert le sud de l'Asie de sa gloire, qui a laissé dans toute la région comprise entre le golfe du Siam et les bords de la Semoun des monuments incomparables, qui a créé une civilisation merveilleuse comparable à la civilisation chinoise ou à la civilisation japonaise. Si le Siam s'était trouvé en présence, non point des deux revendications formulées, l'une par un pays jaune, l'autre par un pays européen, la France, mais en présence d'un conflit entre des pays de race jaune, qui l'un et l'autre avaient les mêmes droits à sa bienveillance, il peut se faire que des résultats des négociations eussent été tout différents.

Si d'autre part, l'ambition du Japon est de constituer en Extrême-Orient une situation durable, il paraît impossible qu'il puisse de gaîté de cœur imposer en Indochine un traité qui, bien loin de mettre un terme à des querelles, ne peut manquer au contraire de les perpétuer. La caractéristique

---

[1] Accord franco-japonais du 10 juin 1907 (« Arrangement relatif à l'indépendance et à l'intégrité de la Chine »), signé à Paris (décret du 21 juin 1907, J.O. du 22 juin 1907) par lesquels les deux puissances s'engagent notamment à « s'appuyer mutuellement pour assurer la paix et la sécurité dans ces régions [de l'Empire chinois voisines des territoires où ils ont des droits de souveraineté, de protection ou d'occupation] en vue du maintien de la situation respective et des droits territoriaux des deux parties contractantes sur le continent asiatique. » (Voir Papiers 1940, Papiers Baudouin, 5). Une déclaration du même jour lance le processus de pourparlers « en vue de la conclusion d'une convention de commerce en ce qui concerne les relations entre le Japon et l'Indochine française » (voir Guerre 1939-1945, Vichy, E Asie, Dossiers généraux, 35).

[2] Voir *DDF (1939-1944)*, 1940-2, notamment document n° 143.

de l'accord de Tokyo c'est qu'il fait passer sous la domination siamoise des provinces *dont la population est toute entière cambodgienne*[1] : dans toute l'étendue des provinces de Battambang, Siem Reap, Sisophon, Kompong Thom, Mélouprey, Toulé Repou, depuis les bords du Grand Lac jusqu'à la crête des Dang Rek, on ne trouvera pas un seul habitant appartenant à la race thaï et parlant la langue thaï. On peut être assuré que l'accord qui vient d'être paraphé créera au Cambodge et par là même en Indochine un irrédentisme qui se réglera fatalement par des conflits nouveaux. Aucune raison d'ordre politique, économique ou historique ne peut justifier le passage d'une population purement cambodgienne sous la domination du Siam.

Il importe, en outre, de bien marquer que le traité du 23 mars 1907, qui pendant trente-quatre ans a permis de maintenir entre la France et le Siam des relations amicales, que rien pendant cette longue période n'est venu troubler, n'avait pas eu le caractère d'une convention imposée par la violence. C'est en cela, et en cela surtout, qu'il se différencie du traité de 1893 par lequel le Siam nous a reconnu la possession de tous les territoires de la rive gauche du Mékong. En 1893, les incursions répétées des troupes siamoises sur la rive orientale du fleuve et jusque dans les vallées des rivières qui descendent vers le golfe du Tonkin nous avaient contraints, après six ou sept ans de lutte, à envoyer à Bangkok une force navale qui a obligé enfin le Siam à reconnaître nos droits. En 1907, la situation a été toute différente. Le traité de 1907 a été conclu après les travaux de deux commissions de délimitation qui, pendant près de trois ans, ont parcouru tout l'hinterland franco-siamois, depuis le golfe du Siam jusqu'à la frontière de Birmanie. Pendant toute la durée des travaux des commissions, ceux qui la composaient, Français et Siamois, se sont efforcés de régler sur place tous les problèmes qui pouvaient faire renaître entre les deux pays les conflits incessants qu'avait marqués en 1867 l'abandon des provinces de Battambang, Siem-Reap et Sisophon. *Le traité de 1907 n'a pas été imposé par la force*[2], il a été le résultat d'un accord amical dans lequel chacun des pays s'est efforcé de supprimer les causes de querelles futures et de jeter les bases d'une entente permanente. Le traité de 1904, qui avait précisément prévu la constitution des commissions de délimitation, avait reconnu à la France la propriété des districts de Kra qui étaient exclusivement peuplés de Siamois et il avait maintenu sous la domination de Bangkok les provinces de Battambang et d'Angkor, peuplées exclusivement de Cambodgiens. C'est cette première anomalie que, de part et d'autre, on a voulu faire disparaître.

D'autre part, au sud de Luang Prabang, la frontière formait entre les territoires siamois de la Ménam à l'ouest, et les territoires siamois de la rive droite du Mékong, à l'est, une barrière longue de plus de 100 km qui rendait les communications, sinon impossibles, tout au moins difficiles entre les provinces siamoises intéressées et que, d'un commun accord, les deux

---

[1] Souligné dans le texte.

[2] Souligné dans le texte.

pays se sont déclarés prêts à rectifier. Ainsi, la base de l'accord de 1907 a été un échange de territoires en tenant compte, d'une part, de la race et de la langue de ceux qui les habitaient, et d'autre part, des nécessités de l'administration siamoise. Comme, cependant, ces échanges de territoires n'auraient point suffi pour permettre au gouvernement siamois de procéder sans obstacle aux réformes administratives qu'il avait entreprises, comme la situation particulière des protégés français soumis dans toute l'étendue du royaume siamois à la juridiction des consuls français créait à tout instant au gouvernement de Bangkok des difficultés graves et donnait lieu à d'innombrables petits conflits, le gouvernement français a renoncé à ses privilèges de juridiction.

Telle a été la base de l'accord de 1907 qui a donné à la France et au Siam trente-quatre années de paix que rien, jusqu'à ce jour, n'était venu troubler.

Il s'agit de savoir si le Japon, gardien des intérêts des peuples jaunes et défenseur de la paix en Extrême-Orient, insistera pour établir en Indochine une situation qui ne peut manquer de troubler d'une façon continue les rapports qui avaient été établis depuis une longue période entre le royaume du Cambodge et le royaume du Siam. Il nous semble que l'on pourrait dans de telles conditions essayer de reprendre les pourparlers qui viennent d'aboutir à l'accord de Tokyo : si le gouvernement cambodgien refusait d'accepter la cession des provinces que l'on entend lui enlever, s'il adressait à la fois ses protestations au gouvernement français, d'une part, au Mikado, d'autre part, s'il faisait valoir des droits qui, au point de vue historique comme au point de vue humain, ne peuvent être contestés, on pourrait peut-être arriver à modifier les clauses du traité qui est actuellement en préparation. On pourrait, le cas échéant, maintenir l'annexion au Siam des districts du Luang Prabang situés sur la rive droite du fleuve. On ne peut attacher à ces districts qu'une importance théorique. Ils sont très faiblement peuplés, ils se présentent sous la forme d'une étroite bande de terrain comprise entre le Mékong, d'une part, et la haute chaîne de montagnes qui sépare la vallée du grand fleuve de celle de la Ménam. La possession de ce territoire ne présente pour l'un et pour l'autre pays aucun intérêt d'ordre vital, il s'agit d'une simple satisfaction d'ordre moral à laquelle nous pouvons consentir si les droits du Cambodge ne sont pas atteints. Il s'agit, d'autre part, d'offrir au Siam, en échange des provinces cambodgiennes auxquelles nous lui demanderions de renoncer, des avantages positifs. J'ai soumis à ce sujet un programme de développement économique de la vallée moyenne du Mékong, programme économique qui pourrait avoir dans un avenir plus ou moins lointain des conséquences les plus heureuses, aussi bien pour le Laos siamois que pour le Laos français, et dont l'exécution progressive serait un gage de paix entre les deux pays. Il s'agit, en d'autres termes, de reprendre les négociations dans les conditions mêmes où elles auraient dû être menées dès que le gouvernement siamois a émis d'une façon formelle des prétentions sur des territoires cambodgiens et d'opposer à l'empire thaï ce qui reste aujourd'hui et ce que nous avons promis de protéger de l'empire khmer.

Il importe enfin et pour finir de bien noter que dans le conflit qui vient de s'élever et que la médiation japonaise a eu pour but de régler, le Siam et le Japon sont l'un et l'autre demandeurs. Le Japon demande en effet actuellement à l'Indochine des avantages économiques considérables : droit de pêche dans les eaux territoriales indochinoises ; droit d'établir à terre des établissements nécessaires pour la préparation des produits de la pêche ; livraison à crédit de quantités importantes de riz et de caoutchouc pendant un certain nombre d'années ; participation aux entreprises indochinoises ; droit pour les Japonais de créer en Indochine des entreprises industrielles et agricoles dans les mêmes conditions que les établissements français. Il demande, en outre, et la négociation est en cours depuis plusieurs semaines, un régime douanier privilégié qui lui permettrait d'introduire dans toute l'Indochine les produits qu'il fabrique. Il a demandé enfin et il a obtenu de nous que nous nous engagions à ne contracter avec une tierce puissance aucun accord ou entente qui prévoit une coopération politique, économique ou militaire de nature à s'opposer au Japon.

Ainsi, par une anomalie singulière, le Japon, médiateur entre la France et le Siam et qui vient d'exercer sa médiation au profit du Siam, demande à l'Indochine et à la France des sacrifices *qui ne se justifieraient que si la médiation qu'il vient d'exercer nous était favorable*[1]. Quelles que soient les difficultés nées de la défaite que nous avons subie, il nous semble que nous commettrions une lourde faute si nous considérions comme définitif l'accord de Tokyo et si nous n'usions pas de tous les moyens en notre pouvoir pour reprendre les pourparlers dans des conditions plus favorables.

Guerre 1939-1945, Vichy, E Asie, Thaïlande, 414 (3GMII/414)

139

M. Arvengas, Ministre de France à Mexico,
À l'Amiral Darlan, Vice-Président du Conseil, Ministre
Secrétaire d'État aux Affaires étrangères, à la Marine et à
l'Intérieur[2].

T. n°s 49 à 52.   *Mexico, 24 mars 1941, 22 h. 30.*

(*Reçu : le 25, 19 h. 30*)

Je me réfère à votre télégramme n° 46 du 22 mars[3].

M. Soustelle, délégué pour le Mexique du mouvement de Gaulle, revenant d'Angleterre (ma lettre n° 17 du 21 février)[4] est arrivé ici le 15 mars. Il

---

[1] Souligné dans le texte.

[2] Mentions marginales manuscrites : « Amérique, Chancelleries » ; « Vu par Guerre » ; « m'en parler ».

[3] Ce télégramme du Département demandait la situation et l'adresse de M. Soustelle.

[4] Document non retrouvé.

réside ici avec sa femme. Il a repris aussitôt contact avec nos compatriotes ; il organise des réunions et des collectes. On m'assure que dans les exposés publics qu'il fait ici il s'abstient de toutes attaques directes contre le gouvernement français ou contre la légation.

Un informateur, qui le connaît beaucoup sans partager ses idées, s'est entretenu avec lui et m'a rapporté les propos qu'il a tenus. Je crois devoir reproduire la substance de ces propos qui constituent vraisemblablement le thème de sa propagande.

M. Soustelle se montre plus franchement optimiste sur la situation de l'Angleterre qu'il ne paraissait l'être avant son départ. Il reconnaît l'immensité des destructions qu'il a constatées lui-même à Londres et à Liverpool. Il précise même que la cité de Londres serait presque entièrement détruite. Les services publics n'en seraient pas moins convenablement assurés et les restrictions alimentaires seraient modérées.

Son optimisme se fonde sur l'appui des États-Unis mais plus encore sur le moral de la population anglaise sans cesse affirmé par l'indignation que causent les destructions et par l'enthousiasme en présence des succès remportés en Afrique et en Albanie.

En ce qui concerne la situation politique actuelle en France, les milieux britanniques autorisés se montreraient par contre très pessimistes. Ils s'inquiètent, prétend-il, des contacts de l'amiral Darlan avec M. Laval. Ils auraient l'impression que le gouvernement français croit à la victoire allemande et adopte de plus en plus nettement une politique qui escompte cette victoire.

Les récentes déclarations de l'amiral Darlan sur les difficultés provoquées par le blocus britannique pour le ravitaillement de la zone non occupée ont produit, dit M. Soustelle, le plus fâcheux effet.

Les milieux britanniques sauraient, de source sûre, que divers chargements de produits coloniaux arrivés dernièrement à Marseille auraient été réquisitionnés puis achetés, pour la moitié ou les trois quarts par les commissions allemandes d'achats qui opéreraient dans les principales villes de la zone libre. M. Soustelle a ajouté que l'on en viendrait à craindre à Londres que l'amiral Darlan ne cherche sur la question du ravitaillement un incident naval franco-anglais que les Anglais sont résolus à éviter coûte que coûte.

Guerre 1939-1945, Vichy, B Amérique, Mexique, 66 (1GMII/66)

140

M. Blondel, Ministre de France à Sofia,
À l'Amiral Darlan, Vice-Président du Conseil, Ministre
Secrétaire d'État aux Affaires étrangères, à la Marine et à
l'Intérieur.

T. n⁰ˢ 233 à 235.   *Sofia, 26 mars 1941, 21 h. 40.*

(*Reçu* : le 27, 5 h.)

L'adhésion yougoslave au Pacte tripartite[1] a été d'autant mieux accueillie ici que la longueur des pourparlers avait fait craindre à un moment qu'ils n'aboutiraient pas. La presse affiche sa satisfaction de cette nouvelle consolidation de la paix balkanique. L'opinion ne peut que se réjouir de ce que la Bulgarie, tirée de la position aventurée qui était la sienne depuis le 1ᵉʳ mars[2], soit libérée de toute inquiétude à sa frontière occidentale et de ce que le système de l'Axe, auquel Sofia a lié son sort, se trouve ainsi renforcé.

De leur côté, ceux des Bulgares qui croient à la victoire finale des Anglo-Américains voient naître l'espoir que leur pays ne sera pas châtié une fois de plus au profit d'une Serbie que les Anglais n'auront plus de raisons de favoriser[3]. Seuls les Macédoniens de Bulgarie, qui ne perdent pas de vue leur problème territorial, peuvent ressentir quelque déception de la garantie donnée par l'Axe aux frontières actuelles de la Yougoslavie. Quelle portée convient-il d'ailleurs, de donner aux avantages dont Belgrade vient d'enregistrer l'assurance ? Faut-il interpréter dans un sens restrictif la phrase du discours de M. von Ribbentrop sur « la place qui reviendra dans les Balkans » à la Yougoslavie ?

En tout cas, on admet ici même en assez haut lieu, dans des conversations privées, que l'évolution ultérieure des circonstances pourrait bien affecter après tout les dispositions du Reich concernant l'intangibilité du territoire yougoslave.

Quant à la déclaration russo-turque[4], elle apparaît sans doute comme une bien faible riposte à l'extension de la tutelle allemande sur tous les Slaves du Sud. Mais, dans ce pays, ce qui vient de la Russie a toujours un

---

[1] L'adhésion de la Yougoslavie au Pacte tripartite a été annoncée le 25 mars 1941.

[2] À savoir l'adhésion de Sofia au Pacte tripartite.

[3] Allusion aux conditions du traité de Neuilly du 27 novembre 1919 qui donne au nouvel État yougoslave plusieurs des districts de l'ouest de la Bulgarie.

[4] Voir à ce sujet, la dépêche n⁰ 631/S (secrète) de l'attaché militaire près l'ambassade de France à Moscou, en date du 24 mars 1941 qui donne le texte de la déclaration soviétique publiée le même jour dans la presse, à la suite de l'échange entre les gouvernements soviétique et turc : elle dément les « bruits qui se sont répandus dans la presse étrangère selon lesquels, dans le cas où la Turquie serait obligée d'entrer en guerre, l'URSS profiterait des difficultés de la Turquie pour l'attaquer », et affirme qu'au contraire, dans ce cas, « en vertu du pacte de non-agression existant entre l'URSS et la Turquie, cette dernière peut compter sur l'entière compréhension et la neutralité de l'URSS. » (Guerre 1939-1945, Vichy, Z Europe, URSS, 817, document non publié).

grand retentissement sentimental, aussi les Bulgares sont-ils assez remués de voir leur traditionnel protecteur, non content de condamner « la politique officielle » de Sofia, se rapprocher soudain de la Turquie.

Enfin, on exploite à fond le thème des défaites diplomatiques de la Grande-Bretagne. « Le jour approche, dit un journal à propos de la situation française actuelle, où tous les pays européens seront libérés des intrigues anglaises ».

Communiqué Légations voisines.

Guerre 1939-1945, Vichy, Z Europe, Balkans, 938 (10GMII/938)

141

M. Gaston Maugras, Ministre de France à Athènes,
     À M. Truelle, Ministre de France à Bucarest.

T. nᵒˢ 53 à 55.   *Athènes, 28 mars 1941.*

(*Reçu : le 5 avril 1941*)

J'adresse à Vichy sous le nᵒˢ 183-185 un télégramme que je vous communique ci-après.

La nouvelle du coup d'État de Belgrade[1] a provoqué à Athènes une explosion de joie. Les journaux, dans des articles où l'Allemagne est indirectement malmenée, ont fait valoir que la Yougoslavie était « rentrée dans le chemin de l'honneur ».

Au ministère des Affaires étrangères, le sous-secrétaire d'État s'abandonnait ce matin à son optimisme. Hitler, pensait-il, serait empêché par Mussolini de se venger de l'affront qu'il avait subi car la Yougoslavie, si elle était attaquée, aurait pour premier soin de jeter à la mer l'armée italienne d'Albanie et de libérer ainsi les 17 divisions grecques qui tiennent ce secteur. Les Turcs ne pourraient, sans honte, se montrer plus timorés que les Grecs et les Yougoslaves. Devant les résistances auxquelles il se heurtait, Hitler devrait se résigner à conserver en Bulgarie une position défensive.

---

[1] Le 27 mars 1941, le roi Pierre II a annoncé la démission des régents et sa prise de pouvoir, demandant à ses sujets et aux partis de « se grouper autour du trône » et en confiant au général Douchan Simovitch le mandat de constituer le nouveau gouvernement. Pour la liste du nouveau gouvernement, voir Guerre 1939-1945, Vichy, Z Europe, Balkans, 926, où l'on peut trouver une note (non publiée) du Directeur politique en date du 27 mars à ce sujet. Elle rapporte le commentaire du ministre de Yougoslavie à Vichy, M. Pouritch, qui se réjouit de voir les Croates participer à ce « front national » : « C'est la guerre ; ce Cabinet est l'exacte représentation de tous les éléments nationaux yougoslaves fidèles à la politique traditionnelle de la Yougoslavie. » Le général Simovitch avait été écarté en février 1940 « parce que suspect de vouloir conclure des accords secrets avec la France, notamment avec le général Weygand. » Une note précédente du Département, en date du 22 mars (même série), analysait déjà la « grave crise intérieure provoquée par les divergences parmi les milieux dirigeants yougoslaves au sujet de l'adhésion de la Yougoslavie au Pacte tripartite » et l'hostilité croissante de l'opinion publique.

Ce sentiment d'euphorie est général, mais on peut se demander s'il est bien justifié, et si l'Allemagne ne va pas trouver une nouvelle raison d'attaquer sans délai Salonique dans l'intérêt que présenterait éventuellement ce port pour le ravitaillement de l'armée yougoslave.

On estime que de 120 à 150 000 Anglais, pourvus d'un matériel de guerre considérable, ont déjà débarqué en Grèce. Leur présence encourage dans les Balkans l'esprit de résistance. Elle est pour l'Allemagne un danger et pour Hitler une humiliation. Combien de temps encore sera-t-elle tolérée ?

Communiqué aux postes balkaniques.

CADN, Bucarest, Ambassade, 1990, n° 27

142

L'Amiral Darlan, Vice-Président du Conseil, Ministre Secrétaire
d'État aux Affaires étrangères, à la Marine et à l'Intérieur,
à M. Truelle, Ministre de France à Bucarest.

T. n° 156[1].   *Vichy, 29 mars 1941, 16 h. 55.*

(*Reçu* : le 30, 1 h. 10)

Je vous rappelle que, pour des motifs sur lesquels il serait superflu d'insister, les Agents diplomatiques et consulaires à l'étranger doivent s'abstenir de relations personnelles avec leurs collègues d'Angleterre et par conséquent limiter leurs rapports avec eux à ceux que rendent strictement nécessaires les obligations de service.

Vous voudrez bien notifier cette instruction aux membres de votre mission ainsi qu'aux postes relevant de votre autorité.

CADN, Bucarest, Ambassade, 1990, n° 27

---

[1] Numéro pour Bucarest. Il s'agit en fait d'un télégramme circulaire.

143

M. Jules Henry, Ambassadeur de France à Ankara,
    À l'Amiral Darlan, Vice-Président du Conseil, Ministre
    Secrétaire d'État aux Affaires étrangères, à la Marine et à
    l'Intérieur[1].

T. n°s 467 à 470.   *Ankara, 29 mars 1941, 21 h.*

Très confidentiel.   (*Reçu* : le 30, 8 h. 15)

Je résume ci-dessous ce que m'a dit le ministre des Affaires étrangères au cours d'un entretien que j'ai eu avec lui hier soir 28 mars.

1°/- *Événements de Yougoslavie.*

Le ministre des Affaires étrangères se garde bien d'en tirer des conclusions prématurées et il a le souci de ne pas en exagérer l'importance comme certains de ses compatriotes ont tendance à le faire.

Ce qui lui paraît claire à l'heure actuelle, c'est que les buts de l'Allemagne dans les Balkans ne seront désormais réalisables qu'au prix de difficultés accrues. Il ne met pas en doute que la Yougoslavie résisterait par les armes à un coup de force, auquel cas la position grecque se trouverait allégée. Par ailleurs, il envisage la possibilité pour la Yougoslavie de porter éventuellement un coup sérieux à l'Italie.

En ce qui concerne la Turquie, le ministre des Affaires étrangères estime que le coup d'État de Belgrade[2] va lui donner quelque temps de répit. Il m'a paru que ces derniers temps il avait redouté le pire pour son pays : il avait envisagé qu'après que la passivité et la complaisance de la Yougoslavie eurent facilité l'attaque contre la Grèce, l'Allemagne se serait vraisemblablement tournée vers la Turquie. Celle-ci étant fermement résolue à ne pas céder à des offres analogues à celles présentées aux autres puissances balkaniques, une attaque sur la Thrace était possible[3]. Aujourd'hui cette

---

[1]   Le document porte le paraphe manuscrit d'Ernest Lagarde.

[2]   Voir document n° 141 et notes.

[3]   On peut retrouver aussi dans les Papiers 1940, Bureau d'études Chauvel, 46, plusieurs notes sur la Yougoslavie, l'une du 5 mars 1941, intitulée « Yougoslavie. Orientation de sa politique étrangère du 1er janvier au 28 février 1941) qui reprend l'analyse qui est faite à l'époque de la politique de « collaboration politique et économique germano-yougoslave », à un moment où, selon la presse de Belgrade citée (article de *Politika* du 16 février 1941), « le conflit italo-grec n'est pas encore liquidé, lorsque l'incertitude plane toujours sur les Balkans et que d'importantes concentrations de troupes s'effectuent dans son voisinage, la Yougoslavie s'emploie de toutes ses forces à surmonter toutes ces difficultés, à les écarter même afin que cette partie de l'Europe soit épargnée par l'incendie. » Une autre note du 27 mars 1941 (« Politique extérieure »), donne une petite chronologie de l'évolution de la position yougoslave et de ses alliances, avec une diplomatie « plus serbe que yougoslave », depuis 1919, à partir d'un article d'Albert Mousset paru dans *Le Temps*. Dans la même série, en date du 29 mars, à partir du *Figaro* du même jour, la composition définitive du nouveau gouvernement et sa déclaration remise à la presse : « Le peuple yougoslave s'est ému de la façon dont étaient dirigées les affaires publiques. Au cours de ces derniers jours, la méfiance s'est manifestée avec une telle force que l'ordre public était menacé. C'est sous la pression de l'opinion publique que sont intervenus les changements d'aujourd'hui. » Est également cité l'appel au peuple

éventualité est retardée peut-être de deux mois ou davantage, m'a dit le ministre des Affaires étrangères. Comme je lui faisais observer que son gouvernement avait à plusieurs reprises reçu de l'Allemagne des apaisements et des assurances il répondit : « C'est exact mais je ne suis pas certain que les paroles soient confirmées par des actes ».

2°/- *Attitude de la Russie.*

Le ministre des Affaires étrangères est sceptique à cet égard, à son avis il ne faudrait pas conclure de la récente déclaration turco-russe[1] que la Russie venait de modifier complètement sa ligne de conduite à l'égard de l'Allemagne. Sans doute, un voile s'est levé mais « je me méfie », me dit-il.

3°/- *Situation générale.*

La Turquie ne peut que se réjouir du temps gagné. Au cours des entretiens de Chypre[2], M. Eden a donné l'assurance au ministre des Affaires étrangères que la campagne d'Afrique serait victorieusement terminée pour la Grande-Bretagne vers le 15 avril. À ce moment, des troupes et du matériel de guerre importants pourraient être utilisés ailleurs.

C'est ainsi que la situation générale allait s'améliorer pour la Grande-Bretagne. La perspective de l'aide des États-Unis inquiétait non seulement l'Allemagne, mais aussi le Japon. Peut-être à la fin de l'été les deux adversaires principaux ne refuseraient-ils pas d'examiner les possibilités de paix.

serbe du patriarche Gavrilo du 28 mars, pour se rallier autour du jeune roi Pierre II, « étoile lumineuse » apparue « en ce moment décisif où l'histoire, l'honneur, la gloire du peuple serbe sont en jeu » (documents non publiés).

[1] Le 19 mars 1941 (T. n° 247 à 251), l'ambassadeur à Moscou, Eirik Labonne, a annoncé la publication probable, le même jour (elle n'aura lieu en fait que le 24 mars), d'un communiqué commun soviéto-turc « précisant la position de chacun des deux pays au cas où l'autre serait l'objet d'une agression de la part d'une tierce puissance » qui ferait état de deux déclarations des 5 et 15 mars, émanant respectivement de M. Vychinsky et de l'ambassadeur de Turquie, sur leur « compréhension et neutralité » mutuelle au cas où leurs deux pays seraient obligés de défendre leur territoire par les armes. Selon les confidences de l'ambassadeur turc à Moscou, l'initiative reviendrait aux Soviétiques et la Turquie n'aurait rien demandé d'autre. La proposition d'un tel échange de documents et leur publication a eu lieu « le lendemain du jour où le chancelier Hitler a adressé un message à la Turquie ». Selon E. Labonne, « de la sorte, la Russie couvre son initiative et atténue la portée de son opposition au Reich. Au moins d'un point de vue formel ». Mais l'ambassadeur rappelle aussi « le précédent redoutable du pacte de non-agression polonais », et la justification de l'invasion soviétique par le changement de statut du gouvernement polonais du fait de l'invasion allemande (Guerre 1939-1945, Vichy, Z Europe, Balkans, 938, non publié). Le 22 mars (T. n°s 425 à 427 d'Ankara), Jules Henry rapporte que la déclaration russo-turque qui rappellera le traité d'amitié et de neutralité de 1925, a fait l'objet d'une négociation de quelques semaines. Il pense, de son côté, que cette déclaration « est également l'un des résultats des conversations de M. Eden avec les dirigeants turcs : « Les Anglais ont certainement eu le souci de prendre leurs précautions et de faire en sorte que la Turquie n'invoque pas de nouveau la menace russe comme elle le fit en juin dernier. Du point de vue turc, le gouvernement d'Ankara aura certainement été encouragé par la conviction que, depuis les événements de juin dernier, la Russie, nourrissant la crainte de la force allemande, envisagerait avec faveur une résistance balkanique notamment de la Turquie. » Le 24 mars (T. n° 429), il confirme que le communiqué est bien le résultat d'une démarche effectuée à Moscou par l'ambassadeur d'Angleterre. (Guerre 1939-1945, Vichy, E Levant, Turquie, 124, documents non publiés). On peut trouver dans les Papiers 1940, Bureau d'études Chauvel, 44, une note du 19 mars 1941 sur les « Rapports russo-turcs ». Voir aussi document n° 140.

[2] Sur cette rencontre secrète, voir document n° 136 et notes.

Et le ministre des Affaires étrangères de me faire observer à ce propos que l'ambassadeur d'Allemagne à Ankara revient sans cesse dans ses conversations sur le désir qu'il a de voir se terminer le conflit. C'est une constatation que j'ai faite moi-même.

Communiqué à Moscou, Belgrade, Athènes.

Guerre 1939-1945, Vichy, E Levant, Turquie, 126 (4GMII/126)

144

LE LIEUTENANT-COLONEL CHAUVIN, ATTACHÉ MILITAIRE PRÈS L'AMBASSADE DE FRANCE À BERNE,
 AU GÉNÉRAL D'ARMÉE HUNTZINGER, COMMANDANT EN CHEF LES FORCES TERRESTRES, MINISTRE SECRÉTAIRE D'ÉTAT À LA GUERRE, ÉTAT-MAJOR DE L'ARMÉE, 2e BUREAU[1].

D. n° 285.   *s.l. (Berne), 29 mars 1941.*

Secret.

J'ai l'honneur de vous rendre compte de ce que j'ai eu hier, 28 mars, un long entretien avec le général Guisan, commandant en chef de l'armée de la Confédération.

Conformément aux instructions que vous aviez bien voulu me donner, j'ai exprimé au général Guisan vos remerciements – en tant que général commandant en chef les forces terrestres françaises – pour l'action personnelle qu'il a exercée en vue d'accueillir nos internés et d'améliorer leur situation matérielle et morale.

Le Général s'est déclaré très touché de cette démarche et m'a prié de vous transmettre son salut très cordial.

Il m'avait été donné de rencontrer déjà à plusieurs reprises le général Guisan, mais notre entretien tête à tête d'hier, qui s'est prolongé pendant une heure et demie, m'a permis de le mieux connaître et m'a mis à même de vous donner une idée de l'homme.

De taille moyenne, très droit, et peut-être même un peu raide, particulièrement soigné dans sa tenue, d'une courtoisie parfaite, le général Guisan donne immédiatement, par la franchise de son regard, la fermeté de sa poignée de main, la sûreté de sa voix, l'impression de la loyauté, de la droiture.

Ses propos accusent encore cette impression. Il s'exprime, en effet, avec une rare indépendance, qu'il livre ses sentiments concernant les dangers auxquels la Suisse est exposée du fait des ambitions de l'Allemagne d'Hitler,

---

[1] La copie de ce courrier remise à l'ambassadeur La Baume à Berne a été adressée par ce dernier, sous bordereau n° 167 en date du 31 mars 1941 au Département, « pour information confidentielle ». Le bordereau porte la mention manuscrite marginale : « Où est-il ? ».

ou qu'il manifeste sa chaleureuse affection pour tout ce qui touche à la France, ou encore qu'il évoque les difficultés qu'il rencontre dans ses rapports avec les autorités civiles helvétiques.

Dans le domaine du caractère, il paraît être assez influençable, et ne pas l'ignorer. Sans doute possède-t-il cette qualité, si précieuse pour un homme chargé de responsabilités, de savoir écouter, mais il laisse apparaître une sensibilité qui le rend quelque peu vulnérable. Aussi, pour donner aux autres, et peut-être encore davantage à lui-même, le sentiment de sa fermeté, se croit-il obligé d'en faire de fréquentes manifestations verbales. C'est ainsi qu'il s'est en quelque sorte intégré à deux idées essentielles : défendre l'indépendance de la Suisse coûte que coûte en s'enfermant dans le « réduit », quelle que puisse être éventuellement l'attitude des pouvoirs publics, et détruire radicalement les deux voies ferrées du Gothard et du Simplon à la première manifestation allemande d'hostilité.

Dans le domaine de l'intelligence, le Général semble ne posséder ni une pénétration très aiguë, ni une culture particulièrement étendue. Plus « extérieur » que méditatif, mais sensible et réceptif, il paraît surtout apte à s'assimiler et à mettre en valeur ce que lui apportent ses collaborateurs : son bon sens et surtout sa foi et son patriotisme ardents sont des garanties suffisantes sur le choix qu'il a fait ou pourrait faire de ceux-ci.

On plaisante volontiers ici, et parfois même sévèrement, le goût que manifeste le Général pour l'apparat et le solennel. Je crois qu'il y faut voir surtout son désir d'agir sur le moral de l'armée et de frapper l'imagination du peuple suisse, car on doit reconnaître avec lui qu'il n'est pas aisé de maintenir dans un constant état d'exaltation patriotique et guerrière un peuple, en armes depuis plus de 18 mois, que sa neutralité a pu tenir jusqu'ici à l'abri du conflit, et dont les chefs civils s'appliquent à concilier cette neutralité avec les exigences de voisins insatiables.

Au total, le général Guisan apparaît comme un chef ardent, résolu, profondément patriote, mais sensible aux influences extérieures – et dont les sentiments de méfiance vis-à-vis de l'Allemagne et d'amitié pour la France ne peuvent être mis en doute.

Au cours de notre entretien, le Général parla principalement des questions suivantes :

– Après la défaite de la France, le dispositif défensif suisse avait dû être considérablement remanié et de grands travaux ont été entrepris face à la frontière du Jura. Néanmoins, jusqu'au début de cet hiver, la Suisse pouvait faire confiance à l'Italie et n'envisager que le danger allemand. L'imprégnation progressive de l'Italie par l'Allemagne, la présence au sud des Alpes de forces allemandes (divisions, DCA, Gestapo, fonctionnaires) obligent maintenant les Suisses à envisager l'hypothèse d'une attaque concentrique particulièrement dangereuse. Aussi de gros efforts sont-ils faits pour augmenter la puissance de résistance du « réduit » face au sud, sans que rien ne soit abandonné du programme des travaux de la face nord ;

– visiblement, le Général s'est réjoui du coup d'État de Belgrade[1], qu'il interprète comme un encouragement à la résistance offert au peuple suisse ;

– le danger bolchevik apparaît comme primordial au Général. Il a exprimé des doutes sur l'efficacité du récent traité commercial soviéto-suisse[2] ; les Russes étant très en retard sur les livraisons de matières pro-mises à l'Allemagne, il craint que les marchandises russes, en transit pour la Suisse par le territoire du Reich, ne soient arrêtées au passage par les Allemands. D'autre part, il redoute que la commission économique sovié-tique qui doit prochainement s'installer à Berne ne soit un instrument de propagande bolchevik ;

– parlant de l'état d'esprit du peuple suisse, et pour marquer à quel point la haine du nazisme est développée dans le cœur de ses compatriotes, le Général m'a dit qu'il s'attendait à chaque instant à quelque incident grave et qu'il s'efforçait, lors de ses fréquentes tournées, à calmer les populations frontières, et principalement les foules ouvrières ;

– faisant discrètement allusion aux difficultés personnelles qu'il éprou-vait avec le pouvoir civil, du fait de cette situation particulière d'un peuple en paix possédant une armée à demi mobilisée en permanence, le Général m'a laissé entendre que, si la guerre éclatait, il saurait écarter les influences politiques qui tenteraient d'affaiblir la puissance défensive, morale et maté-rielle, du peuple suisse ;

– enfin, parlant de la défaite française, le Général m'exprime sa très vive satisfaction de voir « la vérité se faire jour petit à petit ». Il se dit avide de lire tout ce qui était actuellement édité en France sur ce sujet, vanta tout spécialement le livre de J. Labusquière[3] (que je lui avais adressé quelques jours auparavant), et m'invita à lui en faire parvenir la suite. À cette occa-sion, il m'entretint de plusieurs de nos chefs militaires qu'il avait connus personnellement et me dit toute sa confiance en la France. « Seule une entente des pays latins conduite par la France peut aujourd'hui sauver l'Europe », conclut-il.

Guerre 1939-1945, Vichy, Z Europe, Suisse, 758 (10GMII/758)

---

[1] Sur le coup d'État de Belgrade, voir document n° 141.

[2] Signé le 24 février 1941.

[3] Il s'agit vraisemblablement de l'ouvrage de Jean Labusquière, *Vérité sur les combattants. Grandes batailles de mai et juin 1940*, paru à Lyon, en 1941, aux éditions H. Lardanchet.

145

M. DE LAFORCADE, MINISTRE DE FRANCE À DUBLIN,
   À L'AMIRAL DARLAN, VICE-PRÉSIDENT DU CONSEIL, MINISTRE
   SECRÉTAIRE D'ÉTAT AUX AFFAIRES ÉTRANGÈRES, À LA MARINE ET À
   L'INTÉRIEUR.

T. n°s 127 à 132.   *Dublin, 30 mars 1941, 16 h.*

Confidentiel.   *(Reçu : le 31, 10 h. 30).*

Je me réfère à ma communication n° 53 du 20 février[1].

Aux divers (…)[2] de l'Irlande, vient s'ajouter depuis peu une nouvelle tendance qui, sans avoir encore d'influence sur la politique du gouvernement, paraît être en progression.

Des Irlandais de plus en plus nombreux se rendent compte malgré le silence de la presse, que le ravitaillement de leur pays dépend en définitive de la bonne volonté de l'Angleterre, sans parler de la sécurité extérieure dont la flotte britannique forme le rempart. Ils font remarquer, par exemple, que la plupart des aviateurs anglais internés en Irlande conformément aux règles de neutralité appartiennent à des formations chargées d'assurer la sécurité des convois destinés en partie à l'approvisionnement de l'île[3]. Jusqu'à ces temps derniers la population a pu continuer son existence normale et ignorer la guerre. On a tendance à tout attendre de l'Angleterre, à profiter des avantages de la situation tout en refusant par principe ce qui pourrait soulager un voisin qui lutte pour l'existence.

En un mot, ces Irlandais se sentent mauvaise conscience vis-à-vis de l'Angleterre, et cela d'autant plus que la résistance britannique suscite ici une admiration quasi unanime, même parmi les anciens détracteurs de la Grande-Bretagne. À l'exception d'un groupe d'irréductibles, la plupart des Irlandais malgré leur désir de rester neutres pensent, sans le dire

---

[1] Dans ce télégramme, Laforcade rapporte les informations publiées par la presse anglaise, selon lesquelles l'envoyé américain, Wendell Willkie, arrivé à Dublin le 4 février, « aurait fait savoir à M. de Valera que les Irlandais d'Amérique désapprouvent son refus de laisser l'Angleterre utiliser ses bases et tirent de son entretien l'impression qu'un changement dans cette politique pourrait surgir prochainement. » Malgré les démentis du chef du gouvernement irlandais, et l'affirmation d'un membre important du parti, Cosgrave, que 98 % de la population désirent rester libre, le ministre de France à Dublin, Laforcade signalait dans un télégramme précédent (T. n°s 51-52 de Dublin en date du 14 février), qu'au lendemain de cette entrevue, M. de Valera avait pris des mesures pour organiser l'évacuation éventuelle des enfants de Dublin. Le 5 mars (T. n° 84), il annonçait le départ du ministre de la Coordination de la Défense, M. Aiken, pour les États-Unis en vue d'étudier les possibilités en matière d'armes et de fournitures. Voir aussi la dépêche n° 64 en date du 15 mars et intitulée « La guerre et l'Irlande » du ministre de France à Dublin (tous ces documents non publiés *in* Guerre 1939-1945, Vichy, Z Europe, Irlande, 375).

[2] Lacune de déchiffrement.

[3] En 1937-1938, l'indépendance de l'État libre d'Irlande, dominion de la Couronne britannique depuis 1921, a été proclamée. L'État prend alors le nom d'Eire. Il proclame sa neutralité en 1939, interdisant même l'usage militaire de ses ports et aéroports aux belligérants, y compris à la Grande-Bretagne.

ouvertement lorsqu'ils appartiennent aux milieux officiels, que la défaite de l'Angleterre serait une catastrophe pour leur pays.

Les mêmes gens se souviennent que l'Irlande a toujours pris parti dans les grandes luttes idéologiques de l'Europe et ils s'étonnent qu'en dehors de toute considération politique, les épreuves de la Pologne et de la Belgique catholiques, sans parler d'autres pays, soient systématiquement ignorées (certains représentants des pays occupés de l'Europe centrale sont tenus de plus en plus à l'écart). Il n'est que trop évident que ce silence général répond à une consigne. Dans ces conditions il est difficile à l'opinion de se former un jugement sur la portée et sur l'enjeu du conflit.

Les représentants de cette nouvelle tendance expriment à ce point de vue l'opinion qu'à la différence de l'Allemagne de 1914, exposée dès l'entrée en guerre à la réprobation universelle, le Reich a su bénéficier jusqu'ici d'un véritable alibi moral grâce à l'adhésion obtenue à sa politique d'expansion, en particulier par l'habileté de sa propagande. Entre autres, l'adhésion de l'Italie, qui était considérée ici comme représentant une certaine forme de civilisation chrétienne, avait fortement contribué à obscurcir le jugement des Irlandais. C'est pourquoi les déclarations du président Roosevelt auxquelles mon télégramme n° 115[1] faisait allusion sont destinées à avoir ici un retentissement prolongé.

Il ne s'en suit pas que cette évolution soit assez marquée pour comporter actuellement des conséquences logiques et modifier la politique du gouvernement, d'autant plus qu'il semble avoir choisi la seule ligne possible dans l'état actuel des choses. Cependant les considérations qui précèdent *me paraissent*[2] devoir être notées dès maintenant parce qu'elles constituent un indice dont l'importance peut apparaître soudainement dans les circonstances mouvantes d'aujourd'hui.

Guerre 1939-1945, Vichy, Z Europe, Irlande, 375 (10GMII/375)

---

[1] T. en date du 22 mars 1941. Laforcade y évoque « l'impatience grandissante » de Washington vis-à-vis de l'Irlande, où, malgré les rumeurs d'invasion allemande – auxquelles ils ne croient pas – les catholiques sont « opposés dans leur grande majorité à une politique de concessions à l'Angleterre (vraisemblablement dans la question des bases navales ». Après la visite de deux envoyés américains (M. Willkie et le colonel Donovan), le discours du 15 mars du président Roosevelt « contenant un appel à la croisade » a embarrassé certains dirigeants irlandais : « Ceux-ci ont depuis des années entretenu des rapports trop étroits avec les États-Unis et leur ont fait trop souvent appel pour ignorer que les Américains, une fois décidés à soutenir une cause qu'ils jugent noble et juste, se laisseraient entraîner par les côtés fougueux et presque brutal d'un peuple jeune et enthousiaste. Une pareille évolution ne laisserait pas de modifier profondément l'attitude des États-Unis à l'égard de l'Irlande. » (Guerre 1939-1945, Vichy, Z Europe, 375, documents non reproduits).

[2] Souligné dans le texte.

146

M. de La Baume, Ambassadeur de France à Berne,
À l'Amiral Darlan, Vice-Président du Conseil, Ministre
Secrétaire d'État aux Affaires étrangères, à la Marine et à
l'Intérieur.

D. n° 165[1].   *Berne, 31 mars 1941.*

D'une conversation récente avec une personnalité suisse rentrée récemment d'Allemagne, notre consul à Zurich a recueilli les informations suivantes sur les projets d'organisation future de l'Europe, tels qu'ils circuleraient dans les milieux en contact plus ou moins étroit avec la Wilhelmstrasse.

D'après ces informations, ce ne seraient pas seulement la Hollande et la Bohême-Moravie que l'on entendrait maintenir définitivement sous le régime du Protectorat, comme aussi sans doute la Pologne ; l'Ukraine et la Géorgie devraient y être également soumises, la Russie devant être éliminée de l'Europe en échange de compensations vers le Moyen-Orient ; d'ailleurs le sort de la Russie serait, croit-on, réglé avant qu'il puisse être rien entrepris d'important contre l'Angleterre ; déjà la pression exercée sur l'armée russe grâce aux positions prises dans les Balkans serait jugée suffisante pour affranchir Berlin de toute appréhension de ce côté et aussi du souci de tenir compte des aspirations de Moscou. Tous les autres pays d'Europe actuellement occupés, y compris la France, seraient généralement considérés comme devant être annexés économiquement et monétairement au bloc de la Grande Allemagne ; pour la France, on l'orienterait uniquement vers l'agriculture, son activité industrielle devant se limiter à des produits textiles et des industries de luxe. La Grande-Bretagne serait bien entendu totalement exclue du condominium africain à direction allemande.

Mais si ces projets sont encore en faveur dans les cercles officiels, les milieux d'affaires, avec qui certains des interlocuteurs de M. Jousset avaient pu entrer en rapport à l'occasion de la récente foire de Leipzig, seraient déjà beaucoup plus réticents. On y parlerait couramment d'occasions perdues, d'ambitions démesurées, avec parfois des commentaires assez sévères pour le régime. L'occupation trop large de la France serait le plus généralement considérée comme une faute, ou au moins une faillite, qui aurait ruiné, par les malentendus quotidiens qu'elle a fait naître entre la population et les autorités occupantes, à Paris particulièrement, toutes les tentatives d'une collaboration réelle et efficace, que l'on juge pourtant indispensable devant l'immensité de la tâche entreprise ; il aurait été beaucoup plus aisé, prétend-on souvent, d'utiliser les sympathies allemandes et les dissensions en France, si Paris n'avait pas subi l'occupation. Sans compter que

---

[1] Dépêche intitulée : « A.s. opinion allemande sur les projets d'organisation future de l'Europe ». Mention marginale manuscrite : « M. Lacoste ».

nombreux sont les officiers qui affirment que leurs unités s'y corrompent rapidement, et que l'esprit de discipline se dissout dans l'inaction ; aussi les déplacements de troupes sont-ils de plus en plus fréquents.

Malgré tout, l'emprise du Parti[1] à l'intérieur reste considérable, et sera sans doute la même tant que de gros échecs ne l'auront pas entamée. Elle s'affirme d'ailleurs de plus en plus exclusive de toute autre influence, le commandement de l'armée concentrant son autorité surtout sur les pays occupés militairement et y imposant même l'élimination du Parti.

Papiers 1940, Bureau d'études Chauvel, 145 (402QO/145)

147

M. Cosme, Ambassadeur de France à Pékin,
À l'Amiral Darlan, Vice-Président du Conseil, Ministre
Secrétaire d'État aux Affaires étrangères, à la Marine et à
l'Intérieur.

D. n° 35[2].   *Pékin, 31 mars 1941.*

Depuis plus de trois ans que le Japon recherche par la force le règlement de ce qu'il est convenu d'appeler l'incident de Chine[3], les intérêts que la France possède dans cet immense pays se trouvent soumis à une rude épreuve. Aussi bien me paraît-il nécessaire, au moment où s'achève ma mission, de dresser le bilan de nos pertes, de compter nos avoirs et de tenter de prévoir les moyens par quoi nous pourrons, dans l'avenir, assurer la défense de nos droits.

Dès le début du conflit, en 1937, le gouvernement français avait cru pouvoir adopter, dans les faits, sinon dans les mots, une politique d'opposition au Japon. Il était à ce moment-là fortement impressionné par l'esprit de Genève et il tendait, sous l'influence presque exclusive de ces idées, à défendre en la Chine un pays qu'il considérait, sans tenir un compte suffisant des faits, comme appartenant au groupe des démocraties. Le Japon, par contre, lui apparaissait comme relevant de l'idéologie fasciste et se trouvait placé, sans qu'il fût aisé d'expliquer clairement cette opinion, parmi les pays dont il convenait que nous contrarions la politique. De là cette opinion, largement répandue dans nos cercles politiques, que la France avant intérêt à ce que durât le conflit sino-japonais, c'est-à-dire à ce

---

[1] Il s'agit bien sûr du Parti national-socialiste.

[2] Dépêche intitulée : « A.s. La France en Chine ».

[3] À la suite d'un accrochage entre soldats chinois et japonais au pont Marco Polo, près de Pékin Le 7 juillet 1937, le Japon, déjà présent en Mandchourie depuis 1931, attaque la Chine, prélude à une guerre qui verra l'armée japonaise occuper de vastes territoires de la Chine, des grandes villes comme Nankin (décembre 1937) ou Pékin (ce qui oblige le gouvernement chinois à faire de Tchoung King sa capitale) et tenter de contrôler ses ports et voies de communication, sans néanmoins déclarer la guerre jusqu'à fin 1941.

que le Japon s'engluât dans une guerre sans fin, se fatiguât, et du fait même de cet épuisement fût placé dans la double impossibilité de nous menacer en Indochine et de prêter un concours utile aux puissances de l'Axe.

Cette conception des choses est encore aujourd'hui celle des États-Unis et de l'Angleterre ; et c'est, me semble-t-il, de sa transposition dans le domaine du réel, que résulte le drame de l'Extrême-Orient.

Il y a, d'un côté, un Japon dont les États-Unis ont, à coups de canon, exigé la modernisation ; un Japon qui a répondu à l'attente des pays civilisés, qui a adopté nos méthodes et à qui, pour cela même, nous disons maintenant halte-là ; un Japon super-industrialisé dont nous paralysons les exportations par tous les moyens douaniers dont nous disposons ; un Japon en quelque sorte identique à ce que nous lui avions demandé qu'il fût ; mais un Japon susceptible, que l'abandon britannique a blessé, et que la politique genevoise a contraint, puisqu'il ne veut pas mourir, d'une part à rechercher des alliances, de l'autre à essaimer et à vendre malgré nous.

Il y a de l'autre côté une Chine chaotique et orgueilleuse, soumise à des convulsions sociales, gangrenée par le communisme[1], exploitée sous les couleurs de la démocratie par la plus ambitieuse des dictatures ; mais une Chine riche d'avenir et dont l'Europe comme les États-Unis ne sont pas disposés à abandonner le contrôle au seul profit de l'Empire du Soleil levant.

Cette Chine, l'organisme de Genève l'a une première fois défendue contre le Japon, lors de l'établissement du Mandchoukouo[2]. Mais cette assistance ne s'est pas traduite par des actes et c'est la Chine, on ne peut que le constater, qui a fait les frais de la sympathie verbale dont elle était l'objet.

Les grandes démocraties ne pouvaient manquer de persister dans cette politique d'assistance à la Chine lorsque s'est ouvert, en 1937, le conflit qui oppose encore aujourd'hui les deux nations jaunes ; mais cette fois-ci leur assistance s'est faite effective et il faut convenir que c'est à la France qu'est échue dans ce domaine la part la plus lourde et surtout la plus compromettante.

Alors que les États-Unis ne sont par aucun de leurs territoires en contact avec la Chine, alors que la Grande-Bretagne n'est reliée à ce pays que par la précaire voie de Birmanie, la France disposait dès le début du conflit, entre Haiphong et Yunnanfou, d'un réseau ferré d'une exceptionnelle valeur.

Devions-nous mettre ce réseau à la disposition de la Chine ? Devions-nous surtout l'utiliser en faveur de la Chine sans avoir obtenu des États-

---

[1] Créé en juillet 1921, le Parti communiste chinois a accepté une trêve avec le gouvernement de Tchang Kaï-Chek pour constituer un front uni contre le Japon. Voir sur ce parti, notamment, *DDF (1939-1944)*, 1940-1, document n° 306.

[2] À la suite du rapport de la mission Lytton sur les incidents de Moukden qui avaient conduit à l'annexion de la Mandchourie par le Japon en 1931, rendu public en octobre 1932, l'Assemblée générale de la SDN condamne en février 1933 l'agression du Japon qui vient de reconnaître le gouvernement fantoche du Mandchoukouo. Le Japon quittera officiellement la SDN en mars 1933.

Unis et de l'Angleterre que ces deux pays nous garantissent contre les risques qu'une politique de cette nature devait fatalement nous faire courir à Tokyo ?

Nous avons bien tenté, il est vrai, au début du conflit, d'éliminer du transit du chemin de fer les armes et les munitions, prenant ainsi une position de neutralité dont nous comptions que les Japonais nous sauraient gré. Mais, sous diverses influences, cette position de sagesse a constamment été tournée.

Dès le début, les Chinois prétendaient en effet que l'article 6 de la convention sino-indochinoise du 15 mai 1930 leur garantissait le droit de transit par l'Indochine ; et de fait nous devions céder rapidement à ces sollicitations et tolérer le transit par notre territoire des armes et des munitions qui étaient présentées comme ayant été commandées à l'industrie française avant que ne s'ouvrît le conflit sino-japonais, alors que nous aurions pu aisément repousser la thèse chinoise en invoquant l'article 7 de l'accord susvisé.

À l'insu du Quai d'Orsay nos services coloniaux consentaient également, quelques mois plus tard, à ce que les connaissements ne soient plus vérifiés en douane, permettant ainsi au consul général de Chine à Hanoï de qualifier pommes de terre ou ferblanterie ce qui était obus ou mitrailleuses. La pacotille de guerre anglaise, américaine, allemande devait dès lors affluer en Indochine ; et nous avons en définitive abouti à ce résultat paradoxal que, fidèle à sa parole, le Quai d'Orsay interdisait l'exportation à destination de la Chine des armes et munitions françaises en même temps que d'autres services tournaient en faveur de l'étranger les règles de notre neutralité et indisposaient gravement le Japon sans, pour cela, parvenir à satisfaire pleinement le gouvernement chinois.

C'est dans d'identiques conditions de désordre qu'a pu être envoyée en Chine la mission du général Berger.

Cette affaire reste inexplicable. Aucun ministère n'a jamais consenti, que je sache, à s'en reconnaître responsable. La mission a cependant existé ; et comme elle était composée en majeure partie d'officiers de l'armée active, il est bien difficile de penser qu'elle ait pu être formée en dehors de tout concours officiel[1]. Cela aussi les Japonais l'ont su et ils n'ont pu manquer d'y trouver, tout comme à l'occasion du transit du chemin de fer du Yunnan, une nouvelle raison de penser que la France pratiquait vis-à-vis du Japon une politique d'opposition et, ce qui est plus grave aux yeux des Orientaux, de constante duplicité.

Quant à la mission Audinet[2], je préfère ne pas en préciser les origines mercantiles : ce serait trop triste.

---

[1] Cette mission du général d'aviation Berger, constituée d'une dizaine d'aviateurs et mécaniciens civils engagés par le gouvernement chinois aux fins de conseil technique, est arrivée en Chine en 1938. La position officielle du gouvernement français est qu'il s'agit là de personnes qui se sont rendus en Chine « sous leur propre responsabilité et à leurs risques et périls », « dégagés de tous liens avec l'autorité militaire » et que « chaque fois que la situation militaire des intéressés subordonnait leur départ à une autorisation administrative, celle-ci leur a été refusée. » *Voir Documents diplomatiques français, 1932-1939, 2ᵉ série (1936-1938)*, t. X (10 juin-2 septembre 1938), Paris, Imprimerie nationale, 1976, document n° 201, pp. 366-367.

[2] Audinet est un fournisseur d'armes français à la Chine. À son sujet, voir dans l'ouvrage cité dans la note précédente, les documents nᵒˢ 112 et 201.

C'est sur les bases de cette continuelle équivoque que, pendant deux ans, j'ai dû bâtir ma mission : d'une part le fait japonais qu'il ne m'était pas possible d'ignorer ; de l'autre le principe de l'unité chinoise que la politique générale de la France me faisait un devoir de ne jamais perdre de vue. La chose n'a pas toujours été aisée.

Alors que le gouvernement de Tchoung King prétendait conserver sur nos concessions[1] ses droits et surtout des bases d'agitation contre le Japon, les Nippons formaient autour de nos territoires un cercle dans lequel nous faisions rapidement figure de prisonniers.

De graves difficultés sont issues de cette double conception des choses. Elles ont pu être réglées à Tientsin, à Hankéou et à Canton où l'emprise japonaise est telle qu'aucune influence officielle chinoise ne s'y exerce plus. Elles demeurent considérables à Shanghaï où le voisinage du Settlement international nous crée une situation d'autant plus délicate que les Anglo-Saxons ont fait de ce territoire un des bastions de leur résistance au Japon.

Le fait est que sur ce vaste territoire, peuplé de 1 200 000 habitants, nous sommes constamment pris entre des forces contraires. Il y a, d'un côté, les Anglo-Américains dont nous devons ménager la politique et qui comprendraient mal que nous nous désolidarisions d'avec eux ; il y a, de l'autre, les Japonais qui s'efforcent de nous compromettre et d'établir, entre les Anglo-Saxons et nous, des éléments de discorde.

À vrai dire, la tâche des Japonais sur ce terrain est facilitée par la différence de structure qui existe entre les deux concessions. Le Settlement est un corps sans tête ; personne n'y commande ; mais les Japonais savent que c'est des États-Unis que relève en définitive la solution des problèmes qui s'y posent ; la concession française, elle, n'a qu'un corps et qu'une tête. Aussi bien les Japonais ne manquent-ils jamais quand ils souhaitent obtenir quelque chose du Settlement international de commencer par nous l'imposer. C'est ainsi qu'en juin 1940 j'ai dû consentir, sous la pression d'un véritable ultimatum, à l'abandon de la zone extérieure de Zi Ka Wei, et plus tard à la substitution à la cour chinoise qui relevait de Tchoung King, d'un tribunal dont les juges sont nommés par le gouvernement de Nankin. Le précédent de Zi Ka Wei a joué presque instantanément et les Anglais ont dû, comme nous, abandonner le secteur qu'ils occupaient à l'extérieur du Settlement ; quant à celui de la Cour il ne tardera sans doute pas à être invoqué par les Japonais dans leur relations avec les autorités municipales du Settlement international. Une nouvelle question enfin vient de nous être posée : celle de la circulation sur notre territoire de la monnaie du gouvernement de Nankin[2]. Elle n'est pas encore résolue. Mais il ne faut se faire aucune illusion à cet égard ; elle sera posée à nouveau et c'est nous qui

---

[1] À ce sujet, voir les deux longs rapports, « L'extraterritorialité en Chine » in Guerre 1939-1945, Vichy, E Asie, 164, « Aperçu sur les origines et le statut de la concession française de Changhaï » de novembre 1937, dans la même série, E Asie, 140.

[2] Constitué en mars 1940, autour de Wang Chin-Wei, ancien membre du Kuomintang et opposant de Tchang Kaï-Chek, anti-communiste, avec lequel le Japon signe un traité d'étroite coopération politique, économique et culturel le 30 novembre 1940. Voir *DDF (1939-1944)*, 1940-2, document n° 409 notamment.

recevrons, avant le Settlement, le choc de l'offensive dont on perçoit déjà les signes.

La défaite de nos armes en Europe, d'une part, la constitution du gouvernement de Nankin de l'autre, n'ont pu manquer d'aggraver sur ce terrain la position de la France.

Jusqu'au mois de juin dernier nous pouvions opposer aux prétentions japonaises le faisceau de solidarité que nous formions avec la Grande-Bretagne et les États-Unis ; jusqu'à cette même époque nous pouvions arguer de l'unité chinoise et ne tenir aucun compte des manœuvres de M. Wang Chin-Wei.

Il n'en est plus de même aujourd'hui. Nous sommes seuls, dorénavant, à défendre nos intérêts en Chine et les Japonais ne manquent pas d'exploiter la faiblesse qui résulte pour la France de la précarité de ses moyens de communication avec l'Extrême-Orient. Les gens de Nankin de leur côté ne sont plus une simple fiction. C'est leur armée, c'est leur police qui contrôlent les abords de nos quatre concessions de Chine. Il nous est impossible de les ignorer.

Notre politique, quelque faite de raison qu'elle soit, n'est cependant comprise ni à Washington ni à Londres où on nous accuse de complicité avec les Japonais. La chose est surprenante. Nous n'avons jamais manqué, en effet, lorsque le Japon nous a imposé ses lois, de faire appel à ces deux pays et de leur demander de pratiquer vis-à-vis de nous la politique de solidarité blanche qui devrait être de règle en Extrême-Orient. Avons-nous jamais été entendus ? Certainement pas lorsqu'il s'est agi d'assurer la liberté des communications entre Haïphong et Yunnanfou ; certainement pas non plus lorsque le Japon s'est implanté au Tonkin.

La situation de fait créée par la présence au Tonkin de forces japonaises devait fatalement d'autre part nous créer des embarras à Tchoung King. Selon le gouvernement chinois, nous avons partie liée avec les puissances de l'Axe ; selon lui, nous avons volontairement renversé au profit du Japon les principes de notre politique asiatique. Il y a là pour la France un nouvel élément d'insécurité qui mérite d'être pris en considération.

C'est dans ces pénibles conjonctures que pour la quatrième fois en deux ans, j'ai repris la route de Tchoung King[1]. Il m'était en effet apparu comme nécessaire de ne pas laisser se développer l'équivoque et d'aller plaider avec franchise la cause de la France vaincue. Je crois y avoir réussi. Mais, je l'ai déjà signalé à Votre Excellence, je ne saurais me flatter d'avoir consolidé les relations de la France et de la Chine si ce n'est dans le temps présent. Le général Tchang Kaï-Chek me l'a dit expressément : si nos relations avec le Japon demeurent ce qu'elles sont présentement, si les Nippons n'augmentent pas au Tonkin le nombre de leurs troupes, il ne nous créera à la frontière d'Indochine aucune difficulté. Mais que nos rapports avec le Japon aillent s'améliorant jusqu'à la collaboration, alors il ne pourrait plus garantir que

---

[1] Sur les deux derniers voyages, 2-22 octobre 1940 et 28 novembre 1940, voir *DDF (1939-1944), 1940-2*, documents nᵒˢ 351 et 394.

ses troupes ne prissent à la frontière les mesures que commanderait la sécurité de la Chine.

Il ne faut, me semble-t-il, ni sous-estimer ces menaces ni en exagérer l'importance. Le général Tchang Kaï-chek sait parfaitement, je n'ai d'ailleurs pas manqué de le lui dire, qu'à nous créer des embarras en Indochine il n'aurait rien à gagner et que, si ses troupes passaient notre frontière, il nous conduirait inévitablement à réviser nos accords avec le Japon et à solliciter contre la Chine le concours de l'armée nippone. Cette argumentation me paraît avoir été comprise. Une détente a de fait pu être enregistrée à la frontière du Tonkin ; les destructions entreprises sur la voie ferrée du Yunnan sont devenues moins brutales et la presse chinoise elle-même s'est, au cours de ces derniers mois, montrée plus compréhensive de la situation de la France.

Quel peut être sur des bases aussi fragiles l'avenir de la France en Chine ?

La France possède en Chine des intérêts considérables : quatre concessions, un territoire à bail, des lignes de chemin de fer, et des capitaux dont le montant atteint une dizaine de milliards de francs. Mais ces intérêts sont investis d'une manière à peu près exclusive dans la partie que contrôle le Japon. Une première question se pose dès lors pour nous. Convient-il qu'attentifs à l'évolution de la politique anglo-saxonne, nous n'attendions le salut que des États-Unis et, par suite, que nous n'ayons de contacts qu'avec le gouvernement de Tchoung King ou bien qu'attirés par le réel nous nous orientions progressivement vers le Japon et vers M. Wang Ching Wei.

À mon humble avis, ce serait de notre part une erreur que d'opter *actuellement*[1] pour l'un ou l'autre des deux systèmes politiques, l'américain et le japonais, qui vont s'affronter et dont il est encore impossible de prévoir lequel des deux l'emportera sur l'autre.

Nous avons, de 1937 à 1940, pratiqué une politique antijaponaise. Nous n'en avons retiré en Chine aucun avantage et il y a tout lieu de penser que, si le Japon a pris contre nous des sécurités au Tonkin, c'est précisément parce qu'il avait perdu confiance en nous.

Nous avons été conduits depuis 1940 à suivre une politique plus réaliste. J'estime que nous en avons retiré des avantages. Malgré que la France fût affaiblie par la guerre d'Europe, l'Indochine est restée française et nos concessions sont demeurées intactes. Sans doute avons-nous dû, pour cela, l'amiral Decoux et moi, faire des concessions aux Japonais ; mais la Chine n'a malgré tout pas rompu ses relations avec la France ; j'irai plus loin : il me semble que, derrière son mécontentement officiel, il est déjà permis de noter des signes de raison : le fait que le gouvernement chinois n'a pas dénoncé les contrats par lesquels le Groupe Uni des Banques s'est engagé à construire la ligne ferrée qui unira Yunnanfou à Tchentou me paraît à cet égard constituer un symptôme favorable.

Quant au gouvernement de Nankin, nous lui avons donné, sans pour cela le reconnaître, des témoignages de bonne volonté. Nous avons reconnu la

---

[1] Souligné dans le texte.

cour qu'il a créée à Shanghaï ; il semble qu'il ait été sensible à cette marque de courtoisie. Le fait est que sa police collabore avec la nôtre, à Shanghaï, à Tienstsin et à Hankéou dans des conditions telles que nous y conservons des chances de durée qui, sans l'établissement de cette harmonie, n'eussent pas été possibles.

Sans doute peut-on objecter que cette politique n'est pas glorieuse et que derrière sa façade de neutralité il se cache une certaine versatilité.

À cela je répondrai que la France a peut-être le droit, dans la position de faiblesse où elle est aujourd'hui placée, d'attendre les événements et de les utiliser au mieux de ses intérêts. On peut, quand on a du tact, être utilitaire sans pour cela devenir perfide. Il semble d'ailleurs que dans ce domaine Américains et Anglais nous aient souvent montré le chemin.

Au moment où s'achève la sévère mission qui m'avait été donnée je crois pouvoir dès lors formuler deux souhaits.

Le premier est que notre représentation diplomatique ne se laisse pas entraîner à considérer que les concessions sont désuètes, que nos effectifs de Chine n'ont qu'un caractère symbolique et que la France pourrait avoir avantage à se débarrasser de toutes ces vieilleries. En Chine rien n'est jamais terminé. Tout recommence, aussi bien l'intérêt de la France est-il qu'elle puisse se présenter à la table ronde du règlement final avec des avoirs intacts. En Extrême-Orient comme au bazar, c'est le dernier arrivé qui est généralement le mieux servi.

Le second c'est que nous persistions avec toute la plasticité nécessaire dans la politique d'équilibre que, d'instinct, je pratique depuis plus de deux ans et que le gouvernement français vient de faire sienne en Extrême-Orient et que par là, nous trouvions le moyen de conserver jusqu'au moment opportun et nos droits et nos intérêts. La chose n'est pas aisée ; je ne le sais que trop, mais je la crois possible, de longue tradition n'est-ce pas d'ailleurs le sort du représentant de la France en Chine que de cheminer sur une corde raide ?

J'ai pu, pour ma part, en m'engageant dans cette voie, conserver les territoires et les positions morale qui m'avaient été confiées ; ce n'est pas sans fierté que je les lègue, intacts, au comte de Robien[1].

Communiqué à Tokyo SB n° 12 et à Shanghai SB n° 23.

Guerre 1939-1945, Vichy, E Asie, Chine, 124 (3GMII/124)

---

[1] En fait, il ne rejoindra pas ce poste où Cosme sera finalement maintenu. Voir document n° 181.

148

L'Amiral Decoux, Gouverneur général de l'Indochine,
 à l'Amiral Darlan, Vice-Président du Conseil, Ministre
 Secrétaire d'État aux Affaires étrangères, à la Marine et à
 l'Intérieur.

T. nos 1593 à 1602.   *Hanoï, 1er avril 1941, 17 h. 05.*

Secret.   *(Reçu[1] : le 2, 21 h.)*

Suite à mes télégrammes nos 1540 à 1547[2] :

PRIMO – Au cours du récent entretien que j'ai eu avec le roi de Luang
Prabang, celui-ci a insisté sur douloureux sacrifice que représentait pour
sa couronne cession de la rive droite Mékong et sur les vexations qu'allait
entraîner permanence voisinage autorités siamoises.

SECUNDO – J'ai dit à Sa Majesté que cet abandon, si pénible qu'il soit, ne
devait pas être considéré comme définitif.

J'ai ajouté qu'abstraction faite de certains avantages d'ordre matériel qui
allaient lui être consentis, je comptais vous soumettre deux réformes principales touchant avenir du royaume, à savoir un réajustement frontières et
une convention formelle de protectorat.

TERTIO – Sur le premier point toutefois, le Roi ne m'a pas caché que les
provinces Haut Mékong et Tran-Ninh l'intéressaient peu et que, seul rattachement province Vientiane présente intérêt pour sa couronne. Rattachement qui scellerait à nouveau unité des deux royaumes Luang Prabang
et Vientiane pourrait seul le dissuader d'abdiquer, ainsi qu'il en a eu l'intention.

QUARTO – Intérêt majeur à cette solution d'autant plus réalisable que
prince Phet Sarath, dont fief est Vientiane et qui aurait pu s'opposer à ce
projet, est au contraire disposé à s'y rallier dans intérêt général en acceptant

---

[1] Par radio. Transmis par le secrétariat d'État aux Colonies.

[2] T. de Hanoï en date du 29 mars 1943 (*in* Guerre 1939-1945, Vichy, E Asie, Indochine, 256,
non reproduit). L'amiral Decoux rapporte les observations issues de sa « rapide tournée d'inspection au Laos » par avion, du 24 au 27 mars 1941, au cours de laquelle il s'est arrêté à Ventiane et
Luang Prabang. Il estime qu'à Ventiane, qui a peu souffert des « violents bombardements par
artillerie et aviation », la vie reprend mais ne redeviendra normale que lorsque la navigation
reprendra sur le Mékong, ce à quoi s'opposent encore les Siamois. Si la capitale Luang Prabang
n'a pas été atteinte, le Roi et la Cour sont « vivement affectés par cession à l'ennemi héréditaire des
territoires du Mékong rive droite, partie intégrante d'un royaume jadis plus étendu vers l'Ouest et
le Sud. » La visite de Decoux qui a promis « d'équitables compensations territoriales ainsi qu'une
convention formelle de protectorat » aurait réconforté le Roi. Le Gouverneur général de l'Indochine analyse aussi les « lourdes fautes commises » depuis le début du protectorat français : « Les
gouverneurs successifs ont eu tort de croire que le Laos était un pays pauvre et peu évolué » qui
pouvait être géré par des « fonctionnaires de seconde zone » et des « solutions de facilité et de
laisser-aller ». Outre la nomination d'un commissaire du gouvernement qui a les sympathies de la
Cour, Decoux annonce diverses mesures pour restaurer la confiance : suspension des taxes excessives, ouverture d'écoles et de dispensaires, travaux routiers pour débloquer Ventiane, remplacement de « tous les agents fatigués et insuffisants par des hommes jeunes et actifs », poursuite de la
propagande.

de recevoir du Roi le titre de Tiaom ou Pahat du royaume, déjà porté par son père. Il renoncerait alors à ses fonctions d'inspecteur des Affaires politiques indigènes pour le reste du Laos.

QUINTO – En définitive, nouveau royaume Luang Prabang aurait désormais six provinces, soit les trois actuelles : Luang Prabang, Houa-Pham et 5e territoire militaire, et trois nouvelles : Haut Mékong, Tran-Ninh et Vientiane. Il engloberait ainsi tout le Laos nord.

SEXTO – Le Roi désirerait, en outre, dépendre directement du gouvernement général, par intermédiaire commissariat du gouvernement Luang Prabang. J'ai éludé cette demande qui paraît dangereuse et qui est, au demeurant, inconciliable avec existence de tout résident supérieur au Laos. J'ai, par contre, proposé pour accélérer règlement affaires que le commissaire du gouvernement, en l'espèce le résident Luang Prabang, fût habilité désormais à traiter directement avec la Cour toutes les affaires intéressant son royaume, quitte à en référer au Résident supérieur au Laos. Il demeure entendu que formule protectorat sera entièrement respectée.

SEPTIMO – Le Roi demande autonomie administrative et financière royaume, toujours dans cadre protectorat. La question est à l'étude.

OCTAVO – En ce qui concerne nouvelle convention, je vous adresserai incessamment projet que je compte soumettre à l'agrément du Roi dès que j'aurai votre accord. Acte en question pourrait être signé fin avril, à Hanoï, à l'occasion voyage leurs Majestés. Convention serait ensuite ratifiée par Chef de l'État français.

NONO – Je vois, dans les propositions que je viens de vous soumettre grands avantages à clarifier situation dans Laos nord. Il serait prématuré, à mon avis, et c'est également l'avis de Sa Majesté, de songer à étendre autorité souverain protégé sur Laos centre et sud, où nous avons fait pratiquement jusqu'ici administration directe et où population indigène ne se soucie pas d'avoir à faire aux mandarins, qui seraient dans la pratique des créatures du Roi. Situation nous éclairera sur décision à prendre ultérieurement dans ce domaine.

DECIMO – Adoption propositions qui précèdent aura avantage de faire résider Résident supérieur au Laos sur territoire royaume. Peut-être même sera-t-il possible, ultérieurement, de concevoir une capitale commune où vivraient côte à côte Roi et Résident supérieur, comme c'est le cas à Hué et Phnom-Penh. Quoi qu'il en soit, achèvement prochain piste automobilisable Vientiane – Luang Prabang, permettra tout au moins pendant saison sèche assurer liaisons fréquentes entre Résidence supérieure et Cour Luang Prabang.

UN DECIMO – Reconnaissant me préciser le plus tôt possible votre avis sur ces différents points.

Guerre 1939-1945, Vichy, E Asie, Indochine, 256 (3GMII/256)

149

L'Amiral Platon, Secrétaire d'État aux Colonies,
à l'Amiral Darlan, Vice-Président du Conseil, Ministre
Secrétaire d'État aux Affaires étrangères, à la marine et à
l'Intérieur.

D. n° 2006/DP.[1]   *Vichy, 1er avril 1941.*

Urgent. Secret.

Je vous ai transmis le texte des télégrammes 358 à 366[2] du Gouverneur de la Côte française des Somalis sur la situation en Afrique orientale à la date du 30 mars et sur les conséquences du nouvel état de fait pour notre colonie de la mer Rouge.

En indiquant que l'évolution actuelle des événements[3] rend proche le moment où la venue d'un représentant officieux d'Aden deviendra désirable, le Gouverneur insiste pour être mis à même de donner prochainement une solution à la question du ravitaillement de la colonie.

Celle-ci vient en effet de s'aggraver par suite de l'arrêt des expéditions en provenance d'AOI[4] et du renforcement du blocus maritime anglais. Si aucune amélioration ne pouvait être apportée sans délai à cette situation, des troubles intérieurs que ne manqueraient pas de favoriser les Britanniques seraient à redouter, comportant un risque de dissidence qu'il y a lieu d'écarter à tout prix.

Pour parer à une éventualité aussi grave de conséquences, le Gouverneur examine successivement les solutions du ravitaillement de Djibouti par les Britanniques et par la colonie de Madagascar. Dans ces deux hypothèses, il demande s'il devra refuser toute contrepartie, notamment l'utilisation partielle du chemin de fer pour le transport des vivres britanniques[5] ou le retour du consul anglais de Djibouti.

Une autre solution consisterait à accepter le ravitaillement des troupes britanniques et à faciliter, par l'intermédiaire de la Croix-Rouge internationale, l'approvisionnement des familles italiennes qui seraient concentrées au Harrar. Cette dernière solution, qui, par voie de conséquence, permettrait le règlement du problème du ravitaillement de Djibouti, serait d'après M. Nouailhetas, la seule susceptible de recueillir l'agrément du gouvernement de Londres.

Étant donné l'importance, du double point de vue alimentaire et politique, de la question ainsi posée, je vous serais obligé de bien vouloir

---

[1] La dépêche a pour « objet : Ravitaillement de la Côte française des Somalis ». Mention marginale manuscrite : « Répondu le 1er avril. Armistice. Urgent. »

[2] Documents non retrouvés.

[3] Allusion aux succès de l'offensive déclenchée en janvier 1941 par les Britanniques et les Français libres contre l'Afrique orientale italienne.

[4] Afrique orientale italienne.

[5] Référence à la ligne Djibouti-Addis-Abeba.

examiner s'il y a lieu d'en saisir la Commission italienne d'armistice. Pour faciliter cette démarche, je demande au Gouverneur de me câbler, dès qu'il le connaîtra, le point de vue du gouvernement de Rome sur la zone neutre de Harrar, point de vue qui, aux termes du télégramme 359, doit être incessamment communiqué aux autorités de l'AOI.

J'attacherais du prix à être informé le plus tôt possible de votre manière de voir à ce sujet et éventuellement du résultat des démarches entreprises par notre délégation à Turin[1].

Guerre 1939-1945, Vichy, K Afrique, 103 (5GMII/103)

150

M. DE DAMPIERRE, MINISTRE DE FRANCE À BUDAPEST,
    À L'AMIRAL DARLAN, VICE-PRÉSIDENT DU CONSEIL, MINISTRE
        SECRÉTAIRE D'ÉTAT AUX AFFAIRES ÉTRANGÈRES, À LA MARINE ET À
        L'INTÉRIEUR.

D. n° 63[2].   *Budapest, 1er avril 1941.*

On considérait volontiers à Budapest que la guerre était une affaire anglo-allemande et que l'Europe centrale et orientale n'avait pas à y être mêlée. « Ce n'est pas dans cette partie du monde, ai-je entendu dire souvent, que se produira la décision ; l'important pour nous est donc de gagner du temps, de courber l'échine, de signer ce que l'Allemagne nous demande de signer car il faut avant tout éviter d'entrer dans la guerre. Gardons nos forces intactes, nous serons d'autant mieux placés pour rétablir notre situation ou pour l'améliorer au jour de la paix, quel que soit le vainqueur ». Et les Hongrois souhaitaient voir les États voisins faire le même raisonnement, adopter la même attitude dont ils comprenaient qu'elle n'était pas particulièrement héroïque, et peut-être précisément parce qu'elle ne l'était pas : la prudence d'autrui ne les justifierait-elle pas à leurs propres yeux ?

Aussi la soumission de la Bulgarie aux desiderata allemands avait-elle été accueillie avec satisfaction[3]. N'allait-elle pas permettre la liquidation rapide de l'affaire grecque si malencontreusement engagée par M. Mussolini ?[4] Prise entre l'armée du Reich et les troupes italiennes, la Grèce allait certainement capituler ; ce serait folie de sa part d'agir autrement. De ce fait, la paix serait définitivement rétablie dans les Balkans et la guerre retournerait là où elle devait normalement sévir jusqu'à la défaite de l'un des deux adversaires ; en Méditerranée, en Afrique, mieux encore dans la mer du

---

[1] Signé « Pour le Secrétaire d'État et par délégation, le Secrétaire général, Fatou. »

[2] Dépêche intitulée : « Complications dans les Balkans ».

[3] Voir notamment documents n°s 8, 25 et notes. Voir aussi *DDF (1939-1944)*, 1940-2, document n° 422.

[4] Voir document n° 73 et notes.

Nord et dans l'Atlantique, en tous cas loin des rives du Danube... Aucune autre complication ne semblait à craindre ; la Russie n'était pas prête et éviterait à tout prix de déclencher un conflit, la Turquie ne se battrait que si elle était attaquée et l'Allemagne ne songeait pas à la provoquer ; quant à la Yougoslavie, elle était d'ores et déjà à peu près encerclée et un accord avec l'Allemagne, sous une forme ou sous une autre, devait fatalement intervenir.

Mais les événements sont venus porter un coup assez rude à cet optimisme intéressé. Tout d'abord la Grèce affirma son intention de résister, même contre les forces allemandes, dont le transport pendant deux mois et demi s'était méthodiquement poursuivi au grand dommage des locomotives hongroises. À quoi rime cet héroïsme inutile ? me demanda M. de Bardossy le 13 mars... Puis ce furent les difficultés rencontrées par les conversations germano-yougoslaves qui inquiétèrent les milieux politiques hongrois, mais ils estimèrent avec raison qu'après une résistance honorable et l'obtention de quelques satisfactions, MM. Tswekovitch et Cincar Markovitch finiraient par prendre le train spécial qui les attendait en gare de Belgrade : on poussa un soupir de soulagement à Budapest quand on apprit que l'adhésion au Pacte était signée, le 25 mars[1]. Il y avait bien les deux notes annexes, dont l'une fut d'ailleurs mal interprétée d'après des données incomplètes, qui gênèrent un peu les Hongrois dont les aspirations sur le Banat ne se sont pas éteintes et qui ont dû supporter, eux, le passage de troupes allemandes sur leur territoire, mais le principal était qu'un nouveau partenaire se fût prêté, avec M. de Ribbentrop, à la cérémonie désormais classique du Belvédère.

La satisfaction de la Hongrie ne dura qu'une journée... car le coup d'État de Belgrade, survenu dans la nuit du 26 au 27 mars[2], a placé tout d'un coup le pays en face du danger que sa politique prudente s'était précisément efforcé d'écarter.

Dans la guerre qui, selon toute probabilité, va mettre incessamment aux prises l'Allemagne et la Yougoslavie, quelle attitude gardera la Hongrie ? J'ai indiqué dans ma correspondance quelles ont été ici les premières réactions : demain comme hier, le gouvernement de Budapest cherchera à éviter de se compromettre et s'efforcera de ne pas prendre une part directe au conflit : son pacte d'amitié « éternelle » avec la Yougoslavie, le manque de préparation de son armée, les difficultés d'assurer le ravitaillement de celle-ci, alors que toutes les ressources disponibles du pays ont été prises par l'Allemagne, sont des arguments assez forts à opposer au Reich. Il y a beaucoup de chances, par contre, pour que la Hongrie soit appelée par l'Allemagne à jouer vis-à-vis de la Yougoslavie le rôle qui est d'ores et déjà celui de la Bulgarie vis-à-vis de la Grèce : elle acceptera sans joie de devenir à son tour une zone d'étapes de l'armée allemande. Ne sera-t-elle que cela ? Cela dépendra évidemment du résultat de l'offensive allemande contre la Yougoslavie. Si cette offensive était victorieuse et si, une fois de plus,

---

[1] Voir document n° 140.

[2] Voir documents n°s 141 et 143.

l'Allemagne compromettait la Hongrie par l'offre d'un cadeau, celle-ci pourrait-elle refuser ? Elle ne l'a pas fait pour la Transylvanie[1], le ferait-elle pour le Banat serbe ? C'est douteux.

Mais, de même que le comte Csaky m'a dit qu'il aurait bien préféré recevoir la Transylvanie au moment de la signature des Traités de Paix, son successeur me dira peut-être un jour que son pays aurait eu avantage à attendre la fin de la guerre pour récupérer le Banat. On aimerait ici pouvoir ménager l'avenir car, en Europe centrale où convergent tant de courants, on estime de plus en plus que la victoire allemande n'est pas assurée et qu'il faut se compromettre le moins possible.

Guerre 1939-1945, Vichy, Z Europe, Hongrie, 414 (10GMII/414)

151

NOTE DE LA SOUS-DIRECTION AFRIQUE-LEVANT

Dissidence en Égypte

N.   *Vichy, 1er avril 1941.*

Les malheurs de la France ne sont pas restés sans susciter dans notre colonie d'Égypte un désarroi d'autant plus profond que la mainmise de l'Angleterre sur ce pays privait nos compatriotes là-bas de toute liberté d'action, voire d'esprit. Livrés à la contrainte britannique, qui ne reculait devant aucun moyen pour les rallier à la cause de la résistance, ils n'avaient que le choix d'être traités en suspects, au risque de voir leurs intérêts promptement voués à la ruine, ou de se rallier[2]. Dès le début d'août, un groupement s'intitulant Comité national français se formait, qui s'assignait pour tâche de rassembler et de réchauffer les sympathies en faveur de la dissidence. L'initiative et la présidence reviennent au baron de Benoist, agent supérieur en Égypte de la Compagnie universelle du canal maritime de Suez[3]. L'arrivée, à la mi-novembre, du général Catroux[4] donne lieu, tant à Alexandrie qu'au Caire, à des démonstrations qui ont pour effet de donner encore plus d'attrait au mouvement. Une analyse approfondie de la psychologie des affidés conduit M. Pozzi à classer ceux-ci en trois catégories.

Il en est, d'abord, un petit nombre qui croient que l'intérêt de la patrie exige la continuation de la lutte. Faisant litière de leur avenir, ils se sont

---

[1] Allusion à l'arbitrage de Vienne sur le différend hungaro-roumain, réglé en faveur de la Hongrie le 30 août 1940. Voir *DDF (1939-1944)*, 1940-2, document n° 178.

[2] Se reporter à ce propos aux documents n°s 21, 27, 43.

[3] Voir *DDF (1939-1944)*, 1940-2, documents n°s 11, 137, 221, 372.

[4] Arrivé discrètement en septembre 1940, le général Catroux est officiellement, depuis décembre 1940, haut commissaire de la France libre pour le Moyen-Orient.

enrôlés, pour la plupart, dans les forces qui combattent sous les drapeaux de l'Angleterre ou aux côtés de celle-ci.

Quant au gros, il est formé par ceux qui cherchent surtout à sauvegarder la position morale et économique de la France en Égypte et, à cette fin, consentent à en passer par les exigences britanniques. Universitaires, magistrats, administrateurs, techniciens au service du gouvernement royal se coudoient, dans les rangs de ce groupe, avec des missionnaires relevant des grands ordres : dominicains et jésuites, et avec le personnel supérieur ou subalterne de nos entreprises dans le pays : canal de Suez, Comptoir d'escompte, Crédit lyonnais, Crédit foncier, Banque foncière, Compagnie Lebon, Messageries maritimes, Sucreries d'Égypte, etc. Dans le premier comme dans le second cas, la pression extérieure sert de fourrier au prosélytisme. Aussi bien les intéressés mettent-ils leur conscience en paix en posant en principe que le maréchal Pétain et le général de Gaulle travaillent, chacun à leur manière, à la restauration de la gloire de la France. C'est animé de cette conviction qu'ils professent pour le chef de l'État des sentiments de profond respect.

Restent, enfin, ceux qui n'ont pas hésité à passer purement et simplement au service de Londres. Suppôts aveugles de cette politique, ils cherchent à provoquer les équipages de notre escadre d'Alexandrie à la désertion[1], dénigrent le gouvernement de leur pays et se livrent à la délation de leurs compatriotes. Ceux qui s'adonnent à ces tristes besognes ne sont heureusement qu'une poignée. Il s'agit essentiellement de folliculaires faméliques à la solde d'intérêts hébraïques et de quelques individus aigris ou dévoyés.

Le mouvement est placé sous les ordres du général Catroux. Il comprend des services, soit militaires, soit civils, ainsi que des organes de propagande. Notre ministre au Caire nous éclaire sur la composition des uns et des autres.

A – *Services militaires.*

1°) *État-major.*

Commandant de Chevigné, chef d'état-major.

Commandant des Essars, sous-chef d'état-major.

Lieutenant-Colonel de Marmier.

Capitaine Becourt-Foch.

Lieutenant de réserve Barthélémy, professeur détaché, membre de l'état-major du général Catroux.

Lieutenant de réserve Moitessier, chargé de la liaison entre le Caire et le gouvernement du Tchad.

Commandant Vermeulen, attaché à l'état-major du général Catroux.

2°) *Combattants.*

Capitaine de Kersauzon.

---

[1] Sur la question de l'escadre d'Alexandrie, voir *DDF (1939-1944)*, 1940-1, documents nos 418, 447, 450, 464, et *DDF (1939-1944)*, 1940-2, document no 123.

Lieutenant de réserve Esnault, attaché à l'Agence supérieure du canal de Suez ; en service à l'état-major des forces britanniques au Caire.

Capitaine de réserve Teissonnière, professeur détaché ; en service dans les forces françaises du Tchad.

Lieutenant de réserve Thoreau, directeur de l'Union au Caire ; en service dans les forces françaises.

Marcel Jullien, en service dans les forces françaises.

Grandguillot, en service dans les forces britanniques.

B – *Services civils.*

MM. Lépissier, ministre plénipotentiaire en retraite ; secrétaire général des services.

Lieutenant de réserve Filliol, attaché de consulat ; chef des services.

Dardaud, journaliste au Caire ; délégué aux Établissements français des Indes.

Gorse, professeur détaché ; chef du service de la presse au Comité du Caire.

MM. Coulet, secrétaire d'ambassade ; en mission en Palestine.

Wiet, professeur à l'École des langues orientales et détaché à la direction, au Caire, du Musée arabe ; chargé de la propagande et, à ce titre, envoyé en mission en Turquie et dans les Balkans.

Moeneclay, consul de France ; gouverneur de Libreville.

Savaria.

Comité du Caire

Président : baron de Benoist.

Vice-président : M. Raoul Boniteau, ingénieur à la Cⁱᵉ Lebon.

Membres :

M. Boniteau, industriel.

Dejardin, de la Cie Lebon.

R.P. Carrière, de l'Ordre des frères prêcheurs.

Minost, directeur du Crédit foncier.

Victor Zagdoun, industriel.

Benoît Zagdoun, Agriculteur.

Rapnouil, professeur détaché.

Secrétaire : Mme Galarneau.

Adhérents notables :

R.P. Boulanger, de l'Ordre des frères prêcheurs.

R.P. Margot, de la Société de Jésus.

MM. Gochard, de l'Agence supérieure du canal.

Sabbagh.

Robert, de la Société d'Héliopolis.

Pharaon.

Caneri, propriétaire du journal l'*Égypte nouvelle*.

MM. Adda, avocat.

Bacq, employé au tribunal mixte.

Gantes, agronome.

Grelier, de la Société d'Héliopolis.

Abbas, médecin de l'hôpital français.

Wessinger.

De Pianelli, journaliste.

Doisneau, mécanien.

Mme Eid, née Debayser, devenue belge par mariage.

Collaborant à l'action du comité :

Baron de Vaux, ministre plénipotentiaire en retraite.

MM. Jouguet, membre de l'Institut.

Guichard, professeur détaché.

Gorse, agrégé des lettres.

Boyé, directeur de l'École de droit.

Comité d'Alexandrie :

Président d'honneur : M. Tortilla.

Président : M. Hemmerlé, directeur de la maison Pharos.

Trésorier : M. Vincendon, secrétaire général de la banque foncière.

Membres notables :

MM. Léopold Jullien, ingénieur agronome.

Paul Jullien.

Capitaine de réserve Vermeulen, décorateur.

MM. Gilbert, secrétaire-interprète révoqué ; affilié aux services politiques de l'Angleterre.

Camille Alby, en service aux services politiques de l'Angleterre.

Raybaud, journaliste.

Jonte.

Betito, journaliste.

Lieutenant de vaisseau Gilly.

Alfred Cohen.

Guéroult.

Bassard, conseiller à la cour d'appel mixte d'Égypte.

Faire, juge au tribunal mixte d'Alexandrie.

Laforge, consul hors ordres.

Correspondants à :

Port-Saïd : M. Bourdon, capitaine de corvette de réserve.

Port-Tewfick : M. Laffaille, capitaine de corvette de réserve.

Ismaïlia : M. Lucas.

Guerre 1939-1945, Vichy, K Afrique, 65 (5GMII/65)

152

M. Truelle, Ministre de France à Bucarest,
À l'Amiral Darlan, Vice-Président du Conseil, Ministre
Secrétaire d'État aux Affaires étrangères, à la marine et à
l'Intérieur.

T. n° 366.   *Bucarest, 3 avril 1941.*

(Reçu[1] *: le 11, 15 h. 30).*

J'ai déjà eu l'occasion de signaler qu'à l'impopularité rencontrée par les Allemands de la part de la majorité des Roumains non contraints au silence par leurs fonctions, correspondait une sympathie toujours vive pour notre pays. Sans se faire des illusions sur l'effet de ces dispositions dans les circonstances actuelles, si même il est préférable qu'elles ne se manifestent pas de manière trop ouverte, il n'en reste pas moins que l'attachement à la France demeure répandu dans la plus grande masse du pays. Celle-ci croit presque instinctivement qu'un relèvement de la France serait le signe du leur.

Bien que le Roi[2] et la Reine Mère[3] continuent à être tenus à l'écart de toute réelle activité, ils se sont, ces derniers temps, montrés plus que par le passé à Bucarest et ont pris part à des manifestations officielles, la plupart d'ailleurs germano-roumaines. On a donc d'autant plus remarqué qu'aussitôt après la remise de mes lettres de créance le Roi m'ait invité à un déjeuner intime, ainsi que le Conseiller et l'Attaché de l'Air de la légation et leurs femmes. Aucun des Ministres accrédités en Roumanie depuis la chute du roi Carol[4] n'avait été l'objet d'une invitation semblable qui, d'après ce qui m'a été indiqué, a été faite sur le désir exprimé par la reine Hélène.

---

[1] Par courrier.

[2] Michel (Mihai) Ier, né en 1921, a régné une première fois de 1927 à 1930, avant le retour éphémère de son père Carol (Charles) au pouvoir, puis une seconde fois, à partir de septembre 1940, jusqu'à sa déposition par le régime communiste en décembre 1947.

[3] La reine-Mère, Hélène de Roumanie, est née en 1896 Hélène de Schleswig-Holstein-Sondenbourg-Glüksbourg, princesse de Grèce et du Danemark. Mariée en 1921 au prince héritier de Roumanie Carol, elle en vit séparée depuis des années.

[4] Carol II de Roumanie, père de Michel Ier, a régné sur la Roumanie de 1930 à 1940, imposant à partir de 1938 une sorte de dictature royale sur le pays. Un coup d'État en septembre 1940 le

Au cours de ce déjeuner, la Reine m'a, à diverses occasions, exprimé ses sympathie pour notre pays et sa satisfaction de voir la France représentée à Bucarest, à un moment où elle se sentait si isolée.

Le fait ne mériterait pas d'être relevé s'il ne revêtait une certaine signification, accompagné comme il l'est de témoignages d'amitié de la part de nombreux Roumains envers le personnel de cette légation et moi-même.

D'une manière générale, la plupart des Roumains souhaitent que la France maintienne, en dépit des circonstances, son influence traditionnelle dans leur pays. Ces vœux pourraient paraître platoniques, mais ils me permettent de protester avec d'autant plus d'autorité auprès du gouvernement contre les mesures vexatoires auxquelles beaucoup de nos compatriotes sont soumis et dont le caractère insupportable n'est ainsi que plus marqué.

Guerre 1939-1945, Vichy, Z Europe, Roumanie, 686 (10GMII/686)

153

L'Amiral Leahy, Ambassadeur des États-Unis à Vichy,
    à l'Amiral Darlan, Vice-Président du Conseil, Ministre
    Secrétaire d'État aux Affaires étrangères, à la Marine et à
    l'Intérieur.

L. n° 408[1].   *Vichy, 4 avril 1941.*

The Embassy of the United States of America presents its compliments to the Ministry of Foreign Affairs and has the honor to transmit, herewith, a Note from the Government of Luxemburg to the Government of France[2].

Vichy, April 4, 1941.

Enclosure.

Ministry of Foreign Affairs, Vichy.

Annexe

Note de la Légation du Grand-Duché du Luxembourg

N.   *Washington, 26 février 1941.*

Le gouvernement du Grand-Duché de Luxembourg vient d'apprendre que plus de cent cinquante citoyens luxembourgeois, hommes, femmes et enfants, se trouvent internés pour

---

contraint à confier la présidence du Conseil au général Antonesco, autoproclamé « Conducator », qui l'oblige à abdiquer en faveur de son fils.

[1] Mention marginale manuscrite : « Communiqué Intérieur le 12-IV-1941 ».

[2] Traduction : « L'Ambassade des États-Unis d'Amérique présente ses compliments au ministère des Affaires étrangères et a l'honneur de lui transmettre une note adressée par le gouvernement luxembourgeois au gouvernement français. »

le moment dans le camp de concentration de Gurs[1]. Ces personnes expulsées du Luxembourg par les autorités allemandes sur la base des décrets racistes, appliqués contrairement au droit des gens au grand-duché de Luxembourg, en ce moment occupé par l'Allemagne, se sont vu interdire l'entrée au Portugal, parce qu'elles ne possédaient pas de visa outremer. Parmi eux se trouve un grand nombre qui sont en instance d'émigration, mais qui ne peuvent, faute de pouvoir atteindre l'un des consulats américains, poursuivre l'obtention du visa entrepris. Différentes familles s'y trouvent également qui possèdent des moyens suffisants ou des répondants sujets français qui leur permettraient de vivre en France, sans tomber à la charge de l'État français.

Le gouvernement vient encore d'apprendre que les autorités allemandes viennent d'ordonner l'expulsion totale des Israélites pour le 30 avril prochain[2]. Cette mesure frappera environ 300 à 400 personnes de nationalité luxembourgeoise, résidant actuellement dans le Grand-Duché. Il est à craindre que la même mesure ne les frappe lors de leur arrivée en France. La détention de nos compatriotes dans les camps de concentration et notamment dans celui de Gurs ne répond à aucune nécessité ni d'ordre politique ni d'ordre économique. Aussi le gouvernement grand-ducal espère-t-il que le gouvernement de l'État français voudra bien reconsidérer l'internement des ressortissants luxembourgeois et libérer ceux qui justifient soit d'avoir des moyens personnels, soit des répondants français garantissant leur subsistance, en leur assignant le cas échéant une résidence dans une ville ou un village français où ils pourront se nourrir de leurs propres frais et poursuivre l'obtention de leur visa d'émigration. Pour ceux qui seraient démunis de tous moyens, le gouvernement de l'État français, suivant la vieille tradition humanitaire et française du droit d'asile, voudrait bien adoucir leur sort, notamment en améliorant les conditions de nutrition et d'hygiène, et surtout leur permettre de communiquer librement avec les Offices luxembourgeois et la Croix-Rouge luxembourgeoise fonctionnant en France inoccupée. Ces organes qui disposent encore de certains fonds destinés à secourir nos compatriotes en cas de besoin urgent se mettent volontiers à la disposition du gouvernement de l'État français pour collaborer efficacement au problème des réfugiés luxembourgeois.

Guerre 1939-1945, Vichy Z Europe, Luxembourg, 573 (10GMII/573)

---

[1] Le camp de Gurs (Basses-Pyrénées, aujourd'hui Pyrénées atlantiques) a été construit au printemps 1939 pour y interner les réfugiés républicains espagnols ; au moment où la France est entrée en guerre contre l'Allemagne, on y plaça diverses catégories d'« indésirables » (ressortissants des pays ennemis, communistes…), puis après l'armistice, des Juifs étrangers et apatrides, notamment expulsés par le régime nazi du territoire allemand et de pays se trouvant sous son contrôle.

[2] Le territoire du Grand-Duché, quasiment incorporé et placé sous juridiction du Gauleiter Gustav Simon, du Gau voisin de Coblence-Trèves, par décret de Hitler du 2 août 1940, comptait avant la guerre environ 3 000 Juifs, mais moins de 1 000 en juillet 1941, la plupart s'étant réfugiés depuis l'invasion et l'occupation en France et en Belgique (d'après Raul Hilberg, *La Destruction des Juifs d'Europe*, Paris, Fayard, 1988, p. 514). D'après une lettre de protestation adressée par le général Doyen, chef de la Délégation française à la Commission d'armistice de Wiesbaden, au général von Stülpnagel, le 10 février 1941, contre « l'envoi en territoire français non occupé d'Israélites expulsés du Luxembourg, des protestations françaises à ce même sujet ont déjà été émises les 27 octobre, 18 et 30 novembre (in *La Délégation française auprès de la Commission allemande d'armistice. Recueil de documents publiés par le Gouvernement français*, t. IV, 19 janvier-21 juillet 1941, Paris, Alfred Costes Éditeur, Imprimerie nationale, 1957, pp. 98-99). Cette lettre est restée sans réponse.

154

M. Cosme, Ambassadeur de France à Pékin,
à l'Amiral Darlan, Vice-Président du Conseil, Ministre
Secrétaire d'État aux Affaires étrangères, à la marine et à
l'Intérieur.

T. nos 153 à 156.   *Pékin, 5 avril 1941, 18 h.*

(*Reçu* : le 6, 6 h.)

M. de Margerie[1] me fait savoir que l'activité des agents du général de Gaulle s'est accrue depuis quelques jours et que des désertions assez nombreuses se sont produites dans nos troupes de terre et de mer.

Le Commandant de la Marine s'est, de ce fait, trouvé dans l'obligation de faire procéder à l'arrestation d'un notable commerçant français, M. Égal, que l'enquête judiciaire ouverte à cet effet a démontré être l'auteur responsable de ces désertions[2].

Jusqu'à présent, en complet accord avec moi, M. de Margerie avait jugé nécessaire de ne pas brusquer la chose et, tenant compte du voisinage immédiat du Settlement international, de pratiquer vis-à-vis des gaullistes une politique d'apaisement.

J'ai, cependant, eu soin de prescrire à M. de Margerie que, dès que la bienveillance s'avérerait inopérante, il conviendrait d'user d'autorité et de mettre en œuvre aussi bien les dispositions de la loi que celles de l'ordonnance que j'ai prise à la date du 16 août 1940 (ma lettre no 169-S[3]).

La décision prise par le commandant de Saint-Georges, en complet accord avec notre Consul général, conduit à penser que le moment est venu de recourir à cette procédure[4] ; aussi bien ai-je adressé à la date de ce jour

---

[1] M. de Margerie a été nommé à la direction générale du Consulat général de France à Shanghaï le 21 juin 1940, mais n'a pris possession de son poste que le 23 octobre suivant, « à la suite d'un voyage long et compliqué ». On trouvera dans Guerre 1939-1945, Vichy, E Asie, Chine, 143 ou 169, un premier rapport sur la situation de la Concession française au 1er janvier 1941, avec notamment une partie sur l'état d'esprit de la colonie française (document non reproduit).

[2] Il s'agit de Rodérick Égal, négociant en vins, gaulliste de la première heure. Il a fondé dès août 1940 une association de soutien « France quand même » qui publie un bulletin et fait des émissions de radio *via* la station anglaise en faveur de la France libre, et à laquelle se joignent divers notables de la Concession, dont l'un des responsables de la police municipale et des policiers. L'affaire évoquée ici est celle de la désertion d'un certain nombre de membres de l'équipage du *Francis Garnier*. Accusé d'incitation à la désertion, Égal est arrêté le 5 avril 1941, emprisonné à Saïgon pendant quatre mois, condamné à six mois avec sursis au terme d'un procès controversé, déchu de la nationalité française. Ses biens sont confisqués. Cela suscite une forte émotion au sein de la colonie française comme de la communauté internationale de Shanghaï, où Égal, libéré sur pression britannique, revient triomphalement en octobre 1941, mais reste interdit d'entrée dans la Concession française. Il combat aux côtés des forces anglaises, en décembre 1941, après Pearl Harbor. Fait prisonnier par les Japonais, il restera en captivité dans la colonie britannique occupée de fin décembre 1941 à octobre 1945.

[3] Document non retrouvé.

[4] À savoir l'arrestation de R. Égal le 5 avril 1941 dans son appartement, par le capitaine de corvette Ruynaud de Saint-Georges, commandant du *Francis Garnier*.

à M. de Margerie le télégramme que Votre Excellence trouvera sous les numéros 157 et 158[1].

Je saisis cette occasion pour attirer la très sérieuse attention de Votre Excellence sur le mauvais effet qu'a produit en Chine la nomination de choix dont M. Augé vient d'être l'objet.

Cet agent est le promoteur responsable du mouvement d'opposition au maréchal Pétain qui s'est établi à Shanghaï et je crains que certains fonctionnaires municipaux et de police, que la peur de sanctions retenaient encore dans le devoir, ne soient tentés de se démasquer depuis que ce précédent leur permet de compter sur l'indulgence des pouvoirs publics. J'ai fait jusqu'à présent un effort personnel considérable pour retenir dans l'obédience certains de ces agents que je sais en sympathie avec le mouvement gaulliste. Je ne saurais me flatter d'y réussir longtemps encore si je n'étais assuré d'être soutenu par le Département.

Guerre 1939-1940, Vichy, E Asie, 2 (3GMII/2)

155

M. Jules Henry, Ambassadeur de France à Ankara,
    À l'Amiral Darlan, Vice-Président du Conseil, Ministre
        Secrétaire d'État aux Affaires étrangères, à la marine et à
        l'Intérieur.

T. n°s 518 à 521[2].   *Ankara, 7 avril 1941, 23 h. 34.*

                                                     (*Reçu* : le 8, 17 h.)

Je résume ci-dessous mes premières impressions sur la réaction turque à la déclaration de guerre de l'Allemagne à la Grèce et à la Yougoslavie[3].

---

[1] Document non retrouvé.

[2] Le document porte le paraphe manuscrit de Lagarde.

[3] L'attaque a eu lieu le 6 avril 1941, sans déclaration de guerre formelle, en riposte au soutien britannique de la Grèce. Voir dans Papiers 1940, Bureau d'études Chauvel, 36, fol. 241 à 249, la Note « Mise en accusation des coupables. Mise en lumière de la responsabilité de la Grèce et de la Yougoslavie » qui reproduit (en traduction) la déclaration de von Ribbentrop aux journalistes de la radio et du cinéma : « L'Angleterre s'apprête à commettre un nouveau crime contre l'Europe. D'importantes forces britanniques ont débarqué dans les Balkans. [...] Un gouvernement aveugle à Athènes et une clique de notoires conspirateurs serbes à Belgrade ont fait cause commune avec les Anglais et mis la Grèce et la Yougoslavie entière à leur disposition comme base de départ contre l'Allemagne et l'Italie. L'Allemagne a observé ces menées depuis des mois et s'est efforcée d'amener la Grèce et la Yougoslavie à la raison et à une entente amicale. Mais tous les efforts ont été vains. Maintenant le Führer va répondre [...]. » Le document reprend aussi la note adressée au ministre de Grèce et qui cite des éléments tirés des archives françaises saisies à la Charité-sur-Loire comme « documents accablants » d'une « attitude contraire à la neutralité ». Dans le même dossier (fol. 267 à 285), on peut lire aussi un long « Memorandum concernant la Yougoslavie », citant la litanie des griefs de l'Allemagne à l'égard des Serbes depuis l'attentat de Sarajevo... On retrouve les mêmes documents dans Bureau d'études Chauvel, 46.

1°/- *L'attitude du gouvernement*[1] paraît conforme à la politique de neutralité et d'attente pratiquée jusqu'ici et exposée dans mes divers télégrammes. Rien n'indique que, pour le moment tout au moins, la Turquie songe à modifier cette ligne de conduite, bien que l'on admette la gravité croissante du danger auquel est exposé le pays.

Ni le Président du Conseil, que j'ai vu hier soir, ni ses Ministres ne se départissent du calme et de la prudence dont ils ont fait preuve jusqu'à présent.

On observe la Bulgarie qui pour la Turquie est le point sensible, me disait (…)[2], et l'on attend.

Cette impression m'a été confirmée ce matin au cours d'une conversation, le Secrétaire Général des Affaires étrangères (…)[3] …

A)- *En ce qui concerne la Bulgarie*, le Secrétaire général a insisté sur les assurances absolues de Sofia quant au respect de la déclaration récente turco-bulgare[4]. On ne (…)[5] aucunement mettre en doute ni la sincérité de ces assurances ni le désir de la Bulgarie de rester en dehors du conflit, et l'on prend note de la déclaration faite ce matin à Sofia aux termes de laquelle les troupes bulgares ne participent pas aux opérations militaires entre l'Allemagne et la Yougoslavie[6].

La Turquie va donc attendre le développement des événements. Si la zone de sécurité était menacée soit par des opérations allemandes, c'est-à-dire une descente sur la Grèce du côté de la frontière turque, soit par une intervention bulgare, le gouvernement examinerait les dispositions qu'il aurait à prendre. De même, au cas de menace de la zone de sécurité même, le Secrétaire général ne pense pas que les Allemands tentent de déclencher l'armée bulgare en ce moment, mais il se demande combien de temps s'écoulera avant que cette éventualité se produise.

B)- *Les assurances* que l'Allemagne n'envisage aucune action contre la Turquie sont renouvelées à Ankara. Ces assurances ne sont pas acceptées à la lettre et à cet égard le Secrétaire général partage l'opinion de son Ministre (voir mon télégramme n° 410)[7]. Il considère qu'une opération allemande en Turquie se concevrait aisément si elle devait être le point de départ d'une action de grande envergure contre la Russie, auquel cas une puissante et minutieuse préparation serait nécessaire. Le Secrétaire général n'exclut pas les autres hypothèses et c'est pourquoi il craint que son pays ne bénéficie que d'un répit avant d'être lui-même engagé.

---

[1] Souligné dans le texte comme les autres titres des parties du télégramme.

[2] Lacune de déchiffrement.

[3] Lacune de déchiffrement.

[4] Le 27 janvier 1941. Voir document n° 55.

[5] Lacune de déchiffrement.

[6] Document non retrouvé.

[7] Document non retrouvé.

2°/- *La presse* de ce matin observe la plus grande réserve tant en ce qui concerne la Bulgarie que les intentions de la Turquie. C'est ainsi que le journal *Ulus* consacre un long article à un exposé historique des événements, à la vaillance de la Grèce et de la Yougoslavie, aux motifs de l'Allemagne et de l'Italie d'étendre le conflit aux Balkans, parmi lesquels il cite l'impossibilité d'une invasion des Îles britanniques. Mais il est remarquable qu'alors qu'hier un journaliste écrivait : Si les Bulgares permettent aux Allemands d'attaquer en partant du territoire bulgare, ils auront déchiré la déclaration d'amitié qu'ils ont signée avec nous, aujourd'hui ce même journal se borne à conclure : attendons l'évolution des opérations militaires.

Les autres principaux organes condamnent sans réserve l'action allemande et louent la Grèce et la Yougoslavie, victimes de l'agression et exposées aux plus grands sacrifices. Ils soulignent que ces pays peuvent compter sur l'aide de leurs amis et alliés, en premier lieu l'Angleterre et l'Amérique. Mais aucun ne fait la moindre allusion à l'éventualité du secours turc ni à l'attitude future de ce pays. En ce qui concerne le pacte russo-yougoslave[1], si les milieux officiels se gardent d'en mentionner la portée, la presse turque, à l'exemple de la presse anglaise, se félicite de ce geste du Kremlin.

3°/- *Au point de vue militaire.* D'après les renseignements recueillis, les Turcs renforceraient leur dispositif en Thrace, sans doute sous la pression anglaise, mais les possibilités d'offensive sont toujours mises en doute. On me signale que la Mission militaire anglaise, qui était il y a quelque temps à Ankara (mon télégramme n° 506[2]), se trouve actuellement en Thrace pour envisager les mesures à prendre en vue de l'occupation éventuelle des bases préparées à l'avance par les états-majors britannique et turc.

Guerre 1939-1945, Vichy, E Levant, Turquie, 126 (4GMII/126)

---

[1] La signature de ce « pacte d'amitié et de non-agression » conclu pour cinq ans entre l'URSS et la Yougoslavie, « mus par les intérêts communs des deux pays et l'intérêt qu'ils ont à préserver la paix » est annoncée le 6 avril 1941. Voir la note en date du 6 avril 1941 dans Guerre 1939-1945, Vichy, Z Europe, Balkans, 926 (document non reproduit).Voir aussi, pour une chronologie, la note « Yougoslavie. Rapports avec l'URSS » en date du 19 avril 1941, *in* Papiers 1940, Bureau d'études Chauvel, 46, non reproduite.

[2] T. n°s 506-507 d'Ankara en date du 4 avril 1941, par lequel J. Henry signale que « les événements balkaniques ont provoqué à Ankara une recrudescence d'activité diplomatique », avec l'accueil, la veille, du général Cornwall et du vice-amiral de l'Air Elmhurst, « collaborateurs immédiats du général Wavell venus pour conférer avec leurs collègues turcs. » Pas d'indication précise en revanche sur la venue de M. Eden, mais arrivée prochaine d'émissaires yougoslaves. (Guerre 1939-1945, Vichy, E Levant, Turquie, 126, non reproduit).

156

M. DE LA BAUME, AMBASSADEUR DE FRANCE À BERNE,
À L'AMIRAL DARLAN, VICE-PRÉSIDENT DU CONSEIL, MINISTRE
SECRÉTAIRE D'ÉTAT AUX AFFAIRES ÉTRANGÈRES, À LA MARINE ET À
L'INTÉRIEUR.

T. n° 533. *Berne, 7 avril 1941.*

(*Reçu*[1] : le 11 avril, 15 h. 30).

Un de mes collaborateurs a eu, dans les derniers jours de la semaine écoulée, l'occasion de rencontrer à Zurich un certain nombre de personnes revenant de l'Europe centrale ou en relations avec d'importantes personnalités allemandes. De l'ensemble de ces conversations, se dégagent les indications suivantes en ce qui concerne les grandes lignes de l'action allemande au cours des prochains mois :

Il n'est pas douteux que l'état d'esprit en Allemagne soit satisfaisant dans l'ensemble ; les rations alimentaires ont été augmentées et les approvisionnements en charbon sont suffisants pour que la population soit moins inquiète à l'idée de passer un nouvel hiver de guerre. D'ailleurs, les Allemands se rendent compte que la défaite militaire les atteindrait tous, étant donné les sentiments haineux qui se manifestent de tous côtés en Europe contre l'Allemagne. Aussi les adversaires mêmes du régime national-socialiste estiment-ils qu'il s'agit pour l'ensemble des Allemands en Europe de tenir jusqu'à la victoire quels que soient leurs sentiments personnels.

Il semble que l'Allemagne se soit rendu compte que ses projets d'invasion de l'Angleterre par débarquement de troupes dans l'île sont trop aventureux et qu'ils ont peu de chance de réussir. En revanche, le Reich est décidé à redoubler d'efforts pour empêcher le ravitaillement de l'Angleterre par une offensive sous-marine sans merci. Toutefois, une personnalité allemande bien informée déclarait, il y a quelques jours, que le rythme des constructions de sous-marins par les chantiers allemands était loin d'égaler celui qu'on avait voulu atteindre ; en réalité, il ne sortirait pas plus de 9 à 12 sous-marins par mois des chantiers de montage allemands – et ce nombre serait difficile à dépasser – tandis que les autorités navales avaient compté sur une fabrication deux fois plus rapide.

D'après les informations provenant de l'entourage même du Führer, celui-ci aurait déjà arrêté, *ne varietur*, son plan de campagne, et n'accepterait aucune objection, déclarant qu'il a toujours eu raison, malgré toutes les opinions contraires des experts, soit militaires, soit économiques. Sa grande idée serait que le Reich doit maintenant faire porter tous ses efforts vers la Russie méridionale et s'approprier l'Ukraine avec son immense production de céréales et de denrées alimentaires, ainsi que les pétroles de Bakou.

---

[1] Par courrier.

L'armée russe serait encore trop peu organisée pour opposer une résistance sérieuse à une offensive foudroyante d'aviation et de corps motorisés allemands (même note dans mon télégramme n° 387 du 14 mars[1] et n° 404 du 18 mars[2]) ; il suffirait d'occuper une quinzaine de grands centres pour tenir la Russie et provoquer sans doute un changement de régime avec un nouveau gouvernement russe entièrement à la dévotion de l'Allemagne.

Ce résultat une fois acquis, et les armées d'Hitler ayant, d'autre part, nettoyé définitivement les Balkans par l'écrasement rapide de la Yougoslavie et de la Grèce, la Turquie n'aurait pas besoin d'être attaquée. Après la disparition de la Russie soviétique, M. von Papen tiendrait en réserve un nouveau gouvernement turc qui reprendrait les traditions de 1914-1918[3] et auquel l'Allemagne promettrait les dépouilles des Français et des Britanniques dans l'Asie mineure et dans l'Arabie.

Le temps serait alors venu pour l'Allemagne de déclarer la paix au monde et ses nouvelles conquêtes sur les peuples slaves et vers l'Asie lui permettraient de faire quelques concessions vers l'Ouest. On ferait valoir que l'Angleterre aurait tout intérêt à accepter les propositions généreuses et à signer la paix en reconnaissant la prépondérance de l'Allemagne sur le continent européen.

En fait, la France et l'Italie feraient les frais de cette réconciliation. Dans le cas d'un refus de l'Angleterre d'accepter les conditions de paix du Reich, Hitler pense que l'Allemagne, maîtresse de l'Europe et de la Russie méridionale, ayant peut-être même réussi à s'infiltrer profondément en Afrique, pourrait soutenir indéfiniment un conflit avec les puissances anglo-saxonnes jusqu'à ce que celles-ci soient à bout de force.

D'ailleurs, dans l'esprit d'Hitler, la paix ainsi signée ne serait qu'une pause, donnant à l'Allemagne le temps de développer son potentiel industriel et militaire dans des proportions permettant, par une action décisive contre l'Amérique, la réalisation du grand rêve d'hégémonie mondiale germanique.

Un certain nombre de militaires se seraient ralliés aux projets grandioses du Führer, d'autant plus volontiers d'ailleurs que celui-ci a créé, à leur profit, et pour toute la durée de la guerre, une solde d'honneur (*Ehrensolde*) exempte d'impôts (*steuerfrei*), qui vient s'ajouter à leur traitement normal et dont le montant est de 20, 30 ou 50 000 reichsmarks, suivant leur grade. Cependant, dans son entourage, des esprits moins mystiques et plus près des réalités s'en inquiètent et estiment, au contraire, que la dilution des forces allemandes dans toute l'Europe, et surtout en Russie, est un danger qui pourrait un jour causer la perte de l'Allemagne.

Guerre 1939-1945, Vichy, E Levant, Turquie, 126 (4GMII/126)

---

[1] Voir document n° 133, note 3.

[2] Document n° 133.

[3] Autrement dit l'alliance avec l'Allemagne.

157

M. Jules Henry, Ambassadeur de France à Ankara,
à l'Amiral Darlan, Vice-Président du Conseil, Ministre
Secrétaire d'État aux Affaires étrangères, à la marine et à
l'Intérieur.

T. n°s 544 à 549.   *Ankara, 10 avril 1941, 22 h. 12.*

(*Reçu* : le 11, 8 h. 15)

Je me réfère à mon télégramme précédent[1].

Dans la matinée d'avant-hier, le bruit se répandait que le gouvernement turc était sur le point de modifier sa position en raison du développement de l'action allemande dans les Balkans et songeait à passer à l'action. On faisait état même, au gouvernement, d'un mécontentement qui régnerait dans l'armée ainsi que parmi quelques hommes politiques et dont les conséquences pourraient se manifester par un mouvement anti-gouvernemental.

Les suppositions n'ont pas été confirmées par les faits. À la réunion du Parti républicain du peuple[2] qui eut lieu dans l'après-midi, aucune agitation n'a été remarquée. À l'Assemblée, le gouvernement eut un vote unanime de confiance et reste maître de la situation. Rien n'indique donc un changement dans la position turque.

Les Turcs demeurent sur l'expectative tout en continuant à prendre de nouvelles mesures militaires[3].

C'est ainsi que deux classes de plus viennent d'être appelées sous les drapeaux et que l'on constate un renforcement du dispositif militaire sur les côtes asiatiques des Dardanelles et de la mer de Marmara. À Istanbul quelques mesures d'évacuation sont prises touchant particulièrement les fonctionnaires retraités ou inoccupés.

Le ministre des Affaires étrangères m'a de nouveau résumé la situation comme suit :

« Notre position ne varie pas, m'a-t-il dit. Nous sommes non-belligérants et nous nous rendons compte que le danger s'approche ; nous nous préparons en conséquence. En ce moment, nous ne nous sentons pas directement

---

[1] T. n°s 541 à 543 en date du 10 avril 1941. Jules Henry y évoque les rapports turco-russes qui ne semblent pas retenir l'attention des milieux officiels et de la presse, une réserve, qui malgré les fréquentes conversations récentes de l'ambassadeur soviétique avec le ministre des Affaires étrangères turc, qui signifierait que « l'on ne semble pas escompter un revirement de la politique russe pouvant entraîner Moscou à une rupture avec Berlin ». (Guerre 1939-1945, Vichy, E Levant, Turquie, 124, document non reproduit).

[2] Pour des éléments sur le « dispositif de l'armée turque » à une date ultérieure (15 décembre), voir la note de l'attaché militaire en Turquie, le colonel Duval, *in* Guerre 1939-1945, Vichy, E Levant, Turquie, 132, non reproduite.

[3] Fondé par Mustafa Kémal en 1923 sous le nom de Halk Firkasi (Parti du Peuple) et rebaptisé Parti républicain du Peuple (Cumhuriyet Halk Firkasi) en 1924, parti unique jusqu'en 1945 (hormis deux brèves périodes en 1924-1925, et 1930).

menacés. Les opérations militaires ne se déroulent pas dans des secteurs affectant immédiatement notre sécurité, au contraire. Les troupes grecques ont fait sauter les ponts de la voie ferrée turco-grecque vers Salonique. Les Bulgares continuent à nous donner des assurances qu'ils ne s'associeront pas aux opérations probablement parce qu'ils supposent, avec raison, qu'une attitude contraire les exposerait à une action de notre part. De leur côté les Allemands multiplient leurs assurances auxquelles cependant nous ne croyons guère ».

Même note dans les propos et les écrits des principaux hommes politiques et des dirigeants de la presse. Certains d'entre eux, tel le président du Parti du peuple à l'Assemblée[1], manifestent bien une certaine impatience mais celle-ci ne va pas au-delà de déclarations platoniques sur la nécessité, par exemple, de constituer ce fameux front balkanique dont on a beaucoup parlé, sans chercher à le réaliser.

Les premiers revers militaires de la Yougoslavie[2] ne suscitent pas (...)[3] de critiques qui pourraient se résumer ainsi : tout cela ne serait pas arrivé si les Yougoslaves avaient écouté les conseils de la Turquie. Mais la Turquie, tout en plaignant la Yougoslavie et la Grèce, ne manifeste pas la moindre intention de les secourir.

La position d'attente et de passivité se terminera-t-elle par une entrée soudaine dans la lutte ou bien n'est-elle que le prélude de l'opération ? C'est la question que l'on discute.

Les dirigeants turcs après avoir exécuté des replis diplomatiques successifs constatent sans doute avec une certaine angoisse que l'espace vital dans lequel ils peuvent désormais se mouvoir est maintenant des plus restreints. Même au point de vue intérieur, la prolongation de l'expectative n'est pas sans soulever maintes difficultés. Les mesures de mobilisation désorganisent le pays et obèrent le budget. L'idée se fait jour peu à peu qu'il faudra sortir de cette situation d'une manière ou d'une autre.

Compte tenu de la ligne générale qui a été suivie jusqu'ici et étant donné la situation stratégique actuelle, il est peu vraisemblable que l'équipe au pouvoir, malgré ses affirmations de loyalisme envers l'alliance anglaise, se décide brusquement à sortir de sa réserve et répudie la formule « ne se battre que pour répondre à une agression ».

Les porte-parole officieux continuent d'ailleurs à réserver l'autonomie des décisions du gouvernement et laissent même entendre qu'une pression anglaise serait mal venue. On veut gagner le plus de temps possible et conserver les bénéfices de l'alliance anglaise. Mais au fond exclut-on la possibilité de faire valoir à l'Allemagne les avantages que lui aura procurés

[1]   Mustafa Abdülhalik Renda.

[2]   Malgré une forte résistance, à la date du 10 avril, l'armée yougoslave est repoussée vers le sud du pays. Le lendemain, 11 avril, l'armée hongroise traverse les frontières de Trianon sur toute la ligne entre le Danube et la Tisza, tandis qu'Ante Pavelitch, qui a salué l'attaque du Reich, proclame l'indépendance de la Croatie.

[3]   Lacune de déchiffrement.

la neutralité de la Turquie le jour où, à la suite de ses victoires dans les Balkans, M. Hitler inviterait les Turcs à une conversation ?

Guerre 1939-1945, Vichy, E Levant, Turquie, 126 (4GMII/126)

158

M. Cosme, Ambassadeur de France en Chine,
    à l'Amiral Darlan, Vice-Président du Conseil, Ministre
    Secrétaire d'État aux Affaires étrangères, à la marine et à
    l'Intérieur.

D. n° 42[1].   *Pékin, 10 avril 1941.*

Ainsi que j'en avais informé le Département (ma communication n°s 363-365 du 12 novembre dernier de Tchoung King)[2], la réélection de M. Franklin D. Roosevelt à la présidence des États-Unis d'Amérique a été particulièrement bien accueillie à Tchoung King ; suivie, le mois suivant, par l'octroi à la Chine d'un prêt de 100 millions de US dollars (ma dépêche n° 43 du mois de décembre 1940)[3], elle a renforcé la position de ceux qui, parmi les dirigeants chinois, estiment que c'est grâce à une intervention armée des États-Unis que le maréchal Tchang Kaï-chek parviendra à terminer favorablement la lutte qu'il a entreprise contre l'envahisseur nippon. Les récentes déclarations du président Roosevelt en faveur de l'aide aux démocraties ainsi que l'attitude de plus en plus hostile à l'égard du Japon de l'opinion publique américaine ont fortifié ces espoirs et encouragé les Chinois dans leur esprit de résistance[4]. Tout dernièrement encore, dans un long message adressé à M. Roosevelt, le Généralissime a manifesté à nouveau la volonté de la Chine de continuer la lutte jusqu'à la victoire finale et exprimé sa reconnaissance au président des États-Unis pour le concours apporté par la démocratie américaine à la démocratie chinoise.

En fait, les Chinois qui, depuis trois ans, ont successivement espéré voir l'URSS puis la Grande-Bretagne et la France déclarer la guerre au Japon, se sentent maintenant quasi assurés d'un conflit très prochain entre les États-Unis d'Amérique et l'Empire du Soleil levant.

De leur côté les Américains de Chine ne font rien pour décourager cette croyance : les autorités diplomatiques et consulaires viennent de prendre de nouvelles mesures pour assurer le rapatriement de leurs ressortissants, et les missionnaires eux-mêmes sont sollicités de quitter la Chine ; enfin des

---

[1] Dépêche intitulée « A.s. répercussions en Chine d'un conflit éventuel entre les États-Unis et le Japon ».

[2] Voir *DDF (1939-1944)*, 1940-2, document n° 363.

[3] *Ibid.*, document n° 412.

[4] Sur l'état de la situation militaire au printemps 1941, voir la D. n° 17 d'H. Cosme, en date du 14 mars 1941 (Guerre 1939-1945, Vichy, E Asie, Chine, 133, non reproduite).

hommes d'affaires, des banquiers occupant des situations importantes, tiennent des propos dans ce sens ; certains ne cachent pas qu'ils envisagent, dans un avenir prochain, la liquidation de leurs principaux intérêts commerciaux et financiers afin de ne pas se trouver surpris par le déclenchement du conflit avec le Japon et de n'en point trop souffrir. Il semblerait, d'après ces indices, que les Américains soient disposés à sacrifier momentanément leur position économique en Chine vu l'imminence d'une guerre dont le but principal serait précisément d'établir une prépondérance de l'influence américaine en Extrême-Orient.

Bien qu'il soit malaisé de connaître les intentions réelles du gouvernement de Washington au sujet d'une telle guerre et les moyens pratiques dont il dispose pour la mener à bien, il faut admettre que jamais les chances de voir un conflit éclater dans le Pacifique n'ont été aussi grandes.

En tout état de cause, un effacement des États-Unis en Chine sur le plan politique et économique, fût-il momentané, aggravera certainement dans ce pays la situation de tous les établissements étrangers dont la principale sauvegarde était, surtout depuis le début de la guerre européenne, leur solidarité de fait avec les établissements similaires américains ; tendant à faire disparaître les derniers ménagements dont bénéficiaient ces intérêts étrangers, le recul des Américains paraît donc de nature à marquer, pour l'influence blanche en Extrême-Orient, un amoindrissement que, suivant les cas, les Chinois aussi bien que les Japonais sont susceptibles de mettre à profit.

Cette nouvelle crise paraît, nous ne saurions nous le dissimuler, particulièrement menaçante en ce qui concerne les intérêts français, étant donné l'importance et la vulnérabilité de nos établissements politiques en Chine et la situation encore si précaire de notre pays sur le plan international.

Guerre 1939-1945, Vichy, E Asie, Chine, 132 (3GMII/132)

159

Note de la Sous-Direction d'Europe

Relations France-U.R.S.S.

N.   *Vichy, 11 avril 1941.*

Après l'accord de Munich et la déclaration franco-allemande du 6 décembre 1938, qu'il avait accueillie avec la plus grande appréhension, le gouvernement soviétique s'employa à préserver l'Europe orientale de la guerre qu'il savait inévitable et à y précipiter au contraire les démocraties occidentales, notamment la France, vis-à-vis de laquelle il disposait de moyens d'action considérables.

Les divisions de notre pays et de notre gouvernement, dont la politique était dominée par des considérations idéologiques, ne permirent pas de contrebattre efficacement le jeu de Moscou. Toutefois, dès le début de 1939, les relations franco-soviétiques furent marquées par des incidents traduisant une tension croissante : rappel de M. Souritz[1], non-renouvellement de l'accord commercial franco-soviétique[2], etc. L'accord germano-soviétique du 23 août apparut comme une trahison à tous ceux en France, et ils étaient nombreux, qui avaient été les instruments inconscients de la politique russe[3].

Depuis l'armistice franco-allemand, les rapports franco-soviétiques se sont progressivement normalisés et sont devenus plus corrects. Il semble, ainsi que l'indiquait à plusieurs reprises notre ambassadeur à Moscou, que le gouvernement russe ait été surpris par l'écroulement rapide de notre pays qui lui a dévoilé la force militaire véritable de l'Allemagne, alors qu'il espérait assister, pour en tirer profit, à l'épuisement progressif des différents adversaires en présence. Il semble également que le gouvernement soviétique ait éprouvé par la suite la crainte de voir l'Allemagne et la France opérer, après la défaite de celle-ci, un rapprochement tendant à la création d'un bloc occidental, destiné à faire en Europe contrepoids à la puissance russe. (Il y a lieu de souligner à ce sujet que les journaux russes ont donné une certaine publicité à la nouvelle de l'annexion de l'Alsace-Lorraine par l'Allemagne et que les dirigeants du Kremlin ont vu là un obstacle infranchissable à la réconciliation éventuelle des deux puissances occidentales).

Les tentatives de rapprochement ont d'ailleurs pris du côté russe une forme concrète. C'est ainsi que le gouvernement soviétique a d'abord nommé auprès du gouvernement français un chargé d'affaires en titre et a récemment élevé ce dernier à la dignité d'ambassadeur, ce qui, dans la situation où se trouve notre pays, a une portée politique évidente. En outre, à plusieurs reprises, M. Bogomolov s'est entretenu avec les agents du Département sur les conditions et les modalités d'une reprise des relations commerciales entre la France et les Soviets.

De notre côté, au moment de l'incorporation des Pays Baltes à l'Union soviétique, nous n'avons pas élevé de protestation et nous nous sommes bornés à « prendre acte » de la notification qui nous avait été adressée pour nous aviser de cette annexion[4]. Nous avons laissé l'ambassade des Soviets à Paris prendre possession des immeubles et des biens appartenant aux légations des anciens Pays Baltes[5]. Enfin, un jugement récent du tribunal

---

[1] Le 16 mars 1940. Voir *DDF (1939-1944)*, 1940-1, document n° 148.

[2] Venu à expiration le 30 décembre 1939 (voir CPC 1918-1940, Z Europe, URSS, 898).

[3] Allusion aux communistes.

[4] Sur les dispositions concernant les immeubles diplomatiques baltes à Paris, voir *DDF (1939-1944)*, 1940-2, documents n°s 110, 132. Voir aussi les protestations renouvelées de M. Klimas, l'ancien ministre de Lituanie en France, relatives à la confiscation de ses effets personnels par l'ambassade soviétique, par sa lettre en date du 27 mars 1941, dans laquelle il revient sur la chronologie des événements. *In* Guerre 1939-1945, Vichy, Z Europe, États Baltes, 876, document non reproduit. Dans le même dossier, on trouvera d'autres documents sur la question de l'or des États Baltes annexés, réclamé par Moscou.

[5] Voir à ce sujet, la note en date du 6 mars 1941 de la Direction politique pour la Sous-direction des Relations commerciales (intitulée « Banques centrales des États Baltes. Dépôts d'or à la Banque de France »), où il est fait état de ce jugement. *In* Guerre 1939-1945, Vichy, Z Europe, URSS, 853, document non reproduit.

de la Seine a rapporté la mesure de séquestre qui avait été prise à l'égard des biens de la représentation commerciale soviétique. Il ne fait pas de doute que notre attitude a été appréciée à Moscou.

Il semble que nous ayons intérêt à ménager l'avenir en persévérant dans la voie du rapprochement avec la seule grand puissance européenne qui soit jusqu'ici restée en dehors du conflit.

Guerre 1939-1945, Vichy, Z Europe, URSS, 848

160

M. Léon Bérard, Ambassadeur de France près le Saint-Siège, à l'Amiral Darlan, Vice-Président du Conseil, Ministre Secrétaire d'État aux Affaires étrangères, à la Marine et à l'Intérieur.

D. n° 65[1].   *Cité du Vatican, 15 avril 1941.*

Vers la fin du mois de janvier, j'avais reçu la visite d'un religieux français, le père Lopinot, capucin, ancien préfet apostolique de Nossi-Bé, consulteur de la Congrégation romaine de la Propagande. Il m'était envoyé par le cardinal Gerlier. Il m'avait entretenu de la condition des missions catholiques dans les colonies françaises d'Afrique et des améliorations qu'il serait à son avis souhaitable que le gouvernement français voulût bien y apporter.

Le père Lopinot a une âme chaleureuse de missionnaire avec un caractère ferme mais peu accommodant. Il lui est parfois arrivé, m'a-t-on dit, d'avoir maille à partir avec nos administrateurs coloniaux. J'ai cru prudent d'interroger sur le mérite des observations dont il m'avait fait part les autorités les mieux qualifiées pour émettre sur le sujet en question un avis qui répondît au sentiment du Saint-Siège.

Je me suis adressé à Mgr Costantini, secrétaire de la Congrégation de la Propagande (*De Propaganda Fide*). C'est, parmi les hautes administrations de l'Église, celle qui est chargée de pourvoir à l'expansion de la foi évangélique dans le monde ; sa compétence s'étend à tous les territoires où la hiérarchie ecclésiastique romaine n'a pas encore été régulièrement organisée.

Mgr Costantini, dont le rôle est de toute première importance dans cette Congrégation ou Dicastère, est un prélat d'esprit agile et de vive intelligence. Il a beaucoup voyagé. Il parle bien le français. Des témoignages très divers m'assurent qu'il fait des vœux pour le relèvement de la France et professe pour le maréchal Pétain une sincère admiration.

---

[1] Dépêche intitulée : « A.s. des missions catholiques dans les colonies françaises. » Mention marginale manuscrite : « Colonies. M. Canet » ; « 2 copies ». Le document porte aussi le paraphe de Lagarde.

Dans l'entretien que j'eûs avec lui, il avait bien voulu me promettre d'examiner le mémoire que m'avais remis le père Lopinot et de me donner là-dessus par écrit une opinion qui pourrait être officieusement considérée comme celle de la Congrégation compétente.

Ce travail de mise au point m'a été envoyé ces jours-ci, sous la forme d'une lettre missive qui porte avec la signature du cardinal Fumasoni Biondi, préfet de la Congrégation de la Propagande, celle de Mgr Costantini. Selon les instructions de ce dernier, un oblat français, le père Perbal, est venu m'en donner un commentaire oral. Ce religieux est homme fort instruit, avec une solide expérience des choses d'Afrique ; il a publié, sur l'action missionnaire, un ouvrage intéressant dont le cardinal Baudrillart a écrit la préface[1].

Je vais résumer les vœux qui, dans ces circonstances, m'ont été exprimés au nom de la Congrégation de la Propagande, avec prière de les transmettre au gouvernement français. Ils peuvent se répartir en deux catégories : les uns se rapportent au régime des écoles libres fondées et tenues par les missionnaires, les autres à la condition juridique et légale soit des missions elles-mêmes, soit des indigènes qu'elles ont convertis.

A. *Vœux touchant les écoles libres des missions* :

1°) Que les dispositions législatives et réglementaires récemment arrêtées par le gouvernement français en faveur de l'enseignement libre dans la métropole soient déclarées applicables et s'appliquant, dans nos colonies, aux écoles libres des missions[2].

2°) Que les écoles dites de brousse ou de village, considérées en fait comme préparatoires aux écoles de district, soient soutenues et aidées à des conditions et dans une mesure à déterminer, selon leur utilité générale, d'accord entre l'autorité civile et l'autorité religieuse.

B. *Vœux touchant la situation légale des missions et celle des indigènes faisant profession de la foi chrétienne* :

1°) Que les missions soient dotées d'un statut légal leur conférant, en vue de la libre propagation de la religion chrétienne, le droit de posséder des biens, de bâtir des églises et d'ouvrir des écoles.

2°) Qu'il soit créé, pour les chrétiens indigènes, un *statut chrétien*[3], de même qu'il y a un *statut coranique* pour les musulmans et un *statut coutumier* pour les païens fétichistes.

Parmi les considérations que les représentants de la Propagande ont fait valoir à l'appui de leurs demandes, je crois utile de relever celles qui m'ont paru les plus dignes de remarque à des titres divers.

---

[1] Il s'agit de l'ouvrage *Les Missionnaires français et le nationalisme*, Paris, Librairie de l'Arc, 1939.

[2] Parmi ces mesures : la loi du 3 septembre 1940 abroge la loi du 7 juillet 1904 portant suppression de l'enseignement congréganiste et l'article 14 de la loi du 1er juillet 1901 sur les associations qui interdisait aux membres des congrégations religieuses non-autorisées de diriger un établissement d'enseignement. La loi du 15 octobre 1940 autorise les élèves des écoles libres à bénéficier de la Caisse des écoles. La loi du 6 janvier 1941 donne aux communes le droit de subventionner les écoles libres.

[3] Mots soulignés dans le texte, comme ceux qui suivent.

Sur la question de l'enseignement libre dans les missions africaines, ils font observer que leurs vœux s'accordent parfaitement à la fois avec l'intérêt de l'État français et avec le commandement évangélique « Allez et enseignez », qui demeure, en tout pays, le premier et le plus grand pour le missionnaire. Dans les colonies plus qu'ailleurs, il y aurait inconvénient à laisser croire aux populations que des différences profondes et un véritable antagonisme opposent l'un à l'autre l'enseignement officiel et l'enseignement libre. L'un et l'autre se proposent et s'efforcent de donner de bons et loyaux sujets à la métropole. Il est d'une sage politique d'éviter des oppositions et des contrastes où les indigènes prendraient cette idée qu'à cause même de l'instruction qu'ils reçoivent, ils auront à se diviser en se civilisant. C'est ce qui m'a été dit avec une particulière autorité par le père Perbal, missionnaire et patriote français de Lorraine.

L'institution d'un statut chrétien se justifierait, selon mes interlocuteurs, par un sentiment d'égalité et de justice, et du même coup se trouverait supprimé un obstacle que rencontre dans nos colonies d'Afrique l'apostolat chrétien. La conversion d'un noir est chose précaire si le « converti » peut être assujetti dans son milieu d'origine, païen ou musulman, et en vertu même du statut coutumier ou du statut coranique, à des coutumes et à des pratiques foncièrement contraires au christianisme comme à la civilisation occidentale. Il serait juste et selon l'ordre naturel des choses que l'indigène chrétien fût, comme son compatriote fétichiste ou « islamisé », soumis à des règles particulières de droit et de juridiction appropriées à la religion qu'il professe.

Mes interlocuteurs affirment que le gouvernement français a déjà fait un grand pas vers cette réforme. Ils donnent cette signification à un décret du 15 juin 1939 qui interdit de marier une femme contre son gré, consacrant implicitement par là une prescription de la morale chrétienne et atténuant en même temps les règles et franchises du statut coutumier et du statut coranique[1].

Les missionnaires et leurs chefs dans la hiérarchie ecclésiastique romaine ne souhaitent ni n'attendent de l'État français aucune décision qui soit dirigée contre l'Islamisme. Le père Perbal m'a parlé de la religion musulmane avec une modération et une largeur de vues dont j'ai été frappé. Ce qu'il dit, comme les dirigeants de la Congrégation de la Propagande, c'est que notre politique coloniale a parfois favorisé l'Islam, avec quelque imprudence, au détriment du christianisme. (Il est à peine besoin d'indiquer que dans la pensée de mes interlocuteurs comme dans la mienne, il ne s'agit point, en tout ce qui fait l'objet de ce rapport, de nos possessions d'Afrique septentrionale, mais uniquement de nos colonies d'Afrique noire où il se rencontrerait plus d' « islamisés » que de mahométans véritables).

Mgr Costantini et le père Perbal m'ont remis toute une documentation de provenance française sur nos rapports avec l'Islam dans ces contrées.

---

[1]   Le décret du 15 juin 1939, dit décret Mandel, du nom du ministre des Colonies de l'époque, Georges Mandel, subordonnait la validité des « mariages indigènes » en AOF et en AEF, au consentement de la jeune fille (*Journal officiel*, AOF, 24 juin 1939).

Une étude de Mgr Molin, vicaire apostolique de Bamako, traite des forces de résistance de l'Islam à la religion catholique et de l'idée que les noirs se font assez couramment de l'une et de l'autre de ces religions. Pour eux, les deux sont bonnes ; sont deux « bons chemins » pour aller à Dieu ; mais l'Islam est le plus facile : le chemin de velours. Une autre vue indigène, d'un caractère moins théologique mais de plus grande conséquence pour le pouvoir temporel, est celle-ci : l'Islamisme est naturellement la religion des noirs, le christianisme la religion des blancs, les musulmans sont les premiers des noirs, les noirs chrétiens ne sont que des esclaves des blancs. Nos missionnaires affirment que l'Islamisme « dresse les noirs contre toute influence européenne… Le Coran n'est pas seulement un livre de religion, mais un code de droit, un code social, un code politique… » (P. Perbal). P.J. André (Pierre Redan, capitaine d'Infanterie coloniale) écrivait en 1922 : « Après une période d'engouement islamique, qui nous avait portés à favoriser le développement de l'Islam en Afrique, il a fallu reconnaître qu'une erreur politique était peut-être commise »[1].

Les vœux présentés à cette ambassade au nom de la Congrégation de la Propagande m'ont paru, dans l'ensemble, assez dignes d'attention pour être soumis au gouvernement, si telle est aussi la manière de voir de Votre Excellence. À ce compte rendu et à cette transmission doit se borner mon rôle, en présence de sujets qui touchent, par plus d'un endroit, à des problèmes délicats de politique coloniale. Ce que je crois pouvoir dire, c'est que toute mesure prise par l'État français pour améliorer la condition des missions catholiques dans nos colonies serait bien vue et très favorablement accueillie du Saint-Siège.

Je serai reconnaissant au Département de vouloir bien me tenir au courant des décisions qui auront pu être adoptées à propos des questions dont il est traité dans le présent rapport.

Guerre 1939-1945, Vichy, K Afrique, 4 (5GMII/4)

161

Note du Bureau de M. Sarrien, Consul général de France

Projets allemands à l'égard du sort futur de la Belgique

N. n° R. 32.   *Royat, 16 avril 1941.*

D'un informateur digne de foi, revenu tout récemment de Belgique, il résulterait que les Allemands sont en général très discrets sur le sort futur réservé à la Belgique au cas où le Führer sortirait vainqueur de la guerre.

---

[1] L'ouvrage s'intitule *L'Islam et les races*, t. 1 : *le Franc et la guerre* ; t. 2 : *Les rameaux, mouvements régionaux et sectes.*

L'annexion des communes d'expression allemande de l'est de la province de Liège[1] est cependant, comme il l'a déjà été signalé, chose faite. C'est ainsi que le lac de la Gileppe est maintenant mitoyen.

La frontière se trouve immédiatement à la sortie du village de Goé ; Béthane, Hombourg, Teuven, Henri-Chapelle, Remersdael, Sippenaeken, Baelen sur Vesdre, Membach, etc., sont allemands.

À diverses reprises des officiers ont par ailleurs parlé d'une annexion de toute la rive droite de la Meuse (française et belge) sans faire évidemment aucun commentaire sur le sort qui serait réservé aux habitants de cette région.

Dans un autre domaine, les revendications des nationalistes flamands sur Bruxelles et la Flandre française sont catégoriques. En ce qui concerne Bruxelles, on peut fait état de ces deux faits typiques :

a) lorsqu'il s'est agi de la libération des prisonniers, celle des Flamands a été, seule, en cause. À cet égard, les Allemands ont considéré comme flamands tous les faubourgs de Bruxelles, sans exception, y compris Saint-Gilles, Schaerbeeck, etc. où l'élément wallon est nettement prédominant. Seule Bruxelles-ville a été considérée comme bilingue.

b) Degrelle[2] donne fréquemment des meetings en pays wallon. L'accueil qui lui est fait n'est jamais sympathique, ainsi qu'en témoigne son aventure de janvier à Liège. On sait que c'est au cours de cette réunion qu'il a crié « *Heil Hitler* » (Son discours a d'ailleurs été signalé par le bureau de M. Sarrien dans la note n° R.95 du 3.2.41 et note R.107 du 6.2.41)[3].

Or, Degrelle a voulu donner également des meetings à Bruxelles. Chaque fois, l'autorisation allemande ne lui a pas été donnée, sur les protestations de Staf De Clercq[4], qui a fait valoir auprès des autorités allemandes que Bruxelles, étant territoire flamand, constituait pour lui une « chasse gardée ».

Guerre 1939-1945, Vichy, Z Europe, Belgique, 167 (10GMII/167)

[1] Il y a neuf communes belges germanophones parmi les cantons de l'est qui ont été rattachés à la Belgique en 1919 au titre de dommages de guerre en application du traité de Versailles (article 34).

[2] Léon Degrelle est le dirigeant du mouvement Rex, parti fasciste wallon.

[3] Documents non retrouvés.

[4] Staf De Clercq est le dirigeant de la Ligue nationale flamande ; il prône la collaboration avec les occupants nazis.

162

N.   *Vichy, 16 avril 1941.*

Aux termes du télégramme de Moscou n°s 330-333[1] du 15 de ce mois, l'URSS a signé avec le Japon un pacte de neutralité pour avoir les mains libres en Europe face à la menace allemande sur l'Ukraine.

Si cette interprétation est exacte, le pacte nippo-soviétique qui donne les mains libres au Japon dans le Pacifique contre les puissances anglo-saxonnes et qui, à ce titre, sert les desseins de l'Axe et était ouvertement souhaité par Berlin, a été conclu par M. Staline en dehors de l'Axe et contre Berlin.

Il n'a pas été conclu toutefois dans une intention d'assistance aux puissances anglo-saxonnes dont il fixera les forces disponibles dans le Pacifique.

Il s'agirait donc en l'espèce d'un acte répondant à des besoins et à des intentions purement soviétiques, la position de Moscou pouvant être définie comme suit :

– L'URSS considère la poussée allemande dans les Balkans comme constituant une menace pour sa propre sécurité. Elle l'a manifesté avec une netteté chaque fois plus grande à l'occasion de l'entrée des troupes allemandes en Bulgarie, de l'invasion de la Yougoslavie et de la participation des forces hongroises à ladite invasion[2].

– Elle estime que l'entreprise allemande sur l'Ukraine est inéluctable et que le tour pris par les affaires balkaniques la rend plus prochaine.

– Si la prévision d'un conflit avec l'Allemagne l'amène à tenir pour indésirable tout affaiblissement du bloc opposé à cette Puissance, elle préfère toutefois l'inconvénient indirect d'une opération japonaise contre Singapour à l'inconvénient direct d'une menace sur Vladivostock et la Sibérie orientale.

– À cet égard, ce qui intéresse l'URSS n'est pas une garantie juridique mais une répartition nouvelle des forces japonaises. En d'autres termes, non

---

[1] Pour le texte, voir Guerre 1939-1945, Vichy, Z Europe, URSS, 847. L'ambassadeur E. Labonne y indique la conclusion du pacte n'a pas causé de surprise, sinon pour ce qui est de l'attitude personnelle de Staline : « Rompant avec une règle de distance et de secret qu'il a observée toute sa vie, le dictateur s'est rendu en personne dans une gare afin de saluer un étranger qui n'est pas un chef d'État et s'y est livré à de surprenantes effusions ». Labonne note encore que les documents « évitent de toucher le cas de la Chine » : « Si des engagements corollaires devaient entraîner un arrêt de l'appui russe, le changement serait brusque ». Dans le même volume, on trouvera un télégramme de Tass (fol. 29 et 30) sur l'enjeu de cet accord, signé « au moment où la deuxième guerre impérialiste continue et embrasse de nouveaux pays » et ouvrant la voie du règlement d'autres problèmes entre les deux pays, dont la convention sur les pêcheries et le traité de commerce. Pour le texte du pacte de neutralité nippo-soviétique, signé le 13 avril, voir Papiers 1940, Bureau d'Études Chauvel, 44, fol. 146-147. La déclaration finale du texte est un engagement respectif de respecter l'intégrité territoriale et l'inviolabilité des frontières du Mandchoukouo (de la part de l'URSS), de la Mongolie (de la part du Japon).

[2] Voir documents n°s 5, 13, 54 notamment.

pas le pacte, mais les conséquences du pacte, en l'espèce l'emploi dans les mers du sud de toutes les forces japonaises susceptibles d'être utilisées sur la frontière de Sibérie.

— Cette diversion n'est efficace toutefois que dans la mesure où le gros des forces japonaises reste immobilisé en Chine.

— Dans l'esprit même qui l'a conduit à conclure avec le Japon un pacte de neutralité, le gouvernement soviétique serait donc normalement conduit à maintenir au maréchal Tchang Kaï-Chek une aide suffisante, sinon pour gagner la guerre, du moins pour la poursuivre.

— Si, par contre, Moscou cessait *effectivement*[1] d'assister Tchang Kaï-chek, ce dont il serait d'ailleurs difficile de s'assurer, il faudrait en conclure que le gouvernement soviétique, s'estimant militairement hors d'état de défendre l'Ukraine, s'est résolu, tout au moins pour un temps, à lier son jeu au jeu de l'Axe.

Guerre 1939-1945, Vichy, E Asie, Dossiers généraux, 14 (3GMII/14)

163

L'AMIRAL DARLAN, VICE-PRÉSIDENT DU CONSEIL, MINISTRE SECRÉTAIRE D'ÉTAT AUX AFFAIRES ÉTRANGÈRES, À LA MARINE ET À L'INTÉRIEUR. À CHARLES-ARSÈNE HENRY, AMBASSADEUR DE FRANCE À TOKYO.

T. nos 418 à 425[2].   *Vichy, 17 avril 1941, 19 h.*

Communiqué à Hanoï 151 à 158.

Compte tenu des indications de vos télégrammes nos 491 à 494[3] et 199 à 505[4], le gouvernement français a décidé de vous accorder la liberté d'action

---

[1] Souligné dans le texte.

[2] T. intitulé « Négociation économique nippo-indochinoise ».

[3] T. de Tokyo en date du 14 avril, évoquant la remise des nouvelles propositions françaises à la Délégation japonaise qui a remis en cause des points considérés comme acquis et a fait preuve d'intransigeance. Face aux difficultés de négociation avec les Japonais et à la nécessité de prendre en compte également « la manière de voir du Gouverneur général de l'Indochine, souvent en opposition avec les vues du gouvernement », l'Ambassadeur demande la « pleine confiance » et « tous pouvoirs » du Département pour mener les négociations, sous peine de ne pouvoir les mener à bien, avec l'assurance de ne pas abuser de l'autorité ainsi conférée. (Guerre 1939-1945, Vichy, E Asie, Indochine, 278, document non reproduit).

[4] T. de Tokyo en date du 15 avril, rapportant l'entrevue de Charles-Arsène Henry avec le vice-ministre des Affaires étrangères japonais accusant la France de vouloir faire échouer les négociations économiques en cours, ce que l'Ambassadeur a bien sûr contesté. D'accord avec le général Robin, l'Ambassadeur pense que les Japonais vont rompre si on s'en tient aux dernières instructions reçues du gouvernement français, ce que le « parti extrémiste » préférerait pour avoir les mains libres en cas de conflit avec les Anglo-Saxons, et croit qu'il convient de faire des « concessions étendues », et « assez vite pour que l'accord définitif soit conclu avant que de nouvelles complications politiques surgissent en Extrême-Orient. » L'ambassadeur réitère sa demande de « liberté d'action et d'appréciation », « d'extrême urgence. » (Guerre 1939-1945, Vichy, E Asie, Indochine, 278, document non reproduit).

et d'appréciations que vous demandez de manière à vous permettre de conclure rapidement la négociation économique tout en tenant le plus grand compte possible des intérêts de l'Indochine.

Le gouvernement vous serait cependant obligé de vous inspirer, dans toute la mesure possible, des considérations suivantes, en vous efforçant de les faite admettre par la délégation japonaise.

1°- *Durée de l'accord commercial* :

Nous serions prêts, tout en maintenant à trois ans la durée de principe de l'accord commercial, à faire en faveur de la thèse japonaise une concession importante, en excluant la possibilité, pour le gouvernement français, de mettre fin à cet accord dans les conditions proposées par les paragraphes A.1°, b) et 2° c) de son télégramme n°ˢ 371 à 394[1]. L'accord ne pourrait ainsi être dénoncé avant la fin de sa deuxième année d'application.

Il y aurait lieu, toutefois, d'insérer soit dans le texte de l'accord, soit dans une lettre confidentielle, une disposition prévoyant que, si à l'expiration de la 2ᵉ année de leur application, les dispositions de l'accord ne pouvaient plus être maintenues en vigueur, soit par suite d'un cas de force majeure, soit pour toute autre cause, des pourparlers seraient engagés à la demande de l'une ou l'autre partie, en vue de réexaminer la situation.

2°- *Exportation des minerais indochinois à destination du Japon* :

Il résulte de votre télégramme n°ˢ 491 à 494 que vous vous seriez déjà engagé à livrer au Japon l'intégralité du wolfram et du manganèse indochinois. La délégation japonaise admettrait cependant que les quantités des minerais indochinois nécessaires à la satisfaction des besoins français fussent exceptées des livraisons à faire au Japon.

Dans ces conditions, il y aurait lieu de vous efforcer d'obtenir que soient mis en réserve pour la France des tonnages aussi élevés que possible d'étain, d'antimoine, de zinc et, éventuellement, de wolfram et de manganèse. Compte tenu de l'évolution de la situation en Extrême-Orient, ces quantités devant, selon toute probabilité, être intransportables en France, nous aviserons ultérieurement, en ce qui nous concerne, à l'utilisation la meilleure ainsi qu'à la destination finale effective à donner aux quantités ainsi réservées.

3°- *Participation des maisons japonaises au commerce d'importation et d'exportation de l'Indochine* :

les instructions de mon télégramme 371 à 394 vous autorisaient à admettre une dizaine de maisons japonaises nouvelles en Indochine à titre

---

[1] T. de Vichy signé p.o. Rochat en date du 9 avril et adressé à Tokyo et Hanoï (115 à 139 avec les différentes instructions pour l'accord commercial – durée, importations en Indochine, importations au Japon, transit, maintien des dispositions de l'article 2 de l'arrangement du 13 mai 1938, clauses diverses sur les valeurs taxables –, et pour le séjour et établissement, les questions de règlementation, les livraisons de caoutchouc, la participation des maisons japonaises au commerce d'importation et d'exportation en Indochine. (Guerre 1939-1945, Vichy, E Asie, Indochine, 278, document non reproduit).

d'importateurs, sous réserve que pour procéder au commerce d'importation, ces maisons japonaises devraient avoir, au préalable, été agréées par le gouvernement général de l'Indochine et le gouvernement japonais.

Aux termes du télégramme de l'amiral Decoux, en date du 13 avril[1], qui vous a été communiqué directement, toute installation de nouvelles maisons japonaises dans notre colonie, entraînerait la mainmise du Japon sur l'économie indochinoise. Étant donné la position prise en la circonstance par le Gouverneur général de l'Indochine, je vous demande instamment de vous efforcer, autant qu'il vous sera possible, de faire aboutir la transaction suivante à ce sujet :

Si la délégation japonaise pouvait être amenée à renoncer à sa demande concernant l'admission de nouvelles maisons japonaises en Indochine :

a)- nous accepterions d'attribuer aux maisons japonaises actuellement fixées en Indochine, non pas 25 % des importations de produits japonais dans notre colonie, mais, comme le demande le Japon, le 1/3 de ces importations, soit 33 %.

b)- Le gouvernement français serait disposé (mes télégrammes n°s 323 à 328[2] et 342[3]) à donner complète satisfaction à la demande japonaise relative à l'augmentation de la fréquence des deux lignes d'avions actuellement en service entre Tokyo et Bangkok, par Hanoï et Saïgon, dont les voyages seraient portés à 5 par semaine pour la première ligne et à 2 par semaine pour la deuxième ligne.

D'autre part, nous accepterions la création de la ligne d'hydravions demandée par le Japon et allant de Yokohama à Bangkok par Formose, Heinan et Saïgon, avec un voyage par semaine.

Il est bien entendu que les nouvelles concessions proposées sous a) et b), sous réserve (pour les lignes aériennes) des engagements de nos conventions d'armistice, ne seraient valables que pour autant que nous obtiendrions

---

[1]   Voir Guerre 1939-1945, Vichy, E Asie, Indochine, 278, document non reproduit.

[2]   T. de Vichy en date du 20 mars 1941 pour Tokyo et Hanoï en réponse à la demande du Japon *via* son consul à Hanoï, de porter la fréquence des lignes Tokyo-Bangkok par Hanoï et Formose-Bangkok par Hanoï-Tourane-Saïgon d'un voyage par semaine à respectivement 5 et 2, ainsi que de créer une troisième ligne, par hydravion, de Yokohama à Bangkok par Formose-Haïnan-Saïgon. Si les ministères de l'Air et des Colonies sont d'accord sur l'augmentation des fréquences, mais de façon plus limitée, ils s'opposent l'un et l'autre à la création d'une troisième ligne : « En toute hypothèse, le cabotage aérien indochinois doit être réservé aux seules lignes françaises. ». Si le Japon accepte la contrepartie à l'aviation française de doubler ses deux lignes existantes, la France consentirait à acquérir dans ce pays le matériel aéronautique nécessaire, soit d'après les premières estimations, sept appareils pour satisfaire les besoins immédiats. (Guerre 1939-1945, Vichy, E Asie, Indochine, 269, non reproduit).

[3]   T. de Vichy en date du 24 mars 1941 pour Tokyo et Hanoï (91 à 97), et faisant suite au T. n°s 323 à 328 : « S'il était possible de mettre au point d'accord avec le gouvernement de Tokyo, une augmentation de la fréquence des deux lignes aériennes exclusivement japonaises actuellement en service sur le parcours Tokyo-Bangkok, en contrepartie de l'autorisation à donner à l'aviation française de doubler ces lignes et de l'établissement d'horaires combinés pour les voyages, entre lignes françaises et japonaises, le gouvernement français fournirait ainsi, conformément à l'esprit de l'accord du 30 août et au désir maintes fois exprimé par M. Matsumiya, une preuve tangible de coopération économique franco-japonaise en Indochine. » (Guerre 1939-1945, Vichy, E Asie, Indochine, 269, document non reproduit).

satisfaction en ce qui concerne la non-admission des nouvelles maisons japonaises en Indochine.

Enfin, et pour le cas où il vous apparaîtrait que les concessions indiquées ci-dessus sont encore insuffisantes pour permettre l'aboutissement des négociations dans des conditions qui assurent à l'économie indochinoise la possibilité d'échapper à la double hypothèque que constitueraient pour elle un accord économique de trois ans et l'installation de nouvelles maisons de commerce japonaises, je vous laisse la faculté de proposer à la délégation japonaise l'avantage additionnel suivant : le contingent de cotonnades à attribuer au Japon serait fixé, pour la première année d'application de l'accord, à 8 000 tonnes (dont 6 000 devraient être considérées comme un contingent exceptionnel).

Je communique le présent télégramme au Gouverneur général de l'Indochine. Veuillez, si vous ne l'avez déjà fait, lui transmettre d'urgence vos télégrammes n°s 491 à 494 et 499 à 505.

Guerre 1939-1945, Vichy, E Asie, Indochine, 278 (3GMII/278)

164

M. Jules Henry, Ambassadeur de France à Ankara,
à l'Amiral Darlan, Vice-Président du Conseil, Ministre
Secrétaire d'État aux Affaires étrangères, à la Marine et à
l'Intérieur.

T. n°s 578 à 581.   *Ankara, 17 avril 1941, 19 h. 31.*

Confidentiel.   *(Reçu : le 18, 1 h.)*

Je me réfère à mon télégramme n° 575[1].

Le voyage inopiné que l'ambassadeur d'Allemagne entreprend à Berlin éveille naturellement la curiosité et suscite des commentaires divers. Alors que certains répandent avec pessimisme le bruit que M. von Papen ne reviendra pas et que, par conséquent, l'Allemagne serait à la veille d'entreprendre une action contre la Turquie, d'autres continuent à penser qu'il pourrait bien s'agir de la poursuite des récentes conversations du représentant de l'Allemagne avec le gouvernement turc soi-disant en vue de la conclusion d'un pacte de non-agression et d'amitié.

M. von Papen m'a affirmé hier soir que ces rumeurs sont fantaisistes.

« En réalité, m'a-t-il dit il y a quelque temps déjà, voyant que l'affaire de Grèce était *réglée*[2], j'ai exprimé au Chancelier le désir d'aller m'entretenir

---

[1] T. d'Ankara en date du 16 avril, dont la copie porte le paraphe de Lagarde, sur le départ de von Papen pour Istanbul afin de prendre un avion vers l'Allemagne qui donne consistance aux rumeurs relatives aux conversations germano-turques. (Guerre 1939-1945, Vichy, E Levant, Turquie, 126, non reproduit).

[2] Souligné dans le texte.

avec lui. Hitler a accédé à mon désir et a offert de mettre un avion à ma disposition. Je compte rentrer dans une dizaine de jours avec ma femme qui est en Allemagne ».

En ce qui concerne les relations turco-allemandes, la pensée de l'ambassadeur d'Allemagne paraît être la suivante : il n'a jamais voulu lui-même mettre en doute que ces relations pourraient être troublées et il a toujours donné à la Turquie l'assurance que l'Allemagne ne nourrissait aucune pensée d'agression contre elle. Il a répété sans cesse que le jour où cet état de choses, qu'il s'est efforcé de maintenir, serait modifié contre son gré il préférerait terminer sa mission.

Il avait la satisfaction de constater que sa politique n'avait pas échoué et, sauf imprévu, il demeurait convaincu du maintien de la neutralité turque. Il souligne que l'Allemagne, vu sa position stratégique actuelle, n'aurait pas intérêt à tenter quoi que ce soit dans la direction de la Turquie. Dans ces conditions, il n'estime pas que son gouvernement doive exercer une pression à Ankara et présenter ici, comme il le fit ailleurs, des propositions qui risqueraient de mécontenter le gouvernement turc. Il estime préférable de laisser le temps et les événements accomplir leur œuvre. Jusqu'à ce que d'elle-même la Turquie se rende compte que si l'alliance anglaise lui a été profitable à une époque, elle ne présente plus, en raison du changement d'intervention, les mêmes avantages. Ce jour-là des conversations germano-turques pourraient être engagées.

Aujourd'hui, étant donné le récent échange de lettres entre le Chancelier et le Président de la République turque[1], il est souhaitable que l'action allemande se limite à convaincre verbalement les Turcs du bon vouloir de l'Allemagne et à gagner leur confiance.

C'est à cette ligne de conduite que l'ambassadeur d'Allemagne conseillera à son gouvernement de se tenir.

Je signale en terminant que l'ambassadeur d'Allemagne a recueilli au cours de ses récentes conversations avec les dirigeants turcs que ceux-ci étaient inquiets du côté de la Russie, ce qui confirmerait la parole de M. Saradjoglu rapportée dans mon télégramme n°s 467-471[2].

Guerre 1939-1945, Vichy, E Levant, Turquie, 126 (4GMII/126)

---

[1] Rapporté par le T. n° 311 d'Ankara en date du 5 mars 1941. L'ambassadeur suppute le contenu du message d'Hitler du 4 mars au président Ismet Inonü par l'entremise de l'ambassadeur d'Allemagne : « 1) M. Hitler aurait confirmé par écrit les assurances formelles données à la Turquie par M. von Papen ; 2) le message constituerait un avertissement ; 3) l'Allemagne suggèrerait à la Turquie de conseiller à la Grèce de conclure la paix avec l'Italie ; 3) il s'agirait d'une invitation à Berchtesgaden. » (Guerre 1939-1945, Vichy, E Levant, Turquie, 126, non reproduit).

[2] Voir document n° 143.

165

L'AMIRAL DARLAN, VICE-PRÉSIDENT DU CONSEIL, MINISTRE SECRÉTAIRE
D'ÉTAT AUX AFFAIRES ÉTRANGÈRES, À LA MARINE ET À L'INTÉRIEUR.
À LA DIRECTION DE LA SÛRETÉ NATIONALE.

D. n° 8679-Pol[1].   *Vichy, 17 avril 1941.*

Urgent.

Depuis plusieurs mois, les intérêts français en Roumanie ont été menacés et nos compatriotes eux-mêmes, dans différents cas, n'ont pas été plus épargnés dans leur personne que dans leurs biens. C'est ainsi qu'au cours de l'été dernier, un certain nombre d'ingénieurs français employés dans des sociétés pétrolières de Roumanie ont été expulsés du territoire roumain sans motif légitime.

À la suite des événements qui ont marqué la fin du gouvernement légionnaire[2], nous avions pu espérer que le nouveau gouvernement roumain[3] ferait preuve de plus de compréhension à l'égard de nos intérêts et de plus de ménagements vis-à-vis de nos compatriotes. Des assurances en ce sens avaient été données par le ministère des Affaires étrangères roumain à notre ministre à Bucarest et par la légation de Roumanie à mon Département.

De nouvelles mesures d'éviction prises à l'égard de plusieurs de nos compatriotes, dont certains ont été mis dans des camps de concentration, nous obligent à constater que ces assurances sont restées sans effet.

Nous serons vraisemblablement contraints d'user très prochainement de représailles contre les ressortissants roumains résidant en France.

Je vous serais reconnaissant, dans ces conditions, de bien vouloir faire prendre, *dès maintenant*[4], certaines mesures – telles que le recensement – préparatoires au confinement et peut-être même à l'internement d'un certain nombre de Roumains résidant en zone libre.

J'ajoute que j'ai fait savoir aujourd'hui même au chargé d'affaires de Roumanie que le gouvernement roumain n'ayant tenu aucun compte des démarches répétées de notre ministre à Bucarest, nous nous voyons, à notre grand regret, dans l'obligation de recourir à des représailles à l'égard des ressortissants roumains.

---

[1] Dépêche intitulée : « Ressortissants roumains en France ».

[2] Le 4 septembre 1940, la Légion de l'Archange Michel ou Garde de Fer, mouvement d'extrême-droite fasciste, allié alors au général Ion Antonescu, prend le pouvoir en Roumanie. Elle force le roi Carol II à abdiquer en faveur de son fils Michel et fonde l'État national-légionnaire. Mais le coup d'État qu'elle tente le 24 janvier 1941 pour écarter Antonesco échoue et ses chefs sont réduits à se réfugier en Allemagne. Le règne de la Légion est marqué par un désordre extrême, des pogroms, des extorsions, etc. Voir notamment *DDF (1939-1944)*, 1940-2, documents n°s 182, 292, 293, 337, 396.

[3] Il s'agit du règne de Ion Antonesco, débarrassé depuis janvier 1941 de la Garde de Fer et « Conducator » (Guide) de la Roumanie.

[4] Souligné dans le texte.

J'attacherais du prix à ce que vos instructions aux préfets fussent envoyées d'urgence, espérant que les réactions et l'émotion qu'elles provoqueront inciteront le gouvernement roumain, dûment averti par son représentant à Vichy, à comprendre que nos avertissements n'ont pas été donnés à la légère et à rapporter les mesures d'exception prises à l'encontre de nos compatriotes.

Guerre 1939-1945, Vichy, Z Roumanie, 702 (10GMII/702)

166

M. Gaston Maugras, Ministre de France à Athènes,
à l'Amiral Darlan, Vice-Président du Conseil, Ministre
Secrétaire d'État aux Affaires étrangères, à la Marine et à
l'Intérieur.

T. n°s 242 à 243.   *Athènes, 18 avril 1941, 20 h. 30.*

(Reçu : le 19, 7 h.)

Bien qu'elle résiste pied à pied, l'armée grecque perd du terrain et les Allemands ont commencé à déboucher en Thessalie, menaçant d'encercler les troupes anglaises qui défendent les défilés de l'Olympe.

Mais la situation est plus grave encore peut-être à l'arrière que sur le front. L'union nationale qu'avaient scellée la haine de l'Italie et la victoire n'a pas résisté aux intrigues de l'Allemagne et aux revers. Les anciennes querelles de la politique intérieure se sont ranimées et au sein même du gouvernement sont apparues de profondes divergences entre partisans et adversaires de la poursuite de la guerre. L'action du gouvernement est devenue de plus en plus hésitante et débile. Le Président du Conseil[1], impuissant à dominer la situation, s'est suicidé aujourd'hui.

Le Roi et le gouvernement devaient partir aujourd'hui ou demain pour la Crète. Mais le drame qui vient de se passer met bien des choses en question et, parmi elles, l'autorité même du Roi.

L'espoir d'échapper à une occupation italienne incite beaucoup de Grecs à chercher une réconciliation avec l'Allemagne. Mais ils ont encore scrupule à demander un armistice qui livrerait à l'ennemi les troupes anglaises qu'ils avaient appelées à leur secours.

Guerre 1939-1945, Vichy, Z Europe, Athènes, 394 (10GMII/394)

---

[1] Alexandros Korizis, ancien gouverneur de la Banque de Grèce qui avait succédé au général Metaxas, mort le 29 janvier 1941. Il est remplacé, le 20 avril, par Emmanouil Tsouderos, également ancien gouverneur de la Banque de Grèce, qui cumule la fonction de président du Conseil avec celles de ministre des Affaires étrangères, des Finances et de l'Économie nationale et appelle à poursuivre la lutte contre les forces d'invasion. Lorsque la Wehrmacht marche sur Athènes, il fuit avec le roi Georges en Crète, puis après l'invasion de l'île, au Moyen-Orient. Le jour de sa nomination, le général Georgios Tsolacoglou signera la reddition des troupes grecques face aux armées du Reich et sera nommé le 30 avril chef d'un gouvernement de collaboration.

167

L'Amiral Darlan, Vice-Président du Conseil, Ministre Secrétaire
d'État aux Affaires étrangères, à la Marine et à l'Intérieur,
à M. Robin, Gouverneur Général de l'Indochine,
et Charles-Arsène Henry, Ambassadeur de France à Tokyo.

T. nᵒˢ 164 à 173 ; 429 à 437[1].   *Vichy, 19 avril 1941, 23 h. 15.*

Pour Hanoï. J'adresse à Tokyo sous les nᵒˢ 429 à 437 le télégramme que je vous communique, sous les nᵒˢ 165 à 173.

Pour tous. Pour le gouverneur général Robin.

M. Harada s'est rendu le 16 avril au ministère des Affaires étrangères pour l'entretenir, comme il l'a déjà fait à plusieurs reprises, de la négociation économique actuellement en cours. M. Harada a soulevé ou remis en question un certain nombre de points sur lesquels, d'après lui, les pourparlers porteraient actuellement. On peut se demander si la démarche prescrite par son gouvernement à M. Harada ne tend pas à reprendre obliquement des questions sur lesquelles une entente serait déjà réalisée à Tokyo.

Sous cette réserve, je vous indique ci-après les points exposés par M. Harada avec les observations qu'ils appellent de notre part :

1ᵒ) *Problème des règlements.*

M. Harada a indiqué que la délégation française et la délégation japonaise seraient d'ores et déjà tombées d'accord pour considérer que si, à la fin de la troisième année d'application de la convention, il subsistait un solde en yens, ce solde serait liquidé par paiements mensuels en yens au cours de la quatrième année.

Je ne doute pas que les indications ainsi données par M. Harada ne résultent d'une erreur d'interprétation. En effet, la délégation française n'a jamais fait part au gouvernement d'une proposition de cette nature qui aurait pour effet d'aggraver encore la dépendance économique de l'Indochine à l'égard du Japon.

2ᵒ) *Exportation des minerais indochinois à destination du Japon.*

Tout en acceptant, en principe, que soient réservés, pour la France, certains tonnages de minerais qui viendraient ainsi en déduction de la part japonaise, le gouvernement de Tokyo demande que l'intégralité du solde lui soit livrée.

Je vous fais toute confiance pour vous efforcer d'obtenir que la part française soit aussi substantielle que possible.

---

[1] Télégramme signé « Diplomatie. P.o. Ch. Rochat » et intitulé « Négociations économiques nippo-indochinoises ». Ce document émane de la Direction des Relations commerciales.

3°) *Caoutchouc.*

Le Japon insiste pour que le paiement des 15 000 tonnes de son contingent supplémentaire soit effectué en dollars à concurrence de 10 000 tonnes seulement, le surplus étant payé en yens. Je n'ai pas besoin de vous rappeler tout le prix que nous attachons à ce que ce tonnage soit intégralement payé en dollars. Dans la négative et s'il vous est impossible, sans risque de rupture, de faire admettre ce principe, il y aurait lieu, en tout état de cause, de vous efforcer d'obtenir que le paiement en yens soit effectué en yens *transférables*[1]. D'autre part, le contingent de 18 000 tonnes, réservé à la France et dont M. Harada sollicite l'attribution au profit du Japon, ne devrait pas être hypothéqué. Sur ce dernier point, je serais obligé d'invoquer l'accord de Wiesbaden et la nécessité pour la France de consulter l'Allemagne avant toute nouvelle affectation à donner à la part française. Tout au plus, pourrait-on admettre, dans le cas où ces 18 000 tonnes seraient intransportables en France, l'insertion dans l'accord d'une clause de bienveillance, prévoyant que le gouvernement français examinera la possibilité d'accorder au Japon, sur la part française, un tonnage qui ne saurait, en aucun cas, excéder le tiers de cette part. Je fais d'autre part une tentative à Wiesbaden pour obtenir que le gouvernement allemand réserve au Japon sur le contingent nippo-européen la part qui avait été primitivement prévue et que le gouvernement japonais ne semble pas avoir jusqu'ici obtenue. Enfin, M. Harada ayant soulevé la question de la répartition du contingent « Autres pays », pendant les année 1942-1943, je vous signale l'intérêt essentiel qui s'attache à sauvegarder, en tout état de cause, le principe de la répartition telle qu'elle est actuellement fixée, soit, par an, 15 000 tonnes pour le Japon et 10 000 tonnes pour les États-Unis.

4°) *Cotonnades.*

Sur ce point, il a été indiqué à M. Harada que vous aviez toute latitude pour fixer le contingent à attribuer au Japon. Je vous rappelle que ce contingent ne saurait dépasser 8 000 tonnes, dont 6 000 à titre exceptionnel.

5°) *Participation des maisons japonaises au commerce d'importation et d'exportation de l'Indochine.*

Il a été donné à M. Harada connaissance, dans leurs grandes lignes, des indications, à ce sujet de mon télégramme n°s 418 à 425.

Pour faciliter la transaction que nous souhaitons, en ce qui concerne les maisons japonaises se livrant au commerce d'importation en Indochine, nous serions prêts à accorder à des entreprises nippones, 25 % des licences d'exportation de maïs et le même pourcentage à l'exportation du riz.

J'attacherais du prix à être tenu informé par vos soins, avant la conclusion de la convention, des solutions de principe auxquelles vous aurez abouti avec la délégation japonaise touchant les principaux points de l'accord à réaliser.

---

[1] Souligné dans le texte.

Pour Tokyo. Je communique le présent télégramme au Gouverneur général de l'Indochine sous les n°s 164 à 173.

Guerre 1939-1945, Vichy, E Asie, Indochine, 278 (3GMII/278)

168

L'AMIRAL DUPLAT, PRÉSIDENT DE LA DÉLÉGATION FRANÇAISE AUPRÈS DE LA COMMISSION ITALIENNE D'ARMISTICE,
AU GÉNÉRAL HUNTZIGER, MINISTRE SECRÉTAIRE D'ÉTAT À LA GUERRE[1].

D. Affaires étrangères n° 2000/AE[2].   *Turin, 19 avril 1941.*

J'ai l'honneur de vous adresser sous ce pli une note au sujet de l'état d'esprit en Italie.

ANNEXE

NOTE

État d'esprit en Italie – Avril 1941

N.   *[s.l. – Turin], 18 avril 1941.*

Agissant à la façon d'une baguette magique, les victoires rapides que les puissances de l'Axe viennent de remporter dans les Balkans et en Cyrénaïque[3] ont déterminé, en quelques jours, un revirement très net de l'état d'esprit du peuple italien. Ce changement d'atmosphère, ce passage d'un état d'inquiétude prostrée à un sentiment de confiance renouvelée ont été perceptibles à l'intérieur même de cette cloche pneumatique où les autorités italiennes s'efforcent de maintenir la délégation française à Turin. Dans la rue, les passants ont une attitude plus alerte ; des conversations animées remplacent, aux devantures des libraires où sont exposées des cartes du front, la morne contemplation d'il y a quelques semaines. Un air nouveau règne sur la ville, qui n'est pas dû seulement au retour du printemps. Comme l'a écrit – non sans optimisme peut-être – M. Ezio Maria Gray, publiciste italien notoire, la fête de Pâques a été également celle de la résurrection nationale.

Il y a moins de trois semaines pourtant, les sujets d'inquiétude ne manquaient pas en Italie. L'abandon de la Cyrénaïque[4], l'échec répété des offensives italiennes contre la Grèce[5], les

---

[1]   Document adressé à la Direction des Services de l'armistice.

[2]   Dépêche intitulée : « État d'esprit en Italie ». Des deux pièces jointes indiquées, on n'a retrouvé que celle qui porte ce titre.

[3]   Tirant les conséquences de l'échec de la « guerre parallèle » menée par l'Italie en Grèce, la Wehrmacht a lancé le 6 avril une opération contre la Yougoslavie, puis contre la Grèce (opération Marita). Le 18 avril, la situation des Grecs est désespérée (voir document n° 166). Par ailleurs, l'Afrikakorps du général Rommel, débarqué en février 1941, et les forces italiennes entament une contre-offensive en Libye contre les forces britanniques du général Wavell le 3 avril 1941, alors même que les Britanniques sont retenus en Grèce. La reconquête de la Cyrénaïque est réalisée en une semaine.

[4]   Lancée en décembre 1940, l'offensive du général Wavell a achevé la conquête de la Cyrénaïque en février 1941 par la prise de Benghazi, le 7.

[5]   L'Italie avait attaqué la Grèce à partir de l'Albanie le 28 octobre, remportant quelques succès locaux limités, jusqu'à la contre-offensive, à la mi-novembre, de l'armée grecque commandée par le général Papagos, qui repousse les Italiens jusqu'à l'intérieur du territoire albanais.

pertes subies par la Marine royale en rade de Tarente et durant la bataille du Cap Matapan[1] étaient venus assombrir l'hiver. Au lendemain de l'adhésion de la Yougoslavie au Pacte tripartite, et au moment même où M. Matsuoka se trouvait sur le sol italien, le coup d'État de Belgrade pouvait à bon droit être considéré comme un échec diplomatique pour l'Axe[2]. L'avenir paraissait obscur dans les Balkans, en Afrique et en Méditerranée. En vain la presse cherchait-elle à réconforter ses lecteurs. Au public abattu ne suffisaient plus les récits des bombardements accomplis par la Luftwaffe sur l'Angleterre ou l'énumération des navires coulés par les sous-marins italiens et allemands. Le moral était bas et un sourd mécontentement couvait, dans de nombreux milieux, contre le régime.

Mais, brusquement le vent a tourné. L'inconnue balkanique a été levée par une campagne dont le succès s'affirme chaque jour ; la Cyrénaïque a été reconquise ; l'Égypte est aujourd'hui menacée[3]. L'intérêt du public se reporte vers les opérations en cours ; les journaux disposent d'une copie abondante ; chaque jour des titres plus sensationnels que la veille incitent les lecteurs à la confiance. Le public dont l'esprit critique a certes été émoussé par de longues années de lecture d'une presse dirigée, mais qui sait néanmoins fort bien distinguer encore les véritables victoires de celles qui fleurissent exclusivement au ministère de la Culture populaire, se laisse volontiers porter par ce courant d'optimisme qu'il estime, cette fois-ci, puissant et justifié.

Sans doute le mécontentement contre le régime et certains de ses hommes, que je vous signalais il y a quelques semaines, n'a-t-il pas entièrement disparu ; mais il est en tout cas, suffisamment contrebalancé par le tour heureux de la guerre pour autoriser un retour en scène, encore discret mais pourtant sensible, de M. Mussolini : quelques fragments de discours anciens où le Duce exprimait notamment sa confiance inébranlable dans la victoire et dans l'avenir du fascisme, et qu'on n'aurait probablement pas osé rappeler il y a quelques semaines, ont été insérés en manchettes à la première page de tous les journaux.

Le public italien paraît s'être tourné d'autant plus facilement vers des horizons meilleurs, que ses dirigeants ont su flatter, par l'organe d'une presse bien orchestrée, son goût pour les récits héroïques. À une nation friande de hauts faits, M. Mussolini a ouvert la porte d'un jardin de lauriers. Les journaux, en effet, n'ont pas ménagé leurs éloges aux troupes allemandes dont l'arrivée sur le front balkanique et sur le littoral africain a permis ce retournement de la situation, tous leurs efforts ont pourtant tendu à mettre spécialement en valeur le rôle joué, dans l'offensive de printemps, par les forces italiennes.

Les comptes rendus de la bataille d'Afrique du Nord parlent de l'avance victorieuse du Corps italo-allemand, en se gardant bien de préciser la part assurément prépondérante que les troupes et surtout le matériel du Reich ont prise dans la lutte. Sous la plume des journalistes fascistes, la reconquête de la Cyrénaïque est devenue, avant tout, une revanche de l'Italie.

De même, dans leurs premiers récits de la campagne balkanique, les publicistes italiens n'ont pas craint de mettre sur un même plan l'avance foudroyante des colonnes allemandes et les progrès beaucoup plus modestes des troupes italiennes. Le premier jour, l'occupation de Kranjaka-Gora, à 5 km de la frontière italienne, était annoncée sous d'aussi larges titres que celle d'Uskub. Quelques jours plus tard, l'entrée des Italiens à Ochrida était l'objet de commentaires aussi élogieux que celle des troupes allemandes à Salonique. La jonction des Italiens et des Allemands à la frontière albanaise fut célébrée comme un événement capital. Mais les journaux se gardèrent de préciser que les soldats du maréchal List[4] avaient parcouru presque tout le chemin pour venir au devant de leurs alliés.

---

[1] Le 28 mars 1941, la flotte anglaise attaque une escadre italienne au cap Matapan et coule cinq navires. Il s'agissait pour les Anglais de maintenir ouverte la route maritime permettant de convoyer ses troupes d'Égypte en Grèce.

[2] La Yougoslavie du Régent Paul a adhéré au Pacte tripartite, conclu le 27 septembre 1940, entre Berlin, Tokyo et Rome, le 25 mars 1941. Mais deux jours plus tard, un putsch d'officiers pro-occidentaux contraint le gouvernement à démissionner. Le jeune roi Pierre II monte sur le trône tandis que le prince-régent quitte le pays.

[3] L'Égypte est menacée par l'offensive germano-italienne que mène le général Rommel à partir de la Cyrénaïque qu'il vient de reconquérir. Bien que ce dernier ait réussi à atteindre et même à franchir la frontière égyptienne, les Anglais sont parvenus, en novembre-décembre 1941, à dégager Tobrouk assiégée et à reprendre la Cyrénaïque.

[4] Le général Wilhelm List (1880-1971) commande la XIIᵉ Armée dans les Balkans.

Depuis lors, il est vrai, des succès plus marquants sont venus flatter l'amour-propre italien. Ljubjana et presque tous les ports et les îles de la côte dalmate ont été occupés par les armées royales. La presse peut à bon droit se féliciter de ces succès, mais elle oublie un peu trop facilement que l'effondrement de la résistance yougoslave sous les attaques allemandes a largement contribué à les rendre possibles.

Les victoires actuelles ne suffisent d'ailleurs pas à satisfaire la fringale d'honneurs des dirigeants fascistes. Il leur faut aujourd'hui revenir en arrière et démontrer que, dans les revers subis par l'Italie au cours de l'hiver, un observateur attentif pouvait déjà discerner les signes annonciateurs de la victorieuse campagne de printemps. L'Italie n'a-t-elle pas, pendant de longs mois, supporté à elle seule les assauts répétés des meilleures forces assemblées de l'Empire britannique ? Sa résistance héroïque a progressivement usé la puissance offensive de l'assaillant. La tactique italienne du *Logoramento*[1] a eu pour résultat d'amener les Anglais à bout de souffle au moment attendu par les puissances de l'Axe pour déclencher leur contre-offensive. Avec une habileté un peu cynique, les publicistes italiens transforment ainsi en victoires les échecs passés de l'Italie ; la passivité d'une population qui a peu souffert de la guerre, est devenue une marque de noble sang-froid ; les deux bombardements de Gênes ont élevé cette ville à la dignité de « cité martyre »[2]. Le public italien apprend aujourd'hui, non sans étonnement et sans admiration, les périls extrêmes par lesquels il est passé depuis l'automne. Le danger éloigné, on se plaît à le grossir, l'on se glorifie d'y avoir fait face, l'on exalte l'impavide résistance italienne qui seule, dit-on, a rendu possible la revanche d'aujourd'hui.

Cette tendance du public et des dirigeants italiens à grossir le rôle joué par l'Italie dans la campagne de printemps n'est d'ailleurs pas une manifestation nouvelle. N'est-il pas en effet absolument courant ici d'affirmer que la victoire des alliés en 1918 a été due principalement aux armées italiennes ? L'engagement des troupes royales à Bligny[3] n'a-t-il pas sauvé du désastre les armées françaises ? L'attaque sur le Piave en 1918 n'a-t-elle pas déterminé, avant celle du maréchal Franchet d'Espérey, l'effondrement en front balkanique ? L'armistice austro-italien n'a-t-il pas précédé de plusieurs jours l'armistice franco-allemand, contraignant les armées du Reich à capituler[4] ? Le même état d'esprit qu'on constatait en Italie à la fin de 1918 se retrouve aujourd'hui. Alors qu'il y a quelques semaines, l'Italie résignée était prête à s'abandonner entre les bras sauveurs du Reich, aujourd'hui elle en vient presque à se juger le principal artisan de la victoire.

Et pourtant tout sujet d'inquiétude n'a certes pas disparu pour l'Italie. Mais, dans l'euphorie des succès remportés, on écarte les pensées importunes :

La perte de l'Afrique orientale[5] qui, en d'autres temps, eût été durement ressentie, a pu être compensée par l'annonce concomitante des succès remarquables dans les Balkans. Ce sujet gênant a été traité par prétérition par la plupart des journaux. Ceux qui y ont fait allusion se sont contentés d'indiquer que l'éloignement rendait cette colonie difficilement défendable, que ce théâtre d'opérations périphérique ne pouvait exercer aucune influence sur l'issue finale de la guerre, que, d'ailleurs, la résistance de troupes du duc d'Aoste n'était pas encore domptée et qu'en attendant la revanche éclatante de l'Italie sur ce front, la Grande-Bretagne aurait à faire face à de multiples difficultés avant de dominer véritablement le pays.

Quant aux craintes que suscitait ici, il y a quelques semaines, l'acheminement progressif des États-Unis sur la voie de l'intervention, elles semblent, depuis quelques jours, passées

---

[1] Terme italien signifiant « usure », « épuisement ».

[2] Gênes a été bombardée le 14 juin 1940 par la Marine française (Opération Vado), puis le 18 février 1941 par les Britanniques, soucieux de détruire ses installations portuaires et son arsenal (Opération Grog).

[3] Allusion à la seconde bataille de la Marne, en juillet 1918, livrée près de Bligny, dans le secteur de la montagne de Reims.

[4] Alors que l'armistice franco-allemand date du 11 novembre 1918, l'armistice austro-italien a été conclu le 3 novembre.

[5] L'offensive des Britanniques et des Français libres contre l'Afrique orientale italienne a débuté le 19 janvier 1941, à partir du Soudan et du Kenya. Après une série de victoires, la capitale de l'Érythrée, Asmara, a été prise le 2 avril, et 15 000 soldats italiens ont été faits prisonniers. Les troupes alliées s'apprêtent ensuite à prendre Addis Abeba, capitale de l'Éthiopie, ce qui sera chose faite le 5 mai 1941.

au second plan. Les mesures envisagées par le président Roosevelt pour l'escorte des convois par des navires de guerre américains[1] ont été relatées avec imprécision par la presse qui insiste surtout sur l'erreur de jugement commise par la Maison blanche, en surévaluant la capacité de résistance de la Yougoslavie. Si les États-Unis ont pu se tromper à ce point, en viennent à dire les publicistes fascistes, pourquoi ne se seraient-ils pas également trompés sur le compte de la puissance anglaise ? L'opposition croissante, ajoutent-ils, qui se manifeste dans les classes populaires américaines à la politique d'aide à l'Angleterre, n'est autre chose que le réflexe de défense d'un peuple qui se sent engagé sur une voie dangereuse. Sans doute les dirigeants italiens n'espèrent-ils pas sincèrement voir le président Roosevelt revenir aujourd'hui en arrière ; du moins caressent-ils l'idée que les renforts américains dont l'envoi sera retardé par l'opposition d'une importante fraction de l'opinion publique, arriveront trop tard pour sauver l'Angleterre.

Cet optimisme de la presse italienne peut certes paraître prématuré, si l'on songe que l'Angleterre résiste encore dans son île et que la partie décisive de l'Atlantique et de la maîtrise des mers n'est pas encore jouée. Il s'explique pourtant assez bien lorsqu'on remarque que, pour l'Italie, c'est sa guerre à elle, celle de la Méditerranée et des Balkans, qui est en train de prendre une tournure favorable. Si de nombreuses inconnues subsistent encore quant à l'issue finale du conflit, du moins un objectif immédiat paraît-il sur le point d'être atteint, celui précisément qui intéresse l'Italie avant tout : la suppression de la menace anglaise qui pèse sur ses côtes.

Cette satisfaction de l'opinion italienne n'est évidemment pas sans mélange, car il ne lui échappe pas que l'influence anglaise dans les Balkans sera remplacée par une domination allemande, beaucoup plus que par une domination italienne. Les dirigeants fascistes voient ainsi se poser à nouveau devant eux le problème beaucoup plus général de la place et du degré d'indépendance qui, dans une Europe éventuellement soumise à une Allemagne victorieuse, seront laissés à l'Italie par son actuel partenaire. Mais, quelles que soient les craintes qu'en leur for intérieur ils peuvent concevoir à cet égard, du moins s'attachent-ils à n'en rien laisser paraître. Ils affectent, au contraire, de se montrer sur ce point parfaitement rassurés. Il n'est pas de jour où la presse italienne n'exalte la parfaite confiance et la loyauté entière qui président aux rapports des deux puissances de l'Axe. Sans doute aussi juge-t-on à Rome que l'ampleur du succès remporté laisse place pour deux au partage des dépouilles. L'Allemagne ne dispose-t-elle pas maintenant d'un accès à la mer Noire et d'un débouché sur la mer Égée ? Le temps n'est plus, estime-t-on vraisemblablement ici, où, au lendemain de l'armistice, l'Italie voyait Trieste menacée. Aujourd'hui le *Drang Nach Osten* s'est déplacé vers l'Orient. La vallée du Vardar et le port de Salonique devraient suffire aux Allemands qui laisseraient les Italiens dominer l'Adriatique.

Il est assez caractéristique à cet égard de voir avec quel empressement tous les journaux de la péninsule ont mis l'accent sur cette idée d'une répartition amicale du butin, en relevant avant-hier un article paru dans la *Boersen Heitung* sur l'italianité de la côte dalmate.

Je ne suis naturellement pas en mesure de savoir si un accord délimitant des zones d'influence a été conclu entre le Reich et l'Italie. Je ne peux que constater, pourtant, la place croissante que la question de l'Adriatique occupe, depuis huit jours, dans la presse italienne. Le deuxième anniversaire de l'entrée des Italiens en Albanie a permis d'annoncer le retour prochain à la mère-patrie des minorités albanaises de Macédoine. La presse orchestre, d'autre part, les manifestations d'indépendance d'un Monténégro qu'un lien dynastique rend cher à la Maison de Savoie. Enfin et surtout, toute une propagande se développe en faveur du retour à l'Italie des provinces dalmates. Les souvenirs qu'y laisse l'Empire romain sont évoqués dans les journaux à côté de ceux de la République de Venise. La presse rappelle la « trahison » de la France et de l'Angleterre qui refusèrent, au lendemain de la Grande Guerre, d'exécuter leurs engagements de Saint-Jean-de-Maurienne. Le « sacrifice » que l'Italie fit alors à la « cause de la Paix », en renonçant à son « dû », est évoqué en même temps que les persécutions infligées par les dominateurs serbes, aux minorités italiennes qui aspirent à rentrer dans le sein de leur patrie.

Ainsi la confiance restaurée, au moins provisoirement, en Italie se traduit aujourd'hui par l'exposé très net de revendications territoriales importantes, par la prise d'une hypothèque sur la rive orientale de l'Adriatique, en vue du règlement final.

---

[1] Le 20 mars 1941, le chef des opérations navales à Washington a donné l'ordre à l'amiral King, qui commande la flotte de l'Atlantique, de faire le nécessaire pour escorter les convois de marchandises vers les îles britanniques.

Mais une autre manifestation de cet optimisme est d'un intérêt plus direct pour la France : depuis leurs succès, les Italiens se sentent plus à l'aise, ont haussé sensiblement le ton à l'égard de notre pays.

Les dirigeants fascistes se jugent en effet quasi délivrés maintenant de la crainte, qui ne fût à aucun moment absente de leur esprit, de voir l'Afrique française du Nord entrer en dissidence. L'avance des troupes anglaises en direction de la Tunisie avait accru cette inquiétude, en février et en mars. Aujourd'hui au contraire, la force d'attraction que pouvait exercer l'Angleterre sur nos possessions d'Afrique et du Levant leur paraît diminuée en proportion de la perte de prestige subie par la Grande-Bretagne. Si les populations de ces territoires avaient dû se rallier à la cause anglaise, pensent-ils sans doute, elles ont laissé échapper la meilleure occasion.

De cette tranquillité reconquise, il résulte d'ailleurs que les autorités italiennes se montreront probablement moins disposées, à l'avenir, à prêter l'oreille à l'argument du risque d'entrée en dissidence de certaines de nos possessions – argument dont nous avons souvent usé pour obtenir des dérogations aux clauses de l'armistice ou des facilités dans l'exécution de nos obligations. Certains de mes collaborateurs et moi-même avons déjà pu remarquer, dans nos conversations avec les fonctionnaires de la Commission italienne d'armistice et avec le général Grossi, une assurance plus désinvolte de la part de nos interlocuteurs et une tendance chez eux à se montrer plus rigoureux que par le passé. M. Sanguinetti a constaté le même état d'esprit, lors de la dernière session des négociations économiques de Rome.

Poussant plus loin l'analyse des sentiments des dirigeants italiens, il est même permis de se demander s'ils ne songent pas à retourner contre nous l'argument dont nous avons fait un usage souvent trop heureux à leur gré. Maintenant qu'elles disposent d'une liberté d'esprit plus grande, les autorités italiennes ne vont-elles pas prétexter du danger – cependant décroissant, en bonne logique – que représente, aux colonies et même dans la métropole, le mouvement gaulliste, pour assumer elles-mêmes la tâche de le réprimer. Une aggravation des mesures de contrôle serait certainement une première conséquence de cette prétention. Une réduction de nos effectifs en Afrique du Nord, qualifiée pour la circonstance trop facilement accessible aux arguments de la propagande anglaise, en pourrait être la plus grave. Sans vouloir pousser les choses trop au noir, je dois pourtant relever l'insistance avec laquelle le général Grossi m'a parlé, au cours de notre dernière entrevue, des menées gaullistes en Afrique du Nord et en Corse.

Enfin, la presse italienne qui, au cours de ces dernières semaines, avait cessé de s'occuper de la France, commence, depuis quelques jours, à reprendre ses attaques contre notre pays. La manifestation de Marseille en faveur de la Yougoslavie, certaines paroles de M. Churchill au sujet de la France « ancienne et toujours amie », l'attitude de la presse et de la radio de Nice, accusées de partialité dans le compte rendu des opérations de guerre italiennes, un discours du préfet des Alpes-Maritimes affirmant que Nice restera française, tous ces faits ont été soigneusement relevés par plusieurs journaux italiens qui ont riposté, en termes injurieux et menaçants, à ce soi-disant renouveau du sentiment anti-italien en France.

Ces diverses constatations sont évidemment encore trop récentes et trop fragmentaires pour qu'on puisse en déduire des conclusions certaines quant à l'évolution prochaine des rapports franco-italiens. Elles confirment cependant l'idée qu'une Italie, même rassurée par des succès remportés sur de nouveaux fronts et apaisée par des avantages acquis aux dépens d'autres pays, n'est nullement disposée à laisser prescrire ses revendications à l'égard de la France.

Guerre 1939-1945, Vichy, Z Europe, Italie, 470 (10GMII/470)

169

M. Truelle, Ministre de France à Bucarest,
à l'Amiral Darlan, Vice-Président du Conseil, Ministre
Secrétaire d'État aux Affaires étrangères, à la Marine et à
l'Intérieur.

T. nᵒˢ 435 à 436.   *Bucarest, 20 avril 1941, 15 h.*

(Reçu : le 20, 19 h.)

J'ai signalé à diverses reprises la tendance des milieux officiels roumains à attribuer au gouvernement de Moscou une grande responsabilité dans les événements de Yougoslavie[1]. Cette tendance s'affirme de nouveau aujourd'hui devant la capitulation de l'armée serbe[2]. On accuse l'URSS d'avoir amené les Serbes à la défaite en s'abstenant elle-même de s'engager.

Le Secrétaire général aux Affaires étrangères m'a développé la même thèse. Il a observé que dans un prochain avenir le gouvernement de l'URSS serait amené à s'opposer de plus en plus à la politique du Reich, mais a conclu qu'il s'abstiendrait néanmoins de toute action de caractère agressif. Il a reconnu en même temps que le gouvernement du Reich était très énigmatique sur ses intentions à l'égard de l'URSS et n'a pas semblé partager l'opinion d'un certain nombre de Roumains concernant une prochaine attaque de l'URSS par le Reich.

Celle-ci se base sur les mesures militaires prises tout récemment au sud du Pruth où est concentrée une partie de l'armée roumaine, et où ont été amenées dernièrement des unités allemandes remplaçant celles envoyées dans le sud des Balkans. Ces mouvements ne sont pas passés inaperçus à Moscou, et le gouvernement soviétique aurait remis une note à Bucarest par laquelle il aurait manifesté sa surprise. Mon collègue soviétique m'a d'ailleurs fait part de son étonnement à ce sujet, me déclarant que les Roumains devaient être bien mal renseignés s'ils prévoyaient que l'URSS désire les attaquer.

Communiqué Moscou.

Guerre 1939-1945, Vichy, Z Europe, Roumanie, 689 (10GMII/689)

---

[1] Voir notamment documents nᵒˢ 140, 141, 143, 155.

[2] La Yougoslavie a été envahie le 6 avril par toutes ses frontières sauf la grecque. L'armée capitule le 17 avril 1941.

170

M. Georges Gueyraud, Consul général de France à Zagreb,
à l'Amiral Darlan, Vice-Président du Conseil, Ministre
Secrétaire d'État aux Affaires étrangères, à la Marine et à
l'Intérieur.

D. n° 43[1].　　　　　　　　　　　　　　*Zagreb, 21 avril 1941.*

Tandis que les derniers éléments de l'armée yougoslave déposent les armes en Bosnie, la nouvelle Croatie s'achemine vers une situation normale avec la constitution de son premier gouvernement. Il est temps de retracer les étapes de la révolution qu'elle vient de vivre.

La déclaration de guerre du Reich à la Yougoslavie (6 avril) avait laissé la population zagreboise dans une apparente indifférence. À peine cette population prête-t-elle attention aux alertes aériennes, persuadée qu'elle est des bonnes intentions du Reich à son égard. Les Croates restent étrangers aux événements, se réservant d'en tirer les conséquences à leur profit exclusif.

La radio allemande produit à cet égard ses ravages sous le couvert des émissions en croate de *Radio Velebit* qui incite les soldats croates à la désertion et leurs compatriotes de l'arrière à garder leurs armes pour la libération de la Croatie et la constitution de la nouvelle armée croate.

Ces excitations à la désertion et à la révolte trouvent dans tous les milieux des oreilles complaisantes. Les éléments croates déclarent ne vouloir combattre que jusqu'aux frontières de la Croatie, et laisser aux Serbes le soin de défendre le reste du royaume.

Dans le pays du reste, le Dr Maček a perdu toute autorité. La majeure partie de ses fidèles se tournent vers les nationalistes, les autres sont dans un parfait désarroi. Dans le haut personnel de l'administration banovinale, de nombreux fonctionnaires sont prêts à tourner casaque.

La Zaštita (garde citadine et paysanne) et la police se préparent elles-mêmes à la révolution dont la défaite doit fournir l'occasion et constituent des dépôts d'armes pour défendre les Croates contre les représailles possibles d'une armée en déroute.

La population de son côté attend dans le calme les nouveaux maîtres mais s'apprête à la révolution jugée inévitable. Un religieux me confiera plus tard qu'il avait pressenti cette révolution aux questions posées au confessionnal par de nombreux pénitents sur les cas légitimes de meurtre.

Les autorités banovinales sentent le danger et procèdent à de nombreuses arrestations.

Cependant le poglavnik[2] Ante Pavelić agit déjà en chef d'État, Opunomočenik (plénipotentiaire) pour la Croatie au nom du Reich, il nomme un ministre auprès du Reich, Dr Benzon.

---

[1] Dépêche intitulée : « Révolution nationaliste croate. Constitution d'un gouvernement Pavelic ».

[2] « Poglavnik » : « chef », « guide ». Équivalent de « Duce ».

Les hostilités à peine ouvertes, déjà se notent les défections croates. À Velika Gorica, capitale du Turopolje (sud de Zagreb), un aviateur déserte avec son appareil et revient le lendemain bombarder ses camarades avec une escadrille allemande. Fait analogue à Podgorica (Monténégro).

Le 9 avril la nouvelle de l'effondrement du front en Serbie du Sud parvient aux troupes combattant sur la Drave. Des mutineries d'unités croates éclatent à Bjelovar. Le Dr Maçek se rend sur les lieux pour apaiser les mutins.

Dès lors cependant, les forces allemandes au nord ne rencontrent pratiquement plus de résistance. Les forces yougoslaves qui opéraient un repli stratégique au sud de la Drave font prisonniers leurs officiers et se débandent.

À Zagreb quelques tenants du régime qui sombre tels le Dr Krnjevič, secrétaire général du Parti paysan, le Dr Vickert, préfet de police pour la Croatie, etc., quittent ou s'apprêtent à quitter Zagreb pour la Bosnie.

Déjà quelques individus suspects se font remarquer dans les rues : des coups de feu sont tirés au hasard par des inconnus.

Le 10 avril, Zagreb attend, pour le jour même ou le lendemain, l'arrivée des troupes allemandes.

Vers 16 heures quelques auto-blindées allemandes au devant desquelles sont allés jusqu'à Dugo-Selo (20 km à l'est) le chef du Cabinet du Ban et un fonctionnaire du consulat général du Reich à Zagreb font leur apparition dans les faubourgs Est et bientôt sur la place Jelačić, précédées de deux automobiles croates, arborant le drapeau blanc, et où se remarquent des têtes connues de la cinquième colonne allemande à Zagreb. Des drapeaux croates apparaissent aux fenêtres, des croix gammées aux devantures. La foule pousse des *Sieg Heil* et jette des fleurs. Sur la place Jelacic, police et garde Zaštita croate pactisent avec les troupes allemandes.

Des scènes de désordre se produisent dans la ville : soldats poursuivis à coups de feu par des civils ; rixes sanglantes entre soldats serbes et croates ; des autos civiles essuient des coups de feu. Les soldats croates affluent désarmés, sans casque, épaulettes arrachées, bonnet de police renversé, et arborant un brassard aux couleurs croates. On apprend que, dans de nombreuses unités en province, les soldats tuent ou maltraitent leurs officiers. Beaucoup de ceux-ci trouvent leur salut dans un déguisement civil.

Dans le même temps le colonel Slavko Kvaternik, devenu en la circonstance général (père du Kvaternik condamné à Aix-en-Provence) prend la parole au poste de *Radio Zagreb* et proclame au nom du Poglavnik Ante Pavelić, l'État croate libre et indépendant du Danube à l'Adriatique, à l'est jusqu'à la Drina, soit sur tout le territoire de la Croatie historique, Bosnie et Dalmatie incluses. Le Dr Maçek invite la nation à obéir au nouveau gouvernement.

L'ordre se rétablit à peu près, mais les rues ne retrouveront leur calme qu'au couvre-feu fixé à 20 heures.

Dans la nuit un mot d'ordre est transmis de porte en porte : l'eau a été empoisonnée par les Juifs – *Radio Zagreb* devra démentir au matin cette nouvelle.

Tout au long de la nuit, camions, motocyclettes, tanks allemands ne cessent d'affluer par les faubourgs Est. Leur cortège se poursuivra incessant et quelques jours seront nécessaires pour que s'apaise l'enthousiasme de la foule à laquelle se joignent le premier jour des soldats croates qui, perchés sur les murs de leur caserne, saluent à l'hitlérienne.

La Banovine qui dès le 10 avait arboré à côté des couleurs croates les couleurs allemandes, y joint le lendemain les couleurs italiennes.

Dans la ville dont la majeure partie des magasins sont clos, persiste une atmosphère de fièvre avec la crainte de pogroms, tandis que continue la chasse aux Serbes que les Croates entendent conserver comme otages devant répondre de la vie des Croates encore dans les rangs yougoslaves. Des gardes croates armés, en civil, souvent déguenillés, parcourent les rues. On remarque parmi eux, à côté d'étudiants, beaucoup d'éléments troubles des faubourgs.

Un rudiment de gouvernement se constitue cependant avec le général Slavko Kvaternik en qualité du substitut du Poglavnik Pavelić et commandant en chef des forces armées.

Les autorités allemandes s'installent d'ailleurs aux postes de commande. La police notamment est entre leurs mains et arrête quelques ressortissants étrangers dont deux Français, et de nombreux Croates ou Serbes soupçonnés d'anglophilie ou d'attaches avec les régimes défunts.

La presse réduite à un journal nationaliste l'*Hrvatski Narod*, au journal catholique *Hrvatski Glas* qui fut toujours plus ou moins inféodé au franquisme, et à un nouveau journal en langue allemande *Deutsche Zeitung in Kroatien*, exalte la révolution accomplie avec la défection croate. Les divers journaux font appel aux musulmans de Bosnie et d'Herzégovine pour libérer ces territoires croates des « bandits serbes » avec le concours des troupes allemandes.

Une loi sur l'organisation de l'armée croate est publiée, interdisant sous peine de mort aux Croates de servir dans l'armée yougoslave.

Le dimanche de Pâques 13 avril le gouvernement provisoire croate se complète par la création d'un Conseil consultatif de neuf membres sous la présidence de l'homme de lettres Mile Budak et l'attribution de quelques portefeuilles.

Les nouvelles autorités s'inquiètent de l'élément de trouble que constituent Ustaši[1] et gardes armés en civil. Défense est faite aux civils, sous menace d'arrestation ou de mort, de prêter service avec fusil. Police et gendarmerie seront renforcées et pourvues d'uniformes. Les unités d'Ustaši elles-mêmes ne seront plus chargées du maintien de l'ordre dans la rue.

---

[1] Littéralement « insurgés ».

Cependant le poglavnik Ante Pavelić, toujours dans les mains italiennes, se fait attendre. Son arrivée pour laquelle est prévue une parade sur les principales artères de la ville, annoncée pour le lundi 14, est encore différée.

Le Poglavnik arrive enfin mais presque clandestinement, dans la nuit du 14 au 15, suivi de ses Ustaši en 50 autocars, soit 2 000 à 2 500 hommes.

Ante Pavelić semble avoir eu quelque peine à se libérer de ses amis italiens. Des tractations auraient eu lieu à Karlovac où l'armée italienne a remplacé les forces allemandes, pour amener, dit-on le Poglavnik à signer quelque renonciation à la Dalmatie qu'il ne pouvait accepter sans se déconsidérer. La première proclamation d'Ante Pavelić est en tous cas symptomatique du concours qu'il espère trouver auprès du « grand peuple allemand et son armée invaincue » pour se préserver des appétits du « peuple ami italien et de son armée fraternelle ». Un télégramme du Duce au Poglavnik, connu peu après, légitimera à cet égard toues les appréhensions : les frontières entre le royaume d'Italie et la nouvelle Croatie seront discutées, affirme le Duce, dans un esprit amical.

À peine arrivé, le Poglavnik nomme le général Kvaternik maréchal et Krilnik[1] (son *ad latus*) et procède à quelques nominations de hauts fonctionnaires. Arturović et Kvaternik junior (fils du Maréchal) jadis associés à l'attentat de Marseille, sont chargés de la sûreté le premier pour la Croatie entière, le second pour la ville de Zagreb en qualité de préfet de police.

Les arrestations – de Serbes surtout – se poursuivent entre-temps. Deux Français arrêtés, relâchés sur notre intervention, sont à nouveau incarcérés bientôt avec trois autres.

Un officier de la police militaire allemande fait irruption le 15 au consulat de France, s'assure de mon identité d'après une fiche avec photographie en sa possession, et m'invite à attendre son retour. L'Ortskommandantur m'assurera le lendemain qu'il s'agit d'une erreur.

Zagreb apprend avec satisfaction le 16 au soir la capitulation à Sarajevo de la IIe armée yougoslave. Jusque-là, Zagreb est restée à peu près dans l'ignorance du cours des opérations. Quelques combats ont eu lieu vers Samobor (25 km ouest de Zagreb). Une apparence de résistance s'est dessinée le long de la Kupa et de l'Una. Résistance sans lendemain : le pays et l'armée sont en complète désagrégation. Les Ustaši désarment l'armée avant même l'arrivée des troupes allemandes. Dans la Lika un curé, membre de l'Ustaši, aurait, avec l'aide de quelques paysans, fait prisonnier un état-major et une colonne de camions yougoslaves.

La prise de possession du pays par les Ustaši ne va pas cependant sans bagarres souvent sanglantes dont les Croates imputent systématiquement la responsabilité aux četnici (comitadjis serbes). La Bosnie surtout est le théâtre d'une lutte sanglante entre Serbes et Croates. À Zagreb même tout *pravoslave*[2] est suspect et menacé d'expulsion.

---

[1] Le plus haut grade chez les Oustachis croates.

[2] « Orthodoxe ».

Ainsi naît, après la question croate, une question serbe avec les deux millions de Serbes que comprendra le nouvel État. Menacés dans leur vie, ceux-ci parlent d'en appeler aux Allemands qui les établirent jadis dans le pays et à qui ils fournirent au cours des âges de valeureux soldats. Les Croates d'ailleurs déclarent vouloir supprimer avant tout les effets de la colonisation serbe de l'entre-deux-guerres par laquelle les régimes belgradois auraient voulu, à les entendre, tenir en respect toute velléité croate d'insurrection.

Au nord de la Croatie naît un autre problème : différend de frontières. À l'appel, assure-t-on, des Juifs de Cakovec, le Medjumurje (pays entre Drave et Mür) a été occupé par des troupes hongroises. Le maréchal Kvaternik en ayant appelé au régent Horthy, des assurances lui sont données que les troupes hongroises se retireront du Medjumurje dès que des forces croates seront en mesure d'y assurer l'ordre. Des Ustaši y sont envoyés à cette fin. Les Hongrois se retirent.

Le 17 avril, le Poglavnik Ante Pavelić constitue son gouvernement. Il conserve entre ses mains la présidence du Conseil et les Affaires étrangères. Un musulman de Bosnie (Osman Kulenović) est à la vice-présidence du Conseil. Le maréchal Slavko Kvaternik, substitut du Poglavnik, demeure commandant de l'armée et ministre du Domobranstvo (armée de terre, de l'air, de la marine). Sept ministres se répartissent les divers autres portefeuilles. Un Secrétaire est nommé aux Affaires étrangères, Dr Mladen Lorković, qui sera bientôt secrétaire d'État aux Affaires étrangères.

Le Poglavnik et les divers ministres prêtent le jour même serment de fidélité à la Nation, à l'État et aux principes de l'Ustaša. Ces principes peuvent se résumer comme suit :

1/ affirmation de l'unité ethnique et des droits historiques du peuple croate ; affirmation de ses droits souverains ;

2/ le peuple croate n'est lié par aucun engagement international présent ou passé qui ne serait pas conforme aux principes de l'Ustaša ;

3/ nul ne peut décider des affaires croates qui n'est croate par l'origine et le sang ;

4/ la paysannerie constitue le peuple croate, et détient tout pouvoir dans l'État. Quiconque n'est pas d'origine paysanne n'est dans 90 % des cas ni d'origine croate ni de sang croate ;

5/ tous les biens matériels et spirituels sont la propriété du peuple qui a seul le droit d'en disposer et d'en bénéficier. Les biens naturels de la patrie croate, en particulier ses forêts et ses mines, ne peuvent faire l'objet d'aucun commerce privé. La terre ne peut être la propriété que de celui qui la laboure ;

6/ toute valeur repose sur le travail, tout droit sur le devoir ;

7/ quiconque exerce des fonctions publiques en répond sur sa vie et ses biens ;

8/ la force morale du peuple croate repose dans la vie familiale et religieuse, sa puissance économique dans l'économie paysanne, la coopération, la fortune naturelle ainsi que dans ses vertus militaires.

Le Poglavnik et les ministres ajoutent à ce serment l'engagement de déclarer leur fortune présente et celui de ne point l'accroître de quelque manière que ce soit au cours de leur activité politique, répondant de cet engagement sur leur vie.

Un certain nombre de décrets-lois aussitôt promulgués posent les bases du programme que le gouvernement du Poglavnik entend poursuivre :

1/ décret-loi punissant de mort toute offense passée, présente ou future, à l'honneur ou aux intérêts vitaux du peuple croate et instituant pour en juger des tribunaux populaires extraordinaires ;

2/ décret-loi portant retrait sans indemnité aux « volontaires » serbes, établis en Croatie depuis la dernière guerre, et aux « volontaires yougoslaves », Croates volontaires dans les rangs alliés lors de la dernière guerre, au total 30 000 familles, des propriétés qui leur furent concédées en Croatie, notamment en Slavonie, Syrmie, Batchka, Baranya et Banat ;

3/ décret-loi annulant tous contrats passés depuis deux mois entre Juifs ou avec des Juifs pour une valeur excédant 100 000 dinars ;

4/ décret-loi fermant l'administration aux pravoslaves et aux Juifs.

Il est décidé par ailleurs que des commissaires politiques seront nommés dans toutes les entreprises juives, slovènes, serbes et autres éventuellement.

Le Poglavnik enfin, recevant des représentants des syndicats nationaux croates, déclare vouloir nationaliser la plus grande partie de l'industrie, notamment toutes les entreprises forestières et minières.

Le nouvel État acquiert une personnalité internationale avec la nomination comme Premier ministre du Reich à Zagreb du SA Obergruppenführer Siegfried Kasche, qui le 21 mars remet au Poglavnik ses lettres de créance.

La Hongrie et la Bulgarie reconnaissent le nouvel État.

Le Dr Paolo Cortese est nommé ministre d'Italie à Zagreb.

Guerre 1939-1945, Vichy, Z Europe, Croatie, 940 (10GMII/940)

171

M. Blondel, Ministre de France à Sofia,
à l'Amiral Darlan, Vice-Président du Conseil, Ministre
Secrétaire d'État aux Affaires étrangères, à la Marine et à
l'Intérieur.

T. n°s 291 à 293.   *Sofia, 22 avril 1941, 22 h.*

(*Reçu : le 23, 3 h.*)

On ne connaît pas encore avec certitude l'objet de la visite que le roi Boris a rendue (…)[1], le 19 de ce mois à M. Hitler. Probablement, le souverain saisissant l'(…)[2] de l'anniversaire du Führer a-t-il tenu à remercier celui-ci de ses largesses territoriales envers la Bulgarie ; il a dû également plaider pour que certaines des revendications bulgares, et notamment celle de la Macédoine, fussent satisfaites de la façon la plus large. Ne dit-on pas ici que l'Italie ferait difficulté de laisser aux Bulgares la région de Ochrida que ceux-ci considèrent comme la capitale spirituelle de la Macédoine (…)[3] promesses que les Allemands avaient faites de Salonique aux Yougoslaves pourraient fournir à la Bulgarie un argument pour que cette ville lui fût maintenant accordée.

Ainsi se trouve vraisemblablement préparée la position du pays à la conférence qui s'ouvrira bientôt à Vienne pour régler le partage de la Yougoslavie, partage sans doute provisoire, même dans l'esprit des Allemands, mais qui devrait servir de base à la répartition définitive[4].

En ce qui concerne la Turquie, on croit ici, dans tous les milieux, que le Reich allant de succès en succès, obtiendra sans lutte les passages vers Suez, et l'on image qu'il a préparé à cet effet une nouvelle armée très vaste à en croire un membre du gouvernement bulgare qui a fait récemment un voyage en Hongrie. Pour le moment, malgré la difficulté qu'il y a à recueillir des renseignements sur ce qui se passe loin de Sofia, il semble qu'il n'y ait eu en Bulgarie aucune arrivée importante de nouvelles troupes.

Communiqué Ankara, Bucarest, Moscou.

Guerre 1939-1945, Vichy, Z Europe, Yougoslavie, 928 (10GMII/928)

---

[1] Lacune de déchiffrement.

[2] Lacune de déchiffrement.

[3] Lacune de déchiffrement.

[4] Selon la décision prise par l'Allemagne nazie et l'Italie fasciste à la conférence de Vienne des 21 et 22 avril 1941, la Bosnie-Herzégovine était incorporée à l'État indépendant de Croatie. Furent aussi créés le Gouvernement de Salut National de Serbie et le nouveau Royaume du Monténégro, le reste du territoire étant divisé en zones d'occupation allemandes et en protectorats italiens, hongrois ou bulgares. Des dispositions spéciales furent prises par le gouvernement du nouvel État croate pour désigner des commissaires chargés de mettre rapidement en place des autorités oustachi et de préparer l'instauration d'un régime de terreur auquel furent soumis les Serbes, les Juifs et les Tziganes en Bosnie-Herzégovine. Voir le document précédent (n° 170).

172

M. DE LA BAUME, AMBASSADEUR DE FRANCE À BERNE,
À L'AMIRAL DARLAN, VICE-PRÉSIDENT DU CONSEIL, MINISTRE
SECRÉTAIRE D'ÉTAT AUX AFFAIRES ÉTRANGÈRES, À LA MARINE ET À
L'INTÉRIEUR.

T. n° 591. *Berne, 22 avril 1941.*

(Reçu : le 27, 11 h.)

Je me réfère à mon télégramme n°ˢ 512-517[1].

Les renseignements qui parviennent d'Allemagne et que l'on peut recueillir dans les milieux industriels et financiers à Bâle et Zurich tendent toujours à représenter comme probable dans un avenir pas très éloigné une campagne allemande en direction de l'Ukraine et du Caucase.

En dehors des nécessités économiques qui peuvent commander une telle entreprise, on fait remarquer que les dirigeants allemands se promettraient beaucoup de l'effet moral que ne manquerait pas de produire la destruction du foyer bolcheviste par l'Allemagne. Ce serait, pour celle-ci, l'occasion de rallier dans les pays occupés des sympathies qui lui font défaut et de provoquer dans le camp des adversaires un désarroi qui serait exploité en vue de la conclusion de la paix.

Les indications que l'on prétend avoir à Berlin sur l'état de l'Armée rouge seraient telles que les conseillers militaires du Führer considéreraient cette campagne de Russie comme équivalant à une promenade militaire. Accomplie avant l'hiver prochain, elle mettrait le Reich en situation d'étayer l'économie européenne, d'offrir dans de meilleures conditions la paix aux puissances anglo-saxonnes et d'écarter ainsi le danger d'une intervention active de l'Amérique. Du moins, tel serait le profit escompté.

Guerre 1939-1945, Vichy, Z Europe, Tchécoslovaquie, 805
(10GMII/805)

---

[1] Le T. n°ˢ 512-517 de La Baume (Berne) relatait les informations fournies par le ministre de Bulgarie à Berne qui confirmait les responsabilités de l'URSS dans le coup d'état militaire de Belgrade. À son avis, à l'origine des difficultés que rencontre l'Allemagne, on retrouve toujours le gouvernement de Moscou qui n'a de souci que de prolonger un conflit dont il attend l'usure totale des adversaires. M. Kiosseivanov ne voit pas de solution à l'incident germano-serbe autre que militaire puisque le Reich ne peut se lancer contre la Grèce sans avoir obtenu la démobilisation de l'armée serbe, ce que Belgrade ne peut faire accepter à son opinion publique. Il est convaincu, d'autre part, que si la Yougoslavie doit se battre, la Turquie entrera en lice, ce qui entrainerait l'extension de la guerre à son pays ; et il craint le travail qu'a pu faire la propagande soviétique dans les rangs de l'armée bulgare. Enfin la Yougoslavie attaquée se précipitera sur l'Albanie pour jeter les Italiens à la mer et procurer de nouvelles bases aux Anglais. Le Reich, privé des ressources des Balkans, devrait en venir à une offensive contre l'URSS. Le choc germano-russe parait d'ailleurs inévitable à M. Kiosseivanov, mais, pour lui, cette perspective est assez éloignée (résumé *in* Guerre 1939-1945, Vichy, C État Français, 43).

173

M. Cosme, Ambassadeur de France en Chine,
à l'Amiral Darlan, Vice-Président du Conseil, Ministre
Secrétaire d'État aux Affaires étrangères, à la Marine et à
l'Intérieur.

D. n° 49[1]. *Pékin, 23 avril 1941.*

Depuis de longues années le représentant de la France se rend à l'occasion de la fête de Pâques, à la cathédrale du Peitang, où il assiste en uniforme à une messe solennelle.

Fidèle à cette tradition, je suis allé, cette année encore, à cette cérémonie ; mais j'ai éprouvé une très vive surprise à constater que seul un diacre m'attendait à la porte de l'église, alors que, d'après les textes et les usages établis, le clergé eût dû se porter à ma rencontre jusque sur le parvis.

Le diacre, à qui j'ai demandé aussitôt pourquoi le cérémonial habituel n'avait pas été suivi, a éludé toute réponse ; aussi bien ai-je cru opportun de ne pas assister personnellement à la messe, tout en ayant soin d'ailleurs de m'y faire représenter par mon premier collaborateur, pour marquer qu'à des honneurs réduits, je ne devais répondre, de mon côté, que par une représentation réduite.

De l'entretien très cordial que j'ai eu peu après avec Mgr Montaigne, il se dégage une série de considérations sur lesquelles il me paraît utile d'appeler l'attention de Votre Excellence.

La première de toutes est que Mgr Montaigne, qui est le meilleur des Français et le plus loyal ami de l'ambassade, n'a pas eu l'intention, en agissant comme il l'a fait, d'atteindre ni la dignité du représentant de la France, ni le principe du Protectorat.

Depuis de longues années, une série d'atteintes successives ont été portées au cérémonial dont il s'agit, et il est de fait que, depuis 1931, l'eau bénite n'a plus été présentée au représentant de la France que par un diacre.

Mgr Montaigne prétend en outre que l'évêque n'est jamais allé lui-même attendre le Ministre sur le parvis de la cathédrale.

J'ai pour ma part, je dois le dire, un souvenir absolument différent et je crois être certain que Mgr Jarlin, comme Mgr Fabrègues, à la tête de leur clergé, se portaient jadis à la rencontre du Ministre de France.

Il est, en tout état de cause, un fait certain : c'est que de tout temps, antérieurement à l'entrée en fonctions de Mgr Montaigne, le clergé officiant tout entier et non point un seul diacre, accomplissait cette démarche de courtoisie.

---

[1] Dépêche intitulée « Protectorat catholique ». Mention marginale manuscrite : « Les éléments qui se sont attachés le plus à maintenir certaines prérogatives extérieures du Protectorat catholique ont été ceux qui se sont refusés à en assumer les charges et les devoirs » (signature illisible). Annotation d'une autre écriture : « Ce chef-d'œuvre mérite lecture ».

Il est une autre considération enfin, qui eût dû, à mon avis, engager Mgr Montaigne à se rendre au devant de moi ; c'est qu'il est une différence sensible entre un ministre et un ambassadeur et qu'il est à tout le moins surprenant que le représentant personnel du chef de l'État ne soit pas traité, en terre française, avec les égards dus à son rang.

Au cours des deux dernières années, Mgr Haouisée s'était d'ailleurs conformé à cet usage à Shanghaï sans que j'eusse à le lui demander.

Mgr Montaigne qui, je l'ai signalé plus haut, est la loyauté même, a finalement convenu que les honneurs rendus au Peitang à l'ambassadeur de France étaient actuellement réduits à peu de chose ; et, abandonnant la thèse de la tradition qu'il avait adoptée au début de la conversation, il a fini, en toute franchise, par me donner la véritable explication de la modestie de l'accueil qui m'a été réservé.

« J'ai derrière moi, m'a-t-il dit, 140 prêtres dont 10 seulement sont français ; 130 de ceux-ci sont donc partisans de la suppression du Protectorat. J'ai aussi à côté de moi une Délégation apostolique et le Délégué est systématiquement opposé à toutes les manifestations extérieures du Protectorat. Aussi bien, a-t-il conclu, je dois vous le dire en toute franchise, je ne suis pas maître chez moi, et je suis en mesure de vous assurer que si je tentais, pour vous donner satisfaction, de faire plus ou mieux, les cérémonies traditionnelles qui établissent encore un lien entre l'ambassade de France et l'évêché de Pékin ne pourraient certainement plus avoir lieu ».

Je connais trop Mgr Montaigne, je suis trop assuré de son patriotisme, pour pouvoir douter de l'exactitude de cette information. Aussi bien ai-je considéré qu'il n'y avait pour nous aucun intérêt à ce que j'insistasse pour que fût rétabli le protocole qu'une série d'abandons successifs ont fini par réduire à ce qu'il est actuellement. Le Protectorat catholique n'est peut-être plus qu'un mot ; il faut cependant en garder, me semble-t-il, les marques extérieures, ne serait-ce que pour atteindre dignement le moment où il disparaîtra tout à fait, sous l'action conjuguée du gouvernement chinois, des Japonais et du Saint-Siège.

Je compte néanmoins, ne serait-ce que pour marquer un point, insister lors de la prochaine cérémonie qui devra avoir lieu au Peitang, pour que l'ambassadeur de France soit attendu dorénavant sur le parvis de la cathédrale, non point par un diacre, mais à tout le moins par le Vicaire général.

J'ai lieu de penser que Votre Excellence voudra bien partager sur l'ensemble de cette question ma manière de voir.

Guerre 1939-1945, Vichy, E Asie, Chine, 103 (3GMII/103)

174

N. *Vichy, 23 avril 1941*

Il y a quelques semaines, l'ambassade du Japon a fait part au ministère des Affaires étrangères du désir de son gouvernement d'ouvrir un consulat à Hué. Dans les circonstances présentes ce projet pouvait donner lieu à bien des appréhensions, puisque la présence d'agents japonais en Annam facilitera une propagande faite à notre préjudice. Après étude de la question et d'accord avec le ministère des Colonies, il est apparu, toutefois, que nous n'étions pas actuellement en mesure de nous opposer effectivement au désir du Japon et que mieux valait y accéder de bonne grâce que de risquer, en éludant l'affaire, de recevoir une injonction impérative.

Mais, pour éviter de faire cette concession sans contrepartie et pour nous maintenir sur le terrain de la réciprocité, il a été décidé de demander en échange au Japon l'autorisation d'ouvrir un consulat à Formose. La création de ce poste présente d'ailleurs pour l'Indochine un intérêt positif puisque Formose et le centre de certaines intrigues nationalistes qui menacent notre colonie et que c'est, en outre, un des points où les forces japonaises destinées à des opérations éventuelles dans le Sud doivent nécessairement se concentrer. La présence d'un consul permettra d'obtenir sur ces deux questions importantes des renseignements de première main.

L'ambassade du Japon vient de faire savoir au ministère que le gouvernement impérial a donné son agrément à l'ouverture d'un consulat français à Formose. On ne saurait donc différer davantage l'octroi de notre agrément à l'ouverture d'un consulat japonais à Hué. L'ambassade n'a pas caché l'intention de son gouvernement de procéder dans le plus bref délai à l'installation de son agent en Annam. Nous aurions évidemment avantage à en user de même pour l'installation de notre consul à Formose.

Dans le même ordre d'idées, le gouvernement japonais a décidé, pour des raisons de prestige, d'élever son consulat de Saïgon au rang de consulat général. Pour sauvegarder en l'occurrence le principe de la réciprocité et ne pas laisser l'impression que la France accède aux prétentions japonaises sans en présenter elle-même d'analogues, il y aurait lieu d'élever un de nos consulats au Japon au rang de consulat général.

Le nouveau consul général du Japon, M. Minoda, a déjà pris possession de son poste à Saïgon. C'est le poste de Kobé qui, par son importance économique, chaque jour accrue, semble plus qualifié pour devenir consulat général.

Guerre 1939-1945, Vichy, E Asie, Japon, 323 (3GMII/323)

175

M. DE DAMPIERRE, MINISTRE DE FRANCE À BUDAPEST,
  À L'AMIRAL DARLAN, VICE-PRÉSIDENT DU CONSEIL, MINISTRE
  SECRÉTAIRE D'ÉTAT AUX AFFAIRES ÉTRANGÈRES, À LA MARINE ET À
  L'INTÉRIEUR.

T. n°s 399 à 404[1].   *Budapest, 24 avril 1941, 21 h. 10.*

(*Reçu* : le 25, 2 h.)

De la part du Ministre de France Belgrade[2].

Télégramme envoyé par le courrier de Belgrade à Budapest.

Les autorités occupantes n'admettant pas l'envoi de télégrammes pour les gouvernements étrangers, je n'ai pu envoyer de nouvelles à Votre Excellence que par l'entremise de la légation d'Allemagne.

Parti de Belgrade le 6 avril pour suivre le gouvernement, j'y suis rentré le 19 avec la partie du personnel qui m'accompagnait. J'ai été pendant les premiers jours en contact avec le gouvernement, mais très vite la désorganisation a été telle qu'il a été impossible de le suivre jusqu'au bout. Nous avons d'ailleurs été bloqués par la neige pendant plusieurs jours dans les montagnes de Bosnie.

J'ai retrouvé à Belgrade la colonie française saine et sauve dans son ensemble. Toutefois, certains de nos compatriotes ayant quitté la ville depuis les bombardements, nous n'avons pas encore de nouvelles de tous. Quoique beaucoup d'immeubles aient été détruits et que les conditions économiques soient encore difficiles, nos compatriotes ont pu être tous logés et des distributions de vivres leur ont été faites par les soins de la légation grâce au crédit que Votre Excellence avait mis à ma disposition. Je tiens à signaler à ce propos l'activité et le dévouement très réels dont M. Coche a fait preuve pendant la crise et, en particulier mon absence, pour assurer la protection de nos compatriotes.

Une bombe est tombée sur la légation et a occasionné d'assez (...)[3] dégâts matériels dans un salon et dans la machinerie. Il faut cependant nous considérer comme favorisés, le quartier ayant été extrêmement éprouvé. Toutes les archives et tables de chiffres qui n'avaient pu être envoyées à Budapest ont été incinérées.

J'ai reçu de bonnes nouvelles de Zagreb où le consulat et la colonie sont intacts. Je n'ai pas pu encore entrer en contact avec nos autres postes consulaires.

Ainsi que M. Coche l'a télégraphié au Département le 18 avril par l'entremise de la légation d'Allemagne[4], le Reich considérant que les missions

---

[1] Annotation marginale manuscrite : « Répondre 25.4.41 ».

[2] Roger Maugras.

[3] Lacune de déchiffrement.

[4] Document non retrouvé.

diplomatiques à Belgrade n'ont plus de raisons d'être, leur ont demandé de quitter le pays dès que les communications seront rétablies. La légation d'Allemagne a également laissé entendre qu'elle désirait voir partir les colonies étrangères. Il est toutefois possible que les autorités allemandes acceptent de maintenir ici ceux de nos compatriotes dont l'activité serait utile au relèvement économique du pays. Je compte éclaircir ce point dès que j'aurai pu entrer en contact avec M. Neuhausen qui a été nommé « Führer économique » pour les territoires formant l'ancienne Yougoslavie. (...)[1] les consulats aucune décision n'a encore été prise par le gouvernement allemand. Le chargé d'affaires d'Allemagne a posé la question à la Wilhelmstrasse et pourra peut-être nous renseigner dans quelques jours.

Devant le désir manifesté par le gouvernement allemand, il est naturellement impossible de maintenir une légation à Belgrade et je crois devoir préparer mon départ. Je serais toutefois heureux de recevoir des instructions de Votre Excellence à ce sujet. Mes collègues font de même et n'attendent pour s'en aller que le rétablissement des communications ferroviaires ou fluviales.

Toutefois, il pourrait y avoir intérêt, si les autorités allemandes y consentent, à ce que M. Coche restât ici après mon départ, avec un personnel réduit, pour défendre les intérêts des Français n'ayant pu encore quitter le pays ou autorisés à y rester. Serais également heureux de savoir si le Département approuve cette suggestion.

J'envoie déjà à Budapest une partie du personnel. Mon télégramme précédent s'étend plus longuement sur ce départ[2].

M. Wapler qui porte ce télégramme à Budapest y attendra la réponse de Votre Excellence et me l'apportera à Belgrade.

Guerre 1939-1945, Vichy, Z Europe, Yougoslavie, 921 (10GMII/921)

---

[1] Lacune de déchiffrement.
[2] Document non retrouvé.

176

L'Amiral Decoux, Gouverneur général de l'Indochine,
   à l'Amiral Darlan, Vice-Président du Conseil, Ministre
      Secrétaire d'État aux Affaires étrangères, à la Marine et à
      l'Intérieur[1].

T. n° 2108.   *Hanoï, 25 avril 1941, 14 h. 35.*

Secret.   *(Reçu[2] : le 25, 22 h.05[3])*

Réponse votre 1838[4].

Installation consul Japon à Hué au sujet de laquelle je regrette de ne pas avoir été consulté présente les inconvénients les plus graves. Il est à craindre en effet que cet agent ne profite de son séjour capitale Annam pour s'immiscer dans les affaires de la (…)[5] et pour agir contre nos intérêts – une telle mesure sera de plus, j'en suis certain, défavorablement accueillie par Sa Majesté Bao-Daï qui n'ignore pas l'appui que les Japonais n'ont cessé d'apporter à Guong-Dé. Il semble qu'il y aurait intérêt à différer notre accord tant que la propagande antifrançaise actuelle menée par les Japonais dans l'ensemble de l'Indochine n'aura pas cessé.

Guerre 1939-1945, Vichy, E Asie, Indochine, 257 (3GMII/257)

177

M. de La Baume, Ambassadeur de France à Berne,
   à l'Amiral Darlan, Vice-Président du Conseil, Ministre
      Secrétaire d'État aux Affaires étrangères, à la Marine et à
      l'Intérieur.

T. n°s 612 à 618.   *Berne, 25 avril 1941, 21 h 35.*

                                                  (Reçu : le 26, 1 h.)

Mon collègue de Bulgarie que j'ai vu aujourd'hui est convaincu que, d'ici peu, la Turquie va être invitée à laisser passer les troupes du Reich par son territoire. Il serait dans le plan allemand en effet d'atteindre Suez[6] à la fois

---

[1] Indications de diffusion : Cabinet du Ministre [des Colonies] : 2 ; Secrétaire général, Chiffre ; communiqué : « D.P. ; Diplomatie ».

[2] Par radio.

[3] Heure arrivée au chiffre ; sortie du chiffre : 29 avril 1941, 7 h. 30.

[4] Document non retrouvé. Voir à ce sujet le document n° 174.

[5] Lacune de déchiffrement.

[6] En effet, en mai 1942, le maréchal Rommel lance une grande offensive vers l'est pour atteindre Suez. Il met en difficulté les forces britanniques, mais est arrêté une quinzaine de jours plus tard

par cette voie et celle de l'Égypte. Les armées allemandes continuent à descendre par la Bulgarie où elles représentent l'effectif de 50 divisions. Dans les Balkans on installera des garnisons non allemandes.

M. Kiosseivanoff ne croit pas que la Turquie, qui doit regretter aujourd'hui de n'avoir pas fait tous ses efforts pour faciliter la constitution de l'Entente balkanique, voudra s'opposer à un plan de campagne qui devra s'exécuter coûte que coûte d'autant que sa passivité pourrait être payée par l'acquisition de certains territoires tels que l'Irak d'une part, et Dédéagach[1] d'autre part.

La Bulgarie n'attache elle-même aucun intérêt à la possession de ce port, qui est seulement utilisable pour desservir la région d'Andrinople. Elle s'installera, par contre, à Cavala et à Port-Lagos, ces deux ports pouvant, sans faire concurrence à Bourgas, rendre les plus utiles services à l'économie bulgare.

Comme j'objectais à mon collègue les inquiétudes qu'une telle opération ne manquerait pas d'inspirer au gouvernement de Moscou, il m'a répondu que Berlin ne s'attarderait plus à négocier avec lui au sujet des Détroits ; il se contenterait de déclarer que l'occupation de ceux-ci par les troupes allemandes, occupation rendue nécessaire par le développement des opérations militaires, n'aurait qu'un caractère transitoire.

En même temps que l'opération sur Suez, l'Allemagne aurait en vue l'attaque de Gibraltar[2]. Le ministre d'Italie a assuré à M. Kiosseivanoff que l'adhésion de l'Espagne au Pacte tripartite serait chose faite le mois prochain. Dans la seconde quinzaine de mai, la moisson est faite en Espagne. On peut se passer à ce moment et pour un temps des apports d'outre-mer. Ainsi, les troupes allemandes pourront entrer dans la Péninsule sans que le risque soit trop grand pour le régime Franco. La presse des États-Unis a, au surplus, commis la faute de laisser percer des menaces anglaises et américaines sur le Portugal, fournissant le prétexte nécessaire.

Après m'avoir donné ces indications, M. Kiosseivanoff (...)[3] spontanément à me parler de la France, « des occasions qui se présentaient à nouveau pour elle ».

à Bir Hakeim par la Première Brigade française libre du général Kœnig, laissant le temps aux Britanniques de se regrouper sur la ligne fortifiée d'El Alamein, que Rommel ne parviendra pas à franchir.

[1] Ancien port de Turquie sur la mer Égée, attribué à la Bulgarie par le traité de Bucarest (10 août 1913), par lequel la Turquie perd presque tous ses territoires européens. À la suite du traité de Neuilly (27 novembre 1919), le littoral égéen avec Dedeagatch est remis à la Grèce. La ville porte le nom d'Alexandroupolis depuis 1920.

[2] L'idée de prendre Gibraltar daterait de novembre 1940, après l'attaque et la destruction d'une grande partie de la flotte italienne ; ceci aurait conduit à un plan pour fermer la Méditerranée et prendre Gibraltar (en février 1941, selon le Plan Felix). Mais au début de l'année 1941, les choses ont changé. Mussolini a rassuré Franco lors de leur rencontre du 12 février 1941 : selon lui, si Hitler souhaite toujours une entrée rapide de l'Espagne dans la guerre afin de prendre Gibraltar et de contrôler l'Afrique du Nord, il se refuserait à toute pression sur Franco. Au printemps 1941, il semble qu'Hitler ait renoncé à ses vues sur Gibraltar. Ces rumeurs seraient dues aux rapides succès allemands qui entretiennent l'inquiétude.

[3] Lacune de déchiffrement.

Le démembrement de la Yougoslavie allait permettre à l'Italie de s'agrandir notablement aux dépens de celle-ci. Il était ainsi plus facile au chancelier Hitler de la faire renoncer à ses vues sur la Tunisie qu'il n'aurait pu faire en novembre dernier. À la faveur de ces circonstances, on nous demanderait même en ce moment sans doute, de prendre parti. Les troupes allemandes destinées à entrer en Espagne pouvaient évidemment emprunter la zone occupée en France. Mais elles pouvaient aussi passer par la zone libre avec notre consentement.

Ne me sentant pas autorisé à prolonger la conversation sur ce point, j'y ai donné une direction en demandant à M. Kiosseivanoff s'il ne croyait pas à l'opération sur l'Ukraine dont il est question souvent dans beaucoup de milieux qui se croient bien informés. Mon collègue m'a répondu qu'en attaquant la Russie, l'Allemagne se procurerait bien le blé mais qu'elle se priverait du même coup des matières premières qui sont livrées régulièrement par l'URSS.

Il m'a rappelé en outre un entretien qu'il avait eu avec M. von Ribbentrop peu de jours avant la signature, en août 1939, de l'accord germano-soviétique ; le ministre allemand lui avait dit que l'Allemagne ne retomberait jamais dans l'erreur commise en 1914 : accepter la guerre sur deux fronts : cette fois-ci on en finirait d'abord avec l'Angleterre. La paix faite avec celle-ci, et à ce moment seulement, le chancelier Hitler donnerait le signal de la guerre à la Russie bolchevique, cette guerre « qui est la plus populaire en Allemagne ». Ainsi après avoir été momentanément écarté pour des nécessités militaires, un article du catéchisme hitlérien reprendrait toute son activité.

J'ai trouvé M. Kiosseivanoff moins sûr de son fait quand je lui ai demandé s'il pensait qu'une fois l'Angleterre chassée de toutes ses positions en Europe, les États-Unis renonceraient pour cela à poursuivre la guerre pour leur propre compte. Ne serait-ce pas au contraire le moment, disons la fin de cet été, où leurs moyens d'aviation commenceraient à représenter une force irrésistible ? Mon collègue m'a tenu alors des raisonnements que je crois inutile de rapporter car ils ne pouvaient se fonder que sur des impondérables.

Guerre 1939-1945, Vichy, Z Europe, Allemagne, 79 (10GMII/79)

178

L'Amiral Darlan, Vice-Président du Conseil, Ministre Secrétaire
d'État aux Affaires étrangères, à la Marine et à l'Intérieur,
à M. Pietri, Ambassadeur de France à Madrid.

T. nᵒˢ 506 à 508.   *Vichy, 26 avril 1941.*

Très urgent. Priorité absolue.

Le gouverneur de la Côte française des Somalis vient d'apprendre que l'ex-général Legentilhomme, chef des troupes dissidentes en Abyssinie, aurait reçu de Londres pleins pouvoirs pour décider du sort de notre colonie[1]. L'officier rebelle compterait, dès après-demain[2], mettre l'autorité régulière en demeure de lui céder l'administration du territoire. L'ultimatum serait appuyé, dès à présent, de manœuvres tendant à provoquer la défection dans les rangs des forces loyales.

Nous conformant aux engagements que nous avons contractés envers nous-mêmes, nous avons prescrit au gouverneur de se refuser à toute tractation avec l'ex-général Legentilhomme et, dans le cas où ce dernier passerait de la sommation à l'action, de s'opposer aux entreprises de la dissidence, manifestement encouragée et appuyée par l'Angleterre.

En ce qui concerne l'usage du port de Djibouti et de la voie ferrée d'Addis-Abeba, nous restons prêts à poursuivre les négociations tant avec les autorités britanniques qu'avec les autorités italiennes en vue d'assurer le transport du ravitaillement et l'évacuation des blessés, malades et non combattants. Le gouverneur de la colonie est invité à se montrer, sur ce point, aussi compréhensif que possible des vœux des parties en cause.

Je vous serais obligé d'appeler d'extrême urgence l'attention de sir Samuel Hoare sur la gravité de la responsabilité qu'encourrait son gouvernement s'il encourageait la dissidence à une initiative n'ayant pour objet que de susciter entre Français une lutte fratricide. Veuillez insister auprès de notre collègue pour obtenir[3] que, dûment averti de notre ferme résolution de défendre contre toute atteinte nos droits souverains sur notre possession des Somalis et se remémorant les lourdes conséquences de l'affaire de Dakar[4],

---

[1] Le général Paul Legentilhomme exerçait le commandement supérieur des troupes françaises en Côte française des Somalis en juin 1940. Dès le 18 juin, il dénonce l'armistice, annonce son intention de poursuivre la lutte aux côtés des Britanniques et tente de rallier la colonie au gaullisme, en vain. Il a donc quitté la Côte des Somalis le 2 août suivant et gagné l'Angleterre, déchu de la nationalité française par Vichy. Promu général de division en janvier 1941, il commande les Forces françaises libres au Soudan et en Érythrée, sous le commandement du général Wavell, œuvrant à ses côtés pour la reconquête des territoires formant l'empire italien d'Éthiopie. Il était également chargé par de Gaulle non pas de conquérir la Côte des Somalis, mais de tenter de ramener au combat ses anciennes troupes de Djibouti (opération Marie), de sorte qu'elles participent à l'offensive contre les Italiens en Afrique orientale.

[2] Souligné à la main.

[3] Membre de phrase rajouté à la main.

[4] Le 24 septembre 1940, les troupes anglo-gaullistes ont échoué à s'emparer de Dakar et de l'AOF.

le gouvernement de Londres renonce à toute attitude ou action qui risquerait de déterminer une irréparable effusion de sang et de provoquer les plus
graves conséquences.

Guerre 1939-1945, Vichy, K Afrique, 103 (5GMII/103)

179

M. Charles-Arsène Henry, Ambassadeur de France à Tokyo,
    à l'Amiral Darlan, Vice-Président du Conseil, Ministre
    Secrétaire d'État aux Affaires étrangères, à la Marine et à
    l'Intérieur.

D. n° 50[1].   *Tokyo, 27 avril 1941.*

Depuis le début de l'année, une série d'incidents se sont produits au détriment d'étrangers habitant le Japon. En dehors de l'attentat dont a été victime mon attaché commercial et des mauvais traitements dont il fut alors
la victime de la part des autorités japonaises[2], j'ai appris qu'au cours d'une
discussion dans un train, la femme de l'attaché militaire italien a été souf-
fletée par un Japonais qui avait commencé par la bousculer. De même la
femme du conseiller de l'ambassade d'Allemagne a été traitée grossiè-
rement par les douaniers. Enfin le bruit court avec insistance que les
Allemands d'Osaka ont été frappés si violemment que l'ambassade d'Allemagne, pour étouffer l'affaire, leur a fait quitter le pays sans bruit à leur
sortie de l'hôpital. Voilà pour les nations de l'Axe. D'un autre côté, les
missionnaires anglais et américains ont été arrêtés le 27 mars en Corée
pour avoir distribué des prières pacifistes et pour avoir prié pour la fin de
la guerre.

L'attentat dont a été victime M. de Tascher paraît toutefois avoir gêné le
Gaimusho et, en dehors des assurances que M. Matsuoka m'a données de
prendre l'affaire en main, assurances suivies des paroles qu'il a prononcées
à Osaka (ma lettre n° 3 du 28 mars[3]), je relève les propos tenus le 10 avril
par M. Ohashi, vice-ministre des Affaires étrangères à la Conférence des
gouverneurs du Japon :

« L'on dit que dernièrement certains milieux ont nourri par étroitesse
d'esprit et par manque de discrimination des sentiments d'inimitié, et de

---

[1] Communiqué à Personnel, Pékin, Hanoï.

[2] Voir le T. n° 268 de Tokyo en date du 6 mars 1941, *in* Guerre 1939-1945, Vichy, E Asie, Japon,
302 (non reproduit) signalant l'agression dont a été victime l'attaché commercial, M. de Tascher
à Kobé, pour avoir discuté le coût d'une course en taxi, « frappé sauvagement » par plusieurs
chauffeurs, avant d'être jeté devant un poste de police dans un état grave. L'Ambassadeur qui
rapporte le fait et sa protestation auprès du ministère des Affaires étrangères japonais, indique que
la police a d'abord voulu faire croire à un accident d'automobile, et que le rapport « s'efforcera de
présenter l'affaire comme une agression due à l'ivresse d'un étranger, ce qui est absolument faux
et mensonger ». Document non publié.

[3] Document non retrouvé.

haine contre des résidents étrangers dans ce pays. Écarter et contrôler des étrangers indésirables est affaire toute différente, mais il est nécessaire de protéger de toutes façons les bons étrangers sans distinction de nationalité. Opprimer indûment des étrangers vivant sur notre territoire est contraire au *Bushido*[1] et le peuple d'une grande nation doit l'éviter. Même au cas où des policiers doivent examiner des étrangers, il est à désirer que l'examen soit fait avec courtoisie de façon à ne pas susciter inutilement leur ressentiment ».

Le malheur est que pendant que ces paroles apaisantes étaient prononcées, tout le Japon vivait « la semaine de répression de l'espionnage » organisée avec le concours des associations patriotiques et du ministère de la Guerre dont dépend la toute puissante gendarmerie militaire. Les murs sont couverts d'affiches qui sont reproduites en miniature sur les boîtes d'allumettes et, par une fâcheuse coïncidence, tous les espions figurés ont un aspect étranger.

Mais si l'on cherche à approfondir les choses, le phénomène actuel est d'une portée autrement grande et grave : nous assistons à un phénomène de xénophobie généralisé menaçant, de l'avis de bons observateurs, *tous les étrangers sans distinction*[2]. Nous devons malheureusement nous attendre à d'autres incidents sérieux, en dépit des conseils du Gaimusho et des protestations qui lui seront adressées.

Guerre 1939-1945, Vichy, E Asie, Japon 311 (3GMII/311)

180

M. Blondel, Ministre de France à Sofia,
    à l'Amiral Darlan, Vice-Président du Conseil, Ministre
        Secrétaire d'État aux Affaires étrangères, à la Marine et à
        l'Intérieur.

T. n°s 304 à 306.   *Sofia, 28 avril 1941, 20 h. 30.*

(*Reçu : le 29, 6 h.*)

La presse et la radio bulgares entretiennent dans le pays l'excitation causée par la soudaine « résurrection » de la Grande Bulgarie, tout en s'attendant à voir bientôt préciser les limites par l'arbitrage d'Hitler[3]. La

---

[1] « *Bushido* », littéralement « la voie du guerrier ». Le terme recouvre les multiples préceptes et codes régissant la vie de l'élite guerrière des samouraïs.

[2] Souligné dans le texte.

[3] Sur les préparatifs du partage de la Yougoslavie à la conférence de Vienne sur les Balkans, voir document n° 171. Le 16 avril 1941, le gouvernement bulgare a rompu les relations diplomatiques avec Belgrade (T. n° 284 de Sofia, du même jour). Le 19, les troupes ont commencé l'occupation de la Thrace grecque, de la Macédoine serbe et d'une partie de la Moravie (T. n° 288 de Sofia, en date du 19.4), ce qu'un communiqué annonce le lendemain comme l'occupation militaire de « certains terrains bulgares libérés par les vaillantes troupes allemandes » (T. n°s 289-290 de

Macédoine surtout est l'objet de nombreuses manifestations : causeries régulières à la radio, messages satisfaits du vieux roi Ferdinand, libération des Macédoniens faits prisonniers par les Allemands pendant la guerre germano-yougoslave, échanges de cordialités télégraphiques entre M. Popov et ses collègues italiens et allemands, et entre M. Filov, le Führer, le Duce et le général List ; enfin la visite du roi et du prince Kyril à Stroumitza et à l'Isftip[1].

Un souci demeure sous l'euphorie générale : l'Italie n'obtiendra-t-elle pas la Macédoine occidentale[2] ? Depuis une semaine les journaux font une campagne prudente dans les termes, mais très ferme sur le fond pour rappeler le caractère bulgare d'Ochrida, capitale du tsar Samuel et centre d'un archevêché bulgare pendant huit siècles ; ils montrent les possibilités qu'a l'Albanie de s'étendre vers le nord en direction de Mitrovitza et vers le sud en Épire.

La presse et la radio officielles se font de plus en plus violentes contre les Serbes et les Grecs : on voit reparaître la littérature des « atrocités » ; des journalistes saluent avec joie la transformation de la Serbie en gouvernement allemand. L'Angleterre est couverte d'invectives. En revanche les articles et les déclarations se multiplient pour exalter la mission directrice dévolue à la Grande Bulgarie.

Ainsi voit-on disparaître plus vite ici les dernières traces des soucis de neutralité, de patience et de prudence dont le gouvernement bulgare faisait naguère la base de sa politique.

Communiqué Moscou, Ankara, Bucarest, Budapest.

Guerre 1939-1945, Vichy, Z Europe, Yougoslavie, 928 (10GMII/928)

Sofia en date du 20 avril) (tous ces documents non publiés *in* Guerre 1939-1945, Vichy, Z Europe, Bulgarie, 193).

[1] Sur les convoitises bulgares pour la Macédoine, voir aussi le T. n°s 281 à 283 de Sofia, en date du 15 avril 1941 (non publié, Guerre 1939-1945, Vichy, Z Europe, Bulgarie, 193).

[2] Selon Dampierre qui le tient d'« informations des milieux de presse hongrois », « la question de la répartition des territoires yougoslaves aurait soulevé de vives discussions entre Allemands et Italiens et la conférence tenue à ce sujet n'aurait pas abouti. On serait irrité à Berlin des prétentions excessives de l'Italie qui réclame toute la Dalmatie, ce qui risque de mécontenter les Croates. Dans ces conditions, il aurait été décidé qu'aucun partage définitif n'aurait lieu avant la fin de la guerre. » (T. n° 407 de Budapest, en date du 24 avril 1941). Dans un T. ultérieur (n°s 413 à 415 en date du 26 avril), Dampierre évoque aussi la difficulté de l'arbitrage allemand pour satisfaire « tous les appétits qui se manifestent » et donner aux États voisins de la Yougoslavie et de la Grèce « la livre de chair qu'ils convoitent » : « Si les Bulgares, écrit-il, ont en effet tout lieu d'être satisfaits car, à part Salonique, ils se voient d'ores et déjà en possession d'un immense territoire enlevé à la Grèce et à la Yougoslavie, il n'est est pas de même des Hongrois qui sont mécontents de ne pas occuper le Banat et sont inquiets des prétentions italiennes sur la Dalmatie. L'attribution du littoral de la mer Adriatique au nouvel État croate, dont la viabilité est douteuse, ferait certainement mieux l'affaire, car elle ne compromettrait pas l'avenir » (*in* Guerre 1939-1945, Vichy, Z Europe, Yougoslavie, 928, non publiés).

181

Note de la Sous-Direction d'Asie

N.   *Vichy, 28 avril 1941.*

Le 15 de ce mois, le chargé d'affaires du Japon avait entretenu le sous-directeur d'Asie[1] de la nomination de M. de Robien en Chine[2] et attiré son attention sur l'impression fâcheuse que produirait au Japon l'envoi à Tchoung King d'un ambassadeur nouveau[3].

Le 23 cette même indication était donnée, sous une forme plus accentuée, par le vice-ministre des Affaires étrangères japonais à M. Arsène-Henry[4] et confirmée à M. Cosme, à Pékin, par le conseiller de l'ambassade du Japon[5].

Il apparaît donc qu'envoyer M. de Robien à Tchoung King serait amener le gouvernement japonais à ouvrir la question de la reconnaissance du gouvernement de Nankin.

Refuser de nous rendre aux instances japonaises serait nous exposer au risque d'une nouvelle et très sérieuse crise dans les rapports franco-japonais.

Nous rendre à ces instances serait compromettre irrémédiablement, de ce fait, nos intérêts en Chine libre, nous mettre en opposition avec les États-Unis, dont les représentants en Extrême-Orient nous sont favorables, et donner libre carrière aux intrigues anglaises auprès du gouvernement de Tchoung King.

---

[1] Alors Jean Chauvel, déjà à ce poste avant la défaite. Sur l'entretien entre le chargé d'affaires du Japon à Vichy et M. Chauvel, voir la note en date du 15 avril 1941, *in* Guerre 1939-1945, Vichy, E Asie, Chine, 78 (non publié).

[2] M. Louis de Robien, ancien directeur du Service du personnel, a été nommé ambassadeur en Chine, en remplacement d'Henry Cosme, à la fin de l'été 1940, mais n'a pu gagner son poste.

[3] Le gouvernement de Tchang Kaï-chek, chassé de Nankin par l'offensive japonaise en Chine, a installé son siège à Tchoung King, sur le haut cours du fleuve Yang Tsé Kiang. Il mène de là la résistance aux Japonais qui ont installé un gouvernement à leur dévotion à Nankin. Lors de l'entretien du 15 avril précité, M. Harada a été chargé « d'attirer officieusement l'attention du gouvernement français sur l'impression fâcheuse que provoquerait au Japon, dans les circonstances actuelles, la présentation de lettres de créance de M. de Robien à Tchoung King », indiquant « qu'un compromis serait opportun », avec le rappel de l'exemple de l'ambassadeur d'Italie qui a « lui-même différé depuis plus d'un an la présentation de ses lettres ». À cela, Chauvel a répondu que « les Italiens avaient plus de liberté en l'espèce, parce que n'ayant aucun intérêt à défendre en Chine occupée ni en Chine libre, ils n'avaient rien à perdre à s'éloigner de Tchoung King. Le gouvernement français par contre avait d'importants intérêts dans les deux zones. La situation de l'ambassadeur de France était à cet égard comparable à celle de l'ambassadeur des Soviets, lequel a sa résidence permanente à Tchoung King. »

[4] T. nos 527 à 529 de Tokyo, en date du 23 avril 1941, *in* Guerre 1939-1945, Vichy, E Asie, Chine, 78. Dans sa réponse du 28 avril (T. 461 à 462 de Vichy), le même jour que la présente note, le Département indique que, s'il convient de maintenir la disposition de principe prise par l'ambassadeur, il convient de « saisir une occasion de dire à [son] interlocuteur que le gouvernement français ayant décidé de surseoir à la réalisation d'un mouvement qui avait pour origine la nomination de M. Cosme à Moscou, l'état de chose actuel se trouve provisoirement maintenu. »

[5] Document non retrouvé.

Cette extrémité paraîtrait d'autant plus regrettable que ni Berlin, ni Rome, ni Moscou n'ont reconnu Nankin.

Il serait possible de l'éviter en maintenant provisoirement l'état de fait actuel, M. Cosme restant à Pékin et M. de Robien étant invité à surseoir à son départ[1].

Cette solution permettrait de procéder, dans trois mois, à un nouvel examen de la situation[2].

Guerre 1939-1945, Vichy, E Asie, Chine, 78 (3GMII/78)

182

M. Truelle, Ministre de France à Bucarest,
    à l'Amiral Darlan, Vice-Président du Conseil, Ministre
      Secrétaire d'État aux Affaires étrangères, à la Marine et à
      l'Intérieur.

T. n°s 452 à 454.   *Bucarest, 29 avril 1941, 20 h.*

(Reçu : le 30, 1 h.)

Je me réfère à mon télégramme n°s 444[3] et 446[4].

Au cours d'une conversation que je viens d'avoir avec le secrétaire général aux Affaires étrangères, celui-ci a attribué les mesures prises à la frontière

---

[1] Nommé en décembre 1940 ambassadeur de France en Argentine, Louis de Robien, ancien chef du Service du personnel, attend depuis plusieurs mois de pouvoir embarquer à Lisbonne pour rejoindre son poste, en vain. En mars 1941, il a reçu une nouvelle nomination en Chine, pour y remplacer H. Cosme. Le 8 mai, il est informé de la décision du Département de surseoir à son installation. Il est alors chargé d'une inspection administrative des postes diplomatiques et consulaires en Amérique latine dont il a déjà une expérience (il a été en poste à Rio de Janeiro et à Montevideo dans les années 1920 et sous-directeur d'Amérique en 1933) (T. n°s 475 à 477 à Lisbonne en date du 8 mai 1941, dans Guerre 1939-1945, Vichy, E Asie, Chine, 78, document non reproduit). En fait, il ne sera pas plus en mesure d'assurer cette mission que les précédentes. Finalement, rappelé à Vichy, il reprendra en 1942 la direction du Service du personnel.

[2] Il convient de noter que le 22 avril, le chargé d'affaires de Chine (gouvernement de Tchoung King) a rendu visite au Directeur politique pour lui faire part de l'intention de son gouvernement de désigner M. Wei Tao-ming, ancien ministre de la Justice, secrétaire général du Yuan exécutif, comme ambassadeur en France, pour succéder à M. Wellington Koo, récemment envoyé à Londres. (Note du 22 avril 1941). À ce sujet, H. Cosme rappelle qu'il est docteur en droit de l'Université de Paris, a été maire de Nankin et a toujours, comme son épouse, manifesté des sentiments francophiles (T. n°s 222 à 223 en date du 24 avril, *in* Guerre 1939-1945, Vichy, E Asie, Chine, 94, documents non publiés).

[3] Document non retrouvé.

[4] T. en date du 25 avril 1941 informant du renforcement et du « développement des fortifications roumaines sur le Prut avec le matériel prélevé par les Allemands dans la ligne Maginot » ainsi que de la concentration des forces roumaines en Moldavie avec de continuels et importants mouvements de troupes en direction du nord-est, du remplacement des unités allemandes prélevées pour les opérations balkaniques, de l'évacuation des autorités et des institutions roumaines établies en Moldavie et en Bukovine, du transfert à l'intérieur des archives des instituts et entreprises d'État et des villes de ces provinces, de l'évacuation d'usines importantes, de stocks de toute nature, du reflux sur Bucarest de la population juive des principales villes moldaves, enfin de la préparation psychologique des jeunes recrues et des officiers à une prochaine lutte contre l'URSS. (*In* Guerre 1939-1945, Vichy, Z Europe, Roumanie, 689, non publié).

russe par les états-majors allemand et roumain par la nécessité de parer à toute surprise en raison de l'activité manifestée récemment par les Russes en Bessarabie et la fréquence des incursions aériennes en territoire roumain. Je dois toutefois relever que le ministre de Russie nie obstinément cette prétendue activité et que, d'après des informations de bonne source, les Soviets disposant seulement d'unités assez faibles en Bessarabie organiseraient leurs défenses en deçà du Dniestr.

Aussi bien M. Cretziano continue à ne partager en aucune manière l'opinion d'un grand nombre de Roumains qui, m'a-t-il dit, prenant leurs désirs pour des réalités, croient que le Reich va attaquer prochainement l'URSS. L'évolution du gouvernement de Moscou, rendue fatale par les succès allemands dans les Balkans et par la menace sur les Détroits qu'ils comportent, ne suffit pas, d'après M. Vassilin, à justifier ces rumeurs. Il pense que, de part et d'autre, on a un intérêt majeur à éviter, pour le moment du moins, l'extension du conflit. Tout laisse supposer que le gouvernement du Reich voudra développer ses succès en Proche-Orient avant de s'engager dans les opérations peut-être hasardeuses, et il est douteux que les Russes fassent plus que soutenir la résistance turque aux pressions allemandes sans donner aucune garantie. S'il n'écarte pas le passage éventuel d'une partie de la flotte britannique en mer Noire avec la tolérance des Russes, M. Cretziano n'a pas non plus démenti la possibilité de conversations russo-allemandes, qui d'après certains renseignements se poursuivraient actuellement. M. Cretziano estime donc que les importantes concentrations de troupes germano-roumaines à la frontière de Bessarabie seraient déterminées beaucoup plus par des motifs de précaution et d'intimidation que par des buts offensifs. Je dois du reste observer que, si la majorité des Roumains persiste à croire qu'il s'agit effectivement d'attaquer l'URSS par la Bessarabie, d'autres personnalités roumaines partageraient ces jours derniers l'opinion que m'a exprimée le secrétaire général des Affaires étrangères.

Communiqué Sofia, Budapest et Moscou.

Guerre 1939-1945, Vichy, Z Europe, Roumanie, 689 (10GMII/689)

183

M. Jules Henry, Ambassadeur de France à Ankara,
  à l'Amiral Darlan, Vice-Président du Conseil, Ministre
  Secrétaire d'État aux Affaires étrangères, à la Marine et à
  l'Intérieur.

T. nos 628 à 632[1].   Ankara, 29 avril 1941, 20 h. 41.

                                        (Reçu : le 30, entre 3 h et 7 h.)

Suite à mon télégramme n° 615[2].

Ce n'est pas sans inquiétude que l'on assiste ici à l'occupation progressive des îles de la mer Égée par les forces allemandes. Ces opérations, outre qu'elles fournissent aux Allemands une protection de plus en plus grande vers les Détroits où, depuis 15 jours déjà, s'opère un trafic de ravitaillement venant de Constantza, sont considérées comme une menace d'encerclement et une tentative d'enlèvement à la Turquie de tout moyen de résistance efficace contre une action éventuelle des forces du Reich. La zone de sécurité turque se rétrécit ainsi chaque jour davantage.

C'est ce que la presse fait ressortir dans les avertissements qu'elle adresse au pays.

« Les Allemands ayant occupé les îles grecques toutes proches des Détroits et de l'Anatolie, écrit le *Vakit*, peuvent y concentrer des forces auxquelles il ne serait pas impossible de prendre pied sur le territoire turc. La question est donc vitale pour nous. Le *Ikdam* déclare de même :

« Les Allemands occupant les îles situées sur la route des Dardanelles réalisent leur projet de couper les communications à travers les Détroits. Il faudra donc que la flotte anglaise agisse immédiatement ».

Ces avertissements ne laissent cependant pas pressentir que la Turquie soit sur le point de sortir de son inaction. Les feuilles continuent d'affirmer que rien n'est changé dans la position du gouvernement turc. Si elles répètent que celui-ci se refuserait à engager avec l'Allemagne des conversations pouvant toucher à l'indépendance de la Turquie, aucun commentaire ne suggère que l'on abandonne la stricte défense.

---

[1] Le document porte le paraphe manuscrit d'Ernest Lagarde.

[2] T. en date du 24 avril 1941 par lequel l'ambassadeur J. Henry évoque la crainte des Turcs, « de la présidence de la République jusqu'à la plus petite maison », de voir leur tour arriver après la liquidation des Balkans. « Depuis qu'en juin dernier, elle refusa de donner à la France et à l'Angleterre le modeste appui moral qui lui était demandé, la Turquie n'a cessé de proclamer qu'elle demeurait fidèle à l'alliance anglaise ». Cela lui a permis de recueillir « tant de prestige dans le Moyen-Orient que des avantages matériels, économiques et financiers considérables », tout en conservant sa neutralité, écrit le diplomate, qui rappelle les replis successifs des positions initiales au cours des derniers mois, « à mesure que le danger de guerre s'étendait aux divers pays balkaniques et se rapprochait de la Turquie » : « Aujourd'hui, la Turquie se trouve face à face avec l'Allemagne. Il n'est pas étonnant que le retour de l'ambassadeur d'Allemagne soit attendu avec impatience et anxiété », car on craint une demande de passage des troupes du Reich par l'Anatolie (*in* Guerre 1939-1945, Vichy, E Levant, Turquie, 126, non publié).

Dans les conversations privées on a l'impression que les Turcs, faisant en quelque sorte un examen de conscience rétroactif, sont en nombre croissant convaincus que leur pays a laissé passer de nombreuses occasions de jouer le rôle de grande puissance que le gouvernement affirme si souvent devoir être le sien. Nombreux sont ceux qui regrettent la passivité du gouvernement lors de l'entrée en guerre de l'Italie, de l'attaque de celle-ci contre la Grèce, de l'entrée des Allemands en Bulgarie et enfin de la déclaration de guerre à la Grèce et à la Yougoslavie. Ces occasions perdues, le sort réservé à la Turquie dont le potentiel militaire est insuffisant, n'est-il pas celui que viennent de subir les pays balkaniques ? Qui plus est, dans le cas de succès grandissant de l'Allemagne en Égypte, et dans le Proche-Orient la position du pays, ne deviendrait-elle pas indéfendable ?

Cependant le gouvernement continue ses mesures de défense. Le Président de la République est parti il y a trois jours en tournée d'inspection dans la région d'Izmir au moment où l'on commençait à parler d'un débarquement à Mytilène. Il se rendra à (…)[1].

D'après les renseignements recueillis ici par l'attaché militaire d'Angleterre, l'état-major procède sur les côtes d'Asie mineure à un renforcement du dispositif qui y était particulièrement faible.

Au point de vue diplomatique, le bruit court que des conversations russo-turques auraient lieu en ce moment à Ankara, où viendraient d'arriver deux officiers généraux russes. À ces conversations participeraient vraisemblablement des membres de la mission militaire anglaise : le chef de l'aviation anglaise en Égypte serait attendu jeudi. Ainsi, serait confirmée l'impression de l'ambassadeur d'Angleterre à Moscou rapportée dans mon télégramme nos 608-610[2] sur les encouragements à la résistance que le gouvernement de l'URSS prodiguerait au gouvernement turc.

Au moment même on signale l'arrivée récente de M. Goering, l'un des principaux collaborateurs de M. Goebbels au ministère allemand de la Propagande, en vue d'une prise de contact avec la presse turque. Un journaliste suisse récemment arrivé à Istanbul des Balkans a vu les figures connues de la 5e colonne qu'il avait rencontrées précédemment à Bucarest et à Sofia.

Le secrétaire d'État des Affaires étrangères m'a dit, avant-hier, que l'on n'avait aucune indication sur ce que rapporterait l'ambassadeur

---

[1] Lacune de déchiffrement.

[2] T. en date du 23 avril 1941, sur le tour politique que prendraient les « conversations commerciales avec le gouvernement de l'URSS poursuivies par l'ambassadeur de Turquie à Moscou », suivant la requête d'autorisation de transit de marchandises commandées en Suède et en Finlande « et consistant notamment en munitions, bois et produits alimentaires, etc. » : « Le règlement de ces questions constituerait le point de départ d'une négociation en vue de la conclusion d'un pacte d'assistance mutuelle », pour encourager les Turcs à résister aux pressions allemandes. L'Ambassadeur fait état des diverses rumeurs et hypothèses en cours à Ankara : crainte de la Russie à l'égard de l'Allemagne, appréhensions de Berlin face aux conversations turco-russes incitant le Reich à « dissuader la Russie de conclure un pacte avec la Turquie » en échange de « l'assurance qu'ils n'entreprendraient rien en Ukraine ». (Guerre 1939-1945, Vichy, E Levant, Turquie, 124, document non publié).

d'Allemagne, et qu'en tout cas, le gouvernement turc demeurait fermement résolu à ne pas se laisser entraîner dans un engrenage.

Ces deux derniers numéros seulement communiqués Moscou.

Guerre 1939-1945, Vichy, E Levant, Turquie, 126 (4GMII/126)

184

LE GÉNÉRAL DENTZ, HAUT-COMMISSAIRE DE LA FRANCE AU LEVANT, À L'AMIRAL DARLAN, VICE-PRÉSIDENT DU CONSEIL, MINISTRE SECRÉTAIRE D'ÉTAT AUX AFFAIRES ÉTRANGÈRES, À LA MARINE ET À L'INTÉRIEUR.

T. n°s 686 à 688.   *Beyrouth, 30 avril 1941, 12 h.*

(Reçu : le 30, 12 h.)

De Djeddah n°s 43-44-45.

L'émir Fayçal actuellement à Djeddah me dit :

« Le roi Ibn Séoud considère les récentes déclarations du général Dentz et la constitution du nouveau gouvernement syrien comme un témoignage de bonnes dispositions de la France envers les aspirations des Arabes[1], ajoute que dans les circonstances présentes personne ne peut raisonnablement demander plus que l'institution d'un régime parlementaire avec les luttes électorales et les campagnes de presse qu'elle comporterait serait une entreprise dangereuse pour la paix publique et dont la propagande étrangère ne manquerait pas de profiter. Le véritable intérêt des Syriens est de faire confiance au général Dentz et si le parti nationaliste demeure à l'écart, son devoir est pour le moins de ne pas gêner le nouveau gouvernement[2].

L'émir me répète que la politique du roi Ibn Séoud à l'égard de la Syrie n'a pas changé. Le roi Ibn Séoud pense que notre intérêt comme le sien s'oppose aux ambitions de la Turquie et à celles des chérifs hachémites de

---

[1] La Syrie étant en proie, depuis fin février, à des troubles suscités par des restrictions et la hausse du prix des denrées alimentaires, le général Dentz a entrepris des consultations auprès de personnalités syriennes pour une reprise en main de la conduite des affaires. Il adresse le 1er avril 1941, sur *Radio-Levant*, une déclaration au peuple syrien où il annonce avoir pris les décisions suivantes : « 1) Le Conseil des directeurs sera remplacé par un ministère qui aura à sa tête un chef de gouvernement ; 2) le gouvernement sera assisté d'une assemblée consultative composée des principaux représentants de la vie politique, culturelle et économique du pays et des nouvelles générations. Les Alaouites et les Druzes, tout en conservant leur statut, seront représentés au sein de cette assemblée ; 3) un Conseil d'État sera chargé de l'élaboration des lois ; 4) le gouvernement syrien participera à l'organisation générale du ravitaillement en ce qui concerne les intérêts communs de la Syrie et du Liban et assumera la direction du ravitaillement pour la Syrie ; 5) le gouvernement mettra en œuvre un important programme de travaux publics. » (D'après *Le Temps*, 2 avril 1941).

[2] Les nationalistes syriens restent sous le coup de la non-ratification par la France du traité de 1936 qui ouvrait la voie à l'indépendance (annoncée par le ministre Georges Bonnet en décembre 1938) et de la cession par la France du sandjak d'Alexandrette à la Turquie, en juin 1939.

Bagdad ou de Transjordanie. Il continuera donc à s'abstenir de toute intervention dans les affaires de Syrie sinon pour conseiller à ses amis la modération et la collaboration avec la France. Il fait des vœux pour que nous
réussissions à maintenir le calme et l'ordre à Damas malgré les grandes
difficultés que nous aurons à vaincre. Je conclus de ces déclarations confidentielles que le représentant du roi Ibn Séoud en France ne fera aucune
démarche analogue à celle de son collègue d'Irak.

L'émir m'a dit également : « On pouvait espérer que le nouveau gouvernement irakien, accentuant son attitude indépendant à l'égard de l'Angleterre, favoriserait les échanges avec Damas. Je crains que cet espoir ne soit
déçu et que l'encerclement de la Syrie ne devienne, au contraire, plus
étroit ».

Guerre 1939-1945, Vichy, E Levant, Irak, 163 (4GMII/163)

185

M. Jules Henry, Ambassadeur de France à Ankara,
   à l'Amiral Darlan, Vice-Président du Conseil, Ministre
   Secrétaire d'État aux Affaires étrangères, à la Marine et à
   l'Intérieur.

T. nos 633 à 636[1].   *Ankara, 30 avril 1941, 21 h. 32.*

Confidentiel.   (*Reçu* : le 1er mai, 4 h.)

Le ministre d'Irak à Ankara, frère du nouveau chef du gouvernement,
m'a donné quelques opinions que je crois devoir vous communiquer, bien
qu'elles fassent sans doute double emploi avec les informations de notre
légation à Bagdad. D'après ce Ministre, le récent coup d'État à la suite
duquel l'ordre (…)[2] troublé n'est pas une manifestation à proprement parler
germanophile. Mais il est le résultat d'un mécontentement à l'égard de la
Grande-Bretagne qui, pendant longtemps, a retiré du pays des avantages
immenses, a négligé d'y envoyer des troupes lorsqu'on le lui demandait avec
insistance et pratique aujourd'hui un blocus paralysant les affaires. Les
quelques milliers d'hommes débarqués récemment moins pour défendre le
pays que pour surveiller le port de Bassorah (…)[3] représentent à peu près
rien que la défensive.

Mais si, à la suite de la perte éventuelle de l'Égypte ou d'une opération
en provenance (…)[4] direction, les Anglais perdent leur position en Irak, le
pays qui les déteste ne les regrettera pas. On ne désire pas l'occupation

---

[1] Le document porte le paraphe manuscrit de Lagarde.

[2] Lacune de déchiffrement.

[3] Lacune de déchiffrement.

[4] Lacune de déchiffrement.

allemande, mais il n'y aura pas d'autre alternative. D'ailleurs, les Allemands ont convaincu les Italiens comme les autres peuples arabes que
ceux-ci recouvreront leur indépendance par l'Allemagne et non pas par la
Grande-Bretagne qui, contrairement à ce qui s'est passé dans la dernière
guerre, est aujourd'hui l'alliée des Turcs contre les Arabes.

À ce propos, M. Gailani m'a rapporté que, pendant la dernière visite de
M. Eden à Ankara, un officier général britannique lui aurait déclaré que,
dans l'opinion de son gouvernement, la Syrie devrait, à la fin de la guerre,
être en partie rétrocédée à la Turquie et en partie rattachée à la Palestine.
Comme je faisais remarquer à mon collègue que ce projet était non seulement (...)[1] aux assurances données par M. Eden à la France, mon collègue
me dit être au courant de ces assurances, qu'il n'ignorait pas la position
officiellement prise et réaffirmée par la Turquie au sujet de la Syrie, mais
que son gouvernement et le gouvernement allemand n'en demeuraient pas
moins convaincus de l'existence d'un « gentlemen's agreement » entre
Londres et Ankara sur les bases précitées. Il oppose l'attitude turque à celle
de l'Irak qui ne nourrit aucune visée à l'égard de (...)[2] dont il souhaite seulement voir se réaliser l'indépendance prévue par le traité franco-syrien de
1936[3] avec l'Alliance franco-syrienne comme corollaire.

Les affirmations exprimées par le ministre d'Irak permettent de mesurer
les succès de la propagande allemande dans le monde arabe.

Communiqué à Beyrouth.

Guerre 1939-1945, Vichy, E Levant, Irak, 159 (4GMII/159)

186

M. Bergery, Ambassadeur de France à Moscou,
    à l'Amiral Darlan, Vice-Président du Conseil, Ministre
        Secrétaire d'État aux Affaires étrangères, à la Marine et à
        l'Intérieur.

T. n°s 381 à 385[4].   *Moscou, 30 avril 1941, 23 h. 04.*

(*Reçu* : le 1er mai, 8 h. 45)

J'ai rendu visite hier à M. Vychinsky, vice-président du Conseil des commissaires du Peuple et premier commissaire-adjoint aux Affaires étran-

---

[1] Lacune de déchiffrement.

[2] Lacune de déchiffrement.

[3] Voir document n° 184, note 2.

[4] M. Bergery a remplacé M. Labonne, rappelé en France le 5 avril. M. Labonne a annoncé
qu'il pensait « convenable de ne pas subordonner la passation des services à l'octroi du visa » et à
son départ effectif et que, « sauf avis contraire », il comptait remettre la gérance à M. Payart le
10 avril (T. n° 289 de Moscou, en date du 7 avril 1941), *in* Guerre 1939-1945, Vichy, Z Europe,
URSS, 815, non publié). La cérémonie officielle de remise des lettres de créance du nouvel ambassadeur aura lieu le 6 mai 1941 (T. n° 407 de Moscou, à cette date, dans URSS 815 également, non

gères, puis à M. Lozovsky, autre commissaire-adjoint particulièrement chargé des Affaires françaises.

Conversations moins solennelles que celle de la veille avec M. Molotov, mais contenu analogue.

Ai enfin rendu longue visite à l'ambassadeur des États-Unis, M. Steinhardt.

Cet entretien avait trois buts :

1°/- Servir de contrepoids à entretien que je considère comme capital du point de vue information et que je compte avoir dès que possible avec l'ambassadeur d'Allemagne M. von der Schulenburg. Celui-ci est attendu d'un instant à l'autre venant de Berlin. Son arrivée précédée dès hier par celle de M. Dekanozov, ambassadeur soviétique à Berlin, suscite une véritable anxiété car il est supposé rapporter les propositions ou les exigences allemandes dont on ignore si elles se borneront à des fournitures ou si elles porteront également sur des stipulations politiques et militaires.

2°/- Trouver par l'ambassade des États-Unis le moyen de rencontrer de la manière la plus opportune l'ambassadeur d'Angleterre. J'avais dû sonder celui-ci par M. Labonne sur ses instructions quant à ses rapports avec moi. Elles apparaissent analogues à celles que j'ai reçues de vous quant à mes rapports avec lui. Le mieux a donc semblé que nous nous rencontrions chez le tiers le mieux placé, c'est-à-dire chez l'ambassadeur des États-Unis. Celui-ci a très chaleureusement accepté cet arrangement et un dîner aura lieu bientôt.

3°/- Entendre de la bouche de M. Steinhardt lui-même qui était (…)[1] du président Roosevelt l'exposé de la politique américaine. M. Steinhardt s'y est prêté très facilement et m'a entretenu à ce sujet pendant deux heures. Je vous en enverrai compte rendu complet seulement par la prochaine valise car ce qu'il m'a dit est intéressant, mais long et non urgent.

Enfin, bien que je n'aie pas encore remis mes lettres de créance au président Kalinine, le chef du Protocole, M. Barkov m'a fait savoir que j'étais prié d'assister demain à la revue militaire du 1er mai qui prend dans les circonstances actuelles une importance particulière. L'analogie avec la revue française du 14 juillet 1939 vient irrésistiblement à l'esprit.

J'espère que, dans mes relations avec les ambassades étrangères, je respecterai exactement vos instructions[2]. S'il en était autrement, j'apprécierais que vous me le fassiez savoir d'urgence.

Guerre 1939-1945, Vichy, Z Europe, URSS, 815 (10GMII/815)

publié). Dans la même période, M. Bogomolov, chargé d'affaires en France, a été élevé au rang d'ambassadeur (voir la note du 25 avril au maréchal Pétain pour les éléments de langage lors de la remise des lettres de créance, *in* Guerre 1939-1945, Vichy, Z Europe, URSS, 819, non publiée).

[1] Lacune de déchiffrement.

[2] Document non retrouvé.

187

M. Truelle, Ministre de France à Bucarest,
  à l'Amiral Darlan, Vice-Président du Conseil, Ministre
  Secrétaire d'État aux Affaires étrangères, à la Marine et à
  l'Intérieur.

D. n° 199[1]   *Bucarest, 30 avril 1941.*

L'hostilité traditionnelle qui existe ici contre la Hongrie a été encore ravivée, s'il en était besoin, par l'action militaire entreprise par cette puissance contre la Yougoslavie[2].

Bien que le gouvernement roumain observe une certaine prudence et mette une sourdine à ses revendications sur la Transylvanie, il n'est pas douteux qu'il espère, en se conciliant les bonnes dispositions des Allemands, obtenir une révision de l'arbitrage de Vienne[3]. Il a cru trouver quelque encouragement à ces espoirs dans l'attitude observée jusqu'à présent par le gouvernement du Reich en ce qui concerne l'occupation du Banat serbe[4]. Il compte sur les ordres de Berlin pour qu'elle continue à être interdite aux Hongrois. Mais il reste quand même peu rassuré sur les intentions allemandes, les déclarations qu'on prête à certains membres du gouvernement allemand sur l'attribution définitive de la Transylvanie à la Hongrie sont bien faites pour l'inquiéter. D'autre part, les plus clairvoyants se rendent bien compte de l'intérêt que le gouvernement du Reich a à jouer de la haine réciproque des deux puissances pour les tenir en respect et les soumettre plus étroitement à son influence.

En tous cas, ces derniers temps, les polémiques par la voie de la presse ou de la radio avec la Hongrie n'ont fait que reprendre. Récemment, le général Antonesco déclarait que « l'ordre ne saurait être rétabli dans l'Est européen tant que justice ne serait pas rendue à la Roumanie ». Les Hongrois ont relevé, semble-t-il, ces déclarations avec une vive irritation. Les journaux de Bucarest ont publié, à quelques jours d'intervalle, deux communiqués officieux. Dans le premier de ces documents, on répond à certains articles parus dans les journaux hongrois concernant le désordre intérieur roumain et la menace de nouveaux troubles légionnaires[5]. On rappelle une fois de

---

[1] Dépêche intitulée « L'opinion roumaine et la Hongrie », communiquée à Budapest.

[2] La Hongrie est, depuis le 10 avril, partie prenante de la campagne de Yougoslavie, commencée le 6 avril 1941 par l'invasion du pays par les forces de l'Axe, qui s'achève dès le 17 avril par la capitulation. Voir dans ce volume, les documents n°s 155, 169, notamment.

[3] Il y a eu deux arbitrages de Vienne, l'un en 1938 et le second en 1940, intervenus tous deux sous l'égide de l'Allemagne et de l'Italie, pour satisfaire de façon pacifique les revendications de la Hongrie sur les territoires qu'elle avait perdus en conséquence du Traité du Trianon, en 1920. Il s'agit ici du deuxième arbitrage de Vienne, intervenu en septembre 1940, grâce auquel une guerre entre la Hongrie et la Roumanie est évitée, en échange de l'annexion de la moitié nord de la Transylvanie par la Hongrie. Voir *DDF (1939-1944)*, 1940-2, documents n°s 156, 159, 160 et notes.

[4] Voir les documents n°s 169, 180.

[5] En janvier 1941, Antonescu avait profité de violents troubles causés par les Légionnaires (Garde de fer), notamment les 21-23 janvier, pour s'en débarrasser afin de présenter une dictature

plus « qu'en 1920, des soldats roumains ont dû intervenir à Budapest pour en chasser l'aventurier Bela Kun qui avait transformé la Hongrie en un centre révolutionnaire au cœur même de l'Europe ». Un autre communiqué relève les accusations de déloyauté que l'on aurait proférées à Budapest à l'égard de la Roumanie. La réponse est ainsi conçue : « En matière de civilisation et de loyauté, nous n'acceptons point de leçons des autres, et nous en donnons à ceux qui ne savent pas respecter ces grands principes ».

Les Roumains peuvent en effet aujourd'hui se flatter de n'avoir pas entrepris une action militaire contre leur ancienne alliée yougoslave, ce qui, comme je l'ai indiqué, eût été contraire à l'opinion de la grande majorité du pays et de chefs politiques tels que MM. Maniu ou Bratiano. Il n'en reste pas moins que leurs sentiments sont partagés et qu'ils éprouvent une sorte de jalousie, mêlée d'inquiétude, à la pensée que les Hongrois participent aux dépouilles de la Yougoslavie. Si les troupes roumaines sont amenées, dans un prochain délai, à occuper le Banat serbe, ce ne sera pas pour y trouver des compensations aux pertes de territoires subies il y a quelques mois[1], ni même pour y protéger les minorités roumaines, mais principalement pour empêcher que les Hongrois ne s'y installent. Certains Roumains, appartenant aux milieux officiels, se rendent bien compte des désavantages et risques que comporterait pour l'avenir une telle opération ; ils répugnent à prendre leur part d'un butin acquis au détriment d'un peuple avec lequel ils ne se sont jamais battus, et voient les conséquences qu'un tel geste pourrait entraîner dans l'avenir. Mais leur haine et leur méfiance à l'égard de la Hongrie seront sans doute les plus fortes et le gouvernement ne saurait probablement pas résister à la tentation en face de laquelle les Allemands ont intérêt à les placer. Si ces derniers jugeaient préférable de rester pour le moment dans le Banat, ce qui, d'après quelques-uns, n'est pas exclu, les Roumains ne le regretteraient sans doute pas, car cette solution aurait l'avantage de les tirer d'un cruel embarras.

Guerre 1939-1945, Vichy, Z Europe, Hongrie, 416 (10GMII/416)

---

militaire plus « acceptable » aux yeux de l'opinion publique internationale. Voir à ce sujet, dans ce volume, les documents n°s 22, 37, 38, ainsi que plusieurs télégrammes et dépêches dans Guerre 1939-1945, Vichy, Z Europe, Roumanie, en particulier la longue dépêche n° 49 du chargé d'affaires, Henry Spitzmüller, qui fait le récit de la crise (non publiée).

[1] La Bessarabie, la Bukovine du nord et le district d'Hertz avaient été cédés par la Roumanie à l'URSS en juin 1940. Voir *DDF (1939-1944)*, 1940-1, documents n°s 421, 437.

188

M. de Dampierre, Ministre de France à Budapest,
  à l'Amiral Darlan, Vice-Président du Conseil, Ministre
  Secrétaire d'État aux Affaires étrangères, à la Marine et à
  l'Intérieur.

D. n° 72[1].   Budapest, 30 avril 1941.

L'admiration que l'opinion hongroise éprouve pour la résistance héroïque
de Grecs – alors que le rapide effondrement de l'armée yougoslave a déçu
le public – n'empêche cependant pas toute la presse de célébrer en termes
louangeurs l'apparition de la Croix gammée sur l'Acropole[2]. Dans l'attitude
générale des journaux il faut voir, avant tout, la conséquence logique de
l'évolution de la situation politique au cours du mois d'avril : le coup d'État
de Belgrade[3], la foudroyante riposte de l'Allemagne à laquelle le gouvernement hongrois s'est associé, d'une part en se prêtant au passage des troupes
allemandes, d'autre part en faisant occuper par son armée une partie du
territoire compris dans ses velléités révisionnistes[4], l'anéantissement en
douze jours de la Yougoslavie, la rupture en vingt et un jours de la résistance gréco-anglaise, les échanges de vues des états-majors, la visite enfin
du Régent au chancelier Hitler[5] ont contribué à souder plus étroitement que

[1] Dépêche titrée : « Résumé de la situation vue de Budapest à la fin d'avril 1941 ».

[2] La Grèce résistant à l'Italie depuis six mois, a été attaquée le 6 avril 1941 par les armées du
Reich qui sont entrées à Athènes le dimanche 27 avril. Le drapeau à croix gammée fut hissé sur
l'Acropole à 8 h 45, suivant le récit du ministre de France, Gaston Maugras (voir sa note n° 15, en
date du 29 mai 1941, « Un mois d'occupation allemande à Athènes, 27 avril-1er juin 1941 », in
Guerre 1939-1945, Vichy, Z Europe, Grèce, 394, non publiée) qui indique que l'heure fut « consi-
gnée pour l'histoire dans le curieux télégramme suivant reproduit dans les journaux de l'après-
midi du capitaine Jakobi du 10e Régiment brandebourgeois et du lieutenant Elsnitz de la
6e Division de montagne : « Mon Führer, le 27 avril 1941, à 8 h. 10 du matin, nous avons été
la première troupe allemande à entrer à Athènes et, à 8 h. 45, nous avons hissé le drapeau allemand sur l'Acropole et à la Mairie ». Toujours, selon G. Maugras, peu après, les Allemands his-
saient aussi le drapeau grec à gauche du drapeau allemand sur l'Acropole, la Kommandantur et
divers autres bâtiments, comme « une politesse à l'adresse de leurs anciens adversaires », mais geste
« jugé humiliant par ceux qu'il était censé honorer ».

[3] Voir notamment les documents n°s 141 et 143.

[4] Du traité de Trianon. Voir le document n° 187 et notes, notamment.

[5] Le 24 avril 1941. Dans son T. n°s 413 à 415 en date du 26 avril 1941 (déjà cité dans la note 3
du document n° 180), Dampierre évoque l'insistance de la presse « sur le caractère particulièrement cordial de la rencontre » dont l'objet n'est pas connu avec précision, mais dont les « correspondances de Berlin laissent entendre [qu'elle] a eu un caractère analogue à celui des visites du roi
Boris au Grand Quartier général allemand et du comte Ciano à Vienne. Il est certain que l'installation de l'ordre nouveau dans le Sud-est de l'Europe et les limites des zones d'occupation des
différentes armées ont été au premier plan de ces échanges de vue. ... Au moment où l'effondrement de la Yougoslavie et la défaite de la Grèce incitent les États voisins à demander au grand
dispensateur des territoires du Nord-est européen, la livre de chair qu'ils convoitent, le Régent s'est
donc fait aussi sans aucun doute auprès de Hitler l'avocat de la cause hongroise pour obtenir bonne
mesure quand l'heure du partage sonnera. » Dans un télégramme suivant (n° 420 en date du
27 avril), Dampierre écrit, « d'après des informations de source sérieuse », qu'Hitler aurait traversé
Budapest dans le courant de cette semaine, se rendant au quartier général d'un important État-
Major allemand qui se trouve dans le château du prince Festetics à Kestely, sur le lac Balaton. C'est
là que paraît avoir eu lieu le 24 son entrevue avec le Régent mais sans donner satisfaction à ce

jamais la Hongrie à l'Axe. Il n'y a plus aucune possibilité pour la Couronne de Saint-Étienne d'échapper à son destin qui s'identifie désormais à celui de l'Allemagne et de l'Italie ; aussi n'est-il pas surprenant que la presse, dans son unanimité et avec des nuances à peine sensibles, suive docilement – et sans cesse davantage – les voies qui lui sont tracées par les services du Reich.

Mais il importe d'ajouter que, les peuples étant sensibles à l'attrait de la victoire, la foule hongroise, de son côté, n'est pas restée indifférente aux brillantes actions des forces allemandes. Si elle a contemplé avec apathie le passage des troupes motorisées qui, principalement du 3 au 6 avril, ont traversé Budapest, se rendant à toute allure dans la direction du sud, elle accueille avec beaucoup plus de chaleur les formations – ce sont parfois les mêmes – qui, surtout depuis le 26 avril, remontent vers Vienne, leurs camions portant l'inscription des villes yougoslaves et leurs soldats montrant aux passants des casques ennemis provenant des champs de bataille de Serbie. Lors de la première visite des divisions rapides du Reich, la situation était incertaine et l'avenir paraissait menaçant : le Président du Conseil s'était tué[1], les maisons étaient décorées de drapeaux noirs, les rues devenaient rigoureusement obscures à la tombée de la nuit, sur tous les ponts de la ville des canons antiaériens étaient dressés, les sirènes parfois se faisaient entendre, de longs convois de chevaux et de voitures arpentaient les rues, se rendant à leur destination de mobilisation, on se rappelait encore le Pacte d'amitié éternelle signé avec la Yougoslavie[2] et les consciences étaient inquiètes. Mais, en trois semaines, tout avait changé : depuis le 22 avril, la ville s'était vue rendre ses lumières par une autorité

---

dernier « qui n'aurait obtenu aucune promesse en ce qui concerne l'attribution de territoires. En revanche, le Chancelier se serait ouvert à son interlocuteur de la nécessité pour la Hongrie de s'intégrer davantage dans le système allemand, au point de vue économique, agricole et financier et même militaire. M. Hitler se serait exprimé en termes assez sévères sur le commandement et le fonctionnement des services de l'armée hongroise » (Guerre 1939-1945, Vichy, Z Europe, Yougoslavie, 928, documents non publiés).

[1] Pal Teleki s'est suicidé le 3 avril 1941. Une longue note ultérieure, « a.s. État de l'opinion en Hongrie » (non signée) en date du 28 avril 1944, sur la Hongrie pendant la guerre, évoque son isolement et l'incompréhension à laquelle il se heurta « dans ses efforts en vue de sauvegarder la liberté d'action de la Hongrie et de réduire au minimum les concessions qu'il était obligé de faire à l'Allemagne toute puissante » : « Il ne fut secondé dans sa tâche que par un noyau d'hommes courageux et clairvoyants qui se refusaient à considérer la défaite des puissances occidentales comme irrévocable et qui voyaient dans une victoire de Hitler un grave danger pour la nation hongroise » ; certains après le suicide de Teleki songèrent à s'expatrier afin de fonder, le moment venu, un mouvement de « Hongrie libre » à l'étranger, dont l'utilité en cas d'invasion ou de putsch aurait été reconnue par le comte Teleki. Dans sa dépêche n° 4 en date du 26 mars 1941, le consul de France à Kolozsvar signalait l'émoi provoqué par l'exposition dans la vitrine d'une librairie d'une carte publiée quelques années auparavant par le comte Pal (ou Paul) Teleki, « savant géographe » qui, « reprenant une idée chère à ses compatriotes », « a voulu présenter une carte ethnographique qui fut en même temps une carte démographique » appuyant les revendications à l'égard de la Transylvanie (Guerre 1939-1945, Vichy, Z Europe, Hongrie, 416, non publié). Ce « révisionniste » aurait réalisé, après l'invasion de la Yougoslavie, le danger de trop lier le sort de ces revendications à une alliance avec le Reich. Voir aussi à ce sujet, dans ce volume, le document n° 150, ainsi que plusieurs documents relatifs à la position du comte Teleki et de la Hongrie en mai-juin 1940, in CPC 1918-1940, Z Europe, Alsace-Lorraine, 112. Succède au comte Teleki le ministre des Affaires étrangères, Laszlo Bardossy.

[2] Signé le 12 décembre 1940. La Hongrie attaque la Yougoslavie le 11 avril 1941.

militaire dont les rigueurs se relâchaient, beaucoup d'hommes avaient rejoint leurs foyers, le danger s'était éloigné, l'occupation de territoires arrachés à la Hongrie par le traité de Trianon s'était effectuée une fois de plus aux moindres frais[1], l'effondrement de la Yougoslavie par sa propre faute et sous les coups de l'Allemagne avait calmé les scrupules... On se trouvait plus à l'aise pour saluer de *Sieg ! Heil !* – surtout à Budapest car, en province, les questions de ravitaillement ont un caractère aigu – ces hommes couverts de poussière qui, dans le vrombissement ininterrompu des moteurs, se transportent avec une précision d'horloge tantôt dans la direction du sud, tantôt dans celle du nord, à la poursuite d'une tâche sans cesse renaissante qui consiste à implanter, dans des pays toujours nouveaux, à coup de mitrailleuses, de canons, de chars et de *stukas* l'« ordre européen » conçu par le cerveau de leur chef et auquel aucun État ne saurait actuellement se soustraire sans signer son arrêt de mort.

Survenant dans cette période agitée et à la veille du jour où les troupes hongroises entrèrent dans la Bacska, le départ de M. Owen St-Clair O'Malley, ministre de Grande-Bretagne, et de ses collaborateurs, passa assez inaperçu. Le comte de Lalaing, ministre de Belgique, et M. Craandijk, chargé d'affaires des Pays-Bas, ayant reçu pour instructions de leurs gouvernements de régler leur conduite sur celle des Anglais, prirent avec eux le train de Moscou, d'où ils ont récemment poursuivi leur voyage sur Vladivostok et la Chine, où Mme O'Malley, dont la personnalité s'identifie à celle de la romancière Ann Bridge, pourra retrouver les personnages de son *Pekin Pick-nick*[2]. Cet exode diplomatique – que compléta, quelques jours après, le départ de la mission yougoslave – marquait cependant une date, celle où la Hongrie voyait se rompre ses relations avec l'Angleterre et ses Alliés[3], qu'elle avait eu le souci de ménager jusque-là, dans l'incertitude où elle était de ce que serait l'issue finale de la guerre.

L'éclipse de la mission britannique fut suivie d'une recrudescence de la campagne anti-anglaise dans les journaux de Budapest. Les défaites militaires dont les Balkans et la Cyrénaïque furent le théâtre, fournirent d'ailleurs ample matière à des critiques qui n'épargnèrent pas non plus la politique américaine, dont la responsabilité fut sévèrement mise en cause à propos du coup d'État de Belgrade et de ses funestes conséquences. Le nouveau ministre des États-Unis, M. Pell, n'est pas arrivé à Budapest dans une atmosphère très favorable : il est descendu à l'hôtel et on ne pense pas que son séjour sera de longue durée. Dans peu de semaines, il prendra sans doute, lui aussi, à la suite des Anglais, Belges, Hollandais et Yougoslaves, le chemin de Moscou, à moins que cette route ne lui soit

---

[1]   Allusion également à la conférence de Vienne de 1940 qui avait déjà donné à la Hongrie une partie de la Transylvanie roumaine. Pour le texte de la sentence arbitrale avec une carte, voir Papiers 1940, Bureau d'études Chauvel, 41, fol. 174-179.

[2]   « Ann Bridge » dont le roman *Pékin Pick-nick*, publié dans sa version originale anglaise en 1932, fut un best-seller en son temps, est le pseudonyme de Mary Ann Doling Sanders, surnommée « Cottie », épouse du diplomate britannique Owen Saint Clair O'Malley.

[3]   Le 7 avril 1941.

fermée par le déclenchement de la nouvelle offensive allemande à laquelle on s'attend pour le milieu de mai.

« À qui le tour ? », se demande-t-on à Budapest au moment où le drame grec touche à sa fin. Le Reich voudra-t-il, en premier lieu, fermer la Méditerranée à la flotte anglaise par la prise de Gibraltar ? Le canal de Suez paraissant difficile à atteindre pour les troupes qui ont ramené en quelques jours les Anglais de Benghazi à Sollum, la Turquie sera-t-elle intégrée de gré ou de force dans l'ordre nouveau afin de permettre une ruée allemande partant des Dardanelles vers la Palestine et l'Égypte ? Les blés de l'Ukraine et les pétroles du Caucase étant indispensables à l'économie du Reich, une offensive diplomatique et militaire du côté de l'URSS va-t-elle primer les autres opérations ? Autant de questions auxquelles on ne tardera pas à avoir une réponse. On est mal placé ici pour savoir ce qui se passe dans l'ouest de la Méditerranée, mais on constate, par contre, une vive activité de l'Allemagne dans la direction de l'est.

Au point de vue militaire, on assiste en Hongrie à un double mouvement de troupes : les divisions motorisées qui ont opéré dans le nord de la Yougoslavie (Nich, Belgrade, Zagreb) sont ramenées, tout au moins en grande partie, vers Vienne. Des forces assez nombreuses sont, par contre, dirigées par voie de fer et de terre, vers Kolozsvar et la Roumanie du Nord. On assiste donc plutôt ici à une préparation orientée vers la Russie, mais on ne saurait exclure pour cela l'éventualité d'une opération sur les Dardanelles, car les troupes allemandes se trouvant encore en Roumanie et en Bulgarie et celles opérant en Grèce peuvent être jugées suffisantes par le commandement du Reich pour une semblable offensive… surtout si elle est préparée par la voie diplomatique.

Or, du point de vue politique, on a ici l'impression que l'Allemagne ne reste pas inactive en Turquie. Les Turcs, insuffisamment armés, ont reculé tant qu'ils ont pu l'heure de la décision[1] ; ils ont, sans intervenir, laissé les Allemands pénétrer en Bulgarie, battre la Yougoslavie, la Grèce et, dans ce dernier pays, les seules forces britanniques paraissant disponibles à l'est du Bassin méditerranéen. Ils sont maintenant seuls, parmi les signataires de l'ancienne Entente balkanique[2], en face de la pression allemande qui s'exerce déjà sur eux et ils paraissent disposés à signer – avec le consentement de l'Angleterre – un pacte de non-agression avec l'Allemagne. Mais on ne peut s'empêcher de se rappeler que la Yougoslavie, elle aussi, aurait voulu limiter ses engagements à la conclusion d'un tel pacte : pourquoi l'Allemagne se contenterait-elle à Ankara de ce qu'elle a refusé à Belgrade ? Et si, à son tour, le gouvernement turc se voit énergiquement invité à

[1] Voir les documents n⁰ˢ 155, 157, 183 notamment.

[2] Sur l'évolution depuis le début de la guerre de l'Entente Balkanique, signée le 9 février 1934 entre la Grèce, la Roumanie, la Yougoslavie et la Turquie, voir *DDF (1939-1944)*, 1940-1, les documents de la section IV-C (Renforcer le dispositif allié et l'Entente balkanique » et *DDF (1939-1944)*, 1940-2, documents de la section VII-C (« Une nouvelle donne à l'Est de l'Europe/Les Balkans »). Voir aussi la note du 25 avril 1941, « Projet de réorganisation des régions danubienne et balkanique », Papiers 1940, Bureau d'études Chauvel, 34.

adhérer au Pacte tripartite, sera-t-il tenté, après le précédent yougoslave, de s'opposer à la volonté allemande ?

Ces problèmes qui concernent les théâtres secondaires de la guerre – car l'Atlantique et les Îles Britanniques restent malgré tout, aux yeux des Hongrois, le théâtre principal où se jouera la partie décisive – retiennent tout naturellement l'attention de la Hongrie : elle est en effet destinée à en subir les contrecoups, surtout dans le cas d'une action sur la Russie, à laquelle elle pourra même être amenée à participer dans une certaine mesure (d'ores et déjà, les troupes hongroises ont été renforcées sur la frontière ruthène). Mais les préoccupations plus immédiates du gouvernement de M. de Bardossy semblent viser la distribution des territoires anciennement yougoslaves. J'ai déjà indiqué dans ma correspondance les vues des Hongrois sur le Banat (certains trouvent cependant inutile d'accroître encore le chiffre de la minorité allemande qu'il est difficile de préciser, mais qui a singulièrement augmenté depuis l'occupation de la Bacska), ainsi que la position qu'ils semblent avoir prise à propos de la Dalmatie et de Fiume. Je n'y reviendrai donc pas, mais l'évocation des appétits magyars, dont il sera sans doute possible d'ici peu de mieux mesurer l'étendue, n'était pas inutile pour compléter ce rapide aperçu sur la situation telle qu'elle se présente à Budapest à la fin d'un mois mouvementé.

Guerre 1939-1945, Vichy, Z Europe, Allemagne, 79 (10GMII/79)

189

M. Cosme, Ambassadeur de France en Chine,
    à l'Amiral Darlan, Vice-Président du Conseil, Ministre
        Secrétaire d'État aux Affaires étrangères, à la Marine et à
        l'Intérieur.

D. n° 56[1].   *Pékin, 30 avril 1941.*

La conclusion du pacte nippo-soviétique[2] a amorcé à Tchoung King une double réaction : la plus nette s'est manifestée sur le plan intérieur à l'égard

---

[1] D. intitulée : « Les répercussions à Tchoung King du pacte nippo-soviétique ».

[2] Signé le 13 avril 1941 à Moscou. Selon Eirik Labonne, la conclusion de ce pacte de neutralité « n'a pas causé de surprise », sinon du fait de l'attitude personnelle de Staline : « Rompant avec une règle de distance et de secret qu'il a observée toute sa vie, le dictateur s'est rendu en personne dans une gare afin de saluer un étranger qui n'est pas un chef d'État et s'y est livré à de surprenantes effusions… L'on pensait généralement que le Kremlin ferait payer cher l'accord. Mais les succès allemands, la marche des événements balkaniques et les rumeurs montantes de l'assaut sur l'Ukraine ont, sans doute, précipité les décisions. La Russie doit être libre en Europe. » (T. n°s 330 à 333 de Moscou en date du 15 avril 1941, Guerre 1939-1945, Vichy, Z Europe, URSS, 847). Voir aussi dans ce même dossier (URSS, 847), le texte de l'accord (fol. 26), un télégramme de Tass donnant le point de vue soviétique sur l'accord (15 avril, fol. 29-30) et la traduction de divers commentaires de la *Pravda* envoyée par Gaston Bergery le 4 mai (P.j à sa D. n° 32 en date du 4 mai 1941, fol. 36-42).

des communistes chinois ; la seconde, encore diffuse, se place sur le plan des relations extérieures de la Chine avec les Soviets.

Par de précédentes communications (mes lettres n°s 21 et 25 des 17 et 19 mars 1941)[1], j'ai tenu Votre Excellence informée de l'état très tendu des relations existant entre le Kouomintang et les communistes chinois depuis la 8e réunion plénière de l'Assemblée nationale.

Ces derniers, depuis près de quatre années que dure le conflit sino-japonais, n'ont cessé d'étendre leur influence non seulement en Chine du Nord, dans les régions limitrophes du Chensi, Hopei, Chahar, en poussant jusqu'au Kansou et au Ninghia ; mais aussi dans les territoires du Kiangsou, du Chantoung, ainsi que dans les territoires du Houei, c'est-à-dire dans des provinces relevant directement de l'administration du gouvernement national.

Dans un manifeste publié au début du mois dernier par un organisme militaire dépendant directement de la commission des Affaires militaires de Tchoung King, les empiétements des communistes sont dénoncés sous l'aspect d'une véritable usurpation de pouvoirs ; ceux-ci sont accusés notamment : d'avoir sans autorisation changé les noms et les limites des sous-préfectures, nommé de nouveaux sous-préfets, recruté des troupes et, afin de pouvoir payer ces troupes, émis du papier-monnaie, levé des impôts et taxes illégaux, agissant ainsi dans le but de détruire l'armature administrative du gouvernement central ; créant par ailleurs des banques et des organismes financiers afin de saper les finances de l'État et provoquer sa dissolution.

C'est l'appui matériel et moral prêté par les Soviets à la Chine qui avait permis jusqu'ici au Parti communiste chinois de poursuivre cette action ; mais cette politique devant fatalement susciter l'opposition du gouvernement de Tchoung King et cette opposition s'est déjà traduite par des actes. Aussi bien le tournant des relations entre Tchoung King et les communistes chinois coïncide-t-il avec l'évolution parallèle des rapports entre le Japon et le gouvernement de l'URSS.

Le premier effet du pacte nippo-soviétique a été de jeter le désarroi parmi les communistes chinois : les membres dirigeants du Parti ont tout d'abord déclaré que « l'attitude de Moscou était incompréhensible et qu'il n'était pas

---

[1] La dépêche n° 21 n'a pas été retrouvée. La D. n° 25 du 19 mars 1941 « a/s Différend entre le gouvernement de Tchoung King et les communistes chinois » qui y fait suite donne le texte d'un message du bureau politique central du Parti communiste chinois établi à Yen-An en réponse à la déclaration de Tchang Kaï-Chek du 8 mars, qui irait dans le sens d'une détérioration des relations entre les deux parties et d'une rupture « qui serait immédiatement exploitée par les Japonais ». Voir aussi sur le même sujet, la D. n° 41 de Shanghaï en date du 27 mars 1941, sur les difficultés du maréchal Tchang Kaï-Chek, accusé par sa belle-sœur, veuve de Sun Yat-sen, de faire le jeu du Japon en persécutant les communistes, alors que dans les milieux de Shanghaï, « généralement bien informés des affaires de Tchoung King, on prétend que le général Tchang Kaï-Chek veut continuer la lutte et s'efforce, par tous les moyens, de mettre fin à des dissensions susceptibles de dégénérer en guerre civile » : « Le conflit latent entre le Kouomintang qui veut régner seul pendant et après la guerre, et le parti communiste, qui se prépare à dominer après la victoire, pourra, sans doute, se prolonger encore, sans prendre, dans un avenir immédiat une forme tragique ». (Guerre 1939-1945, Vichy E Asie, Chine, 99, non publiées).

encore temps pour les communistes chinois de définir leur orientation future ».

À Tchoung King, M. Sun Fo, président du Yuan législatif, qui appartient au clan soviétique et préconisait la tolérance du communisme en Chine, aurait déclaré que « l'insuccès des communistes pendant ces dix dernières années suffit à démontrer que le communisme ne convient pas à la Chine ».

Cette affirmation, qui équivaut à une volte-face politique, semble déjà servir de mot d'ordre aux services de propagande du gouvernement de Tchoung King pour rallier les membres du clan soviétique qui se soucient de conserver au sein du gouvernement national une certaine influence.

L'explosion de passions anti-communistes qui se contenaient difficilement à Tchoung King et qui vient de se manifester, laisse prévoir, d'autre part, le renforcement des mesures déjà prises à l'égard des éléments communistes indépendants qui refuseraient encore de faire acte d'allégeance envers Tchoung King. D'ores et déjà on annonce le départ pour Si Ngan du général Ho Ying-kin qui serait chargé de prendre dans le Nord-Ouest des mesures militaires et administratives dirigées contre les communistes.

J'ai par ailleurs signalé à Votre Excellence (mon télégramme n°s 209-210 du 22 avril 1940[1]) le danger que présentait pour le gouvernement de Tchoung King l'existence des armées communistes, du fait qu'elles l'obligent à immobiliser sur plusieurs « fronts intérieurs » des forces importantes.

La nécessité de réduire les communistes soit, en incorporant leurs forces de façon judicieuse au sein des armées nationales, soit en procédant à des opérations militaires contre les éléments récalcitrants, paraît donc, dans l'état actuel des choses, s'imposer au général Tchang Kai-chek.

En tout état de cause, il est permis de penser que la conclusion du pacte nippo-soviétique est de nature à porter sérieusement ombrage au Parti communiste chinois, qui se trouverait nettement isolé si les Soviets cessaient effectivement d'apporter leur aide à la Chine, ce qui aurait alors pour effet de donner au gouvernement de Tchoung King toute liberté pour ne plus traiter le problème communiste que dans le sens que commanderaient ses intérêts.

À ce propos se pose la question des rapports futurs entre l'URSS et la Chine.

Ainsi que je le signalais dans mon télégramme ci-dessus mentionné, les déclarations, pourtant rassurantes, que M. Molotov a faites à l'ambassadeur de Chine à Moscou n'ont pas réussi à dissiper les appréhensions du

---

[1] En fait du 22 avril 1941 et non 1940. Cosme rapporte que « les déclarations pourtant rassurantes que M. Molotov a faites à l'ambassadeur de Chine à Moscou n'ont pas réussi à dissiper les appréhensions du gouvernement chinois. De fait, la campagne anti-communiste que le maréchal Tchang Kaï-Chek a déclenchée depuis qu'il se croit assuré du soutien effectif des États-Unis et de l'Angleterre se poursuit dans les provinces du Nord sans égard pour les remontrances soviétiques ». Mais poursuit l'Ambassadeur, « les activités des communistes chinois sont d'autant plus dangereuses pour le gouvernement chinois qu'elles servent les intérêts japonais » en l'obligeant à éparpiller ses efforts et en créant entre Tchoung King et Moscou « une cause quasi-permanente de mécontentement ». (Guerre 1939-1945, Vichy, E Asie, Chine, 130, non publié).

gouvernement chinois qui aurait adressé au gouvernement de l'URSS une protestation en se référant aux stipulations de la convention de non-agression établie entre la Chine et le gouvernement soviétique en 1937[1]. En réponse à cette protestation, une dépêche d'agence annonce aujourd'hui que M. Molotov aurait fait parvenir le 25 avril à l'ambassadeur de Chine à Moscou une note en 4 paragraphes où serait soulevée notamment la question des rapports entre Tchang Kaï-chek et les communistes chinois et qui contiendrait une suggestion précise : l'envoi d'un délégué du Généralissime à Moscou en vue de rajuster sur ce point les relations sino-soviétiques.

Que cette information soit exacte ou qu'elle soit controuvée, tel paraît être cependant le jeu soviétique : d'une part arguer de l'hostilité manifestée par Tchang Kaï-chek à l'égard des communistes chinois pour justifier la conclusion du pacte nippo-soviétique ; et d'autre part laisser entendre à Tchoung King que ledit pacte n'apportera pas de changement dans le fonctionnement de l'accord de troc grâce auquel la Chine a jusqu'ici reçu l'assistance du gouvernement de Moscou, sous cette réserve toutefois que Tchoung King réviserait son attitude à l'égard des communistes chinois.

Il est encore trop tôt pour essayer d'entrevoir comment le gouvernement de Tchoung King résoudra le dilemme devant lequel il se trouve placé, mais il y a tout lieu de penser, qu'il évitera, dans les circonstances présentes, de prendre une position qui n'aurait pas rencontré l'assentiment préalable du gouvernement de Washington.

Guerre 1939-1945, Vichy, E Asie, Chine, 130 (3GMII/130)

190

M. RISTELHUEBER, MINISTRE DE FRANCE À OTTAWA,
    À L'AMIRAL DARLAN, VICE-PRÉSIDENT DU CONSEIL, MINISTRE
    SECRÉTAIRE D'ÉTAT AUX AFFAIRES ÉTRANGÈRES, À LA MARINE ET À
    L'INTÉRIEUR.

D. n° 73[2].   *Ottawa, 1er mai 1941.*

À en croire certains milieux généralement bien informés, au cours de leurs conversations de Hyde Park[3], le président des États-Unis et le Premier

---

[1] Signée le 21 août 1937.

[2] Dépêche intitulée : « Les rapports canado-américains à la suite des accords de Hyde Park ». Le document comporte aussi un tampon daté du 20 décembre 1941, ainsi que la mention « Comm[uniqué] à Europe et Washington. »

[3] L'accord d'Ogdensburg (17 août 1940) a créé la Commission permanente mixte de défense Canada-États-Unis (axée surtout sur la défense du continent), et l'accord de Hyde Park (20 avril 1941) unifie l'économie des deux pays pour les besoins du temps de guerre, en intégrant les forces militaires des deux nations afin de maximiser et de rationaliser la production des munitions et de l'armement.

ministre canadien se seraient même entretenus de questions qui, à première vue, ne concerneraient qu'indirectement le continent américain, notamment de certains aspects des rapports entre le Royaume-Uni et le Canada.

Quoi qu'il en soit, les résultats connus de ces conversations sont consignés dans un accord en vertu duquel les États-Unis s'engagent à acheter au Canada pendant les 12 mois qui vont suivre pour 300 000 000 dollars de fournitures de guerre parmi celles pour lesquelles le programme canadien est en avance sur le programme américain : aluminium, zinc, produits chimiques, etc. En outre, aux termes d'une déclaration de M. Cordell Hull, les États-Unis confieront aux chantiers canadiens l'exécution de constructions navales s'élevant à 200 000 000 dollars financés par la loi de prêt-bail[1]. C'est donc un total de 500 millions de dollars qui, sans contrepartie apparente, va passer au crédit du Canada. Cet arrangement a pour but de redresser une balance économique largement déficitaire en raison de la continuité d'achats importants faits aux États-Unis et que le Canada soldait jusqu'ici grâce à un excédent de ventes au Royaume-Uni. Les mesures très sévères prises pour retenir au Canada les devises américaines n'empêchaient pas celles-ci d'être rapatriées, à une allure inquiétante, pour le règlement d'achats indispensables. Ainsi les accords de Hyde Park sont une des formes de l'aide apportée par le gouvernement de Washington à l'effort de guerre britannique.

Cependant, si on les considère sous leur incidence canadienne, ils doivent s'inscrire dans une série d'actes associant de plus en plus étroitement l'action de deux États voisins : entrevue d'Ogdensburg[2] instituant une coopération militaire – assez étrange entre un État belligérant et un État neutre – pour la défense du continent nord-américain ; accord en vue de la canalisation du Saint-Laurent qui a permis aux États-Unis de vaincre l'opposition des milieux d'affaires canadiens à la réalisation d'un projet qui leur tenait à cœur ; enfin intervention croissante des capitaux et des techniciens américains dans les usines canadiennes qui tend à prendre un caractère permanent (lettre n° 52 du 22 mars)[3]. Et les commandes annoncées par M. Cordell Hull ne contribueront-elles pas encore à alimenter des usines fonctionnant déjà grâce à l'argent de l'Amérique et à ses ingénieurs ? De toute façon, une partie des bénéfices reviendrait finalement aux États-Unis sous forme de salaires et de rémunération du capital engagé.

Aussi rien d'étonnant dans l'influence grandissante prise ici par Washington dans tous les domaines. Notamment dans ses relations avec le nouveau gouvernement français, il semblerait que le Canada cherche à calquer son attitude sur celle des États-Unis, sans vouloir pour cela minimiser l'action de certains facteurs locaux. Ainsi lorsque les États-Unis

[1] Loi (*Lend Lease Act*) votée en mars 1941 par le Congrès américain à l'initiative du président Roosevelt autorisant l'aide matérielle (prêt, la location ou vente de tout matériel militaire) au Royaume-Uni, notamment, sans entrer dans la guerre. Les États-Unis fournissaient aussi une assistance maritime qui assurait l'acheminement de ce matériel. Cette aide bénéficiera également à la Chine dès mai 1941 et à l'URSS à partir de juin 1942.

[2] *Cf.* note 3 page précédente.

[3] Document non retrouvé.

décident d'envoyer un observateur aux Antilles, le gouvernement de M. Mackenzie King, sommé de prendre possession de Saint-Pierre-et-Miquelon[1], s'en tire par le même expédient. De même encore lorsque les États-Unis nous adressent blâmes et semonces, sans, pour autant, rompre les relations, l'opinion canadienne accentue les démonstrations hostiles, tout en évitant une rupture. Enfin, je rappelle pour mémoire que M. Mackenzie King m'a paru attacher plus d'importance aux prétendues infiltrations allemandes en Afrique[2], si redoutées par les États-Unis, qu'au survol de la Syrie par des avions allemands[3], principal objet des préoccupations britanniques.

Parler de « mainmise américaine » serait prématuré. D'autant plus qu'assez souvent la communauté d'attitude s'explique par une situation géographique et des intérêts économiques communs. Mais, il est curieux de relever que cette emprise croissante de la république nord-américaine sur le jeune dominion britannique a été largement favorisée par un fait européen, la guerre. En définitive, c'est en raison de ses liens avec la Grande-Bretagne, c'est pour lui venir en aide que le Canada s'est rapproché plus intimement encore des États-Unis et a cherché leur appui. Et c'est en échange de cet appui que les États-Unis, en y mettant d'ailleurs toutes les formes, prennent des hypothèques de toute nature sur le Dominion. On en arrive donc à ce paradoxe : le lien européen du Canada l'attache de plus en plus étroitement à l'Amérique ! Sans doute s'agit-il pour les deux pays de s'associer à l'effort de guerre britannique. Mais le résultat final n'en sera pas moins de les rendre solidaires l'un de l'autre plus qu'ils ne l'avaient jamais été. Or la solidarité d'un pays de 11 000 000 seulement d'habitants avec un autre qui en compte 130 000 000 comporte des dangers. Certains Canadiens le pressentent, surtout parmi les Canadiens français. Tout en appréciant le mode vie américain, tout en proclamant leur pays « terre d'Amérique », ils n'en tiennent pas moins à garder jalousement leur individualité de race, de religion et de langue, biens chèrement conservés jusqu'ici non sans luttes. L'un de leurs journaux, Le Droit, s'est demandé récemment avec inquiétude quelle contrepartie réclamerait un jour le gouvernement américain pour toutes les largesses prodiguées à Hyde Park. La réponse se dessine déjà : ce sera l'intégration progressive de l'industrie canadienne dans celle des États-Unis ; la liberté d'aménager le Saint-Laurent à leur guise, enfin l'orientation croissante dans un sens américain de la politique extérieure d'un Canada ayant perdu, au moins temporairement, son contrepoids anglais. Un relèvement rapide et total de l'Angleterre modifierait évidemment ces tendances déjà très nettes. Reste à savoir si les

---

[1] Le ralliement de Saint-Pierre-et-Miquelon à la France libre n'intervient que le 24 décembre 1941.

[2] Le message du maréchal Pétain à Hitler (DDF (1939-1944), 1940-2, document n° 28 du 17 juillet 1940) reflète cependant ces inquiétudes d'une mainmise sur l'Empire français d'Afrique, de même que les interrogations autour de l'envoi d'une mission économique allemande en Afrique du Nord (DDF (1939-1944), 1940-2, documents n°s 225, 249, 259), et le refus du gouvernement de Vichy d'une visite de personnalités allemandes à Dakar (DDF (1939-1944), 1940-2, document n° 236).

[3] Voir plus loin, les documents n°s 215, note 1, et 219 « II. La situation au Levant ».

États-Unis, au cas où ils contribueraient à une victoire anglaise, seraient également désireux de contribuer au rétablissement, après la paix, de la situation de la Grande-Bretagne dans le monde.

8 mai 1941.[1]

P.S. Je relève dans une revue de Québec, *L'Action Nationale*, l'annonce d'un numéro spécial qui doit paraître le 10 juin et consacré à une enquête sur la question suivante : « Que penser de l'annexion aux États-Unis ? Faut-il sérieusement penser à cette solution pour l'après-guerre ? Qu'est-ce que les Canadiens français y gagneraient et y perdraient ? ».

« La guerre a suscité dans les milieux canadiens français des réflexions désenchantées », écrit cette revue. Plusieurs compatriotes se mettent à douter de l'avenir de leur pays. « Pour inaugurer une politique franchement américaine, faudrait-il se laisser absorber par les États-Unis ? ». Cet état d'esprit a inspiré l'idée de l'enquête en question.

Guerre 1939-1945, Vichy, B Amérique, Canada, 7 (1GMII/7)

191

M. Truelle, Ministre de France à Bucarest,
    à M. Bressy, Sous-Directeur d'Europe au Ministère des Affaires
    étrangères.

L.   *Bucarest, 1ᵉʳ mai 1941.*

Cher ami,

Je vous suis très reconnaissant des interventions que vous avez faites auprès des représentants roumains pour aider mes efforts en faveur des Français de Roumanie[2]. Les mesures que vous avez laissé entrevoir ont eu un effet immédiat et excellent. C'est pourquoi j'ai insisté pour que l'épée de Damoclès reste suspendue tant que nous n'aurions pas satisfaction. J'ai d'ailleurs fait valoir auprès de mon principal interlocuteur qu'il devait se féliciter de notre attitude, parce qu'elle lui permettait d'intervenir auprès d'autorités qui ne le consultaient pas pour que l'on mette finalement un terme à ces menaces insupportables.

Il y a incontestablement une amélioration, mais il arrive encore que certains de nos compatriotes reçoivent des avis leur indiquant que leur permis de séjour ne sera pas renouvelé. Je crois donc qu'il faudrait dire au Ministre

---

[1] La date du 8 mai 1941 semble correspondre à celle du P.S. rajoutée avant l'envoi de la dépêche, donc après le 1ᵉʳ mai.

[2] Sur les atteintes faites aux personnes et aux intérêts français en Roumanie, voir le document n° 165. Un décret-loi du 20 avril 1941, visant les ressortissants étrangers vivant et travaillant en Roumanie faisait planer une menace d'expulsion sur les citoyens français vivant dans le royaume. Le 4 avril, le sous-directeur d'Europe, Pierre Bressy, avait avisé le ministre de Roumanie à Vichy qu'en représailles, les citoyens roumains installés en France seraient internés.

à Vichy[1] que nous apprécions les efforts que son administration a faits ; en même temps, sans menacer jusqu'à nouvel ordre de mesures d'ordre général, on pourrait étudier le cas de quelques individus et, s'il y avait lieu, user à leur égard des représailles justifiées. C'est une des seules manières de triompher de l'arbitraire auquel on se heurte souvent ici.

Depuis les événements de Yougoslavie[2], nous sommes privés du peu de nouvelles que nous recevions auparavant. La première valise partie pour les Balkans a été, comme vous le savez, perdue au début des opérations allemandes contre la Yougoslavie. Non seulement nous ne recevons aucune lettre personnelle, ce qui est pénible, mais nous sommes sans aucune possibilité de liaison avec vous, ce qui est fort gênant car on ne peut pas tout dire ni tout traiter par télégrammes. Enfin, il y avait grand intérêt à recevoir, ne serait-ce que des extraits très bien faits, des télégrammes envoyés au Département. Il en est de même des journaux français. Je vous demande en conséquence d'examiner avec Rochat s'il ne serait pas possible d'obtenir l'autorisation pour un courrier passant par l'Allemagne. Il me semble que cette permission avait été accordée pour Moscou.

Vous aurez vu par ma correspondance que l'on s'hypnotise ici sur une campagne prochaine contre la Russie. Cette opinion est répandue dans le public et dans les milieux militaires, qui font état de renseignements de source allemande. Les mêmes gens indiquent que la Turquie sera facilement neutralisée, qu'on dispose désormais d'excellentes bases dans les îles de Méditerranée orientale et que cela suffit pour constituer une aile gauche tandis que l'aile droite opérerait plus tard contre l'Égypte. Par contre, on voudrait s'assurer un grenier et des possibilités de passage vers l'Irak par l'URSS. Vous voyez qu'on ne craint pas le fantastique, et les esprits plus pondérés restent sceptiques. Néanmoins, c'est la note dominante ici. On peut dire que la Roumanie a actuellement presque uniquement ses regards tournés vers cela. On est resté très réservé en ce qui concerne la Yougoslavie pour les raisons que j'ai indiquées dans mes télégrammes.

Croyez, mon cher ami, à mes sentiments très amicaux et dévoués.

Guerre 1939-1945, Vichy, Z Europe, Roumanie, 702 (10GMII/702)

---

[1] Le ministre de Roumanie à Vichy, Dinu Hiott, était alors rentré dans son pays pour des raisons familiales. Le chargé d'affaires est Griguriu.

[2] Allusion à l'invasion par la Wehrmacht du royaume de Yougoslavie à partir du 6 avril 1941 et jusqu'au 17 avril, jour de la capitulation.

192

NOTE DU DÉPARTEMENT[1]

N.   *Vichy, 1er mai 1941.*

1°) Il a été décidé de livrer aux Allemands et aux Italiens 500 camions stockés en Tunisie[2].

2°) Nous n'y étions pas obligés par l'Armistice. C'est donc une décision politique.

3°) Ces camions représentent le chargement de 20 cargos. Tout se passera comme si nous assurions le passage d'importants convois pour fortifier les formations motorisées de l'Axe en Tripolitaine.

4°) Nous travaillons donc volontairement à la rupture de l'équilibre en Afrique ; et cela au moment même où s'affirment les revendications italiennes sur des territoires français et où de hautes personnalités allemandes participent aux cérémonies qui se déroulent à ce sujet dans les principales villes d'Italie.

5°) La livraison des camions est déjà connue des Américains.

6°) Il serait encore temps d'arrêter cette opération qui ne paraît pas compatible avec l'honneur de la France[3].

Guerre 1939-1945, Vichy, Z Europe, 975 (10GMII/975)

---

[1] Il s'agit probablement d'une note d'Antoine Delenda, sous-directeur des Relations commerciales et directeur du service du Blocus.

[2] Les négociations engagées depuis janvier 1941 avec les États-Unis pour assurer le ravitaillement de l'Afrique du Nord viennent d'aboutir à un accord signé par Murphy et Weygand et disposant qu'aucune réexportation ne sera faite des produits américains importés, lorsque Darlan prend une décision qui « risque de remettre tout en question », ainsi que le relate Antoine Delenda dans son journal, *Vichy, journal d'un opposant de l'intérieur* (Paris, François-Xavier de Guibert, 2010, entrées des 27 et 30 avril 1941, pp. 234-236). Darlan, tout à sa politique de collaboration à l'occasion de la révolte survenue en Irak, est résolu à donner satisfaction à Hitler en fournissant aux forces italo-allemandes en Libye « 1 000 camions » et l'essence nécessaire à leur acheminement, malgré l'inquiétude du Résident général en Tunisie, l'amiral Esteva, qui redoute que l'accord de ravitaillement avec les États-Unis ne soit compromis.

[3] Antoine Delenda est atterré. Il confie à son journal (*ibid.*) : « Il est donc à craindre que cet accord [avec les Américains] soit compromis au moment où nous attendons d'autres fournitures américaines et, notamment, un nouveau pétrolier, le *Shéhérazade*, chargé d'essence. Or de tout cela, évidemment, Darlan n'a cure. Devant la menace allemande de collaboration plus poussée, devant la crainte de voir imposer Laval, Darlan fait de la surenchère pour garder sa place. »

193

M. Bergery, Ambassadeur de France à Moscou,
à l'Amiral Darlan, Vice-Président du Conseil, Ministre
Secrétaire d'État des Affaires étrangères, de la Marine et de
l'Intérieur.

T. n°s 386 à 393.   *Moscou, 3 mai 1941, 10 h. 27.*

(*Reçu* : le 3, 14 h.)

Étant donné la tension évidente, je ne crois pas devoir attendre le courrier pour vous faire connaître la situation telle qu'elle ressort des documents et de mes premiers entretiens[1].

Le désir de l'URSS de demeurer pour le moment en dehors du conflit n'est pas contestable. À la base de ce désir se trouve la situation militaire. L'URSS tend ses efforts jusqu'au paroxysme vers l'amélioration de son armée, et la revue spectaculaire du 1er mai en est la preuve. Elle dispose d'énormes effectifs pouvant atteindre 200 divisions d'infanterie et d'énormes quantités de matériel. Mais sont douteuses la capacité d'utiliser ce matériel, les possibilités d'encadrements valables pour de tels effectifs, la possibilité de les ravitailler et de les faire manœuvrer avec un réseau ferroviaire déficient. Matériel et effectifs doivent au reste être affectés d'un coefficient de rendement militaire qui ne peut être sans aucun rapport avec le très faible coefficient de rendement, évident dès l'arrivée en Russie, pour toutes les autres formes d'activités, malgré des réalisations spectaculaires et isolées.

En raison de cette situation militaire, la politique russe est d'attendre la réorganisation de l'armée et l'épuisement général ou partiel des puissances actuellement en guerre.

Le but ultime étant, selon la conjoncture, soit de profiter de l'épuisement général pour tenter la révolution à l'échelle continentale, soit de peser avec le poids d'une armée intacte pour la sauvegarde des intérêts russes lors de la négociation de paix.

En attendant, l'URSS exploite politiquement, à l'intérieur et à l'extérieur, le prestige du seul État ayant en apparence voulu et su préserver la paix tout en ayant acquis en échange de sa neutralité 25 000 000 d'habitants.

Seule la politique de l'URSS telle que je viens de l'exposer explique l'absence de (…)[2] russes sérieuses devant le fait que le Reich a successivement compromis les trois positions-clés de l'URSS.

1°) En menaçant la Baltique par débarquements de troupes en Finlande ;

---

[1] M. Bergery, arrivé à Moscou fin avril en remplacement d'Eirik Labonne, remettra ses lettres de créance le 6 mai, mais a déjà eu plusieurs entretiens avec les autorités soviétiques (voir document n° 186).

[2] Lacune de déchiffrement.

2°) En occupant les cols des Carpathes ;

3°) En occupant la Serbie et la rive ouest de la mer Noire.

La politique allemande est nécessairement en contradiction avec cette politique russe. Le Reich ne peut attendre sans agir le moment où, fatigué par son effort de guerre, il se trouverait en face de la conjonction d'une URSS réorganisée avec les États-Unis sérieusement armés. Par ailleurs, que ce soit pour conduire la guerre, pour obtenir la paix ou pour tenter l'organisation rationnelle de l'Europe, le Reich a besoin de l'industrie russe, hors de portée pour l'aviation anglo-saxonne, et plus encore des matières premières de l'URSS : notamment blé de l'Ukraine, charbon du Donetz, pétrole du Caucase. Je n'entends pas par là que le Reich doive s'approprier les territoires où se trouvent ces industries et ces matières premières, mais il a besoin d'un gouvernement russe sachant produire au maximum et voulant livrer au maximum.

Tout me donne à penser que la satisfaction de ces besoins ne saurait être longtemps différée.

Pour agir le Reich dispose de trois moyens : pression diplomatique, action militaire et intervention politique.

Il y a des signes sérieux de ces trois modes d'action.

La pression diplomatique pour obtenir des fournitures est constante.

L'action militaire existe déjà à l'état potentiel : débarquement de troupes en Finlande – 80 ou 90 divisions le long de la frontière roumano-russe – le tout assorti d'une préoccupation idéologique fortement marquée par les télégrammes de la légation de France à Bucarest[1].

---

[1]   Le télégramme est complété par la note suivante : « À la suite d'une correction reçue par courrier, prière de lire comme suit le 4e alinéa du télégramme de Moscou n° 391, distribué le 3 mai : « L'action militaire existe déjà l'état potentiel : débarquement de troupes en Finlande, 80 ou 90 divisions le long de la frontière *germano-russe – tous les effectifs roumains et des divisions allemandes le long de la frontière roumano-russe* – le tout assorti d'une préparation idéologique fortement marquée par les télégrammes de notre légation à Bucarest. Vichy, le 9 mai 1941 ». Il est difficile de citer l'ensemble des télégrammes et dépêches en ce sens. Dans une des dernières dépêches en date (D. n° 194, 29 avril 1941), Truelle rapporte que la « situation intérieure reste toujours aussi confuse », notamment après la récente amnistie à l'égard des Légionnaires, qui « a provoqué l'étonnement et l'inquiétude de la population, sans satisfaire le moins du monde les Légionnaires. Personne ne doute d'ailleurs que cette mesure discutable n'ait été prise à la demande des Allemands, qui joueraient maintenant contre le Conducator de sa propre impopularité. » Le Ministre ajoute à sa dépêche la traduction d'un tract ronéographié que « le gouvernement fait distribuer, en apparence sous le manteau », « chantant les louanges du général Antonescu et de l'Allemagne tout à la fois » et dont la teneur résume ce tournant idéologique : « Roumains, les agents à la solde de l'Angleterre, les Juifs, les francs-maçons, tous ces hommes d'hier croient leur heure venue et essaient de pousser la Roumanie à abandonner l'Axe et d'*entraîner le pays dans une aventure dangereuse.* Stimulés par cette politique irraisonnable des chauvins serbes, qui doit amener tôt ou tard le démembrement complet de l'État yougoslave, ils répandent des manifestes destinés à ébranler la confiance du peuple roumain en la victoire finale de l'Allemagne et à créer des doutes en ce qui concerne les sentiments d'amitié sincère que celle-ci nourrit à l'égard de la Roumanie [...]. Songez qu'au mois d'avril dernier, la propagande anglaise essayait de convaincre tout le monde de la défaite imminente de l'Allemagne. Les prophéties anglaises se sont dissipées comme le brouillard au printemps [...]. En peu de temps, les armées invincibles de l'Allemagne détruiront dans une guerre éclair tous ceux qui croient pouvoir offenser la grande nation allemande et créer dans les Balkans un foyer de troubles. Roumains, *l'Allemagne garantit militairement les frontières de la Roumanie contre quiconque* [...]. *Ayez confiance dans la parole qu'Hitler*

Enfin l'intervention politique se prépare par des contacts entre Allemands et émigrés russes à Paris et surtout à Berlin, laissant de côté les chefs de l'émigration compromis par leur politique passée.

Il est évident que chacun de ces moyens d'action ne saurait être employé isolément. Il y a aujourd'hui un complexe de négociations diplomatiques et de pression militaire. Il pourrait y avoir demain un complexe d'action militaire et d'intervention politique.

En résumé la question essentielle est la suivante :

Les mesures militaires du Reich continueront-elles à être une menace appuyant l'action diplomatique ou devront-elles se traduire par des opérations conditionnant une intervention politique ?

Il semble qu'on doive être fixé bientôt et en tous cas avant l'été.

À cet égard, le retour hier à Moscou de M. von der Schulenburg, concomitant avec l'arrivée à Moscou de l'ambassadeur de l'URSS à Berlin, sont considérés comme le signe de développements prochains.

Je ferai tout le possible pour obtenir des renseignements de l'ambassadeur d'Allemagne.

Guerre 1939-1945, Vichy, Z Europe, URSS, 835 (10GMII/835)

194

M. Truelle, Ministre de France à Bucarest,
    à l'Amiral Darlan, Vice-Président du Conseil, Ministre
        Secrétaire d'État aux Affaires étrangères, à la Marine et à
        l'Intérieur.

T. n° 465.   *Bucarest, 3 mai 1941.*

(*Reçu*[1] : le 19, 18 h. 30)

Je me réfère à mon télégramme 452-455[2].

Les préparatifs apparents contre la Russie se multiplient ; des rappels de plus en plus nombreux de réservistes sont effectués ; les cartes de Russie sont distribuées aux états-majors ; les travaux de fortification destinés à protéger Galatz sont poussés activement ; les concentrations roumaines et allemandes s'étendent maintenant au Bas Prut et au Bas Danube, et il apparaît que l'armée du Reich développe ses positions dans cette région. Enfin, l'évacuation des provinces menacées se poursuit.

---

a donnée solennellement au Conducator de l'État, le général Antonescu, parole qui pour lui est une sainte obligation ! Allez droit devant vous, vers la victoire à côté de l'Allemagne ! » (*in* Guerre 1939-1945, Vichy, Z Europe, Roumanie, 682, document non reproduit).

[1] Par courrier.

[2] *Cf.* document n° 182.

Si l'activité des Russes en Bessarabie semble réduite, ils n'en effectueraient pas moins des reconnaissances aériennes en territoire roumain, et il arrive que des avions soviétiques soient abattus, comme ce fut récemment le cas pour l'un d'eux à 130 kilomètres de la frontière. Ceci confirme les indications qui m'ont été données au ministère des Affaires étrangères pour justifier les mesures militaires prises par les états-majors roumain et allemand.

Beaucoup de Roumains sont de plus en plus persuadés de l'ouverture des hostilités par le Reich d'ici quelques semaines. Les propos tenus récemment par l'attaché de l'Air allemand à un général roumain, qui est son camarade de collège, tendent à venir à l'appui de ces impressions. D'après le colonel Gerstenberg, l'attaque allemande serait prévue pour le milieu de mai. Les 100 divisions massées en Pologne attaqueraient simultanément, mais le gros effort serait fait vers Lvov en direction de Moscou. L'état-major allemand compterait terminer la campagne en deux mois. Son interlocuteur ayant critiqué le choix d'une date aussi prématurée, le colonel Gerstenberg lui répondit que l'armée allemande devait à tout prix agir en Russie avant que les récoltes ne fussent poussées pour éviter que les Russes n'y missent le feu.

En ce qui concerne la Turquie, l'attaché de l'Air du Reich estimerait qu'elle est encerclée, que l'Allemagne détient actuellement, par Bourgas et la mer Égée, les clés des Détroits et que la Turquie l'ayant parfaitement compris, ne pourrait songer à s'opposer à l'Allemagne.

En enregistrant ces faits et ces commentaires trop significatifs, il convient toutefois de les opposer au silence obstiné qui entoure les préparatifs et les intentions du Reich envers la Turquie. Du reste, ainsi que je l'ai déjà indiqué, nombreux sont les Roumains bien informés qui, comme les hauts fonctionnaires du ministère des Affaires étrangères, restent des plus sceptiques sur la proximité d'une action allemande contre l'URSS.

Guerre 1939-1945, Vichy, E Levant, Dossiers généraux, 2 (4GMII/2)

195

Note du Conseiller commercial en Iran

Au sujet des difficultés soulevées par les Soviets pour le transport
des marchandises iraniennes vers l'Allemagne

N. n° 530.   *s.l. [Téhéran], 3 mai 1941.*

Depuis plus d'un an les ports de la mer Caspienne sont encombrés de marchandises iraniennes[1] achetées par les Allemands. Les balles de coton

---

[1] Rappelons que l'Iran – neutre – a signé un traité de commerce le 25 mars 1940 avec l'URSS et que, depuis l'accord anglo-russe de 1907, le nord du pays est resté dans la zone d'influence de son voisin du Nord. Un télégramme du 2 mai de M. Helleu (n° 95), souligne aussi l'inquiétude de

et de laine ainsi que les caisses de fruits secs s'amoncellent sur les quais de départ. Les autorités soviétiques prétendent, sous des prétextes divers, ne pas être en mesure d'assurer l'acheminement rapide de ces marchandises vers l'Allemagne.

Tantôt c'est le faible tonnage des bateaux russes en service sur la Caspienne qui empêche l'enlèvement des marchandises, tantôt c'est l'utilisation des trains soviétiques à des transports intérieurs ou à des déplacements de troupes qui retarde les expéditions.

La majeure partie des marchandises iraniennes achetées par les Allemands se trouve ainsi stockée dans les ports sans qu'il soit possible de prévoir l'époque à laquelle les autorités soviétiques en assureront le transport.

La situation s'est encore aggravée depuis la fin mars 1941. En effet, depuis cette époque, plus aucun embarquement de marchandises à destination de l'Allemagne n'a été effectué alors que de petites expéditions avaient tout de même eu lieu au cours des mois précédents. On pense que les Soviets veulent obliger les Allemands à abandonner les marchandises qu'ils ont achetées. À ce moment-là, ils les rachèteront et les transporteront en URSS où elles remplaceront les marchandises correspondantes qu'ils vendent aux Allemands.

Peut-être même, s'en étant rendu acquéreurs, les recèderont-ils aux Allemands après prélèvement d'un bénéfice substantiel.

Il n'est pas non plus exclu que l'attitude des Soviets soit inspirée par des buts politiques, par le désir notamment de pouvoir, à tout moment, mettre dans la balance les services qu'ils rendent en ravitaillant l'Allemagne ou en permettant le ravitaillement de celle-ci à travers son territoire.

En revanche, les Soviets ont transporté jusqu'en fin mars 1941 d'énormes quantités de marchandises allemandes destinées à l'Iran. Les empêchements invoqués pour le transport dans le sens Iran-Allemagne n'ont pas joué dans le sens inverse.

Les entrepôts iraniens de la Caspienne ont dû, à différentes reprises, être vidés pour faire place à de nouveaux arrivages.

La balance du *clearing* germano-iranien qui, en novembre 1939, accusait un décalage en faveur des Iraniens évalué à 35 millions de marks se trouve aujourd'hui complètement renversée. Les Iraniens sont débiteurs de sommes importantes et se trouvent dans l'impossibilité, par suite de l'arrêt des transports de leurs marchandises à destination de l'Allemagne, de rétablir l'équilibre.

Les dépôts douaniers regorgent de marchandises venues d'Allemagne qui ne peuvent être retirées. Les importateurs iraniens qui ont payé 25 %

la population iranienne du fait de « la forte pression sur l'URSS (le mot d'ultimatum a été prononcé) pour obtenir de ce pays une collaboration plus active. L'Allemagne aurait des visées sur les pétroles de Mossoul et sur ceux du sud de l'Iran. Si les Soviets ne s'opposaient pas à ces plans, ils auraient en échange les mains libres dans le nord de l'Iran. Ces informations indisposent très vivement le Gouvernement qui affiche la plus grande tranquillité, mais elles causent un malaise certain dans une population toujours très nerveuse. » (Guerre 1939-1945, Vichy, E Asie, Iran, 288, non publié).

d'arrhes au moment de la commande seraient désireux de procéder au retrait de leurs marchandises mais ils ne peuvent le faire, le gouvernement iranien n'étant pas en état de leur fournir sur le compte du *clearing* les marks nécessaires pour payer le solde.

On dit que les Allemands ont proposé de livrer les marchandises à crédit, le paiement étant reporté à un an de date, mais que le gouvernement iranien, sur la pression des Soviets, n'a pas accepté cette proposition.

La situation est donc particulièrement critique. Les transactions germano-iraniennes traversent une crise dont le dénouement dépend en grande partie du bon vouloir de l'URSS.

Il est douteux que dans les circonstances présentes et alors qu'il redoute par dessus tout d'indisposer les Soviets, le gouvernement iranien passe outre aux recommandations secrètes qui lui viennent de Moscou.

Guerre 1939-1945, Vichy, E Asie, Iran, 290 (3GMII/290)

196

L'Amiral Esteva, Résident général de France à Tunis,
à l'Amiral Darlan, Vice-Président du Conseil, Ministre
Secrétaire d'État aux Affaires étrangères, à la Marine et à
l'Intérieur.

T. n° 533[1].   *Tunis, 4 mai 1941.*

Très secret.   (*Reçu*[2] : le 6, 12 h. 30)

L'affaire des camions devait être réglée après l'entrevue, à Alger, des officiers allemands qualifiés, avec la DDSA[3]. Les instructions que j'ai reçues ne laissent aucun doute là-dessus et le colonel Jurion les appliquera[4].

Mais les Italiens sont mécontents de ne pas être compris dans l'opération et le colonel Lazzarini prétend continuer ses investigations personnelles. Il l'a écrit d'une façon inadmissible et il le dit à ses collègues d'Alger et de Tunis. La délégation de l'amiral Farina, avec toutes ses ramifications, depuis qu'elle a pris pied à Alger, développe encore ses prétentions[5]. Naturellement, nous sommes accusés de favoriser toutes les entreprises britanniques à terre et à la mer, par complicité directe ou en tolérant des

---

[1] Le document porte le paraphe manuscrit de Lagarde.

[2] Par avion.

[3] Voir document n° 192. La délégation de la Direction des services de l'armistice (DDSA) a été établie à Alger en août 1940, sous la direction du colonel Verneau.

[4] Le colonel, plus tard général, Jurion est le chef de la mission de liaison auprès des commissions d'armistice de l'Axe en Tunisie.

[5] L'amiral Farina dirige la Commission italienne de contrôle pour la Marine, située à Bizerte depuis la fin août 1940. Voir *DDF (1939-1944)*, 1940-2, document n° 169.

émissions par radiotélégraphie. Je ne crois pas qu'il y ait d'assistance même indirecte, parce que les moyens de communiquer n'existent pas et qu'on pourrait aisément déceler les tentatives.

En fait, il y a toujours des gens anglophiles et, comme je l'ai dit à plusieurs reprises, les Juifs et les Corses en font tous partie. Les Italiens fanatiques de la Régence ne perdent pas une occasion de les exciter et les Maltais, depuis quelque temps, sont l'objet de sarcasmes italiens bassement grossiers. Les répliques, naturellement sont vives et parfois violentes. Mais, si les délégations d'armistice n'attisaient pas tous les brandons de discorde, les incidents se calmeraient aisément et diminueraient. Toutes les autorités se conforment à mes instructions et agissent de leur mieux pour amener l'apaisement.

Depuis quelques jours, le bruit d'un débarquement italien dans la Régence est propagé avec insistance. Les conversations entre les membres des délégations font prévoir quelque chose d'important pour le 15 mai. Ces messieurs ont fait venir d'Italie ou d'Allemagne des appareils téléphoniques et du matériel de radiotéléphonie. Les déplacements des membres de certaines délégations se sont accrus et ils ont été accomplis avec une célérité plus grande. Le colonel Lazzarini a déclaré, hier, qu'il comptait faire une perquisition demain lundi à petite distance de Tunis. J'ai rappelé à la police, qui y enverra un commissaire, que l'opération ne doit porter que sur les armes, à l'exclusion de toute recherche de documents ou autres objets. J'ai recommandé la courtoisie.

Sans le moindre doute, les Italiens veulent étendre leurs attributions en marge de la convention d'armistice. Il est inutile que j'énumère en détail à Votre Excellence toutes les manifestations de leur ambition démesurée. Envieux du rôle joué par l'Allemagne, blessés dans leur amour-propre par l'attitude des Allemands à leur égard, ils veulent prendre leur revanche sur nous. La visite de colis par la douane est la pierre d'achoppement et, malgré mes ordres, les officiers italiens, Bacchiani, Lazzarini entre autres, opposent à nos douaniers l'audace quasi violente pour enlever leurs colis. C'est ainsi que les billets de banque français dont j'ai signalé l'arrivée avant hier à Votre Excellence, les téléphones et autres appareils passent à notre insu. Je ne crois pas qu'il serait opportun d'user de violence pour faire valoir nos droits en pareil cas. Je serais bien aise d'obtenir l'avis du Gouvernement à ce propos. Naturellement, j'ai prescrit à toutes les autorités une surveillance plus active et soutenue que jamais, avec la discrétion qui s'impose afin de ne pas montrer aux intéressés que nous sommes sur nos gardes.

Communiqué à général Weygand.

Guerre 1939-1945, Vichy, P Tunisie, 30 (8GMII/30)

197

M. Jean Lescuyer, Ministre de France à Bagdad,
     à l'Amiral Darlan, Vice-Président du Conseil, Ministre
     Secrétaire d'État aux Affaires étrangères, à la Marine et à
     l'Intérieur.

D. n° 65[1].   *Bagdad, 4 mai 1941.*

Le conflit qui s'était élevé il y a environ quinze jours entre les Anglais et
les Irakiens au sujet de l'application des clauses du traité de 1930 relatives
au transit des troupes britanniques à travers le territoire irakien vient de se
terminer de façon tragique[2]. L'armée irakienne et les troupes anglaises en
Irak se battent depuis hier matin près d'Habbaniyah où se trouve la base
aérienne anglaise.

Ce dénouement est le résultat de l'entêtement inexplicable dont les deux
parties ont fait preuve au cours des négociations, chacune sous-estimant la
force de résistance de l'adversaire.

J'ai l'honneur d'adresser ci-joint à Votre Excellence le mémorandum qui
m'a été adressé par le gouvernement irakien et qui expose la thèse irakienne. J'y joins la traduction d'un manifeste adressé à la population par
l'ambassadeur d'Angleterre[3] et qui résume le point de vue anglais.

C'est le 28 avril, que les choses se sont gâtées, lorsque les Anglais ont
annoncé qu'un nouveau contingent de troupes s'élevant à 3 000 hommes
allait débarquer à Bassorah, en plus du contingent de 8 000 hommes qui
s'y trouvait déjà. Les Irakiens firent immédiatement savoir qu'ils ne pouvaient accepter ce nouveau débarquement que si une certaine partie des
troupes déjà débarquées étaient acheminées vers la Palestine.

Pendant les deux journées suivantes, le président du Conseil et l'ambassadeur, malgré de nombreuses tentatives, ne purent arriver à une entente.
On reprochait, au surplus, du côté irakien, au nouvel ambassadeur de ne
pas présenter ses lettres de créance, et, sir Kinahan Cornwallis s'obstinait

---

[1] Le document est intitulé : « A.s. Conflit anglo-irakien ». Il est indiqué comme « Communiqué
à Beyrouth ».

[2] État souverain et indépendant depuis 1932, l'Irak était toutefois lié à la Grande-Bretagne par
un traité signé en 1930 qui assurait à cette dernière des avantages militaires considérables : le
maintien d'une grande base aérienne à Habbaniya, à quelques dizaines de kilomètres à l'ouest de
Bagdad, et, dans le cas d'une crise internationale majeure, l'usage prioritaire des ports, chemins
de fer, routes, afin de permettre le passage éventuel de troupes du Commonwealth à travers le pays.
Le 1er avril 1941, le « Carré d'or », quatre colonels renversent le gouvernement du Premier ministre
pro-britannique Taha al-Hashimi, et le remplacent par leur inspirateur, Rachid Ali al-Gayla, qui
Premier ministre en 1939, avait refusé de rompre les relations diplomatiques avec l'Allemagne à
la demande anglaise, et avait été contraint à la démission. Revenu au pouvoir, l'une de ses premières décisions a été de refuser le débarquement d'une brigade indienne à Bassorah. La tension
anglo-irakienne a dégénéré le 2 mai en combats entre les troupes britanniques stationnées en Irak
et une partie de l'armée irakienne.

[3] Au début de la crise anglo-irakienne, Londres a remplacé l'ambassadeur Basil Newton par
Kinahan Cornwallis, qui avait été conseiller auprès du ministre de l'Intérieur irakien jusqu'en
1935.

dans cette attitude, attendant, disait-il, des preuves de la bonne volonté irakienne.

Le climat n'était évidemment pas favorable à une détente et toute possibilité de transaction devenait presque impossible dès le moment où les Anglais décidaient de faire débarquer leurs nouvelles troupes à Bassorah, provoquant comme riposte du côté irakien un mouvement des troupes cantonnées à Bagdad, vers la base aérienne anglaise d'Habbaniyah, située à environ 80 kilomètres à l'ouest de Bagdad, sur la rive droite de l'Euphrate.

L'Ambassadeur décidait alors l'évacuation de toutes les femmes et les enfants de la colonie anglaise à Bagdad. Il me proposait en même temps qu'au ministre d'Amérique d'y joindre les Françaises et les Américaines. Mon collègue américain acceptait. De mon côté, je me bornais à remercier l'Ambassadeur de sa proposition. Il nous était impossible de lier notre sort à celui des Anglais. C'était de plus, en quelque sorte, s'engager dans le conflit. D'ailleurs, l'ordre était pour le moment assuré et rien ne menaçait la sécurité de la colonie française. Je refusais pour les mêmes raisons l'offre qui m'était faite par le ministre d'Amérique de recueillir ceux de mes compatriotes et moi-même dans sa légation ; cette légation, à la différence de la nôtre située en pleine ville, étant entourée de terrains non construits et pouvant être, en cas de danger, défendue.

Entre-temps, les troupes irakiennes qui s'étaient dirigées sur Habbaniyah occupaient la ceinture des collines qui entourent le camp, plaçant ainsi la garnison anglaise dans une position tout à fait critique. Le moindre incident devait être fatal. Cet incident se produisit dès le lendemain matin alors que certains avions anglais essayaient de décoller et que les Irakiens s'y opposèrent. Les coups partirent alors immédiatement de part et d'autre. Mais il apparut tout de suite que, malgré la supériorité de leurs effectifs et l'avantage des positions qu'ils occupaient, les Irakiens ne viendraient pas facilement à bout de la résistance anglaise. Le seul avantage obtenu immédiatement par les Irakiens fût d'empêcher tout mouvement d'avions anglais à la base même d'Habbaniyah. Quant à la garnison anglaise du camp qui comprend, dit-on, environ 5 000 hommes et qui disposerait d'artillerie, elle paraît jusqu'à présent résister assez facilement aux 11 000 hommes de troupes qui l'encerclent. Les Irakiens qui escomptaient un succès immédiat, semblent maintenant se préparer de ce côté à un plus long siège.

À Bassorah les forces irakiennes ont, par contre, reculé de façon à éviter un accrochage immédiat avec les Anglais, qui occupèrent la ville.

Le conflit s'est donc jusqu'à présent surtout déroulé dans les airs, chaque partie déclarant avoir abattu un nombre d'avions beaucoup plus grand que l'adversaire.

Telle est la situation actuellement et il paraît très difficile de faire des prévisions sur le développement des opérations, l'armée irakienne étant très diversement jugée. Même si elle fait preuve d'un certain entraînement militaire, son matériel est très médiocre et elle dispose de très peu de munitions. Mais, d'autre part, les effectifs que les Anglais lui opposent jusqu'ici ne sont pas nombreux et peuvent très difficilement être augmentés.

Ce sont des conditions qui font penser que les Anglais ont agi bien légè-rement dans toute cette affaire. Il leur aurait été si facile de temporiser et de gagner ainsi le temps nécessaire pour voir comment se réglerait la cam-pagne actuelle de Libye[1]. On peut penser qu'ils se sont mépris sur l'état d'esprit de l'opinion irakienne, comme ils s'étaient trompés dernièrement en misant sur des hommes politiques comme Nouri Pacha, Ali Djewdet, etc., etc., qui étaient sans autorité réelle dans le pays.

En effet, ces derniers mois, un mouvement assez semblable au mouve-ment Jeune Turc de 1914 s'était développé dans l'armée, disposant de nom-breux partisans parmi les jeunes fonctionnaires et la jeunesse des écoles. Les adeptes de ce mouvement, désireux de renverser l'ordre des choses établi, sont prêts à pactiser avec l'Allemagne et l'Italie. Comme le Grand Vizir à Constantinople en 1914, Rachid Ali Guilani n'est déjà plus son maître et doit suivre les directives qu'il reçoit. Plusieurs membres de son cabinet, qui y représentent l'élément raisonnable, y sont déjà trahis, semble-t-il, par leurs jeunes collègues.

Jusqu'à quel point y a-t-il connivence entre ces jeunes éléments et les puissances de l'Axe ? Il est difficile de le dire. On parle ouvertement ici d'un appui allemand, mais on ne dit pas s'il se manifesterait immédiatement par l'envoi d'avions ou seulement par l'arrivée de troupes allemandes, au moment où, d'une façon ou d'une autre, celles-ci pourraient traverser le territoire turc. On doit pourtant noter que, si le gouvernement de Berlin a donné beaucoup d'encouragements aux Irakiens, il n'a en tout cas pris aucun engagement envers eux[2].

Sur le plan local, la lutte va donc continuer entre Anglais et Irakiens, les esprits étant de part et d'autre trop tendus pour qu'on puisse espérer un arrêt des hostilités.

Les Irakiens ont fait preuve dans toute cette affaire d'un manque total de sens politique, ce qui est, d'ailleurs, dans l'ordre, les questions de personnes jouant toujours ici le premier rôle. Mais on comprend moins l'attitude anglaise. Ne pas avoir cherché à transiger, ce qui était pourtant facile, alors que le gouvernement irakien, soutenu par l'opinion, était décidé à aller jusqu'au bout, dénote chez les Anglais une ignorance complète de la situation locale et une légèreté étonnante dans la position où se trouve aujourd'hui l'Angleterre.

---

[1] Une offensive germano-italienne commandée par le général Rommel a commencé en août, reconquérant rapidement la Cyrénaïque.

[2] Des discussions indirectes avec l'Axe avaient eu lieu, à Bagdad, avec le ministre d'Italie et, en Turquie, avec l'ambassadeur allemand, Franz von Papen, de juillet 1940 au printemps 1941. Conduite par Rachid Ali, des membres de son entourage et le Grand Mufti de Jérusalem, Hadj Amin Al-Husseini, alors réfugié à Bagdad, ces contacts se sont effectivement avérés décevants ; la déclaration commune des Puissances de l'Axe du 21 octobre 1940, en particulier, était d'une grande prudence : « L'Allemagne, (l'Italie), qui a toujours été animée par des sentiments d'amitié pour les Arabes et chérit le souhait qu'ils puissent prospérer et être heureux, et qu'ils trouvent une place parmi les peuples de la terre en accord avec leur importance historique et naturelle, a tou-jours observé avec intérêt les luttes des pays arabes pour atteindre leur indépendance. Dans leurs efforts pour atteindre cet objectif, les pays arabes peuvent compter sur la pleine sympathie de l'Allemagne. »

On peut, en effet, craindre, si les troupes anglaises ne remportent pas de rapides succès, que la croisade contre l'Angleterre ne s'étende. Déjà les chefs religieux prêchent la guerre sainte et ce mouvement pourrait prendre assez vite une certaine extension dans les pays arabes. Les journaux se plaisent déjà à rappeler la révolte arabe de la dernière guerre. Et, pourtant, disent-ils, cette révolte était faite contre un peuple de même religion que les Arabes, laissant ainsi entendre que l'animosité des populations arabes serait aujourd'hui beaucoup plus complète.

ANNEXE

Note de la Direction des Affaires occidentales
du Ministère irakien des Affaires étrangères

N.   *Bagdad, 2 mai 1941.*

Le ministère des Affaires étrangères présente ses compliments à la légation de France à Bagdad et a l'honneur de lui faire savoir ce qui suit :

Les obligations du gouvernement irakien, en vertu même des dispositions du traité d'alliance irako-britannique de 1930, en cas d'entrée en guerre du gouvernement britannique avec une tierce puissance et dans le cas où le gouvernement britannique aurait demandé l'exécution de ces obligations, consistent seulement à faciliter, dans la mesure du possible, le passage des troupes britanniques à travers l'Irak et le transport et l'emmagasinage des vivres qui leur sont nécessaires pendant leur passage. Quant à la route à suivre par ces troupes à travers l'Irak, des lettres secrètes échangées avec le gouvernement britannique la situaient entre le golfe Persique et l'ouest de l'Euphrate.

En 1940, dans une correspondance terminée par la note ministérielle du 16 juillet 1940, les modalités du passage de ces troupes ont été déterminées d'accord avec le gouvernement britannique. Cette correspondance prévoyait clairement qu'aucun camp ne serait établi et que les troupes ne séjourneraient pas en Irak.

2°) Le 19 avril 1941, sir Cunnahan Cornwallis a fait savoir au gouvernement irakien que des troupes britanniques débarqueraient à Bassorah et il a demandé à cet effet l'autorisation du gouvernement irakien.

3°) Bien que sir Cunnahan Cornwallis n'ait pas encore présenté ses lettres de créance, ce qui était pourtant nécessaire pour que ses négociations avec le gouvernement irakien soient légitimes, le gouvernement irakien toutefois, vu sa bonne volonté à exécuter les dispositions du traité, s'est déclaré prêt à autoriser le débarquement de ces troupes, aux conditions suivantes :

a) le transport de ces troupes de Bassorah à Rutbah serait hâté ;

b) le gouvernement irakien devrait être averti de l'arrivée des troupes britanniques en Irak avec préavis de durée convenable ;

c) l'effectif total des troupes en mouvement sur la ligne de communication et à l'intérieur des frontières irakiennes ne devra pas dépasser celui d'une brigade mixte ;

d) aucun débarquement de troupes ne pourra avoir lieu avant que les troupes précédemment débarquées à Bassorah n'aient franchi les frontières de l'Irak.

4°) Dans une réunion qui a eu lieu le 28 avril 1941, sir Cunnahan Cornwallis a prétendu que le traité ne limitait pas les droits du gouvernement britannique et que ce dernier a le droit d'établir une base militaire à Bassorah pour ouvrir et assurer les voies de communications impériales à travers l'Irak. Il lui a été répondu que le gouvernement irakien n'avait pas l'intention de limiter les droits du gouvernement britannique ; que sa demande contrevenait aux dispositions du traité et que c'était au gouvernement irakien qu'incombait le devoir de protéger les voies de communication et de donner toute assistance et facilités possibles conformément aux dispositions du traité. Il a été signalé également à sir Cunnahan Cornwallis un certain nombre de contraventions commises par les autorités britanniques, contrairement aux dispositions du traité, parmi lesquelles le transport de troupes britanniques venant de l'extérieur de l'Irak à l'aérodrome britannique de Cheiba à Bassorah, le transport de troupes par avion de Cheiba à l'aérodrome britannique de Habbaniyah, le survol du camp irakien d'Al Rachid, l'érection de retranchements à Rutbah et la circulation à Bassorah et dans les environs des officiers britanniques faisant partie des troupes débarquées dernièrement.

5°) En dépit de tout ce qui précède et nonobstant la mise au point donnée par le ministère à l'ambassade conformément au paragraphe III ci-dessus, l'Ambassadeur a déclaré que trois autres bateaux transportant des troupes britanniques, d'un effectif maximum de 3 500 hommes arriveraient à Bassorah. Il lui a été répondu que la permission de débarquer de nouvelles troupes dépendait du passage préalable à travers l'Irak des troupes qui s'y trouvent déjà, et cela conformément aux arrangements indiqués à l'ambassade (paragraphe 3 ci-dessus). Mais sir Cornwallis posait la question pour savoir quelle serait l'attitude du gouvernement irakien en cas de débarquement de ces troupes et dans le cas où un incident quelconque se produirait. Il lui a été répondu que la responsabilité de cet acte et la violation des dispositions du traité retomberaient sur le gouvernement britannique.

6°) Malgré cela et bien que ces vérités aient été confirmées dans deux notes adressées par le ministère à l'ambassade britannique à la date des 27 et 29 avril 1941, le gouvernement britannique a fait débarquer de nouvelles troupes à Bassorah, d'où la protestation inévitable du ministère dans une note adressée le 30 avril 1941 à l'ambassade dans laquelle le ministère attire à nouveau l'attention de l'Ambassadeur sur le fait que la responsabilité résultant de cette violation du traité retomberait sur le gouvernement britannique.

7°) L'ambassade britannique n'a pas répondu aux notes ministérielles dont il s'agit ; les actes de violation du traité ont continué, de même que les atteintes à la souveraineté de l'État, à son indépendance et à sa dignité, ce qui a provoqué l'inquiétude et le trouble de l'opinion générale. Le gouvernement irakien a, en conséquence, pris certaines mesures de précaution pour la sécurité du pays en faisant stationner des troupes dans le voisinage de Habbaniyah. À cet acte, simple mesure de précaution, l'ambassade britannique a répondu le 30 avril 1941 par une note protestant contre la prétendue violation du traité et demandant le retrait des troupes irakiennes des environs de Habbaniyah en menaçant de prendre les mesures qui s'imposeraient et en faisant retomber la responsabilité sur les autorités irakiennes.

8°) Par sa note du 30 avril 1941, le ministère a répondu en affirmant l'attachement du gouvernement irakien aux dispositions du traité et précisant que le stationnement des troupes irakiennes dans le voisinage de Habbaniyah n'était qu'une mesure de précaution motivée par les actes provocateurs des autorités britanniques, actes qui avaient jeté le trouble et l'inquiétude dans les esprits et motivé par la continuation du débarquement des troupes britanniques avant qu'un accord soit intervenu sur leur statut et sur les modalités de leur passage à travers l'Irak. Dans cette note le ministère priait l'ambassade, dans le cas où le gouvernement britannique partagerait le désir du gouvernement irakien d'exécuter réellement les dispositions du traité et de voir régner la bonne entente entre les deux parties, de s'employer à l'exécution des dispositions établies par les correspondances ministérielles ci-dessus précitées en ce qui concerne les modalités du débarquement et du transit des troupes à travers l'Irak.

9°) À tout ce qui précède, l'ambassade n'a rien répondu, et cela s'explique par l'intention préméditée du gouvernement britannique de violer les dispositions du traité et de porter atteinte à la souveraineté de l'Irak. En exécution donc de ce qui précède, et en raison de son intention préméditée de frapper par surprise, elle a donné l'ordre d'évacuation des femmes et enfants britanniques et enjoint aux sujets britanniques au service du gouvernement irakien de quitter leur poste.

10°) Néanmoins le gouvernement irakien a fait tout son possible pour éviter de porter atteinte au traité anglo-irakien auquel il a proclamé à plusieurs reprises son attachement par la voix de Son Excellence le Président du Conseil et du ministère des Affaires étrangères. Le gouvernement se préparait également à donner tous les concours, facilités et assistances possibles en vue d'éviter un désaccord avec le gouvernement britannique. Mais, du côté britannique, on continuait à commettre des actes incompatibles avec les dispositions du traité anglo-irakien et portant atteinte aux droits et à la sécurité du pays, ce qui a obligé le gouvernement irakien à accomplir son devoir comme le réclamait le peuple et le rendait nécessaire à la délicatesse de la situation. Il a fait en conséquence les préparatifs nécessaires pour défendre la sécurité du pays. Et tout en gardant tout son calme au moment où le gouvernement irakien donnait des instructions aux forces irakiennes stationnées dans la vicinité de Habbaniyah d'éviter tout heurt, le commandant de l'aérodrome anglais d'Habbaniyah a commencé les actes d'hostilités ce matin en ouvrant le feu sur les forces irakiennes et en les bombardant par avions. Cet acte a forcé les troupes irakiennes à recourir à la légitime défense et le choc a eu malheureusement lieu entre les deux forces en dépit des efforts que le gouvernement irakien a déployés et qu'il ne cesse encore de déployer pour l'éviter. Le ministère s'est déclaré prêt à rechercher l'entente tant désirée et en a fait dans une note de protestation adressée à l'ambassade britannique à la date du 2 mai 1941 dans laquelle il stigmatisait cet acte d'agression commis par les troupes britanniques.

11°) Le gouvernement irakien qui a averti les représentants du gouvernement britannique à Bagdad des conséquences de ces actes provocateurs commis par les troupes britanniques, stigmatise cette agression manifeste contre le royaume irakien et contre les droits souverains. Il proclame au monde qu'il n'est nullement responsable des conséquences de cette agression manifeste dont les responsabilités et les conséquences retombent uniquement sur le gouvernement britannique.

12°) Le ministère prie la légation d'informer son gouvernement des explications ci-dessus données et de faire connaître le résultat au ministère.

Il profite de cette occasion etc.

Guerre 1939-1945, Vichy, E Levant, Irak, 159 (4GMII/159)

198

LE GÉNÉRAL HUNTZIGER, MINISTRE SECRÉTAIRE D'ÉTAT À LA GUERRE,
AU GÉNÉRAL DENTZ, HAUT-COMMISSAIRE ET COMMANDANT EN CHEF
AU LEVANT.

T. n° 2914/M/DSA[1].   *Vichy, 4 mai 1941.*

1°) Je me réfère à votre télégramme du 30 avril soir[2].

Il n'est pas impossible que nous nous trouvions prochainement devant une tentative allemande de porter secours à l'Irak, étant donné les événements qui se déroulent dans ce pays[3].

Le survol ou la traversée des territoires du Levant, sans avis préalable au gouvernement français, ne me paraissent pas devoir être essayés par les Allemands ou les Italiens qui n'ont pas intérêt à courir cet aléas.

De même, il est fort vraisemblable qu'ils s'adressent à vous directement.

2°) Si la demande de survol ou de passage est présentée au Gouvernement, notre réponse vous sera communiquée immédiatement. Si elle vous est adressée, vous répondrez que vous n'avez pas d'instructions à ce sujet et que vous devez en référer au gouvernement. Si, au contraire, à ce qui a été exposé ci-dessus, des formations d'avions allemands se présentaient pour s'installer sur les terrains ou survoler les territoires sans qu'aucune mise en demeure ne nous ait été notifiée, il conviendrait de tenir compte de ce que

---

[1] Ce télégramme a été communiqué le 5 mai à Darlan, Ministre Secrétaire d'État aux Affaires étrangères (cabinet), au Ministre Secrétaire d'État à la Marine (cabinet) et au Secrétaire d'État à l'Aviation (cabinet). Voir Guerre 1939-1945, Vichy, E Levant, Irak, 159.

[2] Document non retrouvé.

[3] Voir document n° 197.

la France n'est pas, dans la situation d'armistice, par rapport à l'Allemagne, une puissance neutre.

Il n'est pas possible, dans ces conditions, de traiter en ennemies ses forces armées.

En cas d'atterrissage d'avions, vous marqueriez que la convention d'armistice ne donne aucun droit aux puissances de l'Axe de stationner sur le territoire ou de le survoler et vous prendriez mesures pour isoler les équipages sur les terrains en les priant de reprendre leur vol au plus tôt ; vous ne leur prêteriez aucune aide matérielle, sauf pour faciliter leur départ.

3°) Vous vous opposeriez naturellement par la force à toute intervention des forces britanniques, dans le cas où celles-ci devant cette situation voudraient intervenir de façon quelconque.

Guerre 1939-1945, Vichy, E Asie, 48 (3GMII/48)

199

NOTE

N.[1]
                                        s.l. [Vichy ?], 5 mai 1941.

Le but de cette note est de rechercher ce que peut attendre la France à la fin du présent conflit, c'est-à-dire quel sort l'attend selon que la guerre aura telle ou telle issue.

Il y a en gros trois hypothèses possibles : victoire allemande, paix de compromis, victoire anglaise.

Tenir compte exclusivement des avantages et des inconvénients pour la France de chacune de ces hypothèses serait évidemment une erreur. Il faut par ailleurs apprécier les chances de réalisation de chacune de ces hypothèses. En effet, une hypothèse qui a très peu de chance de se réaliser est une hypothèse théorique, si elle est avantageuse c'est l'hypothèse du gros lot à la loterie. Ce serait s'égarer que de fonder sur elle une politique.

Aussi bien commencerons-nous par exposer sommairement les chances de réalisation des trois hypothèses concernant la terminaison de la guerre.

CHAPITRE I — LES CHANCES DE RÉALISATION DES TROIS GRANDES HYPOTHÈSES CONCERNANT LA TERMINAISON DE LA GUERRE.

Il est évidemment difficile d'apprécier exactement ces chances et la prévision la plus informée et la plus perspicace n'a qu'une valeur relative. Cependant, quelle que soit la difficulté de cette appréciation, on ne peut s'abstenir d'y procéder. Les causes d'erreurs sont nombreuses : prendre ses

---

[1] Note sans indication d'auteur, sans doute Charles Rochat. Mention marginale manuscrite : « Confidentiel AE [Affaires étrangères] *(mot illisible)* c'est effectivement remarquable. Classé ».

désirs pour la réalité, juger les choses sous l'impression laissée par les événements de France, voir trop court et attacher à l'événement du jour plus d'importance qu'il ne mérite. Ce dernier défaut était caractéristique de la politique française de l'ancien régime. Nous n'en sommes pas guéris. C'est ainsi qu'hier on a eu tendance à surestimer les succès remportés par les Anglais sur les Italiens : aujourd'hui on pourrait risquer de surestimer l'importance des revers anglais.

En cette fin avril nous donnons 35 chances pour cent pour une victoire allemande, 45 chances pour une paix de compromis, 20 chances pour une victoire anglaise. Ces différentes hypothèses ne peuvent se réaliser qu'à des moments divers. Il semble que si l'Allemagne doit gagner la guerre, ce sera avant la fin de l'été, ensuite commencera la période au cours de laquelle une paix de compromis sera possible. Une victoire anglaise ne semble pas possible avant 1943.

1°. Une victoire allemande.

Voyons quel serait le processus militaire d'une victoire allemande.

a) Il y aurait victoire allemande, soit si l'Angleterre demandait la paix aux conditions de l'Allemagne, jugeant impossible la continuation de la lutte, soit si à la suite d'un débarquement l'île britannique était conquise. La conquête de la Grande-Bretagne, diront certains, ne signifierait pas nécessairement la fin de la lutte, mais elle donnerait à l'Allemagne, déjà maîtresse du continent européen, un tel avantage qu'on serait justifié à penser jusqu'à preuve du contraire que l'Allemagne a gagné la partie.

Ce qui fait la force de l'Allemagne c'est, d'une part, la grande avance qu'elle a acquise du fait de sa préparation et de ses conquêtes, c'est, d'autre part, la valeur extraordinaire de ses chefs qui, avant et pendant la guerre, ne s'est démentie à aucun instant. On peut penser que, du côté de l'Allemagne, ce qui est humainement possible pour obtenir la victoire sera fait.

Cependant il y a de très grands obstacles à une victoire allemande qui suppose, ou la conquête de la Grande-Bretagne, ou le découragement des Britanniques. Tout indique que le moral anglais est plus ferme qu'il n'a jamais été, et que même les épreuves considérablement plus grandes ne l'ébranleront pas. Par ailleurs, depuis l'effondrement de la France, l'Angleterre est sortie de son apathie et s'est toute entière donnée à la guerre. Dans ces conditions, les Allemands pourront-ils, par la guerre aéro-navale, compromettre suffisamment le ravitaillement maritime et la production industrielle britannique dans une mesure telle que la capacité anglaise de résistance à une invasion soit insuffisante ? Ce n'est pas impossible. Cependant c'est très douteux. En effet, en plus de l'aide des dominions[1], l'Angleterre est assurée de l'aide des États-Unis. Ceux-ci iront de plus en plus loin dans la voie de l'intervention, et probablement seront officiellement en guerre avec l'Allemagne dans quelques mois.

---

[1] Le dominion désigne un État autonome au sein de l'Empire britannique. Sont des dominions en 1941 : le Canada, l'Australie, la Nouvelle-Zélande et l'Union d'Afrique du Sud.

Le jour où l'aide américaine aura donné à l'Angleterre une puissance aérienne au moins égale à celle de l'Allemagne, l'hypothèse d'une victoire allemande sera sans doute écartée, ce qui ne veut pas dire que l'Allemagne sera vaincue.

b) La victoire allemande ne pourrait-elle pas arriver par une autre voie que la conquête de l'île anglaise ou la paralysie du ravitaillement de cette île ?

Supposons, ce qui est très possible, que l'Allemagne devienne maîtresse de tout le bassin méditerranéen, qu'elle occupe l'Afrique septentrionale et tout le Proche-Orient. Sa situation par rapport à l'Angleterre serait considérablement renforcée. Le blocus anglais perdrait beaucoup de son efficacité, déjà diminuée. Le contre-blocus aura plus d'efficacité. La défaite anglaise s'ensuivrait-elle ? Nous ne le croyons pas. Tant que l'Angleterre gardera sa puissance défensive, elle ne capitulera pas. La paix qui pourrait intervenir serait une paix de compromis, mais une telle paix sera influencée par les conditions du moment et pourra être plus ou moins désavantageuse pour l'Angleterre.

2°. Une paix de compromis.

Une paix de compromis ne signifie pas une paix inspirée par l'esprit de conciliation, mais une paix conclue entre puissances qui désespèrent d'obtenir une victoire complète, ou pensent que ce résultat serait obtenu au prix de souffrances et d'une attente telles qu'il est préférable pour elles d'y renoncer. Une paix de compromis ne signifierait pas le rétablissement du *statu quo*, mais elle impliquerait l'abandon par l'Allemagne de tout ou partie de ses conquêtes à l'ouest et partant l'abandon de la maîtrise complète du continent européen.

La paix de compromis naîtrait de l'impossibilité constatée pour l'Allemagne de vaincre l'Angleterre et de l'impossibilité pour l'Angleterre de vaincre l'Allemagne.

En ce qui concerne l'impossibilité pour l'Allemagne de vaincre l'Angleterre, elle appelle peu d'explications. Si dans les mois prochains l'Allemagne n'obtient pas ce résultat, elle aura peu de chances de l'obtenir quand le rapport des forces, du fait de l'aide américaine, se sera modifié à son détriment.

En ce qui concerne l'Angleterre, la difficulté de vaincre l'Allemagne apparaît considérable. Empêcher les Allemands de conquérir la Grande-Bretagne est une chose, les vaincre là où ils sont ou seront établis est une autre chose.

Les Anglais pourront-ils du moins, au moyen du blocus, priver l'Allemagne des produits nécessaires à la continuation de la guerre ? Il est douteux qu'ils obtiennent dans cet ordre d'idées des résultats décisifs. En premier lieu les Allemands, pratiquement maîtres d'à peu près tout le continent européen (Russie exceptée), ont un assez large approvisionnement. En second lieu, ce serait commettre une grosse erreur que de croire que les Allemands, après avoir acquis la maîtrise du continent européen comme il a été dit plus haut, attendront passivement les initiatives anglaises. Il est à peu près sûr que les Allemands chercheront à étendre largement leurs conquêtes en Afrique, en Asie, et en Russie, et il y a des chances sérieuses qu'ils réussissent. Dans ces conditions, les effets du blocus anglais seront de plus en plus limités et ceux du contre-blocus allemand seront sensibles.

Dans ces conditions, on voit très bien, si la guerre se prolonge, la possibilité que les deux adversaires, las de s'infliger réciproquement des coups épuisants et non décisifs, traitent sur un pied d'égalité.

La solution d'une paix de compromis est complètement étrangère à la quasi-unanimité des Anglais aujourd'hui. Les Allemands au contraire y pensent déjà. De nombreux indices le révèlent.

3°. Une victoire anglaise.

Les chances d'une victoire anglaise apparaissent limitées, cependant cette victoire est possible. Comment serait-elle obtenue ?

Le jour où le monde anglo-saxon aura acquis la suprématie de moyens, il aura deux chances à courir : la première sera de livrer bataille aux armées allemandes aux points les plus vulnérables, la seconde sera de procéder en Allemagne à des destructions auxquelles peut-être ne résistera pas le moral allemand. Les Anglo-Saxons ont un avantage, celui d'avoir leur arsenal principal en Amérique, hors du champ de destruction.

CHAPITRE II — CE QUE SIGNIFIERAIT POUR LA FRANCE CHACUNE DES TROIS HYPOTHÈSES CONCERNANT LA TERMINAISON DE LA GUERRE.

1°. Une victoire allemande.

Que signifierait pour la France une victoire allemande ? Deux erreurs risquent d'inspirer la réponse à cette question. La première erreur consiste à fonder son opinion sur un épisode de la politique de collaboration, la seconde consiste à se référer aux principes et traditions du XIXe siècle et du début du XXe sans voir que le national-socialisme représente la rupture totale avec ces principes.

L'illusion que pourrait faire naître la conception présente de la politique de collaboration[1].

La conduite de l'Allemagne victorieuse vis-à-vis de la France vaincue a été une grande surprise pour la masse des Français qui considéraient l'Allemagne de Hitler comme beaucoup plus anti-française et haineuse que l'Allemagne de Guillaume II.

Sans doute les conditions de l'armistice ont été dures pour la France, sans doute, depuis l'armistice, l'Allemagne n'a-t-elle pas fait de véritables concessions à la France et a-t-elle exploité celle-ci de façon systématique quoique discrète. Il n'en reste pas moins que les Allemands ont « ménagé » la

---

[1] Cette phrase est soulignée dans le texte.

France. Vis-à-vis de la population française, les Allemands se sont abstenus de mesures d'extermination, de persécution, de vexation. On a respecté les personnes et les biens et l'honneur national. Par ailleurs ce sont les Allemands eux-mêmes qui ont lancé l'idée de collaboration entre l'Allemagne et la France. Collaboration dit association du vaincu au vainqueur et non pas écrasement et asservissement.

À la vérité, la politique de collaboration, c'est à dire de ménagement de la population française et de l'honneur français, a son explication toute simple. L'Allemagne a vaincu la France, mais il lui reste à vaincre l'Angleterre, c'est une rude tâche qui prime tout le reste. Or la France, quoiqu'ayant capitulé, représente encore une force d'appoint : par son abstention, par son action en un sens ou dans un autre, elle peut selon les circonstances compromettre ou permettre la victoire allemande, ou tout au moins la retarder ou la faciliter. Nous énumérons pour mémoire, et dans leur ordre d'importance, les éléments d'influence de la France sur l'issue du conflit : 1°) la flotte ; 2°) les colonies ; 3°) la collaboration économique de la France qui accroît le potentiel de guerre allemand ; 4°) l'effet moral produit par l'attitude de la France sur les autres peuples européens et sur l'Amérique ; 5°) l'avantage à ne pas rencontrer de résistance de la part de la population française, au rebours de ce qui se passe en Norvège et ailleurs.

La politique de collaboration est donc aujourd'hui essentiellement une politique de guerre. La guerre finie par la victoire de l'Allemagne, les raisons qui imposent aujourd'hui à l'Allemagne cette politique auront disparu. D'autres raisons interviendront-elles alors pour inciter l'Allemagne à maintenir la politique de collaboration ? C'est douteux, comme nous le verrons plus loin. Dans tous les cas le problème se posera dans des conditions absolument différentes. Aujourd'hui la politique de collaboration qui signifie pour l'Allemagne l'abstention d'aide française à l'Angleterre et la fourniture à l'Allemagne d'une aide au moins indirecte, représente un intérêt vital pour l'Allemagne (cet intérêt à dire vrai était vital pour l'Allemagne il y a quelques mois, aujourd'hui il est moindre, il sera peut-être beaucoup moindre encore dans quelques mois). Demain, après la victoire allemande, la politique de collaboration sera d'intérêt vital pour la France, mais pour l'Allemagne elle ne le sera pas, et l'Allemagne nationale-socialiste tranchera selon sa conception de l'intérêt allemand la question du traitement à infliger à la France.

L'illusion des solutions traditionnelles.

Certains, ne réalisant pas les transformations profondes subies par le monde ces vingt dernières années et ne voyant pas la force révolutionnaire du national-socialisme, croient pouvoir attendre de l'Allemagne une paix conforme aux précédents du XVIII°, du XIX° et du début du XX° siècle : paix de 1815, paix de 1871, paix de 1919. Le vaincu perd des territoires contestés, il subit une occupation temporaire, il paie une indemnité de guerre, mais il conserve le gros de son territoire, sa souveraineté est intacte, il reste le maître de ses destinées. Dans l'ignorance du monde présent, des

Français croient que c'est une paix de Francfort[1] peut-être aggravée, qui nous attend : nous perdrions l'Alsace-Lorraine, le bassin de Briey, des colonies, nous paierions une indemnité de quelques dizaines de milliards de francs-or, l'Allemagne en réplique au traité de Versailles nous imposerait sans doute une limitation des armements qui serait d'abord tournée puis abolie grâce à un jeu diplomatique habile. Ce serait tout ! Cette conception représente une énorme illusion. Elle suppose que l'Allemagne nationale-socialiste continue l'Allemagne des Hohenzollern et de Bismarck dans ce qu'elle avait de modéré et de conservateur. Elle méconnaît la philosophie, les buts, les méthodes du national-socialisme allemand avec sa puissance révolutionnaire, son réalisme brutal, son audace, ses énormes ambitions et sa volonté de créer des situations définitives.

L'ambition national-socialiste actuelle est de donner au peuple allemand la possession directe d'une très grande partie de l'Europe, en gros ce qui relevait du Saint-Empire et ce qui appartenait à l'ancienne Autriche-Hongrie, et de faire régir le reste de l'Europe continentale par l'influence et les idées de la nouvelle Allemagne. Autrement dit, l'Allemagne fera l'Europe, d'une part en développant et consolidant l'espace occupé par le germanisme, d'autre part en imposant son autorité, son organisation, ses idées, au reste de l'Europe qui conservera ses particularismes nationaux.

Il faut s'attendre à une double politique : 1°) des territoires seront annexés au Reich et de ces territoires les éléments nationaux non-allemands seront expulsés ; 2°) en dehors du territoire du Reich des gouvernements et des partis nationaux-socialistes seront créés. Pour s'attacher les populations ces gouvernements opéreront une sorte de révolution sociale et morale. Ce sera un socialisme autoritaire, hiérarchique et antilibéral, une morale et une philosophie communautaire éloignées du christianisme et plus ou moins hostiles à lui.

Tel sera le plan général appliqué à l'Europe. *Quelle application en fera-t-on à la France* ?[2] La politique nationale-socialiste n'est en rien guidée par des considérations sentimentales de sympathie ou d'antipathie vis-à-vis des peuples étrangers. À l'égard de ces peuples, les Allemands, qui ne sont pas des êtres secs, éprouvent des sentiments variables. Ainsi par exemple ils n'aiment pas les Polonais ; à l'égard des Français, tout en ayant une certaine rancune, ils nourrissent un peu de sympathie. Mais tout cela est très secondaire pour la détermination de la politique allemande. Ce qui importe aux Allemands c'est l'intérêt allemand, la réalisation des grands buts allemands.

De ce point de vue, il est intéressant de savoir ce que pensent actuellement les Allemands de la question française – ce qui n'a rien à faire avec l'attitude qu'ils ont en France et avec ce qu'ils disent aux Français quand ils s'adressent directement à eux.

Les Allemands, à la suite de leur victoire, pensent que la France n'a pas droit au rang de grande puissance en Europe et dans le monde qu'elle

---

[1] Le traité de paix de Francfort a été signé le 10 mai 1871 entre la France et le tout nouveau Reich allemand ; il a mis un terme à la guerre franco-prussienne qui avait débuté le 19 juillet 1870.

[2] Souligné dans le texte.

occupait et ils ont une très mauvaise idée des classes dirigeantes françaises. Consacrer politiquement la déchéance française, c'est à leurs yeux constater une réalité, mais on peut être sûr qu'ils ne croiront pas que cette simple constatation suffit. Ils prendront des précautions pour éviter que grâce à des habiletés politiques, la France ne parvienne à nouveau à jouer un rôle important.

Pratiquement, quelles solutions adopterait l'Allemagne victorieuse ?

Il faut considérer les limites territoriales qu'elle assignerait à la France vaincue et le régime qu'elle lui donnerait.

1. Les nouvelles frontières de la France.

Il existe quelque incertitude à cet égard. Dans l'hypothèse optimiste, l'Allemagne ne prendrait guère au-delà de l'Alsace-Lorraine en Europe. Dans l'hypothèse pessimiste qui est aussi vraisemblable, sinon plus, la France serait largement amputée dans le Nord et dans l'Est.

Dans tous les cas, et c'est cela qui est grave, les annexions s'accompagneront de refoulements totaux ou très larges des populations.

Quant à l'Empire colonial il sera certainement très entamé.

2. Le nouveau régime de la France.

Dans tous les cas, la France sera placée dans un état de vassalité par rapport à l'Allemagne.

Cette vassalité, à la différence de la vassalité ancienne, qui souvent était juridique et nominale et laissait au vassal une autonomie presque complète, sera effective et réelle sans être proclamée. Elle se traduira par ce fait que la France ne pourra être gouvernée que par un gouvernement national-socialiste ayant la confiance du Reich et consentant à recevoir de lui ses directives. Entre ce gouvernement et le gouvernement allemand seront conclus des traités en apparence égaux et volontaires qui organiseront le nouvel ordre européen tel que l'Allemagne le voudra. La situation de la France par rapport à l'Allemagne sera celle des Républiques italiennes de la période révolutionnaire et des royaumes de Louis et de Joseph par rapport à la France. La comparaison du reste est imparfaite. L'introduction du national-socialisme en France et la direction par l'Allemagne de l'économie européenne impliqueront un contrôle politique, moral, économique, étroit et incessant de l'Allemagne sur notre pays auprès duquel la surveillance napoléonienne beaucoup moins totalitaire apparaîtra légère !

Quelle sera la valeur de cet ordre nouveau que les Allemands essaieront d'instaurer ? Il représentera sans doute une économie dirigée, une sorte de socialisme autoritaire et hiérarchique, plus souple, moins absolu que l'autre socialisme, antibourgeois mais non prolétarien et non fondé sur l'idée de classe. Il est très possible qu'il obtienne des résultats matériels considérables ! Mais deux réserves doivent être faites : d'une part dans cet ordre nouveau l'Allemagne à tous points de vue sera privilégiée, ses intérêts politiques et économiques seront pris en premier lieu en considération, d'autre part cet ordre nouveau sera établi en ne tenant aucun compte des traditions particulières des peuples vaincus. Les quelques avantages matériels procurés à ces peuples auront pour but de leur faire adopter la mentalité et les idées de la nouvelle Allemagne.

Il sera normal que les gens que la question nationale en elle-même laisse indifférents et qui aspirent à la disparition de la société libérale capitaliste se satisfassent de l'ordre nouveau. Aussi bien il est à prévoir que l'Allemagne qui, pour chaque tâche qu'elle entreprend, cherche des concours appropriés trouvera demain des collaborateurs tout différents de ceux d'hier et de ceux d'aujourd'hui.

Il faut en terminant avec l'hypothèse de la victoire allemande, dire quelques mots d'un optimisme à moyenne échéance qui peut réserver de tragiques désillusions. Certains pensent que la fortune est changeante, que la victoire allemande sera d'autant plus éphémère qu'elle aura été plus démesurée. Ils citent les grandes conquêtes vite dispersées. Ces gens oublient que certaines grandes conquêtes, telles l'Empire romain, ont duré, surtout ils perdent de vue la valeur exceptionnelle des maîtres du Troisième Reich. De la durée de la domination allemande sur l'Europe et en particulier sur la France, on ne peut rien dire. Mais si cette domination ne durait que 30 ans, 20 ans, 10 ans et même un peu moins, elle aurait pu dans l'intervalle produire certains effets de destruction définitifs.

Voyons un dernier aspect du problème : si une victoire allemande doit finalement se produire, la situation de la France au jour de la paix ne sera-t-elle pas sensiblement plus mauvaise du fait qu'elle aura refusé de prendre parti contre ses anciens alliés ? Nous ne le croyons pas. Mais nous voyons au contraire deux circonstances qui seraient de nature à atténuer quelque peu les conséquences désastreuses d'une victoire allemande si celle-ci était tardivement obtenue :

a) La prolongation de la guerre entraîne un nombre toujours plus grand de pays dans les hostilités. Or, plus la victoire allemande sera démesurée, plus les vaincus seront nombreux, plus l'Allemagne aura besoin de leur collaboration et plus le sort de la France aura la chance d'être adouci.

La paix qui eût été faite en juillet ou en août 1940 si l'Angleterre avait succombé à ce moment eût comporté pour la France des conditions désastreuses ; la résistance de l'Angleterre n'a pas empiré la situation, bien au contraire (sans elle, les Allemands n'auraient même pas parlé de collaboration).

b) Il y a une grande différence entre une victoire rapide et une victoire longtemps attendue. La longue durée de la guerre provoque la lassitude chez les vainqueurs, nous en savons quelque chose. Ce sont les souffrances de la guerre de 1914 qui ont créé chez nous l'illusion que la victoire était sans valeur et que la condition de vainqueur rejoignait celle du vaincu. Sans penser que les Allemands iraient jusque-là, ils éprouveront inévitablement un certain tassement qui les rendra moins dynamiques, moins forts moralement et physiquement.

2°. Une victoire anglaise.

Une victoire anglaise aurait en ce qui concerne la France des conséquences négatives et positives.

Du point de vue négatif, la victoire anglaise serait la défaite de l'Allemagne, partant le départ des Allemands de France et le rétablissement de la souveraineté française sur l'ensemble des territoires y compris l'Alsace-Lorraine. Ce serait sur le plan européen la fin de l'hégémonie allemande.

Du point de vue positif, la victoire anglaise signifierait un accroissement énorme du prestige et l'autorité politique de l'Angleterre dans le monde, tandis qu'au contraire la France aurait un prestige et une autorité très diminués mais ce résultat, qui est la conséquence normale de nos désastres, se produira dans tous les cas. Si la France est maîtresse de ses destinées il ne tiendra qu'à elle de reconstituer ses forces et son prestige.

La question qui se pose est celle de savoir si la France aurait à redouter une hégémonie anglaise qui prendrait la place de l'hégémonie allemande. On ne peut sérieusement donner une réponse affirmative à cette question. Cela pour deux raisons : 1°) Il n'y a aucun terme de comparaison entre l'Allemagne hitlérienne et l'Angleterre actuelle. La seconde, comme la France, a perdu son dynamisme et n'a plus d'ambitions conquérantes. Ce qui est à craindre dans le cas d'une victoire anglaise, ce n'est pas que l'Angleterre prenne la place de l'Allemagne pour imposer à l'Europe un ordre nouveau qui serait un ordre anglais, mais au contraire qu'elle ne soit pas capable de faire autre chose que de laisser l'Europe aller au chaos ; 2°) Une victoire anglaise, à la différence d'une victoire allemande, ne serait pas la victoire d'une seule grande puissance (l'Italie, alliée de l'Allemagne, en fait n'a plus d'autorité), mais la victoire de deux grandes puissances, l'Angleterre et les États-Unis dont, en dépit de la parenté, les intérêts et les vues seront toujours distincts.

Il reste à se demander si la France aurait à redouter de la part de l'Angleterre une attitude inamicale, si l'Angleterre imposerait des cessions de territoires, colonies, ou si elle se montrerait difficile dans les négociations de tous genres qui devraient s'engager entre les deux anciens alliés. Il est possible que la conversation avec l'Angleterre ne serait pas toujours agréable et facile. Mais il est peu probable que l'Angleterre prenne une attitude hostile à l'égard de la France, cela pour plusieurs raisons. Les Anglais se rendent parfaitement compte qu'ils ont eu de grands torts vis-à-vis de la France dans la paix et dans la guerre. Pour l'avenir ils seront avant tout désireux d'éviter que le continent européen aille à l'anarchie ou à la révolution, et, soucieux de faire face à un péril russe éventuel, ils chercheront pour cela la collaboration de la France.

Celui qui, prétendant se placer du point de vue national français, met sur le même pied les inconvénients d'une victoire allemande et ceux d'une victoire anglaise porte un jugement absurde.

III. UNE PAIX DE COMPROMIS.

1°. Certaines illusions existent en France au sujet d'une hypothèse qui est en somme celle d'une paix de compromis.

On pense qu'à un moment donné la France pourra en présence d'une Allemagne et d'une Angleterre épuisées par la guerre jouer un rôle profitable d'intermédiaire. Ces idées ne répondent à aucune réalité. À la vérité, si l'Angleterre et l'Allemagne désespérant de vaincre désirent traiter, elles seront ce jour-là militairement très fortes l'une et l'autre, et la France désarmée, partiellement occupée, très éprouvée moralement par la guerre, épuisée économiquement, ne représentera une puissance ni vis-à-vis de l'Angleterre ni vis-à-vis de l'Allemagne. J'ajoute que l'autorité morale de la France sera faible. En outre, chaque belligérant du fait des coups qu'il aura reçus de son partenaire, du fait qu'il n'aura pu le briser, éprouvera pour lui une certaine estime. La conversation directe s'engagera et il y a fort peu de chances pour que la France puisse jouer un rôle d'arbitre ou de médiateur.

2°. La conclusion d'une paix de compromis entre l'Allemagne et l'Angleterre ne serait ni la plus mauvaise ni la meilleure solution. Elle sauverait un intérêt essentiel mais elle comporterait pour la France des sacrifices assez lourds.

a) Une paix de compromis serait une paix de demi-victoire pour l'Allemagne. Celle-ci verrait plus ou moins consolider ses agrandissements dans l'Europe centrale et orientale, mais elle devrait abandonner la principale de ses conquêtes à l'ouest, autrement dit : paix de compromis signifierait la libération de la Norvège, des Pays-Bas, de la Belgique, de la France.

La France serait donc rétablie, mais cela ne signifie point qu'elle ne subirait pas de pertes territoriales. L'Alsace-Lorraine resterait probablement acquise à l'Allemagne. Rien ne dit que, dans la région française de l'Est, l'Allemagne n'obtiendrait pas quelque autre lambeau. Quant aux possessions coloniales françaises, elles seraient exposées à subir de plus ou moins larges amputations.

b) Mais, fût-elle amoindrie territorialement, la France garderait sa souveraineté, le maintien de ses destinées, la liberté de ses armements. Elle aurait la possibilité de se relever. Elle ne se trouverait pas en présence d'une seule grande puissance victorieuse, mais en présence d'un jeu de puissances. Tôt ou tard, à moins qu'elle ne s'abandonne, elle reprendrait totalement ou partiellement sa position traditionnelle.

CONCLUSION.

1. Certes, la France n'est pas la maîtresse du cours des événements qui détermineront l'issue de la guerre et, placée dans une situation difficile, la liberté de sa politique est limitée.

Cependant, on peut dire qu'elle agirait contre son intérêt si elle travaillait à la victoire de l'Allemagne, c'est-à-dire si elle donnait à celle-ci un plus grand concours que celui que l'armistice et la force des choses lui obligent à donner.

2. Si l'Allemagne a besoin demain du concours de la France pour gagner la guerre contre l'Angleterre, il faut s'attendre à ce qu'elle exerce sur la France les plus grandes pressions.

Mais tout au moins, dans la situation présente, la France est dans une position beaucoup plus forte qu'il ne semble à première vue pour résister à cette pression. En effet la politique découlant de l'armistice suivie par la France rend en fait un grand service à l'Allemagne. Celle-ci le sait mieux que quiconque. Il est normal qu'elle cherche à obtenir plus, mais son intérêt est d'abord de ne pas obtenir moins, et il dépend de la France de donner moins aussi bien que de donner plus.

Le respect de l'armistice par l'Allemagne n'est pas garanti par des signatures qui compteront pour rien aux yeux des chefs allemands si un intérêt important leur conseille de ne pas en tenir compte. Ce respect est garanti par les gages que détient la France, c'est-à-dire la flotte, les colonies, le calme de la population française.

Il importe que la flotte soit toujours en état de jouer un rôle et à l'abri d'une surprise. Il faut à cet égard envisager le cas où les Allemands deviendraient maîtres de la Méditerranée, ce qui mettrait la flotte française à leur merci.

Quant aux possessions coloniales, la situation évolue défavorablement à leur égard. Maintenant que les Allemands sont fortement établis en Libye, et plus encore quand ils seront établis en Espagne et au Maroc espagnol, l'Afrique du Nord française sera un peu à la merci des divisions motorisées allemandes. Ils peuvent donc se passer du consentement français pour en devenir maîtres. Mais il reste d'autres colonies françaises auxquelles les Allemands n'ont pas d'accès et qu'il dépend et dépendra encore longtemps de la France seule de maintenir ou non dans la neutralité.

Il importe que la France refuse son concours à l'Allemagne dans sa lutte contre l'Angleterre, mais pour ce, il est essentiel qu'elle conserve des moyens efficaces de contre-pression.

Papiers 1940, Papiers Rochat, 61 (415QO/61)

200

M. Jean Lescuyer, Ministre de France à Bagdad,
    à l'Amiral Darlan, Vice-Président du Conseil, Ministre
    Secrétaire d'État aux Affaires étrangères, à la Marine et à
    l'Intérieur.

D. n° 66[1].   *Bagdad, 6 mai 1941.*

Ainsi que je l'indiquais dans ma précédente dépêche[2], la rupture entre les Irakiens et les Anglais était trop complète et les opérations militaires trop engagées pour qu'il fût possible d'espérer une suspension, même provisoire, des hostilités et l'ouverture de nouvelles négociations. Les tentatives de médiation de la Turquie sont donc, malgré tous les efforts du gouvernement d'Ankara, restées sans résultat ; de même, que celles qu'amorçait en même temps le gouvernement du Caire.

Dès ce moment, il devenait difficile aux éléments modérés irakiens, bien que très inquiets de l'aventure où les jetait Rachid Ali Guilani, manœuvré par la camarilla militaire, de résister ouvertement à un mouvement qui prenait un caractère national et religieux. La résistance de ces milieux ne pourra maintenant plus se faire utilement sentir que le jour où l'armée irakienne aura subi des revers.

La préparation à la guerre a donc été intensifiée sur tout le territoire du pays. Les administrations publiques sont passées aux mains des militaires ; plusieurs classes ont été appelées sous les drapeaux, bien que la très petite quantité d'armes dont dispose l'armée irakienne ne permette pas une augmentation importante de l'armée, qui, sur le pied de paix, ne comprend que quatre divisions.

Les opérations militaires n'ont pas marqué de grands changements ces derniers jours. Le siège de la base d'aviation anglaise d'Habbaniyah se poursuit sans résultat. Les avions anglais partagent leur activité entre les troupes assiégeant cette base et les camps militaires irakiens qui entourent la ville de Bagdad qu'ils bombardent plusieurs fois par jour. Ils n'ont, d'ailleurs pas fait grand mal jusqu'à présent, mais leur venue continuelle au-dessus de la capitale a eu pour effet de calmer singulièrement l'enthousiasme guerrier de la population. L'arrivée de blessés dans les hôpitaux de Bagdad n'est pas non plus pour relever le moral des jeunes recrues.

Pour lutter contre la démoralisation qui ne manque pas de se développer, l'état-major annonce constamment dans ses communiqués des succès aériens, alors qu'en fait, l'aviation irakienne n'est plus guère apparue depuis quelques jours dans le ciel où circulent tout à fait librement les avions anglais.

En même temps, le Gouvernement a demandé aux chefs religieux de développer le mouvement en faveur de la Guerre Sainte contre les Anglais.

---

[1] Dépêche titrée « A.s. Conflit anglo-irakien » ; indication : « Communiqué à Beyrouth ».

[2] Voir le document n° 197.

On doit, d'ailleurs, constater que certains dignitaires religieux, et des plus importants, tout en obéissant aux injonctions qui leur étaient adressées, ont évité de trop s'engager, dans les manifestes qu'ils publiaient, sur le terrain politique, se limitant au domaine théologique moins compromettant. Cette réserve a été particulièrement sensible du côté chiite.

Enfin, pour tenir en haleine l'opinion, le Gouvernement n'a cessé de laisser entendre que l'aide militaire des puissances de l'Axe était imminente. Des échanges suivis de télégrammes entre Bagdad d'une part, et Rome et Berlin d'autre part, ont eu lieu[1]. Plusieurs officiers aviateurs italiens, qui étaient venus ici en 1939 pour livrer des appareils achetés alors en Italie, ont reparu. On dit qu'un agent allemand arriverait prochainement ici, en attendant la réouverture de la légation du Reich[2].

Pendant ce temps, le ministre d'Italie[3], dont le nombre des collaborateurs a singulièrement augmenté ces dernières semaines, fait preuve d'une très grande activité.

Mais les gens raisonnables se demandent sous quelle forme pourrait se concrétiser cet appui militaire de l'Axe. De nouveaux avions seraient évidemment nécessaires à l'armée irakienne, mais une fois ici, pourraient-ils se ravitailler en bombes ? D'autre part, on prétend que les stocks d'essence d'avion sont très limités et la raffinerie de Khanakin ne peut pas en produire.

Mais tous ces efforts du Gouvernement pour remonter le moral ne semblent pas jusqu'ici produire un grand effet. On peut constater dans les administrations publiques une certaine démoralisation. Dans l'armée un certain découragement commencerait à régner. Si la situation se prolonge sans succès pour les Irakiens, on peut se demander jusqu'à quand la force de résistance du pays pourra être maintenue.

Guerre 1939-1945, Vichy, E Levant, Irak, 159 (3GMII/159)

---

[1] Hitler a décidé, le 3 mai 1941, d'envoyer à Bagdad Fritz Grobba, un expert de l'Irak.

[2] Ces télégrammes étaient en bonne partie interceptés et décryptés par les Britanniques. Ils montraient, en avril et en mai, une grande hésitation à intervenir de la part de l'Axe, et même une hostilité à le faire de la part de Rome. Les putschistes irakiens avaient agi de façon autonome et n'avaient été ni encouragés, ni soutenus par les puissances de l'Axe.

[3] Luigi Gabrielli.

201

Note de M. Cosme, Ambassadeur de France en Chine

Au Wai Kia Pou[1]

N. n° 31/T   *Tchoung King, 7 mai 1941.*

L'ambassade de France présente ses compliments au Wai Kiao Pou et regrette de devoir porter à sa connaissance que des soldats chinois ont encore effectué récemment de nombreuses incursions en territoire tonkinois, et notamment à Chang Fou Nom, Lung Lao, Na Cho Cai et Than Thuy dans le troisième territoire militaire.

Elle a déjà eu l'occasion d'appeler à plusieurs reprises l'attention du Wai Kiao Pou sur les graves inconvénients qui résultent de ces violations de frontière[2] et elle se trouve, encore une fois, dans la nécessité de souligner au gouvernement chinois l'intérêt essentiel qui s'attache à ce que des mesures soient prises d'urgence pour que de pareils faits ne se renouvellent pas.

L'ambassade croit devoir rappeler qu'au mois de décembre 1940, le général Long Yun avait donné l'assurance à M. Gandon que l'ordre formel était adressé aux autorités responsables d'éviter de nouveaux incidents. Il paraît indispensable aujourd'hui que ces instructions soient répétées aux fins d'une observation plus scrupuleuse des consignes antérieures et l'ambassade serait désireuse d'obtenir, en réponse à la présente note, quelque assurance à cet égard de la part du Wai Kiao Pou.

Guerre 1939-1945, Vichy, E Asie, Chine, 136 (3GMII/136)

---

[1] Le ministère des Affaires étrangères chinois.

[2] Voir par exemple la note n° 28/T du 30 avril protestant contre l'action de « soldats chinois qui poursuivaient des contrebandiers et des pirates » et qui « ont tiré le 3 avril, sur un détachement de partisans indochinois en train d'effectuer une patrouille à proximité de la frontière » et qui ont également « occupé Bouenc au Laos où ils se sont installés depuis cette date ». (Guerre 1939-1945, Vichy, E Asie, Chine, 136, document non publié). Voir également la D. n° 11 de l'ambassadeur Cosme en date du 6 mars 1941, au sujet des concentrations de troupes dans le Kouang-Si, le long de la frontière de l'Indochine, ayant fait craindre à Decoux l'extension du conflit sino-japonais sur le territoire indochinois. La démarche française ne semble pas avoir eu beaucoup d'effet. Dans son T. n° 266 du 6 mai 1941, Decoux mentionne l'arrivée de renforts chinois le long du Kouang-Si, l'intensification de la propagande anti-française dans cette province et les menaces d'une attaque contre le Tonkin, en lien avec les révolutionnaires annamites, immédiatement après le déclenchement de la guerre dans le Pacifique. S'il fait bien une démarche de protestation, Cosme considère néanmoins « inopportun dans les circonstances présentes, d'engager une conversation dont le caractère général serait de nature à nous entraîner au-delà de ce qui [lui] paraît souhaitable » : « Il ne faut pas oublier que le gouvernement de Tchoung King ne nous a pas pardonné les facilités consenties au Tonkin aux Japonais et que, à nous plaindre des activités anti-françaises des flottilles du Kouan-Si, nous donnerions au gouvernement de Tchoung King l'occasion de retourner l'argument contre nous en invoquant l'action que, de ses bases d'Indochine, l'aviation japonaise exerce contre la Chine et, par là, de faire rebondir une querelle dont les manifestations allaient en s'atténuant ». (T. n° 257 de Tchoung King en date du 8 mai 1941). (tous ces documents non publiés dans Guerre 1949-1945, Vichy, E Asie, Chine, 124).

202

M. Bergery, Ambassadeur de France à Moscou,
　　à l'Amiral Darlan, Vice-Président du Conseil, Ministre
　　Secrétaire d'État aux Affaires étrangères, à la Marine et à
　　l'Intérieur.

T. n° 399 à 404.　　　　　　　　　　　*Moscou, 8 mai 1941, 19 h. 32.*

(*Reçu* : le 9, 3 h. 30).

Ma visite à l'ambassadeur d'Allemagne a eu lieu hier après-midi de 17 à 18 heures[1].

Je lui ai dès l'abord indiqué, dans les mêmes termes qu'aux Russes, la ligne politique du Gouvernement. Il m'a répondu en marquant chaleureusement son assentiment.

Je lui ai ensuite indiqué les trois issues possibles du conflit. Il ne m'a pas caché sa préférence pour une paix négociée, ajoutant : « malheureusement, pour l'instant, l'Angleterre s'y refuse ; mais il faudra bien que cela se termine ainsi entre le nouveau continent et nous, au bénéfice de tout le monde ».

Je lui ai enfin demandé si ce n'était pas une nécessité absolue pour le Reich de s'assurer et d'assurer à l'Europe les matières premières russes.

Il m'a répondu affirmativement, mais a ajouté :

« Rien n'indique pour le moment que nous devions nous l'assurer par d'autres méthodes que la négociation. Les Russes nous livrent ponctuellement tout ce que nous demandons et nous offrent même de livrer davantage sous la seule réserve de trouver les moyens de transport correspondants. Lorsque M. Matsuoka a quitté Moscou, on a vu arriver sur le quai de la gare M. Staline et M. Molotov qui ne s'étaient jamais dérangés pour un ministre des Affaires étrangères[2]. M. Staline est un homme de grande valeur et purement pratique. À ma surprise, il m'a pris à part avec mon attaché militaire et mettant son bras sur mon épaule il m'a dit : "Vous savez, il faut que nous restions amis". La vérité est qu'ils ne veulent à aucun prix d'un conflit. S'ils n'ont pas voulu risquer la guerre alors qu'existait le contrepoids occidental, ce serait une folie de la risquer maintenant que ce contrepoids a disparu. En 1914 nous l'avons battu "avec notre seul bras gauche". C'est dire ce qui se passerait aujourd'hui alors que nos deux bras sont libres ».

Comme je posais alors la question d'un avenir plus lointain, M. von der Schulenburg m'a répondu : « La reconstitution d'une armée russe efficace

---

[1]　M. Bergery vient de remplacer Eirik Labonne, rappelé en France le 5 avril. Il a remis ses lettres de créance le 6 mai 1941. Dans son T. n°⁵ 386 à 393 en date du 3 mai (document n° 193), le nouvel ambassadeur avait annoncé le retour à Moscou la veille de son homologue allemand et sa volonté de faire tout son possible pour en obtenir des renseignements sur les évolutions en cours des relations germano-soviétiques.

[2]　Sur le rapprochement entre le Japon et l'URSS après la signature de l'accord du 13 avril 1941, voir document n° 189 et notes.

n'est pas l'affaire d'un an ni de deux ans[1]. Aujourd'hui Timochenko se donne beaucoup de mal allant jusqu'à diriger personnellement les exercices de bataillons isolés. C'est la conclusion de l'entrevue que j'ai eue avec le Führer »[2].

Que peut-on conclure de cette conversation ? Que le Reich ne veut pas jusqu'à nouvel ordre répandre la croyance à un conflit imminent et pour l'instant prétend se contenter du résultat de ses négociations. Mais en même temps, il appuie celle-ci par les concentrations militaires aux frontières de l'URSS et la préparation constante d'opérations éventuelles qu'il envisagerait avec confiance, si elles devaient se produite, comme une nouvelle Blitzkrieg. Voir sur les préparatifs militaires mon télégramme 405-6 de ce jour[3].

Communiqué Tokyo, Helsinki, Ankara, Téhéran, Budapest, Bucarest, Sofia.

Guerre 1939-1945, Vichy, Z Europe, URSS, 835

203

M. CHATAIGNEAU, MINISTRE DE FRANCE À KABOUL,
 À L'AMIRAL DARLAN, VICE-PRÉSIDENT DU CONSEIL, MINISTRE
 SECRÉTAIRE D'ÉTAT AUX AFFAIRES ÉTRANGÈRES, À LA MARINE ET À
 L'INTÉRIEUR.

D. n° 16[4].   *Kaboul, 9 mai 1941.*

L'occupation par l'Allemagne et l'Italie des îles de la mer Égée[5], les moyens immédiats de pression sur la Turquie dont disposent de ce fait ces

---

[1] Rappelons la désorganisation de l'armée soviétique consécutive aux purges de la Grande Terreur et son peu d'efficacité manifestée sur le terrain lors de la Guerre d'Hiver soviéto-finlandaise (décembre 1939-mars 1940), où elle est longtemps tenue en échec par les maigres forces d'Helsinki (voir les documents sur cette guerre publiés dans *DDF (1939-1944)*, 1939 et 1940-1).

[2] Note du document : Voir rectificatif joint. Rectification. À la suite d'une correction reçue par courrier, prière de lire comme suit l'avant-dernier alinéa du télégramme 399 à 404 de Moscou en date du 6 mai : « Comme je posais alors la question d'un avenir plus lointain, M. von der Schulenburg m'a répondu : "La reconstitution d'une armée russe efficace n'est pas l'affaire d'un an ni de deux ans. Aujourd'hui Timochenko se donne beaucoup de mal, allant jusqu'à diriger personnellement les exercices de bataillons isolés. *Mais on peut dire sans crainte de se tromper que, tant que l'Allemagne est debout sur ses pieds, il ne peut pas y avoir de danger russe.* C'est la conclusion de l'entrevue que j'ai eue *il y a huit jours* avec le Führer" ». (La partie soulignée avait été sautée au déchiffrement).

[3] M. Bergery y rapporte les confidences à l'attaché militaire français du ministre slovaque à Moscou et futur ministre-adjoint de l'Intérieur de son pays, M. Tiso, rentré la veille : « il a vu en Slovaquie des transports considérables de jour et de nuit vers l'Est. Dans le Gouvernement général de Pologne, il aurait fait les mêmes constatations et aurait appris la fermeture de grandes écoles à Varsovie pour la préparation d'hôpitaux militaires ainsi que de la formation de régiments nouveaux à participation polonaise. Le tout serait censé être prêt pour fin mai afin d'agir par pression ou par opérations effectives en juin. Sous toutes réserves. » (Guerre 1939-1945, Vichy, Z Europe, URSS, 835, non publié).

[4] Dépêche intitulée : « A/s l'Afghanistan et l'Allemagne. »

[5] Pour soutenir son allié italien auquel les Grecs tenaient tête victorieusement, le Reich a attaqué la Grèce le 6 avril 1941. Athènes est tombée le 27 avril. Voir notamment documents n°s 155, 166, 183.

deux pays, les bases de départ qu'ils possèdent désormais pour agir sur les pays arabes d'Asie, les récents événements d'Irak devant lesquels la diplomatie et l'armée britannique semblent avoir réagi avec lenteur[1], laissent entendre aux Afghans que leur politique traditionnelle d'équilibre anglo-russe peut être maintenant dépassée. Une troisième grande puissance est à même de prendre pied en Asie. Elle y prépare désormais méthodiquement son expansion. Il importe de compter avec elle, avec ses ressources, avec ses moyens de pression, et d'observer en conséquence une attitude prudente et sage qui permette de réserver l'avenir quelle que soit la tournure des événements.

Jusqu'à présent les Afghans se sont appliqués à tenir la balance égale entre les deux grands États situés à leurs frontières du nord et du sud : ils y ont vu la meilleure garantie de leur indépendance et la politique qu'ils ont pratiquée selon cette vue s'est révélée efficace. L'URSS et l'Angleterre savent leur rappeler, le cas échéant, les inconvénients qu'il y aurait à s'écarter d'une aussi saine conception. Lorsque le roi Amanullah a jugé habile de faire pencher la balance en faveur de l'URSS pour montrer plus d'indépendance vis-à-vis de la Grande-Bretagne et de l'Empire des Indes, la révolte du Batcha i Saqqao est venue opportunément le rappeler à la réalité[2] : depuis cette date, la position de l'Angleterre est légèrement plus favorable que celle de l'URSS et le pacte de Saadabad, pacte de défense contre ce dernier pays[3], renforce encore la situation britannique. Les Afghans n'ignorent pas d'ailleurs que cette légère rupture d'équilibre comporte pour eux le moindre risque. L'Angleterre a trop le souci de s'épargner le tracé d'une frontière commune aux Indes et au Turkestan soviétique pour ne pas porter à l'indépendance de l'Afghanistan un intérêt bienveillant. L'URSS en revanche étendrait volontiers jusqu'aux cols de l'Hindu Kush les territoires des républiques turkmène, uzbek et tadjik. En dépit de la conscience qu'il a de cette situation, le gouvernement de Kaboul s'applique à garder les apparences d'une neutralité absolue entre l'un et l'autre pays.

Les développements les plus récents de la guerre actuelle ne permettent plus à l'Afghanistan de se reposer entièrement sur cet équilibre traditionnel. Le soutien que l'Allemagne vient d'apporter à Rachid Ali en Iraq montre qu'elle est bien décidée à exercer une pression en Asie et ses succès militaires dans les Balkans lui ont permis de s'installer sur une base de départ pour entreprendre une offensive politique et militaire.

Or, jusqu'à présent, l'Allemagne, tout en préparant soigneusement les étapes de son expansion, n'avait joué apparemment dans ce pays qu'un rôle

---

[1]   Voir documents n°s 197, 198, 200.

[2]   La révolte du Batcha i Saqqao (ou Bacha e Saqao), c.-à-d. le « fils du porteur d'eau », surnom d'Habibullah Kalakâni (1890-1929), un Tadjik illettré du Kohistan, est dirigée contre la politique réformatrice et modernisatrice (notamment dans le domaine de l'éducation et de l'émancipation féminine) du roi Amanullah. Après l'avoir contraint à l'exil, Habibullah se proclame émir, en janvier 1929, en se qualifiant de « serviteur de la religion et messager de Dieu », mais ne contrôle que Kaboul et les provinces tadjikes. Il est finalement battu par Mohamed Nadir Chah en octobre 1929, et est exécuté.

[3]   Pacte de non-agression entre la Turquie, l'Irak, l'Iran et l'Afghanistan, signé le 8 juillet 1937 dans le palais de Saadabad à Téhéran.

de conseiller économique et culturel. Elle avait dû, d'ailleurs, garder une réserve prudente pour se faire pardonner l'appui qu'elle avait accordé au roi détrôné Amanullah[1] et les assassinats perpétrés sur le souverain Nadir Chah[2] et le ministre Mohammed Aziz Khan[3] par un élève du collège allemand de Kaboul et par un Afghan de Berlin. Grâce aux larges crédits qu'elle a su consentir à l'économie afghane et au nombreux personnel de techniciens qu'elle a envoyé sur place, elle a pris en main la direction de l'industrie, des travaux publics et des postes. De ce fait, elle dispose dans tout le pays d'un réseau de surveillance, de renseignements et d'influence, de trois cents agents dont certains se sont révélés, sans doute, médiocres techniciens, ainsi que je l'ai indiqué dans ma lettre n° 2[4], mais efficaces collaborateurs politiques. Ce personnel est à même, sur un ordre, de jeter le trouble dans les communications ou, au contraire, de les faire servir à une action étrangère. Encore occupé à suivre les mouvements des deux influences russe et anglaise, ignorant des services rendus à l'armée allemande dans les pays européens qu'elle a occupés par les combattants civils mis en place depuis dix ou quinze ans, le Gouvernement n'a pas attaché à l'activité des agents allemands l'importance qu'il convient.

Au reste, certains membres du Gouvernement : le Premier ministre, le ministre de l'Économie nationale, le ministre des Travaux publics[5],

[1] Voir à ce sujet la D. n° 1 de Kaboul, en date du 15 mars 1941, signée Coiffard et intitulée « A/S l'Allemagne et l'Afghanistan » qui cite une autre lettre au Département à ce sujet (9 juin 1934, n° 50, de M. Gaire). L'Allemagne avait fourni de nombreux spécialistes et d'importants crédits au roi Amanullah (Guerre 1939-1945, Vichy, E Asie, Afghanistan, 67, document non publié).

[2] Né en 1880, en Inde où s'était exilé son père avec l'ancien souverain Mohammad Yacoub Khan, Mohamed Nadir Chah, issu d'une lignée de gouverneurs de la région de Peshawar, a participé à la guerre d'indépendance d'Amanullah Khan, puis a été un temps ministre d'Afghanistan à Paris, avant de démissionner. Il revient en Afghanistan en 1929, pour combattre, avec son frère, le général Chah Wali Khan, la rebellion du Batcha i Saqqao qui a contraint le roi Amanullah à l'abdication et à l'exil. Il monte sur le trône en octobre 1929, et est assassiné le 8 novembre 1933 par un étudiant Abdul Khaliq, voulant venger Ghulam Nabi Khan Tcharkhi, un partisan d'Amanullah que Nadir Chah avait fait assassiner en 1932.

[3] Mohamed Aziz Khan, né en 1875, ancien ministre des Affaires étrangères d'Afghanistan (1917-1919), a été ambassadeur à Moscou (1930), puis à Berlin (1932) où il est assassiné le 6 juin 1933 par un étudiant afghan. C'était le demi-frère aîné de Mohamed Nadir Chah.

[4] Document non retrouvé. En revanche, la D. n° 1 (citée note 1), évoque aussi les efforts allemands pour retrouver de l'influence en Afghanistan, avec une importante colonie (200 à 300 membres) : fourniture de larges crédits commerciaux et de « spécialistes de premier choix » ; cela a permis au Reich de s'introduire, comme en Iran, dans les principaux ministères (Postes, Guerre, Économie nationale où le ministre, également directeur de la Banque nationale, a épousé une Russe d'origine allemande, Travaux publics). « À la différence des Anglais, qui ne se mêlent jamais à la population indigène et s'attirent ainsi, ici comme aux Indes, beaucoup d'inimitiés, les Allemands fréquentent le plus possible les milieux afghans, prodiguent les attentions et les petits services. Pour nombre d'Afghans, ce sont des philanthropes qui viennent sauver l'Afghanistan du joug britannique. Il faut ajouter à cette action personnelle, celle très puissante de la radio de Berlin ». D'où, conclut Coiffard, les risques « si l'Empire britannique présentait des symptômes d'effondrement », d'une collusion des intérêts russes et allemands.

[5] Le Premier ministre est Sardar Mohamed Hachem khan (Sadre Azam), le ministre de l'Économie nationale, Abdul Medjid Khan, le ministre des Travaux publics, Rahimullah Khan. Pour une liste complète du gouvernement afghan, voir la D. n° 41 de Kaboul en date du 2 juillet 1941 (Guerre 1939-1945, Vichy, E Asie, Afghanistan, 63, document non publié). Chataigneau y précise que le Premier ministre et le ministre de la Guerre sont les frères du ministre d'Afghanistan en France, le maréchal Chah Wali Khan et qu'ils sont également les oncles du roi Mohamed Zaher

éprouvent des sympathies pour l'Allemagne. Les nombreux Allemands installés dans tout le pays fréquentent le plus possible les milieux afghans et y font profession de serviabilité. Les doubles indemnités qu'ils reçoivent de leur gouvernement et des administrations qui les emploient leur assurent une vie large : ils ne débattent guère les prix demandés par les commerçants ; aussi de tous les étrangers sont-ils les plus populaires dans les bazars. Les émissions des stations de radiodiffusion de Zeesen et de Bari favorisent auprès des masses leur propagande patiente et tenace. Elles sont habilement préparées et suffisamment variées pour occuper l'attention. Leur qualité technique permet toujours de les suivre sans fatigue. Or, depuis quinze jours, elles sont systématiquement orientées dans la vue d'insister sur l'évacuation de la Grèce par les troupes britanniques et de laisser entendre que l'Angleterre est trop faible pour soutenir ses alliés.

Certains Afghans, sensibles à ces diverses influences, estiment sage de se concilier les grâces d'un État puissant, incessamment victorieux et sachant récompenser les bonnes dispositions apparues à son égard en temps opportun. L'Allemagne, entrée en Asie en tierce puissance sans y connaître des préoccupations de frontières, serait sans doute plus favorable que les États nantis à l'accroissement de la puissance d'une nation centrifuge aux flancs de l'Asie russe et de l'Asie britannique. Or, au nord, l'Amou Daria est une frontière conventionnelle tracée au milieu d'une région géographique et il sépare des peuples de même race, de même langue et de mêmes mœurs qui maintiennent des liens anciens avec le pays de Kaboul. Au sud, le domaine de la langue poutchou[1], langue nationale et originale de l'Afghanistan moderne, atteint les rives de l'Indus et le Bélouchistan où les Afghans pourraient s'assurer un accès à la mer, rêve de tous les peuples enclavés.

À défaut de promesses ou d'encouragements, l'Allemagne peut aussi user de moyens de pression persuasifs pour faciliter une adhésion à ses plans. Ne tient-elle pas en réserve un souverain et une dynastie ? Si elle est, avec souplesse, arrivée à se faire pardonner les appuis qu'elle avait accordés au roi détrôné, elle n'a point troublé, au contraire, l'hospitalité dont celui-ci bénéficie en Italie. Les précautions prises par le gouvernement pour empêcher le retour en Afghanistan de l'agitateur Pir Chamy[2], parent de la Reine

---

Chah. Plusieurs ministres (Instruction publique, Protocole), deux sous-secrétaires aux Affaires étrangères, le directeur général des Affaires politiques sont d'anciens élèves des écoles françaises, tandis que le président de l'Agriculture est un ancien élève de l'École nationale d'Agriculture de Rennes.

[1] Ou pachtou, langue du groupe iranien de la famille des langues indo-européennes, la plus parlée en Afghanistan.

[2] Mohamed Saadi al-Kelaini, dit Pir Chamy (le saint homme de Syrie), cousin de la l'ex-reine Soraya, d'une famille soufie se prétendant descendante en ligne directe du Prophète et revendiquant la direction spirituelle de la Qadirya, a fait ses études en Allemagne où il a épousé la fille d'un officier de police de Potsdam, est à l'origine d'une révolte suscitée parmi les tribus du Waziristan en juin 1938 pour remettre le roi Amanullah sur le trône. Les Britanniques réussissant à stopper la marche sur Kaboul des tribus insurgées et à obtenir le départ de Pir Chamy pour la Syrie. En janvier 1941, il y aurait reçu la visite de l'agent de l'Abwehr, Rudolf Roser, et de von Hentig pour l'encourager à nouveau à susciter un mouvement pro-Amanullah en Afghanistan. Voir à ce sujet l'étude de Milan Hauner, « One Man against the Empire. The Faqir of Ipi and the British in Central Asia on the Eve of and during the Second World War », *Journal of Contemporary History*, vol. 16, n° 1, 1981, pp. 183-212.

Souraya[1], et actuellement en résidence surveillée en Syrie, prouvent la vigilante attention portée à l'activité du roi Amanullah et de ses partisans. La politique germano-italienne saurait en tirer parti le cas échéant.

Le gouvernement afghan ne peut, dans ces conditions, que redoubler de prudence. Il évite de se compromettre. Ses ministres et ses fonctionnaires sont moins assidus qu'autrefois aux réceptions de la légation britannique. Je me suis laissé dire que le ministre de la Guerre, S.A. Shah Mahmoud Khan, frère du ministre d'Afghanistan en France, dont les sympathies à la Grande-Bretagne sont certaines, avait interdit aux officiers d'assister à ces réceptions. Je m'empresse d'ajouter que les Afghans se rendent en petit nombre aux invitations du corps diplomatique.

Il ne s'agit point, pour l'instant d'un renversement de politique, mais d'une simple prise de position qui pourrait permettre de faire place à l'Allemagne, dans les préoccupations de la politique générale afghane, à côté de l'Angleterre et de l'URSS. Une telle évolution, esquissée aujourd'hui, dépasserait le stade de la simple prudence, si l'Iraq, pays sunnite, opposait à l'Angleterre une résistance efficace et si l'Iran, pays chiite, acceptait l'appui de l'Allemagne pour se garantir contre des ambitions russes sur le Mazendéran, l'Azerbaïdjan et le Khorassan.

Le jeu de la solidarité musulmane et l'application du pacte de Saadabad selon l'esprit dans lequel il a été conçu orienteraient alors la politique afghane, dans une certaine mesure, vers les vues du vainqueur éventuel.

Guerre 1939-1945, Vichy, E Asie, Afghanistan, 67 (3GMII/67)

204

M. DE LA BAUME, AMBASSADEUR DE FRANCE À BERNE,
    À L'AMIRAL DARLAN, VICE-PRÉSIDENT DU CONSEIL, MINISTRE
      SECRÉTAIRE D'ÉTAT AUX AFFAIRES ÉTRANGÈRES, À LA MARINE ET À
      L'INTÉRIEUR.

T. n° 687. *Berne, 10 mai 1941.*

En clair. *(Reçu[2] : le 12, 12 h.)*

D'après des informations que je tiens de très bonne source polonaise, le dispositif *allemand dans la Pologne occupée*[3] se serait notablement renforcé depuis deux semaines[4]. On estime que 12 nouvelles divisions, dont

[1] Ou Soraya, née Tarzi (1899-1968), épouse du roi Amanullah Khan qui régna de 1919 à 1929. Née en Syrie, issue d'une lignée de souverains de Kandahar, éduquée à l'européenne (son père Mohamed Beg Tarzi s'inspirait des Jeunes Turcs et de Mustapha Kémal), elle joua un grand rôle dans la politique d'éducation et d'émancipation féminine menée par son époux.

[2] Par courrier.

[3] Souligné dans le texte.

[4] Voir aussi à ce sujet, le document n° 202 et notes.

3 blindées, seraient venues renforcer celles concentrées depuis le mois de novembre dernier et dont le nombre s'élevait, en avril, à 45. À Varsovie de nombreux immeubles ont dû être évacués par leurs locataires polonais pour faire place aux services de l'état-major allemand.

On signale, d'autre part, qu'un rassemblement de Russes émigrés, provenant des divers pays occupés par les armées du Reich, s'effectue depuis quelque temps à Berlin. Ce sont pour la plupart des hommes jeunes, choisis dans les cercles monarchistes et qui, après un court stage, sont envoyés auprès des postes de commandement en Pologne occupée. Les consulats allemands à Genève et à Lausanne ont reçu des instructions pour opérer un tel recrutement parmi les réfugiés russes nombreux dans ces deux villes.

À Berlin, auraient été constitués également des comités nationaux lituaniens et lettons dont le rôle serait d'administrer les pays qu'une campagne allemande contre l'URSS viendrait libérer. Le président du Comité lituanien serait l'ex-ministre de la Lituanie à Berlin, le colonel Skirpa. Le Comité letton aurait à sa tête M. Kreevino, ex-ministre de Lettonie en Allemagne.

Les dirigeants allemands seraient plus embarrassés pour organiser un Comité ukrainien. L'hetman Koropadski et son groupe seraient entièrement démonétisés. Son fils serait à Londres. Un essai tenté avec un certain agitateur Malik, Ukrainien de Galicie, ne semble pas avoir eu beaucoup de succès. Il paraît manquer aux Allemands, pour réussir, un programme politique qui soit susceptible d'attirer un grand nombre d'Ukrainiens et des collaborations efficaces. Après l'effondrement de la Russie tsariste, il leur avait été relativement facile d'intéresser en Ukraine d'assez nombreux propriétaires fonciers, des intellectuels et une certaine fraction de la classe moyenne à un mouvement nationaliste tendant à la création d'un État indépendant que l'Allemagne aurait soutenu contre un retour offensif de Moscou. Mais la politique décentralisatrice et favorable aux minorités nationales adoptée par Lénine, de même que les concessions faites aux Ukrainiens par les dirigeants moscovites, sur le terrain culturel et administratif, ont paru suffisantes, sinon peut-être à tous les intellectuels, du moins à bon nombre d'entre eux, et en tous cas aux masses paysannes et ouvrières, si bien que l'idée de l'Ukraine indépendante n'est plus guère vivante que dans les cercles de l'émigration, qui ont depuis longtemps perdu toute influence dans le pays. Il est ainsi aisé au contre-espionnage russe, particulièrement actif en Galicie orientale et en Ukraine, de contrebattre toute propagande au bénéfice d'un mouvement ukrainien encouragé par le Reich. De nombreux agents au service de l'Allemagne auraient été exécutés ces mois derniers.

Dans les milieux où ont été recueillis ces renseignements, on croit fermement à la préparation par l'état-major de la Wehrmacht d'une très prochaine campagne contre la Russie qui comporterait une phase proprement militaire, assez courte, et une action politique ayant en vue le renversement du régime stalinien et son remplacement par une monarchie à la dévotion du Reich. La décision devrait d'autant moins tarder qu'en octobre, la production des usines américaines devrait permettre aux Anglais d'effectuer des attaques aériennes susceptibles d'avoir un effet sérieux sur les lignes de communication des armées allemandes, démesurément étendues.

Guerre 1939-1945, Vichy, Z Europe, URSS, 835 (10GMII/835)

205

M. Lescuyer, Ministre de France à Bagdad,
   à l'Amiral Darlan, Vice-Président du Conseil, Ministre
   Secrétaire d'État aux Affaires étrangères, à la Marine et à
   l'Intérieur.

D. n° 67[1].   *Bagdad, 12 mai 1941.*

Les premiers revers de l'armée irakienne connus à Bagdad le 8 mai produisirent une profonde impression et l'enthousiasme des premiers jours fit place à une véritable panique. On crut, à ce moment, que toute résistance aux Anglais était inutile et, dans les milieux politiques, on envisageait déjà l'effondrement du gouvernement Guilani[2] et le départ des officiers qui le soutiennent. Des contacts s'établirent même entre certaines personnalités modérées en vue de former un gouvernement provisoire de « notables » pouvant assurer le maintien de l'ordre jusqu'au rétablissement d'un nouveau gouvernement sous l'égide des Anglais.

La défaite était en effet complète. Les troupes opposées au camp d'Habbaniyah s'étaient dispersées, les soldats se réfugiant par groupes dans les palmeraies pour éviter les attaques des avions. En même temps les bédouins de la région de Ramadi, sentant le vent tourner, attaquaient les soldats isolés, leur volant leurs armes.

Plus à l'ouest, le groupe de volontaires se rendant en Transjordanie sous les ordres de Fauzi Kaoukdji se heurtait à Rutbah à la résistance anglaise et, après un premier succès qui le portait jusqu'à l'intérieur du fortin de Rutbah, était complètement battu et refluait dans le désert. Nombre de ses membres ont dû mourir de soif ou être assassinés par les bédouins. On ne sait pas encore ici quel est le sort de Fauzi Kaoukdji.

Dans le sud, les troupes irakiennes semblent hésiter à attaquer Bassorah, ce qui pourrait faire supposer qu'elles attendent le résultat des opérations dans les autres secteurs pour savoir si elles doivent elles-mêmes entrer en action ou simplement se rallier aux Anglais.

Mais, on s'aperçut vite à Bagdad que les succès anglais restaient sans résultat immédiat. Si la petite garnison anglaise d'Habbaniyah s'était

---

[1] Dépêche intitulée : « A.s. Situation en Irak ». Mention dactylographiée : « Communiqué : Beyrouth ».

[2] Gouvernement constitué après le pusch des quatre colonels désignés comme « le Carré d'or. » Voir documents n°s 197 et 200.

brillamment dégagée, il lui était par contre impossible, faute d'effectifs suffisants, de poursuivre son succès. L'activité offensive des Anglais se bornait donc aux bombardements aériens incapables d'entraîner une décision rapide. Peut-être, d'ailleurs, les Anglais espéraient-ils, en temporisant, obtenir un revirement politique à Bagdad leur permettant de redresser la situation sans nouvelles actions militaires ?

Il n'en fallait pas plus pour que Rachid Ali Guilani et ses partisans reprissent confiance. La population de la capitale s'habituait de son côté aux bombardements. Elle ne montre plus la même nervosité ni la même impatience de voir le conflit se terminer immédiatement et sous quelque forme que ce soit. Les hommes politiques qui se préoccupaient les jours précédents de préparer une succession, même provisoire, au gouvernement actuel rentraient dans l'ombre. Il leur avait fallu beaucoup de courage pour se mettre en avant alors que Rachid Ali exerçait une véritable dictature avec une police bien en main. Leur action risquait en outre de les rendre très impopulaires dans ce pays où l'opinion reste profondément antibritannique. Ceci explique pourquoi le gouvernement actuel reste fort, bien qu'il ait précipité le pays dans une aventure qui paraît aux gens raisonnables parfaitement inutile et qui a déjà coûté la mort de 2 ou 3 000 soldats.

En dehors de la présence de plusieurs officiers aviateurs italiens, un certain nombre d'avions allemands sont arrivés à Bagdad, transportant une mission comprenant des diplomates et des militaires. Leur présence est exploitée au maximum par le Gouvernement qui déclare qu'il ne s'agit que d'une avant-garde et que l'appui des puissances de l'Axe va maintenant s'affirmer chaque jour davantage.

Mais on peut penser que lorsque Allemands et Italiens auront vu sur place la décomposition de l'appareil militaire irakien et l'impossibilité d'organiser dans le désordre général un mouvement de résistance, il leur faudra chercher d'autres solutions. Pourront-ils venir en plus grand nombre ? Leur nombreuse colonie de Téhéran, déjà militairement organisée, est-elle susceptible de former un petit corps expéditionnaire ?

Cet appui allemand avait au moins pour effet de consolider le gouvernement actuel. Rachid Ali est un homme courageux et obstiné et on peut penser maintenant qu'il poussera son aventure jusqu'au bout.

Certains espèrent bien encore qu'il pourrait rentrer en négociations avec les Anglais. On dit que Nadji Chewket[1] s'y emploierait à Ankara où le ministre de Turquie à Bagdad se trouve également. Le gouvernement du Caire continue à offrir sa médiation. Mais, où en sont arrivées les choses, il semble bien difficile qu'on puisse trouver un terrain d'entente entre les Anglais d'une part et Rachid Ali Guilani d'autre part.

On peut même penser que, si les Anglais poussaient leur attaque vers la capitale, le gouvernement actuel pourrait avec une partie de l'armée se

---

[1] Ou Naji Shawkat, ministre de la Justice, s'était rendu à Istanbul, muni d'une lettre d'introduction du Grand Mufti de Jérusalem, réfugié à Bagdad, pour se faire une idée plus nette des intentions allemandes. Il exposa devant l'ambassadeur d'Allemagne, Franz von Papen, la position des nationalistes, demandant que l'Allemagne s'engage à reconnaître et à soutenir l'indépendance de tous les pays arabes du Moyen-Orient (notamment de la Syrie) ainsi que leur effort vers l'unité.

retirer dans le nord du pays pour y poursuivre la lutte. Dès maintenant, l'ancien chef d'état-major, Hussein Fawzi, a été nommé comme commissaire spécial dans le nord du pays, exerçant son activité sur les gouverneurs des trois vilayets de Mossoul, Kirkouk et Suleimanieh. S'agit-il déjà d'une ébauche de centralisation de ces régions qui permettrait au gouvernement d'y organiser plus facilement la résistance ?

Mais une telle tentative ne paraît guère pouvoir avoir de résultats durables. Le nord du pays est habité par des Kurdes qui ne se sont jamais montrés très favorables au gouvernement de Bagdad et il est douteux qu'ils soient prêts à aider un gouvernement arabe qui se réfugierait dans leurs régions.

Il faut ajouter que le mouvement de Rachid Ali n'est pas encouragé par les États voisins de l'Irak et c'est là une autre cause de faiblesse.

Le roi Ibn Séoud n'a jamais caché sa désapprobation. Son bon sens ainsi que la précision de ses vues politiques sont trop connus en Irak pour qu'on néglige son opinion. L'envoi d'un émissaire spécial en la personne de Nadji Sweidi, ministre des Finances, ne peut en rien changer l'opinion du roi du Hedjaz.

Du côté iranien, l'on est sans doute très content d'assister à l'effondrement de l'armée irakienne mais on constate également une certaine mauvaise humeur que ne pourra pas non plus dissiper Talib Mouchtaq, consul général d'Irak à Jérusalem, qui vient d'être envoyé à Téhéran en mission extraordinaire. On faisait grief à l'actuel chargé d'affaires dans cette ville d'être trop favorable aux Anglais.

Les gouvernements de ces pays reprochent au gouvernement de Rachid Ali Guilani d'avoir jeté l'Irak dans la guerre, avec toutes les conséquences fâcheuses qui peuvent en résulter pour les territoires voisins, sans aucune nécessité et alors, disent-ils, qu'on pouvait raisonnablement compter encore sur deux ou trois mois de tranquillité pour les régions qui s'étendent du Taurus au Golfe persique et peut-être même plus, ajoutent certains optimistes.

Le gouvernement qui sent cette réprobation générale, essaie de se défendre aussi bien auprès des pays voisins qu'auprès de l'opinion locale en faisant état de son accord avec les puissances de l'Axe, dont les succès, à son sens, assurent une prochaine domination de tout l'Orient.

Le gouvernement se félicite également devant l'opinion d'avoir établi des relations avec l'URSS qui présageraient une collaboration avec ce pays.

Mais, en attendant, les Anglais sont victorieux et l'armée irakienne ne peut plus offrir grande résistance.

Cette menace immédiate anglaise, si elle s'affirmait, suffirait à développer un mouvement d'opposition au gouvernement de Rachid Ali.

La situation actuelle ne peut donc se prolonger que dans le cas où les Anglais seraient incapables d'obtenir une décision avant que l'aide allemande puisse devenir une réalité. Le jour où les troupes anglaises pourraient, grâce à de nouveaux effectifs, pousser de l'avant, on assisterait à un effondrement du régime actuel. Il faut espérer qu'il se trouverait alors parmi les personnalités politiques restées hors du mouvement actuel, des hommes assez courageux pour prendre en mains le pouvoir et assurer l'autorité en attendant l'organisation d'un nouveau régime. C'est seulement ainsi que le conflit actuel pourra se terminer sans malheurs plus grands pour la population de Bagdad et pour le pays tout entier.

ANNEXE

Communiqué anglais

Comm.   *S.l. [Bagdad], s.d. [mai 1941]*

Les officiers irakiens dont les noms sont indiqués ci-dessous ont été faits prisonniers pendant qu'ils faisaient la guerre à leurs amis anglais. Ils ont été tous faits prisonniers en bons soldats ayant obéi aux ordres de Rachid Ali et des cinq généraux de l'armée, savoir : Emine Zeki, Salahuddine Sabbagh, Mahmoud Salman, Kamil Chebib et Mohamed Fehmi Said. Ces officiers sont actuellement en sécurité entre les mains de leurs amis anglais. Ils nous ont demandé de publier leurs noms pour rassurer leurs familles inquiètes sur leur sort. Ils sont tous vivants et en bonne santé. Nous avons répondu volontiers à leur demande parce que nous ne faisons pas la guerre au peuple irakien ni à l'armée irakienne mais seulement à ces hommes pervers et ambitieux qui se sont vendus aux Italiens. Nous faisons la guerre à ces hommes qui vous disent qu'ils ont uniquement pour but de sauvegarder l'indépendance de votre cher pays et sa liberté. Ces hommes sont ceux-là mêmes qui vous ont vendus au prix d'or aux Italiens. Ces hommes qui prétendent que leur unique préoccupation est de tenir le cher Irak loin de la guerre, ce sont eux-mêmes qui l'ont délibérément jeté dans la fournaise de la guerre. L'Angleterre reste toujours votre amie et son unique désir est de rester toujours votre amie. Nous ne voulons pas prendre ce pays de vos mains : le gouvernement anglais, au contraire, garantit toujours l'indépendance de l'Irak. Oh ! Irakiens, vos enfants qui sont la fleur et le cœur même de la nation se voient forcés d'aller à la guerre pour permettre à ces six hommes mauvais de toucher des Italiens de l'or en plus grande quantité. Ouvrez vos yeux à la vérité. Vous êtes arabes et votre qualité innée est le courage. Travaillez donc à les chasser de chez vous et c'est alors que se terminera le conflit anglais et irakien.

Voici maintenant les noms des vingt-cinq officiers qui ont été faits prisonniers par les Anglais et qui sont en sécurité au camp de Habbaniyah :

Capitaines senior : Ibrahim Hussein Ali, Abdul Kérim Faissal.

Capitaines : Yohannès Malak Khemmo, Assaad Jaber.

Lieutenants : Tewfik el Aawar, Mustapha Kochanw, Othman Abdallah, Abdul Hamid Ghaffour, Saadallah Sagharah, Youssef Mohamed Rachid, Said Mohamed, Kadhem Mohamed, Hadj Ahmad, Ismail Mamo, Badreddine Suleinman Nassiry.

Sous-lieutenants : Abdul Hadi Saleh el Aadhami, Abdul Kader Hilmi, Metti Youssef, Fadhel Abbas Mehdawi, Ibrahim Faissal, Ahmad Bjémil Khodjat, Sadik Abdul Hussein Tarik, Abdul Fatth, Abdul Kader Khachab, Mehdi Saleh Dreii, Youssef Mohamed, Saleh Imam, Mohamed Abdallah Saadoun.

VIVE SA MAJESTÉ LE ROI FAISSAL II

Guerre 1939-1945, Vichy, E Levant, Irak, 159 (4GMII/159)

206

L'Amiral Esteva, Résident général de France à Tunis,
à l'Amiral Darlan, Vice-Président du Conseil, Ministre
Secrétaire d'État aux Affaires étrangères, à la Marine et à
l'Intérieur.

T. nᵒˢ 698 à 702.   *Tunis, 13 mai 1941, 18 h. 45.*

(Reçu : le 13, 22 h.)

Je viens de recevoir la visite du nouveau consul d'Amérique arrivé de Tanger où il a passé huit ans. Il m'a donné quelques renseignements que Votre Excellence possède peut-être, mais que je lui transmets à tout hasard.

D'après l'ambassadeur des États-Unis d'Amérique à Madrid, Hitler voudrait obtenir de l'Espagne la libre disposition du littoral de la péninsule ibérique, entre Cadix et Algésiras, et de la côte marocaine, entre le Cap Spartel et l'est de Ceuta. Il n'y aurait pas d'assaut contre le roc de Gibraltar qui est jugé imprenable. Mais l'artillerie, qui garnit les côtes aux abords de la place forte et, en face, auprès de Ceuta, suffirait, avec l'aide d'une aviation puissante, à interdire le séjour dans le port et la rade de Gibraltar à tous les bâtiments britanniques. Le transit par le détroit leur serait absolument fermé. Par contre, les Allemands pourraient en user à leur guise en suivant les eaux territoriales de Cadix à Tarifa, en traversant le détroit, puis en suivant les eaux territoriales, aller de Larache à Almina ou inversement.

L'opinion espagnole est que les Allemands s'empareront du Maroc dès qu'ils le voudront. Les Américains sont du même avis et ils se posent une question analogue à propos de la Tunisie.

Je crois, pour ma part, que l'Axe va s'efforcer de prendre la Crète[1], après quoi Chypre sera plus facile à occuper. Une expédition contre la Palestine aurait lieu avec le consentement ou la résignation de la Turquie, l'affaire d'Irak n'en étant que le prélude. La conquête du canal de Suez en serait le but direct, les forces de l'Axe en Cyrénaïque servant à fixer à l'ouest de l'Égypte le plus possible de forces britanniques.

M. Doolittle m'a dit que la situation à Tanger est devenue infiniment désagréable pour tout le monde. Les Allemands y sont les maîtres en réalité, même s'ils ne le montrent pas encore trop ouvertement. Les Italiens n'y jouissent de la considération de personne, ni de leurs alliés, ni des Espagnols.

Le consul des États-Unis m'a dit que M. Murphy avait dû arriver à Lisbonne par le clipper la semaine dernière et qu'il devait être à Vichy pour régler le plan de ravitaillement à destination de la France et de l'Afrique du

---

[1] De fait, l'Allemagne nazie lance une invasion aéroportée sur la Crète le 20 mai (« Opération Merkur »).

Nord[1]. Je rappelle que nous avons grand besoin pour les récoltes de ficelle pour moissonneuse-lieuse ; c'est urgent. J'ai fait prévoir depuis longtemps des moyens d'y suppléer, mais ce ne sera qu'au détriment du rendement et de la rapidité. Cela n'est pas une plainte, mais le simple énoncé de fait.

Guerre 1939-1945, Vichy, E Levant, 2 (4GMII/2)

207

NOTE DE LA DIRECTION POLITIQUE ET COMMERCIALE

N.   *Vichy, 13 mai 1941.*

Secret.[2]

D'après les indications fournies à titre officieux et confidentiel par le ministère des Finances, la négociation économique et financière engagée avec l'Allemagne et considérée isolément des pourparlers politiques appellerait les observations suivantes :

1°) L'assouplissement de la ligne de démarcation serait compensé par l'institution de contrôleurs aux frontières et de commissaires à l'Office des Changes, à la Banque de France et ultérieurement au Commerce extérieur.

2°) La réduction envisagée à 300 millions par jour[3] des frais d'occupation serait probablement compensée par le fait que la somme d'environ 100 millions par jour, qui excède les 200 millions effectivement dépensés par les troupes allemandes, serait désormais transférée à la Reichsbank[4].

---

[1] Robert D. Murphy, chargé d'affaires des États-Unis à Vichy jusqu'à la nomination de l'ambassadeur William Leahy en janvier 1941, est alors le représentant spécial du président Roosevelt dans l'Afrique du Nord française. À ce titre, il a signé en février 1941, avec le général Weygand, l'accord franco-américain sur le ravitaillement de l'Afrique du Nord. Voir document n° 192.

[2] Si à Wiesbaden les négociations économiques sont permanentes, la délégation française signale, le 5 mai 1941 (Vichy, Y International, 38), qu'à Paris se déroulent « des négociations de grande conséquence », en particulier sur le problème du ravitaillement en carburants. En effet, le 25 mars, M. Hemmen avait annoncé qu'il avait l'intention de transporter à Paris à partir du 2 avril la majeure partie de ses services, décision concomitante à l'installation à Paris de M. Barnaud, délégué général aux relations économiques franco-allemandes (Vichy, Y International, 25).

[3] Le 8 août 1940, la Commission allemande d'armistice notifia sa décision concernant les frais d'occupation qui découlaient de l'article 18 de la convention : « Eu égard à l'impossibilité d'évaluer les frais d'une manière précise, on opérera jusqu'à nouvel ordre par versements d'acomptes de 20 millions de RM (400 millions de francs) par jour – non compris le cantonnement des troupes allemandes en territoire français ». Il s'agit donc ici d'une réduction d'un quart du total (ou de 1/6ᵉ si l'on prend en compte les dépenses de cantonnement qui portèrent le tout à environ 30 millions de RM soit 600 millions de francs, avec un taux de change très surévalué par les Allemands). Mais ceci reste un « acompte ». Après novembre 1942 et l'invasion de la zone sud, les acomptes seront encore augmentés de 10 millions de RM par jour.

[4] Cette solution est désavantageuse pour la France car, jusque-là, la somme de 400 millions était versée sur un compte ouvert pour les dépenses allemandes en France. Ce qui n'était pas dépensé par les Allemands restait sur ce compte (de fait, les Allemands ne dépensent pas tout et, en mai 1941, ils ont déjà un encours de 56 milliards). Or les 100 millions à verser sur un compte

Si on l'examine isolément, cette négociation apparaît plutôt comme se traduisant par un déficit que par un actif ; or il était permis de penser que les avantages qu'elle devait nous offrir seraient suffisants pour représenter une contrepartie aux concessions que nous pourrions être amenés à faire sur le plan politique, et notamment en Syrie[1].

Guerre 1939-1945, Vichy, Y Internationale, 289 (9GMII/289)

208

M. Charles Arsène-Henry, Ambassadeur de France à Tokyo,
à l'Amiral Darlan, Vice-Président du Conseil, Ministre
Secrétaire d'État aux Affaires étrangères, à la Marine et à
l'Intérieur.

T. n°s 650 à 653.   *Tokyo, 15 mai 1941, 21 h. 30.*

(*Reçu* : le 15, 22 h.)

Au cours de mon entrevue de mardi avec M. Matsuoka, je lui ai demandé ce qu'il fallait penser de l'interview donnée à son passage à Shanghaï par l'ambassadeur du Japon à Nankin, M. Honda (cette interview est une charge à fond contre la politique chinoise du gouvernement japonais). M. Honda déclare qu'il faut être un rêveur romantique pour croire pouvoir traiter avec Tchang Kaï-chek. Il fait une allusion transparente à la mission Stuart[2] qu'il dit être une intrigue étrangère. Enfin, il

---

de la Reichsbank pourraient être fournis en marchandises, en or ou en devises, avec un vrai transfert.

[1] Ces concessions envisagées sont sans doute en relations avec le protocole de Paris signé le 28 mai 1941 (*cf.* documents n°s 214 et 223), résultat de négociations dont la délégation française de Wiesbaden fut écartée.

[2] Dans son T. n° 241 en date du 1er mai 1941, l'ambassadeur de France en Chine, M. Cosme, rapportait, « de source japonaise bien informée », que M. Stuart, directeur de l'Université Yenching, aurait été prié par le gouvernement japonais de prêter ses bons offices pour faciliter le règlement de l'incident de Chine. » La nouveauté apportée par M. Stuart, qui jouit de la confiance de Roosevelt (selon Paul-Boncour), viendrait du changement de la position japonaise à l'égard du principe d'une médiation américaine, demandée par Tchang Kaï-chek. Le T n° 560 de Tokyo, en date du 3 mai 1941, de Charles Arsène-Henry, à partir des confidences recueillies par son conseiller, M. Fain, auprès d'un collègue américain, confirme que M. Stuart servirait d'intermédiaire entre Tchoung King et les Japonais et que les conversations auraient commencé fin février, car un « grand travail s'était fait dans l'esprit des Japonais depuis deux années et que ce qu'ils souhaitaient actuellement n'avait rien de commun avec leurs prétentions antérieures ». Cependant, quelques jours plus tard (T. n°s 261 à 262 de Pékin en date du 9 mai), Cosme annonce que la négociation entreprise par Stuart « serait arrivée à une impasse », le gouvernement chinois exigeant l'évacuation par les Japonais des territoires situés au sud de la Grande Muraille, alors que le cabinet de Tokyo jugerait essentiel de conserver le contrôle militaire des principaux centres chinois ». Il en conclut, que l'objectif réel de l'Amérique et de l'Angleterre « pourrait être moins d'assurer au gouvernement de Tchoung King les moyens de guerre dont il a besoin que de prolonger le conflit sino-japonais et d'engluer le Japon en Chine de telle manière que le gouvernement nippon soit gêné pour servir contre Londres et contre Washington les intérêts de la politique allemande. » (Guerre 1939-1945, Vichy, E Asie, Chine, 133, documents non publiés).

affirme que Wang[1] est le seul homme avec lequel l'honneur du Japon lui permet de négocier. On a eu l'impression à Tokyo que M. Honda s'est fait le porte-parole des militaires.

M. Matsuoka ne m'a pas caché que cette interview l'avait assez surpris ; puis il m'a dit qu'après tout il n'était pas fâché que la question ait été portée devant l'opinion publique japonaise. Comme il me l'avait dit au mois d'octobre dernier, il demeure convaincu que Tchang Kaï-chek est le seul homme avec lequel il faut négocier si l'on veut régler l'incident de Chine. Il le connaît depuis longtemps et n'a jamais perdu contact avec lui ces dernières années. Il m'a parlé de négociations entre eux deux qui n'ont pas abouti et qui n'ont donc plus qu'un intérêt historique ; ces pourparlers se sont tenus pendant que Tchang Kaï-chek était encore à Nankin puis avant son départ de Hankéou pour Tchoung King. C'est lui, M. Matsuoka, qui a attiré Wang hors de Tchoung King puis qui a négocié et décidé le « traité de base avec la Chine »[2]. Il lui a fallu alors, par loyauté envers Wang, cesser pendant six mois de négocier avec Tchang Kaï-chek ; mais depuis quelques semaines il a repris sa liberté de manœuvre. Répondant à une question de moi sur l'intermédiaire étranger dont parle M. Honda, il m'a dit qu'il y a des tas d'émissaires bénévoles de toutes nationalités qui se rendent à Tchoung King ; que même certains Chinois y voient occasion de gros profits pécuniaires ; que, pour le moment, il n'a encore chargé personne de parler officiellement en son nom, mais qu'il compte le faire dès qu'il verra une occasion.

Dans cette dernière partie de la conversation il s'est montré plus réticent, ce qui est assez normal et je n'ai pas jugé pouvoir le pousser davantage sur un sujet aussi délicat. Nous verrons d'ailleurs probablement d'ici peu de temps s'affronter publiquement les deux thèses sur la politique chinoise du Japon : « Entente avec Tchang Kaï-chek ou avec Wang Chin-Wei ».

Communiqué à Pékin.

Guerre 1939-1945, Vichy, E Asie, Chine, 133 (3GMII/133)

---

[1] I.e. Wang Chin-Wei, ancien membre du Kuomintang, opposant à Tchang Kaï-Chek et chef du gouvernement fantoche pro-japonais de Nankin.

[2] À savoir le traité d'étroite coopération politique, économique et culturel avec le Japon, signé le 30 novembre 1940. Tokyo y reconnaît officiellement le gouvernement de Nankin comme le seul gouvernement chinois légal et va s'efforcer de le faire reconnaître par les puissances étrangères, notamment la France. Pour l'ambassadeur de France, ce traité constitue aussi un dépeçage de la Chine en trois zones au statut différent. Voir *DDF (1939-1944)*, 1940-2, document n° 409.

209

M. JULES HENRY, AMBASSADEUR DE FRANCE À ANKARA,
   À L'AMIRAL DARLAN, VICE-PRÉSIDENT DU CONSEIL, MINISTRE
   SECRÉTAIRE D'ÉTAT AUX AFFAIRES ÉTRANGÈRES, À LA MARINE ET À
   L'INTÉRIEUR.

T. n°s 752 à 757.   *Ankara, 15 mai 1941, 19 h. 11.*

Confidentiel.   *(Reçu : le 16, 2 h. 30).*

Suite à mon télégramme n° 748[1].

Avant de partir pour Istanbul où je dois me rendre pour quelques jours, j'ai tenu à me faire une idée personnelle des impressions rapportées par l'ambassadeur d'Allemagne. Voici les principales observations recueillies au cours de notre bref entretien :

1°) Relations germano-turques.

Contrairement aux bruits qui ont circulé dans la presse, M. von Papen affirme qu'il n'est nullement porteur ni d'un ultimatum à la Turquie tendant au passage des troupes allemandes par l'Anatolie ni d'aucune proposition incompatible avec le maintien de la position turque vis-à-vis de la Grande-Bretagne.

Comme je faisais remarquer que des conversations s'ouvriraient en vue de l'extension des relations économiques entre les deux pays, l'ambassadeur d'Allemagne sans donner de précisions, répondit affirmativement. Il avait eu hier un premier entretien parfaitement cordial avec M. Saradjoglu qui s'en était montré tout aussi satisfait que lui.

La paix serait maintenue dans le Proche-Orient cet été, a-t-il ajouté, et je me dispose à m'installer le mois prochain à Thérapia avec ma famille.

2°) Affaire d'Irak.

L'Allemagne ne souhaitait nullement voir l'incident récent[2] provoquer des complications. Elle était disposée à collaborer avec la Turquie pour le règlement de l'affaire et à donner avec elle les conseils nécessaires à l'Irak. À cet égard, M. von Papen a cru devoir démentir les bruits concernant les envois de troupes par avion (ce qui est en contradiction avec les propos rapportés dans mon télégramme précité), de même que ceux relatifs à des tentatives de passage par la Syrie.

---

[1] T. d'Ankara en date du 13 mai 1941, relatif au retour de von Papen de Berlin dont il rapporterait un « rameau d'olivier », avec des messages ou propositions qui « ne sauraient troubler la paix de la Turquie ». L'ambassadeur du Reich aurait aussi « laissé entendre que l'appui de l'Allemagne à l'Irak n'était pas exclu et serait vraisemblablement réalisé par la voie des airs. » (Guerre 1939-1945, Vichy, E Levant, Turquie, 127, non publié).

[2] Sur la situation en Irak, voir les documents n°s 197, 198, 200, 205.

3°) Conduite de la guerre.

L'ambassadeur d'Allemagne déclare ignorer les plans du Chancelier et du Haut-Commandement. Il a seulement laissé entendre que la saison paraissait avancée pour la poursuite de la conquête de l'Égypte, ce qui expliquerait peut-être sa confiance dans le maintien de la paix dans le Proche-Orient durant les prochains mois.

Mais quels que soient les plans stratégiques, l'objectif suprême demeure l'invasion des îles britanniques, a poursuivi l'ambassadeur d'Allemagne, il ne peut y avoir de paix sans des résultats positifs de ce côté-là, c'est pourquoi tout compromis apparaît impossible. Il y a quelques semaines, l'ambassadeur pensait différemment à cet égard.

4°) Relations russo-allemandes.

M. von Papen m'a paru dégagé des craintes qu'il avait pu avoir avant son voyage à Berlin, tant au sujet de l'attitude russe qu'au sujet d'éventuelles conversations turco-russes (mes télégrammes des 17 et 22 avril)[1]. D'après ses propos, les relations germano-russes évolueraient vers une reprise de la collusion d'août 1939 malgré les quelques manifestations d'indépendance données précédemment par Moscou : le communiqué publié lors de l'affaire bulgare[2], la condamnation de la politique hongroise[3] et le pacte russo-yougoslave[4]. L'établissement de relations diplomatiques entre Moscou et Bagdad constituerait un signe de l'évolution signalée par mon télégramme n° 737[5].

---

[1]   Pour le T. du 17 avril, voir document n° 164. Dans son T. n°s 602 à 604 du 22 avril, l'Ambassadeur émet l'hypothèse du refus turc d'autoriser le passage des troupes allemandes, au risque de la guerre, sans éliminer la possibilité d'un pacte de non-agression ou d'amitié germano-turc, ce à quoi les Anglais « désireux de gagner le plus de temps possible afin de permettre aux Turcs de parfaire leur armement » ne s'opposeraient pas, voire conseilleraient. Dans les milieux officiels et diplomatiques, on estime que « la Turquie prendrait les armes plutôt que d'acquiescer à des demandes allemandes jugées contraires à sa sécurité. Seule l'arrivée des Allemands en Égypte l'amènerait sans doute à reconsidérer une position devenue de ce fait sans défense. » (Guerre 1939-1945, Vichy, E Levant, Turquie, 126, non publié).

[2]   Voir document n° 140.

[3]   Document non retrouvé.

[4]   Le pacte soviéto-yougoslave a été conclu le 6 avril 1941. Selon Eirik Labonne qui en informe Paris dans son T. n°s 291 à 296 de Moscou en date du 7 avril, les Soviétiques auraient pris « cette brusque détermination après avoir reçu notification dans la journée du 4 par M. von der Schulenburg de l'intention du Reich d'entrer en guerre contre la Yougoslavie et la Grèce. » Mais l'ambassadeur d'Allemagne se serait « ouvert aux Suédois de ses inquiétudes », estimant « que toute l'affaire balkanique a été montée par M. de Ribbentrop » et qu'il « déclenche un enchaînement des plus dangereux », tandis que les ambassadeurs d'Angleterre et d'Amérique « sont convaincus que l'affaire serbe va entraîner la Russie dans un engrenage dont elle ne réussira pas à se dégager, et qu'il lui faudra prendre part à la guerre » : « Les Turcs avaient donc raison lorsqu'ils assuraient, dès le mois de janvier, que la Russie, consciente de la menace allemande manifeste depuis Salzbourg, avait pris son parti et entendait obtenir par la fixation d'un front aux Balkans l'appui et le dérivatif qui demeurent sa préoccupation essentielle », conclut Labonne. Le 13 avril (T. n° 321 de Moscou), ignorant toujours le contenu précis et la portée du pacte, il note les déclarations fermes de la presse (en particulier *L'Étoile rouge*, organe de l'armée), en faveur de l'intégrité de la Yougoslavie, soulignant que « l'URSS tient toujours ses engagements », mais il s'agirait toujours de gagner du temps (Guerre 1939-1945, Vichy, Z Europe, URSS, 846, non publié).

[5]   T. d'Ankara en date du 12 mai 1941, signalant les réserves persistantes, sinon la méfiance des Turcs à l'égard de Moscou, notamment en raison de la décision du même jour du gouvernement

5°) Relations franco-allemandes.

M. von Papen quittait Salzbourg au moment où Votre Excellence rendait visite à M. Hitler. Il ne connaissait rien du programme de l'entretien mais il savait que le Chancelier désirait vivement reprendre la politique amorcée à Montoire[1] et se montrait disposé à satisfaire à certaines demandes de la France.

Communiqué à Moscou.

Guerre 1939-1945, Vichy, E Levant, Turquie, 127 (4GMII/127)

210

M. DE LA BAUME, AMBASSADEUR DE FRANCE À BERNE,
    À L'AMIRAL DARLAN, VICE-PRÉSIDENT DU CONSEIL, MINISTRE
        SECRÉTAIRE D'ÉTAT AUX AFFAIRES ÉTRANGÈRES, À LA MARINE ET À
        L'INTÉRIEUR.

T. n° 708.   *Berne, 15 mai 1941.*

(*Reçu*[2] : le 19, 16 h. 30)

Dans les milieux suisses qui ont le plus de contacts avec l'Allemagne, on a l'impression que l'évolution des rapports germano-russes est au premier rang des préoccupations des cercles gouvernementaux à Berlin[3]. Ceux-ci afficheraient que les négociations actuellement en cours entre Berlin et Moscou aboutiront à un accord complet entre les deux pays, et non pas seulement dans le domaine économique. Les impressions qu'auraient recueillies les délégués allemands à Moscou indiqueraient clairement que l'URSS n'est pas en mesure de s'opposer sérieusement à une mainmise allemande sur l'Ukraine, base de ravitaillement indispensable à l'Allemagne au cas où la guerre se prolongerait jusqu'en 1942. On se dit convaincu à Berlin qu'une guerre entre l'Allemagne et la Russie pourra être évitée et que les concessions russes seront obtenues par une simple pression diplomatique appuyée par un déploiement de forces militaires aux frontières de la Russie. On entend dire à Berlin que la démission de M. Molotov et la concentration des pouvoirs entre les mains de M. Staline s'explique par la résistance que rencontre cette politique de capitulation russe dans

---

soviétique de mettre fin à la représentation yougoslave à Moscou (ainsi que celles de la Belgique et de la Norvège), malgré le pacte russo-yougoslave : « On se demande si cette décision, ainsi que l'établissement de relations diplomatiques entre le gouvernement de l'URSS et celui de l'Irak négocié par le représentant en Turquie de ce gouvernement ne serait pas l'indice de la renaissance de la collusion germano-russe d'août 1939 », une impression que partagent les milieux hongrois (Guerre 1939-1945, Vichy, E Levant, Turquie, 127, document non publié).

[1] À savoir de collaboration. Voir *DDF (1939-1944)*, 1940-2, documents de la section II-A-3 (La France et ses vainqueurs/l'Allemagne/Vers la collaboration : le tournant de Montoire).

[2] Par courrier.

[3] Voir aussi documents n°s 172, 193, 202, 209.

les milieux des jeunes communistes. Staline connaît parfaitement ces résistances et c'est dans le but de les briser qu'il a tenu à renforcer sa position personnelle.

Ces jours derniers (ce renseignement figure dans un rapport officiel parvenu à Berne), les diplomates russes à Berlin, interrogés par quelques-uns de leurs collègues étrangers sur le but et le sens de cette politique de concessions pratiquée par l'URSS, ont répondu que M. Staline connaissait parfaitement les limites de cette politique et que, par ailleurs, le gouvernement anglais était le dernier qui pût en faire le reproche au gouvernement du Kremlin puisqu'il avait agi de même avant la guerre à l'égard de Hitler et qu'au fond, « M. Staline n'avait pas besoin d'être plus germanophobe que ne l'avaient été M. Chamberlain et lord Halifax ». À l'objection qui leur était faite, à savoir que cette politique anglaise avait en fin de compte abouti à la guerre avec l'Allemagne, les diplomates russes ont répondu qu'il en serait peut-être de même pour la Russie, mais qu'on semblait oublier à Londres que, dès maintenant, l'URSS, par son attitude passive, servait dans une large mesure la cause britannique puisqu'elle immobilisait plus de 200 divisions allemandes sur ses frontières[1].

Guerre 1939-1945, Vichy, Z Europe, URSS, 835 (10GMII/835)

211

M. ROGER MAUGRAS, MINISTRE DE FRANCE À BELGRADE,
 À L'AMIRAL DARLAN, VICE-PRÉSIDENT DU CONSEIL, MINISTRE
  SECRÉTAIRE D'ÉTAT AUX AFFAIRES ÉTRANGÈRES, À LA MARINE ET À
  L'INTÉRIEUR.

D.[2]   *Belgrade, 15 mai 1941.*

Quelque inquiétante que fût la situation le 5 avril dernier, puisque dès ce moment, le Reich avait rompu tout contact avec Belgrade, le gouvernement

---

[1] Un télégramme ultérieur de Berne (T. n°s 733 à 735 en date du 17 mai, non publié) revient sur les supputations relatives aux relations germano-soviétiques, dans un contexte où le blocus intensifié du continent rend encore plus crucial pour le Reich le blé et le pétrole soviétiques, ce qui le pousserait à « précipiter les choses, en raison de ce fait nouveau qui est l'entrée en guerre inévitable des États-Unis. » : « Les préparatifs militaires face à l'URSS sont intensifiés, surtout en direction du nord et du nord-est. La Finlande qui compte sur l'Allemagne pour récupérer les territoires arrachés par l'URSS est un des principaux théâtres de cette préparation. On ne compte plus les "touristes" et le matériel allemand qui y sont accumulés. » Mais, les informations reçus à Berne laissent penser que « le gouvernement de Moscou cédera à la seule pression diplomatique. Cette capitulation irait jusqu'à la "location" à l'Allemagne pour plusieurs années de l'Ukraine et de la région des pétroles. Cette solution qui permettrait à l'Allemagne de surmonter les difficultés d'ordre économique, rejetterait dans un avenir plus lointain le conflit armé que souhaitent, notamment, tous ceux qu'inquiète, non sans raison, la persistance dans une Europe menacée par la famine, d'une centrale bolchevique. » (*In* Guerre 1939-1945, Vichy, Z Europe, URSS, 835).

[2] Dépêche intitulée : « Le drame yougoslave ». Cette dépêche peut être complétée par la note de M. Coche, conseiller de la Légation de France à Belgrade pour la Direction politique, « La fin de la Yougoslavie » en date du 24 mai 1941 que l'on trouvera dans la même série (E Levant, 2, fol. 138-146).

yougoslave ne paraît pas d'être rendu compte de l'imminence du danger et semble s'être laissé surprendre par les événements. Le nouveau ministre des Affaires étrangères[1] me disait la veille encore qu'il avait chargé le représentant yougoslave à Berlin de renouer les conversations avec la Wilhelmstrasse et, d'autre part, pendant la courte période qui va du coup d'État à l'ouverture des hostilités[2], le gouvernement italien a – de bonne foi ou non – laissé entrevoir aux dirigeants de Belgrade le mirage de négociations avec le Reich dont il eut été l'obligeant intermédiaire. Et peut-être cet espoir illusoire a-t-il empêché le gouvernement yougoslave de pousser avec autant d'énergie qu'il l'eût fallu les derniers préparatifs.

Quoi qu'il en soit, lorsque dans la matinée du 6 le bombardement de la capitale commença, ce fut dans toutes les administrations une confusion inexprimable. Sans doute des positions de repli avaient été prévues, mais non organisées. Les ministères n'en quittèrent pas moins la ville dans les premières heures de la matinée. En particulier, le ministère des Affaires étrangères s'en fut sur les routes en direction de Vrnjaska Banya, localité thermale du centre de la Serbie pourvue de grands hôtels, mais sans qu'aucune indication ait été donnée d'avance aux missions diplomatiques.

Belgrade avait été proclamée ville ouverte et c'est sur cette déclaration que le gouvernement comptait pour éviter à la capitale les attaques aériennes. Toutefois, la ville avait conservé une garnison et en tout cas une DCA qui tira quelques salves sur les avions allemands lors de leur première apparition en mission de reconnaissance, donnant ainsi quelque justification au bombardement effectué immédiatement après par la Luftwaffe. La DCA yougoslave était d'ailleurs, tant en nombre qu'en qualité, dans l'impossibilité d'apporter un obstacle sérieux au travail des avions ennemis qui purent opérer tout à leur aise, occasionnant en moins de trois jours d'immenses dégâts dans la ville dont aucun quartier ne fût épargné. Les ministères, les administrations, les casernes furent presque tous incendiés ou détruits. Les légations de Belgique, des États-Unis, d'Allemagne même furent à peu près détruites. Toutes les autres subirent des atteintes plus ou moins graves. Dans ce désastre, notre immeuble diplomatique, si important cependant et si visible de loin avec ses marbres et ses grands murs blancs à la pointe de la ville, eut une chance relative. Alors que la plupart des maisons d'alentour brûlaient ou s'effondraient, il ne reçut qu'une bombe de moyenne dimension qui, entrée par une fenêtre, s'introduisit dans les sous-sols par les appareils de chauffage et y éclata, endommageant les

---

[1] M. Nintchitch, un des chefs du parti radical serbe, aux opinions anti-allemandes déclarées, ancien collaborateur de Pachitch, et ayant déjà assumé ce portefeuille (il a notamment signé en 1924 avec l'Italie les accords de Nettuno). Pour une liste des membres du gouvernement du général Douchan Simovitch, issu du coup d'État dans la nuit du 26 au 27 mars 1941, voir la note du Directeur politique en date du 27 mars 1941, *in* Guerre 1939-1945, Vichy, Z Balkans, 926. Dans la même série, on peut aussi trouver une note en date du 22 mars 1941, analysant la crise provoquée par l'adhésion au Pacte tripartite qui aboutira à ce coup d'État. Le général Simovitch, ancien chef d'État-major de l'armée yougoslave jusqu'en février 1940, a été écarté, « parce que suspect de vouloir conclure des accords militaires secrets avec la France ». Le régent Paul est déposé et le prince Pierre, quoique mineur, établi sur le trône.

[2] I. e. du 27 mars au 6 avril 1941.

chaudières et la tuyauterie, mais sans nuire à l'aspect extérieur de la légation. La plupart des vitres furent néanmoins brisées par la commotion.

Ce bombardement de Belgrade, prolongé alors même que toutes les
administrations et les troupes avaient quitté la capitale, s'explique par le
désir du Reich de punir une ville qui avait, lors du coup d'État, manifesté
sa joie d'échapper au Pacte tripartite[1] et exprimé ouvertement ses sentiments, qui avait saccagé des magasins allemands et molesté même des
représentants diplomatiques du Reich. L'on assure d'ailleurs que la capitale
n'échappa à une destruction totale que grâce à quelques jours de neige et de
mauvais temps qui survinrent opportunément et pendant lesquels l'aviation
ne pût poursuivre sa besogne. Et dans le traitement infligé ultérieurement
à la Serbie, il faut sans doute voir également le désir de tirer vengeance d'un
pays qui s'était révolté contre la loi du Reich. « Plutôt la guerre que le
pacte », cette affiche, imprudemment promenée par des bandes d'étudiants
dans la journée du coup d'État, fut bien souvent rappelée par les Allemands
après l'occupation du pays.

Quelque brutale que fût la méthode de guerre employée par les armées
du Reich, il faut reconnaître qu'elle eut un effet presque immédiat. Le
bombardement de Belgrade désorganisa la défense en coupant l'état-major
de ses liaisons avant qu'il ait eu le temps de s'établir ailleurs. L'attaque allemande survenait d'ailleurs en pleine mobilisation de l'armée et avant que
la concentration ait été effectuée. La rapidité foudroyante de l'offensive
ennemie qui, en même temps que Belgrade était attaquée, se portait sur
Skopljé et sur Niš, empêcha dès le premier moment de coordonner le mouvement des armées yougoslaves qui ne furent bientôt plus que des membres
épars.

L'état-major ne se faisait pas d'illusion sur la possibilité de résister à l'Allemagne en terrain découvert, mais il se targuait de pouvoir se maintenir
dans les montagnes. Il ne cachait pas non plus qu'il fondait de grands
espoirs sur une manœuvre d'invasion de l'Albanie qui devait permettre
– en coopération avec les troupes grecques – d'encercler les armées italiennes. Mais autant qu'on peut se rendre compte à l'aide des renseignements imprécis et fragmentaires que l'on possède actuellement, les
Yougoslaves ont été partout gagnés de vitesse par les Allemands, surpris
par leurs irruptions brutales, bouleversés comme en d'autres pays par
l'action spectaculaire et terrifiante des tanks et de l'aviation.

L'on ne saurait également omettre de signaler les fautes lourdes du
haut-commandement qui, au lieu de grouper ses troupes dans le Sud, les

---

[1]   Le 25 mars 1941. Pour une synthèse sur le rapprochement progressif germano-yougoslave,
établie dans le contexte de l'entrevue entre le régent Paul de Yougoslavie et Hitler (4 mars 1941),
voir la note du Bureau d'études Chauvel en date du 5 mars (« Yougoslavie. Orientation de sa politique étrangère du 1er janvier au 28 février 1941 »). La signature a été précédée par une déclaration
du ministre des Affaires étrangères, Tsintsar Markovitch, du 31 décembre 1940 au sujet de la
collaboration politique et économique, puis d'une entrevue au Berghof entre Hitler et le président
du Conseil yougoslave, M. Tsevtkovitch, en présence de Ribbentrop et Markovitch, le 15 février
1941. Voir aussi la note n° 546, « L'adhésion de la Yougoslavie au pacte tripartite et la presse allemande », du Service de Presse de la Délégation française auprès de la Commission d'armistice de
Wiesbaden (Papiers 1940, Papiers Chauvel, 46, documents non publiés).

dispersa sur le territoire, voulut partout lutter sur les frontières, et qui laissa en particulier une armée dans le Nord, les dirigeants de Zagreb ayant fait de la défense de la Croatie une condition essentielle de leur participation au nouveau gouvernement.

Le repli dans les montagnes fut à peine amorcé et sur toutes les routes que nous avons parcourues en direction de la Bosnie, à la poursuite du gouvernement, routes souvent très encaissées, surmontées de montagnes escarpées et dont la défense eût été facile, aucune mesure d'obstruction n'avait été prise, aucun barrage organisé. Alors que dans le nord du pays et à Belgrade même tous les beaux ponts sur le Danube et la Save furent détruits sans grande utilité, ceux de la vallée de la Morava, au sud de laquelle l'état-major yougoslave prétendait organiser la résistance, ne furent même pas minés. Quant à la manœuvre sur l'Albanie, elle paraît n'avoir été tentée que très en retard et avec des effectifs tout à fait insuffisants. Elle n'amena aucun résultat. Il suffit d'ailleurs d'avoir vu cheminer lentement, sur les routes étroites de Serbie, les régiments d'infanterie yougoslaves à peine nourris et ravitaillés de la façon la plus fantaisiste pour se rendre compte de l'infériorité où se trouvaient ces malheureuses troupes par rapport aux colonnes motorisées du Reich, dépensant l'essence sans compter, avec leur beau matériel et leurs voitures en parfait état.

Enfin l'armée yougoslave de 1941 ne présentait pas la même cohésion que l'armée serbe de 1914-1918. Composée de nationalités différentes et souvent opposées – Serbes, Croates, Slovènes, Macédoniens bulgarophiles de la Serbie du Sud, Allemands, Hongrois et Roumains de la minorité – elle ne marchait pas au combat avec une âme unanime. La défection des Croates[1] ajouta très vite un élément de plus à la confusion qui régnait depuis le début. Et sans qu'on puisse se rendre compte dès à présent de l'action de la 5e colonne, elle trouva certainement dans un pays aussi divisé un terrain particulièrement propice.

L'on doit également noter, même chez les éléments serbes, certaines défaillances et un déclin de l'esprit de sacrifice. Au cours des vingt dernières années, la facilité de la vie, le développement de la richesse, l'appétit de jouissance avaient affaibli, surtout dans la bourgeoisie des villes, les rudes qualités de l'ancienne Serbie. Si la troupe, composée surtout de paysans, maintint ses traditions de courage et d'endurance, bien des officiers eurent une attitude assez peu brillante, ne rejoignant leurs corps qu'en retard et après avoir été mettre leurs familles à l'abri, se démobilisant d'eux-mêmes dès que les événements prirent une mauvaise tournure. Les soldats se plaignaient ouvertement de ne pas être commandés et d'avoir été abandonnés par leurs chefs.

En quelques jours, cette armée qui se targuait d'être la meilleure des Balkans s'effondra sans grandes batailles et même sans grandes pertes en tués ou blessés. Et l'Union yougoslave se désagrégea. La Croatie proclama son indépendance[2] ; la Slovénie, la Dalmatie, le Monténégro furent

---

[1] Voir à ce sujet le document n° 170.

[2] Le 10 avril 1941.

occupés par les Italiens, la Serbie du Sud par les Bulgares, la Batchka et la Baranya par les Hongrois. Si l'Allemagne contrôle toujours l'ensemble, elle ne paraît plus occuper effectivement que la Vieille Serbie et le Banat. Cependant les problèmes ethnographiques qui se posaient dans l'ancienne Yougoslavie n'ont pas pour autant disparu et les nouvelles répartitions territoriales ne les résolvent pas[1]. La Croatie régie par les Oustachis prétend grouper 115 000 km carrés et 6 millions d'habitants, mais l'on peut compter qu'elle annexe de ce fait au moins 2 millions de Serbes. Faut-il signaler également le paradoxe qui consiste à mettre sous une influence fasciste une région où l'Italie était rien moins que considérée et alors que cette dernière annexe directement la « Dalmatie classique » considérée par les Croates comme partie intégrante de leur pays.

La Slovénie, partagée entre l'Allemagne et l'Italie, perd toute unité. En Serbie du Sud, les éléments bulgarophiles étaient assurément en majorité par réaction contre les tendances d'unification de Belgrade, mais il y reste de nombreux Serbes et la Macédoine est en réalité une entité à part. Les Hongrois ont été autorisés par le Reich à occuper la Batchka et la Baranya, où ils ne forment qu'une minorité, mais non le Banat qu'ils réclament également et dont le sort ne paraît pas encore fixé. On l'aurait, dit-on, proposé à la Roumanie[2]. Toutefois, dans les derniers temps de mon séjour en Yougoslavie, les éléments allemands souhaitaient voir le Reich organiser dans le Banat un groupement national qui échapperait aussi bien aux Hongrois qu'aux Roumains. Il ne faut pas oublier qu'il s'y trouve la plus forte minorité allemande de Yougoslavie, soit 350 000 personnes. Quoi qu'il advienne des États balkaniques le Reich paraît désirer garder une forte main sur Salonique, ce qui lui permettrait de les dominer tous.

L'on ne peut s'empêcher de penser que tout ce qui se bâtit actuellement dans l'ancienne Yougoslavie est bien précaire. Les Croates, après la proclamation de leur indépendance, ont, par ressentiment d'une union mal assortie de plus de vingt ans, traité sans ménagements les Serbes établis dans le nouveau royaume, leur assignant à Zagreb, par exemple, un quartier particulier et les assimilant en quelque mesure aux Juifs. L'occupation hongroise en Batchka et en Baranya s'est effectuée non sans brutalité. Seuls les Bulgares paraissent être entrés en Serbie du Sud sans exercer de sévices et peut-être le roi Boris, en établissant sa domination avec une certaine douceur dans ces régions, cherche-t-il dès à présent à jeter les bases d'une politique de rapprochement avec les Serbes dont il est depuis longtemps partisan et qui pourrait permettre plus tard – au cas où les Karageorgevitch ne retrouveraient pas leur trône – de réunir sous sa dynastie Bulgarie et Serbie. Car, si les répartitions territoriales dans les Balkans devaient être maintenues dans leur état actuel, ce qui restera de la Serbie – cet État résidu comme l'appellent déjà les Allemands – aurait de la peine à vivre seul.

---

[1] Voir documents n°s 171, 180.

[2] Voir notamment, à ce sujet, le document n° 187.

Quelque habitué que l'on soit de nos jours à la violation des engagements internationaux, on ne peut s'empêcher de constater que la Yougoslavie, dans cette guerre de neuf jours, s'est vu immédiatement attaquée par tous les États avec lesquels elle avait conclu des traités d'amitié ou d'amitié éternelle, par l'Italie[1], par la Bulgarie[2] et même par la Hongrie ; « l'encre de ce dernier accord n'était pas encore sèche »[3], a-t-on dit à ce sujet.

Sans doute peut-on penser que le Prince Régent en adhérant sur la pression de l'Allemagne au Pacte tripartite avait tiré un meilleur parti d'une situation difficile et évité la guerre tout en se faisant garantir les frontières du pays. Malheureusement, le Prince n'était pas populaire et n'avait guère de contact avec le pays. Enfermé dans son Palais Blanc à quelques kilomètres de Belgrade, il travaillait en vase clos. Son gouvernement ne jouissait pas d'une grande considération. Si l'on peut faire un reproche à sa politique, c'est d'avoir négligé l'opinion publique et sous-estimé ses réactions.

Surtout, personne ne crut à Belgrade à la valeur des assurances données par l'Axe dans l'accord signé avec les adhérents au Pacte tripartite. Devant un encerclement qui menaçait de se sceller, devant tant d'ennemis qui la guettaient, la Yougoslavie estima que de toute façon elle ne pourrait échapper au conflit. Mais sans doute eut-elle pu mieux choisir son heure…

Depuis longtemps la population ne supportait qu'impatiemment la pression du Reich. La résistance grecque impressionna vivement les Serbes et ranima leurs sentiments combattifs. Enfin les radios anglaise et grecque, en incitant les Yougoslaves à ne pas trahir leurs anciens alliés, acheva de convertir le pays à l'idée d'une guerre. Lorsque le général Simovitch, appuyé sur les officiers du corps de l'aviation, fit son coup d'État, le terrain était si bien préparé que le changement de gouvernement fut accueilli non seulement sans résistance mais avec enthousiasme.

L'on a beaucoup dit que la propagande britannique avait répandu l'argent à profusion et en particulier s'était assurée par des arguments sonnants la complicité du général Simovitch et de quelques autres. La chose n'est pas invraisemblable. L'accusation de corruption était courante à Belgrade dans les milieux détenant le pouvoir et malheureusement souvent justifiée. L'on s'est demandé également, devant l'incapacité montrée par certains chefs d'armée, si l'Allemagne n'avait pas de son côté eu recours auprès d'eux aux mêmes arguments. Ces accusations même témoignent du mauvais état moral dans lequel se trouvaient les hautes classes d'un pays qui allait être obligé de faire face à une lutte aussi disproportionnée.

Après le départ pour l'étranger du Roi et du gouvernement, la capitulation de l'armée fut signée le 16 avril par le général Kalafatovitch et par M. Tsintsar Markovitch, ancien ministre des Affaires étrangères du gouvernement qui avait précédé le coup d'État, et ce dernier, qui paraît avoir

---

[1] Le pacte Adriatique italo-yougoslave a été signé le 25 mars 1937.

[2] Le 24 janvier 1935.

[3] Le 12 décembre 1940. Voir aussi document n° 188.

gardé la confiance du Reich, s'entremit pendant les semaines qui suivirent auprès des autorités occupantes pour leur faire accepter sinon un gouvernement, tout au moins une administration yougoslave. D'accord avec M. Tsintsar Markovitch, le gouverneur militaire allemand de Serbie désigna le 2 mai des « commissaires » serbes pour les différents ministères pris parmi les personnalités sympathiques à l'Allemagne. Votre Excellence en trouvera la liste ci-dessous. La plupart avaient déjà occupé des fonctions ministérielles, en particulier dans le gouvernement de M. Stoyadinovitch.

Nomination de commissaires pour l'administration intérieure en Serbie.

1°) Pour le ministère de l'Intérieur : Milan ATCHIMOVITCH, ancien ministre.

Comme remplaçant du Commissaire pour le ministère de l'Intérieur : M. Tanasiyé DINITCH, colonel en retraite.

2°) Pour le ministère de l'Instruction publique :

M. Vista YOYITCH, ancien ministre

Remplaçant : Djordje PERITCH, journaliste.

3°) Pour le ministère de la Justice :

M. Momtchilo YANKOVITCH, ancien député.

4°) Pour le ministère des PTT :

M. Douchan PANTITCH, ancien ministre.

5°) Pour le ministère des Travaux publics :

Ingénieur Stanislav YOSSIFOVITCH, ancien ministre adj.

6°) Pour le ministère de l'Agriculture :

Ingénieur Milosav VASSILIYEVITCH.

7°) Pour le ministère de la Prévoyance sociale :

Dr Stevan IVANITCH, ancien ministre adjoint.

8°) Pour le ministère des Finances :

M. Douchan LETITSA, ancien ministre.

9°) Pour le ministère des Communications :

Dr Laza KOSSITCH, professeur de l'Université.

Guerre 1939-1945, Vichy, E Levant, 2 (4GMII/2)

212

Note du Département

N.   *Vichy, 18 mai 1941.*

M. Chartier a quitté Londres le 7 mai au soir[1].

N'ayant pas le caractère diplomatique, il n'a pas été chargé d'un message officiel du gouvernement britannique pour le gouvernement français ; il a seulement été prié de transmettre au maréchal Pétain une communication officieuse émanant du Foreign Office et de l'entourage immédiat de M. Eden.

Le Foreign Office a tout d'abord prié M. Chartier de faire au Maréchal un fidèle rapport de ce qu'il avait pu constater en Angleterre.

Tous les citoyens britanniques ont une foi absolue en la victoire de leur pays ; aucun des échecs subis jusqu'ici n'a ébranlé le peuple anglais dans sa décision de continuer la lutte jusqu'au bout.

Le calme absolu des habitants qui, non seulement à Londres mais encore dans toutes les villes de quelque importance, ont subi depuis plusieurs mois des bombardements qui ont détruit des quartiers entiers, prouve que rien n'est capable de modifier la détermination de la Grande-Bretagne de continuer la guerre jusqu'à la victoire finale.

Il y a une énorme différence entre la situation de la France et celle de l'Angleterre vis-à-vis de l'Allemagne. La France, même vaincue, reste toujours une grande nation, par contre, si l'Angleterre était battue, ce serait la fin de l'Empire britannique.

Dans les heures graves qu'il vit actuellement, le gouvernement britannique attache la plus grande importance à être renseigné exactement sur la position du gouvernement français à son égard. Aucun contact direct n'existe entre les deux gouvernements. Les conversations qui ont pu avoir lieu entre représentants des deux pays à Madrid et à Washington ne lui ont pas permis de se former une opinion.

---

[1] Comme il l'indique dans son rapport du 18 juin 1941 sur le « statut des consulats français en Grande-Bretagne », M. Chartier a « été prié de quitter le territoire britannique non pas en qualité de consul général à Londres mais comme successeur de M. Paul Morand, chargé de diriger les missions de liquidation en Grande-Bretagne et représentant officieux du gouvernement français. » À la suite de la décision du gouvernement de Vichy de demander le rappel de M. Dean, l'un des deux derniers anciens représentants consulaires britanniques restés en France afin d'assister le consul général des États-Unis à Marseille dans la protection des intérêts britanniques, le gouvernement britannique « s'est vu obligé de marquer son émotion en demandant à M. Chartier de quitter Londres », comme l'indique sa note du 12 mai, transmise par l'ambassadeur américain à Vichy et qui souligne la différence d'attitude de l'Angleterre qui a permis aux membres des missions françaises de liquidation de poursuivre leur activité à Londres ainsi qu'à la plupart des consulats français en territoire britannique de continuer à fonctionner. En remettant ce texte, le secrétaire de l'ambassade des États-Unis, M. Wallner, a indiqué que le gouvernement américain a connu vers le 19 avril l'intention du gouvernement britannique de demander le rappel de M. Chartier (qui n'est d'ailleurs pas visé personnellement) et que c'est sans doute à la demande de Washington que Londres s'est déclaré disposé à recevoir son successeur éventuel (Note de la Sous-Direction d'Europe du 12 mai). (Guerre 1939-1945, Vichy, Z Europe, Grande-Bretagne, 292, documents non publiés).

Le gouvernement britannique souhaiterait pouvoir envoyer en France un agent chargé d'une mission officielle ou officieuse qui recueillerait de la bouche même du Maréchal des déclarations précises sur l'attitude de la France vis-à-vis de l'Angleterre.

Le Foreign Office fait observer que le gouvernement français n'a pas cru devoir accepter l'envoi à Vichy d'un représentant de la Trésorerie britannique. Cependant des missions françaises de liquidation, au nombre de dix, fonctionnent normalement à Londres sous la direction de M. Chartier.

Le Foreign Office tient à savoir si le refus de recevoir ce fonctionnaire britannique est une décision propre du gouvernement français ou si, au contraire, elle lui a été imposée par le gouvernement allemand.

Le Foreign Office attache le plus grand prix à être renseigné sur ce point, et c'est dans ces conditions qu'il a prié M. Chartier de rentrer en France[1].

Guerre 1939-1945, Vichy, Z Europe, Grande-Bretagne, 292
(10GMII/292)

213

M. Jules Henry, Ambassadeur de France à Ankara,
à l'Amiral Darlan, Vice-Président du Conseil, Ministre
Secrétaire d'État aux Affaires étrangères, à la Marine et à
l'Intérieur.

T. n°s 784 à 785.   *Ankara, 19 mai 1941, 20 h. 55.*

Confidentiel.   *(Reçu : le 20, 5 h.)*

Le bruit a couru ces jours-ci qu'à la suite des événements récents[2], le gouvernement britannique avait demandé au gouvernement turc si, dans

---

[1] Dans sa réponse transmise via l'amiral Leahy le 20 mai 1941, le Département rappelle « qu'au lendemain de l'affaire de Mers el-Kébir, il a jugé indispensable de ne plus permettre aux consuls britanniques dans les ports français de poursuivre leur mission », un mesure annoncée le 23 juillet, mais qui « laissait en revanche, dans le reste du territoire pleine liberté aux consulats britanniques de continuer l'exercice de leurs fonctions. » Après le départ « de leur propre mouvement » des consuls ou vice-consuls d'Angleterre à Lyon, Pau et Toulouse avant la conclusion de l'armistice, « le gouvernement français a pris l'initiative de marquer, dès le 24 août, qu'il ne ferait pas obstacle à leur retour, et à accepter l'ouverture de nouveaux consulats à Grasse et à Perpignan, mais ces postes n'ont pas été pourvus. Le cas de M. Dean, qui n'a pas le statut d'un agent régulier de caractère consulaire et qui a « transgressé les limites du rôle purement administratif dans lequel il aurait dû strictement se cantonner » n'aurait pas dû être assimilé à celui de M. Chartier, consul général de France à Londres. Considérant la mesure à son égard « injustifiée », Vichy « s'estime fondé à recourir à un procédé analogue », et prescrit au général Dentz de faire reconduire M. Havard, le consul général britannique à Beyrouth, à la frontière de Palestine. Un mois plus tard, le Foreign Office décide de fermer immédiatement tous les consulats français et agences consulaires en dépendant en Grande-Bretagne et en Irlande du Nord, à l'exception du seul consulat général, sans autorisation pour les agents des postes supprimés de collaborer au poste de Londres (T. n° 435 de M. Jalenques de Londres, en date du 18 juin 1941). Tous ces documents non publiés dans Guerre 1939-1945, Vichy, Z Europe, Grande-Bretagne, 292).

[2] Allusion à la révolte intervenue en Irak à partir du 2 mai 1941. Voir documents n°s 197, 200, 205.

le cas où les troupes britanniques de Palestine effectueraient une opération en Syrie, il pouvait compter sur une coopération turque dans le Nord.

D'après ce qui m'est rapporté de bonne source, cette rumeur serait inexacte. Les Anglais se garderaient de poser cette question, estimant que la réponse ne pourrait être que négative en raison de la crainte qu'auraient les Turcs d'une riposte allemande.

Dans la (…)[1] que j'ai eue avec lui avant hier, le ministre des Affaires étrangères s'est tenu sur la plus grande réserve au sujet des affaires de Syrie. Il s'est borné à me rappeler que la Turquie désirait voir la France se maintenir dans le pays et il a ajouté en souriant : « En tout cas nous n'admettrons jamais d'y voir un Italien ».

Communiqué à Beyrouth.

Guerre 1939-1945, Vichy, E Asie, Dossiers généraux, 48 (3GMII/48)

214

L'AMIRAL DARLAN, VICE-PRÉSIDENT DU CONSEIL, MINISTRE SECRÉTAIRE
D'ÉTAT AUX AFFAIRES ÉTRANGÈRES, À LA MARINE ET À L'INTÉRIEUR,
À TOUS LES POSTES DIPLOMATIQUES FRANÇAIS.

T.[2]   *Vichy, 19 mai 1941, 16 h.*

Les négociations franco-allemandes récemment engagées[3] ont donné lieu à des interprétations souvent excessives et à des commentaires souvent tendancieux. En l'état actuel des choses, le gouvernement français ne peut toutefois, sans risquer de compromettre la suite de ces négociations, donner les éléments d'une complète mise au point.

---

[1] Lacune de déchiffrement.

[2] Ce télégramme est intitulé : « Politique extérieure du gouvernement français ». La liste des postes porte le paraphe manuscrit de Lagarde. Dublin (n°s 133 à 138), Batavia (n°s 69 à 74), Pékin (n°s 179 à 184), Sofia (n°s 174 à 179), Bagdad (n°s 40 à 45), Madrid (n°s 555 à 560), Helsinki (n°s 40 à 45), Tokyo (n°s 488 à 493), Tunis (n°s 258 à 263), Ciudad Trujillo (n°s 40 à 45), Rio de Janeiro (n°s 191 à 196), Buenos Aires (n°s 264 à 269), Lima (n°s 71 à 76), Santiago du Chili (n°s 68 à 73), Porto Rico (n°s 6 à 11), Monrovia (n°s 19 à 23), Moscou (n°s 130 à 135), Kaboul (n°s 82 à 88), Bucarest (n°s 258 à 263), Beyrouth (n°s 650 à 655), Jérusalem (n°s 56 à 61), Stockholm (n°s 166 à 171), New York (n°s 375 à 380), Pretoria (n°s 73 à 78), Guatemala (n°s 80 à 85), Panama (n°s 54 à 59), Bogota (n°s 51 à 56), La Paz (n°s 33 à 38), Montevideo (n°s 121 à 126), Djeddah (n°s 19 à 23), Ottawa (n°s 107 à 112), Tanger (par Rabat – n° 81), Bangkok (n°s 88 à 93), Téhéran (n°s 94 à 99), Budapest (n°s 337 à 342), Ankara (n°s 353 à 358), Beyrouth (n°s 656 à 661), Lisbonne (n°s 509 à 514), Washington (n°s 936 à 941), Rabat (n°s 468 à 473), La Havane (n°s 76 à 81), Port au Prince (n°s 41 à 46), Caracas (n°s 95 à 100), Assomption (n°s 28 à 33), Quito (n°s 52 à 57), Manille (n°s 17 à 21), Mexico (n°s 78 à 83) ; et en clair par courrier au général Weygand (n° 191), Monaco (n° 27), Berne (n° 213), Rome Saint-Siège (n° 33).

[3] Les négociations officielles entre les hauts commandements allemand et français commencent en réalité le lendemain (du 20 au 26 mai) à l'ambassade d'Allemagne à Paris. Elles s'achèvent par les accords dits « Accords Darlan » (protocole signé à Paris les 27 et 28 mai 1941) qui comprennent trois accords : accord relatif à la Syrie et à l'Irak ; accord relatif à l'Afrique du Nord ; accord relatif à l'AOF et l'AEF.

Vous voudrez donc bien, dans les explications que vous serez appelé à donner aux autorités et au public étrangers, comme à la colonie française du pays de votre résidence, vous inspirer des données générales suivantes.

Depuis le mois de juin dernier, la France métropolitaine et l'Empire vivent sous un régime d'armistice qui avait été primitivement conçu en prévision d'une conclusion rapide des opérations militaires en cours. Ce régime comportait des stipulations dont la rigueur s'expliquait par leur caractère provisoire, mais qui, à la longue, pesaient de plus en plus lourdement sur toute la vie du pays. Après onze mois, et devant l'évolution d'un conflit dont la durée reste imprévisible, la prolongation de cette situation se faisait de jour en jour plus difficile et risquait de compromettre à la fois l'existence et l'avenir de la nation.

Il était donc du devoir du gouvernement, responsable du sort du pays devant la nation et devant l'histoire, de s'efforcer de transposer le problème des relations franco-allemandes du plan du *diktat* sur le terrain de la collaboration et d'instituer une méthode qui nous permette d'obtenir, en échange de certaines concessions, des contreparties propres à alléger dès maintenant les charges de toute nature supportées depuis juin dernier, de recevoir certaines assurances concernant les intentions allemandes en prévision du futur traité de paix et d'assurer à la France une place honorable dans une Europe dont la réorganisation s'avérera nécessaire quelle que soit l'issue du conflit.

Toute autre attitude exposerait la France et son Empire au double danger, pour le présent, d'une asphyxie progressive, et pour l'avenir, de revendications territoriales illimitées.

C'est dans ces conditions que la politique de collaboration a été décidée par le Maréchal[1] et approuvée à l'unanimité par le gouvernement. Cette politique est une création continue, chacune de ses applications devant faire l'objet d'examen.

Sous condition que nous la pratiquions, les Allemands ont déclaré qu'ils n'ont aucune intention d'annexion d'une partie de notre domaine colonial, cette assurance conditionnelle comportant naturellement pour nous l'obligation de défendre notre Empire dans le présent (*cette dernière indication doit être tenue strictement secrète et n'est destinée qu'à votre information personnelle*)[2].

D'autre part, la politique de collaboration n'implique pas, dans l'esprit du gouvernement français, une attitude d'hostilité délibérée à l'égard de la Grande-Bretagne et de ses alliés de fait.

Après comme avant l'adoption de cette politique, le gouvernement considère que la défense du territoire français contre toute attaque est un devoir essentiel. Cette volonté, toujours nettement affirmée, s'est manifestée sans ambiguïté en des occasions antérieures. Elle ne peut donc être considérée

---

[1] La politique officielle de collaboration est initiée après l'entrevue de Montoire (24 octobre 1940). Voir *DDF (1939-1944)*, 1940-2, documents nᵒˢ 327 et 331).

[2] Souligné dans le texte.

comme une conséquence de la récente évolution des rapports franco-allemands. Toutes instructions utiles ont été données pour la faire respecter.

Je vous ferai connaître, dès que je serai en mesure de le faire, les premiers résultats concrets de cette politique qui doit inspirer votre action dans le pays de votre résidence.

Guerre 1939-1945, Vichy, E Levant, 2 (4GMII/2)

215

M. Henry-Haye, Ambassadeur de France à Washington,
   à l'Amiral Darlan, Vice-Président du Conseil, Ministre
   Secrétaire d'État aux Affaires étrangères, à la Marine et à
   l'Intérieur.

T. nᵒˢ 1030 à 1041.   *Washington, 20 mai 1941, 22 h. 14.*

(*Reçu : le 21, 15 h. 40*)

J'ai conféré très longuement ce matin avec M. Cordell Hull qui m'a accordé cet entretien dans une atmosphère un peu détendue, mais restée méfiante à notre égard.

J'ai demandé au Secrétaire d'État quels étaient les faits précis qui avaient motivé les appréciations sévères du président Roosevelt, formulées quelques heures après la publication du discours radiodiffusé du maréchal Pétain[1], appréciations ayant elles-mêmes provoqué des interprétations de presse suscitant un mouvement d'opinion hostile à la France.

Notre conversation débutant par cette question, M. Cordell Hull m'exposa que les déclarations du Maréchal étaient interprétées par le président Roosevelt et son gouvernement comme contraires à celles que le Chef de l'État avaient précédemment formulées à l'amiral Leahy.

M. Cordell Hull a souligné que les États-Unis redoutaient les conséquences d'un renversement de la politique française que son gouvernement était jusqu'ici fondé à croire comme orientée vers une compréhension des intérêts américains.

---

[1] Il s'agit du discours radiodiffusé du 15 mai 1941, juste après les entretiens Darlan-Hitler à Berchtesgaden (10 et 11 mai 1941) où Darlan autorise l'aviation allemande à se servir des aérodromes français en Syrie et qui déboucheront sur les Accords Darlan signés à Paris, les 27 et 28 mai 1941 (cf. note 1, doc. 214). Ce discours du Maréchal semble indiquer qu'il est disposé à appuyer une politique de collaboration militaire avec l'Allemagne nazie. (« Français ! Vous avez appris que l'amiral Darlan s'était récemment entretenu, en Allemagne, avec le chancelier Hitler. J'avais approuvé le principe de cette rencontre. Ce nouvel entretien nous permet d'éclairer la route de l'avenir et de continuer les conversations engagées avec le gouvernement allemand. Il ne s'agit plus, aujourd'hui, pour une opinion souvent inquiète parce que mal informée, de supputer nos chances, de mesurer nos risques, de juger nos gestes. Il s'agit pour vous, Français, de me suivre sans arrière-pensée sur les chemins de l'honneur et de l'intérêt national. Si, dans l'étroite discipline de notre esprit public, nous savons mener à bien les négociations en cours, la France pourra surmonter sa défaite et conserver dans le monde son rang de puissance européenne et coloniale. »).

Nos intérêts, précisa-t-il, sont à l'opposé de ceux des puissances de l'Axe, et la France, en donnant l'impression qu'elle est disposée à collaborer avec les ennemis de l'Angleterre, avec laquelle nous demeurons associés, doit s'attendre à des réactions désagréables de notre part.

J'ai à ce moment fait observer que le gouvernement américain ne saurait nous tenir rigueur d'une attitude jugée non conforme à ses désirs et à ce qu'il estime être son intérêt.

J'ai établi un parallèle entre la vie des nations et celle des individus qui sont l'une et l'autre souvent faites de compromis entre des solutions idéales.

L'Allemagne, ai-je dit, nous a sans doute demandé beaucoup plus que nous lui avons accordé. N'envisagez pas la position de la France sous l'angle exclusif des intérêts américains. Les dirigeants de mon pays s'efforcent, soyez-en sûr, de tenir compte de vos desiderata, mais ils doivent, ne l'oubliez pas, composer avec les dures nécessités de l'heure.

La France, par surcroît, a consenti dans cette guerre des sacrifices dont aucune autre nation, y compris l'Angleterre, ne peut se prévaloir. Elle se doit d'ajuster sa position au fur et à mesure que les hostilités se prolongent.

Les Français ayant combattu presque seuls, ai-je ajouté, étaient en droit d'escompter une aide morale et matérielle plus grande pendant qu'ils se battaient et après leurs revers ils attendent aujourd'hui de leurs amis une meilleure compréhension de la situation si pénible qui est la leur.

J'ai rappelé à M. Cordell Hull qu'après l'entrevue de Montoire[1], le Maréchal avait fait une déclaration similaire à celle formulée le 15 mai[2] et que le président Roosevelt, après l'avoir enregistrée, avait jugé bon d'accréditer auprès du Chef de l'État français un nouvel ambassadeur.

M'inspirant des considérations développées dans votre télégramme n° 936 et suivants[3], je précisai qu'il n'était pas dans les intentions du gouvernement français d'inaugurer une politique d'hostilités à l'égard de la Grande-Bretagne et encore bien moins envers les États-Unis.

J'ai renouvelé l'assurance que nous étions préoccupés de maintenir l'amitié traditionnelle franco-américaine, mais aussi que le gouvernement français était résolu à défendre, comme il l'a maintes fois et clairement proclamé au cours des derniers mois, l'intégrité des territoires de l'Empire contre toute agression. À ce propos, j'ai très nettement fait apparaître à M. Cordell Hull combien seraient dangereuses les illusions entretenues ici dans certains milieux d'opposition au gouvernement régulier de la France les quelques groupes de Français dissidents résidant à l'étranger.

J'ai évoqué tous les déboires des gouvernements de divers pays qui avaient fondé, à différentes époques de l'histoire, des espérances sur l'action d'émigrés.

---

[1] Entrevue du 24 octobre 1940 entre le chancelier Hitler et le maréchal Pétain à la gare de Montoire. Voir *DDF (1939-1944)*, 1940-2, les nombreux documents relatifs à ces entretiens.

[2] *Cf.* note 1, p. 471.

[3] Document n° 214.

Je me suis cru autorisé à formuler cette observation, car plusieurs faits m'incitent à croire que l'administration américaine ne serait que trop disposée à encourager certaines manifestations anti-gouvernementales de Français, mercenaires ou égarés.

J'ai protesté à nouveau contre certains discours parlementaires incitant ouvertement le gouvernement américain à s'emparer de divers territoires de l'Empire ayant, selon eux, une valeur stratégique et j'ai renouvelé les apaisements précédemment donnés par mon gouvernement en affirmant que ces territoires restaient sous une direction française.

M. Cordell Hull me demanda alors comment je pouvais concilier cette affirmation avec la présence avouée d'avions allemands et italiens sur les aérodromes syriens[1].

En réponse je me suis référé à l'article 18 de la Convention d'armistice franco-italienne ne nous permettant pas d'éviter le passage de ces avions[2].

Conformément aux instructions du télégramme de Votre Excellence n°s 928-932[3], je confirmai la protestation formulée au Département d'État dès ce 16 mai contre l'occupation militaire de nos bâtiments de commerce aux États-Unis.

J'invoquai l'entente intervenue le 3 avril[4] avec l'amiral Leahy et les assurances données au gouvernement fédéral.

Je demandai que cette mesure prise sans avertissement préalable et considérée par nous comme inamicale soit rapportée dès maintenant. Je formulai aussi l'espoir qu'il doit possible à bref délai de faire appareiller l'*Île de Ré* et le *Léopold L.D.* pour un nouveau chargement de céréales.

M. Cordell Hull me déclara que les mesures de précaution prises sur nos bâtiments de commerce avaient été déterminées par l'inquiétude dont il me faisait part au début de notre conversation. Il serait trop heureux, ajouta-t-il, de les faire rapporter et de permettre comme il avait été prévu l'envoi mensuel de deux bateaux de blé, si je pouvais, par une note écrite, lui donner l'assurance que les conventions d'armistice n'ont été en aucune manière modifiées en faveur des puissances de l'Axe et que la politique du gouver-

---

[1] *Cf.* note 1, p. 471.

[2] Article 18 de la Convention d'armistice franco-italienne : « Il est fait défense immédiate de décoller pour tous les avions qui se trouvent sur le territoire français ou sur les territoires placés sous contrôle français. Tous les aéroports de toutes installations des territoires susdits seront placés sous contrôle italien ou allemand. Les avions étrangers qui se trouveraient dans les territoires visés ci-dessus seront remis aux autorités militaires italiennes ou allemandes ».

[3] Dans ce T. n°s 928 à 932 du Département à Washington, en date du 17 mai 1941 : 1°) M. Haye est prié de faire une demande auprès du Département d'État pour protester contre l'occupation des navires de commerce français stationnés dans les ports américains. Cette mesure est contraire à l'entente intervenue à la suite des lettres échangées, le 3 avril, entre le gouvernement et l'amiral Leahy. Le gouvernement français demande, en se fondant sur ces documents, que la mesure prise soit rapportée. 2°) Le gouvernement ne doute pas que les mesures en cause ne feront pas obstacle à l'utilisation effective des navires affectés aux trafics franco-américains. Il demande de confirmer l'accord du gouvernement américain afin que l'on puisse faire appareiller à destination des États-Unis et dans les délais prévus l'*Île de Ré et le Léopold L.D.* (résumé *in* Guerre 1939-1945, Vichy, C-État Français-Europe, 41).

[4] *Cf.* note précédente.

nement français reste inspirée par un esprit de collaboration confiante avec les États-Unis.

Je serais reconnaissant à Votre Excellence de me faire connaître ses instructions au regard de la note demandée.

J'ai eu nettement l'impression, au cours de l'échange de vues que je viens d'avoir avec M. Cordell Hull, que, si la nervosité manifestée ces jours derniers dans les milieux officiels était quelque peu calmée, l'inquiétude reste grande ici quant au rôle que la France peut être amenée à jouer dans de prochains événements.

Contre toute attente, le président Roosevelt aujourd'hui, à sa conférence de presse, n'a fait aucune déclaration touchant aux relations franco-américaines, alors qu'on lui avait attribué dans la presse de ce matin l'intention de rédiger un message destiné au Congrès, alertant le Parlement sur la situation créée par la récente allocution du Maréchal.

Interrogé sur une action américaine possible sur Dakar, le Président répondit par une boutade laissant entendre que de pareils plans ne pouvaient actuellement être pris au sérieux.

Le bureau de presse du Département d'État a fait distribuer ce soir aux journalistes accrédités la note d'orientation suivante, beaucoup plus accentuée que les propos qui m'avaient été tenus, quelques heures avant par M. Cordell Hull.

(En clair)

« On indique dans les milieux renseignés que les États-Unis considèrent que le gouvernement français est allé au-delà des termes de l'armistice avec le Reich en permettant aux avions allemands d'utiliser les aérodromes syriens pour attaquer les forces britanniques en Irak. De la même source, on indique que M. Hull fit cette observation à M. Henry-Haye au cours de leur conférence aujourd'hui sur les relations franco-américaines. M. Hull aurait attiré l'attention de M. Henry-Haye sur le fait que toutes les Nations croient que la faction pro-Hitler exerce maintenant un contrôle suprême au sein du gouvernement français. Si cette impression est inexacte, il appartient au gouvernement français de la corriger en prouvant de façon satisfaisante qu'il est d'absolue bonne foi et que, dans l'avenir au moins, il respectera les termes de la Convention d'armistice. On fait remarquer en outre qu'il est naturel qu'aucune relation satisfaisante ne puisse exister entre la France et les nations pacifiques tant que cette impression générale de rapprochement intime dans les relations franco-allemandes continuera de régner. Le respect des termes de l'armistice est non seulement équitable à l'égard du Reich mais est aussi dans les meilleurs intérêts de la France et des nations pacifiques éprises de liberté »[1].

Guerre 1939-1945, Vichy, E Levant, 2 (4GMII/2)

---

[1] Le télégramme porte le paraphe manuscrit de Lagarde.

216

M. DE LAFORCADE, MINISTRE DE FRANCE À DUBLIN,
 À L'AMIRAL DARLAN, VICE-PRÉSIDENT DU CONSEIL, MINISTRE
 SECRÉTAIRE D'ÉTAT AUX AFFAIRES ÉTRANGÈRES, À LA MARINE ET À
 L'INTÉRIEUR.

T. nᵒˢ 292 à 297.   *Dublin, 20 mai 1941, 12 h. 30.*

Secret. À réserver strictement[1].   (*Reçu* : le 22, 23 h.)

Ainsi qu'en témoigne le ton des presses et radio britanniques, l'incident franco-anglais relatif à la Syrie provoque en Grande-Bretagne de très vives réactions[2]. Un de mes collaborateurs qui est rentré hier soir de Londres après une semaine a pu se rendre compte des mouvements de l'opinion.

N'ayant pas été en Angleterre depuis plusieurs mois, mon collaborateur avait remarqué dès son arrivée combien les appréhensions des Anglais en ce qui concerne la politique du gouvernement français avaient grandi. Plus que de la malveillance, le sentiment apparent était celui de la déception. Le gouvernement français ne voyait-il pas combien la pente sur laquelle il s'avançait était dangereuse ? Comment les Français, quelles que fussent les erreurs commises par l'Angleterre, pouvaient-ils se résigner au risque de perdre sur les deux tableaux, à aider même indirectement l'Allemagne dans

---

[1] Le document porte le paraphe manuscrit de Lagarde.

[2] Alors que les Britanniques font face à une révolte en Irak, l'amiral Darlan a rencontré Hitler à Berchtesgaden les 11-12 mai 1941. L'Amiral escompte obtenir un assouplissement du régime d'armistice en échange de concessions d'ordre militaire aux Allemands, notamment en Syrie, pour permettre à ces derniers de venir en aide à Rachid Ali : cession d'une base aérienne à Alep, livraison de stocks d'armes déposés par les troupes du Levant aux Irakiens. Les clauses de cette « collaboration élargie » seront définitivement arrêtées avec la conclusion des Protocoles de Paris, signés par Darlan et l'ambassadeur Abetz le 28 mai 1941. Entretemps, le ministre britannique a fait, le 7 mai, une déclaration radiodiffusée à la Chambre des Communes, soulignant notamment que « Vichy porte toute la responsabilité des conséquences que pourront avoir de telles mesures. En autorisant l'ennemi à utiliser des bases françaises en Syrie, le gouvernement a violé de façon la plus flagrante la clause de l'armistice franco-allemand ». Puis le gouvernement britannique a demandé au gouvernement américain de transmettre au maréchal Pétain cette nouvelle déclaration faite le 15 mai aux Communes : « D'après les renseignements parvenus à la connaissance du gouvernement de Sa Majesté, les autorités françaises de Syrie autorisent l'aviation allemande à utiliser des aérodromes syriens comme base de stationnement, en vue de vols à destination de l'Irak. En conséquence, le gouvernement de Sa Majesté a donné pleine et entière autorisation pour qu'une action soit entreprise contre ces avions allemands sur des aérodromes syriens. Le gouvernement français ne peut pas éluder la responsabilité qui lui incombe pour cette situation. Le fait qu'il a permis ces vols en exécution d'ordres allemands constitue une violation flagrante des dispositions de l'armistice et est incompatible avec les engagements assumés par le gouvernement français. » En même temps, une note verbale était transmise par le consul général britannique à Beyrouth au général Dentz, haut-commissaire de France en Syrie et au Liban, et du 14 au 16 mai, des avions britanniques bombardaient Palmyre, les bases aériennes et aérodromes de Rayak et Mezze, et un faubourg de Beyrouth. Darlan réplique en donnant l'ordre, le 17 mai, de « fermer purement et simplement tous les postes consulaires d'Angleterre en Syrie et au Liban », restés ouverts jusque-là en vertu d'un *modus vivendi* conclu en juillet 1940 entre les autorités britanniques et françaises de la région. L'armée britannique, renforcée de troupes gaullistes, lancera finalement la campagne de Syrie le 8 juin 1941 (« Operation Exporter »). Voir *Guerre 1939-1945, Vichy, E Asie, Dossiers généraux,* 48).

son effort de guerre ? Sans doute fallait-il reconnaître les difficultés de la tâche imposée au maréchal Pétain et à l'amiral Darlan, mais comment pourraient-ils arrêter le resserrement de l'étau allemand ? Dans l'ensemble les commentaires de presse avaient un caractère injurieux, mais les Anglais de bonne foi mettaient en doute surtout la possibilité pour le gouvernement français de maintenir indéfiniment son indépendance.

Ce sentiment général de déception s'est accru ces jours derniers au point de revêtir une forme plus violente. « Il ne s'agit pas, disent les Anglais, de craintes imaginaires : la collaboration franco-allemande devient une réalité. Derrière une atmosphère de tension dont nous comprenions les raisons, nous restions convaincus que le gouvernement français s'en tenait aux termes de l'armistice. Les récriminations des Français libres nous paraissaient souvent exagérées, mais, après tout, le général de Gaulle avait raison. Les incidents précédents, les querelles relatives au blocus n'avaient qu'une portée limitée. Cette fois-ci, la situation est beaucoup plus grave : la France aide l'Allemagne.

Il va de soi qu'une pareille constatation ne pouvait manquer de provoquer un sursaut d'indignation dans un pays qui mène avec beaucoup d'énergie une lutte difficile. Il convient toutefois de ne pas donner un caractère définitif à cette réaction. Sans doute existe-t-il en Angleterre des éléments qui préconisent la politique du pire et poussent à une rupture complète entre Londres et Vichy, mais ils ne représentent pas encore la majorité. M. Eden paraît d'ailleurs avoir eu soin au Parlement de ne pas prendre à son compte toutes les informations reproduites par la presse[1]. Les Anglais, même s'ils envisagent des ripostes locales à ce qu'ils considèrent comme une collaboration militaire passive avec l'Allemagne, ne souhaitent pas un conflit avec la France, non seulement parce que cette éventualité leur répugne, mais encore parce qu'ils soupçonnent le Reich de tout mettre en œuvre pour créer un état de guerre entre les deux anciens alliés. Tant qu'ils croient voir un piège de ce côté, on peut conserver un espoir précaire que, malgré l'acuité de la crise actuelle, les relations franco-anglaises ne s'aggraveront pas définitivement.

De plus, pour quiconque séjourne à Londres actuellement, il apparaît nettement que cette crise évolue sur le plan franco-américain plus encore que sur le plan franco-anglais[2]. Les Anglais ont beau avoir réagi avec

---

[1] Allocution du 7 mai 1941. Voir note précédente.

[2] Le 13 mai 1941, en effet, un message personnel du président Roosevelt a été remis au maréchal Pétain par l'amiral Leahy : « Il m'a été extrêmement agréable de recevoir de l'ambassadeur Leahy l'assurance renouvelée que vous, Monsieur le Maréchal, n'avez l'intention d'accepter aucune collaboration avec l'Allemagne qui dépasserait les exigences strictes de la Convention d'armistice et que vous faites tout ce qui est en votre pouvoir pour limiter l'infiltration des Allemands dans les colonies françaises d'Afrique. J'ai également pris note avec satisfaction de votre déclaration ouverte que vous ne consentiriez à aucune action offensive contre votre ancienne alliée de la France. Je comprends les sérieuses difficultés devant lesquelles se trouvent le gouvernement français et je suis convaincu que vous me permettrez de vous suggérer que l'opinion publique aux États-Unis serait très favorablement impressionnée ainsi que le serait celle de tous les autres pays libres qui souhaitent ardemment la restauration de l'indépendance et de l'intégrité territoriale de la France, si vous intimiez aux autorités compétentes dans les colonies françaises que l'Empire français doit être préservé de toute agression extérieure quelle qu'elle soit et que toute tentative de violation du

violence, c'est Washington qui a précisé leur pensée. Comme toute nation en guerre, la Grande-Bretagne faisait (...)[1] son attention sur des faits isolés. En posant une question de principe, et en laissant entendre à la France qu'elle devait choisir entre le camp allemand ou les démocraties, les États-Unis ont probablement élevé les débats plus que l'opinion anglaise n'y songeait et ils ont du même coup fait cristalliser l'attitude anglaise. À propos du blocus, le gouvernement britannique se trouvait en flèche. Aujourd'hui Washington a pris l'initiative : « Quiconque n'est pas pour moi est contre moi ».

Ce n'est pas l'Angleterre mais l'Amérique qui le dit à la France[2].

Guerre 1939-1945, Vichy, E Levant, 2 (4GMII/2)

217

M. DE LAFORCADE, MINISTRE DE FRANCE À DUBLIN,
    À L'AMIRAL DARLAN, VICE-PRÉSIDENT DU CONSEIL, MINISTRE
    SECRÉTAIRE D'ÉTAT AUX AFFAIRES ÉTRANGÈRES, À LA MARINE ET À
    L'INTÉRIEUR.

T. n°s 304 à 309.   *Dublin, 20 mai 1941, 0 h. 50.*

Secret.   (*Reçu* : le 21, 15 h.)

Je me réfère à mon télégramme n°s 299 à 303[3].

Mon collaborateur a eu l'occasion de rencontrer un important expert américain qui entretient des rapports étroits avec le président Roosevelt. Prenant mon collaborateur à part, il lui a dit : «Je ne sais si vous vous rendez compte exactement de l'étendue de l'effort de guerre des États-Unis ».

territoire français ou d'utilisation du territoire français comme base pour des opérations militaires doit rencontrer la résistance de ces autorités et de tous les citoyens français et loyaux de ces territoires./Votre gouvernement a déjà prescrit aux dites autorités de résister à toutes tentatives d'occupation ou d'attaques. Il me semble que dans l'intérêt même de la France, ces ordres pourraient s'étendre à la possibilité d'une attaque par les puissances de l'Axe. À ma connaissance, les termes de l'armistice ne contiennent aucune clause qui vous empêcherait d'agir en ce sens. Une indication très nette que le gouvernement français a l'intention de se conformer loyalement aux conditions de l'armistice mais ne permettra aucun empiétement des libertés françaises au-delà des termes de l'armistice sera accueillie ici avec la plus grande satisfaction. Elle contribuerait efficacement à rallier l'enthousiasme populaire aux États-Unis aux mesures d'assistance que nous avons l'intention de continuer à étendre à la population civile de la France non-occupée et aux colonies françaises où cette aide est nécessaire. Le gouvernement américain est disposé à conclure immédiatement des accords qui permettront, sous réserve de contrôle prévu, de tenir deux navires disponibles de façon permanente pour l'importation du blé dans la France non-occupée. Je souhaite ardemment que notre assistance puisse se développer davantage dans les jours à venir pour répondre aux besoins d'existence [sic] ». (Guerre 1939-1945, Vichy, E Asie, Dossiers généraux, 48). Voir aussi document n° 215.

[1] Lacune de déchiffrement.

[2] Le ministre, Marie-François de Laforcade ralliera la France combattante en septembre 1943.

[3] Document non retrouvé.

Citant alors un certain nombre de chiffres, la personnalité dont il s'agit a fourni des indications que je résume ci-dessous et qui pourront peut-être recouper les informations transmises par notre ambassadeur à Washington.

1°/ Le plan de production de l'industrie de guerre américaine atteint 40 milliards de dollars pour l'année 1941-1943 et 48 milliards pour 1942-1943.

C'est donc dire qu'avant la fin de cet été, l'essor de la production aura commencé. L'emploi très répandu et très perfectionné du machinisme permet à l'industrie américaine de se développer beaucoup plus rapidement que l'industrie britannique.

2°/ Les grèves, dont une certaine propagande exagère l'importance, ne peuvent pas compromettre le succès du plan. Sans doute y aura-t-il les conflits ouvriers et fera-t-on beaucoup de bruit à ce sujet, mais la presse américaine cherchera précisément à provoquer les réactions de l'opinion publique décidée à empêcher le sabotage de l'aide américaine à l'Angleterre.

3°/ La production de l'industrie aéronautique qui a déjà fait au cours des derniers mois des progrès considérables dont la RAF bénéficie, s'accroîtra encore de 150 pour 100 avant la fin de l'année. D'ici là, la Grande-Bretagne, grâce à sa propre production et à l'appoint américain, atteindra l'égalité aérienne avec les puissances de l'Axe.

4°/ L'effort naval américain est colossal. Il intéresse directement l'Angleterre puisque les nouveaux bâtiments seront soit utilisés pour la protection des convois, soit mis à la disposition de la flotte britannique. De nombreux contre-torpilleurs vont sortir d'ici peu, les cuirassés de gros tonnage n'apparaîtront qu'en 1943.

5°/ La production des bateaux marchands sera le double cette année de ce qu'elle a été l'an dernier et celle de 1942 doublera celle de 1941.

6°/ Dans un an la production des tanks pourra, dans une certaine mesure, se comparer à celle des automobiles.

L'expert américain qui professe une vive sympathie pour notre pays, a conclu cet exposé sommaire en déclarant que l'on aurait tort de prêter l'oreille aux rumeurs d'après lesquelles les États-Unis ne seraient pas encore décidés à assurer la victoire de l'Angleterre.

Guerre 1939-1941, Vichy, B Amérique, États-Unis, 59 (1GMII/59)

218

M. Henry-Haye, Ambassadeur de France à Washington,
à l'Amiral Darlan, Vice-Président du Conseil, Ministre
Secrétaire d'État aux Affaires étrangères, à la Marine et à
l'Intérieur.

T. n°s 1042 à 1046.   *Washington, 21 mai 1941, 20 h. 40.*

Secret.   (*Reçu* : le 22, 15 h.)

Si les menaces américaines sur Dakar ne doivent pas être prises au sérieux, comme s'est plu à le faire apparaître le président Roosevelt lui-même à sa conférence de presse d'hier, par contre les milieux officiels de ce pays semblent avoir une réelle inquiétude quant à la possibilité de voir utiliser nos possessions de cet hémisphère comme bases d'action par les puissances de l'Axe.

Votre Excellence considérera peut-être comme invraisemblables les préoccupations américaines, mais elles prennent ici un tel caractère d'acuité que je crois devoir les signaler tout spécialement à son attention.

Les prétentions américaines sur la Martinique notamment[1] sont inspirées sans doute par une politique impérialiste, mais elles sont surtout entretenues, et presque ouvertement affirmées par les milieux de l'Amirauté invoquant la sécurité des États-Unis.

Les récentes sorties d'exercice du *Béarn* et de l'*Émile Bertin* ont provoqué ici des commentaires de presse inquiétants.

J'ai été récemment informé qu'une division de *Marines* se groupait actuellement en Caroline du Sud, procédant à des exercices répétés de débarquement.

Je ne voudrais tirer aucune conclusion hâtive de cet entraînement spécial à l'égard du problème martiniquais, mais ce fait, se reliant à d'autres informations, semble de nature à être considéré attentivement.

Les garanties qui ont été données par le gouvernement français au gouvernement fédéral pourraient être bientôt considérées comme insuffisantes. Il est superflu de souligner à Votre Excellence l'effet heureux et considérable que produirait sur les relations entre les deux pays, actuellement assez tendues, une proposition de notre part qui aurait pour objet d'accentuer les moyens de contrôle récemment accordés au gouvernement des États-Unis et qui pourrait être présentée comme une mesure de collaboration franco-américaine aux Antilles.

En attendant les instructions que j'ai sollicitées de Votre Excellence pour la rédaction d'une note générale fixant la position de la France après les

---

[1] Dès juillet 1940, le gouvernement français demande la cessation du blocus américain contre la Martinique, où par ailleurs les escadres françaises ont été l'objet d'agression (voir *DDF (1939-1944)*, 1940-1, document n° 456, et 1940-2, document n° 5, Annexe ; document n° 16, note 4 ; document n° 131).

récentes conversations franco-allemandes[1], une note particulière mettant une fois de plus au point l'attitude du gouvernement français en ce qui concerne nos possessions de l'hémisphère américain produirait à coup sûr la meilleure impression à l'heure présente. La moindre concession nouvelle à la Martinique, si elle est estimée possible par Votre Excellence, serait de nature à calmer tout au moins pour une certaine période les protagonistes d'une action militaire sur nos Antilles qui paraissent actuellement redoubler d'efforts pour convaincre le président Roosevelt qu'une semblable mesure pourrait accroître le prestige extérieur du gouvernement américain et réveiller à l'intérieur des ardeurs belliqueuses ensommeillées se cristallisant sur un point précis.

Guerre 1939-1945, Vichy, E Levant, 2 (4GMII/2)

219

NOTE DU DÉPARTEMENT

Sur la situation politique[2]

N.   *s.l. [Vichy], 21 mai 1941.*

Sur le plan général : les conversations de l'amiral Darlan avec le chancelier Hitler, sur le plan local : les récents atterrissages d'avions allemands ont surpris beaucoup des nôtres qui se sont demandé où tout cela nous conduisait. Je comprends parfaitement cette inquiétude. Le Français veut savoir ; il n'aime pas donner sa confiance dans la nuit, et c'est la raison pour laquelle je viens vous expliquer le pourquoi de ces choses, afin que vous associez sans réserve ni restriction à la grande politique française inaugurée par le maréchal Pétain et dans laquelle tous vous avez votre part à jouer.

I – *La politique de collaboration*

En ce qui concerne l'idée même de la politique de collaboration, elle a été déterminée par le souci d'apporter des allégements à la rigueur de la convention d'armistice, qui pèse lourdement sur l'ensemble de la vie du pays.

Depuis le mois de juin dernier, la France métropolitaine et l'Empire vivent sous un régime d'armistice qui avait été primitivement conçu en prévision d'une conclusion rapide des opérations militaires en cours. Ce régime comportait des stipulations dont la rigueur s'expliquait par leur

---

[1] *Cf.* document n° 215, note 1, p. 471.

[2] On ne connaît pas le bureau expéditeur ni l'auteur de cette note sur la collaboration, mais il semble qu'elle émane directement du cabinet de Darlan, pour une diffusion dans les diverses directions du ministère. Voir aussi le document n° 214.

caractère provisoire, mais qui, à la longue, pesaient de plus en plus lourdement sur toute la vie du pays. Après onze mois et devant l'évolution d'un conflit dont la durée reste imprévisible, la prolongation de cette situation se faisait de jour en jour plus difficile et risquait de compromettre à la fois l'existence et l'avenir de la nation. Il était donc du devoir du gouvernement responsable du sort du pays devant la nation et devant l'histoire de s'efforcer de transposer le problème des relations franco-allemandes du plan du *diktat* sur le terrain de la collaboration et d'instituer une méthode qui nous permette d'obtenir, en échange de certaines concessions, des contreparties propres à alléger dès maintenant les charges de toute nature supportées depuis juin dernier, de recevoir certaines assurances concernant les intentions allemandes en prévision du futur traité de paix et d'assurer à la France une place honorable dans une Europe dont la réorganisation s'avérera nécessaire quelle que soit l'issue du conflit.

Toute autre attitude exposerait la France et son Empire au double danger, pour le présent, d'une asphyxie progressive et, pour l'avenir, de revendications territoriales illimitées.

L'unique but que poursuivent actuellement le Maréchal et l'amiral Darlan c'est que, malgré sa défaite, la France reste une grande puissance. Elle en a les moyens parce qu'elle a conservé le respect du vainqueur. Ce dernier ne l'a pas traitée comme d'autres puissances qui, pourtant, se sont héroïquement battues[1]. Mais pour que la France, désarmée par sa défaite, puisse redevenir une grande puissance, il faut qu'un certain nombre de conditions préalables soient remplies. Ce sont ces conditions préalables que l'amiral Darlan s'efforce de poser. D'abord, il faut négocier avec l'Allemagne. Si on ne négocie pas, on est obligé de subir le *diktat*. Sous le régime du *diktat*, aucun redressement possible. Le maréchal Pétain et l'amiral Darlan n'hésitent donc pas à avoir des contacts directs et des conversations avec nos anciens adversaires, conversations dans lesquelles ceux-ci leur témoignent d'ailleurs la plus grande déférence[2].

Sur quoi faut-il négocier ?

Première condition – Il faut d'abord que la France ne meure pas. Il faut qu'elle mange. Nous ne nous rendons pas compte ici de ce que souffrent nos compatriotes de la métropole parce que notre vie matérielle, en dépit de la guerre, est restée large. Songez qu'en France un travailleur manuel ne peut même pas utiliser la totalité des tickets qui donnent droit à 300 gr de pain par jour ; qu'il ne mange de la viande qu'une ou deux fois par semaine ; qu'il n'a plus ni lait, ni beurre, ni graisse. Que cet hiver, il a fallu faire la queue aux magasins pendant des heures pour obtenir un peu de charbon, un peu de sucre.

---

[1] Sans doute une allusion à la Pologne qui a été – après son occupation – divisée en trois territoires.

[2] Il est fait allusion aux récents entretiens de Darlan et Abetz (3 et 7 mai 1941), de son entrevue avec Hitler à Berchtesgaden les 10 et 11 mai 1941 (cf. document n° 215) ; et probablement à la rencontre de Montoire entre Pétain et Hitler (24 octobre 1940), déjà sur le sujet de la collaboration d'État.

Le blocus anglais interdit tout arrivage non seulement de produits d'alimentation, mais encore de charbon pour lequel nous étions largement tributaires de l'étranger. Enfin, la ligne de démarcation constituait une véritable frontière économique, qui empêchait les produits en surplus dans une zone de passer dans l'autre.

Il était vital pour la France d'obtenir des aménagements à ce régime. Bloquée du côté de la mer, elle devait, pour assurer son approvisionnement, se tourner du côté continental. Étant donné la position occupée par l'Allemagne en Europe, le gouvernement n'avait pas d'autre alternative que la politique de collaboration. *Il faut comprendre que c'est le sort même de la nation française qui est en jeu.* Il faut que les Français puissent être assurés de ne pas être réduits à la famine l'hiver prochain. Pour refaire une France, il faut encore qu'il reste des Français, que la race ne soit pas atteinte dans ses œuvres vives.

Première conséquence des conversations de l'amiral Darlan : la France peut espérer passer l'hiver prochain dans des conditions matérielles supportables, même si la guerre se poursuit.

Deuxième condition – Pour que la France vive, il faut que l'élite de sa jeunesse, actuellement prisonnière, puisse rentrer en France[1], faire des enfants, s'occuper des travaux industriels ou agricoles, au lieu de rester inactive dans des camps de prisonniers en Allemagne.

Il ne faut pas oublier combien le régime de la détention atteint celui qui y est soumis, tant au point de vue physique qu'au point de vue moral. Dans de nombreux camps, les prisonniers ont été durement touchés par la maladie. Un grand nombre d'entre eux ont été rapatriés en état de tuberculose avancée.

Enfin, il convient de souligner que ces 1 800 000 prisonniers[2] représentent 300 000 naissances de moins par an. C'est à vingt ans de date, comme si nous étions engagés dans un conflit où nous perdrions annuellement 300 000 Français.

Le problème des prisonniers est au premier rang des préoccupations du gouvernement. Un gros effort a été fait – et il continue – pour l'amélioration de leur situation matérielle. Mais la solution véritable est évidemment

---

[1] L'accord sur la « relève » n'aboutira qu'en juin 1942, sous l'impulsion de Laval (effectif en août 1942). En théorie, le départ de trois ouvriers volontaires français en Allemagne permet alors le retour d'un prisonnier de guerre français. Mais des retours ponctuels de prisonniers sont déjà intervenus au cas par cas (grands blessés, personnels sanitaires, employés des chemins de fer, membres des forces de police et de gendarmerie ainsi qu'une partie des anciens combattants de 14-18), après la libération de 200 000 prisonniers qui avait eu lieu dès la fin de la bataille de France. Il reste alors environ 1 600 000 prisonniers français en Allemagne. Au début de l'année 1941, des accords sont signés entre l'État Français et les autorités d'occupation pour permettre la libération d'une nouvelle partie des prisonniers de guerre : pères de famille de quatre enfants mineurs, frères aînés de quatre enfants, certaines catégories de fonctionnaires, d'agriculteurs et d'artisans (menuisiers, charpentiers, cimentiers, ferrailleurs). Cependant, ces hommes en « congé de captivité » gardent le statut de prisonniers de guerre et doivent régulièrement venir se faire enregistrer auprès de la Kommandantur la plus proche.

[2] C'est le nombre de soldats faits prisonniers au cours de la bataille de France (cf. note précédente).

leur libération. Or, il s'agit d'hommes en état de porter les armes. Les récentes négociations entamées par l'amiral Darlan avec les autorités allemandes ont déjà eu pour résultat d'arriver à la restitution de plus de 100 000 prisonniers[1]. Elles laissent espérer que des contingents plus importants encore pourront être libérés.

Troisième condition – Pour que la France reste une grande nation, il faut qu'elle conserve des finances saines. Avec une indemnité de guerre de 400 millions de francs par jour, c'était impossible. Déjà l'Amiral a obtenu une atténuation de 25 % de cette dette[2].

Enfin, alors que, pour des nécessités militaires, certaines parties de la France du Nord ou de l'Est avaient été administrativement rattachées à un commandement militaire situé hors de France, désormais toutes les parties du territoire français dépendent de Paris ; consécration de l'unité française dont vous pouvez apprécier les conséquences.

II – *La situation au Levant*

Dans cette politique, quel est le rôle du Levant ? Il est très important. La garde du Levant, comme faisant partie de l'Empire, a été confiée à la France et à la France seule. Ceci nous donne des raisons très sérieuses d'espérer que l'Empire restera nôtre après la guerre. En contrepartie, nous devons en assurer la défense. Ce rôle, nous devons spécialement le remplir à Dakar, au Maroc, en Tunisie et au Levant.

Comment, dans ces conditions, avons-nous toléré que des avions allemands, se rendant en Irak, transitent par les aérodromes syriens[3] ?

En premier lieu, ainsi que le Haut-Commissaire l'a déclaré dans son allocution du 18 mai, la faculté qui a été laissée aux Allemands est exclusive de toute installation et de toute ingérence dans les affaires du Levant.

D'aucuns ont objecté que les atterrissages d'avions allemands n'étaient pas conformes aux termes de la Convention d'armistice et que nous aurions dû nous y opposer par les armes, en nous inspirant des déclarations faites sur la défense de l'Empire et des pays confiés à la garde de la France.

L'article 12 énonce que « les aérodromes et les installations terrestres de l'aviation militaire en territoire non occupé seront placés sous contrôle allemand ou italien respectivement. Il peut être exigé qu'on les rende inutilisables ».

Les commissions de contrôle se livrent en France à des visites régulières dans les unités et les parcs de matériel. Il est inutile de souligner combien le régime est, ici, différent de ce qu'il est en France.

L'article 10 de la Convention d'armistice franco-allemande stipule que « le gouvernement français s'engage à n'entreprendre à l'avenir aucune

---

[1] En réalité, Darlan avait demandé la restitution de tous les anciens combattants de 14-18, soit 83 000 hommes ; il a obtenu la libération de 36 000 (Jacques Le Groignec, *Pétain et De Gaulle*, Paris, 1998, p. 203).

[2] L'abaissement des frais d'occupation, ramenés de 400 à 300 millions de francs par jour, est un autre résultat de la rencontre des 10 et 11 mai 1941.

[3] *Cf.* document n° 215, note 1, p. 471.

action hostile contre le Reich allemand avec aucune partie des forces armées qui lui restent, ni d'aucune autre manière ». Cette clause nous interdit d'employer la force contre tout avion allemand qui ne se livre lui-même à aucun acte d'agression. Il y a là des engagements formels.

Nous entendons garder le Levant contre ceux qui l'attaquent. Le transit et l'atterrissage occasionnel d'avions allemands pouvaient-ils être considérés comme une agression ? Non assurément. Avions-nous le droit, alors que le gouvernement négociait à Paris avec nos adversaires d'hier, d'engager des hostilités contre eux au Levant ? L'essentiel, c'est que nous gardions les leviers de commandes. C'est que nous assurions nous-mêmes la défense de la Syrie contre ceux qui l'attaqueraient les armes à la main. Le Haut-Commissaire l'a répété après le gouvernement lui-même : il ne s'agit pas pour nous de faire la guerre à l'Angleterre, mais de nous défendre contre une agression qui a d'autant moins de chances de se produire que nous serons plus fermes et plus résolus.

Quant aux envois, restreints d'ailleurs, de matériel français qui ont été faits à l'Irak, il convient de préciser qu'il s'agit uniquement de matériel stocké et qui appartient, en fait, aux commissions d'armistice. De ce matériel, nous n'avons plus la libre disposition. En France, les stocks analogues ont été transférés soit en Allemagne, soit en Italie.

III – Le gaullisme

Les circonstances actuelles nous ramènent à la question du gaullisme. Les événements de Dakar, il y a plusieurs mois, la mort d'un de vos camarades il y a quelques jours, ont fait ressortir à quels drames douloureux il pouvait conduire. N'oubliez pas que sa conclusion logique, c'est la guerre civile, c'est-à-dire ce qu'il importe avant tout d'éviter.

Un lieutenant aviateur, appartenant aux Forces françaises libres, a atterri le 20 mai à Kuneitra[1], abandonnant pour des raisons morales la cause gaulliste. Ce qu'il nous a dit est particulièrement intéressant. En voici le résumé :

Parti avec son appareil le 19 juin [1940] de France, il rejoint l'Angleterre. Dès son arrivée, il est fâcheusement impressionné par l'atmosphère qui règne dans ce milieu.

En septembre, il quitte la Grande-Bretagne à bord d'un cargo pour participer à l'affaire de Dakar[2], avec un certain nombre d'aviateurs de son groupe. Leurs appareils étaient en caisse, dans les cales du navire, car ils étaient persuadés, sur la foi de rapports qui leur avaient été faits, que tout le monde à la colonie était gaulliste, qu'ils seraient reçus à bras ouverts et qu'ils pourraient tranquillement installer une base. Les premiers coups de canon tirés par les batteries côtières devaient les éclairer sur leur erreur. La situation n'était pas telle qu'on la leur avait décrite et la démoralisation fut

---

[1] Située sur le plateau du Golan en Syrie.

[2] Les 23-24 septembre 1940, à Dakar, qui occupe une position stratégique, les Britanniques et les Forces françaises libres (*FFL*) attaquent les troupes de Vichy (*cf. DDF (1939-1944)*, 1940-2, documents n°s 189, note 3, 226 et 227).

instantanée. Le contingent débarqua à Douala, au Cameroun, et là une rébellion manque d'éclater parmi les sous-officiers.

D'Afrique équatoriale, il participe avec les unités venues du Tchad aux opérations dans le sud de la Tripolitaine[1] d'où il est envoyé en Égypte. De là il se rend en Palestine où il est affecté à une des escadrilles anglaises. Dimanche 18 mai, il reçoit l'ordre de partir à bord d'un *Glenn Martin* pour effectuer un bombardement sur Rayak. C'est alors que se pose le cas de conscience : lâchera-t-il ses bombes qui risquent de tuer un de ses camarades ? Sa conscience lui dit non. Il regagne sa base en Palestine, et déclare au commandant d'escadrille britannique que son lance-bombes n'a pas fonctionné, ce qui provoque la colère de l'officier anglais. Le lendemain, il part à bord de son appareil et vient se livrer à Kuneitra.

Les renseignements qu'il nous donne sur la vie d'escadrille sont des plus instructifs. Les Anglais, dit-il, font preuve d'un manque total de considération, voire même de confiance, vis-à-vis des équipages gaullistes. Ceux-ci avaient longtemps espéré qu'ils constitueraient des escadrilles françaises : les autorités militaires britanniques ont toujours refusé. Il y a des avions français, pilotés par des Français dans des escadrilles anglaises, mais aucune unité française constituée. Les Anglais font preuve d'une grande méfiance vis-à-vis des officiers aviateurs des Forces françaises libres. C'est ainsi que, lorsque le lieutenant X a quitté l'Égypte pour la Palestine, on ne lui a pas dit où il allait. Il a reçu l'ordre de suivre un avion britannique qui lui a servi de guide jusqu'à l'aérodrome de Ramleh. Il affirme d'ailleurs qu'aucun pilote appartenant aux forces gaullistes n'acceptera de se livrer à des actes de guerre contre les forces françaises du Levant. Il y a tout lieu de supposer qu'il en est de même pour les unités appartenant à d'autres armes.

Si, à un moment donné, les gaullistes ont eu la conviction d'être utiles à leur pays, la majeure partie d'entre eux, s'ils le pouvaient, souhaiteraient maintenant pouvoir faire leur soumission.

Conclusions

Dites-vous tous que vous ne possédez ici qu'une partie des éléments du problème et que vous n'êtes qu'un pion sur un vaste échiquier. Des chefs, dont le patriotisme et le sentiment de l'honneur ne sauraient être mis en doute, ont la lourde responsabilité d'assurer la vie de la France car *c'est bien de la vie de la France même qu'il s'agit*. C'est de votre attitude, de votre discipline que peut dépendre aujourd'hui cette grave question. Le salut de la France ne peut se trouver que dans l'union. Souvenons-nous des paroles du Maréchal : « Dans l'unité française tout est possible ; hors de cette unité, c'est la désagrégation, la ruine et la mort », et rappelons-nous les termes énergiques et émouvants de son dernier message, qui doit, dans les jours que nous vivons, être notre règle :

---

[1] Première campagne de Libye, de septembre 1940 à mai 1941, avec l'engagement des FFL aux côtés des Britanniques assaillis par les Italiens. La contre-offensive britannique, en décembre 1940, chasse un temps les forces germano-italiennes de Tripolitaine.

« Français,

« Vous avez appris que l'amiral Darlan s'est entretenu récemment en Allemagne avec le chancelier Hitler. J'avais approuvé le principe de cette rencontre. Le nouvel entretien nous permet d'éclairer la route de l'avenir et de continuer les conversations engagées avec le gouvernement allemand.

« Il ne s'agit plus aujourd'hui pour l'opinion, souvent inquiète parce que mal informée, de supputer nos chances, mesurer nos risques, juger nos gestes : il s'agit pour vous Français de me suivre sans arrière-pensée sur les chemins de l'honneur et de l'intérêt national ».

Vous êtes maintenant documentés et orientés. Il n'y a donc pas, comme je l'entends dire parfois, de cas de conscience individuels. Votre unique devoir consiste à obéir aux ordres du Maréchal.

Guerre 1939-1945, Vichy, E Asie, Dossiers généraux, 48 (3GMII/48)

220

M. Cosme, Ambassadeur de France en Chine,
   à l'Amiral Darlan, Vice-Président du Conseil, Ministre
     Secrétaire d'État aux Affaires étrangères, à la Marine et à
     l'Intérieur.

D. n° 69[1].   *Pékin, le 22 mai 1941.*

À l'occasion des déclarations de M. Honda signalées par mon télégramme n° 274[2] et des divers bruits de paix entre la Chine et le Japon qui ont circulé durant le séjour de M. Stuart à Tchoung King[3], notre consul à Nankin a recueilli dans les milieux politiques chinois de cette ville diverses opinions qui concordent entre elles d'une façon assez significative et qu'il me paraît intéressant de rapporter à Votre Excellence.

---

[1] Dépêche intitulée : « A.s. Opinion des milieux politiques de Nankin sur les plans japonais en Extrême-Orient ».

[2] Voir à ce sujet, le document n° 208 et sa note 2, p. 455.

[3] Mention manuscrite en marge de ce paragraphe : « Comment concilier ceci avec le tél. de Ch[angh]aï du 12.6.41 ? ». Dans le télégramme en question (n°s 58-59 S), Cosme note avoir appris « de bonne source » qu'avant son départ de Tchoung King, l'ambassadeur d'Angleterre aurait fait « une forte pression sur le gouvernement chinois pour qu'il prît en considération les propositions qui lui ont été faites de divers côtés » : « L'Angleterre aurait fini par comprendre qu'elle n'a pas intérêt, comme elle ne l'a que trop considéré jusqu'à présent, à engluer le Japon en Chine, que ce pays est beaucoup plus fort que les démocraties se sont plu à le représenter au cours de ces dernières années, et qu'en définitive, il serait nécessaire que les États-Unis ne fussent pas paralysés dans le Pacifique au moment même où ils se proposent d'aider l'Angleterre dans l'Atlantique. Le général Tchang Kaï-Chek aurait néanmoins précisé qu'il n'accepterait le principe d'une négociation avec le Japon que sur les bases déjà indiquées à M. Stuart, c'est-à-dire l'ouverture de conversations préliminaires à Washington, le retrait des troupes japonaises occupant la Chine au sud de la Grande Muraille, et enfin, ce qui constitue une nouveauté, le départ de Wang Chin-Wei pour le Japon. C'est ce départ que sir Archibald Kerr négocierait actuellement avec des agents chinois et japonais. » (Guerre 1939-1945, Vichy, E Asie, Chine, 134, non publié).

Selon les interlocuteurs de M. Salade, les cercles dirigeants japonais considéreraient qu'à l'issue du conflit européen, les adversaires seront trop épuisés pour qu'aucun d'eux songe à venir gêner l'action nippone en Extrême-Orient. Même si les États-Unis ne participent pas aux hostilités, l'opinion publique américaine sera alors lassée de la guerre et ne permettra pas une expédition contre le Japon. S'il sait ménager ses forces jusqu'à ce moment, ce pays sera alors la puissance dominante de l'Asie orientale.

Si au contraire, l'Empire nippon étend ses opérations militaires vers le sud, les États-Unis, qui pourtant n'y tiennent pas, se verront forcés de lui faire la guerre. Ce conflit serait sans doute avantageux pour l'Axe, mais il comporterait des risques aussi graves pour le Japon que pour l'Angleterre et les États-Unis.

Il paraît d'autre part difficilement concevable aux informateurs de notre consul que les États-Unis soient vraiment disposés à effectuer une médiation dans le conflit sino-japonais, car cela équivaudrait à donner carte blanche au Japon et à abandonner l'Angleterre en Extrême-Orient. Les rumeurs qui courent périodiquement à ce sujet ne seraient probablement que l'expression des souhaits de certains milieux japonais.

Enfin les mêmes personnalités estiment que le gouvernement de Tchoung King garde son utilité pour le Japon. Selon eux en effet il serait moins difficile, le moment venu, de pacifier le pays grâce à une amalgamation des gouvernements de Nankin et de Tchoung King que par l'annihilation complète de ce dernier gouvernement. Cette « amalgamation » ne serait d'ailleurs possible qu'après que Tchang Kaï-chek se serait retiré de la scène politique.

Pour ces diverses raisons, les hommes politiques chinois récemment rencontrés par M. Salade ne s'attendent pas à des développements sensationnels dans la politique du Japon en Chine au cours des prochains mois. Ils ne croient ni à une paix prochaine entre Tokyo et Tchoung King ni à une guerre entre le Japon et les puissances anglo-saxonnes.

Il m'a paru intéressant de signaler à Votre Excellence ces différentes opinions, étant donné qu'elles reflètent les vues qui ont cours dans l'entourage de M. Wang Chin-Wei.

Guerre 1939-1945, Vichy, E Asie, Chine, 133 (3GMII/133)

221

M. Jules Henry, Ambassadeur de France à Ankara,
à l'Amiral Darlan, Vice-Président du Conseil, Ministre
Secrétaire d'État aux Affaires étrangères, à la Marine et à
l'Intérieur.

T. nos 818 à 821.   Ankara, 23 mai 1941, 20 h. 15.

(Reçu : le 24, 5 h. 30).

Pendant quelques mois j'étais arrivé à obtenir de l'opinion publique turque une plus juste compréhension de la position de la France dans les périodes qui suivirent immédiatement l'armistice et l'entrevue de Montoire, résultat dont le chef de l'État lui-même a bien voulu me témoigner sa reconnaissance, mais je suis au regret de constater aujourd'hui que rien ne paraît arrêter cette opinion publique dans les appréciations qu'elle formule sur le gouvernement français et dans les suppositions auxquelles elle se livre[1].

Lorsque, dans mes conversations avec les personnes les plus responsables de la politique et de la presse, j'expose les raisons qui ne permettent pas à la France de vivre indéfiniment dans la terrible situation créée par un armistice dont on ne pouvait, lors de la signature, prévoir qu'il serait aussi long, je rencontre des auditeurs courtois et compréhensifs. L'argument relatif aux prisonniers, à l'importance vitale pour l'avenir de la race que représente leur rapatriement, argument sur lequel, à mon avis, nous n'insistons pas comme il conviendrait, paraît les frapper particulièrement.

Mais il s'agit là d'une minorité qui, en raison de la situation qu'elle occupe, doit nécessairement se tenir sur une certaine réserve. Il n'en est malheureusement pas de même de la grande presse et de la masse.

Je vous ai rapporté dans mon télégramme no 786[2], etc. quelques jugements sévères portés par la presse. Depuis lors, la plupart des éditoriaux révèlent le même état d'esprit. Qu'il s'agisse des déclarations du chef de l'État sur la collaboration franco-allemande, des événements de Syrie ou du message radiodiffusé du général Dentz[3], la France est prise à partie de tous côtés.

[1] Sur l'évolution de l'opinion turque liée à la défaite, voir *DDF (1939-1944)*, 1940-2, documents nos 2, 47. Depuis la politique de « collaboration élargie » de Darlan qui aboutira à la signature par ce dernier avec l'Allemagne des Protocoles de Paris, le 28 mai, voir aussi le T. no 739 d'Ankara en date du 12 mai, où l'ambassadeur relate qu'à la suite des plaintes concernant certains commentaires de la presse turque à l'adresse du gouvernement français, le gouvernement turc a formulé, en séance secrète, au groupe parlementaire du Parti du Peuple, des recommandations en vue d'obtenir des directeurs de journaux qu'ils s'abstiennent de telles attaques.

[2] T. de Jules Henry en date du 19 mai 1941, reçu le 20 mai, dans Guerre 1939-1945, Vichy, E Levant, 48. Les événements de Syrie donnent l'occasion à la presse turque d'adresser de vifs reproches au gouvernement français dont on craint qu'il n'entre en conflit ouvert avec la Grande-Bretagne dans cette région.

[3] Il est possible que le texte de ce message soit celui d'un document signé Dentz et daté de Beyrouth le 16 mai 1941, trouvé dans Guerre 1939-1945, Vichy, E Levant, 48. « Sans aucun préavis, les avions britanniques se sont livrés le 14 et le 15 mai à des bombardements de Palmyre. Le 15, ils ont attaqué la base aérienne de Rayak, bien qu'aucun avion allemand ne fût présent,

Je juge inutile de vous envoyer les extraits de ces derniers articles dont le thème généralement développé est que la France capitule, que le maréchal Pétain après avoir déclaré que l'honneur interdisait de prendre position contre la Grande-Bretagne a changé d'opinion et tombe comme son gouvernement dans un piège tendu par l'Allemagne, etc.

Au moment où ces appréciations sont placées sous les yeux du public j'en reçois personnellement de plus amères encore dans les lettres de plus en plus nombreuses que m'adressent des Turcs insistant chacun sur l'admiration et l'émotion qu'ils ont toujours témoignées à notre pays.

Aucune de ces lettres n'est insultante, mais toutes expriment de la surprise et de la désapprobation. À quelques nuances près, leurs auteurs admettent que la France ait à faire des concessions au vainqueur mais se refusent à croire qu'elle puisse combattre contre son ancien allié.

J'aurais manqué à mon devoir le plus élémentaire en vous laissant dans l'ignorance du courant de l'opinion publique turque à l'heure actuelle. Il me paraît comme vous le soulignez très justement au début de votre télégramme n° 353[1] que les critiques qui nous sont adressées proviennent de fausses interprétations données aux négociations franco-allemandes. C'est pourquoi je ne veux pas perdre l'espoir que les éclaircissements prochains ramènent l'opinion à une appréciation plus équilibrée de la situation[2].

Guerre 1939-1945, Vichy, E Levant, Turquie, 117 (4GMII/117)

222

M. BLONDEL, MINISTRE DE FRANCE À SOFIA,
    À L'AMIRAL DARLAN, VICE-PRÉSIDENT DU CONSEIL, MINISTRE
        SECRÉTAIRE D'ÉTAT AUX AFFAIRES ÉTRANGÈRES, À LA MARINE ET À
        L'INTÉRIEUR.

T. n°ˢ 371 à 375.   *Sofia, 23 mai 1941, 20 h. 30.*

(*Reçu* : le 24, 5 h. 30)

Il y a environ un mois, je vous ai communiqué un certain nombre d'observations sur le comportement des troupes allemandes cantonnées en

---

tuant un officier français et blessant plusieurs personnes. Le 16 mai, ils ont mitraillé non seulement les aéroports de Mezze et de Rayak, mais encore un faubourg de Beyrouth. Les tracts signés par le général Catroux et incitant à la dissidence sont quotidiennement lancé par les appareils britanniques sur les villes de Syrie et du Liban. Ce sont là autant d'actes d'hostilité contre la France. »

[1] Voir document n° 214.

[2] Sans doute pour y aider, Darlan avise Jules Henry, ainsi que le général Dentz à Beyrouth, que M. Guérard est « chargé d'une mission d'information auprès de l'ambassadeur de France en Turquie » (T. s. n° de Vichy, en date du 19 mai 1941, dans Guerre 1939-1945, Vichy, E Levant, 48). Un télégramme précédent de Darlan à ces deux mêmes postes, le 16 mai, soulignait que « le moyen le plus expédient d'envoyer du matériel [de guerre] » vers la Syrie serait d'utiliser le chemin de fer passant par la Turquie. Il s'agissait donc d'obtenir du ministre Saradjoglu « l'autorisation d'usage ». (in *ibidem*).

Bulgarie[1]. Ces observations sont restées entièrement valables, mais je crois utile d'ajouter ci-après un résumé des propos que tiennent relativement à la poursuite de la guerre, nombre d'officiers allemands[2] en contact avec les milieux dirigeants de Sofia et de certaines provinces.

1°/ Il ne faut plus songer, laissent-ils entendre, à gagner la guerre cette année. La Crète sera prise tout d'abord, condition indispensable pour prendre l'Égypte, ce qui se ferait avant le mois d'août. Après cela, ses positions en Europe et en Méditerranée étant de plus en plus assurées, l'Allemagne s'installerait dans cette immense possession, l'organiserait et n'aurait plus rien à craindre des forces anglaises en recul dans les continents asiatique et africain.

Du projet d'invasion des Îles Britanniques, personne ne sait s'il sera décidé ou non, s'il réussirait ou non. Les intentions du haut-commandement allemand à cet égard, si tant est qu'elles soient déjà fixées, restent donc un mystère. Mais quoique décide M. Hitler, ses officiers ont en lui la foi la plus complète, ils annoncent d'ores et déjà qu'ils feront tout ce qu'il demandera. Que ne peut-il leur demander ? S'il nous disait d'aimer les Anglais nous les aimerions, disait l'un d'eux et il ajoutait : Ne le faisons-nous pas pour les Italiens ?

On reconnaît que les Anglais sont « un dur morceau ».

Les aviateurs notamment comparent leurs risques dans les Balkans (« c'est pour rire ») avec ceux qu'ils courent (« là c'est à mort »). On paraît notamment sérieusement affecté par les bombardements britanniques en Allemagne quoique l'on dît n'en savoir pas grand chose.

Quant à l'aventure de Hess elle est reconnue troublante[3]. « Il n'est sûrement ni un fou, ni un traître ».

---

[1] Voir par exemple son T. s. n° en date du 25 avril 1941 (reçu par poste le 16 mai) qui résume les observations faites au long des huit semaines de présence des troupes allemandes : « Dans l'ensemble, les soldats du Reich frappent par leur aspect de vigueur physique, la simplicité et la correction de leurs manières dépourvues de toute jactance. Ils sont en excellents rapports avec la population (à Sofia notamment, selon le vœu du gouvernement bulgare, reçus dans les familles) [...] Dans ses accès de franchise [...], le militaire allemand laisse voir de la lassitude [...]. Il ne se montre pas sûr de la victoire finale ; on a entendu des officiers exprimer la crainte que l'attitude américaine ne répète le drame de 1917-1918. Il semble même que cette victoire ne soit pas désirée par l'unanimité : il y a quelques antihitlériens. [...] Le moral nazi ne serait entier que parmi les jeunes classes. [...] On a été assez étonné de voir les Allemands de tous grades étaler avec une certaine ingénuité un esprit de profit et une improbité financière dont on commente, non sans malice, les formes variées ; non seulement ils vendent une foule d'objets – jusqu'à des bidons d'essence de l'armée – mais il leur arrive fréquemment d'alarmer des Bulgares, commerçants, entrepreneurs ou bailleurs d'immeubles, en leur assurant, à l'aide de documents de complaisance, des bénéfices illicites aux dépens de l'État allemand. [...] Pendant les combats meurtriers de Grèce, les militaires du Reich auraient été étonnés de la ténacité des soldats des Dominions et de la qualité de leur armement. » (Guerre 1939-1945, Vichy, Z Europe, Grèce, 394, document non publié)

[2] Souligné dans le texte.

[3] Le 10 mai 1941, prétendant essayer un avion, Rudolf Hess le détourne vers le Royaume-Uni et saute en parachute au-dessus de l'Écosse. Arrêté, il prétend apporter un plan de paix à Londres qui laisserait les mains libres à l'Allemagne à l'Est en échange du maintien de l'intégrité de l'Empire britannique. Si Hitler le désavoue et déclare que celui qui était un de ses plus anciens et fidèles compagnons est devenu fou et que son acte est pire que la désertion d'un corps d'armée, certains observateurs contemporains et plusieurs historiens actuels considèrent que Hess n'a pas agi de son propre chef, mais était en fait en mission commandée pour le Führer. Sur les commentaires des

2°/ La bataille de l'Atlantique et l'Amérique sont deux thèmes assez rarement abordés et auxquels d'ailleurs les Bulgares s'intéressent peu. Les Allemands semblent éviter ce dernier sujet ou rejettent le moment de l'entrée en action des États-Unis, faisant valoir, comme la presse bulgare s'y applique de son côté, les moindres symptômes d'hésitation américaine.

3°/ Le concours de la France, disent les officiers du Reich dont beaucoup viennent de notre pays et font unanimement l'éloge, comme s'ils en avaient la consigne, de notre civilisation et de notre culture, ce concours est plus qu'utile, il est nécessaire. On ne va pas jusqu'à déclarer que sans lui la guerre serait perdue ; mais on ne cache pas qu'il est indispensable pour la gagner beaucoup plus sûrement et plus rapidement. Il semble se dégager de ces affirmations le désir des Allemands d'en finir grâce à l'appui français avant que l'aide américaine ait atteint de dangereuses proportions.

4°/ La Russie a paru récemment encore pleine de mauvaises intentions, mais maintenant explique-t-on, elle est modérée et ne fera rien pour remettre en question les succès acquis par l'Allemagne. Plus tard, on lui réglera son compte, et un Allemand faisait comprendre d'un simple geste que l'opération serait facile, mais il convenait d'attendre que la guerre fut finie, car l'occupation d'un pareil pays demanderait beaucoup de monde et déjà l'on avait affaire en beaucoup de régions occupées à des populations rétives.

5°/ L'Allemagne n'a pas besoin de la Turquie et n'y touchera pas.

Communiqué à Ankara, Bucarest, Budapest et Moscou.

Guerre 1939-1945, Vichy, E Levant, 2 (4GMII/2)

---

diplomates français de l'époque, voir le T. n°s 242-243 de Stockholm (reçu le 15 mai 1941), de M. Guerlet qui rapporte l'interprétation suédoise dans un sens peu favorable au régime hitlérien de l'envoi du chef du parti nazi, démarche personnelle qui confirmerait les rumeurs sur la lassitude des Allemands devant la prolongation de la guerre. Le ministre de France revient dans son T. n°s 247 à 251 (reçu le 16 mai) sur l'interprétation qu'en donne l'ambassadeur de l'URSS, Mme Kollontaï, d'« une fuite dans l'intention de faire quelque chose pour mettre fin à une guerre dont on ne voit plus la fin », d'autant que, selon cette dernière, la situation économique de l'Allemagne l'empêcherait de poursuivre la guerre jusqu'en 1942, et que si le Reich veut occuper l'Ukraine pour se ravitailler, il se heurtera à l'URSS, dont l'aviation est très forte. D'après les renseignements recueillis par Guerlet, la fuite de Rudolf Hess aurait produit en Allemagne une impression pénible sur de nombreux esprits déjà fatigués de la guerre, mais l'espoir d'une collaboration étendue franco-allemande contribuerait à relever le moral de ceux qui paraissent douter de l'avenir. Dans son T. n°s 729-732 de Berne (arrivé le 18 mai 1941), La Baume rapporte, d'après des informations tirées d'un rapport officiel reçu de Berlin à Berne, que l'affaire Rudolf Hess aurait eu le caractère d'un vaste complot dirigé contre la politique anti-anglaise d'Hitler et que la Gestapo a déjà procédé à des dizaines d'arrestations, dont celle du professeur Haushofer, grand théoricien du Parti nazi, directeur de la revue *Geopolitik*, auteur de la conception allemande de l'espace vital, proche de Hess. Comme ce dernier, et certains membres de l'État-major et surtout de la Marine, il aurait considéré que la politique anti-anglaise entraînerait l'Allemagne dans une guerre sans issue qui lui ferait perdre tous les bénéfices de ses victoires sur le continent, avec le risque de voir les États-Unis entrer en guerre. L'affaire Hess ne serait donc pas un simple fait divers ou un geste isolé. À la réunion des Gauleiter convoqués immédiatement après la fuite de Hess, Hitler a insisté auprès d'eux sur son caractère politique en soulignant que le complot devait être considéré comme étouffé. (D'après les résumés de télégrammes à l'arrivée et au départ, Guerre 1939-1945, Vichy, C État français, 44).

223

L'Amiral Darlan, Vice-Président du Conseil, Ministre Secrétaire
d'État aux Affaires étrangères, à la Marine et à l'Intérieur,
à M. Truelle, Ministre de France à Bucarest.

T. n°s 268 à 269.   *Vichy, 23 mai 1941, 17 h. 20.*

(Reçu : le 24, 1 h.)

Le Cabinet en date du 19 mai.

Je vous communique sous le n° suivant, à toutes fins utiles, le texte intégral de la déclaration que j'ai faite à la radio, aujourd'hui 23 mai.

Français,

1° Vous avez déjà entendu notre Chef, le maréchal Pétain, vous dire
que c'est avec son approbation que je me suis rendu à l'invitation du chancelier Hitler et que les conversations entre le chef du Reich allemand et
moi-même sont approuvées par lui et par le gouvernement[1]. Le Maréchal
m'ayant fait le redoutable honneur de me désigner pour le seconder dans
sa lourde tâche, je viens vous apporter des précisions que vous attendez
avec impatience.

2° Le Chancelier ne m'a pas demandé de lui livrer notre flotte. Tout le
monde sait, et les Anglais mieux que quiconque, que je ne la livrerai à personne. Le Chancelier ne m'a demandé aucun territoire colonial, il n'a
pas demandé de déclarer la guerre à l'Angleterre. Pourquoi l'eût-il fait ?
L'Allemagne, qui a commencé la guerre seule, se juge capable de la terminer seule contre n'importe quelle coalition. À aucun moment de la conversation il n'a été question d'un abandon quelconque de la souveraineté
française. La France choisit librement la voie dans laquelle elle s'engage.
D'elle dépendent son présent et son avenir. Elle aura la paix qu'elle se sera
faite elle-même. Elle aura dans l'organisation européenne la place où elle
se sera préparée.

3° Rappelez-vous, certains paraissent l'oublier, que la France a subi la
plus grave défaite de son histoire, que les 3/5 de son territoire métropolitain
sont occupés, que nous avons un million et demi de prisonniers. Cette
défaite est due à nos erreurs passées de 1919 à 1939. Nos gouvernements et
nos assemblées législatives ont accumulé les erreurs et se sont laissés entraîner à défendre les intérêts qui n'étaient pas les nôtres, au détriment des
nôtres. À l'intérieur ils ont laissé saboter le moral de la nation, ils ont léga-
lisé la paresse et le désordre. À l'extérieur, ils ont conduit une politique
incohérente, ils nous ont constitués les protecteurs des petites puissances
européennes sans avoir été capables de forger les armes indispensables
à l'accomplissement de cette mission. Décidés à porter secours à tout le
monde, ce qui imposait une puissante armée offensive, nos gouvernements,
nos assemblées ne dotaient cependant le pays que d'une armée défensive.

---

[1] L'amiral Darlan a rencontré le Führer les 11 et 12 mai 1941 à Berchtesgaden.

N'ayant su préparer la guerre ni moralement ni matériellement, nos gouvernants l'ont cependant déclarée. Nous l'avons perdue par la faute et la défaillance de ceux qui nous y avaient entraînés.

4° Et c'est à la suite d'une débâcle indestructible [*sic*][1] dont beaucoup d'entre vous gardent l'horrible souvenir, c'est à la suite de la défection de nos Alliés d'alors[2], c'est à la suite de la carence d'un gouvernement qui déclarait vouloir continuer à se battre sans en avoir les moyens mais qui en réalité ne songeait qu'à fuir, que le Maréchal a été amené à prendre en mains les destinées du pays et a demandé l'armistice dans l'honneur.

5° En juin 1940, le vainqueur pouvait refuser l'armistice, nous écraser et rayer la France de la carte du monde ; il ne l'a pas fait. En mai 1941, le vainqueur accepte de négocier avec le gouvernement français[3].

6° Depuis l'entrevue de Montoire au cours de laquelle le principe de la collaboration a été diffusé, la France a marqué par des gestes son désir de poursuivre cette tactique. Ce sont ces gestes qui ont déterminé le Chancelier à nous accorder les atténuations aux conséquences de la défaite et aux conditions de l'Armistice que vous connaissez.

7° Écoutez bien mes paroles. De l'issue des négociations en cours, dépend étroitement l'avenir de la France. Il s'agit pour elle de choisir entre la vie et la mort. Le Maréchal et le gouvernement ont choisi la vie. Votre devoir est tout tracé, suivez le Maréchal, aidez-le de toutes vos forces, comme je le fais moi-même dans son œuvre de rénovation nationale. Comme lui, comme moi, dans vos pensées et dans vos actes, inspirez-vous exclusivement des intérêts supérieurs de la France.

CADN, Bucarest, Ambassade, 1990, n° 27

224

M. Riestelhueber, Ministre de France à Ottawa,
  à l'Amiral Darlan, Vice-Président du Conseil, Ministre
  Secrétaire d'État aux Affaires étrangères, à la Marine et à
  l'Intérieur.

D. n° 75[4].   *Ottawa, 23 mai 1941.*

Les relations franco-canadiennes subissent la crise la plus grave par laquelle elles aient passé depuis l'affaire d'Oran[5]. À ce moment, comme

---

[1] Probablement « indescriptible » au lieu d'« indestructible ».

[2] Évidemment, l'Angleterre.

[3] Les Protocoles de Paris, signés le 28 mai 1941, sont en préparation.

[4] Dépêche intitulée : « Éventualité d'une rupture des relations diplomatiques ». Indication dactylographiée : « Communiqué à Europe ».

[5] Plus souvent évoquée sous le nom d'affaire de Mers-el-Kébir (3 juillet 1940), au cours de laquelle la flotte britannique attaque les navires français dans le golfe d'Oran. Voir *DDF (1939-1944)*, 1940-1, documents n°s 444, 445, 446, 447, 448, 451, 472, 475.

d'ailleurs à Dakar[1], la Grande-Bretagne étant manifestement agresseur, l'opinion canadienne, même la plus mal disposée, ne pouvait que constater l'existence d'opérations militaires entre la France et l'Angleterre. Aujourd'hui au contraire, c'est la France qui est accusée de violer la neutralité en aidant l'Allemagne, militairement en Syrie[2], et économiquement.

La sourde inquiétude causée par les négociations franco-allemandes en cours s'est transformée en crise quand M. Eden a cru pouvoir dénoncer (16 mai) l'arrivée d'avions allemands en Syrie. Toutefois, malgré l'autorité que l'on attache ici à une affirmation émanant du Cabinet de Londres, l'hostilité de la presse anglo-canadienne n'eut pas été à ce point violente si le président des États-Unis n'avait, de son côté, pris position contre la France, nouvel indice de l'influence grandissante de la République voisine sur le Dominion.

L'orage a d'abord éclaté au Parlement. Un député de Toronto, M. Church, qui est une sorte de maniaque de cette question, a encore une fois, le 19 mai, demandé si l'on envisageait le renvoi de notre mission diplomatique à Ottawa et à quelle date Londres avait reconnu le gouvernement de l'ex-général de Gaulle. Non sans manifester quelque impatience, M. Mackenzie King, après avoir remis les choses au point, a fait remarquer qu'il était opportun, avant de discuter ces questions, d'attendre le discours annoncé de M. Churchill. De son côté, le chef parlementaire du parti social CCF, M. Coldwell, a interpellé sur la nécessité de prendre en tutelle (*protective custody*) les îles françaises de St-Pierre-et-Miquelon, en raison de leur proximité de la côte canadienne. Il lui a été répondu que le gouvernement n'avait nullement lieu de concevoir des craintes de ce côté et qu'il se tenait d'ailleurs au courant de la situation dans l'archipel.

Les mouvements d'opinion ont été infiniment plus violents que ces manifestations parlementaires. La presse anglaise s'en est prise avec vivacité aux dirigeants français et à leur représentant au Canada. Elle accuse le maréchal Pétain d'avoir abandonné ses engagements d'honneur sous la pression des adversaires de l'Angleterre. « Pétain a été aveuglé, écrit le *Daily Star*, et le peuple français trahi. Le vieillard à qui il avait confié son honneur national, a succombé à l'action inlassable exercée sur sa faiblesse par les Laval et les Darlan ». Il ajoute que ses efforts d'équilibre ont été soudainement rompus par la cession aux Allemands de nos bases aériennes en Syrie. « La gangrène nazie s'est emparée du vieux Maréchal », écrit le *Winnipeg Tribune*. Et le *Winnipeg Free Press* précise : « Quelques pseudo-experts ont dépensé beaucoup de temps et de peine à essayer de convaincre l'opinion mondiale que le Maréchal et ses collègues ont, depuis la défaite de la France, joué un jeu brillant, à longue portée. C'était une légende. En réalité l'établissement du gouvernement de Vichy fut un coup de génie d'Hitler. Il était destiné à épargner aux Autorités allemandes des soucis d'administration et la charge d'une occupation totale du territoire français ». À Votre Excellence est adressé non sans vivacité le reproche d'avoir poussé son chef à une telle décision.

---

[1] Sur l'affaire de Dakar, voir *DDF (1939-1944)*, 1940-1, document n° 474.

[2] Voir le document n° 219.

Enfin cette légation est l'objet de critiques de tout genre. Tandis que le *Globe and Mail* fait exception en estimant qu'elle a pu jusqu'ici bénéficier de certaines sympathies, en raison de sa situation difficile et « du désir bien compréhensible des Canadiens français de garder le contact avec leur Mère-patrie ». Mais en revanche, *La Gazette* me qualifie de « représentant du haut commandement allemand », et intime au gouvernement l'ordre de provoquer mon départ bon gré mal gré. Le journal conservateur de Montréal n'hésite pas à fausser le sens d'un discours du ministre de la Justice pour en faire une arme contre cette légation. M. Lapointe avait exhorté ses compatriotes à répondre à l'appel lancé en vue du recrutement volontaire, malgré les discussions internes que certains entretenaient dans la province de Québec. Contre toute évidence, *La Gazette* a voulu y voir une allusion à une immixtion de ma part dans la politique intérieure du pays.

En ce qui concerne les projets de collaboration franco-allemande[1], on ne sait naturellement rien de positif. Non seulement ce manque d'informations provoque les plus graves soucis, mais l'idée seule d'un tel plan est considérée comme une trahison et une aggravation du danger nazi. Un rédacteur du *Citizen* qui passe pour refléter les tendances officielles écrit que la coopération de l'Empire français à un nouvel ordre européen rapprocherait le péril du Canada. Cette coopération, se demande-t-il, n'est-elle qu'un mot ou recouvre-t-elle des faits ? Et quels faits ? À l'appui de ses assertions sur les tendances françaises, *La Gazette* cite un article du *Temps* félicitant Hitler de sa compréhension, et un autre de l'*Effort* se déclarant prêt à réviser les vues du socialisme envers les régimes totalitaires.

La presse anglo-canadienne manifeste la crainte que la nouvelle orientation de notre pays ne séduise une partie de l'opinion canadienne-française, très attentive à notre rénovation religieuse. Aussi s'efforce-t-elle de la minimiser. « Croyance de Pétain en l'honneur allemand », écrit le *Citizen*, « foi religieuse de Weygand, hostilité de Franco aux doctrines athées, les Allemands ont tout subjugué. Aussi est-il impossible que le Vatican se réjouisse de l'action de Vichy »… « Rien ne peut atténuer le fait que le Maréchal ne gouverne la France qu'en se conformant aux volontés des nazis dont les chefs sont les ennemis invétérés de l'Église catholique », déclare d'une façon plus perfide le *Globe and Mail*.

En même temps qu'ils attaquent la France, les « impérialistes » font campagne pour détourner d'elle leurs compatriotes de race française. Et ce n'est pas sans raison. Alors que les journaux de langue anglaise sont pleins d'articles hostiles à notre égard, les autres s'abstiennent le plus généralement de nous juger. Sans doute manquent-ils d'informations précises, mais peut-être aussi craignent-ils d'avoir à reconnaître comme fondées, au point de vue britannique, certaines des accusations formulées contre nous. Telle est, entre autres, l'attitude du *Soleil* (de Québec), d'autant plus frappante que ce journal avait été récemment assez désagréable à notre endroit :

---

[1] Voir document n° 215, note 1, p. 471.

« Tant que le maréchal Pétain exercera une autorité suprême en France non occupée, écrit-il, aucun manquement à l'honneur n'est à redouter. Il faut attendre des explications officielles avant de passer jugement ».

La situation est en définitive assez instable. D'une part, toutes les fureurs de l'impérialisme britannique, déchaînées contre le gouvernement français et sa représentation au Canada, réclament la rupture des relations diplomatiques pour « faire cesser ce scandale de nourrir une vipère dans le sein même du pays » (*Daily Colonist* de Victoria, 20 mai). D'autre part, la largeur de vues du Premier ministre, son objectivité et l'appui, silencieux mais certain d'une bonne partie de l'opinion canadienne-française, amènent le gouvernement à éviter une décision hâtive et à n'admettre la solution d'une rupture qu'au cas où les intérêts britanniques seraient nettement et incontestablement menacés par notre politique. Mais les événements se développent si rapidement et les passions sont à tel point excitées que le maintien de cette légation est, il ne faut pas se le dissimuler, à la merci d'un incident.

Guerre 1939-1945, Vichy, B Amérique, Canada, 8 (1GMII/8)

225

L'AMIRAL DARLAN, VICE-PRÉSIDENT DU CONSEIL, MINISTRE SECRÉTAIRE D'ÉTAT AUX AFFAIRES ÉTRANGÈRES, À LA MARINE ET À L'INTÉRIEUR, À M. HENRY-HAYE, AMBASSADEUR DE FRANCE À WASHINGTON.

T. n°s 986 à 992.   *Vichy, 24 mai 1941, 21 h.*

Très urgent.

Je me réfère à votre télégramme n°s 1030 à 1039[1].

Le gouvernement français, qui a toujours eu le souci de remplir loyalement les engagements qu'il a pris à l'égard des États-Unis concernant l'exécution des accords de ravitaillement, s'étonne des décisions unilatérales du gouvernement fédéral qui ont abouti à l'occupation des navires français dans les ports américains et à l'arraisonnement du *Shéhérazade*[2]. Il a été d'autre part péniblement surpris de certaines manifestations de l'opinion américaine qui ont fait allusion à des projets visant les Antilles françaises.

Bien que ces mesures et cette campagne soient considérées par lui comme inamicales et ne se justifiant par aucun manquement de sa part, le gouvernement français vous autorise, pour tenir compte du désir exprimé par M. Cordell Hull et dans le souci de permettre une prompte reprise des relations économiques et des trafics maritimes entre les deux pays, à donner

---

[1] Document n° 215.

[2] Le pétrolier *Shéhérazade*, malgré un *navicert* en règle, s'est vu arraisonné en haute mer et révoquer l'autorisation dont il avait bénéficié (il sera coulé le 11 juin 1942). Un autre navire français, le cargo *Winnipeg*, a été saisi par les autorités anglaises, le 26 mai 1941, alors qu'il naviguait de port libre à port libre.

au Secrétaire d'État les indications suivantes. Le seul argument qui ait été invoqué pour justifier la thèse américaine est, d'une part, que des avions allemands et italiens ont survolé la Syrie et utilisé les aérodromes des États du Levant pour se rendre en Irak et, d'autre part, que la France aurait envoyé du matériel de guerre aux forces armées allemandes et italiennes en Irak[1].

La faculté pour l'aviation allemande et l'aviation italienne de survoler la Syrie et le Liban et d'utiliser les aérodromes de ces territoires découle des obligations énoncées dans les actes de Rethondes et de Rome. En effet, l'article 18 de la Convention d'armistice franco-italienne prévoit expressément que « tous les aéroports et toutes les installations des territoires sous contrôle français » - ce qui est le cas de la Syrie et du Liban – « seront placés sous contrôle italien ou allemand ». Les engagements ainsi souscrits ne permettent donc pas au gouvernement français de faire obstacle à l'usage, par les avions des puissances de l'Axe, des aérodromes situés dans les territoires du Levant. Il en est évidemment de même en ce qui concerne le survol de ces territoires, dès lors que l'Allemagne et l'Italie contrôlent les aérodromes.

Si, depuis l'armistice jusqu'à la conclusion des opérations en Grèce, l'Allemagne et l'Italie n'ont pas réclamé l'application stricte de l'article 18 en Syrie et au Liban, c'est parce qu'aucun théâtre d'opérations n'existait au voisinage de nos possessions du Levant. Il n'en a plus été de même après l'ouverture des hostilités en Irak.

D'autre part, l'article 11 de la Convention d'armistice franco-italienne prévoit expressément que les « armes, munitions et matériels de guerre de toute nature qui demeurent dans les territoires français non occupés… seront réunis et placés sous le contrôle italien ou allemand ». L'article 6 de la Convention d'armistice franco-allemande est rédigé en termes analogues.

Dans ces conditions, une partie notable de l'armement du corps expéditionnaire du Levant a dû être rassemblée dans des parcs placés sous le contrôle de la délégation italienne à Beyrouth et a cessé, *ipso facto*, d'être à la disposition du commandement français. Le gouvernement français n'a donc apporté aux forces allemandes et italiennes qui pourraient appuyer l'action militaire du gouvernement d'Irak aucune assistance directe et ne leur a envoyé aucun matériel de guerre.

Le gouvernement du maréchal Pétain ne se prêtera, d'autre part, ainsi que je l'ai déclaré le 23 mai, ni à la livraison de sa flotte, ni à la livraison d'un territoire de l'Empire à qui que ce soit.

Je vous serais obligé, en donnant cette assurance formelle à M. Cordell Hull, de lui préciser que les négociations actuellement engagées avec le gouvernement allemand, sont la continuation de la politique de collaboration inaugurée à Montoire[2], politique qui n'a, à l'époque, soulevé aucune objection du gouvernement américain. Comme vous l'avez fort bien indi-

---

[1] *Cf.* document n° 214.
[2] *Cf.* document n° 215, note 1, p. 472.

qué au Secrétaire d'État, le gouvernement français demande au gouvernement fédéral de s'efforcer de comprendre la situation si pénible qui la sienne et qui l'oblige à rechercher les moyens d'atténuer, par des accords avec l'Allemagne, les conséquences de notre défaite.

Vous direz à M. Cordell Hull que nous comptons que le gouvernement américain fera prendre à bref délai les mesures nécessaires à la reprise des trafics maritimes entre la France, l'Empire français et les États-Unis, ainsi qu'à la libération rapide du *Shéhérazade* et fera procéder au retrait des gardes armées qui occupent nos navires dans les ports américains.

Vous ajouterez que le gouvernement français espère obtenir dès que possible des apaisements concernant les projets relatifs aux Antilles françaises, comme suite à la demande qui vous a été présentée par mon télégramme nos 983-984[1].

Guerre 1939-1945, Vichy, E Levant, 2 (4GMII/2)

226

M. BERGERY, AMBASSADEUR DE FRANCE À MOSCOU,
    à L'AMIRAL DARLAN, VICE-PRÉSIDENT DU CONSEIL, MINISTRE
      SECRÉTAIRE D'ÉTAT AUX AFFAIRES ÉTRANGÈRES, À LA MARINE ET À
      L'INTÉRIEUR.

D. n° 42[2].   *Moscou, 25 mai 1941.*

Je crois utile de répéter sous forme d'une longue dépêche les renseignements déjà transmis par des télégrammes que j'ai faits très complets à cause de la rareté du courrier – et dont j'envoie, par chaque valise, les copies afin de corriger les erreurs éventuelles de transmission[3].

Mais en dehors des renseignements sur la situation dans cette région du monde, il résulte de mes conversations une hypothèse d'ensemble sur

---

[1] T. de Vichy à Washington, en date du 23 mai : les propositions que Vichy avait adressées le 6 octobre 1940 au président Roosevelt prévoyaient la recherche d'une entente sur toutes les questions de nature à inspirer des appréhensions au gouvernement des États-Unis du point de vue de la défense panaméricaine. Il ne semble pas possible au gouvernement d'élargir encore les bases d'une telle collaboration. D'ailleurs, l'agitation de certains milieux américains au sujet des Antilles françaises est complètement injustifiée ; les mouvements des navires français ont été limités à des sortie d'exercices (résumé *in* Vichy, C - État français, 44. Le 27 mai, Henri-Haye répond (T. 1085-1094 de Washington) qu'il a transmis à Sumner Welles une note inspirée par les instructions du télégramme de Darlan, accompagnée de trois annexes, la première demandant des assurances écrites sur le respect de la souveraineté française dans ses possessions et notamment les Antilles, la seconde demandant le retrait des gardes armés sur les navires français dans les ports américains, la troisième lui demandant d'intervenir auprès des autorités britanniques pour la libération du *Shéhérazade* et du *Winnipeg*. Sumner Welles, entre autres, lui a dit qu'il était de l'intérêt du gouvernement américain de ne pas voir s'aggraver la tension franco-britannique (*in* Guerre 1939-1945, Vichy E, Levant, Dossiers généraux, 2).

[2] Dépêche intitulée : « Vues du corps diplomatique à Moscou sur l'évolution du conflit ».

[3] Voir notamment dans ce volume, les documents nos 193, 202.

l'évolution du conflit. Je n'ai pas voulu télégraphier cette vue hypothétique. Je la signale ci-dessous brièvement à Votre Excellence.

Il ressort de mes télégrammes que l'ensemble de mes collègues, à quelque bord qu'ils appartiennent, envisage la lutte comme une lutte de production. C'est aussi la vue constamment exprimée par la presse suisse, par exemple dans les articles ci-joints[1].

Dans cette lutte de production, la victoire appartiendra à celui des deux antagonistes qui disposera de plus de matières premières, de main-d'œuvre et d'espace non bombardable pour y édifier des usines. Pour simplifier on peut appeler « espace », avec tout ce que cet espace comporte, l'ensemble de ces trois données de la victoire.

Les Anglo-Saxons disposent à l'heure actuelle, à cause de leur maîtrise des mers, d'un espace supérieur à celui de l'Allemagne. Celle-ci fait figure d'un combattant puissant mais enfermé dans les limites d'une petite Europe continentale bornée par les Carpates. De là l'espoir exprimé par M. Steinhardt, ambassadeur des États-Unis, de gagner la guerre par le blocus et un bombardement sans cesse accru : il est convaincu de ce que la production anglo-saxonne aura plus de sécurité et plus de volume que celle de l'Europe continentale ainsi limitée.

Si on admet ces prémisses, on est conduit à considérer que la conquête ou le contrôle d'un espace nouveau est, pour le Reich, une question de vie ou de mort.

Cet espace nouveau ne peut être que l'URSS et l'Afrique.

D'où les deux hypothèses majeures, en dehors de l'attaque sans cesse différée sur les Îles britanniques : la poussée vers l'est, c'est-à-dire vers l'URSS – et la poussée vers le sud, c'est-à-dire vers l'Afrique.

La poussée vers l'est donne lieu aux considérations que j'ai longuement exprimées dans mes télégrammes.

Le Reich peut agir sur l'URSS de deux façons : soit par le complexe actuel de négociations assorties de la pression militaire (de 100 à 150 divisions aux frontières russes), soit par un nouveau complexe d'opérations militaires, assorties d'intervention politique (par les organisations d'émigrés et d'irrédentes nationalistes).

Le premier système rapporte davantage en livraisons immédiates, étant donné d'une part les destructions et désorganisations inséparables d'opérations de guerre, étant donné d'autre part que l'URSS cède ou cédera à toutes les exigences allemandes, afin d'éviter la guerre et de garder son armée intacte pour les opérations finales (c'est-à-dire, suivant le degré d'épuisement des combattants, la sauvegarde des intérêts russes lors de la conférence de la Paix, ou la réalisation de la révolution à l'échelle continentale).

Le second système, par contre, permettrait sans doute d'organiser pour une date éloignée une production plus considérable. Et il donnerait seul à

---

[1] Documents non retrouvés.

l'Allemagne une sécurité définitive, car l'URSS est prête à renier, à la première occasion propice, tous les engagements qu'elle souscrit sous la pression des circonstances.

D'une semaine à l'autre, depuis un mois, le corps diplomatique a oscillé dans ses pronostics entre ces deux systèmes. Les oscillations sont souvent provoquées par des événements mineurs, comme le départ de la femme de tel ou tel diplomate. Je n'ai cru devoir tenir Votre Excellence au courant de ces oscillations que lorsqu'elles avaient une base sérieuse, comme par exemple des informations sur des concentrations de troupes ou l'ouverture d'hôpitaux de campagne.

Les représentants de l'Axe n'ont d'ailleurs pas varié et répètent qu'ils tiennent pour certain cette année le maintien du premier système. Le représentant du Japon, inquiet de la perspective d'une guerre menée sur deux fronts – et par une île luttant contre des puissances contrôlant les mers – insiste beaucoup dans le même sens.

L'autre hypothèse, c'est-à-dire la poussée vers le sud (Méditerranée, Proche-Orient et Afrique), gagne chaque semaine des partisans.

Les diplomates accrédités ici ne sous-estiment en aucune façon les difficultés que rencontrerait le Reich à conquérir la Méditerranée, condition préalable de toute poussée plus étendue : opération de siège à Gibraltar et opération sur Suez dont les deux voies d'accès terrestres sont géographiquement difficiles, en dehors même de toute difficulté militaire.

Mais ils considèrent que, si le Reich pouvait vaincre ces difficultés, il obtiendrait d'un coup de résultats sans doute décisifs.

1°/ L'Empire britannique serait touché dans sa plus importante artère normale ;

2°/ le Reich contrôlerait, directement ou indirectement, l'espace africain (y compris ses ressources en huiles alimentaires qui font actuellement défaut eu Europe) ;

3°/ le Reich contrôlerait les ressources pétrolières du Moyen-Orient ;

4°/ *ses troupes seraient non seulement aux portes du grenier russe (c'est-à-dire de l'Ukraine), mais aux portes de la région pétrolière (c'est-à-dire du Caucase) dont dépend strictement la vie de toute l'agriculture russe mécanisée et de toute l'armée russe motorisée. Saisissant l'URSS entre ces tenailles, il semble que l'autre poussée, c'est-à-dire la poussée militaire vers l'est, serait dépourvue de toute difficulté et peut-être même superflue*[1].

Telles sont les raisons qui font actuellement pencher l'ensemble de mes collègues vers l'hypothèse de la poussée sud.

Elles ont le défaut d'appartenir à l'ordre de la spéculation plutôt qu'à celui de l'information.

---

[1] Souligné dans le texte.

Mais les événements récents en Crète[1] semblent leur donner un début de vérification pratique.

Je ne les signale à Votre Excellence que pour ce qu'elles valent – ne disposant pas ici de moyens de recoupement suffisants pour exprimer une opinion sérieusement motivée.

Guerre 1939-1945, Vichy, Z Europe, URSS, 835 (10GMII/835)

227

L'Amiral Darlan, Vice-Président du Conseil, Ministre Secrétaire
d'État aux Affaires étrangères, à la Marine et à l'Intérieur,
à M. Bergery, Ambassadeur de France à Moscou.

T. n°s 159 à 162[2].   *Vichy, 29 mai 1941, 18 h.*

Je réponds à votre télégramme n°s 447/450[3].

1°) Le gouvernement soviétique ayant exigé comme condition *préalable*[4] à l'ouverture de toute négociation commerciale le règlement des deux problèmes que vous connaissez[5], la mise à la disposition des montants en or et en francs n'a pu être liée à la conclusion de ladite négociation ; toutes nos tentatives dans ce sens ont échoué.

2°) La question de l'indemnisation des intérêts français a été posée à l'ambassade soviétique et résolument écartée par elle comme condition préalable. M. Bogomolov a cependant paru admettre qu'elle pourrait être discutée au cours de la négociation proprement dite si celle-ci est ouverte. À cet égard, le précédent belge pourra nous être d'une réelle utilité (voir mon télégramme n°s 155/156[6] auquel je serais heureux de recevoir une réponse aussitôt que possible).

---

[1] La bataille de Crète a commencé depuis le 20 mai 1941 par l'attaque aérienne de la Luftwaffe de l'île où s'étaient réfugiés le roi de Grèce et son cabinet le 22 avril.

[2] Télégramme intitulé : « Négociations commerciales franco-soviétiques » et signé « Diplomatie. P.o. Rochat ».

[3] T. confidentiel de Moscou en date du 28 mai 1941 (Guerre 1939-1945, Vichy, Z Europe, URSS, 853, non publié). M. Bergery qui selon la demande (générale ou technique) doit s'adresser respectivement à M. Lozowski ou M. Mikoyan, en demandant des précisions sur la mise à la disposition des Soviétiques de l'or des Pays Baltes (« Doit-elle être effective immédiatement ou ne constitue-t-elle qu'une acceptation de principe ne devenant effective qu'après la conclusion de l'accord commercial ? »), suggère de lier cette question à celle de l'indemnisation des intérêts français lésés au cours de l'annexion des Pays Baltes. Il demande si le Département a eu des apaisements suffisants quant à la volonté de l'URSS de conclure un accord satisfaisant et à la possibilité réelle d'exécution de l'accord, notamment en ce qui concerne les transports.

[4] Souligné dans le texte.

[5] À savoir la question de la remise à l'URSS de l'or déposé à la Banque de France par les anciennes banques de Lituanie et de Lettonie.

[6] T. n°s 155 à 156 de Vichy à Moscou en date du 24 mai 1941. Le Département demande à l'Ambassadeur de lui communiquer toutes les indications relatives à un accord commercial belgo-soviétique (échanges de blé, légumes secs, huile végétale contre zinc et produits fabriqués) dont la presse soviétique a publié certains détails.

3°) Le gouvernement de l'URSS nous a fait savoir *par écrit*[1] qu'aussitôt réglées les deux questions préalables, il était prêt à ouvrir les pourparlers commerciaux. M. Bogomolov nous a donné en outre à ce sujet les assurances verbales les plus formelles quant à la réalité du désir de son gouvernement de reprendre les relations commerciales dans toute leur ampleur.

En ce qui concerne la question des transports, les services techniques s'attacheront, en contact avec les autorités allemandes et à l'aide des précédents belge et suisse, à en étudier la solution sur plusieurs plans.

4°) La situation alarmante de notre ravitaillement est trop connue pour que j'aie besoin de m'étendre sur les motifs impérieux qui ont inspiré aux ministres responsables de l'économie française la décision dont vous faisait part mon télégramme n° 150[2]. J'ajoute à titre confidentiel, que les négociations avec les États-Unis sont interrompues depuis les événements récents et que nos espoirs de voir la zone libre ravitaillée par l'Amérique semblent devoir être définitivement abandonnés[3].

5°) Les renseignements qui précèdent comme ceux que transmettait mon télégramme n°s 150/154[4] sont destinés à votre orientation personnelle et répondent au désir que vous avez exprimé dans votre télégramme n°s 428/431 (dernier alinéa)[5]. La démarche qui vous était demandée avait seulement pour but de hâter la réponse soviétique. Je vous serais obligé de bien vouloir l'effectuer d'urgence. Il semble que la présence à Moscou de M. Bogomolov et les contacts que vous avez eus avec lui devraient faciliter cette intervention.

Guerre 1939-1945, Vichy, Z Europe, URSS, 853 (10GMII/853)

---

[1] Souligné dans le texte.

[2] T. n°s 150 (à 154) de Vichy à Moscou, en date du 24 mai. Le Conseil économique interministériel ayant exprimé le désir, lors de sa séance du 16 mai, que des négociations commerciales soient reprises avec l'URSS, un projet d'accord tendant à régler la question de l'or déposé à la Banque de France par les banques de Lituanie et de Lettonie a été remis à l'ambassade soviétique. La France placerait l'or à la disposition de l'URSS à Kayes (Sénégal) et verserait une somme en francs (47 millions) sur un compte spécial ouvert soit au nom de la Banque de l'URSS, soit de l'ambassade soviétique en France, à utiliser pour des paiements en France ou dans les possessions françaises. (Guerre 1939-1945, Vichy, E Levant, 2).

[3] Voir notamment document n° 225.

[4] Voir note 2.

[5] T. n°s 428 à 431 de Moscou reçu le 17 mai. Reçu par M. Bergery lors d'un retour à Moscou, M. Bogomolov a donné des indications sans doute délibérées en détail avec le Kremlin. Il a marqué sa satisfaction de ce que la nouvelle Europe ne pouvait s'organiser durablement ni sans la France ni sans la Russie. Il a toutefois développé l'idée que l'ordre nouveau voulu par le Reich prévoyait que les Allemands y seraient des industriels dominateurs et les autres peuples seraient réduits au travail de l'agriculture ou à celui des mines : à ce genre d'ordre nouveau, l'URSS n'accepte pas de participer. D'autre part, il a insisté sur l'intérêt qu'il y aurait pour la France à conclure un accord commercial avec l'URSS, puisque d'après les précisions recueillies à Vichy, les conditions préliminaires relatives à l'ouverture des négociations ne soulevaient plus de difficultés de la part du gouvernement français. M. Bergery conclut en demandant à être tenu au courant. (Guerre 1939-1945, Vichy, E Levant, 2)

228

LE GÉNÉRAL DENTZ, HAUT-COMMISSAIRE DE FRANCE AU LEVANT,
À L'AMIRAL DARLAN, VICE-PRÉSIDENT DU CONSEIL, MINISTRE
SECRÉTAIRE D'ÉTAT AUX AFFAIRES ÉTRANGÈRES, À LA MARINE ET À
L'INTÉRIEUR.

T. nos 877 à 878.   *Beyrouth, 1er juin 1941, 13 h. 45.*

(*Reçu : le 1er, 16 h.*)

De Djeddah nos 57-58.

De très bonne source.

Depuis les derniers discours de M. Eden[1], les agents de la propagande britannique ne dissimulent plus le caractère nettement antifrançais de leur activité.

Les aspirations des Arabes vers l'unité et l'indépendance seraient, dit-on, définitivement compromises si l'Allemagne, amie de la France, était victorieuse.

Le mot d'ordre est : « Nous comptions sur l'Allemagne pour nous débarrasser des Français. Maintenant, notre seul espoir est dans l'Angleterre ».

Je fais répondre : la France n'a jamais émis comme l'Angleterre la prétention de dominer le monde arabe. Elle s'occupe de ce qui la regarde en Afrique et en Syrie. En ce qui concerne la Syrie, les récentes déclarations du général haut-commissaire sont parfaitement claires[2].

Si la (...)[3] voulait manifester sa sympathie pour les Arabes, elle pourrait commencer par cesser de les massacrer en Irak et chasser les Juifs de Palestine. Mais elle préfère sans doute laisser les troupes allemandes s'en charger afin de conserver quoi qu'il arrive l'appui des Juifs internationaux.

On affirme qu'à défaut d'intervention militaire, devant laquelle ils hésitent, encore, les Anglais font des efforts désespérés pour susciter à tout prix une révolte en Syrie.

Guerre 1939-1945, Vichy, E Levant, 164 (4GMII/164)

---

[1] Le ministre Anthony Eden a adressé aux Communes un avertissement au gouvernement français contre toute collaboration avec l'ennemi au Moyen-Orient le 22 mai 1941. Le 29 mai, au cours d'un nouveau discours à Mansion House à Londres, le Ministre se félicite de l'évolution des événements en Irak et déclare « la grande sympathie [de son pays] pour les aspirations des Syriens à l'indépendance ».

[2] Allusion probable à la déclaration faite le 16 mai 1941 par le général Dentz au sujet des bombardements britanniques sur les bases et aérodromes de Rayak et Mezze, « actes d'hostilités » qualifiés contre la France (voir document n° 221, note 3). Le général a également déclaré à la radio le 18 mai que l'attaque britannique contre les aéroports syriens était comparable aux incidents de Dakar et d'Oran et que la France était déterminée à protéger la Syrie.

[3] Lacune de déchiffrement. Le mot manquant est sans doute « Grande-Bretagne ».

229

M. de la Baume, Ambassadeur de France à Berne,
   À l'Amiral Darlan, Vice-Président du Conseil, Ministre
   Secrétaire d'État aux Affaires étrangères, à la Marine et à
   l'Intérieur.

T. n° 803.   *Berne, 1er juin 1941.*

(*Reçu*[1] : le 5, 17 h.)

Les informations qui parviennent d'Allemagne et que l'on peut recueillir dans les milieux industriels et financiers du pays de ma résidence tendent à prouver qu'en dépit des succès militaires, une certaine lassitude commence à se répandre dans la population du Reich. Les victoires successivement remportées par les armées du Führer ne soulèvent dans le peuple qu'un enthousiasme mitigé. En effet, l'éloignement de plus en plus grand des champs de bataille déroute et inquiète les masses populaires. L'intervention de plus en plus accentuée des États-Unis contribue au malaise en ne permettant plus de calculer le délai qui sépare de la paix. En attendant, l'immense effort économique que fournit l'Allemagne pour assurer l'approvisionnement des champs de bataille ne laisse pas d'avoir des répercussions de plus en plus sensibles dans tous les domaines de la vie publique et privée. C'est dans ce malaise général qu'il faut voir sans doute les raisons de l'émotion profonde qu'a produite dans les masses populaires allemandes le geste de Rudolf Hess[2]. C'est un fait que cet événement intéresse beaucoup plus l'Allemand moyen que les communiqués de l'armée. Les bruits les plus invraisemblables sont colportés et on parle de plusieurs centaines d'arrestations qui auraient été opérées par la Gestapo. On prétend notamment que le général Grauert, qui fut avec Goering le créateur de l'aviation allemande et qui a été tué récemment à bord d'un avion au cours d'un vol effectué au-dessus de Londres, aurait été exécuté en réalité sur ordre du Führer pour avoir favorisé l'équipée de Hess.

Mes informateurs attribuent au sentiment de lassitude, général en Allemagne, la créance dont bénéficient les bruits d'une paix avec l'Angleterre qui sont colportés aujourd'hui dans tout le pays, et auxquels le mystère qui entoure le cas Hess semble donner dans l'esprit des masses populaires allemandes un semblant de vraisemblance.

---

[1] Par courrier.

[2] Rudolf Hess (1894-1987), représentant officiel d'Hitler auprès du Parti nazi, considéré comme très proche de lui et même présenté comme son successeur, avait créé la surprise, le 10 mai 1941, en s'envolant pour un parachutage en Écosse, afin, selon ses dires, de négocier un accord de paix avec le Royaume-Uni. À son arrivée, il est arrêté par les autorités britanniques, mais les propositions de paix qu'il apporte sont examinées, et finalement rejetées par le gouvernement de Churchill. Sa motivation réelle (envoyé par Hitler ou initiative personnelle) n'a jamais été véritablement établie et cette affaire est restée assez mystérieuse, tout comme son acteur principal qui fut présenté comme ayant sombré dans la folie par les autorités nazies. Il semble néanmoins qu'il pourrait s'agir d'une tentative d'Hitler de négocier au moins une attitude de neutralité de la Grande-Bretagne avant de se lancer dans l'attaque contre l'URSS. Voir aussi à ce sujet, le document n° 222, note 3, p. 490-491.

Dans les mêmes milieux, on prétend savoir que les récents bombardements anglais sur les villes de Cologne, Hambourg et Berlin ont causé de très sérieuses destructions dues au nouvel explosif dont il est fait emploi depuis peu par les Anglais. Toujours est-il que l'évacuation des villes rhénanes se poursuit à un rythme accéléré. La plupart des habitants, notamment les femmes et les enfants, sont transférés en Autriche et dans les Alpes bavaroises. Quant aux femmes et aux enfants des grands ports de mer, Hambourg, Brême, Kiel, on les évacue de préférence sur le Danemark. Tous les officiers et fonctionnaires en service ou en mission dans des pays occupés sont invités à se faire suivre par leur famille, ce qui explique la présence de nombreux civils allemands en Hollande, en Belgique et en France occupée.

Les milieux où ont été puisées ces informations ne laissent pas d'en tirer des conclusions, qui sont certainement trop hâtives. C'est sans doute ailleurs qu'il faut chercher les éléments susceptibles d'influencer le développement des plans de guerre allemands. C'est ainsi qu'on peut admettre facilement que le Reich a intérêt à en terminer avec l'Angleterre avant l'hiver, pour ne pas être exposé d'ici six mois aux coups que l'Amérique serait en mesure alors de commencer à lui porter. Dans le même sens, agissent les difficultés que rencontre nécessairement l'Allemagne pour assurer l'approvisionnement des pays occupés qu'ont appauvris des réquisitions massives. C'est un fait que le ravitaillement de l'Europe n'a pas gagné à l'extension de la guerre dans les Balkans. On s'attend, dit-on, à ce que la production en céréales de cette région n'atteigne que le tiers des chiffres de l'année dernière. Si l'on tient compte de ces éléments, on est tenté d'ajouter foi aux informations d'après lesquelles, après avoir consacré les trois mois qui viennent aux opérations que nécessite l'occupation du canal de Suez, l'Allemagne reviendrait à son projet d'une action sur les îles britanniques, n'hésitant plus cette fois à employer tous les moyens à sa disposition.

Guerre 1939-1945, Vichy, Z Europe, Allemagne, 94 (10GMII/94)

230

M. Truelle, Ministre de France à Bucarest,
 À l'Amiral Darlan, Vice-Président du Conseil, Ministre
 Secrétaire d'État aux Affaires étrangères, à la Marine et à
 l'Intérieur.

T. n°s 546 à 547.   *Bucarest, 2 juin 1941, 23 h.20.*

(*Reçu* : le 3, 2 h. 45).

Succédant à la période de détente que j'ai signalée, a fait place depuis deux jours à Bucarest une croyance très répandue à la possibilité d'ouverture prochaine des hostilités entre l'Allemagne et les Soviets. Comme précédemment ces bruits sont propagés par l'entourage du général Antonesco mais, cette fois, certains directeurs de journaux et même quelques fonctionnaires des Affaires étrangères qui, jusqu'à présent, étaient restés très sceptiques sur les chances de guerre, paraissent ébranlés.

Du côté roumain, diverses mesures sont venues ces derniers jours donner un fondement à ces rumeurs. Des ordres de mobilisation très étendue viennent d'être lancés touchant des hommes appartenant à des classes anciennes, dans les écoles les examens de fin d'année ont été avancés, un grand nombre de trains ont été supprimés en Moldavie et, en cette région, on signale des concentrations de troupes roumaines. Par contre du côté allemand, si on constate certains mouvements de troupes venant de Bulgarie, rien ne m'a permis encore de vérifier une augmentation considérable des forces allemandes affirmée par certains. Pour la première fois cependant, des escadrilles d'aviation allemandes sont détachées en Bukovine.

Au ministère des Affaires étrangères on m'a indiqué qu'on croyait savoir que des difficultés auraient surgi dans les négociations germano-soviétiques[1].

On ne pouvait préciser sur quels points mais on ajoutait qu'il serait difficile aux Russes d'accepter ce qui constituerait une sorte d'ultimatum.

Je sais par ailleurs que la légation d'Allemagne laisse répandre ces bruits avec trop de complaisance pour qu'il n'y entre pas une certaine part de propagande. Néanmoins on ne peut négliger les informations concordantes qu'on recueille au sujet de l'arrêt des négociations ni le caractère d'intimidation que revêtent en pareilles circonstances les préparatifs militaires en question.

Communiqué à Moscou par la poste, Budapest, Sofia par le courrier.

Guerre 1939-1945, Vichy, Z Europe, Roumanie, 689 (10GMII/689)

231

M. DE LA BAUME, AMBASSADEUR DE FRANCE À BERNE,
   À L'AMIRAL DARLAN, VICE-PRÉSIDENT DU CONSEIL, MINISTRE
   SECRÉTAIRE D'ÉTAT AUX AFFAIRES ÉTRANGÈRES, À LA MARINE ET À
   L'INTÉRIEUR.

T. n° 802.   *Berne, 2 juin 1941.*

(*Reçu*[2] : le 5, 15 h. 30)

Les informations que je recueille de source serbe, et sans doute partiales de ce fait, présentent la situation dans le nouveau royaume de Croatie[3] sous

---

[1] Dans le cadre de l'accord sur le commerce et les frontières signé en janvier 1941. Voir document n° 18.

[2] Par courrier.

[3] Sur la mise en place du nouvel État, voir le document n° 170.

un jour particulièrement sombre. Le nouveau régime se débattrait dans une crise intérieure des plus sérieuses. L'opposition s'accentuant entre la Parti paysan de Matchek, les Bosniates et les Serbes d'une part, et les adhérents très peu nombreux du nouveau gouvernement des Oustachis, de l'autre. Dans tout le pays, les actes de sabotage se multiplient. Ici, et là, des tribunaux d'exception ont dû être constitués pour juger les auteurs de ces actes, mais la population, en majorité hostile au nouveau régime, se cantonne dans la résistance passive. Celle-ci s'exerce notamment dans le domaine fiscal et dans celui du ravitaillement. Les journaux gouvernementaux de Zagreb sont pleins d'appels à la population pour l'inviter à payer les impôts, mais le succès de ces appels reste nul, de sorte que le gouvernement se verra placé très prochainement devant la nécessité de faire appel à l'aide italienne. Quant aux paysans, il ne fournissent plus les marchés. À Zagreb, qui fut autrefois un des plus grands marchés de bétail des Balkans, les arrivages ont complètement cessé. Il est manifeste que les paysans sabotent ouvertement le ravitaillement de la capitale et des autres grandes villes. Ils refusent au surplus d'accepter la nouvelle monnaie croate émise par le gouvernement Pavelitch et thésaurisent l'ancien dinar yougoslave qui est resté pratiquement la seule monnaie qui soit acceptée par tout le monde.

La situation est particulièrement tendue dans les régions bosniates habitées par les Serbes. Ceux-ci, dont le chiffre dans le nouvel État croate atteint près de deux millions, constituent le noyau de la résistance. Le gouvernement de Zagreb a procédé à l'arrestation de nombreux otages et la peine de mort menace tous ceux qui, en Bosnie, détiennent des armes. On a, en effet, des raisons de supposer que de nombreux dépôts d'armes ont été constitués dans les montagnes à peu près inaccessibles de la Bosnie, de l'Herzégovine et du Monténégro. Le nouveau gouvernement Pavelitch a placé la minorité serbe, au point de vue des droits civiques, sur le même plan que les juifs, c'est-à-dire qu'ils ne sont admis ni dans l'administration ni dans l'armée, ce qui a soulevé dans ce peuple fier d'une grande tradition militaire de violentes réactions.

Pour toutes ces raisons, le gouvernement n'a pas pu transférer jusqu'ici son siège de Zagreb à Banislouka, nouvelle capitale de la Croatie, ni inviter le duc de Spolète à prendre effectivement le pouvoir[1].

---

[1] Le 18 mai 1941, Aymon de Savoie-Aoste, duc de Spolète (1940-1948), descendant par son père du roi Victor-Emmanuel II et par sa mère, de Philippe d'Orléans, s'est vu offrir par Ante Pavelić la couronne de Croatie (perdue au XIe siècle et restaurée par décret-loi du 15 mai 1941), devenant le roi Tomislav II. De fait, ne manifestant « aucune hâte à se ceindre la couronne de Croatie » et « sans illusions sur les dangers qui guettent sa personne aussi bien que son trône, ni sur l'hostilité réelle de la grande majorité du peuple croate à l'égard du régime institué par MM. Mussolini et Pavelitch » (selon les confidences de la reine d'Espagne à un collègue de Léon Bérard (T.) 45 de Rome Saint-Siège en date du 6 juin 1941, *in* Guerre 1939-1945, Vichy, Z Europe, Croatie, 940), le duc de Spolète refusera de se faire couronner et ne se rendra jamais dans le pays, avant d'abdiquer finalement en juillet 1943. Voir les documents envoyés de Turin le 20 mai 1941 par l'amiral Duplat sur la presse italienne et la fondation du royaume de Croatie, dans Papiers 1940, Bureau d'études Chauvel, 34. Voir aussi la lettre de (?) (signature illisible) à son « cher ami » Lagarde, directeur adjoint des Affaires politiques et commerciales, de Turin en date du 29 mai 1941, signalant que selon un article de Malaparte, alors correspondant du *Corriere della Sera* à Zagreb, des

La haine de l'Italie serait générale dans le pays tout entier, même dans les milieux modérés[1] croates plus ou moins autonomistes et adversaires des Serbes. Elle est particulièrement violente dans les provinces dalmates annexées par l'Italie où les incidents et les actes de sabotage se multiplient.

Guerre 1939-1941, Vichy, Z Europe, Croatie, 946 (10GMII/946)

232

M. Georges Gueyraud, Consul général de France à Zagreb,
À l'Amiral Darlan, Vice-Président du Conseil, Ministre
Secrétaire d'État aux Affaires étrangères, à la Marine et à
l'Intérieur.

D. n° 87[2]. *Zagreb, 2 juin 1941.*

L'occasion m'a été donnée d'approcher avant-hier le maréchal Kvaternik, ministre de la Guerre et des Communications, « *krilnik* » / *ad latus*[3] du Poglavnik Ante Pavelic.

Le Maréchal m'a reçu avec une parfaite courtoisie et m'a assuré dès le début de l'entretien, de la sympathie que la nation croate nourrissait à l'égard de notre pays. « La nation croate, a-t-il ajouté, trouve dans les souvenirs du passé de multiples raisons d'aimer la France. Pour moi, je ne puis oublier que mon ascendant Eugène Kvaternik fût reçu par l'empereur Napoléon III et bénéficia de son appui… Comme soldat j'ai la plus profonde admiration pour l'armée française et sa merveilleuse histoire ». J'ai dit au Maréchal combien dans les circonstances difficiles que traversait notre pays ses paroles me touchaient. À quoi le Maréchal a répondu : « Nous savons que la France traverse une période difficile, mais nous aussi… ».

---

conversations auraient été engagées dès janvier 1940 entre Pavelitch et Ciano en vue de l'établissement d'un État croate indépendant et qu'un premier protocole, avait été signé à l'époque : « Ces négociations étaient évidemment connues des milieux officiels yougoslaves. Elles ont sans doute contribué à déterminer les auteurs du coup d'État du 27 mars à se méfier des assurances données par l'Axe, lors de l'adhésion de la Yougoslavie au Pacte tripartite et à risquer le tout pour le tout devant la perspective d'un démembrement probable en tous cas après une victoire germano-italienne » (Guerre 1939-1945, Vichy, Z Europe, Croatie, 940).

[1] Le mot « modérés » a été rajouté à la main en marge.

[2] Dépêche intitulée : « A/s Reconnaissance de la nouvelle Croatie ».

[3] *Krilnik* signifie « général », le plus haut grade des Oustachis. Slavko Kvarternik (1878-1947), apparenté à Eugène Kvaternik, l'une des figures du nationalisme indépendantiste croate du XIXe siècle, a été officier d'État-major de l'armée austro-hongroise pendant la Première Guerre, avant de se rallier au Royaume des Serbes, Croates et Slovènes en 1918. De retour à la vie civile en 1921, il adhère au Parti du droit dont le vice-président est Ante Pavelić. Entré en 1932 dans l'Oustacha, l'Organisation révolutionnaire croate des insurgés (créée en 1929 par Pavelitch), il collabore avec le chef du parti paysan, Vladko Matchek. En avril 1941, il proclame l'indépendance de la Croatie au nom d'Ante Pavelitch, qui rentre d'Italie à Zagreb, le 15 avril, et devient le deuxième homme du nouvel État, chargé notamment de l'organisation de l'armée nationale.

Le Maréchal a montré par la suite le plus vif intérêt pour les questions que je venais lui exposer et m'a recommandé de recourir à lui aussi souvent qu'il me serait utile. La libération dans la soirée d'un compatriote arrêté m'a prouvé que ses déclarations n'étaient pas de vains mots.

J'ai déjà rendu compte à Votre Excellence (mes lettres des 21[1], 28 avril[2], 2 et 13 mai, n°s 44, 47, 52, 67, 73[3]) des marques de sympathies françaises que me prodiguaient certaines personnalités du nouveau régime et du désir qu'elles manifestaient de relations amicales avec la France. La communauté des principes sur lesquels le chef de l'État français a fondé le travail de rénovation de notre pays et dont prétendent se réclamer de leur côté les dirigeants de la nouvelle Croatie, n'est pas un des moindres arguments invoqués par ceux-ci pour justifier leur désir de reconnaissance par la France de l'« État indépendant de Croatie ».

Quelques articles de presse font écho à ces sentiments, « Tandis que la Croatie restaure les traditions de la Couronne de Zvonimir, écrit l'*Hrvatski Narod,* organe du mouvement « oustacha », la France et l'Allemagne éprouvent le besoin de renouer la collaboration interrompue en 843... Aucun pays n'a été exploité aussi longtemps que la France par les Juifs[4], les maçons, les démagogues menteurs qui en continuant les traditions de la Grande Révolution, ont fait oublier au monde qu'à côté de la France légale, il y avait la « vraie » France... Le maréchal Pétain a renoué les traditions de la monarchie française en restaurant le pouvoir. Assumant personnellement les responsabilités et construisant sur l'honneur, il a groupé autour de lui des hommes capables de partager ces responsabilités et cet honneur. « La grande muette », l'armée, a aujourd'hui droit à la parole... Cette

---

[1] Voir document n° 170. À la même date, Gueyraud envoie aussi une D. n° 44, rapportant son entretien avec le secrétaire d'État aux Affaires étrangères, le Dr Lorkovitch, soucieux d'obtenir la reconnaissance du nouvel État croate par la France (Guerre 1939-1945, Vichy, Z Europe, Croatie, 947, non publié).

[2] La D. n° 47 de Gueyraud en date du 28 avril revient sur la question du « vif désir » des autorités du nouvel État croate de relations avec le gouvernement de Vichy, en arguant que « nonobstant les condamnation criminelles dont quelques chefs du nouvel État ont été l'objet – le poglavnik Ante Pavelić, et Kvarternik junior condamnés à Aix en Provence, et Arturović, extradé en Yougoslavie par les autorités françaises pour un objet différent [que l'attentat contre le roi Alexandre de Yougoslavie], le gouvernement de la nouvelle Croatie comprend un nombre appréciable d'éléments qui sont loin de nous être défavorables », d'autant qu'ils trouveraient la culture allemande « trop envahissante ». (Guerre 1939-1945, Vichy, Z Europe, Croatie, 947, document non publié).

[3] La D. n° 52 en date du 2 mai 1941, signale le départ pour Berlin du Dr Branko Benzon, ministre de Croatie auprès du Reich, et alors qu'il est question d'envoyer à Rome un Dalmate, comme « affirmation du caractère croate de la côte adriatique » ; elle rappelle que Zagreb « se préoccupe déjà de sa représentation en France ou tout au moins du choix d'une personnalité capable d'aller plaider à Vichy, la cause du nouvel État », un choix qui « s'avère cependant difficile » (Guerre 1939-1945, Vichy, Z Europe, Croatie, 942, non publié). La D. n° 67 n'a pas été retrouvée. La D. n° 72 en date du 13 mai revient sur le « désir » de la jeune Croatie de relations amicales avec la France du maréchal Pétain, exprimé par une personnalité proche d'Ante Pavelitch, rappelant la tradition de francophilie locale et espérant un « geste de grâce en faveur des condamnés du procès d'Aix-en-Provence » (Guerre 1939-1945, Vichy, Z Europe, Croatie, 947, document non publié).

[4] La D. n° 71 de Gueyraud en date du 12 mai 1941 signale qu'après de premières mesures discriminatoires, un arrêté du préfet de police de Zagreb vient d'ordonner le recensement de tous les Israélites mâles de 16 à 60 ans, qui recevront une carte d'identité spéciale.

armée a fait avec honneur son devoir durant la guerre ; après la défaite elle a assumé la tâche difficile d'organiser l'État... Le Maréchal à cheveux blancs et l'amiral Darlan sont des exemples superbes de soldats... Il y a maintenant en France un officier et à côté de lui un groupe d'hommes d'honneur et d'action, patriotes ardents... ».

Quelque prix que nous puissions y attacher, ces marques verbales ou écrites de sympathie ne sauraient nous faire illusion sur une réalité moins encourageante.

Les attaques dont la France est l'objet dans les discours des officiels du régime, suffiraient à nous le rappeler. La sympathie marquée par certains est loin d'être partagée par l'ensemble et le Poglavnik lui-même, malgré les assurances contraires qui m'ont été données par ses intimes, communie plus volontiers dans la xénophobie propre à la généralité de ses partisans. Il faut d'ailleurs convenir que cette xénophobie n'était guère moindre chez de nombreux fonctionnaires croates des régimes passés. Il n'est pas rare aujourd'hui en tout cas que mes démarches pour sauvegarder tel ou tel intérêt français ou obtenir la libération d'un compatriote arrêté abusivement, après avoir rencontré auprès des chefs une bonne volonté certaine, se heurtent à la malveillance de fonctionnaires subalternes qui lorsqu'ils ne peuvent éluder les ordres reçus, en freinent du moins l'exécution ou l'accompagnent de considérations peu amènes sur l'appui jadis donné à Belgrade par la France.

J'ai dû récemment encore faire observer au sous-secrétaire d'État aux Affaires étrangères, Dr Mladen Lorkovic, au lendemain de l'arrestation d'un compatriote (détenu sans motif plausible et libéré depuis sur mon intervention) que le désir manifesté par lui d'une reconnaissance de l'État croate par la France était peu compatible avec les vexations dont certains de mes compatriotes avait été l'objet. Je dois reconnaître cependant que les difficultés intervenues sont le fait d'agents subalternes et d'une xénophobie générale plus que de malveillance particulière à l'égard de la France. Aucune mesure n'a d'ailleurs, jusqu'à ce jour, affecté fâcheusement et de façon définitive les intérêts, relativement peu importants, que nous comptons en Croatie.

La Société de construction des Batignolles qui construisait pour le compte de l'État yougoslave la voie ferrée Bihac-Knin, a peu d'espoir d'obtenir la confirmation par l'État croate de son contrat. Du moins attend-elle un arrangement acceptable qui lui permettrait de réserver ses droits vis-à-vis de l'État yougoslave ou de son successeur.

Deux sociétés d'assurances françaises, la Nationale et l'Union, sont en pourparlers pour la cession de leurs portefeuilles mais semblent devoir éluder la menace d'une cession à prix dérisoire à une société nationale croate.

Deux sociétés textiles croates, à capitaux français, ont été pourvues de commissaires : nos capitaux éprouvent quelques difficultés à y maintenir leur contrôle. L'arrestation momentanée du directeur de l'une d'elles (Tissus AGB) donne à craindre que les autorités croates veuillent évincer ce directeur français pour le remplacer par un Croate.

D'autres entreprises commerciales ou industrielles, françaises ou croates à capitaux français, dont la SODOAD (filiale de l'Air liquide) et la Ditad (Société forestière, filiale de Carel et Fouché) semblent s'accommoder à peu près du contrôle des commissaires « oustache ».

Si incertain que soit pour eux l'avenir, nos compatriotes peuvent, en l'état actuel des choses, espérer des temps meilleurs.

Dans le domaine culturel, l'Institut français de Zagreb poursuit son activité. L'été autant que les circonstances politiques expliquent sa vie au ralenti. La Société des amis de la France de Zagreb n'a pas été troublée par les événements.

Je suis encore imparfaitement renseigné du sort que la révolution croate a réservé aux Cercles français de la province. Mais un intime du Poglavnik m'a assuré de l'intérêt que les autorités de la nouvelle Croatie portaient aux Cercles français et à la collaboration culturelle franco-croate. Un cercle de province fermé par les « oustache » a été rouvert par ordre des autorités. Promesse m'a été faite que des décisions analogues interviendraient à l'égard de nos Cercles dont l'activité aurait été suspendue. La personnalité oustacha à qui nous devons la réouverture de ce Cercle et cette promesse a cru devoir me dire sa conviction que « l'ordre nouveau en Europe serait, si l'Axe était vainqueur, dicté par la France et le Reich, et, dans l'éventualité contraire, par la France seule ». « Ce pourquoi, a-t-il conclu, et l'Italie ayant quant à elle définitivement perdu la guerre et s'étant déconsidérée aux yeux des Croates par l'annexion de la Dalmatie, la Croatie doit regarder vers la France ».

Guerre 1939-1945, Vichy, Z Europe, Croatie, 953 (10GMII/953)

233

M. Jules Henry, Ambassadeur de France à Ankara,
    À l'Amiral Darlan, Vice-Président du Conseil, Ministre
    Secrétaire d'État aux Affaires étrangères, à la Marine et à
    l'Intérieur.

T. nos 876 à 880.   *Ankara, 3 juin 1941, 19 h. 36.*

(*Reçu* : le 4, 12 h. 15)

Je me réfère à mon télégramme nos 866-867[1].

[1] T. en date du 2 juin d'Ankara, portant le paraphe manuscrit de Lagarde comme le présent document. L'ambassadeur y relate que « les milieux gouvernementaux sont péniblement surpris du passage des déclarations [de Darlan] concernant l'affaire de Cilicie. » Le directeur de l'Agence Anatolie, frère du Secrétaire général des Affaires étrangères, se propose d'envoyer un télégramme de protestation, tandis que le député Falih Rifki, ami intime du Président de la République et Président de l'Association de la Presse, a accusé Darlan de commettre « sciemment ou inconsciemment la négligence de dénaturer l'histoire de la lutte pour l'indépendance turque », en recherchant des raisons pour accuser l'Angleterre. « Étant donné les susceptibilités des Turcs »,

À en juger par ce que j'entends et que je lis je crains que l'amour-propre turc n'ait été piqué au vif par les déclarations de Votre Excellence[1]. On me rapporte que les commentaires des milieux gouvernementaux sont assez violents et que le Président lui-même a manifesté un grand mécontentement. Au cercle où je rencontre presque continuellement des membres du gouvernement et des personnalités importantes, on m'a marqué hier une certaine froideur contrastant avec la cordialité que l'on m'avait jusqu'ici toujours témoignée.

Les commentaires des journaux d'hier après-midi et de ce matin reflètent le même état d'esprit que ceux d'hier. Certains contiennent des attaques personnelles à votre adresse ; la plupart profitent de l'occasion pour juger sévèrement à nouveau la politique du gouvernement français.

Les éditoriaux sont précédés de titres protestant contre « l'affront qui vient d'être fait à l'amour-propre national turc ». Tous développent la thèse que c'est l'armée turque seule, sans avoir besoin du concours ou des conseils de l'étranger, qui reconquit la Cilicie.

Les articles les plus durs sont ceux de M. Yunusnadi dans la *République*, Yalman dans le *Vatan* et Sadak dans *Akcham*.

Le premier déclare qu'il est du devoir de la Turquie « de retourner à son auteur sa phrase absurde contraire à la vérité historique et blessante pour l'amour-propre (…)[2] turc ». Il rappelle que la période à laquelle se réfère le chef du gouvernement français est celle de la lutte nationale turque contre les puissances occidentales qui voulaient morceler la Turquie. Il proteste contre l'assertion qu'à ce moment de son histoire, la Turquie ait mis à profit les provocations et encouragements anglais : « Il y a dans cette façon de penser un caractère scandaleux qui fera toujours monter le rouge au front de la France et une insulte qui brûlera les Turcs d'une sainte colère ». Après vous avoir accusé de vouloir délibérément mettre à la disposition des Allemands la flotte et les forces de la France, M. Yalman conteste la vérité historique de votre déclaration et rappelle que « les Turcs n'hésitèrent pas à prendre les armes pour défendre leur territoire après que les Français eussent envoyé à Adana des bourreaux comme le colonel Brémont[3] pour nous annihiler et s'emparer de notre territoire ».

J. Henry suggère à Darlan de chercher à calmer l'opinion publique, en arguant aussi de « l'attitude la plus correcte » du gouvernement turc dans la question syrienne, malgré les pressions britanniques. (Guerre 1939-1945, Vichy, E Levant, 117, non publié).

[1] Il s'agit du discours de Darlan devant les représentants de la presse de la zone occupée le 31 mai 1941, qui dresse le bilan des rapports franco-anglais et de la politique du gouvernement français à l'égard de la Grande-Bretagne, après l'incident de Sfax le 28 mai (bombardement du *Rabelais* en train d'appareiller pour sortir du port). Le passage incriminé est le suivant : « Si nous voulons comprendre ce qui échappe de prime abord à tout raisonnement sain, il est sans doute nécessaire d'évoquer les rapports franco-britanniques de ces vingt dernières années. Dès la Conférence de la Paix, l'Angleterre se comportait de telle manière qu'elle nous obligeait à faire un traité bâtard où, sous son influence, nous renoncions à la fois aux fruits de la générosité et aux avances de la force. À la même époque, en Cilicie, elle lançait contre nous l'armée turque et nous faisait arracher par la ruse et la violence ce qu'elle nous avait reconnu en droit. » (Extrait tiré de la coupure de presse reproduisant le discours, *in* Guerre 1939-1945, Vichy, Z Europe, Grande-Bretagne, 339, fol. 85).

[2] Lacune de déchiffrement.

[3] Édouard Brémond (1868-1948) a servi à Madagascar et au Maroc, puis pendant la Grande Guerre en Égypte et au Hedjaz où il contribue au soutien de la révolte du chérif de La Mecque,

M. Sadak rappelle qu'Adana est turque et demande en vertu de quel droit cette ville avait été cédée à la France et comment le chef du gouvernement français s'étonne que les Turcs l'aient recouvrée : « La France n'a aucun droit sur Adana, aucun droit non plus sur la Syrie qu'elle nous enleva. Les Turcs n'acceptent de se séparer de cette partie de l'Empire ottoman qu'à la condition que le peuple syrien aurait son indépendance... Comment la France privée de la capacité de protéger et préserver la Syrie peut-elle parler d'avoir le droit de posséder Adana ? ».

Et M. Sadak de conclure que nous n'avons désormais plus le droit de posséder ni le Maroc, ni l'Algérie, ni la Tunisie.

Il n'y a pas lieu de s'étonner de cette réaction puisque la campagne de Cilicie compte parmi les succès de la révolution, kémaliste qui amena au pouvoir les dirigeants d'aujourd'hui. Ceux-ci déclarent ne pas comprendre que, quels que soient les griefs de la France contre la Grande-Bretagne, le Président du Conseil ait cru devoir invoquer des faits n'ajoutant rien de substantiel à son dossier et mêler indirectement la Turquie à la controverse franco-britannique sans autre résultat que de nuire aux bonnes relations franco-turques.

Ainsi que je l'ai suggéré hier, je souhaite vivement qu'une mise au point de la part de Votre Excellence fasse cesser une campagne particulièrement regrettable dans les circonstances actuelles[1].

Guerre 1939-1945, Vichy, E Levant, Turquie, 117 (4GMII/117)

mais se heurte à Lawrence dans la lutte d'influence régionale entre la France et l'Angleterre, notamment en Cilicie où il est nommé administrateur en chef (janvier 1919-septembre 1920), et protège les populations arméniennes rescapées du génocide de 1915, ramenées par la France alors qu'elle cherchait à constituer un foyer national arménien sous sa protection dans la zone qui lui avait été attribuée par les accords Sykes-Picot. Outre les manœuvres britanniques sous l'égide de Lawrence, il est aussi confronté aux nouvelles priorités de la politique française à l'égard de la Turquie kémaliste en cours de construction. Le colonel Brémond a laissé des mémoires sur cet épisode, *La Cilicie en 1919-1920*, Paris, Geuthner, 1920.

[1] Dès le 3 juin, Darlan suit l'avis de J. Henry et adresse un courrier à l'ambassadeur de Turquie en France, Behic Erkin, dans lequel, il tient « sans plus tarder » à donner « des éclaircissements » qui « permettront de rassurer son gouvernement sur la portée de l'allusion qu'[il a] cru devoir faire aux événements qui, en 1919 et 1920, qui ont mis aux prises les forces de nos deux pays » : « Votre Excellence connaît trop les sentiments de la France à l'égard de la Turquie pour que j'aie besoin de rappeler la haute estime que mes compatriotes n'ont cessé d'éprouver pour les troupes qui ont combattu si bravement et si loyalement en Cilicie. Il va donc de soi que mes reproches allaient exclusivement à l'Angleterre, qui, à mon sens, s'est évertuée par ruse et par violence, à se dérober aux engagements juridiques qu'elle avait souscrits envers mon pays. J'ose espérer que ces apaisements écarteront, dans l'opinion turque, tout risque de malentendu sur ce point et contribueront ainsi à resserrer davantage encore, s'il est possible, les liens de l'amitié franco-turque, dont le maintien reste l'un des objectifs fondamentaux et permanents de la politique de mon pays. » Le 4 juin, Jules Henry indique que la violence de la campagne de presse s'est déjà atténuée (T. n° 905). Il rapporte aussi les propos du Secrétaire général des Affaires étrangères lors de son entretien pour transmettre le message de Darlan : « Si notre presse a été aussi véhémente, c'est que l'opinion a interprété les paroles de votre Ministre comme une sorte de menace de la part de la France [...] de revenir sur les traités qui ont établi l'état de choses actuel » (T. n° 906). La note du Département du 4 juin 1941 précise les griefs turcs à l'encontre de ce passage de la déclaration de Darlan, signifiés par le Consul général de Turquie à Paris, Djevded Bey : à la fois « affirmation inexacte (les kémalistes n'agissaient pas en 1921 pour les Anglais mais contre les Anglais qui fomentaient alors la marche des Grecs sur Ankara) » et « revendication sur des territoires dont nous avions reconnu le caractère turc en échange de la cession de la Syrie ». Le consul général y ajoute aussi la menace :

234

L'Amiral Platon, Secrétaire d'État aux Colonies,
À l'Amiral Darlan, Vice-Président du Conseil, Ministre
Secrétaire d'État aux Affaires étrangères, à la Marine et à
l'Intérieur.

L. n° 800 CAB.S[1]   *Vichy, 4 juin 1941.*

Amiral,

J'ai l'honneur de vous faire connaître qu'il est envisagé d'instituer cette année, en zone libre, une campagne de propagande coloniale, pendant une période d'une semaine, sous le nom de « Semaine impériale française »[2].

Je considère qu'elle ne peut se réaliser pleinement qu'à la condition d'unir l'Afrique du Nord aux manifestations de nos provinces métropolitaines, et je serais heureux qu'il vous apparaisse possible d'inviter le gouverneur général de l'Algérie et les résidents généraux de France au Maroc et en Tunisie à donner leur concours à cette campagne.

C'est sous le haut patronage du Chef de l'État qu'elle se déroulerait en plein accord avec les services de l'Information et de la Propagande de la vice-présidence du Conseil et des ministères de la Marine, de la Guerre, de l'Aviation, de l'Éducation nationale et des Finances. Une série de manifestations de tous ordres, portant dans toutes les sphères une propagande énergique, instructive et attractive à la fois sera organisée, sous le contrôle et la direction des ministères intéressés, par la Ligue maritime et coloniale[3] et le Comité national de la Semaine impériale, en collaboration avec mes services de propagande.

Il s'agit de pénétrer les jeunes générations, comme le grand public, de l'importance de l'Empire colonial français dans le passé et le présent, et pour l'avenir de notre patrie. Ce sont les leçons de caractère, de discipline dans l'initiative et la volonté constructive qui se dégagent de cette œuvre immense qu'il me paraît nécessaire de placer à la base d'une telle propagande, illustrée avant tout par la personnalité du maréchal Pétain.

Entre tous nos territoires d'outre-mer, l'Afrique du Nord a sa place dans cette campagne à laquelle elle pourra apporter d'éclatants exemples.

« Si vous espérez y rester [en Syrie], grâce aux Allemands, contre nous, votre Syrie est perdue. » (tous ces documents non publiés dans Guerre 1939-1945, Vichy, E Levant, Turquie, 117).

[1] Lettre ayant pour objet : « Semaine impériale française » et comme destinataires : « Amiral de la Flotte, Intérieur (2), Affaires étrangères (2), avec copies au CID, Semaine impériale, Part. ». Le document porte le paraphe manuscrit de Lagarde et l'annotation marginale manuscrite : « Office du Maroc. À communiquer à Office de Tunisie ».

[2] La manifestation s'est tenue du 15 au 21 juillet suivant. Quelques jours auparavant, le 8 juillet 1941, le maréchal Pétain a adressé un message aux Français, leur déclarant que le peuple français n'avait d'avenir qu'à condition de retrouver le « sens de sa grandeur et celui de sa mission impériale. »

[3] La Ligue maritime et coloniale est une association très populaire créée en 1921. Elle est le fruit de la fusion de la Ligue maritime et de la Ligue coloniale, deux éléments importants du « lobby » colonial d'avant 1914.

La note annexe ci-jointe précise les données de l'action à poursuivre et les moyens qui pourront être mis en œuvre. La date choisie en accord avec le ministère de l'Éducation nationale serait fixée du 15 au 21 juillet, et je vous demande, si vous approuvez ces propositions, de donner dès que possible les instructions nécessaires.

Il me sera précieux pour notre bonne organisation de connaître au plus tôt votre décision. Dans l'affirmative, je vous serais très obligé de désigner par les représentants de l'Algérie et de nos protectorats du Maroc et de la Tunisie qui pourraient entrer en rapports à Vichy avec mon Département pour la participation de nos territoires nord-africains à l'organisation matérielle de la « Semaine impériale ».

Je vous demande d'agréer, Amiral, l'expression de mon dévouement respectueux.

ANNEXE

Note annexe

Thèmes des leçons et causeries

Les artisans et les fondateurs de l'Empire colonial – son étendue, ses ressources – les hommes et les choses, l'équipement, les voies de communications maritimes, terrestres, aériennes – l'unité de la France totale – la jonction par le rail de la Méditerranée et du Niger – l'œuvre civilisatrice entreprise par la France dans le domaine médical, social, économique et culturel.

Caractère de cette propagande

Elle doit être nettement attractive et vivante, s'adapter à l'âge et aux connaissances générales des élèves – commenter les images, choisir des récits, des anecdotes, éclairer des cartes, des événements, des traits historiques.

Le but

N'est pas de susciter des demandes de places, des vocations peut-être, mais, par dessus tout, mettre en lumière les hautes qualités morales qui se dégagent de notre œuvre colonisatrice, comment nos pionniers, nos administrateurs, nos soldats, nos marins, nos médecins, nos maîtres, nos missionnaires ont compris et accompli leur tâche, et l'esprit de devoir, de sacrifices, de résolution qui les a guidés. *Attirer non par l'exotisme mais par l'effort à accomplir et la grandeur de l'œuvre*[1].

Les moyens

1°- Conférences-types, tracts, affiches, brochures de propagande, livres de prix, ouvrages sur nos colonies fournis par le Secrétariat d'État aux Colonies (service intercolonial d'Information), aux directeurs d'Établissements scolaires, aux professeurs et instituteurs.

2°- Films sur l'Empire colonial, établis par le Service du cinéma du secrétariat général à l'Information ; seront prêtés, sur demande, aux établissements scolaires disposant d'un appareil de projection en 35 ou 16 mm.

3°- Visites accompagnées à des expositions, musées, établissements scientifiques, etc. Fêtes sportives, défilés, participation selon les centres à des commémorations ou anniversaires, à des représentations soumises au contrôle de l'organisation de la Semaine.

Plus spécialement dans des villes comme Marseille, Toulon, etc. des cérémonies devant les monuments aux morts de l'Armée coloniale, de la Marine seront organisées par les sections locales de la Ligue maritime et coloniale et du Comité national de la Semaine

---

[1]   Souligné dans le texte.

impériale, en accord avec les chefs d'Établissements et les autorités et personnalités ou collectivités locales intéressées.

À l'occasion de la Semaine impériale, la radiodiffusion nationale consacrera une série de causeries aux thèmes ci-dessus énoncés.

Guerre 1939-1945, Vichy, K Afrique, 88 (5GMII/88)

235

M. Lescuyer, Ministre de France à Bagdad,
    À l'Amiral Darlan, Vice-Président du Conseil, Ministre
    Secrétaire d'État aux Affaires étrangères, à la Marine et à
    l'Intérieur.

D. n° 73[1].   *Bagdad, 4 juin 1941.*

Dès le 28 mai, les troupes anglaises venues en plus grand nombre de Palestine, réussirent, malgré les inondations tendues le long de l'Euphrate sur leur passage, à déborder la région d'Habbaniyah[2]. Il était dès lors certain que toutes les tentatives de résistance irakiennes devenaient inutiles. D'ailleurs dès le lendemain, des patrouilles anglaises dans des automitrailleuses se répandaient dans la région au nord de Bagdad, occupant Samara, coupant la voie ferrée de Mossoul et attaquant les troupes irakiennes aux portes mêmes de la capitale.

Il devenait, en même temps, impossible au gouvernement de se réfugier dans le nord pour y continuer la résistance, car en dehors même d'un mouvement kurde toujours possible, un fort revirement s'y manifestait en faveur de l'ancien régent[3], en particulier dans les villes d'Erbil et de Mossoul.

On assistait, alors, à une débandade complète de toutes les personnalités responsables du conflit. Le Président du Conseil accompagné du Régent[4], du Grand Mufti de Jérusalem[5], des officiers généraux et nombre de hauts fonctionnaires fuyaient vers l'Iran. La mission militaire italienne, compre-

---

[1] Dépêché intitulée « A.s. Situation en Irak » et communiquée à Beyrouth. Indications marginales manuscrites, outre le paraphe de Lagarde : « Enregistré le 11.7.41 » et « a été communiqué à [illisible] ».

[2] Sur les instructions pressantes de Churchill, une colonne d'attaque a été constituée en Palestine au début de mai 1941, nommée selon son objectif Habbaniyah, la Habforce. C'est sur elle que vont reposer les opérations britanniques en Irak, le commandement qui se rappelle la déconfiture subie en 1916, préférant ne pas essayer de faire remonter la Mésopotamie aux troupes débarquées à Bassorah. Les 6 000 hommes de la Habforce, appuyés par une unité de la Légion arabe prêtée par Abdullah de Transjordanie, sont à Habbaniyah le 18 mai et aux portes de Bagdad le 30, provoquant une débandade générale.

[3] Le Régent Abd al-Illah avait réussi, lors du coup d'État d'avril 1941, à gagner l'ambassade des États-Unis à Bagdad, puis la base britannique d'Habbaniyah, et enfin Amman.

[4] Rachid Ali, le président du Conseil, et Chérif Sharaf, désigné comme régent par Rachid Ali.

[5] Hadj Amin al-Husseini s'est réfugié en octobre 1939 à Bagdad où il avait été accueilli avec enthousiasme. Animateur de la grande révolte arabe palestinienne de 1936-1937, il avait dû fuir la Palestine britannique au Liban, où il venait d'esquiver la surveillance française.

nant des aviateurs et des techniciens, gagnait également l'Iran. La légation d'Italie, sur le point de partir, différait son départ sur instructions venues au dernier moment de Rome[1]. Les quelques Allemands encore à Bagdad partaient pour Mossoul d'où ils fuyaient le lendemain en avion[2]. Les autorités leur accordaient vingt-quatre heures pour partir, menaçant ceux qui ne quitteraient pas dans ce délai, d'être fusillés.

Un Comité provisoire de sécurité nationale dirigé par le maire de Bagdad et composé du gouverneur de la ville, du directeur de la Police et d'un officier supérieur prenait alors le pouvoir et entrait immédiatement en contact avec les autorités anglaises. On doit reconnaître que le maire de la ville, Arshad al-Omari, sut, en ces circonstances difficiles, faire preuve de décision et d'adresse. En quelques heures, il obtenait un accord d'armistice extrêmement libéral. L'indépendance du pays était garantie et l'honneur de l'armée sauvé : les troupes irakiennes pouvaient en effet librement regagner leurs casernements où tout le matériel saisi leur serait restitué. Mais les Anglais exigeaient en même temps la promesse d'une rupture des relations avec l'Italie qu'ils cherchent à obtenir depuis l'été dernier et l'application des clauses du traité irako-britannique concernant le transit des troupes anglaises à travers l'Irak[3].

Une fois cette tâche accomplie, le gouvernement provisoire devait céder la main au nouveau gouvernement qui serait constitué dès le retour du Régent et des hommes politiques qui l'accompagnaient. L'ordre constitutionnel serait ainsi rétabli ; la période pendant laquelle Rachid Ali Guilany avait eu le pouvoir et procédé à la désignation comme régent de Shérif Sharaf étant considérée comme n'ayant pas eu de caractère légal, puisque intervenue en violation des lois constitutionnelles.

Dès le lendemain matin, l'ancien régent faisait d'ailleurs sa rentrée en ville. Il était reçu dans son palais par les principales personnalités du pays et le corps diplomatique. L'ambassadeur d'Angleterre[4] et le ministre d'Amérique[5] réapparaissaient à cette cérémonie après un emprisonnement de plus d'un mois dans leurs résidences respectives.

On attendait alors la constitution d'un gouvernement qui aurait été formé par Djémil Bey Medfai, rentré avec le Régent. Mais on avait oublié de compter avec la population qui, chauffée à blanc pendant un mois par la propagande de Rachid Ali Guilany, et persuadée que l'armée irakienne était toujours victorieuse, ne pouvait comprendre l'armistice et le retour du prince Abdul Ilah qu'on lui avait appris à considérer comme l'ennemi du pays.

La réaction était immédiate et violente. Militaires et agents de police complètement démoralisés cessaient d'obéir aux consignes qu'ils recevaient.

---

[1] En fait, le ministre d'Italie, Luigi Gabrielli, est parti de Bagdad avec le président du Conseil, Rachid Ali.

[2] Notamment Fritz Grobba.

[3] Traité signé en 1930 (voir document n° 197, note 2, p. 422).

[4] Sir Kinahan Cornwallis.

[5] Paul Knabenshue.

En même temps certains éléments de la population toujours prêts à se soulever et à piller se dirigeaient vers le centre de la ville et particulièrement
vers les quartiers juifs pour piller[1].

Les troubles qui commençaient dans l'après-midi même du 1er juin, seulement quelques heures après le retour du Régent, devaient se développer
toute la nuit et prendre dans la matinée du lendemain un caractère assez
alarmant.

Le personnel de la légation et les Français les plus exposés se réfugièrent
à notre légation, qui, malheureusement, située dans un vieux quartier et
entourée de petites rues n'est pas défendable, mais dont le caractère officiel
peut faire impression sur les pillards.

D'ailleurs, dès le soir, d'assez sévères mesures de répression étant prises,
le calme put être rétabli. Le mouvement avait conservé jusqu'à la fin un
caractère nettement anti-juif et la propriété juive était presque seule à en
souffrir. Le nombre de morts aurait malgré tout atteint quelques centaines.

Le nouveau gouvernement se constituait sous la présidence de Djémil
Bey Medfai, qui a déjà été président du Conseil. Djémil Medfai est un
homme modéré et de bon sens. Mieux que tout autre, il est capable
de ramener un peu de calme dans les esprits et un peu d'ordre dans le
pays. Mais, sa tâche sera difficile. Il a pris aux Affaires étrangères Ali
Djewdet Ayoubi, homme également pondéré. Les autres collaborateurs
sont : Mustapha al-Omari, au ministère de l'Intérieur ; Nadif al-Chawi, à
la Défense ; Ibrahim Kemal, aux Finances ; Djalal Baban, aux Communications et Travaux publics ; Mohamed Ridah, à l'Instruction publique et
enfin Nasrat al-Farissy à l'Économie et aux Affaires sociales. Tous des
hommes de tendances modérées.

On verra tous les jours qui vont suivre dans quelle mesure l'Irak pourra
rétablir sa vie politique et économique. Si l'ordre est maintenant rétabli,
on sent pourtant qu'il faudrait très peu de choses pour que de nouveaux
troubles éclatent. D'autre part la machine administrative a été tellement
disloquée qu'on se demande si elle pourra vraiment se remettre à fonctionner utilement avant un assez long délai.

Si le commandement anglais a rétabli l'ordre à peu de frais, puisque
les pertes seraient tout à fait minimes et les contingents employés peu
importants, les autorités anglaises se montrent maintenant assez indécises
devant le développement des événements et laissent au gouvernement local
l'entière tâche de rétablir l'ordre et d'éclairer l'opinion publique.

L'aventure dans laquelle Rachid Ali et ses partisans ont si légèrement
précipité l'Irak a coûté au pays son armée, qui maintenant complètement
désorganisée a perdu toute sa force et tout prestige. Elle a coûté plusieurs
milliers de morts, tant au cours des opérations militaires qu'au cours

---

[1] Avec la Habforce aux portes de Bagdad, la population musulmane trouve dans la communauté juive de la ville (un cinquième des 117 000 Juifs irakiens) un bouc-émissaire. Le dimanche
1er juin, premier jour de la fête juive de la Pentecôte (*Chavouot*), des incidents dégénèrent en un
violent pogrom qui a fait sans doute quelque 200 victimes et endommagé nombre de maisons et
de commerces juifs.

des troubles qui ont suivi et des pertes matérielles de l'ordre de plusieurs millions de dinars. Le pays est complètement désorganisé ; de nouveaux troubles sont possibles et un démarrage de l'activité du pays tant sur le terrain politique que sur le terrain économique va être très ardu. Il faudra pour cela au nouveau gouvernement une autorité qu'il n'a pas réussi à prendre encore.

Quant aux Anglais, ils ne disposent pas d'effectifs suffisants pour reprendre la situation en main. Le général Wawell à qui il a été fait appel pour obtenir de nouvelles troupes s'y est refusé, estimant que la seule chose qui importait actuellement était de se préparer à la grande bataille qui s'annonce pour Suez et que, d'ici là, il serait tout à fait imprudent de distraire de ce champ de bataille principal le moindre tank ou le moindre avion[1].

On peut donc penser que l'Irak va continuer dans les semaines qui vont suivre à connaître un état de semi-anarchie. Il faut souhaiter que l'état-major et la Police ne soient pas débordés par les éléments de désordre, sinon les troubles de ces derniers jours se dérouleraient à nouveau et cette fois-ci sans doute avec beaucoup plus de violence.

Pendant tous ces événements, notre pays a été violemment attaqué. Tous les éléments modérés qui souhaitaient une prompte liquidation du conflit à leur sens sans issue, nous ont accusés, par la liberté laissée aux avions allemands en Syrie et par le matériel expédié du Levant, d'avoir aidé à la prolongation de la lutte.

Les éléments extrémistes, par contre, ne comprennent pas notre attitude. Si nous facilitons les choses aux Allemands en Syrie, ils ne comprennent pas pourquoi nous ne nous rangeons pas alors ouvertement dans le camp des ennemis de l'Angleterre. Du moment où nous avons abandonné au Levant une position de stricte neutralité, nous avons pris, à leur sens, position et nous devons en tirer les conséquences.

Depuis que les Anglais sont de nouveau maîtres de la situation, cette légation n'a pas eu de rapports avec les autorités anglaises mais quand on voit l'indignation qu'a produite dans les milieux britanniques d'Irak le fait que les avions allemands n'ont pu bombarder les positions britanniques que grâce à l'usage des aérodromes syriens, on peut penser que ces rapports vont être maintenant très difficiles.

ANNEXE

CONDITIONS DE L'ARMISTICE

1°) Cessation des hostilités.

2°) Sauvegarde de l'indépendance complète du royaume.

3°) Maintien de l'armée avec tout son matériel, son armement et ses fournitures, comme auparavant.

4°) Retrait des unités vers ses campements, comme en temps de paix.

---

[1] Le général Wavell, commandant en chef pour le Moyen-Orient, est depuis le début réticent à distraire de ses forces pour l'Irak. Il est avant tout préoccupé par l'attaque de Rommel contre Tobrouk en Cyrénaïque.

5°) Ouverture de la voie des communications conformément aux dispositions du traité irako-britannique.

6°) Libération des prisonniers.

7°) Arrestation des forces armées des puissances étrangères ennemies, c'est-à-dire des Allemands et des Italiens.

Guerre 1939-1945, Vichy, E Levant, Irak, 159 (4GMII/159)

236

M. Chataigneau, Ministre de France à Kaboul,
  À l'Amiral Darlan, Vice-Président du Conseil, Ministre
    Secrétaire d'État aux Affaires étrangères, à la Marine et à
    l'Intérieur.

D. n° 31[1].   *Kaboul, 5 juin 1941.*

Depuis 1939, plusieurs gouvernements étrangers ont organisé en Afghanistan une propagande intense : ils cherchent par ce moyen, tout à la fois, à gagner les sympathies des classes dirigeantes et de la masse populaire et à créer un mouvement de suspicion contre d'autres pays : Russes et Japonais cherchent avant tout à faire apprécier leur culture, leur organisation sociale et leur puissance économique ; Allemands, Italiens et Britanniques s'efforcent de faire approuver leurs méthodes et leurs buts de guerre, de faire admettre la certitude de leur victoire finale et de saper les positions acquises par leurs adversaires. Ces propagandes, à part celle de l'Italie, ignorent la France ou s'attachent à conquérir les sympathies françaises.

– *L'URSS dispose*[2] de moyens d'action puissants en Afghanistan : ses émissions de radiodiffusion relayées de Moscou ou de Rostov par les stations du Caucase et du Turkestan sont bien entendues dans tout le royaume. Elles comportent des causeries en turkmène, en persan, et en pastu[3]. Elles font valoir la prospérité des artisans et des agriculteurs du Turkestan soviétique, la sécurité matérielle assurée aux exploitants des kolkhozes, l'autonomie culturelle de chaque groupe ethnique de l'URSS. Le nombre des appareils récepteurs de radiodiffusion étant très faible en Afghanistan, cette propagande agit avec un ou deux jours de retard ; son effet ne s'étend qu'une fois colportées de tribu en tribu les nouvelles qu'elle dispense.

Elle anime sans cesse celle des agents du centre d'information de Tashkent qui circulent non sans difficulté d'ailleurs au sud de l'Amou Daria

---

[1] D. intitulée : « A/s Des propagandes étrangères en Afghanistan ». Mention marginale manuscrite : M. de Granville. Prendre connaissance et me parler de la conclusion ». Le document porte aussi un tampon : « 11 août 1941 ».

[2] Souligné dans le texte comme les autres parties en italiques du document.

[3] Ou pachtou, principale langue du pays.

et établissent des liaisons avec certains réfugiés : Turkmènes de la province de Maïmene, Ouzbeks du Mazar et Tadjiks du Qataghan.

Au nord de l'Indou Koush, elle est à la fois sociale et ethnique, au sud, elle est purement sociale et dans la région de Kaboul, elle s'exerce sur les artisans pauvres ; sur un prolétariat intellectuel ambitieux et sur quelques cadres avides à qui l'ambassade de l'URSS verse des mensualités.

Il ne semble pas qu'elle ait gagné du terrain depuis un an, mais ses succès peuvent être nombreux et brusques sur une population pauvre après une mauvaise récolte.

— *La propagande japonaise* participe pour le moment de la publicité commerciale et technique. Elle oriente les consommateurs afghans vers l'adoption des produits nippons à bas pris : soieries, cotonnades, chaussures, en attendant de les préparer à l'usage des produits pharmaceutiques et des machines. Accessoirement, les agents de la propagande japonaise exercent leur activité, en plein accord avec ceux de l'Allemagne et de l'Italie, dans un sens hostile aux Anglo-Saxons et selon le thème « l'Asie aux Asiatiques ».

— *Les pays de l'Axe* assurent leur propagande en pleine harmonie sous la direction du représentant du Dr Goebbels, le Dr Fischer. La mission de chaque légation est soigneusement précisée. La lutte contre l'Angleterre est menée par les Allemands ; la surveillance de la colonie française de Kaboul, la critique de nos relations avec le monde musulman sont faites par les Italiens.

Ces derniers observent attentivement les faits et gestes du ministre de France et de son personnel, ainsi que de tous les Français résidant à Kaboul. Ils critiquent volontiers les méthodes françaises d'enseignement, ce qui revient à mettre en cause l'efficacité du collège Esteqlal, c'est-à-dire de notre principal moyen d'action en Afghanistan.

Le bulletin quotidien de propagande édité par la légation d'Italie exalte la valeur des armes italiennes et leurs succès partiels et insiste sur les sympathies de l'Italie pour le monde arabe et pour son unité politique, de façon visiblement à justifier un Empire italien de la Méditerranée étendu de la Syrie au Maroc.

— *La propagande allemande* est nettement dirigée contre la Grande-Bretagne. Elle est menée par un personnel nombreux, réparti sur tout le pays, trois cents personnes environ qui reçoivent chaque semaine des instructions du *Gauleiter*. Elle s'exerce, de ce fait, efficacement par relations personnelles.

Les Allemands sont aimables au bazar et sur la route. Ils s'attardent volontiers à causer avec les commerçants et les artisans. Ils ne discutent pas les prix qui leur sont demandés pour leurs achats et comme, d'autre part, ils réalisent en marchandises diverses, tapis, fourrures, miniatures, châles et broderies, leurs traitements et salaires, ils sont de tous les étrangers les clients les plus appréciés. Ils invitent volontiers les Afghans qu'ils ont rencontrés, ne serait-ce qu'une fois, à monter dans leur voiture et ils engagent avec eux des conversations sur la situation politique, sur la guerre anglo-iranienne et sur les bénéfices que l'Afghanistan ne pourrait manquer de tirer d'une victoire allemande au détriment de l'Empire britannique. Ils insistent sur la situation mineure faite aux États privés d'accès à la mer, et sur les exutoires naturels que représenteraient pour l'Afghanistan la côte du Bélouchistan et l'embouchure de l'Indus. Ils flattent aussi les artisans du mouvement qui tend à faire du pastu la langue nationale du pays et ils rappellent volontiers que le domaine linguistique de cet idiome s'étend justement jusqu'à l'Indus.

Ils encouragent à la fois le nationalisme économique et le nationalisme linguistique des Afghans. Ils jouent même du fanatisme confessionnel. Il n'est pas rare d'entendre dire dans le bazar que le chancelier Hitler s'est fait musulman et qu'il est l'élu de Dieu attendu depuis la mort du Prophète. Cette propagande a redoublé d'activité au cours du mois de mai alors que se déroulait la guerre entre les troubles britanniques et celle de Rachid Ali, présenté comme champion de l'indépendance arabe et de la libération de l'Islam[1].

Colportée et chuchotée, elle est servie par les émissions en persan et en pastu de la station de radiodiffusion de Zeesen. Ces émissions sont appréciées en raison de leur pureté technique et de la valeur de leur contenu et de leur expression. Elles sont toujours audibles également, alors que les émissions françaises d'Allouis ne peuvent être perçues ni régulièrement ni distinctement et que les émissions anglaises, relayées par le poste hindou de Delhi, sont elles-mêmes brouillées.

Un tel effort de propagande n'est pas sans donner des résultats. Elle a gagné des personnalités politiques. Le ministre de l'Économie nationale, Abdul Medjid Khan, qui est actuellement à Berlin, et le ministre des Postes, Abdul Hassein Han Aziz, le ministre des Travaux publics, Rahim Ullah Khan, se distinguent par une germanophilie active. Quelques éléments de l'armée, tant parmi les cadres que dans la troupe, ont été séduits par les arguments de l'Allemagne.

Néanmoins, le collège allemand de garçons est loin d'obtenir le même succès que le lycée français. Il ne compte parmi ses élèves qu'un seul membre de la famille royale. Au collège de jeunes filles où les élèves ont à choisir la langue étrangère d'enseignement entre le français et l'allemand, les deux tiers suivent les cours faits dans notre langue, un tiers seulement apprend l'allemand. La génération actuelle utilise comme langue véhiculaire, le français ou l'anglais. La génération qui monte reste dans les mêmes dispositions, encore que du fait de l'école allemande, l'allemand gagne du terrain.

– *La propagande anglaise*, organisée depuis de nombreuses années en Afghanistan pour gagner des sympathies et des appuis à l'Empire britannique et pour renforcer la cohésion du pays devant une menace russe éventuelle, a dû être adaptée aux nécessités de la lutte contre l'Allemagne depuis

---

[1] Sur le conflit anglo-irakien, voir documents nos 197, 198, 200, 205, 209, 235.

1939 et contre l'Italie depuis 1940. Elle dispose d'un personnel nombreux d'agents diplomatiques et consulaires à la légation britannique, de Pathans et d'Hindous sujets britanniques dans tout le pays. Elle s'exprime aussi par chuchotements, et bénéficie de l'avantage d'une diffusion directe dans les deux langues nationales de l'Afghanistan.

Elle est servie, en dépit des brouillages exercés par les postes allemands officiels ou clandestins, par les émissions de relais des postes voisins de la radiodiffusion hindoue.

Les ressources matérielles du gouvernement des Indes mises à la disposition de la légation britannique lui permettent la composition et le tirage quotidien d'un bulletin largement distribué parmi les Afghans et les colonies étrangères, et intitulé *British Wireless News*. Ce bulletin, dont Votre Excellence voudra bien trouver, ci-joint, un exemplaire, exalte la force et les chances de victoire de l'Empire britannique et en dépit des avances de la légation d'Italie, ne ménage pas plus l'Italie que l'Allemagne.

En raison de difficultés qu'éprouvent à se renseigner Afghans et étrangers, les *British Wireless News* constituent le véritable « journal quotidien » de Kaboul pour toutes les colonies étrangères et pour les Afghans qui lisent l'anglais. Moins bien composés et moins bien rédigés que le bulletin anglais d'information, moins accessibles du fait des langues dans lesquelles ils sont rédigés, les bulletins allemand et italien ne peuvent lui faire concurrence.

Forte de la proximité de l'Inde, des appuis qu'elle garde au gouvernement, d'une nombreuse colonie hindoue et pathane, d'un collège qui entretient dans le pays la connaissance de l'anglais, la propagande britannique maintient ses positions contre les assauts directs de l'Allemagne et indirecte de l'Italie.

Que pouvons-nous opposer à ces propagandes dont certaines tendent à saper notre influence ![1]

Il importe tout d'abord de renseigner nos compatriotes d'Afghanistan et les Afghans, en renforçant la puissance et en améliorant la qualité technique de nos émissions sur ondes courtes et en dotant la légation de France, pour répondre aux demandes réitérées qu'elle a faites, d'un appareil lui permettant d'organiser un service de réception des nouvelles.

Il convient ensuite de mettre avec diligence à la disposition du gouvernement afghan les techniciens qu'il est disposé à engager en France.

Il y a lieu, enfin, de soutenir par des envois nombreux de livres et de matériel le lycée Esteqlal qui fournit les cadres de l'administration afghane et grâce auquel la connaissance du français progresse en Afghanistan alors qu'elle décroît dans tous les pays voisins.

Par cette triple action, la France sera en mesure de maintenir dans ce pays une position que sa défaite n'a pas compromise.

---

[1] Souligné dans le texte.

Journaux et périodiques édités en Afghanistan

Titres	Lieu d'édition	Langue d'édition
I/ Quotidiens		
Islam	Kaboul	persan & păštu
Amis	d°	
II/ Hebdomadaires		
Zerei	d°	păštu
Tele E Afghan	Kandahar	d°
Ihifaf i Islam	Herat	persan & păštu
Bedar	Mazar i Cherif	d°
Etehad	Khanabad	pÐštu
De Machref I Etehad	Djelalabad	
III/ Revues		
Revue de Kaboul	Kaboul (académie)	persan & păštu
Revue Urdu	d° (ministère de la Guerre)	d°
Ainae Urfan	d° (ministère de l'instruction publique)	d°
Iqtes ad	d° (ministère de l'Économie nationale)	d°
Madjmu as Sehya	d° (ministère de l'Hygiène)	d°
Revue littéraire	Herat (cercle littéraire)	d°

Guerre 1939-1945, Vichy, E Asie, Afghanistan, 68 (3GMII/68)

237

M. HENRY-HAYE, AMBASSADEUR DE FRANCE À WASHINGTON,
À L'AMIRAL DARLAN, VICE-PRÉSIDENT DU CONSEIL, MINISTRE
SECRÉTAIRE D'ÉTAT AUX AFFAIRES ÉTRANGÈRES, À LA MARINE ET À
L'INTÉRIEUR.

T. n° 1175.   *Washington, 6 juin 1941, 20 h. 47.*

(*Reçu* : le 7, 9 h. 37).

Après avoir pris connaissance des déclarations du secrétaire d'État
Cordell Hull[1], je me trouve moi-même très préoccupé d'une situation

---

[1] Le 5 juin, Cordell Hull a fait une déclaration sur les rapports franco-américains : « Nous
avons reçu des rapports préliminaires de l'ambassadeur Leahy. Franchement, nous sommes très
inquiets de la tournure que semble prendre la situation. [...] Une collaboration avec l'Allemagne

rendue de jour en jour plus compliquée par des fausses nouvelles ou des rapports intentionnellement exagérés. Toutes les informations prétendant que des troupes allemandes se trouvent à Dakar, à Casablanca ou dans des ports français méditerranéens ont été catégoriquement démenties et les représentants officiels des États-Unis dans ces lieux peuvent affirmer que ces informations sont contraires à la vérité[1]. Inexacte également est la déclaration que des forces allemandes auraient débarqué à Lataquié, en Syrie ; de plus, je puis aujourd'hui démentir formellement que des troupes de l'Axe, transportées par avions, aient atterri dans les possessions françaises du Proche-Orient[2]. Mais au contraire, est exacte la déclaration des dirigeants de la France qu'ils défendraient les territoires français contre toute attaque. Indiscutable également est leur affirmation que les forces françaises ne prendront jamais dans les airs, sur mer, ou sur terre, l'initiative d'une opération quelconque contre les Anglais. C'est pourquoi il est difficile au gouvernement français de comprendre les raisons des accusations ainsi portées contre sa politique. Je tiens à vous rappeler que toutes celles qui ont été dirigées contre le gouvernement du maréchal Pétain au cours de l'année passée se sont révélées totalement injustifiées. Il est nécessaire de rappeler aussi que les soldats et le peuple de France, qui ont combattu et résisté presque seuls au cours des mois de mai et de juin derniers, ont consenti des sacrifices sans pareils, et qu'après la défaite de nos armées, le peuple français de la zone occupée et de la zone libre ont fièrement enduré le plus cruel des hivers, en dépit de rations de famine. Nous sommes particulièrement reconnaissants au gouvernement américain des quatre cargaisons de nourriture envoyées en France, grâce aux bons offices de la Croix-Rouge américaine[3], mais qu'il me soit permis de rappeler encore que nos besoins les plus urgents étaient évalués à environ 170 cargaisons devant être achetées aux États-Unis au moyen des fonds accumulés par l'épargne de nos ancêtres et immobilisés ici. Il est particulièrement douloureux de se souvenir que même une demande tendant à permettre l'utilisation de deux millions de dollars de nos fonds bloqués pour acheter des aliments pour nos prisonniers de guerre a été repoussée. Les Français ont la difficulté la plus grande à comprendre pourquoi, dans ces questions financières, ils sont traités avec beaucoup plus de sévérité que les Japonais, les Italiens ou les

et l'Italie placerait la France dans leur dépendance politique et militaire et ferait d'elle un instrument d'agression contre de nombreux peuples. » (Guerre 1939-1945, Vichy, E Asie, 38, « Les relations franco-américaines de l'Armistice au débarquement en Afrique du Nord », t. 2 (document non publié). Ce télégramme fait état des propos tenus en réponse par l'ambassadeur Henry-Haye, le 6 juin, lors d'une conférence de presse à Washington. Cordell Hull le recevra le 9.

[1] Le 24 mai notamment, Henry-Haye avait reçu mission de son gouvernement d'indiquer au Département d'État « que le gouvernement du maréchal Pétain ne se prêtera, ni à la livraison de la flotte, ni à celle d'un territoire de l'Empire à qui que ce soit » (ibidem et document n° 225).

[2] Dans l'espoir d'arrêter les préparatifs britanniques en vue d'une offensive sur les territoires français du Levant, le gouvernement de Vichy avait demandé au gouvernement allemand de retirer de Syrie tout le matériel aéronautique du Reich. Ayant obtenu satisfaction, il en informe le 6 juin et Washington, et Londres, via sir Samuel Hoare, l'ambassadeur de Grande-Bretagne à Madrid.

[3] En vertu des accords Weygand-Murphy conclus en février 1941. Sur cette question, voir documents n°s 62, 122.

Allemands, en dépit des attaques si cruelles et si injustifiées d'Oran et de Dakar[1], ou des centaines de marins français perdirent la vie, ceux-là même qui combattirent vaillamment pour protéger les Îles britanniques. Nous refusâmes de prendre les armes contre notre ancienne alliée. Chaque jour, les populations des cités côtières françaises supportent stoïquement les bombardements britanniques et jamais nous n'avons formulé une plainte à ce sujet. Il est parfaitement clair que la politique du gouvernement des États-Unis est fondée sur l'aide à la Grande-Bretagne, mais est-ce parce que nous autres, Français, nous avons été les premiers à aider l'Angleterre en déclarant la guerre sur son instigation, en mobilisant tous les hommes de France entre 20 et 50 ans, en mettant en jeu toutes nos ressources, notre sang, notre argent, notre matériel, nos terres pour aider la Grande-Bretagne dans ce combat, est-ce parce que nous avons fait des sacrifices aussi prodigieux que l'on doit nous refuser le droit de défendre la souveraineté française ? Je tiens à souligner que loin d'attaquer et d'opprimer les autres nations, la France leur a toujours tendu une main secourable, avant cette guerre, et au lendemain de l'armistice, la France a été le territoire où des millions d'individus de toutes races et de toutes confessions ont trouvé refuge, maintenant encore, d'après les observateurs américains sur place, ils y reçoivent le meilleur traitement possible, eu égard à la situation terriblement précaire de la France. Ce fut notre privilège depuis les jours de Rochambeau, de Grasse et La Fayette d'avoir eu les relations les plus cordiales avec les États-Unis d'Amérique. Nous avons l'intention de maintenir cette collaboration amicale jusqu'à l'extrême limite du possible. Jamais nous n'avons commis un seul geste inamical à l'égard des États-Unis, au contraire, nous avons donné au gouvernement américain toutes les assurances et toutes les garanties imaginables au sujet des possessions françaises de cet hémisphère. Le gouvernement du maréchal Pétain, c'est-à-dire le gouvernement de tous les Français résolument unis derrière ce grand soldat, à l'exception de quelques milliers d'émigrés enfuis à l'étranger, réclame pour notre pays le droit de vivre et affirme sa volonté de maintenir la souveraineté de la France. Il est impossible de concevoir qu'une telle attitude puisse porter atteinte aux intérêts et aux idéaux des Américains. Aucune propagande, aucune fausse nouvelle ne peut empêcher la Nation française dont le passé est si long et si glorieux, de suivre la route de son destin. Je peux donner l'assurance solennelle et très sincère que, dans l'esprit des Français, la destinée de la France ne pourra jamais être opposée à celle de l'Amérique.

Guerre 1939-1945, Vichy, E Levant, 2 (4GMII/2)

---

[1] Allusion à l'attaque britannique contre la flotte française en rade de Mers-el-Kébir, le 3 juillet 1940 et à l'attaque anglo-gaulliste manquée sur Dakar les 23-25 septembre 1940 (voir les documents à ce sujet dans *DDF (1939-1944)*, 1940-2).

238

LE GÉNÉRAL DENTZ, HAUT-COMMISSAIRE DE FRANCE AU LEVANT,
À L'AMIRAL DARLAN, VICE-PRÉSIDENT DU CONSEIL, MINISTRE
SECRÉTAIRE D'ÉTAT AUX AFFAIRES ÉTRANGÈRES, À LA MARINE ET À
L'INTÉRIEUR.

T. n°s 918 à 922.   *Beyrouth, 12 juin 1941.*

L'attaque anglaise paraît se doubler d'une manœuvre politique qui s'esquisse, tant à Damas qu'à Beyrouth, et confirme en partie le télégramme 85-86 de notre ministre en Irak[1].

Il est manifeste que le principal souci des Syriens et des Libanais est d'échapper autant que possible aux ravages de la guerre. De leur côté, les Anglais semblent vouloir éviter la solution radicale d'une occupation totale du Levant, même sous le couvert des gaullistes, solution qui leur aliénerait les sympathies arabes et déclencherait à brève échéance l'intervention allemande.

Dans ces conditions, le plan suivant serait suggéré par les Britanniques aux gouvernements syrien et libanais :

1°) Indépendance de la Syrie déjà promise par Londres[2]. Cette indépendance pourrait être réalisée selon deux formules : ou bien par un compromis avec la France à qui seraient laissées les garanties politiques prévues par le traité de 1936[3], ou bien, si nous refusons de négocier et sommes évincés par les armes, par l'octroi à la Syrie d'un régime analogue à celui de l'Irak.

Dans les deux cas, les Anglais se réserveraient le contrôle des aérodromes afin d'empêcher l'occupation de ceux-ci par les Allemands et de les utiliser éventuellement pour la défense de Chypre et de l'Irak.

2°) Maintien du mandat français sur un Liban chrétien, de territoire réduit, Tripoli et le Liban sud se trouvant rattachés à la Syrie.

Une telle solution rallierait sans doute les suffrages de l'opinion des gouvernements tant syrien que libanais, désireux avant tout d'éviter une prolongation ou une extension des opérations miliaires. D'ores et déjà le gouvernement syrien m'a demandé de déclarer Damas ville ouverte.

---

[1] Document non retrouvé.

[2] En même temps que Londres faisait une déclaration justifiant l'offensive anglo-gaulliste contre la Syrie, le 8 juin 1941, le général Catroux, le haut-commissaire français au Moyen-Orient, déclarait aux Syriens et aux Libanais, au nom de la France libre et de son chef, le général de Gaulle : « Je viens mettre fin au régime mandataire et vous proclamer libre, et indépendant », déclaration que l'ambassadeur de Grande-Bretagne au Caire, sir Miles Lampson, a aussitôt appuyée : « Je suis autorisé par le Gouvernement de Sa Majesté à déclarer qu'il soutient et s'associe à la garantie d'indépendance donnée par le général Catroux au nom du général de Gaulle à la Syrie et au Liban. »

[3] Ce traité qui ouvrait la voie à l'indépendance n'avait pas été ratifié par le parlement français (voir document n° 184, note 2).

Je me suis borné à répondre que pour l'instant la question ne se posait pas. Je m'attends surtout, depuis le bombardement de Haïfa par les Allemands[1], à recevoir une demande analogue du gouvernement libanais pour Beyrouth, ce qui est d'ailleurs exclu puisque la capitale du Liban est une base navale.

Je serais vraisemblablement saisi d'un jour à l'autre du problème politique ci-dessus exposé. La baisse sensible de l'or qui se manifeste sur le marché local indique, mieux encore que tout autre symptôme, que les autochtones escomptent déjà un rattachement du Levant au *sterling area*.

Je m'efforce de contrebattre dans l'opinion publique locale les suggestions britanniques en faisant valoir que :

1°) le contrôle anglais des aérodromes syriens, même si ceux-ci étaient situés à plus de 40 kilomètres des villes comme le prévoit le traité de 1936 ou le traité anglo-irakien, provoquera inévitablement l'intervention allemande sous forme d'une « guerre totale » qui serait pour les Syriens la pire éventualité.

2°) Pour les Libanais, réduits au Mont Liban et à une partie de la côte, le mandat français ne pourrait être qu'une assurance illusoire et de courte durée. Le pays, dépendant entièrement de la Syrie pour son ravitaillement, perdrait toute garantie d'existence, tomberait à brève échéance sous la domination anglaise ou allemande et deviendrait, par là même, un nouveau champ de bataille.

Pour l'instant, la parole est au canon[2]. Je peux cependant me trouver sous peu, tant en Syrie qu'au Liban, en face de propositions concrètes des Anglais soutenus par un mouvement populaire et une intervention gouvernementale que toute aggravation du ravitaillement rendra particulièrement pressants.

Je suis résolu à soutenir l'honneur de nos armes. En ce qui concerne la situation politique, je vous tiendrai au courant de son évolution.

Guerre 1939-1945, Vichy, E Asie, 49 (3GMII/49)

---

[1] L'historiographie fait surtout mention d'attaques aériennes italiennes en 1940-1941 sur Tel Aviv et Haïfa à partir des bases de Libye. Mais la Luftwaffe a également bombardé Haïfa le 12 juin, à partir de la Crète. Haïfa est l'unique port en eau profonde de la région, là où se trouvent le terminal du pipeline de l'Irak Petroleum Company acheminant le pétrole irakien et, depuis 1940, une raffinerie.

[2] L'offensive anglo-gaulliste a commencé le 8 juin 1941.

239

M. Blondel, Ministre de France à Sofia,
À l'Amiral Darlan, Vice-Président du Conseil, Ministre
Secrétaire d'État aux Affaires étrangères, à la Marine et à
l'Intérieur.

T. n°s 424 à 425.   *Sofia, 12 juin 1941, 21 h. 10.*

(Reçu : le 13, 2 h. 15).

Le brusque voyage du général Antonesco en Allemagne[1], les mesures qu'auraient prises le gouvernement roumain et, notamment, l'évacuation des femmes et des enfants de Bucarest[2], le reflux massif des troupes allemandes vers la Roumanie (confirmé encore par l'occupation italienne de la Grèce que vient d'annoncer M. Mussolini) sont, sans parler de la rencontre éventuelle Staline-Hitler, interprétés par les milieux politiques de Sofia comme les indices d'une imminente action allemande sur la Russie[3].

Cette action, pense-t-on dans ces milieux, prendra la forme d'une pression énergique et résolue du Reich pour obtenir de Staline des concessions, cette fois-ci, substantielles ; des promesses ne suffiront pas, Hitler voudra des garanties. S'il ne les obtenait pas, ce serait probablement la guerre, c'est-à-dire une nouvelle campagne-éclair qui rendrait rapidement les

---

[1] Le général Antonesco est parti le 11 juin à midi pour Munich pour y rencontrer Hitler. Il est revenu le 12 au soir. Voir le T. n°s 562-563 de Bucarest en date du 11 juin, non retrouvé mais d'après le résumé dans Guerre 1939-1945, Vichy, C État français, 45). Selon les informations recueillies par Truelle auprès de Cretziano, il désirerait parler au Führer de la situation que crée pour la Roumanie l'agrandissement de la Bulgarie et de la Hongrie. Sans vouloir donner à cette visite le caractère sensationnel que lui prête le public roumain qui la rapproche des mesures de mobilisation prises dans le pays, le Secrétaire général des Affaires étrangères n'a pas écarté la possibilité qu'à son retour, le général Antonesco pût être chargé d'exécuter des décisions importantes. Il a de nouveau insisté sur l'activité militaire des Soviets en Bessarabie. Truelle a trouvé Cretziano moins affirmatif que lors de ses précédentes entrevues sur l'impossibilité d'un conflit germano-soviétique. La visite du Conducator est intervenue après celle du roi Boris et de M. Pavelitch à Berlin, et de M. Bardossy à Rome.

[2] Voir le T. n° 564 de Bucarest en date du 11 juin. Signalant le départ vers la campagne des épouses des membres de la légation d'Italie et de certains membres des missions allemandes, M. Truelle se demande s'il ne devrait pas « se préoccuper de prendre des mesures analogues pour les femmes et les enfants des membres de la Légation [française] ». (Guerre 1939-1945, Vichy, Z Europe, URSS, 835, non publié). Le 12 (T. n° 565), il mentionne que l'État-Major roumain a quitté la capitale, après avoir terminé ses préparatifs, vers un centre touristique à une quarantaine de kilomètres de la ville, ainsi que vers Bacau en Moldavie, et l'arrivée en Roumanie du maréchal von Reichenau qui y prendrait le commandement des troupes allemandes. Le même jour, le consul de France à Galatz, M. Richard (T. n°s 6 à 9 en date du 12 juin), signale l'évacuation des archives administratives, l'incitation au départ des femmes et des enfants des colonies allemandes et italiennes par leurs consuls respectifs, des mouvements de troupes et l'invitation aux familles roumaines de creuser des tranchées dans leur cour ou leur jardin (Guerre 1939-1945, Vichy, Z Europe, Roumanie, 689, non publié). Mais le lendemain (T. n°s 568 à 569 de Bucarest en date du 13 juin), les interlocuteurs de Truelle, dont le directeur des Affaires politiques, Davidesco, qui a accompagné le général Antonesco à Munich, se veut rassurant en écartant « à plusieurs reprises l'imminence d'un conflit germano-soviétique » et justifie l'état d'alarme comme des « précautions indispensables ». (Guerre 1939-1945, Vichy, Z Europe, URSS, 835, non publié).

[3] Passage depuis « indices » à la fin de la phrase souligné à la main sur la copie du document.

Allemands maîtres de l'Ukraine. L'Allemagne, ajoute-t-on, n'entreprendrait l'opération suprême contre les Îles britanniques, qu'après s'être assurée, du côté russe des avantages de longue durée permettant à son économie de guerre de faire face à toutes les éventualités. Sur la nature et l'importance de ces avantages pour le Reich, la correspondance de notre ambassadeur à Moscou a donné, à plusieurs reprises, de très intéressantes indications[1].

Certains des membres de la légation de Roumanie croient, eux aussi, à une attaque allemande contre la Russie où leur pays éprouvé espère trouver de belles compensations[2].

Communiqué Moscou par fil, Ankara par le courrier, Bucarest, Budapest par la poste.

Guerre 1939-1945, Vichy, Z Europe, URSS, 835 (10GMII/835)

240

M. GASTON MAUGRAS, MINISTRE DE FRANCE À ATHÈNES,
    À L'AMIRAL DARLAN, VICE-PRÉSIDENT DU CONSEIL, MINISTRE
    SECRÉTAIRE D'ÉTAT AUX AFFAIRES ÉTRANGÈRES, À LA MARINE ET À
    L'INTÉRIEUR.

D. n° 20[3].   *Athènes, 12 juin 1941.*

J'avais, dans mon rapport n° 15[4] du 1er juin, approximativement indiqué comment se trouvait partagé le territoire grec entre les trois armées occupantes. À cette date les autorités allemandes achevaient de faire dans les grands immeubles d'Athènes et dans les riches villas du Phalère et de

---

[1] Voir par exemple les documents n°s 193, 202, 227.

[2] Allusion à la perte de la Bessarabie et de la Bukovine annexées par l'URSS en juillet 1940 (voir *DDF (1939-1944)*, 1940-1, document n° 437 et 1940-2, documents n°s 67, 94) , ainsi qu'aux territoires de Transylvanie attribués à la Hongrie lors de l'arbitrage de Vienne d'août 1940 (voir *DDF (1939-1944)*, 1940-2, documents n°s 159, 294). Sur sa part du partage de la Yougoslavie vaincue, voir document n° 187.

[3] Dépêche intitulée « A.s. L'occupation allemande fait place à l'occupation italienne à Athènes ».

[4] Entrevue en fait du 2 juin, au col du Brenner, Entre Hitler, accompagné de von Ribbentrop et du général Keitel, et Mussolini, accompagné de Ciano et du général Cavallero. Pour un résumé, voir *Les Archives secrètes du comte Ciano, 1936-1942*, trad. Maurice Vaussard, Paris, Plon, 1948. Il y a été question de la France, de la Russie, de la Turquie (que l'Allemagne essaie de rapprocher de l'Axe « en lui promettant même des rectifications territoriales dans la zone d'Andrinople et la cession d'une ou plusieurs îles grecques proches de la côte turque »), de la Croatie dont Ribbentrop a répété qu'elle rentrait « dans la sphère italienne », de l'Amérique et de la conduite générale de la guerre (pp. 451-453). Dans son *Journal politique, 1939-1943*, Neuchâtel, Éditions de la Baconnière, 1946, t. 2, sur cette entrevue, dont Mussolini n'a apprécié ni l'invitation, ni la forme dans laquelle elle a été faite, Ciano écrit que l'atmosphère a été bonne, qu'Hitler a surtout parlé de l'affaire Hess « et qu'il en a pleuré », et que son « impression générale est que pour l'instant Hitler n'a pas de plan d'action précis », mais a placé son grand espoir dans l'action de l'arme sous-marine (entrée du 2 juin).

Kéfissia une installation qui semblait correspondre à des projets de long séjour.

Mais aussitôt après l'entrevue du Brenner, le 1ᵉʳ juin[1], le bruit a commencé à se répandre que les Italiens allaient venir, dans la capitale, se substituer aux Allemands. Dans son discours du 10 juin le Duce a confirmé ce bruit. « Selon les accords conclus avec le haut commandement allemand, a-t-il dit, toute la Grèce, Athènes comprise, va être occupée par nos troupes ». Et il a ajouté : « Ces accords nous les exécuterons en cherchant à alléger autant que possible les misères infligées au peuple grec par ses dirigeants et en tenant compte du fait que la Grèce est incluse dans l'espace vital méditerranéen de l'Italie »[2].

Ce n'est pas de gaieté de cœur que les Allemands cèdent la place aux Italiens. Deux personnes qui ont eu l'occasion de causer, l'une avec le maréchal von List, l'autre avec un secrétaire de la légation du Reich, m'ont rapporté que leurs interlocuteurs avaient longuement récriminé devant elles contre « ces gens de Berlin qui croient tout savoir, n'écoutent aucun avis et ne font que des sottises ».

[1] En fait, les relations ne sont pas au beau fixe entre les deux alliés. Le comte Ciano dans son *Journal politique* (op. cit., entrée du 10 juin 1941) décrit le contexte de ce discours : « Étrange anniversaire de l'entrée en guerre ! Se fondant sur l'ingérence croissante de l'Allemagne en Croatie, Mussolini a prononcé contre le Reich le réquisitoire le plus dur que j'ai jamais entendu.[…]. « Peu importe, a-t-il dit, que les Allemands reconnaissent sur le papier nos droits sur la Croatie, si, dans la pratique, ils prennent tout et ne nous laissent que les os. Ce sont des canailles de mauvaise foi et je te dis que cela ne pourra plus continuer longtemps ainsi. […] Moi, du reste, je suis dégoûté des Allemands depuis que List a signé l'armistice avec la Grèce à notre insu et que les soldats de la division Casale […] trouvèrent au pont de Permeti un soldat allemand, les jambes écartées, qui leur barrait le chemin et leur volait le fruit de la victoire. Personnellement, je suis dégoûté de Hitler et de ces manières. Ces entrevues précédées d'un coup de sonnette ne me plaisent pas ; ce sont les domestiques que l'on appelle ainsi. Et quelle espèce d'entrevue. Pendant cinq heures, je dois assister à un monologue, tout à fait ennuyeux et inutile. Hitler a parlé pendant des heures de Hess, du *Bismarck*, de choses qui avaient un lien plus ou moins lointain avec la guerre, mais il n'avait pas d'ordre du jour, il n'étudiait aucun problème, ne prenait aucune décision. En attendant, je continuerai à fortifier les cols des Alpes. Ce sera utile un jour. Pour le moment, il n'y a rien à faire. Il faut hurler avec les loups. Par conséquent, je ferai aujourd'hui, à la Chambre, une petite sérénade à l'Allemagne, mais j'ai le cœur plein d'amertume. » Le Duce m'a montré le texte de son discours. Je lui ai suggéré d'atténuer le ton à l'égard de la Turquie, qui est toujours l'alliée de l'Angleterre et pourrait nous réserver des surprises, d'autant plus que la résistance française en Syrie semble diminuer d'heure en heure. L'accueil fait par la Chambre au discours du Duce n'a pas été favorable […] », pas plus qu'à l'ambassade d'Allemagne (entrée du 11 juin).

[2] Les Allemands ont pris Salonique « le 9 avril au matin sans combat. Le métropolite Mᵍʳ Gennadios était allé au-devant des troupes allemandes pour leur remettre les clefs de la ville. » Sur la situation dans cette ville après quelques semaines d'occupation, voir la D. nᵒ 12 du vice-consul de France à Salonique, Eugène Haimet, en date du 31 mai 1941 (Guerre 1939-1945, Vichy, Z Europe, Grèce, 394, non publiée). Après un accueil relativement cordial, la population a vite déchantée face à l'inflation galopante et la pénurie de denrées alimentaires dont une partie est achetée par les nombreuses troupes allemandes d'occupation ou de passage, par ailleurs lasses de la guerre. M. Haimet a assuré la gérance du consulat de France à Salonique au départ de son titulaire, M. Offroy, qui a quitté son poste le 1ᵉʳ mai, en invoquant qu'il se rendait à Bucarest où se trouvait réfugiée sa famille, et a rallié la France libre. Louis Keller reprend la direction du consulat le 5 juin (Cf. D. nᵒ 9 en date du 31 mai de Salonique (E. Haimet), D. nᵒ 18 en date du 4 juin de G. Maugras d'Athènes et D. nᵒ 18, en date du 13 juin 1941, de Louis Keller, de Salonique, in Guerre 1939-1945, Vichy, Z Europe, Grèce, 382). Plusieurs atteintes à l'immunité diplomatique du consulat ont eu lieu depuis le 9 avril, dont la plus grave le 1ᵉʳ juin. M. Keller a lui-même été détenu heures par la Gestapo, ainsi que le conseiller à la légation d'Athènes, M. de Maricourt, et d'autres ressortissants français, lors d'une vague d'arrestations les 29-30 avril 1941 (D. nᵒ 17 d'Athènes en date du 6 mai, dans la même série, Grèce, 382).

Quand les Allemands étaient arrivés ici le 27 avril, c'est avec une hâte fébrile qu'ils avaient tout de suite prétendu mettre la main sur toutes les affaires industrielles et autres qui les intéressaient. Ils justifiaient leur impatience, en disant que le temps leur était mesuré et qu'il fallait qu'ils soient servis avant que se présentent les Italiens qui, très vite, devaient les relever.

Pourtant les semaines étaient passées sans qu'on eût vu venir les Italiens et si, de ce changement de programme, on rapproche beaucoup d'autres indices de même signification, on acquiert la conviction que le Führer avait bien, dès l'origine, reconnu à ses alliés, à la fois le droit d'occuper Athènes et la prépotence en Grèce qui en découle mais que les autorités allemandes ont tenté de faire révoquer cet engagement ou ajourner son exécution.

Quand M. Mussolini annonce que « toute la Grèce » va être occupée par les troupes italiennes, cela ne signifie sans doute pas qu'elle le sera toute entière et exclusivement. Athènes est trop à l'écart des grandes voies de communication pour que nous y soyons renseignés sur les mouvements de troupes qui s'opèrent en Grèce. Mais il est certain que les effectifs allemands ont beaucoup diminué ces dernières semaines dans la capitale et ses environs et les quelques voyageurs qui ont pu circuler entre la Macédoine et l'Attique ont tous signalé la présence sur les routes d'immenses convois allemands remontant vers le nord. Mais ce n'est pas à dire que l'Allemagne ne conserve pas encore ici de grandes forces d'aviation et il n'y a pas d'apparence qu'elle s'apprête à évacuer les terrains où ces forces sont installées. On a quelque peine aussi à imaginer que l'Allemagne cède aux Italiens une ville telle que Salonique[1] ou que la Bulgarie s'efface devant eux à Serrès ou à Cavalla. La Grèce va donc continuer à être partagée entre les trois armées occupantes. Il y aura encore des cas de cohabitation d'autorités différentes dans un même district, et des cas d'occupation exclusive par l'une des armées. Mais le grand changement qu'apportera le régime nouveau, c'est qu'il confiera le commandement suprême à des hommes dont leurs alliés, pour ne pas parler des Grecs, auront toujours tendance à discuter l'autorité. Il est à craindre que ce soit au détriment de l'unité nationale et de l'ordre que se fasse l'occupation italienne.

Les Athéniens eussent été désespérés si on leur avait annoncé, il y a un mois et demi, qu'ils tomberaient sous la coupe des Italiens. Mais l'expérience qu'ils ont faite des Allemands les a corrigés de cette prévention et c'est avec satisfaction qu'ils pensent maintenant à leur changement prochain de garnisaires. On dit d'ailleurs que les Italiens ont montré jusqu'à présent de la bonhomie dans leurs relations avec les populations des territoires soumis à leur autorité.

Mais les personnes qui s'élèvent au dessus des préoccupations de la vie quotidienne pour penser à l'avenir du pays seraient naturellement fort

---

[1] La D. n° 41 en date du 13 juin du consul à Salonique signale d'ailleurs « qu'à la suite de l'installation des Bulgares à Cavalla, notre agence consulaire serait incessamment "rattachée à Sofia" », mesure déjà appliquée à celle d'Italie. Le salon-parloir des Lazaristes et l'école des Filles de la Charité, auraient été réquisitionnés par les Bulgares. (Guerre 1939-1945, Vichy, Z Europe, Grèce, 382). Sur les convoitises de la Bulgarie à l'égard de la Grèce, voir la note de la Légation royale de Grèce en France en date du 7 mai 1941, « La Thrace et la Macédoine grecques », in Guerre 1939-1945, Vichy, Z Europe, Bulgarie, 194, non publiée).

alarmées de se voir livrées à un État qui se considère comme l'héritier de l'Empire romain et tient la Grèce pour une partie intégrante de son espace vital, si une foi absolue dans la victoire anglaise ne les rendait pas assez indifférentes à tout ce que décident les puissances de l'Axe pour l'avenir.

Les Grecs n'ayant pas prévu qu'on se les passerait de mains en mains, s'étaient bornés jusqu'à présent à essayer de gagner les faveurs des Allemands. Ils n'avaient composé leur gouvernement que d'amis de l'Allemagne, rempli leurs journaux que des louanges du seul Hitler. On ne peut guère songer à constituer un cabinet italophile car personne ne porte ici cette étiquette, mais on se préoccupe de faire quelque chose pour rendre moins visible la marque « *Made in Germany* » que porte le gouvernement Tsolacoglou[1].

Il n'est d'ailleurs pas interdit de penser que le changement qui va s'accomplir ces jours-ci à Athènes portera plutôt sur l'apparence des choses que sur leur réalité et que l'officier allemand, de grade peut-être modeste, qui restera ici, y aura plus de pouvoir que le commandant en chef italien.

14 juin 1941

P.S. D'après les renseignements que vient de me donner une personne en étroit contact avec la légation d'Allemagne, les Italiens occuperaient « toute la Grèce » à l'exception de :

La Crête et la région de Salonique (des monts Olympe-Vermion à l'ouest jusqu'au fleuve Strymon à l'est) que se seraient réservés les Allemands ;

La partie de la Macédoine et de la Thrace comprise entre le Strymon et la frontière turque où sont installés les Bulgares.

Les Allemands conserveraient en Grèce un corps d'armée (dont une division en Crête) et des forces d'aviation considérables répandues dans tout le pays.

Mon interlocuteur m'a assuré que les Allemands considéraient leur installation à Salonique et en Crête comme définitive. C'étaient là deux pièces maîtresses de leur « ordre nouveau ».

Guerre 1939-1945, Vichy, Z Europe, Grèce, 394 (10GMII/394)

---

[1] Sur le cabinet Tsolacoglou constitué le 30 avril, voir les commentaires de la D. n° 15, note 4, p. 530.

241

M. Bergery, Ambassadeur de France à Moscou,
À l'Amiral Darlan, Vice-Président du Conseil, Ministre
Secrétaire d'État aux Affaires étrangères, à la Marine et à
l'Intérieur.

T. nᵒˢ 495 à 496.   *Moscou, 13 juin 1941, 21 h. 43.*

(*Reçu* : le 14, 3 h. 30)

Voici les premières précisions que je peux fournir sur le changement d'atmosphère mentionné dans mon télégramme d'hier[1].

1ᵒ- Parallèlement à l'effervescence civile et militaire signalée en Roumanie par notre ministre à Bucarest[2], des transports de troupes très actifs se produisent en Finlande, d'après le témoignage d'une personne de notre poste revenu hier de Stockholm. Ce renseignement est recoupé d'un autre côté télégramme de notre légation à Helsinki qui m'est communiqué ce matin[3].

2ᵒ- Au cours d'une conversation avec M. Gafenco il y a 5 jours le (...)[4] de Schulenbourg, jusqu'ici très opposé à toute hypothèse de conflit germano-russe, a laissé percer pour la première fois une certaine inquiétude. « Ce qui est étranger, a-t-il dit, c'est qu'on ne négocie pas visiblement même à Berlin ».

M. Gafenco en a déduit que, sans doute dès 1922, des négociateurs secrets se rencontraient à Berlin et que les négociations s'étaient au moins momentanément tendues.

3ᵒ- Au cours de mon entretien d'hier avec M. Lozowski, celui-ci, qui avait toujours plastronné devant moi dans l'attitude du bolchevique « sûr de la paix, parce que sûr de sa force », s'est lui aussi montré préoccupé. « Ce conflit va s'étendre », m'a-t-il dit, sans indiquer la direction.

L'atmosphère s'est donc alourdie et les milieux diplomatiques admettent l'hypothèse d'un retour à l'opération vers l'est assortie ou non à l'opération vers le sud qui était jusqu'ici en faveur. On pourrait justifier le prétendu revirement par l'obligation où se trouverait le Reich pour compenser la surproduction aérienne des États-Unis et à défaut de l'aérodrome

---

[1] Document non retrouvé. Dans les résumés des télégrammes à l'arrivée et au départ (Guerre 1939-1945, Vichy, C État français, 45), le T. nᵒ 491 reçu le 12 juin à Vichy demande de considérer comme non confirmé et donc nul celui du 10 (T. nᵒ 486) selon lequel le Reich, entre une poussée vers l'est et une poussée vers le sud, choisirait cette dernière, sauf raidissement inattendu de la Russie dans les négociations de Berlin, et aussi qu'il y aurait une troisième éventualité, une attaque contre les îles britanniques.

[2] Voir document nᵒ 239.

[3] Voir notamment les T. nᵒ 196 en date du 6 juin et nᵒˢ 198-199 en date du 7, par lesquels Vaux Saint-Cyr signale l'envoi depuis un mois en Allemagne de nombreux jeunes Finlandais pour y suivre des cours d'instruction militaire (conduite de chars d'assaut en particulier) et d'idéologie. (Guerre 1939-1945, Vichy, Z Europe, Finlande, 892, non publiés).

[4] Lacune de déchiffrement.

américain, c'est-à-dire des Îles Britanniques, de rechercher non plus seulement de l'espace et des matières premières mais des centres de production
prêts et une main-d'œuvre supplémentaire.

Mais cela n'est jusqu'à nouvel ordre que de la spéculation intellectuelle.
Et au reste, même si des négociations secrètes se sont soudainement tendues
devant des demandes allemandes exorbitantes, il n'est pas encore exclu,
qu'au dernier moment, les Russes cèdent et que l'on assiste à un de ces revi-
rements spectaculaires dont l'histoire récente a donné tant d'exemples[1].

Guerre 1939-1945, Vichy, Z Europe, URSS, 835 (10GMII/835)

242

M. Pietri, Ambassadeur de France à Madrid,
   À l'Amiral Darlan, Vice-Président du Conseil, Ministre
   Secrétaire d'État aux Affaires étrangères, à la Marine et à
   l'Intérieur.

T. n°s 944 à 948.   *Madrid, 13 juin 1941, 21 h. 45.*

(*Reçu : le 14, 4 h.*)

Traduction de la note britannique en date du 12 juin :

1°) Le gouvernement de Sa Majesté dans le Royaume-Uni a eu l'honneur
de recevoir la communication que l'ambassade de France à Madrid a
remise à l'ambassade de Sa Majesté en date du 8 juin[2].

2°) Le gouvernement de Sa Majesté n'entend pas engager une discussion
avec le gouvernement du maréchal Pétain sur le sens à donner au mot collaboration, d'autant plus que le mot n'a pas été clairement défini dans la
communication précitée. Le gouvernement de Sa Majesté a basé son action
en Syrie sur les faits tels qu'ils lui étaient connus et non pas sur des considérations théoriques, et ceci a été bien précisé dans la déclaration publique
qu'il fît à ce sujet le 8 juin et dont une copie est annexée[3].

---

[1] Dans le T. n°s 500 à 509 de Moscou en date du 14 juin, comme suite au présent document,
Bergery donne le résumé de son entretien avec l'ambassadeur d'Italie, M. Bosso, et celui d'Allemagne, le comte von Schulenburg, confirmant les nouvelles relatives à la Roumanie et à la
Finlande, mais sans obtenir plus d'indications sur les causes immédiates de la tension montante ni
sur les projets du Reich (Guerre 1939-1945, Vichy, Z Europe, URSS 835, non publié).

[2] Document non retrouvé. Mais par deux télégrammes en date du 7 juin 1941), François Pietri
décrit ses démarches pour avertir l'ambassadeur des États-Unis (T. n° 904) et l'ambassadeur britannique à Madrid (T. n° 910) de l'ordre de retrait donné par Berlin, à la demande de la France,
de ses avions de Syrie. Sir Samuel Hoare étant absent, l'ambassadeur a chargé le conseiller
Lamarle de rencontrer son homologue britannique Yencken. Visiblement satisfait, ce dernier « a
formulé deux réserves : 1) il s'est demandé si la décision allemande ne cachait pas encore quelques
équivoques ou quelques réticences [...] 2) Il s'est montré surpris que ma démarche ne fût pas officielle [...] » (Guerre 1939-1945, Vichy, E Asie, 49, documents non publiés).

[3] Déclaration faite le jour de l'ouverture des hostilités en Syrie et au Liban, citée en annexe à
ce télégramme.

3°) Le gouvernement de Sa Majesté croit devoir rappeler que le secrétaire d'État des Affaires étrangères[1] a exposé à la Chambre des Communes le 22 mai que, si le gouvernement de Vichy, poursuivant sa politique déclarée de collaboration avec l'ennemi, prenait ou tolérait des mesures préjudiciables à la conduite de la guerre par le gouvernement de Sa Majesté, telle que celui-ci l'a définie, en vue d'aider l'effort de guerre de l'ennemi, le gouvernement de Sa Majesté se considérerait, naturellement, comme libre d'attaquer l'ennemi où qu'il se trouvât. La responsabilité des conséquences entraînées par l'assistance que les autorités françaises en Syrie reçurent l'ordre de fournir aux ennemis de Sa Majesté doit en conséquence incomber au gouvernement du maréchal Pétain.

4°) Le gouvernement de Sa Majesté a noté avec plaisir que le gouvernement du maréchal Pétain s'abstiendra de toute mesure susceptible d'aggraver ou d'étendre le conflit. Il ne désire nullement que le sang français soit répandu et croit devoir en conséquence suggérer qu'il serait de l'intérêt des deux pays que le gouvernement du maréchal Pétain trouvât le moyen d'inciter ses forces en Syrie à n'offrir aucune résistance aux mesures que les forces alliées prennent en ce moment pour éviter que l'ennemi n'utilise la Syrie comme une base d'opérations contre elle.

5°) Le gouvernement de Sa Majesté saisit cette occasion pour répéter qu'il n'a pas de vues territoriales en Syrie ou en quelque lieu que ce soit des possessions françaises d'outre-mer, et que son intention est, une fois la victoire acquise, de (…)[2].

Traduction de l'annexe à la note britannique du 12 juin.

« Dans ses déclarations du 1er juillet 1940, le gouvernement de Sa Majesté a déclaré qu'il ne permettrait pas que la Syrie et le Liban fussent occupés par une puissance ennemie ou utilisés comme une base d'agression contre les pays du Moyen-Orient qu'il s'est engagé à défendre[3]. En dépit de ce clair avertissement, le gouvernement de Vichy, poursuivant sa politique de collaboration avec les puissances de l'Axe, a mis les bases aériennes de Syrie et du Liban à la disposition de l'Allemagne et de l'Italie qui ont fourni du matériel de guerre aux forces rebelles d'Irak. L'infiltration allemande en Syrie a commencé et le gouvernement de Vichy continue à prendre des mesures dont l'effet serait de faire passer la Syrie et le Liban sous le contrôle total de l'Allemagne. On ne pouvait s'attendre à ce que le gouvernement de Sa Majesté tolérât de tels actes qui dépassent de beaucoup tout ce qui a été

---

[1] Anthony Eden.

[2] Lacune de déchiffrement.

[3] Le 1er juillet 1940, le Foreign Office avait déclaré : « Le Gouvernement de Sa Majesté comprend que le général Mittelhauser avait proclamé la fin des hostilités en Syrie. Le Gouvernement de Sa Majesté veut croire que cela ne signifie pas que, si l'Allemagne ou l'Italie cherchaient à occuper la Syrie ou le Liban et essayaient d'y parvenir en se confrontant à la maîtrise des mers des Britanniques, rien ne serait tenté par les forces françaises pour s'y opposer. Afin, cependant, de calmer les doutes qui pourraient subsister, le Gouvernement de Sa Majesté déclare qu'il ne permettra pas que la Syrie ou le Liban soient occupés par quelque puissance hostile que ce soit, ou soient utilisés comme une base d'attaques contre les pays qu'il se doit de défendre au Moyen-Orient […]. »

stipulé dans la Convention française d'armistice et sont en contradiction flagrante avec de récentes déclarations du maréchal Pétain d'après lesquelles l'honneur interdisait à la France d'entreprendre quoi que ce soit contre ses anciens alliés.

Des troupes françaises ont en conséquence, avec l'appui des forces impériales, pénétré en Syrie et au Liban de bonne heure ce matin. En même temps, une déclaration a été faite par le général Catroux de la part du général de Gaulle, garantissant la liberté et l'indépendance de la Syrie et du Liban et entreprenant de négocier un traité pour réaliser ces buts. Le gouvernement de Sa Majesté appuie cette promesse d'indépendance et s'y associe[1] ».

Guerre 1939-1945, Vichy, Z Europe, Grande-Bretagne, 342
(10GMII/342)

243

L'AMIRAL DARLAN, VICE-PRÉSIDENT DU CONSEIL, MINISTRE SECRÉTAIRE D'ÉTAT AUX AFFAIRES ÉTRANGÈRES, À LA MARINE ET À L'INTÉRIEUR, AU GÉNÉRAL WEYGAND, DÉLÉGUÉ GÉNÉRAL EN AFRIQUE FRANÇAISE À ALGER.

T. nos 251 à 252.   *Vichy, 18 juin 1941, 15 h. 20.*

Secret.

J'aurais intérêt à connaître, dès que possible, le nombre exact des nouveaux vice-consuls américains arrivés depuis quelque temps en Afrique du Nord pour faire fonction de contrôleurs des importations de marchandises américaines[2]. En effet, par télégramme du 3 juin[3], le général Noguès m'a indiqué que 5 contrôleurs américains avaient été affectés à titre de vice-consuls au consulat des États-Unis à Casablanca où ils étaient arrivés et que le nombre total de ces nouveaux agents serait porté à 10-11.

D'autre part, l'amiral Esteva, par télégramme du 12 juin[4], m'indique que 2 nouveaux vice-consuls américains sont affectés au consulat des États-

---

[1] Voir document n° 238, note 2, p. 527.

[2] Le 10 mars 1941 est signé à Vichy l'« accord Murphy-Weygand » [Murphy, consul général des États-Unis à Alger, depuis déc. 1940]. L'Afrique du Nord recevra une aide américaine, limitée à l'approvisionnement en ravitaillement. Murphy profite de son poste pour quadriller l'Afrique par une équipe de vice-consuls et de consuls américains installés de Casablanca à Tunis.

[3] La réponse à ce télégramme (en date du 20 juin), signée Weygand, confirme le nombre de 10 vice-consuls américains récemment arrivés et indique que l'intention de M. Murphy, « est d'en affecter deux à chacun des 4 consulats d'AFN. Si le plan de l'AOF fonctionne, l'un des deux restants ira sans doute à Dakar. L'autre sera affecté soit à Casablanca qui sera le port principal de débarquement, soit à Alger où la direction du contrôle sera centralisée (Guerre 1939-1945, Vichy, DGGAF, 6, non publié).

[4] Document non retrouvé.

Unis à Tunis et que, d'après M. Doolittle, 6 nouveaux vice-consuls seraient nommés en Algérie et au Maroc.

Enfin, l'ambassadeur des États-Unis, par note du 17 juin[1], me signale que 2 nouveaux vice-consuls américains, venant de l'ambassade des États-Unis à Paris ont été nommés à Casablanca et attendent à Marseille l'autorisation de rejoindre leur nouveau poste *via* Alger.

En raison de la réaction que l'établissement du contrôle américain en Afrique du Nord va susciter à Wiesbaden et à Turin, j'ai demandé à notre ambassadeur à Washington de s'efforcer d'amener le gouvernement américain à se contenter, pour l'exercice de ce contrôle, du personnel consulaire résidant actuellement en AFN, c'est-à-dire le personnel antérieur plus le personnel récemment arrivé, ce dernier réparti entre les quatre postes consulaires américaines d'AFN[2].

Guerre 1939-1945, Vichy, Délégation générale du Gouvernement en Afrique française, 6

244

M. Pietri, Ambassadeur de France à Madrid,
À l'Amiral Darlan, Vice-Président du Conseil, Ministre
Secrétaire d'État aux Affaires étrangères, à la Marine et à
l'Intérieur.

T. n° 981. *Madrid, 18 juin 1941.*

(*Reçu*[3] : le 21, 11 h. 30)

Une relation détaillée du séjour de Son Éminence le cardinal Gerlier en Espagne sera faite, par lettre, à Votre Excellence.

Je me bornerai ici à en dégager l'enseignement et à commenter, d'une façon plus particulière, ce qu'a été, à l'égard de ce prélat et de la mission dont il était chargé, l'attitude du gouvernement espagnol[4].

1 – J'indique dès l'abord, et sans que j'en sois autrement surpris, que cette attitude aura marqué, une fois encore, la répugnance calculée du ministre des Affaires extérieures[5], et du cénacle phalangiste qui l'entoure,

---

[1] Document non retrouvé.

[2] Document non retrouvé.

[3] Par courrier.

[4] Le cardinal Gerlier doit consacrer l'église Saint-Louis des Français à Madrid, entièrement restaurée depuis 1940. Il visite également Barcelone, Saragosse, Madrid, Tolède, Salamanque, où il reçoit l'hommage des autorités et prononce de vibrants éloges du Maréchal devant la colonie française. Cette visite entre dans le cadre des efforts déployés par François Pietri pour diffuser la propagande française en Espagne.

[5] Serrano Suñer.

à répondre à notre désir de rapprochement et d'entente avec l'Espagne actuelle.

2 – Comme je l'ai déjà souligné à diverses reprises, il serait injuste d'imputer cette tendance réticente à d'autres éléments que ceux qui constituent le cercle restreint des dirigeants du parti. Les ministres, les autorités civiles et militaires, le clergé, les intellectuels, la société, la bourgeoisie se sont montrés, à cette occasion, aussi sympathiquement prévenants et cordiaux qu'on pouvait le désirer. Le petit peuple, dans la mesure où il était informé de la présence et de l'identité du Cardinal, s'empressait sur son passage, le saluait avec respect, sollicitait sa bénédiction et, souvent même, l'acclamait. Partout où il a été reçu ou aperçu, Mgr Gerlier a été frappé et touché des égards chaleureux qui lui étaient prodigués.

3 – J'ajoute que le généralissime, au cours de la très longue audience qu'il a accordée au Cardinal et à laquelle il a tenu à m'admettre[1], en dépit de la réserve que je m'étais imposée, n'a cessé de nous témoigner la meilleure grâce et s'est répandu en paroles aimables sur la France, le Maréchal et votre personne. Mais il est plus remarquable encore que M. Serrano Suñer, en recevant Mgr Gerlier avec des honneurs insolites et une courtoisie souriante, ait fait montre à son endroit de dispositions analogues[2]. Le contraste entre la politesse des manières et la malséance des procédés est une des marques caractéristiques du régime et que j'ai notées en de nombreuses occasions.

4 – Le commencement du voyage faisait prévoir un accueil officiel exceptionnellement favorable. Depuis Perpignan, où se sont rendus, en corps, le gouverneur et les autorités de Gérone, jusqu'à Barcelone et à Saragosse, tout, presse comprise, avait été mis à l'unisson de cet élan spontané d'amitié et même d'enthousiasme. Comme de juste, c'est à Madrid, siège du gouvernement et centre du parti, que le ton a brusquement changé, et c'est par le comportement des journaux qu'il s'est aussitôt traduit : des communiqués laconiques, un silence presque complet sur la présence solennelle du Cardinal à la procession de la Fête-Dieu, peu ou point de photographies, de brèves informations sur les visites du prélat à Tolède, à Salamanque, dans les hôpitaux et dans les couvents, l'interdiction faite au journal catholique *Alcazar* de publier, dans *Arriba* et dans *Pueblo*, les deux organes de la Phalange, d'articles venimeux où, sans que la personne du Cardinal fût mise en cause, des allusions d'une malveillance grossière étaient faites à son voyage en Espagne…

5 – L'épiscopat, bien entendu, a vivement réagi. Les directeurs des journaux catholiques (*Ya*, *Alcazar*, *Signo*, etc.), déjà secrètement hostiles à la Phalange, ont protesté contre les instructions qui leur étaient données et sont parvenus, avec courage, à en faire lever quelques-unes et à manifester, malgré tout, leurs sentiments amicaux. L'un d'eux m'a exprimé, en termes violents, son indignation et a ajouté ceci, qui est à retenir : « Ne vous en

---

[1] Le 13 juin, le cardinal a remis un message d'amitié de Pétain à Franco.

[2] Le cardinal a également été reçu le 13 juin par le ministre des Affaires étrangères, Serrano Suñer.

plaignez pas, c'est la marque du succès ! ». Il est clair, en effet, que le coup de barre n'a été donné, à Madrid, que sur l'annonce même de ce qu'avait été l'accueil de Barcelone et de Saragosse, et que le nouveau mot d'ordre a dû s'inspirer de l'espèce d'effroi que suscite toujours ici la réussite possible d'une opération de propagande française.

6 – À la vérité, inconvenance mise à part, rien ne saurait mieux s'expliquer, surtout à l'heure présente, que cette tentative d'étouffement. La Phalange, avec sa mégalomanie d'impérialisme, a misé sur la protection allemande et sur le déclin français pour asseoir ses plans de « revendications ». Comment abandonnerait-elle logiquement la presse, qui dépend d'elle, à une poussée d'amitié franco-espagnole, si elle voulait associer l'opinion à des projets d'expansion qui requièrent, avant tout, le maintien vigilant d'un état d'esprit anti-français ?

7 – L'erreur est qu'en l'espèce, comme le faisait remarquer fort justement le Nonce, l'hostilité gouvernementale dépasse la personnalité française du cardinal Gerlier pour atteindre Rome même. Et il va de soi que je n'ai rien fait pour décourager Mgr Cicognani de son intention de se plaindre énergiquement, auprès du ministre des Affaires extérieures, de la façon dont les journaux de Madrid, par leur mutisme plus encore que par leurs insinuations, ont osé traiter un prince de l'Église.

8 – Quant à M. Serrano Suñer, il a marqué, en tout ceci, un embarras visible. La presse, en réalité, ne dépend plus administrativement de lui, puisqu'elle vient d'être placée sous l'autorité directe du Parti. Il en a profité, au dîner officiel que j'ai donné en son honneur, pour s'excuser auprès du Cardinal de l'attitude des journaux, qui avait tenu, affirmait-il, à un malentendu. Ni Mgr Gerlier, ni moi-même n'avons été dupes de cette manœuvre, mais le geste témoigne des divergences intestines qui, là-dessus comme en d'autres matières, se révèlent au sein des milieux dirigeants.

9 – À la lumière de ces faits, faut-il tenir pour bonne ou mauvaise, du point de vue français, la visite du cardinal Gerlier ? Ma réponse est très nette : ce ne sont point les journaux qui, dans l'Espagne d'aujourd'hui, où chacun les suspecte ou les dédaigne, déterminent un courant d'opinion. Certaines manifestations allemandes à grand spectacle, soutenues à force de titres et d'images, se sont heurtées au murmure ou à l'indifférence générale. Au contraire, les allées et venues du Cardinal, parmi lesquelles je cite, plus spécialement, la procession du *Corpus Christi*[1], l'inauguration de Saint-Louis des Français, la messe à l'Alcazar de Tolède, la séance solennelle dans l'*aula magna* de l'Université catholique de Salamanque, la réception au centre des investigations scientifiques, ont eu un retentissement considérable et ont servi puissamment notre propagande nationale. Il n'est point de meilleure manière que celle-là pour gagner les Espagnols, et les consignes officielles n'y peuvent rien.

Ce qu'il convient donc de retenir de ces journées intéressantes – et ce sera ma conclusion – c'est, d'une part, que le gouvernement de M. Serrano

---

[1] Mgr Gerlier a assisté le 12 juin à la procession traditionnelle du *Corpus Christi* à Madrid.

Suñer maintient, avec une obstination que l'actuel rapprochement franco-allemand ne fait qu'aviver, sa politique d'hostilité à l'égard de notre pays ; d'autre part, que l'opinion espagnole, autorités comprises, se montre ostensiblement ou implicitement réfractaire à cette politique et incline, de plus en plus, à renouer avec une France qu'elle sent très près d'elle des liens de sympathie que les efforts d'une presse méprisée sont impuissants à desserrer.

C'est d'un jeu quelque peu subtil entre ces deux courants qu'est faite, en ce moment, la diplomatie française en Espagne. Il faut savoir servir adroitement la seconde sans engager avec la première un fer imprudent.

Guerre 1939-1945, Vichy, Z Europe, Espagne, 247 (10GMII/247)

245

M. Bergery, Ambassadeur de France à Moscou,
  À l'Amiral Darlan, Vice-Président du Conseil, Ministre
  Secrétaire d'État aux Affaires étrangères, à la Marine et à
  l'Intérieur.

T. n°s 533 à 538.   *Moscou, 19 juin 1941, 20 h. 03.*

(Reçu : le 20, 6 h. 30)

Le moment me paraît venu de faire une brève synthèse des renseignements que j'ai transmis à Votre Excellence sur la situation.

Il est indéniable que l'URSS veut à tout prix éviter un conflit pour les raisons exposées dans mon télégramme n°s 386 à 393 (1re partie)[1].

Il est également indéniable que tous les renseignements indiquent de la part du Reich la préparation des hostilités contre l'URSS (présence de 150 divisions allemandes à la frontière russe, mobilisations roumaine et finlandaise – troupes en Finlande – préparatifs de départ du personnel allemand à Moscou – départ des femmes des missions de l'Axe – silence de la presse et de la radio allemandes sur le communiqué Tass – accord germano-turc, etc.

Se fondant sur ces renseignements et sur les raisons économiques, politiques et diplomatiques exposées dans mon télégramme n°s 511 à 516[2], il

---

[1] Document n° 193.

[2] T. de Moscou en date du 16 juin 1941. L'ambassadeur des États-Unis, M. Steinhardt, semble admettre la possibilité d'un conflit germano-russe pour des raisons 1) de course à la production, sans négliger le fait que l'Allemagne peut obtenir par négociation des résultats analogues sans risque de destruction ; 2) idéologique, du fait du pacte germano-soviétique par lequel ne national-socialisme a compromis sa base juridique logique et sa source de rayonnement extérieur, à savoir la lutte simultanée contre le capitalisme et le bolchevisme, ce qui entrave la collaboration avec l'Europe faute de pouvoir lui « parler une langue à résonnance internationale » ; 3) des raisons tenant aux conditions d'une paix future : les Anglo-Saxons ne feront pas la paix sans la reconstruction des nations bordant l'Atlantique, les besoins d'extension du Reich ne peuvent donc

semble qu'on doive, avec la grande majorité du corps diplomatique, croire à une volonté allemande de conflit inconditionné.

J'ai cependant signalé dans mon télégramme 526-529[1] deux hypothèses secondaires :

1°) Ces faits pourraient-ils être, non le signe d'une volonté de guerre, mais de moyens de pression au service d'une négociation ? Cela impliquerait au premier chef une négociation ; or, il n'y en a pas de trace certaine, ni ici, ni à Berlin. Il faudrait donc supposer, ou une négociation secrète, ou un ultimatum à venir. En tout cas, l'observation ici ne peut pas permettre de répondre à la question posée. Car par les mesures qu'elle implique, une telle pression ne se différencie pas tellement de la préparation à une guerre délibérée.

2°) Ces faits pourraient-ils être un camouflage dissimulant une action dans une autre direction, sud ou ouest ? Certains faits, comme la spectacularité excessive de la mobilisation roumaine et l'absence de toute mesure visible dans la région de Moscou, pourraient donner à le croire. Mais un tel camouflage supposerait une rapidité de déploiement presque incroyable vers le sud.

Actuellement, très (...)[2] de garnisons, ou vers l'ouest très loin. Et il supposerait un machiavélisme dans l'organisation de complicités pour de faux renseignements comme la demande de passage en Finlande signalée par mon télégramme 530[3].

être satisfaits que vers l'est. Bergery a estimé nécessaire de transmettre au Département, « malgré leur caractère de spontanéité, ces « considérations si curieuses chez une personne qui jusqu'ici soutenait des thèses » proches des siennes. (Guerre 1939-1945, Vichy, Z Europe, URSS, 835, non publié).

[1] T. nos 526 à 529 de Moscou en date du 18 juin 1941. Le vice-commissaire Lozowski a confirmé à Bergery qu'à sa connaissance, la presse allemande et en tous cas la radio allemande n'avaient même pas fait mention du communiqué apaisant de l'Agence Tass. D'autre part, à Moscou, il n'y a aucun signe extérieur de mobilisation accrue, voire d'inquiétude, aucune précaution de défense passive. Toutefois, la majorité du corps diplomatique n'en persiste pas moins à pencher vers l'hypothèse d'un conflit ; certains, par contre, comme les ambassadeurs d'Italie et d'Iran, se fondant sur l'atmosphère en URSS et sur les mesures spectaculaires prises en Roumanie, continuent à croire à un moyen de pression ou à un écran de fumée destiné à dissimuler la préparation d'une autre opération dans une autre direction (document non retrouvé, résumé d'après Guerre 1939-1945, Vichy, C État Français, 45).

[2] Lacune de déchiffrement.

[3] T. n° 530 de Moscou, en fait noté par erreur sous le n° 520, en date du 19 juin. De source diplomatique sûre, l'ambassade d'Allemagne a demandé à la Finlande l'autorisation de faire passer en cas d'urgence la frontière finlandaise sans visa à 150 membres du personnel allemand en URSS. D'autre part, il semble certain que toutes les femmes des ambassades d'Allemagne et d'Italie ont déjà quitté ou doivent quitter Moscou le 19 juin. Des renseignements en provenance des Finlandais vont aussi dans le même sens. Ainsi la note de la Direction politique en date du 17 juin 1941, qui fait état des confidences d'un colonel de l'armée finlandaise, officier de liaison entre les armées allemande et finlandaise, revenu ce même jour de Berlin, sur l'imminence du conflit germano-russe. Le 19 juin, le consul général à Berne fournit aussi des renseignements d'une « personnalité suisse très liée avec l'État-Major », dont « il résulte que les propositions allemandes auraient été jugées excessives par M. Staline. D'une part, l'Allemagne se refuse à laisser les mains libres aux Russes en Finlande et, d'autre part, les Soviets trouvent que les prétentions allemandes sur l'Ukraine et sur les pétroles mettent en péril l'indépendance du pays. Des mesures de défense anti-aériennes sont prises à Varsovie où a commencé l'obscurcissement. Enfin, les bateaux roumains qui se trouvaient à Istanbul en route pour Constanza ont reçu l'ordre de rester à l'ancre. On

Sauf donc des renseignements que je n'aurais pas et qui étayeraient cette dernière hypothèse, il me paraît normal de conclure à une volonté inconditionnelle de conflit ou, tout au moins, à une pression appuyant soit des négociations secrètes, soit un ultimatum prochain.

Mais j'ajoute qu'étant donné l'amplitude des moyens mis en œuvre, le caractère vexatoire de certains procédés et le ressentiment qui en résulte au Kremlin, il semble que le Reich devrait exiger, par cette négociation ou cet ultimatum éventuel, des livraisons ou des garanties équivalentes à celles qu'il obtiendrait par une victoire militaire.

Communiqué par télégramme Helsinki, Bucarest ; par avion Sofia, Stockholm et Bucarest.

Guerre 1939-1945, Vichy, Z Europe, URSS, 835 (10GMII/835)

246

M. Arvengas, Ministre de France à Mexico,
    À l'Amiral Darlan, Vice-Président du Conseil, Ministre
      Secrétaire d'État aux Affaires étrangères, à la Marine et à
      l'Intérieur.

D. n° 87[1].   *Mexico, 20 juin 1941.*

J'ai appris par la communication que Votre Excellence a bien voulu m'envoyer hier, que M. Soustelle[2] avait été déchu de la nationalité française.

Je regrette – qu'il me soit permis de le dire – que cette décision ait été prise sans que j'aie été consulté. J'aurais en effet conseillé qu'elle fut au moins différée, jusqu'au moment où l'intéressé aurait pris une attitude d'hostilité ouverte contre le gouvernement français ou contre cette légation.

Or, j'ai plusieurs fois signalé dans ma correspondance que, pour des raisons de tactique sans doute, M. Soustelle s'abstenait d'attaques directes contre le gouvernement du maréchal Pétain et pareillement contre la légation. Il n'a jamais tenté de détourner les Français de venir à la légation, je pourrais presque dire au contraire (lettre n° 47 du 1er avril 1941)[3].

---

s'attend dans les milieux de l'État-Major à une attaque allemande brusquée sur l'Ukraine. » Cette dernière ligne est soulignée par trois points d'interrogation manuscrits en marge. (Tous ces documents dans Guerre 1939-1945, Vichy, Z Europe, URSS, 835).

[1] D. intitulée : « A.s. M. Jacques Soustelle.

[2] Jacques Soustelle est alors « représentant personnel du général de Gaulle » en Amérique latine en charge de superviser les comités de la France libre.

[3] Cette lettre, non publiée, et intitulée « Accusations calomnieuses d'un journal mexicain. Activité de M. Soustelle. Attitude de M. Bodard » se trouve dans Guerre 1939-1945, Vichy, B, Amériques, Mexique, 70. Gilbert Arvengas a adressé un démenti catégorique aux accusations de la presse américaine et mexicaine d'être un « agent nazi », « tout en veillant à ce que le démenti ne pût être considéré comme désobligeant pour les légations d'Allemagne et d'Italie avec lesquelles

Si la propagande gaulliste s'est beaucoup développée depuis les événements de Syrie et à l'occasion de l'anniversaire de la naissance du mouvement gaulliste, c'est principalement par la reproduction d'articles de presse des États-Unis. M. Soustelle, quant à lui, dans les conférences qu'il fait, se consacre essentiellement à l'éloge de l'Angleterre, à la nécessité de l'aider et à l'exposé des raisons pour lesquelles la victoire britannique doit être le salut de la France. J'ajoute que son action ne s'est traduite jusqu'ici que par des envois de fonds en Angleterre, mais non par le recrutement de volontaires.

Ceux-là même qui parmi nos compatriotes n'aiment pas M. Soustelle s'accordent à louer sa réserve et sa correction. Il n'est pas douteux qu'en apprenant la mesure prise contre lui, tous nos compatriotes penseront qu'elle a été inspirée par moi et beaucoup s'étonneront que j'aie répondu par cette flétrissure à sa correction à mon égard. J'ai donc lieu de craindre que la campagne dirigée contre moi et qui avait tout à fait cessé ne reprenne et que les Français qui venaient très nombreux à la légation où je pouvais leur fournir des éléments d'information susceptibles de combattre certaines accusations, ne s'en détournent désormais.

Sans doute M. Soustelle aurait-il été amené de toutes façons, semble-t-il, par le cours des événements à prendre prochainement une position plus catégorique, mais j'aurais souhaité que l'on attendît, pour le frapper, qu'il l'eût prise.

Guerre 1939-1945, Vichy, B Amérique, Mexique, 66 (1GMII/66)

247

M. DE LAFORCADE, MINISTRE DE FRANCE À DUBLIN,
	À L'AMIRAL DARLAN, VICE-PRÉSIDENT DU CONSEIL, MINISTRE
	SECRÉTAIRE D'ÉTAT AUX AFFAIRES ÉTRANGÈRES, À LA MARINE ET À
	L'INTÉRIEUR.

D. n° 135[1].							*Dublin, 20 juin 1941.*

Les Irlandais ont éprouvé ces derniers temps, du fait de la guerre, deux émotions considérables, qui ont ébranlé tout le pays : la crainte de voir la

---

[il n'a] d'ailleurs pas cru devoir prendre contact en arrivant ici ». Il récuse aussi avoir fourni des listes noires de gaullistes demandées à son prédécesseur M. Bodard, mis à la retraite pour avoir refusé. À propos de Soustelle, il écrit que celui-ci « s'est rigoureusement abstenu jusqu'ici de toute attaque directe contre le gouvernement français (il va sans dire que sa propagande n'en implique pas moins dans une certaine mesure une condamnation de l'action du gouvernement français) ; on m'assure même qu'il conseille à nos compatriotes de ne pas faire de propagande contre le gouvernement français ni contre la légation », ajoutant que s'il a « lieu d'être relativement satisfait de l'attitude de M. Soustelle », il regrette qu'il n'en soit pas de même de M. Bodard qui « a très habilement manœuvré depuis sa mise à la retraite pour éveiller la compassion de nos compatriotes » et qui se serait inscrit avec son épouse au Comité de Gaulle, ce qu'Arvengas ne peut néanmoins affirmer, la liste des membres de ce comité ne lui étant pas connue.

[1] D. intitulée : « Situation de l'Irlande. »

conscription étendue aux six comtés du Nord[1] et le bombardement de Dublin au cours de la nuit du 30 au 31 mai[2]. Par contre, l'inquiétude qui s'était manifestée en ce qui concerne les approvisionnements en blé s'est apaisée : il est avéré maintenant que la soudure sera opérée sans trop de difficultés, mais le ravitaillement en charbon reste un problème très grave, que le gouvernement s'efforce de résoudre en développant l'extraction de la tourbe. Le gouvernement de M. de Valera continue d'être attaqué par l'opposition en raison de son imprévoyance en matière de ravitaillement, mais ces critiques ne semblent pas devoir être très dangereuses.

Comme le sait le Département, le gouvernement irlandais avait obtenu que la conscription adoptée en avril 1939 par le gouvernement anglais ne fût pas appliquée à l'Irlande du Nord ; il avait fait ressortir que l'enrôlement forcé des nationalistes irlandais dans les rangs de l'armée anglaise pourrait donner lieu à des réactions très vives devant lesquelles la population de l'Irlande du Sud n'aurait pu rester indifférente. Or, un député anglais, à la Chambre des Communes, ayant tout récemment soulevé à nouveau cette question en demandant à M. W. Churchill pourquoi la conscription ne pourrait être appliquée également au Nord de l'Irlande, le Premier britannique avait répondu qu'il étudierait la question. À la suite de cette interpellation, le chef du gouvernement du Nord, M. Andrews, s'était rendu à plusieurs reprises à Londres pour fournir à M. Churchill les éléments d'appréciation sur ce sujet et il est probable qu'il avait dû insister, au nom de sa majorité, pour que la conscription fût étendue aux six comtés. Plusieurs raisons lui dictaient cette attitude : tout d'abord, le désir de surenchérir sur son prédécesseur, en faisant adopter une mesure que ce dernier n'avait pu ou n'avait pas jugé prudent de faire appliquer. Jeune Premier ministre du gouvernement du Nord, arrivé récemment au pouvoir, M. Andrews eut été très heureux de montrer son zèle pour l'Empire, en lui apportant une armée aussi petite soit-elle, la conscription ne devant fournir que 40 000 hommes environ. D'autre part, il était animé également par le désir de permettre aux unionistes, protestants fidèles à l'Angleterre, de s'enrôler sans craindre que leurs places dans le pays ne soient prises par leurs compatriotes, nationalistes et catholiques, jusqu'alors non contraints de partir aux armées. Le gouvernement du Nord estimait que, si catholiques et protestants étaient appelés uniformément, la situation respective des partis, soigneusement calculée par les unionistes, ne serait pas modifiée au détriment des loyalistes. Enfin, en faisant adopter la conscription, le gouvernement du Nord diminuerait d'autant le nombre des chômeurs qui

---

[1] Le Secrétaire d'État à la Guerre, Leslie Hore-Belisha, avait convaincu le gouvernement de Neville Chamberlain d'introduire une forme limitée de conscription le 27 avril 1939 (*Military Training Act*), laquelle fut remplacée, le 3 septembre 1939, lors de l'entrée en guerre contre l'Allemagne, par le *National Service (Armed forces Act.)* Cette dernière loi permet d'enrôler les hommes non plus seulement âgés de 20 à 22 ans, mais de 18 à 41 ans. L'exception faite, dès l'origine, en faveur des six comtés de l'Ulster, en Irlande du Nord, est maintenue.

[2] Bien qu'ayant proclamé sa neutralité dès le déclenchement de la guerre, l'État libre d'Irlande subit des bombardements allemands dès août 1940, et Dublin les 2 et 3 janvier 1941, mais celui du 31 mai, sur le nord de la ville, fut particulièrement meurtrier.

a été augmenté brusquement en quelques nuits d'environ 10 000 personnes, ayant perdu leur travail à la suite de la destruction de plusieurs usines par l'aviation allemande. M. Andrews estimait aussi que le bombardement de Belfast[1] et de plusieurs villes du Nord avait montré à la population que le péril était commun aux deux partis et qu'il convenait d'y faire face par une mesure d'ordre général s'appliquant également aux deux partis.

Toutes ces raisons ne pouvaient naturellement pas être admises par les catholiques, tant du Nord que du Sud, et l'« étude » à laquelle s'est livré M. Churchill a provoqué des réactions très vives des deux côtés de la frontière. Le Cardinal Primat d'Irlande a le premier condamné cette mesure[2] ; des meetings de protestation ont eu lieu un peu partout et, à la Chambre de Dublin, les chefs des différents partis, après M. de Valera, ont condamné dans des termes plus ou moins violents « l'outrage nouveau qui allait s'ajouter à l'injustice du partage » (ma communication du 26 mai 1941)[3].

Devant ces protestations, auxquelles s'ajoutaient bien souvent des menaces non voilées et aussi devant les représentations du gouvernement des États-Unis, (mes communications des 26, 29 et 30 mai 1941)[4], M. Churchill a déclaré que l'application de la conscription présenterait plus d'inconvénients que d'avantages. Cette annonce a été reçue dans tout le pays avec d'autant plus de soulagement qu'elle a montré que le gouvernement anglais n'avait pas l'intention, comme certains l'avaient craint, de saisir les ports irlandais à la faveur des troubles ainsi provoqués.

Cette question vient d'être évoquée une fois de plus devant la Chambre des Communes lorsqu'un député de l'Ulster a demandé à M. Churchill s'il ne convenait pas, en échange de l'abandon du projet de conscription pour le Nord, de prier M. de Valera de laisser l'Angleterre utiliser les bases irlandaises. Le Premier anglais a répondu qu'il ne désirait pas, pour le moment, rouvrir le débat à ce sujet.

À l'émotion soulevée par la crainte de la conscription en a succédé une autre, tout aussi profonde : un nouveau bombardement de Dublin, dans la nuit du 30 au 31 mai[5], qui a fait craindre aux Irlandais de subir le sort des Belges ou des Hollandais. Un certain nombre d'avions ont survolé la ville, se rendant probablement à Belfast ou en Angleterre et ont lancé, au total, six bombes (dont deux n'ont pas éclaté), qui ont démoli un grand nombre de maisons (25 complétement et 300 sérieusement endommagées) et causé 35 morts. L'examen des projectiles a révélé qu'ils étaient de fabrication

---

[1] Belfast connu son « Blitz » en avril et en mai 1941. Deux raids nocturnes de la Luftwaffe furent particulièrement dévastateurs : celui du 15 avril fit 900 morts et 1 500 blessés et détruisit ou endommagea la moitié des immeubles de la ville ; celui du 4 mai fit 150 morts.

[2] Il s'agit de John Carles McQuaid, archevêque de Dublin et Primat d'Irlande (décembre 1940-janvier 1971).

[3] T. nᵒˢ 369 à 370 en date du 26 mai de Dublin (in Guerre 1939-1945, Vichy, Z Europe, Irlande, 375, non publié).

[4] T. nᵒˢ 371 à 374 en date du 26 mai, 397 à 398 en date du 29 mai, 401 en date du 30 mai (Guerre 1939-1945, Vichy, Z Europe, Irlande, 376, non publiés).

[5] Voir note 1 ci-dessus.

allemande, ainsi que celui lancé le lendemain dans la région d'Arklow[1], aussi le gouvernement irlandais a-t-il protesté de la façon la plus énergique auprès du gouvernement allemand, en lui demandant des indemnités avec l'assurance formelle que ce genre d'attaque ne se renouvellerait plus. Le gouvernement allemand a répondu que son enquête « n'a pas permis d'établir la responsabilité des avions allemands. Seul un avion allemand a survolé la côte par erreur dans la matinée du 31 mai, qui a changé sa route dès qu'il s'est aperçu de son erreur. Néanmoins, étant donné que le gouvernement irlandais a établi que les bombes étaient d'origine allemande et que les vents des hautes altitudes ont pu déporter les avions à l'insu des pilotes, la possibilité que ces avions ont pu jeter ces bombes ne peut être exclue ».

« En conséquence, le gouvernement allemand exprime ses regrets sincères au gouvernement irlandais et, en raison des relations amicales qui existent entre les deux pays est prêt à offrir une compensation pour les dommages aux personnes et aux biens ».

« Le gouvernement allemand a donné les instructions nécessaires pour éviter le renouvellement d'incidents semblables ».

Malgré cette assurance, le survol de l'Irlande par les avions allemands n'en continue pas moins et, le 11 juin, un de ceux-ci s'est écrasé près de Wexford, entraînant la mort de ses cinq occupants. Enfin, parmi les pertes subies par l'Irlande depuis un mois des suites de la guerre, on peut citer la destruction, le 13 juin, par un avion, d'un navire de passagers faisant le service entre Rosslare et Fishguard où 23 personnes ont péri[2].

Le problème du ravitaillement paraît moins angoissant qu'il ne le semblait il y a un mois ; le ministre des Approvisionnements, M. Lemass, a fait hier à la Chambre des déclarations rassurantes en ce qui concerne la farine, en annonçant que la soudure se ferait sans difficulté. Cette amélioration est due au blutage à 95 %, qui a permis des économies sur les stocks existants, et non aux achats faits par M. Aiken aux États-Unis, dont le transport n'a pu encore être assuré. Si un manque de pain, de sucre, de beurre, de lait et de viande n'est pas à craindre, il n'en est pas de même pour le thé, dont la maigre ration ne pourra pas être augmentée, ni pour le cacao, dont les stocks ne pourront être renouvelés. Si les carburants liquides doivent être soigneusement économisés, sans toutefois qu'une disette soit à craindre, la situation en ce qui concerne le charbon apparaît comme particulièrement mauvaise, les expéditions étant incertaines au point que le charbon de ménage manquera très probablement. Il en est de même pour le bois, dont l'absence va réduire considérablement la construction de nouveaux immeubles.

La situation précaire dans laquelle se trouve le pays en ce qui concerne certaines denrées essentielles est naturellement exploitée par l'opposition, qui en rend responsable le gouvernement de M. de Valera. Le parti

[1] Le 2 juin 1941. Pas de victimes.

[2] Il s'agit du ferry *Saint Patrick*.

de M. Cosgrave a, le 19 mai, rompu, en cette matière la trêve qu'il avait conclue au début de la guerre et a réclamé la constitution d'un nouveau gouvernement[1]. Cette déclaration aura sans doute peu de suites pratiques, car M. de Valera détient la majorité à la Chambre avec son seul parti[2] et, quelque violentes que puissent être certaines critiques, la majorité du pays se rend compte qu'un changement de gouvernement dans les circonstances actuelles n'augmenterait pas les importations des produits qui font défaut à l'économie irlandaise.

Les Irlandais se sentent trop menacés par le cataclysme qui s'abat à leurs portes – et dont le bombardement de Dublin leur a fait voir les horreurs – pour attaquer vivement le gouvernement sur une question qui apparaît maintenant comme secondaire. Même le problème du partage qui passionnait l'opinion avant la guerre et qui a porté M. de Valera au pouvoir, semble avoir perdu une grande part de son intérêt. Il apparaît comme une querelle de voisins alors que le village est en feu et l'aide que le gouvernement irlandais du Sud a portée à celui du Nord lors des bombardements de Belfast montre que les rancunes n'étouffent pas les sentiments d'humanité. Cela peut faciliter une détente et peut-être, un jour encore lointain, quelque accommodement entre les deux fractions du pays. M. Andrews a déclaré à ce sujet, le 13 juin, qu'il espérait qu'il sera possible de développer un meilleur esprit de bonne volonté après la guerre en Irlande, en ajoutant, il est vrai, que chacun des deux gouvernements devrait s'occuper exclusivement de ses affaires intérieures, opinion qui ne peut être partagée par le gouvernement de M. de Valera, désireux avant tout de voir supprimer à son profit le gouvernement du Nord. Cette déclaration, qui aurait fait l'objet de commentaires passionnés avant la guerre, est restée à peu près sans écho dans la presse de Dublin, tant les esprits sont ailleurs…

Guerre 1939-1945, Vichy, Z Europe, Irlande, 376 (10GMII/376)

---

[1]   William Thomas Cosgrave est le leader du Fine Gael-The United Ireland Party.

[2]   Le parti d'Union de Valera et le Fianna Fail (The Warriors of Destiny) dont le programme consiste, une fois parvenu au pouvoir, de républicaniser l'État libre d'Irlande de l'intérieur.

247bis

L'Amiral Darlan, Ministre Secrétaire d'État aux Affaires
étrangères, à la Marine et à l'Intérieur,
    Aux Agents diplomatiques et consulaires de France à
    l'étranger.

L. n° 408 - CH-109 bis.[1]   *Vichy, 20 juin 1941.*

Par les lois des 3 octobre 1940 et 2 juin 1941[2], le gouvernement français a établi un statut des Juifs.

Les mesures propres à assurer l'application pratique de la loi française sont en cours d'exécution ou d'examen. En attendant leur mise au point définitive, j'ai été amené, à la suite de demandes de renseignement émanant de quelques-uns de nos postes[3], à me concerter avec les départements ministériels intéressés pour déterminer les conditions dans lesquelles nos agents pourraient délivrer aux ressortissants français qualifiés des certificats établissant qu'ils ne sont pas de race juive, quand ces certificats leur sont réclamés par des autorités étrangères.

En conclusion de cet échange de vues, il a été décidé que, lorsque vous serez saisi d'une demande de ce genre, vous pourrez délivrer à l'intéressé, sur sa déclaration d'honneur faite par écrit et conservée par vous, un certificat dont le modèle est ci-annexé, et dit « certificat ethnique ».

Ainsi que vous le verrez, le texte de ce certificat est basé sur l'article 1er de la loi du 2 juin 1941 (*JO* du 14 juin 1941) qui porte définition des personnes regardées comme juives et qui est ci-joint. Il n'y est pas question de « race aryenne », aucune définition satisfaisante de celle-ci n'ayant encore pu être donnée, d'une part, et, d'autre part, l'Empire français comptant des races diverses qui, tout en n'étant pas juives, ne peuvent cependant être regardées comme « aryennes », au sens habituel de ce mot. Le certificat dont il s'agit porte simplement que le requérant n'est pas regardé comme juif selon la définition donnée par la loi du 2 juin 1941. Il vous appartiendra donc d'accorder ou de refuser le certificat ethnique en appliquant cette définition à chaque cas particulier. Dans la majorité des cas, et pour les personnes appartenant de façon permanente à la colonie française de votre résidence, il vous sera facile de prendre une décision en pleine connaissance de cause. Dans les cas de personnes inconnues de vous et sur lesquelles vous en pourrez vous renseigner, et dans les cas douteux, vous devez transmettre au Département, sous le présent timbre, pour examen et avis, le dossier de

---

[1] Lettre circulaire intitulée : « A.s. Certificats ethniques ». Le numéro d'ordre est celui de la sous-direction des Chancelleries. Annotation marginale manuscrite : « Original ; Avion ; Copie : Valise ».

[2] Il s'agit des deux lois successives portant statut des Juifs pour la France métropolitaine.

[3] Tout particulièrement de la légation à Bucarest. La Roumanie met en œuvre en effet une politique antisémite et réclame que la France accorde des « certificats ethniques » à ses citoyens non-juifs, ce qui est évidemment une manière de désigner ceux qui sont juifs.

l'intéressé : ce dossier contiendra notamment toutes indications utiles sur la filiation du requérant, telle qu'elle est définie à l'article 1er de la loi du 2 juin 1941, ainsi que tous renseignements propres à faciliter l'enquête administrative dans la métropole.

Vous voudrez bien remarquer que le certificat ethnique devra indiquer d'une manière explicite le motif pour lequel il est délivré et l'autorité étrangère qui l'exige : le certificat ethnique, dans l'état actuel des choses, a un caractère spécifique, il ne doit être délivré et utilisé que pour un objet déterminé, et il ne faut pas que le titulaire puisse s'en prévaloir pour d'autres fins que celles qui auront motivé sa délivrance.

Celle-ci donnera lieu à la perception du droit de chancellerie fixé par l'article 81-b du tarif.

J'attire enfin votre attention sur le point suivant. L'institution du certificat ethnique a pour but de permettre à nos ressortissants non-juifs de prouver leur origine raciale dans les pays où existe une législation discriminante à l'égard des juifs. Sa portée est donc nettement circonscrite et elle trace les limites présentes de votre intervention dans ce domaine.

ANNEXE 1

Loi du 2 juin remplaçant la loi du 3 octobre 1940
Portant statut des Juifs (JO du 14 juin 1941)

Nous Maréchal de France, Chef de l'État français, le Conseil des Ministres entendu, Décrétons :

Article 1er. Est regardé comme juif :

1/ Celui ou celle, appartenant ou non à une confession quelconque, qui est issu d'au moins trois grands-parents de race juive, ou de deux seulement, si son conjoint est lui-même issu de deux grands-parents de race juive.

Est regardé comme étant de race juive le grand parent ayant appartenu à la religion juive ;

2/ Celui ou celle qui appartient à la religion juive, ou y appartenait le 25 juin 1940, et qui est issu de deux grands-parents de race juive.

La non appartenance à la religion juive est établie par la preuve de l'adhésion à l'une des autres confessions reconnues par l'État avant la loi du 9 décembre 1905.

Le désaveu ou l'annulation de la reconnaissance d'un enfant considéré comme juif sont sans effet au regard des dispositions qui précèdent.

Fait à Vichy, le 2 juin 1941

Ph. Pétain.

Par le Maréchal de France, Chef de l'État français ;

L'Amiral de la Flotte, Vice-Président du Conseil, Ministre Secrétaire d'État aux Affaires étrangères, à l'Intérieur et à la Marine : Amiral Darlan.

Le garde des Sceaux, Ministre Secrétaire d'État à la Justice : Joseph Barthélémy.

Le Ministre Secrétaire d'État à l'Économie nationale et aux Finances : Yves Bouthillier.

Le Général d'Armée, Ministre Secrétaire d'État à la Guerre : Général Huntziger.

Le Ministre Secrétaire d'État à l'Agriculture : Pierre Caziot.

ANNEXE 2

Certificat ethnique

Le .... de France à ....

atteste qu'il a reçu de M............ (nom, prénom, date et lieu de naissance, domicile ou résidence, filiation) une déclaration sur l'honneur qu'il ne peut être regardé comme juif selon la définition de l'article 1er de la loi du 2 juin 1941 portant statut des juifs.

Il certifie qu'à sa connaissance rien ne lui permet de douter de la véracité de cette déclaration.

Le présent certificat est exclusivement délivré pour (motif de la délivrance) à la demande de (indication de l'autorité étrangère qui l'exige).

Et a le déclarant signé avec le .... de France à .... le ....

Guerre 1939-1945, Vichy, C État français (?) (2GMII/)

248

M. Truelle, Ministre de France à Bucarest,
　À l'Amiral Darlan, Vice-Président du Conseil, Ministre
　　Secrétaire d'État aux Affaires étrangères, à la Marine et à
　　l'Intérieur.

T. n°s 589 à 590[1].　　　　　　　*Bucarest, 21 juin 1941, 21 h. 40.*

(*Reçu : le 22, 0 h. 30*)

1°/ De (...)[2] côtés il m'est indiqué que l'attaque des troupes roumano-allemandes commencerait demain matin à l'aube. Je ne puis vérifier l'exactitude de ces précisions. Mais le secrétaire général aux Affaires étrangères m'a recommandé ainsi qu'à d'autres collègues de procéder à l'évacuation du personnel avant la nuit.

2°/ Un de ses collaborateurs m'a précisé que si « l'on entrait en guerre ce serait en prétextant des attaques du côté soviétique ». Il prévoyait une attaque rapide qui aurait pour effet d'éloigner en quelques jours Bucarest du théâtre des opérations.

3°/ On m'indique que le maréchal List se serait installé en Moldavie, d'où il dirige les opérations.

4°/ Le ministre de l'URSS n'a pas quitté Bucarest.

5°/ Quoiqu'il en soit, la presse roumaine de ce soir ne dit mot de la situation tandis que des avis de toutes sortes sont donnés à la radio invitant tout ceux qui le peuvent à quitter les villes avant la nuit. Tout le pays vit dans un état d'attente anxieuse.

Communiqué Moscou, Sofia, Budapest.

Guerre 1939-1945, Vichy, Z Europe, Roumanie, 689 (10GMII/689)

---

[1]　Mention marginale manuscrite : « Vu par guerre ».

[2]　Lacune de déchiffrement.

249

Sur la convention de paix entre la France et la Thaïlande

N[1].   *Vichy, 21 juin 1941.*

Secret.

L'arbitrage japonais.

La médiation japonaise dans le conflit franco-thaïlandais fut acceptée par la France le 22 janvier dernier. Au cours de la négociation qui s'ensuivit, cette médiation prit rapidement le caractère d'un arbitrage et c'est sous la menace d'une dénonciation de l'accord franco-japonais du 30 août 1940 qui aurait remis en cause le sort de l'Union indochinoise toute entière que fut accepté le projet de règlement présenté par le gouvernement de Tokyo[2].

Importance des concessions territoriales.

C'est à la convention de paix signée à Tokyo le 9 mai 1941[3] que ce projet a finalement abouti. Pour le faire accepter, M. Matsuoka n'avait pas manqué de faire valoir les réductions considérables que ses offres comportaient sur les premières demandes de la délégation thaïlandaise. Ces demandes s'étendaient en effet à tout le Cambodge et à la plus grande partie du Laos[4]. Mais le règlement imposé par le Japon n'en constitue pas moins une aggravation sensible des concessions dont la France avait accepté le principe à l'origine de la médiation. Ces concessions, visant deux enclaves territoriales situées sur la rive droite du Mékong, au nord, celle de Luang Prabang, au sud, celle de Paksé, portaient sur un territoire d'une superficie totale de 23 500 km² avec 134 000 habitants. Or, les cessions territoriales prévues par le traité du 9 mai comportent, outre les deux enclaves précitées, une région couvrant la province de Battambang dans sa totalité, les deux tiers nord de la province de Siem Reap et le tiers nord de la province de Kompong Thom. De ce fait, les cessions consenties en faveur de la Thaïlande par le traité du 9 mai s'étendent sur un territoire de 69 000 km² avec une population de 534 000 habitants.

Ces chiffres prennent toute leur valeur si l'on considère que l'ensemble des possessions constituant l'Union indochinoise avaient une superficie de

---

[1] Annotation marginale manuscrite : « Note qui avait été remise au Maréchal. »

[2] Voir les documents n°s 19, 29, 30, 33, 35, 39, 40, 49, 60, 120, 123, 134 et notes pour les étapes du règlement du conflit. Voir aussi dans Guerre 1939-1945, Vichy, E Asie, Thaïlande, 318, la D. n° 66 en date du 12 mai 1941 de Tokyo, avec en pièce jointe le « Journal de la négociation franco-thaïlandaise sous la médiation japonaise, Tokyo, 6 février 1941-9 mai 1941 », document non publié.

[3] Pour le texte de l'accord et un ensemble de documents relatifs à la négociation franco-thaïlandaise, voir la D. n° 65 de Tokyo en date du 12 mai 1941 dans Guerre 1939-1945, Vichy, E Asie, Thaïlande, 402.

[4] Voir document n° 148 sur les réactions du roi du Laos.

740 000 km^2 et une population de 25 000 000. Les sacrifices résultant de l'accord du 9 mai ramènent ces chiffres à 671 000 km^2 pour la superficie territoriale et à 24 500 000 environ, pour la population.

L'enclave de Luang Prabang.

L'enclave laotienne nord, détachée du royaume de Luang Prabang, se trouve entièrement située sur la rive droite du Mékong. N'ayant, pour une superficie de 18 000 km^2 que 82 000 habitants, n'étant pas encore exploitée, elle ne présente pas, dans les conditions actuelles, un intérêt très considérable. La perte de ce territoire n'est pas de nature à troubler l'économie générale de l'Union indochinoise. En vue de faire accepter au roi de Luang Prabang et aux populations du pays les sacrifices imposés par les circonstances, des pourparlers ont été engagés par le gouvernement général avec ce souverain pour lui assurer une compensation territoriale par attribution de territoires prélevés sur les confins nord du Laos. Cette solution a donné tous les apaisements désirables au roi de Luang Prabang et le règlement d'ensemble intervenu ne semble pas devoir entraîner de difficultés.

L'enclave de Paksé et les provinces cambodgiennes.

Mais c'est l'abandon de l'enclave laotienne sud et surtout des provinces cambodgiennes qui constituent pour l'Union la perte la plus sensible. La nouvelle frontière garde d'abord un caractère naturel en suivant du nord au sud le cours du Mékong. Elle devient ensuite purement artificielle, suivant d'est à ouest, jusqu'à Angkor qui reste à l'Indochine, le parallèle du 15e grade, puis s'infléchissant vers le sud pour contourner le grand lac et rejoindre à l'ouest l'ancienne frontière franco-siamoise. L'ensemble des territoires ainsi délimités, comprenant l'enclave de Paksé, de 5 600 km^2, avec 52 000 habitants, et les provinces cambodgiennes, de 45 400 km^2 et 400 000 habitants, représente donc une superficie totale de 51 000 km^2 avec 452 000 habitants.

Intérêt politique et économique de cette région.

La région cédée présente un intérêt politique et économique certain. Elle met aux mains des Thaïlandais un tronçon du chemin de fer qui relie Phnom Penh à Battambang, deux tronçons de routes carrossables aboutissant à la jonction de Sisophon, et l'accès sur le grand lac dont la pêche constitue un élément important pour l'alimentation du pays et même pour le commerce d'exportation.

La province de Battambang est une région de rizières fertiles produisant un riz de qualité remarquable. On peut estimer que la perte de cette province entraîne pour le Cambodge, qui exporte annuellement de 250 000 à 300 000 tonnes de riz, une réduction d'environ 100 000 tonnes.

La province de Siem Reap possède une industrie prospère de la pêche sur le grand lac. Les richesses touristiques de cette province, notamment les temples d'Angkor restent au Cambodge.

La province de Kompong Thom est une région forestière, avec un important commerce de bois.

L'enclave laotienne de Paksé comprend des territoires fertiles où se pratique la culture du riz, du tabac, du coton et du mûrier. L'élevage y est assez développé.

Motifs qui ont dicté l'attitude du gouvernement français.

C'est en pleine conscience de l'importance des sacrifices consentis, que le gouvernement français a cru devoir accepter de conclure l'accord du 9 mai présentement soumis à la ratification du chef de l'État. Depuis le 22 janvier, date à laquelle la médiation japonaise avait été acceptée, aucun élément nouveau n'est intervenu qui fût de nature à renforcer la situation militaire de la France en Indochine, ni sa position diplomatique vis-à-vis du Japon. Le refus d'accéder au règlement arbitral imposé par le gouvernement de Tokyo aurait entraîné la rupture. Dans les circonstances actuelles, pareille rupture pourrait aboutir à la mainmise du Japon sur l'Indochine par éviction de la France.

Faisant état des circonstances générales comme des difficultés d'ordre militaire ressenties au cours du conflit et qui avaient amené l'amiral Decoux à demander de manière instante, le 17 janvier dernier, la suspension des hostilités[1], le gouvernement français a jugé préférable d'éviter la rupture et d'obtenir, au prix de sacrifices importants, un règlement dont le caractère final est garanti par le Japon.

Réaction de l'opinion publique en Indochine.

Ce règlement a été accueilli sans opposition par l'ensemble de la population d'Indochine, qui n'ignore pas le caractère inégal et les dangers d'un conflit éventuel avec le Japon. C'est dans ce sentiment que les diverses autorités indigènes de l'Union, notamment le roi du Cambodge, ont considéré les conditions imposées par le Japon et qu'elles ont donné au gouvernement général le témoignage spontané de leur attachement à la France.

Guerre 1939-1945, Vichy, E Asie, Thaïlande, 419 (3GMII/419)

---

[1]   Voir document n° 29 et notes, ainsi que la note (secrète) n° 1526 F.M.F.3 en date du 6 mai 1941 de l'Amirauté sur le combat de Koh-Chang du 17 janvier (*in* Guerre 1939-1945, Vichy, E Asie, Thaïlande, 414, non publiée)

250

M. BERGERY, AMBASSADEUR DE FRANCE À MOSCOU,
  À L'AMIRAL DARLAN, VICE-PRÉSIDENT DU CONSEIL, MINISTRE
    SECRÉTAIRE D'ÉTAT AUX AFFAIRES ÉTRANGÈRES, À LA MARINE ET À
    L'INTÉRIEUR.

T. n° 553[1].   *Moscou, 22 juin 1941, 16 h. 45.*

(*Reçu : le 22, 21 h.*)

Ce matin de très bonne heure l'ambassadeur d'Allemagne a rendu visite à M. Molotov pour lui présenter ses lettres de rappel.

Les troupes allemandes ont attaqué cette nuit depuis la mer Blanche jusqu'à la mer Noire.

La population moscovite était jusqu'ici dans une ignorance absolue de tout. En ce moment même M. Molotov l'informe par la radio[2]. Dans les rues, des groupes peu nombreux écoutent les haut-parleurs.

Guerre 1939-1945, Vichy, Z Europe, URSS, 836 (10GMII/836)

251

M. TRUELLE, MINISTRE DE FRANCE À BUCAREST,
  À L'AMIRAL DARLAN, VICE-PRÉSIDENT DU CONSEIL, MINISTRE
    SECRÉTAIRE D'ÉTAT AUX AFFAIRES ÉTRANGÈRES, À LA MARINE ET À
    L'INTÉRIEUR.

T. n°s 593 à 595[3].   *Bucarest, 22 juin 1941, 15 h. 15.*

(*Reçu : le 22, 23 h. 03*)

Les troupes roumaines ont pénétré ce matin à 3 heures sur le territoire soviétique.

La nouvelle a été rendue officielle peu après à Bucarest, suivie d'une proclamation et d'un ordre du jour à l'armée du général Antonesco qui ont été affichés dans tout le pays.

Ces manifestes invitent les Roumains à « la guerre sainte contre les destructeurs de la Civilisation et des Églises et le plus grand ennemi du genre humain : le bolchevisme ».

---

[1] Annotation marginale manuscrite : « Vu par Guerre ».

[2] Pour le texte de l'annonce de Molotov et la note du ministère des Affaires étrangères du Reich, voir Guerre 1939-1945, Vichy, Z Europe, URSS, 836, fol. 1-2bis (documents non publiés).

[3] Annotation marginale manuscrite : « Vu par Guerre. » Les T. n°s 594 à 595 qui font suite au 593, sont indiqués comme « secret ».

Ils expriment « la satisfaction du Conducator de pouvoir diriger son peuple vers ses destinées traditionnelles après une année d'humiliations et de souffrances ». Remerciant Dieu de lui avoir donné la possibilité de contribuer à la grande lutte pour la rénovation de la Civilisation menée par Hitler », le général se déclare « fier de collaborer d'une manière active aux côtés du Führer et du Duce ».

La proclamation du général Antonesco n'invoque aucun *casus belli* ni aucune cause autre que la lutte contre le bolchevisme pour l'entrée en guerre de la Roumanie. Il s'agit, comme le remarquait hier un diplomate roumain, d'une « croisade *Blitz Krieg* ».

Du jour au lendemain la presse, qui encore hier au soir ne faisait pas la moindre allusion à une tension quelconque, annonce l'ouverture des hostilités et adopte le ton adéquat. Le pays ne peut certes éprouver la moindre surprise après les préparatifs auxquels il était soumis depuis quinze jours[1], mais il est mystifié par les méthodes employées du côté allemand ; il a l'impression que son gouvernement n'a eu aucune initiative dans cette préparation et qu'il s'est borné à présenter au gouvernement allemand ses revendications territoriales qu'il était absolument indispensable de satisfaire s'il voulait renforcer sa position en lui rendant quelque popularité et justifier sa politique d'étroite collaboration.

Le public roumain en général a moins ressenti la perte de la Bessarabie que celle de la Transylvanie. Il sera satisfait si cette dernière est restituée, mais il éprouvera surtout du soulagement de voir le danger russe écarté par une victoire allemande, dont actuellement il ne doute pas. Cependant on ne peut dire qu'il partage le même enthousiasme que le Général d'une entrée en guerre aux côtés de l'Allemagne mettant la nation plus que jamais sous la dépendance de cette puissance. Depuis un an, il a subi trop d'épreuves pour ne pas supporter celle-ci avec un fatalisme qui ne laisse guère de place à de fortes réactions.

Communiqué Budapest, Sofia, Ankara par le télégraphe.

Guerre 1939-1945, Vichy, Z Europe, Roumanie, 689 (10GMII/689)

---

[1] Voir notamment les documents n°s 230 et 248.

252

M. DE LA BAUME, AMBASSADEUR DE FRANCE À BERNE,
    À L'AMIRAL DARLAN, VICE-PRÉSIDENT DU CONSEIL, MINISTRE
    SECRÉTAIRE D'ÉTAT AUX AFFAIRES ÉTRANGÈRES, À LA MARINE ET À
    L'INTÉRIEUR.

T. n°s 900 à 901.   *Berne, 23 juin 1941, 15 h.*

(Reçu : le 23, 16 h.)

D'après les informations parvenues ce matin à la légation de Pologne à Berne, une entrevue qui a eu lieu entre le général Sikorsky et l'ambassadeur de l'URSS à Londres sous les auspices du Foreign Office[1] servira de base à une déclaration que fera ce soir à la radio le chef du gouvernement polonais pour indiquer :

1°) que la Pologne n'est plus en état d'hostilité contre l'URSS ;

2°) qu'une coopération militaire est instituée entre les deux pays, le gouvernement de Moscou favorisant la constitution sur le territoire polonais occupé de légions polonaises appelées à combattre l'ennemi commun.

À l'origine de cette déclaration, il y aurait un accord prévoyant la reconstitution future d'un État polonais dont les frontières orientales auraient été fixées sur une ligne établie après des concessions réciproques.

De même source, il me revient que les Russes ont prévu pour leur défense un plan de destruction[2], notamment en Galicie, en Ukraine et à Bakou, qui, s'il peut être exécuté, devrait faire de ces régions un désert.

Guerre 1939-1945, Vichy, Z Europe, Pologne, 910 (10GMII/910)

---

[1] Le général Sikorsky est le chef du gouvernement polonais en exil et le chef des armées. Installé d'abord en France, puis après la défaite, à Londres, ce gouvernement a été reconnu par les Alliés dès 1939. Le 22 juin – soit la veille de ce télégramme – a eu lieu l'offensive allemande contre l'URSS. L'entrevue évoquée correspond à la décision du gouvernement polonais en exil de renouer les relations diplomatiques avec l'URSS. Le 5 juillet 1941 des pourparlers s'engagent à Londres entre les deux gouvernements « sous les auspices britanniques » selon les propres termes de Churchill. Les difficiles négociations s'achèvent le 30 juillet 1941 par des accords dits Sikorsky-Maïski (du nom de l'ambassadeur soviétique). Par cet accord, les relations diplomatiques entre le gouvernement polonais et le gouvernement soviétique sont rétablies mais le problème des frontières entre les deux pays n'est pas réglé.

[2] Ce plan d'ensemble n'a pas été mis en exécution, mais la Galicie tout comme l'Ukraine sont devenues des zones de front et le résultat fut à peu près le même. S'agissant de Bakou, ni ce projet soviétique, ni celui des Alliés qui envisageaient en 1939-1940 de bombarder les puits de pétrole du Caucase (voir *DDF (1939-1944)*, 1939-1, document n° 439, et 1940-1, document n° 169) pour priver l'ennemi de ces ressources stratégiques, ne furent davantage mis en œuvre.

253

M. de Vaux Saint Cyr, Ministre de France à Helsinki,
À l'Amiral Darlan, Vice-Président du Conseil, Ministre
Secrétaire d'État aux Affaires étrangères, à la Marine et à
l'Intérieur.

T. n°s 234 à 235.   *Helsinki, 23 juin 1941, 20 h. 15.*

(*Reçu* : le 24 juin, à 0 h. 15)

La thèse du gouvernement finlandais est qu'il conserve une stricte neutralité dans le conflit russo-allemand. Cependant le compte-rendu détaillé des raids d'avions russes dans la Finlande, donné officiellement à la suite d'une autre note officielle demandant à chaque citoyen de faire son devoir, laisse penser que l'attitude du gouvernement pourrait devenir sous peu plus active.

Dans son ensemble la population finlandaise se réjouit de cette agression contre son ennemi héréditaire. Elle en escompte la fin du bolchevisme et la récupération des territoires perdus l'année dernière[1]. Seuls les socialistes, antiallemands et pacifistes, osent soulever quelques critiques. C'est pourquoi le gouvernement a accédé aux demandes des députés socialistes et a prié le président de la Chambre, qui est un socialiste, de faire un appel au peuple, l'invitant à garder son unité et à se grouper autour du gouvernement (mon télégramme n° 225)[2].

Guerre 1939-1945, Vichy, Z Europe, Finlande, 892 (10GMII/892)

---

[1] Sur la Guerre d'hiver soviéto-finlandaise, voir *DDF (1939-1944)*, 1939-1, les documents de la section VII-B : « Les enjeux de la Baltique. La guerre soviéto-finlandaise et la question de l'assistance des Alliés à la Finlande », et 1940-1, les documents de la section I : « La guerre soviéto-finlandaise et ses conséquences ». La guerre s'est achevée le 12 mars 1940 par une victoire soviétique difficile, malgré l'évidente disproportion des forces, laissant à l'URSS une grande partie de la Carélie, Vyborg (deuxième ville du pays), 4 îles du golfe de Finlande, la région de Salla, la péninsule de Rybachi sur la mer de Barents et le droit de location du port de Hanko pendant 30 ans. Mais le traité de Moscou fut conçu dès le départ par la Finlande comme un simple répit, et escomptant une reprise des hostilités, les autorités militaires finlandaises ont demandé et obtenu de la France et de l'Angleterre de maintenir leur aide (voir *DDF (1939-1944)*, 1940-1, documents n°s 141 et 158). Voir aussi la D. n° 29 en date du 21 mars 1941 d'Helsinki, sur la « Politique extérieure de la Finlande en 1940 », dans Guerre 1939-1945, Vichy, Z Europe, Finlande, 892, non publiée, ainsi que la D. n° 31 en date du 23 avril 1941 pour une étude d'ensemble sur la Laponie finlandaise et le port de Petsamo que les Finlandais purent conserver (Papiers 1940, Bureau d'études Chauvel, 36, non publiée).

[2] T. d'Helsinki en date du 21 juin faisant état de la demande des organisations ouvrières au gouvernement de conserver sa neutralité, de constituer une commission de 9 membres « pour suivre le développement de la situation politique » et « d'adresser aux ouvriers une proclamation leur enjoignant de garder l'ordre et la discipline et d'obéir aux ordres du gouvernement ». La veille (T. n° 222 en date du 20 juin), le ministre de France indiquait néanmoins que la mobilisation était à peu près complète et que tous les hommes nés depuis le 1er janvier 1897, en état de porter les armes, avaient été appelés, et que des décrets autorisant des infractions à la loi de 8 heures et à celle sur le travail de nuit avaient été promulgués, afin de permettre une augmentation de rendement dans les usines de guerre (Guerre 1939-1945, Vichy, Z Europe, Finlande, 892, non publiés).

254

M. DE LA BAUME, AMBASSADEUR DE FRANCE À BERNE,
  À L'AMIRAL DARLAN, VICE-PRÉSIDENT DU CONSEIL, MINISTRE
  SECRÉTAIRE D'ÉTAT AUX AFFAIRES ÉTRANGÈRES, À LA MARINE ET À
  L'INTÉRIEUR.

T. n° 906[1].   *Berne, 23 juin 1941.*

En clair.   *(Reçu[2] : le 26, 18 h.)*

Je me réfère à mon télégramme n° 894[3].

Parmi les raisons qui ont amené le chancelier du Reich à rompre avec le gouvernement de Moscou, il semble qu'il faille compter également l'intervention d'une forte pression intérieure. Si j'en crois les renseignements recueillis à une source officielle suisse, la déclaration de guerre de l'Allemagne à la Russie serait l'aboutissement d'une longue lutte dans le parti national-socialiste, lutte qui a commencé le jour de la conclusion du Pacte germano-russe en août 1939. Dès le premier moment, la signature de ce pacte a rencontré la plus violente résistance dans les milieux extrémistes nazis et chez les vieux militants du Parti qui, pendant plus de vingt ans, avaient suivi scrupuleusement et d'entière bonne foi le mot d'ordre du Führer, à savoir que le communisme est l'ennemi n° 1. Les porte-paroles de cette orientation anti-communiste et antirusse furent en particulier M. Hess et M. Goebbels, tous deux farouchement anti-communistes. Ils reprochaient à l'entourage immédiat du Führer, notamment à M. von Ribbentrop, à M. Abetz et à M. Himmler, chef de la Gestapo, d'avoir détourné Hitler de son but primitif qui était de détruire le mouvement communiste et de l'avoir lancé dans la guerre contre l'Angleterre, alors que, dans *Mein Kampf* répandu dans des centaines d'exemplaires, Hitler préconisait une politique extérieure radicalement opposée à celle qu'il faisait depuis 1939 et reprochait même à l'Allemagne impériale d'avoir déclenché inutilement une guerre sans issue contre l'Angleterre.

La randonnée de Hess[4] a fait revivre ces polémiques et leur a donné une publicité telle que Hitler lui-même ne pouvait plus l'ignorer, d'autant plus que

---

[1] Annotation marginale manuscrite : « Vu par Guerre ».

[2] Par courrier.

[3] T. de Berne en date du 21 juin 1941 : « D'après les informations de bonne source, la pression militaire allemande sur l'URSS serait très proche du point de rupture. L'obscurcissement de la ville de Varsovie fonctionne depuis le 19. Trois corps de blindés allemands auraient traversé Varsovie ces jours-ci en direction de l'est. Dans les milieux diplomatiques d'ici [Berne], on est porté à croire que le chancelier Hitler ne considérerait plus le problème russe seulement sous l'angle économique, la mise à contribution de l'Ukraine et de Bakou pour le ravitaillement du continent pourrait être obtenue pacifiquement. Mais une croisade militaire contre le bolchevisme serait le moyen le plus sûr pour rallier au Troisième Reich les sympathies toujours hésitantes. Elle pourrait déclencher le mouvement d'union nécessaire à l'organisation politique et spirituelle du continent, sans compter les répercussions qu'une telle opération pourrait avoir sur les esprits en Amérique du Nord et du Sud ». (Guerre 1939-1945, Vichy, Z Europe, URSS, 835).

[4] Voir documents n°ˢ 222, note 3, p. 490-491 et 229, note 2.

la Gestapo a découvert, ces temps derniers, un certain nombre de postes d'émissions clandestins allemands dans lesquels les vieux militants nazis, dont plusieurs étaient porteurs de la médaille d'Or du Parti, combattaient avec violence la politique extérieure de M. von Ribbentrop. Laissant de côté la personne du Führer, ces postes d'émissions faisaient appel à tous les nationaux-socialistes de la première heure pour les inviter à demander le départ de M. von Ribbentrop, de Himmler et d'autres personnalités de l'entourage du Führer qui, à leur avis, étaient responsables de l'alliance russe. À les écouter, on concluait qu'il était temps de revenir aux conceptions politiques primitives du national-socialisme, qui étaient celles de la lutte contre les communistes et les Juifs. Si, en effet, le Führer continuait sa politique d'amitié avec Staline, il risquerait de provoquer une scission dans le Parti national-socialiste et de perdre la confiance de ceux qui l'avaient soutenu dès 1923.

Le Führer aurait longtemps hésité à se rendre à ces appels et on suppose que c'est la résistance prolongée de l'Angleterre qui l'a finalement déterminé à créer un nouveau front de guerre à l'Est, malgré l'opposition de M. von Ribbentrop, de l'ambassadeur d'Allemagne à Moscou, et des milieux anti-anglais du Parti et de la Wilhelmstrasse[1].

Guerre 1939-1945, Vichy, Z Europe, URSS, 836 (10GMII/836)

255

M. DE LA BAUME, AMBASSADEUR DE FRANCE À BERNE,
    À L'AMIRAL DARLAN, VICE-PRÉSIDENT DU CONSEIL, MINISTRE
        SECRÉTAIRE D'ÉTAT AUX AFFAIRES ÉTRANGÈRES, À LA MARINE ET À
        L'INTÉRIEUR.

T. nᵒˢ 910 à 912.   *Berne, 24 juin 1941, 15 h. 35.*

Confidentiel.   *(Reçu : le 24, 22 h.)*

Je me réfère à mon télégramme nᵒˢ 868-869[2].

Mon collègue de Finlande m'a communiqué à titre confidentiel, le texte d'un (…)[3] qui était remis aujourd'hui aux autorités fédérales pour préciser la position de son pays au regard du conflit germano-russe.

---

[1] Le ministère des Affaires étrangères allemand dont le siège se situe sur la Wilhelmstrasse à Berlin.

[2] T. de Berne en date du 16 juin faisant état d'indications sur les tensions dans les négociations de Moscou – dont Tass niait même l'existence – en raison de demandes allemandes qui concerneraient notamment la démobilisation partielle des forces soviétiques. Le ministre de Finlande à Berne aurait noté depuis peu « un changement dans l'attitude de son gouvernement » qui ne nie plus « la présence de forces allemandes importantes en territoire finlandais », ni le renforcement sensible des troupes avec pour rôle de « fixer » certains effectifs soviétiques : « En effet, une action offensive contre l'URSS serait désapprouvée à Stockholm et risquerait de compromettre le ravitaillement de la Finlande par la Suède ». À la différence des diplomates finlandais et lituanien, croyant à une rupture prochaine entre Berlin et Moscou, le ministre de Roumanie croit l'URSS « prête à faire toutes les concessions jusque et y compris l'adhésion au Pacte tripartite ». (Guerre 1939-1945, Vichy, Z URSS, 835, document non publié).

[3] Lacune de déchiffrement.

Ce document contient les déclarations ci-après :

1°/ En accord avec le passage de la déclaration du chancelier Hitler relatif à la Finlande[1], le gouvernement finlandais considère que son action est d'un caractère purement défensif ; les forces armées finlandaises gardent avec les troupes allemandes les frontières du pays.

2°/ La présence des troupes allemandes sur le territoire finlandais peut actuellement encore être considérée comme entrant dans le cadre de l'accord du mois de septembre 1940 relatif au passage en transit des troupes allemandes à travers le territoire finlandais[2].

3°/ Il est évident que dans le cas où l'URSS attaquerait la Finlande, celle-ci se défendra.

4°/ Cependant le gouvernement finlandais observe une attitude si réservée que même les actes d'hostilité commis par les avions soviétiques le 22 juin[3] ne l'ont pas fait s'en départir.

5°/ Les relations diplomatiques entre la Finlande et l'URSS n'ont pas subi de modifications. Dans un entretien que le ministre des Affaires étrangères de Finlande a eu aujourd'hui même avec le ministre de l'URSS, il a été constaté que l'observation d'une neutralité absolue est, dans le cas d'un petit pays se trouvant dans la situation de la Finlande, une impossibilité.

6°/ La Finlande n'a donc pas déclaré la guerre à l'URSS ni ne se trouve effectivement en état de guerre avec cette puissance.

Vichy, Guerre 1939-1945, Z Europe, Finlande, 892 (10GMII/892)

---

[1] Voir à ce sujet le T. n° 233 d'Helsinki en date du 23 juin 1941. Le passage relevé par les milieux politiques faisant croire que « provisoirement au moins, il n'y aurait en Finlande qu'un front offensif » est le suivant : « [...] les guerriers de Narvik se trouvent à côté de nos camarades finlandais. Les divisions allemandes sous le commandement du vainqueur de la Norvège protègent le territoire finlandais ensemble avec les héros de la liberté finlandaise sous les ordres de leur maréchal [Mannerheim] ». (Guerre 1939-1945, Vichy, Z Europe, Finlande, 892). Dans la note du ministre des Affaires étrangères du Reich remise à Molotov le 22 juin, un autre passage relatif à la Finlande justifie l'action de Berlin par le non-respect du Pacte d'août 1939, Moscou ayant poursuivi son œuvre de subversion anti-allemande via le Komintern : « En Finlande, "l'Association pour la Paix et l'Amitié avec l'Union soviétique" agissait de concert avec le poste d'émissions Petroskoy dans son œuvre dissolvante contre ce pays, travaillant d'ailleurs dans un sens résolument germanophobe. » (Guerre 1939-1945, Vichy, Z Europe, URSS, 836, fol. 2-2bis).

[2] Après un accord signé le 6 septembre 1940 avec l'URSS autorisant le transfert des troupes soviétiques par voie ferrée à partir du port de Hangö, un autre accord est signé avec le Reich le 20 septembre, « d'une portée beaucoup plus grande que ne l'avait laissé entendre le ministre des Affaires étrangères et ne vise pas seulement les permissionnaires et le ravitaillement », écrit Vaux de Saint Cyr, qui constate qu'une division et trois régiments allemands, ainsi qu'une brigade autrichienne ont débarqué à Vaasa, que du matériel de guerre arrive dans les ports et que, selon l'accord, les Allemands ont le droit de se servir sur certaines portions, des voies ferrées et des routes tout comme d'un aéroport (T. n°s 617-618 d'Helsinki en date du 27 septembre 1940, dans Guerre 1939-1945, Vichy, Z Europe, 892). L'Angleterre protesta énergiquement contre cette brèche dans la neutralité d'une Finlande prise entre les deux (encore) alliés allemand et soviétique.

[3] Voir le T. n°s 230 à 231 d'Helsinki en date du 23 juin, signalant le bombardement, la veille, par des avions russes venant sans doute de Hangoe, des défenses côtières près de Turku, mais sans causer de grands dommages, ainsi qu'une alerte sur la capitale mais sans bombardement : « Le Gouvernement – écrit de Vaux Saint-Cyr – a adressé une proclamation au peuple pour annoncer que le pays se trouvait maintenant dans une zone de danger et pour demander à chacun de faire son devoir [...]. Des mesures de défense ont été prises dans tout le pays. Les trains continuent à fonctionner entre Helsinki et Leningrad. » (Guerre 1939-1945, Vichy, Z Europe, 892, non publié).

256

M. Outrey, Conseiller de l'Ambassade de France à Ankara[1],
À l'Amiral Darlan, Vice-Président du Conseil, Ministre
Secrétaire d'État aux Affaires étrangères, à la Marine et à
l'Intérieur.

T. nᵒˢ 1058 à 1060.   *Ankara, 24 juin 1941, 22 h 30*[2].

(*Reçu : le 25, 3 h. 40*).

La signature du pacte germano-turc[3] et l'ouverture des hostilités entre le
Reich et l'URSS[4] ont provoqué dans l'opinion turque un très vif soulagement.

On ne s'illusionne évidemment pas ici au point de croire que le conflit qui
met aux prises les deux puissances les plus menaçantes pour l'indépendance
de la Turquie écarte pour ce pays tout danger de guerre, mais on se félicite
de voir ce danger s'éloigner et l'on espère ainsi avoir le temps de se mieux
préparer à la résistance.

En ce qui concerne le traité germano-turc, le point le plus remarqué
paraît être la réserve des engagements déjà existants et le fait que l'Angleterre ait été tenue au courant des pourparlers. Ce sont là des égards que les
Allemands ne paraissent pas avoir eus avec leurs propres alliés, puisque
l'ambassade d'Italie n'a été avertie que le matin de la signature du pacte. Il
ne faut donc pas attacher trop d'importance aux déclarations hyperboliques des journaux allemands et turcs, et la meilleure définition du traité
serait peut-être celle que M. von Papen me donnait officiellement à l'avance
quand il caractérisait les relations germano-turques comme s'acheminant
vers un état de « complète neutralité ». On comprend que cet avantage qui
aurait pu paraître insuffisant aux Allemands il y a quelques semaines,
soit apparu comme assez appréciable à la veille de l'ouverture des hostilités
avec la Russie.

En ce qui concerne nos propres intérêts, je ne crois pas que nous ayons
grand profit à espérer de la présente conjoncture. Comme je l'ai déjà dit,

---

[1] Hospitalisé le 8 juin 1941 pour une crise d'appendicite, l'ambassadeur Jules Henry est décédé
le 10 juin. Arrivé le 9, M. Outrey, ancien consul général de France à Jérusalem, a pris immédiatement ses fonctions de conseiller d'ambassade qu'il assure jusqu'à la nomination de Jean-Louis
Helleu au poste d'ambassadeur début juillet 1941.

[2] On retrouve le même document, sous le même numéro, mais avec une date d'envoi – visiblement erronée – du 21 juin 1940 (même date de réception), dans Guerre 1939-1945, Vichy,
E Levant, 49.

[3] Traité d'amitié signé le 18 juin 1941 pour une durée de 10 ans (voir T. nᵒˢ 995 à 998 d'Ankara
en date du 19 juin) qui en donne le texte. Les signataires s'y engagent : 1) « à respecter mutuellement l'intégrité et l'inviolabilité de leurs territoires et à s'abstenir de toutes actions qui seraient
dirigées directement ou indirectement contre l'autre partie contractante » ; 2) « à se mettre en
contact amical, à l'avenir, dans toutes les questions touchant leurs intérêts communs afin d'amener
une entente sur la solution de telle question ». En même temps, selon le communiqué DNB du
18 juin, les deux gouvernements ont échangé des notes pour favoriser autant que possible les relations économiques (*in* Guerre 1939-1945, Vichy, E Levant, Turquie, 124, non publié).

[4] Le 22 juin 1941. Voir documents nᵒˢ 250, 251.

les Turcs seront trop heureux d'accorder une satisfaction partielle à l'Angle-terre en résistant à la pression diplomatique que l'Allemagne se montre disposée à exercer en notre faveur dans les affaires de Syrie[1].

L'Allemagne, elle-même engagée à fond dans sa guerre contre la Russie, devient momentanément moins redoutable pour la Turquie, et devra pen-dant un certain temps observer certains ménagements à l'égard du gouver-nement d'Ankara. Celui-ci continue d'ailleurs à appliquer les mesures de renforcement de la mobilisation civile et militaire[2].

Guerre 1939-1945, Vichy, E Levant 2 (4GMII/2)

257

M. DE LA BAUME, AMBASSADEUR DE FRANCE À BERNE,
 À L'AMIRAL DARLAN, VICE-PRÉSIDENT DU CONSEIL, MINISTRE
 SECRÉTAIRE D'ÉTAT AUX AFFAIRES ÉTRANGÈRES, À LA MARINE ET À
 L'INTÉRIEUR.

T. n° 918.   *Berne, 25 juin 1941.*

(Reçu[3] : le 29, 11 h.)

L'impression ressentie en Suisse à la suite de l'entrée en guerre de l'Alle-magne contre la Russie peut se résumer ainsi :

Dans tous les milieux, tant officiels que privés, on éprouve une satisfac-tion profonde et non dissimulée en pensant que les armées allemandes vont enfin libérer l'Europe du péril mortel que représente, dans un monde en guerre, la Russie bolcheviste.

Ce sentiment, je dois le dire, n'entraîne pas un mouvement de sympathie pour ceux qui vont être l'instrument de la contre-révolution. Dans la masse de la population – je mets à part les milieux gouvernementaux – il y a l'espoir que la vaste entreprise dans laquelle l'Allemagne est maintenant engagée ne peut manquer, tout en étant menée à bien, d'user les forces du Reich et de les distraire de certains objectifs. Ainsi l'Amérique aura le temps de fournir à l'Angleterre les moyens d'accentuer utilement sa pression sur le front occidental.

Dans l'ordre matériel, la Suisse perd le bénéfice de l'accord commer-cial qu'elle avait conclu récemment avec l'URSS et qui se traduisait déjà par des livraisons non négligeables[4]. Si le fait provoque une certaine

---

[1] Voir documents n°s 213, 219, 221, 238.

[2] Sur la mobilisation turque, voir la note (secrète) de l'attaché militaire R. Duval à Ankara, en date du 15 décembre 1941, sur le « Dispositif de l'armée turque » à cette date, avec une carte et un tableau de la répartition des grandes unités entre les divers théâtres éventuels d'opération (*in* Guerre 1939-1945, Vichy, E Levant, Turquie, 132, document non publié).

[3] Par courrier. Annotation marginale manuscrite : « Vu par Guerre ».

[4] Suite à des négociations conduites à Moscou, un accord commercial entre la Suisse et l'URSS avait été signé le 24 février 1941. Il portait sur l'importation de matières premières.

inquiétude, en revanche on espère que, si le Reich réussit dans la conquête des ressources matérielles qu'il poursuit en URSS, il en résultera pour tous en Europe une amélioration sur le plan économique et, pour autant, une diminution des exigences présentées à la Suisse[1] dans le même domaine.

Guerre 1939-1945, Vichy, Z Europe, URSS, 836 (10GMII/836)

258

M. Bergery, Ambassadeur de France à Moscou,
À l'Amiral Darlan, Vice-Président du Conseil, Ministre
Secrétaire d'État aux Affaires étrangères, à la Marine et à
l'Intérieur.

T. n°s 566 à 570[2].   *Moscou, 26 juin 1941, 22 h. 08.*

(*Reçu* : le 27, 13 h.)

Moscou demeure dans l'état de calme plat signalé par mon télégramme n° 555[3].

Ni panique ni exaltation visible. Aucune panique malgré la mobilisation générale qui retire des hommes chaque jour et malgré les nouvelles sur la progression allemande qui sembleraient devoir rendre sensible une guerre amenée (…)[4] soudainement dans l'ignorance générale d'une tension quelconque.

Aucune exaltation non plus malgré les meetings approbateurs organisés dans toutes les entreprises, malgré les nouvelles et larges rubriques quotidiennes décrivant les atrocités dans les pays récupérées par le Reich (les *Izvestia* annoncent aujourd'hui que « les jeunes Polonaises ont été envoyées dans des camps de soldats allemands ou dans des maisons publiques à la disposition de ces derniers »). Enfin les articles de la presse célèbrent en même temps « la grande guerre patriotique »[5], l'union de la famille des

---

[1] Depuis le début du conflit, l'encerclement militaire a permis à l'Allemagne de soumettre la Suisse non seulement à un contrôle de son commerce extérieur, mais également à des pressions pour des crédits et des fournitures spécifiques. Les importations de charbon sont bloquées et l'Allemagne exige, en juin 1940, des devises et des crédits (un premier crédit de 150 millions est accordé) ; un nouveau plafond de 850 millions sera décidé en juillet 1941. Ces liquidités mises à disposition de l'Allemagne lui permettent à la fois de remplir ses obligations vis-à-vis de créanciers financiers suisses et de placer des commandes auprès des entreprises suisses, dont certaines se réorientent en fonction des marchés nouveaux, dont l'armement, dès l'été 1940 (*cf. DDS, volume 13 (1939-1940)*, Berne, 1991, p. 742. et *DDS, volume 14 (1941-1943)*, Berne, 1997, p. 126, cité par M. Perrenoud, « Aperçu des relations économiques et financières de la Suisse avec l'Allemagne, *Revue d'histoire de la Shoah* n° 163, 1998).

[2] Annotation marginale manuscrite : « Vu par Guerre. »

[3] T. laconique « Dans Moscou calme plat », en date du 23 juin 1941 (*in* Guerre 1939-1945, Vichy, Z Europe, URSS, 836).

[4] Lacune de déchiffrement.

[5] C'est aussi le terme employé traditionnellement pour la guerre contre Napoléon.

peuples de l'URSS autour du glorieux parti communiste des bolcheviques et de son grand guide Staline », l'écrasement certain du « lâche reptile fasciste qui a osé porter sa patte sanglante sur l'URSS, la certitude de la victoire de l'étendard portant l'inscription « pour la Patrie, pour l'Honneur, pour la Liberté, pour Staline ».

Depuis hier les cinémas, théâtres, restaurants, etc. doivent fermer à 22 heures 45 et la circulation est interdite de minuit à 4 heures. Les queues devant les magasins qui s'étaient formées le 1ᵉʳ jour ont disparu subitement devant une déclaration du soviet de Moscou considérant leurs participants comme des accaparants paniquards. Le black-out peu gênant parce que la nuit se réduit ici à un crépuscule de deux heures est total par suppression de tout éclairage public et par la répression massive de toute infraction relative à l'éclairage privé : 5 ans de prison à un gérant de dortoir pour défaut d'obscurcissement et manque de provision de sable, 10 ans de prison à un ouvrier en état d'ivresse qui refusait d'éteindre la lumière de sa chambre.

Jusqu'ici, aucune incursion aérienne allemande.

Guerre 1939-1945, Vichy, Z Europe, URSS, 836 (10GMII/836)

259

M. Armand Bérard, Représentant du Ministère des Affaires étrangères à la Délégation française auprès de la Commission allemande d'Armistice,
À l'Amiral Darlan, Vice-Président du Conseil, Ministre Secrétaire d'État aux Affaires étrangères, à la Marine et à l'Intérieur.

D. n° 559[1].   *Wiesbaden, 26 juin 1941.*

L'annonce de la guerre contre la Russie n'a provoqué, dans les masses populaires allemandes, ni enthousiasme patriotique, ni explosion de colère contre les Soviets, leur duplicité et leurs machinations. L'effet produit a été plutôt d'inquiétude et d'abattement. Les mines étaient longues, les visages consternés. Les réactions à cet égard ont été comparables à celles que nous avions vu se produire le jour de l'entrée des troupes allemandes en Yougoslavie[2] : « encore une guerre, encore une campagne, encore un ennemi ».

L'impression produite a été d'autant plus pénible que la surprise était plus complète. Le peuple allemand avait vu venir la déclaration de guerre à la Yougoslavie. Au lendemain des accords de l'Obersalzberg, le gouver-

---

[1]   D. intitulée : « La guerre soviétique : la réaction du public allemand ».

[2]   Le 6 avril 1941. Voir document n° 155.

nement yougoslave, qui les avait signés, avait été brutalement chassé[1]. La presse avait pu dénoncer, pendant plusieurs jours, les violences auxquelles, disait-elle, les Serbes se livraient contre des minorités allemandes à Belgrade, à Uskub, à Zagreb. L'entrée « punitive »[2] des troupes du Reich dans le pays en avait été justifiée. Cette fois, le gouvernement hitlérien n'a pas jugé nécessaire de préparer l'opinion ou, dépassé à la dernière minute par les événements, il n'en a pas eu le temps. Sans doute, a-t-il pensé qu'après tant d'années de propagande, l'animosité à l'égard de la Russie communiste était restée assez intense. Mais le public se trouvait encore sous le coup des nouvelles qui, depuis quelques semaines, indiquaient que des entretiens cordiaux se poursuivaient à Berlin avec l'ambassadeur des Soviets et que des accords étendant la collaboration économique germano-russe allaient être conclus. Et voici que brusquement les troupes allemandes étaient « contraintes » de franchir la frontière de l'Est et qu'à grands renforts de documents étaient dévoilées aux lecteurs des journaux la conspiration ourdie par les Soviets contre le Troisième Reich et leur connivence tant avec les ennemis de l'Allemagne à l'extérieur qu'avec les éléments hostiles au régime à l'intérieur. Dans la mesure où ces révélations ont trouvé un public crédule, elles l'ont ému en soulignant l'ampleur des forces qui travaillent à abattre l'Allemagne. Le Reich n'a-t-il donc que des ennemis ?

Des succès éclatants et une campagne « éclair »[3] avaient permis, lors de la guerre yougoslave et grecque, de changer rapidement en fierté et en chants de victoire l'inquiétude première. Nous verrons le même revirement se produire si la guerre contre la Russie demande aussi peu d'efforts. Mais le Reich pourra-t-il liquider l'affaire russe comme il a liquidé l'affaire yougoslave et grecque ? Peut-on concevoir qu'il occupe assez profondément le pays pour qu'aucune résistance ne puisse continuer ? Arrivera-t-il à anéantir l'Armée rouge ? Ou ne fera-t-il que la rejeter toujours plus loin vers l'est ?

Trois remarques, en tout cas, s'imposent. Les campagnes qui se déroulent maintenant loin du sol national, celle d'Afrique, celle de Russie n'arrivent pas à passionner l'opinion allemande qui aspire au calme et à la paix ; elles laissent surtout indifférente l'opinion rhénane qui souhaite la conclusion du

---

[1] Les accords de l'Obersalzberg avaient été conclus – après un ultimatum – par l'adhésion du royaume de Yougoslavie au Pacte tripartite le 25 mars 1941. Mais par un coup d'État, organisé dans la nuit du 26 au 27 mars, le gouvernement de Dragiša Cvetković ainsi que la Régence étaient renversés, les ministres appréhendés et le roi Pierre II Karadjordjević était proclamé majeur. Voir documents n°s 141, 143.

[2] Le 6 avril 1941, les troupes allemandes envahissent la Yougoslavie (« Opération châtiment »), en réponse à la dénonciation par le nouveau gouvernement du général Simovic de l'accord conclu avec l'Axe et de sa décision de signer un traité d'amitié avec l'Union soviétique.

[3] La capitulation de la Yougoslavie eut lieu 11 jours après l'attaque, soit le 17 avril 1941 ; le roi Pierre II et le gouvernement s'exilèrent à Londres, le pays fut démantelé. Voir documents n°s 170, 171, 180, 210. Entre temps, le 6 avril, la Wehrmacht avait également envahi la Grèce, que l'Italie n'avait pas pu abattre. L'armée grecque largement inférieure en nombre et en équipement s'effondra rapidement : Athènes tomba le 27 avril 1941 et la bataille de Grèce s'acheva le 28 avril 1941 avec la chute de Kalamata, avant que ne commence la bataille de Crète (1er juin), île où s'étaient réfugiés le roi et le gouvernement de résistance, face au cabinet collaborationniste pro-allemand du général Tsolagoglou. Voir documents n°s 166, 183, 240 et notes.

conflit avec l'Angleterre et la fin des incursions de la Royal Air Force sur Cologne, sur Düsseldorf et sur Mannheim. Les opérations qui viennent de s'engager posent des problèmes de transports et de carburants particulièrement difficiles. La guerre russe, si elle est promptement conduite et terminée, constituera un soulagement pour le ravitaillement de l'Allemagne par les sources de matières premières que la victoire mettra à sa disposition ; si elle dure, elle risque de rendre critique l'approvisionnement en carburants du Reich et de son armée, à l'heure où ni la voie du Danube, ni la voie maritime de Constanza, toutes deux interrompues, ne permettent d'écouler vers l'Allemagne, l'Italie et la France occupée le pétrole roumain. C'est pourquoi l'état-major allemand se préoccupe de « nettoyer » rapidement la mer Noire et exprime l'espoir de finir la guerre avant deux mois.

À mesure enfin que s'étend l'occupation en Europe s'accroît le fardeau qu'elle constitue pour le Reich. La prise en charge de l'Ukraine s'annonce, à cet égard, comme devant exiger de l'Allemagne un effort en matériel, en main-d'œuvre et en cadres, auquel on se demande comment elle pourra faire face.

Papiers 1940, Papiers Arnal, 51 (382QO/51)

260

M. Léon Bérard, Ambassadeur de France près le Saint-Siège,
    À l'Amiral Darlan, Vice-Président du Conseil, Ministre
    Secrétaire d'État aux Affaires étrangères, à la Marine et à
    l'Intérieur.

T. n° 50.   *Rome Saint-Siège, 27 juin 1941.*

En clair.   (*Reçu*[1] : le 10 juillet, 19 h.)

Le cardinal Maglione, qui a toujours pris le plus vif intérêt aux questions militaires et possède à fond l'histoire de Napoléon et de ses campagnes, n'a pas manqué de se livrer, dans notre conversation hebdomadaire, à propos de la guerre germano-russe, aux rapprochements historiques que je prévoyais. Il a trop le goût et le sens de ce genre de comparaison pour ne pas relever avec autant de soin les différences et les dissemblances que les analogies et les similitudes. Les difficultés, estime-t-il, que le génie de Napoléon ne put surmonter, l'armée allemande en viendra à bout par la qualité d'un matériel moderne dont le maniement qu'elle en a acquis multiplie la puissance. Et puis les Russes s'étaient fort bien battus contre la Grande Armée parce qu'ils étaient unis par des sentiments aussi simples et aussi forts que le patriotisme et la haine de l'envahisseur. Tel n'est point du tout, de l'avis du Cardinal, le cas de la Russie des Soviets. Il ne paraît point douter qu'il n'y ait là des divergences politiques qui aideront puissamment

---

[1] Par courrier.

à la réalisation des desseins du chancelier Hitler. Le Cardinal Secrétaire d'État conclut que, quelle que soit la suite des événements, la défaite du bolchevisme équivaudra, pour l'Europe, à une « libération ».

Mgr Montini, que j'ai vu quelques instants plus tard, considère que si l'Allemagne s'est engagée dans cette entreprise, c'est qu'après s'y être minutieusement préparée, elle se tient pour assurée du succès et d'un succès prompt, comme il est nécessaire à son dessein. Il pense que l'Allemagne trouvera dans une exploitation organisée des richesses de la Russie de quoi mener une longue lutte contre les Anglo-Saxons.

Comme je l'ai plusieurs fois noté dans mes communications au Département, c'était une sorte de hantise au Vatican et dans les milieux religieux de Rome que le péril bolcheviste, incessamment accru par la durée et les misères de la guerre. Il me semble évident que le nouveau conflit y est vu sans défaveur, il s'en faut, les idées fondamentales du Saint-Siège sur la guerre et sur la paix demeurant d'ailleurs ce qu'elles ne peuvent point ne pas être.

Guerre 1939-1945, Vichy, Z Europe, URSS, 836 (10GMII/836)

261

MEMORANDUM

M.   *S.l. [Vichy] 27 juin 1941*[1].

Le gouvernement français est disposé à autoriser le général Dentz à entrer en contact avec le général sir Henry Maitland Wilson pour examiner les conditions de cessation des opérations militaires.

---

[1] Date reportée à la main sur le document, sans autre mention que celle finale « corrections de la main de M. Rochat ». De fait, Maurice Albord dans *L'Armée française et les États du Levant, 1936-1946*, Paris, CNRS Éditions, 2000, se réfère à un mémorandum rédigé par Rochat à la demande de Darlan à l'issue d'une réunion à l'Amirauté, le 29 juin (participants : Huntziger, Bergeret, Le Luc, Negaudelle, Fontaines, officiers de Marine, Rochat et deux envoyés de Dentz, le commandant Téro et le colonel Gaudillère). En effet, le directeur politique du Haut-Commissaire au Levant, Conty, a eu le 18 juin, dix jours après le début des combats en Syrie et au Liban, une entrevue avec Engert, le consul des États-Unis à Beyrouth, pour s'enquérir des conditions d'un arrêt des combats. Une fois Washington en possession de l'accord de Londres et de De Gaulle, Engert a remis à Conty, le 21 juin, le mémorandum suivant : « Loin de vouloir imposer des conditions déshonorantes au général Dentz, le gouvernement de Sa Majesté est absolument disposé à lui accorder tous les honneurs de la guerre, ainsi qu'aux officiers et fonctionnaires qui n'ont accompli que ce qu'ils considéraient comme leur devoir à l'égard de leur gouvernement./ En conséquence, il ne saurait être question de condamner le général Dentz, ni aucun officier et fonctionnaire, à la peine de mort ni à aucune autre peine./ Le Haut-Commissaire, son état-major, tous les officiers et fonctionnaires français qui ne désireraient pas rester au Levant, seront rapatriés aussitôt que les circonstances le permettront.. Les négociations en vue d'une cessation des hostilités seront menées par le général sir Henry Maitland Wilson, en tant que représentant du commandant en chef des forces britanniques, et par les représentants du général Dentz. Les hostilités cesseront aussitôt et les honneurs de la guerre seront accordés aux forces militaires. » Ce mémorandum, immédiatement porté à la connaissance du gouvernement de

Il s'estime d'autant plus justifié à donner pouvoir à cet effet au général Dentz qu'il n'a jamais dû considérer que l'agression britannique (il avait été écrit d'abord : l'ouverture des opérations) n'était fondée sur aucun motif réel[1] et que le gouvernement britannique en portait l'entière responsabilité.

Il va de soi que les négociations projetées impliquent (il avait été écrit d'abord : préparées supposent) la reconnaissance[2] par le gouvernement britannique du maintien de tous les droits et prérogatives que le mandat assure à la France sur la totalité de la Syrie et du Liban.

Le principe de l'arrangement devrait être la fixation d'une ligne de démarcation déterminée en fonction de la position actuelle des forces armées en présence, ligne au sud de laquelle le commandement britannique aurait les pouvoirs qui sont reconnus par le droit des gens à une force d'occupation.

C'est, dans ces conditions, que le gouvernement français est disposé à envisager la cessation immédiate des hostilités sur terre, dans les airs et sur mer, dans la Méditerranée orientale, y compris la mer Égée[3]. Si les dispositions à convenir ne répondaient pas à son souci de respecter ses obligations envers les populations locales et n'étaient pas conformes au sentiment de dignité qui anime en toutes circonstances la ligne de conduite,

---

Vichy, est l'objet de la réunion du 29 juin à l'Amirauté à Vichy. Les émissaires de Dentz font part de la demande pressante d'arrêt des combats, mais Darlan estime qu'il faut demander davantage et propose de négocier un partage du Levant sur la ligne d'arrêt des combats, faisant sans doute établir en réponse un mémorandum en ce sens, en prévision de la réunion du 29 juin. Sur une feuille, suivant le présent document, ont été jetées en effet quelques phrases dactylographiées, sans doute les instructions données à Rochat pour la rédaction du document : « 1) La France est toujours mandataire de tous les territoires de Syrie et du Liban ; 2) le motif invoqué par les Anglais pour attaquer s'est révélé inexistant ; 3) cession immédiate des hostilités sur terre, air, la Méditerranée orientale et la mer Égée ; 4) détermination de la ligne de démarcation sur la base des positions actuellement occupées par les troupes. » La note mise au point par Rochat, en date du 29 juin 1941, a été ensuite, comme l'indique une annotation manuscrite marginale, « remise le 30 juin à 19 h. 15 par M. Rochat à M. Wallner de l'Ambassade des États-Unis » (signé « C.R. » pour Charles Rochat). Puis ce texte a été adressé, le 30 juin, par Ernest Lagarde à Dentz (T. n°s 872 à 874 de Vichy à Beyrouth (*in* Guerre 1939-1945, Vichy, E Levant, 38, documents non reproduits ; on trouve aussi dans ce dossier le mémorandum avec les corrections manuscrites de Rochat (http://www.armarchives.am/en). Mais bien que Dentz ait fait nettement savoir, dès les premiers jours des hostilités qu'il ne fallait pas escompter une victoire, les dirigeants à Vichy pensent encore, à cette date, pouvoir acheminer des renforts et du matériel vers la Syrie par la Turquie, et invitent en fait Dentz, le 28 juin, à prolonger la résistance. Le refus turc d'autoriser le transit (définitif le 2 juillet avec l'échec de la mission Benoist-Méchin à Ankara) et le développement des combats sur le terrain, conduisent Dentz à engager les négociations avec les autorités britanniques, toujours *via* Engert, le 8 juillet, sans y mettre la condition imaginée par Darlan une dizaine de jours plus tôt.

[1] Dans le texte final du 29 juin (*ibid.*, E Levant, 38, voir note 1), on lit : « [...] qu'il n'a jamais cessé de considérer que l'ouverture des opérations n'était fondée sur aucun motif réel [...]. L'offensive présentée comme une riposte contre les facilités consenties à l'aviation allemande, en mai, se justifie moins en juin, étant donné la déconfiture de la révolte irakienne et le départ de la plupart des appareils et du personnel allemand de Syrie et du Liban ». Mais des éléments allemands sont restés sur place, et notamment le conseiller Rahn.

[2] Dans le texte final du 29 juin, on lit : « Il va de soi que les négociations projetées impliquent la reconnaissance [...] ».

[3] Texte final du 29 juin : « [...] cessation immédiate des hostilités sur terre, dans les airs et sur mer (Méditerranée orientale et mer Égée) ».

le gouvernement français reste résolu à assurer par tous les moyens en son pouvoir la sauvegarde du territoire qui relève de son autorité[1].

Corrections de la main même de M. Rochat.

Guerre 1939-1945, Vichy, E Asie, 49 (3GMII/49)

262

M. Pietri, Ambassadeur de France à Madrid,
    À l'Amiral Darlan, Vice-Président du Conseil, Ministre
        Secrétaire d'État aux Affaires Étrangères, à la Marine et à
        l'Intérieur.

T. n° 1055.   *Madrid, 28 juin 1941.*

(*Reçu*[2] : le 1er juillet, 10 h. 30)

Je crois intéressant de rapporter, à *titre confidentiel*[3], les points essentiels d'une conversation que le conseiller de l'ambassade a eue hier avec son collègue allemand.

1°/ Parlant de l'évolution de la guerre et des chances de paix, le Dr Heberlein a fait une distinction entre « l'intérêt » de l'Angleterre et celui des États-Unis. « La prolongation des hostilités, a-t-il dit en substance, est imputable surtout aux États-Unis qui redoutent la constitution d'une fédération économique européenne et souhaitent la destruction de l'industrie du vieux continent. Si l'Amérique voulait vraiment la victoire de l'Angleterre, elle aurait dû et elle aurait pu lui donner une aide plus efficace. Elle ne la soutient que dans la mesure nécessaire pour faire durer le conflit. Les Anglais, a souligné le diplomate allemand, ne finiront-ils pas par s'en rendre compte ? ».

Cette réflexion est à rapprocher d'une chronique envoyée récemment de Berlin par un correspondant espagnol qui est en relations étroites avec les services de la Wilhelmstrasse et qui semblait indiquer que, sans la pression américaine, la perspective d'un compromis anglo-allemand ne ferait pas défaut (art. de M. Ramon Garriga publié dans *Ya* du 24 juin).

2°/ Au sujet de la campagne de Russie, M. Heberlein a déclaré que l'aviation soviétique avait subi, dès le début, de lourdes pertes, que, sur certains points du front, quelques divisions avaient flanché et avaient été capturées presque entièrement, mais que, dans l'ensemble, les troupes russes restaient à la hauteur de leur réputation de bravoure, qu'elles opposaient parfois une vive résistance et qu'« il y avait plus de morts que de prisonniers ». Il n'en a pas moins manifesté sa certitude d'une victoire décisive.

---

[1] Texte final du 29 juin : […] le gouvernement français reste résolu à continuer à assumer par tous les moyens en son pouvoir, la sauvegarde des territoires du Levant. »

[2] Par courrier.

[3] Souligné dans le texte.

3°/ Il a laissé entendre enfin, assez clairement, que la campagne de Russie serait suivie d'une vigoureuse offensive pour chasser l'Angleterre de la Méditerranée. C'est peut-être ce qui explique le développement des préparatifs militaires que l'on constate actuellement en Espagne : arrivée d'avions et activité de techniciens allemands (mon télégramme n°s 922/24 du 10 juin)[1], achat d'appareils pour l'armée espagnole (télégramme de notre consul à Bilbao, en date du 26 juin)[2], rappel d'officiers permissionnaires, mise au point des projets relatifs à la protection des monuments historiques (*cf.* mon télégramme n°s 1030-1034)[3].

Guerre 1939-1945, Vichy, Z Europe, Allemagne, 79 (10GMII/79)

263

L'AMIRAL DARLAN, VICE-PRÉSIDENT DU CONSEIL, MINISTRE SECRÉTAIRE D'ÉTAT AUX AFFAIRES ÉTRANGÈRES, À LA MARINE ET À L'INTÉRIEUR, À M. BERGERY, AMBASSADEUR DE FRANCE À MOSCOU.

T. n°s 204 à 205.   *Vichy, 29 juin 1941*[4].

Pour distribution. Très urgent.

Ayant acquis la certitude que les agents diplomatiques et consulaires soviétiques en France exerçaient dans notre pays une action attentatoire à l'ordre public et à la sûreté de l'État[5], le gouvernement français a décidé de rompre les relations diplomatiques avec l'URSS.

---

[1] T. de Madrid en date du 10 juin rapportant les informations suivantes : « La collaboration de l'Allemagne aux préparatifs militaires de l'Espagne devient de plus en plus nette. De Séville, on signale le passage d'aviateurs allemands et italiens en civil qui se répartissent dans la région ; en même temps, des convois de matériels d'artillerie se poursuivent vers l'Andalousie et vers la frontière portugaise. Huit bombardiers allemands ont fait escale à Madrid, il y a quelques jours, se rendant vers le sud » (résumé des Télégrammes à l'arrivée et au départ, in Guerre 1939-1945, Vichy, C - État français, 45).

[2] T. du consul de France, M. Dutard, à Bilbao, en date du 26 juin : « L'Espagne vient d'acheter à l'Allemagne 300 *Messerschmitt* 109 et 110 et environ 200 *Stukas*. Les officiers aviateurs de Leon, actuellement en permission, ont été rappelés aujourd'hui par télégramme. » (*in* Guerre 1939-1945, Vichy, Z Europe, Espagne, 235).

[3] Il y a peut-être une erreur ; d'après les résumés, aucun télégramme de Madrid compris entre les n°s 1000 et 1034 ne correspond à l'information évoquée.

[4] Ce télégramme, dont on n'a pas la date de départ précise, précède le télégramme circulaire envoyé à tous les postes diplomatiques le 30 juin 1941.

[5] Voir à ce sujet la note n° 1392 Pol.Cab. du Cabinet du Secrétariat général pour la Police adressée à M. Rochat, directeur des Affaires politiques et commerciales et directeur du Cabinet du Ministre en date du 16 juin 1941, soulignant que le « personnel de l'ambassade de l'URSS ou du consulat est « exagérément nombreux » et que les diplomates proprement dits ou autres « font de fréquents voyages à l'intérieur de la France », « toujours mystérieux ». La note signale plus particulièrement les cas de M. Dimitri Petrov, premier secrétaire de l'ambassade, soupçonné de distribuer « les fonds de propagande communiste », M. Nicolas Savine, rédacteur, expulsé en 1939 et revenu avec un passeport diplomatique, V. Pavel Vichiniakov, directeur de l'Agence Tass, disposant « de fonds importants de propagande » et « généralement considéré comme l'œil de Mocou ». D'où la demande d'autoriser une surveillance discrète, voire d'appliquer aux diplomates

Veuillez faire part d'urgence au gouvernement soviétique de cette décision dont M. Bogomoloff va être informé.

Veuillez également prendre dès maintenant vos dispositions pour regagner notre pays avec tous vos collaborateurs[1] et demander vos passeports à cet effet.

Le gouvernement français veillera à ce que les membres de la mission soviétique[2] puissent gagner en toute sécurité notre frontière, étant bien entendu que ceux-ci ne seront autorisés à quitter le territoire français que lorsque les membres de la mission française en URSS auront été' mis à même de quitter le territoire soviétique dans les mêmes conditions.

Veuillez m'accuser réception du présent télégramme et me rendre compte sans délai de l'exécution de cette démarche[3].

Guerre 1939-1945, Vichy, Z Europe, URSS, 821 (10GMII/821)

soviétiques la mesure décidée par Moscou de ne plus autoriser les membres des missions diplomatiques auprès des Soviets à se déplacer librement sur le territoire de l'URSS avec leur passeport diplomatique. Dans sa réponse en date du 24 juin, Rochat indique que le Département a, « à plusieurs reprises et depuis longtemps », fait savoir à Moscou que la France ne souhaitait pas voir s'accroître l'effectif du personnel diplomatique soviétique en France et a déjà refusé une douzaine de visas. La note donne aussi la liste précise des agents du corps diplomatique dûment accrédités, comme du personnel subalterne qui ne dispose pas des mêmes immunités et privilèges. Rochat autorise aussi à « faire surveiller, d'une façon discrète et efficace », le personnel figurant sur les listes et plus généralement les ressortissants soviétiques qui ne se trouveraient pas dans des centres d'hébergement. Il ne voit « pas d'inconvénient » à une mesure de refoulement immédiate de Savine et est d'accord pour invoquer le principe de réciprocité en matière de déplacements en rapport avec la note soviétique du 17 mai 1941, déclarant zone interdite les régions frontières de l'URSS et demandant à être avisé à l'avance de tout déplacement effectué par les diplomates étrangers dans le reste du territoire (Guerre 1939-1945, Vichy, Z Europe, URSS, 819, non publiées).

[1]   On trouvera une liste nominative du personnel de l'ambassade de France en URSS au moment de la rupture dans Guerre 1939-1945, Vichy, Z Europe, URSS, 821bis (documents non publiés).

[2]   Pour une liste nominative du personnel de l'ambassade d'URSS en France au 1er janvier 1941 et au 1er février 1941 (soit 61 personnes dont 44 fonctionnaires et 17 épouses) ainsi qu'en annexe de la lettre de Rochat citée note 2, voir Guerre 1939-1945, Vichy, Z Europe, URSS, 819 (documents non publiés).

[3]   Phrase rajoutée à la main. Le document comporte plusieurs rajouts manuscrits et le paraphe de Darlan. Il est à noter qu'après avoir approuvé le 25 juin (T. n° 198 de Vichy à Moscou), la suggestion de Bergery de suivre, « conformément à la tradition », le gouvernement soviétique s'il venait à quitter Moscou (T. n° 556 de Moscou en date du 24 juin), le 28 juin, par un télégramme finalement annulé (T. secret sans n°), le Département donnait instruction à Bergery de rester à Moscou avec tous son personnel, sauf pour « d'impérieuses raisons », notamment de sécurité personnelle, et tout en prenant les dispositions les plus appropriées pour Mme Bergery et les épouses des collaborateurs. Rendant compte de la démarche prescrite par le présent document (T. n°s 581 à 587 en date du 29 juin (reçu par courrier le 10 août), Bergery fait savoir que, n'ayant pu voir Molotov le jour-même, il s'est adressé à Vichinsky, le premier vice-commissaire aux Affaires étrangères, qui lui a déclaré « avec une irritation mal contenue » que le motif invoqué était « faux » et que « l'URSS appliquerait le droit international et se conformerait aux précédents », sans précision sur le procédé à employer pour obtenir la concomitance des départs. À sa demande d'instructions sur la représentation des intérêts français, le Département répond (T. n°s 206 à 207 en date du 29 juin) de les confier à l'ambassadeur des États-Unis, ce que ce pays refusera. (T. s.n° de Moscou en date du 6 juillet 1941). Ce sera finalement la Turquie qui prendra en charge les intérêts de la France en URSS, et l'Iran ceux de l'URSS en France occupée et libre. Quant à la garde de l'ambassade (deux immeubles loués mais avec un mobilier considérable), Vichy propose de maintenir un gardien français, avec la même possibilité offerte, par réciprocité, à un agent soviétique à Vichy. En revanche, pour les archives, on ne peut que laisser le soin à Bergery de procéder aux

264

M. Léon Bérard, Ambassadeur de France près le Saint-Siège,
à l'Amiral Darlan, Vice-Président du Conseil, Ministre
Secrétaire d'État aux Affaires étrangères, à la Marine et à
l'Intérieur.

D. n° 103[1].   *Cité du Vatican, 29 juin 1941.*

À l'occasion de la fête des Apôtres Pierre et Paul, le Pape a prononcé aujourd'hui un discours radiodiffusé dont Votre Excellence trouvera, ci-joint, la traduction.

Ces « considérations sur la Providence divine dans les événements humains » portent l'empreinte de l'âme sensible et charitable de Pie XII, compassion envers les maux de l'Europe, pitié pour les souffrances que la guerre inflige à des millions d'êtres, ardent désir de soulager tant de misères, de réconforter les cœurs, souci enfin d'épargner de plus grandes épreuves aux fidèles qui souffrent persécution pour la foi : c'est ce qui forme la trame du discours pontifical.

Certains ne se font pas faute de rappeler, jusque dans les milieux du Vatican, que Pie XI avait une façon plus vive et plus rude de ranimer le sens des vérités éternelles et de « dire le droit ». Quelques-uns d'entre eux, peut-on croire, ont plusieurs fois tenté d'obtenir de son successeur qu'il se décidât à faire de ses sentences morales des applications plus directes, plus visibles et plus topiques. Il semble bien qu'ils n'aient pu triompher du sentiment ou des inclinations propres qui inspirent d'ordinaire la parole du Pape régnant.

Dans ses messages de Noël, de Pâques[2], de la Pentecôte, il ne faut pas l'oublier, le Souverain Pontife avait défini avec beaucoup de fermeté une doctrine complète et très claire de la guerre et de la paix. Chacun peut se rappeler que tels avertissements y étaient proférés qui, pour être d'ordre tout spirituel et de portée purement morale, n'en furent pas moins désagréables à l'oreille de tels « occupants » de territoires conquis.

Parlant aujourd'hui à l'occasion d'une des plus grandes fêtes religieuses de la chrétienté, Pie XII a prononcé un discours d'inspiration foncièrement évangélique et sacerdotale. On ne saurait dire cependant qu'il ait refusé d'y considérer un des aspects du monde présent les plus cruels à son cœur de pasteur et de père. Évoquant les souffrances que des catholiques supportent

---

destructions qui paraîtront nécessaires et à l'incinération des tables de chiffre. (Tous ces documents non publiés, ainsi que de nombreux autres sur les modalités pratiques des départs des missions, avec en particulier le Rapport de fin de mission de M. Bergery remis au département le 28 août 1941, dans Guerre 1939-1945, Vichy, Z Europe, URSS, 821).

[1] D. intitulée : « Message du Saint-Père à l'occasion de la fête des Saints Apôtres Pierre et Paul ». Le document porte le tampon « 10 juillet 1941 ».

[2] Sur le message pascal du Pape, voir D. n° 66 de Léon Bérard, en date du 15 avril 1941 (*in* Guerre 1939-1945, Vichy, Z Europe, Saint-Siège, 551, document non publié).

en certaines régions, pour leur fidélité à l'Église : « Peines et amertumes, dit-il, que la sollicitude même pour ceux qui souffrent ne permet pas de révéler dans tous leurs douloureux et émouvants détails ». Ce passage est transparent au point de ne laisser place à aucune erreur ni à aucune liberté d'interprétation. Il nous livre en même temps les raisons profondes pour lesquelles le Saint-Père s'abstient, contrairement à certains vœux, de décrire en traits trop vifs et trop explicites ce qu'il réprouve. C'est le sentiment même de ses responsabilités qui dicte sa prudence et le souci de ne pas nuire au « troupeau du Christ » par des anathèmes dont l'effet irritant surpasserait, en plusieurs pays, la puissance d'inhibition.

Il semble au surplus que le Pape eut aujourd'hui un motif particulier pour s'abstenir de mêler des sujets trop actuels au thème religieux et théologique qu'il avait choisi. Les dernières paroles de son discours ne sont pas sans jeter là dessus une certaine lumière. Au cours de la deuxième audience accordée au conseiller de l'ambassade[1], Pie XII avait parlé en termes émus des témoignages de fidélité qu'il ne cessait de recevoir de la part d'Italiens appartenant à toutes les classes sociales, à tous les milieux. Il avait noté avec une grande satisfaction que loin d'être éclipsée par la nouvelle Rome, la Rome chrétienne attirait davantage que par le passé la ferveur des Italiens. Tout le portait à croire que les malheurs d'une guerre, qui n'a jamais été populaire dans le pays, resserreraient les liens entre le Pape et les habitants de la péninsule.

Il n'est pas téméraire de penser que la modération du discours tend à fortifier ces heureuses dispositions. Éviter toute parole vive ou dure à l'adresse de la puissante alliée de l'Italie, c'est épargner à celle-ci la disgrâce de se sentir atteinte par solidarité, et à ses dirigeants, la tentation de pratiquer des « alignements » dans l'ordre spirituel.

N'y a-t-il pas un appel à l'Italie et une exhortation à persévérer dans ses traditions religieuses, dans les deux premiers paragraphes de la page 11 ? En cette fête de Saint-Pierre, journée excellemment romaine et populaire, le Souverain Pontife y rappelle de la façon la plus heureuse la vocation de la nation italienne avec l'honneur et l'avantage d'être le chef-lieu du monde catholique : « Nous pensons à toi, ô chère Rome, deux fois notre patrie... Avec toi nous bénissons tout le peuple italien, pour qui le privilège d'avoir au milieu de lui le centre de l'unité de l'Église est un signe manifeste de providentielle mission divine... ».

Guerre 1939-1945, Vichy, Z Europe, Saint Siège, 550 (10GMII/550)

---

[1] Jean Rivière, conseiller à l'ambassade jusque-là, a quitté son poste et regagné Vichy en mars 1941. Il a été remplacé par Jacques de Blesson.

265

M. Gaston Maugras, Ministre de France à Athènes,
À l'Amiral Darlan, Vice-Président du Conseil, Ministre
Secrétaire d'État aux Affaires étrangères, à la Marine et à
l'Intérieur.

D. n° 32[1].   *Athènes, 29 juin 1941.*

On commence, grâce aux renseignements qui parviennent des différentes parties du pays à pouvoir se faire enfin une idée approximative du partage du territoire grec entre les trois armées occupantes[2].

À l'extrême est, une zone de 10 kilomètres, importante non pas seulement parce qu'elle touche à la Turquie mais aussi parce qu'elle est parcourue par la voie ferrée Andrinople-Alexandrople, est placée sous l'administration allemande.

De cette ligne jusqu'à la vallée du Strymon règnent les Bulgares. Les Bulgares ne font pas de l'occupation mais de l'annexion. Ils ont chassé le peu de fonctionnaires grecs qui n'avaient pas fui avant leur arrivée, chassé les prêtres grecs, chassé la monnaie grecque, supprimé toute frontière douanière entre leur pays et la province qu'ils administrent et bulgarisent en toute hâte. L'île de Thassos est incluse dans la zone bulgare. L'armée bulgare n'est d'ailleurs pas seule dans cette zone. Des unités allemandes, principalement d'aviation et de marine y sont également installées.

Toute la région de Salonique, du Strymon jusqu'à l'Olympe, est occupée par les Allemands. Cette occupation s'étend aussi à toutes les îles voisines de la côte turque, à savoir Samothrace, Lemnos, Lesbos et Chios. Samos par exception a été livrée aux Italiens. En revanche l'Allemagne s'est, dans les Cyclades, réservé l'île de Milos qui est une position stratégique importante. En Crète il y a occupation conjointe germano-italienne, mais ce sont les Allemands qui exercent le commandement.

Tout le reste du pays est soumis à la domination italienne. Mais dans cette zone italienne, comme dans la zone bulgare, les Allemands continuent d'entretenir des troupes. On estime qu'ils ont gardé en Grèce trois divisions et des forces considérables d'aviation.

Au point de vue monétaire, la situation est celle-ci :

Dans la zone d'occupation bulgare la lewa a seule cours.

Dans la zone allemande ont cours la drachme grecque et les marks émis par les *Reichskreditkassen.*

Dans la zone italienne ont cours la drachme grecque, les marks allemands, les billets en drachmes émis par la Cassa Mediterranea di Credito

---

[1] D. intitulée : « A.s. Partage de la Grèce entre les trois armées occupantes ». Le document porte le tampon « 5 juillet 1941 ».

[2] Voir aussi le document n° 240 et notes.

per la Grecia et, accessoirement, des lires dont le cours primitivement fixé par les Italiens à 18 drachmes la lire a été ramené sur l'intervention des Allemands à 8.

Guerre 1939-1945, Vichy, Z Europe, Grèce, 394 (10GMII/394)

266

M. Bergery, Ambassadeur de France à Moscou,
À l'Amiral Darlan, Vice-Président du Conseil, Ministre Secrétaire d'État aux Affaires étrangères, à la Marine et à l'Intérieur.

T. n° 592. *Moscou, 30 juin 1941.*

(*Reçu* : le 18 août 1941)

Le Narkomindiel[1] vient de me faire notifier :

1°- Que personne ne peut plus quitter l'ambassade et que toute communication avec l'Intérieur est interdite sauf stipulation d'eux.

2°- Que pour envoyer des télégrammes, faire acheter des provisions ou de la pharmacie, nous devons nous adresser au milicien de garde qui téléphonera par son chef au Narkomindiel.

3°- Que nous devons licencier demain tout le personnel soviétique sauf un ou deux (c'est-à-dire la presque totalité des domestiques[2]).

4°- Que nous devons fournir dans un délai d'une heure la liste de tous les Français avec numéros de passeports et de tous les Soviétiques[3].

5°- Que demain à dix heures nous devons livrer en dépôt toutes armes à feu ou blanches pour éviter des « malentendus ».

J'ai obtenu que le délai du quarto[4] soit de deux heures au lieu d'une[5].

Et je demande cinq serviteurs russes au lieu de deux.

Guerre 1939-1945, Vichy, Z Europe, URSS, 821 (10GMII/821)

---

[1] Le Commissariat aux Affaires étrangères.

[2] Voir le T. n°s 559 à 563 de Moscou en date du 26 juin, avec la liste du personnel figurant sur la liste diplomatique, y compris les employés soviétiques (Guerre 1939-1945, Vichy, Z Europe, URSS, 821, non publié).

[3] Pour la liste nominative du personnel de l'ambassade française fournie pour l'obtention des visas de sortie, voir Guerre 1939-1945, Vichy, Z Europe, URSS, 821bis (document non reproduit).

[4] C'est-à-dire le délai pour la demande stipulée dans le point 4.

[5] Pour ce qui concerne les communications téléphoniques, la coupure a été appliquée sans délai (voir T. n°s 588 à 591 de Moscou en date du 30 juin), mais Bergery indique qu'il peut encore télégraphier et circuler à la différence de l'ambassade d'Allemagne « immédiatement et totalement isolée ». Ce même télégramme informe que le Japon a servi de médiateur pour la mise au point de la procédure de l'échange des missions allemande et soviétique ainsi qu'italienne et soviétique (Guerre 1939-1945, Vichy, Z Europe, URSS, 821).

267

M. Arvengas, Ministre de France à Mexico,
   à l'Amiral Darlan, Vice-Président du Conseil, Ministre
    Secrétaire d'État aux Affaires étrangères, à la Marine et à
    l'Intérieur.

D. n° 90[1].   *Mexico, le 30 juin 1941.*

À la suite des événements de Syrie[2], quatre de nos agents consulaires m'ont envoyé leur démission en l'accompagnant des considérations les plus sévères sur la politique française.

Ce sont : MM. Reynaud à Mazatlan, Lartigue à Orizaba, Nopper à Santa Rosalfa et Beraud à Hermosillo, tous quatre de nationalité française.

Je ne suis pas en mesure de les remplacer, car, dans les villes de province plus encore qu'à Mexico, les colonies françaises sont maintenant presque entièrement acquises au mouvement gaulliste. Mais à vrai dire leur remplacement ne présente pas un caractère d'urgence, les attributions de nos agents consulaires étant minimes.

D'après les renseignements qui me parviennent, la mesure qui a frappé M. Soustelle (voir lettre n° 87 du 21 juin)[3] ne paraît pas avoir eu d'autre effet que de réchauffer le zèle de ses partisans et de lui en amener de nouveaux. Aux yeux de beaucoup de Mexicains et de Français, il fait désormais figure de martyr de la cause gaulliste et il reçoit de nombreuses lettres de sympathie.

Je suis de plus en plus convaincu que la déchéance de la nationalité française est une menace inopérante ici. Sans compter qu'ils pensent que cette mesure sera un jour rapportée, les gaullistes paraissent désormais fermement attachés à leur cause en le triomphe de laquelle ils croient de plus en plus. Ceux dont la foi gaulliste paraissait encore mal assurée semblent maintenant convaincus d'être les apôtres d'une cause juste.

Certains Français, ainsi que je l'écrivais peu après mon arrivée ici, prétendaient concilier leurs sympathies gaullistes avec le loyalisme à l'égard du gouvernement du maréchal Pétain. Sous l'influence des derniers événements ils ont maintenant renoncé à cette position.

J'avais, quant à moi, cru pouvoir, il y a quelques mois, en vue de détourner nos compatriotes de la dissidence, donner des assurances touchant les limites de la collaboration, assurances qui, je dois l'avouer, m'embarrassent maintenant.

Ceux-là même qui, parmi nos compatriotes, condamnent l'agression britannique contre la Syrie rejettent sur le gouvernement français la responsabilité initiale. Ils estiment – et j'ai quelque peine à réfuter cette

---

[1] D. intitulée : « Les progrès du mouvement gaulliste » et portant le tampon « 29 juillet 1941 ».

[2] Voir le document n° 238.

[3] Document non retrouvé. Voir document n° 246.

opinion – que les clauses de l'armistice n'autorisaient pas les Allemands à survoler la Syrie et à utiliser ses aérodromes. Ils reprochent au gouvernement français de n'avoir même pas élevé une protestation.

En résumé, les gaullistes sur lesquels, il y a quelques semaines encore, il était possible d'exercer une certaine influence, refusent maintenant d'écouter les voix qui viennent de Vichy.

Je tiens surtout à attirer l'attention sur ce que les Français qui ne sont pas gaullistes paraissent être appelés presque inévitablement à le devenir. Nos compatriotes, privés de relations avec l'Europe, sont de plus en plus tributaires des États-Unis pour la marche de leurs entreprises. Les États-Unis disposent ainsi de moyens de pression quasi irrésistibles sur eux ; dès maintenant par exemple ils ne délivrent guère de visas aux Français que si ceux-ci prouvent qu'ils sont affiliés au mouvement gaulliste.

Il n'est pas exagéré de dire que les sanctions qui seraient prises par le gouvernement français contre nos compatriotes gaullistes désigneraient ceux-ci à la plus grande bienveillance des autorités américaines.

Cette situation d'une colonie très nombreuse, active, prospère et faisant particulièrement honneur à la France, qui se détourne avec hostilité de son gouvernement national est certes profondément douloureuse ; elle me paraît hélas ! pour le moment sans remède.

Guerre 1939-1945, Vichy, B Amérique, Mexique, 70 (1GMII/70)

268

M. Armand Bérard, Représentant du Ministère des Affaires étrangères à la Délégation française auprès de la Commission allemande d'armistice,
À l'Amiral Darlan, Vice-Président du Conseil, Ministre Secrétaire d'État aux Affaires étrangères, à la Marine et à l'Intérieur.

D.[1].   *Wiesbaden, 30 juin 1941.*

À mesure que s'accentue l'hostilité américaine et que s'affirme la solidarité anglo-saxonne, s'impose au Reich d'une manière plus pressante la nécessité d'organiser l'économie européenne. « Nous contrôlons, a déclaré M. Hitler dans son discours du 30 janvier, l'industrie de l'Europe entière et je vous garantis que, cette industrie, nous saurons la mobiliser ». L'Allemagne, a-t-il ajouté, conservera, en tout état de cause, l'avance qu'elle s'est assurée. Aux constructions anglo-saxonnes, elle répondra par des fabrications accrues d'avions, de navires, de sous-marins.

Certes, l'Europe possède un potentiel industriel égal, sinon supérieur à celui de l'Amérique. Elle renferme, à l'exception du caoutchouc et du coton,

---

[1] D. sans numéro, intitulée : « Le prix pour l'Allemagne de la collaboration avec la France ».

la plupart des matières premières nécessaires à la conduite de la guerre. Elle dispose du pétrole de Roumanie, du cuivre de Bor et d'Espagne, de la bauxite de France et de Yougoslavie. Mais encore faut-il que ces matières premières puissent être exploitées, transformées, usinées. Quelques chalands de ciment coulés aux Portes de Fer[1] entravent depuis deux mois la circulation sur le Danube et empêchent d'écouler vers l'Ouest les stocks d'huiles minérales de Ploiesti et de Giurgiu. Les transports de Constanza vers la Méditerranée par les Détroits sont interrompus. Jamais l'approvisionnement en pétrole du Reich et des pays occupés n'a été aussi critique. Il faudra, d'autre part, de longues semaines pour que les voies ferrées et les ouvrages d'art de Yougoslavie, démolis au cours de la campagne[2], permettent de nouveau une circulation normale. Les experts allemands ont été péniblement impressionnés de l'ampleur des destructions et des conséquences des bombardements. À cet égard, la guerre des Balkans[3], bien que victorieuse, a été pour l'Allemagne, plutôt qu'un gain, un affaiblissement. Le Reich eut préféré continuer de commercer tranquillement avec des pays où son influence économique était prédominante, d'importer comme auparavant le bétail et le maïs yougoslaves, les fruits, les vins et le minerai de Grèce, au lieu de voir tomber à sa charge la réorganisation de ces pays ruinés.

Que l'Allemagne conserve l'avantage miliaire, que ses armées, comme il est vraisemblable, demeurent invaincues, elle n'aura pas, pour cela, gagné la partie : il faudra qu'elle mette sur pied ce nouvel ordre européen qu'elle s'est donnée à tâche d'établir ; il faudra que puisse vivre le continent placé sous sa domination. Sur ce point, l'intérêt économique du Reich est souvent en contradiction avec ses ambitions politiques. Le premier voudrait que soient restaurés dès que possible, dans tous les États, l'ordre, le calme et la normalité. Il incite les dirigeants hitlériens à la prudence et à la mesure. Mais la volonté de créer coûte que coûte la plus grande Allemagne, le désir de réaliser un programme raciste démesuré poussent ces mêmes dirigeants à des annexions hardies, à des bouleversements profonds. Menacés dans leur liberté et leur indépendance, les Flamands, jusqu'alors sympathisants, deviennent bientôt hostiles ; le sentiment national hollandais s'exaspère ; les Croates, livrés à l'Italie protestent ; les ouvriers du Nord et du Pas-de-Calais font grève.

De conquête en conquête, l'Allemagne est obligée de placer sous sa direction effective la plupart des États européens. Un double problème de main-d'œuvre et de cadres se pose à elle, plus délicat, plus angoissant que le problème des matières premières. Il lui faut tenir garnison de Narvik à la Bidassoa, de Brest à Braïla, de Memel à Candie. Il lui faut surtout assurer les services publics en Norvège, en Hollande, en Belgique, en France

---

[1] Les Portes de Fer désignent une gorge du Danube, frontière naturelle entre le nord des Balkans et le sud des Carpates et marquent l'entrée du Danube en Roumanie.

[2] L'attaque des armées allemandes contre la Yougoslavie a duré du 6 au 17 avril 1941.

[3] La guerre des Balkans comprend l'attaque contre la Yougoslavie suivie de celle contre la Grèce (du 6 au 28 avril 1941). Voir documents n°s 155, 168, 183. Cette campagne des Balkans se prolongea par des guerres de résistance, en Grèce, en Albanie, et surtout en Yougoslavie.

occupée, maintenant en Roumanie, en Yougoslavie, en Grèce, bientôt en Ukraine et dans les Pays baltes. Ses pionniers entretiennent le réseau ferré européen ; ses entrepreneurs agrandissent les aérodromes et y multiplient les pistes de départ ; ses ingénieurs dirigent les mines, les arsenaux, les haut-fourneaux, les grands travaux du continent entier. Cependant, on a été contraint dans le Reich d'intensifier la mobilisation de la main-d'œuvre féminine. Dans les gares, dans les trains, les employées remplacent les hommes occupés à l'étranger. Un décret récent a réglementé le travail des femmes sur le carreau des mines et interdit leur emploi dans les galeries du « fond ». Si les autorités militaires acceptent de libérer, parmi nos prison-niers, des intellectuels, des fonctionnaires, des officiers, elles conservent jalousement les paysans, les ouvriers spécialisés : monteurs, tourneurs, ajusteurs, fraiseurs. La campagne de racolage des ouvriers dans les terri-toires occupés s'accentue. Il y a un mois environ, a été solennellement fêté le départ en gare de Bruxelles du 150 millième travailleur belge envoyé en Allemagne.

Plus décisive encore est la question des cadres. Le Reich constate, de plus en plus, combien il est difficile d'administrer des pays dans lesquels ne peut être conservée et utilisée l'armature nationale. Quel surcroît de complica-tions chaque fois qu'il lui faut remplacer les ingénieurs ou les contremaîtres dans les usines, les maires dans les localités, les fonctionnaires dans les bureaux ! Tout allégement à cette charge est actuellement le bienvenu.

C'est pourquoi la collaboration française a été saluée avec tant de faveur par les autorités allemandes. Que nos usines d'aviation, que nos chantiers navals travaillent pour le Reich, en même temps que pour nous-mêmes, sous un régime autre que celui de la contrainte, c'est là pour la politique hitlérienne un avantage considérable et un réel soulagement. Hormis le Danemark, la France est sans doute, des pays occupés, celui que l'Alle-magne dirige le plus aisément parce qu'il a conservé son gouvernement et une administration qui lui obéit. L'Italie alliée est pour Berlin une bien autre source de déceptions. Il faut souvent doubler ou remplacer, dans la péninsule, des fonctionnaires souvent incapables, chaque fois qu'une tâche délicate leur est confiée. Bien que les jugements des organes allemands restent empreints à notre égard de la même sévérité et des mêmes préven-tions, les dirigeants du régime savent apprécier à leur juste valeur le rende-ment du fonctionnaire et du technicien français.

Plus le Reich s'engagera vers l'Est, plus vastes seront les territoires qu'il devra occuper, plus précieuse deviendra pour lui la collaboration de nos cadres. En contrepartie de cette collaboration, nous sommes en droit d'at-tendre des concessions substantielles et des allégements sensibles à notre situation présente.

Guerre 1939-1945, Vichy, Y International, 289 (9GMII/289)

269

M. Louis Keller, Consul de France à Salonique,
À l'Amiral Darlan, Vice-Président du Conseil, Ministre
Secrétaire d'État aux Affaires étrangères, à la Marine et à
l'Intérieur.

D. n° 36[1].   *Salonique, 30 juin 1941.*

La nouvelle de la déclaration de guerre de l'Allemagne à la Russie[2] a surprise la population locale. Celle-ci ne cache pas sa satisfaction de voir le Reich accroître le nombre de ses entreprises et elle en conçoit de nouveaux espoirs.

Par contre, cette nouvelle était attendue par les troupes d'occupation depuis 48 heures, c'est-à-dire depuis la publication du pacte germano-turc[3]. Elle a été accueillie avec une réserve à peine dissimulée. Bien que, d'après le mot d'ordre donné, la campagne de Russie doive aboutir à un succès définitif avant deux mois, trois mois au maximum, quelque appréhension se manifeste parmi les officiers. Les sentiments de la troupe paraissent très partagés ; de vives discussions éclatent. On m'a affirmé que des mutineries ont eu lieu et que des soldats ont été jusqu'à arborer des insignes soviétiques, etc. Rien n'est venu me confirmer l'exactitude de ces rumeurs et je ne suis, pour ma part, qu'en mesure d'affirmer un seul fait précis : une perquisition brutale a été opérée le 27 juin par les S.S. à l'administration de l'aviation (Luftgau) de Salonique.

L'attitude de la Bulgarie est une autre source d'inquiétudes pour l'armée d'occupation. Les membres de la Mission militaire bulgare à Salonique ne dissimulent pas leur désir de voir leur pays observer une neutralité absolue.

Les événements extérieurs de ces jours derniers ont nécessairement accru la nervosité que vient encore augmenter la présence, pourtant très discrète, de navires, d'officiers et de soldats français. Aussi l'autorité occupante s'efforce-t-elle de diminuer autant que possible les contacts entre la population civile et les militaires de différentes nationalités. Avec peu de sens psychologique elle maintient et prend des mesures irritantes : fermeture d'établissements publics à 21 h 30, suppression des terrasses de cafés, interdiction pour les civils de prendre place sur les plateformes des tramways réservés aux militaires, etc. Ces diverses prescriptions, qui heurtent les usages établis, ne sont observées qu'avec peine, et souvent après intervention de l'autorité militaire allemande. Elles sont si impopulaires que le général Rangavis, gouverneur général de la Macédoine,

---

[1] D. intitulée : « Réactions consécutives à la déclaration de guerre de l'Allemagne à la Russie ». Le document porte le tampon : « 5 juillet 1941 ».

[2] Le 22 juin 1941. Voir document n° 250.

[3] Le 18 juin 1941. Voir document n° 256, dont note 3.

dont la germanophilie est mise à dure épreuve, vient de menacer, tant le gouvernement d'Athènes que l'autorité occupante, de donner sa démission.

Guerre 1939-1945, Vichy, Z Europe, Grèce, 394 (10GMII/394)

270

M. Henry-Haye, Ambassadeur de France à Washington,
à l'Amiral Darlan, Vice-Président du Conseil, Ministre
Secrétaire d'État aux Affaires étrangères.

T. n° 1342.   *Washington, 1er juillet 1941, 22 h. 11.*

Urgent.
                                                    (Reçu : le 3, 0 h. 15)

Je réponds à votre télégramme n° 1254[1].

M. Sumner Welles, faisant fonction de secrétaire d'État pendant la maladie de M. Cordell Hull, m'a exprimé les très vifs regrets du gouvernement américain de ne pouvoir assurer la protection des intérêts français sur les territoires de l'URSS, le gouvernement fédéral ayant déjà décliné une offre similaire qui lui avait été adressée par Moscou pour la sauvegarde des intérêts russes en France.

Au cours de mon entretien avec M. Sumner Welles qui a été empreint de la plus grande cordialité, le Secrétaire d'État a insisté sur le fait que la réponse négative de son gouvernement n'avait aucun caractère discriminatoire à l'égard de la France et qu'elle était exclusivement dictée par des considérations d'ordre général et notamment par l'incertitude de la situation internationale actuelle[2].

Guerre 1939-1945, Vichy, Z Europe, URSS, 821 (10GMII/821)

---

[1] Document non retrouvé.

[2] Voir documents n°s 263 (dont note 5) et 266. Après la rupture des relations diplomatiques avec l'URSS, le 29 juin, le Département avait donné pour instructions à Gaston Bergery, l'ambassadeur de France à Moscou, de solliciter son homologue américain pour la sauvegarde des intérêts français en URSS (T. n°s 206 à 207 de Vichy à Moscou en date du 29 juin). Bergery informe le Département le 30 juin (T. n°s 588 à 589 de Moscou) que, contacté en ce sens, M. Steinhardt a répondu qu'il allait consulter son gouvernement. C'est finalement un autre pays neutre, la Turquie, qui accepte de se charger de la protection des intérêts français en URSS (T. n° 1148 d'Ankara en date du 9 juillet 1941, Guerre 1939-1945, Vichy, Z Europe, URSS, 821).

271

M. Louis Keller, Consul de France à Salonique,
    à l'Amiral Darlan, Vice-Président du Conseil, Ministre
    Secrétaire d'État aux Affaires étrangères, à la Marine et à
    l'Intérieur.

D. n° 37[1].   *Salonique, 1er juillet 1941.*

Confidentiel.

La signature du Pacte d'amitié germano-turc[2] et l'ouverture des hostilités
entre l'Allemagne et la Russie n'ont pas eu comme conséquence, ainsi qu'il
était permis de le supposer, un retrait sensible des forces allemandes de
Salonique. Il semble au contraire que la garnison de la ville ait été renforcée : un groupe d'avions *Heinkel*, suivi d'un important train terrestre vient
notamment de s'installer sur les champs d'aviation.

Un nouveau mot d'ordre est donné aux troupes allemandes : dès que sera
terminée la campagne de Russie (et cette dernière sera sans doute plus
courte qu'il n'était possible de le supposer), la Turquie sera immédiatement
attaquée sur toutes ses frontières, en prélude d'une marche sur Suez par
l'Asie mineure.

Ces assertions trouvent en général le plus grand crédit parmi les officiers
allemands.

Guerre 1939-1945, Vichy, E Levant, Turquie, 124 (4GMII/124)

272

L'Amiral Darlan, Vice-Président du Conseil, Ministre Secrétaire
    d'État aux Affaires étrangères, à la Marine et à l'Intérieur,
    à M. Charles Arsène-Henry, Ambassadeur de France à Tokyo.

T. n°s 592 à 594.   *Vichy, 2 juillet 1941, 21 h. 10.*

L'ambassadeur du Japon m'a annoncé hier que l'Allemagne[3], l'Italie, la
Roumanie et la Bulgarie avaient reconnu le gouvernement constitué à

---

[1] D. intitulée : « Maintien de la pression militaire allemande sur la Turquie ». Mention marginale : « Communiqué à Légation ».

[2] Le 18 juin 1941. Voir document n° 256, note 3.

[3] Cette reconnaissance par l'Allemagne, l'Italie et la Roumanie a eu lieu le 1er juillet 1941, « à
l'instigation et sur l'insistance des Japonais », d'après une « information de très bonne source »
(*Cf.* annexe en date du 2 juillet à la D. n° 3715/D.P. en date du 3 juillet de l'amiral Platon, secrétaire d'État aux Colonies, au sujet de la reconnaissance du gouvernement de Wang Chin-Wei).
Selon l'amiral Platon, Berlin aurait « peut-être » demandé en retour la participation du Japon à la
guerre germano-russe, ce qui sera connu dans les 48 heures, à l'issue du conseil entre le gouvernement et le haut-commandement. En cas de guerre, les conséquences, à cette heure imprévisibles,

Nankin par M. Wang Ching-Wei. Il m'a exprimé le vœu de voir la France prendre une décision analogue.

J'ai fait remarquer à M. Kato que les quatre puissances auxquelles il se référait n'avaient pas, en Extrême-Orient, de position concrète à défendre, et qu'elles pouvaient en conséquence accepter sans inquiétude l'éventualité d'une rupture avec le gouvernement de Tchoung King, mais que tel n'était pas le cas de la France dont les possessions sont limitrophes de la Chine, avec toutes les conséquences d'ordre militaire qui peuvent résulter de pareille situation.

J'ai rappelé, en outre, à M. Kato que sur un plan plus général, la France se trouve, du fait de la Convention d'armistice, en position d'infériorité, et qu'elle resterait limitée dans ses initiatives et dans sa liberté d'appréciation aussi longtemps que cette situation discriminatoire ne serait pas modifiée[1].

Enfin, me plaçant au point de vue japonais, je me suis demandé s'il était dans l'intérêt du gouvernement de Tokyo de voir se créer un nouveau front en Indochine alors qu'il doit prévoir l'élargissement de l'action militaire japonaise, soit vers le nord, en cas de rupture avec les Soviets, soit vers le sud, pour assurer son ravitaillement. Si elle se trouvait engagée dans des opérations militaires, l'Indochine ne serait d'autre part plus en mesure de fournir au Japon le riz et le charbon dont le Japon a si grand besoin[2].

L'ambassadeur n'a pas discuté mes objections, se réservant d'en rendre compte à son gouvernement.

Au cas où vous seriez approché à ce sujet, veuillez vous tenir sur la plus extrême réserve, en remarquant, seulement à titre personnel, que la France est en position de neutralité et qu'elle observe très exactement les obligations que cette situation lui impose[3].

Guerre 1939-1945, Vichy, E Asie, Chine, 134 (3GMII/134)

pourraient inclure l'intervention des États-Unis, d'où l'avis « de prendre certaines mesures de précaution du côté de l'Indochine, pour éviter que celle-ci serve de champ clos » comme « d'esquiver adroitement » la pression allemande qui ne manquera de s'exercer sur le ministère français des Affaires étrangères pour que celui-ci reconnaisse également le gouvernement de Nankin. Le Secrétaire d'État aux Colonies recommande d'éviter de prendre position, pour éviter que l'Indochine, déjà amputée par les Japonais, ne paie « les pots cassés ». Et de conclure : « Qu'avons-nous reçu en acceptant toutes les propositions japonaises, au lendemain de l'armistice ? Les Japonais nous ont payé notre docilité en amputant notre belle colonie. Il faut biaiser, lanterner » (*in* Guerre 1939-1945, Vichy, E Asie, Chine, 124, non publiée).

[1] Dans la copie de ce document dans Guerre 1939-1945, Vichy, E Asie, Chine 121, qui porte le paraphe de Darlan, la phrase originale corrigée à la main par le Ministre était : « cette situation discriminatoire serait maintenue ».

[2] Cette phrase a été rajoutée à la main par Darlan (voir la copie du document dans Chine, 121).

[3] Dans la D. n° 3715/D.P. du 3 juillet citée plus haut, l'amiral Platon fait état de ses craintes à propos des répercussions de la reconnaissance par la France du gouvernement de Nankin : en cas de rupture avec Tchang Kaï-Chek, celui-ci pourrait considérer qu'il n'a plus à ménager l'Indochine et ordonner, « sous un prétexte quelconque, aux importantes forces armées massées le long des frontières du Tonkin de pénétrer sur notre territoire » [déjà deux incursions ont eu lieu le 30 juin], sans que les troupes indochinoises soient à même d'y résister, après avoir déjà eu à subir l'attaque des Japonais et des Thaïlandais, entre septembre 1940 et février 1941, et avec le risque d'une intervention et d'une occupation japonaises, révélatrices de la faiblesse de la France. La souveraineté de la France en Indochine en serait menacée. D'où la nécessité d'« une attitude

273

NOTE DE LA DIRECTION D'ASIE[1]

N. *Vichy, 2 juillet 1941.*

En prévision de la reconnaissance imminente du gouvernement de Nankin par les puissances de l'Axe[2], une démarche a été faite auprès du Département le 1er juillet par l'ambassade de Chine. Le conseiller de cette ambassade a exprimé la crainte que la France ne fût sollicitée de suivre l'exemple donné par l'Allemagne et ses alliés. Tout en faisant état de l'attitude de réserve amicale observée par la Chine à l'égard de la France depuis un an malgré l'ingérence du Japon dans les affaires indochinoises, M. Sie Ton-Fa a marqué qu'en cas de rupture, le maréchal Tchang Kaï-Chek, abandonnant tout espoir d'entente et de relations juridiques avec l'Indochine, reprendrait sa pleine liberté d'action.

Ces indications n'apportent aucun élément nouveau au problème dont les termes sont déjà connus.

Si la France rompt avec Tchoung King, il paraît, en effet, probable que Tchang Kaï-chek, utilisant les effectifs considérables rassemblés à la frontière du Tonkin et de la Birmanie, tentera une action militaire contre l'Indochine[3].

Selon que le Japon serait ou non en état d'intervenir, on pourrait se trouver alors devant deux éventualités possibles.

1°) *En cas de rupture entre le Japon et l'URSS* et d'action nippone en Sibérie qui détournerait vers le nord les éléments de manœuvre dont dispose le Japon, les armées chinoises pourraient chercher à prendre l'offensive dans le sud, notamment sur la frontière indochinoise.

Or, il est apparu au cours du récent conflit avec la Thaïlande, que les forces dont dispose le Gouvernement général ne sont pas en mesure de soutenir une campagne sérieuse. C'est en invoquant « la fatigue physique, le mauvais moral de nos troupes, leur organisation défectueuse, l'insuffisance du matériel en quantité et en qualité » que l'amiral Decoux, sur le rapport du général Mordant, avait demandé de manière instante la fin des

---

extrêmement prudente » pour ne pas « compromettre l'équilibre réalisé en Extrême-Orient avec tant de mal ». La note du 2 juillet en annexe confirme les risques d'intervention en Indochine du gouvernement de Tchoung King que plus rien ne retiendrait en cas de rupture.

[1] Mention marginale manuscrite : « Cette note a été communiquée au Cabinet du Maréchal en vue du Conseil des ministres qui doit se tenir le 4 juillet. »

[2] En fait, la reconnaissance du gouvernement de Nankin par l'Allemagne, l'Italie et la Roumanie, a été annoncée par les agences de presse le 1er juillet.

[3] Dans son T. nos 99 à 100 en date du 1er juillet 1941 de Shanghaï, l'ambassadeur de France en Chine, signale aussi que le gouvernement britannique « s'efforce depuis quelques mois de troubler les relations franco-chinoises et de créer à la frontière indochinoise des incidents qui seraient de nature à détourner sur notre colonie la menace que les Japonais font peser sur la Birmanie par le canal du Siam ». (*In* Guerre 1939-1945, Vichy, E Asie, Chine, 121, non publié).

hostilités (télégramme 115 à 119 T de Hanoï du 21 janvier 1941)[1]. Depuis lors, la situation ne s'est pas améliorée, puisque les circonstances interdisent tout envoi d'effectifs ou de matériel. Par contre, le ravitaillement de la Chine se poursuit par la voie de la Birmanie et l'action concertée de l'Angleterre et des États-Unis a renforcé la position des puissances anglo-saxonnes à Singapour et dans les *Straits Settlements*.

En cas d'attaque de la Chine sur le Tonkin, l'Indochine, livrée à ses propres forces, risque donc de se trouver, comme dans le conflit thaïlandais, en position d'infériorité.

2°) *Au cas où le Japon n'attaquerait pas l'URSS*, ses éléments de manœuvre resteraient disponibles. Devant une action de la Chine au Tonkin, le gouvernement de Tokyo offrirait et, au besoin, imposerait son assistance à la France. En pareille occurrence, la position d'équilibre transitoire qui a pu être réalisée en Indochine serait compromise et les forces japonaises seraient débarquée sur le territoire de l'Union sans limitation dans le nombre ni dans la durée du stationnement. Une intervention de cette nature pourrait aboutir en fin de compte à une véritable occupation[2].

Dans l'un ou l'autre cas la souveraineté française en Indochine se trouverait directement menacée[3].

Il convient, enfin, à titre subsidiaire, de rappeler que la rupture avec Tchoung King peut également avoir des conséquences à Shanghaï, suivant les prévisions formulées par notre ambassadeur (télégramme de Shanghai n°s 99-100 du 1er juillet)[4]. En cas de troubles, l'intervention probable des autorités militaires japonaises aboutirait, en fait, à mettre fin au statut actuel de la concession française.

Guerre 1939-1945, Vichy, E Asie, Dossiers Généraux, 14 (3GMII/14)

---

[1] Document décrit non retrouvé. Le T. n° 115 de Hanoï, qui fait suite à un T. du 17 janvier, est daté du 23 février (Guerre 1939-1945, Vichy, E Asie, Thaïlande, 403).

[2] Les « Établissements du Détroit » de Malacca, Penang (acquis en 1786), Singapour (fondé en 1809) et Malacca (cédé en 1824 par la Compagnie néerlandaise des Indes) furent réunis en 1830 sous cette appellation. D'abord administrés par la British East India Company, ces territoires britanniques furent érigés en colonie de la Couronne, sous le même nom. Après l'occupation japonaise de 1941 à 1945, en 1946, les Britanniques firent de Singapour une colonie de la Couronne séparée, et réunirent Penang et Malacca à l'Union malaise.

[3] Souligné dans le texte.

[4] Dans ce T. précité (p. 585, note 3) Cosme évoque le risque de mouvements terroristes, dans un contexte où la population locale, quoique lasse de la guerre et des convulsions politiques, est favorable au gouvernement de Tchang Kaï-Chek.

274

L'Amiral Darlan, Vice-Président du Conseil, Ministre Secrétaire
d'État aux Affaires étrangères, à la Marine et à l'Intérieur,
à différents cabinets départements ministériels (Marine,
Intérieur, Colonies, Finances)[1]

D. nº 13591 Pol.[2]   *Vichy, 2 juillet 1941.*

Ainsi que vous le savez, une documentation est actuellement rassemblée par les différents départements ministériels intéressés au sujet des abus commis par les autorités occupantes allemandes et italiennes depuis l'armistice.

Lors de la réunion interministérielle qui s'est tenue à ce sujet le 4 juin 1941 à l'Hôtel Thermal, le représentant de l'Amirauté a proposé qu'il soit constitué une documentation analogue à l'égard de la Grande-Bretagne.

M. le Vice-Président du Conseil vient d'indiquer qu'il donne son accord à cette proposition et demande à son Département de prendre les mesures nécessaires pour y donner suite.

Mon Département possède en effet dans ses archives des indications sur divers abus de pouvoir ou violations du droit des gents commis, à notre détriment, depuis l'armistice, par les autorités britanniques. Mais ces renseignements ne sont pas suffisamment complets et détaillés pour permettre, à eux seuls, de constituer cette documentation.

J'ai donc l'honneur de vous prier de bien vouloir me communiquer les renseignements dont votre Département dispose à ce sujet ainsi que ceux qu'il pourrait recueillir ultérieurement.

Je crois utile, sans que cette énumération ait un caractère limitatif, de vous indiquer les principales rubriques sous lesquelles ce travail peut être classé :

1°) navires de guerre et de commerce, cargaisons, saisis ou détruits du fait des autorités britanniques. Ressortissants français tués ou blessés sur ces bâtiments (ministère de la Marine).

2°) Actes d'agression contre le territoire français de la métropole ou des colonies. Ressortissants français tués ou blessés. Dommages aux biens des collectivités et des particuliers (ministère des Colonies, ministère de

---

[1] Ce document de la Direction politique est adressé au Cabinet du Ministre de la Marine (sous le numéro 13592), à la Direction des Affaires algériennes du Ministère de l'Intérieur (nº 13593), au Cabinet du Secrétaire d'État aux Colonies (nº 13594), au Cabinet du Ministre des Finances (nº 13595).

[2] Il s'agit du numéro du bordereau d'envoi à la sous-direction d'Afrique-Levant de la copie adressé en date de ce jour aux différents départements ministériels, sous les numéros indiqués dans la note précédente, « Pour information avec prière de bien vouloir recueillir et communiquer à la sous-direction d'Europe la documentation dont il s'agit en ce qui concerne le Maroc, la Tunisie et la Syrie ». La D. est intitulée : « Documentation sur les abus commis par les autorités britanniques depuis l'armistice ».

l'Intérieur pour la métropole et l'Algérie, ministère des Affaires étrangères pour le Maroc, la Tunisie et la Syrie).

3°) Emprisonnement ou internement illégitime de ressortissants français, militaires ou civils, en Grande-Bretagne ou dans les colonies anglaises ; traitement infligé à ces Français (notamment régime des correspondances) (ministère de la Marine, des Colonies, des Affaires étrangères).

4°) Mesures d'ordre financier qui ont pu ou pourraient être prises par le gouvernement anglais au préjudice de l'État, des collectivités ou des particuliers français en Grande-Bretagne ou dans les possessions anglaises (ministère des Finances).

J'ajoute que le dossier dont il s'agit, de manière à faire pleinement foi, ne devra bien entendu contenir que des renseignements objectifs et rigoureusement contrôlés.

Guerre 1939-1945, Vichy, Z Europe, Grande-Bretagne, 333
(10GMII/333)

275

Note du Bureau d'Études Chauvel

Conception allemande de l'« Ordre nouveau ».
Le plan allemand d'organisation de l'Europe

N.   *Vichy, 2 juillet 1941.*

« L'Angleterre voulait désorganiser l'Europe. L'Allemagne et l'Italie organiseront l'Europe », a proclamé Hitler le 9 novembre 1941 au Burgerbraukeller de Munich. Cette organisation, comment l'Allemagne la conçoit-elle ? Il ne semble pas que ses hommes d'État aient jamais publié aucune vue d'ensemble à ce sujet. *Mein Kampf* ne vise pas ce que nous entendons maintenant par le « Nouvel Ordre ». Il trace seulement à l'Allemagne la ligne de conduite au terme de laquelle elle est peut-être sur le point d'arriver si, victorieuse de la Russie, elle établit son hégémonie sur tout le continent. Les discours qu'a prononcés le Chancelier depuis 1er septembre 1939 concernent essentiellement la conduite de la guerre elle-même et ne traitent pas d'une manière précise des conditions de la paix future. De même, on ne trouve pas d'indication d'ensemble dans les déclarations des autres dirigeants du Reich.

On peut, sans doute, affirmer « que le fait « guerre » est inspiré du fait « révolution » : « Cette guerre que font les peuples italien et allemand n'est, ni plus ni moins, que le développement dans le domaine international, de la révolution fasciste et de la révolution nazie. Elle ne met pas seulement en jeu des intérêts contingents, momentanés et matériels, mais aussi des intérêts spirituels destinés à donner forme à un siècle, à donner naissance à un nouveau monde, organisé selon les principes et les règles des deux révolutions, à la fois dans ses aspects moraux et sociaux. Nous nous trouvons ainsi en face d'un de ces bouleversements européens d'une importance telle qu'il n'est même pas comparable à celui qu'a représenté en Europe la proclamation des idées françaises de 1789 » (*Relazioni Internationali* du 1er mars 1941). C'est ce que confirme M. P. Gentizon, lorsqu'il écrit dans le chapitre « l'Europe de demain » de son *Allemagne en guerre* (*Le Temps* des 19 et 21 mars) : « Les Allemands lorsqu'ils parlent de l'Europe de demain, partent de l'idée que la physionomie de l'Europe commence de porter, dans une mesure sensible, le sceau politique, économique et spirituel du système autoritaire et totalitaire ».

Mais il s'agit moins d'analyser les conceptions philosophiques qui inspirent la doctrine allemande de l' « Ordre nouveau », ce qui reviendrait à faire une étude complète et approfondie des théories nationales-socialistes, que de dégager cette doctrine elle-même et de définir les principes qui présideront à la reconstruction de l'Europe sous l'égide du Reich. Nous disposons à cette fin, sinon, comme on l'a vu, d'exposés officiels, du moins de la source abondante et, sous le régime actuel, officieuse, des nombreux écrits publiés à ce sujet. Comme on nous l'a signalé de Wiesbaden[1], en effet, « depuis l'armistice du 25 juin, la presse allemande expose chaque jour dans ses colonnes les principes au nom desquels doit être réorganisée l'Europe de demain. Elle rétablit déjà, sur le papier, les frontières du Saint-Empire, réalise l'unité du monde germanique, constitue en un seul ensemble économique tout le bassin du Rhin, étend l'emprise du Reich jusqu'au delta du Danube, fait de Berlin la capitale économique et financière de la nouvelle Europe… ». Les analyses de presse, certaines déclarations de personnalités allemandes, des propos recueillis en Allemagne ou chez les neutres constituent, au Département, une documentation dont la lecture permet de se faire une idée du plan allemand d'organisation de l'Europe.

I.- *Organisation territoriale*

L'Allemagne, dans les remaniements territoriaux qu'elle prétendra imposer à l'Europe, se préoccupera d'abord de se donner des frontières qui assureront à son peuple tout l'espace nécessaire pour vivre à l'aise. Elle invoquera, à cette fin, les droits qu'à ses yeux lui confère l'histoire et, à cet égard, la limite maximale de ses ambitions possibles n'est pas déterminée par la configuration qu'elle a effectivement pu avoir à une époque donnée, mais par celle que, selon elle, elle aurait dû avoir si certaines circonstances, telles que les luttes religieuses, n'avaient empêché son unité, et, favorisant au contraire son morcellement, causé l'affaiblissement dont ses voisins auraient profité pour s'étendre sur des territoires qui, en réalité, lui revenaient. Ses prétentions, à cet égard, peuvent aller très loin. Elles peuvent s'étendre, à l'est, bien avant dans la plaine russe, jusqu'à la limite

---

[1] La délégation française auprès de la Commission allemande d'armistice, sise à Wiesbaden (Allemagne), rend compte régulièrement des informations parues dans la presse allemande.

des chevauchées des chevaliers teutons. À l'ouest, pour ce qui nous concerne plus directement, elle peut prétendre rétablir les frontières du Saint-Empire et ce n'est pas sans anxiété que l'on rapproche, à cet égard, la délimitation de la zone interdite de celle de l'Empire de Lothaire[1]. D'après tous les auteurs, écrit-on de Wiesbaden le 31 janvier, qui, sous forme de livres ou d'articles de revues, ont traité le problème des limites occidentales du Reich, ce dernier « devrait saisir l'occasion qui se présentera après la victoire sur la Grande-Bretagne pour porter la frontière de l'ouest sur la Meuse et l'Escaut. En plus du gain en territoire et en puissance qu'elle vaudrait au vainqueur, cette nouvelle délimitation aurait l'avantage d'être conforme aux données géographiques, historiques et culturelles ».

La mise en œuvre, totale ou partielle, de ces prétentions sera, d'autre part, conditionnée par le principe racial. Si le Reich entend faire rentrer dans son sein tous les « Allemands de race », il compte bien, aussi, rejeter hors de ses frontières futures, tous les éléments étrangers à la communauté germanique. Il procèdera, à cette fin, par des transferts de populations, comme il l'a fait dans la partie du Tyrol laissée à l'Italie, comme, en sens inverse, il a commencé à le faire dans la partie du territoire français la plus menacée par l'annexion, en Lorraine et en Alsace[2]. Le Reich, qui sait le parti qu'il a lui-même tiré des minorités, n'entend pas que d'autres puissent, un jour, jouer à son encontre de problèmes analogues.

C'est également l'idée raciale qui servira de guide dans le tracé des frontières qui sépareront les autres États européens entre eux, et, pour éliminer les causes de troubles que constituent les minorités, il est possible que de nouvelles unités territoriales soient créées. Ainsi serait-il en même temps répondu aux vues de l'état-major qui paraît souhaiter la constitution de petits États faibles devant nécessairement graviter dans l'orbite du Reich grand-allemand. C'est à ce vœu que correspondent les efforts pour favoriser le développement des mouvements autonomistes régionaux. Cette politique a déjà été illustrée par la création de la Croatie[3], suivie de l'adhésion du nouvel État au Pacte tripartite. Peut-être assisterons-nous demain à la constitution d'une Ukraine « indépendante », d'un État flamand.

Mais il est bien évident que la configuration territoriale qui sera donnée à l'Europe dépendra de la conjoncture au moment de la redistribution définitive des territoires. Les plans que peuvent avoir conçus les Allemands seront, jusqu'au dernier instant, modifiables au gré des circonstances politiques. De même, ils seront révisés à la lumière de l'expérience acquise

---

[1] Le royaume de Lothaire Ier (795-855) était un des trois grands royaumes francs, situé entre le royaume de Charles le Chauve (à l'ouest) et celui de Louis le Germanique (à l'est). Lothaire Ier fut empereur d'Occident de 840 à 855.

[2] Voir le document n° 111, et en particulier la note 5, p. 248.

[3] Le 7 avril 1941 avait commencé l'invasion de la Yougoslavie par les troupes allemandes (cf. doc. 259). Après le refus de Vladimir Matchek, vice-président du Conseil depuis 1939, de diriger un État croate satellite de l'Allemagne, les puissances de l'Axe installent le 10 avril 1941 à Zagreb un « État indépendant de Croatie » et placent à sa tête Ante Pavelic, le leader du mouvement Oustachi, rentré d'exil (voir document n° 170). Divisé en zones d'occupation allemande et italienne, cet État comprend toute la Bosnie, mais doit céder à l'Italie la majeure partie de la Dalmatie et l'Istrie par le traité de Rome du 18 mai 1941.

pendant l'occupation des différents pays par les troupes allemandes. Par exemple, les autorités militaires allemandes du Nord de la France qu'une certaine propagande avait pu convaincre du caractère flamand de Lille paraissent s'être aujourd'hui rendu compte de l'inanité du mouvement flamingant dans cette région.

Au demeurant, les questions de frontières n'auront vraisemblablement pas, aux yeux des Allemands, l'importance qu'elles avaient à l'issue des guerres du passé. Ce qui importera à l'Allemagne, ce n'est pas tant le démembrement des territoires tel qu'on y procédait jadis ; c'est d'instaurer sur le continent un régime politique et économique tel qu'elle puisse assurer sa domination sur tous les pays, même subsistant, avec leurs possessions, dans une intégrité territoriale relative, et en exploiter les ressources au profit du Reich.

II.- *Organisation politique*

À cette fin, le « Nouvel Ordre » qu'envisage l'Allemagne, c'est la communauté européenne sous la direction allemande. Communauté ne signifie pas, du moins dès maintenant, unité, car, comme le fait observer la *Frankfurter Zeitung* du 13 avril, « l'unification de l'Europe n'est pas une question qui peut être résolue a priori. On doit y procéder en tenant compte des divisions naturelles et historiques du continent. D'autre part, la nouvelle Europe sera une unité comprenant plusieurs peuples qui ne devront pas s'opposer les uns aux autres ni offrir leurs contrastes aux forces dissolvantes agissant du dehors. Ces peuples n'auront pas à abandonner la richesse et le bonheur de leurs individualités ; mais ils devront au contraire se pénétrer de la notion d'après laquelle, dans l'ordre nouveau, tous les intérêts légitimes des peuples se rejoindront. L'unification ne se confondra pas avec la fusion des peuples ; mais elle résultera de la reconnaissance d'une nouvelle hiérarchie politique et d'une direction de la part de ceux qui ont acquis, avec la constitution de la force et l'établissement de nouvelles lois politiques, le droit d'unir et de diriger en assumant en même temps la responsabilité d'un ordre viable et durable ». Ces puissances dirigeantes, ce sont l'Allemagne et l'Italie, qui arrivent au sommet de la hiérarchie. N'est-il pas conforme aux lois de la vie, faisait déjà observer la même feuille le 14 janvier, que la direction doive appartenir aux plus grands et aux plus forts ? « Les mêmes forces qui ont créé la nouvelle Allemagne ainsi que la nouvelle Italie, et leur servent de base, érigeront aussi le nouvel édifice de l'Europe et garantiront son existence à l'avenir », précise dans son ouvrage *L'Allemagne et l'ordre européen*, M. Paul Herre, qui donne naturellement la première place à l'Allemagne, en raison de sa superficie, de sa population, de sa situation géographique et de sa position historique.

La communauté européenne s'accommodera donc de l'existence de peuples différents et le Nouvel Ordre, écrit M. Paul Herre, répondra à leurs besoins vitaux. Mais ces peuples – et les puissances « dirigeantes » s'y emploieront – devront se pénétrer de l'idée de solidarité européenne. C'est à ce prix que sera effacée la contradiction apparente entre espace grand-européen et sort européen commun, d'une part, respect et maintien des frontières raciales, d'autre part. Le directeur de l'Office raciste du parti national-socialiste, Pr Dr Gross, écrit à ce sujet : « Ce n'est pas l'égalité niveleuse, mais le maintien des particularités raciales devenues historiques qui assurera, dans l'espace grand européen de l'avenir, la possibilité pour les peuples forts en eux-mêmes et capables de développement culturel de vivre dans une communauté fortifiée par le travail et le rendement ». Les nations continueront donc de vivre côte à côte, mais il ne sera plus question des anciens systèmes qui les opposaient les unes aux autres, tel que celui de l'équilibre européen, grâce auquel, toujours d'après M. Herre, les petits États se maintenaient par d'habiles glissements d'un camp à l'autre qui mettaient sans cesse la paix en péril. Ces derniers devront à l'avenir – l'Angleterre dont ils étaient l'instrument, une fois renvoyée dans son île – « adopter une attitude nette et se souvenir qu'ils font partie de la communauté européenne ».

Ainsi l'Allemagne et l'Italie qui, « par leurs armes, auront assuré la libération du continent, lui donneront-elles, dans une vivante collaboration avec les petites nations avec qui elles sont appelées à partager l'espace vital européen, une physionomie et une structurelle nouvelle supra-nationales » (Kurt Reich, *DAZ* du 27 avril). En même temps, la direction allemande de l'Europe est caractérisée par un « concept de responsabilité qui va à l'encontre de certaines idées antérieures sur l'existence propre des nations : désormais, de même qu'à l'intérieur de la nation, l'idée de communauté prévaut sur les droits de l'individu, de même un droit périmé à une autonomie sans limite ne pourra plus subsister du fait de la responsabilité européenne », écrit M. P. Herre, qui donne en exemple la nécessité d'un règlement d'ensemble de la question juive pour toute l'Europe. En d'autres termes, l'Allemagne prévoit, dans l'Europe de demain, une restriction de la souveraineté des puissances non dirigeantes et, comme le fait observer M. P. Gentizon, l'une des tâches principales de la paix sera de « doser la renonciation » de chaque État à une part de sa souveraineté au profit de l'idée européenne. Des principes qui présideront à ce dosage, le Dr Goebbels lui-même a donné un aperçu au début de mars dernier, dans une déclaration devant les représentants de la presse étrangère relative au statut des petits États de la Nouvelle Europe, déclaration qui a provoqué beaucoup d'émotion en Suisse. « La conception allemande du fondement politique des petits États européens exige, aurait-il précisé, le travail en commun sur quatre points : économique, militaire, monétaire et politique étrangère. La structure politique et culturelle des pays reste en revanche ce qu'elle est pour autant qu'elle ne se heurte pas aux quatre points exposés ci-dessus... nous ne désirons pas, au moyen de la guerre, imposer aux peuples la doctrine nationale-socialiste... ».

Jusqu'où peut aller, dans la pratique, cet abandon de souveraineté et l'ingérence de la « direction » allemande dans la vie des autres États, une idée en est donnée par le passage suivant tiré de l'ouvrage de M. P. Herre : « Tandis qu'il a été possible de laisser au peuple tchèque son propre gouvernement et que de grandes perspectives s'offrent à lui depuis son union douanière avec le Reich, il a fallu traiter la Pologne selon de tout autres principes : ici, il s'agissait de s'assurer que le peuple allemand ne serait plus menacé dans son existence du côté de l'Est : l'administration directe allemande, sous la forme du gouvernement général, apparaît dès lors comme une solution convenable pour incorporer dans la *Mitteleuropa*[1] un État incapable de se gouverner lui-même. En Slovaquie, il a fallu aussi agir tout autrement, car ce pays avait été uni contre son gré au peuple tchèque et se plaçait de lui-même en toute indépendance sous la protection du Reich, au moment où la Tchécoslovaquie se décomposait[2] ; dans ce cas, la Direction (*Führung*)[3] se limite à apporter une aide dans la tâche de construction du jeune État et de son économie ». L'auteur cite ensuite en exemple de *Führung* l'arbitrage italo-allemand dans le différend entre la Slovaquie et la Hongrie, puis entre ce dernier pays et la Roumanie[4], ainsi que le règlement du problème des minorités allemandes dans ces régions[5]. Puis il ajoute : « une direction qui règle aussi bien les problèmes de l'Est et du Sud-Est de l'Europe peut donner confiance : elle saura trouver aussi pour chaque cas particulier de l'Europe occidentale une solution suivant le comportement de la population et les possibilités qui s'ouvrent à une libre collaboration ». Kurt Reich écrivait, de son côté, dans la *DAZ* du 27 avril : « Les deux nouveaux États de Slovaquie et de Croatie répondent aux conceptions modernes d'après lesquelles on reconstruira l'Europe. Ces États, dont les intérêts et la sécurité seront garantis par les puissances dirigeantes y trouveront leur compte, car ils n'auront plus à consacrer une partie importante de leur budget à l'entretien d'une armée disproportionnée avec les ressources dont ils disposent... ». Cette dernière considération met en lumière les vues allemandes sur l'organisation militaire du continent : la force armée appartiendra aux puissances dirigeantes, qui disposeront ainsi, pour assurer la police du continent, de l'instrument qui

[1] Le terme de *Mitteleuropa* (Europe du milieu ou Europe centrale) émerge au XIXe siècle et a plusieurs connotations ; en particulier, il renvoie souvent à une volonté hégémonique allemande – tant politique qu'économique et culturelle – sur cet espace du centre de l'Europe qui pourrait ainsi devenir une grande puissance sur la scène internationale (Naumann, Haushofer). Mais d'autres interprétations s'oppose à cette vue en mettant au contraire en avant des futurs « États-Unis de la *Mitteleuropa* » plus démocratiques (Kautsky).

[2] La Slovaquie, les pays tchèques et la Ruthénie avaient constitué la Tchécoslovaquie à la suite du traité de Saint-Germain-en-Laye de 1919 et du traité de Trianon de 1920. Cette union politique était assez artificielle, car le niveau économique des deux parties du pays étaient très différents, la Slovaquie, ancienne possession hongroise, était beaucoup plus rurale, et l'autonomie slovaque fut revendiquée dès le début. Les Slovaques profitent des accords de Munich pour proclamer l'autonomie du pays en 1939, et le nouvel État indépendant (République Slovaque), dirigé par Mgr Tiso, est un « satellite » du Troisième Reich.

[3] Le *Führer* étant celui qui dirige.

[4] Ces arbitrages italo-allemands, dits de Vienne, sont intervenus sous l'influence de ces deux pays pour satisfaire de façon pacifique aux revendications territoriales de la Hongrie sur les territoires que celle-ci avait perdus à la suite du traité du Trianon en 1920. Le premier arbitrage de Vienne eut lieu en 1938 et le second en 1940 (voir *DDF (1939-1944)*, 1940-2, document n° 156). Ils aboutirent au démantèlement de la Grande Roumanie historique.

[5] Les accords de Munich prévoient le rattachement à l'Allemagne des régions habitées majoritairement par les germanophones (en Tchécoslovaquie, les Allemands des Sudètes et des Carpates formaient 23,4 % de la population totale). En Roumanie (Transylvanie et Banat), il y a aussi la présence d'une minorité allemande, et le parti nazi de cette minorité ne cesse d'y prendre de l'influence à partir de 1938. La Hongrie comptait aussi 5,5 % d'Allemands (en 1930).

manquait à la Société des Nations, et cela pour le plus grand bien des peuples qui verront allégé d'autant le fardeau des armements.

En somme, direction allemande d'une Europe où les différents États seront unis par un sentiment d'étroite solidarité continentale et où l'Angleterre aura été mise hors d'état de susciter les oppositions dont elle profitait. Hiérarchie des États avec, au sommet, les puissances victorieuses, puis celles qui auront adhéré au Pacte tripartite[1] (Goebbels : « quiconque veut participer au partage de l'Europe après la défaite anglaise doit avoir adhéré au Pacte tripartite »), puis celles dont la « collaboration » paraîtra la plus sincère ; ainsi verra-t-on des *Zwischenländer*[2] comme la Bulgarie ou la Roumanie, des *Nebenländer*[3] comme la Slovaquie, des Protectorats, comme la Bohême, enfin, des « gouvernements généraux », comme la Pologne. Abandon, de la part des différentes puissances, d'une partie de leur souveraineté au profit des intérêts de la communauté européenne, notamment en ce qui concerne leur politique étrangère et leur statut militaire. Tels sont, dans leurs grandes lignes, les principes qui guideront l'Allemagne dans son organisation politique de l'Europe. Reste à examiner comment elle entend, dans le domaine économique, compléter son système continental de l'Europe, ou plutôt – car les possessions ou futures possessions africaines y seront incluses – de l'« Eurafrique ».

III.- *Organisation économique*

Quelles que soient les divergences de vues qui séparent les économistes du Reich quant à l'organisation future de l'Europe, et qui, de Schacht à Ley, procèdent de leur plus ou moins grand éloignement des idées « orthodoxes », on peut avancer que, dans l'ensemble, cette organisation s'inspirera des principes appliqués dans le domaine politique : l'économie européenne sera une économie continentale dirigée, et dirigée par l'Allemagne.

Comme l'a indiqué le Dr Goebbels, l'économique est l'un des points sur lesquels chaque État devra accepter une limitation de sa souveraineté au profit de la collectivité européenne. Chacun devra, non seulement développer ses ressources de manière à permettre à l'Europe, suivant l'expression de M. P. Gentizon, de « vivre davantage sur son propre fond » et de tendre à l'autarcie continentale, mais encore renoncer aux productions qui ne sont pas en rapport avec son activité et ses capacités. Ainsi, par exemple, les pays agricoles devront développer leur agriculture et abandonner leurs industries artificiellement créées au bénéfice des pays mieux équipés et mieux outillés. Une telle politique, en détruisant l'objet de la protection, permettra

---

[1]   Le Pacte tripartite (ou Axe Berlin-Rome-Tokyo ou Axe) est l'alliance signée le 27 septembre 1940 entre l'Allemagne, l'Italie et le Japon. Ce pacte reconnaît à chacun la domination exclusive sur sa propre zone d'influence : l'Europe continentale pour l'Allemagne, la Méditerranée pour l'Italie, l'Asie orientale et le Pacifique pour le Japon. En novembre 1940 s'y ajoutent la Hongrie, la Roumanie et la Slovaquie, enfin la Bulgarie et la Yougoslavie en mars 1941. Contre cette adhésion sous contrainte, un coup d'État a lieu à Belgrade le 27 mars 1941, qui à son tour, déclenche l'attaque allemande contre ce pays le 6 avril.

[2]   États-tampons (ou intermédiaires).

[3]   Pays proches (voisins).

d'arriver progressivement à une vaste union douanière, de sorte que l'Europe, avec l'Afrique dont elle exploitera les ressources, formera véritablement un tout dont chaque partie, en raison de la division du travail entre elles, se sentira étroitement solidaire des autres.

Cependant, quels que soient les efforts entrepris pour que l'Europe dispose, en Europe, des productions nécessaires à sa sécurité et à ses besoins les plus urgents, pour que « soit garantie la liberté de son économie » (Dr Funk), certains achats devront obligatoirement être effectués dans d'autres continents. Le Dr Funk n'est d'ailleurs nullement opposé au principe même des échanges intercontinentaux. Il prévoit au contraire le développement des relations commerciales avec l'Amérique du Sud et l'Asie orientale ; avec les États-Unis également, si ces derniers cessent de « s'obstiner à diffamer les marchandises allemandes et de s'en tenir à un dogme qui n'a plus de poids dans la pratique économique » (l'or) (discours prononcé à l'ouverture de la Foire de Vienne le 26 juillet 1930). Mais les achats extracontinentaux ne seront pas faits au hasard et au gré de chacun, mais conformément à « un plan général de commerce avec les autres parties du monde » (*National Zeitung* d'Essen du 29 janvier 1941). Ce plan sera, bien entendu, dressé par la puissance dirigeante, qui contrôlera ainsi le commerce extérieur de l'Europe, de même qu'à l'intérieur du continent elle se sera assurée le contrôle des matières premières et des industries. Il sera mis en œuvre par la voie d'accords de commerce et économiques entre le bloc contrôlé par l'Allemagne et les autres blocs mondiaux.

Reste la question des monnaies et des règlements internationaux. Les différents pays d'Europe garderont leurs monnaies respectives, mais celles-ci n'auront qu'une valeur subsidiaire dans le cadre du territoire et seront rattachées à une devise européenne de base qui sera, naturellement, le Reichsmark. On établira entre le Reichsmark et les différentes monnaies et, par voie de conséquence, entre ces dernières, une relation juste, qui sera stabilisée. On évitera ainsi que « certains pays n'aient à livrer leurs marchandises à vil prix, ce qui provoquerait ensuite une hausse et entraînerait des changements qui déséquilibreraient les échanges et poseraient à nouveau le problème monétaire » (rapport de la Reichskreditgesellschaft[1] analysé par *Le Temps* du 29 mars 1941). Quant au RM[2] lui-même, il reposera, comme aujourd'hui, non sur l'or, mais « sur la force et la production du Reich grand allemand » (Dr Hennemann). Le système de l'étalon-or a été répudié à plusieurs reprises par Hitler lui-même : « Si nous n'avons pas d'or, nous avons une grande capacité de travail. Cette capacité de travail, c'est notre or. C'est notre capital, et avec ce capital, nous tiendrons tête aux autres puissances du monde » (discours du 10 décembre devant les ouvriers de l'armement, à Berlin). « ... Que les autres accumulent des sacs d'or, moi, je n'achète pas de l'or dépourvu de vie en échange du travail allemand... » (discours du 24 février 1941 à la Hofbraühaus de Munich). L'or n'aura

---

[1] Reichskreditgesellschaft AG : société publique de crédit, existant avant le IIIe Reich et mettant des financements à disposition des entreprises privées.

[2] Reichsmark.

d'autre rôle que celui d'une marchandise de troc universellement recher-chée par les clients extracontinentaux de l'Europe et servira donc encore à cette dernière comme valeur d'appoint pour ses règlements extérieurs.

Quant aux payements entre les différents pays à l'intérieur du système européen, ils se feront pas l'intermédiaire d'un clearing multilatéral fonc-tionnant à Berlin. Ainsi la capitale du Reich deviendra-t-elle le centre des échanges européens et jouera-t-elle, avec le RM dans l'économie euro-péenne dirigée et contrôlée, le rôle que jouaient la place de Londres et la Livre sterling dans l'économie mondiale libre.

Direction économique allemande tendant à instituer une division du travail « raisonnable » (Funk) entre les pays d'une Europe constituée en un tout aussi indépendant que possible du reste du monde, mais ne s'effor-çant pas moins de développer, suivant un plan d'ensemble, ses relations commerciales avec l'extérieur ; monnaies rattachées à un RM reposant, non sur l'or, mais sur la puissance politique et la capacité de production du Reich grand allemand, règlements internationaux par l'intermédiaire d'un clearing multilatéral fonctionnant à Berlin, telles paraissent être les grandes lignes du plan allemand d'organisation économique du continent. Ajoutons que l'Allemagne complétera cette organisation par la création d'un droit des communications et d'un droit commercial européen.

Ainsi le Nouvel Ordre envisagé par l'Allemagne apparaît-il essentielle-ment comme la direction allemande, politique et économique du bloc « Eurafrique ». On conçoit que, dans un tel système, une fois unis tous les éléments de race allemande et assurée leur sauvegarde militaire, les ques-tions de frontière ne revêtent plus qu'une importance secondaire.

Par sa direction politique, l'Allemagne maintiendra l'intégrité du Reich en écartant de lui les menaces extérieures et garantira, du même coup, la paix de l'Europe, mais la paix allemande. Par sa direction économique, elle maintiendra la prospérité du Reich et, tout particulièrement, le développe-ment de son industrie. Pour assurer à cette dernière la clientèle nécessaire, elle se gardera de laisser péricliter l'économie de ses voisins et notamment leur agriculture dont elle aura besoin pour nourrir son peuple. Elle réus-sira, du même coup, à garantir la vie économique de l'Europe, mais en fonction et au service de sa vie économique propre.

L'action allemande dans les pays occupés montre parfaitement comment l'Allemagne entend mettre en œuvre cette politique. Si elle réussit à instau-rer le Nouvel Ordre qu'elle conçoit, il appartiendra à la France, s'appuyant, condition primordiale, sur une évolution démographique favorable, de parvenir progressivement à participer à la direction même du système en vue de reprendre toute la place qui lui revient en Europe et, plus encore, dans l' « Eurafrique ».

Papiers 1940, Bureau d'études Chauvel, 113 (402QO/113)

276

COMMUNIQUÉ DU SECRÉTARIAT GÉNÉRAL DE LA PRÉSIDENCE DU CONSEIL

N.[1]   *Vichy, 2 juillet 1941[2].*

Des volontaires français se trouvant soit en zone libre, soit en zone occupée, manifestent l'intention de s'engager pour participer à la lutte européenne contre le communisme.

Aucune disposition de la loi internationale ne s'opposant à ces engagements et de telles initiatives ne portant pas atteinte à l'unité française, le gouvernement ne saurait y faire d'objection[3].

Il rappelle, toutefois, que ces projets ne peuvent se réaliser qu'après accord entre les intéressés et les autorités d'occupation[4].

Guerre 1939-1945, Vichy, Z Europe, URSS, 849 (10GMII/849)

277

NOTE DU DÉPARTEMENT

Activité du service chargé de suivre les propositions allemandes de participations dans les affaires françaises

N.   *s.l. [Vichy], 3 juillet 1941.*

Dès les premiers mois qui suivirent l'armistice de juin 1940, de nombreuses entreprises françaises furent l'objet de propositions émanant de

---

[1] Annotation marginale manuscrite : « M. Rochat ».

[2] Mention manuscrite : « Cl[assé] (2) ».

[3] Nous avons choisi de mettre la pièce jointe manuscrite (de la main de Rochat) en note, plutôt qu'en annexe, du fait de sa qualité visible de « brouillon » préparatoire. Le premier paragraphe a été biffé : « Sous réserve de l'accord des autorités allemandes, le gouvernement français ne fait pas d'objection à ce que des volontaires français se trouvant soit en zone libre, soit en zone occupée, s'engagent pour participer à la lutte contre le communisme, aucune disposition de la loi internationale ne s'y opposant. » Ce paragraphe porte en marge, toujours à la main : « Formule revue avec M. du Moulin et M. Romier ». Sur le reste de la page, marquée par un trait, on lit : « Cette formule ne nous fait pas sortir de la neutralité [Conv[ention] de la Haye. Moscou ne peut légitimement l'invoquer pour se déclarer en état de guerre avec nous. L'art. de la Convention V de la Haye en 1907 interdit la formation de corps de combattants et l'ouverture de bureaux d'enrôlement sur le territoire d'une puissance neutre. (On fermera les yeux sur les situations d'enrôlements) ».

[4] Dans le même dossier, on trouve, classée à la date du 10 juillet (mention manuscrite), une note dont l'origine n'est pas mentionnée (Bureau d'études ? Service de Presse ? Intérieur ?), qui précise que « le 7 juillet [1941] a été formé à Paris un Comité central de la Légion des volontaires français contre le bolchevisme, dont le but est de créer un corps volontaire français qui sera envoyé au front germano-soviétique. Ce Comité central est composé des personnalités suivantes : Président : Eugène Deloncle, chef du MSR. Membres : M. Déat, pour le RNP, J. Doriot, pour le PPF, Bucard, pour les Francistes, Costantini, pour la Ligue française, ainsi que d'autres représentants de

groupes allemands en vue de prendre des participations dans leur capital ou de racheter tout ou partie de leur actif social[1].

Conscient du danger qu'aurait représenté pour l'économie nationale cette mainmise du capital étranger sur nos entreprises, le gouvernement avait pris une série de mesures interdisant aux Français, au titre de la réglementation sur le contrôle des changes, la cession à des étrangers des valeurs étrangères (décret et arrêté du 30 avril 1940) et des valeurs mobilières françaises (décret et arrêté du 10 octobre 1940). Mais il fallait qu'un service s'occupât spécialement d'assurer l'unité de vues et la coordination nécessaires dans l'attitude à adopter en présence des propositions allemandes.

Constitué au début de novembre 1940, ce service a été rattaché à la direction des Finances extérieures et des Changes. Il suit toutes les demandes de participations qui parviennent à la connaissance des pouvoirs publics ; il en est saisi soit par les directions intéressées du ministère de la Production, soit par les comités d'organisation professionnelle, les chambres de Commerce ou les préfets, auxquels son existence a été signalée par voie de circulaire.

I – *PRINCIPES D'ACTION*

a) *Participations allemandes dans les affaires françaises exploitant en France*

En indiquant, lors de la création du Service, qu' « aucune cession, quelle qu'elle soit, ne pourrait être consentie sans autorisation », le gouvernement a nettement marqué l'orientation de sa politique en matière de participations allemandes.

Il s'agit, en effet, de défendre le capital français contre une emprise étrangère, de lutter contre une perte de substance d'autant plus inadmissible que le prix payé par les acquéreurs allemands proviendrait des sommes que leur verse l'État français pour l'entretien des troupes d'occupation.

C'est pourquoi les chefs d'entreprise qui se voient proposer une participation allemande dans leur affaire – quelle que soit la forme de cette participation : rachat d'un paquet d'actions, augmentation de capital souscrite par les Allemands, création d'une société nouvelle, acquisition d'une partie de l'actif social, etc. reçoivent dans tous les cas l'instruction de répondre à ces propositions par une fin de non recevoir, à moins qu'elles ne se traduisent par une contrepartie réelle à la participation allemande, utile non seulement à l'entreprise elle-même, mais encore à l'économie française en général. Par contrepartie réelle, il faut entendre par exemple une prise de participation française dans une affaire allemande ou l'apport de procédés

groupements parisiens (Parti National collectiviste, etc.). Le siège du Comité central se trouve 12, rue Auber, dans l'ancien local de l'agence soviétique "Intourist". Le commandement de la Légion sera assuré par le général Hassler, adjoint technique de M. Deloncle ». (Guerre 1939-1945, Vichy, Z Europe, URSS, 849).

[1] Voir en particulier *DDF (1939-1944)*, 1940-2, documents n°s 261 (sur l'intérêt allemand porté aux participations françaises à l'étranger), 357 (sur la protection des participations françaises) et 395 (sur les négociations au sujet des mines de Bor).

techniques susceptibles d'améliorer largement l'exploitation d'une branche d'industrie déterminée.

En pratique, les quelques autorisations données à des participations allemandes dans des affaires françaises ayant leur exploitation en France l'ont toutes été eu égard à la valeur de la contrepartie offerte par le groupe acquéreur.

Le cas des entreprises ayant leur exploitation dans le Haut-Rhin, le Bas-Rhin ou la Moselle, dont la situation est particulièrement vulnérable en raison du régime de fait imposé à ces territoires par le Reich, mérite d'être souligné.

Les exploitations alsaciennes ou lorraines des grandes affaires françaises sont pour la plupart pourvues d'un commissaire-gérant nommé par le chef de l'Administration Civile en Alsace et en Lorraine. Non seulement le Service n'a jamais consenti à reconnaître à ces commissaires-gérants ou à leurs représentants des pouvoirs de gestion ou de disposition à l'égard de la partie des entreprises situées en dehors des trois départements susvisés, mais encore il n'a pas été donné suite aux propositions faites par les Allemands de racheter à l'amiable les actifs situés dans ces départements. La seule exception à cette règle de conduite a consisté à autoriser la reprise par diverses banques allemandes des succursales alsaciennes ou lorraines de trois grands établissements de crédit ; mais cette reprise des engagements et des actifs des succursales était en fait imposée par le régime monétaire introduit par le Reich en Alsace et en Lorraine.

En refusant d'autoriser la cession à l'Allemagne des actifs des sociétés alsaciennes ou lorraines, alors qu'il avait reçu du gouvernement la mission de défendre le capital français, le Service a voulu éviter de créer une discrimination de fait entre ces sociétés et les autres entreprises françaises, et de risquer ainsi d'être accusé de reconnaître en quelque sorte l'annexion anticipée de l'Alsace et de la Lorraine.

b) *Participations allemandes dans les affaires françaises à l'étranger*

La défense des participations françaises dans des sociétés étrangères ou des affaires étrangères ayant leur exploitation à l'étranger se pose en termes différents.

La position française dans des pays soumis à l'influence allemande ou faisant même partie du plus Grand Reich (Roumanie, Hongrie et Yougoslavie d'une part, Tchécoslovaquie et Pologne d'autre part) est en effet difficile à défendre ; à plus forte raison, lorsqu'il s'agit de participations françaises dans des affaires allemandes. Dans la plupart des cas, les groupes français sont informés que leur affaire est sous séquestre ou menacée d'une expropriation pure et simple ; puis ils sont saisis d'une proposition allemande de rachat de l'affaire à titre onéreux. En présence de cette alternative – accepter la proposition ou tout perdre – il est certain qu'ils sont tentés de solliciter l'autorisation de vendre. Le Département n'a pas toujours pu refuser de donner cette autorisation.

Toutefois, pour éviter que le rachat de ces participations ne fût ostensiblement imputé sur les « frais d'entretien des troupes d'occupation », il a toujours exigé que le règlement du prix s'effectue dans le cadre de l'accord de compensation franco-allemand.

II – *RÉSULTATS OBTENUS*

La création du Service répondait certainement à un besoin, car dès le début de très nombreux chefs d'entreprise ont pris contact avec lui pour lui exposer les propositions dont ils étaient l'objet.

Ces propositions émanent, dans la très grande majorité des cas, de groupements allemands privés. Les autorités officielles autorisent toujours ces démarches, mais elles les appuient rarement[1]. En d'autres termes, la question se cantonne en général sur le terrain des affaires ; ce n'est qu'exceptionnellement (mines de Bor, matières colorantes[2]) qu'elle fait l'objet d'entretiens entre représentants des pouvoirs publics. Pour ce motif, le Service a eu peu de contacts directs avec les Allemands ; mais les milieux industriels ont rapidement appris à connaître son existence et viennent chercher auprès de lui des directives et un appui pour les entretiens qu'ils peuvent avoir avec les groupes allemands.

Au total, sur près de 150 affaires qui, depuis 8 mois, ont été portées à la connaissance du Service et qui s'étendent à tous les secteurs de l'économie française, le nombre des participations acquises à l'Allemagne apparaît vraiment limité.

Sans doute n'a-t-on pas le droit de passer sous silence la cession d'importantes affaires françaises dans l'Europe centrale et balkanique (mines de Bor, charbonnages de Trifail, Société des Pétroles Concordia et Colombia, Banque commerciale roumaine, Banque générale de Crédit hongrois). Sans doute aussi, la participation du groupe allemand Mundus dans le capital de l'Agence Havas constitue-t-elle un risque dangereux d'influence étrangère dans nos services d'information. Sans doute enfin a-t-il fallu consentir, dans quelques cas isolés (Industrie des matières colorantes, Champagne Mumm) à renoncer à des avantages acquis par l'industrie française après la guerre de 1914-1918, car si nos milieux d'affaires avaient parfois un peu abusé de notre situation de vainqueurs à cette époque, les Allemands, eux, n'ont pas oublié les injustices dont ils se déclarent les victimes.

Mais, en définitive, malgré l'activité déployée par certaines firmes allemandes, malgré l'importance des sommes dont elles disposaient pour l'acquisition de participations dans nos affaires, malgré la perturbation

---

[1] *Note du document* : Il convient de faire une exception pour les affaires qui touchent à l'information (presse, édition, cinéma) qui sont directement étudiées et suivies par les services de la Propaganda-Staffel à Paris.

[2] Affaire Francolor : SA française des matières colorantes, devenue Nouvelle Compagnie des Matières Colorantes et Produits Chimiques « Francolor » SA après acquisitions sous pression de 51 % des parts par IG-Farben, qui au préalable avait déjà mis la main sur l'industrie des colorants d'Alsace-Lorraine.

supplémentaire apportée dans l'économie nationale par la liquidation des entreprises juives imposée par les ordonnances allemandes, le capital français n'apparaît pas sérieusement entamé. Dans de très nombreux cas, la proposition initiale des Allemands, qui prétendaient prendre une participation majoritaire dans le capital d'une entreprise française, a tourné court ou a dévié vers un accord technique ou commercial portant sur les procédés de fabrication, les commandes et les matières premières, les débouchés. On peut citer, pour ne prendre que quelques exemple, les cas de la Cie générale de construction de locomotives (Batignolles-Chatillon) , des freins Westinghouse, de la Compagnie Lilloise des moteurs, filiale de Peugeot, des automobiles Unic, de la Mahurhin, de la Cie générale de construction mécanique (procédés Sulzer), de Rhône-Poulenc, des produits chimiques des terres rares, du Comptoir de l'Industrie du sel, des Établissements Hutchinson, de Kodak-Pathé, de mines d'amiante, de molybdène, de wolfram, de bauxite, etc.

L'industrie des textiles artificiels a par contre été l'objet d'un important accord franco-allemand, sous forme de participations réciproques dans le capital de France-Rayonne et de la Thuringische Zellwolle[1].

Il apparaît, en définitive, qu'en matière de participations, les Allemands font preuve à la fois d'un désir de tout acquérir (« Tout nous intéresse », avouait assez naïvement un démarcheur de la Dresdner Bank qui, à Paris, multiplie ses propositions) et d'une certaine réticence dans l'emploi d'une pression trop ouverte. Ils préfèrent manifestement des accords contractuels à des mesures coercitives. Nous devons profiter de cet état d'esprit.

Si l'on met à part le domaine de l'Information où le souci de propagande l'emporte sur toute autre considération, et dans lequel le Service n'a d'ailleurs pas été partie aux entretiens menés avec les autorités d'occupation (Propagande-Staffel notamment), la fermeté est payante et la résistance porte ses fruits.

Il est utile que les chefs d'entreprise – qui, dans l'immense majorité des cas, ne demandent qu'à être soutenus dans cette attitude de résistance – sentent qu'« on s'occupe d'eux ». Il convient à la fois de ne pas les abandonner à eux-mêmes et d'éviter que le problème des participations n'évolue sur un autre terrain.

Papiers 1940, Bureau d'Études Chauvel, 158 (402QO/158)

---

[1] La société France-Rayonne a été créée en décembre 1940 dans le cadre d'un contrat la liant avec la Zellvolte und Kunseidenring (ZKR) pour la construction dune usine de fabrication de fibranne, une fibre artificielle. La partie allemande, en échange de sa participation minoritaire, apportait des brevets et des procédés techniques ainsi que ses capacités d'approvisionnement en matières premières.

278

M. de La Baume, Ambassadeur de France à Berne,
    à l'Amiral Darlan, Vice-Président du Conseil, Ministre
       Secrétaire d'État aux Affaires étrangères, à la Marine et à
       l'Intérieur.[1]

T n⁰ˢ 971 à 976.   *Berne, 4 juillet 1941, 19 h. 40.*

Confidentiel.   *(Reçu : le 5, 23 h. 45)*

J'ai interrogé mon collègue de Bulgarie sur l'attitude de son pays au regard du conflit germano-russe. Il m'a expliqué que c'était à la demande expresse du Reich que son gouvernement avait assumé la défense des intérêts allemands à Moscou[2]. Mais cette demande devait avoir été faite pour éprouver la Bulgarie, qui avait toujours inspiré une certaine méfiance à Berlin. Pour sa part, il regrettait que le roi Boris n'ait pas repoussé la demande allemande et rompu les relations avec les Soviets. Le maintien de la représentation soviétique à Sofia était en outre dangereux eu égard à l'état d'esprit des pays bulgares, qui sont restés foncièrement attachés à la Russie et que travaille une active propagande communiste. Des manifestations populaires en faveur de la Russie donnent à redouter peut-être quelques dispositions particulières. La Bulgarie étant nantie de tous côtés, il eût été normal qu'elle prît part à la croisade antibolchevique. Il y a longtemps que sa dette de reconnaissance vis-à-vis de la Russie libératrice pouvait être regardée comme éteinte[3].

M. Kiosseivanov, qui, dans ses entretiens antérieurs, opposait toujours, aux raisons que je croyais voir d'un conflit armé proche entre l'Allemagne et l'URSS, le fait qu'il était dangereux pour le Reich de combattre sur deux fronts, explique comme suit la décision du chancelier Hitler :

La campagne en Afrique ne pouvait plus être poursuivie, le comportement des troupes allemandes dans un climat torride ayant donné lieu à de sérieux déboires[4]. Peut-être aurait-on pu hâter les résultats de cette campagne en demandant au gouvernement soviétique de livrer passage aux troupes allemandes[5], mais M. Staline n'aurait accepté que pour avoir la possibilité de tomber ensuite sur les arrières de ces troupes. Par ailleurs l'état-major allemand était fort inquiet des concentrations de troupes russes qui indiquaient à son avis une idée offensive. C'est la pression de l'armée jointe aux objurgations des hommes du Parti qui finalement devait l'emporter sur les conseils du maréchal Goering et de M. von Ribbentrop.

[1] Annotation marginale manuscrite : « Vu par Guerre ».

[2] Après le départ de la représentation diplomatique du Reich à la suite de la déclaration de guerre le 22 juin 1941, notifiée tôt le matin par von Schulenburg.

[3] Allusion à la guerre russo-turque de 1877-1878 à l'origine de l'indépendance de la Bulgarie.

[4] L'Afrikakorps, sous le commandement de Rommel, a été envoyé en Afrique du Nord en février 1941 pour aider les Italiens en Libye et Cyrénaïque contre les Britanniques.

[5] L'allusion à une autorisation de passage donnée par les Soviétiques pour les troupes allemandes livrant bataille en Afrique n'est pas très claire.

Mon collègue pense que, sans que les armées allemandes aient à s'aventurer au-delà de la Volga, il sera facile à Hitler de susciter à Moscou une révolution qui renversera le régime stalinien et favorisera un fractionnement de la Russie. Une Russie blanche, une Ukraine, un État caucasien indépendant seraient dans les projets envisagés. Dès que l'ordre pourra être rétabli dans ces régions commencera le travail des techniciens allemands. Dans l'immédiat et pour essayer de sauver la récolte ukrainienne qui est en partie engrangée, des équipes spécialisées ont été constituées qui accompagnent les éléments avancés des unités d'attaque.

J'ai demandé à M. Kiosseivanov s'il ne pensait pas que, lorsque les résultats ainsi escomptés seraient acquis, M. Hitler essaierait d'ébranler l'opinion anglo-saxonne en démontrant qu'avec les ressources de la Russie derrière elle, la menace du bolchevisme étant par ailleurs évanouie, l'Allemagne était désormais en état d'organiser l'Europe. Naturellement, pour qu'il fût écouté, il faudrait que fussent rendues claires ses intentions touchant l'indépendance des États à l'ouest de l'Europe tels que la France, la Belgique, les Pays-Bas, la Norvège.

L'avis de mon collègue est que ce processus est dans la logique des intentions que l'on peut prêter au chancelier Hitler. Mais celui-ci se refusera toujours à ce que des conditions lui soient posées par le gouvernement britannique. C'est seulement *proprio motu* qu'il accepterait de créer une situation politique facilitant à l'Angleterre l'acceptation de la paix. Au fait même il n'y a rien d'impossible, car la guerre à l'Est doit rapporter à l'Allemagne tout ce qu'il voulait, et ce que la défaite de l'Angleterre ne lui aurait en fin de compte jamais procuré. Subjuguer l'Europe ne peut être un but, tandis que la conquête d'un espace vital en est un[1].

Papiers 1940, Papiers Arnal, 51 (382QO/51)

279

M. de La Baume, Ambassadeur de France à Berne,
 à l'Amiral Darlan, Vice-Président du Conseil, Ministre
  Secrétaire d'État aux Affaires étrangères, à la Marine et à
  l'Intérieur.

T. n° 977.   *Berne, 4 juillet 1941.*

En clair.   *(Reçu*[2] *: le 10, 19 h.)*

Je me réfère à mon télégramme n° 963[3].

Les données se précisent peu à peu quant aux motifs et aux conséquences du renvoi dans leurs foyers de la majorité des hommes mobilisés en Suisse.

---

[1] Voir aussi document n° 275.

[2] Par courrier.

[3] Ce télégramme de Berne (reçu le 3 juillet 1941 à Vichy) indiquait que les précisions obtenues par l'ambassadeur français sur la portée des décisions prises par l'état-major fédéral helvétique :

D'abord, il n'est pas niable, malgré les démentis que l'on recueille dans les milieux officiels, que cette démobilisation est le résultat d'une pression extérieure. Les gouvernements de Rome et de Berlin ont représenté que la présence aux armées d'un aussi grand nombre d'hommes enlevés aux usines et à l'agriculture constituait une anomalie. L'Allemagne en effet, avait retiré la presque totalité des troupes de l'Allemagne du Sud pour les envoyer en Russie. Quant à l'Italie, elle avait également dégarni intégralement sa frontière du nord pour la même raison. C'est un fait que, contrairement à ce que prétendent les journaux italiens, ce ne sont pas seulement deux divisions que le Duce est en train d'envoyer en Russie. L'Allemagne a besoin de cette aide italienne pour occuper les vastes territoires que les armées du Reich commencent d'envahir.

La démobilisation, comme je l'ai déjà indiqué, sera à peu près totale ; on maintiendra sur pied un seul régiment par division.

Au Conseil fédéral, M. Pilet-Golaz a vivement défendu cette mesure, et il a réussi à l'imposer en dépit de l'opposition du général Guisan. Dans son exposé, il avait insisté sur le fait que le maintien de l'armée suisse en état de mobilisation permanente constituait, à son avis, un acte inamical à l'égard des pays de l'Axe, ajoutant « qu'il restait convaincu, comme dans le passé, que l'Allemagne gagnerait cette guerre ».

Naturellement, le renvoi brusqué d'assez forts effectifs n'est pas sans créer des difficultés. On s'attend à avoir d'ici quelques jours en Suisse quelque 60 000 chômeurs ou plus. L'Allemagne s'est offerte à accueillir chez elle 25 000 d'entre eux avec leurs familles et à augmenter ce chiffre si la Suisse le désirait. Il s'agit pour elle d'obtenir surtout des spécialistes pour ses industries d'armement. En fait, cette offre ne sera probablement pas acceptée.

Les nationaux-socialistes et frontistes suisses réclament depuis fort longtemps la mesure qui vient d'être prise, dans l'espoir sans doute que les soldats démobilisés, condamnés au chômage, se rallieraient à leur mouvement. Aussi craint-on maintenant qu'ils n'exploitent la crise qui s'annonce en avançant dans les journaux et leurs réunions que c'est le régime politique actuel qui est responsable du chômage et que celui-ci disparaîtrait automatiquement si la Suisse s'orientait franchement vers le nouvel ordre européen.

En prévision des difficultés qui s'annoncent, un certain nombre de fonctionnaires chargés de services techniques ont offert leur démission. On y voit la marque du malaise qui paraît devoir découler de l'opération à laquelle il est procédé.

Guerre 1939-1945, Vichy, Z Europe, Suisse, 764 (10GMII/764)

---

l'application du nouveau « règlement des relèves et congés » aura pour résultat de renvoyer dans leurs foyers la presque totalité des mobilisés. Mais l'on ne touche pas au principe même de la mobilisation : les pouvoirs exceptionnels dont bénéficient les autorités politiques et militaires depuis la guerre restent intacts (résumé *in* Guerre 1939-1945, Vichy, C État français, 46).

280

LE GÉNÉRAL DENTZ, HAUT-COMMISSAIRE DE FRANCE AU LEVANT,
À L'AMIRAL DARLAN, VICE-PRÉSIDENT DU CONSEIL, MINISTRE
SECRÉTAIRE D'ÉTAT AUX AFFAIRES ÉTRANGÈRES, À LA MARINE ET À
L'INTÉRIEUR.[1]

T. nos 1024 à 1025.   *Beyrouth, 6 juillet 1941, 20 h. 20.*

(Reçu : le 6, 23 h.)

Je vous indique ci-après les mesures envisagées pour la liaison télégraphique sous-marine Beyrouth-Tunis au cas où les troupes françaises évacueraient Beyrouth[2].

En vue de réserver l'avenir, je ne prévois ni destruction ni enlèvement des appareils de la station de Beyrouth. Le personnel comme ceux des autres services civils resterait en place.

Si Beyrouth cessait de se trouver sous le contrôle français, le chef de station de Tunis recevrait du chef de station de Beyrouth un télégramme ayant comme texte le mot « Isonabeul » répété trois fois.

Dès réception de ce message le chef de station de Tunis aurait à isoler immédiatement l'aboutissement tunisien du câble pour interdire son utilisation par l'occupant et éventuellement la transmission de fausses nouvelles.

Je prie Votre Excellence de vouloir bien informer le Secrétaire d'État aux Communications de ces dispositions et lui demander de donner télégraphiquement les instructions utiles au chef de la station de câbles de Tunis[3].

J'aurais intérêt à recevoir dès que possible l'assurance que Tunis est préparé à effectuer la manœuvre prévue[4].

Guerre 1939-1945, Vichy, P Tunisie, 49 (8GMII/49)

---

[1] Le document porte le paraphe manuscrit de Lagarde.

[2] Les troupes britanniques et gaullistes ont entamé l'invasion de la Syrie et du Liban le 8 juin précédent. Le 6 juillet, les combats décisifs pour Beyrouth ne sont pas encore engagés. Ils auront lieu les 9 et 10 juillet 1941.

[3] C'est chose faite par la lettre n° 13985 Pol. de l'amiral Darlan au Secrétariat d'État aux Communications en date du 9 juillet 1941, et par télégramme chiffré de Gentel au directeur de l'Office des PTT à Tunis, en date du 10 juillet 1941 (copie déchiffrée jointe au courrier du Secrétaire d'État aux Communications à Darlan, Vichy, en date du 11 juillet (Guerre 1939-1945, Vichy, P Tunisie, 49, documents non reproduits). La défaite des vichystes du Levant est sanctionnée le 14 juillet 1941 par l'armistice de Saint-Jean d'Acre (Voir Papiers 1940, Bureau d'études Chauvel, 23 et 85, pour des documents relatifs aux négociations, et Guerre 1939-1945, Vichy, Y Europe/international, 2, pour le « Texte de l'accord portant cessation des hostilités en Syrie et au Liban », signé le 14 juillet à 20 h.).

[4] Par D. n° 556 CA, du 5 août 1941, à l'amiral Darlan (Guerre 1939-1945, Vichy, P Tunisie, 49, non reproduite), on apprend qu'en fait « l'exploitation de ce câble a continué normalement jusqu'au 2 août, date à laquelle il a été suspendu par les autorités d'occupation. » Dentz poursuit : « À la suite de nos demandes effectuées pour répondre au désir exprimé par les services de transmission de la Marine et de la Guerre, l'échange de télégrammes officiels français en clair a été admis pendant deux vacations journalières d'une heure chacune. [...]. J'ai été informé, par ailleurs, par télégramme du 4 août ci-joint en copie, que les agents de mon Administration, seraient officiellement remplacés par des télégraphistes anglais. »

281

M. Charles Arsène-Henry, Ambassadeur de France à Tokyo,
  à l'Amiral Darlan, Vice-Président du Conseil, Ministre
  Secrétaire d'État aux Affaires étrangères, à la Marine et à
  l'Intérieur.

T. n°s 798 à 804.   *Tokyo, 6 juillet 1941, 23 h.*

(Reçu : le 11, 1 h. 30)

Au cours de notre entretien d'hier, j'ai demandé à M. Matsuoka ce qu'il pouvait me dire de l'attitude du Japon en présence du conflit germano-russe.

Il m'a répondu que, jusqu'à la dernière minute, il n'y avait pas cru, quoique la rumeur eût couru à Tokyo depuis plusieurs jours. Il m'a dit ensuite qu'en présence de l'événement, il lui avait fallu décider une politique qu'il m'a exposée comme suit, en me demandant de garder à ses paroles le caractère d'une confidence. Il considère que la politique du Japon doit être fondée sur les trois bases suivantes :

1°- l'alliance avec l'Allemagne et l'Italie ;

2°- le pacte de non agression avec les Soviets ;

3°- les intérêts vitaux du Japon dans la région du monde où il est situé.

Malheureusement nos trois bases sont constituées par un ensemble de concours dont quelques-uns sont contradictoires et il en résulte une situation d'une complication et d'une délicatesse extrêmes. M. Matsuoka cherchera à ne rien faire qui heurte une de ces trois bases fondamentales de la politique japonaise. Pour le moment, ni l'Allemagne ni l'Italie n'ont invoqué le traité d'alliance[1] pour demander au Japon de déclarer la guerre à la Russie. Si elles le faisaient il y aurait lieu d'examiner ces demandes. Il m'a rappelé à ce sujet que c'est avec l'accord de Berlin qu'il avait traité avec Moscou[2].

Sur le second point il m'a dit que les rapports entre le Japon et la Russie étaient très bons : il a accepté de prendre en charge les intérêts italiens et à ce titre il négocie pour faire relâcher le nouveau conseiller de l'ambassade d'Italie, qui venait au Japon par le Transsibérien, et que les Russes ont arrêté. Il m'a dit que c'est son ambassadeur à Moscou qui a négocié l'échange des missions diplomatiques qui doit avoir lieu en territoire turc[3]. Il s'explique mal pourquoi les Allemands ont préféré les Bulgares aux Japonais pour les représenter en Russie ; en tout cas, il a donné pour instructions au général Tatekawa d'appuyer les démarches du ministre de

---

[1] C'est-à-dire le Pacte tripartite (ou Axe Berlin-Rome-Tokyo) signé le 27 septembre 1940.

[2] Allusion à l'accord de neutralité signé entre l'URSS et le Japon le 13 avril 1941. Voir le document n° 162.

[3] Voir les documents n°s 263 et 266, ainsi que les notes et divers autres documents non publiés dans Guerre 1939-1945, Vichy, Z Europe, URSS, 821.

Bulgarie en faveur des Allemands ; d'après lui, le général Tatekawa est dans les meilleurs termes avec le Kremlin. Il m'a dit aussi qu'il espérait bien passer entre les écueils et éviter la guerre ; qu'il faisait tout son possible pour calmer les gens nerveux et que j'avais pu constater combien, grâce aux instructions du gouvernement, le ton des commentaires était pacifique (je reconnais que c'est exact).

Sans que M. Matsuoka me l'ait dit formellement, l'impression très nette que j'ai retirée de son long exposé est que le gouvernement japonais a décidé de ne pas prendre parti pour le moment et d'attendre que la campagne de Russie ait donné des résultats plus clairs. Je lui ai demandé incidemment s'il avait des renseignements plus précis que les communiqués très contradictoires qui sont publiés ici. Il m'a répondu que les ambassades de Berlin et de Moscou télégraphiaient en gros ce que l'on peut lire dans les journaux japonais ; ce qui, a-t-il ajouté, est naturel puisqu'elles sont renseignées par les gouvernements locaux ; de sorte que, a-t-il conclu en riant, je ne sais pas où est la vérité.

Cette dernière phrase exprime vraisemblablement la raison principale de l'attitude d'expectative que semble bien avoir décidée le gouvernement japonais. Il y a probablement aussi des raisons secondaires et le bruit court à Tokyo dans les milieux diplomatiques qu'au lendemain du pacte de non-agression avec la Russie l'état-major japonais aurait tellement dégarni l'armée de Mandchourie qu'elle ne serait pas aujourd'hui en état de prendre l'offensive. On dit qu'il faudrait plusieurs semaines et peut-être des mois pour terminer le regroupement nécessaire.

D'autre part, on pense dans les mêmes milieux que la nature des choses veut que finalement le Japon cherche à se débarrasser du danger que fait peser sur lui la place forte de Vladivostok. Je serais assez porté à me ranger à cet avis pour toutes les raisons qui me paraissent trop évidentes pour qu'il soit besoin de les consigner ici.

Des Japonais très sages et d'habitude bien renseignés affirment cependant qu'il est impossible que le Japon s'engage dans une nouvelle guerre avant d'avoir terminé l'affaire de Chine. L'un d'eux, pour l'opinion duquel j'ai beaucoup de considération, a dit, il y a deux jours, à mon conseiller, que la seule solution sage de l'affaire de Chine serait l'évacuation, mais que l'on ne s'y résoudra pas ; que le Japon n'est en état à aucun point de vue de financer industries, commerces, etc., d'entreprendre une guerre sur deux fronts de terre et qu'en outre il lui paraissait certain que, si le Japon attaquait Vladivostok, l'Amérique lui tomberait sur le dos. Sa conclusion était qu'il ne fallait rien entreprendre de nouveau et se borner à liquider par tous les moyens l'incident de Chine[1].

J'ajoute que j'ai l'impression que M. Matsuoka tend en général à donner de l'importance aux raisons qu'il peut avoir de ne pas se ranger sans plus tarder aux côtés de l'Allemagne : il parle un peu comme un homme profondément déçu par les Allemands, mais qui voudrait tout de même paraître

---

[1] La guerre avec la Chine a commencé en juillet 1937.

beau joueur. Je note en passant qu'il avait dit à un de mes collègues, l'avant-veille de l'attaque allemande, qu'il avait nettement posé la question à la Wilhelmstrasse, qui aurait répondu qu'il n'était pas question d'attaquer la Russie.

Je relève enfin que le conseiller de l'ambassade d'Allemagne a dit à un autre de mes collègues que son gouvernement avait réclamé l'entrée en guerre du Japon ; ce propos semble démentir nettement celui de M. Matsuoka que je rapporte plus haut, cependant il est possible que la demande allemande n'ait pas été basée sur l'Alliance tripartite et que le Ministre ait joué de cette subtilité.

Communiqué Pékin.

Guerre 1939-1945, Vichy, E Asie, Japon, 314 (3GMII/314)

282

Le Lieutenant-Colonel Thiebaut, Attaché de l'Air près l'Ambassade de France à Berne,
　Au général Bergeret, Secrétaire d'État à l'Aviation.

D. n° 501/Mil/S[1].　　　　　　　　　　*s.l. [Berne], 9 juillet 1941.*

Comme suite à ma communication n° 126-127[2] de ce jour, j'ai l'honneur de vous faire parvenir ci-dessous des renseignements de très bonne source sur les opérations germano-russes :

Alors que pendant la guerre de Finlande le soldat russe s'était montré un piètre combattant[3], depuis le début de la campagne de Russie, il est apparu sous un jour tout différent et fait preuve de remarquables qualités de courage et de ténacité. Il en est résulté pour les Allemands des pertes « énormes » qui, si elles sont encore plus considérables pour les armées russes, n'en représentent pas moins pour l'état-major allemand une « surprise inquiétante ».

Par ailleurs, les ordres de destruction donnés par Staline sont ponctuellement suivis avec une méthode extraordinaire. Les Allemands pénètrent dans un véritable désert et il s'ensuit de très grosses difficultés de ravitaillement et de cantonnement.

De l'avis d'une personnalité militaire allemande, ces conditions de guerre (résistance opiniâtre, destructions quasi totales) n'étaient pas prévues par le Haut Commandement qui s'attendait à un effondrement rapide des armées russes et à une possibilité d'exploitation plus rapide encore, ce qui dans son esprit aurait empêché les destructions de jouer.

---

[1]　Il s'agit de la copie de cette D., intitulée « Opérations germano-russes » et envoyée sous bordereau n° 334 en date du 10 juillet, par l'ambassadeur de France à Berne, M. de La Baume.

[2]　Document non retrouvé.

[3]　Sur la guerre en Finlande, voir *DDF (1939-1944)*, 1940-1, documents de la section I.

Cette situation nouvelle ferait envisager avec une certaine inquiétude le déroulement des opérations, qui, si elles doivent se poursuivre encore quelque temps avec cette usure considérable en personnel et en matériel, risque d'affaiblir très fortement la puissance militaire allemande.

Il y a lieu de signaler également que les Allemands n'ont pas obtenu de résultats intéressants par leur propagande auprès de la population civile. Ils jouaient notamment la carte du renversement du gouvernement actuel et la création d'États indépendants qui aurait facilité la conquête, l'occupation et l'exploitation[1]. Rien ne semble devoir se produire dans cette direction pour le moment du moins.

Au point de vue aérien, la Luftwaffe a pris rapidement la maîtrise de l'air et participe à la bataille terrestre, alors que l'aviation russe ne réagit que d'une façon sporadique.

Cependant l'intensité accrue des bombardements anglais sur le front Ouest aurait amené le déplacement d'unités aériennes[2] retirées du front est de manière à intervenir plus efficacement contre la RAF et contre les Îles britanniques que les Allemands paraissaient ménager sans doute pour préparer l'opinion publique anglaise à accepter plus facilement « l'idée de paix ».

Des différents renseignements recueillis et provenant de source sérieuse, l'on peut conclure :

1°- l'état-major allemand a été surpris par la résistance opiniâtre du soldat russe, et par l'ampleur des destructions réalisées ;

2°- la propagande allemande[3] n'a pas donné les résultats escomptés d'un démembrement rapide du colosse soviétique.

Ces deux déboires joints aux pertes très considérables subies pendant les quinze premiers jours de guerre par les troupes du Reich ont causé de l'inquiétude pour l'avenir.

Déjà la radio allemande annonce une « guerre sans merci » pour essayer d'impressionner à nouveau un adversaire qui, tant civil que militaire, semble avoir été « sous-estimé »[4].

Guerre 1939-1945, Vichy, Z Europe, URSS, 836 (10GMII/836)

[1] Voir par exemple la Note n° 732 du Service de Presse de la Délégation française auprès de la Commission d'armistice à Wiesbaden en date du 9 juillet, et intitulée : « La presse allemande et les minorités slaves de l'Ouest de l'URSS » rapportant l'hypothèse d'un démembrement de la Russie d'Europe en dotant l'Ukraine, la Biélorussie et les États baltes « d'une sorte d'indépendance sous le protectorat du Reich qui tirerait de ces territoires les ressources diverses nécessaires à son économie » d'après des correspondants suisses à Berlin, même si la presse allemande n'en parle pas explicitement (*in* Papiers 1940, Papiers Chauvel, 40).

[2] *Note du document* : Le chiffre de 40 à 50 escadrilles m'a été indiqué.

[3] Voir la D. n° 627/AE/S en date du 8 juillet 1941 d'Armand Bérard, représentant du ministère des Affaires étrangères auprès de la Commission allemande d'armistice à Wiesbaden, sur « la campagne de propagande contre les Soviets : ses buts de politique intérieure » pour les principaux thèmes (atrocités soviétiques en Ukraine, fausses promesses du régime et misère dans le « paradis » soviétique, réfutation de la comparaison de l'attaque du Reich avec la campagne napoléonienne (Guerre 1939-1945, Vichy, Z Europe, URSS, 836, document non reproduit).

[4] D'autres courriers parvenus à Vichy vont dans le même sens. On peut citer notamment une note « susceptible d'intéresser nos services » adressée par le consul général à Genève en date du

283

M. de La Baume, Ambassadeur de France à Berne,
   à l'Amiral Darlan, Vice-Président du Conseil, Ministre
   Secrétaire d'État aux Affaires étrangères, à la Marine et à
   l'Intérieur.

T. n° 1004.   *Berne, 10 juillet 1941.*

En clair.   (*Reçu*[1] : le 13, 13 h.)

Je me réfère à mon télégramme 900-901[2].

D'après de nouvelles informations parvenues aujourd'hui à la légation de Pologne, les négociations engagées à Londres entre le général Sikorski et l'ambassadeur des Soviets, M. Maisky, ont abouti à un accord définitif, à la suite d'une forte pression des gouvernements de Londres et de Washington qui avaient fait dépendre leur aide à la Russie de la conclusion dudit accord.

Aux termes de cet accord, le gouvernement soviétique se déclare disposé :

1° à considérer le pacte germano-russe du 23 août 1939 comme nul et non avenu,

2° à reconnaître les frontières orientales polonaises telles qu'elles existaient avant septembre 1939 (frontières du traité de Riga[3]),

3° à remettre en liberté tous les prisonniers de guerre et tous les civils polonais déportés au cours des présentes hostilités,

4° à conclure dans le plus bref délai un traité de paix entre l'URSS et la Pologne[4],

---

8 juillet 1941, qui rapporte les propos d'un pasteur allemand arrivé la veille à Genève selon lesquels « on prévoyait un effondrement plus rapide de l'armée russe. Les pertes allemandes sont importantes et inquiètent Berlin. Les jeunes mis à part –, les soldats et les officiers cantonnés en France, en Belgique et en Hollande manifestent peu d'enthousiasme à l'idée de gagner le front russe. La population désire une paix rapide et les succès allemands en Russie n'ont pas produit sur elle une forte impression. Enfin, dans les milieux officiels berlinois, on redoute un réveil du sentiment national russe et on annonce que Staline, pour mieux atteindre ce but vient de prendre des mesures tendant à la reprise de la vie religieuse ; les églises sont à nouveau ouvertes au public et à Moscou des popes organisent des sermons en plein air pour prêcher la Guerre Sainte contre l'Allemagne. À Berlin, on continue, malgré tout, à croire que l'effondrement de la Russie est certain et que la paix sera signée cet hiver » (*in* Guerre 1939-1945, Vichy, Z Europe, URSS, 836).

   [1] Par courrier.

   [2] T. de Berne reçu le 23 juin 1941 au sujet de l'entrevue indiquée par la Légation de Pologne à Berne, qui a eu lieu à Londres entre le général Sikorski et l'ambassadeur soviétique, sous l'égide du Foreign Office, et devant servir de base à la déclaration à la radio que ferait le 23 juin le chef du gouvernement polonais pour indiquer que la Pologne n'est plus en guerre contre l'URSS et qu'une coopération militaire est instaurée entre les deux pays. À l'origine de cette déclaration, il y aurait un accord prévoyant la reconstitution future d'un État polonais dont les frontières restent à fixer. De même source, les Russes auraient prévu pour leur défense un plan de destruction, notamment en Galicie, en Ukraine et à Bakou qui, en cas d'exécution, ferait de ces régions un désert. (Guerre 1939-1945, Vichy, Z Europe, Pologne, 910).

   [3] Traité du 18 mars 1921, mettant fin à la guerre entre les Polonais et les Bolcheviks.

   [4] Le traité sera signé le 30 juillet 1941 à Londres, au Foreign Office, sous la présidence de Churchill, en présence d'A. Eden, l'ambassadeur soviétique à Londres, M. Maisky, le représentant

5° à autoriser la constitution, sur le territoire russe, d'une armée polonaise commandée par des officiers polonais et placée sous l'autorité supérieure du haut-commandement soviétique[1].

Guerre 1939-1945, Vichy, Z Europe, Pologne, 910 (10GMII/910)

284

M. DE LA BAUME, AMBASSADEUR DE FRANCE À BERNE,
À L'AMIRAL DARLAN, VICE-PRÉSIDENT DU CONSEIL, MINISTRE
SECRÉTAIRE D'ÉTAT AUX AFFAIRES ÉTRANGÈRES, À LA MARINE ET À
L'INTÉRIEUR.

T. n° 1005.   *Berne, 10 juillet 1941.*

En clair.   *(Reçu[2] ; le 13, 13 h.)*

D'après des renseignements de bonne source qui s'accordent avec certaines réflexions entendues dans les milieux allemands de Berne[3], on ne laisserait pas d'être préoccupé à Berlin de l'importance des pertes en hommes occasionnées par les opérations en Russie. Un sujet plus grave d'inquiétude résulte de l'étendue des destructions méthodiquement opérées par les Russes dans les secteurs abandonnés. À cet égard cependant, mon collègue de Lituanie prétend que, dans son pays, ont été sauvées par les ouvriers eux-mêmes qui avaient réussi à cacher des armes, les grandes installations pour la préparation du bacon et les laiteries qui forment essentiellement l'outillage national. Mais là, évidemment, l'occupation russe n'avait pas assez duré pour qu'y fût implantée la doctrine soviétique. Partout ailleurs les Allemands qui avaient compté qu'à leur approche des

---

du gouvernement soviétique, M. Novikov, et le général Sikorski, Premier ministre polonais en exil. Pour le texte, voir la note préparée par le Bureau d'études Chauvel, dans Guerre 1939-1945, Vichy, Z Europe, Pologne, 910.

[1] Dans son T. n° 1060 de Berne en date du 24 juillet 1941, M. de La Baume rapporte que son collègue polonais lui « a expliqué que l'intérêt de l'accord [...] n'était pas, comme on pouvait le croire, dans le fait que la Russie avait accepté de déchirer le dernier acte de partage de la Pologne auquel elle avait été partie. L'essentiel était qu'une armée polonaise allait pouvoir être constituée qui, à l'instar de la Légion tchèque pendant la guerre de 1914, incarnerait l'idée d'une Pologne indépendante, mieux que ne pouvaient le faire les maigres effectifs rassemblés au Canada. Le chiffre de 500 000 hommes ne paraît pas exagéré à M. Lados car, en Sibérie, outre 300 000 soldats prisonniers, on peut compter le même nombre de civils déportés. La concentration et l'équipement de l'armée polonaise se feront au-delà de l'Oural, les États-Unis ayant promis de fournir le matériel qui sera introduit par Vladivostok. » Ce résultat a été obtenu avec le soutien britannique, Moscou préférant incorporer les Polonais dans des unités soviétiques, « marché de dupes » que Sikorski n'a pas accepté, pas plus que le projet allemand de lever une armée polonaise contre les Russes, car « la perspective de la création d'un petit État polonais sur le modèle slovaque ne pouvait satisfaire les aspirations polonaises. Aucun langage n'avait d'ailleurs de chance d'émouvoir la population polonaise aussi longtemps qu'elle resterait soumise au régime de la Gestapo. » (Guerre 1939-1945, Vichy, Z Europe, Pologne, 910).

[2] Par courrier.

[3] Voir document n° 282 et notes.

soulèvements éclateraient qui faciliteraient la marche des armées allemandes et surtout préserveraient l'outillage et les approvisionnements de la destruction ont dû constater que leur calcul était erroné.

Par ailleurs, j'ai eu connaissance de rapports officiels parvenus d'Allemagne à Berne d'où il ressort que la propagande soviétique, très active dans les milieux ouvriers d'Allemagne, ne serait pas sans avoir des résultats, en particulier dans les districts miniers de Westphalie. On signale notamment que dans la mine de charbon « Concordia », où travaillent près de 8 000 ouvriers (allemands, polonais, yougoslaves, tchèques), les autorités du Reich inquiètes de l'agitation qui se manifestait depuis l'entrée en guerre contre la Russie soviétique, particulièrement dans l'élément étranger, ont dû transporter 4 000 mineurs, parmi lesquels plusieurs centaines d'Allemands, dans les mines de Silésie.

À Cologne, on commente vivement, dans toutes les classes de la population, les pertes que subissent en Russie les troupes allemandes. L'émotion est entretenue par la radio de Moscou qui, reprenant un des procédés utilisés par les Allemands lors de la campagne de France, appelle presque à chaque heure à l'écoute, une personne allemande dont elle donne le nom et l'adresse – père, mère, femme ou parents d'un soldat tombé sur le front oriental – à qui elle donne des informations circonstanciées sur la mort de cet être cher. Des commentaires accompagnent cette communication où les dirigeants du Reich sont violemment pris à partie et rendus responsables de cette mort. Après chacune de ces communications, le speaker annonce que des milliers d'autres familles allemandes pourront connaître le sort des leurs en écoutant régulièrement les émissions russes. L'effet produit par cette propagande serait assez sensible pour avoir incité les autorités à faire afficher partout des avis rappelant les peines sévères qu'encourent ceux qui écoutent les émissions étrangères et promettent qu'elles seront encore aggravées s'agissant d'émissions russes.

Guerre 1939-1945, Vichy, Z Europe, URSS, 836 (10GMII/836)

285

LE GÉNÉRAL NOGUES, COMMISSAIRE RÉSIDENT GÉNÉRAL DE LA FRANCE AU
MAROC,
 À L'AMIRAL DARLAN, VICE-PRÉSIDENT DU CONSEIL, MINISTRE
 SECRÉTAIRE D'ÉTAT AUX AFFAIRES ÉTRANGÈRES, À LA MARINE ET À
 L'INTÉRIEUR.

T. n° 757.   *Rabat, 11 juillet 1941.*

En clair.   *(Reçu[1] : le 13, 19 h.)*

J'ai reçu hier la visite de M. le conseiller Auer qui est venu se plaindre de l'importance que prend la propagande américaine au Maroc[2].

Il m'a signalé en particulier de nombreux tracts dénonçant la présence au Maroc d'une 5e Colonne importante et des lettres envoyées directement à des particuliers signalant par exemple que le Transsaharien avait été imposé par l'Allemagne pour camoufler sous forme d'ingénieurs et de spécialistes des officiers allemands. Il prétend que le consulat américain de Casablanca compte déjà 40 agents. Il se plaint amèrement de voir que le Maroc regorge d'étrangers de tous les pays et que seuls les Allemands vainqueurs ne sont pas admis, car en dehors de la Commission d'armistice il n'y a pas un seul Allemand au Maroc. Il m'a remis ensuite à titre officieux pour marquer les bonnes dispositions de son pays une liste des produits qui pourraient être exportés par l'Allemagne à destination du Maroc – cette liste devant être remise officiellement à Wiesbaden. Je lui ai répondu que pour les questions d'échanges toutes les tractations ne pouvaient avoir lieu que par l'intermédiaire de l'Office du Commerce extérieur à Vichy, mais que je le remerciais des indications données.

J'ai ajouté que nous surveillons de très près les propagandes étrangères et que nous avions saisi des quantités de tracts et de lettres, que les chiffres qu'il indiquait pour le consulat américain me paraissaient très exagérés, car il avait été entendu que seuls des vice-consuls supplémentaires chargés de s'assurer de la non réexportation des marchandises arrivées d'Amérique dans l'Afrique du Nord avaient été autorisés, que nous refusions tout visa pour les étrangers quelle que soit leur nationalité, à moins d'ordre contraire de notre gouvernement.

Je crains que cette impression de M. Auer, qui correspond à une réalité car la propagande américaine s'exerce d'une façon très voyante, n'amène des réactions du gouvernement allemand qui pourraient compromettre l'exécution du plan de ravitaillement américain.

Je vous adresse, à titre d'indication, un rapport du chef de la Région de Casablanca sur cette question[3].

---

[1] Par avion.

[2] Sur le conseiller Auer, délégué économique de la Commission allemande d'armistice de Wiesbaden, chargé notamment de la propagande allemande dans les milieux européens et indigènes, voir document n° 117.

[3] Cette annexe n'a pas été retrouvée.

Il serait peut-être utile que le gouvernement américain soit prévenu par les soins de Votre Excellence des inconvénients que pourrait présenter une propagande trop active au Maroc[1].

Guerre 1939-1945, Vichy, M Maroc, 117 (6GMII/117)

286

M. COSME, AMBASSADEUR DE FRANCE EN CHINE,
  À L'AMIRAL DARLAN, VICE-PRÉSIDENT DU CONSEIL, MINISTRE
    SECRÉTAIRE D'ÉTAT AUX AFFAIRES ÉTRANGÈRES, À LA MARINE ET À
    L'INTÉRIEUR.

T. n°s 129 à 133 B.   *Shanghaï, 11 juillet 1941, 18 h. 30.*

(Reçu : le 11, 19 h. 25)

Comme je l'ai signalé à plusieurs reprises au cours de ces derniers mois, les relations franco-chinoises vont sans cesse en se détériorant.

Depuis que les Japonais se sont établis au Tonkin les dirigeants chinois ou bien ont affecté de croire que la politique française d'Extrême-Orient s'était réellement déplacée de Tchoung King à Tokyo, ou bien que nous n'étions plus libres de notre diplomatie et par suite qu'il n'y avait plus aucun fond à faire sur la France.

Ces dispositions d'esprit se sont traduites par des actes regrettables : le chemin de fer du Yunnan a été détruit[2], une déplaisante assistance a été donnée au Docteur Bechamp à l'occasion de son passage en dissidence ; des incidents plus ou moins graves se sont produits à la frontière du Tonkin.

---

[1] On trouve dans la série Guerre 1939-1945, Vichy, Délégation générale du gouvernement en Afrique française, la copie au général Weygand de ce télégramme, sous bordereau d'envoi n° 35 c.c. en date du 11 juillet 1941.

[2] Après la menace d'une éviction imminente de la France du secteur chinois du chemin de fer du Yunnan (voir T. n°s 296 à 297 en date du 23 mai 1941 de Pékin, T. n° 314 en date du 24 mai et T. n°s 335 à 336 en date du 31 mai de Hanoï), le gouvernement de Tchong King a ordonné la destruction de la voie sur 163 kilomètres entre Tché-Tsouen et Sieul. Selon Cosme (son T. n°s 83 à 85 S en date du 23 juin 1941 de Shanghaï), « la destruction progressive du chemin de fer est certainement inspirée par l'ambassade d'Angleterre et elle a pour but d'équiper en rails et en matériel la voie ferrée qui doit relier Lashio à Yunnanfou. Les Français font valoir en vain l'article 24 de la Convention de 1903 relatif au chemin de fer du Yunnan, qui aurait permis le maintien de l'administration française sur le chemin de fer considéré comme un tout et pas seulement la partie matérielle (voies, wagon, etc.), mais aussi l'organisation et l'administration. L'ambassadeur de Chine à Vichy a répondu au Département que « le gouvernement chinois se voyait dans l'obligation de procéder à la construction d'une ligne assurant ses communications avec la Birmanie et qu'il s'agissait pour lui d'une question vitale de défense nationale alors que les intérêts français sont d'ordre matériel. L'ambassade a donné l'assurance qu'à la fin des hostilités, la ligne serait restaurée par les soins des autorités chinoises qui assument la responsabilité de toutes les pertes éprouvées par la Compagnie. » (T. n°s 172 à 173 de Vichy à Shanghaï en date du 25 juin 1941. Voir aussi à ce sujet la Note de la Sous-Direction d'Asie en date du 26 juin. Tous ces documents, non publiés, in Guerre 1939-1945, Vichy, E Asie, Chine, 185.

Il semble que les mois à venir doivent porter en eux plus de difficultés encore. Que nous conservions des relations avec le gouvernement de Tchoung-King, Nankin et les Japonais nous feront alors payer par des tracasseries en Indochine et sur la concession de Shanghai l'ostracisme dans lequel nous tiendrons Wang Chin-wei. Que nous reconnaissions ce dernier, Tchoung-King rompra alors avec nous[1] et de la rupture pourra naître à la frontière du Tonkin la guerre dans laquelle les Anglais s'efforceront d'entraîner le général Tchang Kaï-chek pour écarter la menace que le Japon peut à tout instant faire peser sur la Birmanie.

Nous n'avons, semble-t-il, d'autres ressources dans ces difficiles conjonctures que de continuer entre Tchoung-King et Nankin le mouvement de balance auquel je m'applique et dont nous avons déjà retiré des avantages substantiels. Mais l'importance prise par Nankin rendra dorénavant ce rôle plus malaisé ; et rien ne dit au surplus que le Japon permettra que nous le jouions longtemps encore. Mais à chaque jour suffit sa peine.

Il y a lieu de penser d'autre part que la reconnaissance du gouvernement de Wang Chin-wei par plusieurs grands pays aura pour conséquence de poser rapidement la question de l'exterritorialité et celle des concessions. Les Japonais et les Italiens seraient en effet décidés, si je suis bien informé, à renoncer d'ici peu à leur privilège d'exterritorialité et à rétrocéder au gouvernement de Nankin les concessions qu'ils possèdent encore, les premiers à Tien-Tsin et à Han-Keou, les seconds à Tien-Tsin seulement. La situation des quatre concessions françaises de Chine deviendra alors essentiellement précaire[2].

[1] Sur la réticence française à reconnaître le gouvernement pro-japonais de Nankin, voir documents n⁰ˢ 272, 273. Une note de renseignement du chef du 2ᵉ Bureau de l'État-Major des Colonies (n° 208-2/E.M.C. en date du 10 juillet 1941) sur les « Relations France-Chine », a confirmé encore l'extrême préoccupation du gouvernement de Tchoung King à ce sujet en rapportant les propos de l'attaché militaire chinois à Vichy qui, le général Tan Chu qui après avoir rappelé les « nombreuses avanies » subies par la Chine de la part de la France depuis septembre 1940 (refus de l'aide chinoise pour lutter contre le Japon en Indochine, autorisation de laisser les forces japonaises pénétrer sur le territoire indochinois, menace de réponse par la force à toutes actions des troupes chinoises sur le sol de l'Indochine), a recommandé une « démarche personnelle de Monsieur Cosme » auprès de Tchang Kaï-Chek pour marquer que la France, à la différence de l'Axe, n'a pas reconnu Wang Ching Wei, ce qui aurait « l'avantage d'empêcher toute mesure brutale de la part du Maréchal ». (in Guerre 1939-1945, Vichy, E Asie, Chine, 124). Fin juin, le gouverneur général de l'Indochine avait veillé à l'application des instructions empêchant celui qui se revendiquait comme le « représentant commercial du gouvernement de Nankin », Ling Kia Mieng, d'apposer sur ses bureaux de Hanoï et de Haïphong, des plaques portant la mention « Représentant commercial de la République chinoise », malgré l'appui du général japonais Sumita (T. n⁰ˢ 368 à 371 de Dallat à Vichy en date du 26 juin, in Guerre 1939-1945, Vichy, E Asie, Japon, 321). Le Département confirme (T. n⁰ˢ 578 à 581 de Vichy à Tokyo en date du 28 juin 1941) que « si les autorités françaises peuvent faire preuve de tolérance envers le ressortissant d'une puissance étrangère aussi longtemps que cette action garde un caractère personnel, elles ne sauraient évidemment admettre qu'il agisse au nom d'un gouvernement que la France ne reconnaît pas » et condamne le concours apporté par certains militaires japonais : « Cette intrusion d'une autorité étrangère dans les affaires intéressant la colonie chinoise d'Indochine n'est évidemment pas admissible, les questions de cette nature étant du seul ressort du Gouvernement général. Il invite à procéder à l'expulsion de Ling Kia Ming : « S'agissant d'un ressortissant chinois, nous n'avons pas à fournir d'explications au gouvernement japonais » (Guerre 1939-1945, Vichy, E Asie, Chine, 264).

[2] La France à quatre concessions à Shanghaï, Tientsin, Hankéou et Canton. Voir la note sur les positions françaises en Chine libre et en Chine occupée dans Papiers 1940, Bureau d'études Chauvel, 135, ainsi que la note intitulée « L'extraterritorialité en Chine », la chronologie générale

Nous vivons un temps où les affaires surgissent avec une telle soudaineté qu'il m'est apparu nécessaire d'appeler dès à présent l'attention de Votre Excellence sur cette éventualité. Il conviendrait en effet que nous soyons préparés aux demandes qui pourraient nous être présentées avec cette brusquerie qui est dans la méthode des Japonais et dont nous n'avons eu depuis un an que trop d'exemples.

Communiqué Tokyo, Hanoï.

Guerre 1939-1945, Vichy, E Asie, Chine, 124 (3GMII/124)

287

M. DE LAFORCADE, MINISTRE DE FRANCE À DUBLIN,
    À L'AMIRAL DARLAN, VICE-PRÉSIDENT DU CONSEIL, MINISTRE
        SECRÉTAIRE D'ÉTAT AUX AFFAIRES ÉTRANGÈRES, À LA MARINE ET À
        L'INTÉRIEUR.

T. nᵒˢ 572 à 574.   *Dublin, 11 juillet 1941, 20 h. 25.*

Confidentiel.   *(Reçu : le 12, 11 h. 50)*

Suite à mon télégramme nᵒ 570[1].

La propagande allemande, se fondant à la fois sur certaines manifestations isolationnistes aux États-Unis et sur d'habiles citations de la presse anglaise, répandait depuis quelque temps à Dublin des doutes quant à la réalité de l'appui américain. On se demande maintenant comment elle pourra expliquer les récents succès interventionnistes. Cette propagande a d'ailleurs beaucoup perdu de son effet en dehors de milieux limités. La croisade antibolchevique a déjà fait long feu. Les Irlandais ont beau ne pas aimer les Soviets, il suffit néanmoins de voir la satisfaction avec laquelle ils commentent la résistance de l'Armée rouge pour se rendre compte de leurs véritables sympathies. En réalité, comme je l'ai indiqué à diverses reprises, l'opinion irlandaise souhaite dans son ensemble de plus en plus une victoire britannique. Il y a dans cette évolution le signe d'un renforcement des

---

sur les territoires à bail et la note sur la concession française et la circonscription consulaire à Hankéou (*in* Guerre 1939-1945, Vichy, E Asie, Chine 164), la note « Aperçu sur les origines et le statut de la concession française de Shanghaï » de novembre 1937, *in* Guerre 1939-1945, Vichy, E Asie, 140. Voir aussi la D. nᵒ 1 en date du 1ᵉʳ janvier 1941 de M. de Margerie, consul général à Shanghaï sur la situation de la concession française à cette date (Guerre 1939-1945, Vichy, E Asie, Chine, 169). Sur les pressions exercées par les Japonais à Hankéou qui ont abouti à un accord franco-japonais sur la police de la concession, voir entre autres, la D. nᵒ 13 en date du 11 mars 1941, de Fernand Roy, le consul de France dans cette ville (Guerre 1939-1945, Vichy, E Asie, Chine, 143).

[1] Le T. nᵒˢ 570-571 de Dublin en date du 11 juillet 1941, mentionnait « des missions de "touristes" américains [qui], suivant une méthode bien connue, étaient venues depuis cet hiver [...] préparer l'installation de contingents de l'armée fédérale, destinée à relayer et à épauler en Irlande du Nord et en Europe les troupes britanniques, comme cela vient de se faire en Islande. » (Guerre 1939-1945, Vichy, Z Europe, Irlande, 375, document non reproduit).

chances de la Grande-Bretagne. Pourquoi, dans ces conditions, l'Amérique a-t-elle refusé définitivement à M. Aiken les armes qu'il était allé réclamer à Washington[1] ? Peut-être les Américains ont-ils l'arrière-pensée de procéder eux-mêmes à l'occupation de certains points de l'État Libre afin de parer à une tentative d'invasion allemande. Le moment est venu de se demander si l'arrivée de troupes américaines en Irlande du nord n'amènerait pas logiquement le gouvernement de Washington à réclamer, pour la sécurité de ses nouvelles bases, certaines garanties militaires au gouvernement de Dublin. Or, ce dernier redoute depuis longtemps qu'il lui soit impossible de résister à une pression américaine sérieuse, car il n'aurait probablement pas pour lui l'appui assuré de l'opinion publique comme dans l'hypothèse d'une intervention britannique.

Guerre 1939-1945, Vichy, Z Europe, Irlande, 375 (10GMII/375)

288

LE GÉNÉRAL NOGUÈS, COMMISSAIRE RÉSIDENT GÉNÉRAL DE FRANCE À RABAT,
> À L'AMIRAL DARLAN, VICE-PRÉSIDENT DU CONSEIL, MINISTRE SECRÉTAIRE D'ÉTAT AUX AFFAIRES ÉTRANGÈRES, À LA MARINE ET À L'INTÉRIEUR[2].

D. n° 983.   *Rabat, 11 juillet 1941.*

Secret.   *(Reçu[3] : le 16)*

En me référant à ma communication n° 757[4] de ce jour, j'ai l'honneur de faire parvenir à Votre Excellence la copie d'une note du chef de la Région de Casablanca relative à la propagande du consulat général des États-Unis dans cette ville.

---

[1] En mars 1941, Frank Aiken, ministre irlandais pour la Coordination des mesures de défense s'est rendu aux États-Unis pour acheter des armes et des vivres. Voir aussi documents n°s 145 et 217.

[2] Le même document a été envoyé le même jour, sous n° 2558/c.c., au général commandant en chef Weygand, Délégué général du Gouvernement en Afrique française, Darlan, Vice-Président du Conseil, Ministre Secrétaire d'État aux Affaires étrangères (Guerre 1939-1945, Vichy, DGGAF, 6). Il est enregistré le 12 juillet par la Délégation générale du Gouvernement en Afrique française, sous le n° 23542.

[3] Mention marginale manuscrite : « Enregistré le 16.7.41 ».

[4] Document n° 285.

ANNEXE

Rapport de M. Poussier, Contrôleur Civil, chef de la Région de Casablanca[1]

Bulletin de renseignements 40 A

N.   *Casablanca, 5 juillet 1941.*

Secret.

À Casablanca, les États-Unis d'Amérique, fortement représentés par leur consulat[2], supplantent rapidement l'Angleterre dans le rôle de soutien moral des secteurs de l'opinion hostiles au rapprochement franco-allemand.

On s'aperçoit tous les jours davantage que l'affaire de Syrie a porté un coup décisif à l'anglophilie manifestée jusqu'à ce jour par certains Français. Aucun d'eux n'ose plus afficher de sympathie à l'égard de notre ancienne alliée et il semble que bien peu persistent à en éprouver. Certains officiers de réserve, jusqu'ici suspectés de tendances gaullistes sont aujourd'hui volontaires pour participer aux opérations de Syrie. Seuls restent désormais anglophiles les Juifs et certains musulmans, en particulier quelques gros commerçants importateurs.

Mais, parallèlement, le consulat des États-Unis intensifie son action sur les milieux européen et marocain de Casablanca. Les travaux d'agrandissement de ses locaux sont activement poursuivis.

Les vice-consuls cherchent à multiplier leurs contacts dans les milieux européens et parmi les éléments éclairés de la population marocaine musulmane et, surtout, israélite.

Les membres du consulat affectent ces jours-ci une grande confiance dans l'évolution prochaine des événements ; ils affirment que ces derniers vont se précipiter dans un sens favorable à l'Angleterre. Ils ajoutent même que, si l'Angleterre était vaincue, l'Amérique n'hésiterait pas à intervenir seule contre une Europe asservie par l'Allemagne.

Le vendredi 4 juillet s'est tenue, au consulat, une réunion pour commémorer l'anniversaire du *Memorial Day*. La conversation y était animée d'un net optimisme. Les autorités françaises étaient représentées. Deux drapeaux d'égale dimension, l'un français, l'autre américain, décoraient les salles de réception. Cette réunion a constitué pour les Américains un succès certain de rayonnement parmi les Français de Casablanca.

L'espoir d'une aide américaine prochaine dans le domaine du ravitaillement du Maroc en essence, charbon, sucre, etc.[3] est toutefois l'atout le plus efficace de la propagande américaine. C'est par ce moyen, en tout cas, que le travail amorcé peut étendre ses répercussions dans tous les milieux de la population.

D'ores et déjà des résultats se précisent. C'est ainsi que l'annonce du départ imminent du consul du Japon vient de donner lieu dans certains milieux marocains évolués à de curieux commentaires. On y a rapproché cet événement local des dernières nouvelles concernant un revirement possible de la politique japonaise et un remplacement éventuel de M. Matsuoka par l'actuel ambassadeur du Japon à Londres, et on en a conclu que le Japon allait rompre ses relations diplomatiques avec l'Allemagne et que la France serait amenée à modeler son attitude sur celle du Reich.

Les membres du consulat des États-Unis n'ont d'ailleurs pas manqué, en sous-main, d'alimenter de telles suppositions. On sait, d'autre part, que les services de MM. Auer et Klaube vont s'installer dans les bureaux laissés libres par le consulat du Japon, au 227 Boulevard de la Gare.

---

[1] Destinataires : Le général d'Armée Noguès, Commissaire Résident général de France au Maroc-Cabinet militaire Rabat ; le Directeur des Affaires politiques-Section politique, Rabat ; Archives.

[2] Le consulat des États-Unis à Casablanca est dirigé depuis février 1941 par M. Doolittle, Secrétaire d'ambassade ayant géré, auparavant, l'Agence diplomatique des États-Unis à Tanger.

[3] Voir document n° 64.

L'entrée en guerre de la Russie[1], jointe à l'action de propagande américaine entretient les espoirs des nombreux éléments de la population qui restent résolument hostiles à l'idée d'un rapprochement durable avec l'Allemagne et croient à une victoire finale des démocraties.

Ces espoirs se trouvent ainsi transposés. Ils ont désormais comme base les États-Unis d'Amérique et non plus l'Angleterre. D'anciens anglophiles n'hésitent pas à affirmer aujourd'hui que l'Angleterre nous a trahis et que nous ne devons plus lier notre sort au sien, mais qu'il convient, par contre, de s'appuyer résolument sur l'Amérique.

De tels propos risquent de s'exprimer trop souvent et trop bruyamment et les membres de la CAA[2] qui sont aux écoutes de l'opinion ne manqueront pas de les enregistrer et de s'en alarmer. Il faut donc les considérer comme un danger et prêcher plus que jamais le silence et le calme et manifester la volonté de la France de rester seule maîtresse des destinées de son Empire.

Guerre 1939-1945, Vichy, M Maroc, 12 (6GMII/12)

289

NOTE DU GÉNÉRAL COMMANDANT EN CHEF WEYGAND,
DÉLÉGUÉ GÉNÉRAL DU GOUVERNEMENT EN AFRIQUE FRANÇAISE

N.   *s.l. [Alger], 11 juillet 1941.*

Secret.   *(Reçu[3] : le 17)*

Point de départ : la situation très nette du 6 juin[4].

Le gouvernement a été d'avis que les concessions aux Allemands envisagées dans un protocole signé à Paris, ne pouvaient pas être acceptées et mises en pratique sans qu'ait été créé au préalable un climat favorable :

— en sortant de l'instabilité et de l'équivoque,

— en disant la vérité,

— et, pour cela, en ayant une vérité bonne à dire.

C'est pourquoi, à la suite du conseil des Ministres du 6 juin, une note a été adressée au gouvernement allemand pour lui préciser les contreparties qui, seules, permettraient peut-être, aux yeux de l'opinion française, de justifier les concessions faites par le protocole.

---

[1] Le 22 juin 1941.

[2] C.A.A. = la Commission allemande d'armistice.

[3] Mention marginale manuscrite : « Enregistré le 17.7.41 ».

[4] Il s'agit de l'affaire de Syrie. Le 6 mai, Darlan y avait autorisé l'atterrissage d'avions allemands (*cf.* document n° 214, notes), ce qui avait entraîné des réactions britanniques. Cependant, les Allemands se montraient prudents dans la région depuis que la révolte qu'ils espéraient en Irak avait échoué, mais également pour ménager Vichy. Ils donnèrent, le 4 juin, l'ordre de retrait du détachement de la Luftwaffe et le 6 juin, le général Dentz, Haut-Commissaire de Vichy à Beyrouth, informait le consul américain que le dernier des Allemands avait quitté le pays. Le même jour, Charles Rochat, secrétaire du ministre des Affaires étrangères avait rencontré l'amiral Leahy, ambassadeur des États-Unis, pour lui indiquer qu'Hitler avait pris lui-même la décision de ce retrait. Voir aussi document n°s 219, 223, 225.

Ces propositions se résument ainsi :

— le régime de l'armistice prend fin.

— un régime nouveau est institué (préliminaires de paix…).

— l'Allemagne s'engage à respecter l'intégrité territoriale et coloniale de la France, en pleine souveraineté française ;

— à entreprendre le retour progressif et continu des prisonniers ;

— à arrêter le versement de l'indemnité d'entretien des troupes d'occupation ;

— à réduire la ligne de démarcation à une simple limite entre territoires occupés et non occupés militairement ;

— réduction ou suppression des commissions de contrôle ;

— à supprimer l'*Ost-land*.

Le tout sous forme de traité signé, ratifié, publié.

Aucune exécution avant que les renforcements envisagés des moyens militaires en AFN et en AOF n'aient mis ces territoires en état de se défendre contre l'inévitable réaction anglaise et peut-être américaine.

Telle était la situation du 6 juin, dont le général Weygand a pris acte par lettre du même jour adressée au gouvernement[1].

Le 17 juin, une lettre personnelle de l'amiral Darlan adressée au général Weygand[2] lui confirmait ces conclusions ci-dessus rappelée du conseil des Ministres du 6, lui faisait connaître le refus du gouvernement français de recourir en Syrie à une collaboration militaire avec les Allemands, lui rappelait enfin que les conditions préalables à une acceptation de mesures de cette nature demeuraient :

a) la refonte de l'Armistice ;

b) le renforcement militaire dans l'Empire.

À cette date, la situation était donc exactement la même qu'au 6 juin.

Nous voici au 8 juillet. Dans cette période aucune acceptation n'est venue, à ma connaissance, des propositions françaises de la part des Allemands. Rien n'est donc changé.

Les Allemands renouvellent leurs demandes.

Nous maintenons notre point de vue.

Mais, dans la période écoulée entre le 6 juin et le 8 juillet, sont survenus deux événements politiques et militaires de grande importance : l'attaque de la Syrie par les Anglais, l'attaque de la Russie par l'Allemagne.

SYRIE.

Il est certain que l'attaque anglaise a suscité un sentiment de réprobation. Elle a frappé de familles dans leurs affections. Cet événement a donc amené un certain nombre de Français à envisager la politique de collaboration avec plus d'objectivité.

---

[1] Document non retrouvé.

[2] Document non retrouvé.

Mais il ne faut pas s'y méprendre ; il n'a pas modifié l'opinion française quant à la répulsion éprouvée par le plus grand nombre à l'égard d'une collaboration qui mettrait aux mains des Allemands les moyens de triompher plus vite de notre ancienne alliée, et *a fortiori*, à l'égard d'une collaboration proprement militaire. Dans certaines gares de l'est de la France, n'a-t-on pas vu des manifestations violentes et injustifiées se produire contre les troupes françaises faisant route vers la Syrie.

Laisser venir les Allemands sur nos bases d'Afrique du Nord, laisser venir un seul Allemand à Dakar et à plus forte raison un navire de guerre allemand, c'est à la fois un risque de désaffection et d'hostilité du côté des Français d'Afrique, une perte de prestige complète aux yeux des indigènes, un revirement d'opinion dont on peut d'autant moins mesurer les suites que l'action des autorités locales – Délégué général du Gouvernement et gouverneurs et Résidents généraux – se verrait paralysée par le fait que ses actes seraient contraires aux promesses du Gouvernement et aux leurs propres.

Les événements de Syrie ont, d'autre part, amené une diminution, qui compte, du potentiel militaire de l'Afrique du Nord, en particulier en ce qui concerne l'aviation dépendant des ministères de l'Air et de la Marine, qui ont envoyé en Syrie un renfort de plus de 100 avions.

ENTRÉE EN GUERRE DE L'ALLEMAGNE CONTRE LA RUSSIE.

C'est justement, eu égard à cette balance de forces, qu'intervient directement, dans la situation de l'Afrique française, ce dernier événement.

— Voici les Anglais débarrassés, pour un certain temps, de toute pression directe et importante de la part des Allemands qui, on le sait, n'aiment faire qu'une seule chose à la fois.

— Les Anglais ont réglé la question d'Abyssinie.

— Peut-être, bientôt, auront-ils réglé la question de Syrie.

— Par là, ils disposent en Méditerranée occidentale, d'une supériorité incontestable en aviation.

— Leur supériorité navale n'a pas besoin d'être démontrée.

— Leur supériorité en troupes et en matériels de toutes natures disponibles maintenant, est également incontestable. Des moyens importants ont été réunis par eux, dans leurs possessions de l'Afrique occidentale, ce dont le gouvernement a manifesté à plusieurs reprises son inquiétude.

Ainsi les représailles anglaises peuvent s'exercer plus aisément et du fort au faible, aussi bien en Afrique du Nord qu'en AOF.

Enfin, il est bien évident que si ces éventualités se réalisent, *le ravitaillement américain*[1] serait *tari*.

Ces événements récents nous mettent donc dans une situation qui exige plus impérieusement encore qu'auparavant le renforcement aussi poussé que possible de nos moyens de défense en Afrique française.

---

[1] Souligné dans le texte.

Mais ils ont une portée plus grande encore.

Voici les Anglais maîtres de la Syrie[1] et peut-être les gaullistes installés à Beyrouth. Ce résultat est capable de faire oublier l'héroïsme des défenseurs de la Syrie et de paralyser le revirement en faveur de la France qu'il a suscité.

Il faut donc imaginer sans pusillanimité, mais aussi sans vouloir fermer les yeux à la vérité, la situation qui pourrait résulter d'un succès partiel des Anglais, toujours possible sur un point bien choisi, en raison de leur énorme supériorité de moyens, en face d'un adversaire à moitié désarmé, avec des Allemands opérant sur nos bases au vu et au su de tous et dont la présence aurait été justement la cause de cette attaque, avec une absence de ravitaillement et toutes les difficultés de vie qui en résulteraient. C'est le risque certain d'un gros mouvement de révolte et de dissidence, même si les chefs appelés à maintenir ces pays dans le calme et dans l'obéissance pouvaient justifier la politique suivie par le gouvernement par des avantages importants. C'est un risque à ne pas courir. Agir autrement me paraît folie et peut entraîner la perte de l'Afrique.

Tout ne va pas en Russie comme l'Allemagne le désire[2]. Elle est demanderesse. Elle a donc besoin de nous. Alors qu'elle paie et paie comptant. Qu'elle cesse de faire briller à nos yeux un mirage de promesses d'avenir qui ne se réalisent jamais.

Une autre considération pour terminer, capitale déjà, et dont l'importance grandira avec le temps. C'est le facteur américain. Il est incontestable que dans toutes les questions concernant le ravitaillement de l'Afrique, les Américains ont fait preuve d'un désir sincère d'aboutir. Notre intérêt commande de ne pas les mettre contre nous. Ils ne sont pas, de leur côté, sans calculer que si un ordre de choses allemand s'établit en Europe, une France dont ils auront conservé l'amitié, y sera leur porte d'entrée. C'est donc, de part et d'autre, un intérêt national bien compris, à ménager, pour notre bien. Car nous ne devons à aucun prix, quoi qu'il arrive, risquer de rester seuls avec les Allemands, même amis.

Pour conclure :

Il n'est pas question de rompre avec l'Allemagne.

Aussi bien la continuation des négociations commencées est-elle indispensable à notre renforcement militaire.

Mais maintenir très haut nos exigences politiques, et tenir bon.

Nous ne sommes pas pressés.

Guerre 1939-1945, Vichy, K Afrique, 20 (5GMII/20)

---

[1] Ainsi que du Liban, à la suite de l'opération « Exporter » (8 juin au 7 juillet 1941), avec des troupes britanniques, indiennes, australiennes et françaises libres sous le commandement en chef du général britannique Wilson. Voir notamment document n° 261 ainsi qu'en particulier les nombreux documents dans Guerre 1939-1945, Vichy, E Asie, Dossiers généraux, 49.

[2] Voir, par exemple, documents n°s 259, 282, 284.

290

M. Gaston Maugras, Ministre de France à Athènes,
à l'Amiral Darlan, Vice-Président du Conseil, Ministre
Secrétaire d'État aux Affaires étrangères, à la Marine et à
l'Intérieur.

D. n° 33[1].   *Athènes, 18 juillet 1941.*

Notre consul à Salonique m'a communiqué une lettre qu'il a écrite, à la date du 9 juillet, au Département pour rendre compte de l'impression qu'avait produite sur la population locale le passage en Grèce des détachements militaires français envoyés en Syrie.

C'est un sujet qu'il m'eût paru vain d'aborder tant que la lutte était en cours. Maintenant qu'elle est close et qu'il ne reste plus qu'à en dresser le bilan[2], sans doute convient-il que je dise quelques mots de l'opinion qu'on s'en est fait ici.

Il eût été normal que les Grecs, du fond de l'abîme où ils sont tombés[3], élevassent des récriminations contre les Anglais et s'en prissent à eux de leurs malheurs[4]. C'eût été d'autant plus naturel qu'à l'invitation des Allemands tous les journaux les y encourageaient à l'envi.

Mais c'est tout le contraire qui s'est produit. Quand les troupes anglaises ont dû quitter la Grèce, bien loin de les accuser de défection, on n'a fait que s'apitoyer sur les difficultés de leur retraite. Il semblait qu'en les laissant chasser par les Allemands, on eût manqué aux lois de l'hospitalité. Et maintenant leur souvenir, associé à celui des jours glorieux, participe de la lumière de la légende dont sont éclairés déjà tous les événements de l'hiver dernier. À cette inclination sentimentale se joint, sans se confondre avec elle, la conviction qu'en dehors de la victoire anglaise, il n'est pas, pour la Grèce, de salut. Les Grecs se refusent obstinément à admettre que l' « Ordre Nouveau » puisse être autre chose qu'une duperie. Ce terme ne leur paraît promettre à leur pays que le démembrement et à eux-mêmes qu'un sort d'ilotes. Un ancien ministre du gouvernement Métaxas, que j'avais connu naguère très ami de l'Allemagne, me disait l'autre jour combien lui et ses pareils étaient revenus de leurs « égarements ». Il est très significatif que dans un pays où les portefeuilles ministériels sont l'objet de

---

[1] D. intitulée « A.s. la Grèce et la campagne de Syrie ». Mention (tampon) : 21 juillet 1941 (date enregistrement).

[2] Commencée le 8 juin 1941, la guerre de Syrie qui a opposé les troupes de Vichy sous le commandement du général Dentz, et une armée anglo-gaulliste, se termine formellement le 14 juillet suivant, par l'armistice de Saint-Jean d'Acre. Voir document n° 280, notes, et document n° 289 et notes.

[3] Depuis l'invasion italo-allemande d'avril-mai 1941. Voir documents n°s 166, 240, 265, 269 et notes.

[4] La Grande-Bretagne avait envoyé un corps expéditionnaire en Grèce menacée d'une invasion allemande fin mai 1941. Celui-ci avait pu être évacué à temps vers l'Egypte et la Crète avant la manœuvre d'encerclement tentée par la Wehrmacht.

toutes les convoitises, les Allemands n'aient pu en deux mois et demi obtenir d'aucune personne un peu notable qu'elle accepte de conférer par sa présence quelque respectabilité au cabinet Tsolacoglou[1]. Je disais naguère au Département que nous souffrions en Grèce de la malveillance de la propagande anglaise. Maintenant c'est la bienveillance de la propagande allemande qui nous fait du tort. Quelque juste que fût notre cause en Syrie, il devait suffire que les journaux s'en fissent les avocats pour qu'elle fût discréditée dans l'esprit de leurs lecteurs.

Depuis un mois, bien des aviateurs français ont passé à Athènes. C'était au champ d'aviation allemande d'Eleusis qu'ils atterrissaient, c'étaient des autos militaires allemandes qui les amenaient à Athènes, c'était la Kommandantur qui assurait leur logement, le Soldatenheim[2] qui bien souvent se chargeait de les nourrir. Toutes ces apparences de collaboration franco-allemande contre l'Angleterre peinaient profondément nos amis. On eût dit que ce fût contre la Grèce que nos soldats venaient combattre, et que leur présence à la terrasse des cafés, à des tables voisines de celles des Allemands, suffisait à témoigner de l'infidélité de notre pays à sa vocation historique. Mais ce qu'il y avait de consolant malgré tout dans les propos attristés ou indignés dont on recueillait l'écho, c'était la vivacité même des sentiments qui les inspiraient. Les Grecs diraient volontiers en pensant à la France : « Que ne puis-je savoir si j'aime ou si je hais ». Ils ne sont du moins pas indifférents.

Guerre 1939-1945, Vichy, Z Europe, Grèce, 394 (10GMII/394)

291

M. LESCUYER, MINISTRE DE FRANCE À BAGDAD,
    À L'AMIRAL DARLAN, VICE-PRÉSIDENT DU CONSEIL, MINISTRE
      SECRÉTAIRE D'ÉTAT AUX AFFAIRES ÉTRANGÈRES, À LA MARINE ET À
      L'INTÉRIEUR.

T. nos 99 à 101[3].
                                    Bagdad, 14 juillet 1941, 16 h. 10.

                                            (Reçu : le 19, 8 h. 30).

De Djeddah nos 66 à 68.

L'émir Fayçal[4] ayant passé récemment quelques jours à Djeddah la légation d'Angleterre lui aurait fait dire par un intermédiaire : « Quand nous

---

[1] Le général Giorgios Tsolacoglou a signé la reddition des troupes grecques face au Reich le 20 avril 1941. Le 30 avril suivant, les Allemands le nomment à la tête d'un gouvernement grec collaborateur.

[2] *Soldatenheim* = Foyer du Soldat.

[3] Annotation manuscrite marginale : « Copie à Guerre ». Le document porte le paraphe d'Ernest Lagarde.

[4] L'émir Fayçal ben Abdelaziz al-Saoud est alors ministre des Affaires étrangères d'Arabie Saoudite.

aurons chassé les Français de Syrie nous inviterons les Syriens désormais indépendants à se choisir un roi ». L'émir Abdallah[1] a évidemment quelques chances mais nous ne nous opposerons pas aux autres candidatures et notamment à celle de l'émir Fayçal si elle est posée.

L'Émir aurait répondu qu'il n'estimait pas les circonstances favorables. Il aurait ajouté confidentiellement : « Le fou offre ce qu'il n'a pas. Celui qui l'accepte est encore plus fou. Qui peut dire combien de temps les Anglais resteront en Syrie ? ».

Je sais par ailleurs qu'il a déploré de voir l'Angleterre apporter la guerre à la Syrie qui devait rester en dehors du conflit[2]. Mais il affirme que les premiers coupables sont ceux qui sans aucune chance de succès ont jeté l'Irak dans l'aventure, faisant ainsi sciemment ou non le jeu des Anglais et le malheur des Arabes[3]. L'émir Fayçal a appelé mon attention sur la prudence que doit observer le Roi pour concilier ses bonnes relations avec l'Angleterre, nécessité vitale pour son pays, avec son hostilité envers les Juifs, les bolchevistes et l'émir de Transjordanie. Au milieu de ces difficultés le Roi garde (…)[4] indépendance et il pratique une stricte neutralité envers l'Allemagne et l'Italie. Il n'a jamais renié sa sympathie pour la France. Il suit chaque jour et admire l'œuvre (…)[5]. Il a lu avec intérêt les déclarations du maréchal Pétain et de l'amiral Darlan.

Je lui ai signalé (…)[6] l'opinion publique tout en approuvant la prudence du Roi est nettement hostile envers l'Angleterre, les Juifs et les bolchevistes. Dans tous les cas elle est favorable à la Turquie.

Guerre 1939-1945, Vichy, E Levant, Irak, 164 (4GMII/164)

---

[1] Abdallah bin-al-Hussein, émir de Transjordanie, est l'un des fils du Chérif de La Mecque, Hussein, qui a proclamé le Djihad contre le sultan de Constantinople en 1916, à l'instigation de Londres. La famille Saoud a chassé ce dernier du Hedjaz dans les années 1920, suscitant une tenace rancune dans la famille al-Hussein.

[2] Allusion à la guerre de Syrie entre troupes vichystes et troupes anglo-gaullistes qui se termine précisément le 14 juillet 1941, par la signature de l'armistice de Saint-Jean d'Acre. Voir Guerre 1939-1945, Vichy, Y Europe/international, 2, pour le « Texte de l'accord portant cessation des hostilités en Syrie et au Liban », signé le 14 juillet à 20 h.).

[3] Allusion aux menées des officiers irakiens et du Grand Mufti de Jérusalem, réfugié à Bagdad, auteurs du coup d'État du 2 mai 1941, qui a conduit à des affrontements entre troupes irakiennes, mollement soutenues par des avions allemands, et troupes britanniques. Voir documents nos 197, 200, 205.

[4] Lacune de déchiffrement.

[5] Lacune de déchiffrement.

[6] Lacune de déchiffrement.

292

L'Amiral Darlan, Vice-Président du Conseil, Ministre Secrétaire
d'État aux Affaires étrangères, à la Marine et à l'Intérieur,
à M. Benoist-Méchin, Secrétaire d'État à la Vice-Présidence du
Conseil, Paris.

L. *Vichy, 15 juillet 1941.*

Secret.

J'ai l'honneur de vous faire parvenir ci-joint la copie d'une note qui m'a
été remise hier 14 juillet à Vichy par l'ambassadeur du Japon.

Je vous serais obligé de bien vouloir en donner immédiatement connaissance à M. Abetz, attirer de la façon la plus instante son attention en vous
inspirant dans la mesure où vous le jugerez utile[1] de la note ci-jointe sur la
gravité des conséquences qu'entraînerait une acceptation de notre part et
lui faire savoir qu'après avoir examiné tous les éléments de la question, le
gouvernement français a pris la décision de repousser la demande japonaise[2].

Vous indiquerez que seule une intervention du gouvernement allemand
à Tokyo me paraît pouvoir écarter les difficultés à prévoir en amenant le
gouvernement japonais à renoncer à des exigences dont le maintien affec-
terait non seulement gravement les relations franco-japonaises, mais risquerait aussi de créer en Extrême-Orient et dans le Pacifique une situation
dont la complexité mettrait certainement en cause les intérêts d'autres
puissances.

ANNEXE 1

Mémorandum remis par l'Ambassadeur du Japon à l'Amiral Darlan
le 14 juillet 1941[3]

Memo. *S.l. [Vichy], 14 juillet 1941.*

Strictement confidentiel

1°) La France et le Japon s'engagent à coopérer militairement pour la défense en commun
de l'Indochine française.

2°) À cet effet, le gouvernement français accordera au Japon la faculté de prendre les dispositions suivantes :

a) Envoi en Indochine méridionale du nombre de troupes, unités navales et formations
aériennes japonaises nécessaire.

---

[1] Dernière partie de la phrase ajoutée à la main.

[2] Annotation marginale manuscrite : « Cette démarche n'a été faite par M. B[enoist]-M[échin]
que le 21 juillet.

[3] Titre écrit à la main, ainsi que la date sur cette copie du document. Autres annotations marginales manuscrites : « 1 ex. remis à l'Amiral pour le Maréchal ; 1 ex. envoyé à M. Benoist-Méchin
le 15 juillet ».

b) Utilisation, comme bases aériennes, des huit localités suivantes : Siemréap, Phnom-Penh, Tourane, Nhatrang, Bienhoa, Saïgon, Soctrang et Kompongtrach ; comme bases navales, de Saigon et de la baie de Camranh ; les aménagements nécessaires y seront apportés par les forces japonaises.

c) Ces forces auront toute liberté concernant le logement, les manœuvres et mouvements. Il leur sera accordé des facilités particulières pour l'accomplissement de leur tâche. Ceci comprend la suppression des restrictions prévues par l'accord Nishihara-Martin.

d) Le gouvernement français fournira aux forces japonaises les devises dont elles auront besoin ; le gouvernement japonais est prêt à les payer selon des modalités à établir en commun.

3°) Le gouvernement français donnera son accord au dispositif général d'entrée de ces forces. Les modalités de cette entrée feront l'objet de délibérations entre les autorités japonaises sur place et les autorités indochinoises. Pour éviter la possibilité d'un conflit fortuit, des mesures appropriées, comme l'éloignement momentané des forces indochinoises de la proximité des points de débarquement des forces japonaises, seront prises par les autorités françaises.

ANNEXE 2

Note du Département

N.   *s.l. [Vichy], 14 juillet 1941.*

Accepter la proposition japonaise :

1°) C'est accepter l'occupation militaire de l'Indochine par le Japon.

2°) C'est perdre tout prestige et toute autorité vis-à-vis des populations indigènes et admettre la perte plus ou moins prochaine de l'Indochine.

3°) C'est, en souscrivant à une véritable alliance militaire, prendre parti dans le conflit, ce qui paraît inconciliable avec la position d'armistice où nous nous trouvons et entraînerait pour nous :

– Danger d'attaque massive chinoise sur notre frontière indochinoise du nord, l'Indochine devenant rapidement le champ de bataille entre Chinois et Japonais.

– Risque, sinon certitude de représailles du groupe anglo-saxon et notamment de l'Amérique qui, nous traitant en ennemi déclaré, saisira cette occasion pour :

a) s'emparer de nos possessions dans le continent américain (Antilles françaises, Guyane, St-Pierre et Miquelon, etc.) et dans le Pacifique ;

b) mettre la main sur notre or et autres richesses (bateaux) se trouvant aux États-Unis ;

c) y trouvera la justification d'une action éventuelle sur toutes autres possessions françaises dont l'occupation pourrait intéresser le groupe anglo-saxon, et notamment Dakar ou même Casablanca ;

d) supprimer toute possibilité de ravitaillement d'outre-mer.

Guerre 1939-1945, Vichy, E Asie, Japon, 324 (3GMII/324)

293

Note de la Sous-Direction d'Asie

Relations franco-chinoises

N.　　　　　　　　　　　　　　　　　　　*Vichy, 16 juillet 1941.*

La reconnaissance du gouvernement de Nankin par l'Allemagne, l'Italie et les petites puissances inféodées au Reich[1] a suscité à Tchoung King plus de mauvaise humeur que de surprise. Considérant l'intimité des relations que le Pacte tripartite avait établies entre les deux puissances de l'Axe et le Japon, on pouvait, en effet, s'étonner que les gouvernements de Berlin et de Rome aient attendu si longtemps pour prendre cette décision.

C'est au mois de décembre de l'année dernière que le Japon avait décidé de reconnaître officiellement le gouvernement constitué sous son égide par M. Wang Chin-wei, en déclarant que désormais les autorités de Nankin avaient seules qualité pour représenter la Chine. La riposte immédiate du maréchal Tchang Kaï-chek fut de déclarer que la reconnaissance de ce gouvernement fantôme par une puissance étrangère entraînerait *ipso facto* la rupture entre cette puissance et la Chine libre. À l'exception du Mandchoukouo, pays trop étroitement assujetti à la politique nippone[2] pour que ses décisions aient valeur de précédent, aucun gouvernement n'entra en relations avec M. Wang Chin-wei.

Ce n'est pas sans motif que les puissances de l'Axe se montraient si réticentes. Depuis de longues années, l'Allemagne avait tiré profit de la situation spéciale où l'avait placée le Traité de Versailles et la perte de ses privilèges, pour resserrer ses rapports avec la Chine. Dans la période qui précéda l'affaire de Mandchourie, alors que tout l'effort du gouvernement national créé par Tchang Kaï-chek tendait à affranchir la Chine des « traités inégaux » et du régime capitulaire maintenu par les grandes puissances étrangères[3], l'Allemagne avait su se faire bien voir des gouvernants

---

[1]　Le 1er juillet 1941.

[2]　Le 18 septembre 1931, l'armée japonaise de Moukden prend prétexte d'un incident occasionnel pour occuper les trois provinces de Mandchourie qui, sous le nom de Mandchoukouo et avec l'adjonction de la Mongolie intérieure, est érigée en État indépendant le 1er mars 1932 par Tokyo. Cette agression condamnée par la S.D.N. (mission Lytton) est à l'origine du retrait du Japon de la S.D.N. en 1933. Le gouvernement du Mandchoukouo a reconnu le gouvernement de Nankin le 30 novembre 1940 (voir la D. n° 110 de Moukden en date du 1er décembre 1940 de M. R. Germain, secrétaire-interprète de 1ère classe, chargé du consulat de France à Moukden Dans une dépêche ultérieure (D. n° 12 en date du 7 février 1941), M. Germain rapporte que « pour bien confirmer en quelque sorte la reconnaissance de l'État mandchou par la Chine, à laquelle le Japon attache apparemment de l'importance, une mission du gouvernement de Nankin composée de onze membres sous la direction de M. Hsu Liang, ministre des Affaires étrangères, est venue en Mandchourie rendre officiellement la visite de M. Tsang Shih-Yi, délégué plénipotentiaire de Mandchourie à Nankin. [...] La reconnaissance mutuelle des nouveaux États chinois et mandchou va entraîner la création d'une ambassade et de plusieurs consulats de Mandchourie en Chine. » (Guerre 1939-1945, Vichy, E Asie, Mandchoukouo, 359, non publiée).

[3]　Ensemble de traités signés entre la Chine, à la suite de défaites militaires, et les puissances occidentales et le Japon à partir de la moitié du 19e siècle et imposant unilatéralement des

du Kuomintang du fait même de sa situation internationale amoindrie et de son retour au droit commun. Son commerce d'abord en avait tiré grand bénéfice. Lorsqu'après 1927 les relations furent rompues entre Tchang Kaï-chek et Moscou[1], c'est à l'Allemagne que le Maréchal fit appel pour recevoir les conseillers militaires nécessaires à l'organisation de la nouvelle armée chinoise. D'importantes missions allemandes, économiques et militaires, réussirent pleinement dans leur entreprise, et l'Allemagne considérait à juste titre que les plus larges perspectives s'ouvraient pour elle dans la Chine nouvelle.

De ce fait, le rapprochement entre le Reich et le Japon se heurta toujours, en Allemagne même, aux partisans de l'amitié chinoise qui déclaraient que c'était une fausse politique que de faciliter la tâche du Japon et de préparer l'exercice de l'hégémonie nippone sur la Chine, puisqu'ainsi l'Allemagne se privait pour l'avenir d'un de ses plus importants marchés et compromettait les avantages d'une situation déjà fortement établie. Finalement, les facteurs de politique générale l'emportèrent et l'Allemagne se lia au Japon par le Pacte antikomintern. Mais dans les conseils du gouvernement du Reich, un parti subsistait toujours, qui gardait l'espoir de reprendre un jour les anciennes relations avec les nationalistes chinois et de ne pas laisser au Japon le monopole exclusif de la mise en valeur de la Chine.

Les partisans de cette politique étaient tout naturellement ceux qui préconisaient aussi l'entente avec les Soviets, considérant que le Reich avait intérêt, non pas à rompre avec la Russie, quelque fût le régime intérieur du pays, mais à y renforcer progressivement sa situation, pour arriver, par un usage alternatif de la persuasion et des menaces, à une véritable mainmise. C'est sans doute dans l'esprit général de cette politique que le gouvernement du Reich n'avait pas reconnu le gouvernement Wang Chin-wei afin d'éviter la rupture avec celui de Tchoung-King.

Pour des considérations analogues et peut-être en raison des sympathies personnelles que le comte Ciano gardait à l'égard de la Chine où il avait séjourné à deux reprises, l'Italie avait suivi l'exemple du Reich, évitant la rupture avec Tchoung-King.

La décision prise par Hitler d'opérer un brusque renversement dans sa politique et d'attaquer l'URSS a eu sa répercussion immédiate en Extrême-Orient. Il devenait indispensable au Reich de renforcer ses relations avec le Japon et de chercher à s'assurer d'un concours éventuel dans le Pacifique.

---

conditions d'ouverture du pays, notamment des territoires à bail et des privilèges d'extraterritorialité. Pour diverses notes historiques et chronologies à ce sujet, voir notamment Guerre 1939-1945, Vichy, E Asie, Chine, 164, ainsi que dans Papiers 1940, Bureau d'études Chauvel, 127 (Longue note « l'Entité politique chinoise » en date du 30 avril 1944).

[1] Après s'être appuyé sur l'URSS et les communistes dans le combat pour l'unification politique et la souveraineté de la Chine contre les seigneurs de la guerre et les puissances occidentales, Tchang Kaï-Chek s'oppose à ses anciens alliés, après la prise de Nankin et Shanghaï (mars 1927). La répression s'abat sur les communistes qui essayaient d'organiser des milices ouvrières et paysannes et les conseillers soviétiques sont expulsés. Le massacre de Shanghaï des militants communistes du 12 avril 1927 marque la rupture de l'alliance entre le Kuomintang et le début de la guerre civile chinoise. Il sera suivi par le massacre de Canton de décembre 1927, après la victoire des forces nationalistes contre la Commune établie dans cette ville.

Sans que l'on puisse encore savoir quels furent les termes de ce nouveau marché, il est clair que le Japon se trouvait en mesure de poser certaines conditions : il a obtenu de l'Allemagne et de l'Italie la reconnaissance du gouvernement de Nankin[1]. Suivant l'avertissement donné au mois de décembre dernier par le maréchal Tchang Kaï-chek, la rupture avec Tchoung-King a immédiatement suivi.

Ces événements de politique générale ne pouvaient manquer d'influer sur la position de la France en Extrême-Orient.

À plusieurs reprises, le Japon avait laissé entendre qu'il prenait ombrage du maintien des relations normales entre la France et le gouvernement de Tchang Kaï-chek. Le voyage que fit à Tchoung-King l'ambassadeur de France au mois de novembre dernier avait provoqué une première expression de mauvaise humeur[2]. À la suite de la nomination de M. de Robien[3] comme ambassadeur, le gouvernement japonais intervint de manière plus directe et signifia qu'il pouvait difficilement accepter que le représentant de la France présentât ses lettres de créances au gouvernement de Tchoung-King alors que le Japon, à qui la France avait reconnu la prérogative d'organiser l'ordre nouveau dans la grande Asie orientale, considérait que le gouvernement de Nankin était seul légitime. Un des arguments les plus forts à l'encontre de cette prétention était que l'Allemagne et l'Italie, malgré leur étroite entente avec le Japon, n'avait pas encore de relations avec M. Wang Chin-Wei.

Du jour où cet argument tombait, il était clair qu'une nouvelle pression s'exercerait de la part du Japon. Elle prit forme concrète quand l'ambassadeur du Japon, faisant état de la décision récemment prise par l'Allemagne, l'Italie, la Roumanie et la Bulgarie, demanda le 1er juillet dernier à l'amiral Darlan de reconnaître le gouvernement de M. Wang Chin-wei[4].

L'amiral Darlan écarta cette demande en rappelant que la France se trouvait dans une situation particulière et qu'elle ne pouvait prendre facilement le risque de la rupture avec Tchang Kaï-chek puisque l'Indochine avait une frontière commune avec la Chine libre[5].

La démarche de M. Kato avait été prévue par l'ambassade de Chine qui s'en montrait très alarmée, la brusque rupture du gouvernement français avec l'URSS lui faisant craindre qu'une mesure analogue à l'égard de la Chine ne fût exigée par le Japon et peut-être par l'Allemagne. Bien que des indications rassurantes aient été données au Chargé d'affaires de Chine par le Directeur politique, l'inquiétude fut lente à se dissiper[6].

---

[1] Dans son *Journal politique*, t. 2., *op. cit.*, Ciano écrit à l'entrée du 26 juin 1941 (p. 46) : « Les Japonais demandent la reconnaissance du gouvernement de Wang Chin-Wei et Berlin, cette fois, donne son consentement. Ribbentrop me l'annonce au téléphone et il ajoute qu'il est très satisfait de la marche des opérations sur le front russe. »

[2] Voir *DDF (1939-1944)*, 1940-2, document n° 394.

[3] M. de Robien n'a jamais rejoint son poste. Voir documents n°s 147, 181 et notes.

[4] Voir la note de la Sous-Direction d'Asie en date du 2 juillet 1941 rapportant l'audience de M. Kato par Darlan au sujet de la demande de reconnaissance du gouvernement de Wang Chin-Wei.

[5] Voir documents n°s 272, 273.

[6] Voir document n° 286 et notes.

Plusieurs informations concordantes sont venues confirmer le maintien de cet état d'alarme. L'amiral Decoux signalait à plusieurs reprises que des incidents se produisaient à la frontière du Yunnan[1]. M. Cosme, transmettant certains renseignements fournis par M. Paul-Boncour, constatait en même temps que l'atmosphère à Tchoung-King n'était pas satisfaisante et que nos rapports avec les autorités chinoises se tendaient[2]. À Vichy même, l'ambassade de Chine prenait certaines dispositions en vue d'une rupture éventuelle et demandait à une légation étrangère si elle accepterait la charge des intérêts chinois. Des informations de source officieuse allaient même jusqu'à faire prévoir une rupture prochaine dont le gouvernement de Tchoung King prendrait l'initiative[3].

Le Département n'a pas manqué de réagir pour chercher à dissiper ces appréhensions. En protestant auprès de l'ambassade de Chine contre la répétition inquiétante des incidents frontaliers, la sous-direction d'Asie a notamment attiré l'attention de l'Ambassade sur le danger que présentaient des incidents de cette nature dont les Japonais pourraient prendre prétexte pour exercer des pressions nouvelles au détriment de la Chine.

L'Ambassade promit d'intervenir auprès de son gouvernement[4].

Il semble finalement que la situation se soit éclaircie. Par un télégramme en date du 12 juillet M. Cosme a fait savoir que le refus opposé par l'amiral Darlan à la demande dont il avait été saisi par le Japon concernant la reconnaissance du gouvernement de Nankin, avait provoqué à Tchoung King un véritable « choc psychologique » et qu'on pouvait enregistrer une amélioration sérieuse dans l'attitude du gouvernement chinois à notre égard. L'ambassadeur annonçait que le nouvel ambassadeur de Chine en France, M. Wei Tao-ming, dont le départ semblait remis *sine die*, partirait pour Vichy dans un avenir très prochain[5].

Cette nouvelle vient d'être confirmée et la presse de ce jour annonce que M. Wei Tao-ming a quitté Tchoung King en avion pour se rendre en France, via Hong-Kong. D'autre part, l'ambassade de Chine, agissant d'ordre de son gouvernement, a fait savoir que les autorités chinoises n'avaient pas procédé à de nouveaux rassemblements de troupes chinoises à la frontière d'Indochine et que des instructions précises avaient été données de Tchoung King en vue d'éviter toute occasion d'incident. L'Ambassade a exprimé en même temps l'espoir que des instructions analogues

---

[1] Voir document n° 286 et notes.

[2] T. n°s 122-S à 123-S en date du 8 juillet 1941 de Shanghaï. Voir aussi le compte-rendu de conversations avec l'attaché militaire chinois à Vichy les 9 et 10 juillet par le chef du 2e Bureau de l'état-major des Colonies (Guerre 1939-1945, Vichy, E Asie, Chine, 124).

[3] Voir les notes d'un « informateur consciencieux » (selon ses propres termes, mais non identifié) en date du 1er et 3 juillet 1941, transmises le 3, par l'amiral Platon à l'amiral Darlan, ainsi que la note de Nac en date du 4 juillet. Ce dernier signale la « véritable surprise » qu'a constitué pour le Reich la rupture des relations diplomatiques sur l'initiative de Tchang Kaï-Chek avec l'Allemagne (Guerre 1939-1945, Vichy, E Asie, Chine, 121).

[4] Document non retrouvé.

[5] T. n° 135 de Shanghaï, en date du 12 juillet 1941, *in* Guerre 1939-1945, Vichy, E Asie, Chine, 124.

seraient données par l'amiral Decoux aux forces indochinoises afin que l'ordre ne fût point troublé à la frontière.

De cet ensemble de fait, il est permis de conclure que la tension apparue depuis une quinzaine de jours dans les relations franco-chinoises, loin de s'accentuer, aurait tendance à décroître. Le départ du nouvel ambassadeur de Chine peut être considérée comme une expression concrète de l'apaisement signalé par M. Cosme, sans d'ailleurs qu'il soit possible de porter un jugement définitif sur une situation qui reste menaçante puisque, dans les circonstances actuelles, elle est déterminée moins par la volonté de paix réciproque de la France et de la Chine, que par les ambitions nippones et le parti auquel s'arrêtera finalement le Japon.

Guerre 1939-1945, Vichy, E Asie, Chine, 124 (3GMII/124)

294

M. DE LA BAUME, AMBASSADEUR DE FRANCE À BERNE,
    À L'AMIRAL DARLAN, VICE-PRÉSIDENT DU CONSEIL, MINISTRE
    SECRÉTAIRE D'ÉTAT AUX AFFAIRES ÉTRANGÈRES, À LA MARINE ET À
    L'INTÉRIEUR.

T. n° 1029.   *Berne, 17 juillet 1941.*

En clair.   *(Reçu[1] : le 20, 10 h. 30)*

Le développement des opérations sur le front oriental au cours des trois semaines passées semble justifier, dans une certaine mesure, les impressions que l'on peut recueillir auprès des milieux suisses les mieux informés en ce qui concerne la Russie.

Ceux-ci ont toujours opposé à la prévision, générale autour d'eux, d'un rapide succès des armées allemandes et d'un effondrement immédiat du régime stalinien, la conviction que le choc serait rude et que la capacité de résistance de l'armée et des organisations soviétiques obligerait le Reich à s'engager à fond pour remporter la victoire. Quant aux résultats immédiatement utilisables pour continuer la lutte contre les puissances anglo-saxonnes, pensait-on ici, ils ne compenseraient peut-être pas les sacrifices en vies humaines et en matériel dont ils auraient été payés.

Les qualités ainsi prêtées à l'instrument militaire forgé par Staline paraissent ne pas avoir été surfaites. Il n'est que de lire les commentaires qui accompagnent, dans la presse allemande, les communiqués de l'État-Major et aussi les abondants récits des correspondants de guerre sur le front oriental, pour se convaincre de l'esprit combatif dont fait partout preuve le soldat russe, de l'opiniâtreté avec laquelle le commandement soviétique tire parti d'un abondant matériel, d'inépuisables ressources en hommes, et

---

[1] Par courrier. Mention manuscrite marginale : « Vu par Guerre ».

enfin du champ très vaste où il opère. Certes, les divisions motorisées du maréchal Keitel n'ont rien perdu de leur mordant. L'immense machine de guerre allemande a conservé toute sa puissance, et manœuvre, là encore, avec une étonnante coordination de tous ses rouages. Mais on a l'impression que, pour la première fois, l'effet de démoralisation qui, partout d'ailleurs, avait procuré à peu de frais aux Allemands des succès rapides et décisifs, n'est pas obtenu dans la même mesure sur les champs de bataille de Russie.

Les contre-attaques russes au nord de la Dvina, dans la région de Minsk et au sud du Pripet ont montré que les brigades blindées du maréchal Vorochilov possédaient une puissance de choc suffisante pour imposer à l'adversaire des temps d'arrêt et des pertes appréciables. L'intrépidité avec laquelle certaines formations russes s'insèrent immédiatement derrière les divisions blindées allemandes, au risque d'être encerclées, pour empêcher l'infanterie adverse de rejoindre ses chars, et livrent de sanglants combats avant de succomber, semble avoir quelque peu troublé la précision de mouvement habituelle à la Wehrmacht.

D'autre part, l'étendue des destructions auxquelles il est procédé toutes les fois qu'il est possible du côté russe, oblige les forces assaillantes à compter surtout sur elles-mêmes pour assurer un ravitaillement qui exige un effort de transport dont l'ampleur dépasse ce qui a pu être observé sur les autres théâtres d'opérations.

Il y aurait sans doute quelque naïveté à croire que le Haut-Commandement allemand ne se soit pas attendu à ces difficultés mais est-il absolument certain que ses prévisions en ce qui concerne la force de résistance de l'adversaire et l'importance des destructions opposées à son avance n'aient pas été quelque peu dépassées ?

Il semble, remarque-t-on ici, que ce soit surtout sur le terrain politique que les calculs de Berlin aient été le moins sûrs. Les dirigeants nationaux-socialistes attendaient visiblement des premières grandes victoires un ébranlement dans tout l'appareil constitutionnel soviétique, effondrement d'autant plus rapide que les régions immédiatement envahies (Pays Baltes, Russie Blanche, Pologne orientale, Ukraine occidentale) paraissaient désignées pour être le théâtre de grands mouvements nationaux. Or, à l'appel de Staline, et presque partout, les populations de l'Union opposent aux tentatives de démembrement une passivité, sinon une résistance, qui oblige l'envahisseur à supporter seul la charge de l'administration des pays occupés.

Avec la promptitude qui caractérise leur action, les dirigeants allemands ayant aussitôt compris la fragilité de toute organisation fondée sur des éléments locaux, s'empressèrent de faire rentrer en Allemagne les émigrés dont ils avaient cru pouvoir se servir[1] et firent savoir, dans des

---

[1] Sur les efforts des Allemands en vue de s'attirer les sympathies de l'émigration russe dans les pays occupés à l'époque encore du pacte germano-soviétique, voir par exemple, la note pour M. Girard (Cabinet du Vice-Président du Conseil), Vichy, 3 mars 1941 et celle de la Délégation générale du Gouvernement français dans les territoires occupés en date du 21 mars (les deux

communiqués officieux, que les bruits relatifs à une restauration monarchique en Russie ou à toute autre reconstruction sur la base du principe de
nationalité « était d'origine étrangère ». Aujourd'hui encore, la Wilhelmstrasse[1] garde, en ce qui concerne le statut réservé aux pays russes occupés,
une réserve absolue. Ses porte-paroles déclarent à ce sujet que, dans l'administration de ces territoires russes, le Reich ne se laissera pas « encombrer
par des souvenirs plus ou moins historiques ».

En définitive, conclut-on, c'est une nécessité pour les Allemands dans
cette campagne nouvelle de faire face, seuls, aux tâches innombrables de
l'occupation, de l'administration et de l'exploitation des territoires occupés.
Partout ailleurs, ces problèmes avaient pu être résolus avec une relative
aisance, grâce à la collaboration des éléments locaux. Et cependant,
comme une récente étude parue dans la Weltwoche[2] de Zurich l'a exposé,
les milieux officiels de Berlin admettaient que, pour qu'un soldat allemand
en ligne pût accomplir sa tâche de combattant, il fallait que, derrière lui,
cinq autres Allemands fussent employés à assurer éventuellement les communications et la sécurité. En Russie, l'hostilité ou la passivité des populations vont obliger le Haut-Commandement de la Wehrmacht à multiplier
le chiffre des hommes chargés du soin de l'organisation des arrières. C'est
là, pensent la plupart des Suisses qui connaissent la Russie et l'Allemagne,
un effort qui absorbera, au moins pour un temps, les techniciens dont
peuvent disposer les puissances de l'Axe.

L'ampleur et la forme qu'a ainsi prise la résistance russe devant l'invasion
sont naturellement très commentées dans les milieux diplomatiques de
Berne. Ceux de ces milieux les plus favorables à l'Axe prétendent que l'état-
major allemand avait prévu cette résistance. Mais, comme on ne peut nier
que celle-ci cause de grandes pertes en hommes et en matériel, qu'elle
pourrait survivre en quelque manière à la victoire allemande, déjà perce
un certain doute quant à la valeur de l'argument que l'entrée des troupes

---

traitant aussi de la question des offices de réfugiés et du remplacement de leurs dirigeants par des
personnalités prêtes à collaborer), la note de l'Inspection générale des Services de Police administrative « Les Allemands et les émigrés russes » en date du 14 mars 1941 (Guerre 1939-1945, Vichy,
Z Europe, URSS, 857). Déjà, il est signalé, notamment dans la dernière note mentionnée, que « les
émigrés russes sont très bien traités par les autorités militaires nazies, lesquelles, à chaque occasion,
font preuve à leur égard de beaucoup de mansuétude. Les Allemands développent auprès d'eux le
thème selon lequel un émigré russe ne doit servir qu'une patrie, la seule, la véritable : la Russie.
[...] Toutefois, cette propagande ne réussit pas auprès de la majorité des Ukrainiens, qui comptaient sur un conflit germano-russe pour provoquer un effondrement de l'URSS et amener ainsi
l'indépendance de l'Ukraine. Ces derniers, après la signature du pacte germano-russe, ont vu tous
leurs espoirs s'effondrer et ont pris une position nettement germanophobe. Leurs dirigeants en
France se trouvent tous en zone libre et sont en relations avec la Direction centrale des émigrés
ukrainiens, dont le siège est aux États-Unis, d'où ils reçoivent tous leurs fonds. Il faut les considérer
comme acquis à la cause des Anglo-Saxons. » Après l'attaque contre l'URSS et bientôt le caractère
conquérant affiché de la guerre, les attitudes changent de part et d'autre. Selon une note secrète
ultérieure (16 septembre 1941) des Renseignements généraux, les Allemands traitent les Russes
avec méfiance, n'admettant pas « la possibilité de leur participation à la lutte contre le bolchévisme », avec une attitude « encore pire à l'égard des Ukrainiens ». (Guerre 1939-1945, Vichy,
Z Europe, URSS, 855, documents non reproduits).

[1] Le ministère allemand des Affaires étrangères.

[2] Weltwoche = La semaine mondiale, la semaine dans le monde.

allemandes à Moscou pourrait apporter au chancelier Hitler pour forcer la paix, une paix qui préviendrait l'intervention américaine. Beaucoup moins assuré à cet égard que mon collègue bulgare (mon télégramme n° 971-976)[1], le ministre de Hongrie estime qu'il sera difficile d'opposer aux Anglais que l'Europe est désormais à l'abri du blocus économique : les destructions opérées par les Russes et la famine qui s'en suivra en URSS seront là pour affirmer le contraire. Dès lors, les Allemands, à la recherche d'une base de paix suffisamment convaincante, devront songer à nouveau à l'opération sur Suez et Gibraltar. Celle-ci devrait être reprise à la mi-septembre si on peut assigner le même terme pour la conclusion des opérations décisives en Russie. C'est un fait que des renforts allemands continuent à descendre sans arrêt vers la Sicile pour être dirigés sur l'Afrique et, que dans les milieux de l'état-major suisse, on croit voir poindre une nouvelle menace contre la Turquie sous la forme d'une occupation des Détroits et de Constantinople qui se ferait dès que le développement des opérations en Russie le permettrait.

Guerre 1939-1945, Vichy, Z Europe, URSS, 836 (10GMII/836)

295

M. DE LA BAUME, AMBASSADEUR DE FRANCE À BERNE,
    À L'AMIRAL DARLAN, VICE-PRÉSIDENT DU CONSEIL, MINISTRE
      SECRÉTAIRE D'ÉTAT AUX AFFAIRES ÉTRANGÈRES, À LA MARINE ET À
      L'INTÉRIEUR.

T. n° 1038.   *Berne, 19 juillet 1941.*

En clair.   (*Reçu*[2] : le 24, 19 h. 30)

Je crois devoir rapporter ci-après les réflexions recueillies de la bouche d'un ancien directeur d'une grande firme allemande que ses occupations présentes amènent à faire de fréquents séjours en Suisse et dans certains pays occupés.

La campagne de Russie, par l'usure considérable de matériel roulant et motorisé qu'elle occasionne, ne laisse pas de compliquer le problème qui se pose déjà pour la production de guerre allemande, au moment où, précisément, la nécessité se fait sentir de contrebalancer la production croissante des pays anglo-saxons.

Dans l'immédiat, c'est un fait que la main-d'œuvre importée d'Italie et de divers pays occupés a de la peine à remplacer intégralement les très nombreux spécialistes allemands qui travaillaient jusqu'à présent dans les usines de l'intérieur, mais qu'on doit soustraire à ces dernières pour les

[1] Document n° 278.
[2] Par courrier.

envoyer sur le front oriental où ils procèdent sur place aux réparations et à l'entretien indispensable du matériel en action.

Sans doute peut-on assigner comme termes aux opérations en Russie le mois de septembre et, à ce moment, il sera possible de renvoyer en Allemagne de nombreux ouvriers spécialisés. Mais, à vrai dire, le problème n'est pas là. Dans le domaine de la rationalisation de la production, l'Allemagne a atteint le plafond. Il devient impossible de perfectionner davantage.

En même temps, les besoins de la guerre commencent à absorber la totalité des forces productrices. Chaque jour, de nouvelles branches de l'industrie qui travaillaient encore pour les besoins civils sont obligées de s'adapter aux besoins de la production de guerre. Des ateliers toujours plus nombreux de ce genre sont fermés, leur main-d'œuvre et leurs matières premières étant transférées dans les usines de guerre. Ainsi il y a quelques jours, le gouvernement du Reich a interdit la fabrication d'automobiles de tourisme, même pour l'exportation. La main-d'œuvre, les machines et les matières premières qu'absorbe cette fabrication sont exclusivement réservées dorénavant à la fabrication de chars.

Ce qui inquiète surtout les industriels, c'est de constater qu'en dépit de la rationalisation poussée à l'extrême, les frais généraux et les prix de revient augmentent continuellement. Le fait provient notamment de l'augmentation progressive des charges de toutes sortes provenant du financement de la guerre.

Il faut voir dans cette situation une des principales raisons pour lesquelles les grands trusts industriels allemands se tournent toujours davantage vers les pays occupés où la production est encore relativement libre et la main-d'œuvre bon marché. On transfère systématiquement une partie de la production civile dans ces pays occupés, où les salaires et les prix de revient sont moins rigoureusement contrôlés qu'en Allemagne, ce qui permet aux industriels allemands de retrouver des bénéfices appréciables. Ils échappent ainsi, dans une certaine mesure, au réseau très serré des ordonnances et des décrets qui limitent la production civile en Allemagne, de même que les bénéfices.

Dans les pays neutres, comme la Suisse, où l'Allemagne ne peut pas installer ses usines avec la même facilité que dans les pays occupés, le gouvernement du Reich essaie par le détour des accords commerciaux d'englober toujours davantage l'industrie nationale dans le rythme de la production allemande. Notre informateur est convaincu que plus la guerre se prolongera, plus cette mainmise sur la production des pays encore neutres en Europe s'accentuera. Le cas de la Suisse sera naturellement le plus facile à résoudre, la vie économique de ce pays dépendant entièrement du charbon et des matières premières allemandes.

Guerre 1939-1945, Vichy, Z Europe, Allemagne, 116 (10GMII/116)

296

Note du Département

Note remise le 19 juillet 1941 par l'Amiral Darlan à M. Kato
Après le Conseil des Ministres

N.[1]   *Vichy, 19 juillet 1941.*

Le Gouvernement français a examiné avec le plus grand soin et dans l'esprit de compréhension qui a inspiré les accords signés dernièrement à Tokyo les propositions de coopération militaire pour la défense en commun de l'Indochine contenues dans le mémorandum remis le 14 juillet par l'ambassade du Japon[2].

Il a constaté que ces propositions sont d'une nature et d'une portée telles que leur admission engagerait la position politique générale de la France, alors que cette position est actuellement limitée à la fois par les obligations de la situation de neutralité où se trouve en fait la France depuis juin dernier et par les conventions d'armistice signées à Rethondes et à Rome à cette époque.

La réponse à la démarche japonaise ne saurait donc être formulée par le gouvernement français qu'après un échange de vues avec les puissances signataires de ces conventions d'armistice, échange de vues auquel le gouvernement français n'a pas eu la possibilité de procéder ces derniers jours[3].

Le Gouvernement français demande donc au Gouvernement japonais de bien vouloir lui accorder le délai nécessaire à cet effet. Il fera toute diligence pour se mettre en mesure de répondre dès que possible à l'importante question posée dans le mémorandum du 14 juillet[4].

Guerre 1939-1945, Vichy, E Asie, Japon, 324

---

[1] Annotation manuscrite marginale : « Minute ; 5 copies ; (1 ex. remis le 19 juillet à M. Benoist-Méchin) ». Le titre de la note est également manuscrit.

[2] Voir document n° 292, annexe pour le texte du mémorandum.

[3] Une annotation marginale manuscrite du document n° 292 indique que M. Benoist-Méchin n'a pu faire la démarche prescrite auprès d'Abetz que le 21 juillet 1941.

[4] On trouve dans le même dossier, à la date du 19 juillet, un autre projet de lettre – non envoyée – du Maréchal au prince Konoyé, en réponse à la lettre de ce dernier du 13 juillet qui soulignait « la ferme détermination du Japon de remplir les devoirs et de porter les responsabilités découlant du solennel engagement pris par lui concernant le respect de l'intégrité territoriale de l'Indochine et de la souveraineté de la France sur cette Union ». Ce projet de note, plus ferme, rejetait l'argument japonais, faisant état « d'une menace qui pèserait sur l'Indochine », alors que « rien [...] ne paraît justifier de pareilles inquiétudes. Bien au contraire, l'Union indochinoise est actuellement dans une ère de calme interne et de tranquillité aux frontières qui est l'heureuse conséquence des accords récemment intervenus à Tokyo. Elle dispose au surplus de moyens militaires dont les autorités françaises sont fermement décidées à faire usage pour assurer éventuellement la défense du territoire. » Ce projet de réponse avait été rédigé selon les indications manuscrites de Darlan du 17 juillet, mais a été modifié à la suite des entretiens à ce sujet entre l'Amiral et Benoist-Méchin d'une part, et l'amiral Leahy, d'autre part, dans la matinée du 19 juillet, qui tous les deux ont insisté sur la nécessité de gagner du temps. Selon la note du Directeur politique en date du 18 juillet, « ils

297

L'Amiral Decoux, Gouverneur général de l'Indochine,
    à l'Amiral Darlan, Vice-Président du Conseil, Ministre
    Secrétaire d'État aux Affaires étrangères, à la Marine et à
    l'Intérieur.

T. n°s 389 à 391[1].   *Hanoï, 22 juillet 1941, 2 h. 27.*

Réservé.   (Reçu : le 22, 10 h. 45)

Pour Colonies 3885.

Communiqué Ambassade Tokyo 624, 625, 626.

1°) Accuse réception des télégrammes n° 219 à 225 du 20 juillet de Diplomatie[2].

Message 2 parties.

Première partie : obligé de m'indiquer si le Gouvernement français s'est incliné devant exigences japonaises sans essayer négocier les contreparties indiquées dans mes 1072 à 1076[3].

---

ont donc vivement conseillé l'envoi d'une note dilatoire qui permettrait de sonder les réactions éventuelles de Washington et de Berlin. C'est dans ces conditions qu'a été écartée la note en 4 points du 19 juillet et qu'y a été substituée la note portant la même date remise le 19 juillet à 19 heures à M. Kato, après le Conseil des Ministres. » (Tous ces documents non publiés dans Guerre 1939-1945, Vichy, E Asie, Japon, 324).

[1] Annotation marginale manuscrite : « Duplicata remis aux Colonies (Amiral Platon), 22.7.1941, 13 h. 30 ».

[2] T. « très urgent » en date du 20 juillet de Vichy à Hanoï (également communiqué à Tokyo sous le n° 623 à 629). Le Département informe Decoux de la « proposition de coopération franco-japonaise pour la défense de l'Indochine » et les termes du mémorandum (voir document n° 292 et annexe 1), que l'ambassadeur du Japon a faite, accompagnée d'un message personnel du prince Konoyé au maréchal Pétain. Un délai pour la réponse a été sollicité. Mais le 20 juillet au matin, l'ambassadeur nippon a exigé une réponse d'ici le 22 juillet, 6 heures, en faisant savoir « que le gouvernement japonais était décidé, quelle que fût la décision du gouvernement français, à mettre ses projets à exécution. [...] Devant cet ultimatum et tenant compte de l'impossibilité matérielle où se trouve l'Indochine d'opposer la moindre résistance, le gouvernement français n'a pu que s'incliner devant les exigences japonaises, en réservant formellement les droits de la France conformément aux assurances données par le prince Konoyé. » Le même jour (20 juillet), par T. n°s 3251 à 3261, l'amiral Platon avait aussi informé Decoux des clauses de l'accord, en lui donnant instruction de « préparer souverains protégés et opinion civile et militaire à un accord qui paraît au gouvernement français seul moyen dans conjoncture sauvegarder avenir Indochine. » (Guerre 1939-1945, Vichy, E Asie, Japon, 324, documents non publiés).

[3] T. en date du 6 juillet, envoyé de Dallat au Secrétariat d'État aux Colonies, et rapportant qu'à son retour de Canton en Indochine, le général Sumita a fait la veille « au chef du cabinet militaire des déclarations confidentielles laissant prévoir démarches imminentes du Japon auprès de l'ambassadeur de France à Tokyo pour réclamer des bases dans Sud indochinois. Sumita a affirmé que la souveraineté de la France ne serait pas mise en cause. » Pour Decoux, la souveraineté de la France serait néanmoins « gravement compromise par ce nouvel empiétement japonais qui entraînerait perte prestige à l'égard des indigènes et créerait émotion considérable dans les milieux français de Cochinchine. Venue éventuelle des Japonais dans Sud provoquerait excès et incidents pénibles tout comme au Tonkin où les autorités japonaises s'emparent actuellement des stocks chinois au mépris de nos droits souverains et où des soldats japonais se conduisirent dernièrement en véritables sauvages en terrorisant les commerçants d'Hanoï pour les dévaliser. [...] Ni à Saïgon Cam-Ranh ni à Tourane, qui paraissent les intéresser beaucoup, nous ne disposons d'installations

Je ne dois pas vous dissimuler que par son ampleur et sa dispersion l'occupation japonaise en Indochine, outre perte prestige qui en résultera pour nous, va soulever des difficultés pratiques presque insurmontables.

Je m'efforcerai d'y faire face par tous moyens, mais il est certain que la vie en Indochine va être profondément troublée dans tous les domaines.

Deuxième partie : j'ai reçu cet après-midi le général Sumita qui sans me donner de détails m'a exposé dans son ensemble la situation que je savais, d'après le télégramme précité de Diplomatie. Le général Sumita a ajouté qu'il attendait d'avoir par son gouvernement les termes exacts de l'acceptation française pour discuter avec moi des détails et modalités d'application.

Il m'a laissé entendre que les détachements japonais n'avaient pas encore quitté le Japon et que les premiers débarquements auraient lieu en Indochine vers fin du mois.

Troisième et dernière partie : sur une question de ma part le général Sumita m'a répondu que le Japon serait sans doute en mesure de ravitailler au moins partiellement l'Indochine en carburant.

Guerre 1939-1945, Vichy, E Asie, Japon, 324 (3GMII/324)

298

M. DE DAMPIERRE, MINISTRE DE FRANCE À BUDAPEST,
    À L'AMIRAL DARLAN, VICE-PRÉSIDENT DU CONSEIL, MINISTRE
    SECRÉTAIRE D'ÉTAT AUX AFFAIRES ÉTRANGÈRES, À LA MARINE ET À
    L'INTÉRIEUR.

D. n° 98[1].   *Budapest, 22 juillet 1941.*

Il est sans doute trop tôt pour déterminer avec certitude ce que, lors de la réorganisation générale de l'Europe, deviendra la Slovaquie, puisque la solution de cette question dépend tout d'abord du résultat de la guerre, puis des principes sur lesquels s'établira la paix.

à céder aux Japonais. Ceux-ci pour établir leurs bases seraient donc à nouveau amenés à nous déposséder de nombreux immeubles publics et privés au mépris de conséquences graves pouvant en résulter pour nous.[...] L'octroi de nouvelles facilités aux Japonais entraînerait certainement de la part des Anglo-Saxons et des Hollandais des mesures de rétorsion allant jusqu'à couper l'Indochine de toutes communications maritimes avec la métropole. La seule voie ouverte resterait le Japon, or ce pays ne nous a pratiquement rien fourni depuis un an. ». Decoux propose donc, si la France doit accéder aux demandes japonaises, d'obtenir en contrepartie : « A) évacuation du Tonkin par toutes forces japonaises terrestres et aériennes, y compris mission, pour nous permettre remettre ordre chez nous et de récupérer nombreux immeubles dont nous aurions besoin absolu ; B) ravitaillement de l'Indochine en tous produits indispensables y compris carburants. » (Guerre 1939-1945, Vichy, E Asie, Japon, 324).

[1] D. intitulée : « La France et la Slovaquie », mention de copies à Légations de France à Bucarest et à Sofia. Reçu le 28 juillet. Annotation marginale manuscrite : « M. [illisible] m'en parler ».

Un certain nombre de raisons permettent cependant de penser que la Slovaquie vivra[1] : en admettant même en effet que le gouvernement tchécoslovaque, dont M. Churchill vient de ranimer l'existence théorique[2] à la grande indignation des Hongrois[3], réussisse jamais à reconstituer son pays, celui-ci ne pourra pas avoir la même configuration que jadis, l'union des Tchèques et des Slovaques s'étant révélée peu désirable pour les uns comme pour les autres : la Slovaquie est sans doute à jamais séparée de la Bohême. Elle a peu de chances d'être incorporée à la Hongrie car trop de mauvais souvenirs et trop de divergences culturelles et raciales existent entre les deux peuples : les désirs de quelques grands propriétaires hongrois rattachés malgré eux au nouvel État ne deviendront probablement jamais une réalité. Enfin, les gages donnés à l'Allemagne par la Slovaquie et sa participation à la « croisade » antisoviétique détermineront sans doute le Reich, s'il gagne la guerre, à ne pas annexer purement et simplement le minuscule État sorti de ses mains. J'ai su d'ailleurs récemment, de source allemande, que la survie de la Slovaquie était prévue dans les plans de Berlin : celle-ci doit demeurer un État satellite du grand Reich... mais la Hongrie, la Roumanie et la Bulgarie pourront-elles être autre chose dans l'« Ordre nouveau » ?

[1]   On trouvera dans les Papiers 1940, Bureau d'étude Chauvel, 119 (fol. 135-154), une longue note, non datée mais probablement de 1943 ou 1944, intitulée « La question slovaque » et qui cherche à savoir « 1) s'il est possible que les Slovaques fassent partie d'un État hongrois. 2) Si, au contraire, le rattachement de la Slovaquie à la Bohême se justifiait en 1919 et surtout s'il se justifiera à nouveau demain. 3) Ou, dans la négative, si la Slovaquie peut exister comme État indépendant. » La note rappelle qu'après Munich, le gouvernement tchécoslovaque a accordé son autonomie à la Slovaquie que les intrigues allemandes ont poussé au séparatisme, d'où la dissolution du parlement slovaque (9 mars 1939), et l'envoi de troupes par Prague (10 mars), l'appel du gouvernement slovaque réfugié à Zilina à l'Allemagne (14 mars), l'occupation de Prague par la Reichswehr et la proclamation d'indépendance de la Slovaquie le 15 mars. Dès le 23 mars, un traité germano-slovaque place le pays sous un protectorat de fait du Reich, et selon la note, « les rapports économiques des deux États sont réglés par un traité spécial dont on ne publie pas le texte mais qui semble être une sorte de pacte colonial ». Le chef du nouvel État, Mgr Tiso, est connu pour sa germanophilie, alors que le représentant de la tendance pro-hongroise, l'abbé Jelischka est mort à Vienne, « dans des circonstances mystérieuses » au début de janvier 1939. La minorité allemande (100 000 personnes) est organisée sous la direction d'un Führer, M. Karmasyn, qui fait partie du gouvernement et a fait nommer au poste de secrétaire du parti populiste, devenu parti unique, M. Kirchsbaum, « qui passe pour être un agent allemand ». Le Reich a obligé la Slovaquie à déclarer la guerre à la Pologne en septembre 1939 et à l'URSS, en juin 1941.

[2]   Le 18 juillet 1941, le gouvernement britannique reconnaît le gouvernement tchécoslovaque en exil à Londres, sous la présidence du Dr Benes, et accrédite auprès de lui un représentant diplomatique, M. Nichols. Au même moment, un accord est signé à Londres entre l'ambassadeur soviétique, Maisky, et le ministre des Affaires étrangères, Jan Mazaryk, comportant échange de représentants diplomatiques et engagement d'assistance mutuelle dans la guerre contre l'Allemagne. Le gouvernement de l'URSS accepte aussi la formation sur son territoire d'unités militaires commandées par leurs officiers, mais placées sous le haut commandement militaire russe. Voir le T. n° 607 de Dublin en date du 21 juillet 1941 (Guerre 1939-1945, Vichy, Z Europe, Tchécoslovaquie, 803). Le 30 juillet, ce sera au tour des États-Unis de reconnaître le gouvernement en exil (Papiers 1940, Bureau d'études Chauvel, 43).

[3]   Voir par exemple une note d'octobre 1939, issue des archives de l'ambassade de France à Budapest, exprimant un point de vue du « légitimisme hongrois », au moment où la France et l'Angleterre projettent le rétablissement intégral de la Tchécoslovaquie, qui « n'est qu'une fiction, dont les deux parties n'ont jamais appartenu l'une à l'autre », « incapable de vivre comme État » (CPC 1919-1940, Z Europe, Tchécoslovaquie, 132, fol. 86 à 90).

On se demande dans ces conditions si la France n'a pas tort d'être absente de Presbourg[1] que l'on peut appeler aussi Pozsony, mais que Hongrois et Slovaques s'abstiennent généralement de nommer Bratislava. J'ai récemment passé quelques heures dans la capitale de cet État d'à peine 3 000 000 d'habitants ; m'étant naturellement bien gardé de voir des personnages officiels, je n'ai recueilli que l'expression des regrets formulés par quelques personnalités privées. On m'a représenté que la culture française disparaissait d'une ville où elle avait jadis droit de cité et les devantures des libraires m'ont d'ailleurs édifié à ce sujet. On m'a dit également que Presbourg était un poste d'observation où un diplomate français pourrait recueillir bien des informations intéressantes. En traversant les campagnes si fertiles, je me suis demandé d'autre part si, après les Allemands, nous n'aurions pas la possibilité d'y acquérir des produits agricoles pour le ravitaillement de notre pays. Enfin, si nos compatriotes demeurés en Slovaquie sont peu nombreux, le hasard m'a fait découvrir la présence de trois officiers français échappés d'un camp d'Allemagne et que la police slovaque venait d'arrêter : je les ai immédiatement et chaudement recommandés à M. Cano, ministre d'Espagne chargé de nos intérêts ; il ne croit pas que d'autres militaires français soient dans le même cas, mais comme il est probable que, sans mon passage à Presbourg, personne n'aurait été avisé de l'aventure de ces trois officiers et n'aurait été mis à même de s'occuper d'eux, un doute subsiste à cet égard.

Je me contente de donner au Département ces quelques éléments d'appréciation, qui m'ont paru d'autant plus opportuns qu'un diplomate allemand

---

[1] Le gouvernement français n'a reconnu ni l'annexion par le Reich de la Bohême-Moravie, ni l'indépendance de la Slovaquie, qui allaient au-delà des termes de l'accord de Munich de septembre 1938. En conséquence, la Légation de Tchécoslovaquie a continué à exister à Paris, jusqu'à l'armistice, et les consulats tchécoslovaques, notamment en zone libre, tel le consulat général à Marseille, jusqu'en janvier 1941. Sur l'insistance des Allemands, des mesures sont alors prises pour obtenir que les anciens consuls n'exercent plus qu'une activité privée à l'égard de leurs compatriotes. Mais cette disparition des représentations diplomatiques n'a pas davantage entraîné la reconnaissance de l'annexion de la Bohême-Moravie, ni de l'indépendance de la Slovaquie avec laquelle la France n'a pas noué de rapports diplomatiques. Le consulat français à Bratislava, établi en 1920, a été fermé le 1er septembre 1939. Les pressions de la Commission allemande d'armistice à ce sujet sont considérées comme dépassant les clauses de l'armistice pour lui faire accepter « bribe à bribe, des concessions, renonciations ou obligations qui ne devraient venir en discussion qu'au moment des négociations de paix ». (Note du Bureau d'études [Chauvel] en date du 3 février 1941, intitulée « Bohême-Moravie et Slovaquie »). (Guerre 1939-1945, Vichy, Z Europe, Tchécoslovaquie, 803). Malgré des demandes récurrentes (voir par exemple la demande du ministre de Slovaquie à Moscou transmise par l'ambassadeur de France, M. Bergery, le 26 mai 1941) et l'intérêt de reprendre des relations économiques avec ce pays (voir la Note du Service des Relations commerciales en date du 1er juin 1941), la Direction politique considère toujours la reconnaissance de jure de la Slovaquie comme « prématurée » : « Elle aurait l'inconvénient d'entraîner dès maintenant le gouvernement français dans la voie de la reconnaissance d'autres États alors qu'il a paru jusqu'ici préférable de se tenir sur la réserve en ce qui concerne les modifications territoriales survenues en Europe centrale et orientale. [...] La conclusion éventuelle d'un accord commercial et l'envoi d'un agent commercial en Slovaquie ne constitueraient, en effet, qu'une reconnaissance de fait de l'État slovaque et non une reconnaissance de droit. Sous cette forme, une reprise de contact avec les autorités slovaques n'offrirait aucun inconvénient du point de vue politique et pourrait même faciliter, le moment venu, l'établissement de relations diplomatiques. » (Note de la Sous-Direction d'Europe, en date du 6 juin 1941) (Tous ces documents, non publiés, in Guerre 1939-1945, Vichy, Z Europe, Tchécoslovaquie, 812). Finalement, toujours sous la pression allemande, la France reconnaîtra la Slovaquie de jure le 25 avril 1942, mais sans que cela aboutisse à la mise place de légations et à l'échange de diplomates.

a récemment dit à l'une de nos compatriotes mariée en Slovaquie que l'installation d'une légation de France à Presbourg ne saurait tarder. Était-ce simplement pour lui être agréable ou la question est-elle réellement posée ?

Les rapports d'un caractère purement personnel que j'entretiens ici avec mon collègue slovaque ne m'ont naturellement pas permis de savoir par lui ce que son gouvernement pense de la question, mais M. Jean Spisiak qui a fait ses études à l'École des Sciences politiques et parle admirablement notre langue doit être de ceux qui regrettent que le gouvernement français n'ait jamais cru devoir reconnaître l'existence légale de son pays.

Guerre 1939-1945, Vichy, Z Europe, Tchécoslovaquie,
812 (10GMII/812)

299

M. Guerlet, Ministre de France à Stockholm,
	à l'Amiral Darlan, Vice-Président du Conseil, Ministre
	Secrétaire d'État aux Affaires étrangères, à la Marine et à
	l'Intérieur.

D. nº 98[1].										*Stockholm, 22 juillet 1941.*

Confidentiel.

Le déclenchement de la guerre germano-russe n'a pas surpris les Suédois. Depuis plusieurs mois déjà les Allemands de tous les milieux se vantaient ouvertement que le Führer avait l'intention de régler son compte à la Russie communiste (ma dépêche nº 53 du 21 avril dernier)[2]. Cette prophétie sembla devoir se réaliser lorsque l'Allemagne multiplia ses préparatifs militaires depuis l'océan Arctique jusqu'à la mer Noire. Déjà au mois de mai dernier, le bruit avait couru que d'importants contingents de troupes allemandes avaient débarqué en Finlande[3]. Ces informations n'avaient pas été confirmées, mais il était apparu bientôt qu'elles n'étaient que prématurées. Au

---

[1]	D. intitulée « La Suède et la guerre germano-russe ». Le document porte le tampon « 7 septembre 1941 », date de réception ou d'enregistrement.

[2]	Document non retrouvé.

[3]	Voir par exemple, d'Helsinki, les T. nᵒˢ 141-142 en date du 23 avril, sur la fourniture avec de grandes facilités de paiement, de matériel de guerre par les usines allemandes, avec l'envoi de quantités doubles de ce qui avait été commandé pour être entreposé dans un camp allemand installé en Finlande (Guerre 1939-1945, Vichy, Z Europe, URSS, 835), T. nᵒˢ 151-152 et 154-155 d'Helsinki en date du 2 mai 1941, sur l'arrivée de quatre navires allemands à Turku et le débarquement de troupes allemandes, estimées à 12 000 hommes avec du matériel, de l'artillerie et des tanks, selon la *Pravda*, chiffres exagérés selon les Finlandais (2000 hommes tout au plus d'après les renseignements recueillis par M. Vaux de Saint-Cyr, qui signale aussi l'envoi de jeunes Finlandais en Allemagne pour y recevoir une instruction militaire (T. nᵒˢ 198-199 d'Helsinki en date du 7 juin), puis le renforcement de la défense et le rappel de certains réservistes (T. nº 214 d'Helsinki en date du 19 juin) (tous ces documents, non publiés, *in* Guerre 1939-1945, Vichy, Z Europe, Finlande, 892).

début du mois de juin plusieurs divisions allemandes s'installaient, en effet, en Finlande et dès lors on ne mettait plus en doute que quelque chose d'important se préparait[1].

Il est vrai qu'il était permis de se demander si ce vaste déploiement de forces n'avait pas seulement pour objet d'exercer une pression sur le gouvernement soviétique pour obtenir de lui d'importantes concessions dans le domaine économique. Si le Reich se faisait livrer de bon gré les matières premières et les denrées alimentaires dont il avait un impérieux besoin, si on le laissait coloniser l'Ukraine et le Caucase, peut-être s'abstiendrait-il de recourir aux armes[2]. Cette hypothèse était pourtant écartée, non sans raison, par tous ceux qui inclinaient à croire qu'Hitler entendait remporter une victoire éclatante sur la Russie communiste, en vue de préparer une prochaine offensive de paix.

Une telle perspective n'était pas pour déplaire aux Suédois qui redoutent à la fois la Russie en tant qu'ennemis héréditaires et les effets de la propagande communiste. Dans ces conditions, la nouvelle que les hostilités avaient éclaté sur tout le front dans la nuit du 21 au 22 juin fut accueillie avec une certaine faveur par une grande partie de l'opinion publique suédoise. En revanche, dans les milieux gouvernementaux, on ne s'est pas dissimulé que des complications ne tarderaient pas à survenir et que la situation de la Suède deviendrait plus délicate encore pendant ce nouveau conflit au cours duquel la Finlande combattrait aux côtés de l'Allemagne[3].

En fait, dès l'ouverture des hostilités, cette dernière ne manqua pas de formuler des exigences qui mettaient en danger la neutralité de la Suède. À la suite d'une démarche pressante du ministre d'Allemagne, le gouvernement se vit obligé de réunir les 2 Chambres en comité secret et l'on apprit, le 25 juin dans la soirée qu'avec leur approbation, il avait décidé

---

[1] Enfin, le 21 juin, le ministre de France dans la capitale finlandaise rapporte que les troupes allemandes continuent à arriver en grand nombre, et qu'il y aurait bientôt dans le pays 150 000 Allemands, que tous les aérodromes sont occupés, tandis que vedettes et sous-marins croisent dans l'archipel et que les Finlandais doivent mobiliser toutes leurs divisions, munies, grâce à l'envoi venu d'Allemagne, d'une artillerie puissante (Guerre 1939-1945, Vichy, Z Europe, URSS, 835).

[2] C'est le point de vue de nombreux diplomates, dont l'ambassadeur de France à Moscou. Voir les documents n°s 193, 210, 226, 239, 241, 245.

[3] Si la Finlande souhaite prendre sa revanche sur la Guerre d'Hiver de 1939-1940, elle conserve en principe la neutralité et une position défensive. Le 22 juin, les troupes finlandaises n'ont fait mouvement sur aucun front (T. n° 229 d'Helsinki), prenant dans les jours suivants des mesures défensives (notamment le minage des eaux environnant les îles d'Aland). Selon M. de Vaux Saint-Cyr, après avoir perdu 22 000 hommes l'année dernière, l'armée finlandaise « a tout intérêt à participer au conflit le plus tard possible, d'autant plus que la situation économique du pays est des plus critiques. Par contre, les troupes allemandes composées en grande partie de jeunes Bavarois, sont difficiles à retenir et le commandement finlandais s'est plaint le 23 juin que des patrouilles allemandes aient déjà pénétré en territoire russe près de Kuhmo. » (T. n°s 240-242 en date du 25 juin). De fait, après avoir bombardé entre autres les défenses côtières dès le 23 juin, c'est par radio, que le 25 juin à 13 h 15, que l'URSS fait savoir à ses unités qu'elle se trouve en guerre avec la Finlande (T. n° 243 de ce jour) et bombarde Helsinki et le port de Turku, point d'arrivée du ravitaillement venant de Suède (T. n° 248 du 26 juin). Sur les craintes suédoises des conséquences d'un éventuel soutien à une Finlande en guerre, voir par exemple la D. n° 56 de P. Guerlet de Stockholm en date du 27 juin ou la D. n° 38 d'Helsinki, « Suède et Finlande » en date du 30 avril 1941 (Guerre 1939-1945, Vichy, Z Europe, Finlande, 890).

d'accéder à une demande « exprimée du côté finlandais et allemand » pour le transport d'une division allemande, à travers le territoire suédois, de la frontière norvégienne jusqu'à la Finlande[1]. Le communiqué officiel qui portait cette décision à la connaissance du public produisit sur celui-ci une vive sensation. On craignit que cette concession, déjà si difficile à admettre, ne fût suivie d'autres abandons qui seraient tout à fait incompatibles avec la souveraineté du pays. C'est pour calmer de telles appréhensions que le Président du Conseil et le ministre de la Guerre jugèrent à propos de déclarer publiquement, le 29 juin, que l'autorisation de transit donnée aux troupes allemandes ne devait être considérée comme une concession de principe qui pourrait en entraîner d'autres, mais comme une concession strictement limitée, consentie dans l'intérêt de la Finlande amie. Le Gouvernement entendait d'ailleurs maintenir le pays en dehors du conflit, en persévérant dans l'application de son programme d'armement et en s'appuyant sur le patriotisme du peuple suédois dans l'union de tous les partis[2].

Au surplus, il ne semble pas que la Suède ait été jusqu'à présent obligée de se soumettre à d'autres exigences du même ordre. On a dit que les troupes transportées à travers le territoire suédois avaient dépassé sensiblement l'effectif d'une division et que le Gouvernement royal avait consenti certaines facilités à l'aviation et à la Marine allemandes en cas d'atterrissage forcé ou d'escale dans les ports suédois, mais aucune précision n'a été donnée officiellement sur ces différents points.

L'attitude que M. Per Albin Hansson adoptait quelques jours plus tard, à l'égard des volontaires suédois, devait souligner l'intention bien arrêtée du Gouvernement d'observer une prudente réserve. C'est après avoir consulté le Président du Conseil que « l'association pour favoriser l'organisation de la défense » renonça à la constitution d'un corps de volontaires semblable à celui qui avait été envoyé en Finlande au cours de la guerre 1939-40. Les Suédois auraient seulement la faculté de s'engager individuellement dans l'armée finlandaise et le bruit courait bientôt que le nombre des inscrits, recueilli par la légation de Finlande, ne dépassait pas quelques centaines, bien loin d'atteindre le chiffre de 7 à 8 000 obtenu, il y a 18 mois, lorsque la Finlande avait été victime de l'agression soviétique[3]. Le mot d'ordre officiel était que la Suède n'avait pas trop de toutes ses forces pour assurer sa propre défense et que les Suédois devaient avant tout rester au service de leur propre pays. Il semble que la très grande majorité de l'opinion publique se soit volontiers ralliée à cette ligne de conduite[4].

De toute évidence, la Suède se refusait à s'associer à une « croisade anticommuniste », la guerre russo-allemande n'étant en réalité qu'une phase

---

[1] Voir T. nos 335 à 337 de Stockholm en date du 26 juin 1941 (Guerre 1939-1945, Vichy, Z Europe, Suède, 719).

[2] Voir T. nos 356 à 357 de Stockholm en date du 30 juin 1941 (*ibidem*).

[3] Voir *DDF (1939-1944)*, 1939 et *DDF (1939-1944)*, 1940-1, les documents de la section relative à la guerre soviéto-finlandaise, déclenchée par l'attaque par l'URSS le 30 novembre 1940 de la Finlande neutre refusant de se soumettre au Diktat des revendications territoriales soviétiques.

[4] Lors de la Guerre d'Hiver soviéto-finlandaise, la Suède a refusé les demandes de transit de contingents et d'armement des alliés franco-britanniques voulant se porter au secours de la Finlande.

du conflit qui oppose l'Allemagne à la Grande-Bretagne, comme la presse officieuse du Reich l'a elle-même proclamé à diverses reprises. Mais si le gouvernement suédois est préoccupé d'éviter tout ce qui pouvait le compromettre dans le domaine politique ou militaire, il n'en est pas moins disposé à venir en aide à la Finlande sur le plan économique et, tout récemment encore, il faisait annoncer par la voie des journaux que 5 000 tonnes de céréales et de produits alimentaires, de même que de grandes quantités de fer et d'acier, avaient été expédiées aux Finlandais.

Au demeurant, si l'on éprouve en Suède beaucoup de sympathies et de compréhension pour un peuple ami qui profite des circonstances pour échapper définitivement à l'emprise soviétique et pour récupérer les territoires qui lui ont été arrachés l'année dernière, il ne s'ensuit pas que l'on verrait d'un œil favorable une Finlande qui se ferait l'instrument d'une politique de conquête, en participant aux dépouilles de l'URSS. Le projet de création d'une grande Finlande où de vastes territoires tels que la Carélie orientale et la presqu'île de Kola se trouveraient incorporés, ne sourit aucunement aux Suédois. À cet égard, les termes de l'ordre du jour adressé le 11 juillet aux troupes finlandaises par le maréchal Mannerheim, ont été critiqués par beaucoup de Suédois[1]. « Une Finlande engagée dans la voie de la conquête n'aurait plus beaucoup de choses communes avec le reste du Nord », déclarait l'*Eskilstuna Kuriren* dans son n° du 15 juillet. « Un petit peuple se doit à lui-même de rester toujours sur le terrain du droit ».

En résumé, le gouvernement de Gustave V, soutenu par la grande majorité de la nation, ne perd pas de vue que ce qui importe à la Suède comme à tous les États nordiques, c'est le rétablissement d'un équilibre européen. S'il souhaite voir écarter le danger slave et le péril communiste, il ne s'ensuit pas qu'il soit prêt à prendre son parti d'une hégémonie de l'Allemagne hitlérienne sur le continent et il n'est pas douteux qu'il compte sur la Grande-Bretagne et sur l'Amérique pour faire obstacle à l'établissement d'un ordre nouveau national-socialiste. Soucieuse de la mission qui lui incombe au centre de la communauté nordique, la Suède ne saurait oublier l'agression dont le Danemark et la Norvège ont été les victimes l'année dernière[2]. Entre deux pays amis dont l'un a l'Allemagne pour ennemie et l'autre a celle-ci pour alliée, elle entend se garder de toute compromission et elle comprend qu'il est de son intérêt d'attendre patiemment l'issue d'un conflit dans lequel elle ne veut à aucun prix être entraînée[3].

Guerre 1939-1945, Vichy, Z Europe, Suède, 719 (10GMII/719)

[1] Après l'ordre du jour du 29 juin 1941 du maréchal Mannerheim, héros de la Guerre d'Hiver, expliquant que depuis la dernière guerre, « il n'y a jamais eu de véritable paix avec l'URSS, que les troupes soviétiques ont attaqué "sans cause" le territoire finlandais et que l'heure est venue de marcher contre les Russes avec les puissantes troupes allemandes. » (T. n° 259 d'Helsinki en date du 29 juin 1941, Guerre 1939-1945, Z Europe, Finlande, 892), celui du 11 juillet, Mannerheim déclare qu'il resterait fidèle à son serment, dès 1918, lors de la lutte d'indépendance contre les bolcheviks, de ne pas remettre l'épée au fourreau tant que la Carélie orientale ne serait pas libérée. Voir document n° 331.

[2] Voir *DDF (1939-1944), 1940-1*, les documents relatifs au front scandinave.

[3] Voir par exemple la D. n° 95 en date du 21 juillet 1941 de Stockholm, intitulée « Projets d'entente entre la Suède et la Finlande », où la Suède fait une mise au point à la suite de la publication

300

M. Truelle, Ministre de France à Bucarest,
à l'Amiral Darlan, Vice-Président du Conseil, Ministre
Secrétaire d'État aux Affaires étrangères, à la Marine et à
l'Intérieur.

T. n° 687. *Bucarest, 23 juillet 1941.*

En clair. *(Reçu[1] : le 28 juillet, à 18 h. 30)*

Au bout d'un mois de campagne, il est possible d'essayer de dresser, du point de vue roumain, un bilan provisoire de la guerre contre la Russie, ne serait-ce que par une simple comparaison des faits avec les espoirs, ou plutôt les certitudes affirmées à Bucarest au début de la guerre.

À ce moment en effet, beaucoup de Roumains, en particulier dans les milieux officiels, répétaient à l'envi que l'armée soviétique serait hors de combat en moins d'un mois et qu'au bout de six semaines le régime bolchevique serait détruit. La propagande n'a cessé d'annoncer des succès sensationnels, des avances foudroyantes, la conquête de villes qui n'ont été effectivement prises que 8 ou 15 jours plus tard, ou même qui ne le sont pas encore aujourd'hui, l'écrasement et la dispersion de l'Armée rouge « en pleine décomposition » et qui, dotée d'un matériel insuffisant dont elle ne savait pas se servir, ne cherchait plus son salut que dans la désertion en masse, la fuite ou l'exécution de ses chefs.

Indéniablement, la réalité est autre. D'après des renseignements tous concordants, sur le front roumain, les deux offensives de la dernière semaine de juin et de la première semaine de juillet échouèrent avec des pertes considérables pour l'armée roumaine ; les contre-attaques soviétiques ont été si puissantes qu'il s'en est fallu de peu, notamment le 12 juillet, pour que le front ne fût rompu. Les territoires conquis par la suite par les Roumains ont été, dans la plupart des cas, abandonnés par les Russes, contraints de rectifier leur front par suite de la situation en Ukraine. Par des manœuvres habiles, ils ont réussi à dégager leurs troupes, sans pertes importantes, et en n'abandonnant que quelques milliers de prisonniers. L'état-major roumain pensait encercler Cernauti et Chisinau et il n'y est pas parvenu. Aujourd'hui Tighina (Bender) et la partie sud de la Bessarabie sont toujours aux mains des Russes qui continuent à faire passer sans pertes leurs effectifs et leur matériel au-delà du Dniestr.

L'importance des pertes roumaines n'est pas dissimulée à l'état-major roumain où il y a 15 jours, elles étaient estimées au tiers des effectifs engagés qui sont d'une quinzaine de divisions. Ce chiffre est aujourd'hui porté par certains à la moitié.

---

du Livre bleu-blanc finlandais n° 11, exposant dans quelles conditions le projet d'une alliance défensive entre la Suède et la Finlande avait été abandonnée par suite de la méfiance du gouvernement soviétique. (Guerre 1939-1945, Vichy, Z Europe, Finlande, 891).

[1] Par courrier.

Du point de vue allemand, d'après les informations nombreuses et précises que l'on recueille ici, si l'on s'était abstenu de fanfaronnades ou de promesses imprudentes, l'état-major de la Wehrmacht n'en aurait pas moins été stupéfait de la résistance russe. Il s'attendait à trouver en face de lui une très puissante aviation et une armée de terre faible qu'il pensait tronçonner et rejeter au-delà de Moscou en deux à trois semaines. Or, c'est le contraire qu'il doit constater. Bien que dotée d'un matériel abondant et moderne, l'aviation est indéniablement médiocre, par suite de l'insuffisance des pilotes, mais la résistance au sol est très forte malgré les vagues de Stukas et de tanks, et les cas d'acharnement fanatique sont nombreux.

Sans doute, indique-t-on, dans ces milieux les troupes allemandes ont-elles avancé en moyenne de 400 à 600 kilomètres, mais la plus grande part de cette avance est effectuée sur des territoires non russes. En réalité, même après la prise de Smolensk, le front actuel ne mord que faiblement sur l'immense territoire des Soviets. Les secteurs conquis jusqu'à présent ne présentent d'ailleurs pas d'intérêt majeur et la plupart des richesses qu'ils contenaient auraient été détruites par les Bolcheviks.

Sans doute aussi, les Allemands peuvent-ils revendiquer à leur actif les pertes énormes qu'ils auraient infligées aux Russes et qui semblent telles en effet. Mais il faut remarquer qu'à l'heure actuelle, s'ils ont fait de 200 à 300 000 prisonniers, ils n'ont pas réussi à percer le front ; s'ils ont détruit d'immenses quantités de matériel, l'Armée rouge semble, de leur propre aveu, encore en posséder davantage. Par contre, les pertes allemandes ne paraissent pas avoir été moins lourdes. Il y a 8 jours, le roi Michel disait à son retour du front à un de mes collaborateurs qu'à cette date, les Allemands comptaient 250 000 tués. Ce chiffre confirme les informations dont je disposais à ce moment de bonne source et qui évaluaient alors le total des pertes allemandes à 650 ou 700 000 hommes. Enfin, les pertes en matériel et en aviation n'ont pas été légères, et l'on doit se rappeler qu'à la fin de la campagne des Balkans, qui avait été à la fois plus rapide et moins dure, les Allemands avaient en réparation 80 % de leur matériel en Roumanie.

Ces considérations ne doivent d'ailleurs pas nous entraîner à des conclusions excessives. Il serait surprenant en effet que les Allemands n'inscrivissent pas à leur actif de nouveaux et importants succès. Mais on peut se demander dans quel état ils se trouveront après ces victoires futures et si celles-ci comporteront la destruction intégrale de l'appareil militaire soviétique. On peut également se demander quel sera le moral de l'armée lorsqu'elle se verra au cœur de la Russie à la veille de l'hiver, même au cas où une décision aurait été obtenue. Telles sont, en tous cas, les questions que commencent à se poser les hauts fonctionnaires roumains pour lesquels, il y a quelques semaines encore, la destruction rapide de l'Armée rouge et l'effondrement consécutif du régime soviétique ne faisaient aucun doute.

Guerre 1939-1945, Vichy, Z Europe, Roumanie, 689 (10GMII/689)

301

M. de La Baume, Ambassadeur de France à Berne,
    à l'Amiral Darlan, Vice-Président du Conseil, Ministre
        Secrétaire d'État aux Affaires étrangères, à la Marine et à
        l'Intérieur.

T. n° 1067.   *Berne, 24 juillet 1941.*

En clair. Très confidentiel.   *(Reçu[1] : le 27 juillet, à 10 h. 30)*

Mon collègue d'Allemagne revient de Berlin où il a assisté avec les représentants du Reich dans d'autres capitales à une conférence dont l'objet était de les instruire sur les événements du théâtre oriental de la guerre et de leur fournir sans doute aussi quelques thèmes de propagande. M. Pilet-Golaz m'a fait part aujourd'hui confidentiellement des indications que lui a données M. Köcher à son retour :

L'officier général que l'on avait chargé de faire l'exposé essentiel de cette conférence et qui revenait tout exprès du front a insisté sur les points suivants :

Le commandement supérieur russe s'avérait dans la bataille pleinement au fait de son métier et à la hauteur de sa tâche. C'était bien la plus grande surprise que l'on pouvait avoir.

Si on descendait à l'échelon inférieur (Division – Régiment – Bataillon), la moyenne faiblissait au contraire rapidement.

On retrouvait par contre chez le soldat russe le maximum de la valeur combative. Le cas n'était pas rare de soldats se laissant approcher comme s'ils s'avouaient hors du combat et qui, entourés, tiraient brusquement et sans espoir d'échapper à la mort, leurs dernières cartouches. D'où des pertes considérables pour l'assaillant. Une autre surprise pour les Allemands : l'attaque des Stukas[2] n'avait aucune prise sur le moral des soldats russes. Ou ils en étaient victimes, ou ils se retrouvaient dispos pour le combat.

Les Russes sont en possession d'un matériel abondant et de types souvent inconnus des services de renseignements allemands. Ils n'en tirent pas tout le profit possible.

Les ouvrages d'art et les voies de communication sont rarement détruits par les Russes en retraite. Ce n'est cependant pas faute d'explosifs ni de l'aptitude à s'en servir. C'est vainement que M. Pilet-Golaz a cherché à s'en faire donner la raison par M. Köcher. Celui-ci a intrigué son interlocuteur en gardant obstinément le silence sur la question.

Sur l'étendue des destructions opérées par les Russes, M. Köcher a affecté d'être rassurant ce qui fait penser à M. Pilet-Golaz que là commence le travail de la propagande.

---

[1] Par courrier.

[2] *Stuka* : avion de combat bombardier (allemand).

En réalité, j'ai trouvé M. Pilet-Golaz très inquiet de cet aspect particulier de la guerre à l'Est. Il ne fait pas de doute pour lui comme pour les services qui le renseignent, que le grand problème va être celui de la famine en Russie, et des épidémies qui s'en suivront. Dans toute l'Europe, la répercussion risque de s'en faire sentir. Les Allemands ont ouvert pratiquement la porte aux Asiatiques et à tout leur cortège de misères. Ce sera peut-être une occasion, m'a dit M. Pilet-Golaz, en pensant surtout à son pays, de retrouver une conscience européenne qui soit à la taille du péril.

Papiers 1940, Papiers Arnal, 51 (382QO/51)

302

M. Jean Lescuyer, Ministre de France à Bagdad,
à l'Amiral Darlan, Vice-Président du Conseil, Ministre
Secrétaire d'État aux Affaires étrangères, à la Marine et à
l'Intérieur.

D. n° 82[1].   *Bagdad, 24 juillet 1941.*

Moins de deux mois se sont écoulés depuis la fin du conflit anglo-irakien et malgré toutes les ruines accumulées tant pendant les opérations militaires du moi de mai que pendant les journées de pillage qui ont suivi[2], on constate déjà une reprise extraordinaire de la vie économique du pays. Le découragement qui régnait alors a fait place au plus grand optimisme. Les banques ont repris leur activité, le commerce de gros et de détail n'a jamais été si actif et la ville dans ses époques de plus grande prospérité n'a jamais connu une telle animation.

Ce brusque mouvement de reprise peut, il est vrai, s'expliquer par les événements extérieurs. Alors qu'au printemps l'Axe menaçait directement le Proche-Orient, le danger paraît s'être écarté depuis l'attaque allemande en Russie[3] et nombreux sont ceux qui espèrent maintenant que la guerre se terminera sans que l'Irak devienne un champ de bataille.

La fin des opérations militaires en Syrie dont les Anglais semblent vouloir ouvrir largement les portes au trafic international, fait également espérer ici une forte reprise du commerce vers l'Ouest.

Enfin, un autre facteur n'est certainement pas étranger à la prospérité actuelle, c'est l'importance des sommes apportées par les troupes anglaises stationnées en Irak et dont les effectifs semblent devoir se maintenir autour de 80 000 hommes. Les Anglais vont, en outre, entreprendre de grands

---

[1] D. intitulée : « A.s. situation en Irak » et communiqué à Ankara. Mention marginale manuscrite : « Vu : A.O. » Autre indication : « Enregistré le 5 septembre 1941 ».

[2] Se reporter à ce propos aux documents n°s 197, 201, 205. Les « journées de pillage » se rapportent au pogrom qui a frappé la population juive de Bagdad.

[3] L'« Opération Barbarossa » a été déclenchée dans la nuit du 21 au 22 juin 1941.

travaux, en particulier à Bassorah où la construction de casernes, d'hôpitaux ainsi que l'agrandissement du port sont prévus, et dans le Nord où de nouveaux aérodromes vont être construits et un réseau de communications aménagé.

Tous ces projets de travaux, qui vont faire couler un véritable pactole sur le pays, y développent naturellement un état d'euphorie suffisant à expliquer le rapide mouvement de reprise auquel on assiste aujourd'hui. Mais, on est obligé, en même temps, de constater les grandes possibilités économiques de l'Irak auxquelles les richesses de son sol, ses réserves de pétrole et enfin tous les avantages qu'il retire de sa position comme pays de transit assureraient le plus brillant avenir économique, si malheureusement l'absence totale d'esprit politique de la population ne venait constamment remettre en question ses conditions de prospérité et peut-être même ses possibilités d'existence comme État indépendant.

Le contraste actuel entre l'essor économique du pays et sa stagnation politique est précisément frappant. Le prince Abdul Illah, depuis son retour, n'a rien su faire pour développer sa popularité et créer un esprit national[1]. J'ai l'honneur de vous adresser ci-joint la traduction d'une déclaration à la radio qu'il a faite ces jours derniers. Il retrace un historique des derniers événements, mais ne sait pas employer les mots qui toucheraient le peuple et le poseraient en chef de la nation irakienne.

D'ailleurs, rentré à Bagdad « dans les bagages de l'armée anglaise », il a perdu devant l'opinion beaucoup de son autorité et sa présence ne peut être considérée maintenant comme un facteur de force et de stabilité ni pour le gouvernement actuel ni pour les Anglais. Sa personnalité n'est certes pas assez forte pour redresser les choses.

Au gouvernement on reproche également sa sujétion aux Anglais et pour cette raison ni le Président du Conseil[2], ni ses collaborateurs n'osent prendre les mesures qui seraient nécessaires pour briser l'état d'esprit qui a permis à Rachid Ali Guilani de monter son coup en mai dernier. L'opinion travaillée pendant des années par la propagande de l'Axe, qui exploitait l'affaire de Palestine, est devenue nettement antibritannique et rien n'a été fait jusqu'à présent pour lutter contre ces tendances. On constate à ce point de vue autant de négligence du côté des milieux modérés irakiens que du côté des Anglais.

Les autorités anglaises qui auraient dû, au lendemain de la victoire des troupes britanniques, reprendre en main avec énergie les leviers de

---

[1] Neveu de feu le roi Fayçal d'Irak et cousin du fils et successeur de celui-ci, Ghazi, Abdul Illah (ou Abd al-Illah) est devenu régent en avril 1939, lorsque le prince Fayçal, un enfant encore, monte sur le trône d'Irak, après l'accident de voiture qui tua son père. Chassé en avril par le coup d'État des officiers irakiens, réfugié à Amman, il est revenu à Bagdad dans le sillage des Anglais victorieux, le 2 juin 1941.

[2] Djamil al-Midfai, désigné plus loin comme « Medfai Bey » d'Irak est Premier ministre pour la quatrième fois du 4 juin au 10 octobre 1941. Originaire de Mossoul, il a pris part à la révolte arabe de 1916 contre le sultan ottoman. Fidèle du prince hachémite Fayçal, devenu roi d'Irak, et de sa dynastie, il s'est réfugié en Transjordanie pendant l'intermède du règne de Rachid Ali à Bagdad.

commande du pays font preuve du plus grand laisser-aller. En même temps beaucoup de fonctionnaires anglais, surtout parmi ceux résidant depuis longtemps dans le pays, écœurés par les derniers événements ne pensent plus qu'à quitter l'Irak ce qui ne facilite pas l'action britannique.

Tant que les effectifs anglais cantonnés dans le pays seront importants, l'ordre et le calme seront assurés ; mais, que ces effectifs viennent à être réduits ou soient employés ailleurs, on risquerait fort alors de voir renaître en Irak, et spécialement à Bagdad, une agitation semblable à celle du printemps. Nombreux sont en effet ceux qui craignent que dans le cas d'une nouvelle poussée de l'Axe vers le Proche-Orient, un nouveau mouvement de désordre se déclenche en Irak. Ils reprochent aux Anglais victorieux de ne pas prendre dès maintenant, d'accord avec le gouvernement au pouvoir, les mesures nécessaires pour empêcher ce mouvement. Et pourtant, ces mesures seraient faciles à prendre car les derniers événements ont découragé toute activité politique ; les hommes de l'opposition sont partis à l'étranger et, l'influence de l'armée est nulle depuis son effondrement. Il serait certes aisé, dans ces conditions, au gouvernement de Medfai bey, s'il se sentait fortement soutenu par les Anglais de redresser l'opinion et de réduire à l'impuissance les éléments de désordre. Mais jusqu'à présent rien n'a été fait dans ce sens et c'est ce qui peut faire envisager l'avenir avec pessimisme.

Comme cette légation a souvent eu l'occasion de le signaler, la diversité des éléments qui constituent l'Irak rend très difficile l'application d'une politique forte et constante. Sunnites et Chiites se partagent à peu près en nombre égal le pays et sont en constante opposition ; une forte minorité kurde[1] occupe les provinces du nord où la propagande turque n'est pas inactive. Sans tradition, sans classe dirigeante, un tel pays laissé à ses seules forces peut difficilement exister. Seule une révision totale des principes qui sont à la base de l'organisation actuelle de l'Irak permettrait peut-être au pays de retrouver la stabilité nécessaire à un développement normal. Les derniers événements le prouvent et l'Irak en sort très affaibli du point de vue extérieur. Alors qu'il s'imposait comme champion du mouvement arabe, il a maintenant perdu cette primauté et ses dirigeants sont obligés de reconnaître que c'est seulement dans un groupement de pays arabes que sa place future peut être envisagée et qu'il devra alors s'incliner devant la prééminence de pays plus évolués comme l'Égypte et peut-être même la Syrie.

ANNEXE

Discours prononcé le 14 juillet 1941 au soir par le Prince Régent d'Irak et radiodiffusé par le poste de Bagdad

Mes frères, mes enfants,

Vous avez assisté à de nombreux événements et entendu beaucoup de paroles pendant que se déroulait l'action de Sayid Rachid Ali et des cinq officiers de l'armée qu'il a trompés et utilisés pour ses desseins et ses ambitions. Vous serez sans doute heureux d'apprendre

---

[1] Annotation marginale manuscrite : « 700 000 ».

l'historique des événements qui ont précédé le dernier mouvement d'une source qui ne souhaite que votre bonheur.

C'est pourquoi je suis venu ce soir vous expliquer certains événements en vous laissant le soin de juger par vous-mêmes les mensonges de Rachid Ali et de ses sbires.

Pour être complet, je crois nécessaire de passer en revue les événements qui ont précédé le dernier mouvement, depuis septembre 1940, au moment où Rachid Ali était président du Conseil et ministre de l'Intérieur[1]. Un conflit s'est alors engagé entre notre Cour Royale et lui sur la politique intérieure et extérieur de l'État.

Le différend sur la politique intérieure portait sur sa mauvaise administration des affaires de l'État qui a entraîné des événements douloureux et une effusion inutile de sang.

Quant au conflit sur la politique étrangère, il avait trait à l'envoi à l'étranger d'un ministre d'État pour engager des négociations avec certaines puissances étrangères, sans que ni moi ni le Conseil des ministres, en ayons été avisés, et également à des contacts intimes et directs avec certains ministres plénipotentiaires des puissances de l'Axe à l'insu du ministre des Affaires étrangères.

Ces agissements et d'autres encore semblables n'ont pas manqué de provoquer une scission entre les membres mêmes du Cabinet, ce qui est, ainsi que vous le savez d'ailleurs, une situation anormale et fâcheuse pour un ministère qui administre le pays dans des circonstances aussi délicates et aussi critiques.

Lorsque je me suis rendu compte que la situation allait de mal en pire, j'ai dû, au début de l'an 1941, réunir le Conseil des ministres et lui faire part de ces graves sujets. J'ai signalé la scission au sein du Cabinet et le différend qui existait entre notre Cour royale et le Président du Conseil. Nous avons longuement délibéré sur ces deux points. J'ai précisé de plus au Cabinet que lorsque nous avons voulu fortifier le dernier cabinet de Nouri Al Saïd par la collaboration d'autres éléments, ce dernier a démissionné pour laisser la place à un Cabinet jouissant de la confiance des personnalités du pays et de l'opinion générale. Votre Cabinet, leur ai-je déclaré, s'est formé suivant ces conditions. Mais je sens – et tout le monde le sent avec moi encore – que votre cabinet ne possède pas la confiance des personnalités et de l'opinion générale et de plus qu'il lui manque la solidarité qui est si nécessaire entre ses membres. C'est pourquoi je crois absolument nécessaire de trouver une solution efficace à ce grave problème.

Après de longues délibérations, il a été décidé que les ministres chercheraient eux-mêmes à aplanir le différend qui les divisait et à rentrer dans la bonne voie, et cela pour renforcer le Cabinet et rehausser sa position au regard de l'opinion générale. J'ai laissé au Cabinet le temps suffisant à cet effet.

Mais nous avons constaté ensuite que tous les efforts déployés à ce sujet, dont notamment ceux que j'ai déployés moi-même en collaboration avec certains hommes dévoués, n'ont assuré ni l'homogénéité ni la solidarité tant attendues.

Je crois nécessaire à cette occasion de porter à votre connaissance le document historique qui a été signé pendant cette période par les anciens présidents du Conseil sur la nécessité d'une solidarité et l'application d'une politique conforme à l'intérêt national. En voici le texte ; il est en contradiction avec tous les agissements de Rachid Ali :

« Vu notre désir sincère d'union, d'apaisement en ces graves circonstances mondiales ; vu d'autre part que l'intérêt du pays exige des dirigeants qu'ils se consacrent entièrement à l'administration des affaires d'une façon normale et constitutionnelle, nous nous sommes mis d'accord sur ce qui suit :

« 1°- Un cabinet d'Union nationale sera formé dont le chef sera choisi par Son Altesse le Régent conformément aux traditions constitutionnelles et après les consultations d'usage.

« 2°- Les anciens Présidents du Conseil et les hommes d'État soussignés collaboreront avec le Cabinet, soit à l'intérieur soit à l'extérieur. Celui qui ne pourrait y participer pour une raison qui sera reconnue valable par Son Altesse, soutiendra le Cabinet pour la réalisation du but ci mentionné et évitera de lui faire de l'opposition.

« 3°- La présente entente sera signée et soumise à Son Altesse le Régent.

---

[1] Rachid Ali al-Guilani a remplacé Nouri Saïd au poste de Premier ministre en Irak, après la démission de ce dernier, le 31 mars 1940. Nationaliste et anti-britannique, il fut l'âme du coup d'État perpétré en avril 1941 à Bagdad, par les officiers du « Carré d'or ».

« Signé : Jemil Madfaï, Tewfik Sweidi, Nadji Chewket, Nadji Sweidi, Nouri al-Saïd, Rachid Ali al-Guilani, Ali Djewdet ».

Mais lorsque nous eûmes la confirmation qu'il était difficile de revenir à la solidarité souhaitable, j'ai proposé au cabinet de Rachid Ali de permettre la formation d'un cabinet homogène.

Une délégation ministérielle composée de Rachid Ali al-Guilani, de Nadji Sweidi et de Taha el-Hachimi est venue me voir pour me faire savoir que ma proposition relative à la démission du Cabinet était inconstitutionnelle. J'ai répondu qu'il n'entrait pas dans mes intentions de faire tomber le ministère inconstitutionnellement, mais que je considérais le fait de laisser le sort du pays entre les mains d'un cabinet non homogène et divisé de plus en plus, inconciliable avec l'intérêt du pays. J'ai ajouté que nous devons tous chercher à servir le pays conformément à sa sage tradition et sauvegarder ses intérêts et sa constitution[1]. Que si, contrairement à mon avis, le Cabinet ne juge pas nécessaire de démissionner et ne me reconnaît pas le droit constitutionnel de le faire tomber, je laissais, étant constitutionnellement irresponsable, aux ministres le soin de décider de leur propre attitude. Et j'ai attiré leur attention sur la responsabilité qu'ils encourraient du fait de leur obstination.

Taha el-Hachimi est venu me voir quelque temps plus tard pour m'informer que le différend entre les membres du Cabinet s'élargissait de jour en jour et que la solidarité manquerait presque complètement entre eux. Il me proposait deux solutions pour le règlement du conflit :

1°- Démission simultanée de Nouri al-Saïd et de Nadji Chewket dont la présence est une cause de la division du Cabinet en raison de la divergence de leurs politiques.

2°- Démission du cabinet Guilani, à condition que Nadji Sweidi soit invité à former le nouveau cabinet.

Taha el-Hachimi penchait pour la première solution tandis que moi je préférais la seconde. Mais je n'ai pas réussi parce que je remarquais déjà qu'un mouvement fâcheux se dessinait parmi les officiers, sur l'instigation de Rachid Ali. Dans ces conditions, il fallait accepter la première solution.

Et effectivement Nouri al-Saïd a présenté sa démission du portefeuille des Affaires étrangères à la date du 21 janvier 1941, mais Nadji Chewket ne le fit point.

Et lorsque j'ai vu qu'une partie seulement de la solution convenue a été exécutée, j'ai gardé en instance la démission de Nouri Saïd. J'apprenais en même temps que si Nadji Chewket n'avait pas présenté sa démission, c'était parce qu'il était de connivence avec Rachid Ali pour faire sortir seul Nouri al-Saïd du Cabinet.

Devant ma persistance à n'accepter la démission de Nouri el-Saïd qu'en même temps que celle de Nadji Chewket, Rachid Ali et Taha al-Hachimi sont venus me voir le 25 janvier pour me faire savoir que Nadji Chewket avait présenté sa démission. Et ils me demandaient d'accepter les deux démissions en même temps.

Le développement des événements dans une atmosphère saturée d'intrigues et de mauvaise volonté m'obligeait à la prudence. J'ai pris en conséquence contact avec les autres ministres et leur ai fait part de la situation. Ils ont tous partagé mon opinion et m'ont fait part de leur désapprobation.

Lorsque le Cabinet s'est réuni le lendemain, les ministres ont décidé de présenter leur démission et ils ont demandé au Président du Conseil de me communiquer leur décision. Mais Rachid Ali persistant toujours dans son refus, ils ont présenté leur démission séparément et j'ai reçu communication, en copie, des démissions de tous les ministres, à l'exception de Rachid Ali et de Raouf al-Bahrani.

L'article 64 de la Constitution irakienne prévoit ceci : « Le nombre des ministres d'État n'excédera pas neuf et ne sera pas inférieur à six ». Le Cabinet Rachid Ali devenait tout naturellement ainsi inconstitutionnel puisqu'il n'y restait plus que Rachid Ali lui-même et Raouf al-Bahrani.

Ce détail ne devait pourtant pas échapper à Rachid Ali, mais néanmoins, il a persisté à rester au pouvoir et à conserver tel quel son Cabinet exceptionnel d'une manière contraire à la Constitution et à la courtoisie politique d'usage : le Sénat et la Chambre des Députés n'ont pas entériné ses actes ; ma confiance lui manquait et ses collègues l'ont abandonné.

---

[1] L'Irak est doté depuis 1925 d'une constitution l'érigeant en monarchie constitutionnelle et héréditaire, avec un parlement bicaméral (une Chambre des députés élu et un Sénat nommé).

Convaincu que la permanence de cet état de choses nuisait à l'intérêt du pays et contrevenait à la Constitution, j'ai mandé le chef d'état-major de l'Armée et le directeur général de la Police. Je leur ai exposé la situation et montré l'illégitimité du cabinet de Rachid Ali et je leur ai recommandé de ne pas obéir aux ordres qui leur seraient donnés contrairement aux lois en vigueur et à la constitution.

M'étant ensuite rendu compte que le Chef d'état-major de l'Armée et le Directeur général de la Police accompliraient leur devoir selon la loi et qu'ils feraient tout leur possible pour sauvegarder la sécurité et le calme jusqu'à la formation d'un nouveau Cabinet, je me suis mis en contact avec des notabilités du pays pour les consulter sur la situation et collaborer avec eux à régler la crise résultant du fait que Rachid Ali refusait de démissionner et restait d'une manière contraire aux dispositions les plus formelles de la constitution.

Et pendant que nous étions préoccupés de la question, j'ai été averti qu'un officier supérieur de l'Armée, le lieutenant-colonel Mahmoud Salman, commandant la Force royale aérienne, désirait me voir. Je l'ai autorisé à comparaître. Il m'informa qu'il venait en tant que délégué de l'Armée, c'est-à-dire de la part du chef de l'état-major adjoint et des quatre lieutenants-colonels – maintenant connus de l'opinion générale – pour me faire savoir qu'ils désiraient coûte que coûte le maintien de Rachid Ali au pouvoir. Je lui ai rappelé immédiatement que les lois en vigueur interdisaient aux officiers de s'occuper de politique et j'ai attiré son attention sur le fait que le choix de la personne du Président du Conseil était un de mes droits constitutionnels et que, après délibération avec les Présidents du Sénat et de la Chambre ainsi qu'avec certaines notabilités du pays, je cherchais à appeler au poste de la Présidence du Conseil, l'homme que nécessiterait l'intérêt du pays.

Le lieutenant-colonel Mahmoud Salman s'est retiré. Mais je n'ai pas tardé à savoir que l'Armée était alertée. J'en ai demandé les raisons au chef d'état-major ; celui-ci m'en nia le fait. Mais, ayant appris la nouvelle d'une source sûre, j'ai envoyé mon premier aide de camp voir le chef d'état-major de l'Armée et le questionner à ce sujet. Mais le premier aide de camp n'a pas pu accomplir sa mission : le chef d'état-major et ses quatre officiers étaient en réunion chez Rachid Ali au ministère de l'Intérieur.

Le lieutenant-colonel Mahmoud Salman est ensuite venu me dire que les quatre lieutenants-colonels persistaient dans leur demande. Je leur ai demandé de venir dans mon palais pour les persuader que la demande était hors de leur compétence. Lorsqu'ils sont venus au palais, ils ont été d'abord reçus par Sayid Mohamed al-Sader, président du Sénat, qui chercha avant moi à les convaincre. Mais ils ne se montrèrent que plus intransigeants ; ils ont même menacé d'occuper Bagdad si leur demande n'était pas exécutée ; ils ont même proféré d'autres paroles qu'il n'y a pas lieu de rapporter ici.

J'ai cru en conséquence nécessaire de les recevoir moi-même pour leur donner pour la dernière fois conseil. Je leur ai fait savoir la réalité des choses du point de vue constitutionnel et du point de vue de l'intérêt général. J'ai ajouté que le choix du Président du Conseil était un des droits du trône et que leur ingérence dans les affaires politique de l'État était en contravention avec la loi et nuisible au pays. Je leur ai conseillé de s'occuper exclusivement de leurs obligations militaires et de ne pas se laisser emporter par leur impatience. Sayid Mohamed al-Sader se trouvait dans la même chambre d'audience. Après mon départ, il est resté avec eux ; ceux-ci lui ont fait savoir qu'ils persistaient dans leur demande relative au maintien de Rachid Ali à la tête d'un cabinet inconstitutionnel, même si cela devait m'obliger à abandonner la Régence.

Le Président du Sénat cherchant toujours à intervenir dans la question, s'est rendu ensuite avec eux chez Rachid Ali, dans l'espoir de trouver une solution à cette situation délicate. Mais il est revenu aussitôt avec le lieutenant-colonel Mahmoud Salman pour me faire part de leur insistance générale à aller jusqu'au bout en cas de résistance de ma part. Il m'a conseillé de céder pour le moment pour éviter du mal au pays. Il m'a fait savoir ensuite que le lieutenant-colonel Mahmoud Salman était venu pour me faire signer un décret royal nommant Ali Mahmoud et Mohamed Younisse al-Sabawi, comme ministres. J'ai compris immédiatement que l'objet de ces nominations était d'introduire au cabinet des éléments connus pour leur extrémisme et leurs inclinations en faveur de l'Axe et que par là on voulait augmenter les éléments nazis.

Et parce que je désirais sauver la situation et éviter le danger, j'ai accepté de régler la crise en acceptant la démission de Nouri al-Saïd et de Nadji Chewket, à la condition que les autres ministres retiraient leurs démissions. J'ai chargé de l'intérim des portefeuilles vacants Nadji Sweidi et Omar Nazmi. Cette solution a paru être acceptée, mais j'ai compris le lendemain que Rachid Ali et les officiers persistaient à introduire Ali Mahmoud et Younisse al-Sabawi au sein du cabinet. J'ai dû en conséquence et vu leur pression terrible, signer le décret royal les nommant ministres.

Lorsque les autres ministres, dont notamment Nadji Sweidi, ont appris que Younisse Sabawi, était devenu leur collègue et que le règlement de la crise avait lieu de cette façon, ils ont refusé de rester en fonctions parce qu'ils étaient inquiets de voir Younisse Sabawi parmi eux et ils ont persisté dans leur démission.

Pendant la période comprise entre le 26 et le 30 janvier 1941, date de la réunion du Parlement, des bruits au sujet des événements que je viens de rapporter ont transpiré.

À la séance de la Chambre, différentes questions ont été posées à Rachid Ali au sujet des raisons de cette crise, lui rendant la position très difficile. Ne pouvant répondre de peur de démasquer ses méfaits, Rachid Ali dût quitter la salle des débats. À son arrivée à la Présidence du Conseil, il nous a présenté de suite à notre signature un décret royal ordonnant la dissolution de la Chambre. Il était très troublé et vivement impressionné. Je l'ai calmé et lui ai fait savoir que j'estimais préférable de remettre la question à plus tard. Je le faisais en effet pour plusieurs raisons dont voici les principales :

1°- Je ne voyais pas de raisons plausibles pour dissoudre la Chambre.

2°- Le budget de l'État était encore à l'étude et il n'est pas de notre intérêt de dissoudre le Parlement avant le vote du budget.

3°- Rachid Ali s'obstinait et se faisait aider par les officiers et ses collaborateurs pour faire passer les choses auxquelles je faisais obstacle et cela en la présence même de la Chambre. Que ne ferait-il pas une fois celle-ci dissoute ?

Mais Saïd Rachid Ali s'entêta à me faire signer le décret dont il était porteur. J'ai pensé que le simple fait pour moi d'accepter aurait fait du Régent le jouet de ses caprices et de ceux de ses sbires en me faisant perdre l'autorité législative par laquelle je pouvais résister à ses actes de tyran.

C'est pourquoi j'ai demandé à Rachid Ali d'attendre ne fût-il qu'un jour. Mais il refusa en disant que la Chambre l'avait injurié et qu'il ne pouvait paraître devant elle une seconde fois, les séances parlementaires les plus prochaines étant fixées au lendemain.

C'était alors dans l'après-midi. J'ai demandé alors à Rachid Ali de me donner jusqu'au soir le moment de réfléchir. Il accepta en disant qu'il reviendrait me voir dans la nuit.

Et puisque j'étais décidé à ne pas obéir à cette demande de dissolution de la Chambre, j'ai quitté immédiatement Bagdad pour me rendre à Diwaniyah et échapper à la pression de Rachid Ali et des officiers, ses collaborateurs, qui mettaient à tout moment l'Armée en état d'alerte et me portaient les décrets royaux en pleine nuit pour me forcer à les signer.

J'ai quitté Bagdad pour garder la liberté de mes droits constitutionnels et être loin de la pression de ces influences insensées. De fait de mon départ, Rachid Ali s'est trouvé dans une situation critique. Il devait en effet soit me rejoindre à Diwaniyah et me forcer à signer le décret, ce qui n'est pas possible faute de temps et des moyens de pression habituels utilisables à Bagdad, soit comparaître le lendemain devant la Chambre et accepter des questions qu'aucun cabinet ne pouvait se voir adresser sans démissionner. Il était certain en effet que la Chambre voterait son manque de confiance.

Devant ces raisons de force majeure et étant donné la situation critique dans laquelle il se trouvait acculé, Rachid Ali s'est vu forcé de démissionner. Il le fait la nuit même et me télégraphia à Diwaniyah sa démission que j'ai acceptée immédiatement. La lettre dont il s'agit contenait, ainsi que vous le savez, plusieurs mensonges ; le ton employé était loin par ailleurs des règles suivies en de pareilles circonstances.

J'ai mandé ensuite à Diwaniyah certains hommes d'État, qui sont venus me voir. Après avoir délibéré avec eux de la formation du nouveau cabinet, j'ai décidé d'en confier le soin à Taha al-Hachimi, en raison de ses attaches avec les officiers et de la confiance de ces derniers en lui. J'espérais en effet que Taha ferait tout son possible pour éloigner les officiers de la politique et les amener à s'occuper seulement de leurs fonctions militaires.

Taha a accepté la mission que je lui confiais. Mais il a posé comme première condition de ne pas punir les officiers pour les actes commis, considérant qu'ils n'avaient pas agi avec une mauvaise intention et qu'ils changeraient certainement d'attitude dans l'avenir. J'acceptais, bien qu'à contrecœur, après que Taha al-Hachimi se fût engagé à faire preuve d'autorité sur eux et à ramener les officiers compromis dans la vraie voie.

Taha al-Hachimi ayant formé le cabinet, je suis rentré à Bagdad et les affaires ont repris normalement, au moins en apparence, leur cours. Mais je n'ai pas tardé à me rendre compte que Rachid Ali continuait à ourdir des intrigues avec ces officiers, ce qui a forcé Taha à transférer un des quatre officiers, le lieutenant-colonel Kamil Chabib à un poste en dehors de Bagdad. Mais les autres officiers se sont opposés à ce transfert et ont insisté sur son maintien à Bagdad. Il semble qu'ils avaient réussi à effrayer Taha al-Hachimi ; celui-ci m'a conseillé alors de les recevoir. Mais je ne jugeais point convenable au prestige du Gouvernement et à l'intérêt national que ces officiers continuent à contrôler les affaires de l'État agissant à leur guise. Ces officiers, qui ne représentaient que leurs propres personnes, introduisaient l'influence de l'armée dans la politique, alors qu'aucune armée au monde ne doit s'occuper de politique sans entraîner des effets funestes pour la nation.

Il me coûtait vivement de voir la renommée de l'armée irakienne, que je désirais toujours être un modèle de discipline et d'ordre, tachée par un groupe d'officiers, les uns uniquement préoccupés de leurs avantages personnels et les autres assez fous pour se laisser enfourcher comme bêtes de somme par des politiciens résolus à obtenir le pouvoir par tous les moyens, légitimes ou non.

Vers la fin du mois de mars 1941, c'est-à-dire vers la fin de la session parlementaire, des bruits insistants ont circulé d'après lesquels Rachid Ali et les quatre officiers se préparaient à procéder à des actes de menace.

C'est pourquoi, j'ai profité du jour de la clôture de la Chambre, soit le 31 mars 1941, pour réunir le Conseil des ministres. La délibération a porté sur la situation et les bruits qui circulaient à son sujet. J'étais convaincu des mauvaises intentions de ce groupe de personnes. Mais Taha al-Hachimi les a défendus avec chaleur ; il a assuré que ces derniers avaient juré sur leur honneur militaire qu'ils ne feraient rien de nuisible à l'intérêt général et qu'ils ne s'occuperaient plus de politique. Le Conseil des ministres s'est alors contenté des assurances de Taha al-Hachimi. La séance a été close et un décret royal a paru ordonnant la clôture des séances parlementaires. Et ce jour ainsi que la nuit suivante se sont écoulés en paix. Le 1er avril était également calme. Mais pendant la nuit, j'ai été réveillé vers minuit ; mon domestique m'informa que le palais était entouré de tous côtés par les troupes militaires. M'étant assuré que ce qu'il disait était vrai, j'ai quitté immédiatement le palais et j'ai pu, avec l'aide de la Providence, traverser le blocus. Je me suis rendu chez ma tante, la princesse Saliha. Sa Majesté la Reine Mère, surprise par l'événement, n'a pas tardé à savoir où je me trouvais et elle est venue me rejoindre une heure plus tard. Elle m'a fait savoir que le Palais royal d'al-Zouhour n'était inquiété par personne.

Vers l'aube, Sa Majesté est rentrée au Palais d'al-Zouhour, et moi, je me suis rendu à Bassorah où je suis arrivé jeudi soir, 3 avril 1941.

Là-bas, nous avons essayé de mander les membres du Cabinet pour travailler loin de la pression existant à Bagdad et réprimer l'activité de Rachid Ali. Mais les ministres n'ont pas pu me rejoindre. Et j'ai appris que les officiers avaient obligé Taha al-Hachimi à démissionner.

Sa démission ne nous est pas parvenue. Mais nous en avons eu connaissance par la presse. C'est pourquoi nous n'avons pas pu former un nouveau cabinet. Et en raison des agissements, tous anticonstitutionnels, qui ont eu lieu au nom du Gouvernement de la Défense nationale, et vu la nécessité de régler la situation dans une atmosphère saine, nous avons dû quitter Bassorah pour l'étranger.

Et ainsi nous sommes restés jusqu'à la dernière minute à déployer toute notre action pour garder intègre la Constitution, que nous avons juré de tenir loin des mains perverses.

Voilà, mes frères, les circonstances qui ont précédé ce dernier mouvement. Nous ne pouvons mieux le décrire qu'en disant qu'il a été une sombre tache dans l'histoire glorieuse de l'Irak. Quant aux actes inqualifiables qui se sont déroulés pendant cette période et qui ont abouti à la fuite des responsables, à la normalisation des affaires et à la restauration de la constitution, ce sont autant de questions qui sont connues de tout le monde et qui n'ont besoin d'aucune explication.

Je crois cependant utile avant de terminer d'attirer l'attention du public sur certains faits qui sont intimement liés au sujet :

Saïd Rachid Ali a agi contre la Constitution, les lois et la politique traditionnelle de l'État pour servir les Puissances de l'Axe, en raison de l'influence de son groupe d'officiers. Ceux-ci n'ont pas hésité à jouer le rôle des chefs d'armée étrangers qui dictaient leurs volontés à l'État arabe de l'ère abbaside. Et il est vraiment regrettable que ces officiers aient agi sur l'instigation et l'appui de certains représentants étrangers que nous avions entourés de tous les honneurs et qui ont répondu au bien qui leur était fait par le mal et grâce aussi à l'ardeur étroite de certains de nos concitoyens qui ne voyaient pas plus loin que le bout de leurs nez.

Rachid Ali, ayant déjà occupé les plus hautes charges de l'État, ne pouvait pas ignorer ses méfaits. Mais il a cherché en vain à les masquer par des propagandes mensongères et par les accusations qu'il dirigeait contre les autres mais qui ne pouvaient s'appliquer qu'à lui.

« La corde du mensonge est courte » dit le proverbe. Et cela s'applique à merveille à Rachid Ali et à ses sbires. Leur vraie nature s'est vite dévoilée et leurs propagandes mensongères ont été vite mises à jour.

Si Rachid Ali, ses sbires et leurs conseillers étaient vraiment patriotes et s'ils poursuivaient une cause noble, ils auraient résisté à la tête des forces régulières et nationales qu'ils ont littéralement jetées dans la fournaise, et ils se seraient directement exposés à la mort, à l'instar d'ailleurs des chefs et leaders arabes de l'histoire.

Mais au lieu d'agir ainsi, ils ont pris la fuite comme des esclaves, laissant derrière eux, exposés aux plus grands dangers, leurs soldats et leurs troupes, je dirai même la patrie pour laquelle ils prétendent avoir tant de zèle.

Les événements ont prouvé que ceux qui sont vraiment dévoués pour le pays, sont ceux qui le servent en silence, veillent sur ses intérêts, respectent sa constitution et ses traditions et sont soucieux de ses droits.

La politique de ce Royaume, que nous suivons, est celle qui nous a été tracée par notre chef et seigneur le regretté Roi Fayçal 1er, qui a été suivie par son successeur feu le Roi Ghazi, qui a été confirmée par tous les cabinets et dont voici enfin la devise : la patrie au dessus de tout, respect de la Constitution et des engagements. Nous exceptions naturellement les tristes rôles joués à différentes reprises par Rachid Ali et notamment dans cette dernière période.

Le dernier mouvement de Rachid Ali a causé au pays des dégâts matériels et moraux considérables. Nous ne pouvons les réparer que par un dévouement loyal et par un travail efficace pour le bien et la prospérité de notre pays.

Mes frères,

Nous avons écarté plusieurs obstacles et réparé plusieurs des erreurs du passé en collaboration avec des hommes dévoués et nous devons envisager l'avenir avec confiance et sécurité.

Il ne faut pas que le désespoir nous gagne du fait des événements qui ont déferlé sur le pays par la faute d'un groupe de personnes connues pour leur égoïsme et la faiblesse de leurs mœurs.

Les tentatives des puissances étrangères de satisfaire leurs viles ambitions dans notre sainte patrie ont échoué ici même si elles ont réussi ailleurs ? Nous avons versé du sang pur, il est vrai, mais nous avons pu panser nos blessures sanglantes et je me dois, à cette occasion, de remercier tous ceux qui ont collaboré au pansement des blessures.

Étant encore dans la période de la jeunesse, je crois devoir adresser certaines paroles à la jeunesse cultivée de notre pays et des pays arabes. Je l'invite à la solidarité et lui dis ceci : le gouvernement irakien est soucieux de l'indépendance et de la liberté du pays. Il fera tout pour châtier ceux qui auraient l'intention de troubler l'ordre, à l'instar d'ailleurs de tout gouvernement noble et énergique.

L'Irak doit respecter ses engagements ; il doit s'attacher à ses obligations et à tout ce qui soutient son existence et son indépendance. Chacun de vous doit accomplir son devoir à ce sujet.

Unifions dont nos efforts et dirigeons-nous tous vers les buts supérieurs de l'Irak, sous l'égide de Sa Majesté le Roi Fayçal II, notre seigneur bien aimé, dépôt que nous ont laissé Fayçal 1er et Ghazi 1er.

Guerre 1939-1945, Vichy, E Levant, Irak, 159 (4GMII/159)

303

M. Henry-Haye, Ambassadeur de France à Washington,
  à l'Amiral Darlan, Vice-Président du Conseil, Ministre
  Secrétaire d'État aux Affaires étrangères, à la Marine et à
  l'Intérieur

T. nᵒˢ 1576 à 1584.   *Washington, 25 juillet 1941, 12 h. 55.*

(*Reçu : le 25, 15 h. 10*)

M. Sumner Welles a fait aujourd'hui à la presse une déclaration (...)[1] il condamne en termes catégoriques l'attitude du Japon en Indochine. Il y rappelle en quelles circonstances l'armée japonaise avait réussi à établir des bases au Tonkin. Mais le Secrétaire d'État n'ayant pas oublié sans doute les réticences de son administration à nous apporter l'aide que nous avions demandée fit, en ce qui nous concerne, la déclaration embarrassée que voici :

« Les développements en Indochine montrent clairement que les nouveaux changements qui sont effectués ont été imposés par la force. La regrettable situation actuelle dans laquelle se trouvent le gouvernement français et le gouvernement général de l'Indochine est naturellement bien connue[2]. Il n'est que trop clair qu'ils ne sont pas en mesure de résister à la pression exercée sur eux ».

M. Sumner Welles a ajouté que le gouvernement japonais montre nettement qu'il est décidé à poursuivre sa politique d'expansion par la menace et par la force. Il affirma que les États-Unis, l'Angleterre et le gouvernement hollandais n'ont pas la moindre ambition territoriale sur l'Indochine et n'ont jamais envisagé une action qui aurait pu constituer une menace pour l'empire japonais. Il souligna que le but poursuivi par le Japon était avant tout d'acquérir des bases pour procéder à d'autres conquêtes dans les régions voisines et le sous-Secrétaire d'État a tenu à préciser que l'action japonaise visait à empêcher les États-Unis de se procurer les produits tels que l'étain et le caoutchouc essentiels à l'économie normale du pays et à sa défense nationale.

Le Secrétaire d'État fit ressortir le danger auquel d'autres régions du Pacifique, y compris les îles Philippines, étaient exposées du fait de l'expansion japonaise en Indochine et il conclut : « Le Gouvernement et le peuple des États-Unis se rendent parfaitement compte que de tels développements ont des répercussions directes et vitales sur notre sécurité nationale ».

---

[1] Lacune de déchiffrement.

[2] À propos de la situation en Indochine, outre dans *DDF (1939-1944),* 1940-2, les nombreux documents sur la défense de l'Indochine, voir dans ce volume, les documents nᵒˢ 11, 40, et plus particulièrement, sur le récent accord de défense conjointe franco-japonais que la France a été obligée de signer après avoir tenté une démarche, à la fois auprès des autorités allemandes d'occupation et du gouvernement américain, les documents nᵒˢ 292, 296, 297.

M. Sumner Welles marqua ainsi la différence qu'il faisait entre l'occupation japonaise de notre colonie et l'agression nippone au Mandchoukouo et en Chine, qualifiée, à l'époque, comme contraire aux intérêts américains en Extrême-Orient mais non pas comme une menace à la sécurité nationale des États-Unis.

On craint à l'ambassade du Japon à Washington que les États-Unis cette fois ne se contentent pas d'une protestation verbale, mais s'engagent dans une politique de représailles.

Le président Roosevelt a déclaré ce matin :

« Notre politique était d'empêcher la guerre d'éclater dans le Pacifique. À l'époque où la France avait encore la tête au dessus de l'eau, nous voulions maintenir les lignes de communication entre l'Australie, la Nouvelle Zélande et le Proche-Orient... Si nous avions empêché les envois de pétrole au Japon, les Japonais auraient probablement attaqué les Indes néerlandaises et nous aurions eu la guerre. Nous pratiquons à l'égard du Japon une politique libérale avec l'espoir, qui s'est d'ailleurs réalisé pendant deux ans, d'empêcher la guerre de s'étendre au Pacifique, pour notre propre bien, celui de la Grande-Bretagne et pour la liberté des mers ».

On accorde ici une grande publicité aux propos tenus par le « porte-parole officiel du Gouvernement français » selon lesquels nous aurions accueilli avec empressement les propositions japonaises de coopération militaire pour résister aux menaces britanniques et chinoises[1].

De telles déclarations produisent naturellement aux États-Unis des réactions hostiles.

Je me permets de suggérer à Votre Excellence que dans les communications destinées aux États-Unis, on veuille bien mettre l'accent sur la résistance que nous avons opposée à la pression japonaise en Indochine alors que l'aide voire même les facilités que nous demandions pour nous défendre nous ont été refusées.

Guerre 1939-1945, Vichy, E Asie, Japon, 326 (3GMII/326)

---

[1] Document non retrouvé. En revanche, nombre de documents de la série Guerre 1939-1945, Vichy, E Asie, Japon, 324, ou Indochine, 258, 262, montrent les tentatives françaises, en particulier celles du Gouverneur général de l'Indochine, l'amiral Decoux, de résister aux pressions japonaises, ou au moins de retarder leur acceptation.

304

M. Gueyraud, Consul général de France à Zagreb,
à l'Amiral Darlan, Vice-Président du Conseil, Ministre
Secrétaire d'État aux Affaires étrangères, à la Marine et à
l'Intérieur.

D. n° 119[1]. *Zagreb, 25 juillet 1941.*

J'ai déjà eu l'honneur de signaler à Votre Excellence le prix que le gouvernement du Poglavnik[2] attachait à sa reconnaissance par la France[3].

Il m'a été rapporté d'une source incertaine que le gouvernement croate aurait songé à faire remettre au gouvernement français – probablement par l'entremise allemande – une note portant à sa connaissance la création de l' « État croate indépendant ».

Les raisons ne manqueraient sans doute pas – sort de la Croatie lié à celui du conflit actuel, participation du Poglavnik à l'attentat de Marseille[4] – pour donner à cette note en termes courtois une réponse dilatoire. Il n'échappe pas, semble-t-il, aux milieux politiques croates eux-mêmes qu'une reconnaissance de la nouvelle Croatie équivaudrait pour le gouvernement français à prendre parti dans le conflit actuel.

Les difficultés que rencontre le gouvernement du Poglavnik, les doutes qu'inspire sa stabilité, suffiraient à justifier par ailleurs la réserve qui, malgré quelques éléments favorables, s'impose à nous en cette matière.

Les difficultés extérieures auxquelles ce gouvernement s'est heurté dès sa naissance, la perte de la Dalmatie[5], que complète aujourd'hui celle du

---

[1] D. intitulée : « Difficultés du gouvernement Pavelic ». Tampon : 14 août 1941 (date de réception ou d'enregistrement).

[2] L'État croate, qui a été proclamé après l'invasion des troupes du Reich en avril 1941, est fondé sur le principe du chef (Führer), le Poglavnik, c.-à-d. guide ou chef, Pavelic (ou Pavelitch) qui concentre tous les pouvoirs et s'appuie sur un parti unique, le mouvement Oustacha. Voir le document n° 170.

[3] Voir notamment document n° 232 et notes, et la D. n° 73 en date du 13 mai 1941 de Georges Gueyraud (Guerre 1939-1945, Vichy, Z Europe, Croatie, 947, non publiée).

[4] Allusion à l'attentat du 9 octobre 1934 contre le roi Alexandre 1er de Yougoslavie, en visite à Marseille, tué ainsi que le ministre français des Affaires étrangères, Louis Barthou qui l'accompagnait.

[5] Dans le contexte du démembrement de la Yougoslavie après sa défaite d'avril 1941, les frontières du nouvel État croate ont été fixées au nord par l'accord germano-croate du 14 mai 1941 (ancienne limite des provinces autrichiennes de Carniole, de Styrie et du royaume de Croatie-Slavonie-Dalmatie). Le traité italo-croate du 18 mai 1941 annexe à l'Italie la Slovénie ainsi que la majeure partie de la côte dalmate de l'Adriatique, ne laissant à la Croatie que le port de Raguse/Dubrovnik. Le traité est assorti d'un accord de protection des minorités croates et des « minorités italiennes » en Dalmatie. Voir la D. n° 74 en date du 14 mai du consul général à Zagreb, Georges Gueyraud et le texte des traités et accords italo-croates signés à Rome le 18 mai transmis par la D. n° 2251/AE de Turin en date du 20 mai 1941, de l'Amiral Duplat, président de la Délégation française à la Commission italienne d'armistice (Guerre 1939-1945, Vichy, Z Europe, Croatie, 940 ; dans ce dossier, on trouvera aussi une carte du tracé italo-croate (fol. 81)).

Mejdimurje[1], ont porté un coup sensible à son prestige, sans parler du choix impopulaire d'une dynastie italienne imposée à la Croatie pour satisfaire au prestige du Duce et aujourd'hui pratiquement oubliée[2].

Ses difficultés intérieures ne sont pas moindres, nées du désordre d'une administration dépourvue de cadres, où les partisans des régimes passés hésitent à entrer, et desservie par un personnel subalterne qui, pour être recruté dans les rangs du Parti Oustacha[3], se fait remarquer par son incompétence autant que par ses excès partisans. Les arrestations, déportations d'Israélites, le pillage de leurs biens par des Oustacha ou policiers sans mandat, avaient déjà suscité la réprobation des antisémites eux-mêmes[4]. Le même régime appliqué aux Serbes, voire même à tous les pravoslaves[5] systématiquement considérés comme Serbes, les massacres poursuivis systématiquement dans les provinces avec l'intention proclamée par les chefs de faire disparaître à jamais l' « envahisseur serbe exécré », ont mis le comble à cette indignation[6]. Une atmosphère de terreur règne dans le pays, où la délation érigée en système pour se procurer la place ou le bien d'autrui est exploitée avec le plus parfait cynisme. De purs Croates en sont victimes, objets de dénonciations fantaisistes de la part d' « Oustache » envieux de leur fortune ou de leurs places.

En vain le Poglavnik réunissant récemment autour de lui les hauts-fonctionnaires et les dignitaires du Parti, a-t-il lancé à ses fidèles un appel à la modération et déclaré la révolution terminée en édictant des sanctions contre tous nouveaux excès. Son autorité dont certains lieutenants paraissent faire bon marché, est désormais incapable de réprimer ces excès aussi bien que les réactions brutales qu'appellent en province les malversations et les cruautés de ses partisans. La révolte bat son plein en Bosnie, en Herzégovine et dans le Sandjak, révolte des éléments serbes plus ou moins

[1] À l'est, après une entrevue avec Hitler à Berchtesgaden, le 10 juin, l'ancienne frontière serbo-croate d'avant la guerre de 1914 a été rétablie, ainsi que la frontière serbo-bosniaque de 1908, réalisant le vœu de Pavelic d'étendre la Croatie jusqu'à la Drina. À la date du document, il n'y a pas encore eu de traité de fixation de frontière avec le Monténégro reconstitué (qui englobe l'ancien Sandjak) et la Hongrie. Le sort resté en suspens de la région de Mejdimurje (entre la Mur et la Drave), à majorité croate, qui, dans le cadre de l'empire habsbourgeois, ont fait partie de la province de Croatie-Slavonie, puis du royaume de Hongrie à partir de 1867, a été tranché par l'occupation hongroise.

[2] Après la proclamation de l'État indépendant de Croatie, Pavelić, Mussolini et le roi d'Italie Victor-Emmanuel III, d'un commun accord, avaient décidé de placer sur le trône croate un petit-cousin du souverain italien, Aymon de Savoie-Aoste, duc de Spolète, désigné comme monarque sous le nom de Tomislav II. Ce dernier ne quitta jamais l'Italie avant d'abdiquer le 31 juillet 1943. Voir document n° 231, note 1, p. 507.

[3] Parti nationaliste d'inspiration fasciste, xénophobe et antisémite.

[4] Voir notamment la D. n° 70 en date du 10 mai 1941 de Zagreb, dans Guerre 1939-1945, Vichy, Z Europe, Croatie, 945, non publiée.

[5] C'est-à-dire les orthodoxes.

[6] Dans sa D. n° 82 en date du 23 mai 1941 de Zagreb, Gueyraud donne la composition ethnique suivante des 7 millions d'habitants de l'État indépendant croate (115 135 km2), selon la presse locale : 4 817 000 Croates catholiques et musulmans ; 1 850 000 Serbes pravoslaves (orthodoxes), 150 000 Allemands, 70 000 Hongrois. 1 717 000 Croates vivaient hors des frontières dont 280 000 en Serbie et au Monténégro, 118 000 en Vojvodine, 350 000 dans le reste de l'Europe, 925 000 aux États-Unis (Guerre 1939-1945, Vichy, Z Europe, Croatie, 940).

entretenue, assure-t-on et pourvue d'armes par l'Italie. Une véritable guerre sévit dans ces provinces. À Zagreb même, l'entrée en guerre des Soviets est venue alimenter un regain d'activité communiste. Un peu partout les sabotages – des voies ferrées surtout – se multiplient.

Les Allemands eux-mêmes ne cachent point les sévères critiques que leur inspirent le régime, ses désordres et le manque d'autorité de ses chefs[1]. Il m'est revenu de source de foi qu'ils envisageraient à bref délai une épuration de ce régime par l'exclusion de ses éléments extrêmes, réédition possible des désordres qui mirent fin en Roumanie aux excès des Gardes de fer.

Guerre 1939-1945, Vichy, Z Europe, Croatie, 941 (10GMII/941)

305

M. Charles-Arsène Henry, Ambassadeur de France à Tokyo,
    à l'Amiral Darlan, Vice-Président du Conseil, Ministre
        Secrétaire d'État aux Affaires étrangères, à la Marine et à
        l'Intérieur.

T. n⁰ˢ 864 à 865.   *Tokyo, le 28 juillet 1941, 20 h. 40.*

(Reçu : le 28, 18 h.)

La tension monte beaucoup entre le Japon et les pays anglo-saxons. Ces jours-ci c'est surtout contre l'Amérique que se produisent les attaques les plus violentes[2], mais il est bien évident que l'opinion ne fait pas de différence foncière entre les adversaires du Japon, on les englobe dans un ensemble dangereux, qui comprend en outre la Chine, la Russie et les Indes néerlandaises.

L'opinion est très inquiète, la Bourse a eu une panique samedi ; l'idée court dans la population que dans deux ans il sera trop tard pour essayer même de lutter contre les États-Unis et qu'il vaut donc mieux un conflit immédiat. Cette idée a d'ailleurs peut-être été répandue exprès par les partis extrémistes.

En gros, les Japonais considèrent que l'entente avec la France au sujet de l'Indochine, entente qui avait été recherchée comme défense contre les intrigues anglaises au Siam, a eu pour première conséquence le gel des avoirs japonais en Amérique et dans l'empire britannique.

Le Japon y a répondu par une mesure de rétorsion. Mais on craint que les choses n'en restent pas là et que les Américains ne mettent l'embargo sur le pétrole ; ce produit étant indispensable au Japon on serait alors vrai-

---

[1] Voir aussi la longue note de synthèse « La Croatie » en date du 22 septembre 1941 du Bureau d'Etude (Papiers 1940, Bureau d'études Chauvel, 34, non publiée).

[2] Voir documents n⁰ˢ 292, 296, 297, 303.

semblablement amené à aller le chercher où il est, c'est-à-dire aux Indes néerlandaises. Il en résulterait probablement une guerre générale dans le Pacifique.

Confidentiel

Je sais que l'ambassade des États-Unis fait les plus grands efforts pour trouver un *modus vivendi*, mais jusqu'à aujourd'hui je n'ai pas connaissance qu'une entente soit intervenue.

Les milieux diplomatiques sont très pessimistes.

Communiqué Pékin et Hanoï.

Guerre 1939-1945, Vichy, E Asie, Japon, 314 (3GMII/314)

306

M. Arvengas, Ministre de France à Mexico,
à l'Amiral Darlan, Vice-Président du Conseil, Ministre
Secrétaire d'État aux Affaires étrangères, à la Marine et à
l'Intérieur.

D. n° 105[1].   *Mexico, 30 juillet 1941.*

La conclusion des accords franco-japonais[2] relatifs à l'Indochine est malheureusement interprétée ici dans les milieux mexicains et français soit comme une démonstration de la docilité du gouvernement français à l'égard des puissances de l'Axe, soit comme la confirmation de sa politique essentiellement antibritannique.

On eût en général fort bien admis que la France reconnût publiquement que, étant hors d'état de défendre l'Indochine, force lui était de s'incliner devant les revendications japonaises. Mais beaucoup reprochent vivement à la France d'essayer de justifier sa politique à l'aide d'accusations contre l'Angleterre, de feindre d'être satisfaite de l'accord avec le Japon comme s'il avait été librement conclu, et de présenter cet accord comme un succès parce qu'il assurerait la protection de l'Indochine par le Japon contre la menace de nos anciens alliés.

On compare l'affaire de l'Indochine avec celle de Syrie : dans les deux cas, dit-on, la France a permis aux puissances de l'Axe d'utiliser son territoire colonial pour que celles-ci puissent atteindre plus aisément l'Angleterre.

La propagande allemande répandue ici confirme d'ailleurs au surplus ces interprétations si fâcheuses données par l'opinion mexicaine à l'accord

---

[1] D. intitulée : « A.s. occupation par le Japon de bases en Indochine ». Mentions marginales : « Communiqué à la Sous-Direction d'Asie » ; « Par avion transatlantique » ; « 17 août 1941 » (date réception ou enregistrement).

[2] Voir documents n°⁵ 292, 296, 297, 303.

franco-japonais. En effet, les bulletins de propagande allemande du Mexique commentent sur un ton triomphal, sans souffler mot de la France, le succès obtenu par le Japon en Indochine. Par l'occupation de ce pays, est-il indiqué, le Japon va être en mesure d'attaquer l'Angleterre en un point particulièrement vulnérable, Singapour, sans parler de beaucoup d'autres territoires.

Les critiques contre le gouvernement de Vichy qui s'étaient atténuées depuis la fin de l'affaire de Syrie se font en conséquence entendre de nouveau. Toutefois pour beaucoup l'attitude du gouvernement français ne doit plus surprendre désormais, puisqu'il est maintenant acquis que la France a pris nettement parti pour l'Allemagne et ses alliés contre l'Angleterre. On se montre de plus en plus sceptique à l'égard des affirmations touchant la volonté de la France de défendre son Empire contre qui que ce soit.

Toutes ces accusations sont formulées couramment dans les conversations. Il y a à vrai dire peu de commentaires dans la presse et les critiques dirigées contre l'attitude du gouvernement français ressortent souvent plus des titres que des articles.

Il y a toutefois dans un des grands journaux d'hier matin, l'*Universal*, un article particulièrement violent au sujet des accords franco-japonais qui vise d'ailleurs non pas directement le gouvernement français lui-même, mais la presse française de Paris. Sous le titre « La presse dans la porcherie », cet article dénonce l'impudeur des journalistes français de Paris qui semblent se complaire dans les reniements et dans la servilité à l'égard du vainqueur. Il cite les textes de Marcel Déat, de Georges Suárez, et de *Paris-Soir*. « Nous ne nous souvenons pas, ajoute l'auteur que l'Allemagne défaite de 1918 ait donné de tels exemples de bassesse ».

Ce n'est pas la première fois, hélas, que l'attitude des journalistes français de Paris inspire ici des commentaires pareillement indignés.

Guerre 1939-1945, Vichy, B Amérique, 70 (1GMII/70)

307

M. Lamarle, Chargé d'Affaires de France à Madrid,
    à l'Amiral Darlan, Vice-Président du Conseil, Ministre
    Secrétaire d'État aux Affaires étrangères, à la Marine et à
    l'Intérieur.

T. n° 1192.   *Madrid, 31 juillet 1941.*

En clair.   (*Reçu*[1] : le 4 août, 19 h. 45)

Je me réfère à mon télégramme n° 1188[2].

Trois fois dans l'espace d'un mois, les deux plus hautes personnalités dirigeantes de l'Espagne ont souligné dans des déclarations publiques « le danger que représenteraient pour le monde et pour l'Amérique elle-même », la
prolongation de la guerre et l'intervention des États-Unis[3]. Une telle insistance confirme qu'il s'agit bien là d'une orientation précise dans la voie des
puissances de l'Axe. Cette prise de position se cantonne-t-elle encore sur le
terrain diplomatique ? Est-elle le prélude d'une collaboration plus active ?
D'après les éléments d'appréciation actuels, l'évolution de la politique du
gouvernement de Madrid depuis quelques semaines peut être analysée de
la façon suivante.

1°) Comme l'a déjà indiqué l'ambassadeur, les chefs responsables de l'Espagne savent que la participation de leur pays dans une guerre de longue
durée serait lourde de périls. Pour écarter cette éventualité, tout en conservant la possibilité de faire valoir des revendications, ils ont, jusqu'à présent, répété obstinément que leur victoire de 1939 sur le bolchevisme leur
donnait des droits à la reconnaissance des États totalitaires. Cette thèse
n'étant pas admise par Berlin, ils ont saisi l'occasion de la « croisade antisoviétique » pour soutenir que l'envoi de la « Division bleue » constituait de
leur part un apport méritoire à l'édification de l'ordre nouveau[4]. Mais,
voyant que ce nouvel argument n'avait guère plus de chances de succès,
ils cherchent à seconder les efforts déployés par l'Allemagne pour prévenir l'intervention des États-Unis ou en limiter la portée. Le développement
de la propagande pan-hispanique était déjà un des aspects de cette politique contre l'extension de l'influence nord-américaine. Les interviews de
M. Serrano Suñer sont l'indice d'une action plus directe dans laquelle les
tentatives de persuasion se mêlent à des phrases arrogantes.

[1] Par courrier.

[2] T. de Madrid en date du 31 juillet 1941, *in* Guerre 1939-1945, Vichy, Z Europe, Espagne,
248, non reproduit.

[3] Le 17 juillet 1941, le général Franco a prononcé un discours nettement anti-britannique et
anti-américain devant le Conseil national de la Phalange à l'occasion du 5e anniversaire de l'insurrection nationaliste contre Serrano Suñer, le ministre espagnol des Affaires extérieures, a donné
un interview allant dans le même sens au *Messagero* de Rome.

[4] La Division Azul ou Division Bleue, composée de volontaires pour combattre aux côtés des
Allemands sur le front russe et commandée par le général Muñoz Grandes, arrive à Berlin au
début d'août 1941. Créée en juin 1941 pour être mise à la disposition du Reich, elle devait être
équipée par les Allemands.

Il y a d'ailleurs, dans les déclarations du ministre des Affaires extérieures, des passages dont l'habileté est contestable et dont le zèle risque d'être peu goûté des chefs du Troisième Reich. Ainsi, d'après le résumé publié par *Arriba*, M. Serrano Suñer aurait souligné que la conquête de la Russie ferait de l'Europe « une autarchie qui provoquerait l'écroulement de l'économie Nord-américaine ». On ne saurait fournir de meilleur appui aux interventionnistes et aux groupes industriels qui les soutiennent.

2°) De toute façon, les dirigeants espagnols se font peu d'illusions sur le résultat des avertissements qu'ils adressent à Washington. C'est sans doute la raison pour laquelle M. Serrano Suñer a employé des termes parfois très vifs en parlant du gouvernement américain et a haussé sensiblement le ton par rapport à l'interview donnée au début de juillet à la *Deutsche Allgemeine Zeitung*[1].

Au cours de l'entretien qu'il a eu hier avec M. Pietri, il a parlé en termes sévères de la politique de la Maison Blanche et a exprimé l'avis que les hostilités paraissaient devoir durer encore longtemps[2].

Il est certain, d'autre part, que la crainte de voir les États-Unis tenter une action sur les îles portugaises de l'Atlantique et même sur les Canaries explique, pour une bonne part, la vivacité des termes employés par le Ministre dans ses déclarations aux journaux italiens. Comme je l'ai signalé, des renseignements sont parvenus récemment au ministère des Affaires extérieures sur une entrevue qui aurait eu lieu à ce sujet entre l'ambassadeur des États-Unis au Mexique et le général Miaja[3].

3°) Il semble enfin qu'en marquant avec force la gravité des responsabilités qui incombent aux États-Unis, le gouvernement espagnol ait le souci de se justifier par avance vis-à-vis de l'opinion intérieure pour le cas où les événements l'entraîneraient dans la guerre, soit comme réaction à une initiative américaine dans l'Atlantique, soit dans le cadre d'une action allemande considérée comme préventive.

4°) En conclusion, il y a dans l'attitude actuelle de l'Espagne un effort pour saisir les dernières chances d'une paix prochaine, peut-être en tirant quelque avantage d'un rôle d'intermédiaire, et en même temps une préparation morale et matérielle à l'éventualité de sa participation au conflit.

Guerre 1939-1945, Vichy, Z Europe, Espagne, 248 (10GMII/248)

---

[1] Cet interview, accordée au correspondant à Madrid de ce journal, date du 3 juillet 1941.

[2] Cet entretien a dû être l'objet d'un télégramme qui n'a pas été retrouvé.

[3] José Miaja Menant est un général espagnol qui, resté fidèle au gouvernement républicain en 1936, joua un grand rôle dans la guerre civile. Le 26 mars 1939, il a pris la route de l'exil, passant par l'Algérie et la France, avant de s'installer au Mexique, où il meurt en 1958.

308

M. Bouthillier, Ministre Secrétaire d'État à l'Économie nationale
et aux Finances,
à l'Amiral Darlan, Vice-Président du Conseil, Ministre
Secrétaire d'État aux Affaires étrangères, à la Marine et à
l'Intérieur.

D. n° K/16 325[1].   *Vichy, 1er août 1941.*

Vous avez bien voulu, par lettre citée en référence, m'informer qu'il est envisagé de constituer une documentation sur les divers abus de pouvoir ou violation du droit des gens commis à notre détriment, depuis l'armistice, par les autorités britanniques. Vous m'avez prié de vous faire part des renseignements dont mon Département dispose dans ce domaine et de ceux qu'il pourrait recueillir. En particulier, vous désireriez connaître les mesures d'ordre financier qui ont pu ou pourraient être prises par le gouvernement anglais au préjudice de l'État, des collectivités ou de particuliers français en Grande-Bretagne ou dans les possessions anglaises.

J'ai l'honneur de vous faire savoir qu'à la suite de l'armistice le gouvernement britannique a assimilé en principe l'ensemble du territoire français, du point de vue des relations financières, aux territoires ennemis ou contrôlés par l'ennemi.

Il est résulté en premier lieu de ce principe que tous transferts ou tous règlements au profit de la France ont été interdits.

Il en est résulté en second lieu que les biens français dans l'Empire britannique, c'est-à-dire les avoirs de l'État français ou de collectivités ou de particuliers français tant en Grande-Bretagne que dans les diverses parties de l'Empire britannique, ont été placés sous le contrôle du Custodian of enemy property.

Nous sommes incomplètement informés, par suite de l'absence presque complète de relations postales, sur les conséquences exactes qu'ont comportées ces mesures. D'après les informations en notre possession, il semble qu'elles aient eu essentiellement le double caractère de mesures de blocage et de mesures conservatoires. Les avoirs en banque ont été bloqués. Les entreprises françaises sont restées administrées par leurs dirigeants habituels, français ou non-français, chaque fois qu'ils étaient présents ; mais elles ont dû prendre l'engagement de ne recevoir aucune directive de France. En tout état de cause, nous n'avons pas connaissance que des mesures d'expropriation ou de liquidation forcée aient jamais été prises.

Le principe, rappelé ci-dessus, en vertu duquel le territoire français a été assimilé aux territoires ennemis, a comporté en fait, dans certains domaines, des dérogations en vertu desquelles les autorités britanniques ont

---

[1] Ce document qui émane plus précisément de la Direction des Finances extérieures et des Changes, porte le tampon « 14 août 1941 » (date réception ou enregistrement) et porte l'annotation marginale manuscrite : « Cl[assement] dossier "Abus de pouvoir des autorités britanniques" ».

accepté de consentir des règlements financiers en faveur de la France et de débloquer des créances françaises. Les principales de ces dérogations sont les suivantes :

1° - *Règlement des dettes de l'État français en Grande-Bretagne*

Désireux d'assurer le règlement, au profit de ses ressortissants, des dettes contractées par le gouvernement français ou par des groupements d'achat français en Grande-Bretagne au titre des marchés passés pendant la guerre, le gouvernement britannique a consenti des avances à notre agent de liquidation financière en Grande-Bretagne, de façon à lui permettre d'effectuer ces règlements. Cette procédure fonctionne actuellement avec le concours de nos services de liquidation à Londres. Un compte spécial de liquidation en livres sterling a été ouvert en Grande-Bretagne pour retracer les opérations.

Une procédure spéciale a d'ailleurs également été instituée en France, où, grâce à des avances du Trésor français, nos services liquidateurs assurent le règlement des marchés de guerre passés par l'armée britannique ou le gouvernement britannique en France, et celui des réquisitions de l'armée britannique.

2° - *Cargaisons déroutées dans les ports de l'Empire britannique*

Un grand nombre de cargaisons appartenant à la France ont été déroutées, à l'époque de l'armistice, vers des ports de l'Empire britannique. Ces cargaisons ont été réquisitionnées et liquidées par les autorités britanniques. Mais, en vertu d'un arrangement spécial conclu par l'ambassade de France à Londres à l'époque de l'armistice, le produit de la vente de ces cargaisons n'a pas été versé au Custodian of enemy property. La valeur des cargaisons est versée par les autorités britanniques au compte de liquidation géré par notre agent de liquidation à Londres. D'autre part, la valeur ainsi versée est, non pas la valeur de réalisation, mais le prix Fob de la marchandise, augmenté du fret et des assurances.

Cette procédure fonctionne actuellement dans des conditions satisfaisantes. Depuis l'armistice, il a même été possible d'obtenir des autorités britanniques diverses extensions des accords originaux, de façon à récupérer par cette procédure des catégories plus nombreuses de créances françaises.

3° - *Avances réciproques pour les besoins divers des services français en Grande-Bretagne et anglais en France.*

La Trésorerie britannique consent également des avances à notre agent de liquidation pour lui permettre de faire face à différents besoins en Grande-Bretagne, notamment :

— les dépenses de fonctionnement de nos services consulaires et de nos services de liquidation en Grande-Bretagne,

— le paiement des soldes des militaires et marins français retenus en Grande-Bretagne,

— l'assistance aux Français nécessiteux se trouvant en Grande-Bretagne,

— le paiement des dépenses nécessaires à la conservation des immeubles ou des meubles appartenant à des Français en Grande-Bretagne.

Par réciprocité, le Trésor français consent des avances aux services diplomatiques américains en France, en tant que chargés de la représentation des intérêts britanniques dans notre pays, pour leur permettre de faire face en France, pour compte britannique, aux mêmes catégories de dépenses.

4° - *Rachat des contrats d'achat français aux États-Unis*

En vertu d'accords conclus à l'époque de l'armistice, la mission d'achat anglaise aux États-Unis a repris la suite de la plupart des marchés intéressant la Défense nationale passés dans ce pays par la mission d'achat française. En vertu de ces accords, le gouvernement britannique s'était obligé à effectuer des versements en dollars au gouvernement français, notamment pour rembourser les acomptes payés par ce dernier sur les marchés repris par l'Angleterre, et pour régler sa quote-part dans les pertes subies sur les contrats non repris.

Les paiements en dollars ainsi prévus ont été jusqu'ici régulièrement assurés.

5° - *Différents cas particuliers*

Les autorités britanniques ont autorisé dans certains cas le déblocage d'avoirs français en livres sterling quand il s'agissait d'utiliser ces avoirs au règlement de créances intéressant des ressortissants britanniques ou des ressortissants de l'Empire britannique (par exemple, règlement de dettes des importateurs français vis-à-vis d'exportateurs égyptiens de coton).

D'autre part, d'importantes atténuations ou dérogations ont été consenties en faveur de certains territoires de l'Empire français (Indochine notamment, tout au moins jusqu'aux événements récents).

Tels sont, d'après les informations en ma possession, les principaux aspects de la politique suivie par la Grande-Bretagne à l'égard des intérêts financiers français.

Guerre 1939-1945, Vichy, Z Europe, Grande-Bretagne, 333
(10GMII/333)

309

M. Henry-Haye, Ambassadeur de France à Washington,
à l'Amiral Darlan, Vice-Président du Conseil, Ministre
Secrétaire d'État aux Affaires étrangères, à la Marine et à
l'Intérieur.

D. n° 18[1].   *Washington, 1er août 1941.*

Par télégramme du 17 mars[2], Votre Excellence a bien voulu me demander de lui faire parvenir une étude sur les buts de guerre des États-Unis. Par lettre du 7 mai[3], j'ai eu l'honneur de Vous faire parvenir une première étude sur l'organisation du monde colonial de l'après-guerre, telle qu'elle est envisagée en Amérique, étude que je crois utile de compléter par les informations suivantes.

Les Américains qui songent à l'après-guerre se préoccupent de la crise inévitable qui secouera leur économie à la fin des hostilités. Pour l'instant, le seul problème est de produire, et le seul client est l'État. Mais la guerre finie, il faudra retrouver des débouchés et des clients pour une industrie qui sera dotée d'un équipement nouveau et dont les facilités de production seront décuplées.

Il est possible que, dans une certaine mesure, les États-Unis trouvent sur leur marché intérieur les débouchés dont ils auront à tout prix besoin. C'est la prédiction qu'a faite en particulier M. Henry Ford, le 28 juillet, date de son 78e anniversaire. « La crise sera facile à surmonter, a-t-il déclaré, car les guerres développent infiniment les progrès techniques et des millions de personnes trouveront des emplois nouveaux dans la jeune industrie des matières plastiques et dans le développement de l'aviation civile ».

La prédiction de M. Ford ne rassure pourtant pas tous les industriels américains. Il ne faut pas oublier en effet que, comme l'a déclaré le 28 juillet à Baraboo (Wisconsin) M. Joseph Martin, président du Comité national du Parti républicain, « les États-Unis termineront la guerre avec une dette publique qui dépassera 100 milliards ». Si, comme l'indique la sagesse des économistes et des nations, le gouvernement américain se préoccupe d'abord de diminuer un pareil rythme de dépenses, la déflation amènera inévitablement une crise terrible. Si, au contraire, les dépenses continuent, les impôts deviendront extrêmement lourds et le producteur américain verra hausser considérablement ses prix de revient. Comme il est peu probable que les salaires puissent être diminués, l'exportateur américain se

---

[1] D. intitulée : « Organisation des Colonies après guerre » et portant le tampon : « 17 Novembre 1941 » (date de réception ou d'enregistrement).

[2] T. n° 368 en date du 17 mars 1941 de Vichy. Le Département désirerait recevoir tous les renseignements qu'il est possible de recueillir sur les dispositions prises par le gouvernement américain pour procéder aux études préparatoires à la future paix. Quelles sont les tendances des personnalités chargées de ces études ainsi que celles des différents milieux influents ? (résumé *in* Guerre 1939-1945, Vichy, C État français, 42).

[3] Document non retrouvé.

trouvera très mal armé pour affronter la concurrence sur les marchés extérieurs.

Il est donc normal que, dès maintenant, l'homme d'affaires américain se
préoccupe de se réserver dans le monde certaines sphères encore mal
exploitées et qui pourraient servir de débouchés et de réservoir de matières
premières pour l'économie américaine. C'est sous cet angle qu'est souvent
envisagée une révision du statut des territoires coloniaux des différentes
puissances du monde après la guerre.

L'Amérique, bien qu'elle-même nation colonisatrice, blâme en principe
le système colonial tel qu'il était, jusqu'en 1940, conçu et appliqué par la
France, l'Angleterre, les Pays-Bas, la Belgique et le Portugal. L'idéalisme
anglo-saxon se mêle étroitement à ce point de vue avec des préoccupations
purement commerciales. Les États-Unis désapprouvent « l'impérialisme
colonial » et n'admettent que le principe du mandat de puissances plus
évoluées sur des territoires primitifs. Mais ils insistent, et c'est là l'essentiel,
pour que le principe « de la porte ouverte » soit étendu à toutes les nations
dans les territoires sous mandat.

J'ai déjà signalé cette tendance dans ma lettre du 7 mai à propos du projet publié par le Carnegie Endowment for International Peace[1] au sujet
du « statut des colonies dans le monde futur ». Depuis cette date a paru
dans la revue *Asia* d'août 1941 une excellente étude sur le même sujet de
M. Albert Viton, professeur à la Northwestern University de Chicago.

M. Viton propose que le système des mandats coloniaux, ébauché en
1919 dans l'article 22 du Pacte de la Société des Nations[2], soit étendu à
toutes les colonies existantes. Le rôle de puissances mandataires ne serait
plus assumé par quelques privilégiés mais par toutes les puissances démocratiques, même les plus petites, et par les Dominions britanniques. Il
est indispensable, souligne à plusieurs reprises l'auteur, que les États-Unis

---

[1] Le Carnegie Endowment for International Peace ou Fondation Carnegie pour la paix internationale est une organisation non-gouvernementale, fondée en 1909 par Andrew Carnegie, et
dédiée au développement de la coopération interétatique et à la promotion d'un engagement actif
des États-Unis sur la scène internationale, à travers des recherches, des publications et des conférences.

[2] Ces territoires étaient d'anciennes colonies de l'Empire allemand et de l'Empire ottoman.
Désormais sous mandat de la SDN, ils sont couverts par l'article 22 du Pacte de la SDN qui stipule,
entre autres, que « Le bien-être et le développement de ces peuples forment une mission sacrée de
civilisation » (§1), que « La meilleure méthode de réaliser pratiquement ce principe est de confier
la tutelle de ces peuples aux nations développées qui, en raison de leurs ressources, de leur expérience ou de leur position géographique, sont le mieux à même d'assumer cette responsabilité »
(§2), que « Certaines communautés qui appartenaient autrefois à l'Empire ottoman, ont atteint un
degré de développement tel que leur existence comme nations indépendantes peut être reconnue
provisoirement, à la condition que les conseils et l'aide d'un Mandataire guident leur administration jusqu'au moment où elles seront capables de se conduire seules » (§4), que « Le degré de développement où se trouvent d'autres peuples, spécialement ceux de l'Afrique centrale, exige que le
Mandataire y assume l'administration du territoire à des conditions qui, (...) garantiront la liberté
de conscience et de religion » (§5), que « il y a des territoires, tels que le Sud-ouest africain et certaines îles du Pacifique austral, qui, par suite de la faible densité de leur population, de leur superficie restreinte, de leur éloignement des centres de civilisation, de leur contiguïté géographique au
territoire du Mandataire, ou d'autres circonstances, ne sauraient être mieux administrés que sous
les lois du Mandataire comme une partie intégrante de son territoire » (§6).

eux-mêmes acceptent de jouer un grand rôle dans l'organisation de la nouvelle commission des mandats et participent eux-mêmes à l'administration d'un ou de plusieurs territoires.

Le contrôle de la Commission serait infiniment plus étroit qu'autrefois et la souveraineté sur le territoire appartiendrait réellement à l'organisme de surveillance internationale. La Commission serait en particulier chargée de faire régner la plus parfaite égalité entre tous les membres de la Société des Nations pour l'accès aux ressources des territoires sous mandat. Il serait aussi du devoir du pays mandataire d'organiser de larges programmes de travaux publics qu'entreprendraient les membres de la Société les mieux équipés à ce point de vue. Enfin, aucune restriction ne devrait être mise à l'immigration dans ces territoires placés sous la surveillance internationale.

Au point de vue de l'administration locale, la distinction entre mandats A, B et C est conservée, mais M. Viton reproche à l'ancienne SDN de n'avoir jamais fait passer de la classe C à la classe B, et encore moins de la classe B à la classe A un territoire sous mandat. À l'avenir, au contraire, sera organisé un système de promotion d'une classe à l'autre sans que le pays mandataire ait à faire connaître son accord.

Enfin, M. Viton propose qu'une monnaie internationale qui sera celle de la SDN ait seule cours dans les pays sous mandat. Le développement des territoires mandatés a été considérablement retardé, croit-il, parce que la France et l'Angleterre ont insisté au-delà de toute mesure pour que leurs monnaies nationales circulent seules sur les territoires dont elles avaient la charge.

Si ce plan est admis, conclut M. Viton, les États-Unis qui produisent actuellement du matériel de guerre pour une valeur de 15 milliards de dollars par an n'auront aucune peine à faire servir leur industrie à la mise en valeur de territoires encore vierges.

De ce programme assez théorique il faut moins retenir, semble-t-il, la conception d'une souveraineté de la SDN sur les colonies existantes que le principe de la porte ouverte pour tous les États industriels sur une large fraction du globe encore mal exploitée.

Les États-Unis, qui espèrent être la seule puissance sortant de cette guerre avec une capacité de production accrue, escomptent trouver dans le continent africain le débouché à leurs produits finis ; c'est ainsi que certains envisagent ici la solution de la crise de l'après-guerre. Les États-Unis savent, d'autre part, que le malaise du monde est venu en grande partie de leurs lois d'immigration de 1924 qui ont empêché une Europe surpeuplée de s'étendre dans des territoires où la densité de population était plus faible. Aucun Américain ne proposera jamais de revenir sur les lois de 1924 qui sont nécessaires pour le maintien du caractère anglo-saxon des États-Unis. Mais le problème est partiellement résolu si l'on prévoit dans le monde de vastes régions, comme les plateaux du Kenya, du Tanganyka, Madagascar, où l'immigration sera non seulement permise mais encouragée. L'équilibre du monde, rompu dans les premières années du XXe siècle par les tarifs protecteurs et les lois contre l'immigration, se trouverait ainsi rétabli grâce à l'exploitation en commun de ces sortes de grands parcs nationaux, de réserves inexploitées que constitueront les colonies de l'avenir.

Dans leurs déclarations officielles sur le monde futur, les hommes responsables de la politique américaine, et en particulier MM. Hull et Sumner Welles, ne manquent jamais de souligner la nécessité d'une reprise du commerce international et de l'accès libre de tous aux sources de matières premières. La liberté économique figure aussi parmi les quatre libertés dont le président Roosevelt veut faire les assises du monde futur. MM. Roosevelt, Hull et Welles savent bien que le libre échange complet sera difficile à établir à la fin des hostilités et que le nationalisme économique, qui sévit actuellement avec tant d'âpreté, subsistera dans le monde et tout particulièrement aux États-Unis. Il est donc à penser que, pratiquement, cette liberté idéale des transactions et des mouvements humains sera limitée à certaines fractions du globe où le principe de la souveraineté nationale est moins solidement établi. Les États-Unis suréquipés, produisant trop, alourdis par leur dette publique, auront besoin de cette soupape de sûreté que représente le monde colonial pour faire reculer « cette dépression de l'après-guerre » dont le spectre déjà les hante. Du plan de la Carnegie Institution et de celui de la revue *Asia* ne subsistera probablement aucun des détails trop précis mentionnés plus haut, mais il serait surprenant que les États-Unis, au cours des négociations de paix, n'insistent pas avec beaucoup d'âpreté pour une participation à l'exploitation des ressources coloniales. Le désir d'éviter une crise grave et prolongée leur imposera un internationalisme qu'ils avaient prétendu rejeter en 1919.

Guerre 1939-1945, Vichy, B Amérique, États-Unis, 59 (1GMII/59)

310

M. DE LA BAUME, AMBASSADEUR DE FRANCE À BERNE,
   À L'AMIRAL DARLAN, VICE-PRÉSIDENT DU CONSEIL, MINISTRE
   SECRÉTAIRE D'ÉTAT AUX AFFAIRES ÉTRANGÈRES, À LA MARINE ET À
   L'INTÉRIEUR.

D. n° 379[1].   *Berne, 2 août 1941.*

Les indications recueillies ces jours derniers dans les milieux suisses les plus en contact avec l'Allemagne dénotent l'émotion que provoquent dans la population allemande la connaissance des difficultés auxquelles se heurte la campagne à l'Est[2] et le dénombrement des pertes très lourdes qu'elle occasionne. L'Allemagne du sud paraît particulièrement éprouvée. C'est ainsi que la division régionale badoise composée des régiments de

---

[1] D. intitulée : « Nouvelles d'Allemagne » et portant le tampon : « 7 août 1941 ».

[2] Menée dans le cadre de l'attaque contre l'URSS depuis le 22 juin 1941. Voir sur le même sujet, les documents n°ˢ 294, 295, 300, 301.

Constance, d'Offenburg et de Karlsruhe aurait été presque entièrement détruite. Pour la première fois, des manifestations publiques de deuil ont été observées, à Constance, à Bâle, par exemple, où des drapeaux en berne ont apparu à de nombreuses façades d'immeubles. Comme une évaluation certaine des morts et des blessés, on cite aujourd'hui le chiffre de 800 000. Parmi les hommes revenant du front, beaucoup souffrent d'ophtalmies assez sérieuses dues au séjour prolongé dans les plaines desséchées que sillonnent de nombreux convois. Les malades de ce genre afflueraient dans les hôpitaux de Vienne, de Gratz et d'Innsbruck.

Le moral allemand paraît également secoué par la violence accrue des bombardements dans la Ruhr[1] et les villes hanséatiques[2]. Dans ces régions, les dégâts matériels causés par les nouvelles bombes anglaises commencent à être très sérieux. De nombreuses familles sont à la recherche d'autres résidences.

Il n'y a aucune conclusion à tirer encore de cette situation, qui ne deviendrait sérieuse que si l'effort allemand ne devait pas parvenir à mettre hors de cause, avant le début de l'automne, le gros des forces russes.

Sur l'étendue des destructions opérées par les Russes en retraite, les informations sont contradictoires et peu sûres : mon collègue hongrois prétend savoir que les blés en Ukraine sont intacts. Ils sont à couper et à engranger. Les Russes auraient seulement emporté le bétail et les instruments agricoles.

Dans les environs de Moscou, le nombre des réfugiés atteindrait un chiffre impressionnant, les populations fuyant devant l'avance allemande. De graves problèmes vont se poser pour le ravitaillement de celles-ci.

Guerre 1939-1945, Vichy, Z Europe, Allemagne, 94 (10GMII/94)

311

L'Amiral Esteva, Résident général de France à Tunis,
  Au Général Weygand, Délégué général du Gouvernement en
  Afrique française.

D. n° 3710[3]. *Tunis, 6 août 1941.*

En clair. Par avion.

M. Doolittle, consul des États-Unis d'Amérique à Tunis, a, depuis plusieurs semaines, deux nouveaux vice-consuls adjoints, qui sont chargés de

---

[1] La Ruhr est l'une des deux régions majeures de l'industrie lourde allemande.

[2] Il s'agit des ports allemands sur la Baltique : Lübeck, Kiel et Rostock, mais aussi Hambourg et Brême (selon l'appellation liée à la ligue hanséatique de l'époque médiévale et moderne).

[3] Le Département a reçu ce télégramme sous le n° 1081 en date du 6 août 1941, le 8 août à 12 h, indiqué comme « Secret » (Voir la copie dans Guerre 1939-1945, Vichy, P Tunisie, 29).

l'assister pour toutes les affaires d'échanges entre l'Afrique du Nord et l'Amérique[1]. Ils vont commencer à s'en occuper.

Ces messieurs ont des relations mondaines avec un assez grand nombre de personnes à Tunis et dans la région. Je fais recommander la plus grande discrétion dans les rapports avec eux. Mais Votre Excellence n'ignore pas que le moindre miroir fascine les alouettes et que cette espèce compte ici de nombreux représentants. Je ne crois pas que le danger soit bien grand, parce que les Américains sont des gens superficiels et qu'on peut les satisfaire aisément dans leurs recherches.

M. Murphy, lors de son récent passage, est revenu plusieurs fois, comme lors du premier, il y a près de 6 mois[2], sur la comparaison entre les forces navales japonaises et américaines. C'est un sujet qui lui tient à cœur. Il craint, à mon avis, que les officiers de marine américains ne soient trop disposés à mésestimer leurs adversaires éventuels nippons. Je lui ai dit que la marine japonaise avait des équipages habitués à la mer et d'une valeur militaire appréciable et que la prudence exige de ne jamais dénigrer les gens contre qui on peut être appelé à combattre.

Je n'ai pas manqué de lui représenter que la meilleure politique pour les États-Unis d'Amérique était, jusqu'à plus ample informé, l'expectative.

L'attitude de l'Espagne au Maroc, notamment à Tanger, inquiète les Américains et l'occupation du phare au Cap Spartel a pris, à leurs yeux, une importance capitale, vu que c'est lui qui « permet l'entrée sûre dans la Méditerranée »[3].

Les Italiens ont été émoustillés par le voyage récent de M. Woodruff à Djerba[4] et ils se sont précipités derrière lui pour connaître ses faits et gestes. Un tel empressement leur a valu une déconsidération notable auprès des Tunisiens.

---

[1] Sur cette question, voir les documents n°s 2, 3, 9, 64, 110, 122, 192, 207.

[2] Il n'a pas été possible de retrouver les traces précises de tous les passages en Tunisie de Robert Murphy, le représentant personnel du président Roosevelt en Afrique du Nord. Sans doute est-il venu à Tunis lors du séjour au cours duquel il a signé, avec le général Weygand, l'accord franco-américain pour le ravitaillement de l'Afrique du Nord (le 26 février 1941). Il séjourne à coup sûr trois jours à Tunis à la toute fin de juillet 1941, pour discuter avec l'amiral Esteva des échanges de fournitures entre les États-Unis et l'Afrique du Nord (voir T. n°s 1040 à 1046 en date du 30 juillet 1941 de l'amiral Esteva, Tunis, à Vichy, *in* Guerre 1939-1945, Vichy, P Tunisie, 30, document non publié).

[3] Sur l'occupation de Tanger et de sa zone, dont le Cap Spartel, par les Espagnols en juin 1940, voir *DDF (1939-1944)*, 1940-1, document n° 403.

[4] *Cf.* le rapport de l'adjudant Deswel, commandant la brigade, sur les venues dans l'île [de Djerba] du vice-consul des États-Unis [M. Woodruff] et de la CIA, Houm-Souk, en date du 31 juillet 1941 (Guerre 1939-1945, Vichy, P Tunisie, 10, non reproduit) : « Pendant le séjour du Vice-Consul, la CIA [Commission italienne d'armistice] est venue trois fois à Djerba [...]. Lors du second voyage, un agent italien, en civil, a été laissé à Houm-Souk (Nustri Gaétano) qui a épié tous les mouvements du Consul. [...] Le Consul ne se serait pas occupé de la colonie maltaise de Djerba ; il s'est intéressé d'affaires commerciales (*sic*), d'échanges éventuels de produits tels que étoffes, carburants, sucre, contre de l'huile d'olive et des conserves de poisson. Il s'est même offert à fournir le boitage qui manque. » Mais la mission dévolue aux 12 vice-consuls américains présents alors en Afrique du Nord est bien, sous couvert de surveiller l'exécution de l'accord Murphy-Weygand de février 1941, de faciliter les activités de renseignement de l'Office of Strategic Services (OSS).

M. Woodruff a tenu au caïd de Djerba des propos assez bizarres, lui demandant son avis sur l'effet que produirait sur les Tunisiens une intervention américaine dans la Méditerranée, en Tunisie, en Afrique occidentale ou au Maroc. Le Caïd lui a répondu que les Tunisiens ne changeraient pas d'opinion sur leur attachement à la France, quelles que soient les circonstances. Il a éludé tout ce qui avait trait à l'Italie et à l'Axe[1].

Les instituteurs italiens sont rentrés dans le calme. Toutefois leur chef ne manque pas une occasion de dire que leur action en Tunisie est la pierre angulaire et la chair et le sang de l'influence irrédentiste italienne dans la Régence. Dans sa dernière allocution, Corrado Masi n'a parlé que des écoles et de l'enfance studieuse italiennes en Tunisie. Il y a des rites à respecter.

Les officiers allemands, dans le Sud tunisien, continuent à pousser les musulmans vers le zèle anti-juif. Les billets de banque ne leur coûtent pas cher et les Tunisiens à qui ils s'adressent ne manquent pas l'occasion d'en recevoir sans la moindre peine. Mais la situation reste calme et je n'ai pas d'inquiétude.

Guerre 1939-1945, Vichy, Délégation générale du Gouvernement
en Afrique française, 5

312

M. DE DAMPIERRE, MINISTRE DE FRANCE À BUDAPEST,
    À L'AMIRAL DARLAN, VICE-PRÉSIDENT DU CONSEIL, MINISTRE
    SECRÉTAIRE D'ÉTAT AUX AFFAIRES ÉTRANGÈRES, À LA MARINE ET À
    L'INTÉRIEUR.

T. nos 693 à 696. *Budapest, 7 août 1941, 22 h. 10.*

Secret. (*Reçu : le 8, 5 h. 30*)

J'apprends d'une source très secrète et généralement bien informée que les communiqués donnés par le haut-commandement de la Wehrmacht sur la victoire de Smolensk[2] ont en réalité pour but de masquer aux yeux de l'opinion allemande et mondiale l'échec de la campagne éclair contre les Soviets.

On considérerait, dans les milieux de l'état-major du Reich, que la résistance acharnée du soldat russe, le fanatisme de la jeunesse bolcheviste, les mauvaises conditions atmosphériques qui font s'enliser dans la boue les troupes motorisées, les destructions systématiques, les pertes allemandes en hommes et en matériel ont créé une situation telle qu'une avance rapide

---

[1] Sur cette question du retour des instituteurs italiens en Tunisie, demandé par Rome en octobre 1940, ainsi que de celui de leurs familles, considéré d'un mauvais œil par Vichy, voir le T. nos 1018 à 1021 de l'amiral Esteva au Département, en date du 26 juillet 1941 (Guerre 1939-1945, Vichy, Z Europe, Italie, 513, non reproduit).

[2] Lacune de déchiffrement.

devient de plus en plus difficile ; le front risque donc de se stabiliser avant l'hiver sur une ligne très différente de celle que le commandement allemand avait envisagée. Si, militairement parlant, la (…)[1] peut être poursuivie encore, on rappelle que les pétroles du Caucase, le blé de l'Ukraine, les usines de l'Oural avaient paru indispensables à l'Allemagne pour lui permettre de continuer indéfiniment les hostilités ; or il n'y aurait plus d'illusion à se faire sur la possibilité d'une conquête des richesses économiques de l'URSS : seule une infime partie de la récolte ukrainienne a pu être saisie jusqu'ici. On craint enfin la réaction qu'aurait, sur le moral de la population allemande, la connaissance de la situation réelle sur le front oriental. Cette opinion très pessimiste, dont j'ai plutôt cherché à atténuer l'expression, se trouve, bien qu'à un degré moindre, dans les milieux politiques de Budapest. L'un des principaux journalistes hongrois, dont les sentiments pro-allemands ne peuvent être suspectés, m'a cependant exprimé la crainte que lui causait l'éventualité d'une défaite du Reich, qu'il pressent, m'a-t-il dit, depuis l'échec des tentatives de débarquement en Angleterre. À défaut des ressources qu'elle comptait se procurer en Russie, l'Allemagne va être amenée, dans les mois qui vont suivre, à pressurer plus que jamais les pays qu'elle domine et où la faim et la misère sont génératrices de chaos et d'anarchie. Comme je lui demandais quelle explication il fallait donner à la faute commise par le Reich, qui n'en avait jusqu'ici commise aucune, en se lançant dans une entreprise aussi colossale sans avoir la certitude de réussir, ce journaliste m'a répondu que l'Allemagne ne pouvait pas agir autrement car le péril russe devait absolument être éliminé sous peine de surgir plus tard dans les conditions encore plus dangereuses. Elle est, m'a-t-il laissé entendre, prise dans un cercle infernal dont elle ne peut sortir : c'est la même opinion qu'avait récemment exprimée un diplomate hongrois revenant de Berlin (mon télégramme n° 669)[2].

On pense ici que le déclenchement des hostilités entre les États-Unis et le Japon est inévitable dans un avenir prochain.

Guerre 1939-1945, Vichy, Z Europe, URSS, 836 (10GMII/836)

---

[1] Après une longue bataille engagée à la mi-juillet, Smolensk est prise par les troupes du Reich le 7 août.

[2] Ce télégramme a été reçu le 26 juillet 1941. D'après les informations venant du front de Kiev, la lutte serait extrêmement dure dans cette région et les pertes allemandes considérables. Les troupes russes, après avoir opposé une résistance opiniâtre, se retirent en bon ordre, en laissant que peu de prisonniers et reprennent le combat quelques kilomètres plus loin. Sur les déboires allemands dans leur campagne en URSS, voir aussi les documents n°s 294, 295, 300, 301, 310. Outre celle du poste d'observation qu'est Berne, la correspondance d'autres pays va dans le même sens : cf. T. n° 63 en date du 25 juillet de Léon Bérard, de Rome Saint-Siège (Guerre 1939-1945, Vichy, Z Europe, URSS, 844), T. n°s 1204 à 1209 de Madrid en date du 2 août. Sans compter Wiesbaden, qui envoie la traduction de l'article du *Völkische Beobachter*, "L'ennemi le plus dangereux", paru le 3 août 1941 (Note n° 781 du 6 août 1941). L'attaché militaire en Hongrie, le colonel de Mierry, fait cependant état de la « belle performance » que représente l'avancée de 600 kilomètres en 30 jours des divisions d'infanterie allemandes, comme de l'objectif du Reich de destruction des armées soviétiques plutôt que de gagner du terrain, outre la maîtrise de l'air. Les estimations des pertes en hommes varient entre 250 000 et 600 000 hommes, celles en officiers atteindraient la moitié de celles encourues pendant la campagne sur le front occidental entre le 8 mai et le 24 juin 1940 (D. n° 85/S en date du 3 août). Ces trois derniers documents (non reproduits) *in* Guerre 1939-1945, Vichy, Z Europe, URSS, 836.

313

Note du Département

Au sujet de la situation des religieux français en Roumanie

N.   *Vichy, 8 août 1941.*

1.- Une loi roumaine de 1928 a décidé de subordonner l'autorisation pour les ordres et congrégations religieuses de continuer à subsister dans le Royaume à la condition que le supérieur et les membres soient de nationalité roumaine. Cette condition se trouve reprise dans le concordat conclu le 12 juin 1929 entre le Saint-Siège et la Roumanie. Il a été décidé, depuis, qu'elle devait être remplie au plus tard le 1er octobre 1941.

Cette mesure, dirigée contre les religieux hongrois, frappera durement les Français. Dans la situation actuelle, la légation estime qu'il est impossible de faire retarder de 20 ans l'application de la loi en ce qui les concerne, comme cela avait été plus ou moins promis antérieurement. Tout au plus pourrait-on invoquer la difficulté pour les intéressés de constituer leurs dossiers afin d'obtenir une remise de quelques mois. Les Allemands et les Italiens n'en seraient pas gênés, conservant leur nationalité d'origine tout en acquérant la nationalité roumaine.

La légation avait commencé par suggérer une modification de la législation française, qui permît également aux religieux français de conserver leur nationalité.

Depuis, elle a signalé les inconvénients qu'il y aurait à introduire la notion de double nationalité dans notre droit et le fait que, d'après la loi roumaine, toute personne qui acquiert la nationalité roumaine doit renoncer, de façon formelle, à toute autre appartenance étrangère.

La légation suggère, en conséquence, une procédure plus discrète. Les supérieurs majeurs, établis en France, des diverses congrégations déposeraient au Département la liste des religieux français se trouvant en Roumanie. Cette liste aurait un caractère confidentiel. Les religieux en question acquerraient la nationalité roumaine et seraient dégagés de toutes les obligations que comporte la nationalité française (y compris les obligations militaires), mais ils conserveraient la jouissance de certains droits réservés aux nationaux français. Lorsqu'un religieux serait rappelé en France ou envoyé dans un autre pays étranger, il serait rayé de la liste confidentielle et recouvrerait la nationalité française[1].

2.- La solution envisagée par la légation, si elle présente d'incontestables avantages pratiques, ne paraît guère réalisable juridiquement. Le système

---

[1]   Voir les diverses dépêches à ce sujet de Jacques Truelle : D. n° 33, en date du 5 mai 1941, D. n° 44 en date du 17 juillet (Guerre 1939-1945, Vichy, Z Europe, Roumanie, 684). Le dossier est suivi par M. Canet.

consistant à mettre « en sommeil » la nationalité française des religieux résidant en Roumanie ne pourrait être réalisé que par la voie législative et non confidentiellement. Si, en effet, la naturalisation en Roumanie des intéressés entraîne, aux termes de la loi française sur la nationalité, la perte de celle-ci, une inscription sur une liste confidentielle ne saurait faire échec à la loi, et notamment les religieux bénéficiant de cette mesure ne sauraient conserver certains droits inhérents à la qualité de Français, pour retrouver l'intégralité de ces droits, le jour où ils seraient radiés de la liste en question. Or l'article 9 § 1º de la loi du 10 août 1927 prévoit expressément que le Français naturalisé à l'étranger perd la qualité de Français, sous réserve d'une exception dont il sera question ci-après. Les religieux naturalisés roumains perdent donc automatiquement la nationalité française, avec toutes les conséquences qui s'en suivent.

3.- Deux solutions apparaissent, dans ces conditions, comme possibles :

a) La première consisterait à user de la faculté que donne l'article 11 de la loi du 10 août 1927 pour les individus qui ont perdu leur qualité de Français de la retrouver par décret. Il serait entendu, d'accord avec le ministère de la Justice, que les religieux naturalisés roumains seraient automatiquement réintégrés par voie de décret dans la nationalité française le jour où ils quitteraient la Roumanie. Mais il est à remarquer que la loi de 1927 met une condition à ce recouvrement de la nationalité française, celle de la résidence en France. Si les religieux en question, comme cela est envisagé par la légation, se rendaient dans un autre pays, ils ne pourraient bénéficier de cette faveur. En outre, ils perdraient tous les avantages résultant de leur qualité de Français pendant la période où ils ressortiraient à la Roumanie ; il conviendrait, semble-t-il, de demander à la légation si cette solution suffirait, malgré ses imperfections, à faire face à la situation en présence de laquelle nous nous trouvons.

b) La deuxième solution, que la légation avait envisagée en premier lieu, consisterait à édicter une loi aux termes de laquelle les religieux ne seraient pas libérés de leur allégeance française malgré une naturalisation à l'étranger.

Cette solution peut se trouver, dès à présent, réalisée pour un assez grand nombre de cas. La loi du 9 mars 1940, modifiant l'alinéa 2 du § 1er de l'article 9 de la loi du 10 août 1927 prévoit en effet que « l'acquisition de la nationalité étrangère par un Français du sexe masculin âgé de moins de 50 ans ne lui fait perdre la nationalité française que si elle a été autorisée par le gouvernement ».

Il suffirait que l'autorisation ne fût pas accordée aux religieux de prendre la nationalité roumaine, pour qu'ils conservent, en vertu de ce texte, leur qualité de Français. Mais les religieux, de même que les hommes de plus de 50 ans, ne pourraient bénéficier de ce régime. En principe, les hommes seraient soumis aux obligations militaires dans les deux pays. Mais, étant donné le régime actuel de l'armée en France, cette question n'a pas d'intérêt pratique. Des dispenses pourraient d'ailleurs être accordées.

Ici encore c'est à la légation d'apprécier si cette solution, qui pourrait d'ailleurs être associée à la précédente pour les cas qu'elle ne couvre pas, est suffisante.

4.- Dans le cas où aucune des deux solutions indiquées ci-dessus et que permet la législation actuelle n'apparaissait comme suffisante, une réforme s'imposerait.

Cette réforme devrait nécessairement comporter un système de double nationalité, l'autre solution envisagée par la légation ne pouvant être réalisée par voie législative. On ne peut dire que ce système heurte les principes de notre droit puisque la loi de 1927 admet déjà la double nationalité dans certains cas et que des accords passés avec certaines puissances étrangères en ce qui concerne l'accomplissement des obligations militaires ont pour unique objet de résoudre les problèmes que pose à cet égard l'existence d'individus ayant une double nationalité.

Le texte serait d'ailleurs assez délicat à établir, puisqu'il ne devrait pas, en raison de la loi roumaine, viser expressément le cas des religieux français se trouvant en Roumanie. Il pourrait être rédigé comme il suit, sous forme d'addition au §1 de l'article 9 de la loi de 1927.

« En outre, l'acquisition de la nationalité étrangère ne fait pas perdre la nationalité française aux Français des deux sexes, lorsque cette acquisition est la condition nécessaire de l'exercice dans un pays étranger d'une activité intéressant la diffusion de la culture française. Des décisions conjointes des Ministres Secrétaires d'État à la Justice et aux Affaires étrangères détermineront, dans chaque cas, si cette condition se trouve réalisée ».

L'avis du ministère de la Justice devrait être, bien entendu, sollicité à ce sujet. Il conviendrait notamment de savoir si la Chancellerie admettrait que les décisions en question ne fussent pas publiées ce qui entrerait dans les vues de la légation. Mais il est douteux que ce système puisse être admis, étant donnée l'incertitude qui planerait sur la qualité de Français de nombre de personnes, et le préjudice sérieux qui pourrait en résulter pour des tiers[1].

Guerre 1939-1945, Vichy, Z Europe, Roumanie, 684 (10GMII/684)

---

[1] La D. n° 49 de Bucarest en date du 11 août 1941 indique qu'après une démarche auprès du ministère roumain des Affaires étrangères, « le délai prescrit a été fixé au-delà du 1ᵉʳ octobre 1941 et jusqu'à une date qui sera ultérieurement fixée. » Le 14 novembre (D. n° 82), il informe qu'il a eu « très confidentiellement » connaissance d'une démarche du Saint-Siège, faisant valoir la différence entre « nationalité » et « citoyenneté » roumaine. Et le 30 décembre (T. n° 1049 de Bucarest), J. Truelle fait valoir que le nouveau texte sur la nationalité, élargissant celui de l'article 11 de la loi sur la nationalité, adopté le 9 mars 1940, impliquant déjà la reconnaissance de la double nationalité dans un cas particulier et stipulant que « le Français du sexe masculin et âgé de moins de 50 ans, naturalisé étranger, ne perd la nationalité française que s'il a reçu l'autorisation préalable du gouvernement français », peut apporter « une solution satisfaisante au problème du statut de nos religieux obligés de se faire naturaliser roumain ». (Tous ces documents *in* Guerre 1939-1945, Vichy, Z Europe, Roumanie, 684).

314

M. de La Baume, Ambassadeur de France à Berne,
   à l'Amiral Darlan, Vice-Président du Conseil, Ministre
   Secrétaire d'État aux Affaires étrangères, à la Marine et à
   l'Intérieur.

T. n° 1132.   *Berne, 9 août 1941.*

En clair.   *(Reçu : le 14 août, à 18 h.)*

D'après les confidences de certains correspondants de journaux suisses à Berlin, venus pour quelques jours en Suisse, les milieux de la Wilhelmstrasse, avec lesquels ils sont en rapports étroits et quotidiens, n'affecteraient plus, depuis la campagne de Russie, l'assurance et l'optimisme qu'ils manifestaient jusqu'alors sur l'issue victorieuse de la guerre contre la Grande-Bretagne. Dans ces mêmes milieux, on ne dissimulerait pas que l'invasion de l'Angleterre est devenue désormais impossible et ne sera pas tentée.

Aux dires de ces journalistes, l'opinion allemande, déjà troublée par les bruits qui avaient couru à propos du départ de Hess[1], désorientée par le brusque renversement des mots d'ordre de la propagande du Dr Goebbels, qui désignent maintenant le bolchévisme à la place de la Grande-Bretagne comme l'ennemi n° 1, commencerait à attribuer quelque créance aux rumeurs qui circulent sur des ouvertures de paix à l'Angleterre. La lassitude de la guerre se serait nettement accentuée depuis la campagne de Russie, notamment pour les raisons suivantes :

1°- Les pertes subies en Russie seraient très fortes et il est impossible de le cacher à la population ; celle-ci n'ignore pas en particulier que certaines unités auraient été presque entièrement décimées et que même l'entourage immédiat du Führer n'aurait pas été épargné ; le fils unique de M. Meissner, ministre d'État et chef du secrétariat particulier du Führer, aurait été tué, de même que le fils cadet du général Keitel ; le chef des Jeunesses hitlériennes, Axmann, aurait eu les deux bras emportés par un obus. Il suffit d'ailleurs de jeter un coup d'œil sur les journaux de province et surtout sur les petits journaux locaux où figurent de longues listes d'avis mortuaires pour se rendre compte des pertes subies par l'armée allemande en Russie.

2°- Dans les milieux industriels, le manque de matières premières se ferait lourdement sentir. On commencerait notamment à manquer de minerai

---

[1] Rudolf Hess, proche conseiller et quasi « dauphin » d'Hitler, a effectivement pris l'initiative, le 10 mai 1941, peu avant l'invasion de l'URSS par le Reich, de s'envoler pour l'Écosse en détournant un *Messerschmitt* afin de négocier – selon ses dires - un accord de paix avec le Royaume-Uni. Les historiens n'ont pu vraiment prouver ou infirmer cette affirmation. À son arrivée par parachutage, il a été arrêté par les autorités britanniques, mais il demande à rencontrer le duc d'Hamilton dont il pensait qu'il serait un bon médiateur pour entamer un processus de paix laissant à l'Allemagne sa politique d'expansion vers l'Est sur le continent européen, en l'échange de l'intégrité de l'Empire britannique. Hitler a prétendu que Hess était devenu fou, et qu'il avait agi sur sa seule initiative. Sur cet épisode, voir documents n° 222, note 3, p. 390, et n° 229.

de fer suédois, dont les arrivages auraient été presque complètement inter-rompus par l'intervention de la flotte russe dans la Baltique ; les relations maritimes auraient d'ailleurs été pratiquement suspendues ces jours der-niers, du fait de l'interruption du service du bac Sassnitz-Traelleborg.

3°- Les charges financières en rapport avec la guerre auraient crû ces temps derniers dans des proportions inquiétantes, et les bruits les plus invraisemblables circuleraient sur la situation financière du Reich.

4°- Les récits des officiers et soldats qui reviennent des pays occupés, notamment de France, et selon lesquels les populations seraient partout foncièrement hostiles aux occupants, contribueraient à accentuer, dans les couches populaires allemandes, le pessimisme qui y règne concernant l'avenir du nouvel ordre européen. Aussi, les articles de presse ayant trait à un rapprochement franco-allemand sur le terrain économique et politique seraient-ils accueillis maintenant avec scepticisme, alors que l'an dernier, après l'armistice, le peuple allemand tout entier avait cru sincèrement à une entente prochaine entre les deux peuples ; la classe ouvrière commencerait même, sous l'influence de la propagande communiste, à reprocher aux grands industriels cette idée de collaboration avec la France, en déclarant qu'il ne s'agirait là que d'une « manœuvre capitaliste » montée dans le but de procurer d'énormes bénéfices à un nombre très limité d'individus en Allemagne et en France.

Parlant à ce propos de l'éventualité de mouvements intérieurs en Allemagne, un des journalistes en question a observé qu'à son avis, ils ne pourraient bénéficier de l'appui des généraux allemands, qui font preuve d'une discipline absolue à l'égard du Führer et ne discutent jamais ses vues. Si une révolution éclatait un jour en Allemagne, elle se ferait par en bas et non par en haut, et elle prendrait vraisemblablement naissance dans la Ruhr[1] où les communistes seraient très actifs et où les bombardements anglais créent un malaise favorable à leur action[2]. Ce malaise se ferait sentir depuis quelques semaines sur le front où les hommes appartenant à des unités de la Ruhr ou de la Rhénanie manifesteraient une inquiétude croissante du sort de leurs familles exposées aux bombardements aériens ou évacuées en Bavière. Il ne serait pas exclu qu'à la longue, si ces bombar-dements devaient croître en violence, le moral des troupes finît par en être influencé.

Il convient bien entendu, dans l'appréciation des impressions ainsi rap-portées de Berlin par ces journalistes, de tenir compte de l'orientation visible de leur sympathie et de la propension qu'ils ont pu avoir à insister sur certains aspects plutôt que sur d'autres de la situation en Allemagne. Il y a lieu de noter toutefois que leurs déclarations correspondent dans l'en-semble aux informations que j'ai communiquées ces derniers temps au Département en ce qui concerne notamment l'ampleur des pertes alle-mandes en Russie, ainsi que le malaise qui en résulte et qu'aggrave la

---

[1] *Cf.* document n° 310, notes.

[2] L'URSS et l'Angleterre ont signé un « traité d'aide et d'assistance pendant la durée de la guerre contre l'Allemagne hitlérienne » le 12 juillet 1941.

violence accrue des bombardements britanniques (voir mes lettres et bordereaux n°s 334 du 10 juillet[1], 343 du 16 juillet, 364 et 366 du 25 juillet, 377 et 386 des 1er et 9 août[2]).

Guerre 1939-1945, Vichy, Z Europe, Allemagne, 94 (10GMII/94)

315

M. Helleu, Ambassadeur de France à Ankara,
  à l'Amiral Darlan, Vice-Président du Conseil, Ministre de la
  Défense nationale, Secrétaire d'État aux Affaires étrangères
  et à la Marine.

D. n° 29[3].   *Ankara, 11 août 1941.*

Deux bons informateurs ont donné à un membre de cette ambassade une information que je n'ai pu contrôler, mais que je crois devoir rapporter à Votre Excellence sous toutes réserves :

Au cours d'une visite rendue par M. Muhafak Menemendjoglu, directeur de l'Agence d'Anatolie, vers le 20 juillet, à l'ambassadeur du Reich[4], celui-ci aurait déclaré à son interlocuteur qu'à la fin de la campagne de Russie, le chancelier Hitler proposerait la paix sur des bases telles qu'il serait bien difficile pour les Anglo-Saxons de la refuser. L'Allemagne, aurait dit M. von Papen, s'engagerait notamment à libérer de l'occupation actuelle les nations de l'Europe occidentale. Elle laisserait l'Angleterre exercer son influence sur ces nations et prendrait en échange la « direction » de l'Europe orientale.

L'ambassadeur du Reich aurait demandé à son interlocuteur si la Turquie serait disposée à prêter ses bons offices pour transmettre à la Grande-Bretagne les propositions allemandes. M. Menemendjoglu aurait répondu, à titre personnel, qu'à son avis le gouvernement turc pourrait remplir ce rôle de « courtier » (telle serait l'expression qu'il aurait lui-même employée), mais seulement après l'écrasement total de l'Armée rouge[5].

---

[1] On n'a pas retrouvé ce texte, mais à la même date, voir document n° 284 issu du poste de Berne sur le même sujet.

[2] Documents non retrouvés.

[3] D. intitulée : « L'Allemagne demandera-t-elle à la Turquie d'être le courrier d'une paix de compromis avec l'Angleterre ? ». Le document porte l'indication « Duplicata à Europe » et l'annotation marginale manuscrite : « Vu : A.O. ».

[4] Rappelons qu'Ankara vient alors de signer un pacte d'amitié germano-turc le 18 juin 1941 (voir note du Directeur politique en date du 19 juin), traité ratifié par la Grande Assemblée turque à l'unanimité le 25 juin (T. n° 1071 d'Ankara en date du 25 juin 1941). En même temps, Ankara communique qu'« en présence de la situation créée par la guerre entre l'Allemagne et l'URSS, le gouvernement de la République [turque] a décidé de proclamer la neutralité de la Turquie » (Note de l'ambassade de Turquie en date du 23 juin 1941. (Ces documents non publiés dans Guerre 1939-1945, Vichy, E Levant, Turquie, 127).

[5] On trouve dans Guerre 1939-1945, Vichy, Z Europe, URSS, 845, une coupure de presse du *Moniteur* du 20 juillet 1941, titrée : « La Turquie n'entrera jamais en guerre aux côtés des Soviets,

L'une des deux personnalités à qui M. Menemendjoglu a rapporté cette conversation en a retiré l'impression que, d'après M. de Papen, le chancelier Hitler envisagerait, dans ses projets de paix, de laisser la Grande-Bretagne et les États-Unis établir leur influence ou, peut-être même, prendre pied sur les territoires français de la côte occidentale d'Afrique.

Si l'on en croit les rumeurs que font circuler à Istanbul les membres de l'ambassade de Grande-Bretagne, la tentative annoncée par M. von Papen serait vouée à l'échec. En effet, d'après les dires des diplomates anglais, il serait maintenant établi que M. Rudolf Hess aurait atterri en Écosse, dans les conditions que l'on connaît, pour soumettre au gouvernement britannique, par le canal de lord Hamilton, son ami personnel, des propositions de paix qu'il aurait présentées à titre privé mais qui, en vérité, auraient reçu l'agrément préalable du Führer[1]. C'est pourquoi l'ancien troisième personnage du Reich serait traité en Angleterre comme prisonnier de guerre, sur lequel la radio anglaise garde le silence (tandis que, s'il avait été un véritable transfuge, on lui eût confié un poste important dans un organisme de propagande ou, tout au moins, on eût exploité à fond un événement aussi extraordinaire). Mais surtout, telle serait, d'après l'ambassade d'Angleterre, la raison pour laquelle M. Churchill a mis récemment en garde la nation britannique contre la prochaine offensive de paix de M. Hitler et a proclamé à nouveau sa résolution de ne pas traiter avec les nazis.

L'attitude intransigeante observée actuellement par la Grande-Bretagne ne peut qu'inciter les Turcs à une grande prudence[2] avant de se lancer dans

---

déclare un diplomate turc », le docteur Loufti, ancien consul général de Turquie à Paris et directeur de la revue *Paris-Orient*, de passage à Tunis, rappelant « la politique des Tsars à l'égard de Constantinople » et le sort des musulmans du Caucase mécontents du régime soviétique.

[1] Sur l'épisode de l'atterrissage de Rudolf Hess en Écosse, voir documents n° 222, note 3, p. 390, et n° 314.

[2] Jean Helleu a signalé le 5 août (T. n° 1338 d'Ankara) que « l'ambassade de l'URSS fait courir, auprès de certaines missions diplomatiques avec lesquelles elle est en relation, le bruit que l'Armée rouge aurait eu le temps depuis le début des hostilités d'organiser trois lignes de défense en arrière des positions actuelles » (Guerre 1939-1945, Vichy, E Levant, Dossiers généraux, 3), et rend compte le 10 août (sa D. n° 25) de la réaction turque à l'égard d'un article paru dans le *Times* du 3 août, « d'après lequel l'Union soviétique devrait exercer, après la guerre, une 'action directrice' en Europe orientale, car les intérêts des puissances anglo-saxonnes ne pourraient permettre que l'influence russe soit éclipsée dans cette partie du monde par l'influence allemande ». Devant la vive émotion provoquée, le *Times* a dû faire une mise au point le 6 août, « suivant laquelle les Anglais auraient une conception différente de celle des Allemands au sujet de 'l'action directrice' », sans totalement apaiser la presse turque, surtout après le discours prononcé à Moscou par l'écrivain soviétique Alexis Tolstoï devant le Congrès panslave qui « a déclaré que l'arme la plus efficace contre l'Allemagne se trouverait dans la création d'un front commun groupant tous les Slaves de Russie, de l'Europe orientale et des Balkans » et « a proposé de créer une puissante fédération de tous les éléments slaves du monde. / La presse turque a vu dans ce projet une nouvelle manifestation du panslavisme. Rapprochant le discours de Tolstoï de l'article du *Times*, elle a estimé que le premier permettait de mieux comprendre le véritable sens du second. [...] Le journal conservateur d'Istanbul [*Tasviri Efkiar*] reproche à la Grande-Bretagne d'encourager cette politique d'hégémonie qui dressera toujours la Turquie contre l'URSS. [...] La vivacité des réactions d'une presse contrôlée par le ministère des Affaires étrangères montre combien, malgré tous les serments échangés depuis vingt ans, la Russie est toujours considérée ici par la majorité de l'opinion publique comme le danger n° 1. [...] Elle montre que le gouvernement turc continue à croire que le temps n'est pas encore venu de prendre position. » (Guerre 1939-1945, Vichy, E Levant, Turquie, 127). Dernier point incitant à la prudence, les craintes exprimées par l'ambassadeur de Turquie en France à l'informateur officieux, Nac (*cf.* sa note du 6 août), d'une jonction des forces russes et

le rôle ingrat de médiateurs, s'il leur a été réellement proposé. Mais ils n'en continent pas moins à souhaiter ardemment une paix de compromis.

Guerre 1939-1945, Vichy, E Levant, Turquie, 127 (4GMII/127)

316

M. GEORGES GUEYRAUD, CONSUL GÉNÉRAL DE FRANCE À ZAGREB,
    À L'AMIRAL DARLAN, VICE-PRÉSIDENT DU CONSEIL, MINISTRE DE LA
    DÉFENSE NATIONALE, SECRÉTAIRE D'ÉTAT AUX AFFAIRES ÉTRANGÈRES
    ET À LA MARINE.

D. n° 130[1].   *Zagreb, 11 août 1941.*

Les échos parviennent à Zagreb des atrocités dont la Croatie a été ces jours derniers le théâtre.

Tandis qu'avaient lieu à Zagreb les désordres et exécutions dont a rendu compte ma lettre du 6 de ce mois (Europe n° 126)[2], les *Oustache* entreprenaient en province l'extermination de la population serbe de Croatie.

Cette population, depuis les débuts de la révolution nationaliste, avait déjà subi les pires sévices : fusillades, massacres, pillage. Les plus heureux avaient été déportés en Serbie, abandonnant en Croatie tous leurs biens. D'autres attendaient dans des camps de concentration qu'il fût statué sur leur sort.

Cependant les dirigeants de la nouvelle Croatie avaient annoncé qu'ils ne laisseraient pas inassouvie leur soif de vengeance. Les événements de ces

---

anglaises à travers l'Azerbaïdjan persan et de l'occupation des Détroits par les forces russes. Le diplomate turc a exclu la participation de la Turquie dans la guerre du côté des puissances de l'Axe, tout comme une entrée en guerre contre l'Axe, du côté de la Grande-Bretagne et des Soviets, à moins que l'Axe n'attaque directement la Turquie (Guerre 1939-1945, Vichy, E Levant, Dossiers généraux, 3).

[1] D. intitulée : « Massacre des Serbes de Croatie », portant le tampon : 1er septembre 1941, avec l'annotation marginale manuscrite : « Vu par l'Amiral ».

[2] Voir à ce sujet la note de Nac du 28 juillet 1941, à partir de renseignements émanant de membres de la légation yougoslave reçus par la Suisse. L'informateur officieux du Département confirme que « c'est en Croatie que règne le plus grand désordre et l'anarchie. Le régime dictatorial de Pavelitch ne se maintient que par la terreur dont le Poglavnik [...] a fait un système de gouvernement. Les oustachas sont haïs dans le pays. [...] Les persécutions des Serbes ont créé et nourrissent un véritable mouvement insurrectionnel en Bosnie et dans la partie de Croatie peuplée par les Serbes orthodoxes. Les forêts et les montagnes sont remplies de bandes de déserteurs et de « outlaws » qui sont ravitaillés et soutenus par la population et qui mènent une lutte sans merci contre les autorités nouvelles. [...] Les frontières imposées à la Croatie ont produit une très mauvaise impression [...] Tous les efforts de Pavelitch de donner à son gouvernement le caractère national restent vains. Les intellectuels boycottent Pavelitch et son gouvernement. [...] Les adhérents du Parti paysan croate refusent obstinément de collaborer avec le gouvernement et Matchek, qui vit sous la surveillance de la police, dans son domaine, ne se gêne pas de critiquer âprement le nouveau gouvernement et Pavelitch lui-même, en l'accusant de creuser un gouffre entre les Serbes et les Croates et de gouverner par la terreur.[...] (Guerre 1939-1945, Vichy, Z Europe, Croatie, 946).

jours derniers ont montré que si les chefs ont tenu parole, les exécutants ont répondu par leur cruauté à leur attente.

Des témoignages oculaires que je ne puis mettre en doute, relatent des scènes de carnage que notre entendement a peine à concevoir : des razzias opérées dans les villages serbes de Bosnie et de la Lika, ayant rassemblé dans des camps de concentration ou dans les prisons des chefs-lieux la minorité de la population serbe échappée jusque-là aux excès *oustacha*, des exécutions massives ont commencé. Des témoignages font état de camions de cadavres roulant pendant des heures de la prison aux points d'inhumation. Je n'ose me risquer à évaluer le nombre des victimes. Le chiffre de 5 000 est cité pour un seul district, celui de Bosanska Krupa, où un témoin sérieux a compté en un seul point 2 000 Serbes, adultes et jeunes gens pour la plupart, alignés les bras liés, massacrés à coups de hache sur le crâne.

Dans ces mêmes parages, un jeune *Oustacha* déprimé par les scènes d'horreur dont il a été le témoin et l'acteur, avoue qu'après l'exécution de cent Serbes à coups de fusil ou de révolver, trois cents autres ont été égorgés au couteau faute de munitions.

À Slavonska Pozega tous les détenus d'un camp de concentration sont abattus au couteau.

D'autres témoignages signalent de nombreux Serbes noyés dans la Save ou l'Ouna.

On s'explique que les quelques Serbes échappés à ces massacres aient cherché dans les bois un refuge. Qualifiés désormais de *tchetnitzi* (*comitadjis* serbes), ils sont aujourd'hui pourchassés systématiquement par les *Oustache*.

L'indignation causée dans le pays par ces atrocités semble avoir ému les dirigeants du nouvel État[1]. Les autorités allemandes elles-mêmes auraient fait entendre de sages conseils et envoyé quelques troupes sur les lieux : hier matin un décret du Poglavnik relevait de leurs fonctions tous les dignitaires du parti, « Logornici », « Tabornici », sur tout le territoire. Ce même décret enjoint aux organisations *oustache* de cesser immédiatement toute activité jusqu'à la nomination de nouveaux chefs. La même injonction concerne la milice *oustacha* irrégulière, qualifiée d'*Oustache* sauvages.

Enfin tous les *Oustache* de la garde du corps du Poglavnik, momentanément absents de Zagreb, ont été invités à rejoindre leur corps.

Chacun se perd en conjectures sur le sens de ces mesures. Je serais tenté d'y voir un désaveu des exécutants par les véritables responsables des atrocités commises. D'aucuns y voient cependant la prise en main de l'État par les éléments plus sages s'appuyant sur l'armée.

Guerre 1939-1945, Vichy, Z Europe, Croatie, 946 (10GMII/946)

---

[1] Pourtant dans sa D. n° 107 en date du 29 juin 1941, Gueyraud signalait qu'après l'annonce qu'une « Saint-Barthélémy de Serbes » aurait lieu le 29 juin, Pavelitch avait déjà promulgué un décret-loi qui « traduit devant une Cour martiale quiconque attenterait sans ordre à la vie ou aux biens de citoyens ou sujets de l'État » : « Le gouvernement du Poglavnik déclare en général vouloir mettre fin aux désordres nés du déchaînement des passions dont la révolution nationaliste a été le signal. » Apparemment, sans grand résultat (Guerre 1939-1945, Vichy, Z Europe, Croatie, 946).

317

M. Coiffard, Ministre de France à Téhéran,
à l'Amiral Darlan, Vice-Président du Conseil, Ministre de la
Défense nationale, Secrétaire d'État aux Affaires étrangères
et à la Marine.

T. n° 152.   *Téhéran, 14 août 1941, 14 h.*

(Reçu : le 15, 17 h.)

1°) Il paraît certain que l'ambassade de Turquie encourage tant qu'elle peut le gouvernement iranien à résister à la pression russo-anglaise.

2°) Les journaux de Téhéran ont reproduit des extraits de la presse turque louant la politique iranienne de neutralité et renouvelant à cette occasion leurs habituelles manifestations d'amitié[1].

3°) D'autre part, le gouvernement iranien a pleinement conscience de la situation critique dans laquelle se trouve actuellement la Turquie. Le ministre des Affaires étrangères que j'ai interrogé pense que ce pays encore indécis pourrait se décider en faveur de l'Allemagne si celle-ci remportait en URSS la victoire décisive[2].

4°) Ceci ne peut encourager le gouvernement iranien (…)[3] très prudent à resserrer les liens du pacte de Saadabad comme le lui conseillent les puissances de l'Axe.

Guerre 1939-1945, Vichy, E Asie, Iran, 288 (3GMII/288)

---

[1] Voir par exemple la longue dépêche n° 26 de Jean Helleu d'Ankara en date du 13 août au sujet de « la presse turque et la poussée britannique en Iran » qui s'en prend, parfois avec véhémence, à la démarche faite par la Grande-Bretagne auprès du gouvernement de Téhéran sur la présence en Iran de ressortissants allemands : « le prétexte invoqué par les Anglais ressemble étonnamment à celui qu'ils avaient mis en avant la veille de leur attaque sur la Syrie », note l'ambassadeur de France, et après un silence prudent, *Ulus*, le journal du gouvernement dans son numéro du 8 août a publié un très long article sur la politique anglo-russe en Orient. D'après son auteur, Téhéran « aurait pris dans cette affaire les mesures les plus sages : d'une part, il a résisté aux demandes anglo-russes ; d'autre part, les Allemands ont tout de même été priés de quitter l'Iran. Le journal turc se demande si cette sagesse sauvera l'Iran du péril qui le menace. Chaque fois que l'Angleterre et la Russie ont collaboré sur le continent asiatique, écrit-il en substance, l'Iran n'a pas eu à se féliciter de cette collaboration. C'est notamment ce qui s'est produit lorsque les accords anglo-russes de 1907 ont été signés. Les Russes, ayant reçu en partage la région nord de la Perse, se livrèrent à des initiatives dont les Persans gardent encore un souvenir pénible. [...] L'Iran n'a été sauvé que par la guerre de 1914, ou plutôt par ses conséquences. [...] Bref, toute la presse turque approuve la résistance de l'Iran et le gouvernement turc lui-même paraît encourager celui de Téhéran à la résistance. [...] Le Ministre des Affaires étrangères m'a dit que l'Ambassadeur de Turquie à Téhéran avait été chargé d'intervenir auprès du gouvernement iranien. Il ne m'a pas dit dans quel sens, mais je sais que c'était pour encourager le Chah à résister aux prétentions anglo-soviétiques. » (Guerre 1939-1945, Vichy, E Levant, Turquie, 127, document non reproduit).

[2] Voir document n° 315 et notes.

[3] Lacune de déchiffrement.

318

L'Amiral Darlan, Vice-Président du Conseil, Ministre de la Défense
nationale, Secrétaire d'État aux Affaires étrangères et à la
Marine,
  Au Général Weygand, Délégué général du gouvernement
  Afrique Française.

T. n° 457[1].   *Vichy, 14 août 1941, 16 h.*

L'arrangement récemment signé avec M. Kato au sujet de l'Indochine[2] a
suscité, dans l'opinion internationale, des commentaires qui trahissent
l'ignorance, voire la méconnaissance des conditions dans lesquelles la
France a été amenée à souscrire aux dispositions arrêtées. Les explications
suivantes ont pour objet de vous éclairer, pour votre orientation personnelle et aux fins éventuelles d'une mise au point, sur les antécédents de cet
accord.

La France n'a rien négligé pour prémunir l'Indochine contre les risques
auxquels elle se trouvait exposée depuis juin 1940. L'an dernier, quand
le Japon nous mit en demeure de lui concéder au Tonkin certains privilèges d'ordre militaire, nous nous employâmes à intéresser les États-Unis
à la défense d'une possession qu'ils semblaient préoccupés de ne laisser
grever d'aucune hypothèque. Dès le 21 août 1940, notre ambassadeur à
Washington saisissait de nos soucis M. Sumner Welles[3]. Celui-ci se déroba
à nos ouvertures, mais n'en reconnut pas moins que son pays ne serait pas
fondé, le cas échéant, à nous faire grief de tenir compte, dans la détermination de notre attitude, de notre impuissance à résister seuls à la pression que
nous subissions. Telles furent les raisons pour lesquelles, réservant express-
sément nos droits sur l'Indochine, nous résolûmes de ne pas nous opposer
au débarquement par le Japon de troupes au Tonkin ni à l'usage par cette
puissance de plusieurs aérodromes de cette province[4].

La question rebondit lorsque la Thaïlande en vint à affirmer ses visées
sur certains territoires qui formaient partie intégrante de l'Union[5]. Les
démarches par lesquelles nous cherchâmes à nous ménager l'assentiment
tant de Washington à l'acquisition de matériel de guerre aux États-Unis
que de Londres au libre passage par mer de forces stationnées à Djibouti
échouèrent[6]. La résistance déployée par nos forces sur terre, sur mer et dans

---

[1] T. intitulé : « Affaires d'Indochine », portant le tampon « 16 août 1941, n° 29133 » et signé
« Diplomatie ».

[2] L'accord final a été signé le 29 juillet 1941. Voir notamment documents n°s 292, 296, 297, 303.

[3] Voir *DDF (1939-1944)*, 1940-2, documents n°s 125, 228.

[4] Voir *DDF (1939-1944)*, 1940-2, documents n°s 143, 173, 206, 209.

[5] Sur les revendications thaïlandaises, voir *DDF (1939-1944)*, 1940-2, document n°s 216, 217,
263.

[6] Voir *DDF (1939-1944)*, 1940-2, les documents de la section V-C-2, « Menaces sur l'Empire/
L'Indochine française en péril/L'appel à la solidarité américaine et britannique ».

l'air ne pouvait se prolonger et le gouvernement français se trouva dans l'obligation d'accepter, en janvier, la médiation du Japon[1].

Aussi bien notre paralysie ne pouvait-elle qu'encourager Tokyo à amplifier ses desseins. Par répercussion, l'attitude du gouvernement impérial suscitait, dans les territoires voisins de l'Union, des réactions menaçant d'impliquer celle-ci dans un conflit général[2].

Ce fut dans ces conditions que, le 14 juillet, le Japon nous demanda catégoriquement l'extension à l'Annam, à la Cochinchine et au Cambodge des privilèges au bénéfice desquels nous ne l'avions antérieurement admis qu'au Tonkin[3]. Le gouvernement de Washington ayant eu connaissance des projets japonais, l'amiral Leahy se bornait à donner à l'amiral Darlan, de la part de son gouvernement, le conseil de gagner du temps[4]. Nous constations encore une fois qu'en dépit de ses manifestations comminatoires, Washington restait décidé à ne pas sortir de l'abstention. Ainsi réduits à nos seuls moyens, nous n'avions d'autre issue que de nous plier derechef. Nous eussions, à dire vrai, montré un périlleux aveuglement si nous nous étions refusés à prendre conscience de notre impuissance à contrecarrer le Japon dans sa résolution de débarquer avant la fin du mois des forces en Indochine. En entrant, au contraire, dans les vues de cette puissance, nous nous assurions le renouvellement de la garantie de notre souveraineté sur l'Union et de l'intégrité territoriale de cette colonie[5].

Ce serait se méprendre que d'établir un parallèle entre la situation de l'Indochine et celle dans laquelle se sont naguère trouvés le Liban et la Syrie. La France a été l'objet, au Levant, d'une agression caractérisée, ainsi que d'une menace caractérisée à ses droits[6]. Disposant à Beyrouth de moyens relativement considérables, elle se devait de ne pas se dérober à l'obligation de résister à une attaque aussi injustifiée. Il en allait différemment en Extrême-Orient, ne fût-ce qu'en raison de la disparité entre les forces d'une possession coupée de tout lien avec la métropole et les ressources militaires, navales et aériennes du Japon. Seul à subir les conséquences de ce déséquilibre, notre pays était seul, aussi, à même de mesurer l'étendue du danger auquel l'aurait exposée une obstination sans espoir.

Fidèle à la ligne générale qu'elle s'est tracée, la France n'en reste pas moins vigilante dans la défense de son Empire. Sans doute l'Indochine a-t-elle dû subir les effets des conjonctures internationales qui tendent à porter la guerre sur son territoire. Mais nos autres possessions sont, de par leur situation géographique, à l'abri de semblable péril.

[1] Sur la médiation du Japon, voir documents nos 29, 33, 39. Sur la convention de paix finalement signée, voir document n° 249.

[2] Notamment avec la Chine, voir document nos 273, 286.

[3] Voir document n° 292.

[4] Voir document n° 296, note 4.

[5] La France a obtenu du Japon une déclaration solennelle garantissant l'intégrité territoriale de l'Indochine. Voir les documents relatifs à cette ultime négociation et le texte de l'accord définitif dans Guerre 1939-1945, Vichy, E Asie, Japon, 324.

[6] Sur la Syrie, voir document n° 238.

Encore que nous ayons à faire face à des problèmes si graves qu'il est malaisé, pour les tiers, d'en embrasser l'ampleur, nous nous attachons à sauvegarder, de tous nos moyens, nos intérêts vitaux, tant sur le sol métropolitain qu'outre-mer. Nous venons d'en réitérer l'assurance aux États-Unis, en nous autorisant de la sympathie que ceux-ci n'ont cessé de nous témoigner aux heures d'épreuve pour leur demander de ne pas compliquer par de vaines récriminations notre tâche et, notamment, pour solliciter d'eux une équitable compréhension de mesures dans lesquelles il serait injuste de voir autre chose que les conséquences de notre situation militaire[1].

Guerre 1939-1945, Vichy, E Asie, Dossiers généraux, 37 (3GMII/37)

319

M. Helleu, Ambassadeur de France à Ankara,
   à l'Amiral Darlan, Vice-Président du Conseil, Ministre de la
   Défense nationale, Secrétaire d'État aux Affaires étrangères
   et à la Marine.

T. n°s 1391 à 1393.   *Ankara, 14 août 1941, 15 h. 44.*

(*Reçu* : le 15 août, à 19 h. 15)

L'Agence d'Anatolie vient de publier le texte de notes identiques remises au ministre des Affaires étrangères par l'ambassadeur d'Angleterre et par l'ambassadeur de l'URSS dans lesquelles les gouvernements de ces deux pays assurent qu'ils sont décidés à respecter scrupuleusement l'intégrité territoriale de la République turque et à fournir aide et assistance à la Turquie, lorsque celle-ci serait attaquée par une puissance européenne[2]. L'ambassadeur d'Angleterre a remis une deuxième note dans laquelle il précise que la déclaration précitée n'apporte aucune modification au traité turco-britannique du 19 octobre 1939 et ne saurait « ni élargir ni limiter les obligations qui en découlent »[3].

Je transmets sous les numéros 1394 et suivants le texte des notes dont il s'agit, tel qu'il a été publié par l'Agence d'Anatolie[4].

Il est intéressant de remarquer que, bien que ces notes aient été remises le 10 août, ce n'est que le 13 août à 9 heures du soir que le gouvernement turc les a publiées, 24 heures après la radio de Londres. Les milieux

---

[1] Voir document n° 303.

[2] Voir la note à partir des écoutes de Radio (Papiers 1940, Bureau d'étude Chauvel, 43) ainsi que le document n° 315 et notes sur le contexte.

[3] Voir *DDF (1939-1944)*, 1939, les nombreux documents de la section V-A-1 : La Turquie et la sécurité dans les Balkans/La Turquie/La négociation du traité tripartite franco-anglo-turc et les pressions soviétiques sur Ankara.

[4] T. n°s 1394 à 1398 d'Ankara en date du 14 août 1941 dans Guerre 1939-1945, Vichy, E Levant, Turquie, 127.

diplomatiques d'Ankara n'étaient d'ailleurs pas informés de cette double démarche et même l'ambassade des États-Unis ne l'a apprise que par la radio anglaise.

En ce qui concerne les Turcs, ils paraissent assez embarrassés par la publicité faite par le gouvernement britannique autour de la remise de ces notes et cela d'autant plus que l'ambassade d'Angleterre à Ankara les présente comme l'aboutissement d'une négociation, ce que le ministère des Affaires étrangères turc dément. Il est de toute évidence que les gouvernements britannique et soviétique cherchent à compromettre le gouvernement turc vis-à-vis du gouvernement hitlérien et qu'Ankara de son côté tient à ne pas paraître sortir de sa réserve actuelle.

Guerre 1939-1945, Vichy E Levant, Turquie, 124 (4GMII/124)

320

NOTE DE LA SOUS-DIRECTION D'AMÉRIQUE

Visite de M. Dupuy, Chargé d'Affaires du Canada

N.   *Vichy, 14 août 1941.*

M. Dupuy a rendu ce matin visite au sous-directeur d'Amérique et lui a donné les informations suivantes :

I.- *GRANDE-BRETAGNE*

Le gouvernement britannique n'a pas la moindre considération pour le mouvement gaulliste. C'est sur l'insistance de M. de Gaulle qu'il a accepté une participation des forces dissidentes en Syrie. Le chef des dissidents se serait fait fort d'obtenir par pourparlers directs la reddition de nos troupes sans effusion de sang[1]. Le gouvernement britannique n'a pas la moindre visée sur la Syrie non plus que sur aucun territoire français. Sa doctrine est de ne pas intervenir tant que le gouvernement français assure par lui-même l'intangibilité de ses territoires mais d'agir par lui-même dès que ces territoires sont menacés d'une pénétration de la part des forces de l'Axe.

La bataille de l'Atlantique est tenue pour gagnée. Le chiffre des pertes en tonnage s'est abaissé à 230 000 tonnes pour le mois de juillet. Les convois sont protégés par les forces américaines aéronavales sur une partie du trajet et par les forces britanniques sur l'autre. Un convoi de 92 navires transportant, entre autres, le personnel de nombreuses escadrilles a fait le voyage Canada-Grande-Bretagne sans aucun incident.

---

[1] Des renseignements erronés ont longtemps laissé croire que bon nombre des forces de l'Armée du Levant se rallieraient aux forces gaullistes en cas d'attaque.

L'affaire de Crète[1] a été la raison déterminante de la disgrâce du général Wavell.

Les Anglais préparent une importante opération sur la Cyrénaïque qui sera entreprise au moment où les conditions climatériques seront favorables.

II.- *ÉTATS-UNIS*

M. Dupuy a donné les chiffres suivants :

27 divisions entraînées,

16 000 pilotes de guerre,

2 divisions blindées constituées, deux autres en formation.

Production quotidienne de 1 500 mitrailleuses.

La production des avions de guerre a atteint le chiffre de 1 400 appareils.

Transformation rapide des industries de paix en industries de guerre. L'usine Chrysler – 80 000 ouvriers – compte déjà plus de la moitié de ces ouvriers employés aux fabrications de guerre. Le passage de la main-d'œuvre des fabrications de paix aux fabrications de guerre se poursuit sur le rythme de 6 000 par mois.

III.- *PACIFIQUE*

M. Dupuy est d'avis que le conflit peut éclater d'un moment à l'autre entre le Japon d'une part et les Anglo-Saxons. C'est, en particulier, l'avis de l'ambassadeur des États-Unis à Londres. Dans l'esprit de M. Dupuy, ce conflit serait presque à souhaiter car il aboutirait rapidement à l'écrasement du Japon.

IV.- *RUSSIE*

La Grande-Bretagne fonde de grands espoirs sur la résistance russe.

M. Dupuy n'a fourni à cet égard aucune précision intéressante.

V.- *DIVERS*

La situation en Espagne serait précaire. Les *requetés*[2] seraient traqués et beaucoup d'entre eux se réfugieraient au Portugal. Les divisions allemandes stationnées dans le Sud-ouest de la France représenteraient par

---

[1] Au moment où les Italiens et les Allemands attaquèrent la Grèce, le général Wavell reçut l'ordre d'arrêter l'avancée en Libye et d'envoyer des troupes en Grèce. Malgré son désaccord personnel avec cette stratégie, il suivit les ordres ; or ce fut un désastre pour les troupes britanniques en Méditerranée orientale (avril-mai 1941), et celles-ci ne purent non plus défendre la Grèce continentale et durent se replier en Crète avec de lourdes pertes. Désavoué par Churchill, Wavell est relégué à la tête de l'armée des Indes au cours de l'été 1941.

[2] Les *requetés* sont les miliciens carlistes, reconnaissables à leur béret rouge. Le mouvement carliste, en proposant une alternative pour la succession au trône d'Espagne, constituait une opposition de droite à Franco et ils furent de ce fait unis de force à la nouvelle Phalange (1937), tandis que leur chef était contraint à l'exil.

leur seule présence d'ores et déjà une garantie pour le maintien de l'état de choses en Espagne.

Les Allemands auraient rappelé leurs nationaux de moins de 35 ans résidant en Espagne, Portugal et Amérique du Sud.

Les renseignements fournis par M. Dupuy sur l'effort militaire des États-Unis doivent être tenus pour sensiblement exagérés, au moins en ce qui concerne les divisions d'infanterie, dont, d'après nos renseignements, un très petit nombre aurait actuellement reçu son équipement et son armement. Le chargé d'affaires canadien est cependant en général un informateur objectif et a fourni à la sous-direction d'Amérique des renseignements qui se sont trouvés vérifiés par la suite.

Guerre 1939-1945, Vichy, B Amérique, Canada, 7-8 (1GMII/7-8)

321

M. TRUELLE, MINISTRE DE FRANCE À BUCAREST,
    À L'AMIRAL DARLAN, VICE-PRÉSIDENT DU CONSEIL, MINISTRE DE LA
    DÉFENSE NATIONALE, SECRÉTAIRE D'ÉTAT AUX AFFAIRES ÉTRANGÈRES
    ET À LA MARINE.

D. n° 222[1].   *Bucarest, 15 août 1941.*

La profonde hostilité des Roumains au bolchevisme et leur crainte de voir le gouvernement de Moscou reprendre ses traditions impérialistes ont dominé la politique extérieure de la Roumanie depuis la fin de la guerre de 1914. À l'exception de M. Titulesco[2], aucun homme politique de ce pays n'a tenté ni même eu en vue un rapprochement avec l'Union soviétique. Ceux-là même qui passaient pour russophiles se sont toujours montrés extrêmement réservés dans l'affirmation publique de leurs opinions. S'ils convenaient de la nécessité de se départir d'une attitude de suspicion à l'égard de la Russie, c'est qu'ils pensaient, en se conciliant l'URSS, que la Roumanie neutraliserait la menace allemande, qui se manifestait de diverses manières, directement par les exigences économiques du Reich, et

---

[1] D. intitulée : « De la cession de la Bessarabie (juin 1940) à la Guerre sainte contre la Russie (juin 1941) et portant le tampon : « 1er septembre 1941 » (date réception ou enregistrement), ainsi que la mention : « Communiqué à Ankara, Budapest, Sofia ».

[2] Nicolas Titulesco (1882-1941), signataire, au nom de la Roumanie du traité de Trianon (4 juin 1920), a été ambassadeur à Londres, délégué permanent de la Roumanie à la SDN de 1920 à 1936 (et président de la XIe et XIIe Assemblée générale en 1930-1931), deux fois ministre des Affaires étrangères (1926-1927 et 1932-1936). Il a signé la Convention de Londres de 1933 définissant l'agression, fut partisan du système de sécurité en Europe et l'un des promoteurs du pacte de la Petite Entente avec la Yougoslavie et la Tchécoslovaquie (16 février 1933). Il est aussi partisan de bonnes relations avec l'URSS avec laquelle il établit des relations diplomatiques en 1934. Il quitte ses fonctions en août 1936 sous la pression du mouvement légionnaire. Il meurt à Cannes en mars 1941.

indirectement par l'appui qu'il donnait ouvertement aux revendications territoriales hongroises[1] et bulgares[2].

De multiples raisons justifiaient la méfiance des Roumains à l'égard de l'URSS : les souvenirs du passé, la débandade des troupes russes pendant la Grande Guerre, suivie de la défaillance de 1917, les pillages qu'elles commirent dans le pays ; en second lieu la crainte du communisme, redouté par les dirigeants d'une nation où la grande masse de la population conserve, malgré la réforme agraire réalisée après 1919, un niveau de vie particulièrement bas et écoute volontiers, malgré son apathie naturelle, les appels à la révolution sociale (témoin le succès du mouvement légionnaire[3]) ; enfin, la crainte bien légitime d'une Roumanie qui s'est agrandie « au carrefour des Empires morts », selon l'expression de M. Lucien Romier[4], de voir le plus colossal de ceux-ci ressusciter.

Le roi Carol II n'avait fait qu'exprimer l'opinion générale dans un discours prononcé en janvier 1940 à Chisinau quand il déclarait que la Roumanie ne tolérerait jamais qu'un soldat étranger mît le pied sur la terre sacrée de Bessarabie[5]. Ces paroles furent accueillies avec satisfaction et

---

[1] À l'égard de la Transylvanie attribuée à la Roumanie. Les conclusions du Comité d'études créé durant la Première Guerre en vue des négociations de paix l'avaient justifié ainsi : « Les Hongrois se croient le droit de réaliser, au besoin par la force, la fusion des races dans le cadre de l'État qu'ils dominent. Les principes proclamés par les Puissances de l'Entente s'opposent à cette conception médiévale. Aucun doute n'est possible sur le fait que les Roumains de Transylvanie ne veulent pas être magyarisés. À cette perspective, ils préfèrent l'union avec la Roumanie qui a fait pour réaliser cet idéal les plus grands sacrifices. » (in Papiers 1940, Bureau d'études Chauvel, 120, fol. 69-70). Parmi les nombreux documents du Département sur ce sujet, on peut se référer à la note « Relations roumano-hongroises. Questions de Transylvanie (1940-1943) » dans Papiers 1940, Bureau d'études Chauvel, 102, fol. 37-53). Voir aussi la D. n° 2 en date du 4 février 1941, intitulée « Rapports entre Hongrois et Roumains », dans Guerre 1939-1945, Vichy, Z Europe, Hongrie, 416, et la D. n° 130 en date du 12 décembre 1941, intitulée « Politique transylvaine » de M. Claudon, consul de France à Kolozsvar (même série, Hongrie, 417).

[2] À l'égard de la Dobroudja dont la cession à la Roumanie est justifiée en 1918 par le Comité d'études précité par le souhait de ne pas isoler et asservir ce pays allié, mais aussi de ne pas éliminer l'Entente de la Commission danubienne, ce qui reviendrait à assurer la mainmise des Puissances centrales sur le Bas-Danube et leur domination dans les Balkans. (Papiers 1940, Bureau d'études Chauvel, 120). La Roumanie doit céder la partie méridionale de la province contestée (7 700 km², 415 000 habitants en majorité bulgare) selon la frontière de 1912, par la convention de Craïova du 7 septembre 1940. Pour le texte du traité envoyé de Bucarest le 9 septembre 1940, voir Guerre 1939-1945, Vichy, Z Europe, Bulgarie, 192).

[3] Sur le mouvement légionnaire, voir DDF (1939-1944), 1940-2, documents n°s 182, 292, 293, 337, 396, et dans le présent volume, documents n°s 22, 38. Pour une brève chronologie des débuts du mouvement sous l'égide de son fondateur, Cornelius Codreano, entre 1925 et 1935, voir Papiers 1940, Bureau d'études Chauvel, 41, fol. 100-102.

[4] Lucien Romier (1885-1944), historien, journaliste, spécialiste des questions économiques, vient d'être nommé ministre d'État le 11 août 1941, mais s'oppose à Laval et quitte le gouvernement en décembre 1943, quelques jours avant sa mort le 5 janvier 1944, d'une crise cardiaque alors qu'il allait être arrêté par la Gestapo. Le Carrefour des empires morts. Du Danube au Dniester est le titre d'un de ses ouvrages paru chez Hachette en 1931.

[5] Voir DDF (1939-1944), 1940-1, document n° 180 notamment. Ce discours a été prononcé le 6 janvier 1940 à Chisinau (Kichinev), capitale de la Bessarabie, à l'occasion de la première visite du Roi dans cette province « roumaine de toute éternité » reprise à la Russie en 1918 (pour des extraits, cf. Keesing's Contemporary Archives. Weekly Diary of World Events, vol. IV, 1940-1943, s.d., Londres, p. 3879-3380). Selon les conclusions de juillet 1918 du Comité d'études pré-cité, « la Bessarabie rendue à la Russie serait un foyer d'irrédentisme dangereux. Son sort naturel est de rentrer dans l'unité roumaine. Les seuls éléments qui continueront à faire une opposition plus ou

contribuèrent à maintenir les esprits dans un sentiment de sécurité. Il y a lieu de noter que si la Bessarabie était considérée à juste titre comme une terre roumaine, aucun sérieux effort ne fut fait pour l'administrer et la mettre en valeur. On y envoyé le rebut des fonctionnaires. On vivait alors sa pleine insouciance.

Aussi, ce fut comme un coup de tonnerre dans un ciel serein qu'éclata, le 27 juin 1940, la nouvelle que le gouvernement du même roi Carol, sommé de restituer la Bessarabie et de livrer au surplus la Bucovine septentrionale qui n'avait jamais appartenu à la Russie, s'était incliné sans demander à son peuple de prendre les armes[1]. Certes, l'immense majorité des Roumains s'étaient, peu de jours auparavant, clairement rendu compte des conséquences graves que l'effondrement de la résistance française pourrait avoir pour leur pays. Mais personne n'avait songé que tous les sacrifices consentis par la Roumanie pour sa défense nationale (mobilisation du pays depuis septembre 1939 ; milliards engloutis à acheter des armes en Allemagne et à construire la « ligne Carol II » le long du Dniester) ne serviraient à rien et en quelques heures on se trouva en présence de cette réalité douloureuse : les Russes avaient réussi sans coup férir à s'emparer de la frontière du Prut.

Dès lors, le prestige de la dictature de Carol II se trouvait considérablement entamé. L'affaire de Transylvanie[2] devait, quelques semaines plus tard, contraindre le Souverain à la fuite[3].

Privée de tout soutien, démembrée, la Roumanie se jeta délibérément dans les bras de l'Allemagne. Habilement lancée par la propagande nazie, l'idée s'imposa à l'opinion que la perte du tiers du territoire roumain était la sanction de la faute commise par ses dirigeants qui avaient, en avril 1939, sollicité de la France et de l'Angleterre une garantie que celles-ci n'étaient pas en mesure de rendre efficace[4]. Le seul moyen de réparer cette faute, ou tout au moins d'éviter qu'elle n'amenât de nouvelles catastrophes était, pensait-on, de se soumettre désormais à la tutelle politique de l'Allemagne. Aussi, la Roumanie s'appliqua-t-elle systématiquement à se mettre dans le sillage du Reich, oubliant volontairement que le rapt de la Bessarabie par l'URSS, sinon celui de la Bucovine du nord, avait été

---

moins ouverte sont les grands propriétaires atteints par la réforme agraire et les Juifs ». (Papiers 1940, Bureau d'études Chauvel, 120).

[1] Voir *DDF (1939-1944)*, 1940-1, documents n°s 421, 437.

[2] À la suite de l'arbitrage de Vienne du 30 août 1940 par l'Allemagne et l'Italie. Voir *DDF (1939-1944)*, 1940-2, documents n°s 156 et notes, 159. Pour le texte de la sentence arbitrale et une carte, voir Papiers 1940, Bureau d'études Chauvel, 120, fol. 54-57.

[3] Sur les troubles consécutifs au démembrement de la Roumanie, voir *DDF (1939-1944)*, 1940-2, document n° 182 et notes. Contraint d'abdiquer le 6 septembre 1940 par le général Antonesco, le roi Carol doit s'exiler, d'abord en Espagne où il est assigné à résidence à Séville, puis au Portugal (mars 1941) où il restera jusqu'à sa mort en 1953. Sur cet épisode, voir la D. n° 48 de M. Boyer de Sainte-Suzanne, consul de France à Séville, en date du 8 mars 1941, et la D. n° 120 en date du 11 mars 1941 de Madrid (Guerre 1939-1945, Vichy, Z Europe, Roumanie, 678, documents non reproduits).

[4] Voir *DDF (1939-1944)*, 1939, document n° 97.

dûment autorisé par Hitler le 23 août 1939[1] et que le *diktat* qui déchirait la Transylvanie avait été également imposé par l'Allemagne[2].

Cette tutelle du Reich à laquelle se soumit de son gré le gouvernement de Bucarest, a eu pour conséquence de reléguer au second plan, dans l'évolution des relations entre la Roumanie et la Russie, les événements proprement roumano-russes. Les incidents qui survinrent entre les deux pays ne s'aggravèrent jamais, les Allemands prenant soin d'intervenir immédiatement. De même, le Reich mit un frein à toutes les tentatives russes de se concilier les bonnes grâces de la Roumanie. Ainsi, jusqu'au jour où, comme un prophète ou plutôt un croisé, le général Antonesco proclama la « guerre sainte contre le bolchevisme »[3], les rapports entre la Roumanie et l'URSS restèrent parés du même voile d'hypocrisie qui recouvrait les relations germano-russes.

Au lendemain de l'annexion de la Bessarabie et de la Bucovine, le gouvernement soviétique ne manifesta pas une hostilité systématique à la Roumanie. Une fois réglés les problèmes concernant le passage de ces deux provinces d'une souveraineté à l'autre, ce fut avec satisfaction que Moscou donna son agrément, au mois d'août 1940, à la nomination de M. Gafenco comme ministre de Roumanie en URSS[4]. Alors que le gouvernement de Bucarest n'avait été pendant plusieurs années représenté que par des personnages médiocres, on se félicitait de la présence à Moscou d'un homme d'État qui, deux mois auparavant, détenait le portefeuille des Affaires étrangères. Les Soviets eurent d'ailleurs l'occasion de témoigner l'intérêt qu'ils attachaient au maintien de M. Gafenco à ce poste : ainsi, au mois de décembre 1940, tandis que les Légionnaires demandèrent au général Antonesco le rappel du ministre de Roumanie en Russie, suspect d'avoir été un des hommes de confiance du roi Carol II, ce fut l'insistance du Kremlin qui amena le Conducator à rejeter cette exigence.

Peu après l'arrivée en URSS de M. Gafenco, en août 1940, M. Molotov exprima son idée d'une détente entre les deux pays. Certains prétendent même qu'il aurait offert de garantir la frontière actuelle, mais que M. Manoilesco, alors ministre des Affaires étrangères et déjà entièrement inféodé au Reich, se serait empressé de faire connaître ces ouvertures au gouvernement allemand, lequel aurait ordonné au gouvernement de Bucarest de les rejeter. Bien que la lumière soit loin d'être faite sur ces pourparlers, ils ont été implicitement reconnus par le général Antonesco dans la conversation que j'ai eue avec lui à mon arrivée en Roumanie, au mois

---

[1]   Par le pacte germano-soviétique.

[2]   Par la sentence arbitrale de Vienne. Voir note 2, p. 695.

[3]   Voir la D. n° 197 de Jacques Truelle, en date du 4 juillet 1941 sur « L'opinion roumaine et la guerre contre les Soviets » (Guerre 1939-1945, Vichy, Z Europe, Roumanie, 682, document non reproduit).

[4]   Le 1er juin 1940, la réorientation pro-allemande de la politique roumaine entraîne la démission du ministre des Affaires étrangères Gafenco. Pour une analyse de ce gouvernement dont la composition sans personnalités de premier plan, est « révélatrice du désarroi total qui règne dans les hautes sphères et de la profondeur de l'emprise allemande sur la Roumanie », voir le T. n°s 1359 à 1361 de Bucarest, en date du 5 juillet 1940, dans Guerre 1939-1945, Vichy, Z Europe, Roumanie, 681, non publié. Voir également *DDF (1939-1944)*, 1940-2, document n° 67.

de mars 1941, lorsque le Conducator m'a dit qu'en prenant le pouvoir, il n'avait eu que le choix entre l'appui russe et l'appui allemand et qu'il avait résolument opté pour le second terme de l'alternative.

Plus récemment, au mois d'avril 1941, il semble bien que le gouvernement de Moscou ait à nouveau manifesté au ministre de Roumanie son désir d'améliorer les relations des deux pays, en indiquant que si sa récente conquête ne pouvait souffrir de discussion, il n'avait pas l'intention de pousser encore ses avantages au-delà du Prut. Ces approches, tenues secrètes, ne paraissent toutefois pas avoir eu l'importance que leur attribue la note allemande remise le 22 juin 1941 au gouvernement soviétique, qui les évoque dans les termes suivants : « Au début du mois d'avril, le vice-commissaire du Peuple aux Affaires étrangères, M. Vichinsky, a essayé, au cours d'une entrevue avec le ministre de Roumanie à Moscou, M. Gafenco, d'instaurer une politique de rapprochement rapide avec ce pays et de l'éloigner de l'Allemagne ».

On peut également trouver une nouvelle expression de ces dispositions apparemment favorables des dirigeants soviétiques dans la signature, à la date du 26 février 1941, entre la Roumanie et l'URSS, d'un traité de commerce et de navigation, d'une convention relative à l'échange de marchandises et d'un accord confidentiel concernant le transit. Les accords commerciaux qui avaient été signés entre ces deux pays le 17 février 1936 étaient jusque-là restés sans aucun effet pratique et les échanges de marchandises étaient inexistants depuis plusieurs années. Sur la proposition des Soviets, de nouvelles négociations furent engagées au mois de décembre 1940 qui aboutirent aux conventions du 26 février (mes dépêches 86 du 6 mars et 171 du 21 mai derniers)[1]. L'accord prévoyait un échange de 100 000 tonnes d'essence roumaine, destinée notamment à l'approvisionnement de la Bessarabie, de la Bucovine du nord et du sud de l'Ukraine, contre la fourniture de coton et de manganèse russes à la Roumanie. Si les discussions techniques furent longues, la délégation roumaine qui s'était rendue à Moscou retira des négociations une impression favorable de la bonne volonté de ses interlocuteurs russes. Les statistiques des six premiers mois de 1941 montrent d'ailleurs l'importance des premiers résultats obtenus, puisque l'URSS, qui ne figurait plus depuis plusieurs années dans le commerce extérieur de la Roumanie, était devenu rapidement le troisième acheteur de produits roumains, après l'Allemagne (Protectorat exclus) et l'Italie, avec 104 000 tonnes de produits, représentant une valeur de 722 millions de lei.

Mais, quelle que soit la valeur réelle qu'il convient d'attribuer à ces tendances, il y a lieu de souligner que le gouvernement roumain, et le ministère des Affaires étrangères en particulier, n'ont jamais cessé d'observer à l'égard de l'URSS une profonde méfiance dont ma correspondance s'est faite l'écho[2].

---

[1] Pour la D. n° 86 en date du 6 mars, voir le document n° 124 de ce volume. La D. n° 171 n'a pas été retrouvée.

[2] Voir divers documents, en particulier dans Guerre 1939-1945, Vichy, Z Europe, Roumanie, 689.

Aussi bien, la Russie n'en tenait pas moins à persister dans l'affirmation intransigeante de ses droits de puissance riveraine du Danube et, une fois admis à la Commission européenne, les Soviets se livrèrent à l'obstruction que l'on sait[1]. Ils s'efforcèrent de même d'accroître leur flotte marchande danubienne (mon télégramme 319 du 22 mars 1941)[2] ; toutefois ils se heurtèrent dans ce domaine au veto allemand qui interdit aux Roumains d'admettre le transfert sous pavillon soviétique de bateaux achetés aux Anglais.

De même, si les Russes avaient vraiment le désir de gagner les bonnes grâces de la Roumanie, voire d'établir des relations plus étroites et plus stables avec elle, il faut reconnaître que leur politique fut menée avec maladresse et avec une évidente duplicité. Pour faire pression sur Bucarest, ils abusèrent aussi bien de l'incident de frontière que de la propagande communiste. Dès le mois d'août 1940, comme pour assortir de menaces leurs premiers sondages, les Russes se livraient à de véritables incursions en territoire roumain (télégrammes n°s 1551 et 1618)[3]. Au milieu de septembre, de nouveaux incidents éclataient entre troupes frontalières. De plus, prenant prétexte de la soi-disant présence d'Allemands en Roumanie, le Kremlin adressait au gouvernement roumain une note extrêmement vive, à tel point que le Reich, tout en conseillant à la Roumanie de prendre de très haut les réclamations russes, se voyait contraint d'intervenir pour éviter que la friction ne s'accentuât entre les deux pays et n'aboutît à une rupture qu'il redoutait.

L'arrivée des premiers contingents allemands au début d'octobre 1940 fournit aux Soviets le prétexte à une recrudescence de propagande communiste. Jusqu'à la répression de la rébellion légionnaire, à la fin de janvier 1941[4], le Komintern donna tout son appui aux extrémistes de la Garde de Fer, les incitant au sabotage, à la grève ou aux attentats terroristes. Sans doute, les Roumains eurent-ils beau jeu, après coup, d'accuser les communistes et de les charger de tous les crimes. Mais il paraît néanmoins établi que l'aile gauche du Parti légionnaire était en liaison étroite avec Moscou,

---

[1] Sur cette question, voir *DDF (1939-1944)*, 1940-2, documents n°s 160, 178. Voir aussi la note (non datée) « Les essais d'organisation économique danubienne » dans les Papiers 1940, Bureau d'études Chauvel, 120, fol. 203-221, ainsi que la note « L'URSS et la navigation danubienne » en date du 2 mai 1941 dans Papiers 1940, Bureau d'études Chauvel, 34. Le 14 septembre 1940, Moscou manifeste auprès du Reich l'intérêt que l'URSS porte aux questions du Danube, non sans inquiéter la Roumanie désormais riveraine de ce pays après son annexion de la Bessarabie et des ports danubiens d'Ismailia et de Reni.

[2] Document non retrouvé.

[3] Le T. n° 1551 du chargé d'affaires à Bucarest, H. Spitzmüller, en date du 28 août 1940, signale le survol incessant de la Moldavie par l'aviation russe en même temps que les assurances de Molotov à Gafenco sur les « meilleures intentions » de l'URSS à l'égard de la Roumanie et l'absence de « visées sur son territoire » (Guerre 1939-1945, Vichy, Z Europe, Roumanie, 688, non publié). De nouveaux incidents aux frontières dont le ministre des Soviets « rejette la responsabilité exclusive sur les Roumains », malgré une « déclaration apaisante » de Moscou sont à nouveau rapportés par le T. n° 1618 de Bucarest en date du 4 septembre 1941 (Guerre 1939-1945, Vichy, Z Europe, Roumanie, 686, non publié).

[4] Voir le document n° 37 de ce volume ou la D. n° 49 en date du 28 janvier 1941 de H. Spitzmüller, « La révolte légionnaire des 21-23 janvier » dans Guerre 1939-1945, Vichy, Z Europe, Roumanie, 681 et la D. n° 109 en date du 15 mars de J. Truelle, « Poursuite de la répression du mouvement légionnaire », même série, Roumanie, 682.

et le fait est que deux des principaux agitateurs gardistes, Viorel Trifa et Dumitru Grozea, s'enfuirent dans la capitale soviétique après le 23 janvier, alors que les autres chefs, tels Horia Sima, Iasinschi, etc. prenaient le chemin de l'Allemagne.

Toujours pour montrer à la Roumanie leur mécontentement de voir des troupes allemandes s'installer sur son territoire, les Russes provoquèrent, au cours de l'hiver 1940, des incidents dans le delta, occupant tel ou tel îlot qui n'avait en lui-même guère d'importance, mais voulant rappeler ainsi qu'ils restaient en éveil et que, loin de se contenter des positions qu'ils avaient acquises aux bouches du Danube, ils étaient prêts à poursuivre leur extension vers le sud.

En réalité, et derrière ces événements divers dont les uns auraient pu laisser prévoir un rapprochement entre l'URSS et la Roumanie et dont les autres faisaient au contraire ressortir l'hostilité traditionnelle des deux pays, on discernait le profond malaise qui datait du jour où, à son arrivée au pouvoir, le général Antonesco avait mis son pays sous la tutelle allemande. Dès cet instant, les milieux officiels de Bucarest ne cachèrent plus leur satisfaction de voir le Reich, en s'avançant dans les Balkans, menacer les intérêts russes. Ils considéraient que la lutte séculaire entre pangermanisme et panslavisme recommencerait bientôt et s'en félicitait.

Cet état d'esprit était justement résumé dans le télégramme que notre chargé d'affaires adressait au Département le 19 septembre 1940 (sous le nº 1777)[1] et dans lequel il déclarait : « Nombreux sont aujourd'hui ceux qui souhaitent que l'inévitable conflit germano-russe se produise le plus tôt possible, avant la chute de l'Angleterre, en tout cas alors que l'Allemagne est encore assez forte pour écraser le géant soviétique et délivrer pour longtemps la Roumanie du danger que représente un si redoutable voisin ».

Il est vrai qu'à plusieurs reprises, les Roumains purent à bon droit redouter de voir leur pays faire les frais de la bonne entente entre l'Allemagne et la Russie. C'est ainsi qu'en novembre 1940, au début de l'occupation de la Roumanie par les troupes allemandes, alors que les relations germano-russes en étaient arrivées à un point très délicat, on put craindre à Bucarest que la Moldavie ne constituât le prix que paierait l'Allemagne à M. Molotov, lors de sa visite à Berlin[2]. On éprouva donc un vif soulagement en apprenant qu'en dépit des termes du communiqué officiel, l'entrevue entre le président du Conseil des Commissaires du Peuple et les chefs du Reich n'avait pas abouti à une entente réelle.

Les intimes du général Antonesco et la plupart des officiers affirmaient de plus en plus ouvertement que la guerre entre l'Allemagne et la Russie

---

[1] Spitzmüller y rapporte qu'« aucune détente ne s'est encore produite dans les rapports roumano-russes ». Outre l'arrêt brusque de la démobilisation en cours et les nombreux rappels de soldats, des forces importantes sont dirigées sur la Moldavie, dans certains milieux, dont l'armée, on souhaite « que l'inévitable conflit germano-russe se produise le plus tôt possible, avant la chute de l'Angleterre en tout cas, alors que l'Allemagne est encore assez forte pour écraser le géant soviétique et délivrer pour longtemps la Roumanie du danger que représente un si redoutable voisin. » (Guerre 1939-1945, Vichy, Z Europe, Roumanie, 688, document non publié).

[2] Voir document nº 18 sur les traités germano-soviétiques signés le 10 janvier 1941.

était proche et que la Roumanie trouverait ainsi l'occasion de venger le rapt des deux provinces qui lui avaient été enlevées en juin 1940. Au début de janvier dernier, notre chargé d'affaires montrait que les préparatifs allemands en Roumanie, très poussés depuis le milieu de décembre, pouvaient être aussi bien dirigés contre la Russie que contre la Grèce (dépêche de M. Spitzmuller n° 12 du 4 janvier 1941)[1].

Il est impossible de savoir à quelle date environ le Führer décida en principe la guerre contre la Russie, et celle à laquelle il aurait fait part de ses intentions au gouvernement roumain. Ni la légation d'Allemagne ni les généraux à la tête du corps d'occupation ne devaient être au courant de ces projets, bien qu'ils n'aient jamais découragé les espoirs que nourrissaient les Roumains à ce sujet. Quant j'ai pris possession de ce poste, en mars dernier[2], la guerre contre les Soviets paraissait des plus problématiques. Le Conducator, avec une sincérité évidente, en écarta l'hypothèse. C'est en avril, peu de temps après la campagne contre la Yougoslavie, que l'on recueillit de l'entourage du général Antonesco, et principalement de cette source, l'impression d'une guerre prochaine et inévitable, mais au ministère des Affaires étrangères, visiblement peu au courant, on cherchait au contraire où l'Allemagne allait frapper et on prévoyait plutôt une extension des hostilités vers la Turquie ou l'Afrique. Jamais préparation d'opinion ne fut plus négligée et en même temps plus poussée. La presse, jusqu'au moment précis où les troupes entrèrent en Bessarabie[3], fit le silence sur les possibilités de guerre ou les démentit ; à partir de la fin de mai, les préparatifs militaires s'intensifièrent[4] au point que si la guerre n'avait pas eu lieu, on peut dire que le pays eût éprouvé une profonde déception. Cependant, jusqu'au début de juin, les paris étaient encore ouverts, et rien ne semblait irrémédiable. Quelques Roumains prétendent que la guerre était décidée depuis longtemps, avant même l'expédition de Yougoslavie. L'attitude de ce pays rendit une diversion nécessaire tandis que, d'après les mêmes gens, le Reich eût voulu se borner à une occupation des plus limitée au sud des Balkans en aidant les Italiens à terminer la guerre avec les Grecs. Si ces complications n'avaient pas eu lieu, les hostilités en Russie eussent commencé plus tôt.

Quoi qu'il en soit, les événements ont donné raison au général Antonesco et à ceux qui, autour de lui, crurent à la guerre. Il était évident que, si elle éclatait, la Roumanie devait y participer. Là dessus, l'immense majorité des Roumains était d'accord. L'unanimité était d'autant plus forte que le pays avait ressenti très durement l'humiliation pénible que leur avait infligée l'abandon sans lutte des deux cinquièmes du territoire national et qu'il

---

[1] Document n° 1.

[2] Jacques Truelle a quitté Vichy le 26 février 1941 et a pris ses fonctions à Bucarest début mars. Le 10 (T. n° 275), il a fait sa première visite au secrétaire général du ministère roumain des Affaires étrangères. Le 19 mars il a remis ses lettres de créance au Roi et a été reçu par le général Antonesco le 20 (T. n°s 310 à 315) (Guerre 1939-1945, Vichy, Z Roumanie, 686).

[3] L'offensive a commencé en Bukovine début juillet (T. n°s 638 à 639 en date du 6 juillet de Bucarest, Guerre 1939-1945, Vichy, Z Europe, Roumanie, 689, non publié).

[4] Voir documents n°s 83, 91, 194.

éprouvait un désir ardent de laver son honneur des imputations de lâcheté dont la persistance constituait un affront permanent.

Mais cette unanimité n'existait que s'il s'agissait d'atteindre ce but purement national, d'écouter l'égoïsme sacré. Au nom de celui-ci, beaucoup n'étaient pas partisans de s'associer à une « guerre sainte » à laquelle le général Antonesco conviait les Roumains le 22 juin[1]. Depuis lors, ces divergences n'ont fait que s'accentuer. Si les pertes avaient été moins grandes, si la fin de l'aventure dans laquelle s'est engagée l'Allemagne en déclarant la guerre aux Soviets et en s'enfonçant en Russie, s'annonçait prochaine et décisive, plus nombreux eussent pu être les Roumains partisans d'une aide illimitée à l'Allemagne jusqu'au jour de la destruction totale de l'Armée rouge.

C'est le contraire qui est arrivé. On peut dire que seul le gouvernement (et lui-même est-il bien convaincu ?) soutient encore la nécessité de poursuivre la lutte. Des doutes commencent à naître sur la destruction du bolchevisme. On se demande dans quel chaos on se trouvera une fois les opérations militaires terminées. Enfin, on estime surtout que, la Bucovine et la Bessarabie étant reprises, il ne faut pas s'aventurer plus loin car la pensée de la Transylvanie reste présente à tous. La Hongrie, dont on surveille jalousement la participation à la guerre en se rendant compte qu'elle est beaucoup moins active que celle des Roumains, continue à inquiéter. C'est cet état d'esprit que reflète la lettre de M. Maniu qui a fait l'objet de mon télégramme 726-728[2] et de ma dépêche n° 221[3] en date de ce jour à la sous-direction d'Europe.

Il y aurait toutes raisons, semble-t-il, pour le pays d'être satisfait. Le général Antonesco répond aux doutes en affirmant sa confiance dans la loyauté allemande, mais on ne peut s'empêcher de constater que ces déclarations n'ont pas pour effet de rassurer une opinion plus anxieuse, plus flottante et plus divisée qu'au jour de l'entrée en guerre.

Guerre 1939-1945, Vichy, Z Europe, URSS, 869 (10GMII/869)

---

[1] Le général Antonesco a pris le commandement des armées roumaines et des forces allemandes qui les encadrent de Galatz à Stanislaw le 22 juin (voir T. n° 596 de Bucarest en date de ce jour, dans Guerre 1939-1945, Vichy, Z Europe, Roumanie, 689, non publié).

[2] T. de Bucarest en date du 9 août 1941 au sujet de la lettre adressée par le chef du Parti national paysan, M. Maniu, au Conducator le mettant en garde contre la poursuite d'autres buts de guerre que « la libération de la Bukovine et de la Bessarabie » et montrant « le danger de prolonger une collaboration militaire avec l'Axe et la Hongrie ». « Vivement irrité par ce manifeste », Antonesco n'a pas osé s'attaquer directement à Maniu, mais a ordonné l'envoi dans un camp de trois de ses plus fidèles lieutenants (*in* Guerre 1939-1945, Vichy, Z Europe, Roumanie, 689, non publié).

[3] Cette D. n° 221 du 15 août 1941 donne le texte de la lettre de M. Maniu au général Antonesco (note précédente). Dans Guerre 1939-1945, Vichy, Z Europe, Roumanie, 689, non publié).

322

Note de la Direction politique

N.   *Vichy, 18 août 1941.*

Les relations entre la France et l'Iran ne sont affectées par aucun problème politique. La France a suivi avec la plus grande sympathie l'œuvre de rénovation poursuivie depuis vingt ans par le Shah Pahlevi qui a entrepris et exécuté un vaste programme de réformes politiques, économiques et militaires. Cette véritable rénovation nationale a rendu à l'Iran la place à laquelle un passé historique plusieurs fois millénaire et une très haute culture lui donnent droit.

Dans l'ordre des grandes réformes entreprises par le fondateur de la nouvelle dynastie, celles qui intéressent l'évolution intellectuelle sont au premier rang.

C'est aussi dans ce domaine de l'esprit qu'une heureuse collaboration s'est établie entre la France et l'Iran. Si d'une part, l'Iran envoie chaque année de nombreux étudiants en France pour y achever leurs études universitaires, la France, de son côté, maintient de nombreux instituts d'enseignement en Iran, afin de faire connaître, dans ce pays d'antique civilisation, l'aspect occidental de la culture.

Enfin, l'impulsion nouvelle donnée à l'Iran par son grand souverain réformateur a considérablement développé les instituts d'enseignement supérieur. Des professeurs français ont occupé des chaires à l'École normale supérieure à Téhéran, à la Faculté des Lettres, à la Faculté de Droit. Récemment encore, quand le Shah a décidé la création d'un hôpital modèle de 500 lits, c'est à la France que le gouvernement impérial a bien voulu s'adresser pour assurer la direction de cet hôpital. La France a été d'autant plus sensible à ce geste qu'il a été fait à un moment d'épreuves. Si une réponse définitive n'a pas encore été donnée au gouvernement impérial, c'est que les autorités compétentes veulent présenter à son choix des candidats de tout premier plan[1].

Nul, d'ailleurs, ne peut mieux servir cette collaboration franco-iranienne sur le plan spirituel que le nouveau ministre de l'Iran. Par sa haute culture et son expérience diplomatique universelle, M. Mohsen Raïs incarne avec une haute distinction cet Iran rénové qu'il représente auprès de la France. Connaissant les choses de l'Europe, ayant longtemps séjourné à Paris où il fut conseiller de 1931 à 1934, le représentant de Sa Majesté le Shah Pahlevi

---

[1] La note de la sous-direction d'Asie pour le service des Œuvres en date du 19 août 1941 signale cependant que la légation d'Iran s'inquiète de l'absence de réponse précise de la part de la France au sujet de l'engagement d'un médecin français pour diriger cet hôpital et que si les difficultés des relations entre zone libre et zone occupée ont été invoquées pour expliquer le retard apporté à la réponse française, il conviendrait de « trouver une prompte solution », sous peine de voir le Shah se tourner vers un autre pays et de perdre « un poste important pour le rayonnement de la science française en Orient ». (Guerre 1939-1945, Vichy, E Asie, Iran, 291, document non reproduit). Sur les œuvres françaises en Iran, voir le document suivant, n° 323.

sait toute l'amitié que la France a pour l'Iran et le prix qu'elle attache à ce que ce sentiment soit réciproque[1].

Guerre 1939-1945, Vichy, E Asie, Dossiers généraux, 14 (3GMII/14)

323

NOTE DU SERVICE DES ŒUVRES FRANÇAISES À L'ÉTRANGER
POUR LA SOUS-DIRECTION D'ASIE

Œuvres françaises en Perse

N.   *Vichy, 18 août 1941.*

I.- La situation de la langue et de la culture françaises est, depuis le milieu du XIXe siècle, prépondérante en Iran.

Elle s'est affirmée d'abord par des œuvres traditionnelles qui ont été essentiellement :

1° des œuvres congréganistes, celles des Missions lazaristes qui, entre autres, ont fondé le collège Saint-Louis de Téhéran ; celles des Filles de la Charité, adjointes aux Prêtres de la Mission et qui dirigeaient le très prospère Collège Jeanne d'Arc de Téhéran ;

2° à partir de 1870 pour les nombreuses et prospères colonies juives d'Iran les écoles subventionnées par l'Alliance israélite universelle où un sentiment d'attachement à la France n'a cessé de se manifester ;

3° enfin sur le plan purement laïque un lycée de la Mission Laïque a été fondé vers 1930 à qui, devant les menaces déjà affirmées du nationalisme local, on avait donné le titre de lycée franco-iranien ou lycée Razi.

Ces œuvres, qui ont initié à la culture française l'élite persane et les milieux commerciaux, ont été depuis une dizaine d'années en butte à cette vague de nationalisme qui, dans les pays voisins, en Turquie d'abord, puis en Grèce, en Bulgarie et bientôt en Égypte, porte de si rudes coups à nos établissements, qualifiés d'établissements étrangers. C'est à la rentrée scolaire prochaine que la réforme iranienne, commencée l'an dernier, achèvera de s'appliquer à tous les établissements de culture française : les écoles de l'Alliance israélite auront désormais un directeur iranien et seront sous le contrôle du ministère de l'Instruction publique iranien ; les autres écoles

---

[1] La demande d'agrément de M. Mohsen Raïs, précédemment ministre d'Iran à Bucarest, a été présentée en mai 1941 (voir T. n° 104 en date du 19 mai de M. Helleu, Téhéran). J. Truelle qui l'a côtoyé en dit le plus grand bien (D. n° 377 de Bucarest en date du 10 juin), dans Guerre 1939-1945, Vichy, E Asie, Iran, 285. Début août, le gouvernement iranien donne de son côté son agrément à la désignation de M. Payart, alors à Ankara, comme ministre de France à Téhéran. Malgré de multiples démarches auprès des Britanniques, il n'arrivera pas à obtenir un visa pour rejoindre son poste et la légation de France, après s'être vu retiré son chiffre en octobre, sera fermé en novembre 1941, avant la rupture des relations diplomatiques à la suite du traité d'alliance entre l'Iran, la Grande-Bretagne et l'URSS au début de l'année 1942.

(Lazaristes et Filles de la Charité, lycée laïque) seront des écoles strictement étrangères qui ne devront plus recevoir que des enfants *non iraniens*[1].

II.- L'attachement de l'Iran à la culture française se manifeste du reste sur un autre domaine où la susceptibilité nationale n'est pas en jeu, à savoir les rapports d'ordre purement universitaire et technique.

Pendant une douzaine d'années et jusqu'à 1938, la Perse a envoyé chaque année en France plusieurs centaines de boursiers qui se sont initiés à nos disciplines de tous ordres. Pour ses grandes écoles et son université, elle a fait appel à des professeurs français. Il y en eut à l'École normale supérieure de Téhéran jusqu'à 1938, au Dar el Fonoun (Faculté des lettres), à la Faculté de droit. Actuellement ces professeurs sont rentrés, mais depuis un an et demi c'est un Français, le professeur Oberling, qui est le doyen de la Faculté de médecine. C'est par lui que la direction du nouvel hôpital de 600 lits, créé par le Shah, va être confiée à un Français qui y installera une dizaine de chirurgiens et autant d'assistants[2]. Les services vétérinaires de l'Iran sont confiés au vétérinaire-commandant Delpy. C'est sans doute sous son influence que l'Iran vient de demander à la France une douzaine de spécialistes en matière d'agriculture, d'agronomie, d'art vétérinaire, de lutte antiacridienne.

III.- La Perse a concédé à la France des privilèges en matière de fouilles archéologiques : fouilles de Susiane où s'étaient illustrés autrefois les Dieulafoy[3] et les fouilles de Chapour, sous le contrôle de M. Ghirshman[4].

Guerre 1939-1945, Vichy, E Asie, Iran, 292 (3GMII/292)

324

NOTE DE LA SOUS-DIRECTION D'EUROPE
(BUREAU DE M. SARRIEN, CONSUL GÉNÉRAL DE FRANCE)

Vives réactions en Belgique contre l'occupation

N. n° R 613.   *Royat, 19 août 1941.*

Au fur et à mesure que les mesures de restriction deviennent plus sévères, il semble que les passions exacerbées déterminent en Belgique une tension grandissante.

---

[1] Souligné dans le texte. On peut noter que l'Iran suit là le modèle de réforme scolaire mené dans la Turquie kémaliste dès le début des années 1920.

[2] Sur les difficultés à envoyer un directeur pour cet hôpital, voir document précédent, n° 322 et note 1, p. 702.

[3] Sur la vie et l'œuvre de Jane et Marcel Dieulafoy, dont les premières campagnes de fouilles à Suse datent de 1884, voir la notice de Nicole Chevalier : http://www.inha.fr/spip.php?article2286.

[4] Sur Roman Ghirshman (1895-1979), voir sa biographie dans *Encyclopedia Iranica* : http://www.iranicaonline.org/articles/ghirshman.

Les manifestations extérieures d'hostilité à l'égard de l'occupant s'amplifient de jour en jour ; elles sont d'ailleurs suivies dans la plupart des cas de dures sanctions.

La répression se manifeste par des arrestations, des interrogatoires, des perquisitions, l'emprisonnement et même, dans les cas graves, la mort.

L'inquisition policière a d'ailleurs été depuis peu renforcée, principalement depuis que les effectifs de l'armée d'occupation ont été diminués considérablement.

Parmi ces manifestations un Belge, arrivé ces jours-ci de Bruxelles, citait quelques exemples parmi beaucoup d'autres : le 21 juillet, jour de la fête nationale, des manifestations de toutes natures se sont produites dans toutes les grandes villes du pays. À Liège sur un terril de la banlieue (crassier de charbonnage) deux drapeaux belge et anglais ont été hissés ; le 20 juillet un meeting de Degrelle[1] à Liège a donné lieu à de houleuses manifestations ; des calicots « V » apposés par les Allemands ont été arrachés : un grand cinéma a été fermé pour avoir diffusé de la musique interdite, un café est fermé 3 jours par semaine parce que son orchestre a joué à 3 reprises différentes le « Valeureux Liégeois » repris en chœur par l'assistance malgré la présence d'officiers allemands.

À Mons le couvre-feu a été établi à la suite d'incidents, à 20 heures, à Malines et à Ostende à 21 heures.

Des mitrailleuses ont été dans cette ville braquées dans les rues. À Anvers des avertissements ont été adressés, annonçant des représailles si des incidents se reproduisaient.

À Bruxelles l'heure du couvre-feu a été avancée à 22 heures en raison des violentes manifestations du 21 juillet. À Seraing et à Jemappes, gros bourgs industriels, de nombreuses arrestations ont été opérées.

Dans le monde ouvrier, l'atmosphère reste surchargée d'électricité. 47 inculpés étaient, à la date du 5 août, en prison.

Dans plusieurs charbonnages de la région liégeoise des mineurs sont en grève malgré l'interdiction. Des arrestations ont été effectuées notamment parmi les mineurs de Herve (26 juillet) et ceux de Tilleur (28 juillet).

Des sabotages nombreux sont de plus en plus fréquemment constatés. Des sanctions très sévères sont prises contre les communes où ces actes de malveillance se produisent.

L'homme de la rue déclare à qui veut l'entendre que les bombes qui atteignent les objectifs militaires sont des bombes anglaises, tandis que celles qui touchent les maisons particulières sont allemandes !

La presse clandestine foisonne malgré la répression et contribue à exciter l'opinion contre l'occupant.

L'espoir d'une victoire anglaise entretenue par la radio de Londres n'est pas étrangère à la recrudescence d'hostilité qui se manifeste actuellement.

---

[1] Léon Degrelle, chef du mouvement Rex, un parti collaborationniste belge.

Il semble que la moindre étincelle, a déclaré l'informateur, pourrait provoquer des émeutes qui malheureusement ne serviraient qu'à faire subir à la population les effets d'une terrible répression.

Guerre 1939-1945, Vichy, Z Europe, Belgique, 164 (10GMII/164)

325

M. DE LA BAUME, AMBASSADEUR DE FRANCE À BERNE,
    À L'AMIRAL DARLAN, VICE-PRÉSIDENT DU CONSEIL, MINISTRE DE LA
      DÉFENSE NATIONALE, SECRÉTAIRE D'ÉTAT AUX AFFAIRES ÉTRANGÈRES
      ET À LA MARINE.

T. n° 1184.   *Berne, 21 août 1941.*

En clair. Très confidentiel.   *(Reçu*[1] : le 24, 11 h.)

D'après un rapport très récent du chargé d'affaires des États-Unis à Berlin, dont je viens d'avoir connaissance, les cercles les plus proches de M. Ribbentrop s'entretiendraient ouvertement de « la paix avec la France ». Préoccupés du tour qu'ont pris les événements à l'Est, les dirigeants allemands souhaiteraient ardemment notre adhésion à cette paix, qui ne comporterait de notre part d'autre abandon que celui de l'Alsace et de la Lorraine, le Reich se chargeant d'imposer à l'Italie la renonciation à ses revendications traditionnelles. M. Morris retient dans son rapport certaines expressions qu'il a entendues, à savoir que, comme conséquence de la paix envisagée, la France « pays ami et allié » laisserait l'Allemagne « se servir du territoire métropolitain et colonial français » en vue de la continuation de la guerre.

Dans le même rapport il est indiqué que les Allemands sont soucieux d'arrêter avant la fin de septembre les opérations actuellement en cours, après s'être établis, si possible, sur une ligne générale Leningrad, Moscou, mer d'Azov, afin d'entreprendre une autre campagne que rendrait absolument nécessaire l'épuisement des ressources en essence (l'état-major suisse estime que celles-ci seront épuisées dans deux mois). Il s'agirait de pousser une attaque par la mer Noire et le territoire turc sur Bakou, l'Irak et l'Iran où sont les réserves de pétrole, mais pour ce faire il faut rendre disponible une partie des effectifs et du matériel engagés dans les opérations actuelles. La Turquie serait l'objet d'une demande de libre passage :

    — de bateaux italiens par les Détroits pour des transports en mer Noire,

    — de troupes du Reich à travers tout ou partie du territoire turc.

Cependant que les intentions qui précèdent sont prêtées aux dirigeants allemands, il semble que, dans l'ordre des initiatives britanniques, il faille s'attendre assez prochainement à une entreprise sur la Cyrénaïque et la

---

[1] Par courrier.

Tripolitaine[1]. L'attention des Anglais se porte depuis longtemps sur l'état moral et matériel de l'Italie et ils le jugent favorable à la réussite d'une action contre la Péninsule qui aurait sa base de départ en Tripolitaine.

Un succès qui conduirait les forces britanniques jusqu'aux portes de la Tunisie n'est pas à exclure *a priori*, au moment où les Italiens sont livrés à eux-mêmes pour la défense de leur Empire africain[2] et alors que, dans ce secteur, le matériel américain peut parvenir par une voie sûre au corps expéditionnaire britannique.

Il reste que les projets britanniques risquent d'être traversés par l'entreprise allemande sur Bakou dont il est question ci-dessus.

Guerre 1939-1945, Vichy, Z Europe, Allemagne, 79 (10GMII/79)

326

M. LÉON BÉRARD, AMBASSADEUR DE FRANCE À ROME SAINT-SIÈGE,
À L'AMIRAL DARLAN, VICE-PRÉSIDENT DU CONSEIL, MINISTRE DE LA
DÉFENSE NATIONALE, SECRÉTAIRE D'ÉTAT AUX AFFAIRES ÉTRANGÈRES
ET À LA MARINE.

T. n° 69.   *Cité du Vatican, 21 août 1941.*

En clair. Réservé.   (Reçu[3] : le 28, 17 h.)

Je me réfère à ma dépêche n° 112 du 2 août[4].

Au cours d'une récente conversation, un membre du Sacré Collège a félicité le Pape de ne pas avoir fait la moindre allusion à la guerre contre

---

[1] En Libye.

[2] Il s'agit là de la poursuite de la « guerre du désert » qui oppose l'armée coloniale italienne en Libye à la huitième armée britannique présente en Égypte. En septembre 1940, les forces italiennes avaient attaqué l'Égypte, alors sous influence britannique. Mais dès le mois de décembre 1940, les Britanniques, appuyés par les forces du Commonwealth, étaient passés à la contre-attaque. À partir de janvier 1941, les troupes britanniques appuyées par des Forces françaises libres faisaient reculer progressivement l'armée italienne (Addis-Abeba est occupée le 5 mai) et réinstallaient le Négus sur son trône. Cependant, les forces italiennes ne sont pas livrées à elles-mêmes puisque le général allemand Rommel est officiellement chargé, à partir de 6 février 1941 de les secourir. Le 31 mars 1941, Rommel avait repoussé les troupes britanniques de la Libye jusqu'aux frontières de l'Égypte et lançait à partir d'avril-mai une nouvelle campagne de Libye, assiégeant Tobrouk (jusqu'en décembre). L'opération *Battleaxe* est alors conduite par l'armée britannique en juin 1941, visant à chasser les armées allemande et italienne de l'est de la Cyrénaïque, afin notamment de lever le siège de Tobrouk. Mais ce fut un échec.

[3] Par courrier.

[4] Dans Guerre 1993-1945, Vichy, Z Europe, Saint-Siège, 546, document non reproduit relatif à la remise des lettres de créance du ministre de Roumanie, le général Daniel Papp, cérémonie à laquelle le représentant de la France n'était pas présent. Or, l'*Osservatore Romano*, n'ayant publié qu'un résumé du discours du nouveau ministre, il avait été difficile de savoir « en quels termes, il aurait fait allusion à la lutte engagée contre les Soviets. » En revanche, le journal avait publié une version intégrale et en français de la réponse de Pie XII : celui-ci n'a fait « aucune référence au conflit oriental », soucieux de ne rien dire « qui puisse être interprété comme une approbation donnée à la « croisade antibolchéviste » et de garder une position d'« instrument de conciliation », le cas échéant.

l'URSS dans l'allocution qu'il a prononcée à l'occasion de la remise des lettres de créance du nouveau ministre de Roumanie.

Le Saint-Père aurait répondu au cardinal : « Soyez sans crainte, je redoute Hitler plus encore que Staline ».

Cette appréciation est d'autant plus remarquable que le danger communiste n'a jamais cessé d'être au premier plan des préoccupations du Vatican.

Guerre 1939-1945, Vichy, Z Europe, Saint Siège, 551 (10GMII/551)

327

NOTE DU DÉPARTEMENT

*Note sur le voyage de retour en URSS
de la mission soviétique en France*

N.   *Vichy, 21 août 1941.*

L'ambassade soviétique en France a quitté Vichy le 30 juin à minuit pour se rendre dans les Pyrénées-Orientales où elle devait attendre l'autorisation des gouvernements espagnol et portugais pour gagner Lisbonne ou s'embarquer sur un bateau américain à Port-Vendres, afin d'atteindre l'URSS par les États-Unis. L'atmosphère de ce départ était assez pénible. Les représentants soviétiques étaient en effet sous le coup de la rupture des relations entre notre pays et le leur[1]. D'indispensables formalités policières à l'égard de certains des membres en situation plus ou moins régulière de cette ambassade rendaient encore plus délicats les derniers contacts avec les autorités centrales françaises.

Le convoi est arrivé à Cerbère où la chaleur étant torride et un séjour peut-être long à prévoir, il fut envisagé, d'accord avec M. Roure, commissaire divisionnaire, la préfecture et la direction de la gendarmerie des Pyrénées-Orientales, d'installer l'ambassade dans un hôtel réquisitionné à cet effet. Alors qu'un établissement susceptible de convenir venait d'être découvert, M. Bogomolov, dans une violente colère, déclarait « qu'il ne resterait pas à Cerbère un instant de plus », mais voulait être immédiatement transporté, avec sa suite, à Port-Vendres où il attendrait, dans son train et sans désemparer, l'arrivée d'un bateau américain : « L'amiral Darlan, disait-il, m'a promis qu'un bateau américain viendrait me chercher, j'imagine et j'espère que l'Amiral sait ce qu'il dit et que sa parole vaut quelque chose ». Il fut répondu à l'Ambassadeur que la parole de l'Amiral était hors de question, et qu'il s'agissait, pour le moment, de prendre une décision raisonnable. Il fut ajouté que puisque l'Ambassadeur désirait revenir à Port-Vendres, distant d'une vingtaine de kilomètres seulement, on ne

---

[1] Le 30 juin 1941. Voir documents n°s 263, 266.

demandait pas mieux que de le satisfaire, la solution de son départ par mer étant, en effet, à ce moment-là, dans les prévisions à envisager.

Sur une voie de garage de la gare de Port-Vendres, deux femmes, qui avaient accouché depuis peu et que la chaleur incommodait, étaient tombées malades. Il fut donc décidé de ne pas tenir compte plus longtemps des dires de M. Bogomolov qui prétendait « ne sortir que mort de son train pour aller ailleurs que sur un bateau anglais ou américain ». Un gîte convenable fut cherché pour la caravane, gîte où elle put attendre dans des conditions satisfaisantes d'hygiène une décision lui permettant de rejoindre la Russie.

Avec l'aide de M. Roure, il fut trouvé à Thuès-les-Bains un établissement thermal à peu près vide, qui correspondait, par son isolement dans la montagne, son confort, les conditions de ravitaillement facile dans cette partie du département, à tout ce qui pouvait être désiré pour une halte quelque peu imprévue et dont la durée semblait devoir être relativement longue.

M. Bogomolov en fut informé, alors qu'une nuit et une journée d'attente sous un soleil de feu l'avait incité à faire quelques réflexions salutaires et à le rendre moins intraitable.

L'installation et le séjour à Thuès se sont normalement passés.

Le 17 juillet, les commissions d'armistice allemande et italienne ayant donné leurs autorisations de transit à travers les territoires occupés par l'Allemagne et l'Italie, le convoi est reparti, gagnant Menton par Perpignan et le sud de la France et, de là, l'Italie, la Croatie, la Serbie et enfin la Bulgarie. Une garde allemande le surveillait depuis la frontière italo-croate. Au bout de trois jours, l'ambassade soviétique était à nouveau campée sur une voie de garage, dans la gare de Svilengrad cette fois, ville frontière entre la Bulgarie et la Turquie. Il ne restait plus à attendre que l'arrivée à la frontière russo-turque de l'ambassade française à Moscou afin de procéder à l'échange et terminer ainsi un voyage déjà long et aux péripéties déjà nombreuses[1].

Entre autres incidents, deux de caractère assez sérieux avaient marqué la fin du voyage. À la frontière croate, les autorités allemandes avaient émis la prétention d'arrêter l'épouse présumée du 2e secrétaire, M. Petrov, la reconnaissant, disaient-elles, pour une révolutionnaire dangereuse, qui usait d'une fausse identité. Il fallut parlementer et discuter longtemps pour faire admettre et comprendre qu'en tout état de cause la mission russe devait arriver complète à la frontière turque et que, quelle que soit l'identité exacte de cette militante, elle avait un passeport diplomatique, étant reconnue par M. Bogomolov comme l'épouse de son 2e secrétaire. D'autre part

---

[1] Sur le voyage de retour de M. Bergery, qui a passé la frontière soviétique le 24 juillet 1941 à Leninakan (Arménie, auj. Gumri), voir le T. s. n° de Sarikamis, en date du 25 juillet. Sauf « quelques légères indispositions » et le cas de Mme Brillat qui s'est brisé une jambe et la mâchoire pour s'être défénestrée au moment du départ de Moscou, le voyage s'est passé sans encombre pour l'ensemble de la mission (46 personnes). Payart, bientôt nommé ministre à Téhéran (sans pouvoir rejoindre son poste), reste en Turquie. (Guerre 1939-1945, Vichy, Z Europe, URSS, 821, dans lequel on trouvera de nombreux documents détaillant la fin des deux missions diplomatiques, dont le rapport remis par M. Bergery le 28 août 1941).

l'influence de cette personne ne pouvait plus être nocive « pour les pays civilisés » puisqu'elle rentrait en Russie. C'est ce dernier argument seul qui, finalement, emporta la décision.

Enfin, à partir de la frontière croate, un couple, les Skobelev, a essayé de s'enfuir en diverses occasions, toujours rattrapé par les soldats allemands. Aucune réflexion n'était faite à ce sujet par M. Bogomolov et ses autres compagnons et c'est silencieusement qu'à chaque reprise, l'incident était considéré comme clos.

Il est à noter aussi et surtout que la traversée de la Bulgarie a pu constituer pour l'ambassade russe une sorte de triomphe. En effet, malgré des barrages importants de police et de troupes, la population toute entière, popes en tête, se trouvait à de nombreuses stations, dans les alentours de la gare, agitant silencieusement des fleurs, et c'est en toute vérité que M. Bogomolov a pu dire au représentant du Département : « Comme vous le voyez, ici, nous ne sommes pas tout à fait antipathiques ».

Au bout de quatre longues journées d'attente à Svilengrad, le 25 juillet, l'ambassade soviétique a été autorisée à traverser la frontière turque en voitures et camions. Un représentant du gouvernement soviétique assistait à cette opération. Il a déclaré péremptoirement et en français que toutes les bicyclettes, appareils de radios, et montres, qui s'élevaient à un nombre considérable, seraient saisis à l'entrée du territoire russe comme appartenant à l'État. Cette déclaration a paru affecter quelque peu les propriétaires intéressés.

L'Ambassadeur a alors pris congé du représentant du Département et lui a dit textuellement ceci : « Je vous remercie de votre compréhension personnelle. Veuillez transmettre à Monsieur le Maréchal, en mon nom personnel, mes salutations. Alors… au revoir ». Après un bref serrement de mains, M. Bogomolov a ajouté : « Au revoir encore ». Le ton était froid. Sur la route poudreuse, vers Andrinople, le convoi s'est lentement éloigné.

II.- Comportement de la mission soviétique.

La mission soviétique comprenait 88 personnes dont 2 nouveau-nés de moins de 15 jours, elle ne correspondait en rien à l'idée que l'on peut habituellement se faire d'une « ambassade », et réunissait des spécimens assez divers d'humanité que le côté « petit bourgeois » de la vie française (facilité d'ailleurs par des émoluments considérables) semblait avoir particulièrement séduits. Les bagages étaient en nombre impressionnant et les provisions en viande, beurre, saucissons, sucre et autres denrées devenues rares atteignaient une abondance considérable.

Deux jeunes femmes récemment accouchées donnaient au convoi un aspect spécifiquement russe. D'accord avec M. Roure, il fut généralement accordé toutes les petites facilités que les membres de la mission demandaient, toute mesquinerie ou étroitesse dans la façon d'exécuter les consignes de surveillance étant volontairement évitées. C'est ainsi qu'à plusieurs reprises, des membres de la mission furent autorisés à se rendre à Perpignan, accompagnés bien entendu de policiers qui ne les ont jamais quittés. L'ensemble des membres de la mission s'est montré en somme assez correct et discipliné. Certes, il était difficile de les empêcher d'ouvrir des caisses à 3 heures du matin, d'arracher les tentures de leurs chambres, ainsi qu'ils le firent à Thuès et surtout de se livrer (souvent presque publiquement) à l'ardeur de leurs tempéraments, comme ils s'y exercèrent en tout lieu et particulièrement dans la salle de douches de la gare de Svilengrad. Mais à ces détails près, ils firent preuve en général d'une indifférence et d'un fatalisme propres à faciliter en voyage la tâche d'un accompagnateur.

III.- Rapports avec la Mission.

Ce fatalisme n'animait certes pas M. Bogomolov, lors de son départ de Vichy. D'une voix volontairement cassante, il ne cessait d'élever des réclamations, de se plaindre, de faire observer qu'il manquait pour telle ou telle personne malade telle ou telle chose. Des instructions étaient immédiatement données pour que satisfaction lui fut donnée. Cependant après lui avoir fait admettre l'idée de s'installer à Thuès en attendant les visas nécessaires pour continuer son voyage, il fut fait appel à sa raison pour changer de ton et adopter, dans son intérêt même, et afin de faciliter les choses, des rapports plus courtois. M. Bogomolov ne se montra pas insensible à ce discours et y ayant acquiescé, n'a pas cessé depuis lors de témoigner au représentant du Département toutes les marques d'amabilité dont il pouvait être capable : c'est ainsi que dans la matinée du 14 juillet, il lui a adressé ses vœux pour la France, imité dans ce geste par le général Sousloparov, attaché militaire de son ambassade. Il aurait aimé aussi lui faire partager son goût pour les nombreuses bouteilles de vodka qui garnissaient ses valises.

M. Bogomolov s'ennuyant à Thuès avait demandé l'autorisation de faire quelques cours sur l'évolution des sciences à ses compatriotes. Satisfaction lui fut donnée et l'ancien professeur qu'il était se montrait heureux de professer. Ces cours faisaient un peu penser à un acte des *Plaideurs* et ne paraissaient distraire que médiocrement un auditoire plus attaché à la matière qu'aux spéculations de l'esprit.

Dans de nombreuses conversations l'Ambassadeur n'a cessé et, semble-t-il, en toute sincérité, d'affirmer sa certitude absolue dans la victoire finale de la Russie. Cette certitude se basait sur quatre points principaux : 1°) le patriotisme russe, 2°) l'immensité du territoire russe, 3°) le potentiel humain russe, 4°) le dispersement, particulièrement au-delà de l'Oural, de l'industrie.

M. Bogomolov n'a cessé aussi, d'autre part, de déclarer sa foi bolcheviste. Le plus grand tort des tsars était à ses yeux de n'avoir pas su industrialiser le pays, réussite spécifique du régime actuel. Son bolchevisme, pour être bon teint, s'accommodait cependant assez bien de quelques préoccupations à tendances capitalistes ; c'est ainsi qu'il a recommandé à plusieurs reprises le mobilier d'une chambre commandée par lui à Paris, chez Lévitan, et dont le sort, par suite de son départ, l'inquiétait beaucoup.

Le premier secrétaire de l'ambassade répétait fidèlement les dires de son chef. Par contre, M. Petrov, second secrétaire, chef du S.R. russe en France, a une personnalité beaucoup plus accusée. Il parle très correctement français. M. Bogomolov dissimulait mal un petit tremblement et une certaine gêne devant lui et cependant l'amabilité et la douceur apparente de M. Petrov sont indiscutables.

C'est avec une énergie et une volonté farouches qu'il affirmait sa confiance dans la défense russe, il parlait des 15 000 chars de l'Armée rouge, des 100 000 tracteurs agricoles qui pourraient être transformés en chars de combat. Mais surtout il essayait d'engager des conversations partout où il le pouvait, de se renseigner, interrogeant minutieusement les employés du wagon-restaurant italien comme les cheminots bulgares.

Le général Sousloparov, ancien officier de l'armée de Nicolas II, a tenu des propos intéressants. Seul parmi ses compatriotes, il admettait la possibilité de la prise de Leningrad, de celle de Kiev et de Moscou et même de l'installation d'un gouvernement russe dévoué aux Allemands. Mais il assurait que ce gouvernement ne pourrait avoir à sa tête qu'un militaire (autre que lui ajoutait-il en souriant) et non un Romanov. Ce nouveau gouvernement serait aussi russe que le gouvernement actuel soviétique et finirait par jouer les pires tours aux Allemands. Dans le secret de ses pensées, le général Sousloparov envisageait sans peine une forme nouvelle d'État social en Russie. La solution monarchiste, si elle lui paraissait irréalisable immédiatement et non souhaitable avec l'appui allemand, n'en restait pas moins, d'après les renseignements qu'il paraissait avoir, une éventualité possible et il ne semblait pas donner l'impression d'y être personnellement hostile.

IV.- Impressions sur les pays traversés au cours du voyage.

La frontière franco-italienne franchie, on aperçoit partout des soldats allemands. Un Italien a pu dire (non sans vérité) : « Comme vous avez de la chance en France de n'être occupé qu'aux deux tiers, nous le sommes complètement ». Les Italiens, avec lesquels il a été possible de s'entretenir, se sont montrés préoccupés des événements en cours et pessimistes sur la situation économique et même politique de leur pays. À Svelingrad, le marquis Manzi, ancien secrétaire d'ambassade à Paris, s'est laissé aller, malgré sa prudence, à des regrets sur le passé, indiquant aussi que le présent et l'avenir n'étaient pas sans l'inquiéter.

À Zagreb, dans un bref entretien, M. Gueyraud, notre consul général, n'a pas caché que « l'on se tuait en Croatie comme les mouches volent dans d'autres pays ». Des Allemands ont, d'ailleurs, déclaré qu'il faudrait qu'ils mettent bon ordre et occupent un pays où les passions politiques étaient poussées au paroxysme et les Italiens détestés.

En Serbie, on ne parlait que d'attentats et de résistance. La gare de Belgrade incendiée, le grand pont sur la Save effondré laissaient une impression pénible.

Les deux sous-officiers et les soldats allemands qui ont constitué, à partir de la Croatie, la garde de l'ambassade soviétique jusqu'à son passage en Turquie étaient propres, bien tenus, disciplinés et corrects. Ils avaient émis, au début de leur mission, la prétention de garder le représentant du Département aussi sévèrement que les Russes, mais une fois données les explications nécessaires, ils se mirent au contraire à sa disposition pour assurer la garde des diplomates bolchevistes et le firent avec beaucoup de ponctualité.

De conversations avec des gradés ou soldats allemands ainsi qu'avec les représentants de la Gestapo à la gare de Svilengrad, il résulte dans l'ensemble que tous les très jeunes gens ont une foi indestructible dans la victoire allemande et la cause du Führer. Les gens plus âgés laissent paraître de la lassitude, sinon de l'inquiétude. La campagne de Russie et les souvenirs napoléoniens hantent leurs esprits.

En Bulgarie, l'opinion générale est que le pays n'a pas pu agir autrement qu'il ne l'a fait. Par contre la mainmise allemande pèse lourdement sur le peuple bulgare et ce sentiment s'est encore renforcé depuis l'attaque des Allemands en Russie. Ce dernier pays reste, pour de nombreux Bulgares, la sainte et grande Russie, la terre du peuple tutélaire et libérateur. La sympathie que les Russes soviétiques ont trouvée dans la traversée de la Bulgarie venait d'éléments souvent conservateurs. Les Russes blancs de Sofia ont adopté, paraît-il, une attitude similaire à l'égard des Soviets qu'ils considèrent actuellement comme un gouvernement de Défense nationale. L'ensemble des Bulgares semble espérer que la Bulgarie réussira à sortir de la guerre sans grands dommages, peut-être, avec quelques avantages (Dobroudja), quel que soit le vainqueur final. On souhaite notamment que le Roi réussisse une fois de plus à sauver son trône. Quoique fataliste, celui-ci, d'après les dires de personnes qui le touchent de près, est fort inquiet. Il espère, en tout état de cause, qu'à son défaut, son jeune fils Siméon pourra assurer la continuation de la dynastie. Le souverain reste très populaire. Ses sympathies déclarées pour le régime parlementaire correspondent aux idées de la moyenne des Bulgares, généralement démocrates et égalitaires.

Des convois de troupes qui paraissaient en excellent état sillonnaient le pays. De nombreux Bulgares ont parlé d'Andrinople comme d'une ville qui devrait être leur dans un proche avenir. Il n'était pas jusqu'au vieux rêve du roi Ferdinand de régner sur Byzance qui ne fût évoqué, mais comme une chimère que ne permettraient pas les Allemands eux-mêmes, sans parler des gens de l'autre partie.

Le représentant du Département attendit à Svilengrad l'arrivée de M. Bergery et de ses collaborateurs qu'il accompagna jusqu'à Vichy[1].

Guerre 1939-1945, Vichy, Z Europe, URSS, 821 (10GMII/821)

---

[1] Voir le rapport remis par l'ambassadeur Gaston Bergery le 28 août 1941, cité note 1, p. 709.

328

M. de Laforcade, Ministre de France à Dublin,
À l'Amiral Darlan, Vice-Président du Conseil, Ministre de la
Défense nationale, Secrétaire d'État aux Affaires étrangères
et à la Marine.

T. nᵒˢ 733 à 736.   *Dublin, 22 août 1941, 14 h.10.*

Confidentiel.   *(Reçu : le 24 août, à 5 h. 20)*

On se garde à Londres de se montrer trop optimiste en ce qui concerne la campagne de Russie.

La résistance soviétique a dépassé tous les pronostics mais l'on a soin d'insister sur le fait qu'en définitive, c'est par son effort seulement que la nation anglaise peut gagner la guerre[1]. Ni le danger de l'invasion, ni celui d'une défaite russe avant l'hiver n'ont complètement disparu. Aussi importe-t-il que la Grande-Bretagne profite d'un répit inespéré pour mettre les bouchées doubles (...)[2] aide active, soit par l'offensive aérienne à l'ouest, soit par un appui technique, à la Russie qui résiste si fortement à l'Est[3].

Le Foreign Office est très satisfait de l'accord conclu récemment entre la Pologne et l'URSS[4]. L'influence de M. Eden ne paraît pas avoir été étran-

---

[1] Rappelons que l'« Accord d'action commune des gouvernements de l'URSS et du Royaume-Uni de Grande-Bretagne dans la guerre contre l'Allemagne », selon lequel « les deux gouvernements s'engagent à se fournir une aide réciproque de toute nature » et « pendant toute la durée de cette guerre à ne pas entamer de pourparlers, à ne pas conclure d'armistice ou de traité de paix sauf en cas d'accord mutuel préalable », a été conclu le 12 juillet 1941 à Moscou. Pour le texte, voir Guerre 1939-1945, Vichy, Z Europe, URSS, fol. 1-2. Sur la résistance soviétique, voir divers documents dans Guerre 1939-1945, Vichy, Z Europe, URSS, 836.

[2] Lacune de déchiffrement.

[3] Voir notamment le message commun du président Roosevelt et de W. Churchill à Staline, remis le 15 août 1941 à ce dernier, qui déclare que les deux pays veulent lui « fournir toute l'aide matérielle dont la Russie a un besoin urgent dans sa splendide résistance contre l'agression nazie » et prévoit d'organiser une réunion à Moscou pour déterminer les besoins immédiats, sans discuter au préalable de la politique à plus long terme « étant donné que la lutte sera longue et dure, avant que la victoire soit totale. » (Guerre 1939-1945, Vichy, Z Europe, URSS, 836).

[4] Le 30 juillet 1941, rendu public le 31. On trouvera le texte en anglais de l'accord dans *Documents on Polish-Soviet Relations (1939-1945)*, vol. 1, 1939-1943, London, Heinemann, 1961, pp. 141-142, publiés par le General Sikorski Historical Institute. Ce traité qui annule les clauses du pacte germano-soviétique d'août 1939 relatives à la Pologne, rétablit les relations diplomatiques et prévoit une aide et assistance mutuelle pendant la guerre, avec la formation d'une armée polonaise sur le territoire de l'URSS, ainsi que l'amnistie pour tous les prisonniers polonais en URSS, est une conséquence du rapprochement anglo-soviétique. Voir la Note « sur les Accords internationaux négociés ou conclus par l'URSS depuis son entrée en guerre », en date du 25 juillet 1941, dans Guerre 1939-1945, Vichy, Z Europe, URSS, 834) : « Ce traité aurait pour objet : a) la reconnaissance par l'URSS de l'État polonais et notamment de ses frontières orientales. De la sorte, la reconstitution de la Pologne, qui figure parmi les buts de guerre de l'Angleterre, ne se heurterait plus à un veto soviétique ; b) la détermination de l'assistance que prêterait la Pologne à l'effort de guerre des Alliés. D'après les informations, qui appellent confirmation, les Polonais demanderaient la libération des quelque 300 000 prisonniers faits par les Russes en septembre 1939. Ces prisonniers, rééquipés et armés, seraient envoyé au Moyen-Orient pour y combattre à côté des troupes britanniques ». Le 19 juillet 1941, à l'initiative des Soviétiques cette fois, un traité a aussi été signé avec le gouvernement tchécoslovaque en exil, dans des termes équivalents (reconnaissance diplo-

gère à l'issue des négociations polono-russes. Ainsi tombe, dit-on à White Hall, le principal obstacle à la reconstitution de la Pologne après la guerre. En outre un démenti cinglant est infligé à la propagande (…)[1] d'après laquelle les Russes et Polonais ne devaient pas pouvoir se battre du même côté.

L'autorité du général Sikorski semble avoir joué un rôle déterminant. Toutefois, on se loue à l'ambassade de Pologne de l'esprit de conciliation dont ont fait preuve les Russes, notamment M. Maisky, et l'on regrette que M. Zaleski et deux autres membres du cabinet polonais, s'attachant à des détails de pure forme, aient cru devoir donner leur démission[2]. L'on espère d'ailleurs que ces questions de personne pourront s'arranger. C'est ainsi que le président Raszkiewicz qui avait des préventions particulièrement vives (…)[3] l'URSS, reconnaît maintenant toute l'importance de l'accord qu'il avait ratifié sans enthousiasme.

Conformément aux clauses militaires il est probable que trois à quatre divisions polonaises (de 60 à 80 000 hommes) pourront être constituées assez rapidement sur le territoire soviétique.

Les Polonais jouissent à l'heure actuelle d'une très grande popularité en Angleterre. Leurs aviateurs se sont distingués en de nombreuses occasions. Il n'est plus personne pour regretter que la guerre ait éclaté à propos de la Pologne[4].

Guerre 1939-1945, Vichy, Z Europe, Pologne, 910 (10GMII/910)

---

matique, restauration de la Tchécoslovaquie, formation d'une armée tchécoslovaque sur le territoire de l'URSS, mais, dans ce cas, sous le haut-commandement des armées soviétiques).

[1] Lacune de déchiffrement.

[2] La D. n° 143 en date du 18 novembre 1941, de M. de Vaux Saint-Cyr, alors ministre de France à Stockholm, revient sur les conditions de l'accord polono-russe de juillet 1941, selon des informations recueillies « de source polonaise autorisée ». Il rapporte que cet accord n'a « pas été conclu sans peine ». M. Zaleski, le ministre des Affaires étrangères du gouvernement Sikorski, a donné sa démission et a été remplacé par l'ambassadeur de Pologne à Londres. Un des principaux points de litige a été la question laissée en suspens des frontières polonaises. Un nouvel ambassadeur de Pologne en Russie, M. Kot, ancien ministre de la Prévoyance sociale dans le cabinet Beck, a été nommé avec pour adjoint, M. Sokolniki, précédemment ministre de Pologne en Finlande. « La première tâche de cette mission diplomatique, qui réside actuellement à Samara, a été la libération et le rapatriement au moins partiel, soit vers les Indes, soit vers l'Angleterre, des Polonais, au nombre de plus d'un million, déportés par les Russes lors de l'occupation du mois de septembre 1939./ La seconde tâche est l'organisation en Russie de la légion polonaise prévue par l'annexe militaire de l'accord du 31 [de fait 30] juillet 1941. [...] Dès maintenant trois divisions sont sur pied et le gouvernement polonais espère en former huit. Le matériel nécessaire est déjà réuni. La seule question qui se pose est celle des cadres d'officiers et de sous-officiers qu'il faut faire venir d'Angleterre par le chemin de fer d'Arkangelsk./ Le gouvernement polonais a obtenu des autorités militaires soviétiques que les divisions polonaises, une fois formées, ne seraient pas envoyées une à une sur le front. Elles ne seront employées qu'une fois constituées en armée. En fait, le gouvernement Sikorski espère retarder le plus longtemps possible le moment où cette armée sera jetée dans la bataille et même, si possible, la garder intacte pour en faire le noyau d'un nouvel État polonais. » (Guerre 1939-1945, Vichy, Z Europe, Pologne, 910). On trouvera de nombreux documents complémentaires dans les *Documents* publiés par l'Institut historique Sikorski.

[3] Lacune de déchiffrement.

[4] En vertu de la garantie franco-britannique. Voir *DDF (1939-1944)*, 1939, les documents de la section I (La liquidation de la Pologne et ses implications en Europe centrale et orientale).

329

M. Dumesnil de Maricourt, Chargé d'Affaires de France à Athènes,
à l'Amiral Darlan, Vice-Président du Conseil, Ministre de la
Défense nationale, Secrétaire d'État aux Affaires étrangères
et à la Marine.

D. n° 38[1]. *Athènes, 23 août 1941.*

Je dois à la vérité – puisque l'occasion s'en présente – de faire connaître
à Votre Excellence la situation exceptionnelle dans laquelle s'est trouvé et
reste le Corps diplomatique à Athènes sous le régime d'occupation par les
armées de l'Axe.

Il y avait au mois d'avril dernier dix-neuf missions étrangères accréditées
auprès du roi des Hellènes, sans compter celles de l'Allemagne et de l'Italie,
alors ennemies, ni les représentants du Chili, de la Finlande, du Japon et
de la Norvège, qui ne résidaient pas en Grèce.

Quelques jours avant l'entrée – le 27 avril – des forces allemandes à
Athènes, les légations de Grande-Bretagne, des Pays-Bas, de Pologne et de
Yougoslavie s'embarquaient précipitamment vers l'Égypte sur des bateaux
divers. Exode dramatique harcelé par les bombardiers *Stukas*. Seul le
ministre d'Angleterre avait, dans l'avion royal, accompagné Georges II en
Crête. La plupart des autres missions ne demeuraient en Grèce que faute
de moyens sûrs pour la quitter, leur doyen, l'ambassadeur de Turquie,
s'étant opposé à une fuite périlleuse vers un exil incertain, parce que les
autorités helléniques, en plein désarroi, n'avaient rien pu ou rien voulu
prévoir à cet effet pendant les pathétiques journées de l'invasion[2].

Le Souverain et le Chef du gouvernement partis, la capitale envahie,
le Corps diplomatique ne douta pas que ses jours fussent comptés. Il détruisit ou scella ses archives et boucla ses valises. On s'accordait à penser
que, comme dans les autres pays conquis par l'Allemagne – Danemark,
Norvège, Pays-Bas, Belgique – les représentants des États étrangers
n'avaient plus aucun fondement juridique pour y maintenir leur établissement. Au surplus les garanties d'inviolabilité des personnes et des hôtels
diplomatiques apparaissaient très incertaines devant la fureur d'arrestation,
de détention et de perquisition de la Gestapo qui sévit aux premiers jours
(et dont je fus moi-même victime).

Contrairement aux bons procédés de l'ex-légation du Reich, qui laissait
entendre aux missions « neutres » qu'elles continueraient à jouir de leur
statut, certains officiers de l'état-major du maréchal List ne déclaraient-ils
pas que l'armée allemande ne reconnaissait pas les diplomates en temps de

---

[1] D. intitulée « A.s. la situation du corps diplomatique à Athènes ». Annotation marginale :
« Communiqué au cabinet du Ministre Secrétaire d'État, n° 2 » et « 28 août 1941 » (date réception
ou enregistrement).

[2] À partir du 6 avril 1941. Athènes est tombé le 27 avril 1941. Voir documents n°ˢ 155, 166, 183,
188.

guerre ? Le départ des légations, dont plusieurs faisaient déjà viser leurs passeports et demandaient des moyens de transport, n'était donc qu'une question de jours, le temps de rétablir les communications indispensables.

Sans doute un cabinet de circonstance avait pris le pouvoir à Athènes au lendemain des armistices gréco-allemand et gréco-italien, sous la pression des événements et pour de strictes nécessités d'ordre intérieur[1]. Mais il était et reste privé d'assise constitutionnelle et de toute base au regard du droit des gens. N'ayant aucunement l'appui de l'opinion publique, dans sa grande majorité demeurée fidèle à son souverain, il n'exerce qu'une autorité de fait, dans la mesure où les puissances occupantes l'admettent ou l'exigent. Le plénipotentiaire de l'Italie protectrice affecte même de ne tenir les ministres grecs que pour des administrateurs provisoires. N'étant pas reconnu à l'étranger, ce gouvernement sans autorité n'y a pas de représentants, ni même d'émissaires, alors qu'y subsistent ceux du roi sans terre. C'est ainsi que les pourparlers engagés pour la restauration d'un semblant de département des Affaires étrangères à Athènes n'ont eu aucune suite, les juristes et hauts fonctionnaires consultés à ce sujet n'ayant pu que constater l'inexistence d'une souveraineté extérieure, par conséquent du droit de légation active et passive, du nouvel État hellénique, successeur *de facto* du royaume de Grèce. Peu après la défaite grecque, les accords passés entre MM. Hitler et Mussolini[2] ont d'ailleurs placé une partie de ce pays sous une sorte de protectorat italien, où coexistent dans certaines zones, non sans nombreux heurts, les deux armées de l'Axe[3]. Étant donné ce régime politique

---

[1] Sur le gouvernement favorable à l'Axe du général Tsolakoglou, voir documents n°s 166, 240 et notes.

[2] Sur le partage de la Grèce, voir document n° 240. Sur les relations entre Italiens et Allemands en Grèce, voir aussi la D. n° 26 d'Athènes en date du 21 juin 1941 de Gaston Maugras, qui rapporte comment les Allemands essaient de vider de sa substance l'annonce par le Duce d'une occupation de « toute la Grèce, Athènes comprise » (discours du 10 juin) en prenant des participations dans toute espère d'affaires minières et industrielles, en s'installant à la radio, dans la presse, les écoles, etc., voire en feignant de défendre la souveraineté de l'État grec dont le gouvernement Tsolacoglou, « ainsi ballotté entre l'Allemagne et l'Italie, ne sait plus de quel côté il lui faut faire ses salamalecs » et « à ce régime de servilités alternées », « perd le peu d'autorité qu'il pouvait avoir. » (Guerre 1939-1945, Vichy, Z Europe, Grèce, 394, document non publié).

[3] L'autorité militaire allemande a passé le commandement aux Italiens le 25 juin, mais une autre bataille s'est déroulée au sujet de la monnaie d'occupation (D. n° 31 d'Athènes en date du 29 juin 1941). Louis Keller, consul de France à Salonique, donne des indications pittoresques sur les rapports entre troupes allemandes et italiennes (« mépris haineux des Allemands » contre ironie des Italiens ») avec des causes plus profondes selon ce diplomate : « Par certains côtés l'armée allemande s'est soviétisée ; [...] elle a conscience de représenter un ordre nouveau qu'elle ne croit pas étayer en tenant la masse de ses soldats en tutelle. L'intégration au sein de l'armée des formations de SA rompus à la propagande, a donné à la camaraderie issue des fatigues et des dangers endurés en commun par les officiers et les hommes, un caractère profondément socialiste. / Un exemple souligne ces constatations [...] : lorsqu'au lendemain de l'armistice germano-grec, les troupes allemandes se trouvèrent en contact permanent avec les troupes italiennes, le maréchal von List donna ordre d'observer les règles du salut à l'égard des officiers italiens. Les soldats allemands refusèrent et firent connaître leur refus. Le Maréchal, loin de sévir, en appela à l'arbitrage du Führer qui, en sa qualité de commandant en chef, donna raison à la troupe./ Rien de semblable dans l'armée italienne où sont maintenues la hiérarchie, les différences, parfois même scandaleuses, entre l'habillement et la nourriture des officiers et des hommes, et où s'affirment la volonté de consolider la vieille échelle sociale et la nécessité de ne pas bouleverser l'ordre établi, comme de ne pas faire appel à l'opinion de la masse qui ne désire que la paix./ Portant toutes deux la marque d'un régime autoritaire, les deux armées sont cependant l'une socialiste, l'autre

et l'anomalie de leur présence à Athènes, comment les missions étrangères s'y pourraient-elles maintenir ?

Pourtant il s'avéra bientôt que la diplomatie de Berlin ne se presserait pas de régler le cas nouveau de la Grèce. On gagnerait du temps en attendant les partages militaires de ce pays entre l'Allemagne et l'Italie. On innoverait plus tard quand, après le problème russe, viendrait le moment de traiter le problème méditerranéen.

Le représentant plénipotentiaire qui remplaça le ministre du Reich avait sans doute été instruit d'éluder les considérations et les précédents juridiques. Il répondit et fit répondre évasivement par ses collaborateurs aux interrogations des diplomates concernant leur départ probable et prochain. Ses services prenaient soin d'organiser avec méthode et diligence, dans la médiocre mesure du possible, des facilités pour la vie matérielle des légations. On allégua d'abord qu'il n'y avait pas d'instructions de Berlin, que les moyens de transport faisaient défaut pour quitter la Grèce, puis qu'il fallait attendre qu'à Athènes l'autorité prépondérante fût italienne, ce qui ne se produisit qu'à la fin de juin.

L'attitude des Allemands se précisa ensuite quelque peu. Ils désiraient pour les diplomates neutres le maintien du *statu quo* et s'étonnaient qu'ils voulussent partir. À l'encontre de nos premiers doutes, justifiés, et au cours des entretiens que je n'ai cessé d'avoir depuis quatre mois avec mes collègues allemands, s'est dégagé peu à peu leur souhait de voir la France continuer d'être officiellement représentée à Athènes. En fait, à part les missions hostiles aux puissances de l'Axe, URSS et États-Unis, on opposa des difficultés au départ des autres. Malgré le régime anormal et instable qui prévaut aujourd'hui en Grèce et les conditions d'existence extrêmement pénibles qui y règnent, on peut penser maintenant qu'il y a une volonté préconçue d'y retenir les représentants des États avec lesquels le Reich entend ménager des relations profitables.

Tel n'est pas, peut-être, le point de vue du gouvernement de Rome, à en juger par les indices et les propos que je recueille ici. L'espace vital devrait être exclusif...

Des quinze missions diplomatiques demeurées en Grèce après le 27 avril sept sont parties.

Le premier de tous, le ministre de Belgique apprit, dès le début, par les autorités allemandes qu'il avait trois jours pour quitter Athènes et devait rentrer dans son pays. Le 3 mai il montait dans un camion militaire qui faisait route vers Sofia.

Le 23 mai le ministre d'Espagne se rendait volontairement à Berlin, par avion de la Lufthansa, pour rejoindre Madrid, en laissant sa légation à un chargé d'affaires a.i.

---

aristocratique. Les soldats de la première méprisent la valeur militaire des soldats de la seconde, mais ils sont surtout frappés de l'abaissement où sont maintenus ceux qu'ils englobent sous le nom de '*Dienerschaft*' qui peut se traduire par 'valetaille' ». (D. n° 42 de Salonique en date du 11 juillet 1941, Guerre 1939-1945, Vichy, Z Europe, Grèce, 394).

Le 5 juin c'était le tour du ministre américain appelé à la Maison Blanche. Il gagnait en avion Berlin, où il fut retenu plus de vingt jours, malgré de pressantes démarches, et réussit enfin à atteindre la Suisse par route et, de là, à se rendre, à Lisbonne. Les services américains étaient confiés au premier secrétaire.

Le ministre de Roumanie est parti vers le 15 juin par la voie aérienne, ne laissant derrière lui qu'un secrétaire.

Par route et par train vers Sofia et Istanbul la légation d'Égypte quittait Athènes le 15 juin. Faute de relations diplomatiques avec le Reich elle avait lié son sort à celui des Turcs et partagé avec eux jusqu'à cette date les vicissitudes d'une pénible négociation évoquée plus loin, puis avait finalement obtenu de partir séparément.

Le 16 juin, six jours avant la guerre germano-russe, un convoi automobile emmenait à Sofia les membres des missions diplomatique et consulaire soviétiques, à qui les autorités allemandes avaient enjoint de s'en aller sans délai.

Le 18 juin l'ambassade de Turquie quittait Athènes en voitures pour se rendre à Istanbul. Il y avait un mois et demi que le départ de cette mission était négocié à Berlin. L'ambassadeur, doyen du Corps diplomatique, faute d'obtenir le carburant indispensable, avait fait demander à Ankara, par son collègue en Allemagne, l'envoi d'un navire turc. La radio d'Ankara lui annonçait ensuite que ce bateau quittait Istanbul pour embarquer à Athènes toutes les missions étrangères qui le désiraient. À cette époque les îles de l'Égée face au rivage anatolien venaient d'être occupées par la Wehrmacht. Le navire dut faire demi-tour sur l'injonction des autorités allemandes. Le traité d'amitié et de non-agression entre les deux pays restait pendant. Finalement, l'ambassade turque fut invitée à partir d'Athènes par la route, ce qu'elle fit le jour même de la signature du traité[1].

Le chargé d'affaires d'Argentine avait eu des difficultés à faire passer par les Allemands un télégramme à Buenos-Aires demandant son rappel. Il dut notifier à l'ambassade argentine à Berlin son départ *proprio motu* et obtint des Italiens, entrés à Athènes le 25 juin, des places à bord de l'*Ala Littoria* jusqu'à Rome et Lisbonne.

Le 27 juin les représentants de l'Axe avisaient le chargé d'affaires américain qu'il devait, avec son personnel et son service consulaire, quitter le territoire hellénique avant le 15 juillet. Des pourparlers difficiles eurent alors lieu pour assurer le départ des quelque 200 citoyens américains résidant en Grèce (affaire plus ou moins liée au sort des ressortissants allemands et italiens aux États-Unis). Les fonctionnaires diplomatiques et consulaires du gouvernement de Washington rejoignaient Rome par l'*Ala Littoria* ; le chargé d'affaires en dernier le 14 juillet, confiant à l'ambassadeur du président Roosevelt en Italie la protection des intérêts de son pays en Grèce. La colonie américaine suivait, par la même voie des airs, en juillet et en août. En même temps que rentraient à Lisbonne les consuls des

---

[1] Le 18 juin 1941. Voir document n° 256, note 3.

puissances de l'Axe aux États-Unis, un *steamer* a dû, à la fin de juillet, embarquer en ce port les officiels américains de Grèce.

Accrédité à la fois au Caire et à Athènes, le ministre du Brésil avait reçu du gouvernement fédéral instruction de transférer sa résidence en Égypte. Il a quitté la capitale grecque le 20 août par la route en direction de Sofia, pour se rendre ensuite à Istanbul et, par l'Asie Mineure, au Caire.

Il ne reste donc plus à Athènes comme représentants des États étrangers, non pas auprès d'un gouvernement ignoré, mais en fait auprès des commissaires des puissances occupantes, que huit missions diplomatiques dont le personnel est réduit à l'extrême. Ce sont les ministres de Bulgarie, de Danemark et de Hongrie, les chargés d'affaires d'Espagne, de France, de Roumanie, de Suède (qui vient de fixer sa résidence à Sofia) et de Suisse. Ces quelques diplomates n'ont jusqu'à présent de contacts avec leurs gouvernements respectifs que par l'entremise des autorités allemandes et italiennes, qui acceptent de transmettre de brefs télégrammes en clair, et par les communications postales exclusivement entre la Grèce, l'Allemagne et l'Italie, d'ailleurs intermittentes. Pour leur activité professionnelle et leur existence matérielle ils sont aux prises avec des difficultés croissantes que, dans cette presqu'île bloquée par mer et séparée de l'Europe, faute de charbon et d'essence, les services italiens ne peuvent que très mal résoudre, ce qui complique l'exercice de leurs fonctions. À cet égard, le ministre de Hongrie, qui vient d'être confirmé par son gouvernement, exhale des plaintes auprès des commissaires de l'Axe sur ce qu'on nous demande de faire sans nous en donner les moyens.

Quelque paradoxale que soit leur survie dans ce camp militaire, on doit constater que les légations attardées à Athènes sont – en fonction des rapports entre leurs pays et l'Allemagne – bien vues par les autorités civiles du Reich. Pour sa part, la légation de France entretient avec celles-ci, mieux que des connexions de service, des relations de courtoisie. Il en va de même avec les fonctionnaires italiens. La protection – pour mieux dire la défense – des intérêts français ici justifie cette permanence et nécessite une constante vigilance.

Néanmoins dans une situation aussi précaire il serait hasardeux de se prononcer sur les chances de durée d'un tel résidu diplomatique. Elles dépendent du statut qui sera fait à la Grèce, c'est-à-dire des prochains développements militaires et politiques.

Guerre 1939-1945, Vichy, Z Europe, Grèce, 382 (10GMII/382)

330

NOTE DE LA DIRECTION POLITIQUE

Le Japon et les puissances anglo-saxonnes

N.   *Vichy, 25 août 1941.*

Bien qu'aucune indication n'ait été donnée sur les résultats concrets de l'entrevue entre le président Roosevelt et M. Churchill[1], il ne fait pas de doute que des décisions ont été prises concernant l'attitude des puissances anglo-saxonnes dans le Pacifique.

Si l'Amérique et l'Angleterre avaient pu s'en tenir depuis le début de la guerre à une politique d'attente, sans prendre de mesures précises contre le Japon malgré l'expression publique et fréquemment renouvelée des ambitions nippones, deux événements récemment intervenus obligent maintenant les gouvernements de Londres et de Washington à sortir de leur réserve : c'est le conflit germano-soviétique[2] et la présence des forces militaires japonaises en Indochine[3].

Le conflit germano-soviétique pose un problème essentiel de ravitaillement ; c'est seulement en lui fournissant les armes et les matières premières nécessaires que les puissances anglo-saxonnes peuvent aider l'URSS et permettre à la résistance russe de se prolonger. Les déclarations de M. Roosevelt à ce sujet sont formelles : les États-Unis s'engagent à assurer le ravitaillement de l'URSS[4].

À cet effet, la seule voie commode est celle du Transsibérien. C'est donc par Vladivostok que les fournitures américaines doivent passer.

Mais si l'accès de Vladivostok est libre en droit, puisque le Japon, malgré l'intimité de ses relations avec les puissances de l'Axe, n'a pas rompu avec les Soviets, le gouvernement de Tokyo ne peut, en fait, considérer sans une certaine inquiétude l'organisation effective de ce ravitaillement s'exerçant à travers les eaux japonaises. En revanche, l'Amérique ne peut accepter que

---

[1] Il s'agit de l'entrevue du 14 août 1941 en mer qui donne lieu à la déclaration commune dite de la « Charte de l'Atlantique ». Celle-ci est lue au micro de la *BBC* par M. Attlee, Lord du Sceau Privé et adjoint au Premier ministre, qui indique que le Président américain et le Premier ministre britannique ont « examiné à nouveau tous les problèmes des munitions à livrer suivant les modalités de la loi Prêt et Bail à l'armée américaine et à tous les pays qui luttent pour résister à l'agression », ainsi que du problème des fournitures à livrer à l'URSS, considérant que la « politique de domination militaire et de conquête suivie par le gouvernement hitlérien allemand et les autres gouvernements associés est un danger pour la civilisation mondiale ». Le texte complet de la Charte de l'Atlantique se trouve dans les Papiers 1940, Papiers Rochat, 55, fol. 4-5.

[2] Depuis le 22 juin 1941.

[3] Selon les termes de l'accord franco-japonais signé le 29 juillet 1941. Voir le document n° 306.

[4] Voir le message adressé en commun par Roosevelt et Churchill à Staline et remis à ce dernier le 15 août, par lequel les deux pays s'engagent à fournir « toute l'aide matérielle dont la Russie a un besoin urgent dans sa splendide résistance contre l'agression nazie. » (Note du Bureau d'études en date du 16 août, *in* Guerre 1939-1945, Vichy, Z Europe, URSS, 836, fol. 190-191)

les convois à destination de l'URSS, dont l'avis a été donné il y a déjà plusieurs jours, soient arraisonnés par le Japon.

Et c'est donc sur ce point qu'apparaît la première raison de litige immédiat[1].

La présence des forces japonaises en Indochine constitue d'autre part pour les puissances anglo-saxonnes une menace nouvelle. Cette présence, en effet, ne marque pas seulement une étape possible vers les Indes néerlandaises. Elle peut préparer un développement de l'action japonaise à l'ouest et une mainmise prochaine sur la Thaïlande. Pareil développement permettrait aux Japonais non seulement de menacer Singapour, mais encore et surtout de dominer la route de Birmanie, seule voie de communication possible pour ravitailler la Chine. Or, le ravitaillement de la Chine comme celui de la Russie, rentre dans le programme d'action des puissances anglo-saxonnes[2].

La menace japonaise sur la Thaïlande est donc la seconde raison de litige entre Washington et Tokyo.

Mais si, sur ces deux points, il semble que l'Amérique ne puisse faire aucune concession, on peut au contraire estimer qu'obtenant satisfaction à cet égard, le gouvernement de Washington se montrerait conciliant dans ses relations avec Tokyo.

N'ayant pas intérêt à entrer dans le conflit général et à prendre sans nécessité absolue ce risque immense, le Japon paraît nullement désireux de rompre avec les États-Unis.

Les États-Unis, de leur côté, qui savent que la décision du conflit interviendra non dans le Pacifique mais dans l'Atlantique et sur le continent européen, seraient désireux de réserver pour cette partie du monde toutes leurs possibilités d'action et de ravitaillement.

L'Allemagne ne peut rien ignorer de ces conditions générales. Mais les efforts qu'elle n'a pas du manquer de faire pour entraîner le Japon dans son jeu sont restés sans effet, puisque le Japon n'a pas attaqué la Russie et qu'au

---

[1] La presse japonaise a réagi fortement aux annonces américaines sur l'envoi de bateaux (vers le 20 août) à Vladivostok, « s'indignant de voir l'Amérique fournir de l'essence à des pays qualifiés maintenant d' 'adversaires du Japon' » (*cf.* le T. n°s 917 à 918 de Tokyo en date du 23 août 1941, dans Guerre 1939-1945, Vichy, E Asie, Japon, 337). Selon le conseiller de l'ambassade des États-Unis au Japon, la venue de ces bâtiments soulève « deux principaux problèmes : le premier est d'ordre pratique, les Japonais craignant que le matériel de guerre américain, au lieu d'être expédié sur le front européen, ne reste dans la Province maritime. Le second consiste pour le Japon à ne pas perdre la face car ce matériel est livré par l'Amérique pour être utilisé contre l'Allemagne dont le Japon est 'nominalement' l'allié. M. Dooman croit en effet que l'alliance est finie et que le Japon entend maintenant faire sa politique en Extrême-Orient en toute indépendance et en se débarrassant de tous liens avec l'Europe. » (T. n°s 924 à 926 de Tokyo en date du 26 août, *in* Guerre 1939-1945, Vichy, E Asie, Japon, 336).

[2] Le 12 juillet 1941 (T. n° 137/S de Shanghaï), M. Cosme indiquait que l'ambassadeur des États-Unis avait confirmé l'envoi en Chine d'une centaine d'avions de chasse, essentiellement destinés à la protection de la route de Birmanie. Le 2 août (T. n° 409 de Pékin), il évaluait le matériel arrivé à Singapour à destination de la Chine à 200 avions de chasse et un nombre indéterminé de bombardiers, avec les pilotes (Guerre 1939-1945, Vichy, E Asie, Chine, 100). Le 22 août (T. n°s 470 à 472 de Pékin), il rapportait qu'après « quelque humeur » manifestée par la presse chinoise, la déclaration Roosevelt-Churchill du 14 août, s'ajoutant à l'embargo sur les exportations britanniques et au blocage des avoirs japonais aux États-Unis, en Angleterre et au Canada (26 juillet), avait apaisé les esprits. (même série, Chine, 131). Sur la tension avec les pays anglo-saxons, voir aussi documents n°s 303, 305.

contraire un accord est récemment intervenu au sujet de la frontière mon-golo-mandchoue dont l'agence Domei a pu dire qu'il supprimait un des principaux obstacles à l'amélioration des rapports entre le Japon et l'URSS[1].

Certes, la situation n'est pas encore éclaircie et rien de définitif ne semble avoir été conclu. L'attaché militaire en Chine signale des concentrations de troupes japonaises en Mandchourie qui ne permettent pas d'écarter l'éventualité d'une attaque sur la Province maritime[2].

Mais il est de fait que les jours passent sans qu'aucun incident grave ne se soit produit. Si la presse de Tokyo souligne en termes véhéments l'intérêt que le Japon porte à Vladivostok et le droit du Japon d'exercer un contrôle sur les mers qui l'environnent, aucune déclaration positive n'a été faite à ce sujet par le gouvernement de Tokyo.

Aux termes d'une nouvelle en date de ce jour donnée par Ofi, il semble bien au contraire que le Japon soit enclin à ne pas s'opposer au passage des convois américains. Le fait même que cet acquiescement est considéré comme temporaire prouverait qu'il est déjà acquis. Quant aux compensations réclamées par le Japon en matière de ravitaillement d'essence et de matières premières, on ne voit pas de raisons pour que les États-Unis ne les accueillent pas favorablement. Une fois écarté le danger de guerre dans le Pacifique, ces fournitures pourraient être facilement reprises, puisqu'au contraire l'amélioration des relations nippo-américaines est un gage de l'évolution qui se dessine actuellement à Tokyo pour détacher progressivement le Japon des puissances de l'Axe[3].

La mainmise sur l'Indochine, l'envoi de troupes nombreuses, de bateaux de guerre, d'agents civils, l'organisation de maisons de commerce, de sociétés industrielles, de banques, donnent au Japon des satisfactions suffisantes pour permettre de faire accepter par l'opinion publique l'abandon d'une politique belliqueuse. Malgré leurs déclarations récentes[4], les puissances anglo-saxonnes pourraient acquiescer, au moins tacitement, au développement de cette action japonaise, puisqu'elle s'effectue par voie pacifique et sans recours à la violence.

Guerre 1939-1945, Vichy, E Asie, Japon, 336 (3GMII/336)

---

[1] Déjà manifestée par le pacte de non-agression entre l'URSS et le Japon, signé le 13 avril 1941. Voir document n° 162.

[2] Voir le T. n° 503 de Pékin en date du 29 août 1941 (Guerre 1939-1945, Vichy, E Asie, Chine, 134).

[3] Alors que des négociations se déroulent à Washington entre le gouvernement américain et l'envoyé spécial du gouvernement japonais, l'amiral Nomura. La décision du gouvernement japonais de laisser passer les armes et munitions ainsi que le carburant des États-Unis par Vladivostok serait due à l'attitude très ferme des Américains et à la proposition « d'entrer en négociations avec le Japon au sujet d'un arrangement général en Extrême-Orient », entre autres de servir de médiateurs dans le conflit avec la Chine, une proposition bien accueillie par les milieux politiques et économiques nippons, mais moins bien par les « milieux militaires extrémistes qui tiennent à leur rêve de conquérir la Chine et la domination dans le Pacifique, même au risque d'une guerre avec les États-Unis, la Grande-Bretagne et la Russie. » (Note de Nac du 27 août 1941, in Guerre 1939-1945, Vichy, E Asie, Japon, 336, non publiée).

[4] Allusion au point 2 de la Charte de l'Atlantique par lequel les États-Unis et le Royaume-Uni déclarent qu'« ils ne désirent voir aucun changement territorial qui ne s'accorde pas avec le vœu librement exprimé des peuples intéressés ».

331

M. de Vaux Saint Cyr, Ministre de France à Helsinki,
à l'Amiral Darlan, Vice-Président du Conseil, Ministre de la
Défense nationale, Secrétaire d'État aux Affaires étrangères
et à la Marine.

D. n° 67[1].   *Helsinki, 26 août 1941.*

Le 22 juin au matin, l'armée allemande entrait en Russie et elle empruntait pour une partie de cette attaque le territoire finlandais. Quelle était alors la position officielle du gouvernement finlandais ?

La Finlande en principe maintenait sa neutralité. Mais cette attitude ne trompait personne. On savait que l'armée avait été mobilisée et portée à la frontière, qu'un accord militaire était conclu avec l'Allemagne et l'on se réjouissait de reprendre la Carélie et de battre les Russes, car on ne doutait pas de la victoire[2].

Le 23, le gouvernement finlandais adressait une proclamation au peuple pour lui annoncer que le pays se trouvait dans une « zone de dangers » et pour demander à chacun de faire son devoir. Dans son discours qui avait marqué le début de la guerre, le chancelier Hitler avait dit : « Sur la côte de l'océan Arctique, les guerriers de Narvik se tiennent à côté de nos camarades finlandais. Les divisions allemandes sous le commandement du vainqueur de la Norvège, protègent le territoire finlandais ensemble avec les héros de la liberté finlandaise sous les ordres de leur Maréchal ». L'accord militaire entre l'Allemagne et la Finlande spécifiait sans doute qu'aucune opération militaire de grande envergure n'aurait lieu sur le front finlandais et les troupes finlandaises se contenteraient de retenir devant elles les troupes russes, une vingtaine de divisions, qui leur faisaient face.

Mais le gouvernement finlandais ne tarda pas à sortir de sa neutralité. Quelques bombardements par les avions russes de villages finlandais donnèrent lieu à une première protestation du gouvernement d'Helsinki[3]. Il n'y avait cependant pas encore de rupture entre l'URSS et la Finlande et les trains continuaient à circuler entre Helsinki et Leningrad.

Le 25 juin la Chambre finlandaise se réunit en séance secrète au cours de laquelle le Président du Conseil déclara que le gouvernement, devant les nombreuses agressions des Russes, était décidé à se défendre avec tous les moyens mis à sa disposition. La Chambre l'approuvait à l'unanimité. Le lendemain le Président de la République, dans un discours radiodiffusé, déclarait : « Pendant plusieurs siècles nous avons eu à nous défendre contre nos puissants voisins de l'Est ; nous apercevons enfin la possibilité

---

[1] D. intitulée « Les buts de guerre de la Finlande. »

[2] Voir document n° 299 et notes.

[3] *Ibid.*

de supprimer cette éternelle menace et d'établir pour les générations futures un avenir heureux et pacifique ».

Donc, à la fin de juin, si les buts de guerre contre l'URSS étaient pour les Allemands de prévenir une attaque des bolcheviques contre l'Europe et d'anéantir le communisme, ceux de la Finlande consistaient également dans l'anéantissement du communisme mais aussi dans la création d'un avenir enfin pacifique pour ses enfants.

Mais tout changea avec l'ordre du jour du maréchal Mannerheim du 10 juillet. « Au cours de notre guerre d'indépendance de 1918, a-t-il déclaré, j'ai dit aux Caréliens de Finlande et à ceux de la Carélie orientale que je ne remettrais pas mon épée au fourreau avant que la Finlande et la Carélie orientale ne fussent libres. J'ai prononcé ce serment au nom de l'armée paysanne de Finlande, confiant dans ces hommes courageux et dans ces femmes prêtes au sacrifice. Pendant vingt-trois ans la Carélie orientale a attendu la réalisation de cette promesse : pendant un an et demi la Carélie finlandaise, après la glorieuse guerre de l'hiver, a attendu, déserte, la naissance de ce jour. Combattants de la guerre d'indépendance, hommes glorieux de la guerre hivernale, mes soldats courageux, un jour nouveau se lève, la Carélie se dresse, ses propres bataillons marchent dans vos rangs. La liberté de la Carélie et la Grande Finlande se montre à nous dans le tourbillon des événements de l'histoire mondiale. Que la Providence permette à l'armée finlandaise de remplir la promesse donnée par moi au peuple carélien »[1].

Il n'était donc plus seulement question de se défendre mais de conquérir. Outre la Carélie finlandaise on réclamait maintenant la Carélie orientale, peuplée, il est vrai, de Finnois à l'origine, mais qui n'avait jamais appartenu à la Finlande. C'était à la suite des succès remportés à Salla par les Allemands et à Repola par les Finlandais que le maréchal Mannerheim avait lancé cet ordre du jour, et sans doute à l'instigation de certains de ses généraux qui ne dissimulaient pas leur désir de conquêtes.

Quelques jours plus tard, le ministre des Affaires étrangères m'a assuré que l'impérialisme du Maréchal n'était aucunement partagé par le gouvernement. Quoiqu'il en soit, le Maréchal n'a pas été désavoué et en raison de sa situation politique et militaire il n'aurait pas pu l'être. Bien plus, le 18 juillet, M. Hakkila, président de la Chambre, dans un discours radiodiffusé, a affirmé que la Finlande avait besoin « d'un espace vital et de frontières qui puissent lui assurer la sécurité pour l'avenir ». Il a ajouté que la Finlande devait s'emparer de la Carélie orientale pour se payer ainsi des dommages subis pendant la guerre[2] et que la chute prochaine du régime bolcheviste ne lui permettra pas de réclamer.

Puis une nouvelle évolution se dessina dans l'état d'esprit des hommes politiques finlandais. Depuis quelque temps il n'est plus question de lutte

---

[1] En fait du 11 juillet 1941.

[2] I.e. la Guerre d'Hiver soviéto-finlandaise de décembre 1939-mars 1940. Voir à ce sujet, *DDF (1939-1944)*, 1939 et 1940-1, les nombreux documents des sections sur ce conflit.

contre le bolchevisme, on parle maintenant de combattre la Russie. Ce n'est plus le communiste qui est l'ennemi, mais le Russe lui-même dont il faut affaiblir la puissance afin de pouvoir jouir d'une période de paix aussi longue que possible. Le même état d'esprit règne également en Allemagne où les journaux ont remplacé eux aussi le mot « communiste » par le mot « russe ». En Finlande s'ajoute encore l'obsession d'avoir à se battre plusieurs fois par siècle contre le Russe, communiste ou non, qui représente la puissance d'un État riche en matières premières et en hommes en face d'un pays pauvre et peu peuplé.

Actuellement, après plus de deux mois de guerre, alors que les Finlandais ont repris à peu près la totalité des territoires perdus en mars 1940[1] et qu'ils sont sûrs de la victoire finale, leurs buts de guerre paraissent être les suivants :

1° Retour à la Finlande de la Carélie finlandaise cédée au traité de Moscou.

2° Occupation de la Carélie orientale estimée nécessaire au point de vue racial et économique. À vrai dire sur 90 000 Finnois qui peuplaient cette province en 1920, il n'en reste plus guère que 15 000, les autres ayant été évacués de force en Russie centrale ou en Sibérie.

3° Fixation d'une frontière courte et facilement défendable. Son tracé suivrait apparemment une ligne qui, du sud de Viipuri, couperait le Ladoga, emprunterait la rive ouest du lac Onega et la série des lacs situés plus au nord pour aboutir à la mer Blanche. Elle engloberait ainsi la presqu'île de Kola que les Allemands, en raison de ses richesses, placeraient peut-être sous un régime spécial.

Les choses restant en état, la Finlande ne pourrait obtenir ces avantages qu'à la suite d'une victoire allemande. Mais d'autre part, le côté économique joue en sens inverse. En effet 85 % de l'exportation finlandaise se compose de produits du bois et de ses dérivés. Or cette exportation ne peut se faire que vers la Grande-Bretagne, car l'Allemagne maintenant déjà, et davantage encore si elle est victorieuse des Russes et si elle obtient en Russie du bois à bon marché, ne pourra acheter à la Finlande tout le bois qui se dirigeait autrefois vers l'Angleterre, ni surtout le payer aussi cher. Les Allemands ont déjà fait comprendre aux Finlandais que leur exportation de bois les intéressait fort peu. Or pour vivre et se relever de ses ruines, la Finlande sera obligée de vendre beaucoup de bois. En cas de victoire totale allemande à qui le livrera-t-elle ? En 1918, la Finlande a conquis son indépendance complète grâce à une suite de circonstances providentielles pour elle : victoire sur les Russes et victoire des Anglais sur les Allemands[2]. Tous les antagonistes puissants et voisins étant

---

[1] Voir *DDF (1939-1944)*, 1940-1, documents n⁰ˢ 141, 158, 183.

[2] Proclamée en janvier 1918, l'indépendance de la Finlande ne fut finalement reconnue par Moscou qu'à l'issue d'une guerre civile soutenue par l'Armée rouge, par le traité de Tartu du 14 octobre 1920.

successivement éliminés, la Finlande est sortie victorieuse et indépendante de la lutte générale[1].

On peut se demander si cette fois-ci le sort lui sera aussi favorable.

Guerre 1939-1945, Vichy, Z Europe, Finlande, 892 (10GMII/892)

332

M. Guerlet, Ministre de France à Stockholm,
    à l'Amiral Darlan, Vice-Président du Conseil, Ministre de la
    Défense nationale, Secrétaire d'État aux Affaires étrangères
    et à la Marine.

D. n° 103[2].   *Stockholm, 27 août 1941.*

Confidentiel.

La résistance de l'armée russe a surpris l'opinion publique suédoise, comme elle a surpris celle de bien d'autres pays[3]. À part quelques personnes particulièrement bien informées, les Suédois pensaient que l'armée allemande aurait vite fait de désorganiser la défense soviétique, en provoquant un effondrement du front intérieur. Actuellement, ils ne doutent pas que le Reich devra faire face à une dure campagne d'hiver sans avoir peut-être réussi à s'assurer de sérieux avantages d'ordre économique ; le problème des communications dans un pays dévasté et dépourvu de routes, celui du ravitaillement de l'armée et des populations viendront encore compliquer la tâche écrasante qui incombe au gouvernement allemand après la conquête de la plus grande partie de l'Europe.

Mais du moment que le danger communiste paraît écarté pour longtemps, les Suédois ne souhaitent nullement un effondrement de la Russie, qui aiderait l'Allemagne nationale-socialiste à dominer tout le continent. Dans un article récent, la *Frankfurter Zeitung* reconnaissait elle-même que la « Suède avait peur de l'hégémonie allemande » et qu'en Finlande même, une telle crainte subsistait au moment où les armées allemande et finlandaise luttaient côte à côte. De tout temps, la Suède a souhaité l'équilibre des forces du slavisme et du germanisme. Aujourd'hui elle ne se sent pas moins menacée par l'Allemagne d'Hitler que par la Russie de Staline et, si les deux dictateurs devaient eux-mêmes figurer parmi les victimes de la catastrophe qu'ils ont déchaînée sur l'Europe, cela ne serait pas pour déplaire à la grande majorité des Suédois.

---

[1] Rappelons que le maréchal Mannerheim, ancien officier de l'armée tsariste, y joua un rôle clé.

[2] D. intitulée « La Suède et la guerre germano-russe », reçue par la Valise, et portant le tampon « 7 septembre 1941 » (date réception ou enregistrement).

[3] Voir les documents en provenance de divers postes, notamment des pays neutres ou de Wiesbaden, dans Guerre 1939-1945, Vichy, Z Europe, URSS, 836.

Dans ces conditions, il est naturel que le gouvernement de Gustave V poursuive ses efforts en vue de rester à l'écart du conflit. L'aide qu'il prête à la Finlande est presqu'exclusivement d'ordre économique et humanitaire. Le nombre des volontaires qui se sont inscrits pour combattre l'armée russe ne paraît guère dépasser un millier, alors qu'il avait atteint le chiffre de 9 000 en 1939-1940[1]. D'autre part, depuis que le libre passage à travers le territoire national a dû être consenti à une division allemande[2], il ne semble pas que d'autres facilités de même importance aient été accordées à l'Allemagne aux dépens de la neutralité suédoise. On signale, cependant, des passages d'avions à croix gammée, de bateaux de commerce allemands convoyés par des unités de la marine suédoise, des transports de matériel de guerre, etc. Mais tout porte à croire que le gouvernement royal n'en a pas moins opposé une fin de non recevoir à un nombre appréciable de demandes qui lui ont été présentées. Vraisemblablement, les dirigeants de Berlin ont dû se montrer modérés et ils n'ont pas voulu donner à leurs réclamations la forme d'ultimatum, soucieux qu'ils étaient de ménager la Suède pour ne pas s'en faire un nouvel ennemi. Il leur faut, en effet, tenir compte du sentiment de méfiance qu'on éprouve à Stockholm à l'égard d'une Allemagne qui, avant de devenir l'alliée de la Finlande, était depuis plus d'un an l'adversaire de la Norvège et du Danemark dont elle continue à menacer gravement l'indépendance[3].

Tout récemment encore, le ministre de la Défense a jugé utile de proclamer une fois de plus la résolution bien arrêtée du gouvernement de recourir aux armes, si la liberté du pays était mise sérieusement en danger. « Il ne faut jamais se demander, a dit M. Per Sköld, s'il vaut la peine de se défendre et si nous sommes en état de le faire victorieusement. Nous nous défendrons par tous les moyens à notre disposition et nous tiendrons jusqu'au bout, telle est notre décision. Les mesures militaires que nous avons prises, ne serviraient à rien si nous n'étions pas pénétrés de cette volonté de combat et prêts à repousser la force par la force ». De telles paroles peuvent donner à réfléchir à ceux qui seraient tentés de faire violence à un pays qui depuis deux ans ne cesse de perfectionner son armement. Si l'aviation laisse encore

---

[1]   La Suède, comme la Norvège, avaient par ailleurs refusé, au nom de leur neutralité, le transit d'une éventuelle aide des alliés franco-britanniques. Voir *DDF (1939-1944)*, 1940-1, les documents relatifs à la guerre soviéto-finlandaise, notamment nᵒˢ 6, 12, 115, 117, 118.

[2]   Le 25 juin 1941, le Reich demande officiellement que soit laissé le passage à travers le territoire suédois à une division allemande qui devait être transportée de Norvège en Finlande. Cette demande pressante des Allemands était doublée de la même demande de la part de la Finlande à laquelle la Suède pouvait difficilement refuser cet appui, d'autant plus que les Soviétiques n'étaient guère perçus de manière favorable en Suède.

[3]   Le 9 avril 1940, l'Allemagne nazie avait lancé l'opération *Weserübung*, qui comprenait l'invasion de la Norvège et du Danemark, deux pays dont la neutralité avait été réaffirmée au début du conflit. Dans le cas de la Norvège, qui résista pendant deux mois et dont la famille royale et le gouvernement se réfugièrent en Grande-Bretagne, le pays fut occupé et à partir du 25 septembre 1940, le Reich fit de la Norvège un *Reichskommissariat* avec Josef Terboven à sa tête. En revanche, dans le cas du Danemark occupé, mais coopératif, la plupart des institutions nationales continuèrent à fonctionner plus ou moins normalement jusqu'au 29 août 1943. Cependant cette occupation menaçait en permanence la souveraineté danoise. Voir *DDF (1939-1944)*, 1940-1, les documents de la section II-B, « L'affrontement entre les Alliés et le Reich en Scandinavie-Le fer suédois, la ruée allemande en Norvège et au Danemark et l'échec de la réplique des Alliés ».

beaucoup à désirer, malgré les fournitures de l'industrie italienne, l'armée et la marine représentent une force avec laquelle il faut tout de même compter en dépit du tempérament assez peu guerrier de la nation suédoise.

Il est vrai que tous les Suédois ne sont pas également résolus à pousser, le cas échéant, la résistance à l'extrême : si le peuple et la petite bourgeoisie sont généralement partisans de la fermeté, certains hommes d'affaires, certains membres de l'aristocratie et une partie de l'armée sont moins défavorables à l'Allemagne hitlérienne et, par suite, plus enclins à la conciliation. Quoiqu'ayant fort peu de sympathie pour l'hitlérisme, le Roi lui-même userait de son autorité dans le sens de la modération et cela lui a valu tout récemment un témoignage de satisfaction, quelque peu compromettant, de la part de l'officieux *Völkische Beobachter*[1] qui le louait d'avoir différé d'opinion avec plusieurs de ses ministres, quand il s'est agi de laisser passer la division allemande, en juin dernier. Rien ne dit que Gustave V, qui est un souverain respectueux de la Constitution, mérite d'être mis ainsi en opposition avec le gouvernement responsable, mais il est pourtant assez vraisemblable que son grand âge le porte tout naturellement vers les concessions nécessaires au maintien de la paix.

Quant à présent, le calme paraît régner en Suède. Les quelques actes de sabotage qui se sont produits ces temps derniers sont invoqués par une minorité en faveur de l'interdiction du Parti communiste, mesure qui donnerait satisfaction à l'Allemagne, mais la complicité du Parti n'ayant pas été jusqu'à présent établie, le gouvernement ne paraît pas disposé à proposer au Parlement l'adoption d'une mesure aussi radicale. Bien qu'on en éprouve quelque dépit à Berlin, il ne semble pas que les relations germano-suédoises soient de nature à inspirer, pour le moment, de l'inquiétude. Tant que la guerre durera, les Suédois resteront pourtant exposés aux dangers les plus divers et celui d'être incorporés contre leur gré à l'ordre nouveau hitlérien n'est certes pas le moins redouté.

Guerre 1939-1945, Vichy, Z Europe, Suède, 719 (10GMII/719)

---

[1] Organe officiel du Parti national-socialiste, et donc porte-parole officieux du gouvernement nazi.

333

M. Louis Keller, Consul de France à Salonique,
À L'Amiral Darlan, Vice-Président du Conseil, Ministre de la
Défense nationale, Secrétaire d'État aux Affaires étrangères
et à la Marine.

D. n° 61[1].   *Salonique, 28 août 1941.*

La correspondance de ce consulat a signalé à plusieurs reprises au mois de juillet dernier que, dans les milieux d'officiers allemands, l'éventualité de l'entrée, de gré ou de force, des troupes allemandes en Turquie, était considérée, même après la signature du pacte germano-turc, comme très probable.

Les opérations entreprises par les Anglais et les Russes en Iran ont confirmé cette opinion[2].

Le commandement allemand prend actuellement des dispositions qui prouvent qu'il admet la possibilité de bombardements de Salonique, éloigné pourtant de près de 800 kilomètres des bases russes et de 1 400 km de Chypre. Le black-out, qui n'était plus guère observé, a été remis en vigueur le 25 août et la consigne est strictement observée par les Allemands eux-mêmes. Des abris sont remis en état, de nouveaux abris sont construits. Il semble que l'autorité militaire allemande admette la possibilité du rapprochement de Salonique des bases aériennes des adversaires du Reich.

Guerre 1939-1945, Vichy, E Levant, Turquie, 124 (4GMII/124)

---

[1] D. intitulée « Éventualité d'une action allemande en Turquie », portant le tampon « 29 septembre 1941 » (date réception ou enregistrement) et la mention : « Communiqué aux Légations d'Athènes et de Sofia ».

[2] Après avoir remis, le 17 août 1941, deux notes analogues demandant l'expulsion des Allemands avant le 15 septembre et la notification au plus tard le 21 de la mesure prise à ce sujet par le gouvernement iranien (T. n° 154 de Téhéran en date du 18 août 1941), les gouvernements anglais et soviétique ont aussi demandé le transit de matériel par le Transiranien, la défense des régions pétrolifères par les Anglais, le passage éventuel des troupes d'Irak par l'Azerbaïdjan iranien vers le Caucase (T. n°s 159 à 160 de Téhéran en date du 23 août), avant que de procéder à l'occupation conjointe de l'Iran, les Soviétiques au Nord, les Anglais au Sud (Note du Directeur politique en date du 25 août). La nouvelle produit en Turquie « un véritable malaise » (T. n° 15 de Zongouldak, en date du 28 août 1941), tandis que la presse allemande s'inquiète des évènements, comme le détaille le service de presse de la Délégation française auprès de la Commission d'armistice de Wiesbaden, dans sa note n° 816 du même jour (28 août 1941). Tous ces documents *in* Guerre 1939-1945, Vichy, E Asie, Iran, 288.

334

Note de la Délégation française
auprès de la Commission d'armistice allemande
(Affaires étrangères)

Impressions au jour le jour

N.   *Wiesbaden, 29 août 1941.*

Après un an de séjour en Allemagne, on ne peut manquer d'être frappé de certains changements intervenus, ces temps derniers, dans la vie quotidienne.

La circulation des automobiles a été sensiblement réduite. Les lignes d'autocars ont été supprimées en grand nombre[1]. La fréquence des autobus a diminué. Leur circulation le dimanche matin est complètement suspendue ; elle est très espacée durant le reste de la journée[2]. Les automobiles militaires, qui consommaient sans compter, sont maintenant soumises, sur les routes et dans les villes, à des contrôles sévères ; elles ne sont plus autorisées à effectuer que des déplacements de service. Les seules voitures civiles qui continuent de circuler sont celles des médecins, des hauts fonctionnaires et des camionnettes d'usage commercial. Les journaux ont expliqué ces restrictions, en insistant sur le devoir du public de s'imposer quelques privations au moment où les combattants de la Wehrmacht écrivent de leur sang les pages d'une épopée sans précédent.

La mobilisation qui, même au plus fort de la campagne de France, avait épargné certaines professions, vient de se généraliser. De nombreux magasins ont fermé pour « appel sous les drapeaux ». Le recours aux femmes et aux jeunes garçons de 14 à 17 ans s'accentue. Il se répand en particulier dans l'administration des Postes et dans celle des Chemins de Fer. Une des surprises que l'on éprouvait en arrivant, il y a un an, en Allemagne était de croiser dans la rue tant de civils en âge de porter les armes. On est encore loin, à la vérité, d'une mobilisation aussi radicale qu'en 1918, mais l'Allemagne en prend peu à peu le chemin.

Le problème déjà si ardu de la main-d'œuvre s'en trouve compliqué. Le gouvernement allemand vient de conclure des accords avec l'Espagne et la Roumanie pour que ces États lui envoient des travailleurs. Les ouvriers manquent non seulement dans les usines, mais à la campagne. Les pluies persistantes de ces dernières semaines ont gâté les récoltes déjà coupées et en gerbes, qu'il était impossible de rentrer assez rapidement. Le gauleiter de Hesse a dû diffuser un appel demandant à tous les hommes et femmes valides de prêter aux paysans leur concours. De nombreux prisonniers français ont été de nouveau répartis dans les fermes. Les rapports des

---

[1] *Note du document :* Cf. avis parus dans le *Nassauer Volksblatt* durant le mois de juillet.

[2] *Note du document :* Cf. *Frankfurter Zeitung* du 24 août.

paysans avec ces prisonniers sont particulièrement cordiaux. La propagande a jugé nécessaire d'insister sur le châtiment exemplaire dont a été l'objet à Bad Homburg une femme qui entretenait avec un prisonnier français des rapports trop étroits[1]. « C'est un bon gars, me disait l'autre jour un paysan rencontré sur son champ en me parlant de son prisonnier : il me rappelle mon fils. Nous nous entendons bien ». Le prisonnier français confirmait ces paroles.

La multiplication de la main-d'œuvre étrangère pose, pour un État raciste, une question angoissante. Tandis que les jeunes générations allemandes montent la garde du Cap Nord à Hendaye, de Brest à Tobrouk, ou sont lancées contre les « hordes » soviétiques, un nombre croissant d'étrangers prend leur place à l'établi, à la charrue, à l'usine. Le manque de bras va-t-il inciter le Reich à employer le million de bolcheviks déjà faits prisonniers ? Les nécessités économiques l'emporteront-elles sur les craintes de contagion politique ? Sans doute s'attachera-t-on à utiliser cette main-d'œuvre principalement dans l'Est, dans le Wartheland ou dans le Gouvernement général. On préférera envoyer plutôt dans l'ancienne Allemagne des prisonniers polonais. À l'égard de ceux-ci des mesures draconiennes ont été prises, pour les empêcher de se mêler à la population. Comme aux Juifs, le port d'un insigne distinctif leur a été imposé : un P violet sur fond jaune[2].

Il y a trois mois, les uniformes allemands les plus divers donnaient à la rue un aspect bigarré : fantassins, chasseurs alpins, troupes d'Afrique, équipages de chars. Les seuls uniformes qui subsistent aujourd'hui sont, en dehors de ceux de quelques vieux réservistes et des membres du service civil, les uniformes de l'aviation. Le nombre s'en est même accru, surtout parmi les hommes qui portent au col l'écusson rouge de la DCA ou l'écusson brun des services de renseignements et de transmissions. La jeune classe qui remplissait les casernes et que l'on rencontrait en manœuvre dans les bois est partie vers l'Est.

Les mesures de défense aérienne ont été renforcées. De nouveaux avis ont été distribués à la population. Les marchands de meubles exposent en devanture des chaises longues pour abri[3]. Les magasins à prix unique ont ouvert des comptoirs de pliants pour nuits d'alerte. On s'attend à une intensification de la guerre aérienne avec l'accroissement de la longueur des nuits.

Le ravitaillement des magasins, tout en restant dans l'ensemble assez satisfaisant, tend manifestement à devenir plus difficile. Beaucoup d'articles d'usage courant commencent à manquer. Derrière les vitrines disposées pour la montre, les comptoirs se vident. Cette valise que vous admirez n'est pas à vendre ; cette clef anglaise n'est qu'un modèle ; cette corde, ces filins ne se fabriquent plus. C'est que les stocks s'épuisent et que la production pour les besoins civils est en grande partie suspendue.

---

[1] *Note du document* : *Nassauer Volksblatt* du 27 août.

[2] *Note du document* : *Cf.* Note de presse n° 811 du 25 août.

[3] *Note du document* : Une abondante réclame paraît également à ce sujet dans les journaux.

Du point de vue alimentaire, une réglementation stricte et bien organisée maintient un approvisionnement sensiblement normal ; les cartes sont suffisantes ; les tickets sont toujours honorés. En ce qui concerne les corps gras et la charcuterie, les rations sont même abondantes. Les légumes et les fruits sont les produits dont le manque sur le marché se fait le plus vivement sentir. Soucieuses d'empêcher l'arrachage prématuré des pommes de terre, les autorités en interdisent actuellement ou en restreignent sévèrement la vente aux consommateurs : on ne s'en procure qu'avec les plus grandes difficultés.

Certes, les conditions de vie restent, en Allemagne, infiniment plus aisées qu'en France ou dans les pays occupés. Deux remarques s'imposent cependant. Il est essentiel pour le gouvernement du Reich de maintenir élevé le niveau de vie de la population. Sa propagande a affirmé bien haut que les victoires militaires devaient faire sortir le peuple allemand de la misère dans laquelle les anciens alliés prétendaient le maintenir. Il n'épargnera aucun effort et ne reculera devant aucune mesure pour que le militaire et le civil allemands soient satisfaits de leur ration quotidienne. L'exploitation des pays occupés sera poussée, sur ce point, aussi loin qu'il sera nécessaire. Les restrictions imposées aux masses allemandes, si elles sont beaucoup moins vives que celles dont souffre actuellement le peuple français, durent, d'autre part, depuis plusieurs années et sont supportées plus malaisément. Cette observation joue particulièrement dans le domaine vestimentaire : là où le public français vit sur ses réserves, le public allemand est dans la gêne.

Il faut voir chaque semaine les actualités cinématographiques pour se rendre compte de l'effort prodigieux fourni par le Reich dans sa campagne de Russie. Les journaux affirment, depuis longtemps déjà, que l'aviation soviétique a été anéantie, que les tanks russes ont été détruits, que les lignes fortifiées ont été forcées. Mais le soin apporté par les unités de chars et d'artillerie à se camoufler, l'établissement sur tous les points sensibles du front de puissantes batteries de DCA prouvent que les aviateurs russes sont encore des ennemis avec lesquels il faut compter. Chaque film d'actualités présente d'ailleurs des engagements aériens sur le front oriental. Les communiqués annoncent enfin journellement la prise de nouveaux ouvrages, de nouveaux retranchements, de nouveaux « bunkers ». En soulignant le danger que l'armement russe faisant courir à l'Europe civilisée, les éditorialistes avouent leur étonnement devant ces réserves inépuisables de tanks et cette disposition en profondeur d'une multitude de lignes de défense et de points d'appui.

Parmi les services allemands auxquels incombe à l'Est la tâche la plus lourde, il convient de citer les bataillons de pionniers. La *Gazette de la Bourse* a récemment exposé l'œuvre gigantesque dont ils sont chargés. Il leur faut non seulement rétablir les lignes atteintes par les bombardements aériens, mais ramener à l'écartement normal les voies russes, dont le matériel a été emmené ou détruit par les Soviets. Cette besogne doit être réalisée en un temps record, afin de soulager au plus vite un trafic routier déficient et trop coûteux en essence.

Les opérations de Russie sont, en effet, le triomphe de la motorisation, comme elles le sont de la tactique qui a valu leurs succès aux armées du chancelier Hitler. « À l'Est, ont écrit les journaux allemands, le camion et le tank sont rois. Les distances et l'espace ne comptent plus. Le précédent napoléonien a perdu toute signification ». Certes, la tactique préconisée il y a dix ans par le général Guderian, suivant des principes aussi révolution-naires que le parurent jadis ceux de Frédéric et de Napoléon, a trouvé, dans les étendues immenses de l'Est, sa pleine application. Aux unités de chars sont confiées les manœuvres successives d'encerclement qui doivent aboutir à la mise hors de combat des armées ennemies. Grâce à l'utilisation de radeaux pneumatiques et au transport rapide de bateaux d'aluminium, l'obstacle des fleuves russes peut être surmonté. L'organisation et la marche des unités blindées ont atteint une perfection que nos techniciens n'avaient pu concevoir. Mais pareille méthode de guerre implique la consommation de quantités incalculables d'essence. Dans ce domaine, commence à se poser pour le Reich un problème pressant qui pourra, au cours de l'hiver, l'inciter dans le Proche-Orient à de nouvelles entreprises.

L'usure du matériel sur les routes défoncées amène les autorités alle-mandes à rechercher dans les pays occupés tous les camions utilisables. Une production réduite ne suffit plus à assurer le remplacement. Après l'achat de 13 000, puis de 4 000 camions de nos parcs, le Reich vient de nous imposer la cession de 100 autobus de la STCRP[1]. Pour alléger les trans-ports routiers, en développant les transports maritimes, il voudrait nous louer les navires immobilisés dans nos ports méditerranéens et nord-afri-cains. Tout refus, toute résistance à leurs demandes paraissent intolérables aux dirigeants hitlériens. Le Dr Michel indiquait, au cours de récents entretiens tenus à Paris, que le Chancelier ne pouvait accepter que restent inemployées en Europe des ressources qui pouvaient être utiles à la pour-suite de la guerre. M. Hitler et ses collaborateurs sont convaincus de la mission qui leur est dévolue de sauver le monde du bolchevisme et de la démocratie. Ils feront le salut de l'Europe, au besoin malgré elle.

Cependant les relations de l'Allemagne avec le monde extérieur se res-treignent peu à peu. Le Reich ne veut plus conserver dans les pays qui lui sont soumis d'observateurs indiscrets. Il a expulsé de Paris les diplomates étrangers qui y étaient restés. Il n'accepte plus en France occupée d'autres consulats que ceux situés dans la capitale. Il suspend l'activité des consulats monégasques. À l'intérieur même de l'Allemagne, après avoir expulsé les consuls américains, il vient d'ordonner la fermeture des consulats cubains et mexicains. Progressivement s'élève entre l'Allemagne et le Nouveau Monde la muraille qui, à partir de 1917, les a séparés. L'atmosphère alle-mande s'alourdit.

Papiers 1940, Papiers Arnal, 51 (382QO/51)

---

[1] STCRP : Société de Transports en Commun de la Région Parisienne.

335

M. Guerlet, Ministre de France à Stockholm,
à l'Amiral Darlan, Vice-Président du Conseil, Ministre de la
Défense nationale, Secrétaire d'État aux Affaires étrangères
et à la Marine.

T. n°s 479 à 480.　　　　　　　*Stockholm, 31 août 1941, 14 h. 20.*

Confidentiel.　　　　　　　　　(*Reçu* : le 31, à 18 h. 30)

J'ai eu l'occasion de m'entretenir avec une haute personnalité finlandaise du démenti donné le 29 août au *Social-Democraten* par la légation finlandaise, concernant l'information lancée par la *New York Post* et suivant laquelle le gouvernement finlandais aurait approché M. Roosevelt en vue de conclure la paix avec les Soviets.

Il ressort de cette conversation au cours de laquelle j'ai perçu un sentiment d'amertume chez mon interlocuteur, que les Finlandais se rendent bien compte que la paix avec la Russie est malheureusement impossible, ne serait-ce que parce que les Allemands occupent leur pays. Mais ils n'en ont pas moins le vif désir de mettre fin *de facto* aux hostilités dès la reprise des territoires perdus l'année dernière. Ils ne se sentent nullement tenus de poursuivre une guerre qui vraisemblablement n'aurait jamais été nécessaire si M. Hitler n'avait lui-même attiré les armées soviétiques en Finlande[1].

Je crois savoir que les Hongrois, qui n'auraient engagé contre les Russes qu'une soixantaine de mille hommes (dont un petit nombre en première ligne), seraient peu s'en faut dans le même état d'esprit et sans doute aussi les Roumains sans parler des Italiens (mon télégramme 487)[2].

Ainsi donc M. Hitler est en sérieuses difficultés non seulement avec les peuples qu'il opprime, mais avec ceux qu'il a entraînés à ses côtés dans sa prétendue croisade contre le communisme.

Guerre 1939-1945, Vichy, Z Europe, Finlande, 892 (10GMII/892)

---

[1] Allusion aux clauses du protocole secret du pacte germano-soviétique d'août 1939.

[2] T. de Stockholm reçu le 31 août : d'après les renseignements concordants, les milieux financiers et industriels italiens, se rendant compte de la situation critique où se trouve leur pays du fait de la prolongation de la guerre, considéreraient de plus en plus la conclusion d'une paix séparée comme une nécessité. À cet effet, ils songeraient à provoquer au sein du Parti fasciste une révolution qui écarterait M. Mussolini du pouvoir. Les rapports entre Allemands et Italiens ne feraient d'ailleurs qu'empirer (résumé *in* Guerre 1939-1945, Vichy, C État français, 47).

336

M. Blondel, Ministre de France à Sofia,
À l'Amiral Darlan, Vice-Président du Conseil, Ministre de la
Défense nationale, Secrétaire d'État aux Affaires étrangères
et à la Marine.

T. nos 597 à 601.   Sofia, 3 septembre 1941 à 21 h.

(Reçu : le 4, 10 h. 30)

La résistance de l'Armée rouge a naturellement exalté l'état d'esprit de la majorité des Bulgares chez qui la gratitude due à l'Allemagne[1] ne l'emporte pas sur la mystique prorusse. Elle a donné naissance ici à une diminution de la germanophilie et elle encourage un mouvement croissant en faveur de Moscou et même du communisme.

À Roustchouk par exemple, la population est persuadée que les bombes soviétiques jetées sur la ville ces temps derniers l'ont été par des avions allemands comme le soutient la légation de l'URSS[2].

Les engins seraient tombés dans les lieux inhabités et aucun n'aurait explosé sur la terre bulgare, alors qu'en face de Roustchouk, l'aviation russe allume de grands incendies sur la rive roumaine.

Des agitations et des actes de sabotage commencent à se manifester de façon clairsemée. Sans doute, une bonne partie des accidents de chemin de fer, qui se multiplient depuis quelques semaines, doivent-ils s'expliquer malgré la tendance officielle à en rejeter la responsabilité sur des malveillances, par l'usure du matériel et le surmenage du personnel. Toutefois, certains attentats sont peu contestables, tel l'incendie à Varna de treize wagons de pétrole en fûts et les attaques fréquentes qui sont dirigées de nuit contre les dépôts de munitions allemandes (d'après les confidences d'une sentinelle autrichienne, certains de ses agresseurs portaient l'uniforme bulgare).

Assurément l'agitation n'a pas pris ici le développement qu'elle acquiert dans les pays voisins. Il n'empêche que les autorités bulgares se montrent assez inquiètes : après les tournées ministérielles en province (mon télé-

---

[1] Allusion à l'attribution de territoires à la Bulgarie par l'Allemagne à la suite de ses victoires dans les Balkans et du dépeçage de la Yougoslavie et de la Grèce. Les Bulgares ont récupéré leurs anciennes provinces de Thrace et de Macédoine ainsi que le district de Niš. Voir documents nos 180, 211, 265. Voir aussi la note no 685 du service de presse de la Délégation française auprès de la Commission allemande d'armistice en date du 10 mai 1941, ainsi que la note du service de presse de la Légation royale de Grèce en France en date du 7 mai 1941, dans Guerre 1939-1945, Vichy, Z Europe, Bulgarie, 194 (non publiée).

[2] Voir par exemple le T. nos 577 à 578 de Sofia en date du 20 août 1941 signalant les « propos aigre-doux entre Sofia et Moscou » à la suite de la chute de plusieurs bombes sur la ville de Choumen » et le démenti « en bloc » des « allégations répétées de l'Agence Tass qui attribue à des avions allemands le bombardement de certaines localités bulgares. La note ajoute qu'une enquête a établi de façon incontestable l'origine soviétique des engins explosifs lancés sur ces villages et que le ministre de Bulgarie à Moscou a reçu en conséquence l'instruction de protester. » (Guerre 1939-1945, Vichy, Z Europe, URSS, 850, document non publié).

gramme n° 584)[1], est survenue la convocation inattendue du Sobranié auquel seront soumis aujourd'hui des projets de loi sur l'augmentation des salaires et sur la répression des menées subversives. Une autre mesure vient d'interdire, sous peine de révocation, aux fonctionnaires nommés dans les territoires occupés toute possibilité de refuser leur changement.

La présence à Sofia du chef de la Marine du Reich et peut-être du maréchal Brauchitsch (M. von Papen de son côté est reparti ce matin), a naturellement accru les appréhensions de la population qui craint vivement de voir éclater bientôt les hostilités du côté turc. Celles-ci ne seront-elles pas le grand événement annoncé par les manchettes des journaux bulgares pour le mois de septembre comme suite à la rencontre Hitler-Mussolini ? (Les attachés naval et militaire du Japon le donnent aussi comme sûr et très prochain). Le peuple y croit. Un général ancien ministre de la Guerre, ne vient-il pas d'adjurer ses compatriotes, dans un quotidien de Sofia, de se préparer, pour éviter la répétition de 1918, à tous les sacrifices que pourra exiger la communauté de destinée qui lie la Bulgarie à l'Allemagne, y compris « la faim et le sang ». La presse accuse l'Angleterre et la Russie de préparer sur la Turquie un coup analogue à celui de l'Iran[2] et annonce pour les jours prochains une crise ministérielle à Ankara. Dans les milieux bulgares les plus raisonnables, on redoute simplement que les Allemands, pour qui des questions d'effectif et peut-être des problèmes plus graves encore commencent à se poser, ne contraignent à se battre quelque part l'armée bulgare encore inutilisée.

Communiqué par le courrier Budapest, Bucarest, Ankara.

Guerre 1939-1945, Vichy, Z Europe, Bulgarie, 190 (10GMII/190)

---

[1] T. n° 584 de Sofia en date du 25 août 1941, par lequel M. Blondel rend compte de son entretien avec le ministre des Affaires étrangères bulgare, en particulier au sujet des relations bulgaro-russes et de l'agacement des Bulgares causé par « l'attitude des Soviets rejetant sur les Allemands la responsabilité d'incidents qui peuvent s'expliquer simplement par des erreurs » : « après tout, on pouvait se demander si la Bulgarie trouvait un réel avantage au maintien de ses relations amicales avec Moscou » : 'Personne ne nous en sait gré ; d'un côté nous nous exposons aux reproches des Allemands, de l'autre c'est M. Eden qui nous menace, M. Churchill qui nous traite de chacals...', poursuit le ministre bulgare, en convenant que ce sont « des raisons intérieures qui avaient commandé cette politique. » (Guerre 1939-1945, Vichy, Z Europe, URSS, 850, non publié).

[2] C.-à-d. l'occupation conjointe de l'Iran le 25 août 1941 par les Soviétiques (au nord) et les Britanniques (au sud). Voir document n° 333, note 2.

337

NOTE DE M. POUSSIER, CONTRÔLEUR CIVIL,
CHEF DE LA RÉGION DE CASABLANCA

Bulletin de renseignements n° 59
Propagande américaine

N.   *Casablanca, 3 septembre 1941.*

Confidentiel.

Depuis le 11 août dernier, le personnel du consulat des États-Unis comprend dix-sept consuls, vice-consuls, attachés ou chanceliers. Il comporte, en outre, une dizaine de secrétaires, interprètes et dactylographes.

Les locaux du consulat ont été considérablement agrandis.

Le consulat dispose de onze voitures de tourisme portant la marque « Consulat d'Amérique ».

Les membres du consulat récemment arrivés, et au nombre de douze, devraient, normalement, étudier les conditions de répartition des marchandises importées, en exécution des récents accords commerciaux[1]. Mais ces marchandises sont, jusqu'ici, relativement peu abondantes et l'activité des vice-consuls déborde largement le cadre des attributions susvisées[2].

Les questions économiques et d'équipement les intéressent certainement. D'autres études plus « techniques » doivent solliciter leur attention, si l'on tient compte de la formation spéciale de certains d'entre eux.

En outre, ils se livrent à un actif travail de propagande.

En milieux européens, rien ne limite leur action à ce sujet, car leur présence est recherchée dans les milieux les plus divers de Casablanca, où certains comptaient déjà des amis personnels. Les vice-consuls participent à de nombreuses réunions mondaines. Ils sont accueillis également dans certains salons de Rabat et de Marrakech. Lors de leurs passages à Casablanca, le conseiller Bob Murphy[3] et le journaliste Mac Garceb sont aussi très souvent invités.

Au cours de ces réunions, les membres du consulat ne sont pas avares de déclarations de principe sur la volonté de l'Amérique d'entrer en guerre contre l'hitlérisme, d'empêcher toute mainmise de l'Allemagne sur

---

[1] Allusion aux accords Murphy-Weygand du 26 février 1941.

[2] De fait, selon le Sous-Secrétaire d'État américain, Welles, « les vice-consuls qui ont été envoyés en Afrique du Nord en lien avec le plan économique ont été dûment instruits d'avoir à rendre compte de toute information qu'ils pourraient obtenir sur les questions politiques dont ils auraient à connaître dans le cours de leurs activités », in *Foreign Relations of the United States, 1941*, Europe II, Mémorandum du chef de la Division du Proche-Orient (Murray) à S. Welles, Washington, 11 juin 1941, p. 315.

[3] Robert Murphy, représentant personnel du président Roosevelt en Afrique du Nord.

le Maroc, etc. À cet égard, le consul Stanton Quincy[1] est particulièrement prodigue d'affirmations confiantes. Cette tendance est critiquée par ses jeunes collègues.

Ces temps derniers, ils ont souligné l'importance de l'occupation de l'Islande par des forces armées américaines[2]. Ces forces seraient bien supérieures aux exigences stratégiques de la défense de l'île. Jointes aux forces anglaises restées en place, elles permettront aux États-Unis de « frapper Hitler vite et fort, quand le moment sera venu ».

Bien que les États-Unis ne nous aient pas, au cours de cette guerre, habitués à tant de rapidité et d'efficacité, ces déclarations ne manquent pas de comporter un effet certain de propagande.

Une autre information donnée était que l'Allemagne exerçait une pression très forte sur Vichy, pour l'amener à défendre Dakar contre une incursion anglaise ou américaine. Or, les dernières informations colportées à Casablanca en provenance d'AOF soulignent l'abondance exceptionnelle des troupes et du matériel, et le moral élevé des unités stationnées, qui se déclarent décidées à défendre Dakar *contre qui que ce soit*[3]. Cette excellente nouvelle permet aux interlocuteurs français de situer la question de Dakar sur son véritable terrain.

Un bruit assez répandu, en milieux européens, jette quelque discrédit sur certains membres du consulat des États-Unis et, en particulier, sur le vice-consul Ernest de Mayer. Il se dit trop qu'ils se livrent au trafic des devises, en utilisant la valise diplomatique.

Le désir du consulat des États-Unis d'exercer une action de propagande en milieux indigènes ne fait aucun doute.

Rien ne permet d'affirmer, toutefois, qu'un réseau de propagande organisée ait été mis sur pied.

Les trois principaux agents du consulat travaillant en milieux indigènes sont :

— Michel el-Khazm, d'origine libanaise, qui exerce depuis 20 ans les fonctions d'interprète du consulat. Il est connu pour sa vénalité ; bien qu'âgé et fatigué, il exerce, grâce à sa connaissance approfondie de Casablanca, une action certaine sur les milieux musulmans locaux.

— Albert Lasry et

— Flora Laredo, israélite, marocaine d'origine ; tous deux de nationalité anglaise et employés au consulat comme secrétaires, qui semblent se livrer à une sérieuse propagande dans les milieux juifs de Casablanca.

La diffusion de cette propagande est favorisée, à Casablanca, par la présence dans cette ville d'une vingtaine de protégés « Semsars » [courtiers] et « Mokhalets » [associés] américains. Au premier rang d'entre eux,

---

[1] Willard Stanton Quincy est le consul des États-Unis à Casablanca depuis 1938.

[2] Les Américains, bien qu'encore formellement neutres, ont pris, en juillet 1941, le relais des troupes britanniques qui se trouvent en Islande depuis mai 1940, après la signature d'un accord de défense islando-américain.

[3] Souligné dans le texte.

figurent les notables : Hadj Abdesselem Ben Djedia et Mohamed Harizi qui, en raison de leur fortune et de leur position sociale reçoivent souvent les consuls et leurs invités.

Ces notables font l'objet d'une surveillance particulière qui a permis d'enregistrer leurs nombreux propos favorables à l'extension de l'influence américaine au Maroc. Il n'en reste pas moins que ces propos et ces réceptions ne présentent, en eux-mêmes, aucun caractère suspect, l'attitude de ces notables ayant été, jusqu'ici, correcte à l'égard de l'autorité française, et leur position actuelle procédant surtout d'un sentiment d'obligations mondaines et de vanité.

Des rumeurs concernant l'organisation d'un réseau d'agents de propagande et d'une liaison secrète avec le Makhzen central n'ont, jusqu'à ce jour, été vérifiées par aucun fait positif malgré d'actives recherches.

Cette organisation est-elle d'ailleurs bien nécessaire ? Il ne le semble pas. La propagande américaine doit, normalement se faire d'elle-même, car elle est le fruit des circonstances, et il en sera ainsi tant que les circonstances actuelles ne changeront pas.

En l'absence d'une élite intellectuelle influente, on peut considérer que la population indigène de la région de Casablanca comporte deux éléments :
— les gros commerçants, qui constituent en quelque sorte la classe dirigeante, et
— la masse des petits commerçants, petits fonctionnaires et fellahs.

Ces deux éléments sont susceptibles d'être touchés par la propagande américaine.

Les gros commerçants ont, de tous temps, subordonné étroitement leur attitude politique à leurs intérêts économiques, leurs chances de gains et leur désir d'échapper au droit commun. D'où l'habitude, chère aux grandes familles de Casablanca, de collectionner les protections étrangères et de mettre l'accent, à chaque moment, sur la protection qui offre le plus d'avantages. Tel est le cas de la famille Yacoubi, dont les quatre fils avaient respectivement reçu la protection française, allemande, espagnole et américaine.

Cette caste de gros commerçants a recherché dès l'arrivée de la Commission allemande d'armistice, à entrer en rapport avec les Allemands, et à en retirer un bénéfice économique. C'est ce qui explique les contacts multiples qu'elle a entretenus avec M. Auer, jusqu'à ce qu'une réaction opportune soit déclenchée.

Dans le même esprit, l'Union coopérative marocaine, créée en février 1941 et groupant des personnalités françaises et marocaines collaborationnistes, avait pour but essentiel de créer un mouvement d'affaires intense avec le Troisième Reich. Or, la carence de l'Allemagne sur le plan politique (la libération d'Abdelaziz El-Yacoubi n'a pas été demandée) et économique (le Reich s'est avéré incapable d'importer au Maroc les marchandises promises) a provoqué dans cette classe des gros commerçants, un revirement progressif. L'arrivée des consuls américains et surtout la conclusion des récents accords commerciaux avec les États-Unis l'ont amenée à rechercher de ce côté des appuis nouveaux et plus efficaces.

C'est ainsi que l'Union coopérative marocaine s'est mise aujourd'hui en instance de participer à l'importation de marchandises américaines et recherche activement les devises ou les marchandises de compensation nécessaires à cet effet.

Dans cette affaire, les Allemands, dont le contact se révèle, par ailleurs, assez dangereux, sont peu à peu oubliés.

Reste la masse. Celle-ci ne se sent attirée par aucune nation étrangère. Son seul désir est de vivre en paix, même sous la tutelle française, à laquelle elle s'est habituée. Cette masse est uniquement préoccupée des difficultés du ravitaillement et certaines pénuries, comme celle des cotonnades, risquent seules, de lasser sa patience. Dès lors, il suffit que les milieux commerciaux de Casablanca répandent l'idée des grandes possibilités d'importation américaine, pour que s'ouvre aux yeux de tous la perspective alléchante d'une corne d'abondance prenant naissance à New York et se déversant intarissablement sur Casablanca.

Une telle perspective peut, après les milieux israélites et musulmans des villes, influencer de proche en proche jusqu'aux fellahs du bled, si la situation actuelle se prolonge. Elle pourrait, si l'on n'y prend garde, peser efficacement dans la balance, si certains événements graves se produisaient.

Bref, les États-Unis sont actuellement, seuls susceptibles d'exercer une propagande efficace en milieux indigènes. C'est, en partie, pour cette raison qu'il convient de régler d'urgence la question de notre ravitaillement en cotonnades.

M. Auer résumait récemment très bien la situation, au cours d'un entretien avec une personnalité marocaine, en disant : « Les Américains, en important au Maroc des marchandises que nous avions promises et que les circonstances ne nous ont pas permis de livrer, ont gagné la première manche ».

C'est à cela que doit méditer tristement Si Abdelaziz El-Yacoubi, qui a perdu la protection américaine après avoir trop fréquenté les Allemands.

Guerre 1939-1945, Délégation générale du gouvernement
en Afrique française, 6

338

M. de La Baume, Ambassadeur de France à Berne,
à l'Amiral Darlan, Vice-Président du Conseil, Ministre de la
Défense nationale, Secrétaire d'État aux Affaires étrangères
et à la Marine.

T. n° 1251.   *Berne, 4 septembre 1941.*

En clair.   *(Reçu[1] : le 7, 3 h.)*

Le développement de la situation politique et militaire est apprécié de la manière suivante dans les milieux de la légation d'Allemagne à Berne :

---

[1] Par courrier.

À la mi-octobre, les troupes du Reich auront achevé de conquérir les régions de l'URSS présentant un intérêt pour l'économie allemande, à savoir la région agricole de Leningrad, les régions industrielles de Moscou, du Dniepr et du Donetz.

Les constatations faites au cours des derniers engagements prouvent que les Russes sont au bout de leurs réserves de matériel. Il a été fait de celles-ci une consommation extraordinaire au point que les bataillons nouvellement mis en ligne ne sont pourvus que de deux mitrailleuses. Rien ne s'oppose plus à ce que la décision soit obtenue dans les six semaines permettant encore des opérations.

L'approche de l'hiver va permettre de libérer de très gros effectifs et de confier la surveillance du front à l'est à des unités très mobiles (chars – unités motorisées sur chenilles – aviation) susceptibles de se déplacer malgré les intempéries et de contrôler avec des effectifs assez réduits des espaces considérables. Le haut-commandement considérerait même comme possibles certaines actions offensives locales malgré la mauvaise saison, étant donné que, derrière le front, les forces russes non détruites ne disposeront que de peu de matériel moderne.

Sur l'éventualité d'une opération dirigée contre la région des pétroles (Iran – Irak) (mes télégrammes nᵒˢ 1215[1] et 1225-1229[2]), les milieux de la

---

[1] Ce T. « confidentiel » nᵒ 1215 a été reçu le 31 août 1941. L'Ambassadeur y donne des informations fournies par le ministre de Bulgarie qui venait de voir celui d'Allemagne : « Les Allemands espèrent parvenir d'ici la fin septembre sur une ligne Leningrad-Moscou-Kharkov où ils marqueront un temps d'arrêt. Ils ne conserveront que 3 millions d'hommes sur ce front stabilisé, en vue de renvoyer à l'intérieur le plus d'hommes possible et disposer d'effectifs pour une opération sur l'Iran et l'Irak. En effet, la région des pétroles devra être atteinte par la mer Noire et le territoire turc. M. Kiosseivanov est convaincu que son pays résistera au passage des troupes allemandes. Il y aurait déjà 250 000 Allemands en Bulgarie. D'autre part, les Allemands ayant évacué la Sicile et n'ayant plus que 30 000 hommes en Cyrénaïque et en Tripolitaine, les Italiens devront se charger seuls de la défense de ces territoires, si les Anglais repartent à leur conquête. Enfin, un effort redoublé sera entrepris en Allemagne pour porter au maximum pendant l'hiver la production des sous-marins et des avions. On serait maintenant résigné en Allemagne à l'idée que la guerre devra se prolonger deux ou trois ans, mais le Reich la portera hors d'Europe, vers l'Égypte et les possessions anglaises d'Afrique. Cependant, les ressources que l'on tirera de Russie vont permettre de redresser dès cet hiver l'économie européenne : les Allemands en escomptent un certain apaisement dans les pays occupés et la possibilité d'organiser l'Europe. » (Guerre 1939-1945, Vichy, Z Europe, Allemagne, 79 ; résumé repris de la série des télégrammes à l'arrivée et au départ, Guerre 1939-1945, Vichy, C État français, 47).

[2] Par ce T. nᵒˢ 1225-1229 « très confidentiel » de Berne reçu le 30 août, l'Ambassadeur rapporte la teneur d'une conversation récente entre le chargé d'affaires américain et un fonctionnaire du bureau Ribbentrop selon laquelle « les rapports franco-allemands étaient maintenant normalisés, les bases d'une collaboration dans le sens de l'organisation nouvelle de l'Europe ayant été arrêtées entre les deux pays. Le Reich n'ayant pas besoin de la France pour la continuation de la guerre, cette collaboration aurait son emploi en Afrique, réservoir de ressources les plus variées.[...] D'autre part, d'après les indications recueillies par l'attaché militaire américain à Berlin, des concentrations de troupes allemandes ont lieu dans le Sud-est européen ; il s'agirait de la préparation d'une campagne en direction de l'Iran et de la région des pétroles, le Reich devant absolument renouveler ses stocks de carburant avant janvier. Les Italiens seraient associés à cette campagne. » Ils seraient 400 000 en Grèce. « La Turquie va être en conséquence l'objet d'une pression de l'Axe, le passage par son territoire étant devenu une nécessité. [...] Enfin, bien qu'un énorme matériel soit stocké à Tobrouk, la question se pose de savoir si les Anglais auront assez de forces disponibles pour reprendre la campagne de Cyrénaïque. » (document non retrouvé, résumé dans la série des télégrammes à l'Arrivée et au Départ, Guerre 1939-1945, Vichy, C État français, 47). Sur le même sujet, voir aussi le document nᵒ 325.

légation demeurent très réservés. On se borne à dire « ce qui ne sera pas atteint dans ce domaine sera à portée de nos avions de bombardement et soumis à des actions de destruction ». On ajoute que la possession de l'Iran ne peut permettre aux Anglo-Saxons de rééquiper la Russie pour une campagne de printemps[1]. Celle-ci a perdu des quantités astronomiques de matériel de tout genre dont le remplacement est impossible dans les mois à venir. Le Transiranien sera un objectif très sensible étant donné ses nombreux ouvrages d'art.

On reconnaît que des moyens importants ont été concentrés en Égypte par les Anglais, mais on ne croit pas qu'ils seront utilisés en direction de la Cyrénaïque et de la Tripolitaine. Le besoin s'en fera plutôt sentir vers le nord (Cette réflexion ne paraît pas exclure l'éventualité d'une opération allemande vers l'Iran et l'Irak malgré le mystère dont on l'entoure).

D'après les indications recueillies dans les mêmes milieux, le projet d'invasion des îles britanniques resterait à l'ordre du jour, contrairement à ce que m'avait dit mon collègue bulgare (mon télégramme n° 1215)[2]. On précise que, pendant l'hiver, « des périodes stables de beau temps » offrent des possibilités climatériques aussi favorables sinon plus que durant l'été. Quand on objecte les difficultés rencontrées lors de la campagne de Crète[3], on répond que pour l'invasion de l'île, « des moyens nouveaux et inattendus » seront employés.

Les questions posées ayant également visé la politique du Japon, nos interlocuteurs ont indiqué que, tout en essayant de régler pacifiquement avec les Anglo-Saxons les questions vitales pour lui, le Japon n'accepterait pas de laisser « complètement » libre le trafic américain par Vladivostok[4]. Il ne pouvait ignorer qu'il serait la première victime d'un renforcement de la puissance militaire russe en Extrême-Orient. Il y avait une nuance entre « laisser passer quelques convois » et permettre la réalisation d'un programme complet de réarmement.

Comme terme de la guerre, c'est l'automne de 1942 qui est envisagé, après la liquidation de la campagne de Russie, et celle de la résistance anglaise « dans la Méditerranée et dans l'Île ». L'hiver 1941-1942 sera dur pour toute l'Europe, mais en 1942, une amélioration sera déjà sensible grâce à l'exploitation rationnelle des ressources de la Russie (voir mon télégramme 1215)[5].

Guerre 1939-1945, Vichy, Z Europe, Allemagne, 79 (10GMII/79)

---

[1] Depuis le 25 août 1941, l'Iran a été occupé conjointement par les Soviétiques (au nord) et les Britanniques (au sud). Voir le document n° 333, note 2.

[2] Voir p. 742, note 1.

[3] La bataille de Crète a eu lieu du 20 mai au 1er juin 1941.

[4] Voir le document n° 330 et notes.

[5] Voir p. 742, note 1.

339

Note de la Direction politique

N.   *Vichy, 4 septembre 1941.*

Une négociation d'importance capitale est actuellement engagée entre le Japon et les États-Unis[1]. Les nouvelles publiées par la presse, les renseignements donnés par M. Arsène-Henry et M. Henry-Haye, les informations recueillies ici auprès des ambassades des États-Unis, du Japon et de Chine concordent sur ce point[2]. Il ne s'agirait pas seulement d'un arrangement temporaire entre Tokyo et Washington à l'effet de gagner du temps et de surseoir à des décisions définitives pouvant entraîner un conflit, mais bien d'un règlement général du problème du Pacifique qui permettrait le rétablissement de rapports normaux entre le Japon et les puissances anglo-saxonnes. Pareil accord ne pourrait être réalisé que si le Japon acceptait de se dissocier de la politique de domination totale préconisée par les puissances de l'Axe afin d'obtenir, sur la base d'ambitions plus limitées, la reconnaissance par les États-Unis et l'Angleterre des droits du Japon à une situation de premier plan dans le Pacifique, sans que cette situation lui confère une hégémonie totale sur la grande Asie orientale.

S'il est à peu près certain que les États-Unis subordonnent leur accord éventuel au maintien de la liberté de communication avec Vladivostok et à l'abandon par le Japon d'une action offensive en Thaïlande, d'autres conditions d'un intérêt moins immédiat mais de portée plus considérable doivent être envisagées à Washington, puisque le terme ultime des négociations en cours serait le règlement du conflit sino-japonais et l'établissement d'un statut territorial et politique en Extrême-Orient.

Or, dans un télégramme en date de ce jour[3], M. Arsène-Henry, rapportant les propos tenus par le conseiller américain à Tokyo qui, de par sa très

---

[1] Voir document n° 330 et notes.

[2] Voir le T. n° 1945 en date du 29 août de Washington, dans lequel M. Henry-Haye indique que la question des envois de matériel de guerre américain à la Russie *via* Vladivostok n'avait pas été abordée lors de la rencontre de la veille entre le président Roosevelt et l'ambassadeur du Japon, porteur d'une note du prince Konoye, en vue d'une « amélioration générale des relations entre les deux pays » : « La radio allemande annonce même qu'un accord nippo-américain aurait été conclu », ce qui apparaît prématuré. À Pékin, « les milieux politiques de Tchoung-King suivent avec inquiétude le développement des pourparlers nippo-américains. Ils craignent en effet que l'Angleterre, dont ils connaissent l'égoïsme, ne pousse le gouvernement de Washington à trouver dans l'affaire chinoise une solution qui laisserait aux Anglo-Saxons une entière liberté d'action dans l'océan Atlantique, et que les frais du compromis qui serait ainsi réalisé ne soient faits par le peuple chinois (T. n° 507 de Cosme en date du 30 août 1941). Le 31 août (T. n° 508) Cosme considère, que malgré des points de vue irréconciliables, « aucune des deux parties ne désire la guerre dont seule l'Allemagne profiterait », d'où la possibilité d'un « *modus vivendi* provisoire en vertu duquel le Japon conserverait ses positions acquises en Extrême-Orient tandis que les États-Unis ravitailleraient l'URSS par Vladivostok et le Golfe persique en même temps qu'ils continueraient à apporter leur aide à Tchoung-King, cette aide ne devant pas constituer un élément décisif dans les hostilités sino-japonaises. » (Ces trois documents non publiés dans Guerre 1939-1945-Vichy, E Asie, Japon, 336).

[3] T. n° 946 à 948 de Tokyo en date du 4 septembre 1941 dans Guerre 1939-1945, Vichy, E Asie, Japon, 336 (document non publié).

vieille expérience du Japon, sa connaissance parfaite de la langue et sa situation personnelle est le véritable intermédiaire entre le Gaïmusho et le State Department, indique que le règlement demandé par les États-Unis serait basé sur les quatre principes suivants :

1°) Établissement de relations sur un pied d'égalité entre les États souverains.

2°) Aucun recours à l'agression et à la force.

3°) Réglementation pacifique de tous les litiges.

4°) En matière de commerce, égalité et chances égales pour tous.

M. Dooman aurait précisé que ces principes, selon les vues du gouvernement américain, doivent être appliqués de la même façon pour le règlement de la situation en Chine et en Indochine.

La France se trouve donc avoir un intérêt direct dans la question.

De toutes les indications envoyées récemment par l'amiral Decoux, il résulte que les Japonais, outrepassant les droits déjà très considérables qui leur sont attribués par les accords du 29 juillet, cherchent à étendre leur emprise sur le plan de l'autorité civile et à exercer une action subversive dans les milieux indigènes[1].

D'autre part, l'ambassade des États-Unis à Vichy laisse entendre que si le gouvernement américain avait été directement sollicité par la France au moment où s'est produite la pression japonaise qui a abouti à la conclusion des accords précités, l'action américaine, exercée peu après à l'endroit du Japon, aurait pu se produire plus tôt et mettre certains obstacles aux initiatives japonaises.

---

[1] Voir le texte de l'« Accord relatif à l'arrivée des troupes japonaises dans l'Indochine du Sud » adressé par le T. nos 430 à 442 de Hanoï en date du 19 août (dans Guerre 1939-1945, Vichy, E Asie, Japon, 324), ainsi que la note récapitulative de la Direction politique, « Action japonaise en Indochine » en date du 25 août 1941 au sujet d'un « plan d'ensemble minutieusement établi » pour une mainmise japonaise sur l'Indochine par diverses mesures : aide-mémoire du 22 juillet allant jusqu'à prévoir l'enlèvement des culasses des canons français et l'attaque sans merci de tout avion français en vol, le refus de laisser stationner les bâtiments de guerre français ailleurs que dans les ports de Saïgon, Tourane et Haïphong ; tentative d'étendre l'action japonaise dans le domaine de l'autorité civile avec les bases d'une « politique indigène active qui aurait pour résultat de contrarier l'administration française dans l'exercice normal de son autorité pour arriver finalement à la rendre impuissante et à l'évincer » ; efforts pour établir une liaison étroite entre la *Radio-Saïgon* et la *Japan Broadcasting corporation*, pour prendre en main la direction de l'opinion publique ; demande d'envoi rapide de la mission économique prévue par la convention commerciale du 6 mai 1941 ; refus d'expédition du caoutchouc destiné à la métropole, suspension des envois réciproques de marchandises japonaises à l'Indochine ; tentative d'expulser les consuls chinois, etc. La note conclut que « de fait, malgré les engagements solennels pris par le Japon concernant le respect de la souveraineté française, le gouvernement de Tokyo se trouve actuellement envers l'Indochine dans une situation analogue à celle d'Hitler envers la Tchécoslovaquie après l'accord de Munich. Il estime avoir carte blanche, et s'étonnera de toute résistance à une action qui lui semble implicitement admise par l'adhésion explicite de la France aux textes signés le 29 octobre [*sic* – en fait 29 juillet]. Par ailleurs, les circonstances extérieures ne peuvent que confirmer ces intentions. Alors que le Japon se sent arrêté au nord comme au sud, en Sibérie comme en Thaïlande, par le veto des puissances anglo-saxonnes, c'est en Indochine qu'il pourra s'assouvir et trouver les apaisements nécessaires pour justifier aux yeux d'une opinion publique ombrageuse et surexcitée le détachement qui se dessine à Tokyo à l'égard des puissances de l'Axe et les avantages subséquents d'une politique de compromission. » (Guerre 1939-1945, Vichy, E Asie, Dossiers généraux, 14, document non publié).

Il est facile de répondre, comme il a d'ailleurs été répondu aux diplomates américains qui soutenaient cette thèse[1], que depuis un an la France avait plusieurs fois fait appel aux États-Unis pour les affaires d'Extrême-Orient ; qu'aux mois de juillet et d'août de l'année dernière elle n'avait obtenu aucun appui effectif contre le Japon ; qu'au moment du conflit avec la Thaïlande, les livraisons d'avions et de matériels, indispensables pour poursuivre la résistance, lui avaient été refusées par les autorités américaines ; qu'en la présente occurrence, l'amiral Leahy s'était contenté de donner des conseils de prudence ; et que, dans ces conditions, le gouvernement de Washington serait mal venu à récriminer[2].

Mais, quoi qu'il en soit de ce débat théorique, on peut se demander, en se plaçant sur le terrain des faits, si la France n'aurait pas maintenant avantage à lier le problème de l'Indochine aux autres questions qui peuvent faire l'objet d'un règlement général entre le Japon et les États-Unis.

Dans la conjoncture actuelle, il est clair que l'Allemagne n'interviendra pas dans l'affaire d'Indochine ; que le Japon veut mettre la main sur les territoires de l'Union, sinon de manière directe, du moins en favorisant l'émancipation d'un vaste empire d'Annam, qui englobait le Tonkin et la Cochinchine et serait, à l'exemple du Mandchoukouo, soumis à la tutelle nippone ; que les autorités japonaises agissent dans ce sens avec une hâte inquiétante ; que le Gouvernement général n'a pas de moyens suffisants pour s'opposer à cette action. Une seule possibilité subsiste donc encore pour tenter de préserver l'avenir : c'est le recours à l'Amérique. Il ne semble pas impossible, dans les circonstances présentes, d'intéresser le gouvernement de Washington à la question en partant, d'ailleurs, de l'accord du 29 juillet.

Que le Japon, qui n'a envoyé de troupes en Indochine que pour coopérer à la défense de cette colonie, accepte, dans le cadre d'un règlement d'ensemble, de prévoir le retrait de ces troupes. Cette solution, qui répond aux engagements solennels souscrits par le Japon à l'égard de la France[3], est en

---

[1] Voir par exemple la note adressée le 5 août 1941 à l'ambassade des États-Unis en France rappelant « les conditions générales et les circonstances particulières où la France se trouvait placée ». (Guerre 1939-1945, Vichy, E Asie, Dossiers généraux, 14, document non publié). La note préparatoire en date du 2 août sur les conditions dans lesquelles le gouvernement français a fait appel aux États-Unis lors de la première pression japonaise (juin-août 1940), notamment au moment de l'affaire thaïlandaise, se trouve dans Guerre 1939-1945, Vichy, E Asie, Japon, 326, fol. 94-96). Voir aussi *DDF (1939-1944)*, 1940-2, documents nos 116, 125, 278, 284, 297, 397, 415, 417, 420, 427.

[2] Voir document n° 296, note 4.

[3] La France a obtenu du Japon une déclaration solennelle garantissant l'intégrité territoriale de l'Indochine. Voir les documents relatifs à cette ultime négociation et le texte de l'accord définitif dans Guerre 1939-1945, Vichy, E Asie, Japon, 324. Cependant, une note verbale secrète, en date du 27 juillet 1941, rendant compte de « conversations de diplomates japonais à Vichy », et notamment entre les attachés militaire et naval, laisse peu de doutes sur les sentiments à l'égard de certains des représentants français et des desseins de Tokyo : « Il s'agit de faire 'sauter' Monsieur Arsène-Henry qui n'est pas assez favorable à la 'collaboration' franco-japonaise (telle que le comprend le Japon) ; l'amiral Decoux qui est trop opposé à la 'libération' de l'Indochine. Sa personnalité semble particulièrement gênante pour les Japonais qui considèrent son déplacement comme *indispensable* à la réalisation de leurs desseins ; Monsieur Fain marié à une Anglaise et contre lequel les Japonais manifestent une animosité violente, l'accusant d'être particulièrement anglo-

tous points conforme à la ligne générale de la politique américaine. Au contraire, le maintien prolongé d'une autorité japonaise en Indochine, par la double et constante menace qu'elle constituerait envers la Chine au nord, la Thaïlande et les détroits malais au sud, n'est pas conciliable avec l'établissement d'un équilibre stable en Extrême-Orient. Il serait difficile à M. Roosevelt de ne pas tenir compte d'un argument de cette valeur au moment même où les États-Unis cherchent une solution large et durable pour le problème du Pacifique.

Guerre 1939-1945, Vichy, E Asie, Japon, 336 (3GMII/336)

340

L'Amiral Darlan, Vice-Président du Conseil, Ministre de la Défense nationale, Secrétaire d'État aux Affaires étrangères et à la Marine,
à M. Henry-Haye, Ambassadeur de France à Washington.

T. nos 1938 à 1942.   *Vichy, le 5 septembre 1941*[1].

Secret.

La négociation actuellement engagée entre les États-Unis et le Japon ne semble pas avoir seulement pour objet un arrangement temporaire en vue d'éviter le conflit ou d'en retarder l'échéance. De toutes les informations recueillies à ce sujet, il résulte que le gouvernement américain poursuit un règlement général du problème du Pacifique qui permettrait le rétablissement de rapports normaux entre le Japon et les puissances anglosaxonnes[2]. Pareil accord comporterait évidemment certains sacrifices de la part du Japon sur le plan politique. Mais le gouvernement de Tokyo obtiendrait en échange la reconnaissance par les États-Unis de ses droits à une place de premier plan dans le Pacifique, sans que cette situation lui confère une hégémonie totale sur la Grande Asie orientale.

Le télégramme de M. Arsène-Henry en date du 4 septembre[3] qui vous a été communiqué sous les numéros 1922-1924 indique sur quelles bases pourrait s'établir un accord de cette nature, aboutissant en dernière analyse à la consolidation du statut territorial et politique de l'Extrême-Orient. Dans l'esprit des Américains, ces principes seraient applicables au règlement de la situation en Chine et en Indochine. Nous avons donc un intérêt direct dans la question.

---

phile. [...] Ils mettent en avant qu'ils ne veulent pas occuper l'Indochine. Ils en donnent l'assurance formelle mais avouent vouloir seulement la 'rendre aux Indochinois'. (C'est en somme la manœuvre du Mandchoukouo) ». (Guerre 1939-1945, Vichy, E Asie, Japon, 321)

[1] T. envoyé le 6 septembre, à 15 h. 30, comme l'indique le tampon sur le document.

[2] Voir document n° 339 et notes.

[3] T. envoyé de Tokyo le 4 septembre sous les numéros 946 à 948 (Guerre 1939-1945, Vichy, E Asie, Japon, 336, non publié). Pour l'essentiel du contenu, voir document n° 339.

Vous avez été informé des conditions dans lesquelles j'ai été amené à accepter les demandes présentées par le Japon le 14 juillet dernier concernant l'Indochine. Si les circonstances générales, l'attitude passive adoptée depuis un an par les États-Unis, le manque d'effectifs et de matériel de guerre ne permettaient pas de résister à la pression japonaise[1], deux points ont été toutefois précisés de manière explicite, à savoir :

1°) Que la France acceptait la coopération japonaise en vue d'assurer la défense de l'Indochine contre une agression éventuelle.

2°) Que les droit souverains de la France sur l'Indochine étaient formellement reconnus par le Japon.

Ces deux conditions une fois posées, dès lors qu'interviendrait un règlement général assurant le maintien de la paix en Extrême-Orient et interdisant toute éventualité d'agression, la présence des troupes japonaises en Indochine ne serait plus justifiée. Constituant une menace permanente, au nord, contre la Chine, au sud, contre la Thaïlande et les détroits malais, le maintien prolongé d'une autorité japonaise sur les territoires de l'Union serait difficilement conciliable avec l'établissement d'un équilibre stable en Extrême-Orient.

Si le but poursuivi par les États-Unis est effectivement d'arriver à pareil équilibre, la question de l'Indochine ne peut être traitée par prétérition et le State Department estimera sans doute que les engagements pris par le Japon concernant le respect de la souveraineté française en Indochine et le caractère temporaire du stationnement des troupes japonaises lui fourniraient les éléments nécessaires pour examiner avec le Japon cet aspect du vaste problème actuellement à l'étude.

En vous inspirant de ces considérations, je vous prie de saisir de la question le Département d'État par une démarche de caractère *strictement confidentiel*[2] dont il vous appartient de fixer les conditions. Veuillez me tenir informé des réactions éventuelles.

Guerre 1939-1945, Vichy, E Asie, Japon, 326 (3GMII/326)

---

[1] Sur l'argumentaire français, voir le document n° 318.

[2] Souligné dans le texte.

341

M. Dumesnil de Maricourt, Chargé d'Affaires de France à Athènes, à l'Amiral Darlan, Vice-Président du Conseil, Ministre de la Défense nationale, Secrétaire d'État aux Affaires étrangères et à la Marine.

D. n° 43[1].   Athènes, 8 septembre 1941.

Depuis l'occupation d'Athènes par les forces allemandes le 27 avril dernier et jusqu'à l'entrée officielle des troupes italiennes le 25 juin[2], les missions diplomatiques recouraient à la représentation du Reich en Grèce pour traiter des questions qui, touchant l'exercice normal du droit d'établissement et les activités de leurs institutions et de leurs ressortissants, impliquaient, dans ce pays placé sous un régime militaire exceptionnellement rigoureux, un contrôle ou une décision de la puissance occupante.

La thèse que m'avaient, à plusieurs reprises, indiquée mes collègues allemands était celle-ci : les relations conventionnelles entre la France et la Grèce ne nous regardent pas. Adressez-vous à l'administration hellénique pour tout ce qui concerne l'application de vos accords respectifs, d'ordre économique, culturel, contentieux, etc. Nous n'intervenons que lorsque les intérêts du Reich, la conduite de la guerre ou la sécurité de nos armées sont en jeu. Position assez théorique, il est vrai. D'une part, il ne peut y avoir pour les légations, toutes accréditées auprès du gouvernement royal en exil, que des rapports de fait avec des autorités grecques inconstitutionnelles. D'autre part certaines questions administratives affectant les intérêts des États et des ressortissants étrangers affectaient aussi plus ou moins directement les intérêts politiques ou militaires de l'Allemagne. Cette carence et ces interférences appelaient le plus souvent un recours forcé au pouvoir éminent du Reich en Grèce conquise.

Quoi qu'il en soit – passées les premières semaines, fort difficiles, de l'occupation, à cause de l'attitude de l'armée et de la police allemande – la protection de nos nationaux, de nos institutions et de nos sociétés a pu être assurée, dans la mesure où les circonstances le permettaient, du moins pour ce qui concerne les quelques régions de ce pays avec lesquelles, lentement, nous pouvons communiquer. En effet, les autorités civiles du Reich (services du représentant plénipotentiaire et services économiques de la Kommandantur à Athènes) ont fait preuve de compréhension, voire de diligence, pour régler, en général de façon assez satisfaisante jusqu'à présent, une partie des questions dont cette légation a eu à traiter avec eux.

Je ne cite que pour mémoire les rapports de service, efficients, qui relient nos attachés militaires aux bureaux de l'armée d'occupation.

---

[1] D. intitulée « A.s. nos intérêts en Grèce devant les puissances occupantes » et portant le tampon « 15 septembre 1941 » (date réception ou enregistrement).

[2] Outre les divers documents sur les opérations en Grèce de ce volume, voir le document n° 329.

La légation a pu, sauf de rares incarcérations trop prolongées, faire relâcher les uns après les autres nos compatriotes arrêtés par la Police d'État ou
la Police aux Armées. Elle a obtenu la sauvegarde des immeubles et des
biens français dans la plupart des cas, évité des réquisitions (du moins à
Athènes), en particulier à l'École d'Athènes, à l'Institut d'études françaises
et dans nos collèges. Ces établissements ont fonctionné sans aucune entrave
durant la période scolaire du 10 juin au 15 juillet. La session de notre baccalauréat s'est régulièrement tenue en juin dernier, hormis l'absence forcée de certains candidats de Salonique et d'ailleurs. Avant la rentrée des
classes, le 1er septembre, le plénipotentiaire du Reich a répondu à ma
demande, après en avoir assez expéditivement référé à Berlin, qu'il décli-
nait tout droit de regard dans la question du fonctionnement de nos écoles,
subordonnées au seul agrément du représentant italien. D'autre part, s'ils
ne transitent pas par le territoire germanique, nos compatriotes obtiennent
rapidement le visa allemand pour rentrer en France *via* Serbie et Croatie.
Nous n'avons eu qu'à nous louer des initiatives et de la diligence des services
diplomatiques du Reich à Athènes pour l'organisation du voyage ferroviaire d'un lot de Français de Grèce en instance de rapatriement collectif
(j'en rends compte au Département par dépêche séparée)[1].

De son côté, notre conseiller commercial a pu, grâce à l'esprit réaliste de
ses interlocuteurs, donner, dans des délais rapides, une solution, entre
autres, au problème du transfert en France d'une partie des tabacs entreposés en Grèce par la Régie française et à celui de la production des mines
françaises du Laurium. Le Département en a été informé sous le timbre de
la sous-direction des Relations commerciales[2]. Par ailleurs, maintenant
que, par décision de l'Axe, le clearing italien absorbe tous les clearings de
la Grèce avec l'étranger, sauf avec le Reich, il n'est pas exclu que M. Depret-
Bixio trouve auprès de son collègue allemand quelque appui utile devant
cette grave menace contre notre autonomie dans le domaine des échanges
commerciaux franco-helléniques.

Quant à notre consulat de Salonique, en dépit des sérieuses difficultés
qu'il a éprouvées les premiers temps pour la sauvegarde des droits et intérêts
français (il n'a pu encore libérer de réquisition certaines de nos écoles en
cette ville), il entretient de très bons rapports avec les autorités militaires
du Reich dans cette zone soumise au contrôle exclusif de l'armée d'occupation[3].

Après l'arrivée à Athènes des forces italiennes, une fois arrêté le difficile
départage des attributions entre puissances cooccupantes, les missions
étrangères furent, par le Bureau diplomatique du Reich, invitées à recourir

---

[1] Document non retrouvé.

[2] Document non retrouvé.

[3] Sur les réquisitions de propriétés et d'immeubles français, ou d'établissements d'enseignement
français par les forces d'occupation allemandes à Salonique, voir D. n° 10 en date du 31 mai 1941,
D. n° 11 en date du 18 juin (Guerre 1939-1945, Vichy, Z Europe, Grèce, 402), D. n° 18 en date du
7 août, ainsi que la D. n° 19 sur la demande de levée de la réquisition sur trois immeubles en date
du 28 août 1941 (même série, Grèce, 401)

aux services du nouveau plénipotentiaire fasciste pour toutes les affaires qui ressortaient précédemment à la compétence du premier occupant. Aussi bien Athènes que la majeure partie de la Grèce continentale étaient désormais placées dans la dépendance de Rome.

L'adaptation fut et reste difficile[1]. D'autant plus qu'à l'assurance du vainqueur, à l'habitude d'organiser les pays conquis, à la division du travail, à la célérité et à la méthode germaniques succédaient la surprise, la défiance, l'inexpérience totale, les conflits d'attribution, la procrastination faute de compétence ou par excès de centralisation à Rome, bref un indicible désordre.

Le Dr Altenburg était venu de Berlin avec d'importants pouvoirs du Führer et son droit d'initiative était encore élargi un peu plus tard à l'entrevue de Koenigsberg avec M. de Ribbentrop, qui suivit l'entrée des Italiens à Athènes. Au contraire, M. Ghigi, esprit net et homme de décision pourtant, arrivait de son pays avec instruction d'en référer au Palais Chigi[2], voire au Palais de Venise[3], pour la moindre question. Or les décisions de Rome se font longtemps, trop longtemps, attendre. On y semble débordé par la complexité des affaires balkaniques et méditerranéennes, qui s'enchaînent. L'effondrement en trois semaines de la Yougoslavie et de la Grèce[4] a été trop soudain pour qu'on ait eu le temps de se préparer à organiser le nouvel espace vital et impérial. Quelle que soit, à Athènes, la courtoisie des diplomates fascistes, ils disent naïvement : nous avons à faire un métier impossible pour lequel nous ne sommes pas prêts. On ne saurait plus clairement avouer combien Rome a été surprise par sa conquête de l'Hellade.

À ces explications s'ajoutent les dissensions et les animosités entre vainqueur n° 1 et vainqueur n° 2, le mépris des uns, le ressentiment des autres, et aussi les oppositions constantes entre autorités civiles et militaires italiennes.

Au surplus, le peuple hellénique sous le joug étranger, affamé, souffrant de toutes les souffrances, est incurablement réfractaire. On doit à la vérité de dire que ses conquérants ne sont pas les seuls auteurs de ses maux. Il a toujours été frondeur, ingouvernable, et il a comme le génie de l'imprévoyance et de l'inorganisation. Gobineau, sur le tard, l'avait bien mesuré à son héroïsme déconcertant[5]. Aujourd'hui les Hellènes subissent, sans s'y prêter, la double domination qui les écrase et beaucoup ne vivent que du rêve d'une périlleuse rébellion. Aussi bien, outre les bases stratégiques allemandes, l'Italie en guerre doit, dans ce pays bloqué et stérilisé, immobiliser et entretenir une armée importante. L'insécurité des liaisons maritimes

---

[1] Voir document n° 329.

[2] Le siège du ministère italien des Affaires étrangères.

[3] Le palais de Venise est le quartier général et la résidence de Mussolini à Rome.

[4] La Grèce et la Yougoslavie ont été attaquées le 6 avril par les troupes du Reich qui ont obtenu la capitulation de la Yougoslavie le 17 avril et sont entrées à Athènes le 27 avril.

[5] Joseph Arthur de Gobineau a été ministre de France en Grèce sous Napoléon III (novembre 1864-septembre 1868), d'où il a tiré un ouvrage paru en 1878, *Au royaume des Hellènes*.

dans cet archipel et l'insuffisance des communications terrestres aggravent les difficultés d'administration et de ravitaillement.

On s'explique ainsi que les choses aillent fort mal en Grèce.

Quant aux missions étrangères il est certain que, depuis qu'elles ont changé d'interlocuteurs, elles se heurtent à des carences, à des lenteurs et à des ruses qui vont jusqu'à irriter les Allemands et les amis de l'Axe. Si elle n'est pas systématique, la paralysie des affaires n'en est pas moins évidente.

Pour ce qui concerne les intérêts dont cette légation a la charge, j'ai le devoir de signaler au Département quelques-unes de ces difficultés qu'elle rencontre maintenant.

Depuis le début de l'occupation des îles Ioniennes nous n'avons jamais pu obtenir des autorités italiennes la moindre information sur la situation de notre colonie à Corfou, l'expulsion de notre consul, l'état du collège français et de ses religieuses, les biens de la Compagnie Air-France.

Les demandes de sauvegarde des propriétés de l'École française d'Athènes dans la capitale et dans nos différents centres archéologiques en Grèce n'ont pas – contrairement aux bons procédés des autorités allemandes – fait l'objet d'une réponse nette et définitive.

Notre attaché de l'Air a rendu compte à son Département des différends qu'il a eus maintes fois avec les services militaires italiens pour le préavis de survol de la péninsule par nos avions revenant de Syrie et de Grèce, et pour la question des prisonniers britanniques faits par notre Armée du Levant et retenus arbitrairement dans le Dodécanèse.

Je suis intervenu auprès du plénipotentiaire, M. Ghigi, afin d'obtenir quelques produits alimentaires de première nécessité pour nos colonies de Syra, de Tinos et de Naxos, qui souffrent très durement de la disette. Il a courtoisement envoyé cette requête à Rome, d'où elle devait être transmise à Rhodes. Sans résultat encore...

Ce n'est qu'après de longs délais que nous obtenons de Rome les visas italiens pour nos nationaux qui, individuellement, rentrent en France par l'*Ala Littoria*. Quant au rapatriement collectif des quelque trente à quarante Français que cette légation avait l'assurance de pouvoir faire partir d'Athènes vers le 15 août, elle n'a pas encore, depuis plus d'un mois qu'il est sollicité, obtenu le visa collectif de transit. Les formalités allemandes avaient été rapidement accomplies et le wagon réservé à cette fin par les autorités militaires du Reich attend toujours à Athènes un départ continuellement différé. J'aurai prochainement l'honneur d'envoyer au Département un rapport à ce sujet.

Plus préoccupante encore est la question du fonctionnement de nos écoles en Grèce occupée par les Italiens. Dans les îles, la famine empêche les élèves d'aller en classe. Pour nos cinq établissements religieux d'Athènes et du Pirée, le plénipotentiaire allemand m'ayant, en temps utile, déclaré que l'affaire ne le concernait plus, mais dépendait de l'agrément italien, j'ai – s'agissant de gymnases grecs avec programmes et professeurs laïcs grecs – signalé à M. Ghigi que ces collèges devaient, comme les autres écoles helléniques, reprendre, le 1er septembre et jusqu'à la fin de décembre, leurs cours de l'année scolaire 1940-1941, interrompus le 15 juillet après avoir normalement fonctionné sous l'occupation allemande. Il ne s'agit donc pas de réouverture des écoles, à proprement parler. Ma demande a aussitôt été, avec les précisions qui l'accompagnaient, transmise à Rome, en même temps qu'on me donnait l'assurance confidentielle qu'elle recevrait un accueil favorable à très bref délai. Le 1er septembre étant passé, sans réponse de Rome, le Délégué Apostolique lui-même fit, à mon insu, une démarche pressante dans le même sens. Les promesses n'ayant pas eu d'effet, malgré mes interventions réitérées, j'eus, le 5 septembre, un entretien avec M. Ghigi. Je lui représentais le préjudice considérable subi à cause de ce retard par nos collèges et leurs élèves. Il me répondit, avec quelque embarras, que ni les écoles ni les lycées de l'État italien en Grèce n'avaient encore ré-ouvert leurs classes ; qu'ils étaient, ainsi que certaines écoles grecques, réquisitionnés comme casernes et comme hôpitaux ; qu'il avait, à ce sujet, des tiraillements avec l'armée italienne occupante ; qu'il serait difficile d'autoriser nos établissements à fonctionner avant les siens ; que si la réponse attendue concernait toutes les écoles encore fermées, il faudrait faire « quelques sacrifices » pour que s'harmonisent les droits des uns et des autres. Néanmoins il espérait, sans me le promettre, que les collèges auxquels je m'intéressais feraient, avant le 15 septembre, l'objet d'une décision favorable. Il m'assura, par deux fois, qu'il fallait, dans cet ajournement, ne voir « aucune mesure de caractère national ».

La vérité, semble-t-il, est que l'on voit avec défaveur, à la direction des Écoles du Levant au Palais Chigi, les cinq établissements français d'enseignement secondaire d'Athènes et du Pirée, même s'ils ne fonctionnaient que comme gymnases grecs en raison des circonstances. On prend sans doute ombrage de ce que, malgré quelques réquisitions qui les gênent en partie, ils aient encore assez de locaux disponibles, et surtout assez d'ingéniosité et de vitalité pour résister à toutes les difficultés insignes des temps présents et rendre possible à une fidèle clientèle l'accès d'un enseignement de qualité éprouvée. S'ils n'étaient pas autorisés à reprendre leurs cours le 15 septembre, les directeurs français me disent qu'il serait trop tard pour achever les études de l'année courante. Leurs élèves pressés et leurs professeurs grecs chômeurs seraient dans l'obligation de passer à d'autres gymnases. Nos établissements, ne pouvant plus vivre, devraient alors fermer et les religieux français se faire rapatrier. Est-ce ce que veulent déjà les bureaux italiens ? Quoi qu'il en soit et en mettant les choses au mieux, leurs procédés dilatoires nous font présager de sérieuses difficultés pour la prochaine année scolaire qui débutera le 1er janvier. Il est logique de penser qu'ils se rattachent à un programme d'éviction systématique de notre influence linguistique et intellectuelle en Grèce.

Mes récentes communications télégraphiques faisaient appel au Département sur cette grave affaire.

Comme j'insistais à nouveau et vivement pour que son chef provoquât les instructions du Palais Chigi, le conseiller italien vient de m'assurer que celui-ci avait, par trois fois, demandé une réponse rapide en suggérant que nos écoles fussent autorisées à terminer l'année en cours, sans préjuger de la décision qui serait prise à leur égard pour l'année 1942. La question dépasse la Grèce, a précisé mon interlocuteur ; elle embrasse toutes les écoles « étrangères » dans le nouvel espace italien.

De ce qui précède on peut induire que la consigne provisoirement donnée par Berlin à ses fonctionnaires civils et à ses chefs militaires en Grèce – après en avoir occupé les positions-clefs, tant stratégiques qu'économiques, et l'avoir ainsi vidée de sa substance pour les nécessités immédiates de la guerre – serait de s'en désintéresser pour le restant au maigre profit de l'acolyte italien. Dans ce complexe jeu de la diplomatie allemande il n'y aurait plus guère place pour les quelques rares activités étrangères demeurées ici, en fait les activités françaises surtout. Nos règlements commerciaux avec la Grèce passent sous le contrôle exclusif de Rome, qui absorbe les clearings étrangers en Grèce. L'existence précaire de nos institutions culturelles dépend maintenant des autorités fascistes. À titre expérimental et parce que sans doute il a trop à faire sur le front oriental, le Reich jette du lest en Méditerranée. À son alliée il y laisse les honneurs, une soi-disant compétence et surtout des responsabilités.

Trois Puissances avant la guerre se partageaient en Grèce l'influence politique, économique ou intellectuelle – respectivement l'Angleterre, l'Allemagne et la France. L'Angleterre y est éclipsée, l'Allemagne y dicte sa volonté toute puissante, la France ne peut *aujourd'hui*[1] que payer les frais des concessions provisoires faites par Hitler à Mussolini dans ce secteur européen. Le *quartum gaudens*[2], embusqué et rossé en Albanie, attendait, sans y croire, l'heure de sa revanche. Derrière le conquérant il s'est prudemment glissé en nettoyeur de tranchées. On l'a ensuite placé au premier rang ; il s'est aussitôt arrogé le rôle le plus bruyant dans un espace restreint qu'il appelle maintenant « vital ». Tel est sans doute l'intérêt immédiat de l'Allemagne. Mais les acteurs italiens sont trop fins, trop superstitieux, trop peu sûrs d'eux-mêmes pour ne point craindre un nouveau retour de fortune sur cette terre étrangère qui les exècre. Après la comédie ils redoutent la tragédie – d'où qu'elle vienne.

Guerre 1939-1941, Vichy, Z Europe, Grèce, 394 (10GMII/394)

---

[1] Souligné dans le texte.

[2] « Le quatrième larron » (littéralement « Le joyeux quatrième », ou « le quatrième se réjouissant »).

342

NOTE DE LA RÉSIDENCE GÉNÉRALE AU MAROC[1]

Note sur l'activité du [Service de renseignement allemand] au Maroc

N.   s.l. [Rabat ?], 8 septembre 1941.

Très secret.

1°) Le SR Allemand déploie une activité considérable au Maroc, plusieurs postes y travaillent à la fois (quatre identifiés avec certitude).

Le réseau d'agents couvre tout le Maroc et paraît au point. De l'aveu même du SRA[2], les agents sont nombreux et les renseignements affluent. Dans ces conditions, le SRA s'intéresse médiocrement au recrutement de nouveaux agents au Maroc, préférant beaucoup utiliser le personnel nouveau sur l'AOF et l'Algérie.

L'action du SRA est complétée par celle du SR espagnol lui aussi très actif.

Ces deux organismes ont indiscutablement des liaisons, l'un et l'autre rassembleraient les éléments d'une cinquième colonne (en particulier dans les milieux légionnaires).

2°) En présence de cette activité, l'action de nos services de police peut être qualifiée de nulle. Depuis le mois d'avril, deux arrestations seulement sont effectuées, encore ne s'agit-il que d'agents secondaires. Cependant les officiers de la CAA[3] se livrant à l'espionnage sont identifiés avec certitude ; par ailleurs, des nombreuses indications concernant les suspects ont été communiqués, tant par le BCC[4] que par nos services spéciaux.

3°) À l'apathie de la police correspond la répugnance des autorités du Protectorat à sévir contre ceux qui gravitent autour des Commissions. En 2 mois, du 15 juin au 15 août, le BCC signale *145 personnes*[5] entrées en contact avec la CAA. Huit personnes seulement font l'objet de sanctions. Bien plus, le BMA de Rabat[6] dans son rapport d'août annonce que : « de nombreuses mesures *rapportant les sanctions*[7] prises à l'encontre de Français ou d'étrangers, à la suite de leurs rapports avec les Allemands, ont été prises dans le courant du mois d'août » (rapport joint)[8].

---

[1] L'origine de la note n'est pas spécifiée.

[2] Autrement dit le Service de renseignement allemand.

[3] La Commission allemande d'armistice.

[4] BCC ou Bureau de coordination de Casablanca, organe militaire de renseignement clandestin créé en 1941 au Maroc avec le soutien du général Weygand ; il deviendra en 1942 le Service social de Casablanca.

[5] Souligné dans le texte.

[6] BMA ou Bureau des menées antinationales, bureau militaire de contre-espionnage. L'Afrique du Nord abrite cinq BMA, un par division territoriale.

[7] Souligné dans le texte.

[8] Document non retrouvé.

4°) Dans ces conditions, on comprend qu'Auer[1] puisse déclarer lui-même « qu'il est surchargé par le nombre de ses visiteurs » civils et même militaires ; *des légionnaires sont venus en tenue dans une auto militaire*[2] (rapport 279 du BCC joint)[3].

De pareils faits expliquent la découverte par les Allemands d'un dépôt clandestin à Marrakech.

5°) En ce qui concerne l'action en milieu indigène, il semble qu'elles sont suivies par les Affaires indigènes. Celles-ci gardent un secret jaloux sur ce point et personne ne sait ce qu'elles font (ni le BMA ni la Sécurité).

Les moyens particuliers à la Sécurité sont extrêmement faibles en cette matière. La brigade de Casablanca, chargée de la surveillance des milieux musulmans, comporte trois inspecteurs seulement pour 250 000 indigènes.

6°) Notre situation au Maroc est donc très inquiétante, les manœuvres allemandes s'y développent sans frein sérieux.

Au cas où l'Allemagne ou l'Espagne interviendraient militairement le Bureau MA100/2[4] ne pourrait, dans les circonstances actuelles, garantir la sécurité de l'arrière.

ANNOTATION du Général WEYGAND

MEKNÈS

Deux légionnaires en réunion avec les Allemands – nos policiers entendent baragouiner allemand – ils se retirent.

– Un inspecteur de police venu d'Algérie au Maroc pour suivre le développement d'une affaire d'espionnage n'a reçu aucune aide de la Sécurité du Maroc.

– Un commissaire divisionnaire de la surveillance du territoire (Intérieur) venu en Algérie, s'étonne de la carence totale du Sécurité CST du Maroc[5].

Aucun renseignement n'en vient tandis qu'en France on a des recoupements de l'activité allemande au Maroc.

Guerre 1939-1945, Vichy, Y International, 29 (9GMII/29)

---

[1] Sur Theodor Auer, voir document n° 117, note 2, p. 259.

[2] Souligné dans le texte.

[3] Document non retrouvé.

[4] Le BMA d'Alger.

[5] Le Centre de Sécurité des Télécommunications.

343

Buts de guerre de la Roumanie[1]

N.   *Vichy, 8 septembre 1941.*

Secret.

Sur les instructions de son gouvernement le ministre de Roumanie est venu faire au Directeur politique la déclaration suivante concernant les buts de guerre de la Roumanie : « La Roumanie, a dit M. Hiott, ne revendique aucun territoire situé à l'est du Dniestr. Elle est entrée en guerre contre les Russes avec le double but de libérer les territoires roumains de Bessarabie et de Bukovine[2] et de participer à la lutte contre le bolchevisme. Elle entend fermement garder la Bessarabie et la Bukovine qui font incontestablement partie géographiquement et ethniquement de la Roumanie, mais à l'encontre des Russes, elle n'a pas de prétentions territoriales au-delà. Si elle est amenée à occuper militairement à titre provisoire certains territoires situés à l'est du Dniestr, c'est 1°) pour garder entre ses mains un gage qu'elle pourra monnayer au cours des négociations futures de paix ; 2°) pour assurer aux 170 000 Roumains qui habitent dans ces régions un statut favorable.

Mais, a ajouté M. Hiott, il ne faut pas oublier que du point de vue territorial la question la plus importante pour la Roumanie est celle de la Transylvanie. C'est vers la Transylvanie que restent tournés les regards de tous les Roumains »[3].

J'ai l'honneur de vous faire part de cette déclaration pour votre information personnelle et confidentielle.

M. Hiott a été chargé par le ministre des Affaires étrangères de Roumanie de faire savoir au gouvernement français que le gouvernement roumain était tout disposé à servir de truchement entre Vichy et Berlin au cas où le gouvernement français estimerait utile de faire appel à un intermédiaire pour transmettre à Berlin telle indication ou telle proposition qui paraîtrait opportune. M. Hiott a ajouté que le ministre des Affaires étrangères de Roumanie avait eu l'occasion dernièrement d'exposer à Berlin ces dispositions et le gouvernement du Reich avait paru accepter avec faveur l'éventualité d'une telle entremise.

Le Directeur politique a répondu qu'il prenait note de la déclaration de l'amiral Darlan, en priant le ministre de Roumanie de transmettre à son gouvernement l'expression de la gratitude du gouvernement français pour les sentiments d'amitié qui inspiraient cette déclaration.

Guerre 1939-1945, Vichy, Z Europe, Roumanie 689 (10GMII/689)

---

[1] Annotation marginale manuscrite. Le document comporte plusieurs corrections à la main.

[2] Annexées par l'URSS en juillet 1940. Voir *DDF (1939-1944)*, 1940-1, document n° 437.

[3] Cette partie de la note a été adressée sous le n° 390 à Bucarest le 25 septembre 1941.

344

M. Helleu, Ambassadeur de France à Ankara,
    à l'Amiral Darlan, Vice-Président du Conseil, Ministre de la
    Défense nationale, Secrétaire d'État aux Affaires étrangères
    et à la Marine.

T. n° 35[1].   *Ankara, 10 septembre 1941.*

La guerre germano-russe a été et continue à être suivie en Turquie, tant par les cercles gouvernementaux que par l'opinion publique, avec au moins autant sinon plus d'intérêt que partout ailleurs. Voisine en effet de la Russie en guerre, bordée au sud et à l'est par des territoires occupés maintenant par les forces britanniques, la Turquie sait fort bien qu'elle peut être entraînée dans le conflit par le simple désir du chef d'un des états-majors belligérants s'il est formulé assez énergiquement à son gouvernement.

Lorsque se déclencha l'attaque allemande, peu nombreux ici étaient ceux qui croyaient que l'armée soviétique pût résister au choc des « panzer » germaniques. Les milieux allemands avaient annoncé une guerre-éclair comme le monde n'en avait encore jamais vue et l'on pensait que l'expédition de Russie, comme les précédentes campagnes de la Wehrmacht, se déroulerait exactement suivant les plans prévus par son état-major.

Tous les articles des journaux se prononçaient dans ce sens. Non seulement le *Cumhuriyet*, de tendance plutôt germanophile, écrivait que « les opérations militaires ayant évolué jusqu'ici en faveur des Allemands, il n'y avait aucune raison pour qu'il en fût autrement dans l'avenir » ou annonçait : « la décision d'une des plus grandes batailles de l'histoire humaine interviendra la semaine prochaine et les combats qui se dérouleront ensuite ne seront que des combats de poursuite et d'anéantissement », mais les journaux à tendance neutre donnaient le même son de cloche. « La phase décisive de cette guerre, écrivait le *Son Dakika*, prendra fin dans dix ou quinze jours » et l'*Ikdam* déclarait, sous le titre « L'armée rouge est battue », que seul un miracle pouvait permettre à l'armée soviétique d'arrêter et de battre l'armée allemande ». « L'Armée rouge, ajoutait le journal, est condamnée à la défaite, elle est en train d'être battue et elle sera vaincue ». Même l'anglophile *Ulus*, journal officieux du gouvernement, exprimait ses doutes sur les possibilités de résistance de l'armée soviétique à qui il déniait toute capacité d'organisation et dont il suspectait aussi bien l'esprit patriotique que les ressources en matériel.

Dans les milieux politiques régnait le même état d'esprit et l'on avait très nettement l'impression à ce moment que le gouvernement turc, persuadé qu'une résistance russe serait de courte durée et voyant, par ailleurs, la piètre tenue de l'armée britannique en Syrie, n'opposerait le moment venu aucune résistance à une demande allemande tendant à obtenir le passage

---

[1] D. intitulée : « La Turquie et la guerre germano-russe » et portant le tampon « 29 septembre 1941 » (date réception ou enregistrement).

pour ses troupes à travers l'Anatolie. C'est l'époque où fut signé le pacte de non-agression germano-turc, accord qui fut salué par la presse avec un enthousiasme aussi délirant que conventionnel[1].

À partir du 15 juillet, on commença en général ici à s'étonner de voir l'armée allemande du centre piétiner dans la région de Smolensk. L'ambassade d'Allemagne reconnaissait ouvertement que la résistance était plus sévère qu'on ne l'avait pensé tout d'abord. L'ambassade d'Italie exprimait des sentiments du même ordre.

La presse commença vers cette époque à se montrer plus réservée quant à la rapidité d'une victoire allemande, tout en reconnaissant l'ampleur des succès de la Wehrmacht et en ne sous-estimant pas sa puissance. « Bien que l'on doive admettre, écrivait le *Son Posta*, que la situation évolue en faveur des Allemands, on ne peut nier que l'Armée rouge oppose à l'invasion une forte résistance et un esprit combatif évident ». L'*Ulus* déclarait : « Si les événements de ces trois semaines ont démontré l'erreur de ceux qui n'accordaient qu'une résistance de courte durée aux Soviets, il ne serait pas exact d'en déduire que leurs contradicteurs auront finalement raison. L'organisation militaire allemande est toujours intacte. Et quelles que soient les difficultés qu'ait rencontrées l'état-major allemand, il ne faut pas perdre de vue que ses capacités exceptionnelles lui permettent d'en triompher. Aussi doit-on suivre attentivement l'évolution des opérations qui peut nous apporter chaque jour de nouvelles surprises et s'abstenir de tout jugement ». À la même époque, le *Cumhuriyet* lui-même reconnaissait le ralentissement de l'avance allemande.

Le ton de la presse resta le même jusqu'à l'arrivée des troupes allemandes sur le Dniepr ; mais le fait que l'armée Boudienny n'avait pas été anéantie en Ukraine occidentale l'incita à insister sur les difficultés qui attendaient la Wehrmacht. C'est ainsi que le *Tan* déclarait : « Une décision rapide ne pourra être obtenue sur le front de l'Est et par conséquent la guerre sera de longue durée ». L'*Akcham*, de son côté, écrivait le 21 août : « Les Allemands sont loin d'avoir anéanti l'armée soviétique qui témoigne d'une grande force de résistance, l'établissement d'un front du Caucase est certain ». Quelques jours plus tard, le même journal énumérait complaisamment les difficultés d'une campagne d'hiver en Russie. Le *Vakit* relevait le 24 août que les plans allemands ne s'étaient pas réalisés après deux mois de lutte et le *Yeni Saba*, dans un article intitulé « À la poursuite des illusions », recommandait le 25 août « à ceux qui nourrissaient la conviction que cette offensive serait couronnée d'une victoire foudroyante », de ne pas « se partager la peau de l'ours avant de l'avoir tué ».

Quant à l'*Ulus*, il pouvait donner de nouveau libre cours à ses sentiments anglophiles qui lui firent, malgré la traditionnelle méfiance des Turcs pour leur dangereux voisin du nord, couvrir d'éloges l'armée soviétique. C'est ainsi que le journal officieux écrivait le 20 août : « Quoiqu'on ne puisse actuellement prévoir l'issue de combats qui dureront jusqu'à la venue de l'hiver, l'adaptation de l'état-major russe aux nouvelles méthodes de guerre,

---

[1] Le 18 juin 1941 pour une durée de 10 ans. Voir document n° 256 et note 3.

le courage et le mordant des troupes soviétiques, l'absence de troubles de quelque nature que ce soit à l'arrière du front, l'importance des pertes que l'on suppose avoir été subies par les Allemands, tout cela a eu pour conséquence de modifier l'opinion des observateurs militaires »... La prolongation jusqu'à l'hiver de la campagne de Russie, continue l'*Ulus*, mettra la Grande-Bretagne à l'abri d'une invasion tout en écartant la menace d'une offensive en Afrique et dans le Proche-Orient ; elle lui fournira l'occasion de compléter ses préparatifs militaires ; elle assurera enfin la possibilité d'occuper les armées allemandes en Russie au cours de la troisième année de guerre ».

L'*Akcham* faisait également ressortir les avantages que la résistance russe apportait à la Grande-Bretagne et écrivait le 1er septembre : « L'Angleterre a évité tout danger d'invasion jusqu'à l'année prochaine ». Cette puissance, ainsi que l'Amérique, s'efforcera d'aider la Russie à travers l'Iran pour qu'elle puisse résister aux envahisseurs. Aussi l'Allemagne voit-elle se dresser devant elle les millions d'hommes mobilisés par les Russes, ainsi que l'industrie anglo-américaine... La guerre germano-soviétique permet à l'Angleterre non seulement de garder ses armées intactes, mais de les augmenter, alors qu'elle épuise les forces germano-soviétiques. Elle est une occasion inespérée pour le monde anglo-saxon et qui produira tous ses fruits dans moins d'un an ». Le *Tan*, lui aussi, déclarait : « Il ne paraît guère possible désormais que les Allemands puissent envahir l'Angleterre. Il leur faut concentrer tout leur effort à l'Est. Ils pourraient s'y user au point de ne pouvoir jamais se retourner contre la Grande-Bretagne ; les Anglais et les Américains s'en rendent compte et vont seconder le plus possible les Russes ». Et, ce qui est plus significatif encore, le germanophile *Cumhuriyet* écrivait hier : « Il est très probable que la prolongation de la guerre germano-russe s'opposera à une invasion de l'Angleterre. Ce pays atteindra le printemps dans un état de meilleure préparation qui pourrait lui permettre d'adopter une attitude dominante dans le Moyen-Orient ».

Ainsi qu'on le voit par les extraits ci-dessus, les journaux turcs, tout en reconnaissant que l'Allemagne n'a pas dit son dernier mot, ni en Russie ni ailleurs, estiment que les chances de la Grande-Bretagne se sont accrues par suite de la résistance soviétique. La menace qui pèse sur Leningrad n'a pas modifié cet état d'esprit qui est également celui du gouvernement dont l'influence sur la presse est d'ailleurs considérable. Il est certain que si les Allemands s'étaient déjà trouvés le 29 août à Nijni-Novgorod, à Kazan ou à Batoum, le Président de la République n'aurait pas, ce jour-là, à l'occasion de l'anniversaire de la victoire sur les Grecs, annoncé dans un ordre du jour claironnant à l'armée turque qu'elle pourrait être appelée à combattre « si les efforts du gouvernement pour maintenir la paix n'aboutissaient pas ». Le gouvernement n'aurait sans doute pas non plus fait proclamer à tant de reprises par la presse, au cours de ces dernières semaines, que les Turcs étaient décidés à défendre les Détroits contre toute attaque. Au ministère des Affaires étrangères, d'ailleurs, on ne cache pas que l'on croit l'armée soviétique capable de « tenir » pendant longtemps et l'on pense que les

Britanniques profiteront du répit qui leur est accordé pour améliorer leurs positions, notamment en Afrique du Nord.

Prudemment, le gouvernement du Docteur Refik Saydam n'en continue pas moins à maintenir des rapports aussi bons que possible avec le Reich et l'on accueille en ce moment avec la plus grande amabilité la mission du Docteur Clodius dont on espère tirer des avantages économiques et qui, dans le pays du « *bazarlik* », est d'autant mieux venue que ses offres permettront d'exiger davantage de la Grande-Bretagne. Mais, dans l'ensemble, on peut constater, ainsi que je l'avais signalé par mon télégramme n°s 1530-1531[1], que l'influence britannique s'est nettement accrue ici pendant le cours du mois d'août, que ce soit au point de vue économique ou politique. La meilleure preuve en est que, malgré la très réelle et très profonde réprobation qu'a suscitée l'occupation de l'Iran[2], tant parmi les dirigeants que dans l'opinion publique, la presse ne publie plus d'articles sur cette affaire et se borne à insérer de brefs télégrammes d'agences.

Mais si la balance turque semble pencher lentement du côté britannique, celui qui vaincra dans la steppe pourra en orienter le fléau d'une manière peut-être définitive.

Guerre 1939-1945, Vichy, E Levant, Turquie, 127 (4GMII/127)

345

Note de M. Schweizer-Fourni[3]

Attitude du gouvernement des États-Unis et de l'opinion publique envers la France

N.   *New York, 10 septembre 1941.*

Le gouvernement des États-Unis semble décidé à tout prix à maintenir les relations diplomatiques avec la France, ayant compris que la politique de notre pays ne peut guère être différente, et que les concessions accordées à l'Axe sont faites sous une pression que nous ne pouvons éviter. Toutefois,

---

[1] T. n°s 1530-1531 d'Ankara reçu le 5 septembre à Vichy, signale que M. von Papen a quitté Ankara pour Vienne. Certains disent qu'il ne reviendrait pas, M. Hitler lui reprochant de n'avoir pas consolidé suffisamment la position de l'Allemagne en Turquie. L'influence tant politique qu'économique de l'Angleterre l'emporte désormais. Le Dr Clodius est attendu à Ankara le 6 septembre. Document non retrouvé. Résumé d'après la série des télégrammes à l'arrivée et au départ, Guerre 1939-1945, Vichy, C État Français, 48.

[2] Le 25 août 1941, conjointement par les forces soviétiques (au nord) et britanniques (au sud). Le 27 août, les commentaires de la presse turque à l'occasion de la visite de M. Inonü à la Direction générale aérienne d'Ankara, déplorent cette occupation qui les navre et considèrent l'Iran neutre, « amie » et « sœur » de la Turquie, sacrifiée pour le besoin du ravitaillement russe en matériel militaire par les Américains (Note du centre d'écoute, Papiers 1940, Bureau d'études Chauvel, 43).

[3] Annotation marginale manuscrite : « Voir Défense nationale ».

il estime que les concessions accordées par la France à l'Allemagne n'ont pas entraîné, pour le peuple français, d'avantages correspondants.

La personnalité du Maréchal jouit, aussi bien dans les milieux gouvernementaux que dans l'opinion publique, surtout dans les milieux d'un niveau plus élevé, d'un profond respect.

Par contre, le gouvernement de Vichy est entouré d'un certain mépris, et en particulier l'amiral Darlan est en butte à de nombreuses et très vives attaques qui n'hésitent pas à le dépeindre comme faisant le jeu de l'Allemagne. Il en est de même de MM. Laval, de Brinon, et de toutes les personnalités françaises qui sont en contact plus direct avec les dirigeants allemands.

La politique de « collaboration », dès qu'elle a été annoncée officiellement[1], a soulevé en Amérique une vague de colère contre le gouvernement de Vichy ; cette colère s'est accentuée lorsque la presse américaine a voulu montrer à ses lecteurs que cette politique semblait être acceptée par l'opinion publique française. Il faut toutefois noter depuis un certain temps que ce sujet est beaucoup moins repris par la propagande américaine, et que le peuple commence à croire qu'il s'agit surtout d'une concession de principe faite pour chercher à gagner du temps. Le peuple américain estime d'ailleurs que la résistance russe doit fournir à la France une possibilité nouvelle de redressement dans une politique plus résistante.

La propagande anglaise est extrêmement vive, et toutes les manifestations du général de Gaulle sont largement commentées ; les enrôlements dans son armée d'éléments français sont montés en épingle, et, par ailleurs, une large publicité est donnée aux condamnations prononcées par les tribunaux français contre les officiers ou personnes passés au service gaulliste. Une grande place est donnée par la presse américaine aux articles de Français gaullistes (Bernstein[2] et Ève Curie[3] notamment), dont les articles sont considérés, même par les Américains, comme dépassant toute mesure.

Il est navrant de constater que la propagande française est *absolument inexistante*[4], que personne n'a essayé, en se servant des grands organes de presse américains, de défendre la politique française, d'exposer la politique de notre pays, la nécessité de garder une France unie et de poursuivre son relèvement. Cependant, nous avons la preuve que les grands journaux américains feraient très volontiers paraître des articles destinés à éclairer l'opinion publique américaine. Nous en avons eu la possibilité, mais nous n'avons pu le faire faute de directive.

La représentation officielle française à Washington, ne jouit, dans les principaux milieux américains, notamment commerciaux, financiers et industriels, d'aucun prestige.

---

[1] Lors de l'entrevue de Montoire (entre le maréchal Pétain et Hitler), le 24 octobre 1940.

[2] Henry Bernstein, dramaturge français, exilé aux États-Unis pendant la Deuxième Guerre mondiale.

[3] La fille de Pierre et Marie Curie, sœur d'Irène Joliot-Curie. A rejoint l'Angleterre en juin 1940 et s'est engagée dans la France libre.

[4] Souligné dans le texte.

Le Directeur général d'une des principales administrations américaines, auquel nous indiquions qu'à l'appui d'une démarche faite par nous, nous aurions pu apporter une recommandation de l'ambassade, nous a répondu textuellement : « surtout ne faites pas cela ». Par ailleurs, la presse américaine accuse très nettement les milieux de l'ambassade française d'être un foyer d'espionnage nazi, et récemment, un des plus grands organes américains, le *New York Herald*, a publié des pages entières concernant les soi-disant agissements de membres importants de l'ambassade (colonel Bertrand-Vigne, capitaine Brousse, M. Musa). Ces articles, publiés avec copies de lettres, photographies, etc. en première page, ont eu un retentissement considérable dans l'opinion publique ; des Américains n'ont pas hésité à nous dire, bien que nous sachant français, que l'activité de notre ambassade était inadmissible, et qu'on aurait dû arrêter tous ses membres. Le démenti donné par notre ambassade a d'ailleurs été loin d'avoir le même retentissement que les accusations portées.

Toutefois, il faut reconnaître que la France jouit, en tant que France et non pas en tant que gouvernement de Vichy, d'ardentes et nombreuses sympathies ; ces sympathies se manifestent dans toutes les conversations entre particuliers et, individuellement, les Français sont assurés de trouver, notamment auprès des milieux économiques, toute la compréhension possible ; les Américains sont tout disposés à aider toutes les initiatives françaises qui ne seront pas sous la dépendance officielle du gouvernement. Ces mêmes milieux assurent que toutes ces initiatives seraient appuyées officieusement par le gouvernement américain et, par ailleurs, même bien vues par les autorités anglaises.

C'est en présence de ces dispositions d'esprit que nous avons pu développer, en utilisant toutes les relations que nous possédons dans les milieux commerçants et bancaires américains, l'activité commerciale que nous avions envisagée, et dont nous amenons les résultats.

Guerre 1939-1945, Vichy, B Amérique, États-Unis, 34 (1GMII/34)

346

M. Cosme, Ambassadeur de France en Chine,
à l'Amiral Darlan, Vice-Président du Conseil, Ministre de la
Défense nationale, Secrétaire d'État aux Affaires étrangères
et à la Marine.

T. nos 544 à 546[1].   *Pékin, 13 septembre 1941, 12 h. 20.*

(*Reçu* : le 19, 17 h.)

Je me réfère au télégramme de M. Arsène-Henry 1er de ce mois[2].

C'est dans l'imprévisible que le général Tchang Kai-chek a toujours recherché la solution du conflit sino-japonais. Il avait pensé, au début, que le Japon serait impliqué dans la guerre si celle-ci devait éclater en Europe. Aussi l'appelait-il de ses vœux. La neutralité du Japon l'a déçu. Mais il a trouvé un nouvelle raison d'espérer dans le développement de la politique américaine d'assistance aux démocraties et il semble depuis un an ne vouloir jouer d'autre carte que celle-là.

Il n'est cependant pas de livraison de matériel de guerre, je l'ai bien des fois signalé au Département, qui soit de nature à corriger les déficiences profondes de l'armée chinoise.

Celle-ci n'a ni aviation[3], ni mécaniciens, ni artillerie ; elle n'est faite que de généraux et de *coolies* ; et il faut être ou aveugle ou d'esprit partisan pour supposer qu'elle puisse jamais, quel que soit le matériel dont elle sera dotée, passer à l'offensive et battre les Japonais.

[1] Annotation marginale manuscrite : « Fait lire à M. Fatou, 22.9.41 ».

[2] Faute d'autre précision, on peut penser qu'il s'agit du T. n° 941 de Tokyo arrivé à Vichy le 2 septembre et qui signale l'arrivée prévue, le 3, du premier bateau-citerne apportant du pétrole américain à Vladivostok, lequel devrait être suivi de cinq autres navires à quelques jours d'intervalle. L'ambassade des États-Unis se demande quelle sera la réaction du Japon, qui d'un côté voudrait éviter la guerre, mais de l'autre, serait sans doute désavoué s'il cédait devant cette intervention américaine. Document non retrouvé, résumé d'après la série des Télégrammes à l'arrivée et au départ, Guerre 1939-1945, C État français, 48.

[3] Sur l'aviation chinoise, voir les « Renseignements extraits d'une dépêche de l'attaché de l'Air en date du 4 janvier 1941 » (faisant suite à un autre rapport du 15 octobre 1940 (n° 495/SH)) qui affirme qu'elle « en est à son point le plus bas et pratiquement inexistante » : « Quantitativement, elle doit pouvoir mettre en ligne de 50 à 100 avions de guerre. Qualitativement, elle est également très misérable, car les plus rapides de ses appareils ne dépassent pas la vitesse maxima de 350 kms/heure. Par suite de cette déficience de matériel, le moral du personnel n'est pas fameux. » L'attaché de l'Air souligne que cette aviation de fait pas le poids avec celle du Japon, d'où la mission du général Mao parti pour l'Amérique en octobre 1940 pour y acheter des avions modernes, en compagnie du colonel américain Chennault, directeur de l'école de pilotage de Kunming, et qui aboutirait, d'après la presse de Shanghaï du 31 décembre 1940, à la cession de 400 avions modernes, chiffre sans doute surestimé. Mais des avions russes, commandés il y a fort longtemps, auraient aussi déjà fait leur apparition dans la région de Lanchow. (Guerre 1939-1945, Vichy, E Asie, Chine, 100, document non reproduit). Le 8 septembre 1941, d'après la Note de renseignements n° 93 de l'Amirauté, aucun personnel ou matériel américain ne serait encore arrivé à Tcheng-Tou ou Tchoung-King, les stocks d'essence et d'huile seraient insuffisants et « la fourniture de matériel d'aviation américain, annoncé à grand tam-tam depuis mai, s'est limité jusqu'à présent à quinze avions de chasse *Curtiss*, réservés pour la défense éventuelle de la route de Birmanie. » (Guerre 1939-1945, Vichy, E Asie, Chine, 132)

Cette vérité qui est connue des Américains comme des Japonais me paraît devoir faciliter la négociation actuellement en cours entre Washington et Tokyo[1].

Les Japonais s'ils souhaitent la fin des hostilités se savent en effet inexpugnables sur les terrains qu'ils occupent déjà (...)[2] par la disposition d'un puissant moyen de pression sur les États-Unis. Le gouvernement de Washington ne peut, de son côté, se laisser de gaieté de cœur entraîner dans une dispute qui l'écarterait de l'Europe et le placerait en conflit avec le Japon dans des conditions d'autant plus dangereuses qu'il lui serait difficile de trouver à sa force un point d'application.

Si le Japon et les États-Unis paraissent avoir de sérieuses raisons de s'entendre, on peut se demander :

Si l'Angleterre verrait d'un œil favorable le règlement favorable de l'incident de Chine[3], mon collègue de Grande-Bretagne ne m'a jamais caché que c'était (...)[4] de cet incident asiatique où se trouveraient mêlés les États-Unis que son pays attendait l'entrée du peuple américain dans la guerre européenne. Or, une « *pax americana* » en Asie enlèverait à l'Angleterre ce suprême espoir en même temps qu'elle la déposséderait – il ne faut pas en douter – des privilèges commerciaux dont elle jouit encore en Chine. Quant au peuple chinois, c'est-à-dire au général Tchang Kaï-chek, puisque celui-ci est à lui seul toute la Chine, on peut difficilement concevoir qu'il puisse résister aux propositions qui lui seraient faites d'une paix honorable et que les efforts des États-Unis et du Japon ne soient pas de nature, si jamais ils parvenaient à se conjuguer, à triompher de résistances qu'au dernier moment prétendraient opposer à ces deux grands pays l'orgueil chinois et l'intérêt britannique.

Communiqué Tokyo, Hanoi.

Guerre 1939-1945, Vichy, E Asie, Chine, 134 (3GMII/134)

---

[1] Voir documents nᵒˢ 330, 339, 340.

[2] Lacune de déchiffrement.

[3] C.-à-d. la guerre sino-japonaise commencée après ce que l'on a appelé « l'incident du pont Marco Polo » du 7 juillet 1937 (affrontements entre forces japonaises et chinoises), prétexte à l'agression du Japon contre la Chine le 28 juillet.

[4] Lacune de déchiffrement.

347

M. DE DAMPIERRE, MINISTRE DE FRANCE À BUDAPEST,
À L'AMIRAL DARLAN, VICE-PRÉSIDENT DU CONSEIL, MINISTRE DE LA
DÉFENSE NATIONALE, SECRÉTAIRE D'ÉTAT AUX AFFAIRES ÉTRANGÈRES
ET À LA MARINE.

D. n° 143[1].   Budapest, 13 septembre 1941.

Lorsqu'il y a quelques semaines, M. von Erdmannsdorff, ministre d'Allemagne en Hongrie depuis 1937, fut brusquement remplacé par un nazi de la première heure[2], on put penser à Budapest, comme d'ailleurs on le pensa sans doute à Bucarest et Sofia quand des changements analogues s'y produisirent, que la pression allemande allait s'accentuer.

Les événements de ces derniers jours ont justifié cette crainte. Mes communications des 9, 10, 11 et 12 septembre[3] ont donné au Département les renseignements que j'ai pu obtenir à leur sujet. S'ils se sont révélés exacts, ils sont forcément incomplets car le secret le plus rigoureux a été conservé sur la visite au chancelier Hitler du Régent, du Président du Conseil et du Chef d'état-major[4] et le mutisme des milieux officiels s'est naturellement accompagné des rumeurs les plus fantaisistes et les plus contradictoires.

[1] D. intitulée : « Pressions allemandes sur la Hongrie. Résistance prudente du gouvernement » et dont des copies ont été communiquées aux légations de France à Bucarest et Sofia. Tampon : « 29 septembre 1941 » (date réception ou enregistrement).

[2] Note du document : Voir ma dépêche n° 93 du 7 juillet 1941 [document non retrouvé].

[3] Il s'agit des télégrammes, tous marqués « secret », de Budapest à Vichy, suivants : T. n°s 759-761 (reçu le 10 septembre) : « La pression allemande sur la Hongrie pour l'amener à renforcer son action contre les Soviets s'est accentuée au point qu'il semble bien que le Président du Conseil et le nouveau Chef d'État-major général se soient rendus le 9 auprès d'Hitler. Le gouvernement allemand aurait demandé une mobilisation étendue, permettant la mise à la disposition du commandement du Reich de 70 divisions, en raison des pertes subies en Russie, de la mauvaise qualité des effectifs italiens et de la nécessité de lancer une dernière grande offensive avant l'hiver. Jusqu'à présent, le gouvernement hongrois, et notamment le général Szombathelyi, moins inféodé à l'Axe que son prédécesseur, n'a pas cru devoir céder à cette pression. Mais si les demandes allemandes sont maintenues, il est possible que le gouvernement actuel préfère ne pas prendre la responsabilité des mesures à prendre. » ; T. n°s 763-765 (reçu le 11 septembre) : « Notre ministre confirme la rencontre, le 9, du Régent, du président du Conseil et de M. Hitler, mais celle-ci est tenue rigoureusement secrète. D'après les informateurs les plus modérés, le Reich aurait demandé à la Hongrie 150 000 hommes ; on n'exclut pas à Budapest que l'intention de l'Allemagne serait de les utiliser ultérieurement dans la direction de la Turquie. [...] Il semble que le Régent était décidé, en quittant Budapest, à suivre l'exemple du roi Boris et à ne pas céder ». T. n° 773 (reçu le 12 septembre) : « (D'après des informations recueillies par notre attaché militaire, deux corps d'armée hongrois (80 000 h) seront vraisemblablement mis à la disposition du commandement allemand : on parle, d'autre part, de la relève du corps rapide qui a subi des pertes importantes en hommes et surtout en matériel. La transaction ainsi obtenue paraissant acceptable, le gouvernement hongrois resterait au pouvoir. ». T. n° 775 (reçu le 13 septembre) : « On parle de la mobilisation probable des 1, 2, 3 et 7e corps d'armée. [...] On signale, d'autre part, le passage dans la nuit du 12 au 13 de plusieurs trains de troupes allemandes venant de Vienne et se dirigeant vers le sud-est. » (résumés dans la série des Télégrammes à l'arrivée et au départ, Guerre 1939-1945, Vichy, C État français, 48).

[4] L'amiral Horthy, M. de Bardossy et le chef de l'État-Major général ont rendu visite au Quartier général du Führer sur le front oriental les 8-10 septembre 1941.

On peut, sans risquer de se tromper, affirmer que les prétentions tout d'abord émises par le Reich avaient une telle ampleur qu'une crise gouvernementale put être envisagée, mais ces prétentions allaient-elles, comme certains le croient, jusqu'à la demande d'une mobilisation générale avec mise à la disposition du commandement allemand de 7 ou 8 corps d'armée sur 10 ? Il est difficile de le savoir. Il est également certain que, lors de leur rencontre avec M. Hitler au quartier général du front oriental, l'amiral Horthy et M. de Bardossy ont dû se prêter à une transaction et le chiffre de deux corps d'armée qui a été donné au colonel de Mierry par l'état-major peut sans doute être retenu comme le minimum auquel ils ont dû consentir.

Le message radiodiffusé de M. de Bardossy et les articles qui le commentent, sont caractéristiques à cet égard. On cherche visiblement à réchauffer l'opinion publique pour lui faire admettre une participation plus active à une guerre représentée comme une croisade pour la civilisation chrétienne, croisade dans laquelle la Hongrie se doit de jouer un rôle actif aux côtés de sa grande alliée qu'elle paiera ainsi de la dette de reconnaissance contractée envers elle le jour où certaines des provinces, arrachées par l' « infâme » Traité de Trianon, ont été récupérées[1]. C'est là le thème qu'une presse dirigée livre chaque jour à la méditation de ses lecteurs, en l'accompagnant naturellement de commentaires retentissants sur les victoires allemandes et hongroises en Russie. Le public ne se montre pas entièrement convaincu et si la crainte du bolchevisme pousse un grand nombre de Hongrois à rester partisans d'une politique étroitement liée à celle de Berlin, il existe dans toutes les classes de la société des gens qui commentent sans bienveillance les événements actuels et sont hostiles à un plus grand effort de guerre.

Aux argumentations des journaux, ils répondent : nous ne devons pas gaspiller notre armée dans des régions où nos intérêts ne sont pas directement engagés ; des problèmes se poseront demain pour la Hongrie dont la solution dépendra de sa force : celui de Transylvanie, par exemple, pourra-t-il se résoudre autrement que par les armes ? Et puis, qui nous dit, ajoute-t-on, que les soldats hongrois n'auront pas à constituer un rempart sur les Carpates contre un retour du bolchevisme ?

Car à la base de ces murmures et de ces critiques, se trouvent un manque de foi dans la victoire finale allemande qui va s'accentuant et une désaffection croissante à l'égard de l'Allemagne. Le premier résulte de l'échec infligé aux projets du Reich par la résistance bolchevique, des pertes énormes en hommes et en matériel subies dans les marais et dans les plaines russes par l'armée hitlérienne, de la rébellion plus ou moins ouverte qui existe déjà contre leurs occupants dans certains pays conquis (Belgique, Hollande,

---

[1] Les territoires perdus par la Hongrie au Traité de Trianon (juin 1920) ont été partiellement récupérés lors des deux arbitrages de Vienne en novembre 1938 et septembre 1940 (lisière méridionale de la Slovaquie, dite Haute-Hongrie, et une partie de la Ruthénie subcarpathique, puis l'ensemble de celle-ci ainsi que la moitié nord de la Transylvanie et une lisière orientale de la Slovaquie) ; 2 300 000 Magyars des territoires séparés se retrouvent ainsi au sein de la Hongrie. Voir *DDF (1939-1944)*, 1940-2, documents nᵒˢ 156, 159, 294.

Norvège, Serbie, Grèce) des aveux de certains Allemands eux-mêmes qui ne cachent pas leurs inquiétudes.

D'autre part, parmi les classes dirigeantes de Budapest, comme parmi les soldats revenant du front oriental, on éprouve un réel dégoût pour les massacres d'otages et les exécutions en masse auxquels se livrent, dans les provinces russes occupées, comme d'ailleurs aussi dans les Balkans, les formations nazies. On fait généralement une différence entre l'armée allemande dont on continue à vanter les qualités et les SA ou SS dont la conduite inhumaine, la cruauté et les pillages sont sévèrement jugés. Un état d'esprit se répand, me dit-on, dans les campagnes hongroises qui se traduit par des sentiments de pitié à l'égard du paysan russe et par une antipathie de plus en plus forte à l'égard des Allemands, tenus comme responsables des difficultés économiques croissantes.

Sans doute, celles-ci ne sont-elles pas à comparer jusqu'à présent avec les privations et les restrictions que l'occupation allemande ou la guerre ont amenées dans certains pays, mais on ne cherche pas à comparer : on voit seulement le fait d'un malaise que les Allemands font tout pour aggraver. À leurs yeux, en effet, il est scandaleux que, dans le centre de l'Europe, il existe encore un pays où la vie soit relativement aisée ; ils se montrent, dans leurs conversations, sévères pour les Hongrois dont la fierté nationale, affirmée à tout propos, les impatiente et qu'un officier du Reich qualifiait récemment de « faux héros ». Ils cherchent à pousser la Hongrie de plus en plus dans la guerre et à exploiter chaque jour davantage à leur profit son potentiel économique et militaire. L'opinion hongroise ne l'ignore pas et s'en irrite.

Un mouvement prudent a réussi jusqu'ici à faire la part du feu pour sauver l'essentiel : « Nous ne nous inspirons pas des principes d'un Quisling, mais de ceux d'un Pétain »[1], disait récemment un homme d'État hongrois. L'avenir dira si, cette fois encore, l'amiral Horthy a su obtenir de ses exigeants alliés une solution compatible avec les intérêts et les possibilités du pays. Comme le faisait remarquer un ancien président du Conseil, on ne comprend pas que la puissante armée allemande ait tant besoin de la modeste armée hongroise. Il est certain que, mal entraînée et dotée d'un matériel insuffisant, celle-ci n'apparaît pas comme un appoint bien efficace,

---

[1] Vidklund Quisling, ancien ministre de la Défense nationale de Norvège (mai 1931-février 1933), fondateur du parti du Rassemblement national (Nasjonal Samling) en mai 1933, est le chef du premier gouvernement pro-nazi après l'invasion allemande, pour une très courte période (9-15 avril) ; le roi préfère abdiquer plutôt que de l'investir et il est obligé de démissionner devant la résistance du pays. Voir son portrait dans *DDF (1939-1944)*, 1940-1, document n° 207. M. de Dampierre, alors ministre à Oslo et qui avait suivi le gouvernement norvégien à Molde avec le reste du corps diplomatique, l'avait dans une dépêche en date du 20 avril, envoyée de Otta, décrit de la façon suivante lorsqu'il parle de l'aide fournie aux armées du Reich par les éléments locaux : « le fantoche nommé Quisling, professeur déjà âgé, imbu de germanisme et de racisme » et s'apprêtant « à accueillir les envahisseurs pour jouer, sous leur direction au Führer norvégien. » (Guerre 1939-1945, Vichy, Z Europe, Norvège, 613, document non reproduit). Son parti est néanmoins proclamé parti unique en septembre 1940, lorsqu'il est désigné par les autorités d'occupation comme chef du gouvernement de Norvège (non reconnu par le roi). (Voir *DDF (1939-1944)*, 1940-2, document n° 431 et notes. C'est évidemment un profil idéologique et politique très différent de celui de Philippe Pétain.

mais, au risque de rester seule en ligne, l'arme allemande doit se résigner à la médiocrité de ses alliés. J'ai déjà indiqué que les troupes italiennes avaient été jugées à peu près inutilisables par le commandement allemand du front oriental et avaient été ramenées en troisième ligne[1]. En ce qui concerne les troupes slovaques, on m'a affirmé qu'elles avaient été purement et simplement renvoyées en Slovaquie et cela à travers la Hongrie, ce qui d'ailleurs a fâcheusement impressionné une population sur laquelle pesait la menace d'un effort militaire plus grand. Le Reich fait sans doute d'une participation accrue de la Hongrie une question de principe et il entend l'entraîner à ses côtés, à l'instar de la Roumanie et de la Finlande, dans sa bonne comme dans sa mauvaise fortune. C'est là un honneur dont, tout haut, on se déclare flatté, mais dont on avoue tout bas qu'on se passerait bien.

18 septembre.

P.S. La conversation que j'ai eue ce matin avec le nouveau directeur des Affaires politiques au ministère des Affaires étrangères, précédemment conseiller de la légation de Hongrie à Berlin (voir ma communication de ce jour)[2] m'a permis d'éclaircir les résultats de la visite que le Régent et le Président du Conseil, accompagnés du Chef d'état-major général, ont faite au chancelier Hitler du 8 au 10 septembre. J'en retiens que si, comme le colonel de Mierry l'avait appris, deux nouveaux corps d'armée vont être envoyés sur le front ou à l'arrière du front oriental, ils remplaceront en fait les troupes hongroises qui se trouvent dans ces régions et qui doivent être relevées : le gouvernement du Reich aurait donc insisté plutôt sur la continuation de l'effort militaire hongrois que sur son augmentation. Il aurait tenu d'autre part à l'affirmation renouvelée d'une solidarité morale dont le message radiophonique donné par le Président du Conseil dès le 11 septembre contenait l'écho.

Quoi qu'en ait dit M. de Szent Miklosy, je continue toutefois à penser que le Régent et M. de Bardossy ont dû plaider chaudement la cause de la Hongrie pour amener leurs interlocuteurs à céder sur des prétentions qui ne se bornaient certainement pas, au début, à ces modestes résultats. On agit prudemment ici en se défendant d'avoir remporté, dans la circonstance, un succès diplomatique[3].

Guerre 1939-1945, Vichy, Z Europe, Hongrie, 414 (10GMII/414)

---

[1] Voir le document n° 298.

[2] Document non retrouvé.

[3] La D. n° 136 de M. de Dampierre en date du 6 septembre 1941 rend compte de la commémoration « sans faste » de l'anniversaire de l'arbitrage de Vienne en Hongrie, mais salue par de nombreux articles de presse rendant « hommage à la politique habile suivie par le Régent et les hommes d'État hongrois qui ont su, sans verser une goutte de sang, agrandir leur pays » [...]. Ils laissent entendre à ce sujet que la participation de l'armée hongroise à la guerre germano-russe constitue pour le pays une façon de s'acquitter de la dette qu'il a contractée, il y a un an, envers les puissances de l'Axe. » (Guerre 1939-1945, Vichy, Z Europe, Hongrie, 416, document non reproduit).

348

LE GÉNÉRAL HUNTZIGER, COMMANDANT EN CHEF DES FORCES TERRESTRES,
MINISTRE SECRÉTAIRE D'ÉTAT À LA GUERRE,
À L'AMIRAL DARLAN, VICE-PRÉSIDENT DU CONSEIL, MINISTRE DE LA
DÉFENSE NATIONALE, SECRÉTAIRE D'ÉTAT AUX AFFAIRES ÉTRANGÈRES
ET À LA MARINE.

L. n°s 17301/2/Cab[1].   *Vichy, 15 septembre 1941.*

Très secret.

J'ai l'honneur de vous faire connaître que tous les renseignements qui me parviennent du Levant montrent que le départ de l'administration française et de la force militaire qui en était le soutien[2] y a créé une situation délicate qui me paraît devoir être exploitée pour maintenir en Syrie et au Liban l'influence de la France et pour y préparer éventuellement notre retour.

Au cas, en effet, où le Reich se déciderait à porter la guerre dans le Moyen-Orient, l'éventualité de la perte de la Syrie et du Liban par les Anglo-gaullistes (éventualité qui paraît vraisemblable à l'ex-général Catroux lui-même) devrait être envisagée[3].

Par ailleurs les événements du Proche-Orient intéressent au plus haut point la fraction instruite des populations musulmanes de notre Afrique du Nord et l'importante colonie libano-syrienne d'AOF. Une réussite facile des Anglo-gaullistes en Syrie et au Liban aurait en Afrique française un retentissement qui ne serait pas sans nous causer des difficultés sérieuses et sans y renforcer, ainsi que dans l'opinion publique métropolitaine d'ailleurs, le prestige du mouvement gaulliste.

Notre intérêt nous commande donc de suivre de très près l'évolution de la situation dans le Proche-Orient et *d'y agir, soit dès maintenant, soit à la faveur des circonstances, que nous pourrions d'ailleurs éventuellement provoquer.*

La nature même de nos droits sur le Levant, dont l'origine se trouve dans nos privilèges traditionnels, mais aussi dans le mandat qui nous a été confié[4], l'ampleur des questions que posent l'indépendance et l'unité des

---

[1] Objet : « Action politique au Levant ».

[2] Départ à la suite de la victoire des troupes anglo-gaullistes contre celles de Vichy en Syrie-Liban, sanctionné par l'armistice de Saint-Jean d'Acre du 14 juillet 1941.

[3] Le général Georges Catroux, rallié à la France libre dès août 1940, était déjà le commandant en chef et le délégué général de la France libre avant la campagne de Syrie, basé au Caire. Signataire pour la France libre de l'armistice de Saint-Jean d'Acre, il a été aussitôt nommé Haut-Commissaire au Levant par le général de Gaulle.

[4] La SDN a confié à la France un mandat sur la Syrie et le Liban en juillet 1922. En marge du document, une main anonyme (E. Lagarde ?) a écrit ce commentaire : « Il faudrait quand même ne pas oublier que nous nous sommes retirés de la SDN, ce qui implique la cessation du mandat. » Le retrait de la France de la SDN remonte au 19 avril 1941.

pays du Proche-Orient, l'écho en Afrique française de notre politique arabe, son retentissement dans les colonies libano-syriennes du Nouveau Monde, font que notre action dans le Proche-Orient soulève des problèmes d'une extrême complexité. Aussi la création d'un organisme chargé de centraliser toutes ces questions apparaît-elle hautement désirable.

Vous avez bien voulu entrer dans cette voie en décidant que le général Dentz en prendrait initialement la direction, assisté de quelques-uns de ses collaborateurs du Haut-Commissariat. Il appartiendrait à cet officier général de déterminer, à la lumière de l'expérience, la forme définitive à donner par la suite à cet organisme directeur[1].

Si notre politique arabe ne pourra être définie que lorsque le gouvernement aura fixé la position qu'il entend adopter en ce qui concerne l'indépendance et l'unité des États du Proche-Orient, il est possible cependant d'entreprendre, dès maintenant, une action qui viserait à exploiter au maximum les difficultés rencontrées par les Anglo-gaullistes. Le temps pouvant, en l'occurrence, jouer contre nous, tant parce qu'il risque de distendre les liens qui nous unissent encore aux personnalités autochtones de Syrie et du Liban que parce qu'il permettra aux gaullistes d'asseoir leur administration, il serait désirable que cette action soit entreprise sans tarder. Cette action immédiate, bien que présentant des difficultés qu'il convient de ne pas méconnaître, est cependant possible, *en raison notamment des moyens spécialisés importants dont dispose la Guerre dans la section des Affaires musulmanes de l'état-major de l'armée, des organes de son service de renseignements et le personnel replié des services spéciaux du Levant.*

Je crois devoir souligner par ailleurs que lorsque se posera la question de notre retour au Levant, l'armée aura un rôle essentiel à jouer pour la réoccupation du pays. J'estime donc hautement désirable que mon Département participe activement à l'action politique qui vous est proposée.

Je vous serais très obligé de me faire connaître dès qu'il vous sera possible, si vous partagez ma manière de voir sur les questions qui font l'objet de la présente lettre. Au cas où les dispositions qui vous sont soumises

---

[1] Le général Dentz et plusieurs dizaines d'officiers de son état-major ont été internés en Syrie, après l'armistice de Saint Jean d'Acre, puis transférés à Jérusalem par les autorités britanniques. Libérés le 3 septembre 1941, ils regagnent la France par Beyrouth. Les Papiers du Bureau d'études Chauvel (dossier 85) contiennent une collection d'articles de presse sur la question. Dans Guerre 1939-1945, Vichy, E Levant, 19, figure une note pour la vice-présidence du Conseil, en date du 14 octobre 1941 (non publiée), qui répond à la lettre précitée du général Dentz, toujours Haut-Commissaire au Levant : « le ministère des Affaires étrangères ne voit pas en ce qui le concerne, d'objection à ce que, sans attendre d'avoir défini les traits généraux de sa politique arabe au Levant, le gouvernement français engage dans la mesure de ses moyens, une action tendant à tirer parti des faiblesses de l'armature mise en place par les éléments qui nous ont supplantés dans ces parages./ Il va de soi que les mesures à prendre ne sauraient l'être sur l'initiative et sous la responsabilité du Département des Affaires étrangères, puisque nos possessions en Orient n'ont jamais cessé de relever de ce dernier, de même que, d'ailleurs, nos rapports avec les pays voisins relèvent nécessairement de sa compétence exclusive./ Il va également de soi que le dit ministère ne manquerait pas de recourir, pour l'exécution du programme qu'il arrêterait après s'être enquis des vues du ministère de la Guerre, aux moyens que ce Département semble prêt à mettre à sa disposition. Il s'associerait lui-même à l'œuvre par la voie de notre ambassade en Turquie et, sous l'autorité de celle-ci, par le canal de notre consulat à Antioche et à Alexandrie. »

rencontreraient votre accord, la recherche des renseignements et l'action politique locale que nos moyens actuels nous permettent d'envisager, pourraient être entreprises à bref délai.

Guerre 1939-1945, Vichy, E Levant, 19 (4GMII/19)

349

NOTE DE LA DIRECTION POLITIQUE

Accord du 29 juillet 1941 relatif à la coopération franco-japonaise pour la défense de l'Indochine

N.   *Vichy, 15 septembre 1941.*

C'est au lendemain de la défaite française, avant même que fût signée la convention d'armistice du 25 juin 1940, que la pression japonaise sur l'Indochine s'est fait brusquement sentir. Le Japon invoquait la nécessité de prendre dans la région du Tonkin certaines mesures de défense contre les armées de Tchang Kaï-chek. Des conversations s'engagèrent à Tokyo entre l'ambassadeur de France, M. Arsène Henry, et le ministre des Affaires étrangères, M. Matsuoka. Elles aboutirent le 30 août 1940 à un accord de principe qui admettait la présence temporaire et limitée d'effectifs japonais au Tonkin, contre reconnaissance, solennellement affirmée par le Japon, des droits souverains de la France sur l'Union indochinoise[1]. Sur la base de cet accord, des conversations techniques s'engagèrent à Hanoï entre le général Martin et le général Nishihara. Elles aboutirent le 22 septembre à un accord qui limitait avec précision l'étendue des droits accordés aux Japonais. Il était spécifié notamment que les effectifs japonais ne dépasseraient pas le chiffre de 6 000 hommes, que leur stationnement serait limité au Tonkin, et que leur présence serait temporaire[2].

La France avait accepté d'autre part d'engager des pourparlers en vue d'un accord économique et d'une convention d'établissement ayant pour objet d'accorder au Japon des facilités de ravitaillement en Indochine et des possibilités de coopération économique[3].

Bien que les avantages concédés au Japon fussent très importants, on pouvait considérer, du fait de leur limitation, qu'ils ne compromettaient pas de manière définitive l'autorité du Gouvernement général. Les accords intervenus avaient donc abouti à la mise en œuvre d'un *modus vivendi* qui permettait de réserver l'avenir.

---

[1] Voir *DDF (1939-1944)*, 1940-2, les documents de la section V-C-a : « Menaces sur l'Empire/ L'Indochine française en péril/La pénétration japonaise ». Sur l'accord du 30/31 août 1940, voir documents nᵒˢ 143, 173, 192.

[2] Voir *DDF (1939-1944)*, 1940-2, document nᵒ 219.

[3] Voir *DDF (1939-1944)*, 1940-2, document nᵒ 387.

Au même moment, la Thaïlande, enhardie par les difficultés de la situation et secrètement poussée par le Japon, présentait des revendications d'ordre territorial menaçantes pour l'intégrité de l'Union indochinoise[1]. La France a essayé de résister, mais la faiblesse des forces militaires dont disposait l'Indochine, l'attitude inquiétante du Japon, l'impossibilité d'obtenir aux États-Unis le ravitaillement indispensable en matériel de guerre et en avions mettaient finalement le gouvernement français dans l'obligation de se rendre aux demandes pressantes du gouvernement de Tokyo et d'accepter le 21 janvier 1941 la médiation japonaise[2].

Deux négociations se poursuivirent parallèlement à Tokyo, l'une portant sur les questions économiques intéressant l'Indochine et le Japon, l'autre, de caractère politique, relative au règlement du conflit franco-thaïlandais. Ces négociations aboutirent, d'une part, à la conclusion d'un accord commercial et d'une convention d'établissement en date du 6 mai 1641, assurant au Japon des avantages considérables et lui donnant en Indochine une situation privilégiée, d'autre part, à un accord politique franco-thaïlandais en date du 9 mai accordant à la Thaïlande d'importants avantages territoriaux[3]. Enfin, par un protocole franco-japonais spécial, le Japon donnait sa garantie à la situation définie par cet accord.

Au prix des lourds sacrifices consentis, la France était donc en droit de compter sur la consolidation en Indochine d'un statut économique et politique qui, tout en conférant d'importants avantages au Japon, maintenait les prérogatives essentielles du gouvernement général. La situation privilégiée obtenue par le Japon constituait en quelque sorte le gage de sa bonne foi.

Pourtant, peu de semaines après la ratification de ces accords, des indications alarmantes étaient recueillies sur les intentions japonaises. Par un télégramme en date du 6 juillet, l'amiral Decoux, rendant compte d'une conversation tenue par le chef de son cabinet militaire avec le général Sumita, annonçait que la France serait prochainement saisie de demandes nouvelles concernant l'utilisation de bases navales en Indochine par le Japon (télégramme de l'amiral Decoux 1072-1076 du 6 juillet 1941)[4].

---

[1] Voir *DDF (1939-1944)*, 1940-2, les documents de la section V-C-b : « Menaces sur l'Empire/ L'Indochine française en péril/L'intervention de la Thaïlande, notamment les documents n°s 216, 217.

[2] Voir dans ce volume les documents n°s 11, 14, 19, 29, 30, 33, 35, et plus particulièrement sur l'acceptation de la médiation japonaise, les documents n°s 39 et 40.

[3] On trouvera le texte de l'accord du 9 mai 1941, dans Guerre 1939-1945, Vichy, E Asie, Thaïlande, 402, fol. 194-199, avec l'indication que « l'original, conservé dans le coffre-fort de l'ambassade de France à Tokyo, a disparu dans l'incendie de l'ambassade en mai 1945. Copie imprimée conservée à la Salle des Traités, carton Siam ». Des copies du Protocole I « sur les modalités d'évacuation et de transfert des territoires », du Protocole 2 « relatif à la constitution et au fonctionnement de la Commission de délimitation », et du Protocole 3 « relatif à l'exécution des dispositions concernant la zone démilitarisée », se trouvent dans Papiers 1940, Reconstitution Fouques-Duparc, fol. 326-330. Voir aussi Guerre 1939-1945, Vichy, E Asie, Thaïlande, 418, fol. 66-191, pour le « Journal de la négociation franco-thaïlandaise sous la médiation japonaise, Tokyo, 6 février-9 mai 1941 », préparé par M. d'Andurain et envoyé par Charles-Arsène Henry le 12 mai 1941 (p.j. de la D. n° 66).

[4] Ce T. n°s 1072-1076 de l'amiral Decoux en date du 6 juillet 1941 rapporte le contenu des « déclarations confidentielles » du général Sumita, de retour d'un voyage à Canton, au chef de

La gravité de pareille éventualité ne pouvait être méconnue à Vichy. Après examen par les services compétents, le ministère des Affaires étrangères et celui des Colonies furent d'accord pour considérer que l'acceptation de demandes de cette nature aboutirait en fait à la ruine définitive de l'autorité française en Indochine et à la perte de la colonie. Il fut décidé, en conséquence, de prendre une position de résistance et d'en aviser M. Arsène Henry en prévision d'une démarche japonaise, afin que notre ambassadeur fût en mesure d'exprimer de manière immédiate son sentiment avant même d'avoir consulté son gouvernement. C'est à cet effet que des instructions étaient envoyées d'urgence par l'amiral Darlan à notre ambassadeur à la date du 7 juillet (télégramme 604-607 à Tokyo)[1].

Les appréhensions du gouvernement français étaient bientôt justifiées. Le 14 juillet, l'ambassadeur du Japon saisissait l'amiral Darlan des nouvelles demandes japonaises, présentées sous forme de mémorandum. Ces demandes prévoyaient l'occupation totale de l'Indochine par les forces militaires, navales et aériennes du Japon, en coopération avec les autorités françaises (mémorandum du 14 juillet 1941)[2]. L'ambassadeur remit en même temps le texte d'un message du prince Konoye au maréchal Pétain. Dans ces documents, le président du conseil japonais affirmait à nouveau la ferme détermination du Japon de respecter la souveraineté de la France sur l'Indochine et de ne pas porter atteinte à l'intégrité territoriale de l'Union.

Après examen, le gouvernement arriva à la conclusion que les demandes japonaises ne pouvaient être acceptées. Les arguments qui ont motivé cette décision avaient été résumés sous la forme suivante :

---

cabinet militaire, avec la réclamation de bases dans le sud de l'Indochine, nouvel empiétement japonais qui entraînerait perte prestige à l'égard des indigènes », avec des risques d'excès et d'incidents et de mesures de rétorsion de la part des Anglo-Saxons et des Hollandais. Voir document n° 297, note 3 (Guerre 1939-1945, Vichy, E Asie, Japon, 324).

[1] T. nos 604-607 du Département à Tokyo en date du 7 juillet 1941, faisant suite à l'entretien entre l'amiral Decoux et le général Sumita « qui a fait savoir que le Japon demanderait prochainement à la France la libre disposition de certaines bases dans le sud de l'Indochine », déclaration faite « à titre strictement confidentiel », mais « indice particulièrement inquiétant dans les circonstances actuelles » : « En effet, si le gouvernement de Tokyo, sous la pression des éléments extrémistes, veut entreprendre une action militaire et qu'il hésite à s'engager au nord, contre l'URSS, ou au sud contre les Indes néerlandaises, par crainte de provoquer l'intervention américaine, c'est peut-être en Indochine ou en Thaïlande qu'il croirait pouvoir agir au moindre risque.[...] Depuis un an, la France a montré en toutes circonstances un sens objectif des événements et une volonté sincère de collaborer avec le Japon en Extrême-Orient. Mais la base même de toute collaboration est le maintien de la souveraineté française en Indochine telle qu'elle a été reconnue par l'accord du 30 août 1940 qui limite expressément le stationnement, d'ailleurs temporaire, de troupes japonaises à certaines parties du Tonkin seulement./ Cette politique de collaboration a trouvé son expression dans les trois accords dont la ratification vient d'intervenir. La France est prête à considérer les suggestions qui lui seraient faites par le Japon dans le cadre de ces accords. Mais elle ne peut sortir des limites qu'ils ont fixées sans rompre la ligne générale de sa politique extérieure. Elle ne peut répondre à des exigences qui ont un caractère et une portée nettement militaire et s'engager ainsi dans une politique de guerre, alors que, de par la convention d'armistice, elle n'est plus partie au conflit. » (Guerre 1939-1945, Vichy, E Asie, Japon, 324, document non publié).

[2] Voir document n° 292, Annexe.

Accepter les propositions japonaises :

1°) C'est accepter l'occupation militaire de l'Indochine par le Japon.

2°) C'est perdre tout prestige et toute autorité vis-à-vis des populations indigènes et admettre la perte plus ou moins prochaine de l'Indochine.

3°) C'est, en souscrivant à une véritable alliance militaire, prendre parti dans le conflit, ce qui paraît inconciliable avec la position d'armistice où nous nous trouvons et entraînerait pour nous :

— Danger d'attaque massive chinoise sur notre frontière indochinoise du nord, l'Indochine devenant rapidement le champ de bataille entre Chinois et Japonais.

— Risque, sinon certitude, de représailles du groupe anglo-saxon et notamment de l'Amérique qui, nous traitant en ennemi déclaré, saisira cette occasion pour :

a) s'emparer de nos possessions dans le continent américain (Antilles françaises, Guyane, Saint-Pierre-et-Miquelon, etc.) et dans le Pacifique ;

b) mettre la main sur notre or et autres richesses (bateaux) se trouvant aux États-Unis ;

c) trouver la justification d'une action éventuelle sur toutes autres possessions françaises dont l'occupation pourrait intéresser le groupe anglo-saxon, et notamment Dakar ou même Casablanca ;

d) supprimer toute possibilité de ravitaillement d'outre-mer.

En même temps, le ministre des Affaires étrangères, par une lettre en date du 15 juillet, invitait M. Benoist-Méchin à informer l'ambassade d'Allemagne de la démarche japonaise et à lui faire savoir, en s'inspirant des arguments exposés ci-dessus, que le gouvernement français avait décidé de repousser ces demandes. En conclusion, l'amiral Darlan sollicitait une intervention de l'Allemagne auprès du Japon pour l'amener à renoncer à ses exigences (lettre de l'amiral Darlan à M. Benoist-Méchin en date du 15 juillet 1941)[1].

Le lendemain, 16 juillet, l'ambassadeur des États-Unis était reçu en audience par le maréchal Pétain. L'entretien ne devait pas porter sur les questions d'Extrême-Orient. Mais en fin de conversation, l'amiral Darlan fit savoir à l'amiral Leahy, que d'après des informations sûres, les Japonais préparaient une action contre l'Indochine. Il demanda en même temps à l'ambassadeur de ne pas indiquer la source de ce renseignement en informant son gouvernement[2].

Cette précaution était inspirée à l'amiral Darlan par le souci de ne rien faire dont l'Allemagne pût prendre ombrage et de ne pas donner l'impres-

---

[1] Document n° 292.

[2] Voir la note à ce sujet *in* Guerre 1939-1945, Vichy, E Asie, Japon, 324, fol. 116 : « L'entretien ne devait pas porter sur les affaires d'Extrême-Orient. À l'issue de la conversation, l'amiral Darlan fit savoir à l'ambassadeur des États-Unis qu'il savait de source sûre que les Japonais préparaient une action imminente sur l'Indochine. Il pria l'amiral Leahy de ne pas mettre en cause le gouvernement français en portant ces renseignements à la connaissance du Département d'État. Voir aussi la déclaration de Sumner Welles du 25 juillet 1941 (même série, Japon 330, fol. 28-29).

sion que la France maintenait des contacts étroits avec les États-Unis d'Amérique alors que le gouvernement du Reich se considérait déjà en état d'hostilité avec cette puissance.

Le 17 juillet, l'amiral Darlan donnait des instructions écrites relatives à la rédaction de la note de réponse destinée à l'ambassade du Japon[1]. Il indiqua, pour servir de base à ce document, les quatre points suivants :

1°) L'Indochine n'est pas menacée.

2°) Nous avons pris l'engagement de nous défendre seuls.

3°) Nous prendrions une position politique que nous ne pouvons prendre.

4°) Nous demandons au Japon de renoncer à des intentions que nous serions obligés de considérer comme inacceptables.

C'est d'après ces instructions que fût rédigée, (sous forme de *memento* en quatre points, portant la date du 19 juillet)[2], la réponse par laquelle le gouvernement français faisait connaître les raisons qui lui interdisaient d'accéder aux demandes japonaises.

Ce même jour, samedi 19 juillet, avant que la note ait été remise, M. Benoist-Méchin, revenant de Paris, eut un entretien avec l'amiral Darlan ; le Secrétaire d'État fit connaître au Vice-Président du Conseil que la démarche prescrite par la lettre du 15 juillet n'avait pas été faite, M. Abetz étant absent. À la suite de cet entretien, une nouvelle position fut adoptée par l'Amiral qui décida que les demandes japonaises ne pouvaient être catégoriquement repoussées, mais qu'il convenait de chercher à obtenir un délai avant que la France donnât sa réponse. L'amiral Leahy, convoqué par l'amiral Darlan, s'était tenu dans une attitude d'extrême réserve, se bornant à donner le conseil de gagner du temps.

Une réponse dilatoire rédigée dans ce sens fut remise à l'ambassadeur du Japon le 19 juillet[3].

Dans la nuit, l'ambassade du Japon téléphona pour demander d'urgence une audience pour M. Kato.

L'amiral Darlan reçut l'Ambassadeur le dimanche 20 juillet à 11 heures. La note très brève dont il fut saisi constituait un ultimatum par lequel le Japon signifiait sa détermination de mettre ses projets à exécution, quelle que fût la réponse de la France. Cette réponse serait attendue à Tokyo jusqu'au mardi 22 juillet à 6 heures du matin[4].

Les raisons de politique générale qui avaient amené l'amiral Darlan, d'abord, à ne pas faire appel, en cette grave occurrence, à l'appui éventuel

---

[1] Voir document n° 296, note 4.

[2] Voir document n° 296.

[3] Voir document n° 296 et notes.

[4] L'ambassadeur du Japon qui avait insisté dès le 19 juillet à 23 heures pour obtenir d'urgence une audience de l'amiral Darlan, est reçu le 20, à 11 h. et fait savoir que le gouvernement japonais avait décidé, quelle que soit la décision du gouvernement français à mettre à exécution le projet exposé dans la note du 14 juillet. (Voir la note du directeur politique du 20 juillet 1941, dans Guerre 1939-1945, Vichy, E Asie, Japon, 324).

des États-Unis, puis, à la suite de son entrevue avec M. Benoist-Méchin, à ne plus opposer de refus aux exigences du Japon, devaient également déterminer l'attitude du gouvernement français devant l'ultimatum.

Les demandes japonaises, indiquées précédemment par l'ambassadeur, furent présentées sous une forme officieuse et précise dans un projet de lettre remis par M. Kato à M. Benoist-Méchin[1].

Sur la base d'une coopération franco-japonaise ayant pour objet la défense de l'Indochine, ces demandes prévoyaient :

1°) l'envoi en Indochine méridionale du nombre de troupes, unités navales et aériennes japonaises jugé nécessaire ;

2°) l'utilisation de huit bases aériennes et deux bases navales ;

3°) l'octroi de toutes facilités pour le stationnement et la circulation de ces troupes ;

4°) le financement par l'Indochine de cette opération, à charge pour le Japon de rembourser les avances consenties à ce sujet ;

(lettre de l'ambassadeur du Japon à l'amiral Darlan, en date du 20 juillet 1941)[2].

L'adhésion de principe du gouvernement français étant acquise, le projet de lettre soumis à l'examen de M. Benoist-Méchin fut officiellement adressé à l'amiral Darlan, vice-président du Conseil, à la date du 21 juillet[3]. Le gouvernement français notifia sa réponse le même jour, subordonnant son acquiescement à deux conditions : 1°) une déclaration publique du gouvernement japonais proclamant sa ferme volonté de respecter la souveraineté française en Indochine ; 2°) l'abandon de la demande japonaise prévoyant le retrait des troupes indochinoises dans les lieux de débarquement des troupes japonaises. La nécessité de préciser le caractère temporaire de la présence des troupes japonaises en Indochine était également soulignée[4].

À cette même date du 21 juillet, le conseiller de l'ambassade d'Amérique était informé de la décision que le gouvernement français avait été contraint de prendre en raison des circonstances d'ordre général[5].

---

[1] Dans Guerre 1939-1945, Vichy, E Asie, Japon, 324, fol. 138-139.

[2] Voir note précédente.

[3] Dans Guerre 1939-1945, Vichy, E Asie, Japon, 324, fol. 148-149.

[4] Dans Guerre 1939-1945, Vichy, E Asie, Japon, 324, fol. 150-154. La réponse a été remise le 21 juillet à 11 h. En recevant le document, M. Kato a transmis à Darlan une nouvelle note qui reprend, sous forme de lettre, les propositions japonaises formulées dans le mémorandum du 14 juillet et exprimé le désir de son gouvernement de voir intervenir la signature d'un protocole au sujet de la défense en commun de l'Indochine. Un contre-projet de protocole est remis le même jour à 17 heures par le directeur politique, C. Rochat, insistant sur la nécessité d'une déclaration solennelle affirmant que « Le Japon est décidé à respecter en toutes circonstances ses engagements à l'égard de l'Indochine ». (même dossier, fol. 170-171)

[5] Cf. la note en date du 21 juillet 1941 du Directeur politique, qui « sur les instructions de l'amiral [Darlan] » a fait savoir à M. Matthews que, « devant l'insistance de l'ambassadeur du Japon, le gouvernement français n'avait pas pu différer sa réponse aux propositions japonaises concernant l'Indochine. » (Guerre 1939-1945, Vichy, E Asie, Japon, 326, non publiée).

De son côté, M. Benoist-Méchin mettait l'ambassade d'Allemagne au courant des décisions prises par le gouvernement français et recevait l'approbation du conseiller de l'ambassade, M. Achenbach[1].

Dès le 22 juillet, des conversations s'engagèrent à Vichy, d'une part, pour donner une forme définitive à cet accord, à Saïgon, d'autre part, pour assurer sa mise à application.

L'ambassade du Japon avait exprimé le désir de donner à l'accord la forme d'un protocole. Après trois jours de discussion le comité de rédaction arrêta le texte d'un protocole très bref, posant le principe de la coopération franco-japonaise en Indochine. Il était entendu que ce texte serait publié. Les clauses mêmes qui fixent les conditions de cette collaboration étaient inscrites dans un échange de trois lettres annexes destinées à rester secrètes.

De son côté, l'amiral Decoux, dans ses entretiens avec le général Sumita, précisa les conditions dans lesquelles devaient s'effectuer l'arrivée des diverses forces japonaises et l'occupation de l'Indochine[2].

Le gouvernement japonais ayant finalement accepté les deux conditions posées par le gouvernement français, à savoir, la déclaration publique concernant le respect des droits souverains de la France, et l'abandon de la demande prévoyant le retrait des troupes françaises d'Indochine aux points de débarquement des troupes japonaises, rien ne s'opposait plus à la conclusion de l'accord.

La déclaration du gouvernement japonais fut rendue publique le 25 juillet[3]. Le 27, les premiers contingents japonais arrivaient en Indochine.

L'ensemble des pièces constituant l'accord fut signé à Vichy le 29 juillet par l'amiral Darlan, vice-président du Conseil, ministre des Affaires étrangères, et par l'amiral Platon, secrétaire d'État aux Colonies, d'une part, par M. Kato, ambassadeur du Japon, d'autre part[4].

Au même moment, l'ambassadeur du Japon fit part à l'amiral Darlan du désir du gouvernement japonais d'envoyer en Indochine un haut-fonctionnaire avec rang d'ambassadeur. L'amiral Darlan ne crut pas pouvoir refuser[5].

---

[1] Elle a lieu le 21 juillet. Voir la note à ce sujet dans Guerre 1939-1945, Vichy, E Asie, Japon, 324, fol. 169.

[2] Voir par exemple le T. n° 3952 de l'amiral Decoux au secrétariat d'État aux Colonies, en date du 24 juillet 1941 dans Guerre 1939-1945, Vichy, E Asie, Indochine, 262, fol. 165-168. Voir aussi document n° 297.

[3] Dans Guerre 1939-1945, Vichy, E Asie, Dossiers généraux, 14, fol. 158.

[4] L'accord est régularisé par un ensemble de quatre documents : 1) un protocole, 2) une lettre de l'ambassadeur du Japon au Vice-Président du Conseil le saisissant des propositions japonaises (annexe 1) ; 3) la réponse du Vice-Président du Conseil signifiant l'accord du gouvernement français (annexe 2) ; une lettre de l'ambassadeur du Japon au Vice-Président du Conseil marquant le caractère temporaire de la présence des troupes japonaises en Indochine. Le protocole seul sera publié, les deux annexes et la dernière lettre resteront secrètes (voir Guerre 1939-1945, Vichy, E Asie, Japon, 324, fol. 190-191 et 207-214).

[5] La demande est faite dès le 29 juillet 1941. Malgré la vive opposition de l'amiral Decoux qui considère que « l'Indochine est très suffisamment dotée en personnalités agissantes et remuantes » (cf. son T. n°s 4161-4162 d'Hanoï à Colonies en date du 1er août 1941 dans Guerre 1939-1945, Vichy, E Asie, Indochine, 258), Vichy finit par obtempérer en essayant de limiter le rôle de cet

Si l'on compare cette négociation avec celle qui fut engagée lors de la première pression japonaise, on est frappé de la lenteur avec laquelle les pourparlers avaient été menés l'an dernier. Il avait fallu trois mois pour aboutir en 1940, et ce ne fut qu'au prix de longues et pénibles discussions poursuivies d'abord à Tokyo par l'ambassadeur de France, puis à Hanoï par les services du Gouvernement général que l'on arriva à conclure. Huit jours ont suffi dans la présente occurrence.

Les résultats de cette dernière négociation sont aussi de beaucoup plus grande conséquence. Si les accords du 30 août et du 22 septembre 1940 acceptaient le principe de la présence d'effectifs japonais en Indochine, le nombre et les lieux de stationnement de ces effectifs étaient exactement précisés et limités. Au contraire, l'accord du 29 juillet 1941 ne prévoit de limitation d'aucune sorte. Même le principe du caractère temporaire de cette occupation n'a pu être inscrit dans les textes constituant le traité. Il a fait l'objet d'une lettre séparée, non annexée au traité, adressée par M. Kato à l'amiral Darlan[1].

D'une manière générale, on peut donc considérer que cet accord donne au Japon le droit d'occuper militairement l'Indochine sans limitation fixée dans le temps, ni dans le nombre des effectifs, ni dans l'étendue des lieux de stationnement. En contrepartie, la France a obtenu la reconnaissance solennelle par le Japon de ses droits souverains sur l'Indochine : c'est là le principal facteur sur lequel elle peut compter désormais pour assurer dans l'avenir la défense de cette partie de l'Empire.

Guerre 1939-1945, Vichy, E Asie, Japon, 330 (3GMII/330)

« ambassadeur extraordinaire » « aux problèmes touchant la co-défense de l'Indochine » en n'ayant de rapports directs qu'avec le Gouvernement général. (Voir la note secrète de l'amiral Platon en date du 31 juillet « Sur l'envoi en Indochine par le gouvernement japonais d'un ambassadeur en mission » dans Guerre 1939-1945, Vichy, E Asie, Japon 324, fol. 223-226), le T. nos 699 à 700 en date du 6 août à Tokyo, confirmant qu'« il n'a pas paru possible d'opposer un refus à cette demande ». Le choix de Tokyo se portera sur M. Hoshizawa, « un homme agréable de rapports qui a été ambassadeur à Paris et ministre des Affaires étrangères. Il a gardé une situation importante et avait été chargé l'année dernière de la négociation économique avec les Indes néerlandaises qui a échoué. » (T. n° 943 et n° 964 de Tokyo à Vichy en date respectivement du 2 et du 8 septembre 1941). L'annonce officielle est faite le 11 septembre à l'ambassadeur Charles Arsène-Henry par le ministre des Affaires étrangères du Japon, soulignant le souci de Tokyo de n'envoyer en Indochine « que des personnalités dont le caractère éprouvé, la connaissance de la France et les sympathies pour cette dernière fussent bien certaines » et qu'il priait Darlan « d'y voir une nouvelle preuve du désir de collaboration sincère du Japon. » Charles Arsène-Henry confirme que c'est le cas de M. Hoshizawa, et de ses deux adjoints, M. Kuriyama, qui a été conseiller à Paris et ambassadeur à Bruxelles et dont les déclarations favorables à la France en mai 1940 lui ont valu des reproches de la presse extrémiste ; et M. Uhiyaa, ancien conseiller à Paris et ministre en Argentine : « ils sont tous deux très respectables et de relations agréables. Ils ont été, l'un et l'autre, victimes de la « purge » de l'an dernier ; mais le retour à des idées moins « extrémistes » les fait de nouveau rechercher » (T. nos 973 à 976 en date du 11 septembre 1941). Cosme, qui a connu M. Hoshizawa lorsqu'il était ministre à Pékin et lui-même chargé d'affaires, souligne aussi « les hautes qualités morales de ce diplomate », « loyal, précis », connaissant « admirablement la Chine, où il est unanimement respecté et est, bien que silencieux, d'une sincérité absolue de ses sentiments d'amitié à l'égard de notre pays. » (T. n° 536 en date du 11 septembre de Pékin). Tous ces documents non publiés in Guerre 1939-1945, Vichy, E Asie, Indochine, 258).

[1] Voir p. 778, note 4.

350

M. Helleu, Ambassadeur de France à Ankara,
à l'Amiral Darlan, Vice-Président du Conseil, Ministre de la
Défense nationale, Secrétaire d'État aux Affaires étrangères
et à la Marine.

D. n° 40[1].   *Istanbul, 16 septembre 1941.*

Par mon télégramme n°s 1343-1345[2], j'ai brièvement mis le Département au courant du premier examen auquel j'ai procédé, aussitôt arrivé en Turquie[3], de l'état des œuvres que nous soutenons et encourageons en ce pays pour y maintenir et y développer si possible, notre rayonnement intellectuel.

Notre appui, au cours de ces dernières années et après un regroupement des établissements scolaires que les circonstances avaient rendu nécessaire, s'est manifesté d'une manière constante et nous n'avons aujourd'hui qu'à nous féliciter de l'avoir fait aussi régulièrement puisque, au milieu des difficultés d'ordre général, le niveau de notre influence intellectuelle et morale – plus utile que jamais à notre pays – loin de marquer une régression s'est tantôt maintenu, tantôt élevé sensiblement.

Les mesures d'ordre particulier prises au cours des années écoulées par l'Instruction publique pour limiter et contrôler l'enseignement de nos établissements – interdiction aux sujets turcs de fréquenter les classes primaires des écoles étrangères, adjonction d'un directeur turc, etc. – comme celles, d'ordre fiscal, qui sont venues grever lourdement les budgets des écoles, ont été, pour les dirigeants de nos établissements, autant de difficultés nouvelles auxquelles il n'était pas aisé de faire face.

Ces difficultés ont été pourtant peu à peu aplanies, grâce à l'esprit réaliste dont les uns et les autres ont su faire preuve, grâce aussi à l'appui moral et matériel que nous avons pu leur apporter, grâce enfin à la faveur dont continuent de jouir nos établissements auprès des différents milieux turcs.

Aussi, tandis que l'on aurait pu s'attendre, en 1939 et 1940, à une diminution des élèves de nos établissements, des lecteurs fréquentant notre bibliothèque, la situation générale s'est à ce point de vue, encore améliorée, et dans les cas les moins favorisés, elle est restée stationnaire. Mais la hausse

---

[1] D. pour la Direction Afrique-Levant, intitulée : « Subventions Œuvres 1941 », portant l'indication : « Original au Service des Œuvres ». Tampon : « 1er octobre 1941 » (date réception ou enregistrement »

[2] Document non retrouvé. D'après le résumé de la série des Télégrammes à l'Arrivée et au Départ (Guerre 1939-1945, Vichy, C État français, 47), par son T. n°s 1343-1345, reçu le 7 août, M. Helleu, « en présence des résultats acquis au cours de l'année scolaire, insiste pour revenir au chiffre de subvention de 1939 pour les œuvres, c'est-à-dire à 1 400 000 Frs. » et « demande de réserver, au titre des œuvres un montant supplémentaire de 300 000 Frs, ce qui porterait le crédit total des subventions régulières pour 1941 à 1 million de francs. »

[3] M. Helleu a pris le poste d'ambassadeur à Ankara début juillet 1941, après le décès prématuré de M. Jules Henry, à la suite d'une appendicite foudroyante, le 10 juin. Voir document n° 256, note 1.

générale des prix comme l'augmentation des impôts n'ont cessé d'augmenter les charges de nos établissements. Cependant, les subventions demandées par l'ambassade en faveur des œuvres de Turquie n'ont pas dépassé en 1939 les chiffres de 1938. Vint l'année 1940 ; l'ambassade, dans son rapport du 23 octobre 1940 (n° 64/Œuvres et 208/Afrique-Levant)[1], exposait au Département que, normalement, le même appui qu'en 1938 et 1939 aurait été nécessaire à nos établissements mais que, devant l'impérieuse nécessité des circonstances, cet appui devait être, exceptionnellement, réduit au minimum indispensable. Aux directeurs de certaines œuvres, un grand sacrifice fut demandé et le tiers seulement du montant de la subvention précédente fut promis ; à d'autres, des allocations tout à fait réduites, de « caractère purement symbolique » furent maintenues dans le seul but « de ne pas rompre la tradition ».

Les chefs d'établissement acceptèrent de grand cœur de participer, dans les circonstances exceptionnelles que nous venions de traverser, aux sacrifices matériels nécessaires pour doubler le cap des difficultés de tous ordres que nous rencontrions. Toutefois, il demeurait entendu au surplus « que les demandes présentées en leur faveur cette année-là ne devaient faire préjuger en rien les décisions à prendre à l'occasion du budget suivant ».

Ainsi les montants qui furent alloués l'an dernier ne peuvent, en aucune manière, servir de points de comparaison pour juger de l'activité des œuvres bénéficiaires. C'est pourquoi, au tableau de propositions annexé à la présente dépêche, figurent, en regard des montants proposés avec les chiffres de 1940 pour mémoire, ceux de 1939 seuls à considérer comme chiffres de base.

Les montants à allouer en 1941 auraient donc dû être dans l'ensemble sensiblement les mêmes que ceux de 1939. Cependant, j'ai cru pouvoir faire, une fois encore, appel au patriotisme des dirigeants de nos établissements et leur demander de consentir – dans une plus faible mesure, il est vrai que l'an dernier – à des sacrifices qui nous permettent de revenir par paliers aux montants équivalents à ceux de 1939. Ceux-ci ont compris la nécessité où nous nous trouvons de ne leur donner cette année que les deux tiers seulement des allocations reçues il y a deux ans, pourtant à peine suffisantes alors, pour combler le déficit de leur budget, et ils feront de leur mieux pour faire fonctionner les œuvres qu'ils dirigent dans les meilleures conditions.

En ce qui concerne les œuvres diverses, il me paraît difficile de ne pas majorer également, cette année, leurs subventions car ces œuvres sont, pour nous, des éléments d'influence que nous ne pouvons négliger.

Enfin le Département connaît la situation de nos deux hôpitaux d'Istanbul et d'Izmir. Les augmentations d'impôts les atteignent plus directement que tous les autres établissements. Aussi n'est-il pas possible de réduire les demandes présentées pour ces œuvres par nos consuls généraux.

C'est dans ces conditions que j'ai cru devoir revenir sur la proposition, d'ailleurs très générale, qu'avait faite mon prédécesseur de maintenir cette année, à peu de chose près, les chiffres de 1940, et que j'ai demandé au

---

[1] Document non retrouvé.

service des Œuvres de réserver un montant global de 1 060 000 francs, supérieur de moins de 400 000 francs à celui de l'an dernier, mais encore inférieur de près de 400 000 francs à celui de 1939 auquel, l'an prochain, nous serons obligés de revenir si nous ne devons pas encore le dépasser. J'adresserai d'ailleurs prochainement au Département en réponse à son télégramme n° 655 des propositions à ce sujet.

Je serais heureux que le Département voulût bien, après examen des tableaux ci-joints, accepter mes propositions et m'autoriser par télégramme à régler au plus tôt ces dépenses.

ANNEXE

Tableau général des propositions de subventions pour 1941

Subventions régulières	allouées en 1939	allouées en 1940	proposées pour 1941
I- Établissements scolaires			
a) français	F. 455 000	F. 160 000	F. 320 000
b) minoritaires	F. 167 000	F. 30 000	F. 60 000
II- Œuvres diverses	F. 215 000	F. 125 000	F. 160 000
III- Hôpital Pasteur d'Istanbul	F. 410 000	F. 247 000	F. 400 000
Hôpital d'Izmir	F. 60 000	F. 60 000	F. 60 000
IV- Bibliothèque d'Istanbul	F. 92 000	F. 50 000	F. 60 000
	F. 1 399 000	F. 672 000	F. 1 060 000

Subventions extraordinaires
Impôts immobiliers de l'Hôpital Pasteur – pour mémoire
Travaux urgents à l'Hôpital d'Izmir – *idem* –

CHAPITRE I

ÉTABLISSEMENTS SCOLAIRES

Français (Istanbul et Izmir)
Institut de Jeunes Filles Notre-Dame de Sion à Istanbul	50 000 Frs.
École de Jeunes Filles Sainte-Pulchérie à Istanbul (Filles de la Charité)	20 000
École de Jeunes Filles Notre-Dame de la Providence à Istanbul (Filles de la Charité)	20 000
École de Jeunes Filles Notre-Dame de Lourdes à Istanbul (Sœurs Géorgiennes)	20 000
Collège Saint-Benoît (Lazaristes) à Istanbul	100 000
Collège Saint-Joseph (Frères) à Istanbul	50 000
Collège Saint-Michel (Frères) à Istanbul	30 000
Collège Saint-Joseph (Frères) à Izmir	20 000
École de Filles de l'Hôpital à Izmir (Filles de la Charité)	10 000

Total   320 000 Frs.

Minoritaires (Istanbul)

Lycée Juif	20 000
École de l'Alliance israélite	5 000
Lycée grec Zografion (garçons)	5 000
Lycée grec Zappion (filles)	5 000
École centrale (grecque) de jeunes filles	5 000
École gréco-française Tarsy-Varidou	5 000
École gréco-française Odighitria	5 000
École centrale arménienne	5 000
École Essayan	5 000
Total	60 000 Frs.
Total général	380 000 Frs.

CHAPITRE II

Œuvres diverses

Asile des Petites Sœurs des Pauvres	10 000
Hospice de vieillards « Artigiana »	5 000
Comité de secours du consulat général Istanbul	60 000
Comité de secours du consulat général Izmir	12 000
Paroisse Saint-Louis (de l'ambassade) à Péra (Capucins)	7 000
Paroisse Sainte-Thérèse (de l'ambassade) à Ankara (Assomptionnistes)	7 000
Paroisse de Kadikeuy à Istanbul (Assomptionnistes)	4 000
Paroisse d'Izmir (Capucins)	7 000
Paroisse d'Adana (Jésuites)	4 000
Paroisse de Mersine (Capucins)	4 000
Paroisse de Zongouldak (Assomptionnistes)	4 000
Paroisse de Bursa (Lazaristes)	4 000
Cours de français des Maisons du Peuple	10 000
Cours de l'École des Langues à Istanbul	4 000
Leçons, cours et conférences bénévoles divers, instituteurs et institutrices libres en Turquie	18 000
Total	160 000 Frs.

CHAPITRE III

Hôpital français Pasteur d'Istanbul Subvention de fonctionnement (36 000 allocation au Directeur)	400 000 Frs.
	(364 000 allocation à l'œuvre)

CHAPITRE IV

Hôpital français d'Izmir Subvention de fonctionnement	60 000 Frs.

CHAPITRE V

Bibliothèque française d'Istanbul Subvention de fonctionnement 60 000 Frs :	(30 000 allocation au Directeur) (30 000 allocation à l'œuvre)

Guerre 1939-1945, Vichy, E Levant, Turquie, 137 (4GMII/137)

351

LE MARÉCHAL PÉTAIN, CHEF DE L'ÉTAT FRANÇAIS, PRÉSIDENT DU CONSEIL,
AU PRÉSIDENT ROOSEVELT, PRÉSIDENT DES ÉTATS-UNIS
D'AMÉRIQUE.

L.   *Vichy, 17 septembre 1941.*

Monsieur le Président et cher ami,

Je vous remercie très sincèrement d'avoir bien voulu m'exposer, avec toute la netteté qu'autorise une communication de forme personnelle, la position du gouvernement des États-Unis et du peuple américain en ce qui concerne la question de l'intégrité de l'Empire français.

J'ai été particulièrement heureux de trouver dans votre lettre cet esprit de loyale franchise et de compréhension amicale qui, dans les circonstances tragiques que traverse le monde, doit permettre d'écarter tout malentendu entre nos deux pays, également fidèles au maintien des relations qui les unissent traditionnellement.

C'est donc avec une très sincère satisfaction que je prends acte du désir du gouvernement américain de ne voir se produire aucun changement ni aucun empiétement sur la souveraineté française actuelle en Afrique du Nord ou dans une colonie française quelconque, tant que la France exerce sur ces territoires un contrôle souverain et absolument entier. Cette affirmation met heureusement fin à certains bruits, d'origine sans doute tendancieuse, mais auxquels les déclarations de personnalités américaines avaient donné publiquement écho, relatifs à de prétendues nécessités stratégiques risquant de mettre en cause la situation de territoires français[1].

En ce qui concerne le maintien par la France de l'exercice de tous ses droits de souveraineté sur les territoires de l'Afrique française du Nord et sur toutes les colonies françaises, je vous répète de la façon la plus catégorique que le gouvernement français a toujours été et est toujours résolu à en assurer le respect contre toute attaque. Sa volonté à cet égard est toujours aussi ferme et il en a donné des preuves indiscutables en plusieurs circonstances. Permettez-moi toutefois de constater que les seules attaques qu'aient eues à subir les territoires relevant de l'autorité ou de la souveraineté de la France ont été effectuées par des forces armées britanniques ou par des rebelles français ouvertement appuyés par ces forces, attaques sans justifications qui ont abouti dans certains cas à l'occupation militaire[2] et qui, malgré leur caractère évident de violence, n'ont provoqué aucune condamnation ni même aucune réprobation dans les milieux dirigeants américains.

---

[1] Voir aussi le document n° 225.
[2] Il s'agit particulièrement de l'affaire de Syrie.

Ces agressions ne peuvent que confirmer le gouvernement français dans sa volonté de renforcer tous les moyens de défense dont il pourrait disposer pour assurer le respect de ses droits ; et je puis vous donner l'assurance qu'il considère comme son premier devoir de s'opposer, avec toutes ses forces à tout ce qui pourrait mettre en péril le maintien de sa souveraineté sur les territoires dont il a la garde.

Mais, comme vous le rappelez vous-même, la France se trouve actuellement sous le régime de deux conventions d'armistice qui lui imposent certaines obligations limitant sa liberté d'action, notamment en ce qui concerne l'aménagement de ses forces militaires. Elle doit à cet égard subir la présence en Afrique du Nord de commissions de contrôle dont l'autorisation est indispensable pour procéder à tout renforcement des moyens de défense militaire. La présence de ces commissions ne saurait être invoquée pour mettre en doute la sincérité des efforts que soutient le gouvernement français pour augmenter, plus particulièrement en Afrique, ses moyens de résistance contre toute tentative d'atteinte à sa souveraineté et à ses droits.

Cependant, puisque vous voulez bien vous placer vous-même sur le terrain de l'entière franchise, permettez-moi de m'exprimer à mon tour à cœur ouvert. Je ne reviendrai pas sur le triste chapitre – rappelé ci-dessus – des agressions anglaises dont l'Empire français a été l'objet. Mais je tiens à attirer votre attention personnelle sur la situation tragique où l'incompréhension hostile pour ne pas dire inhumaine de l'Angleterre met nos malheureuses populations européenne et indigène de Djibouti[1] ; je me refuse à croire que le gouvernement et le peuple américains puissent rester insensibles au sort de cette poignée d'hommes dont l'héroïque fidélité à leur patrie ne peut menacer aucun intérêt britannique.

J'ai encore plus à cœur, à l'occasion de ce libre échange de vues dont je vous remercie d'avoir pris l'initiative, de protester de toute mon indignation contre les efforts odieux déployés chaque jour avec plus d'acharnement par la propagande anglaise pour semer le désordre en France. Je n'insiste pas sur les injures grossières que laisse diffuser le gouvernement britannique sur ma personne ou sur mes collaborateurs. Mais il est de mon devoir de m'élever de toute mon énergie contre tout ce qui est de nature à diviser les Français, dans un temps où le malheur nous impose de rester plus unis qu'à aucune autre époque de notre histoire. Il est de mon devoir de dénoncer au président de la grande République américaine amie une campagne systématiquement hostile qui risque d'affecter non seulement la situation intérieure française, mais aussi les intérêts américains essentiels. Le déchaînement de troubles en France provoquerait en effet sans aucun doute, sous une forme et dans des limites impossibles à prévoir, une intervention des forces armées allemandes et une extension de l'occupation qui irait directement à l'encontre des intérêts essentiels américains, si clairement définis dans votre lettre.

---

[1] Voir le document n° 75.

Ainsi que vous m'y aviez invité, c'est en toute franchise et en toute loyauté que j'ai répondu à votre lettre du 21 août[1]. Cette réponse vous apporte, je l'espère, tous les apaisements que vous attendiez. Soyez sûr en tout cas qu'elle s'inspire uniquement de la très haute sympathie que j'éprouve pour votre personne et de la fidélité aux liens de traditionnelle amitié qui unissent nos deux peuples. Je suis heureux de la confier aux bons soins de l'amiral Leahy qui sert ici avec tant de dévouement la cause de l'amitié franco-américaine et qui est toujours assuré de trouver auprès de moi et de l'amiral Darlan l'accueil que justifieraient seules la sûreté de son jugement et l'étendue de ses informations si je ne connaissais la confiance particulière dont vous l'honorez.

Guerre 1939-1945, Vichy, B Amérique, États-Unis, 34 (1GMII/34)

352

M. DE LAFORCADE, MINISTRE DE FRANCE À DUBLIN,
  À L'AMIRAL DARLAN, VICE-PRÉSIDENT DU CONSEIL, MINISTRE DE LA
  DÉFENSE NATIONALE, SECRÉTAIRE D'ÉTAT AUX AFFAIRES ÉTRANGÈRES
  ET À LA MARINE.

T. n°s 820 à 830.   *Dublin, 18 septembre 1941, 18 h. 45.*

(*Reçu* : le 19, 19 h. 10)

Suite à mon télégramme n° 797[2].

En ce qui concerne les relations franco-anglaises, mon collaborateur n'a pu que constater l'étendue de l'évolution signalée par mon télégramme

---

[1] Document non retrouvé.

[2] Le T. n° 797 reçu le 19 septembre, donnait des nouvelles de Londres rapportées par un agent de la légation. « La trêve des bombardements continue depuis le 10 mai et on pense que cette trêve se prolongera quelque temps, les Allemands ne paraissant pas avoir ramené à l'ouest leurs installations en vue de la reprise de l'offensive aérienne sur l'Angleterre. Un sentiment d'euphorie résulte de cette accalmie. Cependant le gouvernement multiplie les avertissements ainsi que les mesures de défense. L'optimisme de la population préoccupe le gouvernement qui doit mettre constamment l'accent sur les aspects défavorables de la situation, en publiant des nouvelles d'un pessimisme exagéré, notamment en ce qui concerne l'état de la production de guerre : en fait, celle-ci, peu atteinte par les bombardements, dépasse sensiblement la production américaine. Du côté des ouvriers, le gouvernement trouve, surtout depuis l'affaire de Russie, toute l'ardeur nécessaire. Le patriotisme et l'abnégation des Russes font l'objet d'une admiration unanime sans cependant que l'Angleterre devienne le moins du monde perméable au communisme : la croisade antibolchevique n'a aucune chance de créer une fissure quelconque dans l'unité morale du pays et les signes d'union qui se manifestent depuis un an entre les différentes classes vont grandissant. Le moral anglais se trouve d'ailleurs renforcé par les constatations ci-après : l'aviation britannique a gagné il y a un an la bataille de Grande-Bretagne, l'invasion a été évitée, l'île rendue pratiquement imprenable ; la bataille de l'Atlantique se déroule de plus en plus favorablement, la participation américaine sur mer est en partie acquise, l'Égypte a été sauvée, de précieuses positions gagnées en Syrie, Irak et Iran. De plus, des signes concordants annoncent le réveil de l'Europe occupée et des difficultés grandissantes pour les occupants. Tout espoir d'ébranler le moral britannique semble donc devoir

n° 749[1]. Sans doute reconnaît-on à Londres les fautes du régime disparu et n'a-t-on en général aucun désir d'en faciliter la restauration. Mais aucun ménagement n'est plus observé dans les critiques dirigées contre le gouvernement français et il devient de plus en plus difficile de se faire écouter.

D'après les renseignements parvenus à Londres, on assure qu'un fossé infranchissable se creuse entre le peuple français et « le gouvernement de Vichy », et qu'aucune force de police ou renforcement de pouvoirs personnels n'empêchera l'opinion française de manifester son hostilité à la politique de collaboration. Les Anglais imaginent volontiers que, sans le réveil du peuple français et sans la crainte qu'il inspire, le gouvernement serait allé plus loin encore dans la « complicité avec l'Allemagne ». Inutile de dire que l'on ne lui sait aucun gré de cette modération relative.

Pour les hommes les plus modérés, tout découle de la faute initiale de l'armistice.

Le gouvernement français avait cru traiter honorablement avec les nazis, comme si l'on pouvait traiter avec le cancer ou la tuberculose. Il avait eu en vue principalement le sort des prisonniers, mais combien en avait-il récupérés jusqu'ici, et dans quel état de délabrement physique et moral ? En réalité, les Allemands s'arrangeront toujours pour que ces deux millions de jeunes hommes soient rendus, par les privations et la souffrance physique, inutilisables pour la France.

« Il y a un an, le maréchal Pétain avait estimé indispensable le retour du gouvernement à Paris[2]. Or, il est toujours à Vichy.

L'Indochine n'aurait sans doute pas été menacée ni perdue si la France avait continué la lutte, car le Japon aurait hésité à se mesurer avec la flotte française. Or, quoi qu'on en dise, cette flotte est aujourd'hui prisonnière, et

---

être exclu. » (résumé dans la série des Télégrammes à l'Arrivée et au Départ, Guerre 1939-1945, Vichy, C État français, 48).

[1] Ce télégramme « confidentiel » n° 749 de Dublin, reçu le 24 août, est résumé ainsi : « Notre ministre refait l'historique des sentiments de l'opinion du Royaume-Uni à l'égard de la France depuis l'armistice : récriminations en septembre-octobre 1940, puis revirement en faveur du maréchal Pétain, mais au début de 1941 querelle du blocus et incident du *Nemours* ; puis aggravation progressive jusqu'à l'affaire de Syrie. À l'heure actuelle, les Anglais estiment « qu'il n'y a plus rien à attendre de Vichy que de désagréable ». En fait, lorsqu'il parle de la France, l'Anglais moyen déclare le plus souvent qu'« il ne comprend pas » ; la collaboration franco-allemande lui semble une monstruosité : « La France, réduite à l'état de province dans une Europe nazifiée ne serait plus la France », la politique du gouvernement français lui semble dictée par Berlin qui use de moyens de chantage, mais alors pourquoi célébrer cette politique comme la véritable vocation de la France ? L'idée qu'il faut distinguer entre la nation française et son gouvernement persiste dans l'esprit du public anglais et la présence en Angleterre des « Français libres » est interprétée comme une garantie de la vitalité et de la volonté de liberté des Français. À ce point de vue, la popularité des « Français libres » a beaucoup grandi : hommes politiques et hauts-fonctionnaires britanniques prêtent une oreille de plus en plus distraites aux « thèses de Vichy », mais ils s'étonnent de ses manifestations oratoires. Les milieux les mieux disposés pour nous souhaiteraient nous voir proclamer notre impuissance ou alors garder le silence. » (Guerre 1939-1945, Vichy, C État français, 47).

[2] Voir *DDF (1939-1944)*, 1940-2, document n° 48.

même pire que cela, puisque la France ne pourrait en retrouver l'usage qu'au bénéfice de l'Allemagne[1].

Les dirigeants français entendent-ils jouer au plus fin avec Hitler ? Vont-ils convertir au machiavélisme une nation comme la France, ayant derrière elle une tradition séculaire de clarté et de courage politiques, avec en face de soi les professeurs du chantage et de la duperie qui de plus possèdent tous les atouts matériels en mains ? Devant de tels adversaires machiavéliques, les Français ne seront que de pauvres apprentis. D'ailleurs, comment Hitler, possédant déjà tout, réellement ou virtuellement, se laisserait-il entraîner à des marchandages inutiles ? Ce n'est pas son habitude. Croit-on qu'il se laissera, à force de soumission, finalement flatter ? Mais, c'est humilier le peuple français inutilement.

En fait, le gouvernement de Vichy se trouve dans une situation inextricable et pitoyable. Il a cru sauver la nation du péril communiste, mais au prix d'une solution boiteuse, par l'instauration d'un fascisme de la défaite, c'est-à-dire d'une dictature appliquée à maintenir au bénéfice du vainqueur la permanence de la défaite et de l'humiliation, alors que le modèle étranger dont on s'est inspiré avait (…)[2] d'une réaction xénophobe contre un état d'infériorité et d'exaltation de l'orgueil national.

Comment espère-t-on régénérer le peuple français en lui prêchant la soumission et l'humiliation, en proposant à son patriotisme l'idéal d'une France réduite à l'état de province dans un Empire fondé sur des principes contre lesquels se dressent des siècles de civilisation française ?

Si le gouvernement de Vichy réussit dans cette tâche, ce sera l'asservissement de la France réalisé par des mains françaises, la disparition d'une force spirituelle indispensable à la civilisation mondiale. S'il échoue, ce sera au moment de la libération du peuple français des convulsions imprévisibles, une confusion intellectuelle et morale qui risquera d'entraîner dans la même (…)[3] tout ce qui aura été mêlé à la politique actuelle : personnel dirigeant, armée, marine et un (…)[4] de l'armature de la Nation ».

Ces propos tenus à mon collaborateur ne sont pas nouveaux. Les mêmes personnalités les tenaient déjà il y a un an, tant ces conclusions leur semblent découler naturellement de la situation créée par l'armistice. Cependant, il a fallu l'affaire de Syrie pour voir ces idées se répandre dans l'opinion publique d'une façon presque générale. Jusque-là l'homme de la rue pensait que le maréchal Pétain se retirerait en Afrique avec la flotte le jour où il n'aurait plus conservé d'illusions sur le jeu allemand. Avec les bruits[5] d'infiltration nazie en Syrie, en Afrique du Nord et à Dakar, les Anglais ont perdu tout espoir à ce sujet.

---

[1] Voir document n° 349 pour une note de synthèse récapitulant la confrontation franco-japonaise autour de l'Indochine.

[2] Lacune de déchiffrement.

[3] Lacune de déchiffrement.

[4] Lacune de déchiffrement.

[5] « les bruits de » sont un ajout manuscrit (du bureau du chiffre).

Je ne rapporterais pas ces propos en détail si je n'étais convaincu de l'influence qu'ils exercent maintenant sur l'opinion britannique. Pour l'ensemble des gens insensibles aux motifs comme aux explications, chaque étape de la collaboration franco-allemande est ressentie comme une nouvelle trahison.

On ne saurait imaginer que les décisions que nous prenons actuellement puissent être sans effet sur le sort de notre pays en cas de victoire britannique à cause de la distinction qui est faite entre le gouvernement et le peuple français. La responsabilité de nos actes retombera nécessairement sur la France. L'état d'esprit que je signale est maintenant trop répandu pour ne pas alimenter le vieux fond de méfiance et de rancune à l'égard de la France qu'ont toujours entretenu certains éléments du peuple britannique. Nous risquons de donner des arguments à une campagne contre la France au moment de la paix. Il n'y a pas lieu de douter de la parole de M. Churchill ni de l'intérêt que la Grande-Bretagne aura fatalement à restaurer la France. En dehors de cette restauration, bien d'autres problèmes se poseront même au traité de paix, ne serait-ce que dans nos relations avec les alliés de l'Angleterre et lorsque les difficultés surgiront, chaque fois que l'on voudra nous refuser quelque chose ou nous faire tort, il sera trop facile de s'abriter derrière les réactions d'une opinion publique que nos actes auraient rendue décidément francophobe[1].

Guerre 1939-1945, Vichy, Z Europe, Grande Bretagne, 332
(10GMII/332)

353

M. Pietri, Ambassadeur de France à Madrid,
à l'Amiral Darlan, Vice-Président du Conseil, Ministre de la
Défense nationale, Secrétaire d'État aux Affaires étrangères
et à la Marine.

T. n° 1296.   *Madrid, 18 septembre 1941.*

En clair.   *(Reçu[2] : le 23, 20 h.)*

Je me réfère à mon télégramme n° 1394[3].

Le langage que tiennent plusieurs personnalités espagnoles sur la nécessité de préparer une entente des États méditerranéens doit être rapproché

---

[1] Les numéros 828 à 830 ont été envoyés le 19 septembre à 19 h et ont été reçus le 20. Le numéro 830 est une répétition du n° 827. Des notes du Bureau du chiffre rendent compte des difficultés de distribution.

[2] Par courrier.

[3] T. en clair en date du 17 septembre 1941 du chargé d'affaires de France à Madrid, Lamarle, au Département (*in* Guerre 1939-1945, Vichy, Z Europe, Croatie, 957). Il y est rapporté les propos d'un membre du Conseil national de la Phalange en contact avec les milieux fascistes italiens :

du changement d'attitude que l'on constate à notre égard dans les milieux officiels et que l'ambassade a maintes fois signalé depuis quelques semaines[1]. Sans doute les cercles gouvernementaux sont-ils plus prudents ou plus nuancés que tel ou tel publiciste qui n'engage que lui-même. Ils semblent, pour le moment, désireux d'amener tout d'abord, entre Madrid et Vichy, une amélioration de l'atmosphère. Mais il y a, à la base de leur récente évolution, comme de l'état d'esprit moins nouveau des traditiona-listes, de certains intellectuels et ecclésiastiques, des préoccupations causées par l'incertitude qui caractérise la situation actuelle de l'Europe. La pro-longation de la guerre, son extension, ses complications déjà réalisées ou possibles, constituent la cause primordiale de cette incertitude.

1°) En premier lieu, il y a, pour l'Espagne et la France, un danger com-mun qui vient de leur position géographique et qui réside notamment dans les visées attribuées aux Anglo-Saxons sur la côte africaine de l'Atlantique. Des chefs de l'armée espagnole ont insisté, dans des conversations avec nos attachés militaires, sur le parallélisme qu'il y a, à ce point de vue, entre les intérêts des deux pays.

2°) L'avenir même du continent européen, dans l'ordre politique et social, n'est pas sans inspirer ici quelque inquiétude. Les craintes viennent, en particulier, de la menace révolutionnaire qui résulte de la durée du conflit et que la lutte entreprise contre l'Union soviétique ne semble pas devoir écarter complètement. En Espagne, le péril est la conséquence des ran-cunes accumulées et de la misère des classes ouvrières. Les renseignements contenus dans ma lettre n° 417 du 10 août 1941[2], se trouvent chaque jour confirmés et précisés. Une dame de la société madrilène, qui, par son acti-vité dans des œuvres charitables, a de la situation une connaissance peut-être plus exacte que l'administration, a été stupéfiée de trouver sur son chemin des preuves du fonctionnement d'une organisation analogue au « Secours rouge international ».

D'autre part, il est notoire qu'au sein même de la Phalange, les élé-ments les plus intransigeants sont d'anciens communistes ou anarchistes

---

« 1) Comme R. Hess l'avait conseillé, Hitler aurait dû s'arranger avec l'Angleterre. Après avoir attaqué la Russie, il lui faudra reprendre la lutte contre l'Angleterre, mais sans les forces perdues sur le front de l'Est. 2) Viendra un moment où l'Angleterre et l'Allemagne usées par leur lutte, on s'apercevra que les forces spirituelles l'emportent sur la puissance matérielle. Ce sera l'heure pour l'Espace, la France et l'Italie, héritières de la civilisation romaine, de s'unir. Cet état d'esprit est présent chez de nombreux représentants du haut clergé espagnol, alors que l'Église semble en voie de reprendre la main en Espagne, sur la Phalange. »

[1] À partir de l'été 1941, l'ambassadeur Pietri commence à discerner une attitude plus amicale des autorités espagnoles à l'égard de la France. Celles-ci sont en effet désormais convaincues que l'action militaire du Reich en URSS et la collaboration franco-allemande ne leur laissent plus d'espoir d'obtenir de l'Axe les satisfactions territoriales réclamées par Madrid en Afrique du Nord. La seule chance qui leur reste réside désormais dans un arrangement bilatéral avec Vichy, ce qui implique de ménager les susceptibilités françaises. Voir par exemple la D. n° 476 de F. Pietri à Darlan en date du 15 septembre 1941, au sujet de l'évolution de l'attitude espagnole envers la France et les revendications impérialistes (Guerre 1939-1945, Vichy, Z Europe, Espagne, 244, document non reproduit).

[2] In Guerre 1939-1945, Vichy, Z Europe, Espagne, 263, de Lamarle à Darlan ; le thème en est « Misère et mécontentement ».

« évolués ». Même s'il ne s'agit pas d'un noyautage conscient et systématique, le danger est réel. La crise ouverte actuellement par l'agitation des
chefs syndicalistes montre la gravité du problème.

Il n'est donc pas surprenant que l'Espagne envisage de coordonner sa
défense dans ce domaine avec des nations voisines qui ont, elles aussi, des
raisons d'être sur leurs gardes, et, vraisemblablement, une des considérations qui la pousse davantage encore à tourner ses regards vers la France,
c'est qu'elle n'a qu'une confiance relative dans les facultés de résistance de
l'Italie. La faiblesse intérieure de ce dernier pays est aujourd'hui un thème
de discussion courant dans les salles de rédaction de Madrid.

Ainsi, les soucis que cause aux dirigeants espagnols la situation intérieure
et extérieure entrent pour une bonne part dans la modification de leur
attitude envers la France. Néanmoins, dans les attentions qu'ils commencent à nous témoigner, il y a toujours l'arrière-pensée de faire une
opération avantageuse sur le plan des « réajustements territoriaux ». Cette
idée de marchandage n'est, d'ailleurs, pas propre aux seuls phalangistes ;
le colonel Beigbeder l'avait exposée sans ambages, il y a un an, à M. de la
Baume. Ma conclusion rejoint celle de l'ambassadeur dans sa lettre n° 477
du 15 septembre[1].

En dehors des conseils de prudence que peuvent nous inspirer les circonstances, cette observation est à retenir pour l'appréciation des invites esquis-
sées à notre adresse.

Guerre 1939-1945, Vichy, Z Europe, Croatie, 957 (10GMII/957)

354

NOTE DE LA DÉLÉGATION GÉNÉRALE DU GOUVERNEMENT FRANÇAIS
DANS LES TERRITOIRES OCCUPÉS
À LA VICE-PRÉSIDENCE DU CONSEIL

Note concernant un condominium franco-allemand sur l'Afrique

N. n° 9034/K.S.[2]   *Paris, 18 septembre 1941.*

Résumé.

L'Allemagne n'a jamais cessé de s'intéresser activement au problème de
la colonisation. Elle a entretenu de tous temps des chercheurs scientifiques

---

[1] Document non retrouvé. Annotation marginale manuscrite non signé : « M. [illisible]. Prière
de retrouver ces lettres. »

[2] Le numéro est celui du bordereau d'envoi, signé p.o. le Chef de cabinet et qui précise :
« Désignations des pièces : Note sur l'organisation éventuelle d'un condominium franco-allemand
sur l'Afrique. Études entreprises dès maintenant par les Allemands pour sa préparation. Rôle
prépondérant joué par l'ethnographie dans la préparation de la documentation et prévisions sur
le rôle que cette science serait appelée à jouer ultérieurement. Observations : À toutes fins utiles.
Cette note faite par un technicien de la question est particulièrement intéressante. »

et des établissements divers (musées, instituts, chaires d'université) constituant autant de centres de recherche et cela même dans une période où les colonies lui faisaient entièrement défaut.

Placées dans des conditions différentes, l'Angleterre et l'Amérique ont poursuivi le même effort. La France, dans ce domaine, a fait preuve d'une activité plus modeste de sorte qu'elle se trouve d'ores et déjà très en retard.

Or, les recherches allemandes ont abouti, en ce qui concerne l'Afrique, à l'établissement de principes actuellement appliqués dans une série de travaux préparatoires, prélude à des réalisations pour lesquelles la France risque de se trouver également en retard.

Il y a donc lieu, quel que soit le statut futur de l'Afrique, de remédier à cet état de choses, c'est-à-dire de développer les recherches coloniales et de donner à l'ethnographie, science impériale, la place qu'elle occupe en Allemagne, en Angleterre, en Amérique.

En premier lieu, le seul établissement ethnographique français, le Musée de l'Homme, ne doit plus rester une simple section d'une chaire du Muséum d'histoire naturelle confiée à un spécialiste appartenant à une autre discipline. Il doit être rattaché aux Musées Nationaux ou à tout autre organisme lui permettant de réaliser son plein épanouissement, c'est-à-dire de devenir le Centre des études ethnographiques de l'Empire français. Par le rayonnement qu'il a déjà acquis malgré sa position de second plan, par celui qu'il pourrait acquérir encore grâce à cette réforme, il deviendrait rapidement une pépinière de spécialistes prêts à fournir à la France les équipes de techniciens es sciences humaines qu'elle n'a pas encore et qui existent dans les grands pays étrangers.

L'établissement d'un condominium franco-allemand sur la presque totalité du continent africain (Afrique orientale italienne exceptée) est entré dans les plans du gouvernement allemand depuis les événements de Dakar.

La charte de ce condominium n'est pas encore connue, mais il est possible de se rendre compte dès maintenant de l'esprit qui préside aux théories allemandes concernant la colonisation.

Ces théories sont entrées depuis plusieurs mois en application en ce sens qu'elles sont utilisées dans l'élaboration de documents devant servir de base à l'administration future de l'Afrique.

L'essentiel de ces travaux préparatoires est l'établissement, par des ethnographes appartenant à diverses nations, de monographies concernant toutes les populations de ce continent, qui a été divisé en rectangles tracés suivant les méridiens et les parallèles. Selon la densité de la population et l'homogénéité des civilisations, un ou plusieurs rectangles ont été affectés à l'ethnographe spécialiste des régions correspondantes. Pour pallier aux inconvénients d'une telle division, les bases ainsi fixées furent modifiées par les travailleurs soucieux de prendre comme limites les frontières des groupes ethniques.

Il avait été décidé en principe que savants allemands, belges, français et italiens collaboreraient à ce travail, chacun étudiant les populations qu'il connaissait le mieux. En réalité l'Allemagne, qui disposait d'un grand nombre de techniciens, s'est réservé tout d'abord la plus grosse part de ces études, et ce n'est qu'à la suite de l'action de deux collaborateurs français qu'une surface plus importante a été confiée à notre pays. Finalement 17 rectangles ont été attribués à l'Allemagne, 9 à la France, 2 à la Belgique et 4 à l'Italie.

Les monographies à établir comportent un grand nombre de questions précises concernant les mœurs, techniques et institutions des populations indigènes qui sont classées en deux catégories traitées selon deux principes différents :

Les populations restées fidèles aux coutumes ancestrales et auxquelles sera appliqué le principe du *statu quo* ;

Les populations à demi-civilisées auxquelles sera appliqué le principe de l'évolution dirigée.

Ainsi, les populations non-évoluées seront maintenues telles qu'elles sont dans leur cadre matériel et spirituel. Tout changement à ce cadre, toute introduction d'idées ou d'objets européens, toute mesure administrative touchant les institutions indigènes ne pourront être acceptées que dans les conditions exposées plus loin.

Pour les populations évoluées, la question se pose d'une manière toute différente et l'on peut dire qu'à chaque cas correspondra une solution. Il sera nécessaire, pour chacun d'eux, de déterminer le degré et la qualité de l'évolution atteinte, c'est-à-dire ce qui aura été adopté de nos civilisations, les libertés qui auront été accordées, l'importance économique qui aura été atteinte, l'influence exercée par nos religions, etc.

Les monographies établies en tenant compte de ces principes sont destinées à composer un *Manuel d'ethnologie coloniale* que publie l'Institut bibliographique de Leipzig, sous la direction du professeur H. Bernatzig. À l'appui du texte ainsi conçu vient une série de cartes dont les principales concernent la répartition des populations selon les deux grandes catégories précitées.

Le *Manuel* est destiné à servir de guide aux coloniaux, officiels ou non. Édité en allemand, il est prévu une traduction française qui paraîtra dès la signature du traité de paix entre la France et l'Allemagne.

L'Institut bibliographique considère de plus ce *Manuel* non pas comme un ouvrage définitif, mais comme une mise au point provisoire permettant l'application d'une série de mesures d'ordre général. Il prévoit que des expéditions composées de techniciens de toutes sortes, géologues, naturalistes, linguistes, cinéastes, etc. dirigées par des ethnographes, se rendront dans les contrées où les recherches doivent être continuées, voire commencées.

Ainsi sera préparé un vaste réseau d'études permettant la mise au point continuelle du dit *Manuel*.

L'application des principes schématiquement exposés ci-dessus sera confiée à un service ethnographique qui fera partie de l'organisation administrative coloniale.

Dans chaque région considérée, un ethnographe compétent dirigera l'évolution des populations si elles font partie des demi-civilisées ou, si elles se placent dans l'autre cas, interviendra dans toute décision officielle ayant une incidence quelconque sur les institutions indigènes. Il jouira, à cet égard d'un droit de *veto* absolu.

C'est dire que l'ethnographe jouera un rôle de premier plan dans la colonisation. Son action s'exercera dans tous les domaines. Ainsi elle se fera sentir auprès du service sanitaire (qui sera spécialement développé) pour faire accepter aux indigènes non-évolués, par des méthodes appropriées, certains traitements qui pourraient les inquiéter ou les indisposer à l'égard des colonisateurs. Des méthodes d'hygiène, adaptées par des spécialistes à la coutume indigène, seront également soumises, dans leur application, à la surveillance de l'ethnographe.

Non moins grand serait le rôle de l'ethnographe au point de vue économique ; toute importation jugée par lui néfaste à la population ou devant entraîner une modification des coutumes serait ou interdite ou sévèrement réglementée. En particulier, l'introduction d'outils destinés apparemment à améliorer les techniques indigènes ne pourrait se faire que lorsqu'il y aurait un accord complet entre l'ethnographe, les chefs indigènes et les artisans.

En ce qui concerne la collaboration indigène, aucune pression ne sera exercée dans le but d'amener les populations à fournir des travailleurs si elles n'y sont pas disposées. Aucune transplantation ne pourra être effectuée en principe. Dans le cas où elle serait cependant jugée nécessaire, les modalités en seraient étudiées avec soin. Si certains travaux d'intérêt très général nécessitaient des transports de travailleurs, les précautions prises iraient jusqu'à prévoir le déplacement de prêtres permettant aux intéressés l'exercice de leur culte *quel qu'il soit*[1].

Ces exemples suffisent à montrer le rôle pratique qu'est appelé à jouer l'ethnographe jusque-là confiné, souvent malgré lui, dans des études théoriques.

Des conclusions pratiques s'imposent dès maintenant, quelle que soit l'idée qu'on se fasse du statut futur de l'Europe et de l'Afrique. Il n'est pas téméraire en effet de penser que le continent noir jouera un rôle beaucoup plus important que par le passé dans l'économie européenne. Il faudra donc, lorsque ces grandes questions seront posées au cours de conférences internationales, que notre pays dispose non seulement d'experts politiques capables de défendre la cause coloniale française, mais encore de techniciens en mesure de préciser la nature et l'importance de la collaboration indigène. Une équipe française doit être présente là où seront les nombreuses équipes allemandes, anglaises, américaines.

Passée la période des décisions de principe, notre pays devra également être pourvu de spécialistes es-sciences humaines capables de jouer le rôle sommairement esquissé dans le présent rapport.

---

[1] Souligné dans le texte.

À cet effet, le gouvernement se doit de donner la place qui leur convient aux disciplines ethnographiques dont l'intérêt scientifique et pratique n'est plus discuté aujourd'hui. Il se doit de rassembler toutes les forces éparses qui se dépensent pour l'étude de l'homme et de profiter de l'intérêt sans cesse croissant que témoignent les jeunes pour celle-ci.

Pour atteindre ce but, il lui suffit d'employer un outil déjà créé et dont la réorganisation ne nécessite aucune dépense importante : le Musée de l'Homme[1], anciennement Musée d'ethnographie, seul établissement de ce genre en France, indépendant depuis 1877 jusqu'en 1928, puis rattaché pour des raisons administratives à un laboratoire du Muséum.

L'organisation actuelle fait de ce Musée une simple section d'un laboratoire. Elle le met sous la tutelle d'un titulaire exerçant des disciplines sans rapport avec l'ethnographie.

Pour devenir un centre actif, une pépinière de spécialistes, le Musée doit reprendre son indépendance vis-à-vis du Muséum et être rattaché à un organisme, tel que les Musées Nationaux par exemple, où il pourra s'épanouir et jouer le rôle pratique qu'on attend de lui dans les circonstances actuelles.

Guerre 1939-1945, Vichy, K Afrique, 3 (5GMII/3)

355

M. DE BEAUSSE, CHARGÉ D'AFFAIRES DE FRANCE À HELSKINKI,
À L'AMIRAL DARLAN, VICE-PRÉSIDENT DU CONSEIL, MINISTRE DE
LA DÉFENSE NATIONALE, SECRÉTAIRE D'ÉTAT À LA MARINE ET AUX
AFFAIRES ÉTRANGÈRES.

D. n° 73[2]. *Helsinki, 19 septembre 1941.*

Je me réfère à votre lettre n° 12 976-Pol[3] du 22 juin 1941.

Conformément au désir exprimé par Votre Excellence, j'ai l'honneur de Lui adresser un résumé des principaux événements qui ont eu lieu en Finlande du début de l'année jusqu'à la fin de juin.

Politique intérieure

L'unité morale réalisée pendant la guerre de 1939-1940 s'est maintenue et consolidée depuis lors en raison de la constante menace russe et les

---

[1] Situé à l'intérieur du Palais de Chaillot, Le Musée de l'Homme proprement dit a été créé à l'occasion de l'Exposition universelle de 1937. On peut noter l'ironie du sort qui fait que, dès le début de l'Occupation, le réseau du Musée de l'Homme a constitué l'un des premiers mouvements de la Résistance française et a ouvertement fait écho dès juin 1940 aux sentiments de certains de ses membres opposés à Pétain. Ce fait est peut-être à relier à cette volonté affirmée ici de changer son statut, de manière à en prendre le contrôle contre les scientifiques rebelles.

[2] D. intitulée : « Politique intérieure et extérieure de la Finlande de janvier à juin 1941 », et portant le tampon « 2 oct[obre] 1941 » (date réception ou enregistrement).

[3] Document non retrouvé.

communistes ont complètement cessé de faire parler d'eux depuis les manifestations tapageuses qu'ils avaient organisées en août 1940. Les événements de juin[1] et la nouvelle campagne dans laquelle le pays s'est engagé ont cimenté plus fortement encore l'union de tous les Finlandais.

Diverses causes auraient pourtant pu, au cours de la période qui nous occupe, amener un certain mécontentement. Les deux plus graves difficultés rencontrées furent causées par le placement des Caréliens[2] et la situation économique.

On pouvait croire en juin 1940, une fois votée la loi de colonisation rapide, qu'avant l'automne, une partie au moins des Caréliens se trouveraient pourvus de maisons et qu'au plus tard pendant l'hiver, la question serait définitivement réglée. Il n'en fut hélas rien et il fallut attendre le mois de mai 1941 pour que l'État se décidât à transférer 10 000 familles (le quart des Caréliens) sur leurs nouveaux domaines. L'expérience se révéla désastreuse, 2 000 lots seuls étant prêts pour les recevoir.

C'est qu'entretemps les égoïsmes avaient repris le dessus, les réfugiés dont le sort paraissait émouvant au lendemain de la campagne, avaient cessé d'intéresser ; la bureaucratie s'en était mêlée. De part et d'autre des froissements s'étaient produits. Beaucoup de propriétaires se souciaient peu de donner 10 % de leurs terres à des gens qu'ils jugeaient indésirables et dans les communes suédoises cette introduction d'éléments finnois avait fait revivre la vieille querelle des langues[3]. Soucieux de conserver l'unité ethnique de leurs régions, les Suédois réclamaient la « compensation des terres », c'est-à-dire le droit, pour éviter le morcellement des propriétés, d'acheter dans d'autres communes des terres et d'y établir les Caréliens. L'Assemblée nationale suédoise, qui ne s'était pas réunie depuis l'indépendance, fut convoquée à cette occasion. Mais, très heureusement, de part et d'autre, la modération fut conservée et les Suédois se contentèrent de *desiderata*, fort nombreux à la vérité, mais assez vite oubliés, semble-t-il.

C'est pourtant à propos de la prolongation du droit de compensation qu'en mai M. von Born, ministre de l'Intérieur et président du groupe suédois, devait donner sa démission entraînant son parti dans l'opposition.

Les événements de juin survenus peu après enlevèrent toute actualité à la question et la reconquête de la Carélie[4] vient de rendre heureusement

---

[1] Allusion au début de l'attaque de l'URSS par l'Allemagne le 22 juin.

[2] À savoir les Caréliens chassés par l'annexion à l'URSS d'une partie des territoires finlandais à la suite de la Guerre d'Hiver soviéto-finlandaise (décembre 1939-mars 1940). Voir les documents à ce sujet dans *DDF (1939-1944)*, 1939 et *DDF (1939-1944)*, 1940-1. M. Vaux de Saint-Cyr a aussi consacré une dépêche (D. n° 11 en date du 28 janvier 1941) aux « lenteurs de la colonisation rapide » sur le placement des réfugiés caréliens, prolongée par la D. n° 52 en date du 12 juin (Guerre 1939-1945, Vichy, Z Europe, Finlande, 889, non publiée)

[3] Héritage de la période de domination de la Suède sur le pays, les immigrants de Suède s'étaient particulièrement concentrés dans les zones littorales frontalières et dans les îles d'Åland, notamment dans des régions annexées par l'URSS en 1940. Sur ce sujet, voir aussi la D. n° 19 d'Helsinki en date du 25 février 1941, « Suédois et Finnois en Finlande » (Guerre 1939-1945, Vichy, Z Europe, Finlande, 889, non publiée)

[4] Voir document n° 331 sur la récupération de la Carélie.

inutile la loi de colonisation rapide qui en un an n'a pu réussir à être appliquée.

Le régime parlementaire a, au cours de cette période, continué à fonctionner très correctement.

Si l'élection du Président de la République en décembre s'était faite aisément, le choix du successeur de M. Ryti à la présidence du Conseil s'avéra particulièrement délicat. Il s'arrêta au début de janvier sur M. Rangell qui, n'étant pas parlementaire, est au dessus de tous les partis et dont la personnalité n'est pas discutée ici.

La composition du cabinet reste inchangée. Elle n'a guère varié depuis, exception faite de la démission déjà signalée de M. von Born. Au début de juillet enfin, M. Tanner, ancien ministre des Affaires étrangères, qui avait dû se retirer devant l'exclusive russe, fut de nouveau appelé au gouvernement.

Le rapprochement intervenu avec l'Allemagne n'a nullement influé jusqu'ici sur la politique intérieure du pays, la très grande majorité de la population restant attachée à la constitution et au maintien du régime démocratique. C'est à cette condition d'ailleurs que fut accordée la confiance au gouvernement dans la séance historique de la Chambre du 25 juin, au cours de laquelle le pays devait se déclarer en « état de défense active » contre la Russie.

Mentionnons cependant en terminant le vote à la fin d'avril d'un projet de loi déposé le 3 décembre donnant les pleins pouvoirs économiques au gouvernement. Elle lui confère dans le domaine économique des pouvoirs presque aussi absolus qu'il en avait au point de vue politique en temps de guerre. Un certain droit de regard reste néanmoins au Parlement et la presse a exprimé l'espoir que le gouvernement userait avec modération de ses pouvoirs.

La question économique a, en effet, eu au cours de cette période une importance de premier plan. Les difficultés déjà signalées par M. de Vaux Saint Cyr dans son rapport du 28 décembre[1] n'ont fait que s'aggraver depuis lors. Les restrictions alimentaires toujours croissantes, en même temps que la hausse rapide des prix, que n'arrive pas à compenser l'augmentation très insuffisante des salaires, ont créé un vif mécontentement dans toutes les classes de la population, mécontentement qui, en d'autres temps, aurait pu avoir de graves conséquences. Le patriotisme de la population a heureusement eu raison de ses griefs contre le gouvernement.

Celui-ci, en dépit de ses efforts, a été incapable de pallier aux difficultés. Viande, poisson, œufs et légumes disparaissent de la capitale et des grandes villes, alors qu'à la campagne les restrictions étaient toutes relatives. Le Finlandais a de grandes qualités, mais on ne peut, hélas, lui reconnaître le génie de l'organisation.

---

[1] Document non retrouvé.

L'hiver rigoureux qui s'est prolongé jusqu'en mai, la sécheresse des mois qui ont suivi, la mobilisation enfin ne sont pas faits pour rétablir la situation alimentaire. La fermeture en juin du port de Petsamo, paralysant le commerce d'outre-mer de la Finlande, l'impossibilité de se procurer des matières premières vont rendre difficile la situation de l'industrie.

Celle-ci a continué, au cours des six premiers mois de l'année, à travailler au ralenti et si le chiffre de la production s'est tant bien que mal maintenu, cela tient uniquement à la hausse des prix, l'index de la production étant, par exemple pour les industries d'exportation, relativement moins touchées, de 37 au second trimestre contre 51 au premier et 120 avant-guerre.

Ce problème est l'un des plus graves auxquels ait actuellement à faire face le gouvernement.

Une telle situation n'a pu qu'influencer défavorablement les finances publiques.

Au 31 décembre 1940 l'encaisse or de la Banque de Finlande était de 603 millions de marks et la réserve de devises étrangères de 1 177 millions. 5 mois plus tard – la guerre a interrompu la publication des statistiques – il y avait 555 millions d'or et 891 millions de devises.

Les prévisions budgétaires s'élèvent à 18 milliards (contre 5 avant-guerre) et l'on prévoyait au printemps un déficit de 6 milliards. Il est difficile maintenant de dire à combien il s'élèvera.

Encore cette dette ne comprenait-elle pas les 14 milliards prévus pour l'installation des Caréliens, qui seront maintenant dépensés pour la reconstruction de la Carélie. Les deux tiers tout au plus de cette somme seront couverts par l'impôt dit du transfert sur la fortune, prélevé sur le capital et payable en cinq ans.

Divers emprunts ont été émis pour faire face aux besoins les plus urgents :

1) emprunt de 1 milliard le 18 février,

2) emprunt de 200 millions en avril,

3) emprunt de 1 milliard à la fin d'avril, qui n'a été couvert qu'à la fin de juillet.

Les droits de douane ont été également augmentés de 50 %.

Le coût de la vie n'a cessé de croître et nul ne peut prévoir où s'arrêtera la hausse. D'après les statistiques officielles, volontairement optimistes, les prix de gros ont augmenté de 80 % et les prix de détail de 50 % pour les vivres, 60 % pour les vêtements, 70 % pour le chauffage et l'éclairage. Encore ne trouve-t-on que des articles de qualité très inférieure.

Le commerce extérieur qui, de tout temps, fut l'une des richesses de la Finlande, s'est maintenu à un niveau inférieur à ce qu'il était en année normale et accuse un très sérieux déficit.

Des accords commerciaux ont été conclu ou renouvelés avec l'Allemagne qui est maintenant le grand et presque l'unique marché de la Finlande, la Suède, le Danemark, la Norvège, la Hollande, la Belgique, la France, l'Espagne, le Portugal, l'Italie, la Hongrie. Avec aucun de ces pays le trafic n'est très actif et aucun d'eux, Allemagne comprise, ne pourra remplacer pour la Finlande ses clients d'outre-mer qu'elle a momentanément perdus.

Le commerce extérieur qui avait atteint au premier trimestre 1 348 millions aux importations et 552 aux exportations s'est élevé au deuxième trimestre à 2 892 millions aux importations contre 1 347 aux exportations. Le chiffre total se monte donc pour les six premiers mois à 6 milliards 139 millions contre 2 milliards 525 millions en 1940 et 7 686 millions en 1939. Ces chiffres ne doivent d'ailleurs pas faire illusion, beaucoup de produits, le charbon notamment, ayant augmenté de 200 % et davantage.

Un très grave déséquilibre se note dans la balance commerciale, le déficit atteignait au 1er juillet 2 milliards 341 millions pour les seules marchandises civiles. Si rapide que soit l'augmentation des exportations du premier au deuxième trimestre, elle est encore inférieure à celle des importations. Il est à craindre que les événements actuels ne viennent compromettre encore plus gravement le commerce finlandais.

Politique extérieure

Les six premiers mois de 1941 marquent dans la politique extérieure finlandaise une évolution très marquée, lente au début, de plus en plus rapide au fur et à mesure que les événements se précipitent et qui peut se résumer de la manière suivante : rapprochement avec l'Allemagne, raidissement parallèle de l'attitude de la Finlande vis-à-vis de l'URSS, refroidissement des rapports avec la Suède. Nous étudierons successivement ces divers points.

Allemagne

Au début de l'année, les relations avec l'Allemagne sont correctes, voire même cordiales – l'accord de septembre 1940 relatif au transit des troupes allemandes vers le nord s'effectue normalement[1] ; de nouveaux aménagements y ont été apportés en raison de l'hiver et les débarquements se font maintenant à Äbo. Mais les relations restent les mêmes et, dans ses difficultés avec l'URSS, la Finlande ne reçoit aucun appui du Reich.

Assez vite pourtant la situation se modifie et c'est de l'Allemagne que viennent cette fois les avances. Dès la mi-février, à propos des mines de nickel de Petsamo, l'Allemagne conseille à la Finlande l'intransigeance. Des missions militaires finlandaises sont invitées en Allemagne et reçues avec des égards tout particuliers. On y déclare ouvertement aux officiers que la Finlande a bien été « vendue » à la Russie en 1939[2], mais que cela ne se reproduira plus. Le général Seidel, quartier maître général de l'aviation

---

[1] Voir *DDF (1939-1944)*, 1940-2, document n° 288, note 3. Cet accord que les Finlandais ont appris par un court communiqué de presse et autorisant le passage de troupes allemandes à travers le territoire du pays a suscité des réactions opposées et une énergique protestation du ministre d'Angleterre (T. n°s 622 à 623 d'Helsinki en date du 1er octobre 1940, dans Papiers 1940, Papiers Baudouin, 8).

[2] Par les clauses secrètes du pacte germano-soviétique du 23 août 1939.

allemande, se rend en Finlande en février et, sous prétexte d'une chasse à l'ours, parcourt toute la région voisine de l'URSS aux approches du cercle polaire et examine les possibilités d'établissement des terrains d'aviation. Il rencontre au retour à Helsinki le chef d'état-major des troupes allemandes en Norvège qui, quelques jours plus tard, fait le même voyage. C'est ensuite le tour de M. Fischer, chef de la section russe dans le service de renseignements, qui vient prendre contact avec ses collègues finlandais.

Les conférenciers et musiciens allemands se multiplient et, en mars-avril, il ne se passe pas de semaine sans qu'un ou plusieurs Allemands se fassent entendre (jusqu'à 3 conférences en une semaine).

Le 18 avril est solennellement inaugurée à Helsinki une grande exposition industrielle allemande, suivie quelques jours plus tard d'une exposition du livre.

Toujours hostile au fond au régime nazi, l'opinion publique se laisse peu à peu gagner par les avances allemandes. L'espoir renaît chez les Finlandais de n'être plus seuls en face de la Russie. En mai le ministre des Affaires étrangères déclare à M. de Vaux Saint Cyr que « la Finlande peut compter sur une aide nouvelle contre la Russie », sans spécifier toutefois de quelle aide il s'agit. Le torpillage au large de l'Islande par des sous-marins allemands de deux des plus beaux bateaux finlandais, bien qu'il émeuve profondément l'opinion publique, n'arrive pas à troubler cette lune de miel qui s'ébauche.

Parallèlement à cette préparation en quelque sorte morale, les préparatifs militaires ont été activement poussés. L'Allemagne a offert à la Finlande tout le matériel dont elle pouvait avoir besoin en lui donnant les plus grandes facilités de paiement. Depuis mars les envois ont été particulièrement importants et les Finlandais n'ont pas été sans remarquer que les Allemands envoyaient des quantités de matériel doubles de celles qu'ils avaient commandées pour les entreposer dans des dépôts constitués un peu partout, principalement aux nœuds de voies de communication, notamment à Kemi et Rovaniemi.

Les contacts entre les états-majors se multiplient. Le transit des troupes allemandes augmente jusqu'à provoquer l'inquiétude des Russes et à l'article paru à ce sujet le 30 avril dans la *Pravda*[1], la Finlande n'oppose qu'un démenti gêné. Quelques semaines plus tard le général-major Lorenz, spécialiste allemand des transports, vient en Finlande.

Au mois de juin il est évident que quelque chose se prépare : des transports massifs de troupes allemandes se produisent et des concentrations ont lieu à la frontière nord-est du pays en même temps que la Finlande mobilise. Le 23 M. von Ribbentrop convoque le ministre de Finlande pour lui

---

[1] Le T. n° 379 en date du 30 avril 1941 de G. Bergery, l'ambassadeur à Moscou, évoque cet article, paru sous le titre « Débarquement de troupes allemandes en Finlande », qui, « d'après des informations dignes de foi », recueillies par le correspondant de la *Pravda* à Tallinn, signale que « le 26 avril, dans le port finlandais de Abo (Turku), sont arrivés quatre transports allemands qui ont débarqué des troupes allemandes au nombre d'environ 12 000 hommes avec équipements, tanks, artillerie, etc. Le 28 avril, ces troupes ont commencé à se diriger sur Tampere. » (Guerre 1939-1945, Vichy, Z Europe, Finlande, 892).

déclarer que son pays ayant rempli les engagements qu'il avait pris en immobilisant sur son front 30 divisions soviétiques, est libre de régler lui-même ses relations avec l'URSS. Il est encore impossible de savoir quand est intervenu l'accord en question.

Mais la Finlande n'entend point pour autant être inféodée à l'Allemagne et après avoir tant désiré l'appui du Reich, elle tient à dissocier sa cause de celle de l'Axe de crainte d'être entraînée dans des complications internationales. Quand la guerre éclate entre l'Allemagne et la Russie, elle proclame sa neutralité et il faudra l'agression (ou plutôt la soi-disant agression) soviétique pour l'en faire sortir. Mais encore ses dirigeants tiennent-ils à déclarer que le pays poursuit des buts uniquement finlandais.

Il est difficile de prévoir ce que deviendront les rapports entre l'Allemagne et la Finlande. Beaucoup craignent ici que le Reich ne fasse payer cher son appui, mais tous éprouvent actuellement une très grande reconnaissance pour l'aide incontestable que leur a apporté l'armée allemande.

Russie

Avec la Russie les relations suivent une marche inverse. Au fur et à mesure que la Finlande se sent davantage soutenue par l'Allemagne, sa résistance augmente tandis que la Russie diminue ses attaques.

Les derniers mois de 1940 avaient vu se poursuivre une lutte sourde entre les deux pays, dans laquelle la Finlande avait toujours eu le dessous. En décembre encore, lors des élections présidentielles, l'URSS avait prononcé l'exclusive contre 5 personnalités marquantes finlandaises. Sa radio ne cessait dans ses émissions en finnois de multiplier les attaques contre son voisin et aucune protestation n'avait pu y mettre son terme. De nouvelles réclamations étaient introduites au sujet du matériel à livrer en Carélie (locomotives entre autres). L'atmosphère était aussi tendue qu'auparavant.

La question du nickel de Petsamo vient alors donner de nouveaux sujets d'inquiétude à la Finlande. Il n'est pas inutile d'en dire quelques mots car elle reflète assez bien l'évolution des rapports entre la Finlande, la Russie et l'Allemagne.

Si les mines de Petsamo sont la propriété de la société canadienne Nickel Mond, leur produit revient de plein droit à l'État finlandais. Celui-ci, après accord avec ses voisins, s'était engagé à livrer 60 % de la production à l'Allemagne, 40 % à la Russie.

En décembre, dans un but bien plus politique qu'économique (proximité de Mourmansk), la Russie demanda à la Finlande l'élimination de tout élément étranger. Londres et Berlin, consultés, conseillèrent au gouvernement d'Helsinki de s'entendre directement avec la Russie. Un projet de société mixte finno-soviétique fut alors élaboré (49 % des actions à la Russie et le droit d'avoir des ingénieurs et contrôleurs dans les mines), la répartition de la production restant inchangée. L'URSS exigea alors un directeur russe et l'on parla d'un ultimatum de 2 heures qui aurait été adressé à la Finlande à ce sujet. Le rappel de M. Zotov, ministre de l'URSS en Finlande, pour de toutes autres raisons d'ailleurs, vint donner un semblant de vraisemblance à ce bruit et une vague d'inquiétude souleva à nouveau le pays.

C'est alors que l'IG Farbenindustrie se souvint qu'elle avait consenti par l'intermédiaire de l'Imperial Chemical Limited un important emprunt à la Nickel Mond, dont ces mines étaient le gage. L'Allemagne, changeant ses batteries, conseilla aux Finlandais la fermeté ; ceux-ci pour la première fois depuis la paix refusèrent d'accepter les exigences russes et les négociations furent rompues. Elles devaient reprendre un peu plus tard sans jamais aboutir, la Finlande s'étant directement entendue avec l'Allemagne entre-temps.

Ce rapprochement des deux pays devait influencer favorablement les rapports finno-russes. En avril les émissions anti-finlandaises de la radio soviétique de Tallinn prennent fin ; un nouveau ministre est nommé à Helsinki qui passe pour favorable à la Finlande ; les négociations relatives au nickel n'avancent pas et les Soviets ne s'en irritent pas ; les Finlandais n'ont pu livrer aux Russes tous les produits prévus par l'accord de commerce et les Russes protestent peu, bien que la guerre commerciale se poursuive.

Dès ce moment le bruit commence à courir d'un conflit probable entre l'Allemagne et la Russie. Les débarquements allemands provoquent un violent article de la *Pravda* le 30 avril mais l'URSS semble se contenter du démenti finlandais et n'insiste plus. Bien plus, en juin, alors que les Allemands débarquent toujours plus nombreux en Finlande, Staline fait envoyer 20 000 tonnes de céréales qu'il avait jusque-là refusé de livrer et qui arrivent à point pour le ravitaillement du pays.

Le conflit ouvert entre l'Allemagne et la Russie, cette dernière feint de croire à la neutralité finlandaise ; le ministre de l'URSS passe la journée du 22 juin au ministère des Affaires étrangères dans l'espoir de retenir la Finlande ; les trains continuent à circuler normalement entre Leningrad et Helsinki. Mais pourquoi faut-il qu'en même temps que son ministre négocie, l'URSS envoie ses avions bombarder les villes finlandaises[1] ? Dès le 25 la Finlande se déclare en « état de défense active » contre la Russie. Si la guerre n'est pas formellement déclarée, elle existe de fait. Le 28 le maréchal Mannerheim adresse une proclamation à ses troupes[2] et quelques jours plus tard les hostilités commencent.

Avec la *Suède* les relations sont très cordiales encore cet hiver et le ministre de Suède à Moscou déclare au gouvernement soviétique que son pays soutiendra la Finlande. Elles sont devenues beaucoup plus réservées, sinon froides depuis les derniers événements. Le Reich n'y est pas étranger,

---

[1] Voir document n° 255 et notes.

[2] Dans cet ordre du jour aux soldats finlandais qui accompagne le début de la « Guerre de Continuation », Mannerheim a expliqué « que depuis la dernière guerre, il n'y a jamais eu de véritable paix avec l'URSS, que les troupes soviétiques ont attaqué « sans cause » le territoire finlandais et que l'heure est venue de marcher contre les Russes avec les puissantes troupes allemandes. » (T. n° 259 d'Helsinki en date du 29 juin 1941, *in* Guerre 1939-1945, Vichy, Z Europe, Finlande, 892, non publié).

qui, des mois durant, s'est efforcé de rompre l'harmonie entre les deux puissances nordiques encore indépendantes.

Le bruit ayant couru que la Finlande se préparait à adhérer au Pacte tripartite, la Suède accusa son voisin d'être trop docile aux inspirations du Reich. C'est le moment (mars) où la Suède est soulevée par une vague de chauvinisme et où elle procède à une mobilisation partielle. Le ministre des Affaires étrangères finlandais est appelé à Stockholm, mais l'agitation se calme vite. Au début de mai M. Gunther vient rendre sa visite à son collègue finlandais.

Les événements de juin amènent de nouveaux froissements et la campagne de presse, qui s'ébauche déjà à la fin du mois, est d'autant plus regrettable qu'elle oppose deux pays que le Reich s'est toujours efforcé de dissocier.

Angleterre

Les sympathies anglaises vont diminuant sans cesse en Finlande au cours de la période qui nous occupe. Les revers militaires britanniques dans les Balkans et en Crète, en particulier, aliènent à la puissance britannique les sentiments d'un peuple qui estime à un très haut prix la valeur militaire. Une habile propagande allemande n'est peut-être pas étrangère à cette désaffection.

L'inclusion en juin du port de Petsamo dans la zone du blocus porte un coup très dur au commerce finlandais et, si justifiée soit-elle, soulève de vives protestations. L'alliance anglo-russe vient enfin mettre le comble à l'irritation. La voie est déjà ouverte à la rupture des relations qui devait avoir lieu – du fait des Finlandais – un mois plus tard, sans pourtant que la Finlande sépare définitivement sa cause de celle des Anglo-Saxons, dont l'idéal démocratique reste toujours sien.

Avec les autres pays, les relations sont empreintes d'une banale courtoisie. La France continue d'intéresser l'opinion publique finlandaise, qui n'a pas oublié ce que nous avons fait pour son pays[1] et suit avec intérêt le développement de notre politique. Quant à l'Italie, on l'ignore.

En résumé, contrairement aux bruits qui ont pu être répandus par la propagande anglo-saxonne, la Finlande continue à suivre une politique finlandaise et n'entend être à la remorque de personne. Une occasion s'est offerte pour elle de récupérer les territoires qui lui avaient été enlevés par la paix de Moscou, elle l'a saisie, mais elle entend bien ne pas se lancer à la conquête de la Russie et arrêter ses armées sur la ligne qu'elle aura choisie.

---

[1] Allusion aux plans d'intervention franco-britanniques en 1939-1940 pour soutenir la Finlande, avec un double projet d'attaque par le Caucase et par la mer Baltique, pour couper la route du pétrole et la route du fer. Voir *DDF (1939-1944)*, 1939, documents n°s 417, 421, 425, 426, notamment, et *DDF (1939-1944)*, 1940-1, les documents de la section I, « La guerre soviéto-finlandaise et ses conséquences ». Ces projets n'aboutiront pas, en raison d'une part des atermoiements et d'un manque de cohésion des Alliés franco-britanniques, d'autre part, du refus de la Suède et de la Norvège, craignant de perdre leur statut de neutralité, de laisser passer les troupes alliées, et enfin, de l'absence de demande officielle de la Finlande.

Bien plus, en dépit de la tension de ses rapports avec le monde anglo-saxon, elle entend ne pas se l'aliéner en prévision du jour où, dans un monde enfin pacifié, elle pourra reprendre ses rapports commerciaux avec l'Occident qui reste et restera pour elle le meilleur des clients.

Guerre 1939-1945, Vichy, Z Europe, Finlande, 890 (10GMII/890)

356

M. Truelle, Ministre de France à Bucarest,
à l'Amiral Darlan, Vice-Président du Conseil, Ministre de la
Défense nationale, Secrétaire d'État aux Affaires étrangères
et à la Marine.

D. n° 270[1].   *Bucarest, 20 septembre 1941.*

La prolongation des hostilités, les pertes considérables subies par l'armée roumaine, la hausse du prix de la vie, la raréfaction des produits de première nécessité ont tendance à augmenter encore le mécontentement qui existe depuis quelques semaines dans la population roumaine et même dans la troupe. Du jour où la Bessarabie a été reprise[2] et où l'armée a poursuivi la guerre sur des territoires considérés comme n'étant plus strictement roumains, il eût fallu, pour que l'ensemble de la nation comprît et supportât cet effort, que le gouvernement fît preuve d'une très grande souplesse et d'une extrême habileté. Or, la plupart des mesures qu'il a prises, soit pour pallier les difficultés croissantes auxquelles il a à faire face, soit pour mettre un terme à la mauvaise humeur manifestée en diverses occasions par la population, ont été aussi maladroites du point de vue pratique que du point de vue psychologique.

Dans l'armée, le gouvernement s'est trouvé pris entre la nécessité non seulement de combler les brèches faites dans ses effectifs, mais de satisfaire dans une certaine mesure aux exigences militaires des Allemands, tout en évitant jusqu'à présent de procéder à une mobilisation générale. Il s'est agi de ne pas inquiéter davantage le public et surtout de ne pas aggraver, surtout à l'époque des semailles d'automne, le désordre, déjà profond, qui règne dans l'économie roumaine. Aussi, se borne-t-on à hâter le retour des soldats disponibles, en supprimant les permissions, même celles de convalescence. Un décret, qui vient de paraître, prescrit à ceux dont les blessures sont légères de rejoindre le front cinq jours après leur sortie de l'hôpital. Cette décision n'est pas faite pour relever le moral du combattant ni celui des gens de l'arrière. Elle n'aura certainement pas pour effet de diminuer le nombre des mutilés volontaires qui serait sur le point d'atteindre, d'après

---

[1] D. intitulée : « État d'esprit en Roumanie après trois mois de guerre » et portant le tampon : « 29 septembre 1941 » (date réception ou enregistrement).

[2] Au cours du mois de juillet 1941. Voir aussi document n° 321.

les renseignements d'un officier membre de la cour martiale de Chisinau, plusieurs milliers d'individus.

En ce qui concerne le ravitaillement, les tentatives de limitation et de contrôle des prix établis par le gouvernement n'ont abouti qu'à exaspérer les producteurs, et en particulier les agriculteurs, sans donner satisfaction aux acheteurs puisque, comme toujours en pareil cas, ces mesures s'avèrent vaines. Dernièrement, les poissonniers à Bucarest ont préféré refuser de vendre leur denrée et la laisser pourrir sur place plutôt que d'accepter les prix exagérément bas fixés par les autorités. Après l'emprunt forcé, qui n'est qu'un impôt sur le capital et qui, en fait, aboutit à une confiscation non déguisée, certains grands propriétaires ne cachent pas leur crainte de nouvelles lois agraires, le gouvernement ne cessant d'annoncer de nouvelles distributions de terres, en particulier en Bukovine et en Bessarabie. La mission de l'ancien ministre de l'Agriculture, Cornateanu, qui s'est rendu récemment dans les provinces recouvrées, ne fait qu'aggraver ce trouble ; il chercherait à organiser la production agricole sur la base des coopératives obligatoires, c'est-à-dire à maintenir les kolkhozes existants.

Par ailleurs, de nouvelles mesures de blocage de produits ou de répression de manœuvres illicites sont prises quotidiennement. C'est ainsi que désormais la vente de la charcuterie est interdite ; celle des conserves va l'être prochainement. Un nouveau texte punit d'internement et de confiscation toute personne responsable de spéculation sur les céréales. D'autres décrets tendent à empêcher la hausse des loyers qui, par rapport à 1938, atteint 300 %. Il va sans dire qu'aucune de ces dispositions ne reçoit d'application pratique.

En même temps, l'exaspération des esprits, jointe à la négligence naturelle des Roumains, a entraîné une multiplication d'accidents de toutes natures dans les usines, les raffineries de pétrole, les ports, les chemins de fer, dont un grand nombre sont évidemment dus au sabotage. Cette situation a amené le gouvernement à édicter la peine de mort et l'exécution sur place de tout saboteur pris sur le fait. Dans un communiqué donné à la presse, les employés des chemins de fer sont visés ainsi que les chefs mécaniciens des entreprises, qui sont désormais tenus personnellement responsables de l'entretien et du bon fonctionnement des machines.

Comme le gouvernement doit réagir contre les conséquences fâcheuses, tant au point de vue matériel qu'au point de vue moral, de la voie dans laquelle il a engagé le pays, il s'efforce, d'accord avec les services de propagande allemands, de convaincre l'opinion que l'effort entrepris par les alliés contre la Russie a déjà porté ses fruits, que les pertes des assaillants sont légères au prix de celles des forces soviétiques et que le plus dur sera bientôt fait, même au cas où une campagne d'hiver serait inévitable. Ainsi, les journaux donnent de longues explications sur les difficultés du siège d'Odessa[1] et les raisons de sa prolongation, cependant que des communiqués soulignent

---

[1] Le siège d'Odessa, commencé le 8 août 1941, principalement par des forces roumaines sous le commandement du général Antonescu et des éléments de la 11e Armée allemande sous le commandement du général Schobert, va durer jusqu'au 16 octobre 1941. Voir la D. n° 399 de Berne

largement l'énormité des pertes russes, évaluées à environ 5 millions d'hommes dont 1 300 000 prisonniers, et mettent en relief le dernier discours de Hitler où l'action du Reich contre la Russie est présentée avec une humilité inattendue comme un sacrifice sanglant du peuple allemand pour le salut de l'Europe, de la culture et de la civilisation.

Mais, ni la répression ni la persuasion ne réussissent à dissiper le pessimisme qui s'est emparé de la population roumaine, en particulier en face du siège d'Odessa et de l'hécatombe qui en résulte. Les pressions exercées par le Reich sur la Hongrie et l'Italie pour augmenter dans de fortes proportions les effectifs militaires mis à sa disposition par ces pays sont connues et sont interprétées défavorablement par les Roumains. Ils ne trouvent aucune consolation dans les éloges, d'ailleurs réticents, que leur décernent les Allemands, qui les considéreraient actuellement comme les alliés dont ils ont le moins lieu de se plaindre. Au contraire, les Roumains y voient une preuve de l'asservissement de leur pays qu'ils jugent plus complet, d'après ces éloges, que celui des autres partenaires de l'Axe.

Enfin, aux yeux du peuple qui, s'il est quelque peu fataliste, est loin d'être inconscient, la guerre a eu pour effet de faire ressortir d'une manière trop évidente certaines inégalités. Comme je l'ai déjà indiqué, l'abondance inusitée des règlements crée autant de sources d'infractions et, par là, de corruptions. Le premier réflexe du Roumain est de se demander comment il pourra tourner ces nouvelles lois. Il en est de même à tous les degrés de l'échelle sociale, depuis le grand propriétaire qui sait que, pour se défendre, il doit s'assurer des complicités rétribuées, jusqu'au paysan qui cachera son blé ou ne cultivera pas ce qui pourrait être réquisitionné. Mais il est beaucoup de victimes désignées et mal placées pour résister : ceux qui ne disposent pas d'assez d'influence pour se protéger ou de biens à soustraire ou à cacher. Pour eux, la misère, mauvaise conseillère, menace.

D'autre part, si la classe paysanne fournit l'immense majorité de l'armée et si, comme on me l'assure, la Roumanie aurait près d'un million d'hommes sous les armes, cependant, une catégorie de Roumains a su jusqu'à présent habilement se dérober. Ce fait ne passe certainement pas inaperçu et peut entrer en ligne de compte dans les sentiments qu'on signale, inexprimés mais existants, à l'égard de la Russie, dans ce qu'on pourrait appeler le petit peuple. Malgré la méfiance pleine d'hostilité qu'il garde en général contre la Russie, il n'est pas sans éprouver une certaine curiosité, à laquelle se mêle quelque peu d'admiration, pour ces soldats qui se défendent avec tant d'opiniâtreté et qu'on leur avait dit, au début de la guerre, prêts à secouer à la première défaite le joug de la tyrannie. Il est impressionné par ce qu'il entend des Roumains qui reviennent, sur l'ampleur de la mobilisation soviétique, sur l'impossibilité de trouver dans les villages conquis un homme valide qui ne soit pas aux armées. Il n'était pas besoin de cela pour faire certaines comparaisons. Si les hostilités doivent se prolonger et si les mêmes inégalités se perpétuent, elles n'en deviendront que plus troublantes.

en date du 18 août 1941 sur la « Répartition des commandements allemands sur le front russe » (Guerre 1939-1945, Vichy, Z Europe, URSS, 836).

Certes, il ne faudrait pas conclure que la Roumanie soit menacée d'une contagion bolchevique. Tout ce qui vient de Russie lui est trop suspect pour cela. Mais il est des sortes de malaises qui sont à l'origine de désordres et de bouleversements. On a vu à l'époque des Légionnaires que ce danger n'était pas à écarter, dans un pays dans l'ensemble conservateur. La tutelle qu'exercent aujourd'hui sur lui les Allemands rend bien improbable la répétition de tels troubles, auxquels ils n'ont pas intérêt tandis qu'ils font la guerre en Russie, et tandis qu'ils obtiennent du maréchal Antonesco tout ce qu'ils exigent. Néanmoins, il y a eu, paraît-il, ces derniers temps, des tentatives de sabotage sur les voies ferrées et dans les usines. Ce sont là des symptômes qui ne font qu'ajouter au trouble plein d'anxiété et de lassitude qu'après trois mois de guerre on constate aussi bien chez les combattants qu'à l'arrière et dont la majorité rend responsable un gouvernement chaque jour moins populaire[1].

Guerre 1939-1945, Vichy, Z Europe, Roumanie, 689 (10GMII/689)

357

M. Truelle, Ministre de France à Bucarest,
à l'Amiral Darlan, Vice-Président du Conseil, Ministre de la Défense nationale, Secrétaire d'État aux Affaires étrangères et à la Marine.

D. n° 264[2]. *Bucarest, 21 septembre 1941.*

Par une récente décision, prise à la demande des Allemands, les autorités roumaines viennent d'interdire la publication et la diffusion de toutes informations relatives aux exportations de pétrole à destination de l'Allemagne. Le *Moniteur du Pétrole Roumain*, organe officiel de l'industrie du pétrole, du 1er septembre, a été saisi et n'a été livré au public qu'une dizaine de jours plus tard, après avoir subi des remaniements sérieux, comportant notamment la suppression de toutes indications relatives aux stocks et aux fournitures au Reich. Cette décision est généralement interprétée comme l'indication que la situation pétrolière de l'Allemagne est plus faible que par le passé. Depuis deux ans en effet, l'Allemagne ne se souciait pas de dissimuler la part prépondérante qu'elle prenait aux exportations du pétrole roumain et, si celle-ci avait augmenté, on y eût trouvé un indice

---

[1] Il s'agit probablement de l'Appel au peuple allemand pour la campagne de secours d'hiver (*Winterhilfswerk*) du 12 septembre 1941, cité dans Max Domarus, *The Complete Hitler. A Digital Desktop reference to his speeches and proclamations, 1932-1945*, Wauconda, Il., Bolchazy-Carducci Publishers, 1990, p. 2478.

[2] D. intitulée : « Situation pétrolière de l'Allemagne ». Le bordereau d'envoi est sous le n° 269, avec la mention « Pour information. Copie d'un rapport en date de ce jour, adressé sous le n° 264 par cette Légation à la Sous-Direction des Relations commerciales ». Le bordereau porte la date du 29 septembre 1941 (date réception ou enregistrement), la mention « Communiqué à Europe » et l'annotation marginale manuscrite : « 3 exemplaires. (Qui à Guerre EMA2 et Bureau 7 [illis.]. »

du renforcement de son potentiel de guerre que, dans les circonstances actuelles surtout, il semble qu'elle ait eu intérêt à ne pas dissimuler.

Quoi qu'il en soit, il sera très difficile désormais de se procurer des renseignements sérieux sur ces questions. J'ai pu néanmoins recueillir les chiffres des exportations des produits de pétrole à destination de l'Allemagne et du Protectorat pour les mois de mai et de juin 1941, chiffres qui ne seront pas livrés à la publicité. Il en résulte que, depuis 8 ou 10 mois, ces chiffres n'ont pas augmenté, faute de moyens de transport suffisants[1] : malgré les efforts considérables qu'il a déployés à cet égard, le Reich n'a pu accroître le potentiel global de la voie danubienne que d'environ 13 %.

Au mois de mai 1941, les exportations totales vers l'Allemagne et le Protectorat atteignaient 200 000 tonnes environ. Le Reich pour sa part en a reçu 189 000 tonnes, ainsi réparties :

Essence	100 000 tonnes
Gasoil	40 000 t.
Lampant	30 000 t.
Brut	10 000 t.
Mazout	6 000 t.
Divers	3 000 t.
	189 000 tonnes

dont 112 000 tonnes ont été transportées par voie fluviale, 75 000 tonnes par fer et 4 000 tonnes par mer (*via* la Bulgarie).

Au mois de juin 1941, les mêmes exportations se sont élevées à 211 000 tonnes. Le Reich pour sa part en a reçu 195 000 ainsi réparties :

Essence	95 000 t.
Gasoil	43 000 t.
Lampant	24 000 t.
Brut	15 000 t.
Mazout	8 000 t.
Divers	10 000 t.
	195 000 tonnes

dont 130 000 tonnes par voie fluviale, 56 000 tonnes par fer et 9 000 tonnes par voie maritime (*via* Bulgarie).

Un spécialiste sérieux des questions relatives au pétrole m'a du reste donné récemment quelques appréciations sur la situation pétrolière de

---

[1] L'Allemagne s'emploie dès le début de la guerre à mettre en place une nouvelle Commission de navigation sur le Danube dont elle veut prendre le contrôle (Voir *DDF (1939-1944)*, 1940-2, documents n°s 160 et 178), tout comme elle a mis en œuvre une politique de contrôle de la flottille du Danube ou de développement du transport ferroviaire du pétrole (*DDF (1939-1944)*, 1940-2, documents n°s 76 et 245).

l'Allemagne que je ne crois pas sans intérêt de résumer ci-après, en lui en laissant toute la responsabilité dans l'impossibilité où je me trouve d'apprécier la valeur exacte des renseignements qu'il possède sur l'Allemagne, et qui lui sont fournis, m'a-t-il dit, par les techniciens allemands avec lesquels ses fonctions l'obligent à collaborer étroitement.

D'après cet informateur, l'Allemagne disposait, lors de l'ouverture des hostilités contre la Russie, de réserves se montant à 13 millions de tonnes et représentant la totalité de ses stocks de guerre, des quantités saisies dans les divers pays occupés, de ses productions synthétiques et des fournitures roumaines. La poursuite des opérations sur le front oriental lui coûterait à elle seule 2 millions de tonnes par mois, auxquelles il conviendrait d'ajouter au moins 500 000 tonnes pour la consommation du front d'Afrique, du front occidental, des troupes d'occupation dans les divers pays d'Europe, de l'aviation et de la marine, et enfin pour des besoins irréductibles dans le Reich même. Au cours des trois premiers mois de guerre, l'Allemagne aurait donc consommé, à raison de 2 500 000 tonnes par mois, 7 500 000 tonnes. Ses réserves seraient de ce fait réduites à 5 500 000 tonnes.

Pendant ce délai, elle n'aurait pu disposer, d'après mon informateur, que d'environ 600 000 tonnes de produits fournis par la Roumanie et 900 000 tonnes d'essence synthétique fournies par ses usines. Afin de compter plus largement, mon informateur majorait de 50 % ces derniers chiffres, dont il se disait pourtant certain, afin de tenir compte d'une augmentation possible due aux efforts acharnés de l'Allemagne, augmentation qu'il lui paraissait du reste difficile de réaliser dans de pareilles proportions. Ce calcul large accorde donc au Reich une recette de 2 250 000 tonnes pour ces trois mois. Il entamerait donc le 4e mois de guerre en disposant de 5 500 000 tonnes plus 2 250 000 tonnes, ce qui fait 7 750 000 tonnes.

Trois mois plus tard, la situation serait la suivante :

| Consommation générale | 7 500 000 tonnes |
| Ressources | 2 250 000 tonnes |

Si la guerre contre la Russie doit se prolonger plus de six mois, le Reich se trouverait à la veille du 7e mois avec 250 000 tonnes devant lui. Mon informateur pensait du reste qu'au cours de l'hiver les opérations pourraient se poursuivre difficilement au train actuel, bien que l'allongement des parcours dû à la pénétration des troupes du Reich entraînât par ailleurs un accroissement de la consommation. Mais il estimait que, dans le cas le plus favorable pour lui, si la guerre de l'Est n'était pas terminée au printemps prochain, ou si l'Allemagne n'occupait pas solidement un Bakou intact, elle serait gênée pour engager des opérations d'envergure à partir de cette date.

Guerre 1939-1945, Vichy, Z Europe, Roumanie, 695 (10GMII/695)

358

M. Deniker, Consul de France à Rosario,
  à M. Peyrouton, Ambassadeur de France à Buenos Aires.

D. n° 67[1].   *Rosario, 23 septembre 1941.*

Je remercie Votre Excellence de l'appui qu'Elle a bien voulu me donner pour obtenir que la compagnie théâtrale de Louis Jouvet puisse venir jouer à Rosario et à Santa Fé[2].

J'avais dit à M. Jouvet qu'il ne devait pas s'attendre à trouver en province un public aussi nombreux et aussi empressé que celui de la capitale, mais qu'il y avait ici un bon noyau qui prenait petit à petit conscience de lui-même et que rien ne saurait mieux l'encourager à vaincre ses hésitations que des visites comme celle qu'il acceptait de faire. Ce n'est pas, en effet, en négligeant la province et en ne lui donnant aucun aliment qu'on peut arriver à accroître un public qui s'ignore encore. La preuve en est que, bien que la salle fût incomplètement remplie, tout le monde m'a répété qu'on n'avait jamais vu pareille affluence à Rosario. D'autres artistes comme Gaby Morlay[3] n'avaient réussi qu'à obtenir quatre à cinq rangs d'orchestre et Cécile Sorel[4] avait dû rembourser. Il faut évidemment ne pas se fier uniquement aux impresarios et aux directeurs de salles et faire la besogne de réclame et de placement des billets soi-même.

M. Jouvet, qui a fait preuve de grande compréhension et de beaucoup de bon sens patriotique dans sa mission, a accepté les risques que nous sommes parvenus à réduire au minimum en suscitant la collaboration d'éléments français et en tenant compte de l'aide que Votre Excellence a bien voulu m'accorder.

Je me suis efforcé de mettre les artistes en contact, d'une part avec les Français qui les avaient aidés matériellement ou qui, en dépit de la modestie de leurs moyens, avaient répondu à leur appel ; d'autre part avec les Argentins amis de la France dont le nombre s'accroît chaque jour.

C'est ainsi que je n'ai pas hésité dans mes invitations à un souper d'une soixantaine de personnes qui eut lieu chez moi après la première représen-

---

[1] D. Intitulée « Troupe théâtrale Louis Jouvet » et dont la copie est adressée aussi au Département sous bordereau n° 24 qui porte le tampon : « 1er décembre 1941 » (date réception ou enregistrement).

[2] La troupe de l'Athénée que dirige Louis Jouvet est parti de Paris à l'automne 1940 pour une tournée en Suisse d'où elle a gagné la zone libre. Pour la saison de 1941, la troupe, dûment subventionnée par les autorités de Vichy, effectue une tournée triomphale en Amérique latine, d'abord au Brésil, puis en Argentine, d'où elle gagne l'Uruguay. La troupe restera en Amérique latine jusqu'en 1945, mais sous les auspices de Vichy jusqu'à l'automne 1942 seulement.

[3] Gaby Morlay est alors l'une des vedettes les plus populaires du cinéma français, mais elle est très présente surtout au théâtre, remportant de grands succès dans le répertoire d'Henry Bernstein en particulier.

[4] Sociétaire de la Comédie française de 1904 à 1933, Cécile Sorel est une vedette du théâtre « léger », spécialisée dans les rôles de « grande coquette ».

tation, à négliger certains personnages, nominalement importants peut-être, comme M. Hausermann, directeur de l'Entreprise Hersent[1], mais qui s'étaient abstenus de tout intérêt pour cette manifestation d'exceptionnelle qualité.

MM. Meuton et Huc, des Compagnies françaises de chemins de Fer, M. Stevenin, du Port de Rosario et M. Daumas de la Maison Martin m'ont prêté leur concours avec un dévouement qui ne se dément jamais. Le Club Français a reçu officiellement les artistes avant leur seconde représentation. Grâce enfin à l'amabilité du Port de Rosario et de quelques Français, il a pu être organisé, pendant la journée de repos, un *asado*[2] dans une des îles du Parana, et M. Jouvet m'a déclaré que c'était depuis six mois sa première journée de campagne. Cette petite fête champêtre a permis d'inviter également les machinistes et électriciens qui méritaient bien quelques attentions.

Quant à Santa Fé, M. Toupet, aidé de M. Guerre, a fait, comme toujours, admirablement les choses et « bouclé » son budget mieux que moi.

Les artistes ont quitté Santa Fé, où je les avais suivis, pour Buenos Aires, hier dimanche 21 à 23 h 50 par un train spécial que la Compagnie française leur avait réservé.

M. Jouvet et ses camarades ont été si touchés de l'accueil qui leur a été fait par tout le monde qu'ils ont donné leur promesse formelle de revenir ; et nous, de leur préparer un public simplement plus nombreux car plus chaud n'est pas possible.

La simplicité de ces artistes, leur esprit d'équipe et l'autorité de leur chef ont été remarqués et m'ont donné l'occasion, dans le remerciement que je leur ai adressé au départ, de les montrer comme un exemple de l'esprit de la France actuelle, par une sorte de « parabole du Comédien ».

Je conclurai cette lettre en relatant l'émotion profonde qu'a suscitée Madeleine Ozeray en allant visiter les lépreux[3]. Elle leur a lu une petite allocution en espagnol qui les a émus aux larmes. Et lorsque celui qui lui avait répondu lui fit observer que, bien que guéri, il n'avait pas encore repris l'habitude de serrer la main, Mlle Ozeray l'a embrassé. Ma femme, qui l'accompagnait, m'a assuré qu'elle n'avait jamais vu tel rayonnement de joie et d'espoir sur les figures ravagées des lépreux qui semblaient toutes avoir reçu ce baiser.

Ainsi, dépassant le domaine de leur art, où le talent et le travail leur assurent un succès certain, Louis Jouvet, Madeleine Ozeray et leurs camarades ont produit une impression profonde en donnant à tous la preuve et

---

[1] Jean Hausermann a travaillé pour Hersent de 1927 à 1946, dont à Rosario de 1931 à 1941, puis à Buenos Aires de 1942 à 1946. Il s'agit d'une entreprise de travaux publics et maritimes créé dans les années 1870-1880 par Hildevert Hersent.

[2] Sorte de barbecue typique de la convivialité argentine.

[3] Madeleine Ozeray, artiste d'origine belge, fait partie de la compagnie Louis Jouvet depuis 1935. Compagne du comédien (jusqu'en 1943), elle le suit en Amérique latine pendant la guerre. Elle a créé plusieurs des pièces de Jean Giraudoux, notamment *Ondine* en 1939, qui fut un immense succès.

la certitude que notre pays était toujours, en dépit des mauvaises herbes qui l'étouffaient et des ronces qui le déchirent, la même plante fraîche saine et vivace.

Guerre 1939-1945, Vichy, B Amérique, Brésil, 118 (1GMII/118)

359

M. DE VAUX SAINT CYR, MINISTRE DE FRANCE À STOCKHOLM,
    À L'AMIRAL DARLAN, VICE-PRÉSIDENT DU CONSEIL, MINISTRE DE LA
    DÉFENSE NATIONALE, SECRÉTAIRE D'ÉTAT AUX AFFAIRES ÉTRANGÈRES
    ET À LA MARINE.

D. n° 114[1].   *Stockholm, 24 septembre 1941.*

D'après un informateur digne de foi, la situation en Estonie, après la prise de Tallinn par les Allemands, serait la suivante :

Dans la capitale les quartiers pauvres, construits en bois, sont détruits, mais tout le reste de la ville est intact. Les installations du port, les docks, les ateliers de la marine et les cales sèches sont entièrement démolis, ainsi que la fabrique de cellulose Northern Cellulose, les minoteries Puck et Pojak et celles de la Société Rotterman, la centrale électrique, l'usine à gaz et les usines de locomotives Krull. Le port de commerce et le port militaire, obstrués par des cargos coulés, sont inutilisables. Les deux gares ont été rasées et les chemins de fer détruits non seulement à Tallinn, mais aussi à Tapo, Tartu et Walk. Seules les usines de bois contreplaqué Luther, qui fabriquaient des hélices d'avions, et les usines qui transforment le schiste en pétrole (180 000 tonnes par an) sont intactes et ce sont les plus utiles aux Allemands.

En résumé, la valeur de Tallinn comme base d'hivernage et centre administratif reste seule importante.

Au point de vue politique et administratif, les Allemands n'ont tenu aucune des promesses que leur service de propagande avaient faites aux Estoniens : autonomie du pays, maintien des fermes individuelles, non-retour en Estonie de la noblesse balte et des Germano-Baltes qui avaient opté pour le Reich, maintien de la nationalisation des biens nobles et assurance qu'aucune indemnité ne serait réclamée aux paysans pour ces biens.

Le prétendu gouvernement estonien, formé de sept Germano-Baltes désignés par Berlin, tous anciens barons et grands propriétaires fonciers, a été révoqué au bout d'une dizaine de jours par le général commandant les forces d'occupation. Depuis, l'autorité allemande administre le pays, assistée à titre consultatif par un Conseil composé de quelques renégats

---

[1] D. intitulée « Situation en Estonie » et portant le tampon « 2 oct[obre] 1941 » (date réception ou enregistrement).

estoniens, anciens membres du parti Wabs (sorte de parti nazi) et de quelques Allemands baltes plus modérés.

Depuis plusieurs mois, les jeunes germano-baltes et les membres du parti Wabs de moins de 35 ans avaient été enrôlés en Allemagne dans des compagnies spéciales de SS, formant 5 bataillons dits « estoniens », qui font actuellement le service de la gendarmerie en Estonie. Les anciens directeurs d'usines et les ingénieurs reviennent à la tête de compagnies de travailleurs spécialisés pour reconstruire les usines détruites.

Dans l'ordre juridique, l'ancien code balte aurait été remis en vigueur, ce qui laisse prévoir la destruction de l'œuvre de civilisation réalisée par les Estoniens pendant les 20 années qu'a duré leur indépendance.

En résumé, les Estoniens se retrouvent dans une situation pire qu'avant 1919 et cela après avoir eu à subir les représailles des deux adversaires qui se disputaient leur territoire.

Depuis un an, en effet, les Russes leur avaient fait durement expier le « crime » d'avoir créé un gouvernement bourgeois, défi permanent aux principes politiques du gouvernement de l'URSS[1]. Puis, les « Ministres-barons », pendant les quelques jours où ils ont été au pouvoir, ont procédé à des exécutions en masse, rendant la terreur brune encore plus exécrée que la terreur rouge.

Enfin, les Allemands ont mis la main sur le pays, lui enlevant tout espoir de recouvrer même un semblant d'indépendance et de liberté.

Guerre 1939-1945, Vichy, Z Europe, Pays baltes, 871 (10GMII/871)

360

M. Helleu, Ambassadeur de France à Ankara,
à l'Amiral Darlan, Vice-Président du Conseil, Ministre de la Défense nationale, Secrétaire d'État aux Affaires étrangères et à la Marine.

T. n°s 1642 à 1645[2].   *Istanbul, 25 septembre 1941, 22 h. 10.*

(*Reçu : le 26, 19 h.*)

1°) Sur une information reçue de Sofia, le bruit d'un ultimatum allemand à la Turquie a couru avec persistance à Ankara entre le 22 et le 25 septembre. De hautes notabilités turques, interrogées sur le bien-fondé de cette

---

[1] On trouvera dans la série Guerre 1939-1945, Vichy, Z Europe, Pays baltes, 871 et 874 notamment, divers documents sur la situation de ces pays, en particulier la Lituanie, sous occupation soviétique. Dans une dépêche ultérieure (D. n° 159 de Stockholm en date du 18 décembre 1941, Vaux Saint-Cyr revient plus en détails sur la situation en Estonie pendant et après l'occupation soviétique, d'après le témoignage d' « un Estonien, arrivé récemment en Suède » (vol. 871, non reproduit).

[2] Annotation marginale manuscrite : « Vu par Guerre ».

rumeur, n'ont pas cru pouvoir la démentir immédiatement. Elles ne l'ont fait que vingt-quatre heures plus tard, après avoir pris contact avec le chef de l'État.

Une certaine anxiété est perceptible dans les milieux gouvernementaux. Un Conseil des ministres a été tenu dans la nuit du 24 au 25 (…)[1]. Ce fait est exceptionnel.

2°) À n'en pas douter, la Turquie est soumise à une très forte pression allemande, tout au moins en ce qui concerne les questions économiques. Le Secrétaire général adjoint du ministère des Affaires étrangères a fait part à un de mes collaborateurs des préoccupations que les négociations économiques causaient au gouvernement turc. Notamment pour le chrome, dont les deux camps belligérants ont également besoin, les Turcs seraient « obligés » d'en livrer aux Allemands, bien qu'ils aient pris envers les Anglais l'engagement de leur vendre la totalité de leur production.

3°) Les fonctionnaires des Affaires étrangères sont très impressionnés par les récents succès de la Wehrmacht en Ukraine et même, disent-ils, en Crimée. Ils se demandent si les Russes arriveront à tenir jusqu'à l'hiver. Bien entendu, ils le souhaitent, mais sans oser trop y compter.

4°) Le haut commandement de l'armée allemande en Russie vient d'inviter le général d'armée en retraite Erkilet[2], qui tient dans le *Cumhuriyet* la chronique militaire, et le général en retraite Ali Ihsan Sabis[3], qui dirige la même chronique dans le *Tasfiri Efki ar*, à visiter le front russe. Les deux généraux ont demandé au gouvernement turc l'autorisation d'accepter cette invitation. Ils n'ont pas encore reçu de réponse.

Guerre 1939-1945, Vichy, E Levant, Turquie, 124 (4GMII/124)

---

[1] Lacune de déchiffrement.

[2] Le général Hussein Husnu Emir Erkilet, qui a participé à la Première Guerre sur le front, fait partie des généraux réputés germanophiles et panturquistes.

[3] Le général Ali Ihsan Sabis, qui a commandé la 6e armée ottomane à Mossoul pendant la Première Guerre, est un ancien Jeune Turc, également germanophile, qui a participé activement au génocide des Arméniens, se vantant d'en avoir tué de ses propres mains et a fait partie des responsables exilés à Malte par les Britanniques.

361

M. de Beausse, Chargé d'Affaires de France à Helsinki,
à l'Amiral Darlan, Vice-Président du Conseil, Ministre de la
Défense nationale, Secrétaire d'État aux Affaires étrangères
et à la Marine.

T. n⁰ˢ 451 à 453[1].   *Helsinki, 26 septembre 1941, 16 h 37.*

(Reçu : le 26, 20 h.)

J'ai pu me procurer un certain nombre de renseignements sur l'Estonie.

Si un gauleiter commun a été nommé pour les trois pays[2] et s'ils se trouvent encore sous l'occupation militaire, leur traitement est assez différent.

La Lituanie est en fait une province allemande. À Riga, les drapeaux allemand et letton sont arborés conjointement sur les édifices. Seul le pavillon national flotte en Estonie et le pays jouit d'un régime de faveur qui n'est pas sans analogie avec celui d'un protectorat. Le gouverneur général allemand Pelitzmann est assisté du Dr Maeer en qualité de chef du gouvernement. Celui-ci est un Estonien « Vals » (les Vals sont des fascistes estoniens qui, après l'échec de leur coup d'État de 1930, s'étaient réfugiés à l'étranger, particulièrement en Allemagne). Le Dr Maeer a quatre collaborateurs à qui ont été confiés de véritables ministères (Travail, Agriculture). Deux de ces collaborateurs sont des Vals. Celui à qui a été confié l'Intérieur est un policier.

Dix commissariats pour les différentes branches de l'économie nationale ont également été institués et confiés à des Allemands baltes connus pour leur compétence en matière économique.

Le maire de Tallinn et les directeurs de la Banque d'Estonie sont des Estoniens. Malgré ce régime de faveur, le moral de la population est en baisse, l'espoir de recouvrer l'indépendance diminuant de jour en jour.

Il a été impossible jusqu'ici d'obtenir le moindre renseignement sur les Français demeurés dans les Pays Baltes.

Guerre 1939-1945, Vichy, Z Europe, Estonie, 880 (10GMII/880)

---

[1] Annotation marginale manuscrite : « Vu par Guerre ».

[2] Les trois États Baltes passés sous occupation soviétique après l'entrée en guerre sont occupés par les Allemands depuis de leur attaque contre l'URSS en juin 1941. Voir aussi document n⁰ 359 et notes.

362

M. Léon Bérard, Ambassadeur de France près le Saint-Siège,
à l'Amiral Darlan, Vice-Président du Conseil, Ministre de la
Défense Nationale, Secrétaire d'État aux Affaires étrangères
et à la Marine.

D. n° 131[1].   *Cité du Vatican, 26 septembre 1941.*

Je n'avais pas eu d'entretien avec le Souverain Pontife depuis le jour du mois de mars dernier où je lui avais présenté le nouveau conseiller de l'ambassade, M. de Blesson[2]. J'ai cru devoir demander ces jours-ci une audience qui m'a été aussitôt accordée.

L'attitude du Saint-Siège dans la présente guerre étant déterminée par des raisons tirées d'une doctrine immuable, comme je l'ai plus d'une fois noté dans mes dépêches, il n'était pas à prévoir que les événements militaires survenus depuis la fin de juin[3] y pussent apporter quelque changement. Ce que le Pape m'a dit diffère peu, quant au fond des choses, des déclarations que j'ai recueillies au cours de nos conversations précédentes.

Il est aisé de discerner, à ses paroles, que des deux côtés on a tenté d'obtenir de lui un signe d'approbation et d'encouragement ; que chacun des deux groupes de belligérants s'est efforcé d'intéresser l'Église à sa cause. Pie XII m'a clairement fait entendre qu'il avait dit en toute occasion tout ce qu'il avait le devoir de dire et qu'il n'y saurait rien ajouter quant à présent. Il y a une doctrine catholique sur le national-socialisme et sur le bolchevisme[4]. Cette doctrine, son prédécesseur et lui-même l'ont définie de façon à ne laisser subsister aucun doute sur la pensée de l'Église. Le Pape se gardera de reprendre, en plein conflit, des définitions et des condamnations doctrinales qui retomberaient sur l'un et l'autre des camps opposés.

Ce qui ressort principalement de la conversation est le souci, chez le Souverain Pontife, d'observer une neutralité qu'il tient pour une règle majeure de sa mission dans le monde. Sans doute estime-t-il que l'heure de la paix venue, sa voix et les enseignements de l'Église, tels qu'il n'a cessé de les rappeler, auront d'autant plus de crédit qu'il n'aura pas pris parti entre les adversaires. Il n'est point douteux, d'autre part, qu'il ne soit hanté de l'idée de sa responsabilité envers les millions de fidèles répandus parmi

---

[1] D. intitulée : « Audience du Souverain pontife » et portant le tampon « 6 oct[obre] 1941 » (date réception ou enregistrement).

[2] Aucun courrier sur cette entrevue n'a été trouvé.

[3] Il s'agit évidemment de l'invasion de l'URSS par l'armée allemande le 22 juin 1941.

[4] Cette « doctrine » ressort de trois grandes encycliques : deux de mars 1937 sont l'œuvre de Pie XI (dont Mgr Pacelli, futur Pie XII est le secrétaire d'État depuis 1930) : *Mit Brennen der Sorge* (Avec un souci brûlant) critique l'idéologie nationale-socialiste, le racisme, le culte de l'État et le paganisme ; *Divini Redemptoris* condamne sans ambages le communisme. Élu pape depuis peu, Pie XII publie l'encyclique *Summi Pontificatus* le 20 octobre 1939, qui confirme, sans les nommer, les condamnations contre le nazisme, le fascisme, le communisme et le libéralisme sans Dieu. Sur ce dernier texte, voir *DDF (1939-1944)*, 1939, documents n°s 284, 287, 295.

les divers peuples qui se massacrent. Il s'efforcera d'éviter tout ce qui pourrait engager la conscience de ces croyants dans un conflit entre le devoir patriotique et le devoir religieux. Il a lu avec un sentiment de paternelle satisfaction la lettre collective des évêques d'Allemagne[1] et le sermon de Mgr von Galen[2]. Il approuve pleinement l'attitude des évêques de France telle qu'elle s'exprime dans la récente déclaration des cardinaux et archevêques[3]. Les épiscopats nationaux, selon lui, ont une liberté de jugement et d'expression qui n'appartient pas en ce moment au chef de l'Église. Celui-ci a pour premier devoir de sauvegarder, au milieu des haines, des déchirements et des fureurs de la guerre, l'unité du monde catholique.

Un même parti pris de réserve et de prudence s'observe lorsque le Souverain Pontife consent à aborder l'ordre des prévisions humaines que l'on peut faire quant à la suite des événements. Les Américains, m'a-t-il dit, sont résolus à déployer un effort immense dans la lutte où ils se trouvent en fait engagés ; et ils ont la conviction que l'Allemagne sera finalement vaincue. Il ne m'a pas laissé entrevoir ce qu'il en pensait. On lui a représenté que la politique religieuse des Soviets avait évolué de façon très heureuse et que le péril bolcheviste ne serait point tellement redoutable au cas d'une victoire commune du bolchevisme et des démocraties. Cette appréciation est-elle fondée ? Le Pape pose la question : il s'abstient d'y faire une réponse.

Lorsque j'ai rappelé tout ce qui avait été accompli depuis un an en France sous la conduite du maréchal Pétain et combien il importe au relèvement de notre pays que cette action soit continue et menée à son terme quoi qu'il advienne, avec le concours d'un peuple uni et discipliné, mes paroles ont rencontré auprès de Pie XII l'accueil le plus bienveillant et une franche adhésion.

Pour bien entendre l'attitude et la règle de conduite arrêtées par le Souverain Pontife au milieu des événements présents, il ne faut point perdre de vue les traits dominants de sa personnalité. Le Pape est assurément un diplomate et qui userait volontiers des moyens classiques de la diplomatie le jour où les circonstances lui donneraient l'occasion d'intervenir en pacificateur dans la grande querelle des nations. Mais il est d'abord un prêtre animé d'une foi ardente et d'un grand esprit surnaturel. Il souffre profondément de la misère et des souffrances des hommes. Et il voit dans la guerre un effroyable mal moral qui appelle des secours et des remèdes de caractère religieux. Il avait sous les yeux, au commencement de notre

---

[1] Après l'invasion de l'URSS, une lettre pastorale collective des évêques allemands, réunis à Fulda, proclame : « Jamais, en aucune circonstance, un homme ne peut, sauf en cas de guerre ou de légitime défense, mettre à mort une personne innocente. » Lue dans toutes les églises d'Allemagne, le 26 juin 1941, cette lettre mit les autorités nazies en fureur.

[2] L'évêque de Münster (1933-1946) a prononcé le 3 août 1941 un sermon dénonçant l'Aktion T4, c.-à-d. la campagne d'euthanasie menée secrètement par les autorités nazies contre les handicapés et les « improductifs ». Le texte, qui connut une large diffusion, conduisit Hitler à suspendre l'opération, au moins en Allemagne.

[3] Déclaration faite à l'issue de l'Assemblée des cardinaux et archevêques de France des 24 et 25 juillet 1941. D'un ton très maréchaliste, elle déclarait notamment : « Nous vénérons le chef de l'État autour duquel les Français doivent s'unir. Chacun doit trouver sa place dans l'œuvre de redressement qu'il a entreprise sur les trois terrains de la famille, du travail et de la patrie. »

entretien, un journal allemand qui est l'organe d'une variété de nationaux-socialistes : « les nationaux-socialistes qui croient en Dieu ». La première page se composait d'une profession de foi en forme de catéchisme. Pie XII a bien voulu m'en traduire en français un passage. C'est du pur panthéisme ! s'est-il écrié… Ce qui le préoccupe avant tout c'est que le monde des âmes ne soit en proie ni à un panthéisme racial, ni à la théologie des sans Dieu, ni au matérialisme marxiste. On peut tenir pour certain, quelque décision qu'il prenne, quelque acte qu'il accomplisse, qu'il ne se déterminera que par de hautes raisons d'ordre spirituel.

Comme je lui disais la reconnaissance qu'on lui avait à Rome de n'avoir pas pris, durant l'été, un seul jour de repos dans son domaine de Castel-Gandolfo, il m'a répondu : « Lorsque le peuple souffre, l'Évêque ne va pas en villégiature ».

Guerre 1939-1945, Vichy, Z Europe, Saint-Siège, 551 (10GMII/551)

363

M. Dumesnil de Maricourt, Chargé d'Affaires de France à Athènes, à l'Amiral Darlan, Vice-Président du Conseil, Ministre de la Défense nationale, Secrétaire d'État aux Affaires étrangères et à la Marine.

D. n° 47[1].   *Athènes, 26 septembre 1941.*

J'ai eu l'honneur de rendre compte au Département des difficultés que j'ai rencontrées auprès des autorités italiennes pour obtenir que nos écoles d'Athènes et du Pirée soient autorisées à terminer, à date du 1er septembre, l'année scolaire qui, en raison de la guerre, s'achèvera le 31 décembre prochain (mes dépêches du 8 septembre, n° 43 à l'Europe et n° 13 aux Œuvres[2], et du 10 septembre, n° 14 aux Œuvres[3] ; mes télégrammes n°s 279 et 281[4].

---

[1] D. intitulée : « A.s. réouverture d'écoles françaises. Langues étrangères en Grèce » et portant le tampon « 24 oct[obre] 1941 » (date réception ou enregistrement). Sous la date de départ a été rajoutée à la même « 1er octobre 1941 » qui est celle du post-scriptum.

[2] Document n° 341.

[3] Dans Guerre 1939-1945, Vichy, Z Europe, Grèce, 401. Ce document non reproduit évoque la rentrée des classes qui a eu lieu le 1er septembre et manifeste des doutes sur le sort des établissements français dans les zones d'occupation allemande ou italienne (voir documents n°s 240 et 265 sur le partage de la Grèce). Outre le problème de l'autorisation par les Italiens, se pose le problème financier « en raison de la grave crise économique et surtout alimentaire, qui obligent les directeurs à fermer leurs internats », ce qui les prive de leurs principales recettes. Les écoles de Thrace sous la domination bulgare et dans les îles occupées par les armées allemandes et italiennes « demeureront fermées faute d'autorisation et faute pour les élèves affamés de pouvoir suivre les cours. » À Salonique, le lycée français a été dissous et tous les bâtiments sont réquisitionnés par les troupes allemandes. D'où, sauf les deux écoles des Filles de la Charité, il ne reste, en dehors de Volo et Patras où la réouverture des collèges français est improbable, que les six grands établissements d'Athènes et du Pirée. L'Institut d'études françaises est, en l'absence de son directeur, dans l'expectative. Les cinq autres (deux lycées des frères maristes d'Athènes, écoles secondaires des Frères des écoles chrétiennes au Pirée – occupées par les Allemands) et deux internats des sœurs de Saint-Joseph de l'Apparition à Athènes et au Pirée) n'ont pas encore eu l'autorisation de terminer l'année scolaire.

[4] Documents non retrouvés.

Des intérêts considérables étaient en jeu. Il s'agissait, pour nos cinq grands collèges religieux, d'une rentrée affectant de 1 500 à 2 000 élèves en tout et près de 200 professeurs congréganistes et laïcs. Dès la première quinzaine de septembre un certain nombre d'élèves, doutant de la réouverture de ces établissements, passaient à d'autres gymnases. De leur côté les professeurs hellènes, craignant de perdre leur emploi, se retournaient vers les directeurs français pour en requérir dédommagements, à commencer par quatre mois de traitement. La situation apparaissait sombre pour nos institutions d'enseignement. Déjà accablées de difficultés budgétaires au lendemain de la guerre qui les avait privées de subsides du gouvernement français, de Rome et de leurs maisons-mères et leur avait imposé de lourdes réparations du fait de réquisitions, toujours impayées, et du bombardement pour ce qui concerne un collège du Pirée, elle étaient soudain menacées de voir à la fois se tarir leurs recettes d'écolage et s'accroître démesurément leurs charges financières, et par conséquent de disparaître par perte de substance. Aussi bien, risque pour risque, leurs directeurs m'adjuraient-ils de les laisser reprendre les cours, quitte à les fermer ensuite si les autorités italiennes l'ordonnaient.

La clôture de nos établissements eût laissé, sinon les Sœurs de Saint-Joseph de l'Apparition, du moins les Frères Maristes et des Écoles Chrétiennes, dans une situation matérielle si pénible qu'il aurait fallu en envisager le rapatriement. Les congréganistes français partis de ce pays orthodoxe où les pouvoirs civils et religieux sont animés de fortes préventions à leur égard, il ne serait aucunement certain qu'ils y pussent rentrer plus tard, en admettant que d'autres n'aient pas, entretemps, pris leur place. Ces collèges ont été fondés en 1838, 1856, 1860, 1924 et 1931. Leurs droits acquis sont, du point de vue juridique, solides ; et leur propagande linguistique et intellectuelle sert grandement notre influence chez les Hellènes.

L'enjeu est trop important pour le risquer. Il fallait, devant l'occupant italien dont l'appétit est plus vaste que ses possibilités de nous supplanter, résister doucement et fermement, garder la place, bref « tenir ». J'étais même prêt, à la rigueur, si l'on laissait nos écoles continuer leur programme hellénique jusqu'à la fin de l'année (lequel comporte encore un minimum de six heures de français obligatoires par semaine), à accepter provisoirement la mise en veilleuse des sections françaises qui préparent les élèves au certificat d'études, au brevet et au baccalauréat français, si les autorités italiennes allaient jusqu'à l'exiger. J'obtins des directeurs de nos écoles qu'ils attendissent jusqu'à l'autorisation officielle, malgré leurs graves appréhensions.

Du 28 août au 13 septembre, je multipliais démarche sur démarche auprès des services du représentant italien en Grèce. Les précisions numériques et juridiques qu'ils me demandaient concernant ces institutions furent dépêchées à Rome. Le 5 septembre le plénipotentiaire M. Ghigi — comme je l'ai signalé au Département[1] — tout en m'assurant que les lenteurs des bureaux romains n'avaient pas, en l'espèce, un « caractère

---

[1] Document non retrouvé.

national » visant nos écoles, me laissait entendre que « quelques sacrifices » pouvaient leur être demandés. Je me gardais d'entrer dans cette voie. Un de ses secrétaires me déclarait, entretemps, que la direction des Écoles du Levant au Palais Chigi avait fort à faire pour étudier les conditions d'existence de tous ces établissements à la lumière des événements politiques nouveaux.

Le 13 septembre, les préjudices subis par nos collèges augmentant de jour en jour, et craignant que mes deux télégrammes au Département ne pussent porter effet immédiat, j'insistais très fort auprès du chargé d'affaires d'Italie pour que toutes questions de principes fussent mises à part pour le moment et que, vu les nécessités urgentes des élèves, surtout des hautes classes dont les examens sont proches, les cinq écoles françaises reprissent la semaine suivante leurs cours jusqu'à la fin de l'année. Mon interlocuteur admit volontiers qu'il s'agissait de régler cette affaire dans un esprit réaliste, en accordant l'immédiat pour réserver à plus tard les considérations politiques éventuelles. Il ajouta un télégramme pressant à son gouvernement à ceux qu'avaient déjà envoyés ses bureaux.

Le 15 septembre au matin l'autorisation arrivait enfin de Rome. Nos collèges pouvaient rouvrir. Mon collègue m'en informait aussitôt verbalement en précisant que la seule restriction à leur libre fonctionnement jusqu'au 31 décembre serait le droit de « visite éventuelle » d'un inspecteur officiel italien, naguère inspecteur des Écoles italiennes au Levant (Syrie, etc.).

Les directeurs français à Athènes et au Pirée ouvraient ce même jour leurs classes avec une quinzaine de retard. Les deux lycées Léonin et les deux collèges des Sœurs reprenaient, avec les cours du Gymnase grec, ceux des sections françaises. La rentrée a été partout satisfaisante, vu les circonstances actuelles.

Quelques jours après j'obtenais, à la suite d'interventions réitérées, qu'à défaut d'évacuer l'école Saint-Paul des Frères des Écoles Chrétiennes, occupée depuis deux mois par les troupes allemandes au Pirée[1], la Wehrmacht réquisitionne un autre immeuble voisin et le mette en état pour permettre à cette école d'y poursuivre son enseignement dans des conditions très acceptables.

J'attends, d'autre part, le résultat de démarches instantes que j'ai faites pour la libération de deux de nos établissements scolaires et de notre hôpital à Salonique[2]. Les services du plénipotentiaire du Reich m'ont récemment notifié l'évacuation de l'École des Filles de la Charité, sise rue Franque ; mais il ne semble pas qu'elle soit encore effective.

Le maintien des droits et de la primauté traditionnels des écoles françaises en Grèce peut, vu d'aujourd'hui, sembler précaire, étant donné les ambitions de l'Italie dans l'espace hellénique. De ce point de vue immédiat,

---

[1] Concentrée en Macédoine et en Crète, l'occupation allemande concerne aussi la zone stratégique du Pirée.

[2] Port également en zone d'occupation allemande.

il s'agit donc, d'abord, de les défendre. Même si ces ambitions ne réussissaient pas à se faire jour, il faudrait ensuite, en face d'une concurrence nouvelle, celle de l'Allemagne, soutenir fortement nos institutions d'enseignement, les assister financièrement, les rénover enfin dans un avenir meilleur. Cette seconde phase est de longue haleine.

Comme je l'ai indiqué dans ma précédente dépêche[1], il importe aujourd'hui de faire vivre ce qui est immédiatement viable : notre Institut d'Athènes, les cinq collèges religieux d'Attique et les trois de Salonique.

Quant à la réouverture prochaine de l'Institut, qui relève de l'État français, il faut s'assurer des dispositions italiennes à cet égard. La légation va aborder cette question préjudicielle maintenant qu'elle a reçu du Département la communication n° 166 du 3 septembre[2].

Différente est la situation des établissements congréganistes, qui sont franco-helléniques, avec des programmes de gymnases grecs et du personnel enseignant grec. Comme tels, ils sont en principe assujettis aux prescriptions concernant les langues étrangères.

Ici s'interposent deux nouveautés primordiales depuis que l'Allemagne a vaincu la Grèce.

Il y a d'abord une recrudescence de la propagande culturelle de Berlin en ce pays. Une activité intense est déployée pour placer la Grèce conquise dans l'orbe intellectuel du Reich. On s'ingénie à copier les méthodes françaises : créer une clientèle par la diffusion linguistique. La langue servant de véhicule à la pensée et de moyen à la manifestation des intérêts, on crée des liens politiques et l'on resserre les liens économiques par la propagation intensive du langage allemand. C'est ainsi que l'Académie de Munich, qui avait déjà des filiales, dites « pédagogiques », dans les principaux centres de la Grèce, et en attirait des boursiers vers l'Allemagne, développe son action ici depuis quelque temps, en fonction des candidatures suscitées par l'intérêt, l'opportunisme ou la nécessité. L'article ci-joint donne un exemple de cette incessante réclame.

D'autre part, l'enseignement de l'allemand devant être obligatoire dans les établissements secondaires grecs à dater du 1er janvier 1942, une commission germano-hellénique composée de deux universitaires allemands et d'un directeur hellène a organisé le programme des sections pédagogiques qui formeront les professeurs grecs d'allemand pour les répartir dans les écoles dès la prochaine année. Il est douteux qu'en quelques mois des germanophones d'occasion aient acquis un parler exemplaire pour de futurs élèves qu'on prétend récalcitrants.

Une autre commission, exclusivement grecque, fonctionne depuis peu au département de l'Instruction publique sous la présidence du ministre, pour la réforme de l'enseignement des langues étrangères. L'allemand devient, comme le français qui l'était déjà, obligatoire. Une forte pression italienne serait exercée pour que la langue de Dante eût, dans les

---

[1]   Voir p. 818, note 3.

[2]   Document non retrouvé.

programmes secondaires helléniques, la même place que celles de Descartes et de Goethe. L'un des professeurs ayant suggéré que, pour satisfaire à la fois les deux partenaires de l'Axe, l'italien remplace le français, le ministre Logothetopoulos, pourtant peu suspect de complaisance à notre égard, a pris ses responsabilités en déclarant devant la commission que jamais le français ne serait supprimé des classes grecques. On envisagerait alors une formule selon laquelle il y aurait bilinguisme obligatoire sans autre spécification. Vu les dispositions des élèves ceci signifierait en fait l'enseignement du français et de l'allemand à l'exclusion de l'italien. L'esprit ingénieux des Hellènes a quelque peine à complaire en même temps à ses deux maîtres d'aujourd'hui.

La vieille tradition du parler français en Grèce ne semble donc pas près de disparaître. Si elle le devait ce ne serait point au profit de l'italien, que les propagandistes du Reich ne se soucient guère d'acclimater sur ces rivages.

P.S. Le gouvernement du général Tsolacoglou[1] vient de prendre un décret qui, jusqu'à la fin de l'année scolaire en cours (c'est-à-dire jusqu'au 31 décembre 1941), réduit sensiblement l'horaire des matières enseignées. Pour ce qui concerne l'unique langue étrangère actuellement obligatoire, le français, l'enseignement en est, pendant ce dernier quadrimestre, limité à 2 heures par semaine dans les deux classes moyennes des gymnases secondaires ; il est supprimé dans les deux classes inférieures et dans les deux classes supérieures (l'heure de classe étant en Grèce de 40 minutes). Cette mesure ne serait qu'exceptionnelle et transitoire ; elle serait nécessitée par le souci d'éviter le surmenage des élèves en mauvaise condition physiologique et qui ont à étudier en quatre mois un programme normalement réparti sur six mois. De nouvelles dispositions sont, pour les classes de français, durant la prochaine année, actuellement à l'étude.

Les cinq établissements français d'Athènes et du Pirée ne sont d'ailleurs pas visés par le décret ci-dessus résumé. La faculté d'enseigner notre langue six heures et même dix heures par semaine leur est accordée.

ANNEXE

L'Académie allemande

N.   s.l. [Athènes], s.d. [26 septembre 1941]

Kathimerini publie, le 20 septembre, la note suivante signée d'un astérisque, mais dont il est facile de comprendre l'origine :

« L'Académie allemande de Munich est connue dans toute l'Europe et partout ailleurs. Elle possède partout des annexes qui mettent leurs élèves en contact avec la langue et la culture allemandes. Dans ces annexes sont donnés aux hommes de science, aux techniciens, aux commerçants, aux instituteurs, etc. les éléments nécessaires pour leurs études et pour

---

[1] Georgios Tsolakoglou a été nommé par les Allemands, le 30 avril 1941, chef d'un gouvernement grec collaborateur.

l'exercice de leur profession, puisque les principaux ouvrages de la science la plus moderne sont dus presque exclusivement à des auteurs allemands. Il en est de même pour les commerçants qui sont en rapports étroits avec l'Allemagne.

En Grèce nous connaissons l'Académie allemande depuis plusieurs années. Des annexes de l'Académie allemande existent à Athènes, Salonique, Patras, Pirée, Volo, Calamata et le nombre de leurs élèves augmente chaque année.

Après quatre ans d'études, les élèves acquièrent des connaissances parfaites de la langue allemande, qui leur seront précieuses durant toute leur vie. À la fin des études, un examen a lieu pour la délivrance d'un diplôme. Le diplôme de l'Académie allemande constitue une preuve universellement reconnue que son titulaire connaît la langue allemande et que la vie culturelle allemande ne lui est pas inconnue.

Pour ceux qui désirent compléter leur instruction, il existe des sections spéciales de littérature, d'histoire et de commerce. Sous la forme de bourses, de courte ou de longue durée, l'Académie allemande donne la possibilité à ses meilleurs élèves d'aller compléter leurs études en Allemagne. C'est ainsi que plusieurs centaines d'étudiants et d'hommes de science vont chaque année en Allemagne élargir les connaissances qu'ils ont acquises dans leur patrie. Ils se forment ainsi une idée personnelle de l'Allemagne et ils complètent leur éducation professionnelle ».

À ceux dont les occupations journalières ou d'autres raisons ne permettent pas un contact direct avec l'Allemagne, l'Académie allemande offre, par l'organisation d'expositions, de concerts, de conférences, etc. l'occasion de connaître la civilisation allemande ».

L'Académie allemande exige de ses élèves un certain niveau intellectuel pour leur permettre de suivre ses cours. Les années précédentes, la constatation de ces connaissances était faite par un seul professeur au moyen d'un bref examen. Mais aujourd'hui, le nombre des candidats augmentant constamment, tout nouveau candidat est tenu, avant son inscription, de remplir un questionnaire dans lequel il déclare ses connaissances. Les demandes sont ensuite l'objet d'un examen attentif de la part d'un comité qui répartit les élèves par sections. De cette façon on obtient que chaque section soit composée d'élèves possédant un même niveau d'instruction.

Celui qui, après quatre années d'études, obtient un diplôme de l'Académie allemande possède par là même l'agréable certitude de ne pas avoir obtenu un « papier » quelconque, mais un certificat précieux de ses connaissances en allemand.

Guerre 1939-1945, Vichy, Z Europe, Grèce, 401 (10GMII/401)

364

Relations des représentants américains au Maroc avec les autorités chérifiennes

N. n° 28[1].   *Vichy, 27 septembre 1941.*

Secret.

1.- Les représentants des États-Unis au Maroc cherchent de plus en plus à se faire recevoir par les notables indigènes[2].

---

[1] Cette note a pour destinataires : C.E.M. [Chef d'État-Major] - F.M.F.3 [3e Bureau dont une section est chargée de l'exécution des clauses des armistices] - F.M.F.2 [2e Bureau] (5 ex.) – (O0 - O1 - S - R - A0) – Marine Maroc – O.R.M. Casablanca – Affaires étrangères – M.A.

[2] Sur l'activité américaine au Maroc, voir document n° 337.

Le 8 septembre 1941 au cours d'un dîner que donnait pour eux à Marrakech le Khalifa Moulay Larbi, les consuls américains ont tenu les propos suivants :

2.- « L'Amérique entrera certainement en guerre lorsque Roosevelt le voudra.

Ce sont les Allemands qui font courir le bruit de la menace d'un débarquement anglais appuyé par les Américains sur certains points de la côte (Tanger, Casablanca, Dakar).

Cette éventualité ne pourrait se justifier que si l'Allemagne venait à tenter de s'installer au Maroc, acte contre lequel les Américains sont décidés à s'opposer par n'importe quel moyen.

On nous avait dit que le Maroc, et surtout Casablanca, était envahi par les Allemands. Nous sommes obligés de reconnaître que ces bruits sont faux.

Ce que nous voulons, c'est faire connaître aux Marocains l'aide que leur apporte en ce moment l'Amérique.

Cette aide se poursuivra d'une façon accrue dans l'avenir en faveur des indigènes et des Français malgré les dissentiments qui séparent l'Amérique de la France de Vichy.

Nous sommes au Maroc pour contrôler que les marchandises américaines sont distribuées dans le pays et ne sont pas expédiées ailleurs. Nous veillerons à ce que les Juifs reçoivent leur part comme le reste de la population marocaine.

Nous savons que le Sultan nous est très reconnaissant de l'aide que nous apportons à son pays. Nous avons acquis la certitude que ce souverain était entièrement pour la France et qu'il se rallierait indifféremment à n'importe quelle forme de gouvernement (gaulliste ou Vichy) pourvu que ce fut la France ».

3.- Ces consuls furent reçus par le caïd El Akjadi le 7 septembre 1941 et le Chérif Moulay Hassar Sarsa, protégé américain.

Ils portaient une lettre de recommandation du consul général Earle Russell[1], écrite en arabe. Ils ont déclaré au cours de la conversation qu'ils avaient eu un long entretien avec le Pacha de Fès à qui ils ont été présentés par un nommé El Fassi, très connu à Casablanca. Ils ont dû séjourner à Marrakech jusqu'au 15 septembre 1941.

4.- On peut rapprocher des propos ci-dessus ceux tenus par M. Toussaint, important personnage au Maroc de la finance internationale : « Le Maroc sortira victorieux de l'épreuve actuelle. Il faudra dans l'avenir que le Maroc soit un grand Tanger ».

Guerre 1939-1945, Vichy, M Maroc, 12 (6GMII/12)

---

[1] H. Earle Russell est consul général des États-Unis à Casablanca.

365

M. Lamarle, Chargé d'Affaires de France à Madrid,
à l'Amiral Darlan, Vice-Président du Conseil, Ministre de la
Défense nationale, Secrétaire d'État aux Affaires étrangères
et à la Marine.

T. nos 1461 à 1464.   *Madrid, 29 septembre 1941, 22 h.*

(*Reçu : le 30, 7 h.*)

L'éventualité d'une action anglo-américaine contre les îles ou la côte
africaine de l'Atlantique reste le thème principal dans les cercles politiques
et militaires de Madrid[1]. Les préoccupations, à la fois sincères et tendancieuses, que cette menace cause aux dirigeants espagnols, concernent d'une
part l'attitude du Portugal, d'autre part celle du Maroc français. On se
demande si l'un et l'autre de ces pays voudraient et pourraient résister
efficacement à une agression des Anglo-Saxons et, à cette occasion, on
reprend les suspicions qui se sont déjà manifestées plusieurs fois à l'égard de
Lisbonne et de Rabat.

Qu'il s'agisse de collaborer avec le Portugal ou de le défendre contre son
gré, des renseignements de la meilleure source indiquent qu'en plusieurs
endroits de la frontière des dispositions ont été prises pour préparer au
besoin l'installation de troupes. Des ordres religieux ont été invités à prévoir l'évacuation de couvents situés dans cette région.

Quant au Maroc, le sous-secrétaire d'État des Affaires étrangères m'a
parlé il y a quelques jours avec une certaine insistance de l' « esprit gaulliste » qui régnerait dans plusieurs milieux. Je me suis employé à remettre
au point de telles informations qui émanent sans aucun doute des consuls
espagnols en zone française. Mon collègue allemand (…)[2] aussi, dans notre
dernière conversation, aborde le sujet mais avec beaucoup plus de discrétion.

Il serait certes exagéré d'attribuer aux Espagnols des arrière-pensées car
le gouvernement et la grande majorité de l'opinion se rendent compte
du risque énorme que représenterait une participation à la guerre, sous
quelque forme que ce soit, dans la situation politique et économique où se
trouve actuellement le pays. Mais si les événements allaient à l'encontre de

---

[1] Ces inquiétudes se sont réveillées à Madrid à l'occasion des préparatifs de la rencontre entre
le président Roosevelt et Winston Churchill dans la baie d'Argentia en août 1941, conclue par la
signature, le 14, de la Charte de l'Atlantique : « Le mystère dont s'enveloppe la croisière du
Potomac [le yacht du président des États-Unis] et l'entrevue supposée entre le président Roosevelt
et M. Churchill raniment, dans les milieux dirigeants espagnols, les craintes relatives à une initiative américaine contre les îles ou sur les côtes africaines de l'Atlantique », rapporte le chargé
d'affaires Lamarle au Département dans son T. nos 1255-1256 du 14 août. L'ambassadeur François
Pietri signale, pour sa part, les mesures militaires préventives prises par l'Espagne pour prévenir
une telle initiative dans son T. no 1381 du 12 septembre. (*In* Guerre 1939-1945, Vichy, Z Europe,
Espagne, 248, documents non reproduits).

[2] Lacune de déchiffrement.

ce désir de paix ou même seulement si la menace devenait plus pressante, beaucoup y verraient la possibilité pour l'Espagne de valoriser sa position aux yeux de l'Allemagne et aux dépens de la France.

Guerre 1939-1945, Vichy, Z Europe, Espagne, 248 (10GMII/248)

366

M. Arvengas, Ministre de France à Mexico,
à l'Amiral Darlan, Vice-président du Conseil, Ministre de la
Défense nationale, Secrétaire d'État aux Affaires étrangères
et à la Marine.

D. n° 144[1].   *Mexico, 1er octobre 1941.*

La récente organisation, par l'ex-général de Gaulle, d'une « Commission nationale française »[2], gouvernement *de facto* des territoires dissidents, a suscité, parmi les nombreux amis que compte au Mexique le mouvement « France Libre », une campagne réclamant la rupture avec Vichy et tendant à l'établissement de relations diplomatiques avec un gouvernement de Gaulle.

Le Comité régional « Pro Francia Libre » de l'État de Tabasco a adressé une pétition au Président de la République et aux deux Chambres en vue de la reconnaissance du gouvernement de Gaulle, considéré comme la représentation authentique de la nation française. Cette pétition est appuyée par deux députés, dont celui de Veracruz, M. Garizurieta, qui passe pour faire une campagne particulièrement intense afin d'amener ses collègues à sa manière de voir. Il a fait circuler parmi eux un mémoire développant les arguments juridiques qui militeraient, selon lui, en faveur de la reconnaissance d'un gouvernement « France libre ». Le postulat sur lequel se fonde cette thèse est que le gouvernement de Vichy est inconstitutionnel, ainsi que s'est efforcé de le démontrer le professeur Cassin dans un article intitulé « Le coup d'État de Vichy », qui a été reproduit dans l'édition du soir du journal *Excelsior*[3]. En revanche, soutient la thèse en

---

[1] D. Intitulée « Campagne en faveur de la reconnaissance d'un gouvernement "France libre" », envoyée par avion transatlantique. Tampon mentionnant la date de départ (2 octobre 1941) et « Dossier : De Gaulle ».

[2] Il s'agit du Comité national français (CNF) créé le 24 septembre.

[3] Arvengas reprend ce sujet de manière plus détaillée dans une seconde lettre (n° 155) datée du 23 octobre (B Amérique, Mexique, 70). Depuis le 1er octobre, une commission d'experts en droit international a été organisée pour examiner les fondements juridiques d'une rupture avec Vichy, comprenant des universitaires, des avocats et des diplomates. L'argument central, emprunté à Cassin, est que le gouvernement de Vichy n'est pas le successeur légitime et constitutionnel des gouvernements de la République française car l'Assemblée chargée de réviser la constitution s'est tenue dans des conditions irrégulières et attentatoires aux libertés et elle a, de plus, abrogé l'article 2 de la loi constitutionnelle du 14 août 1875 qui établit précisément que la France est une République et que cette forme de gouvernement ne peut faire l'objet d'une révision. En revanche, le gouvernement « *de facto* » du général de Gaulle répondrait strictement à la

question, le mouvement de Gaulle qui déclare respecter la constitution républicaine, comporte les trois conditions essentielles pour être reconnu comme gouvernement : la possession d'un territoire, un cabinet, organe du pouvoir, et le plein exercice de la souveraineté.

Les partisans de la reconnaissance du gouvernement de Gaulle font valoir, enfin, qu'une telle décision serait la conséquence logique de la résolution proclamée par le général Avila Camacho de ne pas reconnaître les situations de fait imposées par la violence à des nations libres. Ils ajoutent que le gouvernement mexicain n'ayant pas reconnu le régime du général Franco et maintenant en revanche des relations avec une Pologne dépossédée de tout territoire, il n'existe aucune raison pour qu'il continue à reconnaître le gouvernement de Vichy.

La plupart des journaux mexicains ont consacré des entrefilets à la campagne ainsi entreprise. Il ne conviendrait cependant pas d'attacher à celle-ci une importance exagérée[1] ; elle apparaît surtout comme l'expression du désir qu'ont certains politiciens de se mettre en avant en exploitant une cause qui jouit ici d'une très générale sympathie. Aujourd'hui encore un des principaux journaux de Mexico, l'*Universal*, qui célèbre son vingt-cinquième anniversaire, se déclare, dans un éditorial consacré à l'exposé de sa politique, fermement en faveur de la « France libre ». Il n'est pas impossible que la cause de cette dernière compte désormais un avocat au sein même du gouvernement, en la personne du général Maximino Avila Camacho, frère du Président de la République, qui vient de se voir attribuer le portefeuille du ministère des Communications et qui est tenu pour un ami par les promoteurs mexicains du gaullisme.

Guerre 1939-1945, Vichy, B Amérique, Mexique, 70 (1GMII/70)

Constitution française et de plus répond à la question de l'occupation physique d'un territoire, ce qui n'est pas le cas d'autres gouvernements en exil.

[1] Dans la même lettre (cf. note 2), le ministre de France confirme son impression que cette affaire n'est pas d'une grande importance : « Il ne semble pas, en effet, que ces esprits réfléchis puissent se laisser impressionner par la construction juridique à laquelle se consacrent laborieusement les partisans de « France libre » (...) cependant l'avenir ne lui semble pas certain : « Il me revient que les partisans de « France libre » ne désespèrent pas de voir triompher ici leur cause, surtout depuis que M. Soustelle a réussi à se faire recevoir par le secrétaire d'état aux Affaires étrangères "à titre tout-à-fait personnel" ».

367

NOTE DE M. A. DECLOUX, PREMIER SECRÉTAIRE DE LA LÉGATION
DE FRANCE AU CAIRE

Note sur le gaullisme en Égypte

N.   *Vichy, 1er octobre 1941.*

Dès les premiers jours qui suivirent la conclusion de l'armistice, un groupe de Français du Caire, dont le principal animateur était M. Raoul Boniteau, inspecteur à la Compagnie du gaz Lebon[1], jeta les bases de l'organisme qui devait être fondé officiellement le 24 juillet suivant sous l'appellation de Comité national français d'Égypte[2]. L'esprit et les buts de ce groupement concordaient exactement avec ceux que définissait, au même moment, le général de Gaulle à Londres. Le baron de Benoist, Agent supérieur de la Compagnie du Canal de Suez et président de divers organismes français, dont l'Association des Anciens Combattants du Caire, se vit offrir par les promoteurs la direction du dit Comité national. En acceptant cette désignation, M. de Benoist entra en rapport avec de Gaulle et se plaça sous l'autorité de ce dernier dont il reçut désormais toutes ses directives en même temps qu'il obtenait un complet appui et tous les moyens d'action nécessaires de la part des Autorités britanniques en Égypte.

Sous l'impulsion de son président et des Français qui composèrent le comité de fondation (MM. Raoul et Roland Boniteau, Gaston Wiet[3], Georges Gorse[4], Maurice Déjardin[5] et le R.P Carrière[6]) le mouvement gaulliste se développe rapidement dans la colonie française du Caire. La propagande s'effectue par tous les moyens dont les autorités anglaises disposaient elles-mêmes : presse, radio, conférences, tracts, etc. Grâce à ce puissant concours et à la collaboration morale ou même financière de certains milieux locaux tout dévoués à la cause britannique (israélites, coptes, syriens), les gaullistes étendirent leur action et fondèrent des comités locaux à Alexandrie, Port-Saïd, Ismaïlia et Suez. Dans ces trois dernières villes,

---

[1] Raoul Boniteau est présenté dans une note extrêmement détaillée sur les gaullistes d'Égypte, de source inconnue, en date du 19 février 1942 et intitulée « Renseignements divers sur le mouvement gaulliste en Égypte (Informations recueillies entre juin 1940 et septembre 1941 » (Dans Guerre 1939-1945, Vichy, K Afrique, Égypte, 61, non reproduite), comme étant « chef du Service électrique de la Société du gaz Lebon au Caire ». Son frère, Roland, serait un « industriel ».

[2] Sur l'activité gaulliste auprès de la colonie française d'Égypte et de l'escadre française bloquée à Alexandrie, se reporter à *DDF (1939-1944)*, 1940-2, documents n°s 11, 123, 137, 197, 221, 372.

[3] Gaston Wiet, décrit dans la note précitée, « Renseignements divers... » ; comme « petit-fils d'un juif, drogman du consulat de Salonique, fils d'un juif converti, neveu d'un consul de France resté juif, catholique, mais marié en deuxièmes noces à une juive nièce du Grand Rabbin Effendi, venu du Caire à Paris » est directeur du Musée de l'Art arabe du Caire.

[4] Ancien élève de l'École normale supérieure, jeune professeur au Lycée français du Caire, « autrefois communiste et antimilitariste », selon la note précitée « Renseignements divers... ».

[5] Maurice Déjardin est, selon la note « Renseignements divers... », le directeur de la Société du gaz Lebon.

[6] Père dominicain, ancien combattant de la guerre de 1914-1918.

les premiers adhérents gaullistes se recrutèrent parmi les agents du Canal de Suez dont beaucoup suivirent, dès l'origine, M. de Benoist, leur chef administratif, pour des motifs d'intérêt ou d'ambition. Ces agents se virent confier les postes de direction du mouvement dans toute la zone du Canal.

Encore que les formules d'adhésion répandues par les gaullistes offrissent le choix entre plusieurs degrés de participation (engagement militaire, enrôlement dans les services de la Défense passive britannique, simple adhésion morale), les fondateurs du Comité national – parmi lesquels ne figurait aucun militaire de carrière – s'attachèrent surtout à obtenir des concours moraux. Il apparut, d'ailleurs, assez vite que les engagements militaires, bien qu'ils fussent encouragés par la promesse de soldes et de galons supplémentaires, seraient assez rares en territoire égyptien. Faute de pouvoir atteindre un résultat intéressant dans ce domaine, l'action gaulliste se maintient donc en Égypte presque exclusivement sur le plan politique. La participation, qui fut bientôt acquise, de quelques chefs d'entreprises françaises entraîne, pour les mêmes raisons que dans le cas du Canal de Suez, l'adhésion de la plupart des employés français de ces firmes. La pression exercée sur ces derniers s'accompagne généralement d'avertissements précis sur les conséquences graves qu'un refus aurait sur leur situation matérielle. On leur donna également à entendre qu'en cas d'aggravation de la tension franco-britannique des mesures sévères contre les personnes et les biens français seraient prises, mesures auxquelles échapperaient seuls les adhérents au mouvement gaulliste. Ce chantage, combiné avec l'offre de situations largement rétribuées dans les organismes gaullistes, accentua le rythme des adhésions.

Quatre mois environ après la fondation du Comité national, l'ex-général d'armée Catroux vint s'installer au Caire en la qualité de Délégué général du général de Gaulle pour le Proche-Orient, les Balkans et la mer Rouge[1], appellation qui faisait déjà apparaître clairement les visées gaullistes sur nos territoires du Levant et sur Djibouti. Dès son arrivée, Catroux s'attacha à développer le recrutement militaire mais il se rendit bientôt compte de l'inutilité de ses efforts en ce sens auprès de nos compatriotes. En effet, à part quelques officiers de réserve, les Français d'Égypte, qui venaient d'être démobilisés, s'abstinrent, pour la plupart, de répondre aux sollicitations gaullistes. Il fallut donc à l'ex-Général[2] se contenter d'organiser des éléments disparates venus de l'extérieur (Syrie, Chypre, Afrique française) et qui ne dépassaient pas, à la fin de l'année 1940, un millier de soldats. Encore, dans ce contingent, qui comprenait plusieurs centaines de légionnaires espagnols « rouges » et autant de troupes indigènes, l'élément « français » était-il extrêmement faible. Il est à noter d'ailleurs que les autorités

[1] Gouverneur général de l'Indochine au moment de la défaite française, le général Catroux s'est immédiatement rallié au général de Gaulle. À peine a-t-il rejoint Londres, qu'il se rend sur ordre de ce dernier au Caire pour superviser le soulèvement militaire que l'on croyait imminent parmi les troupes de Syrie-Liban. Après l'échec du soulèvement à la mi-septembre 1940, le secret n'ayant plus lieu d'être maintenu autour de sa présence au Caire, le général Catroux reçoit le titre officiel mentionné ici. À son sujet, voir *DDF (1939-1944)*, 1940-2, document n° 413.

[2] Le général Catroux a été déchu de la nationalité française tandis que ses biens étaient saisis par la loi du 23 juillet 1940, en même temps que le général de Gaulle, entre autres.

britanniques du Caire ne parurent nullement pousser à l'intensification du recrutement militaire gaulliste. En effet, elles ne disposaient pas alors, sur place, des moyens d'équiper et d'armer de nombreux contingents d'engagés. Elles conseillèrent donc à Catroux de s'attacher plutôt, suivant la voie déjà adoptée par les dirigeants « civils » du Comité, à développer l'action proprement politique menée contre les éléments de résistance encore nombreux dans la colonie française. Par contre, les dirigeants de la Marine britannique à Alexandrie incitèrent les gaullistes de cette localité à concentrer tous leurs efforts de propagande sur nos officiers de Marine et matelots de la « Force X » dont les bâtiments se trouvaient immobilisés dans le port égyptien depuis l'armistice[1]. On sait que ces tentatives n'ont pas obtenu le résultat cherché et que le nombre des défections parmi ce personnel est demeuré infime.

Ainsi donc, à part cet effort particulier pour entraîner à la désertion notre personnel naval à Alexandrie, l'action des divers comités gaullistes tendit essentiellement à obtenir des adhésions morales. À cette fin et en vue de briser des résistances jugées encore trop puissantes, ils se livrèrent à un travail méthodique d'action policière, pour laquelle ils utilisèrent des informateurs et agents provocateurs bénévoles ou stipendiés – sans omettre l'élément féminin – à l'égard des Français loyaux. Chaque jour, les dirigeants du mouvement pouvaient ainsi apporter à l'ambassade de Grande-Bretagne des dénonciations calomnieuses visant à faire apparaître nos compatriotes récalcitrants comme des ennemis déclarés de l'Angleterre, des agents à la solde des puissances de l'Axe et des agitateurs antibritanniques qui cherchaient à soulever les Égyptiens contre la puissance occupante. Toutes ces dénonciations émanant de Français n'étaient pas seulement dictées par les passions partisanes. Derrière celles-ci se cachaient bien souvent de simples inimitiés personnelles ou des rivalités professionnelles qu'une enquête objective eût rapidement décelées. Malheureusement les services britanniques les accueillaient sans vérification aucune et composaient avec ces rapports mensongers leurs listes de « suspects ».

Au début de l'année 1941 plusieurs adhésions importantes furent obtenues au Caire : celles de MM. de Vaux[2], ministre plénipotentiaire, ancien commissaire à la Dette ; Jouguet, membre de l'Institut, ancien directeur de l'Institut d'archéologie orientale du Caire ; Boyer, directeur de l'École française de Droit du Caire ; Minost, directeur général du Crédit foncier égyptien[3]. Toutes ces personnes furent aussitôt accueillies au sein du comité d'action aux travaux duquel elles devaient désormais collaborer.

Vers le mois d'avril, une lettre-circulaire fût adressée, sous la double signature de MM. de Vaux et Jouguet, aux Français non-ralliés pour les inciter à adhérer sans délai. Bien que relativement modéré dans la forme,

---

[1] Sur le « gel » de l'escadre française en rade d'Alexandrie après l'armistice franco-allemand, se reporter à *DDF (1939-1944)*, 1940-1, documents n°s 418, 442, 447, 450, 464.

[2] Le baron de Vaux est un ancien ambassadeur et haut-commissaire de la Dette égyptienne.

[3] Et administrateur de la National Bank of Egypt, d'après la note « Renseignements divers… », précitée.

ce document fut généralement interprété par les destinataires comme un « dernier avertissement avant sanction ». La suite des événements devait confirmer l'exactitude de cette interprétation. L'appel des nouveaux ralliés n'amena, d'ailleurs, aucune adhésion nouvelle. On peut dire qu'à cette époque, la position de chaque Français était prise. Au moins parmi les personnalités occupant des situations importantes dans nos colonies il n'y avait plus d'hésitants. Et, de même qu'il eût été vain d'espérer alors faire revenir sur leur attitude ceux qui avaient cru devoir se placer dans le camp rebelle (une rétractation eût évidemment entraîné pour l'intéressé les sanctions les plus graves de la part des gaullistes), de même il n'y avait plus à compter faire dévier de leur position de résistance les Français demeurés loyaux. Ceux-ci, en effet, se tenaient étroitement unis et étaient résolument décidés à persévérer dans leur attitude, quelles qu'en dussent être les conséquences.

C'est sans doute après avoir pris eux-mêmes conscience de cette fixation des positions que les gaullistes décidèrent alors de passer à des mesures plus violentes. Dans les derniers jours de mai, la police égyptienne procéda à l'arrestation de cinq Français notables de la colonie du Caire. Dans les semaines suivantes quatre autres arrestations furent effectuées. Enfin, le 18 juillet, quatorze Français d'Alexandrie, dont plusieurs étaient âgés de plus de 60 ans et occupaient des situations éminentes, furent également incarcérés[1]. Tous ces Français furent placés dans le camp d'internement organisé pour les ressortissants italiens dans les locaux des écoles italiennes du Caire. Il fut interdit à nos compatriotes de recevoir aucune visite et leur correspondance fut sévèrement censurée.

Dès les premières arrestations, la légation de France adressa une très ferme protestation aux autorités égyptiennes et réclama des explications sur les motifs d'un pareil traitement infligé à des Français dont elle garantissait, par ailleurs, la parfaite honorabilité. Le président du Conseil égyptien ne put fournir aucune réponse précise et se borna à déclarer que les mesures prises l'avaient été à la requête des autorités britanniques, « sur la base du traité anglo-égyptien ». Il laissait ainsi nettement entendre que son gouvernement n'avait été, en la circonstance, qu'un simple agent d'exécution des ordres de l'ambassade britannique. À défaut de l'élargissement de nos compatriotes qui lui fut constamment refusé, la légation obtient, à force d'insistance, certains adoucissements à leur régime de détention ainsi que des autorisations de visites pour leurs familles[2].

---

[1] On trouvera dans la note « Renseignements divers… », *op. cit.*, une liste de dix noms d'internés sans compter celui, non mentionné, de l'auteur de la note. D'après lui, « la liste des Français à interner ou à expulser sont […] établies par les gaullistes, présentées à l'ambassade britannique qui accepte ou rejette, et fait ensuite exécutée par les Égyptiens.

[2] Voir le T. nos 1560 à 1561 d'Helleu au Département, Ankara, 7 septembre 1941, dans Guerre 1939-1945, Vichy, K Afrique, Égypte, 79 (document non reproduit) : « Notre ministre au Caire m'a fait dire par un voyageur venant d'Égypte que 23 Français étaient internés dans ce pays depuis plusieurs semaines par les autorités égyptiennes. Le ministère égyptien des Affaires étrangères, auprès duquel M. Pozzi est intervenu, a déclaré que cette mesure avait été prise à la demande des autorités britanniques. Mais celles-ci, que M. Pozzi a fait atteindre par le ministre des États-Unis, ont assuré qu'elles n'avaient nullement demandé ces internements. Quoiqu'il en soit, M. Pozzi n'a

Lorsqu'à la suite des événements de Syrie, furent organisés à Beyrouth des convois de rapatriement pour les Forces françaises du Levant, certains membres du gouvernement égyptien, soucieux de trouver un moyen leur permettant de se dégager d'une responsabilité qu'ils estimaient d'autant plus gênante que d'excellents rapports officiels continuaient d'exister entre leur pays et la France, prirent l'initiative de proposer aux autorités britanniques le rapatriement par les convois de nos compatriotes internés. Aux dires des autorités égyptiennes qui engagèrent cette négociation, il y eut tout d'abord, du côté britannique, des résistances sérieuses. Il paraît avéré que les gaullistes, qui avaient suscité ces mesures d'internement, se sont montrés très opposés à l'élargissement de ceux qu'ils considéraient comme des otages (il avait été déjà envisagé par eux de faire transférer nos compatriotes à Khartoum ou aux Indes afin de s'assurer de leurs personnes en toute hypothèse militaire et de détenir ainsi une « monnaie d'échange » en cas de sanctions prises par le gouvernement français) et de la part de qui ils redoutaient, en outre, en cas de renvoi en France, des révélations gênantes. Cependant les Anglais finirent par accepter la proposition du gouvernement égyptien. Nos compatriotes internés furent ainsi avisés, le 26 août dernier, qu'ils avaient la faculté d'être rapatriés en France avec leurs familles. La moitié environ des intéressés accepta cette proposition et fut dirigée quelques jours plus tard sur Beyrouth d'où ces Français regagnèrent la métropole sans difficulté[1].

Actuellement donc, une dizaine de Français demeurent encore internés au Caire, ayant préféré la prolongation de leur détention à l'éloignement du pays où ils ont leur situation et leurs intérêts. À côté d'eux, il y a lieu de faire figurer parmi les victimes de la violence gaulliste un certain nombre de Français qui, établis dans la zone du Canal (Port-Saïd, Ismaïlia ou Suez), ont été l'objet de mesures d'éloignement et contraints d'abandonner, dans un délai extrêmement court (48 heures au plus), leur situation et leur installation pour aller résider en un autre point du territoire égyptien. Ces Français sont, pour partie, des employés du canal de Suez qui, en même temps qu'ils étaient ainsi « éloignés », se sont vus réduire dans une proportion importante ou même supprimer leur traitement à la Compagnie.

Enfin, suivant les dernières indications reçues, il apparaît que la procédure du rapatriement forcé des Français loyaux ait été récemment adoptée comme le moyen le plus adéquat pour éliminer définitivement les oppositions au mouvement gaulliste en Égypte.

---

pu obtenir encore la libération de nos compatriotes et il m'a fait prier de signaler cette situation au Département [...]. Voir aussi dans le même dossier, le rapport du Dr Vaucher, du Comité international de la Croix-Rouge, sur les internés français en Égypte, visités le 8 août 1941 à l'école de Boulac, s.d. (document non reproduit).

[1] Pour plus de détails sur cet épisode, voir le rapport Vallet, transmis par le chef de bataillon Tézé, ancien chef du cabinet militaire du Haut-Commissaire en Syrie et au Liban, à l'amiral Darlan, relatif à « l'expulsion de certains Français d'Égypte » (Vichy, 13 septembre 1941, dans Guerre 1939-1945, Vichy, K Afrique, Égypte, 60, non reproduit). Ce rapport, très précis a été rédigé « à bord du *Koutoubia*, le 8 septembre 1941 ». Voir également, dans la même série, le T. n° 259 de Pozzi au Département, s.d., reçu le 30 septembre 1941.

1°/ Au cours de ce travail nous avons mentionné les noms des principaux responsables de l'action gaulliste au Caire. À côté d'eux doivent également figurer les noms d'un certain nombre d'individus qui, bien qu'occupant une position moins en vue dans le groupement, se sont cependant signalés par leur activité de propagandiste. Des indications précises ont été données à leur sujet par notre consul au Caire dans un rapport que la légation a transmis au ministère des Affaires étrangères en février 1941[1].

2°/ En ce qui concerne les autres circonscriptions consulaires (Alexandrie, Port-Saïd et Suez) des listes à jour pourront être facilement établies par nos consuls en ces trois villes, dont le retour en France est attendu.

3°/ Le présent rapport ne mentionne pas les noms des Français qui ont été internés au Caire à partir du mois de mai dernier. Toutes les précisions utiles à cet égard sont, en effet, contenues dans une note établie par M. Jean Vallet, avocat au Caire, et remise par lui à M. le général Dentz. Un exemplaire de cette note a été adressé au ministère des Affaires étrangères[2]. Toutes les indications qu'elle contient peuvent être certifiées comme scrupuleusement exactes par le signataire de ce rapport.

Guerre 1939-1945, Vichy, K Afrique, Égypte, 61 (5GMII/61)

368

PROCÈS-VERBAL

Procès-Verbal des réunions tenues à Tunis les 26, 27 et 29 septembre et le 1er octobre 1941, au sujet des échanges commerciaux entre la Libye et la Tunisie

P.V.[3]   *s.l. [Tunis ?], s.d. [1er octobre 1941 ?]*

Étaient présents à ces réunions :

Pour le gouvernement tunisien :

MM. Binoche, secrétaire général du gouvernement tunisien.

      Lucius, secrétaire général adjoint du gouvernement tunisien.

      Soulmagnon, directeur des Affaires économiques.

      Cazenave, chef du service des transports à la direction des Travaux publics.

---

[1] Document non retrouvé.

[2] Sur ce rapport de Jean Vallet, effectivement communiqué au ministère des Affaires étrangères le 13 septembre 1941, voir p. 832, note 1.

[3] Chaque page du document porte le paraphe de Jean Binoche (« J. B. »).

Pour le gouvernement de la Libye :

MM. Renato Trevisani, commissaire général du Ravitaillement de la Libye.

Ottorino Giacomelli, expert du gouvernement de la Libye.

ÉCHANGES DE BLÉ

I- La discussion porte sur l'accord technique concernant les moyens de transports à prévoir pour la livraison à la Libye du blé tunisien cédé en compensation d'une livraison équivalente de blé italien à la France.

Cet accord a été prévu au cours des réunions tenues à Rome du 18 au 31 août 1941[1]. Il en est fait mention dans le procès-verbal de ces réunions au paragraphe suivant du chapitre intitulé « Échanges commerciaux entre l'Italie et la Libye et l'Afrique du Nord » :

« En ce qui concerne le transport de Tunisie en Libye des quantités de blé dont il est question, on demande, du côté italien, qu'il soit effectué par terre, par chemin de fer et camion. La Délégation française, tout en faisant remarquer que le gouvernement français aurait préféré que ce transport soit effectué par mer, a toutefois donné l'assurance que dans tous les cas, le gouvernement tunisien sera libre de prendre les accords nécessaires avec le gouvernement de la Libye en ce qui concerne les dits transports, accords qui seront ratifiés par les autorités françaises compétentes ».

II- En se fondant sur ces dispositions, les représentants du gouvernement de la Libye ont insisté sur l'intérêt qu'ils attachent à une livraison par la voie de terre, aussi importante qu'il sera possible, des 80 000 quintaux de blé à fournir par la Tunisie pendant les deux premiers mois de l'accord.

Ces représentants signalent, en particulier, le caractère très urgent que présente la livraison par terre, dans les plus brefs délais, de 30 000 quintaux à valoir sur les 40 000 quintaux du premier mois.

---

[1] Aucun document n'a été retrouvé concernant ces réunions. Signalons cependant que depuis la fin juillet 1941, l'amiral Esteva adjure les autorités françaises de ne pas livrer de marchandises aux forces italo-allemandes en Libye, d'abord en raison des problèmes de ravitaillement de la Régence, ensuite pour ne pas irriter les Américains. Ainsi son T. nᵒˢ 1040 à 1046 au Département, en date du 30 juillet 1941, se termine sur ces mots : « Je confirme en toute impartialité et sincérité que, pour des raisons matérielles, morales et politiques évidentes, nous ne pouvons, à aucun prix, céder les 40 0000 à 50 000 quintaux [de céréales] mensuellement demandés par la Libye. Répondant à la confiance que le Gouvernement lui accorde, le Résident général de France à Tunis lui doit la vérité toute nue. Une livraison importante de quoi que ce soit à la Libye serait interprétée par les Tunisiens, depuis le Bey jusqu'au dernier Bédouin, comme un déshonneur et une rupture de ses engagements de puissance protectrice. Les Italiens le savent et jouent là-dessus. Les Américains, les seuls qui ont encore pour nous des égards, finiraient par nous abandonner. » Également dans son T. nᵒ 1121 au Département en date du 21 août 1941 : « J'apprends tous les jours que le passage des 335 tonnes d'huile d'olive fournies à la Libye a produit un effet désastreux parmi toute la population de Sfax à la frontière. De Sfax, la nouvelle se répand maintenant dans toute la Régence. Il importe de ne plus céder quoi que ce soit, comme je l'ai déjà dit » (*in* Guerre 1939-1945, Vichy, P Tunisie, 30, documents non reproduits). Le général Weygand à Alger est du même avis, à en croire Antoine Delenda qui écrit dans son journal le 2 août 1941 : « Les Allemands ravitaillent leur armée de Libye par des prélèvements en Tunisie, par avions et camions. Weygand fait remarquer que nous risquons d'avoir les mêmes conséquences qu'en Syrie. Et nous accuserons les Anglais d'agression s'ils veulent mettre un terme à cette aide indirecte que nous donnons aux Allemands ! » (*in* Antoine Delenda, *Vichy, Journal d'un opposant de l'intérieur*, Paris, François-Xavier de Guibert, 2010, p. 299).

Les représentants du gouvernement tunisien, en se déclarant pleinement conscients des grandes difficultés rencontrées par le gouvernement de la Libye dans l'acheminement par la voie de mer des blés tunisiens, ont été dans l'obligation d'attirer l'attention des représentants de la Libye sur les conditions spéciales où se trouve le système des transports terrestres en Tunisie, à la suite de l'insuffisance du parc des wagons et camions ainsi que de la pénurie des combustibles et lubrifiants.

III- Dans ces conditions, et eu égard à l'insistance des représentants de la Libye et au délai d'un mois demandé par eux pour l'envoi de navires appropriés en Tunisie, les représentants du gouvernement tunisien, après avoir mesuré l'étendue des sacrifices qui leur sont demandés pour le transport terrestre le plus rapide d'une quantité la plus grande possible de blé vers la Libye, croient pouvoir proposer, sous réserve de ratification par les autorités françaises compétentes, le plan de transport suivant, lequel n'est naturellement pas exclusif des quantités que pourront embarquer simultanément les navires italiens dans les lieux d'agréation et normalement à Tunis, afin que soit atteint le chiffre mensuel de 40 000 quintaux de blé mentionné par les accords conclus entre la France et l'Italie.

1 – Du 1er au 15e jour de l'exécution du présent accord.

a) Transport par fer de Tunis à Gabès d'un minimum de 10 000 quintaux de blé, la Tunisie s'efforçant d'augmenter ce chiffre dans la mesure du possible pendant ce délai.

b) Transport par automobile de Gabès à la frontière de 10 000 quintaux de blé.

2 – Du 16e au 30e jour de l'exécution de l'accord.

a) Transport par fer de Tunis à Gabès de 10 000 quintaux de blé.

b) Transport par automobile de Gabès à la frontière de 10 000 quintaux de blé.

3 – Au delà du 30e jour de l'exécution de l'accord.

Le délai nécessaire à l'arrivée des navires étant écoulé, les transports des 60 000 quintaux restants est assumé complètement par la voie maritime.

IV- Le 1er jour de l'exécution du présent accord est le lendemain du jour où les autorités françaises permettent le transport.

V- Le gouvernement tunisien communiquera à la section civile de la Délégation italienne d'armistice, cinq jours à l'avance, le nombre de wagons disponibles pour le transport de Tunis à Gabès.

VI- Le gouvernement tunisien donnera les autorisations de circuler pour les transports prévus aux §§ III 1, b) et III 2, b) à 15 camions de 10 tonnes de charge utile fonctionnant au gasoil.

VII- Le gouvernement tunisien fera l'avance, remboursable par la Libye en nature avant le dernier voyage de retour des camions, du gasoil, de l'huile et de la graisse nécessaires pour la mise en place de Tunis à Gabès puis le retour de Gabès à Tunis des 15 susdits camions.

Le gouvernement tunisien fera de même l'avance, remboursable en nature par la Libye, du gasoil, de l'huile et de la graisse nécessaires au premier voyage des 15 camions de Gabès à la frontière.

Les autorités de la Libye devront à chaque retour à vide d'un camion, charger celui-ci des quantités de gasoil, d'huile et de graisse nécessaires au parcours frontière – Gabès – frontière.

VIII- Le prix des transports ferroviaires visés au § III sera réglé par la Libye à la Tunisie selon les modalités en vigueur pour les règlements financiers et les paiements entre la France et l'Italie, en espèces ou en nature sur la base du contrat prévu par le procès-verbal du 30 août 1941.

Le même mode de règlement sera adopté pour les transports automobiles.

Les factures des transports ferroviaires et automobiles seront adressées au gouvernement tunisien qui en assurera le paiement aux entreprises créancières.

IX- Le blé transporté par la voie de terre sera livré en sacs fournis par la Libye.

Au cas où il sera nécessaire, pour commencer les transports, qu'une fourniture préalable de sacs soit faite à Tunis, le gouvernement tunisien fera cette avance à charge de restitution des sacs avant la fin des transports terrestres.

Le prix de location des sacs sera réglé par le gouvernement de la Libye suivant le mode précisé au § IX.

Au cas où les sacs ne pourraient être restitués en bon état, la Libye aura l'obligation de remplacer les toiles perdues ou avariées par des toiles de qualité équivalente.

ÉCHANGES D'HUILE

L'opération en cause a été prévue par l'accord intervenu le 30 août 1941, à Rome, au sujet de la livraison par la Tunisie à la Libye de 400 tonnes d'huile d'olive en compensation d'une livraison équivalente par l'Italie à la France.

Il est bien précisé que la compensation dont il s'agit n'est possible que si les perspectives de la récolte mettent la Tunisie en mesure d'exporter en France les quantités indiquées.

Dans ces conditions, et si la France lui en donne l'ordre, la Tunisie livrera au gouvernement de la Libye, au moment où elles auraient été disponibles pour la France, des quantités d'huile à concurrence de 400 tonnes.

Cette huile sera conforme aux qualités qui auront été convenues après accord entre les experts désignés par les gouvernements français et italien.

La livraison de ces huiles sera faite à Sfax.

Leur transport aura lieu, par voie de terre, dans la mesure du possible.

CADN, Tunisie, 1ᵉʳ versement, 334 A

369

M. Meyer, Consul de France à Trébizonde,
À l'Amiral Darlan, Vice-Président du Conseil, Ministre de la
Défense nationale, Secrétaire d'État aux Affaires étrangères
et à la Marine.

T. nᵒˢ 11 à 15.   *Trébizonde, 3 octobre 1941, 19 h. 30.*

(*Reçu : le 5, 19 h.*)

L'opinion publique déjà très inquiète (mon télégramme nᵒˢ 58-61)[1] vient de trouver un nouveau sujet d'émotion dans la rumeur qui court selon laquelle l'état-major aurait décidé de ne pas renforcer le dispositif de défense du littoral, mais encore de ne pas maintenir au chiffre actuel les effectifs établis dans les localités voisines de la mer Noire. Cette rumeur a son origine dans le fait que depuis quelque temps des convois de munitions prélevées sur les dépôts de Trébizonde partent vers l'intérieur et qu'un important contingent d'infanterie a pris la même direction. On en déduit d'une part que l'armée n'espère pas pouvoir s'opposer avec succès à une tentative ennemie de (…)[2] (en raison surtout de la réelle faiblesse des moyens de défense côtière) et d'autre part que le danger tant redouté d'une (…)[3] à l'Est pourrait subitement menacer plus particulièrement Trébizonde[4]. L'anxiété est si réelle que l'on ne croit même plus que l'hiver puisse être un obstacle à l'action simultanée anglo-russe à laquelle on s'attend ici.

Dans mon télégramme précité j'avais signalé cette psychose de guerre faite surtout de la (…)[5] du Russe dont on a ici tout particulièrement la hantise. Mais nous pouvons maintenant avancer qu'il ne s'agit plus d'une hantise passive. De plusieurs côtés il m'a été rapporté qu'une sorte de furie antisoviétique animait les troupes turques. L'anglophobie progresse aussi à Trébizonde où les germanophiles – qui sont la majorité – avaient eu beau jeu de se muer en anglophobes du jour où les Russes abhorrés sont devenus les alliés des Anglais. Depuis l'invasion de l'Iran[6], leurs opinions

---

[1] Document non retrouvé.

[2] Lacune de déchiffrement.

[3] Lacune de déchiffrement.

[4] Rappelons que pendant la Première Guerre, la prise de Trébizonde par les armées russes le 20 avril 1916 avait été considérée comme un tournant important pour les Alliés de l'Entente.

[5] Lacune de déchiffrement.

[6] Allusion à l'occupation anglo-russe de l'Iran depuis le 25 août. Voir à ce sujet documents nᵒˢ 317 et 333 et notes.

ont également trouvé maintes excellentes occasions de s'affirmer ouvertement sous le couvert de prétextes religieux et sentimentaux.

Ce que constate ici à ce point de vue je l'avais déjà remarqué à Zongouldak et il est permis de penser (...)[1] que ce (...)[2] de l'opinion est un fait en Turquie. C'est à quoi faisait certainement allusion un fonctionnaire anglais qui me disait tout récemment qu'il serait grand temps que l'Angleterre et la Russie agissent et non plus sur le seul terrain diplomatique, et qu'il avait des raisons de croire que les Russes, faisant fi des atermoiements diplomatiques, pourraient bien passer eux-mêmes aux actes en entraînant l'Angleterre dans une action que celle-ci n'ose encore entreprendre.

L'incident suivant qui se serait produit ces jours derniers au poste frontière de Basserghane et dont on m'a garanti l'authenticité, est certainement révélateur à ce sujet ; à quelqu'un qui se rendait en Turquie l'officier russe commandant du poste aurait déclaré « qu'ils se retrouveraient sous peu en Turquie ».

En (...)[3] iranien les effectifs de l'Armée rouge seraient manifestement disproportionnés avec les besoins d'une simple occupation. Une véritable armée motorisée serait massée à Khoy, sur la route du transit turco-iranien. Si cela est vrai il pourrait être vrai aussi que le (...)[4] et les troupes que les Anglais sont censés envoyer en Russie n'allassent pas plus loin que les frontières irano-turques et russo-turques.

Quoi qu'il en soit l'état-major turc prend ses dispositions comme si les ennemis de demain devaient être les Russes et les Anglais et non les Allemands. Dans l'état actuel de la mobilisation le maintien aux frontières de l'Anatolie orientale de plus d'un demi-million d'hommes (mon télégramme n° 63)[5] laisse si peu d'équivoque à cet égard, que l'opinion de beaucoup de Turcs d'ici est que les « jeux sont faits » et qu'une entente existe d'ores et déjà entre la Turquie et l'Allemagne, celle-ci devant répondre à l'appel de celle-là pour la défendre. L'un d'eux a été jusqu'à me confier qu'en contrepartie de cette aide, la Turquie pourrait contribuer grandement à résoudre au bénéfice de l'Allemagne le problème difficile de la conquête de la Transcaucasie en incitant, le moment venu, les millions de Turcs du Caucase à se soulever contre leurs maîtres russes[6].

Communiqué au Département.

Guerre 1939-1945, Vichy, E Levant, Turquie, 127 (4GMII/127)

[1] Lacune de déchiffrement.

[2] Lacune de déchiffrement.

[3] Lacune de déchiffrement.

[4] Lacune de déchiffrement.

[5] Document non retrouvé.

[6] Le projet de soulever les populations turcophones et/ou musulmanes du Caucase a aussi été mis en œuvre pendant la Première Guerre. L'arme de la subversion en s'appuyant sur les nationalités avait aussi été envisagée par les Alliés, en particulier, les Britanniques, lors de la préparation du projet de bombardement des puits de pétrole du Caucase dans le contexte de la Guerre d'Hiver soviéto-finlandaise. Voir *DDF (1939-1944)*, 1939 et 1940-1 pour de nombreux documents sur ce conflit et les plans des Alliés.

370

Note de la Sous-Direction d'Amérique
Pour le cabinet du Ministre

Les États sud-américains et le conflit actuel

N.   Vichy, s.d. *[avant 4 octobre 1941]*

I.- Nos postes d'Amérique nous ont constamment signalé, dès le lendemain de l'armistice, l'action prépondérante en Amérique centrale et en Amérique du Sud, des services de la propagande britannique. Jusqu'à présent, l'action de nos propres services, du reste presque complètement désorganisée au lendemain de l'armistice, n'a pu enregistrer que des résultats très limités auprès d'une opinion publique gagnée dans sa presque totalité aux thèses anglo-saxonnes.

II.- La guerre germano-russe a cependant eu pour résultat direct de jeter un certain désarroi dans les esprits des Sud-Américains. En effet, et à défaut d'un concours matériel, les Anglais et les Américains du Nord ont prodigué aux Soviets des encouragements puis, quand la résistance soviétique a paru s'affirmer, des témoignages d'estime. Or, les Américains du Sud, qui redoutent le nazisme, abhorrent le bolchevisme. Ils sont gênés et inquiets de voir maintenant les Anglo-Saxons traiter les Soviets sur un pied d'alliés. L'un des représentants sud-américains à Vichy confiait récemment au sous-directeur d'Amérique qu'à son avis il convenait pour son pays, devant ce développement imprévu du conflit, d'observer une complète réserve à l'égard des belligérants.

III.- Un écroulement militaire des Soviets, même s'il n'était pas suivi d'un changement de régime en Russie, rejetterait probablement cette préoccupation à l'arrière-plan dans l'esprit des Américains du Sud. Mais une nouvelle cause d'inquiétude surgit peu à peu devant eux. Dans un récent télégramme, notre ministre à Caracas signale la généralisation assez rapide en Amérique d'un sentiment d'appréhension et de mécontentement en présence des manifestations grandissantes de l'impérialisme économique et militaire des États-Unis[1]. Dans la même communication, M. de Montbas relatait un incident qui se serait produit à la Trinidad entre troupes américaines et britanniques. Indépendamment des réflexions que cet incident

---

[1] Ce télégramme nᵒˢ 282-284, reçu le 26 septembre à Vichy, évoque la position de Parra Perez, ministre des Affaires Étrangères du Venezuela, qui considère comme de plus en plus inévitable et maintenant prochaine l'entrée en guerre des États-Unis, mais ne dissimule pas son appréhension quant aux répercussions d'une telle décision dans les pays sud-américains, d'autant plus que ceux-ci ignorent les intentions exactes des États-Unis en ce qui concerne les modalités qui leur seraient imposées. Il espère sans grande conviction que son pays pourra cependant sauvegarder une partie de sa liberté d'action, bien qu'il soit riverain de la mer des Antilles. Le Ministre est évidemment anxieux de l'hégémonie grandissante exercée par les États-Unis qui tiennent entre leurs mains tous les leviers de commande économiques et financiers et disposent, en conséquences, de moyens de pression irrésistibles (résumé *in* Guerre 1939-1945, Vichy, C État français, 48).

peut suggérer dans l'esprit des Anglais – qui apprennent maintenant à leurs dépens et par un assez juste retour ce que c'est qu'un allié anglo-saxon – le fait cité n'est certainement pas un encouragement pour les Américains du Sud à livrer à leur grand voisin des bases aériennes et navales. Or, à mesure que les États-Unis se rapprochent du moment où ils prendront une part effective aux hostilités, il est en effet à présumer que leur pression s'accroît sur les États de l'Amérique latine pour obtenir d'eux les avantages qu'ils estiment nécessaires pour la conduite des hostilités. Des réactions assez caractéristiques ont déjà été notées, comme l'accueil évasif réservé par certaines Républiques à la proposition uruguayenne aux termes de laquelle une puissance américaine impliquée dans un conflit avec des puissances non-américaines pourrait conserver dans les autres États américains les privilèges de la non-belligérance. Il convient cependant de ne pas s'attendre à des manifestations très accentuées dans ce sens. L'Amérique latine – et notamment l'Amérique centrale – est en grande partie sous l'emprise économique et financière des États-Unis et on peut même dire que, dans les circonstances actuelles qui empêchent les exportations vers le continent européen, certains pays, qui sont pratiquement des pays de monoculture, sont pour leurs exportations à la discrétion des États-Unis.

Il n'en reste pas moins que l'Amérique latine est de plus en plus préoccupée de la tournure que prennent les hostilités. Elle appréhende dès à présent les conséquences directes ou indirectes que peut avoir pour elle le choc des deux grandes doctrines totalitaires dont l'une, par des circonstances imprévues, profite maintenant de dispositions bienveillantes de la part des démocraties anglo-saxonnes. Elle prévoit l'imminence d'hostilités entre les États-Unis et le Reich qui nuiront gravement à son commerce maritime et pourront même s'étendre jusqu'à ses côtes. Enfin, elle redoute, pour l'avenir, la prépondérance des États-Unis sur le Nouveau Continent.

Il y a intérêt, du point de vue français, à observer de près l'évolution politique de cette partie du monde et à la mettre si possible à profit. Les Républiques latines ont gardé un réel attachement à la France. Elles savent que notre action de propagande et d'expansion ne couvre aucun dessein impérialiste ou idéologique. Dans ces conditions, elles peuvent être portées à demander davantage à notre culture, à nos techniques, et à notre capacité d'échanges. La Bolivie vient de nous demander 14 officiers instructeurs pour son armée. Le Brésil et l'Argentine ont réservé à la troupe Jouvet un accueil qui dépassait le cadre de cette manifestation artistique[1]. Si, dans les circonstances actuelles, nos possibilités sont réduites, il serait utile de nous assurer dès maintenant et pour le temps d'après-guerre des positions d'attente qui nous permettraient de reprendre avec fruit notre action dès le rétablissement de la paix.

Guerre 1939-1945, Vichy, B Amérique, Continent américain, 175
(1GMII/175)

---

[1] Il s'agit de la tournée en Amérique de la troupe de théâtre de Louis Jouvet, tournée qui commence fin mai 1941 et dont l'organisation a été facilitée par les services de la diplomatie française à des fins de propagande. Cette tournée est prolongée avec l'accord de Vichy qui continue de la subventionner jusqu'à l'automne 1942. Voir document n° 358.

371

NOTE DE L'AMIRAL DARLAN[1]

Note sur la situation politique

N. n° 211.   *s.l. [Vichy], 5 octobre 1941.*

I

À la date du 25 septembre, l'ambassade d'Allemagne à Paris a adressé à M. Benoist-Méchin[2] trois notes relatives l'une au fonctionnement de la Justice, considérée par les autorités d'occupation comme trop lente et trop molle dans son action répressive[3], une autre à la carence du ministère de l'Agriculture en ce qui concerne la production agricole, la troisième aux nominations des chefs militaires en Afrique du Nord.

Dans cette dernière, il est notamment écrit par M. Abetz[4] :

« J'ai dû constater de nouveau, au cours des entretiens avec le Führer et les personnalités dirigeantes du gouvernement allemand et de l'armée allemande, que l'orientation et les fonctions du général Weygand en Afrique du Nord[5] *sont considérées comme constituant un obstacle insurmontable au déclenchement d'une politique constructive entre l'Allemagne et la France*[6].

La manière dans laquelle le général Weygand parle de l'Allemagne en présence de ressortissants français et étrangers montre qu'il rejette loin de lui-même la possibilité de surmonter les préjugés de l'inimitié ».

Au cours des conversations que j'ai eues à Paris, le 1er octobre, avec M. l'ambassadeur Abetz, le 3 octobre, avec M. le général von Stülpnagel[7], mes interlocuteurs sont revenus avec force sur ces questions, en particulier sur l'attitude du général Weygand.

---

[1] Annotation marginale manuscrite du numéro de la note de même que du nom de son auteur.

[2] Journaliste et essayiste, pacifiste favorable au nazisme dès l'avant-guerre, Jacques Benoist-Méchin a été nommé secrétaire général adjoint de la vice-présidence du Conseil le 25 février 1941.

[3] Les Allemands veulent une répression sans précédent contre les attentats commis contre les militaires allemands qui ont commencé le 21 août précédent, lorsque le colonel Fabien, résistant communiste, a abattu le colonel Moser à la station de métro Barbès-Rochechouart à Paris.

[4] Le texte cité ici est extrait d'une lettre en date du 25 septembre 1941 d'Otto Abetz, ambassadeur d'Allemagne à Paris, délégué auprès des autorités militaires de l'Occupation. Le général Weygand, à qui le maréchal Pétain a montré cette lettre à Vichy le 18 octobre 1941, et qui a pu en prendre note, la cite dans ses mémoires.

[5] Le général Maxime Weygand est, depuis le 6 septembre 1940, Délégué général du gouvernement en Afrique du Nord, avec pouvoir sur toutes les autorités civiles et militaires en Afrique. Cf. *DDF (1939-1944)*, 1940-2, document n° 276.

[6] Souligné dans le texte. Les Allemands tiennent Weygand pour responsable de l'échec des Protocoles de Paris, signés par l'amiral Darlan le 28 mai 1941, qui attribuaient notamment à l'Allemagne les bases de Bizerte et de Dakar. Ils l'estiment aussi lié aux Américains.

[7] Le général Otto von Stülpnagel est le commandant en chef des troupes d'occupation en France, jusqu'en février 1942.

J'ai demandé aux personnalités allemandes quelles étaient les sources de leurs informations et le crédit que l'on pouvait accorder à ces dernières.

L'Ambassadeur et le Général m'ont déclaré que leurs renseignements venaient soit d'Afrique, soit de Washington, où le service d'informations de l'Allemagne paraît fortement organisé.

J'ai été amené à penser que l'incident Weygand-Scapini[1] qui a éclaté dans la salle à manger du Maréchal, en présence de plusieurs personnes, a été connu des Allemands.

En outre, les autorités allemandes reprochent au Général certaines décisions comme :

l'interdiction à tout habitant de l'Afrique du Nord d'entrer en relations avec les membres des commissions de contrôle,

l'interdiction faite aux volontaires de la Légion antibolchevique de quitter le territoire de l'Afrique du Nord.

Au cours de ces conversations, le Général, comme l'Ambassadeur m'ont laissé entendre que si le gouvernement français ne prenait pas les mesures appropriées pendant les quelques semaines qui nous séparent du moment où le Führer, dégagé de ses occupations à l'Est[2], s'occuperait du règlement des rapports entre l'Allemagne et la France, le Chancelier, désireux de clarifier la situation ferait connaître ses exigences et en poursuivrait au besoin la réalisation par la force.

Le Général a ajouté que le Chancelier et le Haut-Commandement allemand étaient dans d'excellentes dispositions vis-à-vis de la France et qu'il importait de ne pas laisser modifier cette situation.

En ce qui concerne la Justice, je me suis efforcé de faire admettre par mes interlocuteurs que leurs critiques étaient exagérées et que le gouvernement avait pris toutes les mesures nécessaires à la répression du gaullisme et du communisme[3].

Pour l'Agriculture, je leur ai déclaré que le gouvernement envisageait une réorganisation, mais que M. Caziot[4] resterait à la tête de ce Département.

L'Ambassadeur et le Général ont traité d'autres points secondaires comme les désignations pour l'Afrique des généraux Koeltz et de Lattre[5],

[1] Georges Scapini, aveugle de guerre et chef du Service diplomatique des prisonniers de guerre à Berlin avec rang d'ambassadeur depuis août 1940, qui avait exprimé, à la table du Maréchal, sa satisfaction des victoires allemandes en URSS, parce qu'elles protégeaient les Français du communisme, s'était attiré cette réplique de Weygand : « Je ne partage pas du tout votre manière de voir. Je souhaite que l'armée allemande soit battue. Plus il y aura d'Allemands qui crèveront en Russie, plus je m'en féliciterai. » Le propos a été reporté effectivement par Scapini à J. Benoist-Méchin qui le rapporte à son tour aux Allemands. L'incident est signalé par Michèle Cointet, *Nouvelle Histoire de Vichy*, Paris, Fayard, 2011, p. 494.

[2] Hitler croit alors que la prise de Moscou est une question de jours.

[3] Vichy a institué par la loi du 24 août 1941 des tribunaux spéciaux contre les menées communistes et gaullistes.

[4] Pierre Caziot est secrétaire d'État à l'Agriculture depuis décembre 1940.

[5] Le général Koeltz est désigné pour commander les troupes d'Algérie, le général de Lattre de Tassigny, les troupes de Tunisie.

et le manque total d'articles favorables à la collaboration dans les journaux de la zone libre.

Le Général m'a déclaré qu'il était favorable à l'action commune des polices allemande et française contre les fauteurs de troubles et qu'il faciliterait au gouvernement l'installation d'une police d'État en zone occupée.

Enfin, d'après un renseignement sûr, au cours d'une réunion avec les dirigeants du RNP et du MSR[1] qui se sont définitivement séparés, l'ambassadeur Abetz aurait déclaré « qu'il était inquiet de voir l'entente qui paraissait régner entre le gouvernement français et les autorités militaires d'occupation pour assurer le maintien de l'ordre dans le pays ».

II

Il résulte de tous les entretiens qui ont eu lieu à Paris, soit entre MM. Benoist-Méchin et Pucheu[2] d'une part, le général von Stülpnagel et l'ambassadeur Abetz d'autre part :

1°) que vraisemblablement au début de novembre, l'Allemagne adressera à la France des propositions concrètes très intéressantes,

2°) que la question Weygand est un obstacle insurmontable au déclenchement d'une politique constructive entre les deux pays,

3°) que si cette question n'est pas réglée, et si le gouvernement français n'est pas fermement décidé à faire une politique européenne, l'Allemagne est prête à faire prévaloir son point de vue, au besoin par la force et ne formulerait pas ces propositions.

Autrement dit, le gouvernement français devra, avant la fin du mois, avoir nettement choisi sa politique extérieure.

Lorsque ce choix aura été effectué, la politique générale devra être conduite par des personnes qui l'approuvent, sans arrière-pensée et qui en fournissent la preuve par leurs paroles et par leurs actes[3].

III

Pour permettre au Maréchal et au gouvernement de faire ce choix, je crois utile de résumer ci-après la situation actuelle.

---

[1] En février 1941, quand Marcel Déat fonde le Rassemblement national populaire, parti collaborationniste, les autorités allemandes imposent la fusion avec le Mouvement social-révolutionnaire d'Eugène Deloncle, qui poursuit l'action de la Cagoule. La greffe n'a pas pris et le MSR est exclu du RNP en octobre 1941.

[2] La nomination de Pierre Pucheu au poste de secrétaire d'État à l'Intérieur remonte au 18 juillet 1941.

[3] Convoqué à Vichy le 16 octobre 1941, Weygand est averti le 17 par Pétain que les Allemands réclament son limogeage. Le Délégué général du Gouvernement en Afrique du Nord, certes partisan de l'armistice, mais foncièrement anti-allemand, refuse d'accepter d'autres fonctions que le Maréchal lui propose et repart pour Alger. Rappelé à Vichy en novembre, il est cette fois bel et bien limogé le 18 novembre 1941. Le Général sera placé en résidence surveillé dans le Reich de novembre 1942 à la fin de la guerre, en compagnie de Paul Reynaud, d'Édouard Daladier et de Maurice Gamelin.

Sur mer, les adversaires sont au contact en Atlantique Nord et en Méditerranée centrale et orientale. Les convois britanniques subissent de lourdes pertes mais le blocus de l'Angleterre est loin d'être réalisé.

Si les forces navales britanniques apportent une gêne sensible aux communications Italie-Libye, les forces aéronavales de l'Axe rendent très délicates les communications britanniques entre les deux Méditerranées.

Il y a équilibre de force.

Dans les airs, l'aviation de l'Axe a comme mission principale la coopération avec les forces du front Est et avec les sous-marins de l'Atlantique. Les bombardements indépendants des opérations militaires ont fortement diminué.

L'aviation britannique, de son côté, n'effectue que des bombardements et ne remplit que des missions de coopération avec la flotte.

La défense antiaérienne de l'Angleterre immobilise d'importantes formations de chasse.

Jusqu'à présent, en dehors de la coopération, la lutte aérienne pure, si elle a causé d'importantes destructions, n'a amené aucune décision.

Sur terre, si l'on excepte le front d'Égypte et le petit réduit italien d'Abyssinie, les forces de l'Axe et les forces anglo-saxonnes ne sont nulle part au contact.

Une offensive britannique avait été annoncée sur la Cyrénaïque pour le 15 septembre. Elle n'a pas eu lieu. Cela tient sans doute à ce que les événements d'Ukraine ont conduit les Britanniques à renforcer les fronts Est de l'Asie mineure.

D'après certains renseignements les Britanniques n'auraient plus qu'une simple couverture à la frontière de Cyrénaïque.

D'autre part, la précarité des transports par mer entre l'Italie et la Libye oblige le général allemand Rommel à rester dans l'expectative.

Le front d'Égypte paraît, pour le moment, secondaire. L'intérêt semble se porter sur le Caucase et la région des pétroles.

Les forces allemandes sont pour la plus grande partie engagées sur le front Est.

Elles ont obtenu des succès considérables et tout porte à penser que les deux tiers de la puissance militaire de l'URSS sont détruits.

À l'heure actuelle, la Wehrmacht assiège Leningrad qu'elle ne veut pas enlever de vive force : elle mène au centre du dispositif une vaste opération d'encerclement des troupes du maréchal Timochenko[1] : elle progresse rapidement dans le bassin du Donetz et sur les rivages de la mer d'Azov.

L'action de la Wehrmacht dans la région de la mer Noire pourra être poursuivie pendant l'hiver alors que le reste du front sera probablement stabilisé.

On constate déjà le retour en France d'un certain nombre de divisions allemandes.

---

[1] Il s'agit de la bataille de Moscou qui s'engage alors.

Les Britanniques n'ayant rien tenté sur le littoral de la mer du Nord et de la Manche alors que l'armée allemande était engagée à l'Est, on peut en conclure que l'armée de la Métropole est incapable d'une action offensive sur le continent.

Cela est d'ailleurs conforme à la stratégie des Britanniques, qui n'accepteront jamais de démunir les îles d'un moyen de défense quelconque. Nous sommes payés pour le savoir.

L'état-major britannique a considérablement renforcé les garnisons des bases lointaines et des points de départ possibles pour une action sur notre AOF.

D'autre part, les forces australiennes et hindoues paraissent en voie d'accroissement en Asie mineure.

Mais l'armée britannique n'attaque nulle part.

IV

Toute l'Europe continentale, à l'exception de la Suède, du Portugal, de l'Espagne et de la France non-occupée, est sous l'emprise allemande.

La Suède cependant a dû consentir un droit de passage aux troupes allemandes.

L'Espagne peut être amenée à céder ce droit si l'Allemagne l'exige.

L'Allemagne l'exigerait, si notre Afrique était attaquée par les Anglo-Saxons, ou si l'Afrique française menaçait d'entrer en dissidence.

Ni la Suède, ni le Portugal, ni l'Espagne, ni l'Empire français ne sont en situation de s'opposer militairement à une action allemande :

parce qu'ils n'en ont pas les moyens,

parce que l'Angleterre ne peut leur fournir aucune aide substantielle.

L'Angleterre ne peut que :

effectuer le blocus maritime de l'Europe dans l'espoir de soulever les nations européennes contre l'Allemagne,

fomenter des troubles dans les pays d'Europe pour créer des difficultés aux Allemands.

Ces actions seraient efficaces si l'Angleterre pouvait appuyer des révoltes par ses forces militaires. Tout montre qu'elle ne le peut pas tant que l'armée allemande n'est pas affaiblie, numériquement, matériellement, moralement – or, l'armée allemande ne paraît pas affaiblie.

Le dessein de l'Angleterre et peut-être surtout celui de l'Amérique est d'amener l'Afrique française à entrer en dissidence :

pour empêcher l'Allemagne d'avoir un front Atlantique,

pour prendre des bases navales afin de faire de l'Atlantique un lac anglo-saxon,

pour avoir des bases aériennes de départ,

pour avoir des débouchés économiques.

Tout ceci serait logique si l'Angleterre et l'Amérique pouvaient militairement se maintenir en Afrique.

Le seul endroit où la chose est possible est Dakar.

Partout ailleurs, les forces allemandes seraient sur place avant les forces anglo-saxonnes. La traversée de Gibraltar est, en effet, un jeu pour une puissance qui peut neutraliser une base navale isolée comme celle du Roc par l'artillerie et par l'aviation de bombardement.

D'autre part, les États-Unis sont encore loin d'avoir une armée capable de combattre au-delà des mers les forces allemandes.

Les États-Unis ne sont pas encore officiellement en guerre – je pense qu'ils ne déclareront pas la guerre, mais qu'ils la feront avec la flotte, l'aviation de la marine et peut-être les formations de « Marines » qui sont les seules forces que le Président peut utiliser hors du territoire sans un vote du Congrès.

Comme l'armée anglaise, l'armée américaine restera chez elle.

D'ailleurs, quand on songe qu'il faut 30 transports pour une division et que les bases de débarquement sont à conquérir et à installer en bases de stationnement et de départ, on peut se rendre compte de la difficulté et de la lenteur d'une opération de transport par mer d'une armée importante.

Toute facilité donnée aux Anglo-Saxons pour s'installer en Afrique française, toute tentative de dissidence de cette partie de l'Empire conduirait soit au bombardement de nos ports africains, soit à l'occupation allemande, soit plus probablement aux deux choses.

V

La conquête de l'Ukraine et du bassin du Donetz met l'Allemagne en possession de terres fertiles et de richesses minières considérables : fer, charbon, pétrole.

Si la guerre dure encore de longs mois, ces richesses, s'ajoutant à celles dont l'Allemagne dispose déjà, lui permettront de vivre, de fabriquer et de combattre en dépit du blocus britannique.

Ce blocus, en définitive, n'aura d'effet que sur les puissances non-belligérantes.

D'ailleurs l'Allemagne n'hésiterait pas à laisser mourir toute la population de l'Europe pour que la Wehrmacht et le peuple allemand vivent.

Compter sur le blocus maritime pour faire mettre bas les armes à l'Allemagne me paraît une utopie.

Si l'Allemagne progresse jusqu'au Caucase et atteint l'Iran elle réussira à couper l'Empire britannique en deux et à interrompre les relations de l'Égypte avec l'océan Indien.

C'est peut-être par cette voie détournée que l'Allemagne atteindra le canal de Suez.

Si, comme certains indices semblent le montrer, la Turquie se range du côté de l'Axe, cette manœuvre sera grandement facilitée.

Si par la conquête de l'Égypte les Anglais étaient pratiquement chassés de la Méditerranée, le blocus britannique perdrait toute son efficacité et l'Europe pourrait supporter l'état de guerre pendant de nombreuses années.

Une fois de plus, il faut constater que la maîtrise de la Méditerranée assure la maîtrise de l'Europe. C'est une des raisons qui font que les belligérants s'intéressent tant à notre Afrique du Nord, et c'est pourquoi il nous faut la maintenir française à tout prix, même si ce prix est une entente avec l'Allemagne contre les Anglo-Saxons qui convoitent cette terre.

VI

Laissant de côté tout sentiment, ravalant l'amertume d'une défaite qui ne devrait nous inciter qu'à empêcher le renouvellement des erreurs politiques, morales et militaires qui l'ont préparée, nous devons nous demander froidement où se trouve l'intérêt du pays et agir exclusivement dans cet intérêt.

Nous sommes vaincus, nous vivons sous un régime d'armistice que nous ne pouvons pas supporter indéfiniment.

Nous voulons, pour le présent, maintenir l'unité morale et matérielle de la Métropole et de l'Empire, pour le futur, arriver à la paix la meilleure possible, c'est-à-dire celle qui maintiendra au maximum l'intégrité du territoire métropolitain et colonial.

Économiquement, nous ne pouvons vivre seuls ; peu importe que les capitaux soient anglo-saxons ou allemands.

L'Allemagne peut à tout instant dénoncer l'armistice et occuper non seulement la Métropole mais l'Afrique du Nord.

Notre armée, dotée d'un armement encore plus périmé que celui de 1939, faible numériquement, privée de services, d'approvisionnements, de rechanges, ne pourrait rien contre l'armée allemande.

Elle ne peut compter sur aucun secours militaire sérieux et rapide des Anglo-Saxons.

Si donc nous lui tournons le dos, nous perdons tout ce que nous avons sauvé à l'armistice.

Si nous nous rapprochons d'elle et si nous pratiquons une politique européenne, nous nous exposons sans doute à des représailles britanniques, nous serons peut-être attaqués sur certains points de l'Empire, mais nous sauverons l'essentiel pour le présent et nous préserverons l'avenir.

En effet, la guerre ne peut probablement pas finir militairement.

En tout cas, la victoire militaire anglaise paraît exclue. Il y aura sans doute une paix de lassitude et de compromis.

Nous ne sommes en compte qu'avec l'Allemagne. Si nous lui redevenons hostiles, elle nous prendra de nombreuses provinces, certaines colonies et laissera sans doute les Anglo-Saxons s'emparer du reste.

Il ne faut pas connaître les Anglais pour penser qu'ils ne profiteront pas de notre détresse pour nous dépouiller.

Papiers 1940, Bureau d'études Chauvel, 116 (402QO/116)

372

L'Amiral Esteva, Résident général de France à Tunis,
À l'Amiral Darlan, Vice-Président du Conseil, Ministre de la
Défense nationale, Secrétaire d'État aux Affaires étrangères
et à la Marine.

D. N° R.G. 773[1].   *Tunis, 7 octobre 1941.*

Le général Weygand m'ayant demandé de lui adresser périodiquement mon avis personnel sur les différentes questions fondamentales dans la Régence et sur l'état politique du pays, j'ai l'honneur d'envoyer copie à Votre Excellence de mon premier rapport[2]. Je continuerai cet envoi chaque fois que je renseignerai le Général.

Annexe

[...] Remise en ordre administrative[3]

Les administrations tunisiennes comptaient un grand nombre de fonctionnaires et d'employés recrutés un peu partout. Il y en a d'excellents et de très bons qui sont restés en place, mais j'ai dû en éliminer un grand nombre, qui étaient médiocres ou mauvais et, aussi, dont les capacités ou aptitudes s'étaient révélées insuffisantes.

J'ai profité des dispositions, édictées en France et étendues à la Régence, pour relever de leurs fonctions la majorité de ceux qui ne me paraissaient pas dignes de rester dans les cadres. De nombreux auxiliaires temporaires ont été licenciés.

Parmi le haut personnel, j'ai admis à la retraite le directeur de l'administration générale et communale, dont la suppression avait été décidée par M. Peyrouton au moment où il me remettait le service[4]. En novembre 1940, le directeur des Travaux publics a été remis à la disposition de la métropole et remplacé par M. Gosselin. En janvier 1941, le directeur de l'Instruction publique a été remis à la disposition de la métropole[5] et remplacé, fin mars, par

---

[1] Le document porte deux tampons : « 9 oct[obre] 1941 » et « 15 oct[obre] 1941 » (dates réception et enregistrement). À noter que la pièce jointe (Annexe) foliotée à la suite de ce document (fol. 43 puis 44 et sq.), commence à la page 12. On n'a pas retrouvé les pages précédentes.

[2] En réalité, l'amiral Esteva a déjà adressé une lettre au général Weygand le 12 janvier 1941 afin de lui expliquer « comment [il avait] procédé à « l'épuration administrative » dans le Régence et quelles mesures [il] compt[ait] prendre afin de la continuer », comme il est mentionné dans la lettre qui accompagne la copie de ce courrier adressé le 14 janvier 1941 à Pierre-Etienne Flandin, alors ministre secrétaire d'État aux Affaires étrangères (dans Guerre 193961945, Vichy, P Tunisie, 6, document non reproduit). Il y explique longuement les principes qui guident sa conduite et notamment les principes d'équité et de réalité. S'il revient sur cette question à l'automne 1941, c'est sans doute pour se défendre contre des attaques qui l'accusent de laxisme, notamment en ce qui concerne la politique antijuive.

[3] L'installation du régime de Vichy s'est accompagnée d'une épuration importante de l'administration des Protectorats. Sur la « remise en ordre administrative » du Maroc, voir *DDF (1939-1944)*, 1940-2, document n° 264.

[4] Prédécesseur de l'amiral Esteva à la Résidence générale de Tunis, Marcel Peyrouton a rejoint Vichy le 26 juillet 1940 pour prendre les fonctions de ministre de l'Intérieur.

[5] Paul Cheffaud, à l'origine inspecteur d'académie, a été remis à la disposition du Secrétariat d'État à l'Instruction publique et nommé à Nice en décembre 1940. Voir Guerre 1939-1945, Vichy, P Tunisie, 90, lettre d'Esteva à Pierre-Etienne Flandin, Tunis, 11 janvier 1941, et dans P Tunisie, 91, lettre d'Esteva à l'amiral Darlan, Tunis, 18 février 1941 (documents non reproduits). Roger Le

M. Le Tourneau. En juillet dernier, M. Gazagne a été nommé préfet des Landes et remplacé par M. Philip, qui a pris les fonctions de délégué à la Sécurité générale. Au même moment, je demandais le remplacement du directeur des PTT, qui, malade, est parti fin août, nommé à Gap et à qui M. Dèzes a succédé fin septembre. M. Leconte, chef de service de l'Enseignement secondaire, a été nommé provisoirement au lycée de Grenoble et remplacé par M. Gaston, proviseur du Lycée Carnot, qui a pris, comme son prédécesseur les fonctions de directeur du Collège Sadiki.

M. Bertholle, inspecteur général des Contrôles civils, a été admis à la retraite le 1er juillet 1941.

Je sais que des ignorants, des sots ou des gredins me reprochent de ne pas avoir changé tout le monde. D'abord il n'y avait pas lieu de mettre à la porte autant de fonctionnaires que le voudrait une fraction haineuse et insensée de l'opinion publique. Mais il ne suffit pas de vouloir changer les corps, il faut avoir le personnel de remplacement et il manque. Deux mois et demi se sont écoulés entre le départ de M. Cheffaud et l'arrivée de M. Le Tourneau. M. Dèzes a pris ses fonctions après plus de 2 mois de gestion du poste de directeur par un inspecteur des PTT valétudinaire, que j'avais dû maintenir en fonctions depuis le 1er janvier. M. Berthelot ne peut pas me donner un seul ingénieur ordinaire du Corps des Ponts-et-Chaussées, pas plus que des fonctionnaires des PTT métropolitains. Aux Finances mêmes difficultés. Partout c'est le même refrain et M. Chavin me l'a dit à Vichy : « La police de France a besoin de deux ans au moins pour se faire ».

Le recrutement local donne peu de gens. On ne peut compter ni sur les hommes ni sur les femmes. Il n'y a pas une vraie sténodactylographe désireuse de venir dans l'administration. Les jeunes gens ont des prétentions avec peu de zèle et peu de connaissances. Il faut avoir le courage de dire que, si nous avons sans hésitation licencié les Juifs[1], nous constatons le vide qu'ils ont laissé derrière eux. Je note un fait, non pour me plaindre, mais parce qu'il est vrai. Est-ce à dire que la situation soit inextricable ? Non, elle est délicate et nous ne sortirons pas d'embarras rapidement. Je veux dire qu'il faut de la patience, de la persévérance et que les délateurs doivent se taire. Je connais l'étendue de mes obligations et nul, plus que moi, ne désire et ne veut assainir l'atmosphère. Mais, ayant frappé de nombreux coups bien assénés, je suis obligé de reconstruire l'édifice pierre à pierre.

Affaires juives

L'application des principes émis en France à propos des Juifs a provoqué bien des discussions dans la Régence. La place qu'ils avaient prise, depuis longtemps, dans toutes les affaires leur a permis d'acquérir une très grande influence au moment où le *Front* dit *Populaire*[2] s'est installé au pouvoir en France. Alliés aux socialistes unifiés et, aussi, à bien des gens modérés ou soi-disant tels, aux francs-maçons et à tous ceux qui traitaient avec eux des affaires fructueuses, ils se sont crus les maîtres de la Tunisie.

Je n'ai pas attendu la publication du Statut pour les ramener à la raison. Les incidents violents, au cours desquels un certain nombre de Juifs ont été malmenés dans les premiers jours d'août 1940, m'ont servi de raison pour convoquer la communauté israélite de Tunis[3]. Aux notables qui sont venus à mon appel, le 15 août 1940, j'ai exposé ma façon de voir et je leur ai dit que leur devoir était de faire comprendre à tous leurs coreligionnaires l'obligation, pour eux, de ne donner aucun prétexte à une action violente. Me chargeant de maintenir l'ordre dans la Régence, je voulais mettre un terme aux abus tels que l'usure, la spéculation malsaine, l'accaparement, etc.

Les services intéressés ont agi contre les gens de toute nationalité et de toute condition dont les actes relevaient de la répression publique. Un certain nombre de Juifs ont été, ainsi,

---

Tourneau, connu plus tard comme un brillant arabisant, était avant sa nomination comme directeur de l'Instruction publique en Tunisie, le directeur du collège de Fez.

[1]   En application du décret beylical du 30 novembre 1940 portant Statut des Juifs. Se reporter à ce propos à *DDF (1939-1944)*, 1940-2, document n° 399.

[2]   Souligné dans le texte.

[3]   Ces incidents se sont déroulés au Kef les 3 et 4 août 1940 et le 6 août au Krib. Voir sur cette question, Guerre 1939-1945, Vichy, P Tunisie, 18, et CADN, Tunisie, Supplément au premier versement, 1871. La convocation des notables juifs de Tunis avait alors été prescrite par le ministère au Résident général. Voir *DDF (1939-1944)*, 1940-2, document n° 105.

condamnés dès 1940, leurs marchandises confisquées, puis vendues au profit de l'État, tandis que des amendes importantes leur étaient infligées. La répression a continué sans défaillance. Mais il faut bien reconnaître que, depuis des temps immémoriaux, la Tunisie n'a vécu que grâce aux Juifs et que durant la dernière période de guerre, le ravitaillement n'a été assuré que par leur intervention. Comme les non-Juifs ne sont pas toujours honnêtes, ni capables, j'ai dû encore tolérer l'action du négoce israélite, sans omettre, bien entendu, de provoquer l'action de Français et de Musulmans dignes d'estime. Là aussi, nous ne pouvons pas improviser ; l'assainissement sera progressif.

Après l'incident violent survenu à Gabès le 19 mai dans la soirée[1], j'ai, à nouveau, convoqué la Communauté israélite de Tunis et lui ai tenu le même langage qu'aux notables Juifs de Gabès à qui je m'étais adressé dans cette ville le surlendemain de la bagarre. Depuis, le nouveau Statut des Juifs a été édicté. J'ai, aussitôt, prescrit le recensement de cette fraction de la population. J'ai fixé au 1er octobre la date extrême pour le dépôt des bulletins et des déclarations. Afin d'empêcher toute tergiversation, j'ai émis, vers le 20 septembre, un avis pour rappeler cette date ; l'avis a été compris. Je me réserve de faire, d'ailleurs, une contre-épreuve plus tard[2].

J'ai pris, au cours de cette année, quelques mesures personnelles de rigueur contre des usuriers. Les contrôleurs civils se sont emparés, sur mon ordre, de cas pour lesquels manquaient des éléments de poursuites. Un certain nombre de litiges ont été réglés à l'amiable. Quant aux usuriers réfractaires, j'en ai envoyé plusieurs en résidence forcée ou au camp d'internement de Gafsa. Quelques expulsions ont été aussi prises[3]. Mais c'est seulement grâce au régime de l'état de siège que j'ai pu agir ainsi et je compte bien recourir à des procédés normaux chaque fois que je le pourrai.

Quant aux avocats et aux médecins, je règle leur statut avec plus de libéralité qu'en France[4]. Ils sont, en effet, très nombreux et forment une fraction bien supérieure des effectifs, dans chacune de ces professions. Comme il y en a, parmi eux, qui sont vraiment dignes d'estime, alors que les brebis galeuses abondent parmi les non-Juifs, il y a un souci d'équité et de justice à observer.

Naturellement, les dispositions des décrets prévoient la réduction progressive de ces avantages relatifs. Il faut espérer que des Français dignes d'estime profiteront du dégagement ainsi fait dans ces professions pour y prendre place grâce à leur travail et à leur mérite. L'avenir nous le dira, mais quand on connaît bien l'esprit général de nos compatriotes, on est obligé à garder quelque réserve.

Il faut citer, également, un fait édifiant. J'ai voulu, pour la collecte de la laine, renoncer à l'emploi d'experts israélites, afin de réserver aux Français et aux Musulmans des opérations importantes. Nous n'avons pas pu, malgré les recherches les plus actives, trouver les personnes qualifiées en nombre suffisant pour opérer dans un court délai. Alors que, l'an dernier, cela n'avait duré que quelques semaines, il a fallu, cette année près de 4 mois et le travail a été mal fait. Les contrôleurs civils ont dû renoncer à découvrir qui que ce soit de compétent dans leurs circonscriptions. C'est un échec regrettable, mais qu'il faut avoir la bonne foi de constater. Je fais examiner la question, dès à présent, de manière à ne pas retomber dans la même succession de contretemps l'an prochain.

---

[1]　Le 19 mai, à Gabès, dans le Sud tunisien, des Juifs qui se trouvaient dans la synagogue ont été attaqués par des musulmans. Sur cette question voir Guerre 1939-1945, Vichy, P Tunisie, 18 et CADN, Tunisie, Supplément au premier versement, 1871.

[2]　En fait, Vichy a édicté le 2 juin 1941 le second Statut des Juifs, mais Esteva n'a pas fait prendre encore de décret beylical pour son application en Tunisie. Seul le recensement des Juifs et de leurs biens a été décrété le 26 juin 1941 dans la Régence, comme il l'avait été en métropole, par une loi spécifique en date du 2 juin 1941, le même jour que le second statut.

[3]　Est cité dans le télégramme n° 402 d'Esteva au Département, Tunis, 15 mars 1941, le cas du « sieur Darmouni et de son associé, de Saint-Jullien », expulsés de la Régence pour avoir « essayé de mettre en échec les décisions prises pour la répartition des grignons d'olive ». (Guerre 1939-1945, Vichy, P Tunisie, 87, document non reproduit). Le camp d'internement de Gafsa était destiné aux détenus de droit commun.

[4]　Le décret beylical du 30 novembre 1941 portant Statut des Juifs impose un *numerus clausus* pour l'exercice des professions libérales, mais il ne sera appliqué en réalité ni aux médecins (qui ne peuvent cependant exercer qu'auprès de leurs coreligionnaires) ni aux dentistes, aux pharmaciens et aux architectes. Les avocats, en revanche, seront touchés, mais pas avant 1942.

L'état d'esprit des Musulmans est contraire aux Juifs en général et, depuis le Bey[1] jusqu'au dernier *fellah*, le souhait exprimé de tous les côtés est qu'ils soient réduits à l'impuissance. Mais nous devons bien nous garder, à présent, de céder à l'impatience qui se fait jour de temps à autre. Il y a peu d'Israélites dans les campagnes ; ils sont réunis dans les villes ou les agglomérations importantes en quelques endroits de la Régence. Là où il n'y a pas de Juifs, ce sont des Musulmans, fréquemment algériens, notamment kabyles, qui en tiennent lieu.

Les épiciers djerbiens, analogues aux *M'zabites*[2], les usuriers de village, les colporteurs kabyles, les *fellah* algériens sont honnis des Musulmans tunisiens autant que les Juifs et nous avons eu plusieurs crimes commis, cette année, contre des *Baya*, ces colporteurs qui vendent fort cher leur pacotille et séduisent les femmes tout en leur offrant de quoi tenter leur coquetterie.

Les poursuites contre les accapareurs et spéculateurs ont porté souvent sur des non-Juifs. Loin de moi la pensée de soutenir les Israélites. Au contraire, je veux exercer contre eux une bonne et saine justice et ils ne trouveront jamais grâce devant moi quand ils seront en faute. Mais il faut voir clair. Si nous arrivions à supprimer tous les Juifs, nous trouverions d'autres individus qui, progressivement, les remplaceraient sans avoir plus de scrupules et qui, l'expérience l'a surabondamment prouvé, dépouilleraient rigoureusement leurs contemporains.

Il faut ne pas oublier, non plus, que les Musulmans, quand ils sont en bons termes avec des Juifs et cela arrive encore souvent, n'hésitent pas à leur dire que la persécution vient de nous et des Allemands et que, pour eux, ils désirent vivre en bonne intelligence avec leurs frères israélites. Le Bey lui-même, qui demande une action énergique à leur égard, a reçu avec une parfaite courtoisie les chefs de la Communauté israélite et lui a promis des ménagements. Il arrive aussi au Souverain de laisser entendre que la France est, pour cela comme pour le reste, soumise à l'Allemagne.

Nous devons donc, agir, à l'égard des Juifs, avec la fermeté qui s'impose contre tous les délinquants, les contenir dans leurs ambitions illégitimes, mais, aussi, ne pas tomber dans la persécution aveugle ou systématique. Nous devons, surtout, les dominer par notre application au travail, par nos qualités et par les titres que nous gagnerons, dans l'esprit de tous les Tunisiens, à leur gratitude si nous faisons honneur à notre mission de nation protectrice.

Guerre 1939-1945, Vichy, P Tunisie, 12 (8GMII/12)

373

NOTE DE LA SOUS-DIRECTION D'ASIE

N.   *Vichy, 9 octobre 1941.*

Le 16 août, les gouvernements de Londres et de Moscou, faisant état de la présence sur le territoire iranien de nombreux ressortissants allemands, remirent à Téhéran une note ayant le caractère d'une mise en demeure formelle, ne tenant nul compte de la réponse faite à leur première démarche, réponse qui repoussait toute ingérence étrangère dans les affaires intérieures de l'Iran et affirmait que le gouvernement du Chah se chargeait de veiller lui-même à interdire toute activité politique aux étrangers résidant sur son territoire[3]. Tout autorise à penser d'ailleurs que le

---

[1] Ahmed II Bey règne sur la Régence de 1929 à sa mort, en juin 1942.

[2] Les M'zabites ou Mozabites, ou Berbères, originaires du Mzab en Algérie, sont traditionnellement des commerçants.

[3] Voir document n°s 317, 333 et notes.

véritable objet du différend n'était pas là mais qu'il s'agissait surtout, en la circonstance, d'un problème politique en rapport étroit avec la conduite de la guerre. La rivalité traditionnelle de la Grande-Bretagne et de la Russie en Iran[1] a fait de la neutralité de ce pays un élément d'équilibre dans le Moyen-Orient. Il a fallu les bouleversements de la guerre actuelle pour changer cet état de choses, la neutralité de l'Iran constituant un obstacle à la formation du front commun anglo-russe, à l'acheminement de l'aide britannique à l'URSS et à la maîtrise des régions pétrolifères.

Les armées britannique et russe ont pénétré en Iran le 24 août : le gouvernement iranien a décidé aussitôt la résistance, sans toutefois pouvoir opposer une action effective. L'entrée des alliés s'est faite par les deux frontières : les Britanniques, remontant du golfe Persique vers le Nord, se sont emparés de la ligne du Transiranien, les Russes ont procédé à l'occupation de toutes les provinces du Nord. Pendant les premiers temps de ces opérations il fut impossible de discerner le mobile des deux puissances occupantes, leur hâte à opérer au centre du pays la jonction de leurs troupes pouvant témoigner d'une certaine méfiance réciproque. De toute manière, la résistance des troupes iraniennes eût été malaisée en face d'adversaires d'une supériorité militaire considérable, et sans appuis effectifs à attendre de l'extérieur. Le pacte de Saadabad, en effet, ne stipule aucunement l'obligation d'assistance mutuelle et ne laisse place qu'à une attitude de bienveillante neutralité[2].

Jamais la Turquie, en particulier, n'a manifesté le désir d'intervenir de quelque façon que ce soit[3]. De leur côté, les puissances de l'Axe se bornèrent à des encouragements platoniques. Enfin, il est remarquable que la pénétration des troupes anglaises et russes et les actes de guerre qui ont suivi n'ont pas entraîné la rupture effective des relations diplomatiques entre Téhéran, Londres et Moscou.

Le maintien du contact diplomatique explique qu'un accord de principe relatif à une suspension d'armes ait pu être réalisé dès le troisième jour. Les Allemands devront être livrés. Les deux puissances alliées pourront disposer de toutes les voies de communication et ressources utiles du point de vue militaire, prendre toutes mesures pour la défense éventuelle des puits de pétrole, la création de bases aériennes sur le littoral de la mer Caspienne et le contrôle de la sécurité sur l'ensemble du territoire. Tout cela implique nécessairement une certaine coopération de la part des autorités iraniennes avec les occupants. De toute manière, le gouvernement iranien se trouve entraîné malgré lui dans la guerre, son territoire national devenant un champ d'opérations pour les armées alliées. Quant aux promesses qui lui seront faites pour l'avenir, en ce qui concerne l'évacuation du pays et son indépendance, leur valeur dépendra surtout des circonstances et de ce que

[1] Commencée au début du XIXe siècle, elle avait abouti à la conclusion d'un accord de partage de l'Iran en zones d'influence en 1907.

[2] Pacte de non-agression signé pour 5 ans le 8 juillet 1937 par l'Iran, la Turquie, l'Irak et l'Afghanistan.

[3] Néanmoins, l'ambassadeur de France à Ankara a rapporté l'inquiétude de la Turquie à ce sujet. Voir document n° 317.

seront réellement les relations anglo-russes à l'issue de la guerre. D'ores et déjà on peut avoir des doutes sur l'engagement que prendrait Moscou de ne pas s'immiscer dans les affaires intérieures du royaume ; les commissaires politiques qui accompagnent l'Armée rouge installant des Soviets dans les villes et villages des provinces du Nord. Toutes les difficultés et les incertitudes résultant de cette situation ne pouvaient manquer d'avoir leur répercussion sur le plan intérieur.

Dès l'entrée en Iran des troupes anglo-russes, il est apparu en effet qu'il existait à l'intérieur, contre les méthodes autocratiques du gouvernement du Chah, une opposition qui n'attendait qu'une occasion pour se manifester. Le Parlement s'étant assemblé en séance extraordinaire proclama la responsabilité du souverain et réclama une réforme libérale. Si Reza Pahlavi avait été soutenu par l'Angleterre, il aurait certainement passé outre. Mais, précisément, le gouvernement de Londres semble avoir considéré comme inopportune non seulement cette agitation libérale mais le maintien du Chah au pouvoir. C'est pour cette raison que les troupes russes et britanniques, sous prétexte de hâter la livraison des Allemands, ont repris leur marche en direction de Téhéran qui est resté depuis lors occupé. Le Chah s'est vu forcé d'abdiquer le 17 septembre en faveur de son fils aîné[1]. Celui-ci a prêté serment le même jour devant le Parlement et déclaré que son gouvernement coopérerait avec les Britanniques et les Russes, dont les intérêts, a-t-il dit, sont solidaires de ceux de l'Iran.

Les ministres de Grande-Bretagne et d'URSS n'assistaient pas à la séance. Aussi bien, l'attitude des gouvernements de Londres et de Moscou à l'égard du nouveau souverain reste-t-elle expectante. Londres se méfie du jeune Chah, qui a la réputation d'être germanophile malgré sa parenté avec le roi d'Égypte Farouk. Il devra manœuvrer très prudemment pour conserver son trône car il serait aisé de lui trouver un remplaçant, par exemple en la personne du fils du Chah Ahmed, détrôné en 1925[2]. Quant aux relations entre les alliés russes et britanniques, elles sont pour le moment amicales. La population iranienne, qui avait appréhendé l'occupation par les soldats russes et appelé de ses vœux les troupes britanniques à Téhéran, a été surprise et rassurée par la conduite des uns et des autres. Le calme règne dans tout le pays. Il semble que les Anglais aient à Téhéran le contrôle politique et les Russes le contrôle de la police. Mais les informations, sur ce point, restent confuses. Le gouvernement iranien a été prié de fermer ses légations dans les pays de l'Axe, et un traité d'alliance

---

[1] Reza Chah Mir Panj (1878-1944) règne sur l'Iran sous le nom de Reza Chah Pahlavi depuis 1925 (couronné en avril 1926), après avoir contribué à détrôner le dernier souverain de la dynastie Qadjar, Ahmed (ou Ahmad) Chah, qui l'a nommé Premier ministre en 1923, avant de partir se soigner en Europe. Reza Chah est exilé en Afrique du Sud après son abdication en faveur de son fils Mohamed Reza Pahlavi, qui sera lui-même chassé par la révolution khomeiniste de 1979.

[2] Chah Ahmed (ou Ahmad) Qadjar (1898-1930) monte sur le trône en 1909, alors que l'Iran est confronté à des troubles intérieurs (mouvements de révolution constitutionnelle de 1906 à 1911) et des pressions extérieures (partagé en zones d'influence entre la Russie et l'Iran depuis 1907). Il est écarté du pouvoir par le putsch du commandant des forces cosaques persanes, Reza Khan, en 1921, qu'il doit nommer Premier ministre avant de quitter l'Iran pour l'Europe ; il est définitivement déchu en 1925 par celui qui deviendra Reza Chah Pahlavi.

militaire anglo-russo-iranien serait en préparation. De son côté, le gouvernement afghan semble avoir été sollicité d'adapter sa politique à la situation qui résulte de l'occupation de son plus grand voisin.

L'Iran est devenu un des éléments essentiels de la situation nouvelle créée dans le Moyen-Orient et on ne peut l'isoler de l'ensemble du théâtre de la guerre. Or, le centre de l'intérêt, sur le terrain diplomatique, n'est pas à Téhéran mais à Ankara. L'activité que déploient dans cette capitale les adversaires allemands et britanniques en témoigne. La pression exercée sur la Turquie, maintenant complètement entourée de belligérants, en vue de l'amener à abandonner sa neutralité est sans doute une conséquence immédiate de l'élargissement du champ d'opérations jusqu'au golfe Persique.

Conséquence immédiate de ces événements, notre chargé d'affaires en Iran s'est vu retirer l'usage du chiffre et de la valise le 29 septembre[1]. D'après les indications qu'il a pu télégraphier au Département, le maintien de notre légation dépendrait de la conclusion du traité d'alliance anglo-iranien actuellement en préparation à Londres. M. Coiffard pense que cette négociation n'aboutirait pas avant quelques semaines, mais la représentation des intérêts français par la légation des États-Unis a déjà été envisagée.

Guerre 1939-1945, Vichy, E Asie, Dossiers généraux, 14 (3GMII/14)

374

L'Amiral Darlan, Vice-Président du Conseil, Ministre de la Défense nationale, Secrétaire d'État aux Affaires étrangères et à la Marine,
À M. Henry-Haye, Ambassadeur de France à Washington,
Et M. Cosme, Ambassadeur de France en Chine.

T. n°s 2278 à 2282[2] ; n°s 370 à 373[3].　　　　*Vichy, 10 octobre 1941.*

Très secret.

Une sérieuse tension s'est produite en Indochine au cours de ces dernières semaines entre le gouvernement général et les autorités militaires japonaises, du fait des efforts de ces dernières pour obtenir, parfois par la menace ou même par la force, des avantages ou des facilités que les accords

---

[1]　Voir le T. n° 218 de Coiffard en date du 28 septembre 1941 qui prévoit, sauf avis contraire, de brûler les tables de chiffre et les archives confidentielles (Guerre 1939-1945, Vichy, E Asie, Iran, 282). Darlan décide « d'user de rétorsion à l'égard de la légation iranienne en France à dater du 5 octobre (Note en date du 4 au Secrétaire d'État aux Communications, ibidem), mais des télégrammes sont encore remis, pour la dernière fois par décision de M. Lagarde sur la demande personnelle du ministre d'Iran, le 25 octobre (Note de ce jour, dans Guerre 1939-1945, Vichy, E Asie, Iran, 289).

[2]　Pour Washington.

[3]　Pour Pékin.

de septembre 1940 et de juillet dernier ne leur reconnaissent pas[1]. L'esprit de conciliation poussé à l'extrême dont a fait preuve le gouvernement général a seul permis qu'aucun des nombreux incidents ainsi provoqués par les militaires japonais ne dégénérât en conflit[2]. Il a paru pourtant que le moment était venu de faire comprendre au gouvernement japonais la volonté du gouvernement français de ne pas tolérer le développement d'une action visiblement destinée à le déposséder des droits souverains que, par les accords précités, le Japon s'est expressément engagé à respecter.

Cette affirmation de notre autorité a paru d'autant plus nécessaire que, depuis la fin de septembre, le commandement japonais a donné à entendre aux autorités locales françaises qu'il se proposait de procéder à bref délai à un important débarquement de troupes au Tonkin, dépassant très sensiblement le cadre des facilités d'ordre militaire consenties au Japon dans cette région en septembre 1940[3].

Le gouvernement français a, en conséquence, fait attirer à plusieurs reprises, la plus sérieuse attention du Gaïmusho sur les graves conséquences que risqueraient d'entraîner de nouveaux manquements des autorités militaires japonaises aux conventions précises souscrites par le gouvernement impérial. Il a d'autre part, devant les menaces grandissantes que paraissent faire courir à la sécurité de notre établissement en Indochine la multiplication des incidents et l'imminence de l'opération militaire indiquée plus haut, fait savoir au gouvernement japonais qu'il résisterait « par tous les moyens » à toute tentative de nature à porter atteinte à sa souveraineté sur le territoire indochinois. Il a donné des instructions à Hanoï en ce sens[4].

---

[1] Voir *DDF (1939-1944)*, 1940-2, les documents de la section V-C (« Menaces sur l'Empire/ L'Indochine française en péril ») et plus particulièrement n°s 143, 173, 192. Sur les accords de juillet 1941, voir dans ce volume, les documents n°s 292, 296 et la synthèse récapitulative des accords franco-japonais relatifs à l'Indochine depuis 1940 du document n° 349.

[2] Voir par exemple la note non datée, intitulée « Manquements japonais aux accords franco-nippons constatés depuis le 20 août », dans Guerre 1939-1945, Vichy, E Asie, Dossiers généraux, 14, fol. 178-180, qui recense un certain nombre d'incidents d'ordre militaire ou diplomatique du 23 août au 23 septembre 1941, prolongée par une autre note « Manquements japonais » du 4 octobre (pour des incidents entre le 18 septembre et le 4 octobre), ainsi que la note pour M. Harada en date du 24 septembre 1941 (Guerre 1939-1945, Vichy, E Asie, Japon, 329) sur les incidents dans le domaine économique : recensement de la population, réquisition d'immeubles et de marchandises, interpellation temporaire du commandant de l'Air en Indochine par une sentinelle au moment de son arrivée, tentative de faire expulser des consuls chinois du gouvernement de Tchoung King ou perquisition dans leur immeuble, pression pour obtenir de nouveaux avantages en matière de bases aériennes, de postes de surveillance, ou de livraisons de matières premières, ingérence dans la justice, convocation indue de fonctionnaire français à la gendarmerie japonaise, prétention à contrôler les entrées et sorties aux douanes, etc.

[3] Voir la note en date du 26 septembre 1941 sur le « Projet japonais de débarquement de 50 000 hommes au Tonkin » dont le lieutenant-colonel Hayashi, chef intérimaire de la mission japonaise en Indochine à fait part au commandant Jouan, chef du cabinet militaire de l'amiral Decoux, à titre « confidentiel et strictement personnel ». (Dans Guerre 1939-1945, Vichy, E Asie, Japon, 327, document non reproduit).

[4] Voir le T. n°s 298 à 300 à Hanoï (transmis à Tokyo sous les n°s 815 à 816) où Darlan enjoint au Gouverneur général d'« attirer, au nom du Gouvernement français, la plus sérieuse attention de l'amiral Toyoda personnellement sur la gravité de la situation à laquelle nous entraîne rapidement en Indochine l'obstination des autorités militaires japonaises à présenter sous menace de violences des exigences qui dépassent de la façon la plus manifeste le cadre des accords souscrits par le gouvernement français il y a deux mois » … et de faire « nettement ressortir l'incompatibilité

Il a enfin cru devoir mettre le gouvernement allemand[1] et le gouvernement américain[2] au courant des menaces dont il était l'objet en Indochine, des démarches qu'il avait faites à Tokyo, et de l'attitude qu'il avait prescrite au gouvernement général, dans l'espoir que le Reich et les États-Unis

de l'attitude passive adoptée par ce dernier en présence des incidents que provoquent quotidiennement en Indochine des chefs militaires qui dépendent directement de son autorité avec la solennité des engagements qu'il a pris envers la France, qu'il a confirmés dans sa déclaration du 26 juillet et dont le prince Konoye s'est porté personnellement garant dans son message du 13 juillet au maréchal Pétain. » Dans sa réponse en date du 30 septembre (n°s 1028 à 1030 de Tokyo), l'ambassadeur Charles Arsène-Henry rend compte de la démarche prescrite auprès du ministre des Affaires étrangères du Japon qui lui a fait part de sa décision « d'envoyer d'urgence à Hanoï M. Uchiyama » (le 12 octobre en attendant le départ de l'ambassadeur Yoshizawa à la fin octobre) et de ses recommandations aux autorités japonaises en Indochine « de recherche dans chaque cas une solution amicale ». En même temps, il a demandé une réponse rapide aux demandes japonaises, car « lorsqu'on leur fait attendre trop longtemps la réponse qu'ils espèrent, les militaires japonais perdent patience. » Une nouvelle démarche est enjointe au Gouverneur général auprès de l'amiral Toyoda le 5 octobre (T. n°s 312 à 315 de Vichy à Hanoï, n°s 850 à 853 à Tokyo) pour lui rappeler « la longue liste des incidents survenus en Indochine depuis deux mois, et plus particulièrement depuis la dernière quinzaine, où ils ont atteint une fréquence quotidienne », et qui résultent « des efforts des autorités militaires japonaises pour s'assurer, par la menace et parfois par la force, des avantages ou des libertés que les accords de 1940 et de 1941 ne leur reconnaissent pas. » Charles Arsène-Henry rend compte de son nouvel entretien avec Toyoda qui « a écouté toute [sa] communication d'un air pénétré et en prenant de nombreuses notes », mais ne sait pas s'il aura « assez d'autorité pour imposer sa volonté aux militaires. » (T. n°s 1054 à 1056 de Tokyo en date du 7 octobre (Ces documents non reproduits dans Guerre 1939-1945, Vichy, E Asie, Dossiers généraux, 14, le dernier dans Papiers 1940, Bureau d'étude Chauvel, 131.). Mais une nouvelle note du 22 octobre 1941 (Manquements japonais aux accords franco-nippons, suite), répertoriant les incidents entre le 10 et le 16 octobre, atteste de la persistance des pressions (Guerre 1939-1945, Vichy, E Asie, Japon, 327).

[1] On n'a retrouvé qu'un document à la date du 11 octobre 1941, une lettre de Benoist-Méchin à Darlan rappelant sa démarche du mois du 21 juillet précédent (Guerre 1939-1945, Vichy, E Japon, 324).

[2] Une note (secrète) du Département en date du 27 septembre pose la question de l'« opportunité de mettre le gouvernement américain au courant de l'intention de l'armée japonaise de débarquer 50 000 hommes au Tonkin en concluant que « si nous ne prenons pas la précaution d'avertir d'une manière quelconque du risque nouveau que court notre colonie, le gouvernement de Tchoung King et les États-Unis (pour ne rien dire de la Grande-Bretagne), ceux-ci ne manqueront pas de nous accuser d'avoir donné secrètement notre accord à cette opération. Notre silence nous fera perdre, sans aucun avantage du côté japonais, toute chance d'obtenir ultérieurement l'appui diplomatique ou autre, de ces puissances, en vue d'obtenir le retrait des troupes japonaises d'Indochine. En revanche, un avis donné dès maintenant au gouvernement de Washington peut provoquer une intervention opportune de sa part auprès du gouvernement nippon, et faire tout au moins ajourner une opération qui ne peut que présenter pour la sécurité militaire de l'Union indochinoise et pour la souveraineté française en Indochine, les plus grands dangers : représailles aériennes sur le territoire tonkinois et peut-être combats terrestres, que l'opération envisagée par les Japonais soit dirigée contre le Yunnan ou contre la Birmanie [...] ; implantation en Indochine d'un contingent total (pour le moment) de près de 80 000 hommes de troupe japonais. » (Papiers 1940, Bureau d'études Chauvel, 131, document non reproduit). Conformément à ces suggestions qui ont reçu l'approbation du Directeur politique et du Ministre, le conseiller de l'ambassade des États-Unis, M. Matthews, sera convoqué à la sous-direction d'Asie le lundi 29 septembre, à 17 h. 30 pour être mis au courant, « à titre rigoureusement confidentiel » et promet de télégraphier ces renseignements à Washington le soir même (note secrète du Département en date du 29 septembre 1941, dans Guerre, 1939-1945, Vichy, E Asie, Japon, 330, document non publié). Dans son T. n° 2419 en date du 10 octobre, M. Henry-Haye rapporte que le Sous-Secrétaire d'État lui a fait part de l'envoi par le gouvernement fédéral d'une note à Tokyo, rappelant la position américaine en Extrême-Orient et indiquant « explicitement l'intérêt qu'il attache à ce que la souveraineté française ne soit pas compromise en Indochine » : « C'est dans l'état actuel des choses, m'a dit M. Sumner Welles, tout ce que nous sommes en mesure de faire pour préserver vos droits qui se confondent avec nos intérêts. » (Guerre 1939-1945, Vichy, E Japon, 314).

pourraient intervenir utilement auprès du gouvernement japonais. C'est en effet surtout par cette action diplomatique, appuyée au besoin sur le plan local par une ostensible manifestation de notre détermination de faire respecter nos droits, que nous pouvons tenter de sauvegarder notre œuvre en Indochine.

J'ai tenu à ce que vous fussiez informé de ce qui précède, mais j'insiste sur l'absolue nécessité de conserver un caractère rigoureusement secret à ces indications.

Pour Washington seulement : le gouvernement américain ayant été tenu informé de l'évolution de cette situation par l'entremise de l'ambassade des États-Unis en France, il n'y a pas lieu pour vous, jusqu'à nouvel avis de ma part, d'engager un entretien à ce sujet avec le State Department[1].

Papiers 1940, Bureau d'études Chauvel, 131 (402QO/131)

375

M. DE LAFORCADE, MINISTRE DE FRANCE À DUBLIN,
À L'AMIRAL DARLAN, VICE-PRÉSIDENT DU CONSEIL, MINISTRE DE LA
DÉFENSE NATIONALE, SECRÉTAIRE D'ÉTAT AUX AFFAIRES ÉTRANGÈRES
ET À LA MARINE.

D. n° 195[2].   *Dublin, 10 octobre 1941.*

Les perturbations, d'ordre surtout économique, qui se sont fait sentir en Irlande depuis la guerre ont eu pour conséquence de montrer aux habitants de ce pays combien ils sont restés dépendants de l'Angleterre, en dépit de la liberté politique qu'ils ont conquise il y a une vingtaine d'années. Le rêve d'indépendance économique dans lequel ils se plaisaient à vivre s'est évanoui, les hostilités ont fait tomber bien des préjugés et il peut être intéressant d'étudier, à ce propos, l'évolution de l'attitude de l'opinion publique irlandaise à l'égard de l'Angleterre.

Avant 1921, les Irlandais étaient, dans l'ensemble, persuadés que l'état arriéré de leur pays et leur pauvreté étaient un des résultats de l'occupation étrangère ; les Anglais une fois chassés, la bière et le lait couleraient gratuitement. Ils croyaient non seulement que le départ des Anglais leur apporterait la richesse, mais que, étant alors en mesure de traiter d'égal à égal avec leurs voisins, ils pourraient imposer leurs vues, et ceci d'autant plus facilement que l'Angleterre avait grand besoin de l'Irlande. Cette conception des masses irlandaises est résumée dans la formule d'un des plénipotentiaires qui, revenant de Londres où avait été signé le traité

---

[1] Le document est signé : « P.o. C. Rochat ».

[2] D. intitulée : « L'Irlande et l'Angleterre ». Tampon : « 3 nov[embre] 1941 » (date réception ou enregistrement).

d'indépendance, avait déclaré à l'administration générale : « J'ai fouetté John Bull ». L'utilité de l'Irlande pour l'Angleterre était tellement surestimée que l'on y voyait une source de dangers : les Irlandais craignaient que l'Angleterre, en temps de guerre, n'occupe encore une fois leur pays pour s'assurer de sa production agricole et de ses positions stratégiques.

Ces vues un peu simplistes avaient encore largement cours à la veille de la guerre et beaucoup croyaient que l'occupation du nord de l'île par l'Angleterre continuait d'être la source de tous leurs maux. Aussi un programme comportant l'abolition du partage et l'émancipation totale de l'Irlande, ainsi que le retour à la langue et aux coutumes gaéliques, avait-il fait accéder M. de Valera au pouvoir en 1932, en remplacement de M. Cosgrave qui s'était plus facilement accommodé du traité de 1921.

Les événements ont démenti ces conceptions. Non seulement l'Angleterre n'a pas cherché à passer outre au refus de M. de Valera de lui prêter des bases (celui-ci, dans un récent discours, a rendu hommage à l'attitude de ce pays qui n'a pas cédé aux tentations ni aux demandes de certains propagandistes vis-à-vis de l'Irlande), mais elle a montré aux agriculteurs irlandais, qui croyaient lui imposer leurs conditions, qu'elle n'avait pas un si grand besoin d'eux qu'elle ne pût fixer les prix d'achat de leurs produits agricoles à un niveau bien inférieur à ce qu'ils étaient au cours de la guerre de 1914-1918. À cette réserve du gouvernement anglais s'est ajoutée, pendant tout l'été, une autre restriction due aux circonstances : la prohibition d'entrée en Angleterre du bétail irlandais en raison d'une épidémie de fièvre aphteuse. Cette mesure a été un peu adoucie au cours des dernières semaines : 6 000 têtes de bétail irlandais sont maintenant admises en Angleterre par semaine, mais ne peuvent y entrer que par les deux ports de Birkenhead et Glasgow ; cette quantité est loin de correspondre aux exportations normales qui atteignaient 15 000 têtes par semaine. Les économistes savaient que l'Irlande n'entrait que pour 5 % dans les importations anglaises de produits agricoles ; la guerre a prouvé aux paysans irlandais l'exactitude de ce chiffre.

Aux difficultés de vente en Angleterre se sont très vite ajoutées les difficultés de ravitaillement ; l'Angleterre réservant presque entièrement à son usage sa flotte de commerce et ses matières premières. La pénurie d'essence et de charbon a déjà entraîné la fermeture de nombreuses entreprises et imposé un sérieux ralenti aux usines construites par M. de Valera, conformément à sa politique d'autarcie. Le gaz est rationné dans certaines villes, les services de transport ont été considérablement réduits et d'autres restrictions sont à prévoir. Cette pénurie de matières premières n'est naturellement pas sans inquiéter le gouvernement ; il a fait tous ses efforts pour développer la production nationale de blé et de tourbe. Les propriétaires ruraux ont été requis, sous peine d'amendes sévères, de cultiver le cinquième au moins de leurs terres en blé ; des travailleurs ont été recrutés pour l'extraction du turf et il semble que ces mesures ont fait reculer le spectre de la famine et du froid pour cet hiver. Le ministre de la Défense a obtenu de M. Roosevelt, au cours de son voyage en mai dernier, l'envoi de 500 000 dollars de ravitaillement, dont le transport doit être assuré par deux navires que le gouvernement irlandais vient d'affréter, le *West Hematite* et le *West Neris*.

Dans un autre ordre d'idées, deux constatations qui se sont récemment imposées aux Irlandais, leur ont montré qu'ils sont encore dans le sillage de la Grande-Bretagne et combien il leur sera difficile, sinon impossible, de se dégager de l'influence anglaise. Il s'agit, d'une part de l'exode des travailleurs irlandais et, d'autre part, de la faillite du gaélique, à demi reconnue officiellement par son plus ardent propagandiste, M. de Valera lui-même.

Des milliers de travailleurs condamnés au chômage par la pénurie de matières premières ont en effet préféré profiter des avantages que leur offre actuellement le marché du travail anglais plutôt que de vivre misérablement de la maigre indemnité qui leur est allouée par les autorités. Ainsi, du mois de mai à août, près de 17 000 jeunes gens sont-ils partis gagner un shilling et demi de l'heure en Angleterre, pour une semaine de 50 heures, avec indemnités spéciales pour toute heure supplémentaire. Ces conditions sont tellement avantageuses qu'elles attirent même des Irlandais qui ont du travail ici et beaucoup d'entre eux ont quitté leur emploi pour se rendre de l'autre côté de l'eau. Le nombre des Irlandais ayant gagné l'Angleterre pour y travailler depuis le début de la guerre est évalué à 100 000 ; à ce chiffre il convient d'ajouter celui des engagements dans les forces combattantes, qui s'élève probablement à une cinquantaine de mille. Le recrutement des Irlandais est du reste organisé sur place par des agents anglais.

Cette perte de substance ne laisse pas d'inquiéter le gouvernement et d'attrister les patriotes. L'évêque de Galway, Mgr Browne, dans un sermon du mois d'août, a le premier appelé l'attention de ses concitoyens sur l'appauvrissement qui en résultera pour le pays. Quelques semaines plus tard, la question était également évoquée à la tribune de la Chambre par les membres du gouvernement, qui sont impuissants à enrayer ce mouvement. Si cette émigration était interdite, il en résulterait en effet un accroissement des charges du budget, déjà très lourd pour une population de trois millions d'habitants. Ces charges ont été augmentées cette année par l'attribution d'un fonds de deux millions de livres pour empêcher l'augmentation du prix du pain ; aussi le gouvernement envisage-t-il une élévation de l'impôt direct. Cette mesure est attaquée par quelques économistes qui préconisent un emprunt. La diminution des importations a augmenté le crédit de la balance des comptes et il en résulte de grandes disponibilités qui couvriraient facilement un recours au crédit public. Pour essayer de ralentir l'émigration, un accord vient d'être conclu avec les autorités anglaises, aux termes duquel les agents recruteurs anglais devront cesser leur activité dans le pays et la permission de quitter l'Irlande ne sera accordée qu'aux travailleurs effectivement sans emploi. Mais il est à craindre que ces mesures ne ralentiront guère l'exode des Irlandais.

Nous voici loin « des coups de fouet » à l'Angleterre ; mais un autre sujet de tristesse est apparu ces temps derniers aux nationalistes irlandais : l'échec du gaélique. La population a toujours répugné à utiliser, dans ses rapports journaliers, une langue qui, en voie de disparition depuis 700 ans, est loin d'être adaptée aux exigences de la vie moderne. Sans doute l'enseignement de cette langue est-il obligatoire depuis 1933 dans toutes les écoles irlandaises – et cette obligation s'étend même aux étrangers nés en Irlande. De plus la connaissance du gaélique est exigée dans toutes les administrations publiques ; mais les Irlandais s'empressent de l'oublier dès qu'ils ont acquis la situation à laquelle ils se préparaient. Aux difficultés et au caractère désuet des formes de pensée de cette langue, s'ajoute la concurrence de la radio anglaise, et surtout du cinéma où tous les films sont d'origine anglaise et américaine, par conséquent en anglais. De sorte que beaucoup de protagonistes du gaélique s'étaient assez vite rendus compte que cette langue ne pourrait être ranimée, encore moins qu'elle pourrait supplanter l'anglais. Bien plus, l'enseignement du gaélique comporte une énorme perte de temps, se fait au détriment d'autres langues vivantes, notamment du français, et entraîne une baisse générale de l'instruction, toutes les autres matières devant être enseignées dans cette langue. Dans son discours à la 47e réunion de la Ligue gaélique à Dublin, le 8 septembre, M. de Valera n'a pas été jusqu'à reconnaître tous les inconvénients de l'enseignement du gaélique, mais il a néanmoins admis que les vingt années pendant lesquelles cette langue avait été plus ou moins obligatoire n'avaient pas été fertiles en résultats et, s'il a encouragé la Ligue à continuer ses efforts, il a reconnu que les mesures gouvernementales avaient été impuissantes devant l'indifférence de la population. À ce propos, il convient d'ajouter que les habitants des rares régions où l'on parle encore le gaélique dans la vie journalière sont les plus anxieux de l'oublier ou tout au moins d'apprendre au plus vite l'anglais. Ce sont en effet des paysans très pauvres qui ont l'espoir d'aller un jour gagner leur vie en Angleterre ou dans l'Empire et qui savent bien que l'anglais leur sera plus utile que leur langue natale.

Ces considérations n'empêchent cependant pas les Irlandais de penser que la frontière du Nord est une injustice et que les catholiques de cette partie de l'île sont persécutés par le gouvernement de Belfast, défini jadis par lord Craigavon comme un « gouvernement protestant pour des protestants », ce qui impliquait que les catholiques seraient traités comme des hors-la-loi. Cette déclaration, qui suivait du reste une affirmation analogue, *mutatis mutandis*, de M. de Valera au sujet du gouvernement de l'État libre, montre à quel point les préjugés religieux sont tenaces en Irlande. Les catholiques irlandais se considèrent persécutés et citent comme des martyrs ceux d'entre eux qui depuis Noël 1938 ont été emprisonnés sans jugement par le gouvernement anglais. On se souvient qu'à cette époque, un certain nombre d'Irlandais du Nord ont été arrêtés et maintenus en prison pendant plusieurs mois sous prétexte de complot contre l'État. Ces arrestations, considérées comme arbitraires par les catholiques, avaient donné lieu à une recrudescence d'agitation et de troubles, qui, à leur tour, ont entraîné de nouvelles arrestations. Celles-ci font dire couramment aux catholiques du Nord qu'ils ne seraient pas plus mal traités par le régime hitlérien.

Or, dans ce domaine, deux événements viennent de se produire, qui sont susceptibles de modifier l'attitude des catholiques à l'égard des protestants.

Tout d'abord, le cardinal primat d'Irlande, qui réside du reste en Ulster malgré les « persécutions » et dont l'attitude encourageait les récriminations de ses fidèles contre le gouvernement de Belfast, aurait, m'assure-t-on, reçu un blâme du Vatican et aurait été invité, étant donné les circonstances, à ne pas contribuer à une agitation qui pourrait nuire à l'effort de guerre anglais.

D'autre part, les membres de l'*Irish Republican Army* ont publié, le 10 septembre, une confession soi-disant faite par l'un d'eux, qui reconnaît avoir indiqué aux membres du gouvernement irlandais les attentats qui se préparaient soit contre le gouvernement ulstérien, soit contre le gouvernement irlandais ou anglais. Cette confession, présentée d'une façon à compromettre certains membres du gouvernement irlandais, et qui a été énergiquement contredite par ces derniers, ne reconnaît pas moins qu'un complot était sur le point d'éclater dans le Nord et qu'il a été empêché à la veille de Noël 1938 par l'arrestation des chefs de la brigade républicaine de Belfast. L'action de la police ulstérienne se trouve en conséquence justifiée par ce document, qui a porté ainsi un coup assez sérieux à la propagande catholique en Irlande du Nord.

Enfin, l'établissement de bases américaines en Irlande du Nord prive les Irlandais de leur principal appui contre l'Angleterre : ils ne pourront plus s'adresser aux États-Unis pour protester contre la présence des troupes anglaises en Ulster si les Américains eux-mêmes participent à cette occupation. L'Irlande se voit donc de plus en plus impuissante devant les événements, et elle comprend chaque jour davantage que son différend avec l'Angleterre est une querelle de clocher qui doit s'effacer devant le conflit européen ; que ses motifs de désaccord avec l'Angleterre sont beaucoup moins importants que ses raisons d'entente. Aussi, en dépit des affirmations réitérées par M. de Valera qu'il observe une stricte neutralité, certains indices donnent à penser que le gouvernement irlandais n'est pas, dans la pratique, aussi neutre qu'il le proclame. Et comment en serait-il autrement avec le nombre d'Irlandais qui sont sous les armes ou dans les usines en Angleterre ?

Ce rapprochement entre l'Irlande et la Grande-Bretagne qui est, si l'on peut dire, dans la nature des choses, mais avait été longtemps considéré par la majorité des Irlandais comme impossible tant que le partage ne serait pas aboli, s'impose peu à peu aux masses à la faveur des événements internationaux. Aussi peut-on se demander si, dans le Commonwealth anglo-saxon élargi d'après la guerre, où les États-Unis semblent devoir posséder l'influence prépondérante, l'Irlande ne prendra pas place avec plus de bonne volonté qu'elle n'a fait dans l'Empire britannique depuis 1921.

Guerre 1939-1945, Vichy, Z Europe, Irlande, 376 (10GMII/376)

376

M. de Vaux Saint-Cyr, Ministre de France à Stockholm,
À l'Amiral Darlan, Vice-Président du Conseil, Ministre de la
Défense nationale, Secrétaire d'État aux Affaires étrangères
et à la Marine.

T. nos 559 à 563.   *Stockholm, 11 octobre 1941, à 16 h.*

(Reçu : le 11, à 23 h.)

Les derniers succès remportés en Russie par les Allemands ont fait ici une vive impression[1]. On commence à se demander dans les milieux suédois si le gouvernement de l'URSS sera capable de maintenir la cohésion de ses armées et de sauvegarder leurs possibilités de reconstitution en tenant hors d'atteinte de l'aviation allemande les centres industriels de l'Oural. On n'exclut pas l'hypothèse que si la débâcle s'accentue, le Reich ne réussisse, dès cet hiver, à contrôler l'ensemble de la Russie d'Europe.

Pareille éventualité n'est pas sans inquiéter l'opinion suédoise. Malgré l'hostilité traditionnelle dont celle-ci a toujours fait preuve à l'égard de la Russie, elle s'était depuis quelque temps habituée à voir dans la résistance soviétique un utile contre-pied à la prépondérance allemande. Ce contre-pied est aujourd'hui sur le point de disparaître.

Si tel est le cas et si l'évolution de la guerre germano-russe se poursuit à la cadence actuelle, il n'est pas impossible que les succès allemands n'aient certaines répercussions sur la politique intérieure suédoise. L'idée commence en effet à se faire jour dans certains milieux industriels et bancaires que la Suède ne pourra rester très longtemps encore à l'écart du courant qui entraîne les différents gouvernements européens dans le sillage de l'Allemagne nationale-socialiste et qu'il lui faudra, peut-être prochainement, renoncer au moins à certaines formes de son régime libéral démocratique et parlementaire.

---

[1] Après la prise de Smolensk (16 juillet) et de Kiev (19 septembre), les Allemands sont lancés depuis le 2 octobre dans la « bataille de Moscou ». On trouve notamment dans une note secrète en date du 14 octobre 1941 (n° 150/S, transmise sous bordereau n° 185 de Budapest le 22 octobre), de l'attaché militaire auprès de la légation de France en Hongrie, le colonel de Mierry, des indications sur la situation sur le front oriental recueillies auprès du chef du 2e Bureau hongrois : selon ce dernier, dans le secteur nord, l'armée Vorochilov est encerclée dans Leningrad et la prise de la ville de serait plus « qu'une question de temps » ; « dans le secteur centre, l'armée Timochenko a perdu la plus grande partie de ses forces et la chute de Moscou est à envisager dans un avenir rapproché. Dans le secteur Sud, les attaques vont se poursuivre à la fois contre Kharkov [...] et en direction de Rostov. La poussée allemande vers l'Est se poursuivra jusqu'à une ligne jugée favorable pour une stabilisation pendant l'hiver. Le front pourrait être alors jalonné par Leningrad, Moscou, le cours du Don supérieur et moyen, puis la Volga de Stalingrad à la mer Caspienne. Dans le Sud, les opérations continueront jusqu'à la conquête du bassin pétrolifère du Caucase. Cette action serait menée par terre, en raison de la faiblesse des forces navales allemandes en mer Noire. Les forces soviétiques actuellement engagées sur l'ensemble du front ne dépasseraient pas la valeur de 50 divisions. » (Guerre 1939-1945, Vichy, Z Europe, URSS, 837, document non reproduit). On trouve cependant, dans la même série, de nombreux documents (dont certains sont publiés dans ce volume) faisant état de la surprise des Allemands face à la résistance des forces soviétiques, des grandes pertes subies et de leur démoralisation.

Ces milieux ne jouissent pas actuellement d'une grande influence au Parlement. Le seul représentant du Parti conservateur qui siège au Cabinet, M. Bagge, ministre de l'Éducation nationale, n'a pas l'étoffe d'un président du Conseil. Un nouveau gouvernement devrait donc recruter la plupart de ses ministres en dehors du Parlement. Déjà certains noms sont mis en avant. On cite celui du général Thörnel, commandant en chef, et ceux de MM. Soderlund et Jacob Vallenberg. Pareilles listes n'ont naturellement rien de définitif ; mais il est intéressant de noter qu'il s'agit toujours de personnalités du monde militaire ou industriel touchant de plus ou moins près au Parti conservateur.

Pour qu'un pareil changement gouvernemental se produise, il faudrait évidemment qu'intervienne un incident extérieur. Cet incident ne peut être qu'une pression de l'Allemagne à laquelle la Suède ne serait pas en mesure de résister. La position de la Suède reste en effet paradoxale. Malgré certains efforts poursuivis depuis le début de la guerre, l'équipement militaire du pays reste médiocre. La Suède reste un pays facilement vulnérable. Or, loin de l'inciter à la prudence, cette situation ne paraît pas inquiéter beaucoup l'opinion publique. La presse, qui en reflète les tendances, n'hésite pas à mener contre l'Allemagne nationale-socialiste une guerre de piqûres d'épingles qui ne passe pas inaperçue du Reich. Celui-ci, qui s'est jusqu'à présent contenté de protester verbalement contre les attaques des journaux, peut être un jour tenté de faire comprendre à Stockholm qu'un pays pratiquement désarmé joue un jeu bien dangereux en s'amusant actuellement à braver l'Allemagne.

Rien n'indique que les événements doivent prendre prochainement cette tournure ; mais il vaut la peine de noter que dès maintenant on se préoccupe ici de cette éventualité et que l'on songe aux solutions qu'il faudrait en pareil cas adopter.

Guerre 1939-1945, Vichy, Z Europe, Suède, 719 (10GMII/719)

377

LE GÉNÉRAL WEYGAND, DÉLÉGUÉ GÉNÉRAL DU GOUVERNEMENT EN
AFRIQUE FRANÇAISE,
    À L'AMIRAL DARLAN, VICE-PRÉSIDENT DU CONSEIL, MINISTRE DE LA
    DÉFENSE NATIONALE, SECRÉTAIRE D'ÉTAT AUX AFFAIRES ÉTRANGÈRES
    ET À LA MARINE.

D. n° 8420/E.M./2[1]   *Alger, 11 octobre 1941.*

Secret.

J'ai appelé votre attention à diverses reprises sur les menées extra-conventionnelles des commissions de contrôle en Afrique du Nord, et tout dernièrement encore je vous ai signalé le danger capital de l'infiltration allemande
au Maroc[2].

L'action persévérante de nos organismes MA[3] a réussi, comme je vous le
disais[4], à limiter considérablement les menées extra-conventionnelles de la
CAA[5] ; les Allemands ont été amenés de ce fait à utiliser sur une plus
grande échelle la mission Auer-Klaube, organisme beaucoup plus difficile
à surveiller, du fait de son activité économique qui lui sert de prétexte à de
très nombreuses prises de contact dans la population civile.

Je vous ai exprimé, par télégramme n° 152/SGP/cab[6], les inconvénients
que j'apercevais à accorder à cet organisme l'autorisation d'entrer en
contacts directs avec les diverses autorités de la Résidence.

[1]   Cette lettre émanant du 2e Bureau et dont l'objet est « Activité suspecte de la Commission
Auer-Klaube » a été envoyée sous bordereau n° 33930/D.S.A./7 en date du 18 octobre 1941 à la
Direction politique (Armistice) pour information. Le bordereau signé par le général Bourget,
directeur des Services de l'Armistice, porte l'annotation marginale manuscrite : « Vu par le Service
d'Armistice. Transmis à la direction d'Afrique-Levant pour être jointe au dossier, 22/10/41 ».
Copies à Guerre (Cabinet, D.SA.).

[2]   *Note du document* : Lettres n° 1175/E.M./2 du 3 mars 1941, 1574/E.M./2 du 19 mars 1941,
2296/E.M./2 du 16 avril 1941, 4740/E.M./2 du 1er juillet 1941, 7740/E.M./2 du 19 septembre 1941.
[Certaines de ces lettres sont conservées dans Guerre 1939-1945, Vichy, Maroc, 38, 39 et 117. Voir
aussi le document n° 131 de ce volume].

[3]   Il s'agit du Service des Menées antinationales. Service de contre-espionnage militaire que le
général Weygand a réorganisé quelques mois plus tôt ; le Bureau des Menées antinationales
d'Alger centralise les BMA régionaux d'Afrique du Nord. Voir la lettre du général Weygand en
date du 3 mars 1941 relative à la Commission d'armistice allemande de Casablanca sous bordereau du 14 mars 1941 (dans Guerre 1939-1945, Vichy, M Maroc, 39, document non reproduit).

[4]   *Note du document* : Lettre n° 7740/E.M./2 du 19 septembre 1941. [Ce document n'a pas été
retrouvé].

[5]   CAA ou Commission allemande d'armistice.

[6]   *Note du document* : du 20 septembre 1941. – [Ce document, non reproduit, se trouve dans
Guerre 1939-1945, Vichy, M Maroc, 117. « Il n'y aurait que des inconvénients à faciliter à M. Auer
les contacts avec les services civils du Protectorat. La prétention à être reconnu comme agent
diplomatique chargé des questions économiques découvre son jeu. Ce n'est pas, comme il le dit,
l'égalité des droits que l'Allemagne recherche, c'est une situation privilégiée. Toutes les puissances
commerçant avec le Maroc seraient fondées à nous demander d'accréditer un "agent diplomatique" dans les mêmes conditions. L'autorisation de la France au Protectorat s'en trouverait grandement diminuée. »]

Des renseignements récents prouvent que l'activité suspecte de la mission Klaube-Auer ne cesse de s'accroître. Il vient en effet d'être établi sans contestation possible que MM. Auer et Klaube prospectent avec persistance les milieux des anciens légionnaires allemands établis au Maroc.

Ils font répandre à cet effet le bruit que le Reich exige le retour en Allemagne des ressortissants allemands, même ceux naturalisés français. Ils adressent à ces ressortissants un questionnaire très détaillé (dont je vous joins une photographie), et versent à ceux qui répondent favorablement, un secours hebdomadaire.

Il ne semble pas jusqu'ici que des rapatriements aient été effectués, *et c'est ce qui me semble très dangereux*[1].

À partir du moment en effet où ces « Allemands » sont régulièrement appointés par la mission Auer, ils deviennent ou peuvent devenir le cas échéant des agents qualifiés pour une action sur place (propagande, renseignements, constitution de 5e colonne, etc.).

Je fais prendre les mesures nécessaires pour surveiller et mettre hors d'état de nuire, dans toute la mesure possible, les ex-légionnaires ou les ressortissants allemands qui entrent en contact suivi avec la mission Auer-Klaube, mais il importe avant tout que les possibilités de contacts que possède déjà l'organisme Auer-Klaube du fait de ses fonctions actuelles, ne soient pas augmentées. C'est pourquoi je considérerais comme très grave que les attributions présentes de cet organisme soient étendues.

Guerre 1939-1945, Vichy, M Maroc, 40 (6GMII/40)

378

M. Helleu, Ambassadeur de France à Ankara,
À l'Amiral Darlan, Vice-Président du Conseil, Ministre de la Défense nationale, Secrétaire d'État aux Affaires étrangères et à la Marine.

D. n° 46[2].   *Istanbul, 13 octobre 1941.*

Lorsqu'en juin dernier s'est déclenchée l'attaque allemande contre la Russie[3], nombreux étaient les esprits qui prévoyaient pour la Turquie l'obligation de se ranger avant l'hiver dans l'un ou l'autre camp. La rapidité de la défaite soviétique étant alors tenue pour un axiome, on présumait facilement le parti qu'épouserait bientôt le pays déjà surnommé par certains l' « Italie de l'Orient ».

---

[1] Souligné dans le texte.

[2] D. intitulée « Signification politique des négociations économiques de la Turquie avec l'Allemagne et la Grande-Bretagne », et communiquée à Sofia, Budapest, Bucarest. Annotation marginale manuscrite : « Voici une dépêche compacte mais fort bien écrite et nourrie de renseignements intéressants. Elle mériterait d'être communiquée. DA [Darlan ?] ».

[3] Le 22 juin 1941.

Dès le mois de mai, le président Ismet Inönü avait envisagé la possibilité d'une guerre germano-russe et en avait immédiatement tiré des conclusions pratiques : le pacte germano-turc était signé le 18 juin, soit à peine quatre jours avant l'ouverture des hostilités entre le Reich et l'Union soviétique[1]. Personne n'a été trompé par les apaisements verbaux dont la Grande-Bretagne a dû se contenter. Il était clair que la Turquie, appréhendant une mise en demeure allemande après l'écrasement de la Russie et ne comptant plus beaucoup sur son alliée l'Angleterre (dont l'affaire de Crète était venue, après d'autres, confirmer la relative faiblesse)[2], s'apprêtait à limiter les risques et à s'entendre avec le Reich. Le mois de septembre était généralement indiqué comme la période à laquelle cette décision vitale devait être prise.

Or, l'esprit humain s'était trompé une fois de plus. M. Hitler lui-même a reconnu son erreur dans son discours du 4 octobre dernier[3]. La résistance soviétique s'est prolongée bien au-delà du temps prévu. Elle a laissé aux Turcs un délai sur lequel ils ne comptaient pas. Loin d'être le mois de l'ultimatum, septembre a été pour eux celui des bonnes affaires. Ils se préparaient à choisir entre la soumission et la guerre. Ils ont eu à choisir entre les produits anglais et les produits allemands. Ils s'attendaient à de mauvais traitements. Ils se sont vu offrir des marchandises et des crédits. Ils étaient prêts à beaucoup endurer. Ils ont pu faire les difficiles et se montrer exigeants.

On comprend dès lors leur optimisme relatif. On s'explique aussi leur changement d'attitude à l'égard de l'Union soviétique. Certes, ils ne vont pas jusqu'à la louer. Mais ils ne prédisent plus, comme le faisait leur presse en juillet dernier, la fin du « pays de Staline » pour la semaine prochaine. Ils paraissent même surestimer la valeur de l'armée russe, tout comme ils l'avaient sous-estimée trois mois plus tôt. Ils souhaitent, au fond de leur cœur, voir les géants s'épuiser dans une lutte sans fin et oublier les comparses de moindre envergure. En tout cas, ils profitent du répit qui leur est accordé pour améliorer leur situation, en tirant le meilleur parti possible des avantages provisoires de la neutralité.

Aussi les voit-on négocier simultanément avec les Anglais et les Allemands, instaurer entre les uns et les autres une véritable concurrence, grâce à laquelle, en promettant peu, ils obtiennent beaucoup ; en un mot, pratiquer leur métier d'Orientaux. Ils y réussissent à merveille. Ils suivent en même temps, sans difficulté apparente, des voies qui, à des Occidentaux,

---

[1] Voir document n° 256.

[2] La bataille de Crète (opération Merkur) s'est déroulée du 12 mai au 1er juin 1941 et oblige les forces britanniques qui occupaient l'île depuis octobre 1940 à évacuer.

[3] Pour le texte de ce discours qui date en fait du 3 octobre, prononcé à l'occasion de l'ouverture de l'œuvre du secours d'hiver, voir Guerre 1939-1945, Vichy, Z Europe, URSS, 837. L'essentiel est consacré à la guerre contre l'URSS et à sa justification. Le passage auquel il est fait allusion est sans doute celui où Hitler déclare : « Jamais, à aucune seconde, à aucun moment la loi de l'action n'a été ravie aux chefs allemands. [...] Nous n'avions aucune idée de l'importance gigantesque des préparatifs de cet adversaire contre l'Allemagne et contre l'Europe et de l'énormité du danger que cette puissance risquait de faire courir non seulement à l'Allemagne mais à l'Europe. [...] Je le dis maintenant, parce que cet adversaire est déjà touché et ne se relèvera plus. »

sembleraient opposées. Sans doute n'ont-ils point, en se rapprochant de l'Allemagne, l'impression de consolider leur alliance avec l'Angleterre. Mais cette dualité n'est pas pour eux contradictoire, puisque le but est unique : sauvegarder les intérêts de la Turquie. On ne saurait nier l'efficacité actuelle de leur politique. L'avenir seul dira s'ils ne se repentiront pas un jour d'avoir été trop habiles.

Voici les termes dans lesquels la presse turque annonça, le 7 septembre, la prochaine arrivée du Docteur Clodius à Ankara :

« Des négociations sont actuellement en cours entre la United Kingdom Commercial Corporation et le ministère des Communications de Turquie pour la construction de la jetée d'Alexandrette utilisable pour le débarquement des locomotives et des matériaux envoyés de Grande-Bretagne. Le considérable accroissement du volume des envois de la Grande-Bretagne rend ces mesures nécessaires.

Ces détails ont un intérêt évident au moment où M. Clodius est attendu à Ankara pour ouvrir les conversations commerciales turco-allemandes ».

Ainsi, avant même de commencer les pourparlers, les négociateurs allemands étaient prévenus : les enchères étaient ouvertes. À eux de se montrer généreux s'ils désiraient ne pas rentrer chez eux les mains vides. Pendant les négociations, les allusions aux tractations parallèles menées avec l'Angleterre étaient tout aussi peu voilées. La seule indication des titres dont les journaux turcs ornaient leurs articles et des dates de leur publication suffira à illustrer le procédé utilisé par le gouvernement d'Ankara pour rendre plus compréhensive la mission allemande.

Le jour même de l'arrivée de cette mission (10 septembre), on pouvait lire dans toute la presse turque : « Durant ces dernières semaines, l'Angleterre a envoyé en Turquie pour 1 600 000 livres de marchandises ». Le 22 septembre : « Les Anglais nous achètent 5 000 tonnes de raisin et 10 000 tonnes de figues ». Le 30 septembre : « Vers la conclusion d'un nouvel accord turco-anglais ».

Cette méthode n'est peut-être pas très subtile. Elle n'en présente pas moins de nombreux avantages. D'abord celui de la franchise. Le gouvernement turc n'a jamais caché aux Allemands qu'il tenait les Anglais au courant des pourparlers germano-turcs, et réciproquement les Allemands ont été également informés des négociations turco-anglaises. M. Menemencioglu l'a dit expressément au Dr Clodius, comme il l'avait dit en août dernier à lord Carlisle. Cette méthode s'est en outre révélée efficace : le Dr Clodius s'est montré plus aimable à la fin de la négociation qu'il ne l'était au début. Il a donné à la Turquie plus qu'il n'avait l'intention de le faire. Il en a reçu moins qu'il ne l'avait espéré.

Il était arrivé à Ankara précédé d'une réputation qui donnait à réfléchir. C'était lui qui était allé en Roumanie, puis en Bulgarie, négocier des accords commerciaux peu de temps avant l'entrée des troupes allemandes dans ces pays. Certes, l'acceptation des gouvernements intéressés avait été préalablement obtenue. Néanmoins on ne pouvait s'empêcher de garder ces exemples en mémoire. On savait que le Dr Clodius à la fois ferme et insinuant, rarement brutal, mais peu amateur de dérobades, patient aussi longtemps qu'on soulevait des arguments plausibles, volontiers cassant dans le cas contraire. Il fallait lui opposer un homme de valeur et d'égale culture. Comme toujours dans ces cas-là, le président Ismet Inönü a fait appel à M. Numan Menemencioglu. Une fois de plus, le Secrétaire général du ministère des Affaires étrangères a été à la hauteur de sa tâche : la mission allemande était venue à Ankara pour huit jours. Elle y est restée un mois. Forte de l'avance des troupes hitlériennes en Ukraine[1], elle comptait sur une victoire facile. Elle a rapidement changé d'avis : le bruit d'un échec – exagéré mais symptomatique – a même couru le 1er octobre.

C'est à propos du minerai de chrome que la divergence des points de vue a été la plus grande. Le Dr Clodius a dû céder. Sur le plan économique, cette question n'était point négligeable : les Allemands ont besoin de métaux secondaires pour la fabrication de leurs aciers spéciaux. Mais ils n'ont tout de même pas un besoin urgent de chrome. Les stocks qu'ils possèdent sont considérés comme suffisants pour l'année 1942. C'était donc sur le plan politique que cette affaire prenait toute son importance. Il ne s'agissait de rien de moins que de savoir si les Turcs, sous la pression allemande, violeraient délibérément leur signature.

Par l'accord tripartite du 8 janvier 1940[2], la Turquie s'était engagée à vendre à la Grande-Bretagne et à la France la totalité de sa production de minerai de chrome (dont le plafond était fixé à 250 000 tonnes par an). Après la défaite française, elle avait disposé en faveur de l'Angleterre de la part revenant à la France, sans même en aviser celle-ci. Allait-elle faire un pas de plus sur la voie de la mauvaise foi et livrer à l'Allemagne le minerai de chrome qu'elle avait préalablement cédé à l'Angleterre ? Il semble bien qu'elle y ait songé. Le 22 septembre, M. Seimen, secrétaire général adjoint des Affaires étrangères, disait au conseiller de cette ambassade : « Nous sommes obligés de livrer du minerai de chrome au Reich »[3]. Il donnait pour raison de ce manquement à l'accord tripartite la difficulté que la Grande-Bretagne éprouvait à enlever le minerai acheté par elle.

Bien entendu, la pression allemande devenait plus forte dans la mesure où la résistance turque faiblissait. Le Dr Clodius voulait obtenir une satisfaction de principe. Il avait abaissé sa demande jusqu'à 3 000 tonnes seulement. Il voulait surtout appliquer la maxime hitlérienne suivant laquelle l'essentiel n'est pas d'obtenir ce qu'on demande, mais de contraindre l'adversaire à céder afin qu'il s'habitue à subir une volonté supérieure à la sienne. Il faisait miroiter des promesses auxquelles les Turcs ne pouvaient rester insensibles. Il offrait notamment du matériel de guerre neuf, en plus de celui qui proviendrait des prises effectuées sur les Belges, les Hollandais et les Russes.

---

[1]   Kiev est tombé le 19 septembre 1941.

[2]   Faisant suite à l'accord militaire tripartite franco-anglo-turc du 19 octobre 1939 (Voir *DDF 1939-1944), 1939*, les documents de la section V (La Turquie et la sécurité dans les Balkans).

[3]   Document non retrouvé.

La Grande-Bretagne n'avait d'autre moyen de contrebattre ces propositions que de s'appuyer sur l'accord du 8 janvier 1940 et de promettre pour
un avenir plus ou moins éloigné des livraisons de carburants. Laissée à
elle-même, elle aurait sans doute essuyé un échec. Mais elle a été aidée avec
beaucoup d'énergie par les États-Unis. Le 24 septembre, l'ambassadeur
américain a effectué auprès du gouvernement turc une démarche décisive.
Son intervention était fondée sur des apports substantiels : les États-Unis
avaient récemment fourni à la Turquie 50 canons de 155, des camions et
même 4 avions du type *Tomahawk*. Sans doute M. Murray a-t-il laissé
entendre à M. Saradjoglu que ces premières fournitures seraient suivies
d'autres seulement dans le cas où les Turcs respecteraient leurs accords
passés pendant la guerre avec la Grande-Bretagne.

Il est probable que le ministre des Affaires étrangères l'a écouté avec la
plus grande attention, car le gouvernement des États-Unis avait pris récemment la décision d'accorder à la Turquie le bénéfice de la loi « prêt et bail ».
Quoi qu'il en soit, à la suite d'une réunion extraordinaire du Conseil
des ministres tenue dans la nuit du 24 au 25 septembre, M. Numan
Menemencioglu a répondu négativement et définitivement à la demande
allemande relative au minerai de chrome.

Les raisons pour lesquelles les États-Unis se sont intéressés spécialement
à cette question sont d'abord d'un ordre général (aide à apporter à l'Angleterre dans tous les domaines), mais aussi d'un ordre plus particulier et plus
précis : les 40 000 tonnes de minerai de chrome qui, jusqu'ici, ont été
exportées de Turquie à la suite des achats anglais, ont été dirigées, non pas
sur la Grande-Bretagne, mais sur les États-Unis. Le matériel de guerre
fourni par les États-Unis à la Grande-Bretagne est partiellement payé par
des matières premières provenant soit de l'Empire britannique, soit des
achats anglais à l'extérieur. Il semble que le minerai de chrome turc – dont
la Grande-Bretagne n'a pas un pressant besoin car elle en possède de
grandes quantités produites en Rhodésie – fasse partie de ces matières
premières incluses dans les échanges anglo-américains.

Pour la première fois, les diplomaties allemande et américaine ont été
opposées l'une à l'autre en Turquie. Les États-Unis l'ont emporté. La radio
de Londres a célébré comme une victoire anglo-saxonne le fait d'avoir
obtenu des Turcs le respect de leur signature. Il est vrai que c'est déjà beaucoup. Mais les commentaires britanniques appellent une mise au point.

En premier lieu, même sur la question du chrome, le Dr Clodius n'a pas
subi un échec complet. Le gouvernement turc lui a accordé tout ce qu'il a
pu lui donner sans violer son engagement avec la Grande-Bretagne. Il lui a
d'abord promis de réserver au Reich le surplus de la production de minerai
de chrome si cette production dépassait la limite actuelle de 250 000 tonnes
inscrite dans l'accord tripartite. Cette satisfaction est purement platonique
car les techniciens estiment que dans les conditions actuelles (pénurie de
main-d'œuvre causée par la mobilisation, difficultés de remplacement du
matériel, difficultés de transport), il n'est même pas possible d'atteindre le
chiffre de 230 000 tonnes. Une autre promesse, plus substantielle, a également été faite au Reich. La Turquie s'est engagée à lui fournir en 1943 un

minimum de 40 000 tonnes de minerai. Elle ne pouvait assurer plus tôt cette livraison car la Grande-Bretagne, se référant à l'article 7 de l'accord du 8 janvier 1940, lui avait notifié l'extension de la validité de cet accord pour une nouvelle période d'un an, c'est-à-dire jusqu'au 8 janvier 1943.

En second lieu, les négociations germano-turques ont pris un caractère politique que le gouvernement d'Ankara eût sans doute préféré éviter si la maladresse de la propagande britannique (parlant trop vite d'un échec hitlérien) et la progression des armées du Reich en Russie ne l'avaient contraint de se soumettre sur ce point à la pression allemande. L'accord du 9 octobre 1941[1] a, en effet, été signé non seulement par les négociateurs (le Dr Clodius pour l'Allemagne, M. Numan Menemencioglu et M. Halid Nazim Kesmir, sous-secrétaire d'État au Commerce, pour la Turquie), mais encore par M. von Papen, ambassadeur du Reich, et M. Sükrü Saradjoglu, ministre des Affaires étrangères (ce dernier, promoteur et signataire de l'alliance avec la Grande-Bretagne, avait réduit au minimum indispensable ses contacts avec la mission allemande. On peut tenir pour certain que, s'il a apposé sa signature au bas des conventions du 9 octobre, c'est sur l'ordre du Président de la République. M. Saradjoglou amorce peut-être une évolution personnelle parallèle à celle de son gouvernement : faisant notamment allusion à l'Iran, il a laissé entendre ces jours-ci à plusieurs diplomates étrangers et à moi-même qu'il trouvait l'Angleterre bien imprudente en Orient et qu'elle risquait de s'aliéner ainsi les sympathies dont elle bénéficiait encore).

Le caractère politique de l'accord économique a été d'autant plus mis en relief que, la veille de la signature (c'est-à-dire le 8 octobre), les gouvernements turc et allemand ont publié un communiqué commun démentant les rumeurs suivant lesquelles le Reich serait sur le point d'attaquer la Turquie et déclarant que « ces bruits dénués de tout fondement, ne sauraient en aucune façon porter atteinte aux confiants rapports d'amitié entre les deux pays, rapports qui ont été confirmés par l'accord intervenu le 18 juin 1941 ».

Les textes des conventions économiques n'ont pas encore été publiés. L'agence d'Anatolie en a cependant indiqué les grandes lignes dans un communiqué rédigé en commun par les deux délégations. Des informations recueillies de source sûre permettent d'en compléter les données. Il en résulte que les nouvelles lancées par les journalistes anglo-saxons, suivant lesquels l'accord aurait très peu d'importance pratique, sont contraires à la vérité. Les correspondants des agences américaines s'étaient livrés, à l'occasion du dîner offert par M. Menemendjoglou au Dr Clodius, à une plaisanterie plus spirituelle qu'exacte. Ils avaient soudoyé l'orchestre du restaurant où le dîner avait lieu et avaient fait jouer plusieurs fois l'air : « *I can't give you anything but love* ».

---

[1] Sur l'Accord germano-turc du 9 octobre 1941, voir aussi divers T. d'Ankara (n° 1703, n° 1704, n°s 1705 à 1706, n°s 1707 à 1709, tous en date du 10 octobre 1941, dans Guerre 1939-1945, Vichy, E Levant, Turquie, 127.

La vérité est différente ; la Turquie donne beaucoup et reçoit beaucoup. Si l'accord était réalisé dans sa totalité, l'Allemagne tiendrait dans le commerce extérieur de la Turquie une place bien supérieure à celle de la Grande-Bretagne.

Les relations économiques entre l'Allemagne et la Turquie se trouvent réglées jusqu'au 31 mars 1943. Le volume des échanges prévus atteindra presque cent millions de livres turques de part et d'autre, c'est-à-dire que l'Allemagne achètera pour soixante-six millions de livres turques en un an, ce qui correspond au montant de ses achats en 1938. Mais si la part de l'Allemagne dans le total des exportations du Reich était cette année-là de 43 %, il n'en sera pas ainsi en 1942, même si l'accord était entièrement réalisé, ce qui est peu probable, en raison de la hausse des prix, grâce à laquelle le total de la valeur des exportations turques sera en 1942 bien supérieur à celui de 1938.

Les Allemands avaient proposé un chiffre beaucoup plus élevé (100 millions par an). Les Turcs ont préféré réduire la proposition du Reich. Ils ont fait preuve, en agissant ainsi, d'une louable prudence. Ils ont d'abord tenu compte de leurs besoins intérieurs. Ils ne se sont engagés à exporter vers l'Allemagne que l'excédent de leur production, déduction faite de la part nécessaire aux fournitures du pays pendant deux années de réserve. En outre, ils ont évité de se placer à peu près entièrement entre les mains de l'Allemagne, se gardant une marge assez grande pour leurs ventes aux autres pays. Enfin, c'est sur leur demande que la durée de l'accord, prévue d'abord pour douze mois, a été portée à dix-huit. Ils se réservent ainsi un temps assez long pour exécuter leurs engagements.

Parmi les produits les plus importants que les Turcs doivent fournir, il faut citer en premier lieu le tabac, l'huile et le cuivre. Le tabac représentera le poste le plus important des ventes turques à l'Allemagne, puisque celle-ci s'est engagée à en acheter pour vingt millions de livres turques. Cela est normal. Il est également normal que la Turquie vende de l'huile au Reich. Par contre, on pouvait penser que l'Allemagne, devenue propriétaire des mines de Bor[1], n'avait plus un pressant besoin du cuivre turc. Elle n'a d'ailleurs pas acheté le minerai, comme on le lui proposait, mais le cuivre déjà extrait. Sans doute faut-il voir dans ces achats, qui viennent s'ajouter à bien d'autres, une conséquence de la politique de stockage pratiquée par le Reich en vue d'une guerre de longue durée. Les Turcs livreront encore du coton, de la laine, des peaux, des graines oléagineuses, des fruits secs et de la valonnée (produit tannant).

En échange, les Allemands enverront en Turquie des locomotives, des machines pour l'équipement industriel, des articles manufacturés, du matériel sanitaire et des produits pharmaceutiques.

[1]   Sur les mines de fer de Bor, voir *DDF (1939-1944)*, 1940-2, document n° 436. Après l'occupation de la Yougoslavie et le départ contraint des diplomates français, les intérêts français dans ce pays sont confiés, malgré moult difficultés soulevées par les Allemands, au représentant des États-Unis à Berlin (voir Guerre 1939-1945, Vichy, C État français, 24, divers documents de mai-septembre 1941, dont un récapitulatif des démarches par la note n° 1182 en date du 23 septembre de l'ambassade des États-Unis à Vichy).

Une clause secrète prévoit la livraison de matériel de guerre (à l'exception de matériel d'aviation). Ce matériel concernera la DCA, l'artillerie de campagne et le parc automobile (les camions étant livrés sans pneus). Il devra former 30 % des livraisons allemandes. Le major Radke, délégué du haut-commandement du Reich, s'est rendu à Berlin pour y étudier la quantité et la nature du matériel de guerre qui sera livré à la Turquie.

Les modalités des paiements sont celles qu'une longue pratique a permis à l'Allemagne de mettre tout à fait au point. 75 % des échanges se feront par voie de compensation et 25 % par commerce libre. Les Départements économiques des deux pays respectifs établiront des listes des exportateurs et des importateurs admis à bénéficier de l'accord.

Les membres de la mission turque se sont plu à souligner l'esprit de compréhension dont aurait fait preuve le Dr Clodius. Ils ne cachent pas la profonde impression que le chef de la délégation allemande a produite sur eux. Les résultats obtenus ne sont toutefois pas dus uniquement à l'action personnelle du Dr Clodius ni même à celle de M. von Papen. Les circonstances générales ont facilité dans une large mesure la tâche des négociateurs allemands. L'argument le plus fort dont ces derniers eussent pu se servir n'a jamais été mis en avant par eux. Ils se sont gardés de faire allusion à la progression des troupes hitlériennes vers Moscou et vers Marienpol[1]. On peut être sûr néanmoins qu'elle était présente à tous les esprits. D'autre part, le Reich est apparu comme le pays le plus apte à fournir rapidement à la Turquie ce dont elle avait besoin. Les questions de transport sont en effet difficiles à résoudre pour cette dernière. Les Allemands les ont prises à leur charge. Telle est la raison pour laquelle ils ont pu arriver à faire accepter par la Turquie le principe d'un volume d'échanges aussi important. Toutefois il ne faut pas oublier que les communications entre la Turquie et l'Allemagne sont à l'heure actuelle très mauvaises, on pourrait presque dire inexistantes. Deux ponts très importants situés près de la frontière bulgare, et qui avaient été détruits au mois d'avril, ne sont pas encore reconstruits ; d'autre part le trafic maritime est presqu'entièrement arrêté. C'est pourquoi on ne voit guère comment un accord aussi ample pourra être intégralement appliqué, tout au moins au début.

De son côté, l'Angleterre n'a pas ménagé ses efforts pour tenter d'éliminer l'Allemagne du marché turc. Elle a bénéficié dans cette tâche du départ de M. Topcioglu, dont l'influence au ministère du Commerce s'exerçait en faveur du Reich. Son successeur, M. Mumtaz Eukmen, bien que plus terne, a tout de même changé l'esprit de son Département. Il passe pour être plus favorable à la Grande-Bretagne. En tout cas, il a tenu à marquer l'intérêt qu'il portait aux négociations de son ministère avec la United Kingdom Commercial Corporation en assistant personnellement à certaines séances de travail.

L'organisme britannique, à la fois privé et public, dispose de larges crédits et d'une grande autonomie lui permettant de conduire leurs affaires à leur

---

[1] Voir document n° 376, note 1.

fin plus rapidement que ne le pourrait un organe administratif. Le délégué de cette corporation, lord Carlisle, est venu en Turquie à l'occasion de la foire d'Izmir et a pris de nombreux contacts avec le ministre du Commerce.

Les Anglais ne procèdent pas comme le font les Allemands. Au lieu de signer de vastes accords basés sur la compensation, ils préfèrent négocier à peu près tous les mois des affaires de moindre envergure revêtant un caractère privé. Cette différence ne provient pas seulement d'une vieille tradition libérale dont les Anglais se départissent difficilement. Elle est due également à la difficulté qu'éprouve la Grande-Bretagne à faire parvenir ses produits en Turquie. Elle ne peut donc pas payer en marchandises les fournitures qu'elle reçoit. Elle préfère les régler en devises.

C'est là pour la Grande-Bretagne une cause d'infériorité par rapport à l'Allemagne. En période de crise, les devises n'ont de valeur que si elles peuvent être rapidement échangées contre des marchandises ou des services. C'est de moins en moins le cas. De plus, le pouvoir d'achat de la livre sterling a baissé dans une proportion suffisante pour que la Turquie en ait mesuré les conséquences entre le moment où elle a reçu des livres sterling en paiement de ses livraisons et celui où elle les a employées à l'achat de produits étrangers. Par l'accord de paiement anglo-turc de décembre 1940, la Banque centrale de Turquie s'était engagée, sous la condition qu'il n'y aurait pas de fluctuation dans les prix d'achat de l'or à Londres, à maintenir pendant la nouvelle validité de l'accord de commerce du 3 février 1940 (prorogé en décembre de la même année) le prix d'achat de 520 piastres pour une livre sterling. Les inconvénients de cette fixité du change, alors que la fixité du pouvoir d'achat disparaissait, se sont rapidement fait sentir. Il était donc naturel que la Turquie cherchât à établir un *modus vivendi* moins défavorable pour elle. Tel est probablement le but des négociations qui ont lieu actuellement entre Londres et Ankara. On ne possède encore que peu d'informations à leur sujet. Le 30 septembre dernier, la presse turque publiait une dépêche datée d'Ankara ainsi rédigée : « Il s'avère que les négociations qui se poursuivent depuis un certain temps à Ankara en vue de la conclusion d'un nouvel accord commercial turco-britannique tendant à l'achat et à l'échange de marchandises pour quatre millions de livres aboutiront ces jours-ci ». Il est difficile de dire si cette dépêche correspondait à la réalité ou si elle avait surtout pour but de rendre plus souple le Dr Clodius. Quoi qu'il en soit, le volume des échanges prévus est faible. Il est vrai qu'en plus des accords passés entre les deux États, des comptes spéciaux et privés sont ouverts au nom des banques turques dans les banques anglaises.

Il n'est pas douteux que la Grande-Bretagne soit désireuse d'établir un programme d'échanges commerciaux, car elle voudrait bien se réserver une part de plus en plus grande des matières premières et des produits agricoles turcs, en fournissant en retour à la Turquie des lainages, des cotonnades et des machines. Ce programme fait partie de son plan de guerre économique. Elle est certainement disposée à consentir de grands sacrifices pour le réaliser.

De leur côté, les Turcs ne verraient pas d'inconvénient à bénéficier de cet état d'esprit. Mais les obstacles à surmonter ne sont pas négligeables. Ce sont toujours les mêmes : difficultés des transports, difficulté de payer autrement qu'en devises.

Les Anglais ont réussi tout de même à améliorer leur position en Turquie, où elle était modeste avant la guerre. Les chiffres donnés par l'ambassadeur de Grande-Bretagne à l'occasion de l'ouverture de la foire d'Izmir méritent d'être mentionnés. En 1938, le total des achats anglais en Turquie atteignait à peine 2 817 000 livres turques. En 1939, il était de 6 387 000 LT. Pour les huit premiers mois de 1941, il a atteint le chiffre de 35 402 000 LT (ces chiffres ne comprennent pas les achats effectués par les maisons privées britanniques). Le coefficient apparent de l'augmentation des échanges est donc 17. Mais le coefficient réel est inférieur car il faut tenir compte de l'augmentation des prix.

Deux faits récents ont mis en relief l'instinct commercial des Anglais : en premier lieu, une mission britannique est venue préparer l'aménagement du port d'Alexandrette, c'est-à-dire celui par lequel les marchandises anglaises arrivent actuellement en Turquie. Elle s'est occupée immédiatement de renforcer le matériel de levage, tout à fait insuffisant pour manipuler les locomotives et les machines que la Grande-Bretagne a déjà commencé à livrer. Elle doit en outre hâter le prolongement de la jetée construite par les Français et augmenter ainsi la surface d'eaux calmes. En second lieu, la United Kingdom Commercial Corporation a réuni à Jérusalem une conférence chargée d'examiner les problèmes économiques que les Anglais ont à résoudre en Orient. Cette conférence a terminé ses travaux le 9 octobre, soit le jour même de la signature de l'accord germano-turc. Dans le communiqué qu'elle a publié, elle a donné à la Turquie la première place. Elle y annonce « l'envoi ininterrompu à la Turquie de matières premières et de produits essentiels ». Elle y précise que « la Palestine peut fournir à la Turquie une grande partie des divers produits dont elle a besoin ».

Voici donc la Grande-Bretagne sur la bonne voie. Y progressera-t-elle suffisamment vite pour rattraper l'avance que l'accord du 9 octobre semble donner à l'Allemagne ? L'avenir seul le dira.

Du reste, l'avance prise par le Reich sera sans doute moins grande en réalité qu'on pourrait le croire. Le Dr Clodius a, en effet, précisé que les marchandises allemandes seraient envoyées en Turquie au fur et à mesure que les marchandises turques arriveraient en Allemagne. Il convient de prévoir que cette condition – dictée par une méfiance à peine déguisée sous une cordialité extérieure – ralentira la cadence des échanges.

D'autre part, il ne faut pas oublier que, pour le moment et jusqu'à ce que l'accord du 9 octobre soit appliqué, c'est l'Angleterre et non l'Allemagne qui se place en tête des fournisseurs de la Turquie. Pour le premier semestre de l'année 1941, elle a vendu à la Turquie pour plus de sept millions de livres turques, soit 21 % des achats turcs, tandis que l'Allemagne n'a pas atteint cinq millions, soit 14 % des achats turcs. Comme clients, l'Angleterre et le

Reich sont à égalité avec seize millions de livres turques, représentant 22 % des ventes turques.

On peut donc conclure que, du point de vue économique, la Grande-Bretagne possède encore de sérieux atouts : si elle éprouve quelques difficultés à assurer ses transports par mer, celles que rencontre l'Allemagne, pour être d'un autre ordre, n'en sont pas moins réelles. Il ne dépend que de sa volonté et de sa souplesse de contrebalancer l'avantage acquis par le Reich grâce à l'accord du 9 octobre. Les Turcs ne refuseront pas de traiter avec elle des affaires aussi bonnes pour eux que celles dont ils bénéficient dans leurs rapports avec l'Allemagne.

Par contre, du point de vue politique, l'excellente position qu'occupe jusqu'ici la Grande-Bretagne pourrait être atteinte au cas d'une victoire rapide et décisive de l'Allemagne en Russie. Certes, la Turquie ne désire pas se jeter dans les bras de l'Allemagne. Mais elle ne désire pas davantage être anéantie. Si les armées hitlériennes doivent être victorieuses, elle préférera, plutôt que de subir le sort de la Yougoslavie ou de la Grèce, s'entendre avec le Reich pendant qu'il en est temps encore. Elle mesure donc avec la plus grande attention le rapport des forces en présence. Elle commence à se demander si la résistance russe – grâce à laquelle le président Ismet a pu évoluer jusqu'ici avec aisance sur la corde raide – se prolongera jusqu'au printemps prochain, ainsi qu'elle l'a un moment espéré. La dépêche de l'United Press publiée à Londres le 9 octobre, suivant laquelle « les experts militaires britanniques estiment que la poussée allemande vers Moscou constitue pour les Alliés la situation la plus sérieuse depuis Dunkerque », a été commentée à Ankara avec une anxiété non dissimulée. Jamais on n'avait montré ici autant de sollicitude pour les Soviets.

Si la Russie est écrasée, le seul facteur nouveau qui pourrait maintenir la Turquie dans son attitude d'expectative serait l'entrée en guerre des États-Unis. L'ambassade de Grande-Bretagne à Ankara le sent très bien. Aussi s'appuie-t-elle de plus en plus sur l'ambassade américaine. La collaboration des deux missions, tous les jours plus étroite, s'est jusqu'à présent révélée efficace. L'affaire du minerai de chrome en est un exemple. Il y en a d'autres. C'est à la demande des Anglais que la Turquie a été inscrite sur la liste des pays bénéficiant de la loi américaine « prêt et bail ».

Les Allemands ont rapidement compris l'importance de ce nouveau facteur. Les organes de la presse turque qui, pour des raisons faciles à deviner, leur doivent une certaine reconnaissance, ne manquent jamais une occasion pour dresser l'opinion publique contre les États-Unis. Par exemple, lorsque le journal américain *Star* a récemment demandé qu'Istanbul devînt une zone internationale, le *Cumhuriet* a soutenu dans plusieurs articles non seulement qu'Istanbul était turc, ce qui était normal, mais encore que la Turquie était une puissance européenne, ce qui l'était moins.

Or, c'est précisément ce thème de la « Turquie, puissance européenne » que la presse allemande vient de développer à propos des négociations commerciales germano-turques. Si l'on se souvient des déclarations hitlériennes d'après lesquelles « l'Allemagne sera l'Europe ou ne sera pas », on comprend que, chez nombre de Turcs, le désir d' « européanisation » soit moins vif que par le passé. L'un d'eux, commentant devant un de mes collaborateurs l'article consacré, le 8 octobre, par la *Berliner Börsen Zeitung* au rajeunissement du vieil Empire ottoman « grâce à sa nouvelle orientation spirituelle, absolument européenne », y voyait le rappel de Mephistophélès au Docteur Faust, trop désireux d'oublier son pacte avec Satan après avoir accepté, lui aussi, d'être rajeuni. Nul doute que, s'ils le pouvaient, les Turcs diraient à leur tour, au moment présent : « *Verweile doch, du bist so schön !* »[1]. Ils éviteraient ainsi de prendre une décision qui, pour avoir été momentanément éloignée, n'en est pas moins inéluctable[2].

Guerre 1939-1945, Vichy, E Levant, Turquie, 127 (4GMII/127)

379

M. Truelle, Ministre de France à Bucarest,
À l'Amiral Darlan, Vice-Président du Conseil, Ministre de la Défense nationale, Secrétaire d'État aux Affaires étrangères et à la Marine.

D. n° 288[3].   *Bucarest, 14 octobre 1941.*

Je réponds à votre télégramme n° 365 du 21 août[4].

Je n'ai pas manqué d'étudier les conclusions auxquelles le Département est parvenu après examen de mes suggestions concernant la situation juridique des religieux français en Roumanie.

[1] C'est effectivement une citation du Faust de Goethe : « *Verweile doch, du bist so schön* » se traduit par « Attends encore, tu es si beau », au sens de : tu peux prendre ton temps, tu as tant d'atouts.

[2] Voir aussi la note de renseignement n° 102 du 2e Bureau de l'Amirauté française en date du 26 septembre 1941 (bordereau n° 135/F.M/F/ 2/R du 27 septembre) sur l' « attitude de la Turquie en fin septembre 1941 » sur les questions d'ordre plus militaire, qui fait aussi état du fait que « les Turcs donnent à chacun des deux camps des témoignages de collaboration ou de bonnes dispositions, et certains de réserve ». (Guerre 1939-1945, Vichy, E Levant, Turquie, 127, non publiée).

[3] D. intitulée « Situation juridique des religieux français en Roumanie » et communiquée à Service des Œuvres, M. Canet. Le document porte le tampon « 27 oct[obre] » (date réception ou enregistrement).

[4] Ce télégramme se trouve dans Guerre 1939-1945, Vichy, Z Europe, Roumanie, 684. Le Département considère que « la meilleure solution consisterait évidemment à obtenir du gouvernement roumain qu'il renonce à nous appliquer une mesure qui se justifie d'autant moins que, destinée à évincer les institutions magyares, elle n'entre en vigueur qu'après l'annexion de la Transylvanie par la Hongrie et frappe des établissements contre lesquels aucun grief n'a jamais été formulé. [...] Si la première solution doit être exclue », il convient d'intervenir « sans délai » pour obtenir que les « nouvelles dispositions soient reportées à l'expiration d'un délai de 6 mois après le rétablissement de la paix. Au pis aller, le gouvernement français devrait laisser les choses en l'état [...] pendant une année à dater du 1er octobre prochain. [...] Le Département s'est préoccupé d'amender notre législation de façon à sauvegarder les intérêts de nos religieux à l'étranger. Deux textes existent. Le premier a déjà été incorporé dans le loi du 9 mars 1940 ; le second rédigé par M. Canet n'est pas encore en vigueur ; ils constitueront les seconds paragraphes des articles 11 et 13 de la nouvelle loi sur la nationalité destinée à remplacer la loi de 1927. »

1°/ La solution consistant à obtenir du gouvernement roumain qu'il renonce purement et simplement à nous appliquer la mesure tendant à la naturalisation roumaine de tous les religieux étrangers doit être écartée. En effet, la loi roumaine est basée sur le Concordat, et le Saint-Siège, qui a entériné celui-ci, répugnera sans aucun doute à une modification quelconque du texte établi. Je suis d'ailleurs porté à penser que le nonce à Bucarest ne se prêterait pas à une pareille négociation ; le Département connaît l'incompréhension souvent manifestée par le Saint-Siège dans les questions de nationalité des religieux, en particulier à notre égard.

D'autre part, la loi en question, qui constitue dans l'esprit des Roumains un instrument de lutte contre le clergé hongrois, garde toute son importance même après l'annexion de la Transylvanie du Nord, étant donné que les minoritaires hongrois possèdent encore un certain nombre d'institutions religieuses dans la Transylvanie méridionale restée roumaine.

2°/ Ainsi que je l'ai indiqué au Département, je suis déjà intervenu auprès du gouvernement roumain afin d'obtenir que l'application des nouvelles dispositions soit reportée à une date ultérieure. Par ma dépêche n° 49 du 11 août dernier (Œuvres)[1], communiquée à Europe, j'ai indiqué que les autorités roumaines avaient décidé de prolonger le délai prescrit au-delà du 1er octobre 1941, « et jusqu'à une date qui sera ultérieurement fixée ». Nous avons ainsi obtenu une satisfaction provisoire en ce qui concerne nos religieux *actuellement établis*[2] en Roumanie.

En revanche, le gouvernement roumain a précisé qu'il serait impossible à l'avenir d'admettre dans les communautés de Roumanie des religieux qui n'ont pas la nationalité roumaine. En conséquence, les établissements religieux français en Roumanie n'ont plus la possibilité de faire appel à de jeunes religieux ou religieuses français, à moins que ceux-ci n'acquièrent la nationalité roumaine dès leur arrivée dans le pays. Ainsi, la question du maintien d'un lien juridique ou de fait entre la France et les religieux français ayant acquis la nationalité roumaine reste posée et doit recevoir une solution de principe de notre part si nous voulons conserver l'excellente situation dont jouissent nos établissements en Roumanie.

3°/ Le texte de l'article 11, paragraphe 2, mis en vigueur par la loi du 9 mars 1940, et le projet de paragraphe 2 de l'article 13 à insérer dans la nouvelle loi sur la nationalité me paraissent résoudre d'une façon satisfaisante la situation des *religieuses*[3] françaises. En effet, elles se garderont, en acquérant la nationalité roumaine, de demander l'autorisation du gouvernement français nécessaire pour que soit rompu le lien qui les relie à la communauté française et, au cas même où elles l'auraient fait, elles pourraient être réintégrées dans leurs droits de Françaises sans condition et sur simple demande au terme de leur séjour en Roumanie. De même, le texte

---

[1] Voir Guerre 1939-1945, Vichy, Z Europe, Roumanie, 684 pour le texte de cette dépêche. Voir aussi le document n° 321 de ce volume.

[2] Souligné dans le texte.

[3] Souligné dans le texte.

du projet de paragraphe 2 de l'article 13 protège suffisamment les *religieux*[1] français, même âgés de plus de 50 ans, qui auraient perdu leur nationalité d'origine puisque, de la même façon, ils pourront obtenir leur réintégration dans la nationalité française.

Toutefois, et cette légation avait signalé ce point important dans sa dépêche n° 9 du 10 février 1941[2], sous le timbre des Œuvres, communiquée à Europe et à M. Canet, à la page 4 *in fine* et à la page 7, nos religieux font observer que ces différents textes sont insuffisants en ce qui concerne la protection des religieux d'origine française *pendant tout le temps où ils sont soumis aux lois roumaines*[3]. En effet, si le gouvernement français a autorisé l'acquisition de la nationalité étrangère, le religieux perd la nationalité française avec tous les droits comme avec toutes les obligations qui en découlent et, par conséquent, il se heurte à de sérieuses difficultés en ce qui concerne notamment la jouissance de certains droits privés (droit de tester, droit d'hériter, etc.). Si, en revanche, le religieux naturalisé roumain n'a pas reçu l'autorisation du gouvernement français, il continuera d'être considéré par les autorités françaises comme un national et, à ce titre, sera soumis à certaines obligations de la loi française, telles que les obligations militaires, qui peuvent se trouver en conflit avec celles de la loi roumaine, en cas de mobilisation par exemple.

Ne serait-il pas possible, dans ces conditions, de modifier le paragraphe 2 de l'article 11 en précisant que l'acquisition de la nationalité étrangère par un Français ne le libère des *obligations*[4] de la loi française qu'autant que cette acquisition a été autorisée par le gouvernement français ? De la sorte, le religieux obligé de prendre la nationalité roumaine conserverait ses *droits* de Français, tout en voyant ses *obligations*[5] suspendues.

4°/ Il est exact que la loi roumaine prévoit que le religieux étranger qui acquiert la nationalité roumaine doit renoncer de façon formelle à toute appartenance étrangère. Je n'ai pas manqué de demander à nos religieux comment les Allemands ayant acquis la nationalité roumaine pouvaient se plier à cette obligation tout en conservant un lien avec leur patrie d'origine. À cette question qui était posée à des supérieurs allemands d'ordre religieux établis en Roumanie, il a été répondu que « la renonciation à la nationalité allemande avait été faite de façon formelle, mais que le gouvernement allemand considérait qu'il pouvait ne pas en tenir compte ». Autrement dit, le gouvernement allemand ne s'estime pas lié par une déclaration, si formelle soit-elle, faite par un de ses ressortissants devenu roumain. J'ignore s'il existe dans la législation allemande un texte précis prévoyant une telle situation et dans quelles conditions la réintégration dans la nationalité allemande peut être exercée ou le bénéfice des droits reconnus aux Allemands revendiqué.

---

[1] Souligné dans le texte.

[2] Document non retrouvé.

[3] Souligné dans le texte.

[4] Souligné dans le texte.

[5] Souligné dans le texte.

5°/ En ce qui concerne la question posée par le Département au dernier paragraphe de son télégramme n° 365 (comment pourra s'exercer de façon officieuse la protection de nos établissements lorsque nos religieux auront acquis la nationalité roumaine), elle n'est pas, à mon avis, d'actualité, les religieux français se trouvant aujourd'hui en Roumanie étant dispensés, jusqu'à une date indéterminée, d'acquérir la nationalité roumaine, conformément aux assurances qui m'ont été données. Le problème ne se posera que le jour, encore lointain, où les cadres actuels n'existeront plus. Il y a lieu de croire que la question intéresserait surtout la direction de nos établissements fixés en ce pays qu'on désirerait certainement maintenir entre des mains françaises. Peu à peu en ce qui concerne les ordres tels que ceux des « Filles de la Charité », le recrutement aurait tendance à se faire en Roumanie même. La question est différente quant aux Sœurs de Notre-Dame de Sion qui s'occupent principalement d'enseignement, car un recrutement de novices possédant les qualifications nécessaires offrirait plus de difficultés.

Enfin, il y a le cas particulier de l'Institut français de hautes études byzantines[1] sur lequel j'ai déjà attiré l'attention du Département et qui fait l'objet d'une dépêche par le même courrier.

Guerre 1939-1945, Vichy, Z Europe, Roumanie 684 (10GMII/684)

380

LE GÉNÉRAL WEYGAND, DÉLÉGUÉ GÉNÉRAL DU GOUVERNEMENT EN
   AFRIQUE FRANÇAISE,
      À L'AMIRAL DARLAN, VICE-PRÉSIDENT DU CONSEIL, MINISTRE DE LA
         DÉFENSE NATIONALE, SECRÉTAIRE D'ÉTAT AUX AFFAIRES ÉTRANGÈRES
         ET À LA MARINE.

D. n° 83/S.G.F./F.1[2].   *Alger, 14 octobre 1941.*

Secret. Confidentiel.

Ayant reçu plusieurs rapports sur l'activité des vice-consuls américains[3], je me suis entretenu de cette question avec M. Murphy[4].

---

[1]   Créé en octobre 1895 à Constantinople sous la forme d'un centre d'études orientales (appelé d'abord « École pratique des hautes études ») par la congrégation des Assomptionnistes, ce centre dut quitter la Turquie en raison du climat xénophobe et anti-chrétien, et fut finalement installé en Roumanie de 1937 (inauguration officielle le 8 mai 1938) à 1947, avant d'être à nouveau obligé de se déplacer, sous la pression des autorités communistes, et réinstallé à Paris.

[2]   « Objet : Activité des vice-consuls américains. Pièce Jointe : Copie d'une lettre adressée à M. Murphy » (cette P.J. n'a pas été retrouvée). La copie de cette dépêche a aussi pour destinataires : R.G. Rabat, R.G. Tunis ? G.G. Alger, Amiral Sud Alger, P.1, Archives.

[3]   Voir à ce sujet les documents n°s 243 et 337.

[4]   Annotation marginale manuscrite : « Cette entrevue a eu lieu le 2 octobre ou le 3 » (Paraphe non identifié).

J'ai signalé au diplomate américain que dans l'intérêt de nos accords[1], il est impératif que la conduite de ses subordonnés ne puisse donner lieu à aucun commentaire et qu'il ne puisse notamment leur être reproché de s'écarter de la mission pour laquelle nous les avons accueillis. J'ai marqué que les contacts qu'ils cherchent à multiplier dans la population, notamment au Maroc, avaient provoqué quelques critiques et que les voyages accomplis par certains d'entre eux n'avaient pas manqué de faire marcher les langues et d'exciter la curiosité de chacun. Enfin j'ai souligné que les propos de ces fonctionnaires, recueillis, colportés et sans doute déformés, peuvent facilement être interprétés comme une action de propagande dont les adversaires de nos accords ne manqueraient pas de se servir pour des fins tendancieuses. J'ai remarqué à ce propos que des rapports qui me sont faits ne mettaient jamais en cause les noms des agents de carrière du Département d'État et que j'avais donc lieu de croire que ces imprudences commises étaient dues à la jeunesse ou à l'inexpérience des contrôleurs récemment arrivés[2].

Mon interlocuteur n'a pas contesté que, si mes remarques se fondaient sur des faits précis, il y avait lieu pour lui de rappeler ses agents à une plus stricte discrétion.

Je l'ai alors entretenu du voyage entrepris dans le Sud marocain par deux vice-consuls de Casablanca en rappelant qu'il s'agissait là d'une région où la circulation n'est pas libre et où nous ne souhaitons pas, pour des raisons évidentes, multiplier les voyages d'étrangers. Mon interlocuteur m'a répondu qu'il avait donné lui-même à ses agents l'instruction d'effectuer ce déplacement afin de pouvoir faire un rapport direct au Département d'État sur les besoins des populations et sur les prétendues infiltrations allemandes dans ces régions. « Il est tout à l'avantage de la France, a-t-il dit, que je puisse démentir ces derniers bruits, comme j'ai pu le faire précédemment après avoir envoyé deux vice-consuls visiter la côte entre Casablanca et Agadir. À ce moment-là, certains milieux de Washington ajoutaient créance aux bruits suivant lesquels les ports atlantiques de l'Empire français étaient aux mains des Allemands ». Je dois à la vérité de dire que ces deux voyages sont les seuls grands déplacements accomplis jusqu'à ce jour par les vice-consuls américains. Il a été décidé entre M. Murphy et moi qu'à l'avenir il prendrait contact avec moi avant de prescrire un nouveau voyage de ce genre. Je pourrai ainsi discuter de son opportunité et donner des instructions en conséquence.

J'ai, d'autre part, mis M. Murphy au courant d'un propos tenu par un des vice-consuls de Casablanca qui, dans une conversation avec un officier de Marine, avait déclaré que le consulat allait distribuer des tracts annonçant que si les marchandises portées au programme d'achat aux États-Unis

---

[1] Les accords Murphy-Weygand signés le 26 février 1941 visent à permettre le ravitaillement de l'Afrique du Nord française par les Américains, étant entendu que ces produits ne seront ni réexportés, ni cédés aux Allemands. À fin de contrôle, il est prévu que le gouvernement américain envoie sur place des observateurs, des vice-consuls, pour veiller sur l'application des accords. Voir à ce sujet, les documents n°s 64 et 337.

[2] Sur ces points, voir le document n° 337.

n'étaient pas livrées, la faute en incombait à l'Allemagne qui s'opposait à l'exécution du plan. Le diplomate américain m'a dit tout ignorer de ce projet sur lequel il allait aussitôt s'informer. Il m'a, depuis, fait parvenir le seul document qui puisse s'y rapporter. Il ne s'agit pas d'un tract mais d'une liste des produits dont l'achat est autorisé par le Département d'État. Cette liste n'est pas distribuée dans le public mais remise aux importateurs éventuels qui viennent demander des renseignements au consulat. Elle reprend le programme d'importation du premier trimestre. Elle ne contient aucune allusion aux difficultés d'exécution quelles qu'elles soient[1].

L'amiral d'Harcourt a depuis confirmé que ce document n'avait pas été jusqu'à présent répandu sous forme de tract.

Je ne doute pas qu'à la suite de notre conversation, M. Murphy ne rappelle à ses agents les consignes de discrétion qu'il leur a déjà données. Toutefois, ceux-ci ne sont pas sans se rendre compte que nos compatriotes cherchent à mettre quelque distance dans leurs rapports qui ne sont pas strictement de service. Un vice-consul de Casablanca, volontaire dans les armées françaises de 1914 à 1918, trois fois blessé, en a éprouvé une telle amertume qu'il a écrit à M. Murphy la lettre de démission dont vous trouverez ci-joint la traduction[2]. M. Murphy a réussi, pour le moment, à le faire revenir sur sa décision. Mais le diplomate américain ne m'a pas caché que si ce document était connu du Département d'État, les adversaires de l'accord, qui sont nombreux aux États-Unis, ne manqueraient pas de s'en servir pour provoquer une rupture. Ce fait, joint aux indications qui vous ont été transmises dans ma lettre n° 70/SGP/P1[3] prouve que l'intérêt politique et économique des États-Unis en Afrique française n'est pas assez puissant pour que toute hypothèse de rupture puisse être tenue pour exclue. Il y a là une considération que vous jugerez peut-être à propos d'évoquer vis-à-vis de la Commission allemande d'armistice si elle vous adressait de nouvelles critiques sur l'activité des consulats américains en Afrique.

Par crainte d'une réaction trop vive, M. Murphy ne rendra compte ni à son gouvernement, ni à l'amiral Leahy de cette conversation. Je vous serais donc obligé de considérer cette lettre comme confidentielle.

---

[1] L'incident est rapporté par le capitaine de vaisseau Sanson du 2e Bureau de l'Amirauté française dans une note de renseignement (« Très secret ») du 11 octobre 1941, communiqué pour information aux Affaires étrangères (*in* Guerre 1939-1945, Vichy, K Afrique, 35, document non reproduit).

[2] Cette pièce jointe n'a pas été retrouvée avec la Dépêche. Elle se trouve jointe à un projet de réponse non datée de Darlan à Weygand (dans Guerre 1939-1945, Vichy, Y International, 29, document non reproduit) : elle a été adressée de Casablanca à Murphy le 22 septembre 1941 par un vice-consul non nommé, francophone, ancien combattant de 1914 à 1918, blessé de guerre, qui entend démissionner : « Depuis une année, écrit-il, j'ai été considéré comme un individu intermédiaire entre un Allemand et un Italien. Si moi ou un de mes collègues, nous dînons ou parlons avec un ami de longue date, il est dit que notre ami et nous-mêmes complotons contre le Gouvernement. Si je visite les docks pour m'assurer que, par inadvertance, une erreur n'a pas été faite dont la révélation officielle pourrait menacer l'accord économique, je suis suivi comme le traître d'une tragédie de troisième ordre, par des agents maladroits, déguisés en travailleurs [...]. Si nous faisons une excursion à l'intérieur et rendons visite aux officiels, le pays retentit de rapports sur nos activités "subversives". »

[3] Document non retrouvé.

Il y a avantage, à mon avis, à régler directement avec M. Murphy les petites difficultés qui peuvent surgir à cet égard. C'est la règle à laquelle je compte me tenir avec votre approbation.

Cette conversation m'a prouvé que, en dépit des bonnes dispositions de M. Murphy et sans doute, de personnalités influentes au Département d'État, la base de nos accords reste encore fragile. Elle ne pourra s'affermir qu'avec le temps et leur fonctionnement régulier. J'adresse donc copie de cette lettre aux résidents généraux de France en Tunisie et au Maroc, au gouvernement général de l'Algérie ainsi qu'à M. l'Amiral commandant en chef les Forces maritimes du Sud, afin de les renseigner sur les répercussions que peuvent avoir les incidents éventuels entre leurs services et les contrôleurs américains. S'il importe de se montrer vigilant, il n'est pas moins nécessaire de comprendre les nécessités d'un contrôle qui reste la base essentielle d'un accord vital pour l'économie Nord-africaine. Il importe de plus de garder présent à l'esprit que ces échanges économiques permettent à la France de conserver un contact avec les États-Unis. Leur rupture, en supprimant le dernier lien commun entre la France et les États-Unis, ne manquerait pas de limiter encore la liberté d'action du gouvernement français vis-à-vis de l'Allemagne. De toutes les puissances européennes, la France est la seule qui, grâce à son Empire africain, peut maintenir un courant d'échanges commerciaux avec les États-Unis. Le maintien de ce lien me paraît, quant à moi, d'autant plus nécessaire que, quelle que soit l'issue militaire de la lutte en Europe, l'Amérique restera inaccessible dans son continent, et paraît devoir constituer le groupe économique le plus fort à la fin des hostilités. Il n'est au pouvoir de personne de dire avec certitude que l'Europe ne sera pas livrée à la fin de la guerre à un chaos économique et social. Dans cette hypothèse, la seule chance qu'aurait la France d'échapper aux convulsions de ses voisins serait de pouvoir s'appuyer sur la puissance économique américaine[1].

Guerre 1939-1945, Vichy, Délégation générale du Gouvernement
en Afrique française, 6

---

[1] L'amiral Darlan a projeté de répondre à Weygand en ces termes : « J'approuve les indications données à votre interlocuteur sur l'opportunité de régler sur place, de vous à lui, les petits incidents occasionnés par la présence des contrôleurs américains. Mais je vous demande de bien vouloir me tenir régulièrement informé de toutes les difficultés, de quelque genre que ce soit, auxquelles donnerait lieu le comportement, officiel ou privé, des vice-consuls américains./ Je vous serais enfin obligé de me faire connaître votre sentiment sur la valeur des griefs invoqués par l'auteur de la lettre à M. Murphy pour justifier son offre de démission . » (voir note 4, p. 879 à ce propos).

381

M. Guérin, Ministre de France à Helsinki,
À l'Amiral Darlan, Vice-Président du Conseil, Ministre de la
Défense nationale, Secrétaire d'État aux Affaires étrangères
et à la Marine.

T. n°s 474 à 479.   *Helsinki, 15 octobre 1941, 19 h. 55.*

(Reçu : le 15, à 23 h. 5)

J'ai remis ce matin mes lettres de créance au Président de la République en présence du ministre des Affaires étrangères[1].

Au cours de la conversation qui a suivi, M. Ryti m'a exprimé ses sentiments de vive sympathie à l'égard de notre pays. Il s'est déclaré optimiste sur l'avenir de la France ainsi que sur le succès de l'œuvre de reconstruction entreprise par le maréchal Pétain et il m'a prié de transmettre au chef de l'État son souvenir le plus chaleureux. Il a ajouté que la Finlande garde une vive reconnaissance pour l'aide que la France lui avait apportée pendant l'hiver 1939[2] et qu'elle n'oublierait pas non plus que la France avait été une des premières à reconnaître son indépendance[3].

L'entretien a porté ensuite sur les opérations qui se déroulent présentement en Russie[4]. Le Président a exprimé l'opinion que leur conclusion probable modifierait sans doute le caractère de la guerre dans l'Est et qu'une sorte d'armistice de fait s'établirait vraisemblablement sur le front russe à défaut d'une paix véritable qui ne peut être encore imposée en raison du vaste espace dont les forces armées soviétiques continuent de disposer derrière elles. Le moral et la capacité de résistance des troupes russes lui paraissent avoir fléchi considérablement depuis quelques jours. M. Ryti estime, d'autre part, que l'Angleterre n'est pas en mesure d'apporter à l'URSS une aide suffisamment efficace, ni par le sud-est, ni par le nord. Comme j'évoquais à cette occasion le récent échange de notes anglo-finlandais et l'accueil que la réponse finlandaise avait pu trouver à Londres[5], le

---

[1] M. Guérin a pris la succession à ce poste de M. Vaux de Saint-Cyr, nommé à Stockholm.

[2] Lors de la Guerre d'Hiver soviéto-finlandaise. Voir dans ce volume, le document n° 355 et notes, ainsi que les parties relatives à ce conflit dans *DDF (1939-1944)*, 1939 et *DDF (1939-1944)*, 1940-1. L'agression de l'URSS avait entraîné son exclusion de la SDN le 14 décembre 1939. La guerre s'est achevée par une modeste victoire soviétique entérinée par le traité de Moscou du 12 mars 1940.

[3] La Finlande a proclamé son indépendance le 6 décembre 1917 dans le contexte de l'éclatement de l'empire tsariste et à l'issue des combats contre l'Armée rouge. Oscillant entre le désir de maintenir l'unité impériale russe et de contrer les progrès des bolcheviks, mais aussi craignant l'influence allemande, la France reconnaît l'indépendance dès le 4 janvier 1918.

[4] Sur l'état du front germano-soviétique à cette date, voir document n° 376, note 1.

[5] Pour le texte, voir la note du Bureau d'étude en date du 28 septembre à partir d'une correspondance de Berne sur la base de la presse suisse : « Tant que la Finlande en alliance avec l'Allemagne poursuivra une guerre agressive contre l'alliée et sur le territoire de l'alliée de la Grande-Bretagne, le gouvernement britannique est contraint de considérer la Finlande comme un membre de l'Axe, car il est impossible de séparer la guerre que la Finlande livre à la Russie de

Président a déclaré en souriant : « Le gouvernement britannique peut comprendre notre position s'il le veut bien, mais l'Angleterre est évidemment engagée dans une lutte à mort… », et il a complété sa phrase par un geste qui signifiait clairement qu'une telle situation pouvait expliquer une démarche inconsidérée. Il a ajouté que le gouvernement de Londres avait commis une grave erreur en concluant avec l'URSS une alliance formelle[1] qui n'ajoutait rien à l'efficacité de son appui, et qui portait un grave tort à la Grande-Bretagne devant une opinion mondiale hostile au bolchevisme.

Au sujet de la démarche britannique, le ministre des Affaires étrangères, au cours de la visite d'arrivée que je lui ai faite avant-hier, avait insisté sur la grande correction du gouvernement allemand qui avait laissé au gouvernement finlandais une entière liberté d'action quant au sens de la réponse à donner à Londres. M. Witting avait ajouté que tout d'abord, il avait projeté de faire allusion dans cette réponse, à l'aide apportée par l'Angleterre à la Finlande il y a deux ans[2], mais qu'il y avait finalement renoncé. « La Grande-Bretagne, m'a dit le Ministre, n'a voulu considérer que le temps présent ; nous avons donc fait comme elle ». Au terme de notre entretien, le Président de la République a manifesté un vif intérêt pour la nouvelle

la guerre générale européenne. Si, en conséquence, le gouvernement finlandais persiste à envahir le territoire purement russe, il en résultera une situation dans laquelle la Grande-Bretagne sera forcée de traiter la Finlande comme une ennemie déclarée, non seulement pour la durée de la guerre, mais aussi lorsque la paix sera faite. Le gouvernement britannique regretterait beaucoup de tels développements étant donné l'amitié qui a toujours existé entre la Grande-Bretagne et la Finlande. Quoique le gouvernement finlandais ait expulsé le ministre de Grande-Bretagne, le gouvernement britannique est prêt à oublier ce manque de courtoisie et accueillerait volontiers le rétablissement prochain des relations diplomatiques entre les deux pays. Mais le gouvernement finlandais se rendra compte que pour que cela soit possible, la première condition essentielle est que la Finlande termine sa guerre contre la Russie et évacue tous les territoires au-delà de ses frontières de 1939. Dès que cela aura été fait, le gouvernement britannique sera prêt pour sa part à étudier avec sympathie toutes les propositions pour améliorer les relations entre la Grande-Bretagne et la Finlande, même si la continuation de la présence des armées allemandes rendait impossible d'abord le rétablissement de pleines relations diplomatiques et la reprise du commerce d'outre-mer qui existait quand la Finlande était neutre. » (Papiers 1940, Bureau d'études Chauvel, 36). Dans son T. nᵒˢ 455 à 456 d'Helsinki en date du 27 septembre, M. de Beausse à qui la note a été communiquée par le Directeur politique du ministère des Affaires étrangères finlandais et qui constate une « teneur […] différente de celle donnée par la radio anglaise » en tire l'analyse que, faute de contrepartie, pas même l'évacuation de Hangoe ou la médiation anglaise, « ces exigences ont naturellement produit le plus mauvais effet » : « Alors que des propositions modérées plus conformes aux désirs secrets des Finlandais auraient eu la chance d'être, sinon accueillies avec faveur, du moins de ne pas blesser inutilement l'amour-propre national. On a d'ailleurs l'impression que la note anglaise a été envoyée à la demande pressante des Russes et que l'Angleterre ne poussera pas plus loin l'affaire. » Comme il le prédit, la réponse finlandaise, remise le 6 octobre au soir au ministre de Suède, dernier pays représentant les intérêts finlandais en Grande-Bretagne, est « une fin de non-recevoir très courtoisement rédigée » : « Après un long préambule historique, l'aide-mémoire fait remarquer que la Russie tient encore plusieurs parcelles du territoire finlandais et s'attache à prouver que la Carélie orientale est une terre presque purement finnoise. […] Désireuse de garder avec la Grande-Bretagne des relations pacifiques, elle ne peut croire que celle-ci la traitera en ennemie parce que, cette fois, elle ne combat plus seule la Russie. » Ces deux documents (non publiés) se trouvent dans Guerre 1939-1954, Vichy, Z Europe, Finlande, 892) où figurent aussi une coupure de presse (fol. 244) reprenant le texte de la réponse finlandaise en français et un commentaire de la DNB de Berlin. On a également le texte en anglais de la note finlandaise (fol. 245-246).

[1] Conclue le 12 juillet 1941. Voir document nᵒ 328, note 1. Pour le texte de l'accord, voir Guerre 1939-1945, Vichy, Z Europe, URSS, fol. 1-2.

[2] Lors de la Guerre d'Hiver.

que la presse d'Helsinki a publiée ce matin en bonne place dans des correspondances de Berlin et suivant laquelle des relations diplomatiques officieuses seraient prochainement rétablies entre la France et l'Allemagne.

Guerre 1939-1945, Vichy, Z Europe, Finlande, 890 (10GMII/890)

382

M. Truelle, Ministre de France à Bucarest,
   À l'Amiral Darlan, Vice-Président du Conseil, Ministre de la
   Défense nationale, Secrétaire d'État aux Affaires étrangères
   et à la Marine.

D. n° 301[1].   *Bucarest, 15 octobre 1941.*

Bien qu'il soit difficile pour les Français, dans les circonstances présentes,
de se rendre en Bessarabie[2], j'ai pu – ainsi que je l'indique par ailleurs au
Département – obtenir que M. Drouhin, professeur de la Mission universitaire à Galatz, soit autorisé à se rendre à Kichinau[3] pour examiner l'état
du Cercle français qui existait dans cette ville avant l'occupation soviétique.
D'autre part, j'ai recueilli auprès de divers Roumains qui ont séjourné
récemment en Bessarabie d'autres informations que je crois devoir rapporter au Département.

Tous les témoignages concordent pour dire que la ville de Kichinau offre
l'aspect d'une cité en ruines, à peu près abandonnée : seule la présence des
troupes allemandes, roumaines et, en faible part, italiennes, lui donne une
certaine animation. La population serait réduite à 11 000 habitants (elle en
comptait 115 000 avant l'invasion soviétique). Il convient d'y ajouter les
Juifs, qui naguère en majorité dans la ville, ne sont plus qu'au nombre d'une
dizaine de mille parqués dans un ghetto situé dans les faubourgs[4]. Ils y
vivent très misérablement, à 8 ou 10 par chambre, ne recevant aucun
vêtement et presque aucune nourriture. Ceux d'entre eux qui sont encore
valides sont employés à des travaux de voirie. Fréquemment des scènes
tragiques se déroulent ; c'est ainsi que tout récemment quelques centaines
de Juifs qui travaillaient sur la voie ferrée à proximité de Kichinau ont été

[1] D. intitulée : « Situation en Roumanie » et communiquée à Budapest, Sofia, Ankara. Le
document porte le tampon « 27 oct[obre] 1941 » (date réception ou enregistrement).

[2] Pour prix de la participation de la Roumanie à l'opération Barbarossa contre l'URSS,
Bucarest avait recouvré les provinces de Bessarabie et de Bukovine du Nord, annexées par l'URSS
à la suite de l'ultimatum du 28 juin 1940. Voir document n° 321 et notes.

[3] Ou Kichinev, aujourd'hui Chisinau.

[4] Le ghetto de Chisinau (anciennement Kichinev), lieu d'un pogrom célèbre perpétré en 1903
par les Cent-Noirs russes, avait été créé le 24 juillet 1941 sur ordre du général roumain Voiculescu,
gouverneur de la Bessarabie récemment recouvrée par la Roumanie. Ce ghetto abrite, en septembre 1941, 11 380 personnes. À l'automne 1941, en vertu d'une décision remontant à juillet, les
Juifs de Bessarabie et de Bukovine du Nord furent brutalement expulsés par la gendarmerie et
l'armée roumaines en Transnistrie, entre Dniestr et Bug.

fusillés par les soldats d'un train militaire qui passait. Il faut cependant noter qu'un nombre assez considérable d'Israélites ont pu s'enfuir en Russie avec les troupes soviétiques qui se retiraient.

Les Roumains demeurés à Kichinau sous l'occupation russe ont souvent à déplorer la disparition d'un ou de plusieurs des leurs ; des familles entières ont été déportées par les Soviets. La population urbaine reste sous le coup de la terreur dans laquelle elle a vécu sous le régime policier de la Guépéou.

Il serait toutefois erroné d'en conclure que le retour des Roumains ait été accueilli avec enthousiasme. En tous cas, ce sentiment s'il a pu exister, a rapidement disparu car l'administration nouvelle se révèle aussi détestable que celle d'avant juin 1940.

À Kichinau, rien n'a été fait depuis trois mois pour permettre la reprise d'une vie normale. Il n'y a toujours pas d'eau, pas d'électricité, pas de tramways, l'approvisionnement est extrêmement irrégulier et insuffisant, faute de transports. Les magasins, qui ont tous été incendiés ou dynamités, ne peuvent pas rouvrir leurs portes quand, par hasard, ils ont quelque marchandise à vendre.

D'une façon générale, la situation matérielle de la population dans toute la Bessarabie est particulièrement difficile, par suite de la décision prise par les autorités roumaines pour la conversion des roubles en lei. Lors de l'arrivée des Soviets, cette conversion avait été faite au taux de 40 lei pour un rouble. À leur retour en Bessarabie, les autorités roumaines ont fixé le taux de conversion à *un lei pour un rouble*[1], ce qui a complètement ruiné la population bessarabienne dont le pouvoir d'achat a été ainsi réduit à néant.

Cette mesure financière qui a provoqué un violent mécontentement était d'autant plus maladroite qu'étant donné l'inflation monétaire actuelle, il n'en eût pas coûté très cher aux autorités roumaines d'émettre un peu plus de papier-monnaie. D'ailleurs, au-delà du Dniestr, les Allemands, plus habiles, ont offert à la population 10 lei pour un rouble et ont, bien entendu, retiré tout le bénéfice moral de cette opération à bon marché.

Par suite de la paralysie des transports, plus sensible encore en Bessarabie que dans le reste de la Roumanie, les paysans se voient dans l'obligation de vendre leurs produits à des prix très bas, tandis que les produits manufacturés dont ils ont besoin leur sont offerts aux prix courants dans le reste du royaume, qui sont pour eux prohibitifs.

À tout cela viennent s'ajouter les préjudices que cause aux habitants l'occupation militaire. Les réquisitions opérées par l'armée roumaine ne sont en fait jamais payées. Dans les villes, et particulièrement à Kichinau, la tendance à se considérer comme en pays conquis s'est manifestée dans l'armée et particulièrement parmi les officiers. On donne de nombreux exemples de maisons qui avaient été abandonnées intactes par les Russes et qui ont été depuis lors littéralement pillées par des officiers de tous grades, qui s'emparèrent des meubles comme de prises de guerre.

---

[1] Souligné dans le texte.

De même dans les campagnes, beaucoup de grands propriétaires qui ont repris possession de leurs exploitations, reconnaissent qu'ils se heurtent à une mauvaise volonté inquiétante de la part des paysans. Ceux-ci avaient été particulièrement bien traités par les autorités soviétiques et avaient conservé, sauf dans les kolkhozes, la disposition des champs sur lesquels ils travaillaient. Ils ne cachent pas leur regret de voir le « boyard » revenir sur ses terres.

Ainsi cet ensemble de mesures maladroites et de procédés incorrects, ajoutés aux circonstances défavorables dans lesquelles la reconquête de la Bessarabie a été effectuée, ne semble guère de nature à créer de bonnes dispositions dans les esprits. De tous côtés montent des récriminations des populations déçues et maltraitées.

Certes, les Bessarabiens ont souffert de l'occupation soviétique. En dehors des privilégiés, c'est-à-dire des membres de la NKVD (Commissariat national des Affaires internationales) et de l'armée, la population, sous le régime bolchevique, n'était qu'une masse terne, chez qui toute volonté, toute pensée, tout sens critique étaient interdits. Le bureaucratisme de l'administration civile, le manque de sincérité dans les rapports sociaux, la méfiance de chacun vis-à-vis des autres, l'insuffisance des traitements des fonctionnaires, ce sont là des thèmes que chacun répète. Mais on reconnaît néanmoins que, comme en Bukovine, les autorités soviétiques ont fait preuve de tolérance à l'égard des Églises et que les prêtres ont pu continuer à exercer librement leur apostolat s'ils n'avaient jamais été mêlés à la politique. De même, les témoignages concordent à souligner les efforts faits par les Soviets dans l'ordre sanitaire (création d'hôpitaux, de dispensaires, soins gratuits, etc.).

On comprend, dans ces conditions, que si la petite bourgeoisie des villes s'est en général félicitée du départ des Soviets, la masse paysanne de Bessarabie manifeste une grande réserve et aille même jusqu'à regretter qu'un nouveau changement de souveraineté soit venu la ruiner. L'expérience de 1918 à 1940 a en effet définitivement ancré dans l'esprit du Bessarabien que rien d'appréciable pour lui n'est jamais venu et ne viendra jamais de Bucarest[1].

Guerre 1939-1945, Vichy, Z Europe, Roumanie, 689 (10GMII/689)

---

[1] Sur l'état d'esprit en Bessarabie quelques mois avant l'annexion soviétique, voir *DDF (1939-1944)*, 1939, documents n°s 156, 438.

383

Note sur la politique extérieure de la Bulgarie

N.   *Vichy, 15 octobre 1941.*

La Bulgarie est une nation tout ensemble revendicatrice et consciente de sa propre faiblesse. Son irrédentisme portait depuis 1919 sur le quadrilatère dobroudjain et sur cette partie de la Macédoine et de la Thrace qui lui donne accès à la mer Égée.

Le roi Boris, patient, modeste et subtil, s'est toujours efforcé de mener une politique de prudence et d'équilibre qui exclut les provocations, voire les initiatives. Sa position entre l'Allemagne et l'URSS imposait d'ailleurs au gouvernement bulgare, instruit par l'expérience, une réserve dont il ne s'est départi qu'avec hésitation.

Le peuple, d'une russophilie quasi mystique, est uni à son « grand frère Ivan » par un triple lien racial, historique et sentimental. De là un communisme latent qui, exalté par la résistance des troupes rouges aux armées allemandes, s'est traduit récemment par des attentats et des actes de sabotage auxquels ont répondu les mesures sévères prises par le cabinet Filov pour maintenir et, en certains cas, rétablir l'ordre public.

La pression allemande, en s'accentuant dans les Balkans, a obligé les dirigeants sofiotes à sortir peu à peu de leur passivité et à prononcer leur choix. Après avoir obtenu de la Roumanie, exhortée à la modération par l'Allemagne, la cession de la Dobroudja par l'accord de Craiova du 8 septembre 1940[1], la Bulgarie a dû, le 1er mars 1941, donner son adhésion au Pacte tripartite[2] et souffrir l'entrée sur son territoire des divisions allemandes, dont le nombre, moins d'un mois plus tard, était évalué à 22[3].

---

[1] Voir *DDF (1939-1944)*, 1940-2, document n° 200.

[2] Voir le T. n°s 170 à 171 en date du 1er mars de Sofia. M. Blondel indique que ce jour-là à 13 h. 30, *Radio-Sofia* a retransmis de Vienne la cérémonie de l'adhésion bulgare au Pacte tripartite : « Ni cet acte, ni le discours prononcé par M. Filov n'ont été encore commentés officiellement, mais il est impossible de ne pas remarquer l'insistance avec laquelle le Président du Conseil a parlé de la paix que la Bulgarie entend conserver avec tous ses moyens et des moyens pacifiques par lesquelles elle souhaite obtenir la réparation des injustices commises. À noter également les allusions faites à l'amitié traditionnelle avec l'URSS et à la fidélité aux pactes conclus avec la Yougoslavie et la Turquie. » (Guerre 1939-1945, Vichy, Z Europe, Allemagne, 96, document non reproduit). On trouvera aussi divers documents et commentaires, dans Guerre 1939-1945, Vichy, Z Europe, Balkans, 938. C'est le cas, le 21 mars, du T. n°s 217 à 224 du ministre de France à propos de l'opinion bulgare : « Bien qu'un certain nombre de Bulgares continuent d'estimer que leur pays ne devait pas adhérer à l'Axe, pensant comme l'avait dit M. Filov lui-même, que la guerre sera longue et que son issue est douteuse, la moyenne de l'opinion s'est très vite résignée à l'orientation adoptée ; elle s'est laissé persuader que l'armée nationale n'aurait pas à se battre, que les bonnes relations avec la Yougoslavie et la Turquie seraient sauvegardées, que les troupes du Reich ne feraient que passer, que les villes seraient respectées, que les livraisons à l'Allemagne ne dépasseraient pas le contingent normal réservé à celle-ci ; surtout on espère ici récupérer sans coup férir le littoral de la mer Égée. »

[3] Sur l'entrée des troupes allemandes en Bulgarie, dès l'adhésion au Pacte tripartite, voir Guerre 1939-1945, Vichy, Z Europe, Balkans, 938, ou Bulgarie, 190.

L'annonce de cette concession, accueillie au Sobranié par des « mouvements divers », entraîna aussitôt un blâme officiel du gouvernement soviétique et, du côté anglais, la rupture des relations diplomatiques[1]. Toutefois
la contrepartie ne s'est pas fait attendre, puisque c'est le 19 avril que l'armée
bulgare, sans coup férir, occupait la Thrace grecque, la Macédoine serbe
et la région de la Moravie, préalablement conquises par les Allemands[2].

Au lendemain de chacun de ces événements, M. Filov, président du
Conseil, et M. Popov, ministre des Affaires étrangères, n'ont jamais manqué de proclamer à nouveau l'esprit pacifique de la Bulgarie et son ferme
propos de s'abstenir de toute participation active à la guerre. Il est de fait
qu'elle a conclu le 17 février 1941 un pacte de non-agression et d'amitié avec
la Turquie[3], la dernière de ses voisines qui soit restée indépendante. Il est
certain que d'importants remaniements dans le haut commandement militaire n'ont pas été suivis, tout au moins jusqu'ici, de l'envoi d'un corps bulgare sur le front oriental.

Cependant, on note dans certains milieux sofiotes un malaise, une
inquiétude. Les Bulgares, traités de « chacals » par M. Churchill[4] et menacés par M. Eden de perdre les territoires occupés en avril, n'ont guère paru
s'en affecter ; beaucoup d'entre eux, en revanche, se demandent ouvertement si le roi Boris, qui a su occuper plusieurs provinces sans tirer un coup
de fusil, pourra les conserver sans sacrifier, après son indépendance, la paix
de son peuple.

Guerre 1939-1945, Vichy, Z Europe, Bulgarie, 190 (10GMII/190)

---

[1] Le 3 mars, l'URSS répond à la note remise par le gouvernement bulgare au sujet de l'entrée
des troupes bulgares en Bulgarie. Pour le texte intégral du communiqué de Tass (4 mars), voir
Guerre 1939-1945, Vichy, Z Europe, Balkans, 938). Selon Blondel (son T. n°s 178 à 189 de Sofia
en date du 5 mars), « en raison de la russophilie quasi-mystique de la population bulgare, on peut
penser que la déclaration soviétique aura ici une résonance profonde. Malgré la carence des
moyens normaux de diffusion, les plus petits villages apprendront, notamment par la radio et par
la propagande communiste habituée depuis des années à l'action clandestine, le vif mécontentement du « grand frère Ivan. » Ces documents dans Guerre 1939-1945, Vichy, Z Europe, Balkans,
938). La rupture avec la Grande-Bretagne est annoncée le 5 mars. Les intérêts bulgares dans
l'Empire britannique seront représentés par la Suisse (voir la D. n° 136 de Berne en date du 14 mars
1941 de M. de La Baume, dans Guerre 1939-1945, Vichy, Z Europe, Suisse, 183).

[2] Sur le partage de la Grèce et de la Yougoslavie après leur défaite, voir documents n°s 171, 180,
211, 240. On trouvera aussi dans Guerre 1939-1945, Vichy, Z Europe, Bulgarie, 190, une D. n° 11
en date du 17 septembre 1941, de M. Blondel, sur les « Problèmes économiques, politiques et
culturels posés par les récents accroissements territoriaux de la Bulgarie. »

[3] Voir le document n° 95.

[4] Dans son discours radiodiffusé du 24 août 1941, où Churchill dit : « *Italy, Hungary, Rumania,
Bulgaria have bought a shameful respite by becoming the jackals of the tiger.* »

384

Note de la Direction politique (Bureau d'études)

Revendications italiennes sur la Corse

N.   *Vichy, 17 octobre 1941.*

La manifestation – évidemment inspirée – de novembre 1938 à la Chambre des faisceaux et corporations a ouvert le problème des revendications italiennes sur la Corse, Nice, la Savoie et la Tunisie[1]. Le discours de M. Mussolini du 18 novembre 1940 a annoncé, sans donner de précisions, que l'Italie maintenait ses exigences vis-à-vis de la France[2]. Or ces revendications n'avaient jamais été officiellement définies par le gouvernement italien et ne l'ont pas été depuis. L'Italie semble laisser planer volontairement sur la question un vague que les nécessités de la collaboration avec l'allié allemand imposent peut-être, et qui, en tout cas, ne saurait qu'être favorable au jeu habituellement si nuancé de la diplomatie italienne.

En ce qui concerne la Corse la réserve du gouvernement semble être allée jusqu'à limiter l'expression officieuse des revendications italiennes. Presse et radio n'ont encore abordé ce thème qu'avec une relative discrétion. Quelques articles parus au début de septembre dans la presse romaine se sont bornés à invoquer le caractère italien de l'île et à mettre en relief l'état « d'abandon » où le régime français laisse la Corse. La revendication italienne prenait ainsi une forme indirecte et n'était pas ouvertement formulée.

Cette attitude s'explique par l'intention du gouvernement fasciste de donner à ses revendications un caractère populaire et spontané. C'est pourquoi il a effacé volontairement son action derrière celle des « groupes d'action irrédentiste corse ». Ces groupes, qui en théorie réunissent des Corses vivant en Italie et désireux de libérer « leurs frères opprimés », sont nés en 1939 des « groupes de culture corse » dont le premier fut fondé à Pavie en 1933 par le Corse Petru Giovacchini. Sous le prétexte de « culture corse » ces groupes étaient un moyen de propagande irrédentiste. En 1939 les « groupes d'action irrédentiste » au nombre de 390 groupaient 72 000 adhérents. Ce chiffre même indique qu'ils groupent tout autre chose que des Corses. Les dirigeants sont Petru Giovacchini et le professeur Guerri. Ce sont ces groupes qui mènent toute la propagande irrédentiste. Cette propagande, très active, s'exerce sous des formes très diverses :

---

[1] Le ministre Ciano a parlé le 18 novembre 1940 devant cette Chambre des « aspirations naturelles » du peuple italien. Les députés se sont alors levés, criant : « Djibouti ! Tunisie ! Corse ! Nice ! ».

[2] Mussolini a évoqué ces mêmes revendications le 18 novembre suivant, devant les secrétaires fédéraux du Parti fasciste réunis à huis-clos au Palais de Venise, bien que ses propos aient été surtout marqués par l'hostilité anti-anglaise : « Cette guerre, a-t-il déclaré, est une guerre décisive. Elle est comme la troisième guerre punique qui doit se conclure et se conclura avec l'anéantissement de la Carthage moderne, l'Angleterre. »

manifestations, conférences, rapports (rapport sur l'italianité de la Corse à la Biennale de Venise). Elle pénètre même dans les écoles (organisation de concours scolaires sur le thème de l'italianité de la Corse. Manifestation de « l'heure corse » dans les écoles de Milan.

L'indépendance de ces groupes par rapport au gouvernement est évidemment toute théorique. Une dépêche Havas du 26 décembre annonçait que le « fasciste » Petru Giovaccini avait rendu compte au Secrétaire du Parti de l'activité déployée par le groupe d'action irrédentiste en Corse. Cependant, alors que les manifestations du 30 avril 1941 organisées par les « groupements d'action niçoise » dans toute l'Italie et centrées sur la question de Nice avaient reçu la consécration officielle de la présence de trois sous-secrétaires d'État et d'un membre du Conseil national, les groupements d'action corse n'ont pas jusqu'à présent obtenu du gouvernement une aussi éclatante approbation.

Papiers 1940, Bureau d'études Chauvel, 180 (402QO/180)

385

M. Truelle, Ministre de France à Bucarest,
À l'Amiral Darlan, Vice-Président du Conseil, Ministre de la
Défense nationale, Secrétaire d'État aux Affaires étrangères
et à la Marine.

D. n° 303[1].   *Bucarest, 18 octobre 1941.*

La situation chaque jour plus grave dans laquelle les prélèvements incessants du Reich mettent l'économie roumaine a fini par créer de véritables conflits entre les autorités allemandes et le gouvernement roumain. Le ministre de l'Économie nationale, M. Marinesco et le sous-secrétaire d'État au Ravitaillement, M. Negel, auraient fait connaître au maréchal Antonesco qu'il leur serait impossible de demeurer à leur poste si des décisions prises en dehors d'eux, comme c'est devenu une pratique courante, permettaient aux Allemands d'effectuer dans le pays des achats massifs d'articles de première nécessité à des prix dépassant de loin les prix maxima et pour des quantités généralement non-comprises dans les accords germano-roumains.

Les décisions auxquelles se référaient les deux ministres seraient d'une part les ordres systématiquement favorables au Reich et souvent à la Roumanie, de M. Mihail Antonesco, vice-président du Conseil et du ministère de la Défense nationale, d'autre part, les mesures prises par les services allemands du ravitaillement qui ne se soucient pas davantage de

---

[1] D. intitulée « Difficultés germano-roumaines » et communiquée à Relations commerciales, Budapest, Sofia, Ankara. Le document porte le tampon : « 27 oct[obre] » (date réception ou enregistrement). Il a été communiqué à Relations commerciales, Budapest, Sofia, Ankara.

respecter les accords en vigueur entre les deux pays que les lois ou règlements internes roumains, et qui ne se préoccupent que de couvrir leurs besoins. Chaque fois que les Roumains lésés protestent contre ces abus, les autorités roumaines ne leur donnent jamais satisfaction. Parmi les cas les plus récents, on peut citer ceux-ci :

Le Reich vient d'exporter du royaume trois cents wagons de pommes de terre, bien que la capitale en soit complètement démunie et que cette marchandise ne soit pas comprise dans les accords en vigueur. De même, il a imposé l'exportation de 50 000 oies, contrairement aux règlements roumains, sous prétexte qu'au moment de leur évacuation de Bessarabie après l'occupation russe, les colons allemands auraient mis ces oies en pension. Maintenant qu'elles étaient récupérées par suite du retour de cette province à la Mère Patrie, ces oies devaient rejoindre leurs propriétaires installés en Allemagne et en Alsace. Après plusieurs semaines de négociations, M. Mihail Antonesco, contrairement à l'avis de M. Marinesco, a autorisé l'exportation d'un premier contingent de 10 000 oies.

Il va sans dire que l'Allemagne continue à ne fournir aucune contrepartie et à ne pas livrer les articles qu'elle s'est engagée à fournir à la Roumanie, comme le coke ou certains produits métallurgiques, en invoquant les besoins impérieux du marché allemand. Ce motif, qui ne paraît pas valable aux yeux du gouvernement de Berlin en ce qui concerne la Roumanie, prend au contraire toute sa valeur lorsqu'il s'agit du Reich.

Le maréchal Antonesco a fini par prêter l'oreille aux doléances croissantes de la population et, après une enquête aussi spectaculaire qu'inutile dans les halles de la capitale, aurait décidé tout d'abord de ne plus fournir de lei aux Allemands pour le financement de leurs achats. Il convient toutefois de noter que les avances qui leur ont été consenties seraient de l'ordre de 20 à 25 milliards de lei, chiffre très considérable pour ce pays. Aussi les services hitlériens déploient-ils tous leurs efforts en vue de se procurer des lei par le rachat des créances commerciales ou financières encore bloquées et en obtenant des sociétés à intérêts allemands tout ce qu'elles peuvent leur fournir.

D'un autre côté, le Conducator aurait adressé le 4 octobre au Führer un rapport afin de lui rappeler en détail l'étendue de la collaboration économique prêtée par la Roumanie à l'Allemagne depuis octobre 1940 jusqu'à la guerre contre l'URSS. Ce document, rédigé, paraît-il, sur un ton assez vif se permettait même de demander jusqu'où iraient les sacrifices exigés du pays et était appuyé d'une documentation relative aux frais d'occupation que l'armée allemande a imposés à la Roumanie en plus de la mensualité convenue entre les gouvernements. Le ton de ce rapport aurait été encore monté à la suite du discours du baron von Killinger dont font état mes télégrammes 837-838[1] et qui a vivement indisposé le maréchal Antonesco.

---

[1] Document non retrouvé. Dans le résumé de la série des télégrammes à l'arrivée et au départ où ce télégramme est indiqué comme reçu le 6 octobre, il est fait mention du discours du ministre d'Allemagne du 4 octobre devant la colonie allemande de Bucarest : « Il a remercié la Roumanie de ses fournitures à l'Allemagne de céréales et de pétrole et a attaqué ceux qui critiquent la poursuite de la guerre au-delà du Dniestr ; il s'est plaint de ceux qui n'ont pas souscrit à l'emprunt, ont

Au cours de récents entretiens, le ministre de l'Économie nationale et le sous-secrétaire d'État au Ravitaillement ont fait part de leur désenchantement et de leur inquiétude au conseiller commercial de cette légation. D'après M. Marinesco, il ne serait plus question de modifier le cours du mark. S'il devait en être autrement, il démissionnerait.

En ce qui concerne les renseignements d'ordre statistique que lui demandait M. Sarret relativement aux échanges extérieurs, au rendement de la récolte, aux stocks, M. Marinesco s'est abrité derrière l'interdiction formelle et générale faite par les autorités allemandes.

De son côté, M. Negel s'est livré à une vive critique de la politique de taxation décidée par M. Mihail Antonesco. Les prix trop bas imposés pour la vente des produits ont eu pour résultat de vider rapidement les boutiques et interdisent toute politique de ravitaillement rationnelle. Au surplus, la politique d'inflation monétaire sur une vaste échelle est en contradiction absolue avec toute politique de réglementation des prix.

Il est indéniable en tous cas que, depuis un mois, la situation s'est très rapidement aggravée ; de nombreuses denrées manquent totalement, les transports fonctionnent de plus en plus mal et le ravitaillement des grands centres semble sérieusement compromis, cependant que la misère augmente et que, symptôme caractéristique, la mendicité ne cesse de se développer.

Guerre 1939-1945, Vichy, Z Europe, Roumanie, 689 (10GMII/689)

386

NOTE DU DÉPARTEMENT

Note sur la situation dans le département des Ardennes

N.   *Vichy, 20 octobre 1941.*

Le département des Ardennes est le seul qui ait été totalement évacué, par ordre, au mois de mai 1940. Lorsque les troupes allemandes l'ont occupé, elles y ont trouvé le vide complet. Au moment de l'armistice, il n'y restait pratiquement pas d'habitants, mais seulement des maisons abandonnées, du bétail errant et des ruines. Environ 8 000 immeubles détruits, 15 000 endommagés, 225 ponts sautés, 125 communes si gravement touchées que leur reconstruction nécessitera l'établissement de plans d'urbanisme spéciaux, les forêts hachées, le pillage complet, tel fut le bilan de six semaines de combats. Il fallait repartir de zéro. Aux difficultés résultant de

provoqué des hausses de prix, etc. et a conclu par une menace à ces mêmes gens pour leur sort après la victoire. Ces paroles plus dignes d'un gauleiter que d'un diplomate, ont choqué les Roumains et ne feront qu'augmenter le malaise dans le pays. » (Guerre 1939-1945, Vichy, C État français, 49).

cet état de choses vint bientôt s'ajouter l'institution de la zone interdite[1], qui englobe plus des cinq sixièmes du département.

À l'heure actuelle, sur 290 000 habitants, 190 000 environ on pu rentrer, les uns avec des autorisations régulières, les autres en fraude. Cent mille restent réfugiés, principalement dans la Vendée et les Deux-Sèvres. La densité de la population réinstallée dans ses foyers n'est d'ailleurs pas uniforme. Dans la partie du département située au sud de l'Aisne, c'est-à-dire en zone non interdite, elle dépasse sensiblement la normale ; beaucoup d'habitants de la zone interdite y attendent que celle-ci soit ouverte. Dans la région industrielle de la vallée de la Meuse, 60 à 70 % de la population est revenue. L'agglomération Mézières-Charleville-Mohon compte à peu près 25 000 habitants sur 40 000 en 1939, Sedan, plus durement frappée 7 000 sur 20 000. Dans la région agricole qui s'étend entre la Meuse et l'Aisne, on ne trouve guère que 50 % de la population normale, et même sensiblement moins dans les endroits où la bataille s'est prolongée pendant près d'un mois et qui sont particulièrement ravagés (ligne Carignan, Raucourt, Stonne, Le Chesne Populeux, etc.). Ce dernier chef-lieu de canton, par exemple, détruit à 95 %, et qui comptait plus de 1 000 habitants avant la guerre, n'en abrite présentement – et dans quelles conditions – que 200.

L'œuvre de reconstruction se heurte non seulement aux difficultés générales (manque de matériaux, de matières premières, de charbon, de carburants, etc.) et aux difficultés spéciales de la zone interdite (entraves à la circulation des personnes, obstacles au retour des fonctionnaires, etc.), mais encore au fait, sans analogie, que l'évacuation totale a entraîné le pillage total et que les habitants n'ont plus à leur disposition aucun de ces petits stocks familiaux ni aucune de ces réserves personnelles (vêtements, linge, chaussures) qui, dans les autres régions de la France, permettent de supporter plus aisément les restrictions.

Enfin, dans le domaine agricole, un fait pèse lourdement sur la situation matérielle et morale du pays : la pesante emprise de l'Ostland. Cet organisme, créé primitivement pour la mise en valeur des terres de l'Est de l'Allemagne, et dont l'activité doit s'exercer en Pologne, a détaché sur notre territoire une branche spéciale, la Wirtschaftsoberleitung (WOL)[2] qui s'est implantée dans une grande partie de la zone interdite, notamment dans l'Aisne et les Ardennes. Dans chaque département, la WOL a à sa tête un directeur, assisté de chefs de culture d'arrondissement, de canton et de commune. Le chef de culture communal, surnommé, en raison de la coiffure, l'homme au chapeau vert, est un vrai tyranneau, parfois supportable, souvent redouté.

---

[1] Cette zone interdite était composée à la fois d'une bande le long de tout le littoral (interdite aux civils) et d'une zone tampon (interdite aux réfugiés) entre l'Alsace-Moselle, annexée *de facto*, la frontière belge et la zone rattachée directement au commandement militaire de Bruxelles (Nord et Pas-de-Calais), d'une part, et la zone Nord occupée, d'autre part. Cette zone tampon était à terme destinée à un peuplement germanique (y compris les populations « germaniques » à l'origine de nationalité française, tels les Alsaciens).

[2] « Direction supérieure de l'Économie ».

Le rôle de la WOL consiste à mettre en valeur les terres abandonnées ou qu'elle juge elle-même insuffisamment exploitées, ce qui lui confère évidemment un arbitraire total. Il y a lieu d'ailleurs de souligner que, si beaucoup de terres demeuraient abandonnées au moment où la WOL est venue s'installer, c'est parce que les autorités allemandes, en instituant la zone interdite, avaient empêché les habitants d'en revenir prendre possession.

La main d'œuvre est fournie par trois éléments principaux : des ouvriers étrangers, polonais et tchèques, implantés par la WOL (1 000 environ dans les Ardennes), des prisonniers de guerre français (6 000 environ) et surtout les cultivateurs du pays eux-mêmes, qui ne sont autorisés à regagner leur village que s'ils s'engagent par contrat à travailler comme salariés pour le compte de la WOL, obligés ainsi de choisir entre l'exil et la servitude. Ils touchent de 40 à 50 frs par jour et ont droit en général à un petit lopin de terre pour cultiver des légumes.

Le matériel de la WOL est important. Elle dispose de centaines de tracteurs, achetés au compte de l'État français, d'essence en abondance, d'engrais, etc. Elle contrôle un bétail important, ayant mis la main sur la plupart des animaux abandonnés par les cultivateurs au moment de l'exode et ayant procédé en outre à des achats très sérieux en zone occupée.

Les méthodes de la WOL n'ont rien de commun avec les procédés traditionnels. Faisant totalement abstraction des clôtures et des bornages, elle se crée de vastes territoires d'un seul tenant, bouleversant les patrimoines, arrachant les haies, coupant les arbres fruitiers, retournant les prairies naturelles ou artificielles, ne tenant aucun compte des assolements locaux, fauchant le blé en vert, se conduisant comme un fermier sortant qui n'hésite pas à épuiser ou à ruiner le sol, sans que cette culture prétendument scientifique obtienne d'ailleurs des résultats supérieurs, ou même parfois égaux à ceux d'autrefois. On imagine la douleur et le désarroi des habitants, réduits à travailler comme ouvriers sur leur propre terre et qui voient ainsi chaque jour s'abîmer leur héritage. Jusqu'à présent, ils avaient gardé un espoir, entretenu par les dires de quelques chefs de culture : c'est qu'à la fin de la campagne agricole, c'est-à-dire vers le 1er octobre, la WOL plierait bagage et se retirerait. Des pourparlers avaient d'ailleurs été engagés officiellement en ce sens et ils avaient paru faire quelques progrès vers les mois de juillet et d'août. Malheureusement ils semblent au point mort. Non seulement la WOL ne s'en va pas, mais, du moins dans les Ardennes, elle affermit son emprise, monopolise toutes les bonnes terres, refoule les paysans sur les parcelles médiocres, s'implante dans des communes épargnées jusqu'à présent, accentue sa sévérité, allant parfois jusqu'à punir d'amende et menacer de prison le paysan qui cueille des fruits dans son verger. Au mois de juin dernier, sur 160 000 hectares de terres cultivables dans le département, la WOL en détenait 80 000 ; au début d'octobre, elle en détient 100 000 et rien n'indique que ce mouvement soit destiné à s'arrêter.

Sans doute les produits obtenus par cet organisme doivent-ils en principe rester dans le circuit économique français, être livrés aux coopératives auxquelles adhérait le propriétaire ou le fermier, les bénéfices, s'il y en a, défalcation faite des frais d'exploitation, étant théoriquement destinés à revenir à ce dernier. Mais il n'apparaît pas jusqu'à présent que nos compatriotes puissent conserver à ce sujet beaucoup d'illusions. Aussi leur moral qui, malgré les rudes coups ressentis, demeurait encore assez ferme, a-t-il maintenant tendance à fléchir. Le découragement les guette. Ils se tournent avec angoisse vers les pouvoirs publics.

Papiers 1940, Bureau d'études Chauvel, 164 (402QO/164)

387

LE GÉNÉRAL HUNTZIGER, COMMANDANT EN CHEF DES FORCES TERRESTRES,
   MINISTRE SECRÉTAIRE D'ÉTAT À LA GUERRE,
      À L'AMIRAL DARLAN, VICE-PRÉSIDENT DU CONSEIL, MINISTRE DE LA
      DÉFENSE NATIONALE, SECRÉTAIRE D'ÉTAT AUX AFFAIRES ÉTRANGÈRES
      ET À LA MARINE.

L.[1]   *Vichy, 21 octobre 1941.*

Très secret.

Par ma lettre n° 17 301/2/CAB, en date du 15 septembre 1941 relative à la situation au Levant[2], je vous ai exposé les raisons qui nous commandent de suivre de très près les événements dans le Proche-Orient afin d'y agir à la faveur des circonstances actuelles et des circonstances futures que nous pourrions, d'ailleurs, éventuellement provoquer.

Je vous ai proposé à ce sujet un plan d'action qui peut être mis en œuvre à très bref délai par mon Département, grâce aux moyens relativement importants dont il dispose à cet effet.

Ce plan, dont vous avez bien voulu approuver les lignes générales, vise à maintenir notre influence en Syrie et au Liban, malgré notre éloignement actuel de ces pays, et à préparer notre retour à Beyrouth et à Damas en utilisant les événements que l'évolution du conflit et la situation particulière du Levant viendraient à ménager.

Pour atteindre ce but, il convient :

— que nous nous tenions aussi exactement informés que possible de la situation consécutive à notre départ ;

---

[1] Voir document n° 348.

[2] Le 8 juin 1941, jour du déclenchement de l'offensive anglo-gaulliste contre les forces vichystes dans les États du Levant, le général Catroux, le représentant du général de Gaulle, faisait parachuter des tracts garantissant l'indépendance au Liban et à la Syrie, dès la signature d'un traité avec la France. Les Anglais donnèrent leur garantie à cette promesse. Devenu le Délégué général de la France libre au Levant, Catroux entra dans des négociations complexes avec les nationalistes, sous l'œil attentif des autorités anglaises, afin d'engager le processus de l'indépendance. Par échange de lettres entre Catroux et le cheikh Taadjeddine (ou Tagedinne, ou suivant une meilleure transcription Taj al Din al-Hassani), ce dernier consentait à devenir chef de l'État syrien aux conditions fixées par les Français.

— que nous gardions le contact avec les éléments français demeurés sur place et les éléments syro-libanais qui nous restent fidèles, affermir ces sentiments de fidélité, agir sur les éléments français passés au gaullisme en vue de les rallier, et, si possible, les amener à agir pour notre compte, agir sur les Syriens et les Libanais pour faire regretter notre départ et désirer notre retour ;

— que nous exploitions les difficultés rencontrées par les nouveaux occupants et, en particulier, les dissentiments qui ne peuvent manquer de surgir entre Anglais et gaullistes pour l'administration du pays ;

— que nous nous préoccupions, enfin, des conditions d'une réoccupation et en préparions l'exécution éventuelle.

Ces différentes tâches ont été réparties par mes soins entre la section des Affaires musulmanes de l'état-major de l'armée et une section spécialisée du SR Guerre, renforcées par des officiers des Services spéciaux du Levant rapatriés.

L'action à entreprendre peut donc être déclenchée aussitôt que les crédits nécessaires, et au sujet desquels vous avez donné votre accord, auront été mis à ma disposition.

Toutefois, le développement ultérieur de cette action, et tout particulièrement de la propagande destinée à affermir les sentiments de fidélité des Syro-Libanais à notre égard, implique que les bases politiques sur lesquelles elle doit s'appuyer aient été préalablement fixées.

Le régime définitif à consentir à la Syrie et au Liban qui a donné lieu à tant de discussions et de contestations au cours de ces dernières années reste, en effet, au premier plan des préoccupations des milieux politiques de Beyrouth et de Damas, Homs, Hama et Alep. Faute d'avoir arrêté une position au moins sur ce point, nos arguments risqueraient de demeurer sans portée d'autant que les propagandes allemande, italienne et anglaise ne cessent de promettre l'indépendance du monde arabe et que l'ex-général Catroux vient, en ce qui concerne la Syrie, de passer aux actes avec le cheikh Tadjeddine[1].

Un programme cohérent d'action politique proprement dite ne pourra donc être tracé en connaissance de cause qu'une fois tranchée cette

---

[1] Un commentaire manuscrit non signé (de Charles Rochat) est griffonné en marge du premier feuillet de ce document : « La note à la vice-présidence du Conseil du 14 octobre proposait de concerter les *mesures à prendre* en vue de tirer parti des faiblesses de l'armature mise en place par la dissidence française en Syrie. Ces mesures ne peuvent l'être que sur *l'initiative* et sous *la responsabilité* du ministère des Affaires étrangères. Le ministère de la Guerre nous répond en nous proposant une *formule* destinée à rester secrète (solution Dentz), une déclaration publique (solution du ministre de la Guerre) sur les lieux communs de la politique du Proche-Orient. Pour des hommes d'action, ce serait là une légère [?] inconséquence si ces développements [mot illisible] ne représentaient un simple écran de fumée derrière lequel le ministre de la Guerre entend en réalité poursuivre seul et sans contrôle une action politique pour laquelle il se croit une vocation et des capacités spéciales. Il dépend de nous que nous ne nous laissions pas abuser par cette mauvaise rhétorique. » La note de la Direction politique pour la vice-présidence du Conseil du 14 octobre 1941 figure dans Guerre 1939-1945, Vichy, E Levant, Dossiers généraux, 19 (document non reproduit). Elle précise en effet ; « Il va de soi que les mesures à prendre ne sauraient l'être que sur l'initiative et sous la responsabilité du Département des Affaires étrangères, puisque nos possessions en Orient n'ont jamais cessé de relever de ce dernier, de même que d'ailleurs, nos rapports avec les pays voisins relèvent nécessairement de sa compétence exclusive. »

question qui touche, par ailleurs, à notre politique musulmane d'ensemble en raison notamment de ses répercussions possibles sur notre Afrique du Nord.

Ainsi que vous avez bien voulu me le demander, j'ai exposé ma manière de voir sur cette importante question dans la note que j'ai l'honneur de vous adresser ci-joint et qui, dans mon esprit, est destinée à permettre au gouvernement de définir la position de la France à l'égard des problèmes qui se posent actuellement dans le Proche-Orient.

À cet effet, il y aurait le plus grand intérêt à ce que l'organisme directeur, chargé de centraliser toutes les questions du Levant, dont j'ai indiqué la nécessité dans ma lettre n° 17 301/2/CAB, soit créé aussitôt que possible et soit appelé à examiner la note ci-jointe afin de formuler son avis sur la politique qu'elle définit[1].

Guerre 1939-1945, Vichy, E Levant, Dossiers généraux, 19 (4GMII/19)

---

[1] On trouve dans le même dossier 19 (*ibid.*), une « Note pour la vice-présidence du Conseil » non datée (document non reproduit), et émanant de la Direction politique qui commente ces propositions : « Aux dates du 21 et du 25 octobre dernier, le ministre de la Guerre et le général Dentz ont saisi la vice-présidence du Conseil de leurs vues respectives sur les objectifs que nous aurions lieu d'assigner désormais à notre action en Syrie et au Liban. L'un et l'autre estiment que le moment est venu pour nous de prendre parti sur un certain nombre de questions fondamentales, de la solution préalable desquelles dépend l'orientation de notre politique au Levant./ Relativement au mandat lui-même, tant le ministre de la Guerre que le Haut-Commissaire estiment que ce régime doit être réputé caduc et qu'en aucun cas, il ne saurait être question de lui redonner vie. Les rapports des pays en cause avec la France seraient définis par un acte contractuel qui consacrerait le principe de l'indépendance de la Syrie et du Liban, ainsi que, pour la première, celui d'une unité à laquelle l'opinion indigène n'a jamais cessé, dans sa majorité, d'être profondément attachée. Aussi bien, se pourrait-il qu'à la faveur des négociations à ouvrir en l'objet, la Syrie cherchât à s'associer le Liban. À l'avis de feu le général Huntziger et du général Dentz, nous ne devrions pas, dans une telle éventualité, contrecarrer la réalisation d'un pareil vœu./ Le Département des Affaires étrangères, en ce qui le concerne, se rallie d'autant plus volontiers aux lignes générales du programme ci-dessus exposé que, dans ses grands traits, ce dernier reprend celui que, depuis nombre d'années, il a lui-même soutenu. Il est manifeste, en particulier, que le mandat est une notion à la fois dangereuse et périmée. [...] À un régime qui, par l'incertitude dont le grève son caractère temporaire, paralyse l'action soutenue et condamne les programmes à longue échéance, il importe, en effet, de substituer un régime consacrant le principe de la pérennité de notre établissement. Après avoir assis sur cette donnée fondamentale notre plan, il siérait de le développer de manière à articuler l'ensemble des territoires en question dans un système fédéral qui, respectant les données particulières à chacun d'eux, laisserait aux autonomies locales un large champ d'action pour ne réserver à l'autorité centrale que la connaissance des problèmes intéressant la communauté./ Il semble, en revanche, qu'à vouloir aller plus avant dans cette voie, nous risquerions de favoriser des intrigues qui, se couvrant du prétexte de l'unification des pays arabes, tendent ouvertement à notre éviction avec l'appui et au profit de l'Angleterre. C'est donc à tenir tête à ce mouvement que nous devons nous employer. [...]/ Si le Gouvernement acceptait les traits généraux de ce programme, il aurait à décider de la forme sous laquelle il conviendrait de lui donner corps. Les conjonctures présentes paraissent conseiller de s'abstenir de le divulguer. Dans ces conditions, il serait considéré, jusqu'à nouvel ordre, comme uniquement destiné à orienter notre politique au Levant./ Reste, enfin, la question des objectifs à assigner dès maintenant à notre action dans ces parages. Le ministre des Affaires étrangères estime que le mieux serait de nous attacher d'une part, à tirer parti des fautes qui aliènent à la Grande-Bretagne tel ou tel cercle de l'opinion locale et, d'autre part, à nous ménager, tant parmi nos compatriotes restés sur place que parmi les indigènes des intelligences à la faveur desquelles nous puissions, soit conserver des amitiés précieuses, soit nous rallier, dans les rangs de la dissidence, certains éléments égarés, mais de bonne foi./ Quoi qu'il en soit, il ne saurait y avoir qu'avantage à examiner, au cours d'un libre échange de vues entre les autorités compétentes, l'ensemble et le détail des divers points que soulèvent ces vastes et délicats problèmes. »

Annexe

Note du Département

Note sur la position à prendre par le Gouvernement en ce qui concerne la question syrienne et l'indépendance arabe

N. *Vichy, 21 octobre 1941.*

Très secret.

À la suite des événements dont les États du Levant sous mandat français ont été récemment le théâtre[1], les Anglais et les gaullistes ont fait des déclarations touchant le sort de ces États et pris des mesures qui orientent leur avenir. *La Syrie et le Liban se sont vu promettre leur indépendance*[2]. À Damas un gouvernement à pouvoirs étendus a été mis en place. Le ministre des Affaires étrangères de Grande-Bretagne a fait connaître par ailleurs que son gouvernement était disposé à se prêter à *une union des États arabes du Proche-Orient promus à l'indépendance*[3].

De leur côté, l'Allemagne et l'Italie se sont engagées à favoriser la libération du monde musulman[4].

En présence de ces manifestations, le maintien de notre influence au Levant exige que nous ne demeurions pas silencieux. Il convient en particulier que nous déclarions nettement nos intentions en ce qui concerne le statut à donner au pays précédemment soumis à un mandat de caractère essentiellement précaire, de manière à rassurer des populations très travaillées par nos adversaires et que les hésitations et les contradictions de notre politique antérieure ont pu parfois faire douter de notre désintéressement[5].

Le problème qui se pose aujourd'hui à nous à cet égard revêt un double aspect : interne et externe.

Au point de vue intérieur, *il s'agit de fixer notre position au sujet de l'organisation que nous entendons donner à la Syrie*[6], de faire connaître si, au cas où nous viendrions à reprendre notre place au Levant, nous maintiendrions ce pays sous la tutelle du mandat ou si, faisant droit aux revendications maintes fois exprimées par ses éléments évolués et ses dirigeants, nous consentirions à son émancipation[7]. Accessoirement nous pouvons avoir également à prendre position sur une question qui tient à cœur aux Syriens : celle qui se résume sous l'expression courante de : « l'unité syrienne » *et porte essentiellement sur le rattachement à la Syrie musulmane des éléments musulmans actuellement administrés par le Liban chrétien*[8].

Au point de vue extérieur, il s'agit de savoir si nous entendons favoriser ou non la réalisation des projets tendant à *accorder au monde arabe sa pleine indépendance*[9] avec la faculté

---

[1] Allusion à l'offensive anglo-gaulliste contre les autorités vichystes du Levant du 8 juin au 14 juillet 1941.

[2] Souligné dans le texte. Voir la note 2 de la lettre qui accompagne cette note.

[3] Souligné dans le texte.

[4] Souligné dans le texte.

[5] Commentaire manuscrit en marge de la même main que précédemment (voir document principal) : « Rapport du général Dentz p. 5 ; non qu'il soit nécessaire pour l'instant d'en faire l'objet d'une déclaration officielle. »

[6] Souligné dans le texte et *note du document* : La présente note traitera également du cas du Liban dans la mesure où ce pays, dont le complexe et la vocation sont si différents de ceux de la Syrie, est mêlé aux questions qui intéressent les Syriens.

[7] Commentaire manuscrit en marge, toujours de la même main : « Le général Dentz est d'avis de renoncer au mandat. »

[8] Souligné dans le texte.

[9] Souligné dans le texte.

soit de former un Empire unique, soit de constituer plusieurs groupements unis entre eux par des liens politiques, économiques ou autres.

La présente note se propose de déterminer l'attitude *qu'il est de notre intérêt d'adopter*[1] relativement à ce double problème, compte tenu des circonstances particulières dans lesquelles nous nous trouvons placés et des perspectives que l'évolution générale du conflit mondial nous permet à l'heure actuelle d'envisager.

I.- *LA QUESTION SYRIENNE*

A) – *MANDAT ET TRAITÉ*

Cette question ne saurait être considérée *in abstracto*. Elle est dominée par un certain nombre de faits parmi lesquels il convient de mentionner en premier lieu :

– l'orientation donnée jusqu'ici à notre action dans les États sous mandat ; les résultats auxquels cette action a conduit, les faits principaux qui l'ont marquée ;

– l'attitude des populations elles-mêmes, leurs réactions devant les décisions prises par nous, leurs tendances actuelles ;

– l'attitude des autres pays intéressés à la question et tout spécialement celle des actuels occupants de la Syrie et du Liban, Anglais et gaullistes ;

de telle sorte que le gouvernement français se trouve actuellement en présence d'une situation conditionnée par les données suivantes :

a) de l'engagement formel pris par la plupart des gouvernements français et par leurs représentants au Levant *de mettre fin au mandat et de substituer à celui-ci le régime de traité réclamé par la majorité des populations*[2] ;

b) le traité établi en 1936 et signé par les représentants qualifiés des gouvernements français et syrien. Ratifié par le parlement syrien, il ne l'a pas été par le parlement français ;

c) les tentatives effectuées par la suite pour modifier les clauses de ce traité, tentatives qui se sont heurtées à une opposition très vive de la part des dirigeants syriens ;

d) le fait que le traité de 1936 est considéré par les gaullistes comme la base de l'organisation qu'ils envisagent de donner à la Syrie[3]. Celle-ci a été pourvue d'un gouvernement jouissant de prérogatives étendues ;

e) la prise de position de l'Angleterre qui a exigé l'élévation de ce pays au plus tôt à une *indépendance*[4] tout au moins de principe.

L'Allemagne et l'Italie de leur côté se sont engagées à favoriser *l'émancipation*[5] des pays musulmans du Proche-Orient en général.

Il ne semble pas dans ces conditions, qu'il nous soit possible à l'heure actuelle et dans la situation où nous nous trouvons, de revenir en arrière en déclarant que nous nous en tenons à la formule du mandat tel que celui-ci a été conçu et appliqué par nous jusqu'ici[6].

Que nous le voulions ou pas, nous ne pouvons faire moins pour conserver notre crédit auprès des Syriens que de leur consentir les satisfactions d'amour-propre que nous leur avions d'ores et déjà fait entrevoir et que d'autres n'hésitent pas à leur accorder.

Il importe néanmoins qu'en faisant connaître notre intention de nous prêter à l'émancipation de la Syrie, nous ne nous privions pas par avance des moyens de rétablir notre influence dans ce pays le jour où nous pourrons y reprendre notre place[7]. Il serait à craindre, par

---

[1]   Souligné dans le texte.

[2]   Souligné dans le texte.

[3]   *Note du document* : Dans sa lettre au général Catroux nommant celui-ci Délégué général plénipotentiaire et Commandant en chef des Forces françaises libres dans le Levant, le général de Gaulle s'exprime à ce sujet comme suit : « Le mandat dont la France fut chargée par la SDN en 1922 doit prendre fin. *Pour cette raison, vous prendrez comme point de départ* pour les négociations avec les États du Levant le traité d'alliance conclu avec eux en 1936. »

[4]   Souligné dans le texte.

[5]   Souligné dans le texte.

[6]   Souligné dans le texte. En marge, de la même écriture : « D'accord ».

[7]   Souligné dans le texte.

exemple, qu'un excès de libéralisme, pris à la lettre, ne nous soit opposé plus tard pour nous refuser toute collaboration.

La formule qui paraît le mieux répondre à ces diverses contingences est évidemment celle du traité[1], seule base contractuelle sur laquelle puisse s'édifier une œuvre durable étant donné les intérêts, la plupart du temps divergents, des parties en cause et les tendances bien connues des Syriens. C'est ce qu'ont compris les gaullistes en prenant le traité de 1936 comme « point de départ » des négociations qu'ils entendent poursuivre avec les États sous mandat.

Est-ce à dire qu'un traité – celui de 1936 ou un instrument similaire – résolve entièrement le problème qui se pose à nous à l'heure actuelle en Syrie et se posera sans doute demain avec encore plus d'acuité ?

Comme tout acte de cette nature, un traité n'a de valeur que s'il engage réellement les parties contractantes. Pouvons-nous espérer avoir en face de nous, quand nous retournerons en Syrie, *des hommes ou des groupements susceptibles de s'entendre*[2] avec nous et dont la signature au bas d'un traité sera considérée par leurs compatriotes comme les engageant définitivement à l'égard d'une nation qui demeurera malgré tout à leurs yeux l'étranger ? L'expérience des dernières années montre qu'il convient de ne pas se faire trop d'illusions à ce sujet. Les récents événements d'Irak ont été tout particulièrement instructifs dans cet ordre d'idées[3]. Et cependant, en Irak, les Anglais disposaient, dans la dynastie mise en place par eux, d'un point d'appui d'importance. Rien d'équivalent n'existe en Syrie où le morcellement des partis, les rivalités des chefs, l'esprit d'intrigue, ont abouti à un émiettement rendant, pour ainsi dire, impossible toute action gouvernementale sérieuse. En sera-t-il autrement le jour où nous reprendrions en mains les affaires syriennes et quelle serait alors la situation devant laquelle nous nous trouverions ?

Il semble qu'à ce point de vue, l'expérience actuellement en cours à Damas avec le cheikh Tadjeddine et celles qui la suivront vraisemblablement sont susceptibles de fournir des enseignements dont nous pourrons être à même de tirer parti[4]. Elles ne manqueront pas, par ailleurs, de créer un état de fait dont nous devrons tenir compte avant d'engager quoi que ce soit de positif.

Ces indications tendent à faire conclure à l'inopportunité, dans la situation où nous nous trouvons actuellement, d'une prise de position par trop précise en ce qui concerne l'avenir de la Syrie[5].

Il demeure toutefois nécessaire, tant pour ne pas paraître nous désintéresser du sort de ce pays que pour permettre aux amis que nous continuons à y compter de disposer d'arguments susceptibles d'être opposés avec succès à ceux de nos adversaires, de faire connaître notre point de vue relativement à ce qui constitue aujourd'hui l'essentiel des préoccupations des Syriens.

En ce qui concerne le domaine intérieur, ces préoccupations paraissent se résumer de la façon suivante :

a)- *Dans l'ordre politique* : fin du mandat, perspective pour la Syrie de pouvoir jouir au plus tôt de son *indépendance en bénéficiant de l'appui d'une puissance tenue par elle pour désintéressée et dont les liens avec elle se situeraient surtout sur le plan intellectuel*[6].

b)- *Dans l'ordre économique* : aide suffisante pour pouvoir équiper le pays[7] et mettre en valeur ses différentes ressources.

Il semble qu'une déclaration du gouvernement français faisant état de ces préoccupations et donnant aux Syriens l'assurance que notre pays ne se propose pas d'autres objectifs en

---

[1] Souligné dans le texte. En marge, de la même écriture : « Pour Dentz, il faut avoir des éléments de discussion. Cela suppose donc une réoccupation ».

[2] Souligné dans le texte.

[3] Allusion à la révolte menée par Rachid Ali contre la présence britannique en mai précédent.

[4] Voir note 2 de la lettre qui accompagne cette note.

[5] Souligné dans le texte.

[6] Souligné dans le texte. Commentaire en marge, de la même écriture : « En contradiction avec le principe par [mot illisible] le général Dentz ».

[7] Souligné dans le texte. Commentaire manuscrit en marge (même écriture) : « Serons-nous en état de la fournir ».

prétendant reprendre et poursuivre son œuvre au Levant serait de nature à conduire au résultat recherché sur ce terrain, tout en évitant de compromettre nos possibilités ultérieures[1].

B) – *L'UNITÉ SYRIENNE*

Comme on l'a vu ci-dessus, cette question, qui préoccupe également au plus haut point les milieux dirigeants de Syrie, avait reçu une solution de principe par le traité franco-syrien en 1936, en ce qui concerne les territoires de Lattaquieh et du djebel druze. En fait, depuis lors, ces territoires ont été considérés comme faisant partie de la Syrie, tout en bénéficiant d'une administration autonome[2]. Les anglo-gaullistes ne semblent pas avoir modifié cet état de choses. Toutefois, la constitution du nouveau ministère syrien a souligné leur désir de se prêter à une plus grande unification du pays : un chef alaouite (Munir-Abbas) et un chef druze (Abdul Gaffer Pacha Attrache) ont été appelés à faire partie du cabinet.

Il nous serait difficile de paraître vouloir revenir sur cette solution. La meilleure attitude consiste, semble-t-il, à éviter de prendre position à l'avance. Il est du reste probable qu'un état de fait ne tardera pas à se créer qui aura pour conséquence soit d'apaiser les antagonismes entre les particularismes alaouite et druze et les tendances unitaires des Syriens, soit, au contraire, de les aviver. Dans l'un comme dans l'autre cas, l'expérience en cours aura une valeur d'enseignement dont nous pourrons, ici aussi, tirer parti le moment venu[3].

Le problème qui peut se poser et nous contraindre à prendre position est celui du maintien d'un État chrétien du Liban et de son étendue par rapport à la Syrie[4].

Les revendications syriennes à cet égard sont connues. Elles portent non seulement sur le rattachement de certaines parties du territoire libanais peuplées de majorités musulmanes (Tripoli, Liban Sud, Bekaa, et même des villes du littoral comme Saïda et Beyrouth), mais encore, dans l'esprit d'un grand nombre, sur le Liban tout entier.

Sur le premier point (rattachement partiel) une entente paraît possible, bien que de vives contestations se soient produites à ce sujet entre les intéressés. Il est probable que la question ne tardera pas à être agitée à nouveau. Nous pouvons ici également attendre de savoir ce qui aura été fait par les actuels occupants des États sous mandat.

Le second point (maintien du Liban en tant qu'État indépendant ou absorption par la Syrie) est plus épineux. Il ne nous appartient pas de prendre l'initiative de modifier la situation que nous avons nous-mêmes créée à cet égard. *La création d'un État chrétien destiné à soustraire nos protégés de la première heure aux dangers d'un islamisme de plus en plus virulent a toujours été et reste une des raisons d'être et un des buts de notre présence au Levant*[5]. Elle correspond par ailleurs à nos intérêts les plus évidents, en particulier à ceux qui s'attachent à la disposition de bases éventuelles en Méditerranée orientale.

Il ne semble du reste pas que la discussion soit d'ores et déjà ouverte, bien que les Anglais y aient fait allusion dans leur propagande. Dans le discours qu'il a prononcé à Beyrouth, le 26 juillet dernier, le général de Gaulle s'est borné à indiquer que « Libanais et Syriens auraient à décider eux-mêmes s'ils doivent continuer à former deux États distincts ou à se réunir ».

Cette attitude prudente est celle qui s'impose à nous le cas échéant.

En tout état de cause, notre politique au Levant ne devra pas sacrifier à des aspirations unitaires, d'ailleurs mal définies et unilatérales, la certitude de l'attachement du Liban à la France. Quelles que soient les vicissitudes de la politique arabe, le Liban doit être pour nous une base sûre. C'est de cette base que s'exercera notre influence dans le reste du Proche-Orient et que nous repartirons le cas échéant pour la conquête arabe au besoin, comme cela a déjà été fait, les armes à la main[6].

---

[1] Souligné dans le texte. Commentaire en marge, toujours de la même écriture : « En contradiction avec le rapport du général Dentz ».

[2] *Note du document* : «Le régime qui leur était appliqué en dernier lieu était celui institué en 1939 (réforme Puaux).

[3] Souligné à la main avec ce commentaire manuscrit en marge : « Pas tout-à-fait, et la Syrie est pour le moment sous un régime d'occupation nécessaire [?], ce qui ne permet guère d'estimer sa valeur ».

[4] Souligné dans le texte.

[5] Souligné dans le texte.

[6] Souligné à la main avec commentaire manuscrit (toujours même écriture) en marge : « Pour le Liban, d'accord !! ».

II. – LA SYRIE ET L'INDÉPENDANCE DU MONDE ARABE

La question syrienne touche, qu'on le veuille ou non, à celle de l'indépendance des autres pays arabes du Proche-Orient, Palestine, Transjordanie, Irak, notamment.

Cette dernière question a été fréquemment évoquée au cours des vingt dernières années. Elle a donné lieu à de nombreux projets et suscité de nombreuses déclarations, tant de la part des dirigeants de l'opinion musulmane que de la part des représentants des gouvernements qui y sont intéressés.

Le gouvernement anglais a, en ce qui le concerne, laissé entendre à plusieurs reprises qu'il était disposé à favoriser les aspirations qui s'étaient fait jour à ce sujet. Le 30 mai dernier, M. Eden s'est en particulier exprimé comme suit :

« J'ai dit l'autre jour aux Communes la grande sympathie du gouvernement de Sa Majesté pour les aspirations des Syriens à l'indépendance. Cela, je tiens à le répéter, mais j'irai plus loin. Le monde arabe a fait un grand pas depuis la fin de l'autre guerre et bien des penseurs arabes désirent pour leurs peuples une plus étroite union que celle dont ils jouissent actuellement. En tendant vers cette unité, ils espèrent notre appui. Aucun appel de cette nature et venant de nos amis ne restera sans réponse. Il me semble naturel et juste que les liens culturels et économiques entre les pays arabes et les liens politiques aussi, devraient être renforcés. Le gouvernement de Sa Majesté, pour sa part, apportera un appui total à tout plan qui recueillerait l'approbation générale »[1].

Malgré la prudence des formules employées, le sens de ces propos ne saurait faire de doute.

De leur côté, les Allemands et les Italiens ont fait, à de fréquentes reprises, allusion à la libération du monde arabe – et même du monde musulman tout entier. La déclaration suivante, diffusée par la radio, le 21 octobre 1940, au nom du gouvernement du Reich est également caractéristique[2].

« L'Allemagne a toujours éprouvé une solide amitié pour les Arabes. Elle a sans cesse souhaité qu'ils puissent mener une existence honorable et heureuse et qu'il leur soit donné d'occuper, parmi les autres peuples, une place digne de la grandeur de leur Histoire et de l'importance numérique de leur race. L'Allemagne a de tout temps considéré avec sollicitude la lutte des pays arabes pour leur indépendance. Les nations arabes qui luttent pour parvenir à cette fin peuvent compter sur la sympathie et sur l'appui de l'Allemagne. En publiant cette déclaration officielle, le Reich est en parfait accord avec son alliée, l'Italie ».

Il nous serait difficile, étant donné ces déclarations, de paraître vouloir faire obstacle à des projets qui rencontrent incontestablement la faveur d'une grande partie de l'opinion musulmane du Proche-Orient et, peut-on dire, du monde musulman tout entier.

Il convient cependant de serrer le problème de près, d'en déterminer les données réelles et exactes et d'en mesurer les répercussions possibles sur nos propres intérêts.

Ces données restent, à vrai dire, assez vagues, comme tout ce qui, en général, touche au monde oriental. Il s'agit le plus souvent de simples dispositions d'esprit plutôt que de projets précis. Celui qui semble ressortir des propos de M. Eden demeure, ainsi qu'on a pu le constater, assez nébuleux.

Empire arabe unifié ou Fédération des pays arabes du Proche-Orient_?[3] Le ministre des Affaires étrangères de Grande-Bretagne s'est bien gardé de le préciser. Et dans le cas où il s'agirait de la seconde formule, quels pays arabes y seraient intéressés ? Quelles sortes de liens seraient établies entre eux ? Économiques et culturels seulement, ou également liens politiques comme il est insinué ? Et quelle serait la nature exacte de ces liens ?

Nul doute que le chef du Foreign Office serait embarrassé s'il lui était demandé de répondre à ces questions.

---

[1] Ce discours a été prononcé, en réalité, le 29 mai.

[2] Pressé depuis l'été 1940 par plusieurs leaders nationalistes arabes du Moyen-Orient, en particulier par le Grand Mufti de Jérusalem, Hadj Amin al-Husseini, alors réfugié à Bagdad, d'accorder une déclaration de soutien à l'indépendance arabe, Ernst von Weizsäcker, du ministère des Affaires étrangères du Reich, communique cette déclaration au nom de l'Axe au secrétaire du Grand Mufti à Berlin, le 18 octobre 1940. Diffusée sur les ondes de *Radio-Berlin* et de *Radio-Bari* le 21 octobre, ce discours vague et circonspect déçut beaucoup les nationalistes arabes demandeurs.

[3] Souligné dans le texte.

Si, en effet, un réel désir d'entente et d'unité s'est manifesté et se manifeste encore parmi les populations musulmanes du Proche-Orient, on ne peut par contre douter de la persistance chez elles de tendances divergentes : oppositions d'intérêts, antagonismes de groupements, de clans, rivalités de chefs, etc. Il est vraisemblable qu'il en sera longtemps ainsi et que l'esprit de division, si caractéristique de la mentalité orientale, continuera à contrecarrer toute volonté pratique de réalisation.

On a dit souvent avec raison qu'il en était des choses arabes comme de ces nuées qui s'amoncellent dans le ciel d'Orient. On peut croire qu'il va en résulter quelque chose, pluie, orage… mais le premier vent les disperse sans aucun résultat. Le mirage conserve par ailleurs dans ces pays toute sa force d'illusion.

S'il s'agit seulement d'une union (ou Fédération) des pays arabes voisins de la Syrie (Palestine et Transjordanie) sur la base des intérêts économiques qui leur sont communs[1], cette solution peut se concevoir encore que, dans la situation actuelle, elle réponde surtout à des intérêts ou à des desseins britanniques (incorporation notamment de la Syrie dans une organisation à prédominance anglaise ayant à sa tête l'émir Abdallah[2], inféodé aux Anglais, et possibilité d'extension du Foyer national juif). L'utilisation de cette formule à nos propres fins dépendra essentiellement de la situation qui sera la nôtre à l'issue du conflit. Si même nous sommes en mesure d'en tirer un profit, encore faudra-t-il nous prémunir contre un entraînement qui pourrait par exemple porter les Syriens à réclamer leur union non seulement avec les deux pays ci-dessus désignés, mais encore avec l'Irak et même l'Arabie saoudienne, pour laquelle on connaît leur sympathie. *Le prestige et les intentions du roi Ibn Séoud constituent à cet égard une inconnue dont il ne convient pas de minimiser l'importance*[3].

Si, compte tenu de cette éventualité, il s'agissait par contre d'une union de tous les pays arabes du Proche-Orient, c'est-à-dire de la Syrie, de l'Irak, de la Transjordanie, de la Palestine, de l'Arabie saoudienne, du Yémen et des Émirats du golfe Persique, voire de l'Égypte, *la question se*[4] présenterait sous un jour tout différent. On peut se demander s'il serait, en tout état de cause, de notre intérêt de nous prêter à cette solution qui constituerait un *fait historique capital dont le retentissement serait considérable, non seulement dans le Proche-Orient, mais aussi en Afrique du Nord*[5].

Ce n'est en effet pas d'aujourd'hui que certains éléments religieux ou évolués de l'Afrique du Nord ont les yeux tournés vers l'Orient musulman. Destouriens de Tunisie, Réformistes d'Algérie, jeunes Marocains de Fès, Salé, Rabat ont montré au cours des dernières années tout l'intérêt attaché par eux aux mouvements d'émancipation de Damas, de Bagdad, du Caire. À plusieurs reprises, avant la guerre, Destouriens et jeunes Marocains, en particulier, ont formulé des revendications se réclamant des résultats obtenus par leurs coreligionnaires de Syrie, d'Irak et d'Égypte. *Il a été significatif de les entendre exposer des thèses selon lesquelles les innovations que constituent le mandat et les traités conclus avec les puissances occidentales ont eu pour effet de fixer un processus d'évolution ayant valeur de règle de droit international*[6]. D'après eux, celle-ci autoriserait les peuples placés au bas de l'échelle mondiale, colonies ou protectorats, par exemple, à accéder progressivement à l'indépendance absolue en passant par les échelons intermédiaires, mandat et traité. Nul doute qu'un fait aussi important que la libération du monde arabe proche-oriental et sa fusion en un Empire unique ou en plusieurs États souverains seraient un stimulant puissant pour les revendications dont il s'agit. Paraître nous y prêter risquerait non seulement d'encourager les éléments qui en sont les protagonistes mais encore de leur fournir des arguments de poids vis-à-vis des autres éléments et même vis-à-vis des masses toujours sensibles aux appels qui se fondent sur des considérations d'ordre religieux ou ethnique.

En réalité le cheval de bataille de l'indépendance et de l'unité du monde arabe demeure pour nous-mêmes, dans le cas de l'émancipation de la Syrie, une monture des plus dange-

---

[1] Souligné dans le texte.

[2] L'émir Abdallah de Transjordanie.

[3] Souligné dans le texte. Annotation manuscrite en marge, de la même écriture : « Une inconnue ».

[4] Souligné dans le texte.

[5] Souligné dans le texte.

[6] Souligné dans le texte.

reuses[1]. Utile seulement pour nous permettre de gagner la faveur des musulmans du Proche-Orient, elle risque de nous causer de sérieux désagréments auprès de nos ressortissants musulmans de l'Afrique du Nord.

Il y a plus. On peut se demander si une telle attitude de notre part ne serait pas faire davantage le jeu des autres que le nôtre propre, en l'espèce celui des nations qui, n'exerçant pas de tutelle sur des Musulmans ou n'en exerçant qu'une réduite, soit les Allemands et les Italiens, ont tout avantage à favoriser un mouvement de cette nature. Il est évident qu'en lançant des appels répétés au monde arabe pour l'exhorter à lutter pour son indépendance, les Allemands n'ont rien à perdre. Les Italiens ont, selon toute vraisemblance, moins à perdre qu'à gagner. Quant aux Anglais, l'extrême circonspection dont ils font preuve en abordant ce sujet montre bien qu'ils en mesurent tout le danger.

Il convient donc de demeurer nous-mêmes très prudents en la matière[2]. À moins d'y être absolument contraints. Il ne semble pas que nous ayons intérêt – surtout dans la période actuelle et étant donné notre situation en Afrique du Nord – à soulever prématurément ce problème.

Cependant le fait que la capitale politique du Proche-Orient est Damas et que cette capitale est précisément située dans ce que nous pouvons encore appeler notre zone d'influence ne peut manquer d'avoir une répercussion sur la position que nous pouvons être amenés à prendre.

Il est ainsi possible que nous soyons, à un moment donné, obligés de prendre position, ne serait-ce que pour nous ménager les dispositions favorables de nos administrés ou de ceux qui sont susceptibles de le redevenir. Il importera, dans ce cas, de ne le faire qu'en termes suffisamment souples pour ne pas risquer de voir nos paroles utilisées contre nous, soit en Syrie et au Liban, soit en Tunisie, en Algérie ou au Maroc.

Une formule élastique, analogue à celle employée par les Allemands dans leur déclaration du 21 octobre 1940, serait alors indiquée. *Cette formule se bornerait à exprimer la sympathie de la France à l'égard des Arabes, à évoquer le désintéressement qui a caractérisé notre œuvre au Levant, à assurer les pays musulmans du Proche-Orient de notre désir de ne pas contrarier leurs efforts en vue de parvenir à réaliser leurs légitimes aspirations*[3]. Une allusion à *l'aide économique*[4] que nous pourrions éventuellement leur apporter et au concours qu'ils trouveraient auprès de nous *dans l'ordre intellectuel*[5], compléterait heureusement ce langage.

III. – *CONCLUSION*

Les considérations qui précèdent mettent en lumière le caractère délicat de toute intervention dans les affaires du Proche-Orient, dans la situation qui est actuellement la nôtre.

Un point paraît cependant acquis : *l'opportunité de signifier notre intention de considérer notre Mandat en Syrie (et au Liban) comme définitivement caduc*[6]. Les raisons justifiant cette décision s'imposent d'elles-mêmes. La conclusion avec la Syrie (et le Liban) d'un traité substitué au mandat est également à poser en principe. Mais ce traité ne pourra intervenir qu'une fois notre situation rétablie au Levant. Ses dispositions ne sont donc pas à arrêter et à faire connaître pour l'instant.

En ce qui concerne la question de l'unité syrienne (à l'intérieur des États sous mandat), une attitude prudente est nécessaire. *Nous pourrions nous borner à faire entendre que nous ne serions pas opposés, le cas échéant, à nous prêter à un arrangement entre les parties intéressées, à condition que celles-ci s'y prêtent également, de leur plein gré*[7].

En ce qui concerne le problème plus vaste et plus complexe *de l'indépendance de l'unité (sic) du monde arabe*, il ne semble pas que nous ayons avantage à prendre position tant que

---

[1] Souligné dans le texte.

[2] Souligné dans le texte.

[3] Souligné dans le texte.

[4] Souligné dans le texte.

[5] Souligné dans le texte.

[6] Souligné dans le texte.

[7] Souligné dans le texte.

nous n'y serons pas absolument contraints[1]. Au cas où nous le serions, une simple déclaration, conçue en termes suffisamment souples, n'engageant pas l'avenir, et non susceptibles d'être utilisés contre nous en Afrique du Nord, serait à trouver.

Cette dernière déclaration, de même que celles qui auraient trait aux deux questions précédentes, doivent, d'une manière générale, s'inspirer de la même circonspection que celles dont ont fait preuve les Anglais et les Allemands en abordant ces sujets.

On se souviendra, pour le reste, des quelques aphorismes suivants :

– en Orient, contrairement à ce que prétend notre proverbe occidental, ce ne sont pas toujours les absents qui ont tort,

– L'esprit oriental ne se contient pas dans des formules européennes,

– « *l'Orient se gouverne davantage par les hommes que par les institutions* »[2],

– vouloir réaliser l'accord des Syriens sur un programme précis et positif serait poursuivre une chimère,

– dans ces pays de joueurs, le plus habile est souvent celui qui n'abat ses cartes qu'au dernier moment.

Guerre 1939-1945, Vichy, E Levant, Dossiers généraux, 19 (GMII/19)

387bis

NOTE DE L'AMIRAL DARLAN, VICE-PRÉSIDENT DU CONSEIL,
MINISTRE DE LA DÉFENSE NATIONALE, SECRÉTAIRE D'ÉTAT AUX AFFAIRES
ÉTRANGÈRES ET À LA MARINE

Note pour Messieurs les Directeurs,
Chefs de Service et Sous-Directeurs

N.[3] *Vichy, 21 octobre 1941.*

Le Chef du Bureau du Personnel a l'honneur de communiquer ci-après à Messieurs les Directeurs, Chefs de Service et Sous-Directeurs le texte de la loi du 14 octobre 1941 (*Journal Officiel* du 21 octobre) relative au serment de fidélité que doivent prêter au Chef de l'État les agents diplomatiques et consulaires[4].

---

[1] Souligné dans le texte.

[2] Souligné dans le texte et *Note du document* : Rabindranath Tagore.

[3] Annotation marginale manuscrite : « Formules signées de MM . Gaucheron, Pinoteau, Chevillotte, Henry et de Laigue [?], Service du Personnel ». Le document porte outre les paraphes de ces personnes en face de leur nom, ceux de MM. Outrey et Boppe. Sur la copie qui figure dans E Asie, Dossiers généraux, 6, on a aussi les indications manuscrites : « M. Luc, 21.10.41 » et « F[ait] en ce qui me concerne, M. Ostrorog ».

[4] L'obligation de prêter serment au Chef de l'État avait été inscrite dès janvier 1941 dans l'Acte constitutionnel n° 7, 27 janvier 1941 (*JO*, 28 janvier 1941), pour « les secrétaires d'État, hauts dignitaires et hauts fonctionnaires de l'État. » Mais seuls les membres du gouvernement s'y étaient pliés. C'est en juillet 1941, notamment sous la pression du ministère des Affaires étrangères, qu'il a été décidé de donner au serment une nouvelle actualité. « Tous les ministres et hauts fonctionnaires, déclare Pétain à la fin de son message du 12 août, devront me prêter serment de fidélité. » Les administrations prirent l'affaire très au sérieux, tendant à étendre le champ du serment initialement limité aux hauts fonctionnaires nommés par décret (donc aux ambassadeurs et aux résidents généraux en ce qui concerne les Affaires étrangères) et aux membres du Conseil d'État.

Nous, Maréchal de France, Chef de l'État français, sur la proposition de l'Amiral de la Flotte, Ministre Secrétaire d'État aux Affaires étrangères,

Vu l'acte constitutionnel n° 10 en date du 4 octobre 1941 aux termes duquel « l'obligation de prêter le serment de fidélité au Chef de l'État, telle qu'elle résulte de l'article 1er de l'acte constitutionnel n° 7, pourra, à l'exclusion des dispositions contenues dans les articles 2 à 5 du même acte, être étendue par des lois ultérieures aux fonctionnaires de tous ordres qui ne sont pas visés par les actes constitutionnels n° 7, 8 et 9 et par le décret du 14 août 1941, ainsi qu'au personnel de direction des services publics concédés » ;

Le Conseil des Ministres entendu,

DÉCRÉTONS :

ARTICLE 1er : Nul ne peut exercer des fonctions diplomatiques ou consulaires s'il ne prête serment de fidélité au Chef de l'État.

La formule de prestation de serment est la suivante :

« Je jure fidélité à la personne du Chef de l'État et je m'engage à exercer ma charge pour le bien de l'État selon les lois de l'honneur et de la probité ».

ARTICLE 2 : Le présent décret sera publié au *Journal Officiel* et exécuté comme loi de l'État.

Fait à Vichy, le 14 octobre 1941.

Ph. PÉTAIN.

J'ajoute que les fonctionnaires des Affaires étrangères nommés par décret, c'est-à-dire les ambassadeurs, les ministres plénipotentiaires, les agents qui, sans avoir la dignité d'ambassadeur ou le grade de ministre plénipotentiaire, sont chargés, par décret, d'un poste diplomatique, le secrétaire général, les directeurs, les chefs de service et les sous-directeurs à l'Administration centrale sont seuls passibles des sanctions prévues par les articles 2, 3, 4 et 5 de l'acte constitutionnel n° 7 en date du 27 janvier 1941, *Journal Officiel* du 28 janvier, conformément aux dispositions de l'article 1er du décret du 14 août 1941, *Journal Officiel* du 16 août. Ils sont personnellement responsables devant le Chef de l'État. Cette responsabilité engage leur personne et leurs biens. Dans le cas où l'un d'eux viendrait à trahir les devoirs de sa charge, le Chef de l'État, après enquête dont il arrêtera la procédure, peut prononcer toute réparation civile, toutes amendes et appliquer les peines suivantes à titre temporaire ou définitif :

— Privation des droits politiques,

— Mise en résidence surveillée en France ou aux Colonies,

Finalement une mesure d'ordre général étend l'obligation du serment « aux fonctionnaires de tous ordres et au personnel de direction des services concédés (Acte constitutionnel n° 10, 4 octobre 1941, *JO*, 5 octobre 1941), des lois devant préciser la nature et le champ du serment dans les différents ministères. La loi du 14 octobre 1941 concernant les fonctionnaires des Affaires étrangères est la première de ces lois.

– Internement administratif,

– Détention dans une enceinte fortifiée.

Ces sanctions ne font pas obstacle aux poursuites susceptibles d'être exercées par la voie légale ordinaire en raison des crimes ou délits qui pourraient avoir été commis par les mêmes agents.

Messieurs les Directeurs, Chefs de Service et Sous-Directeurs voudront bien inviter les agents placés sous leurs ordres à reproduire à la main la formule de prestation de serment en deux exemplaires et à signer ceux-ci après les avoir datés.

Ces documents ainsi que ceux qui les concernent personnellement seront ensuite réunis par leurs soins pour transmission au service du Personnel.

Guerre 1939-1945, Vichy, E Asie, Dossiers généraux, 7ᵇⁱˢ (3GMII/7ᵇⁱˢ)

388

M. DE VAUX SAINT-CYR, MINISTRE DE FRANCE À STOCKHOLM,
À L'AMIRAL DARLAN, VICE-PRÉSIDENT DU CONSEIL, MINISTRE DE LA
DÉFENSE NATIONALE, SECRÉTAIRE D'ÉTAT AUX AFFAIRES ÉTRANGÈRES
ET À LA MARINE.

D. n° 135[1].   *Stockholm, 24 octobre 1940.*

« Il ne faut pas se faire d'illusions, écrivait récemment le journal du major Quisling, une phase nouvelle a commencé en Norvège le 10 septembre dernier ». Telle est bien, en effet, l'impression que donnent les nouvelles qui parviennent d'Oslo.

Les précédentes dépêches de cette légation ont rendu compte au Département de l'action entreprise le mois dernier en Norvège par les autorités allemandes[2]. Le 10 septembre, l'état de siège a été proclamé à Oslo. Pendant six jours, la police allemande a arrêté et envoyé en camp de concentration la plupart des dirigeants de l'opposition nationale. Les deux chefs des syndicats norvégiens ont été condamnés à mort et fusillés. Enfin, un vaste travail d'épuration a été amorcé dans le personnel des écoles, des universités, du clergé et de l'administration.

Le mouvement s'est poursuivi dans le courant du mois d'octobre.

Presque chaque jour, la presse suédoise rend compte de nouvelles arrestations, ce sont : le 27 septembre, le recteur d'Oslo, le président du Parti

---

[1] D. intitulée : « Les événements de Norvège » et portant le tampon : « 31 oct[obre] » (date réception ou enregistrement).

[2] Voir aussi une longue note de synthèse de Nac, à partir des renseignements parvenus aux légations et de la presse suédoise, sur la situation dans les pays scandinaves, dont la Norvège, en date du 2 octobre 1941 (*in* Guerre 1939-1945, Vichy, Z Europe, Suède, 716, document non reproduit).

travailliste norvégien et l'ancien chef de la police de la capitale qui sont envoyés en camp de concentration ; le 3 octobre, c'est le tour du président du syndicat des armateurs norvégiens et de la plupart des grands armateurs d'Oslo et d'Arendal. Le 6 octobre, on signale de nombreuses arrestations à Hönefors, Porsgrund, Fredrikstad et Sarpsborg. Le 8 octobre, tous les chefs syndicaux de Trondheim, sauf quatre, sont destitués et emprisonnés. Le 17 octobre, la police allemande exécute une rafle importante parmi « les éventuels saboteurs » en Norvège occidentale et, plus particulièrement à Bergen. Ces arrestations sont si nombreuses que la police allemande, qui disposait déjà de trois camps de concentration à Grini près de Bärum, à Ulven près de Bergen et à Hakkedal près d'Oslo, est obligée d'en ouvrir un quatrième à Dombas.

L'administration allemande poursuit, en même temps, avec l'aide du parti Quisling[1], un énergique travail d'épuration dans le personnel administratif. Les journaux suédois ont signalé, le 14 octobre, que 150 maires de communes rurales avaient été destitués au cours des deux derniers mois. Dans le courant de ce mois, un président de tribunal a été condamné à 30 000 couronnes (300 000 francs) d'amendes pour avoir déploré l'adhésion de deux personnes qu'il connaissait au parti Quisling. Un juge au tribunal de Trondheim a été révoqué pour avoir cherché à « créer de la méfiance » à l'égard du même parti. Le personnel des écoles et des universités n'est naturellement pas à l'abri des mêmes poursuites. On exige, en effet, des professeurs et des instituteurs qu'ils tiennent compte dans leur enseignement des doctrines nationales-socialistes reprises par le parti Quisling. Dans une récente circulaire, adressée aux directeurs d'écoles et de lycées, il est dit que « les membres de l'enseignement qui se sont vautrés dans la vase libéralo-bolchevique » ne sont plus dignes d'enseigner. Les sanctions suivent ces avertissements et récemment quatre lycées d'Oslo ont été fermés par décision administrative. De son côté, enfin, le clergé subit les mêmes pressions. On se souvient comment au début de l'année, les évêques de Norvège s'étaient vivement élevés, dans une lettre pastorale, contre les théories antichrétiennes du parti Quisling. Ce dernier ne la leur a pas pardonnée. Profitant du refus opposé par les pasteurs norvégiens à la demande qui leur avait été faite officiellement de prêcher la « croisade contre le bolchevisme », la presse du parti Quisling multiplie les attaques contre les évêques et contre leur chef, le pasteur Berggrav, qualifié de « ploutocrate d'église » dont elle demande la destitution.

En même temps que se fait plus pesant le contrôle allemand sur l'administration norvégienne, les réquisitions de la Wehrmacht deviennent, elles aussi, plus lourdes. À la fin du mois dernier, le commissaire du Reich a pris un décret ordonnant aux entreprises publiques et privées ainsi qu'aux particuliers de remettre aux autorités allemandes les couvertures qu'ils pouvaient posséder. Seuls les membres du parti Quisling ont été exemptés de cette prestation. Malgré les résistances de la population, plus

---

[1] Le parti Quisling (ou « Rassemblement national ») : parti fasciste norvégien, ultranationaliste et collaborationniste. Voir aussi document n° 347, note 1, p. 768.

de 250 000 couvertures ont été rassemblées, mais d'après la presse suédoise, la colère en Norvège a été très vive devant cette mesure prise au seuil de l'hiver.

La précarité du ravitaillement ne fait, d'autre part, qu'accroître le mécontentement général. La situation alimentaire est, en effet, devenue très difficile dans un pays qui était loin de se suffire à lui-même. En temps normal, la Norvège importait annuellement d'outre-mer plus de 400 000 tonnes de blé. Les importations sont actuellement arrêtées. Pour les remplacer, l'Allemagne a mis 55 000 tonnes de blé à la disposition de la Norvège. Le résultat est que dès maintenant, la farine panifiable contient 50 % de seigle, 25 % d'orge, 15 % d'avoine et seulement 10 % de froment. Il faut s'attendre d'ailleurs à ce qu'au cours de l'hiver, la farine contienne également 10 % de fécule de pomme de terre. La viande est plus rare encore que le froment et les Norvégiens n'en ont que pour deux repas par mois. En ce qui concerne enfin le poisson, qui était un élément essentiel de l'alimentation nationale, l'Allemagne achète 80 % de la pêche norvégienne. On a donc dû, ce qui ne s'était jamais vu dans l'histoire de la Norvège, prendre des mesures de rationnement du poisson dans les principaux ports de la côte.

Devant ces différentes manifestations – tantôt sanglantes, tantôt simplement pénibles – de l'occupation allemande en Norvège, la réaction de la population reste vive. Les attentats sont nombreux. Au début de ce mois, un important ouvrage fortifié bâti par les Allemands dans la région d'Aalesund a été détruit par la population. Dans la région d'Oslo, ce sont les attentats contre les trains qui se sont multipliés et les autorités allemandes ont dû mettre sur pied un système de garde-voie pris parmi les jeunes gens de 21 à 25 ans des communes traversées par les voies ferrées. D'autre part, les réunions politiques organisées par le parti Quisling provoquent régulièrement des contre-manifestations et des incidents plus ou moins violents. Tel a été le cas, au début de ce mois, à Bryne, dans le Rognland où une réunion des *hirdmen*[1] de Quisling a été dispersée à coup de pétards de dynamite. Tel a été également le cas, quelques jours plus tard, dans une localité proche d'Oslo où l'affaire a été plus sanglante. Plusieurs trains spéciaux amenaient des partisans de Quisling. Une foule hostile les y accueillait. À un moment, une bombe a été lancée. La bagarre a éclaté et les gens de Quisling ne sont restés maîtres du terrain que grâce à l'intervention de la Wehrmacht.

Les mesures de répression prises par les autorités allemandes ne semblent donc pas avoir brisé l'esprit de résistance de la population norvégienne. Celui-ci se manifeste d'autant plus vivement que le Reich a fait preuve jusqu'à présent d'une relative modération en Norvège. Le 10 septembre dernier, le commissaire Terboven a décidé de recourir à la manière forte

---

[1] Les *Hirdmen* sont, dans l'histoire et les sagas norvégiennes, des guerriers qui ont juré fidélité jusqu'à la mort à un seigneur de guerre, puis au roi ; ils jouissent d'un rang supérieur et sont considérés comme l'élite des soldats. Ce terme ancien resurgit au moment de l'occupation nazie avec l'organisation paramilitaire norvégienne *Hirden*, forte de 8 500 membres, dont l'organisation est calquée sur celle des *Sturmabteilungen* nazis (SA ou sections d'assaut). L'adhésion était obligatoire pour les membres du parti Quisling.

pour mettre au pas la population qu'il administre. Il donnait ainsi le signal d'une politique de représailles préventives que le Reich, devant les difficultés de la guerre de Russie, semble s'être résolu à appliquer aux différents territoires occupés. Mais, dans l'exécution de cette politique, Terboven n'a pas mis la même brutalité sanglante que Heydrich, le successeur de Neurath à Prague. On ne peut comparer les deux condamnations à mort prononcées à Oslo aux centaines d'exécutions qui ont ensanglanté Prague au début de ce mois[1].

C'est qu'en effet le Reich n'a pas apparemment, renoncé à rallier à lui l'opinion norvégienne. Les théoriciens du racisme hitlérien continuent à voir dans le peuple scandinave un peuple frère, actuellement égaré par de fausses doctrines, mais dont il convient de faire l'éducation.

Pareil point de vue donne une note particulière au régime d'occupation institué par les Allemands en Norvège. À plusieurs reprises déjà, le commissaire Terboven a fait appel à l'esprit de compréhension des Norvégiens. Il l'a renouvelé, le 4 octobre dernier, dans un discours qu'il a prononcé à Oslo à l'occasion de la fête allemande du travail.

Le commissaire du Reich a sommé les Norvégiens de choisir entre les deux termes de l'alternative suivante : ou persister dans leur actuelle hostilité à l'ordre nouveau européen et, dans ce cas, se condamner à être purement et simplement annexés par le Reich, ou se rallier franchement au parti du major Quisling et se donner ainsi la possibilité d'adhérer librement à la grande fédération germanique.

Les autorités allemandes n'ont jamais, en effet, caché leur désir de susciter en Norvège un gouvernement qui jouisse à la fois de leur confiance et de l'adhésion du pays. Elles continuaient, à cet égard, à compter sur les partisans du major Quisling. Le 25 septembre dernier, jour anniversaire de la constitution du conseil gouvernemental, créé en Norvège après l'occupation du pays par les forces allemandes, le commissaire Terboven a décidé qu'à l'avenir les conseillers porteraient le titre de ministre. Ce changement de titre souligne bien le désir qu'éprouvent les Allemands de s'appuyer sur un organisme gouvernemental qui ait l'apparence d'être une émanation de la nation. Le bruit a même couru qu'un accord était intervenu entre Quisling et Terboven, aux termes duquel l'administration allemande serait retirée de Norvège à la conclusion de la paix si, d'ici là, le parti nazi norvégien avait trouvé une base suffisamment solide, Quisling deviendrait chef d'État et président du Conseil. L'armée d'occupation resterait en Norvège jusqu'à création d'une nouvelle armée norvégienne. Elle évacuerait ensuite le

---

[1] Voir, entre autres, le T. n° 1460 de Berne en date du 20 octobre 1941 où M. de La Baume rapporte que « les services de renseignements suisses croient savoir que la terreur exercée actuellement en Bohème et en Moravie par le Gestapo viserait un but précis, à savoir le transfert de la totalité de la population tchèque dans le protectorat de Pologne ou en Russie occupée./ Le nouveau Protecteur de la Bohème, Heydrich, ancien chef de la Gestapo à Berlin, procéderait à des exécutions massives et arbitraires à l'effet de provoquer un soulèvement ou une agitation qui fournirait un prétexte pour procéder aux transferts des populations tchèques./La présence en Bohème de 6 millions de Slaves crée une coupure entre la Bavière et la Silésie, et entre l'Allemagne du Nord et l'Autriche. La carte raciale du Reich allemand se trouverait sensiblement clarifiée si cette minorité slave était décentrée. » (in Guerre 193ç-1945, Vichy, Z Europe, Tchécoslovaquie, 803).

pays, à l'exception des forts de Stavanger, Bergen, Trondheim, Narvik et Kirkenäs où elle maintiendrait des garnisons.

Il ne paraît pas, toutefois, vraisemblable que cette politique connaisse, dans l'avenir, un meilleur succès que dans le passé. Les Norvégiens ont la tête dure. Ils continuent à voir dans Quisling un traître et, dans ses partisans, des agents de l'Allemagne. Ils ne se laissent pas toucher par les appels qui leur sont adressés et tout indique que le conflit permanent qui les oppose aux forces d'occupation, et qui, selon les occasions, prend une forme tantôt larvée et tantôt sanglante, ne se résoudra que le jour où l'armée allemande évacuera la Norvège.

Guerre 1939-1945, Vichy, Z Europe, Norvège, 388 (10GMII/388)

389

L'Amiral Darlan, Vice-Président du Conseil, Ministre de la Défense national, Secrétaire d'État aux Affaires étrangères et à la Marine,
> Au général Weygand, Délégué général du Gouvernement en Afrique française,
> Au général Noguès, Résident général de France à Rabat.

T. n°s 616 à 617 (Alger),   *Vichy, 25 octobre 1941, 19 h. 50.*
951 à 952 (Rabat).

Urgent. Chiffré. Réservé. Secret.

Le gouvernement allemand a notifié au gouvernement français, qui a estimé ne pas devoir décliner son assentiment, sa décision d'instituer à Casablanca un service qui aura pour dénomination officielle celle de « consulat général d'Allemagne dans la zone française du Maroc, à Casablanca ». Le premier titulaire de ce poste est M. Auer.

Sans perdre ses attributions de représentant de la délégation allemande d'armistice pour les affaires économiques, M. Auer aura les pouvoirs qui sont généralement reconnus à un consul général. Il cumulera ces fonctions avec celles de délégué au rapatriement dans la zone française du Maroc[1].

---

[1] Theodor Auer dirigeait depuis l'automne 1940 l'Office économique allemand à Casablanca. En juin 1941, la Commission allemande d'armistice (CAA) lui a attribué le titre de « Délégué au rapatriement » [des citoyens allemands, notamment les légionnaires], que lui refuse cependant la Direction des Services français de l'armistice, car une mission de la Croix-Rouge, dirigée par von Kirschten, assisté du Dr Schmidt – des espions selon Weygand – est déjà sur place à Alger, sous prétexte de cette tâche, avec juridiction sur toute l'Afrique du Nord. Cette direction ne lui reconnaissait pas davantage un autre titre conféré par la CAA à Auer, celui de « représentant de l'Office des Affaires étrangères » auprès de la Kontrollinspektion Afrika ou KIA (Service de l'Inspection et du Contrôle en Afrique). C'est le 12 septembre 1941 que l'ambassade d'Allemagne a notifié au gouvernement français la création à Casablanca d'un bureau de l'Office des Affaires étrangères ayant le Maroc français pour circonscription, et la nomination de M. Auer comme chef de ce Bureau (voir D. en date du 18 octobre 1941 de l'amiral Darlan au général Huntziger, dans Guerre

Le consul général et son personnel jouiront des immunités et privilèges usuellement reconnus au personnel consulaire.

Le gouvernement allemand exprime, au surplus, le désir que M. Auer trouve, pour l'accomplissement de sa mission, l'appui des autorités françaises et que, notamment, il ne soit l'objet d'aucune mesure de défaveur.

De son côté, le gouvernement État allemand prescrit à M. Auer de ne rien faire qui risque de porter atteinte au prestige de la France.

J'ajoute, pour votre orientation personnelle et confidentielle, qu'il a été oralement convenu entre M. Benoist-Méchin et M. Abetz que M. Auer sera relevé d'ici peu par un de ses collègues du ministère des Affaires étrangères[1].

Je ne doute pas que vous ne saisissiez l'intérêt que, dans ces circonstances délicates, nous avons à ce que le successeur de M. Auer puisse prendre possession de son poste dans une atmosphère détendue.

Pour Alger : Communiqué à Rabat.

Pour Rabat : Communiqué à Alger.

Guerre 19349-1945, Vichy, M Maroc, 10 (6GMII/10)

390

LE GÉNÉRAL WEYGAND, DÉLÉGUÉ GÉNÉRAL DU GOUVERNEMENT EN AFRIQUE FRANÇAISE,
À L'AMIRAL DARLAN, VICE-PRÉSIDENT DU CONSEIL, MINISTRE DE LA DÉFENSE NATIONALE, SECRÉTAIRE D'ÉTAT AUX AFFAIRES ÉTRANGÈRES ET À LA MARINE.

D. n° 8924/E.D./2[2].   *Alger, 25 octobre 1941.*

Très secret.

Au cours de mon récent séjour à Vichy, vous m'avez fait connaître votre décision d'accepter l'installation prochaine en Afrique du Nord, de postes

---

1939-1945, Vichy, Y International, 29, document non reproduit). Lui attribuer le titre de « consul général » est une façon pour les autorités allemandes de contrer la résistance des autorités françaises contre les activités extra-conventionnelles de ces agents allemands et de Theodor Auer en particulier, qui est à la tête, grâce à ses fonctions, d'un important réseau d'espionnage. En fait, il ne pourra exercer les fonctions allant avec ce titre puisque cela supposerait la mise en service des consulats de France en Allemagne et surtout la signature d'un traité de paix.

[1] Theodor Auer était toujours en poste le 8 novembre 1942, lors du débarquement allié en Algérie et au Maroc.

[2] D. émanant du 2e Bureau de l'État-Major et intitulée : « Objet ; Installation des A.D.N. de postes de l'Office des Affaires étrangères du Reich ». Annotation marginale : « Cdt Suffren – Retour P1 ». Communiqué à Guerre (D.S.A.), Affaires étrangères (Cabinet) et colonel, Chef de la DDSA à Alger. Document présent aussi dans SHAT, 1P135, reproduit dans Chantal Metzger, *L'Empire colonial français dans la stratégie du Troisième Reich* (*1939-1945*, Paris, Direction des Archives/Ministère des Affaires étrangères, 2002, t. 2, Annexe 42, pp. 887-893.

de caractère diplomatique allemands, et vous m'avez informé que les villes d'Alger et de Casablanca devaient en être les sièges.

Il est hors de doute que le jour où les représentants de l'Office des Affaires étrangères du Reich arriveront en Algérie et au Maroc marquera le début d'une nouvelle phase dans le développement de la pénétration des puissances de l'Axe en Afrique du Nord[1].

C'est pourquoi je crois de mon devoir, à la veille d'une date que je considère comme capitale, de faire d'une part le point des résultats déjà obtenus par l'Allemagne et par l'Italie, et d'appeler d'autre part l'attention du gouvernement sur les conséquences probables de l'installation de ces postes officiels allemands et sur les garanties dont il convient de s'entourer avant leur arrivée.

L'état actuel de la pénétration allemande et italienne en Afrique du Nord peut se résumer comme suit :

— *Les effectifs des commissions d'armistice* n'ont cessé de croître, quelles qu'aient été les promesses qui nous ont été faites à diverses reprises. Ces effectifs atteignent actuellement le chiffre impressionnant de 697 personnes[2], absolument hors de proportion avec les nécessités d'un contrôle qui n'absorbe plus qu'une faible partie de l'activité des commissions et n'est en réalité qu'un prétexte à l'exercice d'autres activités.

— *L'espionnage* italien et surtout allemand se donne libre cours[3] et la CAA, comme la CIA, servent de camouflage, en dépit des engagements pris, à des postes SR nombreux et actifs. C'est sur le Maroc, en particulier, que l'espionnage allemand porte ses efforts : MM. Auer et Klaube, ainsi que plusieurs membres de la KIA dont nous connaissons les noms[4], consacrent le plus clair de leur activité en liaison certaine avec le SR espagnol.

— *Les propagandes* italienne et allemande *sont également en plein développement*[5] : la première sans succès, mais la seconde avec des résultats certains, dus pour la plus grande partie à la seule présence de commissions

---

[1]   Le général Weygand n'a cessé, depuis son entrée en fonction, de lutter contre les activités extra-conventionnelles des représentants de l'Axe, ce qui lui a attiré la haine d'Hitler et attisé le désir de le limoger chez Darlan qui lui attribue, en particulier, l'échec des Protocoles de Paris. Voir à ce sujet document n° 371.

[2]   *Note du document* : *Allemands - Maroc* : 48 officiers ou fonctionnaires assimilés et 153 hommes de troupe. *Algérie* : 8 officiers ou fonctionnaires assimilés et 18 hommes de troupe. *Tunisie* : 3 officiers et 4 hommes de troupe. *Mission Dankworth* (achats de véhicules) : 13 officiers ou fonctionnaires assimilés et 19 hommes de troupe. *Italiens - Algérie* : 82 officiers, 157 hommes de troupe et 12 civils. *Tunisie* : 49 officiers, 108 hommes de troupe et 12 civils. *Maroc* : 7 officiers, 8 hommes de troupe et 8 civils.

La mission Dankworth, du nom du major Karl Werner Dankworth, fut envoyée par la Commission allemande d'armistice à Tunis le 26 avril 1941. Constituée de 30 membres, elle était chargée de négocier avec les autorités françaises en place l'achat de matériel lourd, et notamment de véhicules automobiles.

[3]   Souligné dans le texte.

[4]   *Note du document* : Ma lettre n° 4740/E.M./2 du 1er juillet 1941. [Ce document n'a pas été retrouvé].

[5]   Souligné dans le texte.

allemandes nombreuses, tenant le haut du pavé, roulant en automobile malgré les restrictions, et apparaissant comme les symboles vivants de la force allemande et de notre défaite, aux yeux de populations indigènes dont la situation économique, de plus en plus difficile, rend le moral particulièrement sensible.

— *La préparation d'une action de force* par l'intérieur, et par l'extérieur *sur l'AFN est certainement en cours*[1].

Des indices d'un recensement systématique des Allemands, pour la plupart anciens légionnaires établis en AFN, et susceptibles de former les cadres d'une bonne colonne, ont été relevés[2].

Des reconnaissances très détaillées d'itinéraires, d'ouvrages d'art, de terrains d'aviation, de plages de débarquement, ont été effectuées en Tunisie et surtout au Maroc par certains membres de la CAA qui semblent spécialisés dans cette tâche[3].

— *Les libertés* prises par les commissions d'armistice *avec notre gouvernement*[4] se font tous les jours plus marquées :

— leurs avions militaires (très souvent pourvus de tout leur armement), circulent à peu près librement, sous des prétextes de liaison ou d'entraînement. Ils survolent toute l'AFN et il est à peu près établi qu'ils exécutent même des vols de guerre (reconnaissance en mer ou sur Gibraltar).

— Leurs postes radio reconnus ou clandestins constituent un réseau de plus en plus dense et actif[5].

— Leurs bagages de toute nature sont soustraits à tout contrôle effectif, soit à l'arrivée, soit au départ et toute latitude leur est de ce fait laissée d'importer en AFN des tracts ou des armes (dont l'arrivée a été signalée sans contestation possible) et d'en exporter des denrées en quantités importantes.

— Leur prétention à intervenir dans nos affaires intérieures augmente tous les jours : en une quinzaine, au Maroc, plusieurs démarches comminatoires, certaines accompagnées de menaces, ont été faites par des membres de la CAA auprès de fonctionnaires français, l'une en faveur d'un couple belge, l'autre en faveur de femmes françaises, contre lesquelles des mesures de police avaient été prescrites par la Résidence[6].

— *Notre souveraineté est constamment violée en Tunisie*[7], où il est fait un usage abusif de nos eaux territoriales, et où se multiplient les cas d'utilisa-

---

[1] Souligné dans le texte.

[2] *Note du document* : Ma lettre n° 8420/E.M./2 du 11 octobre 1941. [Traitant de « l'activité suspecte de la Commission Auer-Klaube », elle se trouve dans Guerre 1939-1945, Vichy, Y International, 29, document non reproduit)].

[3] *Note du document* : Ma lettre n° 8873/E.M./2 du 23 octobre 1941 [Ce document n'a pas été retrouvé].

[4] Souligné dans le texte.

[5] *Note du document* : Ma lettre n° 6509/E.M./2 du 17 août 1941 (adressée à Monsieur le Ministre de la Guerre, – D.S.A.) [Ce document n'a pas été retrouvé].

[6] On n'a pas retrouvé de traces de ces interventions dans les archives de La Courneuve.

[7] Souligné dans le texte.

tion de nos aérodromes par des avions en mission de guerre soi-disant en difficulté et les survols de notre territoire par les avions se rendant d'Italie en Libye ou vice versa (550 environ au cours de la première quinzaine d'octobre, au lieu de 150 en moyenne pendant les quinzaines précédentes), certains de ces survols ayant pris l'allure de provocations caractérisées[1].

L'installation en Afrique du Nord de postes à caractère diplomatique allemands peut avoir, sur le plan de la politique générale, de incidences qu'il ne m'appartient pas d'examiner[2].

Au point de vue de l'Afrique du Nord, sans parler d'une nouvelle baisse de notre prestige auprès des populations indigènes, d'un aliment nouveau donné à la propagande anglo-saxonne et gaulliste, et d'une accentuation possible des difficultés rencontrées dans nos négociations avec les États-Unis au sujet du ravitaillement de l'AFN, la conséquence la plus grave de cette installation sera une augmentation certaine des facilités offertes aux puissances de l'Axe dans le domaine de la propagande, de l'espionnage et de la préparation d'un coup de force.

Le tableau esquissé ci-dessus de l'état actuel de la pénétration italo-allemande montre que, malgré la lutte pied-à-pied soutenue depuis un an, nous avons déjà atteint le point critique qui ne peut être dépassé, sous peine de voir l'Afrique du Nord échapper complètement au contrôle des autorités françaises.

C'est pourquoi je crois devoir appeler tout spécialement votre attention sur les garanties qu'il est indispensable de prendre, au moment où se négocie l'accord relatif à la mise en place des nouveaux postes diplomatiques allemands en Afrique.

Il convient, en particulier, de préciser très nettement :

– la limitation aux deux seules villes de Casablanca et d'Alger de l'installation de ces postes, étant bien entendu qu'aucune annexe ne pourra être ouverte en dehors ;

– les effectifs de ces postes qui, une fois fixés par un accord écrit (petit personnel compris), ne devront pas être dépassés[3] ;

– la qualité de leurs divers membres, les fonctions qu'ils rempliront, les autorités françaises auprès desquelles ils seront accrédités, les contacts directs qu'ils seront en droit de prendre auprès de sociétés privées ou de groupements économiques ;

---

[1] *Note du document* : Ma lettre n° 8553/E.M./Air, adressée à l'amiral Farina, et dont Monsieur le Ministre de la Guerre, (D.S.A.), a reçu copie. [Ce document n'a pas été retrouvé, mais on peut se référer à l'abondante correspondance de l'amiral Esteva à propos des violations de l'espace aérien tunisien dans Guerre 1939-1945, Vichy, P Tunisie, 28, 32].

[2] Voir document n° 389.

[3] *Note du document* : À titre indicatif, il y a lieu de rappeler qu'un consulat général français en Allemagne, particulièrement important comme l'était celui de Hambourg avant la guerre, ne comprenait que 2 agents de carrière, ayant seuls droit au passeport diplomatique, et un nombre d'auxiliaires ne dépassant pas 10 personnes (dactylos et téléphonistes compris).

— leurs droits en ce qui concerne le logement, droits à limiter, selon moi, à la réoccupation du consulat d'Alger et à l'affectation, à Casablanca, d'un bâtiment d'importance analogue[1] ;

— la délimitation de leur rôle par rapport à celui des commissions allemandes déjà sur place, auxquelles ils enlèveront très probablement une part de leurs attributions actuelles (questions économiques, questions de rapatriement, etc.) ce qui devrait entraîner une réduction d'effectifs de ces organismes.

Je vous serais reconnaissant de vouloir bien me fixer dès que possible sur les points ci-dessus, afin de me permettre de donner des consignes précises aux diverses autorités de l'Afrique du Nord avant l'arrivée des diplomates allemands et de parer dans toute la mesure en mon pouvoir, à l'augmentation de risques que constituera leur présence.

Guerre 1939-1945, Vichy, Délégation générale du Gouvernement en Afrique française

391

M. Charles Arsène-Henry, Ambassadeur de France à Tokyo,
À l'Amiral Darlan, Vice-Président du Conseil, Ministre de la
Défense nationale, Secrétaire d'État aux Affaires étrangères
et à la Marine.

T. nos 1101 à 1102.   *Tokyo, 26 octobre 1941, 9 h. 30.*

(*Reçu : le 27, 1 h.*)

Les premières déclarations des membres du nouveau gouvernement[2] ont été faites sur un ton conciliant auquel personne ne s'attendait et, par

---

[1] *Note du document* : Des difficultés considérables ont été rencontrées à Alger et Casablanca pour le logement des Commissions d'armistice.

[2] Dans son T. nos 1073 à 1075 en date du 13 octobre 1941, Charles Arsène-Henry signalait que le gouvernement du prince Fumimato Konoyé commençait à « être très vivement pris à partie dans la presse » et rendu responsable de tout ce qui va mal » (manque de matières premières et de main-d'œuvre qualifiée, baisse de la production industrielle, dépenses écrasantes, etc). Mais selon l'Ambassadeur, « ce sont les difficultés extérieures du pays qui sont les plus voyantes et qui suscitent les campagnes les plus violentes », notamment des adversaires des Anglo-Saxons, partisans d'une participation effective à la guerre. « De source sérieuse », les négociations de Washington auraient même accroché au sujet de l'évacuation de l'Indochine demandée par les Américains. Le 15 octobre (T. nos 1079 à 1080), « le bruit court avec persistance » d'un renversement très prochain du cabinet Konoyé et les pronostics prévoient soit une « dictature militaire extrémiste », soit « un cabinet présidé par l'amiral Toyada comprenant surtout des militaires ou des marins de tendance moins belliqueuse. La démission du cabinet Konoyé est annoncée le 16 octobre et son successeur, désigné le 17, est son ancien ministre de la Guerre, le lieutenant-général Hideki Tojo, qui réunit aussi les portefeuilles de la Guerre et de l'Intérieur, ce qui paraît dangereux aux yeux de l'ambassadeur français, même si la dictature militaire « n'est peut-être pas établie pour le moment » : « Le général Tojo, écrit-il, est un technicien et un administrateur qui a fait le minimum de service dans l'Armée proprement dite ayant passé presque toute sa vie dans les commissions d'armement, les

réaction naturelle, on en a conclu que la politique du Japon ne serait pas plus agressive que ces derniers temps. Il en est résulté une détente marquée de la tension que je vous avais signalée. La presse japonaise a pratiquement cessé sa campagne contre les Anglo-Saxons ; la nouvelle que les navires américains ne ravitailleraient plus directement Vladivostok avait été très favorablement accueillie[1] ; trois grands paquebots japonais ont appareillé pour l'Amérique.

Mais vers le milieu de la semaine on a appris que le ravitaillement en munitions continuerait et que seul le pétrole ne serait plus chargé par les navires américains ; puis on a su que les pétroliers russes allaient assurer le transport du pétrole américain vers la Sibérie orientale. Tout le bon effet produit par la première nouvelle a été détruit et la campagne de presse a repris avec plus de violence encore. Les États-Unis sont accusés de manquer de sincérité et le thème courant est que les négociations de Washington auraient dû interrompre leur aide aux Russes et leurs intrigues à Tchoung King. Le *Yamato*[2] va jusqu'à dire qu'actuellement le seul problème qui se pose pour les Japonais est de savoir s'il faut chasser tout de suite les Américains d'Asie ou s'il convient de conclure avec eux une trêve permettant de les chasser plus tard avec plus de facilité.

La nouvelle que le gouvernement convoquerait la Diète pour une session extraordinaire de 5 jours qui se tiendra 5 semaines avant la session ordinaire, a surpris tout le monde. Le fait est commenté de façons diverses : les uns y voient surtout le moyen de reprendre en main le pays et de faire accepter par ses représentants la « nouvelle structure » intégrale qui est une

écoles et les bureaux du Ministère. Il passait autrefois pour très avancé, mais les gens le connaissant assurent que depuis quelques années, il s'est beaucoup assagi. Il a choisi comme ministre des Affaires étrangères M. Togo, ancien ambassadeur à Berlin et Moscou, homme intelligent et plein d'expérience. M. Togo est marié à une Allemande et il a toujours été en faveur d'une politique de rapprochement avec les puissances de l'Axe. [...] Il faut certainement s'attendre, en ce qui concerne la politique intérieure, à un renforcement de toutes les mesures que l'on désigne ici sous le nom de mobilisation intégrale et qui tendent vers la spoliation des particuliers au profit de l'État. [...] En ce qui concerne la politique extérieure, il paraît vraisemblable que le Japon se rapprochera de l'Allemagne. » (T. n°s 1082 à 1984 en date du 18 octobre 1941). Tous ces documents non reproduits dans Guerre 1939-1945, Vichy, E Asie, Japon, 311, où on trouvera aussi la liste complète du nouveau cabinet et divers commentaires. Dans le dossier Japon, 307, de la même série, on a des remarques complémentaires du service des Colonies sur certains membres dont M. Masayuki Tani, nouveau chef du Bureau de l'Information qui fut écarté de l'ambassade du Japon à Paris (Voir *DDF (1939-1944)*, 1939, document n° 112, note 2) ; l'amiral Terajima, ministre des Chemins de fer et Communications, « anglophobe et américanophobe notoire », mais par contre « un ami de la France » qui « l'est peut-être resté ». Enfin dans les Papiers 1940, Bureau d'études Chauvel, 54, on trouve une note du 20 octobre 1941 sur le « Nouveau cabinet japonais » avec de courtes biographies. On y apprend que le général Tojo, né en 1884, ancien directeur de l'école des Cadets, a commandé une division lors de la guerre de Chine en Mandchourie et est « un franc admirateur des méthodes allemandes ; il fut attaché à Berlin en 1919. C'est lui qui déclare en 1937 que le Japon devait être prêt à combattre simultanément la Chine et la Russie. » À l'issue de la première réunion du nouveau cabinet, il a défini les bases de la politique japonaise comme suit : « 1) mener à une conclusion victorieuse la campagne de Chine ; 2) créer la communauté de la Grande Asie comme contribution à la paix mondiale ; 3) à l'extérieur, resserrement des relations avec les puissances de l'Axe ; 4) à l'intérieur, renforcement de la structure de guerre et mobilisation de toutes les forces. »

[1] Voir à ce sujet les documents n°s 330, 339, 340 et notes.

[2] « *Yamoto* » est un terme ancien qui désigne la région autour de l'ancienne capitale, Nara, et par extension, le Japon.

sorte de socialisme d'État très étroit ; d'autres pensent que le parti militaire triomphant veut imposer au peuple sa politique extérieure et l'on chuchote dans certains milieux japonais que la guerre éclatera en décembre.

En fait il m'est revenu de source sûre que les mobilisations aussi bien de soldats que de marins ont repris depuis quelques jours par des appels individuels nombreux.

Mon impression générale est pour le moment que le gouvernement dirige avant tout son action sur la question intérieure et que ce ne sera que lorsqu'il sera certain d'obtenir une obéissance absolue qu'il pourra se lancer dans une aventure extérieure.

Cependant il est certain que le parti de la guerre n'a pas abandonné la partie. Ce n'est certainement pas par amitié pour l'Allemagne qu'il désire entrer en lutte à ses côtés et l'on peut constater depuis quelque temps qu'un sentiment anti-allemand se développe ici. Mais les extrémistes ont une grande peur de laisser passer l'occasion et de ne s'engager que lorsqu'il sera trop tard.

On (…)[1] d'ailleurs à dire que la décision est déjà prise et que l'attitude relativement conciliante du gouvernement a pour seul but de convaincre tous les Japonais que les Américains sont si intraitables qu'il n'y a pas moyen d'éviter le conflit avec eux.

Je continue à penser qu'une guerre avec l'Amérique serait une telle catastrophe pour le Japon que les hommes dirigeant véritablement le pays ne peuvent pas ne pas faire tout ce qu'ils pourront pour l'éviter. Je relève à ce propos que le nouveau ministre des Communications, l'amiral Terashima, vient de déclarer à une réunion d'armateurs que le nombre de cargos de tonnage moyen (4 à 7 000 tonnes) est très insuffisant pour que les transports indispensables soient assurés à l'intérieur de la zone de (…)[2], même si la Marine impériale assurait au (…)[3] la sécurité absolue dans cette zone. Il m'a été rapporté de source sûre que des hommes d'affaires japonais en relations étroites avec les extrémistes émettaient ces jours derniers l'opinion que, si la guerre éclatait, le Japon devrait, en raison de son manque de fret, évacuer d'urgence tous les territoires qu'il occupe au-delà du détroit de Formose. Il y a là probablement quelque exagération, mais la crise du fret est certaine : je l'ai déjà signalée au Département, et au surplus elle a déjà de fortes répercussions sur les échanges avec l'Indochine.

Guerre 1939-1945, Vichy, E Asie, Japon, 311 (3GMII/311)

---

[1] Lacune de déchiffrement.

[2] Lacune de déchiffrement.

[3] Lacune de déchiffrement.

392

L'Amiral Darlan, Vice-Président du Conseil, Ministre de la Défense
nationale, Secrétaire d'État aux Affaires étrangères et à la
Marine,
  Au général Bergeret, Secrétaire d'État à l'Aviation (E.M.A.A.2).

D. n° 21919 pol.[1]   Vichy, 27 octobre 1941.

Notre ambassadeur à Pékin me prie de vous transmettre de la part de
notre attaché de l'Air en Chine le message suivant :

« 1) Le but principal de l'offensive déclenchée le 18 septembre contre
Chang-Sha par des forces japonaises se montant à 80 000 hommes environ
aurait été l'entraînement de divisions récemment refondues et formées aux
trois quarts de jeunes recrues. Les Japonais, après avoir pénétré dans cette
ville le 27 septembre, l'ont évacuée le 3 octobre et sont revenus à leur base
de départ probablement par suite :

a) du manque de ravitaillement en vivres et en matériel ; la destruction
systématique des voies de communication effectuée par les Chinois dans la
région a désorganisé les transports ;

b) de la contre-offensive que les Chinois avaient déclenchée dans l'ouest
de Hou-Pé.

Chang-Sha fut atteinte par des unités de cavalerie et d'infanterie nippones qui, sans combat sérieux, réussirent à gagner cette ville par un mouvement débordant effectué très au large à l'est de la voie ferrée Hankéou-Si.

Au sud du lac Tung-Ting des combats sanglants par les deux adversaires
continuent mais les positions chinoises ne purent être entamées.

2) D'après ce que m'a laissé entendre l'Attaché naval adjoint américain,
les États-Unis sont bien décidés à monter en Chine, d'ici la fin de l'année,
une aviation américaine (personnel et matériel)[2]. Mon interlocuteur m'a
confirmé qu'on envoyait actuellement aux Philippines, en Malaisie et aux
Indes néerlandaises de très nombreux avions américains. Il n'a pas paru
surpris par le chiffre de 1 800 avions aux Indes néerlandaises, que je tenais
d'une autre source. Dès à présent les aviations antagonistes de l'aviation
japonaise en Extrême-Orient, qui ont un matériel de premier ordre, sur-
classent très largement, à son avis, cette dernière qui n'a qu'un matériel de
second ordre.

3) Il pense également que les militaires japonais étant contraints d'agir
soit au Siam soit contre les Russes, sous peine d'être obligés de s'effacer
devant les civils, les pourparlers américains n'ont aucune chance d'aboutir.

Guerre 1939-1945, Vichy, E Asie, Chine, 134 (3GMII/134)

---

[1] D. intitulée « A.s. Situation militaire en Extrême-Orient ».

[2] Voir à ce sujet, document n° 346, note 3.

393

M. de La Baume, Ambassadeur de France à Berne,
À l'Amiral Darlan, Vice-Président du Conseil, Ministre de la
Défense nationale, Secrétaire d'État aux Affaires étrangères
et à la Marine.

T. n° 1497.   *Berne, 28 octobre 1941.*

En clair.   (*Reçu*[1] : le 30, 18 h.)

D'après les indications que j'ai recueillies auprès de mon collègue de Lituanie, l'état de choses dans son pays, et sans doute aussi celui que l'on pourrait constater dans les autres Pays Baltes, se caractérise de la manière suivante :

Le gouvernement est entre les mains d'un commissaire qui s'intitule « commissaire pour l'ancien État libre de Lituanie ». Il est assisté de fonctionnaires dont la hiérarchie descend jusqu'au niveau des districts, l'administration des communes étant laissée à des municipalités autochtones. L'occupation militaire a à peu près cessé et la police est confiée à des forces nationales.

Un Parti national s'est constitué récemment ayant à sa tête un ancien aide de camp de Valdemaras. Son programme est collaborationniste. Un seul journal est édité ; sa direction est entre les mains allemandes.

L'activité bancaire est contrôlée entièrement par la Reichsbank[2] qui a installé diverses succursales dans le pays. Deux monnaies circulent : le mark et le rouble, un mark pouvant être échangé contre dix roubles.

L'occupation russe avait fait disparaître la propriété privée. Quand les armées allemandes eurent conquis le pays, l'administration des industries et des domaines expropriés par les Soviets fut confiée à des fonctionnaires séquestres venus de Berlin. Aujourd'hui, des mesures sont prises pour restaurer la propriété privée. Le point de départ en est le suivant : le Reich, successeur de l'État russe, se considère comme le propriétaire de la terre et des entreprises. Il est disposé à les rendre aux anciens propriétaires, mais en s'en faisant verser le prix par ceux-ci, ce prix représentant une sorte d'impôt de « libération ». Pour faciliter ce rachat, le Reich consent à faire des avances dont le remboursement est prévu comme devant être aisé et rapide, étant donné le meilleur rendement auquel seront soumis désormais domaines et entreprises. Les cultures, le cheptel, par exemple, commencent à être obligatoirement standardisés en vue d'accentuer ce rendement.

Mon collègue prétend que ses compatriotes s'accommodent à peu près de cet état de choses qui représente malgré tout une amélioration réelle par rapport au régime de l'occupation russe. Les Soviets étaient en passe

---

[1] Par courrier. (28 octobre 1941)

[2] La Reichsbank : banque centrale allemande.

d'ailleurs de transférer en Sibérie une fraction importante de la population. Après avoir mis à part les sujets qu'ils étaient assurés de bolcheviser, ils avaient distingué quatre groupes destinés à être successivement déportés. En juin dernier, le premier groupe, comprenant même des vieillards et des enfants, avait été arraché de la mère-patrie. Le reste allait suivre promptement, quand sont arrivés les Allemands[1].

Sans doute l'avenir n'est-il guère chargé de promesses ni d'espoir, tout au moins sous l'aspect de l'indépendance politique. La formule de « l'ancien » État libre de Lituanie n'apporte pas de réponse aux questions que peut se poser notamment l'importante émigration lituanienne qui se groupe aux États-Unis (un million d'émigrés environ) et qui est abondamment pourvue de fonds. Les Lituaniens espéraient mieux après que se fut spontanément organisée l'insurrection qui devait faciliter l'entrée et la progression des troupes allemandes en Lituanie. Les militaires allemands, m'a dit M. Turauskas, avaient eu une conception plus généreuse, et plus équitable, mais le Parti en a décidé autrement.

Guerre 1939-1945, Vichy, E Europe, Pays baltes, 870 (10GMII/870)

394

M. Pietri, Ambassadeur de France à Madrid,
À l'Amiral Darlan, Vice-Président du Conseil, Ministre de la Défense nationale, Secrétaire d'État aux Affaires étrangères et à la Marine.

T. n° 1603.   *Madrid, 29 octobre 1941.*

En clair.   (*Reçu*[2] : le 2 novembre, à 12 h.)

L'ambassadeur des États-Unis, à un déjeuner très intime donné pour Madame Leahy, m'a entretenu du discours de M. Roosevelt, sur un ton de gravité qui m'a paru, je dois le dire, quelque peu étudié.

1 – Après une période d'hésitation, a-t-il déclaré, le Président semble résolu, sinon à se jeter dans la guerre, du moins à ne plus rien faire pour l'éviter. Les récentes attaques allemandes sur des unités de notre marine de guerre ont été très vivement ressenties aux États-Unis, et M. Roosevelt, qui est fort attentif aux remous de l'opinion, a tenu d'autant plus volontiers ce langage que le vœu du pays se trouve désormais correspondre à sa propre inclination.

2 – J'ai rapproché le propos de mon collègue de ce qui m'avait été dit, il y a quelques jours, par le ministre de Turquie, lequel vit et se complaît dans

[1] On trouvera dans Guerre 1939-1945, Vichy, Z Europe, Pays baltes, 874, de nombreux documents sur la situation sous régime soviétique, notamment des copies des bulletins mensuels, *Nouvelles de Lithuanie*, transmises par l'ancien ministre de ce pays en France, M. Petras Klimas.

[2] Par courrier.

le milieu diplomatique anglais, et dont les informations n'ont certainement pas d'autre source. M. Foat-Tugay m'avait confié que, lors de la rencontre du *Potomac*[1], M. Churchill aurait représenté qu'au point où en était parvenu l'effort de production des États-Unis, il n'y avait plus de raison pour que ceux-ci différassent davantage leur entrée en guerre. À quoi M. Roosevelt aurait répondu qu'il n'était plus aussi sûr qu'auparavant de l'opinion américaine, à laquelle l'affaire russe avait imprimé un recul assez marqué, et qu'il demandait le temps de la reprendre et de la réorienter. Le ministre de Turquie croyait savoir que, depuis les derniers incidents navals, M. Roosevelt se montrait pleinement satisfait de l'état d'esprit de son public.

3 – M. Weddell m'a posé ensuite, à brûle-pourpoint, avec le dédain des nuances qui est propre aux hommes d'État américains, la question suivante : « Si mon pays entrait effectivement dans la guerre, pensez-vous que les Espagnols y entreraient à leur tour ? ». J'ai cru devoir répondre : « Ils ne le feraient pas spontanément, car ils ont toujours cherché à s'en abstenir, mais il est vraisemblable que les Allemands viendraient d'eux-mêmes prendre, dans la péninsule, les positions qu'ils auraient jugées nécessaires et, dans ce cas, je crois que l'Espagne ne demeurerait point passive et qu'elle joindrait son action à celle de l'Axe ». « Mais le spectre de la famine ? ». « Précisément, comme l'occupation allemande le leur fait entrevoir de toute manière, une participation effective au conflit ne changerait rien à leur infortune ». « Et, si les choses demeuraient en l'état, tenez-vous pour probable une incursion allemande en Espagne ? ». Sur ma réponse négative, l'ambassadeur a reconnu qu'il avait, d'autre part, les mêmes renseignements.

4 – J'ai saisi l'occasion de notre entrevue pour parler à mon collègue de l'affaire de Djibouti et des intentions manifestées par le télégramme de Votre Excellence n° 999[2]. J'ai déploré que l'absence de sir Samuel Hoare, qi paraît se prolonger, et une indisposition survenue à M. Yencken, son conseiller, m'empêchassent de faire, à ce sujet, la démarche urgente qui m'était prescrite. Il m'a offert de s'en occuper lui-même, et il a ajouté : « Je comprends mal cette opération ».

5 – Je lui ai signalé enfin, à un moment où il faisait allusion aux dispositions de l'opinion américaine à notre égard qu'il me donnait pour bien meilleure qu'il y a six mois, l'article odieux d'un des dernières numéros du grand illustré *Life* sur le gouvernement de Vichy et sur la personne même du Maréchal. Il ne le connaissait pas et m'a promis de s'enquérir.

[1] Le *Potomac* était le yacht présidentiel de Franklin D. Roosevelt, utilisé à quelques reprises pour des rencontres politiques informelles. Lors d'une conférence secrète entre le président américain et le Premier ministre britannique, du 9 au 12 août 1941 sur ce bateau, au large de Terre-Neuve, fut élaborée la Charte de l'Atlantique.

[2] Télégramme envoyé de Vichy le 27 octobre 1941 : l'attention de l'ambassade des États-Unis à Vichy a été attirée sur la responsabilité que l'Angleterre venait d'assumer en attaquant la possession française des Somalies. « M. Pietri voudra bien saisir la première occasion pour exprimer à l'ambassade d'Angleterre notre indignation contre cette nouvelle attaque à nos droits souverains » (résumé *in* Guerre 1939-1945, Vichy, C État français, 49). Sur l'affaire de Djibouti, voir le document n° 75.

6 – Par dépêche séparée, j'informe le Département des détails que m'a fournis l'ambassadeur sur son long différend avec M. Serrano Suñer[1]. J'y ai trouvé l'explication de l'antipathie réciproque et, selon moi, durable qui sépare ces deux hommes, impulsifs l'un et l'autre et également susceptibles.

Guerre 1939-1945, Vichy, B Amérique, États-Unis, 34 (1GMII/34)

395

LE GÉNÉRAL NOGUÈS, RÉSIDENT GÉNÉRAL DE FRANCE À RABAT,
À L'AMIRAL DARLAN, VICE-PRÉSIDENT DU CONSEIL, MINISTRE DE LA
DÉFENSE NATIONALE, SECRÉTAIRE D'ÉTAT AUX AFFAIRES ÉTRANGÈRES
ET À LA MARINE.

T. nᵒˢ 1096 à 1102.   *Rabat, 30 octobre 1941, 3 h. 30.*

(*Reçu* : le 30, à 7 h. 15).

Je me réfère à votre télégramme nᵒˢ 951-952[2].

Conscient des difficultés de la position dans laquelle se trouve placé le gouvernement en présence des exigences allemandes et des dures nécessités qui s'imposent à nous dans nos relations avec les représentants du Reich, je puis assurer Votre Excellence, comme vous l'a télégraphié le général Weygand, que les directives fixées par son télégramme seront exactement observées.

Afin toutefois, que le Département puisse m'aider à limiter les dangers que ne manquera pas d'avoir, en ce qui concerne la sécurité de notre établissement au Maroc, l'installation du nouveau consulat général[3], je crois de mon devoir de préciser dès maintenant, ci-après, quelles seront les conséquences très graves de cette décision :

De par sa qualité même de consul général, le représentant allemand va avoir, sous le couvert du règlement d'affaires consulaires et notamment commerciales, liberté entière de contact avec les divers éléments de la population du Maroc. Son action de propagande dans les milieux indigènes, qui trouvera dans les anciens protégés et commensaux allemands des auxiliaires précieux, ne pourra plus être mise en échec et il nous sera

---

[1] Ces détails sont en effet rapportés dans le T. nᵒ 1610 de F. Pietri au Département en date du 31 octobre 1941 (Guerre 1939-1945, Vichy, Z Europe, Espagne, 242, document non reproduit). Déjà refroidis par des campagnes de la presse espagnoles, les rapports entre l'ambassadeur Wedell et Serrano Suñer se sont brusquement aigris à partir d'avril 1941. Plusieurs lettres de l'Ambassadeur à des collaborateurs leur étant parvenues « avec les marques ostensibles d'un contrôle allemand », les deux hommes ont échangé à ce propos des notes jugées réciproquement injurieuses. L'incident n'est clos qu'à la fin de septembre, grâce notamment à la médiation du Nonce, doyen du corps diplomatique.

[2] Document nᵒ 389.

[3] Consulat général d'Allemagne dont la création a été annoncée aux autorités françaises le 25 octobre. Voir document nᵒ 389.

impossible désormais, pour le contenir, d'invoquer à son égard, les limites d'attribution définies par la Convention d'armistice.

Le péril sera d'autant plus grand que le représentant allemand pourra tour à tour invoquer sa qualité consulaire pour étendre ses attributions et ses contacts, et se prévaloir, d'une part, pour éviter toute censure, de sa qualité de membre de la Commission d'armistice. Si l'on songe au sentiment de trouble et d'inquiétude que M. Auer avait, il y a quelques mois, alors que nous n'avions pas encore limité ses contacts, réussi à jeter dans l'esprit de nos protégés, on ne peut s'empêcher de redouter le pire, quant à la possibilité qu'aura, dans l'incertitude de la situation actuelle, le représentant allemand.

La reconnaissance d'autre part, de sa qualité officielle, sa présence dans les cérémonies publiques (notamment à la présentation au Sultan du Corps consulaire à la fête du Trône), le fait enfin que pour la première fois depuis 1914 le pavillon allemand sera hissé au Maroc, alors que la paix n'est pas encore signée, matérialiseront aux yeux des indigènes la rentrée sur la scène politique marocaine d'une puissance qui y fut longtemps notre rivale et qui y a toujours gardé des ambitions. La création, par priorité de date au Maroc, d'un consulat général allemand, alors qu'il n'en est pas encore installé à Alger, ni à Tunis où cependant le Reich était représenté avant la guerre, ne manquera pas d'être interprété comme significatif de visées particulières sur le Protectorat marocain. Pour ceux qui sont avertis des choses de ce pays, et de la tendance naturelle à la mentalité indigène de prendre toujours dans tous les camps des contre-assurances, le danger apparaîtra de voir le consulat général d'Allemagne devenir le pôle d'attraction vers lequel convergeront les mécontents et les indécis.

Pour faire face dans la mesure du possible, à cette aggravation de la situation, il serait indispensable, ainsi que le souligne le général Weygand, dans sa lettre n° 8,924/EM/2 du 25 de ce mois[1], de préciser et de limiter les conditions de fonctionnement du nouvel organisme en ce qui concerne ses effectifs, la qualité de ses membres, les contacts qu'ils pourront prendre, leur droit de logement, la délimitation de leur rôle par rapport à celui des commissions militaires.

J'ajoute que, pour le Maroc plus spécialement, il y aurait lieu en outre, d'obtenir des assurances sur les points suivants :

1°) Le consulat général (un passage manque dont répétition a été demandée) s'étendra seulement aux Allemands à l'exclusion des ressortissants des pays occupés par l'Allemagne. Je rappelle à cet égard que les intérêts belges sont confiés au consulat des États-Unis et les intérêts néerlandais et norvégiens au consulat de Suède.

2°) Il serait nécessaire, qu'il soit bien précisé que le consul général et ses collaborateurs ne se prévaudront pas, dans l'exercice de leurs fonctions, des privilèges et immunités reconnus à la Commission d'armistice.

3°) Enfin le gouvernement du Reich devrait être prévenu à nouveau que, si le consulat allemand attire l'attention sur son existence par une activité

---

[1] Voir document n° 390.

trop marquée, la propagande pro-anglaise regagnera rapidement le terrain qu'elle a perdu en grande partie grâce à la discrétion dont a su faire preuve jusqu'ici la Commission militaire d'armistice.

Communiqué au général Weygand.

Guerre 1939-1945, Vichy, Y International, 29 (6GMII/29)

396

Note pour M. Benoist-Méchin

N.[1]	*Vichy, 31 octobre 1941.*

Au cours d'un entretien avec M. Armand Bérard à Wiesbaden, le consul général Schellert lui a remis le 15 octobre une note indiquant que, d'après des renseignements parvenus de Shanghaï à la Commission d'armistice de Wiesbaden, les autorités de la Concession française de cette ville interdiraient la vente des imprimés de provenance allemande et empêcheraient l'établissement, sur le territoire soumis à leur administration, d'organismes économiques et culturels allemands. En revanche, elles laisseraient libre cours à l'activité des éléments bolchevistes[2].

Notre ambassadeur en Chine, spécialement interrogé sur ce point par le Département, vient de lui faire savoir qu'à sa connaissance aucun obstacle n'avait été mis à la circulation des imprimés de provenance allemande sur la concession française de Shanghaï ou que des organismes allemands économiques et culturels y aient été interdits. Bien au contraire, M. Cosme avait, dès août 1940, donné des instructions pour qu'aucune entrave ne fût apportée à la publicité commerciale allemande. M. Cosme annonce d'ailleurs l'envoi prochain au Département d'un complément d'informations à ce sujet.

Notre ambassadeur est, d'autre part, intervenu spontanément il y a environ un mois pour enrayer le développement de la propagande soviétique

---

[1]	Annotation marginale manuscrite : « Original remis à M . Rochat. » ; « remise à M. Monmaison (??) (bureau 227) ch[argé] de mission à la Vice-présidence du Conseil, sur sa demande le 12-XI-41, l'original ayant été égaré par les œuvres de M. Benoist-Méchin.

[2]	Voir dans Guerre 1939-1945, Vichy, E Asie, Chine, 143, l'extrait du compte-rendu de l'entretien entre M. Bérard et le consul général Schellert, transmis sous bordereau n° 21893 Pol en date du 25 octobre 1941 aux services de l'Armistice du Département, avec l'annotation marginale manuscrite : « Tél. à Pékin 28.10.41 ». Il est aussi signalé que la note remise par la Commission allemande d'armistice a été donnée directement à M. Lacoste par M. Lalouette. Au cours de l'entretien, Schellert « a précisé qu'à la différence d'autres plaintes formulées par la Commission allemande d'armistice à l'adresse de certains diplomates français, celle-ci ne visait en rien le conseiller d'ambassade chargé du consulat général de France à Shanghaï. Les autorités allemandes n'avaient aucun reproche à adresser à M. de Margerie, dont elles appréciaient la parfaite correction. Aussi avaient-elles pris soin de ne pas le mentionner dans leur note. Ce qu'elles souhaitaient seulement, c'est qu'il fut mis fin à une situation de fait qui leur était défavorable. »

sur le territoire placé sous notre administration, et a notamment fait interdire la vente d'une importante littérature communiste qui était déposée
dans l'une des librairies de la concession. Il vient, enfin, de faire suspendre
la projection de films soviétiques qui passaient dans une salle de la concession, encore que ceux-ci ne fussent pas considérés comme tendancieux, afin
de couper court à tout risque d'interprétation défavorable[1].

Guerre 1939-1945, Vichy, E Asie, Chine, 143 (3GMII/143)

397

Note pour M. Benoist-Méchin

N.   *Vichy, 2 novembre 1941.*

1° La nomination de M. Scapini comme chef de la délégation diplomatique française à Berlin implique que la protection des intérêts français en
Allemagne (territoire du Reich proprement dit, ainsi que Protectorat et
Gouvernement général sera désormais assurée par les soins de cette délégation).

2° Il convient donc de décharger officiellement de cette protection le
gouvernement américain qui en assumait la charge depuis septembre 1939.
(Tout en le priant d'ailleurs de continuer à protéger nos intérêts dans tous
les territoires occupés par l'Allemagne – Norvège, Belgique, Pays-Bas,
Yougoslavie, etc.).

3° Estimez-vous le moment venu de procéder à cette démarche ? La
situation est-elle assez éclaircie sur le plan franco-allemand pour échapper
à tout risque de nous trouver dans une fausse position, le gouvernement
américain se trouvant déchargé à notre demande de la protection de nos
intérêts et notre délégation à Berlin ne se trouvant pas en fait en mesure de
l'assurer ?

Quelle que soit la situation faite à l'avenir par les autorités allemandes à
notre délégation à Berlin, il y a lieu de s'assurer de toute urgence que la
délégation française à Berlin se trouvera substituée automatiquement et de

---

[1] Voir la réponse de M. Cosme, résumée dans cette note, par le T. n°s 645 à 648 de Pékin en
date du 30 octobre 1941. Voir aussi la note pour le service de l'Armistice du même jour, ainsi qu'à
la suite de la demande de M. Cosme, à M. de Margerie, de nouveaux détails sur la question donnés
par ce dernier : les imprimés de provenance allemande sont soumis au même régime que ceux de
provenance étrangère et le cas d'une librairie allemande fermée parce qu'elle n'était pas en règle
a été résolu ; aucune entrave sur les organismes économiques et levée des restrictions de la publicité
commerciale allemande dès le mois d'août 1940 ; examen qui sera sans doute favorable de l'ouverture d'une école de médecine pour les Chinois par le président de l'hôpital allemand, Paulun,
malgré la « concurrence évidente que cet établissement pourra faire à l'Aurore » ; mêmes obligations pour les organismes soviétiques, et maintien de l'interdiction complète des films déjà prescrite. (*in* Guerre 1939-1945, Vichy, E Asie, Chine, 143, documents non reproduits).

plein droit aux agents américains dans la protection de nos intérêts dans le territoire proprement dit du Reich, ainsi que dans le Protectorat et le Gouvernement général.

Guerre 1939-1945, Vichy, C État français, 20 (2GMII/20)

398

M. de la Baume, Ambassadeur de France à Berne,
    à l'Amiral Darlan, Vice-Président du Conseil, Ministre de la
        Défense nationale, Secrétaire d'État aux Affaires étrangères
        et à la Marine.

T. n° 1528.   *Berne, 3 novembre 1941.*

En clair.   *(Reçu*[1] *: le 6, 18 h.)*

J'apprends que, au cours d'une réunion privée tenue à Zurich, le Dr. Kordt, premier secrétaire de la légation d'Allemagne à Berne, a fait sur les plans allemands intéressant l'organisation de l'Europe des réflexions qui, parce qu'elles reproduisent presque textuellement celles dont j'ai rendu compte dans mon télégramme n° 1516[2] comme émanant de l'attaché de presse à la légation d'Allemagne, paraissent bien constituer un thème arrêté de propagande. Même à ce titre, elles ne sont peut-être pas inutiles à rapporter.

Le Dr. Kordt a commencé par dire que l'exécution des otages en France et la terreur exercée en Bohême avaient été très critiquées dans les milieux de la Wilhelmstrasse, comme étant de nature à mettre en danger les tentatives de rapprochement poursuivies notamment avec la France. «Avec ces procédés, nous risquons, a dit M. Kordt, de perdre la partie à l'Ouest».

---

[1] Par courrier.

[2] Le télégramme n° 1516 de Berne apporte les informations suivantes. D'après l'attaché de presse à la légation d'Allemagne, spécialiste de la propagande allemande en Suisse, les projets d'organisation européenne, se fondant sur la victoire du Reich à l'Est, comporteraient la création, dans les territoires russes occupés, d'un immense centre de production industrielle : l'industrie européenne, organisée en consortium, se trouverait ainsi déplacée vers l'est, et les pays européens en bordure de l'océan orientés vers la production agricole ; on créerait donc à l'est des villes immenses que relieraient les voies de communication les plus perfectionnées. De la population russe, on ne garderait que les meilleurs éléments pour repousser les autres vers l'Oural : les vides seraient comblés en décongestionnant la population de l'Allemagne de l'Ouest et en rapatriant tous les allemands émigrés en Amérique du Sud. L'Allemagne, revenant à son ancienne tradition de nation continentale, lie donc à la notion de continuité territoriale sa vision de reconstruction de l'Europe. Sans doute, on prévoit plus tard de ne plus laisser aux États-Unis le monopole de l'organisation de l'Amérique, mais pour le moment, il s'agit de parachever en Europe l'exploitation organisée des pays agricoles par une Allemagne super-industrialisée ; mais cette domination économique, de caractère somme toute matérialiste, engendrerait évidemment une domination politique qui s'étendrait aux empires coloniaux des nations occidentales, considérés comme l'un des éléments de cette domination économique (*in* résumés des télégrammes, Guerre 1939-1945, Vichy, C État français, 49).

Cette réflexion a fourni au fonctionnaire allemand la transition nécessaire pour s'étendre sur les plans prévus à l'Est et en dégager la philosophie.
Il s'agit, a-t-il dit, de transférer le centre de gravité de l'Allemagne de
l'Ouest à l'est. À Berlin, on considère depuis longtemps que l'Ouest est
« pourri ». Ce jugement ne s'applique pas seulement à la France, à la
Belgique, mais aussi à la Rhénanie. C'est dans l'Est par contre que se
trouve l'avenir de la nouvelle Allemagne. Elle y aura désormais son centre
industriel à portée des matières premières anciennement russes. La population de la Ruhr, de la Rhénanie y sera partiellement transférée. Un
immense canal sera construit pour relier la Baltique à la mer Noire, qui
fera de Varsovie le plus grand port fluvial du continent. Koenigsberg,
appelé à devenir la capitale de « l'espace du nord » (Nordland) et Cracovie,
capitale future de « l'espace sud » (Sudland) deviendront des cités de plusieurs millions d'âmes. La population slave de Bohème, de Moravie, de
Pologne, des Pays Baltes sera transférée en Russie occupée ou expulsée
au-delà. Pour repeupler les régions ainsi évacuées, le chancelier Hitler
rappellera les Allemands de l'Amérique du Sud et une partie de ceux de
l'Amérique du Nord. À en croire le Dr. Kordt, les plans de cette immense
opération sont complètement élaborés et soulèveraient un vif enthousiasme
dans les milieux de l'industrie lourde allemande, de même que dans le Parti
qui escompte que leur réalisation soustrairait définitivement l'Allemagne
« aux influences pernicieuses de l'Ouest » et la mettrait à tout jamais à l'abri
d'entreprises anglo-saxonnes. D'aussi massifs transferts d'industries ne sont
pas irréalisables, a dit le Dr. Kordt, à en juger par les résultats extraordinaires que, pendant ces derniers mois, les Russes ont eux-mêmes atteint
dans ce domaine. Une nouvelle ligne Siegfried, a-t-il ajouté, sera construite
aux frontières de l'Allemagne, ainsi étirée à l'est. Quant à ce qui restera de
la Russie, on devra y installer un jour un gouvernement tsariste, peut-être
avec le fils du grand duc Cyrille.

Dans le sens de ce qui vient d'être rapporté, je signale que, d'après les
dires récents d'une autre personnalité allemande, vieux militant du Parti,
une première société, la Schlesische Industrie Bauggesellschaft[1], viendrait
d'être constituée au capital de 5 millions de R.M.[2], par la Maison Krupp,
pour opérer le transfert à l'est d'une partie des usines de la Ruhr. Les premières constructions seraient déjà commencées à Kielce, en Pologne, et à
Trienic.

Guerre 1939-1945, Vichy, Z, Réorganisation économique de l'Europe,
973 (10GMII/973)

---

[1] Société silésienne de construction.

[2] Reichsmarks.

399

M. Jean Lescuyer, Ministre de France à Bagdad,
à l'Amiral Darlan, Vice-Président du Conseil, Ministre de la
Défense nationale, Secrétaire d'État aux Affaires étrangères
et à la Marine.

D. n° 100[1].   *Bagdad, 4 novembre 1941.*

Ainsi que j'ai eu l'honneur d'en rendre compte par ma communication n° 131 du 30 octobre[2], le nouveau Président du Conseil[3], dans un interview donné au correspondant de Reuter, a violemment stigmatisé notre attitude en mai dernier lorsque des avions allemands venus en Irak ont pu transiter par les territoires du Levant sous mandat français et que des expéditions d'armes ont été faites de Syrie pour l'Irak. Et, Nouri Pacha concluait qu'après ces événements, la présence d'une représentation française en Irak ne s'expliquait plus, ajoutant, dans une phrase, d'ailleurs assez obscure, que cette rupture actuelle des relations diplomatiques entre les deux pays ne pourrait que favoriser après la guerre le rétablissement de meilleures relations.

Comme je l'avais signalé au début du mois de juin, les facilités que les puissances de l'Axe avaient trouvées en Syrie pour venir porter secours au gouvernement de Rachid Ali dans sa lutte contre les Anglais avaient rendu, au moment de l'effondrement de ce gouvernement et du retour du régent Abdul Ilah à Bagdad, notre position en Irak très difficile. Tout laissait alors prévoir qu'un des premiers actes du gouvernement formé sous la présidence de Djamil Medfai bey, serait de nous demander la fermeture de notre légation.

Les jours passèrent cependant sans que rien nous fût demandé. Si les Anglais rompaient toute relation avec cette légation, le nouveau gouvernement irakien se montrait par contre tout à fait correct à notre égard ; le ministre des Affaires étrangères Ali Djewdet Ayoubi avec lequel j'ai

---

[1] D. intitulée : « A.s. fermeture de la Légation de France en Irak » et portant le paraphe manuscrit de Lagarde ainsi que le tampon : « 4 fév[rier] 1942 » (date réception ou enregistrement).

[2] Ce télégramme se trouve dans Guerre 1939-1945, Vichy, E Levant, Irak, 159 (document non reproduit). Les propos de Nouri Saïd Pacha auraient été : « Pendant les événements du mois de mai, deux gouvernements connus ont suivi [une] attitude regrettable et tout à fait inattendue. L'un d'eux a permis aux avions des pays de l'Axe de passer par le territoire sous mandat pour aider une révolte illégitime contre [la] dynastie royale irakienne, la constitution et la politique nationale du pays. Le même gouvernement a permis en plus une partie de son matériel de guerre aux insurgés. Un autre gouvernement [le Japon] possédant une légation à Bagdad commandait les insurgés avec des fonds provenant de l'Axe. Ces deux pays [...] n'ont plus aucun intérêt commercial en Irak, car les relations commerciales entre [l'] Irak et ces pays ont été complètement interrompues. Il n'y a aucun intérêt pour [le] maintien [de] leurs légations. »

[3] Le cabinet Djamil Medfai, formé en juin précédent, au moment de la liquidation du conflit anglo-irakien vient de laisser la place, le 10 octobre, à un cabinet Nouri Saïd Pacha qui restera en place jusqu'au 4 juin 1944. Nouri Saïd a pris personnellement le portefeuille de la Défense. Sur cette crise gouvernementale, voir Guerre 1939-1945, Vichy, E Levant, Irak, 159, la D. n° 98 de Jean Lescuyer au Département, Bagdad, 20 octobre 1941 (document non reproduit).

toujours entretenu de très bonnes relations personnelles s'efforçait même de maintenir avec moi les rapports les plus cordiaux.

La seule mesure prise à notre égard en août, sous la pression anglaise, fut l'interdiction de nous servir du chiffre. La légation du Caire et quelques semaines après, celle de Téhéran furent d'ailleurs soumises au même régime.

Mais les Anglais ne désarmaient pas, continuant à exiger du gouvernement au pouvoir tout un programme de redressement comportant sans doute la rupture des relations avec la France et c'est ainsi que Djamil Medfai bey qui se refusait à prendre les mesures que comportait ce programme dut céder la place à Nouri Pacha, qui acceptait de se montrer beaucoup plus docile aux suggestions anglaises.

Nouri Pacha rentrait d'Égypte où il représentait l'Irak au début d'octobre. Il soumettait dès son retour aux autorités anglaises un programme qui comportait, ainsi qu'il m'est revenu de source sûre, la fermeture de la légation d'Irak à Vichy et celle de France à Bagdad. Et quelques jours après il faisait à Reuter sa déclaration reproduite dans tous les journaux.

La discussion est difficile sur le fond même de la question, mais il n'en reste pas moins que le procédé de Nouri Pacha est incorrect. Avant de faire sa déclaration à la presse il aurait été convenable de sa part de m'aviser de ses intentions. Je lui fis sentir ma réprobation en m'abstenant de paraître le lendemain à l'ouverture du Parlement. Mon fauteuil placé à côté de celui de l'ambassadeur d'Angleterre, comme étant celui du plus ancien ministre, resta vide, ce qui fut naturellement très remarqué. Le lendemain même le ministre des Affaires étrangères[1] me demandait de le recevoir. Aux reproches que je lui fis il me répondit que notre attitude en mai avait exaspéré à un tel point les Irakiens qu'il fallait y voir une excuse pour Nouri Pacha. Il ne chercha d'ailleurs pas à couvrir davantage son Président du Conseil et se borna à me déclarer que son gouvernement n'avait encore rien décidé sur la question des représentations diplomatiques irakienne en France et française en Irak.

Le gouvernement semble, en effet, indécis sur la voie à suivre. On dit en ville que l'initiative de Nouri Pacha lui est tout à fait personnelle et a été faite sans que le Cabinet en fût informé. Ce serait assez dans la manière de Nouri, mais on peut penser, d'autre part, qu'acculé par les autorités anglaises à prendre des mesures contre les principaux responsables du mouvement de mai, il a pensé plus facile et moins dangereux pour lui de jeter provisoirement du lest en attaquant notre légation en même temps qu'il faisait expulser un certain nombre d'étrangers.

La première mesure que prendra sans doute le gouvernement irakien sera de rappeler son ministre à Vichy. Il y sera d'ailleurs encouragé par les autorités anglaises qui redoutent la présence en France de M. Patchatchi,

---

[1] Il s'agit de Salih Djabr, qui était le gouverneur de Bassorah pendant les événements de mai 1941.

appartenant à une grande famille de Bagdad connue pour son nationalisme et que les services de renseignements militaires anglais suspectent de
sympathie pour l'Axe.

J'ai l'honneur d'adresser ci-joint à Votre Excellence la traduction de
l'interview de Nouri Pacha. La légation du Japon qui est visée en même
temps que la nôtre[1] n'a encore été l'objet d'aucune démarche de la part du
gouvernement irakien.

ANNEXE

DÉCLARATION DU PRÉSIDENT DU CONSEIL
AU CORRESPONDANT DE REUTER

N.   s.l. [Bagdad], 29 octobre 1941.

Au cours d'un interview avec le correspondant de Reuter, le Président du Conseil a
confirmé que l'Irak tient solidement à son traité d'alliance avec l'Angleterre qu'il continuera
à appliquer non seulement à la lettre mais également en esprit.

« Pendant les événements du mois de mai, a-t-il déclaré, deux gouvernements connus ont
suivi une attitude regrettable et tout à fait inattendue. L'un d'eux a permis aux avions des
pays de l'Axe de passer par le territoire sous mandat pour aider une révolte illégitime contre
la dynastie royale irakienne, la constitution et la politique nationale du pays. Le même gouvernement a permis en plus la livraison d'une partie de son matériel de guerre aux insurgés.
Un autre gouvernement possédant une légation à Bagdad commanditait les insurgés avec
des fonds provenant de l'Axe. »

« Ces deux pays, a-t-il continué, n'ont plus aucun intérêt commercial en Irak car les relations commerciales entre l'Irak et ces pays ont été complètement interrompues. Il n'y a aucun
intérêt pour le maintien de leurs légations dans les circonstances actuelles, l'existence de ces
missions ne pouvant que développer des soupçons dans l'esprit du peuple irakien. Le seul
moyen pour ces deux pays de rétablir des relations cordiales avec l'Irak, après la guerre,
serait de prendre dès maintenant les mesures nécessaires pour éviter tout motif de malentendu. »

Le Président du Conseil a enfin rendu hommage à l'attitude sage des pays voisins comme
la Turquie, l'Égypte et le Royaume Arabe Saoudien pendant ces mêmes événements.

Guerre 1939-1945, Vichy, E Levant, Irak, 154 (4GMII/154)

---

[1] Visée par la déclaration de Nouri Saïd à Reuters (voir p. 930, note 2).

400

M. Helleu, Ambassadeur de France à Ankara,
à l'Amiral Darlan, Vice-Président du Conseil, Ministre de la
Défense nationale, Secrétaire d'État aux Affaires étrangères
et à la Marine.

D. n° 55[1].   *Ankara, 5 novembre 1941.*

Lorsque le général Wavell a quitté, le 4 juillet dernier, le commandement des troupes du Proche-Orient pour prendre celui de l'armée des Indes[2], il a reçu neuf messages d'adieu, émanant chacun d'un groupe dont il était le chef. Voici la liste de ces groupes : les troupes britanniques en Égypte, les forces impériales en Palestine et en Transjordanie, les régiments anglais de l'Afrique orientale, la Royal Air Force d'Aden, le Corps de défense de Chypre, la 1re Division sud-africaine, les forces impériales australiennes, le corps expéditionnaire néo-zélandais, les troupes impériales du Soudan et de l'Érythrée. Pour que cette liste fût complète, il faudrait y ajouter les Forces françaises libres, les régiments tchèques, la division et l'aviation polonaises ainsi que la marine grecque. Il serait donc insuffisant de parler seulement d'une politique anglaise en Orient. Il s'agit plutôt d'une action internationale sous la conduite britannique. Comment s'étonner dès lors si la première impression qui s'en dégage est celle de la confusion ?

Déjà en temps de paix, la politique anglaise en Orient n'était pas simple. Le Foreign Office, le Colonial Office, l'Indian Office, le Civil Service et l'Intelligence Service s'opposaient plus ou moins les uns aux autres. À l'intérieur même de chacun de ces organismes, des divergences étaient perceptibles. Les diplomates venus de Londres prenaient volontiers le contre-pied de ceux dont toute la carrière s'était déroulée en Orient. La section orientale et la section africaine du Colonial Office établissaient entre elles des cloisons aussi étanches que possible. Entre les services de renseignement de l'Armée et ceux de la Marine, la collaboration était à peu près inexistante. Ces luttes de chapelles étaient encore envenimées par les différences de traditions, de culture et même de snobisme. L'Anglais métropolitain jugeait âpre au gain et mal élevé l'Anglais colonial. Celui-ci reprochait à celui-là de ne pas aimer l'action et de se perdre dans les nuances. Chacun défendait jalousement son individualité, ses intérêts, ses habitudes.

La guerre a rendu solidaires des hommes qui ne l'étaient plus. Elle a obligé à se connaître des organismes qui préféraient s'ignorer. Elle a arrondi les angles et fait couler de l'huile entre les rouages. Mais elle en

---

[1] D. intitulée : « Les Anglo-Saxons en Orient » et communiquée à Sofia, Bucarest et Budapest. Tampon : « 25 nov[embre] 1941 » (date réception ou enregistrement), ainsi que la mention : « Original Afrique-Levant, triplicata à Asie ».

[2] Il a été annoncé le 1er juillet que le général Archibald Wavell prenait le commandement de l'Armée des Indes en remplacement du général Claude Auchinleck, lequel le remplacerait au Moyen-Orient.

a créé de nouveaux. Des grincements se sont produits là où l'on était habitué à ne rien entendre. Le ministère de la Guerre économique et la Royal Air Force ont établi en Orient des services spéciaux qui sont venus se superposer à ceux de la Marine et de l'Armée. Le War Office a nommé des *political officers* auxquels il a donné des grades généralement supérieurs à ceux des officiers d'active du même âge. Il a même été obligé de rompre avec les traditions les plus solides : le général Sir Claude Auchinleck, placé en décembre 1940 à la tête de l'armée des Indes, appartenait à celle-ci, comme son prédécesseur, alors qu'une loi non écrite et d'autant plus sacrée prévoyait l'alternance de ce poste entre l'Armée des Indes et l'Armée britannique.

À ces difficultés purement anglaises sont venues s'ajouter celles que créait la participation des Dominions à la guerre. Aucun d'eux n'a accepté de renoncer à la moindre parcelle de son indépendance. Si chacun consent à envoyer des corps expéditionnaires, il ne les en considère pas moins comme autonomes. Pour affirmer cette conception, M. Fraser, Premier ministre de Nouvelle-Zélande, n'a pas hésité à aller en Égypte, en août dernier, afin de passer en revue les régiments néo-zélandais qui s'y trouvaient. Il y a bientôt été suivi par Mrs. Smuts, femme du Premier ministre de l'Union sud-africaine, qui a rendu visite au service auxiliaire des femmes sud-africaines (WAAS). Il n'est pas jusqu'à ces dernières qui ne tiennent à manifester leur particularisme : « Nous formons un ensemble distinct dans l'armée… Et si l'armée veut nous faire des observations ou demander nos services, elle doit s'adresser à moi pour transmettre ses désirs » (interview accordée par le *major* féminin commandant le Women Afrikan Auxiliary Service à *Images* du 13 octobre 1941). Comme bien l'on pense, les rapports entre les divers membres de l'Empire ne vont pas sans heurts. La discipline s'en ressent. Un de nos compatriotes, arrivant de Beyrouth, m'a rapporté que des soldats australiens auxquels des officiers anglais avaient fait remarquer le caractère privé du cercle des officiers où ils avaient indûment pénétré, s'étaient contentés, en guise d'excuses, de faire passer les officiers britanniques par la fenêtre. Dans de pareils cas, les chefs des corps expéditionnaires trouvent généralement la plaisanterie excellente et refusent de prendre des sanctions. Les Anglais se gardent d'insister. Ils ont trop besoin des troupes des Dominions.

Il leur faut, en effet, des hommes partout. Le commandement du Proche-Orient s'étend, ou plutôt s'étendait, du cœur de l'Afrique jusqu'au Caucase. Le général Wavell a dû préparer et diriger des opérations en Libye, en Érythrée, sur la Côte des Somalis, en Arabie, en Grèce, en Éthiopie, au Kenya, en Irak, en Syrie et en Afrique occidentale. On conçoit qu'il ait trouvé la tâche trop lourde pour un seul homme. Elle l'était d'autant plus que le Cabinet de Guerre exigeait d'être consulté sur chaque question et tenu au courant de l'exécution. Une réforme s'imposait. Elle a été réalisée au début de juillet, lorsque l'attaque allemande contre la Russie a précisé la menace dirigée contre le cœur même de l'Empire britannique. Il est apparu indispensable de renforcer tous les bastions de la route des Indes.

C'est dans ce but que le meilleur chef de guerre anglais a été nommé à la tête de l'armée des Indes, à la place du général Auchinleck qui a lui-même remplacé son successeur. Ce chassé-croisé permettait aux deux généraux connaissant le mieux l'Orient de continuer leur fructueuse collaboration. La limite de leurs commandements respectifs est marquée par la frontière entre l'Irak et l'Iran. En outre, M. Churchill a désigné l'Honorable M. Oliver Lyttelton, après l'avoir nommé membre du Cabinet de Guerre, comme plénipotentiaire de ce dernier dans le Proche-Orient[1]. Le général Auchinleck évite ainsi les pertes de temps qu'imposait au général Wavell l'obligation où il se trouvait de rendre compte à Londres et d'en attendre les instructions. Enfin, le nouveau commandant en chef des Armées d'Orient a été déchargé des problèmes de plus en plus compliqués que posent le transport et le ravitaillement des troupes. L'intendant général Haining a été placé à côté de lui, sans lui être subordonné, afin de régler ces questions non seulement pour l'armée mais aussi pour l'aviation et la marine. Dans l'interview qu'il a accordée à la presse, en prenant ces fonctions au Caire, le 7 juillet dernier, M. Lyttelton a déclaré : « Le problème du ravitaillement est considérable. Les navires apportent en Égypte du matériel de guerre pour l'armée, la marine et l'aviation. Il est indispensable que soient résolues sur place les questions de priorité posées par ces livraisons. Je suis ici dans ce but. »

En résumé, dans la mesure où l'on peut tenter une classification lorsqu'il s'agit d'une organisation aussi empirique que l'organisation britannique, la conduite de la guerre en Orient est confiée à quatre hommes ayant à peu près les attributions suivantes : le général Wavell est chargé de renforcer le bastion iranien, d'assurer la liaison avec les Russes et sans doute de préparer la mainmise sur l'Afghanistan. Il réside en principe à Delhi, mais il se déplace beaucoup. (Il était le 27 septembre à Téhéran, le 3 novembre à Singapour). Le général Auchinleck est responsable des bastions irakien, syrien, palestinien, transjordanien, arabe et égyptien. Il est plus spécialement chargé de leur organisation militaire. L'intendant général Haining doit s'occuper des transports et des ravitaillements au sens le plus large. C'est-à-dire qu'entrent dans ses attributions l'entretien et la construction des routes, des docks, des entrepôts, des lignes de chemin de fer, des aérodromes, etc. Quant à M. Lyttelton, il arbitre plus qu'il ne dirige. Mais son arbitrage ne s'exerce pas entre le général Auchinleck et l'intendant général Haining (d'ailleurs amis de longue date et habitués à travailler ensemble). Il s'exerce entre les divers services, entre les choses, si l'on peut dire, suivant une méthode typiquement anglaise. Le délégué du Cabinet de Guerre représente le sens commun qui doit s'imposer à la technique : *He is the man on the street as well as the man on the spot*, disent de lui les journalistes du Caire.

À côté de ces quatre hommes, mais quelque peu en retrait, il convient de placer également lord Carlisle, délégué pour l'Orient de la United

---

[1]   Oliver Lyttelton, président du Board of Trade depuis octobre 1940, est entré au cabinet de guerre en juillet 1941, devenant à cette date ministre d'État au Moyen-Orient, résidant au Caire, jusqu'en février 1942.

Kingdom Corporation. Cet organisme mi-privé, mi-public doit résoudre le difficile problème des échanges économiques entre l'Empire britannique et les pays de l'Orient. Il n'y réussit pas toujours. Son succès n'est du reste pas indispensable à la victoire finale. Car, après tout, même si les pays d'Orient étaient mal ravitaillés, même s'ils devaient souffrir longtemps de la crise économique dont ils sont actuellement les victimes, qu'y perdrait la Grande-Bretagne ? Des sympathies qu'elle s'est déjà aliénées et auxquelles elle n'attache aucun prix ? Des matières premières qu'elle peut trouver ailleurs ? Le seul produit de cette région du globe auquel elle tienne réellement, c'est le pétrole. L'Irak a su ce qu'il en coûtait de vouloir manifester son anglophobie jusqu'au point de compromettre cet intérêt vital de l'Angleterre[1]. La Grande-Bretagne s'y est établie plus solidement qu'ailleurs. Contrairement à son habitude, elle y a pris en main soit directement, soit indirectement l'administration du pays. Elle ne l'abandonnera plus de son propre gré.

Elle a d'ailleurs tendance à renouveler ses méthodes. Encore récemment, elle se contentait de tenir par l'argent les chefs locaux qu'elle avait au pouvoir. Tel était notamment le cas du Shah Pahlevi[2]. L'administration des populations ne l'intéressait pas plus que leur bien-être. Elle n'équipait le pays que dans la mesure où ses hommes d'affaires y trouvaient profit. Elle ne s'y installait pas. Aujourd'hui, les Anglais s'installent en Orient. Certes, leur but premier, c'est la conduite de la guerre, la préparation de l'offensive prévue pour 1943. Mais on peut se demander s'ils ne visent pas un but plus lointain, si, instruits par les expériences subies en Égypte, en Éthiopie et en Irak, ils ne songent pas à prendre solidement pied sur des territoires essentiels à la défense de l'Empire. Après un voyage au Maroc effectué en 1933, M. Churchill, alors dans l'opposition, s'était complu à donner en exemple à ses compatriotes l'œuvre des Français « qui, disait-il en substance, n'étaient pas honteux, après avoir conquis une nouvelle possession, de s'y établir solidement et d'y travailler pour l'avenir, bien décidés à ne plus s'en aller ». Il opposait cette politique optimiste et bienfaisante à la pusillanimité des Britanniques toujours prêts à faire leurs malles et, par conséquent, peu désireux de rien entreprendre. M. Churchill est aujourd'hui au pouvoir. Comme il l'a rappelé dans un discours récent, ce n'est pas pour avoir flatté la paresse des Anglais qu'il y a été appelé[3]. Il a su choisir, pour les placer en Orient, des officiers et des fonctionnaires qui ont donné ailleurs des preuves de leurs capacités. On peut tenir pour certaine sa volonté de laisser à sa patrie le plus grand nombre des moyens propres à lui éviter l'obligation d'engager à nouveau une lutte gigantesque et épuisante. De ces moyens, un établissement inexpugnable dans les approches des Indes est sans contredit le plus sûr. Il serait bien surprenant que M. Churchill n'y pensât point. En tout cas, tout se passe en Orient comme s'il y pensait.

---

[1] Allusion au conflit anglo-irakien de mai avril 1941. Voir documents nᵒˢ 197, 200, 205, 235.

[2] Mohamed Réza Pahlevi (ou Pahlavi) règne sur l'Iran depuis le 16 septembre 1941, après que son père, Réza Shah a dû abdiquer à la suite de l'invasion anglo-soviétique. Voir document nᵒ 373 et notes.

[3] Probablement le discours prononcé aux Communes par Churchill le 30 septembre 1941.

Le temps n'est pas loin où le général Auchinleck, prenant possession de son commandement à Delhi, était obligé de donner l'ordre à ses officiers de se rendre au quartier en uniforme.

Il semble qu'en décembre 1940, parmi les officiers de l'armée des Indes, ne circulait pas encore le bruit suivant lequel aurait éclaté en Europe une guerre somme toute importante puisqu'elle risquait d'affecter leur carrière. Les Anglais d'Orient ne paraissaient pas davantage mesurer l'ampleur de l'effort qu'ils devaient accomplir s'ils voulaient accroître les chances de leur patrie. Sans doute pensaient-ils que le sort de l'Empire dépendrait du résultat de la bataille de l'Atlantique. En Irak, ils s'étaient facilement laissés déborder par les agents allemands. Le coup d'État de Rachid Ali a commencé à leur ouvrir les yeux[1]. Il a été suivi de près par les informations relatives aux intentions du Reich à l'égard de l'Union soviétique. Le Cabinet de Guerre a pris ses précautions : l'attaque anglaise contre la Syrie a précédé de quelques jours à peine l'attaque allemande contre la Russie[2]. Les Anglais ont alors compris qu'il leur fallait se mettre sérieusement au travail en Orient. Depuis l'armistice de Saint-Jean d'Acre[3], ils essayent de rattraper le temps perdu. Ils y ont partiellement réussi. Il leur reste néanmoins beaucoup à faire.

Si l'on s'en tient aux estimations les moins controversées, le total des forces impériales dans le Moyen-Orient ne dépasserait pas vingt-quatre divisions, dont la moitié serait stationnée en Égypte. En Iran se trouveraient les troupes de choc, c'est-à-dire quatre divisions motorisées venues des Indes (une à Sultanabad, une à Ahvaz, deux orientées vers la frontière turque). Trois divisions seraient cantonnées en Irak, trois en Syrie et deux en Palestine. Certains attachés militaires prétendent qu'une division de cavalerie motorisée aurait été envoyée à Tiflis, mais d'autres le nient. Les renforts venant des Indes et débarqués à Bassorah atteindraient trente mille hommes par mois. Ils arrivaient avec tout leur matériel.

Le général Auchinleck, continuant l'œuvre de son prédécesseur, se préoccupe de recruter sur place de nouvelles troupes. Il a passé avec le gouvernement transjordanien un accord grâce auquel il dispose dorénavant de l'armée transjordanienne et il peut organiser de nouvelles forces arabes qui seront utilisées soit à la défense du territoire, soit au maintien de l'ordre et de la sécurité à l'intérieur du pays. Déjà le général Wavell avait recruté en Palestine des volontaires en nombre suffisant pour former des compagnies qui avaient été engagées en Cyrénaïque et en Éthiopie. Depuis lors, les Anglais, ayant apprécié l'habileté manuelle des Arabes et des Juifs de Palestine, préfèrent les utiliser dans les armes ou services spécialisés (artillerie, Génie, Transmissions). Les conditions qui leur sont faites sont de plus en plus avantageuses dans la mesure où les forces impériales deviennent

[1] Le 2 mai 1941.

[2] L'offensive anglo-gaulliste en Syrie date du 8 mai 1941, tandis que l'opération Barbarossa est déclenchée par le Reich contre l'URSS le 22 juin.

[3] L'armistice de Saint-Jean d'Acre met un terme, le 14 juillet 1941, à la guerre anglo-gaulliste contre les autorités vichystes des États du Levant.

plus techniques. Il n'est pas, en effet, jusqu'à la fameuse Légion arabe du colonel Lawrence qui n'ait dû subir les lois de la guerre moderne : elle possède maintenant un régiment mécanisé qui est entré pour la première fois en action en mai dernier pour mater la révolte irakienne. Le major John Bagot Glubb, qui est le chef actuel de cette Légion (ayant pris la suite du colonel Peake, successeur de Lawrence) et qui s'est rendu célèbre en Angleterre par la création en Transjordanie de la *Desert Patrol*, envisage, dit-on, de motoriser toute la Légion, le régiment mécanisé s'étant révélé particulièrement efficace en Syrie. Il l'a d'ailleurs déjà dotée de détachements antichars.

La mécanisation des formations de combat oblige l'intendant général Haining à améliorer et développer le réseau routier des pays d'Orient. En Syrie un nombre considérable d'ouvriers remettent en état les routes qui ont souffert de la campagne de juin. Elles sont réasphaltées et élargies. Les bascôtés et les ponts sont consolidés. Une route directe, entièrement en territoire syrien, est en construction entre Alep et Kamechlieh. Les travaux sont très activement poussés. En Transjordanie, les autorités britanniques se sont fait donner par le gouvernement local la protection des routes. L'accord signé dans ce but stipule que la protection de la route Haiffa-Bagdad passant sur le territoire transjordanien est confiée à l'armée britannique. Cette route pourra, en cas de besoin, être interdite à la circulation des véhicules autres que ceux de l'armée. En Irak, les Anglais sont en train de doubler par une piste la voie ferrée Bagdad-Mossoul. Pour assurer le transport des troupes venant des Indes et du matériel reçu des États-Unis, ils doublent également la voie étroite Bassorah-Bagdad. Mais ils ne se contentent pas ici d'une simple piste. Ils construisent une deuxième ligne de chemin de fer, celle-ci à voie normale.

L'activité des services de l'intendant général Haining ne se borne pas aux réseaux ferrés et routiers. Elle embrasse également les aérodromes et les ports. Pour les premiers, c'est surtout en Syrie que se concentrent leurs efforts. Ils y ont repris et réalisé les anciens projets français : ils sont en train de construire trois aérodromes entre Alep et la frontière de l'Irak. Ces terrains de la Djézireh avaient été conçus dans l'hypothèse d'une guerre contre la Russie. Sans doute est-ce dans une hypothèse analogue que se placent les Anglais : dans le cas où les Allemands atteindraient le Caucase, des bombardiers partant de ces bases pourraient menacer la rocade Poti-Tiflis-Bakou. En Syrie du Nord, deux nouveaux aérodromes sont en voie d'installation, l'un à Sarnada, l'autre près de Taftanaz, à l'intersection des routes Alep-Lattaquieh et Alep-Homs. On procède également à l'agrandissement du terrain de Nerab, près d'Alep, de celui de Nezze, près de Damas, de ceux de Deraa et de Rayak. On en construit un nouveau à Idlib. Ces bases pourront éventuellement servir de points de départ à des attaques contre les voies ferrées du Caucase (Ieisk-Armavir-Bakou et Touapse-Batoum) et contre les points d'appui que les Allemands trouveront en mer Noire, s'ils poursuivent leur avance le long du littoral. Bien entendu, elles serviront également d'infrastructure à l'organisation défensive et à l'aviation de chasse. Les travaux sont très activement poussés. Ils devront être terminés vers la fin novembre, à charge de lourdes pénalités pour les entrepreneurs syriens.

Dans un autre ordre d'idées, de nouveaux services aériens sont créés, afin de rendre plus étroites les liaisons entre les divers états-majors. C'est ainsi que l'on prépare l'établissement de la ligne Le Caire-Téhéran qui reliera les bureaux du général Auchinleck et ceux du général Wavell.

En ce qui concerne les ports, des aménagements sont entrepris non seulement à Alexandrie, Tel-Aviv et Beyrouth, mais aussi à Mersine et à Alexandrette. Deux officiers généraux du génie maritime britannique (amiral Davis et amiral Morgan) sont en Turquie depuis plus d'un mois. Ils ont prolongé la jetée et élargi les quais construits à Alexandrette par les Français. Ils y ont fait venir d'Égypte du matériel d'accostage et de levage (chalands, ferry-boats, grues) pour débarquer et manipuler le matériel de guerre qu'ils y reçoivent. Une partie de ce matériel est laissée à la Turquie (notamment des avions transportés en pièces détachées). Le reste (surtout des chars) est envoyé aux troupes britanniques d'Irak et d'Iran. Comme on le voit, en autorisant le transit de ce matériel sur leur territoire, les Turcs savent oublier les principes du droit international qu'ils invoquent volontiers pour s'opposer à une opération analogue lorsque le « backchich » proposé leur paraît insuffisant.

Les Anglais ont su vaincre les scrupules des Turcs en leur livrant du matériel de guerre et de l'essence (un réservoir de 4 000 tonnes a été installé à Alexandrette). Mais ils se ménagent d'autres moyens de négociation pour le cas où ils trouveraient moins de compréhension chez leurs interlocuteurs : ils ont placé une division sur la frontière turco-syrienne et deux divisions sur la frontière irano-turque.

On comprend dans ces conditions la méfiance manifestée par les Turcs dans les conversations d'état-major qu'ils ont avec les Anglais depuis l'installation de ces derniers en Syrie. Quoi de plus naturel, en principe, que de semblables conversations entre deux pays alliés ? Néanmoins, elles deviennent de plus en plus étranges et de plus en plus difficiles dans la mesure où le gouvernement d'Ankara affirme publiquement ses sentiments amicaux à l'égard de Berlin[1]. Elles portent actuellement sur le passage éventuel du Taurus par les forces britanniques dans le cas où la Turquie serait attaquée par le Reich. Ce problème n'était déjà pas facile à résoudre lorsque s'en préoccupait l'état-major français auquel les Turcs, alors en confiance, fournissaient tous les éléments de la question. Il devient à peu près insoluble lorsqu'on se heurte, comme le font les Britanniques, à la volonté mal dissimulée de communiquer le moins de renseignements possible.

Si ces conversations se poursuivent malgré l'atmosphère pénible dans laquelle elles se déroulent, c'est sans doute parce que les Turcs en retirent des profits immédiats : les Anglais leur ont déjà livré trois sous-marins de 650 tonnes et ont promis de leur livrer cinquante avions *Glen-Martin* provenant de Syrie. Mais c'est aussi parce que les deux parties y trouvent un

---

[1] Voir document n° 378.

avantage, si l'ont peut dire, extrinsèque du fait de la participation à ces pourparlers de l'attaché militaire américain. C'est là un point dont il ne faudrait pas sous-estimer l'importance. Il témoigne de la volonté des États-Unis de ne pas être pris au dépourvu le jour où ils auront décidé de passer à l'action. Si l'on en croit l'attaché militaire adjoint qui vient d'arriver à Washington, l'opinion publique américaine évolue de plus en plus rapidement vers l'entrée en guerre dans la mesure où elle estime que s'accroît la production du matériel de guerre. Toujours d'après la même source, les États-Unis construisent actuellement deux mille avions par mois dont ils livreraient huit cents à la Grande-Bretagne. La construction de tanks lourds (70 tonnes) et moyens (30 tonnes) serait très activement poussée. Les Turcs suivent cette progression avec l'attention que l'on devine. Ils s'y intéressent d'autant plus que les États-Unis leur ont déjà vendu du matériel moderne et notamment quinze avions du type *Tomahawk* dont ils sont très fiers, bien qu'ils n'aient pas formé jusqu'ici, semble-t-il, un nombre de pilotes suffisant pour maîtriser des avions aussi fins et aussi rapides. (Ils ont dû prolonger de 1 000 à 1 500 mètres les pistes d'envol d'Izmir, où ils espèrent utiliser ces appareils, car leurs pilotes ne sauraient leur poser sur des pistes plus courtes). De leur côté, les Anglais se félicitent de voir les Américains prendre une part active, bien qu'indirecte, à la conduite de la guerre en Orient.

Mais ce n'est pas là ce qui les intéresse le plus, bien que ce premier avantage ne soit pas négligeable. Ils espèrent que les Russes arriveront à contenir pendant l'hiver la poussée allemande. Dans cette hypothèse, ils prévoient une reprise violente de la guerre pour le printemps prochain. Ils voudraient que le matériel dont les Russes auront alors besoin pût leur arriver en quantité suffisante. Les voies de Mourmansk et de Vladivostock étant peu praticables, c'est par le Golfe persique que les avions et les tanks américains seraient livrés aux forces soviétiques et impériales. Cette préoccupation expliquerait la présence actuelle du général Wavell à Singapour, alors que les événements militaires de Crimée lui commanderaient plutôt d'être à Téhéran. On assiste donc à une étrange course de vitesse entre les armées allemandes, d'une part, et les fournitures américaines, d'autre part. Le but en est la région pétrolifère du Caucase. Sans doute serait-il exagéré de prétendre que l'enjeu de cette course serait la victoire finale. Il n'échappe, cependant, à personne que, si les Allemands arrivaient à s'installer à Bakou et à Bassorah, l'Empire britannique serait sérieusement touché.

Plusieurs faits d'importance inégale, mais également symptomatiques, permettent de supposer que les Américains commencent à prévoir quel rôle l'Orient pourra jouer dans la conduite de la guerre : 1) ils viennent de donner un adjoint à leur attaché militaire, qui n'en avait pas jusqu'ici. 2) Ils avaient créé, voici deux mois, un poste d'attaché de l'air près de leur ambassade à Ankara. 3) Ils viennent d'agréer un attaché de l'air turc à Washington. 4) Si l'on en croit les informations parvenues ici, le 3 novembre, le gouvernement des États-Unis prendrait des dispositions pour établir rapidement un service maritime régulier entre les ports américains de la côte atlantique et ceux du Golfe persique (Bassorah et

Bender-Shapur, terminus du chemin de fer iranien) afin d'activer l'envoi de l'aide américaine à la Russie. L'attaché militaire adjoint de l'ambassade des États-Unis a laissé entendre à l'un de mes collaborateurs qu'il aurait bientôt à s'occuper plus activement de cette question.

Les Italiens suivent de près le développement de cette intervention américaine. Leur résistance en Libye pourrait être affectée par l'arrivée massive en Orient du matériel de guerre américain. L'attaché militaire italien n'a pas caché sa surprise de ne pas voir les Anglais profiter de la guerre germano-russe pour tenter de libérer complètement l'Afrique des troupes italo-allemandes. D'après lui, malgré de lourdes pertes, les bateaux italiens, protégés par l'aviation allemande, auraient réussi à transporter en Libye tout ce qui serait nécessaire à une longue résistance. Les troupes de l'Axe auraient profité du répit inespéré que leur ont laissé les Anglais pour fortifier leurs positions et établir des retranchements inexpugnables. Il se montre optimiste pour l'avenir. Il ne croit pas que les Britanniques soient en mesure d'engager une action décisive en Orient, même avec l'aide du matériel américain, car ils ne disposent pas d'effectifs suffisants. Cette opinion paraît refléter la thèse officielle de l'Axe. Elle a été développée, le 31 octobre, par le *Telegrafo* de Livourne, appartenant au comte Ciano. « Même si Wavell parvenait à opérer sa jonction avec les forces russes du Caucase, écrit M. Ansaldo, directeur du journal italien, et même s'il voulait arrêter les Allemands dans cette zone, il aurait beaucoup de peine à remplir cette tâche. Pour arrêter les Allemands, il faudrait des effectifs considérables, il faudrait que l'Angleterre disposât de plus d'un demi-million de soldats et des navires pour quelques millions de tonnes. »

La pénurie des effectifs britanniques est, en effet, très grave pour la Grande-Bretagne. (Elle explique les nombreuses manœuvres de Londres pour entraîner dans la guerre les 600 000 soldats de l'armée turque). Mais il ne faudrait pas oublier, comme le fait le journaliste italien, que la Russie peut, au moins momentanément, suppléer à l'insuffisance de son alliée, à condition que celle-ci lui laisse, comme elle en a d'ailleurs plusieurs fois exprimé l'intention, la plus grande partie du matériel américain. Dans le Caucase, par exemple, les Russes disposent de sept corps d'armée (quatre au Nord, trois au Sud). Il ne faudrait pas oublier, non plus, que les vingt-quatre divisions britanniques stationnées en Orient sont fortement motorisées et qu'elles utilisent un matériel excellent, ainsi qu'en témoignent les voyageurs venant soit d'Égypte, soit d'Iran et d'Irak. En outre, sous l'impulsion du général Wavell, les Indes, autre réservoir humain, prennent une part tous les jours plus active dans la marche de la guerre.

Enfin – et c'est là le point le plus important – les Américains que l'on rencontre en Turquie, même ceux qui viennent d'arriver des États-Unis, sont unanimes à déclarer que leur pays ne bornera pas son aide à la fourniture du matériel de guerre. Ils considèrent comme inévitable la participation effective de l'Amérique aux hostilités, quelle que soit l'opportunité des isolationnistes. Certains se hasardant même à prédire l'entrée en guerre des États-Unis pour le printemps prochain. Mais ils ne donnent aucune raison pour expliquer cette précision, sinon que tel est leur secret désir. Les plus modérés, frappés par la prudence dont fait actuellement preuve le président Roosevelt malgré le torpillage récent de plusieurs bateaux américains[1], estiment que leur pays entrera en guerre seulement lorsque son intervention pourra être rapidement décisive. La première des conditions à remplir pour qu'il en soit ainsi, c'est, disent-ils, une production aéronautique telle que la maîtrise de l'air soit incontestablement assurée aux alliés. La bataille de l'Atlantique – que l'Allemagne mène surtout avec des avions – sera alors inévitablement gagnée par les Anglo-Saxons. La deuxième des conditions, c'est une production de chars et de canons telle que la lutte sur le continent puisse être entreprise avec une grande supériorité de matériel. La troisième des conditions, c'est une production de tonnage telle que ce matériel et les troupes chargées de l'utiliser puissent être rapidement transportés sur les champs de bataille.

L'avenir seul dira si l'Empire britannique et les États-Unis sont capables de mener à bien un tel programme avant la destruction des armées soviétiques. Mais, si sa réalisation est sérieusement envisagée, il accroît encore l'importance stratégique et politique des pays d'Orient. On ne voit pas, en effet, comment une action décisive peut être imaginée par les Anglo-Saxons si leurs forces ne prennent pas contact avec les armées allemandes. Le gouvernement de Londres ayant écarté l'hypothèse d'un débarquement sur le continent européen, il paraît fondé à penser que ce contact pourrait être pris, le moment venu, au point de jonction des territoires respectivement dominés par les Allemands, les Russes et les Britanniques, c'est-à-dire en Orient. Aussi, faut-il mettre en relief l'envoi en Iran de la mission militaire américaine commandée par le général Maxwell[2]. Il suit de près l'arrivée à Bassorah de la mission militaire russe chargée de recevoir le matériel américain. Si, grâce à ce matériel, les armées soviétiques réussissent à contenir pendant l'hiver la poussée allemande, il convient de prévoir que l'Orient est destiné à devenir, l'année prochaine, le théâtre d'une exceptionnelle activité.

Guerre 1939-1945, Vichy, Z Europe, Grande-Bretagne, 330
(10GMII/330)

---

[1] Allusion notamment au torpillage par un U-Boot allemand de l'*US Reuben James*, le 31 octobre 1941. La presque totalité de l'équipage y a laissé la vie (115 marins tués).

[2] Cette mission devait assurer le voyage vers l'URSS du matériel de guerre et des fournitures américaines accordées au titre du prêt-bail à partir d'octobre 1941.

401

Note sur la situation à Tahiti

N.   *Vichy, 5 novembre 1941.*

Les établissements d'Océanie[1] n'ont avec la France de liens d'allégeance que politiques et administratifs. Leur situation géographique les fait dépendre surtout des pays anglo-saxons pour leur commerce et leur ravitaillement. Leur éloignement de la métropole a facilité l'adhésion au « Mouvement de la France Libre » d'esprits qu'avait surpris la nouvelle de l'armistice et qui, la radio française étant devenue muette, ne recevaient de nouvelles qu'américaines ou britanniques.

Le 2 septembre 1940, un « Gouvernement provisoire » proclamait à Tahiti le rattachement au Comité de Gaulle des établissements d'Océanie. Destitué, le gouverneur Chastenet de Gery était remplacé par M. de Curton. Les éléments restés fidèles au gouvernement du Maréchal, parmi lesquels on comptait une quarantaine de fonctionnaires, d'ingénieurs, de médecins, de « notables », ne tardèrent pas à être internés dans l'île de Moorea.

À l'origine, les Français de Tahiti sont passés à la dissidence pour des motifs idéologiques : ils refusaient d'accepter une défaite qui les consternait. Plus tard, il semble que des questions de personnes et d'intérêts se soient greffées sur un mouvement d'opinion qui ne se réclamait d'abord que du seul patriotisme.

Au début de mai 1941, un ancien membre du gouvernement provisoire, M. Martin, venu pour sa santé en Californie, a fait à notre consul général à San Francisco des ouvertures relatives à la constitution d'un conseil privé qui, remplaçant le gouvernement provisoire, ferait sa soumission au Maréchal et organiserait le ravitaillement de l'île, dont la situation économique n'est pas brillante. D'après lui, les événements de septembre 1940 ont été dus au manque d'information et à l'abandon matériel et moral où la colonie avait été laissée pendant la guerre. En réalité les colons et les indigènes seraient restés fidèles à la France et au Maréchal qui pourrait user de clémence en leur faveur.

La position du gouvernement français vis-à-vis des autorités dissidentes est assez forte, le gouvernement américain refusant de les reconnaître et ne leur apportant aucune aide d'aucune sorte. M. de Boisanger fut donc chargé de communiquer à M. Martin les conditions suivantes : les dissidents feraient leur soumission sans condition ; les éléments loyaux seraient immédiatement libérés ; un conseil, chargé d'expédier les affaires

---

[1] Ensemble des cinq archipels de la Polynésie française (l'archipel de la Société avec les îles du Vent – dont Tahiti – et les îles Sous-le-Vent, l'archipel des Tuamotu, l'archipel des Gambier, l'archipel des Australes et les îles Marquises), ainsi que Wallis et Futuna.

courantes, serait constitué par des Français loyaux et le commandement militaire remis à un officier loyal.

M. Martin, reparti pour Tahiti le 15 mai, n'a plus donné de ses nouvelles. En revanche, les autorités de l'île ont répondu par une fin de non-recevoir à une démarche du consul américain demandant la libération des internés de Moorea. Des citoyens américains se plaignent d'avoir été molestés à Tahiti et réclament des indemnités au gouvernement français, qu'ils tiennent pour responsable des dommages qu'ils ont subis. Les autorités ont procédé à des arrestations et expulsions qui ont mécontenté l'élément étranger, en particulier les Chinois et les Américains. Des désordres semblent avoir éclaté dans l'île. Le gouverneur de Curton a été remplacé le 27 juillet par M. Brunot qui, pour redresser la situation, a fait emprisonner son prédécesseur et un certain nombre de fonctionnaires prévaricateurs ou communisants. Cette seconde révolution paraît avoir été facilitée par l'arrivée à Tahiti du contre-torpilleur dissident *Triomphant*.

Le problème qui se pose pour le gouvernement français est double. D'une part, il s'agit de libérer les Français loyaux transférés à Moorea : notre consul général à San Francisco a mission d'organiser leur évasion qui paraît relativement facile. D'autre part, la négociation ouverte par M. Martin n'ayant pas eu de suite, il reste l'appui que pourrait donner le gouvernement américain à des forces françaises chargées de rétablir l'ordre à Papeete. Notre agent consulaire à Honolulu a adressé à notre ambassade à Washington une lettre contenant diverses suggestions à cet égard et prévoyant l'octroi aux autorités américaines, en échange de leur aide, d'une base aérienne aux Marquises ou à Clapperton[1].

En tout état de cause, la situation reste troublée à Tahiti. La colonie, compte tenu de la « versatilité polynésienne », ne paraît pas farouchement attachée à la dissidence. L'expérience d'une année a peut-être appris aux colons et aux indigènes les plus sages que, livrés à eux-mêmes, ils ne connaissent que l'anarchie et le désordre.

Guerre 1939-1945, Vichy, B Amérique, États-Unis, 50 (1GMII/50)

---

[1] Annotation manuscrite en marge de ce paragraphe : « Et les conventions d'armistice ? ».

402

M. Pietri, Ambassadeur de France à Madrid,
　à l'Amiral Darlan, Vice-Président du Conseil, Ministre de la
　Défense nationale, Secrétaire d'État aux Affaires étrangères
　et à la Marine.

D. nº 564[1].　　　　　　　　　　　　　　*Madrid, 6 novembre 1941.*

Me référant à mon télégramme nº 1420/21[2], j'ai l'honneur de faire tenir ci-joint à Votre Excellence la traduction d'un aide-mémoire remis hier à l'attaché naval près cette ambassade par l'attaché naval britannique.

Ce dernier constitue jusqu'à ce jour la seule réponse du gouvernement britannique à la démarche que, suivant les instructions de Votre Excellence, j'avais effectuée auprès de sir Samuel Hoare le 23 septembre dernier[3].

ANNEXE

Aide-Mémoire remis à l'amiral Delaye
par le capitaine de vaisseau Hillgarth
le 5 novembre 1941 (Traduction)

A.-M.　　　　　　　　　　　*s.l. [Madrid], s.d. [5 novembre 1941]*

L'attaché naval britannique à Madrid n'a pas manqué de transmettre à Londres la communication de l'Amirauté française contenue dans la note verbale de l'attaché naval français, datée du 12 octobre 1941, et il vient d'être invité à faire la réponse suivante.

---

[1]　D. intitulée : « A.s. incidents franco-anglais de septembre et octobre ». Annotation marginale manuscrite : « Cette note est très importante pour nos négociations et nos interventions s/ le trafic maritime et nos rapports avec l'Amirauté. Prière d'en remettre une copie aux R[elations] C[ommerciales] et à M. Arnal ». Signé : « DA » (Daridan ? Delenda ?). Autre annotation : « Signalé ».

[2]　Document non retrouvé. D'après la collection des télégrammes à l'arrivée et au départ, ce télégramme du 24 septembre relatait la démarche effectuée par M. Lamarle, conseiller à l'ambassade, auprès de M. Yencken, conseiller de l'ambassade d'Angleterre à Madrid, comme le lui avait prescrit le Département, au sujet du cargo français *Monselet*, attaqué par la Royal Navy le 20 septembre, non loin des eaux territoriales tunisiennes. Le navire arborait, d'après les autorités britanniques, les couleurs italiennes.

[3]　Le 22 septembre, apprenant l'attaque portée deux jours plus tôt contre le *Monselet*, le Département demandait à l'ambassadeur Pietri par le T. nº 902, de « protester énergiquement auprès de sir Samuel Hoare contre cette agression qui a été commise dans les eaux territoriales tunisiennes. » Lamarle a rendu compte de cette démarche par le T. nº 1420 du 23 septembre : Le conseiller de l'ambassade britannique « a mis en avant 'l'abus constant' que feraient les transports de troupes italiennes et allemandes des eaux territoriales tunisiennes. [...] L'obscurité ou le brouillard ont sans doute été la cause de cette méprise qui, de toutes façons déplorable, a ajouté M. Yencken, en m'assurant qu'une enquête serait ouverte [...] ». Lamarle a laissé une « confirmation écrite » de sa protestation. Le 9 octobre, l'amiral Esteva, dans sa D. nº 777, soutient lui que « le navire a été bombardé en pleine lumière, le 20 septembre à 15 h, par temps très clair », ajoutant : « Les avions assaillants étaient au nombre de 5, ce qui écarte toute possibilité de méprise. » (Guerre 1939-1945, Vichy, P Tunisie, 32, documents non reproduits).

L'Amirauté britannique ne peut identifier de façon absolument certaine les incidents visés par l'amirauté française dans sa note du 12 octobre[1], mais a été informée des incidents suivants :

a) Un navire a été attaqué le 20 septembre par quatre bombardiers de la RAF, à 18 milles au nord-est de l'île Kerkennah, alors qu'il battait pavillon italien[2].

b) Un navire a été atteint par une torpille, le 3 octobre, à 20 milles au nord-est de la Sardaigne, alors qu'il faisait route en direction de Naples et était escorté d'un torpilleur[3].

c) Un navire a été attaqué le 4 octobre dans le détroit de Zea alors qu'il naviguait dans un convoi italien[4].

Elle présume, d'après les informations fournies par l'amirauté et les émissions radiophoniques françaises que ces navires étaient en fait français, tout en n'apercevant pas comment le premier des navires mentionnés se trouvait battre pavillon italien s'il se livrait à un transport français avouable[5].

2 – La précision des rapports reçus par l'Amirauté britannique au sujet de ces incidents ne permet aucun doute sur le fait que les trois navires furent attaqués dans des zones que le gouvernement de S.M. avait déclarées dangereuses à toute navigation[6]. Lorsque, dans le passé, des navires français ont eu à franchir ces zones, à l'occasion de traversées que l'Amirauté française jugeait devoir être acceptées par le gouvernement de S.M., l'Amirauté française a recherché la coopération de l'Amirauté britannique pour assurer leur passage sans danger. Le fait qu'aucun avis ne fut donné des traversées projetées de ces trois navires ne semble avoir d'autre explication que le sentiment de ce que l'objet de ces traversées ne pouvait être accepté du gouvernement de S.M.

L'Amirauté française déclare qu'elle comprend difficilement pourquoi des navires français naviguant sans escorte sont coulés sans avertissement. Mais, selon le rapport reçu par l'Amirauté britannique au sujet de l'incident de Sardaigne, le 3 octobre, le navire attaqué était en fait escorté d'un torpilleur, tandis que le navire coulé par la RAF, le 20 septembre, semblait porter des marques italiennes. L'Amirauté française a déclaré elle-même que le *Théophile Gauthier* avait été coulé alors qu'il naviguait dans un convoi italien. En outre, dans chacun des trois cas, les incidents eurent lieu à courte distance des forces aériennes ou navales italiennes.

D'innombrables attaques ont été commises sans préavis par les marins et aviateurs allemands et italiens sur les navires de commerce aussi bien neutres que belligérants, que ce soit dans des zones déclarées dangereuses par l'Allemagne et l'Italie ou dans les espaces extérieurs à ces zones. Les avis déclarant dangereuses les zones de la Méditerranée centrale et orientale furent publiés à titre de représailles et comme une réponse aux déclarations semblables faites par le gouvernement italien et concernant certaines zones de la

---

[1]　Document non retrouvé.

[2]　Il s'agit du cargo *Monselet* (voir note 2 de la lettre d'accompagnement p. 945).

[3]　Il s'agit du cargo français *Oved Yquem*. Selon la note verbale du 10 octobre 1941, remise à l'attaché naval britannique à Madrid (copie à P. Bressy, dans Guerre 1939-1945, Vichy, Z Europe, Grande-Bretagne, 339, document non reproduit), ce navire se rendait « de Salonique en France, sans protection aucune, avec un chargement de tabac. »

[4]　Référence au paquebot *Théophile Gauthier*. Ce navire des Messageries Maritimes, desservant la nouvelle route de Méditerranée depuis janvier 1927, s'est trouvé au Pirée au moment de l'armistice. Il a appareillé le 16 septembre 1940 pour Beyrouth où il resta bloqué jusqu'au 11 juin 1940. Pour le soustraire aux bombardements aériens britanniques lors de l'offensive anglo-gaulliste sur la Syrie et le Liban, les autorités françaises l'envoyèrent à Salonique où il arriva le 19 juin 1941. De là, il appareilla le 3 octobre vers Marseille, incorporé à un convoi de deux navires de l'Axe escortés par des torpilleurs italiens ; il fut néanmoins torpillé le 4 octobre en mer Égée. Voir à ce sujet, la D. n° 7 en date du 14 octobre 1941 du chargé d'affaires de France à Athènes (Guerre 1939-1945, Vichy, Z Europe, Grande-Bretagne, 339, document non reproduit).

[5]　Voir p. 945, notes 2 et 3 de la lettre d'accompagnement.

[6]　L'aide-mémoire du gouvernement britannique du 7 novembre 1941, annexé au T. n° 566 de l'ambassadeur de France à Madrid, de la même date (Guerre 1939-1945, Vichy, Z Europe, Grande-Bretagne, 339, non reproduit), rappelle que « le gouvernement français n'ignore pas que la partie centrale de la Méditerranée a été déclarée zone dangereuse à la navigation par le gouvernement de Sa Majesté et qu'elle constitue une zone d'opérations militaires. »

Méditerranée[1]. En outre, les zones définies par ces avis furent strictement limitées à ce qui était nécessaire à la destruction des navires en direction ou en provenance de ports occupés par nos ennemis. Les avis furent adressés à toutes les flottes sans distinction et les instructions émises par l'Amirauté britannique s'appliquent à tous les navires, à l'exception de ceux dont les itinéraires et les chargements ont été spécialement notifiés au gouvernement de S.M. et approuvés par celui-ci.

Il semble que l'Amirauté française émet la prétention de voir les navires français être soumis à un régime de faveur et être autorisés à faire route vers des ports occupés par nos ennemis, en traversant des eaux contrôlées par eux, sans être exposés aux conséquences entraînées par la non-observation de l'avertissement formellement émis par le gouvernement de S.M. L'Amirauté britannique s'étonne, eu égard à la proportion dans laquelle la Marine marchande française en est venue à participer aux opérations de guerre de l'Allemagne et de l'Italie, de voir l'Amirauté française présenter une telle requête et faire appel en même temps à l'ancienne alliance entre les nations anglaise et française. L'Amirauté britannique n'a pas l'intention de répéter tout ce qui a déjà été dit par le gouvernement de S.M. au gouvernement du maréchal Pétain, au sujet de l'aide vitale apportée à l'effort de guerre de ses ennemis par l'industrie française et le commerce maritime français. La Marine britannique n'a pas oublié son ancienne collaboration avec la Marine française et est allée jusqu'à l'extrême limite des concessions pour reconnaître les difficultés auxquelles les marins français de toute nature ont à faire face. Mais l'Empire britannique est engagé dans une lutte à mort dont dépend l'avenir des peuples britannique, alliés et français, et ne peut pas négliger l'usage que ses ennemis sont en train de faire de la flotte et des ressources françaises. Non seulement la grande majorité des chargements des navires français[2] sont destinés à des territoires occupés par l'Allemagne ou l'Italie, mais encore les navires français ont interdiction de transporter quelque chargement que ce soit à un port britannique, ou même simplement d'y pénétrer. En outre, un certain nombre de navires français et de nombreux navires alliés actuellement réquisitionnés par le gouvernement du maréchal Pétain sont transférés aux Allemands et aux Italiens pour leur servir en Méditerranée[3]. En conséquence, la Marine britannique n'a pas l'assurance que des navires français ou battant pavillon français ne sont pas en fait des navires ennemis ou montés par des équipages ennemis.

L'Amirauté britannique espère que l'Amirauté française reconnaîtra la logique implacable de ses arguments, mais, en tout cas, l'Amirauté française ne doit pas garder de doute quant aux intentions de l'Amirauté britannique. Les zones méditerranéennes déclarées dangereuses jusqu'à ce jour ont été strictement limitées à ce qui était nécessaire pour bloquer les ports matériellement occupés par l'ennemi. Dans ces zones, la Marine britannique poursuivra inexorablement tout navire, de commerce ou de guerre, qui ferait route sans son autorisation expresse. Il conviendrait également que l'Amirauté française prît bonne note du fait qu'étant donné que des minerais et produits agricoles de valeur sont transportés en grande quantité des ports africains en France en vue de leur acheminement vers l'Allemagne et l'Italie et que les Allemands et les Italiens contrôlent les ports de la France non-occupée et y obtiennent des facilités, ce serait un très grand avantage pour l'effort de guerre des alliés que de déclarer également zones dangereuses des régions de la Méditerranée occidentale[4].

---

[1] Annotation manuscrite en marge, non signée, de cette phrase soulignée à la main : « Il faut voir les cartes » (lecture incertaine).

[2] Annotation manuscrite en marge de la phrase soulignée à la main : « Non ».

[3] Annotation marginale manuscrite : « Exact ».

[4] Annotation marginale manuscrite : « Voilà une menace déguisée ». Il est possible que ces annotations soient de la main d'Antoine Delenda, sous-directeur des Relations commerciales. Ce dernier note dans son journal, à la date du 5 novembre 1941, à propos de l'interception par les Anglais de cinq navires français escortés d'un aviso, au large de Durban : « Depuis des semaines, nous demandions à la Marine de ne plus envoyer ce genre de convoi, véritable défi aux Anglais [...]. La Marine a continué à faire partir ses bateaux avec une escorte plus symbolique qu'efficace. Elle comptait ainsi obtenir un ravitaillement plus complet et se basait sur le fait que les Anglais, suivant leur thèse en matière de droit maritime, n'arraisonneraient pas les navires neutres escortés d'un navire de guerre. Cependant, des avertissements nombreux nous avaient été donnés que cette thèse pourrait être modifiée. Nous n'arrêtons pas de défier les Anglais et, même de les insulter. [...] Les marins qui cèdent tout aux Allemands, maîtres de la terre, ne veulent pas admettre que les Anglais sont maîtres de la mer et que nous avons intérêt à composer avec eux. » (Antoine Delenda, Vichy, *Journal d'un opposant de l'intérieur*, Paris, François-Xavier de Guibert, 2010, pp. 321-322).

En considération des difficultés de la France et des navires français, le gouvernement de S.M. s'est abstenu jusqu'à présent de prendre cette mesure. L'Amirauté britannique ne sait pas ce que l'Amirauté française veut dire exactement lorsqu'elle laisse entendre qu'elle pourrait se départir de son attitude de stricte neutralité à l'égard du trafic maritime britannique en Méditerranée. Elle sait seulement que, dans le passé, l'Amirauté française s'est départie de la stricte neutralité en faveur de navires portant de la contrebande de guerre à l'Allemagne par la Méditerranée occidentale, en leur procurant une protection navale pour faciliter leur passage à travers les patrouilles britanniques. L'Amirauté britannique déclare maintenant avec toute la solennité possible que si l'Amirauté française mettait à exécution sa menace d'intervenir dans le trafic des navires de commerce britanniques ou alliés dans la Méditerranée ou en quelque point du monde que ce soit, elle se verrait contrainte de soumettre au gouvernement de S.M. la proposition de déclarer dangereuses à toute navigation de nouvelles zones en Méditerranée occidentale.

Guerre 1939-1945, Vichy, Z Europe, Grande-Bretagne, 339
(10GMII/339)

403

NOTE DE LA SOUS-DIRECTION D'ASIE

Note pour Monsieur Benoist-Méchin

N.[1]   *Vichy, 6 novembre 1941.*

Suite à la note du 31 octobre[2], relative à la propagande allemande et à la propagande soviétique sur le territoire de la Concession française de Shangaï.

1°) *Imprimés de provenance allemande :*

La police de la Concession française a adopté, en ce qui concerne plus particulièrement les imprimés de provenance étrangère, ayant un caractère de propagande, que la poste peut d'ailleurs toujours diffuser librement sur la concession, les principes suivants : l'exposition à la devanture des magasins ou la distribution sur la voie publique sont interdites ; mais la vente et la distribution sont autorisées à l'intérieur. Les imprimés de provenance allemande sont soumis à ce régime au même titre que ceux de toute autre provenance.

Un seul incident s'est produit : une librairie allemande s'était installée sans autorisation, avenue Joffre et y exposait et distribuait gratuitement des tracts. D'accord avec le sous-directeur du Bureau d'information à Shanghaï, désireux, conformément à ses instructions, a-t-il dit, d'éviter toute friction avec les autorités françaises, la librairie a été invitée au début d'octobre à fermer jusqu'à ce qu'elle fût mise en règle avec les services municipaux. Dès le 13 octobre, elle obtenait son permis et elle vend et distribue

---

[1] Annotation marginale manuscrite : « Original remis à M. Rochat, 6.11.41 ».

[2] Document n° 396.

depuis lors volumes et pamphlets de toute nature, dans les conditions régulières indiquées plus haut.

2°) *Organismes économiques allemands :*

Aucune entrave n'a été apportée à leur rétablissement sur la Concession française et aucune demande allemande n'a été adressée aux autorités françaises à ce sujet. Dès le mois d'août 1940, sur instructions de l'ambassade de France, toute restriction à la publicité commerciale allemande était levée et l'on peut voir dans les artères commerçantes de nombreux panneaux réclames en faveur des produits allemands, notamment des produits Bayer. *Le journal de Shanghai* a reçu l'instruction d'accueillir la publication d'annonces d'origine allemande.

3°) *Établissements de culture allemande :*

Le 25 juillet dernier, le président de l'Hôpital allemand Paulun a sollicité l'autorisation de principe d'ouvrir une école de médecine pour les Chinois sur le territoire de la Concession française. Il lui a été répondu, le 8 août, que, dès qu'il aurait fait choix d'un local, sa demande serait examinée, conformément au règlement. Malgré la concurrence évidente que cet établissement pourra faire à la grande université jésuite française Aurore de Shanghaï, cette demande recevra satisfaction dès que la municipalité aura reçu les précisions qu'elle a demandées.

En ce qui concerne les Soviets, leur propagande et leurs organismes sont soumis exactement aux mêmes obligations, de même que tout autre organisme étranger. En particulier, la librairie américaine, spécialisée dans la diffusion des documents soviétiques doit, tout comme la librairie allemande s'abstenir d'exposer des brochures de propagande à ses vitrines. L'émission russe de la station radio XMHA a été interdite le 2 août dernier. Le club des ressortissants soviétiques installé depuis quatre ans sur notre Concession est également soumis au contrôle de notre police.

Guerre 1939-1945, Vichy, E Asie, Chine, 143 (3GMII/143)

404

Note de la Sous-Direction d'Asie

Orientation de la politique de la France en Indochine

N[1].   *Vichy, 6 novembre 1941.*

Secret.

Il résulte clairement de la politique suivie par Tokyo depuis la conclusion de l'armistice franco-allemand du 25 juin 1940 que le Japon entend tirer parti de la situation de la France pour pousser aussi loin que possible ses avantages en Indochine.

Il a réussi, par les accords politiques et militaires d'août et septembre 1940[2] et de juillet 1941[3], et par l'accord économique de mai dernier[4], à se faire reconnaître en droit, et accorder en fait, dans ce pays, une position extraordinairement privilégiée.

En outre, les autorités civiles et militaires japonaises installées en Indochine à la faveur de ces accords s'efforcent sans cesse depuis deux mois de déborder le cadre pourtant très vaste des facilités de toute sorte qui leur ont été consenties. Toute leur attitude montre qu'elles supportent impatiemment les contraintes que leur imposent l'existence de la souveraineté française et la résistance des autorités françaises à leurs tentatives d'empiétement[5].

Dans l'impossibilité où se trouve actuellement la France de s'opposer longtemps par les armes à l'effort d'éviction radicale qui suivrait probablement une rupture avec le Japon sur la question d'Indochine, deux politiques s'offrent à elle :

L'une pourrait être appelée la politique du « laisser-faire ». Elle a ses partisans. Elle part du principe que l'Indochine étant déjà virtuellement perdue pour nous, notre intérêt est d'éviter toute friction avec les Japonais et, à cette fin, de ne prêter à aucun soupçon « d'insincérité » de leur part, et de leur laisser les mains complètement libres dans notre colonie. Cette docile soumission nous permettrait de conserver l'espoir de maintenir notre souveraineté sur l'Indochine, au moins à titre nominal, sous l'égide du Japon, et de sauvegarder l'essentiel de nos intérêts économiques, c'est-à-dire les grandes affaires de riz, de plantations de caoutchouc, de mines de charbon, où sont investis d'importants capitaux français.

---

[1] Annotation marginale manuscrite : « Vu par MM. Rochat et Lagarde aux A[ffaires] É[trangères], René Fatou et Gaston Joseph aux C[olon]ies. L'Amiral Darlan n'a pas eu le temps d'en prendre connaissance, 9.11.41 ».

[2] Voir *DDF (1939-1944)*, 1940-2, documents n°s 143, 173, 192, 193.

[3] Voir dans ce volume les documents n°s 292, 303, 306.

[4] Voir document n° 167.

[5] Voir documents n°s 374, 391.

L'autre politique consiste à tenter de maintenir l'intégralité de nos droits en face des autorités japonaises d'Indochine, en faisant jouer la corde de l'amitié franco-japonaise, qu'aucun cabinet nippon n'a jusqu'ici répudiée ; en invoquant auprès du gouvernement de Tokyo la lettre et l'esprit des accords qu'il a conclus, et des engagements unilatéraux spontanément et solennellement pris par ses hommes d'État, qui tous formulent expressément le respect de la souveraineté de la France et de l'intégrité territoriale de l'Indochine ; enfin en résistant sur place, par un jeu alterné de fermeté et de souplesse, aux prétentions excessives des militaires et des civils impérialistes japonais.

Entre ces deux politiques, les événements obligent le gouvernement français à faire son choix : le débarquement de nouveaux effectifs japonais au Tonkin, l'activité fébrile déployée au Cambodge par les troupes nippones, divers autres indices convergents, font prévoir une initiative prochaine du Japon en Extrême-Orient, qui paraît devoir prendre son point de départ en Indochine. L'imminence de cette éventualité soulève un certain nombre de questions qui exigent une réponse immédiate, et dont chacune pose le dilemme indiqué plus haut.

La note de la sous-direction d'Asie du 4 novembre énonce ces questions[1], dont le gouvernement général de l'Indochine et nos postes diplomatiques

[1]   Cette longue note secrète, intitulée « Problèmes posées au gouvernement français au début de novembre 1941 par la présence des troupes japonaises en Indochine » se trouve dans Guerre 1939-1945, Vichy, E Asie, Dossiers généraux, 14. Elle détaille la situation de la question d'Indochine dans l'ensemble de la politique japonaise en Extrême-Orient, à savoir « la création dans la 'Grande Asie orientale' par la Japon et sous son égide d'un 'Ordre nouveau' fondé sur la 'co-prospérité' des pays qu'il doit embrasser » dont les étapes ont été la conquête de la Mandchourie commencée en 1931, et suivie par celle de la Chine, commencée en 1937. Entravée par la résistance de Tchang Kaï-Chek, « cette étape n'est pas terminée que déjà le Japon veut entreprendre la suivante » avec une « véritable mainmise sur l'Indochine française » : « Des confidences toutes récentes de l'ambassadeur du Japon en France permettent de mesurer l'ampleur du dessein : c'est au moins jusqu'au Siam et à la Birmanie, jusqu'aux Indes néerlandaises et à la Nouvelle-Guinée, que doit s'étendre l'Ordre nouveau. [...] Comme en Corée, comme au Mandchoukouo, comme bientôt en Chine du Nord et en Chine centrale s'ils y parviennent, il s'agit, sous le couvert de gouvernements locaux consentants ou contraints, d'une complète subjugation militaire, d'une entière subordination politique, d'une totale intégration à un système économique dirigé à son profit par le Japon ». La note rappelle ensuite les circonstances et les conditions dans lesquelles les Japonais sont entrés en Indochine depuis la défaite, puis revient sur les tensions qui ont commencé après la signature de l'accord du 29 juillet 1941, avant de décrire la situation au début de novembre 1941 : si « les incidents quasi quotidiens en août et septembre se sont fort espacés en octobre », « en revanche l'armée japonaise ne paraît renoncer à ses incessantes vexations que pour se consacrer à d'importants préparatifs, apparemment destinés à l'ouverture prochaine d'opérations militaires, peut-être à partir du Tonkin contre la Chine, plus probablement à partir du Cambodge contre la Thaïlande ». Au 27 octobre, les Japonais disposent d'un total de 42 000 hommes en Indochine, et demandent du matériel, une augmentation de la capacité de transport des chemins de fer au Tonkin, des facilités pour l'utilisation et le contrôle de la radio et du service météorologique, l'utilisation, l'équipement ou la création de 13 aérodromes en Indochine méridionale au lieu des huit prévus par l'accord du 29 juillet. Enfin, un membre de la Mission militaire japonaise aurait fait le 29 octobre « l'aveu implicite d'entreprendre prochainement des opérations importantes » : « L'objectif des Japonais peut être de prendre position en Thaïlande avant les Britanniques ; ou d'aller couper par le territoire thaïlandais la route de Birmanie ». Face à cette situation, le gouvernement français doit envisager différentes options sur l'attitude à avoir à l'égard du gouvernement japonais, de celui de Tchoung King, ainsi que des États-Unis et suggère comme ligne de conduite « fermeté rigide à Tokyo sur le terrain des accords [...] ; résistance courageuse du Gouvernement général sur le plan local [...] ; franchise discrète à l'égard du gouvernement de Tchoung King et

soulignent l'acuité. Les réponses qu'elle propose, après un examen appro-
fondi et rigoureusement objectif, s'inspirent de la politique de maintien de
nos droits qui vient d'être définie en second lieu.

Il apparaît en effet qu'une politique de laisser-faire, tout en écartant peut-
être certains risques immédiats, ne peut donner, en échange d'abandons
irrémédiables sur l'essentiel de notre position, que des avantages médiocres
et provisoires. Il est vain de penser que le Japon, après nous avoir dépouil-
lés de la réalité de notre souveraineté, nous en laisse même la fiction. Ce
serait contraire à la politique de l'« Asie jaune », qui est un des dogmes des
impérialistes nippons ; et les modérés de Tokyo, qui seraient prêts à nous
laisser cette souveraineté si nous la défendons, ne feront rien pour empêcher les extrémistes de nous en enlever le nom lorsque nous en aurons
perdu la substance. Il faut d'ailleurs noter à ce propos qu'un grave complot
nationaliste annamite organisé par les services spéciaux japonais vient
d'être découvert en Indochine.

D'autre part, tous les précédents donnent à craindre que les participations économiques dont nous pourrions obtenir le maintien dans
nos propres affaires ne soient rapidement vidées de leur valeur par les
grands trusts financiers, industriels et commerciaux du Japon, à leur profit
exclusif.

La période d'euphorie apparente que nous vaudrait cette politique de
complaisance serait donc, selon toute vraisemblance, de peu de durée.

En revanche, la politique de fermeté et de souplesse dont s'inspirent les
solutions proposées par la note précitée, tout en comportant pour le présent
des difficultés et même des risques qu'il n'est pas question de dissimuler, a
l'avantage de ménager l'avenir. De divers côtés parvient au Département
l'indication que le Japon traverse une période de difficultés graves, et de
profonde incertitude. Ce qui sera cédé maintenant risque d'être irrémédiablement perdu ; ce qui sera maintenant préservé a chance d'être, plus tard,
définitivement sauvé.

Des entreprises privées sont fondées à ne considérer que les intérêts matériels, et à préférer une opération fructueuse de rendement immédiat mais
sans lendemain, à une attente difficile en vue d'un avenir meilleur.

Il n'en va pas de même de l'État. La France a en Indochine une tradition
nationale à respecter, une œuvre de civilisation à défendre. Elle doit y sauvegarder son honneur, et l'avenir de son patrimoine.

---

entretien avec lui de rapports aussi amicaux que possible ; faire tout ce qui est en notre pouvoir
pour obtenir l'appui : 1) du gouvernement allemand, qui est en méfiance à l'égard du gouvernement
japonais, et paraît hostile à son intrusion excessive en Indochine ; 2) du gouvernement américain
qui, tout décevant qu'il ait été jusqu'à présent, n'en est pas moins à la fois désireux et capable, même
sans bonnes dispositions à notre égard, d'exercer un rôle efficace sur le Japon en vue du maintien
du *statu quo* en Extrême-Orient. » Ce document non publié porte l'annotation marginale suivante,
de la même main et de la même date que celle du présent document, citée dans la note 1 : « Vu par
M. Rochat et M. Lagarde aux A[ffaires] E[trangères], l'amiral Platon et M. René Fatou aux
C[olon]ies. L'amiral Platon s'est déclaré entièrement d'accord sur les conclusions développées dans
la partie V. L'amiral Darlan n'a pas eu le temps d'en prendre connaissance, mais il a approuvé et
signé le télégramme à Tokyo rédigé dans le sens de ces conclusions. 9.11.41. F.L. »

Il appartient au gouvernement d'adopter la politique qui lui paraît répondre le mieux à ces impératifs.

Guerre 1939-1945, Vichy, E Asie, Japon, 328 (3GMII/328)

405

M. Truelle, Ministre de France à Bucarest,
à l'Amiral Darlan, Vice-Président du Conseil, Ministre de la
Défense nationale, Secrétaire d'État aux Affaires étrangères
et à la Marine.

D. n° 307[1]. *Bucarest, 6 novembre 1941.*

Bien que le danger russe paraisse s'éloigner, les Allemands renforcent sans cesse la défense de l'industrie roumaine du pétrole et plus particulièrement celle des raffineries groupées à Ploesti. Il est frappant de constater que c'est au moment même où les Allemands avancent en Crimée et menacent directement les dernières bases d'où pouvaient partir des attaques aériennes sur les pétroles roumains qu'ils élèvent autour de Ploesti un réseau de ballons protecteurs.

Cette action ne peut s'expliquer que par l'importance de plus en plus grande que prend, pour la conduite de la guerre, l'existence des grandes raffineries roumaines. Je rappellerai qu'elles sont en mesure de traiter des quantités de pétrole brut bien supérieures à la production actuelle de la Roumanie.

Bien que la publication des statistiques sur la production, les stocks et les exportations soit interdite, il apparaît nettement, des informations que j'ai recueillies dans les milieux compétents, que les stocks roumains sont en voie de diminution très sensible. Les Allemands ont fait un effort considérable depuis le début de la campagne russe pour transporter le plus possible de produits du pétrole, afin de répondre aux exigences croissantes de leur consommation et aussi, dit-on, afin de reconstituer leurs stocks en Allemagne même. Des stations de fortune ont été utilisées, comme celle de Cernavoda. L'arrêt du transport des autres marchandises, comme les céréales, faute d'excédents disponibles à l'exportation, a permis d'utiliser la voie du Danube de façon intensive pour l'expédition du pétrole.

La campagne de Russie n'est pas achevée. Les lignes de communication s'étendent. La consommation de carburants liquides, sans atteindre le niveau de la campagne d'automne, restera élevée pendant les mois d'hiver. Quelle sera la situation de l'Allemagne au printemps ? Pourra-t-elle

---

[1] D. intitulée : « Le problème du pétrole et l'activité allemande en Roumanie ». Annotations manuscrites : « M[inistère] de la Guerre, EMA 2 6e Vipan [?], 6.12.41 ». Le document porte le tampon « 24 nov[embre] 1941 » (date réception ou enregistrement), ainsi que la mention : « Communiqué à Relations commerciales, Budapest, Sofia, Ankara ».

engager une grande campagne à l'Est avec ses seules ressources augmentées de la production roumaine et des stocks subsistants ? On commence à
en douter dans les milieux roumains compétents.

La production d'essence synthétique[1] n'atteindrait pas les chiffres extrêmement élevés que l'on imagine parfois et les dirigeants allemands senti-
raient que le problème du pétrole rendra le Reich très vulnérable, si la
guerre doit se prolonger et si les opérations l'obligent à un emploi intensif
de tous ses moyens d'action. Cette situation expliquerait les précautions
extraordinaires prises par les Allemands au moment précis où la résistance
russe faiblit, et l'on ne manque pas de comparer cette activité intense avec
la médiocrité des moyens de défense mis en action lors des campagnes de
Yougoslavie et de Grèce.

En dehors des mesures de précaution prises dans la zone pétrolifère
et autour des raffineries, on constate que des équipes travaillent actuellement de façon intensive à la construction d'un pipeline de Constantza à
Cernavoda, en vue d'assurer le transport depuis ce port danubien des
pétroles du Caucase que les Allemands comptent exploiter au maximum
dès que leurs armées se seront emparées de cette région. Les équipes de
techniciens qui dirigeront la production et le transport sont déjà désignées
et elles seront dirigées par M. Neubacher, actuellement chargé de l'ensemble des questions économiques intéressant le Reich en Roumanie et qui
recevrait la charge de gouverneur de Tiflis[2].

Là encore, les préoccupations allemandes sont claires. La guerre qui se
prolonge met l'Allemagne dans la nécessité de rechercher de nouvelles
sources d'approvisionnement destinées à suppléer à l'insuffisance de la
production d'essence synthétique et à l'épuisement des stocks. Reste à savoir
dans quelles conditions les Russes laisseront les exploitations pétrolifères
du Caucase, au cas où ils devraient les perdre.

Guerre 1939-1945, Vichy, Z Europe, Roumanie, 697 (10GMII/697)

---

[1] Il s'agit d'un gaz liquéfié obtenu à partir du charbon et de quelques autres composés. Sa
production en grande quantité est faite pour la première fois en Allemagne lors de ce conflit, pour
faire face aux graves difficultés de l'Allemagne pour l'approvisionnement en pétrole.

[2] Nom ancien de Tbilissi.

406

M. Henry-Haye, Ambassadeur de France à Washington,
à l'Amiral Darlan, Vice-Président du Conseil, Ministre de la
Défense nationale, Secrétaire d'État aux Affaires étrangères
et à la Marine.

T. nᵒˢ 2774 à 2775.   *Washington, 8 novembre 1941, 21 h. 20.*

(*Reçu : le 9, 14 h. 15*)

Le Sénat a décidé hier soir après 11 jours de débats d'autoriser l'armement des bateaux marchands et leur passage à travers les zones de combat jusque dans les ports belligérants. Le vote a été de 50 contre 37 ; 43 démocrates, 6 républicains et 1 indépendant ont voté pour, 15 démocrates, 21 républicains et 1 progressiste se sont déclarés hostiles à la mesure.

Si l'on tient compte de l'opinion exprimée par les sénateurs absents, le vote véritable eût été 54 contre 41 ; c'est la majorité la plus faible que recueille l'Administration sur une question décisive de politique étrangère. Neuf sénateurs qui avaient voté l'an dernier pour la loi de « prêt et bail » à l'Angleterre ont déserté cette fois l'Administration.

Avant de passer au vote, le Sénat avait repoussé un certain nombre d'amendements. Il a rejeté en particulier une proposition du sénateur Thomas qui aurait limité l'accès des navires américains aux seuls ports anglais. De même a été rejeté à mains levées un amendement du sénateur O'Daniel qui demandait au Président de condamner les grèves de la Défense nationale. Le projet de loi retourne maintenant à la Chambre des Représentants où il sera discuté à partir de mercredi. Il est certain que l'Administration ne retrouvera pas les 120 voix qui avaient autorisé seulement l'armement des bateaux marchands, mais, bien que les réactions de la Chambre soient assez difficiles à prévoir, on compte sur une majorité pour le vote du projet.

Guerre 1939-1945, Vichy, B Amérique, États-Unis, 59 (10GMII/59)

407

M. Truelle, Ministre de France à Bucarest,
à l'Amiral Darlan, Vice-Président du Conseil, Ministre de la
Défense nationale, Secrétaire d'État aux Affaires étrangères
et à la Marine.

D. n° 313[1].   *Bucarest, 8 novembre 1941.*

La nouvelle de l'exécution des otages à Nantes et à Bordeaux[2] a provoqué en Roumanie une profonde émotion. Si, en raison des conditions auxquelles est soumis le pays, l'opinion n'a pu s'exprimer librement, mes collaborateurs et moi avons reçu de nombreux témoignages de sympathie émanant souvent d'inconnus, nous manifestant leur tristesse, leur inquiétude et leur indignation. J'ai pu constater une fois de plus à cette occasion la sincérité des sentiments que gardent envers la France un grand nombre de Roumains et qui leur font comprendre et partager les épreuves du Chef de l'État et des Français. La guerre contre la Russie, en faisant de la Roumanie l'alliée de l'Allemagne, n'a pas changé cet état d'esprit.

Quand, par la suite, devant les protestations que soulevait l'intention manifestée par les autorités allemandes de tenir des innocents responsables d'actes qu'ils n'avaient pas commis, le gouvernement du Reich a renoncé à de nouvelles représailles, on a ressenti ici un soulagement d'autant plus vif que, pour la première fois depuis longtemps, on avait l'impression que la protestation élevée dans le monde entier contre ces mesures avait fait hésiter et reculer les chefs nazis.

Guerre 1939-1945, Vichy, Z Europe, Roumanie, 686 (10GMII/686)

---

[1] D. intitulée : « A.s. opinion roumaine et exécution des otages à Nantes et à Bordeaux ».

[2] À la suite de l'assassinat le 20 octobre, par un groupe de résistants, du lieutenant-colonel Karl Hotz, responsable des troupes d'occupation en Loire-Inférieure, les autorités allemandes fusillent 48 prisonniers pris comme otages, le 22 octobre 1941 (à Nantes, mais aussi à Châteaubriant et à Paris). Le 24 octobre, ce sont 50 otages qui sont fusillés à leur tour, près de Bordeaux, en représailles contre l'assassinat d'un autre officier allemand, Hans Reimers.

408

M. Cosme, Ambassadeur de France en Chine,
  à l'Amiral Darlan, Vice-Président du Conseil, Ministre de la
  Défense nationale, Secrétaire d'État aux Affaires étrangères
  et à la Marine.

T. nᵒˢ 698 à 699.   *Pékin, 9 novembre 1941, 12 h. 35.*

(Reçu : le 12, 8 h. 20)

Le gouvernement américain poursuit activement la politique d'abandon de tous ses postes actifs que, depuis plusieurs mois déjà, il a instituée en Chine occupée.

Dans le nord, les grandes banques ont fermé leurs portes ; les compagnies pétrolières ont suivi cet exemple, et seules subsistent les missions religieuses et les écoles, encore que le fonctionnement de celles-ci soit considérablement gêné par le blocus financier.

Dans le centre, les coupures ne sont pas encore aussi profondes ; les banques continuent, en effet, à travailler, par contre les compagnies de navigation ont à peu près cessé tout contact avec les ports chinois.

Quant à la puissante colonie américaine de Shanghaï, elle est réduite à ses points actifs : les consulats, l'armée et la marine de guerre. Ces diverses mesures ont provoqué dans les milieux étrangers une inquiétude qui ne cesse de se développer. Déjà le blocus financier les a gravement atteints en ce sens qu'il les a placés dans l'impossibilité de se réapprovisionner à l'étranger ; ils réalisent maintenant ce qu'il adviendrait de leurs maisons de commerce si, par suite d'une guerre dans le Pacifique, les grands ports de Chine, coupés de tout contact avec le monde extérieur, ne devaient plus entretenir de relations qu'avec le Japon.

Communiqué Tokyo, Hanoï.

Guerre 1939-1945, Vichy, E Asie, Chine, 132 (3GMII/132)

409

M. Cosme, Ambassadeur de France en Chine,
   à l'Amiral Darlan, Vice-Président du Conseil, Ministre de la
   Défense nationale, Secrétaire d'État aux Affaires étrangères
   et à la Marine.

T. n°s 716 à 720.   *Pékin*[1], *le 12 novembre 1941, 20 h.*

(Reçu : le 13, 8 h.)

Mon attention a été appelée de divers côtés sur l'activité que déploient actuellement les personnalités chinoises et japonaises en vue d'aboutir au règlement du conflit sino-japonais. M. Sun-Fo, notamment, s'est rendu récemment à Hong-Kong, où il a rencontré M. Chen-Kung-fo (…)[2] de Shanghaï, qui représentait M. Wang Chin-wei.

Si je suis bien informé, ces négociations seraient secondées par le gouvernement allemand qui est soucieux de libérer le Japon de la guerre de Chine et, par là, de lui rendre le moyen d'exercer une pression utile contre la Russie. Les Américains et les Anglais, qu'inquiètent l'imminence d'un conflit du Pacifique, s'efforceraient par contre, de paralyser ces tentatives de conciliation et feraient une vive pression sur le général Tchang Kaï-chek pour qu'il ne cède pas à la tentation de conclure une paix de compromis.

Sans doute est-il difficile de mesurer exactement les chances respectives que peuvent avoir les Japonais de mettre un terme à la guerre de Chine et les Anglo-Saxons de la faire durer. Le général Tchang Kaï-chek, s'il est privé des grands centres économiques du pays, a forgé une armée qui, de l'avis de tous les experts militaires, s'est singulièrement améliorée au cours de ces derniers mois et qui lui donne le moyen sinon d'entreprendre une offensive, ce qui lui interdit l'insuffisance de ses moyens mécanisés, du moins d'assurer une défensive indéfinie. Il peut, de ce fait, être tenté de courir ses chances et, en prolongeant la résistance, de supputer, ce qu'il y a d'imprévisible dans les destinées militaires du Japon. On peut se demander, par contre, si ce n'est pas avec scepticisme qu'il doit accepter les promesses d'assistance qui lui sont faites par l'Angleterre et par les États-Unis. Depuis quatre ans il n'a enregistré à cet égard que des déboires et la récente déclaration du général Magruder, chef de la mission militaire américaine de Chine, qui a fixé à la fin de 1942 le point de sommet de l'assistance américaine[3], ne semble pas faite pour développer sa confiance.

Il me faut, à mon avis, ni trop attendre de la pression que les États-Unis exercent sur Tchoung-King, ni trop sous-estimer les chances que peut encore avoir le Japon de s'entendre avec le général Tchang Kaï-chek. La

---

[1] *Via* Tien-Tsin.

[2] Lacune de déchiffrement.

[3] Arrivé le 9 octobre 1941. Il s'agit de sa première déclaration publique, faite le 1er novembre 1941, à l'Institut culturel sino-américain.

Chine est en mal perpétuel de négociation et les raisons que peut avoir le général Tchang Kaï-chek de ne pas traiter aujourd'hui peuvent être modifiées demain par l'évolution du conflit d'Europe. Ce que je dois noter pour le moment, c'est que l'effort diplomatique entrepris par le Japon semble tarder et que Washington et Londres ont établi à Tchoung King un climat de guerre qui doit être pris en considération.

Communiqué Tokyo-Hanoï.

Guerre 1939-1945, Vichy, E Asie, Chine, 134 (3GMII/134)

410

M. J.-F. Blondel, Ministre de France à Sofia,
    à l'Amiral Darlan, Vice-Président du Conseil, Ministre de la
        Défense nationale, Secrétaire d'État aux Affaires étrangères
        et à la Marine.

D. n° 27[1].   *Sofia, 13 novembre 1941.*

Depuis qu'elle a adhéré au Pacte tripartite et mis en même temps son territoire à la disposition des troupes allemandes[2], la Bulgarie voit évidemment sa politique extérieure dominée par un facteur essentiel : le Reich ; ses relations avec les autres signataires européens du pacte, même avec l'Italie, ne sont que subalternes. Pourtant, prenant au sérieux sa nouvelle « mission » d'État dirigeant, on pourrait dire d'État survivant dans les Balkans, elle multiplie depuis quelque temps les rapports directs avec les pays auxquels l'Allemagne a dévolu aussi le rôle de champions de l'ordre nouveau. Le ministère des Affaires étrangères bulgare n'avait sans doute jamais connu une telle activité. Les services du Protocole sont débordés : à un rythme rapide se succèdent voyages, réceptions solennelles, promotions de décorations, ratifications d'accords divers. Dans son récent discours au Parlement, le Roi a réservé un long passage aux petits partenaires de l'Axe : Roumanie, Hongrie, Slovaquie, Croatie, montrant ainsi d'une façon nouvelle l'importance qu'il attache à l'amitié de ces divers pays. L'objet de cette étude (les relations de la Bulgarie avec l'Italie seront examinées dans un rapport ultérieur) est de préciser dans quelle mesure ces manifestations sont artificielles et dans quelle mesure elles correspondent à l'intérêt réel de la Bulgarie. Quels résultats celle-ci peut-elle en attendre ?

---

[1] D. intitulée : « A.s. La Bulgarie et les autres partenaires européens de l'Axe : Hongrie, Slovaquie, Roumanie, Croatie ». Indication sur le document : « Copie au cabinet du Ministre » et tampon « 24 nov[embre] 1941 » (date réception ou enregistrement).

[2] La Bulgarie a adhéré au Pacte tripartite le 1er mars 1941. Sur la question du passage des troupes allemande par le territoire bulgare à la veille des opérations allemandes dans les Balkans contre la Grèce et la Yougoslavie, voir dans ce volume les documents n°s 8, 24, 102, notamment.

C'est avec *la Hongrie*[1] que ce rapprochement de sentiments et d'intérêts est le plus ancien. Trois thèmes, souvent développés par les hommes d'État des deux pays, sont maintenant devenus familiers à tous les esprits bulgares : une certaine communauté de race, sans doute lointaine mais toujours invoquée, la fraternité d'armes de la dernière guerre et surtout le sort identique de l'après-guerre : Hongrie et Bulgarie se sentent depuis de longues années solidaires dans leur lutte passive puis active contre les « dictats » de Paris qui les avaient toutes deux amputées et encerclées[2]. Mais à part cette sympathie politique, la masse bulgare demeure assez indifférente pour un pays sans contact géographique avec le sien, aristocratique, catholique, et qui s'attribue, non sans quelque mépris pour les peuples des Balkans, la mission de poste avancé de l'Occident.

À défaut d'accord politique particulier, cette amitié officielle bulgaro-hongroise s'est concrétisée ces temps derniers dans un accord culturel et un accord commercial auquel le Protocole et la presse ont donné un grand éclat. L'accord « de coopération culturelle », signé en février 1941 à Sofia où était venu le ministre hongrois de l'Instruction publique et ratifié le mois dernier à Budapest par M. Filov, reprend à peu près les termes de la convention culturelle bulgaro-italienne de 1939. Il prévoit des échanges d'œuvres scientifiques et de livres, des visites mutuelles de professeurs et de savants, et la création de chaires de littérature hongroise à l'Université de Sofia et de littérature bulgare à l'Université de Budapest. Le 5 octobre, le roi Boris était promu Docteur *Honoris Causa* par cette dernière.

Les échanges commerciaux ont fait l'objet cette année d'un effort sérieux d'extension. Deux chambres de commerce bulgaro-hongroises ont été fondées : en août à Budapest et, le mois suivant, à Sofia. Des délégations économiques échangèrent des visites. Un protocole, signé en juillet dernier, prévoit jusqu'au 30 juin 1942 des échanges d'une valeur globale de 320 millions de leva : on trouve encore ce chiffre trop faible et l'officieuse *Parole Bulgare*, constatant que la Hongrie ne tient que la sixième place dans le commerce du pays, reconnaît que « certaines ressemblances existent entre l'économie bulgare et l'économie hongroise » et formule l'espoir que l'acquisition des cultures méditerranéennes de la côte égéenne d'une part, des industries de Transylvanie d'autre part, pourront fournir de nouveaux objets d'échange.

Encore plus éloignée géographiquement est *la Slovaquie*[3], mais elle a attiré sur elle l'attention sympathique des Bulgares dès le moment de sa fondation[4] qui, en modifiant sans préavis et presque sans réaction la carte des nationalités, permettait tous les espoirs aux autres révisionnismes ; quelques mois plus tard, avant la fin de 1939, la Bulgarie reconnaissait le nouvel État. Celui-ci se rappelle à l'intérêt bulgare pour une autre raison :

---

[1] Souligné dans le texte.

[2] À la suite des traités de Neuilly du 27 novembre 1919 (avec la Bulgarie) et de Trianon du 4 juin 1920 (avec la Hongrie).

[3] Souligné dans le texte.

[4] L'État slovaque a été fondé le 15 mars 1939. Voir document n° 298 et notes.

c'est lui qui abrite une des résidences favorites de l'ancien souverain Ferdinand et, lorsque le roi Boris est allé voir celui-ci en juin dernier à Méran, il en a profité pour rendre visite par deux fois aux hommes d'État de Bratislava. Ces visites ont été à l'origine des bruits que l'on a fait courir de divers côtés sur l'attribution au prince Cyrille, frère du roi Boris, de la couronne d'une Slovaquie transformée pour la circonstance en royaume. La rumeur était-elle de pure imagination ou correspondait-elle à des projets auxquels l'exemple de la Croatie[1] ou d'autres considérations auraient fait renoncer par la suite ? À vrai dire, on n'en a jamais beaucoup parlé et on n'en parle plus du tout depuis quelque temps.

Un accord commercial, signé le 11 septembre, prévoit des échanges sur la base de la compensation privée, mais aucune liste très précise de produits n'a été déterminée. Un accord culturel signé assez solennellement à Sofia le 22 octobre prévoit avec la Slovaquie une coopération analogue à celle qui a été établie avec la Hongrie.

Le cas de *la Roumanie*[2] est assez différent des précédents. Naguère encore, elle faisait partie du système des États hostiles à la Bulgarie[3]. Mais depuis l'accord de Craïova[4], aucun litige territorial ne divise plus les deux pays, que leur adhésion successive au Pacte a au contraire rapprochés par un sort commun d'occupation et d'alliance allemandes. Maintenant que la Roumanie est lancée dans la guerre anti-russe, la Bulgarie voit d'un œil favorable ses visées s'éloigner vers le Nord-Est. Dans l'opinion publique, on peut déceler sans doute une nuance de jalousie à l'égard du Roumain qui, très tard rallié à la cause de l'Axe, est en position de devenir un favori, étant donné l'effort considérable qu'est en train de donner l'armée roumaine, armée dont la valeur guerrière a toujours été décriée ici, et qui reçoit maintenant les éloges de l'Allemagne. Mais ce n'est pas sans plaisir qu'on voit ce puissant et riche voisin, déjà atteint par d'énormes amputations territoriales et de rudes convulsions intérieures, s'affaiblir encore dans cette guerre meurtrière. Et si le maréchal Antonesco, d'après ce qu'on me rapporte de Bucarest, laisse entendre maintenant qu'il ne renoncera dans sa reconstruction de la Grande Roumanie à aucune des terres perdues, les Bulgares ne redoutent pas trop la révision du statut de la Dobroudja : car ils se disent que la Roumanie est bien plus désireuse de récupérer la Transylvanie, que ses tentatives dans ce sens l'entraîneraient dans de graves difficultés et que, si jamais elle entreprenait de revenir sur les décisions de Craïova, pourtant approuvées de tous les gouvernements étrangers, ce ne serait que le jour lointain où elle aurait triomphé de la Hongrie, sans doute au prix d'une nouvelle saignée.

[1] Allusion à la couronne de Croatie offerte au duc de Spolète. Voir document n° 321, note 3.

[2] Souligné dans le texte.

[3] Allusion à l'Entente balkanique signée le 9 février 1934 entre la Grèce, la Roumanie, la Yougoslavie et la Turquie.

[4] Du 7 septembre 1940. Par cet accord la Dobroudja méridionale (districts de Durostor et Caliocra), soit un territoire de 7 700 km^2 avec une population de 415 000 habitants, revient à la Bulgarie, selon la frontière de 1912. Voir *DDF (1939-1944)*, 1940-2, document n° 194, note 4.

Les échanges commerciaux entre la Roumanie et la Bulgarie illustrent bien le changement radical qui a eu lieu dans leurs relations politiques : du temps où elle faisait encore partie de l'Entente balkanique, la Roumanie faisait des difficultés pour livrer du pétrole à la Bulgarie et exigeait d'être payée en dollars. À la suite de l'accord signé le 1er juillet dernier (voir ma dépêche Relations Commerciales n° 20 en date du 16 octobre)[1], et sans doute aussi grâce aux facilités de transport données par le ferryboat danubien, d'importants échanges sont en cours : contre divers produits locaux (bois, peaux de mouton, graines, etc.) la Bulgarie obtient d'assez grandes quantités de pétrole et de produits dérivés ; les paiements se font par clearing et passent par la Caisse de compensation centrale de Berlin.

Du point de vue culturel, aucun accord n'a encore été conclu. Le ministre de la Propagande roumain a fait ici, il y a quelques mois, une visite assez solennelle (au cours de laquelle le Conducator a cru devoir lui retirer son portefeuille) et, tout récemment, des contacts ont été établis entre journalistes des deux pays lorsque les rédacteurs en chef des quotidiens bulgares, revenant d'une tournée sur le front russe, se sont arrêtés à Bucarest.

Dernier venu en Europe et dernier adhérent du Pacte, l'État croate[2] a bénéficié, avant même d'avoir pris forme, de l'appui moral de la Bulgarie, qui se plaisait à imaginer en lui dans l'avenir un contrepoids naturel, peut-être même un allié politique destiné à contenir une Serbie, diminuée sans doute, mais, par contre, plus hostile que jamais aux Bulgares. Si, officiellement, la politique royale, liée à la Yougoslavie par un traité « d'amitié éternelle »[3], a observé une grande réserve jusqu'à la consommation de la défaite serbe, la presse de Sofia acquise à l'Allemagne ne s'est plus gênée à partir du coup d'État de Simovitch[4] pour critiquer le gouvernement de Belgrade : elle a parié, dès ce jour-là, pour la désagrégation de l'État yougoslave, comptant d'abord sur le Docteur Matchek, puis, après le ralliement de celui-ci au roi Pierre, prévoyant la sécession définitive de la Croatie sous la direction de Pavelić. Pronostics bientôt réalisés. Peu de temps après, la Bulgarie reconnaissait officiellement le nouvel État croate qui installait à Sofia une mission diplomatique.

Les Macédoniens, rapprochés des Croates par leur analogue situation d'opposants au sein de l'État yougoslave, sont assez naturellement parmi les plus enclins à louer l'œuvre de Pavelitch. La presse de Zagreb le leur rend bien et le *Hrvatski Glas* les a couverts de fleurs dans un article que les journaux de Sofia se sont plu à reproduire. Certains Macédoniens, malgré la prudence que devraient leur inspirer les empiétements italiens autour

[1] Document non retrouvé. Datée du 16 octobre, la D. n° 18, la traite de « la situation politique en Bulgarie », avec, en annexe, une longue « Note sur la politique extérieure de la Bulgarie » datée du 3 août 1939. (*In* Guerre 1939-1945, Vichy, Z Europe, Bulgarie, 190).

[2] Sur la création et le nouveau régime de l'État croate, voir documents n°s 170, 232.

[3] Traité de Niš du 23 mars 1923.

[4] Le 27 mars 1941, en réaction à l'adhésion de la Yougoslavie au Pacte tripartite. Voir document n° 141 et notes.

d'Ochrida et sur la Croatie[1], trouveront-ils un aliment à leur tendance autonomiste dans le précédent de l'indépendance croate ? Il est trop tôt pour dire ce que vaudra l'amitié bulgaro-croate : sera-t-elle contrariée par cette sorte de sentiment hautain qui est répandu en Bulgarie vis-à-vis des peuples slaves ayant adopté la religion catholique et l'alphabet latin, ou par un renouveau de l'idée yougoslave ? La question est surtout de savoir combien de temps durera le nouvel État croate, et, même ici, on n'est pas sans émettre des doutes sur sa viabilité.

Fondée comme les précédentes sur de simples raisons politiques, l'amitié bulgaro-croate s'exprime, comme elles, dans deux formes de collaboration : collaboration économique (accord du 25 septembre réglant un certain nombre de questions issues de la désagrégation de la Yougoslavie : reprise des échanges avec la Croatie, problème de transports, de banques, etc.) et collaboration culturelle, à laquelle on cherche à donner un grand relief : en attendant que la Commission déjà désignée ait mis au point le texte d'une convention, une « semaine croate » a été organisée à Sofia comportant des conférences, des expositions de livres, etc. Le ministre de Croatie, M. Jidovets, dans des déclarations publiées par le *Novi List* de Zagreb, émet l'opinion que « les autorités scolaires croates doivent envoyer des pédagogues et des professeurs en Bulgarie pour se familiariser avec l'excellent système d'enseignement de ce pays ». On s'intéresse particulièrement aux mouvements de jeunesse (l'organisation de la jeunesse bulgare « Brannik » a rendu visite en septembre dernier à la jeunesse « oustachi » dont le chef est en même temps président de la Société bulgaro-croate de Zagreb) et aux questions théâtrales (visite du directeur du Théâtre national de Zagreb à son collègue de Sofia, qui doit monter ici cet hiver une pièce de l'écrivain Budak, actuellement ministre de l'Intérieur dans le gouvernement Pavelić).

De toutes ces manifestations d'amitié prodiguées à divers pays par la Bulgarie, le résultat qui paraît le plus tangible est constitué par les accords commerciaux : encore ceux-ci ne représentent-ils en quelque sorte qu'un pis-aller ; la Bulgarie en effet n'a pas encore trouvé dans ces divers pays de quoi remplacer toutes les matières qu'elle achetait en Russie, en Yougoslavie, aux États-Unis, en Angleterre, etc., ni tous les produits que l'Allemagne lui fournissait et dont elle a limité les contingents depuis l'ouverture de la guerre de Russie ; d'autre part, le commerce bulgare avec ces nouveaux alliés demeure trop faible pour desserrer sensiblement l'emprise économique du Reich.

Dans le domaine politique, l'activité déployée jusqu'à présent peut paraître plus sonore que substantielle : son caractère assez creux n'a échappé à personne, lors du séjour officiel de M. Filov en Hongrie où l'on évita d'aborder publiquement tout sujet politique important, comme la guerre contre la Russie. Il ne faudrait pourtant pas réduire les récentes

---

[1] Sur ces empiétements italiens, à partir du traité italo-croate du 18 mai 1941, voir document n° 304, note 5, p. 660.

manifestations de la diplomatie bulgare à « beaucoup de bruit pour rien ». Une telle activité s'explique assez de la part de la Grande Bulgarie d'aujourd'hui, enfant chéri de l'Allemagne dans les Balkans, dont les agrandissements territoriaux et l'armée intacte méritent sans doute la considération des pays moins favorisés. Peut-être les Bulgares se réservent-ils aussi une possibilité de manœuvre en cherchant à se faire des amis sur lesquels s'appuyer si la guerre actuelle devait se terminer par autre chose qu'une victoire écrasante de l'Allemagne : par exemple, par une paix de compromis ou par un désarroi de l'Europe où, personne n'étant le maître absolu, le groupement et la bonne entente permettraient à des petits pays d'affermir leur situation. Ces hypothèses sont encore vagues dans l'esprit des Bulgares, mais ceux-ci ne sont-ils pas amenés par l'évolution des événements à placer leur espoir, comme les Hongrois, dans une paix sans vainqueurs ni vaincus ?

Pour le moment, c'est bien l'Allemagne qui orchestre les mouvements du ministère des Affaires étrangères de Sofia : n'a-t-elle pas intérêt à grossir l'importance de ses alliés et la solidarité de leur union pour impressionner à la fois les vaincus, les neutres et ces alliés eux-mêmes, qui sont fiers d'être ainsi mis en avant ? Les tentatives de coopération culturelle passées en revue plus haut sont très verbales ; mais les cérémonies dont elles sont l'occasion flattent la vanité de petits pays dont les désirs de grandeur ont été longtemps refoulés et qui ont ainsi l'impression de tirer de précieux avantages de leur option pour l'Axe. Sans compter que la propagande faite autour de ces nations indépendantes tend à renforcer l'image d'une Allemagne « libératrice » des peuples opprimés, en escamotant le souvenir d'autres formations nationales, slaves notamment, supprimées ou en voie d'écrasement. Qui sait même si la Wehrmacht ne sera pas tentée d'utiliser une association bulgaro-hungaro-croate pour réduire l'insoumission serbe, tout en libérant un certain nombre de ses divisions ? Le Reich n'en viendra peut-être pas à faire converger sur Belgrade, comme on l'a murmuré ici, des contingents hongrois, croates, bulgares, voire roumains, qui recouvriraient alors tout le territoire de l'ancienne Serbie. Mais il est à noter qu'il vient de confier aux Bulgares la garde de la ligne Niš-Leskovats.

On comprend aussi pourquoi le gouvernement royal adopte volontiers cette sorte d'illusionnisme politique : lui qui a toujours tenu à sauvegarder les bons rapports avec ses voisins, n'est-il pas naturellement enclin à mettre très en valeur les alliances nouvelles issues de sa politique d'union à l'Allemagne ? D'où l'énumération complaisante du discours du Trône, destinée à rassurer l'opinion en lui montrant qu'aux anciens amis, aujourd'hui brisés, s'en sont substitués de nouveaux pleins de vitalité et appelés à un bel avenir. Cela ne réussit qu'à moitié : la masse des Bulgares est sans doute persuadée que leur pays ne pouvait résister à l'Allemagne et qu'il n'est, par conséquent, pas responsable de l'écrasement de la Yougoslavie ; on est sans doute flatté de voir la Grande Bulgarie traitant d'égale à égale avec les autres nations. Pourtant, on n'est pas convaincu que l'avenir consolidera cette trop belle construction ; l'esprit foncièrement paysan du Bulgare de toutes les classes demeure sceptique sur les résultats d'une chance aussi rapide et eût regardé comme plus sûrs des gains plus laborieux et progressifs. D'autre part, si l'opinion s'inquiète encore assez peu de voir les Anglais et les Américains dans le camp des puissances hostiles à la Bulgarie, elle se fait difficilement à l'idée que les Russes y sont aussi. Et parmi les pays voisins, qui, sauf la Roumanie, n'est pas à craindre ? L'Albanie est la tête de pont des ambitions italiennes ; la Serbie, la Grèce sont redevenues pour longtemps de farouches ennemis. Pourvu, pense-t-on, que l'Allemagne ne déclenche pas un jour une nouvelle inimitié du côté turc ?...[1]

Communiqué à Bucarest, Budapest, Ankara.

Guerre 1939-1945, Vichy, Z Europe, Bulgarie, 190 (10GMII/190)

411

M. de La Baume, Ambassadeur de France à Berne,
    à l'Amiral Darlan, Vice-Président du Conseil, Ministre de la
    Défense nationale, Secrétaire d'État aux Affaires étrangères
    et à la Marine.

D. n° 531[2].   *Berne, 13 novembre 1941.*

Notre consul à Zurich a reçu, il y a quelques jours, la visite d'un de ses anciens collègues à Munich qui lui a fait part d'un certain nombre d'informations et d'impressions personnelles en particulier sur l'Allemagne et sur l'Italie. Je crois devoir les rapporter ci-après au Département, l'intéressé étant, d'après M. Jousset, généralement bien informé en raison de ses rapports avec les milieux politiques et l'état-major allemands et, surtout, de ses rapports avec le Vatican.

Impressions d'Allemagne

Le moral de la population est plutôt meilleur qu'au printemps. Les pertes très lourdes subies en Russie ne sont pas perçues dans toute leur ampleur dans les villes ; les villages en revanche, et les campagnes, où les nouvelles des décès se répandent mieux et plus vite, en sont sensiblement plus impressionnés. Mais la propagande continue à être faite d'une façon très adroite ; et le peuple allemand a tellement perdu tout sens critique, et ses nerfs ont été si habilement endormis, qu'il ne réagit pas et que les nouvelles des victoires de Russie publiées en gros titres suffisent à l'entretenir dans sa docilité passive. Ce serait peut-être en Allemagne du Sud que le mécontentement se manifesterait le plus ; dans le Nord et sur le Rhin, où les effets des bombardements anglais ne doivent pas être exagérés, la confiance resterait

---

[1] Sur la politique de la Bulgarie, voir aussi document n° 383.

[2] D. intitulée : « Renseignements sur l'Allemagne et sur l'Italie » et portant le tampon : « 17 nov[embre] » (date réception ou enregistrement).

grande. Le ravitaillement est certes difficile, mais sans aggravation sérieuse ; des gratifications supplémentaires exceptionnelles accordées par le Führer (en café par exemple) viennent de temps à autre faire oublier au peuple ses privations et lui donner l'occasion d'exprimer sa gratitude. L'essence pour automobiles ne paraît pas manquer (l'interlocuteur de M. Jousset a indiqué à ce dernier qu'il en recevait à Munich 80 litres par mois). Bref, rien ne permet de percevoir dans la population une désaffection grandissante pour le régime. Les évacuations forcées d'Israélites se font en masse sur la Pologne ; elles doivent être achevées avant la fin de l'année.

La persécution contre l'Église catholique aurait cessé, sur l'ordre d'Hitler, et pour la durée de la guerre... (contre la Russie tout au moins). L'orientation nouvelle aurait été donnée en juillet à l'occasion des attaques violentes[1], et demeurées sans sanction sur l'intervention personnelle du Führer, de l'archevêque de Münster, comte Galen. En Bavière, l'ordre qui avait été donné d'enlever les croix des églises et qui avait donné lieu à des bagarres, a été rapporté en septembre.

Situation militaire

La mentalité ne serait pas aussi passive dans l'armée que dans la population. On critique dans certains états-majors la conduite générale de la guerre. Le chef de l'état-major personnel d'Hitler, (son état-major officiel est dirigé par le generaloberst Halder), le général Jodl, qui avait été déjà l'instigateur de la campagne de Norvège, a déterminé Hitler à la campagne de Russie, malgré des oppositions puissantes comme celle de Goering et des principaux généraux de l'aviation : Goering serait en résidence libre à Karinhall, mais privé en fait de tout commandement et ses apparitions à son quartier général ne seraient qu'intermittentes, à l'occasion de visites officielles étrangères ; toute la Luftwaffe est d'ailleurs, sur le front russe, contrairement à ce qui s'était passé dans les campagnes précédentes, subordonnée entièrement au commandement des troupes à terre. Hitler aurait été d'abord persuadé d'une décomposition rapide de l'armée et du gouvernement russes et par conséquent fort déçu par les événements ; d'ailleurs la campagne devait, d'après ses plans, être déclenchée un ou deux mois plus tôt ; les événements de Yougoslavie[2] la retardèrent.

Situation en Italie

Elle serait infiniment plus alarmante pour les gouvernements qu'en Allemagne, aussi bien au point de vue du ravitaillement que de l'état d'esprit des populations ; les centres industriels à Milan et à Turin sont occupés en permanence par la troupe. L'aristocratie romaine et les milieux qui entourent le maréchal Badoglio seraient en relations constantes avec

---

[1] L'évêque de Münster, connu pour son opposition au nazisme, avait entre autres prononcé un discours virulent contre le régime (3 août 1941), au sujet de l'euthanasie des personnes handicapées (Programme Aktion T4). Des copies de ce sermon avaient été diffusées sur le front. Il ne fut pas arrêté (mais d'autres membres du clergé catholique le furent) et Hitler renonça à l'application de son programme.

[2] *Cf.* document n° 259, notes 1 et 2, p. 566.

Londres par l'intermédiaire de l'ambassade des États-Unis. L'informateur de notre consul à Zurich, à chacun de ses voyages, constaterait au passage des frontières allemandes de nouveaux travaux de fortification du côté italien. Les milieux militaires seraient particulièrement inquiets de la situation en Libye[1] et des menaces qui pèseraient immédiatement sur toute la situation militaire de la péninsule au cas d'une modification dans l'attitude du général Weygand et des divisions d'Afrique du Nord. Certains généraux auraient été jusqu'à préconiser une évacuation de la Libye. D'ailleurs les craintes s'étendent à la situation en Sicile où, au cours d'une récente réunion des gouverneurs à Rome, celui de Sicile aurait insisté sur la lassitude de la population et ses sympathies anglaises.

Situation diplomatique

L'Angleterre aurait fait parvenir cet été par le Vatican des propositions de paix à Mussolini. Elles étaient très favorables et établies sur les bases suivantes : maintien de la souveraineté italienne en Libye, et en Somalie et Érythrée, protectorat italien sur l'Abyssinie (augmentée peut-être de la Somalie française) ; évacuation de l'Albanie, réservée à la Grèce ; évacuation du Tyrol du Sud, qui, d'après les projets anglo-américains, devrait être englobé dans une Allemagne du Sud (Bavière, Wurtemberg et Autriche). Ces propositions menées par le duc d'Aoste auraient été favorablement accueillies par Mussolini ; mais la réaction d'Hitler s'est aussitôt manifestée par la convocation du chef du gouvernement italien à son quartier général du front russe en septembre ; et les conversations ont été abandonnées.

Il y a lieu de noter encore qu'au cours de la conversation, l'ancien collègue de M. Jousset a insisté sur les espoirs qu'on fonde en Allemagne sur les répugnances de nombreux milieux anglais à une aide totale à la Russie et sur leurs méfiances persistantes contre la contagion bolchevique.

Guerre 1939-1945, Vichy, Z Europe, Allemagne, 95 (10GMII/95)

---

[1] *Cf.* document n° 325, note 2, p. 707.

412

M. Ernest Lagarde, Directeur-Adjoint des Affaires politiques et
commerciales, pour et p.o. l'Amiral Darlan, Ministre Secrétaire
d'État aux Affaires étrangères,
  Aux agents diplomatiques et consulaires de France à
  l'étranger.

L[1].   *Vichy, 14 novembre 1941*[2].

La loi du 7 octobre 1940[3] s'est bornée à retirer aux individus qu'elle vise
la qualité de citoyen français pour leur conférer celle de sujet. Elle n'a donc
pas d'effet sur la nationalité des intéressés.

Envers ceux d'entre eux qui se trouvent à l'étranger, les attributions de
nos chancelleries consulaires restent les mêmes que précédemment, hormis
en matière d'immatriculation. Les individus en cause doivent être inscrits
au registre II, qui, comme vous le savez, est réservé à ceux de nos ressortissants qui n'ont pas la qualité de citoyen. Corrélativement, il y a lieu de
pourvoir à la translation des immatriculations déjà reçues du registre I au
registre II.

Ce déclassement, qui comporte une radiation suivie d'une nouvelle inscription, est d'office. Ceux de nos postes qui n'auraient pas, d'eux-mêmes,
pris l'initiative de l'opération ont à s'en acquitter sans délai.

Veuillez m'accuser réception des présentes instructions et me rendre
compte de leur exécution.

Guerre 1939-1945, Vichy, E Asie, Dossiers généraux, 6 (3GMII/6)

---

[1] Il s'agit d'une lettre circulaire intitulée : « A.s. statut des Juifs d'origine algérienne : immatriculation ».

[2] Dans ce dossier, le document se trouve sous bordereau H-2/CH en date du 15 décembre 1941,
du Service Chancelleries et Contentieux, et est adressé à la sous-Direction d'Asie, « pour information », avec l'indication de communication à : Europe, Afrique, Afrique-Levant, Affaires administratives et Unions internationales, Ministère de l'Intérieur (Affaires algériennes, Police générale),
Ministère de la Justice (Affaires civiles), Ministère de la Guerre (État-Major de l'Armée : section des Affaires musulmanes), Ministère de la Marine (État-Major général, 2e Bureau), Alger
(Gouverneur général, Secrétariat général permanent en Afrique française), Office de Syrie et du
Liban à Vichy, Office du Maroc à Vichy, Office de Tunisie à Vichy, Légation de France au Caire
et Consulat, Djeddah, Tunis, Rabat, Tanger, Tétouan, Larache, Melilla, Haut-Commissariat en
Syrie et au Liban, à Arles, s/c de l'Office de Syrie et du Liban à Vichy.

[3] Succédant de quelques jours au statut des Juifs du 3 octobre 1940, mais précédant la promulgation de celui-ci, le 18 octobre, le régime de Vichy a édicté le 7 octobre une loi abrogeant le décret
Crémieux de 1870 qui avait donné collectivement la nationalité française au judaïsme algérien
des trois départements français de l'Algérie.

413

M. de Vaux Saint-Cyr, Ministre de France à Stockholm,
  à l'Amiral Darlan, Vice-Président du Conseil, Ministre de la
  Défense nationale, Secrétaire d'État aux Affaires étrangères
  et à la Marine.

D. n° 139[1].   *Stockholm, 15 novembre 1941.*

Tous les renseignements qui parviennent en Suède sur la guerre de
Russie sont d'accord pour en souligner le caractère de lutte sans merci
ni pitié qui en fait une guerre moins européenne qu'asiatique, où l'on distingue mal le soldat du civil et où l'occupation ne met pas fin au combat
mais suscite au contraire la révolte qui entraîne à son tour massacres et
déportations.

Les détails qu'on lira plus loin illustrent cet aspect de la guerre. Ils se
rapportent à la région frontière du gouvernement de Pskov, dans les confins
russo-estoniens, et plus particulièrement au village de Pavlov, situé sur les
bords du lac Paipous, région pauvre, dont les habitants vivent des produits
de la pêche, de la forêt et de la culture du lin.

D'après l'informateur qui a communiqué ces renseignements, les services
de la propagande soviétique avaient, depuis de longues années, habitué la
population à l'idée de la guerre et de l'invasion. Au moment de l'avance des
troupes allemandes, les dirigeants du kolkhoze de Pavlov se décidèrent à
exécuter les ordres de repli et de destruction qu'ils avaient reçus. Ils ne
purent le faire complètement : une partie du village et certaines installations du kolkhoze n'ont pas été détruites ; par contre, la scierie mécanique
a été incendiée ainsi que les réserves de bois coupé.

Ensuite, toujours suivant les instructions, les paysans de Pavlov se sont
bon gré, mal gré, repliés mais la plupart se sont contentés de se réfugier
dans les bois du district où ils ont attendu les événements.

Jusqu'au 20 ou 25 septembre, la situation militaire sur les rives du lac
Paipous fut, à plusieurs reprises, confuse ; non seulement le village de
Pavlov mais encore tout le district passa de main en main. Les paysans dis-
parurent et on ne sait si ces malheureux ont été tués ou s'ils se sont enfoncés
toujours plus profondément dans les forêts. Le gouvernement de Pskov est
partiellement redevenu une région sauvage.

La guerre de partisans continuait ; elle était menée par des unités spéciales dites *drougines*[2] et par des débris de l'armée régulière qui combattaient en francs-tireurs tout en essayant de rejoindre le gros des forces
russes.

---

[1] D. intitulée : « Quelques aspects de la guerre de Russie », envoyée par la Valise et portant le
tampon : « 1er nov[embre] 1941 » (date réception ou enregistrement erronée pour probablement
1er décembre).

[2] À l'origine, la *Drujina* (amitié) est l'escorte personnelle du tsar, composée de ses proches.
Comprendre ici « saboteurs ».

Les *drougines* ne pourront évidemment subsister longtemps puisque le front s'éloignant de plus en plus vers l'est, elles seront de plus en plus privées de ravitaillement en vivres et en munitions. Mais on assure qu'elles sont animées d'une sombre énergie et qu'elles continuent à lutter avec le plus grand courage. Elles font la vie dure aux troupes de passage ou d'occupation et les convois doivent être protégés par de fortes escortes. Les prisonniers qui sont le plus souvent des Polonais, travaillent à la construction ou à la réfection des routes ; mais ils doivent être sérieusement gardés, les attaques brusquées des guérillas facilitant les fuites. Ces prisonniers sont tellement épuisés par les privations qu'ils ne peuvent fournir qu'un travail réduit. Privés de soins, ils meurent comme des mouches. Le danger latent des grandes épidémies croît de jour en jour et beaucoup disent qu'à la fonte des neiges elles seront inévitables.

Énervées par cette lutte sournoise, les troupes allemandes d'occupation sont inquiètes. Leur moral est très bas. Les soldats se livrent à tous les excès : viols et assassinats, exécutions arbitraires et désordonnées. Depuis que les nuits sont froides, les soldats dépouillent les habitants de leurs vêtements d'hiver. Les viols et les actes de sadisme sont nombreux ; petites filles de 10 ans et vieilles femmes sont également en danger : les officiers ferment les yeux ou donnent l'exemple.

Au mois de septembre une affiche a été placardée sur les murs de Pskov ; elle était rédigée en russe et en allemand et signée par un chef de guérilla qui s'intitulait « chef du district ». Il informait les autorités allemandes qu'il avait fait 34 prisonniers dont deux officiers et que ceux-ci répondaient « dans des proportions à déterminer » de la vie des otages pris dans les villages par les chefs militaires allemands ; il ajoutait qu'il rendait ces chefs responsables des actes de viols et de sadisme et que pour chaque cas qui viendrait à sa connaissance, il ferait exercer sur ses prisonniers « des sévices parallèles ». On comprend à demi-mot et l'on peut être certain que cet homme n'hésitera pas à mettre froidement ses menaces à exécution.

L'action de pénétration allemande, d'autre part, est combattue par un autre élément, les terribles *zillione* (les verts) appelés ainsi parce qu'ils vivent dans les bois. Une formation *zillione* est peu nombreuse, de trois à dix hommes, rarement plus. Ces éléments sont absolument autonomes et agissent pour leur compte. Ils se distinguent des *drougines*, partisans irréguliers mais qui, néanmoins, font la guerre en militaires, tandis que les *zillione* sont, à proprement parler, des brigands qui se sont attribués des rôles de justiciers.

En général, les membres de ces formations sont des membres de la Guépéou ou des militants, hommes ou femmes, du Parti communiste. Ils sont chargés plus spécialement de la chasse aux Russes-blancs ou aux *diversants*, Estoniens et Lettons, ainsi qu'aux habitants qui sympathisent avec l'ennemi. Ils sont admirablement bien renseignés ; leur justice est prompte et implacable ; ils sont extraordinairement actifs et mobiles ; naturellement, à titre subsidiaire, ils mettent à mort des soldats isolés, attaquent de petits convois, détruisent les ponts, etc.

De même que les guérillas, cette organisation est calquée sur celle qui existait pendant la guerre civile, et les *zillione* de 1941 prennent modèle sur leurs aînés qui ne reculaient devant rien.

Les à-côtés de la guerre russo-allemande font penser aux atrocités des anciennes guerres asiatiques. Il y a moins de quatre mois c'étaient les communistes qui, avant d'évacuer les Pays Baltes, exécutaient ou déportaient des milliers de victimes simplement parce qu'elles étaient coupables d'appartenir à la classe bourgeoise. Maintenant ce sont les Allemands qui pendent ou fusillent de pauvres paysans n'ayant commis d'autre crime que celui d'avoir occupé dans le kolkhoze un petit emploi électif ou simplement parce qu'ils sont accusés d'être des sympathisants communistes.

La guerre russo-allemande se double ainsi d'une lutte à l'arrière qui, sans mettre réellement en danger l'armée allemande, la fatigue et l'énerve et qui, en tous cas, ne facilitera pas la reconstruction des pays conquis[1].

Guerre 1939-1945, Vichy, Z Europe, URSS, 837 (10GMII/837)

414

Le général Noguès, Résident général de France au Maroc,
à l'Amiral Darlan, Vice-Président du Conseil, Ministre de la Défense nationale, Secrétaire d'État aux Affaires étrangères et à la Marine.

T. n° 1183.   *Rabat, 16 novembre 1941.*

En clair. Réservé. Très secret.   *(Reçu[2] : le 22, 18 h. 40)*

I – Général Schultheiss[3] a notifié hier à général Béthouart[4] que :

« J'ai annulé l'ordre de ne porter que des vêtements civils en dehors du service et à l'extérieur des cantonnements. À partir de la semaine prochaine des soldats allemands apparaîtront au Maroc en uniforme dans la rue. Ils salueront les officiers français.

Étant donné qu'il faut compter avec des provocateurs, j'ai donné l'ordre de remettre à la police les personnes qui feraient des observations injurieuses. Des voies de fait entraîneraient sur le champ l'usage de l'arme.

---

[1] Voir aussi plus loin les documents n⁰ˢ 415, 416.

[2] Par avion.

[3] Depuis mai 1941, le général Schultheiss, en tant qu'Inspektor des Kontrollinspektion Afrika (KIA) a sous ses ordres directs ou indirects toutes les organisations de contrôle allemand installées en Afrique, du Maroc à l'AOF – mais pas les côtes méditerranéennes et l'arrière-pays en Algérie et Tunisie qui dépendent du contrôle italien. Il a précisément sous ses ordres : la Commission de contrôle militaire, la Commission de contrôle des carburants et des armements de Casablanca, les détachements de liaison auprès des commissions de contrôle italiennes d'Alger, d'Oran et de Fès.

[4] Le général Antoine Béthouart est alors président de la Commission d'armistice au Maroc, rendant compte à la Direction des Services de l'Armistice.

Afin d'empêcher que des agents provocateurs en uniforme allemand provoquent des incidents ou portent atteinte d'une autre façon à l'honneur de l'armée allemande, les membres de l'Inspection porteront sur eux, outre la carte blanche de la CAA [Commission d'armistice allemande], la carte d'identité allemande avec photo. Cette dernière est actuellement en voie de distribution. De cette façon, la police peut identifier rapidement des provocateurs et je vous demande de porter à ma connaissance, immédiatement par téléphone, des cas de ce genre, afin que le public également soit aussitôt éclairé.

En cas d'incidents avec des membres de la KIA[1], la Délégation française sera aussitôt avisée par mes soins. Je demande, que de votre côté, il en soit fait autant pour chaque cas.

En ce qui concerne les relations avec la population, j'ai donné aux membres de mon Inspection, les mêmes droits auxquels peuvent prétendre les ressortissants d'une autre nation.

Si les personnes civiles en relation avec nous étaient de nouveau ennuyées par la police, nous les prendrions sous notre protection en en avisant la Délégation française de liaison.

Je ne manquerai pas de porter à votre connaissance d'autres mesures en temps utile ».

II – Au cours nouvelle entrevue en fin journée, général Schultheiss a confirmé « qu'il avait reçu ordres formels du général Vogl et qu'il ne lui appartenait pas de revenir sur décision sans contrordre même autorité ; que contrordre pourrait être donné si dans réponse gouvernement français il y a solutions satisfaisantes et affirmation que chicanes police ne se reproduiront plus »[2].

III – J'appelle votre attention sur gravité dispositions prises par KIA, qui interviennent au moment même où étaient étudiées par Délégation française de liaison certaines mesures permettant obtenir apaisement souhaité. En particulier :

1°) Vis-à-vis des indigènes, apparition allemande en tenue sera interprétée comme renforcement massif de la KIA ; le prestige de la France apparaîtra considérablement diminué ;

2°) Vis-à-vis de la population européenne, cette mesure ne manquera pas d'être exploitée à fond par les propagandes gaulliste, anglaise et même américaine ; elle donnera corps aux bruits, déjà répandus par ces propagandes, d'occupation par l'Allemagne des bases importantes du Maroc ; elle incitera les éléments douteux à se rapprocher des gaullistes ou des Anglo-Saxons.

---

[1] KIA pour Kontrollinspektion Afrika, Service du Contrôle en Afrique.

[2] Le général Oskar Vogl est à la tête de la Commission d'armistice allemande à Wiesbaden depuis février 1941. Depuis le début de l'année 1941 et plus encore depuis septembre, les autorités françaises en Afrique du Nord, surtout au Maroc, répondent aux « activités extra-conventionnelles allemandes » par une surveillance serrée de l'activité des agents allemands. Voir documents n°s 342, 389, 390, 395.

3°) Il y a lieu de craindre en outre que, étant donné la quantité d'éléments étrangers douteux qui se trouve actuellement dans les grandes villes du Maroc, et malgré les précautions déjà ordonnées, des agents provocateurs ne fassent naître des incidents qui, en raison décision allemande de faire le cas échéant usage des armes, prendraient immédiatement caractère gravité certaine et pourraient servir de prétexte aux Allemands pour exécuter leur menace de procéder à renforcement massif de la KIA ;

4°) En résumé, la situation politique du Maroc, qui est actuellement excellente, risque d'être profondément troublée.

IV – Il est donc désirable que, en contrepartie mesures apaisement proposées par général Béthouart après avoir pris mon accord, gouvernement obtienne au plus tôt abrogation mesure décidée par général Schultheiss, celle-ci présentant pour nous des inconvénients beaucoup plus graves que ceux que pourront avoir les mesures d'apaisement précitées.

V – Communiqué à général Weygand, Alger.

Guerre 1939-1945, Vichy, Y International, 29 (9GMII/29)

415

M. Truelle, Ministre de France à Bucarest,
à l'Amiral Darlan, Vice-Président du Conseil, Ministre de la Défense nationale, Secrétaire d'État aux Affaires étrangères et à la Marine.

T. n° 949.   *Bucarest, 16 novembre 1941.*

En clair.   *(Reçu[1] : le 28, 11 h. 45)*

J'ai eu l'occasion de m'entretenir ces jours derniers de l'état de la Russie occupée avec plusieurs personnalités roumaines et étrangères, et avec le correspondant de l'Agence OFI, qui venaient de visiter le front oriental et de parcourir l'Ukraine. Certaines d'entre elles avaient d'ailleurs séjourné auparavant dans ces régions.

Quelles que soient les divergences de détail des informations qui m'ont été rapportées et la diversité de tendances de mes interlocuteurs, j'ai été frappé de l'identité de leurs conclusions. Elles sont semblables à celles que tirent certains Allemands revenus de ces régions et qui m'ont été rapportées ; c'est pourquoi je crois utile d'en communiquer un court résumé :

1°) D'une manière générale, les territoires russes et ukrainiens conquis sur les Soviets se trouvent dans un indescriptible état de chaos. Plus de

---

[1] Par courrier.

la moitié de la population a disparu ; ainsi à Odessa, il ne reste que 30 000 habitants sur 600 000 ; à Tiraspol, 7 000 sur 70 000. En dehors d'une masse amorphe et difficilement utilisable, ces chiffres comprennent une grosse majorité de femmes, d'enfants et de vieillards. Il n'y a plus ni ouvriers qualifiés, ni spécialistes, ni ingénieurs, ni professeurs, ni médecins, ni pharmaciens, ni fonctionnaires d'aucune sorte. Privés de tout travail, de toutes ressources, souvent même d'abris, cette population de miséreux en chômage ne vit que des maigres allocations fournies par les autorités d'occupation.

2°) Il n'existe plus une voie de communication intacte ou même praticable. La plus grande partie des richesses existantes a été enlevée ou détruite. Quand la démolition des usines n'a pas été le fait de la guerre, elle a été réalisée méthodiquement par explosions ou incendies. Dans les rares cas où les bâtiments sont encore intacts, les machines ont été enlevées ou irrémédiablement détruites, à coups d'explosif ou en les faisant fonctionner sans graissage à une vitesse excessive. Les stocks de céréales, de produits manufacturés, de matières premières, de produits chimiques, de conserves, etc. ont été également emportés, détériorés ou détruits. Les faibles quantités qui n'avaient pu être enlevées sur certains points, en particulier dans la zone d'opération roumaine, ont été rapidement recueillies et acheminées sur l'Allemagne par l'organisation Fuchs[1]. En d'autres endroits, les récoltes n'ont pu être moissonnées et ont pourri sur place. Les kolkhozes ont été systématiquement désorganisés et privés du matériel d'exploitation indispensable. Si parfois les bâtiments sont encore debout, ils n'abritent que le vide.

3°) Dans l'ensemble des immenses territoires conquis, aucune semaille n'a été faite. Dans les plaines désertes, et où les traces de la guerre sont partout visibles, des milliers d'hectares sont restés en friche et l'on peut voir, en des points éloignés les uns des autres de plusieurs dizaines de kilomètres, quelques paysans s'efforcer, souvent sans chevaux, de gratter la terre pour y semer quelques grains péniblement sauvés.

4°) L'un de mes informateurs qui a visité Odessa, Kherson, Nikolaievsk, Dniepropetrovsk et Kiev, a déclaré que, dans ces villes, toutes les cheminées d'usines étaient abattues, les centrales électriques, les usines à gaz incendiées. Aucun service public, tel qu'éclairage, distribution d'eau, égouts, hôpitaux, n'a pu encore être rétabli. Dans beaucoup de cas, les amoncellements de ruines ne sont pas déblayés parce qu'on craint l'explosion de bombes à retardement.

5°) Dans ces villes, pour essayer de rétablir les industries, une main-d'œuvre nombreuse et qualifiée, du matériel et des produits seraient abso-

---

[1] Il s'agit très certainement de l'administration militaire placée sous la direction du SS Wilhelm Fuchs, responsable de l'Einsatzkommando 3 (regroupant 5 Einsatzgruppen, groupes d'intervention spéciale), en Union soviétique entre avril 1941 et janvier 1942.

lument nécessaires, et surtout une reprise des transports, de plus en plus problématique en raison de l'insuffisance du matériel.

Dans les campagnes, où les vainqueurs ne songent certes pas à rétablir les kolkhozes, il ne suffira pas de proclamer la propriété de la terre et de la donner aux paysans. Il faudrait qu'il y eût des paysans et des services susceptibles d'organiser, d'un part la répartition des domaines, d'autre part leur exploitation, en les dotant d'un matériel agricole adéquat qui a presque complètement disparu.

6°) Tous mes informateurs ont rapporté de leur voyage des considérations pessimistes en ce qui concerne la valeur du succès militaire allemand et les chances d'une réorganisation, malgré l'excellence des méthodes et des techniciens allemands qu'ils ne contestent pas. « Le Reich a tari la source d'approvisionnement qu'il a conquise et il n'apparaît pas que ses efforts de reconstruction, qu'il n'a d'ailleurs pas encore été en mesure d'entamer, puissent donner des résultats, sinon intéressants, du moins appréciables, avant de nombreuses années », m'a dit l'un ; et un autre en tirait comme conséquence que, faute d'avoir pu trouver les approvisionnements dont il a un besoin urgent, non seulement pour la poursuite des hostilités mais pour assurer la vie même du peuple allemand, le gouvernement du Reich allait se trouver forcé d'ici peu de mois d'aggraver, dans une mesure considérable, les pressions qu'il exerce sur tous les pays de l'Europe occupée ou non, pour leur arracher des contingents supplémentaires de produits alimentaires. Comme il ne voyait pas le moyen de résister à de telles demandes, mon interlocuteur en concluait que l'Europe entière s'acheminait vers des jours plus sombres encore que ceux qu'elle a connus jusqu'ici et que les difficultés croissantes de l'Allemagne, qui lui paraissaient inévitables, seraient accompagnées de répercussions imprévisibles dans leur gravité sur tout le continent.

Communiqué Ankara, Budapest, Sofia.

Guerre 1939-1945, Vichy, Z Europe, URSS, 837 (10GMII/837)

416

M. de Vaux Saint Cyr, Ministre de France à Stockholm,
à l'Amiral Darlan, Vice-Président du Conseil, Ministre de la
Défense nationale, Secrétaire d'État aux Affaires étrangères
et à la Marine.

D. n° 144[1].   *Stockholm, 18 novembre 1941.*

La presse suédoise a récemment annoncé la constitution à Berlin, sous la direction du Reichsleiter Alfred Rosenberg[2], d'un ministère des régions conquises à l'Est. Deux commissariats généraux dépendent de ce ministère : le premier est celui d'Ukraine, dont le centre est à Kiev et qui s'est placé sous la direction d'Erich Koch, oberpräsident[3] de Prusse orientale depuis 1933 ; le second est celui d'Ostland[4] et comprend, avec les anciens États Baltes, une partie de la Russie blanche.

Cette mesure par laquelle se voit consacré un état de choses qui existait déjà depuis quelque temps appelle l'attention sur l'œuvre de réorganisation poursuivie dans les anciennes Républiques d'Estonie, de Lettonie et de Lituanie par l'administration allemande. D'assez nombreux renseignements parviennent, en effet à ce sujet en Suède, tant par la voie de la presse que par les quelques voyageurs qui réussissent à traverser la Baltique[5].

En prenant pied dans les Pays Baltes, l'administration civile allemande a très vite écarté du pouvoir les dirigeants des différents mouvements nationaux. Ceux-ci avaient contribué, en agissant à la fois sur le front et sur les arrières des troupes russes, à faciliter l'avance rapide des troupes allemandes. Leurs pays délivrés, les nationalistes baltes espéraient toucher leur récompense. Ils ont été déçus. L'administration allemande les a considérés comme des gêneurs et n'a pas hésité, dans certains cas, soit à les mettre en prison soit à les déporter. Le cas le plus illustre est celui du Dr Skirpa, ancien ministre de Lituanie à Berlin, chef du mouvement nationaliste et qui a été, il y a quelque temps, relégué au Tyrol.

C'est qu'en effet l'Allemagne a gardé un mauvais souvenir de l'attitude prise pendant vingt ans à son égard par les Pays Baltes. Elle leur reproche d'avoir oublié que la civilisation leur avait été apportée par l'Ordre teutonique et par la Hanse et qu'en 1918, c'est, selon la thèse des historiens de la

---

[1] D. intitulée « Les États baltes sous la domination allemande » et transmise par la Valise (copie au Bureau d'études). Le document porte le tampon : « 1er déc[embre] 1941 » (date réception ou enregistrement).

[2] Reichsleiter est un titre (dirigeant (« Leiter ») et non une fonction.

[3] Oberpräsident signifie littéralement « Président suprême » : titre porté par le plus haut représentant de l'État de Prusse.

[4] C'est-à-dire les « territoires de l'Est ».

[5] Voir aussi dans les archives du MAE, Guerre 1939-1945, Vichy, Z Europe, États baltes, 873 et 874, les copies des bulletins *Nouvelles de Lithuanie* transmis par M. Klimas, l'ancien ministre de ce pays en France, qui réside alors à Grasse. Voir aussi dans Guerre 1939-1945, Vichy, Z Europe, Lettonie, 881, les bulletins *Nouvelles de Lettonie*.

Wehrmacht, l'armée du général von der Goltz qui a chassé les Soviets des rivages de la Baltique. Au lieu de se souvenir de ce passé, les Pays Baltes se sont comportés après guerre en « auxiliaires de l'Angleterre ». La punition n'a pas tardé : en 1940, ils ont été à nouveau victimes de l'invasion bolchevique[1]. Une nouvelle fois, l'Allemagne les a sauvés. Mais cette fois, elle ne les laissera pas libres de leur destin. Les Pays Baltes ne sont pas dignes d'accéder à l'indépendance et, dès maintenant, les symboles nationaux, drapeaux et hymnes patriotiques, ont disparu.

L'administration allemande a donc pris directement en mains la gestion des trois pays. Elle a son siège central à Riga où réside le Reichskommissar[2] Heinrich Lohse, ancien Gauleiter[3] de Kiel. Ce dernier a sous ses ordres un certain nombre de commissaires régionaux, dont le plus important est Th. Von Renteln[4], chargé de la Lituanie. L'Estonie est partiellement encore placée sous contrôle militaire – quant à la Lettonie, elle a gardé ses anciennes divisions historiques et un commissaire allemand a été placé à la tête de chacune des provinces de Courlande, de Livonie, de Zemgalie et de Letgalie. Enfin, une partie de la Russie blanche dépend également du commissaire Lohse.

Ce personnel a été naturellement choisi parmi les émigrés allemands qui avaient quitté le pays à la suite de l'occupation russe en 1940[5]. Mais ce serait une erreur de croire que l'Allemagne, occupant le pays, ait rappelé en masse ces émigrés. Ceux-ci ont été dirigés sur la Posnanie qu'ils sont chargés de coloniser. Ils y restent.

---

[1] En vertu des clauses secrètes du pacte germano-soviétique. Voir à ce sujet *DDF (1939-1944)*, 1939, documents n°s 134, 157, 229, 232, 240 et *DDF (1939-1944)*, 1940-2, documents n°s 67, 110.

[2] Reichskommissar ou Commissaire du Reich.

[3] Gauleiter ou dirigeant d'un district (Gau) et responsable local du NSDAP.

[4] Annotation marginale manuscrite : « Est-ce Rintalen ? ».

[5] Sur le transfert des Allemands de la Baltique vers le Reich, voir *DDF (1939-1944)*, 1939, documents n°s 240, 368. Sur leur situation, on peut se reporter à la note de la Délégation française auprès de la Commission d'armistice de Wiesbaden, en date du 6 août 1941, intitulée « Le sort des Allemands rapatriés des provinces baltes », rédigée à partir des déclarations de M. Arthur Greiser, Reichsstatthaler et Gauleiter (Gouverneur et chef du Parti) du Watherland, après sa tournée d'inspection de plusieurs semaines dans les 26 cercles de sa province qui « réunit aux anciens territoires de la Posnanie la région de Kulm et de Thorn et la haute vallée de la Warthe » et destinée à « devenir le centre (*das Kernstück*) de l'Est allemand » : « chaque colon, et spécialement le maître d'école, doit y être solidement enraciné au sol ». C'est là que doivent être installés les 50 000 Allemands rapatriés de Bessarabie, ainsi que les Allemands de la Baltique et où seront distribués des terres aux soldats du front, « conformément aux promesses faites par le Führer, [ce qui] couronnera après la guerre cette œuvre grandiose » : la « reconstruction de l'Allemagne de l'Est » et sa germanisation « à jamais » en y dressant, selon des propos précédents de M. Greiser, « non pas une vaine ligne Maginot de béton et d'acier, mais une muraille vivante de populations solidement ancrées au sol et qu'aucun événement historique ne parviendra à déloger. C'est dans le même sens que le Gauleiter déclarait, il y a quelques jours, que le Watherland devait constituer le "cœur de l'Allemagne orientale", le foyer d'où les influences allemandes devaient rayonner au-delà des frontières. » D'où le refus du retour dans les États Baltes des quelque 63 000 Allemands de Lettonie et d'Estonie dont le transfert dans le Reich, avec ceux de Bukovine, Bessarabie, Galicie, Volhynie, correspondait non seulement au souci de leur éviter des massacres, mais aussi de « rassembler en un bloc unique, sans faille de diversités de races, ni fissures de minorités, en une force capable de briser toutes les coalitions, les 90 millions Allemands d'Europe ». (*in* Guerre 1939-1945, Vichy, Z Europe, États baltes, 870, document non reproduit). Voir également dans ce volume le document n° 361.

Dans les Pays Baltes, en effet, le Reich se considère comme le successeur de l'État soviétique. Il est devenu le propriétaire exclusif des biens confisqués par la législation soviétique. C'est ce qu'indique clairement la *Deutsche Zeitung in Ostland*[1] du 19 octobre dernier. « À l'ouverture des hostilités, écrit ce journal, il n'y avait aucune propriété privée et par conséquent, personne ne peut aujourd'hui formuler de revendications devant la justice ». Le Reich reste donc maître de faire ce qui lui plaît des propriétés privées. Si, des particuliers veulent récupérer ce qu'ils possédaient avant l'occupation soviétique, ils doivent faire une demande de location. Seules ont été rendues à leurs anciens propriétaires certaines entreprises artisanales n'employant pas plus de 20 ouvriers. Encore les Juifs ont-ils été exclus du bénéfice de cette mesure.

Dans ces conditions, l'administration allemande a tous les pouvoirs pour réorganiser à sa guise la vie économique des Pays Baltes. Partout actuellement le mot d'ordre est : produire. Ceux qui se refusent au travail sont arrêtés et le bureau du travail de Vilno[2] a récemment menacé de « peines méritées » ceux qui ne veulent pas se rendre utiles. L'Allemagne n'envisage pas, semble-t-il, de poursuivre, pour le moment, dans les Pays Baltes, l'œuvre de colonisation que recommandait autrefois Alfred Rosenberg. Les Pays Baltes se présentent au contraire sous les traits d'une colonie d'exploitation et, pour intensifier au profit de l'État cette exploitation, l'Allemagne n'hésite pas à faire sienne les méthodes et la législation de l'État soviétique.

Guerre 1939-1945, Vichy, Z Europe, Allemagne, 100 (10GMII/100)

417

M. Vaux de Saint-Cyr, Ministre de France à Stockholm,
    à l'Amiral Darlan, Vice-Président du Conseil, Ministre de la
    Défense nationale, Secrétaire d'État aux Affaires étrangères
    et à la Marine.

T. n°s 655 à 658.   *Stockholm, 20 novembre 1941, 18 h.*

(*Reçu* : le 20, 21 h. 30).

Les brillantes victoires remportées au début d'octobre en Russie par les armées allemandes avaient fait une vive impression sur les milieux politiques suédois. On commençait alors à se demander à Stockholm si la destruction des armées soviétiques et l'élimination du dernier obstacle qui, en Europe, s'opposait encore à la Wehrmacht ne forceraient pas la Suède à se départir quelque peu de sa ligne politique pour un certain rapprochement avec le Reich. Déjà l'on songeait ici à changer l'équipe gouvernementale pour préparer une évolution jugée nécessaire.

---

[1] Ou *Journal allemand dans les territoires de l'Est*.
[2] Ou Vilnius.

Il n'en va plus de même aujourd'hui.

Après les succès éclatants des premiers jours de l'offensive, l'armée allemande s'est heurtée à des forces russes reprises en mains et solidement fortifiées autour de Moscou. Depuis trois semaines, la bataille piétine devant la capitale et la résistance russe ne paraît pas ébranlée. Dans le sud, l'avance allemande s'est poursuivie plus longtemps. Mais Rostov n'est pas atteint et le maréchal Timotchenko semble avoir rétabli une situation un moment compromise sous le commandement de Boudienny. On estime dans ces conditions à Stockholm que les Russes ont dès maintenant gagné la bataille d'hiver. Cet hiver, ils pourront le mettre à profit pour reconstituer une partie de leurs forces et reprendre au printemps l'effet qu'auront eu, tant sur le moral que sur l'organisation et le potentiel de l'armée allemande, cinq mois de guerre menée en hiver, sous le climat russe, en rase campagne.

Il y a six semaines, les milieux politiques suédois pouvaient craindre que l'Allemagne triomphante ne mît la Suède en demeure de se rallier à l'ordre nouveau.

Aujourd'hui ces mêmes milieux estiment que, grâce à la résistance russe, cette menace est ajournée de six mois. La modération témoignée par les Allemands lors des récentes négociations économiques tend à confirmer les Suédois dans cette opinion.

Guerre 1939-1945, Vichy, Z Europe, Suède, 719 (10GMII/719)

418

NOTE DE RENSEIGNEMENTS DU GÉNÉRAL ROUX,
CHEF DU CENTRE D'INFORMATION GOUVERNEMENTAL (CIG)

L'action allemande au Maroc

N. n° 94/C.I.G[1].   *Vichy, 20 novembre 1941.*

Secret.

I

Le développement de l'action allemande au Maroc depuis l'armistice comporte quatre phases :

Octobre 1940 : envoi d'observateurs économiques et politiques.

Janvier 1941 : envoi d'une commission de contrôle des carburants.

---

[1] Le CIG a été rattaché en octobre 1941 à la vice-présidence du Conseil. Le général Huntziger, d'après le général Roux, l'aurait fait nommer à sa tête en octobre, peu avant son décès accidentel, pour protéger l'action des services spéciaux de l'armée d'armistice contre les empiétements de Darlan. Le document porte le paraphe manuscrit « Vu. D. » (probablement Darlan).

Mai 1941 : remplacement de la Commission de contrôle italienne par une importante Commission allemande[1].

Novembre 1941 : installation d'un consul général allemand au Maroc[2].

Ce développement peut être caractérisé de la façon suivante :

1re période :

Arrivés en octobre et novembre 1940 avec des attributions plus ou moins définies, M. Klaube et le conseiller d'ambassade Auer firent preuve, dès le début, de la volonté d'éliminer les Français du Maroc.

Disposant de sommes considérables et d'un nombre important d'agents, ils entreprirent, aidés par les Italiens et par les consuls espagnols, une vaste opération de sondage de l'opinion et de propagande visant en particulier les indigènes.

En fin de compte, M. Auer obtint l'envoi, en janvier 1941, d'une mission militaire allemande de 50 membres, destinés à substituer au contrôle purement nominal des Italiens un contrôle plus effectif, et qui devait procurer en outre de nouvelles facilités de propagande[3].

2e période :

L'opinion réagit assez vivement à l'apparition des uniformes allemands et devant certaines manifestations des membres de la mission.

La propagande se fit alors plus discrète, mais encore plus active auprès de la population indigène. Le développement en fut facilité par un afflux constant de nouveaux agents.

3e période :

La substitution complète du contrôle allemand au contrôle italien devenait effective en mai 1941. Ce remplacement fut favorisé par l'affaire de Syrie[4], qui amenât une diminution très nette du gaullisme et des tendances germanophobes au Maroc.

Les caractères de l'action allemande furent alors les suivantes : effort pour apaiser les susceptibilités françaises éveillées par la propagande intense de la période précédente (adoption de la tenue civile pour les militaires[5], suppression presque totale de la propagande…) ; orientation vers une activité militaire accrue (contrôle des unités, reconnaissance des terrains d'aviation, prospection de nos ressources, installation d'un réseau radio couvrant l'Afrique du Nord).

La mission atteignit à ce moment 200 membres, dont 50 officiers ; les agents d'Auer et Klaube passèrent sous contrôle militaire, et une section du SR allemand fut créée à Casablanca.

---

[1] Voir l'annonce de ce remplacement dans le document n° 46.

[2] Voir document n° 389.

[3] Voir document n° 46.

[4] Invasion de la Syrie et du Liban, dirigés par les autorités de Vichy, par les forces anglo-gaullistes en juin-juillet 1941.

[5] Voir document n° 414.

Peu à peu, la réaction des autorités françaises contre l'activité de la commission amena de nombreux incidents.

4ᵉ période :

Au début de novembre 1941, l'Allemagne imposait brusquement la création d'un consulat général au Maroc, dont le titulaire était Auer. Celui-ci avait donc désormais un caractère officiel, et les autorités françaises ne pourraient plus l'ignorer comme elles s'étaient efforcées de le faire jusqu'à présent[1].

Dès le retour au Maroc, après un séjour en Allemagne, du consul général Auer, le général Schultheiss, chef de la mission allemande, informait les autorités françaises des décisions suivantes[2] :

a) les militaires allemands circuleraient dorénavant en uniforme ; ils seraient armés, et recevraient l'ordre de tirer s'ils étaient menacés ; ils pourraient, en outre, faire arrêter certains manifestants,

b) les personnes, même françaises, ayant des rapports avec les Allemands, seraient placées sous la protection allemande.

Comme première application de cette mesure, un certain nombre de sous-officiers et soldats allemands ont été désignés pour circuler en uniforme et en armes, le 19 novembre après-midi, dans les rues de Casablanca.

II

L'action allemande au Maroc présente les caractères qu'elle offre généralement partout en France depuis l'armistice : continuité de vues, prudence et ténacité, aboutissant, sous des concessions et une souplesse apparentes, à imposer brutalement des exigences toujours nouvelles.

En face de ces exigences, la réaction des autorités françaises paraît avoir été guidée par deux principes :

— ignorer les autorités civiles allemandes,

— faire le vide autour des commissions militaires.

Des mesures ont été prises pour éviter le contact entre la population française et indigène et les Allemands. Ces mesures, qui s'étaient manifestées par des sanctions assez légères à l'égard des fautifs, se sont faites plus sévères dans le courant du mois d'octobre 1941. Les Allemands ont réagi avec vigueur, prenant systématiquement sous leur protection toute personne, même française, qui les approchait, prétendant les faire échapper en pratique à toute sanction.

En définitive, les Français ont dû renoncer aux mesures qui avaient été décidées, et admettre l'ingérence allemande dans les affaires judiciaires.

Cependant, l'attitude des autorités a réussi jusqu'ici à contrecarrer jusqu'à un certain point l'action allemande auprès des indigènes.

[1] Voir document n° 389.

[2] Voir document n° 414.

III

D'après le consul général Auer, les dernières décisions prises par les Allemands ont un double caractère :

Il s'agit d'une part d'une sanction, d'autre part d'une affirmation de la supériorité allemande.

Les conséquences semblent devoir en être les suivantes :

— le prestige français vis-à-vis des indigènes sera atteint ; l'apparition brusque des uniformes allemands est pour la population française elle-même le signe d'une emprise allemande croissante sur le Maroc et d'un recul de l'autorité française ;

— la propagande étrangère ne manquera pas de prendre prétexte de la présence de soldats allemands pour affirmer la mainmise militaire allemande sur le Protectorat ;

— la faculté donnée aux soldats allemands d'ouvrir le feu s'ils se croient menacés, et de faire arrêter certains manifestants, crée la possibilité de réactions violentes de la population, et partant d'incidents graves ;

— enfin la présence au Maroc, à Casablanca en particulier, de nombreux étrangers, ouvre la voie à l'action des agents provocateurs, action que les autorités françaises sont dans l'incapacité d'éviter.

Il est à présumer que les Allemands ont mesuré les conséquences possibles des décisions qu'ils viennent de prendre.

Guerre 1939-1945, Vichy, M Maroc, 40 (6GMII/40)

419

M. Henry-Haye, Ambassadeur de France à Washington,
    à l'Amiral Darlan, Vice-Président du Conseil, Ministre de la
    Défense nationale, Secrétaire d'État aux Affaires étrangères
    et à la Marine.

T. n°s 2938 à 2942.   *Washington, 21 novembre 1941, 19 h.*

(*Reçu* : le 22, 9 h. 30)

Je me réfère à mon télégramme n°s 2008-2009[1].

L'envoyé spécial japonais et l'ambassadeur au Japon semblent attendre maintenant une réponse aux demandes présentées par les États-Unis qui seraient les suivantes :

---

[1] Il y a une erreur de numéro : le T. n°s 2007-2009 traite de tout autre chose. Il s'agit en réalité du tél. n°s 2908-2909, reçu à Vichy le 19 novembre, qui rapporte que l'amiral Nomura et M. Kurusu ont eu le 18 un deuxième entretien avec le Secrétaire d'État, après avoir vu le Président le 17. L'ambassadeur du Japon a déclaré aux journalistes qu'il avait bon espoir. Toutefois, le sénateur Connaly a le 17, dans une déclaration, rejeté les cinq points du général Tojo. Les journaux du 18 adoptent la même attitude. Le *Washington Post* considère les cinq points comme un « ultimatum » et le *New York Times* les traite de « pure absurdité ». Quoi qu'il en soit, l'atmosphère, à ce moment, paraît détendue (*in* résumés des télégrammes, Guerre 1939-1945, Vichy, C État français, 50).

1°) Le Japon se retirerait de l'Axe.

2°) Il renoncerait à toute nouvelle agression.

3°) Il retirerait ses troupes à la fois de la Chine et de l'Indochine.

4°) Il renoncerait à toute discrimination en matière commerciale et s'engagerait à respecter le principe de l'égalité des droits pour toutes les nations dans le Pacifique.

Malgré les assurances qui leur ont été données par le président Roosevelt qu'aucun accord ne se ferait sur leur dos, les Chinois continuent à se montrer inquiets. Ils désirent, comme le montrent les récentes déclarations du Généralissime et du ministre des Affaires étrangères, une alliance militaire de l'ABCD (*American, British, Chinese, Dutch*), dans laquelle pourront sans doute être comprises aussi l'Australie et la Thaïlande, qui permettrait d'ouvrir un nouveau front en attaquant les Japonais en Indochine.

L'inquiétude chinoise s'explique par les considérations suivantes :

1°) On écarte généralement l'hypothèse que les Japonais acceptent la demande américaine d'évacuation de la Chine.

2°) Certaines personnes croient par contre à la possibilité de contre-propositions japonaises destinées à prolonger la négociation et à énerver l'opinion chinoise.

Ces contre-propositions ne rejetteraient pas le principe des demandes américaines mais prévoiraient par exemple le maintien de garnisons en Chine et en Indochine pour la durée des hostilités ou l'évacuation de l'Indochine et une demande de médiation américaine dans le conflit.

3°) On pense plus généralement qu'en fin de compte, les Japonais qui ne sont pas arrivés à bout des Chinois en plus de quatre ans d'une guerre épuisante, voudront éviter de provoquer une coalition de quatre ou cinq nouveaux ennemis.

Ils renonceraient donc en fait à toute entreprise nouvelle de nature à servir les intérêts de l'Axe, telle qu'une attaque contre l'URSS ou les colonies britanniques et procéderaient par l'Indochine et le Kouang Si à une attaque du Yunnan, opération d'intérêt exclusivement japonais, à laquelle la Chine devrait faire face sans autre appui que des envois limités de matériel par la route de Birmanie.

4°) Le Japon en s'abstenant d'une nouvelle agression servant les intérêts de l'Axe se conformerait en fait à deux des demandes américaines tout en ne renonçant pas en principe à la possibilité d'attaquer l'URSS ou les colonies anglaises ou hollandaises. Toutefois il ne se livrerait à cette agression que si la situation en URSS ou en Méditerranée tournait entièrement à l'avantage de l'Allemagne pensant qu'à ce moment, l'Angleterre et les États-Unis seraient trop préoccupés par la situation en Afrique et dans le Proche-Orient pour réagir en Extrême-Orient et organiser avec des forces suffisantes la coalition souhaitée par la Chine comme garantie contre l'attaque japonaise.

Seules les deux hypothèses extrêmes, acceptation des demandes américaines et organisation d'une coalition, sont favorables à la Chine, mais ce sont celles qui semblent actuellement avoir le moins de chances de se réaliser. Par contre, les deux hypothèses intermédiaires pourraient se réaliser successivement et, dans ce cas, la Chine, après des manœuvres diplomatiques destinées à énerver l'opinion, aurait à subir seule une nouvelle attaque du Japon.

Guerre 1939-1945, Vichy, E Asie, Japon, 314 (3GMII/314)

420

NOTE DE NAC

N.   *s.l. [Vichy], 21 novembre 1941.*

Confidentiel.

Je fus invité hier par M. Mac Arthur de l'ambassade des États-Unis à prendre le thé[1]. Il y a eu aussi quelques autres membres de l'ambassade. Le sujet principal de la conversation fut comme il fallait l'attendre, la démission du général Weygand[2] et les répercussions possibles de cette démission sur les relations franco-américaines.

M. Mac Arthur a exprimé l'avis que peut-être l'ambassadeur[3] a exagéré l'importance du maintien du général Weygand à son poste et, par conséquent, de sa démission. Néanmoins le fait que la fonction du délégué général du gouvernement en Afrique française a été supprimée et le général Weygand mis à la retraite à la demande ultimative de l'Allemagne après que fût décidée l'offensive générale britannique en Cyrénaïque, montre que les puissances du Reich considéraient le général Weygand comme un obstacle à leurs plans. Ensuite l'amiral Leahy, qui attribuait une très grande importance au maintien du général Weygand, envisage la retraite de ce dernier comme une défaite personnelle.

---

[1] Douglas Mac Arthur II, neveu du fameux général Douglas MacArthur, est alors secrétaire à l'ambassade des États-Unis à Vichy.

[2] Le général Weygand, délégué général du Gouvernement français en Afrique, très menacé depuis des semaines, a été contraint à la démission le 18 novembre 1941. Le lendemain, Darlan qui s'est fait, à la demande des autorités allemandes, l'artisan de ce limogeage (voir document n° 371), fait aviser notamment Otto Abetz, ambassadeur d'Allemagne à Paris, que le maréchal Pétain « a pris la décision de supprimer la Délégation générale du Gouvernement en Afrique » et « de décharger le général Weygand de ses fonctions actuelles ». « Le Gouvernement du Reich, ajoute-t-il, a toujours marqué son respect pour le grand soldat qu'est le général Weygand, dont les vertus militaires sont hors de cause et qui, par son passé, a mérité à plus d'un titre l'estime et la reconnaissance de la Nation. Si le chef de l'État s'est décidé à se priver du concours de celui dont le nom reste le symbole d'un passé glorieux, c'est qu'il y a été amené par des considérations qui, à travers la politique générale, rejoignent les intérêts supérieurs du pays. Il a ainsi montré clairement une fois de plus que, dans son esprit, la voie de la France est celle de la coopération européenne et que le gouvernement français sait, lorsque cela est nécessaire, faire des sacrifices intérieurs en faveur de l'Europe nouvelle. » (Lettre en date du 19 novembre 1941 à Otto Abetz, dans Papiers 1940, Bureau d'études Chauvel, 116/Papiers Benoît-Méchin, document non reproduit).

[3] L'ambassadeur est, depuis janvier 1941, l'amiral Leahy.

Un des membres de l'ambassade a alors déclaré que l'Ambassadeur lui a dit qu'il considère sa présence à Vichy comme absolument inutile, vu que ses efforts pour normaliser les relations franco-américaines ont échoué et qu'il doute que ces relations puissent s'améliorer, surtout après les mesures que le gouvernement de Washington a entreprises déjà et entreprendra en guise de représailles contre la collaboration devenue de plus en plus probable entre la France et les puissances de l'Axe en Afrique française. La cessation des échanges commerciaux entre l'Afrique du Nord et les États-Unis et du ravitaillement des possessions françaises en Afrique n'est pas de nature à resserrer les relations entre la France et les États-Unis. Il est donc très probable que l'amiral Leahy quittera Vichy d'ici quelque temps pour prendre officiellement un congé illimité, et ne reviendra plus à son poste[1]. Mais cela ne veut nullement dire que l'Ambassadeur est partisan de la rupture des relations diplomatiques entre la France et les États-Unis.

M. Mac Arthur a confirmé que l'amiral Leahy s'est prononcé ce jour-même, après que la nouvelle de la retraite du général Weygand soit déjà connue officiellement, en faveur du maintien des relations diplomatiques entre Washington et Vichy, le plus longtemps possible.

M. Mac Arthur croit donc qu'on reviendra à la même situation qui a existé avant la nomination de l'ambassadeur après le départ de M. Bullitt. C'est M. Tuck qui sera chargé d'affaires[2]. La plupart du personnel de l'ambassade est à Vichy et les consuls américains dans la zone libre ainsi que ceux en Afrique seront aussi maintenus. On croit à l'ambassade que le gouvernement français agirait de même et que M. Gauquié, nommé récemment au poste de consul général à San Francisco, rejoindrait son poste.

M. Mac Arthur est d'avis que la rupture des relations diplomatiques ne surviendra que si le gouvernement français met effectivement les bases et le territoire de l'Afrique du Nord à la disposition des puissances de l'Axe[3], ou si les États-Unis entrent officiellement en guerre avec l'Allemagne et l'Italie, ce qui n'aura probablement lieu que d'ici quelques mois.

Guerre 1939-1945, Vichy, B Amérique, États-Unis, 34 (1GMII/34)

---

[1] Scénario qui se réalisera en mai 1942.

[2] Tuck est conseiller à l'ambassade des États-Unis à Vichy.

[3] Annotation marginale, non signée, illisible [« et rompront-ils à cette croyance que l'Allemagne… » (?), sur ce document très abîmé.

421

M. Simonin, Ministre de France à Pretoria,
à l'Amiral Darlan, Vice-Président du Conseil, Ministre de la
Défense nationale, Secrétaire d'État aux Affaires étrangères
et à la Marine.

T. n°s 389 à 391.   *Pretoria, 23 novembre 1941, 10 h. 30.*

(*Reçu* : le 23, 9 h. 45)

Le général Smuts m'a fait appeler ce matin pour m'informer que le gouvernement sud-africain se trouvera prochainement dans l'obligation de rompre ses relations diplomatiques et consulaires avec la France.

En raison, a-t-il ajouté, des longues années que vous avez passées parmi nous et des sentiments d'amitié que nous avons pour votre personne, il nous serait très pénible d'avoir à vous faire, à vous-même, une telle notification. Je vous avise donc à titre très confidentiel d'une décision qui sera rendue publique dans 15 ou 20 jours. Ce délai vous permettra de prendre telles dispositions que vous jugerez convenables.

J'ai remercié le Général de ses bonnes intentions à mon égard mais je lui ai exprimé mon profond regret de voir le gouvernement de l'Union prendre une décision qui causera un vif désappointement en France. Le Général, très ému, m'a répondu que ses sentiments pour notre pays n'ont pas changé ; la France, m'a-t-il dit, retrouvera certainement un jour sa vraie place dans le monde.

Il est évident que la décision du gouvernement sud-africain lui est dictée par Londres[1].

J'ai l'intention, sauf instructions contraires de Votre Excellence, d'annoncer mon départ en congé, pour raisons de santé, à dater du 1er décembre et de confier, pour les quelques jours suivants, la charge des affaires à M. Le Forestier.

Je continuerai, de mon côté, à m'occuper de ces affaires jusqu'à mon départ réel et je prendrai les dispositions prévues par mon télégramme n°s 155-157[2] et votre télégramme n°s 80-81[3].

---

[1] Par le T. n° 412 en date du 4 décembre (Guerre 1939-1945, Vichy, K Afrique, 109), Simonin informe le Département que cette décision de rupture des relations diplomatiques avec la France a finalement été annulée. Le général Smuts ne lui a pas donné d'explications précises, mais il a cru comprendre que le Canada avait fait valoir des arguments contre cette rupture, « avec l'approbation de Washington ». Un télégramme de Londres arrivé ce même jour « a demandé au gouvernement de l'Union de maintenir la situation présente ».

[2] Dans le T. n°s 155-157 (reçu à Vichy le 17 mai 1941), Simonin demande des instructions pour le cas où le gouvernement sud-africain, si le gouvernement français arrivait à une entente politique avec l'Allemagne, interromprait ses relations diplomatiques avec notre pays. Il suggère de confier alors nos intérêts au représentant du Portugal (*in* résumés des télégrammes, Guerre 1939-1945, Vichy, C État français, 44).

[3] Le T. n°s 80-81 (de Vichy à Pretoria, parti le 21 mai 1941) apporte la réponse du ministère des Affaires Étrangères (*cf.* note 2) qui estime qu'il serait souhaitable qu'en cas de rupture des relations

Si, comme je le crains, le gouvernement portugais ne pouvait accepter de se charger de nos intérêts, le consul général du Brésil me paraîtrait le mieux qualifié.

Guerre 1939-1945, Vichy, K Afrique, 109 (5GMII/109)

422

NOTE DU BUREAU D'ÉTUDE

Les revendications italiennes sur Nice

N.   *s.l. [Vichy], 22 novembre 1941.*

Si les revendications italiennes sur Nice n'ont jamais été officiellement formulées, le gouvernement italien n'a rien négligé pour manifester que la question de Nice serait au premier plan de ses préoccupations au cours de futures négociations de paix[1]. Nice semble donc avoir une place privilégiée dans les desseins italiens. Bien plus, le gouvernement italien paraît avoir adopté comme tactique de considérer le « retour » de Nice à l'Italie comme allant de soi, puisqu'étant la réparation à « injustice antérieure ». Nice appartiendrait à l'Italie par un « droit imprescriptible » et ne saurait faire l'objet d'une « humble revendication diplomatique » (article du *Tevere* du 3 juillet 1941)[2].

Ainsi l'Italie paraît avoir songé à la fin de l'année 1940 à organiser un « rattachement spontané » du comté de Nice. Une propagande habilement orchestrée fut entamée dès le mois de septembre par les « groupes d'action niçoise », dirigés par le général Ezio Garibaldi, dont le nom seul indiquait assez les ambitions[3]. Ces groupes irrédentistes devaient servir de paravent à l'action du gouvernement italien. Ils dénoncent « l'oppression » dont étaient victimes les populations italiennes de Nice. En même temps le gouvernement italien faisait paraître une série de documents sur les mauvais traitements que les internés italiens auraient subi dans les camps de concentration pendant la guerre. Il s'agissait en fait de donner l'impression que la population « italienne de Nice » était soumise à un régime de terreur.

diplomatiques avec le gouvernement sud-africain, nos postes consulaires continuent à sauvegarder nos intérêts. Si cela était impossible, le gouvernement français demanderait au gouvernement portugais d'accepter la charge de la défense de ses intérêts (*in* résumés des télégrammes, Guerre 1939-1945, Vichy, C État français, 44).

[1] Voir la note du Bureau d'études datée du 17 avril 1941 (dans Papiers 1940, Bureau d'études Chauvel, 182, document non reproduit).

[2] Pour une traduction et une analyse de cet article, voir la lettre n° 2738/AE de l'amiral Duplat, président de la Délégation française auprès de la Commission italienne d'armistice à Turin, à l'amiral Darlan, en date du 4 juillet 1941, dans Papiers 1940, Bureau d'études Chauvel, 182, document non reproduit.

[3] Voir document n° 384. Ezio Garibaldi, général de la milice fasciste et descendant du héros du Risorgimento, a formé les Gruppi d'Azione Nizzarda (GAN) en janvier 1941. Son agitation antifrançaise s'appuie aussi sur son journal *Il Nizzardo*.

D'autre part, les Italiens libérés des camps et ceux qui étaient refoulés comme indésirables par les autorités françaises étaient groupés à San Remo dans un centre d'accueil, où ils étaient soumis à une vive campagne d'excitation contre la France, afin de recruter dans leurs rangs les éléments d'une « Marche sur Nice » dont le général Ezio Garibaldi devait prendre le commandement. Ce coup de force, prévu semble-t-il pour décembre 1940, fut décommandé au dernier moment.

Lors de ses revers en Afrique, l'Italie mit une sourdine à ses revendications territoriales (*sic*). L'idée d'une action directe fut, semble-t-il, abandonnée. Mais, une fois que les victoires allemandes eurent rétabli la situation, toute la presse italienne réagit violemment aux prétendues déclarations du préfet de Nice, qui aurait donné dans un discours sa parole d'honneur que Nice resterait française. Le 30 avril, jour anniversaire de la victoire de Garibaldi sur les troupes du général Oudinot, des manifestations massives sur le thème de l'annexion de Nice furent organisées dans toutes les grandes villes d'Italie par les groupes d'action niçoise – à Rome, à Turin, à Milan, à Gênes des membres du gouvernement vinrent leur apporter pour la première fois une consécration officielle. Ainsi le gouvernement italien – inquiet comme au mois de décembre des conversations franco-allemandes – marquait sa volonté de maintenir ses revendications et au premier chef ses droits « sur le comté de Nice ».

Papiers 1940, Bureau d'études Chauvel, 182 (402QO/182)

423

M. de La Baume, Ambassadeur de France à Berne,
  à l'Amiral Darlan, Vice-Président du Conseil, Ministre de la
    Défense nationale, Secrétaire d'État aux Affaires étrangères
    et à la Marine.

T. nᵒˢ 1632 à 1637.   *Berne, 25 novembre 1941.*

(*Reçu* : le 25, 7 h. 30)

Un des membres les plus importants de la mission médicale suisse envoyée en Russie, chirurgien de réputation mondiale, qui fut intime du général Ludendorff et dont les sentiments germanophiles sont connus, vient de rentrer à Berne où il rapporte les impressions et les renseignements suivants recueillis à l'occasion de conversations avec des généraux allemands appartenant au haut-commandement et notamment avec des officiers de l'entourage du général von Brauschitch :

« Les Russes nous ont sauvés, a déclaré cet informateur. Sur le terrain militaire cette guerre ne peut plus être gagnée par les Allemands. Il est possible cependant qu'ils la gagnent encore sur le terrain politique si les Anglo-Saxons commettent des fautes. Aucune des personnalités militaires auxquelles j'ai parlé ne croit plus à la victoire des armes. Ce serait en particulier l'avis du général von Brauschitch comme me l'a laissé entendre son chef d'état-major. Dans la Wehrmacht, et notamment dans le haut-commandement, il règne un désarroi qu'un homme du métier peut constater sans difficulté. On envisage des plans auxquels on ne croit pas et qu'on rejette par la suite. Les pertes en hommes et en matériel subies par l'armée allemande sont irréparables. On m'a affirmé qu'au moins douze *Panzer Divisionen* ont été anéanties.

Il est certain qu'Hitler avait donné l'ordre de prendre la ville de Moscou d'assaut le 7 novembre. Les gouvernements de Rome et de Tokyo en avaient été informés. Entre le 15 et le 20 le Führer avait l'intention de lancer la proclamation de solidarité européenne dont il a été tant parlé mais différents facteurs sont intervenus qui l'en ont empêché. D'abord la ville de Moscou n'a pas été prise et Mussolini a refusé de signer cette déclaration avant la prise de la capitale russe. Le Duce a exigé également que les questions territoriales en suspens entre la France et l'Italie fussent réglées avant que la France ne soit invitée à adhérer au nouvel ordre européen. Au moment où je quittais le front cette question des revendications italiennes n'était pas encore réglée[1] (l'informateur a quitté le front russe au début de novembre et a fait ses déclarations le 13 novembre à Bâle).

Sur mon chemin de retour, a dit également la personnalité dont il s'agit, j'ai constaté que dans la région avoisinante de Smolensk, d'énormes baraquements sont construits dont chacun peut contenir plusieurs centaines d'hommes. On m'a dit que de pareils baraquements sont construits tout le long du front. Dans le Gouvernement général de la Pologne et à Varsovie j'ai vu également d'énormes quantités de bois, de ciment armé, de machines et de maisons démontables qui sont manifestement destinées à l'édification de quartiers d'hiver. Je n'ai pu cependant réussir à savoir quel sera le tracé exact de cette ligne d'hivernage.

J'ai parlé également longuement à des médecins allemands directeurs d'hôpitaux, etc. sur le front. Tous sont unanimes à déclarer que les préparatifs pour la campagne d'hiver ont commencé trop tard et qu'ils sont continuellement interrompus par des retours offensifs des Russes.

Dans les hôpitaux j'ai vu de très nombreux soldats ayant un membre gelé. On procède aux opérations « à la chaîne » sans pouvoir prendre les précautions indispensables au point de vue chirurgical. On m'a expliqué que le froid très vif qui sévit oblige les médecins à opérer les blessés aussi rapidement que possible car beaucoup meurent du tétanos ».

Notre informateur estime, sur la base de déclarations qui lui ont été faites par des généraux et des médecins allemands, que les pertes allemandes en morts et en disparus ont atteint au début de novembre 1 250 000 hommes. Dans ce chiffre les prisonniers et les blessés ne sont pas compris. On estime que le jour où ces pertes auront atteint 2 000 000 elles ne pourront plus être réparées.

Guerre 1939-1945, Vichy, Z Europe, URSS, 837 (10GMII/837)

---

[1] Voir notamment les documents n°ˢ 384 et 422.

424

M. Henry-Haye, Ambassadeur de France à Washington,
    à l'Amiral Darlan, Vice-Président du Conseil, Ministre de la
    Défense nationale, Secrétaire d'État aux Affaires étrangères
    et à la Marine.

T. n°s 3018 à 3020.   *Washington, 27 novembre 1941, 21 h. 32.*

(*Reçu : le 28, 19 h. 02*)

Les conversations nippo-américaines paraissent être arrivées hier soir à un point critique[1]. M. Cordell Hull a convoqué tard dans la soirée les deux représentants japonais et leur a remis une note considérée comme le dernier mot du gouvernement américain. D'après les informations données à la presse par le Département d'État lui-même, la note américaine rappelle la déclaration de M. Cordell Hull du 16 juillet 1937 qui établissait d'une façon formelle que les relations entre les États-Unis et le Japon ne pouvaient être rétablies sur un plan d'amitié que lorsque le Japon renoncerait à l'usage de la force, aux agressions et aux discriminations d'ordre commercial.

D'après des correspondants bien informés, il semble que d'une façon plus précise les États-Unis aient demandé au Japon :

1°) La renonciation à toute agression contre la Sibérie ou Singapour.

2°) Le retrait du Japon de l'Axe.

3°) La retraite des troupes japonaises d'Indochine et peut-être même d'une partie de la Chine.

4°) Le retour au principe de la porte ouverte commerciale dans le Pacifique.

Il semble qu'au début de cette semaine le président Roosevelt avait eu l'intention de proposer un accord plus acceptable au gouvernement de Tokyo qui aurait limité le retrait des troupes à l'Indochine en laissant entièrement de côté la question chinoise.

L'ambassade d'Angleterre aurait donné son accord à ce projet qui aurait suscité de vives protestations de la part de l'ambassade de Chine et de la légation de Hollande. Il est certain, en tout cas, que le président Roosevelt a eu hier dans l'après-midi une longue discussion avec M. Hushuh et M. T.V. Soong. Ce n'est qu'après accord des deux diplomates chinois que la note mentionnée plus haut a été remise aux représentants japonais. D'autre part M. Cordell Hull a convoqué ce matin dans son cabinet quelques représentants choisis de la presse américaine et leur a signalé pour leur information confidentielle que le Japon rejetterait probablement les dernières demandes américaines et que les États-Unis auraient tout lieu de craindre une attaque immédiate contre la Thaïlande partant de l'Indochine.

---

[1] Voir le document n° 419.

Le bruit court aujourd'hui que la mission de M. Kurusu à Washington ne serait plus de longue durée. Mais il est encore difficile de déterminer de façon précise si l'on est vraiment à la veille de la rupture ou s'il ne s'agit pas plutôt d'un effort d'intimidation du gouvernement américain pour faire admettre au gouvernement japonais les nouvelles propositions soumises hier soir à M. Kurusu.

Guerre 1939-1945, Vichy, E Asie, Chine, 134 (3GMII, 134)

425

L'AMIRAL DARLAN, VICE-PRÉSIDENT DU CONSEIL, MINISTRE DE LA DÉFENSE NATIONALE, SECRÉTAIRE D'ÉTAT AUX AFFAIRES ÉTRANGÈRES ET À LA MARINE,
À M. HENRY-HAYE, AMBASSADEUR DE FRANCE À WASHINGTON.

T. n°s 2773 à 2774.   *Vichy, 28 novembre 1941, 12 h.*

Je me réfère à votre communication 2998-3002 du 25 novembre[1].

Veuillez élever une protestation formelle auprès du Département d'État contre la décision prise le 11 novembre par M. Roosevelt de considérer la défense des territoires placés sous le contrôle des « forces volontaires françaises » comme vitale pour la défense des États-Unis et d'autoriser, par suite, l'administration de l'acte « prêt-bail » à apporter à celles-ci une aide par l'entremise du gouvernement britannique. Vous marquerez à cette occasion que les forces dont il s'agit sont en état de rébellion contre le gouvernement français et que le matériel qui leur sera livré est susceptible d'être utilisé contre notre armée. Un tel appui donné à des rebelles est contraire aux règles unanimement admises du droit international.

D'autre part, vous soulignerez le caractère insolite des déclarations faites par le président de la commission des Affaires étrangères du Sénat américain, concernant l'occupation éventuelle de la Martinique et de la Guyane[2]. Ces déclarations constituent à l'égard de la France un acte

---

[1] Dans le T. n°s 2998-3002 de Washington (reçu le 26 novembre), l'ambassadeur français informe le gouvernement que les dirigeants américains n'ont pas commenté officiellement le départ du général Weygand, mais que tout a été mis en œuvre pour alerter l'opinion publique américaine sur la gravité d'une mesure que l'on persiste à considérer, aux États-Unis, comme une évolution décisive de la politique française. Selon Henry-Haye, il y a lieu de relever à cet égard deux faits : d'une part, la publicité donnée à une lettre adressée par M. Roosevelt à M. Stettinius, administrateur du Land Lease Act, sur l'aide américaine à accorder aux Forces volontaires françaises par l'entremise du gouvernement britannique ; d'autre part, l'occupation de la Guyane hollandaise par les troupes américaines présentée par les journaux comme un avertissement au gouvernement français. Enfin, M. Connaly, président de la commission des Affaires étrangères du Sénat américain, a fait le 24 novembre une très nette allusion à une occupation éventuelle de la Martinique et de la Guyane françaises (*in* résumés des télégrammes à l'arrivée et au départ, Guerre 1939-1945, Vichy, C État français, 50).

[2] *Cf.* note 1.

délibérément inamical dont l'importance ne saurait être sous-estimée, étant donné la qualité de leur auteur.

Guerre 1939-1945, Vichy, B Amérique, États-Unis, 34 (1GMII, 34)

426

Note de la Sous-Direction d'Asie

N.[1]   *Vichy, 29 novembre 1941.*

Si le gouvernement français, par les accords du 29 juillet 1941, a accepté le principe d'une coopération franco-japonaise en vue d'assurer la défense de l'Indochine, l'engagement solennel et public pris par le gouvernement de Tokyo de respecter la souveraineté de la France sur l'Union indochinoise fixe de manière précise le cadre de cette collaboration.

Or, l'attitude des forces japonaises débarquée en Indochine aux termes de cet accord, les incidents de toute sorte qui se sont multipliés depuis le mois d'août, les demandes excessives formulées dans tous les domaines, ont donné la preuve que les ambitions japonaises ne se limitaient pas aux possibilités d'action fixées par les accords de 1940 et de 1941, mais que le Japon cherchait à prendre avantage des difficultés où se trouve actuellement la France pour réduire progressivement, par une série d'emprises nouvelles, les pouvoirs du gouvernement général en vue d'une éviction de fait de l'autorité française[2].

La situation a paru si grave, notamment en ce qui concerne la prétention formulée par les autorités japonaises d'envoyer 50 000 hommes au Tonkin, que le gouvernement français a estimé ne pouvoir céder davantage aux pressions dont il était l'objet sans compromettre gravement le sort de notre colonie. C'est dans cette conviction que des instructions ont été envoyées le 5 octobre dernier à notre ambassade à Tokyo lui prescrivant de rappeler au ministre des Affaires étrangères la longue liste des incidents survenus en Indochine depuis le mois d'août et de lui déclarer que, si les autorités militaires japonaises continuaient d'exercer leur activité au mépris des accords intervenus et au détriment de la souveraineté française, le gouvernement français résisterait par tous les moyens (télégramme 850-851)[3].

Devant la fermeté de cette attitude, l'action japonaise en Indochine s'est momentanément ralentie et la menace de porter à 50 000 hommes le chiffre des effectifs japonais installés au Tonkin ne fut pas mise à exécution.

---

[1] Annotations marginales manuscrites : « Vu par M. Rochat qui est d'accord. 30.XI » ; « C[om-muni]que Col[onies], 1.XII ».

[2] Voir à ce sujet, le document n° 404 et notes.

[3] Le T. n°s 850 à 851 à Tokyo en date du 5 octobre 1941 se trouve dans Guerre 1939-1945, Vichy, E Asie, Dossiers généraux, 14. Pour un résumé et le contexte de ces instructions, voir document n° 374 et notes.

Le gouvernement français estime toutefois qu'en vue de favoriser une suite normale de la collaboration franco-japonaise et pour permettre l'application des accords qui la définissent, il était nécessaire de procéder à une explication générale et de recevoir du gouvernement japonais les éclaircissements indispensables sur les objectifs que le Japon se proposait d'atteindre en Indochine et sur les buts de son action.

L'ambassadeur de France à Tokyo fut invité le 9 novembre à faire une démarche dans ce sens (télégramme à Tokyo 960-971)[1]. Les instructions qui lui furent envoyées à cette occasion examinaient la question dans son ensemble en insistant sur le fait que les accords du 29 juillet prévoyaient une coopération militaire franco-japonaise et non une action isolée, comme celle à laquelle s'en tiennent les autorités militaires japonaises, et que cette action devant être de caractère strictement défensif, le gouvernement français ne saurait donner son accord à une opération offensive.

Invoquant le surcroît de charges que lui donnait la session extraordinaire de la Diète japonaise, le ministre des Affaires étrangères n'a pas donné, jusqu'à ce jour, de réponse aux demandes dont il était saisi.

Entretemps, les autorités japonaises, outrepassant, suivant leur procédure habituelle, les limites fixées par les accords, revenaient violemment à la charge pour obtenir des satisfactions nouvelles sur toute une série de questions concernant l'Indochine.

Elles émettaient notamment la prétention d'étendre la région de stationnement des troupes japonaises sur la rive droite du Fleuve Rouge, alors que l'accord du 22 septembre 1940 limite expressément la zone de stationnement à la rive gauche du fleuve.

D'autre part, bien qu'un accord fût intervenu entre l'amiral Platon et l'ambassadeur du Japon pour que la demande d'une nouvelle avance de 23 millions de piastres fît l'objet d'un examen entre experts français et japonais en vue de justifier l'utilisation de ces fonds, le gouvernement japonais demande maintenant que cette avance soit immédiatement consentie sans qu'aucune explication soit fournie aux autorités françaises.

Enfin, le gouvernement japonais insiste pour que l'amiral Decoux reçoive pleins pouvoirs du gouvernement français et soit habilité à traiter directement avec M. Yoshizawa, ambassadeur du Japon résidant en Indochine, toute affaire intéressant notre Colonie.

---

[1] Ce T. nos 960 à 971 à Tokyo en date du 9 novembre 1941, signé par Darlan (Guerre 1939-1945, Vichy, A Asie, Japon, 328), donne instruction à l'ambassadeur Charles Arsène-Henry de demander audience à M. Togo pour obtenir le respect des engagements japonais sur le maximum de 25 000 hommes prévu par l'accord militaire du 22 septembre 1940 et sur le nombre d'aérodromes mis à disposition, avant d'aborder « l'ensemble du problème des relations franco-japonaises en Indochine », en particulier la nature *purement défensive* pour la sauvegarde du territoire indochinois de toutes opérations qui auraient pour point de départ le territoire de l'Union et la nécessité de recevoir « toutes les informations précises que le gouvernement japonais serait en mesure de lui fournir sur tout danger extérieur qui menacerait la sécurité de l'Indochine. » Le gouvernement français « exprime enfin le désir de recevoir tout matériel (munitions et matériel aéronautique notamment) que le commandement japonais pourrait lui céder, afin de le mettre à même de participer plus efficacement à toute opération destinée à repousser une attaque dirigée contre la colonie. »

Si ces trois exigences étaient admises, les conséquences en seraient considérables.

En ce qui concerne la première de ces demandes, un débordement des troupes japonaises sur la rive droite du Fleuve Rouge permettrait à ces troupes de contrôler l'importante région économique du Nam Dinh et de Thanh-Hoa. Elle risquerait surtout de les mettre en contact avec les populations turbulentes du nord-Annam qui gardent le souvenir de la révolte communiste de 1930[1] et seraient facilement accessibles à la propagande nationaliste menée par le prétendant Guong Dé contre l'empereur d'Annam[2]. Les limitations fixées aux zones de stationnement des effectifs militaires n'étant plus respectées, les troupes japonaises, au lieu d'être cantonnées dans deux régions précises, au nord, le Tonkin septentrional, au sud, le Cambodge et la Cochinchine, se trouveraient à même d'étendre leur champ d'action sur l'ensemble des territoires de l'Union, et notamment l'Annam, avec toutes les graves menaces que pareille éventualité ne manquerait pas de faire peser sur notre politique indigène.

Pour la seconde demande, le versement, sans examen préalable et sur simple injonction des autorités japonaises, de sommes requises pour les besoins militaires du Japon en Indochine, créerait un précédent extrêmement dangereux, puisqu'il est clair que des besoins de cet ordre, s'ils ne sont soumis à aucune justification, peuvent être sans limite, et que les autorités françaises n'auraient plus le moyen, après un premier abandon d'opposer un refus aux demandes incessantes dont elles seraient désormais l'objet. La situation ainsi créée serait sans issue.

La troisième prétention est de portée plus large : en demandant que le Gouverneur général soit substitué au gouvernement français, le gouvernement japonais cherche évidemment à créer une situation spéciale qui donnerait à son ambassadeur un rôle de haut-commissaire ayant pleins pouvoirs pour traiter sur place toutes les questions intéressant les relations du Japon avec l'Indochine.

Au cours des dernières semaines, pendant que les autorités japonaises poursuivaient leurs incessantes demandes à Vichy, à Tokyo et à Saïgon, des incidents répétés se sont produits en Indochine qui continuent de mettre quotidiennement en cause l'autorité du gouvernement général et de porter atteinte à la souveraineté française.

---

[1] Dans le contexte de la crise mondiale de 1929, et alors que viennent d'être fondés le Parti national vietnamien (1927) et le parti communiste vietnamien (1930) par Nguyen Ai Quôc, le futur Hô Chi Minh, cette révolte a commencé les 9-10 février 1930 par une mutinerie de la garnison de Yen Bay au Tonkin, mais s'étend en mai-octobre avec des séries de grèves ouvrières et d'insurrections paysannes dans les campagnes surpeuplées, avec une dimension à la fois sociale, nationale, anticoloniale et antimonarchique, notamment dans le nord de l'Annam. Des soviets sont même établis dans certains districts en octobre 1930. La révolte fut très violemment réprimée malgré les conseils de modération du ministre des Colonies, François Pietri, et de son successeur, Paul Reynaud.

[2] Le prince Guong-Dé (1882-1951), issu de la dynastie impériale Nguyen, éduqué au Japon, incarne un mouvement nationaliste révolutionnaire qui s'appuie sur le Japon contre la France et s'oppose ainsi à l'empereur d'Annam, Bao Daï, né en 1913, monté sur le trône en 1925 et effectivement couronné, après une éducation en France, en 1932.

Enfin, par télégramme en date du 25 novembre[1], l'amiral Decoux indique que, d'après certains renseignements, un nouveau renfort, évalué à 10 000 hommes, serait prochainement attendu au Tonkin. L'arrivée de ce renfort, qui porterait à 30 000 hommes environ le nombre des troupes stationnées au Tonkin, poserait immédiatement la question du chiffre des effectifs japonais telle qu'elle se présentait au moment où furent envoyées à M. Arsène-Henry les instructions du 5 octobre dernier.

Entretemps, M. Arsène-Henry a reçu le 22 novembre un aide-mémoire officieux constituant la réponse aux nombreuses réclamations qu'il avait formulées depuis deux mois sur des questions de fait[2]. Les arguments invoqués par le Gaimusho constituent une fin de non-recevoir à toutes nos réclamations. En outre, ces réfutations peu convaincantes sont précédées d'un préambule aussi discourtois par la forme que tendancieux quant au fond.

Le Gaimusho discute la sincérité et la bonne foi des autorités françaises. Il affirme que le gouvernement français et l'ambassade à Tokyo ne sont pas au fait de la véritable situation en Indochine ; il en arrive à la menace, mettant le gouvernement français en garde contre l'éventualité « d'événements graves et inattendus ».

L'amiral Decoux, qui a reçu communication de ce document, a été invité à examiner les arguments invoqués par le gouvernement japonais et à fournir des précisions en vue de permettre au gouvernement français de répondre. La note japonaise ne peut en effet rester sans réponse.

Depuis quelque temps, l'attitude prise par les autorités japonaises consiste à traiter toutes nos demandes par prétérition, comme si, désormais, les exigences japonaises concernant l'Indochine ne pouvaient souffrir de discussion et devaient être admises dans cet esprit par les autorités françaises.

Le ton général de la dernière note japonaise ne laisse aucun doute à ce sujet. Si le gouvernement français acceptait pareille procédure, il donnerait l'impression de s'incliner devant la force, et l'emprise japonaise s'accentuerait tous les jours davantage, suivant les vues des autorités militaires.

Or, les circonstances ne sont point telles que le Japon se trouve actuellement en mesure de pousser son action en Indochine en pleine indépen-

---

[1] T. n° 7284 signalant un nouveau renfort de 10 000 hommes attendu au Tonkin et un transfert de matériel « assez important du Tonkin vers le Sud », ainsi que le renforcement sensible des moyens aériens (dans Guerre 1939-1945, Vichy, E Asie, Japon, 328, document non reproduit).

[2] Cet aide-mémoire japonais portant la date du 22 novembre a été transmis à Charles Arsène-Henry le 24 novembre et adressé à Paris par les T. n°s 1211 à 1219 en date des 24 et 25 novembre (Guerre 1939-1945, Vichy, E Asie, Japon, 328, document non reproduit) : résumé succinct des dispositions « qui ne sont d'ailleurs que des fins de non-recevoir » avec un préambule « rédigé sur un ton très désagréable. La mauvaise foi de cette réponse est évidente et les arguments qu'elle met en avant manquent complètement de sincérité », écrit l'Ambassadeur qui estime que « le Gaimusho le sait aussi bien que nous et qu'il n'a fait que transmettre la réponse qui lui a été imposée par l'armée. » L'aide-mémoire est suivi de 7 notes résumées par Charles Arsène-Henry sur 1) les dépenses de l'armée japonaise stationnée dans le sud de l'Indochine ; 2) les perquisitions à Hanoï dans les bâtiments d'Annamites et de Chinois ; 3) l'affaire de l'aérodrome de Krakor ; 5) l'affaire du recensement de la population dans les régions de Kampot et de Kep ; 6) l'affaire des déclarations touchant la suppression des impôts faits aux Cambodgiens ; 7) le contrôle du commerce indochinois par la commission de contrôle japonaise.

dance et sans inquiétude extérieure. La consolidation de la résistance russe est suivie attentivement à Tokyo. Elle n'est certainement pas étrangère à la force avec laquelle le gouvernement japonais vient d'établir que son adhésion au Pacte Antikomintern ne porte aucune atteinte au Pacte de non-agression conclu avec l'URSS. La patience dont fait preuve le gouvernement japonais, qu'il soit dirigé par le prince Konoye ou par le général Tojo, dans ses négociations avec Washington, malgré le maintien d'un blocus dont les conséquences se font sentir chaque jour davantage, montrent que les dirigeants japonais sont pleinement conscients de la gravité de la situation.

Or, le statut de l'Indochine rentre dans le cadre des discussions engagées à Washington, et notre ambassadeur a reçu du président Roosevelt lui-même l'assurance que « le maintien de l'autorité française sur l'Union indochinoise était considéré comme un élément essentiel d'équilibre en Extrême-Orient » (télégramme de Washington n° 2805 du 4 novembre)[1].

Dans ces conditions, on peut considérer qu'à moins de conflit général dans le Pacifique, le Japon ne recourra pas en Indochine à une action de force qui aurait justement pour effet de précipiter ce conflit.

L'attitude de résistance définie par les instructions envoyées à M. Arsène-Henry le 5 octobre dernier peut donc être maintenue. Cette attitude est la seule qui permette de lutter contre l'emprise japonaise et de maintenir la position définie par l'accord du 29 juillet, sans permettre le développement d'une action menaçante pour la souveraineté française en Indochine.

C'est dans cet esprit qu'il conviendrait d'établir, sitôt parvenus les renseignements demandés à l'amiral Decoux, le texte de la réponse à la note japonaise. En même temps qu'il en serait saisi, M. Arsène-Henry recevrait instruction de faire une nouvelle demande auprès de M. Togo pour revenir sur les demandes de principe présentées le 13 novembre au Gaimusho[2] et qui, jusqu'à ce jour, demeurent sans réponse. Notre ambassadeur indiquerait en même temps que les diverses questions actuellement pendantes, et qui font l'objet de réclamations de la part des autorités japonaises, resteraient à l'étude, leur règlement ne pouvant qu'être subordonné à la réponse que le gouvernement de Tokyo déciderait de faire à nos propres demandes

---

[1]   Document non retrouvé. Il est indiqué comme reçu le 11 novembre 1941 dans la série des télégrammes à l'arrivée et au départ (Guerre 1939-1945, Vichy, C État français, 50). Par ailleurs, par sa lettre n° 23 549 Pol en date du 25 novembre 1941, préparée par le service des Relations commerciales, le Département précise à l'ambassadeur Leahy que, par l'octroi d'un régime préférentiel aux produits japonais importés en Indochine en vertu de l'accord économique franco-nippon de mai 1941, « le gouvernement français n'a, ni perdu de vue, ni entendu contester les dispositions de l'accord franco-américain du 6 mai 1936, qui assurent aux produits américains en Indochine, le bénéfice, sans aucune limitation du traitement de la Nation la plus favorisée » selon l'accord franco-américain du 6 mai 1936. « Un régime spécialement favorable » de certains produits américains « particulièrement nécessaires à l'économie indochinoise » est par ailleurs proposé. (Guerre 1939-1945, Vichy, E Asie, Japon, 326, document non reproduit). On trouvera dans Papiers 1940, Papiers Chauvel, 132, une longue note de synthèse récapitulative sur les « négociations franco-américaines engagées à l'occasion des nouvelles revendications japonaises du 14 juillet 1941) ».

[2]   Il s'agit des instructions données par le T. n°s 960 à 971 en date du 9 novembre 1941. Voir note 4.

concernant les buts de la politique japonaise en Indochine comme à l'expression concrète d'une volonté de coopération entre autorités militaires et autorités militaires françaises en Indochine.

Guerre 1939-1945, Vichy, E Asie, Japon, 324 (3GMII, 324)

427

NOTE DU DÉPARTEMENT

Remarques sur la conférence de Berlin

N.   *s.l. [Vichy ?], 30 novembre 1941.*

Les 24, 25 et 26 novembre, s'est tenue à Berlin la conférence des puissances « antibolchevistes », au cours de laquelle a été reconduit et élargi le Pacte de 1936[1].

Le bruit courait depuis plusieurs semaines en Allemagne qu'allait prendre place, dans la capitale du Reich, une grande réunion où seraient jetées les bases de l'organisation de la Nouvelle Europe. L'événement était attendu avec un vif intérêt tant en Allemagne qu'à l'étranger.

Rien n'a été épargné pour conférer à ces trois journées de Berlin un caractère particulièrement saisissant. L'adhésion au Pacte de sept nouveaux États et la signature de cet instrument diplomatique par les représentants des treize puissances participantes ont donné lieu à une cérémonie solennelle dans la salle d'honneur de la Nouvelle Chancellerie. Les hommes d'État venus à Berlin ont été reçus tour à tour par M. von Ribbentrop, par le maréchal Goering et par le chancelier Hitler. Pendant trois jours, la presse a consacré presqu'exclusivement à cette réunion l'ensemble de ses colonnes. Elle a déclaré que Berlin n'avait pas connu de conférence aussi importante depuis 1878[2] et décerné à l'accord le nom de « Saint Pacte anti-Komintern ».

La reconduction de cette Sainte Alliance n'a cependant été accompagnée d'aucun fait saillant. Elle n'a marqué aucun progrès sensible dans la voie d'une réorganisation du continent. Il est vrai que des pourparlers sont maintenant en cours avec les techniciens bulgares, croates, roumains, pour intégrer plus étroitement ces pays dans l'économie de l'Europe centrale dirigée par l'Allemagne.

Le fait le plus notable de ces journées a été le discours du Kaiserhof, dans lequel M. von Ribbentrop a soutenu que la politique anglo-saxonne et la

[1] À savoir le Pacte antikomintern signé le 25 novembre 1936 entre l'Allemagne et le Japon, rejoints en 1937 par l'Italie, en 1939 par le Mandchoukouo, la Hongrie et l'Espagne, puis élargi et renouvelé pour 5 ans, lors de cette conférence.

[2] Lors du congrès de Berlin du 13 juillet 1878 réunissant les puissances européennes pour réviser, à la demande de l'Angleterre et de l'Autriche-Hongrie les clauses du traité de San Stefano considérées comme trop favorables à l'empire des tsars (février 1878), consécutif à la victoire russe contre l'Empire ottoman dans les Balkans.

politique bolchevique étaient désormais confondues et cherché ainsi à associer à la lutte contre la Grande-Bretagne tous les signataires du pacte de
Berlin.

Le public allemand semble avoir été impressionné de l'âpreté des dia-
tribes auxquelles s'est livré M. von Ribbentrop contre l'Amérique et son
Président, et du caractère inéluctable qu'il a attribué au conflit entre le
gouvernement de Washington et le gouvernement du Reich. Il a noté que
l'organisation de la Nouvelle Europe tendait à se faire beaucoup moins par
opposition contre le Komintern et l'Union soviétique que par opposition
contre l'Angleterre et ses alliés d'au-delà des mers.

Il a été également frappé de l'énumération des participants à l'accord
de Berlin. Les récents événements n'ont pas raffermi la confiance des
Allemands en l'Italie. Le représentant de l'Espagne a adopté au cours
de ces journées une attitude effacée et réservée. Il s'est abstenu de déclarations ou d'entrevues bruyantes. Le devant de la scène a été occupé par le
Dr Tuka, le Dr Lorhovic, le professeur Antonesco, le Dr Popov. L'absence
de la France, de la Suède, de la Suisse, de la Belgique, de la Hollande dans
une conférence où il s'agissait de fixer l'avenir du continent, n'en a été que
plus vivement remarquée. L'opinion a senti, à cette occasion, l'évolution qui
s'est produite dans la politique du Troisième Reich.

Pendant vingt ans, la propagande allemande a reproché à l'ordre européen issu de Versailles d'avoir détruit les grandes unités territoriales
qui assuraient l'équilibre de l'Europe centrale et danubienne et d'y avoir
substitué des États trop petits, aux formes bizarres et contournées, sans
débouchés sur la mer, ni lignes de communication commodes, telles la
Tchécoslovaquie et l'Autriche. Elle a attaqué avec âpreté la Société des
Nations qu'elle accusait de violer toutes les lois naturelles, en réservant la
même place aux grands et aux petits États et en les plaçant tous sur un pied
d'égalité.

L'Allemagne, qui faisait grief à la France de s'appuyer en Europe centrale
sur une séquelle d'alliés, de comparses, de « *Trabanten* »[1], est apparue à
Berlin entourée d'une série d'États satellites. Aux côtés des ministres italien
et espagnol, elle a fait siéger les représentants slovaque et croate. Sa presse
a célébré la présence de ces derniers comme si, dans la tâche de réorganisation du continent, leur voix devait avoir un poids égal à celle de leurs
collègues des plus grandes nations.

Les modifications apportées par le Troisième Reich à la carte de l'Europe
n'ont guère simplifié cet enchevêtrement de peuples et d'États que les traités
de 1919 étaient accusés d'avoir créé dans le centre et dans l'est du continent.
Économiquement et politiquement, la Croatie et la Slovaquie paraissent
encore moins viables que ne l'était l'État tchécoslovaque. La Serbie et le
Monténégro, dont les limites ne sont pas encore définitivement fixées, présenteront sans doute les mêmes caractéristiques. Une grande partie de
l'opinion allemande se rappelle la passion avec laquelle, soit dans son livre,
soit, plus tard, dans ses discours politiques, M. Hitler s'en est pris à ce qu'il

---

[1] « Satellites ».

a appelé les « États mosaïques », réunissant dans leur sein plusieurs races et plusieurs nationalités : l'Autriche-Hongrie d'avant-guerre, la Tchécoslovaquie et la Pologne d'après 1919. Elle ne peut s'empêcher de songer que la solution apportée aux problèmes tchèque et polonais par l'absorption dans le Reich du Protectorat de Bohème et de Moravie et du Gouvernement général, n'est pas sans prêter le flanc aux mêmes critiques.

Si les territoires de la Russie d'Europe doivent être maintenus dans la dépendance directe de l'Allemagne, la séparation raciste des divers groupes ethniques européens aura du mal à être sauvegardée, même si un statut inférieur est imposé, dans le Reich et dans ses dépendances, aux individus qui ne sont pas de sang allemand.

Ces entorses apportées aux principes hitlériens n'échappent pas aux éléments auxquels l'ivresse de la victoire n'a pas retiré tout sens critique.

Mais c'est la nécessité de faire participer la France à la réorganisation antisoviétique et surtout anti-anglaise de l'Europe qui s'est principalement manifestée à l'occasion des réunions de Berlin. Les informations concernant notre pays tiennent de nouveau, dans les grands organes allemands, une place importante. Ceux-ci paraissent soucieux de donner satisfaction sur ce point à la curiosité de leurs lecteurs.

Il ne peut cependant s'agir, dans l'esprit des dirigeants du Troisième Reich, d'associer sans contrepartie la France vaincue à l'œuvre de réédification du continent. On voudrait que notre pays acceptât tout d'abord de prendre plus nettement parti contre Londres et Washington. Depuis une semaine, toute la presse attire avec insistance l'attention du gouvernement et de l'opinion française sur les menaces que constitueraient pour notre Empire les visées impérialistes de M. Roosevelt. L'Allemagne nous convie à prendre à l'égard de Washington une attitude intransigeante, à mettre en état de défense contre une attaque qui pourrait être prochaine de nos bases du Maroc et de l'Afrique occidentale et à comprendre le rôle que doit jouer l'Afrique du Nord dans le conflit actuellement engagé en Méditerranée. C'est à ce prix que le gouvernement français serait admis dans le cercle des puissances qui se sont ralliées à la politique de l'Axe.

Depuis la fin de l'affaire syrienne, le gouvernement allemand n'a jamais abandonné l'espoir de nous mettre de nouveau aux prises avec l'Angleterre. Il se rend compte, il est vrai, que nous brusquer et nous forcer la main risquerait de provoquer de notre part une réaction opposée. Mais il espère que, séparée définitivement du bloc anglo-saxon, la France se rangerait peu à peu aux côtés de l'Axe. Il se montre soupçonneux des contacts que nous conservons avec l'Amérique. Il considère que ceux-ci sont pour nous une dernière garantie d'indépendance, un dernier moyen d'échapper aux pressions de Berlin. C'est pourquoi il attacherait, à l'heure actuelle, tant de prix à nous voir rompre nos relations avec le gouvernement de Washington, comme il nous a obligés, en fait, à briser l'accord Weygand-Murphy[1].

Papiers 1940, Papiers Arnal, 51 (382QO/51)

[1] Voir document n°s 2, 64.

428

M. de Dampierre, Ministre de France à Budapest,
    à l'Amiral Darlan, Vice-Président du Conseil, Ministre de la
    Défense nationale, Secrétaire d'État aux Affaires étrangères
    et à la Marine.

D. n° 223[1].   *Budapest, 1er décembre 1941.*

Confidentiel.

Un parlementaire hongrois digne de foi a fait à un de mes collaborateurs le récit suivant.

Il a reçu tout récemment la visite d'un officier hongrois, revenant du front russe[2], cet officier a raconté que la conduite des armées allemandes à l'égard des populations juives de Galicie et d'Ukraine dépasse en cruauté tout ce qu'on peut imaginer.

Entre autres exemples, il a indiqué que, dans une ville de Galicie, après l'entrée des Allemands, ceux-ci ont entassé dans la synagogue autant de juifs qu'elle pouvait en contenir, hommes, femmes et enfants. Quand ils ont été enfermés, on a mis le feu à la synagogue et tout ceux qui ont tenté de s'échapper ont été massacrés par des mitrailleuses disposées à cet effet autour de l'édifice[3].

Dans un autre endroit, les juifs ont été réunis dans une plaine, toujours sans qu'il soit fait de distinction de sexe ou d'âge. On leur a remis des outils avec lesquels ils ont été invités à creuser une énorme fosse ; on les a obligés ensuite à se déshabiller complètement ; les soldats allemands ont ramassé les vêtements, après quoi les mitrailleuses sont entrées en action[4].

Des soldats hongrois ont repêché, dans une rivière dont les rives étaient, en amont, occupées par les troupes allemandes, un certain nombre de cadavres de jeunes femmes. Le médecin hongrois qui les a examinés a constaté que ces femmes avaient été massacrées après avoir été violées.

---

[1] D. intitulée : « Conduite des Allemands à l'égard des populations juives dans les territoires occupés » avec copies à Ankara, Bucarest et Sofia. Le document porte le tampon « 3 déc[embre] 1941 » (date réception ou enregistrement).

[2] La Hongrie ayant déclaré la guerre à l'URSS le 27 juin 1941, des soldats hongrois ont participé à l'opération Barbarossa dès le 1er juillet. Au total, la Hongrie a envoyé quelque 200 000 hommes sur le front de l'Est, assistés par 50 000 « auxiliaires » juifs hongrois, dépourvus d'armes et d'équipements d'hiver.

[3] Il pourrait s'agir de la ville de Zokiev, près de Lvov (Lemberg), habitée par 50 000 Juifs lorsqu'elle fut occupée par les Allemands le 28 juin 1941. L'incendie de la synagogue a fait de nombreuses victimes, tandis que la communauté était contrainte de payer une amende de 250 000 roubles, 5 kg d'or et 10 kg d'argent dans les trois jours.

[4] Sous doute pas le massacre ayant eu lieu dans le ravin de Babi Yar dans la région de Kiev, le plus grand massacre qui se soit déroulé en URSS, notamment les 29 et 30 septembre 1941 (33 771 victimes), mais un des nombreux épisodes de la « Shoah par balles » perpétrés par les Einsatzgruppen (en l'occurrence l'Einzatzgruppe C qui a opéré en Galicie et en Ukraine) ou diverses unités de police.

L'officier hongrois auteur de ce récit a présenté, à l'appui de ses dires, un assez grand nombre de photographies dont il est l'auteur et qu'il a mises en lieu sûr, en attendant le moment où il sera possible de les publier.

Quand on rapproche de tels faits de ceux dont les Allemands se rendent coupables dans d'autres pays et plus spécialement en Serbie[1], on ne peut s'empêcher de penser aux haines qui s'accumulent partout contre l'envahisseur et qui se traduiront un jour par une effroyable réaction. Sans doute affirme-t-on à Berlin que les cruautés commises par l'armée allemande ne sont que des représailles pour le traitement subi notamment par les prisonniers du Reich, mais on se demande alors, devant cette surenchère de massacres, quelle différence il faut faire entre ceux qui sont considérés comme des barbares indignes de vivre et ceux qui se sont mis soi-disant à la tête d'une croisade pour le triomphe de la civilisation.

Guerre 1939-1945, Vichy, Z Europe, URSS, 837 (10GMII/837)

429

Compte-rendu

Entrevue de Saint-Florentin-Vergigny

C.R.[2]   *s.l., 1er décembre 1941.*

Cette entrevue[3] avait été provoquée par le gouvernement du Reich, qui désirait connaître la position de la France en politique extérieure, en prévision des graves événements qui allaient se dérouler dans le Pacifique.

Cette rencontre était organisée par M. de Brinon.

Le maréchal Goering a demandé au maréchal Pétain de montrer plus d'énergie dans la défense de l'Afrique du Nord et des colonies françaises. Il aurait été question de la remobilisation de l'armée.

Le maréchal Pétain a répondu qu'il n'était pas question de mobiliser en France et que, seule, l'armée de l'Afrique du Nord pouvait être mise sur le pied de guerre, « à une condition, toutefois, a-t-il dit, c'est que vous nous rendiez nos officiers, nos sous-officiers, nos hommes et notre matériel pour reconstituer nos formations ».

Le maréchal Pétain a rappelé que semblable demande avait été faite par le gouvernement français au moment de l'affaire de Syrie[4] et qu'elle avait

---

[1] Voir document n° 304.

[2] Indication manuscrite : « Document entré par don en 1999 (M. Michel Pinard, diplomate au Ministère) ».

[3] L'entrevue a eu lieu le 1er décembre entre le maréchal Pétain et le maréchal Goering, en gare de Saint-Florentin-Vergigny et dura trois heures.

[4] Voir document n° 216, note 2, p. 475.

été refusée par le Reich et par l'Italie, en particulier en ce qui concernait le matériel de guerre récemment enlevé de Syrie par les Italiens.

Le Maréchal a rappelé également qu'il était d'accord sur le principe de la collaboration, mais que la plupart des promesses faites par le Reich n'ayant pas été réalisées, il ne pouvait s'en tenir lui-même qu'au cadre des conditions de l'armistice.

« J'ai compris que la collaboration impliquait de traiter d'égal à égal. S'il y a un vainqueur en haut et en bas un vaincu, il n'y a plus de collaboration, il y a ce que vous appelez un Diktat, et ce que nous appelons la loi du plus fort.

La France a commis en 1919 l'erreur de ne pas faire une paix de collaboration. Elle avait gagné la guerre, elle a perdu la paix. Vous risquez de commettre la même erreur que nous.

Vous pouvez gagner seuls la guerre, vous ne pouvez faire seuls la paix, vous ne pouvez pas faire la paix sans la France.

En ne faisant pas une paix de collaboration, vous vous exposez à perdre la paix. Rappelez-vous ce que je vous dis ».

Il a donné lecture du mémorandum de sept pages qu'il avait lui-même rédigé[1], dans lequel il précisait tous les points en litige.

À la suite de cette lecture, le maréchal Goering s'est exclamé :

« Enfin, Monsieur le Maréchal, quels sont les vainqueurs, vous ou nous ? ».

Le maréchal Pétain lui a répondu que jamais il n'avait senti plus profondément qu'au cours de cette entrevue combien la France avait été vaincue.

« J'ai confiance dans les destinées de la France, dans son relèvement. Quant à moi personnellement, sachez bien que pour un homme de mon âge il est une évasion bien facile à réaliser, celle du passage de la vie à la mort ».

Le Maréchal a voulu remettre son mémorandum au maréchal Goering mais celui-ci à deux reprises a refusé de le prendre. Alors le maréchal Pétain le lui a tout simplement mis dans la poche, et… Goering l'y a laissé.

Les deux maréchaux ont continué leur conversation sur des points de détail, puis ont échangé très cordialement des souvenirs de la guerre 1914-1918 et se sont quittés dans les meilleurs termes.

Le maréchal Goering a passé deux jours à Paris à la suite de cette entrevue. Le mémorandum du Maréchal a été traduit en allemand par les services de l'ambassade. L'ambassadeur ainsi que le général commandant les forces allemandes en France en ont pris connaissance et, le lundi 8 décembre, le général officier de liaison entre le maréchal Goering et le Führer est parti pour remettre le document à ce dernier.

---

[1] Document non retrouvé (les points principaux de ce mémorandum connu portaient sur l'accélération du retour des prisonniers, la diminution des prélèvements alimentaires, et l'assouplissement de la ligne de démarcation).

Dans son mémorandum, le maréchal Pétain rappelle au chancelier Hitler qu'à la suite de l'entrevue de Montoire[1] et des conversations diplomatiques qui avaient précédé ou qui ont suivi, il avait été convenu que les prisonniers seraient libérés, que la ligne de démarcation serait supprimée, que les prélèvements de l'armée allemande sur l'économie française seraient réduits et que, dans une certaine mesure, l'armée française d'armistice, en particulier l'armée d'Afrique du Nord, serait réarmée.

Aucune de ces conditions n'a été complètement réalisée.

Le maréchal Goering a fait observer au maréchal Pétain que le gouvernement allemand était mécontent de voir que l'agriculture française ne produit pas au maximum.

« Rendez-nous, a dit le maréchal Pétain, les 800 000 agriculteurs prisonniers que vous conservez ».

Le ravitaillement de la France est mal assuré.

« Rendez-nous les wagons que la France a prêtés à l'Allemagne et qui ne sont jamais revenus. Ces wagons représentent, il ne faut pas l'oublier, un tiers de la totalité du matériel roulant français et, aux termes de l'armistice, ils devaient être simplement prêtés ».

L'industrie française ne produit plus suffisamment, dit le maréchal Goering.

« Vous deviez lui fournir du charbon et des matières premières, nous les attendons », a dit le maréchal Pétain.

Le Maréchal a insisté tout particulièrement sur la question qui lui tient le plus au cœur : le retour des prisonniers.

Il a démontré que la France ne pouvait arriver à se remonter que si les 1 500 000 prisonniers, qui sont pour la plupart des jeunes gens, jeunes et actifs, étaient rendus à leurs travaux et à leurs affaires.

Il a protesté contre le maintien de la ligne de démarcation qui est, a-t-il dit : « une plaie saignante au flanc de la France ».

Enfin, il s'est élevé contre les prélèvements massifs des denrées alimentaires effectués par l'armée allemande en France.

Les effectifs de l'armée d'occupation sont passés successivement de 2 500 000 à 2 000 000, puis à 1 500 000, puis à 1 000 000. Il est actuellement de 500 000 environ. Néanmoins, cette armée prélève un tiers de la fabrication des conserves de viande, de poisson et des produits alimentaires de toute sorte.

« La disproportion est par trop sensible, a dit le Maréchal, entre ce prélèvement d'un tiers et le rapport de 500 000 Allemands aux 39 500 000 Français. C'est 1/80e qui devrait être prélevé au lieu de ce tiers injustifiable ».

Le Maréchal indique également dans son mémorandum que la somme payée au titre des frais de l'armée allemande d'occupation dépasse déjà

---

[1] Voir *DDF (1939-1944)*, 1940-2, documents nos 327, 329, 330, 331 et 333.

considérablement, avant toute discussion et fixation d'indemnité de guerre, les sommes que l'Allemagne a payées au total après sa défaite de 1918.

En racontant cette entrevue à notre ami et en lui lisant son mémorandum, le maréchal Pétain a tenu à préciser qu'il n'avait jamais cédé sur le chapitre des concessions territoriales à faire par la France à l'Allemagne, qu'il n'avait même pas cédé ni pris un engagement, ni un semblant d'engagement quelconque pour la question d'Alsace-Lorraine, qui reste absolument entière.

Aucune discussion de fond n'a encore eu lieu à ce sujet, mais à chaque occasion le Maréchal a affirmé sa position et son désir de maintenir l'intégrité du territoire français.

Il a d'ailleurs, au cours de l'entrevue de Saint-Florentin, rappelé au maréchal Goering que le Führer lui avait promis à Montoire qu'aucune annexion territoriale ne serait faite.

Le Maréchal apporte un soin tout particulier au réarmement de la flotte et à la remise en état des cuirassés avariés au cours des attaques anglaises.

Guerre 1939-1945, Vichy, Y International, 290 (9GMII/290)

430

NOTE DU DÉPARTEMENT

Tendance et possibilités du Gouvernement [des États-Unis]

N.   *Vichy, 1er décembre 1941.*

La tendance du gouvernement des États-Unis au regard du conflit actuel est pleine de contradictions. Le gouvernement des États-Unis, comme la majorité du peuple américain, désire l'écrasement de l'hitlérisme. Il ne veut pas de paix de compromis. Il veut la victoire totale et définitive. Mais il n'est pas encore décidé à entrer en guerre, du moins dans le sens où cette décision est généralement entendue, c'est-à-dire avec l'ensemble de ses moyens de tous ordres.

D'autre part, la politique de guerre du gouvernement des États-Unis est fortement contrariée par sa politique sociale. M. Roosevelt a dû en grande partie sa réélection de 1936 aux syndicats et en particulier au CIO[1]. Il a

---

[1] Le CIO (Congress of Industrial Organizations) est une confédération syndicale nord-américaine issue d'une scission de l'AFL (American Federation of Labor). Tentant de favoriser le syndicat d'industrie et ayant abandonné la neutralité pour soutenir le Parti démocrate, le CIO compte plus de 3,7 millions de membres en 1937. En 1940, alors que la majorité des ouvriers américains soutiennent la cause des Alliés, son dirigeant, John L. Lewis, retire son soutien à Roosevelt en qui il voit un fauteur de guerre, et appelle à voter pour le candidat républicain. Sa base le pousse à démissionner. C'est alors Philip Murray, le dirigeant de la Steel Workers Organizing Committee qui en prend la tête. Grâce à la législation de guerre qui permet d'améliorer le sort des travailleurs, le syndicat se renforce (mais reste la deuxième fédération américaine, loin derrière l'AFL).

institué la semaine de 40 heures à la fin de 1940, c'est-à-dire au moment où les États-Unis commençaient leur effort de guerre. Dans un rapport envoyé il y a plusieurs mois des États-Unis par M. Marlio, le président des États-Unis était représenté comme un homme politique intermédiaire entre M. Léon Blum et M. Daladier. Il n'est pas impossible que, sous la pression de l'opinion, M. Roosevelt soit amené à prendre une position plus énergique contre les fauteurs de grèves, mais l'approche des élections législatives de 1942 pourrait rendre difficile une évolution qui priverait l'administration actuelle du suffrage de milliers d'électeurs.

POSSIBILITÉS DU GOUVERNEMENT AMÉRICAIN

Il faut distinguer entre les possibilités de 1941 et les possibilités qui existeront vers le milieu de l'année prochaine. En ce qui concerne 1943, le ministère des Affaires étrangères ne dispose ni d'éléments d'information, ni d'éléments d'appréciation. Les possibilités seront indiquées pour 1941 et pour 1942 sous les titres suivants : matériel de guerre, tonnage, armée, marine, aviation. Les chiffres indiqués pour 1941 sont du mois de juin (Le Département n'a pas de renseignements plus récents comportant une précision suffisante).

1941

Il y a lieu de formuler une remarque préliminaire. Les États-Unis avaient en juin 1940 – date à laquelle ils se sont décidés à commencer leur armement – une production de matériel de guerre presque nulle. Dans le programme qu'ils se sont fixé, ils ont à franchir trois étapes : a) construction des usines ; b) fonctionnement des usines jusqu'au moment où les premiers matériels sortent ; c) transport du matériel sur les théâtres d'opérations. Les deux premières étapes demandent un temps assez long, variable suivant le genre d'usines. La troisième étape est fonction du tonnage disponible, compte tenu des pertes dues à la guerre sous-marine. Exprimé en milliards de dollars, l'effort américain est prodigieux. Exprimé en chiffres de matériels effectivement produits, il l'est sensiblement moins.

Voici les chiffres – assez approximatifs – pour juin 1941.

Armée

Chars d'assaut légers – production mensuelle entre 125 et 150
                    moyens – quelques prototypes. La fabrication en petite
                    série commencée en juillet 1941
                    lourds – prototype à l'étude.

Artillerie : 240 sur trucks. Quelques matériels
         155   Quelques exemplaires
         105   le premier sorti par l'industrie privée en juin
         90 DCA   quelques unités
         DCA Bofors   40 par mois
         20 Cerlichon les premiers exemplaires sont sortis.

Armement portatif : Très insuffisant.

Marine

Au 30 avril 1941 on comptait 360 bâtiments de combat en construction ou en commande ; les travaux préparatoires ont commencé sur 312 d'entre eux. Les contrats passés pour l'exercice commencé en juillet 1940 se rapportant à 629 unités grandes et petites contre 23 pour l'exercice précédent. Un grand nombre d'unités sont terminées avant les délais fixés.

Ce tonnage en commande au 1er juillet pour les bâtiments de combat s'élève à 585 930 tx. Au 30 avril 1941, il était de 2 226 950. Les bâtiments auxiliaires sont passés entre ces deux dates de 74 000 à 282 000 tx. Le tableau ci-dessous indique les progrès réalisés :

	1er janvier 1940	1er mai 1941 disponibles	1er mai 1941 en commande
Cuirassés	15	15	17
Porte-avions	5	6	12
Croiseurs	34	37	54
Destroyers	218	165	199
Sous-marins	87	109	78
	359	332	360

Aviation

En juin 1941, la production totale s'élevait à 1 476 appareils dont 420 d'entraînement et 430 commerciaux et de transport. 600 avions de combat dont 35 avions de combat quadrimoteurs.

1942

Possibilités pour le milieu de l'année 1942

Matériel de guerre (Estimation pour juin 1942 d'après la revue *Life*).

Obusiers de 105	155
Obusiers de 155	14
37 DCA	300
3 pouces DCA	33
90 m/m DCA	22
Bombardiers de marine	200
Avions de combat marine	120
Avions pour la Grande-Bretagne	650
Moteurs	5.400
Hélices	4.000

Marine*	
Navires de bataille	4
Porte-avions	2
Croiseurs	2
Destroyers	27
Sous-marins	23

 * Ces chiffres se rapportent à la production de l'année qui se termine fin juin 1942.

ÉTAT ET TENDANCES DE L'OPINION PUBLIQUE

L'opinion américaine est 1°) très mobile, 2°) sensiblement différente suivant qu'il s'agit de l'Est américain, qui regarde vers l'Europe, ou de l'Ouest, qui est plus spécialement préoccupé des problèmes du Pacifique. Les référendums de l'Institut Gallup[1] montrent une évolution assez rapide vers l'idée que les États-Unis seront amenés à entrer en guerre. Mais il ne s'agit encore que d'une évolution et la majorité des Américains paraît assez éloignée d'une volonté de guerre totale comportant la participation effective aux hostilités d'une forte armée expéditionnaire. La suite des événements fera probablement parcourir le chemin qui les sépare encore d'une telle position. Bien des aspects de la situation actuelle aux États-Unis rappellent les temps du Front populaire en France. L'une des principales revendications des syndicats est l'affiliation obligatoire des ouvriers à ses groupements. Ces syndicats, surtout le CIO, tiennent tête au gouvernement. L'opinion s'alarme de cet état de choses et la position de M. Roosevelt est assez ébranlée de ce fait ; les faibles majorités recueillies au Sénat et surtout à la Chambre des Représentants pour l'abrogation de la loi de neutralité sont dues, non à un regain isolationniste, mais à la défection d'interventionnistes qui proclament inutile une politique étrangère active tant que l'ordre n'aura pas été remis à l'intérieur.

PROBABILITÉS DE L'ÉTAT DE GUERRE FORMEL

a) Avec le Japon seul.

b) Avec l'Allemagne et l'Italie.

La politique du président Roosevelt paraît tendre à procéder plutôt par des empiétements successifs que par une entrée en guerre formelle dont il tient apparemment à ne pas prendre l'initiative. Les mesures successives prises dans le courant de cette année : occupation de l'Islande[2], instructions données aux navires de guerre américains d'ouvrir le feu dans des

---

[1] Les « référendums » : il s'agit en réalité de sondages faits par l'Institut indépendant Gallup fondé en 1935.

[2] L'Islande, pays déclaré neutre, a été occupée par le Royaume-Uni le 10 mai 1940, puis par les États-Unis à partir du 7 juillet 1941, qui y envoyèrent environ 7 000 Marines pour empêcher une invasion allemande.

circonstances déterminées, abrogation des articles 2 et 6 de l'Acte de neutralité[1] permettent de considérer que, dans la zone où circulent les navires de guerre américains – surtout ceux qui escortent les convois marchands –, il existe déjà un état d'hostilité entre les États-Unis et le Reich. Les actes d'hostilité sont rares, mais peuvent se multiplier dans un avenir prochain, surtout depuis l'abrogation précitée de l'Acte de neutralité.

c) Avec l'Allemagne, l'Italie et le Japon.

Le Pacte tripartite du 27 septembre 1940 prévoit formellement (article 9) l'obligation de soutien mutuel avec tous les moyens politiques, économiques et militaires au cas où l'une des trois parties serait attaquée par une puissance non encore engagée dans la guerre européenne ou le conflit sino-japonais[2]. Pour que ce pacte pût jouer dans les cas d'un conflit entre les États-Unis et le Reich ou entre les États-Unis et le Japon, il faudrait donc qu'il y eût attaque de la part des États-Unis.

Dans les différents cas ci-dessus, probabilités d'une action des États-Unis sur :

a) nos possessions américaines.

Une telle action paraît assez probable car l'archipel qui s'étend en arc de cercle de Cuba à Trinidad et qui protège les avances atlantiques du canal de Panama présente pour les Américains un intérêt stratégique primordial et peut être considéré comme étant absolument dans leurs mains, sauf les Antilles françaises qui deviennent ainsi les dernières brèches ouvertes dans ce système défensif[3]. 2) La rade de Fort-de-France est la meilleure rade des Caraïbes et toute la flotte américaine peut y être concentrée dans les meilleures conditions. 3) La Conférence de La Havane[4] a donné en fait un blanc-seing aux États-Unis en autorisant l'une quelconque des Républiques américaines à intervenir de son propre chef, en cas d'urgence, dans nos territoires américains. La Guyane française présente un moindre intérêt pour les États-Unis qui pourraient être disposés à laisser le Brésil agir dans ces territoires, afin de calmer les susceptibilités des autres Républiques

---

[1] Roosevelt, bien qu'y étant peu favorable, avait signé le 31 août 1935, la loi sur la neutralité (*Neutrality Act*) des États-Unis (appliquée lors de la guerre entre l'Italie et l'Éthiopie, puis lors de la guerre civile en Espagne.). Reconduite avec plus de restrictions le 29 février 1936, puis le 1er mai 1937 (avec la clause *Cash and Carry*, car les prêts aux belligérants étaient interdits). Le 4 novembre 1939, Roosevelt obtint l'abrogation de l'embargo automatique sur les armes et les munitions, puis à partir de la fin de 1941, le Congrès accorda petit à petit des aides aux pays attaqués (dont la Chine et la Russie). La loi *Lend-Lease* (prêt-bail), signée le 11 mars 1941, permit alors de fournir aux Alliés du matériel de guerre sans intervenir directement dans le conflit (elle est étendue à l'URSS en novembre 1941). Le 13 novembre 1941, le Congrès donne son accord pour modifier l'Acte de neutralité et autoriser les navires marchands américains à être armés et à pénétrer dans les zones de guerre.

[2] Voir *DDF (1939-1944)*, 1940-2, document n° 250.

[3] Voir document n° 7, note 2 et document n° 225, note 5.

[4] Conférence panaméricaine qui se tint en juillet 1940 à La Havane (Cuba) pour réaffirmer la solidarité des États américains face à toute agression extérieure qui entraînerait une intervention immédiate (ceci protège, de fait, les Antilles françaises). Voir *DDF (1939-1944)*, 1940-2, documents n°s 49, 54, 60 et 99.

devant une emprise trop exclusive des États-Unis du Nord sur les territoires possédés par des États non-américains.

b) nos positions de l'AOF.

Les États-Unis ne disposent pas, à l'heure actuelle, d'un corps expéditionnaire suffisamment considérable pour entreprendre des actions militaires sur l'ensemble des positions stratégiques de l'Atlantique oriental auxquelles ils s'intéressent (Açores, Madère, îles du Cap Vert, AOF). Ils doivent avoir actuellement deux divisions de *marines*, ce qui est peu comme force de débarquement.

Position des États-Unis vis-à-vis d'une action de la Grande-Bretagne sur nos possessions de l'AOF.

En raison de la médiocrité actuelle de leurs moyens militaires et de la situation politique générale où ils ne font pas encore figure de belligérants, les États-Unis pourraient éventuellement s'en remettre aux Anglais du soin de s'emparer de Dakar (ils auraient déjà conseillé la première expédition de (…)[1] dernier). Les États-Unis développent déjà leurs bases aéronautiques à Bolama (Guinée portugaise) et Monrovia (Libéria). Mais même s'ils déléguaient aux Britanniques la mission de s'emparer de la côte de l'AOF, ils s'y installeraient eux-mêmes solidement après, en cas de réussite ; le procédé est anglo-saxon et il n'y aurait de nouveau que le rôle de guerrier dupé, joué cette fois-ci par les Anglais eux-mêmes, ce qui est assez rare dans leur histoire.

Point de vue des États-Unis au sujet du blocus de la France et de son Empire :

Le gouvernement fédéral tient dans cette question le plus grand compte des conceptions britanniques, en s'efforçant assez fréquemment d'accommoder ces conceptions aux considérations d'opportunité politique. Le départ du général Weygand a remis en cause la question du ravitaillement de notre Empire colonial[2] ; les prochaines semaines nous fixeront sur l'attitude que le gouvernement américain adoptera finalement à cet égard.

Dans quelle mesure pourrait être modifiée l'aide apportée par les États-Unis à l'Empire britannique.

Le sens de la question n'a pas été clairement saisi. Les États-Unis apportent à la Grande-Bretagne, en matières premières et en matériel de guerre, toute l'aide possible, compte tenu de leurs besoins propres. Cette aide est du reste très médiocre en ce qui concerne le matériel de guerre et elle ne constituera probablement pas pour 1942 un élément important dans

---

[1] Cette expédition, comprenant des Forces françaises libres et des forces britanniques au large de Dakar et sur la presqu'île du Cap-Vert, du 23 au 25 septembre 1940, rencontra une résistance victorieuse de la part des troupes de Vichy, dirigées par le gouverneur général Boisson, gouverneur général de l'Afrique occidentale française.

[2] Voir documents n° 2, note 1, p. 5, et n° 66, note 2. Voir aussi *DDF (1939-1944)*, 1940-2, documents n°s 77, 138 et 384.

les facteurs en cause. Un conflit nippo-américain amènerait probablement, dans l'état d'impréparation actuel des États-Unis, une sérieuse diminution de l'apport américain, déjà très faible.

Guerre 1939-1945, Vichy, B Amérique, États-Unis, 60 (1GMII/60)

431

M. DE MARGERIE, CONSUL GÉNÉRAL DE FRANCE À SHANGHAÏ,
  À L'AMIRAL DARLAN, VICE-PRÉSIDENT DU CONSEIL, MINISTRE DE LA
  DÉFENSE NATIONALE, SECRÉTAIRE D'ÉTAT AUX AFFAIRES ÉTRANGÈRES
  ET À LA MARINE.

T. n°s 542 à 545.   *Shanghaï, 2 décembre 1941, 18 h. 35.*

(*Reçu ; le 3, 15 h.*)

La tension croissante en Extrême-Orient se traduit à Shanghaï par une série de mesures qui troublent profondément la vie de cette cité internationale et qui entretiennent dans les milieux européens une panique permanente.

Le gouvernement américain a rappelé le régiment d'infanterie de marine qui tenait garnison ici depuis des années et dont le dernier détachement s'est embarqué pour Manille le 28 novembre. Le même soir partaient deux canonnières avec l'amiral commandant la flottille du Yang Tsé. Les banques américaines informent les étrangers des dangers qu'ils courent à laisser dans leurs coffre-fort devises ou barres d'or.

Les autorités britanniques ont encore, de façon (...)[1] invité leurs ressortissants à quitter la ville. Il reste néanmoins 9 000 sujets anglais qui refusent d'être évacués, et dont la protection serait confiée, en cas de guerre, à la légation de Suisse.

Le consulat général d'Allemagne mobilise en ce moment de nombreux ressortissants qui rejoignent dans le nord, sur la frontière de Sibérie, des unités russes formées sous contrôle japonais. Aucun effort de recrutement n'a été effectué jusqu'ici auprès de la colonie russe de Shanghaï, qui compte pourtant plus de 25 000 membres.

Le gouvernement hollandais vient de mobiliser la majorité des Néerlandais d'âge militaire qui se trouvent ici. Les intérêts économiques hollandais à Shanghaï s'en trouvent compromis et il semble qu'il y ait conflit, à ce sujet, entre Londres et Batavia.

En dehors des 1 100 hommes du corps français d'occupation, il reste actuellement ici une canonnière américaine et une anglaise, 3 petits bâtiments et 1 détachement italien. Les forces japonaises permanentes dans la région peuvent être évaluées à 13 000 hommes environ, plus un nombre

---

[1] Lacune de déchiffrement.

variable de bâtiments de guerre. Elles n'ont pas pénétré encore en Concession française, ni dans la partie la plus importante de la Concession internationale. Dans celle-ci, le maintien de l'ordre est assuré par une police de 5 000 hommes. Dans notre propre Concession, qui abrite 1 300 000 habitants nous disposons de 4 200 policiers français, russes, tonkinois et chinois, formant 3 bataillons militarisés. Enfin, l'agglomération du plus grand Shanghaï soumis au gouvernement de Nankin, possède sa police chinoise, encore médiocrement organisée.

Communiqué Hanoï 469 à 472.

Guerre 1949-1945, Vichy, E Asie, Chine, 138 (3GMII/138)

432

M. Helleu, Ambassadeur de France à Ankara,
    à l'Amiral Darlan, Vice-Président du Conseil, Ministre de la
    Défense nationale, Secrétaire d'État aux Affaires étrangères
    et à la Marine.

D. n° 64[1].   *Ankara, 2 décembre 1941.*

Parmi les nombreux Arabes venus de Syrie, de Palestine, d'Égypte ou d'Irak pour se réfugier en Turquie se trouve, depuis quelques mois, un publiciste syrien, originaire de Homs mais établi pendant de longues années en Palestine, Djelal-eddine Auf, propriétaire du journal arabe de Jaffa, *Djemiyet el-Islamya*.

Djelal-eddine Auf, qui appartient aux milieux arabes qui touchent de très près le Grand Mufti de Jérusalem, expulsé de Palestine en 1937, s'était installé à Beyrouth mais il a dû quitter le Liban au moment de l'arrivée des forces anglo-gaullistes, y laissant encore sa famille avec laquelle, comme tous les réfugiés arabes de Turquie, il ne peut correspondre que très difficilement.

Il garde cependant un contact discret mais régulier avec de nombreux correspondants en Syrie, au Liban, en Palestine et même en Irak. De plus, partageant son temps entre Ankara et Istanbul, il vit ici au contact permanent des réfugiés arabes de marque, Rachid Ali Guilany, l'émir Adel Arslan, etc. Il est à penser par ailleurs, qu'il entretient des relations avec l'ambassade d'Allemagne.

Ce qui, en tout cas, est intéressant à noter, c'est que les Turcs cherchent à exploiter l'influence de ce journaliste arabe sur les populations de langue arabe. La Direction générale de la Presse et de la Propagande, qui relève directement de la Présidence du Conseil, se préoccupait justement, depuis

---

[1] D. intitulée : « A/s. La Turquie kémaliste et le monde arabe » et portant le tampon : « 15 déc[embre] 1941 » (date réception ou enregistrement).

la mort d'Atatürk, de redresser, dans les pays musulmans, l'opinion générale que l'on s'était faite de l'athéisme des kémalistes.

« Aussi vrai qu'il n'y a pas de Dieu », se plaisaient à répéter, devant les étrangers, lorsqu'ils voulaient affirmer quelque chose, les ministres de Mustapha Kemal, Tewfik Rüstü Aras et Sükrü Kaya. Et les hommes religieux, de l'entourage du Gazi, tel le maréchal Fewzi Tchakmak, ne pouvaient que dissimuler leur réprobation. La Direction de la Presse, elle-même, comme d'ailleurs le Parti du Peuple, se faisaient les agents de diffusion de cette mode et affirmaient partout que la Turquie kémaliste était laïque, que tout ce qui était religieux devait s'effacer, etc.

Atatürk mort, la Turquie kémaliste n'est pas redevenue, comme d'aucuns ont voulu le prédire trop vite, un pays de caractère profondément religieux. Le régime est resté laïque, mais la religion n'y est plus méprisée, bien au contraire. Le président Ismet Inönü est d'ailleurs croyant.

La Direction de la Presse, toujours chargée de préparer les documents destinés à servir la propagande turque à l'étranger, a trouvé en Djelaleddine Auf un homme qui pouvait faire entendre, devant le monde arabe, avec quelque crédit, un son de cloche nettement différent de celui que l'on s'était plu à donner pendant des années. Le journaliste arabe a donc été chargé de rédiger et de préparer un important ouvrage, très documenté, sur la Turquie. Djelal Auf a été invité à voyager à travers tout le pays pendant plus de deux mois, de nombreuses photographies ont été mises à sa disposition, puis il a reçu les directives turques pour la rédaction de ce livre qui sera publié en arabe et sous sa signature. Pour éviter que l'ouvrage n'ait l'apparence d'un document de propagande, il ne sera pas édité par la Direction de la Presse ni même sous son patronage, mais sera seulement subventionné par celle-ci sous la forme d'un achat massif d'exemplaires.

Naturellement, la description et la documentation porteront surtout sur l'essor politique, économique, social de la Turquie kémaliste ; le lecteur arabe devra y entrevoir – sans qu'on le lui dise – que la religion et le nouveau régime ne sont pas incompatibles, que les Turcs continuent à être, dans l'ensemble, de bons musulmans, bref que l'on peut leur faire confiance.

De plus, Djelal Auf a été chargé de faire à la radio turque une série de conférences en langue arabe. Il a débuté par deux causeries, se complétant l'une l'autre, dont le thème général lui a été donné par le bureau de presse mais sur lequel le journaliste arabe a pu se livrer à des commentaires assez originaux, en ce sens que, tout en servant la propagande turque, il n'a pas perdu l'occasion de rappeler à ses auditeurs la « grande idée », celle des peuples arabes libres. « Observez les Turcs attentivement, a-t-il dit, en conclusion à ses frères arabes, et efforcez-vous de les imiter dans leur action pour parvenir au même résultat ».

Le thème qu'il doit développer dans les prochaines causeries n'est pas encore arrêté mais les deux premières ont dû avoir une certaine répercussion dans le monde arabe, car l'ambassade d'Angleterre a aussitôt fait venir en Turquie un journaliste égyptien connu, Abdel Men'im Hassan, chargé de contrebattre l'action de Djelal Auf. Il doit en effet, de son côté, obtenir de la Direction de la Presse et de la Propagande, de donner à la radio turque des causeries en arabe dont le thème principal sera sensiblement le même que celui qui a servi à Djelal Auf, c'est-à-dire l'exposé de l'activité de la Turquie républicaine, mais dont les conclusions seront probablement plus conformes à l'esprit dans lequel les Anglais conçoivent la politique arabe.

Guerre 1949-1945, Vichy, E Levant, Turquie, 120 (4GMII/120)

433

M. Helleu, Ambassadeur de France à Ankara,
    à l'Amiral Darlan, Vice-Président du Conseil, Ministre de la
      Défense nationale, Secrétaire d'État aux Affaires étrangères
      et à la Marine.

D. n° 62[1].   *Ankara, 3 décembre 1941.*

Par ma correspondance antérieure, j'ai tenu Votre Excellence informée des réactions provoquées par le conflit germano-russe dans les milieux gouvernementaux et dans l'opinion publique de ce pays[2]. Bien que les fluctuations de l'immense front qui s'étend de l'océan Glacial à la mer d'Azov, ou plutôt les variations dans la rapidité avec laquelle s'est produite jusqu'à présent l'avance allemande, aient eu au cours des derniers mois leur répercussion ici, il semble depuis quelques semaines se dégager une opinion plus stable sur l'évolution du conflit.

Le Département se souviendra qu'au début des hostilités les dirigeants turcs, de même que la presse, étaient, ainsi que je le signalais par ma dépêche n° 35 du 10 septembre dernier[3], convaincue de la brièveté de la résistance russe. Le gouvernement turc était à ce moment plein d'inquiétude sur ce qui se passerait lorsque les divisions allemandes seraient arrivées au Caucase, ce que l'on pensait généralement devoir se produire en deux ou trois mois. C'est à ce moment que, pour améliorer ses relations avec le Reich, le gouvernement d'Ankara conclut avec celui de Berlin un pacte de non-agression[4].

L'inquiétude diminua ici lorsque l'on constata que la résistance russe s'affirmait plus forte qu'on ne le pensait. Mais les succès allemands du mois de septembre vinrent à nouveau modifier cet état d'esprit et l'avance de la

---

[1] D. intitulée « Réactions provoquées en Turquie par le conflit germano-russe » et portant le tampon : « 15 déc[embre] 1941 » (date réception ou enregistrement).

[2] Voir documents n⁰ˢ 344, 360, 369, 378.

[3] Document n° 344.

[4] Le pacte de non-agression germano-turc a été signé le 18 juin 1941. Voir document n° 256. L'accord économique est signé le 9 octobre. Voir à ce sujet, divers T. d'Ankara, n⁰ˢ 1703 à 1709, en date du 10 octobre 1941, dans Guerre 1939-1945, Vichy, E Levant, Turquie, 127. Voir aussi document n° 378.

Wehrmacht en Ukraine impressionna fortement les milieux gouvernementaux (mon télégramme n°s 1642-1645)[1]. Ce sentiment se développa dans les semaines qui suivirent et influa certainement sur les négociations économiques germano-turques. On en trouve également le reflet dans l'attitude de la presse à la fin du mois de septembre et au début du mois d'octobre. C'est ainsi que *Akcham* annonçait le 11 octobre que « la victoire allemande en Russie constituait un tournant de la guerre mondiale ». Le *Cumhuriyet*, à la vérité toujours plutôt favorable au Reich, parlait à nouveau d'une « dislocation des forces soviétiques ». Même l'officieux et anglophile *Ulus* écrivait après le discours du chancelier Hitler : « La chute de Moscou n'entraînerait pas l'effondrement de la Russie ; mais, en s'emparant de Leningrad et d'autres régions importantes, les Allemands mettront peut-être à profit l'hiver pour réorganiser sur le plan économique et industriel les riches territoires qu'ils ont conquis. Dans ce cas, la Russie ne présenterait plus de danger pour le Reich et ne prolongerait sa résistance que dans la mesure où elle serait aidée par les Anglo-Saxons. Mais à en croire le Führer, un tel danger est d'ores et déjà écarté ».

Toutefois, malgré l'importance des victoires remportées par la Wehrmacht au cours des mois de septembre et d'octobre[2], la presse ne se montra pas à nouveau unanimement certaine de la victoire allemande en Russie, comme elle l'avait été au début du mois de juillet. L'ambassade d'Allemagne manifesta d'ailleurs à ce moment ouvertement un certain mécontentement de ce que les journaux ne faisaient pas suffisamment ressortir les succès germaniques et c'est une des raisons qui l'incitèrent à inviter des critiques militaires turcs à visiter le front de Russie (mon télégramme n°s 1686-1687)[3]. Cette invitation n'amena toutefois pas le résultat escompté par le commandement allemand. Mon télégramme n°s 1968-1972[4] a indiqué au

---

[1]   Document n° 360.

[2]   Voir le document suivant n° 434, pour une synthèse des combats depuis juin. On trouvera de nombreux documents sur ce point dans Guerre 1939-1945, Vichy, Z Europe, URSS, 837.

[3]   T. n°s 1686 à 1687 d'Ankara en date du 5 octobre 1941, par lequel l'ambassadeur informe de l'invitation faite par le gouvernement allemand à deux généraux turcs « rédacteurs militaires de grands quotidiens d'Istanbul » de visiter le front oriental. Le gouvernement turc n'a autorisé que le général en retraite Emir Erkilet, collaborateur du germanophile *Cumhurriyet*, à profiter de l'invitation et a désigné un général d'active, Fouad Pacha, directeur de l'École de guerre, pour cette visite du front germano-russe. Selon J. Helleu, il y a dans cette désignation un double souci : 1) chercher à profiter pour l'instruction des cadres des dernières expériences de la guerre ; 2) obtenir sur la situation militaire du front des informations recueillies par un officier ayant la confiance de l'État-Major. » (Guerre 1939-1945, Vichy, E Levant, Turquie, 127, document non reproduit).

[4]   T. n°s 1968 à 1972 d'Ankara en date du 20 novembre 1941, et revenant sur la visite des deux généraux turcs sur le front germano-russe (voir note précédente). À la fois admiratif de l'armée allemande et impressionné par la résistance soviétique, le général Erkilet aurait déclaré dans une conversation privée avec un de ses compatriotes : « J'ai recueilli de mon voyage […] une impression analogue à celle qu'avait retirée Mustapha Kémal en mars 1918, au cours de sa visite sur le front allemand où lui aussi avait été invité par le haut commandement allemand. Ce que j'ai vu ne m'a pas donné le sentiment qu'on avait voulu faire naître en moi. » L'ambassadeur estime cependant que les « prévisions du général Erkilet ne sont pas infaillibles », lui qui en juin dernier, « limitait à quelques semaines la résistance russe », et qui n'a pas visité le front côté russe. Mais Ali Fouad aurait aussi « recueilli de son voyage une impression plutôt favorable aux Russes », du fait des pertes allemandes qu'il évalue à 2 millions d'hommes et de la longueur des communications entre le front et l'arrière. (Guerre 1939-1945, Vichy, Z Europe, URSS, 837, document non publié).

Département que tant le général Ali Fouad Pacha que le général Erkilet n'avaient pas rapporté du front de Russie la bonne impression que le commandement allemand aurait voulu faire naître chez eux. Malgré tous les compliments que le général Erkilet a décernés à la Wehrmacht dans les articles où il narre son voyage au front, il n'a néanmoins pas caché, dans un article du 20 novembre, qu'à son avis la guerre germano-russe durerait « au moins jusqu'à l'automne 1942 ».

Quant à *Ulus*, qui reflète toujours la pensée du gouvernement, il se montrait à nouveau persuadé de la durée de la résistance russe et il écrivait le 20 octobre : « Les Allemands devront continuer la guerre au printemps et même pendant l'été car ils n'ont pas pu réaliser leur véritable objectif qui est l'anéantissement des armées soviétiques… Bref, le plan allemand qui visait à liquider les opérations en Russie a échoué. Et quel que soit le sort de Moscou, une campagne d'hiver dans les plaines glacées de ce pays est un fait accompli ». Ce journal reprit ensuite plusieurs fois ce thème, faisant ressortir le bénéfice que l'Angleterre retirait de la résistance russe. Il montra également que la reconnaissance de l'Angleterre devait aussi s'adresser à la Yougoslavie et surtout à la Grèce qui, en entrant en guerre, avaient retardé l'attaque allemande contre la Russie. « Si l'Allemagne avait pu commencer plus tôt sa campagne, écrivait le rédacteur en chef d'*Ulus*, M. Falih Rifki Atay le 15 novembre, elle aurait pu se trouver à l'automne au Caucase et peut-être même à ce moment descendre en Mésopotamie ». Et M. Atay concluait ainsi : « Une des plus grandes difficultés pour l'Allemagne sera, après une expédition si difficile, aussi longue et coûteuse en hommes, de s'opposer aux forces conjuguées de l'Amérique et de la Grande-Bretagne ».

C'est une opinion analogue que l'on entend exprimer au ministère des Affaires étrangères où, depuis quelques semaines on paraît certain d'une longue résistance russe (mon télégramme n°s 1906-1907)[1]. Aussi les Turcs montrent plus qu'au cours des derniers mois la sympathie qu'ils gardent au fond du cœur pour la cause de l'Angleterre. Un certain nombre de petits faits a récemment fait ressortir cet état d'esprit : c'est le remplacement de deux ministres, dont l'un était réputé pour sa germanophilie, par des hommes de réputation plutôt anglophile ; c'est le remplacement, pour quelques semaines en principe, il est vrai, du Président du Conseil, parti en congé, par l'anglophile M. Saradjoglou ; c'est une série de manifestations anglophiles, expositions de livres, conférences, matchs de football, auxquels assistent chaque fois les principales personnalités politiques du pays. C'est enfin la sympathie non voilée avec laquelle sont suivies ici les opérations britanniques en Afrique.

Mais, pour ménager l'avenir, les Turcs n'en tiennent pas moins à rester dans les meilleurs termes avec le Reich et ses représentants, et ils ont fait

---

[1] T. n°s 1906 à 1907 d'Ankara en date du 17 novembre 1941 faisant part d'informations de l'ambassadeur de Turquie en URSS sur l'amélioration des conditions de séjour dans la capitale provisoire de Kouibychev où s'est replié le gouvernement soviétique et le corps diplomatique, ainsi que de la « résistance assez longue des Russes », malgré une certaine désorganisation des lignes due à la retraite, et de l'envoi au front de nouvelles divisions venues d'Extrême-Orient. (Guerre 1939-1945, Vichy, Z Europe, URSS, 837, document non reproduit).

récemment un excellent accueil à une mission de presse venue d'Allemagne et conduite par le Dr Schmidt[1]. Les difficultés que les troupes britanniques rencontrent en Libye ne sont d'ailleurs pas de nature à les faire se départir de leur prudence[2].

Guerre 1939-1945, Vichy, E Levant, Turquie, 127 (4GMII/127)

434

NOTE DE L'AMBASSADE DE FRANCE À ANKARA[3]

Situation en URSS

N.   *Ankara, 3 décembre 1941*[4].

Secret.

Au sixième mois d'une guerre acharnée, et qui met en présence des effectifs sans précédent dans l'histoire, les Allemands n'ont aucune chance d'arriver à abattre les Russes.

1. Selon l'opinion des milieux diplomatiques de Kouïbychev[5], et notamment des attachés militaires étrangers, le nombre des divisions soviétiques engagées fin novembre sur le front ouest, de Mourmansk à Rostov, serait de 235.

D'autre part, des divisions nouvelles, dont le nombre atteindrait 100, sont en formation dans le triangle Voronej-Gorki-Stalingrad. Pour encadrer ces divisions, 12 000 jeunes élèves-officiers ont été instruits dans les écoles militaires de toutes armes installées à Gorki, Kazan, Kouïbychev, Sverdlovsk, Magnitogorsk, et sont prêts à entrer dans les unités. L'encadrement supérieur sera assuré par des officiers ayant déjà fait campagne[6].

---

[1] Voir notamment document n° 378.

[2] Voir à ce sujet la note n° 407/A.M. (secrète) de l'attaché militaire à Ankara, le colonel Duval, intitulée « Dispositif de l'armée turque au 15 décembre 1941 » (note datée du même jour), dans Guerre 1939-1945, Vichy, E Levant, Turquie, 132 (document non publié), qui « inscrit sur le terrain la préoccupation essentielle du haut commandement turc ».

[3] Annotation marginale manuscrite : « De la part de M. Brillat ». Brillat était le conseiller commercial en URSS, resté apparemment à Ankara lors du rapatriement du personnel de l'ambassade à Moscou en juillet 1941.

[4] Le document est également daté : « Vichy, le 24 janvier 1942 ».

[5] C'est dans cette ville de l'oblast de Novossibirsk (aujourd'hui Samara) que se replient en octobre 1941, sur ordre de Staline, le gouvernement soviétique, le Comité central du Parti communiste et les ambassades, ainsi que le Bureau soviétique d'information (Sovinformburo), créé en juin 1941, avec pour mission la direction de la couverture dans la presse périodique et à la radio des événements internationaux et militaires, la situation sur les fronts, sur le travail de l'arrière, sur le mouvement partisan. Le Sovinformburo dirigeait l'activité du Comité panslave, du Comité antifasciste des femmes soviétiques, du Comité antifasciste de la jeunesse soviétique, du Comité antifasciste des scientifiques soviétiques, du Comité antifasciste juif.

[6] *Note du document* : Ces divisions sont formées sous la Direction générale du maréchal Boudienny, spécialiste des armées de cavalerie. Elles doivent être prêtes le 15 janvier.

Le commandement soviétique dispose pour ces divisions d'un armement suffisant en ce qui concerne l'infanterie (fusils, fusils mitrailleurs, mitrailleuses, canons antichars) et l'artillerie (canons de campagne de 76 mm et obusiers légers). Par contre, il n'a pas suffisamment de chars et surtout de chars lourds. D'une manière générale, l'Armée rouge ne dispose pas d'un nombre suffisant de ces engins, c'est pour cela qu'elle pouvait difficilement contre-attaquer pendant la belle saison.

Le commandement soviétique dispose d'une aviation de chasse de grande qualité, mais insuffisante numériquement.

L'armée russe en Extrême-Orient comptait encore 25 divisions fin novembre.

Les Allemands disposent sur le front russe de 245 divisions, y compris celles de leurs alliés.

L'armée allemande conserve toujours une grande supériorité en chars et en avions, malgré les pertes considérables qu'elle a subies. Cependant l'esprit offensif des aviateurs est en baisse.

2. De juin à novembre, l'Armée rouge a subi l'effet de la supériorité des armées allemandes en engins blindés. Connaissant cette supériorité, le commandement soviétique avait prescrit dès le début un mouvement de repli, tout en combattant, dans le but de fatiguer l'armée allemande, de l'éloigner de ses bases, et, plus généralement, se rappelant la campagne de 1812, d'atteindre l'hiver avant les batailles décisives. Il n'engagea pas ses meilleures troupes pendant les premières semaines. L'Armée rouge reculait jusqu'au 20 juillet depuis la frontière jusqu'à la ligne Pskov-Smolensk-Jitomir. Malgré des pertes sensibles, surtout en prisonniers, elle évita la destruction totale. Le commandement intervint d'ailleurs énergiquement pour rétablir l'ordre dans les unités. Plusieurs généraux rouges auraient été fusillés à Minsk vers le 15 juillet pour avoir ordonné des mouvements de retraite trop précipités. Les commissaires politiques furent rétablis dans les unités le 17 juillet.

Le 20 juillet, les Allemands déclenchèrent une offensive puissante entre Smolensk et Pskov en direction de Moscou, disposant sur ce front de 80 divisions d'infanterie et de 20 divisions blindées environ, l'élite de l'armée allemande. Les ordres étaient de pousser les attaques à fond et d'arriver à Moscou à tout prix.

Les Russes avaient prévu cette attaque. Trois groupes d'armées avaient été constitués vers la mi-juillet : front nord, sous le commandement de Vorochilov, de Mourmansk à Pskov, couvrant Leningrad ; front ouest, sous le commandement de Timochenko, de Pskov à Briansk, couvrant Moscou ; front sud, sous le commandement de Boudienny, de Jitomir à la mer Noire, couvrant Kiev.

Les Allemands, attaquant en direction de Moscou, devaient d'abord enlever une ligne fortifiée, la ligne Staline, que les Russes avaient minutieusement préparée en secret. Les Allemands en connaissaient fort mal le détail. S'étendant des environs de Briansk à ceux de Pskov, elle comprenait surtout des fortins et ouvrages de campagne soigneusement dissimulés, et échelonnés sur une profondeur atteignant parfois, dit-on, 120 km. C'est Staline lui-même, nommé commissaire du peuple à la Défense le 20 juillet, qui dirigea les opérations, assisté de Timochenko, Joukov et Chapochnikov. Les 60 meilleures divisions rouges avaient été concentrées sur cette ligne. Elles avaient reçu une instruction tactique excellente, visant surtout à résister aux attaques de chars. Les unités d'infanterie dotées de nombreux canons antichars et de campagne ne devaient reculer sous aucun prétexte, et se défendre jusqu'au bout avec leurs propres moyens. Les batteries étaient munies de munitions abondantes et bien dissimulées. Toutes les troupes avaient été invitées à garder leur sang-froid, sous les attaques d'avions en piqué accompagnant les chars et à détruire le plus possible de ces engins au passage sans se préoccuper outre mesure du dépassement. Cette tactique a réussi. Les unités blindées allemandes dépassaient généralement les positions de l'infanterie russe ; celle-ci restait en place et attaquait avec tous ses moyens les unités d'infanterie allemandes qui essayaient de suivre en camions. Il se produisait un intervalle démesuré entre l'infanterie et les chars allemands. Ceux-ci faisaient demi-tour à la recherche de leur infanterie. Ils étaient alors attaqués à leur tour par les Russes à un moment où les avions en piqué avaient disparu. Les bouteilles d'essence lancées à la main sur les chars se révélèrent très efficaces[1].

Les Allemands attaquèrent à fond du 20 juillet au 12 août, multipliant les *psychitcheakaïa ataka*[2] de leurs divisions SS (têtes de morts, volontaires de la mort, vikings, etc.). Ils échouèrent complètement et perdirent 600 000 hommes en trois semaines. L'armée soviétique n'avait reculé sensiblement qu'à l'extrémité nord de la ligne Staline, de Pskov à Novgorod.

Les Russes se flattèrent, dès le 15 août, d'avoir détruit le mythe de l'invincibilité de l'armée allemande.

3. Devant l'échec de l'attaque frontale en direction de Moscou, les Allemands poussèrent alors leurs attaques au nord et au sud de la ligne Staline.

Au nord, profitant de l'avance qu'ils avaient réalisée jusqu'aux approches de Novgorod, ils envahirent l'Estonie, qui fut défendue opiniâtrement, et arrivèrent à la mi-septembre aux environs de Leningrad. Vorochilov et Jdanov, chefs des organisations du Parti de la région de Leningrad, décrétèrent la défense à outrance de la ville ; la mobilisation intégrale de la population fut ordonnée. Les Allemands ne purent s'en emparer et subirent de lourdes pertes au cours des opérations.

Au sud, ils furent plus heureux. Tandis que Boudienny défendait avec acharnement la ligne Jitomir-Kiev, une armée germano-roumaine, réussissant à passer au nord d'Odessa, pénétra profondément dans la boucle du Dniepr et atteignit Dniepropetrovsk, mettant en danger les armées

---

[1] *Note du document* : J'ai vu des exercices de lancement de ces bouteilles à Kouïbychev. Après 2 bouteilles bien ajustées, le char paraissait flamber. [Il s'agit des fameux cocktails Molotov.]

[2] Attaques psychologiques.

de Boudienny devant Kiev. Ordre lui fut donné par le Politbureau[1] de défendre coûte que coûte la capitale de l'Ukraine, contrairement à ses avis. Il n'osa pas, dit-on, désobéir et replier ses armées. Les Allemands capturèrent 500 000 prisonniers, s'emparèrent de la ville, franchirent le Dniepr, prirent Kharkov et avancèrent jusqu'au Don. Les Russes perdirent ainsi toute l'Ukraine, le Bassin du Donetz et la Crimée de septembre à novembre.

4. Au début d'octobre, les Allemands ayant regroupé des forces nouvelles sur le front du centre, devant la ligne Staline, 70 divisions d'infanterie et 12 divisions blindées renouvelèrent leurs attaques en direction de Moscou dans le but d'en finir avec les armées de Timochenko, d'occuper la capitale et de couper définitivement en deux tronçons les forces russes.

L'attaque principale se déclencha le 2 octobre sur le front Smolensk-Briansk, où la ligne Staline comprenait moins d'ouvrages échelonnés en profondeur. Les Allemands avancèrent jusqu'aux abords de Toula, ce qui entraîna la perte de la position de Viazma. Le 15, ils entraient dans Kalinine, ce qui provoqua une sorte de panique dans les hautes sphères moscovites.

Le corps diplomatique et plusieurs commissariats du peuple furent évacués en hâte de Moscou sur Kouïbychev.

Cependant, après la reprise de Kalinine, le 17 octobre, par une division sibérienne fraîchement débarquée, l'avance allemande se ralentit brusquement, probablement en raison des pertes subies et du manque de munitions. Staline, qui n'avait pas quitté Moscou, intervint alors publiquement. Deux *prikazes*[2] signés par lui le 20 octobre fixèrent les directives : 1°) la ligne de défense était établie à 100 km à l'ouest de Moscou ; les troupes ne devaient reculer sous aucun prétexte et se faire tuer sur place ; 2°) la capitale serait défendue à outrance, l'état de siège était proclamé. Joukov fut nommé commandant en chef du front de défense. Artemiev, commandant militaire de la ville. La mobilisation intégrale de la population fut ordonnée. Timochenko fut nommé commandant en chef du front sud avec ordre de défendre à tout prix Rostov et la ligne du Don.

Malgré les répugnances qu'inspirent à plus d'un titre le système et les méthodes soviétiques, on doit constater qu'en ces graves circonstances, l'équipe dirigeante fut à la hauteur des situations les plus difficiles.

5. À Moscou, toutes les dispositions furent prises pour assurer la défense de la ville, rue par rue et même maison par maison. Des barricades, des tranchées, des flanquements, des obstacles antichars ont été établis dans les principales rues. Sur cinq millions d'habitants environ que comptait la capitale, un million comprenant les enfants et les vieillards avait été évacué depuis le commencement de la guerre. Un million d'individus, dont

---

[1] *Note du document* : Un Comité suprême de Défense a été formé dès le début de la guerre. Il se compose de cinq membres : Staline, président, Molotov, Vorochilov, Beria et Malenkov.

[2] Deux décrets.

200 000 jeunes femmes, ont été mobilisés et envoyés sur le front ou à l'arrière pour construire de nouvelles lignes de défense, du 20 au 31 octobre.

Il reste en ville deux à trois millions d'habitants qui seront armés au fur et à mesure des besoins militaires. Le ravitaillement a été réglementé au strict minimum, mais fonctionne régulièrement par un système de cartes. Chacun reçoit une ration de pain noir, saucisse, chou et thé. La viande, le beurre, les œufs, le sucre, le tabac sont rarissimes.

Cette mobilisation intégrale de la population moscovite s'est accomplie de façon remarquable grâce aux mesures fermes, mais habiles et prudentes, prescrites par Staline et Beria, commissaire du peuple aux Affaires intérieures et chef du Guépéou[1]. Ils ont été bien secondés par Pronine, président du soviet de Moscou. L'appareil de commandement fonctionne sans résistance. La population a d'ailleurs été disciplinée par vingt ans de régime soviétique.

Il n'y a eu aucun désordre en ville, malgré les bombardements aériens et l'absence de la milice qui fut brusquement mobilisée et envoyée en majeure partie au front pendant la panique des 15 au 12 octobre. Une nouvelle police militaire a été instituée.

Les bataillons de femmes[2] envoyées comme travailleurs sur le front ont une allure martiale. Les unités combattantes qui circulent sans arrêt dans la ville comprennent également des femmes, dans une proportion qui atteint parfois 10 %. Elles sont habillées et armées comme les hommes.

Les unités de l'armée régulière sont bien habillées et ont bonne allure. Dans les unités d'infanterie, tous les fantassins sont armés d'un fusil avec baïonnette – 75 % –, ou d'un fusil mitrailleur – 25 %. Les artilleurs sont armés d'un mousqueton – 75 % – ou d'un fusil mitrailleur – 25 %. La discipline paraît stricte.

Dans la ville, de nombreux détachements, hommes et femmes, en uniforme ou en civil, font du maniement d'armes ou de la manœuvre à pied sur les places et les boulevards sous le commandement d'officiers de l'armée.

La circulation du métro est suspendue de 10 h du soir à 8 h du matin. Les galeries sont alors ouvertes comme abri à la population, qui s'y plaît car la température y est plus douce. Elles abritent chaque soir au moins 700 000 personnes.

Le bris de la plupart des vitres par les bombardements et les tirs de la DCA[3] cause une grande gêne.

6. La perte des centres industriels importants des régions de Leningrad et de Moscou dont l'activité est pratiquement réduite à néant, mais surtout

---

[1] Guépéou (ou GPU), la Police d'État, ou Police politique. Elle fait suite à la Tcheka (en 1922) et est intégrée en 1934 au Commissariat du peuple aux affaires intérieures.

[2] *Note du document* : Ces femmes reçoivent une paire de bottes, un manteau, un casque, un fusil, des cartouches, une pelle et 5 jours de pain et de saucisse en partant au front.

[3] La défense anti-aérienne (« Défense contre les avions »).

de Kharkov et du Bassin du Donetz, a eu pour effet de priver les Russes de 50 % au moins de leur industrie de guerre. Ils ont procédé à une évacuation massive des matériels et machines d'usines en vue de les remonter dans les régions de la Volga et de l'Oural. Mais c'est là une œuvre difficile qui demandera beaucoup de temps. De très nombreux trains chargés de ces matériels sont immobilisés le long des voies conduisant vers l'est.

Les Russes disposent encore des centres industriels de la Volga (Yaroslav, Gorki, Simbirsk, Oulisnovsk, Kouïbychev, Saratov, Stalingrad), villes qui avaient de 200 000 à 600 000 habitants avant la guerre, et dont la population s'est augmentée d'une partie des réfugiés provenant des provinces occupées. Toutes ces villes possèdent de nombreuses usines de constructions mécaniques, armements, automobiles, moteurs.

En deuxième ligne, les Russes disposent du Bassin de l'Oural (Perm, Sverdlovsk, Tcheliabinsk, Magnitogorsk), villes qui possèdent outre des industries des constructions mécaniques, des mines de fer et de houille, des usines sidérurgiques et d'aluminium.

En troisième ligne, les Bassins de l'Altaï et de Karaganda (Novosibirsk, Kouznetsk, Stalinsk, Karaganda) comparables au Bassin de l'Oural. L'échelonnement de l'industrie de guerre soviétique sur le territoire asiatique de l'Union avait été commencé longtemps avant la guerre.

On peut admettre que les Russes se suffiront à eux-mêmes en ce qui concerne l'armement d'infanterie et d'artillerie et le matériel automobile, pour la continuation de la guerre. Par contre, ils pourront difficilement se suffire en ce qui concerne les chars et les avions. Ils espèrent recevoir ces matériels des Américains et des Anglais, par la voie de l'Iran. Jusqu'au mois de novembre on a signalé l'arrivée d'une centaine d'avions anglais à Leningrad et d'une centaine d'avions américains sur le front de Moscou. Les spécialistes américains qui accompagnaient ces derniers ont été frappés par l'habileté et le courage des aviateurs russes et la compétence des mécaniciens[1].

La population des régions de la Russie orientale et de l'Asie centrale a été renforcée par les quelque 20 millions de réfugiés des provinces occupées par les Allemands. La main-d'œuvre doit donc être abondante. Le commissariat des stockages a prévu des réserves pour l'alimentation de ces nouveaux venus.

7. Dans son discours du 7 novembre[2], Staline a affirmé que les pertes des Allemands et de leurs alliés sur le front russe se montaient à 4,5 millions d'hommes.

---

[1]   *Note du document* : Pendant son séjour à Kouïbychev les rapports entre le gouvernement soviétique et les missions anglaise et américaine paraissaient manquer de confiance et de cordialité. Le général MacFarlane, chef de la mission militaire anglaise, et l'ambassadeur Cripps se plaignaient d'être tenus loin des chefs du gouvernement, Staline, Beria, qui étaient restés au Kremlin, et Molotov qui y était retourné. Staline a demandé le rappel de l'ambassadeur d'Amérique Steinhardt, comme insuffisamment compréhensif des nécessités de la guerre.

[2]   Discours sur la Place rouge de Moscou, à l'occasion du 24e anniversaire de la Révolution d'octobre. Après un rappel de « l'attaque déloyale des brigands allemands » et des pertes « temporaires » d'un certain nombre de régions qui ont amené l'ennemi aux portes de Leningrad et de

Dans les milieux diplomatiques de Kouïbychev, on les évaluait vers la fin novembre entre 3 et 4 millions, tués, blessés et prisonniers. Bien qu'on ne connaisse pas le nombre de ces derniers, il semble qu'on puisse les évaluer aux environs de 300 000.

Les pertes russes en hommes sont au minimum égales aux pertes allemandes, mais la proportion de prisonniers est beaucoup plus élevée (environ 2 millions). Les Russes disposent encore d'une réserve d'au moins 5 millions d'hommes en Russie orientale et en Asie. Il faut de plus tenir compte du fait qu'ils mobilisent les femmes, même pour les unités combattantes.

8. À Kouïbychev on affirme que des armées nationales polonaise, yougoslave et tchécoslovaque seront formées en territoire soviétique pour combattre aux côtés de l'Armée rouge[1].

Les Russes ont déjà essayé de recruter parmi les prisonniers allemands des volontaires pour l'organisation d'une force allemande antihitlérienne.

9. Il est peu probable que les Allemands, même s'ils réussissent à occuper Moscou, puissent arriver à couper en deux tronçons les forces russes. Une telle opération exigerait une avance de l'armée allemande au moins jusqu'à Gorki qui paraît impossible à réaliser en plein hiver. Le point le plus délicat du front russe est la ligne du Don. Si les Allemands franchissaient le fleuve ou le détroit de Kertch, ils pourraient avancer en direction de la mer Caspienne, et isoler la Transcaucasie et le bassin pétrolifère de Bakou, car l'hiver est moins rigoureux dans cette région. Cela explique les efforts de Timochenko pour réoccuper Rostov.

Entre le 3 octobre et le 20 novembre, les Allemands ont perdu au moins 500 000 hommes devant Moscou. On a eu, à Moscou et à Kouïbychev, l'impression que les attaques allemandes sur le front de Kalinine à Toula, effectuées après le 17 octobre, présentaient un certain caractère décousu et qu'elles n'avaient pas la même vigueur que celles du début de la guerre[2].

Moscou, Staline insiste sur les pertes lourdes infligées à l'armée du Reich et de l'organisation du pays tout entier dans la lutte, confiant dans la victoire finale, d'autant que le pays a connu bien pire en 1918, avec la perte à l'époque de l'Ukraine, du Caucase, de l'Asie centrale, de l'Oural, de la Sibérie et de l'Extrême-Orient, la présence des « interventionnistes étrangers », une Armée rouge à peine naissante, sans équipement, sans ravitaillement et sans allié. Alors qu'aujourd'hui, le pays est plus riche, dispose d'une armée et d'une Marine « splendides » et a des alliés qui forment avec lui un front uni contre les envahisseurs allemands, qui déjà s'épuisent tandis que la faim et la pauvreté règnent en Allemagne et qui ne sont pas aussi forts que le prétend la propagande du Reich. Alors que le monde entier et les peuples asservis d'Europe comptent sur les combattants soviétiques comme leurs libérateurs, Staline en appelle non seulement aux mânes de Lénine, mais aussi des « grands ancêtres » : Alexandre Nevsky et Mikhail Koutouzov.

[1] *Note du document* : La formation de 2 divisions polonaises, 2 yougoslaves et 2 tchécoslovaques a été commencée sur le modèle des divisions rouges. Les Russes fournissent l'armement et le matériel. Dans l'esprit des dirigeants soviétiques, même si elles ne présentent pas une grande valeur militaire, ces divisions serviront de noyaux aux futurs États polonais, yougoslave et tchécoslovaque qu'ils formeront dans le cas où ils gagneraient la guerre ; bien que Staline ait reconnu à chaque peuple le droit de se donner l'organisation sociale qui lui convient, il en résultera vraisemblablement une recrudescence dangereuse de l'agitation bolchevique dans toute l'Europe.

[2] Un télégramme d'Ankara du 2 décembre indique que si « l'armée allemande dispose toujours d'une supériorité numérique en chars d'assaut et en avions, toutefois la Wehrmacht a perdu des

Les Russes arrivaient toujours à refermer les brèches faites dans leurs lignes de défense.

10. Le commandement soviétique estime qu'à partir du 15 janvier il sera en mesure d'entreprendre des offensives méthodiques et continues dans plusieurs secteurs du front, grâce aux divisions de nouvelle formation qui seront prêtes à cette date. Ces offensives, qui suivront un rythme progressif qui culminerait fin février, seront poursuivies jusqu'à la fin de l'hiver (début d'avril) saison pendant laquelle les Allemands peuvent difficilement utiliser les chars.

Il convient de remarquer que le front de bataille n'est pas continu de Mourmansk à Rostov. Il présente plusieurs vides. D'après l'opinion des attachés militaires à Kouïbychev, un vide existait notamment fin novembre entre Toula et Orel, et peut-être entre Orel et Koursk.

Guerre 1939-1945, Vichy, Z URSS, 837 (10GMII/837)

435

Possibilités de l'état de guerre avec le Japon seul

N.   *Vichy, 5 décembre 1941.*

Depuis dix ans que le Japon s'est engagé, en commençant par l'affaire de Mandchourie[1], dans une politique impérialiste de grande envergure tendant à établir la domination nippone sur la « Grande Asie orientale », les États-Unis, tout en protestant formellement contre les initiatives du gouvernement de Tokyo, n'avaient jamais donné de suite concrète à leur menace. C'est en comptant sur l'impéritie américaine que le Japon a poursuivi son programme. La prolongation de la guerre de Chine, l'impossibilité d'y trouver une issue, a mis cependant le Japon dans une situation très difficile à tous les points de vue : politique, militaire, économique et financier.

---

chars en quantité irréparable, son aviation a été également très touchée et l'esprit des pilotes est très nettement en baisse ». De ce fait, « les milieux de Kouïbychev, même les neutres (Suédois et Turcs), prévoient une longue campagne » (Guerre 1939-1945, Vichy Z Europe, URSS, 837).

[1] Il a fallu attendre la défaite du Japon en 1945, pour voir disparaître le Mandchoukouo. La crise de l'Extrême-Orient a commencé avec l'occupation japonaise de la province chinoise de Mandchourie à partir du 18 septembre 1931. Henry Stimson, secrétaire d'État américain, par sa fameuse note du 7 janvier 1932, fonde la doctrine de la non-reconnaissance des situations *de facto*, et les États-Unis ne reconnaîtront donc aucun gouvernement établi sous la pression des Japonais en Mandchourie (malgré la non-adhésion des États-Unis au pacte de la SDN, les Américains participent aux négociations du Conseil sur cette question). Ceci n'empêche pas les Japonais de créer officiellement l'État fantoche du Mandchoukouo (18 février 1932). Le 24 février 1933 est adopté par l'Assemblée de la SDN le rapport Lytton qui rejette la thèse japonaise d'une simple opération défensive et affirme que le Mandchoukouo est un produit de l'agression japonaise en Chine. Ceci entraîna le retrait du Japon de la SDN en mars 1933.

La défaite de la France apportait cependant aux dirigeants japonais une possibilité de (…)[1]. En effet, par une extension de l'emprise japonaise dans les régions du sud, notamment en Indochine et au Siam, le Japon pouvait obtenir des succès faciles, menacer de prendre la Chine à revers et amener peut-être une solution du problème chinois.

Une fois de plus, l'Amérique n'a pas réagi de manière effective. Mais le conflit et l'attitude prise par le président Roosevelt constituaient de nouveaux facteurs dont Tokyo a sousestimé l'importance, ne se rendant pas compte que le grand débonnaire sortait de son sommeil. Avec l'entrée en guerre de la Russie, la tension latente entre le Japon et les États-Unis a pris un caractère aigri, et les conversations engagées depuis le printemps entre Tokyo et Washington sont entrées dans une phase active. Certaines mesures d'embargo portant sur la ferraille, produit indispensable au Japon pour ses industries de guerre, ont été prises par Washington. En même temps le gouvernement américain insistait pour que les communications entre les États-Unis et le port de Vladivostok[2] ne fussent point troublées. La demande était grave, car si le Japon, allié de l'Allemagne, pouvait à la rigueur observer une attitude de neutralité dans le conflit germano-soviétique, il était évidemment contraire à l'esprit de l'alliance que le ravitaillement de l'URSS en matériel de guerre pût s'effectuer librement à travers la mer du Japon. Le cabinet de Tokyo décida cependant de ne pas mettre d'obstacle à ce trafic et les transports américains arrivaient sans encombre à Vladivostok.

Les conversations se poursuivaient en même temps à Tokyo et à Washington dans le plus grand secret sans qu'aucune détente se produisît[3]. Au contraire, le blocus américain devenait plus strict et les autorités de New York se décidaient finalement à interdire les exportations de pétrole à destination du Japon. Aucune mesure ne pouvait atteindre le Japon de manière aussi menaçante. En effet, le Japon, dont les besoins en essence sont considérables pour assurer la liberté de manœuvre de sa flotte et de son aviation, ne peut plus se ravitailler qu'aux États-Unis, aucun accord à ce sujet n'étant intervenu avec les Indes néerlandaises. Dans ces conditions, du moment que la source américaine d'essence était fermée, et que chaque jour qui passe rend la situation du Japon plus précaire, il ne restait au gouvernement japonais que deux solutions possibles : une entente avec les États-Unis ; le recours à la violence pour tenter de s'emparer des pétroles de Bornéo, c'est-à-dire la guerre.

C'est dans ces conditions que M. Kurusu est parti au milieu de novembre pour Washington en qualité d'ambassadeur extraordinaire. Après quelques jours de conversation, le gouvernement américain a remis, le 26 novembre, une note constituant sa réponse aux propositions japonaises et définissant

[1] Groupe de mots manquant.

[2] Le port de Vladivostok est le port le plus important de la côte Pacifique (mer du Japon) de l'Extrême-Orient soviétique et c'est aussi la principale base navale de la flotte du Pacifique de l'URSS car il est libre de glace tout l'année. Voir à ce sujet les documents n°s 330, 339.

[3] Ces conversations ont été engagées depuis la mi-août 1941. Voir documents n°s 330, 339 ainsi que 419.

la position des États-Unis[1]. Cette note, immédiatement transmise à Tokyo y causa une profonde émotion. Il était évident qu'on ne pouvait plus compter, comme depuis dix ans, sur l'impéritie américaine et que le Japon devait désormais se résoudre, soit à l'abandon de son rêve d'hégémonie asiatique, soit à la guerre. Dans la conjoncture actuelle, la guerre qui opposerait au Japon le bloc ABCD (États-Unis, Angleterre, Russie, Indes néerlandaises)[2] serait pour le Japon un désastre certain. Les dirigeants japonais s'en rendent compte. Les militaires eux-mêmes, si compromis dans la politique extrémiste, commencent à prendre conscience de la gravité de la situation. Aussi, après de violentes manifestations de presse et d'opinion, alors qu'on annonçait la rupture comme inévitable, on apprit, le 2 décembre, que M. Kurusu était invité à prolonger son séjour à Washington et à poursuivre les négociations. Il semble bien, dans ces conditions, que le Japon ne peut se résoudre à engager le conflit et qu'une solution pacifique prévaudra.

Cette solution comporte pour le Japon de lourds sacrifices puisque les conditions de l'Amérique, quelle que soit la forme extérieure qu'elles revêtiront, sont essentiellement l'abandon des projets de domination japonaise sur la Grande Asie orientale, qui, dans l'esprit des extrémistes japonais, comprend outre le Mandchoukouo, la Chine, l'Indochine française, la Thaïlande et les Indes néerlandaises. C'est d'ailleurs sur l'Indochine française, région où le Japon a poussé sa pointe la plus avancée, que porte peut-être les plus âpres contestations. Le Département d'État, se fondant sur la lettre et l'esprit des accords franco-japonais du 29 juillet 1941[3] qui sont purement défensifs et marquent le caractère temporaire de la présence des effectifs japonais, demande, semble-t-il, le retrait de ces troupes. Le Japon voudrait évidemment obtenir le maintien, sinon de sa situation privilégiée, au moins du *statu quo*. La solution à intervenir sur cette question précise est d'une importance capitale : si le Japon cède, cette retraite symbolisera l'abandon de ses vues impérialistes et le retour au système américain. S'il résiste et que la négociation n'aboutisse pas, le conflit devient inévitable.

Sans pouvoir se prononcer de manière catégorique il semble bien, considérant que le conflit germano-soviétique dure depuis six mois sans que le

---

[1] Voir document n° 424.

[2] Appellation informelle des pays s'opposant aux menaces du Japon (*ABCD States : America, Britain, China and Dutch East Indies*, soit États-Unis, Royaume-Uni, Chine et Indes néerlandaises). Ce bloc dispose d'un dispositif stratégique et peut utiliser d'autres formes d'actions communes (par exemple des sanctions économiques).

[3] L'accord franco-japonais du 29 juillet 1941 (ou accords Darlan-Kato, négociés par Jacques Benoist-Méchin), reconnaît la souveraineté française et institue une alliance défensive entre les deux entités politiques, Japon et Gouvernement général d'Indochine. Cette alliance a officiellement pour objet la défense du territoire français par les forces armées japonaises qui doivent être déployées sur place. Les principes de base sont complétés par des accords locaux passés entre les deux états-majors (dont celui du 9 décembre 1941). Les revendications japonaises sont totalement satisfaites (possibilité pour les Japonais d'utiliser huit bases aériennes supplémentaires dans le sud de l'Indochine en plus de celles attribuées par les accords de 1940 dans le nord ; facilités financières accordées par Vichy sous la forme d'une avance remboursable auprès de la Banque d'Indochine ; liberté totale de déplacement et de manœuvre pour les unités de l'armée japonaise ; contrôle de toutes les entrées et sorties de navires des ports indochinois ; consultation préalable du commandement japonais pour tout mouvement d'unités appartenant aux forces armées françaises, notamment celles de l'armée de l'air). Voir document n° 404 et notes pour un rappel de la situation.

Japon ait saisi cette occasion d'intervenir, que les dirigeants de Tokyo hésitent à prendre le risque immense de la guerre. Il faudrait, pour qu'elle éclatât, que les extrémistes l'emportent dans les conseils de l'Empire.

Guerre 1939-1945, Vichy, E Asie, Dossiers généraux, 14 (3GMII/14)

436

M. Blondel, Ministre de France à Sofia,
à l'Amiral Darlan, Vice-Président du Conseil, Ministre de la Défense nationale, Secrétaire d'État aux Affaires étrangères et à la Marine.

D. n° 30[1]. *Sofia, 6 décembre 1941.*

En dépit des efforts qu'en temps de paix, la diplomatie fasciste avait prodigués en vue de développer son influence dans l'ensemble de la péninsule balkanique, la Bulgarie était demeurée, comme on le sait, assez indifférente à l'action du gouvernement de Rome.

La propagande italienne avait recueilli peu de suffrages dans le peuple bulgare : ces paysans, petits propriétaires, dont les sentiments penchent vers la Russie, sont très démocrates et individualistes. Les doctrines du fascisme n'ont pas eu d'adeptes dans ce pays. Le Bulgare, bon soldat, n'a pas d'estime particulière pour les aptitudes guerrières de l'Italien. Ainsi, la Bulgarie ne trouvait au pays de Mussolini ni un système idéologique qui lui plût ni, comme c'est le cas pour l'Allemagne, une force d'organisation et une puissance militaire à admirer.

Les liens de parenté qui unissent les deux familles royales[2] ne jouent que très faiblement dans les rapports italo-bulgares. La Reine se maintient dans une réserve absolue et s'applique à n'exercer aucune influence. Ses visites à Rome s'expliquent suffisamment par des considérations d'ordre familial. Il est enfin curieux de noter que c'est en français que le Roi s'entretient avec le ministre d'Italie à Sofia. Sans que le caractère personnel du comte Magistrati puisse être mis en cause, on ne saurait dire que le représentant du Roi Empereur ait joui ici, du fait de la parenté des familles royales, d'une situation privilégiée.

À défaut de possibilités politiques immédiates, le gouvernement de Rome avait surtout recherché en Bulgarie des succès dans les domaines économique et culturel.

Depuis dix ans les Italiens ont largement développé ici leurs œuvres scolaires. De 1930 à 1940 le nombre de leurs écoles est passé de 9 à 12 et celui

---

[1] D. intitulée : « A.s. La Bulgarie et l'Italie » et portant le tampon : « 16 déc[embre] 1941 » (date réception ou enregistrement).

[2] Le roi Boris III de Bulgarie a épousé Jeanne de Savoie, fille du roi Victor-Emmanuel III d'Italie et de la princesse Hélène de Monténégro, en 1930.

des professeurs de 36 à 62. En 1939, une convention culturelle a établi des échanges de professeurs et prévu la création d'un Institut italien qui fonctionne actuellement. Une grande école est en cours de construction à Sofia. La librairie italienne, bien installée et située dans un quartier central, sert d'organe de propagande. Enfin, des avantages substantiels sont accordés aux élèves des collèges italiens : primes de scolarité, bourses de voyage et d'études en Italie, etc.

Dans l'ordre économique également les progrès sont sensibles. L'Italie se place au deuxième rang des fournisseurs et des clients de la Bulgarie, très loin d'ailleurs derrière l'Allemagne. De 1936 à 1940, la part de l'Italie dans les exportations bulgares est passé de 3,6 % à 9 % et pour les importations, de 0,6 à 6,6 %. Un accord commercial, signé au mois d'octobre, et dont les dirigeants bulgares se déclarent satisfaits, fixe la nature des échanges : la Bulgarie a réussi à limiter ses livraisons et elle a obtenu l'envoi par l'Italie de produits textiles que le Reich, du fait de la guerre, ne peut lui fournir.

Il n'empêche que l'œuvre ainsi entamée a quelque chose d'artificiel et de fragile. Du point de vue culturel, on se trouve en face d'un cadre encore un peu vide, créé par un effort intense de propagande. Dans le domaine économique, les conditions spéciales nées de la guerre peuvent disparaître avec elle. L'édifice réalisé par les Italiens risque de ne pas résister à l'épreuve du temps.

Le gouvernement de Sofia s'est prêté assez volontiers à l'établissement de ces liens culturels et économiques qui n'étaient d'ailleurs pas sans profit pour la Bulgarie. Dans l'ordre politique, au contraire, l'influence de l'Italie a été moins bien accueillie malgré la sympathie que pouvait créer pourtant un commun esprit de révisionnisme vis-à-vis des traités de paix de 1919 ; c'est surtout en sa qualité de partenaire de l'Axe que l'Italie a pu bénéficier un tout petit peu du prestige qui entoure ici l'Allemagne. C'est à ce titre que, par exemple, dans les réjouissances qui ont suivi la conclusion de l'Accord de Craïova[1], le gouvernement bulgare a uni Rome à Berlin dans l'expression de sa gratitude. Le drapeau italien a flotté à côté de la croix gammée. Comme son collègue allemand, à qui dans toutes ces fêtes il était associé, le ministre d'Italie a remercié les manifestants et harangué la foule qui l'acclamait, et quand il s'est agi de donner à l'une des artères de Sofia le nom des deux dictateurs, c'est le même boulevard qui, débaptisé, a été partagé en deux tronçons appelés l'un Adolphe Hitler et l'autre Benito Mussolini.

Mais vis-à-vis de l'Italie cette gratitude était demeurée tout extérieure. En réalité, c'était à l'Allemagne seule qu'on devait le retour de la Dobroudja à la mère-patrie. Et par ailleurs, ce n'était pas sans inquiétude qu'on voyait ici se développer l'action politique de l'Italie dans les Balkans.

La conquête de l'Albanie[2], bien qu'elle ait été surtout ressentie par la Grèce directement menacée, n'a pas été sans retentir défavorablement en

[1] Le 7 septembre 1940 avec la Roumanie. Il donne à la Bulgarie une partie de la Dobroudja perdue en 1918. Voir document n° 321, note 2, p. 694.

[2] Les troupes italiennes ont envahi l'Albanie en avril 1939. C'est à partir de ce pays que Rome lance la guerre contre la Grèce en septembre 1940. Voir *DDF (1939-1944)*, 1940-2, documents

Bulgarie, car l'installation de l'Italie dans les Balkans représentait un danger pour certains territoires de Macédoine ou de Thrace revendiqués par les hommes politiques de Sofia. Maîtresse de l'Albanie, l'Italie introduisait un élément nouveau dans le jeu déjà complexe des relations entre les peuples balkaniques ; elle pouvait intensifier une action politique dont le caractère bruyant, spectaculaire et omniprésent n'inspirait qu'une confiance limitée aussi bien à la diplomatie de Sofia qu'à celles de Belgrade et d'Athènes. Mais surtout cette politique était une menace permanente pour la paix balkanique que le roi Boris et son gouvernement désiraient maintenir aussi longtemps que possible (voir dépêche Europe n° 18)[1].

En octobre 1940, alors que la Bulgarie avait réussi à garder une attitude prudente de non-intervention, l'attaque italienne contre la Grèce amenait, comme le rappelait M. Filov dans un récent discours, le conflit « en pleine péninsule ». Cette agression fut ici jugée déplorable presque à tous les points de vue et il a fallu toute leur haine traditionnelle à l'égard des Grecs pour que les Bulgares ne manifestent pas plus ouvertement leur satisfaction des

n°s 336, 342, 350, 364, 386, notamment sur les répercussions en Bulgarie. Voir aussi dans ce volume, document n° 25, note 1, p. 59.

[1] D. de Sofia en date du 16 octobre 1941 sur l'« évolution de la situation politique en Bulgarie » depuis juin 1940 dans son environnement balkanique : « Un certain sentiment de passivité, de prudence, d'attente, résulte d'ailleurs de la position spéciale de ce pays, tant vis-à-vis de certaines grandes puissances qui, de l'extérieur, dominent et parfois commandent son action, que vis-à-vis des États balkaniques qui l'entourent et avec lesquels il entretient des rapports immédiats et continus. Sur le large plan européen, la Bulgarie a été soumise, depuis son indépendance, d'une façon successive et simultanée, à un patronage et germanique et slave. Si l'Autriche-Hongrie a été remplacée par l'Allemagne et la Russie tsariste par l'URSS, la situation bulgare demeure la même vis-à-vis de ces deux puissances : unies, elles pèsent irrésistiblement sur la Bulgarie ; désunies, elles la déchirent ou l'écrasent. Dans le domaine balkanique, l'isolement, déterminé par la double défaite de 1913 et 1918, a été aggravé encore par la création, en 1934, de l'Entente balkanique qui, en unissant les intérêts grecs, yougoslaves, roumains et turcs contre la Bulgarie, avait imposé à celle-ci une grande prudence : non seulement les dirigeants de Sofia durent s'appliquer à conserver la paix, mais ils furent même amenés à pratiquer, tant par nécessité que par raison, une politique d'harmonie avec leurs voisins. Cette politique était dirigée par le roi Boris, souverain rompu aux difficultés balkaniques, extrêmement intelligent, souple et patient. [...] Et pourtant les événements du printemps de 1941 devaient dissiper les rêves de solidarité balkanique et bientôt aussi devait prendre fin la conciliation russo-allemande. [...]. Ce n'est pas d'un cœur léger que la Bulgarie acceptait de participer ainsi à la politique du Reich au moment où celui-ci allait, à la suite de l'Italie, porter la guerre dans les Balkans. [...] C'est en utilisant à plein leurs bases de départ bulgares qu'en quelques semaines les troupes allemandes brisaient la résistance yougoslave et obligeaient la Grèce à capituler. Si bien que la Bulgarie, tout en évitant d'associer activement son armée à celle du Reich, n'en était pas moins devenue l'incontestable complice de l'Allemagne dans l'écrasement de ses voisins. Ceux-ci voyaient au surplus les soldats bulgares occuper une partie de leur territoire : avantage dangereux peut-être dans l'avenir, mais qui certes était trop tendant pour un pays imbibé d'esprit révisionniste, au moins depuis San Stefano et Neuilly, pour ne pas remonter jusqu'aux tsars lointains d'une Bulgarie qui s'étendait de la mer Noire et de la mer Égée jusqu'à la rive adriatique. [...] D'où l'insulte jetée aux Bulgares par le Premier ministre britannique : des chacals !!! [...] En juin 1941, enfin, la guerre russo-allemande mettait le gouvernement bulgare dans une situation très délicate. [...] En un mot, les dirigeants germanophiles de Sofia ont senti se détacher d'eux la masse populaire et paysanne demeurée fidèle à l'amitié slave et docile aux influences venues de Russie. [...] Assurément la guerre russo-allemande est plus longue qu'on ne l'avait supposé et la résistance soviétique, en procurant à l'Angleterre le bénéfice du temps, jette le doute sur l'issue du conflit. Dans cette incertitude, la politique bulgare tend à demeurer immobile. Si par toutes une série de mesures de police, elle donne à l'Allemagne, sur le plan intérieur, des satisfactions idéologiques, par contre, sur le plan extérieur, seule des alliés continentaux du Reich, elle n'est pas entrée en guerre contre l'URSS ; elle a maintenu ses relations diplomatiques avec celle-ci. [...] » (Guerre 1939-1945, Vichy, Z Europe, Bulgarie, 190).

défaites italiennes sur le front albanais. Mais le gouvernement de Sofia devait prendre position et la volonté allemande l'entraînait dans une association étroite avec les puissances de l'Axe. Malgré elle, la Bulgarie s'est compromise vis-à-vis de ses voisins. En acceptant des mains de l'Allemagne et aussi de celles de l'Italie les dépouilles des vaincus, elle ressuscitait les anciennes haines balkaniques.

Les défaites yougoslave et grecque[1] comportaient également une conséquence qui affectait plus directement les relations bulgaro-italiennes. Jusqu'alors ces deux pays n'avaient pas eu de contacts directs. Le partage de la Macédoine leur donna soudain une frontière commune, notamment sur les bords du lac d'Ochrida, et qui dit riverains dit souvent rivaux[2].

L'avance italienne en direction du Vardar et surtout l'occupation du chemin de fer à voie étroite qui, par Tetovo, relie Skoplié à Ochrida, privaient les Bulgares de la seule voie de communication existant entre ces deux villes. Skoplié, autrefois carrefour de routes et capitale régionale, était ainsi, malgré les protestations de Sofia, coupée d'une partie importante de son arrière-pays. De même à Ochrida, si la ville a été laissée aux Bulgares avec une étroite fenêtre sur le lac, les Italiens ont occupé la quasi-totalité des rives et se sont réservés pour eux seuls la pêche et l'utilisation des eaux du lac. Enfin, dans l'ensemble, se pose le problème difficile des frontières : celles-ci n'ont pas encore été fixées. Mais même si l'hypothèse la plus favorable pour eux se réalisait, les Bulgares devraient abandonner le rêve d'obtenir la totalité de la Macédoine. Ils seraient forcés de partager avec l'Italie ; et ils ne se dissimulent pas le danger d'un autonomisme macédonien qui recevrait naturellement l'appui de Rome.

Ces difficultés ne doivent pas faire perdre de vue une question d'ordre plus général. Si le gouvernement de Sofia a accepté, à contrecœur, de compromettre ses rapports avec les autres États balkaniques, tout au moins désire-t-il, en contrepartie, tirer profit de la situation prépondérante qu'il vient d'acquérir : en face de la Grèce et de la Yougoslavie, démembrées et ruinées, la Bulgarie, accrue territorialement et dont la puissance militaire est demeurée intacte, compte bien être instituée dans les Balkans la gardienne de l'ordre nouveau. Mais ce rôle, que la diplomatie allemande a certainement fait reluire aux yeux des dirigeants bulgares, paraît revendiqué également par l'Italie qui souhaiterait reprendre à son compte la politique orientale de l'ancien Empire austro-hongrois. Il y a là une rivalité d'influence qui risque d'affecter gravement les rapports italo-bulgares. Cette opposition est à peu près inéluctable. La visite en juin dernier du roi Boris au souverain italien[3], le voyage à Rome, d'ailleurs assez tardivement

---

[1] En avril 1941. Voir notamment documents n°s 180, 211.

[2] Voir documents n°s 240, 265.

[3] Blondel émet plusieurs hypothèses sur les raisons de ce voyage en Allemagne pour y rencontrer le vieux roi Ferdinand : organisation de son retour en Bulgarie, occasion de rencontrer des dirigeants du Reich pour réclamer des villages macédoniens occidentaux occupés par les Italiens, discussion autour du problème turc ou d'une nouvelle occupation vers le sud-est pour prendre l'Égypte à revers. Le diplomate insiste sur le souci constant de la politique royale « de ne rien faire pour envenimer les relations avec les pays voisins ». (voir ses T. n°s 387 à 388 de Sofia en date du

accompli (18 juillet)[1] du Président du Conseil et du ministre des Affaires étrangères bulgares n'ont pas dissipé ces difficultés. Le ton très mesuré des communiqués officiels publiés à ces deux occasions en est l'indice certain. Dans son récent discours du Trône, le Roi, tout en remerciant les « puissances de l'Axe », a toutefois, peut-être volontairement, négligé de prononcer le nom de l'Italie.

Quelles que soient d'ailleurs les attitudes officielles un fait demeure assuré : la place revendiquée par l'Italie dans les Balkans[2] lui est contestée par tous les peuples de la Péninsule ; de la part des Serbes et des Grecs l'occupant italien est l'objet de mépris et de haine ; les rancunes s'accumulent dangereusement et malgré la rigueur de la répression, les attentats en Thrace et en Macédoine se multiplient ; en Croatie même, où le Duc de Spolète n'a pas pris possession de son trône, l'état d'esprit se modifie au détriment du protecteur fasciste. Dans tous les Balkans, l'hostilité vis-à-vis du gouvernement de Rome est manifeste ; et il semble bien que l'Italie soit assez mal placée pour pratiquer avec succès une politique que, malgré une force et un prestige certains, l'Empire austro-hongrois n'avait pas pu faire triompher.

Seule la force allemande pourrait peut-être maintenir l'Italie dans les positions qu'elle a acquises. Mais même dans l'hypothèse d'une victoire du Reich, il est certain que la Bulgarie, secouant le fardeau de la reconnaissance officielle dont elle est chargée à l'égard de l'Italie, ferait tous ses efforts pour limiter les accroissements territoriaux de celle-ci. L'opposition générale des Balkans contre l'intrus occidental serait peut-être pour la Bulgarie le moyen de faire, sinon oublier, du moins passer pour un temps au deuxième plan, les rivalités qui la séparent de ses voisins. Elle pourrait créer ainsi un lien entre les différents peuples de la péninsule qui n'ont jamais fait taire leurs querelles intérieures que pour organiser une résistance commune aux prétentions d'un envahisseur et créer une union éphémère mais active, jadis contre le Turc, demain peut-être contre l'Italien.

À en juger d'après certaines impressions que j'ai recueillies au ministère bulgare des Affaires étrangères ces jours derniers, les représentants des

31 mai 1941 et 396 à 398 en date du 3 juin, et 403 à 405 en date du 4 juin, dans Guerre 1939-1945, Vichy, Z Europe, Bulgarie, 190)

[1] Sur ce voyage en Italie de MM. Filov et Popov, voir le T. n°s 507 à 508 de Sofia en date du 22 juillet 1941. Selon la radio bulgare, « plus hardie » que la presse écrite, les conversations porteraient sur « le règlement des problèmes créés par la désagrégation de la Yougoslavie ». Blondel se demande aussi si le rappel des conversations du roi Boris avec des hommes d'État slovaques signifie que « la question d'une couronne de Slovaquie serait de nouveau posée. » Dans un T. suivant (n°s 526 à 527 du 26 juillet), Blondel évoque l'éventualité d'une demande de participation à une opération italo-allemande contre les Détroits « pour arracher à la Turquie l'entrée en mer Noire de la Marine de guerre italienne. » Mais lors de son entretien avec M. Popov, le ministre bulgare des Affaires étrangères, ce dernier a affirmé que « tous ces bruits alarmants n'avaient aucun fondement » et même que « les effectifs bulgares à la frontière turque venaient d'être réduits » (T. n°s 538 à 540 en date du 31 juillet (tous ces documents non reproduits dans Guerre 1939-1945, Vichy, Z Europe, Bulgarie, 190).

[2] On peut s'en faire aussi une idée à travers les propositions faites à l'Italie par les Alliés, au printemps 1940, pour la détourner d'une alliance avec l'Allemagne. Voir *DDF (1949-1944)*, 1939, documents n°s 52, 84, 228, 332, 347, 396, 434, et 1940-1, documents n°s 9, 25, 30, 67, 178, 224, 247, 264, 266.

petites nations assemblés à Berlin pour la réunion « antiKomintern »[1] n'y auraient pas seulement constaté la solidarité de leurs convictions anti-bolcheviques. Ils y auraient également éprouvé, sans doute en raison des attitudes ou des propos du comte Ciano[2] et de la délégation venue de Rome, un sentiment commun d'appréhension contre les visées ou tendances actuelles de la diplomatie fasciste dans le Sud-Est européen.

Guerre 1939-1945, Vichy, Z Europe, Bulgarie, 190 (10GMII/190)

437

M. Cosme, Ambassadeur de France en Chine,
 à l'Amiral Darlan, Vice-Président du Conseil, Ministre de la
  Défense nationale, Secrétaire d'État aux Affaires étrangères
  et à la Marine.

T. n° 808.   *Pékin, 8 décembre 1941, 19 h. 30.*

(*Reçu* : le 9, 8 h. 20)

L'ambassade du Japon, en m'informant par une note, remise le 8 décembre à 8 heures de l'existence de l'état de guerre entre le Japon et l'Angleterre et les États-Unis, m'a fait savoir que l'armée japonaise assumait *temporairement*[3] la charge du maintien de l'ordre dans le quartier

---

[1] Sur cette conférence des puissances « antibolchévistes » qui s'est tenue à Berlin du 24 au 26 novembre 1941, voir document n° 427. Voir aussi les impressions rapportées par un des membres de la délégation roumaine à J. Truelle (T. n° 991 de Bucarest en date du 3 décembre 1941). Les Roumains seraient revenus « les mains vides », malgré les égards marqués à leur délégation par les autorités du Reich, tant sur le plan économique que militaire ou territorial (Transylvanie) et auraient été frappés par le sentiment de lassitude de la population du fait des « privations en tous genres » du fait de l'effort de guerre, de « l'ampleur des pertes sur le front russe, [de] la tyrannie exercée par la Gestapo, [de] la désorganisation de certaines administrations et de certains services publics, en un mot la tension extraordinaire à laquelle est soumise la population depuis des mois. » (Guerre 1939-1945, Vichy, Z Europe, Roumanie, 686, document non publié).

[2] Dans le journal du comte Ciano (*op. cit.*, pp. 85-86), à l'entrée du 24 novembre, on a ce commentaire sur la conférence : « L'atmosphère qui régnait pendant les réunions des signataires du Pacte antikomintern était vraiment étrange. L'état d'âme des délégués variait beaucoup. Serrano Suñer se montrait agressif et ironique, mais très « axé ». Les Allemands commettent une injustice en l'accusant d'avoir empêché l'intervention espagnole. Suñer hait réellement les Anglais, les Américains et les Russes. Mais il ne sait pas comment se comporter avec les Allemands et il aime à se moquer d'eux. Bardossy avait l'air résigné et, chaque fois qu'il le pouvait, il lançait une pointe, modeste et prudente, contre l'Allemagne. Michel Antonesco est un novice en politique étrangère. Il y a peu de temps encore, c'était un avocat inconnu de Bucarest ; maintenant, il représente son pays et le fait assez bien. Mais il reste un Roumain et il a un air équivoque. Le représentant du Danemark était tout à fait hors de son élément […]. C'est un petit vieux, en redingote, qui avait l'air de se demander pourquoi il se trouvait là, mais qui, après tout, était heureux d'y être, parce que les choses, en somme, auraient pu aller encore plus mal pour son pays. Les Allemands étaient les maîtres de maison et le faisaient sentir, quoiqu'ils se montrassent à notre égard d'une amabilité exceptionnelle. Désormais, leur hégémonie sur l'Europe est établie ; que ce soit un bien ou un mal, c'est une autre affaire, mais le fait est là. Aussi vaut-il mieux être assis à la droite du maître de maison. Et nous sommes à sa droite. »

[3] Souligné dans le texte.

diplomatique en vue d'y prendre les mesures imposées par les nécessités militaires à l'égard de la garde américaine ainsi que des propriétés et intérêts anglais ou américains.

J'ai répondu en assurant mon collègue japonais de notre neutralité compréhensive dans le cadre des accords franco-japonais d'août 1940[1].

Les autorités militaires japonaises qui ont déjà occupé les anciennes casernes anglaises négocient actuellement, le désarmement de la garde de l'ambassade des États-Unis.

Guerre 1939-1945, Vichy, E Asie, Chine, 139 (3GMII/139)

438

M. TRUELLE, MINISTRE DE FRANCE À BUCAREST,
   À L'AMIRAL DARLAN, VICE-PRÉSIDENT DU CONSEIL, MINISTRE DE LA
    DÉFENSE NATIONALE, SECRÉTAIRE D'ÉTAT AUX AFFAIRES ÉTRANGÈRES
    ET À LA MARINE.

D. n° 342[2].   *Bucarest, 8 décembre 1941.*

Par mon télégramme 998[3], j'ai fait connaître au Département la réponse négative adressée par le gouvernement roumain à la note du gouvernement britannique lui demandant de cesser les hostilités avec l'Union soviétique, faute de quoi l'état de guerre existerait entre la Roumanie et la Grande-Bretagne.

La presse roumaine vient de publier la réponse du maréchal Antonesco à l'ultimatum anglais du 30 novembre 1941. En voici les principaux passages :

« En juin 1940, la Roumanie a été victime d'une grave agression de la part de l'URSS. Dédaignant les droits historiques de la Roumanie et les obligations précisées dans les accords du 9 février 1929 et du 3 juillet 1933, l'URSS a occupé la Bessarabie, la Bukovine et la région Herza de la Moldavie.

De plus, les Soviets sont les principaux responsables des changements territoriaux qui se sont produits à d'autres frontières roumaines. Tous les pactes de neutralité, de non-agression et de reconnaissance des droits de la

---

[1] Voir *DDF (1939-1944)*, 1940-2, document n° 143.

[2] D. intitulée « Réponse roumaine à l'ultimatum britannique » et portant le tampon : « 15 déc[embre] 1941 » (date réception ou enregistrement).

[3] T. de Bucarest en date du 5 décembre, relatant la fin de non-recevoir par le gouvernement roumain de l'ultimatum britannique, « d'une manière modérée » à une note « qui était elle-même très faible ». Malgré la consigne de silence donnée à la presse sur ce sujet (alors que les journaux signalent les ultimatums équivalents adressés à la Finlande et à la Hongrie), personne, selon le Ministre, n'ignore la nouvelle qui « ne changera rien sans doute à la situation générale mais qui est déplorée par les nombreux Roumains qui n'ont aucun sentiment hostile envers l'Angleterre. » (Dans Guerre 1939-1945, Vichy, Z Europe, Roumanie, 689, document non reproduit).

Roumanie signés par l'URSS entre 1929 et 1940 n'ont été que des moyens de dissimulation de la politique d'expansion et d'usurpation poursuivie par les Soviets contre la Roumanie, non seulement dans le but d'envahir ce pays mais aussi pour y créer des conditions graves devant amener l'effondrement total du Sud-Est européen et son anarchie.

Au lendemain du jour où l'URSS avait atteint par l'agression ses premiers objectifs, elle a continué sa politique d'expansion et d'envahissement. Nous rappelons :

1°) l'occupation brutale de quatre îles du Danube dans l'automne de 1940 ;

2°) les incidents de frontières quotidiens et les tentatives continues de modifier par la force la ligne frontière ;

3°) la tendance à contrôler intégralement le trafic du Danube maritime ;

4°) la tentative de pénétrer par la force avec des bateaux fluviaux dans les eaux roumaines, en janvier 1941 ;

5°) les incursions incessantes de l'aviation soviétique sur le territoire roumain d'avril à juin 1941 ;

6°) la concentration massive de forces militaires considérables comprenant 30 divisions d'infanterie, 8 divisions de cavalerie, 14 brigades motorisées, aux frontières nord et sud-est de la Roumanie ;

7°) les tentatives du commissaire Molotov de miner la sécurité de la Roumanie et les aveux d'expansion faits ouvertement par lui en présence d'hommes d'État étrangers ;

8°) pendant l'occupation de la Bessarabie et de la Bukovine, la poursuite d'une œuvre de destruction organisée, des milliers d'hommes supprimés ou mis en prison, des centaines de milliers de Roumains envoyés en Sibérie.

Le gouvernement roumain est convaincu que son action militaire était le seul moyen d'assurer le salut de la Patrie contre la menace russe. Pour défendre son existence nationale, pour défendre l'ordre et la civilisation du Sud-Est européen, la Roumanie n'avait pas d'autres voies à adopter que de lutter aux côtés de la grande puissance qui s'est engagée dans cette lutte historique de défense de la civilisation européenne. S'étant ainsi engagée, la Roumanie a respecté les lois de l'honneur.

Le 22 juin 1941, la Grande-Bretagne n'était pas l'alliée de l'URSS. Pourtant, le 30 novembre 1941, elle considère que la Roumanie a entrepris un acte d'agression contre la Russie, alliée de la Grande-Bretagne. La Roumanie n'a entrepris et n'entreprendra pas d'actes d'agression. Son action militaire est une action de légitime défense en face de l'agression russe commencée en 1940 et dont les étapes se seraient progressivement déroulées ».

La note poursuit en rappelant qu'Odessa n'est qu'à 45 kilomètres du Dniestr, et que la Crimée constitue une base d'aviation d'où le territoire et les ressources pétrolières de la Roumanie peuvent être menacés.

« Le gouvernement roumain rappelle au gouvernement de Sa Majesté :

1°) que par la convention du 28 octobre 1920 signée à Paris[1], la Grande-Bretagne a déclaré que les frontières fixées par ce traité et le droit de souveraineté de la Roumanie sur ces territoires ne pouvaient être mis en discussion ;

2°) qu'une série d'instruments internationaux signés entre 1920 et 1939 comportent l'obligation de respect solidaire des frontières ;

3°) que par une déclaration de garantie du 13 avril 1939 émanant de la Grande-Bretagne, il est prévu que, dans le cas d'une action menaçant précisément la défense de la Roumanie, le gouvernement de Sa Majesté s'obligera à lui donner assistance.

Lorsque le 26 juin 1940, l'URSS a manifesté sa volonté d'agression, le gouvernement de Sa Majesté n'a pas fait un seul acte pour faire respecter la garantie donnée à la Roumanie[2].

Le gouvernement royal rappelle au gouvernement britannique les souffrances et les menaces éprouvées par les Roumains depuis le XVIIIe siècle de la part de leur voisin oriental et l'attitude anticommuniste de la Roumanie depuis vingt ans. Déjà en 1919 la Roumanie a protégé le Sud-Est européen du danger d'un désordre social et d'une invasion, et cette attitude a, dans le passé, reçu du gouvernement britannique une pleine compréhension, ainsi que de nombreuses déclarations d'hommes d'État anglais l'ont publiquement marqué entre 1919 et 1939, en soulignant le danger de l'activité communiste pour la sécurité de l'Europe.

Le gouvernement roumain a conscience que son action était le seul moyen de conserver l'existence nationale de la Roumanie et de défendre les grandes institutions de la civilisation européenne ».

Guerre 1939-1945, Vichy, Z Europe, Roumanie, 689 (10GMII/689)

---

[1] À savoir le traité de Paris qui donne à la Roumanie la Bessarabie et le Banat oriental, après que le traité de Saint-Germain-en-Laye (10 septembre 1919 avec l'Autriche) lui a attribué la Bukovine, et le traité de Trianon (4 juin 1920 avec la Hongrie), la Transylvanie.

[2] Lors de l'annexion par l'URSS de la Bessarabie et de la Bukovine en juillet 1940. Voir *DDF (1939-1944)*, 1940-1, document n° 437.

439

M. Truelle, Ministre de France à Bucarest,
à l'Amiral Darlan, Vice-Président du Conseil, Ministre de la
Défense nationale, Secrétaire d'État aux Affaires étrangères
et à la Marine.

D. n° 347[1].   *Bucarest, 8 décembre 1941.*

Par mes dépêches n°s 269 du 21 septembre et 307 du 6 novembre dernier[2], j'ai indiqué au Département les informations que j'avais pu recueillir sur le problème du ravitaillement de l'Allemagne en pétrole. Je signalais que cette question paraissait préoccuper de plus en plus les dirigeants allemands et que les techniciens faisaient de grands efforts pour y trouver rapidement une solution.

Ce problème devient de plus en plus aigu à en juger par le prix qu'attachent les Allemands dans les négociations économiques en cours à s'assurer la production intégrale de pétrole roumain. De divers côtés, il m'est signalé que ceux-ci demanderaient aux Roumains de substituer au pétrole, pour les usages domestiques et le fonctionnement de certaines machines, le charbon de Silésie, qu'ils s'engageraient à fournir. Il y a quelques jours, M. von Killinger pouvait dire à l'un de mes informateurs : « Que voulez-vous, nous n'avons plus une goutte de pétrole ; il nous faut maintenant en trouver à tout prix ». Les circonstances dans lesquelles le ministre d'Allemagne a fait cette confidence laissent à penser qu'elle peut être considérée comme l'expression sincère d'une préoccupation essentielle des dirigeants allemands[3]. Aussi me semble-t-il nécessaire de revenir sur ce problème déjà traité dans mes rapports précités et de faire connaître au Département les informations les plus récentes que j'ai pu recueillir à ce sujet.

Pour faire face à leurs besoins, les Allemands comptent d'une part sur leur production d'essence synthétique dans le Reich, d'autre part sur les pétroles roumains, et enfin sur les pétroles russes. Encore ne doit-on pas oublier que pour les Allemands, la question de l'essence est moins grave que celles des carburants spéciaux comme le mazout et surtout des huiles de graissage. Comme on le sait, il n'est pas possible actuellement de fabriquer synthétiquement les lubrifiants, et les huiles de graissage extraites des pétroles roumains sont extrêmement médiocres : seuls les pétroles russes sont riches en lubrifiants[4].

En ce qui concerne l'approvisionnement de l'Allemagne en pétrole roumain, j'ai indiqué au Département que, depuis le mois d'août dernier, les

---

[1] D. intitulée : « L'Allemagne et le problème du pétrole » et portant le tampon : « 15 déc[embre] 1941 » (date réception ou enregistrement). Annotations marginales manuscrites : « Vue par le Bureau d'Études » ; « p. M. Guerre (EMA ?), 3.1.42 ». La dépêche a été communiquée à : Relations commerciales, Ankara, Budapest, Sofia.

[2] Documents n°s 357 (D. n° 269) et 405 (D. n° 307).

[3] Paragraphe en partie souligné à la main avec annotation marginale manuscrite : « Oui ».

[4] Cette dernière partie de phrase est soulignée à la main.

Allemands ont formellement interdit la publication de toutes statistiques concernant tant la production roumaine que les exportations.

L'extraction de pétrole brut roumain, qui atteignait 750 000 tonnes par mois en 1936, est tombée progressivement à 600 000 tonnes en février 1937 et à un chiffre oscillant entre 500 000 et 520 000 tonnes de janvier à août 1940. Une nouvelle baisse provoquée par la politique de limitation des sondages pratiquée en 1939 et 1940 par les sociétés alliées a été ressentie à la fin de 1940 et 1941[1]. Au mois de janvier dernier, la production n'a atteint que 380 000 tonnes. Depuis lors, les Allemands se sont efforcés de relever ce chiffre. Malgré les difficultés auxquelles ils se sont heurtés, notamment l'épuisement de certaines régions pétrolifères et la pénurie de matériel de sondage – en particulier les matériels de provenance américaine – une hausse de la production a pu être obtenue.

D'après des statistiques très confidentielles dont j'ai pu avoir connaissance, la production aurait été très légèrement inférieure à 500 000 tonnes en août, à 480 000 tonnes en septembre et à 500 000 tonnes en octobre 1941. De ces chiffres, il y a lieu de défalquer les besoins internes de la Roumanie qui ont, il est vrai, été considérablement réduits, et les pertes résultant du raffinage. À l'heure actuelle, le chiffre des exportations à destination de l'Allemagne ne dépasse certainement pas 350 000 à 380 000 tonnes par mois pour l'ensemble des différents produits du pétrole (essence, mazout, gasoil, pétrole lampant, etc.)[2].

Les Allemands ont eu à résoudre le problème du transport de ces quantités de pétrole. Pour cela, ils ont fait remonter de Ploesti à Giurgiu le pipe-line de Donges, qui est maintenant en service depuis plusieurs mois. D'autre part, ils ont dû accroître leur flotte de tanks pétroliers sur le Danube[3]. Tous les bateaux-citernes roumains et hongrois travaillent maintenant pour eux ainsi que l'importante flotte yougoslave. De plus, ils ont procédé à des constructions de nouveaux chalands, mais on estime, dans les milieux compétents, que leurs moyens de transport par le fleuve ne sont supérieurs que d'environ 20 % à ce qu'ils étaient il y a un an.

Enfin, l'utilisation de la voie ferrée a été poussée au maximum. Dès le mois d'août dernier, lorsque les Allemands eurent constaté que la campagne de Russie serait infiniment plus longue qu'ils ne l'avaient escompté au début, ils ordonnèrent de donner aux trains de wagons-citernes la priorité absolue sur tous les autres transports militaires et même sur les trains de blessés allemands.

Ainsi à l'heure actuelle, pour le seul transport des pétroles roumains, dont l'importance est pourtant minime en comparaison des besoins du Reich, les Allemands font appel à la totalité des moyens de transport sur le Danube et par voie ferrée.

Bien que l'offensive contre les ressources pétrolières de la Russie au Caucase soit, aux dires des milieux allemands de Bucarest, ajournée

---

[1] Voir à ce sujet *DDF (1939-1944)*, 1940-1, document n° 245.

[2] Dernière partie de la phrase soulignée à la main.

[3] Sur la question des flottilles du Danube, voir le document n° 357, note 1, p. 808.

jusqu'au printemps, les techniciens du Reich travaillent activement à préparer l'exploitation future des puits de pétrole russe.

Ils auront tout d'abord à faire face au problème de la reconstruction des puits que les Soviets ne manqueront pas de détruire avant de les abandonner. Les difficultés qui se présenteront à eux pour amener à pied d'œuvre le matériel nécessaire et pour trouver les spécialistes de cette industrie très spéciale, ainsi que les délais indispensables pour effectuer les forages, ne permettront pas, estiment-ils, d'obtenir une production utile avant plusieurs mois, à dater du jour de leur mainmise sur le Caucase.

En revanche, ils espèrent pouvoir remettre rapidement en état les pipelines et notamment celui de Bakou à Batoum et celui de Rostov. Ils pensent en effet que les Russes ne pourront détruire que partiellement les stations de pompage et ne seront pas en mesure de faire sauter les conduites sur toute leur longueur.

Mais ils ne se font aucune illusion sur l'état dans lequel ils trouveront les raffineries qui seront inutilisables et ils prévoient qu'en conséquence le pétrole devra être transporté à l'état brut de Russie en Roumanie où il sera raffiné.

Cette question de transport est au centre des préoccupations des techniciens allemands. La flotte pétrolière roumaine de haute mer est actuellement réduite à néant, en raison de la saisie par les Anglais de la plupart des bateaux-citernes dont disposait ce pays et de la destruction des autres par la marine ou l'aviation soviétique. D'autre part, il est vraisemblable que les Russes couleront leurs tanks avant de quitter Batoum. Aussi les Allemands considèrent possible la transformation de cargos roumains en navires pétroliers ; mais jusqu'ici un seul bateau-citerne a pu être improvisé et il semble très difficile qu'une flotte pétrolière suffisante puisse être constituée.

Pour le transport de Constantza à Ploesti, où s'effectuera le raffinage des pétroles russes, les Allemands comptent utiliser le pipeline double (un pour l'essence, l'autre pour les produits noirs) qui servait autrefois à amener le pétrole dans l'autre sens à Constantza. Ce pipeline a déjà été modifié de façon à pouvoir être utilisé en remontant et les résultats obtenus seraient satisfaisants.

Une fois raffinés, les produits du pétrole seraient expédiés sur Giurgiu par les pipelines existants dont la capacité serait suffisante, mais il faudra alors trouver des moyens de transport supplémentaires par le Danube. À cette fin, les constructions de chalands-citernes sont activement poussées dans les chantiers de Budapest, de Vienne, de Bratislava et de Ratisbonne.

Il s'agit donc d'un programme gigantesque en vue de l'utilisation des pétroles russes. Mais les techniciens roumains sont unanimes à estimer que les nombreuses difficultés auxquelles se heurteront les Allemands ne leur permettront pas d'obtenir des résultats utiles avant de longs mois. Ils doutent même que le Reich soit en mesure de faire face d'ici là à tous ses besoins.

Guerre 1939-1945, Vichy Z Europe, Roumanie, 687 (10GMII/687)

440

M. Cosme, Ambassadeur de France en Chine,
   à l'Amiral Darlan, Vice-Président du Conseil, Ministre de la
   Défense nationale, Secrétaire d'État aux Affaires étrangères
   et à la Marine.

T. n° 824.   *Pékin, 9 décembre 1941, 19 h. 36.*

Confidentiel.   *(Reçu : le 10, 0 h. 15)*

Comme je l'ai fait savoir à Votre Excellence par mon télégramme n° 809[1], j'ai dès à présent donné des instructions à mon représentant à Tchoung-King pour qu'il informe le gouvernement chinois de notre volonté de ne pas prendre part au conflit du Pacifique et je persiste à penser que, dans toute la mesure où nous pourrons conserver cette position de neutralité, *notre intérêt sera que nous maintenions* avec le gouvernement de Tchoung-King des rapports diplomatiques normaux.

Il m'apparaît néanmoins que nous devons dès à présent prévoir la situation délicate dans laquelle nous serons immanquablement placés si les Chinois, attaquant le Tonkin, nous plaçaient dans la nécessité de défendre notre frontière solidairement avec les Japonais.

J'estime pour ma part, qu'il serait (...)[2], au cas où *cette éventualité viendrait à se produire*[3], que nous allions, dans nos rapports avec Tchoung-King, à une rupture dont le bien-fondé ne pourrait pas être mis en discussion par le gouvernement américain et, par voie de conséquence, que nous reconnaissions immédiatement après le gouvernement de Nankin.

On peut en effet tenir pour certain que la France perdrait irrévocablement l'ensemble de ses positions d'Extrême-Orient, si après avoir été attaquée par Tchoung King, elle prétendait se dérober aux injonctions qui ne manqueraient pas de lui venir de Tokyo et maintenir des rapports avec le maréchal Tchang Kaï-Chek (...)[4] position faite d'équivoque.

D'une manière générale j'estime que la guerre du Pacifique a depuis hier bouleversé les données du problème chinois. Nous ne pourrons, quant à nous, conserver nos positions asiatiques et plus particulièrement chinoises que si nous savons nous adapter aux faits. L'Allemagne qui s'est toujours montrée réaliste en Extrême-Orient, n'a pas hésité, quand le moment en est venu, à passer de Tchoung King, où elle jouissait d'un crédit

---

[1] T. en date du 8 décembre 1941, rendant compte des instructions à Philippe Baudet, représentant l'ambassadeur à Tchoung King, pour notifier au gouvernement chinois la position de « complète neutralité » de la France à l'égard du conflit nippo-américain, y compris dans les Concessions, en appelant « l'attention des autorités sur l'intérêt essentiel [...] à ce que soit évitée sur la frontière indochinoise toute action des troupes chinoises de nature à provoquer un conflit. » (*In* Guerre 1939-1945, Vichy, E Asie, Chine, 124).

[2] Lacune de déchiffrement.

[3] Souligné dans le texte.

[4] Lacune de déchiffrement.

exceptionnel, à Nankin, et à confier à son ancien chargé d'affaires auprès du maréchal Tchang Kai-chek le Docteur Fischer, sa représentation auprès de M. Wang Ching wei. Plus qu'ailleurs, les réalités politiques doivent l'emporter en Chine sur les fictions juridiques.

Guerre 1939-1945, Vichy, E Asie, Chine, 121 (3GMII/121)

441

M. DE MARGERIE, CONSUL GÉNÉRAL DE FRANCE À SHANGHAÏ,
   À L'AMIRAL DARLAN, VICE-PRÉSIDENT DU CONSEIL, MINISTRE DE LA
   DÉFENSE NATIONALE, SECRÉTAIRE D'ÉTAT AUX AFFAIRES ÉTRANGÈRES
   ET À LA MARINE.

T. nos 563 à 566.   *Shanghaï, 9 décembre 1941, 20 h. 45.*

(*Reçu : le 9, 22 h. 45*).

Le consul général du Japon vient de me faire prévenir par M. Sone que les autorités d'occupation nippones étaient décidées à respecter la neutralité de la Concession et de nos autres concessions en Chine dans le cadre des accords franco-japonais et de la collaboration de fait qui s'est établie depuis l'occupation japonaise en Chine.

Alors que les unités de l'armée et de la marine ont déjà pénétré en Concession internationale, il nous est seulement demandé d'(...)[1] la présence de quelques détachements de gendarmes qui procéderont à l'exécution de mesures contre les personnes et les biens ennemis dans le cas où la neutralité des autorités françaises ne permettrait pas à celles-ci d'agir directement.

D'une façon générale les autorités nippones n'ont pas l'intention de modifier le statut ni l'administration de Shanghaï. En Concession internationale par exemple, les différents services et la police continueront de fonctionner, y compris les ressortissants anglo-américains qui en font partie. Les colonies étrangères, dans la mesure où leurs membres ne s'occupent pas de politique ou de propagande, seront laissées libres de poursuivre leurs occupations habituelles.

J'ai répondu à M. Sone en m'inspirant des instructions qui m'avaient été adressées par Votre Excellence[2]. D'accord avec le colonel Fabre, j'ai donné

---

[1] Lacune de déchiffrement.

[2] Document non retrouvé. Dans les résumés des télégrammes à l'arrivée et au départ, on a à la date du 7 décembre, dans les télégrammes reçus, les nos 799 à 804, dans lesquels M. Cosme donne le texte des instructions aux chefs des quatre concessions de Chine en prévision du conflit nippo-américain : « Nos représentants devront assurer leurs collègues japonais que la France entend maintenir sur les concessions de Chine une politique de stricte neutralité. Tout en mettant en œuvre les assurances ainsi fournies, il y aurait lieu d'éviter de donner un caractère spectaculaire aux mesures prises en vue d'empêcher toute critique des milieux anglo-saxons. Il s'agit en somme de pratiquer une politique d'équilibre. » (*Guerre 1939-1945, Vichy, C État français, 51*).

mon consentement de principe à l'installation de détachements de la gendarmerie japonaise dans notre Concession sous réserve des détails d'application de cette mesure qui seront établis d'accord entre notre police et les autorités d'occupation. M. Sone, qui était accompagné d'un commandement d'état-major, m'a remercié au nom des autorités civiles et militaires et a ajouté que la collaboration qui s'est établie à Shanghaï des différents services donnait tout lieu d'espérer un minimum de difficultés. Il a précisé ensuite que le ravitaillement et la vie économique allaient poser de nombreuses questions qui retiennent dès maintenant toute l'attention des autorités japonaises.

L'entretien s'est déroulé sur un ton très cordial. Aucun incident à signaler pour le moment en Concession française.

Adressé Pékin sous le n° 803 à 806.

Communiqué Hanoï sous le n° 490 à 493.

Guerre 1939-1945, Vichy, E Asie, Chine, 143 (3GMII/143)

442

Note du Directeur Adjoint des Affaires politiques
et commerciales

*Visite de l'Ambassadeur des États-Unis d'Amérique à M. Lucien Romier,
remplaçant l'Amiral Darlan*

N.   *Vichy, 9 décembre 1941.*

M. Lucien Romier a reçu l'amiral Leahy cet après-midi, 9 décembre, à 16 heures.

L'ambassadeur des États-Unis a remis le texte d'une lettre notifiant l'état de guerre existant entre son gouvernement et le gouvernement impérial du Japon. Ce texte reproduit, *in extenso*, la résolution votée par le Congrès américain du 8 décembre[1].

---

[1] L'attaque de Pearl Harbor est une attaque surprise (approuvée par l'empereur Hirohito le 1er décembre) par l'aéronavale japonaise le 7 décembre 1941 de la base navale américaine de Pearl Harbor située sur l'île d'Oahu, dans l'archipel du territoire américain d'Hawaï, au cœur de l'océan Pacifique (quatre navires de ligne, trois croiseurs, trois destroyers et 188 avions furent détruits, 2 403 Américains sont morts dont 68 civils) ; Malgré les pertes, la base resta opérationnelle (le port, les pistes, les réservoirs de carburant et les ateliers de réparation n'ont pas été détruits ou marginalement).) Le Japon attaqua également les États-Unis aux Philippines et ouvrit les hostilités avec le Royaume-Uni, en envahissant Hong-Kong et en débarquant en Malaisie. Les négociations entre le Japon et les États-Unis, reprises en novembre 1941, se trouvaient bloquées à la veille de l'attaque : les Japonais exigeaient l'arrêt du soutien américain aux Chinois. Le secrétaire d'État Cordell Hull réclamait, quant à lui, le retrait des troupes nipponnes de Chine. Le 6 décembre 1941, Roosevelt transmit un télégramme à l'empereur Hirohito afin de reprendre les négociations qui avaient lieu à Washington. Le 8 décembre, Roosevelt lut la déclaration de guerre devant le Congrès américain qui vota la résolution à la quasi-unanimité.

Au cours de la conversation qui a été très brève M. Romier a marqué l'intention du gouvernement français d'observer dans le conflit une attitude de neutralité[1]. Il a fait ressortir que cette intention était notamment dictée par le souci d'épargner aux populations indochinoises les horreurs de la guerre et il a exprimé le souhait que les États-Unis contribuent par leur attitude à maintenir l'Indochine en dehors du théâtre des opérations.

L'amiral Leahy a répondu avec beaucoup de compréhension et, paraissant approuver le point de vue de M. Romier, a marqué que les intentions françaises répondaient aussi à celles du gouvernement américain.

Il a toutefois indiqué que la guerre pourrait ne pas être sans répercussion sur l'Afrique française en ce qui concerne son ravitaillement ou autrement. Il n'a pas insisté ni précisé le sens de cette remarque, qui a été formulée en anglais, mais M. Mac Arthur, qui était présent à l'entretien, a cru devoir la répéter en français.

Guerre 1939-1945, Vichy, E Asie, Japon, 315 (3GMII/315)

443

NOTE DE LA SOUS-DIRECTION D'ASIE

N.   *Vichy, 10 décembre 1941.*

Au cours d'un entretien qu'il a eu ce matin à la sous-direction d'Asie, le chargé d'affaires de Chine a demandé certaines précisions sur la position de la France dans le conflit du Pacifique. Il lui a été répondu que la France, dès le premier jour, avait manifesté sa volonté de rester neutre et que cette décision avait été notifiée à l'ambassade de Chine, comme d'ailleurs, aux ambassades du Japon et des États-Unis[2].

M. Kuo a fait alors remarquer que la position de neutralité prise par la France se trouvait en quelque sorte contredite par la présence de troupes japonaises sur le territoire indochinois et que, d'après les informations de presse, un nouvel accord venait d'intervenir entre les autorités françaises et japonaises.

Il a été précisé à M. Kuo que l'entente à laquelle il faisait allusion constituait une mise au point rendue nécessaire par les circonstances, mais qu'elle ne modifiait pas le caractère défensif des accords franco-japonais.

Le chargé d'affaires a fait alors remarquer que le Japon, en ce qui le concerne, procédait de toute évidence à des opérations offensives auxquelles l'Indochine servait de base. Qu'adviendrait-il si ces initiatives japonaises provoquaient des ripostes et que les opérations militaires s'étendissent un jour au territoire de l'Indochine ?

[1] Voir document n° 446.

[2] Voir document n° 442.

En insistant sur les difficultés de la situation où l'Indochine se trouve placée, M. Ostrorog a fait remarquer au chargé d'affaires qu'il était de l'intérêt des tierces puissances d'éviter toute action qui pourrait modifier l'attitude de neutralité prise par la France. Il ne s'agissait pas, en l'occurrence, de fixer des définitions juridiques. La France voulait rester neutre. Le Japon était en guerre et des effectifs japonais se trouvaient en Indochine. La France s'efforcerait par tous les moyens d'éviter que la guerre ne se portât sur le territoire indochinois. À cet effet il fallait éviter d'étendre les opérations miliaires à ce territoire[1].

En recevant de l'amiral Leahy la notification de la guerre actuelle, M. Romier avait donné pareille indication à l'ambassadeur des États-Unis[2].

Le chargé d'affaires n'a pas insisté davantage. Il a conclu l'entretien en affirmant une fois de plus le désir de son gouvernement de garder avec la France des relations amicales.

Guerre 1939-1945, Vichy, E Asie, Chine, 124 (3GMII/124)

444

M. Henry-Haye, Ambassadeur de France à Washington,
    à l'Amiral Darlan, Vice-Président du Conseil, Ministre de la
    Défense nationale, Secrétaire d'État aux Affaires étrangères
    et à la Marine.

T. n° 3212.   *Washington, 11 décembre 1941.*

(*Reçu*[3] : le 17, 18 h. 28)

M. Litvinov[4] a rendu cet après-midi sa première visite à M. Cordell Hull. À sa sortie du Département d'État, les journalistes ont demandé à l'am-

---

[1] Voir documents nᵒˢ 440, 441 et notes.

[2] Voir document n° 442.

[3] Indication figurant sur la copie du document dans Guerre 1939-1945, Vichy, E Asie, Japon, 315, qui n'a pas été utilisée en raison des lacunes de déchiffrement.

[4] Maxime Litvinov qui avait été commissaire du peuple aux Affaires étrangères de 1930 et 1939, et partisan d'une politique de sécurité collective avec la France et l'Angleterre contre Hitler, avait été démis de ses fonctions en mai 1939 et remplacé par Molotov, au moment où Staline réoriente sa politique d'alliance vers l'Allemagne nazie. Il revient en grâce lors de l'attaque allemande du 22 juin 1941. Nommé commissaire-adjoint aux Affaires étrangères, il est envoyé comme ambassadeur à Washington où il contribue à l'accord de prêt-bail. Voir à ce sujet la note (« Vu par M. Rochat »), intitulée « Retour en grâce de M. Litvinov » en date du 9 juillet 1941, dans Papiers 1940, Bureau d'études Chauvel, 44. La note mentionne l'allocation de la veille faite par l'ancien Commissaire à la radio de Moscou à l'adresse de l'Angleterre : « Les événements de la fin de juin, l'irruption allemande en terre soviétique permettent aujourd'hui à M. Litvinov de prendre sa revanche sur son successeur, de dénoncer son imprudence et la trompeuse apparence de ses succès. /Bien qu'il ait évité de prononcer son nom, c'est assurément la politique de M. Molotov dont il fait le procès dans cette allocation au micro. 'Il invite, nous dit la Radio de Londres, les pays se berçant encore d'illusions au sujet de la neutralité et les pactes signés par Hitler, à songer au sort des douze États asservis par les nazis. Ces pays subiront sans aucun doute le même sort dans peu de

bassadeur de l'URSS si son pays allait déclarer la guerre au Japon. M. Litvinov a fait cette réponse vague : « Nous verrons ». Par contre l'ambassadeur de l'URSS a démenti tous les bruits d'un armistice entre l'Allemagne et la Russie et il a affirmé que son pays était décidé à continuer la lutte cet hiver. Le service de presse du Département d'État a d'ailleurs précisé aux journalistes que le gouvernement américain, qui avait craint il y a quelques jours une réconciliation russo-allemande, aurait aujourd'hui des appréhensions bien moins vives à ce sujet.

Guerre 1939-1945, Vichy, Z Europe, Extrême-Orient Pacifique, 964
(10GMII/964)

445

M. Helleu, Ambassadeur de France à Ankara,
    à L'Amiral Darlan, Vice-Président du Conseil, Ministre de la
    Défense nationale, Secrétaire d'État aux Affaires étrangères
    et à la Marine.

T. n°s 2047 à 2049.   *Ankara, 12 décembre 1941, 21 h.*

(*Reçu* : le 13, 13 h.)

Les milieux politiques turcs, bien qu'ils s'attendissent à une guerre nippo-américaine que les diplomates des deux pays à Ankara ne craignaient pas d'annoncer comme certaine depuis quelques semaines, ne la croyaient pas si proche. Ils se montrent d'autant plus soucieux qu'ils venaient, à la veille du conflit, de se compromettre quelque peu avec les Anglo-Saxons en faisant traduire par la radio et la presse la satisfaction qu'ils éprouvaient de l'inscription de la Turquie sur la liste des bénéficiaires de la loi « prêt et bail ». Depuis l'extension du conflit, ce bénéfice s'avère quelque peu illusoire, en tout cas pour le proche avenir ; par contre, le ressentiment qu'a éveillé chez les Allemands la position prise à cette occasion par le gouvernement turc demeure et l'ambassade d'Allemagne ne le cèle pas.

D'autre part, l'arrêt concomitant des opérations offensives de la Wehrmacht sur le front russe fait renaître ici la crainte que les Allemands n'aient conçu le plan d'atteindre les pétroles du Caucase par le sud, en prenant du même coup ceux de Mossoul, et cela avant que les forces britanniques, encore peu importantes numériquement dans le Moyen-Orient, n'aient le temps d'être renforcées sérieusement. On espère toutefois ici que l'usure causée aux troupes du Reich par six mois d'attaques incessantes en

temps, et perdront leur indépendance'. /C'est ce dont les presses française et anglaise, d'accord à cette époque, prévenaient l'URSS en août 1939, inutilement d'ailleurs./ Ce langage, venu de Moscou, rend un son oublié depuis deux ans. Le fait que Staline ait permis à Litvinov de le tenir annonce-t-il une déchéance prochaine de M. Molotov, un retour à l'ancien personnel politique russe ? ».

URSS ne permettra peut-être pas au commandement allemand, si les Russes contre-attaquaient, de distraire suffisamment de forces pour réaliser un plan qui nécessiterait des effectifs importants, ne serait-ce qu'en raison de l'espace à parcourir et à tenir.

Quoi qu'il en soit, les cercles politiques craignent de voir arriver, dans un délai assez bref, le moment où ils seront obligés de se prononcer ouvertement en faveur de l'un des deux camps[1].

Guerre 1939-1945, Vichy, E Levant, Turquie, 127 (4GMII/127)

446

L'Amiral Darlan, Vice-Président du Conseil, Ministre de la Défense nationale, Secrétaire d'État aux Affaires étrangères et à la Marine,
   Au Gouvernement des États-Unis.

Déclaration. *Vichy, 12 décembre 1941.*

Le gouvernement français a l'honneur de faire savoir au gouvernement des États-Unis, en conséquence de la déclaration de guerre de l'Allemagne et de l'Italie aux États-Unis, qu'il entend maintenir au cours de ce conflit une attitude de neutralité.

Darlan[2].

Guerre 1939-1945, Vichy, B Amérique, États-Unis, 34 (1GMII/34)

447

Note de la Sous-Direction d'Afrique-Levant

Note pour l'Amiral Dupré, Secrétaire général adjoint
à la Vice-Présidence du Conseil

A.s. de la politique turque

N. n° 24598[3] *Vichy, 12 décembre 1941.*

La situation de la Turquie à l'égard de la France est singulière. Théoriquement, la Turquie est encore notre alliée puisqu'elle peut être toujours

---

[1] Sur les atermoiements turcs, voir aussi documents n°s 317, 344, 378, 433.

[2] Le document porte la signature manuscrite de Darlan. Le texte reprend ce qui a été déclaré à l'ambassadeur Leahy au début du conflit nippo-américain. Voir document n° 442.

[3] Annotation marginale manuscrite : « Original remis à l'amiral Dupré le 12.12.41 ».

considérée comme liée par le traité anglo-franco-turc du 28 octobre 1939[1] et par les actes annexes. Lors de la mission de M. Benoist-Méchin à Ankara[2], M. Saradjoglu n'a pas contesté que ces conventions fussent toujours en vigueur. Cependant elles n'ont pas été appliquées lors de l'agression de l'Allemagne contre la Grèce[3], malgré les stipulations de leur article V, alinéa 1. D'autre part, les modifications survenues depuis dans l'équilibre politique de l'Europe et du Levant ont singulièrement diminué pour la Turquie la valeur de la garantie anglaise. À plus forte raison le gouvernement turc peut-il estimer que les restrictions apportées à notre liberté d'action par l'armistice franco-allemand[4] doivent justifier la suspension de toutes nos obligations réciproques.

En fait, la majorité des dirigeants turcs, par leur formation et par leurs habitudes, seraient portés à favoriser l'alliance anglaise. On peut admettre que s'ils étaient libres de choisir, ils préféreraient une victoire anglaise. Des considérations d'un intérêt plus immédiat viennent d'ailleurs fortifier ces dispositions fondamentales. La Turquie a besoin de se ménager la bienveillance anglaise pour s'assurer la possibilité de son ravitaillement par Bassorah et ce ravitaillement passe par l'Irak et la Syrie, pays actuellement placés sous le contrôle britannique. Avec la perte de la Syrie, s'est rompu le principal lien d'intérêt qui nous attachait encore à la Turquie. Certes, elle eût préféré conserver pour voisin à la fois la France en Syrie et l'Angleterre en Irak, mais elle n'a jamais caché que si la France devait être remplacée en Syrie par une puissance européenne, elle préférait que ce fût l'Angleterre plutôt que l'Italie ou l'Allemagne.

Tout cela n'empêche pas que la Turquie n'ait très exactement mesuré les moyens de pression considérables dont l'Allemagne dispose aujourd'hui à son égard. Ce pays conserve en Turquie une clientèle traditionnelle, principalement dans les milieux militaires[5]. Les Turcs savent apprécier mieux que d'autres les qualités des Allemands et sont certainement moins que d'autres choqués par leurs défauts. On ne peut donc guère douter que le gouvernement et l'opinion ne soient fermement résolus à ne jamais entrer en conflit avec l'Allemagne.

[1] La date initialement écrite (28 *septembre* 1939) a été corrigée à la main (28 *octobre* 1939). En réalité l'accord date du 19 octobre. Voir *DDF (1939-1944)*, 1939, document n° 252, et plus généralement les documents de la section V - La Turquie et la sécurité dans les Balkans.

[2] Le voyage de M. Benoist-Méchin, porteur d'un message du maréchal Pétain au président Ismet Inönü, renouvelant l'expression de l'amitié franco-turque, a eu lieu du 25 juin au 4 juillet 1941.

[3] De fait la Turquie n'a pas non plus appliqué les clauses de l'accord franco-anglo-turc d'octobre 1939 lors de l'attaque de la France par l'Allemagne, puis par l'Italie, et n'a même pas rompu les relations diplomatiques avec ces pays, au grand dépit de l'ambassadeur Massigli, l'un des fervents partisans de l'alliance avec Ankara. Voir *DDF (1939-1944)*, 1940-1, documents n°s 391, 396, 397, et plus généralement les documents de la section VII-E, Une nouvelle donne en Europe après la défaite française/La Turquie, un allié évasif.

[4] C'est-à-dire une politique de stricte neutralité. Sur la négociation des armistices et les textes des accords, voir *DDF (1939-1944)*, 1940-3, Les armistices de juin 1940, Bruxelles, P.I.E. Peter Lang, 2003.

[5] Rappelons qu'à partir de la fin du XIXe siècle, l'Allemagne a joué un rôle de premier plan dans la formation de l'armée turque, et a été alliée à l'Empire ottoman, avec une présence importante dans l'État-Major de ce pays lors de la Première Guerre mondiale.

Dans ces conditions, et étant donné la balance actuelle des forces, la Turquie se trouve tenue de pratiquer une politique de strict équilibre. Liée par une alliance avec l'Angleterre, elle s'est également liée avec l'Allemagne par le traité d'amitié du 18 juin dernier[1]. Chaque concession faite d'un côté est immédiatement contrebalancée par une concession accordée à l'autre partie[2]. Comme cependant les possibilités de jeu et de manœuvre sont de plus en plus réduites, la Turquie s'est avisée d'exploiter à son profit l'hostilité franco-anglaise. C'est ainsi que chacune des nombreuses concessions dernièrement consenties à l'Allemagne a été compensée par un acte inamical commis à notre détriment. Il ne fait pas de doute, par exemple, que la neutralité plus que rigoureuse que le gouvernement turc a observé dans l'affaire de Syrie[3], n'ait été le prix dont il a payé la conclusion du traité germano-turc du 18 juin 1941.

Guerre 1939-1945, Vichy, E Levant, Turquie, 117 (4GMII/117)

448

NOTE VERBALE DU CHEF DU 2e BUREAU DE L'AMIRAUTÉ FRANÇAISE

N. F.M.F.-2[4].   *Vichy, 12 décembre 1941.*

1.- L'amiral de la Flotte, ministre secrétaire d'État à la Marine, est d'accord, en ce qui le concerne, pour que soient données au gouvernement des États-Unis les assurances demandées par sa note du 11 décembre[5], relatives à la suspension provisoire, en raison des circonstances actuelles, de tout appareillage de navires de guerre français des ports de nos colonies d'Amérique ; il approuve l'attitude prise par l'amiral Robert dans les circonstances relatées par la note américaine.

2.- Il suggère que soient demandés en contrepartie une déclaration du gouvernement américain spécifiant que la souveraineté de la France sur ses colonies de l'hémisphère occidental n'est pas mise en cause, ainsi que le maintien de la ligne de navigation des Antilles au Maroc sous contrôle américain.

Guerre 1939-1945, Vichy, B Amérique, États-Unis, 34 (1GMII/34)

---

[1] Voir document n° 256.

[2] Sur les atermoiements turcs, voir documents n°s 317, 344, 378, 433, 445.

[3] Sur la position turque lors de l'attaque anglo-gaulliste contre les autorités de Vichy en Syrie et au Liban, voir documents n°s 213, 221. On trouvera aussi de nombreux documents sur le sujet notamment *in* Guerre 1939-1945, Vichy, E Levant, Turquie, 135.

[4] Annotation marginale manuscrite : « Parvenu à 17 h. 30 (après remise à MacArthur) des trois réponses approuvées par l'Amiral. » La signature est illisible.

[5] Note remise par l'amiral Leahy au maréchal Pétain et à l'amiral Darlan. Voir le document suivant n° 449.

449

NOTE DU DÉPARTEMENT

N.   *Vichy, 12 décembre 1941.*

Se référant à la note remise par l'amiral Leahy à M. le Maréchal Pétain et à l'amiral Darlan le 11 décembre, le gouvernement français renouvelle les assurances[1] que la flotte française ne sera pas utilisée contre la Grande-Bretagne, sauf acte hostile de sa part, et que le territoire français ne servira pas de base d'opérations pour les forces armées allemandes.

Il renouvelle également l'assurance que le départ du général Weygand ne comportait aucune modification de la position politique de la France en Afrique du Nord, ni aucune modification du statut propre de ces territoires.

D'autre part, il confirme l'accord conclu le 10 mars entre l'ambassade des États-Unis à Vichy et le gouvernement français sur la base du mémorandum rédigé à la suite de la conversation du 26 février 1941 entre le général Weygand et M. Murphy[2].

Il compte que le renouvellement de ces assurances entraînera de la part du gouvernement américain la reprise du programme de ravitaillement de l'Afrique du Nord. Il serait heureux d'en recevoir la confirmation.

Guerre 1939-1945, Vichy, B Amérique, Antilles, 41 (1GMII/41)

450

M. DE VAUX SAINT-CYR, MINISTRE DE FRANCE À STOCKHOLM,
    À L'AMIRAL DARLAN, VICE-PRÉSIDENT DU CONSEIL, MINISTRE DE LA
    DÉFENSE NATIONALE, SECRÉTAIRE D'ÉTAT AUX AFFAIRES ÉTRANGÈRES
    ET À LA MARINE.

D. n° 156[3].   *Stockholm, 14 décembre 1941.*

Plus la guerre se prolonge et s'étend, plus la vie du corps diplomatique se complique et se heurte à de terribles difficultés protocolaires. Et cependant, le maintien d'une vie sociale est un devoir et une nécessité dans les derniers pays neutres, en Suède surtout qui a gardé tout l'extérieur d'un État qui n'a pas connu de révolution et qui n'a pas subi de guerre depuis plus de 125 ans.

Le premier effet des hostilités a été de supprimer ici toutes les fêtes officielles qui auraient posé des problèmes de placement insolubles à un

---

[1] Voir document précédent.

[2] Voir document n° 243, note 2, p. 537.

[3] D. intitulée : « Complication de la vie diplomatique en temps de guerre », envoyée par la valise et portant le tampon « 26 déc[embre] 1941 » (date réception ou enregistrement).

protocole désuet et peu enclin à prendre de graves responsabilités. Les autorités officielles, de leur côté, ont été d'autant plus contentes de cette suppression qu'elles économisaient ainsi des sommes qui n'étaient pas à négliger. Or les charges s'accroissaient, rendues nécessaires par suite de l'inflation du budget de la Défense nationale dont on s'occupait sérieusement pour la première fois.

Les réceptions de la Cour furent donc suspendues. Les dîners du Roi et ces bals aux noms archaïques et charmants, bal de l'Amaranthe, bal de l'Innocence, furent remis à des temps meilleurs, l'Amaranthe[1] et l'Innocence ne pouvant certainement pas convenir à une époque de guerre. De même le corps diplomatique ne fut plus invité à assister à l'ouverture des Chambres et à entendre le Roi, en grand uniforme, entouré de tous les princes de sa famille, tenir le discours habituel.

Au début des hostilités, la situation était relativement facile. Le corps diplomatique était séparé en trois parties : les deux groupes de belligérants et les neutres. Les Français étaient invités avec les Anglais et les Polonais. Les Allemands avec les Russes, et l'on répartissait les neutres au petit bonheur, joignant de préférence les prébelligérants aux représentants des puissances totalitaires.

Avec l'occupation par l'Allemagne du Danemark et de la Norvège, la situation se complique. À Helsinki, où j'étais alors, le ministre de Norvège, qui avait épousé une Allemande et qui reprochait amèrement à l'Angleterre d'avoir voulu violer la neutralité norvégienne pendant la guerre finlandaise, dut faire volte-face. Il brûla ce qu'il avait admiré pour admirer ce qu'il avait critiqué. La même évolution fut accomplie un peu plus tard par le ministre de Belgique, qui ne cachait pas, avant l'envahissement de son pays par l'Allemagne, son admiration pour le national-socialisme.

En Finlande, les autorités avaient renoncé à inviter l'ensemble du corps diplomatique. Un ministre, celui des États-Unis, fut obligé de le faire pour l'anniversaire de la naissance de Washington. Comme il ne pouvait pas étendre ses invitations sur deux jours, il crut avoir trouvé une solution en conviant une partie de ses hôtes de 3 heures à 5 heures, et le reste de 5 heures à 7 heures. Cette combinaison aboutit finalement au résultat inverse de celui qu'il avait cherché : l'habitude étant d'être très exact, tout le monde se retrouva au vestiaire. Quand le président Kallio mourut, en décembre 1940, la même question se posa : on ne pouvait faire deux enterrements pour chaque partie du corps diplomatique. Après avoir longtemps étudié le problème, après avoir même envisagé la possibilité de ne pas faire à Helsinki de cérémonie, le chef du Protocole s'est résolu à disposer les invités en deux catégories, ceux appartenant au côté de l'Axe sur les bancs de droite et les autres sur les bancs gauches de l'église. Mon rang

---

[1] L'origine du bal de l'Amaranthe semble remonter à la reine Christine de Suède. Il était une coutume établie en Suède de célébrer chaque année une fête déguisée, nommée *Wirtschaft* où l'on se livrait à toutes sortes de divertissements et jeux. Christine donna en 1653 un bal costumé à cette occasion, créa un ordre de l'Amaranthe pour ses favoris, du nom de cette fleur symbole de l'immortalité qui lui avait été donné lors de cette fête. Tombée très vite en désuétude, la célébration de cette fête a été restaurée en 1760.

d'ancienneté a voulu que je fus placé à côté de mon collègue anglais qui, en dépit des circonstances et du lieu, se montrait particulièrement aimable et causant avec moi chaque fois que le ministre d'Allemagne regardait de notre côté.

À Stockholm la situation est plus compliquée encore parce que le corps diplomatique est beaucoup plus nombreux et que la guerre a évolué une fois de plus. C'est ainsi que l'on voit aux réceptions de Madame Kollontay, le prince de Croÿ, ministre de Belgique, et le ministre de Pologne. Les personnes qui reçoivent ont dû réviser leurs listes et faire passer dans un camp ceux qui étaient précédemment dans le camp opposé. Des dîners ont dû être décommandés parce qu'entre les invitations et le dîner, la politique avait transformé des amis en irréconciliables ennemis. Maintenant que les États-Unis et beaucoup de pays d'Amérique sont en guerre, la situation devient inextricable.

Il faut ajouter à ces complications que les évolutions de la politique vont beaucoup plus vite que la vie normale. Le ministre de Belgique à Stockholm habite toujours dans la même maison que le conseiller de la légation d'Allemagne et ils ne manquent pas de se rencontrer dans l'escalier. Il en est de même du ministre de Chine et du chargé d'affaires du Japon, mais, heureusement pour eux, ces deux pays, jusqu'à ces tout derniers jours, n'étaient pas en guerre. Le ministre d'Angleterre et le ministre de Hongrie font partie du même cercle ; mais avant de s'y rendre, ils s'assurent par téléphone que leur adversaire ne s'y trouve pas déjà.

Quelques rares exceptions sont admises. C'est ainsi que le roi de Suède joue depuis longtemps au bridge à ce même cercle avec le ministre de Belgique et le ministre de Hongrie. Pour ne pas troubler les habitudes du Roi, qui est fort âgé, on a décidé d'un commun accord de continuer ces parties, bien que le prince de Croÿ déclare chaque fois qu'il ne jouera plus avec son collègue hongrois. Mais le service du Roi l'emporte en fin de compte. Il est vrai que pour compenser ces faiblesses, les ministres de Roumanie et de Hongrie, dont les gouvernements viennent de signer un pacte commun, n'ont aucun rapport entre eux et ne se connaissent même pas.

Dans quelques jours ce corps diplomatique va célébrer la fête de Noël. Beaucoup de ses membres sont catholiques et ce ne sera pas un des spectacles les moins piquants que de voir à l'église catholique, agenouillés les uns près des autres, ces représentants de nations qui ont décidé de s'entre-tuer jusqu'au dernier homme, pendant que le prêtre laissera tomber sur eux les paroles rituelles : « Paix sur la terre aux hommes de bonne volonté ».

Guerre 1993-1945, Vichy, Z Europe, Suède, 708 (10GMII/708)

451

M. DE MARGERIE, CONSUL GÉNÉRAL DE FRANCE À SHANGHAÏ,
À L'AMIRAL DARLAN, VICE-PRÉSIDENT DU CONSEIL, MINISTRE DE LA
DÉFENSE NATIONALE, SECRÉTAIRE D'ÉTAT AUX AFFAIRES ÉTRANGÈRES
ET À LA MARINE.

T. n°s 591 à 595.   *Shanghaï, 15 décembre 1941, 16 h. 10.*

Il y a aujourd'hui une semaine que les hostilités ont commencé dans le Pacifique[1] et que l'armée japonaise a occupé la Concession internationale de Shanghaï. Jusqu'ici la Concession française a traversé cette crise de façon inespérée.

Sa neutralité a été reconnue par les autorités japonaises ; celles-ci respectent nos droits spéciaux et ne nous ont encore adressé que des demandes parfaitement raisonnables en temps de guerre[2].

Aucun Français ou neutre dans la ville n'a été inquiété, aucun belligérant résidant sur notre territoire n'a eu à subir autre chose que les formalités inévitables qu'entraîne la loi militaire. D'innombrables questions pratiques ont été réglées avec la gendarmerie japonaise dans un esprit de collaboration confiante auquel ses chefs ont rendu hommage officiellement.

Français et étrangers qui demeurent dans notre concession n'ont qu'à se féliciter de s'y être établis.

Sans doute les difficultés iraient croissantes avec la prolongation des hostilités, et il est clair qu'une telle situation n'échappera pas à de profonds changements. Mais il faut constater que cette première phase d'adaptation, particulièrement délicate, s'est déroulée dans des conditions infiniment meilleures qu'on n'eût osé l'espérer. Les autorités japonaises locales montrent un souci évident de nous ménager. Tout en disposant d'une force qui ne permettrait pas de discuter leurs décisions, elles traitent avec nous sur un pied de complète égalité, alors qu'elles pourraient fort bien ne pas nous marquer ces égards. Si l'armée et la gendarmerie japonaises collaborent ainsi avec nous aujourd'hui, nous le devons avant tout au prestige et à l'habileté du colonel Fabre, directeur des services de police, dont les efforts persévérants trouvent aujourd'hui leur récompense et auquel la communauté française de Shanghaï doit la plus profonde reconnaissance.

Sous réserve d'incidents que nous ne pouvons prévoir, le problème essentiel qui se pose pratiquement à Shanghaï est celui du ravitaillement d'une ville de 5 millions d'habitants.

Je fais appliquer dès maintenant dans notre concession un programme sévère de restrictions dont l'exécution permettra d'assurer le fonctionnement des services publics contrôlés pendant de longs mois. De plus, les autorités japonaises, celles du *Settlement* (où tout le personnel anglo-

---

[1] Lors de l'attaque de Pearl Harbor par les Japonais le 7 décembre 1941.

[2] Voir documents n°s 431, 441.

américain reste en fonctions) et les nôtres procèdent actuellement à (...)[1] général de nos stocks. La situation peut devenir critique en matière de ressources. Aussi le gouvernement japonais se montre-t-il disposé à relâcher le contrôle rigoureux qu'il exerçait jusqu'ici pour arrêter les arrivages de l'intérieur. D'autre part, à sa requête expresse, j'ai demandé à l'amiral Decoux de quel tonnage il pouvait disposer pour amener à Shanghaï du riz et du charbon indochinois. Il y a là des perspectives extrêmement intéressantes pour notre pavillon, le seul qui soit neutre et de quelque importance, à l'heure actuelle, dans le Pacifique.

Notre colonie, à qui toute gêne avait été épargnée jusqu'ici, accepte la situation nouvelle avec d'autant plus de discipline qu'elle avait été plus longtemps privilégiée et qu'elle se sentira ainsi plus proche de la population française, soumise elle-même à de si rudes privations.

Guerre 1939-1945, Vichy, E Asie, Chine, 143 (3GMII/143)

452

Le général Noguès, Commissaire Résident général de France à Rabat,
    à l'Amiral Darlan, Vice-Président du Conseil, Ministre de la Défense nationale, Secrétaire d'État aux Affaires étrangères et à la Marine.

D. n° 20081[2].   *Rabat, 15 décembre 1941.*

J'ai l'honneur de faire savoir au Département que l'attention de cette Résidence générale a été fréquemment attirée sur les agissements de M. Kenneth Whittemore Pendar, l'un des vice-consuls américains chargés de surveiller la répartition et l'emploi du ravitaillement en provenance des États-Unis pour l'Afrique du Nord[3].

Outrepassant avec quelque indiscrétion les bornes légitimes de sa mission, cet agent profite de ses déplacements à travers le Maroc, notamment dans la région du Sud, pour entrer en contact direct avec la population européenne et indigène dont il cherche à sonder l'état d'esprit, ne manquant pas de faire ressortir ce que font les États-Unis pour le ravitaillement du Maroc et surtout ce qu'ils pourraient faire si les commissions de contrôle d'armistice ne gênaient pas leur activité[4].

---

[1] Lacune de déchiffrement.

[2] D. intitulée « Activité des consuls américains au Maroc » et portant le tampon « 29 déc[embre] 1941 » (date arrivée ou réception). Annotation marginale manuscrite d'Ernest Lagarde : « J'ai oralement appelé l'attention de M. [illisible, probablement un agent de l'ambassade des États-Unis à Vichy] sur l'indiscrétion de l'attitude de M. Pendar, 15.1.1942 ».

[3] Sur cette question, voir documents n°ˢ 285, 377, 364, 380.

[4] D'après une note du général Henry Martin, chef de la région de Marrakech, au directeur de cabinet du Résident général à Rabat, en date du 4 décembre 1941 (*in* Guerre 1939-1945, Vichy,

Sans exagérer la portée réelle des faits et gestes de M. Pendar, j'estime qu'ils sont de ceux qui peuvent donner une apparence de raison aux plaintes dont l'ambassade d'Allemagne à Paris s'était fait l'écho en juillet dernier auprès de M. Benoist-Méchin, ainsi que l'avait relaté Votre Excellence dans sa dépêche n° 15 428 Pol. du 4 août 1941[1].

En conséquence, des observations ont déjà été adressées à plusieurs reprises tant au consulat général des États-Unis à Casablanca qu'à M. Murphy, chef de la Mission économique américaine[2]. J'ai tout lieu de croire que ceux-ci veilleront à ce que leur agent limite désormais son activité au strict accomplissement de sa tâche.

J'ai tenu, cependant, à mettre le Département au courant de cette situation pour le cas où il jugerait opportun d'attirer de son côté l'attention de l'ambassade des États-Unis sur les agissements de M. Pendar.

N.B. Je joins à cette lettre, à toutes fins utiles, la copie du dernier rapport de la Région de Marrakech touchant l'activité de cet agent américain[3].

Guerre 1939-1945, Vichy, M Maroc, 12 (6GMII/12)

453

NOTE DE LA SOUS-DIRECTION D'ASIE

Note d'audience

N. *Vichy, 17 décembre 1941.*

Le premier secrétaire de l'ambassade de Chine a été reçu ce matin à la sous-direction d'Asie.

Il lui a été indiqué que les questions posées par le chargé d'affaires de Chine au Directeur politique avaient fait l'objet de l'examen le plus attentif[4].

Fermement désireux de se maintenir dans l'attitude de neutralité qu'il a prise et dont notification a été faite à la Chine, aux États-Unis et au Japon,

---

M Maroc, 12, document non reproduit) : « M. Pendar semble s'être établi à demeure à Marrakech avec l'intention d'exercer moins des fonctions consulaires proprement dites qu'une action de propagande et d'information dans les milieux indigènes. Il cherche, d'une part, à convaincre ses interlocuteurs du potentiel économique et même guerrier des États-Unis, d'autre part, à se renseigner sur les dispositions des indigènes en cas d'action américaine outre-mer.

[1] Document non retrouvé : une annotation manuscrite marginale précise : « manque aux archives ».

[2] Par le T. n° 40, adressé de Vichy le 15 janvier 1942 à Rabat, Ernest Lagarde signale aussi que « le Département a oralement appelé l'attention de l'ambassade des États-Unis sur l'indiscrétion de l'attitude de l'intéressé. » (*in* Guerre 1939-1945, Vichy, M Maroc, 12, document non reproduit).

[3] Document non retrouvé.

[4] Voir document n° 443.

le gouvernement français s'abstiendra de tout geste qui puisse nourrir les appréhensions du gouvernement de Tchoung-King. Dans cet esprit, les instructions les plus strictes ont été données aux troupes françaises échelonnées sur la frontière du Tonkin et de la Chine. Ces troupes s'y trouvent seules, sans qu'aucun élément japonais ne leur ait été adjoint.

Les effectifs japonais stationnés au Tonkin ne dépassent pas le chiffre maximum fixé par les accords et ce chiffre peu considérable semble exclure des prévisions d'action offensive de la part du Japon[1].

Dans ces conditions, le gouvernement français ne peut que renouveler l'assurance de sa volonté de neutralité en exprimant l'espoir que les autorités chinoises ne prendront pas d'initiatives qui pourraient étendre les hostilités au territoire indochinois.

Tout en prenant acte de ces indications, M. Wang a fait remarquer que si la Chine ne mettait pas en doute la volonté de paix de la France, elle était obligée de constater que l'Indochine servait de base de départ pour les actions offensives du Japon. M. Ostrorog ayant demandé à quelles opérations il faisait allusion et M. Wang ayant parlé de l'entrée des troupes japonaises en Thaïlande, il lui a été répondu qu'un accord était intervenu entre le Japon et le gouvernement de Bangkok, on ne pouvait parler en l'occurrence d'agression[2]. M. Wang a insisté en précisant que dans le

[1] Voir document n° 404 notamment.

[2] Comme le rapporte le T. n°s 516 à 520 en date du 10 décembre 1941 de M. Gassouin, le ministre de France à Bangkok, « dans la nuit du 7 au 8 [décembre], les Japonais par l'entremise de leur ambassade à Bangkok, ont demandé le libre passage pour leurs troupes. Réponse devait être donnée avant la fin de la matinée. En même temps, ils tentaient de pénétrer sur le territoire thaïlandais par terre à la frontière indochinoise où plusieurs engagements ont eu lieu, et par mer en trois points du littoral [...] à environ 30 kilomètres de la frontière de la Malaisie britannique (État de Kedah) et à 100 kilomètres de l'important aérodrome anglais d'Eptar./ Partout les troupes nippones n'ont trouvé en face d'elles que des forces de police thaïlandaises./Aussitôt informé de ces tentatives, le gouvernement de Luang Pibul, invoquant l'accord secret anglo-thaïlandais, aurait sollicité d'urgence l'aide militaire de Singapour. Les autorités britanniques auraient répondu, m'a-t-il été affirmé de plusieurs sources : « qu'elles avaient une tâche plus importante à accomplir. »/ Ce refus brutal aurait d'un seul coup ruiné la position des membres du cabinet partisans de la politique anglaise, Nai Direch notamment, et [...] décidé Luang Pibul à donner l'ordre vers 7 heures de cesser le feu ». Les demandes japonais étaient jugées, « en apparence du moins, acceptables : respect de l'indépendance, de la souveraineté et de l'intégrité de la Thaïlande, libre passage des troupes nippones se dirigeant vers la péninsule de Malacca, autorisation donnée au commandement japonais de prendre toutes mesures pour assurer la sécurité de ses troupes. » M. Gassouin souligne ainsi « la victoire des éléments pro-japonais », sous l'influence notamment du colonel Prayoun, « métis allemand, fervent adepte du nazisme », tandis que les pro-britanniques « paraissent s'être agrégés à un groupe important d'officiers qui, pour sauver 'l'honneur thaïlandais' préparaient une dictature militaire dont l'objet principal serait de chasser les Japonais » : « Il est à prévoir, poursuit le Ministre, que l'inconstance thaïlandaise réduira tous ces beaux projets à néant. Un fait demeure : le mécontentement général. Les Thaïlandais sont irrités d'avoir consenti tant de sacrifices à une politique de prestige qui aboutit à un tel fiasco ». Dans plusieurs autres télégrammes suivants du même jour (T. n°s 523, et 524 à 525), Gassouin signale l'occupation par les troupes nippones à Bangkok de presque toutes les écoles (dont deux françaises), du cercle international, d'habitations privées, des banques et hôpitaux anglo-américains, la perquisition de la légation américaine et la surveillance sévère de celles de Grande-Bretagne et des Pays Bas. S'agissant du traité nippo-thaïlandais, selon le ministre des Affaires étrangères adjoint de Thaïlande interrogé par le diplomate français, le texte en avait été « rédigé très hâtivement » et « les négociations dans le paragraphe relatif aux revendications territoriales thaïlandaises n'avaient pas voulu viser l'Indochine », des assurances en contradiction avec le discours radiodiffusé la veille du Président du Conseil et s'en prenant aux deux puissances blanches, la France et l'Angleterre, dont

développement actuel de la guerre, les opérations aériennes et navales avaient pour le moins autant d'importance que les mouvements de troupes et que les bases de l'Indochine méridionale étaient utilisées par les Japonais.

M. Ostrorog est alors revenu de manière plus concrète aux relations franco-chinoises, qui ne peuvent être directement affectées que par les événements se produisant au Tonkin. Or au Tonkin, tout est calme, aucune action menaçante pour la Chine n'est en préparation.

M. Wang a répliqué en déclarant que la Chine était alliée de l'Angleterre et des États-Unis comme le Japon était en guerre avec la Chine, l'Angleterre et les États-Unis et qu'il y avait nécessairement un lien entre les entreprises militaires des trois puissances alliées. Sans se prononcer de manière plus précise, il a conclu en donnant l'assurance que le point de vue et les vœux du gouvernement français seraient immédiatement portés à la connaissance du gouvernement chinois.

Guerre 1939-1945, Vichy, E Asie, Dossiers généraux, 14 (3GMII/14)

454

M. Helleu, Ambassadeur de France à Ankara,
à l'Amiral Darlan, Vice-Président du Conseil, Ministre de la
Défense nationale, Secrétaire d'État aux Affaires étrangères
et à la Marine.

D. n° 76[1].   *Ankara, 21 décembre 1941.*

Aux derniers jours d'une année marquée par de si profonds changements dans le Sud-Est de l'Europe et dans le Moyen-Orient, il paraît intéressant de faire un examen d'ensemble de la politique extérieure du seul pays de cette partie du monde qui n'ait pas vu encore ses frontières violées de gré ou de force.

L'année 1940 n'avait été en somme, pour la Turquie, qu'une année d'avertissement. La défaite de la France, à laquelle personne ne s'attendait ici, avait vivement frappé les esprits[2], mais cela se passait encore à l'ouest, à près de 3 000 kilomètres d'Ankara.

À vrai dire, dès la fin de l'année 1940 se produisirent des événements qui laissèrent prévoir que l'Orient pourrait bien, lui aussi, voir sa tranquillité

---

l'impérialisme a jadis fait tant de mal à la Thaïlande », à la différence du Japon, « ami de toujours. » (T. n°ˢ 533 à 536 de Bangkok en date du 14 décembre 1941. Le 17 décembre (T. n°ˢ 540 à 543), M. Gassouin annonce d'ailleurs la complète volte-face de la Thaïlande dont la capitale est pavoisée aux couleurs japonaises. (Tous ces documents non reproduits, dans Guerre 1939-1945, Vichy, E Asie, Japon, 315).

[1] D. intitulée : « La politique extérieure de la Turquie au cours de l'année 1941 » et communiquée à Budapest, Bucarest, Sofia. Le document porte le tampon : « 8 janv[ier] 1942 » (date réception ou enregistrement).

[2] Voir *DDF (1939-1944)*, 1940-2, documents n°ˢ 2, 47, 437.

menacée. Ce fut d'abord la guerre italo-grecque qui créa une atmosphère belliqueuse dans les Balkans[1]. Mais les succès helléniques d'une part, le désintéressement que le Reich semblait professer pour ce conflit, d'autre part, rassurèrent quelque peu les dirigeants de la Turquie. Cette relative tranquillité ne dura guère et l'inquiétude naquit à nouveau lorsque des forces allemandes de plus en plus nombreuses s'installèrent en Roumanie[2].

On put un instant se leurrer ici de l'espoir que ces troupes ne constituaient qu'un avertissement du Reich à l'URSS. Mais bientôt le doute ne fut plus permis et dès le milieu de janvier, le gouvernement d'Ankara ne cachait pas l'inquiétude que lui causaient les concentrations de troupes allemandes sur le Danube, face à la Roumanie[3]. Coïncidant avec les victoires anglaises de Cyrénaïque, que l'on croyait ici définitives, et l'intérêt de plus en plus grand porté par la Grande-Bretagne à la Méditerranée orientale, les mouvements des troupes allemandes en Roumanie donnèrent très vite à penser ici que le chancelier Hitler, convaincu qu'un nouveau front de Salonique, terreur des pays de l'Europe centrale, allait se former, avait décidé de prévenir ce danger.

Pendant que les divisions de l'armée allemande se massaient le long du Danube, des négociations se poursuivaient avec une Bulgarie de plus en plus mystérieuse et réservée. Ces négociations aboutirent le 18 février à une déclaration bulgaro-turque de non-agression[4].

Commentant sans illusions ce modeste document, M. Saradjoglu, ministre des Affaires étrangères, faisait quelques jours plus tard à l'Agence d'Anatolie des déclarations où apparaissait nettement la décision de la Turquie de ne pas envoyer son armée hors des frontières du pays. « La Turquie ne restera pas indifférente aux activités étrangères qui viendraient à se dérouler dans sa zone de sécurité », disait bien le Ministre, mais tout de suite après il ajoutait : « La Turquie s'opposera par les armes à toute action dirigée contre son intégrité territoriale »[5]. Il était donc bien clair que le gouvernement d'Ankara ne ferait rien, le cas échéant, pour empêcher les armées allemandes de traverser la Bulgarie en direction de Salonique. Cette prise de position en retrait fut d'ailleurs facilitée par le fait que le chancelier Hitler, au moment où il donnait l'ordre à ses troupes de franchir le Danube, tint par un message personnel à rassurer le président Ismet Inönü sur ses intentions à l'égard de la Turquie.

---

[1] À partir du 28 octobre 1940. Voir *DDF (1939-1944)*, 1940-2, documents n⁰ˢ 336, 342, 348, 350, 364, 386.

[2] Voir dans ce volume notamment, documents n⁰ˢ 1, 8, 13, 15, 31, 41, 91.

[3] Voir documents n⁰ˢ 116, 136.

[4] Voir documents n⁰ˢ 55, 95 et notes.

[5] Voir T. n⁰ 240 d'Ankara en date du 25 février 1941, sur cette déclaration à un représentant de la presse turque « pour répondre aux nombreuses rumeurs que le pacte turco-bulgare a suscitées » : « De cette déclaration, deux points sont à retenir : 1) La Turquie ne restera pas indifférente aux activités étrangères qui viendraient à se dérouler dans sa zone de sécurité. 2) La Turquie s'opposera par les armes à toute agression qui serait dirigée contre son intégrité territoriale ou son indépendance. » (Guerre 1939-1945, Vichy, E Levant, 126)

De leur côté, les Anglais, par l'action de M. Eden, cherchèrent à intéresser la Turquie à l'imminente extension du conflit dans les Balkans, mais ce fut en vain[1]. Il était d'ailleurs facile, pour le ministre des Affaires étrangères et l'état-major turcs de démontrer aux représentants de l'Empire britannique que le manque de matériel ne permettait à l'armée qu'une campagne strictement défensive.

La rapidité avec laquelle la Wehrmacht maîtrisa la Yougoslavie et la Grèce[2], puis rejeta à la mer quelques divisions anglaises[3], montrèrent aux dirigeants turcs combien leur réserve était justifiée.

La reprise concomitante de la Cyrénaïque par les troupes germano-italiennes[4], qui causa ici une véritable consternation, puis l'occupation des îles grecques dont certaines ne sont séparées de la côte turque que par quelques kilomètres[5], augmentèrent encore le trouble qu'avaient fait naître dans l'esprit des dirigeants turcs les victoires allemandes dans la péninsule balkanique. Les assurances répétées données par le Reich à la Turquie ne convainquaient pas les dirigeants turcs et tant le ministre des Affaires étrangères que le Secrétaire général envisageaient ouvertement à cette époque l'éventualité d'une opération allemande contre la Turquie.

C'est pourquoi l'occupation de la Syrie par les troupes britanniques fut ici la bienvenue, surtout lorsque les dirigeants turcs se rendirent compte que le Reich n'interviendrait pas militairement pour l'empêcher[6]. Mais d'autre part, la piètre tenue des troupes britanniques contre les nôtres ne donna pas à l'état-major turc l'impression qu'il pourrait compter sur une aide bien puissante, au moins dans un proche avenir.

Mais ce n'était pas vers le Moyen-Orient que devait s'exercer l'effort germanique. Ce furent les plaines du Nord vers lesquelles s'élancèrent les modernes *Panzer* allemands[7]. Grand fut alors le soulagement des dirigeants turcs, plus rassurés par le départ vers l'Est des divisions allemandes que par la signature concomitante du Pacte de non-agression germano-turc[8].

Aussi, à la fin du mois de juin, les visages s'éclairèrent quelque peu dans la capitale turque. Enfin, les deux puissants pays dont l'union constituait une telle menace pour la Turquie en étaient venus aux prises. Mais la joie causée par le choc des armées russe et allemande n'était pas sans mélange. Personne en effet ne croyait ici à une longue résistance des Russes[9]. Et les milieux politiques ne voyaient dans cette nouvelle campagne de la

---

[1] Voir document n° 136.

[2] Attaqués le 6 avril, les deux pays sont contraints de capituler entre les 19 (Yougoslavie) et 27 avril (Grèce). Voir notamment document n° 211 sur la défaite yougoslave.

[3] En Crète. Voir document n° 226.

[4] À partir de février 1941, l'Afrikakorps vient au secours de l'allié italien en difficulté.

[5] Voir documents n°s 183, 265.

[6] Voir document n° 213.

[7] Allusion bien sûr à l'attaque allemande contre l'URSS le 22 juin 1941.

[8] Voir document n° 256.

[9] Voir document n° 344.

Wehrmacht qu'un répit de quelques mois dont leur pays bénéficiait quasi miraculeusement.

Bien que, dès la fin du mois de juillet, la résistance russe s'affirmât plus sérieuse qu'on ne l'avait d'abord pensé, on se demanda ici pendant tout le mois d'août si les Allemands ne disposeraient pas, malgré leur effort militaire en Russie, d'effectifs suffisants pour lancer à travers l'Anatolie une attaque vers le Caucase. Ce mois fut également marqué pour les Turcs par un autre sujet d'inquiétude : l'occupation de l'Iran par les forces anglo-soviétiques[1]. La Turquie n'était plus maintenant entourée que de pays belligérants et les pressions de l'un et l'autre camp pouvaient maintenant prendre un caractère infiniment sérieux.

Ce n'est qu'à la fin du mois d'août que les dirigeants turcs commencèrent à penser que tout danger immédiat pour leur pays de la part de l'Allemagne était écarté. Mais la violence des nouvelles offensives allemandes des mois de septembre et d'octobre[2] firent croire, même aux personnalités turques les plus confiantes dans la capacité de résistance de l'Union soviétique, que celle-ci allait être brisée avant le début de l'hiver. Aussi, tout en affirmant à nouveau la décision de la Turquie de défendre ses frontières, le gouvernement turc fit-il à ce moment au Reich certaines concessions, d'ailleurs pour la plupart de pure forme, et signa-t-il le traité de commerce germano-turc autour duquel on fit tant de bruit, mais qui, après trois mois, n'a pas encore commencé à être mis en application[3].

Peu après, la poussée des divisions blindées allemandes commença à se ralentir sérieusement. L'opinion se fit bientôt jour ici que les Allemands n'atteindraient pas leurs objectifs, notamment le Caucase, avant la fin de l'année. Les sympathies du gouvernement pour l'Angleterre qui, au cours des derniers mois, s'étaient faites très discrètes, se manifestèrent à nouveau, avec prudence mais nettement[4], et cela d'autant que l'Amérique témoignait à la Turquie un intérêt chaque jour grandissant. L'apogée de cette période se place au moment où le président Roosevelt annonça que la Turquie venait d'être inscrite sur la liste des bénéficiaires de la loi « Prêt et Bail »[5].

Mais à peine la radio et la presse turques avaient-elles fini de vanter les avantages du geste américain, que les succès inattendus et rapides de la marine, de l'aviation et de l'armée du Mikado[6] ainsi que les difficultés de l'armée britannique en Libye[7] rappelèrent les dirigeants turcs à plus de prudence. L'annonce officielle par les autorités germaniques de l'arrêt de l'offensive allemande en Russie, qui se situe à la même époque[8], ne rassura pas le gouvernement turc. Cet arrêt n'aurait-il pas pour conséquence

---

[1] Le 25 août 1941. Voir documents n°s 317, 333, 373 et notes.

[2] Avec une avancée en Biélorussie et Ukraine. Voir document n° 376.

[3] Le 9 octobre 1941. Voir document n° 378.

[4] Voir documents n°s 378, 400, 433.

[5] Le 3 décembre 1941.

[6] Allusion à l'attaque de Pearl Harbour par les Japonais. Voir document n° 445.

[7] Face aux forces de Rommel et de l'Afrikakorps.

[8] Voir document n° 433.

la libération d'un nombre suffisant de divisions pour que le haut commandement allemand pût espérer pouvoir envahir le Moyen-Orient et prendre le Caucase à revers ?

C'est le moment où le gouvernement adressa à la presse les instructions suivantes qui caractérisent l'état d'esprit qui régnait ici au début du mois de décembre et que je crois devoir reproduire ci-dessous bien que je les aie déjà adressées au Département[1] :

« Il ne faut pas croire que le fait que la guerre a été portée dans le Pacifique écarte le danger de la Turquie. Jamais, au contraire, la Turquie n'a été plus menacée d'être entraînée dans la guerre. Or, le gouvernement ne veut à aucun prix être mêlé au conflit, de quelque côté que ce soit.

C'est pourquoi il fait appel à tous les journalistes pour que leurs articles s'inspirent de la plus stricte neutralité ».

Depuis lors, les esprits semblent s'être calmés. Bien qu'un article du porte-parole du gouvernement dans la presse, M. Fahli Rifki Atay, d'ailleurs très certainement publié à la demande de l'ambassade d'Allemagne, insistât il y a quelques jours sur le fait que l'arrêt des troupes allemandes en Russie était voulu et qu'il ne constituait pas une retraite, on n'en commence pas moins à trouver ici que l'arrêt définitif des opérations est long à se produire et qu'en tout cas les « rectifications du front » entraînent de lourdes pertes en hommes et en matériel, des abandons de positions importantes et une diminution certaine de prestige.

Cette impression commence à se faire jour dans la presse et il est même surprenant de constater que le général en retraite Emir Erkilet, dont les articles sont pourtant toujours favorables à l'Allemagne, exprime dans le *Cumhuriyet* une opinion assez voisine de celle qu'il avait émise auprès de ses intimes, à son retour du front de Russie[2]. S'il n'a pas été jusqu'à écrire, comme il l'a dit (mon télégramme n°s 1968-1972)[3] qu'il avait retiré une impression analogue à celle que Mustapha Kémal avait remportée de sa visite du front allemand en 1918, il n'en écrivait pas mois le 19 décembre :

« Il est certain qu'un changement important et défavorable aux Allemands s'est produit sur le front de l'Est… Tous les succès de la Wehrmacht n'empêchent pas que le fait de ne pas avoir pu occuper Moscou avant l'hiver constitue un très grave contretemps, une blessure d'amour-propre et une cause de grande inquiétude pour les Allemands ».

Bref, l'arrêt des opérations allemandes en Russie n'ayant pas encore entraîné un arrêt de la contre-offensive russe, l'espoir commence à naître ici que la Wehrmacht ne disposera peut-être pas de forces suffisantes pour s'élancer à travers le plateau quasi désertique d'Anatolie. On se dit que, jusqu'au mois d'avril, l'Asie mineure sera alternativement recouverte de boue et de neige et l'on pense que, même passées les difficultés de l'hiver, le simple fait pour les troupes turques de détruire ponts, tunnels et viaducs rendrait extrêmement difficile une avance d'une armée déjà fatiguée.

---

[1] On n'a pas retrouvé le document auquel il est fait allusion ici.

[2] Voir document n° 433 et notes.

[3] Voir *ibid.*, note 4, p. 1014.

D'autre part, le fait que les opérations de l'armée et de la marine japonaises dans le Pacifique ne sont plus aussi fulgurantes qu'au premier jour donne à penser ici que les Anglo-Saxons se ressaisiront et que, si le Japon doit encore marquer des points, ils ne seront pas décisifs pour le sort de la guerre. On se montre par ailleurs plus rassuré quant aux livraisons de matériel américain. L'ambassade des États-Unis fait une active propagande pour montrer que l'émotion provoquée par l'attaque japonaise a été telle en Amérique qu'une véritable union sacrée y est née et qu'il en résultera rapidement une très grande augmentation de la production, ce qui permettra aux usines d'effectuer aux ayants-droit de la liste « Prêt et Bail » les livraisons promises.

D'autre part, le ministre des Affaires étrangères et l'état-major turcs font grand cas des regroupements de troupes effectués par les Britanniques en Orient, à proximité des frontières turques. Ils assurent que la 9ᵉ armée britannique est composée de 14 ou 15 divisions, dont plusieurs blindées et motorisées, et qu'elle est prête à leur donner le cas échéant une aide très appréciable en chars et en avions.

Les deux grands chefs de la Turquie, Ismet Pacha et le maréchal Tchakmak, travaillent avec calme et avec une confiance accrue à augmenter dans la mesure du possible les moyens de défense du pays, aussi bien au point de vue purement militaire, qu'au point de vue économique. Tâche ardue entre toutes si l'on songe aux maigres moyens dont dispose la Turquie et si l'on se rappelle que l'armement total en pièces antichars et contre-avions de ses cinquante divisions correspond à celui de quatre divisions allemandes environ[1]. Mais les hommes qui, aux côtés de Mustapha Kémal, ont sauvé une Turquie presque totalement envahie ne reculent pas devant les difficultés actuelles, si grandes soient-elles. Et l'on ne peut que s'incliner devant leur sens du devoir, tout en souriant quelque peu de l'outrance de leur orgueil national.

Par leur ordre, on coule du béton à Tchadaldja, on rationne les vivres, on limite la consommation du charbon que l'on cherche par ailleurs à extraire en plus grande quantité, on se procure au plus vite et où l'on peut de l'essence.

Tout cela est fait méthodiquement et en silence. Aussi les soldats d'Anatolie, comme autrefois dociles, endurants et courageux, regardent avec confiance, des collines environnant la capitale où malgré le gel et le froid ils bivouaquent sous la tente, la résidence où Ismet Pacha et le maréchal Tchakmak conjuguent leurs efforts pour tenter de les sauver encore une fois. Dans leur foi naïve qu'un athéisme officiel et d'ailleurs déjà suranné n'a jamais ternie, ils espèrent qu'Allah viendra encore une fois en aide aux descendants de ceux qui, si longtemps, furent ses fils chéris et glorieux.

Guerre 1939-1945, Vichy, E Levant, Turquie, 127 (4GMII/127)

---

[1] Sur la situation de l'armée turque, voir la note n° 407/A.M. (secrète) de l'attaché militaire à Ankara, le colonel Duval, intitulée « Dispositif de l'armée turque au 15 décembre 1941 » (note datée du même jour), dans Guerre 1939-1945, Vichy, E Levant, Turquie, 132 (document non publié), qui « inscrit sur le terrain la préoccupation essentielle du haut commandement turc ».

455

M. Blondel, Ministre de France à Sofia,
  à l'Amiral Darlan, Vice-Président du Conseil, Ministre de la
  Défense nationale, Secrétaire d'État aux Affaires étrangères
  et à la Marine.

D. n° 46[1].   *Sofia, 24 décembre 1941.*

La déclaration de guerre de la Bulgarie aux deux grandes puissances anglo-saxonnes[2] a provoqué dans l'opinion de ce pays une émotion et des réflexions pessimistes que j'ai rapportées au Département (mon télégramme en clair n° 840)[3]. Alors que le gouvernement de Sofia avait jusqu'ici conservé le souci de limiter la participation du pays à la guerre et de ne pas couper les ponts avec les grandes puissances, alors qu'il avait réussi à rester en relations diplomatiques avec l'URSS et à ne pas se faire déclarer la guerre par l'Angleterre, il prenait brusquement parti contre deux énormes nations et sortait ainsi inopinément de sa prétendue neutralité : il y avait de quoi remuer beaucoup d'esprits et faire sentir, pour la première fois avec une telle acuité, à la masse des Bulgares pensant à quel point leur pays avait perdu la liberté de ses mouvements. On a l'impression pénible qu'après la presse, après la radio soumise depuis plusieurs mois à un contrôleur allemand et qui a dû introduire dans son programme de nombreuses émissions en langue allemande, c'est la direction politique et économique du pays qui est contrainte de renoncer définitivement à son indépendance.

Sur le plan politique le gouvernement lui-même semble admettre qu'il n'a pas agi de son plein gré : en s'abstenant de formuler tout grief concret et proprement bulgare contre les États-Unis et la Grande-Bretagne et en se référant sans cesse aux obligations découlant des engagements souscrits, les déclarations de MM. Filov et Popov se sont appliquées à donner à la décision de l'état de guerre un caractère juridique, c'est-à-dire à la fois nécessaire et abstrait. Et si le Président du Conseil a mentionné en outre l'esprit de solidarité européenne de la Bulgarie comme raison de cette décision, le ministre des Affaires étrangères ne m'en a pas parlé dans notre dernier entretien ; j'ai rapporté ailleurs ses propos résignés et la façon dont il a cherché à minimiser l'état de guerre avec les puissances anglo-saxonnes en le qualifiant même de « formalité ». C'était, a ajouté M. Popov, dans une phrase longue et embarrassée, un aboutissement nécessaire et naturel, le terme d'un long enchaînement logique ; mais, le geste de son bras marquait des degrés descendants. En somme cette logique ressemble beaucoup à celle de la Fatalité des tragédies antiques.

---

[1] D. intitulée : « A.s. Inquiétudes des Bulgares sur l'avenir de leur pays » et portant le tampon : « 8 janv[iver] 1941 » (date réception ou enregistrement).

[2] Le 13 décembre 1941.

[3] Document non retrouvé.

Sur le plan économique, le ministre des Affaires étrangères m'avait montré un fatalisme analogue dans une conversation précédente : « Il faut bien faire preuve d'esprit européen », avait-il soupiré, à propos de la raréfaction des denrées et de la hausse des prix. Si, en effet, la Bulgarie a longtemps bénéficié d'une situation privilégiée au point de vue alimentaire, celle-ci disparaît rapidement : les coupons de rationnement sont étendus à toutes les catégories de produits ; le pain lui-même, dans ce pays essentiellement agricole, est maintenant mélangé de soja et rationné, par jour et par personne, à 300 grammes, soit au tiers de la consommation normale du Bulgare. De telles restrictions venant à la suite d'une belle récolte et six mois après que les troupes allemandes ont quitté le pays, ne peuvent se justifier aux yeux des Bulgares ; on ne doute pas que le Reich s'adjuge une part croissante de la production du pays.

D'autre part, le commerce privé avec l'Allemagne ou avec les nombreux Allemands de passage, ainsi que l'agrandissement territorial du pays, ont causé un mouvement d'affaires, une circulation d'argent accrue, qui ont été des éléments de prospérité pour certaines catégories de la population ; à Sofia, le standard de vie de la bourgeoisie (hauts fonctionnaires, industriels et commerçants) s'est élevé en quelques mois dans des proportions étonnantes, à en juger tout au moins par la facilité avec laquelle se vendent des objets de luxe : tableaux, appareils photographiques ou de radio, etc. jusqu'alors réservés à un petit nombre de Sofiotes. Mais on sent tout ce que ce progrès a de superficiel et de factice ; l'inflation monétaire provoque une hausse constante de prix qui rend très difficile l'existence du petit employé ou de l'ouvrier et qui n'est pas sans atteindre maintenant les classes plus aisées. Surtout la confiance manque, ce qui n'est pas le signe d'un état économique sain : le paysan cache ses produits ou les vend en fraude ; le marché noir commence à sévir comme dans les pays vaincus et occupés, la prodigalité même avec laquelle on dépense son argent vient sans doute d'une méfiance de la monnaie et d'un désir de « réaliser », plutôt que d'une prospérité réelle. La lutte contre la spéculation est d'ailleurs à l'ordre du jour ; le gouvernement vient de la confier au Service de la mobilisation civile, doué de plus de moyens d'action que le ministère du Commerce.

Mais au fond de tout ce malaise, il y a un fait politique capital : à part la classe commerçante dont je viens de parler et que ses profitables relations d'affaires avec les Allemands rendent naturellement solidaire de ceux-ci, la grande masse de la population a cessé de croire à la victoire du Reich depuis que les Russes, après une résistance acharnée, sont passés à l'offensive et ont commencé d'infliger des échecs aux Allemands ; d'ailleurs son désir de voir triompher l'Axe avait été sérieusement ébranlé dès le jour où l'Allemagne avait attaqué sa grande voisine slave. Si l'on continue de souhaiter tout de même, dans une certaine mesure, le succès allemand, c'est pour éviter le terrible châtiment qui, on en est persuadé, suivrait une victoire anglo-saxonne. Ce désenchantement est loin de l'adhésion confiante du printemps dernier : alors on croyait que l'alliance allemande assurerait la grandeur et la puissance du pays ; maintenant on ne la considère plus que comme un moindre mal : pour ne pas perdre l'existence, le pays accepte de perdre à peu près l'indépendance.

Il n'y a pas ici comme en Hongrie les traditions civiques et politiques qui ont permis l'autre jour à certains députés de poser au parlement de Budapest la question même de l'indépendance du pays (dépêche n° 221 de M. de Dampierre)[1]. Et pourtant, plusieurs parlementaires bulgares, humiliés de voir leur gouvernement à la remorque du Reich, et conscients des graves dangers que ferait peser sur leur pays une trop complète passivité, ont tenu, comme je l'ai rapporté ailleurs, à élever leur voix contre la déclaration de guerre à l'Angleterre et aux États-Unis et, n'ayant pu obtenir la parole, ont laissé dans les archives du Sobranié une trace écrite de leur désapprobation. Ainsi pour la première fois quelques hommes ont voulu verser leur protestation au dossier de l'Histoire (ma dépêche Europe n° 18 *in fine*)[2]. Le patriotisme bulgare commence à se rendre compte du prix de l'indépendance véritable et à se demander si celle-ci n'est pas plus essentielle et imprescriptible que la grandeur territoriale proposée jusqu'à présent comme idéal unique de la nation. L'euphorie un moment provoquée par ces énormes acquisitions de territoires est bien passée ; on doute fort de leur durée ; les problèmes ardus d'assimilation ou de peuplement qui se sont posés en Macédoine et surtout dans la Thrace égéenne ont jeté dans les esprits bien des appréhensions sur la viabilité de « la Grande Bulgarie » et sur l'opportunité qu'il y avait à ranimer pour longtemps les haines des peuples voisins tandis qu'on ne réalisait le vieux rêve national qu'à titre tout à fait précaire. Un homme politique m'assurait même que s'il était possible d'arrêter maintenant les frais, la Bulgarie s'estimerait heureuse de pouvoir garder, de toutes ses récentes acquisitions, la seule Dobroudja[3], pourvu que son indépendance continuât à être reconnue dans ces limites.

Si l'on est sûr de perdre beaucoup par une victoire anglaise, que peut-on se flatter de gagner par une victoire allemande ? En admettant que le Reich gagne la guerre, ne sera-t-il pas alors tenté de maintenir sur tous les petits pays, même alliés, une domination qui satisfait ses besoins économiques et son goût politique d'hégémonie ? L'expression vague et rarement définie d'ordre nouveau n'est pas une garantie pour l'avenir ; à voir la façon dont les propagandistes de l'Axe le présentent déjà comme à demi réalisé, on peut craindre que cet ordre, nouveau sans doute par rapport à l'avant-guerre, ne diffère finalement pas assez de l'état de choses actuel. Les formes d'asservissement que l'on avait pu prendre pour des nécessités transitoires de la guerre ne risquent-elles pas, après tout, d'être consacrées et systématisées par les Allemands au nom de l'unification ou de l'organisation communautaire de l'Europe ? C'est ce que se demandent bien des esprits bulgares qui ont été frappés de la façon dont l'Allemagne confond déjà, avec les siens propres, le sort et les intérêts de tout le continent.

---

[1] Document non retrouvé.

[2] D. n° 18 de Sofia en date du 16 octobre 1941. Voir document n° 436, note 1, p. 1028.

[3] Par les accords de Craïova du 7 septembre 1940. Voir document n° 410, note 4, p. 961.

Il est assez curieux d'observer que ces inquiétudes ne sont pas propres à la Bulgarie mais caractérisent également, à en juger par la correspondance de mes collègues de Bucarest et de Budapest, l'état d'esprit des Roumains et des Hongrois, eux aussi clients du Reich et bénéficiaires de « l'ordre nouveau ». En contraste, tous les témoignages concordent pour donner de la situation morale des Grecs et des Serbes, pourtant vaincus et dans un affreux état de misère physique, un tableau nettement différent : il semble que ces deux peuples, tout en traversant pour le présent des épreuves inouïes, aient gardé une foi dans l'avenir, une ferveur patriotique, qui sont inconnues en Bulgarie. Étant tombés si bas, ils ne peuvent attendre pour leur patrie qu'un relèvement ; les autres, comblés sans avoir la conviction d'avoir tout fait pour mériter leur rang nouveau, vivent dans la crainte de perdre celui-ci.

Pour le garder, ce rang nouveau, les gouvernements sont entraînés à lier de plus en plus leur sort à celui de leur puissant allié, jusqu'à renoncer à toute volonté d'indépendance vis-à-vis de celui-ci qui devient alors un véritable « Protecteur ». Mais à la passivité des dirigeants s'oppose une opinion publique pleine d'hésitations et de reculs, et le Reich, à mesure même qu'il obtient une plus grande docilité des hommes d'État, doit sentir lui échapper de jour en jour l'adhésion des masses nationales.

Communiqué Ankara, Bucarest, Budapest.

Guerre 1939-1945, Vichy, Z Europe, Bulgarie, 190 (10GMII/190)

456

M. Ristelhueber, Ministre de France à Ottawa,
    à l'Amiral Darlan, Vice-Président du Conseil, Ministre de la
        Défense nationale, Secrétaire d'État aux Affaires étrangères
        et à la Marine.

T. n° 448.   *Ottawa, 25 décembre 1941.*

(*Reçu* : le 26, 4 h.)

Le bruit m'étant revenu de Montréal que les milieux dissidents se vantent d'entreprendre, sans tarder, un coup de main sur Saint-Pierre, j'ai mis hier notre administrateur en garde et j'en ai parlé ce matin au Sous-Secrétaire d'État[1].

Celui-ci m'a rassuré, tout en ne me cachant pas que la situation de l'île sur les grandes routes maritimes causait quelque préoccupation au gouvernement.

Il vient de me rendre visite à l'instant même pour me dire de la part du Premier ministre[2] sa désagréable surprise en apprenant, après les

---

[1] Soit Norman Alexander Robertson, depuis le début de l'année 1941.

[2] William Lyon MacKenzie King, Premier ministre du Canada, cumule ces fonctions avec celle de secrétaire d'État aux Relations extérieures.

assurances données ce matin, que l'ex-amiral Muselier venait de prendre possession de Saint-Pierre[1]. Le Sous-Secrétaire d'État m'a affirmé que ce dernier avait été détourné de ce dessein et que son coup de main avait été exécuté en dehors de l'Angleterre et des États-Unis comme du Canada[2]. Je suis convaincu de sa parfaite bonne foi.

Guerre 1939-1945, Vichy, B Amérique, France, 160 (1GMII/160)

457

M. Henry-Haye, Ambassadeur de France à Washington,
à l'Amiral Darlan, Vice-Président du Conseil, Ministre de la
Défense nationale, Secrétaire d'État aux Affaires étrangères
et à la Marine.

T. n° 3332.   *Washington, 26 décembre 1941, 14 h. 46.*

Urgent. Priorité.   (*Reçu* : le 27, 4 h.)

Je me réfère à mon télégramme nos 3229-3231[3].

M. Cordell Hull m'a confirmé ce matin la position du gouvernement américain à l'égard du coup de force gaulliste sur Saint-Pierre. Je lui ai dit que la netteté du communiqué publié par le Département d'État[4] n'aura pas manqué d'être appréciée par mon gouvernement et j'en rappelai les arguments que j'ai présentés hier au Département d'État ; j'ai insisté pour que ces déclarations soient suivies d'effet dans le plus bref délai.

M. Cordell Hull m'a dit qu'il conférerait cet après-midi avec le président Roosevelt, M. Churchill et M. Mackenzie King sur les dispositions à prendre pour établir le *statu quo ante* sur nos îles. Il me fera connaître dès

---

[1] Le vice-amiral Muselier, commissaire à la Marine et à la Marine marchande au sein du Comité national français, créé par le général de Gaulle en septembre 1941, a procédé à la libération de Saint-Pierre-et-Miquelon pour le compte de la France libre le 24 décembre 1941.

[2] Le Canada avait préparé, en effet, un projet de débarquement dans cet archipel, situé à 25 km au sud de l'île canadienne de Terre-Neuve, et cela avec l'aval des États-Unis.

[3] Sans doute faut-il lire à la place T. nos 3329-3330. Ce télégramme, en date du 25 décembre 1941, rapporte les démarches auprès du Département d'État après réception de la dépêche lui annonçant, d'Ottawa, le coup de force gaulliste sur Saint-Pierre-et-Miquelon. L'ambassadeur a obtenu un entretien de M. Reber de la Direction d'Europe, qui lui a déclaré « qu'une délibération était envisagée dès ce matin au Département d'État à ce sujet » et promis « de [lui] faire connaître cet après-midi le sens de la position prise par le gouvernement fédéral dans cette affaire » (Guerre 1939-1945, Vichy, B Amérique, France, 160, document non reproduit).

[4] Le texte (en traduction) de la déclaration de Cordell Hull du 25 décembre se trouve dans Guerre 1939-1945, Vichy, B Amérique, 160, France (non reproduit) : « Nos indications préliminaires nous indiquent que l'initiative des trois soi-disant navires de la France libre [l'expression fera scandale] à Saint-Pierre-et-Miquelon, constitue une action arbitraire, contraire à l'accord entre les parties intéressées et prise sans que le gouvernement américain en ait reçu un avertissement préalable et sans son consentement. Le gouvernement américain s'est informé auprès du gouvernement canadien des mesures que celui-ci était disposé à prendre en vue de rétablir le *statu quo* de ces îles. »

ce soir le résultat des échanges de vues qu'il se propose d'avoir avec les chefs de gouvernements intéressés.

Le Secrétaire d'État tint à me redire que le gouvernement fédéral avait été surpris par l'initiative gaulliste et il ajouta que cette surprise était partagée non seulement par le gouvernement canadien mais aussi par le Premier ministre britannique. M. Cordell Hull m'indiqua que, d'après les renseignements qu'il possédait, l'ex-amiral Muselier devait retourner avec sa flottille en Angleterre et qu'alerté sans doute par la nouvelle de la démission du maréchal Pétain qui reçut ici une large publicité, il avait pris sous sa responsabilité d'assurer aux *Free French* le contrôle de Saint-Pierre-et-Miquelon. J'ai fait observer à M. Cordell Hull que non seulement je ne croyais pas que l'ex-amiral Muselier ait pu être dupé par la fausse nouvelle mais que, au contraire, j'étais persuadé que cette rumeur avait été propagée par les organisations anglo-gaullistes pour justifier aux yeux de l'opinion publique américaine et des Saint-Pierrais un coup de main prémédité.

Guerre 1939-1945, Vichy, B Amérique, France, 160 (1GMII/160)

458

M. Roger Maugras, Ministre de France à Belgrade,
À l'Amiral Darlan, Vice-Président du Conseil, Ministre de la Défense nationale, Secrétaire d'État aux Affaires étrangères et à la Marine.

T. nᵒˢ 1376 à 1378.   *Belgrade, 26 décembre 1941, 21 h. 40.*

(*Reçu* : le 27, 3 h. 30)

Je me réfère à votre télégramme nᵒ 298 du 26 novembre[1].

Des groupements allemands s'efforcent incontestablement d'acquérir les intérêts français dans nos meilleures affaires établies en Yougoslavie. Toutefois les tractations ayant principalement lieu en France occupée, on n'en perçoit ici les échos que d'une manière indirecte.

1ᵒ) *Mines de Bor*. Il semble que la cession des mines de Bor à l'Allemagne soit en cours[2], un communiqué du ministre des Finances français ayant paru à ce sujet dans *Le Temps*. La Société des Mines de Bor est assurément

---

[1] Document non retrouvé.

[2] Ce type de manœuvres allemandes a eu lieu pendant toute l'Occupation, et quelques-unes ont été couronnées de succès. L'activité la plus importante des grandes banques allemandes concernant la France fut ainsi la «germanisation» des participations françaises dans des pays tiers, en particulier en Europe du Sud-Est, et dans les territoires de l'ex-Autriche. Ces transactions faisaient partie du programme de participation mis en place par Goering. Ainsi, les participations françaises dans les mines de cuivre de Bor (Serbie) ont bien été cédées à l'Allemagne pendant la guerre : 490 447 actions sur 600 000 au total pour la société, cédées à 3 500 francs l'une, un très faible cours pour une entreprise extrêmement rentable (le reste appartenait à des actionnaires suisses). L'offre expirait le 15 décembre, il est validé par l'AG du 27 décembre 1941. En 1946, elles

la plus belle des entreprises françaises en Yougoslavie. Toutefois la durée de la mine se réduit actuellement à quelques années.

2°) *Mines de charbon de Trifail.* D'après les renseignements qui me sont donnés, les Allemands chercheraient à acquérir tout ou partie du paquet d'actions qui se trouve en France et qui est détenu par la Banque des Pays d'Europe centrale. Des pourparlers sont déjà engagés virtuellement, pour les verreries de Pantchevo appartenant pour 45 % à Saint-Gobain, 45 % à des groupements tchèques ayant émigré en grande partie aux États-Unis depuis l'établissement du Protectorat en Bohême-Moravie, 10 % à des Belges. Des négociations seraient en cours pour la cession des actions de Saint-Gobain dans cette affaire à un groupement allemand. On m'assure d'ailleurs que, d'une manière générale, les Allemands auraient demandé à Saint-Gobain la cession de ses intérêts dans les pays balkaniques en échange d'un engagement plus ou moins vague de bonne volonté à l'égard de ses entreprises dans le Reich.

Les Allemands ne dissimulent pas qu'ils se proposent, par cette acquisition, de pratiquer ici une politique d'influence économique et à cet égard leurs intentions ne sont pas sans préoccuper vivement les autorités yougoslaves. En particulier à propos de Pantchevo, elles ont fait savoir récemment à la direction locale de l'affaire le regret des négociations actuelles et leur désir de voir les actions françaises vendues à des Yougoslaves au cas où Saint-Gobain voudrait s'en débarrasser.

En dehors de l'affaiblissement de notre situation économique en Yougoslavie qui résulterait de ces cessions[1], il ne faut pas perdre de vue qu'elles diminueraient très sensiblement nos moyens de paiement dans ce pays.

Guerre 1939-1945, Vichy, Relations commerciales, Allemagne, 28 (35RC/28)

---

ont été nationalisées par le nouvel État yougoslave. Il en est de même pour les charbonnages de Trifail (Slovénie, *cf. infra*), pour lesquels les négociations avaient commencé en mars 1941.

[1] Adressée au Ministre Secrétaire d'État à l'Économie nationale et aux Finances (Délégation générale aux relations économiques franco-allemandes, à l'attention de M. Mourre), avec demande de communication aux Relations commerciales (sous bordereau en date du 14 octobre 1941), la traduction d'une note de la Délégation allemande d'armistice pour l'Économie (Del. W. n° 10043) en date du 4 octobre 1941, « Pour Monsieur de Boisanger, gouverneur de la Banque de France, Président de la Délégation française près de la Délégation allemande d'armistice pour l'Économie », fait le point des intérêts français en Yougoslavie, en signalant qu'« il a été tenu compte dans une large mesure de la demande [...] de permettre aux sociétés françaises de Serbie de poursuivre leur activité » : La Société de construction des Batignolles [...] placée, pour autant que l'entreprise de construction s'étend au territoire serbe, sous la direction d'un commissaire, M. Furier [...]. Les ingénieurs qui étaient occupés à construire les lignes de chemin de fer en projet, sont maintenant en Croatie pour achever la construction de la ligne de chemin de fer Bihatsch-Kni. » ; La société des Mines Magnesit-Choumadia « qui continue également à fonctionner » et dont le directeur, M. Dollinger, est à Belgrade ; la Banque Franco-Serbe ; la station de Radio de Rakovia, placée sous la direction d'un commissaire, avec son directeur à Belgrade et du personnel français sur place ; les tissages A.G.B. ont été liquidés sur la base d'un accord avec le siège central à Agram ; les mines de charbon de Jalanisca, toujours dirigées par leur propriétaire Couhadoux ; les verreries de Pancevo placées sous la direction d'un commissaire, mais avec un fondé de pouvoirs du chef de l'entreprise sur place ; la Société française des Mines d'or du Pek, dont l'exploitation principale est située à Blagojow-Kamen, toujours dirigée par M. Sabatier ; La chocolaterie de Semlin en activité sous la direction de M. Bachelard. ; la Société « Ditad » pour le traitement des bois dont le directeur est parti pour Paris. (*in* Guerre 1939-1945, Vichy, Z Europe, Yougoslavie, 933)

459

M. Henry-Haye, Ambassadeur de France à Washington,
   à l'Amiral Darlan, Vice-Président du Conseil, Ministre de la
   Défense nationale, Secrétaire d'État aux Affaires étrangères
   et à la Marine.

T. n⁰ˢ 3349 à 3354.   *Washington, 27 décembre 1941, 15 h. 50.*

(Reçu : le 28, 2 h. 45)

Je sors du cabinet de M. Cordell Hull, où il m'a prié de venir conférer avec lui ce matin immédiatement après une conversation que le Secrétaire d'État a eue avec M. Mackenzie King[1]. M. Cordell Hull paraît soucieux de voir se régler rapidement l'affaire de Saint-Pierre-et-Miquelon à la satisfaction de tous les gouvernements intéressés. Les soi-disant dangers que comportent pour les puissances de cet hémisphère les émissions du poste radiotélégraphique de Saint-Pierre ont été exploités hier soir et ce matin dans la presse pour tenter de justifier la prise de possession de nos îles par les forces dissidentes[2].

M. Cordell Hull a vivement insisté auprès de moi pour qu'une formule soit immédiatement trouvée de nature à apaiser les inquiétudes, justifiées ou non, de ceux qui, dans les cercles officiels ou dans l'opinion publique, redoutent les indiscrétions du poste de Saint-Pierre, réputées gravement préjudiciables aux intérêts canadiens et américains. Le Secrétaire d'État préconise que le gouvernement fédéral et celui du Canada soient autorisés à envoyer dans nos îles trois ou quatre observateurs qualifiés, un pour les États-Unis, deux ou trois pour le Canada, qui veilleraient à ce que la station ne donne aucun renseignement pouvant être utilisé par les ennemis de ces deux pays. S'il pouvait être établi que la suppression du poste d'émissions radiotélégraphiques de Saint-Pierre ne peut nuire à la sécurité des pêcheurs terre-neuviens, les deux gouvernements se contenteraient de la présence de deux observateurs seulement, un Canadien, l'autre Américain.

J'ai dit à M. Cordell Hull que je recommande instamment à Votre Excellence une de ces deux solutions, à la condition qu'il veuille bien me donner à nouveau l'assurance que le rétablissement immédiat, préalable et total de la souveraineté française à Saint-Pierre-et-Miquelon animera toujours l'action du gouvernement fédéral dans les conversations qu'il poursuit avec les Anglais et les Canadiens. M. Cordell Hull me confirme que telle était

---

[1] Voir documents n⁰ˢ 456, 457.

[2] La presse se répandait en effet sur le fait que les émissions radio de Saint-Pierre-et-Miquelon sous l'autorité de Vichy non seulement diffusait de la propagande mais renseignaient les U-Boots allemands se trouvant dans la zone de Terre-Neuve. Dans la note de protestation adressée le 26 décembre par Vichy au gouvernement canadien (Guerre 1939-1945, Vichy, B Amérique, France, 160, document non reproduit), il n'est pas question de ces allégations. La note se borne à souligner la bonne volonté des Français qui avaient consenti peu auparavant à éloigner l'aviso *Ville d'Ys*, « la présence de ce navire de guerre ayant été estimée de nature à créer éventuellement des incidents regrettables.

bien son intention et qu'il a insisté pour obtenir aussi rapidement que possible l'agrément de Votre Excellence sur l'une des deux solutions préconisées ci-dessus. M. Cordell Hull me fit observer que pareilles suggestions respectaient intégralement la souveraineté française, un jurisconsulte du Département d'État lui ayant fait observer que des émissions captées en dehors d'un territoire et au-delà des eaux territoriales ne pouvaient être considérées comme dépendant exclusivement de la seule souveraineté de la nation y exerçant son autorité.

Le Secrétaire d'État a ajouté que la seule prétention du gouvernement des États-Unis et de ses alliés était de s'assurer de l'observance à Saint-Pierre, comme en toute autre possession française, de la stricte neutralité dont notre gouvernement a fait part à l'amiral Leahy et que j'ai moi-même confirmée au Département d'État.

Comme je m'inquiétais du sort réservé à l'administrateur Bournat[1], dont la personne a été saisie par les gaullistes, M. Cordell Hull m'a déclaré qu'il ne savait pas où il se trouvait actuellement. J'ai précisé alors que, bien entendu, mon gouvernement exigerait la réinstallation de son représentant à la tête de la colonie et que je comptais bien sur son intervention personnelle pour obtenir la prompte libération de ce fonctionnaire. M. Cordell Hull me fit part à ce moment de ses appréhensions formulées à l'égard de M. Bournat, que l'on s'efforce de représenter ici comme un adversaire déterminé des pays anglo-saxons, et il m'a demandé s'il n'était pas possible de prévoir son changement. J'ai dit que je ne saurais préjuger de la décision de Votre Excellence, mais qu'en tout état de cause, sa réinstallation et son maintien dans ses fonctions, au moins pour une certaine période, seraient inévitablement demandés par mon gouvernement. J'ai fait par ailleurs justice des accusations intéressées portées contre M. Bournat, à qui l'on ne pouvait reprocher autre chose que d'être loyal à son gouvernement. M. Cordell Hull a noté ces observations et il m'a prié, dans un intérêt commun, de demander à Votre Excellence de me faire parvenir de toute urgence, le point de vue du gouvernement français que M. Cordell Hull espère compréhensif afin de lui permettre, a-t-il précisé, de régler l'irritante question de Saint-Pierre dans le plus bref délai[2].

Je communique l'essentiel de ce télégramme à l'amiral Robert.

Guerre 1939-1945, Vichy, B Amérique, France, 160 (1GMII/160)

---

[1] Fait prisonnier par les Français libres conduits par l'amiral Muselier et Alain Savary, Gilbert de Bournat, administrateur de Saint-Pierre-et-Miquelon depuis janvier 1937, et sa femme Suzanne, n'obtinrent pas de se rendre, comme ils l'avaient, semble-t-il, souhaité à Halifax. Tenus prisonniers sur un des navires du port de Saint-Pierre, ils partirent un mois et demie environ après le « coup de Saint-Pierre » (titre des mémoires de Gilbert de Bournat, parus en 1974), vers Londonderry en Irlande, sur le *Roselys*, puis conduits en Angleterre et de là, à Vichy via Lisbonne.

[2] Le 27 décembre, Vichy adressait à Washington (T. nos 2987 à 2989), et Madrid (pour sir Samuel Hoare, T. nos 1199 à 1201) et Ottawa (T. nos 255 à 257) la communication suivante : « Le gouvernement français a pris acte avec satisfaction de la déclaration par laquelle le gouvernement des États-Unis a désapprouvé l'action entreprise contre Saint-Pierre-et-Miquelon./ Mais il estime que l'état de dépendance politique et pécuniaire où se trouvent les dirigeants gaullistes par rapport aux autorités impériales et l'appui dont l'ex-amiral Muselier a dû bénéficier en des terres anglaises

460

M. Léon Bérard, Ambassadeur de France près le Saint-Siège,
à l'Amiral Darlan, Vice-Président du Conseil, Ministre de la
Défense nationale, Secrétaire d'État aux Affaires étrangères
et à la Marine.

D. n° 188[1].   *Cité du Vatican, 27 décembre 1941.*

C'est la troisième fois depuis le commencement de la guerre que le Souverain Pontife traite de la guerre et de la paix dans un message adressé au monde la veille de la fête de Noël. La nécessité où il était d'appliquer une doctrine invariable à un sujet dont les aspects principaux n'ont pas de son point de vue reçu de changement profond n'a pas nui à l'intérêt de ce nouveau discours qui est fort digne de remarque.

Votre Excellence en trouvera ci-joint la traduction telle qu'elle m'a été remise par la Secrétairerie d'État.

La première partie est d'un moraliste chrétien : ce que le Pape est excellemment, par ses goûts, par sa formation, par le genre de culture qu'il tient et de ses études sacrées et de ses études profanes.

Après avoir esquissé un tableau vigoureux et sombre de l'état du monde et des horreurs de la guerre avec tous les maux qui en dérivent pour les corps, pour les esprits et pour les âmes, il se demande d'où est venu ce malheur universel des hommes. Certains affirment, devant un tel spectacle, que le christianisme a manqué à sa promesse. Pie XII leur réplique vivement que ce n'est point l'Évangile qui a abandonné le monde, mais le monde qui s'est insurgé contre l'Évangile. Avant de décrire les effets de cette révolte et de cette rupture, il a voulu rendre justice aux États qui ont compris la nécessité de restaurer ou de remettre en honneur les valeurs de la civilisation chrétienne et les règles de la morale religieuse en entretenant de bons rapports avec l'Église. Le passage vise à coup sûr certaines des puissances qui ont signé un concordat depuis une vingtaine d'années. Celles qui ont reconnu la part à faire à l'éducation religieuse de la jeunesse dans leurs efforts de rénovation : Italie, Portugal, Espagne, nouvel État français, cet ancien monde latin que la guerre a tellement ébranlé et divisé et dont le sort préoccupe si vivement le Souverain Pontife.

Ces signes heureux ne détournent pas sa pensée des ravages qu'a causés dans les sociétés humaines l'abandon du christianisme. Il les décrit, en interprète et en docteur suprême de la morale évangélique, avec un évident

---

ou canadiennes lui imposent l'obligation de demander aux gouvernements intéressés le rétablissement immédiat du *statu quo ante*. / Le rétablissement comporterait, au premier chef, l'évacuation du territoire par les mercenaires gaullistes et la réinstallation du gouverneur dans ses fonctions. / Le gouvernement français attacherait le plus grand prix à obtenir, dès à présent, des précisions sur les mesures prises à cet effet par les gouvernements intéressés [...]. » (*In* Guerre 19391945, Vichy, B Amérique, France, 160, document non reproduit).

[1] D. intitulée : « Message du Saint Père à l'occasion de Noël » et portant le tampon : « 9 janv[ier] 1941 » (date réception ou enregistrement).

souci d'exactitude et d'impartialité. Conception totalitaire de l'État, bolchevisme athée, égoïsme capitaliste, illusion de l'économie libérale sont tour
à tour évoqués et condamnés en une énumération discrète, charitable,
cependant fort expressive. Ce sont, aux yeux du Pontife, autant de formes
d'un matérialisme qui a déterminé à l'intérieur des États et d'une nation à
l'autre des conflits, des rivalités, des haines qui contenaient la guerre en
puissance, d'où la guerre devait surgir.

Le monde s'est perdu, il est tombé dans l'état effroyable où nous le voyons,
pour avoir détaché de l'idée de Dieu et de l'idée chrétienne le droit, la
morale, la politique ; le monde ne retrouvera un état raisonnable et une
paix assurée que s'il revient à ce christianisme qui avait sauvé l'Europe de
la barbarie et transmis aux hommes l'héritage gréco-latin : c'est la double
proposition qui domine le discours de Pie XII, c'est en vérité tout ce discours, dont la claire et solide ordonnance ajoute à la force de la pensée qui
s'y exprime.

Une paix durable ne sera donc fondée que sur la loi morale telle qu'elle a
été manifestée par la révélation primitive : c'est la deuxième partie.

Ce ne serait point la première fois, observe le Pape, que des hommes
entreprendraient, après une guerre, de doter le monde d'un ordre nouveau
ou d'une nouvelle organisation propres à lui donner des garanties de tranquillité et de bien-être dont la guerre même a démontré qu'elles lui faisaient
cruellement défaut. L'histoire a révélé la fragilité de leurs constructions
chaque fois que leurs vues propres allaient contre ce que prescrivent ou la
raison ou la modération ou la justice ou le sens de l'humanité ou bien
lorsqu'ils ont stipulé des conditions de paix en opposition avec les conseils
d'« une authentique sagesse politique ». Pie XII a-t-il pensé là, entre autres
expériences historiques, au traité de Versailles ? Il est permis de le supposer
quand on se rappelle qu'il a été étroitement associé, comme son Secrétaire
d'État, à la politique de paix de Benoît XV et du cardinal Gasparri, quand
on sait que les faiblesses et les erreurs du traité de Versailles sont un des
thèmes que le cardinal Maglione aborde le plus volontiers, notamment
lorsqu'il veut se dispenser d'en aborder de plus actuels.

Le Souverain Pontife considère qu'il trouve dans l'objet même de sa mission spirituelle le droit, ou mieux, le devoir d'appeler l'attention du monde
sur les conditions auxquelles la paix devra répondre afin de ne pas trahir
l'espérance des hommes. Et il trace une fois encore les règles chrétiennes de
la paix. C'est ce que l'on a appelé son programme de paix ; c'est en quelque
manière un plan de l'ordre nouveau selon la pensée chrétienne. Suivant la
méthode qu'il avait adoptée dans ses précédents messages de Noël et dont
l'usage s'est beaucoup répandu, ses propositions se formulent en une série
de points : cinq points, comme dans le message du 24 décembre 1940.

Le Pape a procédé cette fois en disant et enseignant ce qui lui paraît
incompatible avec une organisation internationale « fondée sur les principes moraux » et capable d'établir solidement la paix.

Quant au fond des choses, ce programme renouvelé n'apporte ni ne pouvait apporter aucun changement substantiel à ce que le Souverain Pontife

avait déjà dit des mêmes sujets. Seul le 5ᵉ point contient une déclaration, qui sera à noter, sur un sujet qui n'avait pas encore été abordé du moins aussi directement. D'ailleurs l'ensemble a du ton et de la vigueur, par la netteté et la fermeté que l'orateur a mises dans l'expression de sa pensée. Sans doute auront-ils trouvé là quelque satisfaction ceux qui opposent volontiers et non pas toujours sans regret les inflexions savantes et les sinuosités méditées de la parole de Pie XII à l'éloquence abrupte et un peu rude de son prédécesseur[1].

Sur les droits des petites nations et des minorités nationales (points 1 et 2), le discours ne renouvelle guère que par la forme ce qui en avait été dit l'an dernier. Le Pape cependant a tenu à préciser que s'il est loisible aux grands États, à cause de leur puissance même et de leurs moyens, d'organiser de vastes groupes économiques comprenant des nations plus faibles, c'est à la condition que celles-ci n'y perdent pas leur liberté politique et que soit respecté tout ce qui est nécessaire aussi bien à leur développement économique qu'à leur bien spirituel.

Le point 3 traite du libre et égal accès des peuples aux richesses naturelles du monde et aux « matières d'usage commun ». Le Pape sait bien que c'est là un gros procès, un des points litigieux les plus vifs du conflit et qu'il y a des demandeurs et des défendeurs. Il sait que l'Italie se trouve là traditionnellement demanderesse, aux fins d'une de ses revendications fondamentales. Il dit, en fin moraliste, de quel réconfort lui avait été l'adhésion des défendeurs anglo-saxons au principe d'une plus juste répartition entre les peuples des biens de la terre, de telle sorte que ceux qui ont à donner ne sont pas moins empressés à reconnaître le précepte de la justice que ceux qui ont à recevoir ne se sont montrés ardents à l'invoquer.

Toute paix serait vaine si une « course sans frein aux armements » devait se prolonger ou se renouveler, la guerre une fois terminée. La limitation progressive des armements est une condition fondamentale de tout ordre inspiré de l'idée chrétienne (point 4). Mais les ententes qui pourraient se former à ce sujet, comme les contrats internationaux en général, resteraient bien précaires s'il n'était créé des « institutions » chargées de veiller, dans le « respect général », à l'observation et au maintien du droit contractuel nouveau. Le Pape reconnaît que cette entreprise rencontrera d'immenses difficultés. Il avoue à demi-mot que pour s'y consacrer, après des tentatives et des expériences qui ont si tragiquement échoué, les hommes d'État auront à surmonter leur scepticisme. Qu'ils ne se laissent pas décourager par ces souvenirs ; qu'ils abordent cette œuvre avec la « gigantesque force d'âme » qu'elle requiert.

Le 5ᵉ point nous met en présence de la déclaration qu'apporte et représente quelque chose de délibérément nouveau par rapport aux précédents discours pontificaux. Ce qui est enfin incompatible, y est-il dit, avec une nouvelle organisation fondée sur les principaux moraux, c'est « la persécution de la religion et de l'Église ».

---

[1] Pie XI, mort en 1939.

Certes Pie XII n'oublie pas les sanglants ravages que l'irréligion d'État et l'athéisme constitutionnel ont fait en Russie. On peut imaginer quelle défiance lui inspirerait un ordre nouveau où Staline serait admis à apposer sa marque. Il n'y a pourtant aucun doute que le national-socialisme ne soit visé, et visé seul, dans ce long et dernier paragraphe. Le texte est par l'ensemble et par chacune des parties d'une netteté et d'une précision à ne pouvoir s'y méprendre. Par « persécution » le Pape entend les dispositions prises en Allemagne contre certains ordres religieux ou contre certains de leurs établissements, les restrictions apportées à diverses libertés religieuses dans la vie paroissiale. Il marque le caractère propre de la politique dont ces mesures procèdent, qui est d'instruire les citoyens, surtout les plus jeunes, dans des principes ouvertement opposés à tout le christianisme. Il lui demeure, dit-il, « inexplicable » que loin de s'atténuer, une telle politique ait au contraire multiplié ses entreprises et aggravé ses contraintes en pleine guerre.

La dernière fois que j'ai eu l'honneur d'être reçu par le Saint Père, vers la fin de septembre, quelque temps après les visites de M. Myron Taylor au Vatican[1], il m'a déclaré qu'il avait déjà dit tout ce qu'il avait à dire, ajoutant que les évêques, dans les divers pays en guerre, avaient nécessairement une liberté d'appréciation et d'expression plus grande que celle qui lui appartenait à lui-même comme pasteur de tous les catholiques engagés sous des drapeaux divers dans le conflit. Si le Souverain Pontife a parlé comme il vient de le faire, c'est qu'il s'y est senti gravement obligé en conscience. Il a voulu faire écho à la voix des évêques d'Allemagne. Il a clairement indiqué qu'il ne s'y était pas décidé sans réflexion alors qu'il aime d'une égale affection tous les peuples et qu'il entend ne point prendre parti entre ceux qui se battent.

Ce discours pourra fournir divers thèmes de polémique à des propagandes qui n'ont point, par définition, à se montrer trop rigoureuses quant à leurs méthodes d'exégèse. Tel qu'il est, il reflète fidèlement la nature, l'âme et la pensée de celui qui l'a composé. D'une bonté profonde et délicate, l'idée seule des massacres dont le monde est ensanglanté lui inspire un véritable sentiment d'horreur. La même charité fait qu'il adoucit en les enveloppant dans des termes de doctrine les condamnations, au demeurant fort explicites, qu'il prononce. Cette modération lui est au surplus dictée par le sentiment de ses responsabilités envers tous les fidèles du monde. La neutralité politique lui est selon lui imposée à la fois par le caractère de sa mission, par la position difficile de la papauté dans les circonstances présentes, par le devoir qu'il a de sauvegarder le crédit et l'autorité du Saint-Siège parmi les belligérants, pour le cas où son action trouverait un jour à s'exercer en faveur de la paix. Ces dispositions, il les manifeste avec une sorte de sérénité douloureuse, usant en Pontife suprême au dessus de la mêlée, mais aussi en *civis romanus* fier du double passé de

---

[1] Sur ces entretiens, voir Papiers 1940, Bureau d'études Chauvel, 153, documents entre le 16 septembre et le 1er octobre 1941 non reproduits. En revanche, la dépêche de Léon Bérard au Département n'a pas été retrouvée.

sa Ville, d'un privilège unique : celui de parler avec un complet désintéressement politique au monde d'aujourd'hui d'une paix selon la sagesse divine et humaine.

ANNEXE

Radio-message de Sa Sainteté Pie XII, la veille de Noël 1941

À l'aube et dans la lumière annonciatrice de la sainte fête de Noël, toujours attendue avec les soupirs d'une joie suave et pénétrante, au moment où tous les fronts s'apprêtent à se courber et tous les genoux à se fléchir en adoration devant l'ineffable mystère de la miséricordieuse bonté de Dieu, qui, dans sa charité infinie, a voulu donner à l'humanité le don le plus grand et le plus auguste, son Fils Unique, Notre cœur, chers fils et filles épars sur la surface de la terre, s'ouvre à vous, et tout en n'oubliant pas la terre, s'élève et s'enfonce dans le Ciel.

L'étoile, indicatrice de la crèche du Rédempteur nouveau-né, après vingt siècles, resplendit encore, merveilleuse, au ciel de la Chrétienté. Que les nations s'agitent, et que les peuples conspirent contre Dieu et contre son Messie (Psaume 2, 1-2) : à travers les tempêtes du monde humain, l'étoile n'a pas connu, ne connaît pas et ne connaîtra pas de couchant : le passé, le présent et l'avenir sont à elle. Elle avertit de ne jamais désespérer : elle resplendit sur les peuples, même quand se font plus denses au-dessus de la terre, comme sur un océan que fait mugir la tempête, les sombres ouragans, qui engendrent carnages et misères. Sa lumière est une lumière de réconfort, d'espérance, de foie inébranlable, de vie et de certitude du triomphe final du Rédempteur, lumière qui, comme un torrent sauveur, débordera en paix intérieure et en gloire, pour tous ceux qui, élevés à l'ordre surnaturel de la grâce, auront reçu le pouvoir de devenir enfants de Dieu, parce que nés de Dieu.

Aussi Nous qui, en ces temps amers de bouleversements guerriers, sommes tourmentés de ce qui vous tourmente, affligé de ce qui vous afflige, Nous qui vivons comme vous dans le lourd cauchemar d'un fléau qui, pour la troisième année, déchire encore l'humanité, à la veille d'une si grande solennité, Nous aimons, avec le cœur ému d'un père, à vous adresser la parole pour vous exhorter à rester forts dans la foi et pour vous communiquer le réconfort de cette espérance et de cette certitude véritables, surabondantes, divinisantes, qui rayonnent de la crèche du Sauveur nouveau-né.

En vérité, chers fils, si notre œil ne regardait pas plus haut que la matière et que la chair, c'est à grand peine qu'il trouverait quelque motif de réconfort. Les cloches répandent bien le joyeux message de Noël, églises et oratoires s'illuminent, les harmonies religieuses réjouissent les âmes, tout est fête et décoration dans les temples sacrés ; mais l'humanité ne cesse pas de se déchirer dans une guerre d'extermination. Au cours des rites sacrés retentit sur les lèvres de l'Église l'admirable antienne : *Rex pacificus magnificatus est, cujus vultum desiderat universa terra* (*In* Nativ. Domini, *in* I Vesp., Antiph. I) ; mais elle résonne en strident contraste avec des événements qui grondent à travers montagnes et vallées, avec un bruit plein d'épouvante, dévastent terres et maisons sur d'immenses étendues, et jettent des millions d'hommes et leurs familles dans le malheur, dans la misère et dans la mort. Ils sont certes admirables les multiples spectacles de valeur indomptée dans la défense du droit et du sol natal ; de sérénité dans la douleur ; d'âmes qui vivent comme des flammes d'holocauste pour le triomphe de la vérité et de la justice. Mais c'est aussi avec une angoisse qui Nous étreint l'âme que Nous pensons, les regardant comme dans un rêve, aux terribles chocs d'armes et de sang qu'a vus l'année qui s'achève ; au sort infortuné des blessés et des prisonniers ; aux souffrances corporelles et spirituelles, aux massacres, aux destructions et aux ruines que la guerre aérienne apporte et déverse sur de grandes et populeuses cités, sur des centres et de vastes territoires industriels, aux richesses des États dilapidées, aux millions de créatures que le cruel conflit et la dure violence jettent dans la misère et dans la famine.

Et tandis que la vigueur et la santé d'une bonne partie de la jeunesse qui montait se trouvent ébranlées du fait des privations imposées par le présent fléau, on voit par contre s'élever à des hauteurs vertigineuses les dépenses et les charges de guerre, qui, engendrant une contraction des forces de production dans le domaine civil et social, ne peuvent manquer de fournir un fondement aux inquiétudes de ceux qui tournent un regard préoccupé vers l'avenir. L'idée de la force étouffe et pervertit la norme du droit. Rendez possible et donnez toute liberté à des individus et à des groupes sociaux ou politiques de léser les biens et la vie d'autrui, permettez à toutes les autres destructions morales de troubler elles aussi l'atmosphère civile et d'y allumer la tempête, et vous verrez les notions de bien et de mal, de droit et d'injustice perdre leurs contours tranchants, s'émousser, se confondre et menacer de disparaître. Ceux qui, en vertu du ministère pastoral, ont le moyen de pénétrer dans les cœurs, savent et voient quelle accumulation de douleurs et d'indicibles anxiétés s'appesantit et s'étend sur beaucoup d'âmes, en amoindrit la soif et la joie de travailler et de vivre ; on étouffe les esprits et les rend muets et indolents, soupçonneux et comme sans espoir en face des événements et des besoins ; troubles d'âme que ne peut prendre à la légère quiconque a à cœur le véritable bien des peuples et désire promouvoir un retour non éloigné à des conditions normales et ordonnées de vie et d'action. En présence d'une telle vision du présent se fait jour une amertume qui envahit le cœur, d'autant plus qu'on ne voit s'ouvrir aujourd'hui aucune voie d'entente entre les parties belligérantes, dont les buts réciproques et les programmes de guerre semblent être en opposition inconciliables.

Quand on recherche les causes des ruines actuelles, devant lesquelles l'humanité qui les contemple reste perplexe, il n'est pas rare d'entendre affirmer que le christianisme a failli à sa mission. De qui et d'où vient une semblable accusation ? Serait-ce de ces apôtres, gloire du Christ, de ces héroïques zélateurs de la foi et de la justice, de ces pasteurs et de ces prêtres, hérauts du Christianisme, qui, à travers persécutions et martyres, civilisèrent la barbarie et la jetèrent à genoux devant l'autel du Christ, donnèrent origine à la civilisation chrétienne, sauvèrent les restes de la sagesse et de l'art d'Athènes et de Rome, unirent les peuples sous le nom chrétien, répandirent le savoir et la vertu, élevèrent la croix sur les pinacles aériens et sur les voûtes des cathédrales, images du ciel, monuments de foi et de piété, qui dressent encore leur tête vénérable parmi les ruines de l'Europe ? Non : le Christianisme dont la force dérive de Celui qui est voie, vérité et vie, qui est et sera avec lui jusqu'à la consommation des siècles, n'a pas failli à sa mission ; mais les hommes se sont révoltés contre le christianisme vrai et fidèle au Christ et à sa doctrine ; ils se sont forgé un christianisme à leur guise, une nouvelle idole qui ne sauve pas, qui ne met pas obstacle aux passions de la concupiscence de la chair, à l'avidité de l'or et de l'argent qui fascine les yeux, à l'orgueil de la vie ; une nouvelle religion sans âme, ou une âme sans religion, un masque de christianisme mort, sans l'esprit du Christ, et ils ont proclamé que le Christianisme a failli à sa mission.

Fouillons au fond de la conscience de la société moderne, recherchons la racine du mal : où la trouvons-nous ? Sans doute ici non plus Nous ne voulons pas passer sous silence la louange qui est due à la sagesse des Gouvernements qui ont ou toujours favorisé, ou voulu et su remettre en honneur, à l'avantage du peuple, les valeurs de la civilisation chrétienne, par d'heureux rapports entre l'Église et l'État, par la protection de la sainteté du mariage, par l'éducation religieuse de la jeunesse. Mais Nous ne pouvons fermer les yeux à la triste vision de la progressive déchristianisation individuelle et sociale qui, du relâchement des mœurs, est passée à l'affaiblissement et à la négation ouverte de vérités et de forces destinées à éclairer les intelligences sur le bien et sur le mal, à fortifier la vie familiale, la vie privée, la vie des États et la vie publique. Une anémie religieuse, se répandant comme une maladie contagieuse, a ainsi frappé de nombreux peuples d'Europe et du monde et fait dans les âmes un tel vide moral qu'aucun succédané religieux, aucune mythologie nationale ni internationale ne pourrait le combler. Par les paroles, par les actions, par les mesures prises pendant des dizaines et des centaines d'années, qu'a-t-on su faire de mieux ou de pire sinon arracher des cœurs des hommes, de l'enfance à la vieillesse, la foi en Dieu, Créateur et Père de tous, rémunérateur du bien et vengeur du mal, en dénaturant l'éducation et l'instruction, en combattant et en opprimant de toutes façons et par tous les moyens, par la diffusion de la parole et de la presse, par l'abus de la science et du pouvoir, la religion et l'Église du Christ ?

L'esprit, une fois entraîné dans le gouffre moral pour s'être éloigné de Dieu et de la pratique chrétienne, les pensées, projets, entreprises des hommes, leur estimation des choses, leur action et leur travail n'avaient plus d'autre issue que de se tourner et regarder vers le monde matériel, leurs fatigues et leurs peines, plus d'autre but que se dilater dans l'espace, pour grandir plus que jamais au-delà de toute limite dans la conquête des richesses et de la puissance, rivaliser de vitesse à produire plus et mieux tout ce que l'avancement et le progrès matériels semblaient exiger. D'où, dans la politique, la prévalence d'un élan effréné vers l'expansion et le pur crédit politique, sans souci de la morale ; dans l'économie, la domination des grandes et gigantesques entreprises et associations ; dans la vie sociale l'affluence et l'entassement de foules de peuples, en pénible surabondance, dans les grandes villes et dans les centres d'industrie et de commerce, avec cette instabilité qui suit et accompagne une multitude d'hommes changeant de maison et de résidence, de pays et de métier, de passions et d'amitiés.

Il s'ensuivit alors que les rapports mutuels de la vie sociale prirent un caractère purement physique et mécanique. Au mépris de toute réserve, de tous égards raisonnables, l'empire de la contrainte extérieure, le simple fait de la possession du pouvoir se superposèrent aux règles de l'ordre qui doit régir la vie en commun des hommes, règles qui, émanées de Dieu, établissent quelles sont les relations naturelles et surnaturelles qui existent entre le droit et l'amour envers les individus et la société. La majesté, la dignité de la personne humaine et des sociétés particulières fut blessée, ravalée, supprimée par l'idée de la force qui crée le droit ; la propriété privée devint pour les uns un pouvoir dirigé vers l'exploitation du travail d'autrui, chez les autres elle engendra jalousie, intolérance et haine ; et l'organisation qui en résultait se transforma en puissante arme de combat pour faire prévaloir des intérêts de parti. Dans certains pays, une conception athée ou antichrétienne de l'État lia tellement à elle l'individu, de ses vastes tentacules, qu'elle en vint à le priver presque d'indépendance, non moins dans la vie privée que dans la vie publique.

Qui pourra s'étonner aujourd'hui si une telle opinion radicale aux principes de la doctrine chrétienne en arriva enfin à se transformer en un choc violent de tensions internes et externes, au point de conduire à une extermination de vies humaines, à une destruction de biens, comme celles que nous voyons et auxquelles nous assistons avec une profonde peine ? Funeste conséquence et fruit des conditions sociales que Nous venons de décrire, la guerre, loin d'en arrêter l'influence et le développement, les favorise, les accélère et les amplifie, avec des effets d'autant plus ruineux qu'elle dure davantage, rendant la catastrophe encore plus générale.

Ce serait mal interpréter Nos paroles contre le matérialisme du siècle dernier et du temps présent que d'en déduire une condamnation du progrès technique. Non, Nous ne condamnons pas ce qui est don d'un Dieu, qui, comme il fait jaillir le pain des mottes de la terre, a caché dans les entrailles les plus profondes du sol, aux jours de la création du monde, des trésors de feu, de métaux, de pierres précieuses, que la main de l'homme devait en tirer pour ses besoins, pour ses œuvres, pour son progrès. L'Église, mère de tant d'Universités d'Europe, qui exalte encore et réunit les maîtres les plus hardis dans les sciences, les scrutateurs de la nature, n'ignore pas toutefois que de tous les biens, et de la liberté de la volonté elle-même, on peut faire un usage digne ou de louange et de récompense ou au contraire de blâme et de condamnation. Il est ainsi arrivé que l'esprit et la tendance avec lesquels souvent on a usé du progrès technique font qu'à l'heure actuelle la technique doit expier son erreur et se punir elle-même, en quelque sorte, en créant des instruments de ruine qui détruisent aujourd'hui ce qu'elle avait édifié hier.

En face de l'ampleur du désastre, engendré par les erreurs que Nous venons d'indiquer, il ne s'offre pas d'autre remède que le retour au pied des autels, où d'innombrables générations de croyants ont puisé dans le passé la bénédiction et l'énergie morale dans l'accomplissement de leurs devoirs ; le retour à la foi qui éclairait individus et sociétés et enseignait quels sont les droits et les devoirs de chacun, le retour aux sages et inébranlables normes d'un ordre social, normes qui, sur le terrain national comme sur le terrain international, dressent une barrière efficace contre l'abus de la liberté non moins que contre l'abus du pouvoir. Mais il faudra que le rappel à ces sources bienfaisantes résonne bien haut, insistant, universel, à l'heure où l'ancienne organisation sera sur le point de disparaître et de céder le pas et la place à une organisation nouvelle.

La future reconstruction pourra présenter et donner de précieuses facilités pour promouvoir le bien, non exemptes cependant de dangers de tomber dans des erreurs, et par les erreurs de favoriser le mal ; et elle exigera un sérieux plein de prudence et une mûre réflexion, non seulement à cause de la gigantesque difficulté de l'œuvre, mais encore à cause des graves conséquences qu'entraînerait sa faillite, tant dans le domaine matériel que dans le domaine spirituel ; elle exigera des intelligences aux vues larges et des volontés aux fermes résolutions, des hommes courageux et actifs, mais surtout et avant tout des consciences qui, dans les projets, les délibérations, les actions, soient animées, poussées et soutenues par un sens aigu de responsabilité, et ne refusent pas de s'incliner devant les saintes lois de Dieu ; car si à la vigueur organisatrice dans l'ordre matériel ne s'unissent pas une souveraine prudence et une intention sincère dans l'ordre moral, il n'est pas douteux qu'on verra se vérifier la sentence de Saint Augustin : « *Bene currunt, sed in via non currunt ; quanto plus currunt, plus errant, quia a via recedunt* » (Serm. 141, cap. 4 – Migne, P.L. t. 38, col. 777)[1].

---

[1] *Note du document* : « Ils courent bien, mais pas dans le chemin ; plus ils courent, plus ils s'égarent, car ils s'éloignent du chemin. »

Et ce ne serait pas la première fois que des hommes s'apprêtant à se couronner de lauriers de victoires militaires, aient songé à donner au monde une nouvelle organisation, en indiquant de nouvelles voies conduisant, selon eux, au bien-être, à la prospérité et au progrès. Mais chaque fois qu'ils cédèrent à la tentation d'imposer leur construction contre ce que proscrivaient la raison, la modération, la justice, et un noble sens d'humanité, ils se trouvèrent à terre, étonnés, à contempler les ruines d'espérances déçues et de projets avortés. L'histoire enseigne que les traités de paix stipulés dans un esprit et à des conditions en opposition soit avec les prescriptions morales, soit avec une authentique sagesse politique, n'eurent jamais qu'une vie misérable et brève, mettant ainsi à nu et témoignant une erreur de calcul, humaine sans doute, mais pas moins funeste pour cela.

Les ruines de cette guerre sont maintenant trop immenses pour qu'on y ajoute encore celles d'une paix frustrée et trompeuse. Aussi pour éviter un tel malheur faut-il qu'avec une parfaite sincérité de volonté et d'énergie, et résolus à une généreuse contribution, viennent y coopérer non seulement tel ou tel parti, non seulement tel ou tel pays, mais tous les peuples, l'humanité entière. C'est une entreprise universelle de bien commun, qui requiert la collaboration de la Chrétienté, pour les aspects religieux et moraux du nouvel édifice que l'on veut construire.

Nous faisons par conséquent usage d'un de Nos droits, ou pour mieux dire Nous remplissons un de Nos devoirs, si aujourd'hui, à la veille de Noël, divine aurore d'espérance et de paix pour le monde, avec l'autorité de Notre ministère apostolique et la chaude exhortation de Notre cœur, Nous appelons l'attention et la méditation de l'univers entier sur les périls qui guettent et menacent une paix qui fournirait une base appropriée à un véritable ordre nouveau et répondrait à l'attente et aux vœux des peuples pour un plus tranquille avenir.

Cette nouvelle organisation, que tous les peuples aspirent à voir réalisée après les épreuves et les ruines de cette guerre, devra être dressée sur le rocher inébranlable et immuable de la loi morale, manifestée par le Créateur Lui-même au moyen de l'ordre naturel, et inscrite par lui dans le cœur des hommes en caractères ineffaçables ; loi morale dont l'observance doit être inculquée et favorisée par l'opinion publique de toutes les nations et de tous les États avec une telle unanimité de voix et de force que personne ne puisse oser la mettre en doute ou en atténuer d'obligation.

Comme un phare resplendissant, elle doit par les rayons de ses principes diriger le cours de l'activité des hommes et des États, qui auront à en suivre les salutaires et bienfaisantes admonitions et indications, s'ils ne veulent pas condamner à la tempête et au naufrage tout travail et tout effort pour établir une nouvelle organisation. Résumant donc et complétant ce qui fut exposé par Nous en d'autres occasions, Nous insistons, aujourd'hui encore, sur certains présupposés essentiels d'un ordre international, qui assure à tous les peuples, une paix juste et durable, féconde de bien-être et de prospérité.

1. Dans le champ d'une nouvelle organisation fondée sur les principes moraux, il n'y a pas place pour la lésion de la liberté, de l'intégrité et de la sécurité d'autres nations, quelle que soit leur extension territoriale ou leur capacité de défense. S'il est inévitable que les grands États, à cause de leurs plus grandes possibilités et de leur puissance, tracent le chemin pour la constitution de groupes économiques entre eux et les Nations plus petites et plus faibles, on ne peut cependant contester – dans le domaine de l'intérêt général – le droit de celles-ci comme de tous au respect de leur liberté dans le champ politique, à la conservation efficace, dans les contestations entre les États, de la neutralité qui leur est due, en vertu du droit naturel et du droit des gens, et à la défense de leur développement économique, puisque c'est le bien commun, le bien-être matériel et spirituel de leur propre peuple.

2. Dans le champ d'une nouvelle organisation fondée sur les principes moraux, il n'y a pas place pour l'oppression, ouverte ou dissimulée, des particularités culturelles et linguistiques des minorités nationales, pour l'entrave et le resserrement de leurs capacités économiques, pour la limitation ou l'abolition de leur fécondité naturelle. Plus consciencieusement l'autorité compétente de l'État respecte les droits des minorités, plus sûrement et efficacement elle peut exiger de leurs membres l'accomplissement loyal des devoirs civiques, communs aux autres citoyens.

3. Dans le champ d'une nouvelle organisation fondée sur les principes moraux, il n'y a pas place pour les étroits calculs d'égoïstes, tendant à accaparer les sources économiques et les matières d'usage commun, de manière que les nations moins favorisées par la nature, en restent exclues. À ce sujet, il est pour Nous souverainement consolant de voir affirmer la nécessité d'une participation de tous aux biens de la terre même chez les Nations qui, dans

la mise en acte de ce principe, appartiendraient à la catégorie de ceux « qui donnent » et non de ceux « qui reçoivent ». Mais il est conforme à l'équité qu'une solution à semblable question, décisive pour l'économie du monde, soit donnée méthodiquement et progressivement, avec les garanties nécessaires, en tirant une leçon des manquements et des omissions du passé. Si dans la future paix on n'en venait pas à affronter courageusement ce point, il subsisterait dans les relations entre les peuples une source vaste et profonde d'amères oppositions et de jalousies exaspérées qui, en se développant, finiraient par conduire à de nouveaux conflits. Il faut cependant observer combien la solution satisfaisante de ce problème est étroitement liée à un autre fondement essentiel d'une nouvelle organisation, dont Nous parlons dans le point suivant.

4. Dans le champ d'une nouvelle organisation fondée sur les principes moraux il n'y a pas place – une fois éliminés les foyers les plus périlleux de conflits armés – pour une guerre totale ni pour une course sans frein aux armements. On ne doit pas permettre que le malheur d'une guerre mondiale, avec ses ruines économiques et sociales et ses aberrations et perturbations morales se déverse pour la troisième fois sur l'humanité. Pour tenir celle-ci à l'abri d'un tel fléau, il est nécessaire que l'on procède avec sérieux et honnêteté à une limitation progressive et adéquate des armements. Le déséquilibre entre un armement exagéré des États puissants et l'armement insuffisant des faibles crée un danger pour la conservation de la tranquillité et de la paix des peuples et conseille d'en venir à une limitation ample et proportionnée dans la fabrication et la possession d'armes offensives.

Puis, conformément à la mesure dans laquelle le désarmement sera réalisé, il faudra établir des moyens appropriés, honorables pour tous et efficaces, pour rendre à la règle « *Pacta sunt servanda* » (« Il faut observer les traités ») la fonction vitale et morale qui lui revient dans les relations juridiques entre les États. Cette règle qui, dans le passé, a subi des crises inquiétantes et des infractions qu'on ne peut pas nier, a trouvé en face d'elle une défiance quasi incurable parmi les divers peuples et leurs dirigeants respectifs. Pour que renaisse la confiance réciproque, il faut que se créent des institutions qui, s'attirant le respect général, se consacrent à la très noble fonction soit de garantir la sincère exécution des traités, soit d'en promouvoir, selon les principes du droit et de l'équité, d'opportunes corrections ou révisions.

Nous ne Nous dissimulons pas le nombre immense des difficultés à surmonter, et la force quasi surhumaine de bonne volonté requise de toutes les parties en présence pour qu'elles s'accordent en vue de donner une heureuse solution à la double entreprise ici tracée. Mais ce travail commun est tellement essentiel pour une paix durable, que rien ne doit arrêter les hommes d'État responsables ou les dissuader de l'entreprendre et d'y coopérer avec les forces d'une bonne volonté qui, regardant au bien futur, sache vaincre les douloureux souvenirs de tentatives qui n'ont pas réussi dans le passé, et ne pas se laisser effrayer à la vue de la gigantesque force d'âme requise pour une telle œuvre.

5. Dans le champ d'une nouvelle organisation fondée sur les principes moraux, il n'y a pas place pour la persécution de la religion et de l'Église. D'une foi vive en un Dieu personnel transcendant se dégage une franche et résistante vigueur morale qui donne le ton à tout le cours de la vie ; car la foi n'est pas seulement une vertu ; elle est la porte divine par laquelle entrent dans le temple de l'âme toutes les vertus qui forment ce caractère fort et tenace, qui ne vacille pas dans les épreuves de la raison et de la justice. Cela vaut en tout temps ; mais cela doit resplendir bien plus encore quand de l'homme d'État comme du dernier des citoyens on exige le maximum de courage et d'énergie morale pour reconstruire une nouvelle Europe et un nouveau monde sur les ruines que par sa violence, par la haine et la division des âmes, le conflit mondial a accumulées. Quant à la question sociale en particulier, qui, au terme de la guerre, se présentera d'une façon plus aiguë, Nos prédécesseurs et Nous-même avons indiqué des règles de solution : mais il faut remarquer que celles-ci ne pourront être suivies dans leur totalité et donner leur plein fruit que si hommes d'État et peuples, donneurs de travail et ouvriers sont animés de la foi en un Dieu personnel, législateur et juge, auquel ils doivent répondre de leurs actions. Car si l'incrédulité, qui se dresse contre Dieu, ordonnateur de l'univers, est la plus dangereuse ennemie d'un juste ordre nouveau, en revanche chaque homme qui croit en Dieu en est un puissant fauteur et paladin. Quiconque a foi au Christ, à sa divinité, à sa loi, à son œuvre d'amour et de fraternité parmi les hommes, apportera des éléments particulièrement précieux à la reconstruction sociale ; à plus forte raison en porteront davantage les hommes d'État, s'ils se montrent prompts à ouvrir largement les portes et à aplanir le chemin à l'Église du Christ, afin qu'elle puisse, librement et sans entraves, mettre ses énergies surnaturelles au service de l'entente entre les peuples et de la

paix et coopérer ainsi, avec son zèle et son amour, à la tâche immense de guérir les blessures de la guerre.

Aussi est-il pour Nous inexplicable que dans certains pays de multiples dispositions entravent la voie au message de la foie chrétienne, tandis qu'elles ouvrent un large et libre passage à une propagande qui la combat. Elles soustraient la jeunesse à la bienfaisante influence de la famille chrétienne et l'écartent de l'Église ; elles l'éduquent dans un esprit opposé au Christ, lui inculquant des conceptions, des maximes et des pratiques antichrétiennes ; elles rendent pénible et agité le travail de l'Église dans le ministère des âmes et dans les œuvres de bienfaisance ; elles méconnaissent et rejettent son influence sur l'individu et la société : toutes mesures qui loin d'avoir été mitigées ou abolies au cours de la guerre, n'ont fait au contraire qu'empirer à bien des égards. Que tout cela, et autre chose encore, puisse être continué au milieu des souffrances de l'heure présente, c'est un triste signe de l'esprit dans lequel les ennemis de l'Église imposent aux fidèles, outre tous les autres sacrifices, qui ne sont pas légers, le poids douloureux d'une anxiété pleine d'amertume, qui s'appesantit sur les consciences, témoin que Nous aimons d'une égale affection tous les peuples, sans aucune exception ; et c'est pour éviter jusqu'à l'apparence d'être guidé par l'esprit de parti, que Nous Nous sommes imposé jusqu'ici la plus grande réserve ; mais les dispositions contre l'Église et les fins qu'elles se proposent sont telles maintenant que Nous Nous sentons obligé, au nom de la vérité, à dire un mot, pour empêcher aussi qu'il ne s'ensuive par malheur un trouble dans les âmes des fidèles.

Nous contemplons aujourd'hui, chers fils, l'homme-Dieu, né dans une grotte pour rétablir l'homme dans la grandeur dont il était déchu par sa faute, pour le replacer sur le trône de liberté, de justice et d'honneur que les siècles des faux dieux lui avaient refusé. Le fondement de ce trône sera le Calvaire, son ornement ne sera pas l'or ou l'argent, mais le sang du Christ, sang divin qui depuis vingt siècles coule sur le monde et empourpre les joues de son épouse, l'Église, et, purifiant, consacrant, sanctifiant, glorifiant ses fils, se transforme en céleste candeur.

O Rome chrétienne, ce sang-là est la vie : c'est par ce sang-là que tu es grande et que tu éclaires même les restes et les ruines de ta grandeur païenne, que tu purifies et consacres les codes de la sagesse juridique des préteurs et des Césars. Tu es mère d'une justice plus haute et plus humaine, qui t'honore, qui honore le lieu où tu sièges et ceux qui t'écoutent. Tu es un phare de civilisation, et l'Europe civilisée et le monde te doivent ce qu'il y a de plus sacré et de plus saint, de plus sage et de plus honnête chez tous les peuples, ce qui les exalte et fait la beauté de leur histoire. Tu es mère de la charité : tes fastes, tes monuments, tes hospices, tes monastères et tes couvents, tes héros et tes héroïnes, tes voyages et tes missions, tes divers âges et siècles avec leurs écoles et leurs universités, témoignent de ta charité qui embrasse tout, supporte tout, espère tout, entreprend tout pour se faire tout à tous, pour réconforter tous les hommes et les consoler, les guérir et les appeler à la liberté donnée à l'homme par le Christ, les pacifier tous dans cette paix qui rend les peuples frères et fait de tous les hommes, quels que soient les cieux qui les abritent, la langue ou les coutumes qui les distinguent, une seule famille, et du monde une patrie commune.

De cette Rome, centre, rocher et maîtresse du Christianisme, de cette cité que le Christ, bien plus que les Césars, a immortalisée dans le temps, Nous, poussé par le désir vif et ardent du bien de chaque peuple et de l'humanité tout entière, Nous adressons à tous Notre voix, priant et conjurant afin qu'il ne tarde pas à venir, le jour où, dans tous les lieux où aujourd'hui l'hostilité contre Dieu et le Chris entraîne les hommes à la ruine temporelle et éternelle, prévaudront des connaissances religieuses plus étendues et de nouvelles résolutions ; le jour où, sur la crèche de la nouvelle organisation des peuples resplendira l'étoile de Bethléem, annonciatrice d'un nouvel esprit qui poussera à chanter avec les anges : *gloria in excelsis Deo*, et à proclamer à toutes les nations, en recevant le don enfin accord par le Ciel : *Pax hominibus bonao voluntatis*. Quand se lèvera l'aurore de ce jour, avec quelle joie Nations et Gouvernants, l'âme délivrée de la crainte d'embûches et de reprises de conflits, transformeront les épées, qui auront déchiré des poitrines humaines, en charrues qui traceront leur sillon, au soleil de la bénédiction divine, dans le sein fécond de la terre, pour en faire sortir un pain, arrosé de sueur, c'est vrai, mais non plus de sang et de larmes !

Dans cette attente, et avec cette anxieuse prière sur les lèvres, Nous envoyons Notre salut et Notre Bénédiction à tous Nos fils de l'univers entier. Que Notre Bénédiction descende plus large sur ceux – prêtres, religieux et laïcs – qui souffrent peines et tribulations pour leur foi ; qu'elle descende aussi sur ceux qui, sans appartenir au corps visible de l'Église Catholique,

Nous sont proches par la foi en Dieu et en Jésus Christ, et sont d'accord avec Nous sur l'organisation et les buts fondamentaux de la paix ; qu'elle descende, avec une émotion et une affection particulière sur tous ceux qui gémissent dans la tristesse, dans la dure angoisse des souffrances de cette heure. Qu'elle serve de bouclier qui sont sous les armes, de remède aux malades et aux blessés, de réconfort aux prisonniers, à ceux qui ont été chassés du pays natal, éloignés du foyer domestique, déportés en terre étrangère, aux millions de malheureux qui luttent à toute heure contre les terribles morsures de la faim. Qu'elle soit un baume pour toute douleur et pour toute infortune ; qu'elle soit un soutien et une consolation pour tous ceux qui, dans la misère et dans le besoin, attendent une parole amie qui verse dans leur cœur la force, le courage, la douceur de la compassion et de l'aide fraternelle. Que Notre Bénédiction se pose enfin sur les âmes et les mains compatissantes qui, au prix d'inépuisables et généreux sacrifices, Nous ont donné de quoi pouvoir, au-delà des limites resserrées de Nos propres moyens, sécher les larmes, adoucir la pauvreté de beaucoup, spécialement des plus pauvres et des plus abandonnés parmi les victimes de la guerre, donnant ainsi la preuve que la bonté et la bénignité de Dieu, dont la suprême et ineffable révélation est l'Enfant de la crèche, qui a voulu Nous enrichir de sa pauvreté, ne cessent jamais, à travers les âges et les calamités, d'être vivantes et opérantes dans l'Église.

À tous Nous accordons, avec un profond amour paternel, de la plénitude de Notre cœur, la Bénédiction Apostolique.

Guerre 1939-1945, Vichy, Z Europe, Saint-Siège, 551 (10GMII/551)

461

M. Henry-Haye, Ambassadeur de France à Washington,
    à l'Amiral Darlan, Vice-Président du Conseil, Ministre de la
        Défense nationale, Secrétaire d'État aux Affaires étrangères
        et à la Marine.

T. n°s 3370 à 3377.   *Washington, 30 décembre 1941, 22 h. 18.*

Urgent.   (*Reçu* : le 31, 17 h.30)

En revoyant à nouveau M. Cordell Hull aujourd'hui pour lui définir la position du gouvernement français telle qu'elle m'a été affirmée par le télégramme de Votre Excellence n°s 2998 à 3001[1], j'ai trouvé chez le Secrétaire

---

[1] T. très urgent en date du 29 décembre 1941 (dans Guerre 1939-1945, Vichy, B Amérique, France, 160) : Henry-Haye est invité à faire savoir au Département d'État que le gouvernement français, face à l'agression commise par les gaullistes à Saint-Pierre-et-Miquelon, escompte que le gouvernement américain usera de toute son autorité pour assurer, dans l'esprit des accords Greenslade-Robert (voir plus loin), le rétablissement immédiat et complet du *statu quo* dans l'archipel. Il s'étonne des suggestions formulées par Cordell Hull à Henry-Haye dans un aide-mémoire remis entre ses mains le 27 décembre, qui suggérait la fermeture de la station de radio ou l'envoi par le gouvernement canadien d'observateurs compétents ; l'envoi d'un observateur américain compétent qui coopérerait avec les observateurs canadiens ; le retrait des navires français libres et le rétablissement de l'administrateur antérieur [Gilbert de Bournat], « étant bien entendu que celui-ci n'exercera aucune représailles dans son administration des Îles ». Enfin, le Secrétaire d'État américain faisait observer que ces dispositions « assureraient le maintien de la souveraineté française […] mais que […] le rappel du gouverneur actuel serait une mesure que le Gouvernement de Vichy devrait être disposé à envisager. La nomination d'un nouveau titulaire à ce poste aurait l'agrément de la population des Îles ». Les accords Greenslade-Robert désignent en fait une suite d'accords de *modus vivendi*, conclus entre les autorités navales françaises et américaines pour la zone des Antilles. Lors d'une première visite de l'amiral Greenslade à Fort-de-France le 4 avril 1940, il est convenu de la liberté de manœuvre de la flotte française dans la zone, mais que le

d'État une disposition d'esprit très éloignée de celle qui lui a fait dicter le communiqué du 25 décembre[1] et s'écartant nettement de l'attitude compréhensive et conciliante que j'avais enregistrée lors de mes entretiens des 26 et 27 décembre.

En fait j'ai constaté chez M. Cordell Hull avant même que je puisse lui faire la communication de Votre Excellence[2] une prédisposition à l'intransigeance.

Les protestations véhémentes des gaullistes et de leur porte-parole ont incontestablement influencé sur l'attitude des gouvernements anglais et canadien et le ton agressif des commentaires de la presse et de la radio américaines dont j'adresse (…) dans les télégrammes suivants[3], ont certainement contribué à modifier la position du Secrétaire d'État.

Les propos que vient de prononcer M. Churchill à Ottawa[4] se juxtaposent, semble-t-il, avec la position prise devant moi ce matin par M. Cordell Hull à l'égard du règlement de l'affaire de Saint-Pierre-et-Miquelon.

Il est juste de dire que le Secrétaire d'État a été très violemment pris à partie par tous les détenteurs de moyens d'informations qui, depuis nos revers, ont systématiquement critiqué et injurié notre gouvernement. M. Cordell Hull, qui est particulièrement sensible aux réactions d'une presse toute puissante qui conduit ici l'opinion publique, m'a confié ce matin que sa position personnelle deviendrait intenable si l'incident de Saint-Pierre, au sujet duquel il a personnellement pris parti en faveur

gouvernement des États-Unis sera dûment informé de tout déplacement de sa part vers les côtes américaines et que celui-ci détachera un observateur naval auprès du consul américain à Fort-de-France. Les Américains fourniront de leur côté le mazout nécessaire à la flotte et aux îles. La deuxième visite de Greenslade à Fort-de-France a lieu en novembre 1940, après la défaite française. Il s'agit désormais d'empêcher les Allemands d'utiliser les installations des Antilles françaises et de récupérer les avions du *Jeanne-d'Arc* et du *Béarn*. Les relations franco-américaines dans la région sont donc organisées sur la base d'un *statu quo* – gel de la flotte et de ses avions et neutralité des autorités de Vichy, les États-Unis continuant de ravitailler les îles. Ces accords seront confirmés le 17 décembre 1940, par les accords Horne [chef des opérations navales américaines]-Robert (Voir *DDF (1939-1944)*, 1940-2, documents n°s 6, 55, 71, 271, 340, 344.

[1] Voir document n° 457, note 3.

[2] Dans le T. n°s 2298-3001 du 29 décembre (*op. cit.*, note 1), Vichy, répond aux « propositions de Cordell Hull du 27 décembre que l'autorité du gouverneur Bournat "ne saurait être remise en cause par une autorité étrangère" et que la question des émissions du poste-radio de Saint-Pierre relevait de l'amiral Georges Robert, haut-commissaire pour les possessions françaises en Amérique (Guyane, Antilles, Saint-Pierre), mais le gouvernement français est surpris que cette question, pas évoquée dans les entretiens franco-américains de Fort-de-France, surgisse « comme une sorte de justification d'occasion à cette question ». « Ce n'est en tout cas qu'après le rétablissement du *statu quo ante* à Saint-Pierre-et-Miquelon que la question pourrait être examinée dans l'esprit de compréhension qui a inspiré les accords Robert-Greenslade. » Cette position, précise le télégramme, doit être tenue pour « définitive ».

[3] Au sujet des réactions de la presse américaine, *cf.* le T. n°s 3378 à 3382 d'Henry-Haye au Département, en date du 30 décembre 1941 (*in* Guerre 1939-1945, Vichy, B Amérique, 160, France, document non reproduit).

[4] Dans ce discours prononcé le 30 décembre 1941 au Parlement d'Ottawa, Churchill fait l'éloge des Français qui résistent, notamment de De Gaulle. Comme le marque le T. n°s 463 à 464 de Ristelhueber au Département, le 31 décembre : « Il a […] laissé une partie du public sous l'impression qu'il était loin de désapprouver le récent coup de main de la dissidence. » (dans Guerre 1939-1945, Vichy, B Amérique, France, 160, document non reproduit).

de notre gouvernement, n'était pas réglé rapidement avec le plus de complaisance de notre part ; j'ai pu alors préciser à mon interlocuteur que les instructions que je venais de recevoir de Votre Excellence comportaient deux éléments essentiels, à savoir : rétablissement immédiat et inconditionnel de la souveraineté française sur les îles de Saint-Pierre-et-Miquelon ; puis fixer avec l'amiral Robert, dûment rétabli dans son autorité sur ces possessions, des mesures d'ordre pratique propres à donner les apaisements désirés.

J'ai fait observer à M. Cordell Hull que la condition préalable était en stricte conformité avec la déclaration du Département d'État du 25 décembre et que, par suite, l'amiral Robert ne pouvait donner aucune assurance avant d'avoir la certitude de pouvoir exercer son autorité sur cette partie de nos possessions relevant de sa juridiction.

Le Secrétaire d'État, sans exprimer d'avis sur cette rationnelle façon de procéder, se livra à des appréciations très vives sur un communiqué qui a été donné à la presse hier à Vichy et dans lequel le gouvernement français aurait démenti le fait que des négociations se poursuivaient à Washington en précisant que l'unique question posée était la restauration sans conditions et sans délai de l'autorité gouvernementale à Saint-Pierre. « Votre gouvernement, s'écria M. Cordell Hull, prend peu de ménagement envers nous. Son attitude est peu conforme à sa véritable situation. Le moins que je puisse dire, ajouta-t-il, c'est que cette attitude diminue grandement mes possibilités d'action ».

Le Secrétaire d'État crut devoir ajouter qu'il était ainsi mal récompensé de la résistance qu'il avait opposée à la faction nombreuse et puissante qui depuis plus d'un an, lui reprochait de persister dans les espoirs qu'il fondait sur Vichy. J'ai affirmé avec une déférente fermeté à M. Cordell Hull que le gouvernement français méritait à tous égards la considération qui lui était accordée par le gouvernement fédéral et que la France, qui avait fourni sans soutien les premiers soldats dans cette guerre, continuait à subir dignement un lourd tribut qu'elle aurait pu avoir la tentation d'alléger devant une incompréhension persistante de sa situation véritable de la part de ses amis et de ses alliés. J'ai refait le bilan de nos sacrifices et j'ai demandé à M. Cordell Hull de ne pas laisser altérer à la faveur de cet incident les sages dispositions qui avaient fait écarter par le gouvernement fédéral une politique basée sur les indications des groupes irresponsables d'émigrés dissidents.

Après cet échange de vues dont je crois devoir faire part à Votre Excellence parce qu'il situe l'atmosphère dans laquelle se poursuit la recherche d'une solution à l'affaire de Saint-Pierre, j'ai insisté à nouveau auprès de M. Cordell Hull pour qu'il maintienne le contact avec l'amiral Robert dont l'esprit compréhensif lui était bien connu et j'exprimais la conviction que le haut-commissaire français, rétabli dans son autorité à Saint-Pierre, trouverait certainement dans le même esprit qui a présidé aux conversations qu'il eut avec les amiraux Greenslade et Horne des solutions pratiques de nature à apaiser toutes les craintes. Sans me dire quelle disposition il allait prendre à cet égard, le Secrétaire d'État se borna à me faire observer que tout délai supplémentaire au règlement de cette irritante question, dont il ne paraît pas qu'il sous-estime les éventuelles conséquences, aggraverait une solution selon lui déjà très compromise.

J'ai l'impression très nette que sans indications précises et rapides de l'amiral Robert aux représentants américains concernant les garanties envisagées pour l'avenir, M. Cordell Hull se trouvera en raison de l'hostilité intérieure et extérieure dont il est actuellement l'objet, hors d'état de faire prévaloir le point de vue exprimé dans son premier communiqué.

Je communique l'essentiel de ce télégramme à l'amiral Robert. Un duplicata en a été expédié à Ottawa[1].

Guerre 1939-1945, Vichy, B Amérique, France, 160 (1GMII/160)

---

[1] Document non retrouvé.

INDEX DES NOMS DE PERSONNES

—————

(Les numéros renvoient aux pages du volume)

A

BATTRE (commandant), chef de la Commission de contrôle des armements et des carburants pour le Maroc français envoyée à Casablanca par la Commission allemande d'armistice de Wiesbaden en février 1941, 258, 287

BAUDET (Philippe) (1901-1981), secrétaire d'ambassade, chargé des fonctions de 2ᵉ conseiller à l'ambassade de France à Pékin (avril 1940-juin 1941), puis représentant l'ambassadeur de France Henri Cosme à Tchoung King, démissionnaire le 2 janvier 1942, 1038

BAUDOUIN (Paul) (1894-1964), ministre des Affaires étrangères (juin 1940-octobre 1940), secrétaire d'État à prérogatives de ministre à la Présidence du Conseil (décembre 1940-23 février 1941), président de la Banque de l'Indochine (février 1941-septembre 1944), 7

BAUDRILLART (Alfred) (1859-1942), cardinal, académicien, recteur de l'Institut catholique de Paris depuis 1907, 351

BAUER (Otto) (1881-août 1938), chancelier social-démocrate d'Autriche, exilé en France en 1934, mort à Paris, 280

BEAUSSE (Jean de) (1903-1981), secrétaire d'ambassade, chargé des fonctions de 2ᵉ secrétaire à Helsinki à compter du 1ᵉʳ août 1940, 795, 815, 884

BECHAMP (Dr Georges), directeur de l'hôpital de Tchen-Tou (Chine) entre les deux guerres, rallié à la France libre en juillet 1940, 614

BECOURT-FOCH (capitaine Jean) (1911-1944), petit-fils du maréchal Ferdinand Foch, engagé dans les Forces françaises libres (fin juin 1940), membre de l'état-major du général Catroux au Caire (décembre 1940), envoyé dans un centre d'instruction de la chasse britannique en Irak (mars 1941) puis en Rhodésie (juin-octobre 1941), 333

BEIGBEDER Y ARIENZA (Juan) (1888-1957), ministre espagnol des Affaires étrangères (août 1939-18 octobre 1940), puis ambassadeur d'Espagne à Berlin, 182, 791

BEN ACHAMED [AHMED] BEL DRISS (Moulay Tahar), notable marocain de Casablanca, 261

BEN DJEDIA (Hadj Abdesselem), notable marocain de Casablanca, 740

BENES [BENEŠ] (Dr Édouard [Edvard]) (1884-1948), chef du gouvernement tchécoslovaque en exil à Londres, 640

BENOIST (baron Louis de), agent supérieur de la Compagnie universelle du canal maritime de Suez, fondateur et premier président du Comité national français du Caire (gaulliste), délégué général de la France libre en Égypte à compter de juillet 1941, 332

BENOIST D'AZY (baron Charles) (1898-?), chargé de la presse américaine au secrétariat général de l'Information à Vichy, 125, 129

BENOIST-MÉCHIN (Jacques de) (1901-1983), secrétaire général adjoint de la vice-présidence du Conseil (25 février 1941), puis secrétaire d'État à la vice-présidence du Conseil (9 juin 1941-18 avril 1942), chargé des Affaires étrangères et notamment des Affaires franco-allemandes, 828, 829, 841, 843, 856, 913, 926, 927, 948, 1025, 1045, 1052

BENOÎT XV (1854-1922), ex-cardinal Giacomo DELLA CHIESA, pape de 1914 à 1922, 223, 224, 229, 1070

BENZON (Dr Branko), ministre de la Croatie auprès du Reich après l'invasion allemande en Yougoslavie, 371, 509

BÉRARD (Armand) (1904-1989), secrétaire d'ambassade, à la disposition de la Délégation française à la Commission franco-allemande d'armistice de Wiesbaden (1ᵉʳ janvier 1941), secrétaire général de la délégation économique, 565, 578, 609, 926

BÉRARD (Léon) (1876-1960), négociateur français des accords Bérard-Jordana avec l'Espagne franquiste (25 février 1939), ambassadeur de France près le Saint-Siège (novembre 1940-août 1944), 10, 103, 104, 158, 181, 222, 250, 251, 256, 298, 350, 507, 567, 573, 707, 816, 1069, 1072

BÉRAUD (Émile), agent consulaire à Hermosillo (Mexique), démissionnaire en juin 1941, 577

C

D

E

F

H

K

M

N

ROMMEL (général Erwin) (1891-1944), commandant en chef de l'Afrikakorps depuis février 1941, 365, 366, 384, 385, 424, 519, 602, 707, 844

ROOSEVELT (Franklin Delano) (1882-1945), président démocrate des États-Unis (1933-1945), 5, 31, 59, 141, 145, 154, 155, 156, 162, 234, 235, 279, 318, 347, 368, 399, 410, 454, 455, 471, 472, 474, 476, 477, 479, 480, 498, 659, 673, 714, 721, 722, 735, 738, 744, 747, 784, 824, 825, 858, 922, 923, 942, 983, 990, 991, 992, 996, 999, 1004, 1005, 1007, 1008, 1024, 1040, 1057, 1064

ROSENBERG (Dr Alfred) (1893-1946), idéologue du Parti nazi, conseiller spécial (mars 1941) puis ministre du Reich pour les territoires occupés à l'Est (juillet 1941), 226, 976, 978

RÖSER (Rudolf), agent de l'Abwehr envoyé à Beyrouth où il arrive en janvier 1941 avec le conseiller von Hentig comme délégué de la Commission allemande d'armistice au Levant, 446

ROSU, directeur de la Banque commerciale roumaine, 53

ROURE, commissaire divisionnaire français, chargé d'accompagner le train des diplomates soviétiques évacués de France après la rupture des relations diplomatiques entre la France de Vichy et l'URSS, 708, 709, 710

ROUX (général), chef du Centre d'Information gouvernemental (CIG) créé à Vichy par Darlan à l'été 1941 pour coordonner l'action des services spéciaux, rattaché en octobre 1941 à la vice-présidence du Conseil, 979

ROY (Fernand) (1885-?), consul de France à Han Kéou, 616

ROZENGOLTZ (Arkady) (1889-1938), commissaire du peuple au Commerce extérieur d'URSS (1930-1937), victime des Grandes Purges, 189

RUSSELL (H. Earle), consul général des États-Unis à Casablanca, 824

RUYNAUD DE SAINT-GEORGES (capitaine de Corvette Hervé) (1898-1961), commandant du *Francis Garnier*, auteur de l'arrestation de Rodérick Egal le 5 avril 1941 à Shanghaï, 1339

RYCHNER, colon français du Maroc, 259

RYTI (Rysto Heikki) (1889-1956), président du Conseil (décembre 1939-décembre 1940) puis président de Finlande, 797, 883

S

SAADI AL-KELAINI (Mohamed), dit Pir Chamy, agitateur afghan appartenant à la famille de l'ex-reine Soraya, expulsé pour avoir provoqué un soulèvement en juin 1938 afin de rétablir le roi Amanullah sur le trône, en résidence surveillée en Syrie, 446

SAADOUN (sous-lieutenant Mohamed Abdallah), officier irakien partisan de Rachid Ali al-Guilani, 452

SABATIER, directeur de la Compagnie française des Mines d'or du Pek (Yougoslavie), filiale de la Compagnie industrielle du platine créée en 1933, 1066

SABBAGH (Georges Hanna) (1887-1951), artiste peintre d'origine égyptienne naturalisé français en 1930, vivant en Égypte de 1936 à 1945, adhérent au Comité national français (gaulliste) du Caire, 334

SABBAGH (général Salahuddine) [Salah al-Din AL-SABBAGH] (1889-1945), leader du « Carré d'or », groupe d'officiers irakiens qui porte Rachid Ali al-Guilani au pouvoir en avril 1941, réfugié en Turquie après la victoire britannique, 452

SABIS (général Ali Ihsan) (1882-1957), officier turc en retraite, germanophile, chroniqueur dans le journal *Tasfiri Efkia*, 814

SABRY PACHA (Hassan) (1879-1940), président du Conseil égyptien (juin 1940-14 novembre 1940), 63

T

U

V

W

Y

Z

Dépôt légal : Bibliothèque Nationale de France (3ᵉ trimestre 2015)

Information bibliographique publiée par « Die Deutsche Nationalbibliothek »

« Die Deutsche Nationalbibliothek » répertorie cette publication dans la
« Deutsche Nationalbibliografie » ; les données bibliographiques détaillées sont disponibles sur le site http://dnb.d-nb.de.

Imprimé en Belgique